ERICH
SCHMIDT
VERLAG

Berliner Kommentare

UmwStG

Umwandlungssteuergesetz

Praxiskommentar

Herausgegeben von

Prof. Dr. Florian Haase

Rechtsanwalt, Fachanwalt für Steuerrecht, M.I.Tax,
Rödl & Partner Hamburg

Franz Hruschka

Leitender Regierungsdirektor, Leiter Betriebsprüfung,
Finanzamt München

Bearbeitet von

André Arjes, KPMG
Lars Behrendt, KPMG
Kristin Biesold, TOM TAILOR
Günther Claß, Rödl & Partner
RiFG **Dr. Thilo Cöster**
Malte Geils, Rödl & Partner
Prof. Dr. Florian Haase, Rödl & Partner
Jens Hagemann, PwC
Dr. Stephen A. Hecht, PwC
Dieter Hellmann, Finvw Bayern
Prof. Dr. Claus Herfort, PwC
Stefan Hölzemann, wts

Franz Hruschka, Finvw Bayern
Florian Huber, Ebner Stolz
Dr. Sascha Leske, Noerr
Anna Luce, Rödl & Partner
Dr. Thomas Lübbehüsen, BRL
Dr. Lars Lüdemann, Kleeberg
Dr. Florian Ropohl, E&Y
Dr. Frank Roser, ROSER
Nina Schütte, BRL
Dr. Nils Sonntag, E&Y
Daniela Steierberg, medac
Björn Viebrock, PwC
Matthias Wulff-Dohmen, Rödl & Partner

2., neu bearbeitete Auflage

ERICH SCHMIDT VERLAG

Bibliografische Information der Deutschen Nationalbibliothek
Die Deutsche Nationalbibliothek verzeichnet diese Publikation in der
Deutschen Nationalbibliografie; detaillierte bibliografische Daten sind im
Internet über http://dnb.d-nb.de abrufbar.

Weitere Informationen zu diesem Titel finden Sie im Internet unter
ESV.info/978 3 503 17162 0

Zitiervorschlag:
Bearbeiter in: Haase/Hruschka, UmwStG, 2017, § ... Rdn. ...

1. Auflage 2012
2. Auflage 2017

ISBN 978 3 503 17162 0
ISSN 1865-4177

Dieses Papier erfüllt die Frankfurter Forderungen
der Deutschen Nationalbibliothek und der Gesellschaft für das Buch
bezüglich der Alterungsbeständigkeit und entspricht sowohl den
strengen Bestimmungen der US Norm Ansi/Niso Z 39.48-1992
als auch der ISO Norm 9706.

Gesetzt aus 8,5/9,5 Punkt Candida

Satz: multitext, Berlin
Druck und Bindung: Hubert & Co., Göttingen

Vorwort

Gut vier Jahre nach dem Erscheinen der 1. Auflage unseres Werkes sind Herausgeber und Autoren erfreut und dankbar, die 2. Auflage unseres „Praktikerkommentars" zum Umwandlungssteuergesetz vorlegen zu können. Wir sind stolz, sagen zu können, dass sich die Mühen gelohnt haben und dass der Kommentar zunehmend in Rechtsprechung und Beratungspraxis rezipiert wird bzw. zum Einsatz kommt. Anwendungsfälle gibt es bekanntlich in Hülle und Fülle, die Bedeutung des Umwandlungssteuergesetzes für die steuerliche Beratungspraxis muss nicht besonders betont werden.

Das Werk ist aktualisiert und grundlegend in Bezug auf die Aufnahme von Rechtsprechung, Literatur und Verwaltungsverlautbarungen überarbeitet worden. Ferner ist die Anzahl der aufgeführten Praxisbeispiele nennenswert gesteigert worden, was dem Anliegen des Kommentars Rechnung trägt, einen besonderen praktischen Nutzen zu gewährleisten.Die Autoren, die gegenüber der Erstauflage in ihrer Zusammensetzung nur geringfügig geändert worden sind, sind allesamt Kenner ihres Fachs, die ihr Praxiswissen in besonderer Weise in die Kommentierung eingebracht haben. Ihnen gilt unser ganz besonderer Dank – nicht nur für die fachliche Arbeit, sondern vor allem dafür, dass sie sich über die vielen Monate der Überarbeitung immer wieder neu motivieren konnten.

Wir danken ferner wiederum den Mitarbeitern des Erich Schmidt Verlags, Berlin, allen voran Frau Claudia Teuchert-Pankatz, für die reibungslose und zuvorkommende Betreuung während des Projektes.

Hamburg/München, im Dezember 2016   *Florian Haase/Franz Hruschka*

Inhaltsverzeichnis

Abkürzungsverzeichnis

a.E.	am Ende
a.F.	alte Fassung
ABl.	Amtsblatt
Abs.	Absatz
AcP	Archiv für die zivilistische Praxis
AEUV	Vertrag über die Arbeitsweise der Europäischen Union
AfA	Absetzung für Abnutzung
AG	Die Aktiengesellschaft (Jahr und Seite), Aktiengesellschaft
Anh.	Anhang
Anm.	Anmerkung
AO	Abgabenordnung
AOA	Authorised OECD Approach
Art.	Artikel
AStG	Außensteuergesetz
Az.	Aktenzeichen
Bay.Lfst	Bayerisches Landesamt für Steuern
BayObLG	Bayerisches Oberstes Landesgericht
BB	Der Betriebsberater (Jahr und Seite)
BBK	Buchführung, Bilanz, Kostenrechnung
Bd.	Band
Begr.	Begründung
BFH	Bundesfinanzhof
BFH/NV	Sammlung nicht veröffentlichter Entscheidungen des BFH
BGB	Bürgerliches Gesetzbuch
BGBl.	Bundesgesetzblatt (Jahr und Seite)
BGH	Bundesgerichtshof
BGHZ	Entscheidungen des Bundesgerichtshofs in Zivilsachen
BilMoG	Bilanzrechtsmodernisierungsgesetz
Bl.	Blatt
BMF	Bundesministerium für Finanzen
BR	Bundesrat
BR-Drs.	Bundesratsdrucksache
BStBl.	Bundessteuerblatt
BS-VWG	Betriebsstätten-Verwaltungsgrundsätze
BT	Besonderer Teil, Bundestag
BT-Drs.	Bundestagsdrucksache
BVerfG	Bundesverfassungsgericht
BVerfGE	Entscheidungen des Bundesverfassungsgerichts (Band und Seite)
DB	Der Betrieb (Jahr und Seite)
DBA	Doppelbesteuerungsabkommen

DStR	Deutsches Steuerrecht (Jahr und Seite)
DStRE	Deutsches Steuerrecht – Entscheidungsdienst
DStZ	Deutsche Steuerzeitung (Jahr und Seite)
DZWiR	Deutsche Zeitschrift für Wirtschaftsrecht (Jahr und Seite)
EBITDA	Earnings before Interest, taxes, depreciation and amortization
EFG	Entscheidungen der Finanzgerichte
EFTA	European Free Trade Association
EG	(Vertrag zur Gründung der) Europäische(n) Gemeinschaft(en)
EMRK	Europäische Menschenrechtskonvention
ErbStG	Erbschaftsteuer- und Schenkungsteuergesetz
ErbSt-MA	Musterabkommen der OECD für die Erbschaft- und Schenkungsteuer
ErbStR	Erbschaftsteuerrichtlinien
ERS	Entwurf Rechnungslegungsstandard (IDW)
ESt	Einkommensteuer
EStB	Der Ertrag-Steuer-Berater (Jahr und Seite)
EStDV	Einkommensteuer-Durchführungsverordnung
EStG	Einkommensteuergesetz
EStR	Einkommensteuerrichtlinien
EU	Europäische Union
EuGH	Europäischer Gerichtshof
EuGHE	Amtliche Sammlung der Entscheidungen des EuGH
EuZW	Europäische Zeitschrift für Wirtschaftsrecht (Jahr und Seite)
EWG	Europäische Wirtschaftsgemeinschaft
EWIV	Europäische wirtschaftliche Interessenvereinigung
EWR	Europäischer Wirtschaftsraum
FA	Finanzamt
FG	Finanzgericht
FinMin	Finanzministerium
Fn.	Fußnote
FN-IDW	IDW-Fachnachrichten
FR	Finanzrundschau (Jahr und Seite)
FS	Festschrift
FusionsRL	Fusionsrichtlinie
GenR	Genossenschaftsregister
GewSt	Gewerbesteuer
GewStDV	Gewerbesteuer-Durchführungsverordnung
GewStG	Gewerbesteuergesetz
GewStR	Gewerbesteuerrichtlinien
GG	Grundgesetz
GmbH	Gesellschaft mit beschränkter Haftung
GmbHG	Gesetz betreffend die Gesellschaften mit beschränkter Haftung

GmbHR	GmbH-Rundschau (Jahr und Seite)
GmbH-StB	Der GmbH-Steuer-Berater (Jahr und Seite)
GoB	Grundsätze ordnungsmäßiger Buchführung
GrESt	Grunderwerbsteuer
GrEStG	Grunderwerbsteuergesetz
GWR	Gesellschafts- und Wirtschaftsrecht (Jahr und Seite)
h.L.	herrschende Lehre
h.M.	herrschende Meinung
HFA	Hauptfachausschuss des IDW
HGB	Handelsgesetzbuch
Hrsg.	Herausgeber
IDW	Institut der Wirtschaftsprüfer
INF	Die Information (Jahr und Seite)
InvZulG	Investitionszulagengesetz
IPRax	Praxis des Internationalen Privat- und Verfahrensrechts (Jahr und Seite)
IStR	Internationales Steuerrecht (Jahr und Seite)
IWB	Internationale Wirtschaftsbriefe
IZA	Informationszentrale für Auslandsbeziehungen
i.Z.m.	im Zusammenhang mit
JbFfStR	Jahrbuch der Fachanwälte für Steuerrecht
JStG	Jahressteuergesetz
JZ	Juristenzeitung (Jahr und Seite)
KapG	Kapitalgesellschaft
KG	Kommanditgesellschaft
KGaA	Kommanditgesellschaft auf Aktien
KÖSDI	Kölner Steuerdialog
KSt	Körperschaftsteuer
KStG	Körperschaftsteuergesetz
KStR	Körperschaftsteuerrichtlinien
LG	Landgericht
LStDV	Lohnsteuer-Durchführungsverordnung
Ltd.	Limited
LWAnpG	Landwirtschaftsanpassungsgesetz
m.w.N.	mit weiteren Nachweisen
MA	Musterabkommen
n.F.	neue Fassung
NJW	Neue Juristische Wochenschrift (Jahr und Seite)
NWB	Neue Wirtschaftsbriefe
NZG	Neue Zeitschrift für Gesellschaftsrecht (Jahr und Seite)
OECD	Organization for Economic Cooperation and Development

OECD-MA	OECD-Musterabkommen
OECD-MK	OECD-Musterkommentar
OFD	Oberfinanzdirektion
oHG	offene Handelsgesellschaft
OLG	Oberlandesgericht
öUmgrStG	österreichisches Umgründungssteuergesetz
PartG	Partnerschaftsgesellschaft
PersG	Personengesellschaft
R	Richtlinie
Rdn.	Randnummer
RegE	Regierungsentwurf
RFH	Reichsfinanzhof
RFHE	Entscheidungen des Reichsfinanzhofs
RIW	Recht der internationalen Wirtschaft (Jahr und Seite)
rkr.	rechtskräftig
RL	Richtlinie
Rs.	Rechtssache
Rspr.	Rechtsprechung
SBV	Sonderbetriebsvermögen
SCE	Societas Cooperativa Europaea
SE	Societas Europaea
SEStEG	Gesetz über steuerliche Begleitmaßnahmen zur Einführung der Europäischen Gesellschaft und zur Änderung weiterer steuerrechtlicher Vorschriften (SEStEG) vom 07.12.2006
st. Rspr.	ständige Rechtsprechung
Stbg	Die Steuerberatung (Jahr und Seite)
StbJb	Steuerberaterjahrbuch
StBp	Die steuerliche Betriebsprüfung (Jahr und Seite)
SteuK	Steuererlasse in Karteiform
StRK	Steuerrechtsprechung in Karteiform
StSenkG	Steuersenkungsgesetz
StuB	Unternehmensteuern und Bilanzen (Jahr und Seite)
StuW	Steuer und Wirtschaft (Jahr und Seite)
StW	Steuer-Warte (Jahr und Seite)
SWI	Steuer und Wirtschaft International (Jahr und Seite)
Tz.	Textziffer
Ubg	Die Unternehmensbesteuerung (Jahr und Seite)
UmwG	Umwandlungsgesetz
UmwStE 1998	Umwandlungssteuererlass vom 25.03.1998, zuletzt geändert am 21.08.2001
UmwStE 2011	Umwandlungssteuererlass vom 11.11.2011 (BMF-Schreiben vom 11.11.2011, IV C 2 – S 1978-b/08/10001, Anwendung des Umwandlungssteuergesetzes i.d.F. des Gesetzes über steuerliche Begleitmaßnah-

	men zur Einführung der Europäischen Gesellschaft und zur Änderung weiterer steuerrechtlicher Vorschriften (SEStEG), BStBl. I 2011, 1314)
UmwStG	Umwandlungssteuergesetz
UntStFG	Unternehmenssteuerfortentwicklungsgesetz
UntStRefG	Unternehmensteuerreformgesetz
UR	Umsatzsteuerrundschau (Jahr und Seite)
UStAE	Umsatzsteuer-Anwendungserlass
UStG	Umsatzsteuergesetz
UStR	Umsatzsteuerrichtlinien
VerschmelzungsRL	Verschmelzungsrichtlinie
vGA	verdeckte Gewinnausschüttung
VO	Verordnung
VVaG	Versicherungsverein auf Gegenseitigkeit
WG	Wirtschaftsgut/Wirtschaftsgüter
Wpg	Die Wirtschaftsprüfung (Jahr und Seite)
ZEV	Zeitschrift für Erbrecht und Vermögensnachfolge (Jahr und Seite)
ZHR	Zeitschrift für das gesamte Handels- und Wirtschaftsrecht (Jahr und Seite)
ZIP	Zeitschrift für Wirtschaftsrecht (Jahr und Seite)
ZIV	Zinsinformationsverordnung
zzgl.	zuzüglich

Literaturverzeichnis

Das Verzeichnis enthält die in den Kommentierungen
zu mehreren Paragrafen zitierten Werke.

Die Loseblattwerke sind auf dem Stand Ende April 2016 zitiert.

Baumbach/Hopt, HGB, 37. Aufl. 2016 – zitiert: Bearbeiter in Baumbach/
Hopt

Beck'scher Bilanzkommentar, 10. Aufl. 2016 – zitiert: Bearbeiter in
Beck'scher Bilanzkommentar

Blümich, Einkommensteuergesetz, Körperschaftsteuergesetz, Gewerbesteuergesetz: EStG, KStG, GewStG (Loseblatt) – zitiert: Bearbeiter in Blümich

Boruttau, Grunderwerbsteuergesetz: GrEStG, 18. Aufl. 2016 – zitiert: Bearbeiter in Boruttau

Brähler, Umwandlungssteuerrecht, 9. Aufl. 2014

Budde/Förschle/Winkeljohann, Sonderbilanzen, 5. Aufl. 2016 – zitiert: Bearbeiter in Budde/Förschle/Winkeljohann

Debatin/Wassermeyer, DBA (Loseblatt) – zitiert: Bearbeiter in Debatin/Was-
sermeyer

Dötsch/Pung/Möhlenbrock, Die Körperschaftsteuer: KSt (Loseblatt) – zitiert:
Bearbeiter in Dötsch/Pung/Möhlenbrock

Erle/Sauter, Körperschaftsteuergesetz, 3. Aufl. 2010 – zitiert: Bearbeiter in
Erle/Sauter

Frotscher/Maas, Internationalisierung des Ertragsteuerrechts, Vorabkom-
mentierung zu allen Änderungen nach SEStEG, 2007 – zitiert: Bearbeiter
in Frotscher/Maas, Internationalisierung des Ertragsteuerrechts

Frotscher/Maas, Körperschaftsteuergesetz/Gewerbesteuergesetz/Umwand-
lungssteuergesetz (Loseblatt) – zitiert: Bearbeiter in Frotscher/Maas

FS Schaumburg, 2009 – zitiert: Bearbeiter in FS Schaumburg

FS Widmann, 2000 – zitiert: Bearbeiter in FS Widmann

Glanegger/Güroff, Gewerbesteuergesetz, GewStG, 8. Aufl. 2014 – zitiert:
Bearbeiter in Glanegger/Güroff

Gosch, Körperschaftsteuergesetz. KStG, 3. Aufl. 2015 – zitiert: Bearbeiter in
Gosch

Goutier/Knopf/Tulloch, Kommentar zum Umwandlungsrecht, 1995 – zitiert:
Bearbeiter in Goutier/Knopf/Tulloch

Haritz/Menner, Umwandlungssteuergesetz: UmwStG, 4. Aufl. 2015 – zitiert:
Bearbeiter in Haritz/Menner

Herrmann/Heuer/Raupach, Einkommensteuergesetz und Körperschaftsteuergesetz (Loseblatt) – zitiert: Bearbeiter in Herrmann/Heuer/Raupach

Hüffer, AktG, 12. Aufl. 2016

Kirchhof/Söhn/Mellinghoff, Einkommensteuergesetz und Nebengesetze (Loseblatt) – zitiert: Bearbeiter in Kirchhof/Söhn/Mellinghoff

Klingebiel/Patt/Rasche/Krause, Umwandlungssteuerrecht, 4. Aufl. 2016

Kölner Kommentar zum AktG – zitiert: Bearbeiter in Kölner Kommentar zum AktG

Kölner Kommentar zum UmwG – zitiert: Bearbeiter in Kölner Kommentar zum UmwG

Korn/Carlé/Stahl/Strahl, Einkommensteuergesetz und Nebengesetze (Loseblatt) – zitiert: Bearbeiter in Korn/Carlé/Stahl/Strahl

Lenski/Steinberg, Gewerbesteuergesetz (Loseblatt) – zitiert: Bearbeiter in Lenski/Steinberg

Lüdicke/Kempf/Brink, Verluste im Steuerrecht, 2010

Lutter/Winter, Umwandlungsgesetz, 5. Aufl. 2014 – zitiert: Bearbeiter in Lutter/Winter

MünchKomm BGB – zitiert Bearbeiter in MünchKomm BGB

MünchKomm HGB – zitiert: Bearbeiter in MünchKomm HGB

PricewaterhouseCoopers AG, Reform des Umwandlungssteuerrechts, 2007

Rödder/Herlinghaus/van Lishaut, Umwandlungssteuergesetz, 2. Aufl. 2013 – zitiert: Bearbeiter in Rödder/Herlinghaus/van Lishaut

Sagasser/Bula/Brünger, Umwandlungen, 4. Aufl. 2011 – zitiert: Bearbeiter in Sagasser/Bula/Brünger

Schaumburg, Internationales Steuerrecht, 3. Aufl. 2011

Schmidt, Einkommensteuergesetz: EStG, 35. Aufl. 2016 – zitiert: Bearbeiter in L. Schmidt

Schmitt/Hörtnagl/Stratz, Umwandlungsgesetz, Umwandlungssteuergesetz: UmwG, UmwStG, 7. Aufl. 2016 – zitiert: Bearbeiter in Schmitt/Hörtnagl/Stratz

Semler/Stengel, UmwG, 3. Aufl. 2012 – zitiert: Bearbeiter in Semler/Stengel

Staudinger, Internationales Gesellschaftsrecht – zitiert: Bearbeiter in Staudinger, Internationales Gesellschaftsrecht

Tipke/Kruse, Abgabenordnung (Loseblatt) – zitiert: Bearbeiter in Tipke/Kruse

Vogel/Lehner, DBA, 6. Aufl. 2015 – zitiert: Bearbeiter in Vogel/Lehner, DBA

Wassermeyer/Richter/Schnittker, Personengesellschaften im Internationalen Steuerrecht, 2. Aufl. 2015 – zitiert: Bearbeiter in Wassermeyer/Richter/Schnittker

Widmann/Mayer, Umwandlungsrecht (Loseblatt) – zitiert: Bearbeiter in Widmann/Mayer

Winkeljohann/Fuhrmann, Handbuch Umwandlungssteuerrecht, 2007 – zitiert: Bearbeiter in Winkeljohann/Fuhrmann

Umwandlungssteuergesetz (UmwStG)

vom 07. 12. 2006 (BGBl. I 2006, 2782, 2791),
zuletzt geändert durch Art. 6 des Gesetzes
vom 02. 11. 2015 (BGBl. I 2015, 1834)

ERSTER TEIL
Allgemeine Vorschriften

§ 1
Anwendungsbereich und Begriffsbestimmungen

(1) ¹Der Zweite bis Fünfte Teil gilt nur für

1. die Verschmelzung, Aufspaltung und Abspaltung im Sinne der §§ 2, 123 Abs. 1 und 2 des Umwandlungsgesetzes von Körperschaften oder vergleichbare ausländische Vorgänge sowie des Artikels 17 der Verordnung (EG) Nr. 2157/2001 und des Artikels 19 der Verordnung (EG) Nr. 1435/ 2003;

2. den Formwechsel einer Kapitalgesellschaft in eine Personengesellschaft im Sinne des § 190 Abs. 1 des Umwandlungsgesetzes oder vergleichbare ausländische Vorgänge;

3. die Umwandlung im Sinne des § 1 Abs. 2 des Umwandlungsgesetzes, soweit sie einer Umwandlung im Sinne des § 1 Abs. 1 des Umwandlungsgesetzes entspricht sowie

4. die Vermögensübertragung im Sinne des § 174 des Umwandlungsgesetzes vom 28. Oktober 1994 (BGBl. I S. 3210, 1995 I S. 428), das zuletzt durch Artikel 10 des Gesetzes vom 9. Dezember 2004 (BGBl. I S. 3214) geändert worden ist, in der jeweils geltenden Fassung.

²Diese Teile gelten nicht für die Ausgliederung im Sinne des § 123 Abs. 3 des Umwandlungsgesetzes.

(2) ¹Absatz 1 findet nur Anwendung, wenn

1. beim Formwechsel der umwandelnde Rechtsträger oder bei den anderen Umwandlungen die übertragenden und die übernehmenden Rechtsträger nach den Rechtsvorschriften eines Mitgliedstaats der Europäischen Union oder eines Staates, auf den das Abkommen über den Europäischen Wirtschaftsraum Anwendung findet, gegründete Gesellschaften im Sinne des Artikels 54 des Vertrags über die Arbeitsweise der Europäischen Union oder des Artikels 34 des Abkommens über den Europäischen Wirtschaftsraum sind, deren Sitz und Ort der Geschäftsleitung sich innerhalb des Hoheitsgebiets eines dieser Staaten befinden oder

2. übertragender Rechtsträger eine Gesellschaft im Sinne der Nummer 1 und übernehmender Rechtsträger eine natürliche Person ist, deren Wohnsitz oder gewöhnlicher Aufenthalt sich innerhalb des Hoheitsgebiets eines der Staaten im Sinne der Nummer 1 befindet und die nicht auf Grund eines Abkommens zur Vermeidung der Doppelbesteuerung mit einem dritten Staat als außerhalb des Hoheitsgebiets dieser Staaten ansässig angesehen wird.

²Eine Europäische Gesellschaft im Sinne der Verordnung (EG) Nr. 2157/ 2001 und eine Europäische Genossenschaft im Sinne der Verordnung (EG) Nr. 1435/2003 gelten für die Anwendung des Satzes 1 als eine nach den Rechtsvorschriften des Staates gegründete Gesellschaft, in dessen Hoheitsgebiet sich der Sitz der Gesellschaft befindet.

(3) Der Sechste bis Achte Teil gilt nur für

1. die Verschmelzung, Aufspaltung und Abspaltung im Sinne der §§ 2 und 123 Abs. 1 und 2 des Umwandlungsgesetzes von Personenhandelsgesellschaften und Partnerschaftsgesellschaften oder vergleichbare ausländische Vorgänge;

2. die Ausgliederung von Vermögensteilen im Sinne des § 123 Abs. 3 des Umwandlungsgesetzes oder vergleichbare ausländische Vorgänge;

3. den Formwechsel einer Personengesellschaft in eine Kapitalgesellschaft oder Genossenschaft im Sinne des § 190 Abs. 1 des Umwandlungsgesetzes oder vergleichbare ausländische Vorgänge;

4. die Einbringung von Betriebsvermögen durch Einzelrechtsnachfolge in eine Kapitalgesellschaft, eine Genossenschaft oder Personengesellschaft sowie

5. den Austausch von Anteilen.

(4) ¹Absatz 3 gilt nur, wenn

1. der übernehmende Rechtsträger eine Gesellschaft im Sinne von Absatz 2 Satz 1 Nr. 1 ist und

2. in den Fällen des Absatzes 3 Nr. 1 bis 4

   a) beim Formwechsel der umwandelnde Rechtsträger, bei der Einbringung durch Einzelrechtsnachfolge der einbringende Rechtsträger oder bei den anderen Umwandlungen der übertragende Rechtsträger

   aa) eine Gesellschaft im Sinne von Absatz 2 Satz 1 Nr. 1 ist und, wenn es sich um eine Personengesellschaft handelt, soweit an dieser Körperschaften, Personenvereinigungen, Vermögensmassen oder natürliche Personen unmittelbar oder mittelbar über eine oder mehrere Personengesellschaften beteiligt sind, die die Voraussetzungen im Sinne von Absatz 2 Satz 1 Nr. 1 und 2 erfüllen, oder

   bb) eine natürliche Person im Sinne von Absatz 2 Satz 1 Nr. 2 ist

   oder

   b) das Recht der Bundesrepublik Deutschland hinsichtlich der Besteuerung des Gewinns aus der Veräußerung der erhaltenen Anteile nicht ausgeschlossen oder beschränkt ist.

[2]Satz 1 ist in den Fällen der Einbringung eines Betriebs, Teilbetriebs oder Mitunternehmeranteils in eine Personengesellschaft nach § 24 nicht anzuwenden.

(5) Soweit dieses Gesetz nichts anderes bestimmt, ist

1. Richtlinie 2009/133/EG
   die Richtlinie 2009/133/EG des Rates vom 19. Oktober 2009 über das gemeinsame Steuersystem für Fusionen, Spaltungen, Abspaltungen, die Einbringung von Unternehmensteilen und den Austausch von Anteilen, die Gesellschaften verschiedener Mitgliedstaaten betreffen, sowie für die Verlegung des Sitzes einer Europäischen Gesellschaft oder einer Europäischen Genossenschaft von einem Mitgliedstaat in einen anderen Mitgliedstaat (ABl. L 310 vom 25. 11. 2009, S. 34), die zuletzt durch die Richtlinie 2013/13/EU (ABl. L 141 vom 28. 5. 2013, S. 30) geändert worden ist, in der zum Zeitpunkt des steuerlichen Übertragungsstichtags jeweils geltenden Fassung;

2. Verordnung (EG) Nr. 2157/2001
   die Verordnung (EG) Nr. 2157/2001 des Rates vom 8. Oktober 2001 über das Statut der Europäischen Gesellschaft (SE) (ABl. EG Nr. L 294 S. 1), zuletzt geändert durch die Verordnung (EG) Nr. 885/2004 des Rates vom 26. April 2004 (ABl. EU Nr. L 168 S. 1), in der zum Zeitpunkt des steuerlichen Übertragungsstichtags jeweils geltenden Fassung;

3. Verordnung (EG) Nr. 1435/2003
   die Verordnung (EG) Nr. 1435/2003 des Rates vom 22. Juli 2003 über das Statut der Europäischen Genossenschaften (SCE) (ABl. EU Nr. L 207 S. 1) in der zum Zeitpunkt des steuerlichen Übertragungsstichtags jeweils geltenden Fassung;

4. Buchwert
   der Wert, der sich nach den steuerrechtlichen Vorschriften über die Gewinnermittlung in einer für den steuerlichen Übertragungsstichtag aufzustellenden Steuerbilanz ergibt oder ergäbe.

§ 2
Steuerliche Rückwirkung

(1) [1]Das Einkommen und das Vermögen der übertragenden Körperschaft sowie des übernehmenden Rechtsträgers sind so zu ermitteln, als ob das Vermögen der Körperschaft mit Ablauf des Stichtags der Bilanz, die dem Vermögensübergang zu Grunde liegt (steuerlicher Übertragungsstichtag), ganz oder teilweise auf den übernehmenden Rechtsträger übergegangen wäre. [2]Das Gleiche gilt für die Ermittlung der Bemessungsgrundlagen bei der Gewerbesteuer.

(2) Ist die Übernehmerin eine Personengesellschaft, gilt Absatz 1 Satz 1 für das Einkommen und das Vermögen der Gesellschafter.

(3) Die Absätze 1 und 2 sind nicht anzuwenden, soweit Einkünfte auf Grund abweichender Regelungen zur Rückbeziehung eines in § 1 Abs. 1 bezeichneten Vorgangs in einem anderen Staat der Besteuerung entzogen werden.

(4) [1]Der Ausgleich oder die Verrechnung eines Übertragungsgewinns mit verrechenbaren Verlusten, verbleibenden Verlustvorträgen, nicht ausgeglichenen negativen Einkünften, einem Zinsvortrag nach § 4h Absatz 1 Satz 5 des Einkommensteuergesetzes und einem EBITDA-Vortrag nach § 4h Absatz 1 Satz 3 des Einkommensteuergesetzes (Verlustnutzung) des übertragenden Rechtsträgers ist nur zulässig, wenn dem übertragenden Rechtsträger die Verlustnutzung auch ohne Anwendung der Absätze 1 und 2 möglich gewesen wäre. [2]Satz 1 gilt für negative Einkünfte des übertragenden Rechtsträgers im Rückwirkungszeitraum entsprechend. [3]Der Ausgleich oder die Verrechnung von positiven Einkünften des übertragenden Rechtsträgers im Rückwirkungszeitraum mit verrechenbaren Verlusten, verbleibenden Verlustvorträgen, nicht ausgeglichenen negativen Einkünften und einem Zinsvortrag nach § 4h Abs. 1 Satz 5 des Einkommensteuergesetzes des übernehmenden Rechtsträgers ist nicht zulässig. [4]Ist übernehmender Rechtsträger eine Organgesellschaft, gilt Satz 3 auch für einen Ausgleich oder eine Verrechnung beim Organträger entsprechend. [5]Ist übernehmender Rechtsträger eine Personengesellschaft, gilt Satz 3 auch für einen Ausgleich oder eine Verrechnung bei den Gesellschaftern entsprechend. [6]Die Sätze 3 bis 5 gelten nicht, wenn übertragender Rechtsträger und übernehmender Rechtsträger vor Ablauf des steuerlichen Übertragungsstichtags verbundene Unternehmen im Sinne des § 271 Abs. 2 des Handelsgesetzbuches sind.

ZWEITER TEIL
Vermögensübergang bei Verschmelzung auf eine Personengesellschaft oder auf eine natürliche Person und Formwechsel einer Kapitalgesellschaft in eine Personengesellschaft

§ 3
Wertansätze in der steuerlichen Schlussbilanz der übertragenden Körperschaft

(1) [1]Bei einer Verschmelzung auf eine Personengesellschaft oder natürliche Person sind die übergehenden Wirtschaftsgüter, einschließlich nicht entgeltlich erworbener und selbst geschaffener immaterieller Wirtschaftsgüter, in der steuerlichen Schlussbilanz der übertragenden Körperschaft mit dem gemeinen Wert anzusetzen. [2]Für die Bewertung von Pensionsrückstellungen gilt § 6a des Einkommensteuergesetzes.

(2) [1]Auf Antrag können die übergehenden Wirtschaftsgüter abweichend von Absatz 1 einheitlich mit dem Buchwert oder einem höheren Wert, höchstens jedoch mit dem Wert nach Absatz 1, angesetzt werden, soweit

1. sie Betriebsvermögen der übernehmenden Personengesellschaft oder natürlichen Person werden und sichergestellt ist, dass sie später der Besteuerung mit Einkommensteuer oder Körperschaftsteuer unterliegen, und

2. das Recht der Bundesrepublik Deutschland hinsichtlich der Besteuerung des Gewinns aus der Veräußerung der übertragenen Wirtschaftsgüter bei den Gesellschaftern der übernehmenden Personengesellschaft oder bei der natürlichen Person nicht ausgeschlossen oder beschränkt wird und

3. eine Gegenleistung nicht gewährt wird oder in Gesellschaftsrechten besteht.

[2]Der Antrag ist spätestens bis zur erstmaligen Abgabe der steuerlichen Schlussbilanz bei dem für die Besteuerung der übertragenden Körperschaft zuständigen Finanzamt zu stellen.

(3) [1]Haben die Mitgliedstaaten der Europäischen Union bei Verschmelzung einer unbeschränkt steuerpflichtigen Körperschaft Artikel 10 der Richtlinie 2009/133/EG anzuwenden, ist die Körperschaftsteuer auf den Übertragungsgewinn gemäß § 26 des Körperschaftsteuergesetzes um den Betrag ausländischer Steuer zu ermäßigen, der nach den Rechtsvorschriften eines anderen Mitgliedstaats der Europäischen Union erhoben worden wäre, wenn die übertragenen Wirtschaftsgüter zum gemeinen Wert veräußert worden wären. [2]Satz 1 gilt nur, soweit die übertragenen Wirtschaftsgüter einer Betriebsstätte der übertragenden Körperschaft in einem anderen Mitgliedstaat der Europäischen Union zuzurechnen sind und die Bundesrepublik Deutschland die Doppelbesteuerung bei der übertragenden Körperschaft nicht durch Freistellung vermeidet.

§ 4
Auswirkungen auf den Gewinn
des übernehmenden Rechtsträgers

(1) [1]Der übernehmende Rechtsträger hat die auf ihn übergegangenen Wirtschaftsgüter mit dem in der steuerlichen Schlussbilanz der übertragenden Körperschaft enthaltenen Wert im Sinne des § 3 zu übernehmen. [2]Die Anteile an der übertragenden Körperschaft sind bei dem übernehmenden Rechtsträger zum steuerlichen Übertragungsstichtag mit dem Buchwert, erhöht um Abschreibungen, die in früheren Jahren steuerwirksam vorgenommen worden sind, sowie um Abzüge nach § 6b des Einkommensteuergesetzes und ähnliche Abzüge, höchstens mit dem gemeinen Wert, anzusetzen. [3]Auf einen sich daraus ergebenden Gewinn finden § 8 b Abs. 2 Satz 4 und 5 des Körperschaftsteuergesetzes sowie § 3 Nr. 40 Satz 1 Buchstabe a Satz 2 und 3 des Einkommensteuergesetzes Anwendung.

(2) [1]Der übernehmende Rechtsträger tritt in die steuerliche Rechtsstellung der übertragenden Körperschaft ein, insbesondere bezüglich der Bewertung der übernommenen Wirtschaftsgüter, der Absetzungen für Abnutzung und der den steuerlichen Gewinn mindernden Rücklagen. [2]Verrechenbare Verluste, verbleibende Verlustvorträge, vom übertragenden Rechtsträger nicht ausgeglichene negative Einkünfte, ein Zinsvortrag nach § 4h Absatz 1 Satz 5 des Einkommensteuergesetzes und ein EBITDA-Vortrag nach § 4h Absatz 1 Satz 3 des Einkommensteuergesetzes gehen nicht über. [3]Ist die Dauer der Zugehörigkeit eines Wirtschaftsguts zum Betriebsvermögen für die Besteuerung bedeutsam, so ist der Zeitraum seiner Zugehörigkeit zum Betriebsvermögen der übertragenden Körperschaft dem übernehmenden

Rechtsträger anzurechnen. [4]Ist die übertragende Körperschaft eine Unterstützungskasse, erhöht sich der laufende Gewinn des übernehmenden Rechtsträgers in dem Wirtschaftsjahr, in das der Umwandlungsstichtag fällt, um die von ihm, seinen Gesellschaftern oder seinen Rechtsvorgängern an die Unterstützungskasse geleisteten Zuwendungen nach § 4d des Einkommensteuergesetzes; § 15 Abs. 1 Satz 1 Nr. 2 Satz 2 des Einkommensteuergesetzes gilt sinngemäß. [5]In Höhe der nach Satz 4 hinzugerechneten Zuwendungen erhöht sich der Buchwert der Anteile an der Unterstützungskasse.

(3) Sind die übergegangenen Wirtschaftsgüter in der steuerlichen Schlussbilanz der übertragenden Körperschaft mit einem über dem Buchwert liegenden Wert angesetzt, sind die Absetzungen für Abnutzung bei dem übernehmenden Rechtsträger in den Fällen des § 7 Abs. 4 Satz 1 und Abs. 5 des Einkommensteuergesetzes nach der bisherigen Bemessungsgrundlage, in allen anderen Fällen nach dem Buchwert, jeweils vermehrt um den Unterschiedsbetrag zwischen dem Buchwert der einzelnen Wirtschaftsgüter und dem Wert, mit dem die Körperschaft die Wirtschaftsgüter in der steuerlichen Schlussbilanz angesetzt hat, zu bemessen.

(4) [1]Infolge des Vermögensübergangs ergibt sich ein Übernahmegewinn oder Übernahmeverlust in Höhe des Unterschiedsbetrags zwischen dem Wert, mit dem die übergegangenen Wirtschaftsgüter zu übernehmen sind, abzüglich der Kosten für den Vermögensübergang und dem Wert der Anteile an der übertragenden Körperschaft (Absätze 1 und 2, § 5 Abs. 2 und 3). [2]Für die Ermittlung des Übernahmegewinns oder Übernahmeverlusts sind abweichend von Satz 1 die übergegangenen Wirtschaftsgüter der übertragenden Körperschaft mit dem Wert nach § 3 Abs. 1 anzusetzen, soweit an ihnen kein Recht der Bundesrepublik Deutschland zur Besteuerung des Gewinns aus einer Veräußerung bestand. [3]Bei der Ermittlung des Übernahmegewinns oder des Übernahmeverlusts bleibt der Wert der übergegangenen Wirtschaftsgüter außer Ansatz, soweit er auf Anteile an der übertragenden Körperschaft entfällt, die am steuerlichen Übertragungsstichtag nicht zum Betriebsvermögen des übernehmenden Rechtsträgers gehören.

(5) [1]Ein Übernahmegewinn erhöht sich und ein Übernahmeverlust verringert sich um einen Sperrbetrag im Sinne des § 50c des Einkommensteuergesetzes, soweit die Anteile an der übertragenden Körperschaft am steuerlichen Übertragungsstichtag zum Betriebsvermögen des übernehmenden Rechtsträgers gehören. [2]Ein Übernahmegewinn vermindert sich oder ein Übernahmeverlust erhöht sich um die Bezüge, die nach § 7 zu den Einkünften aus Kapitalvermögen im Sinne des § 20 Abs. 1 Nr. 1 des Einkommensteuergesetzes gehören.

(6) [1]Ein Übernahmeverlust bleibt außer Ansatz, soweit er auf eine Körperschaft, Personenvereinigung oder Vermögensmasse als Mitunternehmerin der Personengesellschaft entfällt. [2]Satz 1 gilt nicht für Anteile an der übertragenden Gesellschaft, die die Voraussetzungen des § 8b Abs. 7 oder des Abs. 8 Satz 1 des Körperschaftsteuergesetzes erfüllen. [3]In den Fällen des Satzes 2 ist der Übernahmeverlust bis zur Höhe der Bezüge im Sinne des § 7 zu berücksichtigen. [4]In den übrigen Fällen ist er in Höhe von 60 Prozent, höchstens jedoch in Höhe von 60 Prozent der Bezüge im Sinne des § 7 zu berücksichtigen; ein danach verbleibender Übernahmeverlust bleibt außer

Ansatz. [5]Satz 4 gilt nicht für Anteile an der übertragenden Gesellschaft, die die Voraussetzungen des § 3 Nr. 40 Satz 3 und 4 des Einkommensteuergesetzes erfüllen; in diesen Fällen gilt Satz 3 entsprechend. [6]Ein Übernahmeverlust bleibt abweichend von den Sätzen 2 bis 5 außer Ansatz, soweit bei Veräußerung der Anteile an der übertragenden Körperschaft ein Veräußerungsverlust nach § 17 Abs. 2 Satz 6 des Einkommensteuergesetzes nicht zu berücksichtigen wäre oder soweit die Anteile an der übertragenden Körperschaft innerhalb der letzten fünf Jahre vor dem steuerlichen Übertragungsstichtag entgeltlich erworben wurden.

(7) [1]Soweit der Übernahmegewinn auf eine Körperschaft, Personenvereinigung oder Vermögensmasse als Mitunternehmerin der Personengesellschaft entfällt, ist § 8b des Körperschaftsteuergesetzes anzuwenden. [2]In den übrigen Fällen ist § 3 Nr. 40 sowie § 3c des Einkommensteuergesetzes anzuwenden.

§ 5
Besteuerung der Anteilseigner der übertragenden Körperschaft

(1) Hat der übernehmende Rechtsträger Anteile an der übertragenden Körperschaft nach dem steuerlichen Übertragungsstichtag angeschafft oder findet er einen Anteilseigner ab, so ist der Gewinn so zu ermitteln, als hätte er die Anteile an diesem Stichtag angeschafft.

(2) Anteile an der übertragenden Körperschaft im Sinne des § 17 des Einkommensteuergesetzes, die an dem steuerlichen Übertragungsstichtag nicht zu einem Betriebsvermögen eines Gesellschafters der übernehmenden Personalgesellschaft oder einer natürlichen Person gehören, gelten für die Ermittlung des Gewinns als an diesem Stichtag in das Betriebsvermögen des übernehmenden Rechtsträgers mit den Anschaffungskosten eingelegt.

(3) [1]Gehören an dem steuerlichen Übertragungsstichtag Anteile an der übertragenden Körperschaft zum Betriebsvermögen eines Anteilseigners, ist der Gewinn so zu ermitteln, als seien die Anteile an diesem Stichtag zum Buchwert, erhöht um Abschreibungen sowie um Abzüge nach § 6b des Einkommensteuergesetzes und ähnliche Abzüge, die in früheren Jahren steuerwirksam vorgenommen worden sind, höchstens mit dem gemeinen Wert, in das Betriebsvermögen des übernehmenden Rechtsträgers überführt worden. [2]§ 4 Abs. 1 Satz 3 gilt entsprechend.

§ 6
Gewinnerhöhung durch Vereinigung von Forderungen und Verbindlichkeiten

(1) [1]Erhöht sich der Gewinn des übernehmenden Rechtsträgers dadurch, dass der Vermögensübergang zum Erlöschen von Forderungen und Verbindlichkeiten zwischen der übertragenden Körperschaft und dem übernehmenden Rechtsträger oder zur Auflösung von Rückstellungen führt, so darf der übernehmende Rechtsträger insoweit eine den steuerlichen Gewinn mindernde Rücklage bilden. [2]Die Rücklage ist in den auf ihre Bildung folgenden drei Wirtschaftsjahren mit mindestens je einem Drittel gewinnerhöhend aufzulösen.

(2) [1]Absatz 1 gilt entsprechend, wenn sich der Gewinn eines Gesellschafters des übernehmenden Rechtsträgers dadurch erhöht, dass eine Forderung oder Verbindlichkeit der übertragenden Körperschaft auf den übernehmenden Rechtsträger übergeht oder dass infolge des Vermögensübergangs eine Rückstellung aufzulösen ist. [2]Satz 1 gilt nur für Gesellschafter, die im Zeitpunkt der Eintragung des Umwandlungsbeschlusses in das öffentliche Register an dem übernehmenden Rechtsträger beteiligt sind.

(3) [1]Die Anwendung der Absätze 1 und 2 entfällt rückwirkend, wenn der übernehmende Rechtsträger den auf ihn übergegangenen Betrieb innerhalb von fünf Jahren nach dem steuerlichen Übertragungsstichtag in eine Kapitalgesellschaft einbringt oder ohne triftigen Grund veräußert oder aufgibt. [2]Bereits erteilte Steuerbescheide, Steuermessbescheide, Freistellungsbescheide oder Feststellungsbescheide sind zu ändern, soweit sie auf der Anwendung der Absätze 1 und 2 beruhen.

§ 7
Besteuerung offener Rücklagen

[1]Dem Anteilseigner ist der Teil des in der Steuerbilanz ausgewiesenen Eigenkapitals abzüglich des Bestands des steuerlichen Einlagekontos im Sinne des § 27 des Körperschaftsteuergesetzes, der sich nach Anwendung des § 29 Abs. 1 des Körperschaftsteuergesetzes ergibt, in dem Verhältnis der Anteile zum Nennkapital der übertragenden Körperschaft als Einnahmen aus Kapitalvermögen im Sinne des § 20 Abs. 1 Nr. 1 des Einkommensteuergesetzes zuzurechnen. [2]Dies gilt unabhängig davon, ob für den Anteilseigner ein Übernahmegewinn oder Übernahmeverlust nach § 4 oder § 5 ermittelt wird.

§ 8
Vermögensübertragung auf einen Rechtsträger ohne Betriebsvermögen

(1) [1]Wird das übertragene Vermögen nicht Betriebsvermögen des übernehmenden Rechtsträgers, sind die infolge des Vermögensübergangs entstehenden Einkünfte bei diesem oder den Gesellschaftern des übernehmenden Rechtsträgers zu ermitteln. [2]Die §§ 4, 5 und 7 gelten entsprechend.

(2) In den Fällen des Absatzes 1 sind § 17 Abs. 3 und § 22 Nr. 2 des Einkommensteuergesetzes nicht anzuwenden.

§ 9
Formwechsel in eine Personengesellschaft

[1]Im Falle des Formwechsels einer Kapitalgesellschaft in eine Personengesellschaft sind die §§ 3 bis 8 und 10 entsprechend anzuwenden. [2]Die Kapitalgesellschaft hat für steuerliche Zwecke auf den Zeitpunkt, in dem der Formwechsel wirksam wird, eine Übertragungsbilanz, die Personengesellschaft eine Eröffnungsbilanz aufzustellen. [3]Die Bilanzen nach Satz 2 können auch für einen Stichtag aufgestellt werden, der höchstens acht Monate vor der Anmeldung des Formwechsels zur Eintragung in ein öffentliches Register liegt (Übertragungsstichtag); § 2 Abs. 3 und 4 gilt entsprechend.

§ 10
(weggefallen)

DRITTER TEIL
Verschmelzung oder Vermögensübertragung (Vollübertragung) auf eine andere Körperschaft

§ 11
Wertansätze in der steuerlichen Schlussbilanz der übertragenden Körperschaft

(1) ¹Bei einer Verschmelzung oder Vermögensübertragung (Vollübertragung) auf eine andere Körperschaft sind die übergehenden Wirtschaftsgüter, einschließlich nicht entgeltlich erworbener oder selbst geschaffener immaterieller Wirtschaftsgüter, in der steuerlichen Schlussbilanz der übertragenden Körperschaft mit dem gemeinen Wert anzusetzen. ²Für die Bewertung von Pensionsrückstellungen gilt § 6a des Einkommensteuergesetzes.

(2) ¹Auf Antrag können die übergehenden Wirtschaftsgüter abweichend von Absatz 1 einheitlich mit dem Buchwert oder einem höheren Wert, höchstens jedoch mit dem Wert nach Absatz 1, angesetzt werden, soweit

1. sichergestellt ist, dass sie später bei der übernehmenden Körperschaft der Besteuerung mit Körperschaftsteuer unterliegen und

2. das Recht der Bundesrepublik Deutschland hinsichtlich der Besteuerung des Gewinns aus der Veräußerung der übertragenen Wirtschaftsgüter bei der übernehmenden Körperschaft nicht ausgeschlossen oder beschränkt wird und

3. eine Gegenleistung nicht gewährt wird oder in Gesellschaftsrechten besteht.

²Anteile an der übernehmenden Körperschaft sind mindestens mit dem Buchwert, erhöht um Abschreibungen sowie um Abzüge nach § 6b des Einkommensteuergesetzes und ähnliche Abzüge, die in früheren Jahren steuerwirksam vorgenommen worden sind, höchstens mit dem gemeinen Wert, anzusetzen. ³Auf einen sich daraus ergebenden Gewinn findet § 8b Abs. 2 Satz 4 und 5 des Körperschaftsteuergesetzes Anwendung.

(3) § 3 Abs. 2 Satz 2 und Abs. 3 gilt entsprechend.

§ 12
Auswirkungen auf den Gewinn der übernehmenden Körperschaft

(1) ¹Die übernehmende Körperschaft hat die auf sie übergegangenen Wirtschaftsgüter mit dem in der steuerlichen Schlussbilanz der übertragenden Körperschaft enthaltenen Wert im Sinne des § 11 zu übernehmen. ²§ 4 Abs. 1 Satz 2 und 3 gilt entsprechend.

(2) ¹Bei der übernehmenden Körperschaft bleibt ein Gewinn oder ein Verlust in Höhe des Unterschieds zwischen dem Buchwert der Anteile an der

übertragenden Körperschaft und dem Wert, mit dem die übergegangenen Wirtschaftsgüter zu übernehmen sind, abzüglich der Kosten für den Vermögensübergang, außer Ansatz. [2]§ 8b des Körperschaftsteuergesetzes ist anzuwenden, soweit der Gewinn im Sinne des Satzes 1 abzüglich der anteilig darauf entfallenden Kosten für den Vermögensübergang, dem Anteil der übernehmenden Körperschaft an der übertragenden Körperschaft entspricht. [3]§ 5 Abs. 1 gilt entsprechend.

(3) Die übernehmende Körperschaft tritt in die steuerliche Rechtsstellung der übertragenden Körperschaft ein; § 4 Abs. 2 und 3 gilt entsprechend.

(4) § 6 gilt sinngemäß für den Teil des Gewinns aus der Vereinigung von Forderungen und Verbindlichkeiten, der der Beteiligung der übernehmenden Körperschaft am Grund- oder Stammkapital der übertragenden Körperschaft entspricht.

(5) Im Falle des Vermögensübergangs in den nicht steuerpflichtigen oder steuerbefreiten Bereich der übernehmenden Körperschaft gilt das in der Steuerbilanz ausgewiesene Eigenkapital abzüglich des Bestands des steuerlichen Einlagekontos im Sinne des § 27 des Körperschaftsteuergesetzes, der sich nach Anwendung des § 29 Abs. 1 des Körperschaftsteuergesetzes ergibt, als Einnahme im Sinne des § 20 Abs. 1 Nr. 1 des Einkommensteuergesetzes.

§ 13
Besteuerung der Anteilseigner der übertragenden Körperschaft

(1) Die Anteile an der übertragenden Körperschaft gelten als zum gemeinen Wert veräußert und die an ihre Stelle tretenden Anteile an der übernehmenden Körperschaft gelten als mit diesem Wert angeschafft.

(2) [1]Abweichend von Absatz 1 sind auf Antrag die Anteile an der übernehmenden Körperschaft mit dem Buchwert der Anteile an der übertragenden Körperschaft anzusetzen, wenn

1. das Recht der Bundesrepublik Deutschland hinsichtlich der Besteuerung des Gewinns aus der Veräußerung der Anteile an der übernehmenden Körperschaft nicht ausgeschlossen oder beschränkt wird oder

2. die Mitgliedstaaten der Europäischen Union bei einer Verschmelzung Artikel 8 der Richtlinie 2009/133/EG anzuwenden haben; in diesem Fall ist der Gewinn aus einer späteren Veräußerung der erworbenen Anteile ungeachtet der Bestimmungen eines Abkommens zur Vermeidung der Doppelbesteuerung in der gleichen Art und Weise zu besteuern, wie die Veräußerung der Anteile an der übertragenden Körperschaft zu besteuern wäre. § 15 Abs. 1a Satz 2 des Einkommensteuergesetzes ist entsprechend anzuwenden.

[2]Die Anteile an der übernehmenden Körperschaft treten steuerlich an die Stelle der Anteile an der übertragenden Körperschaft. [3]Gehören die Anteile an der übertragenden Körperschaft nicht zu einem Betriebsvermögen, treten an die Stelle des Buchwerts die Anschaffungskosten.

§ 14
(weggefallen)

VIERTER TEIL
Aufspaltung, Abspaltung und Vermögensübertragung (Teilübertragung)

§ 15
Aufspaltung, Abspaltung und Teilübertragung auf andere Körperschaften

(1) [1]Geht Vermögen einer Körperschaft durch Aufspaltung oder Abspaltung oder durch Teilübertragung auf andere Körperschaften über, gelten die §§ 11 bis 13 vorbehaltlich des Satzes 2 und des § 16 entsprechend. [2]§ 11 Abs. 2 und § 13 Abs. 2 sind nur anzuwenden, wenn auf die Übernehmerinnen ein Teilbetrieb übertragen wird und im Falle der Abspaltung oder Teilübertragung bei der übertragenden Körperschaft ein Teilbetrieb verbleibt. [3]Als Teilbetrieb gilt auch ein Mitunternehmeranteil oder die Beteiligung an einer Kapitalgesellschaft, die das gesamte Nennkapital der Gesellschaft umfasst.

(2) [1]§ 11 Abs. 2 ist auf Mitunternehmeranteile und Beteiligungen im Sinne des Absatzes 1 nicht anzuwenden, wenn sie innerhalb eines Zeitraumes von drei Jahren vor dem steuerlichen Übertragungsstichtag durch Übertragung von Wirtschaftsgütern, die kein Teilbetrieb sind, erworben oder aufgestockt worden sind. [2]§ 11 Abs. 2 ist ebenfalls nicht anzuwenden, wenn durch die Spaltung die Veräußerung an außenstehende Personen vollzogen wird. [3]Das Gleiche gilt, wenn durch die Spaltung die Voraussetzungen für eine Veräußerung geschaffen werden. [4]Davon ist auszugehen, wenn innerhalb von fünf Jahren nach dem steuerlichen Übertragungsstichtag Anteile an einer an der Spaltung beteiligten Körperschaft, die mehr als 20 Prozent der vor Wirksamwerden der Spaltung an der Körperschaft bestehenden Anteile ausmachen, veräußert werden. [5]Bei der Trennung von Gesellschafterstämmen setzt die Anwendung des § 11 Abs. 2 außerdem voraus, dass die Beteiligungen an der übertragenden Körperschaft mindestens fünf Jahre vor dem steuerlichen Übertragungsstichtag bestanden haben.

(3) Bei einer Abspaltung mindern sich verrechenbare Verluste, verbleibende Verlustvorträge, nicht ausgeglichene negative Einkünfte, ein Zinsvortrag nach § 4h Abs. 1 Satz 5 des Einkommensteuergesetzes und ein EBITDA-Vortrag nach § 4h Abs. 1 Satz 3 des Einkommensteuergesetzes der übertragenden Körperschaft in dem Verhältnis, in dem bei Zugrundelegung des gemeinen Werts das Vermögen auf eine andere Körperschaft übergeht.

§ 16
Aufspaltung oder Abspaltung auf eine Personengesellschaft

[1]Soweit Vermögen einer Körperschaft durch Aufspaltung oder Abspaltung auf eine Personengesellschaft übergeht, gelten die §§ 3 bis 8, 10 und 15 entsprechend. [2]§ 10 ist für den in § 40 Absatz 2 Satz 3 des Körperschaftsteuer-

gesetzes bezeichneten Teil des Betrags im Sinne des § 38 des Körperschaftsteuergesetzes anzuwenden.

FÜNFTER TEIL
Gewerbesteuer

§ 17
(weggefallen)

§ 18
**Gewerbesteuer bei Vermögensübergang auf eine Personengesellschaft
oder auf eine natürliche Person
sowie bei Formwechsel in eine Personengesellschaft**

(1) [1]Die §§ 3 bis 9 und 16 gelten bei Vermögensübergang auf eine Personengesellschaft oder auf eine natürliche Person sowie bei Formwechsel in eine Personengesellschaft auch für die Ermittlung des Gewerbeertrags. [2]Der maßgebende Gewerbeertrag der übernehmenden Personengesellschaft oder natürlichen Person kann nicht um Fehlbeträge des laufenden Erhebungszeitraums und die vortragsfähigen Fehlbeträge der übertragenden Körperschaft im Sinne des § 10a des Gewerbesteuergesetzes gekürzt werden.

(2) [1]Ein Übernahmegewinn oder Übernahmeverlust ist nicht zu erfassen. [2]In Fällen des § 5 Abs. 2 ist ein Gewinn nach § 7 nicht zu erfassen.

(3) [1]Wird der Betrieb der Personengesellschaft oder der natürlichen Person innerhalb von fünf Jahren nach der Umwandlung aufgegeben oder veräußert, unterliegt ein Aufgabe- oder Veräußerungsgewinn der Gewerbesteuer, auch soweit er auf das Betriebsvermögen entfällt, das bereits vor der Umwandlung im Betrieb der übernehmenden Personengesellschaft oder der natürlichen Person vorhanden war. [2]Satz 1 gilt entsprechend, soweit ein Teilbetrieb oder ein Anteil an der Personengesellschaft aufgegeben oder veräußert wird. [3]Der auf den Aufgabe- oder Veräußerungsgewinnen im Sinne der Sätze 1 und 2 beruhende Teil des Gewerbesteuer-Messbetrags ist bei der Ermäßigung der Einkommensteuer nach § 35 des Einkommensteuergesetzes nicht zu berücksichtigen.

§ 19
**Gewerbesteuer bei Vermögensübertragung
auf eine andere Körperschaft**

(1) Geht das Vermögen der übertragenden Körperschaft auf eine andere Körperschaft über, gelten die §§ 11 bis 15 auch für die Ermittlung des Gewerbeertrags.

(2) Für die vortragsfähigen Fehlbeträge der übertragenden Körperschaft im Sinne des § 10a des Gewerbesteuergesetzes gelten § 12 Abs. 3 und § 15 Abs. 3 entsprechend.

SECHSTER TEIL
Einbringung von Unternehmensteilen in eine Kapitalgesellschaft oder Genossenschaft und Anteilstausch

§ 20
Einbringung von Unternehmensteilen in eine Kapitalgesellschaft oder Genossenschaft

(1) Wird ein Betrieb oder Teilbetrieb oder ein Mitunternehmeranteil in eine Kapitalgesellschaft oder eine Genossenschaft (übernehmende Gesellschaft) eingebracht und erhält der Einbringende dafür neue Anteile an der Gesellschaft (Sacheinlage), gelten für die Bewertung des eingebrachten Betriebsvermögens und der neuen Gesellschaftsanteile die nachfolgenden Absätze.

(2) [1]Die übernehmende Gesellschaft hat das eingebrachte Betriebsvermögen mit dem gemeinen Wert anzusetzen; für die Bewertung von Pensionsrückstellungen gilt § 6a des Einkommensteuergesetzes. [2]Abweichend von Satz 1 kann das übernommene Betriebsvermögen auf Antrag einheitlich mit dem Buchwert oder einem höheren Wert, höchstens jedoch mit dem Wert im Sinne des Satzes 1, angesetzt werden, soweit

1. sichergestellt ist, dass es später bei der übernehmenden Körperschaft der Besteuerung mit Körperschaftsteuer unterliegt,

2. die Passivposten des eingebrachten Betriebsvermögens die Aktivposten nicht übersteigen; dabei ist das Eigenkapital nicht zu berücksichtigen,

3. das Recht der Bundesrepublik Deutschland hinsichtlich der Besteuerung des Gewinns aus der Veräußerung des eingebrachten Betriebsvermögens bei der übernehmenden Gesellschaft nicht ausgeschlossen oder beschränkt wird und

4. der gemeine Wert von sonstigen Gegenleistungen, die neben den neuen Gesellschaftsanteilen gewährt werden, nicht mehr beträgt als

   a) 25 Prozent des Buchwerts des eingebrachten Betriebsvermögens oder

   b) 500 000 Euro, höchstens jedoch den Buchwert des eingebrachten Betriebsvermögens.

[3]Der Antrag ist spätestens bis zur erstmaligen Abgabe der steuerlichen Schlussbilanz bei dem für die Besteuerung der übernehmenden Gesellschaft zuständigen Finanzamt zu stellen. [4]Erhält der Einbringende neben den neuen Gesellschaftsanteilen auch sonstige Gegenleistungen, ist das eingebrachte Betriebsvermögen abweichend von Satz 2 mindestens mit dem gemeinen Wert der sonstigen Gegenleistung anzusetzen, wenn dieser den sich nach Satz 2 ergebenden Wert übersteigt.

(3) [1]Der Wert, mit dem die übernehmende Gesellschaft das eingebrachte Betriebsvermögen ansetzt, gilt für den Einbringenden als Veräußerungspreis und als Anschaffungskosten der Gesellschaftsanteile. [2]Ist das Recht der Bundesrepublik Deutschland hinsichtlich der Besteuerung des Gewinns aus der Veräußerung des eingebrachten Betriebsvermögens im Zeitpunkt der Einbringung ausgeschlossen und wird dieses auch nicht durch die Einbrin-

gung begründet, gilt für den Einbringenden insoweit der gemeine Wert des Betriebsvermögens im Zeitpunkt der Einbringung als Anschaffungskosten der Anteile. [3]Soweit neben den Gesellschaftsanteilen auch andere Wirtschaftsgüter gewährt werden, ist deren gemeiner Wert bei der Bemessung der Anschaffungskosten der Gesellschaftsanteile von dem sich nach den Sätzen 1 und 2 ergebenden Wert abzuziehen. [4]Umfasst das eingebrachte Betriebsvermögen auch einbringungsgeborene Anteile im Sinne von § 21 Abs. 1 in der Fassung der Bekanntmachung vom 15. Oktober 2002 (BGBl. I S. 4133, 2003 I S. 738), geändert durch Artikel 3 des Gesetzes vom 16. Mai 2003 (BGBl. I S. 660), gelten die erhaltenen Anteile insoweit auch als einbringungsgeboren im Sinne von § 21 Abs. 1 in der Fassung der Bekanntmachung vom 15. Oktober 2002 (BGBl. I S. 4133, 2003 I S. 738), geändert durch Artikel 3 des Gesetzes vom 16. Mai 2003 (BGBl. I S. 660).

(4) [1]Auf einen bei der Sacheinlage entstehenden Veräußerungsgewinn ist § 16 Abs. 4 des Einkommensteuergesetzes nur anzuwenden, wenn der Einbringende eine natürliche Person ist, es sich nicht um die Einbringung von Teilen eines Mitunternehmeranteils handelt und die übernehmende Gesellschaft das eingebrachte Betriebsvermögen mit dem gemeinen Wert ansetzt. [2]In diesen Fällen ist § 34 Abs. 1 und 3 des Einkommensteuergesetzes nur anzuwenden, soweit der Veräußerungsgewinn nicht nach § 3 Nr. 40 Satz 1 in Verbindung mit § 3c Abs. 2 des Einkommensteuergesetzes teilweise steuerbefreit ist.

(5) [1]Das Einkommen und das Vermögen des Einbringenden und der übernehmenden Gesellschaft sind auf Antrag so zu ermitteln, als ob das eingebrachte Betriebsvermögen mit Ablauf des steuerlichen Übertragungsstichtags (Absatz 6) auf die Übernehmerin übergegangen wäre. [2]Dies gilt hinsichtlich des Einkommens und des Gewerbeertrags nicht für Entnahmen und Einlagen, die nach dem steuerlichen Übertragungsstichtag erfolgen. [3]Die Anschaffungskosten der Anteile (Absatz 3) sind um den Buchwert der Entnahmen zu vermindern und um den sich nach § 6 Abs. 1 Nr. 5 des Einkommensteuergesetzes ergebenden Wert der Einlagen zu erhöhen.

(6) [1]Als steuerlicher Übertragungsstichtag (Einbringungszeitpunkt) darf in den Fällen der Sacheinlage durch Verschmelzung im Sinne des § 2 des Umwandlungsgesetzes der Stichtag angesehen werden, für den die Schlussbilanz jedes der übertragenden Unternehmen im Sinne des § 17 Abs. 2 des Umwandlungsgesetzes aufgestellt ist; dieser Stichtag darf höchstens acht Monate vor der Anmeldung der Verschmelzung zur Eintragung in das Handelsregister liegen. [2]Entsprechendes gilt, wenn Vermögen im Wege der Sacheinlage durch Aufspaltung, Abspaltung oder Ausgliederung nach § 123 des Umwandlungsgesetzes auf die übernehmende Gesellschaft übergeht. [3]In anderen Fällen der Sacheinlage darf die Einbringung auf einen Tag zurückbezogen werden, der höchstens acht Monate vor dem Tag des Abschlusses des Einbringungsvertrags liegt und höchstens acht Monate vor dem Zeitpunkt liegt, an dem das eingebrachte Betriebsvermögen auf die übernehmende Gesellschaft übergeht. [4]§ 2 Abs. 3 und 4 gilt entsprechend.

(7) § 3 Abs. 3 ist entsprechend anzuwenden.

(8) Ist eine gebietsfremde einbringende oder erworbene Gesellschaft im Sinne von Artikel 3 der Richtlinie 2009/133/EG als steuerlich transparent

anzusehen, ist auf Grund Artikel 11 der Richtlinie 2009/133/EG die ausländische Steuer, die nach den Rechtsvorschriften des anderen Mitgliedstaats der Europäischen Union erhoben worden wäre, wenn die einer in einem anderen Mitgliedstaat belegenen Betriebsstätte zuzurechnenden eingebrachten Wirtschaftsgüter zum gemeinen Wert veräußert worden wären, auf die auf den Einbringungsgewinn entfallende Körperschaftsteuer oder Einkommensteuer unter entsprechender Anwendung von § 26 des Körperschaftsteuergesetzes und von den §§ 34c und 50 Absatz 3 des Einkommensteuergesetzes anzurechnen.

(9) Ein Zinsvortrag nach § 4h Absatz 1 Satz 2 des Einkommensteuergesetzes und ein EBITDA-Vortrag nach § 4h Absatz 1 Satz 3 des Einkommensteuergesetzes des eingebrachten Betriebs gehen nicht auf die übernehmende Gesellschaft über.

§ 21
Bewertung der Anteile beim Anteilstausch

(1) [1]Werden Anteile an einer Kapitalgesellschaft oder einer Genossenschaft (erworbene Gesellschaft) in eine Kapitalgesellschaft oder Genossenschaft (übernehmende Gesellschaft) gegen Gewährung neuer Anteile an der übernehmenden Gesellschaft eingebracht (Anteilstausch), hat die übernehmende Gesellschaft die eingebrachten Anteile mit dem gemeinen Wert anzusetzen. [2]Abweichend von Satz 1 können die eingebrachten Anteile auf Antrag mit dem Buchwert oder einem höheren Wert, höchstens jedoch mit dem gemeinen Wert, angesetzt werden, wenn

1. die übernehmende Gesellschaft nach der Einbringung auf Grund ihrer Beteiligung einschließlich der eingebrachten Anteile nachweisbar unmittelbar die Mehrheit der Stimmrechte an der erworbenen Gesellschaft hat (qualifizierter Anteilstausch) und soweit

2. der gemeine Wert von sonstigen Gegenleistungen, die neben den neuen Anteilen gewährt werden, nicht mehr beträgt als

   a) 25 Prozent des Buchwerts der eingebrachten Anteile oder

   b) 500 000 Euro, höchstens jedoch den Buchwert der eingebrachten Anteile.

[3]§ 20 Absatz 2 Satz 3 gilt entsprechend. [4]Erhält der Einbringende neben den neuen Gesellschaftsanteilen auch sonstige Gegenleistungen, sind die eingebrachten Anteile abweichend von Satz 2 mindestens mit dem gemeinen Wert der sonstigen Gegenleistungen anzusetzen, wenn dieser den sich nach Satz 2 ergebenden Wert übersteigt.

(2) [1]Der Wert, mit dem die übernehmende Gesellschaft die eingebrachten Anteile ansetzt, gilt für den Einbringenden als Veräußerungspreis der eingebrachten Anteile und als Anschaffungskosten der erhaltenen Anteile. [2]Abweichend von Satz 1 gilt für den Einbringenden der gemeine Wert der eingebrachten Anteile als Veräußerungspreis und als Anschaffungskosten der erhaltenen Anteile, wenn für die eingebrachten Anteile nach der Einbringung das Recht der Bundesrepublik Deutschland hinsichtlich der Besteuerung des Gewinns aus der Veräußerung dieser Anteile ausgeschlossen

oder beschränkt ist; dies gilt auch, wenn das Recht der Bundesrepublik Deutschland hinsichtlich der Besteuerung des Gewinns aus der Veräußerung der erhaltenen Anteile ausgeschlossen oder beschränkt ist. [3]Auf Antrag gilt in den Fällen des Satzes 2 unter den Voraussetzungen des Absatzes 1 Satz 2 der Buchwert oder ein höherer Wert, höchstens der gemeine Wert, als Veräußerungspreis der eingebrachten Anteile und als Anschaffungskosten der erhaltenen Anteile, wenn

1. das Recht der Bundesrepublik Deutschland hinsichtlich der Besteuerung des Gewinns aus der Veräußerung der erhaltenen Anteile nicht ausgeschlossen oder beschränkt ist oder

2. der Gewinn aus dem Anteilstausch auf Grund Artikel 8 der Richtlinie 2009/133/EG nicht besteuert werden darf; in diesem Fall ist der Gewinn aus einer späteren Veräußerung der erhaltenen Anteile ungeachtet der Bestimmungen eines Abkommens zur Vermeidung der Doppelbesteuerung in der gleichen Art und Weise zu besteuern, wie die Veräußerung der Anteile an der erworbenen Gesellschaft zu besteuern gewesen wäre; § 15 Abs. 1a Satz 2 des Einkommensteuergesetzes ist entsprechend anzuwenden.

[4]Der Antrag ist spätestens bis zur erstmaligen Abgabe der Steuererklärung bei dem für die Besteuerung des Einbringenden zuständigen Finanzamt zu stellen. [5]Haben die eingebrachten Anteile beim Einbringenden nicht zu einem Betriebsvermögen gehört, treten an die Stelle des Buchwerts die Anschaffungskosten. § 20 Abs. 3 Satz 3 und 4 gilt entsprechend.

(3) [1]Auf den beim Anteilstausch entstehenden Veräußerungsgewinn ist § 17 Abs. 3 des Einkommensteuergesetzes nur anzuwenden, wenn der Einbringende eine natürliche Person ist und die übernehmende Gesellschaft die eingebrachten Anteile nach Absatz 1 Satz 1 oder in den Fällen des Absatzes 2 Satz 2 der Einbringende mit dem gemeinen Wert ansetzt; dies gilt für die Anwendung von § 16 Abs. 4 des Einkommensteuergesetzes unter der Voraussetzung, dass eine im Betriebsvermögen gehaltene Beteiligung an einer Kapitalgesellschaft eingebracht wird, die das gesamte Nennkapital der Kapitalgesellschaft umfasst. [2]§ 34 Abs. 1 des Einkommensteuergesetzes findet keine Anwendung.

§ 22
Besteuerung des Anteilseigners

(1) [1]Soweit in den Fällen einer Sacheinlage unter dem gemeinen Wert (§ 20 Abs. 2 Satz 2) der Einbringende die erhaltenen Anteile innerhalb eines Zeitraums von sieben Jahren nach dem Einbringungszeitpunkt veräußert, ist der Gewinn aus der Einbringung rückwirkend im Wirtschaftsjahr der Einbringung als Gewinn des Einbringenden im Sinne von § 16 des Einkommensteuergesetzes zu versteuern (Einbringungsgewinn I); § 16 Abs. 4 und § 34 des Einkommensteuergesetzes sind nicht anzuwenden. [2]Die Veräußerung der erhaltenen Anteile gilt insoweit als rückwirkendes Ereignis im Sinne von § 175 Abs. 1 Satz 1 Nr. 2 der Abgabenordnung. [3]Einbringungsgewinn I ist der Betrag, um den der gemeine Wert des eingebrachten Betriebsvermögens im Einbringungszeitpunkt nach Abzug der Kosten für den Vermögens-

übergang den Wert, mit dem die übernehmende Gesellschaft dieses eingebrachte Betriebsvermögen angesetzt hat, übersteigt, vermindert um jeweils
ein Siebtel für jedes seit dem Einbringungszeitpunkt abgelaufene Zeitjahr.
[4]Der Einbringungsgewinn I gilt als nachträgliche Anschaffungskosten der
erhaltenen Anteile. [5]Umfasst das eingebrachte Betriebsvermögen auch Anteile an Kapitalgesellschaften oder Genossenschaften, ist insoweit § 22
Abs. 2 anzuwenden; ist in diesen Fällen das Recht der Bundesrepublik
Deutschland hinsichtlich der Besteuerung des Gewinns aus der Veräußerung der erhaltenen Anteile ausgeschlossen oder beschränkt, sind daneben
auch die Sätze 1 bis 4 anzuwenden. [6]Die Sätze 1 bis 5 gelten entsprechend,
wenn

1. der Einbringende die erhaltenen Anteile unmittelbar oder mittelbar unentgeltlich auf eine Kapitalgesellschaft oder eine Genossenschaft überträgt,

2. der Einbringende die erhaltenen Anteile entgeltlich überträgt, es sei
   denn er weist nach, dass die Übertragung durch einen Vorgang im Sinne
   des § 20 Absatz 1 oder § 21 Absatz 1 oder auf Grund vergleichbarer ausländischer Vorgänge zu Buchwerten erfolgte und keine sonstigen Gegenleistungen erbracht wurden, die die Grenze des § 20 Absatz 2 Satz 2
   Nummer 4 oder die Grenze des § 21 Absatz 1 Satz 2 Nummer 2 übersteu-
   gen,

3. die Kapitalgesellschaft, an der die Anteile bestehen, aufgelöst und abgewickelt wird oder das Kapital dieser Gesellschaft herabgesetzt und an die
   Anteilseigner zurückgezahlt wird oder Beträge aus dem steuerlichen Einlagenkonto im Sinne des § 27 des Körperschaftsteuergesetzes ausgeschüttet oder zurückgezahlt werden,

4. der Einbringende die erhaltenen Anteile durch einen Vorgang im Sinne
   des § 21 Absatz 1 oder einen Vorgang im Sinne des § 20 Absatz 1 oder
   auf Grund vergleichbarer ausländischer Vorgänge zum Buchwert in eine
   Kapitalgesellschaft oder eine Genossenschaft eingebracht hat und diese
   Anteile anschließend unmittelbar oder mittelbar veräußert oder durch
   einen Vorgang im Sinne der Nummern 1 oder 2 unmittelbar oder mittelbar übertragen werden, es sei denn, er weist nach, dass diese Anteile zu
   Buchwerten übertragen wurden und keine sonstigen Gegenleistungen
   erbracht wurden, die die Grenze des § 20 Absatz 2 Satz 2 Nummer 4 oder
   die Grenze des § 21 Absatz 1 Satz 2 Nummer 2 übersteigen (Ketteneein-
   bringung),

5. der Einbringende die erhaltenen Anteile in eine Kapitalgesellschaft oder
   eine Genossenschaft durch einen Vorgang im Sinne des § 20 Absatz 1
   oder einen Vorgang im Sinne des § 21 Absatz 1 oder auf Grund vergleichbarer ausländischer Vorgänge zu Buchwerten einbringt und die aus
   dieser Einbringung erhaltenen Anteile anschließend unmittelbar oder
   mittelbar veräußert oder durch einen Vorgang im Sinne der Nummern 1
   oder 2 unmittelbar oder mittelbar übertragen werden, es sei denn er
   weist nach, dass die Einbringung zu Buchwerten erfolgte und keine sonstigen Gegenleistungen erbracht wurden, die die Grenze des § 20 Absatz 2 Satz 2 Nummer 4 oder die Grenze des § 21 Absatz 1 Satz 2 Nummer 2 übersteigen, oder

6. für den Einbringenden oder die übernehmende Gesellschaft im Sinne der Nummer 4 die Voraussetzungen im Sinne von § 1 Abs. 4 nicht mehr erfüllt sind.

[7]Satz 4 gilt in den Fällen des Satzes 6 Nr. 4 und 5 auch hinsichtlich der Anschaffungskosten der auf einer Weitereinbringung dieser Anteile (§ 20 Abs. 1 und § 21 Abs. 1 Satz 2) zum Buchwert beruhenden Anteile.

(2) [1]Soweit im Rahmen einer Sacheinlage (§ 20 Abs. 1) oder eines Anteilstausches (§ 21 Abs. 1) unter dem gemeinen Wert eingebrachte Anteile innerhalb eines Zeitraums von sieben Jahren nach dem Einbringungszeitpunkt durch die übernehmende Gesellschaft unmittelbar oder mittelbar veräußert werden und soweit beim Einbringenden der Gewinn aus der Veräußerung dieser Anteile im Einbringungszeitpunkt nicht nach § 8b Abs. 2 des Körperschaftsteuergesetzes steuerfrei gewesen wäre, ist der Gewinn aus der Einbringung im Wirtschaftsjahr der Einbringung rückwirkend als Gewinn des Einbringenden aus der Veräußerung von Anteilen zu versteuern (Einbringungsgewinn II); § 16 Abs. 4 und § 34 des Einkommensteuergesetzes sind nicht anzuwenden. [2]Absatz 1 Satz 2 gilt entsprechend. [3]Einbringungsgewinn II ist der Betrag, um den der gemeine Wert der eingebrachten Anteile im Einbringungszeitpunkt nach Abzug der Kosten für den Vermögensübergang den Wert, mit dem der Einbringende die erhaltenen Anteile angesetzt hat, übersteigt, vermindert um jeweils ein Siebtel für jedes seit dem Einbringungszeitpunkt abgelaufene Zeitjahr. [4]Der Einbringungsgewinn II gilt als nachträgliche Anschaffungskosten der erhaltenen Anteile. [5]Sätze 1 bis 4 sind nicht anzuwenden, soweit der Einbringende die erhaltenen Anteile veräußert hat; dies gilt auch in den Fällen von § 6 des Außensteuergesetzes vom 8. September 1972 (BGBl. I S. 1713), das zuletzt durch Artikel 7 des Gesetzes vom 7. Dezember 2006 (BGBl. I S. 2782) geändert worden ist, in der jeweils geltenden Fassung, wenn und soweit die Steuer nicht gestundet wird. [6]Sätze 1 bis 5 gelten entsprechend, wenn die übernehmende Gesellschaft die eingebrachten Anteile ihrerseits durch einen Vorgang nach Absatz 1 Satz 6 Nr. 1 bis 5 weiter überträgt oder für diese die Voraussetzungen nach § 1 Abs. 4 nicht mehr erfüllt sind. Absatz 1 Satz 7 ist entsprechend anzuwenden.

(3) [1]Der Einbringende hat in den dem Einbringungszeitpunkt folgenden sieben Jahren jährlich spätestens bis zum 31. Mai den Nachweis darüber zu erbringen, wem mit Ablauf des Tages, der dem maßgebenden Einbringungszeitpunkt entspricht,

1. in den Fällen des Absatzes 1 die erhaltenen Anteile und die auf diesen Anteilen beruhenden Anteile und

2. in den Fällen des Absatzes 2 die eingebrachten Anteile und die auf diesen Anteilen beruhenden Anteile

zuzurechnen sind. [2]Erbringt er den Nachweis nicht, gelten die Anteile im Sinne des Absatzes 1 oder des Absatzes 2 an dem Tag, der dem Einbringungszeitpunkt folgt oder der in den Folgejahren diesem Kalendertag entspricht, als veräußert.

(4) [1]Ist der Veräußerer von Anteilen nach Absatz 1

1. eine juristische Person des öffentlichen Rechts, gilt in den Fällen des Absatzes 1 der Gewinn aus der Veräußerung der erhaltenen Anteile als in einem Betrieb gewerblicher Art dieser Körperschaft entstanden,

2. von der Körperschaftsteuer befreit, gilt in den Fällen des Absatzes 1 der Gewinn aus der Veräußerung der erhaltenen Anteile als in einem wirtschaftlichen Geschäftsbetrieb dieser Körperschaft entstanden.

(5) [1]Das für den Einbringenden zuständige Finanzamt bescheinigt der übernehmenden Gesellschaft auf deren Antrag die Höhe des zu versteuernden Einbringungsgewinns, die darauf entfallende festgesetzte Steuer und den darauf entrichteten Betrag; nachträgliche Minderungen des versteuerten Einbringungsgewinns sowie die darauf entfallende festgesetzte Steuer und der darauf entrichtete Betrag sind dem für die übernehmende Gesellschaft zuständigen Finanzamt von Amts wegen mitzuteilen.

(6) [1]In den Fällen der unentgeltlichen Rechtsnachfolge gilt der Rechtsnachfolger des Einbringenden als Einbringender im Sinne der Absätze 1 bis 5 und der Rechtsnachfolger der übernehmenden Gesellschaft als übernehmende Gesellschaft im Sinne des Absatzes 2.

(7) Werden in den Fällen einer Sacheinlage (§ 20 Abs. 1) oder eines Anteilstauschs (§ 21 Abs. 1) unter dem gemeinen Wert stille Reserven auf Grund einer Gesellschaftsgründung oder Kapitalerhöhung von den erhaltenen oder eingebrachten Anteilen oder von auf diesen Anteilen beruhenden Anteilen auf andere Anteile verlagert, gelten diese Anteile insoweit auch als erhaltene oder eingebrachte Anteile oder als auf diesen Anteilen beruhende Anteile im Sinne des Absatzes 1 oder 2 (Mitverstrickung von Anteilen).

§ 23
Auswirkungen bei der übernehmenden Körperschaft

(1) Setzt die übernehmende Gesellschaft das eingebrachte Betriebsvermögen mit einem unter dem gemeinen Wert liegenden Wert (§ 20 Abs. 2 Satz 2, § 21 Abs. 1 Satz 2) an, gelten § 4 Abs. 2 Satz 3 und § 12 Abs. 3 erster Halbsatz entsprechend.

(2) [1]In den Fällen des § 22 Abs. 1 kann die übernehmende Gesellschaft auf Antrag den versteuerten Einbringungsgewinn im Wirtschaftsjahr der Veräußerung der Anteile oder eines gleichgestellten Ereignisses (§ 22 Abs. 1 Satz 1 und Satz 6 Nr. 1 bis 6) als Erhöhungsbetrag ansetzen, soweit der Einbringende die auf den Einbringungsgewinn entfallende Steuer entrichtet hat und dies durch Vorlage einer Bescheinigung des zuständigen Finanzamts im Sinne von § 22 Abs. 5 nachgewiesen wurde; der Ansatz des Erhöhungsbetrags bleibt ohne Auswirkung auf den Gewinn. [2]Satz 1 ist nur anzuwenden, soweit das eingebrachte Betriebsvermögen in den Fällen des § 22 Abs. 1 noch zum Betriebsvermögen der übernehmenden Gesellschaft gehört, es sei denn, dieses wurde zum gemeinen Wert übertragen. [3]Wurden die veräußerten Anteile auf Grund einer Einbringung von Anteilen nach § 20 Abs. 1 oder § 21 Abs. 1 (§ 22 Abs. 2) erworben, erhöhen sich die Anschaffungskosten der eingebrachten Anteile in Höhe des versteuerten Einbringungsgewinns, soweit der Einbringende die auf den Einbringungsge-

winn entfallende Steuer entrichtet hat; Satz 1 und § 22 Abs. 1 Satz 7 gelten entsprechend.

(3) [1]Setzt die übernehmende Gesellschaft das eingebrachte Betriebsvermögen mit einem über dem Buchwert, aber unter dem gemeinen Wert liegenden Wert an, gilt § 12 Abs. 3 erster Halbsatz entsprechend mit der folgenden Maßgabe:

1. Die Absetzungen für Abnutzung oder Substanzverringerung nach § 7 Abs. 1, 4, 5 und 6 des Einkommensteuergesetzes sind vom Zeitpunkt der Einbringung an nach den Anschaffungs- oder Herstellungskosten des Einbringenden, vermehrt um den Unterschiedsbetrag zwischen dem Buchwert der einzelnen Wirtschaftsgüter und dem Wert, mit dem die Kapitalgesellschaft die Wirtschaftsgüter ansetzt, zu bemessen.

2. Bei den Absetzungen für Abnutzung nach § 7 Abs. 2 des Einkommensteuergesetzes tritt im Zeitpunkt der Einbringung an die Stelle des Buchwerts der einzelnen Wirtschaftsgüter der Wert, mit dem die Kapitalgesellschaft die Wirtschaftsgüter ansetzt.

[2]Bei einer Erhöhung der Anschaffungskosten oder Herstellungskosten auf Grund rückwirkender Besteuerung des Einbringungsgewinns (Absatz 2) gilt dies mit der Maßgabe, dass an die Stelle des Zeitpunkts der Einbringung der Beginn des Wirtschaftsjahrs tritt, in welches das die Besteuerung des Einbringungsgewinns auslösende Ereignis fällt.

(4) Setzt die übernehmende Gesellschaft das eingebrachte Betriebsvermögen mit dem gemeinen Wert an, gelten die eingebrachten Wirtschaftsgüter als im Zeitpunkt der Einbringung von der Kapitalgesellschaft angeschafft, wenn die Einbringung des Betriebsvermögens im Wege der Einzelrechtsnachfolge erfolgt; erfolgt die Einbringung des Betriebsvermögens im Wege der Gesamtrechtsnachfolge nach den Vorschriften des Umwandlungsgesetzes, gilt Absatz 3 entsprechend.

(5) Der maßgebende Gewerbeertrag der übernehmenden Gesellschaft kann nicht um die vortragsfähigen Fehlbeträge des Einbringenden im Sinne des § 10a des Gewerbesteuergesetzes gekürzt werden.

(6) § 6 Abs. 1 und 3 gilt entsprechend.

SIEBTER TEIL

Einbringung eines Betriebs, Teilbetriebs oder Mitunternehmeranteils in eine Personengesellschaft

§ 24
Einbringung von Betriebsvermögen in eine Personengesellschaft

(1) Wird ein Betrieb oder Teilbetrieb oder ein Mitunternehmeranteil in eine Personengesellschaft eingebracht und wird der Einbringende Mitunternehmer der Gesellschaft, gelten für die Bewertung des eingebrachten Betriebsvermögens die Absätze 2 bis 4.

(2) [1]Die Personengesellschaft hat das eingebrachte Betriebsvermögen in ihrer Bilanz einschließlich der Ergänzungsbilanzen für ihre Gesellschafter mit dem gemeinen Wert anzusetzen; für die Bewertung von Pensionsrückstellungen gilt § 6a des Einkommensteuergesetzes. [2]Abweichend von Satz 1 kann das übernommene Betriebsvermögen auf Antrag mit dem Buchwert oder einem höheren Wert, höchstens jedoch mit dem Wert im Sinne des Satzes 1, angesetzt werden, soweit

1. das Recht der Bundesrepublik Deutschland hinsichtlich der Besteuerung des eingebrachten Betriebsvermögens nicht ausgeschlossen oder beschränkt wird und

2. der gemeine Wert von sonstigen Gegenleistungen, die neben den neuen Gesellschaftsanteilen gewährt werden, nicht mehr beträgt als

   a) 25 Prozent des Buchwerts des eingebrachten Betriebsvermögens oder

   b) 500 000 Euro, höchstens jedoch den Buchwert des eingebrachten Betriebsvermögens.

[3]§ 20 Abs. 2 Satz 3 gilt entsprechend. [4]Erhält der Einbringende neben den neuen Gesellschaftsanteilen auch sonstige Gegenleistungen, ist das eingebrachte Betriebsvermögen abweichend von Satz 2 mindestens mit dem gemeinen Wert der sonstigen Gegenleistungen anzusetzen, wenn dieser den sich nach Satz 2 ergebenden Wert übersteigt.

(3) [1]Der Wert, mit dem das eingebrachte Betriebsvermögen in der Bilanz der Personengesellschaft einschließlich der Ergänzungsbilanzen für ihre Gesellschafter angesetzt wird, gilt für den Einbringenden als Veräußerungspreis. [2]§ 16 Abs. 4 des Einkommensteuergesetzes ist nur anzuwenden, wenn das eingebrachte Betriebsvermögen mit dem gemeinen Wert angesetzt wird und es sich nicht um die Einbringung von Teilen eines Mitunternehmeranteils handelt; in diesen Fällen ist § 34 Abs. 1 und 3 des Einkommensteuergesetzes anzuwenden, soweit der Veräußerungsgewinn nicht nach § 3 Nr. 40 Satz 1 Buchstabe b in Verbindung mit § 3c Abs. 2 des Einkommensteuergesetzes teilweise steuerbefreit ist. [3]In den Fällen des Satzes 2 gilt § 16 Abs. 2 Satz 3 des Einkommensteuergesetzes entsprechend.

(4) § 23 Abs. 1, 3, 4 und 6 gilt entsprechend; in den Fällen der Einbringung in eine Personengesellschaft im Wege der Gesamtrechtsnachfolge gilt auch § 20 Abs. 5 und 6 entsprechend.

(5) Soweit im Rahmen einer Einbringung nach Absatz 1 unter dem gemeinen Wert eingebrachte Anteile an einer Körperschaft, Personenvereinigung oder Vermögensmasse innerhalb eines Zeitraums von sieben Jahren nach dem Einbringungszeitpunkt durch die übernehmende Personengesellschaft veräußert oder durch einen Vorgang nach § 22 Absatz 1 Satz 6 Nummer 1 bis 5 weiter übertragen werden und soweit beim Einbringenden der Gewinn aus der Veräußerung dieser Anteile im Einbringungszeitpunkt nicht nach § 8b Absatz 2 des Körperschaftsteuergesetzes steuerfrei gewesen wäre, ist § 22 Absatz 2, 3 und 5 bis 7 insoweit entsprechend anzuwenden, als der Gewinn aus der Veräußerung der eingebrachten Anteile auf einen Mitunternehmer entfällt, für den insoweit § 8b Absatz 2 des Körperschaftsteuergesetzes Anwendung findet.

(6) § 20 Abs. 9 gilt entsprechend.

ACHTER TEIL

Formwechsel einer Personengesellschaft in eine Kapitalgesellschaft oder Genossenschaft

§ 25

Entsprechende Anwendung des Sechsten Teils

[1]In den Fällen des Formwechsels einer Personengesellschaft in eine Kapitalgesellschaft oder Genossenschaft im Sinne des § 190 des Umwandlungsgesetzes vom 28. Oktober 1994 (BGBl. I S. 3210, 1995 I S. 428), das zuletzt durch Artikel 10 des Gesetzes vom 9. Dezember 2004 (BGBl. I S. 3214) geändert worden ist, in der jeweils geänderten Fassung oder auf Grund vergleichbarer ausländischer Vorgänge gelten die §§ 20 bis 23 entsprechend. [2]§ 9 Satz 2 und 3 ist entsprechend anzuwenden.

NEUNTER TEIL

Verhinderung von Missbräuchen

§ 26

(weggefallen)

ZEHNTER TEIL

Anwendungsvorschriften und Ermächtigung

§ 27

Anwendungsvorschriften

(1) [1]Diese Fassung des Gesetzes ist erstmals auf Umwandlungen und Einbringungen anzuwenden, bei denen die Anmeldung zur Eintragung in das für die Wirksamkeit des jeweiligen Vorgangs maßgebende öffentliche Register nach dem 12. Dezember 2006 erfolgt ist. [2]Für Einbringungen, deren Wirksamkeit keine Eintragung in ein öffentliches Register voraussetzt, ist diese Fassung des Gesetzes erstmals anzuwenden, wenn das wirtschaftliche Eigentum an den eingebrachten Wirtschaftsgütern nach dem 12. Dezember 2006 übergegangen ist.

(2) [1]Das Umwandlungssteuergesetz in der Fassung der Bekanntmachung vom 15. Oktober 2002 (BGBl. I S. 4133, 2003 I S. 738), geändert durch Artikel 3 des Gesetzes vom 16. Mai 2003 (BGBl. I S. 660), ist letztmals auf Umwandlungen und Einbringungen anzuwenden, bei denen die Anmeldung zur Eintragung in das für die Wirksamkeit des jeweiligen Vorgangs maßgebende öffentliche Register bis zum 12. Dezember 2006 erfolgt ist. [2]Für Einbringungen, deren Wirksamkeit keine Eintragung in ein öffentliches Register voraussetzt, ist diese Fassung letztmals anzuwenden, wenn das wirtschaftliche Eigentum an den eingebrachten Wirtschaftsgütern bis zum 12. Dezember 2006 übergegangen ist.

(3) [1]Abweichend von Absatz 2 ist

1. § 5 Abs. 4 für einbringungsgeborene Anteile im Sinne von § 21 Abs. 1 mit der Maßgabe weiterhin anzuwenden, dass die Anteile zu dem Wert im Sinne von § 5 Abs. 2 oder Abs. 3 in der Fassung des Absatzes 1 als zum steuerlichen Übertragungsstichtag in das Betriebsvermögen des übernehmenden Rechtsträgers überführt gelten,

2. § 20 Abs. 6 in der am 21. Mai 2003 geltenden Fassung für die Fälle des Ausschlusses des Besteuerungsrechts (§ 20 Abs. 3) weiterhin anwendbar, wenn auf die Einbringung Absatz 2 anzuwenden war,

3. § 21 in der am 21. Mai 2003 geltenden Fassung ist für einbringungsgeborene Anteile im Sinne von § 21 Abs. 1, die auf einem Einbringungsvorgang beruhen, auf den Absatz 2 anwendbar war, weiterhin anzuwenden. [2]Für § 21 Abs. 2 Satz 1 Nr. 2 in der am 21. Mai 2003 geltenden Fassung gilt dies mit der Maßgabe, dass eine Stundung der Steuer gemäß § 6 Abs. 5 des Außensteuergesetzes in der Fassung des Gesetzes vom 7. Dezember 2006 (BGBl. I S. 2782) unter den dort genannten Voraussetzungen erfolgt, wenn die Einkommensteuer noch nicht bestandskräftig festgesetzt ist; § 6 Abs. 6 und 7 des Außensteuergesetzes ist entsprechend anzuwenden.

(4) Abweichend von Absatz 1 sind §§ 22, 23 und 24 Abs. 5 nicht anzuwenden, soweit hinsichtlich des Gewinns aus der Veräußerung der Anteile oder einem gleichgestellten Ereignis im Sinne des § 22 Abs. 1 die Steuerfreistellung nach § 8b Abs. 4 des Körperschaftsteuergesetzes in der am 12. Dezember 2006 geltenden Fassung oder nach § 3 Nr. 40 Satz 3 und 4 des Einkommensteuergesetzes in der am 12. Dezember 2006 geltenden Fassung ausgeschlossen ist.

(5) [1]§ 4 Abs. 2 Satz 2, § 15 Abs. 3, § 20 Abs. 9 und § 24 Abs. 6 in der Fassung des Artikels 5 des Gesetzes vom 14. August 2007 (BGBl. I S. 1912) sind erstmals auf Umwandlungen und Einbringungen anzuwenden, bei denen die Anmeldung zur Eintragung in das für die Wirksamkeit des jeweiligen Vorgangs maßgebende öffentliche Register nach dem 31. Dezember 2007 erfolgt ist. [2]Für Einbringungen, deren Wirksamkeit keine Eintragung in ein öffentliches Register voraussetzt, ist diese Fassung des Gesetzes erstmals anzuwenden, wenn das wirtschaftliche Eigentum an den eingebrachten Wirtschaftsgütern nach dem 31. Dezember 2007 übergegangen ist.

(6) [1]§ 10 ist letztmals auf Umwandlungen anzuwenden, bei denen der steuerliche Übertragungsstichtag vor dem 1. Januar 2007 liegt. [2]§ 10 ist abweichend von Satz 1 weiter anzuwenden in den Fällen, in denen ein Antrag nach § 34 Abs. 16 des Körperschaftsteuergesetzes in der Fassung des Artikels 3 des Gesetzes vom 20. Dezember 2007 (BGBl. I S. 3150) gestellt wurde.

(7) § 18 Abs. 3 Satz 1 in der Fassung des Artikels 4 des Gesetzes vom 20. Dezember 2007 (BGBl. I S. 3150) ist erstmals auf Umwandlungen anzuwenden, bei denen die Anmeldung zur Eintragung in das für die Wirksamkeit der Umwandlung maßgebende öffentliche Register nach dem 31. Dezember 2007 erfolgt ist.

(8) § 4 Abs. 6 Satz 4 bis 6 sowie § 4 Abs. 7 Satz 2 in der Fassung des Artikels 6 des Gesetzes vom 19. Dezember 2008 (BGBl. I S. 2794) sind erstmals

auf Umwandlungen anzuwenden, bei denen § 3 Nr. 40 des Einkommensteuergesetzes in der durch Artikel 1 Nr. 3 des Gesetzes vom 14. August 2007 (BGBl. I S. 1912) geänderten Fassung für die Bezüge im Sinne des § 7 anzuwenden ist.

(9) [1]§ 2 Abs. 4 und § 20 Abs. 6 Satz 4 in der Fassung des Artikels 6 des Gesetzes vom 19. Dezember 2008 (BGBl. I S. 2794) sind erstmals auf Umwandlungen und Einbringungen anzuwenden, bei denen der schädliche Beteiligungserwerb oder ein anderes die Verlustnutzung ausschließendes Ereignis nach dem 28. November 2008 eintritt. [2]§ 2 Abs. 4 und § 20 Abs. 6 Satz 4 in der Fassung des Artikels 6 des Gesetzes vom 19. Dezember 2008 (BGBl. I S. 2794) gelten nicht, wenn sich der Veräußerer und der Erwerber am 28. November 2008 über den später vollzogenen schädlichen Beteiligungserwerb oder ein anderes die Verlustnutzung ausschließendes Ereignis einig sind, der übernehmende Rechtsträger dies anhand schriftlicher Unterlagen nachweist und die Anmeldung zur Eintragung in das für die Wirksamkeit des Vorgangs maßgebende öffentliche Register bzw. bei Einbringungen der Übergang des wirtschaftlichen Eigentums bis zum 31. Dezember 2009 erfolgt.

(10) § 2 Absatz 4 Satz 1, § 4 Absatz 2 Satz 2, § 9 Satz 3, § 15 Absatz 3 und § 20 Absatz 9 in der Fassung des Artikels 4 des Gesetzes vom 22. Dezember 2009 (BGBl. I S. 3950) sind erstmals auf Umwandlungen und Einbringungen anzuwenden, deren steuerlicher Übertragungsstichtag in einem Wirtschaftsjahr liegt, für das § 4h Absatz 1, 4 Satz 1 und Absatz 5 Satz 1 und 2 des Einkommensteuergesetzes in der Fassung des Artikels 1 des Gesetzes vom 22. Dezember 2009 (BGBl. I S. 3950) erstmals anzuwenden ist.

(11) Für Bezüge im Sinne des § 8b Absatz 1 des Körperschaftsteuergesetzes aufgrund einer Umwandlung ist § 8b Absatz 4 des Körperschaftsteuergesetzes in der Fassung des Artikels 1 des Gesetzes vom 21. März 2013 (BGBl. I S. 561) abweichend von § 34 Absatz 7a Satz 2 des Körperschaftsteuergesetzes bereits erstmals vor dem 1. März 2013 anzuwenden, wenn die Anmeldung zur Eintragung in das für die Wirksamkeit des jeweiligen Vorgangs maßgebende öffentliche Register nach dem 28. Februar 2013 erfolgt.

(12) § 2 Absatz 4 Satz 3 bis 6 in der Fassung des Artikels 9 des Gesetzes vom 26. Juni 2013 (BGBl. I S. 1809) ist erstmals auf Umwandlungen und Einbringungen anzuwenden, bei denen die Anmeldung zur Eintragung in das für die Wirksamkeit des jeweiligen Vorgangs maßgebende öffentliche Register nach dem 6. Juni 2013 erfolgt. Für Einbringungen, deren Wirksamkeit keine Eintragung in ein öffentliches Register voraussetzt, ist § 2 in der Fassung des Artikels 9 des Gesetzes vom 26. Juni 2013 (BGBl. I S. 1809) erstmals anzuwenden, wenn das wirtschaftliche Eigentum an den eingebrachten Wirtschaftsgütern nach dem 6. Juni 2013 übergegangen ist.

(13) § 20 Absatz 8 in der am 31. Juli 2014 geltenden Fassung ist erstmals bei steuerlichen Übertragungsstichtagen nach dem 31. Dezember 2013 anzuwenden.

(14) § 20 Absatz 2, § 21 Absatz 1, § 22 Absatz 1 Satz 6 Nummer 2, 4 und 5 sowie § 24 Absatz 2 in der am 6. November 2015 geltenden Fassung sind erstmals auf Einbringungen anzuwenden, wenn in den Fällen der Gesamt-

rechtsnachfolge der Umwandlungsbeschluss nach dem 31. Dezember 2014 erfolgt ist oder in den anderen Fällen der Einbringungsvertrag nach dem 31. Dezember 2014 geschlossen worden ist.

§ 28
Bekanntmachungserlaubnis

Das Bundesministerium der Finanzen wird ermächtigt, den Wortlaut dieses Gesetzes und der zu diesem Gesetz erlassenen Rechtsverordnungen in der jeweils geltenden Fassung satzweise nummeriert mit neuem Datum und in neuer Paragraphenfolge bekannt zu machen und dabei Unstimmigkeiten im Wortlaut zu beseitigen.

Einleitung

Inhaltsverzeichnis

Haase

A. Generalia

I. Neufassung durch SEStEG

1. Zwecksetzung des UmwStG

1 Das heute in Kraft befindliche UmwStG i.d.F. des SEStEG[1] (mit späteren Änderungen) bildet im Bereich des Ertragsteuerrechts den Rahmen für die steuerliche Behandlung von enumerativ aufgezählten Umwandlungsvorgängen. Zwar gibt es auch außerhalb des Anwendungsbereichs des Gesetzes Einzelnormen, die einen vergleichbaren Regelungsgegenstand zum Inhalt haben, wie z.B. § 6 Abs. 3 oder Abs. 5 EStG. Für die Beratungspraxis und die Mehrheit der Umwandlungsfälle jedoch wird man auf das UmwStG zurückgreifen müssen, wenn die Steuerneutralität einer Umwandlung sichergestellt werden soll. Seine praktische Bedeutung bei der Umstrukturierung von Unternehmen jeder Größenordnung ist erheblich und unbestritten.

2 Die Hauptzielsetzung des UmwStG besteht – entgegen seiner insoweit zumindest missverständlichen Bezeichnung, die bei wörtlicher Lesart das Gegenteil vermuten lässt – in der Gewährleistung einer möglichst weit reichenden Steuerneutralität von Umwandlungsvorgängen. Dem ist aus der Sicht des Praktikers nur beizupflichten. Eine generelle Besteuerung betriebswirtschaftlich sinnvoller oder gar gebotener Umstrukturierungen würde nachhaltig prohibitiv auf Investitionsentscheidungen wirken.

3 Das UmwStG stellt insoweit die Voraussetzungen auf, unter denen eine Besteuerung der stillen Reserven des/der an einem Umwandlungsvorgang beteiligten Rechtsträger (und ihrer Gesellschafter) unterbleibt. Zugleich werden in einer Vielzahl von Fällen Anforderungen benannt, bei deren Nichterfüllung der gewährte Besteuerungsaufschub endet. Auf diese Weise wird, insbesondere im internationalen bzw. europäischen Kontext, eine dauerhafte Nichtbesteuerung des Transfers stiller Reserven verhindert und die Besteuerung im Inland entstandenen Besteuerungssubstrats sichergestellt.

4 Neben diese Hauptzielsetzung tritt die begrüßenswerte Erfüllung europarechtlicher Vorgaben. Viel zu lange hatte der Steuergesetzgeber abgewartet und es versäumt, insbesondere mit vorgreifenden gesellschaftsrechtlichen Entwicklungen Schritt zu halten. Spätestens seit dem Inkrafttreten des Statuts einer Europäischen Aktiengesellschaft[2] im Jahr 2001 bestand die Notwendigkeit, einen gemeinschaftsrechtskonformen Regelungsvorschlag zur Besteuerung grenzüberschreitender Umstrukturierungen vorzulegen.[3]

5 In der Gesetzesbegründung zum SEStEG[4] heißt es entsprechend: „Mit dem Gesetzentwurf über steuerliche Begleitmaßnahmen zur Einführung der Eu-

---

1 In Kraft getreten durch das „Gesetz über steuerliche Begleitmaßnahmen zur Einführung der Europäischen Gesellschaft und zur Änderung weiterer steuerrechtlicher Vorschriften" (SEStEG) vom 07.12.2006, BGBl. I 2006, 2782ff.
2 Vgl. die Verordnung des Rates über das Statut der Europäischen Gesellschaft vom 08.10.2001, ABl. EG 2001 Nr. 294.
3 Gründungen europäischer Aktiengesellschaften sind seit dem 08.10.2004 möglich. Für die Umsetzung (steuerlicher) Regelungen zu Gründung und Sitzverlegung dieser Gesellschaften war eine Frist bis zum 01.01.2006 bzw. 01.01.2007 vorgesehen.
4 Siehe den Nachweis in Fn. 1.

ropäischen Gesellschaft und zur Änderung weiterer steuerrechtlicher Vorschriften" (SEStEG) werden die nationalen steuerlichen Vorschriften zur Umstrukturierung von Unternehmen an die jüngsten gesellschaftsrechtlichen und steuerlichen Entwicklungen und Vorgaben des europäischen Rechts angepasst. Der Gesetzentwurf beseitigt steuerliche Hemmnisse für die als Folge der zunehmenden internationalen wirtschaftlichen Verflechtung immer wichtiger werdende grenzüberschreitende Umstrukturierung von Unternehmen. Er stellt damit einen wichtigen Beitrag zur Erhöhung der Attraktivität des Investitionsstandorts Deutschland dar." Dieser Einschätzung ist für die Praxis uneingeschränkt zuzustimmen.

2. Verstrickung und Entstrickung

a) Allgemeines

Die Bestimmungen des UmwStG sind, insbesondere im internationalen Kontext, in engem Zusammenhang mit den allgemeinen Verstrickungs- und Entstrickungsregeln zu sehen, die ebenfalls durch das SEStEG[5] eingeführt worden sind. Zuvor gab es für die Verstrickung und die Entstrickung weder eine gesetzliche Normierung, noch war ein einheitliches gesetzgeberisches Konzept erkennbar. Nach der Gesetzesbegründung soll durch die Neuregelung die Aufdeckung stiller Reserven in allen Fällen sichergestellt sein, in denen (sei es durch Einzel-, sei es durch Gesamtrechtsnachfolge) aufgrund der Bewegung eines Wirtschaftsguts ein Rechtsträgerwechsel stattfindet, Vermögen die betriebliche Sphäre verlässt, die Steuerpflicht endet oder Wirtschaftsgüter anderweitig dem deutschen Besteuerungszugriff entzogen werden. Hierzu kurz im Einzelnen.

6

b) Verstrickung

Wenn ein Wirtschaftsgut, das zuvor nicht der deutschen Besteuerung unterlag, in die deutsche Steuerpflicht hineinwächst, nennt man diesen Vorgang Verstrickung. Rechtstechnisch hat der Gesetzgeber die Verstrickung in der Weise normiert, dass die Begründung des Besteuerungsrechts der Bundesrepublik Deutschland hinsichtlich des Gewinns aus der Veräußerung eines Wirtschaftsguts in § 4 Abs. 1 S. 7 HS 2 EStG einer Einlage[6] gleichgestellt wird. Die Vorschrift ist im Zusammenhang mit § 6 Abs. 1 Nr. 5a EStG zu sehen, wonach in den Fällen des § 4 Abs. 1 S. 7 HS 2 EStG das Wirtschaftsgut mit dem gemeinen Wert anzusetzen ist.

7

Aus der Formulierung „Begründung des Besteuerungsrechts" ist zu folgern, dass zuvor kein – auch kein beschränktes – Besteuerungsrecht an dem Wirtschaftsgut bestanden haben darf. Der Wechsel von der beschränkten zur unbeschränkten Steuerpflicht ist daher für § 4 Abs. 1 S. 7 HS 2 EStG irrelevant, weil das Wirtschaftsgut bereits steuerverstrickt war.[7] Eine bloße „Verstär-

8

---

5 Siehe den Nachweis in Fn. 1.
6 Nutzungseinlagen jedenfalls werden nach allgemeiner Auffassung auch insoweit nicht erfasst, vgl. zutreffend *Benecke*, IStR 2006, 765 (767).
7 *Benecke/Schnitger*, IStR 2006, 765 (767); anders aber bei § 17 Abs. 2 S. 3 EStG, was Wertungswidersprüche zur Folge hat, vgl. instruktiv *Schaumburg*, Internationales Steuerrecht, Rdn. 5.355.

kung" des Besteuerungsrechts ist für § 4 Abs. 1 S. 7 HS 2 EStG nach allgemeiner Auffassung nicht genügend.[8] Auf welche Weise das Wirtschaftsgut in die Steuerverstrickung gelangt, ist ferner ebenso unerheblich wie die Tatsache, wie der Vorgang in dem ausländischen Staat behandelt wird, der zuvor das Besteuerungsrecht innehatte.[9]

9 Ungeklärt sind immer noch in Einzelheiten die Auswirkungen der neueren BFH-Rechtsprechung zur Aufgabe der Theorie der finalen Entnahme bzw. Betriebsaufgabe (dazu sogleich) auf die Verstrickungsregelungen. Hier ist es m.E. sachlich geboten, in entsprechender Weise zu verfahren.[10] Bei der Überführung eines Wirtschaftsguts vom ausländischen Stammhaus in eine inländische Freistellungsbetriebsstätte etwa würden entsprechend nur diejenigen stillen Reserven im Inland steuerverstrickt, die nach der Überführung entstanden sind. Die weitere Entwicklung bleibt abzuwarten.

c) Entstrickung

10 Wenn ein Wirtschaftsgut, das zuvor der deutschen Besteuerung unterlag, aus der deutschen Steuerpflicht herauswächst, nennt man diesen Vorgang Entstrickung. Rechtstechnisch hat der Gesetzgeber die Entstrickung in der Weise normiert, dass der Ausschluss oder die Beschränkung des Besteuerungsrechts der Bundesrepublik Deutschland hinsichtlich des Gewinns aus der Veräußerung oder Nutzung eines Wirtschaftsguts in § 4 Abs. 1 S. 3 EStG einer Entnahme für betriebsfremde Zwecke (sog. fiktive Entnahme) gleichgestellt wird.[11] Die Vorschrift ist im Zusammenhang mit § 6 Abs. 1 Nr. 4 S. 1 HS 2 EStG zu sehen, wonach in den Fällen des § 4 Abs. 1 S. 3 EStG die Entnahme mit dem gemeinen Wert anzusetzen ist. Der Steuerpflichtige hat also die Differenz zwischen dem Buchwert des Wirtschaftsguts und seinem gemeinen Wert zu versteuern, ohne dass ihm ein Gewinn entstanden ist, was im Einzelfall Liquiditätsengpässe zur Folge haben kann.

11 Der Ausschluss oder die Beschränkung des deutschen Besteuerungsrechts wird, jedenfalls nach Ansicht der Finanzverwaltung (zu den Änderungen aufgrund der neueren BFH-Rechtsprechung sogleich)[12], in den meisten Fällen durch die Regelungen eines DBA bewirkt werden, wobei die Freistellungsmethode stets zum Ausschluss führt, die Anrechnungsmethode hingegen nur zur Beschränkung des deutschen Besteuerungsrechts führen kann.

12 Die Artikel eines DBA, die den Ausschluss oder eine Beschränkung des deutschen Besteuerungsrechts bewirken können, sind i.d.R. hinsichtlich der

---

8 BMF vom 25.08.2009, BStBl. I 2009, 888, Tz. 2.6.2. n.F.

9 Vgl. *Rödder/Schumacher*, DStR 2006, 1481 (1486) unter Verweis auf die Gesetzesbegründung des SEStEG (vgl. dazu den Nachweis in Fn. 1).

10 So auch *Roser*, DStR 2008, 2389 (2394).

11 Nicht zu einer Entstrickung führen nach bisherigem Verständnis Vorgänge, bei denen Wirtschaftsgüter nur der deutschen Gewerbesteuer entzogen werden (vgl. dazu BFH vom 14.06.1988, VIII R 387/83, BStBl. II 1989, 187 ff.). Dies dürfte auch nach der Einführung des § 4 Abs. 1 S. 3 EStG gelten, vgl. *Rödder/Schumacher*, DStR 2006, 1481 (1484); ebenso *Benecke/Schnitger*, IStR 2006, 765 (766); ausführlich *Wassermeyer*, DB 2006, 2420 ff.

12 Vgl. *Mitschke*, FR 2009, 326 ff.; *ders.*, DB 2009, 1376 (1378); *Müller-Gatermann* in FS Schaumburg, 939 (943), jeweils unter Hinweis auf die Gesetzesbegründung.

Veräußerung eines Wirtschaftsguts ein dem Art. 13 OECD-MA vergleichbarer Artikel und hinsichtlich der Nutzung eines Wirtschaftsguts ein dem Art. 12 OECD-MA vergleichbarer Artikel. Besteht kein DBA, greift unilateral die Anrechnungsmethode zur Vermeidung der Doppelbesteuerung ein, so dass auch insoweit eine Beschränkung des deutschen Besteuerungsrechts zu konstatieren ist.

Aus der Formulierung „Ausschluss oder die Beschränkung des Besteue-   13
rungsrechts" ist, jedenfalls nach Ansicht der Finanzverwaltung (zu den Änderungen aufgrund der neueren BFH-Rechtsprechung sogleich), zu folgern, dass zuvor ein – auch beschränktes – Besteuerungsrecht an dem Wirtschaftsgut bestanden haben muss. Das weitere Schicksal von Wirtschaftsgütern etwa, die nach den Grundsätzen der Tz. 2.4 des Betriebsstättenerlasses[13] bzw. nunmehr des AOA (Authorized OECD Approach) einer ausländischen Betriebsstätte zuzurechnen sind, für die die Freistellungsmethode nach einem DBA gilt, ist daher für § 4 Abs. 1 S. 3 EStG unerheblich, weil die Wirtschaftsgüter schon a priori nicht steuerverstrickt waren. Im Übrigen jedoch hat § 4 Abs. 1 S. 3 EStG insbesondere im Bereich der Betriebsstättenbesteuerung zu erheblichen Verschärfungen in der Besteuerungspraxis geführt[14]:

So kann erstens die bisher von der Finanzverwaltung praktizierte sog. Me-   14
thode der aufgeschobenen Besteuerung laut Tz. 2.6.1 des Betriebsstättenerlasses[15] a.F. bei der Überführung von Wirtschaftsgütern in eine ausländische Betriebsstätte, für die ein DBA mit Freistellungsmethode gilt, nicht mehr angewendet werden, weil der Wertansatz nach § 4 Abs. 1 S. 3 EStG zwingend ist (Folge: sofortige Realisierung stiller Reserven im Überführungszeitpunkt).[16] Eine Stundungsregelung ist nicht vorgesehen (vgl. aber unten zur Ausgleichspostenmethode Rdn. 19).

Zweitens wird nunmehr, jedenfalls nach Ansicht der Finanzverwaltung (zu   15
den Änderungen aufgrund der neueren BFH-Rechtsprechung sogleich), entgegen Tz. 2.6.1 des Betriebsstättenerlasses[17] a.F. auch die Überführung von Wirtschaftsgütern aus dem inländischen Stammhaus in eine ausländische Betriebsstätte, für die ein DBA mit Anrechnungsmethode oder kein DBA gilt, als Fall einer Entstrickung angesehen.

Zwar achtet die Anrechnungsmethode das Welteinkommensprinzip und da-   16
mit grundsätzlich das Besteuerungsrecht Deutschlands. Dieses Besteuerungsrecht ist aber aufgrund der Anrechnungsmethode nur insoweit frucht-

---

13 Vgl. BMF betr. Grundsätze der Verwaltung für die Prüfung der Aufteilung der Einkünfte bei Betriebsstätten international tätiger Unternehmen (Betriebsstätten-Verwaltungsgrundsätze) vom 24.12.1999, sog. „Betriebsstättenerlass", IV B 4 – S 1300 – 111/99, BStBl. I 1999, 1076 ff., zuletzt geändert durch BMF vom 29.09.2004, BStBl. I 2004, 917 ff. sowie angepasst an die neuen gesetzlichen Entstrickungsregelungen durch BMF vom 25.08.2009, BStBl. I 2009, 888, Tz. 2.6.1 ff. n.F.; dazu *Ditz/ Schneider*, DStR 2010, 81 ff.
14 Kritisch zur Neuregelung insbesondere *Wassermeyer*, DB 2006, 2420 ff.
15 Vgl. den Nachweis in Fn. 13.
16 Beachte aber die neuere BFH-Rechtsprechung (dazu unten Rdn. 22 ff.).
17 Vgl. den Nachweis in Fn. 13.

bringend bzw. ertragreich, als ausländische Steuern nicht auf den auf ausländische Einkünfte entfallenden Teil der deutschen Steuer angerechnet werden müssen. Das deutsche Besteuerungsrecht ist daher durch die Anrechnung „beschränkt" i.S.d. § 4 Abs. 1 S. 3 EStG.[18]

17 Drittens führt jedenfalls nach Ansicht der Finanzverwaltung (zu den Änderungen aufgrund der neueren BFH-Rechtsprechung sogleich) auch der Abschluss eines DBA mit Freistellungsmethode zum Ansatz des gemeinen Wertes, wenn ein Wirtschaftsgut aufgrund des DBA nicht mehr unter dem deutschen Besteuerungszugriff steht. Und viertens zieht, jedenfalls nach Ansicht der Finanzverwaltung (zu möglichen Änderungen wiederum sogleich), ausweislich des eindeutigen Gesetzeswortlauts auch die Beschränkung des deutschen Besteuerungsrechts bezüglich der Nutzung von Wirtschaftsgütern eine fiktive Entnahme nach sich. Werden beispielsweise Wirtschaftsgüter, die nach Tz. 2.4 des Betriebsstättenerlasses[19] dem inländischen Stammhaus zuzuordnen sind, einer ausländischen Betriebsstätte zur Nutzung überlassen, greift § 4 Abs. 1 S. 3 EStG ein.[20]

18 Unverständlich ist auch im Allgemeinen, warum der Gesetzgeber den gemeinen Wert zum Bewertungsmaßstab erklärt hat, obwohl gewöhnliche Entnahmen gem. § 6 Abs. 1 Nr. 4 S. 1 HS 1 EStG mit dem sog. Teilwert anzusetzen sind. Hier sind für die Besteuerungspraxis Wertungswidersprüche und Handhabungsschwierigkeiten entstanden[21], die unnötig sind.

19 Um die Rechtsfolge des Ansatzes des Wirtschaftsgutes mit dem gemeinen Wert in ihren Wirkungen ein wenig abzufedern, hat der Gesetzgeber in § 4g EStG für einen praktisch besonders bedeutsamen Fall die Bildung eines Ausgleichspostens[22] vorgesehen. Danach kann ein unbeschränkt Steuerpflichtiger in Höhe des Unterschiedsbetrags zwischen dem Buchwert und dem gemeinen Wert auf (unwiderruflichen) Antrag einen Ausgleichsposten bilden, soweit ein Wirtschaftsgut des Anlagevermögens infolge seiner Zuordnung zu einer Betriebsstätte desselben Steuerpflichtigen in einem anderen EU-Mitgliedstaat gem. § 4 Abs. 1 S. 3 EStG als entnommen gilt, § 4g Abs. 1 S. 1 EStG. Der Ausgleichsposten ist für jedes Wirtschaftsgut getrennt auszuweisen. Das Antragsrecht kann insoweit ferner nur einheitlich für sämtliche Wirtschaftsgüter des Steuerpflichtigen ausgeübt werden.

20 Der Ausgleichsposten ist nach § 4g Abs. 2 EStG im Wirtschaftsjahr der Bildung und in den vier folgenden Wirtschaftsjahren zu jeweils einem Fünftel gewinnerhöhend aufzulösen. Er ist in vollem Umfang gewinnerhöhend aufzulösen, wenn (1) das als entnommen geltende Wirtschaftsgut aus dem Betriebsvermögen des Steuerpflichtigen ausscheidet, wenn (2) das als ent-

---

18 Vgl. statt vieler *Rödder/Schumacher*, DStR 2006, 1481 (1484); *Benecke/Schnitger*, IStR 2006, 765 (766).

19 Vgl. den Nachweis in Fn. 13.

20 *Rödder/Schumacher*, DStR 2006, 1481 (1484). Umstritten ist noch, ob der Wert der Nutzung (so etwa *Benecke/Schnitger*, IStR 2006, 765 [766]) oder das Wirtschaftsgut als solches als entnommen gilt (so etwa *Werra/Teiche*, DB 2006, 1455 [1456]).

21 So die zutreffende Prognose von *Rödder/Schumacher*, DStR 2006, 1481 (1484 f.).

22 Zur Ausgleichspostenmethode ausführlich *Kessler/Winterhalter/Huck*, DStR 2007, 133 ff. und *Hoffmann*, DB 2007, 652 ff.

nommen geltende Wirtschaftsgut aus der Besteuerungshoheit der EU-Mitgliedsstaaten ausscheidet oder wenn (3) die stillen Reserven des als entnommen geltenden Wirtschaftsguts im Ausland aufgedeckt werden oder in entsprechender Anwendung der Vorschriften des deutschen Steuerrechts hätten aufgedeckt werden müssen.

Der Steuerpflichtige ist nach § 4g Abs. 5 EStG verpflichtet, der zuständigen **21** Finanzbehörde die Entnahme oder ein Ereignis i.s.d. § 4g Abs. 2 EStG unverzüglich anzuzeigen. Kommt der Steuerpflichtige dieser Anzeigepflicht, seinen Aufzeichnungspflichten nach § 4g Abs. 4 S. 2 und 3 EStG (laufend geführtes Verzeichnis sowie Aufzeichnungen über die Bildung und die Auflösung des Ausgleichspostens) oder seinen sonstigen Mitwirkungspflichten i.S.d. § 90 AO nicht nach, ist der Ausgleichsposten dieses Wirtschaftsguts gewinnerhöhend aufzulösen. Regelungen zur Rückführung von Wirtschaftsgütern sind in § 4g Abs. 3 EStG vorgesehen.[23]

d) Neuere BFH-Rechtsprechung

Im Zusammenhang mit § 4 Abs. 1 S. 3 EStG ist das Grundsatzurteil des BFH **22** vom 17. 07. 2008[24] zu beachten. Der BFH gibt darin seine finale Entnahmetheorie auf. Das Urteil ist jedoch ausdrücklich zur Rechtslage vor Inkrafttreten der § 6 Abs. 5 EStG 1997 durch das StEntlG 1999/2000/2002 ergangen, so dass seine Auswirkungen auf die mit dem SEStEG eingeführten Entstrickungsnormen fraglich bleibt.

Nach Ansicht des BFH fehlt es in Fällen der Überführung von Wirtschafts- **23** gütern in eine ausländische Betriebsstätte zum einen an einer hinreichenden Rechtsgrundlage für eine Qualifizierung des Überführungsvorgangs als Gewinnrealisierungstatbestand. Eine Entnahme i.S.v. § 4 Abs. 1 S. 1 EStG setze eine Verwendung des Entnahmeobjekts für betriebsfremde Zwecke voraus. Die Überführung des Wirtschaftsguts in eine ausländische Betriebsstätte desselben Unternehmens führe jedoch nicht zur Lösung des bisherigen betrieblichen Funktionszusammenhangs.

Zudem mangele es an einem Außenumsatz, so dass ein entnahmegleicher **24** Realisationstatbestand nicht angenommen werden könne. Zum anderen bestehe, so der BFH, nach heutigem Verständnis der abkommensrechtlichen Freistellung auch kein Bedürfnis für eine Gewinnrealisierung zum Zeitpunkt der Überführung des Wirtschaftsguts. Der inländische Besteuerungszugriff auf Gewinne aus der Veräußerung beweglichen Vermögens, das Betriebsvermögen einer Betriebsstätte ist (Art. 13 Abs. 2 OECD-MA), gehe bei Vereinbarung der Freistellungsmethode (Art. 23 A OECD-MA) nur in dem Umfang verloren, in dem das Vermögen der Betriebsstätte tatsächlich zuzuordnen sei und die realisierten Gewinne durch jene Betriebsstätte erwirtschaftet worden seien. Infolgedessen werde eine (spätere) inländische Besteuerung der im Inland entstandenen stillen Reserven durch die abkommensrechtliche Freistellung ausländischer Betriebsstättengewinne nicht be-

---

23 Zu möglichen Doppelbesteuerungen in diesem Kontext *Kessler/Winterhalter/Huck*, DStR 2007, 133 (137).
24 I R 77/06, IStR 2008, 814 ff.

einträchtigt. Die frühere Rechtsprechung basiere auf einem anderen Abkommensverständnis und sei überholt.[25]

25 Im Anschluss an die BFH-Entscheidung vom 17.07.2008 bleiben in der Praxis viele ungelöste Fragen, auch wenn der konkrete Urteilsfall nunmehr durch § 6 Abs. 6 S. 3 Nr. 1 EStG gelöst scheint. Der Umfang des Anwendungsbereichs von § 4 Abs. 1 S. 3 EStG und von § 12 Abs. 1 KStG i.d.F. des SEStEG ist dennoch als offen zu bezeichnen.

26 Zusammenfassend lässt sich jedenfalls sagen: Problematisch an der o.g. BFH-Entscheidung vom 17.07.2008 ist insbesondere, dass die Theorie der finalen Entnahme bzw. die Theorie der finalen Betriebsaufgabe, wie sie den nachfolgenden BFH-Urteilen vom 28.10.2009[26] zugrunde lagen, im Grunde als Vorlage für die Verstrickungs- bzw. Entstrickungsregelungen dienten.[27] Insofern ist es nur konsequent, wenn allgemein in der Literatur davon ausgegangen wird, dass durch die genannten Urteile den allgemeinen Verstrickungs- bzw. Entstrickungsregelungen des Ertragsteuerrechts der Boden entzogen worden ist.[28]

27 Hieran ändert auch § 4 Abs. 1 S. 4 EStG n.F. nichts. Danach liegt ein Ausschluss oder eine Beschränkung des Besteuerungsrechts hinsichtlich des Gewinns aus der Veräußerung eines Wirtschaftsguts insbesondere dann vor, wenn ein bisher einer inländischen Betriebsstätte des Steuerpflichtigen zuzuordnendes Wirtschaftsgut einer ausländischen Betriebsstätte zuzuordnen ist. Zudem handelt es sich auch nach Ansicht des Gesetzgebers nur um eine „Klarstellung", die das grundsätzliche Problem nicht beseitigt.

28 Die vorstehend dargestellte jüngere BFH-Rechtsprechung jedenfalls hat einstweilen zur Konsequenz, dass § 4 Abs. 1 S. 3 EStG nur einen sehr eingeschränkten Anwendungsbereich hat.[29] Nach m.E. zutreffender Ansicht weiter Teile des Schrifttums ist die Norm (in ihrer mutmaßlichen Auslegung durch den BFH) auf die Überführung von Wirtschaftsgütern in eine ausländische DBA-Freistellungsbetriebsstätte (et vice versa) nicht anwendbar.[30] Hinzu kommt, dass im Fall einer DBA-Anrechnungsbetriebsstätte bzw. im Nicht-DBA-Fall § 4 Abs. 1 S. 3 EStG in konsequenter Anwendung bzw. Fortentwicklung der jüngeren BFH-Rechtsprechung eine zukünftige Anrechnungsverpflichtung die spätere uneingeschränkte inländische Besteuerung

---

25 Siehe dazu auch *Debatin/Wassermeyer*, Art. 7 MA Rdn. 242 ff.; *Rödder/Schumacher*, DStR 2006, 1481 (1483).

26 BFH vom 28.10.2009, I R 99/08, BFH/NV 2009, 346 ff.; BFH vom 28.10.2009, I R 28/08, IStR 2010, 103 ff.

27 Ausführlich *Schaumburg*, Internationales Steuerrecht, Rdn. 5.346.

28 Statt vieler *Ditz*, IStR 2009, 115 ff.; *Prinz*, IStR 2009, 531 ff.; *Schönfeld*, IStR 2010, 133 ff.; *Mitschke*, IStR 2010, 95 ff.

29 Dafür kann die Norm ungewollte „Kollateralschäden" verursachen, d.h. Fälle treffen, die auch von der ursprünglichen gesetzgeberischen Konzeption her nicht erfasst werden sollten, vgl. dazu *Ditz*, IStR 2005, 37 (38); *Bendlinger*, SWI 2007, 496 (498).

30 Statt vieler *Gosch*, BFH/PR 2008, 499 (500); *Ditz*, IStR 2009, 115 (120); *Kahle/ Franke*, IStR 2009, 406 (411); a.A. *Mitschke*, FR 2009, 326 ff.; *Müller-Gatermann* in FS Schaumburg, 939 (943).

der bereits vor der Überführung entstandenen stillen Reserven nicht gefährden kann.

Und schließlich ist zu konstatieren, dass vor dem Hintergrund der o.g. BFH-Rechtsprechung zur Aufgabe der Theorie der finalen Betriebsaufgabe die Anwendung der Vorschrift auch auf die Verlegung von Betrieben oder Teilbetrieben als zweifelhaft angesehen werden kann. Im Ergebnis verbleibt derzeit die Aufgabe einer inländischen Betriebsstätte durch einen beschränkt Steuerpflichtigen als wohl einziger Anwendungsbereich.[31] Die weitere Entwicklung bleibt abzuwarten, denn auch die Tz. 03.18 ff. UmwStE 2011 beantworten die offenen Fragen nur unzureichend und auch die diesbezügliche Rechtsprechung hat bislang eher Einzelfallcharakter.[32]   29

II. Systematische Stellung

1. Lex-specialis-Charakter

Es muss bei der praktischen Gesetzesanwendung und insbesondere bei der Auslegung der einschlägigen Vorschriften des UmwStG unbedingt im Blick behalten werden, dass die Steuerneutralität eines Umwandlungsvorgangs nach der Gesetzessystematik nicht die Regel, sondern die Ausnahme ist. Zutreffend hält daher die Tz. 00.02 UmwStE 2011 unter Hinweis auf die BFH-Rechtsprechung fest: „Umwandlungen und Einbringungen stellen auf der Ebene des übertragenden Rechtsträgers sowie des übernehmenden Rechtsträgers Veräußerungs- und Anschaffungsvorgänge hinsichtlich des übertragenen Vermögens dar."   30

Das Gesetz geht jedenfalls für übertragende Umwandlungen (zur Terminologie siehe noch unten Rdn. 122) gewissermaßen ungeschrieben von dem Grundsatz aus, dass sowohl die ausdrücklich benannten als auch die gerade nicht benannten Umwandlungsvorgänge zu einer Besteuerung der beim übertragenden Rechtsträger gebildeten stillen Reserven führen.[33] Regelbewertungsmaßstab ist dabei der gemeine Wert.   31

Ob diese Grundannahmen des Gesetzgebers zutreffend sind, darf indes bezweifelt werden. Steuerrecht ist Eingriffsverwaltung par excellence, d.h. der grundgesetzlich verbürgte Vorbehalt des Gesetzes (Art. 20 Abs. 3 GG) sorgt dafür, dass sich für den Steuerpflichtigen nachteilige Steuerfolgen nur an einen Steuertatbestand (vgl. § 38 AO) knüpfen können.   32

Ist ein solcher nicht vorhanden, bleibt es bei dem vom BFH[34] zu Recht festgestellten Grundsatz: „Das Einkommensteuerrecht kennt keinen allgemeinen Grundsatz des Inhalts, dass stille Reserven stets aufzudecken sind, wenn ein Wirtschaftsgut nicht mehr in die Gewinnermittlung einzubeziehen ist." Dies gilt ohne Zweifel auch für Unternehmensumstrukturierungen, so   33

---

31 Vgl. im Ergebnis bereits *Wassermeyer*, DB 2006, 2420.
32 BFH vom 02.03.2011, II R 5/09; BFH vom 19.09.2012, IV R 11/12 sowie BFH GrS 1/10 vom 31.01.2013.
33 *Möhlenbrock* in Dötsch/Patt/Pung/Möhlenbrock, UmwStG Einf., Rdn. 152.
34 BFH vom 14.06.1988, VIII R 387/83, BStBl. II 1989, 187 (188).

dass das UmwStG nur in den Fällen zur Gewährung einer Buchwertfortführung herangezogen werden muss, in denen eine Besteuerung stiller Reserven aufgrund allgemeiner Vorschriften droht.

34 Freilich wird eine solche Besteuerung in den meisten Fällen in der Tat gegeben sein, denn einer Umwandlung liegt im Grundsatz strukturell ein Vermögensübergang gegen Gewährung von Gesellschaftsrechten zugrunde, der steuerlich als Tausch und damit als Veräußerungsgeschäft bzw. als Anschaffungsvorgang oder als Betriebsaufgabe zu werten wäre.[35]

35 Dies sind jedoch nur Beispiele für Szenarien, in denen auch ohne eine Transaktion eine steuerliche Abrechnung der stillen Reserven zu dem Zeitpunkt erfolgt, zu dem Wirtschaftsgüter, Betriebe oder Teilbetriebe aus der steuerlich relevanten Erwerbssphäre ausscheiden.[36] Vollständig müsste diese Liste dahingehend ergänzt werden, dass auch die §§ 4 Abs. 1 S. 2, 6 Abs. 1 Nr. 4 S. 1 EStG (Entnahme), 4 Abs. 1 S. 3, 6 Abs. 1 Nr. 4 HS 2 EStG, 12 Abs. 1 KStG (fiktive Entnahme), 14, 14a Abs. 3, 16 Abs. 3, 18 Abs. 3 (Betriebsaufgabe), 12 Abs. 1 KStG (fiktive Veräußerung), 12 Abs. 3 (Sitzverlegung oder Verlegung der Geschäftsleitung in das Ausland), 13 Abs. 6 KStG (Wechsel in die Steuerbefreiung) und die 21 Abs. 2 UmwG a.F.[37], 6 AStG, 17 Abs. 5 EStG (Wegzug) auf eine vollständige steuerliche Erfassung der stillen Reserven gerichtet sind.

36 All diese Fälle stellen sich steuersystematisch als Ausnahmen von dem in § 5 Abs. 1 S. 1 EStG verankerten Realisationsprinzip dar[38], und werden ihrerseits von Ausnahmetatbeständen durchbrochen, die in bestimmten Fällen auf eine Buchwertverknüpfung abzielen (wie etwa § 6 Abs. 3 und Abs. 5 EStG). Zu diesen Ausnahmetatbeständen rechnen auch die Normen des Umwandlungssteuergesetzes.

37 Ferner ist systematisch Folgendes zu bemerken: Das Ertragsteuerrecht besteuert nur Steuerpflichtige, denen das Gesetz eine Steuerrechtssubjektfähigkeit zuerkennt. Einschränkungen ergeben sich dabei in zeitlicher und persönlicher Hinsicht. In zeitlicher Hinsicht gilt das Prinzip der Abschnittsbesteuerung (vgl. nur § 2 Abs. 7 S. 1 EStG), d.h. die wirtschaftlichen Verhältnisse des Steuerpflichtigen werden im Grundsatz, d.h. abgesehen von Vertrauenstatbeständen, jedes Jahr aufs Neue steuerlich gewürdigt. Dies gilt für Finanzverwaltung und Steuerpflichtige gleichermaßen.

38 In persönlicher Hinsicht gilt das Prinzip der Individualbesteuerung, d.h. steuerpflichtiges Einkommen und stille Reserven sind bei dem Steuersubjekt zu besteuern, das das Einkommen erzielt und bei dem sich die Reserven gebildet haben. Eine echte Gruppen- bzw. Konzernbesteuerung, die den Transfer stiller Reserven zwischen Konzerngesellschaften oder gar den grenzüberschreitenden Verlustausgleich ermöglicht und wie sie zum Teil in

---

35 Vgl. zu diesen alternativen Interpretationsmöglichkeiten auch unten Rdn. 192.
36 So treffend *Schaumburg*, Internationales Steuerrecht, Rdn. 17.9.
37 Zur Weiteranwendung nach dem SEStEG vgl. § 27 Abs. 3 Nr. 3 S. 1 UmwStG.
38 *Schaumburg*, Internationales Steuerrecht, Rdn. 17.9.

ausländischen Steuerrechten anzutreffen ist (Beispiel: Schweden), sucht man entsprechend im deutschen nationalen Steuerrecht vergeblich.[39]

Das UmwStG bricht mit dem Prinzip der Individualbesteuerung, indem es unter bestimmten Umständen eine Übertragung von Vermögen zwischen verschiedenen Rechtsträgern bzw. Steuerpflichtigen zu Buch- oder Zwischenwerten gestattet. Die Bindung der stillen Reserven an das Steuersubjekt, bei dem sie entstanden sind, wird also im Einzelfall aufgehoben. **39**

Eine Besteuerung tritt i.d.R. nur ein, wenn die stillen Reserven endgültig der deutschen Besteuerung entzogen zu werden drohen. Meist sind dies Fälle internationaler Umwandlungen, in denen das deutsche Besteuerungsrecht aufgrund der Regeln eines DBA eingeschränkt oder ausgeschlossen wird. Das UmwStG ist also lex specialis zu denjenigen Normen, die den Ansatz des gemeinen Wertes vorsehen und damit eine Besteuerung auslösen, wenn ein Wirtschaftsgut die steuerliche Sphäre eines Steuersubjekts verlässt (z.B. die Entnahmeregeln). Hierbei handelt es sich um Ansatz- und Bewertungsvorschriften, die eine Realisation aufgrund eines Veräußerungstatbestands unterstellen oder von einer liquidationsähnlichen Besteuerung ausgehen (z.B. §§ 4, 15, 17, 23 EStG; 11, 12 KStG).[40] **40**

2. Beschränkung auf das Ertragsteuerrecht

Das UmwStG regelt Voraussetzungen und Folgen steuerneutraler Umwandlungen nur für den Bereich des deutschen Ertragsteuerrechts (Einkommen-, Körperschaft- und Gewerbesteuer).[41] In den anderen Steuergesetzen mögen für andere Steuerarten (z.B. Umsatzsteuer, Erbschaft- und Schenkungsteuer, Grunderwerbsteuer etc.) eigenständige Regelungen für Umwandlungsfälle getroffen sein (z.B. § 1 Abs. 1a UStG oder § 1 Abs. 1 Nr. 3 GrEStG), das UmwStG jedoch zeitigt für diese Steuerarten keine unmittelbaren Folgen. **41**

Mittelbare Folgen ergeben sich aber in praktischer Hinsicht, z.B. bei der Umsatzsteuer. Der übertragende Rechtsträger bleibt bis zur Eintragung der Umwandlung in das Handelsregister (zu den Folgen der Eintragung vgl. Rdn. 107 ff.) Steuersubjekt und Unternehmer i.S.d. § 2 UStG, so dass die auszustellenden Rechnungen i.S.d. § 14 UStG erst ab diesem Zeitpunkt auf den übernehmenden Rechtsträger auszustellen sind.[42] Umgekehrt kann in Sonderfällen auch ein zivilrechtlich bereits aufgelöster Rechtsträger als übertragender Rechtsträger an einer Umwandlung teilnehmen. Dies ist jedoch nur unter den Voraussetzungen der §§ 3 Abs. 3, 124 Abs. 2 oder 191 **42**

---

39 Auch die Regeln der ertragsteuerlichen Organschaft (§§ 14 ff. KStG) lassen die Rechts- und Steuersubjekteigenschaft der an der Organschaft beteiligten Gesellschaften unangetastet. Es erfolgt lediglich eine teilweise Aufweichung des sog. Trennungsprinzips, d.h. der systematisch separaten Betrachtung der Gesellschafts- und der Gesellschafterebene für steuerliche Zwecke.

40 Vgl. *Rödder* in Rödder/Herlinghaus/van Lishaut, Einführung UmwStG, Rdn. 2 und 125 (mit Zweifelsfällen).

41 Bis zum Veranlagungszeitraum 1997 auch: Vermögensteuer.

42 *Möhlenbrock* in Dötsch/Patt/Pung/Möhlenbrock, UmwStG Einf., Rdn. 151.

Abs. 3 UmwG sowie der weiteren Voraussetzung möglich, dass ein Fortbestand des Rechtsträgers noch beschlossen werden könnte.[43]

3. Keine abschließende Regelung

43 Das UmwStG gilt nur, soweit sein Anwendungsbereich eröffnet ist, d.h. in den in § 1 genannten Fällen. Der aus § 1 Abs. 2 i.V.m. Abs. 1 UmwG bekannte Numerus clausus der Umwandlungsarten wird mithin in das UmwStG hineingetragen. Das Gesetz hat jedoch keinen Exklusivitätscharakter, was die steuerneutrale Transferierung stiller Reserven in Wirtschaftsgütern zwischen Rechtsträgern bzw. auf andere Wirtschaftsgüter anbelangt. Insoweit vergleichbare Regelungen finden sich z.B. für das Einkommensteuerrecht in den §§ 6 Abs. 3 und Abs. 5, 6 b, 16 Abs. 3 EStG und für das Körperschaftsteuerrecht in den §§ 8 b Abs. 2[44], 12 Abs. 2 KStG.

III. Gemeinschaftsrechtliche Vorgaben

1. Allgemeines

44 Die europäische FusionsRL[45] war ebenso wie die sog. Mutter/Tochter-Richtlinie[46] und die EU-Schiedskonvention[47] Teil der ersten großen und bis heute bedeutsamsten Harmonisierungsinitiative auf dem Gebiet der direkten Steuern innerhalb der Europäischen Union. Die Richtlinientrias in ihrem ursprünglichen Gewand datiert vom 23.07.1990 und konzentriert sich auf die Unternehmensbesteuerung.

45 Die FusionsRL stellt in diesem gemeinschaftsrechtlich verbürgten Rahmen durch eine unter bestimmten Voraussetzungen gewährte Buchwert- bzw. Zwischenwertverknüpfung sicher, dass in den Fällen grenzüberschreitender Fusionen, Spaltungen, Einbringungen und des Anteilstausches keine oder nur teilweise stille Reserven aufgedeckt und besteuert werden. Dies gilt sowohl auf der Ebene der beteiligten Gesellschaften als auch auf der Ebene der beteiligten Anteilseigner dieser Gesellschaften.[48]

---

43 *Möhlenbrock* in Dötsch/Patt/Pung/Möhlenbrock, UmwStG Einf., Rdn. 20.

44 Hierunter wird auch der Tausch von Beteiligungen an (ausländischen) KapG gefasst, weshalb die Norm, ebenso wie § 12 Abs. 2 KStG, insbesondere im Hinblick auf Drittstaatenumwandlungen eine besondere Bedeutung zukommt, vgl. zutreffend *Schaumburg*, Internationales Steuerrecht, Rdn. 17.7; ebenso *Hörtnagl* in Schmitt/Hörtnagl/Stratz, § 1 Rdn. 4.

45 Richtlinie 90/434/EWG des Rates vom 23.07.1990 über das gemeinsame Steuersystem für Fusionen, Spaltungen, die Einbringung von Unternehmensteilen und den Austausch von Anteilen, ABl. EG 1990 Nr. L 225, 1 ff.; geändert durch Richtlinie 2005/19/EG zur Änderung der Richtlinie 90/434/EWG vom 17.12.2005, ABl. EG Nr. L 58, 19 ff. vom 04.03.2005.

46 Richtlinie 90/435/EWG des Rates vom 23.07.1990 über das gemeinsame Steuersystem der Mutter- und Tochtergesellschaften verschiedener Mitgliedsstaaten, ABl. EG 1990 Nr. L 225, 6 ff.

47 Übereinkommen Nr. 90/436/EWG vom 23.07.1990, umgesetzt durch das Gesetz zur Umsetzung der EG-Schiedskonvention vom 26.08.1993, BGBl. II 1993, 818 ff.

48 Unbenommen bleibt hingegen das Recht zur Besteuerung einer späteren Veräußerung der gewährten Anteile, vgl. Art. 8 Abs. 6 FusionsRL. Dies ist konsequent, wenn die vor dem Umwandlungsvorgang vorhandenen Anteile in gleicher Weise hätten besteuert werden können.

Haase

Der Ausschluss der Besteuerung der stillen Reserven greift jedoch nur ein, 46
wenn die den stillen Reserven zugrunde liegenden Wirtschaftsgüter nach
der Umwandlung einer Betriebsstätte im Ansässigkeitsstaat der einbringenden Gesellschaft zuzurechnen sind (Betriebsstättenvorbehalt) und die übernehmende Gesellschaft die Buchwerte fortführt.[49]

Seit 1990 war die FusionsRL mangels gesellschaftsrechtlicher Grundlagen 47
für echte grenzüberschreitende Transaktionen jedoch nur unzureichend im
deutschen nationalen Recht umgesetzt. Lediglich für Einbringungen und für
den Tausch von Anteilen war eine entsprechende steuerliche Regelung vorgesehen (vgl. etwa § 23 UmwStG 1995).

Durch das Statut einer Europäischen Aktiengesellschaft[50] einerseits, ande- 48
rerseits aufgrund der gesellschaftsrechtlichen Verschmelzungsrichtlinie[51]
und nicht zuletzt aufgrund der EuGH-Entscheidung in der Rs. *Sevic Systems*[52] (betraf den Fall einer Hereinverschmelzung) war jedoch erstmals –
nach der entsprechenden Änderung der FusionsRL durch die Änderungs-
richtlinie vom 17.02.2005[53] – der Boden bereitet für ein weitgehend „euro-
päisiertes" Umwandlungssteuerrecht.

Der deutsche Gesetzgeber hat dies im Wege des SEStEG[54] umzusetzen ver- 49
sucht. Er war v.a. durch das o.g. (vgl. Rdn. 4 und 48) SE-Statut unter Hand-
lungsdruck geraten, sah dieses doch bereits seit dem 01.01.2006 gesellschaftsrechtlich die grenzüberschreitende Verschmelzung Europäischer
Aktiengesellschaften vor. Hinzu kam, dass die o.g. (vgl. Rdn. 48) Ände-
rungsrichtlinie der FusionsRL diese bereits im Jahr 2005 auf transparente[55]
Gebilde, auf supranationale Rechtsformen wie die Europäische Aktiengesellschaft und auf sonstige Körperschaftsteuersubjekte i.S.d. § 1 Abs. 1 Nr. 6
KStG (Betriebe gewerblicher Art i.S.d. § 4 KStG) erstreckt hatte.[56]

---

49 Art. 4 Abs. 1 Buchst. b und Abs. 3 und 4 FusionsRL.
50 Verordnung des Rates über das Statut der Europäischen Gesellschaft vom 08.10.
   2001, ABl. EG 2001 Nr. 294; dazu *Schön/Spindler*, IStR 2004, 571 ff. und *Rödder*,
   Der Konzern 2004, 522 ff.
51 Richtlinie 2005/56/EG vom 26.10.2005, ABl. EG Nr. L 310, 1 ff. und dazu *Louven*,
   ZIP 2006, 2021 ff.
52 EuGH vom 13.12.2005, C-411/03 (*Sevic Systems*), EuGHE I 2005, 10805 ff.; dazu
   aus steuerrechtlicher Sicht *Dötsch/Pung*, Der Konzern 2006, 258 ff.; aus gesellschaftsrechtlicher Sicht *Gesell/Krömker*, DB 2006, 2558 ff. und *Drinhausen*, BB
   2006, 2313 ff.
53 Richtlinie 2005/19/EG vom 17.02.2005, ABl. EG Nr. L 058, 90 ff.
54 Siehe den Nachweis in Fn. 1.
55 Vgl. dazu Art. 10a FusionsRL. Gemeint sind Fälle von Qualifikationskonflikten, bei
   denen die jeweilige Gesellschaft in ihrem Ansässigkeitsstaat als steuerlich intransparent und in einem anderen EU-Mitgliedsstaat wie eine PersG besteuert wird, vgl.
   dazu *Benecke/Schnitger*, IStR 2005, 606 ff. und 641 ff.
56 Weitere Änderungen betrafen die Erweiterung der Richtlinie um einige Umwandlungsvorgänge (z.B. Sitzverlegung einer europäischen Aktiengesellschaft). Daneben
   wurde z.B. § 21 UmwStG um den Tatbestand des Hinzuerwerbs von Gesellschaftsanteilen bei vorhandener Mehrheitsbeteiligung ergänzt. Andere Änderungen hatten
   nur einen klarstellenden Charakter (z.B. Erstreckung der Richtlinie auf in Drittstaaten ansässige Gesellschafter beim Anteilstausch).

2. Grenzen der Neuregelung

50 Im Anwendungsbereich des heute geltenden UmwStG sieht sich der Steuerpflichtige einer vielschichtigen Gemengelage ausgesetzt. Jedenfalls im Grundsatz lässt sich Folgendes festhalten:

a) Grenzüberschreitende und ausländische Umwandlungen

51 Erstens gilt das UmwStG zwar einerseits, und damit über die Vorgaben der FusionsRL hinaus, nicht nur in der Europäischen Union, sondern auch im EWR-Raum.[57] Sein Anwendungsbereich ist damit eröffnet nicht nur für grenzüberschreitende Umwandlungen, sondern auch für ausländische Umwandlungen innerhalb des EU-/EWR-Raums. Andererseits verbleiben, von § 24 abgesehen, in Bezug auf Umwandlungen unter Beteiligung von Drittstaaten erhebliche Lücken, so dass die Steuerneutralität insoweit nicht sichergestellt ist. Ausnahmen hiervon, d.h. von der grundsätzlichen Nichterfassung von Umwandlungen in Bezug auf Drittstaaten, finden sich nur in § 13 sowie partiell in § 12 Abs. 2 KStG. Trotz des SEStEG[58] ist es damit nur zu einer Europäisierung, nicht aber einer Globalisierung des UmwStG gekommen.[59]

b) Abweichung von Fusions-RL und Zivilrecht

52 Zweitens hat der Gesetzgeber trotz der weitgehenden Beachtung der Vorgaben der FusionsRL nicht in allen Bereichen eine enge Anknüpfung an das sekundäre Gemeinschaftsrecht gesucht. So wird etwa in § 1 erstaunlicherweise nicht auf die Terminologie des Art. 2 der RL rekurriert, sondern „bewusst"[60] auf die Begriffsbestimmungen des UmwG zurückgegriffen. Umso bemerkenswerter ist es, dass das neue Umwandlungssteuerrecht teilweise auf Fallgestaltungen anwendbar ist, für die es zivilrechtlich noch keine Rechtsgrundlage gibt.[61] Darüber hinaus verwendet das UmwStG zuweilen Begriffe, die dem Zivilrecht unbekannt sind (z.B. den Begriff der Einbringung). All dies erschwert die praktische Handhabung erheblich.

c) EuGH-Rechtsprechung

53 Drittens ist zu konstatieren, dass das UmwStG inzwischen auch in den Fokus des Europäischen Gerichtshofs gerückt ist. Über das o.g. (vgl. Rdn. 48) Urteil in der Rs. *Sevic Systems* hinaus waren es nicht zuletzt Judikate des EuGH, die zumindest mittelbar die inhaltliche Ausgestaltung auch des SEStEG[62] in Teilbereichen beeinflusst hatten.[63]

---

57 Liechtenstein; Norwegen; Island.
58 Siehe den Nachweis in Fn. 1.
59 So treffend bereits *Rödder* in Rödder/Herlinghaus/van Lishaut, Einführung UmwStG, Rdn. 14; ebenso *Schaumburg*, Internationales Steuerrecht, Rdn. 17.4.
60 So *Möhlenbrock* in Dötsch/Patt/Pung/Möhlenbrock, UmwStG Einf., Rdn. 99.
61 Vgl. dazu die Nachweise bei *Hagemann/Jakob/Ropohl/Viebrock*, NWB Sonderheft 1, 2007, S. 13.
62 Siehe den Nachweis in Fn. 1.
63 EuGH vom 21.11.2002, C-436/00 (*X und Y*), EuGHE I 2002, 10829 ff.; EuGH vom 11.03.2004, C-9/02 (*Hughes de Lasteyrie du Saillant*), EuGHE I 2004, 2409 ff. und EuGH vom 07.09.2006, C-470/04 (*N.*), EuGHE I 2006, 7409 ff.

Während diese Judikate jedoch zunächst Wegzugsfälle natürlicher Perso- **54**
nen[64] und Fragen des damit verbundenen Steueraufschubs zum Gegenstand hatten, wurden dem EuGH in jüngerer Zeit auch zentrale Fragestellungen des Umwandlungssteuerrechts vorgelegt. Nach dem EuGH-Urteil in
der Rs. *A. T.* ist das Erfordernis der doppelten Buchwertverknüpfung im
deutschen UmwStG nicht mit Art. 8 der FusionsRL vereinbar.[65] Die Entscheidung ist zwar zum UmwStG 1995 ergangen, jedoch verbleibt es jedenfalls in den Fällen der Sacheinbringung auch nach geltendem Recht bei diesem Erfordernis, so dass Änderungsbedarf besteht.[66] Hier werden in
Zukunft insgesamt sicherlich weitere Vorabentscheidungsverfahren folgen.

Als europarechtlich gesicherte Kenntnis darf demzufolge heute gelten, dass **55**
eine umwandlungsbedingte Sofortbesteuerung stiller Reserven auf Gesellschaftsebene im Rahmen einer fiktiven Liquidation oder Veräußerung unzulässig ist.[67] Statthaft ist allerdings die Sicherstellung der Besteuerung in Gestalt einer Stundungslösung[68], wie es etwa aus § 6 AStG bekannt ist. Der
Gesetzgeber hat im Zuge des SEStEG[69] die Chance vertan, das UmwStG im
Hinblick auf seine Gesamtkonzeption insoweit gemeinschaftsrechtlich un-
angreifbar auszugestalten, weil nach wie vor die Lösung einer Sofortbesteuerung verfolgt wurde, soweit der deutsche Besteuerungsanspruch beschränkt oder ausgeschlossen wird. Das UmwStG ist daher latent in Gefahr,
in Konflikt mit dem Europarecht zu geraten.[70]

Bereits in früherer Zeit hatte sich der EuGH ferner der Auslegung der Fu- **56**
sionsRL angenommen. In seinem Urteil in der Rs. *Leur-Bloem*[71] (betraf Fragen der Steuerumgehung) hatte sich der Gerichtshof mit dem Wortlaut des
Art. 2 Buchst. d und des Art. 11 Fusionsrichtline a. F. zu beschäftigen und befand, dass er für die Auslegung des europäischen Gemeinschaftsrechts auch
dann zuständig sei, wenn der Gesetzgeber eines EU-Mitgliedsstaats bei der
Umsetzung der Vorschriften der FusionsRL innerstaatliche Sachverhalte und
unter die Richtlinie fallende, grenzüberschreitende Sachverhalte gleichbe-
handle und seine nationalen Rechtsvorschriften daher an das europäische
Sekundärrecht angepasst habe.

---

64 Ein Gleiches muss freilich für KapG gelten, vgl. *Wassermeyer*, GmbHR 2004, 613
(615); *Schaumburg* in FS Wassermeyer, 411, 423 f.
65 EuGH vom 11. 12. 2008, C-285/07 (*A. T.*), EuGHE I 2008, 9329 ff.; Vorlage durch
BFH vom 07. 03. 2007, I R 25/05, BStBl. 2007 II, 679 ff.; vorgehend FG Baden-Württemberg vom 17. 02. 2005, 6 K 209/02, EFG 2005, 994 ff.
66 Die Europäische Kommission hatte vorgeschlagen, im Zuge der Änderung der FusionsRL im Jahr 2005 (vgl. dazu bereits oben Rdn. 49) die doppelte Buchwertverknüpfung generell aufzugeben, vgl. KOM (2003) 613 bzw. 2003/0239 (CNS) vom
17. 10. 2003. Letztlich wurde der Vorschlag aber nur (teilweise) beim Anteilstausch
nach § 21 UmwStG umgesetzt.
67 So bereits *Schaumburg*, Internationales Steuerrecht, Rdn. 17.20.
68 Dazu ausführlich *Schön* in Lutter/Hommelhoff, SE-Kommentar, Rdn. 239 ff., 150 ff.
69 Siehe den Nachweis in Fn. 1.
70 So bereits *Schaumburg*, Internationales Steuerrecht, Rdn. 17.23 (überdies zur verfassungsrechtlichen Kritik Rdn. 17.24).
71 EuGH vom 17. 07. 1997, C-28/95 (*Leur-Bloem*), EuGHE I 1997, 4161 ff.; EuGH vom
15. 01. 2002, C-43/00 (*Andersen og Andersen*), EuGHE I 2002, 379 ff.

57 In diesem Zusammenhang ist zu beachten, dass dem EuGH hinsichtlich der Vereinbarkeit des UmwStG mit Europäischem Primär- und Sekundärrecht in jeder Hinsicht eine Auslegungskompetenz zusteht. Hier gilt nichts anderes als bei jedem anderen Steuergesetz und jeder anderen nationalen Norm auch. Der teilweise mangelnde Rückgriff auf die Terminologie der FusionsRL (vgl. dazu oben Rdn. 44 ff.) ändert daran nichts.

58 Die Möglichkeit der Anrufung des EuGH durch nationale Gerichte kann nicht allein dadurch behindert verwehrt werden, dass das nationale Recht mit anderen Begrifflichkeiten arbeitet als die zugrunde liegende europäische Vorgabennorm. Selbstverständlich kann der EuGH darüber befinden, ob die Vorgaben der FusionsRL durch das SEStEG[72] in gemeinschaftsrechtskonformer Weise umgesetzt worden sind.[73]

59 Eine Auslegungskompetenz des EuGH hinsichtlich des UmwStG ist darüber hinaus nach Ansicht des EuGH[74] und nach wohl h.M.[75] sogar in den Fällen zu bejahen, in denen ein grenzüberschreitender Vorgang an sich nicht vorliegt und daher die FusionsRL nicht anwendbar ist (z.B. bei reinen Inlandsumwandlungen). Der EuGH geht aber davon aus, dass auch in diesen Fällen ein gemeinschaftsrechtliches Interesse an einer einheitlichen Auslegung der fraglichen nationalen Norm besteht.

IV. Anwendungsbereich und Grundprinzipien des UmwStG

1. Allgemeines

60 Nachstehend wird einführend die grundlegende Systematik des UmwStG anhand von Umwandlungsvorgängen mit Auslandsbezug – begrenzt auf das Notwendigste – dargelegt. Eine ausführliche Erläuterung bietet die Kommentierung der jeweils einschlägigen Vorschriften sowie die Kurzdarstellung unter Rdn. 109 ff., 144 ff. in dieser Einleitung.[76]

61 Für die im UmwG genannten Umwandlungsvorgänge (das sind Verschmelzung, Spaltung, Vermögensübertragung und Formwechsel) enthält das UmwStG korrespondierende Regelungen für die steuerliche Behandlung. Darüber hinaus kennt das UmwStG den Tatbestand der sog. Einbringung, der im UmwG keine Entsprechung findet. Die Grundprinzipien bei Umwandlungsvorgängen (mit Auslandsbezug) sind insoweit die Folgenden:

---

72 Siehe den Nachweis in Fn. 1.
73 A.A. *Möhlenbrock* in Dötsch/Patt/Pung/Möhlenbrock, UmwStG Einf., Rdn. 99, der über das UmwG allenfalls zu einer mittelbaren Auslegungskompetenz kommen möchte. Im praktischen Ergebnis sollte dadurch hinsichtlich der Reichweite des Rechtsschutzes indes kein Unterschied entstehen.
74 Ständige Rechtsprechung seit EuGH vom 18. 10. 1990, C-297/88 und C-197/89 (*Dzodzi*), EuGHE I 1990, 3763 ff.
75 Vgl. nur die Nachweise bei *Hahn* in PricewaterhouseCoopers AG, Reform des Umwandlungssteuerrechts, Rdn. 759 ff.
76 Vgl. auch hierzu instruktiv *Rödder* in Rödder/Herlinghaus/van Lishaut, Einführung UmwStG, Rdn. 93 ff.

Die Umwandlung muss i.d.R. das gesamte Unternehmen des übertragenden 62
Rechtsträgers umfassen, jedenfalls aber einen Betrieb, Teilbetrieb, einen Mitunternehmeranteil, einen Teil eines Mitunternehmeranteils, eine 100 %ige
oder eine mehrheitsvermittelnde Beteiligung an einer KapG. Der übernehmende Rechtsträger tritt sodann, bei Erfüllung bestimmter Voraussetzungen,
in die steuerliche Rechtsstellung des übertragenden Rechtsträger ein (z.B. in
Bezug auf Abschreibungen).

Die Umwandlungen gem. dem Zweiten bis Fünften Teil des UmwStG müs- 63
sen, Umwandlungen gem. dem Sechsten bis Achten Teil des UmwStG können (i.d.R., eine Ausnahme beim Anteilstausch) auf Antrag auf den steuerlichen Übertragungsstrichtag rückbezogen werden.

Aus der Sicht der Bundesrepublik Deutschland lassen sich hinsichtlich des 64
Auslandsbezugs 4 Fallgruppen von Umwandlungsvorgängen unterscheiden:

– Bei reinen Inlandsumwandlungen mit Auslandsbezug sind die an dem
  Umwandlungsvorgang beteiligten Rechtsträger im Inland ansässig, während die Gesellschafter eines oder beider Rechtsträger und/oder das im
  Zuge der Umwandlung übergehende Vermögen im Ausland ansässig bzw.
  belegen sind.

– Bei reinen Auslandsumwandlungen mit Inlandsbezug sind entsprechend
  die an dem Umwandlungsvorgang beteiligten Rechtsträger im Ausland
  ansässig, während die Gesellschafter eines oder beider Rechtsträger und/
  oder das im Zuge der Umwandlung übergehende Vermögen im Inland ansässig bzw. belegen sind.

– Bei Hinausumwandlungen sind der übertragende Rechtsträger im Inland
  und der übernehmende Rechtsträger im Ausland ansässig, während sich
  die Gesellschafter und das übergehende Vermögen im In- oder Ausland
  befinden können.

– Bei Hineinumwandlungen sind der übertragende Rechtsträger im Ausland und der übernehmende Rechtsträger im Inland ansässig. Die Gesellschafter und das übergehende Vermögen können sich wiederum im In-
  oder Ausland befinden.

Das UmwStG enthält eine Vielzahl von Einzelfallregelungen, die die spezi- 65
fisch internationale Dimension des Gesetzes verdeutlichen. Hierbei wurde
versucht, den Gefahren der parallelen Anwendung des nationalen Geset-
zesrechts mehrerer Staaten (namentlich die Entstehung unbesteuerter, sog.
weißer Einkünfte) entgegen zu wirken. Als Beispiel sei § 2 Abs. 3 genannt,
wonach die Regeln über die steuerliche Rückwirkung nicht anzuwenden
sind, soweit Einkünfte aufgrund abweichender Regelungen zur Rückbeziehung eines in § 1 Abs. 1 genannten Vorgangs in einem anderen Staat nicht
der Besteuerung unterliegen.[77]

---

77 Dazu *Benecke/Schnitger*, IStR 2006, 771 ff.; *Dötsch/Pung*, DB 2006, 2706 ff.; *Klinge-
biel*, DB 2006, 601 ff.

2. Anwendungsbereich

66 Das UmwStG ist, neben rein nationalen Sachverhalten, nach § 1 in all diesen Fällen anwendbar, vorausgesetzt, die an der Umwandlung beteiligten Rechtsträger sind natürliche Personen oder Gesellschaften, die aufgrund des Sitzes und Ortes der Geschäftsleitung (vgl. § 1 Abs. 2 S. 1 Nr. 1) in einem EU-/EWR-Staat ansässig sind. Bei (aus deutscher Sicht) steuerlich transparenten PersG wird grundsätzlich auf die Ansässigkeit ihrer Gesellschafter abgestellt, vgl. § 1 Abs. 4 S. 1 Nr. 2 Buchst. a Doppelbuchst. aa.

67 Für die Europäische Aktiengesellschaft (SE) und die Europäische Genossenschaft (SCE) enthält § 1 Abs. 2 S. 2 eine Ansässigkeitsfiktion. Auch Umwandlungsvorgänge nach ausländischem Recht können steuerlich nach dem UmwStG beurteilt werden, sofern ein grenzüberschreitender oder ausländischer Vorgang seinem Wesen und seiner Struktur nach einer im UmwStG genannten Umwandlungsart entspricht.[78]

68 Strikt zu beachten ist, dass der Anwendungsbereich des UmwStG nicht eröffnet ist, wenn an dem Umwandlungsvorgang Gesellschaften mit Sitz in Drittstaaten beteiligt sind[79] (dazu bereits oben Rdn. 51). Eine Übertragung der Grundsätze des UmwStG auf Drittstaatenfälle kann sich daher nur aufgrund allgemeiner Erwägungen ergeben, wie beispielsweise der Anwendung von DBA-Diskriminierungsverboten (entsprechend Art. 24 OECD-Musterabkommen oder aus anderweitigen bilateralen Abkommen wie Freundschafts-, Handels- und Schifffahrtsverträgen (z.B. mit den USA oder die sog. Bilateralen Verträge mit der Schweiz).[80]

3. Grundregel: Ansatz des gemeinen Werts

69 Der Gesetzgeber verfolgt mit dem UmwStG das Ziel, dem Steuerpflichtigen Möglichkeiten zur Erlangung der Steuerneutralität von Umwandlungsvorgängen an die Hand zu geben. Zugleich hat der Gesetzgeber im Zuge des SEStEG[81] auf eine konsequente Sicherstellung deutscher Besteuerungsrechte geachtet. Die Steuerneutralität einer Umwandlung wird entsprechend nur erreicht, wenn im Zuge der Umwandlung sowohl auf der Ebene der beteiligten Rechtsträger als auch bei den Gesellschaftern der beteiligten Rechtsträger kein Steuertatbestand ausgelöst wird. Der Gesetzgeber hat sich für das folgende System entschieden:

70 Grundsätzlich sind bei Umwandlungen die übergehenden Wirtschaftsgüter mit dem gemeinen Wert anzusetzen, was in den meisten Fällen eine Abkehr vom Grundsatz der Maßgeblichkeit bedeutet. So ist es in § 3 Abs. 1 S. 1, § 11 Abs. 1 S. 1 und § 13 Abs. 1 (gilt für die Gesellschafter der übertragenden Körperschaft) für die Verschmelzung, in § 15 Abs. 1 S. 1 für die Spal-

---

78 Neben einem allgemeinen Rechtstypenvergleich hinsichtlich der beteiligten Rechtsträger kommt es vor allem darauf an, ob die nach dem ausländischen Recht eintretenden Rechtsfolgen denen eines deutschen Umwandlungsvorgangs vergleichbar sind, vgl. *Dötsch/Pung*, DB 2006, 2704 (2705).

79 Die Ansässigkeit der Gesellschafter ist insoweit meist irrelevant.

80 Zutreffend *Hahn* in PricewaterhouseCoopers AG, Reform des Umwandlungssteuerrechts, 2007, Rdn. 757.

81 Siehe den Nachweis in Fn. 1.

tung, in § 20 Abs. 2 S. 1 und § 24 Abs. 2 S. 1 für die Einbringung, in § 21 Abs. 1 S. 1 (gilt für den Einbringenden) für den Anteilstausch und in § 9 S. 1 und § 25 S. 1 für den Formwechsel angeordnet. Im Gegensatz zum Buchwert (vgl. dazu § 1 Abs. 5 Nr. 4) ist der gemeine Wert nicht gesetzlich definiert. Gemeint ist letztlich der Verkehrswert, d. h. derjenige Wert, der im gewöhnlichen Geschäftsverkehr nach der Beschaffenheit des Wirtschaftsguts bei einer Veräußerung zu erzielen wäre.

4. Ausnahme: Buch- oder Zwischenwertansatz

In all den vorgenannten Fällen erhält der Steuerpflichtige aber die Möglichkeit, für die übergehenden Wirtschaftsgüter auf Antrag innerhalb einer bestimmten Frist einen Buch- oder Zwischenwert anzusetzen und so eine Besteuerung stiller Reserven ganz oder teilweise zu vermeiden. So ist es in § 3 Abs. 2, § 11 Abs. 2 und § 13 Abs. 2 (gilt für die Gesellschafter der übertragenden Körperschaft) für die Verschmelzung, in § 15 Abs. 1 S. 1 für die Spaltung, in § 20 Abs. 2 S. 2 und § 24 Abs. 2 S. 2 für die Einbringung, in § 21 Abs. 1 S. 2 (gilt für den Einbringenden) für den sog. qualifizierten Anteilstausch und in § 9 S. 1 und § 25 S. 1 für den Formwechsel möglich. 71

Die Möglichkeit der Buchwertfortführung setzt jeweils voraus, dass das Besteuerungsrecht der Bundesrepublik Deutschland an dem übergehenden Vermögen/den übergehenden Wirtschaftsgütern oder bestimmten Gesellschaftsanteilen nicht ausgeschlossen oder beschränkt wird. Diesbezüglich sind vor allem die Regelungen etwaiger Doppelbesteuerungsabkommen zu beachten. Daneben bestehen im Einzelfall weitere Voraussetzungen für eine steuerlich beachtliche Buchwertfortführung. 72

Zu beachten ist ferner, dass die vorgenannten speziellen Entstrickungsregelungen durch die allgemeine Vorschrift des § 2 Abs. 3 flankiert werden. Die Vorschrift stellt sicher, dass keine weißen Einkünfte (im Fall doppelter Nichtbesteuerung) entstehen, wenn die nationalen Vorschriften über die steuerliche Rückwirkung (etwa § 9 S. 3) von Umwandlungsvorgängen mit abweichenden ausländischen Normen zusammentreffen. Dies ist in der Praxis nicht selten der Fall. 73

Die Steuerneutralität eines Umwandlungsvorgangs folgt aber nicht allein aus dem Buchwertansatz (in der Schlussbilanz) des übertragenden Rechtsträgers, sondern es ist zusätzlich eine Übernahme dieses Ansatzes beim übernehmenden Rechtsträger erforderlich. So ist es etwa in § 4 Abs. 1 und § 12 Abs. 1 für die Verschmelzung, in § 15 Abs. 1 S. 1 für die Spaltung und in § 9 S. 1 und § 25 S. 1 für den Formwechsel vorgesehen. Bei Einbringungen ist das Konzept naturgemäß ein anderes; hier entsteht nach den §§ 20 Abs. 3 S. 1, 21 Abs. 2 S. 1 nur dann kein Veräußerungspreis für den Einbringenden, wenn die Buchwerte fortgeführt werden. Damit wird den Anforderungen der FusionsRL an die Buchwertfortführung genügt (dazu oben Rdn. 44 ff.). 74

B. Historie

I. Allgemeines

75 Das erste eigenständig kodifizierte Regelungswerk betreffend die Besteuerung von Umwandlungen datiert aus dem Jahr 1934. Bis zum UmwStG i.d.F. des SEStEG[82] ist konzeptionell hinsichtlich des Verlaufs zweierlei zu konstatieren: Erstens wurde die Möglichkeit der Steuerneutralität im Laufe der Zeit auf immer neue Formen von Umwandlungen erstreckt, und zweitens muss das jeweils geltende UmwStG auch stets im Lichte des jeweils geltenden Körperschaftsteuersystems betrachtet werden.

76 Naturgemäß hängen diese Materien, d.h. die laufende Ertragsbesteuerung von Körperschaften und die anlassbezogene Besteuerung von Umwandlungen, eng zusammen, soweit eine unterschiedliche Besteuerung von Gesellschaft und Gesellschafter in Betracht kommt. Wird grundsätzlich auf Gesellschafterebene, in welcher Form auch immer (dazu sogleich), eine Entlastung gewährt, muss sich diese Vermeidung oder Verminderung einer Doppelbesteuerung konzeptionell auch im Umwandlungsfall fortsetzen.

77 Ein klassisches Körperschaftsteuersystem beispielsweise, wie es zum Teil in den USA, der Schweiz und den Niederlanden verwirklicht ist, kennt neben der Besteuerung des Einkommens der Körperschaft nämlich auch eine Besteuerung des Einkommens auf der Ebene der Gesellschafter. Das klassische Körperschaftssteuersystem führt daher – jedenfalls in seiner Reinform – nicht zu einer Vermeidung oder Verminderung der Doppelbelastung. Eine Verminderung der Doppelbelastung tritt hingegen bei dem österreichischen Halbsatzverfahren[83] oder bei dem gegenwärtig in der Bundesrepublik Deutschland geltenden Teileinkünfteverfahren (ebenfalls grundsätzlich ein klassisches, indes modifiziertes Körperschaftsteuersystem) ein.[84]

78 Ebenfalls zu einer Minderung der Doppelbelastung führt – systematisch m.E. überzeugend und daher gegenüber den anderen Systemen vorzugswürdig – das sog. Körperschaftsteuer-Vollanrechnungsverfahren.[85] Es galt in der Bundesrepublik Deutschland zwischen 1977 und 2000. Das Anrechnungsverfahren ist ein Körperschaftsteuersystem, bei dem die Belastung auf Ebene der KapG durch eine Vollanrechnung der von der KapG gezahlten Körperschaftsteuer auf die individuelle Steuerschuld des Gesellschafters berücksichtigt wird.[86]

---

82 Siehe den Nachweis in Fn. 1.
83 Vgl. dazu *Heinrich*, IStR 2000, 238 ff. sowie EuGH vom 15.07.2004, C-315/02 (*Lenz*), EuGHE I 2004, 7081 ff.
84 Zum Übergang vom Anrechnungs- auf das Halbeinkünfteverfahren instruktiv *Stangl*, Die systemtragenden Änderungen der Unternehmensbesteuerung durch das Steuersenkungsgesetz, 2001; *Grotherr*, BB 2000, 849 ff.; *Förster*, DStR 2001, 1273 ff.; *Semmler/Maiterth*, BB 2000, 1377 ff.
85 Dazu aus Konzernsicht instruktiv *Kröner* in Kessler/Kröner/Köhler, Konzernsteuerrecht, § 3 Rdn. 60 ff.
86 Umfassend dazu *Märkle*, Das Anrechnungsverfahren nach dem Körperschaftsteuerreformgesetz 1977, 1978.

Die Besteuerung auf Ebene der KapG wurde bei diesem System nur als eine   79
vorläufige Steuererhebung betrachtet. Die endgültige Feststellung der Besteuerungsgrundlagen sollte beim Gesellschafter nach dessen persönlichen
Verhältnissen stattfinden. Dies fand historisch nicht zuletzt seinen Ursprung
in der Tatsache, dass nur natürliche Personen als Träger steuerlicher Leistungsfähigkeit angesehen wurden. Gleichwohl konnte auch unter dem
Anrechnungsverfahren mit einer Besteuerung nicht bis zum Zeitpunkt der
Ausschüttung zugewartet werden, weil dies den bekannten Ballooning-Gestaltungen[87] und anderen Modellen noch weiter Tür und Tor geöffnet hätte.
Im Ergebnis wurden daher durch das Anrechnungsverfahren die nicht ausgeschütteten, d. h. thesaurierten Gewinne auf Ebene der KapG besteuert,
während die ausgeschütteten Gewinne nur noch auf Ebene des jeweiligen
Gesellschafters besteuert wurden.

Dies wurde technisch erstens durch die sog. Herstellung der Ausschüttungs-   80
belastung und zweitens durch die Anrechnung der Körperschaftsteuer gewährleistet. Gewinnausschüttungen der KapG mussten grundsätzlich mit
30 % Körperschaftsteuer vor Abzug der Körperschaftsteuer belastet werden.
Um die vorgenannte Ausschüttungsbelastung herstellen zu können, musste
das zur Ausschüttung zur Verfügung stehende sog. verwendbare Eigenkapital zuvor nach seiner Tarifbelastung in entsprechende Teilbeträge gegliedert und diese zum Schluss eines jeden Wirtschaftsjahres gesondert festgestellt werden. In Abhängigkeit davon, welcher Teilbetrag des verwendbaren
Eigenkapitals als für die Ausschüttung verwendet galt, ergab sich sodann
eine Änderung der Körperschaftsteuer durch Minderung oder Erhöhung gegenüber der Tarifbelastung von 40 %.[88]

Das alte deutsche Körperschaftsteuer-Anrechnungsverfahren zeitigt bezüg-   81
lich des UmwStG i.d.F. des SEStEG[89] nur noch in Ausnahme- bzw. Altfällen
Wirkung, die mittlerweile auch in steuerlichen Außenprüfungen (§§ 193 ff.
AO) nur noch selten anzutreffen sein dürften. Regelungen mit spezifischem
Bezug zum Anrechnungsverfahren wie z.B. § 10 UmwStG a.F.[90] sind inzwi-
schen nicht mehr in Kraft.

---

87 Darunter verstand man die Steuerung der Ausschüttungspolitik einer Körperschaft
   mit dem Ziel, die (teilweise) Nichtabzugsfähigkeit von mit Dividenden im Zusammenhang stehenden Werbungskosten zu umgehen. Mit dem Übergang zum Halbeinkünfteverfahren und der einhergehenden Änderung von § 8b Abs. 5 KStG sowie
   von § 3c Abs. 2 EStG (keine zwingende Phasengleichheit von Einnahmen und Ausgaben mehr) wurden jedoch Ballooning-Gestaltungen weitgehend wirkungslos.
88 Siehe zur Ausschüttungspolitik im Konzern unter dem Anrechnungs- und Halbeinkünfteverfahren instruktiv *Prinz* in Kessler/Kröner/Köhler, Konzernsteuerrecht,
   2008, § 10 Rdn. 300 ff.
89 Siehe den Nachweis in Fn. 1.
90 Die Norm sah eine Anrechnung der auf den Teilbeträgen des verwendbaren Eigenkapitals der übertragenden Körperschaft lastenden Körperschaftsteuer-Tarif-
   belastung auf die Einkommen- bzw. Körperschaftsteuer der Gesellschafter der
   übernehmenden PersG bzw. eine Anrechnung auf die Einkommensteuer der übernehmenden natürlichen Person zu.

II. Frühere Fassungen

1. Vorläufer (1934–1976)

82 Die ersten deutschen Kodifizierungen betreffend die steuerliche Behandlung von Umwandlungsvorgängen unterlagen erheblichen Einschränkungen in Bezug auf ihren sachlichen Anwendungsbereich.[91] Sowohl das UmwStG 1934[92] als auch die Regelungen des DM-BilG 1950[93] als auch das UmwStG 1957[94] betrafen allein die Umwandlung von KapG.

83 In der Hauptsache betrafen die genannten Gesetze zudem nur Umwandlungen von KapG in PersG. Verschmelzungen von KapG waren von der allgemeinen, im Körperschaftsteuergesetz enthaltenen Norm des § 15 KStG 1934 erfasst, die bis 1969 als alleinige Rechtsgrundlage für diese Umwandlungsform diente und ein Absehen von der Besteuerung stiller Reserven vorsah, wenn das Vermögen einer KapG im Ganzen gegen Gewährung von Gesellschaftsrechten auf eine andere KapG überging und die Besteuerung stiller Reserven bei der übernehmenden Gesellschaft sichergestellt war.

84 Konzeptionell waren im Übrigen bereits zu jener Zeit die Mechanismen angelegt, nach denen auch heute noch die Besteuerung stiller Reserven auf der Ebene der in eine PersG umgewandelten KapG vermieden bzw. auf Anteilseignerebene ein Übernahmegewinn verhindert wird, d.h. Ansatz des übernommenen Vermögens zu Buchwerten und Ansatz der Anteile an der übertragenden Gesellschaft mit den letzten Buchwerten des Vermögens der übertragenden Gesellschaft.[95] Sehr anschaulich wurde dies im UmwStG 1957, das zudem erstmals einem möglichen Übernahmeverlust dadurch Rechnung trug, dass die übernommenen Buchwerte der umgewandelten KapG auf den Buchwert der untergehenden Beteiligung aufgestockt werden konnten.

85 Dieser Ansatz wurde sodann zunächst wieder aufgegeben, als mit dem UmwStG 1969[96] erstmals auch Umwandlungen von KapG auf KapG[97] und die Einbringung von Betrieben, Teilbetrieben und Mitunternehmeranteilen in KapG und PersG einer geschriebenen[98] Regelung unterstellt wurden. Übernahmegewinne und -verluste wirkten sich im Grundsatz steuerlich nicht aus, ausnahmsweise steuerlich doch zu berücksichtigende Übernah-

---

91 Zur Historie anschaulich *Thiel*, Das Umwandlungssteuerrecht im Wandel der Zeit in FS Werner Flume, 1978, 281 ff.
92 RGBl. I 1934, 572 ff.
93 BGBl. I 1950, 811 ff.
94 BGBl. I 1957, 1713 ff.
95 Dazu ausführlicher *Rödder* in Rödder/Herlinghaus/van Lishaut, Einführung UmwStG, Rdn. 6 f.
96 BGBl. I 1969, 1163 ff.
97 § 15 KStG 1934 blieb gleichwohl bis zur Körperschaftsteuerreform 1977 in Kraft.
98 Das UmwStG 1969 markiert hier insoweit einen Wendepunkt, als zuvor die Steuerneutralität von bestimmten Umwandlungsvorgängen in diesen Bereichen nur durch die Rechtsprechung sichergestellt worden war, vgl. etwa BFH vom 03. 07. 1952, IV 48/52 U, BStBl. III 1952, 256 ff.; BFH vom 24. 03. 1959, I 295/57 U, BStBl. III 1959, 289 f.; BFH vom 28. 01. 1976, I R 84/74, BStBl. II 1976, 744 ff. und BFH vom 26. 01. 1977, VIII R 109/75, BStBl. II 1977, 283 ff.

megewinne wurden jedenfalls ermäßigt besteuert. Rechtstechnisch wurde eine Besteuerung stiller Reserven wiederum durch eine Buchwertfortführung vermieden, darüber hinaus enthielt das UmwStG 1969 weitere antragsgebundene steuerliche Vergünstigungen.

2. UmwStG 1977

Das UmwStG 1977[99] stand ganz im Zeichen der Körperschaftsteuerreform   *86*
aus dem nämlichen Jahr. Der Systemwechsel im Körperschaftsteuersystem (Abkehr von der klassischen Doppelbesteuerung auf Gesellschafts- und Gesellschafterebene und Einführung des Anrechnungsverfahrens; dazu bereits oben Rdn. 78) musste auch für Umwandlungsfälle nachvollzogen werden. Es musste sichergestellt werden, dass nicht nur bei Gewinnausschüttungen, sondern auch in Umwandlungsfällen die auf Gesellschaftsebene entstehenden Gewinne nicht noch einmal beim Gesellschafter besteuert werden.[100]

Daneben waren die Eckpunkte des UmwStG 1977 die folgenden: Die Rege-   *87*
lungen zu Einbringungen wurden aus dem UmwStG 1969 im Wesentlichen übernommen. Für Umwandlungen von KapG auf KapG wurde ein steuerliches Wahlrecht zum Buch- oder Teilwertansatz vorgesehen, während für Umwandlungen von KapG auf PersG im Grundsatz der Teilwertansatz obligatorisch war.[101]

Durch die Aufhebung des § 15 KStG 1975 wurden die Rechtsfolgen beim   *88*
Vermögensübergang durch Gesamtrechtsnachfolge (Umwandlung und Verschmelzung) einheitlich im UmwStG zusammengefasst, so dass für das KStG nur noch Einzelfälle der Schlussbesteuerung bei Liquidation, Verlegung des Ortes der Geschäftsleitung und für Beginn und Erlöschen einer (sachlichen) Steuerbefreiung (§§ 11–13 KStG) verblieben.

3. UmwStG 1995

Die Neuordnung des Umwandlungssteuerrechts im UmwStG 1995 ist im Zu-   *89*
sammenhang mit dem zivilrechtlichen Umwandlungsrecht zu sehen, das zum 01.01.1995 in einem neuen UmwG[102] kodifiziert worden war. Dieses ließ handelsrechtlich erstmals in sehr weit reichendem Maße Umwandlungen zu und hielt auch „neue" Umwandlungsvorgänge wie z.B. Spaltungen und den Formwechsel bereit. Dem musste steuerlich Rechnung getragen werden.

Infolgedessen wurde das UmwStG grundlegend neu konzipiert. Die zuvor   *90*
in bestimmten Fällen nur im Erlasswege[103] mögliche Spaltung von Körper-

---

99 BGBl. I 1976, 2461 ff.
100 Zu den gesetzgeberischen Motiven vgl. BT-Drs. 7/4803, 21 ff.
101 Der Übertragungsgewinn wurde in der Mehrzahl der Fälle steuerfrei gestellt; steuerpflichtig war jedoch der Übernahmegewinn. Übernahmeverluste blieben steuerlich wie zuvor unberücksichtigt, vgl. oben bereits Rdn. 85 zum UmwStG 1969.
102 Gesetz vom 28.10.1994, BGBl. I 1994, 3210 ff., ber. BGBl. I 1995, 428 ff.
103 BMF vom 09.01.1992, IV B 7 – S 1978 – 37/91, BStBl. I 1992, 47 ff. Bemerkenswert ist insoweit, dass dieser Erlass erst durch BMF vom 29.03.2007, IV C 6 – O 1000/07/0018, BStBl. I 2007, 369 ff. aufgehoben wurde.

schaften wurde in einem eigenen Abschnitt in das Gesetz aufgenommen.[104] Für die Fälle der übertragenden Umwandlung von KapG auf KapG wurde die Möglichkeit des Übergangs eines nicht ausgenutzten verbleibenden Verlustabzugs vorgesehen.[105] Zudem wurde der steuerlich zulässige Rückwirkungszeitraum von sechs auf acht Monate ausgedehnt.

91 Besonders wichtig war darüber hinaus die Beseitigung der vielzitierten „Umwandlungsbremse"[106] bzw. der „steuerlichen Einbahnstraße"[107] bei der Umwandlung von KapG auf PersG. Erstmals bestand nun auch bei einem Vermögensübergang im Wege der Gesamtrechtsnachfolge von KapG auf PersG die Möglichkeit eines Buchwertansatzes. Damit waren Umwandlungen in nahezu allen praktisch relevanten Fällen jedenfalls im Grundsatz steuerneutral möglich.

92 Gleichwohl hat der Gesetzgeber in den Folgejahren durch das UntStFG[108] und das StEntlG 1999/2000/2002[109] bestimmte steuerliche Vergünstigungen bei Umwandlungsvorgängen teilweise wieder gestrichen bzw. ihre Inanspruchnahme an verschärfte Voraussetzungen geknüpft. Beispielhaft sei die Übernahme von nicht genutzten Verlustvorträgen genannt. Ganz generell können die Jahre zwischen 1995 und 2000 in Bezug auf Umwandlungen unter den Schlagworten „handelsrechtliche Erleichterungen und steuerliche Verschärfungen" zusammengefasst werden.

93 Mit dem UmwStG i.d.F. des StSenkG[110] schließlich wurde ein Kontrapunkt zum UmwStG 1977 (dazu oben Rdn. 86) gesetzt.[111] Der Übergang vom Anrechnungs- zum Halbeinkünfteverfahren und damit einhergehend ein gravierender Systemwechsel im deutschen Körperschaftsteuerrecht waren auch für das Umwandlungssteuerrecht umzusetzen. Entsprechend wurde die Nutzbarkeit von Übernahmeverlusten bei der Umwandlung von KapG auf PersG gestrichen[112], während im Gegenzug Übernahmegewinne in der Folgezeit wie Gewinnausschüttungen behandelt und daher ganz bzw. zur Hälfte steuerfrei gestellt wurden.[113]

---

104 Dazu *Herzig/Förster*, DB 1995, 338 ff.
105 Vgl. dazu auch BMF vom 16.04.1999, BStBl. I 1999, 455 ff.
106 Vgl. dazu statt vieler nur *Rödder* in Rödder/Herlinghaus/van Lishaut, Einführung UmwStG, Rdn. 10 sowie *Möhlenbrock* in Dötsch/Patt/Pung/Möhlenbrock, UmwStG Einf., Rdn. 87.
107 Vgl. dazu statt vieler nur *Rödder* in Rödder/Herlinghaus/van Lishaut, Einführung UmwStG, Rdn. 9 sowie *Möhlenbrock* in Dötsch/Patt/Pung/Möhlenbrock, UmwStG Einf., Rdn. 87.
108 Gesetz zur Fortentwicklung des Unternehmenssteuerrechts vom 20.12.2001 (sog. Unternehmenssteuerfortentwicklungsgesetz – UntStFG), BGBl. I 2001, 3858 ff.
109 Gesetz vom 24.03.1999, BGBl. I 1999, 402 ff.
110 Gesetz vom 23.10.2000, BGBl. I 2000, 433 ff.
111 Vgl. zu ausgewählten steuerlichen Zweifelsfragen im Zusammenhang damit sowie im Zusammenhang mit dem UntStFG (vgl. den Nachweis in Fn. 108) BMF vom 16.12.2003, BStBl. I 2003, 786 ff.
112 Vgl. § 4 Abs. 6 UmwStG i.d.F. des StSenkG (vgl. den Nachweis in Fn. 110).
113 Vgl. die Regelung in § 4 Abs. 7 UmwStG i.d.F. des StSenkG (vgl. den Nachweis in Fn. 110) analog zu §§ 8b Abs. 1 KStG a.F., 3 Nr. 40 S. 1 Buchst. d EStG a.F.

4. SEStEG

Neben der schon angesprochenen Europäisierung des UmwStG (dazu be-   94
reits oben Rdn. 51) und der damit einhergehenden Erweiterung des persönlichen Anwendungsbereichs des UmwStG durch das SEStEG[114] hat das SE-
StEG im Wesentlichen zu den folgenden Änderungen geführt[115]:

- Die Maßgeblichkeit der Handelsbilanz für die Steuerbilanz wurde abgeschafft. Ungeachtet der Handelsbilanz können bei der Umwandlung von
Körperschaften neben Buchwerten nunmehr Zwischenwerte oder der gemeine Wert angesetzt werden.

- Die steuerlichen Ansatzwahlrechte wurden strukturell neu gestaltet. Der
Ansatz des gemeinen Wertes ist nunmehr die Regel, der Ansatz von Buch-
oder Zwischenwerten erfolgt auf Antrag und nur unter bestimmten Voraussetzungen (zur Systematik bereits oben Rdn. 45).

- Der Übergang von nicht genutzten Verlustvorträgen ist nunmehr auch im
Rahmen von Verschmelzungen oder Spaltungen von KapG nicht mehr
möglich.

- Die Systematik der „einbringungsgeborenen" Anteile, die auch anderen-
orts im Steuerrecht relevant werden konnten[116], wurde aufgehoben und
durch ein neues Konzept in § 22 ersetzt. Nunmehr spricht man von „sperrfristbehafteten" Anteilen, deren schädliche Veräußerung durch eine Vielzahl von Ersatzrealisationstatbeständen ergänzt wird.

- Die Ermittlung des Übernahmegewinns bei der Umwandlung von KapG
auf PersG wurde neu geregelt. Nunmehr ist der Übernahmegewinn aufzuteilen. Nur soweit er wirtschaftlich betrachtet einer Ausschüttung der
Gewinnrücklagen entspricht, liegen Einkünfte aus Kapitalvermögen vor,
die entsprechend nach den allgemeinen Regeln auf Gesellschafterebene
besteuert werden.

C. Bezüge zum UmwG

I. Allgemeines

1. Numerus clausus der Umwandlungen

Die zivilrechtlichen Grundlagen von Umwandlungen sind aus deutscher na-   95
tionaler Sicht abschließend[117] (zum Numerus clausus der Umwandlungen
bereits oben Rdn. 43) im Umwandlungsgesetz[118] geregelt. Dieser Numerus

---

114 Siehe den Nachweis in Fn. 1.
115 Erstmals anzuwenden auf Umwandlungen, die nach dem 12. 12. 2006 beim Handelsregister zur Eintragung angemeldet sind bzw. wenn bei Einbringungen das
wirtschaftliche Eigentum nach dem 12. 12. 2006 auf einen anderen Rechtsträger
übergeht.
116 Vgl. beispielsweise § 8b Abs. 4 KStG a. F.
117 Beachte das Analogieverbot in § 1 Abs. 2 UmwG; dazu *Möhlenbrock* in Dötsch/
Patt/Pung/Möhlenbrock, UmwStG Einf., Rdn. 6; vgl. ferner die zivilrechtliche
Rechtsprechung, z.B. OLG Stuttgart vom 17. 02. 1996, 12 W 44/96, ZIP 1997, 75 ff.
und LG Hamburg vom 21. 01. 1997, 402 O 122/96, DB 1997, 516 ff.
118 Gesetz vom 28. 10. 1994, BGBl. I 1994, 3210 ff. mit späteren Änderungen.

clausus betrifft indes nur die im UmwG selbst genannten Arten von Umwandlungen. Eine Verschmelzung beispielsweise kann rechtstechnisch nur nach dem UmwG und nicht auf sonstige Weise herbeigeführt werden.

96 Natürlich aber bleibt es möglich, Unternehmen auf Grundlage anderer Vorschriften umzustrukturieren und damit ggf. im wirtschaftlichen Ergebnis ähnliche Wirkungen zu erzeugen wie bei einer der im UmwG genannten Umwandlungsarten. Der in § 1 Abs. 2 UmwG angeordnete sog. Typenzwang darf nicht dahingehend missverstanden werden, dass Umwandlungsmöglichkeiten außerhalb des UmwG per se ausgeschlossen wären.[119]

97 Beispielsweise bleiben insbesondere die Realteilung und die Anwachsung (§§ 105 Abs. 2 HGB, 738 BGB; dazu noch unten Rdn. 123 ff.) möglich, und auch die allgemeinen handelsrechtlichen Grundsätze über zwingende Rechtsformänderungen (Beispiel: GbR wird zur OHG bei Aufnahme eines Handelsgewerbes) behalten ihre Gültigkeit.[120] Unberührt von § 1 Abs. 2 UmwG bleiben, abgesehen von seltenen landesrechtlichen Spezialnormen, auch die im Erlasswege durch die Verwaltungspraxis in Einzelfällen anerkannten Umstrukturierungsmöglichkeiten, wie z.B. die Umwandlung eines kommunalen Krankenhauses in einen Rechtsträger des Privatrechts.[121]

98 § 1 Abs. 1 UmwG benennt vor diesem Hintergrund als allein mögliche Arten von Umwandlungen nach dem UmwG derer vier:

– Verschmelzung,

– Spaltung,

– Vermögensübertragung,

– Formwechsel.

99 Abgestellt wird jeweils auf einen Rechtsträger mit statutarischem Sitz (d.h. Satzungssitz) im Inland, vgl. den HS 1 von § 1 Abs. 1 UmwG. Ein inländischer Verwaltungssitz (entspricht etwa[122] dem steuerlichen Ort der Geschäftsleitung nach § 10 AO) ist hingegen nicht ausreichend.[123] Liegt aber ein inländischer Satzungssitz vor, sind seit dem Jahr 2007 z.B. auch grenz-

---

119 Vgl. auch BT-Drs. 12/6699, 80.
120 Vgl. dazu auch *Rödder* in Rödder/Herlinghaus/van Lishaut, Einführung UmwStG, Rdn. 24–27 sowie *Möhlenbrock* in Dötsch/Patt/Pung/Möhlenbrock, UmwStG Einf., Rdn. 6 und 22 ff.
121 Z.B. OFD Nürnberg vom 09.12.1993, S 4500-251/St 433 (3), DStR 1994, 619.
122 Zu Unterschieden im Detail siehe *Haase/Torwegge*, DZWIR 2006, 57 (58) sowie ausführlicher *Haase*, IWB 2003, Fach 11, Gruppe 2, 529 ff. Unterschiede lassen sich allenfalls in Konzernsituationen, wenn es um die Abgrenzung des Tagesgeschäfts von der Unternehmensstrategie geht, vgl. *Großfeld* in Staudinger, Internationales Gesellschaftsrecht, Rdn. 229; *Schlenker*, Gestaltungsmodelle einer identitätswahrenden Sitzverlegung über die Grenze, Diss., 1998, 14 f.; *Herz*, Die Einordnung grenzüberschreitender KapG in das geltende System der Einkommensbesteuerung von Gesellschaften, Diss., 1996, 57; *Ebenroth/Auer*, RIW 1992, Beilage zu Heft 3, S. 15; ohne Differenzierung *Kaminski*, Steuerliche Gestaltungsmöglichkeiten und deren Beurteilung bei der Verlagerung eines inländischen unternehmerischen Engagements in das Ausland, Diss., 1996, 60.
123 H.M., vgl. statt vieler *Rödder* in Rödder/Herlinghaus/van Lishaut, Einführung UmwStG, Rdn. 31; Darstellung des (älteren) Streitstands bei *Möhlenbrock* in Dötsch/Patt/Pung/Möhlenbrock, UmwStG Einf., Rdn. 36 ff.

überschreitende Verschmelzungen im Grundsatz möglich.[124] Zum Problem der Sitzverlegung vgl. unten Rdn. 174 ff.).

Zu beachten ist, dass das UmwG im Grundsatz nur von „Rechtsträgern" 100 spricht, die dann in Bezug auf die einzelnen Umwandlungsarten näher konkretisiert werden (z.B. in § 3 Abs. 1 UmwG für die Verschmelzung). Unter einem „Rechtsträger" kann daher grob gesprochen jede im Rechtsverkehr auftretende rechtliche Einheit verstanden werden, die Träger von Rechten und Pflichten sein kann. Erfasst werden daher z.b. insbesondere Körperschaften und Personen(handels)gesellschaften, aber auch natürliche Personen und Vereine. Ob der jeweilige Rechtsträger im rechtlichen oder steuerlichen Sinne ein Unternehmen betreibt, ist hingegen nicht maßgeblich.

Wenn bestimmte Vorgänge im UmwG nicht genannt sind (z.B. Umwandlung 101 einer GbR in eine Kapitalgesellschaft), so bedeutet dies nicht, dass es rechtlich nicht möglich ist, einem solchen Vorgang ähnliche Wirkungen zu erzeugen (dazu bereits oben Rdn. 43). Es bedeutet lediglich, dass das UmwG für diesen Fall keine Gesamtrechtsnachfolge (dazu sogleich Rdn. 103 ff.) vorsieht. Vermögensübertragungen im Wege der Einzelrechtsnachfolge (dazu ebenfalls sogleich Rdn. 104) bleiben hingegen möglich.

Vom UmwG nicht erfasst sind insbesondere die folgenden Vorgänge: 102

– Spaltung einer GmbH auf einen Einzelkaufmann,
– Verschmelzung einer GbR auf eine KapG,
– Umwandlung einer stillen Gesellschaft auf eine Handelsgesellschaft,
– Umwandlung einer Erbengemeinschaft auf eine Handelsgesellschaft.

2. Gesamtrechtsnachfolge als Hauptzweck

Der Zweck des UmwG besteht in der Hauptsache darin, betriebswirtschaft- 103 lich sinnvolle oder gar notwendige Umstrukturierungen nicht durch eine unnatürliche Aufspaltung in viele einzelne rechtliche Vorgänge zu behindern. Angestrebt wird mithin der Vermögensübergang auf einen anderen Rechtsträger uno actu, d.h. eine (ggf. auch nur partielle) Gesamtrechtsnachfolge, wie sie aus dem Erbrecht im Erbfall (§ 1922 BGB) bekannt ist.

Die Gesamtrechtsnachfolge ist nicht so zeit- und kostenintensiv wie eine 104 Einzelrechtsnachfolge. Häufig wird eine Umstrukturierung durch die Gesamtrechtsnachfolge im praktischen Ergebnis überhaupt erst ermöglicht. Wollte man z.B. eine Verschmelzung zweier großer Handelsunternehmen im Wege der Einzelrechtsnachfolge durchführen, müsste jedes einzelne Wirtschaftsgut durch separaten Vertrag und separate Übereignung auf das aufnehmende Unternehmen übertragen und das übertragende Unternehmen anschließend liquidiert werden.

Die damit verbundenen Probleme liegen auf der Hand. Verträge mit Dritten 105 (z.B. Lieferanten, Arbeitnehmer etc.) müssten neu geschlossen werden, was ggf. der Zustimmung dieser Dritten bedarf. Die Liquidation kann ggf. steuerliche Probleme aufwerfen, und nicht zuletzt ist der genannte Zeit- und

---

124 Vgl. die seit dem 25.04.2007 geltenden Änderungen durch das Zweite Gesetz zur Änderung des Umwandlungsgesetzes, BGBl. I 2006, 542 ff.

Kostenfaktor zu bedenken. Ein Vorgang nach dem UmwG ist daher i.d.R. der effizientere Weg, ein gewolltes wirtschaftliches Ergebnis zu erreichen. Gleichwohl bleibt die Einzelrechtsnachfolge möglich, sie ist auch in Einzelfällen durchaus eine ratsame Alternative.

106 Diese Zwecksetzung des UmwG wird flankiert durch eine Reihe von Schutzbestimmungen für die beteiligten Rechtsträger (bzw. ggf. deren Gesellschafter) sowie für Dritte. Die beteiligten Rechtsträger (bzw. ggf. deren Gesellschafter) werden im Wesentlichen durch Form- und Verfahrensvorschriften (Erfordernis der notariellen Beurkundung, Beiziehung von Sachverständigen etc.) geschützt, die einer Übereilung vorbeugen sollen. Den Interessen Dritter (z.B. Gläubiger, Gesellschafter, Arbeitnehmer etc.) wird im Wesentlichen durch einen Fortbestand der vor der Umwandlung vorhandenen Haftungsmasse bzw. in Einzelfällen (z.B. bei der Spaltung) durch eine gesamtschuldnerische Haftung Rechnung getragen.

3. Notwendige HR-Eintragung

107 Die Wirkungen der Gesamtrechtsnachfolge treten nach dem UmwG im Grundsatz erst mit Eintragung der Umwandlung in das Handelsregister ein (vgl. § 20 UmwG für die Verschmelzung, § 131 UmwG für die Spaltung, § 202 UmwG für den Formwechsel, Vermögensübertragung: entsprechende Anwendung der Verschmelzungs- oder Spaltungsvorschriften). Der Eintragung kommt damit eine konstitutive (nicht: deklaratorische) Wirkung zu. Etwaige Formmängel werden durch die Eintragung geheilt.[125]

108 Daneben sei angemerkt, dass – gewissermaßen in Vorbereitung der HR-Eintragung – sämtliche Arten der Umwandlung ohne Ausnahme eine Beschlussfassung der Gesellschafter des bzw. der beteiligten Rechtsträger über die Umwandlung voraussetzen.

II. Die einzelnen Umwandlungsarten

109 Die einzelnen Umwandlungsarten des UmwG sind in den §§ 3 ff. UmwG enumerativ aufgezählt. Als Oberbegriff für die Verschmelzung, die Spaltung, die Vermögensübertragung und den Formwechsel wird zivilrechtlich (und steuerrechtlich) der Begriff der „Umwandlung" verwendet.

110 Ob eine Kombination mehrerer Umwandlungsarten in einem Übertragungsvorgang möglich ist, bleibt nach wie vor fraglich. Nach der Gesetzesbegründung soll dies zulässig sein, das Schrifttum steht einer Umwandlungsartenmischung eher ablehnend gegenüber.[126] Unstreitig möglich sind hingegen sog. Mischumwandlungen[127], also Umwandlungen, an denen Unternehmen verschiedener Rechtsformen als übertragende oder übernehmende Rechts-

---

125 Vgl. zum Ganzen *Möhlenbrock* in Dötsch/Patt/Pung/Möhlenbrock, UmwStG Einf., Rdn. 29 ff. (insbesondere 32).
126 *Möhlenbrock* in Dötsch/Patt/Pung/Möhlenbrock, UmwStG Einf., Rdn. 21.
127 *Möhlenbrock* in Dötsch/Patt/Pung/Möhlenbrock, UmwStG Einf., Rdn. 18 ff.

träger beteiligt sind. Jedoch bestehen Schranken der Kombinationsmöglichkeiten, so dass jeweils der Einzelfall genau zu prüfen ist.[128]

Zu den Umwandlungsarten nachstehend im Einzelnen: *111*

1. Verschmelzung

Die in den §§ 2 bis 122 UmwG geregelte Verschmelzung ist gewissermaßen *112* die Grundform der Umwandlungen. Auf die genannten Vorschriften wird bei den anderen Umwandlungsarten vielfältig Bezug genommen.

Unter einer Verschmelzung versteht man die ohne eine Abwicklung des *113* übertragenden Rechtsträgers und gegen Gewährung von Gesellschaftsrechten erfolgende Übertragung des gesamten Vermögens eines oder mehrerer Rechtsträger auf einen neuen Rechtsträger (sog. Verschmelzung durch Neugründung) oder auf einen bestehenden Rechtsträger (sog. Verschmelzung zur Neugründung) im Wege der Gesamtrechtsnachfolge.

Die an einer Verschmelzung teilnehmenden übertragenden, übernehmen- *114* den oder neuen Rechtsträger (vgl. die verwendete Terminologie im HS 1 von § 3 Abs. 1 UmwG) müssen nicht dieselbe Rechtsform aufweisen. Mischvorgänge z.B. zwischen PersG und KapG sind möglich. Soweit Vorgänge jedoch nicht explizit im Gesetz genannt sind, sind sich auch nicht zulässig. Mitunter ist auch zu unterscheiden, ob ein Rechtsträger als übertragender, übernehmender oder neuer Rechtsträger fungiert. So können z.B. natürliche Personen übernehmende, nicht aber übertragende Rechtsträger einer Verschmelzung sein (vgl. § 3 Abs. 2 Nr. 2 UmwG).

2. Spaltung

Unter einer in den §§ 123–173 UmwG geregelten Spaltung versteht man *115* einen Vermögensübergang im Wege einer partiellen Gesamtrechtsnachfolge (Sonderrechtsnachfolge) gegen Gewährung neuer Gesellschaftsanteile („Anteilstausch") an die bisherigen Gesellschafter. Die Spaltung ist handelsrechtlich auch für einzelne Vermögensgegenstände zugelassen.

Man unterscheidet drei Arten der Spaltung. Bei der sog. Aufspaltung wird *116* das gesamte Vermögen eines Rechtsträgers zwar unter Auflösung desselben, jedoch ohne eine Abwicklung durch mehrere bestehende oder dadurch neu gegründete Rechtsträger übernommen. Bei der sog. Abspaltung hingegen wird ohne Auflösung des übertragenden Rechtsträgers nur ein Teil des Vermögens dieses Rechtsträgers durch einen oder mehrere bestehende oder dadurch neu gegründete Rechtsträger übernommen.

Die sog. Ausgliederung schließlich ist im Wesentlichen eine Abspaltung, je- *117* doch unterscheidet sie sich insoweit strukturell von dieser, als der übertragende Rechtsträger selbst und nicht die Gesellschafter des übertragenden Rechtsträgers die neu gewährten Anteile erhält.

---

128 Beispielsweise können Umwandlungen rechtsformspezifisch ausgeschlossen (z.B. Verschmelzung einer Personenhandelsgesellschaft auf einen VVaG) oder nur eingeschränkt möglich sein (z.B. nur Ausgliederung, nicht aber Abspaltung eines VVaG auf eine GmbH).

3. Vermögensübertragung

118 Die in den §§ 174–189 UmwG geregelte Vermögensübertragung ist eine Spezialregelung für Vermögensübergänge im Ganzen unter Beteiligung von Unternehmen der öffentlichen Hand und von Versicherungsunternehmen. Sie weist das Charakteristikum auf, dass die Gegenleistung für den Vermögensübergang meist ein Entgelt (§ 181 UmwG) sein wird, weil die Gewährung von Anteilen z.b. an einer Gebietskörperschaft nicht denkbar ist.

119 Die Vermögensübertragung kann sich im Wege der Verschmelzung oder der Spaltung vollziehen, je nachdem, ob eine Voll- oder Teilübertragung des Vermögens angestrebt wird. Entsprechend wird in den §§ 174 ff. UmwG auf die Vorschriften über die Verschmelzung und die Spaltung verwiesen. Vermögensübertragungen kommen in der Praxis nur selten vor.

4. Formwechsel

120 Kennzeichen des in den §§ 190 bis 304 UmwG geregelten Formwechsels ist die rechtliche und wirtschaftliche Identität des Vermögens und des an dem formwechselnden Rechtsträger beteiligten Personenkreises. Sehr anschaulich wird dies insbesondere bei der Grunderwerbsteuer, die bekanntlich stark an zivilrechtliche Vorfragen anknüpft: Mangels eines Vermögensübergangs kommt es bei einem Formwechsel nicht zu einem Eingreifen von einem der Tatbestände des § 1 GrEStG.[129]

121 Der formwechselnde Rechtsträger besteht nach dem Formwechsel gewissermaßen im neuen „Rechtskleid"[130] fort, eine Rechtsnachfolge ist damit nicht verbunden. Es finden keine Auflösung und keine Abwicklung des formwechselnden Rechtsträgers statt, es erfolgt lediglich ein Wechsel der Rechtsform und ggf. eine Änderung in der Firma des Rechtsträgers.[131]

122 Der Formwechsel von einer Körperschaft in eine PersG (und vice versa) ist auch der einzige Anwendungsfall einer sog. nicht übertragenden Umwandlung. Alle anderen im UmwG genannten Umwandlungsarten (Gesamtrechtsnachfolge) bzw. alle nicht im UmwG genannten Möglichkeiten der Einzelrechtsnachfolge sind, weil terminologisch auf das Vorhandensein einer (ggf. teilweisen) Vermögensübertragung abgestellt wird, sog. übertragende Umwandlungen.

5. Exkurs: Anwachsung

123 Aufgrund ihrer Bedeutung in der Gestaltungsberatung seien, obwohl nicht im UmwG geregelt, einführende Anmerkungen zur Anwachsung gestattet. Die Anwachsung erfreut sich aufgrund ihrer Flexibilität, ihrer Kosten- und Zeiteffizienz und mangels ihrer Formstrenge großer Beliebtheit.

---

129 Sehr ausführlich und dogmatisch tiefgehend *Fischer* in Boruttau, 16. Aufl., 2007, § 1 GrEStG Rdn. 545 ff.

130 So anschaulich z.B. BFH vom 27.10.1994, I R 60/94, BStBl. II 1995, 326 ff.; ebenfalls BFH vom 17.08.1995, VII R 110/92, BFH/NV 1995, 173 ff.

131 Vgl. dazu die Verwaltungsauffassung im koordinierten Ländererlass, FinMin Baden-Württemberg vom 19.12.1997, S 4520/2A. Umwandlungen, DStR 1998, 82.

a) Grundlagen

Tritt aus einer mehrgliedrigen PersG ein Gesellschafter aus, so wächst sein   *124*
Anteil am Gesellschaftsvermögen den verbleibenden Gesellschaftern an,
§ 738 Abs. 1 S. 1 BGB. Im Gegenzug dafür gewährt das Gesetz dem ausscheidenden Gesellschafter einen Abfindungsanspruch, wenn und soweit er
am Gesellschaftsvermögen beteiligt war, § 738 Abs. 1 S. 2 BGB. Nichts anderes gilt, wenn mit Ausnahme eines Gesellschafters alle übrigen Gesellschafter aus der Gesellschaft austreten. In diesem Fall erlischt die PersG
ipso iure, und das vormalige Gesamthandsvermögen vereinigt sich als Vermögen ohne gesamthänderische Bindung in der Person des verbleibenden
Gesellschafters.

Ohne dass es zu einer Liquidation kommt, tritt der verbleibende Gesell-   *125*
schafter in die Rechtsstellung der PersG ein und übernimmt das Gesellschaftsvermögen mit allen Aktiven und Passiven. Diese zivilrechtliche
Rechtsfolge ist unstreitig. Streit besteht nur (immer noch) über ihre dogma-
tische Begründung[132]: Der Übergang des Vermögens bei der Anwachsung
vollzieht sich nach ständiger Rechtsprechung des BFH im Wege der Gesamtrechtsnachfolge.[133] Die Rechtsprechung des BGH ist terminologisch uneinheitlich, die deutliche Mehrheit der Entscheidungen geht aber ebenfalls
von einer Gesamtrechtsnachfolge aus.[134]

Das Bemühen um eine begriffliche Differenzierung mag zwar ein wissen-   *126*
schaftlich hehres Ziel sein, ist aber letztlich müßig, solange darin Einigkeit
besteht, dass jedenfalls keine Einzelrechtsnachfolge vorliegt, weil nur dann
ein wirklicher Unterschied in der Rechtsfolge zu konstatieren wäre. Wichtig
ist allein die Erkenntnis, dass sich der Vermögensübergang infolge der Anwachsung „ohne weitere Übertragungsakte" vollzieht.

Die Anwachsung wird häufig zur Verschmelzung einer PersG auf eine KapG   *127*
genutzt und begegnet in der Praxis im Wesentlichen in zwei Ausprägungen.
Bei dem sog. Austrittsmodell vollzieht sich die Verschmelzung der beteiligten Gesellschaften dadurch, dass der übernehmende Rechtsträger Gesellschafter der übertragenden PersG wird und alle übrigen Altgesellschafter
aus der PersG ausscheiden. Bei dem sog. Übertragungsmodell übernimmt
die übernehmende KapG alle Anteile an der übertragenden PersG gegen
eine Entgeltzahlung oder gegen Gewährung von Gesellschaftsrechten, und
die PersG erlischt mangels eines zweiten Gesellschafters.[135]

Daneben wird die Anwachsung häufig verwendet, um die Umwandlung   *128*
einer GbR in eine KapG vorzunehmen.[136] Dieser Vorgang ist im UmwG gerade nicht vorgesehen (dazu bereits oben Rdn. 123 ff.).

---

132 Instruktiv *Schmidt* in FS Huber, 969 ff.
133 BFH vom 10. 03. 1998, VIII R 76/96, BStBl. II 1999, 269 (270) im Gliederungspunkt
    2.2.1 der Entscheidungsgründe.
134 Vgl. dazu die Nachweise bei *Orth*, DStR 1999, 1011 (1012, 1013); *ders.*, DStR 2005,
    1629 (1630).
135 *Möhlenbrock* in Dötsch/Patt/Pung/Möhlenbrock, UmwStG Einf., Rdn. 23.
136 *Möhlenbrock* in Dötsch/Patt/Pung/Möhlenbrock, UmwStG Einf., Rdn. 24.

b) Grenzüberschreitende Vorgänge

129 Vor dem Hintergrund der vollzogenen Europäisierung des deutschen Umwandlungssteuerrechts (dazu bereits oben Rdn. 51 und 94) stellt sich die
Frage, ob auch die Anwachsung grenzüberschreitend eingesetzt werden
kann. § 738 Abs. 1 S. 1 BGB unterscheidet nicht danach, wo die Gesellschafter der PersG ansässig sind. Die Rechtsfolge des Vermögensübergangs ist
ausdrücklich nicht auf inländische Gesellschafter (d. h. im Inland ansässige
Gesellschafter) beschränkt. Eine solche Beschränkung schon im Wortlaut
wäre auch mit der Niederlassungsfreiheit des Art. 43 EG bzw. der Kapitalverkehrsfreiheit des Art. 56 EG nicht zu vereinbaren.

130 Entscheidend für die Anwendung des § 738 Abs. 1 S. 1 BGB ist allein, dass
es sich bei der erlöschenden PersG um eine inländische Gesellschaft i. S. d.
§§ 705 ff. BGB handelt, d. h. der Verwaltungssitz der Gesellschaft muss im
Inland belegen sein. Da nach den international-privatrechtlichen Grundsätzen PersG wie KapG anzuknüpfen sind[137], ist deutsches Recht zum Gesellschaftsstatut[138] berufen, wenn der Verwaltungssitz einer PersG im Inland
liegt.

131 § 738 BGB findet also demnach auch dann Anwendung, wenn z. B. der letzte
verbleibende Gesellschafter einer PersG im Ausland ansässig ist, wie in jüngerer Zeit *Breiteneicher*[139] und schon früher *Orth*[140] als – soweit ersichtlich
– einzige Autoren ausdrücklich festgestellt haben. Aussagen in dieser Deut-
lichkeit lassen das Fachschrifttum und die Judikatur sonst zwar vermissen.
Es ist aber weder im Wortlaut des § 738 BGB, noch nach seinem Sinn und
Zweck ein Anhaltspunkt dafür erkennbar, dass inländische und grenzüberschreitende Anwachsungen zivilrechtlich bereits im Ansatz unterschiedlich
zu behandeln sind.

132 Zu widersprechen ist Breiteneicher indes in seiner als Feststellung formu-
lierten Aussage, für den dinglichen Übergang der einzelnen Wirtschaftsgüter im Zuge der Anwachsung sei deutsches Recht als lex rei sitae
(Art. 43 ff. EGBGB) berufen.[141] Wenn man mit der ganz h. M. der Ansicht ist,
dass sich der Vermögensübergang bei der Anwachsung im Wege der Gesamtrechtsnachfolge vollzieht, kommt es gerade nicht zu einer separaten

---

137 Statt aller *Kindler* in MünchKomm BGB, Band 11, S. 61 f.; *Kegel/Schurig*, Internationales Privatrecht, § 17 III 1; *Ebenroth*, JZ 1987, 265 (266); *Schücking*, WM 1996,
281 (286); *Ahrens*, IPRax 1986, 355 (357).
138 Das „Gesellschaftsstatut" ist auch ein Begriff aus der Terminologie des Internationalen Privatrechts. Das Gesellschaftsstatut ist herkömmlich dasjenige Recht,
nach dem die Gesellschaft „entsteht, fortbesteht und untergeht", vgl. instruktiv
Kropholler, Internationales Privatrecht, 533; *Großfeld* in Staudinger, Internationales Gesellschaftsrecht, Rdn. 1 und 249; *Zisowski*, Grenzüberschreitender Umzug
von Kapitalgesellschaften, 1994, 5.
139 *Breiteneicher*, DStR 2004, 1405 (1406).
140 *Orth*, DStR 1999, 1053 (1060), jedoch ohne weitere Begründung.
141 *Breiteneicher*, DStR 2004, 1405 (1406 und dort in Fn. 17).

Übertragung der einzelnen Wirtschaftsgüter.[142] Doch auch wenn sich dies im Einzelfall anders darstellen sollte, liegt es m. E. näher, die Rechtsfolgen der Anwachsung einem einheitlichen Personalstatut zu unterstellen und auch auf den Vermögensübergang das Gesellschaftsstatut anzuwenden. Praktische Unterschiede ergeben sich dadurch indes nicht.

c) Steuerrechtliche Qualifikation

Die ertragsteuerlichen Konsequenzen der Anwachsung sind im Schrifttum *133* hinreichend erörtert worden.[143] Hierauf wird verwiesen.[144] Für grenzüberschreitende Vorgänge kann – der zivilrechtlichen Beurteilung folgend – nichts anderes gelten.[145] Die relevanten Normen (hier vor allem § 6 Abs. 3 EStG bzw. § 24 für die sog. erweiterte Anwachsung[146]) unterscheiden nicht danach, wo der verbleibende Gesellschafter ansässig ist bzw. ob es sich um in- oder ausländisches Betriebsvermögen handelt, solange die Besteuerung stiller Reserven sichergestellt ist.[147] Letzteres muss vor dem Hintergrund der durch das SEStEG[148] eingeführten allgemeinen Entstrickungsregeln umso mehr gelten.

Systematisch will die Finanzverwaltung die Anwachsung im Hinblick auf *134* Ertragsteuern als Unterfall der Einzelrechtsnachfolge behandeln[149], ohne dass dies gesetzlich begründet oder systematisch notwendig wäre. Die Haltung der Finanzverwaltung ist auch in sich widersprüchlich, denn im AEAO[150] zu § 45 AO wird die Anwachsung im Hinblick auf das Steuerschuldverhältnis als Gesamtrechtsnachfolge bezeichnet. Zudem ist nicht ersichtlich, inwieweit bezüglich der (vermögensrechtlichen) Rechtsstellung bzw. des Vermögensübergangs überhaupt ein Abweichen des Steuerrechts vom Zivilrecht denkbar sein kann. Außerhalb des § 39 AO muss das Steuerrecht mangels gesetzlicher Grundlage im Hinblick auf Art. 20 Abs. 3 GG

---

142 Sollte *Breiteneicher* hingegen etwa registerrechtliche Umschreibungen und ähnliche Vorgänge meinen, ist in der Tat nicht das Gesellschaftsstatut anwendbar. Anwendbar ist aber auch nicht die lex rei sitae, sondern nach allgemeinen Grundsätzen das Recht des Forumstaates (lex fori).

143 Vgl. nur *Breiteneicher*, DStR 2004, 1405 ff.; *Watermeyer*, GmbH-StB 2003, 96 ff.; *Lauermann/Protzen*, DStR 2001, 647 ff.; *Orth*, DStR 1999, 1011 ff. und 1053 ff.; *Ernst/Förster*, DB 1997, 241 ff.; *Schiefer*, DStR 1996, 788 ff.; *Krüger*, DStZ 1986, 382 ff.; *Binz/Hennerkes* in FS Meilicke, 1985, 31 ff.; *Kramer*, BB 1982, 1724 ff.; *Seithel*, GmbHR 1978, 75 ff.

144 Wenig erörtert ist indes, dass der mit der Anwachsung verbundene Rechtsträgerwechsel in Bezug auf das Betriebsvermögen eine nachträgliche Besteuerung des Einbringungsgewinns II nach § 24 Abs. 5 auslösen kann, vgl. dazu *Schaumburg*, Internationales Steuerrecht, Rdn. 17.145.

145 Zum Sonderproblem der grenzüberschreitenden Anwachsung im Konzern bei bestehender Organschaft *Haase*, IStR 2006, 855 ff.

146 So zutreffend *Schmitt* in Schmitt/Hörtnagl/Stratz, § 24 UmwStG Rdn. 56; *Schlößer* in Haritz/Menner, § 24 Rdn. 90; a. A. *Patt* in Dötsch/Jost/Pung/Witt, § 24 Rdn. 15.

147 So m. E. richtigerweise *Breiteneicher*, DStR 2004, 1405 (1306) und *Orth*, DStR 1999, 1053 (1060) m. w. N.

148 Siehe den Nachweis in Fn. 1.

149 Vgl. Tz. 01.44 und 24.06 UmwStE 2011.

150 BMF vom 03. 01. 2005, BStBl. I 2005, 3 ff.

(Rechtsstaatsprinzip) für die Zuordnung von Rechten zu Rechtssubjekten ohnehin zwingend der zivilrechtlichen Betrachtungsweise folgen.

135 Möglicherweise ist Tz. 01.44 UmwStE 2011 auch nur insoweit missverständlich formuliert, als damit gar nicht die Rechtsnatur des Vermögensübergangs gemeint ist. Es kann doch allenfalls die Frage sein, welche ertragsteuerlichen Folgen sich aus einer zivilrechtlichen Anwachsung ergeben, so dass die Sichtweise der Verwaltung nur für das Verhältnis beispielsweise des § 6 Abs. 3 EStG zu den Vorgängen des UmwStG relevant würde.

136 Insofern ist es dogmatisch korrekter, wenn *Neumann*[151] die Ansicht der Verwaltung im UmwStE 2011 zwar wiedergibt, dann jedoch ausführt, es sei allein entscheidend, dass „aus handelsrechtlicher Sicht der verbleibende Gesellschafter in die vormalige Position der Personenhandelsgesellschaft und damit in deren Rechte und Pflichten einrückt, ohne dass es dazu besonderer zivilrechtlicher Übertragungsakte bedarf". Mit dieser Aussage kann im Ergebnis nur die Gesamtrechtsnachfolge gemeint sein, und eine solche ist natürlich auch für ertragsteuerliche Zwecke anzuerkennen.[152]

III. Zivilrechtsakzessorietät des UmwStG

137 Das UmwStG ist nur partiell zivilrechtsakzessorisch angelegt, nämlich nur insoweit, als in § 1 explizit auf Vorgänge nach dem UmwG Bezug genommen wird (z.B. in § 1 Abs. 1). Insoweit ist das UmwStG auch als „Annexgesetz" bezeichnet worden.[153] Mit anderen Worten: Wenn das UmwStG ausdrücklich auf Vorgänge nach dem UmwG Bezug nimmt, dann muss auch zivilrechtlich eine echte Gesamtrechtsnachfolge und damit eine zivilrechtlich wirksame Umwandlung vorliegen.[154] Bei den entsprechenden Verweisungen in § 1 sowie in den einzelnen Abschnitten des UmwStG handelt es sich daher um Rechtsgrundverweisungen.

138 Das UmwStG ermöglicht aber auch steuerneutrale Umstrukturierungen, die zivilrechtlich nicht dem UmwG unterfallen (etwa bei bestimmten grenzüberschreitenden Umwandlungen). Dann besteht die Möglichkeit, die Wirkungen einer Umwandlungsart über „Umwege" herbeizuführen. Denkt man z.B. an eine grenzüberschreitende Abspaltung, kann auch ein Unternehmensteil in die übernehmende Gesellschaft eingebracht und die nachfolgende Auskehrung des Anteils an der übernehmenden Gesellschaft an die Gesellschafter der übertragenden Gesellschaft durch eine Sachdividende ersetzt werden.[155] Umgekehrt sind im UmwG Vorgänge geregelt, die keine steuerrechtliche Entsprechung im UmwStG finden, wie z.B. die nur selten anzutreffende Vermögensübertragung.[156]

---

151 *Neumann* in Gosch, § 14 KStG Rdn. 291.
152 Ebenso *Orth*, DStR 2005, 1629 (1630).
153 *Rödder* in Rödder/Herlinghaus/van Lishaut, Einführung UmwStG, Rdn. 46.
154 Ob dies der Fall ist, richtet sich nach der registerrechtlichen Entscheidung, vgl. zutreffend *Rödder* in Rödder/Herlinghaus/van Lishaut, Einführung UmwStG, Rdn. 46; vgl. zur Gesamtrechtsnachfolge Tz. 01.44 UmwStE 2011.
155 *Rödder* in Rödder/Herlinghaus/van Lishaut, Einführung UmwStG, Rdn. 39.
156 *Rödder* in Rödder/Herlinghaus/van Lishaut, Einführung UmwStG, Rdn. 45.

Schließlich bieten ggf. andere Vorschriften außerhalb des UmwStG die 139
Möglichkeit des steuerneutralen Transfers stiller Reserven zwischen verschiedenen Rechtsträgern (dazu bereits oben Rdn. 43), wobei es sich namentlich insbesondere um Buchwertübertragungen unter Beteiligungen von
PersG handelt. Hierzu mag man auch den Mechanismus einer steuerfreien
oder weitgehend steuerfreien Ausschüttung oder die Bildung von Rücklagen rechnen.[157]

Besonders deutlich wird die fehlende Abstimmung zwischen UmwG und 140
UmwStG am steuerlichen Tatbestand der sog. Einbringung (§§ 20ff.). Bei
dieser handelt es sich um einen rein steuerrechtlichen Terminus, dem sowohl Umwandlungsvorgänge nach dem UmwG (Gesamtrechtsnachfolge) als
auch Übertragungen im Wege der Einzelrechtsnachfolge zugrunde liegen
können.

Das UmwStG begünstigt insoweit allgemein die Einbringung von Betrieben, 141
Teilbetrieben oder Mitunternehmeranteilen in eine KapG oder PersG gegen
Gewährung von Gesellschaftsrechten. Mit Ausnahme der sog. Ausgliederung (dazu bereits oben Rdn. 117) als spezielle Ausprägung der Spaltung,
die nach § 1 Abs. 1 S. 2 stets als Einbringung zu behandeln ist, ist es für die
Einbringung daher einerlei, ob ein handelsrechtlicher Übertragungsvorgang
nach dem UmwG oder eine Einzelrechtsnachfolge vorliegt. Die Ausgliederung jedoch ist abweichend vom Zivilrecht nach den §§ 20ff. zu behandeln.

Eine auch für die Beratungspraxis besonders wichtige Abweichung vom Zi- 142
vilrecht ist ferner in § 2 angelegt (gilt jedenfalls ausdrücklich für Umwandlungen i.S.d. Zweiten bis Fünften Teils des Gesetzes). Dort ist die sog.
steuerliche Rückwirkung geregelt, die systematisch darauf aufbaut, dass der
steuerliche Übertragungsstichtag nicht mit dem handelsrechtlichen Umwandlungsstichtag identisch ist sondern stets einen Tag vor diesem liegt.

Für die Beratungspraxis kann nur empfohlen werden, die Anwendbarkeit 143
von UmwG und UmwStG separat voneinander zu prüfen. Einerseits erfordert eine mögliche Steuerneutralität nach dem UmwStG nicht per se einen
dem UmwG unterfallenden Vorgang, andererseits sind handelsrechtliche
Übertragungsvorgänge nach dem UmwG nicht automatisch steuerlich begünstigt. So ist z.B. eine nach den §§ 123ff. UmwG erfolgende Spaltung
handelsrechtlich auch für einzelne Vermögensgegenstände zugelassen,
während § 15 ein Teilbetriebserfordernis z.B. sowohl für das abgespaltene
Vermögen als auch für das beim übertragenden Rechtsträger verbleibende
Vermögen aufstellt.

---

157 So etwa *Rödder* in Rödder/Herlinghaus/van Lishaut, Einführung UmwStG, Rdn. 88 ff.
  für die Regelungen der §§ 8b Abs. 2 KStG, 6b Abs. 10 EStG.

D. Reichweite des UmwStG

I. Die einzelnen Tatbestände

144 Zur steuerlichen Behandlung der praktisch wichtigsten Einzelfälle der einzelnen Umwandlungsarten in ihren Grundzügen nachstehend im Einzelnen:

1. Verschmelzung

145 Bei der Verschmelzung einer Körperschaft auf eine Personenhandelsgesellschaft (oder eine natürliche Person) nach den §§ 3 ff., 10, 18 hat grundsätzlich ein Ansatz des übergehenden Betriebsvermögens mit dem gemeinen Wert zu erfolgen. Auf Antrag ist beim übertragenden Rechtsträger auch der Ansatz zu Buch- oder Zwischenwerten möglich. Offene Reserven des übertragenden Rechtsträgers gelten als ausgeschüttet, auf den sog. Übertragungsgewinn sind Körperschaft- und Gewerbesteuer zu entrichten.

146 Der übernehmende Rechtsträger übernimmt die erfolgten Wertansätze unter Wertaufholung steuerlich wirksamer Abschreibungen und Abzüge auf Anteile am übertragenden Rechtsträger. Verlustvorträge des übertragenden Rechtsträgers gehen nicht auf den übernehmenden Rechtsträger über. Die Gesellschafter des übertragenden Rechtsträgers haben dessen offene Rücklagen als Einkünfte aus Kapitalvermögen zu versteuern. Sofern die Anteile an dem übertragenden Rechtsträger steuerverstrickt sind, sind ein Übernahmegewinn und ein Übernahmeverlust entsprechend bei den Einkünften aus Kapitalvermögen in Ansatz zu bringen.

147 Bei der Verschmelzung einer Körperschaft auf eine andere Körperschaft nach den §§ 1 ff., 19 hat grundsätzlich (und unter Wertaufholung steuerlich wirksamer Abschreibungen und Abzüge auf Anteile am übernehmenden Rechtsträger) ein Ansatz des übergehenden Betriebsvermögens mit dem gemeinen Wert zu erfolgen. Auf Antrag ist beim übertragenden Rechtsträger aber auch der Ansatz des Betriebsvermögens zu Buch- oder Zwischenwerten möglich. Entsprechend sind auf den Übertragungsgewinn Körperschaft- und Gewerbesteuer zu zahlen.

148 Der übernehmende Rechtsträger übernimmt die erfolgten Wertansätze unter Wertaufholung steuerlich wirksamer Abschreibungen und Abzüge auf Anteile am übertragenden Rechtsträger. Verlustvorträge des übertragenden Rechtsträgers gehen nicht auf den übernehmenden Rechtsträger über. Ein etwaiger Übernahmegewinn aus der Verschmelzung ist nach § 8b Abs. 2 KStG zu beurteilen (soweit der Gewinn dem Anteil des übernehmenden Rechtsträgers an dem übertragenden Rechtsträger entspricht).

149 Für die Gesellschafter des übertragenden Rechtsträgers wird eine Veräußerung fingiert. Die Anteile an dem übertragenden Rechtsträger werden im Grundsatz mit dem gemeinen Wert angesetzt, jedoch ist auf Antrag auch der Ansatz zu Buch- oder Zwischenwerten möglich. Die erhaltenen Anteile an dem übernehmenden Rechtsträger ersetzen für den Wertansatz (Anschaffungskosten; Buchwert) die Altanteile an dem übertragenden Rechtsträger.

2. Spaltung

Bei einer nach § 15 durchzuführenden Spaltung von Körperschaften auf *150*
Körperschaften hat grundsätzlich (unter Wertaufholung steuerlich wirksamer Abschreibungen und Abzüge auf Anteile am übernehmenden Rechtsträger) ein Ansatz des übergehenden Betriebsvermögens mit dem gemeinen
Wert zu erfolgen. Auf Antrag ist beim übertragenden Rechtsträger aber
auch der Ansatz zu Buch- oder Zwischenwerten möglich. Dies gilt jedoch
nur, wenn ein steuerlicher sog. Teilbetrieb übertragen wird und (in der
Variante der Abspaltung) auch ein steuerlicher Teilbetrieb zurückbleibt.
Ferner wird der Buchwertansatz durch Missbrauchsvermeidungsvorschrif-
ten eingeschränkt (z.B. wenn durch die Spaltung die Voraussetzungen für
eine Veräußerung geschaffen werden, § 15 Abs. 2 S. 3). Auf den Übertragungsgewinn sind Körperschaft- und Gewerbesteuer zu zahlen.

Der übernehmende Rechtsträger übernimmt die erfolgten Wertansätze un- *151*
ter Wertaufholung steuerlich wirksamer Abschreibungen und Abzüge auf
Anteile am übertragenden Rechtsträger. Verlustvorträge des übertragenden Rechtsträgers gehen quotal unter (für die Abspaltung beachte § 15
Abs. 3). Ein etwaiger Übernahmegewinn aus der Spaltung ist nach § 8b
Abs. 2 KStG zu beurteilen (soweit der Gewinn dem Anteil des übernehm-
menden Rechtsträgers an dem übertragenden Rechtsträger entspricht).

Für die Gesellschafter des übertragenden Rechtsträgers wird eine Veräuße- *152*
rung fingiert. Die Anteile an dem übertragenden Rechtsträger werden im
Grundsatz mit dem gemeinen Wert angesetzt, jedoch ist auf Antrag auch
der Ansatz zu Buch- oder Zwischenwerten möglich. Diese Möglichkeit besteht jedoch nicht, wenn kein Teilbetrieb übertragen wird.

Für eine nach den §§ 3 ff., 10, 15 durchzuführende Spaltung von Körper- *153*
schaften auf Personenhandelsgesellschaften gelten die vorstehenden Ausführungen zur Verschmelzung bzw. zur Spaltung entsprechend.

3. Einbringung

Bei der nach § 20 durchzuführenden Einbringung eines Betriebs, Teilbe- *154*
triebs oder eines Mitunternehmeranteils in eine Körperschaft richtet sich (für
den übertragenden Rechtsträger) die Bewertung des Betriebsvermögens
und (für die Gesellschafter) die Bewertung der erhaltenen Anteile im
Grundsatz nach dem Wertansatz des Betriebsvermögens beim übernehm-
den Rechtsträger. Vorhandene Verlustvorträge gehen nicht über.

Eine Wertaufholung findet nur bei vorzeitiger Veräußerung der erhaltenen *155*
Anteile und dann erst im Wirtschaftsjahr der Veräußerung statt. Ferner wird
der Einbringungsvorgang im Jahr der Einbringung rückwirkend zur Gänze
steuerpflichtig, es sei denn, es liegt eine Ketteneinbringung vor.

Beim übernehmenden Rechtsträger wird das Betriebsvermögen im Grund- *156*
satz mit dem gemeinen Wert angesetzt, jedoch ist auf Antrag auch der Ansatz zu Buch- oder Zwischenwerten möglich. Neben der Gewährung von
Gesellschaftsrechten ist hinsichtlich der Gesellschafter auch eine sonstige
Gegenleistung bis zur Höhe des Buchwerts des übergehenden Betriebsvermögens möglich. Sofern die erhaltenen Anteile vorzeitig veräußert werden,
hat beim übernehmenden Rechtsträger eine Höherbewertung des einge-

brachten Betriebsvermögens im Wirtschaftsjahr der Veräußerung der Anteile zu erfolgen. Der Erhöhungsbetrag hat keine Gewinnauswirkung.

157 Bei der nach § 24 durchzuführenden Einbringung eines Betriebs, Teilbetriebs oder eines Mitunternehmeranteils in eine Personenhandelsgesellschaft richtet sich (für den übertragenden Rechtsträger) die Bewertung des Betriebsvermögens und (für die Gesellschafter) die Bewertung der erhaltenen Anteile im Grundsatz nach dem Wertansatz beim übernehmenden Rechtsträger. Vorhandene Verlustvorträge gehen nicht über.

158 Beim übernehmenden Rechtsträger wird das Betriebsvermögen (einschließlich der Ergänzungsbilanzen der Gesellschafter) im Grundsatz mit dem gemeinen Wert angesetzt, jedoch ist auf Antrag auch der Ansatz zu Buch- oder Zwischenwerten möglich.

4. Anteilstausch

159 Bei dem nach § 21 durchzuführenden Anteilstausch (Sonderfall der Einbringung von Anteilen an einer KapG in eine KapG oder Genossenschaft) richtet sich (für den übernehmenden Rechtsträger) die Bewertung des Betriebsvermögens und (für die Gesellschafter) die Bewertung der erhaltenen Anteile im Grundsatz nach dem Wertansatz des Betriebsvermögens beim übernehmenden Rechtsträger. Eine Wertaufholung findet nur bei vorzeitiger Veräußerung (7-Jahres-Zeitraum; sog. sperrfristbehaftete Anteile) der erhaltenen Anteile und dann erst im Wirtschaftsjahr der Veräußerung statt. Ferner wird der Anteilstausch im Jahr des Anteilstausches rückwirkend zur Gänze steuerpflichtig, es sei denn, es liegt eine Ketteneinbringung vor oder die erhaltenen Anteile sind bereits durch den übertragenden Rechtsträger veräußert worden.

160 Hinsichtlich des Wertansatzes der eingebrachten Anteile beim übernehmenden Rechtsträger gilt der Ansatz des gemeinen Wertes. Es besteht auch die Möglichkeit des Ansatzes des Buchs- oder Zwischenwertes, wenn nach der Einbringung unmittelbar die Mehrheit der Stimmrechte an der erworbenen Gesellschaft besteht (sog. qualifizierter Anteilstausch; § 21 Abs. 1 S. 2 HS 1). Neben der Gewährung von Gesellschaftsrechten ist hinsichtlich der Gesellschafter auch eine sonstige Gegenleistung bis zur Höhe des Buchwerts der übergehenden Anteile möglich.

161 Diese Grundsätze gelten jedoch nur, wenn und soweit für die erhaltenen Anteile oder die eingebrachten Anteile nach der Einbringung das Recht der Bundesrepublik Deutschland hinsichtlich der Besteuerung des Gewinns aus der Veräußerung nicht ausgeschlossen oder beschränkt ist (zu dieser Regelungstechnik bereits einführend oben Rdn. 10 ff.). Ist dies hingegen der Fall, besteht zunächst keine Bindung an den Wertansatz beim übertragenden Rechtsträger, und der gemeine Wert der eingebrachten Anteile gilt als Veräußerungspreis und als Anschaffungskosten der erhaltenen Anteile. Auf Antrag ist jedoch beim übertragenden Rechtsträger auch der Ansatz zu Buch- oder Zwischenwerten möglich. Auch in diesem Fall findet eine Wertaufholung nur bei vorzeitiger Veräußerung der erhaltenen Anteile und dann erst im Wirtschaftsjahr der Veräußerung statt.

5. Formwechsel

Bei einem nach § 9 durchzuführenden Formwechsel einer Körperschaft in *162* eine Personenhandelsgesellschaft hat grundsätzlich ein Ansatz des übergehenden Betriebsvermögens mit dem gemeinen Wert zu erfolgen. Auf Antrag ist beim übertragenden Rechtsträger auch der Ansatz zu Buch- oder Zwischenwerten möglich. Offene Reserven des übertragenden Rechtsträgers gelten als ausgeschüttet, auf den sog. Übertragungsgewinn sind Körperschaft- und Gewerbesteuer zu entrichten.

Der übernehmende Rechtsträger übernimmt die erfolgten Wertansätze unter *163* Wertaufholung steuerlich wirksamer Abschreibungen und Abzüge auf Anteile am übertragenden Rechtsträger. Verlustvorträge des übertragenden Rechtsträgers gehen nicht auf den übernehmenden Rechtsträger über. Die Gesellschafter des übertragenden Rechtsträgers haben dessen offene Rücklagen als Einkünfte aus Kapitalvermögen zu versteuern. Sofern die Anteile an dem übertragenden Rechtsträger steuerverstrickt sind, sind ein Übernahmegewinn und ein Übernahmeverlust entsprechend bei den Einkünften aus Kapitalvermögen in Ansatz zu bringen.

Bei einem nach § 25 durchzuführenden Formwechsel einer Personenhandelsgesellschaft in eine Körperschaft richtet sich (für den übertragenden *164* Rechtsträger) die Bewertung des Betriebsvermögens und (für die Gesellschafter) die Bewertung der erhaltenen Anteile im Grundsatz nach dem Wertansatz des Betriebsvermögens beim übernehmenden Rechtsträger. Vorhandene Verlustvorträge gehen nicht über.

Eine Wertaufholung findet nur bei vorzeitiger Veräußerung der erhaltenen *165* Anteile und dann erst im Wirtschaftsjahr der Veräußerung statt. Ferner wird der Formwechsel im Jahr des Formwechsels rückwirkend zur Gänze steuerpflichtig. Beim übernehmenden Rechtsträger wird das Betriebsvermögen im Grundsatz mit dem gemeinen Wert angesetzt, jedoch ist auf Antrag auch der Ansatz zu Buch- oder Zwischenwerten möglich. Neben der Gewährung von Gesellschaftsrechten ist hinsichtlich der Gesellschafter auch eine sonstige Gegenleistung bis zur Höhe des Buchwerts des übergehenden Betriebsvermögens möglich. Sofern die erhaltenen Anteile vorzeitig veräußert werden, hat beim übernehmenden Rechtsträger eine Höherbewertung des eingebrachten Betriebsvermögens im Wirtschaftsjahr der Veräußerung der Anteile zu erfolgen. Der Erhöhungsbetrag hat keine Gewinnauswirkung.

II. Lücken

1. Allgemeines

Das UmwStG ist trotz der „Europäisierung" (dazu oben Rdn. 51 und 94), der *166* es im Zuge des SEStEG[158] unterworfen wurde, nicht lückenlos. Insbesondere bei Umwandlungen mit Auslandsbezug ist im Einzelfall zu prüfen, ob ein Vorgang vom Anwendungsbereich des Gesetzes umfasst ist.

So sind grenzüberschreitende und ausländische Umwandlungen mit Bezug *167* zu Drittstaaten (also Nicht-EU- und Nicht-EWR-Staaten) nur ausnahmsweise

---

158 Siehe den Nachweis in Fn. 1.

in den sachlichen Anwendungsbereich des UmwStG einbezogen. Friktionen sind ferner dann zu erwarten, wenn es sich um ausländische Umwandlungen handelt, die keine Entsprechung im deutschen Recht finden.[159] Mangels Anwendbarkeit des UmwStG im Einzelfall greifen die allgemeinen ertragsteuerlichen Regelungen Platz, was meist der Steuerneutralität des jeweiligen Vorgangs entgegen stehen dürfte.

2. Sitzverlegungen

168 Sitzverlegungen sind nicht im UmwStG geregelt. Nachstehend zu den zivilrechtlichen Vorfragen und ihrer steuerlichen Behandlung im Einzelnen:

a) Grundlagen

169 Die Verlegung des Satzungssitzes vom Inland in das Ausland et vice versa führt unter Beteiligung deutschen Rechts zwingend zur Auflösung der Gesellschaft. Dies darf auch als internationales Prinzip gelten. Jedenfalls in der Europäischen Union gestatten die Gesellschaftsrechte der Mitgliedsstaaten eine identitätswahrende Verlegung des Satzungssitzes nicht. Es ist eine Neugründung im Zuzugsstaat und nach den dort geltenden Rechtsvorschriften erforderlich. Nach dem EuGH-Urteil in der Rs. *Sevic Systems*[160] jedoch ließ sich jedoch durchaus bezweifeln, ob eine solch rigorose Folge mit der Niederlassungsfreiheit des Art. 43 EG vereinbar war.[161]

170 Die meisten anderen vom EuGH und den nationalen Gerichten entschiedenen Fälle waren bislang Fälle der grenzüberschreitenden Verlegung allein des zivilrechtlichen Verwaltungssitzes, die gleichwohl kurz mit dem Stichwort „Sitzverlegung" bezeichnet wurden. Die Fülle an Literatur zu diesem Thema ist unübersehbar geworden. Mittlerweile hatte der EuGH in den Rs. *Daily Mail, Überseering, Centros* und *Inspire Art*[162] entschieden, dass es dem Zuzugsstaat aufgrund des Art. 43 EG nicht gestattet ist, der zuziehenden ausländischen Gesellschaft die zivilrechtliche Anerkennung abzusprechen. Die sog. Sitztheorie galt damit als unanwendbar.

---

159 *Rödder* in Rödder/Herlinghaus/van Lishaut. Einführung UmwStG, Rdn. 124; ausführlich dazu *Schaumburg*, Internationales Steuerrecht, Rdn. 17.188.
160 EuGH vom 13. 12. 2005, C-411/03, EuGHE I 2005, 10805 ff.
161 Voraussichtlich wird dieses Problem endgültig erst mit der Verabschiedung der geplanten 14. Gesellschaftsrechtlichen Richtlinie der EU (sog. Sitzverlegungsrichtlinie) beseitigt. Nachdem die EU die Arbeiten daran zunächst wieder eingestellt hatte, hat das Europäische Parlament die Europäische Kommission durch Entschließung vom 10. 03. 2009 (BR-Drs. 305/09 vom 01. 03. 2009) anhand von ausführliche Empfehlungen aufgefordert, einen entsprechenden Richtlinienvorschlag vorzulegen.
162 Siehe EuGH vom 27. 09. 1988 in der Rs. *Daily Mail*, C-81/87, EuGHE I 1988, 5483 ff.; EuGH vom 09. 03. 1999 in der Rs. *Centros*, C-212/97, EuGHE I 1999, 1459 ff.; EuGH vom 05. 11. 2002 in der Rs. *Überseering*, C-208/00, EuGHE I 2002, 9919 ff.; EuGH vom 30. 09. 2003 in der Rs. *Inspire Art*, C-167/01, EuGHE I 2003, 10155 ff.; zum Ganzen Goette, DStR 2005, 197 ff.; zu ausgewählten Aspekten grenzüberschreitender Sitzverlegungen *Haase*, IWB 2003, Fach 11, Gruppe 2, 529 ff.; *ders.*, INF 2003, 107 ff.; *ders.*, IStR 2004, 195 ff.

Jahrzehntelang standen sich im Internationalen Gesellschaftsrecht in der *171*
Hauptsache zwei Theorien gegenüber: die vor allem in Kontinentaleuropa
und auch in Deutschland vorherrschende sog. Sitztheorie und die vor allem
im anglo-amerikanischen Rechtskreis (aber auch z.B. in der Schweiz) vertretene sog. Gründungsrechtstheorie.

Nach der Sitztheorie bestimmte sich die Rechtsfähigkeit einer Gesellschaft *172*
nach dem Recht des Staates, in dem die Gesellschaft ihren Verwaltungssitz
hat. Die Gesellschaft war dadurch nur so lange rechtsfähig, wie sich der
Verwaltungssitz im Staat des Satzungssitzes befand. Wurde der Verwaltungssitz verlegt, waren die Gründungserfordernisse des Zuzugsstaates regelmäßig nicht erfüllt, so dass der Gesellschaft die Rechtsfähigkeit aber-
kannt wurde. Demgegenüber stellte die Gründungsrechtstheorie allein auf
das Recht des Gründungsstaates einer Gesellschaft ab, so dass die Rechtsfähigkeit unabhängig vom Ort des Verwaltungssitzes fortbestehen konnte.

Einen Wegzugsfall hatte der EuGH für Körperschaftsteuersubjekte lange *173*
Zeit nicht entschieden, jedoch scheint die Fortentwicklung der Rechtsprechung durch eine Parallele zu der Entscheidung *Lasteyrie du Saillant*[163] für
natürliche Personen vorgezeichnet. Das Gericht hatte dort zur französischen
Wegzugsbesteuerung einen Verstoß gegen Art. 43 EG konstatiert, und es
war kaum zu erwarten, dass es für Körperschaftsteuersubjekte anders entscheiden würde.[164] Grenzüberschreitende Sitzverlegungen hätten damit de
lege ferenda innerhalb der EU identitätswahrend möglich sein müssen und
nicht mehr zu einer zivilrechtlichen Auflösung bzw. Liquidation des jeweiligen Rechtsgebildes führen dürfen.[165] Es wäre somit insbesondere auch
durch Sitzverlegung möglich, dass Gesellschaften in einem Staat ihren Satzungssitz und in einem anderen Staat ihren Ort der Geschäftsleitung haben.
Dann handelt es sich um sog. doppelansässige Gesellschaften.

Nunmehr jedoch hat der EuGH mit Urteil vom 16.12.2008 (C-210/06)[166] in *174*
der Rs. *Cartesio* entschieden, dass ein EU-Mitgliedstaat die Verlegung des
Sitzes einer nach seinem Recht gegründeten Gesellschaft in einen anderen
Mitgliedstaat der Europäischen Union verhindern könne. Dagegen ermögliche es die Niederlassungsfreiheit einer Gesellschaft, ihren Sitz in einen anderen Mitgliedstaat zu verlegen, indem sie sich in eine Gesellschaftsform
des Rechts dieses Staates umwandelt, ohne dass sie im Zuge der Umwandlung aufgelöst und abgewickelt werden muss. Voraussetzung sei allerdings,
dass das Recht des Aufnahmemitgliedstaats dies gestatte. Danach müssen
fortan Hinausformwechsel und Hereinformwechsel aus der Sicht des deutschen Gesellschaftsrechts zulässig sein.[167]

---

163 EuGH vom 11.03.2004, C-9/02, EuGHE I 2004, 2409 ff.
164 Vgl. aber BayObLG vom 11.02.2004, 3Z BR 175/03, DStR 2004, 1224 ff. und dazu
     Weller, DStR 2004, 1218 ff.; hier jedoch mit der Besonderheit, dass Sitz und Ge-
     schäftsleitung vom Inland in das Ausland verlegt werden sollten.
165 Zweifelnd jedoch *Rödder* in Rödder/Herlinghaus/van Lishaut, Einführung
     UmwStG, Rdn. 33.
166 Slg. 2008, 9641 ff.; Abdruck in BB 2009, 11 ff.
167 Ausführlich *Richter/Heyd*, StuW 2010, 371 ff. m.w.N.

175 Der EuGH scheint damit die Fortgeltung der Sitztheorie endgültig beschlossen zu haben.[168] Die weitere Entwicklung bleibt abzuwarten.[169] Einstweilen besteht lediglich für die europäischen Gesellschaftsformen die Möglichkeit einer identitätswahrenden grenzüberschreitenden Sitzverlegung.[170]

b) Steuerliche Behandlung

176 Spezialregelungen zur Sitzverlegung haben keinen Eingang in das UmwStG gefunden, weil spezialgesetzliche Regelungen bereits im allgemeinen Ertragsteuerrecht vorhanden werden. Sie sind allesamt dem Vorwurf ausgesetzt, nicht im Einklang mit verfassungs- bzw. gemeinschaftsrechtlichen Vorgaben zu stehen.[171] Dies gilt umso mehr nach der EuGH-Entscheidung in der Rs. *Cartesio*.[172]

177 § 4 Abs. 1 S. 4 i.V. m. S. 3 EStG etwa regelt die Sonderfälle des aus einer Sitzverlegung resultierenden Ausschlusses und der Beschränkung des deutschen Besteuerungsrechts für Anteile an einer Europäischen Gesellschaft oder Europäischen Genossenschaft. In diesem Fall gelten die Regeln der fiktiven Entnahme nicht, sondern ein etwaiger späterer Veräußerungsgewinn wird auf Anteilseignerebene so besteuert, als ob keine Sitzverlegung stattgefunden hätte.[173]

178 § 17 Abs. 5 EStG enthält eine spezielle Entstrickungsregel für die Fälle der Verlegung des Satzungssitzes oder des Ortes der Geschäftsleitung, wenn das Besteuerungsrecht der Bundesrepublik Deutschland hinsichtlich des Gewinns aus der Veräußerung der Anteile an der von der Sitzverlegung betroffenen KapG beschränkt oder ausgeschlossen wird. Ausnahmen gelten für Sitzverlegungen von Europäischen Gesellschaften oder Europäischen Genossenschaften oder EU-KapG.

179 § 12 Abs. 3 KStG schließlich regelt als körperschaftsteuerrechtliche Parallelnorm zur Wegzugsbesteuerung des § 6 AStG die sog. Schlussbesteuerung von Körperschaften. Wenn eine Körperschaft, Vermögensmasse oder Personenvereinigung ihre Geschäftsleitung oder ihren Sitz verlegt und sie dadurch aus der unbeschränkten Steuerpflicht eines EU- oder EWR-Mitgliedsstaates ausscheidet, gilt sie nach S. 1 der Norm als aufgelöst mit der Folge, dass § 11 KStG entsprechend Platz greift. Eine identitätswahrende Sitzverlegung durch Verlegung des Satzungssitzes ist bislang nur bei der Europäischen Gesellschaft oder Europäischen Genossenschaft möglich.[174]

180 In allen übrigen Fällen kommen die aus dem nationalen Recht bekannten Regeln über die steuerliche Behandlung der Liquidation von Körperschaften zur Geltung. An die Stelle des zur Verteilung kommenden Vermögens tritt der Wert des vorhandenen Vermögens, § 12 Abs. 3 S. 3 KStG. § 11 KStG

---

168 *Hoffmann/Leible*, BB 2009, 58 ff.
169 Zum Ganzen *Grohmann/Gruschinske*, EuZW 2008, 463 ff.; *Schulze-Lauda*, EuZW 2008, 388 ff.; *Behme/Nohlen*, NZG 2008, 496 ff.; *Richter*, IStR 2008, 719 ff.
170 Vgl. Art. 8 SE-VO, Art. 7 SCE-VO und Art. 13, 14 EWIV-VO.
171 Nachweise bei *Richter/Heyd*, StuW 2010, 371 ff.
172 EuGH vom 16. 12. 2008, C-210/06, Slg. 2008, 9641 ff.
173 *Rödder/Schumacher*, DStR 2006, 1481 (1486).
174 Dazu *Hahn*, IStR 2005, 680 ff.

wird über § 12 Abs. 3 S. 2 KStG auch dann zur entsprechenden Anwendung verholfen, wenn das Steuersubjekt aufgrund eines DBA infolge der Verlegung seines Sitzes oder seiner Geschäftsleitung als außerhalb des Hoheitsgebietes der EU- oder EWR-Mitgliedsstaaten ansässig anzusehen ist.

Der Gesetzgeber hat für § 12 Abs. 3 KStG keine glückliche Formulierung *181* gewählt. Die Norm liest sich in S. 1 unbefangen so, als ob die Verlegung von Sitz und Geschäftsleitung z.b. einer französischen Societé anonyme (entspricht einer deutschen Aktiengesellschaft) in die Vereinigten Staaten ein Vorgang wäre, der der deutschen Besteuerung unterliegt. Dies ist mitnichten der Fall, und zwar insbesondere dann nicht, wenn keine beschränkte deutsche Steuerpflicht besteht. Jedoch ergibt sich erst aus § 1 KStG, dass die Sitzverlegung (zunächst) von Deutschland aus erfolgen muss, weil sonst schon a priori keine Steuerpflicht besteht, aus der die Gesellschaft zu irgendeinem Zeitpunkt ausscheiden könnte.

Das in der Literatur vertretene gegenteilige Verständnis ist m.e. abzuleh- *182* nen. Nach *Benecke*[175] z.b. kommt es nicht darauf an, ob die jeweilige Gesellschaft überhaupt jemals im Inland steuerpflichtig war. Die Vorschrift ist aber, wenn denn der Gesetzgeber sie in diesem Sinne verstanden wissen wollte, m. E. teleologisch zu reduzieren, weil anderenfalls ein Sachverhalt besteuert wird, der keinerlei Anknüpfungspunkte zum Inland aufweist. Dies verstößt gegen Völkerrecht. Der deutsche Gesetzgeber darf z.b. nicht die Sitzverlegung der o.g. französischen Gesellschaft besteuern, wenn diese im Inland zu keinem Zeitpunkt unbeschränkt oder beschränkt steuerpflichtig war und auch keiner der Gesellschafter im Inland ansässig ist.[176]

Von der Neuregelung des § 12 Abs. 3 KStG erfasst werden sollten eigentlich *183* nur die folgenden beiden Sachverhalte: (1) Eine aufgrund ihres inländischen Sitzes oder ihrer inländischen Geschäftsleitung unbeschränkt steuerpflichtige Körperschaft verlegt das einzige im Inland verbliebene Anknüpfungsmerkmal in das Ausland und scheidet dadurch aus der unbeschränkten Steuerpflicht aus. (2) Eine aufgrund ihres inländischen Sitzes und ihrer inländischen Geschäftsleitung unbeschränkt steuerpflichtige Körperschaft verlegt ihre Geschäftsleitung in das Ausland und gilt fortan aufgrund einer Art. 4 Abs. 3 OECD-MA entsprechenden DBA-Regelung als in dem ausländischen Staat ansässig.

Der Gesetzgeber ist hier in sprachliche Kalamitäten geraten, weil er auf- *184* grund des Gemeinschaftsrechts unter „Ausland" nicht „EU-Ausland" verstehen durfte. § 12 Abs. 3 KStG betrifft daher nur den Fall, dass eine unbeschränkt steuerpflichtige Körperschaft unmittelbar von Deutschland aus ihren Sitz oder ihre Geschäftsleitung in einen Nicht-EU- bzw. Nicht-EWR-Staat verlegt und dadurch aus der unbeschränkten Steuerpflicht ausscheidet oder dass sie nur eines dieser Merkmale verlegt und aufgrund des jeweiligen DBA als im Ausland ansässig gilt (dies wird regelmäßig bei der Verlegung der Geschäftsleitung der Fall sein).

---

175 *Benecke* in Dötsch/Jost/Pung/Witt, § 12 KStG Rdn. 185.
176 Im Einzelnen *Haase*, BB 2009, 1448 ff.

185 Nach Sinn und Zweck der Norm ebenfalls nicht erfasst ist hingegen eine Verlegung der Anknüpfungsmerkmale für die Besteuerung (Sitz oder Geschäftsleitung) von einem EU- bzw. EWR-Staat in einen Nicht-EU- bzw. Nicht-EWR-Staat, und zwar selbst dann nicht, wenn der Verlegung ein Wegzug aus Deutschland vorausgegangen ist (nach der o.g. Auffassung von *Benecke* kommt es darauf aber gerade nicht an). Reine Sitzverlegungen in Drittstaaten können hingegen nicht unter die Vorschrift subsumiert werden. Anders als § 6 AStG enthält § 12 KStG ferner keine Regel, nach der die Steuer solange gestundet würde, bis eine Gesellschaft endgültig den EU-/EWR-Raum verlassen hat. Anwendbar ist aber § 4g EStG (Ausgleichspostenmethode), vgl. § 12 Abs. 1 HS 2 KStG.

E. Internationalsteuerliche Bezüge

I. Verhältnis zu Doppelbesteuerungsabkommen

1. Geltungsrang von DBA

186 Das deutsche UmwStG ist ein nationales Gesetz wie jedes andere deutsche Steuergesetz auch. Insofern gilt für das Verhältnis des UmwStG zu den Doppelbesteuerungsabkommen nichts anderes als beispielsweise für das Verhältnis des EStG zu den DBA. Im Einzelnen:

187 Die einzelnen Staaten stehen sich in der Völkergemeinschaft gleichberechtigt als Rechtssubjekte gegenüber. Wie natürliche und juristische Personen im Privatrecht können sie (als nach deutscher Terminologie öffentlich-rechtliche Gebietskörperschaften) bilaterale und multilaterale Verträge miteinander schließen, deren Voraussetzungen, Zustandekommen, Wirkungsweise und Beendigung vom Völkerrecht geregelt werden. DBA sind solche völkerrechtlichen Verträge, die zur Kategorie der bilateralen Verträge rechnen. Anders als es der Begriff „Doppelbesteuerungsabkommen" nahe legen mag, handelt es sich nicht um Verträge zur Begründung, sondern um Verträge zur Vermeidung von Doppelbesteuerungen. Völkerrecht und Abkommensrecht sind nach h.M. zwei getrennte Rechtskreise.[177]

188 Das solchermaßen zu verstehende DBA bindet die beteiligten Staaten als Vertragsparteien und verpflichtet sie, die in dem Abkommen getroffenen Regelungen in nationales Recht umzusetzen. Dies geschieht in Deutschland über ein sog. Transformationsgesetz, das i.d.R. am Tag nach seiner Verkündung in Kraft tritt.[178] Erst nach Umsetzung in nationales Recht kann auch der Steuerpflichtige aus dem DBA Ansprüche herleiten und diese ggf. mit

---

177 Vgl. auch BFH vom 15.01.1971, III R 125/69, BStBl. II 1971, 379 ff. (sog. dualistische Theorie).
178 Das DBA hingegen tritt i.d.R. erst im Zeitpunkt des Austausches der Ratifikationsurkunden in Kraft. Die Transformation des DBA kann dann von seinem völkerrechtlichen Zustandekommen abhängig sein, vgl. BFH vom 10.11.1993, I B 122/93, BStBl. II 1994, 155 ff. Ein rückwirkendes Inkraftsetzen ist nach h.M. nicht zulässig, vgl. *Lüdicke*, DB 1995, 748 ff.

gerichtlicher Hilfe durchsetzen, wenn die Finanzverwaltung einen Sachverhalt abkommenswidrig besteuern möchte.[179] Nach der Umsetzung in nationales Recht hat das DBA entsprechend den Rang des Transformationsgesetzes. Es steht daher zwar gleichberechtigt als einfaches Bundesrecht neben den Einzelsteuergesetzen, ist aber gem. seiner Zwecksetzung und aufgrund des völkerrechtlichen Charakters vorrangig zu beachten.

Rechtstechnisch geschieht dies wie folgt: Mit der Besteuerung seiner Bürger *189* zur Erzielung von Einnahmen nimmt jeder Staat originär hoheitliche Aufgaben wahr. Da es aufgrund des völkerrechtlichen Souveränitätsprinzips einem ausländischen Staat nicht gestattet ist, im Inland hoheitlich tätig zu werden und der Steuerpflichtige nicht als Vertragspartei an dem Zustandekommen von DBA mitwirkt, ist es unmittelbar einsichtig, dass sich nach deutscher Lesart aus einem DBA im Verhältnis zum Steuerpflichtigen keine materiellen Besteuerungsfolgen ableiten lassen.

Ein Besteuerungsanspruch wird durch ein DBA nicht begründet, vielmehr *190* werden nur bestehende Besteuerungsansprüche zwischen den Vertragsstaaten verteilt (Abkommensvorschriften als Verteilungsnormen[180]). Das DBA wirkt lediglich als Schranke innerstaatlichen Rechts, weil jeweils einer der Vertragsstaaten für bestimmte Einkünfte sein nach dem nationalen Recht gegebenes Besteuerungsrecht gegenüber dem anderen Staat zurücknimmt (Abkommensvorschriften als Schranken- oder Begrenzungsnormen[181]).

2. Prüfungsreihenfolge

Dies vorausgeschickt, gilt für das UmwStG: Bei einer Umwandlung, die bei *191* Anwendung des UmwStG Steuerfolgen im Inland auslösen würde, ist in einem zweiten Schritt stets zu prüfen, ob der deutsche Besteuerungsanspruch durch ein DBA eingeschränkt oder ausgeschlossen ist. In einem dritten Schritt ist sodann zu prüfen, ob die jeweilige, den Steuerpflichtigen begünstigende DBA-Bestimmung nicht einseitig durch nationales deutsches Gesetzesrecht wieder außer Kraft gesetzt ist. Im Einzelnen:

Welcher Einkunftsartikel eines DBA Anwendung findet, hängt von der Art *192* der Umwandlung sowie damit zusammen, ob man in der jeweiligen Umwandlung, die als ein Vermögensübergang gegen Gewährung von Gesellschaftsrechten zu werten ist, strukturell einen Tausch und damit ein Veräußerungsgeschäft oder einen Anschaffungsvorgang oder eine Betriebsaufgabe sieht (dazu bereits oben Rdn. 34).

---

179 A.A. *Vogel* in Vogel/Lehner, DBA, Einl Rdn. 61; sie setzen sich dafür ein, dass die Abkehr der deutschen Völkerrechtslehre von der Transformationstheorie und die Hinwendung zum Verständnis des deutschen Umsetzungsgesetzes als Anwendungsbefehl auch für das Steuerrecht anerkannt werden.

180 Dies ist nicht im Sinne einer Verteilung materieller Besteuerungsrechte zu verstehen, wie *Vogel* in Vogel/Lehner, DBA, Einl. Rdn. 69, 70 zutreffend anmerken, sondern im Sinne einer Aufteilung von Steuerquellen.

181 Die Terminologie ist uneinheitlich und unübersehbar. Wichtiger als die Begriffe ist die Erkenntnis, dass DBA-Normen keine Rechtsgrundlagen für die nationale Steuerfestsetzung bilden. Sie enthalten lediglich die Ermächtigung, dass sich ein Vertragsstaat bei einem grenzüberschreitenden Sachverhalt im Verhältnis zum anderen Vertragsstaat auf die nationale Rechtsgrundlage stützen kann.

193   I.d.R. wird eine dem Art. 13 OECD-MA entsprechende Vorschrift einschlägig sein. In Tz. 5 OECD-MK zu Art. 13 OECD-MA geht die OECD davon aus, dass die in den meisten Abkommen verwendeten Worte „Veräußerung von Vermögen" insbesondere Gewinne aus dem (auch teilweisen) Verkauf oder dem Tausch von Vermögenswerten, der unentgeltlichen Übertragung oder der Einbringung in eine Gesellschaft erfasst. Sofern das jeweilige Abkommen eine dem Art. 13 Abs. 5 OECD-MA entsprechende Norm enthält, werden die im Einzelfall aufgedeckten stillen Reserven entsprechend nur im Ansässigkeitsstaat des Gesellschafters des oder der betroffenen Gesellschaften besteuert.[182]

194   Unberührt von diesen Grundsätzen bleibt die Möglichkeit der Bundesrepublik Deutschland zu einem sog. treaty override[183], also zu einem Überschreiben eines DBA, was als Völkerrechtsverstoß zu werten ist. Die Verletzung des Abkommens zeitigt jedoch gegenüber dem Steuerpflichtigen (also im Innenverhältnis) keine Wirkungen, d.h. das nationale abkommensverletzende Gesetzesrecht ist ihm gegenüber wirksam. Der treaty override ist nicht justiziabel und der Gesetzgeber kann weiter von diesem Instrumentarium Gebrauch machen, weil das Bundesverfassungsgericht ein solches Vorgehen ausdrücklich für verfassungsgemäß erklärt.[184] Beispiele für einen treaty override im UmwStG sind § 13 Abs. 2 S. 1 Nr. 2 und § 21 Abs. 2 S. 3 Nr. 2.

II. Umwandlungen in der Hinzurechnungsbesteuerung

195   Die sog. Hinzurechnungsbesteuerung, deren Tatbestand in den §§ 7, 8 AStG geregelt ist, hat bekanntlich drei positive Tatbestandsvoraussetzungen.[185]

196   Es muss erstens eine Beteiligung von unbeschränkt Steuerpflichtigen an einer ausländischen Basisgesellschaft zu mehr als der Hälfte gegeben sein (sog. Inländerbeherrschung, § 7 Abs. 1 AStG), es muss zweitens die ausländische Gesellschaft eine sog. Zwischengesellschaft für bestimmte sog. pas-

---

182 Vgl. auch BFH vom 22.02.1989, I R 11/85, BStBl. II 1989, 794 ff.
183 Umfassend und kritisch zum treaty override *Gosch*, IStR 2008, 413 ff.; zu völker- und gemeinschaftsrechtlichen Bedenken bzgl. des treaty override *Stein*, IStR 2006, 505 ff.; *Kippenberg*, IStR 2006, 512 ff.; a.A. *Forsthoff*, IStR 2006, 509 ff. und *Brombach-Krüger*, Ubg 2008, 324 ff.
184 BVerfG vom 15.12.2015, 2 BvL 1/12, FR 2016, 326. Im Anschluss an eine Entscheidung des BVerfG zum Grundsatz der Völkerrechtsfreundlichkeit des GG und zur Bedeutung der EMRK (vgl. BVerfG vom 14.10.2004, 2 BvR 1481/04, BVerfGE 111, 307 ff.) ist in jüngerer Zeit vermehrt wieder die Rechtswidrigkeit des treaty override proklamiert worden. Der Streit entzündet sich in der Hauptsache an der Frage, ob z.B. eine Norm wie § 21 Abs. 2 S. 3 Nr. 2 UmwStG sich auch über zeitlich später abgeschlossene DBA hinwegsetzt. Die Frage ist bislang weder eingehend erörtert noch höchstrichterlich geklärt. Die wohl (noch) h.M. bemüht den lex-posterior-Grundsatz sowie das Gebot der völkerrechtsfreundlichen Auslegung und sieht das zeitlich spätere DBA als vorrangig an (siehe dazu eingehend *Lüdicke*, Überlegungen zur deutschen DBA-Politik, 2007, 36 ff. m.w.N.; differenzierend *Reimer*, IStR 2005, 843 ff.).
185 Dazu umfassend *Haase*, Die Hinzurechnungsbesteuerung: Grundlagen – Problemfelder – Gestaltungsmöglichkeiten, 2008.

sive Einkünfte sein (§ 8 Abs. 1 AStG), und drittens muss eine Niedrigbesteuerung dieser passiven Einkünfte vorliegen (§ 8 Abs. 3 AStG).

Die Hinzurechnungsbesteuerung soll der durch die Beteiligung an ausländischen, meist in der Rechtsform einer KapG organisierten Basisgesellschaften bewirkten Verlagerung von Besteuerungssubstrat in das Ausland vorbeugen (für ausländische Betriebsstätten und PersG vgl. § 20 Abs. 2 AStG). Regelungstechnisch erfolgt dies über eine Durchbrechung der Abschirmwirkung der KapG (Trennungsprinzip) in der Weise, dass bestimmte von der ausländischen Gesellschaft erzielte Einkünfte den inländischen Gesellschaftern als fiktive Gewinnausschüttungen und damit eigene Einkünfte zugerechnet werden. Der Sachverhalt wird also so besteuert, als ob die Basisgesellschaft nicht existent wäre, vgl. die Rechtsfolge des § 10 Abs. 1 S. 1 AStG.   *197*

Vor diesem Hintergrund ist zu konstatieren, dass Einkünfte aus Umwandlungen (gemeint ist die Hebung stiller Reserven infolge von nicht steuerneutralen Umwandlungen) im Grundsatz zu aktiven und damit nicht passiven bzw. schädlichen Einkünften einer ausländischen Zwischengesellschaft führen, wenn bestimmte Voraussetzungen erfüllt sind.[186]   *198*

Diese Voraussetzungen ergeben sich im Einzelnen aus § 8 Abs. 1 Nr. 10 AStG. Hiernach liegen nur aktive Einkünfte aus Umwandlungen von ausländischen Zwischengesellschaften vor, wenn die Umwandlungen ungeachtet des § 1 Abs. 2 und 4 zu Buchwerten erfolgen könnten; dies gilt jedoch nicht, soweit eine Umwandlung den Anteil an einer KapG erfasst, dessen Veräußerung nicht die Voraussetzungen des § 8 Abs. 1 Nr. 9 AStG erfüllen würde.   *199*

§ 8 Abs. 1 Nr. 9 HS 1 AStG wiederum bestimmt Einkünfte aus der Veräußerung eines Anteils an einer anderen Gesellschaft sowie aus deren Auflösung oder der Herabsetzung ihres Kapitals zu aktiven Einkünften, soweit der Steuerpflichtige nachweist, dass der Veräußerungsgewinn auf Wirtschaftsgüter der anderen Gesellschaft entfällt, die anderen als den in § 8 Abs. 1 Nr. 6 Buchst. b AStG (soweit es sich um Einkünfte einer Gesellschaft i.S.d. § 16 REITG handelt) oder § 7 Abs. 6a AStG (sog. Zwischeneinkünfte mit Kapitalanlagecharakter) bezeichneten Tätigkeiten dienen.   *200*

Ebenfalls ist in Bezug auf ausländische Umwandlungen § 10 Abs. 3 S. 4 AStG zu beachten. Die Ermittlung des Hinzurechnungsbetrags soll ungeachtet der Normen des UmwStG erfolgen, wenn und soweit Einkünfte aus einer Umwandlung i.S.d. § 8 Abs. 1 Nr. 10 AStG hinzuzurechnen sind.   *201*

---

186 Vgl. zu ausländischen Umwandlungen in der Hinzurechnungsbesteuerung *Schmidtmann*, IStR 2007, 229 ff.; ferner *Sterner/Sedemund*, BB 2005, 2777 ff. und *Rödder* in Kessler/Kröner/Köhler, Konzernsteuerrecht, § 8 Rdn. 635 ff.; ebenso *ders.* in Rödder/Herlinghaus/van Lishaut, Einführung UmwStG, Rdn. 133 ff.

F. Jüngste Entwicklungen

I. Gesetzgebung

202   Die letzte große Reform des UmwStG vollzog sich Ende des Jahres 2006 in Gestalt des SEStEG[187] (dazu bereits oben Rdn. 94). Seitdem gab es von Seiten des Gesetzgebers nur punktuelle Änderungen etwa durch Art. 5 des Unternehmensteuerreformgesetzes 2008[188], durch Art. 4 des Jahressteuergesetzes 2008[189] und durch Art. 6 des Jahressteuergesetzes 2009[190] sowie durch die Gesetze vom 21.03.2013[191], 26.06.2013[192] und vom 25.07.2014[193]. Weitere grundlegende Revisionen sind durch das Steueränderungsgesetz 2015 vollzogen worden.[194]

II. Verwaltungsanweisungen

203   Die komplexe Materie des Umwandlungssteuerrechts wurde herkömmlich selbstverständlich durch umfangreiche Verwaltungsschreiben begleitet. Sedes materiae war hier lange Zeit der zum UmwStG 1995 (dazu oben Rdn. 89) ergangene, sehr ausführliche und mit einer Vielzahl von Beispielen bestückte sog. Umwandlungssteuererlass (UmwStE).[195] Er stellte das in der täglichen Beratungspraxis mit Abstand wichtigste Hilfsmittel dar. Seine Missachtung führte, jedenfalls wenn Umstrukturierungen ohne Hinweis auf die dort dargelegte Verwaltungsauffassung durchgeführt wurden, regelmäßig zu einem Anwendungsfall der Beraterhaftung.

204   Am 11.11.2011 hat das BMF den lange erwarteten neuen UmwStE 2011[196] vorgelegt, der sich auf die Rechtslage nach Inkrafttreten des SEStEG[197] bezieht. Wie schon sein Vorgänger zeigt der neue Erlass wichtige Leitlinien für die Umstrukturierung von Unternehmen auf, die vom Berater unbedingt zur Kenntnis genommen werden müssen. Eine Abweichung von den dort getroffenen Leitlinien ist zwar möglich, erfordert aber jedenfalls einen Risikohinweis.

205   Die lange Wartezeit bis zum Ergehen des neuen Umwandlungssteuererlasses war für die Beratungspraxis zwar hinderlich, sie ist aber verständlich. Das BMF hatte in dem neuen Erlass eine Vielzahl von Problemen zu lösen, die durch Gesetzesneuregelungen an anderer Stelle entstanden waren. So

---

187 Siehe den Nachweis in Fn. 1.
188 Gesetz vom 14.08.2007, BGBl. I 2007, 1912 ff.
189 Gesetz vom 20.12.2007, BGBl. I 2007, 3150 ff.
190 Gesetz vom 19.12.2008, BGBl. I 2008, 2794 ff.
191 BGBl. I 2013, 561.
192 BGBl. I 2013, 1809.
193 BGBl. I 2014, 1266.
194 Gesetz vom 25.09.2015, BR-Drs. 418/15.
195 Vgl. BMF betr. Umwandlungssteuergesetz 1995 (UmwStG 1995); Zweifels- und Auslegungsfragen, vom 25.03.1998, IV B 7 – S 1978 – 21/98; IV B 2 – S 1909 – 33/98, BStBl. I 1998, 268 ff.; zuletzt geändert durch BMF vom 21.08.2001, BStBl. I 2001, 543 ff.
196 IV C 2 – S 1978-b/08/10001.
197 Siehe den Nachweis in Fn. 1.

musste insbesondere das Verhältnis zu den ebenfalls durch das SEStEG[198] eingeführten allgemeinen Verstrickungs- und Entstrickungsregeln (dazu oben Rdn. 6ff.) behandelt werden. Auch standen Fragen des Teilbetriebs (im Aufbau) im Zentrum der Diskussionen.

G. Prüfungsschema zum UmwStG

Das folgende Prüfungsschema, das sowohl das nationale deutsche Steuer-   *206* recht als auch internationale Bezüge (z.b. DBA) umfasst, soll insbesondere dem Praktiker, der mit Umwandlungen nur gelegentlich befasst ist, bei der Handhabung des Gesetzes helfen. Das Schema ist jedoch nur als grobes Raster zu verstehen. Es ist immer auf den Einzelfall zu beziehen, ggf. zu modifizieren und erhebt keinen Anspruch auf Vollständigkeit.

I. Nationales Recht

– Schritt 1: Liegt ein Vorgang nach dem UmwG (Gesamtrechtsnachfolge)   *207* oder eine Einzelrechtsnachfolge vor?

  – Liegt eine Einzelrechtsnachfolge vor, kann sich eine Steuerneutralität des jeweiligen Vorgangs aus allgemeinen Normen des Ertragsteuerrechts (z.B. § 6 Abs. 5 EStG) oder aus dem UmwStG ergeben (beachte v. a. die Einbringungstatbestände).

  – Liegt eine Gesamtrechtsnachfolge nach dem UmwG vor, wird sich eine etwaige Steuerneutralität des jeweiligen Vorgangs in erster Linie aus dem UmwStG ergeben; Ausnahmen sind aber denkbar.

  – Liegt weder eine Einzel- noch eine Gesamtrechtsnachfolge vor, sind ggf. Sondervorschriften zu prüfen (z.B. § 12 Abs. 3 KStG zur Sitzverlegung).

– Schritt 2: Zunächst Prüfung des zeitlichen Anwendungsbereichs des   *208* UmwStG (§ 27); i.d.R. unproblematisch.

– Schritt 3: Prüfung des räumlich-sachlichen Anwendungsbereichs des   *209* UmwStG (§ 1); dabei (ggf.) Inzidentprüfung der Gesamtrechtsnachfolge nach dem UmwG.

  Danach mögliche Umwandlungsarten:

  – Verschmelzung

  – Spaltung (Aufspaltung; Abspaltung; Ausgliederung)

  – Vermögensübertragung

  – Formwechsel

  Beachte strikt die Differenzierung in § 1 Abs. 1 und 3 sowie den allgemeinen Vorbehalt in Abs. 2.

  Insbesondere Vorsicht bei ausländischen und grenzüberschreitenden Umwandlungen mit Bezug zu Drittstaaten. Hier weist das UmwStG Lücken auf.

---

198 Siehe den Nachweis in Fn. 1.

210 – Schritt 4: Festlegung auf umwandlungsteuerlichen Tatbestand.
Danach mögliche Tatbestände:
  – Verschmelzung
  – Spaltung
  – Einbringung (Anteilstausch)
  – Formwechsel

Prüfung des jeweiligen umwandlungsteuerlichen Tatbestands und Herausarbeitung der Rechtsfolge (steuerneutral bzw. nicht steuerneutral) im Einzelfall.

Differenzierung bei den Besteuerungsfolgen nach den beteiligten Rechtsträgern und deren Gesellschaftern.

Beachtung der Unterschiede zum UmwG und der entsprechenden steuerlichen Besonderheiten (wie z.B. das Teilbetriebserfordernis bei § 15).

II. Abkommensrecht

211 – Schritt 5: Für den Fall der fehlenden Steuerneutralität: Prüfung nach dem einschlägigen DBA, ob die Bundesrepublik Deutschland ein Besteuerungsrecht beanspruchen kann.

Differenzierung bei den Besteuerungsfolgen nach den beteiligten Rechtsträgern und deren Gesellschaftern.

212 – Schritt 6: Für den Fall des fehlenden Besteuerungsrechts der Bundesrepublik Deutschland: Durchsicht des UmwStG nach etwaigen treaty-override-Normen. Ggf. Überprüfung der Rechtmäßigkeit dieser Normen durch Gerichte.

III. Europarecht

213 – Schritt 7: Für den Fall der fehlenden Steuerneutralität: Durchsicht und Überprüfung der EuGH-Rechtsprechung (und der noch anhängigen Verfahren) zum deutschen UmwStG und zu vergleichbaren Normen der anderen EU-Mitgliedsstaaten; sodann Versuch der Rüge der Gemeinschaftsrechtswidrigkeit im Rechtsweg.

Haase

ERSTER TEIL
Allgemeine Vorschriften

§ 1
Anwendungsbereich und Begriffsbestimmungen

(1) [1]Der Zweite bis Fünfte Teil gilt nur für

1. die Verschmelzung, Aufspaltung und Abspaltung im Sinne der §§ 2, 123 Abs. 1 und 2 des Umwandlungsgesetzes von Körperschaften oder vergleichbare ausländische Vorgänge sowie des Artikels 17 der Verordnung (EG) Nr. 2157/2001 und des Artikels 19 der Verordnung (EG) Nr. 1435/2003;

2. den Formwechsel einer Kapitalgesellschaft in eine Personengesellschaft im Sinne des § 190 Abs. 1 des Umwandlungsgesetzes oder vergleichbare ausländische Vorgänge;

3. die Umwandlung im Sinne des § 1 Abs. 2 des Umwandlungsgesetzes, soweit sie einer Umwandlung im Sinne des § 1 Abs. 1 des Umwandlungsgesetzes entspricht sowie

4. die Vermögensübertragung im Sinne des § 174 des Umwandlungsgesetzes vom 28. Oktober 1994 (BGBl. I S. 3210, 1995 I S. 428), das zuletzt durch Artikel 10 des Gesetzes vom 9. Dezember 2004 (BGBl. I S. 3214) geändert worden ist, in der jeweils geltenden Fassung.

[2]Diese Teile gelten nicht für die Ausgliederung im Sinne des § 123 Abs. 3 des Umwandlungsgesetzes.

(2) [1]Absatz 1 findet nur Anwendung, wenn

1. beim Formwechsel der umwandelnde Rechtsträger oder bei den anderen Umwandlungen die übertragenden und die übernehmenden Rechtsträger nach den Rechtsvorschriften eines Mitgliedstaats der Europäischen Union oder eines Staates, auf den das Abkommen über den Europäischen Wirtschaftsraum Anwendung findet, gegründete Gesellschaften im Sinne des Artikels 54 des Vertrags über die Arbeitsweise der Europäischen Union oder des Artikels 34 des Abkommens über den Europäischen Wirtschaftsraum sind, deren Sitz und Ort der Geschäftsleitung sich innerhalb des Hoheitsgebiets eines dieser Staaten befinden oder

2. übertragender Rechtsträger eine Gesellschaft im Sinne der Nummer 1 und übernehmender Rechtsträger eine natürliche Person ist, deren Wohnsitz oder gewöhnlicher Aufenthalt sich innerhalb des Hoheitsgebiets eines der Staaten im Sinne der Nummer 1 befindet und die nicht auf Grund eines Abkommens zur Vermeidung der Doppelbesteuerung mit einem dritten Staat als außerhalb des Hoheitsgebiets dieser Staaten ansässig angesehen wird.

[2]Eine Europäische Gesellschaft im Sinne der Verordnung (EG) Nr. 2157/2001 und eine Europäische Genossenschaft im Sinne der Verordnung (EG)

Nr. 1435/2003 gelten für die Anwendung des Satzes 1 als eine nach den Rechtsvorschriften des Staates gegründete Gesellschaft, in dessen Hoheitsgebiet sich der Sitz der Gesellschaft befindet.

(3) Der Sechste bis Achte Teil gilt nur für

1. die Verschmelzung, Aufspaltung und Abspaltung im Sinne der §§ 2 und 123 Abs. 1 und 2 des Umwandlungsgesetzes von Personenhandelsgesellschaften und Partnerschaftsgesellschaften oder vergleichbare ausländische Vorgänge;

2. die Ausgliederung von Vermögensteilen im Sinne des § 123 Abs. 3 des Umwandlungsgesetzes oder vergleichbare ausländische Vorgänge;

3. den Formwechsel einer Personengesellschaft in eine Kapitalgesellschaft oder Genossenschaft im Sinne des § 190 Abs. 1 des Umwandlungsgesetzes oder vergleichbare ausländische Vorgänge;

4. die Einbringung von Betriebsvermögen durch Einzelrechtsnachfolge in eine Kapitalgesellschaft, eine Genossenschaft oder Personengesellschaft sowie

5. den Austausch von Anteilen.

(4) [1]Absatz 3 gilt nur, wenn

1. der übernehmende Rechtsträger eine Gesellschaft im Sinne von Absatz 2 Satz 1 Nr. 1 ist und

2. in den Fällen des Absatzes 3 Nr. 1 bis 4

a) beim Formwechsel der umwandelnde Rechtsträger, bei der Einbringung durch Einzelrechtsnachfolge der einbringende Rechtsträger oder bei den anderen Umwandlungen der übertragende Rechtsträger

aa) eine Gesellschaft im Sinne von Absatz 2 Satz 1 Nr. 1 ist und, wenn es sich um eine Personengesellschaft handelt, soweit an dieser Körperschaften, Personenvereinigungen, Vermögensmassen oder natürliche Personen unmittelbar oder mittelbar über eine oder mehrere Personengesellschaften beteiligt sind, die die Voraussetzungen im Sinne von Absatz 2 Satz 1 Nr. 1 und 2 erfüllen, oder

bb) eine natürliche Person im Sinne von Absatz 2 Satz 1 Nr. 2 ist

oder

b) das Recht der Bundesrepublik Deutschland hinsichtlich der Besteuerung des Gewinns aus der Veräußerung der erhaltenen Anteile nicht ausgeschlossen oder beschränkt ist.

[2]Satz 1 ist in den Fällen der Einbringung eines Betriebs, Teilbetriebs oder Mitunternehmeranteils in eine Personengesellschaft nach § 24 nicht anzuwenden.

(5) Soweit dieses Gesetz nichts anderes bestimmt, ist

1. Richtlinie 2009/133/EG
die Richtlinie 2009/133/EG des Rates vom 19. Oktober 2009 über das gemeinsame Steuersystem für Fusionen, Spaltungen, Abspaltungen, die

Einbringung von Unternehmensteilen und den Austausch von Anteilen, die Gesellschaften verschiedener Mitgliedstaaten betreffen, sowie für die Verlegung des Sitzes einer Europäischen Gesellschaft oder einer Europäischen Genossenschaft von einem Mitgliedstaat in einen anderen Mitgliedstaat (ABl. L 310 vom 25.11.2009, S. 34), die zuletzt durch die Richtlinie 2013/13/EU (ABl. L 141 vom 28.5.2013, S. 30) geändert worden ist, in der zum Zeitpunkt des steuerlichen Übertragungsstichtags jeweils geltenden Fassung;

2. **Verordnung (EG) Nr. 2157/2001**
   die Verordnung (EG) Nr. 2157/2001 des Rates vom 8. Oktober 2001 über das Statut der Europäischen Gesellschaft (SE) (ABl. EG Nr. L 294 S. 1), zuletzt geändert durch die Verordnung (EG) Nr. 885/2004 des Rates vom 26. April 2004 (ABl. EU Nr. L 168 S. 1), in der zum Zeitpunkt des steuerlichen Übertragungsstichtags jeweils geltenden Fassung;

3. **Verordnung (EG) Nr. 1435/2003**
   die Verordnung (EG) Nr. 1435/2003 des Rates vom 22. Juli 2003 über das Statut der Europäischen Genossenschaften (SCE) (ABl. EU Nr. L 207 S. 1) in der zum Zeitpunkt des steuerlichen Übertragungsstichtags jeweils geltenden Fassung;

4. **Buchwert**
   der Wert, der sich nach den steuerrechtlichen Vorschriften über die Gewinnermittlung in einer für den steuerlichen Übertragungsstichtag aufzustellenden Steuerbilanz ergibt oder ergäbe.

Inhaltsverzeichnis

Spezialliteratur (Auswahl)

Schmidt, Universalsukzession kraft Rechtsgeschäft, AcP 191 (1991), 495; *Henke/ Lang*, Qualifizierung ausländischer Rechtsgebilde am Beispiel der Delaware-LLC, IStR 2001, 514; *Hahn*, Formwechsel und Sitzverlegung nach dem künftigen Gesetz über steuerliche Begleitmaßnahmen zur Einführung der Europäischen Gesellschaft und zur Änderung weiterer steuerrechtlicher Vorschriften, IStR 2005, 677; *Bayer/Schmidt*, Grenzüberschreitende Sitzverlegung und grenzüberschreitende Restrukturierungen nach MoMiG, Cartesio und Trabrennbahn, ZHR 173 (2009), 735; *Orth*, Umstrukturierung unternehmerisch tätiger Stiftungen, FR 2010, 637; *Benecke/Schnitger*, Die steuerliche Behandlung nicht wesentlich beteiligter Anteilseigner bei Umwandlungen: Ein Diskussionsbeitrag, Ubg 2011, 1.

A. Allgemeines

I. Systematik der Anwendung des UmwStG

§ 1 ist die *Grundnorm des UmwStG.* Als einleitende Bestimmung legt sie die **1** Voraussetzungen für die Anwendung des UmwStG für sämtliche vom UmwStG erfassten Umstrukturierungsvorgänge – *Umwandlungen* (Zweiter bis Fünfter Teil) und *Einbringungen* (Sechster bis Achter Teil) – fest.

Das UmwStG ist grds. anzuwenden, wenn der *sachliche Anwendungsbereich* (§ 1 Abs. 1 und 3) und der *persönliche Anwendungsbereich* (§ 1 Abs. 2 und 4) erfüllt sind.[1] Anders als bei den Umwandlungsvorgängen wird der Anwendungsbereich des § 1 bei den Einbringungsvorgängen durch die §§ 20, 21, 24 in sachlicher (z.B. Anwendung UmwStG nur bei Einbringung von Betrieben, Teilbetrieben etc.) und in persönlicher Hinsicht (z.B. Anwendung UmwStG nur bei Einbringung in KapG etc.) ergänzt.

Für Zwecke der *Anwendung des AStG* enthält § 8 Abs. 1 Nr. 10 AStG zudem eine Ausnahme vom persönlichen Anwendungsbereich in § 1 Abs. 2 und 4.

Fehlt es an einer der in § 1 genannten Voraussetzungen, findet das UmwStG **2** auf den gesamten Umwandlungs-/Einbringungsvorgang keine Anwendung. In diesem Fall gelten für die Umstrukturierung – sofern keine sondergesetzlichen Regelungen außerhalb des UmwStG Anwendung finden (z.B. § 12 Abs. 2 KStG bei Drittstaatsverschmelzungen oder § 6 Abs. 5 EStG bei Übertragung einzelner Wirtschaftsgüter) – die allgemeinen ertragsteuerlichen Grundsätze.[2]

Aber auch wenn ein Umstrukturierungsvorgang grds. die Eingangsvoraussetzungen des § 1 erfüllen würde, können die *Vorschriften des UmwStG ganz* (z.B. § 14a FMStFG) *oder teilweise* (z.B. § 20 Abs. 4a S. 1 und 5 EStG) *verdrängt* bzw. *ergänzt* (z.B. § 6 Abs. 2 EnWG[3]) werden.

Anders als § 1 i.d.F. der Bekanntmachung vom 15. 10. 2002 (UmwStG 1995)[4] **3** stellt § 1 i.d.F. SEStEG vom 07. 12. 2006[5], zuletzt geändert durch das „Gesetz zur Anpassung des nationalen Steuerrechts an den Beitritt Kroatiens zur EU und zur Änderung weiterer steuerlicher Vorschriften" vom 25. 07. 2014[6], nicht mehr auf die unbeschränkte Steuerpflicht der an der Umstrukturie-

---

1 Tz. 01.02 UmwStE 2011.
2 Zur Beurteilung als Anschaffungs- und Veräußerungsvorgänge auf Gesellschafts- und Gesellschafterebene vgl. Tz. 00.02 ff. UmwStE 2011.
3 Die Vorschrift des § 6 Abs. 2 EnWG beinhaltet die Teilbetriebsfiktion bei Entflechtungsmaßnahmen.
4 BGBl. I 2002, 4133, berichtigt BGBl. I 2003, 738.
5 BGBl. I 2006, 2782, berichtigt BGBl. I 2007, 68.
6 BGBl. I 2014, 1266.

rung beteiligten Körperschaften ab. Der Anwendungsbereich des UmwStG wird jedoch über § 1 hinaus durch den in dem jeweiligen Einzelsteuergesetz normierten *Umfang der Steuerpflicht* der auf Gesellschafts- und Gesellschafterebene beteiligten Rechtsträger begrenzt (§ 1 EStG, §§ 1 bis 3 KStG sowie § 2 GewStG).[7]

II. Vom Anwendungsbereich erfasste Steuerarten

4 Die Vorschriften des UmwStG betreffen ausschließlich die steuerlichen Folgen von Umwandlungen und Einbringungen für die *KSt, ESt* und *GewSt* der auf Gesellschafts- und Gesellschafterebene beteiligten Rechtsträger. Steuerliche Folgen für andere Steuerarten (z.B. USt, GrESt oder die ErbSt) regelt das UmwStG hingegen nicht.[8]

III. Zeitlicher Anwendungsbereich

5 Nach § 27 Abs. 1 S. 1 ist das UmwStG i.d.F. SEStEG vom 07.12.2006[9] erstmals auf Umwandlungen und Einbringungen anzuwenden, bei denen die Anmeldung zur Eintragung in das für die Wirksamkeit des jeweiligen Vorgangs maßgebende öffentliche Register *nach dem 12.12.2006* erfolgt ist.

Das *UmwStG 1995*[10] ist durch das SEStEG vom 07.12.2006[11] jedoch nicht aufgehoben worden, sondern gilt unverändert fort. Dies betrifft insbesondere die Regelungen zu den sog. einbringungsgeborenen Anteilen (§ 21 UmwStG 1995) und zum rückwirkenden Wegfall von Steuererleichterungen (§ 26 UmwStG 1995). Insoweit finden auch das BMF-Schreiben vom 25.03.1998[12] und das BMF-Schreiben vom 16.12.2003[13] weiterhin Anwendung.[14]

B. Anwendung UmwStG bei Umwandlungen (Zweiter bis Fünfter Teil)
I. Sachlicher Anwendungsbereich (§ 1 Abs. 1)

6 Anknüpfungspunkt des sachlichen Anwendungsbereichs der §§ 3 bis 19 sind ausschließlich die in § 1 Abs. 1 S. 1 Nr. 1 bis 4 *abschließend*[15] aufgezählten gesellschaftsrechtlichen Umwandlungsmöglichkeiten (sog. *Maßgeblichkeit des Gesellschaftsrechts*). Für die Beurteilung der Frage, ob eine zivilrechtlich wirksame Umwandlung vorliegt, ist regelmäßig die *registerrechtliche Entscheidung* maßgebend.[16]

---

7 Tz. 01.02 UmwStE 2011.
8 Tz. 01.01 UmwStE 2011.
9 BGBl. I 2006, 2782, berichtigt BGBl. I 2007, 68.
10 BGBl. I 2002, 4133, berichtigt BGBl. I 2003, 738.
11 BGBl. I 2006, 2782, berichtigt BGBl. I 2007, 68.
12 BStBl. I 1998, 268, geändert durch BMF vom 21.08.2001, BStBl. I 2001, 543.
13 BStBl. I 2003, 786.
14 Tz. 00.01 UmwStE 2011.
15 Tz. 01.04 UmwStE 2011.
16 Tz. 01.06 und 01.23 UmwStE 2011.

Zum *Zeitpunkt der Wirksamkeit* siehe Rdn. 36 f. und zur *Bindungswirkung der registerrechtlichen Entscheidung* siehe Rdn. 38 f. bei inländischen Umwandlungen sowie bei ausländischen Umwandlungsvorgängen siehe Rdn. 50 f. sowie Rdn. 52.

Der Zweite bis Fünfte Teil des Gesetzes gilt nur für die *Umwandlung von*   7
Körperschaften als Ausgangsrechtsträger und betrifft im Grundsatz ausschließlich die vom UmwG zugelassene *Umwandlungsarten i.S.d. § 1 Abs. 1 UmwG* (also Verschmelzung, Spaltung, Vermögensübertragung und Formwechsel) sowie der nach *§ 1 Abs. 2 UmwG* zugelassenen Umwandlungsmöglichkeiten aufgrund ausdrücklicher bundes- oder landesgesetzlicher Regelung.

Ausgenommen vom Anwendungsbereich des Zweiten bis Fünften Teils ist jedoch nach § 1 Abs. 1 S. 2 die *Ausgliederung i.S.d. § 123 Abs. 3 UmwG* als eine zulässige Form der Spaltung; diese wird vielmehr nach § 1 Abs. 3 Nr. 2 vom sachlichen Anwendungsbereich des Sechsten bis Achten Teils erfasst (siehe Rdn. 108 ff.).

Aufgrund der *Europäisierung des UmwStG* durch das SEStEG vom 07.12. 2006[17] wurde der Anwendungsbereich des Zweiten bis Fünften Teils auf die Verschmelzung zur Gründung einer Europäischen Gesellschaft (SE) i.S.d. Art. 2 Abs. 1 i.V.m. Art. 17 ff. SE-VO und einer Europäischen Genossenschaft (SCE) i.S.d. Art. 2 Abs. 1 i.V.m. Art. 19 ff. SCE-VO sowie auf mit einer Verschmelzung, Aufspaltung, Abspaltung oder mit einem Formwechsel i.S.d. UmwG vergleichbare ausländische Vorgänge ausgeweitet.

Für den sachlichen Anwendungsbereich des Zweiten bis Fünften Teils sind   8
somit

– Umwandlungen i.S.d. UmwG (*inländische Umwandlungen*[18], siehe Rdn. 10 ff.),
– mit einer Verschmelzung, Aufspaltung, Abspaltung oder mit einem Formwechsel i.S.d. UmwG vergleichbare ausländische Vorgänge (*ausländische Umwandlungen*[19], siehe Rdn. 40 ff.) sowie
– Umwandlungen zur Gründung einer Europäischen Gesellschaft (SE) oder einer Europäischen Genossenschaft (SCE) aufgrund *supranationalen Rechts* (siehe Rdn. 86 ff.)

zu unterscheiden.

Die Beurteilung für das Vorliegen einer inländischen oder ausländischen   9
Umwandlung richtet sich – infolge der Maßgeblichkeit des Gesellschaftsrechts (siehe Rdn. 6) – dabei nicht nach der steuerlichen Ansässigkeit oder der Belegenheit des Vermögens, sondern nach dem *Personalstatut* der an der Umwandlung beteiligten Rechtsträger.[20]

---

17 BGBl. I 2006, 2782, berichtigt BGBl. I 2007, 68.
18 Tz. 01.03 ff. UmwStE 2011.
19 Tz. 01.20 ff. UmwStE 2011.
20 So z.B. auch die österreichische Rechtslage. Auch nach öUmgrStG erfolgt die Abgrenzung von inländischen und ausländischen Umwandlungen unter Rückgriff auf das Personalstatut; vgl. öUmgrStR 2002 (Stand: 01.01.2008) Rdn. 28, 36.

Dies gilt selbst dann, wenn Vermögen außerhalb des Geltungsbereichs der als Gesellschaftsstatut maßgebenden Rechtsordnung belegen ist und das Personalstatut der übertragenden Gesellschaft zugunsten des Belegenheitsrechts (lex rei sitae) zurücktritt, weil besondere Vorschriften des Belegenheitsstaats für die Übertragung der betreffenden Wirtschaftsgüter existieren und es eines gesonderten dinglichen Vollzugs nach Maßgabe des Rechts des Belegenheitsstaats bedarf. Der Abschluss eines gesonderten – dem Recht des Belegenheitsstaats genügenden – Übertragungsvertrags beeinflusst für Zwecke des § 1 somit nicht die Beurteilung als inländische oder ausländische Umwandlung.

1. Inländische Umwandlungen

10   Ausgehend von dem Umstand, dass § 1 Abs. 1 S. 1 Nr. 1 und 2 die „inländische" Umwandlung i.S.d. § 2, § 123 Abs. 1 bis 2 und § 190 Abs. 1 UmwG als Vergleichsmaßstab für damit „vergleichbare ausländische Vorgänge" vorsieht, handelt es sich bei „inländischen" Umwandlungen i.S.d. § 1 Abs. 1 um Umwandlungen, bei denen auf den/die Ausgangsrechtsträger und auf den/die Zielrechtsträger *ausschließlich* die Vorschriften des UmwG Anwendung finden.[21] Ist für *mindestens* einen an der Umwandlung beteiligten Rechtsträger ein ausländisches Gesellschaftsstatut maßgebend, handelt es sich – da die Umwandlung verschiedenen Rechtsordnungen unterliegt – um einen ausländischen Umwandlungsvorgang (siehe Rdn. 40). Demzufolge stellt auch die grenzüberschreitende Verschmelzung i.S.d. § 122 a UmwG keinen inländischen, sondern einen ausländischen Umwandlungsvorgang i.S.d. § 1 Abs. 1 S. 1 Nr. 1 dar.[22]

11   Nach deutschem **Internationalen Privatrecht** (zur Bedeutung des Personalstatuts für § 1 siehe Rdn. 9) kommt deutsches Sachrecht auf die an der Umwandlung beteiligten Gesellschaften zur Anwendung, wenn sich der tatsächliche Verwaltungssitz im Inland befindet. Mangels Umsetzung des Referentenentwurfs zum Internationalen Privatrecht, nach dessen Art. 10 Abs. 1 EGBGB-E[23] die Gründungstheorie im deutschen Internationalen Privatrecht verankert werden soll, gilt für die Bestimmung des Personalstatuts einer Gesellschaft nach deutschem Internationalen Privatrecht im Grundsatz weiterhin die *Sitztheorie*.[24] Für die Bestimmung des maßgebenden Personalstatuts sind jedoch darüber hinaus bilaterale oder multilaterale Vereinbarungen mit konstitutivem kollisionsrechtlichen Charakter – aufgrund deren *Anwendungsvorrangs* – zu beachten. Als solche Vereinbarungen sind z.B.

---

21 Tz. 01.03 UmwStE 2011.

22 Tz. 01.21 UmwStE 2011. Vgl. auch *Benecke/Schnittker* in Wassermeyer/Richter/Schnittker, Kapitel 13, B, Rdn. 13.35, S. 695; a.A.: *Widmann* in Widmann/Mayer, § 1 Rdn. 60; *Hörtnagl* in Schmitt/Hörtnagl/Stratz, § 1 Rdn. 27.

23 Referentenentwurf für ein Gesetz zum Internationalen Privatrecht der Gesellschaften, Vereine und juristischen Personen vom 07.01.2008, http://www.bmj.bund.de.

24 BGH vom 27.10.2008, II Z R 158/06, BGHZ 178, 192; BGH vom 15.03.2010, II ZR 27/09, ZIP 2010, 1003.

der AEUV[25], das EWR-Abkommen[26] oder der Freundschafts-, Handels- und Schifffahrtsvertrag mit den USA vom 29.0.1954[27] zu nennen.[28] Danach gilt – jedenfalls im Verhältnis zu den *EU-*, *EWR-Staaten* sowie den *USA* – für die Bestimmung des Personalstatuts von KapG ausländischer Rechtsform die *Gründungstheorie*.[29]

Bei *KapG* deutscher Rechtsform als beteiligte Rechtsträger kommt seit Inkrafttreten des *MoMiG*[30] deutsches Sachrecht auch dann zur Anwendung, wenn sich der statutarische Sitz im Inland und der tatsächliche Verwaltungssitz im Ausland befinden. Voraussetzung hierfür ist jedoch, dass es sich bei dem Aufnahmestaat um einen EU- oder EWR-Staat handelt oder, sofern ein Drittstaat betroffen ist, dieser der Gründungstheorie folgt. Infolge der nach wie vor im deutschen Internationalen Privatrecht geltenden Sitztheorie ist bei *PersG* für die Bestimmung des Personalstatuts im Grundsatz ebenfalls weiterhin der tatsächliche Verwaltungssitz maßgebend[31]; auf die Frage, ob PersG (deutscher Rechtsform) überhaupt einen statutarischen Sitz haben können, kommt es daher gar nicht an. In Bezug zu den EU- und EWR-Staaten oder bei Vorliegen sonstiger bilateraler Vereinbarungen mit Drittstaaten dürften die PersG den juristischen Personen jedoch internationalprivatrechtlich gleichgestellt sein; insoweit gelten die vorgenannten Grundsätze entsprechend.[32]

Bei einer *natürlichen Person* soll für die Beurteilung des Vorliegens einer inländischen Umwandlung deren *Wohnsitz i.S.d. § 7 BGB* maßgebend sein.[33]

Kommt nach dem Personalstatut der beteiligten Gesellschaften deutsches *Sachrecht* zur Anwendung, richten sich die Voraussetzungen der Umwandlung nach dem UmwG. Das UmwG ist anwendbar, wenn die beteiligten Rechtsträger ihren „Sitz im Inland" haben (§ 1 Abs. 1 UmwG).[34] Umstritten ist, ob § 1 Abs. 1 UmwG den statutarischen Sitz oder den tatsächlichen Verwaltungssitz meint.[35] Vor dem Hintergrund, dass § 1 Abs. 1 UmwG nicht als

12

---

25 Vgl. die Rechtsprechung des EuGH zu Art. 49, 54 AEUV (ex-Art. 43, 48 EG): EuGH vom 09.03.1999, Rs. C-212/97, *Centros*, Slg. 1999, I-1495; EuGH vom 05.11.2002, Rs. C-208/00, *Überseering*, Slg. 2002, I-9919; EuGH vom 30.09.2003, Rs. C-167/01, *Inspire Art*, Slg. 2003, I-10155.
26 Vgl. die Rechtsprechung des BGH zu Art. 31, 34 EWR-Abkommen: BGH vom 19.09.2005, II ZR 372/03, BGHZ 164, 148.
27 Vgl. auch die Rechtsprechung des BGH zu XXV Abs. 5 des Abkommens (BGBl. II 1956, 487): BGH vom 29.01.2003, VIII ZR 155/02, BGHZ 153, 353; BGH vom 05.07.2004, II ZR 389/02, IStR 2004, 875.
28 Zur Wertung der Art. 49, 54 AEUV (ex-Art. 43, 48 EG) als „versteckte europäische Kollisionsnorm" vgl. *Sonnenberger* in MünchKomm BGB, IntPrivatR, Einl. Rdn. 140 f.
29 *Bayer/Schmidt*, ZHR 173 (2009), 735, 739.
30 BGBl. I 2008, 2026.
31 *Hopt* in Baumbach/Hopt, § 106 HGB Rdn. 8.
32 *Kindler* in MünchKomm BGB, IntGesR, Rdn. 283 ff.
33 Tz. 01.03 UmwStE 2011. In diesem Sinne auch *Kindler* in MünchKomm BGB, IntGesR, Rdn. 864.
34 Ausgenommen der grenzüberschreitenden Verschmelzung nach § 122a UmwG.
35 Z.B. *Hörtnagl* in Schmitt/Hörtnagl/Stratz, § 1 UmwG Rdn. 26 m.w.N.

(versteckte) Kollisionsnorm zu werten ist[36], ist unter „Sitz im Inland" nach überzeugender und herrschender Auffassung in der Literatur und auch nach Auffassung der Finanzverwaltung der *statutarische Sitz* zu verstehen.[37] Bei Personengesellschaften soll der Sitz der Hauptverwaltung maßgebend sein.[38]

a) Verschmelzung, Aufspaltung und Abspaltung (§ 1 Abs. 1 S. 1 Nr. 1)

aa) Verschmelzung i.S.d. § 2 UmwG

13 Nach § 2 UmwG können Rechtsträger *unter Auflösung ohne Abwicklung* verschmolzen werden

  – im Wege der *Aufnahme* durch Übertragung des Vermögens eines Rechtsträgers oder mehrerer Rechtsträger als Ganzes auf einen bestehenden Rechtsträger oder

  – im Wege der *Neugründung* durch Übertragung der Vermögen zweier oder mehrerer Rechtsträger jeweils als ein Ganzes auf einen, von ihnen dadurch gegründeten Rechtsträger

gegen Gewährung von Anteilen oder Mitgliedschaften des übernehmenden oder neuen Rechtsträgers an die Anteilsinhaber des bzw. der übertragenden Rechtsträger. Die Verschmelzung ist gekennzeichnet durch die Auflösung des übertragenden Rechtsträgers und den Übergang des gesamten Vermögens auf einen übernehmenden Rechtsträger.

Keine Umwandlung i.S.d. § 2 UmwG ist die grenzüberschreitende Verschmelzung nach § 122a ff. UmwG (siehe Rdn. 10).[39]

14 Nach § 54 Abs. 1 S. 1 und 2 UmwG oder § 68 Abs. 1 S. 1 und 2 UmwG darf bzw. braucht das Stammkapital des übernehmenden Rechtsträgers nicht erhöht werden (*Kapitalerhöhungsverbote* bzw. *Kapitalerhöhungswahlrechte*). Bei notariell beurkundetem Verzicht aller Anteilseigner kann nach § 54 Abs. 1 S. 3 UmwG bzw. § 68 Abs. 1 S. 3 UmwG auf die Verpflichtung zur Gewährung von Anteilen gänzlich verzichtet werden *(Verzicht auf Kapitalerhöhung)*.[40] Hieran zeigt sich, dass die Anteilsgewährung kein unverzichtbares Wesensmerkmal der Verschmelzung ist; zu den Strukturmerkmalen einer Umwandlung bei vergleichbaren ausländischen Vorgängen siehe Rdn. 68 ff.

Das *Fehlen einer Gegenleistung* in Form von Gesellschaftsrechten lässt bei Geltung des Zweiten bis Fünften Teils nach § 3 Abs. 2 S. 1 Nr. 3 und § 11 Abs. 2 S. 1 Nr. 3 UmwStG die *Bewertungswahlrechte* in der steuerlichen Schlussbilanz unbeeinflusst; anders in den Fällen des Sechsten bis Achten Teils siehe Rdn. 103. Entspricht die von der übernehmenden Gesellschaft gewährte Gegenleistung nicht dem Wert des übertragenen Vermögens stellt sich die Frage des Verhältnisses des UmwStG zur vGA; siehe hierzu § 11 Rdn. 398 ff.

---

36 Z.B. *Heckschen* in Widmann/Mayer, § 1 UmwG Rdn. 107.
37 Tz. 01.03 UmwStE 2011; *Kindler* in MünchKomm BGB, IntGesR, Rdn. 912 f.
38 Tz. 01.03 UmwStE 2011.
39 Vgl. aber Rdn. 40 zu den ausländischen Umwandlungen.
40 Tz. 01.09 UmwStE 2011.

Das UmwG sieht folgende Möglichkeiten der Verschmelzung vor:[41]   15

von ↓ \ auf →	PershG/PartG §§	GmbH §§	AG §§	KGaA §§	eG §§	eV/wirtsch. Verein §§	gen. Prüfungsverband §§	VVaG §§	nat. Person §§
PershG/PartG	2–38 39–45	2–38 39–45 46–59	2–38 39–45 46–59 60–77	2–38 39–45 78	2–38 39–45 79–98	– (99 Abs. 2)	– (105)	– (109)	– (3 Abs. 2 Nr. 1)
GmbH inkl. UG	2–38 39–45 46–59	2–38 46–59	2–38 46–59 0–77	2–38 46–59 78	2–38 46–59 79–98	– (99 Abs. 2)	– (105)	– (109)	[42] 2–38 46–59 120–122
AG	2–38 39–45 60–77	[43] 2–38 46–59 60–77	2–38 60–77	2–38 60–77 78	2–38 60–77 79–98	– (99 Abs. 2)	– (105)	– (109)	[44] 2–38 60–77 120–122
KGaA	2–38 39–45 78	2–38 46–59 78	2–38 60–77 78	2–38 78	2–38 78 79–98	– (99 Abs. 2)	– (105)	– (109)	[45] 2–38 78 120–122
eG	2–38 39–45 79–98	2–38 46–59 79–98	2–38 60–77 79–98	2–38 78 79–98	2–38 79–98	– (99 Abs. 2)	– (105)	– (109)	– (3 Abs. 2 Nr. 1)
eV/ wirtsch. Verein	2–38 39–45 99–104a	2–38 46–59 99–104a	2–38 60–77 99–104a	2–38 78 99–104a	2–38 79–98 99–104a	2–38 99–104a	[46] 2–38 99–104a 105–108	– (109)	– (3 Abs. 2 Nr. 1)
gen. Prüfungsverband	– (105)	– (105)	– (105)	– (105)	– (105)	– (105)	[47] 2–38 105–108	– (105)	– (3 Abs. 2 Nr. 1)
VVaG	– (109)	– (109)	[48] 2–38 60–77 109–113	– (109)	– (109)	– (109)	– (109)	2– 38 109–119	– (3 Abs. 2 Nr. 1)

Von der inländischen Umwandlung i.S.d. § 2 UmwG sind grundsätzlich Ver-   16
schmelzungen zur Neugründung einer SE oder SEC ausgenommen, da
diese in den spezielleren Bestimmungen der SE-VO bzw. SEC-VO geregelt
sind und somit den Bestimmungen des UmwG vorgehen (siehe Rdn. 86 ff.).
In Fällen einer Verschmelzung zur Aufnahme unter Beteiligung einer SE
bzw. SEC (übertragender oder übernehmender Rechtsträger) kann unter bestimmten Voraussetzungen das UmwG anwendbar sein, auch wenn diese
Rechtsträger nicht ausdrücklich im § 3 UmwG aufgeführt sind.

---

41 Übersicht entsprechend Tz. 01.10 UmwStE 2011.
42 Natürliche Person muss Alleingesellschafter des übertragenden Rechtsträgers sein.
43 Verschmelzung zur Gründung einer SE nach Art. 2 Abs. 1, Art. 17 bis 31 SE-VO.
44 Natürliche Person muss Alleingesellschafter des übertragenden Rechtsträgers sein.
45 Natürliche Person muss Alleingesellschafter des übertragenden Rechtsträgers sein.
46 Vorgang ist nur unter den Voraussetzungen des § 105 S. 2 UmwG möglich.
47 Vorgang ist nur zur Aufnahme durch einen übernehmenden Rechtsträger möglich.
48 Vorgang ist nur möglich, wenn der aufnehmende Rechtsträger eine Versicherungs-
   AG ist.

Von den in Rdn. 15 umwandlungsgesetzlich dargestellten Umwandlungs-möglichkeiten erfassen der *Zweite Teil (§§ 3 bis 8) und Fünfte Teil (§ 18)* nach § 1 Abs. 1 S. 1 Nr. 1 nur die Verschmelzung zur Aufnahme oder Neu-gründung *von*:

- KapG (AG einschl. SE[49], KGaA, GmbH einschl. UG [haftungsbeschränkt]) *auf* Personenhandelsgesellschaft (OHG einschl. EWIV[50], KG), Partner-schaftsgesellschaft oder auf natürliche Person[51],
- eingetragener Genossenschaft (einschl. SCE[52]) *auf* Personenhandels-gesellschaft (OHG einschl. EWIV[53], KG) oder Partnerschaftsgesellschaft,
- eingetragenem oder wirtschaftlichem Verein *auf* Personenhandelsgesell-schaft (OHG einschl. EWIV[54], KG) oder Partnerschaftsgesellschaft,

und der *Dritte Teil (§§ 11 bis 13) und Fünfte Teil (§ 19)* nur die Verschmel-zung zur Aufnahme oder Neugründung von:

- KapG (AG einschl. SE[55], KGaA, GmbH einschl. UG [haftungsbeschränkt]) *auf* KapG (AG einschl. SE[56], KGaA, GmbH einschl. UG [haftungsbe-schränkt][57]) oder eingetragene Genossenschaft einschl. SCE[58],
- eingetragener Genossenschaft einschl. SCE[59] *auf* KapG (AG einschl. SE[60], KGaA, GmbH einschl. UG [haftungsbeschränkt][61]) oder eingetragene Ge-nossenschaft einschl. SCE[62],
- eingetragenem oder wirtschaftlichem Verein[63] *auf* KapG (AG einschl. SE[64], KGaA, GmbH einschl. UG [haftungsbeschränkt][65]), eingetragene Genos-senschaft einschl. SCE[66], eingetragenen Verein oder genossenschaftlichen Prüfungsverband,

---

49 *Fronhöfer* in Widmann/Mayer, § 3 UmwG Rdn. 35; vgl. auch Rdn. 88.
50 Die Gründung einer EWIV richtet sich nach der EWIV-VO, d.h. eine Verschmelzung zur Neugründung scheidet daher aus (*Heckschen* in Widmann/Mayer, § 1 UmwG Rdn. 62).
51 Natürliche Person muss Alleingesellschafter des übertragenden Rechtsträgers sein.
52 *Fronhöfer* in Widmann/Mayer, § 3 UmwG Rdn. 36.4; vgl. auch Rdn. 88.
53 Siehe Fn. 50; Rdn. 88.
54 Siehe Fn. 50.
55 Siehe Fn. 49.
56 Verschmelzung zur Neugründung einer SE erfolgt nicht nach UmwG, sondern nur nach Maßgabe der SE-VO; siehe auch Rdn. 86 ff.
57 Verschmelzung zur Aufnahme mit Kapitalerhöhung oder zur Neugründung einer UG (haftungsbeschränkt) ist wegen des Sacheinlageverbots nach § 5a Abs. 2 S. 2 GmbHG nicht möglich. Die UG (haftungsbeschränkt) kommt als aufnehmender Rechtsträger nur bei Verschmelzung ohne Kapitalerhöhung in Betracht, vgl. *Heck-schen* in Widmann/Mayer, § 1 UmwG Rdn. 48.8.
58 Verschmelzung zur Neugründung einer SCE erfolgt nicht nach UmwG, sondern nur nach Maßgabe der SCE-VO; siehe auch Rdn. 86 ff.
59 Siehe Fn. 52.
60 Siehe Fn. 56.
61 Siehe Fn. 57.
62 Siehe Fn. 58.
63 Wirtschaftliche Vereine kommen als übernehmende Rechtsträger nicht in Betracht (§ 3 Abs. 2 Nr. 1 UmwG).
64 Siehe Fn. 56.
65 Siehe Fn. 58.
66 Siehe Fn. 52.

– genossenschaftlichem Prüfungsverband auf genossenschaftlichen Prüfungsverband,
– VVaG auf Versicherungs-AG oder VVaG.

bb) Aufspaltung und Abspaltung i.S.d. § 123 Abs. 1 und 2 UmwG

Das UmwG gibt *drei Spaltungsformen* vor (Aufspaltung, Abspaltung und Ausgliederung), wobei die *Ausgliederung* nach § 1 Abs. 1 S. 2 ausdrücklich vom sachlichen Anwendungsbereich des Zweiten bis Fünften Teils *ausgenommen* ist; diese wird vielmehr nach § 1 Abs. 3 Nr. 2 vom sachlichen Anwendungsbereich des Sechsten bis Achten Teils erfasst (siehe Rdn. 108 ff.). **17**

Die *Aufspaltung* stellt den Umkehrfall der Verschmelzung dar. Nach § 123 Abs. 1 UmwG kann ein Rechtsträger *unter Auflösung ohne Abwicklung* sein Vermögen aufspalten **18**

– zur *Aufnahme* durch gleichzeitige Übertragung der Vermögensteile jeweils als Gesamtheit auf andere bestehende Rechtsträger oder
– zur *Neugründung* durch gleichzeitige Übertragung der Vermögensteile jeweils als Gesamtheit auf andere, von ihm dadurch gegründete Rechtsträger

gegen Gewährung von Anteilen oder Mitgliedschaften dieser Rechtsträger an die Anteilsinhaber des übertragenden Rechtsträgers. Wie die Verschmelzung ist die Aufspaltung durch die Auflösung des übertragenden Rechtsträgers gekennzeichnet. Im Unterschied zur Verschmelzung wird das Vermögen jedoch nicht auf einen, sondern auf mehrere übernehmende Rechtsträger übertragen.

Aufgrund des Umstands, dass nur Mitunternehmerschaften Subjekt einer *Realteilung* i.S.d. § 16 Abs. 3 S. 2 ff. EStG sein können und der sachliche Anwendungsbereich des Zweiten bis Fünften Teils nur Körperschaften als Ausgangsrechtsträger betrifft (siehe Rdn. 7), stellt sich an dieser Stelle nicht die Frage nach dem Verhältnis des § 16 Abs. 3 S. 2 ff. EStG zum UmwStG; siehe hierzu Rdn. 107.

Im Gegensatz zur Verschmelzung und zur Aufspaltung ist die *Abspaltung* dadurch gekennzeichnet, dass der übertragende Rechtsträger bestehen bleibt. Nach § 123 Abs. 2 UmwG kann ein Rechtsträger von seinem Vermögen einen oder mehrere Teile abspalten **19**

– zur *Aufnahme* durch Übertragung dieses Teils oder dieser Teile jeweils als Gesamtheit auf einen bestehenden oder mehrere bestehende Rechtsträger oder
– zur *Neugründung* durch Übertragung dieses Teils oder dieser Teile jeweils als Gesamtheit auf einen oder mehrere, von ihm dadurch gegründeten neuen oder gegründete neue Rechtsträger

gegen Gewährung von Anteilen oder Mitgliedschaften dieses Rechtsträgers oder dieser Rechtsträger an die Anteilsinhaber des übertragenden Rechtsträgers.

Der Umfang des Rechtsübergangs an den Vermögensteilen auf die oder den übernehmenden Rechtsträger unterliegt bei der Aufspaltung und der Abspaltung der privatautonomen Gestaltung. Jedoch können die *Bewertungs-* **20** *wahlrechte* in der steuerlichen Schlussbilanz nach § 16 i.V.m. § 3 bzw. § 15 i.V.m. § 11 nur bei *Übertragung von Sachgesamtheiten* i.S.d. § 15 Abs. 1 S. 2 und 3 (Teilbetrieb, MU-Anteil und 100 %ige Beteiligung an einer KapG) ausgeübt werden.

21 Wie bei der Verschmelzung (siehe Rdn. 14) bestehen bei Aufspaltung und Abspaltung nach § 125 i.V.m. § 54 Abs. 1, § 68 Abs. 1 UmwG *Kapitalerhöhungsverbote* bzw. *Kapitalerhöhungswahlrechte* sowie die Möglichkeit zum *Verzicht auf Kapitalerhöhung*.[67] Hieran zeigt sich, dass die Anteilsgewährung kein unverzichtbares Wesensmerkmal der Aufspaltung und Abspaltung ist; zu den Strukturmerkmalen einer Umwandlung bei vergleichbaren ausländischen Vorgängen siehe Rdn. 68 ff.

Das *Fehlen einer Gegenleistung* lässt bei Geltung des Zweiten bis Fünften Teils nach § 16 i.V.m. § 3 Abs. 2 S. 1 Nr. 3 bzw. § 15 i.V.m. § 11 Abs. 2 S. 1 Nr. 3 die *Bewertungswahlrechte* in der steuerlichen Schlussbilanz unbeeinflusst; anders in den Fällen des Sechsten bis Achten Teils siehe Rdn. 103. Kommt es zu Wertverschiebungen zwischen den Anteilseignern, stellt sich die Frage des Verhältnisses des UmwStG zur *vGA*; siehe hierzu § 11 Rdn. 398 ff.

22 Die Anteile oder Mitgliedschaften des oder der übernehmenden Rechtsträger können den Anteilsinhabern des übertragenden Rechtsträgers grds. in einem Verhältnis zugeteilt werden, das ihrer Beteiligung am übertragenden Rechtsträger entspricht (sog. *verhältniswahrende Spaltung*).

Bei Spaltungen besteht nach § 126 Abs. 1 Nr. 10 UmwG jedoch darüber hinaus die Möglichkeit, die Beteiligungsquoten bei den beteiligten Rechtsträgern neu und unabhängig von den bisherigen Verhältnissen bei dem übertragenden Rechtsträger festzusetzen (sog. *nichtverhältniswahrende Spaltung*). Dabei ist es auch möglich, dass ein Anteilsinhaber der übertragenden Körperschaft nicht mehr an dem oder einer der übernehmenden Rechtsträger beteiligt ist (sog. *Spaltung zu Null*). Aber auch bei der nichtverhältniswahrenden Spaltung ist der Grundsatz zu beachten, dass der Wert der Beteiligung jedes einzelnen Anteilsinhabers vor und nach der Spaltung unverändert bleibt[68]; zur Frage des Verhältnisses des UmwStG zur *vGA* siehe § 11 Rdn. 398 ff.

Die nichtverhältniswahrende Spaltung ermöglicht damit eine *Trennung von „Gesellschafterstämmen"*.[69] Diese gesellschaftsrechtliche Möglichkeit zur Trennung von Gesellschafterstämmen wird steuerlich durch § 15 Abs. 2 S. 5 UmwStG eingeschränkt.

23 Das UmwG sieht folgende Spaltungsmöglichkeiten (Aufspaltung, Abspaltung und Ausgliederung) vor:[70]

---

67 Tz. 01.35 UmwStE 2011.
68 *Hörtnagl* in Schmitt/Hörtnagl/Stratz, § 128 UmwG Rdn. 7.
69 BT-Drs. 12/6699, 118.
70 Übersicht entsprechend Tz. 01.16 und 01.17 UmwStE 2011.

von \ auf	PershG/ PartG §§	GmbH §§	AG/ KGaA §§	eG §§	eV §§	gen. Prüfungs- verband §§	VVaG §§
PershG/ PartG	123–137 138–140	123–137	123–137 141–146	123–137 147–148	– (149 Abs. 2)	123–137	– (151)
GmbH inkl. UG	123–137 138–140	123–137 138–140	123–137 138–140 141–146	123–137 138–140 147–148	– (149 Abs. 2)	123–137 138–140	– (151)
AG/ KGaA	123–137 141–146	123–137 138–140 141–146	123–137 141–146	123–137 141–146 147–148	– (149 Abs. 2)	123–137	– (151)
eG	123–137 147–148	123–137 138–140 147–148	123–137 141–146 147–148	123–137 147–148	– (149 Abs. 2)	123–137	– (151)
eV/ wirtsch. Verein	123–137 149	123–137 138–140 149 Abs. 1	123–137 141–146 149 Abs. 1	123–137 147–149	[71] 123–137 149 Abs. 2	123–137 138–140 149 Abs. 1	– (151)
gen. Prüfungs- verband	– (150)	nur Aus- gliederung 123–137 138–140 150	nur Aus- gliederung 123–137 141–146 150	– (150)	– (150)	[72] 123–137 150	– (150)
VVaG	– (151)	nur Aus- gliederung, wenn keine Über- tragung von Vers.- Verträgen 123–137 138–140 151	Auf-/ Abspaltung nur auf Vers.-AG; Ausgliede- rung nur, wenn keine Übertragung von Vers.- Verträgen 123–135 141–146 151	– (151)	– (151)	– (151)	nur Auf-/ Abspaltung 123–135 141–146 151
Einzelkauf- mann	nur Aus- gliederung auf PershG [73] 123–137 152–160	nur Aus- gliederung 123–37 138–140 152–160	nur Aus- gliederung 123–137 141–146 152–160	nur Aus- gliederung 123–137 [74] 123–137 147–148 152–160	– (152)	– (152)	– (152)
Stiftungen	nur Aus- gliederung auf PershG [75] 123–137 161–167	nur Aus- gliederung 123–137 138–140 161–167	nur Aus- gliederung 123–137 141–146 161–167	– (161)	– (161)	– (161)	– (161)

---

71 Nur e.V. als übertragender Rechtsträger.
72 Vorgang ist nur zur Aufnahme durch einen übernehmenden Rechtsträger möglich.
73 Vorgang ist nur zur Aufnahme durch einen übernehmenden Rechtsträger möglich.
74 Vorgang ist nur zur Aufnahme durch einen übernehmenden Rechtsträger möglich.
75 Vorgang ist nur zur Aufnahme durch einen übernehmenden Rechtsträger möglich.

auf \ von	PershG/ PartG §§	GmbH §§	AG/ KGaA §§	eG §§	eV §§	gen. Prüfungs- verband §§	VVaG §§
Gebiets- Körpersch.	nur Aus- gliederung auf PershG [76] 123–137 168–173	nur Aus- gliederung 123–137 138–140 168–173	nur Aus- gliederung 123–137 141–146 168–173	nur Aus- gliederung 123–137 147–148 168–173	– (168)	– (168)	– (168)

24 Von den in Rdn. 23 umwandlungsgesetzlich dargestellten Umwandlungsmöglichkeiten erfassen der *Zweite Teil (§§ 3 bis 8) und Fünfte Teil (§ 18)*
nach § 1 Abs. 1 S. 1 Nr. 1 nur die Aufspaltung und Abspaltung zur Aufnahme oder Neugründung *von*:

- KapG (AG einschl. SE, KGaA, GmbH einschl. UG [haftungsbeschränkt])
  auf Personenhandelsgesellschaft (OHG einschl. EWIV[77], KG) oder Partnerschaftsgesellschaft,
- eingetragener Genossenschaft (einschl. SCE) *auf* Personenhandelsgesellschaft (OHG einschl. EWIV[78], KG) oder Partnerschaftsgesellschaft,
- eingetragenem oder wirtschaftlichem Verein *auf* Personenhandelsgesellschaft (OHG einschl. EWIV[79], KG) oder Partnerschaftsgesellschaft,

und der *Dritte Teil (§§ 11 bis 13) und Fünfte Teil (§ 19)* nur die Aufspaltung
und Abspaltung zur Aufnahme oder Neugründung von:

- KapG (AG einschl. SE, KGaA, GmbH einschl. UG (haftungsbeschränkt))
  auf KapG (AG einschl. SE[80], KGaA, GmbH einschl. UG [haftungsbe-
  schränkt][81]) oder eingetragene Genossenschaft einschl. SCE[82],
- eingetragener Genossenschaft einschl. SCE *auf* KapG (AG einschl. SE[83],
  KGaA, GmbH einschl. UG [haftungsbeschränkt][84]) oder eingetragene Genossenschaft einschl. SCE[85],

---

76 Vorgang ist nur zur Aufnahme durch einen übernehmenden Rechtsträger möglich.
77 Die Gründung einer EWIV richtet sich nach der EWIV-VO, d.h. eine Aufspaltung
   oder Abspaltung zur Neugründung scheidet daher aus (*Heckschen* in Widmann/
   Mayer, § 1 UmwG Rdn. 62).
78 Siehe Fn. 77.
79 Siehe Fn. 77.
80 Eine Aufspaltung oder Abspaltung zur Neugründung einer SE erfolgt nicht nach
   UmwG, sondern nur nach Maßgabe der SE-VO. Eine solche Möglichkeit der Gründung besteht jedoch nach der SE-VO nicht.
81 Aufspaltung oder Abspaltung zur Aufnahme mit Kapitalerhöhung oder zur Neugründung einer UG (haftungsbeschränkt) ist wegen des Sacheinlageverbots nach
   § 5a Abs. 2 S. 2 GmbHG nicht möglich. Die UG (haftungsbeschränkt) kommt als
   aufnehmender Rechtsträger nur bei der Spaltung ohne Kapitalerhöhung in Betracht, vgl. *Heckschen* in Widmann/Mayer, § 1 UmwG Rdn. 48.10.
82 Eine Aufspaltung oder Abspaltung zur Neugründung einer SCE erfolgt nicht nach
   UmwG, sondern nur nach Maßgabe der SCE-VO. Eine solche Möglichkeit der
   Gründung besteht jedoch nach der SCE-VO nicht.
83 Siehe Fn. 80.
84 Siehe Fn. 82.
85 Siehe Fn. 82.

Geils

- eingetragenem oder wirtschaftlichem Verein[86] *auf* KapG (AG einschl. SE[87], KGaA, GmbH einschl. UG [haftungsbeschränkt][88]), eingetragene Genossenschaft einschl. SCE[89], eingetragenen Verein[90] oder genossenschaftlichen Prüfungsverband,
- genossenschaftlichem Prüfungsverband auf genossenschaftlichen Prüfungsverband[91],
- VVaG auf Versicherungs-AG oder VVaG.

b) Formwechsel i.S.d. § 190 Abs. 1 UmwG (§ 1 Abs. 1 S. 1 Nr. 2)

Anders als bei den übrigen im UmwG geregelten Umwandlungsmöglichkei- 25
ten ist beim Formwechsel nur ein einziger Rechtsträger beteiligt. Formwechsel i.S.d. § 190 UmwG ist der Vorgang, wonach ein Rechtsträger ein andere Rechtsform erhält – und zwar unter *Wahrung seiner Identität.*

Die Identität des Rechtsträgers bringt es mit sich, dass *im Regelfall* auch *Anteilsidentität* besteht.[92] Während die bloße Quotenveränderung (sog. *nichtverhältniswahrender Formwechsel)* beim Formwechsel als überwiegend zulässig angesehen wird, wurde der Ein- und Austritt von Mitgliedern dagegen, soweit nicht Sonderregelungen[93] dies ausdrücklich zulassen, herkömmlich verneint.[94] Nach der Rechtsprechung des BGH ist jedoch auch ein *Hinzutreten* eines Komplementärs beim Formwechsel einer KapG in die KapG & Co KG denkbar[95]; als unklar dürfte jedoch weiterhin der *Ausscheidensfall* anzusehen sein.[96]

Das UmwG sieht folgende Möglichkeiten des Formwechsels vor; der Form- 26
wechsel innerhalb der Gesamthand richtet sich dabei nach § 190 Abs. 2 i.V.m. § 1 Abs. 2 UmwG sowie i.V.m. §§ 705 ff. BGB, §§ 105, 161 HGB oder § 1 ff. PartGG:[97]

---

86 Wirtschaftliche Vereine kommen als übernehmende Rechtsträger nicht in Betracht (§ 124 Abs. 1 UmwG).
87 Siehe Fn. 80.
88 Siehe Fn. 82.
89 Siehe Fn. 82.
90 Als übernehmender Rechtsträger kann ein eingetragener Verein bei der Spaltung zur Aufnahme oder Neugründung nur fungieren, wenn übertragender Rechtsträger ein eingetragener Verein ist (§ 149 Abs. 2 UmwG).
91 Es kann nur eine Aufspaltung oder Abspaltung zur Aufnahme erfolgen (§ 150 UmwG).
92 Soweit nicht Anteilsinhaber nach § 207 UmwG im Zuge der Umwandlung austreten, sind alle Anteilsinhaber vor und nach dem Formwechsel mit gleichen Anteilen beteiligt (§ 202 Abs. 2 UmwG).
93 Beim Formwechsel in die KGaA sieht das UmwG Änderungen im Kreis der Anteilsinhaber infolge des Beitritts bzw. des Ausscheidens des Komplementärs der durch Formwechsel entstehenden KGaA vor.
94 Z.B. *Schmidt,* Gesellschaftsrecht, 4. Aufl., 370 f. m.w.N.
95 BGH vom 09.05.2005, II ZR 29/03, DStR 2005, 1539.
96 *Priester* in JbFfSt 2007/2008, 305, 308.
97 Übersicht entsprechend Tz. 01.12 UmwStE 2011.

von \ auf	GbR §§	PershG §§	PartG §§	GmbH §§	AG §§	KGaA §§	eG §§
PershG/ PartG	190 Abs. 2, 191 Abs. 2 Nr. 1 i.V.m. 1 Abs. 2	190 Abs. 2 i.V.m. 1 Abs. 2	190 Abs. 2 i.V.m. 1 Abs. 2	190–213 214–225	190–213 214–225	190–213 214–225	190–213 214–225
GmbH inkl. UG	190–213 226 228–237	190–213 226 228–237	190–213 226 228–237	[98] –	190–213 226 238–250	190–213 226 238–250	190–213 226 251–257
AG	190–213 226 228–237	190–213 226 228–237	190–213 226 228–237	190–213 226 238–250	[99] –	190–213 226 238–250	190–213 226 251–257
KGaA	190–213 226–237	190–213 226–237	190–213 226–237	190–213 226–227 238–250	190–213 226–227 238–250	–	190–213 226–227 251–257
eG	–	–	–	190–213 258–271	190–213 258–271	190–213 258–271	–
eV/ wirtsch. Verein	–	–	–	190–213 272–282	190–213 272–282	190–213 272–282	190–213 272 283–290
VVaG	–	–	–	–	[100] 190–213 291–300	–	–
Körpersch./ Anstalt des öff. Rechts	–	–	–	190–213 301–303	190–213 301–303	190–213 301–303	–

27 Von den in Rdn. 26 umwandlungsgesetzlich dargestellten Umwandlungsmöglichkeiten erfassen der *Zweite Teil (§§ 3 bis 9) und Fünfte Teil (§ 18)* nach § 1 Abs. 1 S. 1 Nr. 2 i.V.m. § 9 nur den Formwechsel *von KapG (AG einschl. SE, KGaA, GmbH einschl. UG (haftungsbeschränkt))* in GbR, Personenhandelsgesellschaft (OHG[101], KG) oder Partnerschaftsgesellschaft.

c) Umwandlungen i.S.d. § 1 Abs. 2 UmwG (§ 1 Abs. 1 S. 1 Nr. 3)

28 Mit § 1 Abs. 1 S. 1 Nr. 3 UmwStG wurde der Zweite bis Fünfte Teil erstmals allgemein für Umwandlungen geöffnet, die *außerhalb des UmwG* geregelt sind, wenn sie

---

98 Die „Umwandlung" einer UG in eine GmbH ist ein Firmen- und kein Formwechsel (§ 5a Abs. 5 GmbHG).

99 Formwechsel einer AG in eine SE nach Art. 2 Abs. 4, 37 SE-VO.

100 Nur große VVaG; zum Vorliegen eines kleinen VVaG siehe § 53 VAG.

101 Die Gründung einer EWIV richtet sich nach der EWIV-VO, d.h. ein Formwechsel scheidet insoweit aus; a.A. *Graw* in Rödder/Herlinghaus/van Lishaut, § 1 Rdn. 112. Zur Streitfrage, ob der Formwechsel als „Gründung" i.S.d. EWIV-VO anzusehen ist, vgl. *Heckschen* in Widmann/Mayer, § 1 UmwG Rdn. 63f. m.w.N. Im Hinblick auf Art. 2 Abs. 4 SE-VO zur „Gründungsmöglichkeit" einer SE durch Formwechsel einer AG wird man diese Streitfrage jedoch bejahen müssen.

Geils

– aufgrund ausdrücklicher bundes- oder landesgesetzlicher Regelung zugelassen (§ 1 Abs. 2 UmwG) sind und
– einer Umwandlung i.S.d. § 1 Abs. 1 UmwG entsprechen.

Vor der Neufassung des § 1 durch das SEStEG vom 07. 12. 2006[102] erfolgte
die Einbeziehung von Umwandlungen aufgrund bundes- oder landesgesetzlicher Regelungen nur vereinzelt auf gesetzlicher Grundlage[103] oder auf der
Grundlage von Verwaltungsanweisungen[104].[105]

Die *Ausnahme der Ausgliederung* i.S.d. § 123 Abs. 3 UmwG vom sachlichen   **29**
Anwendungsbereich des Zweiten bis Fünften Teils (vgl. § 1 Abs. 1 S. 2)
dürfte nach der Systematik der §§ 3 bis 19 auch für Umwandlungen i.S.d.
§ 1 Abs. 2 UmwG entsprechend gelten. Für mit einer Ausgliederung vergleichbare Umwandlungsvorgänge i.S.d. § 1 Abs. 2 UmwG käme somit allenfalls die Anwendung des Sechsten bis Achten Teils in Betracht. Eine § 1
Abs. 1 S. 1 Nr. 3 entsprechende Regelung für den sachlichen Anwendungsbereich des Sechsten bis Achten Teils existiert jedoch nicht.

Die Vorschrift hat im Schwerpunkt *Bedeutung bei Umstrukturierungsmaß-*   **30**
nahmen der öffentlichen Hand (z.B. bei Vereinigung der Sparkassen aufgrund der Sparkassengesetze der einzelnen Länder[106] oder bei Zusam-
menführung von BgA im Fall der Zusammenlegung von Gemeinden durch
Landesgesetz[107]) und setzt auch für rein inländische Umwandlungsvorgänge
eine *Vergleichbarkeitsprüfung* voraus, die inhaltlich den Vergleichskriterien
bei ausländischen Umwandlungsvorgängen entspricht[108]; zur Vergleichbarkeit ausländischer Vorgänge siehe Rdn. 53 ff.

Im Unterschied zur Vergleichbarkeit bei ausländischen Umwandlungsvorgängen soll sich die aktive und passive Umwandlungsfähigkeit (zum Begriff
siehe Rdn. 58) bei der Vergleichbarkeitsprüfung für Zwecke des § 1 Abs. 1
S. 1 Nr. 3 UmwG aus dem jeweiligen Bundes- oder Landesgesetz ergeben.[109] D.h., dass die aktive und passive Umwandlungsfähigkeit nach dem
UmwG im Ergebnis unbeachtlich ist. Somit ist z.B. der *Formwechsel nach*
§ 38a LwAnpG, die den Formwechsel einer aus einer LPG entstandenen Genossenschaft in eine PersG betrifft, weiterhin vom sachlichen Anwendungsbereich des Zweiten bis Fünften Teils erfasst, auch wenn umwandlungsgesetzlich keine solche Umwandlungsmöglichkeit für eine Genossenschaft
gegeben ist (vgl. die Übersicht in Rdn. 26).[110]

---

102 BGBl. I 2006, 2782, berichtigt BGBl. I 2007, 68.
103 § 1 Abs. 3 i.V.m. § 14 S. 4 UmwStG 1995.
104 Tz. 11.23 UmwStE 1998.
105 Zur Nichtanwendung des UmwStG 1995 bei Umwandlungen aufgrund kommu-
    nalrechtlicher Vorschriften vgl. BFH vom 12. 01. 2011, I R 112/09, BFH/NV 2011,
    1194.
106 Tz. 01.07 UmwStE 2011.
107 *Graw* in Rödder/Herlinghaus/van Lishaut, § 1 Rdn. 131; *Widmann* in Widmann/
    Mayer, § 1 Rdn. 13, 263 m.w.N.
108 BT-Drs. 16/2710, 36; Tz. 01.07 UmwStE 2011.
109 Tz. 01.07 UmwStE 2011.
110 Tz. 01.07 UmwStE 2011.

d) Vermögensübertragung i.S.d. § 174 UmwG (§ 1 Abs. 1 S. 1 Nr. 4)

31 Die Vermögensübertragung nach §§ 174 ff. UmwG weist eine enge Nähe zur Verschmelzung und Spaltung auf. Bei der Vermögensübertragung i.S.d. § 174 UmwG werden die *Vollübertragung* und die *Teilübertragung* unterschieden. Die Vollübertragung entspricht weitestehend einer Verschmelzung und die Teilübertragung der Spaltung (Aufspaltung, Abspaltung und Ausgliederung). Im Unterschied zur Verschmelzung und Spaltung werden jedoch keine Anteile oder Mitgliedschaften, sondern *„sonstige"* Gegenleistungen (z.B. Barleistung) gewährt.

32 Wie in den Fällen der Umwandlung i.S.d. § 1 Abs. 2 UmwG (siehe hierzu Rdn. 29) schlägt die *Ausnahme der Ausgliederung* i.S.d. § 123 Abs. 3 UmwG vom sachlichen Anwendungsbereich des Zweiten bis Fünften Teils (vgl. § 1 Abs. 1 S. 2) nach der Systematik der §§ 3 bis 19 auch auf die Fälle der Vermögensübertragung durch.[111] Für die mit einer Ausgliederung vergleichbare Teilübertragung i.S.d. § 174 Abs. 2 Nr. 3 UmwG käme somit allenfalls die Anwendung des Sechsten bis Achten Teils in Betracht. Eine § 1 Abs. 1 S. 1 Nr. 4 entsprechende Regelung für den sachlichen Anwendungsbereich des Sechsten bis Achten Teils existiert jedoch nicht.

33 Infolge der Gewährung einer sonstigen Gegenleistung werden die *Bewertungswahlrechte* in der steuerlichen Schlussbilanz nach § 11 Abs. 2 S. 1 Nr. 3 UmwStG eingeschränkt. Aufgrund des Wegfalls des Verlustübergangs bei der Umwandlung zwischen Körperschaften (vgl. § 12 Abs. 3 HS 2) dürfte sich die Bedeutung der Anwendung des UmwStG auf Geltung der steuerlichen Rückwirkungsfiktion nach § 2 reduzieren.

34 Das UmwG sieht folgende Möglichkeiten der Vermögensübertragung (Vollübertragung und Teilübertragung) vor:[112]

von \ Auf	Öffentliche Hand §§	VVaG §§	öffentl.-rechtl. Vers.-Unternehmen §§	Vers.-AG §§
GmbH Vollübertragung Teilübertragung	175 Nr. 1; 176 175 Nr. 1; 177	– –	– –	– –
AG/KgaA Vollübertragung Teilübertragung	175 Nr. 1; 176 175 Nr. 1; 177	– –	– –	– –
Vers.-AG Vollübertragung Teilübertragung	– –	175 Nr. 2 Buchst. a; 178 175 Nr. 2 Buchst. a; 179	175 Nr. 2 Buchst. a; 178 175 Nr. 2 Buchst. a; 179	– –

---

111 Im Ergebnis auch *Graw* in Rödder/Herlinghaus/van Lishaut, § 1 Rdn. 137.
112 Übersicht entsprechend Tz. 01.19 UmwStE 2011.

von ⟍ Auf	Öffentliche Hand §§	VVaG §§	öffentl.-rechtl. Vers.-Unternehmen §§	Vers.-AG §§
VVaG Vollübertragung	–	–	175 Nr. 2 Buchst. b; 180–183; 185–187	175 Nr. 2 Buchst. b; 180–183; 185–187
Teilübertragung	–	–	175 Nr. 2 Buchst. b; 184–187	175 Nr. 2 Buchst. b; 184–187
öffentl.-rechtl. Vers.-Unternehmen Vollübertragung	–	175 Nr. 2 Buchst. c; 188	–	175 Nr. 2 Buchst. c; 188
Teilübertragung	–	175 Nr. 2 Buchst. c; 189	–	175 Nr. 2 Buchst. c; 189

Von den in Rdn. 34 umwandlungsgesetzlich dargestellten Umwandlungs-   35
möglichkeiten erfassen der *Dritte Teil (§§ 11 bis 15) und Fünfte Teil (§ 19)*
nach § 1 Abs. 1 S. 1 Nr. 4 die Vollübertragung und Teilübertragung *von*:

– KapG (AG einschl. SE, KGaA, GmbH einschl. UG [haftungsbeschränkt])
  auf die öffentliche Hand (Bund, Land, Gebietskörperschaft oder Zusammenschluss von Gebietskörperschaften),
– Versicherungs-AG *auf* VVaG oder öffentlich-rechtliches Versicherungsunternehmen,
– VVaG *auf* Versicherungs-AG oder öffentlich-rechtliches Versicherungsunternehmen,
– öffentlich-rechtlichem Versicherungsunternehmen *auf* Versicherungs-AG
  oder VVaG.

e) Zeitpunkt der Wirksamkeit der Umwandlung

Umwandlungen werden regelmäßig mit der *Eintragung im jeweiligen Regis-*   36
ter wirksam.[113] Bspw. ist bei der Verschmelzung nach § 20 Abs. 1 UmwG die
Eintragung im Register des Sitzes des übernehmenden Rechtsträgers maßgebend, während es bei der Spaltung nach § 131 Abs. 1 UmwG auf die Eintragung im Register des Sitzes des übertragenden Rechtsträgers ankommt.

Der Zeitpunkt der zivilrechtlichen Wirksamkeit ist für steuerliche Zwecke in-   37
soweit von Bedeutung, als hierdurch das *Ende des steuerlichen Rückwir-*
kungszeitraums festgelegt wird und ggf. zu diesem Zeitpunkt eine Verpflichtung zum Einbehalt und zur Abführung der *Kapitalertragsteuer* begründet
wird.[114] Ein Übertragungsgewinn entsteht – vorbehaltlich der Regelungen
zur steuerlichen Rückwirkung – hingegen grds. bereits bei *Übergang des*
wirtschaftlichen Eigentums.

---

113 In Sonderfällen tritt an die Stelle der Eintragung die Bekanntmachung; vgl. ausführlich die Übersicht von *Widmann* in Widmann/Mayer, § 1 Rdn. 202.
114 Tz. 02.20 und 07.08 UmwStE 2011.

f) Bindungswirkung der registerrechtlichen Entscheidung

38 Für die Beurteilung der Frage, ob eine zivilrechtlich wirksame (inländische) Umwandlung vorliegt, ist regelmäßig die *registerrechtliche Entscheidung* maßgebend.[115] Damit steht mit der konstitutiven Eintragung der Umwandlung in das betreffende Register (siehe Rdn. 36) auch steuerlich das Vorliegen eines Umwandlungsvorgangs i.S.d. § 1 Abs. 1 S. 1 Nr. 1 bis 4 fest. Die *Finanzbehörden sind an die zivilrechtlichen Vorgaben gebunden*, wonach eine Umwandlung selbst bei schwerwiegenden Fehlern mit der Registereintragung im Grundsatz unumkehrbar wird (z.B. § 20 Abs. 2 UmwG, § 131 Abs. 2 UmwG, § 202 Abs. 3 UmwG). Zwar schließt die Eintragung die Rückabwicklung einer fehlerhaften Umwandlung nach allgemeinem Zivilrecht aus, sie bewirkt jedoch keine Heilung dieser Mängel und lässt Schadensersatzansprüche unberührt.

39 Die bestandsschützende Wirkung der Regelungen des UmwG zur Unumkehrbarkeit einer Umwandlung tritt jedoch dann nicht ein, wenn der Mangel der Umwandlung *derart gravierend* ist, dass diese als nichtig anzusehen ist.[116] Dies ist bspw. immer dann anzunehmen, wenn die gewählte *Umwandlungsform* oder die *Gesellschaftsform*, in die umgewandelt werden sollte, nicht dem Gesetz entspricht.[117] In diesen – in der Praxis äußerst selten vorkommenden – Fällen hatte eine Amtslöschung nach § 142 FGG a.F. bzw. hat nunmehr nach § 395 FamFG zu erfolgen.[118] Erfolgt eine Löschung der Eintragung nicht von Amts wegen, kann das Finanzamt die Löschung anregen, andernfalls hat es die Eintragung der Umwandlung auch für die steuerrechtliche Beurteilung bindend hinzunehmen.[119]

2. Ausländische Umwandlungen

40 Infolge der *Europäisierung des UmwStG* wurde der sachliche Anwendungsbereich des Zweiten bis Fünften Teils auch für mit

– einer Verschmelzung i.S.d. § 2 UmwG,
– einer Aufspaltung oder Abspaltung i.S.d. § 123 Abs. 1 und 2 UmwG sowie
– einem Formwechsel i.S.d. § 190 Abs. 1 UmwG

„vergleichbare ausländischer Vorgänge" ausgeweitet.

---

115 Tz. 01.06 UmwStE 2011.
116 Tz. 01.06 UmwStE 2011.
117 BGH vom 05.03.1999, BLw 57/98, ZIP 1999, 840; BGH vom 17.05.1999, II ZR 293/98, ZIP 1999, 1126; BGH vom 02.12.1994, V ZR 23/94, ZIP 1995, 422 und BGH vom 29.06.2001, V ZR 186/00, ZIP 2001, 2006.
118 *Vossius* in Widmann/Mayer, § 20 UmwG Rdn. 388.
119 BFH vom 08.02.1952, I 10/52 S, BStBl. III 1952, 71, zur Frage der ordnungsmäßigen Verbindung der Geschäftsjahre nach § 3 der Siebzehnten Durchführungsverordnung zum Umstellungsgesetz; BFH vom 22.07.1952, I 62/52 U, BStBl. III 1952, 226, zur Frage der Wirksamkeit eines Umwandlungsbeschlusses mit seiner Eintragung in das Handelsregister (mit Hinweis auf das BFH vom 01.04.1952, I 2/52 U, BStBl. III 1952, 148, wonach die Bedeutung konstitutiver Akte für die steuerrechtliche Beurteilung erneut betont worden war) sowie auch BFH vom 10.10.1973, I R 18/72, BStBl. II 1974, 32, zur konstitutiven Wirkung der Eintragung einer nicht den Vorschriften des § 2 Abs. 1 KapErhG entsprechenden Kapitalerhöhung aus Gesellschaftsmitteln in das Handelsregister.

Ausländische Vorgänge i.S.d. § 1 Abs. 1 S. 1 Nr. 1 und 2 sind Umwandlungen, bei denen für *mindestens* einen an der Umwandlung beteiligten Rechtsträger ein ausländisches Gesellschaftsstatut maßgebend ist.[120] Ein Vorgang ist danach ausländisch, wenn entweder das Gesellschaftsrecht eines ausländischen Staats oder mehrerer ausländischer Staaten (ausländische Umwandlung im eigentlichen Sinne) oder bei mindestens einem der beteiligten Rechtsträger zur Anwendung kommt (grenzüberschreitende Umwandlung unter Beteiligung inländischer übernehmender oder übertragender Rechtsträger). D.h., auch die grenzüberschreitende Verschmelzung i.S.d. § 122a UmwG stellt grundsätzlich einen ausländischen Umwandlungsvorgang i.S.d. § 1 Abs. 1 S. 1 Nr. 1 dar.[121]

Die Anwendung des UmwStG für ausländische Umwandlungen setzt dabei für die Anwendung des Zweiten bis Fünften Teils deren

– zivilrechtliche Wirksamkeit (siehe Rdn. 41 ff.) sowie
– Vergleichbarkeit mit den in § 1 Abs. 1 S. 1 Nr. 1 und 2 aufgeführten inländischen Umwandlungsvorgängen (siehe Rdn. 53 ff.)

voraus.

a) Zivilrechtliche Wirksamkeit des ausländischen Vorgangs

Für die ausländischen Umwandlungsvorgänge gilt der *Grundsatz der Maßgeblichkeit des Gesellschaftsrechts* (vgl. Rdn. 6) gleichermaßen. Der ausländische Vorgang muss nach dem jeweiligen Personalstatut der an der Umwandlung beteiligten Rechtsträger gesellschaftsrechtlich wirksam bzw. zulässig sein.[122] **41**

Die Beurteilung der zivilrechtlichen Wirksamkeit eines ausländischen Umwandlungsvorgangs erfolgt dabei in erster Linie nach den Bestimmungen *des jeweiligen ausländischen Rechts*. Dies ist insbesondere bei den ausländischen Umwandlungen im eigentlichen Sinne – d.h. bei Umwandlungen, die ausschließlich dem Personalstatut eines ausländischen Staats unterliegen – der Fall. **42**

Bei grenzüberschreitenden Umwandlungsvorgängen hingegen – d.h. bei Umwandlungen, die dem Personalstatut mehrerer Staaten unterliegen – sind neben den *nationalen Bestimmungen* im Verhältnis zu EU-/EWR-Staaten aber auch die Vorgaben des *primären und sekundären Gemeinschaftsrechts* zu beachten.

aa) Nationales Recht und grenzüberschreitende Umwandlungen

Für die Zulässigkeit grenzüberschreitender Umwandlungen ist in erster Linie das nationale Recht maßgebend. So haben z.B. das französische[123] und **43**

---

120 Tz. 01.20 UmwStE 2011.
121 Tz. 01.21 UmwStE 2011. Vgl. auch *Benecke/Schnittker* in Wassermeyer/Richter/Schnittker, Kapitel 13, Rdn. 13.35; *Möhlenbrock* in Dötsch/Patt/Pung/Möhlenbrock § 1 Rdn. 22; a.A.: *Widmann* in Widmann/Mayer, § 1 Rdn. 60; *Hörtnagl* in Schmitt/Hörtnagl/Stratz, § 1 Rdn. 27.
122 Tz. 01.23 UmwStE 2011.
123 *Ngatsing* in Widmann/Mayer, Anhang 3: Frankreich Rdn. F 165.

spanische[124] Gesellschaftsrecht bereits vor Umsetzung der Richtlinie 2005/56/EG vom 26.10.2005[125] grenzüberschreitende Fusionen nicht ausgeschlossen.

Vorbehaltlich eines Verstoßes gegen primäres oder sekundäres Gemeinschaftsrecht sind für die Beurteilung der gesellschaftsrechtlichen Zulässigkeit die *sachrechtlichen Bestimmungen entscheidend.* Allein aus der Einführung kollisionsrechtlicher Regelungen, wie sie z.B. mit Art. 10a EGBGB-E[126] vorgesehen sind, kann nicht allgemein auf die gesellschaftsrechtliche Zulässigkeit grenzüberschreitender Umwandlungen geschlossen werden. Bezogen auf deutsches Sachrecht enthält lediglich §§ 122aff. UmwG eine Bereichsausnahme – von der sachrechtlichen Begrenzung in § 1 Abs. 1 UmwG[127] – für die Zulässigkeit grenzüberschreitender Verschmelzungen von KapG.

Die fortgeltende Ausklammerung grenzüberschreitender Verschmelzungen von Genossenschaften oder PersG sowie grenzüberschreitender Spaltungen und Vermögensübertragungen vom Anwendungsbereich des UmwG kann jedoch gegen primäres Gemeinschaftsrecht verstoßen (siehe auch Rdn. 46ff.).

44 Die Anwendung verschiedener Rechtsordnungen führt bei grenzüberschreitenden Umwandlungen naturgemäß zu Regelungswidersprüchen sowie ggf. zu Regelungslücken. Soweit bei einer grenzüberschreitenden Umwandlungen mehrere Rechtsordnungen betroffen sind (maßgebend ist das Personalstatut der jeweils beteiligten Gesellschaft; siehe auch Rdn. 9), sind nach der h.M. sowohl das Sachrecht des übertragenden Rechtsträgers als auch das Sachrecht des übernehmenden Rechtsträgers nebeneinander zu berücksichtigen und – zumindest in Teilbereichen – deren Anforderungen zu kumulieren (sog. *Vereinigungstheorie*).[128] Denn insoweit muss jeder Interessengruppe innerhalb einer jeden an der grenzüberschreitenden Umwandlung beteiligten Gesellschaft Rechnung getragen werden. Im Ergebnis führt eine Kumulation der sachrechtlichen Anforderungen dazu, dass sich die jeweils *strengste Rechtsordnung* durchsetzt. In Weiterentwicklung dieses Ansatzes sind folgende Stufen einer grenzüberschreitenden Umwandlung zu unterscheiden und jeweils kollisionsrechtlich gesondert anzuknüpfen:[129]

– *Voraussetzungen,*
Zu den Voraussetzungen zählt insbesondere, dass die betreffende Umwandlung (z.B. Verschmelzung oder Spaltung) nach der jeweiligen Rechtsordnung überhaupt zulässig ist. Wichtigste Voraussetzung in der grenzüberschreitenden Umwandlung in der Person der beteiligten Gesell-

---

124 *de Dios Martínez/Schönnenbeck* in Widmann/Mayer, Anhang 3: Spanien Rdn. E 221.
125 ABl. L 310, 1, zuletzt geändert durch Richtlinie 2009/109/EG vom 16.09.2009, ABl. L 259, 14.
126 Referentenentwurf für ein Gesetz zum Internationalen Privatrecht der Gesellschaften, Vereine und juristischen Personen vom 07.01.2008, http://www.bmj.bund.de.
127 *Rehm* in Wassermeyer/Richter/Schnittker, Kapitel 1, Rdn. 1.95 m.w.N.
128 *Möhlenbrock* in Dötsch/Patt/Pung/Möhlenbrock § 1 Rdn. 92.
129 Im Einzelnen siehe *Kindler* in MünchKomm BGB, IntGesR, Einl. Rdn. 874ff.

schaften ist dabei, dass diese nach ihrer jeweiligen Rechtsordnung *aktiv*[130] und *passiv*[131] *umwandlungsfähig* sind. Dabei müssen die beteiligten Gesellschaften nach den beiden fraglichen Personalstatuta zur Umwandlung zugelassen sein; d.h., im Ergebnis sind hier die Anforderungen zu kumulieren.[132]

Wenn im Kreis der umwandlungsfähigen Gesellschaften im Personalstatut des ausländischen Umwandlungspartners keine Gesellschaftsform enthalten ist, die der inländischen entspricht, kann daraus nicht ohne weiteres geschlossen werden, dass die Aufzählung auch für grenzüberschreitende Fallgestaltungen abschließend sein soll, *wenn* dem ausländischen Gesellschaftsrecht diese *Rechtsform unbekannt* ist. Dies kann dann jedoch nur anhand der Auslegung des Sachrechts geklärt werden. Schließt das ausländische Sachrecht bestimmte Gesellschaftsformen – z.B. alle PersG – von der Umwandlung aus, dann dürfte nach dem hypothetischen Willen des ausländischen Gesetzgebers auch z.b. eine deutsche Partnerschaftsgesellschaft nicht umwandlungsfähig sein. Die dem ausländischen Recht unbekannte inländische Gesellschaftsform ist also nach Möglichkeit einer Gattung zuzuordnen (z.B. PersG oder KapG); sog. gattungsweise Substitution.[133]

Diese Frage der Umwandlungsfähigkeit hat zudem besondere Bedeutung für die Beurteilung der gemeinschaftsrechtlichen Zulässigkeit grenzüberschreitender Umwandlungen.

– *Verfahren* und

Zum Verfahren zählen bei einer grenzüberschreitenden Verschmelzung z.b. der Abschluss des Verschmelzungsvertrags, die Erstellung des Verschmelzungsberichts, die Beschlussfassung über den Verschmelzungsvertrag sowie die Offenlegung der Verschmelzung. Hinsichtlich des Verfahrens ist zwischen Sachverhalten zu unterscheiden, die sich nur auf einen der betroffenen Rechtsträger beziehen, und Sachverhalten, die beide Rechtsträger betreffen.

---

130 Aktive Umwandlungsfähigkeit meint die Zulassung zum Kreis der umwandlungsfähigen Rechtsträger überhaupt (z.b. als übertragender, aufnehmender oder neu gegründeter Rechtsträger).

131 Passive Umwandlungsfähigkeit meint weitergehend die Zulässigkeit der Umwandlung mit einem Umwandlungspartner bestimmter Rechtsform. D.h., dass nach dem Recht der übertragenden, der aufnehmenden oder neu gegründeten Gesellschaft auch die anderen an der Umwandlung beteiligten Gesellschaften als solche Gesellschaften angesehen werden können, mit denen eine Umwandlung zulässig ist.

132 *Lennerz*, Die internationale Verschmelzung und Spaltung unter Beteiligung deutscher Gesellschaften, 158.

133 Zum Begriff vgl. *Lennerz*, Die internationale Verschmelzung und Spaltung unter Beteiligung deutscher Gesellschaften, 159 f. Das kollisionsrechtliche Rechtsinstitut der Substitution betrifft das Problem der Gleichwertigkeit fremder Rechtserscheinungen. Hier geht es um die Frage, ob ein von einer in- oder ausländischen Sachnorm vorausgesetztes Tatbestandsmerkmal auch dadurch erfüllt werden kann, dass es sich im Geltungsbereich eines nicht berufenen Rechts verwirklicht. Zu prüfen ist, ob Auslandssachverhalte inländischen gleichzustellen sind. Entscheidendes Kriterium ist Gleichwertigkeit.

Da der Abschluss des Verschmelzungsvertrags beispielsweise die beteiligten Gesellschaften in gleichem Maße betrifft, sind die anwendbaren Rechte insoweit zu kumulieren. Genügt nach der ausländischen Rechtsordnung die Schriftform, während § 6 UmwG eine notarielle Beurkundung verlangt, setzt sich hier die strengste Formvorschrift durch.[134] Anders z.b. die Beschlussfassung oder Offenlegung, hier wird jede beteiligte Gesellschaft in ihrem Bereich tätig, so dass es nur auf das jeweilige Recht ankommt.

– *Wirkungen.*
Die Wirkungen der grenzüberschreitenden Umwandlung umfassen insbesondere die Reichweite und die Art und Weise der Rechtsnachfolge. Der Vermögensübergang beurteilt sich dabei grds. nach dem Personalstatut der übertragenden Gesellschaft. Mit dem Eintreten der Wirkungen der grenzüberschreitenden Umwandlung ist dagegen grds. das Personalstatut der aufnehmenden oder neu gegründeten Gesellschaft maßgeblich. Zum Schutz aller betroffenen Interessen sind hinsichtlich der Wirkungen daher die beteiligten Personalstatute zu kumulieren; d.h. im Ergebnis setzt sich hier ebenfalls die strengste Rechtsordnung durch.[135]

bb) Sekundäres Gemeinschaftsrecht und grenzüberschreitende
    Umwandlungen

45 Abgesehen von den sekundärrechtlich geregelten Fällen der grenzüberschreitenden Verschmelzung zur Gründung einer SE nach der *Verordnung (EG) Nr. 2157/2001* vom 08. 10. 2001[136] oder einer SCE nach der *Verordnung (EG) Nr. 1435/2003* vom 22. 07. 2003[137] sowie der grenzüberschreitenden Verschmelzung von KapG nach der *Richtlinie 2005/56/EG* vom 26. 10. 2005[138] fehlt es innerhalb der Gemeinschaft an einheitlichen Vorgaben zur Abwicklung grenzüberschreitender Umwandlungsvorgänge. Während der Grundsatz der Maßgeblichkeit des Gesellschaftsrechts bei einer nach Maßgabe der vorstehend genannten Bestimmungen einschl. derer nationaler Umsetzungsregelungen erfolgten Verschmelzung zweifelsfrei gewahrt bleibt, kommt es für die gesellschaftsrechtliche Zulässigkeit sonstiger grenzüberschreitender Umwandlungsvorgänge (z.B. grenzüberschreitende Verschmelzung unter Beteiligung von PersG oder grenzüberschreitende Spaltung) entscheidend auf primäres Gemeinschaftsrecht an.

cc) Primäres Gemeinschaftsrecht und grenzüberschreitende
    Umwandlungen

46 Der Grundsatz der Maßgeblichkeit des Gesellschaftsrechts bleibt für grenzüberschreitende Umwandlungen auch dann gewahrt, wenn die fehlende gesellschaftsrechtliche Zulässigkeit als Folge eines *Verstoßes gegen primäres*

---

134 *Kindler* in MünchKomm BGB, IntGesR, Kapitel F, Rdn. 807 ff.
135 *Kindler* in MünchKomm BGB, IntGesR, Kapitel F, Rdn. 811, 814 m.w.N.
136 ABl. L 294, 1, zuletzt geändert durch Verordnung (EG) Nr. 1791/2006 vom 20. 11. 2006, ABl. L 363, 1.
137 ABl. L 207, 1, berichtigt ABl. L 49 vom 17. 02. 2007, 35.
138 ABl. L 310, 1, zuletzt geändert durch Richtlinie 2009/109/EG vom 16. 09. 2009, ABl. L 259, 14.

Gemeinschaftsrecht zu werten ist.[139] D.h. der Anwendungsbereich des UmwStG wird grds. auch für die nicht in § 122a ff. UmwG geregelte grenzüberschreitende Verschmelzung von PersGen oder die grenzüberschreitende Spaltung eröffnet, sofern die fortbestehende Ausklammerung sonstiger grenzüberschreitender Umwandlungsmöglichkeiten vom Geltungsbereich des UmwG gegen Primärrecht verstößt.

Mangels umfassender Regelungen im UmwG betreffend die grenzüberschreitende Umwandlung (zu den einzelnen sekundärrechtlichen Vorgaben diesbezüglich siehe Rdn. 45) stellt sich zwangsläufig die Frage, inwieweit die sachrechtliche Beschränkung des § 1 Abs. 1 UmwG auf rein inländische Umwandlungen mit den EU-vertraglich garantierten Grundfreiheiten zu vereinbaren ist. Auf Beschränkungen grenzüberschreitender übertragender Umwandlungsvorgänge (z.B. Verschmelzung und Spaltung) sind dabei die Vorschriften zur *Niederlassungsfreiheit* nach Art. 49, 54 AEUV (ex-Art. 43, 48 EG) grds. anwendbar.[140] Von der Niederlassungsfreiheit sind dabei nach h.M. und zutreffender Ansicht sowohl die Fälle der *Hereinverschmelzung und -spaltung*, wie auch Fälle der *Herausverschmelzung und -spaltung* gleichermaßen geschützt.[141] Dabei werden vom Anwendungsbereich der Niederlassungsfreiheit sämtliche Gesellschaften i.S.d. Art. 54 AEUV (zum persönlichen Anwendungsbereich des UmwStG siehe Rdn. 93 ff.) geschützt – also KapG, Genossenschaften, PersG, Personenhandelsgesellschaften etc.

Mit der Entscheidung *Cartesio*[142] hat der EuGH festgestellt, dass die Mitgliedstaaten infolge des derzeitigen Stands der Harmonisierung zwar die Anknüpfungsmerkmale bestimmen kann, die eine Gesellschaft aufweisen muss, um nach ihrem Recht als gegründet angesehen werden zu können. Diese Befugnis rechtfertigt jedoch für sich genommen nicht die Beschränkung, die es einer Gesellschaft verbietet, sich unter Auflösung ohne Abwicklung in eine Gesellschaft eines anderen Mitgliedstaats umzuwandeln. Der *Verstoß des UmwG gegen Primärrecht* durch Ausklammerung grenzüberschreitender Spaltungen in § 1 Abs. 1 UmwG oder die Ausklammerung von Personenhandelsgesellschaften an grenzüberschreitenden Verschmelzungen in § 122a ff. UmwG dürfte nach dem derzeitigen Stand der EuGH-Rechtsprechung als evident angesehen werden können.

Die mögliche *Zulässigkeit dieser Beschränkung* kann sich dabei nur noch auf Herausverschmelzungen und -spaltungen beschränken und im Einzelfall nur auf Rechtfertigungsebene ergeben. Insbesondere können zwingende Gründe des Allgemeininteresses, wie der Schutz der Interessen von Gläubigern, Minderheitsgesellschaftern und Arbeitnehmern sowie die Wahrung der Wirksamkeit der Steueraufsicht und der Lauterbarkeit des Handelsverkehrs, im Einzelfall die beschränkende Wirkung des Verbots einer Herausumwandlung rechtfertigen.[143] Zu berücksichtigen ist jedoch dabei, dass die Anwendung der *Vereinigungstheorie* bei grenzüberschreitenden

47

---

139 *Widmann* in Widmann/Mayer, § 1 Rdn. 15, 62 f.
140 EuGH vom 13.12.2005, Rs. C-411/03, Sevic, Slg. 2005, I-10805, Rdn. 16 ff.
141 Statt vieler siehe *Bayer/Schmidt*, ZHR 173 (2009), 735, 764 ff. m.w.N.
142 EuGH vom 16.12.2008, Rs. 210/06, *Cartesio*, Slg. 2008, I-9641, Rdn. 113.
143 *Rehm* in Wassermeyer/Richter/Schnittker, Kapitel 1, Rdn. 1.95 m.w.N.

Umwandlungen (siehe hierzu Rdn. 44) durch Kumulation der Sachrechte in bestimmten Teilbereichen im Ergebnis zur Geltung der strengsten Rechtsordnung verhilft und damit z.b. dem Schutz der Interessen von Gläubigern, Minderheitsgesellschaftern und Arbeitnehmern ausreichend Rechnung tragen dürfte.

48 Konsequenz aus der Entscheidung *Cartesio*[144] ist auch, dass ein Mitgliedstaat den statuswechselnden Wegzug *(grenzüberschreitender Formwechsel)* durch Verlegung des Satzungssitzes einer deutschen Gesellschaft ins Ausland oder den statuswechselnden Zuzug durch Verlegung des Satzungssitzes einer ausländischen Gesellschaft ins Inland zu ermöglichen hat.[145]

Mit Art. 10b EGBG-E[146] soll zwar eine kollisionsrechtliche Regelung geschaffen werden, wonach der grenzüberschreitende Formwechsel zulässig ist, wenn sowohl der Wegzugs- als auch der Zuzugsstaat dies zulassen und die Voraussetzungen beider Rechte vorliegen. Mangels einer vorgesehenen korrespondierenden sachrechtlichen Regelung des grenzüberschreitenden Formwechsels im UmwG würde jedoch die beschränkende Wirkung des § 1 Abs. 1 UmwG durch den deutschen Gesetzgeber selbst bei Kodifizierung des Art. 10b EGBG-E[147] nicht beseitigt. Vom sachlichen Anwendungsbereich des UmwStG wird ein grenzüberschreitender Formwechsel i.S.e. statuswechselnden Wegzugs oder Zuzugs jedoch nicht erfasst.

dd) EWR-Staaten

49 Die Ausführungen in den Rdn. 45 bis 48 gelten aufgrund der Bestimmungen des EWR-Abkommens[148] in Bezug zu Island, Liechtenstein und Norwegen (EWR-Staaten) entsprechend:

Zum einen schafft das EWR-Abkommen zwischen der Europäischen Union und Island, Liechtenstein und Norwegen (EWR-Staaten) *binnenmarktähnliche Verhältnisse.* Die vier Grundfreiheiten[149] des EU-Binnenmarkts gelten auch im Verhältnis zu den EWR-Staaten auf der Basis voller Gegenseitigkeit. Diese haben fast das gesamte Binnenmarktrecht der Europäischen Union übernommen. Im Gegenzug sind die EU-Mitgliedstaaten verpflichtet, ihre Regelungen zur Umsetzung und Anwendung der EU-Binnenmarktregelungen auf die EWR-Staaten.

---

144 EuGH vom 16.12.2008, Rs. 210/06, *Cartesio*, Slg. 2008, I-9641, Rdn. 113.
145 *Bayer/Schmidt*, ZHR 173 (2009), 735, 762 ff.
146 Referentenentwurf für ein Gesetz zum Internationalen Privatrecht der Gesellschaften, Vereine und juristischen Personen vom 07.01.2008, http://www.bmj. bund.de.
147 Referentenentwurf für ein Gesetz zum Internationalen Privatrecht der Gesellschaften, Vereine und juristischen Personen vom 07.01.2008, http://www.bmj. bund.de.
148 Am 01.01.1994 sind das Abkommen über den Europäischen Wirtschaftsraum (EWR-Abkommen) vom 02.05.1992 (BGBl. II 1993, 266) sowie das Anpassungsprotokoll zum EWR-Abkommen vom 17.03.1993 (BGBl. II 1993, 1294) in Kraft getreten.
149 Freier Warenverkehr (Art. 28 ff. EWR-Abkommen), Freizügigkeit (Art. 28 ff. EWR-Abkommen), freier Dienstleistungsverkehr (Art. 36 ff. EWR-Abkommen) und Kapitalverkehr (Art. 40 ff. EWR-Abkommen).

Zum anderen werden darüber hinaus in den EWR-Staaten nach Art. 77 EWR-Abkommen i.V.m. dessen Anhang XXII eine Vielzahl von *gesellschaftsrechtlichen Bestimmungen des sekundären Gemeinschaftsrechts* ausgeführt. U.a. sind dies die in Rdn. 45 aufgeführten Rechtsakte. Die Umsetzung der gesellschaftsrechtlichen Bestimmungen des sekundären Gemeinschaftsrechts hat u.a. auch Bedeutung für die Vergleichbarkeit von Umwandlungsvorgängen innerhalb der EWR-Staaten.

b) Zeitpunkt der Wirksamkeit der Umwandlung

Für den Zeitpunkt der Wirksamkeit kommt es bei ausländischen Umwand- 50 lungen im Grundsatz auf die jeweiligen Vorschriften des ausländischen Gesellschaftsrechts an. Bei *ausländischen Umwandlungen* innerhalb der EU bzw. des EWR im eigentlichen Sinne, d.h. Umwandlung von Rechtsträgern desselben ausländischen EU-/EWR-Staats, gibt es insoweit derzeit keine Harmonisierung; vgl. z.B. Art. 17 Richtlinie 78/855/EWG vom 09.10.1978[150] betreffend die Verschmelzung und Art. 15 Richtlinie 82/891/EWG vom 17.12.1982[151] betreffend die (Auf-)Spaltung von Aktiengesellschaften. Hinsichtlich des Zeitpunkts, in dem die Umwandlung wirksam werden kann, sind nach den verschiedenen Rechtsordnungen *unterschiedliche Bezugspunkte denkbar.* Das Wirksamwerden kann an der Beschlussfassung einer bestimmten Mitgliederversammlung[152] oder einer bestimmten Eintragung in einem öffentlichen Register festgemacht werden. Möglich sind jedoch auch ein vertraglich bestimmter Wirksamkeitszeitpunkt oder ein Zeitpunkt in Abhängigkeit von der Beurkundung.

In Durchbrechung der Vereinigungstheorie (zum Begriff siehe Rdn. 44) stellt Art. 12 Richtlinie 2005/56/EG vom 26.10.2005[153] (in Deutschland in § 122l UmwG umgesetzt) jedoch bei der *grenzüberschreitenden Verschmelzung* von KapGen für den Zeitpunkt der Wirksamkeit der Umwandlung einheitlich auf das Personalstatut der aus der Verschmelzung hervorgehenden (ausländischen) KapG ab. Aus der Sicht des Internationalen Gesellschaftsrechts käme es hingegen primär auf das Recht des übertragenden Rechtsträgers an.[154] Abweichend von den Grundsätzen des Internationalen Gesellschaftsrechts ist jedoch für die Zukunft in Art. 10a Abs. 3 EGBG-E[155] eine mit Art. 12 Richtlinie 2005/56/EG vom 26.10.2005[156] vergleichbare Sonderregelung vorgesehen.

---

150 ABl. L 295, 36, zuletzt geändert durch Richtlinie 2009/109/EG vom 16.09.2009, L 259, 14.
151 ABl. L 378, 47, zuletzt geändert durch Richtlinie 2009/109/EG vom 16.09.2009, L 259, 14.
152 So z.B. in Frankreich; vgl. *Ngatsing* in Widmann/Mayer, Anhang 3: Frankreich Rdn. F 150.
153 ABl. L 310, 1, zuletzt geändert durch Richtlinie 2009/109/EG vom 16.09.2009, ABl. L 259, 14.
154 *Großfeld* in Staudinger, Internationales Gesellschaftsrecht, Rdn. 629.
155 Referentenentwurf für ein Gesetz zum Internationalen Privatrecht der Gesellschaften, Vereine und juristischen Personen vom 07.01.2008, http://www.bmj.bund.de.
156 ABl. L 310, 1, zuletzt geändert durch Richtlinie 2009/109/EG vom 16.09.2009, ABl. L 259, 14.

51 Zur *Bedeutung* des Zeitpunkts der zivilrechtlichen Wirksamkeit im Allgemeinen siehe Rdn. 37 und zur Bedeutung eines Eintragungserfordernisses in ein öffentliches Register für die Vergleichbarkeit des Vorgangs im Einzelnen siehe Rdn. 83. Das Vorliegen einer ausländischen Umwandlung, bei der es regelmäßig an einem inländischen Schuldner i.S.d. § 43 Abs. 3 S. 1 EStG mangelt, schließt – wegen § 43 Abs. 1 S. 1 Nr. 6 EStG – dabei für die Bezüge i.S.d. § 7 UmwStG die Verpflichtung zum Einbehalt und zur Abführung der *Kapitalertragsteuer* – bei Vorhandensein einer inländischen Zahlstelle i.S.d. § 44 Abs. 1 S. 4 EStG – von vornherein nicht aus.[157]

c) Bindungswirkung der Entscheidung ausländischer Registerbehörden

52 Für die gesellschaftsrechtliche Zulässigkeit und Wirksamkeit einer ausländischen Umwandlung ist regelmäßig von der *Entscheidung der ausländischen Registerbehörden* auszugehen. Rdn. 01.06 UmwSt-Erlass 2011 gilt in diesen Fällen – ausgenommen bei gravierenden Mängeln der Umwandlung – entsprechend[158]; d.h. der Mangel der Umwandlung muss *derart gravierend* sein, dass diese als nichtig anzusehen ist (vgl. hierzu im Einzelnen Rdn. 39).

Die Aussage in Tz. 01.23 UmwStE 2011 zur Aufhebung der Bindungswirkung der registerrechtlichen Entscheidung der ausländischen Behörde *bei gravierenden Mängeln der Umwandlung* muss vor dem Hintergrund gesehen werden, dass die Finanzverwaltung erkennbar davon ausgeht, dass ausländisches EU-/EWR-Gesellschaftsrecht im Grundsatz eine vergleichbare bestandsschützende Wirkung der Eintragung wie die entsprechenden Regelungen des UmwG (z.B. § 20 Abs. 2 UmwG, siehe hierzu Rdn. 38 f.) entfaltet; zu den sekundärrechtlichen Mindestvorgaben zum Bestandsschutz bei nationalen Verschmelzungsvorgängen siehe Art. 22 Richtlinie 78/855/EWG vom 09. 10. 1978[159] und nationalen Spaltungsvorgängen siehe Art. 19 Richtlinie 82/891/EWG vom 17. 12. 1982[160] sowie zum erhöhten Bestandschutz bei grenzüberschreitenden Verschmelzungsvorgängen siehe Art. 17 Richtlinie 2005/56/EG vom 26. 10. 2005.[161]

d) Vergleichbarkeit des ausländischen Vorgangs

53 Neben der zivilrechtlichen Wirksamkeit des ausländischen Umwandlungsvorgangs (siehe Rdn. 41 ff.) ist dessen Vergleichbarkeit mit einer Verschmelzung i.S.d. § 2 UmwG, einer Aufspaltung oder Abspaltung i.S.d. § 123 Abs. 1 und 2 UmwG sowie einem Formwechsel i.S.d. § 190 Abs. 1 UmwG Voraussetzung für die Anwendung des Zweiten bis Fünften Teils nach § 1 Abs. 1 Nr. 1 und 2 UmwStG. Dabei kommt es auf die Vergleichbarkeit des ausländischen *(Umwandlungs-)Vorgangs* und nicht auf die Vergleichbarkeit

---

157 *Benecke/Schnitger*, Ubg 2011, 1 (3 f.); Tz. 07.08 UmwStE 2011.
158 Tz. 01.23 UmwStE 2011.
159 ABl. L 295, 36, zuletzt geändert durch Richtlinie 2009/109/EG vom 16. 09. 2009, L 259, 14.
160 ABl. L 378, 47, zuletzt geändert durch Richtlinie 2009/109/EG vom 16. 09. 2009, L 259, 14.
161 ABl. L 310, 1, zuletzt geändert durch Richtlinie 2009/109/EG vom 16. 09. 2009, ABl. L 259, 14.

der ausländischen *(Umwandlungs-)Vorschriften*[162] – so noch ursprünglich im Gesetzentwurf der BReg[163] vorgesehen – an.[164]

Die Änderung des Gesetzestextes hinsichtlich des Vergleichs mit dem (einzelnen) ausländischen Umwandlungsvorgang anstelle des Vergleichs mit den (abstrakten) ausländischen Umwandlungsvorschriften geht auf die Beratungen im BT-FA[165] zurück und soll – aufgrund der Unsicherheiten bei der Beurteilung ausländischer Rechtsordnungen – im Ergebnis einen *weiten Anwendungsbereich sicherstellen*; da es eben gerade nicht sicher ist, ob es in ausländischen Rechtsordnungen Vorschriften gibt, die denen des UmwG entsprechen. So sollen bspw. im französischen Recht Umwandlungen als (bloße) Vertragsänderungen aufgefasst werden.[166] Die Geltung des § 1 auch für „sonstige" Vertragsgestaltungsvorgänge lässt m.E. jedoch – infolge der auch für ausländische Vorgänge geltenden Maßgeblichkeit des Gesellschaftsrechts (siehe Rdn. 41) – nicht den Rückschluss zu, dass es für die Auslegung des Begriffs „vergleichbare ausländische Vorgänge" nicht erforderlich sei, dass die Umwandlung aufgrund einer gesetzlichen Vorschrift erfolgt[167], denn für die Zulässigkeit einer solchen Vertragsänderung sind u.a. auch die ausländischen gesetzlichen Bestimmungen bezüglich der Änderungen des Gesellschaftsvertrags zu beachten.[168]

Der Vergleichbarkeitsprüfung unterliegt somit der jeweilige ausländische **54** Umwandlungsvorgang in seiner *konkreten rechtlichen Ausgestaltung* und nicht das abstrakte ausländische Umwandlungsrecht als solches.[169] Bei einer anderen Sichtweise wäre den Beteiligten die Möglichkeit genommen, durch die konkrete Ausgestaltung des Umwandlungsvorgangs den gesellschaftsrechtlichen Vorgaben des jeweils strengeren Rechts nach Maßgabe der Vereinigungstheorie (siehe hierzu Rdn. 44) Folge leisten zu können.[170] Maßgebend ist, dass der nach ausländischem Umwandlungsrecht abgewickelte konkrete Vorgang ungeachtet des Sitzerfordernisses in § 1 Abs. 1 UmwG auch nach den Bestimmungen des UmwG hätte abgewickelt werden können.[171]

Zuständig für die Prüfung, ob ein ausländischer Umwandlungsvorgang mit **55** einer inländischen Umwandlung i.S.d. § 1 Abs. 1 S. 1 Nr. 1 und 2 vergleichbar ist, ist das im jeweiligen Einzelfall zuständige Finanzamt.[172]

---

162 So aber z.B. in Österreich; vgl. § 1 Abs. 1 Nr. 4 öUmgrStG.
163 BR-Drs. 542/06, 15.
164 Tz. 01.24 UmwStE 2011.
165 Vgl. Beschlussempfehlung (BT-Drs. 16/3315, 26) sowie Bericht des BT-FA (BT-Drs. 16/3369, 9).
166 *Hahn*, IStR 2005, 677, 679.
167 So *Graw* in Rödder/Herlinghaus/van Lishaut, § 1 Rdn. 84.
168 Siehe z.B. zum Formwechsel in Frankreich Ngatsing in Widmann/Mayer, Anhang 3: Frankreich Rdn. F 101.
169 Tz. 01.25 UmwStE 2011. So auch *Möhlenbrock* in Dötsch/Patt/Pung/Möhlenbrock, § 1 Rdn. 97; a.A. *Widmann* in Widmann/Mayer § 1 Rdn. 25.
170 *Möhlenbrock* in Dötsch/Patt/Pung/Möhlenbrock § 1 Rdn. 97; *Benecke/Schnittker* in Wassermeyer/Richter/Schnittker, Kapitel 13, Rdn. 13.38.
171 Tz. 01.25 UmwStE 2011.
172 Tz. 01.24 UmwStE 2011.

56　Die Beurteilung der Vergleichbarkeit des ausländischen Umwandlungsvorgangs erfolgt anhand der Wesensmerkmale einer Verschmelzung, einer Aufspaltung oder Abspaltung sowie einem Formwechsel i.S.d. UmwG. Dabei sollen für die Prüfung der Vergleichbarkeit mit einem inländischen Umwandlungsvorgang

- die *Umwandlungsfähigkeit* der beteiligten Rechtsträger (siehe Rdn. 57 ff.),
- die Rechtsnatur bzw. die Rechtsfolgen des Umwandlungsvorgangs (sog. *Strukturmerkmale*, siehe Rdn. 68 ff.) und
- die *sonstigen Vergleichskriterien* (siehe Rdn. 80 ff.)

maßgebend sein.[173]

aa)　Umwandlungsfähigkeit der beteiligten Rechtsträger

(1)　Aktive und passive Umwandlungsfähigkeit

57　Die Einbeziehung der Umwandlungsfähigkeit – und zwar der aktiven und der passiven – in den Vergleichbarkeitstest folgt letztendlich den kollisionsrechtlichen Grundsätzen bei grenzüberschreitenden Umwandlungen auf der Grundlage der Vereinigungstheorie (siehe hierzu Rdn. 44). Die Prüfung der aktiven und passiven Umwandlungsfähigkeit der beteiligten Rechtsträger hat dabei bezogen

- auf die *jeweilige Umwandlungsart* (also Verschmelzung, Aufspaltung, Abspaltung und Formwechsel) und
- auf das *jeweilige Personalstatut*

der an der Umwandlung beteiligten Rechtsträger zu erfolgen.[174]

58　Die Frage, ob ein Rechtsträger zum Kreis der aktiv und passiv umwandlungsfähigen Gesellschaften gehört, soll somit für jede der beteiligten Rechtsträger getrennt nach ihrem Personal- bzw. Gesellschaftsstatut beantwortet werden. *Aktive Umwandlungsfähigkeit* meint die Zulassung zum Kreis der umwandlungsfähigen Rechtsträger überhaupt (z.B. als übertragender, aufnehmender oder neu gegründeter Rechtsträger). *Passive Umwandlungsfähigkeit* meint weitergehend die Zulässigkeit der Umwandlung mit einem Umwandlungspartner bestimmter Rechtsform. D.h., dass nach dem Recht der übertragenden, der aufnehmenden oder neu gegründeten Gesellschaft auch die anderen an der Umwandlung beteiligten Gesellschaften als solche Gesellschaften angesehen werden können, mit denen eine Umwandlung zulässig ist.

59　Ist in einem ersten Schritt also die aktive Umwandlungsfähigkeit des einen Beteiligten gegeben, ist in einem zweiten Schritt die passive Umwandlungsfähigkeit unter Einbeziehung des Umwandlungspartners festzustellen. Dadurch sollen Paarbildungen bzw. Gruppierungen vermieden werden, die die nationalen Gesetzgeber verhindern wollten.[175] *Im Ergebnis* kommt es für die Anwendung des UmwStG mit Blick auf die an der Umwandlung betei-

---

173 Tz. 01.24 UmwStE 2011.
174 Tz. 01.26 UmwStE 2011.
175 *Lennerz*, Die internationale Verschmelzung und Spaltung unter Beteiligung deutscher Gesellschaften, 153.

ligten Gesellschaften also darauf an, dass der ausländische Rechtsträger mit einem nach dem UmwG verschmelzungs-, spaltungs- oder formwechselfähigen Rechtsträger vergleichbar ist (zum Rechtstypenvergleich siehe Rdn. 60 ff.).

Der Aussage in Tz. 01.26 UmwStE 2011, dass es zudem auf die Umwandlungsfähigkeit nach dem jeweils betroffenen ausländischen Personalstatut ankommt, basiert auf dem für das UmwStG geltenden Grundsatz der Maßgeblichkeit des Gesellschaftsrechts. M.a.W. die Finanzverwaltung unterstellt bei fehlender Umwandlungsfähigkeit nach ausländischem Recht einen zivilrechtlich unzulässigen ausländischen Umwandlungsvorgang, auf den § 1 Abs. 1 S. 1 Nr. 1 und 2 UmwStG nicht anwendbar ist. Diese Aussage muss m. E. – vor dem Hintergrund der auch für ausländische Umwandlungsvorgänge geltenden *Bindungswirkung der registerrechtlichen Entscheidung* (siehe Rdn. 52) – dahingehend eingeschränkt werden, dass es – z.b. bei fehlender Umwandlungsfähigkeit aber konstitutiv wirkender Eintragung im ausländischen Register – nur noch darauf ankommen kann, ob hierin ein gravierender Mangel der Umwandlung liegt (siehe Rdn. 53 i.V. m. Rdn. 39). M.a.W. die fehlende Umwandlungsfähigkeit ist – in den Grenzen der registerrechtlichen Bindungswirkung – unbeachtlich.

Der Aussage in Tz. 01.26 UmwStE 2011, dass der Vorgang hinsichtlich der Prüfung der Umwandlungsfähigkeit als Ganzes und nicht nur hinsichtlich eines bestimmten Teilbereichs (z.b. als übertragender oder übernehmender Rechtsträger) zu beurteilen ist, liegt erkennbar der Umstand zugrunde, dass die nationalen Gesetzgeber die sich innerhalb des Kreises der dem Grunde nach umwandlungsfähigen Gesellschaften ergebenden Möglichkeiten zur Paarbildung einschränken können, in dem sie bspw. nur PersG untereinander und KapG untereinander eine übertragende Umwandlung gestatten oder gar nur Gesellschaften gleicher Rechtsform (sog. *homogene Umwandlung* bzw. *Verbot der Misch- oder heterogenen Umwandlung*).[176] Sieht z.B. das ausländische Recht nur die Aufspaltung zwischen Gesellschaften derselben Rechtsform vor, schließt die fehlende (passive) Umwandlungsfähigkeit bei z.b. einer grenzüberschreitenden Aufspaltung einer ausländischen KapG auf eine ausländische PersG eines anderen ausländischen Staates nicht die Anwendung des § 1 Abs. 1 S. 1 Nr. 1 UmwStG im Grundsatz aus, wenn – nach den betroffenen Rechtsordnungen – hierin kein gravierender Mangel der Umwandlung zu sehen ist. M.a.W. auch hier ist die fehlende Umwandlungsfähigkeit – in den Grenzen der registerrechtlichen Bindungswirkung – unbeachtlich.

(2) Rechtstypenvergleich

Die Prüfung der aktiven und passiven Umwandlungsfähigkeit hat einen Rechtstypenvergleich der ausländischen Gesellschaftsform mit einer vergleichbaren Gesellschaft inländischen Rechts zur Voraussetzung.[177] Im Zu-   60

---

176 *Lennerz*, Die internationale Verschmelzung und Spaltung unter Beteiligung deutscher Gesellschaften, 154.
177 Tz. 01.27 UmwStE 2011. So auch *Möhlenbrock* in Dötsch/Patt/Pung/Möhlenbrock, § 1 Rdn. 98; *Graw* in Rödder/Herlinghaus/van Lishaut,, § 1 Rdn. 35.

sammenhang mit ausländischen Rechtsformen ist für steuerliche Zwecke der sog. Typenvergleich nach der sog. *Venezuela-Entscheidung* des RFH[178] von Bedeutung. Allein die steuerliche Einordnung des jeweiligen Rechtsträgers als Körperschaft oder PersG ist dabei für die Beurteilung der Umwandlungsfähigkeit nicht ausreichend; d. h. es muss eine Zuordnung zu einer bestimmten Rechtsform (z. B. AG, GmbH oder OHG, KG etc.) erfolgen.[179]

61   Bislang musste als nicht abschließend geklärt angesehen werden, ob der Typenvergleich grds. anhand des gesetzlichen Leitbilds der ausländischen Personenvereinigung oder Vermögensmasse zu erfolgen hat *(generell-abstrakte Betrachtung)* oder auf der Grundlage der spezifischen Umstände unter Berücksichtigung von im Gesellschaftsvertrag wirksam vereinbarten Abweichungen zu erfolgen hat *(individuell-konkrete Betrachtung)*.[180] Nach der BFH-Rechtsprechung ist m. E. letztere Betrachtungsweise für den Typenvergleich maßgebend; d. h. *„es muss im Einzelfall geprüft werden, ob die im Ausland rechtsfähige Körperschaft, Personenvereinigung oder Vermögensmasse dem Typ und der tatsächlichen Handhabung nach einer KapG oder einer sonstigen juristischen Person entspricht"*.[181] Die Betriebsstätten-Verwaltungsgrundsätze[182] geben mit der im Anhang I (Tabelle 1 und 2) enthaltenen Einordnung ausgewählter ausländischer Gesellschaftsformen somit lediglich einen Hinweis für die steuerliche Einordnung. Die notwendige *Einzelfallprüfung* wird hierdurch jedoch nicht entbehrlich. Die Finanzverwaltung hingegen will den Typenvergleich grds. weiterhin anhand des gesetzlichen Leitbilds der ausländischen Gesellschaft und erst bei umfassenden Dispositionsmöglichkeiten des ausländischen Rechts anhand der rechtlichen Gegebenheiten des Einzelfalls vornehmen.[183]

62   Aufgrund des Umstands, dass letztendlich die Rechtsordnung des Gründungsstaats für die rechtliche Struktur der ausländischen Personenvereinigung oder Vermögensmasse maßgebend ist, liegt dem Typenvergleich ein *zweistufiges Prüfungsverfahren* zugrunde.[184] In einem ersten Schritt ist die ausländische Rechtsform in ihrer Gesamtheit nach ausländischem Recht zu würdigen und erst in einem zweiten Schritt mit den Rechtsformen des nationalen Rechts zu vergleichen.[185]

63   Die Vergleichsbetrachtung soll sich nach der Venezuela-Entscheidung des RFH[186] auf solche Rechtsformen beschränken, die von ihrer *Funktion im Rechts- und Wirtschaftsleben* her tatsächlich auch vergleichbar sind. Dementsprechend muss dem Typenvergleich stets die Frage vorangestellt werden, welche Funktion die ausländische Rechtsordnung dem einzuordnenden

---

178 RFH vom 12. 02. 1930, VI A 899/27, RStBl. 1930, 444.
179 Tz. 01.27 UmwStE 2011.
180 *Henke/Lang*, IStR 2001, 514, 515 m. w. N.
181 BFH vom 20. 08. 2008, I 34/08, BStBl. II 2009, 263.
182 BMF vom 24. 12. 1999, BStBl. I 1999, 1076, zuletzt geändert durch BMF vom 16. 04. 2010, BStBl. I 2010, 354.
183 Tz. 01.27 UmwStE 2011.
184 BMF vom 19. 03. 2004, BStBl. I 2004, 411.
185 Ausführlich *Schnittker*, Gesellschafts- und steuerrechtliche Behandlung einer englischen Limited Liability Partnership mit Verwaltungssitz in Deutschland, 147 ff.
186 RFH vom 12. 02. 1930, VI A 899/27, RStBl. 1930, 444.

Gebilde um Rahmen des Rechts- und Wirtschaftsleben zugedacht hat. Sofern das deutsche Recht diese Funktion typischerweise bestimmten Rechtsformen zuordnet, ist der Vergleich auf diese zu beschränken.[187]

Ausländische Erwerbsgesellschaften werden danach i.d.R. mit den typischen deutschen Erwerbsgesellschaften – AG, GmbH und OHG, KG – zu
vergleichen sein. Bei entsprechendem Geschäftsgegenstand können auch
gesellschaftsrechtliche Sonderformen (z.B. Partnerschaftsgesellschaft) einzubeziehen sein. Bei gesellschaftsrechtlichen Mischformen, wie z.b. der
KGaA, muss die einzuordnende ausländische Rechtsform ihrer rechtlichen
Struktur im Einzelfall nach konkret dieser speziellen Rechtsform entsprechen.

Die *Kriterien des Typenvergleichs* sind in ständiger finanzgerichtlicher **64**
Spruchpraxis[188] entwickelt und von der Finanzverwaltung im sog. LLC-
Schreiben[189] niedergelegt worden; es sind dies die:

1. zentralisierte *Geschäftsführung und Vertretung,*
   Als körperschaftliches Merkmal gilt die Zentralisierung von Geschäftsführung und Vertretung. Sie liegt dann vor, wenn eine Person oder mehrere Personen – jedoch nicht alle Gesellschafter – auf Dauer ausschließlich befugt sind, die zur Durchführung des Gesellschaftszwecks
   erforderlichen Entscheidungen ohne Zustimmung aller Gesellschafter zu
   treffen; *Prinzip der Fremdorganschaft.* Das Prinzip der Fremdorganschaft
   bezieht sich dabei nicht vorrangig auf das Fehlen einer Bindung von Or-
   ganfunktion und Mitgliedschaft, sondern besteht darin, dass Körperschaften erst durch die „Bestellung" mit Organen ausgestattet werden.
   Bei den typischen Formen der deutschen PersG gilt demgegenüber das
   Prinzip der Selbstorganschaft, d.h. Geschäftsführung und Vertretung ob-
   liegen den Gesellschaftern. Das Prinzip der Selbstorganschaft besagt jedoch kein Verbot der Fremdorganschaft, sondern besagt lediglich, dass
   die Organe einer PersG ipso iure vorhanden sind und nicht wie bei einer
   Körperschaft erst bestimmt werden müssen.[190] Insofern ist es auch bei
   PersG gängige Praxis, Nicht-Gesellschafter mit Geschäftsführungsaufga-
   ben zu betrauen. Zum für PersG typischen Prinzip der Selbstorganschaft
   wird man dabei solange keinen Widerspruch sehen können, soweit bei
   den Gesellschaftern ein Mindestmaß an Kontroll- und Mitwirkungsrech-
   ten, z.B. die Möglichkeit zum Entzug der Geschäftsführungsbefugnis[191],
   verbleibt.

---

187 *Schnittker,* Gesellschafts- und steuerrechtliche Behandlung einer englischen Limi-
    ted Liability Partnership mit Verwaltungssitz in Deutschland, 156 f.
188 Z.B. RFH vom 12.02.1930, VI A 899/27, RStBl. 1930, 444, zur venezolanischen
    OHG; BFH vom 03.02.1988, BStBl. II 1988, 588, zur thailändischen KG; BFH vom
    23.06.1992, BStBl. 1992, 972, zur liechtensteinischen AG; BFH vom 20.08.2008,
    BStBl. II 2009, 263, zur amerikanischen LLC.
189 BMF vom 19.03.2004, BStBl. I 2004, 411.
190 *Schmidt,* Gesellschaftsrecht, 4. Aufl., 410.
191 BGH vom 20.09.1993, II ZR 204/92, DStR 1993, 1918.

2. beschränkte *Haftung,*

Die für eine Körperschaft typische Haftungsbeschränkung ist gegeben, wenn keiner der Gesellschafter für die Schulden der Gesellschaft oder Ansprüche gegen diese persönlich mit seinem Vermögen haftet. Entscheidend ist die *Haftungsbeschränkung nach dem Recht des Gründungsstaats* und nicht eine mögliche Haftung als Folge der Nichtanerkennung der ausländischen Gesellschaft im Inland.[192]

3. freie *Übertragbarkeit der Anteile,*

Die ungehinderte Übertragbarkeit der Anteile an der Gesellschaft auf Nichtgesellschafter spricht für eine Körperschaft. Demgegenüber ist die Übertragbarkeit von Anteilen an PersG regelmäßig ausgeschlossen oder doch nur eingeschränkt bzw. nur mit Zustimmung der Gesellschafter möglich.

Die freie Übertragbarkeit der Anteile ist gegeben, wenn nach den maßgebenden gesetzlichen Bestimmungen oder aufgrund des Gesellschaftsvertrages die Vermögens- und Mitgliedschaftsrechte aus der Beteiligung ohne Zustimmung der anderen Gesellschafter auf Dritte übertragen werden können, so dass der Erwerber in vollem Umfang in die Gesellschafterstellung des Veräußerers eintritt. Die freie Übertragbarkeit liegt dagegen nicht vor, wenn zur Übertragung der Anteile die Zustimmung aller oder bestimmter Gesellschafter erforderlich ist.

4. *Gewinnzuteilung,*

Bei einer Körperschaft hängt die Zuteilung eines Gewinnanteils an den Gesellschafter von einem jährlich zu fassenden Beschluss der Gesellschafterversammlung ab. Bei PersG bedarf es grds. keines Ausschüttungsbeschlusses, damit der Gesellschafter über seinen Gewinnanteil verfügen kann.

5. *Kapitalaufbringung,*

Bei einer Körperschaft sind die Gesellschafter verpflichtet, das Gesellschaftskapital durch Einlage aufzubringen. Dagegen wird bei einer PersG die Bereitstellung von Eigenkapital nicht gesetzlich gefordert. Wird im Gesellschaftsvertrag auf Einlagen verzichtet oder dürfen danach diese in Form von Dienstleistungen erbracht werden, ist dies ein Merkmal, das für eine PersG spricht.

6. unbegrenzte *Lebensdauer der Gesellschaft,*

Ein Wesensmerkmal der Körperschaft ist die grds. unbegrenzte – d.h. vom Gesellschafterbestand unabhängige – Lebensdauer der Gesellschaft. Seit dem Inkrafttreten des HRefG vom 22. 06. 1998[193] führen auch bei einer Personenhandelsgesellschaft der Tod, die Kündigung oder die Insolvenz eines Gesellschafters nicht mehr zur Auflösung der Gesellschaft, sondern zum Ausscheiden des betreffenden Gesellschafters aus der Gesellschaft (vgl. § 131 HGB). Dieses Kriterium lässt sich nach Auffassung der Finanzverwaltung deshalb zur Einordnung nur noch begrenzt verwenden. Die Personenhandelsgesellschaften sind mit den KapG diesbe-

---

192 BFH vom 23. 06. 1992, nnn, BStBl. 1992, 972.
193 BGBl. I 1998, 1474.

züglich vergleichbar geworden. Zumindest für den Fall, dass die Gesellschaft z.B. bei Tod eines Gesellschafters aufgelöst wird, spricht dies deutlich für das Vorliegen einer PersG, da dies die mangelnde Unabhängigkeit der Existenz vom Gesellschafterbestand widerspiegelt.

7. *Gewinnverteilung,*
Der Gewinnanteil bemisst sich bei KapG i.d.R. nach dem Verhältnis der Aktiennennbeträge bzw. nach den Geschäftsanteilen. Im Fall von PersG erfolgt die Verteilung i.d.R. nach Maßgabe der Einlagen und im Übrigen nach Köpfen. Die Verteilbarkeit eines Teils des Gewinns unabhängig von der Einlage berücksichtigt den persönlichen Einsatz des Gesellschafters in einer PersG, während bei dem Gesellschafter einer Körperschaft die Stellung als Kapitalgeber im Vordergrund steht.

8. *formalen Gründungsvoraussetzungen,*
Die Entstehung einer juristischen Person setzt deren Eintragung in das Handelsregister voraus. Die Eintragung erfolgt erst nach einer Prüfung der Ordnungsmäßigkeit der Errichtung und Anmeldung. Der Abschluss eines Gesellschaftsvertrages allein genügt also nicht. Personenhandelsgesellschaften entstehen dagegen bereits durch den Gesellschaftsvertrag. Die Eintragung im Handelsregister hat nur Bedeutung für die Wirksamkeit gegenüber Dritten.

Nach zutreffender Auffassung in der Rechtsprechung und der Finanzverwaltung kommt einer vorhandenen oder fehlenden *Rechtsfähigkeit* des ausländischen Gebildes im Ausland für die steuerliche Einordnung keine entscheidende Bedeutung zu. Diese Auffassung vermag jedoch nur im Hinblick auf die grds. Abgrenzung zwischen Körperschaften und PersG im Allgemeinen zu überzeugen. Sofern eine weitergehende Einordnung des ausländischen Gebildes als Körperschaft oder Vermögensmasse i.S.d. § 1 Abs. 1 Nr. 1 und 4 KStG oder als nichtrechtsfähige Personenvereinigung oder Vermögensmasse i.S.d. § 1 Abs. 1 Nr. 5 KStG erforderlich wird, kommt diesem Merkmal wohl unbestritten wieder eine Bedeutung zu.

Auch wenn die Rechtsprechung des RFH und des BFH die Merkmale für die 65
steuerliche Einordnung vorgegeben haben, lässt sich den Entscheidungen bisher nicht zweifelsfrei entnehmen, wie die Würdigung konkret vorzunehmen ist, wenn das einzuordnende ausländische Gebilde sowohl Merkmale einer Körperschaft als auch einer PersG aufweist. Nach Auffassung der Finanzverwaltung müssen die *einzelnen Merkmale gewichtet* werden.[194] Mit Ausnahme der Lebensdauer der Gesellschaft lässt sie jedoch im Einzelnen den Maßstab der Gewichtung offen, so dass der Finanzverwaltung ein erheblicher Beurteilungsspielraum verbleibt. Als Abgrenzungskriterien mit *besonderer Entscheidungsrelevanz* werden die

– zentralisierte Geschäftsführung und Vertretung,

– beschränkte Haftung und

– Gewinnzuteilung

---

194 BMF vom 19.03.2004, BStBl. I 2004, 411.

angesehen[195], während alle übrigen Merkmale nur von einer untergeordneten bzw. eingeschränkten Bedeutung sind. Dabei kann keinem der Merkmale eine allein ausschlaggebende Bedeutung zukommen. Lässt sich kein eindeutiges Gesamtbild feststellen, soll es nach Auffassung der Finanzverwaltung für die Einstufung als Körperschaft entscheidend darauf ankommen, ob bei der ausländischen Gesellschaft die Mehrzahl der in der Rdn. 64 unter Nr. 1. bis 5. genannten Kriterien vorliegen.

66 Wenn im Kreis der ausländischen umwandlungsfähigen Gesellschaften keine Gesellschaftsform enthalten ist, die einer inländischen Gesellschaftsform entspricht, kann daraus nicht ohne weiteres auf die fehlende Vergleichbarkeit des Umwandlungsvorgangs geschlossen werden, *wenn* dem ausländischen Gesellschaftsrecht diese *Rechtsform unbekannt* ist. M.E. gelten hier die Grundsätze zur *gattungsweisen Substitution* (siehe Rdn. 44) entsprechend.

67 Nach Tz. 01.28 UmwStE 2011 sollen sich auch ausländische aufgelöste Rechtsträger entsprechend § 3 Abs. 3 UmwG bzw. § 124 Abs. 2 UmwG beteiligen können. Eine nach britischem Recht zwangsgelöschte Limited – die im Inland als sog. *Restgesellschaft*[196] weiterhin existent ist – ist jedoch, sofern keine Wiedereintragung in das maßgebende ausländische Register erfolgt, weder aktiv noch passiv umwandlungsfähig.

bb) Strukturmerkmale des Umwandlungsvorgangs

68 Neben der Umwandlungsfähigkeit ist weiter Voraussetzung, dass die ausländischen Umwandlungsvorgänge in ihrem Kerngeschehen vergleichbare Grundstrukturen aufweisen. Für die Anwendung des Zweiten bis Fünften Teils müssen die wesensbestimmenden Merkmale *(Strukturmerkmale)* einer Verschmelzung, einer Aufspaltung, einer Abspaltung oder eines Formwechsels vorliegen.[197]

(1) Verschmelzung, Aufspaltung und Abspaltung

69 Als für die Vergleichbarkeit maßgebenden Strukturmerkmale *übertragender Umwandlungen* nennt der UmwStE 2011 für eine *Verschmelzung* i.S.d. § 2 UmwG[198]:

– die Übertragung des gesamten Aktiv- und Passivvermögens eines Rechtsträgers oder mehrerer übertragender Rechtsträger auf einen übernehmenden Rechtsträger,

– aufgrund eines Rechtsgeschäfts,

– kraft Gesetzes,

– gegen Gewährung von Anteilen des übernehmenden Rechtsträgers an die Anteilsinhaber des übertragenden Rechtsträgers,

---

195 *Schnittker*, Gesellschafts- und steuerrechtliche Behandlung einer englischen Limited Liability Partnership mit Verwaltungssitz in Deutschland, 184.
196 Zu den gesellschaftsrechtlichen und steuerlichen Folgen der Zwangslöschung einer Limited vgl. z.B. *Möhlenbrock* in FS Schaumburg, 913.
197 Tz. 01.29 UmwStE 2011.
198 Tz. 01.30 UmwStE 2011.

– bei Auflösung ohne Abwicklung des übertragenden Rechtsträgers oder der übertragenden Rechtsträger.

Als Strukturmerkmale einer *Aufspaltung* i.S.d. § 123 Abs. 1 UmwStG sind genannt[199]:

– die Übertragung des gesamten Aktiv- und Passivvermögens eines Rechtsträgers auf mindestens zwei übernehmende Rechtsträger,
– aufgrund eines Rechtsgeschäfts,
– kraft Gesetzes,
– gegen Gewährung von Anteilen des übernehmenden Rechtsträgers an die Anteilsinhaber des übertragenden Rechtsträgers,
– bei Auflösung ohne Abwicklung des übertragenden Rechtsträgers.

Strukturmerkmale einer *Abspaltung* i.S.d. § 123 Abs. 2 UmwG sind[200]:

– die Übertragung eines Teils oder mehrerer Teile eines Rechtsträgers auf einen oder mehrere übernehmende Rechtsträger,
– aufgrund eines Rechtsgeschäfts,
– kraft Gesetzes,
– gegen Gewährung von Anteilen des übernehmenden Rechtsträgers an die Anteilsinhaber des übertragenden Rechtsträgers,
– ohne Auflösung des übertragenden Rechtsträgers.

(i)   Art des Vermögensübergangs

Ein entscheidendes Kriterium für die Vergleichbarkeit des ausländischen Umwandlungsvorgangs mit einer inländischen Umwandlung ist bei den übertragenden Umwandlungen die *Art des Vermögensübergangs*. Speziell geht es hierbei um die Frage, ob das UmwStG infolge der formalrechtlichen Anknüpfung an die in § 1 Abs. 1 S. 1 Nr. 1 genannten umwandlungsgesetzlich geregelten Vermögensübertragungen als eines derer Strukturmerkmale das *„Prinzip"* der Gesamtrechtsnachfolge voraussetzt.

70

Die Notwendigkeit der Differenzierung zwischen Übertragungen im Wege der Gesamtrechtsnachfolge und Einzelrechtsnachfolge ergibt sich dabei bereits aus dem *systematischen Zusammenhang* des § 1 selbst, der den von § 1 Abs. 3 Nr. 1 und 2 erfassten Einbringungstatbeständen (also übertragende Umwandlungen nach dem „Prinzip" der Gesamtrechtsnachfolge) mit § 1 Abs. 3 Nr. 4 die Einbringung von Betriebsvermögen im Wege der Einzelrechtsnachfolge gegenüberstellt. Die Art der Vermögensübertragung – hier: das „Prinzip" der Gesamtrechtsnachfolge – gehört somit zu den *Strukturmerkmalen* (= Übertragung „kraft Gesetzes"; vgl. Rdn. 72) der in § 1 Abs. 1 S. 1 Nr. 1 genannten Umwandlungsvorgänge.[201]

---

199 Tz. 01.33 UmwStE 2011.
200 Tz. 01.36 UmwStE 2011.
201 Z.B. *Lennerz*, Die internationale Verschmelzung und Spaltung unter Beteiligung deutscher Gesellschaften, 147; *Möhlenbrock* in Dötsch/Patt/Pung/Möhlenbrock, § 1 Rdn. 103 f.; *Hörtnagl* in Schmitt/Hörtnagl/Stratz, § 1 Rdn. 35; a.A. *Widmann* in Widmann/Mayer, § 1 Rdn. 18 jeweils m.w.N.

71 Der Begriff der *Gesamtrechtsnachfolge* ist jedoch nicht eindeutig vorgeprägt.[202] Allgemein üblich ist die Verwendung des Begriffs der Gesamtrechtsnachfolge für die Übertragung des Vermögens als Ganzes auf einen Rechtsträger (z.B. Erbfall, Verschmelzung). Ordnet ein einheitlicher Sukzessionstatbestand hingegen nur den Übergang eines bestimmten Teilvermögens an (z.B. Abspaltung), wird dieser Vermögensübergang im Allgemeinen mit dem Begriff der *partiellen Gesamtrechtsnachfolge* bezeichnet.

Bei der sog. partiellen Gesamtrechtsnachfolge handelt es sich jedoch materiell-rechtlich nicht um eine Gesamtrechtsnachfolge im eigentlichen Sinne, sondern um eine *Sonderrechtsnachfolge*.[203] Aufgrund des Umstands, dass § 1 die Fälle der Vermögensübertragung durch Gesamtrechtsnachfolge (Verschmelzung) und Sonderrechtsnachfolge (z.B. Abspaltung) erfasst, ist unter dem hier verstandenen „Prinzip" der Gesamtrechtsnachfolge somit ein Rechtsübergang zu verstehen, der ein definiertes Vermögen ohne Anwendung des Spezialitätsprinzips auf einen Rechtsnachfolger übergehen lässt.[204] Das wesensbestimmende Strukturmerkmal hinsichtlich der Art des Vermögensübergangs ist hiernach das Erfordernis eines *einheitlichen Übertragungsakts oder Rechtstransfers uno actu* (uno-actu-Übertragung).[205]

Das für das UmwStG maßgebende „Prinzip" der Gesamtrechtsnachfolge i.S.e. uno-actu-Übertragung muss von der Gesamtrechtsnachfolge i.S.d. § 45 AO unterschieden werden, der den Übergang von Forderungen und Schulden aus dem Steuerschuldverhältnis betrifft. Der dort verwandte Begriff der Gesamtrechtsnachfolge setzt das Erlöschen des übertragenden Rechtsträgers voraus und umfasst somit nicht die Fälle der partiellen Gesamtrechtsnachfolge oder Sonderrechtsnachfolge.[206]

72 Ausweislich der im UmwStE 2011 genannten Strukturmerkmale (siehe Rdn. 69) ist für die Vergleichbarkeit die Vermögensübertragung „kraft Gesetzes" erforderlich.[207] Das Erfordernis des Vermögensübergangs „kraft Gesetzes" ist erkennbar den gemeinschaftsrechtlichen Vorgaben in Art. 19 Abs. 1 der Richtlinie 78/855/EWG vom 09.10.1978[208] betreffend die Verschmelzung und Art. 17 Abs. 1 der Richtlinie 82/891/EWG vom 17.12.1982[209] betreffend die (Auf-)Spaltung von Aktiengesellschaften („ipso iure") entnommen und meint die Vermögensübertragung uno actu im Wege der Gesamtrechtsnachfolge bzw. Sonderrechtsnachfolge (vgl. Rdn. 71) und meint nicht die Frage, ob es sich hierbei um eine rechtsgeschäftliche oder gesetzliche Universalsukzession handelt (vgl. Rdn. 74). Die Gesamtrechtsnachfolge bzw. die Sonderrechtsnachfolge *ist eine gesetzliche*, weil besondere gesetzliche Reglungen für eine Vermögensübertragung uno actu erforderlich sind, wenn und soweit

202 *Schmidt*, AcP 191 (1991), 495, 496.
203 BGH vom 25.01.2008, V ZR 79/07, BGHZ 175, 123.
204 *Schmidt*, Gesellschaftsrecht, 4. Aufl., 356 f.
205 *Mertens*, Umwandlung und Universalsukzession, 13.
206 BFH vom 05.11.2009, IV R 29/08, DStRE 2010, 110.
207 Tz. 01.31 UmwStE 2011.
208 ABl. L 295, 36, zuletzt geändert durch Richtlinie 2009/109/EG vom 16.09.2009, L 259, 14.
209 ABl. L 378, 47, zuletzt geändert durch Richtlinie 2009/109/EG vom 16.09.2009, L 259, 14.

das geltende Recht die rechtsgeschäftliche Übertragung von Aktiven und Passiven dem Spezialitätsprinzip unterwirft und hiermit zusammenhängend den rechtsgeschäftlichen Rechtsübergang von der Einhaltung der für die einzelnen Vermögensgegenstände maßgebenden Sonderregeln abhängig macht. Der Grundsatz des Spezialitätsprinzips hindert den Gesetzgeber jedoch nicht, von dem Grundsatz der rechtsgeschäftlichen Singularsukzession gesetzliche Ausnahmen für die Übertragung von Sach- oder Rechtsgesamtheiten zuzulassen.[210]

In dem für eine Vergleichbarkeit statuierten Erfordernis der Vermögens-   73
übertragung im Wege der Gesamtrechtsnachfolge bzw. Sonderrechtsnachfolge i.S.e. Übertragung uno actu wird ein *Verstoß gegen Primärrecht* gesehen, wenn das jeweilige ausländische Gesellschaftsrecht nur eine andere Rechtstechnik für einen im Übrigen vergleichbaren Umwandlungsvorgang vorsieht.[211] Angesichts der sekundärrechtlichen Vorgaben betreffend die Verschmelzung und Aufspaltung von Aktiengesellschaften (siehe z.B. Rdn. 72) wird man jedoch im Grundsatz davon ausgehen müssen, dass in den EU-/EWR-Staaten – zumindest in Teilbereichen – eine mit der Gesamtrechtsnachfolge bzw. Sonderrechtsnachfolge vergleichbare Rechtsfigur vorhanden ist (so z.B. selbst in England: Section 17 of The Companies (Cross-Border Mergers) Regulations 2007 oder Section 900 of the Companies Act 2006).

Sofern dies nicht der Fall ist (z.B. existieren derzeit keine gesellschaftsrechtlichen Bestimmungen des sekundären Gemeinschaftsrechts über die Abspaltung[212]), dürfte ein solcher Verstoß gegen Primärrecht – infolge des derzeitigen Stands der Harmonisierung – m.E. nicht als evident angesehen werden können. Es stellt sich dann m. E. vielmehr die Frage, ob ein solcher Vorgang als Einbringung von Betriebsvermögen *„durch Einzelrechtsnachfolge"* i.S.d. § 1 Abs. 3 Nr. 4 gewertet werden kann; dies hängt jedoch wiederum maßgebend davon ab, wem die Gesellschaftsrechte aus der Vermögensübertragung im Grundsatz zustehen (vgl. Rdn. 75 ff.).

(ii) Übertragung aufgrund Rechtsgeschäft

Unter Umwandlungen versteht man normalerweise *rechtsgeschäftliche Um-*   74
gestaltungen.[213] Von den rechtsgeschäftlichen Umwandlungen sind die Fälle der gesetzlichen Umwandlung zu unterscheiden, die sich z.B. aus dem allgemeinen Recht der PersG ergeben. Eine solche *gesetzliche Umwandlung* ist z.B. die Anwachsung nach § 738 BGB, da sie systemnotwendig der gesetzlichen Konstruktion der Gesamthand entspringt.[214]

Als maßgebendes Rechtsgeschäft wird z.B. der Abschluss eines Verschmelzungsvertrags bzw. in der Erstellung eines Verschmelzungsplans[215] oder der

---

210 *Schmidt*, AcP 191 (1991), 495, 498.
211 *Rödder* in Rödder/Herlinghaus/van Lishaut, § 11 Rdn. 21; *Hörtnagl* in Schmitt/Hörtnagl/Stratz, § 1 Rdn. 35.
212 Tz. 01.37 UmwStE 2011.
213 *Schmidt*, Gesellschaftsrecht, 4. Aufl., 335.
214 *Mertens*, Umwandlung und Universalsukzession, 65.
215 Tz. 01.31 UmwStE 2011.

Abschluss eines Spaltungs- und Übernahmevertrags bzw. die Erstellung eines Spaltungsplans[216] angesehen.

(iii) Gewährung von Anteilen

75 Die Verpflichtung zur Gewährung von Anteilen beinhaltet grds. *zwei Aspekte*, zum einen die Gewährung von Anteilen überhaupt und die zum anderen die Gewährung von Anteilen an die Anteilsinhaber des übertragenden Rechtsträgers.

76 Die Gewährung von Anteilen ist im Grundsatz gesellschaftsrechtlich ein zwingendes Strukturmerkmal. Für die Prüfung der Vergleichbarkeit sind jedoch die *Kapitalerhöhungsverbote* und *-wahlrechte* (z.B. § 54 UmwG) gleichermaßen zu beachten.[217] Danach ist z.B. zu berücksichtigen, dass die Anteilseigner nach § 54 Abs. 1 S. 3 UmwG auf die Gewährung neuer Anteile gänzlich verzichten können (vgl. Rdn. 14 und 21).

77 Sofern jedoch Anteile gewährt werden, sind diese – für einen mit einer Verschmelzung, Aufspaltung oder Abspaltung vergleichbaren ausländischen Vorgang – den Anteilsinhabern des übertragenden Rechtsträgers *unmittelbar* zu gewähren. Erfolgt hingegen zunächst eine Gewährung der Anteile an den übertragenden Rechtsträger, der die erhaltenen Anteile ggf. steuerneutral an seine Anteilseigner ausschüttet, kann es sich – bei Vorliegen der übrigen Strukturmerkmale – allenfalls um einen mit einer Ausgliederung i.S.d. § 1 Abs. 3 Nr. 2 vergleichbaren ausländischen Vorgang oder in den Fällen der Einzelrechtsnachfolge um eine Einbringung von Betriebsvermögen i.S.d. § 1 Abs. 3 Nr. 4 handeln; so z.B. bei der Teileinbringung in Frankreich (Apport partiel d'actif)[218] oder bei einer Reorganisation nach Section 110 Insolvency Act 1986[219] in Großbritannien.

(iv) Auflösung ohne Abwicklung

78 Für die steuerrechtliche Beurteilung ausländischer Umwandlungen hatte der BFH betreffend die Auflösung des übertragenden Rechtsträgers bereits bisher auf das jeweils maßgebende ausländische Recht abgestellt.[220] Sieht das maßgebende ausländische Recht keine Auflösung ohne Abwicklung vor, sondern muss eine Liquidation des übertragenden Rechtsträgers stattfinden (so in Großbritannien: z.B. bei einer Reorganisation nach Section 110 Insolvency Act 1986[221]; anders jedoch: bei Umwandlung nach Section 17 of The Companies (Cross-Border Mergers) Regulations 2007 oder Section 900 of the Companies Act 2006), kann es sich nicht um einen mit einer Verschmelzung oder Aufspaltung vergleichbaren ausländischen Vorgang handeln. In Betracht käme in einem solchen Fall – in Abhängigkeit, wem die Anteile aus

---

216 Tz. 01.34 UmwStE 2011.
217 Tz. 01.32 und 01.35 UmwStE 2011.
218 Vgl. auch *Graw* in Rödder/Herlinghaus/van Lishaut, § 1 Rdn. 92.
219 A.A. *Widmann* in Widmann/Mayer, § 1 Rdn. 18, der hierin eine Verschmelzung oder (Auf-)Spaltung sieht.
220 BFH vom 22.02.1989, I R 11/85, BStBl. II 1989, 794.
221 A.A. *Widmann* in Widmann/Mayer, § 1 Rdn. 18, der hierin eine Verschmelzung oder (Auf-)Spaltung sieht.

der Übertragung zustehen (vgl. Rdn. 77) – allenfalls eine Vergleichbarkeit des ausländischen Vorgangs mit einer Abspaltung oder Ausgliederung.

Die Auflösung der Gesellschaft und die Übertragung des Vermögens im Wege der Liquidation stellen hingegen keinen vergleichbaren Umwandlungsvorgang dar, der zur Anwendung des UmwStG führt. Diese Form einer Reorganisation von Gesellschaften war jedoch nach § 2 des Gesetzes über Steuererleichterungen bei Umwandlung und Auflösung von Kapitalgesellschaften vom 05. 07. 1934[222] steuerlich begünstigt.

(v) Keine Gewichtung der Strukturmerkmale

Anders als beim Rechtstypenvergleich (vgl. hierzu Rdn. 65) ist im UmwStE keine Aussage über eine Gewichtung einzelner Strukturmerkmale getroffen worden, so dass für eine Vergleichbarkeit des ausländischen Umwandlungsvorgangs sämtliche Strukturmerkmale – ausgenommen das ausländische Recht enthält wie das UmwG vergleichbare Ausnahmeregelungen (z. B. bei der (Nicht-)Gewährung von Anteilen) – gegeben sein müssen.   79

(vi) Sonstige Vergleichskriterien

Als ein wesentliches sonstiges Vergleichskriterium ist die Höhe der *vertraglich vereinbarten Zuzahlungen* zu werten. Diese müssen grds. den Vorgaben des UmwG entsprechen.[223] Z. B. dürfen nach § 54 Abs. 4 UmwG, die im Verschmelzungsvertrag festgesetzten baren Zuzahlungen nicht mehr als 10 % des Gesamtnennbetrags der gewährten Geschäftsanteile an dem übertragenden Rechtsträger betragen. Diese 10 %-Grenze gilt jedoch nur für die im Verschmelzungsvertrag festgesetzten baren Zuzahlungen und nicht für spätere Erhöhungen oder Neufestsetzungen durch das Gericht auf der Grundlage von § 15 UmwG.   80

Die Dauer der *gesellschaftsrechtlichen Rückbeziehungsmöglichkeit* stellt hingegen kein für die Vergleichbarkeit entscheidendes Merkmal dar.[224]   81

I. R. der Vergleichbarkeitsprüfung ist m. E. jedoch z. B. § 76 UmwG unbeachtlich, der die *Umgehung von Nachgründungsvorschriften* (§§ 52 ff. AktG) verhindern soll. Es handelt sich hierbei um kein Wesensmerkmal, sondern es kann vielmehr dem Personalstatut des ausländischen übertragenden Rechtsträgers überlassen bleiben, ob es vergleichbare ausländische Nachgründungsbestimmungen durch ein temporäres Verschmelzungs- oder Spaltungsverbot flankiert.   82

Verfahrensrechtliche Fragen einer Umwandlung im weitesten Sinne (also Publizitäts- oder Formerfordernisse) haben m. E. keine Bedeutung für die Vergleichbarkeitsprüfung. Infolge des Grundsatzes der Maßgeblichkeit des Gesellschaftsrechts, der auch für ausländische Umwandlungen gilt (vgl. Rdn. 41 ff.), kommt es nach dem kollisionsrechtlichen Mittel der Substitution   83

---

222 RGBl. I 1934, 572.
223 Tz. 01.40 UmwStE 2011.
224 Tz. 01.41 UmwStE 2011.

vielmehr auf die Bestimmungen des maßgebenden ausländischen Personalstatuts an.[225]

(2) Formwechsel

84 Für den in der Praxis bedeutsamen Formwechsel ist die Vergleichbarkeit gegeben, wenn die nach ausländischem Recht erfolgende Umwandlung ihrem Wesen nach mit dem Formwechsel i.S.d. § 190 Abs. 1 UmwG (vgl. Rdn. 25 ff.) vergleichbar ist. Aufgrund des Umstands, dass der Formwechsel nur wenige Strukturmerkmale aufweist (infolge der Rechtsträgeridentität entfällt insbesondere die Prüfung der Art des Vermögensübergangs), dürfte eine Vergleichbarkeit häufig gegeben sein, wenn das ausländische Recht einen *Wechsel des Rechtskleids ohne Vermögenstransfer* zulässt.

Infolge des Vermögenstransfers sind die Fälle der sog. *„errichtenden"* oder *„übertragenden" Umwandlung* kein mit einem Formwechsel vergleichbarer ausländischer Vorgang.[226] Solche Vorgänge waren auch noch bis 1994 im UmwG geregelt. Nach Auffassung der Finanzverwaltung[227] handelt es sich in diesen Fällen um einen mit einer Verschmelzung vergleichbaren ausländischen Vorgang, auch wenn es bei einer Verschmelzung zur Neugründung mindestens eines zweiten übertragenden Rechtsträgers bedarf.[228]

85 Für die Wirksamkeit des Formwechsels und das Eintragungserfordernis als Vergleichbarkeitskriterium gelten die Aussagen in Rdn. 83 gleichermaßen; d.h. es reicht aus, wenn für die *Publizitäts- und Formerfordernisse* den Bestimmungen des maßgebenden ausländischen Personalstatuts genüge getan ist.[229]

3. Umwandlung nach SE-VO und SCE-VO

86 Bei den sekundärrechtlich geregelten Fällen der grenzüberschreitenden *Verschmelzung* zur *Neugründung einer SE* nach der Verordnung (EG) Nr. 2157/2001 vom 08.10.2001[230] oder zur Neugründung einer SCE nach der Verordnung (EG) Nr. 1435/2003 vom 22.07.2003[231] handelt es sich weder um inländische Umwandlungen, da die Vorschriften des UmwG hierauf im Grundsatz keine – sondern allenfalls ergänzend – Anwendung finden (vgl. Rdn. 10, 16), noch handelt es sich um ausländische Umwandlungen, da es sich hierbei um supranationales Recht und nicht um Umwandlungen nach dem Gesellschaftsstatut eines ausländischen Staats (vgl. Rdn. 40) handelt. Dennoch unterliegen Verschmelzungen zur Neugründung einer SE

225 *Möhlenbrock* in Dötsch/Jost/Pung/Möhlenbrock, § 1 Rdn. 109. Zur Substitution: *Kindler* in MünchKomm BGB, IntGesR, Rdn. 885.
226 So bereits *Schmidt*, Gesellschaftsrecht, 4. Aufl., 369, für den Vergleich zwischen der „übertragenden Umwandlung" nach dem UmwG a.F. und dem Formwechsel nach dem UmwG 1995.
227 Tz. 01.39 UmwStE 2011.
228 *Benecke/Schnittker* in Wassermeyer/Richter/Schnittker, Kapitel 13, Rdn. 13.39, 13.11; *Patt* in Dötsch/Patt/Pung/Möhlenbrock, § 25 Rdn. 11.
229 *Benecke/Schnittker* in Wassermeyer/Richter/Schnittker, Kapitel 13, Rdn. 13.11.
230 ABl. L 294, 1, zuletzt geändert durch Verordnung (EG) Nr. 1791/2006 vom 20.11. 2006, ABl. L 363, 1.
231 ABl. L 207, 1, berichtigt ABl. L 49 vom 17.02.2007, 35.

oder SCE aufgrund ausdrücklicher gesetzlicher Regelung immer dem sachlichen Anwendungsbereich des § 1 Abs. 1 S. 1 Nr. 1; einer Vergleichbarkeitsprüfung bedarf es somit nicht.[232]

Die Verschmelzung zur Neugründung einer SE oder SCE wird *mit der Eintragung* der SE oder SCE *wirksam* (vgl. z.B. Art. 27 SE-VO). Die Finanzbehörde ist an die *registerrechtliche Entscheidung* gebunden. Aufgrund der in den Verordnungen bestimmten Unumkehrbarkeit der Verschmelzung (vgl. z.B. Art. 30 SE-VO) kommt ein gravierender Mangel der Umwandlung, der die Anwendung des § 1 Abs. 1 S. 1 Nr. 1 ausschließt (siehe z.B. Rdn. 52 betreffend ausländische Umwandlungen), de facto nicht in Betracht. **87**

Eine *Verschmelzung zur Aufnahme* auf eine SE oder SCE unterfällt jedoch nicht dem Anwendungsbereich der SE-VO oder SCE-VO. Hier gelten die Grundsätze zu in- und ausländischen Umwandlungsvorgängen (insbesondere die erforderliche Vergleichbarkeitsprüfung) gleichermaßen. So kann unter bestimmte Voraussetzungen auch eine inländische Umwandlung i.S.d. § 2 UmwG angenommen werden (siehe Rdn. 16). Im Rahmen der Vergleichbarkeitsprüfung ist die SE einer AG, die SCE einer eG sowie die EWIV einer OHG vergleichbar.[233] **88**

II. Persönlicher Anwendungsbereich
(§ 1 Abs. 2)

1. Allgemeines

Der sachliche Anwendungsbereich des § 1 Abs. 1 wird durch den persönlichen Anwendungsbereich des § 1 Abs. 2 ergänzt. Die Ausgangs- und die Zielrechtsträger müssen für die Anwendung des Zweiten bis Fünften Teils einen *doppelten EU-/EWR-Bezug* aufweisen (gesellschaftsrechtlicher EU-/EWR-Bezug bzw. bei natürlichen Personen Wohnsitz und steuerliches EU-/EWR-Ansässigkeitserfordernis). **89**

Flankiert werden diese Ansässigkeitserfordernisse in den Fällen der §§ *11 ff.* durch § 12 Abs. 3 KStG, der bei Wegfall des EU-/EWR-Bezugs eine Liquidationsbesteuerung anordnet. Hierdurch sollen Umgehungsgestaltungen durch Zuzugs- und Wegzugsgestaltungen verhindert werden. In den Fällen der §§ *20, 21* tritt neben § 12 Abs. 3 KStG der Ersatzrealisationstatbestand in § 22 Abs. 1 S. 6 Nr. 6.

Vom Anwendungsbereich der §§ 3 bis 19 sind erfasst **90**

– *Gesellschaften* (als umwandelnde, übertragende und übernehmende Rechtsträger):
i.S.d. Art. 54 AEUV (ex-Art. 48 EG) oder i.S.d. Art. 34 EWR-Abkommens, die nach den Rechtsvorschriften eines EU-/EWR-Staats gegründet worden sind, *und* deren Sitz (§ 11 AO) und Ort der Geschäftsleitung (§ 12 AO) sich innerhalb des Hoheitsgebiets eines dieser Staaten befinden sowie

---

232 *Hörtnagl* in Schmitt/Hörtnagl/Stratz, § 1 Rdn. 43; *Möhlenbrock* inDötsch/Patt/Pung/Möhlenbrock, UmwStG Einf Rdn. 9, 10, § 1 Rdn. 75 ff., 84; Tz. 01.42 UmwStE 2011.
233 Tz. 1.05 UmwStE; *Möhlenbrock* in Dötsch/Patt/Pung/Möhlenbrock, § 1 Rdn. 84.

– *natürliche Personen* (als übernehmende Rechtsträger):
mit Wohnsitz oder gewöhnlichen Aufenthalt innerhalb des Gebiets der EU und des EWR *und* die nicht aufgrund eines DBA mit einem Drittstaat als außerhalb des Hoheitsgebiets eines dieser Staaten ansässig angesehen werden.

Dabei ist es *nicht erforderlich*, dass sich der Sitz (§ 11 AO) und der Ort der Geschäftsleitung (§ 12 AO) in demselben EU- oder EWR-Staat befinden müssen (d.h. Zulässigkeit sog. *doppelt ansässiger Gesellschaften*).[234] Für die *Anteilsinhaber* der am Umwandlungsvorgang beteiligten Gesellschaften existieren keine vergleichbaren Ansässigkeitsbeschränkungen[235]; zur steuerlichen Behandlung der Anteilsinhaber vgl. §§ 4, 7 und 13.

91 Darüber hinaus wird der persönliche Anwendungsbereich durch den in dem jeweiligen Einzelsteuergesetz normierten *Umfang der Steuerpflicht* der auf Gesellschafts- und Gesellschafterebene beteiligten Rechtsträger begrenzt (§ 1 EStG, §§ 1 bis 4 KStG sowie § 2 GewStG).[236]

92 Die persönlichen Anwendungsvoraussetzungen müssen spätestens zum *Zeitpunkt des steuerlichen Übertragungsstichtags* vorliegen. Wurde ein an der Umwandlung beteiligter Rechtsträger im Rückwirkungszeitraum gegründet, ist für ihn auf den Zeitpunkt der zivilrechtlichen Wirksamkeit *der Gründung* abzustellen. Bei einer Umwandlung durch Neugründung ist – bezogen auf den übernehmenden Rechtsträger – abweichend hiervon der Zeitpunkt der zivilrechtlichen Wirksamkeit *der Umwandlung* maßgebend.[237]

2. Gesellschaften i.S.d. Art. 54 AEUV (ex-Art. 48 EG) und Art. 34 des EWR-Abkommens

93 Der Begriff der Gesellschaft i.S.d. Art. 54 AEUV (ex-Art. 48 EG) bzw. des Art. 34 des EWR-Abkommens ist ein *gemeinschaftsrechtlicher Begriff* bzw. *europarechtlicher Natur.*[238] D.h. für die Beurteilung der Frage, ob eine solche Gesellschaft im Zweifelsfall gegeben ist, liegt die Entscheidung hierüber beim EuGH bzw. beim EFTA-Gerichtshof. Auf das nationale (Gesellschafts-) Recht kommt es für den Begriff „Gesellschaft" insoweit nicht an.

94 § 1 Abs. 2 verweist – wie z.B. auch Art. 54 Abs. 1 AEUV – auf das Recht des EU-/EWR-Staats zur Klärung der Frage, ob eine Gesellschaft *wirksam gegründet* worden ist. Irrelevant ist jedoch die Frage der Fortexistenz der Gesellschaft (z.B. bei Sitzverlegung).

Unbeachtlich ist ebenfalls, ob der Gründungsstaat im *Zeitpunkt der Gründung* der Gesellschaft bereits Mitgliedstaat der EU ist. Maßgebend sind die Verhältnisse zum steuerlichen Übertragungsstichtag; vgl. Rdn. 92.[239]

---

234 Tz. 01.49 UmwStE 2011.
235 *Hörtnagl* in Schmitt/Hörtnagl/Stratz, § 1 Rdn. 56; *Widmann* in Widmann/Mayer, § 1 Rdn. 26.
236 Tz. 01.02 UmwStE 2011.
237 Tz. 01.52 UmwStE 2011.
238 Tz. 01.50 UmwStE 2011.
239 *Widmann* in Widmann/Mayer, § 1 Rdn. 30.

Der Begriff der Gesellschaft i.S.d. Art. 54 AEUV (ex-Art. 48 EG) bzw. des 95
Art. 34 des EWR-Abkommens ist umfassend. Er umfasst die juristischen Personen *(Körperschaften und Vermögensmassen)*[240] und auch sonstige Gesellschaften, die keine juristischen Personen sind *(Personenvereinigungen)*. Ausreichend ist es, dass die Personenvereinigung gegenüber ihren Mitgliedern soweit verselbstständigt ist, dass sie im Rechtsverkehr unter eigenem Namen Handeln kann.[241] Dies trifft bspw. auf die Personenhandelsgesellschaften zu (vgl. z.B. § 124 Abs. 1 HGB).

Art. 54 AEUV (ex-Art. 48 EG) bzw. des Art. 34 des EWR-Abkommens enthalten den einschränkenden Zusatz, dass solche Gesellschaften nicht erfasst seien, „die *keinen Erwerbszweck verfolgen"*. Diese Einschränkung betrifft nicht die Frage, ob die Gesellschaft im Außenverhältnis im Wirtschaftsleben tätigt ist, sondern betrifft die Binnenstruktur der Gesellschaft. Ausgeschlossen wären danach z.B. *gemeinnützige Einrichtungen.* Angesichts des Umstands, dass die Ausnahme gemeinnütziger Einrichtungen aus dem Anwendungsbereich des Art. 54 AEUV (ex-Art. 48 EG) bzw. des Art. 34 des EWR-Abkommens Wettbewerbsverzerrungen vermeiden soll, scheint eine teleologische Reduktion geboten, wenn nicht die Gefahr der Wettbewerbsverzerrung besteht.[242] Die Prüfung des Erwerbszwecks hat für den übertragenden und übernehmenden Rechtsträger gesondert zu erfolgen, wobei es beim übernehmenden Rechtsträger ausreicht, wenn dieser erst nach der Umwandlung einen Erwerbszweck verfolgt.[243]

BgA sind insoweit erfasst, als die Trägerkörperschaft die Voraussetzungen 96
des Art. 54 AEUV (ex-Art. 48 EG) bzw. des Art. 34 des EWR-Abkommens erfüllt. Der einzelne BgA soll dabei als Gesellschaft anzusehen sein.[244]

3. Natürliche Personen

Natürliche Personen müssen ihren Wohnsitz (§ 8 AO) oder ihren gewöhnli- 97
chen Aufenthalt (§ 9 AO) innerhalb des Gebiets der EU bzw. des EWR haben und dürfen nicht aufgrund eines DBA als außerhalb des Hoheitsgebiets dieser Staaten ansässig gelten.[245] Auch hier ist es nicht erforderlich, dass sich Wohnsitz und gewöhnlicher Aufenthalt nicht in demselben Staat befinden müssen.

4. SE und SCE

Nach § 1 Abs. 2 S. 2 gelten die SE und SCE als nach den Rechtsvorschriften 98
des Staats gegründet, in dessen Hoheitsgebiet sich ihr *Sitz* (§ 11 AO) befindet. Wegen des sog. doppelten Sitzerfordernisses in Art. 7 SE-VO bzw. in

---

240 Vgl. z.B. *Orth*, FR 2010, 637, 640 zur rechtsfähigen unternehmerisch tätigen Stiftung.
241 *Randelzhofer/Forsthoff* in Grabitz/Hilf, Das Recht der Europäischen Union, EGV Art. 48 Rdn. 7.
242 *Randelzhofer/Forsthoff* in Grabitz/Hilf, Das Recht der Europäischen Union, EGV Art. 48 Rdn. 8.
243 *Möhlenbrock* in Dötsch/Patt/Pung/Möhlenbrock § 1 Rdn. 146.
244 Tz. 01.50 UmwStE 2011.
245 Tz. 01.51 UmwStE 2011.

Art. 6 SCE-VO kommt eine Doppelansässigkeit regelmäßig nicht in Betracht.

C. Anwendung UmwStG bei Einbringungen (Sechster bis Achter Teil)

I. Sachlicher Anwendungsbereich (§ 1 Abs. 3)

99 Anknüpfungspunkt des sachlichen Anwendungsbereichs der §§ 20 bis 25 sind ausschließlich die in § 1 Abs. 3 S. 1 Nr. 1 bis 5 *abschließend*[246] aufgezählten Reorganisationsmöglichkeiten:

Dabei gilt der *Grundsatz der Maßgeblichkeit des Gesellschaftsrechts* (vgl. auch Rdn. 6) nur für die in § 1 Abs. 3 Nr. *1 bis 3* genannten Umwandlungsmöglichkeiten (Verschmelzung, Aufspaltung, Abspaltung, Ausgliederung sowie Formwechsel einschl. vergleichbarer ausländischer Vorgänge). Für die Beurteilung der Frage, ob eine zivilrechtlich wirksame Umwandlung vorliegt, ist hierbei ebenfalls regelmäßig die *registerrechtliche Entscheidung* maßgebend (vgl. auch Rdn. 6).

Im Gegensatz zu den Übertragungsmöglichkeiten nach dem UmwG (also uno-actu-Übertragungen; vgl. Rdn. 70 ff.) erfasst der sachliche Anwendungsbereich des § 1 Abs. 3 *Nr. 4* auch Übertragungen im Wege der Einzelrechtsnachfolge.

Beim Austausch von Anteilen i.S.d. § 1 Abs. 3 *Nr. 5* sind sowohl Übertragungen nach dem UmwG als auch Fälle der Einzelrechtsnachfolge denkbar. Insoweit ist der sachliche Anknüpfungspunkt § 1 Abs. 3 Nr. 5 aufgrund seiner Objektbezogenheit lex specialis zu den genannten Arten der Vermögensübertragung in § 1 Abs. 3 Nr. 1 bis 4.[247] D.h. die Ausgliederung i.S.d. § 123 Abs. 3 UmwG einer Beteiligung i.S.d. § 21 Abs. 1 S. 1 unterfällt dem sachlichen Anwendungsbereich in § 1 Abs. 3 Nr. 5[248] und nicht dem des § 1 Abs. 3 Nr. 2. Bedeutung hat diese Unterscheidung für die Beschränkung des persönlichen Anwendungsbereichs des UmwStG in § 1 Abs. 3 Nr. 2, die nicht für den Anteilstausch i.S.d. § 1 Abs. 3 Nr. 5 gelten.

100 Der sachliche Anwendungsbereich in § 1 Abs. 3 wird durch die in den § 20 Abs. 1 und § 21 Abs. 1 enthaltenen Voraussetzungen bezüglich der *Rechtsform* des übernehmenden Rechtsträgers (also KapG oder Genossenschaft) begrenzt.[249] Darüber hinaus ist für den Anwendungsbereich des Sechsten bis Achten Teils des UmwStG ebenfalls maßgebend, ob z.B. ein Teilbetrieb übertragen wurde oder neue Anteile gewährt worden sind.

---

246 Tz. 01.43 UmwStE 2011.
247 *Patt* in Dötsch/Patt/Pung/Möhlenbrock, § 21 Rdn. 3.
248 Tz. 01.46 UmwStE 2011.
249 Tz. 01.43 UmwStE 2011.

1. Übertragungen nach UmwG sowie vergleichbare ausländische Vorgänge i.S.d. § 1 Abs. 3 Nr. 1 bis 3, sofern kein Anteilstausch i.S.d. § 1 Abs. 3 Nr. 5

Anders als der Zweite bis Fünfte Teil des Gesetzes, der nur die Umwandlung von Körperschaften als Ausgangsrechtsträger betrifft (vgl. Rdn. 7), gilt der Sechste bis Achte Teil des Gesetzes in § 1 Abs. 3 Nr. 1 bis 3 darüber hinaus auch für Umwandlungen unter Beteiligungen von PersG oder natürlichen Personen *als Ausgangsrechtsträger*. Im Gegensatz zum sachlichen Anwendungsbereich des Zweiten bis Fünften Teils des Gesetzes werden von § 1 Abs. 3 Nr. 1 bis 3 jedoch nicht die Vermögensübertragung i.S.d. *§ 174 UmwG* (vgl. Rdn. 31 ff.) sowie Umwandlungen aufgrund ausdrücklicher bundes- oder landesgesetzlicher Regelung i.S.d. *§ 1 Abs. 2 UmwG* (vgl. Rdn. 28 ff.) erfasst. *101*

a) Verschmelzung, Aufspaltung und Abspaltung (§ 1 Abs. 3 Nr. 1)

aa) Verschmelzung i.S.d. § 2 UmwG

Der Sechste bis Achte Teil erfasst die *Verschmelzung* i.S.d. § 2 UmwG *von* Personenhandels- (also OHG und KG) und Partnerschaftsgesellschaften als Ausgangsrechtsträger *auf* eine KapG oder Genossenschaft (vgl. § 20) sowie *auf* eine PersG (vgl. § 24). Zu den Arten der Verschmelzung sowie den Verschmelzungsmöglichkeiten vgl. Rdn. 13 ff., zum Zeitpunkt der Wirksamkeit der Umwandlung vgl. Rdn. 36 f. und zur Bindungswirkung der registerrechtlichen Entscheidung vgl. Rdn. 38 f. *102*

Das *Fehlen einer Gegenleistung* in Form von Gesellschaftsrechten lässt bei Geltung des Sechsten bis Achten Teils die *Bewertungswahlrechte* in der steuerlichen Schlussbilanz wegen des Erfordernisses „neuer Anteile" in § 20 Abs. 1 oder des Erfordernisses des „Erwerbs der Mitunternehmerstellung" bzw. der „Aufstockung eines Mitunternehmeranteils"[250] in § 24 Abs. 1 nicht unbeeinflusst; anders in den Fällen des Zweiten bis Fünften Teils siehe Rdn. 14. *103*

bb) Aufspaltung und Abspaltung i.S.d. § 123 Abs. 1 und 2 UmwG

Nach § 1 Abs. 3 Nr. 1 ist der Sechste bis Achte Teil ausdrücklich auch auf die Aufspaltung i.S.d. § 123 Abs. 1 UmwG sowie die Abspaltung i.S.d. § 123 Abs. 2 UmwG *von* Personenhandels- (also OHG und KG) und Partnerschaftsgesellschaften als Ausgangsrechtsträger *auf* KapG oder Genossenschaften (vgl. § 20) sowie *auf* PersG (vgl. § 24) anwendbar. Zu den Arten der Aufspaltung vgl. Rdn. 18 und der Abspaltung vgl. Rdn. 19 sowie den Spaltungsmöglichkeiten vgl. Rdn. 23, zum Zeitpunkt der Wirksamkeit der Umwandlung vgl. Rdn. 36 f. und zur Bindungswirkung der registerrechtlichen Entscheidung vgl. Rdn. 38 f. *104*

Das *Fehlen einer Gegenleistung* in Form von Gesellschaftsrechten lässt bei Geltung des Sechsten bis Achten Teils die *Bewertungswahlrechte* in der steuerlichen Schlussbilanz wegen des Erfordernisses „neuer Anteile" in § 20 Abs. 1 oder des Erfordernisses des „Erwerbs der Mitunternehmerstellung" *105*

---

250 Tz. E 20.09 ff. UmwStE 2011.

bzw. der „Aufstockung eines Mitunternehmeranteils"[251] in § 24 Abs. 1 nicht unbeeinflusst; anders in den Fällen des Zweiten bis Fünften Teils siehe Rdn. 21.

106 Auch im Anwendungsbereich des § 1 Abs. 3 Nr. 1 kann die Spaltung verhältniswahrend oder nicht verhältniswahrend erfolgen (vgl. Rdn. 22). Die nichtverhältniswahrende Spaltung ermöglicht damit eine *Trennung von „Gesellschafterstämmen"*.[252] Diese gesellschaftsrechtliche Möglichkeit zur Trennung von Gesellschafterstämmen wird jedoch im Sechsten bis Achten Teil nicht durch eine mit § 15 Abs. 2 S. 5 UmwStG vergleichbare Regelung eingeschränkt. Bei der Abspaltung ist hinsichtlich des sog. *doppelten Teilbetriebserfordernisses* keine mit dem in § 15 Abs. 1 S. 2 vergleichbare Regelung vorhanden.

107 In den Fällen der Aufspaltung einer Personenhandels- oder Partnerschaftsgesellschaft ist infolge der Auflösung ohne Abwicklung des übertragenden Rechtsträgers eine Abgrenzung zum Rechtsinstitut der *Realteilung* i.S.d. § 16 Abs. 3 S. 2 EStG erforderlich. Wenn auch der Begriff der Realteilung für steuerrechtliche Zwecke in § 16 Abs. 3 S. 2 EStG kodifiziert ist, enthält weder das EStG noch das Zivilrecht eine Definition dieses Begriffs. Die Realteilung regelt vereinfacht ausgedrückt die Möglichkeit der steuerneutralen Trennung von Gesellschaftern einer Personengesellschaft.[253] Ausnahmsweise kann eine Realteilung auch im Wege der Aufspaltung nach § 123 Abs. 1 UmwG erfolgen, soweit an der Personenhandels- oder Partnerschaftsgesellschaft KapG, Genossenschaften oder andere Personenhandels- oder Partnerschaftsgesellschaften beteiligt sind.[254] Eine vorrangige Anwendung der Realteilungsgrundsätze des § 16 Abs. 3 S. 2 ff. EStG ist m.E. jedoch nur bei Aufspaltung auf die Gesellschafter der Personenhandels- oder Partnerschaftsgesellschaft denkbar[255] und von der weiteren Voraussetzung abhängig, dass keine Gesellschaftsrechte gewährt werden.

b) Ausgliederung i.S.d. § 123 Abs. 3 UmwG (§ 1 Abs. 3 Nr. 2)

108 Das UmwG gibt *drei Spaltungsformen* vor (Aufspaltung, Abspaltung und Ausgliederung), wobei die *Ausgliederung* nach § 1 Abs. 1 S. 2 ausdrücklich vom sachlichen Anwendungsbereich des Zweiten bis Fünften Teils *ausgenommen* ist und nach § 1 Abs. 3 Nr. 2 allein vom sachlichen Anwendungsbereich des Sechsten bis Achten Teils erfasst wird.

109 Nach § 123 Abs. 3 UmwG kann ein Rechtsträger aus seinem Vermögen einen Teil oder mehrere Teile *ausgliedern*

– zur *Aufnahme* durch Übertragung dieses Teils oder dieser Teile jeweils als Gesamtheit auf einen bestehenden oder mehrere bestehende Rechtsträger oder

---

251 Tz. E 20.09 ff. UmwStE 2011.
252 BT-Drs. 12/6699, 118.
253 *Pupeter* in Widmann/Mayer, Anhang 10: Realteilung Rdn. 1.
254 *Kulosa* in Herrmann/Heuer/Raupach, § 16 EStG Rdn. 544.
255 *Pupeter* in Widmann/Mayer, Anhang 10: Realteilung Rdn. 62 ff.

– zur *Neugründung* durch Übertragung dieses Teils oder dieser Teile jeweils als Gesamtheit auf einen oder mehrere, von ihm dadurch gegründeten neuen oder gegründete neue Rechtsträger

gegen Gewährung von Anteilen oder Mitgliedschaften dieses Rechtsträgers oder dieser Rechtsträger an den übertragenden Rechtsträger. Wie die Abspaltung ist die Ausgliederung dadurch gekennzeichnet, dass der übertragende Rechtsträger bestehen bleibt. Im Unterschied zur Abspaltung werden die Gesellschaftsrechte jedoch nicht den Anteilseignern des übertragenden Rechtsträgers, sondern dem übertragenden Rechtsträger selbst gewährt.

Als *übertragende Rechtsträger* kommen alle nach dem UmwG beteiligtenfähigen Rechtsträger in Betracht. Für eine Begünstigung nach dem UmwStG kommen als *übernehmende Rechtsträger* jedoch nur KapG oder Genossenschaften (§ 20) sowie PersG (§ 24) in Betracht. Die Gründung einer Tochter-SE mittels Ausgliederung nach § 123 Abs. 3 Nr. 2 UmwG ist nicht möglich.[256] Bei Anteilstausch i.S.d. § 21 Abs. 1 S. 1 durch Ausgliederung ist § 1 Abs. 3 Nr. 5 anwendbar; vgl. zur Abgrenzung auch Rdn. 23.   110

Eine mit § 54 Abs. 1 S. 3, § 68 Abs. 1 S. 3 UmwG vergleichbare Regelung zum *Verzicht auf Kapitalerhöhung* besteht nicht; vgl. § 125 UmwG.   111

c) Formwechsel i.S.d. § 190 Abs. 1 UmwG (§ 1 Abs. 3 Nr. 3)

§ 1 Abs. 3 Nr. 3 erklärt den Sechsten bis Achten Teil für den Formwechsel einer PersG in eine KapG oder Genossenschaft i.S.d. § 190 Abs. 1 UmwG für anwendbar. Zum Begriff und den Möglichkeiten des Formwechsels vgl. Rdn. 25 ff.   112

d) Vergleichbare ausländische Vorgänge

Der Sechste bis Achte Teil findet auch auf mit den in § 1 Abs. 3 Nr. 1 bis 3 genannten inländischen Umwandlungen vergleichbaren ausländischen Vorgängen Anwendung. Zur zivilrechtlichen Wirksamkeit des ausländischen Vorgangs sowie zum Vergleichbarkeitstest etc. vgl. Rdn. 40 ff.   113

2. Übertragungen im Wege der Einzelrechtsnachfolge i.S.d. § 1 Abs. 3 Nr. 4

Über die in § 1 Abs. 3 Nr. 1 bis 3 genannten umwandlungsgesetzlich geregelten Übertragungsmöglichkeiten gilt der Sechste bis Achte Teil auch für die *Einbringung von Betriebsvermögen* durch *Einzelrechtsnachfolge* in eine KapG, eine Genossenschaft oder PersG.   114

§ 1 Abs. 3 Nr. 4 verlangt für die Anwendung des UmwStG im Grundsatz nur die Einbringung von *Betriebsvermögen*; weitere Anforderungen an das übertragene Betriebsvermögen folgen jedoch aus §§ 20, 24 (Betriebe, Teilbetriebe und Mitunternehmeranteile). Nicht von § 1 Abs. 3 Nr. 4 erfasst, ist die Einbringung von Privatvermögen. Beim Anteilstausch i.S.d. § 21 Abs. 1 S. 1 durch Einzelrechtsnachfolge ist § 1 Abs. 3 Nr. 5 anwendbar – insoweit   115

---

256 *Hirte*, NZG 2002, 1, 4. A.A. *Graw* in Rödder/Herlinghaus/van Lishaut, § 1 Rdn. 213.

entfällt hier auch das Erfordernis der Einbringung von Betriebsvermögen; vgl. zur Abgrenzung auch Rdn. 99.

116 Der Begriff der *Einbringung* ist weder im UmwStG noch in anderen Steuergesetzen definiert.[257] Er wird selbst im UmwStG nicht einheitlich verwandt. Während im Anwendungsbereich des § 1 dieser Begriff mit der Übertragung von Betriebsvermögen im Wege der Einzelrechtsnachfolge verbunden ist (vgl. auch § 1 Abs. 4 S. 1 Nr. 2 Buchst. a: Verwendung des Begriffs „einbringender" Rechtsträger nur in Zusammenhang mit Übertragung durch Einzelrechtsnachfolge, während bei den übertragenden Umwandlungen der Begriff „übertragender" Rechtsträger verwandt wird), werden im Anwendungsbereich der §§ 20, 24 unter dem Begriff Einbringung sämtliche Anwendungsfälle der Übertragung eines Betriebs, Teilbetriebs oder Mitunternehmeranteils – im Wege der Gesamt- oder Einzelrechtsnachfolge – verstanden. Aufgrund des Erfordernisses der Gewährung von neuen Anteilen in § 20 bzw. der Begründung einer Mitunternehmerstellung bzw. der Aufstockung eines Mitunternehmeranteils in § 24 wird unter Einbringung allgemein die Übertragung von Sachgesamtheiten gegen Gewährung von Gesellschaftsrechten verstanden.[258]

117 Das Begriffselement Einbringung durch *Einzelrechtsnachfolge* dient zunächst nur der Beschreibung der Rechtsnachfolgetechnik und grenzt Übertragungen im Wege der (partiellen) Gesamtrechtsnachfolge (uno-actu-Übertragung ohne Anwendung des Spezialitätsprinzips vgl. Rdn. 70 ff.) von Übertragungen im Wege der Einzelrechtsnachfolge (also unter Beachtung des Spezialitätsprinzips; d.h. (einzelne) Übertragung von Vermögensgegenständen, Schulden, Rechten etc. nach den jeweils dafür maßgebenden Vorschriften) ab. Besondere *Bedeutung* hat die Unterscheidung zwischen Einbringungen im Wege der Einzelrechtsnachfolge und Einbringungen im Wege der Gesamtrechtsnachfolge in den Fällen des § 24, da nur bei Gesamtrechtsnachfolge die steuerliche Rückwirkung nach § 20 Abs. 5 und 6 entsprechend gilt (vgl. § 24 Abs. 4).

Im Anwendungsbereich des UmwStG wird die Einbringung durch Einzelrechtsnachfolge jedoch nicht in einem strengen zivilrechtlichen Sinne verstanden, sondern entscheidend für die Übertragung von Betriebsvermögen durch Einzelrechtsnachfolge i.S.d. § 1 Abs. 3 Nr. 4 ist die Änderung der Zurechnung nach § 39 Abs. 2 Nr. 1 AO; d.h. *Verschaffung des wirtschaftlichen Eigentums* genügt für die Anwendung der §§ 20, 24.[259] Aufgrund der Besonderheiten bei der Besteuerung von Mitunternehmerschaften genügt für Zwecke des § 24 darüber hinaus bereits die Änderung der steuerlichen Zurechnung aufgrund von § 15 Abs. 1 S. 1 Nr. 2 EStG. Danach ist es i.R.d. § 24 ausreichend, wenn das eingebrachte Betriebsvermögen *teilweise Sonderbetriebsvermögen* des Einbringenden bei der übernehmenden PersG wird.[260]

Auch Übertragungen aufgrund *ausländischer Rechtsordnungen* sind – sofern kein mit einer Umwandlung i.S.d. § 1 Abs. 3 Nr. 1 bis 3 vergleichbarer ausländischer Vorgang gegeben ist – Übertragungen im Wege der Einzel-

---

257 *Widmann* in Widmann/Mayer, § 1 Rdn. 30.
258 Vgl. auch *Graw* in Rödder/Herlinghaus/van Lishaut, § 1 Rdn. 230, 230a.
259 Tz. 01.43 UmwStE 2011.
260 Tz. 24.05 UmwStE 2011.

rechtsnachfolge.[261] Entscheidend für die Anwendung des Sechsten bis Achten Teils ist dann regelmäßig der Umstand, wem die Anteile aus dem Einbringungsvorgang zustehen (vgl. Rdn. 77).

Die (erweiterte) *Anwachsung* wird als Unterfall der Einzelrechtsnachfolge   *118* behandelt.[262] Für die erweiterte Anwachsung als Fall der wirtschaftlichen Verschmelzung, die nicht vom Anwendungsbereich des § 1 Abs. 3 Nr. 1 bis 3 UmwStG erfasst wird, wurde aufgrund des Erfordernisses der Einzelrechtsnachfolge in § 1 Abs. 3 Nr. 4 UmwStG teilweise in Frage gestellt, dass diese Umwandlungsmöglichkeiten, die letztendlich zu einem zivilrechtlichen Vermögensübergang im Wege der Gesamtrechtsnachfolge führt, nach dem UmwStG i.d.F. SEStEG noch zulässig sind. Der Aussage in Tz. 01.44 UmwStE 2011 liegt jedoch offensichtlich eine zweistufige Betrachtung zugrunde; d.h. es wird zwischen der Anwachsung selbst und dem die Anwachsung auslösenden Ereignis unterschieden.[263] Sofern der Anwachsung die Übertragung der übrigen Mitunternehmeranteile im Wege der *„Einzelrechtsnachfolge"*, d.h. rechtsgeschäftliche Abtretung, zugrunde liegt, ist diese auch vom Anwendungsbereich des § 1 Abs. 3 Nr. 4 UmwStG erfasst.[264] Dabei ist unbeachtlich, dass die Mitunternehmeranteile zivilrechtlich untergehen und das Vermögen der PersG direkt im Weg der Gesamtrechtsnachfolge übergeht.[265] Entscheidend für die Beurteilung der Voraussetzungen des § 1 Abs. 3 Nr. 4 UmwStG i.V.m. §§ 20, 24 UmwStG ist damit im Ergebnis, ob diese aus der Sicht des *„veräußernden"* Mitunternehmers oder aus der Warte der *„erwerbenden"* KapG oder PersG zu erfolgen hat. Anders jedoch als im Zivilrecht führt aus der Sicht des *„veräußernden"* Mitunternehmers die Übertragung der Mitunternehmeranteile der ausscheidenden Gesellschafter gegen Gewährung von Gesellschaftsrechten steuerrechtlich zu der für eine Vermögensübertragung notwendigen Zurechnungsänderung i.S.d. § 16 Abs. 1 Nr. 2 EStG[266] und nicht der zivilrechtliche Vermögensübergang des Gesellschaftsvermögens auf den verbliebenen Alleingesellschafter. In den Fällen der Anwachsung handelt es sich danach steuerrechtlich immer nur um eine entgeltliche Anteilsveräußerung i.S.d. § 16 Abs. 1 Nr. 2 EStG oder um eine unentgeltliche Anteilsübertragung i.S.d. § 6 Abs. 3 EStG – nicht jedoch um einen Fall der Aufgabe des Mitunternehmeranteils i.S.d. § 16 Abs. 3 EStG.

3. Austausch von Anteilen i.S.d. § 1 Abs. 3 Nr. 5

Der Sechste bis Achte Teil gilt ebenfalls für den Austausch von Anteilen.   *119* Eine Definition des Austauschs von Anteilen ist in § 21 Abs. 1 S. 1 enthalten. § 1 Abs. 3 Nr. 5 erfasst den Anteilstausch i.S.d. § 21 Abs. 1 S. 1 mittels Über-

---

261 *Hörtnagl* in Schmitt/Hörtnagl/Stratz, § 1 Rdn. 104.
262 Tz. 01.44 UmwStE 2011.
263 *Kowalik/Merklein/Scheipers*, DStR 2008, 173 (177).
264 *Kowalik/Merklein/Scheipers*, DStR 2008, 173; *Ettinger/Schmitz*, GmbHR 2008, 1089; *Suchanek/Herbst*, Ubg 2008, 669.
265 Anders *Orth*, DStR 2009, 192 (193 f.), unter Hinweis auf das BFH vom 28.05.2008, I R 98/06, BStBl. II 2008, 916, wonach die Anteile an der PersG nicht über, sondern untergehen; d.h. es käme nicht mehr zum Innehaben aller Anteile in einer Hand.
266 BFH vom 10.03.1998, VIII R 76/96, BStBl. II 1999, 269.

tragung durch (partielle) Gesamtrechtsnachfolge (uno-actu-Übertragung) und Einzelrechtsnachfolge; vgl. Rdn. 99, 110 und 115.

II. Persönlicher Anwendungsbereich
(§ 1 Abs. 4)

1. Allgemeines

120   Der sachliche Anwendungsbereich des § 1 Abs. 3 wird durch den persönlichen Anwendungsbereich des § 1 Abs. 4 ergänzt. Anders als für den persönlichen Anwendungsbereich des Zweiten bis Fünften Teils (vgl. hierzu Rdn. 89 ff.) ist der persönliche Anwendungsbereich des Sechsten bis Achten Teils abhängig von dem jeweiligen *Einbringungstatbestand* i.S.d. §§ 20, 21 oder 24. Innerhalb des sachlichen Anwendungsbereich des § 20 kommt es dann ggf. auf den *Ausschluss oder Beschränkung des deutschen Besteuerungsrechts an den erhaltenen Anteilen* an.

121   Tz. 01.52 UmwStE 2011 gilt hier m.E. analog. D.h., die persönlichen Anwendungsvoraussetzungen müssen spätestens zum *Zeitpunkt des steuerlichen Übertragungsstichtags* vorliegen. Bei einer Umwandlung durch Neugründung ist – bezogen auf den übernehmenden Rechtsträger – abweichend hiervon der Zeitpunkt der *zivilrechtlichen Wirksamkeit* der Umwandlung maßgebend.

2. Einbringung i.S.d. § 24

122   Der sachliche Anwendungsbereich für Einbringungen i.S.d. § 24 i.V.m. § 1 Abs. 3 Nr. 1, 2 und 4 unterliegt keinen weiteren Einschränkungen hinsichtlich der beteiligten Rechtsträger; der Anwendungsbereich des UmwStG wirkt insoweit *global* (vgl. § 1 Abs. 4 S. 2).

3. Einbringung i.S.d. § 21

123   Der sachliche Anwendungsbereich für den Anteilstausch i.S.d. § 21 i.V.m. § 1 Abs. 3 Nr. 5 unterliegt nach § 1 Abs. 4 S. 1 Nr. 1 nur hinsichtlich der *übernehmenden Gesellschaft* i.S.d. § 21 Abs. 1 S. 1 der Beschränkung des § 1 Abs. 2 S. 1 Nr. 1; d.h. *doppelter EU-/EWR-Bezug* ist erforderlich (gesellschaftsrechtlicher EU-/EWR-Bezug und steuerliches EU-/EWR-Ansässigkeitserfordernis; vgl. Rdn. 89 und 93 ff.). § 1 Abs. 4 enthält demgegenüber keine vergleichbaren Einschränkungen hinsichtlich der erworbenen Gesellschaft i.S.d. § 21 Abs. 1 S. 1[267] sowie für den Einbringenden i.S.d. § 21 Abs. 1 S. 3, Abs. 2[268].

124   Flankiert wird das Ansässigkeitserfordernis bei der übernehmenden Gesellschaft durch § 22 Abs. 2 S. 6, der bei Wegfall des EU-/EWR-Bezugs die *Besteuerung des Einbringungsgewinns II* zur Folge hat, sowie § 12 Abs. 3 KStG, der bei Wegfall des EU-/EWR-Bezugs darüber hinaus eine *Liquidationsbesteuerung* anordnet.

---

267 Tz. 21.05 UmwStE 2011.
268 Tz. 21.03 UmwStE 2011.

4. Einbringung i.S.d. § 25

Anders als bei Einbringungen i.S.d. § 20 (vgl. Rdn. 128 ff.) gibt es beim **125** Formwechsel einer PersG in eine KapG oder Genossenschaft i.S.d. § 25 i.V.m. § 1 Abs. 3 Nr. 3 – mangels Vorliegen eines (zivilrechtlichen) Übertragungsvorgangs (sog. identitätswahrende Umwandlung; vgl. Rdn. 25) – *keinen „übernehmenden" Rechtsträger*, so dass der Zielrechtsträger beim Formwechsel nicht den Voraussetzungen des § 1 Abs. 4 S. 1 Nr. 1 genügen muss.

Für die Anwendung des UmwStG muss jedoch unterschieden werden:

a) Kein Ausschluss und keine Beschränkung des deutschen Besteuerungsrechts an den erhaltenen Anteilen

Ist das deutsche Besteuerungsrecht an den erhaltenen Anteilen nicht ausge- **126** schlossen oder beschränkt, kann *jede PersG* in- oder ausländischer Rechtsform umwandelnder Rechtsträger und sein.[269] Mangels Anforderungen an den Zielrechtsträger (vgl. Rdn. 125) können somit auch Drittstaats-PersG in Drittstaats-KapG oder Drittstaats-Genossenschaften formgewechselt werden; vgl. § 1 Abs. 4 S. 1 *Nr. 2 Buchst. b*.[270]

b) Ausschluss oder Beschränkung des deutschen Besteuerungsrechts an den erhaltenen Anteilen

Ist das deutsche Besteuerungsrecht an den erhaltenen Anteilen hingegen aus- **127** geschlossen oder beschränkt, müssen die *Gesellschafter* der PersG den EU-/ EWR-Bezug i.S.d. § 1 Abs. 4 S. 1 *Nr. 2 Buchst. a* erfüllen (vgl. Rdn. 89 ff.). Infolge der *transparenten Betrachtungsweise*

– müssen zum einen bei *mehrstöckigen PersG* die Voraussetzungen auf oberster Ebene erfüllt sein und
– zum anderen können DrittstaatsPersG *zwischengeschaltet* sein.

Darüber hinaus erfolgt die Prüfung des EU-/EWR-Bezugs gesellschafterbezogen, so dass ein einheitlicher Umwandlungsvorgang ggf. nur anteilig den Anwendungsbereich des UmwStG erfüllen kann.[271]

5. Einbringung i.S.d. § 20

Anders als beim Formwechsel i.S.d. § 25 i.V.m. § 1 Abs. 3 Nr. 3 (vgl. **128** Rdn. 125) gibt es nach § 1 Abs. 4 S. 1 Nr. 1 bei den Einbringungstatbeständen i.S.d. § 20 i.V.m. § 1 Abs. 3 Nr. 1, 2 und 4 Anforderungen an den *übernehmenden Rechtsträger*. Dieser muss zwingend eine EU-/EWR-Gesellschaft i.S.d. § 1 Abs. 2 S. 1 Nr. 1 sein (vgl. Rdn. 89 und 93 ff.).

Für die Anwendung des UmwStG muss hinsichtlich der Anforderungen an den *einbringenden* oder *übertragenden Rechtsträger* jedoch unterschieden werden:

---

269 Tz. 01.53 UmwStE 2011.
270 *Möhlenbrock* in Dötsch/Patt/Pung/Möhlenbrock, § 1 Rdn. 160.
271 *Hörtnagl* in Schmitt/Hörtnagl/Stratz, § 1 Rdn. 122.

*a) Kein Ausschluss und keine Beschränkung des deutschen Besteuerungs-
   rechts an den erhaltenen Anteilen*

129   Ist das deutsche Besteuerungsrecht an den erhaltenen Anteilen nicht ausge-
schlossen oder beschränkt, kann *jede Gesellschaft* in- oder ausländischer
Rechtsform oder *jede natürliche Person* einbringender oder übertragender
Rechtsträger sein; vgl. § 1 Abs. 4 S. 1 *Nr. 2 Buchst. b*.[272] Bei einbringenden
oder übertragenden PersG gilt die transparente Betrachtungsweise; vgl.
Rdn. 127.

*b) Ausschluss oder Beschränkung des deutschen Besteuerungsrechts an
   den erhaltenen Anteilen*

130   Ist das deutsche Besteuerungsrecht an den erhaltenen Anteilen hingegen ausgeschlossen oder beschränkt, müssen der einbringende oder übertragende
Rechtsträger den EU-/EWR-Bezug i.S.d. § 1 Abs. 4 S. 1 *Nr. 2 Buchst. a* erfüllen (vgl. Rdn. 89 ff.). Bei einbringenden oder übertragenden PersG gilt die
transparente Betrachtungsweise; vgl. Rdn. 127.

D. Definitionen

131   § 1 Abs. 5 enthält Definitionen von im UmwStG verwendeten Begriffen.
Dies sind zum einen die sog. *FusionsRL* (bisher RL 90/434/EWG vom
23.07.1990 nunmehr kodifiziert RL 2009/133/EG vom 19.10.2009[273]), die
SE-Verordnung (EG) Nr. 2157/2001 vom 08.10.2001[274] und die *SCE-Verord-
nung (EG) Nr. 1435/2003* vom 22.07.2003[275]. Maßgebend sind die zum steuerlichen Übertragungsstichtag geltenden Fassungen.[276]

132   Daneben ist der Begriff *Buchwert* definiert. Der Buchwert ermittelt sich nach
den am steuerlichen Übertragungsstichtag anwendbaren steuerrechtlichen
Regelungen. Unmaßgeblich ist, ob zu diesem Zeitpunkt tatsächlich eine Bilanz erstellt wird. Steuerliche Bewertungswahlrechte werden jedoch durch
die umwandlungssteuergesetzlich vorgegebene Bewertungsobergrenze (gemeiner Wert) eingeschränkt. Der gemeine Wert kann auch unter dem Buchwert liegen.[277]

---

272 Tz. 01.53 UmwStE 2011.
273 ABl. L 310, 34.
274 ABl. L 294, 1, zuletzt geändert durch Verordnung (EG) Nr. 1791/2006 vom 20.11.
    2006, ABl. L 363, 1.
275 ABl. L 207, 1, berichtigt ABl. L 49 vom 17.02.2007, 35.
276 Tz. 01.55 UmwStE 2011.
277 Tz. 01.56 UmwStE 2011.

§ 2
Steuerliche Rückwirkung

(1) [1]Das Einkommen und das Vermögen der übertragenden Körperschaft sowie des übernehmenden Rechtsträgers sind so zu ermitteln, als ob das Vermögen der Körperschaft mit Ablauf des Stichtags der Bilanz, die dem Vermögensübergang zu Grunde liegt (steuerlicher Übertragungsstichtag), ganz oder teilweise auf den übernehmenden Rechtsträger übergegangen wäre. [2]Das Gleiche gilt für die Ermittlung der Bemessungsgrundlagen bei der Gewerbesteuer.

(2) Ist die Übernehmerin eine Personengesellschaft, gilt Absatz 1 Satz 1 für das Einkommen und das Vermögen der Gesellschafter.

(3) Die Absätze 1 und 2 sind nicht anzuwenden, soweit Einkünfte auf Grund abweichender Regelungen zur Rückbeziehung eines in § 1 Abs. 1 bezeichneten Vorgangs in einem anderen Staat der Besteuerung entzogen werden.

(4) [1]Der Ausgleich oder die Verrechnung eines Übertragungsgewinns mit verrechenbaren Verlusten, verbleibenden Verlustvorträgen, nicht ausgeglichenen negativen Einkünften, einem Zinsvortrag nach § 4h Absatz 1 Satz 5 des Einkommensteuergesetzes und einem EBITDA-Vortrag nach § 4h Absatz 1 Satz 3 des Einkommensteuergesetzes (Verlustnutzung) des übertragenden Rechtsträgers ist nur zulässig, wenn dem übertragenden Rechtsträger die Verlustnutzung auch ohne Anwendung der Absätze 1 und 2 möglich gewesen wäre. [2]Satz 1 gilt für negative Einkünfte des übertragenden Rechtsträgers im Rückwirkungszeitraum entsprechend. [3]Der Ausgleich oder die Verrechnung von positiven Einkünften des übertragenden Rechtsträgers im Rückwirkungszeitraum mit verrechenbaren Verlusten, verbleibenden Verlustvorträgen, nicht ausgeglichenen negativen Einkünften und einem Zinsvortrag nach § 4h Abs. 1 Satz 5 des Einkommensteuergesetzes des übernehmenden Rechtsträgers ist nicht zulässig. [4]Ist übernehmender Rechtsträger eine Organgesellschaft, gilt Satz 3 auch für einen Ausgleich oder eine Verrechnung beim Organträger entsprechend. [5]Ist übernehmender Rechtsträger eine Personengesellschaft, gilt Satz 3 auch für einen Ausgleich oder eine Verrechnung bei den Gesellschaftern entsprechend. [6]Die Sätze 3 bis 5 gelten nicht, wenn übertragender Rechtsträger und übernehmender Rechtsträger vor Ablauf des steuerlichen Übertragungsstichtags verbundene Unternehmen im Sinne des § 271 Abs. 2 des Handelsgesetzbuches sind.

Inhaltsverzeichnis

Spezialliteratur

Benecke/Schnitger, Neuregelungen des UmwStG und der Entstrickungsnormen durch das SEStEG, IStR 2006, 765; *Berg*, Kapitalertragsteuer bei Ausschüttungen nach rückwirkender Umwandlung, DStR 1999, 1219; *Dörfler/Rautenstrauch/ Adrian*, Das Jahressteuergesetz 2009 – Ausgewählte Aspekte der Unternehmensbesteuerung, BB 2009, 580; *Dötsch*, Umwandlungen und Organschaft, Ubg 2011, 20; *Dötsch/Pung*, Organschaftsbesteuerung: Das Einführungsschreiben des BMF vom 26. 08. 2003 und weitere aktuelle Entwicklungen, DB 2003, 1970; *Dötsch/ Pung*, SEStEG: Die Änderungen des UmwStG (Teil I), DB 2006, 2704; *Dötsch/ Pung*, Minder- und Mehrabführungen bei Organschaft, Der Konzern 2008, 150; *Eisgruber/Schaden*, Vom Sinn und Zweck des § 8c KStG – Ein Beitrag zur Auslegung der Norm –, Ubg 2010, 73; *Ettinger/Königer*, Steuerliche Rückwirkung bei grenzüberschreitenden Umstrukturierungsvorgängen, GmbHR 2009, 590; *Göbel/Ungemach/Glaser*, Steuerrechtliche Rückwirkung bei grenzüberschreitenden Umwandlungsvorgängen, DStZ 2009, 854; *Grube/Behrendt*, Verschmelzungsgewinne bei einer Organgesellschaft unter Berücksichtigung der Neufassung des § 14 Abs. 3 KStG durch das EURLUmsG, GmbHR 2005, 1172; *Heerdt*, Die steuerliche Behandlung von Mehrabführungen im Rahmen eines Upstream-Mergers auf eine Organgesellschaft, DStR 2009, 938; *Hubertus/Krenzin*, Verlustnutzung im Rückwirkungszeitraum nach dem JStG 2009, GmbHR 2009, 647; *Kessler/Weber/Aberle*, Übertragungsgewinn bei Verschmelzung und vororganschaftliche Verlustvorträge einer Organgesellschaft, Ubg 2008, 209; *Köhler*, Grenzüberschreitende Outbound-Verschmelzung und Sitzverlegung vor dem Hintergrund der jüngsten BFH-Rechtsprechung, IStR 2010, 337; *Kröner*, Umwandlungen und Organschaft, Special 1 zu Heft 35, BB 2011, 24; *Rödder*, Umwandlungen und Organschaft, DStR 2011, 1053; *Rödder/Schönfeld*, Zweifelsfragen im Zusammenhang mit der Auslegung von § 2 Abs. 4 UmwStG i.d.F des JStG 2009, DStR 2009, 560; *Rödder/Schumacher*, Das kommende SEStEG – Teil II: Das geplante neue Umwandlungssteuergesetz, DStR 2006, 1525; *Ropohl/Buschmann*, Steuerliche Verlustnutzung zwischen Missbrauchsvorschrift und Verschonungsregelung, DStR 2011, 1407; *Schafiltzl/Widmayer*, Die Besteuerung von Umwandlungen nach dem Regierungsentwurf des SEStEG, BB-Special 8/2006, 36; *Scheipers/Linn*, Änderungen des § 8c KStG durch das Wachstumsbeschleunigungsgesetz, Ubg 2010, 8; *Scheunemann/Dennisen/Behrens*, Steuerliche Änderungen durch das Wachstumsbeschleunigungsgesetz, BB 2010, 23; *Schönfeld*, Ausgewählte Internationale Aspekte des neuen Umwandlungssteuererlasses, IStR 2011, 497; *Sistermann/Brinkmann*, Rückwirkende Verlustnutzung nach dem JStG 2009, DStR 2008, 2455; *Sistermann/Brinkmann*, Wachstumsbeschleunigungsgesetz: Die Änderungen bei der Mantelkaufregelung, DStR 2009, 2633; *Suchanek*, Ertragsteuerliche Änderungen im Jahressteuergesetz 2009 zur Verhinderung von Gestaltungen im Zusammenhang mit § 8c KStG – Die „Verlustvernichtung" geht weiter, Ubg 2009, 178; *Viskorf/Haag*, Bericht zum 3. Münchner Unternehmenssteuerforum: „Umwandlungen und der neue Umwandlungssteuererlass – Alle Zweifelsfragen geklärt?", DStR 2010, 75; *von Brocke/Goebel/Ungemach/von Cossel*, Zur steuerlichen Rückwirkung bei grenzüberschreitenden Umwandlungsvorgängen, DStZ 2011, 684; *Wischott/Schönweiß*, Wachstumsbeschleunigungsgesetz – Einführung einer Grunderwerbsteuerbefreiung für Umwandlungsvorgänge, DStR 2009, 2638.

A. Bedeutung der Vorschrift

I. Kurzübersicht

1 § 2 regelt die steuerliche Rückwirkung bei übertragenden Umwandlungen (Verschmelzung, Aufspaltung, Abspaltung und Vermögensübertragung) nach dem Zweiten bis Vierten Teil des UmwStG und bei den gewerbesteuerlichen Aspekten nach dem Fünften Teil des UmwStG.

2 Abs. 1 der Vorschrift fingiert für Zwecke der Einkommens- und Vermögensermittlung der übertragenden Körperschaft sowie des übernehmenden Rechtsträgers einen Übergang des Vermögens am „steuerlichen Übertragungsstichtag". Steuerlicher Übertragungsstichtag ist der Tag, auf den der übertragende Rechtsträger die handelsrechtliche Schlussbilanz aufzustellen

hat.[1] Die gleiche Fiktion wird für die Ermittlung der Bemessungsgrundlage bei der Gewerbesteuer festgelegt.

Abs. 2 übernimmt die Fiktion des Abs. 1 für das Einkommen und Vermögen der Gesellschafter, falls die Übernehmerin eine PersG ist. Für die Gewerbesteuer gilt bereits die Regelung des Abs. 1.   *3*

Abs. 3 schließt die Anwendung der Abs. 1 und 2 insoweit aus, als bei den genannten Umwandlungen Einkünfte in einem anderen Staat auf Grund abweichender Regelungen zur Rückbeziehung der Besteuerung entzogen werden.   *4*

Im Hinblick auf einen etwaigen Übertragungsgewinn und die damit mögliche Verlustnutzung bestimmt Abs. 4, dass ein Ausgleich oder eine Verrechnung mit   *5*

– verrechenbaren Verlusten,
– verbleibenden Verlustvorträgen,
– nicht ausgeglichenen negativen Einkünften,
– einem Zinsvortrag nach § 4h Abs. 1 S. 5 EStG und
– einem EBITDA-Vortrag nach § 4h Abs. 1 S. 3 EStG

des übertragenden Rechtsträgers nur zulässig ist, wenn diesem die Verlustnutzung auch ohne die Rückwirkung nach Abs. 1 und 2 möglich gewesen wäre.

Zudem wurde der Abs. 4 um die Sätze 3 bis 6 dahingehend erweitert, dass nicht nur die Verhältnisse des übertragenden Rechtsträgers sondern unter bestimmten Voraussetzungen auch die Verhältnisse des übernehmenden Rechtsträgers bedeutsam sind. Danach dürfen die positiven Einkünfte des übertragenden Rechtsträgers im Rückwirkungszeitraum nicht mit den o.g. „negativen" Besteuerungsmerkmalen (verrechenbaren Verlusten, verbleibenden Verlustvorträgen, nicht ausgeglichenen negativen Einkünften, Zinsvortrag nach § 4h Abs. 1 S. 5 EStG) des übernehmenden Rechtsträgers ausgeglichen bzw. verrechnet werden.

II. Zwecksetzung

Durch die Rückwirkungsfiktion soll – aus rein praktischen Überlegungen – vermieden werden, dass eine zusätzliche Schlussbilanz für steuerliche Zwecke auf den Zeitpunkt des Erlöschens der übertragenden Körperschaft erstellt werden muss.[2] Neben der damit erreichten Effizienz des Umwandlungsprozesses kann außerdem die notwendige Planungssicherheit für die Beteiligten herbeigeführt werden.   *6*

---

1   Tz. 02.02 UmwStE 2011.
2   Vgl. BFH vom 07.04.1989, III R 54/88, BStBl. 1989 II, 805, zum InvZulG 1982 und damit zum UmwStG 1977.

B. Zeitlicher Anwendungsbereich
– steuerlicher Rückwirkungszeitraum

I. Inlandsfall

7 Bei der Darstellung des steuerlichen Rückwirkungszeitraums kann der Grundfall zwischen übertragender Körperschaft (einer oder mehrerer) und dem übernehmenden Rechtsträger und der Fall, bei dem der übernehmende Rechtsträger wiederum selbst an einer weiteren Umwandlung teilnimmt („Kettenumwandlung"), unterschieden werden.

1. Grundfall

a) Zeitlicher Ablauf einer Umwandlung

aa) Tag des Umwandlungsbeschlusses

8 Die Umwandlung wird nur wirksam, wenn die Anteilsinhaber der beteiligten Rechtsträger ihm durch Beschluss (Umwandlungsbeschluss) zustimmen. Der Beschluss kann nur in einer Versammlung der Anteilsinhaber gefasst werden. Im Einzelnen:

– Verschmelzungsbeschluss, § 13 Abs. 1 UmwG,

– Spaltungsbeschluss, § 125 UmwG,

– Vollübertragungsbeschluss, § 178 UmwG,

– Teilübertragungsbeschluss, § 179 UmwG.

9 Für die an der Umwandlung beteiligten Rechtsträger besteht bereits im Vorfeld des Umwandlungsbeschlusses die Notwendigkeit, für Bewertungs- und Verhandlungszwecke auf möglichst gesicherte Informationen zurückgreifen und eine möglichst unstreitige Abgrenzung der Verhältnisse bis zur und nach der Umwandlung darstellen zu können; dies gilt erst recht ab dem Tag, an dem der Umwandlungsbeschluss erfolgt.

10 Dem steht zunächst entgegen, dass der zivilrechtliche Vermögensübergang gesetzlich am Tag der Eintragung in das Handelsregister vollzogen wird. Im Zeitraum vom Umwandlungsbeschluss bis zur Eintragung besteht der übertragende Rechtsträger einschließlich seines Vermögens und seiner Verbindlichkeiten zivilrechtlich noch fort. Dabei ist zu berücksichtigen, dass der genaue Zeitpunkt der Eintragung von den beteiligten Rechtsträgern regelmäßig nicht im Voraus bestimmt werden kann; gleiches gilt damit natürlich auch für den genannten Zeitraum nach dem Umwandlungsbeschluss.

bb) Anmeldungstag

11 Nach dem Umwandlungsbeschluss der betreffenden Rechtsträger wird die Umwandlung beim zuständigen Handelsregister angemeldet.

12 Da der Stichtag der eingereichten Handelsbilanz am Tag der Anmeldung nicht mehr als acht Monate zurückliegen darf (§ 17 Abs. 2 S. 4 UmwG) und regelmäßig die Einreichung einer dem Wirtschaftsjahr entsprechenden Bilanz gewünscht wird, muss die Anmeldung spätestens bis zum Ablauf des

Tages des achten Monats nach dem Bilanzstichtag erfolgen, der zahlenmäßig dem Bilanzstichtag entspricht.[3]

Spätester Anmeldungstag für eine dem Wirtschaftsjahr entsprechende Bilanz: Ablauf des Tages des achten Monats nach dem Bilanzstichtag, der zahlenmäßig dem Bilanzstichtag entspricht   *13*

cc) Vertraglicher/handelsrechtlicher Umwandlungsstichtag und seine handelsrechtlichen Folgen

Während der zivilrechtliche Übergang des Vermögens an den Eintragungstag gebunden ist, kann ein Vorziehen des Stichtags eine abweichende Zurechnung der Vermögensmehrungen und -minderungen erlauben.   *14*

Um diesem Interesse der beteiligten Rechtsträger an einem durch sie bestimmbaren und eine sinnvolle Abgrenzung des begünstigenden Bewertungsstichtag gerecht zu werden, sieht das Gesetz einen vertraglich festzulegenden Verschmelzungs-, Spaltungs- bzw. Übertragungsstichtag vor; von diesem Tag an gelten die Handlungen des übertragenden Rechtsträgers als für Rechnung des übernehmenden Rechtsträgers vorgenommen: *15*

- Verschmelzungsstichtag, § 5 Abs. 1 Nr. 6 UmwG,
- Spaltungsstichtag, § 126 Abs. 1 Nr. 6 UmwG,
- Vollübertragungsstichtag, § 178 Abs. 1 i.V.m. § 5 Abs. 1 Nr. 6 UmwG,
- Teilübertragungsstichtag, § 179 Abs. 1 i.V.m. § 126 Abs. 1 Nr. 6 UmwG.

Dieser Stichtag ist i.d.R. der Tag, der mit Ablauf des Tages, auf den die der Umwandlung zugrundezulegende Schlussbilanz der Rechtsträger aufgestellt wurde.[4] Dabei umfasst der Achtmonatszeitraum des § 17 Abs. 2 S. 4 UmwG die Zeit zwischen dem Tag der Bilanzaufstellung und der Anmeldung zum Handelsregister. Am Tag des Umwandlungsbeschlusses können daher handelsrechtlich Verhältnisse zugrundegelegt werden, die bis zu acht Monaten zurückliegen.   *16*

Durch die handelsrechtliche Für-Rechnung-Fiktion für Vermögensmehrungen/-minderungen werden ab dem Umwandlungsstichtag die erfolgswirksamen Geschäftsvorfälle also bereits dem übernehmenden Rechtsträger zugerechnet, während das Vermögen und die Verbindlichkeiten erst mit dem Tag der Eintragung übergehen. Ein weiterer Effekt besteht darin, dass der Stichtag der Schlussbilanz in vielen Fällen auf den der turnusmäßigen Jahresbilanz gelegt werden kann, so dass insoweit ein zusätzlicher Aufwand vermieden werden kann.   *17*

dd) Gesetzlicher Eintragungstag und seine zivilrechtlichen Folgen

Der zivilrechtliche Übergang des Vermögens ist gesetzlich an den Tag der Eintragung in das Handelsregister gebunden: *18*

- Für die Verschmelzung: § 20 Abs. 1 Nr. 1 UmwG,
- Für die Spaltung: § 131 Abs. 1 Nr. 1 UmwG,

---

3 Vgl. *Hörtnagl* in Schmitt/Hörtnagl/Stratz, § 17 UmwG Rdn. 43; Tz. 02.03 UmwStE 2011.
4 Tz. 02.02 UmwStE 2011.

– Für die Vollübertragung: § 176 Abs. 3 UmwG,
– Für die Teilübertragung: § 179 UmwG.

Damit ist dieser Tag für die beteiligten Rechtsträger nicht disponibel.

19 Die steuerrechtlichen Folgen fasst die Finanzverwaltung wie folgt zusammen:

> *„Der Eintritt der Wirksamkeit einer Umwandlung, deren steuerliche Wirkungen nach § 2 UmwStG zurückbezogen werden, stellt ein rückwirkendes Ereignis i.S.d. § 175 Absatz 1 Satz 1 Nummer 2 AO dar. Steuerbescheide und Feststellungsbescheide der übertragenden Körperschaft sowie Feststellungsbescheide von Mitunternehmerschaften, an denen die übertragende Körperschaft unmittelbar oder mittelbar beteiligt ist, sind ggf. dementsprechend zu ändern."*[5]

b) Zweck der steuerlichen Rückwirkung

20 Ohne eine besondere Regelung zur steuerlichen Rückwirkung würde das Steuerrecht wohl dem Zivilrecht folgen und an den Vermögensübergang am Tag der Eintragung in das Handelsregister für Zwecke der Ermittlung von Einkommen und Vermögen anknüpfen. Ggf. wäre eine tatsächliche Herrschaft des übernehmenden Rechtsträgers über die Wirtschaftsgüter vor dem Eintragungstag zu prüfen (§ 39 Abs. 2 AO).

21 Durch die steuerliche Rückwirkung wird die in Umwandlungsfällen wünschenswerte Anlehnung an das Handelsrecht erreicht. In § 2 macht der Gesetzgeber dafür eine Ausnahme vom allgemeinen Grundsatz, dass rechtlich abgeschlossene Vorgänge nicht mit steuerlicher Wirkung rückbezogen werden können. Der Wortlaut der gesetzlichen Fiktion ist nicht an die Erfüllung gesellschaftsrechtlicher Voraussetzungen gebunden. Daher greift die steuerliche Fiktion im Neugründungsfall, ggf. aber auch in Aufnahmefällen (§§ 2, 123 UmwG) auch dann, wenn der aufnehmende Rechtsträger am steuerlichen Übertragungsstichtag zivilrechtlich noch gar nicht existiert.

22 Während der Grundsatz der steuerlichen Rückwirkung bereits im UmwStG 1977 zu finden war, suchte erst § 2 UmwStG 1995 die enge Anlehnung an das Handelsrecht durch Verlängerung der bisherigen Sechs- auf die neue Achtmonatsfrist.[6]

23 Soweit das Vermögen des übertragenden Rechtsträgers am Tag der Eintragung übergeht, endet bereits mit dem steuerlichen Übertragungsstichtag – also vor dem Tag des zivilrechtlichen Übergangs am Eintragungstag – die Steuerpflicht des übertragenden Rechtsträgers; damit endet für diesen also auch ein steuerliches Wirtschaftsjahr. Der Übergang erfolgt „ganz" bei der Verschmelzung (§ 2 UmwG) und Aufspaltung (§ 123 Abs. 1 UmwG), bei der Abspaltung nur „teilweise" für den abgespaltenen Teil oder die abgespaltenen Teile des Vermögens (§ 123 Abs. 2 UmwG).

---

5 Vgl. Tz. 02.16 UmwStE 2011.
6 Vgl. BR-Drs. 132/94 vom 10.02.1994, Gesetzentwurf der Bundesregierung – Entwurf eines Gesetzes zur Änderung des Umwandlungssteuerrechts, 45.

Für den übernehmenden Rechtsträger geht am gleichen Tag die Steuer-   24
pflicht für das übernommene Vermögen über, obwohl der zivilrechtliche
Übergang erst mit der Eintragung erfolgt. Dies gilt auch, wenn der übernehmende Rechtsträger im Wege der Neugründung erst mit der Eintragung zivilrechtlich entsteht.

Auf den steuerlichen Übertragungsstichtag werden also sowohl das Übertra-   25
gungsergebnis des übertragenden Rechtsträgers als auch das Übernahmeergebnis des übernehmenden Rechtsträgers ermittelt. Beide Ergebnisse
entstehen im selben Veranlagungszeitraum, der mit dem steuerlichen Übertragungsstichtag endet. Diese Form der steuerlichen Abgrenzung führt
dazu, dass die gesellschafts- und schuldrechtlichen Beziehungen zwischen
beiden Rechtsträgern ab dem steuerlichen Übertragungsstichtag steuerlich
als Innenvorgänge behandelt werden. Schuldrechtliche Beziehungen des
übertragenden Rechtsträgers werden – soweit sie sich auf das übertragene
Vermögen beziehen – dem übernehmenden Rechtsträger zugerechnet.

Die genannten Rechtsfolgen gelten nach § 2 Abs. 2 auch für das Einkom-   26
men und das Vermögen der umwandlungsbeteiligten Gesellschafter, falls
die Übernehmerin eine PersG ist. Nicht umwandlungsbeteiligte, sondern
ausscheidende und abgefundene Gesellschafter sind solche, die im Rückwirkungszeitraum – also dem Zeitraum zwischen dem steuerlichen Übertragungsstichtag und dem Tag der Eintragung der Umwandlung in das Handelsregister – ganz oder teilweise ausscheiden. Soweit Gesellschafter im
Rückwirkungszeitraum ausscheiden, sind sie steuerlich als Gesellschafter
des übertragenden Rechtsträgers zu behandeln.

c)   Rückwirkungszeitraum

aa) Beginn des Rückwirkungszeitraums: Steuerlicher Übertragungsstichtag

Der Begriff „steuerlicher Übertragungsstichtag" wird in § 2 Abs. 1 als der   27
„Stichtag der Bilanz, die dem Vermögensübergang zu Grunde liegt" definiert.[7] Durch diese besondere Regelung wird ein steuerlicher Übertragungsstichtag durch Vermögensübergang mit Ablauf des Stichtags der zugrundeliegenden Bilanz fingiert. Steuerlicher Übertragungsstichtag ist also der
Stichtag der Schlussbilanz, die der übertragende Rechtsträger dem Vermögensübergang handelsrechtlich zugrundelegt.[8] Der steuerliche Übertragungsstichtag und der handelsrechtliche Umwandlungsstichtag sind also
nicht identisch, dürften aber in der Praxis regelmäßig unmittelbar auf ein-
ander folgen.[9]

„Steuerlicher Übertragungsstichtag" = „Stichtag der Bilanz, die dem   28
Vermögensübergang zu Grunde liegt"

---

7   Der steuerliche Übertragungsstichtag wird auch als der Tag, auf den der übertragende Rechtsträger die handelsrechtliche Schlussbilanz aufzustellen hat, beschrieben. Gl. A. Tz. 02.01, 02.02 UmwStE 2011.
8   Für den Formwechsel in eine PersG gilt mangels einer handelsrechtlichen Übertragung die besondere Rückwirkung des § 9 S. 3.
9   Siehe auch Tz. 02.02 UmwStE 2011.

29 Es gibt allerdings verschiedene Meinungen im Schrifttum, in welchem Verhältnis der Stichtag der Schlussbilanz nach § 17 Abs. 2 UmwG und damit der steuerliche Übertragungsstichtag nach § 2 Abs. 1 zum handelsrechtlichen Umwandlungsstichtag[10] steht.[11]

30 Die Meinungen reichen

  – von identischen Tagen[12]
  – über Stichtag der Schlussbilanz unmittelbar vor Umwandlungsstichtag[13]
  – bis hin zur Verneinung einer zwingenden zeitlichen Verknüpfung.

31 Da die Festlegung des Umwandlungsstichtags einer eindeutigen Abgrenzung der Verhältnisse vor und nach Umwandlung dient, ist der Auffassung, dass der Stichtag der Schlussbilanz unmittelbar vor dem Umwandlungsstichtag liegt, zuzustimmen; der steuerliche Übertragungsstichtag ist also der Tag unmittelbar vor dem handelsrechtlichen Umwandlungsstichtag. Daher sind beide Tage nicht identisch.[14]

32 *Steuerlicher Übertragungsstichtag = Tag unmittelbar vor dem handelsrechtlichen Umwandlungsstichtag*

33 Durch die im Rahmen der gesetzlichen Vorgaben mögliche vertragliche Festlegung des handelsrechtlichen Umwandlungsstichtags kann der steuerliche Übertragungsstichtag also mittelbar, nicht aber unmittelbar selbst gewählt werden. Bedingt durch den klaren Wortlaut des Gesetzes ist die Wahl eines anderen steuerlichen Übertragungsstichtags nicht möglich.[15] Der steuerrechtlich maßgebliche Zeitpunkt für den fiktiven Vermögensübergang kann also nicht durch die an den Umwandlungsvorgängen beteiligten Körperschaften und Rechtsträger bestimmt werden – es besteht kein Wahlrecht.[16]

---

10 I.e. Verschmelzungsstichtag, § 5 Abs. 1 Nr. 6 UmwG; Spaltungsstichtag, § 126 Abs. 1 Nr. 6 UmwG; Vollübertragungsstichtag, § 178 Abs. 1 i.V.m. § 5 Abs. 1 Nr. 6 UmwG; Teilübertragungsstichtag, § 179 Abs. 1 i.V.m. § 126 Abs. 1 Nr. 6 UmwG.

11 Vgl. BFH vom 24.04.2008, IV R 69/05 (NV), BFH/NV 2008, 1550, m.w.N.

12 Vgl. BFH vom 22.09.1999, II R 33/97, BFHE 189, 533. Der BFH führt aus, dass der Stichtag der Schlussbilanz meist identisch mit dem Umwandlungsstichtag sei, ohne dass es für die Entscheidung hierauf allerdings angekommen wäre.

13 Selbst diese Auffassung variiert in Details: Der Hauptfachausschuss des Instituts der Wirtschaftsprüfer geht davon aus, dass der Stichtag der Schlussbilanz „in der Regel" unmittelbar vor dem Umwandlungsstichtag liegt (HFA, Wpg 1997, 235). Das Verständnis der Finanzverwaltung ist dagegen, dass die übertragende Körperschaft auf den Schluss des Tages, dem Umwandlungsstichtag vorangeht, eine Schlussbilanz aufzustellen hat (BMF vom 25.03.1998, BStBl. I 1998, 268, Tz. 02.02; Tz. 02.02 UmwStE 2011); damit wird der Schlussbilanzstichtag vom Umwandlungsstichtag abhängig gemacht.

14 Gl. A. Tz. 02.01 UmwStE 2011.

15 Im Gegensatz zum handelsrechtlichen Umwandlungsstichtag nach § 17 Abs. 2 UmwG und dem Rückbezug nach § 20 Abs. 6 besteht für die Anwendung des § 2 kein Wahlrecht (vgl. BFH vom 22.09.1999, II R 33/97, BStBl. 2000 II, 2).

16 Vgl. BFH vom 22.09.1999, II R 33/97, BFHE 189, 533.

bb) Dauer des Rückwirkungszeitraums

Der steuerliche Rückwirkungszeitraum beginnt am Bilanzstichtag und endet 34
am Tag der Eintragung in das Handelsregister.

Steuerlicher Rückwirkungszeitraum = Zeitraum vom Bilanzstichtag bis zum Tag der Eintragung in das Handelsregister

Der Bilanzstichtag seinerseits ergibt sich aus der Vorschrift, dass der Stich- 35
tag der eingereichten Handelsbilanz am Tag der Anmeldung der Umwandlung zum Handelsregister nicht mehr als acht Monate zurückliegen darf
(§ 17 Abs. 2 S. 4 UmwG).

Es besteht kein Zweifel, dass mit der Bilanz i.S.d. § 2 Abs. 1 S. 1 die Schluss- 36
bilanz i.S.d. § 17 Abs. 2 UmwG gemeint ist.[17] Dafür spricht die Begründung
des Gesetzgebers zum UmwStG 1995, mit der durch Einführung der Acht-
monatsfrist auch im Steuerrecht – in bewusster Abkehr der noch in § 2 Abs. 3
UmwStG 1977 geltenden besonderen steuerlichen Rückwirkungsfrist von
sechs Monaten – eine enge Anlehnung an das Handelsrecht gesucht
wurde.[18]

Daraus folgt für die Dauer des steuerlichen Rückwirkungszeitraums, dass 37
diese vom im Achtmonatszeitraum gewählten Bilanzstichtag und dem Eintragungstag abhängt; der steuerliche Rückwirkungszeitraum nimmt damit
zu Beginn Bezug auf die handelsrechtlichen, zum Ende auf die zivilrechtlichen Gegebenheiten. Er kann daher sowohl kürzer als auch länger als acht
Monate sein.

Dauer des steuerlichen Rückwirkungszeitraums = Zeitraum vom im 38
*Achtmonatszeitraum vor dem Anmeldungsstichtag gewählten Bilanz-
stichtag bis zum Eintragungstag*

Daraus folgt ferner, dass der steuerliche Rückwirkungszeitraum sich auch 39
mit mehreren Veranlagungszeiträumen überschneiden kann.

Für die Berechnung der Frist gelten §§ 187 Abs. 1, 188 BGB analog; der 40
Grund für die analoge Anwendung liegt in der Rückrechnung der Frist vom
Fristende am Tag der Anmeldung, während das BGB dem Wortlaut nach in
die Zukunft gerichtete Fristen regelt.[19]

Beispiel: 41
Anmeldung zum Handelsregister: 28. 10. 09
Bilanzstichtag: 28. 02. 09 oder später

Beispiel:
Anmeldung zum Handelsregister: 31. 10. 09
Bilanzstichtag: 28. 02. 09 (im Schaltjahr 29. 02.) oder später

§ 193 BGB ist nicht anzuwenden, weil § 17 Abs. 2 S. 4 UmwG keine Anmel- 42
defrist, sondern den frühesten Stichtag der Schlussbilanz festlegt. Es kann

---

17 Vgl. BFH vom 24. 04. 2008, IV R 69/05 (NV), BFH/NV 2008, 1550, m.w.N.
18 Vgl. BR-Drs. 132/94 vom 10. 02. 1994, Gesetzentwurf der Bundesregierung – Entwurf eines Gesetzes zur Änderung des Umwandlungssteuerrechts, 45.
19 Vgl. *Grothe* zu „Rückwärtsfristen" in MünchKomm BGB, § 187 Rdn. 4.

– weder ein früherer Stichtag gewählt werden, wenn die Rückrechnung vom Tag der Anmeldung dazu führt, dass der früheste Stichtag der Schlussbilanz auf einen Samstag oder einen Sonn- oder Feiertag fällt,
– noch kann die Anmeldung später durchgeführt werden, wenn die Acht-Monats-Frist – vom Stichtag der Schlussbilanz an gerechnet – an einem Samstag oder an einem Sonn- oder Feiertag enden würde.

43 Die Achtmonatsfrist ist zwingend, so dass selbst geringfügige Fristüberschreitungen schädlich sind. Wird dennoch eingetragen, ist die Umwandlung gem. §§ 20 Abs. 2, 131 Abs. 2 UmwG wirksam. In diesem Fall ist trotz der Fristüberschreitung der Stichtag der Schlussbilanz für den steuerlichen Übertragungsstichtag maßgeblich.[20] Wird jedoch keine Schlussbilanz erstellt und dennoch eine Umwandlung, auf die der Zweite, Dritte oder Fünfte Teil des UmwStG unmittelbar Anwendung findet (kein Formwechsel), eingetragen, ist der Tag der Eintragung der steuerliche Übertragungsstichtag, da mangels Schlussbilanz kein Raum für eine vom Zivilrecht abweichende steuerliche Würdigung bleibt.[21]

cc) Ende des Rückwirkungszeitraums: Tag der Eintragung in das Handelsregister

44 Mit der Eintragung in das Handelsregister wird die Umwandlung zivilrechtlich vollzogen; erst mit der Eintragung ist u.a. der Übergang des Vermögens einschließlich der Verbindlichkeiten des übertragenden Rechtsträgers auf den aufnehmenden Rechtsträger (für die Verschmelzung siehe § 20 UmwG, für die Spaltung siehe § 131 UmwG)[22] verbunden. Dabei ist zu berücksichtigen, dass das genaue Datum der Eintragung von den beteiligten Rechtsträgern regelmäßig nicht im Voraus bestimmt werden kann.

45 Am Tag der Eintragung endet der steuerliche Rückwirkungszeitraum. Für Handels- und Steuerrecht besteht nun kein Grund mehr, vom Zivilrecht abweichende Regelungen per Fiktion zu treffen.

2. Umwandlung des übernehmenden Rechtsträgers, Kettenumwandlungen

46 Kettenumwandlungen liegen vor, wenn der übernehmende Rechtsträger im zeitlichen Zusammenhang mit dem auf ihn erfolgten Vermögensübergang seinerseits ebenfalls umgewandelt wird.[23] Dabei kann es zu unterschiedlichen oder identischen steuerlichen Übertragungsstichtagen kommen.

---

20 Vgl. *Hörtnagl* in Schmitt/Hörtnagl/Stratz, § 17 UmwG Rdn. 43 m.w.N.
21 Ähnlich *Widmann* in Widmann/Mayer, § 2 Rdn. 28.
22 Für die Vollübertragung siehe § 176 Abs. 3 UmwG, für die Teilübertragung siehe § 177 i.V.m. § 131 UmwG. Beide Arten der Vermögensübertragung werden im Folgenden nicht mehr gesondert behandelt, da die Vollübertragung der Verschmelzung, die Teilübertragung der Spaltung entspricht. Im Gegensatz zu den beiden anderen Formen besteht die Gegenleistung für das übertragene Vermögen nicht in Anteilen, sondern in Gegenleistung anderer Art.
23 Vgl. *Widmann* in Widmann/Mayer, § 2 Rdn. 239 ff.

a) Unterschiedliche steuerliche Übertragungsstichtage

Ergeben sich bei einer Kettenumwandlung unterschiedliche steuerliche   *47*
Übertragungsstichtage, sind v.a. zwei Problemkreise zu berücksichtigen:

– Einbeziehung des Gesellschafters des übernehmenden Rechtsträgers in
die steuerliche Rückwirkung

– Überschneidung und Reihenfolge von Rückwirkungszeiträumen, Bestimmung des übernehmenden Rechtsträgers

Beispiel: *48*
Alle Anteile an der E-GmbH gehören der T-GmbH, deren Gesellschafter die aus natürlichen Personen bestehende M-KG ist. Die
E-GmbH wird auf die T-GmbH, die T-GmbH auf die M-KG verschmolzen.

– 30. 04.: Erstellung Schlussbilanz der E-GmbH

– 31. 05.: Erstellung Schlussbilanz der T-GmbH für die Verschmelzung auf die M-KG unter Berücksichtigung der Ergebnisse der
Verschmelzung der E-GmbH

– 01. 07.: Eintragung der Verschmelzung der E-GmbH auf die T-GmbH ins Handelsregister der T-GmbH

– 16. 08.: Eintragung der Verschmelzung der T-GmbH auf die M-KG
ins Handelsregister der M-KG

Es stellt sich die Frage, ob das Einkommen der E-GmbH der M-KG bereits   *49*
am 31. 05. gem. § 2 Abs. 1 steuerlich zugerechnet werden kann. § 2 Abs. 1
regelt zunächst nur die Ermittlung des Einkommens und des Vermögens im
Verhältnis zwischen der E-GmbH als untergehender KapG und der T-GmbH
als Übernehmerin bei der Verschmelzung der E-GmbH auf die T-GmbH; § 2
Abs. 1 trifft dagegen keine Regelungen im Verhältnis zur M-KG als Gesellschafterin der T-GmbH. Das Vermögen der E-GmbH ging erst am 01. 07. mit
der Eintragung der Verschmelzung auf die T-GmbH zivilrechtlich über.

Da jedoch das Einkommen und Vermögen der T-GmbH der sie überneh-   *50*
menden M-KG von dem für die Verschmelzung der T-GmbH auf die M-KG
maßgebenden steuerlichen Übertragungsstichtag an zugerechnet wird und
dieses Einkommen und Vermögen an diesem Tag bereits ebenfalls das der
E-GmbH umfasst (denn der steuerliche Übertragungsstichtag für die Verschmelzung der E-GmbH auf die T GmbH ist der 30. 04.), wird das Einkommen und Vermögen der E-GmbH der M-KG bereits am 31. 05. steuerlich zugerechnet. Alle Rechtsfolgen treten so ein, als wäre das Vermögen der
E-GmbH zusammen mit dem Vermögen der T-GmbH am 31. 05. auf die
M-KG übergegangen; u.a. unterliegt das Einkommen der E-GmbH damit ab
31. 05. wegen der Zurechnung bei der M-KG nicht mehr der Körperschaftsteuer.

Beispiel (Abwandlung):   *51*
Alle Anteile an der E-GmbH gehören der T-GmbH, deren Gesellschafter die aus natürlichen Personen bestehende M-KG ist. Die
E-GmbH wird auf die T-GmbH, die T-GmbH auf die M-KG verschmolzen.

- 31.03.: Erstellung Schlussbilanz der T-GmbH für die Verschmelzung auf die M-KG unter Berücksichtigung der Ergebnisse der Verschmelzung der E-GmbH
- 30.04.: Erstellung Schlussbilanz der E-GmbH
- 01.07.: Eintragung der Verschmelzung der E-GmbH auf die T-GmbH ins Handelsregister der T-GmbH
- 16.08.: Eintragung der Verschmelzung der T-GmbH auf die M-KG ins Handelsregister der M-KG

52   Der steuerliche Übertragungsstichtag für die Verschmelzung der T-GmbH auf die M-KG ist nun der 31.03. Daher werden Einkommen und Vermögen der T-GmbH der M-KG ab 31.03. zugerechnet. Am 30.04. als dem steuerlichen Übertragungsstichtag für die Verschmelzung der E-GmbH auf die T-GmbH wird das Einkommen und das Vermögen der E-GmbH steuerlich nicht mehr der zivilrechtlich noch bestehenden T-GmbH, sondern unmittelbar der M-KG zugerechnet.

53   Das Einkommen der E-GmbH unterliegt daher ab 30.04. nicht mehr der Körperschaftsteuer, sondern wird bei der M-KG im Wege der gesonderten Gewinnfeststellung erfasst und bei den Gesellschaftern der M-KG der Einkommensteuer unterworfen. Außerdem kommen für die Verschmelzung der E-GmbH die Vorschriften des Zweiten Teils des UmwStG zum Zuge und nicht die des Dritten Teils, da das Vermögen der E-GmbH steuerlich gesehen auf eine PersG übergeht.[24]

b) Identische steuerliche Übertragungsstichtage

54   Ergeben sich bei einer Kettenumwandlung identische steuerliche Übertragungsstichtage, muss zunächst deren Reihenfolge bestimmt werden. Anschließend ergeben sich die gleichen Themen, wie sie bereits bei einer Kettenumwandlung mit unterschiedlichen Übertragungsstichtagen behandelt wurden (s.o.).

55   Es liegt nahe, zur Bestimmung der Reihenfolge auf den Willen der beteiligten Parteien zurückzugreifen. Es ist allerdings streitig, ob die Beteiligten bei der Bestimmung der Reihenfolge ein Wahlrecht haben[25] oder ob ein solches in Anlehnung an die BFH-Rechtsprechung zur Bindung an den steuerlichen Übertragungsstichtag[26] ausgeschlossen und die tatsächliche zeitliche Reihenfolge der Vertragsabschlüsse heranzuziehen ist.[27]

56   Der letzteren Auffassung kann nicht gefolgt werden, auch wenn statt des Begriffes „Wahlrecht" (i.S.v. gesetzlich vorgesehen) eher der Begriff (faktische) „Gestaltungsmöglichkeit" verwendet werden sollte. Der BFH hat – bei einem Sachverhalt mit vertraglicher Vereinbarung des steuerlichen Übertragungsstichtags nach (!) dem Bilanzstichtag – in seinen Ausführungen zur Bindung des Steuerpflichtigen an den steuerlichen Übertragungsstichtag

---

24 Vgl. *Widmann* in Widmann/Mayer, § 2 Rdn. 240 m.w.N. Ebenso *van Lishaut* in Rödder/Herlinghaus/van Lishaut, § 2 Rdn. 27.
25 Vgl. *Widmann* in Widmann/Mayer, § 2 Rdn. 240, 241.
26 Vgl. Fn. 16.
27 So *Dötsch* in Dötsch/Patt/Pung/Möhlenbrock, § 2 Rdn. 38, 39.

des § 2 Abs. 1 die Möglichkeit eingeräumt, den Zeitpunkt, auf den die Schlussbilanz aufgestellt wird, innerhalb des von § 17 Abs. 2 S. 4 UmwG vorgegebenen Zeitrahmens zu vereinbaren und somit zu gestalten; diese „Vereinbarungs-" und damit „Gestaltungsmöglichkeit" wirkt sich somit faktisch auch auf den steuerlichen Übertragungsstichtag aus. Das BFH-Urteil bezieht sich also auf einen Sachverhalt, der sich durch die offensichtlich unzutreffende Annahme eines steuerlichen Übertragungsstichtags nach dem Bilanzstichtag auszeichnet, und ist daher für die Festlegung der Reihenfolge bei einer Kettenumwandlung nicht zielführend.[28] Die an Stelle eines „Wahlrechts" favorisierte Bezugnahme auf die tatsächliche zeitliche Reihenfolge der Vertragsabschlüsse belegt ja gerade die offensichtliche Gestaltungsmöglichkeit in der Praxis.

Wird der Willen der beteiligten Parteien zur Bestimmung der Reihenfolge   57
nicht ausdrücklich erklärt, sind daher zunächst die Verträge und die handelsrechtliche Bilanzierung zur Auslegung heranzuziehen; dabei kann die Reihenfolge der Vertragsabschlüsse eine Rolle spielen. Geben weder Erklärung der Beteiligten noch Auslegung Hinweise auf die Reihenfolge, bleibt nur noch der Rückgriff auf die Reihenfolge bei der Eintragung in das Handelsregister und damit die Reihenfolge der zivilrechtlichen Wirksamkeit der Vorgänge.[29]

In der Praxis werden aber häufig ein Interesse und damit ein Erklärungsbe-   58
dürfnis der Beteiligten bestehen, auf eine eindeutige Reihenfolge bei identischen Übertragungsstichtagen hinzuwirken. Dieses Interesse kann ganz allgemein in der Entscheidung zwischen den Vorteilen des Zweiten Teils des UmwStG im Vergleich zu denen des Dritten Teils des UmwStG liegen, z.B. in der Nutzung von Verlustabzügen oder von Step-Up-Potential.[30]

II. Vergleichbare ausländische Fälle

Infolge der Bezugnahme des steuerlichen Übertragungsstichtags auf den Bi-   59
lanzstichtag stellt sich die Frage, wie zu verfahren ist, wenn die Überträgerin eine ausländische Gesellschaft ist.

Es ist auf den Bilanzstichtag nach ausländischem Gesellschaftsrecht abzu-   60
stellen[31]; maßgeblich ist dabei das Recht des Ansässigkeitsstaats der übertragenden Körperschaft. Für die europäische Gesellschaft regelt dies auch Art. 18 SE-VO. Der steuerliche Übertragungsstichtag ergibt sich dann in entsprechender Anwendung aus dem handelsrechtlichen Umwandlungsstichtag.[32]

---

28 Entgegen der bereits damals h.M. (vgl. Fn. 13) geht der BFH in diesem Urteil auch davon aus, dass der Stichtag der Schlussbilanz meist identisch mit dem Umwandlungsstichtag sei, ohne dass es für die Entscheidung hierauf allerdings angekommen wäre. Vgl. Fn. 12.
29 Vgl. *van Lishaut* in Rödder/Herlinghaus/van Lishaut, § 2 Rdn. 27; *Widmann* in Widmann/Mayer, § 2 Rdn. 241.
30 Vgl. *Widmann* in Widmann/Mayer, § 2 Rdn. 242 ff.
31 Vgl. *Widmann* in Widmann/Mayer, § 2 (SEStEG) Rdn. 1.
32 So auch Tz. 02.07 UmwStE 2011.

C. Sachlicher Anwendungsbereich

I. Steuerliche Rückwirkung bei Umwandlungen

1. Verschmelzung, Spaltung, Vermögensübertragung

61 Die Bezugnahme von § 2 Abs. 1 auf eine übertragende „Körperschaft" impliziert, dass die Fiktion nur bei Umwandlungen i.S.d. §§ 3 bis 19 – also dem Zweiten bis Fünften Teil des UmwStG – zur Wirkung kommt. Als Arten der Umwandlung kommen damit die Verschmelzung, die Spaltung und die Vermögensübertragung in Frage.

62 Obwohl die Ausgliederung eine Art der Spaltung ist (§ 123 Abs. 3 UmwG), gelten diese Teile hier nicht (§ 1 Abs. 1 S. 2).

63 Mit der Begrenzung auf den Zweiten bis Fünften Teil korrespondieren eigene Rückbeziehungsregelungen bei der Einbringung und dem Formwechsel (Sechster bis Achter Teil des UmwStG).

2. Umwandlungen mit eigener Rückbeziehungsregelung

a) Formwechsel

64 Im Falle des im Zweiten Teil geregelten Formwechsels in eine PersG gilt mangels handelsrechtlichem Übertragungsvorgang eine eigene Rückbeziehungsregelung: Die KapG hat für steuerliche Zwecke auf den Zeitpunkt, in dem der Formwechsel wirksam wird, eine Übertragungsbilanz, die PersG eine Eröffnungsbilanz aufzustellen. Diese Bilanzen können auch für einen Stichtag aufgestellt werden, der höchstens acht Monate vor der Anmeldung des Formwechsels zur Eintragung in das Handelsregister liegt (Übertragungsstichtag). § 2 Abs. 3 und 4 gilt in diesen Fällen entsprechend (§ 9 S. 3).[33]

b) Einbringung

65 Im Falle einer Einbringung von Unternehmensteilen in eine KapG oder Genossenschaft und Anteilstausch sind das Einkommen und das Vermögen des Einbringenden und der übernehmenden Gesellschaft auf Antrag so zu ermitteln, als ob das eingebrachte Betriebsvermögen mit Ablauf des steuerlichen Übertragungsstichtags auf die Übernehmerin übergegangen wäre. Als steuerlicher Übertragungsstichtag (Einbringungszeitpunkt) darf in den Fällen der Sacheinlage durch Verschmelzung i.S.d. § 2 UmwG der Stichtag angesehen werden, für den die Schlussbilanz jedes der übertragenden Unternehmen i.S.d. § 17 Abs. 2 UmwG aufgestellt ist; dieser Stichtag darf höchstens acht Monate vor der Anmeldung der Verschmelzung zur Eintragung in das Handelsregister liegen (§ 20 Abs. 5 und 6). Dies gilt im Falle einer Einbringung eines Betriebs, Teilbetriebs oder Mitunternehmeranteils in eine PersG entsprechend (§ 24 Abs. 4).

66 Die Ausgliederung (§ 123 Abs. 3 UmwG) wird wie eine Einbringung behandelt (§ 1 Abs. 3 Nr. 2).

---

33 Siehe hierzu auch Tz. 02.05 f. UmwStE 2011.

3. Verhältnis zu anderen Vorschriften

Die steuerliche Rückwirkungsfiktion ist eine Regelung zum Realisations- 67
und Anschaffungszeitpunkt; außerdem regelt sie über die zeitliche Abgrenzung die persönliche Einkünftezurechnung der beteiligten Rechtsträger. Sie
ist in beiderlei Hinsicht lex specialis.

4. Missbrauchs- und Gestaltungsvermeidung

Zur Vermeidung von Gestaltungen im Zusammenhang mit Rechtsänderun- 68
gen schränkt der Gesetzgeber ggf. die steuerliche Rückwirkung ein, z.B. in
§ 52 Abs. 47 S. 4 EStG.

II. Steuern vom Einkommen und Ertrag der beteiligten Rechtsträger

1. Grundsätze

a) Einkommen-, Körperschaft- und Gewerbesteuer

Durch die Rückwirkungsfiktion sind Einkommen und Vermögen der über- 69
tragenden Körperschaft und des übernehmenden Rechtsträgers so zu ermitteln, als ob das Vermögen der Körperschaft mit Ablauf des steuerlichen
Übertragungsstichtags ganz oder teilweise auf den übernehmenden
Rechtsträger übergegangen wäre. Damit handelt es sich um eine Regelung
zum Realisations- und Anschaffungszeitpunkt; außerdem wird die persönliche Einkünftezurechnung über die zeitliche Abgrenzung der beteiligten
Rechtsträger geregelt.

Ausweislich des klaren Wortlauts regelt § 2 Abs. 1 S. 1 die Ermittlung des 70
Einkommens im Rahmen der Körperschaftsteuer der übertragenden Körperschaft und – falls ebenfalls eine Körperschaft – des übernehmenden Rechtsträgers. Ist die Übernehmerin eine PersG, so ist auch die Einkommensermittlung bei der Einkommen- oder Körperschaftsteuer der Gesellschafter
betroffen (§ 2 Abs. 2). In beiden Fällen ergeben sich außerdem Auswirkungen auf die Ermittlung der Bemessungsgrundlage bei der Gewerbesteuer
(§ 2 Abs. 1 S. 2).

Es gibt allerdings zu einzelnen Normen z.B. des KStG die Auffassung, dass 71
eine steuerliche Rückwirkung nach § 2 ausgeschlossen sein soll. So vertritt
die Finanzverwaltung im „Schreiben betr. Verlustabzugsbeschränkung für
Körperschaften" zu § 8c KStG die Meinung, dass zur Bestimmung des Er-
werbszeitpunktes das wirtschaftliche Eigentum ausschlaggebend sein und
ein steuerlicher Rückbezug bei Umwandlung des Anteilseigners der Verlustgesellschaft ausscheiden soll.[34] Dieser Auffassung der Finanzverwaltung
ist zuzustimmen, da § 2 die steuerliche Rückwirkung für Zwecke der Ein-
kommens- und Vermögensermittlung ja gerade fingieren muss, da tatsächlich am steuerlichen Übertragungsstichtag weder wirtschaftliches noch zivilrechtliches Eigentum des übernehmenden Rechtsträgers am Vermögen der

---

34 Vgl. BMF vom 04.07.2008, IV C 7 – S 2745 a/08/10001, BStBl. I 2008, 718, Tz. 15.
   Gleiche Auffassung zu der durch das Wachstumsbeschleunigungsgesetz eingeführten Konzernklausel in § 8c KStG: *Scheunemann/Dennisen/Behrens*, BB 2010, 23
   (27).

Körperschaft besteht, insbesondere also auch eine Zurechnung über § 39 Abs. 2 Nr. 1 AO nicht in Frage kommt. Fiktiver steuerlicher Vermögensübergang, wirtschaftliches Eigentum und zivilrechtliches Eigentum sind also zu unterscheiden.

72 Mit der Einkommen- und Körperschaftsteuer wird auch der Solidaritätszuschlag als Ergänzungsabgabe von der Rückwirkung erfasst (§ 1 Abs. 1 SolzG). Die gleiche Folgewirkung entfaltet sich bei der Einkommensteuer für die Kirchensteuer.

b) Steuern vom Vermögen

73 Die Rückwirkung erstreckt sich grundsätzlich auch auf die Ermittlung des Vermögens der übertragenden Körperschaft, des übernehmenden Rechtsträgers bzw. – wenn dieser eine PersG ist – das Vermögen der Gesellschafter (§ 2 Abs. 1, 2). Da die Vermögensteuer aber derzeit nicht erhoben wird, ergibt sich insoweit keine praktische Relevanz.

c) Verzinsung

74 Da die Verzinsung nach § 233a Abs. 1 AO an die festgesetzte Einkommen-, Körperschaft-, Gewerbe- und Vermögensteuer gebunden ist, können sich auch hier Folgen aus der Rückwirkung ergeben.

2. Einkommen und Vermögen bei der übertragenden Körperschaft

75 Entsprechend dem zivilrechtlichen Vermögensübergang am Tag der Eintragung in das Handelsregister bleibt die übertragende Körperschaft bis dahin auch handelsrechtlich buchführungs- und bilanzierungspflichtig. Steuerlich hingegen gilt der Vermögensübergang mit Ablauf des Stichtags der Schlussbilanz, also am steuerlichen Übertragungsstichtag, als vollzogen.

76 Mit dem fiktiven Vermögensübergang treten mit Ablauf des steuerlichen Übertragungsstichtags auch die Einkommenswirkungen gem. § 2 Abs. 1 ein. Bei der übertragenden Körperschaft sind dies

– der Übertragungsgewinn (§ 11) und
– der Beteiligungskorrekturgewinn (§ 11 Abs. 2 S. 2).

77 Eine Verlustnutzung beim Übertragungsgewinn – also ein Ausgleich oder eine Verrechnung mit verrechenbaren Verlusten, verbleibenden Verlustvorträgen, nicht ausgeglichenen negativen Einkünften, einem Zinsvortrag nach § 4h Abs. 1 S. 5 EStG und einem EBITDA-Vortrag nach § 4h Abs. 1 S. 3 EStG – kommt nur dann in Frage, wenn diese auch ohne die steuerliche Rückwirkung möglich gewesen wäre (§ 2 Abs. 4).

78 Mit dem Ablauf des steuerlichen Übertragungsstichtags endet in den Fällen, in denen die Umwandlung zu einem Erlöschen der übertragenden Körperschaft führt, das letzte steuerliche Wirtschaftsjahr der übertragenden Körperschaft.

3. Einkommen und Vermögen beim übernehmenden Rechtsträger

79 Steuerlich erfolgt der Vermögensübergang wie bei der übertragenden Körperschaft mit Ablauf des Stichtags der Schlussbilanz der übertragenden Kör-

perschaft. Mit dem fiktiven Vermögensübergang treten mit Ablauf des steuerlichen Übertragungsstichtags auch die Einkommenswirkungen gem. § 2 Abs. 1, 2 ein; dabei kann es sich um umwandlungsbedingte – also einmalig zu Beginn – und laufende Wirkungen handeln.

a) Umwandlungsbedingte Einkommens- und Vermögenswirkungen

aa) PersG und natürliche Person als übernehmender Rechtsträger

Bei der übernehmenden PersG oder natürlichen Person ergeben sich umwandlungsbedingt **80**

– der Beteiligungskorrekturgewinn (§ 4 Abs. 1 S. 2 und 3),
– der Übernahmegewinn (§ 5 Abs. 1) und
– der Übernahmefolgegewinn (§ 6).

Verrechenbare Verluste, verbleibende Verlustvorträge, von der übertragenden Körperschaft nicht ausgeglichene negative Einkünfte, ein Zinsvortrag **81** nach § 4h Abs. 1 S. 5 EStG und ein EBITDA-Vortrag nach § 4h Abs. 1 S. 3 EStG gehen gem. § 4 Abs. 2 S. 2 nicht über. Zudem ist nach § 2 Abs. 4 S. 3 bis 6 UmwStG auch der Ausgleich oder die Verrechnung von positiven Einkünften des übertragenden Rechtsträgers im Rückwirkungszeitraum mit verrechenbaren Verlusten, verbleibenden Verlustvorträgen, nicht ausgeglichenen negativen Einkünften und einem Zinsvortrag nach § 4h Abs. 1 Satz 5 EStG des übernehmenden Rechtsträgers grundsätzlich nicht zulässig.

Bei den umwandlungsbedingten Einkommenswirkungen ist zu unterscheiden, ob der steuerliche Übertragungsstichtag mit dem regulären Bilanzstich- **82** tag der übernehmenden PersG oder der natürlichen Person zusammenfällt oder nicht.

Steuerlicher Übertragungsstichtag mit regulärem Bilanzstichtag identisch: **83**

Fällt der steuerliche Übertragungsstichtag mit dem regulären Bilanzstichtag der Übernehmerin zusammen, so werden die Wirtschaftsgüter der übertragenden Körperschaft sowohl in der steuerlichen Schlussbilanz der übertragenden Körperschaft als auch in der Jahresbilanz der Übernehmerin – also doppelt – erfasst. Die Einkommenswirkungen treten daher bei der Übernehmerin in dem dann endenden Wirtschaftsjahr ein.

Steuerlicher Übertragungsstichtag nicht mit regulärem Bilanzstichtag iden- **84** *tisch:*

Sind der steuerliche Übertragungsstichtag und der reguläre Bilanzstichtag der Übernehmerin nicht identisch, ist der Vermögensübergang als laufender Geschäftsvorfall des am steuerlichen Übertragungsstichtag noch laufenden Wirtschaftsjahrs zu buchen, so dass die Einkommenswirkungen erst in dem dem Wirtschaftsjahr entsprechenden Veranlagungszeitraum eintreten.[35]

Beispiel: **85**
Verschmelzung der T-GmbH auf die M-OHG (natürliche Personen M1 und M2 als Mitunternehmer)

---

35 Insoweit ungenau BMF vom 25.03.1998, IV B 7 – S 1978-21/98, BStBl. I 1998, 268, geändert durch BMF vom 21.08.2001, BStBl. I 2001, 543, Tz. 02.05.

Steuerlicher Übertragungsstichtag: 31. 12. 09
Wirtschaftsjahr der M-OHG: 01. 10.–30. 09.
Der Übertragungsgewinn der T-GmbH ist im Veranlagungszeitraum
09 zu versteuern; der mit Ablauf des 31. 12. 2009 entstandene Übernahmegewinn der M-OHG wirkt sich erst in der Steuerbilanz zum
30. 09. 10 aus und wird daher erst im Veranlagungszeitraum 10 versteuert.

bb) KapG als übernehmender Rechtsträger

86 Bei der übernehmenden Körperschaft ergeben sich umwandlungsbedingt

– der Beteiligungskorrekturgewinn (§ 12 Abs. 1 S. 2),
– der Übernahmegewinn (§ 12 Abs. 2 S. 3) und
– der Übernahmefolgegewinn (§ 6 i.V. m. § 12 Abs. 4).

87 Verrechenbare Verluste, verbleibende Verlustvorträge, von der übertragenden Körperschaft nicht ausgeglichene negative Einkünfte, ein Zinsvortrag
nach § 4h Abs. 1 S. 5 EStG und ein EBITDA-Vortrag nach § 4 h Abs. 1 S. 3
EStG gehen gem. § 12 Abs. 3 i.V.m. § 4 Abs. 2 S. 2 nicht über. Zudem ist
nach § 2 Abs. 4 S. 3 bis 6 UmwStG auch der Ausgleich oder die Verrechnung von positiven Einkünften des übertragenden Rechtsträgers im Rückwirkungszeitraum mit verrechenbaren Verlusten, verbleibenden Verlustvorträgen, nicht ausgeglichenen negativen Einkünften und einem Zinsvortrag
nach § 4h Abs. 1 Satz 5 EStG des übernehmenden Rechtsträgers grundsätzlich nicht zulässig.

88 Bei den umwandlungsbedingten Einkommenswirkungen ist zu unterscheiden, ob der steuerliche Übertragungsstichtag mit dem regulären Bilanzstichtag der übernehmenden Körperschaft zusammenfällt oder nicht.

89 *Steuerlicher Übertragungsstichtag mit regulärem Bilanzstichtag identisch:*

Fällt der steuerliche Übertragungsstichtag mit dem regulären Bilanzstichtag
der Übernehmerin zusammen, so werden die Wirtschaftsgüter der übertragenden Körperschaft sowohl in der steuerlichen Schlussbilanz der übertragenden Körperschaft als auch in der Jahresbilanz der übernehmenden Körperschaft – also doppelt – erfasst. Die Einkommenswirkungen treten daher
bei der Übernehmerin in dem dann endenden Wirtschaftsjahr ein.

90 *Steuerlicher Übertragungsstichtag nicht mit regulärem Bilanzstichtag iden-*
tisch:

Sind der steuerliche Übertragungsstichtag und der reguläre Bilanzstichtag
der Übernehmerin nicht identisch, ist der Vermögensübergang als laufender
Geschäftsvorfall des am steuerlichen Übertragungsstichtag noch laufenden
Wirtschaftsjahrs zu buchen, so dass die Einkommenswirkungen erst in dem
dem Wirtschaftsjahr entsprechenden Veranlagungszeitraum eintreten.[36]

---

36 Insoweit ungenau BMF vom 25. 03. 1998, IV B 7 – S 1978-21/98, BStBl. I 1998, 268,
geändert durch BMF vom 21. 08. 2001, BStBl. I 2001, 543, Tz. 02.05.

Beispiel: 91
Verschmelzung der T-GmbH auf die M-GmbH
Steuerlicher Übertragungsstichtag: 31. 12. 09
Wirtschaftsjahr der M-GmbH: 01. 10.–30. 09.
Der Übertragungsgewinn der T-GmbH ist im Veranlagungszeitraum 2009 zu versteuern; der mit Ablauf des 31. 12. 09 entstandene Übernahmegewinn der M-GmbH wirkt sich erst in der Steuerbilanz zum 30. 09. 10 aus und wird daher erst im Veranlagungszeitraum 10 versteuert.

b) Laufende Einkommens- und Vermögenswirkungen
Die laufenden Einkünfte der übertragenden Körperschaft sind ab dem steuerlichen Übertragungsstichtag der Übernehmerin zuzurechnen. 92

Soweit noch für die übertragende Körperschaft Körperschaftsteuer- oder Gewerbesteuer-Vorauszahlungsbescheide ergangen und Vorauszahlungen geleistet worden sind, die die Zeit nach dem steuerlichen Übertragungsstichtag betreffen, sind diese in der Schlussbilanz der übertragenden Körperschaft insoweit zu aktivieren und dann zu erstatten oder mit Vorauszahlungen der Übernehmerin zu verrechnen.[37] In der Praxis wird man dies erst tun, wenn die Umwandlung mit hinreichender Sicherheit auch rechtlich erfolgt; die Fassung der Umwandlungsbeschlüsse dürfte dazu der früheste Zeitpunkt sein.[38] 93

4. Rechtsbeziehungen

a) Rechtsbeziehungen zwischen übertragender Körperschaft und übernehmenden Rechtsträger

aa) Gewinnausschüttungen
Da die übertragende Körperschaft zivilrechtlich noch bis zum Tag der Eintragung in das Handelsregister besteht, kann sie bis dahin auch noch Gewinn ausschütten. 94

Abgesehen von den nachfolgend behandelten Vermögens- und Einkommenswirkungen durch Ausschüttungen bei den beteiligten Körperschaften, die Gegenstand der steuerlichen Rückwirkung nach § 2 sind, sind die Vorschriften zum Steuererhebungsverfahren – hier also der Kapitalertragsteuer – zu berücksichtigen. Das Steuererhebungsverfahren wird durch die Rückwirkung nicht berührt; vielmehr wird auf die zivilrechtliche Situation Bezug genommen, so dass Gläubiger und Schuldner der Kapitalerträge im Rückwirkungszeitraum noch auseinanderfallen und der Schuldner daher Kapital- 95

---

37 Vgl. *Widmann* in Widmann/Mayer, § 2 Rdn. 37.
38 So auch *van Lishaut* in Rödder/Herlinghaus/van Lishaut, § 2 Rdn. 35. In der Praxis muss berücksichtigt werden, dass Körperschaftsteuer und Gewerbesteuer einerseits und die Umsatzsteuer der übertragenden Körperschaft andererseits hier auseinander laufen, da die Umsatzsteuerpflichten nach wie vor noch von der übertragenden Körperschaft erfüllt werden müssen; vgl. Rdn. 204 ff.

ertragsteuer einzubehalten und abzuführen hat.[39] Diese Situation ändert sich erst mit der zivilrechtlichen Auflösung der übertragenden Körperschaft, d.h. mit Eintragung der Umwandlung in das Handelsregister.

96 Die OFD Berlin vertritt die Auffassung, dass die ursprünglich angemeldeten und abgeführten Steuerbeträge erstattet werden können, sobald die Übernehmerin im Anschluss an die zivilrechtliche Wirksamkeit der Umwandlung eine berichtigte Kapitalertragsteuer-Anmeldung „für die übertragende Körperschaft" beim Finanzamt einreicht und gleichzeitig versichert, dass Steuerbescheinigungen gem. § 45a Abs. 2 EStG aufgrund der Ausschüttung nicht (mehr) existieren. Eine Abstandnahme vom Kapitalertragsteuer-Abzug bzw. eine frühere Erstattung soll allerdings nicht in Frage kommen.[40] In der Praxis erscheint es sachgerecht, auf eine Einbehaltung bei Ausschüttungen zu verzichten, die zu einem Zeitpunkt abfließen, an dem die Umwandlung mit hinreichender Wahrscheinlichkeit angenommen werden kann[41]; ggf. sollte dieses Vorgehen mit dem zuständigen Finanzamt abgestimmt werden.

97 Da entweder die übertragende oder – falls auch eine KapG – die übernehmende Körperschaft ausschütten können, muss die Ausschüttungsrichtung berücksichtigt werden.

98 *Ausschüttungen der übertragenden Körperschaft an den übernehmenden Rechtsträger:*

Für offene und verdeckte Gewinnausschüttungen der übertragenden Körperschaft an den übernehmenden Rechtsträger müssen der Zeitpunkt der Begründung der Ausschüttung und des Abflusses differenziert werden:[42]

– *Begründung und Abfluss der Ausschüttung vor dem steuerlichen Übertragungsstichtag:* In diesem Fall wirkt sich die Rückwirkung nicht aus; es gelten die üblichen Regeln für Ausschüttungen.

– *Begründung der Ausschüttung vor dem steuerlichen Übertragungsstichtag, Abfluss zu diesem Zeitpunkt noch nicht erfolgt:* Diese Ausschüttungen werden von der Rückwirkung erfasst. Die übertragende Körperschaft hat diese daher in ihrer Schlussbilanz zu passivieren, die Ausschüttung gilt am steuerlichen Übertragungsstichtag bei der Übernehmerin als zugeflossen.

– *Begründung und Abfluss der Ausschüttung nach dem steuerlichen Übertragungsstichtag:* Derartige Ausschüttungen sind bis zum Tag der Eintragung in das Handelsregister zivilrechtlich noch möglich, werden aber steuerlich durch die Rückwirkungsfiktion negiert und stellen daher Innenvorgänge mit einer entsprechenden Umqualifikation der Ausschüttung dar. Verdeckte Gewinnausschüttungen zwischen übertragender und übernehmender Körperschaft, die im Rückwirkungszeitraum erfolgt sind, fallen also rückwirkend in sich zusammen.

---

39 Vgl. auch Tz. 02.31 UmwStE 2011.
40 Vgl. OFD Berlin vom 13.03.2000, St 125 – S 1978 – 2/00, GmbHR 2000, 635.
41 So auch van *Lishaut* in Rödder/Herlinghaus/van Lishaut, § 2 Rdn. 48.
42 Vgl. *Dötsch* in Dötsch/Patt/Pung/Möhlenbrock, § 2 Rdn. 55 ff. Vgl. auch *Widmann* in Widmann/Mayer, § 2 Rdn. 131 ff.

Ausschüttungen einer übernehmenden Körperschaft an die übertragende   99
Körperschaft:

- *Begründung und Abfluss der Ausschüttung vor dem steuerlichen Übertragungsstichtag:* In diesem Fall wirkt sich die Rückwirkung nicht aus; es gelten die üblichen Regeln für Ausschüttungen.

- *Begründung der Ausschüttung vor dem steuerlichen Übertragungsstichtag, Abfluss zu diesem Zeitpunkt noch nicht erfolgt:* Diese Ausschüttungen werden von der Rückwirkung erfasst. Die übertragende Körperschaft hat diese daher in ihrer Schlussbilanz zu aktivieren, die Ausschüttung gilt am steuerlichen Übertragungsstichtag bei der Übernehmerin als abgeflossen.

- *Begründung und Abfluss der Ausschüttung nach dem steuerlichen Übertragungsstichtag:* Derartige Ausschüttungen sind bis zum Tag der Eintragung in das Handelsregister zivilrechtlich noch möglich, werden aber steuerlich durch die Rückwirkungsfiktion negiert und stellen daher Innenvorgänge mit einer entsprechenden Umqualifikation der Ausschüttung dar.

bb) Lieferungen und Leistungen zwischen übertragender und übernehmender Körperschaft

Im Rahmen der handelsrechtlichen Für-Rechnung-Fiktion gelten die Handlungen des übertragenden Rechtsträgers im Zeitraum zwischen Umwandlungsstichtag und Eintragung als für Rechnung des übernehmenden Rechtsträgers vorgenommen.   100

Steuerlich werden diese Lieferungen und Leistungen im Rückwirkungszeitraum dem übernehmenden Rechtsträger zugerechnet. Lieferungen und Leistungen zwischen übertragender Körperschaft und übernehmenden Rechtsträger im Rückwirkungszeitraum stellen daher in beiden Richtungen innerbetriebliche Vorgänge dar; das aus diesen resultierende Ergebnis wird eliminiert.   101

b) *Rechtsbeziehungen zwischen übertragender Körperschaft und ihren Gesellschaftern*

aa) Gewinnausschüttungen

Die steuerliche Rückwirkung dient nach Wortlaut und Zweck der Ermittlung des Einkommens und des Vermögens der übertragenden Körperschaft sowie des übernehmenden Rechtsträgers. Für Anteilseigner der übertragenden Körperschaft und – soweit ebenfalls eine Körperschaft – Anteilseigner des übernehmenden Rechtsträgers gilt daher die Rückwirkungsfiktion grundsätzlich nicht.   102

Eine Ausnahme ergibt sich, wenn ein Anteilseigner der übertragenden Körperschaft zugleich übernehmender Rechtsträger wird.[43] Bei Ausschüttungen der übertragenden Körperschaft an ihre Anteilseigner ist daher zu unterscheiden, ob die Rückwirkungsfiktion für den jeweiligen Anteilseigner gilt.   103

---

43 Vgl. BFH vom 07.04.2010, I R 96/08, DB vom 23.07.2010, Heft 29, S. 6. Gl. A. Tz. 02.03 UmwStE 2011.

104 *Ausschüttungen an Anteilseigner, für die die Rückwirkungsfiktion nicht gilt:*

Für offene und verdeckte Gewinnausschüttungen der übertragenden Körperschaft an Anteilseigner, für die die steuerliche Rückwirkungsfiktion nicht gilt, können zur Verdeutlichung der Rechtsfolgen der Zeitpunkt der Begründung der Ausschüttung und des Abflusses differenziert werden:

– *Begründung und Abfluss der Ausschüttung vor dem steuerlichen Übertragungsstichtag:* Da die Ausschüttung nicht im Rückwirkungszeitraum liegt, sondern Passivierungs- und Abflusszeitpunkt vor dem steuerlichen Übertragungsstichtag liegen, gelten ohnehin die üblichen Regeln für Ausschüttungen. Die Ausschüttungen sind als Ausschüttungen der übertragenden Körperschaft und als Einnahmen nach § 20 Abs. 1 Nr. 1 EStG zu behandeln und nach den allgemeinen Grundsätzen zu besteuern.

– *Begründung der Ausschüttung vor dem steuerlichen Übertragungsstichtag, Abfluss bis zum Ablauf des steuerlichen Übertragungsstichtages noch nicht erfolgt:* Diese Ausschüttungen sehen für die genannten Anteilseigner keine Rückwirkung vor, so dass auch hier die üblichen Regelungen für Ausschüttungen gelten.[44] Da allerdings die Ausschüttungsverbindlichkeit vor dem steuerlichen Übertragungsstichtag passiviert werden muss, der Zufluss beim Anteilseigner aber nach dem steuerlichen Übertragungsstichtag erfolgt, stellt sich die Frage, welcher Rechtsträger die Kapitalertragsteuerpflichten (Einbehaltung, Anmeldung und Abführung) zu erfüllen hat. Da der übertragende Rechtsträger bis zum Tag der Eintragung zivilrechtlich fortbesteht und als solcher im Zuflusszeitpunkt Schuldner i.S.d. § 44 Abs. 1 S. 2 EStG ist, hat er grundsätzlich auch für die Entrichtung der Kapitalertragsteuer zu sorgen. Da andererseits der übernehmende Rechtsträger mit Ablauf des steuerlichen Übertragungsstichtags in die steuerliche Rechtsstellung der übertragenden Körperschaft eintritt (§ 4 Abs. 2 S. 1, § 12 Abs. 3), könnte dies dafür sprechen, dass er die steuerlichen Pflichten im Zuge des Zuflusses zu erfüllen hat.[45]

– *Begründung und Abfluss der Ausschüttung nach dem steuerlichen Übertragungsstichtag:* Da derartige Ausschüttungen noch bis zum Tag der Eintragung in das Handelsregister zivilrechtlich möglich sind, gelten auch in diesen Fällen die üblichen Regeln für Ausschüttungen. Falls der Zufluss beim Anteilseigner bis zum Tag der Eintragung erfolgt, stellen sich die gleichen Fragen zur Kapitalertragsteuer wie im vorangegangenen Fall.

105 *Ausschüttungen an Anteilseigner, für die die steuerliche Rückwirkungsfiktion gilt:*

Für offene und verdeckte Gewinnausschüttungen der übertragenden Körperschaft an Anteilseigner, für die die steuerliche Rückwirkungsfiktion gilt (also soweit diese übernehmender Rechtsträger sind), müssen der Zeitpunkt

---

44 Vgl. Tz. 02.34, 02.27 und 02.28 UmwStE.
45 Gl. A. – Einbehaltung und Abführung durch den übernehmenden Rechtsträger, „soweit dieser die Kapitalertragsteuer nicht bereits nach allgemeinen Grundsätzen einbehalten und abgeführt hat." –Tz. 02.30 und 02.34 UmwStE 2011; vgl. auch Rdn. 153.

der Begründung der Ausschüttung und des Abflusses differenziert werden:[46]

- *Begründung und Abfluss der Ausschüttung vor dem steuerlichen Übertragungsstichtag:* In diesem Fall wirkt sich die Rückwirkung nicht aus; es gelten die üblichen Regeln für Ausschüttungen.

- *Begründung der Ausschüttung vor dem steuerlichen Übertragungsstichtag, Abfluss zu diesem Zeitpunkt noch nicht erfolgt:* Diese Ausschüttungen werden von der Rückwirkung erfasst. Die übertragende Körperschaft hat diese daher in ihrer Schlussbilanz zu passivieren, die Ausschüttung gilt am steuerlichen Übertragungsstichtag bei der Übernehmerin als zugeflossen.[47]

- *Begründung und Abfluss der Ausschüttung nach dem steuerlichen Übertragungsstichtag:* Derartige Ausschüttungen sind bis zum Tag der Eintragung in das Handelsregister zivilrechtlich noch möglich, werden aber steuerlich durch die Rückwirkungsfiktion negiert und stellen daher Innenvorgänge mit einer entsprechenden Umqualifikation der Ausschüttung dar. Verdeckte Gewinnausschüttungen zwischen übertragender und übernehmender Körperschaft, die im Rückwirkungszeitraum erfolgt sind, fallen also rückwirkend in sich zusammen.[48]

Im Fall der Verschmelzung einer Tochtergesellschaft auf ihre Muttergesellschaft gilt für Gewinnausschüttungen der Tochtergesellschaft an die Muttergesellschaft im Rückwirkungszeitraum die Rückwirkungsfiktion, sodass eine steuerlich unbeachtliche Vorwegübertragung von Vermögen an die Muttergesellschaft vorliegt. Die Kapitalertragsteueranmeldung kann insoweit berichtigt werden. 106

Aus Vereinfachungsgründen sollen für im Rückwirkungszeitraum erfolgte Gewinnausschüttungen keine Bedenken bestehen, diese so zu behandeln, als hätte der übernehmende Rechtsträger sie vorgenommen, wenn die Verpflichtung zum Einbehalt und zur Abführung der Kapitalertragsteuer nach §§ 43 ff. EStG hierdurch nicht beeinträchtigt wird.[49]

bb) Anteilsveräußerung

Anteilsveräußerung durch einen Anteilseigner, für den die Rückwirkungsfiktion nicht gilt: 107

Veräußert ein Anteilseigner, für den die Rückwirkungsfiktion des § 2 Abs. 1 nicht gilt, seine Beteiligung an der übertragenden Körperschaft, ist die Veräußerung steuerlich nach den allgemeinen Grundsätzen zu beurteilen. Die Besteuerungsfolgen beim Veräußerer treten zum Zeitpunkt des Übergangs des wirtschaftlichen Eigentums i.S.d. § 39 AO ein. Für die Besteuerung des

---

46 Vgl. *Dötsch* in Dötsch/Patt/Pung/Möhlenbrock, § 2 Rdn. 55 ff. Vgl. auch *Widmann* in Widmann/Mayer, § 2 Rdn. 131 ff.
47 Vgl. Tz. 02.34, 02.27 und 02.28 UmwStE.
48 Vgl. Tz. 02.35 UmwStE.
49 Vgl. Tz. 02.34 UmwStE 2011.

Erwerbers gilt dann grundsätzlich § 13, soweit es sich bei dem Erwerber nicht um den übernehmenden Rechtsträger handelt.[50]

108 *Anteilsveräußerung durch einen Anteilseigner, für den die Rückwirkungsfiktion gilt:*

Erwirbt die übernehmende Körperschaft im Rückwirkungszeitraum Anteile an der übertragenden Körperschaft, gelten diese von der übernehmenden Körperschaft als am steuerlichen Übertragungsstichtag erworben (§ 12 Abs. 2 S. 3 i.V.m. § 5 Abs. 1). Die Besteuerungsfolgen beim Veräußerer treten zum Zeitpunkt des Übergangs des wirtschaftlichen Eigentums i.S.d. § 39 AO ein. Die Ermittlung und Besteuerung des Übernahmeergebnisses ergibt sich gem. § 12 Abs. 2 S. 1 und 2 mit Wirkung zum steuerlichen Übertragungsstichtag.[51]

c) Rechtsbeziehungen bei Übergang von Anteilen an PersG

109 Wenn die übertragende Körperschaft bis zum steuerlichen Übertragungsstichtag Anteile an einer PersG hatte, führt die Rückwirkung bei der Übernehmerin zu Besonderheiten. Dabei ist zu unterscheiden, ob die Übernehmerin Alleingesellschafterin wird oder ob weiterhin mehrere Gesellschafter existieren.

aa) Anwachsung der PersG

110 Wird die Übernehmerin im Zuge des Übergangs der PersG-Anteile Alleingesellschafterin der PersG (weil z.b. vor der Umwandlung nur die Übertragerin weitere Anteile hielt), so erlischt die PersG durch Anwachsung. Im Rahmen der steuerlichen Rückwirkung sind daher bereits mit Ablauf des steuerlichen Übertragungsstichtags Rechtsbeziehungen zwischen Übernehmerin und der Personengesellschaft rein interne Vorgänge.

bb) Fortbestehen der PersG

111 Wenn die PersG weiter fortbesteht und die Übernehmerin dort Mitunternehmer ist, gelten für die Rechtsbeziehungen zwischen Übernehmerin und der Mitunternehmerschaft bereits ab dem steuerlichen Übertragungsstichtag die Regelungen des § 15 Abs. 1 S. 1 Nr. 2 EStG.

5. Organschaft

a) Umwandlung des Organträgers

112 Ist der Organträger als übertragender Rechtsträger an einer Umwandlung i.S.d. §§ 11 bis 13 beteiligt, ergeben sich im Regelungsbereich von § 2 Abs. 1 insbesondere zwei Problemfelder. Zum einen stellt sich die Frage, ab wann die Organgesellschaft als Bestandteil des übergehenden Vermögens finanziell i.S.d. § 14 Abs. 1 S. 1 Nr. 1 S. 1 KStG in den übernehmenden Rechtsträger eingegliedert ist und im Verhältnis zu diesem eine steuerlich wirksame Organschaft begründen kann. Zum anderen ist zu bestimmen, ab wann welchem Rechtsträger das Organeinkommen zuzurechnen ist.

---

50 Vgl. 02.23 UmwStE 2011.
51 Vgl. Tz. 02.24 UmwStE 2011.

aa) Finanzielle Eingliederung

Geht im Falle einer Verschmelzung oder Spaltung des Organträgers die Or-   *113*
ganbeteiligung auf den übernehmenden Rechtsträger über, tritt der übernehmende Rechtsträger in den Gewinnabführungsvertrag ein. Zur Begründung einer Organschaft muss der Organträger nach § 14 Abs. 1 S. 1 Nr. 1
S. 1 KStG an der Organgesellschaft darüber hinaus von Beginn ihres Wirtschaftsjahrs an ununterbrochen an der Mehrheit der Stimmrechte der Organgesellschaft beteiligt sein.

Beispiel: *114*
Zwischen der M GmbH und der T GmbH besteht ein ertragsteuer-
liches Organschaftsverhältnis. Im Juni 2011 wird beschlossen, die
M GmbH mit steuerlicher Wirkung auf den Ablauf des 31. 12. 10 auf
die Ü GmbH zu verschmelzen. Die Eintragung der Verschmelzung in
das Handelsregister der Ü GmbH erfolgt am 16. 08. 11. Das Wirtschaftsjahr aller beteiligten Gesellschaften entspricht dem Kalenderjahr.

Aus zivilrechtlicher Sicht erwirbt die Ü GmbH die Beteiligung an der   *115*
T GmbH erst mit Eintragung der Verschmelzung in das Handelsregister,
also am 16. 08. 2011. Nach Auffassung der Finanzverwaltung ist eine Rückbeziehung der finanziellen Eingliederung und damit die rückwirkende Begründung eines Organschaftsverhältnisses prinzipiell nicht möglich.[52] Im
Rahmen von Umwandlungsvorgängen unterscheidet die Finanzverwaltung
aber zwischen der Versagung der Rückbeziehung einer tatsächlich nicht
vorliegenden finanziellen Eingliederung und einer lediglich rückwirkenden
Zurechnung einer tatsächlichen finanziellen Eingliederung.[53] Im Einzelnen
soll während des gesamten Wirtschaftsjahrs der Organgesellschaft eine für
sich isoliert zu betrachtende ausreichende Kapitalbeteiligung bestehen und
eine steuerliche Rückbeziehung möglich sein.[54]

Im Beispielsfall besteht zwischen der M GmbH und der T GmbH eine finan-   *116*
zielle Eingliederung. Mit Wirkung auf den Ablauf des 31. 12. 2010 wird
diese der Ü GmbH zugerechnet, die nach § 12 Abs. 3 HS 1 in die steuerliche
Rechtsstellung der M GmbH eintritt.[55] Im Wirtschaftsjahr 2011 besteht damit
zwischen der Ü GmbH und der T GmbH ein steuerlich wirksames Organschaftsverhältnis.[56]

Mit dem UmwStE 2011 verschärft die Finanzverwaltung die Anforderungen   *117*
an die Fortführung eines Organschaftsverhältnisses zum übernehmenden
Rechtsträger. Ausweislich Tz. Org.03 kann eine Organschaft zum übernehmenden Rechtsträger mit steuerlicher Rückwirkung nur begründet werden,
wenn diesem auch die Anteile an der künftigen Organgesellschaft steuer-

---

52 BMF vom 26. 08. 2003, IV A 2 – S 2770 – 18/03, BStBl. I 2003, 437, Tz. 12.
53 *Dötsch/Pung*, DB 2003, 1970 (1973).
54 *Dötsch*, Ubg 2011, 20, (23).
55 *Herlinghaus* in Rödder/Herlinghaus/van Lishaut, Anh. 4 Rdn. 11b, 12.
56 Eine Organschaft zwischen der Ü GmbH und der T GmbH hätte auch begründet
   werden können, wenn zwischen der M GmbH und der T GmbH mangels abge-
   schlossenem Ergebnisabführungsvertrag kein Organschaftsverhältnis bestanden
   hätte, da auch in diesem Fall eine finanzielle Eingliederung vorlag.

lich rückwirkend zum Beginn des Wirtschaftsjahrs der Organgesellschaft zuzurechnen sind.

118 Das Erfordernis, dass eine rückwirkende Zurechnung ausschließlich auf den Beginn des Wirtschaftsjahres der Organgesellschaft erfolgen müsse, stellt eine Neuerung gegenüber dem UmwStE 1998 dar. Damit würde ein aus Sicht der Organgesellschaft unterjähriger steuerlicher Übertragungsstichtag dazu führen, dass eine nahtlose Fortführung der Organschaft nicht möglich ist. Eine rechtliche Grundlage für diese Verschärfung scheint nicht ersichtlich zu sein.[57]

119 Hinsichtlich des Erfordernisses einer bereits bestandenen finanziellen Eingliederung zum übertragenden Rechtsträger entspricht der UmwStE 2011 der bisherigen Auffassung der Finanzverwaltung. Gem. Tz. Org.03 soll nach wie vor keine rückwirkende erstmalige Begründung einer Organschaft möglich sein, wenn die Voraussetzungen der finanziellen Eingliederung erst infolge der Umwandlung geschaffen werden. Die h.M. im Schrifttum vertritt dagegen die Auffassung, dass im Rahmen einer steuerlichen Gesamtrechtsnachfolge eine Zurechnung der Anteile des übertragenden Rechtsträgers grundsätzlich erfolgen müsse, auch wenn keine finanzielle Eingliederung vorlag. Eine Ablehnung dieser Zusammenrechnung der Stimmrechtsanteile durch die Finanzverwaltung widerspricht wohl den Grundsätzen des BFH-Urteils vom 28. 07. 2010.[58, 59]

bb) Einkommenszurechnung

120 Wem das Organeinkommen zuzurechnen ist, hängt davon ab, wer zum Ende des Wirtschaftsjahrs der Organgesellschaft der Organträger ist.[60] Entspricht der steuerliche Übertragungsstichtag dem Ende des Wirtschaftsjahrs der Organgesellschaft, ist das Organeinkommen noch der übertragenden Körperschaft zuzurechnen.

121 Liegt der steuerliche Übertragungsstichtag innerhalb des Wirtschaftsjahrs der Organgesellschaft erfolgt die Zurechnung des Organeinkommens bereits bei der übernehmenden Körperschaft.[61] Dies würde allerdings voraussetzen, dass eine solche unterjährige Umwandlung nicht zu einer Unterbrechung der Organschaft führen würde. In Tz. Org.03 des UmwStE 2011 vertritt die Finanzverwaltung die Meinung, dass eine rückwirkende Zurechnung der finanziellen Eingliederung nur, auf den Beginn des Wirtschaftsjahres der Organgesellschaft erfolgen könne.

b)   *Umwandlung der Organgesellschaft*

aa) Finanzielle Eingliederung

122 Die Begründung einer Organschaft zu einer übernehmenden Gesellschaft als Organgesellschaft in den Fällen der Verschmelzung, Auf- und Abspal-

---

57 *Rödder*, DStR 2011, 1053 (1054).
58 BFH vom 28. 07. 2010, I R 89/09, BFH/NV 2010, 2354.
59 *Kröner*, Special 1 zu Heft 35, BB 2011, 24 (25).
60 *Herlinghaus* in Rödder/Herlinghaus/van Lishaut, Anh. 4 Rdn. 12.
61 *Walter* in Ernst & Young, § 14 KStG Rdn. 357 f.

tung einer Tochtergesellschaft ist immer dann ohne weiteres möglich, wenn die Übernehmerin zu Beginn ihres Wirtschaftsjahrs bereits finanziell in den Organträger eingegliedert war.[62] Besteht hingegen zum Beginn des Wirtschaftsjahrs der Übernehmerin faktisch keine finanzielle Eingliederung, soll nach bisheriger Auffassung der Finanzverwaltung für dieses Wirtschaftsjahr grundsätzlich keine Organschaft begründet werden können. Hintergrund ist, dass sich die steuerliche Rückwirkung i.S.d. § 2 Abs. 1 nur auf das Vermögen sowie das Einkommen des übertragenden und übernehmenden Rechtsträgers nicht jedoch auf die Gesellschafterebene erstreckt.[63]

Insofern auf Ebene des Organträgers eine Buchwertfortführung erfolgt, regelt § 13 Abs. 2 S. 2 den Eintritt der Anteile an der übernehmenden Körperschaft in die an der übertragenden Körperschaft. Eine durchgehende Organschaft sollte daher auch rückwirkend vorliegen, da ausschließlich auf die steuerliche Rechtsnachfolge und nicht zusätzlich auf eine mögliche Rückwirkung abzustellen ist.[64] In Tz. Org.21 UmwStE 2011 vertritt die Finanzverwaltung allerdings eine gegenteilige Auffassung.   *123*

bb) Einkommenszurechnung

Bei einem Vermögensübergang durch Verschmelzung oder Aufspaltung   *124* endet ein bestehender Ergebnisabführungsvertrag. Eine bestehende Organschaft endet zum steuerlichen Übertragungsstichtag.[65] Das steuerliche Ergebnis bis zum steuerlichen Übertragungsstichtag wird noch dem Organträger zugerechnet.[66] Davon ausgenommen ist ein Übertragungsgewinn, der von der übertragenden Körperschaft selbst zu versteuern ist, falls eine Verschmelzung oder eine Aufspaltung vorliegt und somit zum Untergang des übertragenden Rechtsträgers führt.[67] Aufgrund des durch das SEStEG eingeführten, von der Handelsbilanz unabhängigen steuerbilanziellen Wertaufstockungswahlrecht lassen sich daher vororganschaftliche Verlustvorträge einer Organgesellschaft nutzen.[68]

c) Umwandlung Dritter auf eine Organgesellschaft

Übernimmt eine Organgesellschaft eine Tochtergesellschaft im Wege einer   *125* Upstream-Verschmelzung ergeben sich regelmäßig Mehrabführungskonsequenzen auf Grund der steuerlichen Rückbeziehung nach § 2 Abs. 1. Da das steuerliche Übernahmeergebnis i.S.d. § 12 Abs. 2 auf den Ablauf des steuerlichen Übertragungsstichtags anfällt, handelsrechtlich aber erst mit Eintragung der Verschmelzung realisiert wird, ergeben sich zeitliche Unterschiede zwischen der steuerlichen Einkommenszurechnung und der handelsrechtlichen Ergebnisabführung, wenn der Übertragungsstichtag auf

---

62 Tz. Org.29 UmwStE 2011.
63 *Hörtnagl* in Schmitt/Hörtnagl/Stratz, § 2 Rdn. 86; Tz. 13.06 und Org.03 UmwStE 2011.
64 *Kröner*, Special 1 zu Heft 35, BB 2011, 24 (26).
65 Tz. Org.21 und 22 UmwStE 2011.
66 *Widmann* in Widmann/Mayer, § 2 Rdn. 125.
67 Tz. Org.27 UmwStE 2011.
68 *Kessler/Weber/Aberle*, Ubg 2008, 209 ff.

das Ende des Wirtschaftsjahrs der übernehmenden Organgesellschaft fällt. Daraus resultieren Mehr- oder Minderabführungen.

126 **Beispiel:**
Mit steuerlicher Wirkung auf den Ablauf des 31.12.10 erfolgt die Verschmelzung der E GmbH auf die T GmbH. Dabei entsteht auf Ebene der T GmbH ein Übernahmegewinn. Die Eintragung der Verschmelzung in das Handelsregister erfolgt im März 11. Der entstehende handelsrechtliche Verschmelzungsgewinn entspricht wertmäßig exakt dem in 10 in der Steuerbilanz erzielten Übernahmegewinn. Die T GmbH ist bereits seit mehreren Jahren in eine Organschaft mit der M GmbH eingebunden. Zwischen der T GmbH und der E GmbH besteht keine Organschaft. Das Wirtschaftsjahr der beteiligten Gesellschaften entspricht dem Kalenderjahr.

127 Setzt man außerorganschaftliche Merkmale generell mit vororganschaftlichen gleich, soll im vorliegenden Beispiel in 2010 eine vororganschaftlich verursachte Minderabführung i.S.d. § 14 Abs. 3 KStG resultieren. Hintergrund dieser Sichtweise ist die Übernahme außerorganschaftlichen Vermögens.[69] Tz. 30 des UmwStE-Entwurfs vom 05.02.2011 griff diesen Gedanken auf und qualifizierte die Minderabführung in 2010 sowie die Mehrabführung in 2011 als vororganschaftlich verursacht.

128 Zutreffender Weise hat die Finanzverwaltung im endgültigen UmwStE 2011 von dieser Betrachtungsweise Abstand genommen. Somit führt der Übernahmegewinn in 2010 zu einer organschaftlich verursachten Minderabführung i.S.d. § 14 Abs. 4 KStG auf Ebene der T GmbH. Auf Ebene der M GmbH muss korrespondierend ein aktiver Ausgleichsposten gebildet werden. Der Verschmelzungsgewinn in 2011 stellt den Ausgleich innerhalb des Organkreises wieder her, indem die resultierende organschaftlich verursachte Mehrabführung die Auflösung des in 2010 gebildeten aktiven Ausgleichspostens bewirkt. Die Übernahme von Vermögen aus dem außerorganschaftlichen Bereich der E GmbH als solche lässt keine vororganschaftlich verursachte Mehrabführung entstehen.[70] Ein anderes Ergebnis sollte sich aber einstellen, falls die T GmbH erstmals in 2011 organschaftlich in die M GmbH eingebunden ist.

6. Besonderheiten bei grenzüberschreitenden Umwandlungsvorgängen

129 Im Rahmen der Europäisierung des Umwandlungssteuergesetzes durch das SEStEG wurde § 2 Abs. 3 eingeführt. Danach sind die Absätze 1 und 2 des § 2 nicht anzuwenden, soweit Einkünfte auf Grund abweichender Regelungen zur Rückbeziehung eines Umwandlungsvorgangs nach §§ 3–19 in einem anderen Staat der Besteuerung entzogen werden.[71] Die Regelung ist mit zahlreichen Zweifelsfragen verbunden. Der UmwStE 2011 widmet der

---

69 *Dötsch/Pung*, Der Konzern 2008, 150 (156).
70 *Grube/Behrendt*, GmbHR 2005, 1172 (1178); *Heerdt*, DStR 2009, 938 (944).
71 Durch den Verweis in § 20 Abs. 4 S. 6 gilt § 2 Abs. 3 für die Einbringung in eine KapG nach § 20 sowie auf Grund des Verweises in § 9 S. 3 für den Formwechsel einer KapG in eine PersG entsprechend.

Vorschrift gerade einmal eine Teilziffer[72], die im Wesentlichen den Inhalt der Gesetzesbegründung widergibt.

Ausweislich der Gesetzesbegründung dient die Vorschrift des § 2 Abs. 3 der Vermeidung der Entstehung „weißer Einkünfte".[73] Zweck der Regelung ist das Schließen von Besteuerungslücken, die sich durch Unterschiede zwischen den steuerlichen Rückwirkungsvorschriften aus deutscher Sicht und der steuerlichen Wirksamkeit eines Umwandlungsvorgangs nach ausländischem Recht ergeben.   *130*

Tatbestandsvoraussetzung des § 2 Abs. 3 ist ein Umwandlungsvorgang mit Auslandsbezug.[74] Hauptanwendungsfälle des § 2 Abs. 3 sind grenzüberschreitende Umwandlungen.[75] Zur Anwendung des § 2 Abs. 3 bedarf es regelmäßig einer Entstrickung.[76] Anderenfalls wäre es bis wohl auf wenige Ausnahmen nicht denkbar, dass Einkünfte der inländischen Besteuerung überhaupt entzogen werden könnten. Sind daher die Steuerverhaftungs- und Betriebsstättenbedingung erfüllt, wäre auch im Anschluss an eine grenzüberschreitende Umwandlung der inländische steuerliche Zugriff sichergestellt. Es bestünde dann keine Notwendigkeit eine Besteuerungslücke auf Grund unterschiedlicher Vorschriften über die steuerliche Wirksamkeit eines Umwandlungsvorgangs zu schließen.[77]   *131*

Der Tatbestand des § 2 Abs. 3 stellt nicht auf einen Entzug der Besteuerung im Ausland ab. Die Regelung setzt vielmehr voraus, dass sowohl im Ausland als auch im Inland Einkünfte auf Grund abweichender Regelungen zur steuerlichen Rückbeziehung eines Umwandlungsvorgangs nicht besteuert werden. Folglich bezieht sich der Satzteil „in einem anderen Staat" in § 2 Abs. 3 einzig auf die abweichenden Regelungen zur Rückbeziehung.[78] Der Besteuerungsentzug kann sich somit nur auf solche Einkünfte beziehen, die der deutschen Besteuerung im Zusammenhang mit einer Entstrickung verloren gehen. § 2 Abs. 3 hat daher den Charakter einer Rückfallklausel. Der Besteuerungsentzug kann sich dabei auf zweierlei Arten ergeben. Zum einen kann ein zeitlicher Unterschied hinsichtlich der steuerlichen Wirksamkeit zwischen dem Inland und dem Ausland bestehen. Der Rückwirkungszeitraum für Zwecke der deutschen Besteuerung ist dann mit einem etwaigen steuerlichen Rückwirkungszeitraum im Ausland nicht identisch. Zum anderen können sich Unterschiede zwischen der jeweiligen Ausgestaltungen der Regelung zur Erfassung einzelner Geschäftsvorfälle im Rückwirkungszeitraum ergeben.[79]   *132*

---

72 Tz. 02.38 UmwStE 2011.
73 BT-Drs. 16/2710, 36 f.
74 *Ettinger/Königer*, GmbHR 2009, 590 (591).
75 *Dötsch* in Dötsch/Patt/Pung/Möhlenbrock, § 2 Rdn. 78; *van Lishaut* in Rödder/Herlinghaus/van Lishaut, § 2 Rdn. 103.
76 *Goebel/Ungemach/Glaser*, DStZ 2009, 854 ff.
77 *Rödder/Schumacher*, DStR 2006, 1525 (1529).
78 *Dötsch/Pung*, DB 2006, 2704 (2706); *Göbel/Ungemach/Glaser*, DStZ 2009, 854 ff.; *Ettinger/Königer*, GmbHR 2009, 590 (591); *Frotscher* in Frotscher/Maas, § 2 Rdn. 119; *Schafitzl/Widmayer*, BB-Special 8/2006, 39.
79 Tz. 02.38 UmwStE 2011.

a) Hinausumwandlung

133 Die Bestimmung des Anwendungsbereichs von § 2 Abs. 3 ist eng mit der Frage verbunden, zu welchem Zeitpunkt ein Umwandlungsvorgang zu einer Entstrickung führt.[80] Die Annahme einer generellen Entstrickung für den Fall einer Zuordnung eines übergehenden Wirtschaftsguts zum ausländischen übernehmenden Rechtsträger auf Grund der Zentralfunktionsthese des Stammhauses auf den Ablauf des steuerlichen Übertragungsstichtags ist überholt. Ausweislich Tz. 02.15 UmwStE 2011 sind für Zwecke der Entstrickung die tatsächlichen Verhältnisse am steuerlichen Übertragungsstichtag maßgebend. Besteht zu diesem Zeitpunkt demnach tatsächlich noch ein deutsches Besteuerungsrecht, ist der wahlweise Ansatz der Buchwerte nach UmwStG nicht eingeschränkt.[81] Kommt es nach Ablauf des steuerlichen Übertragungsstichtags zu einem tatsächlichen Entstrickungsvorgang, gelangen die allgemeinen Entstrickungsnormen des § 4 Abs. 1 S. 3 EStG bzw. § 12 Abs. 1 KStG zur Anwendung.[82] Erfolgt eine solche tatsächliche Entstrickung erst nach zivilrechtlicher Wirksamkeit des Umwandlungsvorgangs – was in der Praxis wohl der Regelfall sein dürfte – ist der Anwendungsbereich von § 2 Abs. 3 nicht eröffnet, soweit die Steuerverhaftungs- bzw. die Betriebsstättenbedingung i.S.d. UmwStG am steuerlichen Übertragungsstichtag erfüllt sind. Der Entstrickungsvorgang vollzieht sich dann außerhalb des steuerlichen Rückwirkungszeitraums. Selbst wenn der Sitzstaat des übernehmenden Rechtsträgers einen von deutschen steuerlichen Vorschriften abweichenden steuerlichen Übertragungsstichtag aufweist, ist die Entstehung einer Besteuerungslücke im Hinblick auf die unterschiedlichen Regelungen zur steuerlichen Wirksamkeit nicht denkbar. Etwaige Einkünfte im Interimszeitraum i.S.d. § 49 Abs. 1 Nr. 2 Buchst. a EStG können dann im Rahmen der beschränkten Steuerpflicht der Übernehmerin im Inland besteuert werden.

134 **Beispiel:**
Die D GmbH betreibt im Inland umfangreiche Forschungs- und Entwicklungsaktivitäten. Die D GmbH hat eigene Patente entwickelt und erzielt aus der Lizenzierung an Konzerngesellschaften ganzjährig erhebliche positive Einkünfte. Mit Wirkung auf den Ablauf des 31.12.10 verschmilzt die D GmbH auf ihre im EU-Ausland ansässige Muttergesellschaft. Dort tritt die steuerliche Wirksamkeit am 01.07.11 ein. Aus zivilrechtlicher Sicht wird die Verschmelzung am 01.10.11 wirksam. Im Dezember 11 erfolgt die Verlegung der gesamten Forschungsabteilung inkl. Mitarbeiter in den Sitzstaat der übernehmenden Muttergesellschaft. Bis zur tatsächlichen Verlegung der Forschungsabteilung erfüllt diese sämtliche Voraussetzungen einer Betriebsstätte.

---

80 Zur Frage, ob ein Umwandlungsvorgang vor dem Hintergrund der BFH-Rechtsprechung zur finalen Entnahmetheorie bzw. Betriebsaufgabetheorie überhaupt zu einer Entstrickung führen kann, vgl. *Köhler*, IStR 2010, 337 ff.

81 *Schönfeld*, IStR 2011, 497 (499).

82 *Schmitt* in Schmitt/Hörtnagl/Stratz, § 11 Rdn. 106 ff.

Solange die Voraussetzungen für eine Betriebsstätte im Inland erfüllt sind, wird regelmäßig auch die Besteuerung des Einkommens- und des Vermögens im Inland erfolgen. Ein durch die Verschmelzung resultierender Entstrickungsvorgang kann daher nicht angenommen werden. Die Vorschrift des § 2 Abs. 3 steht einer Rückwirkung auf den 31. 12. 2010 somit nicht entgegen. Erst mit der Verlegung der gesamten Forschungsabteilung in den Sitzstaat der Muttergesellschaft und der damit einhergehenden Aufgabe der Betriebsstätte erfolgt eine tatsächliche Entstrickung, die aber außerhalb des Anwendungsbereichs des § 2 Abs. 3 liegt.

aa) Zeitliche Unterschiede hinsichtlich der steuerlichen Wirksamkeit

Bei einer Hinausumwandlung kann sich eine Besteuerungslücke nur auftun, **135** wenn das Steuerrecht des Sitzstaats des übernehmenden Rechtsträgers entweder gar keine Regelung zu einer steuerlichen Rückbeziehung vorsieht oder die Rückwirkung im Ausland einen geringeren Zeitraum umfasst als im Inland.[83]

Entstrickungen auf den Ablauf des steuerlichen Übertragungsstichtags ergeben sich regelmäßig nur noch dann, wenn allein durch den Umwandlungsvorgang als solchen eine Entstrickung erfolgt oder mit Ablauf des steuerlichen Übertragungsstichtags keine Betriebsstätte im Inland vorliegt.[84] Nur solche Fälle eröffnen regelmäßig den Anwendungsbereich von § 2 Abs. 3. Hinsichtlich einer Hinausumwandlung sollte der folgende Grundfall im Zusammenhang mit § 2 Abs. 3 beachtlich sein.

Beispiel: **137**
Die im Inland ansässige D GmbH verschmilzt auf eine im EU-Ausland ansässige KapG. Die Verschmelzung wird im Ausland am 30. 06. 11 steuerlich wirksam. Aus deutscher Sicht ist der 31. 12. 10 der steuerliche Übertragungsstichtag. Die GmbH verfügt über ein Patent, das am steuerlichen Übertragungsstichtag erhebliche stille Reserven enthält. Zwischen dem 01. 01. 11 und dem 30. 06. 11 erzielt die D GmbH aus der Lizenzierung erhebliche Lizenzeinnahmen. Eine im Inland belegene Betriebsstätte liegt mit Ablauf des steuerlichen Übertragungsstichtags nicht vor.

Folgt man dem Zweck von § 2 Abs. 3 kann die Norm nur solche Einnahmen **138** betreffen, die nicht bereits bei der Entstrickung nach § 11 Abs. 1 am steuer-

---

83 *von Brocke/Goebel/Ungemach/von Cossel*, DStZ 2011, 684 (686). Falls dagegen eine längere steuerliche Rückwirkung im Ausland vorliegt, droht ggf. eine Doppelbesteuerung. § 2 Abs. 3 verhindert eine solche Doppelbesteuerung jedoch nicht, vgl. *Göbel/Ungemach/Glaser*, DStZ 2009, 854 ff.; *Rödder/Schumacher*, DStR 2006, 1525 (1529); *Hörtnagl* in Schmitt/Hörtnagl/Stratz, § 2 Rdn. 121. Doppelbesteuerungskonsequenzen ergeben sich aber nur dann, wenn die steuerliche Rückbeziehung im Ausland zwingend früher eintritt als die Rückwirkung i. S. d. § 2 Abs. 3. Falls die Wahlmöglichkeit besteht, den Rückwirkungszeitraum im Ausland zu verkürzen, kann eine Doppelbesteuerung vermieden werden, vgl. *Ettinger/Königer*, GmbHR 2009, 590 (594).

84 *Viskorf/Haag*, DStR 2010, 75 (76).

lichen Übertragungsstichtag zu versteuern waren.[85] Anderenfalls droht eine Doppelbesteuerung. Laufende im Rückwirkungszeitraum erzielte Einnahmen können demnach nicht losgelöst von der Entstrickung nach § 11 Abs. 1 der Besteuerung nach § 2 Abs. 3 unterworfen werden. Vielmehr ist zu berücksichtigen, dass der Ansatz eines Wirtschaftsguts mit dem gemeinen Wert am steuerlichen Übertragungsstichtag regelmäßig zu einer vorweggenommenen Besteuerung der mit dem Wirtschaftsgut verbundenen laufenden Einnahmen führt. Des Weiteren stellt § 2 Abs. 3 nicht auf Einnahmen sondern auf Einkünfte ab. Es wäre daher nur sachgerecht, wenn neben den Einnahmen auch eine Erfassung von Betriebsausgaben erfolgen würde. Vorliegend betrifft dies insbesondere die Abschreibungsbeträge, die im Zusammenhang mit dem am steuerlichen Übertragungsstichtag entstrickten Patent anfallen. Bemessungsgrundlage für eine Abschreibung kann dabei nur der in der steuerlichen Schlussbilanz nach § 11 Abs. 1 anzusetzende gemeine Wert sein.

139 Mangels spezieller Regelung sollten im Zusammenhang mit § 2 Abs. 3 die allgemeinen Grundsätze zur Einkünfteermittlung gelten. Die Wertaufstockung bis zum gemeinen Wert in der steuerlichen Schlussbilanz sollte dann für Zwecke der Abschreibung zu berücksichtigen sein.

140 Unterliegen Einkünfte bereits der Besteuerung am steuerlichen Übertragungsstichtag, kann insoweit kein Besteuerungsentzug i.S.d. § 2 Abs. 3 vorliegen. Insbesondere innerhalb des Rückwirkungszeitraums erzielte und auch realisierte Wertsteigerungen können aber der Besteuerung nach § 2 Abs. 3 unterliegen.

141 **Beispiel:**
Die im Inland ansässige D GmbH wird auf eine im EU-Ausland ansässige KapG verschmolzen. Die Verschmelzung wird im Ausland am 30.06.11 steuerlich wirksam. Aus deutscher Sicht ist der 31.12.10 der steuerliche Übertragungsstichtag. Zu diesem Zeitpunkt verfügt die D GmbH über eine Beteiligung an der E GmbH. Mangels Vorliegen einer Betriebsstätte erfolgt eine Entstrickung zum gemeinen Wert. Am 31.03.11 veräußert die zivilrechtlich noch bestehende D GmbH die Beteiligung an der E GmbH für einen Veräußerungspreis, der den gemeinen Wert am steuerlichen Übertragungsstichtag übersteigt.

142 Nach Abzug des Buchwerts der Anteile, der nach der Entstrickung nach § 11 Abs. 1 dem gemeinen Wert entsprechen sollte, beläuft sich der nach § 2 Abs. 3 zu berücksichtigende Veräußerungsgewinn i.S.d. § 8b Abs. 2 KStG lediglich auf die eingetretene Wertsteigerung. Hätte sich im Rückwirkungszeitraum keine Veränderung des Werts der Anteile an der E GmbH ergeben, wäre die Veräußerung steuerlich unbeachtlich. § 2 Abs. 3 wäre nicht zur Anwendung gekommen, da bereits eine vorrangige Besteuerung auf Grundlage von § 11 Abs. 1 vorliegt.

143 Mit der Regelung des § 2 Abs. 3 verfolgt der Gesetzgeber das Ziel, Besteuerungslücken zu schließen und die Entstehung weißer Einkünfte zu vermei-

---

85 *Frotscher* in Frotscher/Maas, § 2 Rdn. 126, 127; *Widmann* in Widmann/Mayer, § 2 Rdn. 117.

den. Mangels Einschränkung im Wortlaut soll der Anwendungsbereich des § 2 Abs. 3 aber nach Auffassung der h. M. in der Literatur auch negative Einkünfte umfassen.[86]

Beispiel: *144*
Die im Inland ansässige D GmbH wird auf eine im EU-Ausland ansässige KapG verschmolzen. Die Verschmelzung wird im Ausland am 30. 06. 11 steuerlich wirksam. Aus deutscher Sicht ist der 31. 12. 10 der steuerliche Übertragungsstichtag. Die GmbH verfügt über ein Patent, dessen gemeiner Wert am steuerlichen Übertragungsstichtag den Buchwert übersteigt. Mangels Betriebsstätte erfolgt eine Entstrickung auf den Ablauf des steuerlichen Übertragungsstichtags. Am 31. 03. 11 veräußert die zivilrechtlich noch bestehende D GmbH das Patent für einen Veräußerungspreis unterhalb des gemeinen Werts.

Der Sitzstaat des übernehmenden Rechtsträgers erfasst den Veräußerungs- *145* vorgang nicht. Aus Sicht des Ansässigkeitsstaats der Übernehmerin ist die Veräußerung für steuerliche Zwecke noch der übertragenden D GmbH zuzurechnen, da im Ausland eine steuerliche Wirksamkeit erst am 30. 06. 2011 eintritt. Vor diesem Hintergrund ist der Veräußerungsverlust noch im Inland zu berücksichtigen.

Allerdings stellt sich die Frage, in welcher Form der Veräußerungsverlust *146* steuerlich berücksichtigt werden kann, insbesondere in Verschmelzungsfällen. Eine Nutzung der Verluste durch die Übernehmerin im Rahmen der beschränkten Steuerpflicht sollte regelmäßig ausscheiden, da § 2 Abs. 3 wohl nur anwendbar ist, wenn im Inland gerade keine Betriebsstätte verbleibt. Darüber hinaus durchbricht § 2 Abs. 3 zumindest punktuell gerade den Grundsatz, dass die Einkünfte mit dem Ablauf des steuerlichen Übertragungsstichtags dem übernehmenden Rechtsträger zuzurechnen sind. Vor diesem Hintergrund erscheint vielmehr ein möglicher Verlustrücktrag nach § 10d Abs. 1 S. 1 EStG durch den übertragenden Rechtsträger sachgerecht.

Auch wenn man wie die h. M. annimmt, dass der Regelungsbereich von § 2 *147* Abs. 3 auch negative Einkünfte umfasst, erscheint es doch fraglich, ob auch Wertminderungen berücksichtigt werden können.

Beispiel: *148*
Die im Inland ansässige D GmbH verschmilzt auf eine im EU-Ausland ansässige KapG. Die Verschmelzung wird im Ausland am 30. 06. 11 steuerlich wirksam. Aus deutscher Sicht ist der 31. 12. 10 der steuerliche Übertragungsstichtag. Die GmbH verfügt über ein selbst erstelltes Patent, das am steuerlichen Übertragungsstichtag mit dem gemeinen Wert nach § 11 Abs. 1 entstrickt wird. Am 30. 06. 11 ist der Verkehrswert des Patents deutlich unter den gemeinen Wert am steuerlichen Übertragungsstichtag gefallen. Es handelt sich um eine voraussichtlich dauernde Wertminderung.

Auf Grund des Vorrangs der Entstrickungsnorm des § 11 Abs. 1 vor § 2 *149* Abs. 3, ist in der steuerlichen Schlussbilanz der gemeine Wert des Patents

---

86 *Ettinger/Königer*, GmbHR 2009, 590 (591); *Göbel/Ungemach/Glaser*, DStZ 2009, 854; *Frotscher* in Frotscher/Maas, § 2 Rdn. 123.

am steuerlichen Übertragungsstichtag anzusetzen. Dadurch bliebe die Wertminderung im Rückwirkungszeitraum zunächst unberücksichtigt. Wenn jedoch die allgemeinen Grundsätze zur Einkünfteermittlung im Zusammenhang mit § 2 Abs. 3 zur Anwendung gelangen, müsste auch die Berücksichtigung einer voraussichtlich dauernden Wertminderung nach § 6 Abs. 1 Nr. 1 S. 2 EStG zulässig sein. Das Wahlrecht zum Ansatz eines auf Grund voraussichtlich dauernder Wertminderung niedrigeren Teilwerts muss aber grundsätzlich in der Steuerbilanz ausgeübt werden. Das Erfordernis eines steuerbilanziellen Ausweises der Wirtschaftsgüter, die zur Erzielung von Einkünften im Rückwirkungszeitraum i.S.d. § 2 Abs. 3 führen, auf den Zeitpunkt des steuerlichen Wirksamwerdens des Umwandlungsvorgangs im Ausland wird aber in der Literatur verneint.[87] Ansonsten würde ein Hauptziel der steuerlichen Rückwirkungsfiktion, d.h. das Abstellen auf eine höchstens acht Monate vor der Anmeldung zum Handelsregister aufgestellte Bilanz, unterlaufen. Die Aufnahme des die Wertminderung realisierenden Wirtschaftsguts in ein laufend zu führendes, besonderes Verzeichnis könnte jedoch an die Stelle eines Bilanzansatzes treten.[88] Eine andere Überlegung ist, ob sich der gemeine Wert – unabhängig von den bilanziellen Erfordernissen einer Teilwertabschreibung – nicht bereits am 31. 12. 10 unter Berücksichtigung der Wertminderung „verringert" darstellt. Wenn die Gründe der Wertminderung bereits am 31. 12.1 0 vorgelegen haben und diese nur noch nicht bekannt waren, so handelt es sich bei der Wertminderung am 30.06.11 lediglich um ein werterhellendes Ereignis. Die Wertminderung hätte demnach bereits am 31. 12. 10 vorgelegen und auf den gemeinen Wert Einfluss genommen. Diese Auslegung ist stark von der Ursache der Wertminderung und dessen Dokumentation abhängig.

bb) Unterschiedliche inhaltliche Ausgestaltung der Rückwirkungsregeln

150 Auch bei kongruenten steuerlichen Zeitpunkten hinsichtlich der steuerlichen Wirksamkeit kommt § 2 Abs. 3 zur Anwendung. Ursache können Abweichungen hinsichtlich der Erfassung von Geschäftsvorfällen durch die steuerlichen Rückwirkungsregeln sein.[89] Abzustellen ist dabei auf den Gegenstand der steuerlichen Rückbeziehung.[90] Im Rückwirkungszeitraum erfolgte Gewinnausschüttungen einer übertragenden Körperschaft können gem. Tz. 02.10, 02.34 und 02.30 des UmwStE 2011 bereits der übernehmenden Körperschaft zugerechnet werden. Folgt der Sitzstaat des übernehmenden Rechtsträgers dieser Zurechnung nicht, gelangt § 2 Abs. 3 zur Anwendung, auch wenn die Reichweite der Rückwirkung in zeitlicher Hinsicht zwischen In- und Ausland übereinstimmt.[91]

---

87 *Schafiltzl/Widmayer*, BB-Special 8/2006, 36 (39); *Ettinger/Königer*, GmbHR 2009, 590 (593).

88 *Ettinger/Königer*, GmbHR 2009, 590 (593).

89 *Dötsch* in Dötsch/Patt/Pung/Möhlenbrock, § 2 Rdn. 81; *Hörtnagl* in Schmitt/Hörtnagl/Stratz, § 2 Rdn. 118; *van Lishaut* in Rödder/Herlinghaus/van Lishaut, § 2 Rdn. 104, 107; *Benecke/Schnitger*, IStR 2006, 765 (771); *Göbel/Ungemach/Glaser*, DStZ 2009, 854.

90 *van Lishaut* in Rödder/Herlinghaus/van Lishaut, § 2 Rdn. 107.

91 *von Brocke/Goebel/Ungemach/von Cossel*, DStZ 2011, 684 (686).

Beispiel: *151*
Die D GmbH verschmilzt auf eine im EU-Ausland ansässige Schwestergesellschaft. Der steuerliche Übertragungsstichtag i.S.d. § 2 Abs. 1
ist der 31.12.10. Im Ausland wird die Verschmelzung ebenfalls am
31.12.10 steuerlich wirksam. Die zivilrechtliche Wirksamkeit tritt aus
Sicht beider Staaten übereinstimmend im November 11 ein. Im
August 11 wird eine Vorabausschüttung der D GmbH an ihre Muttergesellschaft beschlossen, die im Oktober 11 abfließt. Nach dem
Steuerrecht des Ansässigkeitsstaats der Übernehmerin fallen Gewinnausschüttungen grundsätzlich nicht unter die steuerliche Rückwirkung.

Zwar fällt das steuerliche Wirksamwerden des Verschmelzungsvorgangs in   *152*
beiden Staaten zeitlich nicht auseinander. Allerdings besteht in Gestalt der
Ausschüttung ein Unterschied in inhaltlicher Hinsicht. Da der Sitzstaat der
Übernehmerin mangels Berücksichtigung von Ausschüttungen im Rückwirkungszeitraum kein Gebrauch von einem etwaigen Einbehalt von Kapitalertragsteuer macht, könnte unter den entsprechenden Voraussetzungen im
Inland eine Erfassung der Kapitalertragsteuer erfolgen. Auch wenn in diesem Fall keine Entstrickung im eigentlichen Sinne vorliegt, wäre der Einbehalt und die Abführung von Kapitalertragsteuer vom Wortlaut des § 2 Abs. 3
gedeckt. Auf Grund abweichender Regelungen zur steuerlichen Rückbeziehung könnten Einkünfte so der Besteuerung entzogen werden.

Tz. 02.34 UmwStE 2011 zufolge kann aber bei der Vermögensübertragung   *153*
auf eine Körperschaft generell eine Durchbrechung der steuerlichen Rückwirkung eintreten, wenn dadurch die Verpflichtung zum Einbehalt und zur
Abführung von Kapitalertragsteuer beeinträchtigt wird. Ist demzufolge die
Verpflichtung zum Einbehalt und zur Abführung von Kapitalertragsteuer
beim übernehmenden Rechtsträger beeinträchtigt, soll unabhängig vom Anwendungsbereich des § 2 Abs. 3 der übertragende Rechtsträger die entsprechende Kapitalertragsteuer einbehalten und abführen. Dieses gilt auch für
Ausschüttungen an Anteilseigner, für die die Rückwirkungsfiktion nicht gilt,
bei denen die Ausschüttung somit generell dem übertragenden Rechtsträger
zuzuordnen ist.[92] Daher könnten gerade für grenzüberschreitende Verschmelzungen eine solche Durchbrechung der steuerlichen Rückwirkung
und der damit verbundenen Pflichten des übertragenden Rechtsträgers im
Zusammenhang mit dem Kapitalertragsteuereinbehalt angezeigt sein, da in
diesen Fällen der (deutsche) Kapitalertragsteuereinbehalt beim übernehmenden Rechtsträger nicht sichergestellt ist.[93]

b) Hineinumwandlung

Die Einschränkung der Rückwirkung nach § 2 Abs. 3 gewährleistet die ein-   *154*
malige Erfassung positiver und negativer Einkünfte. Sie verhindert jedoch
keine Doppelerfassung, die sich auf Grund unterschiedlicher Regelungen

---

92 Tz. 02.34 UmwStE 2011.
93 Vgl. hierzu auch Rdn. 104.

zur steuerlichen Wirksamkeit eines Umwandlungsvorgangs in Deutschland und im Ausland ergeben kann.[94]

155 **Beispiel:**
Eine im EU-Ausland ansässige KapG wird auf die D GmbH mit Sitz im Inland verschmolzen. Im Ausland wird die Verschmelzung am 30. 06. 11 wirksam. Der steuerliche Übertragungsstichtag i. S. d. § 2 Abs. 1 ist der 31. 12. 10. Im Zeitraum zwischen 01. 01. 11 und 30. 06. 11 erzielt die übertragende KapG positive Einkünfte, die im Ausland der Besteuerung unterliegen. Aus deutscher Sicht werden die Einkünfte bereits der übernehmenden D GmbH zugerechnet.

156 Aufgrund der Rückwirkung im Inland und der steuerlichen Wirksamkeit zum 30. 06. 2011 im Ausland kommt es zwischen 01. 01. 2011 und 30. 06. 2011 zu einer Doppelbesteuerung der Einkünfte. Mit § 2 Abs. 3 die Einmalbesteuerung von Einkünften sicherzustellen, eine Doppelbesteuerung jedoch nicht zu verhindern, ist inkonsequent.[95] Die Vermeidung der Doppelbesteuerung kann in Einzelfällen nur im Wege eines Verständigungsverfahrens herbeigeführt werden.[96]

157 Zu berücksichtigen ist aber der Rückgriff auf die Schlussbilanz des übertragenden Rechtsträgers im Ausland für Zwecke der Bestimmung des steuerlichen Übertragungsstichtags und somit der steuerlichen Rückwirkung i. S. d. § 2 Abs. 1. Nach § 2 Abs. 1 S. 1 ist der Stichtag der Bilanz des übertragenden Rechtsträgers, die dem Vermögensübergang zu Grunde liegt, maßgebend für den steuerlichen Übertragungsstichtag.[97] Bei der in § 2 Abs. 1 S. 1 genannten Bilanz handelt es sich um eine Bilanz im handelsrechtlichen Sinne.[98] In Fällen einer Hineinumwandlung bestimmt sich daher der steuerliche Übertragungsstichtag nach dem Handels- und Gesellschaftsrecht des Sitzstaats des übertragenden Rechtsträgers.[99] Vor diesem Hintergrund kann eine Doppelbesteuerung nur dann entstehen, wenn der Sitzstaat des übertragenden Rechtsträgers die steuerliche Wirksamkeit des Umwandlungsvorgangs nicht wie § 2 Abs. 1 an den Stichtag der handelsrechtlichen Schlussbilanz knüpft, sondern das steuerliche Wirksamwerden erst nachfolgend eintritt. Ist nach ausländischem Recht keine Aufstellung einer handelsrechtlichen Schlussbilanz vorgesehen, ist für Zwecke der Bestimmung des steuerlichen Übertragungsstichtags i. S. d. § 2 Abs. 1 auf den Zeitpunkt des Übergangs des wirtschaftlichen oder rechtlichen Eigentums abzustellen.[100]

158 Neben der Doppelbesteuerung verhindert § 2 Abs. 3 m. E. auch keine doppelte Berücksichtigung von Verlusten. Gegenteiliges ist dem Wortlaut des § 2 Abs. 3 nicht zu entnehmen. Aus dem Gesetzestext ergibt sich nur eine

---

94 *Göbel/Ungemach/Glaser*, DStZ 2009, 854 ff.; *Rödder/Schumacher*, DStR 2006, 1525 (1529); *Hörtnagl* in Schmitt/Hörtnagl/Stratz, § 2 Rdn. 121.
95 *Göbel/Ungemach/Glaser*, DStZ 2009, 854 ff.; *Rödder/Schumacher*, DStR 2006, 1525 (1529); *Hörtnagl* in Schmitt/Hörtnagl/Stratz, § 2 Rdn. 121.
96 *Dötsch/Pung*, DB 2006, 2704 (2706).
97 *Dötsch/Pung*, DB 2006, 2704 (2706).
98 *Dötsch* in Dötsch/Patt/Pung/Möhlenbrock, § 2 Rdn. 12.
99 BT-Drs. 16/2710, 36.
100 *Van Lishaut* in Rödder/Herlinghaus/van Lishaut, § 2 Rdn. 102.

einmalige Erfassung von Einkünften. Eine Doppelberücksichtigung positiver wie negativer Einkünfte ordnet § 2 Abs. 3 nicht an.

Beispiel: 159
Eine ausländische KapG verschmilzt auf die im Inland ansässige D GmbH. Im Ausland wird die Verschmelzung am 30. 06. 11 steuerlich wirksam. Der steuerliche Übertragungsstichtag i. S. d. § 2 Abs. 1 ist der 31. 12. 10. Im Ausland ergeben sich zwischen 01. 01. 11 und 30. 06. 11 auf Grund der Abschreibung eines Wirtschaftsguts negative Einkünfte. Mit Ablauf des steuerlichen Übertragungsstichtags wird das Wirtschaftsgut nach §§ 11 Abs. 1 S. 1, 12 Abs. 1 S. 1 durch Ansatz des gemeinen Werts im Inland steuerlich verstrickt. Dadurch resultieren auch im Inland Abschreibungen.

Aufgrund der Regelung des § 2 Abs. 3 wird die steuerliche Berücksichti- 160
gung der Abschreibung im Inland nicht eingeschränkt.

c) Qualifikationskonflikte

§ 2 Abs. 3 schließt keine Besteuerungslücken, die sich auf Grund von Steu- 161
ersubjektqualifikations- oder Zurechnungskonflikten ergeben.[101] Dies gilt auch dann, wenn innerhalb einer Besteuerungslücke aufgrund abweichender Regelungen zur steuerlichen Rückwirkungen weiße Einkünfte entstehen, sofern ein Qualifikationskonflikt hierfür ursächlich ist.

Beispiel: 162
Die D GmbH verschmilzt auf eine ausländische EU-KapG. Am steuerlichen Übertragungsstichtag 31. 12. 10 kommt es dabei zur umwandlungsbedingten Entstrickung von stillen Reserven im Zusammenhang mit der Beteiligung an einer in einem weiteren EU-Staat ansässigen PersG. Hinsichtlich der PersG vermeidet Deutschland die Doppelbesteuerung nach der Anrechnungsmethode. Da der Vorgang unter den Anwendungsbereich der Fusionsrichtlinie fällt, hat eine fiktive Steueranrechnung auf Grund von § 11 Abs. 3 i. V. m. § 3 Abs. 3 zu erfolgen. Im Sitzstaat der Übernehmerin wird die Verschmelzung erst am 30. 06. 11 wirksam. Zwischenzeitlich erfolgte eine Veräußerung der Beteiligung an der PersG zu einem den gemeinen Wert im Entstrickungszeitpunkt übersteigenden Veräußerungspreis. Der Sitzstaat der Übernehmerin stuft die PersG wie Deutschland als steuerlich transparent ein, vermeidet die Doppelbesteuerung aber durch die Freistellungsmethode. In ihrem Sitzstaat unterliegt die PersG der Körperschaftsteuer. Der Sitzstaat der Übernehmerin würde hinsichtlich der Anteilsveräußerung keine Rückfallklausel anwenden, um einen entstehenden Veräußerungsgewinn zu besteuern.

Im Beispielsfall entstehen im Rückwirkungszeitraum weiße Einkünfte. Den- 163
noch gelangt § 2 Abs. 3 nicht zur Anwendung, da es dazu eines kausalen Zusammenhangs hinsichtlich abweichender Rückwirkungsvorschriften bedarf.[102] Vorliegend resultiert die Entstehung weißer Einkünfte aber aus ei-

---

101 *Van Lishaut* in Rödder/Herlinghaus/van Lishaut, § 2 Rdn. 106.
102 *von Brocke/Goebel/Ungemach/von Cossel*, DStZ 2011, 684 (686).

nem Steuersubjektqualifikationskonflikt, d.h. der Sitzstaat der Übernehmerin würde einen Veräußerungsgewinn auch dann nicht besteuern, wenn die steuerliche Wirksamkeit im Ausland ebenfalls mit Ablauf des 31.12. 2010 eintreten würde.

d) Leistungsbeziehungen zwischen übertragendem und übernehmendem Rechtsträger

164   Zwar ist eine Anwendung von § 2 Abs. 3 auch denkbar, wenn keine Entstrickung im Zusammenhang mit einer grenzüberschreitenden Umwandlung erfolgt. Ob aber eine Anwendung von § 2 Abs. 3 bei Leistungsbeziehungen zwischen den an einer grenzüberschreitenden Umwandlung beteiligten Rechtsträger geboten ist, erscheint fraglich.

165   **Beispiel:**
Die D GmbH übernimmt ihre im EU-Ausland ansässige Tochtergesellschaft im Wege der Verschmelzung. Im Ausland wird die Verschmelzung am 30.06.11 wirksam. Der steuerliche Übertragungsstichtag i.S.d. § 2 Abs. 1 ist der 31.12.10. Die D GmbH hatte an ihre Tochter ein verzinsliches Darlehen ausgereicht.

166   Als Folge der Verschmelzung erlischt das Darlehen. Im Inland fallen nur bis auf den Ablauf des 31.12.2010 steuerpflichtige Zinserträge auf Ebene der D GmbH an. Die Zinsaufwendungen der ausländischen Tochtergesellschaft können prinzipiell noch bis 30.06.2011 berücksichtigt werden.[103] Etwas anderes könnte sich nur ergeben, wenn nach dem 31.12.10 im Ausland die Voraussetzungen für eine Betriebsstätte erfüllt sind und unter Gesichtspunkten des AOA (§ 1 Abs. 5 AStG) zwischen dem inländischen Stammhaus und der ausländischen Betriebsstätte eine Darlehensbeziehung fingiert werden könnte.

167   § 2 Abs. 3 kann vorliegend nicht zu Anwendung gelangen. Die Norm regelt keine allgemeine Korrespondenz hinsichtlich der Erfassung von Erträgen und Aufwendungen bei Leistungsbeziehungen zwischen den an einem Umwandlungsvorgang beteiligten Rechtsträgern. Es kommt zu keinem „Besteuerungsentzug". Die Regelung des § 2 Abs. 3 hat den Charakter einer Rückfallklausel. Sie ist nur dann zu beachten, wenn grundsätzlich im Inland steuerpflichtige Einkünfte nach Ablauf des steuerlichen Übertragungsstichtags nicht mehr besteuert werden können, jedoch mangels Erfassung im Ausland unberücksichtigt bleiben.

7. Ausschluss rückwirkender Verlustnutzung

168   § 2 Abs. 4 schränkt die Verlustnutzung im Wege rückwirkender Umwandlungen ein. Die Vorschrift wurde durch das JStG 2009 in das Umwandlungssteuergesetz eingefügt. Sinn und Zweck des § 2 Abs. 4 erschließt sich dem Leser aus dem Wortlaut nicht ohne Weiteres.[104] Dem Gesetzestext kann lediglich entnommen werden, dass § 2 Abs. 4 S. 1 eine Verrechnung eines im Zusammenhang mit einer rückwirkenden Umwandlung auf Ebene des

---

103 Vgl. *Ettinger/Königer*, GmbHR 2009, 590 (593).
104 *Rödder/Schönfeld*, DStR 2009, 560 f.

übertragenden Rechtsträgers entstehenden Übertragungsgewinns mit verbleibenden Verlustvorträgen und nicht ausgeglichenen negativen Einkünften einschränkt. Nach § 2 Abs. 4 S. 2 gilt S. 1 des § 2 Abs. 4 für negative Einkünfte des übertragenden Rechtsträgers im Rückwirkungszeitraum entsprechend. Die Zielsetzung von § 2 Abs. 4 verdeutlicht aber die Gesetzesbegründung:[105]

> *„Mit der Regelung wird verhindert, dass aufgrund der steuerlichen*   169
> *Rückwirkungsfiktion in § 2 Abs. 1 und 2 gestalterisch eine Verlustnut-*
> *zung oder ein Erhalt des Zinsvortrags erreicht werden kann, obwohl*
> *der Verlust- oder Zinsvortrag wegen § 8 c KStG bereits untergegan-*
> *gen ist. Voraussetzung für die Verlustnutzung oder Nutzung des Zins-*
> *vortrags ist deshalb, dass ein Verlust oder ein Zinsvortrag auch ohne*
> *die Umwandlung hätte ausgeglichen oder verrechnet werden kön-*
> *nen."*

Auch die Anwendungsvorschrift des § 27 Abs. 9 n. F. vermittelt einen Ein-   170
druck über die gesetzgeberische Absicht des § 2 Abs. 4. Danach ist § 2
Abs. 4 erstmals auf Umwandlungsvorgänge anzuwenden, bei denen ein
schädlicher Beteiligungserwerb oder ein anderes die Verlustnutzung ausschließendes Ereignis nach dem 28. 11. 2008 eintritt.

Damit geht aus der Gesetzesbegründung zu § 2 Abs. 4 hervor, dass ein   171
schädlicher Beteiligungserwerb i. S. d. § 8c KStG als ungeschriebenes Tatbestandsmerkmal der Regelung berücksichtigt werden muss.[106] Die Anwendungsvorschrift und auch der Wortlaut des § 2 Abs. 4 lassen es aber zu,
neben einem Beteiligungserwerb nach § 8c KStG auch andere Tatbestandsvoraussetzungen anzunehmen.

Mit dem AmtshilfeRL-Umsetzungsgesetz[107] wurde die Vorschrift § 2 Abs. 4
UmwStG um die Sätze 3 bis 6 erweitert. Danach ist der Ausgleich oder die
Verrechnung von positiven Einkünften des übertragenden Rechtsträgers im
Rückwirkungszeitraum mit verrechenbaren Verlusten, verbleibenden Verlustvorträgen, nicht ausgeglichenen negativen Einkünften und einem Zinsvortrag nach § 4h Abs. 1 S. 5 EStG des übernehmenden Rechtsträgers nicht
zulässig.

a) Ausschluss rückwirkender Verlustnutzung auf Ebene der übertragenden
   Körperschaft

S. 1 des § 2 Abs. 4 bezieht sich auf den übertragenden Rechtsträger. Der   172
Grundfall, bei dem der Gesetzgeber eine Aushebelung der Rechtsfolgen des
§ 8c KStG durch eine rückwirkende Umwandlung verhindern will, stellt sich
wie folgt dar:

---

105 BT-Drs. 16/11108, 40.
106 *Rödder/Schönfeld*, DStR 2009, 560 (561); *Sistermann/Brinkmann*, DStR 2008, 2455
    (2457); *Hubertus/Krenzin*, GmbHR 2009, 647 (648).
107 Art. 9 des AmtshilfeRL-Umsetzungsgesetzes vom 26. 06. 2013. Es ist für Vorgänge
    ab dem 07. 06. 2013 anzuwenden.

173 **Beispiel:**
Die V GmbH verfügt zum 31.12.08 über steuerliche Verlustvorträge von EUR 1,6 Mio. Am 30.06.09 werden sämtliche Anteile an der V GmbH veräußert. Es liegt ein nach § 8c KStG schädlicher Beteiligungserwerb vor. Mit Beschluss des neuen Gesellschafters vom 01.07.09 wird die V GmbH mit steuerlicher Wirkung auf den Ablauf des 31.12.08 auf die Ü GmbH verschmolzen. Im Rahmen eines Zwischenwertansatzes nach § 11 Abs. 2 stockt die D GmbH stille Reserven von EUR 2,0 Mio. auf, um den Verlustvortrag von EUR 1,6 Mio. zu nutzen.[108]

174 § 2 Abs. 4 S. 1 normiert einen hypothetischen Vergleich des steuerlichen Status mit und ohne rückwirkende Umwandlung.[109] Lässt sich eine Statusverbesserung durch die Rückbeziehung des Umwandlungsvorgangs herbeiführen, verhindert § 2 Abs. 4 S. 1 die Verlustnutzung im Wege der Rückwirkung. Im vorliegenden Beispielsfall wurde die Verschmelzung erst nach dem schädlichen Beteiligungserwerb gem. § 8c KStG beschlossen.[110] Ohne die Vorschrift des § 2 Abs. 4 würde die Rückbeziehung das letzte Mittel zur Inanspruchnahme des steuerlichen Verlustvortrags und der zumindest teilweisen steuerneutralen Überführung in Abschreibungsvolumen darstellen. Die nächste Möglichkeit zur Nutzung des steuerlichen Verlustvortrags hätte sich ohne Rückwirkung der Verschmelzung i.S.d. § 2 Abs. 1 erst am Ende des Veranlagungszeitraums 2009 durch Abzug vom Gesamtbetrag der Einkünfte ergeben.[111] Zu diesem Zeitpunkt war aber der schädliche Beteiligungserwerb nach § 8c KStG bereits realisiert, so dass keine Nutzung des Verlustvortrags mehr möglich gewesen wäre. Nach § 2 Abs. 4 S. 1 kann daher keine Verrechnung des Übertragungsgewinns mit dem steuerlichen Verlustvortrag vorgenommen werden.

175 Der Höhe nach schränkt § 2 Abs. 4 S. 1 die Verlustnutzung nur insoweit ein, wie die Rechtsfolgen eines im Rückwirkungszeitraum realisierten schädlichen Beteiligungserwerbs zu einem Verlustuntergang führen. Wenn daher mehr als 25 %, aber nicht mehr als 50 % der Anteile am übertragenden Rechtsträger vor der Beschlussfassung der Umwandlung i.S.d. § 8c Abs. 1 S. 1 KStG erworben werden, beschränkt § 2 Abs. 4 S. 1 die Verlustnutzung auch nur auf die Höhe des Verlustuntergangs, der sich auf Grund des schädlichen Beteiligungserwerbs ergeben würde.

176 **Beispiel:**
Am 21.12.07 erwirbt die M GmbH 70 % der Anteile an der V GmbH. Am 17.04.09 erhöht die M GmbH ihre Beteiligung mittels Erwerbs der restlichen Anteile auf 100 %. Die V GmbH erzielt im Wirtschaftsjahr 2007 einen steuerlichen Verlust, der in dem zum 31.12.08 fest-

---

108 Auf den BFH-Beschluss zum Verstoß der Mindestbesteuerung im Zusammenhang mit Übertragungsgewinnen bei Umwandlungsvorgängen sei an dieser Stelle nur hingewiesen, vgl. BFH vom 26.08.2010, I B 49/10, BFH/NV 2010, 2356.
109 *Rödder/Schönfeld*, DStR 2009, 560 (561).
110 Erfolgt der Beschluss hingegen vor dem schädlichen Beteiligungserwerb, sollte § 2 Abs. 4 S. 1 nicht zur Anwendung gelangen, *Rödder/Schönfeld*, DStR 2009, 560 (561); a.A. Tz. 02.39 UmwStE 2011.
111 *Rödder/Schönfeld*, DStR 2009, 560 (562).

gestellten Verlustvortrag enthalten ist. Der Verlustvortrag soll durch eine Wertaufstockung in der steuerlichen Schlussbilanz zum 31. 12. 08 im Rahmen einer Verschmelzung der V GmbH auf die M GmbH genutzt werden.

Nach § 34 Abs. 7b KStG gilt § 8c KStG erstmals für Beteiligungserwerbe   177
nach dem 31. 12. 2007. Der Erwerb der 70 % der Anteile ist somit für § 8c KStG nicht von Bedeutung. Durch den Erwerb von 30 % der Anteile an der V GmbH am 17. 04. 2009 wäre der Verlustvortrag der Gesellschaft anteilig untergegangen. Deshalb stehen nur 70 % des steuerlichen Verlustvortrags zur Verrechnung mit einem Übertragungsgewinn am steuerlichen Übertragungsstichtag zur Verfügung.

Mangels Bezugnahme im Wortlaut des § 2 Abs. 4 S. 1 könnte die Regelung   178
aber unabhängig von einem schädlichen Beteiligungserwerb i.s.d. § 8c KStG grundsätzlich alle Fälle rückwirkender Verlustnutzung durch Ausgleich oder Abzug von einem Übertragungsgewinn versagen, wenn dadurch eine steuerliche Statusverbesserung erreicht wird.[112]

Beispiel: 179
Die M GmbH hat 21. 12. 07 80 % der Anteile an der V GmbH erworben. Am 17. 04. 09 stockt die M GmbH die Beteiligung an der V GmbH mittels eines Anteilserwerbs auf 100 % auf. Anschließend führt die M GmbH der V GmbH überwiegend neues Betriebsvermögen zu. Die V GmbH verfügt über vor dem 21. 12. 07 erzielte steuerliche Verluste. Am 08. 06. 09 erfolgt der Beschluss zur Verschmelzung der V GmbH auf die M GmbH. In der steuerlichen Schlussbilanz zum 31. 12. 08 beabsichtigt die V GmbH, die übergehenden Wirtschaftsgüter für Zwecke der Verlustnutzung mit einem Zwischenwert anzusetzen.

Der Erwerb der restlichen 20 % der Anteile an der V GmbH am 17. 04. 2009   180
führt nicht zu einem schädlichen Vorgang nach § 8c KStG. Der Erwerb der bereits zuvor gehaltenen 80 % der Anteile erfolgte außerhalb des zeitlichen Anwendungsbereichs des § 8c KStG. Hinsichtlich des Erwerbs der 80 % der Anteile ist aber die Übergangsregelung des § 34 Abs. 6 S. 4 KStG zu berücksichtigen. Danach ist § 8 Abs. 4 KStG a.F. neben § 8c KStG letztmals anzuwenden, wenn mehr als die Hälfte der Anteile an einer KapG innerhalb eines Zeitraums von fünf Jahren übertragen werden, der vor dem 01. 01. 2008 beginnt, und der Verlust der wirtschaftlichen Identität vor dem 01. 01. 2013 eintritt. Der Erwerb der 80 % der Anteile ist als schädlicher Anteilseignerwechsel i.S.d. § 8 Abs. 4 KStG a.F. anzusehen. Über den Erwerbszeitpunkt am 21. 12. 2007 hinaus bestehen die steuerlichen Verluste zunächst fort. Ihr Untergang würde aber mit der Zuführung des überwiegend neuen Betriebsvermögens eintreten. Zu diesem Zeitpunkt würde die wirtschaftliche Identität verloren gehen. Obwohl kein Fall von § 8c KStG vorliegt, sind die Tatbestandsvoraussetzungen des § 2 Abs. 4 S. 1 erfüllt. Eine rückwirkende steuerliche Verlustnutzung scheidet daher aus.[113] Als Tatbestands-

---

112 *Sistermann/Brinkmann*, DStR 2008, 2455 (2457).
113 *Hubertus/Krenzin*, GmbHR 2009, 647 (649); *Sistermann/Brinkmann*, DStR 2008, 2455 (2457); *Suchanek*, Ubg 2009, 178 (185).

merkmal des § 2 Abs. 4 S. 1 kommt m.E. daher neben § 8c KStG auch die alte Mantelkaufregelung i.S.d. § 8 Abs. 4 KStG a.F. in Betracht. Sonstige Einschränkungen der Verlustnutzung, die den Bestand eines Verlustvortrags oder nicht ausgeglichener Verluste als solche nicht gefährden, sind für Zwecke des § 8c KStG unbeachtlich.

181 **Beispiel:**
Die V GmbH erzielt im Wirtschaftsjahr 2008 einen laufenden steuerlichen Verlust. Mit Gesellschafterbeschluss vom 25.05.09 wird die V GmbH mit steuerlicher Wirkung auf den Ablauf des 31.12.08 auf die Ü GmbH verschmolzen. In ihrer steuerlichen Schlussbilanz setzt die V GmbH die übergehenden Wirtschaftsgüter zu Zwischenwerten an. Die Muttergesellschaft der V GmbH, die M GmbH, erhält neue im Wege einer Kapitalerhöhung geschaffene Anteile an der Ü GmbH.

182 Im Beispielsfall soll der Übertragungsgewinn mit den laufenden steuerlichen Verlusten des Wirtschaftsjahrs 2008 ausgeglichen werden. Ohne Rückbeziehung der Verschmelzung wäre der Übertragungsgewinn im Wirtschaftsjahr 2009 entstanden. Der laufende Verlust aus dem Wirtschaftsjahr 2008 hätte dann lediglich im Rahmen der Mindestbesteuerung nach § 10d Abs. 2 EStG abgezogen werden können. Insofern stellt sich die Frage, ob die Rückbeziehung, die objektiv betrachtet die Folgen der Mindestbesteuerung vermeidet, unter den Tatbestand des § 2 Abs. 4 S. 1 fällt. Bezieht man sich jedoch auf die Gesetzesbegründung, mit der der Gesetzgeber zum Ausdruck gebracht hat, dass die Regelung der Vermeidung des Verlustuntergangs auf Grund eines faktisch bereits verwirklichten schädlichen Beteiligungserwerbs dient, kann kein Fall des § 2 Abs. 4 vorliegen.[114] Diese Auffassung bestätigt die Anwendungsvorschrift in § 27 Abs. 9 n.F., die auf einen schädlichen Beteiligungserwerb oder ein anderes die Verlustnutzung ausschließendes Ereignis abstellt. Die Mindestbesteuerung kann nicht als ein solches Ereignis angesehen werden.[115] Durch die Mindestbesteuerung wird die Verlustnutzung zudem nicht grundsätzlich vermieden. Sie führt lediglich zu einer Verlagerung der Verlustnutzung in zeitlicher Hinsicht.[116]

183 Im Zusammenhang mit oben dem aufgeführten Beispiel ist aber umstritten, ob nicht die Verschmelzung als solche hinsichtlich der Anteile an der übertragenden V GmbH zu einem schädlichen Beteiligungserwerb führt.[117] Aus handelsrechtlicher Sicht gehen die Anteile an der V GmbH zum Zeitpunkt der Eintragung der Verschmelzung in das Handelsregister unter und die M GmbH erwirb die neuen Anteile an der Ü GmbH.[118] Wertet man den Untergang der Anteile an der V GmbH als Fall des § 8c KStG, könnten dessen Rechtsfolgen durch eine Rückbeziehung nach § 2 Abs. 1 mittels Wertaufsto-

114 *Dörfler/Rautenstrauch/Adrian*, BB 2009, 580; *Rödder/Schönfeld*, DStR 2009, 560 (562); *Sistermann/Brinkmann*, DStR 2008, 2455 (2457); *Hubertus/Krenzin*, GmbHR 2009, 647 (648); a.A. *Frotscher* in Frotscher/Maas, § 2 Rdn. 143.
115 *Rödder/Schönfeld*, DStR 2009, 560 (562).
116 *Hubertus/Krenzin*, GmbHR 2009, 647 (648).
117 So *Widmann* in Widmann/Mayer, § 2 (SEStEG) Rdn. 121; a.A. *Sistermann/Brinkmann*, DStR 2008, 2455 (2457).
118 *Schmitt* in Schmitt/Hörtnagl/Stratz, § 13 Rdn. 20; *Trossen* in Rödder/Herlinghaus/van Lishaut, § 13 Rdn. 20.

ckung und Verlustausgleich vermieden werden. Der Untergang der Anteile an der V GmbH kann jedoch nicht als schädlich i.S.d. § 8c KStG angesehen werden.[119] Hierzu mangelt es bereits an einem Erwerb der Anteile an der übertragenden V GmbH.

Bei laufenden Verlusten ist § 2 Abs. 4 S. 1 je nach Auslegung des § 8c KStG   *184* im Rahmen einer rückwirkenden Verlustnutzung zu beachten. Voraussetzung ist aber wie in allen anderen Fällen auch, dass gerade die Rückbeziehung eine Verlustverrechnung erst ermöglichen würde.[120] In Abhängigkeit des Verständnisses von Tz. 32 des Anwendungsschreibens zu § 8c KStG vom 04.07.2008 könnte sich durch eine unterjährige steuerliche Rückwirkung eine Verlustnutzung i.S.v. § 2 Abs. 4 S. 1 ergeben. Nach Tz. 32 ist der laufende Verlust eines gesamten Wirtschaftsjahrs, in dem das schädliche Ereignis i.S.d. § 8c KStG eingetreten ist, zeitanteilig aufzuteilen.[121] Der Verlustanteil, der auf die Zeit vor dem schädlichen Beteiligungserwerb entfällt, geht demnach unter.[122] Somit würden negative Einkommensbestandteile, die vor einem schädlichen Beteiligungserwerb anfallen, untergehen, auch wenn ganzjährig positive Einkünfte vorliegen. Nach einer anderen Sichtweise soll ein zeitanteiliger Verlustuntergang nur eintreten, wenn auf das ganze Wirtschaftsjahr bezogen ein Verlust erzielt wird.[123]

Nach Auslegung des Gesetzeswortlauts muss der bis zum schädlichen Beteiligungserwerb entstandene Verlust – unabhängig vom Vorliegen eines ganzjährigen Gewinns oder Verlusts – untergehen, da sich der Regelungszweck des § 8c KStG auf das wirtschaftliche Engagement des „alten" Anteilseigner bezieht. Jedoch kann diese Handhabung zu unzutreffenden Erbnissen führen, wie z.B. bei Saisongeschäften.[124] Im aktuellen Entwurf zu dem BMF-Schreiben betreffend § 8c KStG wird eine Aufteilung nach wirtschaftlichen Kriterien vorgegeben, was grundsätzlich durch die Erstellung eines Zwischenabschlusses geschehen kann.[125] Durch Erstellung eines solchen Zwischenabschlusses werden – auch bei Vorliegen von Saisongeschäften – die so ermittelten Verluste untergehen. Wird hingegen das BMF-Schreiben vom 04.07.2008 mit einer zeitanteiligen Aufteilung des Verlustes zugrunde gelegt, so würden im Ergebnis weniger Verluste untergehen.

Wird der Wortlaut der Tz. 32 des ursprünglichen BMF-Schreibens vom 04.07.2008 herangezogen, so könnte durchaus die Auffassung vertreten werden, dass im ganzen Wirtschaftsjahr ein Verlust erzielt werden muss, da-

---

119 So auch *Sistermann/Brinkmann*, DStR 2008, 2455 (2457); a.A. *Widmann* in Widmann/Mayer, § 2 (SEStEG) Rdn. 121.

120 *Hubertus/Krenzin*, GmbHR 2009, 647 (649).

121 BMF vom 04.07.2008, IV C 7 – S 2745 – a/08/10001, BStBl. I 2008, 736, BMF Entwurf vom 15.04.2014, IV C 2 – S 2745-a/09/10002 :004, Tz. 32 sieht eine Aufteilung des Ergebnisse des gesamten Wirtschaftsjahres nach wirtschaftlichen Kriterien vor.

122 *Frotscher* in Frotscher/Maas, § 8c KStG Rdn. 79; *Dötsch* in Dötsch/Pung/Möhlenbrock, § 8c KStG Rdn. 79.

123 *Rödder/Schönfeld*, DStR 2009, 560 (564); *Hubertus/Krenzin*, GmbHR 2009, 647 (649).

124 *Roser* in Gosch, § 8c KStG, Rdn. 97.

125 BMF Entwurf vom 15.04.2014, IV C 2 – S 2745-a/09/10002 :004, Tz. 32.

mit der bis zum schädlichen Beteiligungserwerb entstandene Verlust untergeht. [126] Diese Auslegung findet sich auch im Entwurf zu dem BMF-Schreiben betreffend § 8c KStG wieder, wo das BMF für Fälle der Verrechnung eines Verlustvortrags mit positiven Einkünften bis zum schädlichen Beteiligungserwerb, das Vorliegen von ganzjährigen positiven Einkünften voraussetzt. [127]

185 **Beispiel:**
Im Zusammenhang mit den Anteilen an der M GmbH kommt es am 01.07.09 zu einem schädlichen Beteiligungserwerb. Bis zum schädlichen Beteiligungserwerb erzielt die M GmbH, deren Wirtschaftsjahr dem Kalenderjahr entspricht, negative laufende Einkünfte. Im August 09 beschließt die M GmbH mit steuerlicher Wirkung auf den Ablauf des 30.06.09 einen Teilbetrieb auf die Tochtergesellschaft T GmbH auszugliedern. Die T GmbH setzt die übergehenden Wirtschaftsgüter mit einem Zwischenwert an, so dass auf Ebene der M GmbH am steuerlichen Übertragungsstichtag ein Übertragungsgewinn resultiert, der mit den laufenden Verlusten verrechnet wird. Aufgrund der Wertaufstockung erzielt die M GmbH ganzjährig betrachtet positive Einkünfte.

186 Die rückwirkende erfolgswirksame Ausgliederung stellt keinen Fall des § 2 Abs. 4 S. 1 dar, wenn § 8c KStG nur zum Untergang eines ganzjährig negativen Ergebnisses führt. [128] Die Entstehung des Übertragungsgewinn nach Eintritt des schädlichen Ereignisses i.s.v. § 8c KStG hätte auch ohne steuerliche Rückwirkung zu einer Verlustnutzung geführt. Die Rückbeziehung der Ausgliederung kann daher nicht als Maßnahme zur Rettung des steuerlichen Verlusts gewertet werden. Anders verhält es sich jedoch, wenn eben nicht auf das Ergebnis des gesamten Wirtschaftsjahrs abzustellen wäre, sondern lediglich auf das bis zum Eintritt des schädlichen Beteiligungserwerbs. In diesem Fall wären die im Zeitraum 01.01.2009 bis 30.06.2009 erzielten Verluste unabhängig vom steuerlichen Ergebnis des gesamten Wirtschaftsjahrs durch den Beteiligungserwerb am 01.07.2009 untergegangen. Die rückwirkende Ausgliederung würde dann die Tatbestandsvoraussetzungen des § 2 Abs. 4 S. 1 erfüllen.

b) Auswirkungen des Wachstumsbeschleunigungsgesetzes

187 Ob § 2 Abs. 4 zur Anwendung gelangt, hängt m.E. konkret vom Einzelfall ab. Es reicht nicht aus, dass aus abstrakter Sicht die Tatbestandsmerkmale des § 8 c Abs. 1 S. 1–4 KStG vorliegen. Vielmehr müssen die durch das Wachstumsbeschleunigungsgesetz eingeführten Ausnahmetatbestände in S. 5 sowie 6 und 7 des § 8c Abs. 1 KStG berücksichtigt werden. Kann die „Konzernklausel" i.S.d. § 8c Abs. 1 S. 5 KStG oder die „Stillen Reserven Regel" des § 8c Abs. 1 S. 6 KStG bei einem nach § 8c Abs. 1 S. 1–4 KStG ansonsten schädlichen Beteiligungserwerb in Anspruch genommen werden, besteht keine Veranlassung eine steuerliche Verlustnutzung durch eine

---

126 *Rödder/Schönfeld*, DStR 2009, 560 (564).
127 BMF Entwurf vom 15.04.2014, IV C 2 – S 2745-a/09/10002 :004, Tz. 31a.
128 *Rödder/Schönfeld*, DStR 2009, 560 (564).

nach dem Erwerbsvorgang beschlossene rückwirkende Umwandlung zu versagen.[129]

Beispiel: *188*
Die T GmbH und die S GmbH werden jeweils zu 100 % von der M GmbH gehalten. Die T GmbH veräußert am 13. 03. 10 sämtliche Anteile an der E GmbH an die S GmbH. Zum 31. 12. 09 weist die E GmbH einen steuerlichen Verlustvortrag auf. Im April 10 wird die Verschmelzung der E GmbH auf die S GmbH mit steuerlicher Wirkung auf den Ablauf des 31. 12. 09 beschlossen. In ihrer steuerlichen Schlussbilanz setzt die T GmbH einen Zwischenwert der übergehenden Wirtschaftsgüter an, um die steuerlichen Verlustvorträge zu nutzen.

An der T GmbH, übertragender Rechtsträger, und an der S GmbH, übernehmender Rechtsträger, i. S. d. Konzernklausel ist jeweils dieselbe Person, d. h. die M GmbH, zu 100 % beteiligt. Die Konzernklausel wäre zur Anwendung gelangt. Vor diesem Hintergrund läge nach § 8c Abs. 1 S. 5 KStG kein schädlicher Beteiligungserwerb vor. Durch die Veräußerung wären die steuerlichen Verlustvorträge nicht untergegangen.[130] Wenn bereits die Veräußerung als unschädlich angesehen worden wäre, kann für die Verlustnutzung durch die steuerliche Rückbeziehung der Verschmelzung nichts anderes gelten. Im Beispielsfall gelangt § 2 Abs. 4 S. 1 damit nicht zur Anwendung. *189*

Die „Stillen Reserven Regel" verschont nach § 8c Abs. 1 S. 6 KStG steuerliche Verluste vor dem Untergang bei einem schädlichen Beteiligungserwerb, wenn ein nicht abziehbarer nicht genutzter Verlust die vorhandenen stillen Reserven des inländischen Betriebsvermögen der Verlustgesellschaft nicht übersteigt. Nach § 8c Abs. 1 S. 7 KStG müssen die stillen Reserven   im Inland steuerpflichtig sein. Führt die stillen Reserven Regel bei einem schädlichen Beteiligungserwerb zum Fortbestand von steuerlichen Verlusten, sollte eine Verlustnutzung durch Wertaufstockung im Wege einer rückwirkenden Umwandlung regelmäßig nicht durch § 2 Abs. 4 S. 1 beeinträchtigt werden. Schließlich erfolgt damit, wenn auch zeitlich durch die steuerliche Rückbeziehung vorgelagert, eine Verrechnung von Gewinnen aus der Aufdeckung von stillen Reserven mit steuerlichen Verlusten, die gerade wegen der Existenz dieser stillen Reserven bei einem schädlichen Beteiligungserwerb nicht untergehen würden. *190*

Im Zusammenhang mit der „Stillen Reserven Regel" hat der Gesetzgeber in § 8c Abs. 1 S. 9 KStG eine Durchbrechung der rückwirkenden Zuordnung von Vermögen eingefügt. Danach kann durch eine rückwirkende Umwandlung i. S. d. § 2 Abs. 1 keine Zurechnung stiller Reserven vorgenommen werden. *191*

Beispiel: *192*
Die T GmbH verfügt über hohe Verlustvorträge. Am 28. 02. 10 veräußert die M GmbH die Beteiligung an der T GmbH. Die T GmbH hält

---

129 Vgl. dazu im Einzelnen: *Ropohl/Buschmann*, DStR 2011, 1407 ff.
130 *Eisgruber/Schaden*, Ubg 2010, 73 (74); *Scheipers/Linn*, Ubg 2010, 8 ff.; *Sistermann/Brinkmann*, DStR 2009, 2633 ff.

als einziges Wirtschaftsgut die Beteiligung an der E GmbH. Die Wirtschaftsgüter der E GmbH verfügen über stille Reserven, deren Höhe die der steuerlichen Verlustvorträge der T GmbH übersteigt. Zwischen der T GmbH und der E GmbH besteht keine Organschaft. Im März 10 wird die Verschmelzung der E GmbH auf die T GmbH mit steuerlicher Wirkung auf den Ablauf des 31. 12. 09 beschlossen.

193 Ohne die steuerlichen Wirkungen der Verschmelzung könnte die „Stillen Reserven Regel" prinzipiell nicht in Anspruch genommen werden. Ursache ist, dass die Beteiligung an der E GmbH das einzige Wirtschaftsgut der T GmbH darstellt. Da die Veräußerung der Beteiligung nach § 8b Abs. 2 KStG steuerfrei wäre, § 8c Abs. 1 S. 7 KStG aber verlangt, dass die stillen Reserven im Inland steuerpflichtig sein müssen, würde die T GmbH über keine stillen Reserven i.S.d. § 8c Abs. 1 S. 7 KStG verfügen. Durch die Verschmelzung der E GmbH könnten deren stille Reserven grundsätzlich mit Ablauf des steuerlichen Übertragungsstichtags der übernehmenden T GmbH zugerechnet werden. Dies jedoch lässt § 8c Abs. 1 S. 9 KStG nicht zu.

c) Ausschluss rückwirkender Verlustnutzung auf Ebene der übernehmenden Körperschaft

194 Nach § 2 Abs. 4 S. 2 gilt S. 1 der Regelung für negative Einkünfte des übertragenden Rechtsträgers im Rückwirkungszeitraum entsprechend. Der Verweis in S. 2 auf S. 1 des § 2 Abs. 4 kann sich allenfalls auf die Rechtsfolge, d.h. Versagung der Verlustnutzung, nicht aber auf die Tatbestandsmerkmale beziehen.[131] § 2 Abs. 4 S. 1 setzt die Entstehung eines Übertragungsgewinns voraus. Im Rückwirkungszeitraum, auf den § 2 Abs. 4 S. 2 abstellt, kann aber kein steuerlicher Übertragungsgewinn entstehen.[132] Der Übertragungsgewinn entsteht grundsätzlich mit Ablauf des steuerlichen Übertragungsstichtags. Im Rückwirkungszeitraum entfallen auf die übertragende Körperschaft grundsätzlich keine Einkünfte mehr.

195 Als eigentliches Ziel von § 2 Abs. 4 S. 2 kann nur die Einschränkung der steuerlichen Verlustnutzung auf Ebene des übernehmenden Rechtsträgers hinsichtlich negativer Einkünfte, die aus dem Bereich der zivilrechtlich noch bestehenden übertragenden Körperschaft stammen, angesehen werden.[133] Auch wenn der Wortlaut den übertragenden Rechtsträger nennt, bezieht sich die Regelung in persönlicher Hinsicht auf den übernehmenden Rechtsträger.[134] Der sachliche Anwendungsbereich der Regelung umfasst ausschließlich zwischen dem Ablauf des steuerlichen Übertragungsstichtags und der zivilrechtlichen Wirksamkeit erzielte laufende Verluste. Hierbei handelt es sich um laufende Verluste, die aus zivilrechtlicher Sicht bis zur rechtlichen Wirksamkeit eines Umwandlungsvorgangs noch vom übertra-

---

131 *Hubertus/Krenzin*, GmbHR 2009, 647 (650).
132 *Dörfler/Rautenstrauch/Adrian*, BB 2009, 580; *Frotscher* in Frotscher/Maas, § 2 Rdn. 161; *Hubertus/Krenzin*, GmbHR 2009, 647 (650); *Sistermann/Brinkmann*, DStR 2008, 2455 (2457).
133 *Dörfler/Rautenstrauch/Adrian*, BB 2009, 580; *Dötsch* in Dötsch/Patt/Pung/Möhlenbrock, § 2 Rdn. 110; *Frotscher* in Frotscher/Maas, § 2 Rdn. 161; *Hubertus/Krenzin*, GmbHR 2009, 647 (650); *Sistermann/Brinkmann*, DStR 2008, 2455 (2457).
134 *Frotscher* in Frotscher/Maas, § 2 Rdn. 161.

genden Rechtsträger erzielt, steuerlich aber auf Grund von § 2 Abs. 1 als Einkünfte des übernehmenden Rechtsträger gelten.[135]

Auch § 2 Abs. 4 S. 2 ist teleologisch so auszulegen, dass ein Ereignis, das **196** zum Verlustuntergang führt, insbesondere ein schädlicher Beteiligungserwerb nach § 8c KStG, zur Verwirklichung des Tatbestandes erforderlich ist.[136] Der Verlustuntergang ist beschränkt auf negative Einkünfte, die zwischen dem Ablauf des steuerlichen Übertragungsstichtags und einem schädlichen Beteiligungserwerb angefallen sind.[137] Der Wortlaut der Regelung des § 2 Abs. 4 S. 2 bezieht sich auf negative Einkünfte im Rückwirkungszeitraum. Das bedeutet jedoch nicht, dass auch nach einem schädlichen Ereignis entstandene Verluste untergehen würden.[138] § 2 Abs. 4 S. 2 bestimmt lediglich den Zeitraum, aus dem die Verluste stammen, ordnet aber selber keine Rechtsfolge an, welche Verlustbestandteile aus dem Rückwirkungszeitraum bei einem schädlichen Beteiligungserwerb wegfallen. Wie auch im Regelungsbereich des § 2 Abs. 4 S. 1 könnte auch die Auffassung vertreten werden, dass über den gesamten Rückwirkungszeitraum ein Verlust erzielt werden muss, damit § 2 Abs. 4 S. 2 überhaupt zur Anwendung gelangt.[139]

Beispiel: **197**
Die M GmbH erwirbt am 31.05.09 sämtliche Anteile an der V GmbH. Im Juni beschließt die M GmbH die Verschmelzung der V GmbH mit steuerlicher Wirkung auf den Ablauf des 31.12.08. Die Eintragung der Verschmelzung in das Handelsregister der übernehmenden M GmbH erfolgt am 22.11.09. Im Zeitraum zwischen dem 01.01.09 und dem 22.11.09 werden der M GmbH negative Einkünfte aus dem Bereich der aus rechtlicher Sicht noch bestehenden V GmbH zugerechnet.

Auf Grund des schädlichen Beteiligungserwerbs können die zwischen **198** 01.01.2009 und 31.05.2009 erzielten negativen Einkünfte auf Ebene der M GmbH nicht genutzt werden. Die nach dem 31.05.2009 entstandenen Verluste können dagegen mit eigenen Gewinnen der M GmbH im laufenden Wirtschaftsjahr verrechnet oder aber in spätere Wirtschaftsjahre vorgetragen werden.

---

135 *Dötsch* in Dötsch/Patt/Pung/Möhlenbrock, § 2 Rdn. 110; *Frotscher* in Frotscher/ Maas, § 2 Rdn. 161.
136 *Hubertus/Krenzin*, GmbHR 2009, 647 (650); *Sistermann/Brinkmann*, DStR 2008, 2455 (2457). Auf Grund der teleologischen Einschränkung auf ein den Verlustuntergang herbeiführendes Ereignis, führt § 2 Abs. 4 S. 2 nicht zum Wegfall negativer im Rückwirkungszeitraum erzielter Einkünfte aus dem Bereich des übertragenden Rechtsträgers, der sich ohne steuerliche Rückwirkung nach §§ 12 Abs. 3, 4 Abs. 2 ergeben würde, vgl. *Dörfler/Rautenstrauch/Adrian*, BB 2009, 580 (581).
137 *Dötsch* in Dötsch/Patt/Pung/Möhlenbrock, § 2, Rdn. 103.
138 *Dörfler/Rautenstrauch/Adrian*, BB 2009, 580; *Dötsch* in Dötsch/Patt/Pung/Möhlenbrock, § 2, Rdn. 103.
139 *Vgl. Rdn. 184*; *Hubertus/Krenzin*, GmbHR 2009, 647 (650).

d) Ausschluss rückwirkende Verrechnung positiver Einkünfte der übertragenden Körperschaft auf Ebene der übernehmenden Körperschaft

199 Nach § 2 Abs. 4 S. 3 UmwStG ist der Ausgleich oder die Verrechnung von positiven Einkünften des übertragenden Rechtsträgers im Rückwirkungszeitraum mit verrechenbaren Verlusten, verbleibenden Verlustvorträgen, nicht ausgeglichenen negativen Einkünften und mit einem Zinsvortrag nach § 4h Abs. 1 S. 5 EStG des übernehmenden Rechtsträgers nicht zulässig. Demnach betrifft diese Vorschrift den Fall der Umwandlung einer Gewinngesellschaft auf eine Verlustgesellschaft.

Durch diese Vorschrift sollen Gestaltungen verhindert werden, bei denen Gesellschaften mit Wirtschaftsgütern, die erhebliche stille Reserven beinhalten, auf Verlustgesellschaften verschmolzen werden. Sodann könnten im Rückwirkungszeitraum diese Wirtschaftsgüter unter Aufdeckung der stillen Reserven veräußert und mit den Verlusten des übernehmenden Rechtsträgers verrechnet werden.[140] Um solchen Gestaltungen vorzubeugen, wurde mit dem AmtshilfeRL-Umsetzungsgesetz der § 2 Abs. 4 S. 3 bis 6 UmwStG eingeführt. Die neuen Vorschriften sind nach § 27 Abs. 12 UmwStG erstmals auf Umwandlungen und Einbringungen anzuwenden, bei denen die Anmeldung zur Eintragung in das für die Wirksamkeit des jeweiligen Vorgangs maßgebende Register nach dem 06.06.2013 erfolgt.[141] Hinsichtlich Einbringungen für die keine Eintragung in ein Register Voraussetzung ist, wird auf den Übergang des wirtschaftlichen Eigentums abgestellt. Es wird diesbezüglich auf § 27 Abs. 12 UmwStG verwiesen.

200 Im Gegensatz zu § 2 Abs. 4 S. 1 und 2 UmwStG bedingt S. 3 ff. keinen schädlichen Beteiligungserwerb gem. § 8c KStG. Auch umfasst der S. 3 ff. nicht den Ausgleich bzw. die Verrechnung mit einem EBITDA i.S.d. § 4 Abs. 1 S. 3 EStG. Jedoch trifft der Kritikpunkt des S. 3 ff. auch auf den S. 2 zu, wonach der übertragende Rechtsträger aufgrund der rückwirkenden Zurechnung aller Geschäftsvorfälle zum übernehmenden Rechtsträger im Rückwirkungszeitraum keine positiven Einkünfte mehr erzielen kann.[142] Nach dem Sinn und Zweck der Vorschrift bezieht sich der Begriff positive Einkünfte i.S.d. § 2 Abs. 4 S. 3 UmwStG auf den anteiligen Gewinn des übertragenden Rechtsträgers, welcher dem übernehmenden Rechtsträger zuzurechnen ist, innerhalb des steuerlichen Rückwirkungszeitraums. Gerade wegen dieses Kritikpunkts, bedarf es für die Anwendung des § 2 Abs. 4 S. 3 UmwStG eine Sonderrechnung neben der Buchführung, um die positiven Einkünfte zu ermitteln.[143]

201 Die Vorschrift des § 2 Abs. 4 S. 4 UmwStG gilt für die Fälle, bei denen der übernehmende Rechtsträger eine Organgesellschaft ist. Demnach gilt S. 3 auch für den Organträger. Jedoch ist fraglich auf welcher Ebene die Ausgleichs- bzw. Verrechnungsbeschränkungen zur Anwendung gelangen. Als erstes muss festgestellt werden, dass nur auf die Werte (z.B. Einkünfte) der Organgesellschaft selbst abzustellen ist und nicht auf die des gesamten Or-

---

140 Vgl. auch *van Lishaut* in Rödder/Herlinghaus/van Lishaut, § 2 Rdn. 130.
141 *Dötsch* in Dötsch/Pung/Möhlenbrock, § 2 Rdn. 130.
142 Vgl. auch Rdn. 194 ff.
143 *Dötsch* in Dötsch/Pung/Möhlenbrock, § 2 Rdn. 116, m.w.N.

gankreises. Die Wirkungen bzw. Beschränkungen des S. 4 können jedoch erst auf Ebene des Organträgers zur Anwendung gelangen, da das (organschaftliche) Einkommen sowie die Zinsschranke gesetzessystematisch auch dort erst für die Besteuerung herangezogen werden. Eine Verrechnung des positiven Einkommens des übertragenden Rechtsträgers mit einem Verlust auf Ebene der Organgesellschaft kommt daher lediglich mit den sog. vororganschaftlichen Verlustvorträgen in Betracht, die aber ohnehin nicht während des Bestehens der Organschaft genutzt werden können. Auf Ebene der Organgesellschaft müssen „nur" die für die Beschränkung des S. 4 maßgeblichen Besteuerungsgrundlagen für den Organträger ermittelt werden.[144]

Nach § 2 Abs. 4 S. 5 UmwStG gilt S. 3 auch, wenn der übernehmende   202
Rechtsträger eine Personengesellschaft ist. Demnach gelten die Ausgleichs- und Verrechnungsbeschränkungen auch für die Gesellschafter der Personengesellschaft. Bei einer mehrstöckigen Personengesellschaftsstruktur muss S. 3 auch auf die mittelbar beteiligten obersten Gesellschafter anzuwenden sein.

Der S. 3 bis 5 soll nach S. 6 jedoch nicht gelten, wenn der übertragende und   203
übernehmende Rechtsträger vor Ablauf des steuerlichen Übertragungsstichtages verbundene Unternehmen i.S.d. § 271 Abs. 2 HGB sind.

8. Rückwirkende Nutzung eines Zinsvortrags

Die Regelung des schädlichen Beteiligungserwerbs i.S.d. § 8c KStG findet   204
nach § 8a Abs. 1 S. 3 KStG auch Anwendung auf einen Zinsvortrag. Vor diesem Hintergrund gilt § 2 Abs. 4 S. 1 auch für einen Zinsvortrag nach § 4h Abs. 1 S. 5 EStG.

Beispiel: 205
Am 01.10.09 erwirbt die M GmbH sämtliche Anteile an der Z GmbH. Am 02.10.09 wird die Verschmelzung der Z GmbH auf die M GmbH mit steuerlicher Wirkung auf den Ablauf des 30.06.09 beschlossen. Am 30.06.09 verfügt die Z GmbH über einen zum 31.12.08 festgestellten Zinsvortrag von EUR 1 Mio. In der steuerlichen Schlussbilanz zum 30.06.09 stockt die Z GmbH stille Reserven in den übergehenden Wirtschaftsgütern von EUR 3,3 Mio. auf.

Im Zusammenhang mit der Verschmelzung wäre der Zinsvortrag grundsätz-   206
lich untergegangen, §§ 12 Abs. 3 HS 2, 4 Abs. 2 S. 2. Im Beispiel liegt ein Fall von § 2 Abs. 4 S. 1 vor. Sämtliche Tatbestandsmerkmale sind erfüllt. Hinsichtlich der Anteile an der übertragenden Körperschaft kommt es zu einem schädlichen Beteiligungserwerb. Nach dem schädlichen Beteiligungserwerb wird die rückwirkende erfolgswirksame Verschmelzung beschlossen.

Der Wortlaut von § 2 Abs. 4 S. 2 beschränkt sich auf negative Einkünfte. Die   207
Regelung erfasst damit nur laufende Verluste, nicht aber Zinsen. Ein schädlicher Beteiligungserwerb bezogen auf die Anteile an der übertragenden Körperschaft beeinträchtigt damit nicht den Abzug von Zinsen, die der übernehmenden Körperschaft nach Ablauf des steuerlichen Übertragungs-

---

144 So auch *Dötsch* in Dötsch/Pung/Möhlenbrock, § 2 Rdn. 121, 122.

stichtags zugerechnet werden, zivilrechtlich aber noch von der übertragenden Körperschaft erzielt werden.[145]

9. EBITDA-Vortrag

208 Mit dem Wachstumsbeschleunigungsgesetz wurde der Bezug auf einen EBITDA-Vortrag i.S.d. § 4h Abs. 1 S. 3 EStG in den § 2 Abs. 4 S. 1 eingefügt. Nach §§ 12 Abs. 3 HS 2, 4 Abs. 2 S. 2 geht ein EBITDA-Vortrag im Rahmen eines Umwandlungsvorgangs nicht auf den übernehmenden Rechtsträger über. Ein Beteiligungserwerb i.S.d. § 8c KStG führt aber nicht zum Untergang eines EBITDA-Vortrags. Daher ist die Aufnahme des EBITDA-Vortrags in den § 2 Abs. 4 S. 2 unverständlich. Eine Bezugnahme auf einen EBITDA-Vortrag wurde im § 2 Abs. 4 S. 3 gänzlich unterlassen.

III. Andere Steuern und Steuervergütungen

1. Umsatzsteuer

209 Da § 2 die Unternehmereigenschaft der übertragenden Körperschaft und des übernehmenden Rechtsträgers nicht (unmittelbar) berührt, hat die Rückwirkung keinen Einfluss auf die Umsatzsteuer. Dies folgt aus der systematischen Unabhängigkeit von Ertrag- und Umsatzsteuer, die auch durch die Rechtsprechung des BFH und des EUGH mehrfach bestätigt wurde. Obwohl die Auffassungen des BFH und der Finanzverwaltung zu Beginn und Ende der Unternehmereigenschaft wohl der herrschenden Meinung entsprechen dürften, bleibt anzumerken, dass weder Art. 9 Abs. 1 MwStSystRL noch § 2 Abs. 1 UStG dazu Regelungen enthalten.

210 Gerade wegen der unterschiedlichen Würdigungen ist die klare Trennung beider Rechtsgebiete in der Praxis von großer Bedeutung. Dabei ergeben sich folgende Fallgruppen:

a) Ende der Unternehmereigenschaft der übertragenden Körperschaft

211 Obwohl die Verschmelzung und die Aufspaltung unter Auflösung ohne Abwicklung am Tag der Eintragung in das Handelsregister erfolgen, endet die Unternehmereigenschaft nach Auffassung der Finanzverwaltung in Übereinstimmung mit der Rechtsprechung des BFH erst, wenn der Unternehmer alle Rechtsbeziehungen – einschließlich derer zum Finanzamt – abgewickelt hat, die mit dem Unternehmen in Zusammenhang stehen (A 2.6 Abs. 6 UStAE). Daraus folgt, dass die übertragende Körperschaft regelmäßig auch nach der Auflösung noch Unternehmer sein kann und für eine begrenzte Zeit umsatzsteuerliche Pflichten zu erfüllen hat.[146]

---

145 *Frotscher* in Frotscher/Maas, § 2 Rdn. 168.
146 Nicht ganz eindeutig in dieser Hinsicht *van Lishaut* in Rödder/Herlinghaus/van Lishaut, § 2 Rdn. 9. Zivilrechtlich gehen die Umsatzsteuerschuld und etwaige Vorsteueransprüche bei der Verschmelzung und Aufspaltung mit der Eintragung auf den aufnehmenden Rechtsträger über; bei der Abspaltung gilt wegen des Fortbestands des übertragenden Rechtsträgers das gleiche vorbehaltlich vertraglicher Regelungen. In öffentlich-rechtlicher Hinsicht bleibt aber die übertragende Körperschaft Schuldnerin bzw. Gläubigerin und hat auch noch die verbleibenden An-

In den Fällen der Abspaltung wird die Unternehmereigenschaft regelmäßig   212
ohnehin nicht enden und kann sich ggf. auch noch auf Umsätze im Zusammenhang mit den abgespaltenen und zwischenzeitlich zivilrechtlich übergegangenen Vermögensteilen beziehen.

b) Beginn der Unternehmereigenschaft des übernehmenden Rechtsträgers

Falls der übernehmende Rechtsträger durch Neugründung entsteht, hat die   213
ertragsteuerliche Rückwirkung ebenfalls keinen Einfluss auf den Beginn der
Unternehmereigenschaft. Vielmehr beginnt die Unternehmereigenschaft mit
dem ersten nach außen erkennbaren, auf eine Unternehmertätigkeit gerichteten Tätigwerden, wenn die spätere Ausführung entgeltlicher Leistungen
beabsichtigt ist und die Ernsthaftigkeit dieser Absicht durch objektive Merkmale nachgewiesen oder glaubhaft gemacht wird (A 2.6 Abs. 1 UStAE
m. w. N.). Die OFD Erfurt führt dazu konkret am Beispiel einer GmbH aus:

> *„Die ertragsteuerlich zulässige Möglichkeit der rückwirkenden Be-*   214
> *rücksichtigung der Umwandlung ist umsatzsteuerrechtlich nicht statt-*
> *thaft. Für den Beginn der Unternehmereigenschaft ist nicht auf den*
> *zivilrechtlichen Entstehungszeitpunkt abzustellen, sondern – soweit*
> *die GmbH tatsächlich auch zur Eintragung gelangt – auf den Zeit-*
> *punkt, ab dem das Unternehmen nach außen als GmbH auftritt.*
> *I. d. R. wird sich das Unternehmen mit Abschluss des notariellen Ge-*
> *sellschaftsvertrages als GmbH am Wirtschaftsverkehr beteiligen und*
> *damit die Voraussetzungen des § 2 Abs. 1 UStG erfüllen."*[147]

Während der durch Neugründung entstehende übernehmende Rechtsträger   215
daher im Rückwirkungszeitraum regelmäßig noch kein Unternehmer sein
kann, besteht er bei den Umwandlungsarten im Wege der Aufnahme bzw.
zur Aufnahme bereits im Rückwirkungszeitraum und dürfte daher bereits
regelmäßig die Unternehmereigenschaft haben.

c) Umsätze im Rückwirkungszeitraum

Falls der aufnehmende Rechtsträger im Zeitraum vom handelsrechtlichen   216
Umwandlungsstichtag bis zum Tag der Eintragung bereits Unternehmer ist,
könnte man die Frage aufwerfen, ob die handelsrechtliche Für-Rechnung-
Fiktion zu den umsatzsteuerlichen Folgen eines Kommissionsgeschäftes (§ 3
Abs. 3 UStG i. V. m. § 383 HGB) zwischen übertragender Körperschaft und
übernehmendem Rechtsträger führt, da die übertragende Körperschaft für
fremde Rechnung des übernehmenden Rechtsträgers in eigenem Namen
handelt. Dies ist zu verneinen, da ja gerade die Fiktion notwendig ist, um
entgegen der zivilrechtlichen Situation ein Ergebnis wirtschaftlich herbeizu-

---

meldungs- und Erklärungspflichten zu erfüllen. Für umsatzsteuerliche Registrierungen im Ausland oder Vorsteuervergütungsansprüche wird ohnehin nichts anderes gelten, da man dort die steuerliche Rückwirkung bei der Umwandlung insoweit ignorieren wird. Im Falle von Umwandlungen eines Einzelunternehmens bzw. einer Personengesellschaft in eine GmbH: OFD Frankfurt/Main vom 17. 12. 2015, S 7104 A-52-St 110, DStR 2016, 539.

147 OFD Erfurt vom 21. 07. 1997, S 7104 A – 11 – St 34, DStR 1997, 1810 (1811); so auch OFD Frankfurt/Main vom 17. 12. 2015, S 7104 A-52-St 110, DStR 2016, 539.

führen, das sonst gerade nicht eintreten würde. Soweit tatsächlich Leistungen erbracht werden, werden diese als Außenumsätze behandelt. Da außerdem nur die Handlungen des übertragenden Rechtsträgers, nicht aber das damit verbundene Vermögen dem übernehmenden Rechtsträger zugerechnet wird, stellt sich für Umsätze im Zusammenhang mit dem aufzunehmenden Vermögen daher vor dem zivilrechtlichen Übergang am Tag der Eintragung auch nicht die Frage der Zugehörigkeit des aufzunehmenden Vermögens zum Unternehmen des übernehmenden Rechtsträgers.

2. Grunderwerbsteuer

217 Die Grunderwerbsteuer entsteht mit Eintragung der Umwandlung in das Handelsregister.[148] Die im Wachstumsbeschleunigungsgesetz[149] in § 6a GrEStG eingeführte Steuervergünstigung bei Umstrukturierungen im Konzern führte erstmals zu einer Nicht-Erhebung der Grunderwerbsteuer bei einer Reihe von Umwandlungsarten unter bestimmten Konzernvoraussetzungen. Eine steuerliche Rückwirkung ist nicht vorgesehen, so dass Erwerbsvorgänge zwischen der übertragenden Körperschaft und dem übernehmenden Rechtsträger im Rückwirkungszeitraum insoweit nicht begünstigt werden. Da die Erstanwendung auf nach dem 31. 12. 2009 verwirklichte Erwerbsvorgänge vorgesehen ist (§ 23 Abs. 8 GrEStG), ergibt sich allerdings die Sondersituation, dass Umwandlungen mit steuerlichem Übertragungsstichtag 31. 12. 2009 und Eintragung in 2010 von der Vergünstigung profitieren können.[150]

3. Investitionszulage

218 Die steuerliche Rückwirkung gilt nach dem Gesetzeswortlaut nur für die Ermittlung des Einkommens, des Vermögens und der Bemessungsgrundlagen bei der Gewerbesteuer, so dass die Investitionszulage somit nicht unter die Regelung des § 2 Abs. 1 fällt. Der Bundesfinanzhof sieht auch aus Gründen der Praktikabilität dazu kein Bedürfnis. Für die Investitionszulage verbleibe es somit bei der Regelung des Handelsrechts, wonach die übertragende Körperschaft erst mit der Eintragung der Verschmelzung im Handelsregister erlischt.[151]

4. Abzugssteuern

219 Im Bereich der Abzugssteuern sind zunächst die Fallgruppen von Gesellschaftern und sonstigen Abzugssteuerschuldnern, insbesondere Arbeitnehmern zu unterscheiden.

---

148 Vgl. BFH vom 09. 04. 2009, II B 95/08. Die den zivilrechtlichen Vorgaben entsprechende unterschiedliche grunderwerbsteuerrechtliche Behandlung eines bloßen Formwechsels einerseits und eines mit einem Rechtsträgerwechsel verbundenen Umwandlungsvorgänge wie etwa einer Ausgliederung, wie sie in dem dem Beschluss zugrundeliegenden Sachverhalt vorgenommen wurde, andererseits, verstößt nicht gegen Art. 3 Abs. 1 GG.

149 Art. 7 Nr. 1 Wachstumsbeschleunigungsgesetz vom 22 12. 2009 (BGBl. I, 3794).

150 Vgl. *Wischott/Schönweiß*, DStR 2009, 2638 (2645).

151 Vgl. BFH vom 07. 04. 1989, III R 54/88, BStBl. 1989 II, 805, zum InvZulG 1982 und damit zum UmwStG 1977.

Wenn eine KapG in eine PersG umgewandelt wird, werden aus deren Gesellschaftern Mitunternehmer. Somit werden Vergütungen der Gesellschaft wie Arbeitslohn oder Gewinnausschüttungen zu Vorweggewinn umqualifiziert, der nicht mehr einem Steuerabzug unterliegt.[152] Es stellt sich allerdings die Frage, ob ein Steuerabzug im Rückwirkungszeitraum erforderlich ist und die Steuer ab dem Tag der Eintragung zu erstatten ist. Da die Rückwirkungsfiktion des § 2 die Ermittlung des Einkommens und des Vermögens der übertragenden Körperschaft und des übernehmenden Rechtsträgers, nicht jedoch das Steuererhebungsverfahren betrifft, ist diese Frage grundsätzlich zu bejahen. Dafür spricht auch die Bezugnahme auf den zivilrechtlich ausschlaggebenden Tag der Eintragung in das Handelsregister. Aus pragmatischer Sicht kann jedoch im Rückwirkungszeitraum ab dem Tag, an dem die notwendigen Beschlüsse und Zustimmungserklärungen vorliegen, ggf. auf eine Einbehaltung und Abführung von Abzugssteuern verzichtet werden; ein mit dem zuständigen Finanzamt abgestimmtes Vorgehen ist allerdings anzuraten.[153]

220

Der Wortlaut des § 2 Abs. 1 erfasst offensichtlich nicht die von den Arbeitnehmern geschuldete Lohnsteuer (§ 38 Abs. 2 EStG), auch wenn der Arbeitgeber nach § 42d EStG für die Lohnsteuer haftet. Vielmehr ist bei tatbestandlichen Voraussetzungen des Lohnsteuerrechts – wie z.B. das Vorliegen eines Dienstverhältnisses beim Freibetrag für Arbeitgeberrabatte (§ 8 Abs. 3 EStG)[154] – genau zu prüfen, ab wann und in wessen Rechtssphäre diese vorliegen.

221

5. Erbschaftsteuer

Wiederum unter Berücksichtigung des Wortlauts des § 2 wirkt sich die Rückwirkung nicht unmittelbar auf die Erbschaftsteuer aus. Soweit jedoch durch eine Umwandlung die zivilrechtliche Natur des steuerpflichtigen Erwerbs verändert wird, können jedoch zwei Fallgruppen unterschieden werden: Während Umwandlungen, die vom Erben nach der Steuerentstehung eingeleitet werden, keine Auswirkungen auf die Erbschaftsteuer haben können, könnte der Fall einer bereits durch den Erblasser eingeleiteten und bis zum Antrag auf Eintragung in das Handelsregister vorangetriebenen Umwandlung anders zu beurteilen sein. Diese Frage ist nach den Umständen des Einzelfalls zu beurteilen.

222

---

152 Für die Einkünfte aus nichtselbständiger Arbeit und den Lohnsteuerabzug ergibt sich dies nicht unmittelbar aus dem Gesetzeswortlaut, sondern – entgegen möglichen arbeitsrechtlich gültigen Vereinbarungen – aus dem Kriterium der Nichtselbständigkeit; siehe dazu *Korn/Carlé/Stahl/Strahl*, § 19 EStG Rdn. 41, Stichwort „Gesellschafter". Für die Einkünfte aus Kapitalvermögen und den Kapitalertragsteuerabzug ergibt sich dies aus der Rückverweisung in § 20 Abs. 8 EStG.
153 Vgl. *Berg*, DStR 1999, 1219.
154 Vgl. Beispiel bei *van Lishaut* in Rödder/Herlinghaus/van Lishaut, § 2 Rdn. 8.

D. Persönlicher Anwendungsbereich

I. Von der Rückwirkung betroffene Rechtsträger

223 Die Rückwirkungsfiktion wirkt sich grundsätzlich nur auf den übertragenden und übernehmenden Rechtsträger aus. Anteilseigner der übertragenden Körperschaft sind nur betroffen, soweit sie auch übernehmende Rechtsträger sind.[155] § 2 Abs. 2 weitet die Rückwirkungsfiktion im Fall von PersGen als übernehmende Rechtsträger auch auf deren Gesellschafter aus.

224 Als übernehmende Rechtsträger kommen im Zweiten bis Fünften Teil des UmwStG eine andere Körperschaft, eine PersG oder eine natürliche Person in Frage. Bei der übertragenden Körperschaft und dem übernehmenden Rechtsträger muss es sich um EU- oder EWR-Gesellschaften mit Sitz innerhalb der EU oder des EWR handeln (§ 1 Abs. 2).[156]

II. Von der Rückwirkung nicht betroffene Rechtsträger

1. Im Rückwirkungszeitraum ausscheidende Anteilseigner

225 Die Finanzverwaltung vertritt die Auffassung, dass auch Anteilseigner der übertragenden Körperschaft von der Rückwirkung insoweit ausgenommen sind, als sie in der Zeit zwischen dem steuerlichen Übertragungsstichtag und der Eintragung der Umwandlung im Handelsregister ganz oder teilweise aus der übertragenden Körperschaft (z.B. durch Veräußerung der Anteile) ausscheiden. Soweit sie ausscheiden, sind sie daher steuerlich im Rückwirkungszeitraum als Anteilseigner der übertragenden Körperschaft zu behandeln.[157]

2. Nach dem Rückwirkungszeitraum abgefundene Anteilseigner

226 Nach Auffassung der Finanzverwaltung[158] gilt eine Ausnahme von der Rückwirkungsfiktion auch für Anteilseigner, die aus dem umgewandelten Rechtsträger gegen Barabfindung gem. §§ 29, 125 und 207 UmwG ausscheiden. Diese Regelungen sehen vor, dass bei Verschmelzung, Spaltung oder Formwechsel eines Rechtsträgers jedem Anteilsinhaber, der gegen den Umwandlungsbeschluss des übertragenden Rechtsträgers Widerspruch eingelegt hat, der übernehmende Rechtsträger den Erwerb seiner Anteile gegen eine angemessene Barabfindung anzubieten hat. Ein solches Angebot nach §§ 29 , 125 und 207 UmwG kann nur binnen zwei Monaten nach dem Tag angenommen werden, an dem die Eintragung der Umwandlung in das Register des Sitzes des übernehmenden Rechtsträgers nach § 19 Abs. 3 UmwG bekannt gemacht worden ist. Ist nach § 34 UmwG ein Antrag auf Bestimmung der Barabfindung durch das Gericht gestellt worden, so kann das Angebot binnen zwei Monaten nach dem Tage angenommen werden, an dem

---

155 Tz. 02.03, 02.17 UmwStE 2011.
156 Als übernehmende Rechtsträger kommen auch natürliche Personen mit Wohnsitz oder gewöhnlichem Aufenthalt in einem EU- oder EWR-Staat in Frage.
157 Vgl. Tz. 02.18 UmwStE 2011; BMF vom 25.03.1998, IV B 7 – S 1978-21/98, BStBl. I 1998, 268, geändert durch BMF vom 21.08.2001, BStBl. I 2001, 543, Tz. 02.09.
158 Vgl. Tz. 02.19 UmwStE 2011; BMF vom 25.03.1998, IV B 7 – S 1978-21/98, BStBl. I 1998, 268, geändert durch BMF vom 21.08.2001, BStBl. I 2001, 543, Tz. 02.09.

die Entscheidung im elektronischen Bundesanzeiger bekanntgemacht worden ist.

Handelsrechtlich scheidet der abgefundene Anteilseigner danach zwar erst   *227*
nach der Handelsregistereintragung und damit aus dem auch zivilrechtlich
bereits bestehenden übernehmenden Rechtsträger aus. Steuerlich ist er jedoch so zu behandeln, als ob er aus dem übertragenden Rechtsträger ausgeschieden wäre.[159]

---

159 Tz. 02.20 ff UmwStE 2011.

ZWEITER TEIL

Vermögensübergang bei Verschmelzung auf eine Personengesellschaft oder auf eine natürliche Person und Formwechsel einer Kapitalgesellschaft in eine Personengesellschaft

§ 3
Wertansätze in der steuerlichen Schlussbilanz der übertragenden Körperschaft

(1) [1]Bei einer Verschmelzung auf eine Personengesellschaft oder natürliche Person sind die übergehenden Wirtschaftsgüter, einschließlich nicht entgeltlich erworbener und selbst geschaffener immaterieller Wirtschaftsgüter, in der steuerlichen Schlussbilanz der übertragenden Körperschaft mit dem gemeinen Wert anzusetzen. [2]Für die Bewertung von Pensionsrückstellungen gilt § 6a des Einkommensteuergesetzes.

(2) [1]Auf Antrag können die übergehenden Wirtschaftsgüter abweichend von Absatz 1 einheitlich mit dem Buchwert oder einem höheren Wert, höchstens jedoch mit dem Wert nach Absatz 1, angesetzt werden, soweit

1. sie Betriebsvermögen der übernehmenden Personengesellschaft oder natürlichen Person werden und sichergestellt ist, dass sie später der Besteuerung mit Einkommensteuer oder Körperschaftsteuer unterliegen, und

2. das Recht der Bundesrepublik Deutschland hinsichtlich der Besteuerung des Gewinns aus der Veräußerung der übertragenen Wirtschaftsgüter bei den Gesellschaftern der übernehmenden Personengesellschaft oder bei der natürlichen Person nicht ausgeschlossen oder beschränkt wird und

3. eine Gegenleistung nicht gewährt wird oder in Gesellschaftsrechten besteht.

[2]Der Antrag ist spätestens bis zur erstmaligen Abgabe der steuerlichen Schlussbilanz bei dem für die Besteuerung der übertragenden Körperschaft zuständigen Finanzamt zu stellen.

(3) [1]Haben die Mitgliedstaaten der Europäischen Union bei Verschmelzung einer unbeschränkt steuerpflichtigen Körperschaft Artikel 10 der Richtlinie 2009/133/EG anzuwenden, ist die Körperschaftsteuer auf den Übertragungsgewinn gemäß § 26 des Körperschaftsteuergesetzes um den Betrag ausländischer Steuer zu ermäßigen, der nach den Rechtsvorschriften eines anderen Mitgliedstaats der Europäischen Union erhoben worden wäre, wenn die übertragenen Wirtschaftsgüter zum gemeinen Wert veräußert worden wären. [2]Satz 1 gilt nur, soweit die übertragenen Wirtschaftsgüter einer Betriebsstätte der übertragenden Körperschaft in einem anderen Mitgliedstaat der Europäischen Union zuzurechnen sind und die

Bundesrepublik Deutschland die Doppelbesteuerung bei der übertragenden Körperschaft nicht durch Freistellung vermeidet.

Inhaltsverzeichnis

Spezialliteratur

Benecke/Schnitger, Neuregelung des UmwStG und der Entstrickungsnormen durch das SEStEG, IStR 2006, 772; *Blöchle/Weggenmann*, Formwechsel und Verschmelzung im Ausland nach §§ 3 ff. UmwStG i.d.F. des SEStEG, IStR 2008, 91; *Bodden*, Verschmelzung und Formwechsel von Kapitalgesellschaften auf gewerbliche Personengesellschaften nach dem SEStEG (§§ 3–10 UmwStG n.F.), FR 2007, 69; *Brähler/Göttsche/Rauch*, Verlustnutzung von Kapitalgesellschaften bei Umwandlungen – Eine ökonomische Vorteilhaftigkeitsanalyse, ZfB 2009, 1184; *Bünnig/Rohmert*, Buchwertverknüpfung bei Umwandlung auf Personengesellschaft: Sicherstellung der Besteuerung i.S.v. § 3 Abs. 2 S. 1 Nr. 1 UmwStG bei steuerlich „transparentem" Gesellschafter, BB 2009, 598 ff.; *Damas*, Einführung in das neue Umwandlungssteuerrecht, DStZ 2007, 130; *Desens*, Gemeiner Wert bei Umwandlungen, GmbHR 2007, 1202 f.; *Dieterlen/Schaden*, Ertragsteuerliche Behandlung von Umwandlungskosten bei der Verschmelzung von Tochterkapitalgesellschaften auf ihre Mutterkapitalgesellschaft, BB 1997, 2297; *Diller/Grottke*, Die Konzeption von Teilwert und gemeinem Wert – dargestellt am Beispiel des Wechsels vom Teilwert zum gemeinen Wert im Rahmen des SEStEG, SteuerStud 2007, 71; *Dörfler/Rautenstrauch/Adrian*, Verlustnutzung bei Verschmelzung von Körperschaften vor und nach Änderung des § 12 Abs. 3 UmwStG durch das SEStEG, BB 2006, 1660; *Dörfler/Wittkowski*, Zwischenwertansatz als Instrument zur Verlustnutzung bei Verschmelzungen von Körperschaften, GmbHR 2007, 354; *Dötsch/Pung*, SEStEG: Die Änderungen des UmwStG (Teil I), DB 2006, 2705; *Ernsting*, Bilanzierung eines negativen Kaufpreises im Rahmen eines Unternehmenserwerbs, GmbHR, 2007, 135; *Förster/Felchner*, Umwandlung von Kapitalgesellschaften in Personenunternehmen nach dem Referentenentwurf zum SEStEG Umwandlung von Kapitalgesellschaften in Personenunternehmen nach dem Referentenentwurf zum SEStEG Umwandlung von Kapitalgesellschaften in Personenunternehmen nach dem Referentenentwurf zum SEStEG Umwandlung von Kapitalgesellschaften in Personenunternehmen nach dem Referentenentwurf zum SEStEGUmwandlung von Kapitalgesellschaften in Personengesellschaften nach dem Referentenentwurf des SEStEG, DB 2006, 1073; *Gürsching/Stenger*, BewG, § 9; *Haase/Kluger*, Nochmals: Steuerliche Wahlrechte bei DBA-Dreieckssachverhalten, BB 2010, 1824 ff.; *Hagemann/Burkhard/Ropohl/Viebrock*, SEStEG: Das neue Konzept der Verstrickung und Entstrickung sowie die Neufassung des Umwandlungssteuergesetzes, nwb Sonderheft 1/2007, 12; *Halaczinsky* in Rössler/Troll, BewG, § 9; *Haritz/von Wolff*, Internationalisierung des deutschen Umwandlungsrechts – Zum Entwurf eines Zweiten Gesetzes zur Änderung des Umwandlungsgesetzes, GmbHR 2006, 340; *Hey* in Tipke/Lang, Steuerrecht, 2005, § 17; *Honert/Geimer*, Aufgabe des umwandlungssteuerlichen Maßgeblichkeitsgrundsatzes durch das SEStEG, EStB 2007, 426 f.; *Jäschke*, Probleme bei der Behandlung eines Geschäfts- oder Firmenwertes im neuen Umwandlungssteuerrecht, FR 2010, 10; *Kessler/Weber/Aberle*, Übertragungsgewinn bei Verschmelzungen und vororganschaftliche Verluste einer Organgesellschaft, Ubg 2008, 211; *Krohn/Greulich*, Ausgewählte Einzelprobleme des neuen Umwandlungssteuerrechts aus der Praxis, DStR 2008, 646; *Lemaitre/Schönherr*, Die Umwandlung von Kapitalgesellschaften in Personengesellschaften durch Verschmelzung und Formwechsel nach der Neufassung des UmwStG durch das SEStEG, GmbHR 2007, 173 f.; *Ley/Bodden*, Verschmelzung und Spaltung von inländischen Kapitalgesellschaften nach dem SEStEG (§§ 11–15 UmwStG n.F.), FR 2007, 265; *Mutscher*, Anwendungsbereich der fiktiven Steueranrechnung im UmwStG, IStR 2010, 823; *Neufang*, Verlustvortrag und Übernahmeverlust bei der Umwandlung einer GmbH in ein Einzelunternehmen oder Personengesellschaft, DB 1995, 1933); *Neumann,* Übernahmeverpflichtungen von Umwandlungskosten – Ermittlung und Ausnutzung steuerrechtlicher Gestaltungsspielräume –, DStR 1997, 2041; *Prinz zu Hohenlohe/Rautenstrauch/ Adrian,* Der Entwurf des SEStEG: Geplante Änderungen bei inländischen Verschmelzungen, GmbHR 2006, 623; *Rödder/Schumacher,* Das kommende SEStEG – Teil I: Die geplanten Änderungen des EStG, KStG und AStG – Der Regierungsentwurf eines Gesetzes über steuerliche Begleitmaßnahmen zur Einführung der Europäischen Gesellschaft und zur Änderung weiterer steuerrechtlicher Vorschriften, DStR 2006, 1485; *Rödder/Schumacher,* Das kommende SEStEG – Teil II: Das geplante neue Umwandlungssteuergesetz – Der Regierungsentwurf eines Gesetzes über steuerliche Begleitmaßnahmen zur Einführung der Europäischen Gesellschaft und zur Änderung weiterer steuerrechtlicher Vorschriften, DStR 2006, 1527; *Rödder/Schumacher,* Das SEStEG – Überblick über die endgültige Fassung und die Änderungen gegenüber dem Regierungsentwurf, DStR 2007, 372; *Roser/Haupt,* Negative Kaufpreise – der BFH lässt viele Fragen offen, GmbHR 2007, 78; *Schaflitzl/Widmayer,* Die Besteuerung von Umwandlungen nach dem Regierungsentwurf des SEStEG, BB Spezial 8/2006, 36; *Schmidtmann,* Steuerentstrickungs- und Steuerverstrickungsprobleme bei der Hinzurechnungsbesteuerung, IStR 2009, 297; *Schnittker/Lemaitre,* Ausländische Gesellschaften; Steuersubjekt, GmbHR 2003, 1314; *Schönherr/Krüger,* Die Passivierung angeschaffter Drohverlustrückstellungen in der Steuerbilanz des Erwerbers, DStR 2010, 1709; *Schönherr/Lemaitre,* Grundzüge und ausgewählte Aspekte bei Einbringungen in Kapitalgesellschaften nach dem SEStEG, GmbHR 2007, 459 f.; *Sistermann/Beutel* in Lüdicke/Sistermann, Unternehmenssteuerrecht, 2008, § 11; *Stimpel,* Umwandlung einer Kapital- in eine Personengesellschaft, GmbH-StB 2008, 75; *Thiel,* Europäisierung des Umwandlungssteuerrechts: Grundprobleme der Verschmelzung, DB 2005, 2320; *Trossen,* Aufgabe der Maßgeblichkeit bei Umwandlungsvorgängen, FR 2006, 620; *Viebrock/Hagemann,* Verschmelzungen mit grenzüberschreitendem Bezug – „Fallstricke" beim Übertragungs- und Übernahmeergebnis, FR 2009, 738; *Weber-Grellet,* Wo beginnt die Grenze zur „Liebhaberei"? (Teil II), DStR 1992, 605.

A. Überblick

I. Zweck der Vorschrift

§ 3 ist Teil des „umwandlungssteuerlichen Dreiklangs"[1] der §§ 3–5, die die 1 steuerlichen Folgen der Verschmelzung einer Körperschaft auf eine PersG oder natürliche Person gesondert für die übertragende Körperschaft (§ 3), die übernehmende PersG (§ 4) und die an der übertragenden Körperschaft beteiligten Anteilseigner (§ 5) regelt. § 3 behandelt dabei die steuerlichen Folgen beim übertragenden Rechtsträger und ermöglicht diesem unter bestimmten Voraussetzungen, die steuerwirksame Aufdeckung der im Betriebsvermögen gebundenen stillen Reserven zu verhindern, die bei einer Schlussbesteuerung der Überträgerin (Betriebsaufgabe/Liquidation/Gesamtbetriebsveräußerung) zu erfolgen hätte. Die stillen Reserven können unter den Voraussetzungen einer Buchwertfortführung steuerneutral auf ein anderes Steuersubjekt, die Anteilseigner der PersG, übertragen werden.

---

1 Vgl. *Birkemeier* in Rödder/Herlinghaus/van Lishaut, § 3 Rdn. 1.

II. Regelungsgehalt

2 Wird eine Körperschaft auf eine PersG oder eine natürliche Person verschmolzen, endet mit dem steuerlichen Übertragungsstichtag die Steuersubjekteigenschaft der übertragenden Körperschaft. § 3 regelt hierbei die Wertansätze in der steuerlichen Schlussbilanz der übertragenden Körperschaft.

Nach § 3 Abs. 1 sind grundsätzlich sämtliche übergehenden Wirtschaftsgüter, einschließlich nicht entgeltlich erworbener und selbst geschaffener immaterieller Wirtschaftsgüter, mit dem gemeinen Wert anzusetzen. Auf Antrag kann jedoch ein einheitlicher Ansatz der übergehenden Wirtschaftsgüter zu Buch- oder Zwischenwerten erfolgen (§ 3 Abs. 2). Dies setzt voraus, dass (1) die übergehenden Wirtschaftsgüter Betriebsvermögen des übernehmenden Rechtsträgers werden und ihre spätere Besteuerung mit Einkommen- oder Körperschaftsteuer sichergestellt ist, (2) das Recht Deutschlands zur Besteuerung des Gewinns aus der Veräußerung der übergehenden Wirtschaftsgüter bei den Gesellschaftern der übernehmenden PersG oder bei der natürlichen Person nicht ausgeschlossen oder beschränkt wird und (3) keine Gegenleistung für die übergehenden Wirtschaftsgüter gewährt wird oder diese ausschließlich in Gesellschaftsrechten besteht (§ 3 Abs. 2 Nr. 1–3).

Bei reinen Inlandsverschmelzungen auf Grundlage der vorgenannten Voraussetzungen ist grundsätzlich eine *steuerneutrale Verschmelzung* ohne Aufdeckung der in den Wirtschaftsgütern der Überträgerin gebundenen stillen Reserven möglich. Werden die übergehenden Wirtschaftsgüter dagegen mit einem über dem Buchwert liegenden Wert angesetzt, entsteht ein *körperschaft- und gewerbesteuerlich relevanter Übertragungsgewinn*.

Mit dem SEStEG[2] wurde die Anwendbarkeit der §§ 3–9 auch auf Verschmelzungen im EU-/EWR-Raum ausgedehnt; weiterhin nicht erfasst sind dagegen Verschmelzungen mit Drittstaatenbeteiligung. § 3 Abs. 3 bestimmt für den Fall, dass (1) die übertragenen Wirtschaftsgüter zu einer EU-Betriebsstätte der Überträgerin gehören, (2) das DBA Deutschlands mit dem anderen EU-Staat nicht die Freistellungsmethode bei der Überträgerin vorsieht und (3) Art. 10 der FusionsRL anzuwenden ist, eine Anrechnung der fiktiven ausländischen Steuer, die im anderen EU-Staat bei einer Veräußerung zum gemeinen Wert entstünde, auf die aus dem Übertragungsgewinn resultierende deutsche Körperschaftsteuerschuld.[3]

III. Verhältnis der Norm zu anderen Vorschriften

1. § 3 als Spezialnorm

3 § 3 geht in seinem Anwendungsbereich für die steuerliche Schlussbilanz der übertragenden Körperschaft dem Maßgeblichkeitsgrundsatz des § 5 Abs. 1 EStG und den allgemeinen Bewertungsvorschriften des § 6 EStG der Steu-

---

2 Gesetz über steuerliche Begleitmaßnahmen zur Einführung der Europäischen Gesellschaft und zur Änderung weiterer steuerlicher Vorschriften vom 07.12.2006, BGBl. I 2006, 2782.

3 Vgl. *Dötsch* in Dötsch/Pung/Möhlenbrock, § 3 Rdn. 6.

erbilanz vor.[4] Der Maßgeblichkeitsgrundsatz findet somit keine Anwendung bei der Aufstellung der steuerlichen Schlussbilanz. Zudem findet unter den Voraussetzungen des § 3 bei der Überträgerin keine Liquidationsbesteuerung nach § 11 KStG statt; auch insoweit gehen die Regelungen des § 3 vor.

Im Verhältnis zu § 8 ist § 3 Abs. 2 nur anwendbar, wenn die Wirtschaftsgüter der Überträgerin Betriebsvermögen der Übernehmerin werden. Werden die übergegangenen Wirtschaftsgüter nicht Betriebsvermögen des übernehmenden Rechtsträgers, regelt § 8 die Besteuerung des Übertragungsgewinns.

2. Ergänzende Vorschriften

Ergänzend zu § 3 können auf übertragende Umwandlungen in Drittstaaten   4
und Herausverschmelzungen auf in Drittstaaten ansässige Rechtsträger die allgemeinen Entstrickungsregeln des § 12 Abs. 1 KStG anzuwenden sein. § 12 Abs. 2 KStG steht bei Auslandsverschmelzungen in Drittstaaten mit inländischer Betriebsstätte nicht in Konkurrenz zu § 3, da diese Vorschrift nicht bei Verschmelzungen auf eine PersG anzuwenden ist. Darüber hinaus können auch die allgemeinen Verstrickungs- bzw. Entstrickungsnormen (§ 4 Abs. 1 S. 7 und S. 3 EStG) einschlägig sein.[5]

B. Anwendungsbereich
I. Persönlicher Anwendungsbereich
1. Übertragender Rechtsträger

Die Überträgerin muss eine Körperschaft sein (§ 3 Abs. 1 S. 1).   5

a) Inländische Körperschaften

Aus deutscher Sicht kommen als übertragende Rechtsträger neben der   6
GmbH, der AG, der KGaA, der eG auch der eingetragene Verein und der wirtschaftliche Verein in Frage.[6]

b) Andere Rechtsformen

Durch das SEStEG wurde der Anwendungsbereich des UmwStG zur Umset-   7
zung an gemeinschaftsrechtliche Vorgaben der FusionsRL und der Niederlassungsfreiheit[7] auf Umwandlungen innerhalb der EU/EWR-Mitgliedstaaten erweitert. Übertragende Körperschaft können nunmehr nach § 1 Abs. 2 alle Körperschaften sein, die nach den Rechtsvorschriften eines EU/EWR-Staates gegründet wurden und deren Sitz und Ort der Geschäftsleitung sich

---

4   Vgl. *Birkemeier* in Rödder/Herlinghaus/van Lishaut, § 3 Rdn. 4.
5   Zur möglichen doppelten Aufdeckung stiller Reserven von Wirtschaftsgütern in einer ausländischen Betriebsstätte aufgrund des nach einem Übernahmegewinn nach § 4 Abs. 4 S. 2 ggf. hinzukommenden Veräußerungsgewinns *Schönherr/Lemaitre*, GmbHR 2007, 173.
6   Vgl. *Birkemeier* in Rödder/Herlinghaus/van Lishaut, § 3 Rdn. 6.
7   Vgl. Sevic-Urteil des EuGH vom 13. 12. 2005, C-411/03.

innerhalb der EU bzw. des EWR befinden.[8] Die Ansässigkeitskriterien sind – unabhängig von der steuerlichen Rückwirkungsfiktion des § 2 Abs. 1 – spätestens im Zeitpunkt der Eintragung der Umwandlung in das maßgebliche Register erstmals zu erfüllen.[9] Entscheidend ist die Ansässigkeit der übertragenden Gesellschaft. Die Ansässigkeit der Gesellschafter ist dagegen für die Anwendung der § 3 ff. unbeachtlich.[10]

aa) Europäische Aktiengesellschaft/Genossenschaft

8 Die Europäische Aktiengesellschaft (SE) und Europäische Genossenschaft (SCE) können übertragender Rechtsträger i.S.d. § 3 sein, da sie als nach den Rechtsvorschriften des Staates gegründet gelten, in dem sie ihren Sitz haben, vgl. § 1 Abs. 2 S. 2.[11]

bb) Andere ausländische Rechtsformen

9 Ausländische Gesellschaften können nur dann Überträgerin i.S.d. § 3 sein, wenn sie aufgrund eines *Typenvergleichs*[12] als mit einer deutschen Körperschaft vergleichbar anzusehen sind. Als Vergleichskriterien dienen die Ausgestaltung der Geschäftsführung und der Vertretungsmacht, der Haftung und Kapitalaufbringung, die Zurechnung der Ergebnisse an die Gesellschafter und die Abhängigkeit/Unabhängigkeit des Bestandes der Gesellschaft vom Gesellschafterbestand. Vom Ergebnis dieses Typenvergleichs hängt ab, welcher Teil des UmwStG anzuwenden ist. Ist die ausländische Rechtsform einer deutschen KapG vergleichbar, kommen §§ 3 ff. zur Anwendung. Anderenfalls ist die Anwendbarkeit der übrigen Abschnitte des UmwStG zu prüfen.

Körperschaften, die in Drittstaaten ansässig sind oder identitätswahrend in die EU/EWR zugezogen sind, fallen nicht unter den Anwendungsbereich der § 3 ff., da sie nicht verschmelzungsfähig i.S.d. UmwG sind.[13]

c) Zeitpunkt

10 Die Umwandlungsfähigkeit einer Körperschaft beginnt erst mit Eintragung ins Handelsregister. Deshalb können weder Vorgründungs- noch Vorgesellschaft Überträgerin sein. Aufgelöste Gesellschaften sind nach § 3 Abs. 3 UmwG als übertragende Rechtsträger umwandlungsfähig, sofern deren Fortsetzung noch beschlossen werden könnte. Gleiches gilt auch für den übernehmenden Rechtsträger.[14]

---

8 Da auch die Übernehmerin diese Kriterien zu erfüllen hat, wird von der Bedingung der „doppelten Ansässigkeit" gesprochen. Durch das SEStEG wurde die doppelte Ansässigkeit auf den EU/EWR-Raum ausgedehnt; BT-Drs. 16/2710.

9 Zivilrechtliches Wirksamwerden der Verschmelzung, vgl. *Birkemeier* in Rödder/ Herlinghaus/van Lishaut, § 3 Rdn. 18; gl. A. *Schmitt* in Schmitt/Hörtnagl/Stratz, § 3 Rdn. 11.

10 Vgl. *Dötsch/Pung* in Dötsch/Patt/Pung/Möhlenbrock, § 3 Rdn. 5; *Schmitt* in Schmitt/Hörtnagl/Stratz, § 3 Rdn. 9; *Lemaitre/Schönherr*, GmbHR 2006, 173.

11 Verweis auf § 1 Abs. 2 S. 2 8.

12 BMF vom 19.03.2004, BStBl. I 2004, S. 411.

13 *Birkemeier* in Rödder/Herlinghaus/van Lishaut, § 3 Rdn. 14.

14 *Birkemeier* in Rödder/Herlinghaus/van Lishaut, § 3 Rdn. 10.

d) Sonderfälle

Die KGaA ist als hybride Rechtsform zu qualifizieren, da die unbeschränkt   *11*
haftenden Gesellschafter (Komplementäre) steuerlich als Mitunternehmer
behandelt werden, während die übrigen Gesellschafter (Kommanditaktionäre) ohne persönliche Haftung an dem in Aktien aufgesplitteten Grundkapital beteiligt sind. Steuerlich wird die Seite des Komplementärs samt der
Sondereinlagen wie eine Mitunternehmerschaft behandelt, die Seite der
Kommanditaktionäre samt dem Grundkapital dagegen wie eine KapG. Aufgrund dieser hybriden Gestalt einer KGaA liegt bei ihrer Verschmelzung
eine Mischumwandlung vor. Hinsichtlich der Sondereinlage des persönlich
haftenden Gesellschafters ist die Verschmelzung der KGaA auf eine PersG
eine Einbringung gem. § 24. Für das in Aktien zerlegte Grundkapital, soweit
es auf die PersG übergeht, erfolgt die Umwandlung dagegen nach §§ 3–10.

2. Übernehmerin

Nach § 3 Abs. 1 kann Übernehmerin eine PersG oder eine natürliche Person   *12*
sein, sofern die Übernehmerin unter den in § 1 normierten Anwendungsbereich fällt. Die Verschmelzung kann zur Aufnahme als auch (im Fall einer
PersG als übernehmendem Rechtsträger) zur Neugründung (Gründung einer PersG als aufnehmender Rechtsträger zum Zwecke der Verschmelzung)
erfolgen.

a)   PersG als Übernehmerin

aa)   Inländische Rechtsformen

Als aufnehmende PersG kommt aus deutscher Sicht die OHG, KG, GmbH   *13*
& Co. KG, AG & Co. KG, Stiftung & Co. KG, Partnerschaftsgesellschaft so-
wie die EWIV[15] in Betracht. Eine GbR kann aufnehmender Rechtsträger nur
beim Formwechsel, nicht aber im Fall einer Verschmelzung sein. Auch die
Partenreederei oder eine Erbengemeinschaft können nicht aufnehmende
Gesellschaft sein.

Für die Beurteilung des übernehmenden Rechtsträgers als PersG sind stets
die tatsächlich vorliegenden objektiven Voraussetzungen von Bedeutung.
Die Vorstellungen der Gesellschafter über die Gesellschaftsform sind unbeachtlich.

bb)   Ausländische PersG

Neben dem übertragenden Rechtsträger muss bei unter § 3 fallenden Ver-   *14*
schmelzungen gem. § 1 Abs. 2 S. 1 Nr. 1 auch die übernehmende PersG
nach den Rechtsvorschriften eines EU/EWR-Staates gegründet worden sein
und ihren Sitz und Ort der Geschäftsleitung innerhalb der EU/EWR haben.[16]
Trotz der Transparenz von PersG ist die Ansässigkeit ihrer Gesellschafter für
die Anwendung der §§ 3 ff. irrelevant.

---

15 Europäische Wirtschaftliche Interessenvereinigung, *Birkemeier* in Rödder/Herling-
haus/van Lishaut, § 3 Rdn. 38.
16 Bedingung der doppelten Ansässigkeit, siehe § 1 Rdn. 89.

15 Ist übernehmender Rechtsträger eine in einem anderen EU/EWR-Staat gegründete und ansässige Gesellschaft, muss durch einen *Typenvergleich* sichergestellt werden, dass die Gesellschaft einer deutschen PersG vergleichbar ist.[17]

b) Natürliche Person als Übernehmerin

16 Übernehmender Rechtsträger einer Verschmelzung i.S.d. § 3 kann auch eine natürliche Person sein, wenn sie *Alleingesellschafterin* der zu verschmelzenden KapG ist.[18] Die natürliche Person muss ihren Wohnsitz oder gewöhnlichen Aufenthalt innerhalb des Hoheitsgebietes eines Mitgliedstaates der EU/des EWR haben und darf nicht aufgrund eines DBA mit einem Drittstaat als außerhalb der EU/des EWR ansässig gelten.[19] Eine Eintragung der natürlichen Person als Kaufmann ins Handelsregister ist nicht erforderlich.

aa) Anteile an der Übernehmerin im Betriebsvermögen

17 Im Regelfall wird die übernehmende natürliche Person die Beteiligung an der Überträgerin im Betriebsvermögen ihres übernehmenden Einzelunternehmens halten. Sind die Anteile an der Überträgerin dagegen Bestandteil eines anderen Betriebsvermögens der natürlichen Person, so wird unterstellt, dass die Anteile am steuerlichen Übertragungsstichtag aus diesem anderen Betriebsvermögen zum Buchwert in das Betriebsvermögen überführt wurden, auf das die Verschmelzung stattfindet.[20]

bb) Anteile an der Übernehmerin im Privatvermögen

18 Hält die übernehmende natürliche Person die Anteile an der übertragenden KapG im Privatvermögen, wird zum steuerlichen Übertragungsstichtag eine Einlage der Anteile in das Betriebsvermögen, auf das umgewandelt wird, unterstellt.[21] Die Einlage ist dabei nach § 6 Abs. 1 Nr. 5 Buchst. b EStG zwingend mit den Anschaffungskosten zu bewerten.

c) Zeitpunkt

19 Die Anforderungen an die PersG oder natürliche Person müssen spätestens zum Zeitpunkt der Eintragung der Verschmelzung in das Handelsregister vorliegen. Über den Wortlaut des § 3 Abs. 3 UmwG hinaus können aufgelöste PersG auch als übernehmende Rechtsträger fungieren, solange sie durch Gesellschafterbeschluss noch fortgeführt werden könnten. Dies ist solange der Fall, als die Vermögensverteilung noch nicht abgeschlossen ist.

---

17 Zu den grundsätzlichen Kriterien für den Vergleich siehe BMF vom 19.03.2004, BStBl. I 2004, 411.

18 Über die Verweisung des § 1 Abs. 1 Nr. 1 auf § 2 UmwG wird inzident auch auf § 3 Abs. 2 Nr. 2 UmwG Bezug genommen.

19 Siehe § 1 Abs. 2 Nr. 2; dies wirkt sich vor allem bei der Zuweisung des Wohnsitzes doppelt ansässiger Personen zu einem anderen Staat aus, vgl. Art. 4 Abs. 2 OECD-MA.

20 Siehe § 5 Abs. 3.

21 Siehe § 5 Abs. 2.

Wäre entgegen der hier vertretenen Ansicht nicht die Handelsregistereintragung, sondern der (zurückliegende) steuerliche Übertragungsstichtag maßgeblich, wäre eine Verschmelzung zur Neugründung nicht möglich.[22]

d) Sonderfälle

aa) Treuhandverhältnisse

Bei einem Treuhandverhältnis ist für die Verschmelzung auf den Treugeber 20 abzustellen. Dies folgt aus der wirtschaftlichen Betrachtungsweise des § 39 Abs. 2 Nr. 1 S. 2 AO, wonach Wirtschaftsgüter bei einem Treuhandverhältnis nicht dem nach außen auftretenden Treuhänder, sondern dem Treugeber zuzurechnen sind.

bb) KGaA

Hat die Übernehmerin die Rechtsform einer KGaA, liegt eine Mischum- 21 wandlung vor.[23] Soweit das übergehende Vermögen auf den persönlich haftenden Gesellschafter der KG entfällt, sind die §§ 3–9 anzuwenden, im Übrigen die §§ 11–13.

cc) GmbH & atypisch Still

Eine GmbH & atypisch Still ist eine reine Innengesellschaft und kann daher 22 nicht übernehmender Rechtsträger einer Verschmelzung gem. §§ 3 ff. sein. Übernehmender Rechtsträger einer Verschmelzung auf eine GmbH & atypisch Still ist ausschließlich die GmbH als Inhaber des Handelsgeschäftes. Dementsprechend finden nicht die §§ 3 ff., sondern §§ 11–13 Anwendung.[24] Die atypisch stille Gesellschaft setzt sich vorbehaltlich anderer Regelungen der Beteiligten auch steuerlich mit der aufnehmenden PersG als Prinzipal fort.

II. Sachlicher Anwendungsbereich

Die Vorschriften der §§ 3–8 finden unmittelbar nur auf Verschmelzungen 23 Anwendung. Darüber hinaus sind §§ 3 ff. gem. § 16 neben §§ 10, 15 auf Auf- oder Abspaltungen einer Körperschaft auf eine PersG und nach § 9 auf den Formwechsel einer Körperschaft in eine PersG anzuwenden. Auf Ausgliederungen ist § 3 aufgrund des insoweit eingeschränkten Wortlauts des § 16 nicht anwendbar.

Vergleichbare ausländische Vorgänge sind gem. § 1 Abs. 1 S. 1 Nr. 1 ebenfalls von § 3 erfasst. Eine ausländische Verschmelzung gilt dann als vergleichbar, wenn sie ihrem Wesen einer Verschmelzung nach dem deutschen UmwG entspricht; dabei sind sowohl die Rechtsfolgen (Auflösung ohne Abwicklung und Gesamtrechtsnachfolge sind entscheidende Kriterien), als auch die beteiligten Rechtsträger anhand des Typenvergleichs in den Vergleich einzubeziehen.[25]

---

22 Tz. 01.52 UmwStE 2011.
23 Siehe auch Rdn. 11.
24 *Dötsch* in Dötsch/Pung/Möhlenbrock, § 3 Rdn. 7.
25 Gesetzesbegründung zum SEStEG, BT-Drs. 16/2710, 35.

C. Ansatz und Bewertung der Wirtschaftsgüter bei der übertragenden Körperschaft

I. Steuerliche Schlussbilanz (Übertragungsbilanz)

1. Pflicht zur Aufstellung

a) Inländische Verschmelzungsvorgänge

24   Gem. § 3 Abs. 1 S. 1 hat die übertragende KapG eine steuerliche Schlussbilanz aufzustellen. Das gilt unabhängig davon, ob (1) die Überträgerin im
Inland steuerpflichtig, (2) zur Führung von Büchern verpflichtet ist oder (3)
ob das Vermögen der Überträgerin in Zusammenhang mit einer mit Ein-
künfteerzielungsabsicht ausgeübten Tätigkeit steht.[26] Der Gesetzgeber legt
in § 3 Abs. 1 S. 1 die Verpflichtung zur Aufstellung einer steuerlichen
Schlussbilanz fest. Eine Überleitungsrechnung gem. § 60 Abs. 2 EStDV ist
dementsprechend grundsätzlich nicht ausreichend.[27] Die Schlussbilanz
schafft Klarheit über die Wertansätze der übergehenden Wirtschaftsgüter,
eine Überleitungsrechnung kann diese Klarheit wohl in Ausnahmefällen in
gleichem Maße erbringen.

b) Verschmelzungsvorgänge mit Auslandsbezug

25   Da die steuerliche Schlussbilanz unabhängig davon aufzustellen ist, ob die
Überträgerin im Inland steuerpflichtig und/oder zur Führung von Büchern
verpflichtet ist,[28] hat auch eine in einem anderen EU/EWR-Mitgliedstaat ansässige Überträgerin eine steuerliche Schlussbilanz nach den Vorgaben des
§ 3 aufzustellen, wenn der Verschmelzungsvorgang von den §§ 1, 3 erfasst
wird. Dies ist insbesondere der Fall, wenn Mitunternehmer der übernehmenden PersG oder die *übernehmende* natürliche Person in Deutschland
beschränkt oder unbeschränkt steuerpflichtig sind, da die steuerliche
Schlussbilanz der Überträgerin notwendig ist, um auf Basis des Wertansatzes in dieser Bilanz die steuerlichen Folgen für die Anteilseigner der Überträgerin zu ermitteln. Nichts anderes gilt bei einer Verschmelzung im EU/
EWR-Raum, wenn die *Überträgerin* eine im Inland belegene Betriebsstätte
unterhält oder wenn an der Überträgerin ein in Deutschland unbeschränkt
steuerpflichtiger Gesellschafter beteiligt ist.[29] Eine steuerliche Schlussbilanz
ist daher nur dann entbehrlich, wenn diese mit Blick auf die inländische Besteuerung des übertragenden und des übernehmenden Rechtsträgers sowie
deren Gesellschafter nicht benötigt wird bzw. für die inländische Besteuerungszwecke nicht von Bedeutung ist.[30] Die Schlussbilanz auch eines ausländischen übertragenden Rechtsträgers ist ausschließlich nach den Vorgaben des deutschen Bilanzsteuerrechts zu erstellen, ggf. bestehende

---

26 BT-Drs. 16/2710, 37 f.; Zur Gewinnerzielungsabsicht bei KapG, siehe *Weber-
Grellet*, DStR 1992, 605.
27 BT-Drs. 16/2710, 37; gl. A. *Krohn/Greulich*, DStR 2008, 647.
28 Siehe u. a. BT-Drs. 16/2710, 37; Tz. 03.01 UmwStE 2011.
29 *Lemaitre/Schönherr*, GmbHR 2007, 173 f.; BT-Drs. 16/2710, 37; vgl. auch Verschmelzungen mit Auslandsbezug, unten Rdn. 104 ff.; *Hagemann/Burkhard/
Ropohl/Viebrock*, nwb Sonderheft 1/2007, 23.
30 Tz. 03.02 UmwStE 2011.

ausländische Regelungen zur Aufstellung einer Schlussbilanz sind unbeachtlich.[31]

Beispiel 1:[32]
Die italienische A-S.r.L. (entspricht einer deutschen GmbH) soll auf die italienische B-S.n.c. (entspricht einer deutschen OHG) verschmolzen werden. An der B-S.n.c. ist der in Deutschland lebende italienische Staatsbürger C beteiligt. Die A-S.r.L. verfügt über eine Betriebsstätte in Frankreich.

Da C in Deutschland unbeschränkt steuerpflichtig ist, hat die A-S.r.L. grundsätzlich eine steuerliche Übertragungsbilanz über ihr gesamtes Vermögen einschließlich des französischen Betriebsstättenvermögens nach den Vorgaben des § 3 aufzustellen.[33]

Beispiel 2:
Die italienische X-S.r.L., deren sämtlich im Ausland ansässige Gesellschafter zugleich die Gesellschafter der Übernehmerin sind, unterhält eine Betriebsstätte in Deutschland und soll auf die italienische Y-S.n.c. verschmolzen werden.

Die X-S.r.L ist aufgrund ihrer Betriebsstätte in Deutschland nach § 2 Nr. 1 KStG i.V.m. § 49 Abs. 1 Nr. 2 Buchst. a EStG mit ihren Betriebsstätteneinkünften in Deutschland steuerpflichtig. Nur für das in Deutschland steuerverstrickte Betriebsstättenvermögen muss die X-S.r.L. eine steuerliche Schlussbilanz nach § 3 aufstellen. Das ausländische Vermögen der Überträgerin muss nicht in die deutsche steuerliche Schlussbilanz aufgenommen werden, da im Inland keine Gesellschafter der Überträgerin ansässig sind und das ausländische Vermögen daher für die inländische Besteuerung unbeachtlich ist.[34]

c) Verstoß gegen die Pflicht zur Aufstellung

Sofern ein in Deutschland unbeschränkt steuerpflichtiger Gesellschafter die Gesellschaft nicht kontrolliert, kann es vorkommen, dass eine steuerliche Schlussbilanz der Überträgerin nicht vorgelegt wird. In diesem Fall kommt es hierdurch *nicht* zwangsläufig zum Ansatz der gemeinen Werte der übergehenden Wirtschaftsgüter in der Schlussbilanz, da § 3 Abs. 2 S. 1 die Ausübung des Bewertungswahlrechts allein von einem Antrag, nicht aber vom Vorliegen einer Schlussbilanz abhängig macht. Je nachdem welcher Wertansatz von der Überträgerin gewählt wird, hat das Finanzamt die Werte der übergehenden Wirtschaftsgüter gem. § 162 AO zu schätzen. Denkbar ist auch, dass die Nichtvorlage einer steuerlichen Schlussbilanz die Inanspruchnahme des Bewertungswahlrechts unwirksam werden lässt und dann grundsätzlich der gemeine Wert der Wirtschaftsgüter bei der Überträgerin anzusetzen wäre. Ein inländischer Minderheitsgesellschafter wird die Aufstellung einer steuerlichen Schlussbilanz nach § 3 häufig nicht durchsetzen

26

---

31 BT-Drs. 16/2710, 37.
32 In Anlehnung an *Brähler*, Umwandlungssteuerrecht, 102.
33 *Dötsch* in Dötsch/Pung/Möhlenbrock, § 3 Rdn. 23; auch *Lemaitre/Schönherr*, GmbHR 2007, 173 (176, 183).
34 § 7 ist nicht auf solche Einkünfte anwendbar.

können. Zur Vermeidung dadurch entstehender Härten soll das Finanzamt die Möglichkeit zur Schätzung des Werts nicht von § 4 Abs. 4 S. 2 erfassten ausländischen Vermögens und somit die fehlende Schlussbilanzerstellung auszugleichen. Der inländische Minderheitsgesellschafter der Überträgerin muss die Finanzverwaltung durch Geltendmachen des in diesen Fällen ausnahmsweise ihm zustehenden Antragswahlrechts zu einer solchen Schätzung veranlassen. Dieser Weg unterscheidet sich zwar im Ergebnis nicht von der gem. § 3 Abs. 2 auch bei Fehlen einer Schlussbilanz anzuwendenden Ansicht, sie stellt jedoch auf die steuerlich betroffenen Anteilseigner ab und hebelt damit das Antragswahlrecht nicht faktisch aus.

Beispiel:
Der in Deutschland ansässige Minderheitsgesellschafter A ist mit 1,5 % an der X-GmbH mit Sitz und Geschäftsleitung in Österreich beteiligt. Diese soll auf die österreichische Y-OG (vergleichbar einer deutschen OHG) verschmolzen werden.

Problem: A kann durch seine geringe Beteiligung an der X-GmbH nicht die Aufstellung einer steuerlichen Schlussbilanz nach den Vorgaben des § 3 durchsetzen. A sollte daher bei dem deutschen Finanzamt den Antrag auf Buchwertfortführung stellen, in dessen Bezirk der Gesellschafter der übernehmenden PersG mit der höchsten Beteiligungsquote seinen Wohnsitz hat.[35] Das Finanzamt wird dann – mangels Schlussbilanz – den Wert der übergehenden Wirtschaftsgüter schätzen.

2. Zeitpunkt

27 Die Schlussbilanz ist auf den steuerlichen Übertragungsstichtag aufzustellen. Dies ergibt sich aus § 2 Abs. 1 i.V.m. § 3 Abs. 1. § 2 Abs. 1 schreibt die Ermittlung des Vermögens des übertragenden und des übernehmenden Rechtsträgers zum steuerlichen Übertragungsstichtag vor und § 3 regelt diesbezüglich die Pflicht zur Aufstellung der hierzu notwendigen steuerlichen Schlussbilanz. Die steuerliche Schlussbilanz kann nach § 17 Abs. 2 S. 4 UmwG, auf den § 2 Abs. 1 durch die Anknüpfung an die der Vermögensübertragung zugrundeliegende Bilanz verweist, auf einen höchstens 8 Monate vor *der Registeranmeldung* liegenden Stichtag erstellt werden. Wird die Verschmelzung bis zum 31. 08. eines Jahres zur Eintragung ins Handelsregister angemeldet, kann die auf den 31. 12. des Vorjahres erstellte Steuerbilanz als Schlussbilanz übernommen werden. Wegen der damit verbundenen Ersparnis an Zeit und Kosten und der vereinfachten Vertragsgestaltung wird einer Verschmelzung nach §§ 3 bis 8 gegenüber einer Einbringung im Wege der Einzelrechtsnachfolge nach § 24 (z.B. im Rahmen einer erweiterten Anwachsung), die nicht rückwirkend möglich ist, in der Praxis der Vorzug zu geben sein.

Beim Formwechsel ist die Übertragungsbilanz auf den „steuerlichen Umwandlungsstichtag" zu erstellen.

---

35 *Lemaitre/Schönherr*, GmbHR 2007, 174.

II. Ansatz und Bewertung in der steuerlichen Schlussbilanz (Übertragungsbilanz)

1. Handelsbilanz und Steuerbilanz

a) Handelsrechtliche Schlussbilanz

Der übertragende Rechtsträger muss der Anmeldung der Verschmelzung   28
zum Handelsregister nach § 17 Abs. 2 S. 1, 2 UmwG eine nach handelsrechtlichen Grundsätzen erstellte Schlussbilanz als Anlage beifügen. In der
Schlussbilanz sind die Anschaffungs- und Herstellungskosten der letzten
Jahresbilanz unter Fortführungsgesichtspunkten gem. den GoB fortzuschreiben. Die steuerlichen Aufstockungsmöglichkeiten der §§ 3 Abs. 2, 11
Abs. 2, 15 Abs. 1 haben keine Auswirkungen auf die Schlussbilanz, Zu-
schreibungen können nur aufgrund des § 253 Abs. 5 HGB[36] vorgenommen
werden.

Da für den *Formwechsel* weder auf § 17 Abs. 2 UmwG verwiesen wird, noch
§ 199 UmwG eine entsprechende Regelung enthält, besteht handelsrechtlich keine Verpflichtung für die formwechselnde Körperschaft, eine Bilanz
auf den Zeitpunkt des Formwechsels aufzustellen.[37] Steuerlich gilt davon
losgelöst unter den weiteren Voraussetzungen des § 3 Abs. 2 ebenso das
Wahlrecht zwischen Buch-, Zwischen- und gemeinem Wert.

b) Steuerliche Schlussbilanz

Ansatz und Bewertung erfolgen in der steuerlichen Schlussbilanz grund-   29
sätzlich allein nach den Vorgaben des § 3. Nach Auffassung der Finanzverwaltung gilt die Vorschrift des § 5b EStG zur elektronischen Übermittlung
der Bilanzen auch für die steuerliche Schlussbilanz.[38] Diese Auffassung ist
zu kritisieren und auch widersprüchlich, da der Wortlaut von § 5b EStG ausdrücklich von Gewinnermittlungen nach § 4 Abs. 1, § 5 oder § 5a EStG
spricht und die Verwaltung selbst davon ausgeht, dass die steuerliche
Schlussbilanz ein Rechenwerk eigener Art ist.[39]

Eine *Maßgeblichkeit* der Handelsbilanz für die Steuerbilanz besteht seit   30
dem SEStEG nicht mehr.[40] Vor Inkrafttreten des *SEStEG* vertrat die Finanzverwaltung bei Verschmelzungen zunächst die – umstrittene – Auffassung,
dass das Bewertungswahlrecht nach § 3 S. 1 a.F. unter dem Vorbehalt der
Maßgeblichkeit des Handelsrechts gem. § 5 Abs. 1 S. 1 EStG stehe.[41] Damit
habe auch für steuerliche Zwecke grundsätzlich der Ansatz der übergehenden Wirtschaftsgüter zum Buchwert zu erfolgen. Das Ansatz- und Bewertungswahlrecht des § 3 S. 1 a.F. in der Schlussbilanz der Überträgerin ist
damit faktisch leer gelaufen. Der BFH sah dagegen im Maßgeblichkeits-

---

36 Die Norm sieht seit dem BilMoG (Bilanzrechtsmodernisierungsgesetz vom 25.05.
   2009, BGBl. I 2009, 1102) ein Wertaufholungsgebot vor.
37 *Klingberg* in Blümich, § 9 Rdn. 18.
38 Tz. 03.04 UmwStE 2011.
39 Tz. 03.01 UmwStE 2011.
40 BT-Drs. 16/2710, 37; *Lemaitre/Schönherr*, GmbHR 2007, 174; *Rödder/Schumacher*,
   DStR 2007, 372.
41 BMF vom 25.03.998, BStBl. I 1998, 268, Tz. 03.01, 14.03, 20.30.

grundsatz kein Hindernis für das Wahlrecht zum Ansatz mit einem Buch-, Zwischen- oder gemeinen Wert.[42] Dieser Ansicht schloss sich schließlich auch die Finanzverwaltung an und erklärte die entsprechenden Vorgaben des UmwSt-Erlasses a.f. für nicht (mehr) anwendbar.[43] Mittlerweile ist die Finanzverwaltung sogar der Auffassung, dass die steuerliche Schlussbilanz eine eigenständige Bilanz ist, welche sich von der Gewinnermittlung i.S.d. § 4 Abs. 1, § 5 Abs. 1 EStG unterscheidet. Wenn die steuerliche Schlussbilanz der letzten Steuerbilanz i.S.d. § 4 Abs. 1, § 5 Abs. 1 EStG entspricht, so ist dem Finanzamt eine ausdrückliche Erklärung hierüber abzugeben. Diese Erklärung soll unwiderruflich sein.[44]

c) Steuerneutraler Step-up

31 Handelsbilanziell besteht für Verschmelzungen wie für alle unter das UmwG fallenden Umwandlungsvorgänge nach § 24 UmwG ein Wahlrecht für den *übernehmenden Rechtsträger*, den Buchwert der übergehenden Wirtschaftsgüter anzusetzen. Daraus wird im Umkehrschluss die Möglichkeit des Ansatzes zum Zeitwert oder eines Zwischenwertes abgeleitet. Solche Aufstockungen auf einen über dem Buchwert liegenden Wert können beispielsweise genutzt werden, um gegenüber Kreditgebern die hohe Bonität des Unternehmens offenzulegen.

Der *übertragende Rechtsträger* hingegen hat handelsrechtlich nach § 17 UmwG in der Schlussbilanz grundsätzlich die Buchwerte auszuweisen. Auf Ebene des Anteilseigners des übertragenden Rechtsträgers wirkt sich der Fortfall der Anteile in Höhe ihres Buchwertes ertragsmindernd aus. Zugleich erhöht sich aber sein handelsrechtlicher Gewinn in Höhe des anteiligen Wertes der übergehenden Wirtschaftsgüter, die im Rahmen des tauschähnlichen Vorgangs als Anschaffungskosten für die als Gegenleistung erhaltenen Anteile an der Übernehmerin gelten. Wird die Umwandlung ohne Kapitalerhöhung vorgenommen und werden keine Anteile als Gegenleistung gewährt (z.B. beim Sidestream-Merger nach § 54 Abs. 1 S. 3 UmwG), hat eine Aufstockung in der Handelsbilanz der Übernehmerin einen Übernahmegewinn zur Folge. Es entsteht hierdurch zusätzliches handelsrechtliches Ausschüttungsvolumen. Steuerlich kann diese Aufdeckung der stillen Reserven unter den Voraussetzungen des § 3 Abs. 2 neutral gehalten werden.

2. Ansatz in der Schlussbilanz des übertragenden Rechtsträgers

a) Übergehende Wirtschaftsgüter

32 Gem. § 3 Abs. 1 S. 1 sind im Rahmen des Verschmelzungsvorgangs sämtliche übergehende Wirtschaftsgüter, einschließlich nicht entgeltlich erworbener und selbst geschaffener immaterieller Wirtschaftsgüter, in der steuerlichen Schlussbilanz mit dem gemeinen Wert anzusetzen. Damit sind grundsätzlich *alle aktiven und passiven Wirtschaftsgüter* der Überträgerin

---

42 BFH vom 05.06.2007, I R 97/06, BStBl. II 2008, 650f.; zur formwechselnden Umwandlung i.S.d. § 25 a.F. siehe BFH vom 19.10.2005, I R 38/04, BStBl. II 2006, 568.
43 Kurzinformation der OFD Rheinland vom 25.02.2008, DB 2008, 496.
44 Tz. 03.01 UmwStE 2011.

zu erfassen. § 3 Abs. 1 ist als eigenständige Ansatzvorschrift anzusehen,[45] die die allgemeinen Vorschriften der steuerlichen Gewinnermittlung verdrängt. Danach sind alle dem Grunde nach bilanzierungsfähigen Wirtschaftsgüter in der steuerlichen Schlussbilanz anzusetzen. Dies gilt auch für die Wirtschaftsgüter, die nach den allgemeinen Vorschriften über die steuerliche Gewinnermittlung nicht angesetzt werden dürften.[46] Die vor dem SEStEG von der Finanzverwaltung vertretene Auffassung, selbstgeschaffene immaterielle Wirtschaftsgüter[47] seien in der steuerlichen Schlussbilanz aufgrund der allgemeinen steuerlichen Gewinnermittlungsregeln außer Acht zu lassen,[48] ist damit überholt.[49]

Die Frage der Passivierung in der steuerlichen Schlussbilanz stellt sich bei   33
Ansatz des gemeinen Werts insbesondere für *stille Lasten*, die nach den allgemeinen steuerlichen Gewinnermittlungsvorschriften nicht passiviert werden dürfen (bspw. Patentverletzungsrückstellungen, Drohverlustrückstellungen, Rückstellungen für Dienstjubiläumszuwendungen etc.).[50] M.E. sind die steuerlich nach den allgemeinen steuerlichen Vorschriften nicht bilanzierungsfähigen stillen Lasten und die darin zum Ausdruck kommende Verminderung des Unternehmenswertes des übertragenden Rechtsträgers durch eine Verrechnung mit dem Geschäfts- und Firmenwert zu berücksichtigen und nicht durch eine explizite Bilanzierung dieser Positionen.[51] Die stillen Lasten gar nicht zu berücksichtigen, würde den tatsächlichen Wert der übergehenden Sachgesamtheit verkennen und zu einer Besteuerung eines Scheingewinns führen, der bei einer Veräußerung nicht erzielt worden wäre. Die Minderung des Gesamtwertes des Unternehmens schlägt sich daher richtigerweise in einem geringeren Geschäfts- und Firmenwert nieder, der nach § 3 Abs. 1 in der Schlussbilanz anzusetzen ist.

Auf Ebene des übertragenden Rechtsträgers kommt es auf die Frage, ob Passivierungsverbote wie § 5 Abs. 4a EStG greifen, nicht an. Dies sieht auch die Finanzverwaltung so. Sie schreibt allerdings den ausdrücklichen Ausweis der entsprechenden Bilanzpositionen vor.[52] Bei den Pensionsrückstellungen ist dieser Wert durch den § 6a EStG begrenzt. Der Bilanzausweis führt nach Verwaltungsauffassung in der Folge dazu, dass die steuerlich nach den allgemeinen Gewinnermittlungsvorschriften nicht ausweisfähigen Bilanzpositionen am ersten auf die Umwandlung nachfolgenden regulären Stichtag wieder aufgedeckt werden müssen.[53] Diese Konsequenz würde bei

---

45 *Dötsch/Pung* in Dötsch/Patt/Pung/Möhlenbrock, § 3 Rdn. 23.
46 *Benecke* in PricewaterhouseCoopers AG, Reform des Umwandlungssteuerrechts, 149 Rdn. 1015–1017.
47 Siehe § 5 Abs. 2 EStG.
48 BFH vom 16.05.2002, III R 45/98, BStBl. II 2003, 10; BMF vom 25.03.1998, BStBl. I 1998, 268, Tz. 03.03, 03.07.
49 Tz. 03.04 UmwStE 2011.
50 Für die Passivierung *Widmann* in Widmann/Mayer, § 20 Rdn. 667; gegen die Passivierung *Desens*, GmbHR 2007, 1202 f.; *Benecke* in PricewaterhouseCoopers AG, Reform des Umwandlungssteuerrechts, 150 Rdn. 1018.
51 *So auch Lemaitre/Schönherr*, GmbHR 2007, 174; *Schaflitzl/Widmayer*, BB Special 8/2006, 36; *Ley/Bodden*, FR 2007, 269; *Bodden*, FR 2007, 69.
52 Tz. 03.04 UmwStE 2011.
53 Tz. 03.06 UmwStE 2011.

einer Verrechnung der stillen Lasten mit dem Geschäfts- oder Firmenwert in der steuerlichen Schlussbilanz schon rein systemisch nicht eintreten. Die Verwaltungsauffassung erscheint in diesem Punkt mehr ergebnisorientiert als sachlogisch zu sein. Denn führt man den Gedanken der späteren Anwendbarkeit der allgemeinen Gewinnermittlungsvorschriften auf die im Rahmen der Umwandlung aufgedeckten stillen Lasten konsequent fort, so müssten auch sämtliche selbst geschaffenen immateriellen Wirtschaftsgüter aufwandswirksam wieder aus der Bilanz genommen werden. Soweit geht jedoch die Meinung der Verwaltung.

Nach der hier vertretenen Auffassung ist durch die Umwandlung auf Ebene des übernehmenden Rechtsträgers ein Anschaffungsvorgang anzunehmen und die erworbenen stillen Lasten sind demnach analog eines Asset Deals zu passivieren.[54] Durch den § 4 Abs. 1 ergibt sich jedoch insoweit ein Unterschied, als stille Lasten mit dem selbst geschaffenen Geschäfts- und Firmenwert verrechnet wurden. Das Passivierungsverbot des § 5 Abs. 4a EStG ist dadurch nicht einschlägig. Gehen die stillen Lasten betragsmäßig über den übrigen Geschäfts- und Firmenwert hinaus, ist parallel zum negativen Kaufpreis ein negativer Geschäfts- und Firmenwert anzusetzen, der später gewinnerhöhend aufzulösen ist.[55]

b) ABC einzelne Bilanzpositionen in der Übertragungsbilanz

34 – *Abfindung an ausscheidende Anteilseigner:* Anteilseigner, die die Verschmelzung nicht mittragen und aus der übertragenden Körperschaft ausscheiden, haben einen Anspruch auf eine angemessene Abfindung gegenüber der übernehmenden PersG.[56] Da der Anspruch gegenüber der Übernehmerin besteht, ist eine Passivierung in der steuerlichen Schlussbilanz der Überträgerin ausgeschlossen. Aufgrund der Fiktion in § 5 Abs. 1 gilt der Abfindungsbetrag als Anschaffungskosten des übernehmenden Rechtsträgers. Eine bare Abfindung stellt keine schädliche Gegenleistung dar, da ein Anteilserwerb durch den übernehmenden Rechtsträger vorliegt. Die Finanzverwaltung geht ebenfalls von keiner schädlichen Gegenleistung aus.[57]

– *Abgeschriebene Wirtschaftsgüter:* Für Wirtschaftsgüter, die nur noch mit einem Erinnerungswert in der Bilanz der Überträgerin geführt werden, gelten die allgemeinen Ansatzgrundsätze. Sie können daher, je nach Ausübung des Bewertungswahlrechts (Ansatz zu Zwischen- oder gemeinen Werten) angesetzt werden, wenn ihr gemeiner Wert über diesem Erinnerungswert liegt.

– *Ausstehende Einlagen:* Nach Auffassung der Finanzverwaltung ist das gezeichnete Kapital um eingeforderte sowie um nicht eingeforderte ausste-

---

54 BFH vom 16. 12. 2009, I R 102/08, DStR 2010, 265; Urteilsanmerkung in DStR 2010, 1709.
55 BFH vom 26. 04. 2006, I R 49, 50/04, BStBl. II 2006, 656; *Ernsting*, GmbHR, 2007, 135; *Roser/Haupt*, GmbHR 2007, 78 zu den verschiedenen Auffassungen über den Zeitpunkt der Auflösung des Ausgleichspostens.
56 §§ 29 Abs. 1 S. 1, 207 Abs. 1 S. 1 UmwG.
57 Tz. 03.22 UmwStE 2011.

hende Einlagen zu kürzen, soweit diese nicht vom gezeichneten Kapital entsprechend § 272 Abs. 1 S. 3 HGB abgesetzt wurden.[58]

– *Ausländisches Vermögen:* Zum Ansatz in der steuerlichen Schlussbilanz siehe unter Auslandssachverhalte, Rdn. 108 ff.

– *Beteiligung an einer KapG:* Auch Beteiligungen an inländischen und an ausländischen KapG können in der steuerlichen Schlussbilanz der Überträgerin mit dem Buchwert, einem Zwischenwert oder dem gemeinen Wert angesetzt werden. Der aus dem Ansatz über dem Buchwert resultierende, auf die KapG-Anteile entfallende Gewinn ist nach § 8b Abs. 2 KStG zu behandeln.

– *Beteiligung an einer PersG:* siehe unter Mitunternehmeranteil.

– *Bilanzierungshilfen* sind mangels Verkehrsfähigkeit keine Wirtschaftsgüter und daher nicht in der steuerlichen Schlussbilanz anzusetzen.[59] Als Bilanzierungshilfe ist z.b. der steuerliche Ausgleichsposten nach § 4g EStG zur zeitlichen Verteilung des Ertrags aus der Entstrickung eines Wirtschaftsgutes durch Zuordnung an eine EU/EWR-Betriebsstätte des Steuerpflichtigen anzusehen. Aufwendungen für Ingangsetzung und Erweiterung des Geschäftsbetriebs können nach der Aufhebung des § 269 HGB durch das BilMoG[60] nicht mehr als Bilanzierungshilfe aktiviert werden.

– *Eigene Anteile:* Hält die übertragende Körperschaft am steuerlichen Übertragungsstichtag eigene Anteile, so gehen diese mit der Verschmelzung unter und sind in der steuerlichen Schlussbilanz nicht mehr zu erfassen.[61] Sind die eigenen Anteile gewinnmindernd ausgebucht worden, so ist dies außerbilanziell zu korrigieren.[62]

– *Forderungen/Verbindlichkeiten gegenüber der übernehmenden PersG* sind nach den allgemeinen Grundsätzen des § 3 in der steuerlichen Schlussbilanz anzusetzen.[63] Auf Ebene der Übernehmerin erlöschen die gegenseitigen Ansprüche eine juristische Sekunde nach der Umwandlung durch Konfusion.[64]

– *Forderungsverzicht mit Besserungsschein:* Der Forderungsverzicht durch einen Gesellschafter der Überträgerin lässt die Verbindlichkeit auf Ebene der übertragenden Körperschaft erlöschen und führt zu einem laufenden Ertrag, soweit die Forderung nicht mehr werthaltig war. Der korrespondierende Verlust des Gesellschafters ist ggf. nach § 8b Abs. 3 S. 4 KStG nicht zu berücksichtigen. Ist der Forderungsverzicht im Gesellschaftsverhältnis begründet, so liegt in Höhe des werthaltigen Teils der Forderung

---

58 Tz. 03.05 UmwStE 2011.
59 *Budde/Förschle/Winkeljohann,* D. Rdn. 151; *Schreiber* in Blümich, § 5 EStG Rdn. 317.
60 Bilanzrechtsmodernisierungsgesetz – BilMoG vom 25.05.2009, BGBl. I 2009, 1102.
61 *Birkemeier* in Rödder/Herlinghaus/van Lishaut, § 3 Rdn. 65 m.w.N.
62 Tz. 03.05 UmwStE 2011.
63 Tz. 03.05 UmwStE 2011.
64 Zur Möglichkeit, den Konfusionsgewinn nach § 6 über drei Jahre zu verteilen siehe § 6 Rdn. 20.

eine verdeckte Einlage in die Gesellschaft vor[65], die gem. § 6 Abs. 6 S. 2 EStG zu einer Erhöhung der Anschaffungskosten der Beteiligung beim Gesellschafter führt, jedoch keine Auswirkung auf den Gewinn der Körperschaft hat. In der steuerlichen Schlussbilanz ist die durch den Verzicht erloschene Verbindlichkeit nicht mehr anzusetzen.[66] Die mit dem späteren Erzielen von Gewinnen wiederauflebende, aufschiebend bedingte Verpflichtung geht auf den übernehmenden Rechtsträger über. Bilanztechnisch ist eine eingelegte korrespondierende Gesellschafterforderung u.E. mit Erstellung der Eröffnungsbilanz in einer Sonderbilanz zu berücksichtigen. Lebt die Verbindlichkeit mit Bedingungseintritt beim Übernehmer auf, entsteht ihm ein Aufwand, soweit der Forderung die Werthaltigkeit fehlte. Beim Gesellschafter bleibt der damit verbundene Ertrag nach § 8b Abs. 3 S. 8 KStG außer Ansatz.[67] In Höhe der Werthaltigkeit der früheren Forderung wird die Einlage in den übertragenden Rechtsträger vom übernehmenden durch die nun beteiligten früheren Gesellschafter des Überträgers wieder entnommen.

- *Geringwertige Wirtschaftsgüter* sind ebenso zu behandeln wie bereits voll abgeschriebene Wirtschaftsgüter (GWG-Pool-AfA siehe „Sammelposten").

- *Geschäfts- und Firmenwert:* Entgegen dem sonst geltenden Aktivierungsverbot ist ein originärer Geschäfts- und Firmenwert wie auch andere immaterielle Wirtschaftsgüter gem. § 3 Abs. 1 S. 1 zu aktivieren.[68] Zur Berücksichtigung stiller Lasten beim Geschäfts- und Firmenwert in der Schlussbilanz siehe Rdn. 33.

- *Halbfertige Arbeiten/selbständig abrechenbare Teilleistungen:* Weil die Verschmelzung grundsätzlich ein Anschaffungsvorgang ist, sind halbfertige Arbeiten und abrechenbare Teilleistungen nicht nur mit den bisher getragenen Selbstkosten, sondern mit dem hypothetischen Veräußerungspreis (einschließlich eines Gewinnanteils) zu aktivieren.[69]

- Originäre *immaterielle Wirtschaftsgüter* (Firmenwert, Patent etc.) sind anzusetzen. § 5 Abs. 2 EStG tritt gegenüber § 3 Abs. 1 S. 1 zurück, siehe unter Geschäfts- und Firmenwert.

- *Körperschaftsteuererhöhung:* Mit dem JStG 2008[70] wurde die letztmalige Feststellung des EK 02 zum 31. 12. 2006 in § 38 Abs. 4 KStG normiert. Die sich hieraus ergebende Körperschaftsteuerschuld i.H.v. $3/100$ des festgestellten Endbetrags hat die Körperschaft oder ihre Rechtsnachfolgerin innerhalb des Zeitraums von 2008 bis 2017 in gleichen Jahresbeträgen zu entrichten, § 38 Abs. 6 S. 1 KStG. Demnach geht die übrige Körperschaft-

---

65 BFH vom 09. 06. 1997, GrS 1/94, BStBl. II 1998, 307.
66 *Birkemeier* in Rödder/Herlinghaus/van Lishaut, § 3 Rdn. 65 m.w.N.
67 *Gosch* in Gosch, § 8b KStG Rdn. 279j.
68 Tz. 03.05 UmwStE 2011, zur Problematik rund um den Themenkreis Geschäfts- oder Firmenwert siehe ausführlich *Jäschke*, FR 2010, 10.
69 BFH vom 10. 07. 2002, I R 79/01, BStBl. II 2002, 784.
70 Jahressteuergesetz 2008 vom 20. 12. 2007 (in Kraft ab 28. 12. 2007), BGBl. I 2007, 3150 ff.

steuerschuld als Verbindlichkeit auf die Übernehmerin über und ist in der steuerlichen Schlussbilanz der Überträgerin anzusetzen.

– *Körperschaftsteuerguthaben:* Ein Auszahlungsanspruch aus altem EK 40 entstand zum 31. 12. 2006 und wird gleichmäßig innerhalb des Zeitraums von 2008 bis 2017 an die PersG als Rechtsnachfolgerin ausgezahlt. Der Auszahlungsanspruch wird durch die Verschmelzung nicht berührt[71] und ist in der steuerlichen Schlussbilanz mit dem Barwert zu aktivieren. Der Anspruch geht im Rahmen der Gesamtrechtsnachfolge auf die Übernehmerin über.[72]

– *Mitunternehmeranteil:* Der Spiegelbildmethode folgend ist die Beteiligung der Überträgerin an einer PersG auch in der Schlussbilanz eines übertragenden Rechtsträgers mit dem steuerlichen Kapitalkonto der Überträgerin bei der PersG einschließlich Sonder- und Ergänzungsbilanz zu aktivieren.[73] Wird in der steuerlichen Schlussbilanz ein Ansatz über dem Buchwert gewählt, so ist das Wahlrecht in der Bilanz der Mitunternehmerschaft und nicht in der des Mitunternehmers auszuüben, dem die Wirtschaftsgüter zuzurechnen sind. Eine (anteilige) Aufdeckung der stillen Reserven im Betriebsvermögen der Mitunternehmerschaft wirkt sowohl für die Gesamthands- als auch die Ergänzungsbilanz.[74]

– *Pensionsrückstellungen* sind in der steuerlichen Schlussbilanz gem. § 3 Abs. 1 S. 2 abgekoppelt von der Wahlrechtsausübung hinsichtlich der übrigen Wirtschaftsgüter mit dem nach den Vorgaben des § 6a Abs. 3 EStG zu ermittelnden Teilwert zu bewerten. M.E. verweist § 3 Abs. 1 S. 2 seinem Wortlaut nach nur auf die Bewertung nach § 6a Abs. 3 EStG. Der Wortlaut ordnet den Teilwertansatz für alle Pensionsrückstellungen an, ohne auf die Voraussetzungen des § 6a Abs. 1, 2 EStG zu verweisen. Raum für eine unmittelbare Berücksichtigung stiller Lasten aufgrund von künftigen Pensionsverpflichtungen, die wegen nicht erfüllter Ansatzvoraussetzungen nach § 6a Abs. 1, 2 EStG nicht zurückgestellt werden durften, lässt § 3 Abs. 1 S. 2 daher nicht.[75] Ebenfalls ohne Einfluss auf die Passivierung der Pensionsrückstellungen in der Schlussbilanz bleibt die Differenz zur tatsächlichen Höhe der Pensionsverpflichtungen, die gegenüber den nach § 6a Abs. 3 EStG ermittelten Werten häufig höher sind.[76] Allerdings wirkt sich diese Differenz nach der hier vertretenen Auffassung[77] auf die Höhe des Geschäfts- und Firmenwerts mindernd aus, siehe Rdn. 33.

---

71 *Sistermann/Beutel* in Lüdicke/Sistermann, Unternehmenssteuerrecht, 2008, § 11 Rdn. 132.

72 *Hagemann/Burkhard/Ropohl/Viebrock,* nwb Sonderheft 1/2007, 15.

73 Ebenso bei atypisch stillen Beteiligungen BFH vom 26. 11. 1996, VIII R 42/94, BB 1997, 1131; zur Spiegelbildmethode allgemein vgl. *Wacker* in L. Schmidt, § 15 EStG Rdn. 690 m.w.N.

74 BFH vom 15. 07. 1976, I R 17/74, BStBl. II 1976, 748; BFH vom 30. 04. 2003, I R 102/01, BStBl. II 2004, 804.

75 *Lemaitre/Schönherr,* GmbHR 2007, 173 f.; a.A. *Benecke* in PricewaterhouseCoopers AG, Reform des Umwandlungssteuerrechts, 150 Rdn. 1019.

76 *Schaflitzl/Widmayer,* BB Special 8/2006, 39.

77 A.A. Tz. 03.08 UmwStE 2011.

- *Rücklagen* nach § 6b EStG, für Ersatzbeschaffungen nach R 6.6. EStR, nach § 7g EStG oder § 6 sind steuerliche Sonderposten, jedoch keine Wirtschaftsgüter.[78] Bei wortgetreuer Auslegung des § 3 Abs. 1 S. 1 liegt daher die gewinnerhöhende Auflösung dieser Rücklagen bei der Aufstellung der steuerlichen Schlussbilanz nahe. Da jedoch der übernehmende Rechtsträger in die Rechtsstellung der Überträgerin nach § 4 Abs. 2 S. 1 explizit auch bezüglich steuerfreier Rücklagen eintritt, werden diese in der steuerlichen Schlussbilanz der Überträgerin trotz fehlender Wirtschaftsguteigenschaft grundsätzlich angesetzt und nicht aufgelöst.

- *Rückstellung für Grunderwerbsteuer:* Für aufgrund einer Verschmelzung der übertragenden Körperschaft anfallende Grunderwerbsteuer kann keine Rückstellung gebildet werden, soweit sie vom übertragenden Rechtsträger zu tragen ist.[79]

- *Rechnungsabgrenzungsposten* sind mangels Wirtschaftsguteigenschaft[80] nicht anzusetzen, sondern erfolgswirksam aufzulösen.

- *Sammelposten* für die Abschreibung von „geringwertigen Wirtschaftsgütern" nach § 6 Abs. 2a EStG sind in der steuerlichen Schlussbilanz als Posten des Anlagevermögens anzusetzen, bei einem Ansatz der Wirtschaftsgüter über dem Buchwert ist die AfA-Bemessungsgrundlage aufzustocken.

- *Steuerforderungen/-verbindlichkeiten* der Überträgerin sind entsprechend ihrer wirtschaftlichen Veranlassung in der steuerlichen Schlussbilanz anzusetzen. Dies gilt auch für Steuerforderungen/-verbindlichkeiten, die erst nach dem steuerlichen Übertragungsstichtag (bspw. im Rahmen einer Außenprüfung) gegenüber der Überträgerin festgesetzt werden, aber bereits vor diesem Zeitpunkt entstanden sind.

- *Stille Lasten:* siehe Rdn. 33.

- *Typisch/atypisch stille Beteiligung:* Ist die übertragende Körperschaft an einem Prinzipal typisch oder atypisch still beteiligt, so übernimmt die Übernehmerin durch die Verschmelzung die stille Beteiligung. Handelsbilanziell sind beide Arten der stillen Beteiligung des Überträgers bloße Forderungen aufgrund der Einlage von Fremdkapital, die Verschmelzung hat nach § 20 UmwG einen Wechsel des Gläubigers zur Folge, § 234 Abs. 2 HGB gilt analog.[81] Die typisch stille Beteiligung ist als Forderung in der steuerlichen Schlussbilanz der Überträgerin auszuweisen, während für die Behandlung der atypisch stillen Beteiligung auf die Grundsätze zum Mitunternehmeranteil verwiesen werden kann (siehe „Mitunternehmeranteil"). Ist die übertragende Körperschaft der Prinzipal, tritt die Übernehmerin nach der Verschmelzung in die Stellung Prinzipals ein.

---

78 *Benecke* in PricewaterhouseCoopers AG, Reform des Umwandlungssteuerrechts, 152 Rdn. 1024.

79 Tz. 03.05 UmwStE 2011 unter Verweis auf das BFH-Urteil vom 15.10.1997 (BStBl. 1998 II, 168)

80 *Weber-Grellet* in L. Schmidt, § 5 EStG Rdn. 241.

81 *Grunewald* in Lutter/Winter, § 20 UmwG Rdn. 20.

– *Vergütung an Anteilseigner:* Sondervergütungen gem. § 15 Abs. 1 S. 1 HS 2 EStG sind in der Bilanz der Übernehmerin anzunehmen, soweit Vergütungen für die Überlassung von Wirtschaftsgütern oder Darlehen oder für sonstige Leistungen der Gesellschafter der übernehmenden PersG an diese nach dem Veranlassungszusammenhang der Zeit nach dem steuerlichen Übertragungsstichtag zuzurechnen sind. Andernfalls sind solche Vergütungen in der steuerlichen Schlussbilanz gewinnwirksam zu erfassen.

3. Grundsatz: Bewertung mit dem gemeinen Wert (§ 3 Abs. 1)

Bei den von § 3 Abs. 1 S. 1 erfassten Verschmelzungen sind im Grundsatz die übergehenden Wirtschaftsgüter, einschließlich nicht entgeltlich erworbener und selbst geschaffener immaterieller Wirtschaftsgüter, in der Schlussbilanz der übertragenden Körperschaft *einheitlich* mit dem gemeinen Wert anzusetzen. Zu den für Pensionsrückstellungen gem. § 3 Abs. 1 S. 2 geltenden Besonderheiten siehe Rdn. 34 „Pensionsrückstellungen". 35

Durch die mit dem Ansatz des gemeinen Wertes verbundene Aufdeckung sämtlicher in den übergehenden Wirtschaftsgütern gebundenen stillen Reserven soll das deutsche Besteuerungsrecht, insbesondere bei grenzüberschreitenden Umwandlungen, sichergestellt werden.[82] § 3 Abs. 1 S. 1 ist somit im Zusammenhang mit den durch das SEStEG eingeführten (allgemeinen) Ent- und Verstrickungsnormen zu sehen.

Die Verschmelzung einer Körperschaft auf eine PersG ist als tauschähnlicher Vorgang zu qualifizieren.[83] Damit stellt die Verschmelzung aus Sicht der Überträgerin einen Veräußerungsvorgang dar, der beim Ansatz der Wirtschaftsgüter der Sachgesamtheit über deren Buchwert zu einer Gewinnrealisierung der stillen Reserven führt. Wegen der zwingenden Wertübernahme durch die Übernehmerin nach § 4 Abs. 1 S. 1 werden in der Schlussbilanz bereits die Anschaffungskosten des übernehmenden Rechtsträgers für die übergehenden Wirtschaftsgüter festgelegt. 36

Ändern sich nachträglich die Ansätze in der Schlussbilanz, so ist auch die Steuerbilanz der Übernehmerin nach § 175 Abs. 1 S. 1 Nr. 2 AO zu korrigieren.

a) Definition des gemeinen Wertes

Der gemeine Wert wird im Umwandlungssteuergesetz nicht näher bestimmt. Es ist auf die *bewertungsrechtliche Definition* in § 9 Abs. 2 BewG zurückzugreifen. Darin wird der gemeine Wert als der Preis bestimmt, der im gewöhnlichen Geschäftsverkehr nach der Beschaffenheit des Wirtschaftsgutes bei einer Veräußerung zu erzielen wäre. Als gewöhnlicher Geschäftsverkehr gelten die Bedingungen des Handels in der Marktwirt- 37

---

82 BT-Drs. 16/2710, 34.
83 BFH vom 17.09.2003, I R 97/02, BFH/NV 2004, 137; BFH vom 16.05.2002, III R 45/98, BStBl. II 2003, 10; BFH vom 23.01.2002, XI R 48/99, BStBl. II 2002, 875; FG Baden Württemberg vom 25.06.1998, 14 K 290/96, EFG 1998, 1529.

schaft.[84] Sämtliche preisbeeinflussenden Umstände wirtschaftlicher, rechtlicher (dingliche Einschränkung des Eigentums wie Grundpfandrechte oder Grunddienstbarkeiten) oder tatsächlicher (bspw. Lärm- und Geruchsbelästigung) Art sind zu berücksichtigen.[85]

38 Ungewöhnliche oder persönliche Verhältnisse sind dagegen in den gemeinen Wert nicht einzubeziehen (bspw. spekulative Beweggründe; Verfügungsbeschränkungen über ein Wirtschaftsgut, die in der Person des Steuerpflichtigen/seines Rechtsnachfolgers begründet sind). Der gemeine Wert eines Wirtschaftsgutes ist somit grundsätzlich durch den *Einzelveräußerungspreis* bestimmt. Deshalb ist die Annahme der Betriebsfortführung grundsätzlich nicht Teil der Ermittlung des gemeinen Wertes. Wegen der Maßgeblichkeit des erzielbaren Einzelveräußerungspreises ist im gemeinen Wert ein Gewinnbestandteil enthalten. Die Umsatzsteuer ist jedoch nicht zu berücksichtigen, weil sie sich nicht auf den erzielbaren Veräußerungsertrag auswirkt.

b) Bewertungsmethoden

39 Der gemeine Wert eines Wirtschaftsgutes ist primär über die Vergleichswertmethode (Ableitung aus Verkäufen vergleichbarer Wirtschaftsgüter), hilfsweise die Ertragswertmethode (Ableitung des Wertes aus den zukünftig mit dem Wirtschaftsgut erzielbaren Erträgen) und, falls diese nicht anwendbar ist, über die Sachwertmethode (Ableitung aus den durchschnittlichen Herstellungskosten für vergleichbare Wirtschaftsgüter) zu ermitteln.[86] Diese Reihenfolge hat sich durch das Erbschaftsteuerreformgesetz vom 24.12. 2008, von dem § 9 Abs. 2 BewG unberührt blieb, nicht geändert. Die Finanzverwaltung geht davon aus, dass für die Ermittlung des gemeinen Werts der Sachgesamtheit ein allgemein anerkanntes ertragswert- oder zahlungsstromorientiertes Verfahren verwendet werden kann.[87] Auch die bewertungsrechtlichen Regelungen der §§ 11, 95 bis 109 und 199 ff. BewG sind nach Auffassung der Verwaltung entsprechend anzuwenden.[88]

c) Abgrenzung zum Teilwert als Bewertungsgrundlage vor dem SEStEG

40 Vor dem SEStEG hatte die Bewertung der übergehenden Wirtschaftsgüter (höchstens) zum Teilwert zu erfolgen (§ 3 S. 4 a.F.). Der Teilwert ist – abweichend vom gemeinen Wert – der Wert, den ein Erwerber des gesamten Unternehmens bei Annahme der *Unternehmensfortführung* im Rahmen des *Gesamtkaufpreises* für das einzelne Wirtschaftsgut zu zahlen bereit wäre.[89] Damit wird zum einen eine am Beschaffungsmarkt orientierte Perspektive eingenommen. Zum anderen wird der wertbestimmende Einfluss der Betriebszugehörigkeit eines Wirtschaftsgutes unter der Annahme einer Fort-

---

84 BFH vom 25.06.1965, III 384/60, HFR 1966, 1.
85 Hierzu ausführlich *Halaczinsky* in Rössler/Troll, § 9 BewG Rdn. 3.
86 *Gürsching/Stenger*, § 9 BewG Rdn. 39, 51, 58.
87 Tz. 03.07 UmwStE 2011.
88 BMF vom 22.09.2011, BStBl. I 2011, 859.
89 Siehe § 10 S. 2 und 3 BewG; § 6 Abs. 1 Nr. 1 S. 3 EStG; ausführlich *Ehmcke* in Blümich, § 6 EStG Rdn. 585–599; *Prinz zu Hohenlohe/Rautenstrauch/Adrian*, GmbHR 2006, 624.

führung des Betriebes berücksichtigt – die Herauslösung des Wirtschaftsgutes aus dem betrieblichen Zusammenhang, wie sie beim gemeinen Wert erfolgt, unterbleibt grundsätzlich. Dennoch erfolgt auch bei der Ermittlung des Teilwerts eine Einzelbewertung und nicht eine Ermittlung und Aufteilung eines Unternehmensgesamtwertes.[90]

Der Gesetzgeber hat mit dem SEStEG den Wechsel zum gemeinen Wert als Bewertungsmaßstab vollzogen, um einen Gleichlauf zwischen den Entstrickungsregeln im UmwStG und denen im EStG und KStG zu gewährleisten. Zwar dürfte der gemeine Wert mit dem Teilwert häufig übereinstimmen. Insbesondere beim Umlaufvermögen kann der gemeine Wert den Teilwert aber übersteigen, da im Einzelveräußerungspreis für den gemeinen Wert ein Gewinnaufschlag einzupreisen ist. Im Bereich des Anlagevermögens kann dagegen der Teilwert höher sein, da sich hier ein besonderer Nutzwert eines Wirtschaftsgutes für den Betrieb werterhöhend auswirkt.[91]

d) Besonderheit des gemeinen Wertes bei Umwandlungen

Der gemeine Wert ist im Allgemeinen durch den *Einzelveräußerungspreis*   **41**
eines Wirtschaftsgutes bestimmt.[92] Bei der Verschmelzung einer Körperschaft auf eine PersG gehen jedoch Wirtschaftsgüter über, die zusammen einen Betrieb bilden. Die Definition des gemeinen Wertes muss daher für Zwecke des UmwStG modifiziert werden. Die Annahme der Einzelveräußerung wird den Vorgängen bei einer Verschmelzung nicht gerecht. Der gemeine Wert ist daher nach den Grundsätzen der Betriebsaufgabe/Totalentnahme i.S.d. § 16 Abs. 3 EStG auf die *Sachgesamtheit*[93] der übergehenden Wirtschaftsgüter zu beziehen.[94] Denn bei einer Verschmelzung kann die Summe der gemeinen Werte der einzelnen Wirtschaftsgüter nicht höher sein als der Gesamtpreis, den ein Erwerber für die Sachgesamtheit zu zahlen bereit gewesen wäre.

In einem ersten Schritt ist daher der *Gesamtwert* des übergehenden Vermö-   **42**
gens zu ermitteln und in einem zweiten Schritt in der steuerlichen Schlussbilanz entsprechend der Verkehrswerte der übertragenen Wirtschaftsgüter *aufzuteilen*.[95] Nach der Rechtsprechung des BFH ist der Gesamtwert des Unternehmens das arithmetische Mittel der Unternehmenswerte nach dem Ertrags- und dem Sachwertverfahren.[96] Für die Praxis ist es grundsätzlich empfehlenswert, eine Ermittlung des Gesamtwerts an dem *Standard des*

---

90 *Hey* in Tipke/Lang, Steuerrecht, 2005, § 17 Rdn. 148.

91 *Prinz zu Hohenlohe/Rautenstrauch/Adrian*, GmbHR 2006, 624; ähnlich auch *Rödder/Schumacher*, DStR 2006, 1485.

92 Grundsätze des gemeinen Wertes siehe oben Rdn. 37.

93 Tz. 03.07 UmwStE.

94 BT-Drs. 16/2710, 28 betrifft zwar die Entstrickung, gilt jedoch auch im Falle der Verschmelzung, da § 3 Teil der Entstrickungsregeln des SEStEG ist; so auch *Benecke* in PricewaterhouseCoopers AG, Reform des Umwandlungssteuerrechts, 152 Rdn. 1027.

95 *Benecke* in PricewaterhouseCoopers AG, Reform des Umwandlungssteuerrechts, 153 Rdn. 102; *Rödder/Schumacher,* DStR 2006, 1527.

96 Zur Bewertung eines im Wege der vGA eingebrachten Betriebs BFH vom 15.09. 2004, I R 7/02, BStBl. II 2005, 867.

IDW zu den Grundsätzen zur Durchführung von Unternehmensbewertungen[97] zu orientieren. An den im IDW-Standard dargestellten Varianten des Ertragswertverfahrens orientiert sich überwiegend die Praxis der Unternehmensbewertung, so dass ein nach diesem Standard ermittelter Unternehmenswert, umgelegt auf die einzelnen Wirtschaftsgüter, dem im gewöhnlichen Geschäftsverkehr zu erzielenden Preis[98] i.S.v. § 9 Abs. 2 BewG entspricht; siehe hierzu jedoch auch Rdn. 39.

4. § 3 Abs. 2: auf Antrag Bewertung zum Buch- oder Zwischenwert

a) Voraussetzungen (§ 3 Abs. 2 Nr. 1–3)

43   Auf Antrag können die auf die Übernehmerin übergehenden Wirtschaftsgüter auch *einheitlich* mit dem *Buchwert oder einem Zwischenwert* angesetzt werden, wenn und soweit sichergestellt ist, dass (1) sie bei der Übernehmerin Betriebsvermögen werden und der Einkommen- oder Körperschaftsteuer unterliegen, (2) das Recht Deutschlands, den Gewinn aus der Veräußerung der übertragenden Wirtschaftsgüter zu besteuern, nicht ausgeschlossen oder beschränkt wird und (3) eine Gegenleistung nicht gewährt wird oder in Gesellschaftsrechten besteht.[99] Die vorgenannten Voraussetzungen dürften bei reinen Inlandsumwandlungen ohne Auslandsbezug regelmäßig erfüllt sein. Bei grenzüberschreitenden Umwandlungen hängt die Erfüllbarkeit der Voraussetzungen dagegen regelmäßig davon ab, welchem Staat nach einem DBA das Besteuerungsrecht zugewiesen ist, und insbesondere, ob im einschlägigen DBA die Freistellungsmethode vorgesehen ist.

44   Von der einheitlichen Bewertung der übergehenden Wirtschaftsgüter in der Schlussbilanz soll eine Ausnahme zu machen sein, wenn *einzelne Mitunternehmer* des übernehmenden Rechtsträgers die Voraussetzungen des § 3 Abs. 2 nicht erfüllen. Diese sind gesellschafterbezogen zu prüfen.[100] Allerdings müssen m. E. auch in diesen Fällen die Wirtschaftsgüter einheitlich angesetzt werden, wenn auch nur mit dem anteiligen Wert, der auf die Mitunternehmer entfällt, welche die Voraussetzungen erfüllen. Denn den Gesellschaftern sind auch steuerlich nur ideelle Anteile an den Wirtschaftsgütern zuzurechnen. Daher können nicht einzelne Wirtschaftsgüter mit dem Buch- bzw. Zwischenwert, andere mit dem gemeinen Wert anzusetzen sein, wenn nicht alle Gesellschafter die Voraussetzungen für einen Buch- oder Zwischenwertansatz erfüllen. Die Verteilung der über den Wertansatz nach § 3 Abs. 2 hinausgehenden stillen Reserven auf die im Sinne von § 3 Abs. 2 „schädlichen" Mitunternehmer bemisst sich m. E. nach dem Verhältnis ihrer Anteile an den Kapitalkonten. Die über den jeweiligen Wertansatz hinaus verbleibenden stillen Reserven sind um den Anteil zu erhöhen, den die „schädlichen" Mitunternehmer am gesamten Festkapital innehaben.

---

97 IDW S 1: Grundsätze zur Durchführung von Unternehmensbewertungen vom 02.04.2008.
98 Nach Verwaltungsauffassung jedoch erhöht um die stillen Lasten in den Pensionsrückstellungen bewertet nach § 6a EStG, Tz. 03.08 UmwStE 2011.
99 Siehe § 3 Abs. 2 S. 1 HS 2.
100 *Prinz zu Hohenlohe/Rautenstrauch/Adrian*, GmbHR 2006, 623.

b) Buchwert

aa) Definition

Der Buchwert ist nach § 1 Abs. 5 Nr. 4 „der Wert, der sich nach den steuer-   *45*
rechtlichen Vorschriften über die Gewinnermittlung in einer für den steuerlichen Übertragungsstichtag aufzustellenden Steuerbilanz ergibt oder
ergäbe". Der Buchwert spiegelt grundsätzlich die fortgeschriebenen Anschaffungskosten wider und beruht auf den steuerlichen Bilanzierungsvorschriften (§§ 4–7k EStG) sowie den handelsrechtlichen Grundsätzen
ordnungsgemäßer Buchführung. Maßgeblich ist der steuerliche Übertragungsstichtag. Bei Ansatz der Buchwerte sind selbstgeschaffene immaterielle Wirtschaftsgüter abweichend von § 3 Abs. 1 nicht anzusetzen, da sie
auch zuvor in der steuerlichen Schlussbilanz nicht mit einem Buchwert aktiviert waren. Ausländische KapG müssen den Buchwert nach deutschen
Grundsätzen ermitteln.

bb) Teilwertabschreibungen in der steuerlichen Schlussbilanz

Bei einer Verschmelzung nach § 3 Abs. 1 und 2 erlaubt das Bewertungs-   *46*
wahlrecht grundsätzlich keinen Ansatz von Wirtschaftsgütern unterhalb des
Buchwerts. Zugleich ist aber der gemeine Wert absolute Obergrenze der Bewertung und darf auch bei einem höheren Buchwert nicht überschritten
werden. Liegt der Teilwert nach § 6 Abs. 1 EStG unter dem Buchwert, so ist
ein Wirtschaftsgut in der Schlussbilanz mit seinem dauerhaft niedrigeren
Teilwert anzusetzen. Daher ist ein in der steuerlichen Schlussbilanz der
Überträgerin angesetzter niedrigerer Teilwert nicht als Hinweis auf die
Wahlrechtsausübung zum Ansatz der gemeinen Werte zu sehen. In der Regel wird die Wertberichtigung aber bereits in der letzten nach den allgemeinen Gewinnermittlungsvorschriften aufgestellten Bilanz gezeigt worden
sein, da der Bilanzstichtag zumeist auch als steuerlicher Übertragungsstichtag verwendet wird.

c) Zwischenwert

Da Verlustvorträge des übertragenden Rechtsträgers bei Verschmelzungen   *47*
nach § 4 Abs. 2 S. 2, ggf. i.V.m. § 12 Abs. 3 HS 2 nicht auf den übernehmenden Rechtsträger übergehen und auch gewerbesteuerliche Verlustvorträge
gem. § 19 Abs. 2 untergehen, ist der möglichst vollständige Ausgleich dieser
Verluste mit Gewinnen noch vor dem steuerlichen Übertragungsstichtag
sinnvoll. Durch den Ansatz von Zwischenwerten können stille Reserven
häufig exakt in einer Höhe aufgedeckt werden, die einen den Verlustvorträgen entsprechenden Übertragungsgewinn entstehen lässt. So können – in
den Grenzen der Mindestbesteuerung nach § 10d Abs. 2 EStG – Verlustvorträge im Zuge einer Verschmelzung genutzt werden.

aa) Definition des Zwischenwertes

Als Zwischenwerte werden die Werte bezeichnet, die zwischen dem bilan-   *48*
ziellen Buchwert und dem gemeinen Wert liegen. Durch den Ansatz eines
Zwischenwertes wird nur ein Teil der gesamten, im Wirtschaftsgut gebundenen stillen Reserven aufgedeckt. Die Änderungen durch das SEStEG lie-
ßen den schon zuvor aufgrund des Wahlrechts (mit umgekehrten Vorzei-

chen) bestehenden Handlungsspielraum weitgehend bestehen. Dieser Spielraum kann als Stellschraube zur Nutzung etwaiger Verlustvorträge und Steuerung der Wirkungen der Mindestbesteuerung genutzt werden.[101]

Zur Ermittlung der Zwischenwerte ist die Ermittlung der gesamten im übergehenden Vermögen enthaltenen stillen Reserven notwendig: Die gemeinen Werte der Wirtschaftsgüter sind als Wertobergrenze zu beachten. Zu den Methoden zur Bewertung des *Unternehmensgesamtwerts* siehe Rdn. 42. Die aufgedeckten stillen Reserven sind gem. § 3 Abs. 2 grundsätzlich gleichmäßig und im Verhältnis der stillen Reserven zueinander auf alle Wirtschaftsgüter zu verteilen.[102] Ein Ansatz einzelner Wirtschaftsgüter mit dem Buchwert oder gemeinen Wert ist wegen des einheitlich auszuübenden Bewertungswahlrechts nicht möglich.

bb) Ermittlung der Zwischenwerte für Zwecke der Verschmelzung einer Körperschaft auf eine PersG

49 Wie die stillen Reserven zur Ermittlung des Zwischenwertes auf die übergehenden Wirtschaftsgüter verteilt werden, ist von Bedeutung für *Abschreibungsvolumen und Abschreibungsdauer* bei der Übernehmerin.

Zwar wird in § 3 Abs. 2 nicht wie in Abs. 1 ausdrücklich der Ansatz von selbst geschaffenen immateriellen Wirtschaftsgütern angeordnet. Dennoch ist auch beim Zwischenwertansatz ein originärer Geschäfts- und Firmenwert in der Schlussbilanz zu aktivieren, und zwar zu dem Prozentsatz, mit dem die stillen Reserven aufgedeckt werden.[103] Das ergibt sich bereits aus dem Charakter der Verschmelzung als tauschähnlicher Vorgang. Bei einem Tausch wäre ein originärer Geschäfts- und Firmenwert ebenfalls vom Erwerber anzusetzen. Bei der gleichmäßigen anteiligen Verteilung der stillen Reserven auf die Wirtschaftsgüter ist der originäre Geschäfts- und Firmenwert in die Berechnung des Prozentsatzes einzubeziehen. Folglich kann nach dem SEStEG für die Ermittlung des Zwischenwertansatzes nicht mehr die Stufentheorie oder die von der Finanzverwaltung bislang vertretene modifizierte Stufentheorie[104] herangezogen werden.[105]

Müssen aufgrund einer Wertaufholung gem. § 253 Abs. 5 HGB Wirtschaftsgüter in der steuerlichen Schlussbilanz der Überträgerin höher bewertet werden, so werden die Wertaufholungsbeträge nicht auf die anderen Wirtschaftsgüter verteilt. Sie werden nicht wie Zwischenwertansätze behandelt und sind von der Wahlrechtsausübung im Rahmen des § 3 Abs. 2 unabhängig. Diese Fälle dürften aber aufgrund der häufigen Einheitlichkeit des Bilanz- und des steuerlichen Übertragungsstichtages die Ausnahme bleiben.

---

101 Siehe zu den steuerlichen Wirkungen auch unten Rdn. 96 ff.
102 Tz. 03.25 UmwStE 2011.
103 *Krohn/Greulich*, DStR 2008, 646. A.A. noch *Lemaitre/Schönherr*, GmbHR 2007, 173; das Wortlautargument ist aber nicht zwingend und tritt hinter den Zweck der Vorschrift zurück.
104 BMF vom 25.03.1998, BStBl. I 1998, 268 Tz. 11.20, 22.08.
105 *Zu* den unterschiedlichen Ausprägungen der Stufentheorie vgl. *Dörfler/Wittkowski*, GmbHR 2007, 356.; Tz. 03.25 UmwStE 2011.

III. Voraussetzungen und Antragstellung zur Bewertung der übergehenden Wirtschaftsgüter zum Buch- oder Zwischenwert

1. Voraussetzungen für die Antragstellung

a) Überblick

Nur auf Antrag kann vom Wahlrecht des § 3 Abs. 2 S. 1 Gebrauch gemacht   50
werden, um die auf die Überträgerin übergehenden Wirtschaftsgüter nicht
mit dem gemeinen Wert, sondern zum Buch- oder zu einem unter dem gemeinen Wert liegenden Zwischenwerten anzusetzen. Neben dem Antrag
müssen jedoch die folgenden Voraussetzungen des § 3 Abs. 2 S. 1 HS 2 *kumulativ* erfüllt werden. Ein Buchwert- oder Zwischenwert darf demnach nur
angesetzt werden, *soweit*

(1) die übergehenden Wirtschaftsgüter Betriebsvermögen der übernehmenden PersG oder natürlichen Person werden und sichergestellt ist, dass sie
später der Besteuerung mit Einkommensteuer oder Körperschaftsteuer
unterliegen (siehe Rdn. 52 ff.), *und*

(2) das Recht der Bundesrepublik Deutschland hinsichtlich der Besteuerung
des Gewinns aus der Veräußerung der übertragenen Wirtschaftsgüter bei
den Gesellschaftern der übernehmenden PersG oder bei der natürlichen
Person nicht ausgeschlossen oder beschränkt wird (siehe Rdn. 61 f.),
und

(3) eine Gegenleistung nicht gewährt wird oder in Gesellschaftsrechten besteht (siehe Rdn. 64).

b) Voraussetzungen des § 3 Abs. 2 S. 1 Nr. 1 im Einzelnen

Die Erfüllung der Voraussetzungen für einen Buchwertansatz ist sowohl *ge-*   51
sellschafterbezogen (sämtliche Gesellschafter der übernehmenden PersG)
als auch wirtschaftsgutbezogen[106] auf den Zeitpunkt des steuerlichen Übertragungsstichtags[107] prüfen.[108]

Ein *anteiliger* Ansatz zu Buch- oder Zwischenwerten ist daher möglich,
wenn nur ein Teil der Gesellschafter die Voraussetzungen erfüllt. Da die Bedingung (2) insbesondere bei grenzüberschreitenden Verschmelzungen relevant ist, wird auf die Ausführungen unter Rdn. 104 ff. verwiesen. Ist auch
nur eine dieser Voraussetzungen für einen Gesellschafter nicht erfüllt, so ist
für die Wirtschaftsgüter entsprechend der Höhe seines Anteils (im Fall von
§ 3 Abs. 2 S. 1 Nr. 1 nur bezüglich der nicht Betriebsvermögen werdenden
Wirtschaftsgüter, im Fall der Nr. 2 entsprechend dem Anteil des betroffenen
Gesellschafters mit Wirkung für alle Wirtschaftsgüter) zwingend der gemeine Wert für die übergehenden Wirtschaftsgüter anzusetzen.

---

106 Bewohnt bspw. ein Gesellschafter der PersG ein übergehendes Gebäude selbst,
so wird dieses nicht Betriebsvermögen der PersG, vgl. *Stuhrmann* in Blümich, § 15
EStG Rdn. 453.

107 Tz. 03.11 UmwStE 2011.

108 *Lemaitre/Schönherr*, GmbHR 2007, 174 f.; BT-Drs. 16/2710, 37.

aa) Übergehende Wirtschaftsgüter werden Betriebsvermögen und ihre Besteuerung mit Einkommen- oder Körperschaftsteuer ist sichergestellt (§ 3 Abs. 2 S. 1 Nr. 1)

52 *Betriebsvermögenseigenschaft* (§ 3 Abs. 2 S. 1 Nr. 1 HS 1)

Der Ansatz der übergehenden Wirtschaftsgüter unter dem gemeinen Wert ist nur zulässig, wenn die Wirtschaftsgüter Betriebsvermögen der Übernehmerin werden. Zum Betriebsvermögen gehören Wirtschaftsgüter, die einer gewerblichen, land- und forstwirtschaftlichen oder selbstständigen Tätigkeit dienen.

53 Der *Zeitpunkt*, zu dem die Eigenschaft als Betriebsvermögen vorliegen muss, ist gesetzlich nicht geregelt. Die Betriebsvermögenseigenschaft muss m.E. spätestens mit dem steuerlichen Übertragungsstichtag erfüllt sein, da ab diesem Zeitpunkt das Ergebnis der Überträgerin den Einkünften der Übernehmerin zuzurechnen ist. Nimmt beispielsweise eine bisher nur vermögensverwaltend tätige PersG eine gewerbliche Tätigkeit erst zwischen dem steuerlichen Übertragungsstichtag und der Handelsregistereintragung auf, so werden nach der hier vertretenen Auffassung die übergehenden Wirtschaftsgüter nicht im Sinne von § 3 Abs. 2 S. 1 Nr. 1 Betriebsvermögen der übernehmenden PersG.

54 Verfügt die Körperschaft originär (gedanklich einen Schritt vor der Qualifizierung als gewerbliche Einkünfte nach § 8 Abs. 2 KStG) über gewerbliches, land- und forstwirtschaftliches oder freiberufliches Betriebsvermögen und wird diese auf eine rein vermögensverwaltende PersG verschmolzen, so behält das Betriebsvermögen auch bei der übernehmenden PersG seine Betriebsvermögenseigenschaft. Ist die Übernehmerin eine *gewerblich geprägte* PersG (§ 15 Abs. 3 Nr. 2 EStG) oder erzielt sie gewerbliche Einkünfte,[109] ohne selbst gewerblich tätig zu sein, so wird das übernommene Vermögen Betriebsvermögen.

55 Ist die übertragende Körperschaft im Rahmen einer *Betriebsaufspaltung* Betriebsgesellschaft, sind die dem Betriebsunternehmen zuzurechnenden Wirtschaftsgüter grundsätzlich nach einer Verschmelzung auf eine natürliche Person oder eine PersG auch bei dieser Betriebsvermögen, sofern diese ein Betriebsvermögen hat.[110]

56 Überlässt die übertragende Körperschaft einem Dritten sämtliche wesentlichen Betriebsgrundlagen und übt ihr Wahlrecht im Sinne einer *Betriebsverpachtung* aus, so kann eine übernehmende, nicht gewerbliche PersG erneut das Wahlrecht ausüben und damit bestimmen, ob die Betriebsgrundlagen anschließend weiterhin Betriebsvermögen (das es bei der Körperschaft aufgrund § 8 Abs. 2 KStG war) sind. Besteht die Betriebsverpachtung fort, so sind die Voraussetzungen des § 3 Abs. 2 S. 1 Nr. 1 HS 1 erfüllt.

57 Verschmelzungen auf eine nicht gewerblich geprägte und nicht gewerblich infizierte *Zebragesellschaft* eröffnen nach dem Wortlaut des § 3 Abs. 2 S. 1

---

109 Tz. 03.15 UmwStE 2011.
110 § 3 Rdn. 82 auch zu Sonderkonstellationen, z.B. wenn der Betrieb eines Gesellschafters der übertragenden KapG Wirtschaftsgüter im Rahmen einer Betriebsaufspaltung zur Nutzung überlässt.

Nr. 1 HS 1 nicht die Möglichkeit einer Buchwertfortführung. M.E. kommt eine teleologische Reduktion der Norm, die der Steuerverstrickung der stillen Reserven bei den die Anteile im Betriebsvermögen haltenden Gesellschaftern Rechnung tragen würde, nicht in Betracht. Dieser Auffassung ist auch die Finanzverwaltung.[111]

Wirtschaftsgüter, die eine KapG dem Gesellschafter zur Nutzung für außerbetriebliche Zwecke überlassen hat, werden nach einer Verschmelzung auf den Gesellschafter zu dessen notwendigem Privatvermögen.

Sicherstellung der Besteuerung mit Einkommen-/Körperschaftsteuer
(§ 3 Abs. 2 S. 1 Nr. 1 HS 2)

Der Buch- oder Zwischenwertansatz ist nur insoweit zulässig, als die im   58
übergehenden Vermögen gebundenen stillen Reserven bei der Übernehmerin der *Einkommen- oder Körperschaftsteuer* unterliegen.[112] Die Norm ist vor allem für die Fälle bedeutsam, in denen eine nur *vermögensverwaltend tätige* Körperschaft auf eine Übernehmerin ohne Betriebsvermögen (natürliche Person, vermögensverwaltende PersG) verschmolzen wird. Denn hierbei ist die (spätere, einmalige) Besteuerung der stillen Reserven in den übergehenden Wirtschaftsgütern nicht sichergestellt.[113] Die Prüfung hat *gesellschafterbezogen* nach den Verhältnissen im Zeitpunkt des steuerlichen Übertragungsstichtags zu erfolgen.[114] Weil der Gesetzeswortlaut nicht ausdrücklich von einer Besteuerung mit deutscher Einkommen- oder Körperschaftsteuer spricht, reicht eine Besteuerung mit ausländischer Einkommen- oder Körperschaftsteuer aus, z.B. bei den im Ausland ansässigen Gesellschaftern der Übernehmerin.[115] Die Besteuerung ist auch sichergestellt, wenn bei späterer Aufdeckung der stillen Reserven in den übergegangenen Wirtschaftsgütern ein vorhandener Verlustvortrag genutzt wird. Anders stellt es sich dar, wenn Gesellschafter der übernehmenden PersG nach § 5 KStG steuerbefreite Körperschaften sind.

Fraglich ist die Auslegung des Merkmals der Sicherstellung der Besteue-   59
rung, wenn an der Übernehmerin wiederum ein transparenter Gesellschafter beteiligt ist. Anders als in § 3 Abs. 1 S. 1 Nr. 2 wird in Nr. 1 nicht ausdrücklich auf die Besteuerung auf Ebene des unmittelbar beteiligten Gesellschafters abgestellt. Daraus ist m. E. zu schließen, dass die Besteuerung auch auf Ebene eines nur mittelbar beteiligten Gesellschafters gesichert ist.[116] Ist Gesellschafter der Übernehmerin beispielsweise ein geschlossener *Fonds* (in Form einer GmbH & Co. KG), so ist die Besteuerung auf Ebene der mittelbar beteiligten Gesellschafter gesichert. Bei offenen Fonds, die als Zweckvermögen i.S.d. § 11 Abs. 1 S. 2 InvStG von der Körperschaftsteuer befreit sind, gilt letztlich nichts anderes. Da offene Fonds

---

111 Tz. 03.16 UmwStE 2011.
112 Tz. 03.17 UmwStE 2011.
113 Ebenso in den Fällen, bei denen die Mitunternehmer der übernehmenden PersG ein steuerbefreites Zweckvermögen ist – Tz. 03.17 UmwStE 2011.
114 *Benecke* in PricewaterhouseCoopers AG, Reform des Umwandlungssteuerrechts, 156 Rdn. 1037; *Förster/Felchner*, DB 2006, 1073.
115 Tz. 03.17 UmwStE 2011.
116 *Bünnig/Rohmert*, BB 2009, 598 ff.

nach § 2 Abs. 1 InvStG als transparent behandelt werden, sind die Erträge unabhängig von deren Verwendung (Ausschüttung oder Thesaurierung) auf Ebene des Anlegers zu versteuern. Auch hier ist die Besteuerung gesichert.[117] Ist ein *G-REIT* Gesellschafter der Übernehmerin, so ist der G-REIT als Körperschaft steuerlich grundsätzlich intransparent und nach § 16 Abs. 1 S. 2 KStG von der Körperschaftsteuer befreit. Der G-REIT ist jedoch gesetzlich zur Ausschüttung von mindestens 90 % seiner Erträge verpflichtet, da die Besteuerung auf die Ebene der Investoren verlagert werden soll. M.E. kann daher von einer faktischen Transparenz gesprochen werden, so dass auch hier auf die steuerliche Behandlung der hinter dem G-REIT stehenden Anteilseigner abzustellen ist.[118]

Die Sicherstellung der Besteuerung mit Gewerbesteuer ist nicht Bedingung des § 3 Abs. 2 Nr. 1 HS 2.[119]

60 **Beispiel:**
Die A-GmbH, die Düngemittel herstellt, wird auf die X-OHG verschmolzen, die einen landwirtschaftlichen Großbetrieb führt. Obwohl die OHG (zunächst) keine Gewerbesteuer zu entrichten hat, können in der steuerlichen Schlussbilanz der A-GmbH die Buch- oder Zwischenwerte angesetzt werden, da die übergehenden Wirtschaftsgüter bei der X-OHG Betriebsvermögen werden und der Einkommen- bzw. Körperschaftsteuer unterliegen. Hiervon ist jedoch die Frage zu trennen, ob die X-OHG nach der Verschmelzung durch die weitere Herstellung von Düngemittel gewerblich gefärbt wird (§ 15 Abs. 3 Nr. 1 EStG).

bb) Das Recht Deutschlands aus der Veräußerung der Wirtschaftsgüter bei den Gesellschaftern der übernehmenden PersG wird nicht ausgeschlossen oder beschränkt (§ 3 Abs. 2 Nr. 2)

Grundsätze

61 Die Bewertung der übergehenden Wirtschaftsgüter zu Buch- oder Zwischenwerten wird versagt, soweit das Besteuerungsrecht Deutschlands hinsichtlich des Gewinns *aus der Veräußerung* der übertragenen Wirtschaftsgüter bei den *Gesellschaftern* der Übernehmerin (gesellschafterbezogene Prüfung) oder der übernehmenden *natürlichen Person* ausgeschlossen oder beschränkt wird,[120] wobei auf die konkrete/tatsächliche Beschränkung bzw. den konkreten/tatsächlichen Ausschluss abzustellen ist. Ein *Ausschluss* des deutschen Besteuerungsrechts erfolgt dann, wenn die Veräußerungsgewinne vor der Verschmelzung bei der Überträgerin der deutschen Besteuerung unterliegen (bzgl. ausländischen Vermögen unter Anrechnung der ausländischen Steuer), jedoch danach im Inland nicht mehr steuerlich erfasst werden dürfen. Eine *Beschränkung* des deutschen Besteuerungsrechts liegt dagegen vor, soweit Vermögen, dessen Veräußerungsgewinn bei der

---

117 *Bünnig/Rohmert*, BB 2009, 598 ff.
118 *Bünnig/Rohmert*, BB 2009, 598 ff.; a.A. Tz. 03.17 UmwStE 2011.
119 Tz. 03.17 UmwStE 2011; *Rödder/Schumacher*, DStR 2006, 1527.
120 *Benecke* in PricewaterhouseCoopers AG, Reform des Umwandlungssteuerrechts, 156 Rdn. 1040.

Überträgerin vor der Verschmelzung der unbeschränkten Besteuerung unterlag, nach der Verschmelzung nur noch unter Anrechnung ausländischer Steuer der deutschen Besteuerung unterliegt.

Der Verlust oder die Beschränkung des deutschen Besteuerungsrechts setzt 62
das Bestehen eines solchen Rechts *vor* der Verschmelzung voraus.[121] Dies ist insbesondere dann nicht gegeben, wenn Deutschland die Besteuerung der stillen Reserven bereits vor der Verschmelzung verwehrt war, weil das einschlägige DBA die Freistellungsmethode vorsieht.[122] Von einem Ausschluss deutschen Besteuerungsrechts muss dagegen ausgegangen werden, wenn vor der Verschmelzung eine Besteuerung unter Anrechnung ausländischer Steuer (DBA mit Anrechnungsmethode oder kein DBA), nach der Verschmelzung jedoch überhaupt kein Besteuerungsrecht mehr besteht. Sind die §§ 7 ff. AStG vor der Verschmelzung anwendbar und ist deren Anwendung nach der Verschmelzung ausgeschlossen, so führt dies m.E. nicht zu einem Verlust und nicht zu einer Beschränkung des deutschen Besteuerungsrechts i.S.d. § 3.[123]

Der für die Prüfung, ob das Recht Deutschlands ausgeschlossen oder be- 63
schränkt wird, *maßgebende Zeitpunkt* ist der steuerliche Übertragungsstichtag.[124] Insgesamt bleibt nach den vorstehenden Grundsätzen das Besteuerungsrecht Deutschlands von der Verschmelzung unberührt (wird also nicht ausgeschlossen oder beschränkt), wenn die übertragende Körperschaft zuvor in Deutschland unbeschränkt steuerpflichtig war und soweit an der Übernehmerin unbeschränkt steuerpflichtige Gesellschafter beteiligt sind, da dann die stillen Reserven in den übergehenden Wirtschaftsgütern im Inland steuerverstrickt bleiben.[125]

cc) Eine Gegenleistung wird nicht gewährt oder besteht in Gesellschaftsrechten (§ 3 Abs. 2 Nr. 3)

Die Ausübung des umwandlungssteuerlichen Wahlrechts gem. § 3 Abs. 2 ist 64
nur möglich, wenn keine Gegenleistung gewährt wird oder diese in Gesellschaftsrechten besteht. Wird eine nicht in Gesellschaftsrechten bestehende Gegenleistung gewährt, hat dies seit Einführung des SEStEG insoweit eine zwingende Realisierung der stillen Reserven zur Folge.

Keine Gegenleistung i.S.d. § 3 Abs. 2 S. 1 liegt bei Abfindungszahlungen nach §§ 29, 125 oder 207 UmwG vor.Die Finanzverwaltung sieht in dem Untergang der Beteiligung an der übertragenden KapG und in der Übernahme der aufgrund § 7 entstehenden Kapitalertragsteuer durch die überneh-

---

121 Tz. 03.19 UmwStE 2011.
122 *Benecke* in PricewaterhouseCoopers AG, Reform des Umwandlungssteuerrechts, 156 Rdn. 1041; *Lemaitre/Schönherr*, GmbHR 2007, 175; BT-Drs. 16/2710, 38.
123 *Lemaitre/Schönherr*, GmbHR 2007, 175, zweifelnd *Schaflitzl/Widmayer*, BB Special 8/2006, 41; *Schmidtmann*, IStR 2009, 297.
124 *Benecke* in PricewaterhouseCoopers AG, Reform des Umwandlungssteuerrechts, 158 Rdn. 1040.
125 Tz. 03.20 UmwStE 2011; ausführlich siehe unter Verschmelzungen mit Auslandsbezug unten Rdn. 104 ff.

mende PersG ebenfalls keine Gegenleistung in diesem Sinne.[126] Die Einräumung von Darlehenskonten bei der Übernehmerin hingegen stellen derartige Gegenleistungen dar. Die Einräumung eines Darlehens ist auf einem Fremdkapitalkonto zu verbuchen. Ob das Gegenkonto als Eigenkapital- oder Fremdkapitalkonto zu klassifizieren ist, ist nach allgemeinen Grundsätzen zu entscheiden. Die Bezeichnung des Kontos ist dabei nicht entscheidend. Bei der Qualifikation sind die Gesamtumstände des Einzelfalls zu berücksichtigen. Nach Ansicht der Finanzverwaltung führt die Verbuchung von Verlusten zu einer Einstufung als Kapitalkonto.[127] Weitere Anhaltspunkte sind eine Verbuchung von Einlagen und Entnahmen. Die Verbuchung auf einem derartigen Konto stellt eine Gewährung von Gesellschaftsrechten dar. Zahlt ein an der PersG Beteiligter, der nicht Gesellschafter der Übertragerin war, nach der Verschmelzung Beträge ein und werden diese von einem Gesellschafter der Übertragerin entnommen, so sieht die Finanzverwaltung hierin eine schädliche Gegenleistung.

65 Wird eine schädliche Gegenleistung gewährt, so muss für die übergehenden Wirtschaftsgüter der gemeine Wert angesetzt werden. Die Aufdeckung der stillen Reserven wird berechnet, indem von der schädlichen Gegenleistung (= Veräußerungserlös) der anteilige Buchwert abgezogen wird. Der übersteigende Betrag ist dem bisherigen Buchwert in der Schlussbilanz zuzurechnen.

Beispiel:
An einer GmbH sind die natürlichen Personen A und B zu jeweils 50 % beteiligt. A und B sind Gründungsgesellschafter der GmbH. Die KapG soll in eine OHG umgewandelt werden. A und B sollen ein Kapitalkonto von EUR 12.500 erhalten. Darüber hinaus erhält A eine Darlehensforderung von EUR 30.000.

Die Darlehensgewährung an A stellt eine Gegenleistung dar, die nicht in Gesellschaftsrechten besteht. Dementsprechend sind i.H.v. EUR 30.000 stille Reserven aufzudecken (Übertragungsgewinn). Die Aufdeckung der stillen Reserven ist bei sämtlichen Wirtschaftsgütern, einschließlich eines Geschäfts- und Firmenwertes, anteilig in gleicher Höhe vorzunehmen.[128]

c) Anteilige Erfüllung der Voraussetzungen

66 Werden die Voraussetzungen für einen Buchwertansatz subjektiv und objektiv nur teilweise erfüllt, werden die Wirtschaftsgüter anteilig für die, die Voraussetzung der § 3 Abs. 2 erfüllenden Gesellschafter bzw. die entsprechend zu qualifizierenden Wirtschaftsgüter zum Buch- oder Zwischenwert, für die anderen Gesellschafter und Wirtschaftsgüter zum gemeinen Wert angesetzt.[129]

---

126 Tz. 03.21 UmwStE 2011.
127 BMF vom 30.05.1997, BStBl. I 627; OFD-Hannover vom 07.02.2008, DB 2008, 1350.
128 Tz. 03.23 UmwStE 2011.
129 *Trossen*, FR 2006, 620.

2. Die Antragstellung

Liegen die Voraussetzungen des Abs. 2 vor,[130] können die übergehenden   67
Wirtschaftsgüter auf Antrag mit dem Buch- oder einem Zwischenwert angesetzt werden. Das Wahlrecht ist dabei *gesellschaftsbezogen*, d.h. einheitlich
für alle übergehenden Wirtschaftsgüter auszuüben – ein selektiver Ansatz
(bspw. Buchwertansatz für nicht abnutzbare/gemeiner Wert für abnutzbare
Wirtschaftsgüter) ist nicht zulässig. Diese Einheitlichkeit im Wertansatz gilt
auch für im Zuge der Umwandlung neu im Inland steuerverstricktes Vermögen, wie sog. neutrales Vermögen und Wirtschaftsgüter einer Freistellungs-
Betriebsstätte.[131] Soweit die Voraussetzungen des § 3 Abs. 2 S. 1 HS 2 erfüllt
sind, kann das Wahlrecht auch nicht für verschiedene Gesellschafter unterschiedlich ausgeübt werden. Der Antrag muss die Wahlrechtsausübung hinreichend bestimmen. Insbesondere sind die Voraussetzungen des § 3 Abs. 2
darzulegen und zu erläutern, welche Wirtschaftsgüter unter den Anwendungsbereich der Vorschrift fallen. Wird kein entsprechender Antrag gestellt, so gehen die Wirtschaftsgüter zum gemeinen Wert über, d.h. die stillen Reserven sind zwingend aufzudecken. Da die Finanzverwaltung bei der
für die Antragstellung maßgeblichen steuerlichen Schlussbilanz von einem
Rechenwerk eigener Art ausgeht, wird sie jedoch im Zweifel nachfragen
(müssen), wenn keine steuerliche Schlussbilanz eingereicht wurde.[132] Der
Antrag ist wirkungslos, soweit aufgrund anderer Vorschriften zwingend der
gemeine Wert anzusetzen ist, bspw. falls die Voraussetzungen des § 3 Abs. 2
S. 1 HS 2 für einen Gesellschafter nicht erfüllt sind. Für den Ansatz zu gemeinen Werten bedarf es somit keines Antrags.

a) Antragstellerin

Der Antrag ist von dem für die Bilanzaufstellung zuständigen Organ der   68
übertragenden Körperschaft[133] bzw. nach Eintragung der *Umwandlung* ins
Handelsregister von den zuständigen Organen der Übernehmerin (i.d.R. ge-
schäftsführender Gesellschafter) als Gesamtrechtsnachfolgerin zu stellen.

Ist der übertragende Rechtsträger an einer Mitunternehmerschaft beteiligt,
wird das Antragswahlrecht nach der hier vertretenen Meinung auf Ebene
der Mitunternehmerschaft ausgeübt, nicht von der Körperschaft.[134] Denn die
Mitunternehmerbeteiligung ist lediglich als Merkposten zu aktivieren, der
dem Kapitalkonto des übertragenden Rechtsträgers bei der Mitunterneh-

---

130 Siehe oben Rdn. 50 ff.
131 *Birkemeier* in Rödder/Herlinghaus/van Lishaut, § 3 Rdn. 132.
132 Tz. 03.28 UmwStE 2011.
133 AG: Vorstand, KGaA: persönlich haftender Gesellschafter, GmbH: Geschäftsfüh-
    rer. Steuerliche Wahlrechte üben die Geschäftsführer, nicht die Gesellschafter
    aus.
134 BFH vom 30.04.2003, I R 102/01, BStBl. II 2004, 804 stellte dies zwar für die Ein-
    bringung gem. § 20 fest, die Grundsätze gelten aber m. E. ebenso im Rahmen des
    § 3; a.A. *Schmitt* in Schmitt/Hörtnagl/Stratz, § 3 Rdn. 56; wohl keine a.A. zugrun-
    de legend, da die übernehmende KapG schon zuvor Komplementärin war und da-
    her ohnehin das Wahlrecht ausüben musste, aber ohne auf das Problem einzuge-
    hen BFH vom 28.05.2008, I R 98/06, BStBl. II 2008, 916.

merschaft entspricht, in dem sich aber die anteilig dem Mitunternehmer steuerlich direkt zuzurechnenden Wirtschaftsgüter widerspiegeln. Steuerlich ist der Mitunternehmeranteil selbst kein Wirtschaftsgut. Daher ist nicht der Mitunternehmeranteil beim übertragenden Rechtsträger Gegenstand der Bewertung nach § 3 Abs. 1, 2, sondern die Wirtschaftsgüter der Mitunternehmerschaft. Die Ausübung des Wahlrechts führt also direkt auf Ebene der Mitunternehmerschaft zu einer Bewertung von deren Wirtschaftsgütern mit dem Buch-, Zwischen- oder gemeinen Wert. Es ist m.E. konsequent, der Mitunternehmerschaft das Wahlrecht zu geben. Allerdings könnte es bei unterschiedlichen Interessenlagen Probleme mit dem Erfordernis der Einheitlichkeit der Wahlrechtsausübung geben.

Nach Eintragung eines *Formwechsels* ins Handelsregister haben den Antrag die zuständigen Organe der formgewechselten, aber rechtlich identischen PersG zu stellen.

69 Auch eine *ausländische KapG* hat bei ihrer Umwandlung im Rahmen des deutschen Umwandlungssteuerrechts grundsätzlich selbst den Antrag zu stellen. Kann der inländische Gesellschafter jedoch keine Schlussbilanzierung i.S.d. § 3 Abs. 2 bei der KapG veranlassen (z.B. weil er nur Minderheitsgesellschafter ist), sollte dieser Gesellschafter selbst zur Vermeidung unbilliger Härten das Antragswahlrecht ausüben können. Sollte diese Handhabung von der Finanzverwaltung nicht zugelassen werden, so sind die übergehenden Wirtschaftsgüter zwingend mit dem gemeinen Wert anzusetzen.[135]

b) Form des Antrags

70 Für die Antragstellung ist keine besondere Form vorgeschrieben. Nach Auffassung der Finanzverwaltung ist er jedoch bedingungsfeindlich.[136] M.E. ist auch eine mündliche oder konkludente Abgabe durch einen entsprechenden Wertansatz in der steuerlichen Schlussbilanz möglich.[137] Der Antrag kann aber auch durch ein Anschreiben, eine erläuternde Anlage zur Steuererklärung oder durch Vorlage eines entsprechenden Gesellschafterbeschlusses ausgeübt werden. Es ist jedoch darauf hinzuweisen, dass ein unklarer Antrag als nicht gestellt angesehen werden kann. Es ist daher zu empfehlen, für den Antrag die *Schriftform* zu wählen.[138] Der Widerspruch des Antrags zu ggf. anderslautenden vertraglichen Vereinbarungen, bspw. im Verschmelzungsvertrag, behindert nicht dessen Wirksamkeit.

71 Zur Verdeutlichung des gewählten Wertansatzes kann der absolute Aufstockungsbetrag angegeben werden. Bei einem Zwischenwertansatz ist auch eine prozentuale Angabe der aufgedeckten stillen Reserven möglich oder

---

135 Vgl. oben mit Beispiel Rdn. 26 sowie Beispiel unten Rdn. 76 „örtliche Zuständigkeit", *Birkemeier* in Rödder/Herlinghaus/van Lishaut, § 3 Rdn. 142.
136 Tz. 03.29 UmwStE 2011.
137 *Lemaitre/Schönherr*, GmbHR 2007, 174; BT-Drs. 16/2710, 37; *Damas*, DStZ 2007, 130; a.A. *Widmann* in Widmann/Mayer, § 3 Rdn. 63.11.
138 Siehe hierzu im Einzelnen Tz. 03.29 UmwStE 2011.

aber die Angabe der Höhe der aufzudeckenden stillen Reserven.[139] Die bloße Angabe eines Wertansatzes ist nicht ausreichend.[140] Die Angabe eines variablen Wertansatz (bspw. „in Höhe des nach der Betriebsprüfung endgültig bestehenden Verlustvortrags") oder unter Vorbehalt (bspw. „wenn ein Verlustvortrag zu Verfügung steht") ist m. E. ebenfalls nicht möglich.[141]

Beispiel:
Die A-GmbH möchte im Zuge der Verschmelzung die übergehenden Wirtschaftsgüter zu Zwischenwerten in ihrer steuerlichen Schlussbilanz ansetzen. Dazu teilt sie dem für sie zuständigen Finanzamt schriftlich mit, ein Aufstockungsbetrag von 150 solle aufgedeckt und auf sämtliche bilanzierten Wirtschaftsgüter verteilt werden (stille Reserven gesamt 300). Die A-GmbH setzt dies auch antragsgemäß in der Schlussbilanz um. M. E. wurde der Antrag auf Zwischenwert-Ansatz wirksam gestellt.

c) Frist zur Antragstellung

Der Frist zur Antragstellung kommt entscheidende Bedeutung zu, da allein   72
die rechtzeitige bzw. nicht rechtzeitige Antragstellung für die Wahlrechtsausübung der Bewertung der übergehenden Wirtschaftsgüter entscheidend ist – auf den Zeitpunkt der Bilanzerstellung, des Abschlusses des Verschmelzungsvertrags oder der Wirksamkeit der Umwandlung kommt es insofern nicht an. Die Antragstellung hat *spätestens bis zur* erstmaligen *Einreichung der steuerlichen Schlussbilanz* der Übertragerin bei dem für sie zuständigen Finanzamt zu erfolgen (§ 3 Abs. 2 S. 2) [142] – damit ist eine frühere Antragstellung möglich, eine spätere jedoch definitiv ausgeschlossen. Die Einreichung ist erfolgt, wenn die steuerliche Schlussbilanz in den Bereich des zuständigen Finanzamtes gelangt ist, so dass dieses unter normalen Umständen die Möglichkeit hat, hiervon Kenntnis zu nehmen. Die Einreichung des Antrags *mit* Abgabe der steuerlichen Schlussbilanz wird trotz des Gesetzeswortlauts als ausreichend angesehen. Wird der Antrag nicht oder verspätet gestellt, ist zwingend der gemeine Wert anzusetzen.

Ein erlassener *Schätzbescheid* gem. § 162 AO sperrt das Antragswahlrecht   73
nicht. Ein Antrag kann immer noch bis zur erstmaligen Einreichung einer steuerlichen Schlussbilanz bzw. bis zur Bestandskraft der Schätzveranlagung gestellt werden – ein im Schätzwege seitens des Finanzamts angesetzter niedrigerer Wert als der gemeine Wert gilt demnach nicht als Antragsausübung.

d) Änderung des Antrags

Ob bei Antragstellung vor Einreichung der Schlussbilanz der Antrag nach   74
den allgemeinen Grundsätzen bis zur Einreichung der Schlussbilanz geän-

---

139 Tz. 03.29 UmwStE 2011.
140 *Stimpel*, GmbH-StB 2008, 75.
141 Gl. A. Tz. 03.29 UmwStE 2011.
142 Tz. 03.28 UmwStE 2011.

dert werden kann, ist im Schrifttum strittig.[143] Nach Auffassung der Finanzverwaltung ist der Antrag unwiderruflich.[144] Ist die Schlussbilanz eingereicht, so besteht eine Bindung an das (in zulässiger Weise) ausgeübte Wahlrecht – ob die Steuerbilanz (formellen) handelsrechtlichen Vorgaben entspricht, wie bspw. der Feststellung durch die Gesellschafter, ist steuerlich unbeachtlich.[145] Die abgegebene Steuerbilanz kann auch nicht wegen Irrtums angefochten werden.[146] Eine Änderung des gewählten Wertansatzes stellt eine rückwirkende Sachverhaltsänderung dar und ist somit nicht möglich.[147] Eine *Bilanzberichtigung* ist dagegen im Rahmen des § 4 Abs. 2 S. 1 EStG zulässig und zieht bei der Überträgerin und über § 175 Abs. 1 S. 1 Nr. 2 AO auch bei der Übernehmerin entsprechende Folgeänderungen nach sich.[148]

Beispiel:
Die A-GmbH wird auf die B-OHG verschmolzen. Die A-GmbH wählt in der steuerlichen Schlussbilanz den Ansatz zu gemeinen Werten 120. Die Buchwerte (90) und ein steuerlicher Verlustvortrag (– 30)[149] mindern den steuerlichen Übertragungsgewinn (120 – 90 – 30 = 0)[150]. Die Betriebsprüfung kommt Jahre später zu dem Ergebnis, dass der gemeine Wert der Wirtschaftsgüter der A-GmbH nicht mit 120, sondern mit 140 anzusetzen war. Es entsteht durch die BP-Änderungen ein steuerpflichtiger Übertragungsgewinn von 20 (140 – 90 – 30). Eine Änderung des Ansatzes der A-GmbH zum Zwischenwert 120 ist nicht mehr zulässig.[151]

Dieses Beispiel zeigt die Schwierigkeit der optimalen Wahlrechtsausübung vor allem in Anbetracht noch ausstehender Betriebsprüfungen. Dies gilt nach Verwaltungsauffassung auch beim Ansatz der Zwischenwerte.

e) Örtliche Zuständigkeit

75 Der Antrag ist bei dem für die Ertragsbesteuerung der übertragenden Körperschaft zuständigen Finanzamt (Geschäftsleitung oder Sitz § 20 AO) zu stellen. Dies gilt auch dann, wenn zum übergehenden Vermögen der über-

---

143 Gl. A. *Benecke* in PricewaterhouseCoopers AG, Reform des Umwandlungssteuerrechts, 155 Rdn. 1033; a.A. *Schmitt* in Schmitt/Hörtnagl/Stratz, § 3 Rdn. 72 – bereits mit Antragstellung sei der Anspruch aus dem Steuerschuldverhältnis entstanden, der durch die Antragstellung verwirklichte Sachverhalt könne rückwirkend nicht mehr geändert werden.
144 Tz. 03.29 UmwStE 2011.
145 BFH vom 28.05.2008, I R 98/06, BStBl. II 2008, 917 – zu § 20 Abs. 2 a.F.
146 *Widmann* in Widmann/Mayer, § 3 Rdn. R. 63.17.
147 BFH vom 19.10.2005, I R 34/04, BFH/NV 2006, 1099; a.A. *Benecke* in PricewaterhouseCoopers AG, Reform des Umwandlungssteuerrechts, 155 Rdn. 1034.
148 BMF vom 25.03.1998, BStBl. I 1998, 268 – Rdn. 03.14; a.A. *Widmann* in Widmann/Mayer, § 3 Rdn. R 57.
149 Annahme: kein Eingreifen der Mindestbesteuerung nach § 10 d Abs. 2 EStG i.V.m. § 8 Abs. 1 KStG.
150 Zur Ermittlung des steuerlichen Übertragungsgewinns siehe unten Rdn. 78 ff.
151 Tz. 03.30 UmwStE 2011.

tragenden Körperschaft Beteiligungen an in- oder ausländischen Mitunternehmerschaften gehören.[152]

Ist die Überträgerin eine *ausländische KapG*, die im Inland nicht steuerpflichtig ist, liegt aber aufgrund eines im Inland unbeschränkt steuerpflichtigen Anteilseigners ein Umwandlungsvorgang im Rahmen des § 3 vor, so ist bei einer PersG als übernehmender Rechtsträger das für die gesonderte und einheitliche Feststellung der Einkünfte der übernehmenden Gesellschaft zuständige Finanzamt maßgebend.[153]   76

Die Ausführungen gelten entsprechend für die Einreichung der steuerlichen Schlussbilanz.

f) Folgen verspäteter Antragstellung

Eine verspätete Antragstellung führt zum zwingenden Ansatz der gemeinen Werte der übergehenden Wirtschaftsgüter in der steuerlichen Schlussbilanz der Überträgerin und zur Aufdeckung der in den Wirtschaftsgütern gebundenen stillen Reserven. Eine Günstigerprüfung o. ä. von Seiten des Finanzamts erfolgt nicht. Allerdings wird das Finanzamt der übertragenden Körperschaft zu bewerten haben, ob bereits eine steuerliche Schlussbilanz vorgelegen hat. Aus dieser werden regelmäßig die Wertansätze für den Antrag hervor gehen.   77

D. Ermittlung und steuerliche Behandlung des Übertragungsergebnisses

I. Ermittlung des Übertragungsgewinns

Werden die auf die übernehmende PersG übergehenden Wirtschaftsgüter mit einem *über dem Buchwert* liegenden Wert angesetzt (Zwischenwert oder gemeiner Wert), so entsteht auf Ebene der übertragenden Körperschaft durch die (teilweise) Aufdeckung der stillen Reserven ein Übertragungsgewinn. Ein Übertragungsverlust durch das Aufdecken stiller Lasten (etwa in Drohverlustrückstellungen) ist nach der hier vertretenen Auffassung denkbar.[154] Lediglich für die Pensionsrückstellungen erfolgt per Gesetzeswortlaut eine Einschränkung des Begriffes „gemeiner Wert" auf die Bewertung nach § 6a EStG. Im Umkehrschluss ist m. E. daher eine Aufdeckung stiller Lasten in Passivposten der Steuerbilanz bis zu deren gemeinem Wert denkbar. Entfallen stille Reserven auf eine Beteiligung an einer Mitunternehmerschaft, sind diese im Falle einer Aufstockung der Buchwerte bei der Mitunternehmerschaft im Rahmen einer Ergänzungsbilanz auszuweisen.   78

Die der Körperschaft zuzuordnenden *Umwandlungskosten* mindern als sofort abziehbare Betriebsausgaben i. S. d. § 4 Abs. 4 EStG den Übertragungsgewinn. Grundsätzlich hat jeder der an der Verschmelzung beteiligten   79

---

152 Tz. 03.27 UmwStE 2011.
153 Tz. 03.27 UmwStE 2011.
154 Analogie zum BFH vom 16.12.2009, I R 102/08, DStR 2010, 265; Tz. 03.12 UmwStE 2011.

Rechtsträger die auf ihn entfallenden Kosten selbst zu tragen. Die *Zuordnung* der angefallenen Kosten zur Überträgerin bzw. Übernehmerin erfolgt, unabhängig davon, ob die Kosten vor oder nach dem steuerlichen Übertragungsstichtag entstanden sind, anhand des objektiven Veranlassungsprinzips – Zuordnungsspielräume bestehen daher grundsätzlich nicht.[155] Bei der Überträgerin sind daher insbesondere die Kosten zu berücksichtigen, die sich aus deren Rechtskleid ergeben, wie bspw. die Hälfte der Kosten für die Erstellung des Verschmelzungsvertrages, Kosten für den Verschmelzungsbeschluss, Löschungskosten, Beratungskosten etc. Übernimmt die Übernehmerin diese Kosten, so stellt dies auf Ebene der Überträgerin eine verdeckte Einlage dar. Spielraum besteht ggf. bei Kosten, die üblicherweise im Rahmen von Veräußerungsvorgängen einer Partei zugeordnet werden.[156]

Der Übertragungsgewinn entsteht zum steuerlichen Übertragungsstichtag und wird bei der Überträgerin in dem Veranlagungszeitraum erfasst, in dem der steuerliche Übertragungsstichtag liegt.

II. Steuerliche Behandlung des Übertragungsgewinns

80 Grundsätzlich unterliegt ein Übertragungsgewinn ungemildert der Körperschaft- und Gewerbesteuer (§ 18 Abs. 1 S. 1), soweit keine Sonderregelungen[157] eingreifen. Der Umwandlungsgewinn an sich unterliegt keinen speziellen Vergünstigungen, § 6b EStG und § 4g EStG sind mangels Veräußerung bzw. grenzüberschreitender Entnahme nicht anwendbar.[158] Entfällt ein Teil des Übertragungsgewinns auf die Aufdeckung stiller Reserven in einer Beteiligung der Überträgerin an einer KapG, so gilt für diesen die de facto 95 %-ige Freistellung nach § 8b KStG. Entfallen aufgestockte stille Reserven auf einen Anteil an einer Mitunternehmerschaft, ist der steuerliche Übertragungsgewinn hieraus gewerbesteuerlich bei der Mitunternehmerschaft zu erfassen.

81 Besteht eine steuerlich anerkannte Organschaft, so ist der Übertragungsgewinn nach der hier vertretenen Auffassung steuerlich der Organträgerin zuzurechnen.[159] Die Aufstockung im Rahmen der Umwandlung ist steuerlich der letzte laufende Geschäftsvorfall und ist demgemäß steuerlich auch in das an den Organträger abzuführende Ergebnis einzubeziehen. Insofern ist der Vorgang steuerlich auch nicht mit einer zur handelsrechtlichen Realisierung führenden Liquidation oder einem Komplettverkauf gleichzusetzen.

---

155 *Birkemeier* in Rödder/Herlinghaus/van Lishaut, § 3 Rdn. 157; auch *Schmitt* in Schmitt/Hörtnagl/Stratz, § 3 Rdn. 136; a.A. und für Zuordnungswahlrecht *Neumann*, DStR 1997, 2041; *Dieterlen/Schaden*, BB 1997, 2297.

156 *Schmitt* in Schmitt/Hörtnagl/Stratz, § 3 Rdn. 139; a.A. (kein Abstellen darauf, wer vertraglicher Schuldner der Kosten ist); insb. nicht GrESt, BFH vom 15.10.1997, I R 22/96, BStBl. II 1998, 168; *Widmann* in Widmann/Mayer, § 3 Rdn. 178.

157 Insb. kein Freibetrag gem. § 16 Abs. 4 EStG, da dieser nur für natürliche Personen als Veräußerer gilt, nicht für eine übertragende KapG, *Widmann* in Widmann/Mayer, § 3 Rdn. R 562.

158 *Widmann* in Widmann/Mayer, § 3 Rdn. R 533.

159 Tz. Org. 27 UmwStE 2011.

III. Verrechnung mit Verlusten

Ein Übertragungsgewinn mindert einen evtl. vorhandenen laufenden Verlust (Verlustausgleich) der übertragenden Gesellschaft im Wirtschaftsjahr des Übertragungsstichtages. Auch der Ausgleich mit in Vorjahren noch nicht verrechneten körperschaftsteuerlichen und gewerbesteuerlichen Verlusten ist möglich (Verlustabzug), wobei die Regelungen der *Mindestbesteuerung*[160] und der Berücksichtigung von *Verlusten aus Drittstaaten* (§ 2a EStG) auch im Rahmen einer Umwandlung greifen. Entfällt ein Teil des Übertragungsgewinns auf eine Beteiligung der Überträgerin an einer PersG, so kann dieser mit bestehenden Verlusten i.S.d. § 15a EStG der Mitunternehmerschaft verrechnet werden. Bei der Beteiligung des übertragenden Rechtsträgers an einer Mitunternehmerschaft, können darauf entfallende Aufstockungsgewinne (auf den Mitunternehmeranteil entfallender Übertragungsgewinn) mit den gewerbesteuerlichen Verlustvorträgen der Mitunternehmerschaft verrechnet werden. Hierbei sind die Aufteilungsregeln des § 10a S. 4 und 5 GewStG zu beachten.

IV. Ausländisches Betriebsvermögen

Entsteht in einer ausländischen Betriebsstätte durch Ansatz der Zwischen- oder gemeinen Werte ein Übertragungsgewinn, so ist dieser grundsätzlich als Betriebsstättengewinn gem. Art. 7 Abs. 2 und Art. 23A OECD-MA in Deutschland von der Besteuerung freigestellt.

Bei Betriebsstätten in Nicht-DBA-Ländern bzw. Ländern, in denen die Anrechnungsmethode gilt, ist für Zwecke der Gewerbesteuer auf den Übertragungsgewinn aus der ausländischen Betriebsstätte § 9 Nr. 3 GewStG (Kürzung ausländischer Betriebsstättengewinn) anzuwenden.[161] Kommt es zu einer Besteuerung der Umwandlung im Ausland, kann diese Steuer die inländische Körperschaftsteuer gem. den Regeln des § 26 KStG vermindern bzw. auf Null reduzieren. Dies setzt jedoch eine entsprechende Buchwertaufstockung auch für inländische steuerliche Zwecke voraus. Zur fiktiven Steueranrechnung bei Hinausverschmelzungen gem. § 3 Abs. 3 siehe Rdn. 104 f.

Eine zwangsweise Aufstockung der Buchwerte in der Betriebsstätte aufgrund ausländischer steuerlicher Vorschriften führt trotz des Zwangs zur Einheitlichkeit der Wertansätze nicht zur Verpflichtung einer Realisierung von stillen Reserven auch im inländischen Betriebsvermögen. Dies gilt nach der hier vertretenen Auffassung auch dann, wenn das ausländische Betriebsvermögen nicht aufgrund eines DBA von der Besteuerung in Deutschland freigestellt ist und die Realisierung der stillen Reserven auch für deutsche steuerliche Zwecke nachvollzogen wird.

Verfügt eine übertragende KapG über eine ausländische Betriebsstätte, hat eine Nachversteuerung abgezogener und noch nicht ausgeglichener Verluste gem. § 2a Abs. 3 EStG zu erfolgen.[162] Die bisherige Billigkeitsrege-

82

83

---

160 Siehe § 10d EStG; § 10a GewStG; *Strahl,* KÖSDI 2007, 15516.
161 *Birkemeier* in Rödder/Herlinghaus/van Lishaut, § 3 Rdn. 156.
162 Siehe § 2a Abs. 4 Nr. 2 EStG.

lung, wonach eine Nachversteuerung bei der Rechtsnachfolgerin zu erfolgen hat,[163] wurde ausweislich der Gesetzesbegründung zum Regierungsentwurf des SEStEG aufgehoben.[164]

V. Anrechnung fiktiver ausländischer Steuern (§ 3 Abs. 3)

84 Grundvoraussetzung für die Anwendung des § 3 Abs. 3 ist, dass die umzuwandelnde inländische Körperschaft eine Betriebsstätte im EU-Ausland unterhält und die stillen Reserven der Betriebsstätte in Deutschland steuerverhaftet sind. Eine Steuerverhaftung kann im Fehlen eines DBA, der Vereinbarung der Anrechnungsmethode im DBA oder durch die Anwendung des § 20 Abs. 2 AStG begründet sein.

Weitere Anwendungsvoraussetzung ist, dass durch die von der Fusionsrichtlinie erfasste Umwandlung deutsches Besteuerungsrecht verloren geht. Dies trifft zu, wenn an der aufnehmenden PersG ausländische Anteilseigner beteiligt sind. Da in diesem Fall die stillen Reserven der Betriebsstätte durch die Umwandlung aus der deutschen Steuerhoheit ausscheiden, ist das übergehende Betriebsstättenvermögen in der Übertragungsbilanz mit dem gemeinen Wert anzusetzen.[165] Auf die dadurch in Deutschland ausgelöste Steuer ist eine fiktive ausländische Steuer anzurechnen (Art. 10 Abs. 2 FusionsRL). Die fiktive Steuer entspricht dem Betrag, den das Ausland erheben würde, wenn das Vermögen der Betriebsstätte zum gemeinen Wert veräußert worden wäre. Damit hat eine Schattenveranlagung nach ausländischem Recht für einen fiktiven Verkauf des Betriebstättenvermögens zu erfolgen.[166] Die Steueranrechnung erfolgt nach den Grundsätzen von § 26 KStG und setzt dabei keinen Antrag der übertragenden Körperschaft voraus.[167]

Die fiktive Steueranrechnung wird nur gewährt, wenn die Verschmelzung auf eine *ausländische PersG* erfolgt. Zwar könnte bei ausländischen Gesellschaftern auch bei der Verschmelzung auf eine inländische PersG deutsches Besteuerungsrecht entfallen, dennoch wäre in diesem Fall das Tatbestandsmerkmal „Grenzüberschreitung" der Fusionsrichtlinie nicht erfüllt.[168] Bei einem bloßen Formwechsel scheidet die Anwendung von § 3 Abs. 3 genauso aus, da diese Vorgänge ebenfalls nicht von der Fusionsrichtlinie erfasst werden.[169]

163 BMF vom 25.03.1998, BStBl. I, 268 Tz. 4.08.
164 BT-Drs. 16/2710, 38.
165 Vgl. BT-Drs. 16/2710, 38.
166 *Widmann* in Widmann/Mayer, § 3 Rdn. 564.10; *Brinkhaus* in Haritz/Menner, § 3 Rdn. 152; Tz. 03.32 UmwStE 2011 fordert regelmäßig ein Auskunftsersuchen.
167 *Benecke* in PricewaterhouseCoopers AG, Reform des Umwandlungssteuerrechts, 162 Rdn. 1052.
168 *Mutscher*, IStR 2010, 823; Tz. 03.31 UmwStE 2011.
169 Zur Anwendung von § 3 Abs. 3 im Fall von Dreiecksachverhalten vgl. *Haase/Kluger*, BB 2010, 1824 ff.

Wirtschaftlich hat die Anrechnung einer fiktiven ausländischen Steuer eine   85
Steuerfreistellung bis zum Steuerniveau des Belegenheitsstaates der Betriebsstätte zur Folge.[170]

Da Deutschland in seinen DBA für Betriebsstätteneinkünfte grundsätzlich
die Freistellungsmethode vereinbart, stellt § 3 Abs. 3 eine Sondervorschrift
dar.[171] Teilweise ist in deutschen DBA aber beim Vorliegen von passiven
Einkünften das Anrechnungsverfahren vorgeschrieben.[172] Insofern kann der
Anwendungsbereich von § 3 Abs. 3 eröffnet werden.[173]

Gewährt der Belegenheitsstaat der Betriebsstätte anlässlich des Umwandlungsvorgangs ein Wahlrecht zur Aufdeckung der stillen Reserven und wird
für eine Aufstockung optiert, ist die *tatsächlich erhobene ausländische
Steuer* in Deutschland anzurechnen.[174] Bei Ansatz des ausländischen Betriebsstättenvermögens zum Buchwert, läuft die Anrechnung allerdings ins
Leere.[175]

E. Steuerliche Aspekte der Wahlrechtsausübung
I. Übergreifende Auswirkungen
aus dem Ansatz des Buchwerts bzw. eines höheren Werts

Um die Gestaltungsmöglichkeiten, die sich aus dem Wahlrecht zwischen   86
Ansatz des Buch-, Zwischen- oder gemeinen Werts ergeben, möglichst optimal auszufüllen, sollen zunächst übergreifend über die Rechtsträger die
steuerlichen Folgen der Verschmelzung aufgezeigt werden.

1. Ansatz des Buchwertes

Wird in der Schlussbilanz der übertragenden Körperschaft der Buchwert an-   87
gesetzt, so entsteht auf Ebene der Überträgerin *kein Übertragungsgewinn.*
Das Eigenkapital bleibt demnach *unverändert.* Die in den übergehenden
Wirtschaftsgütern gebundenen stillen Reserven verbleiben unversteuert. Die
übernehmende PersG tritt in die Rechtstellung der Überträgerin ein und
übernimmt die in den Wirtschaftsgütern gebundenen stillen Reserven, die
im weiteren Verlauf erst bei ihrer tatsächlichen Realisierung, bspw. durch
Veräußerung des betreffenden Wirtschaftsgutes, der Besteuerung unterliegen.[176]

---

170 *Benecke* in PricewaterhouseCoopers AG, Reform des Umwandlungssteuerrechts,
    162 Rdn. 1052.
171 *Dötsch/Pung* in Dötsch/Patt/Pung/Möhlenbrock, § 3 Rdn. 69; *Benecke/Schnitger,*
    IStR 2006, 772.
172 Tabelle zum Anwendungsbereich: *Widmann* in Widmann/Mayer, § 3 Rdn. 564.8.
173 Die Verwaltung wird in diesen Fällen regelmäßig ein Auskunftsersuchen an den
    ausländischen Staat einleiten. Tz. 03.32 UmwStE 2011.
174 BT-Drs. 16/2710, 38.
175 *Lemaitre/Schönherr,* GmbHR 2007, 176.
176 Auch *Dörfler/Wittkowski,* GmbHR 2007, 354.

88 Für die *Anteilseigner* der Überträgerin ergibt sich nach § 7 die Besteuerung der in der Überträgerin gehaltenen offen Rücklagen im Rahmen der Abgeltungssteuer nach § 32d Abs. 1 EStG oder unter weiteren Voraussetzungen des Teileinkünfteverfahrens nach § 32d Abs. 2 Nr. 3 EStG i.V.m. § 3 Nr. 40 Buchst. d EStG (natürliche Person als Anteilseigner) oder im Rahmen des § 8b KStG (KapG als Anteilseigner).

Beispiel:
Die A-GmbH soll auf die XY-OHG verschmolzen werden. Da sämtliche Voraussetzungen des § 3 Abs. 2 Nr. 1–3 erfüllt sind, werden die übergehenden Wirtschaftsgüter in der Schlussbilanz der A-GmbH zu ihrem Buchwert (Aktiva TEUR 70 und Passiva TEUR 30) angesetzt. Annahmegemäß fallen keine Verschmelzungskosten an. Die Schlussbilanz der A-GmbH hat folgendes Bild:

Schlussbilanz A-GmbH in TEUR			
Aktiva	70	Stammkapital	20
		Gewinnrücklagen	20
		Passiva	30

Der Übertragungsgewinn für die A-GmbH beträgt TEUR 0 (Ansatz der übergehenden Wirtschaftsgüter in der Schlussbilanz TEUR 40 abzüglich Buchwerte der übergehenden Wirtschaftsgüter TEUR 40).

Die Anteilseigner der A-GmbH haben die offenen Rücklagen (TEUR 20) nach § 7 als fiktive Dividende zu erfassen.

89 Bei der übernehmenden Y-OHG ist ein *Übernahmeergebnis* als Differenz zwischen dem Wert der übertragenen Wirtschaftsgüter und dem Buchwert der Anteile an der A-GmbH zu ermitteln (Übernahmeergebnis 1. Stufe). Das Übernahmeergebnis ist gesellschafterbezogen zu ermitteln. Je näher der Erwerb der Anteile am Zeitpunkt der Verschmelzung, desto wahrscheinlicher waren die in der A-GmbH vorhandenen stillen Reserven in die Anschaffungskosten eingepreist, desto eher ergibt sich ein Übernahmeverlust. Um eine doppelte Erfassung der offenen Rücklagen zu vermeiden, ist das Übernahmeergebnis 1. Stufe um die fiktive Ausschüttung gem. § 7 zu vermindern (Übernahmeergebnis 2. Stufe).

2. Ansatz mit höherem Wert

90 Durch den Ansatz der übergehenden Wirtschaftsgüter zu einem über dem Buchwert liegenden Wert (Zwischenwert oder gemeiner Wert) erfolgt im Grundsatz eine *steuerwirksame Gewinnrealisierung* auf Ebene der Überträgerin, die grundsätzlich der Körperschaft- und Gewerbesteuer unterliegt. Durch diese gewinnerhöhende Aufdeckung der stillen Reserven erhöht sich das Eigenkapital, präziser die Gewinnrücklagen, der Überträgerin.

91 Für die Anteilseigner der Überträgerin ergibt sich auch hier gem. § 7 die Besteuerung der in der Überträgerin gehaltenen Gewinnrücklagen im Rahmen des Teileinkünfteverfahrens oder mit Abgeltungssteuer (natürliche Person als Anteilseigner) oder im Rahmen des § 8b KStG (KapG als Anteilseigner).

Durch die Erhöhung der Gewinnrücklage in Folge der Aufdeckung der stillen Reserven ergibt sich für die Anteilseigner der KapG eine *höhere* zu versteuernde *fiktive Ausschüttung* gem. § 7. Das Anfallen eines Übertragungsgewinns erhöht damit das Übernahmeergebnis.

Abänderung des Beispiels: 92
Die übergehenden Wirtschaftsgüter der A-GmbH werden mit den gemeinen Werten angesetzt, die stillen Reserven und stillen Lasten sind aufzudecken. Die Aktiva sind dementsprechend mit TEUR 90 und zusätzlich ein originärer Firmenwert i. H. v. TEUR 10 (= TEUR 20 originärer Firmenwert abzgl. TEUR 10 stille Lasten) angesetzt und die Passiva werden mit TEUR 30 passiviert. Die Schlussbilanz der A-GmbH hat folgendes Bild:

Schlussbilanz A-GmbH in TEUR			
Geschäfts- und Firmenwert	10	Stammkapital	20
Aktiva	90	Gewinnrücklagen	50
		Passiva	30

Aufgrund der Aufdeckung der stillen Reserven in den Wirtschaftsgütern durch Ansatz des gemeinen Wertes erhöhen sich die als fiktive Dividende bei den Anteilseignern zu versteuernden offenen Rücklagen auf TEUR 50.

II. Für die Ausübung des Wahlrechts maßgebende Gesichtspunkte

1. Grundsätzlich

Die Antragstellung auf Abweichung vom gemeinen Wert ist für jeden Gesellschafter der Überträgerin gesondert zu bestimmen. 93

Die Wahl des *Buchwertansatzes* in der steuerlichen Schlussbilanz der Überträgerin garantiert die Steuerneutralität des Verschmelzungsvorgangs bei der Überträgerin und Übernehmerin (Übernahmeergebnis nach § 4 Abs. 4 ff., § 7).[177]

Jedoch kann ein bei der Überträgerin bestehender körper- oder gewerbesteuerlicher *Verlustvortrag* (§§ 2a, 10d, 15 Abs. 4, 15a EStG, § 10a GewStG) von der übernehmenden PersG nicht übernommen und genutzt werden. Ebenso geht ein verbleibender *Verlustabzug* nach § 2a, § 15 Abs. 4, § 15a EStG durch die Verschmelzung unter.

Durch das Aufdecken stiller Reserven infolge des Ansatzes des gemeinen Wertes oder eines Zwischenwertes im Rahmen der steuerlichen Schlussbilanz können die Verlustvorträge letztmalig genutzt werden; es sind jedoch 94

---

177 *Schlafitzl/Widmayer*, BB Special 8/2006, 41.

die Regelungen der *Mindestbesteuerung* zu beachten.[178] Aufgrund der Mindestbesteuerung können vorgetragene Verluste nur in Höhe von EUR 1 Mio. gegen die Einkünfte der Überträgerin gerechnet werden. Übersteigen die vorgetragenen Verluste den Betrag von EUR 1 Mio., so sind nur 60 % der die EUR 1 Mio.-Grenze übersteigenden Einkünfte geltend zu machen. Im Fall genügend hoher Verlustvorträge kann eine Besteuerung auch im Rahmen der Mindestbesteuerung ausbleiben.

Werden stille Reserven aufgedeckt, so kommt es insofern zu einer wirtschaftlich steuerneutralen Gewinnrealisierung, als die Verluste der Überträgerin gegen den Gewinn aus der Aufdeckung der stillen Reserven gerechnet werden, die höheren Bilanzwerte der übergehenden Wirtschaftsgüter jedoch von der Übernehmerin übernommen und im Rahmen der Abschreibung in den Folgejahren steuermindernd geltend gemacht werden. Durch den höheren Ansatz der Wirtschaftsgüter in der steuerlichen Schlussbilanz der Überträgerin kommt es in Folge der Wertverknüpfung bei der Übernehmerin jedoch zu einem höheren Übernahmegewinn bzw. verminderten Übernahmeverlust und für die Anteilseigner der übertragenden Gesellschaft zu erhöhten Einkünften aus der Zurechnung der offenen Rücklagen.[179]

95   **Beispiel:** (zur Behandlung bei der Übernehmerin vgl. § 4 Rdn. 74 ff.) Werden die übergehenden Wirtschaftsgüter mit einem über den Buchwert liegenden Wert angesetzt, so entstehen bezüglich abnutzbarer Wirtschaftsgüter für die Übernehmerin höhere Abschreibungsvolumina, die in den der Verschmelzung folgenden Jahren den Gewinn und die Steuerzahllast der Übernehmerin mindern. Bei der Gebäudeabschreibung erhöht sich die (ursprüngliche) Bemessungsgrundlage um den aufgestockten Betrag, der Abschreibungssatz wird nicht verändert, wodurch sich eine Verlängerung der Nutzungsdauer ergibt. Bei abnutzbaren Wirtschaftsgütern erhöht sich der Buchwert um den aufgestockten Betrag – die Summe dagegen wird über die bisherige Restnutzungsdauer abgeschrieben. Bei nicht abschreibungsfähigen Wirtschaftsgütern bietet sich die (teilweise) Aufdeckung stiller Reserven insoweit auch an, als die Absicht bestehen sollte, das Wirtschaftsgut zu veräußern. Der ertrags- und steuerwirksame Veräußerungsgewinn fällt hierdurch geringer aus.

Beispiel:
Eine GmbH bilanziert ein Grundstück mit TEUR 500, ein Gebäude mit TEUR 100 (Anschaffungskosten TEUR 130) und eine Maschine mit TEUR 50.

---

178 Siehe § 10d Abs. 2 EStG i.V.m. § 8 Abs. 1 KStG und § 10a GewStG. Der Forderung *Thiels* die Mindestbesteuerung nicht auf Übertragungsgewinne anzuwenden, ist zuzustimmen, da im Rahmen der Verschmelzung keinerlei Liquidität zufließt aus der die Steuerzahlung auf einen Übertragungsgewinn geleistet werden könnte; vgl. *Dörfler/Wittkowski*, GmbHR 2007, 355; *Thiel*, DB 2005, 2320; auch *Förster/Felchner*, DB 2006, 1073; *Dörfler/Rautenstrauch/Adrian*, BB 2006, 1660.
179 § 7 i.V.m. § 20 Abs. 1 Nr. 1 EStG siehe Beispiel Grundfall.

In den Wirtschaftsgütern sind stille Reserven von TEUR 250 enthalten, die sich wie folgt verteilen: Grundstück TEUR 100, Gebäude TEUR 50, Maschine TEUR 20, Geschäfts- und Firmenwert TEUR 80. Erfolgt eine Umwandlung zu gemeinen Werten, ergeben sich für die aufnehmende Gesellschaft die folgenden Abschreibungsbemessungsgrundlagen: Geschäfts- und Firmenwert TEUR 80, Gebäude TEUR 180, Maschine TEUR 70. Das Grundstück kann nicht abgeschrieben werden, allerdings würde bei einem Verkauf der Veräußerungsgewinn reduziert (fiktive Anschaffungskosten von TEUR 600).

2. Entscheidungsregel

Ziel muss es sein, durch die Steuerung der Verlustnutzung und Abschreibungsvolumina im Rahmen der Verschmelzung den *Barwert* der Steuerzahlungen zu minimieren.[180]

96

Gegenüberzustellen ist daher der Barwert der Steuerzahlung ohne Aufdeckung der stillen Reserven und der Barwert mit (angepasster/teilweiser) Aufdeckung der stillen Reserven.

Übersteigt der vorgetragene Verlust der Überträgerin das zu versteuernde Einkommen bzw. greift die Mindestbesteuerung ein oder erwirtschaftet die Überträgerin einen Verlust für den Veranlagungszeitraum der Verschmelzung, so geht ohne Aufdeckung der stillen Reserven dieser Teil des Verlustes ungenutzt unter.[181]

Durch das Aufdecken stiller Reserven können sowohl ein laufender Verlust und ein vorgetragener Verlust der Überträgerin im Rahmen der Mindestbesteuerung genutzt werden. Die steuermindernde Wirkung aus der Aufdeckung der stillen Reserven ergibt sich erst auf Ebene der Übernehmerin durch die höheren Abschreibungsvolumina. Die zukünftigen Abschreibungen sind jedoch auf den Verschmelzungszeitpunkt abzuzinsen – je weiter eine Steuerminderung in der Zukunft liegt, desto weniger Gewicht ist dieser zuzurechnen. Durch die Mindestbesteuerung kann es zudem auf Ebene der Überträgerin im Zeitpunkt der Verschmelzung zu einer Steuerzahlung kommen.

Eine Optimierung der Steuerzahllast über die Rechtsträger sollte insbesondere unter Nutzung des Zwischenwertansatzes zu erfolgen, wobei hier insbesondere das Eingreifen der Mindestbesteuerung zu kalkulieren ist.

Beispiel:

97

Die A-GmbH, die in ihrer Start-up-Phase hohe Verluste erwirtschaftet hat, soll auf die XY-KG zum 01.01.01 verschmolzen werden. Die A-GmbH und die XY-KG gehören zu 100 % der B-GmbH. Die Schlussbilanz der A-GmbH zum 31.12.00 zu Buchwerten hat folgendes Bild:

---

180 *Dörfler/Wittkowski*, GmbHR 2007, 355; *Förster/Felchner*, DB 2006, 1073.
181 Voraussetzung bei einem laufenden Verlust ist, dass keine Möglichkeit zum Rücktrag in den vorhergehenden Veranlagungszeitraum besteht.

Schlussbilanz A-GmbH in TEUR

Geschäfts- und Firmenwert–		Stammkapital	100
Aktiva	1.300	Lfd. Gewinn	600
		Fremdkapital	600

Die A-GmbH hat einen originären Firmenwert von TEUR 3.000. In den übrigen Wirtschaftsgütern befinden sich keine weiteren stillen Reserven. Im Veranlagungszeitraum der Verschmelzung erwirtschaftet die A-GmbH einen laufenden Gewinn i.H.v. TEUR 600. Die A-GmbH hat einen vorgetragenen Verlust i.H.v. TEUR 1.200. Für die Zukunft wird von einem konstanten Gewinn ausgegangen.

Bei Buchwertansatz ohne Aufdeckung der stillen Reserven in den übergehenden Wirtschaftsgütern ergibt sich folgende Steuerzahllast (Barwert):

Besteuerung A-GmbH im Übertragungsjahr:

	Laufender Gewinn	600
./.	Verrechenbarer Verlustvortrag	./. 600
=	Steuerpflichtiger Gewinn	0
→	Steuerzahlung (29 %)	0

Jährliche Steuerbelastung XY-KG:

Laufender Gewinn	600
Steuerzahlung (29 %)	174

Barwert der Steuerzahlungen[182] über 15 Jahre	1.806

Bei einer Fortführung der Buchwerte wird zwar ein Übertragungsgewinn vermieden, allerdings kann der bestehende Verlustvortrag nicht optimal genutzt werden. Es könnte sich daher als vorteilhaft erweisen, den originären Geschäfts- und Firmenwert aufzudecken und den daraus resultierenden Übertragungsgewinn mit dem Verlustvortrag zu verrechnen. Bei Ansatz der gemeinen Werte hat die Schlussbilanz der A-GmbH folgendes Bild:

Schlussbilanz A-GmbH in TEUR

Geschäfts- und Firmenwert	3.000	Stammkapital	100
Aktiva	1.300	Lfd. Gewinn	600
		Übertragungsgewinn	3.000
		Fremdkapital	600

Durch den Ansatz der gemeinen Werte verändert sich die Steuerzahllast wie folgt:

---

182 Steuerzahlungen aufgrund der fiktiven Ausschüttung der Gewinnrücklagen bleiben im Beispiel unberücksichtigt, Abzinsungsfaktor: 5 %.

Besteuerung A-GmbH im Übertragungsjahr:

	Laufender Gewinn	600
+	Übertragungsgewinn	3.000
./.	Verrechenbarer Verlustvortrag	./. 1.200
=	Steuerpflichtiger Gewinn	2.400
→	Steuerzahlung (29 %)	696

Jährliche Steuerbelastung XY-KG:

	Jährlicher Gewinn	600
./.	AfA aus Aufstockung	./. 200
=	Steuerpflichtiger Gewinn	400
→	Steuerzahlung (29 %)	116

Barwert der Steuerzahlungen über 15 Jahre   1.900

Eine vollständige Aufdeckung der in den übergehenden Wirtschaftsgütern gebundenen stillen Reserven führt demnach über die Rechtsträger betrachtet zu einer höheren Steuerzahllast. Dies liegt daran, dass die aufgedeckten stillen Reserven den Verlustvortrag deutlich überschreiten. Der Barwertnachteil aus der Versteuerung der stillen Reserven übersteigt den Barwertvorteil aus der späteren Abschreibung des Geschäfts- und Firmenwertes.

Um einen steuerpflichtigen Übertragungsgewinn zu vermeiden, soll im Folgenden lediglich eine Aufstockung i.H.v. TEUR 400 erfolgen:

Schlussbilanz A-GmbH in TEUR

Geschäfts- und Firmenwert	400	Stammkapital	100
Aktiva	1.300	Lfd. Gewinn	600
		Übertragungsgewinn	400
		Fremdkapital	600

Mit der anteiligen Aufstockung des originären Geschäfts- und Firmenwertes sind die folgenden Steuerzahlungen verbunden:

Besteuerung A-GmbH im Übertragungsjahr:

	Laufender Gewinn	600
+	Übertragungsgewinn	400
./.	Verrechenbarer Verlustvortrag[183]	./. 1.000
=	Steuerpflichtiger Gewinn	0
→	Steuerzahlung (29 %)	0

---

183 Der nicht genutzte Verlustvortrag geht im Rahmen der Verschmelzung verloren und kann nicht durch die XY-KG genutzt werden.

Jährliche Steuerbelastung XY-KG:

Jährlicher Gewinn	600
./. AfA aus Aufstockung	./. 27
= Steuerpflichtiger Gewinn	573
→ Steuerzahlung (29 %)	166
Barwert der Steuerzahlungen über 15 Jahre	1.725

Im Vergleich ist der Barwert der Steuerzahlungen bei einer Aufstockung des Geschäfts- und Firmenwertes i. H. v. TEUR 400 am niedrigsten. Im zugrundeliegenden Beispielsfall sollte daher ein Ansatz zum Zwischenwert gewählt werden.

Es ist jedoch zu beachten, dass dem Beispielsfall zahlreiche Annahmen zugrunde liegen (konstanter Diskontierungsfaktor von 5 %, konstante Steuersätze und Gewinne, stille Reserven ausschließlich im Geschäfts- und Firmenwert). Inwiefern im konkreten Fall eine Aufstockung stiller Reserven vorteilhaft ist, kann nur durch eine Prüfung der speziellen Gegebenheiten des jeweiligen Einzelfalls eruiert werden.

3. Anteilseigner

98 Die offenen Rücklagen gelten fiktiv als an die Anteilseigner ausgeschüttet. Dabei ist zu beachten, dass die offenen Rücklagen der übertragenden KapG im Falle eines Ansatzes der übergehenden Wirtschaftsgüter über dem Buchwert, um den daraus resultierenden Übertragungsgewinn erhöht werden. Die fiktive Ausschüttung gilt mit Ablauf des steuerlichen Übertragungsstichtages als zugeflossen.[184] Für die fiktive Dividende ist Kapitalertragsteuer einzubehalten.[185] Dies hat einen negativen Zins- und Liquiditätseffekt für die Anteilseigner zur Folge. Die Umwandlung einer KapG in eine PersG ist damit auch dann nicht vollständig steuerneutral möglich, wenn die KapG über Gewinnrücklagen verfügt.[186] Die Gewinnrücklagen gelten für alle Anteilseigner als zugeflossen, also auch für Gesellschafter, die nicht an der Ermittlung des Übernahmeergebnisses teilnehmen.

a) Anteilseigner ist eine Körperschaft, die § 8b Abs. 7, 8 S. 1 KStG nicht erfüllt

99 Ist eine Körperschaft am übertragenden Rechtsträger beteiligt, sind die Bezüge i. S. d. § 7 de facto zu 95 % steuerfrei (§ 8b Abs. 1 i. V. m. Abs. 5 KStG). Trotz der Steuerfreistellung erfolgt in voller Höhe ein Abzug von Kapitalertragsteuer.

---

184 *Pung* in Dötsch/Patt/Pung/Möhlenbrock, § 7 Rdn. 17; Tz. 02.04 UmwStE 2011.
185 Unterbleibt der Einbehalt der Kapitalertragsteuer ist die Erfüllung des Steuerhinterziehungstatbestands des § 370 AO zu prüfen.
186 BMF vom 16. 12. 2003, BStBl. I 2003, Tz. 10.

b) Anteilseigner ist eine Körperschaft, die § 8b Abs. 7, 8 S. 1 KStG erfüllt

Die Freistellung gem. § 8b Abs. 1 KStG ist ausgeschlossen, soweit die An- **100** teile bei Kreditinstituten und Finanzdienstleistungsinstituten nach § 1a des Kreditwesengesetzes dem Handelsbuch zuzurechnen sind (§ 8b Abs. 7 KStG). Das hat zur Folge, dass die fiktive Ausschüttung in voller Höhe zu versteuern ist. Gleiches gilt wenn die Anteile bei einem Lebens- und Krankenversicherungsunternehmen den Kapitalanlagen zuzurechnen sind (§ 8b Abs. 8 KStG).

c) Anteilseigner ist eine natürliche Person

Natürliche Personen als Anteilseigner, die an der Ermittlung des Übernah- **101** megewinns gem. § 4 teilnehmen, haben die fiktive Dividende zwingend nach den Vorschriften des Teileinkünfteverfahrens (§ 3 Nr. 40 Buchst. d EStG) zu versteuern. Aufgrund der Subsidiarität von Einkünften aus Kapitalvermögen (§ 20 Abs. 8 EStG) findet die Abgeltungssteuer insoweit keine Anwendung. Diejenigen Anteilseigner, für die die Einlagefiktion des § 5 nicht gilt, versteuern die Rücklagen nach § 7 mit der Abgeltungssteuer.

III. Gestaltungsmöglichkeiten außerhalb der Verschmelzung

Eine weitere Möglichkeit der Steuergestaltung besteht in der gezielten Ver- **102** äußerung bestimmter Wirtschaftsgüter der Überträgerin an die übernehmende PersG.[187] Dadurch können gezielt stille Reserven aufgedeckt und zur Verlustnutzung „verbraucht" werden, ohne dass der Ansatz der verbleibenden Wirtschaftsgüter bei der Verschmelzung beeinflusst würde. Zeitlich sind diese Gestaltungen jedoch dahingehend beschränkt, als sie bereits vor dem steuerlichen Übertragungsstichtag[188] zu erfolgen haben.

IV. Fazit

Regelmäßig ist davon auszugehen, dass die Option zum Buchwertansatz steu- **103** erlich vorteilhaft ist. Insgesamt müssen aber die Gesamtumstände des *Einzelfalls*[189] geprüft werden, um das Bewertungswahlrecht des § 3 Abs. 2 S. 1 optimal auszuüben. Da seit Einführung des SEStEG Verlustvorträge der übertragenden Gesellschaft nicht mehr mit übergehen, ist die Bedeutung eines Wertansatzes über dem Buchwert gestiegen.[190] Des Weiteren können vorhandene Zins- und EBITDA-Vorträge durch die Verrechnung mit einem Übertragungsgewinn letztmals genutzt werden. Eine Wertaufstockung hat zur Folge, dass die aufnehmende Gesellschaft über ein höheres Abschreibungspotential verfügt. Als ggf. gegenläufige Effekte muss die Mindestbesteuerung berücksichtigt werden. Darüber hinaus ist eine Aufdeckung stiller Reserven auch im-

---

187 *Birkemeier* in Rödder/Herlinghaus/van Lishaut, § 3 Rdn. 151; bereits *Neufang*, BB 1995, 1933; *Widmann* in Widmann/Mayer, § 3 Rdn. 501 ff.
188 § 2 Abs. 1.
189 Verlustvorträge, Abschreibungszeitraum der abnutzbaren Wirtschaftsgüter, § 7.
190 *Benecke* in PricewaterhouseCoopers AG, Reform des Umwandlungssteuerrechts, 151 Rdn. 1021, allerdings waren Verluste und Verlustvorträge auch nach früherem Recht nicht unmittelbar von KapG auf PersG transferierbar.

mer mit einer Erhöhung der fiktiven Dividendenausschüttung gem. § 7 verbunden. Eine pauschale Antwort, ob eine Übertragung zu Buchwerten oder zu einem darüber liegenden Wert aus steuerlichen Gründen Vorteilhaft ist, ist daher nicht möglich.

F. Grenzüberschreitende Verschmelzungen

I. Hinausverschmelzung

104 Wird eine dem § 3 unterfallende inländische Körperschaft auf eine ausländische PersG verschmolzen, kommt es für die Anwendung der §§ 3 ff. auf die Verschmelzung darauf an, (1) wo der aufnehmende Rechtsträger ansässig ist, und (2) inwieweit Deutschland auf die von der Verschmelzung erfassten Wirtschaftsgüter für Besteuerungszwecke zugreifen kann.

Die Hinausverschmelzung auf eine ausländische PersG kann nur dann den §§ 3 ff. unterfallen, wenn der übernehmende Rechtsträger in einem EU/EWR-Staat ansässig ist. Keine Anwendung finden die §§ 3 dagegen auf Verschmelzungen auf Rechtsträger, die in einem Drittstaat (d.h. außerhalb der EU/EWR) ansässig sind.

Für die Anwendung der §§ 3 ff. auf Verschmelzungen mit einer EU/EWR-PersG als übernehmendem Rechtsträger ist entscheidend, ob und inwieweit das deutsche Besteuerungsrecht bestehen bleibt, d.h. wo die von der Verschmelzung erfassten Wirtschaftsgüter für steuerliche Zwecke belegen sind. Maßgeblich ist, ob die Wirtschaftsgüter einer inländischen oder ausländischen Betriebsstätte oder dem Stammhaus zuzuordnen sind. Diese Zuordnung entscheidet sich nach der tatsächlichen Zugehörigkeit der Wirtschaftsgüter.

Soweit die Wirtschaftsgüter einer deutschen Betriebsstätte zuzuordnen sind, bleibt das deutsche Besteuerungsrecht bestehen. Dass das deutsche Besteuerungsrecht von einer unbeschränkten zur beschränkten Steuerpflicht wechselt, ist unerheblich. Für die der inländischen Betriebsstätte zuzuordnenden Wirtschaftsgüter kann die Verschmelzung folglich auf Antrag zum Buchwert oder einem Zwischenwert vorgenommen werden.

Bei Wirtschaftsgütern, die einer ausländischen Betriebsstätte zuzuordnen sind, ist entscheidend, ob die Betriebsstätte in einem DBA-Staat belegen ist und ob das DBA die Freistellungs- oder Anrechnungsmethode vorsieht. Wirtschaftsgüter, die einer ausländischen Freistellungs-Betriebsstätte zuzuordnen sind, haben auch vor der Verschmelzung schon nicht der deutschen Besteuerung unterlegen. Damit kann auch dieses Betriebsstättenvermögen für Zwecke der Ermittlung des Übertragungsgewinns mit dem Buchwert angesetzt werden (siehe aber § 4 Abs. 4 S. 2 für die Ermittlung des Übernahmegewinns). Bei Wirtschaftsgütern einer Anrechnungsbetriebsstätte und Wirtschaftsgütern einer Betriebsstätte in einem Nicht-DBA-Staat wird das deutsche Besteuerungsrecht beschränkt, soweit an dem übernehmenden Rechtsträger Anteilseigner beteiligt sind, die in Deutschland nicht unbeschränkt steuerpflichtig sind. Diese Wirtschaftsgüter sind bei der Ermittlung des Übertragungsgewinns folglich mit dem gemeinen Wert anzusetzen. Soweit am übernehmenden Rechtsträger dagegen in Deutschland unbeschränkt steuerpflichtige Anteilseigner beteiligt sind, ist dagegen auf Antrag ein Ansatz der Wirtschaftsgüter zum Buch- oder einem Zwischenwert möglich.

Besonderes Augenmerk sollte bei einer Hinausverschmelzung auf Wirtschaftsgüter gerichtet werden, die zum sog. ungebundenen Vermögen gehören, d.h. Wirtschaftsgüter, die funktional nicht einer bestimmten Betriebsstätte zugeordnet werden können. Dies trifft regelmäßig auf den Geschäfts- und Firmenwert, Beteiligungen und einzelne immaterielle Wirtschaftsgüter zu. Bei einer Hinausverschmelzung geht das neutrale Vermögen grundsätzlich auf das neue ausländische Stammhaus über. Stille Reserven dieser Wirtschaftsgüter sind dabei erfolgswirksam aufzudecken.

II. Hineinverschmelzung

Bei der Verschmelzung einer ausländischen Körperschaft auf eine inländische PersG sind §§ 3 ff. anwendbar, wenn die Körperschaft in einem EU/EWR-Staat ansässig und einer deutschen KapG vergleichbar ist.   105

Für die steuerlichen Folgen der Hineinverschmelzung kommt es wie bei der Hinausverschmelzung darauf an, welcher Betriebsstätte des übertragenden Rechtsträgers die Wirtschaftsgüter zuzuordnen sind. Bei einer inländischen Betriebsstätte bleibt das deutsche Besteuerungsrecht grundsätzlich erhalten. Damit ist insoweit ein Ansatz zum Buch- oder einem Zwischenwert möglich. Gleiches gilt im Ergebnis bei einer Betriebsstätte in einem DBA-Staat mit Freistellungsmethode. Hier besteht vor und nach der Verschmelzung kein deutsches Besteuerungsrecht, so dass dieses auch nicht eingeschränkt oder ausgeschlossen wird. Bei Wirtschaftsgütern, die einer Betriebsstätte in einem DBA-Staat mit Anrechnungsmethode oder in einem Nicht-DBA-Staat zuzuordnen sind, wird das deutsche Besteuerungsrecht begründet, soweit am übernehmenden Rechtsträger Anteilseigner beteiligt sind, die im Inland unbeschränkt steuerpflichtig sind. Da das Wahlrecht zum Ansatz mit dem Buch- oder einem Zwischenwert einheitlich auszuüben sind, sind auch diese Wirtschaftsgüter bei Ausübung des Wahlrechts mit dem gewählten Wert anzusetzen.

III. Inlandsverschmelzung mit Auslandsbezug

Bei der Verschmelzung einer inländischen Körperschaft auf eine inländische PersG kann durch ausländische Gesellschafter oder eine ausländische Betriebsstätte ein Bezug zum Ausland bestehen. Ein Auslandsbezug steht der Steuerneutralität der Umwandlung nicht entgegen, soweit kein inländisches Besteuerungsrecht verloren geht.   106

1. Auslandsbezug durch ausländische Gesellschafter

Ist an der übertragenden Körperschaft ein in Deutschland lediglich beschränkt steuerpflichtiger Gesellschafter beteiligt, steht dies einer Steuerneutralität regelmäßig nicht entgegen.[191] Vor der Verschmelzung unterliegt   107

---

191 *Schmitt* in Schmitt/Hörtnagl/Stratz, § 3 Rdn. 90.

das gesamte Betriebsvermögen der Körperschaft als inländisches Vermögen der deutschen Besteuerung. An der inländischen Steuerverstrickung ändert sich auch nach der Umwandlung nichts; ausländische Gesellschafter der aufnehmenden PersG werden insofern mit dem auf sie entfallenden anteiligen Betriebsvermögen beschränkt steuerpflichtig (§ 49 Abs. 1 Nr. 2a EStG). Ein Besteuerungsrecht wird regelmäßig auch nicht durch etwaig bestehende DBA ausgeschlossen. Sind ausländische Gesellschafter an der aufnehmenden PersG beteiligt, ist ein Buchwertansatz allerdings insoweit nicht möglich, als eine ausländische Anrechnungsbetriebsstätte übertragen wird (siehe Rdn. 109).

2. Auslandsbezug durch eine ausländische Betriebsstätte

108 Unterhält die übertragende Körperschaft eine ausländische Betriebsstätte, ist deren Vermögen in der steuerlichen Schlussbilanz zu erfassen. Das Wahlrecht zur Buchwertfortführung besteht, sofern kein deutsches Besteuerungsrecht verloren geht (§ 3 Abs. 2 Nr. 2).

Befindet sich die Betriebsstätte in einem DBA-Staat, mit dem zur Vermeidung der Doppelbesteuerung die *Freistellungsmethode* vereinbart wurde, geht durch die Umwandlung kein deutsches Besteuerungsrecht verloren, da bereits vor der Umwandlung kein Besteuerungsrecht bestand. Dies gilt unabhängig davon, ob an der aufnehmenden PersG unbeschränkt oder beschränkt steuerpflichtige Gesellschafter beteiligt sind. Das Betriebsstättenvermögen ist analog dem übergehenden inländischen Vermögen anzusetzen. Deckt die übertragende Körperschaft im Rahmen der Umwandlung stille Reserven auf, ist ein Übertragungsgewinn insoweit nicht in Deutschland steuerpflichtig, als er auf das ausländische Betriebsstättenvermögen entfällt.

Bei der Ermittlung des Übernahmeergebnisses ist allerdings zu beachten, dass das ausländische Betriebsstättenvermögen („neutrales Vermögen") mit dem gemeinen Wert anzusetzen ist und das Übernahmeergebnis dadurch erhöht wird.

109 Unterliegt die Betriebsstätte dagegen einem DBA, in dem das *Anrechnungsverfahren* vereinbart wurde, kann bei ausländischen Gesellschaftern deutsches Besteuerungssubstrat anteilig verloren gehen. Vor der Umwandlung unterliegt das Betriebsstättenvermögen der vollumfänglichen Besteuerung bei der inländischen Körperschaft. Auf die inländische Steuer ist lediglich die im Ausland erhobene Steuer anzurechnen. Nach der Umwandlung besteht diese Rechtslage nur mehr bei inländischen Gesellschaftern der aufnehmenden PersG. Dagegen sind ausländische Gesellschafter einer inländischen PersG nur mit ihrem anteiligen in Deutschland belegenen Betriebsvermögen steuerpflichtig. Aus diesem Grund ist das auf ausländische Mitunternehmer entfallende Betriebsstättenvermögen mit dem gemeinen Wert anzusetzen. Der insofern entstehende Übertragungsgewinn ist in Deutschland zu versteuern. Ist die Anrechnungsbetriebsstätte in einem EU-Staat belegen, kann eine fiktive ausländische Steuer bei einer grenzüberschreitenden Umwandlung ggf. auf den Übertragungsgewinn gem. § 3 Abs. 3 angerechnet werden (siehe Rdn. 84).

110 Ist die ausländische Betriebsstätte in einem *Nicht-DBA-Staat* belegen, gelten die Ausführungen zur DBA-Anrechnungsbetriebsstätte analog, da unilateral die Doppelbesteuerung ebenfalls durch Anrechnung ausländischer Steuern vermieden wird (§ 34c Abs. 1 EStG, § 26 KStG).[192]

IV. Auslandsverschmelzung mit Inlandsbezug

Die Verschmelzung einer ausländischen EU-/EWR-Körperschaft auf eine   *111*
transparent besteuerte ausländische EU-/EWR-PersG wird ebenfalls vom Anwendungsbereich des deutschen Umwandlungssteuerrechts erfasst. Bei reinen Auslandsverschmelzungen kann durch inländische Betriebsstätten oder inländische Gesellschafter ein Anknüpfungspunkt zum deutschen Steuerrecht entstehen.[193]

1. In Deutschland belegene Betriebsstätte

Unterhält die übertragende Körperschaft im Inland eine Betriebsstätte und   *112*
wird die Zurechnung des Betriebsstättenvermögens durch die Umwandlung nicht berührt, kann dieses insoweit mit dem Buchwert, Zwischenwert oder gemeinen Wert angesetzt werden (§ 3 Abs. 2). Durch die Wahl eines Buchwertansatzes kann die Entstehung eines Übertragungsgewinns vermieden werden. Dabei ist unerheblich, ob die an der Verschmelzung beteiligten Rechtsträger in einem Staat ansässig sind, mit dem Deutschland zur Vermeidung der Doppelbesteuerung die Freistellungsmethode oder die Anrechnungsmethode vereinbart hat. Das Ansatzwahlrecht besteht auch dann, wenn die beteiligten Rechtsträger in Nicht-DBA-Staaten ansässig sind.

Das Ansatzwahlrecht kann darüber hinaus unabhängig davon ausgeübt werden, ob die Gesellschafter der übernehmenden PersG im In- oder Ausland ansässig sind, da dies die Steuerverhaftung des Betriebsstättenvermögens nicht beeinflusst.

Sind an der übernehmenden PersG keine inländischen Gesellschafter beteiligt, ist für die Ausübung des Ansatzwahlrechts ausreichend, wenn eine auf deutschen steuerlichen Grundsätzen basierende Schlussbilanz lediglich für das inländische Betriebsstättenvermögen erstellt wird.

Werden stille Reserven im Betriebsstättenvermögen aufgedeckt, ist der Übertragungsgewinn regelmäßig in Deutschland zu versteuern (Art. 7, 6 OECD-MA).

Die Schlussbilanz der übertragenden Körperschaft ist bei dem für die Besteuerung der Betriebsstätte zuständigen Finanzamt einzureichen.

2. In Deutschland ansässige Gesellschafter der Übernehmerin

Sind an der aufnehmenden ausländischen PersG Steuerinländer beteiligt,   *113*
beeinträchtigt dies das Ansatzwahlrecht des § 3 Abs. 2 grundsätzlich nicht. Allerdings ist in diesem Fall in der steuerlichen Schlussbilanz das gesamte

---

192 *Birkemeier* in Rödder/Herlinghaus/van Lishaut, § 3 Rdn. 104.
193 *Schaflitzl/Widmayer*, BB Special 8/2006, 42; *Birkemeier* in Rödder/Herlinghaus/van Lishaut, § 3 Rdn. 107.

in- und ausländische Vermögen zu erfassen, um die fiktive Ausschüttung gem. § 7 bestimmen zu können.[194]

Insbesondere für inländische Minderheitsgesellschafter wird allerdings das Durchsetzen der Aufstellung einer nach deutschen Grundsätzen aufgestellten steuerlichen Schlussbilanz nur schwer möglich sein.

Unterliegen passive Einkünfte der übertragenden Körperschaft der deutschen Hinzurechnungsbesteuerung, könnte die Umwandlung zu einer Beschränkung des deutschen Besteuerungsrechts führen, wenn die Anwendung von § 20 Abs. 2 AStG zu einer Verschlechterung des deutschen Besteuerungsanspruchs führt.[195] Nach der hier vertretenen Auffassung liegt hierin aber keine insoweit schädliche Einschränkung des deutschen Besteuerungsrechts vor.

---

194 *Viebrock/Hagemann*, FR 2009, 742 stellen in Frage, ob im Fall einer reinen Auslandsverschmelzung eine fiktive Dividendenausschüttung und das Übernahmeergebnis in Deutschland der Besteuerung unterliegen.
195 *Blöchle/Weggenmann*, IStR 2008, 91; siehe Rdn. 84.

Steierberg

§ 4

Auswirkungen auf den Gewinn des übernehmenden Rechtsträgers

(1) [1]Der übernehmende Rechtsträger hat die auf ihn übergegangenen Wirtschaftsgüter mit dem in der steuerlichen Schlussbilanz der übertragenden Körperschaft enthaltenen Wert im Sinne des § 3 zu übernehmen. [2]Die Anteile an der übertragenden Körperschaft sind bei dem übernehmenden Rechtsträger zum steuerlichen Übertragungsstichtag mit dem Buchwert, erhöht um Abschreibungen, die in früheren Jahren steuerwirksam vorgenommen worden sind, sowie um Abzüge nach § 6b des Einkommensteuergesetzes und ähnliche Abzüge, höchstens mit dem gemeinen Wert, anzusetzen. [3]Auf einen sich daraus ergebenden Gewinn finden § 8 b Abs. 2 Satz 4 und 5 des Körperschaftsteuergesetzes sowie § 3 Nr. 40 Satz 1 Buchstabe a Satz 2 und 3 des Einkommensteuergesetzes Anwendung.

(2) [1]Der übernehmende Rechtsträger tritt in die steuerliche Rechtsstellung der übertragenden Körperschaft ein, insbesondere bezüglich der Bewertung der übernommenen Wirtschaftsgüter, der Absetzungen für Abnutzung und der den steuerlichen Gewinn mindernden Rücklagen. [2]Verrechenbare Verluste, verbleibende Verlustvorträge, vom übertragenden Rechtsträger nicht ausgeglichene negative Einkünfte, ein Zinsvortrag nach § 4h Absatz 1 Satz 5 des Einkommensteuergesetzes und ein EBITDA-Vortrag nach § 4h Absatz 1 Satz 3 des Einkommensteuergesetzes gehen nicht über. [3]Ist die Dauer der Zugehörigkeit eines Wirtschaftsguts zum Betriebsvermögen für die Besteuerung bedeutsam, so ist der Zeitraum seiner Zugehörigkeit zum Betriebsvermögen der übertragenden Körperschaft dem übernehmenden Rechtsträger anzurechnen. [4]Ist die übertragende Körperschaft eine Unterstützungskasse, erhöht sich der laufende Gewinn des übernehmenden Rechtsträgers in dem Wirtschaftsjahr, in das der Umwandlungsstichtag fällt, um die von ihm, seinen Gesellschaftern oder seinen Rechtsvorgängern an die Unterstützungskasse geleisteten Zuwendungen nach § 4d des Einkommensteuergesetzes; § 15 Abs. 1 Satz 1 Nr. 2 Satz 2 des Einkommensteuergesetzes gilt sinngemäß. [5]In Höhe der nach Satz 4 hinzugerechneten Zuwendungen erhöht sich der Buchwert der Anteile an der Unterstützungskasse.

(3) Sind die übergegangenen Wirtschaftsgüter in der steuerlichen Schlussbilanz der übertragenden Körperschaft mit einem über dem Buchwert liegenden Wert angesetzt, sind die Absetzungen für Abnutzung bei dem übernehmenden Rechtsträger in den Fällen des § 7 Abs. 4 Satz 1 und Abs. 5 des Einkommensteuergesetzes nach der bisherigen Bemessungsgrundlage, in allen anderen Fällen nach dem Buchwert, jeweils vermehrt um den Unterschiedsbetrag zwischen dem Buchwert der einzelnen Wirtschaftsgüter und dem Wert, mit dem die Körperschaft die Wirtschaftsgüter in der steuerlichen Schlussbilanz angesetzt hat, zu bemessen.

(4) [1]Infolge des Vermögensübergangs ergibt sich ein Übernahmegewinn oder Übernahmeverlust in Höhe des Unterschiedsbetrags zwischen dem Wert, mit dem die übergegangenen Wirtschaftsgüter zu übernehmen sind, abzüglich der Kosten für den Vermögensübergang und dem Wert der Anteile an der übertragenden Körperschaft (Absätze 1 und 2, § 5 Abs. 2 und 3). [2]Für die Ermittlung des Übernahmegewinns oder Übernahmeverlusts

sind abweichend von Satz 1 die übergegangenen Wirtschaftsgüter der übertragenden Körperschaft mit dem Wert nach § 3 Abs. 1 anzusetzen, soweit an ihnen kein Recht der Bundesrepublik Deutschland zur Besteuerung des Gewinns aus einer Veräußerung bestand. [3]Bei der Ermittlung des Übernahmegewinns oder des Übernahmeverlusts bleibt der Wert der übergegangenen Wirtschaftsgüter außer Ansatz, soweit er auf Anteile an der übertragenden Körperschaft entfällt, die am steuerlichen Übertragungsstichtag nicht zum Betriebsvermögen des übernehmenden Rechtsträgers gehören.

(5) [1]Ein Übernahmegewinn erhöht sich und ein Übernahmeverlust verringert sich um einen Sperrbetrag im Sinne des § 50c des Einkommensteuergesetzes, soweit die Anteile an der übertragenden Körperschaft am steuerlichen Übertragungsstichtag zum Betriebsvermögen des übernehmenden Rechtsträgers gehören. [2]Ein Übernahmegewinn vermindert sich oder ein Übernahmeverlust erhöht sich um die Bezüge, die nach § 7 zu den Einkünften aus Kapitalvermögen im Sinne des § 20 Abs. 1 Nr. 1 des Einkommensteuergesetzes gehören.

(6) [1]Ein Übernahmeverlust bleibt außer Ansatz, soweit er auf eine Körperschaft, Personenvereinigung oder Vermögensmasse als Mitunternehmerin der Personengesellschaft entfällt. [2]Satz 1 gilt nicht für Anteile an der übertragenden Gesellschaft, die die Voraussetzungen des § 8b Abs. 7 oder des Abs. 8 Satz 1 des Körperschaftsteuergesetzes erfüllen. [3]In den Fällen des Satzes 2 ist der Übernahmeverlust bis zur Höhe der Bezüge im Sinne des § 7 zu berücksichtigen. [4]In den übrigen Fällen ist er in Höhe von 60 Prozent, höchstens jedoch in Höhe von 60 Prozent der Bezüge im Sinne des § 7 zu berücksichtigen; ein danach verbleibender Übernahmeverlust bleibt außer Ansatz. [5]Satz 4 gilt nicht für Anteile an der übertragenden Gesellschaft, die die Voraussetzungen des § 3 Nr. 40 Satz 3 und 4 des Einkommensteuergesetzes erfüllen; in diesen Fällen gilt Satz 3 entsprechend. [6]Ein Übernahmeverlust bleibt abweichend von den Sätzen 2 bis 5 außer Ansatz, soweit bei Veräußerung der Anteile an der übertragenden Körperschaft ein Veräußerungsverlust nach § 17 Abs. 2 Satz 6 des Einkommensteuergesetzes nicht zu berücksichtigen wäre oder soweit die Anteile an der übertragenden Körperschaft innerhalb der letzten fünf Jahre vor dem steuerlichen Übertragungsstichtag entgeltlich erworben wurden.

(7) [1]Soweit der Übernahmegewinn auf eine Körperschaft, Personenvereinigung oder Vermögensmasse als Mitunternehmerin der Personengesellschaft entfällt, ist § 8b des Körperschaftsteuergesetzes anzuwenden. [2]In den übrigen Fällen ist § 3 Nr. 40 sowie § 3c des Einkommensteuergesetzes anzuwenden.

Inhaltsverzeichnis

Spezialliteratur

Behrens, Keine phasenverschobene Wertaufholung nach Umwandlungen, BB 2009, 318; *Bilitewski*, Gesetz über steuerliche Begleitmaßnahmen zur Einführung der europäischen Gesellschaft und zur Änderung weiterer steuerrechtlicher Vorschriften (SEStEG), FR 2007, 62; *Bogenschütz*, Aktuelle Entwicklungen bei der Umwandlung von Kapital- in Personengesellschaften, Ubg 2009, 604; *Hörtnagl*, Europäisierung des Umwandlungssteuerrechts – SEStEG, Stbg 2006, 471; *Hruschka*, Umwandlung- auf Personengesellschaften (§§ 3 f. UmwStG), DStR 2012, Beihefter zu Heft 2, 4; *Jamrozy/Weggenmann*, Rechtsformwechsel einer Kapital- in eine Personengesellschaft in Polen – ein steuerliches Optimierungsvehikel für deutsche Investoren, IStR 2008, 869; *Klingbiel*, SEStEG (Stand: 12. 07. 2006) – Umwandlung einer Körperschaft in eine Personengesellschaft, Der Konzern 2006, 600; *Ley*, Tarifbegünstigung für nicht entnommene Gewinne gemäß § 34a EStG, Ubg. 2008, 13; *Lohmann/Goldacker/Zeitz*, Ertragsteuerliche Behandlung der Grunderwerbsteuer bei Unternehmensreorganisationen, BB 2009, 477; *Rieger/Füger*, Das Gesetz zur Fortsetzung der Unternehmenssteuerreform – rückwirkende Änderungen im EStG, KStG und UmwStG, DStR 1997, 1427; *Schaumburg*, Umwandlungen mit Auslandsbezug, GmbHR 1996, 414; *Schönherr/Krüger*, Die Passivierung angeschaffter Drohverlustrückstellungen in der Steuerbilanz des Erwerbers, Anmerkung zum BFH-Urteil vom 16. 12. 2009, BFH 16. 12. 2009 Aktenzeichen I R 102/08, DStR 2010, 1709; *Stadler/Elser/Bindl*, Vermögensübergang und Verschmelzung auf eine Personengesellschaft oder auf eine natürliche Person und Formwechsel einer Kapitalgesellschaft in eine Personengesellschaft, DB 2012, Beihefter 1, 14; *Teiche*, Maßgeblichkeit bei Umwandlungen – trotz SEStEG, DStR 2008, 1757.

A. Überblick

I. Zweck der Vorschrift

§ 4 regelt die steuerlichen Rechtsfolgen der *Verschmelzung* einer KapG auf   *1*
eine PersG oder eine natürliche Person (vgl. § 3 i.V.m. § 4 Abs. 1 und § 1
Abs. 2) für den übernehmenden Rechtsträger. Eine Verschmelzung auf eine
PersG kann auch durch die Vermögensübertragung auf einen erst neu entstehenden Rechtsträger erfolgen (vgl. § 2 Nr. 2 UmwG i.V.m. § 1 Abs. 1
Nr. 1; Verschmelzung durch Neugründung). Dagegen stellt die Ausgliederung einer 100 %-igen Beteiligung an einer KapG auf eine PersG steuerlich
eine Einbringung dar, die sich nach § 24 bemisst.

Die Vorschrift gilt entsprechend bei einem *Formwechsel* einer KapG in eine   *2*
PersG (vgl. § 9), bei einer Ab- oder Aufspaltung von Vermögen einer KapG
auf eine PersG (vgl. § 16) und bei einem Vermögensübergang, bei dem das
übertragene Vermögen kein Betriebsvermögen des übernehmenden
Rechtsträgers wird (vgl. § 8 Abs. 1).

Die Verschmelzung einer KapG auf eine PersG bewirkt einen *Wechsel des*   *3*
Besteuerungsregimes. Für Zwecke der Einkommensteuer ist die PersG kein
Steuersubjekt, dem Einkommen zugerechnet wird (vgl. § 1 EStG und § 1
i.V.m. § 3 KStG). Der von einer PersG erwirtschaftete Gewinn wird vielmehr
den Gesellschaftern zur Besteuerung zugewiesen und zwar unabhängig davon ob er ausgeschüttet oder thesauriert wird (sog. Transparenzprinzip, § 15
Abs. 1 Nr. 2 EStG). Entsprechend sind Gewinnausschüttungen an Gesellschafter von Personenunternehmen steuerlich unbeachtlich. Die (spätere)
Entnahme versteuerter Rücklagen ist ergebnisneutral. Die Änderung des
Besteuerungsregimes vom Trennungsprinzip bei einer KapG hin zum Transparenzprinzip bei einer PersG wirft deshalb zwei zentrale Fragen auf:

– Wie werden die bei der KapG vorhandenen (auf Anteilseignerebene bislang unversteuerten) Gewinnrücklagen behandelt?
– Wie wird das Übernahmeergebnis steuerlich behandelt, das sich ergibt,
  wenn das im Rahmen der Verschmelzung übergehende Reinbetriebsvermögen der KapG lt. Steuerbilanz mit dem Beteiligungsansatz an dieser
  KapG verrechnet wird?

§ 7 ordnet an, dass der Übergang der offenen (bislang nur durch die Kör-   *4*
perschaft versteuerten) *Gewinnrücklagen* der KapG auf den übernehmenden Rechtsträger wie eine Vollausschüttung dieser thesaurierten Gewinne
zu behandeln ist. Folglich erzielen *alle* Anteilseigner Einkünfte aus Kapitalvermögen i.S.v. § 20 Abs. 1 Nr. 1 EStG. Hierdurch wird im Ergebnis ein Kapitalertragsteuerabzug sichergestellt (§ 43 Abs. 1 Nr. 1 EStG). Aufgrund dieser Besteuerung einer fiktiven Ausschüttung an die Anteilseigner ist nach
der Umwandlung systematisch eine steuerfreie Entnahme bei der PersG gerechtfertigt.

Neben der fiktiven Ausschüttung der Gewinnrücklagen ist ein *Übernahmeer-*   *5*
gebnis zu ermitteln. Dieses ergibt sich durch Gegenüberstellung der untergehenden Beteiligung an der übertragenden Körperschaft und dem Wert des auf
den übernehmenden Rechtsträger übergehenden Betriebsvermögens. Der
Übernahmeerfolg ist um die Bezüge nach § 7 zu mindern (vgl. § 4 Abs. 5 S. 2).

Diesem Mechanismus liegt folgende Überlegung zugrunde. Gewinnrücklagen spiegeln in der Vergangenheit erwirtschaftete Vermögensmehrungen wider. Folglich sind diese Gewinnrücklagen automatisch auch Bestandteil bei der Ermittlung des Übernahmeerfolgs. Da die Gewinnrücklagen im Rahmen einer fiktiven Ausschüttung jedoch zugleich als Einkünfte aus Kapitalvermögen besteuert werden, bedarf es eines Korrekturmechanismus, um eine Doppelbesteuerung zu vermeiden. Ein Übernahmegewinn (der Wert des übergehenden Reinbetriebsvermögens des übertragenden Rechtsträgers lt. Steuerbilanz übersteigt den Wertansatz der untergehenden Beteiligung) ist deshalb um diese Bezüge zu vermindern. Bei einem Übernahmeverlust (der Wert des übergehenden Reinbetriebsvermögens lt. Steuerbilanz des übertragenden Rechtsträgers ist geringer als der Wertansatz der untergehenden Anteile) erhöht sich ein Übernahmeverlust entsprechend.

6   Ein durch die Verschmelzung entstehender *Übernahmegewinn* wird behandelt wie ein Gewinn aus der Veräußerung der Anteile an der untergehenden KapG (vgl. § 4 Abs. 7). Soweit der Übernahmegewinn auf KapG als Mitunternehmer entfällt, ist § 8b KStG anzuwenden. Bei natürlichen Personen als Mitunternehmer gilt das Teileinkünfteverfahren (§ 3 Nr. 40 EStG sowie § 3c EStG).

7   Soweit ein *Übernahmeverlust* entsteht, bleibt dieser entsprechend außer Ansatz, soweit er auf eine KapG als Mitunternehmerin entfällt (§ 4 Abs. 6 S. 1). Dies ist folgerichtig, da auch Verluste aus der Veräußerung von Anteilen an Körperschaften nach § 8b Abs. 3 S. 2 KStG nicht zu berücksichtigen sind.

Konsequent ist auch die Verlustberücksichtigung von 60 % des Übernahmeverlustes, soweit eine natürliche Person als Mitunternehmer beteiligt ist (§ 4 Abs. 6 S. 4). In dieser Höhe können die nach § 7 anzusetzenden Einkünfte aus Kapitalvermögen neutralisiert werden, auf deren Betrag die Verlustberücksichtigung allerdings begrenzt ist. Im Ergebnis werden somit geleistete Anschaffungskosten für die Beteiligung an einer KapG steuermindernd berücksichtigt. Denn ein Übernahmeverlust tritt regelmäßig auf, wenn bei einem Erwerb der Anteile über den Kaufpreis Rücklagen der KapG vergütet wurden. Müssten die nach § 7 als ausgeschüttet geltenden Gewinnrücklagen im Rahmen des Teileinkünfteverfahrens besteuert werden, blieben die für die Rücklagen geleisteten Anschaffungskosten gänzlich unberücksichtigt.

8   Der Ansatz der Aktiva und Passiva in der *Steuerbilanz* der *übernehmenden Gesellschaft* ist unabhängig von einem handelsrechtlichen Wertansatz (siehe Rdn. 15). Sofern die übernehmende Gesellschaft von dem Wahlrecht des § 24 UmwG Gebrauch macht und folglich zu eigenen Anschaffungskosten bilanziert (es können insofern auch höhere Werte als in der handelsrechtlichen Schlussbilanz der Überträgerin angesetzt werden), bleibt dies ohne Auswirkung auf die steuerlich zwingend angeordnete Wertverknüpfung, so dass unabhängig von der handelsrechtlichen Vorgehensweise für steuerliche Zwecke eine strikte Buchwertverknüpfung vorgeschrieben ist.

II. Besteuerungszeitpunkt

Der Übernahmegewinn entsteht wie der Übertragungsgewinn und ein etwaiger Übernahmefolgegewinn zum Zeitpunkt des *steuerlichen Übertragungsstichtags*.[1] Das Einkommen der übertragenden KapG als auch des übernehmenden Rechtsträgers ist so zu ermitteln, als ob das Vermögen mit Ablauf des steuerlichen Übertragungsstichtags übergegangen wäre. Der steuerliche Übertragungsstichtag ist der Tag, der dem handelsrechtlichen Umwandlungsstichtag vorangeht (§ 2 Abs. 1).

9

Dagegen ist der *handelsrechtliche Verschmelzungsstichtag* der Tag, von dem an die Handlungen des übertragenden Rechtsträgers als für Rechnung des übernehmenden Rechtsträgers vorgenommen gelten (§ 5 Abs. 1 Nr. 6 UmwG). Beide Stichtage sind nicht identisch.

Ein Übernahmegewinn ist in dem Veranlagungszeitraum zu versteuern, in den der Übertragungsstichtag fällt. Gleiches gilt für die Verrechnung eines abzugsfähigen Übernahmeverlustes.

Beispiel:
Der übertragende Rechtsträger erstellt eine handelsrechtliche Schlussbilanz gem. § 17 Abs. 2 UmwG auf den 31. 12. 01. Der handelsrechtliche Verschmelzungsstichtag ist der 01. 01. 02. Der steuerliche Übertragungsstichtag ist zwingend der 31. 12. 01.[2] Dies ist zugleich der Stichtag, auf den die Überträgerin ihre Schlussbilanz nach § 17 Abs. 2 UmwG zu erstellen hat. Die Aufstellung der Schlussbilanz ist folglich stets auf den Zeitpunkt unmittelbar vor dem Verschmelzungsstichtag vorzunehmen; dieser Tag ist zugleich der steuerliche Übertragungsstichtag.[3] Das Übernahmeergebnis ist bei dem übernehmenden Rechtsträger für den Veranlagungszeitraum 2001 zu ermitteln.[4] Die Verteilung des auf die Gesellschafter der PersG entfallenden Übernahmeergebnisses wird im Rahmen einer einheitlich und gesonderten Gewinnfeststellung getroffen (§ 180 Abs. 1 Nr. 2a AO).

Auch die Einkünfte aus Kapitalvermögen nach § 7 entstehen mit Ablauf des steuerlichen Übertragungsstichtags (§ 2 Abs. 1).[5] Diese Bezüge sind daher gleichermaßen im Veranlagungszeitraum 01 von den Anteilseignern zu versteuern. Zusätzlich ist zu beachten, dass zur Ermittlung des Übernahmeerfolgs fingiert wird, dass von Dritten gehaltene Anteile gem. § 5 als in das Betriebsvermögen der übernehmenden Gesellschaft eingelegt gelten (Ausnahme: Anteile einer im Privatvermögen gehaltenen nicht wesentlichen Beteiligung).

10

Diese steuerpflichtigen Kapitalerträge gelten wegen der Konkurrenznorm des § 20 Abs. 8 EStG als betriebliche Einkünfte („weite Einlagefiktion").[6]

---

1 Tz. 04.26 UmwStE 2011.
2 Tz. 02.02 UmwStE 2011.
3 *Zerwas* in Budde/Förschle/Winkeljohann, H 37.
4 Tz. 04.27 UmwStE 2011.
5 Tz. 07.07 UmwStE 2011.
6 Hierzu ausführlich *Bogenschütz*, Ubg 2009, 610.

Daher ist es folgerichtig, dass die auf die entsprechenden Anteilseigner entfallenden betrieblichen Einkünfte aus Kapitalvermögen gleichermaßen einheitlich und gesondert festgestellt werden (§ 180 Abs. 1 Nr. 2 AO).

B. Wertansatz beim übernehmenden Rechtsträger
I. Steuerrechtliche Wertverknüpfung (§ 4 Abs. 1 S. 1)

11 Der übernehmende Rechtsträger hat die auf ihn übergegangenen Wirtschaftsgüter mit den Werten anzusetzen, die in der steuerlichen Schlussbilanz des übertragenden Rechtsträgers angesetzt werden (§ 4 Abs. 1 S. 1). Dies können die gemeinen Werte (Einzelveräußerungspreise nach § 9 Abs. 2 BewG), Zwischenwerte oder die Buchwerte lt. Steuerbilanz des übertragenden Rechtsträgers sein (§ 3). Die Pflicht zur Wertübernahme besteht für alle Wirtschaftsgüter, die in der steuerlichen Schlussbilanz der übertragenden Gesellschaft angesetzt worden sind. Nach Ansicht der Finanzverwaltung gilt die Wertübernahme auch für Bilanzansätze, denen die Eigenschaft als Wirtschaftsgut fehlt, z.B. Rechnungsabgrenzungsposten oder Sammelposten i.S.d. § 6 Abs. 2a EStG.[7] Die Übernahme der Wirtschaftsgüter erfolgt mit Wirkung zum steuerlichen Übertragungsstichtag gem. § 2.

Durch die strikte *Wertverknüpfung* an die Schlussbilanzwerte in der Steuerbilanz der Überträgerin wird die Besteuerung der stillen Reserven sichergestellt (§ 4 Abs. 1 S. 1). Bei einer nach § 3 Abs. 2 möglichen Buchwertverknüpfung werden die übergegangenen stillen Reserven erst zu einem späteren Zeitpunkt bei einem entsprechenden Realisationsakt (z.B. Veräußerung des Wirtschaftsguts) aufgedeckt. Erfolgt ein Ansatz der gemeinen Werte, wird durch die Wertverknüpfung sichergestellt, dass durch die übertragende Gesellschaft aufgedeckte stille Reserven auf Ebene der Übernehmerin zu erhöhtem Abschreibungspotential führen.

12 Ist der aufnehmende Rechtsträger eine PersG, kann die Wertverknüpfung durch ein Zusammenspiel von *Gesamthands- und Ergänzungsbilanzen* umgesetzt werden. Dies ist insbesondere sinnvoll, wenn die aufnehmende Gesellschaft vor der Umwandlung bereits bestanden hat. In derartigen Fällen tritt häufig das Problem auf, dass zwar eine Aufdeckung stiller Reserven vermieden werden soll, aber dennoch ein zutreffender Ausweis der Beteiligungsverhältnisse in der Gesamthandsbilanz sichergestellt werden soll. Hier bietet sich ein Ansatz der übergehenden Wirtschaftsgüter in der Gesamthandsbilanz zu gemeinen Werten an, die durch negative Ergänzungsbilanzen der Altgesellschafter der Überträgerin korrigiert werden.

13 Ändern sich die Wertansätze in der steuerlichen Schlussbilanz der übertragenden KapG (z.B. durch eine Betriebsprüfung), sind diese Anpassungen gem. § 175 Abs. 1 Nr. 2 AO auch in der Bilanz der aufnehmenden PersG zu berücksichtigen (siehe Rdn. 45).

---

7 Tz. 04.01 UmwStE 2011 unter Verweis auf Tz. 03.04; siehe auch § 3 Rdn. 29.

II. Keine Wertverknüpfung im Handelsrecht

In § 17 Abs. 2 S. 2 UmwG ist der Wertansatz der Wirtschaftsgüter zum Buch-   *14*
wert in der Schlussbilanz der Überträgerin geregelt, da für die beim Handelsregister einzureichende Schlussbilanz die Vorschriften für die Jahresbilanz entsprechend anzuwenden sind. Im Gegensatz zum Steuerrecht hat die
übernehmende PersG über § 24 UmwG, der die Verschmelzung als Anschaffungsvorgang qualifiziert, das Ansatzwahlrecht, das übernommene Betriebsvermögen mit seinen Anschaffungskosten oder unter Fortführung der
Buchwerte anzusetzen. Als Anschaffungskosten gelten die Beträge, die die
übernehmende PersG für die Anteile an der übertragenden Gesellschaft
aufgewendet hat. Durch Ansatz der Anschaffungskosten kann somit handelsrechtlich Abschreibungsvolumina geschaffen werden.

III. Zur Maßgeblichkeit der Handelsbilanz

Da steuerlich über § 4 Abs. 1 S. 1 zwingend die Wertansätze der Wirtschafts-   *15*
güter zwischen Schluss- und Übernahmebilanz verknüpft sind, besteht für
das *Maßgeblichkeitsprinzip* des § 5 Abs. 1 S. 2 EStG in der Übernahmebilanz kein Raum mehr. Das Wahlrecht zum Ansatz von gemeinen, Buch-
oder Zwischenwerten liegt steuerlich nicht bei der Übernehmerin, sondern
gem. § 3 Abs. 2 S. 1 bei der übertragenden Körperschaft. Handels- und steuerliches Ansatzwahlrecht fallen damit auseinander.

Vor dem SEStEG war die Finanzverwaltung der Auffassung, dass über den
Maßgeblichkeitsgrundsatz des § 5 Abs. 1 S. 1 EStG bei einer Umwandlung
der Zwang zum Buchwertansatz bei der Überträgerin im Handelsrecht auch
auf den steuerlichen Ansatz durchschlägt und somit für steuerliche Zwecke
nur ein Übergang zu Buchwerten möglich sei.[8] Diese Ansicht – bislang
schon von der Rechtsprechung abgelehnt[9] – ist mit dem SEStEG und der darin aufgegebenen Geltung der Maßgeblichkeit der Handelsbilanz hinfällig
geworden.[10] Zwischenzeitlich hat die Finanzverwaltung vor dem Hintergrund der gefestigten Rechtsprechung die Bindung der Steuer- an die Handelsbilanz auch bei Umwandlungsfälen vor SEStEG aufgegeben.[11]

Konsequenz der nicht mehr bestehenden Wertverknüpfung zwischen Han-   *16*
dels- und Steuerbilanz ist auch, dass die sog. *phasenverschobene Wertaufholung* nicht mehr anzuwenden ist. Unter Geltung des UmwStG vor SEStEG
hatte die Finanzverwaltung die Meinung vertreten, dass ein Auseinanderfallen von handelsrechtlichen und steuerrechtlichen Wertansätzen zwar in
der Übernahmebilanz zulässig ist. Jedoch musste ein dem handelsrechtlichen Wahlrecht folgender Wertansatz in der Übernahmebilanz, der über
den Ansatz in der steuerlichen Schlussbilanz der übertragenden KapG hin-
ausging, bei der Übernehmerin in der auf den folgenden steuerlichen Stich-

---

8 BMF vom 25.03.1998, BStBl. I 1998, 268, Tz. 03.01, 11.01.
9 BFH vom 05.06.2007, I R 97/06, BStBl. II 2008, 650; BFH vom 19.10.2005, I R 38/
04, BStBl. II 2006, 568.
10 BT-Drs. 169/2170, 34; Tz. 03.10 UmwStE 2011.
11 OFD Rheinland vom 25.02.2008, Kurzinformation zur Körperschaftsteuer Nr. 13/
2008.

tagsbilanz insofern aufgeholt werden, als die steuerlichen Ansätze der übernommenen Wirtschaftsgüter erfolgswirksam aufzustocken waren.[12] Die Wertobergrenze dieser Aufstockung bildeten die steuerlichen Anschaffungs- bzw. Herstellungskosten, gemindert um die laufenden Abschreibungen der übertragenden Körperschaft.[13] I.H.d. Aufstockungsbetrages entstand ein laufender Gewinn, der den allgemeinen Regeln unterlag und nach diesen zu besteuern war. Durch die Wertobergrenze war die phasenverschobene Wertaufholung jedoch letztlich nur für die Fälle von Bedeutung, in denen der Steuerbilanzwert von Wirtschaftsgütern in der Übernahmebilanz durch eine *Sonderabschreibung, erhöhte Abschreibung, Abzüge nach § 6b EStG* oder ähnliche Abzüge gemindert war.

Spätestens mit der Änderung des UmwStG durch das SEStEG kann die phasenverschobene m. E. keine Geltung mehr haben. Da gerade keine Wertverknüpfung mehr zwischen den handels- und steuerrechtlichen Wertansätzen in der Übernahmebilanz besteht, können die handelsbilanziellen Wertansätze keine Auswirkung auf den Ansatz und die Bewertung in der Steuerbilanz haben. Dies muss konsequenterweise auch für die nachfolgenden Bilanzstichtage gelten. Insoweit „leben" die §§ 3, 4 UmwStG, die eigenständige Ansatz- und Bewertungsvorschriften sind, in den der Umwandlung nachfolgenden Wirtschaftsjahren fort und verhindern die Wertaufholung auf die handelsbilanziellen Wertansätze.

IV. Übernahmebilanzierung

17 Bei einer Verschmelzung durch Aufnahme stimmt in der Praxis der der Stichtag für die Schlussbilanz des übertragenden Rechtsträgers nach § 17 Abs. 2 UmwG regelmäßig mit dem Abschlussstichtag des übernehmenden Rechtsträgers überein. Auf diesen Stichtag erstellt der übernehmende Rechtsträger eine Steuerbilanz, in der das zusammengefasste Vermögen der beteiligten Rechtsträger unter Ausbuchung des Beteiligungsansatzes abzubilden ist.

Stimmt der Schlussbilanzstichtag des übertragenden Rechtsträgers bei einer *Verschmelzung durch Aufnahme* nicht mit dem Abschlussstichtag des übernehmenden Rechtsträgers überein, besteht keine gesetzliche Verpflichtung für den übernehmenden Rechtsträger auf den steuerlichen Übertragungsstichtag eine gesonderte Übernahmebilanz zu erstellen. Die übernehmende PersG bucht vielmehr die übergehenden Aktiva und Passiva in laufender Rechnung ein.[14] Hat die aufnehmende PersG ihren Gewinn bislang nach den Grundsätzen der *Einnahmen-Überschussrechnung gem. § 4 Abs. 3 EStG* ermittelt, ist die Erstellung einer steuerlichen Übernahmebilanz durch die

---

12 BMF vom 25.03.1998, BStBl. I 1998, 268, Tz. 03.02.

13 Einführend zur phasenverschobenen Wertaufholung, *Teiche*, DStR 2008, 1757 ff.; *Behrens*, BB 2009, 318 ff.; *van Lishaut* spricht der phasenverschobenen Wertaufholung dagegen die Bedeutung über die Wertaufholungsverpflichtung der Übernehmerin ab, vgl. *van Lishaut* in Rödder/Herlinghaus/van Lishaut, § 4 Rdn. 13 Fn. 3.

14 Tz. 04.03 UmwStE 2011 (laufender Geschäftsvorfall); vgl. auch *Klingberg* in Budde/Förschle/Winkeljohann, K 113.

Übernehmerin erforderlich. Aus dem Wechsel der Gewinnermittlungsart können Gewinnberichtigungen gem. R 4.6 EStR resultieren. Diese beziehen sich aber ausschließlich auf das Vermögen der aufnehmenden Gesellschaft.

Bei einer *Verschmelzung durch Neugründung* ist dagegen auf den steuerlichen Übertragungsstichtag eine Eröffnungsbilanz aufzustellen, die zugleich die steuerliche Übernahmebilanz darstellt.[15]

1. Bilanzielles Übernahmeergebnis

Der aufnehmende Rechtsträger hat in seiner Übernahmebilanz das übergehende Betriebsvermögen (§ 4 Abs. 1 S. 1) mit dem von der Überträgerin gewählten Wertansatz (§ 3) zu übernehmen. Ist der übernehmende Rechtsträger tatsächlich an der übertragenden Körperschaft beteiligt, geht diese Beteiligung im Gegenzug zum Zugang des Betriebsvermögens unter. Unter bilanziellen Gesichtspunkten wird die übernehmende PersG um die übergehenden Wirtschaftsgüter reicher und um die wegfallenden KapG-Anteile ärmer. Regelmäßig entspricht der Wertansatz des übergehenden Vermögens jedoch nicht dem Buchwert der untergehenden Beteiligung. Ein sich daraus ergebender Unterschiedsbetrag wird als bilanzielles Übernahmeergebnis bezeichnet. Insbesondere bei einer Buchwertfortführung durch die Überträgerin hängt das Übernahmeergebnis entscheidend vom Buchwert der Beteiligung an der untergehenden Körperschaft ab. Der Buchwert der Beteiligung bzw. die Anschaffungskosten der PersG an der übertragenden Körperschaft werden wiederum durch den Zeitpunkt des Erwerbs der Anteile bestimmt. Es ist zu unterscheiden, ob die PersG bereits seit der Gründung der übertragenden Körperschaft beteiligt ist (siehe Rdn. 19) oder diese erst nach deren Gründung erworben hat (siehe Rdn. 20). 18

a) Gründungsfall

Die Anschaffungskosten der Beteiligung an der übertragenden KapG entsprechen im Gründungsfall grds. ihrem Nennkapital. Wurden seit der Gründung Gewinne erwirtschaftet und thesauriert, entsteht ein bilanzieller *Übernahmegewinn*, da der Wert des übernommenen Betriebsvermögens (Nennkapital + Gewinnrücklagen) den Beteiligungsansatz (Nennkapital) übersteigt. Der Übernahmegewinn entspricht dann den aufgelaufenen Gewinnrücklagen der übertragenden KapG. 19

Hält die aufnehmende PersG Anteile an der übertragenden KapG, wird der Übernahmegewinn den Kapitalkonten der Mitunternehmer entsprechend ihrer Beteiligung an der PersG in der Gesamthandsbilanz erfolgsneutral zugebucht. Befinden sich nicht alle Anteile an der KapG im Gesamthandsvermögen der aufnehmenden PersG, kann durch die Umwandlung eine Neuberechnung der Kapitalkonten erforderlich werden.

Die Berechnung des steuerpflichtigen *Übernahmegewinns 2. Stufe* erfolgt unter Abzug der als ausgeschüttet geltenden Rücklagen und weiterer Kor-

---

15 Tz. 04.03 UmwStE 2011; *Pung* in Dötsch/Patt/Pung/Möhlenbrock, § 4 Rdn. 7; *Bohnhardt* in Haritz/Menner, § 4 Rdn. 42.

rekturposten (§ 4 Abs. 5) in einer Nebenrechnung und ist gesellschafterbezogen vorzunehmen (siehe Rdn. 100 ff.).

b) Erwerberfall

20 Wurden bei einem der Verschmelzung zeitlich vorgelagerten Anteilserwerb über den Kaufpreis für die Anteile am übertragenden Rechtsträger stille Reserven vergütet, ergibt sich regelmäßig ein bilanzieller *Übernahmeverlust*. Die zum Verkehrswert erworbenen Anteile übersteigen den Buchwert des Betriebsvermögens um die stillen Reserven. Es entsteht ein Übernahmeverlust in Höhe der stillen Reserven. Dies führt entsprechend bei den Mitunternehmern in der Gesamthandsbilanz zu einer erfolgsneutralen Abstockung ihrer Kapitalkonten.

2. Aufstellung von Ergänzungsbilanzen

21 Soll den Gesellschaftern der KapG zur Herstellung gleicher Beteiligungsverhältnisse in der Gesamthandsbilanz (Gegenbuchung auf dem Kapitalkonto I) ein Kapitalanteil eingeräumt werden, der höher ist als das übertragene Vermögen (Vermögensaufstockung), kann gleichwohl eine Buchwertverknüpfung erzielt werden. Zu diesem Zweck ist es erforderlich, dass in einer (negativen) Ergänzungsbilanz entsprechende Minderwerte ausgewiesen werden. Auf diese Weise bleibt der Vorgang steuerneutral, da für die Wertansätze des übernommenen Vermögens bei der PersG Gesamthands- und Ergänzungsbilanzen zusammenzufassen sind. In der Ergänzungsbilanz werden folglich die Wertkorrekturen gegenüber dem in der Steuerbilanz der PersG bilanzierten Gesamthandsvermögen abgebildet.[16] Bezogen auf das übernommene Vermögen werden im Ergebnis die Buchwerte fortgeführt.

V. Verschmelzungen unter Berücksichtigung von Auslandsvermögen

22 Zu einer Auslandsberührung der Verschmelzung kommt es insbesondere, wenn ausländisches Betriebsstättenvermögen vorliegt oder ausländischem Recht unterliegende Rechtsträger auf eine im Inland belegene PersG verschmolzen werden.

Das ausländische Vermögen ist in einer Schlussbilanz entsprechend § 3 zu erfassen. Hierbei ist zu berücksichtigen, dass eine Besteuerung im Inland steuerverstrickter stiller Reserven nur vermieden werden kann, wenn das gesamte übergehende Vermögen in der Schlussbilanz der übertragenden KapG – unter Einschluss des ausländischen Vermögens – *einheitlich* bilanziert wird (§ 3 Abs. 2).[17] Wird das ausländische Vermögen nicht auch zum Buchwert oder überhaupt nicht angesetzt, gilt der Antrag nach § 3 Abs. 2 S. 2 als nicht ordnungsgemäß gestellt. Damit sind die stillen Reserven im gesamten übergehenden Vermögen zu versteuern.

---

16 *Zimmermann*, Die Personengesellschaft im Steuerrecht, B Tz. 218.
17 *Van Lishaut* in Rödder/Herlinghaus/van Lishaut, § 4 Rdn. 28; Tz. 04.01 UmwStE 2011.

Der allgemeine *Verstrickungstatbestand* (zwingender Ansatz zum gemeinen 23
Wert nach § 4 Abs. 1 S. 7 EStG i.V.m. § 6 Abs. 1 Nr. 5a EStG) wird insofern
für das Auslandsvermögen verdrängt.[18] Dies kann allerdings zu einer unge-
rechtfertigten Doppelbelastung führen. Wird durch eine Umwandlung z.B.
erstmals eine Betriebsstätte im Ausland begründet, werden stille Reserven
im Betriebsvermögen der Betriebsstätte zumindest über den Progressionsvorbehalt in Deutschland steuerverstrickt. Soll die Umwandlung insgesamt
möglichst steuerneutral durchgeführt werden, ist für das gesamte übergehende Vermögen – also auch das Betriebsstättenvermögen – der Buchwertansatz zu wählen. Dies hat zur Folge, dass die stillen Reserven in
Deutschland mehrfach besteuert werden. Zum einen erfolgt eine Besteuerung im Rahmen der Übernahmegewinnermittlung gem. § 4 Abs. 4 S. 2. Darüber hinaus erhöht eine spätere Aufdeckung der stillen Reserven durch die
Betriebstätte die deutsche Steuerschuld aufgrund des in DBA typischerweise vorgesehenen Progressionsvorbehaltes. Der Gesetzgeber ist gefordert,
diese system-, verfassungs-, und europarechtswidrige Doppelerfassung ab-
zuschaffen.

Erstellt der im Ausland ansässige übertragende Rechtsträger **keine** *Schluss-* 24
bilanz i.S.d. § 3, ist fraglich, wie die als ausgeschüttet geltenden Reserven
für inländische Anteilseigner, die die Gewinnrücklagen nach § 7 zu versteuern haben, zu ermitteln sind. Um einer Schätzung der Besteuerungsgrund-
lage durch die deutsche Finanzverwaltung gem. § 162 AO zu vermeiden,
wird die Erstellung einer Schlussbilanz nach § 3 nämlich erforderlich sein.

Zu beachten ist, dass das Auslandsvermögen bei Ermittlung des Übernah- 25
megewinns zu berücksichtigen ist, auch wenn es bisher nicht der deutschen
Besteuerung unterlag, z.B. bei einer DBA-Betriebsstätte mit Freistellungs-
vorbehalt. Bei der Übernahmegewinnermittlung ist das Auslandsvermögen
zwingend mit dem *gemeinen Wert* anzusetzen (§ 4 Abs. 4 S. 2). Die stillen
Reserven des Auslandsvermögens (sog. neutrales Vermögen) erhöhen folglich den Übernahmeerfolg (siehe Rdn. 84 ff.).[19] Zur Begründung verweist der
Gesetzgeber darauf, dass auch im Fall einer Veräußerung der Beteiligung
die im Auslandsvermögen enthaltenen stillen Reserven im Rahmen der Besteuerung des Veräußerungsgewinns der Anteile mittelbar in Deutschland
einer Besteuerung unterlegen hätten.[20] Denn regelmäßig steht dem Ansässigkeitsstaat des Anteilseigners das Besteuerungsrecht zu (vgl. Art. 13
Abs. 5 OECD-MA). § 4 Abs. 4 S. 2 gilt nur für die Ermittlung des Übernahmegewinns; die Wahl eines Buchwertansatz gem. § 3 Abs. 2 bleibt davon
unberührt.

---

18 *Lemaitre/Schönherr*, GmbHR 2007, 173, 175.
19 *Benecke* in PricewaterhouseCoopers AG, Reform des Umwandlungssteuerrechts,
167 Rdn. 1115.
20 BT-Drs. 16/2710, 38.

VI. Sonderfälle der Bilanzierung

1. Geschäftsvorfälle im Rückwirkungszeitraum

a) Anteilsveräußerungen

26 Der übertragende Rechtsträger besteht zivilrechtlich bis zur Eintragung der Umwandlung in das Handelsregister fort (§ 20 Abs. 1 Nr. 2 UmwG). Handelsrechtlich gelten die Geschäftsvorfälle ab dem handelsrechtlichen Übertragungsstichtag als für Rechnung des übernehmenden Rechtsträgers vorgenommen (§ 5 Abs. 1 Nr. 6 UmwG). Die steuerliche Rückwirkungsfunktion bewirkt dagegen, dass die Verschmelzung (Vermögensübergang) mit Ablauf des steuerlichen Übertragungsstichtags für steuerliche Zwecke als vollzogen gilt § 2 Abs. 1).

Dies gilt jedoch nicht für *ausscheidende und abgefundene Anteilseigner.* Werden Anteile an der KapG im Rückwirkungszeitraum veräußert, werden zivilrechtlich Anteile an einer KapG übertragen und keine Mitunternehmeranteile. Diese Vorgänge sind von der steuerlichen Rückwirkungsfiktion ausgenommen.[21] Dies liegt daran, dass die KapG zivilrechtlich bis zur Eintragung in das Handelsregister fortbesteht und der ausscheidende Anteilseigner folglich kein Gesellschafter der übernehmenden PersG wird.

Veräußerungsgewinne, die wegen der Zurechnung zu den Gewinneinkünften nicht der Abgeltungssteuer unterliegen (vgl. § 20 Abs. 8 EStG i. V. m. § 17 EStG), werden nach dem Teileinkünfteverfahren besteuert. Ansonsten greift die Abgeltungssteuer (§ 32d EStG).

27 Der Anteilserwerber nimmt darüber hinaus an der Ermittlung des Übernahmeergebnisses teil, wenn (1) die Anteile einem Betriebsvermögen zugewiesen sind, (2) alteinbringungsgeborene Anteile vorliegen, oder (3) die Anteile nach § 17 Abs. 1, 6 EStG steuerverstrickt sind. § 5 Abs. 1 bezieht den Anteilserwerb durch die aufnehmende PersG insofern auf den steuerlichen Übertragungsstichtag zurück. Der Übernahmegewinn der PersG ist danach so zu ermitteln, als habe der Erwerber die Anteile am steuerlichen Übertragungsstichtag angeschafft. Dies gilt nach dem Wortlaut des § 5 zwar unmittelbar nur für Erwerbe durch den übernehmenden Rechtsträger selbst, muss aber auch in den Fällen gelten, in denen ein Dritter die Anteile an der KapG im Rückwirkungszeitraum erwirbt. Anderenfalls würden dessen Anschaffungskosten bei der Übernahmeergebnisermittlung nicht berücksichtigt.[22]

28 Entsprechendes gilt, wenn im Rückwirkungszeitraum Anteilseigner abgefunden werden, die gegen den Umwandlungsbeschluss Widerspruch eingelegt haben (vgl. §§ 29, 36 UmwG). Da sich der *Abfindungsanspruch* ausdrücklich gegen den übernehmenden Rechtsträger richtet (§ 29 Abs. 1 UmwG) kann eine Verbindlichkeit in der Schlussbilanz des übertragenden Rechtsträgers nicht bilanziert werden. Damit verringert sich der Wert des übergehenden Vermögens nicht durch den Abfindungsanspruch. Der abgefundene Anteilseigner ist steuerlich so zu behandeln, als sei er aus einer KapG ausgeschieden.

---

21 Tz. 02.18 UmwStE 2011.
22 Siehe das Beispiel in Tz. 02.21 UmwStE 2011.

Gleichwohl wird der übernehmende Rechtsträger so behandelt, als habe er diese Anteile am steuerlichen Übertragungsstichtag angeschafft (§ 5 Abs. 1). Dies führt dazu, dass sich ein Übernahmegewinn entsprechend reduziert bzw. ein Übernahmeverlust erhöht, denn die zusätzlichen Anschaffungskosten erhöhen den Wert der Anteile (= Abzugsposition) bei der Ermittlung des Übernahmeergebnisses nach § 4 Abs. 4.

b) Vor dem Übertragungsstichtag beschlossene Gewinnausschüttungen

Die übertragende KapG hat in ihrer Schlussbilanz für vor dem Übertra-   29
gungsstichtag beschlossene Gewinnausschüttungen eine *Ausschüttungsverbindlichkeit* zu *passivieren* (Buchungssatz: Bilanzgewinn an Ausschüttungsverbindlichkeit), sofern der Abfluss zum steuerlichen Übertragungsstichtag noch nicht erfolgt ist.[23] Das übergehende Vermögen ist um diese Verbindlichkeit niedriger, das Übernahmeergebnis fällt entsprechend geringer aus. Die Ausschüttungsverbindlichkeit geht auf den übernehmenden Rechtsträger über[24] und ist bei Zahlung durch den übernehmenden Rechtsträger erfolgsneutral auszubuchen.[25]

Davon zu unterscheiden ist der *Zuflusszeitpunkt* bei den Anteilseignern. Die Dividende gilt dem Anteilseigner, der nach Verschmelzung Mitunternehmer der PersG wird, am steuerlichen Übertragungsstichtag als zugeflossen. Bei den Anteilseignern, die keine Gesellschafter der PersG werden, weil sie etwa ihre Anteile im Rückwirkungszeitraum veräußern oder abgefunden werden, gelten die allgemeinen Grundsätze.[26]

c) Nach dem Übertragungsstichtag beschlossene Gewinnausschüttungen

Die Rückwirkungsfiktion des § 2 gilt nicht für *Anteilseigner*, die bis zur Ein-   30
tragung der Verschmelzung in das Handelsregister *ausscheiden*. Daraus folgt, dass eine im Rückwirkungszeitraum beschlossene Ausschüttung an ausscheidende Gesellschafter noch der übertragenden KapG zuzurechnen ist.

Nach Ansicht der Finanzverwaltung ist in der steuerlichen Schlussbilanz der übertragenden KapG in Höhe der Ausschüttung aufwandswirksam ein passiver Korrekturposten einzustellen, der den Charakter einer Ausschüttungsverbindlichkeit hat. Da sich das zu versteuernde Einkommen des übertragenden Rechtsträgers durch Ergebnisverwendungen nicht vermindern darf, ist außerbilanziell eine entsprechende Hinzurechnung vorzunehmen.[27] Gleichwohl verringert sich das Vermögen der übertragenden KapG; das Übernahmeergebnis wird insofern gemindert.

Dagegen ist es bei den Anteilseignern, die *Gesellschafter der PersG werden*,   31
die Rückwirkungsfiktion des § 2 anzuwenden. In der steuerlichen Übertragungsbilanz ist insofern kein Passivposten einzustellen. Die Gewinnaus-

23 *Ellrott/Krämer* in Beck'scher Bilanzkommentar, § 268 HGB Rdn. 8.
24 Tz. 02.25 UmwStE 2011.
25 Tz. 02.30 UmwStE 2011.
26 H 20.2. EStR.
27 Tz. 02.31 UmwStE 2011.

schüttung gilt von dem übernehmenden Rechtsträger als vorgenommen und wird deshalb wie eine gewinnneutrale Entnahme behandelt (Buchungssatz: Kapital an Bank).[28]

d) Lieferungen zwischen Überträgerin und Übernehmerin

32 Da die übertragende Körperschaft bis zur Eintragung der Umwandlung ins Handelsregister zivilrechtlich fortbesteht, sind auch in diesem Zeitraum erfolgende Lieferungen und Leistungen zwischen übertragendem und übernehmendem Rechtsträger zivilrechtlich anzuerkennen. Für steuerliche Zwecke wird fingiert, dass das im Rahmen der Umwandlung übergehende Vermögen bereits zum Umwandlungsstichtag übertragen wurde; ein realisierter Gewinn ist somit wieder zu stornieren. Der übernehmende Rechtsträger hat die Wertansätze der Überträgerin vor der Lieferung zu übernehmen. Analog ist auch ein Verkauf vom übernehmenden Rechtsträger an die übertragende Körperschaft entsprechend wieder zu korrigieren.

2. Ausstehende Einlagen

33 Die Finanzverwaltung geht davon aus, dass ausstehende Einlagen nicht in der Übertragungsbilanz zu aktivieren sind, wenn sie noch nicht eingefordert worden sind. Folglich würde eine entsprechende Forderung auch nicht auf die aufnehmende Gesellschaft übergehen. U.E. sind Einlageforderungen zu aktivieren, da sie echte bilanzierungsfähige Forderungen darstellen (vgl. § 3 Rdn. 30). Ein fehlender Ausweis hat allerdings keine Auswirkungen auf das Übernahmeergebnis, da insoweit auch die Anschaffungskosten der Beteiligung an der übertragenden KapG zu kürzen sind.

Hat die übernehmende PersG im Zeitpunkt der Umwandlung Einlagen in die übertragende Körperschaft noch nicht geleistet, geht die Einlageforderung im Zeitpunkt der Eintragung der Umwandlung ins Handelsregister durch Konfusion unter.

3. Forderungen und Verbindlichkeiten zwischen den beteiligten Rechtsträgern

34 Bestehen zwischen dem übernehmenden Rechtsträger und der übertragenden KapG Forderungen und Verbindlichkeiten, gehen diese durch den Zusammenfall von Gläubiger und Schuldner unter. Die Konfusion erfolgt auf Ebene des übernehmenden Rechtsträgers im Zeitpunkt der Eintragung der Umwandlung ins Handelsregister. War die Forderung z.B. aufgrund einer Wertberichtigung niedriger bewertet als die entsprechende Verbindlichkeit, entsteht ein Konfusionsgewinn (§ 6), der nicht Bestandteil des Übernahmegewinns ist.

4. Beteiligung der übertragenden KapG an der aufnehmenden PersG

35 Ist die übertragende KapG Mitunternehmerin der aufnehmenden PersG, sind in der steuerlichen Schlussbilanz der Überträgerin auch die anteilig zu-

---

28 Tz. 02.32 UmwStE 2011.

zurechnenden Wirtschaftsgüter der PersG zu berücksichtigen.[29] Zwar gehen die Wirtschaftsgüter zivilrechtlich nicht auf die PersG über, dennoch ist deren Ansatz zur Ermittlung des Übernahmeergebnisses erforderlich. Dadurch wird das Kapitalkonto der übertragenden KapG anteilig auf die übrigen Gesellschafter der aufnehmenden PersG verteilt.

Wählt die übertragende KapG einen Ansatz der übergehenden Wirtschaftsgüter über dem Buchwert, sind insofern anteilig auch stille Reserven in den Wirtschaftsgütern der aufnehmenden KapG aufzudecken und anteilig den Kapitalkonten der Gesellschafter der übertragenden Körperschaft bei der übernehmenden PersG gutzuschreiben.

5. Eigene Anteile der übertragenden Körperschaft

Der Erwerb eigener Anteile ist durch das BilMoG[30] neu geregelt worden. **36** Danach ist der Nennbetrag von erworbenen Anteilen in einer Vorspalte vom gezeichneten Kapital abzusetzen. Ein darüber hinaus gehender Betrag der Anschaffungskosten ist mit den Rücklagen zu verrechnen (§ 272 Abs. 1a HGB). Daraus folgt, dass eigene Anteile kein Bestandteil des übergehenden Vermögens sind,[31] ein Übernahmegewinn fällt entsprechend geringer aus. Ein aus dem Wegfall der Anteile resultierender Buchverlust ist als gesellschaftsrechtlich veranlasster Verlust außerhalb der Bilanz wieder hinzuzurechnen.[32] Eigene Anteile der übertragenden Körperschaft führen für alle an der Übernahmegewinnermittlung beteiligten zu einer höheren als der nominellen Beteiligung. Gleiches gilt bei der fiktiven Ausschüttung gem. § 7.

6. Pensionsrückstellungen

Hat die übertragende Körperschaft einem Gesellschafter eine Pensionszu- **37** sage erteilt, ist die bislang gebildete Pensionsrückstellung im Rahmen der Verschmelzung auf eine PersG *nicht gewinnerhöhend aufzulösen.*[33] Die Pensionsrückstellung ist durch die PersG mit dem Anschaffungsbarwert gem. § 6a Abs. 3 Nr. 2 EStG fortzuführen. Technisch wird dieses Ergebnis dadurch erreicht, dass die Pensionsrückstellung in der Gesamthandsbilanz der PersG unverändert abgebildet und in der Sonderbilanz des begünstigten[34] Gesellschafters ein ertragswirksam zu bildender aktiver Ausgleichsposten in Höhe der Differenz zwischen dem bisherigen Wert der Pensionsrückstellung und dem Anschaffungsbarwert wird. Dadurch wird der Wert der Pensionsrückstellung insgesamt auf den Anwartschaftsbarwert reduziert. Der Auflösungsertrag stellt einen Konfusionsgewinn i.S.d. § 6 dar.

Der Anwartschaftsbarwert ist jährlich mit 6 % aufzuzinsen. Der jährliche Erhöhungsbetrag ist als Betriebsausgabe der PersG zu qualifizieren und wird

29 Tz. 04.02 UmwStE 2011 mit Verweis auf Tz. 03.10 (Buchwertansatz entspricht dem anteiligen Kapitalkonto bei der PersG ohne Ergänzungs- und Sonderbilanzen).
30 Bilanzrechtsmodernisierungsgesetz vom 25.05.2009, BGBl. I 2009, 1102.
31 Tz. 04.32 UmwStE 2011.
32 Tz. 04.32 UmwStE 2011.
33 BFH vom 22.06.1977, I R 8/75, BStBl. II 1977, 798.
34 BFH vom 14.02.2006, VIII R 40/03, BStBl. II 2008, 182, BFH vom 30.03.2006, IV R 25/04, BStBl. II 2008, 171; BMF vom 29.01.2008, IV B 2 – S 2176/07/0001, BStBl. I 2008, 317.

nicht durch eine entsprechende Sonderbetriebseinnahme beim begünstigten Gesellschafter kompensiert.[35]

Weitere Zuführungen nach dem steuerlichen Übertragungsstichtag stellen eine steuerlich unbeachtliche Gewinnverteilung dar und sind in der Sonderbilanz des begünstigten Gesellschafters zu erfassen.

38 Bei *Auszahlung der Pension* muss unterschieden werden, auf welchen Erdienungszeitraum die Zahlungen entfallen. Pensionsansprüche, die während der Zeit als Arbeitnehmer der KapG erdient worden sind, führen bei Auszahlung der Pension zu Einkünften aus nichtselbständiger Tätigkeit (§ 19 EStG). Insofern ist Lohnsteuer einzubehalten und abzuführen. Soweit die Pensionszahlungen dagegen in der Zeit als Mitunternehmer der PersG erdient worden sind, liegen nachträgliche Einkünfte aus Gewerbebetrieb vor (§ 15 Abs. 1 S. 1 Nr. 2 i. V. m. § 24 EStG). Eine Aufteilung ist der Pension auf die Zeit des Gesellschafters als Arbeitnehmer der KapG bzw. als Mitunternehmer der PersG ist anhand der Verhältnisse der Barwerte vorzunehmen.

39 Bei der Verschmelzung einer KapG auf ihren *Alleingesellschafter* ist eine zu seinen Gunsten gebildete Pensionsrückstellung aufzulösen, da es zu einem Zusammenfallen von Gläubiger und Schuldner in einer Person kommt.[36] Der entstehende Gewinn ist steuerpflichtig, kann jedoch nach der Vorschriften des § 6 durch die Bildung einer Konfusionsrücklage neutralisiert und zeitlich verteilt werden.

7. Entstehen von Sonderbetriebsvermögen

40 Überlässt ein Anteilseigner der übertragenden KapG dieser Wirtschaftsgüter zur Nutzung (z. B. Vermietung eines Betriebsgrundstücks) und wird dieser Anteilseigner Gesellschafter der PersG, entsteht durch die Umwandlung automatisch Sonderbetriebsvermögen I. Bei dem Sonderbetriebsvermögen I handelt es sich um Wirtschaftsgüter, die geeignet sind, dem Betrieb der PersG zu dienen und die deshalb in den steuerlichen Betriebsvermögensvergleich mit einzubeziehen sind, weil sie dem Bereich der gewerblichen Betätigung des Mitunternehmers zuzuordnen sind.[37] Das Vermögen ist in der Sonderbilanz des betroffenen Mitunternehmers zum Teilwert anzusetzen.

Eine Finanzierung der Beteiligung an der KapG wird durch die Umwandlung entsprechend zu (negativem) Sonderbetriebsvermögen II.

41 Die Umqualifizierung zu Sonderbetriebsvermögen kann insbesondere für Wirtschaftsgüter, die vor dem steuerlichen Übertragungsstichtag dem Privatvermögen zuzuordnen waren, steuerlich nachteilig sein. Will man eine gewerbliche Verstrickung späterer Veräußerungsgewinne *vermeiden*, ist zu erwägen, die entsprechenden Wirtschaftsgüter vor dem steuerlichen Übertragungsstichtag zu veräußern.

---

35 FG Köln vom 22. 05. 2007, 8 K 1874/06 (rkr.), EFG 2008, 871.
36 Tz. 06.07 UmwStE 2011
37 *Falterbaum/Bolk/Reiß/Eberhardt*, Buchführung und Bilanz, 25.3.3.

Soweit private *Finanzierungsaufwendungen* für Beteiligungen an KapG nach Einführung der Abgeltungssteuer steuerlich irrelevant sind (§ 20 Abs. 9 EStG), ist es durch eine Umwandlung einer KapG auf eine PersG möglich, diese Finanzierungsaufwendungen steuerwirksam abziehen zu können (§ 20 Abs. 8 EStG).

8. Überführung ins Privatvermögen

Werden einzelne Wirtschaftsgüter nicht Betriebsvermögen der übernehmen-   42
den PersG, hat die Übertragerin insoweit zwingend die gemeinen Werte anzusetzen. In einer logischen Sekunde hat der übernehmende Rechtsträger
die Wirtschaftsgüter zunächst zum gemeinen Wert zu übernehmen (§ 4
Abs. 1 S. 1). Im Anschluss erfolgt eine Entnahme aus dem Betriebsvermögen
der PersG. Die Entnahme führt nicht zu einem Gewinn auf Ebene der Übernehmerin, da etwaige stille Reserven bereits auf Ebene der übertragenden
Körperschaft versteuert worden sind.

9. Körperschaftsteuerguthaben

Nach § 37 Abs. 4 S. 1 KStG wurde das Körperschaftsteuerguthaben letztma-   43
lig auf den 31. 12. 2006 ermittelt. Die Regelung des § 37 Abs. 4 KStG ist ein
Reflex aus dem Systemwechsel vom Anrechnungsverfahren zum Halbeinkünfteverfahren. Das Körperschaftsteuerguthaben berücksichtigte die Kör-
perschaftsteuerminderung, wenn unter der Ägide des Anrechnungsverfahrens mit 40 % vorbelastetes Einkommen (EK 40) für die Ausschüttung als
verwendet galt und beträgt $^{10}/_{60}$ des vorhandenen EK 40 (§ 37 Abs. 1 KStG).
Die Körperschaft hat innerhalb eines Auszahlungszeitraums von 2008 bis
2017 einen ausschüttungsunabhängigen Anspruch auf Auszahlung dieses
Guthabens in zehn gleichen Jahresraten (§ 37 Abs. 5 S. 1 KStG). Der in der
Schlussbilanz mit dem Barwert anzusetzende Anspruch geht auf den übernehmenden Rechtsträger über und erhöht somit das Übernahmeergebnis
des übernehmenden Rechtsträgers.[38]

Die Vereinnahmung der Raten i.H.d. Nennwerts führt zu einem Zinsertrag,
der bei einer Körperschaft zu keinen steuerpflichtigen Einkünften führt und
entsprechend außerbilanziell zu kürzen ist (§ 37 Abs. 7 KStG).[39] Die Finanzverwaltung will diese Steuerneutralität jedoch nicht einer PersG als Rechtsnachfolgerin gewähren.[40] Dies lässt sich nicht mit § 4 Abs. 2 S. 1 vereinbaren, da dort eine umfassende Rechtsnachfolge angeordnet wurde (vgl. die
nur beispielhafte Aufzählung von Vorschriften, die auch für den Rechtsnachfolger Geltung beanspruchen). § 4 Abs. 2 S. 1 KStG verdrängt somit
§ 37 Abs. 7 KStG.[41]

10. Zebragesellschaft

Eine Zebragesellschaft liegt vor, wenn eine PersG weder gewerblich tätig,   44
noch gewerblich geprägt ist und die Beteiligung an der Gesellschaft, von

---

38 *Förster/Felchner*, DStR 2007, 280.
39 *Bauschatz* in Gosch, § 37 KStG Rdn. 222.
40 BMF vom 02. 06. 2005, IV C 1 – S 1980-1-87/05, BStBl. I, 728.
41 *Bauschatz* in Gosch, § 37 KStG Rdn. 225, *Förster/Felchner*, DStR 2007, 280.

Mitunternehmern im Privatvermögen gehalten werden und von anderen im Betriebsvermögen. Nur die Einkünfteermittlung erfolgt auf Ebene der PersG, die Qualifikation der Einkunftsart ist dagegen auf Ebene der Mitunternehmer vorzunehmen. Wird eine vermögensverwaltende Körperschaft auf eine Zebragesellschaft verschmolzen, so geht das auf die betriebliche Beteiligung entfallende Vermögen in ein Betriebsvermögen, das auf die private Bteiligung entfallende Vermögen entsprechend ins Privatvermögen über.

11. Berichtigung von Wertansätzen

45 Werden im Rahmen einer Betriebsprüfung die Schlussbilanzwerte der übertragenden Körperschaft nachträglich geändert, sind die Änderungen bei der übernehmenden PersG entsprechend nachzuvollziehen. Es liegt insofern ein Ereignis mit steuerlicher Wirkung für die Vergangenheit gem. § 175 Abs. 1 S. 1 Nr. 2 AO vor.

Eine Berichtigung von Wertansätzen bei der Körperschaft kann Konsequenzen für die Ermittlung des Übernahmeergebnisses, der fiktiven Ausschüttung und die laufende Besteuerung der übernehmenden PersG zur Folge haben.

Ist eine Berichtigung bei der übertragenden Körperschaft nicht mehr möglich, ist eine Korrektur bei der Übernehmerin nach Maßgabe der allgemeinen Vorschriften der AO und der Grundsätze zur Bilanzberichtigung möglich.

C. Beteiligungskorrekturgewinn (§ 4 Abs. 1 S. 2 und 3)

I. Allgemeines

46 Anteile des übernehmenden Rechtsträgers an der übertragenden Körperschaft sind zum steuerlichen Übertragungsstichtag mit dem Buchwert anzusetzen. Allerdings sind steuerwirksame Abschreibungen oder Abzüge nach § 6b EStG, die in der Vergangenheit auf die Anteile an der übertragenden KapG vorgenommen und noch nicht wieder rückgängig gemacht worden sind, werterhöhend zu berücksichtigen (sog. Beteiligungskorrekturgewinn).[42] Die Regelung zum Beteiligungskorrekturgewinn in § 4 Abs. 1 S. 2, 3 finden nur auf den *Upstream-Merger* einer Tochter-KapG auf ihre Mutter-PersG bzw. eine natürliche Person Anwendung. Gleiches gilt für die Anteile, die zu einem Betriebsvermögen eines Anteilseigners gehören und gem. § 5 Abs. 3 UmwStG als in die aufnehmende PersG eingelegt gelten.[43]

Für Beteiligungen i.S.d. § 17 EStG, für nicht wesentliche Beteiligungen im Privatvermögen und für privat gehaltene einbringungsgeborene Anteile gelten die Regeln zum Beteiligungskorrekturgewinn dagegen nicht.

---

42 Tz. 04.05 UmwStE 2011; *Schmitt* in Schmitt/Hörtnagl/Stratz, § 4 Rdn. 47.
43 Tz. 04.06 i.V.m. Tz. 05.11 UmwStE 2011.

Die Wertaufstockung nach § 4 Abs. 1 S. 2 betrifft die am steuerlichen Übertragungsstichtag im Betriebsvermögen der übernehmenden PersG gehaltenen Anteile, deren Buchwert durch Abschreibungen oder Abzüge nach § 6b EStG steuerwirksam vermindert worden ist. Insoweit, als bis zum steuerlichen Übertragungsstichtag eine steuerwirksame Werterholung stattgefunden hat oder die § 6b EStG-Rücklage gewinnerhöhend aufgelöst worden ist, ist keine Hinzurechnung nach § 4 Abs. 1 S. 2 EStG vorzunehmen.

Die Aufholung der Wertkorrekturen ist voll steuerwirksam, Wertobergrenze ist der gemeine Wert der Anteile zum steuerlichen Übertragungsstichtag.[44] Die Anteile gehen dann mit dem aufgestockten Wert in die Ermittlung des Übernahmeergebnisses nach § 4 Abs. 1 S. 1 UmwStG ein und reduzieren dieses entsprechend.[45]

Befinden sich die Anteile tatsächlich im Betriebsvermögen der aufnehmenden PersG, wird der Beteiligungskorrekturgewinn von dieser erzielt. Gelten Anteile gem. § 5 Abs. 3 UmwStG als ins Betriebsvermögen der Übernehmerin eingelegt, entsteht der Gewinn im Betriebsvermögen des betreffenden Gesellschafters.

Der Beteiligungskorrekturgewinn ist nicht Teil des Übernahmegewinns. Er   47
stellt einen laufenden Gewinn dar und ist *nach den allgemeinen Regeln zu besteuern*.[46] Entfällt der Gewinn aus der Stornierung einer Teilwertabschreibung oder der Übertragung einer § 6b-Rücklage auf eine natürliche Person, ist dieser daher voll steuerpflichtig; das Halb-, oder Teileinkünfteverfahren ist nicht anzuwenden (§ 4 Abs. 1 S. 3). Genauso wenig findet die Steuerfreistellung gem. § 8b Abs. 2 KStG Anwendung, wenn der Gewinn auf eine Körperschaft als Mitunternehmerin der aufnehmenden PersG entfällt.

Wurde eine Wertminderung (teilweise steuerwirksam) im Rahmen des Teileinkünfteverfahrens vollzogen, ist die volle, d.h. 100 %-ige, Steuerpflicht des Beteiligungskorrekturgewinns nicht gerechtfertigt.[47]

II. Korrektur steuerwirksamer Teilwertabschreibungen

Hat der übernehmende Rechtsträger vor Einführung des Halbeinkünfteverfahrens eine steuerwirksame Teilwertabschreibung auf die Anteile an der übertragenden Körperschaft vorgenommen, ist diese gem. § 4 Abs. 1 S. 2 auf Ebene der Übernehmerin wieder rückgängig zu machen. Der gemeine Wert der Anteile im Übertragungszeitpunkt stellt dabei die Wertobergrenze dar.[48]   48

Fällt der steuerliche Übertragungsstichtag mit dem Bilanzstichtag des über-   49
nehmenden Rechtsträgers zusammen, so hat die Vorschrift des § 4 Abs. 1 S. 2 einen nur eingeschränkten Anwendungsbereich. In diesem Fall ist vorrangig das *Wertaufholungsgebot* des *§ 6 Abs. 1 Nr. 2 S. 3 EStG* zu beachten. Denn § 4 Abs. 1 S. 2 bezieht sich auf den steuerlichen Buchwert in der Schlussbilanz des übertragenden Rechtsträgers. Das ist der Wert, der sich

---

44 Tz. 04.05 UmwStE 2011.
45 Tz. 04.08 UmwStE 2011 mit Verweis auf Tz. 04.27 UmwStE.
46 Tz. 04.08 UmwStE 2011; *Bodden*, FR 2007, 71.
47 Siehe aber Tz. 04.08 UmwStE 2011.
48 Tz. 04.05 UmwStE 2011.

gem. § 1 Abs. 5 Nr. 4 nach den steuerlichen Vorschriften über die Gewinnermittlung ergibt. Die Bewertungsvorschrift des § 6 EStG regelt aber bereits die Bewertung von Wirtschaftsgütern bei der Gewinnermittlung durch Vermögensvergleich. Daraus folgt, dass § 4 Abs. 1 S. 2 nur in den Fällen relevant ist, in denen der steuerliche Übertragungsstichtag mit dem Bilanzstichtag des übertragenden Rechtsträgers nicht identisch und eine Wertaufholung nach dem letzten Bilanzstichtag erfolgt ist.

50 Sind in der Vergangenheit *sowohl steuerwirksame als* auch nach Einführung des Halbeinkünfteverfahrens *nicht steuerwirksame Wertberichtigungen* vorgenommen worden, stellt sich die Frage, welche Wertberichtigung vorrangig zu berücksichtigen ist.

Nach unserer Auffassung ergibt sich zumindest im Anwendungsbereich des § 4 Abs. 1 S. 2 UmwStG ein Vorrang der Korrektur steuerwirksamer Teilwertabschreibungen, da dem Wortlaut nach keine (Neu-)Bewertung des Vermögens insgesamt zu erfolgen hat, sondern nur die steuerwirksamen Wertberichtigungen rückgängig zu machen sind.[49]

51 Da der gemeine Wert die Obergrenze für die Bewertung der Anteile bildet, hat eine *Abstockung* zu erfolgen, wenn der gemeine Wert im Übertragungszeitpunkt unter dem Buchwert liegt. Die Abstockung ist dabei unabhängig davon vorzunehmen, ob die Voraussetzungen für eine Teilwertabschreibung vorliegen und ist insbesondere auch dann durchzuführen, wenn nur eine vorübergehende Wertminderung vorliegt. Ein Beteiligungskorrekturverlust läuft bei Körperschaften als Mitunternehmer der übernehmenden PersG ins Leere (§ 8 b KStG); natürliche Personen können den entstehenden Verlust in den Grenzen des Teileinkünfteverfahrens vornehmen.

III. Korrektur von Abzügen gem. § 6b EStG

52 Wurde der Buchwert der Anteile an der KapG durch die Übertragung einer *Rücklage gem. § 6b EStG* reduziert, hat ebenfalls eine erfolgswirksame Aufstockung der übertragenen stillen Reserven zu erfolgen. Obergrenze für die Wertaufholung ist wiederum der gemeine Wert zum Übertragungsstichtag.

Der Korrektur von in der Vergangenheit übertragenen § 6b-Rücklagen hat einen breiteren Anwendungsbereich als die Stornierung steuerwirksamer Teilwertabschreibungen, da für Rücklagen gem. § 6b EStG kein allgemeines Wertaufholungsgebot besteht.

Betroffen ist auch die Übertragung von stillen Reserven durch natürliche Personen auf die KapG-Anteile *(§ 6b Abs. 10 S. 3 EStG).*

53 Eine Beteiligungskorrektur hat auch bei „ähnlichen Abzügen" zu erfolgen. Darunter sind insbesondere Abzüge für Rücklagen für Ersatzbeschaffung (R 6.5, R 6.6 EStR) sowie Begünstigungen nach § 30 BergbauRatG zu fassen.[50] Die Reduzierung des Beteiligungsbuchwertes aufgrund von Auszah-

---

49 So auch Tz. 04.07 UmwStE; a. A. *Stadler/Elser/Bindl,* DB 2012, Beilage 1, 20, die aus dem BFH-Urteil vom 19. 08. 2009, I R 2/09, BStBl. II. 2010, 760, dass zunächst die nicht voll steuerwirksamen Abschreibungen hinzuzurechnen sind.

50 BT-Drs. 16/2710, 27 und 30.

lungen aus dem steuerlichen Einlagekonto stellt dagegen keinen ähnlichen Abzug dar.

D. Eintritt in die steuerliche Rechtsstellung des übertragenden Rechtsträgers (§ 4 Abs. 2)

I. Gesamtrechtsnachfolge (§ 4 Abs. 2 S. 1)

Der übernehmende Rechtsträger tritt nach § 4 Abs. 2 S. 1 in die steuerliche   54
Rechtsstellung des übertragenden Rechtsträgers ein (sog. *„Fußstapfentheorie"*).[51] Der Vermögensübergang vom übertragenden auf den übernehmenden Rechtsträger vollzieht sich dementsprechend im Wege der Gesamtrechtsnachfolge. Dennoch liegt nach Ansicht der Finanzverwaltung auch
aus Sicht des übernehmenden Rechtsträgers ein Anschaffungsvorgang vor.[52]
Die Anordnung der Gesamtrechtsnachfolge hat für den übernehmenden
Rechtsträger insbesondere Konsequenzen für den Ansatz und die Bewertung der übernommenen Wirtschaftsgüter, für die Absetzungen für Abnutzungen und für gewinnmindernde Rücklagen, die der übertragende
Rechtsträger vorgenommen bzw. gebildet hat.

1. Ansatz und Bewertung der übernommenen Wirtschaftsgüter

Die PersG hat die im Rahmen der Umwandlung auf sie übergegangenen   55
Wirtschaftsgüter zwingend mit den in der steuerlichen Schlussbilanz der
übertragenden Körperschaft gem. § 3 angesetzten Werten zu übernehmen
(§ 4 Abs. 1 S. 1).

Da die steuerlichen Ansatzverbote des § 5 EStG nach Auffassung der Finanzverwaltung für die Schlussbilanz des übertragenden Rechtsträgers
nicht gelten, wenn nicht die Buchwerte fortgeführt werden, sind in der
Schlussbilanz auch Wirtschaftsgüter zu erfassen, die an sich einem Bilan-
zierungsverbot unterliegen würden, beispielsweise selbst geschaffene immaterielle Wirtschaftsgüter (originärer Firmenwert, Patente, Kundenstamm,
Software etc.) oder Drohverlustrückstellungen. Diese Wirtschaftsgüter sind
wegen der zwingenden Übernahme gem. § 4 Abs. 1 S. 1 auch beim übernehmenden Rechtsträger zu erfassen.[53] Ein originär Geschäfts- oder Firmenwert gilt vom übernehmenden Rechtsträger als angeschafft und ist dementsprechend in den Folgebilanzen fortzuführen (siehe Rdn. 60).

Dagegen ist bei der Übernahme von schuldrechtlichen Verpflichtungen, die
dem Ansatzverbot des § 5 EStG unterfallen (Drohverlustrückstellungen, bedingte Verbindlichkeiten etc.), umstritten wie diese in der nachfolgenden
Stichtagsbilanz des übernehmenden Rechtsträgers zu behandeln sind. Nach
Ansicht der Finanzverwaltung gelten für diese Stichtagsbilanz die allgemeinen Regeln, mithin auch § 5 EStG. Dementsprechend sind diese Wirtschaftsgut wegen des Verstoßes gegen § 5 EStG in der Stichtagsbilanz ertragswirk-

---

51 Tz. 04.09 UmwStE 2011.
52 Tz. 00.02 UmwStE.
53 Tz. 03.06 i.V.m. Tz. 04.16 UmwStE 2011.

sam aufzulösen.[54] Dieser Ansicht kann jedoch nicht gefolgt werden. Da die Verschmelzung auch nach Ansicht der Finanzverwaltung aus Sicht der Überbnehmerin einen Anschaffungsvorgang darstellt[55], mithin der Grundsatz der Neutralität von Anschaffungsvorgängen gilt, und die §§ 3 ff. als eigenständige Ansatz- und Bewertungsvorschriften anzusehen sind, kann § 5 EStG die §§ 3 ff. am der Umwandlung nachfolgenden Bilanzstichtag nicht überlagern.[56] Anderenfalls würde den Grundsatz der Neutralität von Anschaffungsvorgängen letztlich zu einer leeren Hülle verkommen lassen. Dementsprechend sind auch die den Bilanzierungsverboten unterliegenden Wirtschaftsgüter bei der Umwandlung zu einem über dem Buchwert liegenden Wert in jedem Fall zu berücksichtigen, jedenfalls in Form eines verminderten Geschäfts- und Firmenwerts.[57]

Werden in der Schlussbilanz die Wirtschaftsgüter mit einem Zwischenwert oder dem gemeinen Wert angesetzt und entsprechend erstmals ein selbst geschaffenes immaterielles Wirtschaftsgut bilanziert, soll die Restnutzungsdauer nach den Verhältnissen am steuerlichen Übertragungsstichtag neu zu schätzen sein (siehe Rdn. 61).[58] Von der Übertragerin entgeltlich erworbene immaterielle Wirtschaftsgüter sind mit den Wertansätzen in der Übertragungsbilanz zu übernehmen und die Abschreibungen durch die übernehmende PersG fortzuführen.[59] Soweit der übertragende Rechtsträger in der Schlussbilanz auf Antrag die Buchwerte angesetzt hat (vgl. § 3 Abs. 2), dürfen *selbst geschaffene immaterielle Wirtschaftsgüter* vom übernehmenden Rechtsträger dagegen nicht bilanziert werden (§ 5 Abs. 2 EStG) und gehen dementsprechend nicht auf die Übernehmerin über.

56   Der Eintritt in die Rechtsstellung des übertragenden Rechtsträgers hat auch Bedeutung für das *Wertaufholungsgebot* des § 6 Abs. 1 Nr. 1 S. 4 EStG bzw. § 6 Abs. 1 Nr. 2 S. 3 EStG.[60] Sofern der übertragende Rechtsträger Wertberichtigungen vorgenommen hat, muss der übernehmende Rechtsträger zu jedem Bilanzstichtag prüfen, ob eine Wertaufholung geboten ist. Da das Wertaufholungsgebot nach § 6 EStG als Wertobergrenze den Teilwert vorsieht (§ 10 BewG), ist folglich auch dann zuzuschreiben, wenn der übertragende Rechtsträger in seiner Schlussbilanz die gemeinen Werte (§ 9 BewG) angesetzt hat und diese unter den fortgeführten historischen Anschaffungskosten gelegen haben. Sofern die Abschreibungen auf Beteiligungen nicht steuerwirksam vorgenommen worden sind, führt der Eintritt in die Rechtsstellung des übertragenden Rechtsträgers dazu, dass entsprechende Aufstockungserträge von § 8b Abs. 3 S. 3 KStG bzw. § 3 Nr. 40 Buchst. a S. 1 EStG begünstigt sind.

---

54   Tz. 04.16 UmwStE 2011 mit Verweis auf BMF vom 24. 06. 2011, BStBl. I 2011, 627. Das zitierte BMF-Schreiben wiederum ist eine Reaktion der Finanzverwaltung auf das BFH-Urteil vom 16. 12. 2009, I R 102/08, BStBl. II 2011, 566, wonach im Rahmen eines Asset Deals übernommene Drohverlustrückstellungen beim Erwerber als ungewisse Verbindlichkeit auszuweisen sind (s. hierzu *Schönherr/Krüger*, DStR 2010, 1709).

55   Tz. 00.02 UmwStE.

56   *Schönherr/Krüger*, DStR 2010, 1711.

57   Siehe § 3 Rdn. 28.

58   Tz. 04.10 UmwStE 2011.

59   Tz. 04.10 UmwStE 2011.

60   Tz. 04.11 UmwStE 2011.

Im Gegenzug darf die übernehmende PersG übergegangene Wirtschaftsgüter bei einer voraussichtlich dauernden Wertminderung mit dem niedrigeren Teilwert ansetzen.

Zu den Herstellungskosten eines Gebäudes gehören nach § 6 Abs. 1 Nr. 1a   57
EStG auch Aufwendungen für die Instandsetzungs- und Modernisierungsmaßnahmen, die innerhalb von drei Jahren nach der Anschaffung des Gebäudes durchgeführt werden, wenn die Aufwendungen ohne Umsatzsteuer 15 % der Anschaffungskosten übersteigen *("anschaffungsnahe Herstellungskosten")*. Ist ein Gebäude vor einer Umwandlung angeschafft worden, sind innerhalb des dreijährigen Überwachungszeitraums für die Ermittlung der 15 %-Grenze Aufwendungen der übertragenden Gesellschaft und der Übernehmerin zusammenzurechnen.

2. Absetzung für Abnutzungen

a) Buchwertansatz durch die Überträgerin (§ 4 Abs. 2 S. 1)

Führt die übertragende Gesellschaft die Buchwerte fort (§ 3 Abs. 2 S. 1) hat   58
der übernehmende Rechtsträger die Abschreibungsbemessungsgrundlage, Abschreibungsmethode und Abschreibungssätze des übertragenden Rechtsträgers zu übernehmen (§ 4 Abs. 2 S. 1). Die Restnutzungsdauer ist u. E. nicht neu zu bestimmen (siehe Rdn. 61).

Ein *derivativer Geschäfts- und Firmenwert* der übertragenden Körperschaft geht auf die Übernehmerin über. Die bisherige Abschreibung ist bei der aufnehmenden PersG fortzuführen.

Entstehen der aufnehmenden PersG im Rahmen der Umwandlung *objektbezogene Kosten* (insbesondere Grunderwerbsteuer), sind diese zu aktivieren. Folglich bestimmt sich die Abschreibungsbemessungsgrundlage durch die übernommenen Buchwerte zuzüglich der objektbezogenen Kosten.

Die Übernehmerin tritt in die Rechtsstellung der Körperschaft auch bezüglich geltend gemachter Absetzungen für *außergewöhnliche technische oder wirtschaftliche Abnutzung* gem. § 7 Abs. 1 S. 7 EStG ein. Somit ist durch die PersG eine gewinnerhöhende Zuschreibung vorzunehmen, wenn nach dem Umwandlungsstichtag die Voraussetzungen für die außergewöhnliche Abschreibung entfallen.

b) Ansatz von Zwischen- oder gemeinen Werten (§ 4 Abs. 3)

§ 4 Abs. 3 regelt, wie zu verfahren ist, wenn in der Schlussbilanz des über-   59
tragenden Rechtsträgers eine Aufstockung der Buchwerte durchgeführt wurde. Es ist zu unterscheiden, ob es sich bei dem übergehenden Vermögen um Gebäude oder sonstige abnutzbare Wirtschaftsgüter handelt.

Bei *Gebäuden* die nach § 7 Abs. 4 S. 1 oder Abs. 5 EStG abgeschrieben werden, ist die bisherige AfA-Bemessungsgrundlage (Anschaffungs- oder Herstellungskosten) um den Aufstockungsbetrag zu erhöhen und mit dem gleichen AfA-Satz weiter abzuschreiben.[61] Dies führt automatisch zu einer Verlängerung des Abschreibungszeitraums. Die Finanzverwaltung lässt es

---

61 Tz. 04.10 UmwStE 2011.

jedoch zu, dass bei einer kürzeren Restnutzungsdauer der AfA-Satz bezogen auf die tatsächliche Restnutzungsdauer angepasst wird.[62]

Bei *anderen Wirtschaftsgütern* bemisst sich die Abschreibung nach dem Buchwert des übertragenen Wirtschaftsguts erhöht um den Aufstockungsbetrag. Die AfA-Methode ist fortzuführen. Ein Wechsel von der degressiven zur linearen AfA ist jedoch (wieder) möglich (§ 7 Abs. 3 S. 1 EStG).

60 § 4 Abs. 6a.F. sah vor, dass ein Übernahmeverlust durch Aufstockung von Wirtschaftsgütern einschließlich eines *Geschäfts- und Firmenwerts* kompensiert wird. Diese Aufstockung findet nach der Änderung des § 4 Abs. 6 durch das StSenkG[63] nicht mehr statt. Folglich kann auch nicht mehr ohne weiteres davon ausgegangen werden, dass ein vom übernehmenden Rechtsträger erstmals neu anzusetzender Geschäfts- und Firmenwert als selbständiger Geschäfts- und Firmenwert zu behandeln und zwingend über 15 Jahre (§ 7 Abs. 1 S. 3 EStG) abzuschreiben ist.[64] Hier ist zu berücksichtigen, dass nach § 7 Abs. 1 S. 3 EStG nur eigene Aufwendungen des Steuerpflichtigen über die Nutzungsdauer zu verteilen sind („Aufwandsverteilungsthese").Da der übernehmende Rechtsträger in die Rechtsstellung der übertragenden KapG eintritt, hat er aber keine genuinen Anschaffungsaufwendungen getragen. Eine Abschreibungsdauer von 15 Jahren ist daher nicht zwingend geboten.

Wird ein derivativer Geschäfts- und Firmenwert aufgestockt und daneben im Rahmen der Umwandlung ein originärer neu entstandener Geschäfts- und Firmenwert aufgedeckt, soll die übernehmende PersG *zwei selbständige Geschäfts- und Firmenwerte* ansetzen und diese unterschiedlich abschreiben. Der übergegangene und aufgestockte derivative Geschäfts- und Firmenwert soll einheitlich nach dem bisherigen AfA-Satz der Übertragerin abgeschrieben werden. Der neu aufgedeckte originäre Geschäfts- und Firmenwert ist u.E. nicht zwingend gem. § 7 Abs. 1 S. 3 EStG über 15 Jahre abzuschreiben. Der Praxiswert bei Freiberuflern ist regelmäßig über 3 bis 5 Jahre abzuschreiben.[65]

61 Trotz der Fortführung der AfA-Methode geht die Finanzverwaltung von einer Neuschätzung der *Restnutzungsdauer* der übergegangenen Wirtschaftsgüter nach den Verhältnissen am steuerlichen Übertragungsstichtag aus.[66] *Widmann* hält dagegen eine Fortführung des vor der Vollabschreibung maßgebenden AfA-Satzes für zutreffend. Dies würde den Abschreibungszeitraum allerdings erheblich verlängern. U.E. ist aufgrund der Gesamtrechtsnachfolge die Restnutzungsdauer nicht neu zu ermitteln. Allerdings scheint der BFH in Richtung der Sichtweise der Finanzverwaltung zu tendieren und eine Neubestimmung der Restnutzungsdauer zu favorisieren.[67]

---

62 Tz. 04.10 UmwStE 2011.
63 Steuersenkungsgesetz vom 23.10.2000, BGBl. I 2000, 1433.
64 So aber Tz. 04.10 UmwStE 2011.
65 *Thiel/Eversberg/van Lishaut/Neumann*, GmbHR 1998, 406.
66 Tz. 04.10 UmwStE 2011; *Trossen*, FR 2006, 622.
67 BFH vom 29.11.2007, IV R 73/02, BStBl. II 2008, 407.

Werden stille Reserven bereits *in voller Höhe abgeschriebener Wirtschaftsgüter* im Rahmen der Umwandlung aufgedeckt, ist im Wirtschaftsjahr der Umwandlung eine sofortige Abschreibung durch die aufnehmende Gesellschaft durchzuführen, sofern davon ausgegangen wird, dass die Restnutzungsdauer nicht neu zu schätzen ist.

Entfallen die Voraussetzungen einer von der Überträgerin geltend gemachten *Abschreibung für außergewöhnliche technische oder wirtschaftliche Abnutzung* (§ 7 Abs. 1 S. 7 EStG) nach dem Umwandlungsstichtag, hat eine Zuschreibung durch die aufnehmende PersG zu erfolgen. Im Rahmen der Umwandlung aufgestockte stille Reserven mindern den Wert der Zuschreibung. 62

Setzt die übertragende Körperschaft das übergehende Vermögen zum *gemeinen Wert* an, und liegt dieser bei einzelnen Wirtschaftsgütern *über* dem *Teilwert*, ist unklar, ob der übernehmende Rechtsträger unmittelbar nach der Umwandlung eine Teilwertabschreibung durchführen kann. Da der Vermögensvorgang im Rahmen der Umwandlung keinen Anschaffungsvorgang darstellt, greift die Teilwertvermutung, nach der der Teilwert den Anschaffungskosten entspricht, nicht. Aus diesem Grund ist u. E. eine Abschreibung der gemeinen Werte auf den niedrigeren Teilwert zulässig.

Die Vermögensübertragung auf die PersG erfolgt unter Gesamtrechtsnachfolge und stellt keinen Anschaffungsvorgang dar.[68] Dies schließt eine Anwendung der Regelungen zur Sofort- bzw. Poolabschreibung gem. *§ 6 Abs. 2, 2a EStG* beim Übergang von geringwertigen Wirtschaftsgütern aus. Ebenso ist die Bildung einer *Investitionszulage* oder einer *§ 6b EStG-Rücklage* nicht möglich.[69] Etwas anderes gilt auch dann nicht, wenn die übertragende Körperschaft das übergehende Vermögen zum gemeinen Wert ansetzt. 63

3. Gewinnmindernde Rücklagen (§ 4 Abs. 2 S. 1)

Der Eintritt in die steuerliche Rechtsstellung der übertragenden Körperschaft gilt auch hinsichtlich der Fortführung von Rücklagen, die den Gewinn des übertragenden Rechtsträgers gemindert haben und zwar ungeachtet der Tatsache, dass die Voraussetzungen für eine Rücklagenbildung beim übernehmenden Rechtsträger nicht vorgelegen haben. Dies hat vor allem Bedeutung für Reinvestitionsrücklagen (§ 6b Abs. 3 EStG). Allerdings muss der übernehmende Rechtsträger auch die Auflösungsbedingungen gegen sich gelten lassen. 64

Beim übernehmenden Rechtsträger werden Vorbesitzzeiten der übertragenden Körperschaft angerechnet und Behaltefristen durch den Vermögensübergang nicht unterbrochen (siehe Rdn. 65 ff.).[70]

Die Besitzzeitanrechnung erfolgt dabei unabhängig vom Ansatzwahlrecht der übertragenden KapG. Auch bei einem Ansatz der gemeinen Werte sind die Besitzzeiten anzurechnen.

---

68 Tz. 04.10 UmwStE 2011.
69 Tz. 04.14 UmwStE 2011.
70 Tz. 04.15 UmwStE 2011.

Gewinnmindernde Rücklagen i.S.d. § 4 Abs. 2 S. 1 sind neben den Reinvestitionsrücklagen (§ 6b Abs. 3, 8, 10 EStG) insbesondere die Ansparrücklagen (§ 7g Abs. 3 EStG), Wertaufholungsrücklagen (§ 52 Abs. 16 S. 3 EStG), Verbindlichkeits- und Rückstellungsneubewertungsrücklagen (§ 52 Abs. 16 S. 8 EStG), Rücklagen für Ersatzbeschaffung (R 6.6 EStR), Zuschussrücklagen (R 6.5 Abs. 4 EStR) sowie Rücklagen für Übernahmefolgegewinne (§ 6).

4. Besitzzeitanrechnung (§ 4 Abs. 2 S. 3)

65   Nach § 4 Abs. 2 S. 3 ist die Dauer der Zugehörigkeit eines Wirtschaftsgutes zum Betriebsvermögen der Überträgerin dem übernehmenden Rechtsträger zuzuschreiben, wenn der Zeitraum der Betriebsvermögenszugehörigkeit steuerlich von Bedeutung ist.[71]

Die mit dem Eintritt in die steuerliche Rechtsstellung verbundene Besitzzeitanrechnung hat neben einer möglichen Bildung von gewinnmindernden Rücklagen Bedeutung für das gewerbesteuerliche Schachtelprivileg nach § 9a Nr. 2a, Nr. 7 GewStG, den Bindungszeitraum nach § 2 Abs. 1 Nr. 2 InvZulG 2010, die fünfjährige Mindestdauer eines Ergebnisabführungsvertrags (vgl. § 14 Abs. 1 S. 1 Nr. 3 KStG) sowie die Sperrfristen von § 3 Nr. 40 S. 4 EStG a.F., § 8b Abs. 4 KStG a.F.).

a) Schachtelprivilegien

66   Das nationale *gewerbesteuerliche Schachtelprivileg* (§ 9 Nr. 2a GewStG) ist zu gewähren, wenn die Übernehmerin ggf. zusammen mit der Überträgerin die Schwelle für die Beteiligungsgrenze von 15 % zu Beginn des Erhebungszeitraums überschreitet. Dividenden sind bei der Übernehmerin daher auch dann von der Gewerbesteuer freizustellen, wenn die Übernehmerin zu Beginn des Erhebungszeitraums noch nicht an der ausschüttenden Gesellschaft beteiligt war, dies aber auf die Überträgerin zutrifft.

Voraussetzung für das internationale Schachtelprivileg ist dagegen, dass die Beteiligungsgrenze seit Beginn des Erhebungszeitraums eingehalten wird. Auch hier sind Besitzzeiten der Übernehmerin und der Überträgerin gemeinsam zu berücksichtigen.

67   Eine Zurechnung von Haltefristen für in *Doppelbesteuerungsabkommen* vorgesehene Schachtelprivilegien und die *Mutter-Tochter-Richtlinie*[72] ist dagegen nicht möglich, da diese Begünstigungen nicht allein auf Besitzzeiten abzielen, sondern grds. nur KapG gewährt werden. Eine Anwendung auf die aufnehmende PersG scheidet mithin aus.

b) Auswirkungen auf eine Organschaft

68   Voraussetzung für eine Organschaft ist, dass der Organträger vom Beginn des Wirtschaftsjahres an ununterbrochen die Mehrheit der Stimmrechte an der Organgesellschaft hält (§ 14 KStG).

---

71 Tz. 04.15 UmwStE 2011.
72 Vgl. Richtlinie 90/435/EWG.

Wird der *Organträger umgewandelt*, so ist aufgrund der Gesamtrechtsnachfolge die finanzielle Eingliederung einer Organgesellschaft der übernehmenden Gesellschaft anzurechnen.[73]

Stimmen der Übertragungsstichtag und der Bilanzstichtag der Organgesellschaft überein, ist das Organschaftsverhältnis erstmals mit Wirkung für das anschließende Wirtschaftsjahr der Organgesellschaft anzuerkennen.[74] Fällt der Übertragungsstichtag dagegen in das laufende Wirtschaftsjahr der Organgesellschaft, gilt die aufnehmende PersG bereits für das laufende Wirtschaftsjahr als Organträgerin.

Die fünfjährige Mindestvertragsdauer wird durch die Verschmelzung der Organträgerin nicht unterbrochen. Gleichwohl muss die übernehmende PersG selbst eine Tätigkeit i.S.v. § 15 Abs. 1 Nr. 1 EStG ausüben, um taugliche Organträgerin zu sein. Eine gewerbliche Prägung ist insofern nicht ausreichend (§ 14 Abs. 1 S. 1 Nr. 2 KStG).[75]

Erfolgt eine *Umwandlung* der *Organgesellschaft*, endet das Organschaftsverhältnis mit dem steuerlichen Übertragungsstichtag, da eine PersG nicht Organgesellschaft sein kann.

5. Verschmelzung einer Unterstützungskasse (§ 4 Abs. 2 S. 4, 5)

Ist die übertragende Körperschaft eine Unterstützungskasse, die auf ihr Trägerunternehmen verschmolzen wird, erhöhen die von der übernehmenden PersG oder von deren Mitunternehmern an die Unterstützungskasse geleisteten Zuwendungen nach § 4d EStG den laufenden Gewinn der Übernehmerin (§ 4 Abs. 2 S. 4).[76] Dadurch soll ein doppelter Betriebsausgabenabzug für Altersvorsorgeaufwendungen durch eine parallele Anwendung von § 4d EStG und § 6a EStG verhindert werden.

Der Hinzurechnungsbetrag ist nicht Teil des nach § 4 Abs. 4 ermittelten Übernahmeergebnisses, sondern Bestandteil des laufenden Gewinns der Übernehmerin. Dieser ist nicht begünstigt und fällt in dem Jahr an, in dem der steuerliche Übertragungsstichtag liegt.

Die hinzugerechneten Zuwendungen erhöhen den Buchwert der Beteiligung der PersG an der Unterstützungskasse. Durch den höheren Beteiligungsansatz verringert sich entsprechend das Übernahmeergebnis.

II. Kein Übergang von Verlusten und Zins-, EBITDA-Vorträgen (§ 4 Abs. 2 S. 2)

Trotz Gesamtrechtsnachfolge schließt § 4 Abs. 2 S. 2 ausdrücklich aus, dass auf Ebene des übertragenden Rechtsträgers entstandene Verluste auf den übernehmenden Rechtsträger übergehen. Dies gilt nicht nur für *verrechenbare Verluste* (§ 15 Abs. 4, § 15b Abs. 4 EStG) und verbleibende *Verlustvorträge* (§ 10d Abs. 4, § 2a Abs. 1 S. 5, § 10 Abs. 3 S. 5 AStG i.V.m. § 10d

69

70

---

73 Tz. Org. 02 UmwStE 2011; BFH vom 28.07.2010, I R 89/09, DStR 2010, 2182.
74 Tz. Org. 02 UmwStE 2011.
75 *Neumann* in Gosch, § 14 KStG Rdn. 79.
76 Tz. 04.13 UmwStE 2011.

EStG), sondern auch für den bis zum Übertragungsstichtag entstandenen *laufenden* Verlust, der noch nicht in einen verbleibenden Verlustvortrag eingegangen ist; § 4 Abs. 2 S. 1 erwähnt ausdrücklich vom übertragenden Rechtsträger nicht ausgeglichene negative Einkünfte.

Verluste, die im *Rückwirkungszeitraum* entstehen, gehen nicht unter, da sie wegen § 2 bereits beim übernehmenden Rechtsträger entstehen.[77]

Die Versagung der Verlustübertragung gilt gem. § 18 Abs. 1 S. 2 GewStG auch für Zwecke der *Gewerbesteuer* (Verlustvorträge nach § 10a GewStG und laufender Verlust des Erhebungszeitraums).

71 Ferner ist der Übergang eines *Zinsvortrags* (§ 4h Abs. 1 S. 5 EStG) bzw. eines *EBITDA-Vortrags* (§ 4h Abs. 1 S. 3 EStG) auf die aufnehmende PersG ausdrücklich ausgeschlossen.

72 Im Hinblick auf den Verlustuntergang bietet es sich an zu prüfen, ob durch eine *Aufstockung* des Vermögens in der Schlussbilanz der übertragenden KapG erhöhtes Abschreibungspotential für den übernehmenden Rechtsträger geschaffen werden kann. Der durch die Aufstockung entstehende Übertragungsgewinn kann in den Grenzen des § 10d EStG (Mindestbesteuerung) durch noch nicht genutzte Fehlbeträge neutralisiert werden. Dies gilt im Grundsatz auch für die Gewerbesteuer (§ 18 Abs. 1), obwohl zu beachten ist, dass der gewerbesteuerliche Verlust/Verlustvortrag betragsmäßig regelmäßig von dem körperschaftsteuerlichen Verlust/Verlustvortrag abweicht. Zudem sind auch die Konsequenzen für die Übernahmeerfolgsermittlung und die Auswirkungen für die Anteilseigner der übertragenden Körperschaft zu berücksichtigen.

Soweit die PersG an der übertragenden Körperschaft beteiligt ist, bzw. Anteile Dritter in das Vermögen der PersG als eingelegt gelten (§ 5 Abs. 2 und 3), führt eine Vermögensaufstockung zu einem höheren Übernahmeergebnis. Für die Gewerbesteuer ist dies allerdings irrelevant, da der Übernahmegewinn nicht der Gewerbesteuer unterliegt (§ 18 Abs. 2).

Ferner erhöhen sich durch die Vermögensaufstockung die Rücklagen der KapG und somit die Einkünfte aus Kapitalvermögen der Anteilseigner (fiktive Ausschüttung der Rücklagen nach § 7).

Zudem wirken sich die auf Ebene der übertragenden Körperschaft entstandenen Verluste steuerlich bei der übernehmenden PersG zumindest *mittelbar* aus. Hier ist zu bedenken, dass die Verluste das Vermögen der übertragenden Körperschaft gemindert haben. Bei einer Fortführung der Buchwerte ergibt sich folglich ein um den Verlustvortrag reduziertes Übernahmeergebnis.

Eine abschließende Aussage über die Vorteilhaftigkeit des jeweiligen Vorgehens kann dann nur in Abhängigkeit der Konsequenzen der unterschiedlichen Besteuerungsregime der jeweiligen Anteilseignergruppen getroffen werden, die zu Gesellschaftern der PersG werden.

---

77 *Rödder/Schumacher*, DStR 2006, 1530.

E. Ermittlung des Übernahmeerfolgs
(§ 4 Abs. 4 und 5)

Durch Gegenüberstellung der in der Bilanz der aufnehmenden PersG weg- 73
fallenden Beteiligung an der übertragenden Körperschaft und dem Wert
übergehenden Betriebsvermögen, wird das bilanzielle Übernahmeergebnis
ermittelt. Daneben sind für alle Anteilseigner mit steuerverstrickten Anteilen die steuerlichen Folgen aus dem Vermögensübergang durch die Ermittlung eines gesonderten steuerlichen Übernahmeergebnis gem. § 4 Abs. 4
und 5 zu berücksichtigen.

I. Ermittlung des Übernahmeerfolgs 1. Stufe
(§ 4 Abs. 4)

Für alle Gesellschafter mit steuerverstrickten Anteilen ist ein Übernahme- 74
erfolg durch Gegenüberstellung der Anschaffungskosten bzw. Buchwerte
und dem anteiligen übergehenden Betriebsvermögen zu ermitteln. Als steuerverstrickte Anteile geltend dabei Anteile, die im Betriebsvermögen der
übernehmenden PersG gehalten werden, sowie Anteile, die gem. § 5 Abs. 2,
3 als in dieses Betriebsvermögen eingelegt gelten. Obwohl nach Einführung
der Abgeltungsteuer im Privatvermögen gehaltene Beteiligungen von unter
1 % unabhängig von der Haltefrist steuerverhaftet sind, nehmen diese Anteile nicht an der Ermittlung des Übernahmeerfolgs teil.

1. Technik der Übernahmeerfolgsermittlun

Nach § 4 Abs. 1 sind die Wertansätze der steuerlichen Schlussbilanz des 75
übertragenden Rechtsträgers von der übernehmenden PersG fortzuführen.
Ggf. ist der Wert des übergehenden Betriebsvermögens um stille Reserven
im sog. neutralen Vermögen zu erhöhen (§ 4 Abs. 4 S. 2). Aus dem Unterschiedsbetrag zwischen dem Wert des übergehenden Vermögens abzüglich
der Kosten für den Vermögensübergang und dem Wert der Beteiligung ergibt sich ein Übernahmegewinn oder Übernahmeverlust. Dieses sog. „Übernahmeergebnis 1. Stufe" ist demnach wie folgt zu ermitteln:[78]

> Auf die Anteile entfallender Wert der übergehenden Wirtschaftsgüter
> (Bewertung entsprechend dem Wertansatz in der Übertragungsbi-
> lanz der Körperschaft)
>
> + ggf. Zuschlag für neutrales Vermögen (§ 4 Abs. 4 S. 2)
>
> ./. Buchwert/Anschaffungskosten der betreffenden Anteile (ggf. Er-
> höhung um Beteiligungskorrekturgewinne, § 4 Abs. 1 S. 2 f)
>
> ./. Kosten für den Vermögensübergang, soweit sie auf den überneh-
> menden Rechtsträger entfallen (§ 4 Abs. 4 S. 1)
>
> = Übernahmeergebnis 1. Stufe (§ 4 Abs. 4 S. 1)

Beispiel 1:
Die X-GmbH verfügt über ein Vermögen von TEUR 100, Verbindlichkeiten von TEUR 30, ein Stammkapital von TEUR 25 und dement-

---

78 Tz. 04.27 UmwStE 2011.

sprechend Rücklagen von TEUR 45. Die X-GmbH hat einen originären Firmenwert von EUR 30. Einziges Vermögen der AB-OHG ist die 100 %-Beteiligung an der X-GmbH, die mit den Anschaffungskosten i.H.d. Stammkapitals von TEUR 25 bilanziert ist. A und B sind zu je 50 % an der OHG beteiligt.

Die X-GmbH wird auf den 31. 12. 01 auf die AB-OHG verschmolzen.

Der Übernahmeerfolg 1. Stufe wird wie folgt ermittelt:

	Übergehendes Vermögen lt. Schlussbilanz	100
./.	Übernommene Verbindlichkeiten	./. 30
=	Wert des übergehenden Vermögens	70
./.	Buchwert der Anteile	./. 25
=	Übernahmegewinn (1. Stufe)	45

Es wird deutlich, dass der Übernahmegewinn 1. Stufe den Gewinnrücklagen von TEUR 45 entspricht.

In der Steuerbilanz der OHG nach Verschmelzung (Abschlussstichtag entspricht dem steuerlichen Übertragungsstichtag) ist der Vermögenszuwachs in Höhe der Gewinnrücklagen den Kapitalkonten der Mitunternehmer entsprechend ihrer Beteiligungsquote hinzuzurechnen (erfolgsneutrale Kapitalaufstockung). Denn die Mitunternehmer waren über der Beteiligung der AB-OHG wirtschaftlich an den Gewinnrücklagen beteiligt.

Bilanz der AB-OHG auf den 31. 12. 2001 nach Verschmelzung

Aktiva		Passiva	
Beteiligung X-GmbH–		Kapital A	12,5 + 22,5
Übernommenes Vermögen	100	Kapital B	12,5 + 22,5
		Übernommene Verbindlichkeiten	30
	100	Kapital A	12,5 + 22,5

76 Ein *Übernahmeverlust* tritt dann ein, wenn über den Kaufpreis für die Anteile stille Reserven vergütet wurden.

Beispiel 2:
Die AB-OHG hat die Anteile an der A-GmbH für einen Kaufpreis von TEUR 100 erworben. Der Kaufpreis ist über Eigenkapital finanziert. Die TEUR 100 entfallen gedanklich auf die offenen Rücklagen von TEUR 45 und den Firmenwert von TEUR 30. Die Buchwerte sollten in der Schlussbilanz der GmbH beibehalten werden (§ 3 Abs. 2).

Der Übernahmeerfolg 1. Stufe wird wie folgt ermittelt:

	Übergehendes Vermögen lt. Schlussbilanz	100
./.	übernommenen Verbindlichkeiten	./. 30
=	Wert des übernommenen Vermögens	70
./.	Buchwert der Anteile	./. 100
=	Übernahmeverlust	./. 30

Der Übernahmeverlust 1. Stufe entspricht den vergüteten stillen Reserven.

Bilanz der AB-OHG auf den 31. 12. 2001

Aktiva		Passiva	
Beteiligung A-GmbH–		Kapital A	50 – 15
Übernommenes Vermögen	100	Kapital B (Abstockung)	50 – 15
		Übernommene Verbindlichkeiten (Abstockung)	30
	100		100

Von der bilanziellen Darstellung des Vermögensübergangs zu trennen ist   77
die steuerlichen Übernahmeerfolgsermittlung (§ 4 Abs. 4 und 5 UmwStG)
für die Mitunternehmer selbst. Diese findet personenbezogen statt (*„gesellschafterbezogene Betrachtungsweise"*).[79] Der Grund dafür wird deutlich,
wenn man berücksichtigt, dass für die Gesellschafter unterschiedlich hohe
Anschaffungskosten vorgelegen haben können.[80] Insofern kann in Abhängigkeit der aufgewendeten Anschaffungskosten für die KapG-Anteile für
den einen Mitunternehmer ein Übernahmegewinn und für den anderen
Mitunternehmer ein Übernahmeverlust entstehen.[81]

Beispiel 3:
In Abwandlung des Beispiels 1 erwirbt C 50 % der AB-OHG vom
Gründungsgesellschafter A für TEUR 50. Als Kompensation für of-
fene Rücklagen und stille Reserven im Vermögen der A-GmbH be-
zahlt C einen Kaufpreis, der höher ist, als das nach Erwerb der Mit-
unternehmerstellung auf A entfallene Kapitalkonto von TEUR 12,5.
Dieser Mehrwert wird in einer Ergänzungsbilanz abgebildet. Beim
Erwerb einer 50 %igen Beteiligung an der AB-OHG vergütet er die
Hälfte der offenen und stillen Reserven, die im Vermögen der A-
GmbH enthalten sind.

C hat daher eine positive Ergänzungsbilanz zu erstellen:

Aktiva		Passiva	
Mehrwert an A	37,5	Mehrkapital	37,5
	37,5		100

Der Mehrwert entspricht den anteiligen stillen Reserven in der
A-GmbH ($1/2$ x TEUR 30) zuzüglich den anteiligen offenen Rücklagen ($1/2$ x TEUR 45).

Aus der Gesamthandsbilanz ergibt sich das folgende bilanzielle
Übernahmeergebnis:

---

79 Tz. 04.19 UmwStE 2011.
80 Tz. 04.19 UmwStE 2011.
81 Tz. 04.19 UmwStE 2011.

	Übergehendes Vermögen lt. Schlussbilanz	100
./.	Übernommene Verbindlichkeiten	./. 30
=	Wert des übergehenden Vermögens	70
./.	abzüglich Buchwert der Anteile	./. 25
=	Übernahmegewinn (1. Stufe)	45

Dieser bilanzielle Übernahmegewinn entspricht den vorhandenen Gewinnrücklagen, an denen die OHG-Gesellschafter mittelbar wirtschaftlich beteiligt sind. Die Gesamthandsbilanz der AB-OHG ändert sich gegenüber dem Beispielsfall 1 nicht.

Bilanz der BC-OHG auf den 31. 12. 2001

Aktiva		Passiva	
Beteiligung A-GmbH–		Kapital B	12,5 + 22,5
Übernommenes Vermögen	100	Kapital C	12,5 + 22,5
		Übernommene Verbindlichkeiten	30
	100		100

Bei der Ermittlung des steuerpflichtigen Übernahmeerfolgs für die Gesellschafter sind allerdings die zusätzlichen Anschaffungskosten des C zu berücksichtigen.

Der steuerpflichtige Übernahmeerfolg, der auf C entfällt, wird außerhalb der Bilanz wie folgt entwickelt:

	Anteiliger Buchwert des übergehenden Vermögens	50
./.	anteilig übernommene Verbindlichkeiten	./. 15
=	Wert des übergehenden Vermögens	35
./.	anteilige Anschaffungskosten	./. (12,5 + 37,5)
=	Übernahmeverlust (1. Stufe)	./. 15

Der Übernahmeverlust 1. Stufe entspricht den von C vergüteten anteiligen stillen Reserven.

Ferner müssen nach § 4 Abs. 5 S. 2 die anteiligen Rücklagen, die C als Einkünfte aus Kapitalvermögen zu versteuern hat, abgesetzt werden.

./.	anteilige offene Reserven	./. 22,5
=	Übernahmeverlust (2. Stufe)	./. 37,5

78 **Fazit:**
In der Gesamthandsbilanz tritt eine Vermögensmehrung ein, die den übergehenden offenen Reserven der A-GmbH entspricht und beiden Gesellschaftern zusteht. Eine nochmalige Versteuerung ist ausgeschlossen, da die entsprechenden höheren Anschaffungskosten der Vermögensgegenstände sich bei einer späteren Veräußerung gewinnmindernd auswirken. In der Ergänzungsbilanz ist dieser Wert demnach erfolgsneutral gegen den dort bilanzierten Mehrwert aus-

zubuchen. Die verbleibende Differenz von TEUR 15 (= TEUR 37,5 ./. TEUR 22,5) entspricht den stillen Reserven im Vermögen der A-GmbH, für die ein höherer Kaufpreis entrichtet wurde. Da ein Veräußerungsverlust – soweit er nicht im Rahmen des Teileinkünfteverfahrens gegen die Bezüge nach § 7 verrechnet werden kann (vgl. § 4 Abs. 6 S. 3 HS 2) – außer Ansatz bleibt, sind diese Anschaffungskosten für steuerliche Zwecke verloren. Der in der Ergänzungsbilanz verbleibende Mehrwert, d.h. der auf die stillen Reserven der A-GmbH entfallende, über dem Kapitalkonto des B liegende Kaufpreis, ist erfolgsneutral auszubuchen. Das bedeutet im Ergebnis, dass bei der Verschmelzung Anschaffungskosten verloren gehen.

Hinweis: Ob der Übernahmeverlust des C zumindest i.H.v. 40 % gegen die von ihm zu versteuernden Gewinnrücklagen (Einkünfte aus Kapitalvermögen nach § 7) verrechnet werden kann, hängt davon ab, ob er die Beteiligung innerhalb der letzten 5 Jahre vor dem steuerlichen Übertragungsstichtag erworben hat (§ 4 Abs. 6 S. 5 unter Verweis auf § 17 Abs. 2 S. 6 EStG.

Der vom Gesetz angenommene Grundfall einer 100 %-igen Beteiligung der 79 PersG an der übertragenden KapG (vgl. Beispielsfälle) dürfte in der Praxis eher die Ausnahme sein. Es ist daher zu prüfen, ob die Anteile der Gesellschafter der übertragenden KapG zum steuerlichen Übertragungsstichtag in das Vermögen der PersG eingelegt gelten.[82]

Dies betrifft die Fälle, in denen:

– der übernehmende Rechtsträger Anteile an der übertragenden Körperschaft nach dem steuerlichen Übertragungsstichtag anschafft oder Anteilseigner abgefunden werden (§ 5 Abs. 1);
– es sich um eine wesentliche Beteiligung nach § 17 EStG handelt, die an dem steuerlichen Übertragungsstichtag nicht zu einem Betriebsvermögen gehört (§ 5 Abs. 2);
– Anteile am steuerlichen Übertragungsstichtag zu einem Betriebsvermögen eines Anteilseigners gehören (§ 5 Abs. 3);
– es sich um einbringungsgeborene Anteile i.S.v. § 21 Abs. 1 a.F. handelt (Buchwertverknüpfung bei einem Anteilstausch, vgl. § 27 Abs. 3 Nr. 3 i.V.m. § 5 Abs. 4 a.F.).

In die Übernahmeerfolgsermittlung sind im Umkehrschluss die Anteile an der übertragenden Körperschaft nicht einzubeziehen, die zum steuerlichen Übertragungsstichtag nicht tatsächlich oder fiktiv zum Betriebsvermögen des übernehmenden Rechtsträgers gehören (§ 4 Abs. 4 S. 3).[83]

Dies gilt für Anteile, die dem Privatvermögen zugewiesen und von § 17 80 Abs. 1 EStG nicht erfasst werden. Für diese Gesellschafter ergeben sich nur die steuerlichen Konsequenzen aus § 7 (Versteuerung der offenen Rücklagen als Einkünfte aus Kapitalvermögen i.S.v. § 20 Abs. 1 Nr. 1 EStG).[84]

---

82 Tz. 04.18 UmwStE 2011.
83 Tz. 04.18 UmwStE 2011.
84 Tz. 04.25 UmwStE 2011.

In diesen Fällen ist gleichwohl zu beachten, dass das gesamte Vermögen der übertragenden Körperschaft übergeht und entsprechend in der Gesamthandsbilanz der übernehmenden PersG vollständig zu bilanzieren ist. Im Rahmen der Übernahmeerfolgsermittlung ist jedoch nur der Wert des übernommenen Vermögens anzusetzen, der der Beteiligungsquote unter Einschluss der Anteile, die zum steuerlichen Übertragungsstichtag als eingelegt gelten, entspricht. Zudem werden die nicht wesentlich beteiligten Anteilseigner i.H.d. auf sie entfallenden Vermögens der übertragenden KapG Mitunternehmer bei der übernehmenden PersG.

2. Wert des übergehenden Vermögens

81 Das übergehende Vermögen ist für die Ermittlung des steuerlichen Übernahmeergebnisses mit dem von der übertragenden Körperschaft gewählten Wertansatz zu berücksichtigen (§ 4 Abs. 1 S. 1, Abs. 4 S. 1 i.V.m. § 3). Das übergehende Vermögen enthält bspw. auch das Betriebsvermögen ausländischer Betriebsstätten. Dieses Auslandsvermögen ist selbst dann zu berücksichtigen, wenn es nicht der deutschen Besteuerung unterliegt.

Ändert sich z.B. im Rahmen einer Betriebsprüfung nachträglich der Wertansatz des übergehenden Vermögens, liegt ein rückwirkendes Ereignis vor und das Übernahmeergebnis ist folglich gem. *§ 175 Abs. 1 Nr. 2 AO* anzupassen.

Das übergehende Vermögen bleibt anteilig außer Ansatz, soweit es auf Anteile entfällt, die nicht an der Ermittlung des Übernahmeergebnisses teilnehmen. Dies trifft z.B. auf im Privatvermögen gehaltene nicht wesentliche Beteiligungen zu.

Beispiel:

An der ABC-GmbH sind A zu 50 %, B zu 49,5 % und C zu 0,5 % beteiligt. Sämtliche Anteile werden im Privatvermögen gehalten. Die ABC-GmbH soll in eine OHG formgewechselt werden.

Da die Beteiligung von C nicht gem. § 5 als in das Betriebsvermögen der OHG eingelegt gilt, sind bei der Ermittlung des steuerpflichtigen Übernahmeerfolgs insgesamt lediglich 99,5 % des übergehenden Vermögens anzusetzen. Dennoch geht bilanziell das gesamte Vermögen über.

82 Hält die übertragende Körperschaft *eigene Anteile*, stellen diese keinen Bestandteil des übergehenden Vermögens dar (siehe Rdn. 36). Die eigenen Anteile gehen im Rahmen der Umwandlung unter.[85] Daher sind die eigenen Anteile auch bei der Ermittlung des Übernahmeergebnisses nicht zu berücksichtigen.

Liegt eine *Überkreuzbeteiligung* vor und ist die übertragende Körperschaft an der Übernehmerin beteiligt, gehört das anteilige Betriebsvermögen der Körperschaft bei der PersG ebenfalls zum übergehenden Vermögen. Dabei ist das Kapitalkonto der Körperschaft auf die übrigen Mitunternehmer der aufnehmenden PersG anteilig zu verteilen (siehe Rdn. 35).

---

85 Tz. 04.32 UmwStE 2011.

Werden von einem Gesellschafter Wirtschaftsgüter an die übertragende Körperschaft überlassen und wird diese Praxis auch nach der Umwandlung fortgeführt, werden diese Wirtschaftsgüter nach der Umwandlung zu *Sonderbetriebsvermögen* umqualifiziert (siehe Rdn. 40). Dieses Sonderbetriebsvermögen ist allerdings nicht bei der Ermittlung des Übernahmeergebnisses zu berücksichtigen. Der Wert des übergehenden Vermögens wird dadurch nicht erhöht.

Hat das übergehende Vermögen einen **negativen Wert**, folgt daraus zwingend ein Übernahmeverlust. Dieser kann – im Gegensatz zum UmwStG 1995 – in den Grenzen von § 4 Abs. 6 steuerlich geltend gemacht werden.   *83*

3. Bewertung von ausländischem Vermögen

a) Neutrales Vermögen (§ 4 Abs. 4 S. 2)

Gem. § 4 Abs. 4 S. 2 sind bei der Ermittlung des Übernahmeergebnisses   *84* übergehende Wirtschaftsgüter, soweit an ihnen vor der Umwandlung kein deutsches Recht zur Besteuerung eines Veräußerungsgewinns bestand, zwingend mit dem *gemeinen Wert* anzusetzen.

Zu diesem sog. *neutralen Vermögen* gehören insbesondere das Betriebsvermögen ausländischer Betriebsstätten, wenn ein DBA mit Freistellungsmethode vereinbart wurde, sowie in einem DBA-Staat belegene Grundstücke. Bei einer in Deutschland beschränkt steuerpflichtigen EU-/EWR-Körperschaft stellt sämtliches Vermögen neutrales Vermögen dar, das nicht aufgrund eines DBA in Deutschland besteuert werden darf.[86]

Da das deutsche Besteuerungsrecht bezüglich des neutralen Vermögens   *85* durch eine Umwandlung nicht beschränkt wird (es besteht vor und nach der Umwandlung kein inländisches Besteuerungsrecht), gilt das Ansatzwahlrecht des § 3 Abs. 2 S. 1 auch für das neutrale Vermögen. Das Übertragungsergebnis wird damit nicht erhöht. Der zwingende Ansatz zum gemeinen Wert bezieht sich allein auf die Bewertung bei der Ermittlung des Übernahmeergebnisses,welches durch die Sondervorschriften für neutrales Vermögen erhöht wird.

Sinn und Zweck der Regelung ist es, stille Reserven in den Anteilen an der   *86* übertragenden Körperschaft letztmalig einer deutschen Besteuerung zu unterwerfen. Werden z.B. im Betriebsvermögen einer ausländischen DBA-Freistellungsbetriebsstätte stille Reserven gebildet, können die stillen Reserven zwar nicht bei der Veräußerung der einzelnen Wirtschaftsgüter in Deutschland besteuert werden. Die stillen Reserven im ausländischen Betriebsvermögen führen allerdings auch zu einer Wertsteigerung der Anteile am Gesamtunternehmen. Ist das deutsche Stammhaus eine KapG, ist der Gewinn aus einer Veräußerung der Anteile bei einer Ansässigkeit der Anteilseigner in Deutschland regelmäßig in Deutschland steuerpflichtig (Art. 13 Abs. 5 OECD-MA). Ist das Stammhaus dagegen eine PersG, besteht abkommensrechtlich ein deutsches Besteuerungsrecht nur für das im Inland belegene Betriebsvermögen. Bei einer Veräußerung der PersG ist der Veräußerungsgewinn nur in Hinblick auf dieses Vermögen steuerpflichtig. Daher

---

86 Vgl. Tz. 04.29 UmwStE 2011.

könnte durch die Umwandlung einer Körperschaft in eine PersG die mittelbare deutsche Steuerpflicht stiller Reserven von ausländischem Vermögen entfallen.

Beispiel:
Die D-GmbH mit Sitz in Berlin gründet in einem DBA-Land mit Freistellungsmethode eine Betriebsstätte. Die Anteilseigner der A-GmbH sind ebenfalls in Berlin ansässig. Im Zeitpunkt der Gründung betragen der gemeine Wert und der Buchwert des Betriebsstättenvermögens TEUR 100. Im Folgejahr werden im Vermögen der Betriebsstätte stille Reserven i.H.v. TEUR 50 gebildet.

Zwar können die stillen Reserven bei einem Verkauf der Wirtschaftsgüter nicht unmittelbar in Deutschland besteuert werden. Allerdings erhöht sich durch die stillen Reserven auch der Wert der Anteile an der D-GmbH um TEUR 50. Damit steigt ein in Deutschland steuerbarer Gewinn aus der Veräußerung der Anteile. Würde die D-GmbH in eine OHG formgewechselt könnten die neu gebildeten stillen Reserven bei einem Verkauf der Anteile an der PersG nicht mehr mittelbar in Deutschland besteuert werden.

87   Um den Verlust des deutschen Besteuerungsrechts auszugleichen, erfolgt ein Ansatz des neutralen Vermögens zum gemeinen Wert. Dadurch erhöht sich ein Übernahmegewinn, oder ein Übernahmeverlust wird reduziert.[87]

Eine Aufstockung des neutralen Vermögens hat nur insoweit zu erfolgen, als es auf Anteile entfällt, die an der Ermittlung des Übernahmeergebnisses teilnehmen. Das auf *im Privatvermögen gehaltene nicht wesentliche Anteile* entfallende neutrale Vermögen ist nicht mit dem gemeinen Wert anzusetzen, es nimmt erst gar nicht an der Ermittlung des Übernahmeergebnisses teil.

88   Die Sofortversteuerung stiller Reserven in neutralem Vermögen begegnet *europarechtlichen Bedenken.*[88] U.E. liegt ein Verstoß gegen die Niederlassungsfreiheit vor, da bei Wirtschaftsgütern einer inländischen Betriebsstätte im Gegensatz zu Wirtschaftsgütern einer EU/EWR-Betriebsstätte keine Pflicht zum Ansatz einer gemeinen Wert besteht. Durch die Einführung einer Stundungslösung – vergleichbar mit § 4g EStG – könnten die europarechtlichen Bedenken zumindest entschärft werden.

89   Strittig ist, ob beim Ansatz des gemeinen Wertes für die Wertermittlung eine *latente ausländische Steuerlast* auf den Veräußerungsgewinn in Abzug gebracht werden kann. Als Argument für die Anrechnung ausländischer Steuern wird aufgeführt, dass bei einer Bewertung der KapG-Anteile stets auch eine ausländische Steuer auf den Gewinn aus der Veräußerung des Betriebsstättenvermögens berücksichtigt werden würde. Folglich würde der Gewinn aus der Veräußerung der Anteile entsprechend geringer ausfallen. Um einer Überbesteuerung entgegenzuwirken, ist u.E. insbesondere im

---

87 *Krohn/Burg/Dietmarschen/Greulich*, DStR 2008, 653.
88 *Förster/Felchner*, DB 2006, 1075; *Wertra/Teiche*, DB 2006, 1459, *Blöchle/Weggenman*, IStR 2008, 92; a.A. *Klingbiel*, Der Konzern 2006, 606.

Hinblick auf den Gesetzeszweck des § 4 Abs. 4 S. 2 ein entsprechendes Vorgehen vertretbar.

b) Vor der Umwandlung steuerverhaftetes ausländisches Vermögen

Liegt eine Betriebsstätte in einem Nicht-DBA-Staat oder in einem DBA-Staat mit Anrechnungsmethode, ist das Betriebsstättenvermögen mit dem von der Körperschaft für das gesamte übergehende Vermögen gewählten Ansatz zu bewerten (§ 4 Abs. 1 S. 1, Abs. 4 S. 1). Das Bewertungswahlrecht des § 3 ist nicht eingeschränkt. Es liegt kein neutrales Vermögen vor, da vor der Umwandlung ein deutsches Besteuerungsrecht bestand. 90

4. Wert der KapG-Anteile

Zur Ermittlung des Übernahmeergebnisses ist dem Wertansatz des übergehenden Vermögens der Wert der Beteiligung an der übertragenden Körperschaft gegenüberzustellen. 91

Hält die übernehmende PersG Anteile in ihrem Gesamthandsvermögen sind diese mit dem Buchwert am steuerlichen Übertragungsstichtag, ggf. erhöht um in früheren Jahren *steuerwirksam* vorgenommene *Teilwertabschreibungen* bzw. steuerwirksame *Abzüge nach § 6b EStG* oder *ähnliche Abzüge*, höchstens aber mit dem gemeinen Wert zum Übertragungsstichtag anzusetzen (siehe Rdn. 46 ff.). Die Wertermittlung gilt auch für Anteile, die sich in einem *Betriebsvermögen* eines Anteilseigners befinden, oder für Beteiligungen i. S. d. § 17 EStG bzw. für einbringungsgeborene Anteile, da diese gem. § 5 Abs. 2 und 3, § 27 Abs. 3 Nr. 1 i. V. m. § 5 Abs. 4 UmwStG a. F. als in das Betriebsvermögen der Übernehmerin eingelegt gelten. Hält ein Gesellschafter eine nicht wesentliche Beteiligung im Privatvermögen, greift die Einlagefiktion des § 5 nicht. Da kein Übernahmeergebnis zu ermitteln ist, sind die Anteile auch nicht zu bewerten.

Der *Buchwert* der Anteile stellt den Wertansatz dar, mit dem die Anteile nach den allgemeinen steuerlichen Gewinnermittlungsvorschriften in einer auf den steuerlichen Übertragungsstichtag aufzustellenden Bilanz anzusetzen wären. Der Buchwert von KapG-Anteilen wird grds. durch die Anschaffungskosten bestimmt. Neben dem Kaufpreis sind auch die Nebenkosten der Anschaffung zu aktivieren, z. B. Notarkosten, Beraterhonorare, Vermittlungsprovisionen. 92

Durch *nachträgliche Anschaffungskosten* (z. B. verdeckte Einlagen) kann der Buchwert der Beteiligung die historischen Anschaffungskosten übersteigen. Auch eine Kapitalerhöhung durch Einlagen hat eine Erhöhung des Buchwertes bzw. der Anschaffungskosten zur Folge. Erfolgt dagegen eine Kapitalerhöhung aus Gesellschaftsmitteln, so sind die ursprünglichen Anschaffungskosten gem. § 3 KapErhStG auf die bisherigen und die neu geschaffenen Anteile zu verteilen. 93

Offene oder verdeckte *Einlagen nach dem Umwandlungsstichtag* führen nicht zu einer Erhöhung der Anschaffungskosten und wirken sich grds. nicht auf das Übernahmeergebnis aus. Einlagen nach dem Übertragungsstichtag sind vielmehr bereits der aufnehmenden PersG zuzurechnen. Entsprechendes gilt für nachträgliche Kapitalherabsetzungen bzw. Auszahlungen aus dem steuerlichen Einlagekonto.

Verzichtet ein Gesellschafter nach dem Umwandlungsstichtag, aber noch vor der Eintragung der Umwandlung ins Handelsregister auf eine Forderung gegenüber der Körperschaft, erfolgt aus steuerlicher Sicht ein *Forderungsverzicht* gegenüber einer PersG, auch wenn zivilrechtlich ein Forderungsverzicht gegenüber der Körperschaft vorliegt. Das Übernahmeergebnis bleibt folglich unberührt. Ein Verzicht durch den übernehmenden Rechtsträger ist irrelevant, da gegenseitige Forderungen und Verbindlichkeiten ohnehin durch Konfusion zum Umwandlungsstichtag untergegangen sind.

Eine nachträgliche nach dem Umwandlungsstichtag erfolgte *Änderung der Anschaffungskosten* (z.B. durch eine nachträgliche Kaufpreisänderung) stellt ein rückwirkendes Ereignis i.S.d. § 175 Abs. 1 Nr. 2 AO dar. Aus diesem Grund ist das Übernahmeergebnis rückwirkend anzupassen.

94   Gehören die Anteile an der übertragenden Körperschaft nicht zum Gesamthandsvermögen der aufnehmenden PersG, ist bei der Ermittlung des Übernahmegewinns eine *gesellschafterbezogene Sichtweise* einzunehmen. Unterschiedliche Anschaffungskosten bzw. Buchwerte können für die Mitunternehmer auch unterschiedliche Übernahmeergebnisse zur Folge haben.

Für die einzelnen Gesellschafter stellt die Beteiligung dabei grds. eine Einheit dar, auch wenn verschiedene Anteile durch den Gesellschafter zu unterschiedlichen Zeitpunkten und unterschiedlichen Preisen erworben wurden.[89] Eine anteilsbezogene Betrachtung ist nur erforderlich, wenn ein Gesellschafter Anteile mit *unterschiedlichem Steuerstatus* hält. Dies ist z.B. der Fall, wenn neben einbringungsgeborenen Anteilen auch nichteinbringungsgeborene Anteile von unter 1 % gehalten werden, oder ein Teil der Anteile den Missbrauchsvorschriften des § 4 Abs. 6 unterliegt.

95   Wird eine *Unterstützungskasse* auf ihre TrägerPersG verschmolzen, sind vom Trägerunternehmen geleistete Zuwendungen erfolgswirksam zu korrigieren (siehe Rdn. 69). Im gleichen Umfang ist aber auch der Buchwert der Anteile an der Unterstützungskasse zu erhöhen.[90]

5. Von der Übernahmeerfolgsermittlung ausgenommenes Vermögen (§ 4 Abs. 4 S. 3)

96   Nach der Gesetzessystematik des § 4 Abs. 4 S. 1 wird bei der Ermittlung des Übernahmeerfolgs grds. eine 100 %-ige Beteiligung des übernehmenden Rechtsträgers an der übertragenden Körperschaft unterstellt. Das Übernahmeergebnis stellt sich als Unterschiedsbetrag zwischen der untergehenden Beteiligung und den übergehenden Wirtschaftsgütern dar.

Werden die Anteile an der umzuwandelnden Körperschaft nicht im Gesamthandsvermögen der aufnehmenden PersG gehalten, fingiert § 5 eine entsprechende Betriebsvermögenszugehörigkeit. Im Privatvermögen gehaltene

---

89 BFH vom 27.07.1988, I R 104/84, BStBl. II 1989, 274.
90 *Benecke* in PricewaterhouseCoopers AG, Reform des Umwandlungssteuerrechts, 167, Rdn. 1111.

nicht wesentliche Anteile werden allerdings nicht von dieser Fiktion erfasst. Gleiches gilt für von steuerbefreiten Gesellschaften und juristischen Personen des öffentlichen Rechts gehaltene Beteiligungen unter 1 %.

Werden dem aufnehmendem Rechtsträger auch nach der Fiktion gem. § 5 nicht 100 % der Anteile an der übertragenden Körperschaft zugerechnet, kann zur Ermittlung des Übernahmeerfolgs der untergehenden Beteiligung nicht das gesamte übergehende Vermögen gegenübergestellt werden. § 4 Abs. 4 S. 3 schreibt in derartigen Fällen vor, dass der wegfallenden Beteiligung auch nur das anteilige übergehende Vermögen gegenüberzustellen ist. Im Ergebnis ist für Anteile, die weder zum Betriebsvermögen der übernehmenden PersG gehören, noch als zugehörig fingiert werden, kein Übernahmeergebnis zu ermitteln.

Beispiel:
Die A-GmbH soll auf eine OHG verschmolzen werden. An der A-GmbH ist die OHG bereits zu 99,5 % beteiligt. Daneben ist die natürlichen Person D zu 0,5 % beteiligt. D hält seine Beteiligung im Privatvermögen. Die A-GmbH setzt ihr Vermögen in der Übertragungsbilanz mit TEUR 1.000 an. Die OHG hat ihre Beteiligung zu TEUR 2.500 erworben. Die Anschaffungskosten von D betragen TEUR 25.

Die Anteile von D gelten nicht gem. § 5 als in die OHG eingelegt. Für D ist kein Übernahmeergebnis zu ermitteln. Das auf seine Anteile entfallende Vermögen scheidet bei der Berechnung des Übernahmeerfolgs aus (§ 4 Abs. 4 S. 3). Folglich berechnet sich das Übernahmeergebnis wie folgt:

Übergehendes Vermögen (99,5 %)		995
./. Wert der untergehenden Beteiligung (99,5 % der Anteile)		./. 2.500
= Übernahmeverlust (1.Stufe)		./. 1.505

§ 4 Abs. 4 S. 3 ist auch bei der Berechnung des Übernahmeerfolgs 2. Stufe (§ 4 Abs. 5) anzuwenden.

6. Umwandlungskosten

Typische Kosten, die im Zusammenhang mit einer Umwandlung entstehen, 97 sind die Kosten für die Erstellung und Beurkundung des Verschmelzungsvertrages (insbesondere Notar- und Beratungskosten), die Kosten für die Erstellung des Verschmelzungsberichts, die Kosten des Verschmelzungsbeschlusses der Körperschaft und der entsprechenden Gesellschafterversammlung, die Erstellung und Prüfung der Schlussbilanz sowie Kosten für die Anmeldung und Eintragung des Beschlusses ins Handelsregister.

Die Umwandlungskosten sind nach dem *objektiven Veranlassungsprinzip* den an der Umwandlung beteiligten Rechtsträgern zuzuordnen.[91] Die beteiligten Rechtsträger haben jeweils die Kosten zu tragen, die in ihrer Sphäre wirtschaftlich entstanden sind.[92] Darüber hinaus ist für die Behandlung der

---

91 Tz. 04.34 UmwStE 2011; BFH vom 22.04.1998, I R 83/96, BStBl. II 1998, 698.
92 BFH vom 22.04.1998, I R 83/96, BStBl. II 1998, 698.

Kosten danach zu unterscheiden, ob es sich um objektbezogene Kosten oder nicht objektbezogene Kosten handelt.

Kosten des übernehmenden Rechtsträger, die nicht objektbezogen sind reduzieren nach § 4 Abs. 4 S. 1 das Übernahmeergebnis und wirken sich folglich nicht auf das laufende Ergebnis der Übernehmerin aus.[93] Sind die Kosten beim übernehmenden Rechtsträger als laufender Aufwand abgezogen worden, sie diese im Wege einer außerbilanziellen Korrektur wieder hinzuzurechnen.[94] Da die Anteilseigner – mit Ausnahme der Gründungsgesellschafter – regelmäßig einen Übernahmeverlust erzielen, können die Umwandlungskosten der Übernehmerin häufig nur zur 60 % (natürliche Personen) bzw. überhaupt nicht (Körperschaften, Missbrauchsfälle des § 4 Abs. 6) steuerlich geltend gemacht werden.

98   Bei den Kosten des *übertragenden Rechtsträgers* ist nach neuer Ansicht der Finanzverwaltung danach zu unterscheiden, wann diese entstanden sind. Kosten, die vor dem steuerlichen Übertragungsstichtag entstanden sind, sind – wie bislang – nicht in die Ermittlung des Übernahmeergebnisses einzubeziehen. Sie sind vielmehr steuerliche abzugsfähige Betriebsausgabe. Dagegen sind Kosten des übertragenden Rechtsträgers, die nach dem steuerlichen Übertragungsstichtag entstanden sind, nach neuer Ansicht der Finanzverwaltung ebenfalls in das Übernahmeergebnis einzubeziehen.[95] Sie sind damit im Ergebnis nur teilweise bzw. gar nicht abziehbar. Diese erweiterte Beschränkung der abzugsfähigen Umwandlungskosten ist wegen des Bezugs des § 4 auf den übernehmenden Rechtsträger nicht gerechtfertigt.[96]

Objektbezogene Kosten des übertragenden und des übernehmenden Rechtsträgers sind, wie auch schon bisher, nicht abziehbar, sondern als Anschaffungskosten zu aktivieren. Bedeutung hat dies insbesondere für die bei der Umwandlung entstehende *Grunderwerbsteuer.*

Zwar ist mit dem Wachstumsbeschleunigungsgesetz[97] eine grunderwerbsteuerliche Konzernklausel eingeführt worden ist, nach der Umwandlungsvorgänge i.S.v. § 1 Abs. 1 Nr. 1 bis 3 UmwG, also auch Verschmelzungen, grunderwerbsteuerlich begünstigt sind (§ 6a GrEStG). Doch auch unter Geltung der Konzernklausel werden Umwandlungen häufig mit einer Grunderwerbsteuerbelastung einhergehen. Denn nach § 6a S. 3 und 4 GrEStG sind Umwandlungsvorgänge nur dann begünstigt, wenn an der Umwandlung ein herrschendes Unternehmen sowie eine oder mehrere abhängige Gesellschaften beteiligt sind und das herrschende Unternehmen am Kapital innerhalb von 5 Jahren vor dem Rechtsvorgang und 5 Jahre nach dem Rechtsvorgang unmittelbar oder mittelbar zu mindestens 95 % beteiligt ist. Diese Voraussetzungen werden in vielen Fällen nicht erfüllt sein, so dass Grunderwerbsteuer entsteht.

---

93 Tz. 04.34 UmwStE 2011; *Benecke* in PricewaterhouseCoopers AG, Reform des Umwandlungssteuerrechts, 167, Rdn. 1129.

94 Tz. 04.34 UmwStE 2011.

95 Tz. 04.34 UmwStE 2011.

96 So zu Recht *Stadler/Elser/Bindl,* DB 2012, Beilage 1, 22.

97 Vgl. Gesetz zur Beschleunigung des Wirtschaftswachstums vom 22.12.2009, BGBl. I, 3950.

Die Finanzverwaltung vertrat zur Abzugsfähigkeit der Grunderwerbsteuer früher die Auffassung, dass die Grunderwerbsteuer mangels Anschaffungsvorgang bei der übernehmenden PersG als Betriebsausgabe des übernehmenden Rechtsträgers zu behandeln und nicht als Anschaffungsnebenkosten zu aktivieren ist.[98] Die Grunderwerbsteuer wurde danach Bestandteil der Übernahmeerfolgsermittlung (§ 4 Abs. 4 S. 1), mit der Folge der nur eingeschränkten bzw. vollkommen ausgeschlossenen Abzugsfähigkeit. Dieser Ansicht wurde seit jeher entgegengehalten, dass der Verschmelzungsvorgang ein Anschaffungsgeschäft darstelle.[99] Dementsprechend müsste die anfallende Grunderwerbsteuer als Anschaffungsnebenkosten des Grundstückserwerbs aktiviert werden und sich in Folge über die Gebäude-AfA ergebnismindernd auswirken.

Die Finanzverwaltung hat sich nun auch der Rechtsprechung des BFH[100] angeschlossen und geht nun grundsätzlich von einer Aktivierungspflicht der Grunderwerbsteuer als Anschaffungsnebenkosten aus.[101] Allerdings dürfte dies nicht für eine Anteilsvereinigung i. S. d. § 1 Abs. 3 GrEStG infolge der Verschmelzung gelten.[102]Übernahmeerfolg und Abgeltungssteuer[103]

Fraglich ist, ob die fehlende Einlagefiktion nicht wesentlicher Beteiligungen   99
des Privatvermögens nach Einführung der Abgeltungssteuer noch gerechtfertigt ist.

Hier ist zu berücksichtigen, dass vor Inkrafttreten der Abgeltungssteuer Gewinne aus der Veräußerung von Anteilen außerhalb der Jahresfrist des § 23 Abs. 1 Nr. 2 EStG steuerfrei waren, soweit keine wesentliche Beteiligung vorlag. Somit war es folgerichtig, für diese Gruppe von Anteilseignern keinen Übernahmeerfolg zu ermitteln.

Nach Einführung der Abgeltungssteuer sind jedoch Gewinne aus der Veräußerung von KapG-Beteiligungen, die nach dem 31. 12. 2008 erworben wurden, unabhängig von einer Behaltefrist steuerpflichtig.[104]

Da ein Übernahmegewinn wie ein Gewinn aus der Veräußerung einer Beteiligung an einer KapG behandelt wird, müssten konsequenterweise auch für diese Beteiligungen, die nach alter Lesart dem Privatvermögen zuzuordnen waren, ein Übernahmeerfolg ermittelt werden.[105] Eine Anpassung des UmwStG an die Regelungen der Abgeltungssteuer steht allerdings noch aus.

---

98 BMF vom 25. 03. 1998, BStBl. I 1998, 268, Tz. 04.43, vgl. auch *Lohmann/Goldacker/Zeitz*, BB 2009, 477.

99 Zum Meinungsstand vgl. *Benecke* in PricewaterhouseCoopers AG, Reform des Umwandlungssteuerrechts, 167, Rdn. 1130.

100 BFH vom 15. 10. 1997, I R 22/96, BStBl. II 1998, 168; BFH vom 17. 09. 2003, I R 97/02, BStBl. II 2004, 686.

101 Tz. 04.34 UmwStE 2011 unter Verweis auf BMF vom 18. 01. 2010, DStR 2010, 169.

102 Tz. 04.34 UmwStE 2011 unter Verweis auf BFH vom 20. 04. 2011, I R 2/10, BStBl. II 2011, 761.

103 Unternehmenssteuerreformgesetz vom 14. 08. 2007, BGBl. I, 1912.

104 Zur Anwendung des § 20 Abs. 2 Nr. 1 EStG siehe § 52a Abs. 10 S. 1 EStG.

105 *Desens*, FR 2008, 946.

II. Fortentwicklung des Übernahmeergebnisses 1. Stufe (§ 4 Abs. 5)

100 Ein Übernahmegewinn erhöht sich und ein Übernahmeverlust verringert sich um einen Sperrbetrag i. S. d. § 50c EStG, soweit die Anteile an der übertragenden KapG am steuerlichen Übertragungsstichtag zum Betriebsvermögen des übernehmenden Rechtsträgers gehören. Entsprechendes gilt für die als ausgeschüttet geltenden Bezüge nach § 7.

Danach gilt insgesamt folgendes Berechnungsschema:

	Wert der übernommenen Wirtschaftsgüter lt. steuerlicher Schlussbilanz des übertragenden Rechtsträgers (§ 4 Abs. 1)
+	ggf. Zuschlag für neutrales Vermögen (kein Besteuerungsrecht hinsichtlich der stillen Reserven; § 4 Abs. 4 S. 2)
./.	Buchwert/Anschaffungskosten der betreffenden Anteile (Ggf. Erhöhung um Beteiligungskorrekturgewinne, § 4 Abs. 1 S. 2 f.)
./.	Kosten des Vermögensübergangs, soweit sie auf den übernehmenden Rechtsträger entfallen (§ 4 Abs. 4 S. 1)
=	Übernahmeergebnis 1. Stufe (§ 4 Abs. 4 S. 1)
+	Sperrbetrag i. S. d. § 50 c EStG (§ 4 Abs. 5 S. 1)
./.	als ausgeschüttet geltende offene Rücklagen nach § 7 (§ 4 Abs. 5 S. 2)
=	Übernahmeergebnis 2.Stufe (§ 4 Abs. 7 und 6)

Auch die Ermittlung des Übernahmeergebnisses 2. Stufe muss *gesellschafterbezogen* erfolgen. Dies folgt daraus, dass nur die Anteile derjenigen Anteilseigner zur Hinzurechnung eines Sperrbetrags führen, die nach § 50c EStG steuerverstrickt sind.

Die offenen Rücklagen werden im Verhältnis der Anteile an der übertragenden KapG den Gesellschaftern der PersG im Rahmen der Übernahmeerfolgsermittlung zugewiesen.

Das Übernahmeergebnis ist dann entsprechend der Beteiligung an der übernehmenden PersG (Kapitalkonto I) auf die Mitunternehmer zu verteilen.[106]

1. Hinzurechnung eines Sperrbetrag nach § 50c EStG

101 Soweit Anteile an der übertragenden Körperschaft zum steuerlichen Übertragungsstichtag zum Betriebsvermögen der übernehmenden PersG gehören, ist ein Sperrbetrag i. S. d. § 50c Abs. 4 EStG außerhalb der Steuerbilanz dem Übernahmeergebnis hinzuzurechnen (§ 4 Abs. 5 S. 1).[107]

§ 50c EStG ist ein Relikt aus dem Anrechnungsverfahren und griff in die Besteuerung des Anteilserwerbers ein, indem Gewinnminderungen durch Teilwertabschreibungen oder durch Veräußerungsverluste nicht anerkannt wurden. Hierdurch sollten u. a. Gestaltungen verhindert werden, bei denen ein Steuerinländer von einer nicht zur Anrechnung berechtigten Person Anteile

---

106 Tz. 04.27 UmwStE 2011.
107 Tz. 04.37 UmwStE 2011.

erwarb und das Körperschaftsteuerguthaben über den Kaufpreis mitbezahlte. Nichtanrechnungsberechtigt waren grds. Steuerausländer, steuerbefreite Einrichtungen und juristische Personen des öffentlichen Rechts. Durch ausschüttungsbedingte Teilwertabschreibungen war es möglich, die Dividenden im Ergebnis ohne Steuerbelastung zu vereinnahmen, während der Veräußerungsgewinn beim Nichtanrechnungsberechtigten regelmäßig nicht der deutschen Besteuerung unterlag. § 50c EStG sollte folglich die Einmalbesteuerung von Kapitalerträgen einer KapG sicherstellen.[108] Ein Sperrbetrag i.S.d. § 50c EStG war bei kalendergleichen Wirtschaftsjahren letztmals auf den 31.12.2001 zu bilden (§ 52 Abs. 59 EStG) und schloss Gewinnminderungen während einer Sperrzeit von 10 Jahren aus. Die Herkunft von Anteilen war damit längstens *bis zum 31.12.2011* zu überwachen.

Beispiel: 102
Die AB-OHG ist zu 50 % Gründungsgesellschafterin der C-GmbH. Das Stammkapital der C-GmbH beträgt TEUR 60. Weitere Gesellschafter der C-GmbH sind die Gesellschafter X, Y und Z.

X hat 20 % der Anteile an der C-GmbH vor Jahren von einem Ausländer zu einem Preis von TEUR 50 erworben. Der Unterschiedsbetrag zwischen den Anschaffungskosten und dem Nennbetrag der Anteile betrug damals TEUR 10 (= Sperrbetrag gem. § 50c Abs. 4 EStG). Y hat einen Teilbetrieb als Sacheinlage gegen Gewährung von Anteilen unter Buchwertfortführung eingebracht (§ 20). Seine Beteiligung entspricht 29,5 % am Stammkapital. Z hält die restlichen 0,5 % im Privatvermögen.

Das Reinbetriebsvermögen (Wert des steuerbilanziellen Eigenkapitals) der GmbH beträgt TEUR 200. Offene Rücklagen (Summe steuerbilanzielles Eigenkapital abzüglich Steuerliches Einlagenkonto) sind i.H.v. TEUR 140 vorhanden.

	Gesamt*	AB-OHG 50 %	X 20 %	Y 29,5 %	Z 0,5 %
Übergehendes Reinvermögen der C-GmbH ohne Anteil Z	199.000	100.000	40.000	59.000	0
./. Buchwerte der Beteiligung bzw. Anschaffungskosten	97.700	30.000	50.000	17.700	0
Übernahmeergebnis 1. Stufe	101.300	70.000	./.10.000	41.300	./.
+ Sperrbetrag			10.000		
./. Bezüge nach § 7 Verteilung im Verhältnis der Beteiligung an der C-GmbH	– 140.000	70.000	28.000	41.300	700
Übernahmeergebnis 2. Stufe	0	./.28.000	0	./.	

* Das auf Z entfallende Vermögen bleibt unberücksichtigt (§ 4 Abs. 4. S 3).
99,5 % des Vermögens sind im Verhältnis der Beteiligungsquoten zu verteilen.

---

108 *Weber-Grellet* in L. Schmidt, § 50c EStG Rdn. 1.

Z hält seinen Anteil im Privatvermögen. Dieser Anteil gilt nicht als zum Übertragungsstichtag in die PersG eingelegt (§ 5 der derzeitigen Rechtslage). Auf Z entfällt daher kein Übernahmeerfolg (§ 4 Abs. 4 S. 3).

Der Übernameerfolg für die OHG-Gesellschafter A und B und Y beträgt TEUR 0, da die Anschaffungskosten dem Nennkapital entsprechen und der Übernahmeerfolg um die anteiligen, nach § 7 zu versteuernden Einkünfte, zu kürzen ist.

Für Y wäre übrigens auch dann ein Übernahmeerfolg zu ermitteln, wenn er mit weniger als 1 % an der C-GmbH beteiligt wäre, denn einbringungsgeborene Anteile gelten als Anteile i.S.d. § 17 EStG (§ 17 Abs. 6 EStG).

X hat offene Reserven über den Kaufpreis für die Anteile bezahlt. Für ihn ermittelt sich im ersten Schritt ein Übernahmeverlust, der um den Sperrbetrag und die als ausgeschüttet geltenden Rücklagen zu korrigieren ist.

103 Die Hinzurechnung des Sperrbetrages gem. § 50c EStG hat nur in Hinblick auf die Anteile an der übertragenden Körperschaft zu erfolgen; etwaige Sperrbeträge von *nachgeordneten Gesellschaften* der übertragenden Körperschaft bleiben unberührt.[109]

2. Abzug der Bezüge nach § 7

104 Nach § 4 Abs. 5 S. 2 ist ein Übernahmegewinn um die Bezüge gem. § 7 zu vermindern, bzw. ein Übernahmeverlust um die fiktive Ausschüttung zu erhöhen. Dies führt dazu, dass i.d.R. ein Übernahmeverlust erzielt wird.[110]

Durch eine fiktive Vollausschüttung der Gewinnrücklagen soll das deutsche Besteuerungsrecht sichergestellt werden.[111] Im Gegensatz zur Gesetzeslage vor dem SEStEG gilt die Ausschüttungsfiktion nun auch für die Anteilseigner, die an der Ermittlung des Übernahmeergebnisses teilnehmen. Da die offenen Rücklagen als fiktive Dividende versteuert werden müssen, gleichzeitig aber auch bei der Besteuerung des Übernahmeergebnisses erfasst werden, droht eine Doppelbesteuerung. Daher dürfen die als ausgeschüttet geltenden Rücklagen vom Übernahmeergebnis 1. Stufe in Abzug gebracht werden. Im Ergebnis wird eine vorrangige Besteuerung der offenen Rücklagen als Einkünfte i.S.d. § 20 Abs. 1 Nr. 1 EStG sichergestellt.

---

109 *Van Lishaut* in Rödder/Herlinghaus/van Lishaut, § 4 Rdn. 100.
110 *Rödder/Schumacher*, DStR 2006, 1531.
111 Vgl. BT-Drs. 16/2710, 40.

F. Besteuerung des Übernahmeerfolgs 2. Stufe (§ 4 Abs. 6 und 7)

I. Allgemeines

Da die KapG-Anteile gem. § 5 in das Betriebsvermögen der übernehmenden PersG eingelegt gelten, wenn sie nicht ohnehin tatsächlich von dieser gehalten werden, ist der Übernahmegewinn der *Einkunftsart* zuzuordnen, der auch die laufenden Einkünfte der PersG zuzurechnen sind. Soweit der Übernahmegewinn einer KapG zuzurechnen ist, ist § 8b KStG anzuwenden, bei natürlichen Personen gilt § 3 Nr. 40 EStG in der jeweils zum steuerlichen Übertragungsstichtag geltenden Fassung.[112]   *105*

Die Ermittlung des auf die Gesellschafter der übernehmenden PersG zu verteilenden Übernahmeergebnisses hat durch das für die Übernehmerin zuständige Finanzamt im Rahmen einer *einheitlichen und gesonderten Feststellung* (§§ 179, 180 AO) zu erfolgen.[113] Die Bestimmung des Übernahmeergebnisses ist dabei unter Berücksichtigung unterschiedlicher Anschaffungskosten und Sperrbeträge gem. § 50c EStG gesellschafterbezogen vorzunehmen (siehe Rdn. 77, 94).[114] Eine einheitliche Ermittlung ist aber möglich, wenn alle Gesellschafter die KapG-Anteile zum gleichen Preis erworben haben und keine nachträglichen Anschaffungskosten vorliegen.   *106*

Befinden sich die Anteile im *Gesamthandsvermögen* der übernehmenden PersG, ist das Übernahmeergebnis nach dem allgemeinen Gewinnverteilungsschlüssel auf die Mitunternehmer zu verteilen. Etwaige Ergänzungsbilanzen sind bei der Ermittlung des Übernahmeergebnisses zu berücksichtigen. Gehören die Anteile zum *Sonderbetriebsvermögen* eines Mitunternehmers, ist das darauf entfallende Übernahmeergebnis unmittelbar dem betreffenden Gesellschafter zuzuordnen.

II. Steuerliche Behandlung eines Übernahmeverlusts

1. Entstehung eines Übernahmeverlusts

I.d.R. hat die Verschmelzung einer KapG auf eine PersG einen Übernahmeverlust zur Folge. Dieser entsteht grds., wenn der Buchwert bzw. die Anschaffungskosten der untergehenden KapG-Anteile den Wertansatz des übergehenden Vermögens übersteigen. Zur endgültigen Ermittlung eines Übernahmeverlustes ist diese Differenz noch um Übernahmekosten und die fiktive Ausschüttung gem. § 7 zu kürzen.[115] Ein Übernahmeverlust entsteht daher typischerweise wenn,   *107*

– ein Gesellschafter beim Erwerb seiner Beteiligung an der Körperschaft stille Reserven abgegolten hat und diese nicht im Rahmen der Umwandlung aufgedeckt werden (Buchwertansatz);

---

112 Tz. 04.44, 04.45 UmwStE 2011.
113 Tz. 04.20 UmwStE 2011.
114 Tz. 04.19 UmwStE 2011.
115 Tz. 04.38 UmwStE 2011.

– die Anteile der Körperschaft nach ihrem Erwerb bzw. aufgrund von Verlusten oder der Verflüchtigung von stillen Reserven zwar im Wert gesunken sind, dies aber bislang keinen geringeren Wertansatz der KapG-Anteile zur Folge hatte. Dies könnte darauf beruhen, dass keine voraussichtlich dauerhafte Wertminderung vorliegt (§ 6 Abs. 1 S. 1 Nr. 2 S. 2 EStG) oder Anteile gem. § 17 EStG bestehen, für die eine Teilwertabschreibung nicht zulässig ist;

– das von der Körperschaft übergehende Passivvermögen das übergehende Aktivvermögen übersteigt.

108 Da das Übernahmeergebnis 1. Stufe noch um die fiktiven Bezüge gem. § 7 zu kürzen ist (§ 4 Abs. 5 S. 2), wird auch in anders gelagerten Fällen häufig kein Übernahmegewinn, sondern ein „Nullergebnis" erzielt. Dies gilt sowohl, wenn dem Gesellschafter Anschaffungskosten nur i.H.d. Nennkapitals entstanden sind (i.d.R. Gründungsfall), als auch wenn er bei einem Erwerb durch seinen Kaufpreis neben dem Nennkapital auch offene Rücklagen aber keine stillen Reserven abgegolten hat.

Der Übernahmeverlust stellt einen *laufenden Verlust* dar und entsteht zum steuerlichen Übertragungsstichtag.

2. Auf eine Körperschaft entfallender Übernahmeverlust (§ 4 Abs. 6 S. 1–3)

109 Der Übernahmeverlust bleibt *außer Ansatz*, soweit er auf eine Körperschaft, Personenvereinigung oder Vermögensmasse i.S.d. § 1 Abs. 1 KStG als Mitunternehmerin der übernehmenden PersG entfällt (§ 4 Abs. 6 S. 1). Dies ist dann der Fall, wenn eine Körperschaft Mitunternehmerin der aufnehmenden PersG ist, oder über eine weitere PersG mittelbar an dieser beteiligt ist.

Dies ist konsequent, da auch ein Verlust aus der *Veräußerung der Beteiligung* wegen § 8b Abs. 3 S. 2 KStG bei der Einkommensermittlung einer Körperschaft nicht berücksichtigt werden würde und der Übernahmeerfolg steuerlich wie die Veräußerung der Beteiligung an einer KapG bzw. deren Liquidation behandelt wird (vgl. § 4 Abs. 7 S. 1).[116]

Ein Übernahmeverlust kann auch nicht gegen die gem. § 8b Abs. 5 KStG zu 5 % steuerpflichtigen Einkünfte aus der fiktiven Ausschüttung von Gewinnrücklagen gem. § 7 verrechnet werden.

110 Auch wenn die Anteile an der übertragenden Körperschaft *einbringungsgeboren* sind, kann der Übernahmeverlust nicht geltend gemacht werden.

111 Eine Ausnahme wird für die Anteile an den KapG gemacht, bei denen Gewinne oder Verluste aus der Veräußerung der Anteile ausnahmsweise bei der Einkommensermittlung zu berücksichtigen sind (§ 4 Abs. 6 S. 2).[117] Dies sind entsprechend die Anteile, die bei *Kreditinstituten* und *Finanzdienstleistungsinstituten* dem Handelsbuch zuzuordnen sind (§ 8 b Abs. 7 KStG) bzw. die bei *Lebens- und Krankenversicherungen* den Kapitalanlagen zuzuordnen sind (§ 8b Abs. 8 KStG). In diesen Fällen ist eine Verrechnung des Übernahmeverlustes mit den Einkünften gem. § 7 möglich (§ 4 Abs. 6 S. 3).

---

116 Tz. 04.40 UmwStE 2011.
117 Tz. 04.41 UmwStE 2011.

3. Auf eine natürliche Personen entfallender Übernahmeverlust (§ 4 Abs. 6 S. 4)

a) Grds. Behandlung des Übernahmeverlusts

Soweit der Übernahmeverlust auf eine natürliche Person als Mitunterneh- *112*
mer entfällt, können 60 % des Übernahmeverlusts gegen die als ausgeschüttet geltenden Bezüge nach § 7 verrechnet werden, wobei eine Höchstgrenze von maximal 60 % der als ausgeschüttet geltenden Einkünfte aus Kapitalvermögen vorgesehen ist (§ 4 Abs. 6 S. 3). Ein darüber hinausgehender Übernahmeverlust bleibt außer Ansatz.[118] Dies führt insbesondere in den Fällen, in denen hohe Anschaffungskosten vergleichsweise niedrigen offenen Rücklagen gegenüberstehen dazu, dass – abgesehen von der Kappung des Übernahmeverlusts auf 60 % der Bezüge nach § 7 – auch ein im Grunde genommen ausreichend hoher Übernahmeverlust keine Kompensation der Kapitalerträge zur Folge hat.

Die relative und absolute Kappung der Übernahmeverlustverrechnung hat demnach die Konsequenz, dass sich Anschaffungskosten steuerlich nicht auswirken können. Dies bedeutet letztlich, dass über den Kaufpreis für die Anteile mitbezahlte Rücklagen im Ergebnis zumindest teilweise als Einkünfte versteuert werden müssen.

Auch wenn die der Übernahmeerfolgsermittlung zugrunde liegenden An- *113*
teile *einbringungsgeboren* sind, kann ein Übernahmeverlust nur eingeschränkt steuerlich geltend gemacht werden.

b) Missbrauchsregelungen zum Übernahmeverlust (§ 4 Abs. 6 S. 5)

Ein Übernahmeverlust bleibt gänzlich außer Ansatz, soweit er auf Anteile *114*
entfällt, bei denen ein Veräußerungsverlust nach § 17 Abs. 2 S. 6 EStG nicht zu berücksichtigen wäre, oder die Anteile am übertragenden Rechtsträger innerhalb von 5 Jahren vor dem steuerlichen Übertragungsstichtag erworben worden sind (§ 4 Abs. 6 S. 6).[119] Auch eine Verrechnung mit der fiktiven Dividendenzahlung gem. § 7 ist nicht möglich.[120] Da ein Übernahmeverlust insbesondere nach vorherigem entgeltlichem Erwerb der Anteile an der übertragenden KapG erzielt wird, wirkt § 4 Abs. 6 S. 5 wie eine fünfjährige Umwandlungssperre.

§ 17 Abs. 2 S. 6 EStG beschränkt das Abzugsverbot von Veräußerungsverlusten auf *typisierte Missbrauchsfälle*. Besondere Relevanz hat dabei das schädliche Hinzukaufen von Anteilen. Es soll verhindert werden, dass steuerlich irrelevante Verluste aus dem Bereich der privaten Vermögensverwaltung nachträglich steuerverstrickt werden, um den Verlustabzug geltend machen zu können. § 17 Abs. 2 S. 6 EStG gestattet die Geltendmachung eines Veräußerungsverlustes bei einem vorherigen entgeltlichen Erwerb nur, wenn die veräußerten Anteile 5 Jahre lang zu einer relevanten Beteiligung

---

118 Tz. 04.42 UmwStE 2011.
119 Tz. 04.43 UmwStE 2011.
120 *Pung* in Dötsch/Patt/Pung/Möhlenbrock, § 4 Rdn. 130; kritisch *Rödder/Schumacher*, DStR 2006, 1532.

i.S.d. § 17 EStG gehört haben. Die Beteiligung muss mehr als 5 Jahre lang ununterbrochen bestanden haben.

115 **Beispiel:**
Ein Gesellschafter ist seit dem 01.01.01 zu 0,9 % an der A-GmbH beteiligt. Am 01.01.03 erwirbt er eine weitere Beteiligung von 0,5 %. Zum 01.01.07 soll ein Formwechsel der A-GmbH in eine OHG vollzogen werden. Hieraus resultiert für den Gesellschafter annahmegemäß ein Übernahmeverlust.

Obwohl eine Beteiligung i.S.d. § 17 Abs. 1 EStG vorliegt, kann der Übernahmeverlust nicht steuerlich berücksichtigt werden. Die 0,9 %-ige Beteiligung besteht zwar schon seit mehr als 5 Jahren, allerdings gehört sie nicht über den gesamten Zeitraum zu einer Beteiligung i.S.d. § 17 Abs. 1 EStG. Die 0,5 %-ige Beteiligung wurde innerhalb der letzten 5 Jahre vor dem steuerlichen Umwandlungsstichtag erworben. Ein Abzug ist insofern unzulässig.

116 Als *entgeltlich erworben* gilt eine Beteiligung bei gleichwertiger Barzahlung an einen Dritten. Gleiches gilt für Anteile, die aus einer Einbringung gem. § 20 oder § 21 resultieren, sowie für Anteile, die im Rahmen der Gründung der KapG[121] ausgegeben worden sind.

117 Bei einem *teilentgeltlichen* Erwerb hat eine Aufteilung in einen entgeltlichen und einen unentgeltlichen Vorgang zu erfolgen. Eine Aufteilung ist nach dem Verhältnis der gemeinen Werte vorzunehmen. Der Anteil des Übernahmeverlustes, der auf den *unentgeltlichen* Vorgang entfällt, kann steuerlich geltend gemacht werden, soweit der Verlust beim Rechtsvorgänger abzugsfähig gewesen wäre.

118 Dieser Missbrauchstatbestand hat jedoch nach Einführung der *Abgeltungssteuer* seine Berechtigung für diejenigen Anteile an KapG, die nach dem 31.12.2008 erworben worden sind, verloren. Denn Verluste aus der Veräußerung von Anteilen, die nach dem 31.12.2008 erworben worden sind, sind nunmehr in den Grenzen des § 20 Abs. 6 EStG auch für natürliche Personen steuerlich relevant.[122] Folgerichtig wäre es daher, auch diese Anteile in die Übernahmeerfolgsermittlung mit einzubeziehen und den Abzug der vollen Übernahmeverlustes zu gestatten (siehe Rdn. 99).

Die Missbrauchsfrist beginnt am Tag des Wirksamwerdens der Umwandlung (Handelsregistereintragung) und beträgt fünf *Zeitjahre*.[123]

119 Die Nichtabzugsfähigkeit eines Übernahmeverlustes hat keinen Einfluss auf die *steuerlichen Anschaffungskosten* an der aufnehmenden *PersG*. Das Kapitalkonto wird unabhängig von der Behandlung des Übernahmeverlustes durch das anteilig übergehende Vermögen (Stammkapital, Kapitalrücklage, Gewinnrücklagen) bestimmt.[124]

---

121 FG Münster vom 10.08.2005, VIII R 65/05, EFG 2006, 270.
122 *Desens*, FR 2008, 952.
123 *Förster*, DB 1997, 1788; a.A. *Füger/Rieger*, DStR 1997, 1439 die von einem Fristbeginn zum steuerlichen Übertragungsstichtag ausgehen.
124 A.A. *Strahl*, KÖSDI 2003,13839; *Stegner/Heinz*, GmbHR 2001, 60.

III. Steuerliche Behandlung eines Übernahmegewinns

1. Entstehung eines Übernahmegewinns

Da vom Übernahmegewinn 1. Stufe die fiktive Ausschüttung der offenen   *120*
Rücklagen (§ 7) in Abzug zu bringen ist, wird nur in *Ausnahmefällen* ein
Übernahmegewinn 2. Stufe erzielt werden. Dies ist denkbar, wenn die Beteiligung an der Körperschaft unter dem Nennwert erworben wurde, oder
beim Ansatz der übergehenden Wirtschaftsgüter stille Reserven im Vermögen ausländischer Betriebsstätten aufzudecken sind (§ 4 Abs. 4 S. 2). Der
Übernahmegewinn stellt einen laufenden Gewinn dar, der von den Gesellschaftern der aufnehmenden PersG zum steuerlichen Übertragungsstichtag
realisiert wird.

Der Übernahmegewinn ist im Ergebnis wie ein *Veräußerungsgewinn* zu be-   *121*
handeln. Die Vergünstigungen gem. § 34 EStG sowie der Freibetrag gem.
§ 16 Abs. 4 EStG sind nicht zu gewähren, auch wenn ein 100 %-iger Upstream-Merger vorliegt.

Bei Umwandlungen mit Auslandsbezug kann der Übernahmegewinn in
Deutschland nur besteuert werden, wenn nach Abkommensrecht ein deutsches Besteuerungsrecht besteht.[125] Der Übernahmegewinn ist regelmäßig
unter Art. 13 Abs. 5 OECD-MA zu fassen. Danach steht dem Wohnsitzstaat
des jeweiligen Anteilseigners auf den das Übernahmeergebnis entfällt, das
Besteuerungsrecht für den Übernahmegewinn zu.[126] Die fiktive Einlage der
Anteile gem. § 5 ist abkommensrechtlich irrelevant.[127] Bei ausländischen
Gesellschaftern besteht regelmäßig nur dann ein deutsches Besteuerungsrecht, wenn ihre Anteile bereits vor der Umwandlung einer inländischen Betriebsstätte zuzuordnen sind.

2. Auf eine Körperschaft entfallender Übernahmegewinn (§ 4 Abs. 7 S. 1)

Entfällt ein Übernahmegewinn auf eine Körperschaft als Mitunternehmer   *122*
der aufnehmenden PersG verweist § 4 Abs. 7 bezüglich der Besteuerung
vollumfänglich auf *§ 8b KStG.* Die Besteuerung des Übernahmegewinns
folgt damit den allgemeinen Regeln zur Besteuerung von Gewinnen aus der
Veräußerung von KapG-Anteilen bzw. der Liquidation einer KapG.

Ein Übernahmegewinn bleibt daher *außer Ansatz*, soweit er auf eine Körperschaft, Personenvereinigung oder Vermögensmasse als Mitunternehmerin der übernehmenden PersG entfällt.

Durch den allgemeinen Verweis[128] auf § 8b KStG gilt insofern auch *§ 8b
Abs. 3 KStG* 5 % eines Übernahmegewinns sind daher zu versteuern. Dies
führt zu Liquiditätsnachteilen, da der Steuerbelastung kein Liquiditätszufluss gegenübersteht.[129]

---

125 *Krohn/Dithmarschen/Greulich*, DStR 2008, 652.
126 *Wassermeyer* in Debatin/Wassermeyer, Art. 13 Rdn. 136; *Viebrock/Hagemann*, FR
   2009, 743.
127 *Blöchle/Weggenmann*, IStR 2008, 92; *Benecke/Schnitger*, IStR 2006, 765; *Schaumburg*, GmbHR 1996, 417.
128 Siehe § 4 Abs. 7 S. 1.
129 *Lemaitre/Schönherr*, GmbHR 2007, 179.

123 Auch wenn eine Körperschaft mittelbar über eine zwischengeschaltete PersG an der übernehmenden PersG beteiligt ist *(mehrstöckige PersG)*, ist der Übernahmegewinn insoweit freizustellen.[130]

124 Da § 4 Abs. 7 S. 1 allgemein auf § 8b KStG verweist, könnten sich daraus auch Konsequenzen für sog. *einbringungsgeborene Anteile* nach § 8b Abs. 4 KStG a.F. ergeben, die Gegenstand einer Verschmelzung sind. § 34 Abs. 7a KStG ordnet insofern die Weitergeltung dieser Vorschrift für die Anteile an, die auf einer Übertragung bis zum 12.12.2006 beruhen. Steuerverhaftete Anteile in diesem Sinne liegen insbesondere vor, wenn die Anteile zuvor durch eine Sacheinlage im Rahmen des § 20 unter Buchwertverknüpfung erworben wurden (§ 21 UmwStG i.d.F. 1995)[131] sowie bei einem Anteilserwerb unter dem Teilwert von einem nicht durch § 8b Abs. 2 KStG Begünstigten. Auch wenn die Anteile innerhalb der siebenjährigen Sperrfrist Gegenstand einer Umwandlung werden, ist der Übernahmegewinn entgegen dem Wortlaut der Vorschrift und der zum Teil in der Literatur vertretenen Auffassung u.E. dennoch zu 95 % steuerfrei.[132] Die Anwendung der Missbrauchsvorschrift wäre widersinnig, da das übergehende Vermögen wieder auf der Ebene einer PersG steuerverstrickt wird. Insofern wird durch die Umwandlung kein zu sanktionierender steuerlicher Vorteil erzielt. In der Parallelvorschrift des § 4 Abs. 7 S. 2 wird ausdrücklich nur auf § 3 Nr. 40 S. 1 und 2 EStG – und nicht auf die durch § 52 Abs. 4b EStG fortgeltenden S. 3 und 4 – verwiesen. Da beide Fälle grds. vergleichbar sind, ist von einem Versehen des Gesetzgebers auszugehen.

125 Erfüllen die Anteile an der übertragenden Körperschaft die Voraussetzungen des *§ 8b Abs. 7 oder des § 8b Abs. 8 S. 1 KStG* – liegen also Anteile vor, die bei Kredit- oder Finanzdienstleistungsinstituten dem Handelsbuch zugeordnet sind bzw. bei Lebens- und Krankenversicherungen den Kapitalanlagen – ist ein Übernahmegewinn in voller Höhe steuerpflichtig.

126 Der allgemeine Verweis des § 4 Abs. 7 kann *keine steuerpflichtige Wertaufholung* gem. § 8b Abs. 2 S. 4 KStG zur Folge haben, da steuerwirksam abgeschriebene Anteile bereits nach § 4 Abs. 1 S. 2 mit dem gemeinen Wert zum steuerlichen Übertragungsstichtag anzusetzen sind.

127 Führt die Körperschaft den Übernahmegewinn im Rahmen einer *Organschaft* an eine natürliche Person ab, ist die Steuerfreistellung gem. § 8b Abs. 1 KStG u.E. nicht einschlägig. § 15 S. 1 Nr. 2 KStG regelt in einem solchen Fall eine Besteuerung des Gewinns auf Ebene des Organträgers nach den Grundsätzen des Teileinkünfteverfahrens.

128 Die Anrechnung einer ausländischen Steuer kann nur erfolgen, wenn der Übernahmegewinn in Deutschland steuerpflichtig ist. Eine *Steueranrechnung* ist daher auf die Fälle des § 8b Abs. 4 a.F., Abs. 7 und 8 KStG beschränkt.

---

130 BMF vom 16.12.2003, BStBl. I 2003, 786, Tz. 3.
131 *Gosch/Bauschatz* in Gosch, § 8b KStG Rdn. 325.
132 A.A. *Förster/Felchner*, DB 2006, 1075; *Bodden*, FR 2007, 73.

3. Auf eine natürliche Person entfallender Übernahmegewinn (§ 4 Abs. 7 S. 2)

§ 4 Abs. 7 S. 2 verweist auf § 3 Nr. 40 S. 1 und 2 sowie § 3c EStG. Danach *129* gilt für natürliche Personen als Mitunternehmer der aufnehmenden PersG das *Teileinkünfteverfahren*. 60 % des Übernahmegewinns werden gem. § 3 Nr. 40 Buchst. a EStG besteuert. Da das Teileinkünfteverfahren seit dem Veranlagungszeitraum 2009 das *Halbeinkünfteverfahren* abgelöst hat, gilt die 60 %-ige Steuerpflicht für Übernahmegewinne, die nach dem 31.12. 2008 erzielt wurden. Bei einem vom Kalenderjahr abweichenden Wirtschaftsjahr gilt das neue Besteuerungsregime bereits für Übernahmegewinne, wenn der steuerliche Übertragungsstichtag in einem Wirtschaftsjahr erzielt wird, dass im Veranlagungszeitraum 2009 liegt.

Nichts anderes gilt, wenn eine natürliche Person mittelbar über eine PersG *130* an der aufnehmenden Gesellschaft beteiligt ist *(mehrstöckige PersG)*.

Aufgrund der gezielten Verweisung auf S. 1 und 2 des § 3 Nr. 40 EStG ist *131* davon auszugehen, dass auch im Fall des kurzfristigen *Eigenhandels* durch Banken und Finanzdienstleister sowie bei *einbringungsgeborenen* Anteilen der Übernahmegewinn lediglich zu 60 % steuerpflichtig ist. Dies gilt ungeachtet der Tatsache, dass ein Veräußerungsgewinn in voller Höhe steuerpflichtig wäre.

Eine *Gewerbesteueranrechnung* (§ 35 EStG) auf den Übernahmegewinn ist *132* nicht möglich, da dieser nicht der Gewerbesteuer unterliegt (§ 18 Abs. 2). Auf den Übernahmegewinn kann die *Thesaurierungsbegünstigung* gem. § 34a EStG Anwendung finden.[133]

---

133 *Ley*, Ubg 2008, 17.

§ 5
Besteuerung der Anteilseigner der übertragenden Körperschaft

(1) Hat der übernehmende Rechtsträger Anteile an der übertragenden Körperschaft nach dem steuerlichen Übertragungsstichtag angeschafft oder findet er einen Anteilseigner ab, so ist der Gewinn so zu ermitteln, als hätte er die Anteile an diesem Stichtag angeschafft.

(2) Anteile an der übertragenden Körperschaft im Sinne des § 17 des Einkommensteuergesetzes, die an dem steuerlichen Übertragungsstichtag nicht zu einem Betriebsvermögen eines Gesellschafters der übernehmenden Personalgesellschaft oder einer natürlichen Person gehören, gelten für die Ermittlung des Gewinns als an diesem Stichtag in das Betriebsvermögen des übernehmenden Rechtsträgers mit den Anschaffungskosten eingelegt.

(3) [1]**Gehören an dem steuerlichen Übertragungsstichtag Anteile an der übertragenden Körperschaft zum Betriebsvermögen eines Anteilseigners, ist der Gewinn so zu ermitteln, als seien die Anteile an diesem Stichtag zum Buchwert, erhöht um Abschreibungen sowie um Abzüge nach § 6b des Einkommensteuergesetzes und ähnliche Abzüge, die in früheren Jahren steuerwirksam vorgenommen worden sind, höchstens mit dem gemeinen Wert, in das Betriebsvermögen des übernehmenden Rechtsträgers überführt worden.** [2]**§ 4 Abs. 1 Satz 3 gilt entsprechend.**

Inhaltsverzeichnis

Spezialliteratur

Benecke/Schnitger, Neuregelung des UmwStG und der Entstrickungsnormen durch das SEStEG, IStR 2006, 765; *Bodden*, Verschmelzung und Formwechsel von Kapitalgesellschaften auf gewerbliche Personengesellschaften nach dem SEStEG, FR 2007, 66; *Lemaitre/Schönherr*, Umwandlung von Kapitalgesellschaften in Personengesellschaften durch Verschmelzung und Formwechsel nach der

Neufassung des UmwStG durch das SEStEG, GmbHR 2007, 173; *Schaflitzl/Widmayer*, Die Besteuerung von Umwandlungen nach dem Regierungsentwurf des SEStEG, BB Spezial 8/2006, 45; *Stadler/Elser/Bindl*, Vermögensübergang bei Verschmelzungen auf eine Personengesellschaft oder auf eine natürliche Person und Formwechsel einer Kapitalgesellschaft in eine Personengesellschaft, DB Beilage 1/2012, 14.

A. Einführung

I. Bedeutung der Vorschrift

§ 5 enthält *Sonderregelungen zur Ermittlung des Übernahmeergebnisses* 1
der übernehmenden PersG bzw. des Gesellschafters bei einem Vermögensübergang von einer Körperschaft. Ein Übernahmeergebnis wird nur für Anteile an der übertragenden Körperschaft ermittelt, die *zum steuerlichen Übertragungsstichtag* dem Betriebsvermögen des übernehmenden Rechtsträgers zuzuordnen sind. Vor diesem Hintergrund ergänzt § 5 die allgemeine Vorschrift des § 4 Abs. 4 zur Ermittlung eines Übernahmegewinns oder eines Übernahmeverlustes.

Nach dem Wortlaut des § 4 Abs. 4 S. 1, der den Übernahmegewinn definiert, 2
wird unterstellt, dass die übernehmende PersG am steuerlichen Übertragungsstichtag sämtliche Anteile an der übertragenden Körperschaft im Betriebsvermögen hält (*Grundfall*). Die Anteile der Überträgerin gehören dann zum Betriebsvermögen, wenn diese dem Gesamthandsvermögen oder dem Sonderbetriebsvermögen der übernehmenden PersG zuzuordnen sind.[1]

In den Fällen der Verschmelzung zur Neugründung (§ 2 Nr. 2 UmwG) oder 3
des Formwechsels (§ 9) kann die übernehmende Rechtsträgerin nicht an der übertragenden Körperschaft beteiligt sein. Nur in den Fällen der Verschmelzung durch Aufnahme (§ 2 Nr. 1 UmwG) kann die übernehmende an der übertragenden Rechtsträgerin beteiligt sein. Daher stellt der in § 4 Abs. 4 S. 1 geregelte Grundfall in der Praxis eher die Ausnahme dar. Durch die Regelungen des § 5 soll erreicht werden, die *tatsächlichen Sachverhalte an den Grundfall steuerlich anzupassen*. § 5 regelt die steuerlichen Auswirkungen der Umwandlung auf die Anteilseigner der übertragenden Körperschaft mit der Fiktion, dass die Anteile an der übertragenden Körperschaft in das Betriebsvermögen der übernehmenden PersG grundsätzlich zu Buchwerten oder Anschaffungskosten eingelegt werden.

Die Einlagefiktion des § 5 erfolgt als Ergänzung zum § 4 Abs. 4 für Zwecke 4
der Ermittlung des Übernahmeergebnisses. Hieraus folgt, dass die in § 5 Abs. 2 und Abs. 3 genannten Anteilseigner der Überträgerin durch die Umwandlung zu Mitunternehmern der übernehmenden PersG werden oder sich ihre bereits bestehende mitunternehmerische Beteiligung erhöht.[2] Maßgeblich ist hier der Zeitpunkt des zivilrechtlichen Vermögensübergangs,

---

1 *Pung* in Dötsch/Pung/Möhlenbrock, § 5 (SEStEG) Rdn. 3; *Schmitt* in Schmitt/Hörtnagl/Stratz, § 5 D Rdn. 1; *Widmann* in Widmann/Mayer, § 4 Rdn. 173.
2 *Pung* in Dötsch/Pung/Möhlenbrock, § 5 (SEStEG) Rdn. 7; *Schmitt* in Schmitt/Hörtnagl/Stratz, § 5 D Rdn. 3.

also die Eintragung der Umwandlung in das Handelsregister.[3] Im Umkehrschluss heißt dies allerdings nicht, dass Anteilseigner, für die kein Übernahmeergebnis zu ermitteln ist, nicht Mitunternehmer der übernehmenden PersG werden. Dies sind Anteilseigner, die keine steuerverhafteten Anteile besitzen, also Anteile an der übertragenden Körperschaft im Privatvermögen halten und nicht unter § 17 EStG fallen.

II. Überblick über die Vorschrift

5   Immer dann, wenn die übernehmende PersG am steuerlichen Übertragungsstichtag *nicht sämtliche Anteile* an der übertragenden Körperschaft hält, ist die Anschaffungs- und Einlagefiktion des § 5 bei der Ermittlung des Übernahmeergebnisses zu prüfen. Sind die Voraussetzungen des § 5 erfüllt, gelten die Anteile der Überträgerin als zum steuerlichen Übertragungsstichtag in das Betriebsvermögen der übernehmenden PersG eingelegt bzw. von der PersG angeschafft und nehmen an der Ermittlung des Übernahmeergebnisses teil. Nach dem *isolierten Wortlaut* des § 5 erstreckt sich seine Anwendung nur auf nachfolgend genannte Fälle:

- Anteile an der übertragenden Körperschaft, die nach dem steuerlichen Übertragungsstichtag durch die übernehmende PersG, jedoch vor Eintragung der Umwandlung in das Handelsregister angeschafft worden sind *(§ 5 Abs. 1 Alt. 1);*

- Abfindung an einen Anteilseigner der übertragenden Körperschaft und dadurch Erwerb der Anteile durch die übernehmende PersG *(§ 5 Abs. 1 Alt. 2);*

- Anteile an der übertragenden KapG i.S.d. § 17 EStG, die an dem steuerlichen Übertragungsstichtag *nicht* zu einem Betriebsvermögen eines Gesellschafters der übernehmenden PersG oder einer natürlichen Person gehören *(§ 5 Abs. 2);*

- Anteile an der übertragenden Körperschaft, die an dem steuerlichen Übertragungsstichtag zu einem Betriebsvermögen des Anteilseigners gehören *(§ 5 Abs. 3).*

6   Die Regelung des § 5 Abs. 4 UmwStG a.F., nach der bisher sog. *einbringungsgeborene Anteile* als zum steuerlichen Übertragungsstichtag in das Betriebsvermögen der übernehmenden PersG eingelegt galten, ist aufgrund des Konzeptwechsels bei den §§ 20 bis 23 entfallen. Einbringungsgeborene Anteile sind Anteile, die ein Gesellschafter als Gegenleistung für eine Sacheinlage unter dem Teilwert bei Einbringungen bis zum 12.12.2006 erhalten hat. Da derartige Anteile mit einer siebenjährigen Sperrfrist behaftet waren, gibt es mit Ablauf des Veranlagungsjahres 2013 keine einbringungsgeborenen Anteile mehr. Gleichwohl sind die Besonderheiten bei noch nicht bestandskräftigen Veranlagungszeiträumen bis einschließlich 2013 bedeutsam. Für einbringungsgeborene Anteile, die vor dem Systemwechsel entstanden sind, ist § 5 Abs. 4 UmwStG a.F. i.V.m. § 27 Abs. 3 Nr. 1 daher weiterhin mit der Maßgabe anzuwenden, dass derartige Anteile als zum steuerlichen Übertragungsstichtag in das Betriebsvermögen des überneh

---

3 *Haritz* in Haritz/Menner, § 5 Rdn. 12.

menden Rechtsträgers zu dem Wert i.S.v. § 5 Abs. 2 oder Abs. 3 übertragen gelten.

Die Regelungen des § 5 finden bei einem Formwechsel nach § 9 und bei Spaltungen nach § 16 entsprechend Anwendung. Keine Anwendung findet § 5 für Anteile der übertragenden Körperschaft, die im Privatvermögen gehalten werden und *nicht* i.S.d. § 17 EStG als steuerverhaftete Anteile gelten (sog. *Streubesitzanteile*). Diese Anteile gelten nicht als eingelegt und nehmen daher auch nicht am Übernahmeergebnis teil (§ 4 Abs. 4 S. 3). Gleichwohl werden diese Anteile bzw. deren Anteilseigner nach Maßgabe des § 7 besteuert.[4]

7

III. Anwendungsbereich

1. Zeitlich, sachlich, persönlich

In *zeitlicher* Hinsicht findet die Regelung des § 5 erstmals auf Umwandlungen in PersG oder auf natürliche Personen Anwendung, bei denen die Anmeldung in ein öffentliches Register nach dem 12.12.2006 erfolgt (§ 27 Abs. 1 S. 1). *Sachlich* erfasst § 5 nur die Anteile an der übertragenden Körperschaft, soweit sie sich am steuerlichen Übertragungsstichtag nicht im Betriebsvermögen der übernehmenden PersG befinden.[5]

8

In *persönlicher* Hinsicht betrifft § 5 die übernehmende PersG insofern, als durch die Vorschrift determiniert wird, mit welchen Werten die Anteile an der übertragenden Körperschaft bei der Ermittlung des Übernahmeergebnisses zu berücksichtigen sind. Faktisch wirkt sich § 5 jedoch auf den Gesellschafter aus, weil das Übernahmeergebnis gesellschafterbezogen ermittelt wird.[6]

9

2. Örtlich

§ 1 Abs. 2 bestimmt, dass die übertragende Körperschaft in einem Mitgliedstaat der EU/des EWR ansässig sein muss. Soweit es sich bei der übertragenden Körperschaft um eine Gesellschaft handelt, die in *Deutschland der unbeschränkten Steuerpflicht* unterliegt, spielt der Ansässigkeitsstaat des Anteilseigners für die Anwendung des § 5 Abs. 2 und Abs. 3 keine Rolle. Ebenso ist unerheblich, ob Deutschland mit dem Ansässigkeitsstaat ein DBA abgeschlossen hat. Unter der Voraussetzung, dass die übertragende Körperschaft in Deutschland der unbeschränkten Steuerpflicht unterliegt, kommt es für die Anwendung des § 5 Abs. 2 und Abs. 3 darauf an, ob es sich bei der Beteiligung um eine wesentliche Beteiligung nach § 17 EStG handelt oder die Beteiligung in einem in- oder ausländischen Betriebsvermögen gehalten wird.[7]

10

Bei der Konstellation, dass die *übertragende Körperschaft in einem anderen EU- oder einem EWR-Staat ansässig* ist, erfolgt die Verknüpfung zum deutschen Steuerrecht über die beschränkte oder unbeschränkte Steuerpflicht

11

---

4 Vgl. hierzu die Kommentierung zu § 7.
5 Vgl. hierzu Rdn. 5 und 6.
6 Vgl. hierzu § 4 Rdn. 73 ff.
7 *Haritz* in Haritz/Menner, § 5 Rdn. 15.

des Anteilseigners. Gehört die Beteiligung beim Anteilseigner zu keinem deutschen Betriebsvermögen, muss der Anleger für Zwecke der Anwendung des § 5 Abs. 2 allerdings in Deutschland unbeschränkt steuerpflichtig sein.[8] Ein beschränkt Steuerpflichtiger, der eine nicht deutsche Beteiligung in seinem Privatvermögen hält, kann aus dieser Beteiligung keine in Deutschland steuerpflichtigen Einkünfte erzielen. Deutschland ist weder Quellen- noch Ansässigkeitsstaat, aus dem sich eine Steuerpflicht für den Anteilseigner ableiten ließe. Gehört die Beteiligung zu einem deutschen Betriebsvermögen, ist grundsätzlich der Anwendungsbereich des § 5 Abs. 3 eröffnet.

12   Für den Anwendungsbereich des § 5 Abs. 1 ist nicht entscheidend, ob der Anteilseigner, der seine Anteile der übertragenden Körperschaft an den übernehmenden Rechtsträger nach dem Übertragungsstichtag veräußert, in Deutschland oder einem anderen EU- oder EWR-Staat hinsichtlich der Veräußerung seiner von ihm gehaltenen Beteiligung einer beschränkten oder unbeschränkten Steuerpflicht unterliegt.[9] Entsprechendes gilt, wenn dem ausscheidenden Anteilseigner eine Abfindung gezahlt wird. Für die Anwendung des § 5 Abs. 1 ist vielmehr entscheidend, dass der übernehmende Rechtsträger die Kriterien des § 1 Abs. 2 erfüllt[10] und dass überhaupt ein Übernahmeergebnis nach § 4 Abs. 4 zu ermitteln ist.

B. Anschaffung nach dem steuerlichen Übertragungsstichtag und Abfindung von ausscheidenden Anteilseignern (Abs. 1)

I. Anschaffung

13   Werden Anteile an der übertragenden Körperschaft erst nach dem steuerlichen Übertragungsstichtag erworben, so könnten diese ohne die Regelung des § 5 Abs. 1 nicht in der Ermittlung des Übernahmeergebnisses nach § 4 Abs. 4 einbezogen werden, da sie tatsächlich am steuerlichen Übertragungsstichtag nicht zum Betriebsvermögen des übernehmenden Rechtsträgers gehört haben. Für Zwecke der Ermittlung des Übernahmeergebnisses gelten gem. § 5 Abs. 1 die nach dem steuerlichen Übertragungsstichtag erworbenen Anteile als unmittelbar vor dem Umwandlungszeitpunkt erworben. Dies gilt unabhängig davon, ob die gesamte Beteiligung oder nur ein Teil der Anteile an der übertragenden Körperschaft erworben wird.[11]

14   Nach § 5 Abs. 1 liegt eine Anschaffung dann vor, wenn die Anteile aufgrund eines *entgeltlichen Rechtsgeschäfts* in das Gesamthandsvermögen der PersG bzw. in das Betriebsvermögen des übernehmenden Gesellschafters übertragen werden.[12] Ein entgeltlicher Erwerb i.S.d. § 5 Abs. 1 liegt auch

---

8 *Haritz* in Haritz/Menner, § 5 Rdn. 16.

9 *Haritz* in Haritz/Menner, § 5 Rdn. 17.

10 Vgl. hierzu auch § 1 Rdn. 89 ff.

11 *Pung* in Dötsch/Pung/Möhlenbrock, § 5 (SEStEG) Rdn. 10; *Schmitt* in Schmitt/Hörtnagl/Stratz, § 5 D Rdn. 7; *Widmann* in Widmann/Mayer, § 5 Rdn. 4;.

12 Vgl. Tz. 05.01 UmwStE 2011; BFH vom 13.01.1993, BStBl. II 1993, 347.

dann vor, wenn die Übernehmerin die Anteile an der übertragenden Körperschaft von einem Gesellschafter nach dem steuerlichen Übertragungsstichtag entgeltlich erwirbt und diese Anteile bereits zuvor zu dem Betriebsvermögen der übernehmenden PersG in Form von Sonderbetriebsvermögen gehört haben.[13]

Nach Auffassung der Finanzverwaltung ist der unentgeltliche Erwerb für   15
Zwecke des § 5 Abs. 1 der Anschaffung gleichgestellt.[14] Dies ist mit dem Wortlaut der Norm nicht vereinbar und daher im Ergebnis abzulehnen. So begründet die *verdeckte Einlage* der Beteiligung an der übertragenden Körperschaft in das Betriebsvermögen gerade keinen Anschaffungsvorgang und fällt daher auch nicht in den Anwendungsbereich des § 5 Abs. 1.[15] Vielmehr dürfte bei einem unentgeltlichen Vorgang der Anwendungsbereich des § 5 Abs. 3 eröffnet sein.[16] Im Gegensatz dazu ist die *offene Einlage*, d. h. die Einlage der Anteile erfolgt gegen Gewährung von Gesellschaftsrechten, vom Anwendungsbereich des § 5 Abs. 1 erfasst, da die Übertragung eines Wirtschaftsgutes aus dem Privatvermögen in das Betriebsvermögen gegen Gewährung von Gesellschaftsrechten als entgeltlicher Vorgang zu werten ist.[17]

Der Anwendungsbereich des § 5 Abs. 1 ist auch dann eröffnet, wenn ein   16
Gesellschafter der Übernehmerin die Anteile an der übertragenden Körperschaft in dem Rückwirkungszeitraum in sein *Sonderbetriebsvermögen bei der übernehmenden PersG erwirbt.*[18] Dies ergibt sich bereits daraus, dass Sonderbetriebsvermögen zum steuerlichen Betriebsvermögen der übernehmenden PersG gehört. Dies gilt auch dann, wenn die PersG erst nach dem steuerlichen Übertragungsstichtag gegründet wird und die Beteiligung an der übertragenden Körperschaft Sonderbetriebsvermögen der übernehmenden PersG darstellt.[19] Grundsätzlich denkbar wäre auch, den Erwerb von Sonderbetriebsvermögen unter § 5 Abs. 3 zu subsumieren, da diese Regelung Anteile im Eigentum der Gesellschaft betrifft. § 5 Abs. 1 ist jedoch eine lex specialis Vorschrift und damit vorrangig anwendbar.[20]

Für Zwecke der Ermittlung des Übernahmeergebnisses nach § 4 Abs. 4 sind   17
die *tatsächlichen Anschaffungskosten* der Beteiligung zum *Erwerbszeitpunkt* maßgebend, d. h. neben dem Kaufpreis sind auch die mit der Anschaffung

---

13 *Pung* in Dötsch/Pung/Möhlenbrock, § 5 (SEStEG) Rdn. 10; *Widmann* in Widmann/Mayer, § 5 Rdn. 10; *van Lishaut* in Rödder/Herlinghaus/van Lishaut, § 5 Rdn. 09; *Schmitt* in Schmitt/Hörtnagl/Stratz, § 5 D Rdn. 13.

14 Vgl. Tz. 05.01 UmwStE 2011.

15 So auch *Pung* in Dötsch/Pung/Möhlenbrock, § 5 (SEStEG) Rdn. 11, ebenso FG Berlin Brandenburg vom 11.12.2013, DStRE 2014, 861.

16 *Schmitt* in Schmitt/Hörtnagl/Stratz, § 5 D Rdn. 9; *Pung* in Dötsch/Pung/Möhlenbrock, § 5 (SEStEG) Rdn. 11.

17 BFH vom 19.10.1998, BStBl. II 2000, 230; so auch *Pung* in Dötsch/Pung/Möhlenbrock, § 5 (SEStEG) Rdn. 11; *Schmitt* in Schmitt/Hörtnagl/Stratz, § 5 D Rdn. 12.

18 Vgl. Tz. 05.02 UmwStE 2011; so auch *Pung* in Dötsch/Pung/Möhlenbrock, § 5 (SEStEG) Rdn. 15; *Schmitt* in Schmitt/Hörtnagl/Stratz, § 5 D Rdn. 14; *Widmann* in Widmann/Mayer, § 5 Rdn. 10.

19 Anderer Auffassung *Pung* in Dötsch/Pung/Möhlenbrock, § 5 (SEStEG) Rdn. 15.

20 Vgl. Rdn. 23.

verbundenen Anschaffungsnebenkosten (z.B. Beratungs- und Beurkundungskosten) mit einzubeziehen. Da im Rahmen des § 5 Abs. 1 der Erwerbszeitpunkt notwendigerweise nach dem steuerlichen Übertragungsstichtag liegen muss, sind etwaige in der Interimszeit entstandene Werterhöhungen der Anteile bereits zum steuerlichen Übertragungsstichtag zu berücksichtigen (§ 2 Abs. 1). Die in den Anschaffungskosten vergüteten und in dem Rückwirkungszeitraum entstandenen Reserven vermindern das Übernahmeergebnis entsprechend.

18 Für Anteilseigner, die in der Interimszeit ihre Anteile veräußern, findet die Rückwirkungsfiktion des § 2 Abs. 1 keine Anwendung.[21] Sie nehmen an der Ermittlung des Übernahmeergebnisses nicht teil. Vielmehr erfolgt ihre Besteuerung nach den allgemeinen Grundsätzen bei einer Veräußerung einer Beteiligung an einer Körperschaft.[22]

II. Abfindungen an ausscheidende Anteilseigner

19 Gem. § 5 Abs. 1 Alt. 2 gilt die Anschaffungsfiktion auch für Abfindungszahlungen an ausscheidende Anteilseigner. Abfindungen an ausscheidende Anteilseigner sind nach § 29 UmwG möglich bei Verschmelzungen durch Aufnahme und bei Verschmelzungen durch Neugründung. Sie betreffen den Fall, dass ein Gesellschafter gegen den Verschmelzungsbeschluss des übertragenden Rechtsträgers Widerspruch eingelegt hat. Bare Zuzahlungen zur Verbesserung des Umtauschverhältnisses können an Gesellschafter der übertragenden Körperschaft nach § 15 UmwG ebenfalls vorgenommen werden.[23] Solche baren Zuzahlungen stehen Abfindungszahlungen im Anwendungsbereich des § 5 Abs. 1 gleich.[24]

20 Der *Abfindungsanspruch* oder ggf. die *bare Zuzahlung* entstehen erst nach dem steuerlichen Übertragungsstichtag. § 5 Abs. 1 Alt. 2 bezieht die entsprechenden Zahlungen in die Ermittlung des Übernahmeergebnisses mit ein. Insofern unterstellt das Gesetz, dass die Abfindungszahlung oder die Zuzahlung kurz vor dem Übertragungsstichtag erfolgen und die übernehmende PersG den Anteil des ausscheidenden Anteilseigners am Umwandlungsstichtag angeschafft hat.[25] Durch Zahlung der Abfindung oder eine etwaige Zuzahlung erhöht sich der Buchwert der Beteiligung zum steuerlichen Übertragungsstichtag, was eine mindernde Wirkung auf das nach § 4 Abs. 4 zu ermittelnde Übernahmeergebnis hat.

21 Die in dem nach dem steuerlichen Übertragungsstichtag folgenden Wirtschaftsjahr tatsächlich entrichtete Abfindungszahlung darf den laufenden steuerlichen Gewinn der übernehmenden PersG nicht mindern. Vor diesem

21 Vgl. Tz. 05.03 UmwStE 2011.
22 *Schmitt* in Schmitt/Hörtnagl/Stratz, § 5 D Rdn. 16; *Stadler/Elser/Bind*, 1 DB Beilage 1/2012, 14.
23 *Schmitt* in Schmitt/Hörtnagl/Stratz, § 5 D Rdn. 17.
24 *Widmann* in Widmann/Mayer, § 5 Rdn. 59; *van Lishaut* in Rödder/Herlinghaus/van Lishaut, § 5 Rdn. 15.
25 *Schmitt* in Schmitt/Hörtnagl/Stratz, § 5 D Rdn. 18.

Hintergrund ist der hieraus resultierende Aufwand außerbilanziell wieder hinzuzurechnen.[26]

Zivilrechtlich scheidet ein abgefundener Gesellschafter erst mit Eintragung der Umwandlung aus der übertragenden Gesellschaft aus, d.h. die Körperschaft existiert nicht mehr im Zeitpunkt der Abfindungszahlung. Für steuerliche Zwecke wird jedoch anders verfahren und unterstellt, dass der Gesellschafter noch aus der übertragenden Körperschaft ausscheidet.[27] Für den abgefundenen Gesellschafter stellt die Abfindung einen Veräußerungserlös dar, der nach den allgemeinen Grundsätzen zu besteuern ist.   22

III. Konkurrenzverhältnis

§ 5 Abs. 1 ist eine *lex specialis* Vorschrift.[28] Sind neben dem Tatbestand des § 5 Abs. 1 gleichzeitig auch Abs. 2 bzw. Abs. 3 oder § 27 Abs. 3 Nr. 1 i.V.m. § 5 Abs. 4 UmwStG a.F. erfüllt, verdrängt die Anwendung des § 5 Abs. 1 die übrigen Fälle des § 5.   23

IV. Rechtsfolgen für die Übernehmerin

§ 5 Abs. 1 fingiert, dass die Übernehmerin die nach dem Übertragungsstichtag zivilrechtlich erworbenen Anteile bereits zum steuerlichen Übertragungsstichtag angeschafft hat. Entsprechendes gilt auch für Anteile abgefundener Anteilseigner. Der für die Ermittlung des Übernahmeergebnisses nach § 4 Abs. 4 maßgebliche Wert der Anteile an der übertragenden Körperschaft ergibt sich hier aus den tatsächlichen Anschaffungskosten oder der Abfindungssumme. Im Ergebnis wird damit das für den Grundfall, bei der die übernehmende PersG sämtliche Anteile an der übertragenden Körperschaft hält, geltende steuerliche Ergebnis *dem Grunde nach* auch in Anschaffungsfällen erreicht. Hinsichtlich des Wertansatzes gilt dies nicht, weil mit der Anschaffung bzw. der Abfindungszahlung die in den Anteilen enthaltenen stillen Reserven oder ggf. stillen Lasten aufgedeckt und beim Übernahmeergebnis berücksichtigt werden.   24

C. Einlagefiktion für wesentliche Beteiligungen i.S.v. § 17 EStG (Abs. 2)

I. Tatbestandsvoraussetzungen

Der Anteilseigner der übertragenden KapG und (zukünftige) Gesellschafter der übernehmenden PersG muss die Beteiligung in seinem steuerlichen *Privatvermögen* halten. Die Regelung des § 5 Abs. 2 ist daher nicht einschlägig, wenn die Beteiligung in einem Betriebsvermögen gehalten wird.   25

---

26 *Pung* in Dötsch/Pung/Möhlenbrock, § 5 (SEStEG) Rdn. 16; *Schmitt* in Schmitt/Hörtnagl/Stratz, § 5 D Rdn. 19; *Widmann* in Widmann/Mayer, § 4 Rdn. 41.

27 *Pung* in Dötsch/Pung/Möhlenbrock, § 5 (SEStEG) Rdn. 22; *Schmitt* in Schmitt/Hörtnagl/Stratz, § 5 D Rdn. 20.

28 So auch *Schmitt* in Schmitt/Hörtnagl/Stratz, § 5 D Rdn. 6.

26 Für den Anwendungsbereich des § 5 Abs. 2 ist es unerheblich, ob die Veräußerung der Beteiligung in Deutschland eine Steuerpflicht nach § 17 EStG
oder § 49 Abs. 1 Nr. 2 Buchst. e EStG begründet. Die Einlagefiktion des § 5
Abs. 2 ist nach zutreffender Auffassung der Finanzverwaltung auch dann
anzuwenden, wenn der Gesellschafter in einem DBA-Staat ansässig ist und
diesem Staat das ausschließliche Besteuerungsrecht (entsprechend Art. 13
Abs. 5 OECD-MA) zugewiesen wird.[29] Es werden vielmehr alle die von in
Deutschland und im Ausland ansässigen Anteilseignern gehaltenen Anteile
i.S.v. § 17 EStG erfasst, soweit es sich der Art nach um Anteile i.S.v. § 17
EStG handelt.[30] Im Ergebnis geht die Finanzverwaltung daher offensichtlich
von einer *weiten Einlagefiktion* aus.[31] In den Einflussbereich des § 5 Abs. 2
fallen auch Beteiligungen i.S.v. § 17 EStG, die von steuerbefreiten Anteilseignern und juristischen Personen des öffentlichen Rechts aus EU-/EWR-
Staaten gehalten werden.[32] Neben einer Beteiligung an einer deutschen
KapG ist § 5 Abs. 2 i.d.R. auch anwendbar, wenn die übertragende KapG in
einem anderen EU- oder EWR-Staat ansässig ist. Die Frage, ob die Einlagefiktion i.S.v. § 5 Abs. 2 für den Anteilseigner tatsächlich steuerpflichtig ist,
entscheidet sich allerdings erst bei Ermittlung des Übernahmeergebnisses.

27 Für den Fall, dass der Anteilseigner der übertragenden Körperschaft und
(zukünftige) Gesellschafter der PersG seine Beteiligung erst nach dem steuerlichen Übertragungsstichtag erworben hat, gilt für Zwecke der Ermittlung
des Übernahmeergebnisses analog zu § 5 Abs. 1, dass dem Erwerber die
Anteile bereits zum steuerlichen Übertragungsstichtag zuzurechnen sind.[33]
Die noch aus der Zeit vor dem SEStEG stammenden einbringungsgeboren-
nen Anteile fallen nicht in den Anwendungsbereich des § 5 Abs. 2, weil § 27
Abs. 3 Nr. 1 i.V.m. § 5 Abs. 4 UmwStG a.F. als speziellere Norm vorrangig
anzuwenden ist.[34]

II. Anteile i.S.d. § 17 EStG

28 Eine *Beteiligung i.S.d. § 17 EStG* liegt vor, wenn der Anteilseigner oder im
Falle des unentgeltlichen Erwerbs sein Rechtsvorgänger an der übertragenden Körperschaft innerhalb der letzten *fünf Jahre* unmittelbar oder mittelbar
mit *mindestens 1 Prozent* beteiligt war.[35] Maßgebend für die Berechnung
der Fünfjahresfrist im Erwerbsfall ist der Zeitpunkt des zivilrechtlichen
Wirksamwerdens der Umwandlung, d.h. es ist auf den Zeitpunkt der Handelsregistereintragung abzustellen. Würde die Eintragung der Umwandlung
daher erst nach Ablauf der Fünfjahresfrist erfolgen, ist § 5 Abs. 2 nicht an-

---

29 Vgl. Tz. 50.07 UmwStE 2011; *Stadler/Elser/Bind*, 1 DB Beilage 1/2012, 14.
30 Vgl. Tz. 05.05 und 05.07 UmwStE 2011.
31 Vgl. Tz. 05.05, 05.07, 05.08 UmwStE 2011.
32 *Pung* in Dötsch/Pung/Möhlenbrock, § 5 (SEStEG) Rdn. 26.
33 Gl. A. *Schmitt* in Schmitt/Hörtnagl/Stratz, § 5 D Rdn. 22.
34 BMF vom 16.12.2003, BStBl. I 2003, 768 Tz. 5.
35 Zur Frage, wann eine Beteiligung i.S.v. § 17 EStG vorliegt, sei an dieser Stelle auf
   die einschlägige Kommentarliteratur zu dieser Norm verwiesen; z.B. *Weber-Grellet*
   in L. Schmidt EStG, § 17 Rdn. 20–29.

Lüdemann

wendbar.[36] In der Konsequenz wäre für diesen Anteilseigner auch kein Übernahmeergebnis zu ermitteln. Die steuerlichen Folgen für diesen Anleger ergeben sich dann grundsätzlich ausschließlich aus § 7.

Der Anwendungsbereich des § 5 Abs. 2 umfasst auch Anteile i.S.v. § 17 Abs. 6 EStG.[37] Hierbei handelt es sich um Anteile an einer KapG, an der der Anteilseigner in den letzten fünf Jahren bzw. im Fall des unentgeltlichen Erwerbs der Rechtsvorgänger in den letzten fünf Jahren nicht zu mindestens mit einem Prozent am Kapital beteiligt war und diese Anteile (1) aufgrund einer Sacheinlage i.S.v. § 20 oder eines Anteiltausches i.S.v. § 21 zu einem unter dem gemeinen Wert liegenden Wertansatz übertragen worden sind und (2) die übertragenen Anteile vor Einbringung eine Beteiligung i.S.v. § 17 EStG waren oder die eingebrachten Anteile auf einer Sacheinbringung nach § 20 Abs. 1 beruhen. **29**

Ebenso fallen Anteile i.S.v. § 17 Abs. 7 EStG (*Genossenschaftsanteile*) in den Anwendungsbereich von § 5 Abs. 2, wenn die Beteiligungshöhe die Voraussetzungen des § 17 Abs. 1 EStG erfüllt oder analog die Voraussetzungen des § 17 Abs. 6 EStG vorliegen. Entsprechendes gilt, wenn verschmelzungsgeborene Anteile i.S.v. § 13 Abs. 2 S. 2 vorliegen.[38] **30**

Unter der Maßgabe, dass die übertragende Gesellschaft über *eigene Anteile* verfügt, ist für die Feststellung einer wesentlichen Beteiligung nach § 17 EStG nicht auf die Nominalbeteiligung abzustellen, sondern auf die Summe der Beteiligungen, ohne auf die von der Gesellschaft selbst gehaltenen Anteile abzustellen. Werden z.B. 10 % des gezeichneten Kapitals von der Gesellschaft selbst gehalten, reicht bereits eine im Privatvermögen gehaltene Beteiligung von 0,9 % aus, um den Anwendungsbereich des § 5 Abs. 2 i.V.m. § 17 EStG zu eröffnen.[39] **31**

III. Konkurrenzverhältnis

§ 5 Abs. 1 geht der Anwendung des § 5 Abs. 2 vor.[40] Liegen neben einer Beteiligung nach § 17 EStG zugleich einbringungsgeborene Anteile nach § 27 Abs. 3 Nr. 1 i.V.m. § 5 Abs. 4 UmwStG a.F. vor, geht die zuletzt genannte speziellere Vorschrift in der Anwendung ebenfalls vor. Ein Konkurrenzverhältnis zwischen § 5 Abs. 2 und Abs. 3 kann nicht vorliegen, da § 5 Abs. 2 im Privatvermögen gehaltene Anteile betrifft, wohingegen § 5 Abs. 3 auf die in einem Betriebsvermögen gehaltenen Anteile abstellt. **32**

---

36 *Pung* in Dötsch/Pung/Möhlenbrock, § 5 (SEStEG) Rdn. 27; *Schmitt* in Schmitt/Hörtnagl/Stratz, § 5 D Rdn. 25; *Widmann* in Widmann/Mayer, § 5 Rdn. 132.

37 *Benecke/Schnitger*, IStR 2006, 765; *Pung* in Dötsch/Pung/Möhlenbrock, § 5 (SEStEG) Rdn. 28; *Schmitt* in Schmitt/Hörtnagl/Stratz; § 5 D Rdn. 24; *van Lishaut* in Rödder/ Herlinghaus/van Lishaut, § 5 Rdn. 19.

38 Vgl. hierzu auch die Kommentierung zu § 13 Rdn. 40 ff.

39 Vgl. Tz. 5.06 UmwStE 2011 mit weiteren Beispielen.

40 Vgl. Rdn. 23.

IV. Rechtsfolgen

33 Ist der Anwendungsbereich des § 5 Abs. 2 eröffnet, sind für den bei der Berechnung des Übernahmeergebnisses anzusetzenden fiktiven Buchwert *die Anschaffungskosten* anzusetzen. Zu den Anschaffungskosten gehören alle Aufwendungen, die geleistet werden, um den Anteil zu erwerben, einschließlich der Anschaffungsnebenkosten und ggf. nachträglicher Anschaffungskosten. Der Begriff der Anschaffungskosten orientiert sich an § 17 Abs. 2 S. 1 EStG.[41] Die Anschaffungskosten sind auch dann anzusetzen, wenn der gemeine Wert bzw. der Teilwert der Anteile zum steuerlichen Übertragungsstichtag über den Anschaffungskosten liegt.[42]

34 Für Zwecke der Ermittlung des Übernahmeergebnisses fingiert § 5 Abs. 2 zum steuerlichen Übertragungsstichtag die Einlage einer wesentlichen Beteiligung i.S.d. § 17 EStG in das Betriebsvermögen der PersG bzw. der natürlichen Person. Dies gilt auch dann, wenn die Beteiligung von einem in Deutschland beschränkt Steuerpflichtigen gehalten wird. Das für beschränkt Steuerpflichtige zu ermittelnde Übernahmeergebnis ist in Deutschland nur dann steuerpflichtig, wenn Deutschland nach Maßgabe des § 49 Abs. 1 Nr. 2 Buchst. e EStG ein beschränktes Besteuerungsrecht hat und dieses auch nicht durch Anwendung eines DBA ausgeschlossen wird. Für *beschränkt steuerpflichtige Anteilseigner*, für die der Anwendungsbereich des § 5 Abs. 2 eröffnet ist, würde das für sie zu ermittelnde Übernahmeergebnis daher nur im Ausnahmefall der deutschen Besteuerung unterliegen. Ein Übernahmegewinn ist abkommensrechtlich als Veräußerung von übrigem Vermögen zu qualifizieren, die i.d.R. ausschließlich im Ansässigkeitsstaat des Anteilseigners steuerpflichtig ist (Art. 13 Abs. 5 OECD-MA). Daher entsteht für beschränkt Steuerpflichtige ein steuerpflichtiger Übernahmegewinn i.d.R. nicht, wenn sie in einem Staat ansässig sind, mit dem Deutschland ein DBA abgeschlossen hat. In diesem Fall bleibt ein Übernahmeergebnis auch im Rahmen der einheitlichen und gesonderten Gewinnfeststellung außer Ansatz, weil nur steuerpflichtige Einkünfte festzustellen sind.

Ob die Veräußerung der Anteile an der Überträgerin steuerpflichtig ist, spielt für die Anwendung des § 5 Abs. 2 keine Rolle, da diese Vorschrift sich ausschließlich auf die Tatbestandsvoraussetzungen des § 17 EStG bezieht.

35 Die Einlagefiktion des § 5 Abs. 2 führt auch *nicht* dazu, dass der Anteil der Überträgerin *funktional* dem Betriebsvermögen der Übernehmerin zuzurechnen ist und damit einer inländischen Betriebsstätte, woraus Deutschland auch im DBA-Fall ein Besteuerungsrecht ableiten könnte.[43] Damit begründen Beteiligungen i.S.d. § 17 EStG, die von beschränkt Steuerpflichtigen gehalten werden, nur im Ausnahmefall (insbesondere im Nicht-DBA-Fall) ein in Deutschland steuerpflichtiges Übernahmeergebnis. Bei der Umwandlung von KapG in Personenunternehmen geht die Finanzverwaltung

---

41 Vgl. insoweit auf die einschlägige Kommentarliteratur zum § 17 EStG; z.B. *Weber-Grellet* in L. Schmidt, § 17 EStG Rdn. 156-184.

42 *Schmitt* in Schmitt/Hörtnagl/Stratz; § 5 D Rdn. 32; *van Lishaut* in Rödder/Herlinghaus/van Lishaut, § 5 Rdn. 26.

43 *Lemaitre/Schönherr*, GmbHR 2007, 173; *Benecke/Schnitger*, IStR 2006, 765; *Pung* in Dötsch/Pung/Möhlenbrock, § 4 (SEStEG) Rdn. 5.

hinsichtlich der Vorschrift des § 5 Abs. 2 von einer *weiten Einlagefiktion* aus.[44] Die Anwendung der Einlagefiktion erfolgt zum steuerlichen Übertragungsstichtag. Die Ausschüttungsfiktion des § 7 findet ebenfalls mit Ablauf des steuerlichen Übertragungsstichtags statt.[45] Zeitlich gelten die Anteile gem. der Einlagefiktion des § 5 Abs. 2 *vor* Erhalt der Ausschüttung i.S.v. § 7 als in die PersG überführt, so dass der Anteilseigner im Rahmen der Ausschüttungsfiktion gewerbliche Einkünfte erzielt.[46] Entsprechend ist für natürliche Personen im Rahmen der Ausschüttungsfiktion des § 7 stets das Teileinkünfteverfahren anzuwenden. Die auf die fingierte Gewinnausschüttung einzubehaltende Kapitalertragsteuer i.H.v. 25 % ist bei der individuellen Einkommensteuer anrechenbar. Soweit der Anteilseigner der übertragenden KapG in einem DBA-Staat ansässig ist, würde die deutsche Steuerbelastung durch den anzuwendenden DBA-Quellensteuerhöchstsatz, d.h. regelmäßig auf 15 % begrenzt.

D. Im Betriebsvermögen gehaltene Anteile (Abs. 3)

I. Tatbestandsvoraussetzungen

Gehören Anteile an der übertragenden Körperschaft an dem steuerlichen 36
Übertragungsstichtag zu einem *steuerlichen Betriebsvermögen* eines (zukünftigen) Gesellschafters der übernehmenden PersG, so ist das Übernahmeergebnis so zu ermitteln, als seien die Anteile am steuerlichen Übertragungsstichtag in das Betriebsvermögen der Übernehmerin übertragen worden.

Die Anwendung des § 5 Abs. 3 setzt voraus, dass die Beteiligung an der 37
übertragenden Körperschaft am *steuerlichen Übertragungsstichtag* zu einem *Betriebsvermögen* gehört. Betriebsvermögen i.S.d. Vorschrift des § 5 Abs. 3 ist solches aus §§ 13, 15 und 18 EStG.[47]

Unter § 5 Abs. 3 fallen nicht die bereits zum Übertragungsstichtag zum Son- 38
derbetriebsvermögen gehörenden Anteile des Gesellschafters bei der übernehmenden PersG, weil diese Anteile bereits vom Grundfall des § 4 Abs. 4 erfasst sind.[48] Das Sonderbetriebsvermögen ist bereits Teil des Betriebsvermögens der übernehmenden PersG. Werden die Anteile als Sonderbetriebsvermögen in der Interimszeit, d.h. zwischen dem steuerlichen Übertragungsstichtag und der Eintragung in das Handelsregister, von einem ausscheidenden Gesellschafter erworben, greift hier die speziellere Vorschrift des § 5 Abs. 1. Entsprechend würde hier ein Erwerb durch die Übernehmerin selbst fingiert. § 5 Abs. 3 erfasst nur diejenigen Fälle, bei denen die Anteile an der übertragenen Körperschaft in einem *eigenen Betriebsvermögen* gehalten werden.[49] Werden die Anteile an der übertragenden Kör-

---

44 Vgl. Rdn. 26.
45 Vgl. Tz. 07.07 UmwStE 2011.
46 Vgl. hierzu die Kommentierung zu § 7.
47 Vgl. Tz. 05.08 UmwStE 2011.
48 Ebenso *Schmitt* in Schmitt/Hörtnagl/Stratz, § 5 D Rdn. 34; a.A. *van Lishaut* in Rödder/Herlinghaus/van Lishaut, § 5 Rdn. 31.
49 Gl. A. auch *Pung* in Dötsch/Pung/Möhlenbrock, § 5 (SEStEG) Rdn. 39.

perschaft in der Interimszeit aus einem steuerlichen Privatvermögen in ein *eigenes* steuerliches Betriebsvermögen überführt, ist die Vorschrift des § 5 Abs. 2 maßgebend, weil sich die Anteile zum steuerlichen Übertragungsstichtag in einem steuerlichen Privatvermögen befunden haben. Etwas anderes gilt dann, wenn die Anteile in der Interimszeit von einem ausscheidenden Gesellschafter erworben werden und diese Anteile einem eigenen Betriebsvermögen (also keinem Sonderbetriebsvermögen der übernehmenden PersG) zuzurechnen sind. Die Beteiligung gilt rückwirkend – analog zum § 5 Abs. 1 – als zum steuerlichen Übertragungsstichtag angeschafft, so dass § 5 Abs. 3 insoweit anwendbar ist.

39 Unerheblich für die Anwendung des § 5 Abs. 3 ist, ob es sich bei dem eigenen Betriebsvermögen um *notweniges* oder *gewillkürtes* Betriebsvermögen handelt.[50]

40 Für die Anwendung des § 5 Abs. 3 ist auch nicht Voraussetzung, dass die Anteile an der übertragenden Körperschaft in einem *inländischen Betriebsvermögen* gehalten werden. Anteile, die in einem *ausländischen Betriebsvermögen* gehalten werden, erfüllen ebenso die Voraussetzung des § 5 Abs. 3.[51] Die Frage, ob die Einlagefiktion i. S. v. § 5 Abs. 3 für den Anteilseigner tatsächlich steuerpflichtig ist, entscheidet sich erst bei der Ermittlung des Übernahmeergebnisses. Insofern ist für die Anwendung des § 5 Abs. 3 – analog zu der Anwendung des § 5 Abs. 2 – *nicht* entscheidend, ob für einen etwaigen Veräußerungsgewinn eine unbeschränkte oder beschränkte Steuerpflicht besteht oder ob durch Anwendung eines DBA das ausschließliche Besteuerungsrecht dem ausländischen Betriebsstättenstaat zugewiesen wird.[52] Die Finanzverwaltung geht im Zuge des § 5 Abs. 3 ebenfalls von einer *weiten Einlagefiktion* aus.[53] Daher können grundsätzlich nachfolgende Fälle vom Anwendungsbereich des § 5 Abs. 3 erfasst sein:

– Ein *unbeschränkt Steuerpflichtiger* hält die Anteile in seinem *inländischen* Betriebsvermögen;

– ein *unbeschränkt Steuerpflichtiger* hält die Anteile in seinem *ausländischen* Betriebsvermögen;

– ein *beschränkt Steuerpflichtiger* hält die Anteile in einem *deutschen* Betriebsvermögen;

– ein *beschränkt Steuerpflichtiger* hält die Anteile in einem *nicht deutschen* Betriebsvermögen.

---

50 *Schmitt* in Schmitt/Hörtnagl/Stratz, § 5 D Rdn. 33; *van Lishaut* in Rödder/Herlinghaus/van Lishaut, § 5 Rdn. 30.
51 *Benecke/Schnitger*, IStR 2006, 765; *Pung* in Dötsch/Pung/Möhlenbrock, § 5 (SEStEG) Rdn. 40; *Schmitt* in Schmitt/Hörtnagl/Stratz; § 5 D Rdn. 34; *van Lishaut* in Rödder/ Herlinghaus/van Lishaut, § 5 Rdn. 34; *Bodden*, FR 2007, 66; *Schaflitzl/Widmayer*, BB Spezial 8/2006, 45.
52 Zu den hieraus resultierenden Rechtsfolgen vgl. Rdn. 41 ff.
53 Vgl. Tz. 5.08 UmwStE 2011.

II. Rechtsfolgen

§ 5 Abs. 3 S. 1 *HS 1 fingiert*, dass Anteile an der übertragenden Körper- 41 schaft, die am steuerlichen Übertragungsstichtag von einem Gesellschafter der übernehmenden PersG gehalten werden, *grundsätzlich zum Buchwert* in das Betriebsvermögen der Übernehmerin überführt werden. Eine tatsächliche Einlage der Anteile liegt nicht vor.[54] In diesem Fall entsprechen die steuerlichen Folgen dem in § 4 Abs. 4 geregelten Grundfall.

Gem. § 5 Abs. 3 S. 1 *HS 2* wird der *Buchwert*, mit dem die Anteile zum steu- 42 erlichen Übertragungsstichtag als überführt gelten, um Abschreibungen sowie um Abzüge nach § 6b EStG und ähnliche Abzüge, die in früheren Jahren steuerwirksam vorgenommen wurden, *erhöht*. Diese Zuschreibungsregel entspricht der Regelung in § 4 Abs. 1 S. 2 und § 11 Abs. 2 S. 2. Der um die Abzüge korrigierte Höchstbetrag des Buchwertes wird allerdings durch den gemeinen Wert begrenzt. Hinsichtlich der Rückgängigmachung der Teilwertabschreibungen und Inanspruchnahme der § 6b-Begünstigung verweist § 5 Abs. 3 S. 2 über § 4 Abs. 1 S. 3 auf § 8b Abs. 2 S. 4 und 5 KStG und § 3 Nr. 40 S. 1 Buchst. a S. 2 und 3 EStG, die insoweit entsprechend anwendbar sind.

Bei *systematischer Anwendung* der in § 4 Abs. 1 S. 3 determinierten Rechts- 43 folge ergibt sich eine gegenteilige Wirkung von dem, was der Gesetzgeber[55] ursprünglich erreichen wollte:[56] § 4 Abs. 1 erfasst Anteile an der übertragenden Körperschaft, die zum steuerlichen Übertragungsstichtag zum Betriebsvermögen der übernehmenden PersG gehören. Für diesen Fall passt die Regelung des § 4 Abs. 1 S. 3, wonach in der Vergangenheit in dem Betriebsvermögen der PersG durchgeführte steuerwirksame Teilwertabschreibungen sowie Abzüge nach § 6b EStG und ähnliche Abzüge wieder rückgängig gemacht werden. Folge hiervon ist, dass sich das auf Ebene der PersG zu ermittelnde laufende steuerliche Ergebnis insoweit erhöht. § 5 Abs. 3 betrifft hingegen Anteile, die der Gesellschafter in einem *anderen* Betriebsvermögen hält, die bei wörtlicher Auslegung mit dem korrigierten Wert in das Betriebsvermögen der Übernehmerin eingelegt werden. Dass eine im eigenen Betriebsvermögen vorgenommene steuerwirksame Abschreibung sowie eine in Anspruch genommene § 6b-Begünstigung und ähnliche Abzüge steuerwirksam rückgängig gemacht werden müssen, ist aus der Regelung des § 5 Abs. 3 *nicht* abzuleiten. In der Konsequenz würde der an der Überträgerin beteiligte Gesellschafter durch die Fiktion des § 5 Abs. 3 bei analoger Anwendung des § 4 Abs. 1 S. 3 sogar von einem höheren Buchwert begünstigt sein, weil hierdurch das zu ermittelnde Übernahmeergebnis vermindert würde. Um diesem für den Steuerpflichtigen „günstigen" Ergebnis entgegenzuwirken, sollen nach Auffassung der Finanzverwaltung die Rechtsfolgen einer steuerwirksamen Wertaufholung am Übertragungsstichtag noch im Betriebsvermögen des Anteilseigners, zu dem die Anteile an der

---

54 *Schmitt* in Schmitt/Hörtnagl/Stratz; § 5 D Rdn. 3; *Haritz* in Haritz/Menner, § 5 Rdn. 52.

55 Vgl. die Gesetzesbegründung zum SEStEG, BT-Drs. 16/2710, 39.

56 So auch *Pung* in Dötsch/Pung/Möhlenbrock, § 5 (SEStEG) Rdn. 44.

übertragenden Körperschaft gehören, erfolgen.[57] Obgleich dies teleologisch verständlich ist, lässt sich eine solche Handhabung aus dem Gesetzestext nicht unmittelbar ableiten.

44 Unter der Annahme, dass ein *beschränkt Steuerpflichtiger* seine Anteile in einem *deutschen Betriebsvermögen* hält, wäre ein etwaiger Übernahmegewinn in Deutschland nach § 49 Abs. 1 Nr. 2 Buchst. a EStG steuerpflichtig sein. Deutschland würde diese Einkünfte grundsätzlich auch in einem DBA-Fall besteuern, weil dem Betriebsstättenstaat (hier Deutschland) ein Besteuerungsrecht zugewiesen wird (Art. 13 Abs. 2 OECD-MA). Werden die Anteile an der Überträgerin von einem *unbeschränkt Steuerpflichtigen* in seinem *ausländischen Betriebsvermögen* gehalten, hat Deutschland hinsichtlich des Übernahmeergebnisses i.d.R. nur dann ein Besteuerungsrecht, wenn mit dem ausländischen Betriebsstättenstaat *kein* DBA abgeschlossen ist. Unter der Maßgabe, dass die Anteile von einem in Deutschland *beschränkt Steuerpflichtigen* in seinem *ausländischen Betriebsvermögen* gehalten werden, hat Deutschland für einen etwaigen Übernahmegewinn überhaupt kein Besteuerungsrecht, weil durch die Fiktion des § 5 Abs. 3 kein inländisches Betriebsvermögen begründet wird.[58] Notwendige Voraussetzung für die Zuordnung der Anteile an der übertragenen Körperschaft zu einem Betriebsvermögen ist, dass die Anteile dem Betriebsvermögen *funktional* zuzurechnen bzw. diesem zu dienen bestimmt sind.[59]

45 Die Anwendung der Übertragungsfiktion des § 5 Abs. 3 zum steuerlichen Übertragungsstichtag ist zeitlich der Ausschüttungsfiktion des § 7 vorgelagert.[60] Der Anteilseigner einer übertragenden KapG erzielt infolge der Ausschüttungsfiktion – ungeachtet der vorstehend genannten zeitlichen Abfolge – gewerbliche Einkünfte. Die Anteile sind bereits vor der Umwandlung einem steuerlichen Betriebsvermögen zuzurechnen. Die fiktiven Dividendenausschüttungen einer deutschen übertragenden KapG i.S.v. § 7 unterliegen grundsätzlich einem Kapitalertragsteuerabzug i.H.v. 25 %. Werden die Anteile von einer ausländischen KapG gehalten, die in einem DBA-Staat ansässig ist, kann die Quellensteuer auf 15 % reduziert werden (Art. 10 Abs. 2 Buchst. b OECD-MA). Nach der Einlagefiktion werden die fiktiven Dividenden dem übernehmenden Rechtsträger, d.h. der PersG, zugerechnet. Eine weitere Reduzierung durch Anwendung der europäischen Mutter-Tochter-Richtlinie ist nicht möglich (§ 43b Abs. 1 S. 4 EStG). Die zeitlich vorgelagerte Übertragungsfiktion des § 5 Abs. 3 führt daher zu einem nicht sachgerechten Ergebnis, dass die steuerminimierenden Wirkungen der Mutter-Tochter-Richtlinie und die nach einem DBA qualifizierten Schachtelbeteiligungen für die fiktive Gewinnausschüttung des § 7 greifen.

---

57 Vgl. Tz. 05.11 UmwStE 2011.
58 A.A. wohl *Pung* in Dötsch/Pung/Möhlenbrock, § 5 (SEStEG) Rdn. 46.
59 Zur Abgrenzung, unter welchen Voraussetzungen eine funktionale Beteiligung vorliegt, vgl. auch BFH vom 19.12.2007, BStBl. II 2008, 510.
60 Vgl. analog Rdn. 36.

Lüdemann

E. Einbringungsgeborene Anteile
i.S.d. § 21 UmwStG a.F.

I. Tatbestandsvoraussetzungen

Die bis zum 12.12.2006 geltende Fassung des § 5 Abs. 4 UmwStG a.F. zur 46 Übertragung von sog. *einbringungsgeborenen Anteilen* wurde aufgrund des Konzeptwechsels bei den §§ 20 bis 23 gestrichen. Gem. § 27 Abs. 3 Nr. 1 gilt die Altregelung des § 5 Abs. 4 UmwStG a.F. i.S.d. § 21 a.F. allerdings (noch) weiter. Faktisch kann dies etwaige noch nicht bestandskräftige Veranlagungszeiträume bis 2013 betreffen. Notwendige Voraussetzung ist, dass die einbringungsgeborenen Anteile nach § 5 Abs. 4 UmwStG a.F. von einem Mitunternehmer der übernehmenden PersG bzw. der übernehmenden natürlichen Person gehalten werden.[61] Unerheblich für die Anwendung des § 27 Abs. 3 Nr. 1 i.V.m. § 5 Abs. 4 UmwStG a.F. ist, ob die Anteile in einem Privatvermögen oder einem Betriebsvermögen gehalten werden.

In *zeitlicher* Hinsicht müssen einbringungsgeborene Anteile im Zeitpunkt 47 der *zivilrechtlichen Wirksamkeit* der Umwandlung, d.h. im Zeitpunkt der Handelsregistereintragung vorliegen.[62] Hieraus lässt sich ableiten, dass eine Veräußerung dieser Anteile vor Eintragung in das Handelsregister zwangsläufig dazu führt, dass der Anwendungsbereich des § 27 Abs. 3 Nr. 1 i.V.m. § 5 Abs. 4 UmwStG a.F. *nicht* eröffnet ist, da keine einbringungsgeborenen Anteile mehr vorliegen. Hier wäre vielmehr die Einlagefiktion – entsprechend der Erwerberidentität und der Nutzung der Anteile – nach § 5 Abs. 1 bis Abs. 3 zu beurteilen.

Wird in der Interimszeit der Antrag nach § 21 Abs. 2 S. 1 Nr. 1 UmwStG a.F. 48 gestellt, würden ebenfalls keine einbringungsgeborenen Anteile mehr vorliegen, so dass § 5 Abs. 4 UmwStG a.F. über § 27 Abs. 3 Nr. 1 nicht einschlägig ist. Entsprechendes gilt, wenn das deutsche Besteuerungsrecht hinsichtlich der einbringungsgeborenen Anteile zum steuerlichen Übertragungsstichtag ausgeschlossen würde (§ 21 Abs. 2 S. 1 Nr. 2 UmwStG a.F.).[63]

Sollten die einbringungsgeborenen Anteile in der Interimszeit unentgeltlich 49 übertragen werden, ist die Vorschrift des § 27 Abs. 3 Nr. 1 i.V.m. § 5 Abs. 4 UmwStG a.F. für den Rechtsnachfolger entsprechend anwendbar, weil der Übernehmer sachlich und zeitlich in die Rechtsstellung des Überträgers tritt.

II. Rechtsfolgen

Durch § 27 Abs. 3 Nr. 1 gilt die Altregelung des § 5 Abs. 4 UmwStG a.F. mit 50 der Maßgabe weiter, dass einbringungsgeborene Anteile als mit den Wertansätzen des § 5 Abs. 2 oder Abs. 3 in das Betriebsvermögen der übernehmenden PersG überführt gelten. Werden die einbringungsgeborenen Anteile in einem *steuerlichen Privatvermögen* gehalten, erfolgt die Einlage-

---

61 *Haritz* in Haritz/Menner, § 5 Rdn. 67.
62 *Schmitt* in Schmitt/Hörtnagl/Stratz; § 5 D Rdn. 43; *Pung* in Dötsch/Pung/Möhlenbrock, § 5 (SEStEG) Rdn. 54; BMF vom 16.12.003, BStBl. I 2003, 768 Tz. 5.
63 *Pung* in Dötsch/Pung/Möhlenbrock, § 5 (SEStEG) Rdn. 55.

fiktion mit den *Anschaffungskosten*.[64] Bei Zurechnung der Anteile zu einem *steuerlichen Betriebsvermögen* gelten die Anteile mit dem *Buchwert*, aufgestockt um frühere steuerwirksame Teilwertabschreibungen sowie ggf. eine Rücklagenübertragung, in das Betriebsvermögen der PersG eingelegt.[65]

---

64 Vgl. hierzu Rdn. 33.
65 Vgl. hierzu auch Rdn. 41f.

§ 6
Gewinnerhöhung durch Vereinigung von Forderungen und Verbindlichkeiten

(1) [1]**Erhöht sich der Gewinn des übernehmenden Rechtsträgers dadurch, dass der Vermögensübergang zum Erlöschen von Forderungen und Verbindlichkeiten zwischen der übertragenden Körperschaft und dem übernehmenden Rechtsträger oder zur Auflösung von Rückstellungen führt, so darf der übernehmende Rechtsträger insoweit eine den steuerlichen Gewinn mindernde Rücklage bilden.** [2]**Die Rücklage ist in den auf ihre Bildung folgenden drei Wirtschaftsjahren mit mindestens je einem Drittel gewinnerhöhend aufzulösen.**

(2) [1]**Absatz 1 gilt entsprechend, wenn sich der Gewinn eines Gesellschafters des übernehmenden Rechtsträgers dadurch erhöht, dass eine Forderung oder Verbindlichkeit der übertragenden Körperschaft auf den übernehmenden Rechtsträger übergeht oder dass infolge des Vermögensübergangs eine Rückstellung aufzulösen ist.** [2]**Satz 1 gilt nur für Gesellschafter, die im Zeitpunkt der Eintragung des Umwandlungsbeschlusses in das öffentliche Register an dem übernehmenden Rechtsträger beteiligt sind.**

(3) [1]**Die Anwendung der Absätze 1 und 2 entfällt rückwirkend, wenn der übernehmende Rechtsträger den auf ihn übergegangenen Betrieb innerhalb von fünf Jahren nach dem steuerlichen Übertragungsstichtag in eine Kapitalgesellschaft einbringt oder ohne triftigen Grund veräußert oder aufgibt.** [2]**Bereits erteilte Steuerbescheide, Steuermessbescheide, Freistellungsbescheide oder Feststellungsbescheide sind zu ändern, soweit sie auf der Anwendung der Absätze 1 und 2 beruhen.**

Inhaltsverzeichnis

Spezialliteratur

Behrendt/Klages, Verschmelzung in der Krise als Steuerrisiko? Zur Besteuerung von Konfusionsgewinnen vor dem Hintergrund des § 8b Abs. 3 KStG, GmbHR 2010, 190; *Bodden,* Verschmelzung und Formwechsel von Kapitalgesellschaften auf gewerbliche Personengesellschaften nach dem SEStEG (§§ 3–10 UmwStG n. F.), FR 2007, 66; *Bron,* Zweifelsfragen im Zusammenhang mit Übernahmefolgegewinnen (§ 6 UmwStG), DStZ 2012, 609; *Dörfler/Adrian,* Steuerbilanzpolitik nach BilMoG, Ubg 2009, 385; *Fuhrmann/Demuth*, Pensionszusagen bei Unternehmensumwandlung, -verkauf und -einstellung, KöSDI 2006, 15082; *Gille*, Missbrauchstypisierungen im neuen Umwandlungssteuerrecht: Verstoß gegen die Fusionsrichtlinie?, IStR 2007, 194; *Götz*, Rückgedeckte Pensionszusagen an Gesellschafter-Geschäftsführer bei Umwandlung einer Kapitalgesellschaft in eine Personengesellschaft, DStR 1998, 1946; *Krohn/Greulich*, Ausgewählte Einzelprobleme des neuen Umwandlungssteuerrechts aus der Praxis, DStR 2008, 646; *Ley/Spingler*, Die Aufgabe der umgekehrten Maßgeblichkeit – Auswirkungen auf die Bilanzierung in der Handelsbilanz zum 31. 12. 2009 nach bisherigem HGB, Ubg 2009, 781; *Neumann*, Behandlung von Pensionszusagen an Gesellschafter-Geschäftsführer bei Umwandlung einer GmbH auf eine Personengesellschaft, GmbHR 2002, 996; *Paus*, Behandlung von Pensionszusagen an Gesellschafter-Geschäftsführer bei Umwandlung einer GmbH in eine Personengesellschaft oder ein Einzelunternehmen, FR 1995, 533; *Schell/Krohn*, Ausgewählte praxisrelevante „Fallstricke" des UmwStE 2011 (Teil3), DB 2012, 1172; *Schulze zur Wiesche*, Die ertragsteuerliche Behandlung von Pensionszusagen an Gesellschafter-Geschäftsführer bei Umwandlung von Gesellschaften, DStR 1996, 2000.

A. Bedeutung der Vorschrift

1 Der Zweck des § 6 besteht darin, gewisse steuerliche Nachteile, die als „Reflex" einer Umwandlung entstehen können, in einem begrenzten Rahmen abzumildern. Im Kern geht es darum, die Besteuerung von sog. Übernahmefolgewinnen zeitlich zu verzögern. § 6 ist somit eine *steuerliche Begünstigungsnorm* und als solche (im Zweifel zu Gunsten des Steuerpflichtigen) auszulegen.

2 Beispielsweise kann es infolge einer Umwandlung zu einer Gewinnerhöhung auf Ebene des übernehmenden Rechtsträgers kommen, wenn wechselseitige Forderungen und Verbindlichkeiten in diesem Rechtsträger vereinigt werden und diese somit durch Konfusion untergehen. Entsprechendes gilt, wenn eine bilanzierte Rückstellung durch die Umwandlung mit der latenten gegenläufigen – und regelmäßig noch nicht bilanzierten – Forderung zusammenfällt und deshalb ertragswirksam aufzulösen ist (siehe unten Rdn. 19). § 6 Abs. 1 gewährt hier die *Erleichterung*, den daraus resultierenden Konfusionsgewinn nicht sofort versteuern zu müssen, sondern den *Konfusionsgewinn durch Bildung einer Rücklage zeitlich zu strecken*, was entsprechende Steuersatzsenkungs-, Progressions-, Liquiditäts- und Zinsvorteile bieten kann.

3 Eine ähnliche Begünstigung hat § 6 Abs. 2 als Ziel. Er deckt Fälle ab, in denen es zwar zivilrechtlich nicht zu einer Vereinigung der Forderungen und Verbindlichkeiten in einer Person kommt, bei denen jedoch für ertragsteuerliche Zwecke auf Grund der ertragsteuerlichen Transparenz von PersG eine „*Quasi-Konfusion*" erfolgt (Beispiele in Rdn. 27–28 unten). In diesen Fällen erlaubt § 6 Abs. 2 eine zeitliche Streckung der dadurch entstehenden Gewinne.

4 Die Begünstigungen des § 6 Abs. 1 und 2 entfallen in gewissen Konstellationen rückwirkend. Die entsprechenden – vom Gesetzgeber typisierend als „missbräuchlich" eingestuften – Fälle sind in § 6 Abs. 3 genannt. § 6 Abs. 3 S. 1 ist somit eine *spezialgesetzliche steuerliche Missbrauchsverhinderungs-*

vorschrift, die durch eine verfahrensrechtliche Möglichkeit zur Änderung von Steuerbescheiden in § 6 Abs. 3 S. 2 flankiert wird (Details in Rdn. 38–54).

B. Anwendungsbereich

Während § 6 zunächst unmittelbar nur für Umwandlungen Wirkung entfal- 5
tet, die in den persönlichen und sachlichen Anwendungsbereich des Zweiten Teils des UmwStG (§§ 3–10) fallen (somit auch grenzüberschreitende Umwandlungen erfassen kann), gilt er mittelbar und analog über entsprechende Verweise[1] *auch für andere Umwandlungsarten.* Über den Verweis in § 18 Abs. 1 ist er *auch für Zwecke der Gewerbesteuer* anzuwenden.[2]

§ 6 Abs. 1 ist jedoch *nicht auf einen Formwechsel* als identitätswahrende 6
Umwandlung ohne Vermögensübertragung *anwendbar*, weil es im Zuge eines Formwechsels nicht zu einer Übertragung einer Forderung/Verbindlichkeit (bzw. einer Eventualforderung/Rückstellung für ungewisse Verbindlichkeit) und somit auch nicht zu einer Konfusion derselben kommen kann.[3] Die von § 6 Abs. 2 erfassten Fälle der „Quasi-Konfusion" (Beispiele in Rdn. 27–28) können dagegen sehr wohl auch bei einem Formwechsel einer KapG in eine PersG (gem. § 9 i.V.m. §§ 3–8 und 10) eintreten, so dass § 6 Abs. 2 hier einschlägig sein kann.[4]

§ 6 Abs. 1 und 2 sind sowohl bei Verschmelzungen, Auf- oder Abspaltungen 7
zur Neugründung als auch *zur Aufnahme* anwendbar, denn auch bei den Umwandlungen zur Neugründung können durch die parallele Übertragung einer Forderung (durch einen Rechtsträger) und der gegenläufigen Verbindlichkeit (durch einen anderen Rechtsträger) beim übernehmenden Rechtsträger Konfusionsgewinne entstehen.[5]

§ 6 ist unabhängig davon anwendbar, ob die *Umwandlung,* die einen Über- 8
nahmefolgegewinn auslöst, *zu Buchwerten, gemeinen Werten oder Zwischenwerten durchgeführt* wird.[6]

§ 6 findet keine Anwendung bei Umwandlungen auf einen Rechtsträger 9
ohne Betriebsvermögen (Fälle des § 8), weil der übernehmende Rechtsträger ohnehin keine (bilanzielle) Rücklage bilden könnte.[7]

---

1 Hinweis auf die (mittelbaren) Verweise in §§ 12 Abs. 4, 15 Abs. 1, 16, 23 Abs. 6 und 24 Abs. 4 und die entsprechende Kommentierung zu den jeweiligen Normen.
2 Vgl. *Schnitter* in Frotscher/Maas, § 6 Rdn. 33.
3 Vgl. *Pung* in Dötsch/Patt/Pung/Möhlenbrock, § 6 Rdn. 1.
4 Vgl. *Birkemeier* in Rödder/Herlinghaus/van Lishaut, § 6 Rdn. 3.
5 Vgl. *Pung* in Dötsch/Patt/Pung/Möhlenbrock, § 6 Rdn. 1 mit Verweis auf a.A. von z.B. *Bodden,* FR 2007, 66 (72). Widersprüchlich: *Haritz* in Haritz/Menner, § 6 Rdn. 5 (keine Anwendung auf Umwandlungen zur Neugründung) und Rdn. 10 (Anwendung auf Umwandlungen zweier übertragender Rechtsträger auf einen übernehmenden Rechtsträger).
6 Vgl. *Birkemeier* in Rödder/Herlinghaus/van Lishaut, § 6 Rdn. 3.
7 Vgl. *Bron,* DStZ 2012, 609 (611) und *Klingberg* in Blümich, § 6 Rdn. 16 und *Widmann* in Widmann/Mayer, § 6 Rdn. 49 ff.

C. § 6 Abs. 1

I. Übernahmefolgegewinn

10 § 6 Abs. 1 erfasst *Übernahmefolgegewinne*, die entweder durch das Erlöschen von Forderungen und Verbindlichkeiten zwischen der übertragenden Körperschaft und dem übernehmenden Rechtsträger oder durch die Auflösung von Rückstellungen ausgelöst werden.

1. Erlöschen von Forderungen und Verbindlichkeiten

11 Bestehen zwischen der übertragenden Körperschaft und dem übernehmenden Rechtsträger *wechselseitige Forderungen und Verbindlichkeiten*, so werden diese durch die Umwandlung der übertragenden Körperschaft auf den übernehmenden Rechtsträger in der Person des übernehmenden Rechtsträgers vereinigt. Da der übernehmende Rechtsträger „sich selbst nichts schulden kann", fallen die Forderungen und Verbindlichkeiten in sich *durch sog. Konfusion* zusammen.[8]

12 Zivilrechtlich erfolgt dies zum Zeitpunkt, in dem die Umwandlung wirksam wird, d.h. bei einer Verschmelzung zwischen zwei inländischen Rechtsträgern zum Zeitpunkt der Eintragung der Verschmelzung in das Register des übernehmenden Rechtsträgers (§ 20 Abs. 1 Nr. 1 UmwG). Ertragsteuerlich ist die Konfusion jedoch *zum steuerlichen Übertragungsstichtag i.S.d. § 2 bilanziell abzubilden*, d.h. Veränderungen der Forderungen und Verbindlichkeiten im Rückwirkungszeitraum (z.B. durch Forderungsverzicht) sind ertragsteuerlich unbeachtlich.[9] Ebenso gelten im Rückwirkungszeitraum neu entstandene Forderungen und Verbindlichkeiten zwischen der übertragenden Körperschaft und dem übernehmenden Rechtsträger für ertragsteuerliche Zwecke als nicht existent.[10]

13 Nach h.A., der auch die Finanzverwaltung folgt[11], *entsteht* der Übernahmefolgegewinn für ertragsteuerliche Zwecke *eine logische Sekunde nach der Umwandlung*, aber noch mit (und nicht etwa nach) Ablauf des steuerlichen Übertragungsstichtags.[12] Dies bedeutet zum einen, dass der Übernahmefolgegewinn nicht Bestandteil des Übernahmeergebnisses i.S.d. § 4 Abs. 4–6 ist, da er eben nach der Übertragung bzw. Übernahme (quasi als „Reflex" der Übertragung bzw. Übernahme) entsteht.[13] Zum anderen hat dies zur Folge, dass der Übernahmefolgegewinn ertragsteuerlich noch in dem Veranlagungszeitraum bzw. Erhebungszeitraum zu berücksichtigen ist, in den der steuerliche Übertragungsstichtag fällt (als Beispiel ist der Übernahmefolgegewinn beim übernehmenden Rechtsträger im Veranlagungszeitraum

---

8 Vgl. *Birkemeier* in Rödder/Herlinghaus/van Lishaut, § 6 Rdn. 11.
9 Vgl. *Schmitt* in Schmitt/Hörtnagl/Stratz, § 6 Rdn. 4 und die Diskussion zur Übertragung von Forderungen und Verbindlichkeiten im Rückwirkungszeitraum bei *Bron*, DStZ 2012, 609 (612).
10 Vgl. *Birkemeier* in Rödder/Herlinghaus/van Lishaut, § 6 Rdn. 39.
11 Tz. 06.01 UmwStE 2011.
12 Vgl. *Schnitter* in Frotscher/Maas, § 6 Rdn. 4 und *Widmann* in Widmann/Mayer, § 6 Rdn. 133.
13 Vgl. *Schmitt* in Schmitt/Hörtnagl/Stratz, § 6 Rdn. 6.

2015 zu erfassen, wenn die Umwandlung auf den übernehmenden Rechtsträger in 2016 mit ertragsteuerlicher Rückwirkung i.S.d. § 2 zum 31.12. 2015 erfolgt und der übernehmende Rechtsträger ein dem Kalenderjahr entsprechendes Wirtschaftsjahr hat).[14]

Buchhalterisch ist die Konfusion nach h.A.[15] durch *zwei separate ertrags-* **14** *bzw. aufwandswirksame Buchungen* („per Verbindlichkeit an Ertrag" und „per Aufwand an Forderung") zu erfassen. Andere Meinungen in der Literatur können jedoch auch so ausgelegt werden, dass eine „Nettobuchung" (d.h. bei betragsmäßig gleichen Forderungen und Verbindlichkeiten eine direkte Buchung „per Verbindlichkeit an Forderungen") zulässig sei.[16, 17]

Unabhängig von dieser Buchungstechnik kann ein bilanzieller Gewinn aus **15** der Konfusion nur entstehen, wenn die entfallende Forderung einen geringeren bilanziellen Wert aufweist als der bilanzielle Wert der gegenläufigen Verbindlichkeit. Dies ist z.B. *in den folgenden Fällen* möglich[18]:

– Die Forderung wurde auf Grund einer Wertminderung *auf den niedrigeren Teilwert abgeschrieben* und es ist bis zum steuerlichen Übertragungsstichtag keine Wertaufholung vorgenommen worden (diese Wertaufholungsverpflichtung des § 6 Abs. 1 Nr. 2 S. 3 EStG ist somit vorrangig zu beachten[19, 20]), während die Verbindlichkeit auf Basis des Imparitätsprinzips weiterhin mit ihrem Rückzahlungsbetrag (Nennwert) angesetzt ist;

– Die Forderung ist *zu einem Wert unterhalb des Nennwerts erworben* worden, während die Verbindlichkeit auf Basis des Imparitätsprinzips weiterhin mit ihrem Rückzahlungsbetrag (Nennwert) angesetzt ist;

– Die Forderung wird auf Grund ihrer Unverzinslichkeit *mit einem höheren Zinssatz abgezinst* als der gesetzlich vorgeschriebene Zinssatz von 5,5 %, der für die Abzinsung der gegenläufigen Verbindlichkeit anzuwenden ist (§ 6 Abs. 1 Nr. 3 EStG);

– Die Forderung wird auf Grund von *Wechselkursänderungen* mit einem niedrigeren Wert bilanziert als die gegenläufige Verbindlichkeit.

Der Übernahmefolgegewinn entsteht in Höhe der Differenz zwischen dem **16** steuerlichen Bilanzwert der entfallenden Verbindlichkeit und dem steuerlichen Bilanzwert der entfallenden Forderung zum steuerlichen Umwandlungsstichtag i.S.d. § 2 (der steuerliche Übernahmefolgegewinn kann daher sowohl betragsmäßig als auch hinsichtlich des zeitlichen Anfalls vom handelsbilanziellen Übernahmefolgegewinn abweichen). Er ist – *unabhängig*

---

14 Vgl. *Klingberg* in Blümich, § 6 Rdn. 8.

15 Vgl. *Schnitter* in Frotscher/Maas, § 6 Rdn. 5 und *Schmitt* in Schmitt/Hörtnagl/Stratz, § 6 Rdn. 12 und *Widmann* in Widmann/Mayer, § 6 Rdn. 20.

16 Vgl. *Förschle/Hoffmann* in Budde/Förschle/Winkeljohann, 519, Rdn. 74.

17 Vgl. *Behrendt/Klages*, GmbHR 2010, 190 (191).

18 Vgl. *Birkemeier* in Rödder/Herlinghaus/van Lishaut, § 6 Rdn. 33 und *Widmann* in Widmann/Mayer, § 6 Rdn. 5.

19 Vgl. *Klingberg* in Blümich, § 6 Rdn. 6 und *Pung* in Dötsch/Patt/Pung/Möhlenbrock, § 6 Rdn. 8 und *Schmitt* in Schmitt/Hörtnagl/Stratz, § 6 Rdn. 10.

20 Der Wegfall der Forderung auf Grund der Konfusion führt jedoch nicht dazu, dass eine wertberichtigte Forderung wieder werthaltig wird, vgl. *Schmitt* in Schmitt/Hörtnagl/Stratz, § 6 Rdn. 10.

von den *Beteiligungsverhältnissen* an den an der Umwandlung beteiligten Rechtsträgern – zu 100 % bei dem übernehmenden Rechtsträger zu erfassen[21] (§ 4 Abs. 4 S. 3, der für den Übernahmegewinn gilt, findet keine entsprechende Anwendung[22]). Wenn die Bildung des Schuldpostens beim übertragenden Rechtsträger als verdeckte Gewinnausschüttung behandelt wurde und dementsprechend eine (außerbilanzielle) Hinzurechnung nach § 8 Abs. 3 Satz 2 KStG erfolgt ist, soll es dagegen insoweit nicht zu einem steuerpflichtigen Übernahmefolgegewinn beim übernehmenden Rechtsträger kommen, um eine unbillige doppelte steuerliche Erfassung zu vermeiden.[23]

17 Unbillige Ergebnisse entstehen jedoch, wenn die Abwertung der durch Konfusion untergehenden Forderung steuerlich nicht bzw. nur teilweise steuerlich abzugsfähig war, weil in diesen Fällen der als Folge dieser Abwertung entstehende Konfusionsgewinn grundsätzlich voll steuerpflichtig ist (§ 6 hebt diese Steuerpflicht nicht auf, sondern bietet lediglich eine Linderung in Form einer zeitlich gestreckten Besteuerung). Beispielsweise könnte die Abwertung der Forderung auf Grund der Regelung des § 8b Abs. 3 S. 4 ff. KStG steuerlich außer Ansatz geblieben sein. Im Falle der Anwendung des *§ 8b Abs. 3 S. 4 ff. KStG* ist der Konfusionsgewinn auch nicht durch die Anwendung des § 8b Abs. 3 S. 8 KStG „steuerfrei" (d. h. außer Ansatz zu lassen), da *der Wortlaut des § 8b Abs. 3 S. 8 KStG den Fall der Konfusion nicht erfasst.*[24] Es handelt sich hierbei vermutlich um ein gesetzgeberisches Versehen, da kein plausibler Grund erkennbar ist, warum die Konfusion schlechter behandelt werden sollte als die in § 8 b Abs. 3 S. 8 KStG genannte Wertaufholung i.S.d. § 6 Abs. 1 Nr. 2 S. 3 EStG.[25] Die Finanzverwaltung hat sich jedoch, gem. der hier vertretenen Auffassung zu Unrecht, dagegen entschieden, diese gesetzliche Lücke in ihrem Erlass zu schließen. Sie hat dem Gesetzeswortlaut entsprechend bestätigt, dass ein Übernahmefolgegewinn durch eine Vereinigung von Forderungen und Verbindlichkeiten auch dann in voller Höhe steuerpflichtig ist, wenn sich die Forderungsabschreibung ganz oder zum Teil nicht ausgewirkt hat.[26] Damit folgt die Finanzverwaltung der Auffassung von Gosch, dass für eine analoge Anwendung des § 8b Abs. 3 S. 8 KStG kein Raum sei, weil das Gesetz keine allgemeine, sondern eine tatbestandlich verengte und damit wertungsdifferenzierende Rückausnahme enthalte.[27] Sachgerecht wäre gem. der hier vertretenen Auffassung hingegen, auf einen Übernahmefolgegewinn § 8b Abs. 3 S. 8 KStG insoweit anzuwenden, als dieser aus einer vorherigen Anwendung des § 8b Abs. 3 Sätze 4 ff. KStG resultiert. Begünstigt werden sollten dabei nicht nur Fälle, bei denen bei der übernehmenden Körperschaft

---

21 Vgl. *Widmann* in Widmann/Mayer, § 6 Rdn. 13.1.

22 Tz. 06.02 UmwStE 2011.

23 Tz. 06.01 UmwStE 2011 und Bron, DStZ 2012, 611.

24 Vgl. *Krohn/Greulich*, DStR 2008, 646 (649); a.A. *Schmitt* in Schmitt/Hörtnagl/Stratz, § 6 Rdn. 10.

25 Vgl. *Bron*, DStZ 2012, 609 (611) mit weiteren Literaturnachweisen und *Pung* in Dötsch/Jost/Pung/Witt, § 8b KStG Rdn. 242.

26 Tz. 06.02 UmwStE 2011.

27 *Gosch*, § 8b KStG Rdn. 279 j, der sich jedoch nicht mit dem Fall der Konfusion auseinandersetzt.

zuvor § 8b Abs. 3 S. 3 ff. KStG anwendbar war. Vielmehr sind auch Fälle denkbar, in denen § 8b Abs. 3 S. 8 KStG auf einen Übernahmefolgegewinn beim übernehmenden Rechtsträger anzuwenden sein sollte, obwohl § 8b Abs. 3 S. 4 ff. KStG zuvor nicht bei diesem, sondern beim übertragenden Rechtsträger anwendbar war:

Beispiel:
KapG A hat eine Forderung gegen ihre 100 %ige Tochter-KapG B abgeschrieben und der Aufwand daraus war auf Ebene der KapG A wegen § 8b Abs. 3 S. 4 ff. KStG steuerlich nicht abzugsfähig. Bei Down-Stream-Verschmelzung der KapG A auf die KapG B entsteht ein Konfusionsgewinn bei der KapG B. Auch dieser sollte nach der hier vertretenen Auffassung begünstigt sein, obwohl § 8b Abs. 3 S. 4 ff. KStG zuvor nicht beim übernehmenden Rechtsträger (KapG B), sondern beim übertragenden Rechtsträger (KapG A) anwendbar war, da KapG B als Rechtsnachfolgerin der KapG A (Fußstapfentheorie i.S.d. § 12 Abs. 3) die vorherige Anwendung des § 8b Abs. 3 S. 4 ff. KStG zuzurechnen ist.[28]

Ein Mittel zur Vermeidung eines steuerpflichtigen Konfusionsgewinns als Folge einer vorangegangenen steuerunwirksamen Teilwertabschreibung einer Forderung liegt in dem Bewertungswahlrecht des § 6 Abs. 1 Nr. 2 S. 2 EStG i.d.F. nach BilMoG: Eine noch nicht erfolgte Teilwertabschreibung könnte in der Steuerbilanz unterbleiben, weil diese ohnehin wegen § 8b Abs. 3 S. 4 ff. KStG steuerlich unwirksam ist.[29] Bei einer möglichen zukünftigen Verschmelzung würde sich dann kein Konfusionsgewinn ergeben. Bei einer bereits wegen § 8 b Abs. 3 S. 4 ff. KStG steuerlich unwirksam erfolgten Teilwertabschreibung könnte mit Blick auf eine mögliche zukünftige Verschmelzung eine Wertaufholung erfolgen, die wegen § 8b Abs. 3 S. 8 KStG steuerlich außer Ansatz bleibt.

In den eher selteneren Fällen, dass der bilanzielle Wert der entfallenden Forderung höher ist als der bilanzielle Wert der gegenläufigen Verbindlichkeit, entsteht durch die Konfusion ein Verlust. Für diesen Übernahmefolgeverlust gilt § 6 nicht; er ist als laufender Verlust sofort abzugsfähig. Denkbar ist die Entstehung eines Übernahmefolgeverlustes z.B. in Fällen, in denen eine unverzinsliche Forderung mit einem anderen Zinssatz abgezinst wird als die gegenläufige Verbindlichkeit, für die gem. § 6 Abs. 1 Nr. 3 S. 2 EStG ein Zinssatz von 5,5 % zur Anwendung kommt.[30]   18

2. Auflösung von Rückstellungen

Ein Übernahmefolgegewinn als „Reflex" einer (übertragenden) Umwandlung kann auch dann entstehen, wenn der übernehmende Rechtsträger eine   19

---

28 Vgl. *Behrendt/Klages*, GmbHR 2010, 190 (195).
29 Vgl. Schell/Krohn, DB 2012, 1171 (1178).
30 Vgl. *Birkemeier* in Rödder/Herlinghaus/van Lishaut, § 6 Rdn. 41 und *Pung* in Dötsch/Patt/Pung/Möhlenbrock, § 6 Rdn. 6. Vgl. auch die Diskussion zu Umwandlungsfällen, bei denen es zu mehreren Konfusionsvorgängen kommt, von denen einige zu einem Gewinn und andere zu einem Verlust führen, bei *Bron*, DStZ 2012, 609 (613).

ungewisse Verbindlichkeit gegenüber dem übertragenden Rechtsträger hat, die bei dem übernehmenden Rechtsträger bilanziell in der Form einer *Rückstellung* abgebildet wurde, während der übertragende Rechtsträger grds. auf Grund des Realisationsprinzips *bilanziell (noch) keine gegenläufige (Eventual-) Forderung* gegen den übernehmenden Rechtsträger *aktiviert* hat[31] (Entsprechendes gilt für den umgekehrten Fall einer ungewissen Verbindlichkeit des übertragenden Rechtsträgers gegenüber dem übernehmenden Rechtsträger). Infolge der Verschmelzung wird diese (passivierte) ungewisse Verbindlichkeit mit der (noch nicht aktivierten) Eventualforderung in einer Hand vereinigt. Diese Konfusion hat eine ertragswirksame Ausbuchung der Rückstellung beim übernehmenden Rechtsträger zur Folge und § 6 Abs. 1 S. 1 bietet hier die Möglichkeit, diesen Ertrag (Übernahmefolgegewinn) durch die Bildung einer Rücklage zeitlich zu strecken. Ein typischer Anwendungsfall ist z.B. bei der Verschmelzung einer KapG auf eine natürliche Person gegeben, wenn die KapG der natürlichen Person zuvor eine Pensionszusage erteilt hat und deshalb eine *Pensionsrückstellung* zu passivieren hatte, die infolge der Verschmelzung ertragswirksam bei der natürlichen Person aufzulösen ist.[32]

II. Rücklagenbildung und -auflösung

20   Die in § 6 Abs. 1 S. 1 genannte temporäre *Neutralisierung des Übernahmefolgegewinns durch Bildung einer den Gewinn mindernden Rücklage* ist der eigentliche Kern des § 6. Durch dieses Wahlrecht hat der übernehmende Rechtsträger die Möglichkeit, den Übernahmefolgegewinn nicht voll im Jahr der Umwandlung versteuern zu müssen, sondern ggf. ratierlich in den folgenden drei Wirtschaftsjahren (dabei kann es sich auch um Rumpfwirtschaftsjahre handeln[33]). Dieses Wahlrecht kann für jeden einzelnen Vorgang, der zu einem Übernahmefolgegewinn geführt hat, separat ausgeübt werden und es besteht auch die Möglichkeit, den Übernahmefolgegewinn nur teilweise durch Bildung einer Rücklage zu neutralisieren.[34] Bei einer PersG als übernehmender Rechtsträger ist in den Fällen des § 6 Abs. 1 die Rücklage einheitlich für alle Gesellschafter in der Gesamthandsbilanz zu bilden[35] (zu den Fällen des § 6 Abs. 2 Verweis auf Rdn. 37 weiter unten). Anders als die Wertansatzwahlrechte bei Umwandlungen (z.B. in § 3 Abs. 2 S. 2) ist das Wahlrecht zur Bildung einer Rücklage nicht an eine besondere Form oder Frist geknüpft; es gelten jedoch die *allgemeinen Regeln der Bilanzänderung i.S.d. § 4 Abs. 2 S. 2 EStG*, wenn die Rücklage in einer beim Finanzamt eingereichten Steuerbilanz des übernehmenden Rechtsträgers (versehentlich) nicht berücksichtigt wurde.[36] Dies bedeutet, dass eine nachträgliche Bildung der Rücklage nur dann und insoweit möglich ist, wie sie in einem engen zeitlichen und sachlichen Zusammenhang mit einer Bilanzberichtigung

---

31 Vgl. zu Ausnahmefällen, bei denen der Rückstellung bereits ein aktiver Anspruch gegenübersteht, *Pung* in Dötsch/Patt/Pung/Möhlenbrock, § 6 Rdn. 20.
32 Vgl. *Schmitt* in Schmitt/Hörtnagl/Stratz, § 6 Rdn. 24.
33 Vgl. *Pung* in Dötsch/Patt/Pung/Möhlenbrock, § 6 Rdn. 26.
34 Vgl. *Birkemeier* in Rödder/Herlinghaus/van Lishaut, § 6 Rdn. 45.
35 Vgl. *Widmann* in Widmann/Mayer, § 6 Rdn. 139.
36 Vgl. *Birkemeier*. in: Rödder/Herlinghaus/van Lishaut, § 6 Rdn. 47.

i.S.d. § 4 Abs. 2 S. 1 EStG steht und wie deren Auswirkung auf den Gewinn des übernehmenden Rechtsträgers reicht.

Nach h.M., der sich auch die Finanzverwaltung anschließt[37], *stand die Bildung und Auflösung der Rücklage – vor Inkrafttreten des BilMoG[38] – unter dem Vorbehalt der umgekehrten Maßgeblichkeit (§ 5 Abs. 1 S. 2 EStG a.F.).*[39] Das bedeutet, dass dieses steuerliche Wahlrecht jeweils in Übereinstimmung mit der Handelsbilanz des übernehmenden Rechtsträgers auszuüben war, in der die Rücklage als Sonderposten mit Rücklageanteil (§§ 247 Abs. 3 S. 1, 273 Abs. 1 HGB) auszuweisen war. Der handelsbilanzielle Übernahmefolgegewinn kann von dem steuerbilanziellen Übernahmefolgegewinn abweichen (vgl. Rdn. 16); in diesem Fall gebietet die umgekehrte Maßgeblichkeit nach der hier vertretenen Ansicht, dass die Rücklage in der Handelsbilanz in Höhe des steuerbilanziellen Übernahmefolgegewinns zu bilden ist.   21

Die umgekehrte Maßgeblichkeit gilt jedoch nicht mehr für Handelsbilanzen, für die das BilMoG anzuwenden ist, *weil die umgekehrte Maßgeblichkeit durch das BilMoG aufgehoben* wurde. Nach Inkrafttreten des BilMoG ist die Ausübung des steuerlichen Wahlrechts somit unabhängig von der Handelsbilanz möglich. Dies betrifft bei Gesellschaften mit kalenderjahrgleichem Wirtschaftsjahr die Bilanzen ab dem 31.12.2009, da die umgekehrte Maßgeblichkeit durch Streichung des § 5 Abs. 1 S. 2 EStG a.F. am 29.05.2009 (Verkündung des BilMoG) abgeschafft wurde.[40]   22

§ 5 Abs. 1 S. 2 EStG n.F. fordert gundsätzlich, dass die Ausübung von *steuerlichen Wahlrechten* durch die Führung von *gesonderten Verzeichnissen* nachgewiesen wird. Für die Rücklage i.S.d. § 6 dürfte dies jedoch nicht relevant sein, weil die Verzeichnisse nur für Wirtschaftsgüter zu führen sind, die nicht mit dem handelsbilanziellen Wert in der steuerlichen Gewinnermittlung ausgewiesen werden. Da die Rücklage nicht die Voraussetzungen eines „Wirtschaftsguts" erfüllt und die Forderungen bzw. Verbindlichkeiten bzw. Rückstellungen, für welche die Rücklage gebildet wurde, weder in der Handels- noch in der Steuerbilanz geführt werden, besteht also keine Bilanzpostenabweichung bei einem Wirtschaftsgut, das in den Verzeichnissen zu berücksichtigen wäre.[41] Aus Vorsichtsgründen empfiehlt es sich jedoch in der Praxis, auch die Rücklage in einem Verzeichnis i.S.d. § 5 Abs. 1 S. 2 EStG n.F. zu führen, obwohl die Anerkennung derselben seitens der Finanzverwaltung nicht gefährdet erscheint, denn die Finanzverwaltung hat in ihrem Erlass zur Maßgeblichkeit der Handelsbilanz für die steuerliche Gewinnermittlung nach BilMoG erklärt, dass eine Aufnahme in das besondere Verzeichnis gem. § 5 Abs. 1 S. 2 EStG n.F. für die Bildung steuerlicher Rücklagen nicht erforderlich ist.[42]   23

---

37 Vgl. Tz. 06.03 UmwStE 2011.
38 Bilanzrechtsmodernisierungsgesetz, BGBl. 2009, 1102.
39 Vgl. *Birkemeier* in Rödder/Herlinghaus/van Lishaut, § 6 Rdn. 44 und *Pung* in Dötsch/Patt/Pung/Möhlenbrock, § 6 Rdn. 24.
40 Vgl. *Ley/Spingler*, Ubg 2009, 781 (782).
41 Vgl. die identische Argumentation von *Dörfler/Adrian*, Ubg 2009, 385 (389) zu Rücklagen i.S.d. § 6b EStG.
42 Vgl. BMF vom 12.03.2010, BStBl. I 2010, 239, Tz. 22.

24 Für die Bilanzen vor Inkrafttreten des BilMoG, in denen die umgekehrte Maßgeblichkeit noch zu berücksichtigen ist, stellt sich die Frage, *wie die Berücksichtigung „technisch"* in der Handelsbilanz erfolgen soll, wenn diese schon final erstellt ist, aber die Umwandlung, welche die Rücklage auslöst, im Folgejahr mit steuerlicher Rückwirkung in das Vorjahr erfolgt (Beispiel: im August 2008 wird eine Umwandlung mit Rückwirkung per 31. 12. 2007 wirksam, die Handelsbilanz per 31. 12. 2007 ist dann aber schon final erstellt). Da die Konfusion der Forderungen und Verbindlichkeiten bzw. der Wegfall der Rückstellungen in diesen Fällen handelsbilanziell nicht rückwirkend zu erfassen sind (im genannten Beispiel würden diese Vorgänge handelsbilanziell erst in 2008 zu erfassen sein), kann die Rücklage handelsbilanziell *erstmalig erst im Folgejahr* erfasst werden, während diese steuerbilanziell bereits im Jahr zu erfassen ist, in dem der steuerliche Übertragungsstichtag liegt (zum Zeitpunkt des Anfalls des Übernahmefolgegewinns, der auch der relevante Zeitpunkt für die Bildung der Rücklage ist). Soweit die Rücklage steuerbilanziell im Folgejahr aufgelöst wurde (mindestens um ein Drittel, ggf. aber auch um einen höheren Anteil), ist dies entsprechend in der Handelsbilanz des Folgejahres zu berücksichtigen.[43]

25 Die *Auflösung der Rücklage* ist erstmalig an dem Bilanzstichtag vorzunehmen, der dem Bilanzstichtag folgt, zu dem die Rücklage gebildet wurde.[44] Die Auflösung der Rücklage führt zu einem *laufenden Gewinn*, der – abgesehen von den allgemeinen Regelungen des § 32c EStG a.F. bzw. § 35 EStG[45] – keiner weiteren Begünstigung unterliegt.[46] Da die Auflösung der Rücklage gesetzlich mit „mindestens je einem Drittel" vorgegeben ist, kann – unter dem Vorbehalt der umgekehrten Maßgeblichkeit für „Vor-BilMoG-Jahre" – auch ein höherer Betrag aufgelöst werden, wenn dies z.B. zur Verrechnung von Verlusten gewünscht ist.[47] Soweit der Übernahmefolgegewinn, für den die Rücklage gebildet wurde, allerdings auf Grund der vorherigen Anwendung des § 8b Abs. 3 S. 4ff. KStG entsteht, sollte auf den Gewinn aus der Auflösung der Rücklage § 8b Abs. 3 S. 8 KStG entsprechend anwendbar sein, d.h. der Gewinn bleibt bei der Ermittlung des Einkommens (außerbilanziell) außer Ansatz[48] (vgl. auch Rdn. 17).

D. § 6 Abs. 2

I. Übernahmefolgegewinn

26 § 6 Abs. 1 findet Anwendung für Fälle, bei denen zwischen der übertragenden Körperschaft und dem übernehmenden Rechtsträger wechselseitige Forderungen und Verbindlichkeiten (bzw. Eventualforderungen und Rückstellungen für ungewisse Verbindlichkeiten) oder andere Schuldverhältnisse bestehen. § 6 Abs. 2 dagegen ist anwendbar für Fälle, bei denen *das Schuld-*

---

43 Vgl. *Klingberg* in Blümich, § 6 Rdn. 25.
44 Vgl. *Schmitt* in Schmitt/Hörtnagl/Stratz, § 6 Rdn. 32.
45 Vgl. Tz. 06.02 UmwStE 2011.
46 Vgl. *Widmann* in Widmann/Mayer, § 6 Rdn. 146.
47 Vgl. *Widmann* in Widmann/Mayer, § 6 Rdn. 145.
48 Vgl. *Behrendt/Klages*, GmbHR 2010, 190 (194).

verhältnis zwischen der übertragenden Körperschaft und dem Gesellschafter des übernehmenden Rechtsträgers besteht. Auch in diesen Fällen kann es aus rein steuerlicher Sicht zu einer „Quasi-Konfusion" und damit zu einem steuerpflichtigen Übernahmefolgegewinn kommen, wie in der nachfolgenden Rdn. anhand eines Beispiels erläutert wird.[49]

1. „Quasi-Konfusion"

PersG B hat einen Gesellschafter A, der einer KapG C ein Darlehen gewährt   27
hat. Dann wird die KapG C als übertragende Körperschaft auf die PersG B als übernehmender Rechtsträger verschmolzen, so dass die Verbindlichkeit der KapG C gegenüber dem Gesellschafter A infolge der Verschmelzung zu einer Verbindlichkeit der PersG B gegenüber dem Gesellschafter A wird. Rein zivilrechtlich wird dabei keine Konfusion (d.h. kein Erlöschen der wechselseitigen Forderung und Verbindlichkeit) ausgelöst, da die Forderung und die gegenläufige Verbindlichkeit nicht in einer Hand vereinigt werden, sondern immer noch zwischen zwei verschiedenen Rechtspersönlichkeiten bestehen.[50] Steuerlich ist jedoch in diesem Fall auf Grund der ertragsteuerlichen Transparenz der PersG gem. der Rechtsprechung[51] und der h.M. in der Literatur[52] nichtsdestotrotz davon auszugehen, dass die wechselseitige Forderung und Verbindlichkeit sich gegenseitig aufheben, so dass eine „Quasi-Konfusion" erfolgt.

„Technisch" ist diese „Quasi-Konfusion" im obigen Beispiel dadurch abzu-   28
bilden, dass der Gesellschafter A infolge der Verschmelzung seine Darlehensforderung in das Sonderbetriebsvermögen der PersG B einlegt, denn die Darlehensforderung wandelt sich durch die Verschmelzung in Sonderbetriebsvermögen der PersG B i.S.d. § 15 Abs. 1 S. 1 Nr. 2 EStG. In der Folge ist die Darlehensforderung daher in einer Sonderbilanz des Gesellschafters A bei der PersG B zu aktivieren. Parallel ist die gegenläufige Verbindlichkeit weiterhin in der Gesamthandsbilanz der PersG B passiviert. In einer Gesamtschau (d.h. in einer steuerlichen Gesamtbilanz der PersG B) ist die Darlehensbeziehung als Eigenkapital der PersG zu beurteilen; für ertragsteuerliche Zwecke existiert die Darlehensbeziehung daher nicht, es wird quasi eine Konfusion der wechselseitigen Darlehensforderung und Verbindlichkeit fingiert. Ausnahmen von diesem Grundsatz können jedoch bestehen, wenn die Forderung gegen die PersG ausnahmsweise nicht als Eigenkapital, sondern als Fremdkapital zu qualifizieren ist.[53]

Der Wert, mit dem die Forderung (oder ein anderes Wirtschaftsgut) für steu-   29
erliche Zwecke als in das Sonderbetriebsvermögen eingelegt gilt, hängt davon ab, ob das Wirtschaftsgut zuvor im Privat- oder in einem Betriebsvermögen des Gesellschafters gehalten wurde. Bei einer Einlage aus dem Privatvermögen des Gesellschafters richtet sich der Wert nach § 6 Abs. 1

---

49 Vgl. auch Pung in Dötsch/Patt/Pung/Möhlenbrock, § 6 Rdn. 29 ff.
50 Vgl. Schmitt in Schmitt/Hörtnagl/Stratz, § 6 Rdn. 14.
51 BFH vom 08.12.1982, I R 7/79, BStBl. II 1983, 570.
52 Vgl. Schnitter in Frotscher/Maas, § 6 Rdn. 47 und Schmitt in Schmitt/Hörtnagl/Stratz, § 6 Rdn. 17.
53 Vgl. die Ausführungen von Widmann in Widmann/Mayer, § 6 Rdn. 79.

Nr. 5 EStG und entspricht grds. dem Teilwert des Wirtschaftsguts (zudem kann es bei dem Gesellschafter zu einem Zufluss von Einkünften i. S. d. § 11 EStG kommen, soweit die eingelegte Forderung des Gesellschafters aus Leistungsbeziehungen wie z. b. Miet-, Zins- oder Gehaltsvereinbarungen resultieren[54]). Bei einer *Überführung aus einem anderen Betriebsvermögen des Gesellschafters* ist § 6 Abs. 5 S. 2 EStG einschlägig, der einen Buchwertansatz vorschreibt.

30 Soweit die Bilanzansätze in der Sonderbilanz des Gesellschafters und der Gesamthandsbilanz der Gesellschaft sich entsprechen (was wegen des Prinzips der korrespondierenden Bilanzierung zwischen der Forderung im Sonderbetriebsvermögen und der Verbindlichkeit im Gesamthandsvermögen der Regelfall sein wird[55]), führt die „Quasi-Konfusion" nicht zu einem Übernahmefolgegewinn. Dieser kann – wie in den Fällen des § 6 Abs. 1 – jedoch grds. in den in Rdn. 15 genannten Fällen auftreten, bei denen die *Bilanzansätze nicht identisch* sind.[56] Nach der Auffassung von Birkemeier sind auch Gewinne aus der Erhöhung des Bilanzansatzes in der Sonderbilanz auf Grund des Prinzips der korrespondierenden Bilanzierung als Übernahmefolgegewinne von § 6 Abs. 2 erfasst.[57] Nach der hier vertretenen Auffassung gebietet das Prinzip der korrespondierenden Bilanzierung jedoch keine Anpassung der Bilanzwerte im Sonderbetriebsvermögen infolge von Umwandlungen, so dass die von Birkemeier angesprochenen Fälle insoweit nicht auftreten können.[58, 59]

---

54 Vgl. *Pung* in Dötsch/Patt/Pung/Möhlenbrock, § 6 Rdn. 31.

55 Vgl. hinsichtlich der Geltung des Korrespondenzprinzips für die Bilanzierung des Sonderbetriebsvermögens z. B. *Wacker* in L. Schmidt, § 15 EStG Rdn. 403–405 mit Verweis auf die Rechtsprechung des BFH. Basierend auf dem Korrespondenzprinzip geht *Haritz* wohl davon aus, dass § 6 Abs. 2 bezogen auf den Wegfall von Forderungen und Verbindlichkeiten gar keinen Anwendungsbereich hat. Vgl. *Haritz* in Haritz/Menner, § 6 Rdn. 26.

56 Vgl. *Pung* in Dötsch/Patt/Pung/Möhlenbrock, § 6 Rdn. 30 mit dem Beispiel einer nach § 6 Abs. 5 S. 2 EStG zum Buchwert überführten Forderung, auf die zuvor in einem anderen Betriebsvermögen eine Teilwertabschreibung vorgenommen wurde.

57 Vgl. *Birkemeier* in Rödder/Herlinghaus/van Lishaut, § 6 Rdn. 52.

58 Das Prinzip der korrespondierenden Bilanzierung ist nach der hier vertretenen Auffassung nicht in allen Fällen so zu verstehen, dass der Bilanzansatz der Forderung im Sonderbetriebsvermögen und der Verbindlichkeit im Gesamthandsvermögen identisch sein muss. Das Prinzip soll lediglich sicherstellen, dass ein Mitunternehmer einen Verlust aus der Wertlosigkeit seiner Forderung erst dann geltend machen kann, wenn der Betrieb der Mitunternehmerschaft endgültig eingestellt wird, um den Mitunternehmer insoweit einem Einzelunternehmer gleichzustellen (vgl. *Wacker* in L. Schmidt, § 15 EStG Rdn. 403–405 mit Verweis auf die Rechtsprechung des BFH). Infolge einer Umwandlung kann es aber zu Differenzen der Bilanzansätze kommen, wenn der Wertverlust der Forderung vor der Umwandlung eingetreten ist, d. h. zu einem Zeitpunkt, als der Gesellschafter diesen Wertverlust noch nicht in seiner Stellung als Mitunternehmer realisiert hat. Vgl. dazu auch *Bron*, DStZ 2012, 609 (614).

59 Wenn das Prinzip der korrespondieren Bilanzierung entgegen der hier vertretenen Ansicht doch eine Erhöhung des Wertansatzes einer im Sonderbetriebsvermögen erfassten Forderung erfasst, stellt sich zudem die Frage, ob diese Werterhöhung eine logische Sekunde vor der Einlage in das Sonderbetriebsvermögen (d. h. ggf.

Der Übernahmefolgegewinn i.S.d. § 6 Abs. 2 entsteht – entgegen des Wort-   *31*
lautes des § 6 Abs. 2 – ertragsteuerlich (insbesondere auch gewerbesteuerlich) bei der übernehmenden PersG (zum Zeitpunkt des Entstehens vgl.
Rdn. 13 oben) und ist verfahrensrechtlich im *Rahmen der einheitlichen und
gesonderten Gewinnfeststellung dieser PersG* zu berücksichtigen. Dabei ist
es strittig, ob der Übernahmefolgegewinn allen Gesellschaftern des übernehmenden Rechtsträgers oder nur dem begünstigten Gesellschafter zuzurechnen ist.[60] Nach der hier vertretenen Meinung ist der Übernahmefolgegewinn grds. nur dem begünstigten Gesellschafter zuzurechnen, durch
dessen Wirtschaftsgut, das im Sonderbetriebsvermögen aktiviert wird, die
„Quasi-Konfusion" eingetreten ist, da der Übernahmefolgegewinn in diesem Fall im Sonderbetriebsvermögen entsteht.[61] Ausnahmsweise ist der
Übernahmefolgegewinn nach der hier vertretenen Ansicht jedoch allen Gesellschaftern zuzurechnen, wenn der Gewinn auf die (einseitige) Auflösung
einer Rückstellung in der alle Gesellschafter betreffenden Gesamthandsbilanz der PersG zurückzuführen ist (Verweis auf Rdn. 33–35 weiter unten),
da grds. auch alle Gesellschafter zuvor von dem steuerlich abzugsfähigen
Aufwand bei Bildung der Rückstellung profitiert haben.[62]

Gemäß § 6 Abs. 2 S. 2 ist die Begünstigung des § 6 Abs. 2 S. 1 nur für die-   *32*
jenigen Gesellschafter des übernehmenden Rechtsträgers anwendbar, die
im Zeitpunkt der Eintragung des Umwandlungsbeschlusses in das öffentliche Register an dem übernehmenden Rechtsträger beteiligt sind. Somit sind
auch nach dem steuerlichen Übertragungsstichtag i.S.d. § 2 in die übernehmende Personengesellschaft neu eintretende Gesellschafter von § 6 Abs. 2
S. 1 begünstigt, wenn sie zum Zeitpunkt der Eintragung des Umwandlungsbeschlusses beteiligt sind. Im Umkehrschluss ist § 6 Abs. 2 S. 1 nicht auf Gesellschafter anwendbar, die im Rückwirkungszeitraum zwischen Stichtag
i.S.d. § 2 und dem Tag der Eintragung des Umwandlungsbeschlusses als
Gesellschafter aus dem übernehmenden Rechtsträger ausscheiden.[63]

2. Auflösung von Rückstellungen

Der hauptsächliche Anwendungsfall des § 6 Abs. 2 bezogen auf Rückstel-   *33*
lungen dürfte im Bereich der *Pensionsrückstellungen* liegen. Wird im Zuge
einer Umwandlung einer KapG auf eine PersG eine Pensionsrückstellung
der KapG auf die PersG übertragen und ist die durch die entsprechende
Pensionszusage begünstigte Person zugleich Gesellschafter der PersG, so
sind ab dem Zeitpunkt der Verschmelzung die Grundsätze bzw. Meinungen
zu berücksichtigen, die *für Pensionszusagen von PersG zu Gunsten ihrer
Gesellschafter* gelten.[64]

---

noch im Privatvermögen des Gesellschafters) zu erfolgen hat oder erst eine logische
Sekunde nach der Einlage in das Sonderbetriebsvermögen (dann im Sonderbetriebsvermögen).
60 Vgl. *Pung* in Dötsch/Patt/Pung/Möhlenbrock, § 6 Rdn. 34.
61 Dieser Meinung folgt wohl auch *Schmitt* in Schmitt/Hörtnagl/Stratz, § 6 Rdn. 16.
62 Vgl. *Haritz* in Haritz/Menner, § 6 Rdn. 32.
63 Vgl. *Birkemeier* in Rödder/Herlinghaus/van Lishaut, § 6 Rdn. 53.
64 Vgl. zu dieser Thematik *Fuhrmann/Demuth*, KöSDI 2006, 15082 und *Götz*, DStR
1998, 1946 und *Neumann*, GmbHR 2002, 996 und *Paus*, FR 1995, 533 und *Schulze
zur Wiesche*, DStR 1996, 2000.

34 Nach der ganz h.M.[65], die auch von der Finanzverwaltung geteilt wird[66], ist die entsprechende Pensionsrückstellung in der Gesamthandsbilanz der PersG grds. fortzuführen.[67] Auch nach der Umwandlung entstehende Zuführungen zu den Pensionsrückstellungen sind grds. in der Gesamthandsbilanz der PersG zu passivieren, wobei zugleich in der Sonderbilanz des begünstigten Gesellschafters ein betragsmäßig entsprechender Aktivposten zu bilanzieren ist. Im Ergebnis hebt die Aktivierung in der Sonderbilanz die Passivierung in der Gesamthandsbilanz ertragsteuerlich auf. Mit anderen Worten: *ertragsteuerlich wird der Wert der Pensionsrückstellung zum Zeitpunkt der Umwandlung „eingefroren"*[68], Veränderungen nach der Umwandlung wirken sich nicht mehr ertragsteuerlich aus.

35 Insoweit kann sich nach der Umwandlung auch kein Übernahmefolgegewinn i.S.d. § 6 Abs. 2 ergeben. Zu berücksichtigen ist jedoch, dass gem. eines Urteils des FG Nürnberg[69], das Zustimmung in der steuerlichen Literatur gefunden hat[70], die Pensionsrückstellung in der Gesamthandsbilanz der PersG ab dem Zeitpunkt der Umwandlung *mit dem Anwartschaftsbarwert i.S.d. § 6a Abs. 3 S. 2 Nr. 2 EStG zu passivieren* ist, da – zumindest aus ertragsteuerlicher Sicht – mit der Umwandlung das Arbeitsverhältnis zwischen der übertragenden KapG, welche die Pensionszusage erteilt hat, und dem Gesellschafter der übernehmenden PersG endet. Ab dem Zeitpunkt der Umwandlung besteht nach dieser Auffassung kein Arbeitsverhältnis mehr zwischen dem Gesellschafter und der PersG (sondern ein Mitunternehmerverhältnis i.S.d. § 15 Abs. 1 S. 1 Nr. 2 EStG). Dies hat zur Folge, dass die Pensionsrückstellung nicht mehr nach Maßgabe des § 6a Abs. 3 S. 2 Nr. 1 EStG zu bewerten ist, sondern mit dem Anwartschaftsbarwert i.S.d. § 6a Abs. 3 S. 2 Nr. 2 EStG. Da letzterer regelmäßig niedriger ist als der erstgenannte, wenn der Anspruchsberechtigte das Pensionsalter noch nicht erreicht hat, ist *die Pensionsrückstellung entsprechend abzuwerten*, was einen entsprechenden Ertrag (und damit *einen Übernahmefolgegewinn i.S.d. § 6 Abs. 2*) auslösen kann.[71] Zu berücksichtigen ist jedoch, dass die Finanzverwaltung die in dem o.a. Urteil des FG Nürnberg vertretene Auffassung nicht anwendet. Nach Auffassung der Finanzverwaltung hat die PersG die zulässigerweise von der KapG gebildete Pensionsrückstellung in ihrer Gesamthandsbilanz fortzuführen und diese bei fortstehendem Dienstverhältnis mit dem Teilwert nach § 6a Abs. 3 S. 2 Nr. 1 EStG zu bewerten.[72] Demnach würde der vorstehend beschriebene Übernahmefolgegewinn aus der Abwertung der Pensionsrückstellung nicht entstehen. Wenngleich diese Ansicht der Finanzverwaltung möglicherweise nicht mit den allgemeinen Grundsätzen der Mitunternehmerbesteuerung in Einklang steht, ist sie unter praktischen

---

65 Vgl. *Schmitt* in Schmitt/Hörtnagl/Stratz, § 6 Rdn. 18 und *Widmann* in Widmann/Mayer, § 6 Rdn. 87 ff.
66 Tz. 06.04 UmwStE 2011.
67 Vgl. BFH vom 22. 06. 1977, I R 8/75, BStBl. II 1977, 798.
68 Vgl. *Götz*, DStR 1998, 1946.
69 FG Nürnberg vom 26. 06. 2002, V 229/98, DStRE 2002, 1292.
70 Vgl. *Pung* in Dötsch/Patt/Pung/Möhlenbrock, § 4 Rdn. 72 und *Widmann* in Widmann/Mayer, § 6 Rdn. 92.
71 Vgl. *Schmitt* in Schmitt/Hörtnagl/Stratz, § 6 Rdn. 19.
72 Tz. 06.05 UmwStE 2011.

Gesichtspunkten zu begrüßen, da sie ein steuerliches Hindernis für Umwandlungen beseitigt. Zudem – so zeigt die Praxis – wird das Problem der Abwertung der Pensionsrückstellung infolge einer Umwandlung häufig „übersehen", was die Gefahr einer unerkannten Steuerbelastung erhöht.

II. Rücklagenbildung und -auflösung

Für die Bildung der Rücklagen auf Grund von Übernahmefolgegewinnen   36
i.S.d. § 6 Abs. 2 gelten grds. die gleichen Prinzipien wie für die Rücklagen auf Grund von Übernahmefolgegewinnen i.S.d. § 6 Abs. 1, so dass auf die obige Kommentierung in den Rdn. 20–25 verwiesen wird.

Besonderheiten bestehen jedoch, weil es – wie oben in Rdn. 31 ausgeführt –   37
strittig ist, ob Übernahmefolgegewinne i.S.d. § 6 Abs. 2 allen Gesellschaftern des übernehmenden Rechtsträgers oder nur dem begünstigten Gesellschafter zuzurechnen sind. Entsprechend *strittig* ist auch die Bildung der Rücklage zur Neutralisierung des Übernahmefolgegewinns. Je nachdem, ob der Übernahmefolgegewinn in der Gesamthandsbilanz des übernehmenden Rechtsträgers oder in der Sonderbilanz eines Gesellschafters des übernehmenden Rechtsträgers anfällt, ist die Rücklage *entweder in der Gesamthandsbilanz oder in der Sonderbilanz* zu bilden.[73] Die Bildung in der Sonderbilanz ist für den Zeitraum bis zum Inkrafttreten des BilMoG auch möglich, wenn in der Handelsbilanz keine Rücklage gebildet wird, weil insoweit die umgekehrte Maßgeblichkeit nicht gilt.[74]

E. § 6 Abs. 3

I. Allgemeines

§ 6 Abs. 3 verwehrt die Nutzung der durch § 6 Abs. 1 und 2 angebotenen   38
Vergünstigungen, wenn innerhalb von 5 Jahren nach der Umwandlung gewisse weitere Umstrukturierungen erfolgen. Die *Versagung der Steuerbegünstigungen* erfolgt *rückwirkend* auf den Zeitpunkt des steuerlichen Übertragungsstichtags i.S.d. § 2.

§ 6 Abs. 3 hat seinen Ursprung in einer generellen Missbrauchsverhinde-   39
rungsvorschrift, die im UmwStG 1969 enthalten war. Nach dieser Vorgängernorm konnten die Begünstigungen des UmwStG 1969 nicht in Anspruch genommen werden, wenn das umgewandelte Unternehmen seine neue Organisation nicht für mindestens fünf Jahre beibehielt. Die Norm könnte aus heutiger Sicht überflüssig sein, da § 42 AO (zumindest nach Einführung des § 42 Abs. 2 AO) nach einer in der Literatur vertretenen Meinung parallel anwendbar ist.[75] Zudem ist es fraglich, ob die Regelung als typisierende Missbrauchsregelung EU-rechtswidrig ist.[76]

---

73 Vgl,. *Widmann:* in Widmann/Mayer, § 6 Rdn. 139 und 144.
74 Vgl. *Schnitter* in Frotscher/Maas, § 6 Rdn. 38.
75 Vgl. auch *Pung* in Dötsch/Patt/Pung/Möhlenbrock, § 6 Rdn. 39; a.A. *Birkemeier* in Rödder/Herlinghaus/van Lishaut, § 6 Rdn. 4 und *Bron*, DStZ 2012, 609 (614).
76 Vgl. *Bron*, DStZ 2012, 609 (614) und *Gille*, IStR 2007, 194.

40   Die Anwendung der Norm knüpft an Umstrukturierungen an, die den *über-gegangenen Betrieb* betreffen. Sie ist daher lediglich anwendbar, wenn der gesamte Betrieb (inkl. aller wesentlichen Betriebsgrundlagen) umstrukturiert wird; Umstrukturierungen von Teilbetrieben oder bloßen Betriebsteilen sind nicht relevant. Nach der hier vertretenen Auffassung sind auch Umstrukturierungen, die *Mitunternehmeranteile* (sowie Teile davon) betreffen, *nicht von § 6 Abs. 3 erfasst.* Dies gilt selbst dann, wenn sämtliche Mitunternehmeranteile an einem übernehmenden Rechtsträger veräußert oder eingebracht werden. In anderen Normen des UmwStG (z.B. § 20 Abs. 1 S. 1) wird deutlich zwischen den Begriffen „Betrieb" und „Mitunternehmeranteil" unterschieden. Einer Gleichbehandlung der beiden Begriffe im Rahmen des § 6 Abs. 3, wie sie auch die Finanzverwaltung praktizieren will[77], steht also – trotz der ansonsten im Ertragsteuerrecht geltenden Transparenz einer Mitunternehmerschaft und entgegen der h.M. in der Literatur[78] – der klare Wortlaut entgegen.

41   Die in § 6 Abs. 3 genannten 5 Jahre sind als *Zeitjahre* zu verstehen, die mit Ablauf des steuerlichen Übertragungsstichtags zu laufen beginnen.[79]

II. Einbringung in KapG

42   *Schädlich* im Sinne einer rückwirkenden Versagung der Steuerbegünstigungen der § 6 Abs. 1 und 2 ist eine *Einbringung des übergegangenen Betriebs in eine KapG* (nicht jedoch in andere Körperschaften wie z.B. Genossenschaften). Dabei spielt es keine Rolle, ob für die Einbringung ein triftiger Grund i.S.d. § 6 Abs. 3 (vgl. Rdn. 48) vorliegt, d.h. auch bei Existenz eines solchen Grundes ist die Einbringung schädlich.

43   Hinsichtlich der Auslegung des Begriffs der „Einbringung" ist auf § 20 zu verweisen, d.h. schädlich sind solche Einbringungen in KapG, die von § 20 erfasst sind (Einbringungen des Betriebs gegen Gewährung von Gesellschaftsrechten). Entsprechend könnten auch *Formwechsel einer PersG in eine KapG schädlich* sein, da diese über den Verweis in § 25 ertragsteuerlich grds. wie Einbringungen behandelt werden. Nach der hier vertretenen Ansicht sind solche Formwechsel jedoch keine schädlichen Einbringungen i.S.d. § 6 Abs. 3, da dabei nicht „der übernehmende Rechtsträger den auf ihn übergegangenen Betrieb" einbringt, sondern der Formwechsel so behandelt wird, also ob die Gesellschafter der formgewechselten PersG ihre Mitunternehmeranteile in die aus dem Formwechsel entstehende KapG einbringen.

---

77 Gem. Tz. 06.09 UmwStE 2011 ist die Veräußerung eines im Rahmen einer Umwandlung übergegangenen Mitunternehmeranteils nur dann unschädlich, wenn daneben noch (weitere) wesentliche Betriebsgrundlagen zum übergegangenen Betrieb gehören.

78 A.A. sind *Birkemeier* in Rödder/Herlinghaus/van Lishaut, § 6 Rdn. 59 und *Pung* in Dötsch/Patt/Pung/Möhlenbrock, § 6 Rdn. 40 mit Verweis auf *Widmann* in Widmann/Mayer, § 26 UmwStG a.F. Rdn. 10.

79 Die Literatur verwendet teilweise auch den Begriff der „Kalenderjahre" und meint dabei wohl „Zeitjahre". Vgl. *Birkemeier* in Rödder/Herlinghaus/van Lishaut, § 6 Rdn. 60 und *Haritz* in Haritz/Menner, § 6 Rdn. 42 und *Pung* in Dötsch/Patt/Pung/Möhlenbrock, § 6 Rdn. 41.

Die Einbringung ist nach h.M. und nach Auffassung der Finanzverwaltung[80]   *44*
unabhängig davon schädlich, zu welchem Wert sie ertragsteuerlich erfolgt
(Buch-, Zwischen- oder gemeiner Wert).[81] Das vorrangig anwendbare *Prinzip der steuerlichen Rechtsnachfolge („Fußstapfentheorie"),* welches für
Einbringungen in KapG durch §§ 23 Abs. 1, 12 Abs. 3 festgelegt wird, ge-
bietet nach der hier vertreten Auffassung jedoch, dass die Einbringung in
eine KapG (zumindest, wenn sie zu Werten unterhalb des gemeinen Werts
erfolgt) nicht als schädliches Ereignis gewertet wird, denn die übernehmende KapG führt insoweit die Sperrfrist des übertragenden Rechtsträgers
fort, ohne dass es zu einer schädlichen Durchbrechung dieser Sperrfrist
durch die Einbringung kommt. Entsprechendes gilt über § 24 Abs. 4 für Einbringungen in PersG. Die anderslautende Auffassung der Finanzverwaltung, wonach sowohl Einbringungen in andere Körperschaften als KapG
(z.B. Genossenschaften) als auch Einbringungen in PersG als schädliche
Veräußerungen i.S.d. § 6 Abs. 3 gelten, ist daher abzulehnen.[82]

Hinsichtlich der *5-Jahresfrist* ist hinsichtlich des Veräußerungszeitpunktes   *45*
zu beachten, dass die Einbringung nach einer in der Literatur vertretenen
Meinung[83] mit dem Zeitpunkt des Übergangs des wirtschaftlichen Eigentums an dem übergegangenen Betrieb als vollzogen gilt. Die Finanzverwaltung vertritt die Auffassung, dass der steuerliche Übertragungsstichtag
i.S.d. § 20 Abs. 5 und 6 als Einbringungszeitpunkt maßgebend sei.[84] Dieser
Sichtweise ist zuzustimmen, da es systematisch zutreffend erscheint, die
umwandlungsrechtliche Fiktion des (rückwirkenden) Stichtags i.S.d. § 2
auch für Zwecke des § 6 anzuwenden. Keinesfalls dürfte jedoch der Zeitpunkt des Übergangs des juristischen Eigentums entscheidend sein.[85]

III. Veräußerung des Betriebs

Hinsichtlich des Begriffs der „Veräußerung" gelten die allgemeinen ertrag-   *46*
steuerlichen Grundsätze, die von der Rechtsprechung zu § 16 EStG entwickelt wurden; auf die entsprechende Kommentierung wird daher verwiesen.[86]

Für die Anwendung der *5-Jahresfrist* ist der Zeitpunkt relevant, an dem das   *47*
wirtschaftliche Eigentum an den wesentlichen Betriebsgrundlagen des
übergegangenen Betriebs übertragen wird.[87]

Unschädlich ist die Veräußerung (d.h. keine rückwirkende Versagung der   *48*
Steuerbegünstigung), wenn sie *auf Basis eines triftigen Grundes* erfolgt. Der

---

80 Tz. 06.11 UmwStE 2011.
81 Vgl. *Pung* in Dötsch/Patt/Pung/Möhlenbrock, § 6 Rdn. 44.
82 Tz. 06.11 UmwStE 2011.
83 Vgl. *Pung* in Dötsch/Patt/Pung/Möhlenbrock, § 6 Rdn. 41.
84 Tz. 06.10 UmwStE 2011.
85 A.A.: *Widmann* in Widmann/Mayer, § 26 UmwStG a.F. Rdn. 29.
86 Vgl. z.B. *Wacker* in L. Schmidt, § 16 EStG Rdn. 20–24.
87 Vgl. *Pung* in Dötsch/Patt/Pung/Möhlenbrock, § 6 Rdn. 41 und Tz. 06.10 UmwStE
2011.

Begriff der „Triftigkeit" ist wenig aussagekräftig[88] und subjektiv, denn was dem Einen triftig erscheint, mag für den Anderen das genaue Gegenteil sein. Nach der Rechtsprechung des BFH soll jedenfalls kein triftiger Grund für die spätere Veräußerung gegeben sein, wenn dieser Grund bereits im Zeitpunkt der vorherigen Umwandlung absehbar war.[89] Dies wird in der Literatur kritisiert, da die spätere Veräußerung möglicherweise indiziert, dass die vorausgegangene Umwandlung auf keinem triftigen Grund beruhte, während dies für die nachfolgende Veräußerung nicht behauptet werden könnte.[90] Es wird in der Literatur zudem vertreten, dass eine Veräußerung eines Betriebs stets durch einen (zumindest aus der subjektiven Sicht des Veräußerers) triftigen Grund motiviert ist (warum sollte er sonst veräußern?), so dass kaum Fälle denkbar sein dürften, in denen die „Triftigkeit" angezweifelt werden könnte.[91] Die Finanzverwaltung will jedoch auf die Umstände des Einzelfalls abstellen und überträgt die Beweislast auf den Steuerpflichtigen, ob Steuerumgehungsgründe oder „vernünftige wirtschaftliche Gründe" (z.b. Rationalisierung der beteiligten Gesellschaften) vorliegen.[92] Insoweit verwechselt die Finanzverwaltung die Prüfung der Anwendung des § 42 AO m.E. mit der Auslegung des Begriffs der „Triftigkeit". Eine Veräußerung kann auch dann „triftig" sein, wenn sie steuerlich motiviert ist, so dass die Verwaltungsmeinung abzulehnen ist.

IV. Aufgabe des Betriebs

49 Hinsichtlich des Begriffs der *„Betriebsaufgabe"* gelten die allgemeinen ertragsteuerlichen Grundsätze, die von der Rechtsprechung zu § 16 EStG entwickelt wurden; auf die entsprechende Kommentierung wird daher verwiesen.[93] Als Aufgabe des übergegangenen Betriebs kann zudem die *Entnahme von Vermögenswerten*, die durch die Umwandlung auf eine PersG oder ein Einzelunternehmen übergegangen sind, zu werten sein.[94]

50 Für die Anwendung der *5-Jahresfrist* ist hinsichtlich des Aufgabezeitpunktes der Zeitpunkt relevant, an dem der übergegangene Betrieb aufhört, als wirtschaftlicher Organismus zu existieren. Auch insoweit wird auf die Kommentierung zu § 16 EStG verwiesen.[95] Die Finanzverwaltung will dagegen auf den Zeitpunkt abstellen, an dem die erste Handlung erfolgt, die nach dem Aufgabeentschluss objektiv auf die Auflösung des Betriebs gerichtet ist.[96] Dies ist abzulehnen, da die ertragsteuerlichen Folgen einer Betriebsaufgabe stets erst bei ihrer Beendigung (und nicht bereits bei ihrem Beginn) zu ziehen sind.

---

88 Der Duden-Band „Sinn- und sachverwandte Wörter", 2. Aufl. 1997, nennt z.B. folgende Synonyme für „triftig": stichhaltig, beweiskräftig, unwiderlegbar, zwingend, schlüssig, einleuchtend, klug, nachweislich, wichtig.
89 BFH vom 19.12.1984, I R 275/81, BStBl. II 1985, 342.
90 Vgl. *Haritz* in Haritz/Menner, § 6 Rdn. 48.
91 Vgl. *Haritz* in Haritz/Menner, § 6 Rdn. 47.
92 Vgl. Tz. 06.11 UmwStE 2011.
93 Vgl. z.B. *Wacker* in L. Schmidt, § 16 EStG Rdn. 170–174.
94 Vgl. Verfügung der OFD Frankfurt/Main vom 30.05.1996, DStR 1996, 1203.
95 Vgl. z.B. *Wacker* in L. Schmidt, § 16 EStG Rdn. 192–196.
96 Vgl. Tz. 06.10 UmwStE 2011.

Unschädlich ist die Betriebsaufgabe, wenn sie auf Basis eines triftigen Grun- 51
des erfolgt. Es wird auf die entsprechende Kommentierung in Rdn. 48 verwiesen.

V. Verfahrensrechtliche Aspekte

§ 6 Abs. 3 S. 2 stellt eine *autonome verfahrensrechtliche Vorschrift* (außer- 52
halb der AO) dar, welche die Finanzverwaltung in den vom Gesetz typisierend als „Missbrauch" eingestuften Sachverhalten ermächtigt, bereits
ergangene Bescheide in dem Sinne abzuändern, dass die bisher berücksichtigte zeitliche Streckung des Übernahmefolgegewinns durch Bildung einer
Rücklage rückwirkend nicht mehr im Rahmen der Veranlagung anerkannt
wird.[97]

Dies gilt einerseits unabhängig von der Regelung des § 175 Abs. 1 S. 1 Nr. 2 53
AO, da § 6 Abs. 3 insoweit als lex specialis vorrangig anzuwenden ist. Andererseits ist bei bereits eingetretener Festsetzungs- oder Feststellungsver-
jährung flankierend § 175 Abs. 1 S. 2 AO anzuwenden.[98]

Es ist davon auszugehen, dass § 6 Abs. 3 S. 2 sprachlich verunglückt ist, da 54
eine Änderung der Bescheide nicht nur zulässig ist, „soweit sie auf der Anwendung der Absätze 1 *und* 2 beruhen". Ausreichend ist vielmehr eine Anwendung der Absätze 1 *oder* 2.

---

97 Vgl. *Pung* in Dötsch/Patt/Pung/Möhlenbrock, § 6 Rdn. 49.
98 *Birkemeier* in Rödder/Herlinghaus/van Lishaut, § 6 Rdn. 66.

§ 7
Besteuerung offener Rücklagen

[1]Dem Anteilseigner ist der Teil des in der Steuerbilanz ausgewiesenen Eigenkapitals abzüglich des Bestands des steuerlichen Einlagekontos im Sinne des § 27 des Körperschaftsteuergesetzes, der sich nach Anwendung des § 29 Abs. 1 des Körperschaftsteuergesetzes ergibt, in dem Verhältnis der Anteile zum Nennkapital der übertragenden Körperschaft als Einnahmen aus Kapitalvermögen im Sinne des § 20 Abs. 1 Nr. 1 des Einkommensteuergesetzes zuzurechnen. [2]Dies gilt unabhängig davon, ob für den Anteilseigner ein Übernahmegewinn oder Übernahmeverlust nach § 4 oder § 5 ermittelt wird.

Inhaltsverzeichnis

Spezialliteratur

Behrendt/Arjes, Das Verhältnis der Ausschüttungsfiktion (§ 7 UmwStG) zur Einlagefiktion (§ 5 UmwStG), DB 2007, 824; *Bendlinger/Kofler,* Österreich: Quellensteuerfreiheit von Ausschüttungen an „mittelbar" beteiligte EU-Muttergesellschaften, IStR-LB 2005, 2; *Benecke/Beinert,* Internationale Aspekte der Umstrukturierung von Unternehmen, FR 2010, 1120; *Benecke/Schnitger,* Die steuerliche Behandlung nicht wesentlich beteiligter Anteilseigner bei Umwandlungen: Ein Diskussionsbeitrag, Ubg 2011, 1; *Behrens/Schmitt,* BFH: Kapitalertragsteuer bei beschränkt steuerpflichtiger Kapitalgesellschaft, BB 2009, 2353; *Blöchle/Weggenmann,* Formwechsel und Verschmelzung im Ausland nach §§ 3 ff. UmwStG i.d.F. des SEStEG, IStR 2008, 87; *Bogenschütz,* Aktuelle Entwicklungen bei der Umwandlung von Kapital- in Personengesellschaften, Ubg 2009, 604; *Bogenschütz;* Umwandlung von Kapital- in Personengesellschaft, Ubg 2011, 393; *Brocke,* BFH zur Kapitalertragsteuer bei beschränkt steuerpflichtigen Kapitalgesellschaften, IWB 2009/18 Fach 3a, Gruppe 1, 1127; *Damas,* Einführung in das neue Umwandlungssteuerrecht, DStZ 2007, 129; *Dorfmüller/Fischer,* Die geplante Neufassung der Anti-Treaty-Shopping-Regelung des § 50 d Abs. 3 EStG durch das Beitr-RLUmsG, IStR 2011, 857; *Dötsch/Pung,* SEStEG: Die Änderungen des UmwStG (Teil I); DB 2006, 2704; *Ehlermann/Petersen,* Abkommensrechtliche versus nationale Zuordnung von Beteiligungen - Besonderheiten bei ertragsteuerlicher Organschaft?, IStR 2011, 747; *Förster/Felchner,* Umwandlungen von Kapitalgesellschaften in Personenunternehmen nach dem Referentenentwurf zum SEStEG, DB 2006, 1072; *Förster/Felchner,* Weite vs. enge Einlagefiktion bei der Umwandlung von Kapitalgesellschaften in Personenunternehmen, DB 2008, 2445; *Förster,* Ausländische Anteilseigner bei der Umwandlung von Kapitalgesellschaften in Personenunternehmen, in FS Schaumburg; *Frey/Mückl,* Substanzerfordernisse bei der einseitigen Kapitalertragsteuerentlastung für beschränkt steuerpflichtige Körperschaften – Zusammenspiel von § 44a Abs. 9 und § 50d Abs. 3 EStG, DStR 2011, 2125; *Früchtl/Prokscha,* Die einkommensteuerliche Behandlung von Erlösen aus der Liquidation von Kapitalgesellschaften nach dem SEStEG; BB 2007, 2147; *Gosch,* Kapitalertragsteuer bei beschränkt steuerpflichtiger Kapitalgesellschaft: Erstattungsanspruch – Abgeltungswirkung – Gemeinschaftsrechtmäßigkeit, BFH/PR 2009, 333; *Hagemann/Jakob/Ropoh/Viebrock,* NWB 2007, Sonderheft 1; *Haisch,* Umwandlungen, Abgeltungsteuer und Teileinkünfteverfahren, Ubg 2009, 96; *Haritz/Wisniewski,* Das BMF-Schreiben zum Umwandlungssteuergesetz, GmbHR 2004, 150; *Herbort/Schwenke,* „Kapitalertragsteuerfalle" beim grenzüberschreitenden Upstream-Merger?, IStR 2016, 567; *Jacobs*, Internationale Unternehmensbesteuerung, 8. Aufl.; *Hruschka*, Umwandlung Kapital- auf Personengesellschaften, DStR Beihefter 2012, 4; *Intemann*, Die Neuregelung zur Steuerpflicht von Streubesitzdividenden, BB 2013, 1239; *Jesse*, Richtlinien-Umsetzungsgesetz – EURLUmsG: Anpassung des § 43b EStG (Kapitalertragsteuerbefreiung) an die geänderte Mutter-Tochter-Richtlinie, IStR 2005, 151; *Kempf/ Gelsdorf*, Umsetzung der Mutter-Tochter-Richtlinie in deutsches Steuerrecht – eine alte Kamelle?, IStR 2011, 173; *Kessler/Dietrich*, (Keine) Kapitalertragsteuer auf Streubesitzdividenden beschränkt steuerpflichtiger Kapitalgesellschaften – Klares Votum des EuGH dürfte Diskussion über Abschaffung der Steuerbefreiung neu beleben, DStR 2011, 2131; *Kessler/Schmidt/Teufel*, GmbH & Co. KG als attraktive Rechtsformalternative für eine deutsche Euro-Holding, IStR 2001, 265; *Klingberg/Nitzschke*, Grenzüberschreitende Umwandlungen am Beispiel grenzüberschreitender Verschmelzungen, Ubg 2011, 451; *Kraft/Poley*, Zweifelsfragen bei der Hereinverschmelzung von Kapital- auf Personengesellschaften – eine Fallstudien-gestützte Analyse, FR 2014, 1; *Kraft/Schneider*, Kapitalrückzahlungen von Drittstaatskapitalgesellschaften, NWB 2016, 2345; *Köhler/Käshammer*, Umwandlung von Kapitalgesellschaften mit ausländischen Anteilseignern in Personengesellschaften nach dem UmwStE 2011, GmbHR 2012, 301; *Krohn/Greulich*, Ausgewählte Einzelprobleme des neuen Umwandlungssteuerrechts aus der Praxis, DStR 2008, 646; *Lemaitre/Schönherr*, Die Umwandlung von Kapitalgesellschaften in Personengesellschaften durch Verschmelzung und Formwechsel nach der Neufassung des UmwStG durch das SEStEG, GmbHR 2007, 173; *Linn*, Das Gesetz zur Umsetzung der EuGH-Urteils vom 20. 10. 2011 in der Rechtssache C-284/09 (Streubesitzdividenden)IStR 2013, 235; *Neu/Schiffers/Watermeyer*, Praxisrelevante Schwerpunkte aus dem UmwSt-Entwurf, GmbHR 2011, 729; *Olbing*, Neuerungen für nationale Umwandlungen nach dem SEStEG, GmbHStB 2007, 51; *Ott*, Umwandlung einer Kapitalgesellschaft in eine Personengesellschaft nach den Änderungen durch das SEStEG, StuB 2007, S. 163; *Patzner/Nagler*, Besteuerung von Ausschüttungen an ausländische Körperschaften als Verstoß gegen die Niederlassungsfreiheit – Besprechung des EuGH-Urteils vom 20. 10. 2011 – Rs. C-284/09 – Kommission/Deutschland, GmbHR 2011, 1190; *Pohl*, Ausgewählte internationale Aspekte des neuen Umwandlungssteuererlasses, NWB 5/2012, 177: *Rehm*, Gewinnverwendung: Einbehaltung von Kapitalertragsteuer bei beschränkt steuerpflichtiger Kapitalgesellschaft kein Verstoß gegen Gemeinschaftsrecht bei Vermeidung der Doppelbesteuerung durch ein DBA, GmbHR 2009, 944; *Rödder/Schumacher*, Das kommende SEStEG – Teil I: Die geplanten Änderungen des EStG, KStG und AStG – Der Regierungsentwurf eines Gesetzes über steuerliche Begleitmaßnahmen zur Einführung der Europäischen Gesellschaft und zur Änderung weiterer steuerrechtlicher Vorschriften, DStR 2006, 1481; *Rödder/Schumacher*, Das kommende SEStEG – Teil II: Das geplante neue Umwandlungssteuergesetz – Der Regierungsentwurf eines Gesetzes über steuerliche Begleitmaßnahmen zur Einführung der Europäischen Gesellschaft und zur Änderung weiterer steuerlicher Vorschriften, DStR 2006, 1525; *Ronge/ Perroulaz*, Umwandlungen in der Schweiz und ihre steuerlichen Folgen in Deutschland nach dem SEStEG, IStR 2007, 422; *Salzmann*, Keine abkommensrechtliche Auslegung des interstaatlichen Betriebsstättenbegriffs – zugleich eine Besprechung des Urteils des FG Bremen v. 25. 06. 2015 – 1 K 68/12 (6), IStR 2016, 309; *Schaflitzl/Widmayer*, Die Besteuerung von Umwandlungen nach dem Regierungsentwurf des SEStEG, BB-Spezial 8/2006, 36; *Schell*, Internationale Bezüge bei Verschmelzungen von Körperschaften auf Personengesellschaften – Eine Analyse steuerlicher Fragestellungen im Lichte des neuen Entwurfs zum Umwandlungssteuererlass, IStR 2011, 704 (705); *Schön*, Anmerkung zum BFH-Urteil vom 22. 04. 2009 – I R 53/07, IStR 2009, 555; *Sedemund/Fischenich*, Steuerneutralität von Leistungen ausländischer Kapitalgesellschaften im Halbeinkünfteverfahren vor und nach Einführung des § 27 Abs. 8 KStG, BB 2008, 1656; *Stadler/ Elser/Bindl*, Vermögensübergang bei Verschmelzungen auf eine Personengesellschaft oder auf eine natürliche Person und Formwechsel einer Kapitalgesellschaft in eine Personengesellschaft, DB Beilage 1/2012, 14 (22); *Stadler/Jetter*, Grenzüberschreitende Verschmelzung von Kapitalgesellschaften und steuerliches Einlagekonto, IStR 2009, 336; *Stimpel*, Umwandlung einer Kapital- in eine Personengesellschaft – Fallbeispiel zu den wichtigsten Problemfeldern nach dem SEStEG, GmbH-StB 2008, 74; *Stimpel*, Umwandlung von Kapital- in Personengesellschaften nach dem UmwSt-Erlass 2011, GmbHR 2012, 123; *Wassermeyer/Richter/ Schnittker*, Personengesellschaften im Internationalen Steuerrecht; *Werra/Teiche*, Das SEStBeglG aus der Sicht international tätiger Unternehmen, DB 2006, 1455; *Winkeljohann/Fuhrmann*, Handbuch Umwandlungssteuerrecht, 761.

A. Allgemeines

I. Erweiterung des Anwendungsbereichs durch das SEStEG

Die Umwandlung einer Körperschaft auf eine PersG oder auf eine natürliche 1
Person nach den §§ 3 ff. ist für die Gesellschafter der KapG regelmäßig
selbst dann nicht steuerneutral, wenn die Umwandlung zu Buchwerten
durchgeführt wird.[1] Nach § 7 sind den Anteilseignern unabhängig von der
Ermittlung eines Übernahmeergebnisses (§ 7 S. 2) die steuerbilanziellen Gewinnrücklagen[2] der in Folge der Umwandlung untergehenden Körperschaft
entsprechend ihrer Beteiligung am Nennkapital als Einnahmen aus Kapitalvermögen i.S.d. § 20 Abs. 1 Nr. 1 EStG zuzurechnen. Bei der Besteuerung
nach § 7 handelt es sich – wie auch bei der Besteuerung des Übernahmeergebnisses nach §§ 4, 5 – um eine Besteuerung der Anteilseigner ohne
gleichzeitigen Liquiditätszufluss.[3]

§ 7 hat durch die Neufassung des UmwStG im Rahmen des SEStEG erheb- 2
lich an Bedeutung gewonnen. Die Vorschrift ist nunmehr bei jeder Umwandlung einer KapG in ein Personenunternehmen (PersG oder Einzelunternehmen) mit Inlandsbezug anzuwenden, unabhängig davon, ob für die
entsprechenden Anteilseigner ein Übernahmeergebnis nach §§ 4, 5 ermittelt
wird (§ 7 S. 2). Bis zum Inkrafttreten des SEStEG kam § 7 hingegen nur
dann zur Anwendung, wenn für die entsprechenden Anteilseigner ein Übernahmeergebnis nicht zu ermitteln war, d.h. insbesondere die Einlage- und
Übertragungsfiktion des § 5 keine Anwendung fand. Betroffen von § 7
UmwStG 1995 waren damit Anteilseigner, die ihre Anteile an der Überträ-

---

1 *Förster/Felchner*, DB 2008, 2445; *van Lishaut* in Rödder/Herlinghaus/van Lishaut, § 4 Rdn. 74; *Schnitter* in Frotscher/Maas, § 7 Rdn. 3.

2 Zum Begriff vgl. Schleswig-Holsteinisches FG vom 29. 01. 2014, 2 K 219/12, BB 2014, 1008; *Herbort/Schwenke*, IStR 2016, 567 (568, Fn. 3). Im Zusammenhang mit dem Grundsatz der Buchwertführung nach §§ 3 ff. UmwStG 1995 spricht der BFH auch von der Besteuerung der „offenen Reserven", vgl. BFH vom 12. 07. 2012, IV R 39/09, BStBl. II 2012, 728.

3 *Pung* in Dötsch/Patt/Pung/Möhlenbrock, § 7 Rdn. 4; *Jäschke/Illing* in Widmann/ Bauschatz, eKomm, Ab 01. 01. 2015, § 7 Rdn. 11.

gerin im Privatvermögen hielten und es sich bei diesen weder um wesentliche Beteiligungen i.S.v. § 17 EStG noch um einbringungsgeborene Anteile i.S.v. § 21 UmwStG a.F. handelte.[4] Des Weiteren unterlagen auch solche Anteile § 7 UmwStG 1995, bei deren Veräußerung ein Veräußerungsverlust nach § 17 Abs. 2 S. 4 EStG a.F. nicht zu berücksichtigen war (§ 7 S. 2 UmwStG 1995).[5] Bei allen übrigen Anteilseignern ging der Betrag der steuerbilanziellen Gewinnrücklagen in die Ermittlung des Übernahmeergebnisses nach den §§ 4, 5 ein. Demgegenüber findet § 7 in der Fassung des SEStEG auf alle an der Umwandlung teilnehmenden Anteilseigner Anwendung, d.h. auf die Anteilseigner, die Gesellschafter der übernehmenden Personengesellschaft werden (vgl. hierzu auch Rdn. 19 ff.).

3   Unmittelbar ist § 7 nur einschlägig, soweit das übergehende Vermögen der Überträgerin Betriebsvermögen des übernehmenden Personenunternehmens wird.[6] Nach § 8 Abs. 1 S. 2 gilt § 7 allerdings auch entsprechend bei einem Vermögensübergang auf einen Rechtsträger ohne Betriebsvermögen (vgl. § 8 Rdn. 32). Die Vorschrift ist ebenfalls bei der Auf- oder Abspaltung einer Körperschaft auf eine PersG einschlägig (vgl. § 16 S. 1).[7]

II. Zielsetzung der Vorschrift

4   Während der Tatbestand des § 7 durch das SEStEG eine erhebliche Erweiterung erfahren hat, sind die Rechtsfolgen gegenüber dem UmwStG 1995 unverändert geblieben: In Höhe der steuerbilanziellen Gewinnrücklagen der Überträgerin werden den Anteilseignern (fiktive) Einnahmen aus Kapitalvermögen nach § 20 Abs. 1 Nr. 1 EStG zugerechnet, ohne dass es zu einem echten Zufluss nach § 11 Abs. 1 EStG kommt.

5   Die Ausschüttungsfiktion des § 7[8] ist nur im Zusammenspiel mit den Vorschriften über die Ermittlung des Übernahmeergebnisses nach §§ 4, 5 verständlich. Wird eine Körperschaft in bzw. auf ein Personenunternehmen umgewandelt (§§ 3 ff.), so endet die Körperschaftsteuerpflicht des übertragenden Rechtsträgers. Dessen Vermögen wird zum (Betriebs-)Vermögen des übernehmenden Personenunternehmens. Aus Sicht des Gesellschafters gehen dabei die bisherigen Anteile an der übertragenden Körperschaft unter. Infolge des Vermögensübergangs ergibt sich bei dem Personenunternehmen entweder ein Übernahmegewinn oder ein Übernahmeverlust (§ 4 Abs. 4). Dieses Übernahmeergebnis unterliegt bei den Gesellschaftern der übernehmenden PersG bzw. bei der übernehmenden natürlichen Person so der Be-

---

4   *Bron* in Kraft/Edelmann, § 7 Rdn. 7.

5   Vgl. *Pung* in Dötsch/Patt/Pung/Möhlenbrock, § 7 Rdn. 1.

6   *Börst* in Haritz/Menner, § 7 Rdn. 1; *Pung* in Dötsch/Patt/Pung/Möhlenbrock, § 7 Rdn. 1.

7   Vgl. hierzu zu § 16 Rdn. 52 ff.

8   Nach *Jäschke/Illing* in Widmann/Bauschatz, eKomm, Ab 01.01.2015, § 7 Rdn. 3 und Rdn. 34 ist es aufgrund des Wortlauts des § 43b Abs. 1 S. 4 EStG, wonach Kapitalerträge anlässlich einer Liquidation oder Umwandlung einer Tochtergesellschaft „zufließen" (und nicht als zugeflossen gelten), fraglich, ob durch § 7 Bezüge lediglich fingiert werden oder es im Zuge der Umwandlung zu einer Sachauskehrung kommt.

steuerung, als ob die Überträgerin liquidiert[9] oder deren Anteile veräußert worden wären (siehe auch § 4 Rdn. 6 und 121).

Von der systematischen Einordnung des Umwandlungsergebnisses als ein- 6 heitlicher Liquidations- bzw. Veräußerungsvorgang macht § 7 eine für die Besteuerungspraxis wesentliche Ausnahme: § 7 und § 4 Abs. 5 S. 2 ordnen eine Aufteilung des Übernahmeergebnisses in einen „**Dividenden-**" und einen „**Veräußerungsteil**" an.[10] Dies wird dadurch erreicht, dass der Dividendenteil nach § 7 (quasi als Reflex) zu einer Reduzierung des Übernahmegewinns bzw. zu einem erstmaligen Entstehen oder einem erhöhten Übernahmeverlust führt (vgl. § 4 Abs. 5 S. 2).[11] Dabei erfolgt die Besteuerung des Dividendenteils unabhängig davon, ob für den Anteilseigner der untergehenden Körperschaft ein Übernahmeergebnis nach den §§ 4, 5 zu ermitteln ist oder nicht (vgl. § 7 S. 2).

In dieser Aufspaltung des – nach altem Umwandlungssteuerrecht einheitli- 7 chen – Übernahmeergebnisses liegt die steuersystematische Bedeutung der Vorschrift, da die Besteuerungsfolgen von Liquidations- bzw. Veräußerungserlösen auf der einen und von Dividenden auf der anderen Seite im Einzelfall erheblich voneinander abweichen können. In diesem Zusammenhang entfaltet § 7 vor allem im grenzüberschreitenden Kontext seine wesentliche Bedeutung: Das Ziel des Gesetzgebers im Rahmen des SEStEG bestand vor allem darin, durch die Änderung von § 7 bis dahin bestehende Besteuerungslücken bei ausländischen Anteilseignern zu schließen.[12] Denn bei der Anwendung von § 7 ist – im Gegensatz zur Besteuerung des Übernahmeergebnisses (vgl. § 4 Abs. 6 und 7) – gem. § 43 Abs. 1 Nr. 1 EStG KapESt „einzubehalten" und abzuführen.[13] Durch die Annahme bzw. Fiktion der antei-

---

9 BFH vom 12.07.2012, IV R 39/09, BStBl. II 2012, 728: „ihr [der formwechselnden Umwandlung] liegt vielmehr der Gedanke der privilegierten Liquidationsbesteuerung zu Grunde."; so auch *Bron* in Kraft/Edelmann, § 7 Rdn. 4; *Börst* in Haritz/Menner, § 7 Rdn. 3: „Das UmwStG behandelt die Verschmelzung der Körperschaft konzeptionell wie eine Liquidation zu Buchwerten bzw. zu in der Übertragungsbilanz angesetzten höheren Werten." Vgl. auch *Benecke/Schnittker* in Wassermeyer/Richter/Schnittker, Rdn. 15.48; *Benecke/Schnitger*, Ubg 2011, 1 (3); *Pung* in Dötsch/Patt/Pung/Möhlenbrock, § 7 Rdn. 4; *Dötsch/Pung*, DB 2006, 2704 (2710).

10 *Rödder/Schumacher*, DStR 2007, 143; *Pung* in Dötsch/Patt/Pung/Möhlenbrock, § 7 Rdn. 2; *Birkemeier* in Rödder/Herlinghaus/van Lishaut, § 7 Rdn. 1; *Frotscher* in Frotscher/Maas, Internationalisierung des Ertragsteuerrechts, Rdn. 262; *Schaumburg*, Internationales Steuerrecht, Rdn. 17.36; *Jäschke/Illing* in Widmann/Bauschatz, eKomm, Ab 01.01.2015, § 7 Rdn. 1; *Schnitter* in Frotscher/Maas, § 7 Rdn. 4; *Klingberg* in Blümich, § 7 Rdn. 5; *Früchtl* in Eisgruber, § 7 Rdn. 1; *Krohn/Greulich*, DStR 2008, 646 (648); *Ott*, StuB 2007, 163 (166); *Lemaitre/Schönherr*, GmbHR 2007, 173 (176); *Benecke/Schnitger*, Ubg 2011, 1 (3); *Schlösser* in Sagasser/Bula/Brünger, Umwandlungen, 4. Aufl., § 11 Rdn. 338.

11 *Frotscher* in Frotscher/Maas, Internationalisierung des Ertragsteuerrechts, Rdn. 262. *Hagemann,/Jakob/Ropohl/Viebrock*, NWB 2007, Sonderheft 1, 15 weisen zutreffend darauf hin, dass mit der Ausdehnung des Anwendungsbereichs des § 7 auf alle Anteilseigner die Paragrafenreihenfolge der §§ 3 ff. unsystematisch geworden ist. Systematisch zutreffend müsste die Regelung des § 7 vor der Ermittlung des Übernahmeergebnisses im Gesetz verankert werden. Vgl. auch § 4 Rdn. 104.

12 *Jäschke/Illing* in Widmann/Bauschatz, eKomm, Ab 01.01.2015, § 7 Rdn. 40.

13 Zur KapESt vgl. Rdn. 69 ff.

Hölzemann 341

ligen Ausschüttung der steuerbilanziellen Gewinnrücklagen an sämtliche Anteilseigner wird auch eine steuerliche Belastung von beschränkt steuerpflichtigen Anteilseignern in internationalen Konstellationen trotz Art. 13 Abs. 5 OECD-MA ermöglicht.[14] Denn in Abkommensfällen liegt die Steuerberechtigung für das Übernahmeergebnis nach §§ 4, 5 dem Grunde nur beim Ansässigkeitsstaat des Anteilseigners (Art. 13 Abs. 5 OECD-MA),[15] während für Dividenden dem Quellenstaat jedenfalls eine Quellenbesteuerungsberechtigung zukommt (Art. 10 Abs. 2 OECD-MA).[16]

Nach *Frotscher* soll § 7 gerade diejenigen Fälle einer angemessenen Besteuerung zuführen, in denen das deutsche Besteuerungsrecht für eine Ausschüttung von dem Besteuerungsregime für einen Veräußerungsgewinn an den Anteilen abweicht.[17] Nach *Schaumburg* dient die verschmelzungsbedingte Besteuerung der steuerbilanziellen Gewinnrücklagen auf Gesellschafterebene dem Ziel, die Quellensteuerberechtigung gegenüber beschränkt steuerpflichtigen Anteilseignern in den Fällen aufrechtzuerhalten, in denen DBA eingreifen.[18] Diejenige Steuer, die bei tatsächlicher (Dividenden-)Ausschüttung zu erheben gewesen wäre, soll durch die Umwandlung der Körperschaft auf eine PersG nicht dadurch umgangen werden können, dass die Gewinnrücklagen im Anschluss an die Umwandlung steuerneutral in Ausland transferiert, d. h. aus der PersG entnommen (§ 4 Abs. 1 S. 2 EStG) werden.[19] Es wird allerdings bezweifelt, ob dem Gesetzgeber das Ziel der Sicherstellung des deutschen Besteuerungsrechts – vor allem bei ausländi-

---

14 *Früchtl* in Eisgruber, § 7 Rdn. 1; *Jäschke/Staats* in Prinz, Umwandlungen im Internationalen Steuerrecht, 2013, Rdn. 6.21.
15 Vgl. § 4 Rdn. 121; Tz. 04.23 und das Beispiel 1 in Tz. 04.27 UmwStE 2011; *Birkemeier* in Rödder/Herlinghaus/van Lishaut, § 7 Rdn. 2; *Pung* in Dötsch/Patt/Pung/Möhlenbrock, § 4 Rdn. 5 (m.w.N.); *Jäschke/Illing* in Widmann/Bauschatz, eKomm, Ab 01. 01. 2015, § 7 Rdn. 41; *Schaumburg*, Internationales Steuerrecht, Rdn. 17.37; *Wassermeyer* in Wassermeyer, Art. 13 MA Rdn. 136; *Schell*, IStR 2011, 704 (705); *Benecke/Beinert*, FR 2010, 1120 (1121). Vgl. zur unterschiedlichen DBA-rechtlichen Qualifizierung von Übernahmeergebnis und Dividendenteil auch Rdn. 8 f. und Rdn. 58, 58a.
16 Tz. 04.23 und 07.02 UmwStE 2011; *Bron* in Kraft/Edelmann, § 7 Rdn. 28; *Schnitter* in Frotscher/Maas, § 7 Rdn. 22b; *Benecke/Beinert*, FR 2010, 1120 (1121). Entsprechend dieser unterschiedlichen DBA-rechtlichen Qualifizierung von Übernahmegewinn und fiktiver Ausschüttung nehmen *Herbort/Schwenke*, IStR 2016, 568 für die § 7 nachgebildete Vorschrift des § 12 Abs. 5 auch eine entsprechende Unterscheidung im europarechtlichen Kontext vor: Während der verschmelzungsbedingte Vermögensübergang von der Fusionsrichtlinie („FRL") abgedeckt ist, unterfällt die in § 12 Abs. 5 angenommene fiktive Totalausschüttung ausschließlich Art. 5 der Mutter-Tochter-Richtlinie („MTR"). Die MTR wird somit nicht von der FRL verdrängt, sondern kommt vielmehr in Verschmelzungsfällen ergänzend zur FRL zur Anwendung. Zum Verhältnis FRL und MTR vgl. auch EuGH vom 18.10. 2012 – C-371/11, *Punch Graphix Prepress Belgium NV*, IStR 2012, 886, vgl. hierzu Rdn. 88.
17 *Frotscher* in Frotscher/Maas, Internationalisierung des Ertragsteuerrechts, Rdn. 262. Vgl. auch *Pung* in Dötsch/Patt/Pung/Möhlenbrock, § 7 Rdn. 1; *Schnitter* in Frotscher/Maas, § 7 Rdn. 6; *Birkemeier* in Rödder/Herlinghaus/van Lishaut, § 7 Rdn. 2.
18 *Schaumburg*, Internationales Steuerrecht, Rdn. 17.37. Vgl. auch *Benecke/Schnittker* in Wassermeyer/Richter/Schnittker, Rdn. 15.48.
19 In diesem Sinne *Herbort/Schwenke*, IStR 2016, 567 (568) für die § 7 nachgebildete Vorschrift des § 12 Abs. 5.

schen Körperschaften als Anteilseigner – im Zusammenspiel von § 7 mit § 5 Abs. 2 tatsächlich gelungen ist.[20]

Durch das Gesetz zur Umsetzung des EuGH-Urteils vom 20. 10. 2011 in der   *7a* Rechtssache C-284/09 vom 21. 03. 2013 („EuGHUmsG")[21] hat die Aufteilung des vormals einheitlichen Übernahmeergebnisses in einen „Dividenden-" und einen „Veräußerungsanteil" auch insoweit praktische Relevanz erhalten als (inländische) Kapitalgesellschaften an der übertragenden Körperschaft beteiligt sind. Nachdem der EuGH in der genannten Entscheidung die deutsche Besteuerung von Streubesitzdividenden (d. h. für Beteiligungen unter 10 %), die an im EU/EWR-Ausland ansässige körperschaftsteuerpflichtige Anteilseigner gezahlt wurden, für europarechtswidrig erklärt hatte[22], hat der Gesetzgeber reagiert und die Steuerpflicht von Streubesitzdividenden auch für den reinen Inlandssachverhalt eingeführt (§ 8b Abs. 4 KStG n. F.). Die Vorschrift ist nach § 34 Abs. 7a S. 2 KStG i. d. F. des EuGHUmsG erstmals für Bezüge anzuwenden, die nach dem 28. 02. 2013 zufließen.[23] Bei den hier in Rede stehenden Bezügen nach § 7 ist § 8b Abs. 4 KStG n. F. u. U. bereits vor dem 01. 03. 2013 anzuwenden, wenn die Anmeldung zur Eintragung in das zum Wirksamwerden der Umwandlung maßgebende öffentliche Register nach dem 28. 02. 2013 erfolgt (§ 27 Abs. 11 UmwStG). Dadurch wird die Anwendbarkeit für diese Fälle in den Veranlagungszeitraum vorverlagert, in dem der steuerliche Übertragungsstichtag liegt.[24]

Zu einer in diesem Zusammenhang ebenfalls intensiv diskutierten Belastung von Veräußerungsgewinnen bei Portfoliobeteiligungen in der Hand von körperschaftsteuerpflichtigen Gesellschaften ist es – trotz mehrmaliger

---

20 Vgl. *Jäschke/Illing*, in Widmann/Bauschatz, eKomm, Ab 01. 01. 2015, § 7 Rdn. 40; *Pung* in Dötsch/Patt/Pung/Möhlenbrock, § 7 Rdn. 22 ff. (Wertungswiderspruch). Die Antwort hierauf hängt ganz wesentlich mit der kontrovers diskutierten Fragestellung zusammen, ob § 5 Abs. 2 eine weite oder enge Einlagefiktion zugrunde liegt, d. h. ob die Anwendung der Einlagefiktion auf die Ermittlung des Übernahmeergebnisses beschränkt ist (so enge Fiktion) oder sich auch auf die Ermittlung der Bezüge nach § 7 erstreckt (weite Fiktion). Damit einher geht die Frage, ob dem KapESt-Abzug bei beschränkt Steuerpflichtigen eine abgeltende Wirkung zukommt; vgl. zu diesem Meinungsstreit ausführlich Rdn. 49 ff. und 79 f.
21 BGBl. I 2013, 561.
22 Im Gegensatz zu inländischen körperschaftsteuerpflichtigen Anteilseignern unterlagen entsprechende Anteilseigner in Inbound-Situationen infolge des insoweit abgeltenden KapESt-Abzugs (§ 43 Abs. 1 S. 3 EStG i. V. m. § 32 Abs. 1 Nr. 2 KStG) trotz der Steuerbefreiung nach § 8b Abs. 1 KStG einer „definitiv" wirkenden Quellensteuerbelastung, vgl. EuGH vom 20. 10. 2011, C-284/09 (*Europäische Kommission/Bundesrepublik Deutschland*), DStR 2011, 2038. Vgl. hierzu nachfolgend auch Rdn. 89.
23 Für ausländische Gläubiger hat der Gesetzgeber in § 32 Abs. 5 KStG für Altfälle einen Erstattungsanspruch eingeräumt, welcher beim Bundeszentralamt für Steuern geltend zu machen ist (§ 5 Abs. 1 Nr. 39 FVG); vgl. hierzu u. a. *Linn*, IStR 2013, 235 und *Intemann*, BB 2013, 1239 (1242 f.).
24 Vgl. hierzu ausführlich mit Beispielen *Widmann* in Widmann/Mayer, § 27 Rdn. 32 ff.; vgl. zum zeitlichen Anwendungsbereich der Neuregelung im Zusammenhang mit Umwandlungen *Jäschke/Illing* in Widmann/Bauschatz, eKomm, Ab 01. 01. 2015, § 7 Rdn. 38; *Birkemeier* in Rödder/Herlinghaus/van Lishaut, § 7 Rdn. 29a.

Anläufe durch den Bundesrat[25] – bislang nicht gekommen. Während somit die fiktiven Ausschüttungen nach § 7 bei Streubesitzbeteiligungen nach § 8b Abs. 4 KStG n.F. voll körperschaftsteuerpflichtig sind, gilt für einen entsprechenden Übernahmegewinn nach § 4 Abs. 7 S. 1 nach wie vor die faktische Steuerbefreiung nach § 8b Abs. 2 i.V.m. Abs. 3 KStG; ein Übernahmeverlust bleibt grundsätzlich nach § 4 Abs. 6 S. 1 unberücksichtigt.

Dem § 7 vergleichbare Regelungen finden sich auch in § 12 Abs. 5[26] für den Fall einer Verschmelzung auf eine nicht steuerpflichtige oder steuerbefreite Körperschaft sowie in § 17 Abs. 4 S. 3 EStG bei der Auflösung bzw. einer Kapitalherabsetzung bei einer Kapitalgesellschaft.[27]

III. Wechsel des Besteuerungsregimes als Regelungsanlass

8 § 7 soll eine Besteuerung der bei der übertragenden Körperschaft gebildeten steuerbilanziellen Gewinnrücklagen auf Gesellschafterebene sicherstellen. Mit der Umwandlung entfällt – durch den erfolgenden Wechsel vom Trennungs- zum Transparenzprinzip – eine Besteuerungsebene. Vor der Umwandlung führte der Gewinntransfer der Körperschaft zu steuerpflichtigen Dividenden beim Anteilseigner. Danach stellt der vergleichbare Vorgang nur noch eine steuerlich irrelevante Entnahme (§ 4 Abs. 1 S. 2 EStG) dar.[28] Deshalb führt § 7 gedanklich zu einer fiktiven Vollausschüttung der thesaurierten Gewinne[29].

Die fiktive Besteuerung der bei der übertragenden Körperschaft vorhandenen steuerbilanziellen Gewinnrücklagen kann technisch sowohl im Rahmen des Übernahmeergebnisses (§§ 4, 5) als auch über eine Ausschüttungsfiktion erfolgen. Im Rahmen des SEStEG hat sich der Gesetzgeber für die zweite Alternative entschieden. Mit der uneingeschränkten Anwendung des § 7 auf alle an der Umwandlung teilnehmenden Anteilseigner[30] verfolgt der Gesetzgeber das Ziel, das deutsche Besteuerungsrecht an den steuerbilan-

---

25 Zuletzt Entschließung des Bundesrats zum Gesetz zur Reform der Investmentbesteuerung vom 08.07.2016 (Entschließungsbeschluss Nr. 7), BR-Drs. 320/16, wonach die Besteuerung von Veräußerungsgewinnen aus Streubesitzanteilen notwendig ist, um die gegenwärtig unterschiedliche Behandlung von Streubesitzdividenden und Veräußerungsgewinnen und damit einhergehendes Gestaltungspotential zu vermeiden.

26 Vgl. zu § 12 Abs. 5 *Herbort/Schwenke*, IStR 2016, 567 insbesondere im Hinblick auf die Frage, ob die Vorschrift auch Anwendung bei einem grenzüberschreitenden „Upstream-Merger" entfaltet.

27 *Weber-Grellet* in L. Schmidt, § 17 EStG Rdn. 235 f.

28 Schleswig-Holsteinisches FG vom 29.01.2014, 2 K 219/12, BB 2014, 1008; *Hruschka*, DStR-Beihefter 2012, 4 (8).

29 Schleswig-Holsteinisches FG vom 29.01.2014, 2 K 219/12, BB 2014, 1008; *Bron* in Kraft/Edelmann, § 7 Rdn. 1; *Früchtl* in Eisgruber, § 7 Rdn. 1; *Jäschke/Illing* in Widmann/Bauschatz, eKomm, Ab 01.01.2015, § 7 Rdn. 1; *Herbort/Schwenke*, IStR 2016, 567 (571).

30 Vgl. Rdn. 19 ff.

ziellen Gewinnrücklagen der übertragenden Körperschaft in Form einer Quellenbesteuerung zu sichern.[31] Ein solches Sicherungsbedürfnis erkannte der Gesetzgeber insbesondere gegenüber ausländischen Anteilseignern mit Sitz in einem DBA-Staat.[32] Da das Übernahmeergebnis nach §§ 4, 5 abkommensrechtlich als Anteilsveräußerung i.S.d. Art. 13 Abs. 5 OECD-MA zu werten ist[33], besteht für den deutschen Fiskus in DBA-Fällen i.d.R. kein Besteuerungsrecht.[34] Nach dem Beispielsfall 1 in Tz. 04.27 UmwStE 2011 bleibt das auf den Steuerausländer entfallende Übernahmeergebnis im Rahmen der gesonderten und einheitlichen Gewinnfeststellung der übernehmenden PersG außer Ansatz, da nur steuerpflichtige Einkünfte festzustellen sind.[35] Auch können sich sowohl in DBA- wie auch in Nicht-DBA-Fällen ausländische KapG als Anteilseigner der untergehenden Körperschaft im Rahmen der Körperschaftsteuerveranlagung auf die Steuerbefreiung eines Veräußerungsgewinns nach § 8b Abs. 2 und Abs. 3 KStG berufen. Ein (abgeltendes) deutsches Quellenbesteuerungsrecht auf das Übernahmeergebnis besteht nicht.[36] Somit wird in vielen Fällen bei beschränkt Steuerpflichtigen ein Übernahmegewinn überhaupt nicht oder bei ausländischen KapG als Anteilseigner des übertragenden Rechtsträgers (kein DBA) nur sehr eingeschränkt besteuert.

Die Annahme einer (fiktiven) Vollausschüttung der steuerbilanziellen Gewinnrücklagen führt hingegen bei ausländischen Anteilseignern zu einer Quellensteuerberechtigung (Art. 10 Abs. 2 OECD-MA)[37] und zur Entstehung von KapESt (vgl. §§ 43 Abs. 1 Nr. 1, 43a Abs. 1 Nr. 1 EStG)[38]; diese hat grds. abgeltende Wirkung (§§ 50 Abs. 2 S. 1 EStG, § 32 Abs. 1 Nr. 2 KStG, § 43 Abs. 1 S. 1 Nr. 1 EStG).[39] Bei Vorliegen der Voraussetzungen einschlägiger DBA haben beschränkt Steuerpflichtige allerdings die Möglichkeit,

9

---

31 Siehe Regierungsbegründung zum SEStEG-E, BT-Drs. 16/2710, 40; so auch *Widmann* in Widmann/Mayer, § 7 Rdn. 6; *Börst* in Haritz/Menner, § 7 Rdn. 4; *Schnitter* in Frotscher/Maas, § 7 Rdn. 6; *Schaumburg*, Internationales Steuerrecht, Rdn. 17.37; *Bogenschütz*, Ubg 2011, 393 (407); *ders*, Ubg 2009, 604 (610); *Birkemeier* in Rödder/Herlinghaus/van Lishaut, § 7 Rdn. 2; *Rödder/Schumacher*, DStR 2006, 1525 (1530); *Hagemann/Jakob/Viebrock*, NWB 2007, Sonderheft 1, 16; *Blöchle/Weggenmann*, IStR 2008, 87 (93); *Herbort/Schwenke*, IStR 2016, 567 (568).

32 *Börst* in Haritz/Menner, § 7 Rdn. 4; *Frotscher* in Frotscher/Maas, Internationalisierung des Ertragsteuerrechts, Rdn. 260 f.; *Birkemeier* in Rödder/Herlinghaus/van Lishaut, § 7 Rdn. 2.

33 Vgl. bereits oben Rdn. 7 und dort die Nachweise in Fn. 16.

34 Zu Ausnahmen vgl. *Pung* in Dötsch/Patt/Pung/Möhlenbrock, § 4 Rdn. 5 und *Schell*, IStR 2011, 704 (708) mit Hinweis auf die Besonderheiten des DBA-Tschechoslowakei.

35 Nach *van Lishaut* in Rödder/Herlinghaus/van Lishaut, § 4 Rdn. 74 erfolgt in diesen Fällen zwar eine Ermittlung, aber keine betragsmäßige Feststellung des Übernahmeergebnisses, „Gewinnanteil von Null".

36 So zutreffend *Birkemeier* in Rödder/Herlinghaus/van Lishaut, § 7 Rdn. 2.

37 Zur DBA-rechtlichen Beurteilung der Bezüge nach § 7 vgl. Rdn. 7, 58, 58a und 84.

38 Zur KapESt vgl. Rdn. 69 ff.

39 Zur Abgeltungswirkung der KapESt bei beschränkt Steuerpflichtigen vgl. Rdn. 79 f.; *Börst* in Haritz/Menner, § 7 Rdn. 4; *Frey/Mückl*, DStR 2011, 2125.

eine (teilweise) Freistellung bzw. Erstattung der Quellensteuer zu erreichen.[40] Ist der Empfänger der (fiktiven) Dividende eine ausländische EU-KapG sind im Rahmen des KapESt-Abzugs nach den gesetzlichen Anordnungen weder die Mutter-Tochter-Richtlinie[41] (§ 43b Abs. 1 S. 4 EStG)[42] noch § 8b KStG (§ 43 Abs. 1 Satz 3 EStG) anwendbar.[43]

10   Zur Vermeidung einer etwaigen Europarechtswidrigkeit der Vorschrift hat der Gesetzgeber deren Anwendungsbereich auch auf solche Umwandlungsvorgänge ausgedehnt, bei denen ein Anfall deutscher KapESt überhaupt nicht oder nur in außergewöhnlichen Einzelfällen in Betracht kommt: der Umwandlung einer ausländischen Körperschaft mit Sitz und Ort der Geschäftsleitung in einem EU-/EWR-Staat auf ein Personenunternehmen.[44] Im Falle der Umwandlung einer ausländischen EU/EWR-Kapitalgesellschaft auf eine gewerbliche PersG mit Sitz und Geschäftsleitung im EU/EWR-Ausland fällt auf die Bezüge nach § 7 i.d.R. keine deutsche KapESt an, da es an einem Schuldner mit Geschäftsleitung oder Sitz im Inland fehlt (§ 43 Abs. 1 S. 1 Nr. 1 und Abs. 3 S. 1 EStG).[45] Spaltet auch der Ansässigkeitsstaat der ausländischen KapG das Übernahmeergebnis nach deutschem Muster auf,[46] so kann allenfalls eine Quellensteuer im ausländischen Sitzstaat der Überträgerin entstehen. Deutschland als Ansässigkeitsstaat der Anteilseigner besteuert die Bezüge nach § 7 unter Anrechnung der ausländischen Quellensteuer.[47] Das kann v.a. bei im Inland steuerpflichtigen Körperschaf-

---

40 Vgl. auch Rdn. 58, 58a und 84; *Frey/Mückl*, DStR 2011, 2125.

41 Richtlinie 2011/96/EU des Rates vom 30.11.2011 über das gemeinsame Steuersystem der Mutter- und Tochtergesellschaften verschiedener Mitgliedstaaten (Neufassung) (ABl. L 345 vom 29.12.2011, S. 8), letztmalig geändert durch Richtlinie 2015/ 121/EU des Rates vom 27.01.2015 (ABl. EU Nr. L 1, S. 1 vom 28.01.2015).

42 Vgl. zur europarechtlichen Beurteilung von § 43b Abs. 1 S. 4 EStG Rdn. 86ff.

43 BFH vom 22.04.2009, I R 53/07, BFH/NV 2009, 1543; kritisch *Lüdicke/Wunderlich*, IStR 2008, 412.

44 Vgl. zum sachlichen Anwendungsbereich des § 7 Rdn. 18.

45 Vgl. hierzu auch Rdn. 74. Nach *Köhler/Käshammer*, GmbHR 2012, 301 (306) liegen in diesen Fällen ausländische Kapitalerträge i.S.v. § 43 Abs. 1 S. 1 Nr. 6 EStG vor. Zum Anfall von inländischer KapESt kann es nur kommen, wenn eine inländische „auszuzahlende Stelle" (z.B. Kreditinstitut) eingeschaltet ist, welche die Anteile an der übertragenden ausländischen Körperschaft verwahrt oder verwaltet; vgl. auch die Erwähnung von § 43 Abs. 1 S. 1 Nr. 6 EStG in Tz. 07.08 UmwStE 2011. Da es im Rahmen der Umwandlung der ausländischen Körperschaft jedoch zu keiner Auszahlung kommt, ist fraglich, ob die Regelung im konkreten Fall nicht leerläuft, vgl. *Bron* in Kraft/Edelmann, § 7 Rdn. 114; *Benecke/Schnitger*, Ubg 2011, 1 (3f.).

46 Nach *Benecke/Schnitger*, Ubg 2011, 1 (4), dort. Fn. 24, kennt insbesondere das österreichische Steuerrecht (§ 9 Abs. 6 öUmgrStG) eine mit § 7 vergleichbare Ausschüttungsfiktion; vgl. hierzu ebenfalls *Widmann* in Widmann/Mayer, § 7 Rdn. 32.

47 *Widmann* in Widmann/Mayer, § 7 Rdn. 32; *Schmitt* in Schmitt/Hörtnagl/Stratz, § 7 Rdn. 20; *Frotscher* in Frotscher/Maas, Internationalisierung des Ertragsteuerrechts, Rdn. 264; *Pung* in Dötsch/Patt/Pung/Möhlenbrock, § 7 Rdn. 27, 31; *Jäschke/Illing* in Widmann/Bauschatz, eKomm, Ab 01.01.2015, § 7 Rdn. 50; *Schlösser* in Sagasser/ Bula/Brünger, Umwandlungen, 4. Aufl., § 16 Rdn. 169; vgl. auch Rdn. 74.

ten infolge von § 8b Abs. 1 und Abs. 5 KStG zu Anrechnungsüberhängen führen.[48]

Zur Ermittlung der im Inland nach § 7 steuerpflichtigen Bezüge ist auch bei der Umwandlung einer ausländischen Körperschaft ein steuerliches Eigenkapital und das steuerliche Einlagekonto (§ 27 KStG) der Überträgerin für Zwecke des § 7 nach den Vorschriften des deutschen Steuerrechts zu ermitteln (vgl. hierzu Rdn. 42 ff.)[49]

(einstweilen frei)   *11–16*

IV. Verhältnis zu anderen Vorschriften

Verhältnis zu § 20 EStG: § 20 EStG bestimmt, dass zu den Einkünften aus   17
Kapitalvermögen auch offene und verdeckte Gewinnausschüttungen gehören. Regelungen zur Besteuerung von Anteilseignern einer Körperschaft im Rahmen einer Umwandlung enthält § 20 EStG jedoch nicht. § 7 fingiert eine Ausschüttung der steuerbilanziellen Gewinnrücklagen und qualifiziert diese (fiktive) Ausschüttung als Einnahmen aus Kapitalvermögen nach § 20 Abs. 1 Nr. 1 EStG. Die Subsidiaritätsklausel des § 20 Abs. 8 EStG ist zu beachten.[50]

Durch die Rechtsfolgenverweisung[51] in § 7 auf § 20 Abs. 1 Nr. 1 EStG wird grundsätzlich auch KapESt nach §§ 43 Abs. 1 Nr. 1, 43a Abs. 1 Nr. 1 EStG ausgelöst.[52] Dabei sieht die der Umsetzung der Mutter-Tochter-Richtlinie dienende Vorschrift des § 43b EStG grundsätzlich vor, dass die in einem anderen EU-Mitgliedstaat ansässige Muttergesellschaft einer deutschen Kapitalgesellschaft von der KapESt auf Dividenden und anderen Gewinnausschüttungen entlastet wird. Diese Entlastung soll jedoch gemäß § 43b Abs. 1 S. 4 EStG nicht für Kapitalerträge gelten, die anlässlich einer Liquidation oder Umwandlung einer Tochtergesellschaft zufließen. Hiernach werden die fiktiven Bezüge nach § 7 auch im grundsätzlichen Anwendungsbereich der Mutter-Tochter-Richtlinie einer Belastung mit KapESt unterworfen[53], es sei denn die gegen § 43b Abs. 1 S. 4 EStG erhobenen europarechtlichen Bedenken schlagen durch.[54]

Verhältnis zu § 3 UmwStG: Die Vorschrift regelt den Wertansatz der Wirtschaftsgüter in der Schlussbilanz der übertragenden Körperschaft. § 7 nimmt hierauf Bezug und legt bei der Ermittlung der steuerbilanziellen Gewinnrücklagen das nach § 3 ermittelte steuerliche Eigenkapital der übertragenden Körperschaft zugrunde (vgl. Rdn. 38). Als eine Rechtsfolge des § 7 muss der übernehmende Rechtsträger als Rechtsnachfolger i.S.d. § 45 AO

---

48 Vgl. *Widmann* in Widmann/Mayer, § 7 Rdn. 32; *Pung* in Dötsch/Patt/Pung/Möhlenbrock, § 7 Rdn. 27.
49 Zur Ermittlung des Übernahmeergebnisses und der Bezüge nach § 7 bei der Umwandlung einer ausländischen KapG vgl. Beispielsfall 2 in Tz. 04.27 UmwStE 2011.
50 *Schmitt* in Schmitt/Hörtnagl/Stratz, § 7 Rdn. 7; *Bron* in Kraft/Edelmann, § 7 Rdn. 13.
51 *Jäschke/Illing* in Widmann/Bauschatz, eKomm, Ab 01.01.2015, § 7 Rdn. 11.
52 *Bron* in Kraft/Edelmann, § 7 Rdn. 13; *Börst* in Haritz/Menner, § 7 Rdn. 5; vgl. zur KapESt Rdn. 69 ff.
53 *Börst* in Haritz/Menner, § 7 Rdn. 6; *Bron* in Kraft/Edelmann, § 7 Rdn. 14.
54 Vgl. zur europarechtlichen Beurteilung des § 43b Abs. 1 S. 4 EStG Rdn. 86 ff.

auf die fingierte Ausschüttung KapESt entrichten.[55] Das Entrichten der KapESt stellt keine schädliche Gegenleistung i. S. d. § 3 Abs. 2 S. 1 Nr. 3 dar.[56]

Verhältnis zu §§ 4 und 5 UmwStG: Die Besteuerung der steuerbilanziellen Gewinnrücklagen nach § 7 greift unabhängig davon, ob für die entsprechenden Anteilseigner ein Übernahmeergebnis nach §§ 4, 5 zu ermitteln ist (§ 7 S. 2). Ist jedoch ein Übernahmeergebnis zu ermitteln, ist dieses nach § 4 Abs. 5 S. 2 um die Bezüge nach § 7 zu korrigieren. Diese Korrektur erfolgt vor folgendem Hintergrund: Die steuerbilanziellen Gewinnrücklagen sind bei der übertragenden Körperschaft ein Bestandteil des Eigenkapitals. Die Aktiva und Passiva gehen auf die PersG als übernehmende Rechtsträgerin über, entsprechend erhöhen die steuerbilanziellen Gewinnrücklagen das Vermögen der übernehmenden Personengesellschaft und somit auch einen etwaigen Übernahmegewinn bzw. es kommt zu einer Reduzierung eines Übernahmverlusts. Um eine Doppelerfassung der Bezüge nach § 7 und eines Übernahmegewinns nach §§ 4, 5 zu vermeiden, erfolgt in den Fällen eines Übernahmegewinns eine Korrektur dieses Betrages um die Bezüge nach § 7 (§ 4 Abs. 5 S. 2).[57]

Ergibt sich bei der Übernahmeergebnisermittlung ein Übernahmeverlust ist dieser nach § 4 Abs. 6 grundsätzlich nicht zu berücksichtigen, soweit er auf Körperschaften als Mitunternehmer entfällt.[58] Von diesem Grundsatz gibt es allerdings Ausnahmen, wenn z.B. die Anteile an der übertragenden Körperschaft die Voraussetzungen des § 8b Abs. 7 KStG oder des § 8b Abs. 8 KStG erfüllen.[59] In solchen Fällen wird nach § 4 Abs. 6 S. 3 ein Übernahmeverlust bis zur Höhe der Bezüge nach § 7 anerkannt. Soweit bei der Ermittlung des Übernahmeergebnisses ein Übernahmeverlust auf eine natürliche Person entfällt, ist dieser gemäß § 4 Absatz 6 S. 4 zu 60 %, allerdings höchstens in Höhe von 60 % der Bezüge i. S. d. § 7 zu berücksichtigen. Ein danach verbleibender Übernahmeverlust bleibt außer Ansatz. Entsprechend bleibt ein auf eine natürliche Person entfallender Übernahmeverlust dann vollständig unberücksichtigt, wenn im Rahmen der Umwandlung keine Bezüge i. S. d. § 7 anfallen.[60] Ein Übernahmeverlust bleibt gemäß § 4 Abs. 6 S. 5 HS 2 auch

---

55 Vgl. hierzu Rdn. 72.
56 Tz. 03.21 UmwStE 2011; *Jäschke/Illing* in Widmann/Bauschatz, eKomm, Ab 01.01. 2015, § 7 Rdn. 11.
57 *Herbort/Schwenke*, IStR 2016, 567 (571); vgl., auch § 4 Rdn. 104.
58 Nach BFH v. 05.11.2015, III R 13/13, BStBl II 2016, 468 weist § 4 Abs. 6 zwar in verschiedenen Bereichen eine überschießende Tendenz auf. Die Nichtberücksichtigung von Übernahmeverlusten bei Körperschaften als Mitunternehmer der übernehmenden PersG hält der BFH allerdings wegen der Steuerfreiheit von Veräußerungsgewinne (§ 8b Abs. 2 KStG) bzw. von Übernahmegewinnen (§ 4 Abs. 7 S. 1) für systemgerecht.
59 *Bron* in Kraft/Edelmann, § 7 Rdn. 18.
60 Der BFH v. 22.10.2015, IV R 37/13, BStBl II 2016, 468 hat gegen die vollständige Nichtberücksichtigung des Übernahmeverlustes keine verfassungsrechtliche Bedenken geäußert, selbst wenn dies zum endgültigen Verlust der Anschaffungskosten des Anteilseigners an der formgewechselten GmbH führt; vgl. zu einer vergleichbaren Konstellation eines nicht i. S. v. § 17 EStG wesentlich an der übertragenden Körperschaft beteiligten Anteilseigners BFH v. 12.07.2012, IV R 39/09, BStBl II 2012, 728.

dann vollständig außer Ansatz, soweit die Anteile an der übertragenden Körperschaft innerhalb der letzten fünf Jahre vor dem steuerlichen Übertragungsstichtag entgeltlich erworben wurden. Zu Einzelheiten wird auf die Kommentierung zu § 4 Abs. 6 verwiesen.

Verhältnis zu § 8 UmwStG: Nach § 8 Abs. 1 S. 2 sind die steuerbilanziellen Gewinnrücklagen auch dann als Bezüge aus Kapitalvermögen nach § 20 Abs. 1 Nr. 1 EStG zu besteuern, wenn das übertragene Vermögen beim übernehmenden Rechtsträger kein Betriebsvermögen wird.[61]

Verhältnis zu § 9 UmwStG: Beim Formwechsel einer Körperschaft in eine Personengesellschaft findet § 7 nach Maßgabe des § 9 S. 1 entsprechende Anwendung.[62] Gleiches gilt gemäß § 16 für entsprechende Auf- oder Abspaltungen einer Körperschaft auf eine PersG.[63]

Verhältnis zu § 12 Abs. 5 UmwStG: Erfolgt bei einer Verschmelzung einer Körperschaft auf eine andere Körperschaft ein Vermögensübergang in den nicht steuerpflichtigen oder steuerbefreiten Bereich der übernehmenden Körperschaft[64], gilt das in der steuerlichen Übertragungsbilanz ausgewiesene Eigenkapital abzüglich des Bestands des steuerlichen Einlagekontos i.S.d. § 27 KStG nach Anwendung des § 29 Abs. 1 KStG als Einnahmen nach § 20 Abs. 1 Nr. 1 EStG. Ebenso wie in § 7 wird durch § 12 Abs. 5 für die Fälle der Verschmelzung von KapGen eine Ausschüttung fingiert. Dies dient ebenfalls der Sicherstellung der Besteuerung der steuerbilanziellen Gewinnrücklagen der übertragenden Körperschaft.[65] Die Regelung ist § 7 nachgebildet.[66]

Verhältnis zu § 18 Abs. 1 und Abs. 2 S. 2 UmwStG: Nach § 18 Abs. 1 S. 1 gelten die §§ 3 bis 9 und 16 bei einem Vermögensübergang auf eine PersG oder natürliche Person auch für die Ermittlung des Gewerbeertrags. Nach § 18 Abs. 2 S. 1 GewStG ist in den Fällen der Verschmelzung einer Körperschaft auf eine PersG oder bei einem Formwechsel in eine PersG ein Übernahmeergebnis für gewerbesteuerliche Zwecke nicht zu erfassen.[67] Infolge von § 4 Abs. 5 S. 2 sind die Bezüge nach § 7 nicht Teil des Übernahmeergebnisses und daher nicht von § 18 Abs. 2 S. 1 erfasst.[68] Vor diesem Hintergrund sieht § 18 Abs. 2 S. 2 auch die gewerbesteuerliche Ausklammerung der Bezüge nach § 7 vor, und zwar (nur) für den Fall, dass wesentliche Beteiligungen i.S.d. § 17 EStG nach § 5 Abs. 2 in das Betriebsvermögen des

---

61 *Jäschke/Illing* in Widmann/Bauschatz, eKomm, Ab 01.01.2015, § 7 Rdn. 13; vgl. § 8 Rdn. 32.

62 *Schnitter* in. Frotscher/Maas, § 7 Rdn. 7; vgl. § 9 Rdn. 36 ff.

63 *Börst* in Haritz/Menner, § 7 Rdn. 11; vgl. § 16 Rdn. 52 ff.

64 *Herbort/Schwenke*, IStR 2016, 567 gehen aufgrund einer von *Hruschka* auf der IStR-Jahrestagung 2015 gemachten Äußerung der Frage nach, ob § 12 Abs. 5 mit der Rechtsfolge einer fiktiven Vollausschüttung auch in Fällen von grenzüberschreitenden Verschmelzungen von KapG zur Anwendung gelangt und lehnen dies i.E. ab.

65 *Börst* in Haritz/Menner, § 7 Rdn. 12; *Birkemeier* in Rödder/Herlinghaus/van Lishaut, § 7 Rdn. 4.

66 *Börst in Haritz/Menner, § 7 Rdn. 12; Bron* in Kraft/Edelmann, § 7 Rdn. 21.

67 Tz. 18.03 UmwStE 2011.

68 *Birkemeier* in Rödder/Herlinghaus/van Lishaut, § 7 Rdn. 4.

übernehmenden Rechtsträgers als eingelegt gelten.[69] Nach § 5 Abs. 2 als eingelegt geltende wesentliche Beteiligungen i.S.d. § 17 lösen deshalb auch im Hinblick auf die fiktiven Vollausschüttung keine Gewerbesteuer aus.[70] § 18 Abs. 2 S. 2 wird von weiten Teilen im Schrifttum zur Untermauerung der Ansicht herangezogen, die Einlagefiktion des § 5 Abs. 2 erstrecke sich auch auf die Zurechnung der Bezüge nach § 7 bei der übernehmenden PersG (sog. weite Einlagefiktion).[71] § 5 Abs. 2 ist hingegen nach der hier vertretenen Auffassung nur auf die Ermittlung des Übernahmeergebnisses, nicht jedoch auf die Bezüge nach § 7 anwendbar.[72] Somit kommt es in den Fällen des § 5 Abs. 2 zu einer unmittelbaren Zurechnung der Bezüge beim Anteilseigner der übertragenden Körperschaft.[73] Die Regelung des § 18 Abs. 2 S. 2 hat somit einen rein klarstellenden Charakter.[74]

B. Anwendungsbereich

I. Sachlicher Anwendungsbereich

18   Der Anwendungsbereich des § 7 erstreckt sich sachlich auf Umwandlungen und vergleichbare ausländische Vorgänge i.S.d. § 1 Abs. 1.[75] Es werden zunächst alle inländischen Umwandlungen (§ 1 Abs. 1 UmwG) erfasst.[76] Hierunter fällt zunächst die Verschmelzung einer Körperschaft auf eine natürliche Person oder eine PersG (§§ 3 ff.), der Formwechsel einer KapG in eine PersG (§ 9) sowie die Auf- oder Abspaltung einer Körperschaft auf eine PersG (§ 16).[77] In Folge der Europäisierung des Umwandlungssteuerrechts durch das SEStEG sind die §§ 3 ff. aber auch auf grenzüberschreitende Umwandlungen anwendbar, wenn die von § 1 Abs. 2 Nr. 1 geforderten Voraussetzungen hinsichtlich eines EU- bzw. EWR-Bezugs gegeben sind (vgl. zum Anwendungsbereich des UmwStG § 1 Rdn. 6 ff.). Dies gilt sowohl für die Fälle der grenzüberschreitenden Hereinverschmelzung (übertragender Rechtsträger ist eine EU-/EWR-Körperschaft, der übernehmende Rechtsträger ein inländisches Personenunternehmen)[78] als auch für die Fälle der grenzüberschreitenden Hinausverschmelzung (übertragender Rechtsträger ist eine inländische Körperschaft, der übernehmende Rechtsträger eine natürliche Person mit Wohnsitz

---

69 Tz. 18.04 S. 1 UmwStE 2011. In allen anderen Fällen, in denen ein Übernahmeergebnis zu ermitteln ist, unterliegen die Bezüge nach § 7 beim übernehmenden Rechtsträger bzw. in den Fällen des § 5 Abs. 3 beim Anteilseigner grds. auch dem Gewerbeertrag, es sei denn § 9 Nr. 2a, 7 GewStG kommt zur Anwendung; vgl. hierzu auch *Bron* in Kraft/Edelmann, § 7 Rdn. 92 sowie die Kommentierung zu § 18.
70 *Börst* in Haritz/Menner, § 7 Rdn. 13.
71 Vgl. hierzu Nachweise Rdn. 53.
72 Vgl. zu diesem Meinungsstreit Rdn. 49 ff.
73 Vgl. z.B. *Behrendt/Arjes,* DB 2007, 824.
74 So auch § 18 Rdn. 36.
75 Tz. 07.01 UmwStE 2011. Zu den vom Umwandlungssteuerrecht erfassten Grundkonstellationen einer Verschmelzung einer Körperschaft auf ein Personenunternehmen, vgl. *Schell,* IStR 2011, 704.
76 Tz. 01.03 UmwStE 2011.
77 *Börst* in Haritz/Menner, § 7 Rdn. 18; *Widmann* in Widmann/Mayer, § 7 Rdn. 2.
78 Zu den (gesellschaftsrechtlichen) Zweifelsfragen bei der Hereinverschmelzung von Kapital- auf Personengesellschaften vgl. *Kraft/Poley,* FR 2014, 1.

oder gewöhnlichem Aufenthalt in einem EU-/EWR-Staat bzw. eine EU-/EWR-PersG).[79] Aber auch bei reinen Auslandsumwandlungen (übertragender und übernehmender Rechtsträger sind EU-/EWR-Auslandsgesellschaften bzw. der übernehmende Rechtsträger ist eine natürliche Person mit Wohnsitz und gewöhnlichen Aufenthalt in einem EU-/EWR-Staat) kann § 7 zu Anwendung gelangen.[80] Zu einer Ermittlung von Bezügen nach § 7 kommt es in diesen Fällen allerdings nur dann, wenn dies für inländische Besteuerungszwecke von Bedeutung ist.[81] Dies ist z.b. dann der Fall, wenn ein Mitunternehmer der übernehmenden PersG oder die übernehmende natürliche Person in Deutschland der unbeschränkten oder beschränkten Steuerpflicht unterliegen oder die Übertragerin eine inländische Betriebsstätte unterhält.[82] Umwandlungen mit Drittstaatenbezug werden hingegen nicht vom sachlichen Anwendungsbereich des UmwStG erfasst.[83]

§ 7 gilt unabhängig davon, ob das Vermögen der übertragenden Körper- **18a** schaft bei der übernehmenden PersG bzw. beim Gesellschafter Betriebsvermögen oder Privatvermögen wird. Die Anwendbarkeit für den Fall, dass das Vermögen Privatvermögen wird, ergibt sich aus § 8 Abs. 1 S. 2, der auf § 7 verweist.[84]

II. Persönlicher Anwendungsbereich

1. Anteilseigner der übertragenden Körperschaft

Nach § 7 werden die Anteilseigner einer in- oder ausländischen Körper- **19** schaft, die in bzw. auf ein Personenunternehmen (PersG oder natürliche Person) umgewandelt wird, steuerlich so behandelt, als ob die untergehende Körperschaft im Zuge der Umwandlung eine fiktive Vollausschüttung ihrer steuerbilanziellen Gewinnrücklagen vorgenommen hätte (vgl. dazu bereits oben Rdn. 8). In persönlicher Hinsicht ist die Anwendung des § 7 nicht eingeschränkt.[85] So ist beispielsweise deren Anwendung unabhängig von der Rechtsform der an der übertragenden Körperschaft beteiligten Anteilseigner.[86] Neben natürlichen Personen, KapG und PersG[87] können u.a. sowohl steuerfreie Körperschaften oder auch juristische Personen des öffentlichen

---

79 *Pung in* Dötsch/Patt/Pung/Möhlenbrock, § 4 Rdn. 4; *Birkemeier* in Rödder/Herling-haus/van Lishaut, § 7 Rdn. 11; *Jäschke/Illing* in Widmann/Bauschatz, eKomm, Ab 01.01.2015, § 7 Rdn. 10; *Schell,* IStR 2011, 704.

80 *Birkemeier* in Rödder/Herlinghaus/van Lishaut, § 7 Rdn. 11; *Bron,* in Kraft/Edelmann, § 7 Rdn. 23; *Schmitt* in Schmitt/Hörtnagl/Stratz, § 7 Rdn. 5.

81 *Schnitter* in Frotscher/Maas, § 7 Rdn. 11.

82 Tz. 03.02 UmwStE 2011; *Rödder/Schumacher,* DStR 2006, 1525 (1530); *Schell,* IStR 2011, 704 (709).

83 *Schnitter* in Frotscher/Maas, § 7 Rdn. 11. Zur steuerlichen Qualifikation von Auslandsumwandlungen mit Drittstaatenbezug vgl. Rdn. 28 und *Jäschke/Illing* in Widmann/Bauschatz, eKomm, Ab 01.01.2015, § 7 Rdn. 52f.

84 Tz. 03.08 UmwStE 2011; *Schmitt* in Schmitt/Hörtnagl/Stratz, § 7 Rdn. 6.

85 Tz. 07.02 UmwStE 2011.

86 *Birkemeier* in Rödder/Herlinghaus/van Lishaut, § 7 Rdn. 8.

87 In der Praxis ist eine PersG insbesondere in den Fällen der Verschmelzung der übertragenden Körperschaft auf eine bestehende PersG Anteilseignerin i.S.v. § 7 S. 1, vgl. *Widmann* in Widmann/Mayer, § 7 Rdn. 31.

Rechts Bezüge i.S.d. § 7 beziehen.[88] Für die Anwendung von § 7 ist es auch nicht entscheidend, ob die Anteilseigner wesentlich i.S.d. § 17 EStG an der übertragenden Körperschaft beteiligt sind[89], noch kommt es darauf an, ob die Anteile an der übertragenden Körperschaft im Privat- oder Betriebsvermögen gehalten werden. Ebenso ist unerheblich, ob die Anteilseigner in Deutschland unbeschränkt oder lediglich beschränkt steuerpflichtig sind.[90] Die Zurechnung von Bezügen nach § 7 findet auch unabhängig davon Anwendung, ob für die an der Umwandlung teilnehmenden Anteilseigner ein Übernahmeergebnis i.S.v. §§ 4, 5 zu ermitteln ist (§ 7 S. 2).

2. Behandlung von im Rückwirkungszeitraum ausscheidenden Anteilseignern

20   Für eine Zurechnung von Einnahmen aus Kapitalvermögen nach § 7 i.V.m. § 20 Abs. 1 Nr. 1 EStG ist jedoch Voraussetzung, dass der Anteilseigner an der Umwandlung teilnimmt.[91] Maßgeblicher Zeitpunkt für diese Beurteilung ist die Eintragung der Umwandlung in ein öffentliches Register.[92] Dabei ist regelmäßig das Register des Sitzes des übernehmenden Rechtsträgers maßgeblich (§§ 19, 20, 52 Abs. 2 UmwG). An einer Teilnahme an der Umwandlung fehlt es folglich, wenn und soweit ein Anteilseigner im Rückwirkungszeitraum, d.h. in der Zeit zwischen dem steuerlichen Übertragungsstichtag (§ 2 Abs. 1) und der Eintragung der Umwandlung im Handelsregister des übernehmenden Rechtsträgers ganz oder teilweise aus der übertragenden Körperschaft (z.B. durch entgeltliche oder unentgeltliche Übertragung) ausscheidet.[93] Folglich muss der Anteilseigner der übertragenden Körperschaft Gesellschafter des übernehmenden Rechtsträgers werden oder übernehmende natürliche Person sein, damit ihm Bezüge nach § 7 zugerechnet werden können.[94] Ein Anteilseigner kann somit eine Besteuerung nach § 7 da-

---

88 *Birkemeier* in Rödder/Herlinghaus/van Lishaut, § 7 Rdn. 8; *Schmitt* in Schmitt/Hörtnagl/Stratz, § 7 Rdn. 6; *Bron* in Kraft/Edelmann, § 7 Rdn. 18; *Schnitter* in Frotscher/Maas, § 7 Rdn. 10.

89 *Schnitter* in Frotscher/Maas, § 7 Rdn. 11, vgl. § 7 S. 2.

90 Tz. 05.07 und 05.09 UmwStE 2011; *Stadler/Elser/Bindl*, DB Beilage 1/2012, 14 (22); *Pung* in Dötsch/Patt/Pung/Möhlenbrock, § 7 Rdn. 5; *Schaumburg*, Internationales Steuerrecht, Rdn. 17.33; *Börst* in Haritz/Menner, § 7 Rdn. 25; *Schmitt* in Schmitt/Hörtnagl/Stratz, § 7 Rdn. 4; *Birkemeier* in Rödder/Herlinghaus/van Lishaut, § 7 Rdn. 9; *Jäschke/Illing* in Widmann/Bauschatz, eKomm, Ab 01.01.2015, § 7 Rdn. 6; *Schmitt* in Schmitt/Hörtnagl/Stratz, § 7 Rdn. 3; *Schlösser* in Sagasser/Bula/Brünger, Umwandlungen, 4. Aufl., § 16 Rdn. 155; vgl. auch Rdn. 45.

91 Tz. 07.02 S. 1 UmwStE 2011; *Birkemeier* in Rödder/Herlinghaus/van Lishaut, § 7 Rdn. 7; *Schnitter* in Frotscher/Maas, § 7 Rdn. 9; *Schlösser* in Sagasser/Bula/Brünger, Umwandlungen, 4. Aufl., § 11 Rdn. 341.

92 *Börst* in Haritz/Menner, § 7 Rdn. 27; *Schnitter* in Frotscher/Maas, § 7 Rdn. 9; *Schmitt* in Schmitt/Hörtnagl/Stratz, § 7 Rdn. 3. Demgegenüber kommt es für die Ermittlung der Höhe der Bezüge und für den Zuflusszeitpunkt auf den steuerlichen Übertragungsstichtag an, vgl. Rdn. 38 und 66.

93 Tz. 02.18 UmwStE 2011; siehe auch *Pung* in Dötsch/Patt/Pung/Möhlenbrock, § 7 Rdn. 5; *Schmitt* in Schmitt/Hörtnagl/Stratz, § 7 Rdn. 3; *Birkemeier* in Rödder/Herlinghaus/van Lishaut, § 7 Rdn. 7; *Früchtl* in Eisgruber, § 7 Rdn. 12.

94 *Schnitter* in Frotscher/Maas, § 7 Rdn. 9; *Schmitt* in Schmitt/Hörtnagl/Stratz, § 7 Rdn. 3; *Börst* in Haritz/Menner, § 7 Rdn. 25.

durch vermeiden, dass er seine Anteile noch vor der Eintragung der Umwandlung im Handelsregister veräußert.[95]

Die Rückwirkungsfiktion des § 2 Abs. 1 betrifft grds. nur den übertragenden und den übernehmenden Rechtsträger.[96] Bei einer PersG als übernehmendem Rechtsträger gilt sie darüber hinaus nach § 2 Abs. 2 auch für die Gesellschafter der übernehmenden PersG.[97] Sie findet hingegen auf die Anteilseigner der übertragenden Körperschaft keine Anwendung, die nicht Gesellschafter der übernehmenden PersG werden.[98] **21**

Folglich sind die aus der übertragenden Körperschaft im Rückwirkungszeitraum ausscheidenden Gesellschafter für steuerliche Zwecke noch als Anteilseigner der übertragenden Körperschaft zu behandeln.[99] Sie übertragen Anteile an einer Körperschaft und keinen Mitunternehmeranteil. Ein etwaiger Veräußerungsgewinn ist nach den für die Veräußerung von Anteilen an Körperschaften geltenden steuerlichen Vorschriften (z.B. § 17 Abs. 1 EStG oder § 20 Abs. 2 S. 1 Nr. 1 EStG) zu beurteilen. Die Besteuerungsfolgen beim Veräußerer treten zum Zeitpunkt des Übergangs des wirtschaftlichen Eigentums (§ 39 AO) ein.[100] **22**

Auch die in der Interimszeit vorgenommenen Gewinnausschüttungen werden bei den austretenden Gesellschaftern steuerlich nicht in Entnahmen umgedeutet, sondern bleiben Einnahmen nach § 20 Abs. 1 Nr. 1 EStG.[101] Auch für die Zurechnung der Bezüge nach § 7 kommt es auf den Zeitpunkt der Wirksamkeit der Umwandlung an, so dass dem ausscheidenden Gesellschafter insoweit keine solchen Einnahmen zuzurechnen sind.[102] **23**

Ein Anteilseigner der übertragenden Körperschaft nimmt auch dann steuerlich an der Umwandlung nicht teil, wenn er der Umwandlung widerspricht und gem. §§ 29, 125 und 207 UmwG nach der Handelsregistereintragung gegen Barabfindung ausscheidet.[103] Zwar scheidet der abgefundene Anteilseigner aus dem zivilrechtlich bereits bestehenden übernehmenden bzw. umgewandelten Rechtsträger aus, steuerlich ist er allerdings so zu behandeln, als ob er nicht Gesellschafter des übernehmenden bzw. umgewandelten Rechtsträgers geworden und damit aus dem übertragenden Rechtsträger ausgeschieden ist.[104] Damit werden ihm auch keine Bezüge nach § 7 zuge- **24**

---

95 *Börst* in Haritz/Menner, § 7 Rdn. 27.

96 Tz. 02.03 UmwStE 2011 unter Hinweis auf BFH vom 07.04.2010, I R 96/08, BStBl. II 2011 467.

97 *Dötsch* in Dötsch/Patt/Pung/Möhlenbrock, § 2 Rdn. 50.

98 Tz. 02.18 UmwStE 2011.

99 Tz. 02.18 UmwStE 2011.

100 *Dötsch* in Dötsch/Patt/Pung/Möhlenbrock, § 2 Rdn. 52.

101 Tz. 02.33 UmwStE 2011; *Dötsch* in Dötsch/Patt/Pung/Möhlenbrock, § 2 Rdn. 52.

102 Tz. 02.20 und 07.02 UmwStE 2011; *Börst* in Haritz/Menner, § 7 Rdn. 27; *Schmitt* in Schmitt/Hörtnagl/Stratz, § 7 Rdn. 3; *Birkemeier* in Rödder/Herlinghaus/van Lishaut, § 7 Rdn. 7.

103 Tz. 02.19 UmwStE; *Widmann* in Widmann/Mayer, 7 Rdn. 30; *Birkemeier* in Rödder/Herlinghaus/van Lishaut, § 7 Rdn. 7; *Dötsch* in Dötsch/Patt/Pung/Möhlenbrock, § 2 Rdn. 51; *Börst* in Haritz/Menner, § 7 Rdn. 28; *Schmitt* in Schmitt/Hörtnagl/Stratz, § 7 Rdn. 3.

104 Tz. 02.19 UmwStE 2011; *Jäschke/Illing* in Widmann/Bauschatz, eKomm, Ab 01.01.2015, § 7 Rdn. 8.

rechnet.[105] Erwirbt der übernehmende Rechtsträger im Rückwirkungszeitraum Anteile an der übertragenden Körperschaft, gelten diese unabhängig davon, dass die Besteuerungsfolgen beim Veräußerer erst zum Zeitpunkt des wirtschaftlichen Eigentums eintreten, als am steuerlichen Übertragungsstichtag erworben (§ 5 Abs. 1).[106]

3. Behandlung von im Rückwirkungszeitraum neu eintretenden Anteilseignern

25 Im Gegensatz zu den ausscheidenden Gesellschaftern sind einem Anteilseigner Bezüge nach § 7 zuzurechnen, wenn er nach dem steuerlichen Übertragungsstichtag aber noch vor der maßgeblichen Eintragung der Umwandlung im Handelsregister der übernehmenden PersG Gesellschafter der übertragenden Gesellschaft wird. Nur in diesen Fällen greift auch für den Anteilseigner die Rückwirkungsfiktion des § 2 Abs. 2.[107] Nicht erforderlich ist, dass der Anteilseigner bereits vor der Umwandlung an der Übernehmerin beteiligt war.[108] Die Beteiligung kann im Rahmen der Umwandlung erstmalig eingegangen werden.[109] Der neu eintretende Gesellschafter erwirbt steuerlich zunächst einen Anteil an einer Körperschaft. Nach § 5 Abs. 2 (Anteile i.S.v. § 17 EStG) bzw. Abs. 3 (Anteile im Betriebsvermögen) gilt dieser Anteil am steuerlichen Übertragungsstichtag für Zwecke der Ermittlung des Übernahmeergebnisses als mit den Anschaffungskosten (§ 5 Abs. 2) bzw. mit dem Buchwert (§ 5 Abs. 3) in das Betriebsvermögen der PersG eingelegt bzw. überführt. Für den neu eintretenden Anteilseigner ist sodann das Übernahmeergebnis nach § 4 Abs. 4 bis 5 i.V.m. § 5 Abs. 2 und 3 zu ermitteln.[110] Es kommt folglich auch zur Zurechnung von Bezügen nach § 7.[111]

III. Übertragende Körperschaft

26 Bei der übertragenden Körperschaft kann es sich um eine inländische Körperschaft i.S.d. § 1 Abs. 1 Nr. 1 bis 6 KStG handeln oder aber auch um Körperschaften, die nach dem Recht eines EU- oder EWR-Staates i.S.d. Art. 54 des Vertrag über die Arbeitsweise der Europäischen Union (AEUV) oder Art. 34 EWR-Abkommen gegründet wurden und deren Sitz (§ 11 AO) und Geschäftsleitung (§ 10 AO) sich in einem EU-/EWR-Staat befindet.[112] Ebenso findet § 7 Anwendung, wenn es sich bei der übertragenden Körper-

105 *Schmitt* in Schmitt/Hörtnagl/Stratz, § 7 Rdn. 3; *Schnitter* in Frotscher/Maas, § 7 Rdn. 9; *Bron,* in Kraft/Edelmann, § 7 Rdn. 26.
106 *Dötsch* in Dötsch/Patt/Pung/Möhlenbrock, § 2 Rdn. 52.
107 Tz. 02.21 UmwStE 2011; *Widmann* in Widmann/Mayer, § 7 Rdn. 29 f.
108 *Birkemeier* in Rödder/Herlinghaus/van Lishaut, § 7 Rdn. 7; *Bron,* in Kraft/Edelmann, § 7 Rdn. 26.
109 *Börst* in Haritz/Menner, § 7 Rdn. 26.
110 Tz. 02.21 UmwStE 2011 (siehe auch das dortige Beispiel).
111 *Schnitter* in Frotscher/Maas, § 7 Rdn. 9.
112 Tz. 01.49 UmwStE 2011; *Schmitt* in Schmitt/Hörtnagl/Stratz, § 7 Rdn. 5; *Birkemeier* in Rödder/Herlinghaus/van Lishaut, § 7 Rdn. 11; *Börst* in Haritz/Menner, § 7 Rdn. 21; *Bron,* in Kraft/Edelmann, § 7 Rdn. 30.

schaft um eine „Europäische Aktiengesellschaft" (SE) oder eine „Europäische Genossenschaft" (SCE) handelt (§ 1 Abs. 2 S. 2).[113]

Die Einbeziehung ausländischer Körperschaften in den Anwendungsbereich   27
des § 7 steht im Einklang mit der durch das SEStEG beabsichtigten Europäisierung des UmwStG.[114] Allerdings kommt bei der Verschmelzung bzw.
dem Formwechsel ausländischer Körperschaften der gesetzgeberische
Zweck des § 7 i.d.R. nicht zum Tragen, wonach das deutsche Besteuerungsrecht an den steuerbilanziellen Gewinnrücklagen der übertragenden Körperschaft in Form eines KapESt-Einbehalts gesichert werden soll.[115]

§ 7 ist demgegenüber nicht einschlägig, wenn an der Verschmelzung oder   28
dem Formwechsel eine Körperschaft mit Sitz und/oder Geschäftsleitung außerhalb eines EU-/EWR-Staats teilnimmt (sog. Auslandsumwandlung mit
Drittstaatenbezug).[116] Wird z.B. eine Schweizer GmbH nach Schweizer
Recht in eine Schweizer Kommanditgesellschaft umgewandelt[117], so können
einem deutschen Gesellschafter der Schweizer GmbH keine Einkünfte nach
§ 20 Abs. 1 Nr. 1 EStG über § 7 zugerechnet werden. Denn der Anwendungsbereich des UmwStG ist im Hinblick auf den in § 1 Abs. 2 Nr. 1 geforderten EU- bzw. EWR-Bezug für diesen Fall nicht eröffnet. In Fällen von
Auslandsumwandlungen mit Drittstaatenbezug stellt sich somit mangels gesetzlicher Regelung die Frage, ob ein Gewinn aus der Umwandlung als Veräußerungsgewinn oder aber als Liquidationsertrag zu besteuern ist.[118] Diese
Abgrenzungsfrage kann insbesondere bei nicht wesentlich beteiligten Anteilseignern von Bedeutung sein, die mit der Veräußerung ihrer Anteile
noch nicht unter das Regime der Abgeltungsteuer fallen.[119] Unterschiedliche Besteuerungsfolgen können sich aber auch bei einer wesentlichen Be-

113 *Schmitt* in Schmitt/Hörtnagl/Stratz, § 7 Rdn. 5; *Birkemeier* in Rödder/Herlinghaus/
   van Lishaut, § 7 Rdn. 11; *Börst* in Haritz/Menner, § 7 Rdn. 21.
114 *Birkemeier* in Rödder/Herlinghaus/van Lishaut, § 7 Rdn. 11.
115 Vgl. hierzu bereits oben Rdn. 10.
116 Ausführlich hierzu *Jäschke/Illing* in Widmann/Bauschatz, eKomm, Ab 01.01.
   2015, § 7 Rdn. 6; vgl. auch *Bron*, in Kraft/Edelmann, § 7 Rdn. 32.
117 Nach Schweizer Recht ist eine Verschmelzung einer KapG auf eine PersG nicht
   möglich (Art. 4 FusG). Zivilrechtlich ist die Liquidation der KapG unter Übertragung der Aktiven und Passiven auf eine bestehende oder neu gegründete PersG
   notwendig, vgl. *Ronge/Perroulaz*, IStR 2007, 422 (428).
118 Aus Sicht des übertragenden Rechtsträgers könnte nach *Jacobs*, Internationale
   Unternehmensbesteuerung, 8. Aufl., 1177 danach zu unterscheiden sein, ob die
   Umwandlung im Ausland als Auflösung des Rechtsträgers alter Rechtsform und
   Übertragung des Vermögens auf einen Rechtsträger neuer Rechtsform gesehen
   wird oder der umgewandelte Rechtsträger aus der ausländischen Perspektive
   nur identitätswahrend sein Rechtskleid wechselt, eine Vermögensübertragung auf
   einen anderen also gerade nicht erfolgt. Dabei sind nach *Jacobs* die Rechtsfolgen
   eines identitätswahrenden Formwechsels noch nicht abschließend geklärt.
119 Vgl. hierzu *Jacobs*, Internationale Unternehmensbesteuerung, 8. Aufl., 1177 „Veräußerungs- bzw. Tauschgeschäft"; *Werra/Teiche*, DB 2006, 1455; *Dötsch* in
   Dötsch/Pung/Möhlenbrock, § 27 KStG Rdn. 267; *Ronge/Perroulaz*, IStR 2007, 422;
   a.A. *Sedemund/Fischenich*, BB 2008, 1656.

teiligung nach § 17 EStG und nach § 8b KStG abhängig von der Beteiligungshöhe ergeben.[120]

C. Ermittlung der Bezüge nach § 7
I. Steuerbilanzielle Gewinnrücklagen
1. Steuerbilanzielle Gewinnrücklagen

29   Nach § 7 S. 1 ist dem Anteilseigner der übertragenden Körperschaft der Teil des in der Steuerbilanz der Körperschaft ausgewiesenen Eigenkapitals abzüglich des Bestands des steuerlichen Einlagekontos im Sinne des § 27 KStG, der sich nach Anwendung der fiktiven Nennkapitalherabsetzung gemäß § 29 Abs. 1 KStG ergibt, im Verhältnis seiner Anteile an der übertragenden Körperschaft zu deren gesamten Nennkapital als Einnahmen aus Kapitalvermögen i.S.d. § 20 Abs. 1 Nr. 1 EStG zuzurechnen. Im Ergebnis geht es im Zusammenhang mit § 7 um die Versteuerung der offenen Rücklagen der durch den Umwandlungsvorgang untergehenden Körperschaft. Hiermit sollen diejenigen Gewinne einer Besteuerung beim Anteilseigner zugeführt werden, die in der übertragenden Körperschaft erwirtschaftet und (noch) nicht ausgeschüttet, sondern in die Gewinnrücklagen eingestellt wurden.[121] § 7 liegt dabei der Gedanke einer privilegierten Liquidationsbesteuerung zugrunde.[122] Die Anteilseigner sind nach § 7 im Ergebnis derselben Rechtsfolge unterworfen, die § 20 Abs. 1 Nr. 2 EStG für die Fälle einer Liquidation einer KapG vorsieht. Der Grundsatz der Buchwertführung in §§ 3 ff. führt allerdings dazu, dass nur offene Rücklagen und nicht auch die stillen Reserven der übertragenden Körperschaft dem Anteilseigner als Einnahmen aus Kapitalvermögen zugerechnet werden[123], es sei denn in der Übertragungsbilanz werden höhere Werte angesetzt.[124] Kommt es später zur Realisation der stillen Reserven bei dem übernehmenden Personenunternehmen, z.B. aufgrund einer Veräußerung der Mitunternehmeranteile, unterliegen die stillen Reserven nach den allgemeinen Besteuerungsgrundsätzen i.d.R. der vollen Besteuerung und zwar ungeachtet des Umstands, dass sie durch eine Anteilsveräußerung vor der Umwandlung ggfs. (partiell) steuerfrei hätten realisiert werden können.[125]

---

120 Hier ist insbesondere die Frage entscheidend, ob im Falle der Annahme einer Liquidation auch bei einer in einem Drittstaat ansässigen KapG Beträge aus dem steuerlichen Einlagekonto nach § 27 KStG als verwendet gelten, so *Sedemund/Fischenich*, BB 2008, 166; *Rödder/Schumacher*, DStR 2006, 1481; dies verneinend *Frotscher* in Frotscher/Maas, § 27 KStG Rdn. 128; *Dötsch* in Dötsch/Pung/Möhlenbrock, § 27 KStG Rdn. 267; *Früchtl/Prokscha*, BB 2007, 2147; vgl. hierzu auch Rdn. 43. Zur Einlagenrückgewähr bei Drittstaatengesellschaften vgl. BFH v. 13. 07. 2016, VIII R 47/13, DStR 2016, 2395.
121 *Herbort/Schwenke*, IStR 2016, 567 (568, dort Fn. 3).
122 BFH v. 12. 07. 2012, IV R 39/09, BStBl. II 2012, 728; *Bron* in Kraft/Edelmann, § 7 Rdn. 4; *Börst* in Haritz/Menner, § 7 Rdn. 3; vgl. hierzu auch bereits oben Rdn. 5.
123 BFH v. 12. 07. 2012, IV R 39/09, BStBl. II 2012, 728, BStBl. II 2012, 728.
124 *Börst* in Haritz/Menner, § 7 Rdn. 3; *Schnitter* in Frotscher/Maas, § 7 Rdn. 33; kritisch hierzu *Börst* in Haritz/Menner, § 7 Rdn. 53. Zur Maßgeblichkeit der steuerlichen Schlussbilanz des übertragenden Rechtsträgers vgl. Rdn. 38.
125 *Bron* in Kraft/Edelmann, § 7 Rdn. 4.

Sprachlich genauer sollte i.Z.m. § 7 von den „steuerbilanziellen" Gewinn-   *29a*
rücklagen der Überträgerin gesprochen werden.[126] Denn für die Besteuerung von Bezügen nach § 7 kommt es nicht auf das Vorliegen von aus-
schüttungsfähigen Beträgen nach handels- oder gesellschaftsrechtlichen
Vorschriften an. Vielmehr ergeben sich die Bezüge nach § 7 als rein rechnerische Größe aus dem anteiligen Betrag des in der Steuerbilanz ausgewiesenen Eigenkapitals abzüglich des Bestands des steuerlichen Einlagekontos
i.S.d. § 27 KStG nach Anwendung des § 29 Abs. 1 KStG.

2. Steuerliches Eigenkapital

Ausgangspunkt für die Ermittlung der Bezüge nach § 7 ist das steuerliche Ei-   *30*
genkapital der übertragenden Körperschaft, welches sich aus der zum steuerlichen Übertragungsstichtag aufzustellenden Schlussbilanz i.S.v. § 3 Abs. 1
(Übertragungsbilanz) ergibt (vgl. nachfolgend Rdn. 38). Zur Vermeidung von
etwaigen Doppelbesteuerungen ist das in der Übertragungsbilanz ausgewiesene Eigenkapital um Ausschüttungsverbindlichkeiten zu mindern.[127] Die
übertragende Körperschaft hat für am steuerlichen Übertragungsstichtag bereits beschlossene Gewinnausschüttungen in der steuerlichen Schlussbilanz
einen Schuldposten (z.B. als Ausschüttungsverbindlichkeit oder passive Tan-
tieme) anzusetzen[128]. Das gilt sowohl für offene Gewinnausschüttungen als
auch für beschlossene Vorabausschüttungen für das letzte oder frühere Wirtschaftsjahre. Gleiches gilt für verdeckte Gewinnausschüttungen, die erst im
Rückwirkungszeitraum oder später abfließen.[129] Ausschüttungen, für die ein
solcher Schuldposten gebildet worden ist, gelten unabhängig vom tatsächlichen Zuflusszeitpunkt beim Anteilseigner (bei den Anteilseignern ist hinsichtlich des Besteuerungszeitpunkts danach zu unterscheiden, ob die Rückwirkungsfiktion des § 2 Abs. 2 anwendbar ist oder nicht)[130] für Zwecke der
Ermittlung des steuerlichen Eigenkapitals als am steuerlichen Übertragungsstichtag abgeflossen.[131] Das steuerliche Eigenkapital ist folglich um solche
Schuldposten gemindert und nur das verbleibende Eigenkapital stellt dann
die Ausgangsgröße für die Berechnung der Bezüge nach § 7 dar. Da Ausschüttungen, für welche eine Schuldposten gebildet worden ist, ebenfalls für
Zwecke der Anwendung des § 27 KStG (steuerliches Einlagekonto) als am
steuerlichen Übertragungsstichtag abgeflossen gelten, kann in Abhängigkeit
vom Vorhandensein eines ausschüttbaren Gewinns (§ 27 Abs. 1 S. 5 KStG)
ebenfalls eine Minderung des steuerlichen Einlagekontos geboten sein.[132]

In der Übertragungsbilanz ist das steuerliche Eigenkapital auch um einen   *31*
sog. passiven Korrekturposten zu mindern.[133] Ein solcher passiver Korrektur-

126 So auch *Birkemeier* in Rödder/Herlinghaus/van Lishaut, § 7 Rdn. 1.
127 Vgl. Tz. 07.04 UmwStE 2011.
128 Tz. 02.27 UmwStE 2011; *Widmann* in Widmann/Mayer, § 7 Rdn. 20; *Bron* in Kraft/
    Edelmann, § 7 Rdn. 41; *Schnitter* in Frotscher/Maas, § 7 Rdn. 14a.
129 Tz. 02.27 UmwStE 2011; *Börst* in Haritz/Menner, § 7 Rdn. 41.
130 Vgl. hierzu Rdn. 20 ff.
131 Tz. 02.27 UmwStE 2011.
132 *Bron* in Kraft/Edelmann, § 7 Rdn. 40 und 56; *Börst* in Haritz/Menner, § 7 Rdn. 41.
    Vgl. zum steuerlichen Einlagekonto nachfolgend Rdn. 33 ff.
133 *Bron* in Kraft/Edelmann, § 7 Rdn. 40.

posten ist für nach dem steuerlichen Übertragungsstichtag, aber vor der Eintragung der Umwandlung im öffentlichen Register beschlossene offene Gewinnausschüttungen sowie für verdeckte Gewinnausschüttungen und andere Ausschüttungen zu bilden, soweit diese Ausschüttungen auf im Rückwirkungszeitraum ausscheidende Anteilseigner entfallen.[134] Der passive Korrekturposten soll wie eine Ausschüttungsverbindlichkeit wirken. Der Grund für die Bildung eines solchen Korrekturpostens liegt in Folgendem: Ausschüttungen nach dem steuerlichen Übertragungsstichtag bleiben – aus Sicht der Anteilseigner – weiterhin Ausschüttungen der übertragenden Körperschaft. Die Rückwirkungsfiktion des § 2 Abs. 1 betrifft grds. nicht den Anteilseigner und seine von der übertragenden Körperschaft bezogenen Ausschüttungen.[135] Deshalb ist das steuerliche Eigenkapital zum steuerlichen Übertragungsstichtag entsprechend um die bei den ausscheidenden Anteilseignern zu versteuernden offenen bzw. verdeckten Gewinnausschüttungen zu kürzen. Ansonsten käme es zu einer doppelten Besteuerung desselben Betrags, einerseits bei den ausscheidenden Gesellschaftern als echte Dividende und andererseits auch bei den an der Umwandlung teilnehmenden Anteilseignern nach § 7. Die Bildung eines passiven Korrekturpostens kommt folgerichtig nicht in Betracht, soweit die Anteilseigner der übertragenden KapG auch Gesellschafter der übernehmenden PersG werden.[136] In diesen Fällen sind die Ausschüttungen nicht als Ausschüttungen der übertragenden Körperschaft, sondern als Entnahmen (§ 4 Abs. 1 S. 2 EStG) aus der übernehmenden PersG zu behandeln.[137]

31a Soweit Einlagen auf das Nennkapital noch nicht erbracht wurden, erfolgt nach §§ 29 Abs. 1, 28 Abs. 2 S. 1 KStG keine Erhöhung des steuerlichen Einlagekontos. Eine solche Erhöhung hätte grds. zur Folge, dass die Anteilseigner anteilig die noch ausstehenden Einlagen als Einnahmen aus § 7 i.V.m. § 20 Abs. 1 Nr. 1 EStG zu versteuern hätten, da diese in dem in der Steuerbilanz ausgewiesenen Eigenkapital und auch in dem rechnerischen Saldo zwischen dem Eigenkapital und dem Bestand des steuerlichen Einlagekontos enthalten wären.[138] Dieses ungerechtfertigte Ergebnis wurde in der Praxis bisher dadurch zutreffend gelöst, dass ausstehende Einlagen auf das Nennkapital – unabhängig davon, ob sie eingefordert sind oder nicht – nicht zum Eigenkapital i.S.d. § 7 zählen.[139] Die Problematik hat sich durch das in

---

134 Vgl. Tz. 02.31 f. und Tz. 07.04 S. 1 i. V. m. Tz. 02.25 ff. UmwStE 2011; *Schnitter* in Frotscher/Maas, § 7 Rdn. 14a; *Birkemeier* in Rödder/Herlinghaus/van Lishaut, § 7 Rdn. 12; *Pung* in Dötsch/Pung/Möhlenbrock, § 7 (SEStEG) Rdn. 13; *Jäschke/Illing* in Widmann/Bauschatz, eKomm, Ab 01.01.2015, § 7 Rdn. 22; *Bron* in Kraft/Edelmann, § 7 Rdn. 40; *Schlösser* in Sagasser/Bula/Brünger, Umwandlungen, 4. Aufl., § 11 Rdn. 342.

135 Tz. 02.03 UmwStE; vgl. bereits zur Nichtanwendbarkeit der Rückwirkungsfiktion auf ausscheidende Anteilseigner oben Rdn. 20 ff.

136 Vgl. bereits oben Rdn. 21.

137 *Birkemeier* in Rödder/Herlinghaus/van Lishaut, § 7 Rdn. 12.

138 *Börst* in Haritz/Menner, § 7 Rdn. 39.

139 Tz. 07.04 UmwStE 2011; BMF vom 16.12.2003, IV A 2 – S 1978 – 16/03, BStBl. I 2003, 786 Rdn. 9; *Birkemeier* in Rödder/Herlinghaus/van Lishaut, § 7 Rdn. 14; *Widmann* in Widmann/Mayer, § 7 Rdn. 19; *Schlösser* in Sagasser/Bula/Brünger, Umwandlungen, 4. Aufl., § 11 Rdn. 343; *Börst* in Haritz/Menner, § 7 Rdn. 39.

Kraft treten des BilMoG entschärft, da die noch nicht eingeforderten ausstehenden Einlagen nicht mehr auf der Aktivseite der Bilanz auszuweisen, sondern auf der Passivseite vom Gezeichneten Kapital abzusetzen sind (Nettoausweis). Sie sind damit nicht mehr im Eigenkapital lt. Steuerbilanz enthalten (§ 272 Abs. 1 S. 3 HGB). Bei der Ermittlung des steuerlichen Eigenkapitals finden außerbilanzielle Korrekturen keine Berücksichtigung.[140] Solche außerbilanzielle Korrekturen (wie z.B. der Investitionsabzugsbetrag nach § 7g EStG) mindern zwar das Einkommen, nicht jedoch das steuerbilanzielle Vermögen der übertragenden Körperschaft.

Das sich nach Vornahme der vorgenannten Korrekturen (d.h. Ausschüt- 32
tungsverbindlichkeiten, passiver Korrekturposten und ausstehende Einlagen) in der Steuerbilanz ergebende rechnerische Eigenkapital stellt die Ausgangsgröße für die Ermittlung der steuerbilanziellen Gewinnrücklagen dar.[141] Für die Ermittlung der Einnahmen aus Kapitalvermögen nach § 7 S. 1 UmwStG i.V.m. § 20 Abs. 1 Nr. 1 EStG ergibt sich somit für den an der Umwandlung teilnehmenden Anteilseigner folgende Formel[142]:

anteiliges Eigenkapital gem. steuerlicher Übertragungsbilanz (korrigiert um etwaige Ausschüttungsverbindlichkeiten passive Korrekturposten und ausstehende Einlagen)

./. anteiliger Bestand des steuerlichen Einlagekontos (§ 27 KStG) (nach Anwendung der §§ 29 Abs. 1, 28 Abs. 2 KStG)

= fiktive Einnahmen nach § 20 Abs. 1 Nr. 1 EStG (§ 7 S. 1)

3. Bestand des steuerlichen Einlagekontos

Entsprechend dem Ziel, im Zuge der Umwandlung nur die in der KapG er- 33
wirtschafteten und dort stehen gelassenen Gewinne einer Ausschüttungsbelastung zu unterwerfen, müssen vom steuerlichen Eigenkapital alle von Gesellschafterseite causa societas zugeführten Beträge bzw. Wirtschaftsgüter abgezogen werden, soweit sich dadurch das steuerliche Eigenkapital erhöht hat.[143] Diesem Zweck dient der Abzug des Bestands des steuerlichen Einlagekontos nach § 27 KStG, welches zuvor um eine fiktive Nennkapitalherabsetzung erhöht wird (§ 29 Abs. 1 i.V.m. § 28 Abs. 2 KStG). Die nach § 28 Abs. 2 S. 1 KStG angeordnete fiktive Nullstellung des Nennkapitals führt dazu, dass der Betrag des Nennkapitals in das steuerliche Einlagekonto eingestellt wird.[144] Konsequnterweise ist folglich das in der Steuerbilanz der Überträgerin ausgewiesene steuerliche Eigenkapital für Zwecke der Anwendung des § 7 nicht mehr um das gezeichnete Kapital zu mindern, sondern nur noch um das nach Anwendung des § 29 Abs. 1 KStG erhöhte steu-

---

140 Schleswig-Holsteinisches FG vom 29.01.014, 2 K 219/12, BB 2014, 1008; *Früchtl* in Eisgruber, § 7 Rdn. 29; *Birkemeier* in Rödder/Herlinghaus/van Lishaut, § 7 Rdn. 15b.
141 Tz. 02.31 UmwStE 2011.
142 Vgl. auch *Schnitter* in Frotscher/Maas, § 7 Rdn. 14.
143 *Jäschke/Illing* in Widmann/Bauschatz, eKomm, Ab 01.01.2015, § 7 Rdn. 23.
144 Vgl. BMF v. 16.12.2003, IV A 2 – S 1978 – 16/03, BStBl. I 2003, 786 Rdn. 30; *Ott*, StuB 2007, 163 (166); *Schlösser* in Sagasser/Bula/Brünger, Umwandlungen, 4. Aufl., § 11 Rdn. 342.

erliche Einlagekonto i.S.d. § 27 KStG.[145] Es wird damit eine Kapitalherabsetzung mit anschließender Vollausschüttung der steuerbilanziellen Gewinnrücklagen fingiert.[146]

34 Das ggfs. um das Nennkapital erhöhte steuerliche Einlagekonto ist vom steuerlichen Eigenkapital in Abzug zu bringen. Der verbleibende Betrag stellt die steuerbilanziellen Gewinnrücklagen i.S.d. § 7 dar.[147]

Beispiel:
Die X-GmbH wird zum 01.01.01 auf die X-KG verschmolzen. Zum steuerlichen Übertragungsstichtag (31.12.00) hat die X-GmbH ein Eigenkapital lt. Steuerbilanz von EUR 100.000. Das steuerliche Einlagekonto beträgt EUR 20.000. Das Nennkapital beträgt EUR 50.000.

	EUR	EUR
Steuerliches Eigenkapital		100.000
Bisheriges steuerliches Einlagekonto, § 27 KStG	20.000	
Anwendung §§ 29 Abs. 1, 28 Abs. 2 S. 1 KStG	50.000	
Steuerliches Einlagekonto i.S.v. § 7 (Saldo)	70.000	– 70.000
Bezüge gem. §§ 7 UmwStG, 20 Abs. 1 Nr. 1 EStG		30.000

35 Das steuerliche Einlagekonto wird jedoch nur soweit um den Betrag des Nennkapitals erhöht, wie die Einlagen auf das Nennkapital erbracht wurden (§ 28 Abs. 2 S. 1 KStG) und kein Sonderausweis gem. § 28 Abs. 1 S. 3 KStG aufgrund einer vorangegangenen Umwandlung von Gewinnrücklagen in Nennkapital vorliegt. Der Sonderausweis nach § 28 Abs. 1 S. 3 KStG führt folglich zu einer Erhöhung der Bezüge nach § 7. Die vorrangige Verwendung des Nennkapitals zur Minderung eines vorhandenen Sonderausweises ist systemgerecht, da die in Nennkapital umgewandelten früheren Gewinnrücklagen bei den Anteilseignern noch nicht versteuert worden sind. Die Gewinnrücklagen sollen nicht dadurch einer Besteuerung entzogen werden, indem sie zunächst in Nennkapital umgewandelt werden und danach eine Herabsetzung mit (fiktiver) Auskehrung an die Anteilseigner erfolgt.[148] Entsprechend wird das für die Ermittlung der Bezüge nach § 7 maßgebliche steuerliche Eigenkapital der übertragenden Körperschaft auch nur insoweit um das Nennkapital gekürzt, als es den Sonderausweis übersteigt und eingezahlt ist.[149]

---

145 *Pung* in Dötsch/Patt/Pung/Möhlenbrock, § 7 Rdn. 9; *Bron*, in Kraft/Edelmann, § 7 Rdn. 53; *Schnitter* in Frotscher/Maas, § 7 Rdn. 12.

146 *Börst* in Haritz/Menner, § 7 Rdn. 34; *Olbing*, GmbH-StB 2007, 51 (54); *Schaflitzl/Widmayer*, BB-Spezial 8/2006, 36 (43).

147 Zu Besonderheiten der Ermittlung des steuerlichen Einlagekontos bei der Umwandlung ausländischer Körperschaften und zur Anwendbarkeit von § 29 Abs. 1 KStG in diesen Fällen, vgl. Rdn. 43 f.

148 *Birkemeier* in Rödder/Herlinghaus/van Lishaut, § 7 Rdn. 13; *Bron* in Kraft/Edelmann, § 7 Rdn. 53; *Börst* in Haritz/Menner, § 7 Rdn. 40.

149 *Schnitter* in Frotscher/Maas, § 7 Rdn. 15.

Beispiel:
Sachverhalt wie im vorangegangenen Beispiel. Vom Nennkapital ist
ein Betrag von EUR 10.000 gesondert nach § 28 Abs. 1 S. 3 KStG ausgewiesen.

	EUR	EUR
Steuerliches Eigenkapital		100.000
Bisheriges steuerliches Einlagekonto, § 27 KStG	20.000	
Anwendung §§ 29 Abs. 1, 28 Abs. 2 Satz 1 KStG	40.000	
Steuerliches Einlagekonto i. S. v. § 7 (Saldo)	60.000	– 60.000
Bezüge gem. §§ 7 UmwStG, 20 Abs. 1 Nr. 1 EStG		40.000

(einstweilen frei)   36

Ergibt sich nach Abzug des steuerlichen Einlagekontos unter Anwendung   37
des § 29 ein negativer Betrag, führt dies nicht zu negativen Einnahmen aus
Kapitalvermögen.[150] Denn im Rahmen des § 7 soll eine Gleichstellung der
Umwandlung mit der Liquidation erreicht werden und im Rahmen einer Liquidation können nur positive Bezüge i.S.d. § 20 EStG entstehen.[151]

II. Maßgeblichkeit der steuerlichen Schlussbilanz

Für die Ermittlung der Einnahmen nach §§ 7 UmwStG, 20 Abs. 1 Nr. 1 EStG   38
sind die zum steuerlichen Übertragungsstichtag (§ 2 Abs. 1) bestehenden
Bestände des Eigenkapitals, des Nennkapitals, des steuerlichen Einlagekonto sowie des Sonderausweises i.S.v. § 28 Abs. 1 S. 3 KStG maßgebend.[152] Diese Bestände ergeben sich aus der von der übertragenden Körperschaft aufzustellenden steuerlichen Schlussbilanz i.S.v. § 3. Soweit die
übertragende Körperschaft in ihrer steuerlichen Schlussbilanz nach § 3
Abs. 1 von ihrem Wahlrecht nach Abs. 2 nicht oder in einer Weise Gebrauch
macht, dass für die übergehenden Wirtschaftsgüter höhere Werte als die
Buchwerte angesetzt werden, erhöht dieser Übertragungsgewinn das steuerliche Eigenkapital und damit auch Bezüge nach § 7.[153] Entsprechend min-

---

150 FG Berlin-Brandenburg v. 12. 06. 2013, 3 K 3065/09, EFG 2013, 1621; *Pung* in
Dötsch/Pung/Möhlenbrock, § 7 Rdn. 12; *Birkemeier* in Rödder/Herlinghaus/van
Lishaut, § 7 Rdn. 18; *Schnitter* in Frotscher/Maas, § 7 Rdn. 18; *Jäschke/Illing* in
Widmann/Bauschatz, eKomm, Ab 01. 01. 2015, § 7 Rdn. 21; a. A. *Börst* in Haritz/
Menner, § 7 Rdn. 42; ebenso kritisch *Bron* in Kraft/Edelmann, § 7 Rdn. 34; offen
gelassen BFH v. 10. 02. 2016, VIII R 43/13, BFH/NV 2016, 1313.
151 *Pung* in Dötsch/Pung/Möhlenbrock, § 7 Rdn. 12.
152 BFH v. 10. 02. 2016, VIII R 43/13, BFH/NV 2016, 1313 ausdrücklich für § 7
UmwStG 1995. Vgl. auch Tz. 07.03 f. UmwStE 2011; BMF vom 16. 12. 2003, IV A
2 – S 1978 – 16/03, BStBl. I 2003, 786 Rdn. 9; *Börst* in Haritz/Menner, § 7 Rdn. 35 f.;
Schmitt in Schmitt/Hörtnagl/Stratz, § 7 Rdn. 8; *Schnitter* in Frotscher/Maas, § 7
Rdn. 17; *Bron* in Kraft/Edelmann, § 7 Rdn. 35, 47; *Jäschke/Illing* in Widmann/Bau-
schatz, eKomm, Ab 01. 01. 2015, § 7 Rdn. 20.
153 *Schmitt* in Schmitt/Hörtnagl/Stratz, § 7 Rdn. 8; *Pung* in Dötsch/Patt/Pung/Möhlen-
brock, § 7 Rdn. 8; *Börst* in Haritz/Menner, § 7 Rdn. 35; *Schnitter* in Frotscher/
Maas, § 7 Rdn.17; *Bron* in Kraft/Edelmann, § 7 Rdn. 36; *Schaflitzl/Widmayer*, BB
Special 8/2008, 36 (43); *Benecke/Schnitger*, Ubg 2011, 1 (3); *Haisch*, Ubg 2009, 96.

dert ein Übertragungsverlust die Höhe der Bezüge.[154] Auch in den Fällen einer grenzüberschreitenden Herausverschmelzung kann es zu einer Erhöhung des steuerlichen Eigenkapitals kommen, wenn nämlich die Steuerverhaftungsbedingungen nach § 3 Abs. 2 S. 1 nicht eingehalten werden.[155] Gleiches gilt nicht beim Vorliegen von sog. neutralem Vermögen[156], welches nach § 4 Abs. 4 S. 2 für die Ermittlung des Übernahmeergebnisses zwingend mit dem gemeinen Wert anzusetzen ist. Die Vorschrift entfaltet jedoch ausschließlich ihre Wirkung auf die die Ermittlung des Übernahmeergebnisses, eine Erhöhung des Übertragungsgewinns ist damit nicht verbunden.[157]

39 *(einstweilen frei)*

III. Verteilung auf die Anteilseigner

40 Die Verteilung der Bezüge nach § 7 erfolgt auf die Anteilseigner im Verhältnis ihrer Anteile an der übertragenden Körperschaft zu deren gesamtem Nennkapital. Die steuerbilanziellen Gewinnrücklagen sind von den Anteilseignern also entsprechend ihrer prozentualen Beteiligung an der übertragenden Körperschaft zu versteuern.[158] Maßgeblich ist die nominelle Beteiligungsquote im Zeitpunkt des zivilrechtlichen Wirksamwerdens der Umwandlung, d.h. maßgeblich sind die Verhältnisse im Zeitpunkt der Eintragung der Umwandlung im Handelsregister des übernehmenden Rechtsträgers.[159] Bei Nennbetragsaktien und GmbH-Anteilen ist das Verhältnis des Nennbetrags der Anteile zur Summe der Nennbeträge aller Anteile an der übertragenden Körperschaft, bei Stückaktien das Verhältnis der Anzahl der Stückaktien zur Summe der Zahl aller Aktien entscheidend.[160] Hält die übertragende Körperschaft eigene Anteile, berechnet sich die Beteiligungsquote des Anteilseigners nach dem Verhältnis des Nennbetrags seiner Anteile zur Summe der um die eigenen Anteile der übertragenden Körperschaft gekürzten Nennbeträge aller Anteile.[161]

Gesellschaftsrechtliche Gewinnverteilungsabreden (auf Ebene der übernehmenden PersG) können im Grundsatz eine von der prozentualen Beteiligung

---

154 *Bron* in Kraft/Edelmann, § 7 Rdn. 38; *Jäschke/Illing* in Widmann/Bauschatz, eKomm, Ab 01.01.2015, § 7 Rdn. 22.

155 *Förster/Felchner*, DB 2006, 1072 (1079). Zur Problematik, ob es in diesen Fallkonstellationen zu einer disquotalen Verteilung der Einnahmen nach § 7 unter den Anteilseignern kommen kann, vgl. Rdn. 40.

156 Zum Begriff vgl. § 4 Rdn. 84.

157 Vgl. § 3 Rdn. 108 und § 4 Rdn. 85; *Bron* in Kraft/Edelmann, § 7 Rdn. 37; a.A. *Börst* in Haritz/Menner, § 7 Rdn. 35.

158 Tz. 07.05 UmwStE 2011; *Bron* in Kraft/Edelmann, § 7 Rdn. 59; *Börst* in Haritz/Menner, § 7 Rdn. 51.

159 Tz. 07.05 UmwStE 2011; *Widmann* in Widmann/Mayer, § 7 Rdn. 25, 31; *Pung* in Dötsch/Patt/Pung/Möhlenbrock, § 7 Rdn. 15; *Jäschke/Illing* in Widmann/Bauschatz, eKomm, Ab 01.01.2015, § 7 Rdn. 26; *Börst* in Haritz/Menner, § 7 Rdn. 51; *Birkemeier* in Rödder/Herlinghaus/van Lishaut, § 7 Rdn. 19; *Widmann* in Widmann/Mayer, § 7 Rdn. 31.

160 *Klingberg* in Blümich, § 7 Rdn. 15.

161 Tz. 07.05 UmwStE 2011; *Widmann* in Widmann/Mayer, § 7 Rdn. 25, 31; *Jäschke/Illing* in Widmann/Bauschatz, eKomm, Ab 01.01.2015, § 7 Rdn. 26.

am Nominalkapital abweichende Zurechnung der Kapitalerträge nicht bewirken.[162] Dies gilt insbesondere in den Fällen, in welchen die Anteile an der übertragenden Körperschaft als in den übernehmenden Rechtsträger eingelegt (§ 5 Abs. 2) bzw. überführt (§ 5 Abs. 3) gelten. Sollte die übernehmende PersG eine abweichende Gewinnverteilungsabrede vorsehen, wäre diese für die Besteuerung der Bezüge nach § 7 nicht maßgeblich. Eine solche Betrachtungsweise ergibt sich aus dem Zweck des § 7, eine Einmalbesteuerung der steuerbilanziellen Gewinnrücklagen wie bei einer Vollausschüttung herzustellen.[163] Etwas anderes gilt für die Fälle der Verschmelzung einer Körperschaft auf eine bereits bestehende PersG im Wege einer Aufwärtsverschmelzung.[164] Hier ist letztlich für die Zurechnung der Bezüge nach § 7 der Gewinnverteilungsschlüssel bei der PersG maßgeblich.[165] Anteilseigner i. S. v. § 7 S. 1 ist die PersG, so dass die Einnahmen zunächst ihr zuzurechnen sind. Innerhalb der PersG verteilen sich die Einnahmen entsprechend deren Gewinnverteilungsschlüssel.

Inwieweit es aufgrund der personenbezogenen Ermittlung des Übernahmeergebnisses[166] insbesondere in den Fällen zu einer disquotalen steuerlichen Zurechnung der steuerbilanziellen Gewinnrücklagen kommen kann, soweit wegen der Beteiligung eines ausländischen Anteilseigners die Voraussetzungen zur Buchwertfortführung nicht gegeben sind und es zu einer anteiligen Aufdeckung der stillen Reserven kommt (vgl. § 3 Abs. 2 Satz 1 Nr. 2), ist umstritten.[167]

IV. Verfahrensrechtliche Besonderheiten bei Änderungen z. B. in Folge einer steuerlichen Außenprüfung

Ändern sich im Nachhinein z. B. im Rahmen einer steuerlichen Außenprüfung bei der übertragenden Körperschaft die für § 7 maßgebenden Verhältnisse (insbesondere das Eigenkapital lt. Steuerbilanz oder der Bestand des steuerlichen Einlagekontos), so wirken sich diese Änderungen auch grds.

41

---

162 In diesem Sinne auch *Pung* in Dötsch/Patt/Pung/Möhlenbrock, § 7 Rdn. 15; *Jäschke/Illing* in Widmann/Bauschatz, eKomm, Ab 01. 01. 2015, § 7 Rdn. 26; *Birkemeier* in Rödder/Herlinghaus/van Lishaut, § 7 Rdn. 18; *Früchtl* in Eisgruber, § 7 Rdn. 31; kritisch hingegen *Bron* in Kraft/Edelmann, § 7 Rdn. 61 m. w. N.
163 *Jäschke/Illing* in Widmann/Bauschatz, eKomm, Ab 01. 01. 2015, § 7 Rdn. 26.
164 Die Aufwärtsverschmelzung einer KapG auf das Personenunternehmen des Anteilseigners wird von *Jäschke/Staats* in Prinz, Umwandlungen im Internationalen Steuerrecht, 2013, Rdn. 6.34 zutreffend als das gesetzliche Leitbild der §§ 3 ff. bezeichnet.
165 *Widmann* in Widmann/Mayer, § 7 Rdn. 31; *B. Fischer* in Schneider/Ruoff/Sistermann, § 7 H 7.16.
166 Vgl. Tz. 04.19 UmwStE 2011, § 4 Rdn. 77.
167 Vgl. zur Ermittlung des Übernahmeergebnisses nach § 4 Abs. 4 und Abs. 5 in diesen Fällen Tz. 04.24 UmwStE 2011; gegen eine disquotale Zurechnung *Jäschke/Illing* in Widmann/Bauschatz, eKomm, Ab 01. 01. 2015, § 7 Rdn. 26; *Jäschke/Staats* in Prinz, Umwandlungen im Internationalen Steuerrecht, 2013, Rn. 6.91; *Birkemeier* in Rödder/Herlinghaus/van Lishaut, § 7 Rdn. 17; *Bron* in Kraft/Edelmann, § 7 Rdn. 62; *Widmann* in Widmann/Mayer, § 7 Rdn. 31; a. A. Benecke/Beinert, FR 2010, 1120 (1125); *Klingberg/Nitzschke*, Ubg 2011, 451 (459); *B. Fischer* in Schneider/Ruoff/Sistermann, § 7 H 7.16; IDW, Ubg 2011, 549 (560).

auf die nach § 7 zu versteuernden Einnahmen aus. Die Steuerbescheide der Anteilseigner können allerdings nur unter den Voraussetzungen der Änderungsvorschriften der AO berichtigt werden.[168] In diesem Zusammenhang ist allerdings darauf hinzuweisen, dass Änderungen bei der Steuerfestsetzung gegenüber der übertragenden Körperschaft keine Folgeänderungen nach § 175 Abs. 1 Nr. 1 AO bei den Anteilseignern bzw. der übernehmenden PersG auslösen. Denn die Bescheide gegenüber der übertragenden Körperschaft (insbesondere der Bescheid über die gesonderte Feststellung des steuerlichen Einlagekontos nach § 27 Abs. 2 KStG) stellen im Verhältnis zu den Steuerbescheiden der Anteilseigner bzw. dem Feststellungsbescheid über die gesonderte und einheitliche Gewinnfeststellung bei der übernehmenden PersG keine Grundlagenbescheide i.S.v. § 175 Abs. 1 S. 1 Nr. 1 AO i.V.m. § 171 Abs. 10 AO dar.[169] In Betracht kommen dürfte im Regelfall § 175 Abs. 1 S. 1 Nr. 2 AO.[170]

V. Besonderheiten bei ausländischen Körperschaften

42   Es wurde an anderer Stelle bereits darauf hingewiesen[171], dass § 7 nicht nur bei reinen Inlandsumwandlungen, sondern auch bei grenzüberschreitenden und sogar bei rein ausländischen Umwandlungen anwendbar ist, wenn der erforderliche EU-/EWR-Bezug gegeben ist.[172] Sowohl in den Fällen der Hereinverschmelzung (übertragender Rechtsträger ist eine Auslandsgesellschaft, der übernehmende Rechtsträger eine inländische Gesellschaft/natürliche Person) als auch bei reinen Auslandsumwandlungen mit EU-/EWR-Bezug existierte für den übertragenden (ausländischen) Rechtsträger bisher keine Steuerbilanz und folglich auch kein steuerliches Eigenkapital nach deutschen Vorschriften.

Die übertragende (ausländische) Körperschaft hat in den Umwandlungsfällen nach §§ 3 ff. allerdings ebenso wie inländische Körperschaften auf den steuerlichen Übertragungsstichtag eine steuerliche Schlussbilanz nach den

---

168 *Schnitter* in Frotscher/Maas, § 7 Rdn. 20; *Börst* in Haritz/Menner, § 7 Rdn. 60; *Schmitt* in Schmitt/Hörtnagl/Stratz, § 7 Rdn. 13.

169 So auch *Schmitt* in Schmitt/Hörtnagl/Stratz, § 7 Rdn. 13; *Birkemeier* in Rödder/ Herlinghaus/van Lishaut, § 7 Rdn. 31; *Börst* in Haritz/Menner, § 7 Rdn. 60; *Schnitter* in Frotscher/Maas, § 7 Rdn. 20; *Jäschke/Illing* in Widmann/Bauschatz, eKomm, Ab 01.01.2015, § 7 Rdn. 49.

170 BFH v. 19.12.2012, I R 5/12, BFH/NV 2013, 743; BFH v. 06.06.2013, I R 36/12; BFH/NV 2014, 74; *Pung* in Dötsch/Patt/Pung/Möhlenbrock, § 7 Rdn. 14; *Schnitter* in Frotscher/Maas, § 7 Rdn. 20; *Jäschke/Illing* in Widmann/Bauschatz, eKomm, Ab 01.01.2015, § 7 Rdn. 49; a.A. *Widmann* in Widmann/Mayer, § 5 Rdn. 23.

171 Vgl. Rdn. 18.

172 Auslandsumwandlungen mit Drittstaatenbezug werden hingegen nicht vom sachlichen Anwendungsbereich des UmwStG erfasst, vgl. hierzu oben Rdn. 18. Da in diesen Fällen keine Einnahmen nach § 7 zu versteuern sind, ist eine Ermittlung der steuerbilanziellen Gewinnrücklagen und des steuerlichen Einlagekontos nicht zielführend und entbehrlich; vgl. zur Besteuerung von Kapitalrückzahlungen von Drittstaatenkapitalgesellschaften und zum Anwendungsvorrang der europarechtlich gewährleisteten Kapitalverkehrsfreiheit FG Münster v. 19.11.2015, 9 K 1900/ 12 K; EFG 2016, 756 (Rev. I R 15/16); vgl. auch BFH v. 13.07.2016, VIII R 47/13, DStR 2016, 2395.

Vorschriften des deutschen Steuerrechts zu erstellen,[173] da die Pflicht zur Aufstellung einer steuerlichen Schlussbilanz nach § 3 Abs. 1 unabhängig davon gilt, ob die übertragende Körperschaft im Inland einer Steuerpflicht unterliegt (§§ 1, 2 KStG), im Inland zur Führung von Büchern verpflichtet ist (§ 5 Abs. 1 EStG, §§ 141 ff. AO) oder überhaupt inländisches Betriebsvermögen besitzt.[174] Aus dieser Schlussbilanz ist das steuerliche Eigenkapital für Zwecke des § 7 zu bestimmen. Ebenso war für die ausländische übertragende Körperschaft aufgrund des für sie geltenden andersartigen Besteuerungssystems kein steuerliches Einlagekonto zu ermitteln[175] (es sei denn der entsprechende Betrag wurde zur Bestimmung einer echten Einlagenrückgewähr bisher bereits nach § 27 Abs. 8 S. 3 KStG auf Antrag gesondert festgestellt). In diesen Fällen sichert nach nahezu einhelliger Auffassung[176] eine entsprechende Anwendung von § 29 Abs. 6 KStG sowie § 27 Abs. 8 KStG die Gleichstellung von Gesellschaftereinlagen in ausländischen Körperschaften mit entsprechenden inländischen Sachverhalten, in dem der Bestand der nicht in das Nennkapital geleisteten Einlagen i.S.v. § 27 Abs. 8 KStG bei der übertragenden Körperschaft dem steuerlichen Einlagekonto gleichgestellt wird.[177] An die Stelle des steuerlichen Einlagekontos tritt der Bestand der nicht in das Nennkapital geleisteten Einlagen zum Zeitpunkt des Vermögensübergangs.[178] Der Betrag ist ggfs. im Schätzungswege zu ermitteln und gesondert festzustellen.[179] Unterbleibt eine solche gesonderte Feststellung, gilt die gesamte Zuführung nach § 27 Abs. 8 S. 9 KStG als fiktive Gewinnausschüttung, welche bei den Anteilseignern zu Einnahmen i.S.d. § 7 i.V.m. § 20 Abs. 1 Nr. 1 EStG führt.[180]

Allerdings tritt bei der Anwendung der Vorschriften über die Ermittlung des 43 steuerlichen Einlagekontos nach §§ 27 ff. KStG bei der Umwandlung ausländischer Körperschaften mit Sitz in einem EWR-Staat ein zusätzliches Problem auf. Während sich der Anwendungsbereich des § 7 auf alle Umwandlungen von Körperschaften mit Sitz und Geschäftsleitung in einem EU-/EWR-Staat erstreckt, können nach § 27 Abs. 8 KStG nur Körperschaften mit

---

173 Vgl. Regierungsbegründung zu § 3 Abs. 1 SEStEG-E, BT-Drucks. 16/2710, 40; *Birkemeier* in Rödder/Herlinghaus/van Lishaut, § 7 Rdn. 11.

174 Tz. 03.01 UmwStE 2011. In diesem Zusammenhang stellt sich indes die praktische Frage, wie z.B. ein inländischer Minderheitsgesellschafter einer ausländischen KapG die Erstellung einer steuerlichen Schlussbilanz unter Beachtung der Vorschriften des § 3 erwirken kann, vgl. hierzu *Schlösser* in Sagasser/Bula/Brünger, Umwandlungen, 4. Aufl., § 16 Rdn. 173.

175 *Bron* in Kraft/Edelmann, § 7 Rdn. 52; *Kraft/Poley*, FR 2014, 1 (4); *Klingberg/ Nitzschke*, Ubg 2011, 451 (457).

176 Tz. 07.04 UmwStE 2011; *Birkemeier* in Rödder/Herlinghaus/van Lishaut, § 7 Rdn. 11; *Förster/Felchner*, DB 2006, 1072 (1080); *Schnitter* in Frotscher/Maas, § 7 Rdn. 13; *Schmitt* in Schmitt/Hörtnagl/Stratz, § 7 Rdn. 9, 20; *Jäschke/Illing* in Widmann/Bauschatz, eKomm, Ab 01.01.2015, § 7 Rdn. 49; kritisch aber i.E. ebenso *Pung* in Dötsch/Pung/Möhlenbrock, § 7 Rdn. 8.

177 *Klingberg/Nitzschke*, Ubg 2011, 451 (457).

178 *Bron* in Kraft/Edelmann, § 7 Rdn. 48.

179 *Schnitter* in Frotscher/Maas, § 7 Rdn. 13; *Birkemeier* in Rödder/Herlinghaus/van Lishaut, § 7 Rdn. 11.

180 *Schmitt* in Schmitt/Hörtnagl/Stratz, § 7 Rdn. 9; *Birkemeier* in Rödder/Herlinghaus/ van Lishaut, § 7 Rdn. 11; *Hruschka*, Beihefter zu DStR 2012, 4 (9).

unbeschränkter Steuerpflicht in einem anderen EU-Mitgliedsstaat eine steuerfreie Einlagenrückgewähr aus dem steuerlichen Einlagekonto erbringen. § 27 Abs. 8 KStG ist auf Körperschaften mit Sitz in einem EWR-Staat nicht anwendbar.[181] § 7 ist somit bei der Umwandlung ausländischer Körperschaften aus einem EWR-Staat nicht auf die §§ 27 ff. KStG abgestimmt. Auch die Finanzverwaltung lässt im UmwStE 2011 nur bei den ausdrücklich in § 27 Abs. 8 S. 1 KStG genannten Körperschaften mit unbeschränkter Steuerpflicht in einem Mitgliedstaat der EU eine Ermittlung des Bestands des steuerlichen Einlagekontos unter sinngemäßer Anwendung der Grundsätze des § 27 Abs. 8 KStG zu.[182] Diese Sichtweise führt im Ergebnis dazu, dass in Deutschland unbeschränkt oder beschränkt Steuerpflichtige überhöhte Bezüge nach § 7 zugerechnet erhalten. Eine solche Diskriminierung von EWR-Staaten ist unionsrechtlich nicht zulässig.[183] Deshalb muss auch für übertragende Körperschaften aus EWR-Staaten der Bestand der nicht in das Eigenkapital geleisteten Einlagen in entsprechender Anwendung der §§ 29 Abs. 6 KStG und 27 Abs. 8 KStG zugelassen werden.

44 Bei der Umwandlung einer ausländischen Körperschaft (auch mit Sitz und Geschäftsleitung in einem EU-Mitgliedstaat) kommt als weiteres Problem der Ermittlung der Bezüge nach § 7 hinzu, dass die Vorschrift des § 29 Abs. 1 KStG, wonach das Nennkapital der Überträgerin als in vollem Umfang nach § 28 Abs. 2 S. 1 KStG herabgesetzt gilt[184], nur auf Umwandlungsfälle i.S.v. § 1 UmwG Bezug nimmt, also auf die Umwandlung inländischer Rechtsträger. Bei Umwandlungen, welche zwar von § 7, nicht jedoch von § 1 UmwG erfasst werden, kommt es aber über die entsprechende Anwendung des § 27 Abs. 8 KStG, der auch auf § 29 Abs. 1 KStG verweist, zu einer fiktive Nennkapitalherabsetzung der ausländischen Körperschaft.[185]

D. Qualifizierung der fiktiven Einnahmen

I. Einnahmen aus Kapitalvermögen bei Anteilseignern ohne Übernahmeergebnis

45 Die Regelung des § 7 kommt auch für die Anteilseigner des übertragenden Rechtsträgers zur Anwendung, die zwar Anteilseigner des übernehmenden Rechtsträgers werden (bzw. übernehmender Rechtsträger sind), für die aber ein Übernahmeergebnis nicht zu ermitteln ist (§ 7 S. 2).[186] Ein Übernah-

---

181 Vgl. *Dötsch* in Dötsch/Pung/Möhlenbrock, § 29 KStG Rdn. 59; a.A.: *Stadler/Jetter*, IStR 2009, 336 (339); *Frotscher* in Frotscher/Maas, § 29 Rdn. 28; *Kraft/Schneider*, NWB v. 01.08.2016, 2345 (unionsrechtswidrig).

182 Tz. 07.04 UmwStE 2011.

183 So auch *Bron* in Kraft/Edelmann, § 7 Rdn. 50; *Kraft/Schneider*, NWB v. 01.08. 2016, 2345.

184 Vgl. hierzu oben Rdn. 33.

185 So auch *Stadler/Jetter*, IStR 2009, 336; *B. Fischer* in Schneider/Ruoff/Sistermann, § 7 H 7.15; *Pung* in Dötsch/Pung/Möhlenbrock, § 7 Rdn. 9; *Bron* in Kraft/Edelmann, § 7 Rdn. 52.

186 *Bron* in Kraft/Edelmann, § 7 Rdn. 99, vgl. oben Rdn. 19.

meergebnis wird nicht ermittelt, soweit Anteilseigner ihre Beteiligung an der übertragenden Körperschaft außerhalb des Anwendungsbereichs des § 5 Abs. 2 im Privatvermögen halten[187], also nicht i.S.d. § 17 EStG wesentlich an der übertragenden Körperschaft beteiligt sind (vgl. auch § 4 Rdn. 74).[188] Auch darf es sich nicht um einbringungsgeborene Anteile i.S.v. § 21 UmwStG a.F. handeln.[189] Die Einnahmen aus der (fiktiven) Vollausschüttung gehören in diesen Fällen zu solchen aus Kapitalvermögen nach § 20 Abs. 1 Nr. 1 EStG. Dies gilt gleichermaßen für unbeschränkt und beschränkt steuerpflichtige Anteilseigner. Die Bezüge unterliegen für Umwandlungsstichtage nach dem Veranlagungszeitraum 2008 der Abgeltungsteuer gem. §§ 32d Abs. 1, 43 Abs. 5 EStG;[190] zuvor galt das Halbeinkünfteverfahren nach § 3 Nr. 40 EStG.[191] Beschränkt Steuerpflichtige beziehen Einkünfte nach § 49 Abs. 1 Nr. 5 Buchst. a EStG.[192] Die zu erhebende KapESt hat abgeltende Wirkung (§§ 43 Abs. 5 S. 1 EStG, 32 Abs. 1 Nr. 2 KStG).

Die Anteilseigner, welche nicht an der Ermittlung des Übernahmegewinns teilnehmen, können ihre Anschaffungskosten auf die Anteile an der übertragenden Körperschaft auch nicht im Rahmen des § 7 in Abzug bringen.[193] Sie mindern auch nicht den Gewinn aus einer späteren Veräußerung des Mitunternehmeranteils.[194]

Sofern eine Körperschaft am übertragenden Rechtsträger beteiligt ist, sind diese als Streubesitzdividenden voll körperschaftsteuerpflichtig, wenn die Beteiligung an der übertragenden Körperschaft zu Beginn des Kalenderjahres, in welchem die Bezüge i.S.d. § 7 zu versteuern sind, unmittelbar weni-

---

187 Zum Anwendungsbereich von § 5 Abs. 2 vgl. § 5 Rdn. 25 ff.; Tz. 05.05 UmwStE 2011.

188 *Pung* in Dötsch/Patt/Pung/Möhlenbrock, § 7 Rdn. 28; *Bogenschütz*, Ubg, 2009, 604 (608). Nach *Pung* in Dötsch/Patt/Pung/Möhlenbrock, § 4 Rdn. 85 entfällt in den folgenden – nicht von § 5 Abs. 2 und Abs. 3 erfassten – Fällen die Ermittlung eines Übernahmeergebnisses: Soweit Anteile außerhalb des § 17 EStG entweder von inländischen bzw. ausländischen natürlichen Personen im Privatvermögen oder von steuerbefreiten Körperschaften und juristischen Personen des öffentlichen Rechts außerhalb ihres wirtschaftlichen Geschäftsbetriebs oder außerhalb eines Betriebes gewerblicher Art gehalten werden.

189 *Schnitter* in Frotscher/Maas, § 7 Rdn. 30.

190 Tz. 07.07 UmwStE; *Schmitt* in Schmitt/Hörtnagl/Stratz, § 7 Rdn. 21; vgl. auch Rdn. 92 ff.

191 *Schmitt* in Schmitt/Hörtnagl/Stratz, § 7 Rdn. 21; *Bron* in Kraft/Edelmann, § 7 Rdn. 102.

192 A.A. *Börst* in Haritz/Menner, § 7 Rdn. 31 (Anwendbarkeit von § 49 Abs. 1 Nr. 5 Buchst. a EStG scheitert am inländischen Schuldner der Kapitalerträge).

193 *Bron* in Kraft/Edelmann, § 7 Rdn. 110.

194 BFH v. 12.07.2012, IV R 39/09, BStBl II 2012, 728; vgl. auch *Bron* in Kraft/Edelmann, § 7 Rdn. 3. In seinem Urteil v. 22.10.2015, IV R 37/13, BStBl II 2016, 468 hat der BFH diese Rechtsgrundsätze auf solche Anteilseigner ausgedehnt, für die zwar ein Übernahmeergebnis zu ermitteln ist, bei denen aber die Anschaffungskosten wegen des Fehlens von Einnahmen nach § 7 in Form eines ungenutzten Übernahmeverlusts (§ 4 Abs. 6 S. 4) untergehen.

ger als 10 % betragen hat (Nichtanwendung von § 8b Abs. 1 durch § 8b Abs. 4 KStG).[195]

II. Umqualifizierung in betriebliche Einkünfte bei Anteilen im Betriebsvermögen des übernehmenden Personenunternehmens

46   Im gesetzgeberischen Grundfall einer Umwandlung nach §§ 3 ff., nämlich der Aufwärtsverschmelzung einer KapG auf ein Personenunternehmen, kommt es i. d. R. nach § 20 Abs. 8 EStG zu einer Umqualifizierung der Bezüge nach § 7 in Gewinneinkünfte.[196] Ist die übernehmende PersG bereits zum steuerlichen Übertragungsstichtag an der übertragenden Körperschaft beteiligt (d. h. die Anteile an der übertragenden Körperschaft gehören zum Gesamthandsvermögen bzw. zum Sonderbetriebsvermögen eines Gesellschafters bei der übernehmenden PersG)[197] oder gelten die Anteile nach § 5 Abs. 1 als zum steuerlichen Übertragungsstichtag dem Betriebsvermögen (einschließlich Sonderbetriebsvermögen[198]) der PersG zugeordnet[199], so befinden sich die Anteile bereits vor der Umwandlung im Betriebsvermögen der Übernehmerin.[200] Nach der Subsidiaritätsklausel des § 20 Abs. 8 EStG liegen Gewinneinkünfte vor[201] und die Bezüge nach § 7 sind im Rahmen der gesonderten und einheitlichen Gewinnfeststellung der übernehmenden PersG zu ermitteln. Für die Einordnung der Einkünfte als solche nach §§ 13, 15 oder 18 EStG ist entscheidend, welche Einkunftsart die übernehmende PersG erfüllt.[202] Ist die übernehmende PersG gewerblich tätig, unterliegen die Bezüge nach § 7 bei dieser grds. auch der Gewerbesteuer, es sei denn, eine gewerbesteuerliche Kürzung kommt nach § 9 Nr. 2a oder Nr. 7 GewStG in Betracht.[203] Beschränkt steuerpflichtige Gesellschafter erzielen die (fiktiven) Dividendeneinkünfte folglich als Einkünfte aus Gewerbebetrieb nach § 49 Abs. 1 Nr. 2 Buchst. a EStG.[204] Da inländische Betriebsstätteneinkünfte

---

195 Tz. 07.07 UmwStE 2011; *Jäschke/Illing* in Widmann/Bauschatz, eKomm, Ab 01. 01. 2015, § 7 Rdn. 29; *Börst* in Haritz/Menner, § 7 Rdn. 56; *Birkemeier* in Rödder/Herlinghaus/van Lishaut, § 7 Rdn. 29a; zum zeitlichen Anwendungsbereich von § 8b Abs. 4 KStG vgl. Rdn. 7a.

196 Eine Ausnahme von diesem Grundsatz greift in den Fällen des § 8 Abs. 1 S. 2.

197 Vgl. Tz. 04.20 UmwStE 2011.

198 Anteile im Sonderbetriebsvermögen eines Gesellschafters bei der übernehmenden PersG unterfallen nicht § 5 Abs. 3, sondern sind vom Grundfall des § 4 Abs. 4 erfasst, vgl. § 5 Rdn. 38.

199 Vgl. Tz. 05.02 UmwStE 2011.

200 *Pung* in Dötsch/Patt/Pung/Möhlenbrock, § 7 Rdn. 22; *Börst* in Haritz/Menner, § 7 Rdn. 81; *Schmitt* in Schmitt/Hörtnagl/Stratz, § 7 Rdn. 7 und 14; *Förster/Felchner*, DB 2008, 2445.

201 *Bron*, in Kraft/Edelmann, § 7 Rdn. 76; *Birkemeier* in Rödder/Herlinghaus/van Lishaut, § 7 Rdn. 20; a.A. *Stimpel*, GmbH-StB 2008, 74 (79): Bezüge nach § 7 führen stets zu Einkünften nach § 20 EStG.

202 *Schmitt* in Schmitt/Hörtnagl/Stratz, § 7 Rdn. 14.

203 Zur gewerbesteuerlichen Behandlung vgl. auch § 18 Rdn. 38.

204 *Schmitt* in Schmitt/Hörtnagl/Stratz, § 7 Rdn. 17; *Börst* in Haritz/Menner, § 7 Rdn. 81; *Pung* in Dötsch/Patt/Pung/Möhlenbrock, § 7 Rdn. 22; *Bron*, in Kraft/Edelmann, § 7 Rdn. 78.

zu veranlagen sind,[205] ist ein begrenzter Ausgleich eines Übernahmeverlustes mit den Bezügen nach § 7 möglich (vgl. § 4 Abs. 6 S. 3 und 4).[206] Darüber hinaus kann die auf die Bezüge einbehaltene KapESt[207] auf die Einkommen- bzw. Körperschaftsteuer des beschränkt steuerpflichtigen Gesellschafters angerechnet werden.[208]

Auch abkommensrechtlich wird das deutsche Besteuerungsrecht an den Bezügen nach § 7 i.d.R. nicht eingeschränkt. Nach Abkommensrecht vermittelt eine unternehmerisch tätige PersG (hier die Übernehmerin) ihrem in einem anderen Vertragsstaat ansässigen Gesellschafter (Mitunternehmer) eine (anteilige) Betriebsstätte.[209] Sollten die Anteile an der übertragenden Körperschaft über die formale Eigentümerstellung hinaus auch in einem funktionalen Zusammenhang zu der von der übernehmenden PersG ausgeübten Unternehmenstätigkeit stehen,[210] hat Deutschland aufgrund des Betriebsstättenvorbehalts auch regelmäßig ein Besteuerungsrecht an den (fiktiven) Dividenden nach den einschlägigen DBA (vgl. Art. 10 Abs. 4 und Art. 13 Abs. 2 OECD-MA).[211] Fehlt es an einer solchen funktionalen Zuordnung im DBA-rechtlichen Sinne, stünde Deutschland aber ein Quellensteuerrecht zu (Art. 10 Abs. 2 OECD-MA).[212]   47

Wird im Rahmen einer Auslandsumwandlung[213] eine ausländische Körperschaft im Wege einer Aufwärtsverschmelzung auf eine gewerblich tätige PersG umgewandelt, können entsprechend ausländische Betriebsstätteneinkünfte vorliegen, die nach dem einschlägigen DBA in Deutschland von der Besteuerung freizustellen sein könnten.

III. Umqualifizierung in betriebliche Einkünfte bei Anteilen im Betriebsvermögen des Anteilseigners nach § 5 Abs. 3

Soweit die Anteile an der übertragenden Körperschaft – anders als im gesetzlichen Grundfall unterstellt – nicht bereits unmittelbar von der übernehmenden PersG gehalten werden, gelten die Anteile an der übertragenden KapG unter bestimmten Voraussetzungen für die Ermittlung des Übernahmeergebnisses als in das Betriebsvermögen der übernehmenden PersG zum   48

205 Frey/Mück, DStR 2011, 2125.
206 Vgl. hierzu § 4 Rdn. 7 und 109 ff.; Förster/Felchner, DB 2006, 1072 (1079) und DB 2008, 2445; Lemaitre/Schönherr, GmbHR 2007, 173 (177); Schaumburg, Internationales Steuerrecht, Rdn. 17.38.
207 Vgl. zur KapESt 69 ff.
208 Vgl. auch Rdn. 79 und 100; Schaumburg, Internationales Steuerrecht, Rdn. 17.38.
209 St. Rspr., vgl. BFH vom 24.08.2011, I R 46/10, DStR 2011, 2085 (m.w.N.); BFH vom 13.02.2008, I R 75/07, BFH/NV 2008, 1395; FG Düsseldorf vom 12.05.2006, 18 K 5588/03 F, EFG 2006, 1438.
210 Vgl. BFH vom 26.02.1992, I R 85/91, BStBl. II 1992, 937; BFH vom 30.08.1995, I R 112/94, BStBl. II 1996, 563; BFH vom 13.02.2008, I R 63/06, BStBl. II 2009, 414; Wassermeyer in Wassermeyer, Art. 10 MA Rdn. 133, 134b, m.w.N.
211 Schaumburg, Internationales Steuerrecht, Rdn. 17.40; vgl. auch § 4 Rdn. 121.
212 Vgl. Rdn. 7.
213 Vgl. hierzu oben Rdn. 18, 28 und 42 ff.

(modifizierten) Buchwert überführt. § 5 Abs. 3 regelt die Überführung von in einem *eigenen* (inländischem)[214] Betriebsvermögen gehaltenen Anteilen des Anteilseigners zum (um steuerwirksam vorgenommene Abschreibungen bzw. Abzüge nach § 6b EStG erhöhten) Buchwert. In den Fällen des § 5 Abs. 3 kommt es zu einer Umqualifizierung sowohl des Übernahmeergebnisses als auch der Bezüge nach § 7 in Gewinneinkünfte (§ 20 Abs. 8 EStG).[215] Unbeschränkt Steuerpflichtige erzielen betriebliche Einkünfte, beschränkt Steuerpflichtige beziehen Einkünfte aus Land- und Forstwirtschaft (§ 49 Abs. 1 Nr. 1 EStG), Einkünfte aus Gewerbebetrieb (§ 49 Abs. 1 Nr. 2 Buchst. a EStG) oder aus selbständiger Arbeit (§ 49 Abs. 1 Nr. 3 EStG).[216] Sofern die Beteiligung an der übertragenden Körperschaft dem inländischen Betriebsvermögen (genauer der inländischen Betriebsstätte) eines Steuerausländers auch funktional zuzurechnen ist, wird das deutsche Besteuerungsrecht i.d.R. auch abkommensrechtlich nicht eingeschränkt.[217] Es erfolgt eine Anrechnung der einbehaltenen KapESt auf die Einkommen- bzw. Körperschaftsteuer.

IV. Keine Umqualifizierung in betriebliche Einkünfte bei Anteilen i.S.v. § 5 Abs. 2

1. Allgemeines zur Einlagefiktion des § 5 Abs. 2

49 Nach § 5 Abs. 2 gelten Anteile an der übertragenden Körperschaft i.S.v. § 17 EStG, die am steuerlichen Übertragungsstichtag nicht zu einem Betriebsvermögen eines Gesellschafters der übernehmenden PersG oder einer natürliche Person gehören, für die Ermittlung des Gewinns als an diesem Stichtag in das Betriebsvermögen des übernehmenden Rechtsträgers mit den Anschaffungskosten eingelegt.[218] § 5 Abs. 2 findet aufgrund der isolierenden Betrachtungsweise des § 49 Abs. 2 EStG auch dann Anwendung, wenn eine Beteiligung, welche die Voraussetzungen des § 17 EStG erfüllt, in einem ausländischen Betriebsvermögen eines beschränkt Steuerpflichtigen gehalten wird.[219] Ob die Bezüge i.S.d. § 7 in den Fällen des § 5 Abs. 2 als betriebliche Einkünfte (§ 20 Abs. 8 EStG) dem Teileinkünfteverfahren oder als Einkünfte aus Kapitalvermögen der Abgeltungsteuer unterliegen, hängt davon ab, ob die Einnahmen unmittelbar dem Anteilseigner zuzurechnen oder steuerlich beim übernehmenden Personenunternehmen zu er-

---

214 Soweit die Anteile in einem ausländischen Betriebsvermögen des ausländischen Anteilseigners gehalten werden, kommt nicht § 5 Abs. 3, sondern Abs. 2 zur Anwendung, vgl. Rdn. 49.

215 Zur Reichweite der Einlagefiktion in diesem Fall und zu den verfahrensrechtlichen Konsequenzen vgl. Rdn. 51.

216 *van Lishaut* in Rödder/Herlinghaus/van Lishaut, § 4 Rdn. 115; *Schnitter* in Frotscher/Maas, § 7 Rdn. 27 ff.; *Widmann* in Widmann/Mayer, § 7 Rdn. 91, 100; *Börst* in Haritz/Menner, § 7 Rdn. 81; *Förster/Felchner*, DB 2006, 1072 (1079); *Lemaitre/Schönherr*, GmbHR 2007, 173 (177, 181); *Damas*, DStZ 2007, 129 (132).

217 Siehe hierzu bereits zuvor Rdn. 47 und § 5 Rdn. 44; *Widmann* in Widmann/Mayer, § 7 Rdn. 92.

218 Vgl. § 5 Rdn. 25 ff.

219 Vgl. *Köhler/Käshammer*, GmbHR 2012, 301 (305); a.A. § 5 Rdn. 40 m.w.N.

fassen sind.[220] Die Antwort auf diese Frage hängt entscheidend von der Reichweite der Einlagefiktion des § 5 Abs. 2 ab.

Die von § 5 Abs. 2 erfassten Anteilseigner nehmen an der Ermittlung des Übernahmeergebnisses nach § 4 Abs. 4 und 5 teil[221], während für nicht wesentlich Beteiligte mit Anteilen im Privatvermögen ein Übernahmeergebnis nicht zu ermitteln ist. Im zweiten Fall kommt es im Rahmen der Umwandlung ausschließlich zu einer Besteuerung von Bezügen nach § 7 (vgl. § 7 S. 2).[222] Bei § 5 Abs. 2 handelt es sich somit systematisch um eine Spezialvorschrift zur Ermittlung des Übernahmeergebnisses, mit dem Zweck, die i. S. d. § 17 EStG wesentlich beteiligten Anteilseigner in die Übernahmegewinnermittlung einzubeziehen. Das Übernahmeergebnis ist den Anteilseignern mit Anteilen i. S. d. § 5 Abs. 2 im Rahmen der gesonderten und einheitlichen Gewinnfeststellung der übernehmenden PersG zuzurechnen.[223] Für die Ermittlung und Besteuerung der Bezüge nach § 7 UmwStG bedarf es der Vorschrift des § 5 Abs. 2 hingegen nicht. Von § 7 werden ohnehin sämtliche Anteilseigner der übertragenden Körperschaft erfasst, die auch Gesellschafter der übernehmenden PersG werden.[224]

Ob § 5 Abs. 2 vor diesem Befund auch bei der Ermittlung der Bezüge nach § 7 zur Anwendung kommt, ist umstritten. Die Diskussion kann unter dem von *Förster/Felchner* geprägten Schlagwort des (1) engen oder (2) weiten Verständnis von der Einlagefiktion des § 5 Abs. 2 umschrieben werden.[225] Diese Auslegungsfrage ist nicht nur von akademischer Bedeutung, sondern sie hat auch weitreichende Folgen für die Besteuerung von Kapitalerträgen nach den Grundsätzen der Abgeltungsteuer oder des Teileinkünfteverfahrens bzw. der Abgeltungswirkung von KapESt nach § 50 Abs. 2 S. 1 KStG oder § 32 Abs. 1 KStG bei beschränkt steuerpflichtigen Anteilseignern.[226] Gewerbesteuerlich ergeben sich hingegen keine materiellen Unterschiede, da die Bezüge nach § 7 gem. § 18 Abs. 2 S. 2 in keinem Fall der Gewerbesteuer unterliegen.[227]

Eine vergleichbare Auslegungsfrage ergibt sich auch in den Fällen des § 5 Abs. 3. Dort sollte aber sprachlich genauer eher von einer Überführungsanstatt von einer Einlagefiktion gesprochen werden. Allerdings sind die materiellen Auswirkungen der Streitfrage bei § 5 Abs. 3 weit geringer als in den Fällen des § 5 Abs. 2. Im Rahmen des § 5 Abs. 3 geht es lediglich darum, ob die Bezüge nach § 7 verfahrensrechtlich über die einheitliche und gesonderte Gewinnfeststellung der übernehmenden PersG und damit auch

50

51

---

220 So zutreffend in der Analyse *Bogenschütz*, Ubg 2011, 393 (406).
221 Vgl. § 4 Rdn. 74.
222 Siehe hierzu oben Rdn. 45.
223 Vgl. die beiden Beispiele in Tz. 04.27 UmwStE 2011.
224 Vgl. hierzu Rdn. 19 ff.
225 So *Bogenschütz*, Ubg 2011, 393, 406 unter Bezugnahme auf *Förster/Felchner*, DB 2008, 2445.
226 So zutreffend auch *Benecke/Schnittker* in Wassermeyer/Richter/Schnittker, Rdn. 15.50. Zu den praktischen Konsequenzen der engen bzw. weiten Einlagefiktion bei beschränkt steuerpflichtigen Anteilseignern vgl. ausführlich *Jäschke/Illing* in Widmann/Bauschatz, eKomm, Ab 01.01.2015, § 7 Rdn. 41.
227 Vgl. § 18 Rdn. 36.

dort gewerbesteuerlich zu erfassen sind oder ob der Anteilseigner die Bezüge originär in seiner Einkommen- oder Körperschaftsteuererklärung bzw. Gewerbesteuererklärung als gewerbliche Einkünfte zu deklarieren hat.[228] Zu einer Umqualifizierung in betriebliche Einkünfte kommt es aber in jedem Fall.[229]

2. Weite Einlagefiktion des § 5 Abs. 2

52 Der überwiegende Teil im Schrifttum hat ein weites Verständnis von der Einlage- und Überführungsfiktion des § 5 Abs. 2 und 3.[230] Folglich erzielen alle Anteilseigner, für die ein Übernahmeergebnis zu ermitteln ist, über die übernehmende PersG Einkünfte aus Gewerbebetrieb, freiberuflicher Tätigkeit oder aus Land- und Fortwirtschaft.[231] Die Einkünfte aus Bezügen nach § 7 unterliegen aufgrund der Subsidiaritätsklausel des § 20 Abs. 8 EStG i. V. m. § 32 d Abs. 1 EStG dem Teileinkünfteverfahren gem. § 3 Nr. 40 S. 1 Buchst. d EStG, § 3 Nr. 40 S. 2 EStG, soweit es sich um natürliche Personen handelt bzw. § 8b KStG, soweit es sich um Körperschaften als Anteilseigner handelt.[232] Nach der weiten Einlagefiktion verbleibt es nur bei den Anteilseignern, für die kein Übernahmeergebnis nach § 4 Abs. 4 und 5 ermittelt wird[233], bei der Rechtsfolgenverweisung nach § 7, wonach die Bezüge Einnahmen aus Kapitalvermögen nach § 20 Abs. 1 Nr. 1 EStG darstellen.[234]

53 Für ein weites Verständnis von der Einlagefiktion spricht zum einen die enge Verzahnung der Ermittlung des Übernahmeergebnisses nach § 4 Abs. 4 und 5 mit den als ausgeschüttet geltenden Bezügen nach § 7 (vgl. § 4 Abs. 5 S. 2).[235] Die Vertreter der weiten Einlagefiktion können sich darüber hinaus auch auf § 18 Abs. 2 S. 2 stützen.[236] Nach dieser Vorschrift unterliegen die Bezüge nach § 7 nicht der Gewerbesteuer. § 18 Abs. 2 S. 2 wurde erst durch die Beschlussempfehlung des Finanzausschusses in das Gesetz

---

228 Vgl. hierzu Rdn. 91.

229 Vgl. Rdn. 48.

230 In diesem Sinne auch § 4 Rdn. 10 und § 5 Rdn. 45. Vgl. auch *Pung* in Dötsch/Patt/Pung/Möhlenbrock, § 7 Rdn. 22 (unterschiedliche Besteuerung des Übernahmeergebnis nach § 4 und der Bezüge nach § 7 nicht gerechtfertigt); *Bogenschütz*, Ubg 2009, 604 (610 f.); *ders.*, Ubg 2011, 393 (406); *Schaumburg*, Internationales Steuerrecht, Rdn. 17.38; *Schell*, IStR 2011, 704 (706); *Benecke/Beinert*, FR 2010, 1120 (1121); *Schmitt* in Schmitt/Hörtnagl/Stratz, § 7 Rdn. 17; *Börst* in Haritz/Menner, § 7 Rdn. 81; *Birkemeier* in Rödder/Herlinghaus/van Lishaut, § 7 Rdn. 20; *van Lishaut* in Rödder/Herlinghaus/van Lishaut, § 4 Rdn. 115; *Schnitter* in Frotscher/Maas, § 7 Rdn. 27; *Jäschke/Staats* in Prinz, Umwandlungen im Internationalen Steuerrecht, 2013, Rdn. 6.77; *Jäschke/Illing* in Widmann/Bauschatz, eKomm, Ab 01. 01. 2015, § 7 Rdn. 40; *Bron*, in Kraft/Edelmann, § 7 Rdn. 76 f.; *Stadler/Elser/Bindl*, DB Beilage 1/2012, 14 (24); *Widmann* in Widmann/Mayer, § 7 Rdn. 84, 100; *Krohn/Greulich*, DStR 2008, 646; *Benecke/Schnittker* in Wassermeyer/Richter/Schnittker, Rdn. 15.50; unentschieden *Kessler/Dietrich*, DStR 2011, 2131 (2134).

231 So u.a. *Schell*, IStR 2011, 704 (706); *Benecke/Beinert*, FR 2010, 1120 (1121).

232 § 5 Rdn. 35; *Bogenschütz*, Ubg 2011, 393 (407); *Schell*, IStR 2011, 704 (706).

233 Vgl. hierzu oben Rdn. 45 und *Bogenschütz*, Ubg 2009, 604 (608).

234 *Benecke/Beinert*, FR 2010, 1120 (1122).

235 So *Bogenschütz*, Ubg 2011, 393 (406); *Bron*, in Kraft/Edelmann, § 7 Rdn. 77.

236 Siehe hierzu bereits oben Rdn. 17.

eingefügt und soll nach der Begründung sicherstellen, dass in den Fällen des § 17 EStG, bei denen die Anteile nicht zu einem Betriebsvermögen eines Gesellschafters der übernehmenden Rechtsträger gehört haben, die nicht als Teil des Übernahmegewinns geltenden Bezüge nach § 7 nicht der Gewerbesteuer unterliegen. Dieser Regelung hätte es nach Auffassung der Vertreter der weiten Einlagefiktion nicht bedurft, wenn der Gesetzgeber davon ausgegangen wäre, dass die Dividenden nicht als betriebliche Einkünfte bei der übernehmenden PersG, sondern unmittelbar beim Anteilseigner zu erfassen sind.[237]

Die Finanzverwaltung folgt im UmwStE 2011 dem oben beschriebenen weiten Verständnis der Einlagefiktion, auch wenn dies lediglich verklausuliert zum Ausdruck kommt.[238] In Tz. 07.07 UmwStE 2011 stellt die Finanzverwaltung klar, dass die Bezüge i.S.d. § 7 im Rahmen der gesonderten und einheitlichen Feststellung zu erfassen sind, wenn für den betreffenden Anteilseigner ein Übernahmeergebnis zu ermitteln ist. An gleicher Stelle wird weiter ausgeführt, dass die Einnahmen bei Anteilen im Privatvermögen grds. der Abgeltungsteuer und bei Anteilen im Betriebsvermögen (einschließlich der Anteile, die nach § 5 Abs. 2 als in das Betriebsvermögen des übernehmenden Rechtsträgers eingelegt gelten) dem Teileinkünfteverfahren unterliegen sollen. Auch werden in den beiden Beispielsfällen der Tz. 04.27 UmwStE 2011 die Bezüge nach 7 in das Feststellungsverfahren der übernehmenden PersG einbezogen. Dies gilt im ersten Beispielsfall auch für den A, der seine Anteile i.S.d. § 17 EStG im Privatvermögen hält.[239] In der Lösung zum Beispiel zur Tz. 02.04 UmwStE 2011 wird in einer vergleichbaren Konstellation ausgeführt, dass infolge der Einlagefiktion die Einnahmen i.S.d. § 7 im Rahmen der gesonderten und einheitlichen Gewinnfeststellung der übernehmenden PersG zu erfassen sind.

Dass sich die Finanzverwaltung im UmwStE 2011 dem weiten Verständnis der Einlagefiktion angeschlossen hat, verwundert. Denn dieser Ansatz kann v.a. bei beschränkt Steuerpflichtigen zu einem Verlust an deutschem

54

55

---

237 So ausdrücklich *Bogenschütz*, Ubg 2009, 604, 610f.; *Pung* in Dötsch/Patt/Pung/Möhlenbrock, § 7 Rdn. 22; *Widmann* in Widmann/Mayer, § 7 Rdn. 84; *Benecke/Schnittker* in Wassermeyer/Richter/Schnittker, Rdn. 15.50; *Jäschke/Illing* in *Widmann/Bauschatz*, eKomm, Ab 01.01.2015, § 7 Rdn. 40; *Schmitt* in Schmitt/Hörtnagl/Stratz, § 7 Rdn. 14a, 17; *Köhler/Käshammer*, GmbHR 2012, 301 (305).

238 So auch § 5 Rdn. 26, 35; *Bogenschütz*, Ubg 2011, 393, 406f.; *Kraft/Poley*, FR 2014, 1 (4); *Köhler/Käshammer*, GmbHR 2012, 301 (305); *Jäschke/Illing* in *Widmann/Bauschatz*, eKomm, Ab 01.01.2015, § 7 Rdn. 41 (Aussagen der Finanzverwaltung unklar); vgl. auch § 5 Rdn. 26, 35.

239 Nach *Stimpel*, GmbHR 2012, 123 (130) bleibt es aber trotz des Beispielsfalls in Tz. 04.27 UmwStE 2011 unklar, ob für ausländische Anteilseigner das Abgeltungsprinzip nach § 50 Abs. 2 S. 1 EStG gilt oder aber ob bei Steuerausländern die einbehaltene KapESt im Rahmen der Veranlagung anzurechnen ist. Weder aus Tz. 07.02 noch aus der Lösung des ersten Beispielfalls in Tz. 04.07 UmwStE 2011 lasse sich eine eindeutige Rechtsauffassung der Finanzverwaltung entnehmen. Es könne allerdings aus den dortigen Verweisen auf das DBA-Quellensteuerrecht der Rückschluss gezogen werden, dass die Finanzverwaltung in grenzüberschreitenden Fällen tendenziell von einer Abgeltungswirkung der KapESt ausgehe.

Steuersubstrat führen,[240] da die Auffassung zu einer Umqualifizierung der Bezüge in solche aus betrieblichen Einkünften führt (§ 20 Abs. 8 EStG). Die Bezüge gelten als über die (gewerblich tätige) PersG bezogen. Dem steht für Zwecke der Anwendung des innerstaatlichen Rechts nicht entgegen, dass die Fiktion des § 5 Abs. 2 nicht auf die abkommensrechtliche Qualifizierung durchschlägt.[241] Entsprechend erzielen beschränkt steuerpflichtige Anteilseigner die Bezüge nach § 7 als inländische Betriebsstätteneinkünfte nach § 49 Abs. 1 Nr. 2 Buchst. a EStG.[242] Diese Auffassung hat das FG Bremen mit nicht rechtskräftigem Urteil vom 25. 06. 2015[243] – für einen Streitfall außerhalb des Anwendungsbereichs der §§ 3 ff. – im Falle einer gewerblich geprägten PersG ohne eigene Büroräume und eigenem Personal bejaht. Die PersG (Klägerin) war an einer inländischen GmbH beteiligt, welche in den Streitjahren Ausschüttungen an die Klägerin vorgenommen hatte. An der Klägerin war u. a. eine in einem Nicht-DBA-Staat ansässige ausländische KapG beteiligt. Das FG Bremen bejahte das Vorliegen einer inländischen Betriebsstätte i. S. d. § 49 Abs. 1 Nr. 2 Buchst. a EStG i. V. m. § 12 AO, welche die gewerblich geprägte PersG ihrem ausländischen Gesellschafter vermittele. Dies gelte auch dann, wenn es sich bei den ausländischen Gesellschaftern um KapG handele, deren Körperschaftsteuer eigentlich gemäß § 32 Abs. 1 Nr. 2 KStG durch den Steuerabzug abgegolten sei. In Abgrenzung der zu DBA-Fällen ergangenen Rechtsprechung sei es für die Zurechnung der GmbH-Beteiligung zu der Betriebsstätte nach § 12 AO nicht erforderlich, dass die Beteiligung in einem funktionalen Zusammenhang mit der in der inländischen Betriebsstätte ausgeübten unternehmerischen Tätigkeit der PersG stehe. An der Notwendigkeit, in solchen Fällen für den beschränkt Steuerpflichtigen ein Veranlagungsverfahren unter Anrechnung der KapESt durchzuführen, sollte sich aber auch dann nichts ändern, wenn das deutsche Besteuerungsrecht zusätzlich durch ein DBA beschränkt sein sollte. Es ist keine Rechtsgrundlage dafür ersichtlich, dass es bei der Auslegung und Anwendung innerstaatlicher Vorschriften wie § 32 Abs. 1 Nr. 2 KStG, § 49 Abs. 1 Nr. 2a EStG und § 12 AO eine Einwirkung eines DBA in dem Sinne gibt, dass nicht der innerstaatliche Unternehmens- und Betriebsstättenbegriff gilt, sondern die (im Regelfall engere) abkommensrechtliche Begriffsbestimmung.[244]

---

240 So zutreffend *Bogenschütz*, Ubg 2011, 393, 406 f. Vor diesem Hintergrund hatte *Bogenschütz* noch in 2009 die Vermutung geäußert, die Finanzverwaltung werde sich zur Absicherung des deutschen Besteuerungsrechts einer „modifizierten Einlagefiktion" anschließen, vgl. *Bogenschütz*, Ubg 2009, 604 (611).

241 Vgl. hierzu oben Rdn. 58, § 4 Rdn. 121 und § 5 Rdn. 35.

242 Vgl. bereits oben Rdn. 52; *Widmann* in Widmann/Mayer, § 7 Rdn. 91, 100; *Pung* in Dötsch/Patt/Pung/Möhlenbrock, § 4 Rdn. 5; *van Lishaut* in Rödder/Herlinghaus/van Lishaut, § 4 Rdn. 115; *Schaumburg*, Internationales Steuerrecht, Rdn. 17.38; *Schell*, IStR 2011, 704 (706); *Benecke/Beinert*, FR 2010, 1120 (1121); *Schnitter* in Frotscher/Maas, § 7 Rdn. 29; *Hagemann/Jakob/Ropohl/Viebrock*, NWB 2007, Sonderheft 1, 15; *Lemaitre/Schönherr*, GmbHR 2007, 173 (181). A.A. *Förster/Felchner*, DB 2006, 1072 (Anwendung von § 49 Abs. 1 Nr. 5a EStG).

243 FG Bremen v. 25. 06. 2015, 1 K 68/12 (6), EFG 2016, 88 (Rev. anhängig I R 58/15).

244 So ausdrücklich *Salzmann*, IStR 2016, 309. In diesem Sinne ebenfalls bereits *Benecke/Beinert*, FR 2010, 1120 (1121); *Schaumburg*, Internationales Steuerrecht, Rdn. 17.40; *Bogenschütz*, Ubg 2011, 393 (408); *Pung* in Dötsch/Patt/Pung/Möhlenbrock, § 7 Rdn. 24.

3. Kritik an der weiten Einlagefiktion

In den Fällen des § 5 Abs. 2 steht die Zuordnung der (Bezüge zu einer   *56*
inländischen (anteiligen) Betriebsstätte des Steuerausländers in einem Widerspruch zum Gesetzeszweck.[245] Die Vorschrift soll gerade in grenzüberschreitenden Fällen das deutsche Besteuerungsrecht an den steuerbilanziellen Gewinnrücklagen durch den Anfall von KapESt sicher stellen.[246]

Betriebsstätteneinkünfte von Steuerausländern sind zu veranlagen (§§ 50   *57*
Abs. 2 S. 2 Nr. 1 EStG, 32 Abs. 1 Nr. 2 KStG).[247] Im Rahmen der Veranlagung kann der beschränkt Steuerpflichtige eine begrenzte Verrechnung der
Bezüge nach § 7 mit einem Übernahmeverlust erreichen (vgl. § 4 Abs. 6 S. 3
und 4).[248] Zum anderen kann die auf die Bezüge nach § 7 einbehaltene KapESt[249] auf die Einkommen- bzw. Körperschaftsteuer des beschränkt Steuerpflichtigen angerechnet werden, da die KapESt in Veranlagungsfällen
keinen abgeltenden Charakter hat (§ 50 Abs. 2 S. 2 Nr. 1 EStG bzw. § 32
Abs. 1 Nr. 2 KStG).[250] Somit kann es im Rahmen der Veranlagung auch zu
einer vollständigen oder teilweisen Erstattung von KapESt kommen. Während dies bei natürlichen Personen im Rahmen des Teileinkünfteverfahrens
nur partiell der Fall sein sollte, können sich aber gerade bei beschränkt
steuerpflichtigen Körperschaften erhebliche Besteuerungsausfälle ergeben.
Ausländische KapG können sich im Rahmen der Veranlagung zur Körperschaftsteuer auf § 8 b KStG berufen. Liegen keine Streubesitzanteile i.S.v.
§ 8b Abs. 4 KStG vor, unterliegen letztendlich nur 5 % der Bezüge der
Besteuerung (§ 8b Abs. 1, 5 und 6 KStG). Dies entspricht einer effektiven

---

245 Vgl. zum Regelungszweck von § 7 oben Rdn. 8 ff. Ebenfalls in diesem Sinne kritisch *Behrend/Arjes*, DB 2007, 824 (826); *Bogenschütz*, Ubg 2011, 393 (408). Nach
  Jäschke/Illing in Widmann/Bauschatz, eKomm, Ab 01.01.2015, § 7 Rdn. 40 ist es
  dem Gesetzgeber im Zusammenspiel von § 7 und § 5 Abs. 2 nicht gelungen, die
  bestehenden Besteuerungslücken bei ausländischen Anteilseignern zu schließen.
246 Siehe Regierungsbegründung zum SEStEG-E, BT-Drs. 16/2710, 40 und oben
  Rdn. 7. *Pung* in Dötsch/Patt/Pung/Möhlenbrock, § 7 Rdn. 22, 24 sieht in den sich
  v.a. bei beschränkt Steuerpflichtigen ergebenden Wertungswidersprüchen zum
  Gesetzeszweck kein hinreichendes Argument für eine anderweitige Auslegung
  des § 5 Abs. 2.
247 *Frey/Mückl*, DStR 2011, 2125.
248 Vgl. § 4 Rdn. 109 ff.; *Förster/Felchner*, DB 2006, 1072 (1079) und DB 2008, 2445;
  Lemaitre/Schönherr, GmbHR 2007, 173 (177); *Schaumburg*, Internationales Steuerrecht, Rdn. 17.38. Allerdings dürfte Deutschland bei Anteilseignern mit Wohn-
  oder Geschäftssitz in einem DBA-Staat i.d.R. nach Art. 13 Abs. 5 OECD überhaupt kein Besteuerungsrecht an dem Übernahmeergebnis zustehen. Der auf
  solche Anteilseigner entfallende Anteil am Übernahmeergebnis soll nach den Beispielsfällen in Tz. 04.27 UmwStE 2011 im Rahmen der gesonderten und einheitlichen Feststellung deshalb auch außer Ansatz bleiben. Eine Verrechnung der Bezüge nach § 7 mit einem Übernahmeverlust dürfte somit an dem einschlägigen
  DBA scheitern.
249 Zur KapESt siehe nachfolgend Rdn. 69 ff.
250 So zutreffend *Schaumburg*, Internationales Steuerrecht, Rdn. 17.38; *Bogenschütz*,
  Ubg 2011, 393 (408); *Schell*, IStR 2011, 704 (706); *Mückl/Frey*, DStR 2011, 2125;
  Benecke/Beinert, FR 2010, 1120 (1122); vgl. zur Abgeltungswirkung der Kapitalertragsteuer Rdn. 76 f.

Steuerbelastung auf die Bezüge nach § 7 von etwa 0,8 %.[251] Demgegenüber findet § 8b KStG in den Abgeltungsfällen ohne Veranlagung keine Anwendung (§ 43 Abs. 1 S. 3 EStG).[252]

58 Das weite Verständnis von der Einlagefiktion des § 5 Abs. 2 kann auch zu schwierigen abkommensrechtlichen und praktischen Besteuerungsfragen führen. Während nach innerstaatlichem Recht Betriebsstätteneinkünfte nach § 49 Abs. 1 Nr. 2 Buchst. a EStG vorliegen (und die Bezüge nach § 7 somit unter Anrechnung der KapESt zu veranlagen sind)[253], schlägt die Einlagefiktion nicht auf die abkommensrechtliche Beurteilung durch.[254] Die weite Einlagefiktion führt nämlich nicht dazu, dass das Übernahmeergebnis (und als Annex auch die Bezüge nach § 7) einer deutschen Betriebsstätte des ausländischen Anteilseigners zugerechnet und nach dem für Unternehmensgewinne geltenden Artikel des jeweiligen DBA (Art. 7 OECD-MA) im Inland besteuert werden. Denn im DBA-rechtlichen Kontext setzen sowohl Art. 10 Abs. 4 (für den Dividendenteil) als auch Art. 13 Abs. 2 OECD-MA (für den Übernahmegewinn) die funktionale Zuordnung einer Beteiligung zu der von der Betriebsstätte (hier von der übernehmenden PersG) ausgeübten Unternehmenstätigkeit voraus.[255] Eine reine Fiktion, wie sie § 5 Abs. 2 für das innerstaatliche Recht vorsieht, reicht abkommensrechtlich für eine solche Zuordnung aber nicht aus.[256]

In Ermangelung einer abkommensrechtlichen Betriebsstätte steht Deutschland somit i.d.R. nach Art. 10 Abs. 2 OECD-MA „nur" ein Quellenbesteuerungsrecht an den Bezügen nach § 7 zu[257], es sei denn, das im Einzelfall einschlägige DBA würde abweichend vom OECD-MA das Besteuerungsrecht für die (fiktiven) Dividenden dem Sitzstaat der KapG zuweisen.[258] Dabei beschränken sowohl Art. 10 Abs. 2 OECD-MA als auch die von Deutschland

---

251 Vgl. *Bogenschütz*, Ubg 2011, 393, 408.

252 BFH vom 22.04.2009, I R 53/07, BFH/NV 2009, 1543.

253 Nach zutreffender Ansicht gilt die Einlage- und Überführungsfiktion der § 5 Abs. 2 und 3 unabhängig davon, ob Deutschland nach dem einschlägigen DBA ein Besteuerungsrecht zusteht, vgl. *Jäschke/Illing* in Widmann/Bauschatz, eKomm, Ab 01.01.2015, § 7 Rdn. 41.

254 *Kraft/Poley*, FR 2014, 1 (4); *Köhler/Käshammer*, GmbHR 2012, 301 (306).

255 *Schaumburg*, Internationales Steuerrecht, Rdn. 17.40; *Bogenschütz*, Ubg 2011, 393 (408); *Benecke/Schnittker* in Wassermeyer/Richter/Schnittker, Rdn. 15.52. Allgemein zur abkommensrechtlichen versus nationalen Zuordnung von Beteiligungen *Ehlermann/Petersen*, IStR 2011, 747.

256 § 4 Rdn. 121 und § 5 Rdn. 35. Vgl. auch *Wassermeyer* in Wassermeyer, Art. 13 OECD-MA Rdn. 77a; *Köhler/Käshammer*, GmbHR 2012 301 (307); *Pung* in Dötsch/Patt/Pung/Möhlenbrock, § 4 Rdn. 5; *Widmann* in Widmann/Mayer, § 7 Rdn. 92; *Schell*, IStR 2011, 704 (705); *Schaumburg*, Internationales Steuerrecht, Rdn. 17.40; *Bogenschütz*, Ubg 2011, 393, 408; *Schmitt* in Schmitt/Hörtnagl/Stratz, § 4 Rdn. 127; *Lemaitre/Schönherr*, GmbHR 2007, 173 (177, 181); *Hagemann/Jakob/Ropohl/Viebrock*, NWB 2007, Sonderheft 1, 20 f.; *Förster/Felchner*, DB 2006, 1072 (1080). Demgegenüber gehen *Winkeljohann/Fuhrmann*, Handbuch Umwandlungssteuerrecht, 761 davon aus, dass das Übernahmeergebnis bei ausländischen Anteilseignern stets von Art. 7 OECD-MA erfasst wird.

257 Vgl. *Widmann* in Widmann/Mayer, § 7 Rdn. 92, 102.

258 So *Schell*, IStR 2011, 704 (708) u.a. mit Hinweis auf die Besonderheiten des DBA-Tschechoslowakei.

Hölzemann

abgeschlossenen DBA den Quellensteuersatz auf einen Höchstsatz[259], wobei sowohl Art. 10 Abs. 2 OECD-MA als auch die von Deutschland abgeschlossenen DBA bzgl. des Höchstsatzes in der Regel danach differenzieren, ob es sich bei der Dividende um eine Schachteldividende oder um eine sonstige Dividende handelt. Dabei gestattet Art. 10 Abs. 2 OECD-MA dem Quellenstaat in verfahrensrechtlicher Hinsicht anstelle eines Quellensteuerabzugs von der Bruttodividende auch die Veranlagung der Einkünfte (also der Einnahmen und Ausgaben) aus der Beteiligung (vgl. Art. 10 Nr. 18 MK). Allerdings darf in einem solchen Fall die Steuer nicht den von der Bruttodividende als Einnahme zu bemessenden Höchstsatz überschreiten.[260] Werden in Folge der weiten Einlagefiktion die Bezüge nach § 7 im Rahmen einer Veranlagung festgesetzt, können sich bei beschränkt Steuerpflichtigen natürlichen Personen im Rahmen der Anwendung des Teileinkünfteverfahrens nach § 3 Nr. 40 Buchst. d EStG und § 3 Nr. 40 S. 2 EStG als auch bei Kapitalgesellschaften durch die Anwendung von § 8b Abs. 4 KStG n.F. (Streubesitzanteilen) effektive Steuerbelastungen ergeben, welche den DBA-Höchstsatz für Dividenden übersteigen. Eine Erstattung der zu hoch veranlagten Einkommen- bzw. Körperschaftsteuer über § 50d Abs. 1 EStG kommt in einem solchen Fall nicht in Betracht, weil die veranlagte Einkommen- oder Körperschaftsteuer keine im Steuerabzug erhobene ist.[261]

Beispiel: 58a
An der deutschen X-GmbH sind die französische F-SAS zu 50 %, die in den Niederlanden ansässige natürliche Person A zu 45 % und die chinesische Y-Holding Ltd. zu 5 % beteiligt. Die X-GmbH soll zum 01.01.01 in eine PersG (KG) formwechselnd umgewandelt werden. Die Gesamtsumme der nach § 7 als ausgeschüttet geltenden Bezüge soll EUR 10 Mio. betragen.

Für Anteile i.S.d. § 5 Abs. 2 ergibt sich das abkommensrechtliche Besteuerungsrecht für das Übernahmeergebnis in der aus einer Art. 13 Abs. 5 OECD-MA vergleichbaren Vorschrift in einem DBA; entsprechend steht i.d.R. dem Ansässigkeitsstaat des Anteilseigners das ausschließliche Besteuerungsrecht am Übernahmeergebnis zu.[262] Auch nach dem im Beispielsfall konkret einschlägigen DBA mit Frankreich (Art. 7 Abs. 5), den Niederlanden (Art. 8 Abs. 1) und China (Art. 13 Abs. 6) hat Deutschland kein Besteuerungsrecht am Übernahmeergebnis. Die für Zwecke der Übernahmegewinnermittlung einschlägige Einlagefiktion des § 5 Abs. 2 begründet keine – für eine abweichende Zuordnung des Besteuerungsrechts erforderliche – inländische Betriebsstätte im abkommensrechtlichen Sinne.[263]

---

259 Vgl. zu den maximalen Quellensteuersätzen (Stand 01.01.2014) der von Deutschland abgeschlossenen DBA den Überblick von *Tischbirek/Specker* in Vogel/Lehner, Art. 10 OECD-MA Rdn. 67.

260 *Wassermeyer/Kaeser*, in Wassermeyer, Art. 10 OECD-MA Rdn. 59.

261 *Wassermeyer/Kaeser*, in Wassermeyer, Art. 10 OECD-MA Rdn. 59.

262 Tz. 04.23 UmwStE 2011 und das Beispiel 1 in Tz. 04.27; *Jäschke/Illing* in Widmann/Bauschatz, eKomm, Ab 01.01.2015, § 7 Rdn. 41; vgl. hierzu bereits oben Rdn. 7.

263 *Wassermeyer* in Wassermeyer, Art. 13 OECD-MA Rdn. 77a; *Widmann* in Widmann/Mayer, § 7 Rdn. 92; *Bron* in Kraft/Edelmann, § 7 Rdn. 88; vgl. bereits oben Rdn. 58.

Ungeachtet der DBA-rechtlichen Qualifizierung des Übernahmegewinns als Veräußerungstatbestand i.S.d. Art. 13 Abs. 5 OECD-MA, ergibt sich das deutsche Besteuerungsrecht für die Bezüge nach § 7 regelmäßig aus einer dem Art. 10 OECD-MA vergleichbaren Vorschrift im jeweils einschlägigen DBA.[264] Denn die DBA verweisen regelmäßig für den abkommensrechtlichen Dividendenbegriff auf die innerstaatliche Regelungen des Quellenstaates (Art. 10 Abs. 3 OECD-MA).[265] Somit besteht das Besteuerungsrecht Deutschlands an den Bezügen nach § 7 unabhängig davon, ob auch ein Besteuerungsrecht für das Übernahmeergebnis existiert.[266] Dabei ist das deutsche Quellenbesteuerungsrecht nach den im Beispielsfall einschlägigen DBA auf folgende Höchstsätze bezogen auf die Bruttodividende beschränkt:

- F-SAS (Frankreich):   5 % (Art. 9 Abs. 5);
- A (Niederlande):   15 % (Art. 13 Abs. 3)
- Y-Holding Ltd. (China): 10 % (Art. 10 Abs. 2 Buchst. c.)

Nach Auffassung der Vertreter der weiten Einlagefiktion erzielen im vorliegenden Beispielsfall sämtliche beschränkt steuerpflichtige Anteilseigner der X-GmbH Einkünfte aus Gewerbebetrieb nach § 49 Abs. 1 Nr. 2 Buchst. a EStG.[267] Der Umqualifizierung der Bezüge nach § 7 in eine Gewinneinkunftsart nach nationalem Steuerrecht steht die zur Auslegung der DBA ergangene Rechtsprechung des BFH nicht entgegen, da es dort um die Auslegung von Rechtsnormen außerhalb des EStG bzw. KStG geht und nicht, wie hier, um allgemeine Auslegungsgrundsätze des EStG oder KStG.[268] Die nach innerstaatlichem Steuerrecht bestehenden Betriebsstätteneinkünfte von Steuerausländern sind zu veranlagen (§§ 50 Abs. 2 S. 2 Nr. 1 EStG, 32 Abs. 1 Nr. 2 KStG). Die einbehaltene KapESt hat keine abgeltende Wirkung.[269]

Die Veranlagung der beschränkt Steuerpflichtigen soll im Beispielsfall zu folgenden effektiven Steuersätzen (bezogen auf die Bruttodividende) führen:

---

264 Tz. 04.23 UmwStE 2011; *Widmann* in Widmann/Mayer, § 7 Rdn. 102; vgl. bereits oben Rdn. 7.
265 *Stadler/Elser/Bindl*, DB Beilage 01/2012, 14 (24); Nach *Widmann* in Widmann/ Mayer, § 7 Rdn. 102 sind sämtliche von Deutschland abgeschlossene DBA Art. 10 Abs. 3 OECD-MA nachgebildet
266 *Pung* in Dötsch/Patt/Pung/Möhlenbrock, § 7 Rdn. 24; *Widmann* in Widmann/ Mayer, § 7 Rdn. 100 ff.
267 *Pung* in Dötsch/Patt/Pung/Möhlenbrock, § 7 Rdn. 24; *Widmann* in Widmann/ Mayer, § 7 Rdn. 100.
268 So ausdrücklich *Pung* in Dötsch/Patt/Pung/Möhlenbrock, § 7 Rdn. 24; *Jäschke/ Illing* in Widmann/Bauschatz, eKomm, Ab 01.01.2015, § 7 Rdn. 41.
269 *Pung* in Dötsch/Patt/Pung/Möhlenbrock, § 7 Rdn. 24; *Widmann* in Widmann/ Mayer, § 7 Rdn. 79.1.

– F-SAS:	0,8 % (§ 8b Abs. 1 und 5 KStG);
– A:	26 % (Teileinkünfteverfahren, §3 Nr. 40 S. 1 Buchst. d EStG, §3 Nr. 40 S. 2 EStG);
– Y-Holding Ltd.:	15 % (§ 8b Abs. 4 KStG).

In dem Fall des in den Niederlanden ansässigen A und der in China ansässigen Y-Holding Ltd. ergeben sich somit im Beispielsfall durch das Veranlagungsverfahren effektive Steuerbelastungen, die den zulässigen Höchstsatz nach dem jeweils einschlägigen Dividendenartikel im DBA übersteigen. Eine partielle Erstattung der zu hoch veranlagten Einkommen- bzw. Körperschaftsteuer über das Erstattungsverfahren nach § 50d Abs. 1 ist nicht möglich, da dieses explizit nur für Einkünfte vorgesehen ist, die dem Steuerabzug unterliegen.[270] Somit muss der DBA-Quellensteuersatz im Rahmen des Veranlagungsverfahrens berücksichtigt werden. Die hiermit einhergehenden Verfahrensfragen sind noch nicht abschließend diskutiert. Es hat eine Veranlagung mit ggfs. gedeckeltem Besteuerungsanspruch zu erfolgen.[271] Auch kann unabhängig von der evtl. zu erfolgenden Veranlagung bei Vorliegen einer entsprechenden (Teil-) Freistellungsbescheinigung bereits bei der Erhebung der KapESt der entsprechende abkommensrechtliche Quellensteuersatz berücksichtigt werden.[272] Die Durchführung einer Veranlagung sollte in diesen Fällen entbehrlich sein.

Zur Lösung dieser Fragen wird von einzelnen Vertretern der weiten Einlagenfiktion die Auffassung vertreten, dass nur dann (zu veranlagende) inländische Betriebsstätteneinkünfte beschränkt Steuerpflichtiger vorliegen, wenn Deutschland nach dem jeweils einschlägigen DBA auch das Besteuerungsrecht am Übernahmeergebnis zusteht.[273] In diesem Fällen ergäbe sich die beschränkte Steuerpflicht aus § 49 Abs. 1 Nr. 5 Buchst. a EStG; die KapESt habe dann eine abgeltende Wirkung.[274]. Durch eine solche Betrachtung würde das Besteuerungsrecht an den Bezügen nach § 7 mit dem Besteuerungsrecht an dem Übernahmeergebnis verknüpft. Dies ist jedoch abkommensrechtlich nicht zulässig. Während der Übernahmegewinn abkommensrechtlich unter Art. 13 OECD-MA fällt, kommt für die Bezüge nach § 7 der Dividendenartikel (Art. 10 OECD-MA) zur Anwendung.[275] 59

(einstweilen frei) 60

---

270 *Wassermeyer/Kaeser*, in Wassermeyer, Art. 10 OECD-MA Rdn. 59.
271 In diesem Sinne ausdrücklich *Köhler/Käshammer*, GmbHR 2012, 301 (307).
272 *Köhler/Käshammer*, GmbHR 2012, 301 (307).
273 So etwa noch in der Vorauflage *Pung* in Dötsch/Patt/Pung/Möhlenbrock, 6. Aufl. § 7 (SEStEG) Rdn. 24; vgl. hierzu auch *Stadler/Elser/Bindl*, DB Beilage 1/2012, 14 (22).
274 *Stimpel*, GmbHR 2012, 123 (130); *Pung* in Dötsch/Patt/Pung/Möhlenbrock, 6. Aufl., § 4 (SEStEG) Rdn. 5; in der Folgeauflage wurde diese Auffassung allerdings aufgegeben.
275 So auch ausdrücklich Tz. 07.02 UmwStE 2011; vgl. auch Rdn. 7.

61 Es ist mehr als überraschend, dass sich die Finanzverwaltung zu den hier in Rede stehenden abkommensrechtlichen Problemstellungen und den damit zusammenhängenden Fragen der Steueranrechnung bzw. der Abgeltungswirkung im UmwStE 2011 überhaupt nicht bzw. nur sehr verklausuliert im Rahmen des Beispielsfalls in Tz. 04.27 UmwStE 2011 äußert.[276] Es ist wie *Bogenschütz* zutreffend ausführt, schwer nachvollziehbar, warum sich die Finanzverwaltung mit einer klaren Festlegung zu diesem für die Praxis so wichtigen Punkt so schwer tut.[277]

62 Die weite Einlagefiktion kann zudem zu einer Besserstellung von beschränkt steuerpflichtigen Anteilseigner (v.a. Körperschaften) durch den Umwandlungsvorgang selbst führen. Während sich beschränkt steuerpflichtige Anteilseigner vor dem Umwandlungsvorgang die steuerbilanziellen Gewinnrücklagen der übertragenden Körperschaft nur unter Inkaufnahme einer abgeltenden KapESt ausschütten lassen können[278], kann die auf die steuerbilanziellen Gewinnrücklagen anfallende KapESt nach der Umwandlung auf die Einkommen- oder Körperschaftsteuer angerechnet und ggfs. (teilweise) erstattet werden. Im Anschluss können die Gewinnrücklagen steuerfrei vom beschränkt Steuerpflichtigen von seinem Kapitalkonto bei der übernehmenden PersG entnommen werden.[279] Dass eine solche Besserstellung von beschränkt Steuerpflichtigen durch den Umwandlungsvorgang vom Gesetzgeber bezweckt worden ist, mag unter Berufung auf die Gesetzesmaterialien[280] bezweifelt werden.

4. Enge Einlagefiktion des § 5 Abs. 2

63 Nach zutreffender Auffassung gilt die Einlagefiktion des § 5 Abs. 2 ausschließlich für Zwecke der Ermittlung des Übernahmeergebnisses nach § 4 Abs. 4 bis 6. Somit kommt es in den Fällen des § 5 Abs. 2 zu einer Zurechnung der Bezüge nach § 7 unmittelbar beim (früheren) Anteilseigner der übertragenden Körperschaft. Die Bezüge werden nicht über das Betriebsvermögen der übernehmenden PersG bezogen.[281] Hierfür sprechen neben dem Gesetzeszweck[282], der Gesetzessystematik (§ 5 Abs. 2 als Sondervorschrift für die Ermittlung des Übernahmeergebnisses)[283] auch der Wortlaut von § 5 Abs. 2 als auch von § 7.

---

276 Kritisch auch *Neu/Schiffers/Watermeyer*, GmbHR 2011, 729 (733); *Bogenschütz*, Ubg 2011, 393 (407 f.).
277 *Bogenschütz*, Ubg 2011, 393 (408) unter Hinweis auf eine Diskussion mit Vertretern der Finanzverwaltung.
278 Vgl. BFH vom 22.04.2009, I R 53/07, BFH/NV 2009, 1543 und Rdn. 80 f.
279 Vgl. § 4 Rdn. 4 und oben Rdn. 8.
280 Siehe Regierungsbegründung zum SEStEG-E, BT-Drs. 16/2710, 40.
281 In diesem Sinne ebenfalls *Klingberg* in Blümich, § 7 Rdn. 7; *Förster/Felchner*, DB 2006, 1072 (1079) und DB 2008, 2445; *Blöchle/Weggenmann*, IStR 2008, 87 (93); *Behrend/Arjes*, DB 2007, 824; *Stimpel*, GmbH-StB 2008, 74 (79), *ders.*, GmbHR 2012, 123 (129); *Förster* in FS Schaumburg, 629 (642); § 18 Rdn. 36; *Pohl*, NWB 5/2012, 177 (185); a.A. siehe § 4 Rdn. 10 und § 5 Rdn. 35.
282 Siehe hierzu oben Rdn. 56.
283 Vgl. Rdn. 50.

§ 7 S. 1 nennt ausdrücklich den Anteilseigner der übertragenden Körper- 64
schaft als Empfänger der Bezüge. Darüber hinaus gelten die Anteile an der
übertragenden Körperschaft nach § 5 Abs. 2 „für die Ermittlung des Gewinns als [...] in das Betriebsvermögen des übernehmenden Rechtsträgers
[...] eingelegt." Nach ihrem jeweiligen Wortlaut verweisen § 5 Abs. 2 und 3
nur auf die Übernahmegewinnermittlung, nicht jedoch auf die Ermittlung
der Bezüge nach § 7. Nach der von der Finanzverwaltung in der Lösung des
ersten Beispielsfalls zu Tz. 04.27 UmwStE 2011 vertretenen Auffassung soll
in den Fällen, in denen ein DBA das Besteuerungsrecht am Übernahmeergebnis dem Ansässigkeitsstaat des Steuerausländers zuweist, das Übernahmeergebnis im Rahmen der einheitlichen und gesonderten Gewinnfeststellung außer Ansatz bleiben, da nur steuerpflichtige Einkünfte festzustellen
sind. § 7 soll davon unberührt bleiben (vgl. auch Tz. 07.02 UmwStE 2011).
Somit würde sich § 5 Abs. 2 in der Besteuerungspraxis in der überwiegenden Anzahl der Fälle ausschließlich auf die – vom Wortlaut der Norm nicht
erfassten – Bezüge nach § 7 auswirken. Ein solches Auslegungsergebnis ist
äußerst bedenklich.

Auch die von der Gegenauffassung ins Feld geführten praktischen Erwägungen für eine verfahrensrechtliche Zusammenfassung sowohl der Übernahmegewinnermittlung als auch der Bezüge nach § 7 bei nur einem Finanzamt vermögen nicht zu überzeugen.[284] Zum einen bedarf es ohnehin
für die nicht wesentlich an der übertragenden Körperschaft beteiligten
Anteilseigner einer vom Übernahmeergebnis losgelösten Ermittlung der Bezüge nach § 7 (vgl. § 7 S. 2).[285] Zum anderen sollten rein praktische Erwägungen aufgrund der mit der weiten Einlagefiktion auftretenden schwierigen abkommensrechtlichen Fragen[286] ohnehin in den Hintergrund treten.

Beschränkt sich somit die Einlagefiktion des § 5 Abs. 2 auf die Ermittlung 65
des Übernahmeergebnisses nach § 4 Abs. 4 und 5, erzielen die in § 5 Abs. 2
genannten Anteilseigner der übertragenden Körperschaft unmittelbar Einnahmen aus Kapitalvermögen nach § 20 Abs. 1 Nr. 1 EStG.[287] Erst im Anschluss an die Vereinnahmung dieser Einnahmen erfolgt eine Einlage dieses
Betrages in das Betriebsvermögen der Übernehmerin, da die steuerbilanziellen Gewinnrücklagen der übertragenden Körperschaft zum steuerlichen
Übertragungsstichtag auf die Übernehmerin übergehen und deren Betriebsvermögen erhöhen.[288]

Die Besteuerung der wesentlich beteiligten Anteilseignern richtet sich somit
im Ergebnis in den Fällen des § 5 Abs. 2 nach den gleichen Grundsätzen
wie bei den Anteilseignern, für die ein Übernahmeergebnis nicht zu ermit-

---

284 Vgl. *Pung* in Dötsch/Patt/Pung/Möhlenbrock, § 7 Rdn. 23; *Benecke/Beinert*, FR
2010, 1120 (1121).
285 Vgl. hierzu Rdn. 45.
286 Vgl. hierzu Rdn. 58, 58a.
287 So ausdrücklich auch *Stimpel*, GmbH-StB 2008, 74 (79).
288 So ausdrücklich *Förster/Felchner*, DB 2008, 2445 (2449); siehe auch *Frotscher* in
Frotscher/Maas, Internationalisierung des Ertragsteuerrechts, Rdn. 265; a.A. Kommentierung zu § 5 Rdn. 35: „Zeitlich gelten die Anteile gem. der Einlagefiktion
des § 5 Abs. 2 *vor* Erhalt der Ausschüttung i.S.v. § 7 als in die PersG überführt."

teln ist (§ 7 S. 2)[289], d.h. die Bezüge nach § 7 unterliegen für Umwandlungs-stichtage nach dem Veranlagungszeitraum 2008 der Abgeltungsteuer (Ausnahme ggfs. nach § 32d Abs. 2 Nr. 3 EStG[290]), d.h. die Bezüge sind zu 100 % steuerpflichtig bei einem Steuersatz von 25 %. Die einbehaltene KapESt hat grds. abgeltende Wirkung (§§ 43 Abs. 5 S. 1 EStG, 32 Abs. 1 Nr. 2 KStG). Beschränkt Steuerpflichtige beziehen Einkünfte nach § 49 Abs. 1 Nr. 5 Buchst. a EStG. Die zu erhebende KapESt hat – unter Berücksichtigung des ggfs. anwendbaren DBA-Höchstsatzes[291] – ebenfalls abgeltende Wirkung (§§ 50 Abs. 2 S. 1 EStG, 32 Abs. 1 Nr. 2 KStG).[292]

65a Gegen die enge Einlagefiktion werden europarechtliche Bedenken erhoben, da es hierdurch zu einer Schlechterstellung von Anteilseignern aus EU-bzw. EWR-Staaten gegenüber Steuerinländern kommen könne.[293] Zu einer solchen Schlechterstellung sollte es bei natürlichen Personen als Anteilseigner der übertragenden Körperschaft im Normalfall nicht kommen, da die enge Einlagefiktion sowohl bei unbeschränkt als auch bei beschränkt Steuerpflichtigen zur Anwendung gelangt.[294] In beiden Fällen hat die zu erhebende KapESt abgeltende Wirkung (Ausnahme Antrag nach § 32 Abs. 2 Nr. 3 EStG).[295] Dabei steht den beschränkt Steuerpflichtigen bei Anwendbarkeit eines DBA die Möglichkeit offen, die Steuerbelastung in dem hierfür vorgesehenen Freistellungs- oder Erstattungsverfahren im Vergleich zu Steuerinländern weiter zu reduzieren.

Zu einer Schlechterstellung von Anteilseignern aus EU- bzw. EWR-Staaten gegenüber inländischen Anteilseignern kann es nach der hier vertretenen Auffassung allenfalls bei Körperschaften kommen, sofern diese zu mindestens 10 % an dem übertragenden Rechtsträger beteiligt sind (keine Anwendung von § 8b Abs. 4 KStG). Während sich eine inländische Körperschaft im Rahmen der Veranlagung auf die materielle Steuerbefreiung der Bezüge nach § 8b Abs. 1 KStG berufen kann und lediglich 5 % der Einnahmen der Besteuerung unterworfen werden (§ 8b Abs. 5 KStG), hätte die KapESt bei entsprechenden Inbound-Situationen infolge des insoweit abgeltenden KapESt-Abzugs (§ 43 Abs. 1 S. 3 EStG i.V.m. § 32 Abs. 1 Nr. 2 KStG) trotz der materiellen Steuerbefreiung nach § 8b Abs. 1 KStG eine „definitiv" wir-

289 Vgl. oben Rdn. 45.
290 Vgl. hierzu Rdn. 77.
291 Vgl. oben Rdn. 58, 58a.
292 Wie hier *Klingberg* in Blümich, § 7 Rdn. 18.
293 Vgl. *Jäschke/Illing* in Widmann/Bauschatz, eKomm, Ab 01.01.2015, § 7 Rdn. 40; *Jäschke/Staats* in Prinz, Umwandlungen im Internationalen Steuerrecht, 2013, Rdn. 6.77.
294 *Jäschke/Illing* in Widmann/Bauschatz, eKomm, Ab 01.01.2015, § 7 Rdn. 40 und *Jäschke/Staats* in Prinz, Umwandlungen im Internationalen Steuerrecht, 2013, Rdn. 6.77 gehen bei ihrer europarechtlichen Kritik an der engen Einlagefiktion davon aus, dass diese nur im grenzüberschreitenden Fall zur Anwendung gelangt, wenn Deutschland nach dem einschlägigen DBA kein Besteuerungsrecht am Übernahmeergebnis zusteht. Eine solche Sichtweise steht mit der hier vertretenen Auffassung von der engen Einlagefiktion nicht im Einklang.
295 In diesem Sinne auch *Köhler/Käshammer*, GmbHR 2012, 301 (307); *Jäschke/Illing* in Widmann/Bauschatz, eKomm, Ab 01.01.2015, § 7 Rdn. 38; vgl. hierzu auch Rdn. 93 und 101.

kende Steuerbelastung. Eine solche Schlechterstellung von Steuerausländern gegenüber Steuerinländern wäre mit den Grundfreiheiten des EG-Vertrages (Niederlassungs- und Kapitalverkehrsfreiheit) sicherlich unvereinbar.[296] Allerdings sollte es in diesen Fallkonstellation aufgrund der grundsätzlichen Anwendbarkeit der Mutter-Tochter-Richtlinie[297] erst gar nicht zu einer steuerlichen Benachteiligung von den von der Richtlinie begünstigten Anteilseignern kommen.[298]

V. Zufluss der Einnahmen

Ebenso wie für die Ermittlung der Höhe der Einnahmen[299] gilt auch für deren Zufluss die Rückwirkungsfiktion des § 2 Abs. 1 und 2. Die Einnahmen aus Kapitalvermögen gelten – unabhängig vom zivilrechtlichen Wirksamwerden des Umwandlungsvorgangs[300] – bei den Anteilseignern mit Ablauf des steuerlichen Übertragungsstichtages als zugeflossen.[301] Wird auf die Bezüge KapESt einbehalten, ist deren etwaige Anrechnung ebenfalls im Zuflussjahr vorzunehmen.[302] Dies gilt ungeachtet dessen, dass die KapESt ggfs. erst im folgenden Veranlagungszeitraum entsteht.[303]   66

Der Besteuerungszeitpunkt der Bezüge nach § 7 kann sich im Ergebnis danach unterscheiden, ob die Bezüge über die übernehmende PersG (Anteile befinden sich im Betriebsvermögen der Übernehmerin oder gelten nach § 5 Abs. 1 als zum steuerlichen Übertragungsstichtag angeschafft)[304] oder unmittelbar vom Anteilseigner (in den Fällen des § 5 Abs. 2 und bei Anteilseignern ohne Teilnahme an der Übernahmeergebnisermittlung) bezogen werden. Werden die Bezüge über die übernehmende PersG bezogen, erfolgt die Besteuerung in dem Veranlagungszeitraum der übernehmenden PersG, in dem das Wirtschaftsjahr endet, in das der steuerliche Übertragungsstichtag fällt.[305]

---

296 Vgl. Rdn. 89.
297 Richtlinie 2011/96/EU des Rates v. 30.11.2011 über das gemeinsame Steuersystem der Mutter- und Tochtergesellschaften verschiedener Mitgliedstaaten (Neufassung) (ABl. L 345 vom 29.12.2011, S. 8), letztmalig geändert durch Richtlinie 2015/121/EU des Rates v. 27.01.2015 (ABl.EU Nr. L 21, S. 1 v. 28.01.2015).
298 Zur Anwendung der Mutter-Tochter-Richtlinie trotz § 43b Abs. 1 S. 4 EStG, vgl. Rdn. 86ff.
299 Vgl. Rdn. 38.
300 A.A. *Jäschke/Illing* in Widmann/Bauschatz, eKomm, Ab 01.01.2015, § 7 Rdn. 28 (Zufluss nach § 11 EStG erst im Zeitpunkt des zivilrechtlichen Wirksamwerdens der Umwandlung).
301 So ausdrücklich BFH v. 10.02.2016, VIII R 43/13, BFH/NV 2016, 1313 für § 7 UmwStG 1995; vgl. auch Tz. 02.04 und 07.07 UmwStE 2011; *Bron* in Kraft/Edelmann, § 7 Rdn. 67; *Widmann* in Widmann/Mayer, § 7 Rdn. 37; *Benecke/Schnitger*, Ubg 2011, 1 (3); *Birkemeier* in Rödder/Herlinghaus/van Lishaut, § 7 Rdn. 19; *Schmitt* in Schmitt/Hörtnagl/Stratz, § 7 Rdn. 14; *Haisch*, Ubg 2009, 96 (97); *Stimpel*, GmbHR 2012, 123 (131); *Köhler/Käshammer*, GmbHR 2012, 301.
302 *Bron* in Kraft/Edelmann, § 7 Rdn. 67; *Cordes/Dremel/Carstens* in FGS/BDI zu Rdn. 07.08 unter Hinweis auf BFH v. 18.09.2007, I R 54/06, BFH/NV 2008, 290 unter Abschn, II. 2. der Gründe.
303 Vgl. zum Entstehungszeitpunkt der KapESt vgl. Rdn. 72.
304 Vgl. hierzu oben Rdn. 46ff.
305 Tz. 02.04 UmwStE 2011.

67 **Beispiel:**[306]
Die X-GmbH und die Y-GmbH werden handelsrechtlich zum
01. 10. 01 auf die bereits bestehende XY-OHG verschmolzen. Alle
Gesellschaften haben ein vom Kalenderjahr abweichendes Wirtschaftsjahr (01. 07.–30. 06.). Anteilseigner der beiden Gesellschaften
sind die jeweils i.S.d. § 17 EStG wesentlich beteiligten Gesellschafter
X und Y, die auch Mitunternehmer der XY-OHG sind.

Lösung:
X-GmbH und Y-GmbH:
Die X-GmbH und die Y-GmbH haben zum 30. 09. 01 jeweils eine
steuerliche Schlussbilanz zu erstellen. Der 30. 09. 01 stellt den steuerlichen Übertragungsstichtag nach § 2 Abs. 1 dar. Da der steuerliche
Übertragungsstichtag nicht auf das Ende des Wirtschaftsjahrs fällt
(30. 06.), entsteht jeweils ein zum 30. 09. 01 endendes Rumpfwirtschaftsjahr.[307] Das Vermögen gilt nach § 2 Abs. 1 steuerlich als mit
Ablauf des 30. 09. 01 übergegangen.

Der Übertragungsgewinn/-verlust ist nach § 2 Abs. 1 UmwStG i.V.m.
§ 4a Abs. 2 Nr. 2 EStG dem Veranlagungszeitraum 2001 zuzurechnen.

XY-OHG:
Die Ermittlung des Übernahmeergebnisses erfolgt nach § 5 Abs. 2
i.V.m. § 4 auf der Ebene des übernehmenden Rechtsträgers und
führt damit zu Einkünften i.S.d. § 15 Abs. 1 S. 1 Nr. 2 EStG. Das
Übernahmeergebnis wird im Rahmen der gesonderten und einheitlichen Feststellung der XY OHG erfasst.

Da der steuerliche Übertragungsstichtag im Wirtschaftsjahr 01. 07. 01
bis 30. 06. 02 des übernehmenden Rechtsträgers liegt, ist das Übernahmeergebnis i.S.d. § 4 nach § 2 Abs. 1 UmwStG i.V.m. § 4a Abs. 2
Nr. 2 EStG dem Veranlagungszeitraum 02 zuzurechnen.

X und Y:
Da die Bezüge nach § 7 aufgrund der hier vertretenen engen Einlagefiktion des § 5 Abs. 2[308] nicht im Rahmen der gesonderten und einheitlichen Gewinnfeststellung im XY OHG zu erfassen, sondern unmittelbar dem X und Y zuzurechnen sind, unterliegen diese im
Veranlagungszeitraum 01 der Besteuerung.[309] Wäre die fiktive Dividende hingegen über die XY OHG bezogen worden, hätte dies zu
einer Besteuerung im Veranlagungszeitraum 02 geführt.[310]

68 Die Rückwirkungsfiktion ist auch bei Umwandlungsfällen im Jahr 2009 bei
der Frage zu berücksichtigen, ob beim Anteilseigner noch das Halbeinkünf-

---

306 Beispielsfall angelehnt an das Beispiel in Tz. 02.04 UmwStE 2011.
307 Vgl. Tz. 03.01 UmwStE 2011.
308 Vgl. hierzu ausführlich oben Rdn. 62 ff.
309 Lösung insofern entgegen Tz. 02.04 UmwStE 2011.
310 So Tz. 02.04 UmwStE 2011.

teverfahren oder bereits das Teileinkünfteverfahren bzw. die Abgeltungsteuer greift.[311]

VI. Kapitalertragsteuer

1. Entstehung

Nach § 43 Abs. 1 S. 1 Nr. 1 EStG wird die Einkommensteuer auf Kapitaler-   69
träge nach § 20 Abs. 1 Nr. 1 EStG durch Abzug vom Kapitalertrag (Kapitalertragsteuer) erhoben. Da auch die Einnahmen nach § 7 aufgrund der
Rechtsfolgenverweisung als Einnahmen i.S.d. § 20 Abs. 1 Nr. 1 EStG qualifiziert werden, unterliegen sie nach ganz herrschender Auffassung ebenfalls
der KapESt nach § 43 Abs. 1 S. 1 Nr. 1 i.V.m. Abs. 3 S. 1 EStG.[312]

Dieses Ergebnis wird teilweise angezweifelt. Entgegen § 7 InvStG, welcher   70
ausdrücklich auf § 43 Abs. 1 S. 1 Nr. 1 EStG verweise, fehlte es bei § 7 an
einem solchen ausdrücklichen Verweis im Gesetzestext. Aufgrund dieser
fehlenden Verweisung unterlägen die entsprechenden Bezüge auch nicht
der KapESt.[313] § 7 enthält jedoch eine allgemeine Rechtsfolgenverweisung
auf § 20 Abs. 1 Nr. 1 EStG, so dass das Entstehen von KapESt aus diesem
Grund nicht in Frage gestellt werden kann.[314] Gegen den Anfall von KapESt
wird zudem eingewendet, § 44 Abs. 1 S. 3 EStG setze einen Schuldner bzw.
Gläubiger der Kapitalerträge voraus.[315] In den Fällen des § 7 fehle es aber
an einer Forderung des Anteilseigners gegen die übertragende Körperschaft.[316] Auch komme es im Rahmen der Umwandlung zu keinem echten
Zahlungszufluss, von dem KapESt einbehalten werden kann (vgl. § 44
Abs. 1 S. 2 EStG).[317]

Das Abstellen auf einen Schuldner mit Wohnsitz, Geschäftsleitung oder Sitz   71
im Inland (§ 43 Abs. 3 S. 1 EStG) soll jedoch lediglich den Inlandsbezug der

---

311 Vgl. hierzu ausführlich *Haisch*, Ubg 2009, 96 (97): Nach den zeitlichen Anwen-
    dungsregeln ist maßgebend, ob der steuerliche Übertragungsstichtag im Veranla-
    gungszeitraum 2008 oder 2009 liegt.
312 Gesetzesbegründung BT-Drs. 19/2710 zu § 7; Tz. 07.08 UmwStE 2011; *Bron* in
    Kraft/Edelmann, § 7 Rdn. 113; *Börst* in Haritz/Menner, § 7 Rdn. 65 f.; *Benecke/
    Schnitger*, Ubg 2011, 1 (3); *Bogenschütz*, Ubg 2011, 393 (407); *Benecke/Beinert*,
    FR 2010, 1120 (1121); *Schnitter* in Frotscher/Maas, § 7 Rdn. 23; *Schmitt* in Schmitt/
    Hörtnagl/Stratz, § 7 Rdn. 15; *Widmann* in Widmann/Mayer, § 7 Rdn. 39; *Köhler/
    Käshammer*, GmbHR 2012, 301 (306); *Früchtl* in Eisgruber, § 7 Rdn. 46; *Jäschke/
    Illing* in Widmann/Bauschatz, eKomm, Ab 01.01.2015, § 7 Rdn. 34; *Herbort/
    Schwenke*, IStR 2016, 567 (568) für § 12 Abs. 5; *Bodden*, FR 2007, 66; *Hagemann/
    Jakob/Ropohl/Viebrock*, NWB 2007, Sonderheft 1, 16.
313 *Klingberg* in Blümich, § 7 Rdn. 21.
314 So zutreffend *Jäschke/Illing* in Widmann/Bauschatz, eKomm, Ab 01.01.2015, § 7
    Rdn. 34.
315 *Pung* in Dötsch/Pung/Möhlenbrock, § 7 Rdn. 18; *Pung* in Dötsch/Patt/Pung/Möh-
    lenbrock, § 7 Rdn. 18; *Klingberg* in Blümich, § 7 Rdn. 21; ebenfalls kritisch *Bron*
    in Kraft/Edelmann, § 7 Rdn. 114 f.
316 *Pung* in Dötsch/Pung/Möhlenbrock, § 7 Rdn. 18; *Klingberg* in Blümich, § 7
    Rdn. 21.
317 *Klingberg* in Blümich, § 7 Rdn. 21; entsprechend kritisch im Zusammenhang mit
    der Frage, ob bei Steuerausländern eine beschränkte Steuerpflicht nach § 49
    Abs. 1 Nr. 5 Buchst. a EStG gegeben ist *Börst* in Haritz/Menner, § 7 Rdn. 31.

Körperschaft sicherstellen.[318] Der Anfall von KapESt nach § 43 Abs. 1 S. 1 Nr. 1 EStG setzt keinen Schuldner bzw. ein Schuldverhältnis im streng zivilrechtlichen Sinne voraus. Würde man für den Anfall von KapESt auf das Vorhandensein einer zivil- oder gesellschaftsrechtlichen Forderung abstellen, hätte dies zur Konsequenz, dass gerade in den Fällen, in denen der Gesetzgeber den Anfall von KapESt gewollt hat, keine KapESt entstehen würde. Beispielhaft sei hier der Fall einer verdeckten Gewinnausschüttung genannt, die dergestalt bewirkt wird, dass an den Anteilseigner Beträge bezahlt werden, auf die er keinen Anspruch hat.[319]

72 Eine Besonderheit beim KapESt-Einbehalt ergibt sich in den Umwandlungsfällen nach §§ 3 ff. insoweit, als die Bezüge aufgrund des § 2 Abs. 1 und Abs. 2 bereits zum steuerlichen Übertragungsstichtag als zugeflossen gelten.[320] Dies würde grds. zu einem rückwirkenden Anfall von KapESt führen (vgl. § 44 Abs. 1 S. 2 EStG).[321] Dies ist praktisch jedoch unmöglich, da erst im Zeitpunkt der Eintragung der Umwandlung in das öffentliche Register endgültig feststeht, dass die Umwandlung überhaupt stattfindet und welche Anteilseigner an der Umwandlung teilnehmen. Vor diesem Hintergrund geht sowohl die Finanzverwaltung als auch die ganz herrschende Literatur davon aus, dass die KapESt erst mit dem zivilrechtlichen Wirksamwerden der Umwandlung entsteht.[322]

Die KapESt ist folglich bis zum 10. des Monats anzumelden und abzuführen, der auf den Monat folgt, in dem die maßgebende Eintragung der Umwandlung im öffentlichen Register erfolgt ist (§ 44 Abs. 1 S. 5 EStG).[323] Die Verpflichtung zur Abführung der KapESt geht im Wege der Gesamtrechtsnachfolge auf den übernehmenden Rechtsträger über.[324] Handelt es sich bei

---

318 Vgl. *Widmann* in Widmann/Mayer, § 7 Rdn. 39; *Benecke/Schnitger*, Ubg 2011, 1 (3); *Benecke/Beinert*, FR 2010, 1120 (1121).

319 Vgl. *Widmann* in Widmann/Mayer, § 7 Rdn. 39; ebenso *Benecke/Schnitger*, Ubg 2011, 1 (3).

320 Rdn. 66.

321 So zutreffend *Birkemeier* in Rödder/Herlinghaus/van Lishaut, § 7 Rdn. 26; *Pung* in Dötsch/Pung/Möhlenbrock, § 7 Rdn. 18; *Bron* in Kraft/Edelmann, § 7 Rdn. 132.

322 Tz. 07.08 UmwStE 2011; *Jäschke/Illing* in Widmann/Bauschatz, eKomm, Ab 01.01.2015, § 7 Rdn. 36; *Benecke/Schnitger*, Ubg 2011, 1 (3); *Bogenschütz*, Ubg 2011, 393 (407); *Schell*, IStR 2011, 704 (706); *Benecke/Beinert*, FR 2010, 1120 (1121); *Bron* in Kraft/Edelmann, § 7 Rdn. 67; *Cordes/Dremel/Carstens* in FGS/BDI zu Rdn. 07.08; *Köhler/Käshammer*, GmbHR 2012, 301 (306). Im Gegensatz zu der h.A. ist *Haisch*, Ubg 2009, 96 (97 f.) der Auffassung, dass die KapESt auch rückwirkend im Zeitpunkt des steuerlichen Übertragungsstichtags entsteht. Auch nach *Cordes/Dremel/Carstens* in FGS/BDI zu Rdn. 07.08 und *Birkemeier* in Rödder/Herlinghaus/van Lishaut, § 7 Rdn. 26 entsteht die KapESt bereits zum steuerlichen Übertragungsstichtag (zeitlicher Gleichlauf von Zufluss beim Anteilseigner und Entstehung der KapESt), jedoch legen sie die Abführungsverpflichtung ebenfalls auf den Zeitpunkt des zivilrechtlichen Wirksamwerdens der Umwandlung.

323 *Cordes/Dremel/Carstens* in FGS/BDI zu Rdn. 07.08; *Früchtl* in Eisgruber, § 7 Rdn. 46.

324 Tz. 07.08 UmwStE 2011; *Benecke/Schnitger*, Ubg 2011, 1 (3), *Birkemeier* in Rödder/Herlinghaus/van Lishaut, § 7 Rdn. 25; *Bogenschütz*, Ubg 2011, 393 (407); *Börst* in Haritz/Menner, § 7 Rdn. 70; *Schmitt* in Schmitt/Hörtnagl/Stratz, § 7 Rdn. 15; *Krohn/Greulich*, DStR 2008, 646, (650); *Schnitter* in Frotscher/Maas, § 7

diesem um eine PersG, mindert die KapESt das Kapitalkonto des jeweiligen Gesellschafters bei der PersG.[325] Ist der übernehmende Rechtsträger eine Kommanditgesellschaft kann dies ggfs. sogar zur Kommanditistenhaftung nach § 172 Abs. 4 HGB führen.[326] Zur Anrechnungsmöglichkeit der KapESt hat der Gesamtrechtsnachfolger der umgewandelten Körperschaft, also die PersG oder die natürliche Person, den Anteilseignern eine Bescheinigung nach § 45a Abs. 2 EStG auszustellen, aus der sich die Höhe der Bezüge i.S.d. § 7 sowie die Berechtigung zur Anrechnung der KapESt ergibt.[327]

Im Zusammenhang mit der Anmeldung und Abführung der KapESt tritt 73
i.d.R. folgendes weiteres Problem in der Praxis auf: Die anzumeldende und abzuführende KapESt ist abhängig von der Höhe der Bezüge nach § 7 und somit im Ergebnis vom steuerlichen Eigenkapital und dem steuerlichen Einlagekontos der übertragenden Körperschaft zum steuerlichen Übertragungsstichtag.[328] Diese Parameter sind zum Zeitpunkt der Fälligkeit der KapESt in vielen Fällen aber noch gar nicht bekannt. Ist z.B. die Steuerbilanz für den letzten ordentlichen Bilanzstichtag von der übertragenden Körperschaft noch nicht erstellt worden, ergibt sich ein Ermittlungsproblem. Dieses Problem gewinnt noch an Bedeutung, wenn man sich vor Augen führt, dass die übertragende Körperschaft in ihrer steuerlichen Schlussbilanz (§ 3 Abs. 1) die übergehenden Wirtschaftsgüter mit einem höheren Wert (Zwischenwert, gemeiner Wert) als dem Buchwert ansetzen kann bzw. in einigen Fällen sogar muss. Die steuerliche Schlussbilanz, auf welche § 7 bei der Ermittlung der Bezüge Bezug nimmt[329], ist am Fälligkeitstag der KapESt in vielen Fällen noch nicht erstellt. Das Ansatzwahlrecht (§ 3 Abs. 2 S. 1 EStG) übt der Rechtsnachfolger der übertragenden Körperschaft möglicherweise erst viele Monate nach dem Wirksamwerden des Umwandlungsvorgangs bei Abgabe der steuerlichen Schlussbilanz beim zuständigen Finanzamt aus. Erst dann steht die Höhe des steuerlichen Eigenkapitals endgültig fest. Vor diesem Hintergrund kann die KapESt zum Fälligkeitsstichtag (§ 44 Abs. 1 S. 5 EStG) von der übernehmenden PersG als Gesamtrechtsnachfolgerin allenfalls geschätzt werden. Im Nachgang sind dann ggfs. korrigierte Steueranmeldungen einzureichen.

Bei Umwandlungen ausländischer EU-/EWR-KapG fällt keine KapESt an, 74
da keine inländischen Kapitalerträge nach § 43 Abs. 1 S. 1 HS 1 EStG vorliegen und eine auszahlende Stelle nach § 44 Abs. 1 EStG bei Umwand-

---

Rdn. 23; *Widmann* in Widmann/Mayer, § 7 Rdn. 39; *Köhler/Käshammer*, GmbHR 2012, 301 (306). Nach *Widmann* in Widmann/Mayer, § 7 Rdn. 50 ist allerdings Schuldner der Kapitalertragsteuer der Anteilseigner als Gläubiger der Kapitalerträge nach § 44 Abs. 1 S. 1 EStG.

325 *Schnitter* in Frotscher/Maas, § 7 Rdn. 26; *Widmann* in Widmann/Mayer, § 7 Rdn. 56; *Pung* in Dötsch/Patt/Pung/Möhlenbrock, § 7 (SEStEG) Rdn. 18.; *Birkemeier* in Rödder/Herlinghaus/van Lishaut, § 7 Rdn. 27; *Börst* in Haritz/Menner, § 7 Rdn. 70; *Früchtl* in Eisgruber, § 7 Rdn. 47.

326 *Haritz/Wisniewski*, GmbHR 2004, 150 (152) linke Spalte; *Olbing*, GmbH-StB 2004, 85 (88); *Widmann* in Widmann/Mayer, § 7 Rdn. 56.

327 *Widmann* in Widmann/Mayer, § 7 Rdn. 52; *Bron* in Kraft/Edelmann, § 7 Rdn. 119; *Jäschke/Illing* in Widmann/Bauschatz, eKomm, Ab 01.01.2015, § 7 Rdn. 34.

328 Zur Ermittlung der Bezüge vgl. oben Rdn. 29 ff.

329 Vgl. oben Rdn. 38.

lungsvorgängen i. d. R. nicht existiert.[330] Allerdings kann der Umwandlungsvorgang eine der deutschen KapESt vergleichbare Steuer im Sitzstaat der EU-/EWR-Gesellschaft zur Folge haben, z. B. wenn der Sitzstaat der ausländischen Gesellschaft eine dem § 7 vergleichbare Regelung kennt.[331] Ist dies der Fall, steht dem Sitzstaat der ausländischen KapG nach DBA i. d. R. ein Quellenbesteuerrungsrecht zu. Gemäß Art. 23A Abs. 2 OECD-MA besteuert Deutschland diese unter Anrechnung der ausländischen Quellensteuer.[332]

2. Beschränkungen

75 Von der Verpflichtung zum „Einbehalt" und Abführung der KapESt können sich nach allgemeinen Grundsätzen auch anteilige oder vollständige Beschränkungen ergeben:

Soweit an der übertragenden Körperschaft eine Vereinigung oder juristische Person des öffentlichen Rechts mit steuerbegünstigten und steuerbefreiten Zwecken i. S. v. § 44a Abs. 7 S. 1 EStG beteiligt ist, ist der KapESt-Abzug nach § 44a Abs. 7 S. 2 EStG nicht vorzunehmen. Bei den in § 44a Abs. 8 S. 1 EStG genannten nicht gemeinnützigen steuerbefreiten Körperschaften und inländischen juristischen Personen des öffentlichen Rechts ist der KapESt-Abzug für Erträge i. S. v. § 7 i. V. m. § 43 Abs. 1 Nr. 1 EStG nur in Höhe von drei Fünfteln vorzunehmen.[333] Voraussetzung für den Verzicht bzw. den ermäßigten Einbehalt ist in diesem Fällen jedoch, dass der entsprechende Anteilseigner gemäß § 44a Abs. 7 S. 2 EStG bzw. § 44a Abs. 8 S. 2 EStG durch eine entsprechende Bescheinigung des zuständigen Finanzamts nachweist (§ 44a Abs. 7 S. 4 EStG), dass er in den begünstigten Gesellschafterkreis i. S. d. genannten Vorschriften fällt.

Im grenzüberschreitenden Kontext können ausländische Anteilseigner zudem von der Anwendung von DBA profitieren, d. h. der KapESt-Abzug kann unter Berücksichtigung des einschlägigen DBA beschränkt sein.[334]

Losgelöst von einer Berufung auf ein DBA besteht für beschränkt steuerpflichtige Körperschaften als Gläubiger von Kapitalerträgen i. S. v. § 43

---

330 *Birkemeier* in Rödder/Herlinghaus/van Lishaut, § 7 Rdn. 11; *Widmann* in Widmann/Mayer, § 7 Rdn. 51. *Benecke/Schnitger*, Ubg 2011, 1 (3 f.). Nach *Köhler/Käshammer*, GmbHR 2012, 301 (306) liegen bei Umwandlungen ausländischer KapG ausländische Kapitalerträge i. S. v. § 43 Abs. 1 S. 1 Nr. 6 EStG vor. Ein Anfall inländischer Kapitalertragsteuer komme in diesen Fällen insbesondere dann in Betracht, wenn die Anteile eines nicht i. S. d. § 17 EStG wesentlich beteiligten Anteilseigner von einem inländischen Kreditinstitut i. S. d. § 43 Abs. 1 S. 1 Nr. 7 Buchst. b EStG, einem inländischen Wertpapierhandelsunternehmen oder einer inländischen Wertpapierbank verwahrt oder verwaltet werden. Da es im Rahmen der Umwandlung der ausländischen Körperschaft jedoch zu keiner Auszahlung kommt, ist fraglich, ob die Regelung im konkreten Fall nicht leerläuft, vgl. hierzu *Bron* in Kraft/Edelmann, § 7 Rdn. 114.
331 Vgl. hierzu bereits oben Rdn. 10.
332 *Kraft/Poley*, FR 2014, 1 (4 f.).
333 Vgl. *Widmann* in Widmann/Mayer, § 7 Rdn. 46; *Bron* in Kraft/Edelmann, § 7 Rdn. 118; *Jäschke/Illing* in Widmann/Bauschatz, eKomm, Ab 01.01.2015, § 7 Rdn. 39; *Birkemeier* in Rödder/Herlinghaus/van Lishaut, § 7 Rdn. 28.
334 Vgl. hierzu ebenfalls Rdn. 7, 58, 58a.

Abs. 1 EStG die Möglichkeit, nach § 44a Abs. 9 S. 1 EStG die Rückerstattung von zwei Fünfteln der einbehaltenen und abgeführten KapESt zu erlangen. Diese Möglichkeit ist insbesondere für Körperschaften in Nicht-DBA-Ländern von großer Bedeutung.[335] Sowohl im DBA-Fall als auch nach § 44a Abs. 9 S. 2 EStG ist evtl. § 50d Abs. 3 EStG zu beachten.[336] Zur Frage der Anwendbarkeit von § 43b Abs. 1 EStG (Umsetzung der Mutter-Tochter-Richtlinie) und insbesondere von § 43b Abs. 1 S. 4 EStG beim KapESt-Einbehalt (vgl. Rdn. 86 ff.)

3. Anrechnungsmöglichkeit bzw. Abgeltungswirkung

a) Unbeschränkt Steuerpflichtige

Bei unbeschränkt steuerpflichtigen Anteilseignern ist die KapESt nach §§ 36 Abs. 2 Nr. 2 EStG, 31 Abs. 1 S. KStG grds. im Rahmen der Veranlagung auf die Einkommen- bzw. Körperschaftsteuer anzurechnen.[337]   76

Allerdings kommt es bei natürlichen Personen im Anwendungsbereich der Abgeltungsteuer (§ 32d Abs. 1 EStG) grds. zu keiner Anrechnung der KapESt; vielmehr entfaltet die KapESt hier eine abgeltende Wirkung. Dies gilt gleichermaßen für die Anteilseigner, für die ein Übernahmeergebnis nicht ermittelt wird (vgl. § 7 S. 2),[338] als auch für wesentlich beteiligte Anteilseigner i.S.d. § 5 Abs. 2.[339] Die Bezüge nach § 7 unterliegen in beiden Fällen für Umwandlungsstichtage nach dem Veranlagungszeitraum 2008 der Abgeltungsteuer gem. §§ 32d Abs. 1, 43 Abs. 5 EStG:[340] Die Einnahmen sind zu 100 % steuerpflichtig bei einem Steuersatz von 25 %; die einbehaltene KapESt hat grds. abgeltende Wirkung (§§ 43 Abs. 5 S. 1 EStG, 32 Abs. 1 Nr. 2 KStG). Die Steuerpflichtigen können allerdings nach § 32d Abs. 6 EStG einen Antrag auf Zugrundelegung des individuellen progressiven Steuersatzes (sog. Günstigerprüfung) stellen. Wird ein solcher Antrag gestellt, werden die Einkünfte aus Kapitalvermögen ohne Berücksichtigung der Werbungskosten ermittelt (§ 20 Abs. 9 S. 1 HS 2 EStG). Die abgeltende Wirkung der KapESt entfällt.[341] Soweit eine natürliche Person als wesentlich beteiligter Anteilseigner nach § 5 Abs. 2 auch noch beruflich für die übertragende Körperschaft tätig ist, kommt auch ein Antrag gem. § 32d Abs. 2 Nr. 3 EStG auf Zugrundelegung des Teileinkünfteverfahrens in Betracht.   77

335 Vgl. *Bron* in Kraft/Edelmann, § 7 Rdn. 120.
336 *Bron* in Kraft/Edelmann, § 7 Rdn. 120.
337 Eine Anrechnung der KapESt ist in den Fällen einer rückwirkenden Umwandlung nach § 2 Abs. 1 auch dann möglich, falls der Besteuerungszeitpunkt und der Zeitpunkt der Entstehung der KapESt in unterschiedliche Veranlagungszeiträume fallen. Nach ständiger Rechtsprechung (vgl. BFH vom 26.11.1997, I R 110/97, BFH/NV 1998, 581; BFH vom 18.09.2007, I R 54/06, BFH/NV 2008, 290; BFH vom 12.02.2008, VII R 33/06, BFH/NV 2008, 845) ist die Anrechnung auf die Steuer desjenigen Veranlagungszeitraums zu beziehen, in dem die entsprechenden Einkünfte im Steuerbescheid angesetzt werden, vgl. bereits Rdn. 66.
338 Vgl. oben Rdn. 45.
339 Vgl. Rdn. 65.
340 Bis zum Veranlagungszeitraum 2008 galt das Halbeinkünfteverfahren nach § 3 Nr. 40 EStG.
341 So auch *Widmann* in Widmann/Mayer, § 7 Rdn. 94.

Wird ein solcher Antrag gestellt, entfällt ebenfalls die abgeltende Wirkung der KapESt (vgl. § 43 Abs. 5 S. 2 i.V.m. § 32d Abs. 2 EStG).

78 Eine abgeltende Wirkung der KapESt kommt auch dann in Betracht, wenn Anteilseigner eine körperschaftsteuerpflichtige Person ist, die nicht zu den unbeschränkt Steuerpflichtigen i.S.d. § 1 Abs. 1 Nr. 1 bis 3 KStG gehört und bei der die Beteiligung an der umgewandelten Körperschaft nicht Bestandteil eines Betriebsvermögens ist, nicht die Voraussetzungen des § 17 EStG erfüllt und auch nicht einbringungsgeboren ist.[342] Bei unbeschränkt Steuerpflichtigen i.S.d. § 1 Abs. 1 Nr. 1 bis 3 KStG zählen die Anteile stets zum gewerblichen Betriebsvermögen (§ 8 Abs. 2 KStG) und die abgeltende Wirkung der KapESt entfällt somit.

b) Beschränkt Steuerpflichtige

79 Bei beschränkt steuerpflichtigen Anteilseignern, deren Anteile an der übertragenden Körperschaft einer inländischen Betriebsstätte zuzurechnen sind (z.B. weil die übernehmende PersG die Anteile an der übertragenden Körperschaft in ihrem (Sonder-)Betriebsvermögen gehalten hat oder wenn ein Fall des § 5 Abs. 1 oder 3 vorliegt), erfolgt eine Anrechnung der KapESt auf die Einkommen- bzw. Körperschaftsteuer im Rahmen der Veranlagung (§§ 50 Abs. 2 S. 2 Nr. 1 EStG, 32 Abs. 1 Nr. 2 KStG)[343].

80 Ist für einen beschränkt Steuerpflichtigen ein Übernahmegewinn nach §§ 4 und 5 nicht zu ermitteln (§ 7 S. 2), wird die KapESt für ihn definitiv (§ 50 Abs. 2 S. 1 EStG, § 32 Abs. 1 Nr. 2 KStG).[344] Das Gleiche gilt für beschränkt steuerpflichtige Anteilseigner, die ihre Beteiligung im Privatvermögen[345] oder einem ausländischen Betriebsvermögen[346] halten und ein Fall des § 5 Abs. 2 gegeben ist. Infolge der hier vertretenen engen Einlagefiktion[347] kommt es zu einem unmittelbaren Zufluss der Bezüge beim Anteilseigner und folglich zu keiner Umqualifizierung in betriebliche Einkünfte nach § 20 Abs. 8 EStG.[348] Es liegt somit kein inländischer Betrieb[349] vor, so dass auch hier die KapESt einen abgeltenden Charakter.

c) Bestätigung der Abgeltungswirkung durch die höchstrichterliche Rechtsprechung

81 Der BFH hat die Definitivbelastung mit KapESt gegenüber beschränkt körperschaftsteuerpflichtigen Anteilseignern im Urteil vom 22. 04. 2009 ausdrücklich bestätigt.[350] Nach Ansicht des BFH ist die Regelung des § 8b Abs. 1 KStG für die Erhebung der KapESt nicht einschlägig, da § 43 Abs. 1

---

342 *Widmann* in Widmann/Mayer, § 7 Rdn. 95.
343 Vgl. hierzu oben 46 bis 48.
344 Vgl. hierzu bereits oben Rdn. 45.
345 Nach Tz. 05.07 UmwStE 2011 soll sich die Zuordnung einer Beteiligung zum Betriebs- oder Privatvermögen (auch für beschränkt Steuerpflichtige) nach deutschem Steuerrecht bestimmen.
346 Vgl. hierzu bereits oben Rdn. 49.
347 Vgl. hierzu oben Rdn. 63 ff.
348 Vgl. hierzu oben Rdn. 65.
349 Zum Begriff vgl. *Loschelder* in L. Schmidt, § 50 Rdn. 28.
350 BFH vom 22. 04. 2009, I R 53/07, BFH/NV 2009, 1543.

S. 3 EStG auf die nach § 8b Abs. 1 KStG steuerbefreiten Bezüge ausdrücklich die Erhebung von KapESt anordnet. Auch in seinem im Anschluss an die Entscheidung des EuGH vom 20.10.2011 (*Kommission/Deutschland*)[351] ergangenen Urteil vom 11.01.2012[352] hat der BFH für grenzüberschreitende Konstellation den abgeltenden Charakter der KapESt nach § 32 Abs. 1 Nr. 2 KStG bestätigt, die somit definitiv wird. Er hat allerdings vor dem Hintergrund der zuvor genannten EuGH-Entscheidung einer EU-Kapitalgesellschaft aus europarechtlichen Gesichtspunkten einen Erstattungsanspruch in analoger Anwendung des § 50d Abs. 1 EStG eingeräumt.

(einstweilen frei)   82–83

VII. Abkommensrechtliche Qualifizierung

Abkommensrechtlich unterfallen die Einnahmen aus Kapitalvermögen nach   84
§ 7 dem Dividendenartikel (Art. 10 Abs. 3 OECD-MA), obgleich diese Bezüge in den Definitionen der Dividendenartikel der verschiedenen von Deutschland abgeschlossenen DBA nicht ausdrücklich erwähnt werden.[353] Sofern die von Deutschland abgeschlossenen DBA im Hinblick auf die Definition des Dividendenbegriffs dem Musterabkommen entsprechen[354], liegen abkommensrechtlich Dividenden vor, weil die DBA für den abkommensrechtlichen Dividendenbegriff regelmäßig auf die innerstaatlichen Regelungen des Quellenstaats verweisen.[355] Vor diesem Hintergrund ist eine Ermäßigung der KapESt aufgrund eines DBA möglich.[356] Die Nichtvornahme bzw. die eingeschränkte Vornahme setzt aber auch in diesen Fällen eine vom Bundeszentralamt für Steuern zu erteilende Freistellungsbescheinigung nach § 50d Abs. 2 EStG voraus.[357] Wurde die KapESt in vollem Umfang abgeführt, wird sie ganz oder teilweise auf Grund eines Freistellungsbescheids erstattet, der ebenfalls beim Bundeszentralamt für Steuern zu beantragen ist (§ 50 Abs. 1 Satz 3 EStG).

(einstweilen frei)   85

351 EuGH vom 20.10.2011, C-284/09 (*Europäische Kommission/Bundesrepublik Deutschland*), DStR 2011, 2038; vgl. hierzu auch Rdn. 7a und 89.
352 BFH v. 11.01.2012, I R 25/10, BFH/NV 2012, 871.
353 Tz. 07.02 UmwStE 2011; *Börst* in Haritz/Menner, § 7 Rdn. 32; *Kessler/Dietrich*, DStR 2011, 2131, vgl. auch Rdn. 58a.
354 Nach *Widmann* in Widmann/Mayer, § 7 Rdn. 102 sind sämtliche von Deutschland abgeschlossene DBA Art. 10 Abs. 3 OECD-MA nachgebildet.
355 *Lemaitre/Schönherr*, GmbHR 2007, 173 (177); *Hagemann/Jakob/Ropohl/Viebrock*, NWB 2007, Sonderheft 1, 20; *Benecke/Schnitger*, IStR 2006, 765 (773); *Schaflitzl/Widmayer*, BB-Spezial 8/2006, 36 (43 f.); *Börst* in Haritz/Menner, § 7 Rdn. 32; *Birkemeier* in Rödder/Herlinghaus/van Lishaut, § 7 Rdn. 9; *Frotscher* in Frotscher/Maas, Internationalisierung des Ertragsteuerrechts, Rdn. 264.
356 Vgl. hierzu Rdn. 9 und 75.
357 *Widmann* in Widmann/Mayer, § 7 Rdn. 57.

VIII. Europarechtliche Qualifizierung

86   § 43b Abs. 1 EStG setzt die Mutter-Tochter-Richtlinie[358] um und gestattet es, bei Vorliegen der gesetzlichen Voraussetzungen von der Erhebung der KapESt auf Kapitaleinkünfte gemäß § 20 Abs. 1 Nr. 1 EStG abzusehen. Das entsprechende Verfahren zur Freistellung ist in § 50d Abs. 2 EStG geregelt, da nach dem Grundsatz des § 50d Abs. 1 S. 1 EStG der Steuerabzug vom Schuldner der Kapitalerträge ungeachtet des § 43b EStG anzuwenden ist. Alternativ zur Freistellung kommt nach § 50d Abs. 1 S. 2 EStG eine Erstattungsberechtigung der ausländischen Körperschaft in Betracht.

Nach § 43b Abs. 1 S. 4 EStG gelten diese Vergünstigungen allerdings nicht für Kapitalerträge, die anlässlich der Liquidation oder Umwandlung einer inländischen Tochtergesellschaft ihrer EU-Muttergesellschaft zufließen.[359] Dies kann – in Abhängigkeit von der Person des Anteilseigners – vor Durchführung der Umwandlungsmaßnahme zu einem faktischen Ausschüttungszwang führen, damit von der Mutter-Tochter-Richtlinie begünstigte Anteilseigner in den Genuss der Abstandnahme von der KapESt gelangen können.[360] Damit sind evtl. negative Liquiditätseffekte verbunden, wenn nicht die ausgeschütteten Beträge im Anschluss wieder der übernehmenden PersG zur Verfügung gestellt werden.[361]

87   Allerdings ist der Anwendungsbereich des die Mutter-Tochter-Richtlinie umsetzenden § 43b Abs. 1 EStG in den von §§ 3 ff. erfassten Umwandlungsfällen ohnehin – und ungeachtet der Vorschrift des § 43b Abs. 1 S. 4 EStG – teilweise eingeschränkt. Denn im gesetzgeberischen Grundfall einer Umwandlung nach §§ 3 ff., nämlich der Aufwärtsverschmelzung einer KapG auf eine PersG, ist die grundsätzlich begünstigte Muttergesellschaft (§ 43b Abs. 2 S. 1 EStG) nicht *unmittelbar*, sondern nur mittelbar über die übernehmende PersG am Kapital der Tochtergesellschaft (§ 43b Abs. 2 S. 3 EStG) beteiligt. Gleiches gilt, wenn die Anteile nach § 5 Abs. 1 von der übernehmenden PersG als zum steuerlichen Übertragungsstichtag als angeschafft gelten. Es ist jedoch äußerst fraglich, ob die Mutter-Tochter-Richtlinie bzw. § 43b Abs. 1 EStG bei Zwischenschaltung einer Personengesellschaft überhaupt anwendbar ist.[362] Vor diesem Hintergrund ist für *Widmann* die

---

358 Richtlinie 2011/96/EU des Rates v. 30.11.2011 über das gemeinsame Steuersystem der Mutter- und Tochtergesellschaften verschiedener Mitgliedstaaten (Neufassung) (ABl. L 345 vom 29.12.2011, S. 8), letztmalig geändert durch Richtlinie 2015/121/EU des Rates v. 27.01.2015 (ABl. EU Nr. L 21, S. 1 v. 28.01.2015).

359 Tz. 07.09 UmwStE 2011; *Widmann* in Widmann/Mayer, § 7 Rdn. 42; *Frotscher* in Frotscher/Maas, Internationalisierung des Ertragsteuerrechts, Rdn. 264; *Schmitt* in Schmitt/Hörtnagl/Stratz, § 7 Rdn. 15; *Benecke/Schnitger*, IStR 2007, 22 (26); *Pung* in Dötsch/Pung/Möhlenbrock, § 7 Rdn. 19; *Birkemeier* in Rödder/Herlinghaus/van Lishaut, § 7 Rdn. 28.

360 Vgl. *Bron* in Kraft/Edelmann, § 7 Rdn. 123; *Früchtl* in Eisgruber, § 7 Rdn. 48; *Birkemeier* in Rödder/Herlinghaus/van Lishaut, § 7 Rdn. 28; *Lemaitre/Schönherr*, GmbHR 2007, 173 (177); *Krohn/Greulich*, DStR 2008, 646 (650).

361 *Lemaitre/Schönherr*, GmbHR 2007, 173 (177).

362 Zwischenschaltung schädlich *Intemann* in Herrmann/Heuer/Raupach, § 43b EStG Rdn. 9; *Lindberg* in Blümich, § 43b EStG Rdn. 25; *Brinkmann* in Lüdicke/Sistermann, Unternehmensteuerrecht, § 4 Rdn. 218; unschädlich *Bullinger*, IStR 2004, 406; *Bendlinger/Kofler*, IStR-LB 2005, 2 für das deutsche und österreichische Steuerrecht; zweifelnd *Jesse*, IStR 2005, 151 (158).

Suspendierung der Mutter-Tochter-Richtlinie nach § 43b Abs. 1 S. 4 EStG v.a. für die Fälle von Bedeutung, in denen die Bezüge nach § 7 auf eine ausländische Muttergesellschaft entfallen, die nach der Wertung des deutschen Steuerrechts eine PersG ist, die jedoch im Anhang der zur Mutter-Tochter-Richtlinie aufgeführt ist.[363]

Lediglich in den Fällen, in denen die Einnahmen nach § 7 unmittelbar einer Körperschaft als Anteilseigner der übertragenden Körperschaft zugerechnet werden, ist das Unmittelbarkeitserfordernis des § 43b Abs. 2 S. 1 Nr. 2 EStG unzweifelhaft erfüllt und § 43b Abs. 1 S. 4 EStG entfaltet seine Sperrwirkung. Dies ist nach der hier vertretenen engen Einlagefiktion[364] bei beschränkt Steuerpflichtigen EU-KapG der Fall, die über die geforderte Mindestbeteiligung von 10 % verfügen (§ 43b Abs. 2 Nr. 2 EStG) und Anteile i.S.v. § 5 Abs. 2 halten.[365] Sofern man sich hingegen mit der herrschenden Auffassung der weiten Einlagefiktion[366] anschließt und einen Bezug der fiktiven Dividende über die übernehmende PersG annimmt, könnte hingegen eine Berufung auf § 43b Abs. 1 EStG am Unmittelbarkeitserfordernis des § 43 Abs. 2 S. 1 Nr.2 EStG scheitern.

Gegen § 43 b Abs. 1 S. 4 EStG werden berechtigterweise europarechtliche   *88* Bedenken erhoben. Art. 4 der Mutter-Tochter-Richtlinie sieht eine ausdrückliche Ausnahmeregelung nur für die Fälle der *Liquidation*, nicht aber für die *Umwandlung* einer KapG vor.[367] Auch wenn die Umwandlung einer Körperschaft in eine PersG liquidationsähnliche Besteuerungsfolgen auslöst[368], ist die Umwandlung von der Liquidation zu unterscheiden. Bei einer Umwandlung wird die Gesellschaft zwar aufgelöst, jedoch gerade nicht abgewickelt.[369]

Auch der EuGH hat in einer jüngeren Entscheidung unmissverständlich zum Ausdruck gebracht, dass man i.S.d. der Richtlinie streng zwischen einer „Liquidation" und einer „Fusion" (Umwandlung) zu unterscheiden habe. Der Entscheidung *Punch Graphix Prepress Belgium NV* v. 18.10. 2012[370] lag ein inner-belgischer Upstream-Merger von KapG zugrunde.

---

363 *Widmann* in Widmann/Mayer, § 7 Rdn. 42. Dies soll z.B. bei portugiesischen PersG der Fall sein.

364 Vgl. Rdn. 63 ff.

365 Für Anteilseigner, für die ein Übernahmeergebnis nicht zu ermitteln ist (vgl. oben Rdn. 45), ist der Anwendungsbereich des § 43b Abs. 1 EStG hingegen nicht eröffnet, da es an der entsprechenden Mindestbeteiligung von 10 % fehlt (vgl. § 43b Abs. 2 S. 1 EStG).

366 Vgl. Rdn. 52 ff.

367 Vgl. u.a. *Börst* in Haritz/Menner, § 7 Rdn. 77; *Krohn/Greulich*, DStR 2008, 646, 649 f.; *Lemaitre/Schönherr*, GmbHR 2007, 173 (177). *Kempf/Gelsdorf*, IStR 2011, 173 (175) halten selbst die Erhebung von KapESt auf Liquidationsraten für richtlinienwidrig. Zur Nichtanwendbarkeit der *Denkavit*-Entscheidung des EuGH, v. 14.12.2006, C-170/05, IStR 2007, 62 auf die Bezüge nach § 7, vgl. *Pung* in Dötsch/Patt/Pung/Möhlenbrock, § 7 Rdn. 19; *Widmann* in Widmann/Mayer, § 7 Rdn. 44; a.A.: *Nakhai*, NWB Fach 11a, 1115 (1120).

368 Vgl. hierzu Rdn. 5, 29.

369 *Bron* in Kraft/Edelmann, § 7 Rdn. 125.

370 EuGH v. 18.10.2012 – C-371/11, *Punch Graphix Prepress Belgium NV*, IStR 2012, 886.

Nach belgischem Steuerrecht wird die Fusion zunächst mit einer Liquidation gleichgesetzt und, hieran anknüpfend, gelten die offenen Rücklagen des übertragenen Rechtsträgers als ausgeschüttet. Der belgische Staat rechtfertigte die Regelung mit dem Argument, dass Art. 4 Abs. 1 der Mutter-Tochter-Richtlinie bei Gewinnausschüttungen anlässlich einer (fingierten) Liquidation nicht anzuwenden sein.[371] Der EuGH kam zu dem Ergebnis, dass die Auflösung einer Gesellschaft im Rahmen einer Fusion keine Liquidation i.S.d. Art. 4 Abs. 1 der Mutter-Tochter-Richtlinie darstelle. Entsprechend lässt sich die Versagung der Vergünstigungen der Mutter-Tochter-Richtlinie für Umwandlungen aus dessen Art. 4 Abs. 1 nicht herleiten.[372] Dies gilt nicht nur Verschmelzungen von Körperschaften auf PersG, sondern erst Recht für einen Formwechsel einer KapG in eine PersG (§ 9 S. 1), bei dem es schon gesellschaftsrechtlich an einer Auflösung der Gesellschaft mangelt. Vor diesem Befund sollte die Mutter-Tochter-Richtlinie eine ausreichende Grundlage zumindest für die Erstattung der zunächst im Abzugswege erhobenen KapESt darstellen.[373] Im Rahmen einer richtlinienkonformen Auslegung dürfte aber auch die Einschränkung zum Absehen vom KapESt-Abzug nach § 43b Abs. 1 S. 4 EStG im Verfahren nach § 50d Abs. 2 EStG nicht mehr greifen.[374]

89 Sollten hingegen die Vergünstigungen der Mutter-Tochter-Richtlinie entgegen der hier vertretenen Auffassung nach § 43b Abs. 1 S. 4 EStG vom Gesetzgeber in einer europarechtskonformen Weise suspendiert worden sein, so wäre die EuGH-Entscheidung vom 20.10.2011[375] zu beachten.[376] Sofern durch die Abgeltungswirkung ausländische/beschränkt steuerpflichtige Körperschaften höher wirtschaftlich belastet werden als inländische, liegt nach der EuGH-Entscheidung ein Verstoß gegen die Kapitalverkehrsfreiheit nach Art. 56 EG-Vertrag (jetzt Art. 63 AEUV) vor.[377] Während sich die EuGH-Entscheidung auf die damalige Besteuerung von Streubesitzdividenden in Deutschland bezog, kann sich heute nach der Einführung einer generellen

---

371 Vgl. *Herbort/Schwenke*, IStR 2016, 568 (572).

372 In diesem Sinne *Herbort/Schwenke*, IStR 2016, 567 (568, Fn. 7); *Schnitter* in in Frotscher/Maas, § 7 Rdn. 26a; *Börst* in Haritz/Menner, § 7 Rdn. 77; *Krohn/Greulich*, DStR 2008, 646, 649f.; *Lemaitre/Schönherr*, GmbHR 2007, 173 (177); *Bron*, EWS 2012, 516 (517); kritisch auch Klingberg in Blümich, § 7 Rdn. 24. Demgegenüber sehen § 43 b Abs. 1 S. 4 EStG als richtlinienkonform an: *Pung* in Dötsch/Patt/Pung/Möhlenbrock*, § 7 Rdn. 19; *Birkemeier* in Rödder/Herlinghaus/van Lishaut, § 7 Rdn. 28; *Schmitt* in Schmitt/Hörtnagl/Stratz, § 7 Rdn. 15; *Früchtl* in Eisgruber, § 7 Rdn. 48.

373 So ausdrücklich *Börst* in Haritz/Menner, § 7 Rdn. 77; *Jäschke/Illing* in Widmann/Bauschatz, eKomm, Ab 01.01.2015, § 7 Rdn. 18; *Bron*, EWS 2012, 516 (517).

374 So auch *Börst* in Haritz/Menner, § 7 Rdn. 77; *Schnitter* in Frotscher/Maas, § 7 Rdn. 26a; a.A. *Jäschke/Illing* in Widmann/Bauschatz, eKomm, Ab 01.01.2015, § 7 Rdn. 38.

375 EuGH vom 20.10.2011, C-284/09 (*Europäische Kommission/Bundesrepublik Deutschland*), DStR 2011, 2038.

376 Vgl. hierzu bereits Rdn. 7a.

377 *Birkemeier* in Rödder/Herlinghaus/van Lishaut, § 7 Rdn. 29A; *Früchtl* in Eisgruber, § 7 Rdn. 49; *Bron* in Kraft/Edelmann, § 7 Rdn. 127; *Jäschke/Illing* in Widmann/Bauschatz, eKomm, Ab 01.01.2015, § 7 Rdn. 38; *Köhler/Käshammer*, GmbHR 2012, 301 (307).

Steuerpflicht auf Ausschüttungen bei Beteiligungen von bis zu 10 % (Ausnahme von § 8b Abs. 1 KStG durch Abs. 4 n.F.) durch das EuGHUmsG[378] (vgl. hierzu oben Rdn. 7a) eine wirtschaftliche Schlechterstellung von EU-KapG gerade bei dem Vorliegen von Schachtelbeteiligungen (d.h. ab einer Beteiligung von 10 %) ergeben. Während sich die mindestens zu 10 % an einer deutschen Tochtergesellschaft beteiligte inländische Muttergesellschaft (somit keine Anwendung von § 8b Abs. 4 KStG) regelmäßig auf die faktische Steuerfreistellung nach § 8b Abs. 1 und 5 KStG berufen kann, käme es bei einer Nichtanwendung der Mutter-Tochter-Richtlinie für eine ausländische Muttergesellschaft in den Fällen des § 5 Abs. 2 und Abs. 3 nach der hier vertretenen engen Einlagefiktion zur Abgeltungswirkung des KapESt und damit zu einer definitiven Mehrbelastung im Inland. Darin läge ein EU-Rechtsverstoß und die (übermäßig) einbehaltene KapESt könnte vom ausländischen Anteilseigner zurückgefordert werden.[379]

In diesem Zusammenhang stellt sich dann allenfalls noch die Frage, ob sich auch in Drittstaaten ansässige KapG auf den EU-Rechtsvorstoß berufen können. Dies wird auf der Grundlage der Entscheidung vom 20. 11. 2011 und dem vom EuGH angenommenen Verstoß gegen die Kapitalverkehrsfreiheit ganz überwiegend bejaht.[380] Da sich die höhere wirtschaftliche Belastung von ausländischen Körperschaften im System des § 8b Abs. 1 KStG allerdings erst ab einer Mindestbeteiligungshöhe von 10 % ergeben kann (bei geringerer Beteiligung § 8b Abs. 4 KStG n. F.), könnte die Kapitalverkehrsfreiheit hier von der Niederlassungsfreiheit verdrängt werden.[381]

IX. Feststellung im Rahmen der gesonderten und einheitlichen Gewinnfeststellung

Die Bezüge nach § 7 sind nur dann im Rahmen der gesonderten und ein-   90
heitlichen Feststellung der übernehmenden PersG nach § 180 Abs. 1 Nr. 2 a AO zu ermitteln, soweit sich die Anteile an der übertragenden Körperschaft bereits zum steuerlichen Übertragungsstichtag im Gesamthands- oder Son-

---

378 BGBl. I 2013, 561. Hiermit sollten sich die Fälle der definitiven Mehrbelastung von grenzüberschreitenden Fällen im Vergleich zum Inlandsfall verringert haben, vgl. *Bron* in Kraft/Edelmann, § 7 Rdn. 128; *Jäschke/Illing* in Widmann/Bauschatz, eKomm, Ab 01. 01. 2015, § 7 Rdn. 38; *Früchtl* in Eisgruber, § 7 Rdn. 49; *Birkemeier* in Rödder/Herlinghaus/van Lishaut, § 7 Rdn. 29a.

379 So auch *Bron* in Kraft/Edelmann, § 7 Rdn. 127; vgl. auch *Kessler/Dietrich*, DStR 2011, 2131 (2134). Eine Rechtsgrundlage für eine solche Erstattung ist derzeit allerdings nicht gegeben, da im Rahmen des EuGHUmsG (BGBl. I 2013, 561) eine Entlastungsmöglichkeit für ausländische Anteilseigner im nationalen Recht nur für die Vergangenheit verankert wurde.

380 Vgl. *Birkemeier* in Rödder/Herlinghaus/van Lishaut, § 7 Rdn. 29; *Jäschke/Illing* in Widmann/Bauschatz, eKomm, Ab 01. 01. 2015, § 7 Rdn. 38; *Früchtl* in Eisgruber, § 7 Rdn. 49, Fn. 2; *Patzner/Nagel*, GmbHR 2011, 1190; *Köhler/Käshammer*, GmbHR 2012, 301 (307).

381 Unter Berufung auf die allgemeinen Ausführungen des EuGH im Urteil vom 20. 11. 2011 zu den EWR-Staaten Island und Norwegen (Tz. 95 ff. der Entscheidung) gehen *Köhler/Käshammer*, GmbHR 2012, 301 (307) davon aus, dass der Schutzbereich der Kapitalverkehrsfreiheit unabhängig von der konkreten Beteiligungshöhe eröffnet bleibt.

derbetriebsvermögen der übernehmenden PersG befunden haben oder die Anteile nach § 5 Abs. 1 zum steuerlichen Übertragungsstichtag als von der übernehmenden PersG angeschafft gelten.[382]

91 Im Übrigen sind die Bezüge nach § 7 unmittelbar den Anteilseignern der übertragenden Körperschaft zuzurechnen. Dies gilt ganz unzweifelhaft in den Fällen, in denen für die Anteilseigner ein Übernahmeergebnis nach §§ 4 und 5 nicht ermittelt wird. Diese Anteilseigner sind schon gar nicht Feststellungsbeteiligte der gesonderten und einheitlichen Gewinnfeststellung. Nach der hier vertretenen engen Einlage- und Überführungsfiktion gilt das aber auch für die Anteilseigner nach § 5 Abs. 2 und 3.[383] Für diese Anteilseigner kommt es somit im Rahmen einer Umwandlung nach §§ 3 ff. zu einem gesplitteten Verfahren. Während das Übernahmeergebnis nach § 4 Abs. 4 bis 6 im Rahmen der gesonderten und einheitlichen Feststellung des übernehmenden Rechtsträgers erfasst wird, ist für die Ermittlung der Bezüge nach § 7 das für den jeweiligen Anteilseigner zuständige Finanzamt verantwortlich.

91a Handelt es sich bei der Übernehmerin um eine PersG, werden die Einkünfte auf der Ebene der PersG vor der Anwendung von § 3 Nr. 40 und § 3c Abs. 2 EStG sowie § 8b KStG festgestellt (sog. Bruttomethode), sofern aus den weiteren Feststellungen des Bescheids für einen verständigen Empfänger zweifelsfrei erkennbar ist, dass zur Ermittlung der steuerpflichtigen Einkünfte unter Anwendung der § 3 Nr. 40, § 3c Abs. 2 EStG und § 8b KStG eine zusätzlicher Rechenschritt notwendig ist.[384]

E. Besteuerung der Anteilseigner

I. Unbeschränkt steuerpflichtige Anteilseigner

1. Anteilseigner mit Einnahmen aus Kapitalvermögen

92 § 7 regelt ergänzend zu § 20 EStG einen Sondertatbestand der Einnahmen aus Kapitalvermögen. Anteilseigner, die mit den (fiktiven) Dividendeneinnahmen nicht der Subsidiaritätsklausel des § 20 Abs. 8 EStG unterfallen (vgl. hierzu ausführlich oben Rdn. 45 und 65), erzielen nach der ausdrücklichen Rechtsfolgenverweisung in § 7 Einnahmen aus Kapitalvermögen nach § 20 Abs. 1 Nr. 1 EStG.

93 Bei natürlichen Personen als Anteilseigner erfolgte bis zum Veranlagungszeitraum 2008 eine Besteuerung der Einnahmen nach dem Halbeinkünfteverfahren, ab dem Veranlagungszeitraum 2009 gelten die Grundsätze der Abgeltungsteuer (§ 32d, § 43 Abs. 5 EStG).[385] Eine Besteuerung nach dem

---

382 Vgl. hierzu oben Rdn. 46 bis 48.

383 Vgl. hierzu oben Rdn. 62 ff.; entgegen § 5 Rdn. 45, Tz. 07.07 und 02.04 UmwStE 2011.

384 BFH v. 18.07.2012, X R 28/10, BFH/NV 2013, 286; *Pung* in Dötsch/Patt/Pung/ Möhlenbrock, § 7 Rdn. 25.

385 Tz. 07.07 UmwStE 2011; *Benecke/Schnittker* in Wassermeyer/Richter/Schnittker, Rdn. 15.50; *Bogenschütz*, Ubg 2011, 393 (407), *Schnitter* in Frotscher/Maas, § 7 Rdn. 32; *Bron* in Kraft/Edelmann, § 7 Rdn. 102; *Haisch*, Ubg 2009, 96 (97). Vgl. oben bereits Rdn. 77.

Teileinkünfteverfahren scheidet in den Fällen, in denen eine Übernahmeergebnis nicht ermittelt wird (§ 7 S. 2), mangels Antragsmöglichkeit (§ 32d Abs. 2 Nr. 3 EStG greift nicht) aus.[386] Die Steuerpflichtigen können allerdings nach § 32d Abs. 6 EStG einen Antrag auf Zugrundelegung des individuellen progressiven Steuersatzes (sog. Günstigerprüfung) stellen.[387] Im Gegensatz dazu kann für Anteilseigner i.S.d. § 5 Abs. 2 bei Vorliegen der gesetzlichen Voraussetzungen (Mindestbeteiligung von 25 % oder berufliche Tätigkeit für die übertragende KapG) eine Option zur Regelbesteuerung nach § 32d Abs. 2 Nr. 3 EStG in Betracht kommen.[388]

§ 7 enthält keine Regelung, ob und in welcher Höhe Werbungskosten (oder   *93a* Betriebsausgaben) zum Abzug zugelassen werden. Deren Abzug richtet sich vielmehr nach allgemeinen Grundsätzen[389], ein Abzug tatsächlicher Werbungskosten ist im Rahmen der Abgeltungsteuer gem. § 20 Abs. 9 S. 1 EStG ausgeschlossen.[390]

Ist Anteilseigner eine Körperschaft, die nicht nach § 1 Abs. 1 Nr. 1 bis 3   *94* KStG unbeschränkt steuerpflichtig ist, und gehört die Beteiligung an der übertragenden Körperschaft nicht zu einem Betriebsvermögen und sind die Anteile auch nicht nach § 21 Abs. 1 UmwStG a.F. einbringungsgeboren, so erzielt die Körperschaft Einnahmen aus Kapitalvermögen nach § 20 Abs. 1 Nr. 1 EStG.[391] Eine Umqualifizierung nach § 20 Abs. 8 EStG erfolgt nicht, da § 8 Abs. 2 KStG nicht einschlägig ist. Bei steuerbefreiten Körperschaften oder juristischen Personen des öffentlichen Rechts hat der KapESt-Abzug abgeltende Wirkung, soweit nicht von der Einbehaltung von KapESt abgesehen werden kann (vgl. § 44 Abs. 7 S. 2, Abs. 8 EStG).[392]

Im Falle der Umwandlung einer ausländischen EU-Kapitalgesellschaft auf   *95* eine gewerbliche EU-PersG mit Sitz und Geschäftsleitung im EU-Ausland fällt auf die Bezüge nach § 7 i.d.R. keine deutsche KapESt an.[393] Es ist damit ein Veranlagungsverfahren durchzuführen (§ 32d Abs. 3 EStG).[394] Eine etwaig im Sitzstaat des übertragenden Rechtsträgers anfallende KapESt kann auf die deutsche Steuer nach den allgemeinen Grundsätzen angerechnet werden.

---

386 *Widmann* in Widmann/Mayer, § 7 Rdn. 94; *Schnitter* in Frotscher/Maas, § 7 Rdn. 32.
387 Vgl. hierzu oben Rdn. 77.
388 Vgl. dazu oben Rdn. 77.
389 *Bron* in Kraft/Edelmann, § 7 Rdn. 108; *Schmitt* in Schmitt/Hörtnagl/Stratz, § 7 Rdn. 21.
390 Tz. 04.35 UmwStE 2011ausdrücklich für Übernahmekosten; vgl. auch *Früchtl*, in Eisgruber, § 7 Rdn. 35, Fn. 4; *Bron* in Kraft/Edelmann, *§ 7 Rdn. 73, 108; Schmitt* in Schmitt/Hörtnagl/Stratz, § 7 Rdn. 21.
391 *Widmann* in Widmann/Mayer, § 7 Rdn. 95.
392 Vgl. dazu oben Rdn. 75.
393 Vgl. dazu bereits oben Rdn. 10, 74.
394 Vgl. *Haisch*, Ubg 2009, 96 (98).Vgl. hierzu das Beispiel 2 in Tz. 04.27 UmwStE 2011.

2. Anteilseigner mit betrieblichen Einkünften

96 War die übernehmende PersG bereits zum steuerlichen Übertragungsstichtag an der Überträgerin beteiligt oder gehört die Beteiligung an der übertragenden Körperschaft bereits vor der Umwandlung zu einem inländischen Betriebsvermögen des Anteilseigner (Fälle des § 5 Abs. 3), sind die (fiktiven) Dividenden aufgrund der Subsidiaritätsklausel des § 20 Abs. 8 EStG in Einkünfte aus gewerblicher, freiberuflicher oder land- und forstwirtschaftlicher Tätigkeit um zu qualifizieren.[395]

97 Ist der Anteilseigner eine natürliche Person, unterliegen die Einnahmen ab dem Veranlagungszeitraum 2009 dem Teileinkünfteverfahren nach § 3 Nr. 40 S. 1 Buchst. d EStG, § 3 Nr. 40 S. 2 EStG.[396] Soweit die Einnahmen auf eine juristische Person als Anteilseigner entfallen, findet grds. § 8b Abs. 1 KStG Anwendung.[397] Im Ergebnis unterliegen damit 5 % der Einnahmen der Besteuerung nach § 8b Abs. 1, 5 KStG.[398] Sofern eine Körperschaft am übertragenden Rechtsträger beteiligt ist, sind die auf sie entfallenden Beträge ab dem 01.03.2013 voll körperschaftsteuerpflichtig, wenn die Beteiligungshöhe weniger als 10 % beträgt (§ 8b Abs. 4 KStG n.F.).[399] Entsprechend gilt in den Fällen des § 8b Abs. 7 und 8 KStG.[400]

98 Handelt es sich bei dem Anteilseigner der übernehmenden PersG um eine PersG (mehrstöckige PersG), ist für die Frage, ob § 3 Nr. 40 S. 1 Buchst. d EStG oder § 8b KStG anzuwenden ist, auf die Gesellschafter dieser PersG bzw. der Obergesellschaft abzustellen.[401]

II. Beschränkt steuerpflichtige Anteilseigner

99 Ist ein Steuerausländer an der umzuwandelnden unbeschränkt steuerpflichtigen Körperschaft beteiligt, unterliegt er mit der (fiktiven) Dividende in Deutschland der beschränkten Steuerpflicht, da es sich bei den Einnahmen nach § 7 um inländische Einkünfte i.S.d. § 49 Abs. 1 EStG handelt.[402]

100 War der Steuerausländer bereits am steuerlichen Übertragungsstichtag über die übernehmende PersG an der übertragenden Körperschaft beteiligt oder gehörte die Beteiligung an der Überträgerin zu einer inländischen Betriebsstätte des Steuerausländers (Fälle des § 5 Abs. 3), liegen i.d.R. inländische Einkünfte nach § 49 Abs. 1 Nr. 2 Buchst. a EStG vor, es sei denn die Anteile

---

395 Vgl. hierzu Rdn. 46 bis 48.
396 Tz. 07.07 UmwStE 2011; *Börst* in Haritz/Menner, § 7 Rdn. 55; *Schmitt* in Schmitt/Hörtnagl/Stratz, § 7 Rdn. 18; *Schnitter* in Frotscher/Maas, § 7 Rdn. 22; *Widmann* in Widmann/Mayer, § 7 Rdn. 80.
397 Tz. 07.08 UmwStE 2011; *Widmann* in Widmann/Mayer, § 7 Rdn. 85.
398 *Börst* in Haritz/Menner, § 7 Rdn. 56; *Lemaitre/Schönherr*, GmbHR 2007, 173 (176); *Schmitt* in Schmitt/Hörtnagl/Stratz, § 7 Rdn. 18; *Schnitter* in Frotscher/Maas, § 7 Rdn. 22.
399 Zur gesetzlichen Neuregelung vgl. Rdn. 7a.
400 *Börst* in Haritz/Menner, § 7 Rdn. 56; *Widmann* in Widmann/Mayer, § 7 Rdn. 86 f.
401 Tz. 07.07 UmwStE 2011; *Birkemeier* in Rödder/Herlinghaus/van Lishaut, § 7 Rdn. 9; *Schmitt* in Schmitt/Hörtnagl/Stratz, § 7 Rdn. 9. Zu den verfahrensrechtlichen Besonderheiten der sog. Bruttomethode vgl. Rdn. 91a.
402 *Widmann* in Widmann/Mayer, § 7 Rdn. 100.

an der übertragenden Körperschaft sind einer im Inland betriebenen Land-
und Forstwirtschaft (§ 49 Abs. 1 Nr. 1 EStG) oder einer selbständigen Arbeit
(§ 49 Abs. 1 Nr. 3 EStG) zuzuordnen. Die von dem übernehmenden
Rechtsträger abgeführte KapESt kann im Rahmen der Veranlagung auf die
Einkommen- bzw. Körperschaftsteuer angerechnet werden (vgl. § 50 Abs. 2
S. 2 Nr. 1 EStG, § 32 Abs. 1 Nr. 2 KStG).[403]

In allen anderen Fällen liegen Einkünfte i.S.d. § 49 Abs. 1 Nr. 5 Buchst. a   *101*
EStG (Einkünfte aus Kapitalvermögen) vor, wenngleich die in § 7 erwähnten
Einkünfte als solche nicht ausdrücklich in § 49 Abs. 1 Nr. 5 Buchst. a EStG
genannt sind.[404] Die Fiktion von Einnahmen i.S.v. § 20 Abs. 1 Nr. 1 EStG
durch § 7 erlaubt auch die Annahme, dass der Schuldner der Kapitalerträge
Sitz oder Geschäftsleitung im Inland hat.[405] In diesen Fällen hat die einbe-
haltene KapESt abgeltende Wirkung (§§ 43 Abs. 5 S. 1 EStG, 32 Abs. 1 Nr. 2
KStG).[406]

---

403 Vgl. Rdn. 79.
404 *Birkemeier* in Rödder/Herlinghaus/van Lishaut, § 7 Rdn. 9; *Widmann* in Wid-
mann/Mayer, § 7 Rdn. 100; *Pung* in Dötsch/Patt/Pung/Möhlenbrock, § 4 (SEStEG)
Rdn. 5; *Schnitter* in Frotscher/Maas, § 7 Rdn. 32; *Schmitt* in Schmitt/Hörtnagl/
Stratz, § 7 Rdn. 15; *Förster/Felchner*, DB 2006, 1072 (1079); *Förster/Felchner*, DB
2008, 2445 (2448 ff.); *Benecke/Beinert*, FR 2010, 1120 (1122); a.A.: *Börst* in Haritz/
Menner, § 7 Rdn. 31, der in Ermangelung eines tatsächlichen Zahlungszuflusses
die für § 49 Abs. 1 Nr. 5 Buchst. a EStG unabdingbare Schuldnereigenschaft für
nicht gegeben hält; kritisch auch *Bron*, in Kraft/Edelmann, § 7 Rdn. 69.
405 *Schnitter* in Frotscher/Maas, § 7 Rdn. 32; *Birkemeier* in Rödder/Herlinghaus/van
Lishaut, § 7 Rdn. 9; a.A.: *Börst* in Haritz/Menner, § 7 Rdn. 31.
406 Vgl. oben 81 ff.

§ 8
Vermögensübertragung auf einen Rechtsträger
ohne Betriebsvermögen

(1) [1]**Wird das übertragene Vermögen nicht Betriebsvermögen des übernehmenden Rechtsträgers, sind die infolge des Vermögensübergangs entstehenden Einkünfte bei diesem oder den Gesellschaftern des übernehmenden Rechtsträgers zu ermitteln.** [2]**Die §§ 4, 5 und 7 gelten entsprechend.**

(2) **In den Fällen des Absatzes 1 sind § 17 Abs. 3 und § 22 Nr. 2 des Einkommensteuergesetzes nicht anzuwenden.**

Inhaltsverzeichnis

Spezialliteratur

Bornheim, Die Kapitalgesellschaft als Instrument der privaten Vermögensverwaltung, DStR 2001, 1950 (Teil I), 1990 (Teil II); *Scheffler*, Private Vermögensverwaltung über eine GmbH?, BB 2001, 2297; *Streck/Posdziech*, Verschmelzung und Formwechsel nach dem neuen Umwandlungssteuergesetz, GmbHR 1995, 271 (Teil I), 375 (Teil II).

A. Allgemeines
I. Überblick

§ 8 gehört zum Zweiten Teil des UmwStG (§§ 3–10), der Vermögensüber- **1** gänge bei Verschmelzung auf eine PersG oder auf eine natürliche Person und Formwechsel einer KapG in eine PersG behandelt. § 8 regelt die steuerrechtlichen Folgen einer Vermögensübertragung, bei der das übertragende Vermögen bei dem übernehmenden Rechtsträger nicht zu Betriebsvermögen wird. Eine Vermögensübertragung nach § 8 hat eine Steuerentstrickung zur Folge, so dass zwingend die stillen Reserven der übertragenen Wirtschaftsgüter zu realisieren sind.[1] §§ 4, 5 und 7 sind nach § 8 Abs. 1 S. 2 entsprechend anwendbar. § 8 Abs. 1 S. 2 verweist dagegen nicht auf § 6. Ein Übernahmefolgegewinn ist daher sofort voll steuerpflichtig.[2] § 8 Abs. 2 schließt die Anwendung des Freibetrags gem. § 17 Abs. 3 EStG sowie die Besteuerung privater Veräußerungsgeschäfte nach § 22 Nr. 2 EStG i. V. m. § 23 EStG aus.

II. Anwendungsbereich

Der *Hauptanwendungsfall* des § 8 ist die Verschmelzung einer vermögens- **2** verwaltenden KapG, z. B. eine Holdinggesellschaft, auf eine nur vermögensverwaltend tätige PersG oder auf eine natürliche Person.[3] In Fällen, in denen die übertragende Körperschaft über ein Betriebsvermögen verfügt, erhält der übernehmende Rechtsträger mit der Verschmelzung dieses Betriebsvermögen mit der Folge, dass § 3 und nicht § 8 anzuwenden ist.[4]

Zur Umwandlung auf eine *Zebra-PersG* siehe Rdn. 46 ff.

Vergleichbare ausländische Vorgänge werden in den Anwendungsbereich **3** des § 8 über § 1 Abs. 1 S. 1 Nr. 2 mit einbezogen, wobei der vergleichbare Vorgang im Ausland grds. voraussetzt, dass es sich um eine rechtsgeschäftliche Vermögensübertragung im Wege der Gesamtrechtsnachfolge handelt.[5]

In Fällen der *Aufspaltung oder Abspaltung* auf eine Personengesellschaft **4** gilt § 8 gem. § 16 S. 1 entsprechend, wenn diese vermögensverwaltend tätig ist.

Für die *Ermittlung des Gewerbeertrags* bei einem Vermögensübergang auf **5** eine PersG oder auf eine natürliche Person sowie bei Formwechsel in eine PersG gilt § 8 gem. § 18 Abs. 1 S. 1 ebenfalls entsprechend. Im Ergebnis unterliegt damit in den Fällen des § 8 der Übertragungsgewinn der übertragenden Körperschaft der Gewerbesteuer, während für den übernehmenden Rechtsträger § 18 nicht zur Anwendung kommt, soweit der Vermögensübergang in das Privatvermögen erfolgt.[6]

---

1 *Greve* in Haritz/Menner, § 8 Rdn. 2.
2 *Greve* in Haritz/Menner, § 8 Rdn. 4; *Trossen* in Rödder/Herlinghaus/van Lishaut, § 8 Rdn. 10.
3 *Möhlenbrock* in Dötsch/Pung/Möhlenbrock, § 8 Rdn. 2.
4 *Greve* in Haritz/Menner, § 8 Rdn. 2.
5 *Greve* in Haritz/Menner, § 8 Rdn. 5; *Trossen* in Rödder/Herlinghaus/van Lishaut, § 1 Rdn. 90.
6 *Trossen* in Rödder/Herlinghaus/van Lishaut, § 8 Rdn. 14.

III. Rechtsentwicklung

6   § 8 hat mit dem SEStEG[7] die bisherigen Regelungen der §§ 8 und 9 in der bis zum 12. 12. 2006 geltenden Fassung im Wesentlichen übernommen. § 8 regelt nunmehr auch den Vermögensübergang auf eine natürliche Person. Die Verweise in § 8 Abs. 2 sind durch das SEStEG auf die gesamten §§ 4 und 5 ausgedehnt worden. Der bisher in § 8 Abs. 2 in der bis zum 12. 12. 2006 geltenden Fassung normierte Anwendungsausschluss des § 34 Abs. 1 EStG ist durch das SEStEG gestrichen worden.

B. Vermögensübergang auf einen Rechtsträger ohne Betriebsvermögen gem. § 8 Abs. 1 S. 1

I. Übertragende Körperschaft

7   § 8 Abs. 1 S. 1 setzt als übertragenden Rechtsträger eine vermögensverwaltende Körperschaft voraus. Auch KapG, die schon kraft Rechtsform gewerblich tätig sind, können gleichwohl vermögensverwaltend tätig sein.[8] Die Gewerblichkeit kraft Rechtsform strahlt nicht auf die anschließende Tätigkeit des übernehmenden Rechtsträgers aus.[9] Erfasst werden daher auch KapG, die ihre ursprüngliche gewerbliche Tätigkeit aufgegeben haben und der übernehmende Rechtsträger ebenfalls nur noch vermögensverwaltend tätig ist.[10] Verfügt die übertragende Körperschaft dagegen über ein gewerbliches, land- und forstwirtschaftliches oder freiberufliches Betriebsvermögen, das auf den übernehmenden Rechtsträger übergeht, erhält dieser mit der Übertragung Betriebsvermögen. § 8 Abs. 1 S. 1 ist nicht anwendbar.[11] Nicht ausreichend ist es zudem, wenn die übertragende KapG ihren Gewerbebetrieb nur ruhen lässt.[12]

II. Übernehmender Rechtsträger

8   Übernehmender Rechtsträger kann eine PersG sowie eine natürliche Person sein, § 8 Abs. 1 S. 1. Bei einer Verschmelzung einer KapG auf eine *natürliche Person* kommt nach § 3 Abs. 2 Nr. 2 UmwG als Übernehmender allerdings nur der Alleingesellschafter der KapG in Betracht.[13] Nach § 4 UmwG muss der Übernehmende spätestens bei Abschluss des Verschmelzungsvertrags Alleingesellschafter der KapG sein.

9   Übernehmende PersG kann bei einer Verschmelzung sowie bei der Auf- oder Abspaltung i.S.d. § 16 nur eine *Personenhandelsgesellschaft* sein, also eine OHG oder eine KG, die nach § 105 Abs. 2 HGB bzw. nach §§ 105 Abs. 2, 161 Abs. 2 HGB in das Handelsregister eingetragen ist. Ein Gewer-

---

7 Vom 07. 12. 2006, BGBl. I 2006, 2782.

8 *Bornheim*, DStR 2001, 1950; *Scheffler*, BB 2001, 2297.

9 BFH vom 06. 03. 1997, IV R 21/96, BFH/NV 1997, 762.

10 *Greve* in Haritz/Menner, § 8 Rdn. 2.

11 *Schnitter* in Frotscher/Maas, § 8 Rdn. 11.

12 BFH vom 05. 05. 2004, XI R 7/02, BStBl. II 2004, 738.

13 *Greve* in Haritz/Menner, § 8 Rdn. 3; *Trossen* in Rödder/Herlinghaus/van Lishaut, § 8 Rdn. 5.

bebetrieb i.S.d. § 15 Abs. 1 Nr. 2 EStG entsteht nicht allein durch die Handelsregistereintragung, da auch die nur eigenes Vermögen verwaltende PersG als OHG oder KG in das Handelsregister eingetragen werden kann.[14] Entscheidend ist für die Anwendbarkeit des § 8 daher allein die ausgeübte Tätigkeit der Personenhandelsgesellschaft.[15] Ist die übernehmende PersG zumindest auch gewerblich tätig, ist sie dagegen aufgrund der Abfärberegelung des § 15 Abs. 3 Nr. 1 EStG ein Rechtsträger mit Betriebsvermögen.[16] § 8 ist dann nicht anwendbar.

Die *GmbH & Co. KG* kommt als übernehmender Rechtsträger jedenfalls 10 dann nicht in Betracht, wenn sie als Komplementäre nur KapG hat und nur diese zur Geschäftsführung befugt sind. Diese Gesellschaften sind nach § 15 Abs. 3 Nr. 2 EStG gewerblich geprägt und verfügen daher über ein eigenes Betriebsvermögen.[17]

Nach § 3 Abs. 1 UmwG und nach § 124 UmwG kann eine *GbR* an einer Ver- 11 schmelzung sowie bei einer Auf- oder Abspaltung nicht beteiligt sein. Dagegen ist nach § 191 Abs. 2 UmwG der Formwechsel einer KapG in eine GbR möglich, so dass in diesem Fall § 8 eingreift.[18]

Eine *Partnergesellschaft* kommt als übernehmender Rechtsträger nicht in 12 Betracht. Ihre Tätigkeit i.S.d. § 1 Abs. 1 S. 1 PartGG („zur Ausübung ihrer Berufe") setzt zwingend ein Betriebsvermögen voraus.[19]

III. Rechtsträger ohne Betriebsvermögen

§ 8 Abs. 1 S. 1 setzt einen Vermögensübergang auf einen Rechtsträger *ohne* 13 *Betriebsvermögen* voraus. Wird das übertragene Vermögen Betriebsvermögen des übernehmenden Rechtsträgers, ist § 8 nicht anwendbar. Für die Frage, ob der übernehmende Rechtsträger über Betriebsvermögen verfügt, ist es unerheblich, ob es sich um ein gewerbliches, land- und forstwirtschaftliches oder freiberufliches Betriebsvermögen handelt[20]. Ohne Bedeutung ist auch, ob der übernehmende Rechtsträger Bilanzen erstellt oder seinen Gewinn durch Einnahmenüberschussrechnungen gem. § 4 Abs. 3 EStG ermittelt.[21]

§ 8 Abs. 1 S. 1 ist nicht anwendbar, wenn zur *Beendigung einer Betriebsauf-* 14 *spaltung* die Betriebskapitalgesellschaft auf das Besitzunternehmen verschmolzen wird, da das Besitzunternehmen wegen seiner sachlichen und personellen Verflechtung mit dem gewerblichen Betriebsunternehmen selbst zum Gewerbebetrieb geworden ist und über ein eigenes Betriebsver-

14 *Greve* in Haritz/Menner, § 8 Rdn. 3; *Wacker* in L. Schmidt, § 15 EStG Rdn. 181.
15 *C. Kraft* in Kraft/Edelmann/Bron, § 8 Rdn. 15.
16 *Greve* in Haritz/Menner, § 8 Rdn. 11; *Schnitter* in Frotscher/Maas, § 8 Rdn. 11; *Trossen* in Rödder/Herlinghaus/van Lishaut, § 8 Rdn. 19.
17 *Greve* in Haritz/Menner, § 8 Rdn. 3.
18 *Greve* in Haritz/Menner, § 8 Rdn. 3.
19 *Trossen* in Rödder/Herlinghaus/van Lishaut, § 8 Rdn. 6.
20 *C. Kraft* in Kraft/Edelmann/Bron, § 8 Rdn. 14; *Trossen* in Rödder/Herlinghaus/van Lishaut, § 8 Rdn. 19.
21 *Greve* in Haritz/Menner, § 8 Rdn. 9.

mögen verfügt.[22] Dies gilt sowohl für die echte Betriebsaufspaltung, wenn also ein bisher einheitlicher Gewerbebetrieb aufgeteilt worden ist, als auch für die unechte Betriebsaufspaltung, die z.B. dadurch entsteht, dass der oder die beherrschenden Gesellschafter der Betriebskapitalgesellschaft dieser einzelne Wirtschaftsgüter des Privatvermögen zur Nutzung überlässt, die für die Betriebsgesellschaft wesentliche Betriebsgrundlage sind.[23]

15 Die gewerblich *geprägte PersG* i.S.d. § 15 Abs. 3 Nr. 2 EStG ist ebenfalls ein Rechtsträger mit Betriebsvermögen, so dass § 8 nicht anwendbar ist.[24]

16 Ferner liegt auch dann kein Fall des § 8 Abs. 1 S. 1 vor, wenn eine übernehmende PersG ihren Gewerbebetrieb nur ruhen lässt, da auch dann das übernommene Vermögen seine Rechtsnatur als Betriebsvermögen behält.[25]

IV. Prüfungszeitpunkt für die Voraussetzung „ohne Betriebsvermögen"

17 § 8 regelt nicht, zu welchem Zeitpunkt der übernehmende Rechtsträger nicht über Betriebsvermögen verfügen darf. Die Frage, zu welchem Zeitpunkt der übernehmende Rechtsträger nicht über Betriebsvermögen verfügen darf, wird relevant, wenn der übernehmende Rechtsträger bisher nur vermögensverwaltend tätig war und in der Interimszeit zwischen dem steuerlichen Übertragungsstichtag (§ 2 Abs. 1 S. 1) und dem Zeitpunkt der Eintragung in das Handelsregister eine gewerbliche Tätigkeit aufnimmt.[26] Richtigerweise sind für die Anwendung des § 8 die Verhältnisse zum steuerlichen Übertragungsstichtag entscheidend.[27] Dieser Auffassung folgt nunmehr auch Tz. 08.02 UmwStE 2011, während Tz. 03.08 UmwStE vom 25.03.1998, BStBl. I 1998, 268 hierzu noch keine Regelung enthielt. Nach einer Gegenauffassung,[28] die auf den Zeitpunkt der Registereintragung abstellt, findet dagegen § 8 keine Anwendung, wenn der übernehmende Rechtsträger zwischen steuerlichem Übertragungsstichtag und der Eintragung in das Handelsregister eine gewerbliche Tätigkeit aufnimmt. Nach einer weiteren Gegenansicht[29] ist § 8 aufgrund einer teleologischen Reduktion nicht anwendbar, wenn der übernehmende Rechtsträger zusätzlich zum Vorliegen von Betriebsvermögen im steuerlichen Übertragungsstichtag auch im Zeitpunkt der Registereintragung über Betriebsvermögen verfügt. Diese Auffassungen übersehen jedoch, dass nach § 2 der Vermögensübergang steuerlich bereits zum Übertragungsstichtag erfolgt, so dass dieser Zeitpunkt auch für die Frage maßgeblich sein sollte, ob der übernehmende Rechtsträger über Betriebsvermögen verfügt.[30]

---

22 *Trossen* in Rödder/Herlinghaus/van Lishaut, § 8 Rdn. 19.
23 *Trossen* in Rödder/Herlinghaus/van Lishaut, § 8 Rdn. 19 Fn. 1.
24 *Trossen* in Rödder/Herlinghaus/van Lishaut, § 8 Rdn. 19.
25 BFH vom 25.05.1977, I R 93/75, BStBl. II 1977, 660.
26 *Möhlenbrock* in Dötsch/Pung/Möhlenbrock, § 8 Rdn. 13.
27 *Möhlenbrock* in Dötsch/Pung/Möhlenbrock, § 8 Rdn. 13; *Trossen* in Rödder/Herlinghaus/van Lishaut, § 8 Rdn. 22; *Schmitt* in Schmitt/Hörtnagl/Stratz, § 8 Rdn. 9.
28 *Greve* in Haritz/Menner, § 8 Rdn. 20.
29 *C. Kraft* in Kraft/Edelmann/Bron, § 8 Rdn. 22.
30 *Trossen* in Rödder/Herlinghaus/van Lishaut, § 8 Rdn. 22.

Die bloße Absicht, zum steuerlichen Übertragungszeitpunkt eine gewerbli- *18*
che Tätigkeit ausüben zu wollen, genügt allerdings nicht.[31] Es müssen zumindest zusätzlich Handlungen erkennbar sein, die unmittelbar die beabsichtigte gewerbliche Tätigkeit vorbereiten.[32] In Zweifelsfällen sollten
entsprechende Sachverhalte vor der Vermögensübertragung mit dem FA
abgestimmt werden.

V. Abgrenzung private Vermögensverwaltung und Gewerbebetrieb

Die Abgrenzung zwischen privater *Vermögensverwaltung* und gewerblicher *19*
Tätigkeit kann im Einzelfall schwierig sein. Nach § 14 S. 3 AO liegt eine
Vermögensverwaltung i.d.R. vor, wenn Vermögen genutzt, z.B. Kapitalvermögen verzinslich angelegt oder unbewegliches Vermögen vermietet oder
verpachtet wird. Die private Vermögensverwaltung dient der Fruchtziehung
aus zu erhaltenden Substanzwerten und nicht, wie die gewerbliche Tätigkeit, der Ausnutzung substantieller Vermögenswerte durch Umschichtung.[33]
Unter einem Gewerbebetrieb ist nach § 15 Abs. 2 S. 1 EStG jede selbststän-
dige nachhaltige Tätigkeit zu verstehen, die mit Gewinnerzielungsabsicht
unternommen wird und sich als Beteiligung am allgemeinen wirtschaftlichen Verkehr darstellt, falls sie den Rahmen einer privaten Vermögensverwaltung überschreitet und es sich nicht um die Ausübung von Land- und
Forstwirtschaft (§§ 13 ff. EStG) oder einer selbstständigen Tätigkeit (§ 18
EStG) handelt.[34]

Nach der Rechtsprechung des BFH[35] wird die Grenze der privaten Vermö- *20*
gensverwaltung zum *gewerblichen Grundstückshandel* regelmäßig dann
überschritten, wenn vor Ablauf eines Zeitraums von 5 Jahren seit Anschaffung bzw. Errichtung mindestens vier Objekte, wie insb. Ein- und Zweifami-
lien-Häuser, Eigentumswohnungen oder unbebaute Grundstücke, veräußert
werden und wenn zwischen den einzelnen Verwertungsmaßnahmen nicht
mehr als 5 Jahre liegen. Die Drei-Objekt-Grenze hat allerdings nur indizielle
Bedeutung, die im Einzelfall widerlegt werden kann. Zur Abgrenzung zwischen privater Vermögensverwaltung und gewerblichem Grundstückshandel
siehe auch BMF-Schreiben vom 26.03.2004, BStBl. I 2004, 434.

VI. Vermögensübergang

Im Rahmen des § 8 Abs. 1 S. 1 muss das *gesamte Vermögen* der übertragen- *21*
den KapG auf einen Rechtsträger ohne Betriebsvermögen übergehen. Nicht
ausreichend ist es, wenn im Anschluss an eine Verschmelzung einzelne
Wirtschaftsgüter in das Privatvermögen übernommen werden.[36] Bei der
Überführung der Wirtschaftsgüter in das Privatvermögen handelt es sich

---

31 *Greve* in Haritz/Menner, § 8 Rdn. 21; Tz. 08.02 UmwStE 2011.
32 *Trossen* in Rödder/Herlinghaus/van Lishaut, § 8 Rdn. 22.
33 BFH vom 05.05.2004, XI R 7/02, BStBl. II 2004, 738.
34 BFH vom 20.04.2006, III R I/05, BStBl. II 2007, 375.
35 BFH vom 20.04.2006, III R I/05, BStBl. II 2007, 375.
36 *Trossen* in Rödder/Herlinghaus/van Lishaut, § 8 Rdn. 21.

vielmehr um eine Entnahme i.S.d. § 4 Abs. 1 S. 2 EStG aus dem Betriebsvermögen des übernehmenden Rechtsträgers, die nach § 6 Abs. 1 Nr. 4 EStG mit dem Teilwert zu bewerten ist. Werden dagegen einzelne Wirtschaftsgüter der übertragenden KapG, wie z.b. ein vom Alleingesellschafter genutztes Einfamilienhaus oder ein Pkw, im Rahmen der Umwandlung zu Privatvermögen, ist dafür gem. § 3 Abs. 1 S. 1 der gemeine Wert anzusetzen.[37]

C. Einkünfte infolge des Vermögensübergangs nach § 8 Abs. 1

I. Besteuerung der übertragenden Körperschaft

22 Die übergehenden Wirtschaftsgüter sind in der Schlussbilanz der übertragenden Körperschaft mit ihrem *gemeinen Wert* anzusetzen.[38] Dies ergibt sich aus § 3 Abs. 1 S. 1, der im Rahmen des § 8 entsprechend anzuwenden ist. Zwar erklärt § 8 Abs. 1 S. 2 – im Gegensatz zu § 9 S. 1 – § 3 nicht ausdrücklich für anwendbar. Der ausdrückliche Verweis auf § 3 in § 9 S. 1 ist aber – im Gegensatz zu § 8 Abs. 1 S. 2 – zwingend erforderlich, da bei einem Formwechsel in eine PersG nach § 9, anders als bei einer Übertragung nach § 8, gerade kein Vermögensübergang stattfindet.[39] Der Gesetzgeber ist zudem selbst davon ausgegangen, dass § 3 im Rahmen des § 8 anwendbar ist.[40]

23 Die Verpflichtung zum Ansatz der gemeinen Werte gilt auch für alle nicht entgeltlich erworbenen und selbst geschaffenen immateriellen Wirtschaftsgüter, wie z.b. für einen *selbst geschaffenen Geschäfts- und Firmenwert*.[41] Ein Geschäfts- und Firmenwert ist nach der ausdrücklichen Regelung in § 3 Abs. 1 S. 1 in jedem Fall und nicht nur dann anzusetzen, wenn der übernehmende Rechtsträgerder die den Geschäftswert begründende Organisation fortführt.[42]

24 Für die Bewertung von *Pensionsrückstellungen* im Rahmen des § 8 gilt § 6a EStG entsprechend, vgl. § 3 Abs. 1 S. 2. Zu den Einzelheiten hierzu siehe § 3 Rdn. 30 „Pensionsrückstellung".

25 *Nicht möglich* ist es, die übergehenden Wirtschaftsgüter nach § 3 Abs. 2 auf Antrag mit dem *Buchwert* oder einem *Zwischenwert* in der Schlussbilanz der übertragenden Körperschaft anzusetzen, da das Vermögen der übertragenden Körperschaft nicht, wie von § 3 Abs. 2 Nr. 1 vorausgesetzt, Betriebsvermögen des übernehmenden Rechtsträgers wird. Die übergehenden Wirtschaftsgüter können zudem auch nicht gem. § 6 Abs. 1 Nr. 4 EStG mit dem

---

37 *Trossen* in Rödder/Herlinghaus/van Lishaut, § 8 Rdn. 21.
38 Tz. 08.01 UmwStE 2011.
39 *Greve* in Haritz/Menner, § 8 Rdn. 25.
40 BT-Drs. 16/2710, 40.
41 *Möhlenbrock* in Dötsch/Pung/Möhlenbrock, § 8 Rdn. 9; *Greve* in Haritz/Menner, § 8 Rdn. 27.
42 *Greve* in Haritz/Menner, § 8 Rdn. 27; a.A. *Trossen* in Rödder/Herlinghaus/van Lishaut, § 8 Rdn. 26; *C. Kraft* in Kraft//Edelmann/Bron, § 8 Rdn. 26.

Teilwert angesetzt werden, da die Vermögensübertragung nach § 8 nicht mit der Entnahme einzelner Wirtschaftsgüter vergleichbar ist.[43] Eine Entnahme gem. § 6 Abs. 1 Nr. 4 EStG setzt voraus, dass der bisherige Betrieb fortgeführt wird. Daran fehlt es jedoch in den Fällen des § 8.

Ein Abzug nach § 7g Abs. 1 EStG ist beim übertragenden Rechtsträger rück- 26 gängig zu machen, wenn das übertragene Vermögen nicht Betriebsvermögen des übernehmenden Rechtsträgers wird.[44]

Der *Übertragungsgewinn* unterliegt bei der übertragenden Körperschaft un- 27 gemildert der KSt und der GewSt, soweit nicht für einzelne Wirtschaftsgüter Sonderregelung eingreifen, wie z.B. die Freistellung durch ein Doppelbesteuerungsabkommen.[45]

II. Rechtsfolgen infolge der Umwandlung
gem. § 8 Abs. 1 S. 1 beim übernehmenden Rechtsträger
bzw. bei seinen Gesellschaftern

1. Allgemeines

Nach *§ 8 Abs. 1 S. 1* sind die infolge des Vermögensübergangs entstehen- 28 den Einkünfte beim übernehmenden Rechtsträger bzw. bei seinen Gesellschaftern zu ermitteln. Ist der übernehmende Rechtsträger eine natürliche Person, werden die steuerlichen Rechtsfolgen infolge der Umwandlung unmittelbar bei dieser gezogen. Ist der übernehmende Rechtsträger dagegen eine PersG, so werden die steuerlichen Folgen der Umwandlung bei den Gesellschaftern der übernehmenden PersG erfasst. Diese gesellschafterbezogene Ermittlung des Übernahmeergebnisses erfolgt verfahrensrechtlich im Rahmen der *einheitlichen und gesonderten Feststellung der Besteuerungsgrundlagen* gem. § 180 Abs. 1 Nr. 2 Buchst. a AO bei der PersG.[46] Der Übernahmegewinn entsteht nicht mangels Betriebsvermögens der übernehmenden PersG unmittelbar bei den jeweiligen Gesellschaftern anteilig und ist daher auf der Ebene der übernehmenden PersG zu ermitteln.[47] Andernfalls ließe sich die Anwendung der in § 5 Abs. 2 und 3 geregelten Überführungsfiktionen, die im Rahmen des § 8 entsprechend gelten, nicht sinnvoll erklären.[48] Selbst die Gegenmeinung empfiehlt daher, in dem Feststellungsbescheid über die laufenden Einkünfte der PersG nach der Umwandlung zumindest nachrichtlich die gemeinen Werte des übernommenen Vermögens und die Höhe der offenen Rücklagen i.S.d. § 7 aufzunehmen.[49]

Nach *§ 8 Abs. 1 S. 2* gelten bei einem Vermögensübergang auf einen 29 Rechtsträger ohne Betriebsvermögen die §§ 4, 5 und 7 entsprechend. § 4 regelt die Auswirkungen auf den Gewinn des übernehmenden Rechtsträgers.

---

43 *Trossen* in Rödder/Herlinghaus/van Lishaut, § 8 Rdn. 27.
44 Tz. 08.04 UmwStE 2011.
45 *Greve* in Haritz/Menner, § 8 Rdn. 27.
46 *Möhlenbrock* in Dötsch/Pung/Möhlenbrock, § 8 Rdn. 18; *Schmitt* in Schmitt/Hörtnagl/Stratz, § 8 Rdn. 16; *Schnitter* in Frotscher/Maas, § 8 Rdn. 21.
47 A.A. *Trossen* in Rödder/Herlinghaus/van Lishaut, § 8 Rdn. 37.
48 *Schnitter* in Frotscher/Maas, § 8 Rdn. 21.
49 *Trossen* in Rödder/Herlinghaus/van Lishaut, § 8 Rdn. 37.

§ 5 regelt die Besteuerung der Anteilseigner der übertragenden Körperschaft, während § 7 die Besteuerung offener Rücklagen betrifft.

30 Die Einkünfte gem. § 7 und gem. §§ 4 und 5 entstehen am steuerlichen Übertragungsstichtag.[50]

31 Der übernehmende Rechtsträger ist mangels Buchführungspflicht nicht verpflichtet, eine Übernahmebilanz zu erstellen. Es genügt, wenn er die übernommenen Wirtschaftsgüter mit dem gemeinen Wert in sein „Anlagenverzeichnis" übernimmt.[51].

2. Besteuerung offener Rücklagen gem. § 7

32 Nach § 7 S. 1 werden zunächst allen Gesellschaftern der übertragenden KapG die bei der KapG vorhandenen offenen Gewinn- und sonstigen Rücklagen, ermittelt als Eigenkapital abzüglich des Bestands des steuerlichen Einlagekontos i.S.d. § 27 KStG, der sich nach Anwendung des § 29 Abs. 1 KStG ergibt, in dem Verhältnis der Anteile zum Nennkapital der übertragenden Körperschaft als (fiktive) Einnahmen aus Kapitalvermögen i.S.d. § 20 Abs. 1 Nr. 1 EStG zugerechnet. Dies gilt nach § 7 S. 2 unabhängig davon, ob für den Anteilseigner zusätzlich ein Übernahmegewinn oder ein Übernahmeverlust nach den §§ 4 oder 5 ermittelt werden muss. Die Einkünfte gem. § 7 S. 1 sind nach dem Teileinkünfteverfahren nach § 3 Nr. 40 EStG zu besteuern. Sie unterliegen zudem gem. § 43 Abs. 1 S. 1 Nr. 1 EStG dem Kapitalertragsteuereinbehalt.[52] Verfahrensrechtlich werden die Einkünfte gem. § 7 S. 1 in die gesonderte und einheitliche Feststellung des Übernahmeergebnisses mit einbezogen, wenn der übernehmende Rechtsträger eine PersG ist, dies jedoch ohne Bindungswirkung für die beteiligten Gesellschafter.[53] Wegen der weiteren Einzelheiten zur Besteuerung offener Rücklagen siehe die Kommentierung zu § 7.

3. Weitere Folgen einer Umwandlung gem. § 8 Abs. 1 S. 1

a) Allgemeines

33 Ferner ist zusätzlich zu den Einkünften aus § 7 S. 1 ein Übernahmegewinn oder Übernahmeverlust nach § 4 Abs. 4 ff. und § 5 anzusetzen, wenn die Anteile an der übertragenden KapG zum steuerlichen Übertragungsstichtag nach § 17 EStG oder nach § 21 UmwStG a.F. steuerverstrickt waren. Entsprechendes gilt, wenn die Anteile an der übertragenden KapG zum Betriebsvermögen des Anteilseigners gehört haben.[54] Gehörten die Anteile an der übertragenden KapG zum Privatvermögen des Gesellschafters und waren weder nach § 17 EStG noch nach § 21 UmwStG a.F. steuerverstrickt, wird der Vermögensübergang bei dem Gesellschafter ausschließlich nach § 7 S. 1 besteuert.[55]

---

50 *Trossen* in Rödder/Herlinghaus/van Lishaut, § 8 Rdn. 38.
51 *Trossen* in Rödder/Herlinghaus/van Lishaut, § 8 Rdn. 42.
52 *Börst* in Haritz/Menner, § 7 Rdn. 65; a.A. *Streck/Posdziech*, GmbHR 1995, 271.
53 Tz. 08.03 UmwStE 2011; *C. Kraft* in Kraft/Edelmann/Bron, § 8 Rdn. 40; *Schmitt* in Schmitt/Hörtnagl/Stratz, § 8 Rdn. 16.
54 *Greve* in Haritz/Menner, § 8 Rdn. 42.
55 *Greve* in Haritz/Menner, § 8 Rdn. 43.

Durch die Vermögensübertragung nach § 8 gehen die Anteile an der über- 34
tragenden KapG unter. Im Gegenzug erhalten die Gesellschafter der übertragenden KapG hierfür Anteile an der übernehmenden PersG. Ein übernehmender Alleingesellschafter bekommt die einzelnen Wirtschaftsgüter
der erloschenen KapG.[56] Für die Anteilseigner der übertragenden Körperschaft liegt im Ergebnis damit jeweils ein Veräußerungsvorgang vor.[57]

Für die *Ermittlung des Übernahmegewinns* bzw. *des Übernahmeverlustes* 35
sind die übergegangenen Wirtschaftsgüter mit dem gemeinen Wert i.S.d.
§ 3 zu übernehmen, § 4 Abs. 1 S. 1. Nach § 4 Abs. 4 S. 1 sind die Kosten für
den Vermögensübergang und der Wert der Anteile an der übertragenden
Körperschaft abzuziehen. Die weitergehende Korrektur nach § 4 Abs. 1 S. 2
kommt im Privatvermögen nicht in Betracht.[58] Verrechenbare Verluste, verbleibende Verlustvorträge, von der übertragenden Körperschaft nicht ausgeglichene negative Einkünfte und ein Zinsvortrag nach § 4h Abs. 1 S. 2 EStG
gehen nicht über. Nach § 4 Abs. 5 S. 1 erhöht sich ein Übernahmegewinn
bzw. verringert sich ein Übernahmeverlust um einen Sperrbetrag i.S.d.
§ 50c Abs. 4 EStG. § 50c EStG ist durch das Steuersenkungsgesetz vom
23.10.2000, BGBl. I, 1433 aufgehoben worden, bleibt aber weiterhin anwendbar, wenn zuvor nach der alten Rechtslage ein Sperrbetrag zu bilden
war. Nach § 4 Abs. 5 S. 2, der durch das SEStEG neu eingefügt wurde und
auch im Rahmen des § 8 entsprechend anzuwenden ist, vermindert sich ein
Übernahmegewinn bzw. erhöht sich ein Übernahmeverlust um die Bezüge,
die nach § 7 zu den Einkünften aus Kapitalvermögen i.S.d. § 20 Abs. 1 Nr. 1
EStG gehören. Dies führt dazu, dass sich infolge der Umwandlung nach § 8
in aller Regel ein Übernahmeverlust ergibt.[59] Ein Übernahmegewinn ist
wohl nur noch ausnahmsweise denkbar, wenn ein Gründungsgesellschafter
der übertragenden Körperschaft eine disquotale Einlage geleistet hat.[60]

b) Anteile i.S.d. § 17 Abs. 1 S. 1 EStG

War der Gesellschafter an der übertragenden KapG i.S.d. § 17 Abs. 1 S. 1 36
EStG beteiligt, weil er innerhalb der letzten fünf Jahre vor der Umwandlung
am Kapital der Gesellschaft unmittelbar oder mittelbar zu mindestens 1 %
beteiligt war, ist die Umwandlung der übertragenden KapG für ihn nach
dem Vorstehenden eine Veräußerung i.S.d. § 17 Abs. 1 S. 1 EStG und keine
Auflösung der KapG i.S.d. § 17 Abs. 4 EStG.[61]

---

56 *Greve* in Haritz/Menner, § 8 Rdn. 32; *Trossen* in Rödder/Herlinghaus/van Lishaut,
   § 8 Rdn. 32.
57 *Trossen* in Rödder/Herlinghaus/van Lishaut, § 8 Rdn. 32.
58 *Greve* in Haritz/Menner, § 8 Rdn. 32; *C. Kraft* in Kraft/Edelmann/Bron, § 8 Rdn. 57;
   Trossen in Rödder/Herlinghaus/van Lishaut, § 8 Rdn. 32.
59 *Möhlenbrock* in Dötsch/Pung/Möhlenbrock, § 8 Rdn. 20; *Greve* in Haritz/Menner,
   § 8 Rdn. 36.
60 *Möhlenbrock* in Dötsch/Pung/Möhlenbrock, § 8 Rdn. 20.
61 *Trossen* in Rödder/Herlinghaus/van Lishaut, § 8 Rdn. 33; vgl. auch BFH vom 22.02.
   1989, I R 11/85, BStBl. 1989, 794; a.A. *Greve* in Haritz/Menner, § 8 Rdn. 41; offen
   gelassen *Möhlenbrock* in Dötsch/Pung/Möhlenbrock, § 8 Rdn. 25 wegen der identischen Rechtsfolgen von Veräußerung und Auflösung.

37   Das Übernahmeergebnis für den nach § 17 Abs. 1 S. 1 EStG an der übertragenden KapG Beteiligten ist nach § 4 Abs. 4–6 mit der Einlagefiktion des § 5 Abs. 2 zu ermitteln. Ein Übernahmeverlust kann nach § 4 Abs. 6 S. 3 beschränkt berücksichtigungsfähig sein, wobei allerdings auch die in § 4 Abs. 6 S. 6 genannten Ausschlusstatbestände gelten. Nach § 4 Abs. 6 S. 6 bleibt ein Übernahmeverlust außer Ansatz, soweit bei der Veräußerung der Anteile an der übertragenden Körperschaft ein Veräußerungsverlust nach § 17 Abs. 2 S. 6 EStG nicht zu berücksichtigen wäre oder soweit die Anteile an der übertragenden Körperschaft innerhalb der letzten fünf Jahre vor dem steuerlichen Übertragungsstichtag entgeltlich erworben wurden. Wegen der Einzelheiten hierzu wird auf die Erläuterungen zu § 4 Abs. 6 S. 3 verwiesen. Zum Freibetrag nach § 17 Abs. 3 EStG siehe Rdn. 49.

4. Anteile im Betriebsvermögen

38   Gehörten die Anteile an der übertragenden KapG zum Betriebsvermögen des jeweiligen Anteilseigners, erzielt der Anteilseigner regelmäßig Einkünfte aus Gewerbebetrieb i.S.d. § 15 Abs. 1 Nr. 1 EStG. Auch hier sind zur Ermittlung des Übernahmeergebnisses die gemeinen Werte in der Schlussbilanz der übertragenden KapG maßgebend.[62] Die Aufdeckung der stillen Reserven ließe sich über eine gewerbliche Prägung des übernehmenden Rechtsträgers nach § 15 Abs. 3 Nr. 2 EStG vermeiden.[63]

39   Das Übernahmeergebnis ist unter Berücksichtigung der Überführungsfiktion des § 5 Abs. 3 ebenfalls nach § 4 Abs. 4–6 zu ermitteln. Gehören die Anteile an der übertragenden Körperschaft am steuerlichen Übertragungsstichtag zum Betriebsvermögen eines Anteilseigners, ist nach § 5 Abs. 3 der Gewinn so zu ermitteln, als seien die Anteile am Übertragungsstichtag zum Buchwert, erhöht um Abschreibungen sowie um Abzüge nach § 6b EStG (Reinvestitionsrücklagen) und ähnliche Abzüge, die in früheren Jahren steuerwirksam vorgenommen worden sind, höchstens mit dem gemeinen Wert, in das Betriebsvermögen des übernehmenden Rechtsträgers überführt worden. § 4 Abs. 1 S. 3 ist dann entsprechend anzuwenden. Zu den Einzelheiten der Überführungsfiktion siehe § 5 Rdn. 36 ff.

5. Einbringungsgeborene Anteile i.S.d. § 21 Abs. 1 S. 1 UmwStG a.F.

40   Nach § 27 Abs. 3 Nr. 1 ist auf einbringungsgeborene Anteile § 5 Abs. 4 UmwStG a.F. weiter anzuwenden mit der Folge, dass einbringungsgeborene Anteile an dem steuerlichen Übertragungsstichtag in das Betriebsvermögen der PersG mit den Anschaffungskosten als eingelegt gelten. Einbringungsgeboren sind Anteile nach der Legaldefinition des § 21 Abs. 1 S. 1 UmwStG a.F., die der Gesellschafter oder sein Rechtsvorgänger, der seinen Anteil unentgeltlich auf den Gesellschafter übertragen hat, durch eine Sacheinlage unter dem Teilwert erworben hat. Bei Umwandlungen nach § 8 hat der übernehmende Rechtsträger jedoch kein Betriebsvermögen, so dass § 27

---

62 *Greve* in Haritz/Menner, § 8 Rdn. 42.
63 *Greve* in Haritz/Menner, § 8 Rdn. 42; *Trossen* in Rödder/Herlinghaus/van Lishaut, § 8 Rdn. 52a.

Abs. 3 Nr. 1 i.V.m. § 5 Abs. 4 UmwStG a.F in den Fällen des § 8 nicht anwendbar ist.[64]

Nach *§ 27 Abs. 3 Nr. 3* ist § 21 UmwStG a.f. für einbringungsgeborene Anteile weiterhin anzuwenden mit der Folge, dass in den Fällen des § 8 nach § 21 Abs. 1 S. 1 UmwStG a.F. ein Veräußerungsgewinn i.s.d. § 16 EStG zu ermitteln ist. Hierfür spricht, dass die Umwandlung i.s.d. § 8 jedenfalls aus Sicht der Gesellschafter, wie oben dargelegt, als Veräußerung zu werten ist. Zumindest greift in den Fällen des § 8 der Ersatztatbestand des § 21 Abs. 2 Nr. 3 ein, da die KapG im Rahmen einer Umwandlung nach § 8, wie von § 21 Abs. 2 Nr. 3 vorausgesetzt, aufgelöst wird.[65] Auch bei einbringungsgeborenen Anteilen, die nicht über § 17 EStG steuerverstrickt sind, können daher auch im Rahmen einer Umwandlung nach § 8 die stillen Reserven der übertragenden KapG unversteuert in das Privatvermögen überführt werden.[66]   *41*

6. Weitere Folgen beim übernehmenden Rechtsträger

Der übernehmende Rechtsträger tritt nach § 4 Abs. 2 S. 1 in die steuerliche   *42*
Rechtstellung der übertragenden Körperschaft ein, insbesondere hinsichtlich der *Bewertung* der übernommenen Wirtschaftsgüter, der *Absetzung für Abnutzung* und der den steuerlichen Gewinn mindernden *Rücklage*. Der Eintritt in die steuerliche Rechtstellung der übertragenden Körperschaft kommt nur in Betracht, soweit, z.B. für erhöhte Absetzungen oder Sonderabschreibungen, nicht vorausgesetzt wird, dass das Wirtschaftsgut zu einem Betriebsvermögen gehört.[67] Da die übertragende Körperschaft in ihrer Schlussbilanz zwingend die gemeinen Werte der übergegangenen Wirtschaftsgüter ansetzen muss, ist die bisherige Bemessungsgrundlage um die Differenz zum gemeinen Wert aufzustocken, § 4 Abs. 3. Der übernehmende Rechtsträger hat aber grundsätzlich die bisherige Abschreibungsmethode der übertragenden Körperschaft beizubehalten. Insbesondere ist regelmäßig der bisher geltende Prozentsatz zur Ermittlung der jährlichen Abschreibungsbeträge weiterhin anzuwenden.[68] Hat der übertragende Rechtsträger allerdings bewegliche Wirtschaftsgüter seines Anlagevermögens gem. § 7 Abs. 2 EStG degressiv abgeschrieben, muss der übernehmende Rechtsträger mangels Betriebsvermögens gem. § 7 Abs. 3 EStG zwingend zur linearen Abschreibung (§ 7 Abs. 1 EStG) übergehen[69]. Gebäudeabschreibungen nach § 7 Abs. 4 S. 1 Nr. 1 EStG sind beim übernehmenden Rechtsträger nicht möglich, da § 7 Abs. 4 S. 1 Nr. 1 EStG voraussetzt, dass das Gebäude zu einem Betriebsvermögen gehört. [70]

---

64 *Greve* in Haritz/Menner, § 8 Rdn. 43; a.A. wohl *Möhlenbrock* in Dötsch/Pung/
Möhlenbrock, § 8 Rdn. 22.
65 *Schmitt* in Schmitt/Hörtnagl/Stratz, § 8 Rdn. 22; *Trossen* in Rödder/Herlinghaus/
van Lishaut, § 8 Rdn. 35.
66 So auch *Greve* in Haritz/Menner, § 8 Rdn. 43.
67 *Trossen* in Rödder/Herlinghaus/van Lishaut, § 8 Rdn. 43.
68 *Trossen* in Rödder/Herlinghaus/van Lishaut, § 8 Rdn. 44.
69 *Trossen* in Rödder/Herlinghaus/van Lishaut, § 8 Rdn. 46.
70 C. *Kraft* in Kraft/Edelmann/Bron, § 8 Rdn. 74.

43   Nach § 4 Abs. 2 S. 2 sind *Besitzzeiten* der übertragenden Körperschaft nur dem übernehmenden Rechtsträger anzurechnen, soweit die Zugehörigkeit eines Wirtschaftsguts zum Betriebsvermögen bedeutsam ist. Da der übernehmende Rechtsträger selbst über kein Betriebsvermögen verfügt, werden durch eine Umwandlung nach § 8 daher die Besitzzeiten regelmäßig unterbrochen, sofern nicht ausnahmsweise einzelne Gesellschafter ihre Beteiligung am übernehmenden Rechtsträger in ihrem Betriebsvermögen halten.[71]

44   Mit einer Umwandlung beginnt zudem für den übernehmenden Rechtsträger hinsichtlich der übernommenen Wirtschaftsgüter eine neue *Spekulationsfrist* nach § 22 Nr. 2 EStG i.V.m. § 23 EStG.[72]

45   § 6 ist im Falle einer Umwandlung nach § 8 nicht entsprechend anwendbar, so dass die sich aus der Vereinigung von Forderungen und Verbindlichkeiten ergebenden Gewinnerhöhungen *(Konfusionsgewinne)* nicht, wie in § 6 geregelt, in eine den Gewinn mindernde Rücklage eingestellt werden können. Dies ergibt sich schon daraus, dass der übernehmende Rechtsträger im Rahmen seiner Zufluss-Abfluss-Rechnung keine Rücklage bilden kann. Konfusionsgewinne führen daher bei einer Umwandlung i.S.d. § 8 zu sofort steuerpflichtigen Einkünften.[73]

D. Besonderheiten bei Zebra-Gesellschaften

46   Eine *Zebra-PersG* ist eine vermögensverwaltende PersG, bei der einzelne Gesellschafter ihre Beteiligung im Betriebsvermögen und die übrigen Gesellschafter ihre Anteile im Privatvermögen halten. Dies führt jedoch nicht dazu, dass die Tätigkeit dieser sog. Zebragesellschaft insgesamt als gewerblich anzusehen wäre. Der Umstand, dass Beteiligungen an der übernehmenden PersG auch im Betriebsvermögen eines oder mehrerer Gesellschafter gehalten werden, führt bei der Personengesellschaft nicht zu Betriebsvermögen. Die Zebra-Gesellschaft erzielt vielmehr weiterhin Einkünfte aus Vermietung und Verpachtung oder Einkünfte aus Kapitalvermögen.[74] Die Einkünfte werden erst auf der Ebene der betroffenen Gesellschafter in Einkünfte aus Gewerbebetrieb umqualifiziert.[75]

47   Die Verschmelzung einer KapG auf eine sog. Zebra-PersG wird ebenfalls von § 8 erfasst.[76] Die auf die Zebra-Gesellschaft übergehenden Wirtschaftsgüter bleiben steuerverstrickt, soweit sie auf die betrieblich beteiligten Gesellschafter entfallen. Gleichwohl sind auch diese Gesellschafter gem. § 3

---

71   *Trossen* in Rödder/Herlinghaus/van Lishaut, § 8 Rdn. 47.
72   *Trossen* in Rödder/Herlinghaus/van Lishaut, § 8 Rdn. 49.
73   *Möhlenbrock* in Dötsch/Pung/Möhlenbrock, § 8 Rdn. 16; *C. Kraft* in Kraft/Edelmann/Bron, § 8 Rdn. 69; *Schnitter* in Frotscher/Maas, § 8 Rdn. 23; *Trossen* in Rödder/Herlinghaus/van Lishaut, § 8 Rdn. 50.
74   BFH vom 11.04.2005, GrS 2/02, BStBl. I 2005, 679; *Greve* in Haritz/Menner, § 8 Rdn. 45; *Trossen* in Rödder/Herlinghaus/van Lishaut, § 8 Rdn. 52; *Wacker* in L. Schmidt, § 15 EStG Rdn. 200.
75   BFH vom 11.04.2005, GrS 2/02, BStBl. I 2005, 679; *Schnitter* in Frotscher/Maas, § 8 Rdn. 25.
76   *Greve* in Haritz/Menner, § 8 Rdn. 45; *Trossen* in Rödder/Herlinghaus/van Lishaut, § 8 Rdn. 52.

Abs. 1 S. 1 an die gemeinen Werte in der Schlussbilanz der übertragenden KapG gebunden, da die übernehmende PersG selbst über kein Betriebsvermögen verfügt.[77] Auch die Gesellschafter, die betrieblich an der Zebra-Gesellschaft beteiligt sind, können daher nicht die Buchwerte fortführen.[78] Eine teleologische Reduktion des § 3 Abs. 2 Nr. 1 ist angesichts des eindeutigen Wortlauts der Vorschrift nicht möglich. Der Gesetzgeber des SEStEG hat trotz der Entscheidung des Großen Senats vom 11.04.2005, GrS 2/02, BStBl. II 2005, 679, nach der bei einer Zebra-Gesellschaft die Einkünfte der betrieblich beteiligten Gesellschafter erst auf der Ebene der betroffenen Gesellschafter in Einkünfte aus Gewerbebetrieb umqualifiziert werden, an der bisherigen Formulierung des § 3 S. 1 UmwStG a.F. festgehalten und setzt für eine Buchwertfortführung weiterhin voraus, dass die übergehenden Wirtschaftsgüter Betriebsvermögen des übernehmenden Rechtsträgers werden.[79] Nach Tz. 08.03 UmwStE 2011 werden im Rahmen der gesonderten und einheitlichen Feststellung der Einkünfte Veräußerungsgewinne nach § 17 EStG und Bezüge i.S.d. § 7 i.V.m. § 20 Abs. 1 Nr. 1 EStG festgestellt, dies jedoch ohne Bindungswirkung für die beteiligten Gesellschafter.

Die §§ 4ff. sind auch für die Zebra-Gesellschafter, die ihre Beteiligung im   48
Betriebsvermögen halten, nicht unmittelbar, sondern nur vermittelt über § 8 anzuwenden.[80] Die unmittelbare Anwendung der §§ 4ff. scheitert daran, dass die übernehmende Zebra-Gesellschaft selbst über kein Betriebsvermögen verfügt[81]. Für die Besteuerung des Übernahmevorgangs bei den betrieblich beteiligten Gesellschaftern der Zebra-Gesellschaft gelten somit die allgemeinen Regeln, wie oben in den Rdn. 28ff. dargelegt, soweit sie keine Einschränkungen enthalten für Anteile, die zum Privatvermögen gehören.

E. Keine Anwendbarkeit von § 17 Abs. 3 EStG und § 22 Nr. 2 EStG gem. § 8 Abs. 2

I. Allgemeines

§ 8 Abs. 2 schließt die Anwendung von § 17 Abs. 3 EStG und § 22 Nr. 2   49
EStG aus.

II. Freibetrag nach § 17 Abs. 3 EStG

§ 17 Abs. 3 EStG gewährt bei der Veräußerung von Anteilen an KapG, wenn   50
der Veräußerer innerhalb der letzten fünf Jahre unmittelbar oder mittelbar zu mindestens 1 % beteiligt war, für den Veräußerungsgewinn einen Freibetrag. Der Gesellschafter der übertragenden KapG erhält nach § 8 Abs. 2 für seinen Übertragungsgewinn diesen Freibetrag nicht, auch wenn seine Be-

---

77 *Greve* in Haritz/Menner, § 8 Rdn. 46.
78 Tz. 08.03 UmwStE 2011; *Greve* in Haritz/Menner, § 8 Rdn. 46; *Trossen* in Rödder/
    Herlinghaus/van Lishaut, § 8 Rdn. 52a; Möhlenbrock in Dötsch/Patt/Pung/Möhlen-
    brock, § 8 Rdn. 11; a.A. *Brinkhaus/Grabbe* in Haritz/Menner, § 3 Rdn. 111.
79 *Greve* in Haritz/Menner, § 8 Rdn. 46.
80 *Trossen* in Rödder/Herlinghaus/van Lishaut, § 8 Rdn. 53.
81 *Trossen* in Rödder/Herlinghaus/van Lishaut, § 8 Rdn. 53.

teiligung von § 17 EStG erfasst wird. Diese Regelung hat nach dem Inkrafttreten des SEStEG kaum noch praktische Bedeutung, da sich ein Übernahmegewinn nach Korrektur des Übernahmeergebnisses um die Bezüge i.S.d. § 7 nur noch in Ausnahmefällen ergeben kann.[82]

III. Kein privates Veräußerungsgeschäft

51 Ferner liegt gem. § 8 Abs. 2 bei einem Vermögensübergang nach § 8 Abs. 1 kein privates Veräußerungsgeschäft i.S.d. § 22 Nr. 2 EStG i.V.m. § 23 EStG vor, wenn die im Privatvermögen gehaltene Beteiligung an der übertragenden Körperschaft nicht nach § 17 EStG steuerverstrickt ist. Die Besteuerung des Vermögensübergangs beim Gesellschafter der übertragenden KapG richtet sich dann ausschließlich nach § 7.

---

82 *Greve* in Haritz/Menner, § 8 Rdn. 51.

§ 9
Formwechsel in eine Personengesellschaft

[1]Im Falle des Formwechsels einer Kapitalgesellschaft in eine Personengesellschaft sind die §§ 3 bis 8 und 10 entsprechend anzuwenden. [2]Die Kapitalgesellschaft hat für steuerliche Zwecke auf den Zeitpunkt, in dem der Formwechsel wirksam wird, eine Übertragungsbilanz, die Personengesellschaft eine Eröffnungsbilanz aufzustellen. [3]Die Bilanzen nach Satz 2 können auch für einen Stichtag aufgestellt werden, der höchstens acht Monate vor der Anmeldung des Formwechsels zur Eintragung in ein öffentliches Register liegt (Übertragungsstichtag); § 2 Abs. 3 und 4 gilt entsprechend.

Inhaltsverzeichnis

Spezialliteratur

Benecke/Schnitger, Letzte Änderungen der Neuregelungen des UmwStG und der Entstrickungsnormen durch das SEStEG – Beschlussempfehlung und Bericht des Finanzausschusses, IStR 2007, 22; *Benecke/Schnitger*, Neuregelung des UmwStG und der Entstrickungsnormen durch das SEStEG, IStR 2006, 765; *Bodden*, Verschmelzung und Formwechsel von Kapitalgesellschaften auf gewerbliche Personengesellschaften nach dem SEStEG (§§ 3–10 UmwStG n.F.), FR 2007, 66; *Bogenschütz*, Aktuelle Entwicklungen bei der Umwandlung von Kapital- in Personengesellschaften, Ubg 2009, 604; *Ege/Klett*, Praxisfragen der grenzüberschreitenden Mobilität von Gesellschaften, DStR 2012, 2442; *Gottwald*, Nachträgliche Grunderwerbsteuerbelastung bei einem Formwechsel von einer Personenin eine Kapitalgesellschaft – Zugleich Anmerkung zum Urteil des BFH vom

18. 12. 2002, II R 13/01, DStR 2004, 341; *Gottwald/Behrens*, Grunderwerbsteuer –
Handbuch für die Gestaltungspraxis, 5. Auflage 2015; *Haisch*, Umwandlungen,
Abgeltungsteuer und Teileinkünfteverfahren, Ubg 2009, 96; *Huber/Marat*, Steu-
erneutraler Formwechsel einer Kapitalgesellschaft in eine vermögensverwal-
tende Personengesellschaft, DB 2011, 1823; *Künkele/Gomoluch*, Bilanzierung
beim Formwechsel in der Handelsbilanz, BC 2013, 151; *Ortmann-Babel/Zipfel*,
Umsetzung des Sofortprogramms der Bundesregierung – das Wachstumsbe-
schleunigungsgesetz, Ubg 2009, 813; *Prinz/Hoffmann*, Beck'sches Handbuch der
Personengesellschaften, 4. Aufl. 2014; *Schaden/Käshammer*, Der Zinsvortrag im
Rahmen der Regelungen zur Zinsschranke, BB 2007, 2317.

A. Bedeutung der Vorschrift

1   Die Regelung in § 9 bestimmt die ertragsteuerrechtliche Behandlung des
Formwechsels einer KapG in eine PersG.[1] Im Zuge der Reform durch das
SEStEG wurde die bisherige Regelung für den Formwechsel einer KapG in
eine PersG gem. § 14 UmwStG a.F.[2] materiell unverändert in § 9 UmwStG
n.F. übernommen.[3]

2   Die zivil-/handelsrechtlichen Regelungen zum Formwechsel im Allgemeinen finden sich in den §§ 190 ff. UmwG. Aus zivilrechtlicher Sicht ist an einer formwechselnden Umwandlung nur ein einziger Rechtsträger beteiligt.
Es handelt sich um eine identitätswahrende Umwandlung, die lediglich zu
einer Änderung des „Rechtskleids", also einer anderen Rechtsform, führt.
Eine Vermögensübertragung findet bei einem Formwechsel daher zivilrechtlich nicht statt.[4] Das Steuerrecht hingegen, das dem Handelsrecht nur
in Teilen folgt, behandelt den Formwechsel wie eine Umwandlung mit Vermögensübertragung.[5] Daher verweist § 9 in S. 1 auf die Vorschriften zur
Verschmelzung einer Körperschaft auf eine PersG und erklärt diese Regelungen des Zweiten Teils des UmwStG für entsprechend anwendbar.[6]

---

1   Die ertragsteuerliche Behandlung des Formwechsels einer PersG in eine KapG ist
in § 25 geregelt, der die §§ 20 bis 23 und § 9 S. 2 und 3 für entsprechend anwendbar erklärt.

2   UmwStG i.d.F. der Bekanntmachung vom 15. 10. 2002 (BGBl. I, 4133; 2003 I, 738).
Zur Rechtsentwicklung von § 9 vgl. *Birkemeier* in Rödder/Herlinghaus/van Lishaut,
§ 9 Rdn. 5.

3   Zwar wurde die Anwendung der Vorschrift für den Formwechsel einer eingetragenen Genossenschaft in eine PersG i.S.d. § 38 a LwAnpG ersatzlos gestrichen, vgl.
Entwurf eines Gesetzes über steuerliche Begleitmaßnahmen zur Einführung der
Europäischen Gesellschaft und zur Änderung weiterer steuerrechtlicher Vorschrif-
ten (SEStEG) vom 25. 09. 2006, BT-Drs. 16/2710, 40. Nach Auffassung der Finanz-
verwaltung (Tz. 01.07 UmwStE) soll aber der Formwechsel nach § 38 a LwAnpG
weiterhin von § 9 erfasst sein; a.A. *Dötsch* in Dötsch/Patt/Pung/Möhlenbrock, § 1
Rdn. 11 und *Schnitter* in Frotscher/Maas, § 9 Rdn. 15, wonach ein steuerneutraler
Formwechsel im Rahmen von § 9 nicht mehr möglich ist. Zum Streitstand vgl. auch
Greve in Haritz/Menner, § 9 Rdn. 2.

4   *Stratz* in Schmitt/Hörtnagl/Stratz, Vor §§ 190–213 UmwG Rdn. 2.

5   *Dötsch* in Dötsch/Patt/Pung/Möhlenbrock, § 9 Rdn. 3.

6   Dies ist auch konsequent, als das Steuerrecht – anders als die §§ 190 ff. UmwG –
nicht auf den Rechtsträger, sondern auf das Steuersubjekt abstellen muss. Da dies
bei einer PersG grds. die Gesellschafter sind, muss das Steuerrecht auf Grund der

Homogener Formwechsel, also Formwechsel zwischen KapG (bspw. von ei-   3
ner GmbH in eine AG) sowie zwischen PersG (bspw. von einer OHG in eine
KG) sind steuerlich grds. unbeachtlich, da das Steuersubjekt unverändert
bleibt. Steuerrechtliche Konsequenzen treten jedoch bei heterogenen Formwechseln ein, wenn aus steuerlicher Sicht ein Systemwechsel vollzogen
wird, d.h. wenn eine KapG in eine PersG (et vice versa) im Wege eines
Formwechsels umgewandelt wird. Zwar geht das Steuerrecht bei einem
Formwechsel (verfahrensrechtlich) von der Identität des Rechtsträgers aus.
Die Besteuerung des Übergangs von einer KapG in eine PersG vollzieht sich
aber auf andere Art und Weise. Während KapG als selbständige Steuersubjekte insbesondere der Körperschaftsteuer unterliegen, sind PersG selbst
nicht einkommen- oder körperschaftsteuerpflichtig. Ihr Ergebnis wird den
Gesellschaftern der PersG (steuerlich: Mitunternehmern) zugerechnet und
bei diesen in Abhängigkeit von der Eigenschaft des Gesellschafters der Kör-
perschaft- oder Einkommensteuer unterworfen (sog. Transparenzprinzip).
Somit erfordern die unterschiedlichen Besteuerungsregeln der Gesellschaftsformen im Falle eines heterogenen Formwechsels aufgrund des stattfindenden Systemwechsels gesonderte steuerliche Vorschriften.[7]

Dieses unterschiedliche Besteuerungssystem (Trennungsprinzip vs. Transpa-   4
renzprinzip) stellt einen möglichen Beweggrund für die Vornahme eines
Formwechsels dar. In der Praxis wird die Durchführung eines Formwechsels
einer KapG in eine PersG aber häufig auch mit der Vermeidung der Arbeit-
nehmermitbestimmung oder mit Kostensenkungsgesichtspunkten begründet.[8] Vor dem Hintergrund, dass für die Vornahme eines Formwechsels nur
ein einziger Rechtsträger erforderlich ist, um eine veränderte Rechtsform zu
erlangen, stellt diese Möglichkeit der Umwandlung eine unkomplizierte und
praktische Möglichkeit zur Änderung der Gesellschaftsform dar. Während
der Formwechsel nach altem Umwandlungssteuerrecht häufig steuerneutral
erfolgen konnte, führt das – durch das SEStEG eingeführte – Prinzip der
Vollausschüttung für Formwechsel, die nach dem 12.12.2006 erfolgen, zu
unmittelbaren Besteuerungsfolgen auf Ebene der Anteilseigner der formwechselnden KapG (vgl. hierzu Rdn. 35 ff.).

B. Aufbau der Vorschrift

Die Kernaussage von § 9 findet sich in S. 1, der für den Formwechsel die Re-   5
gelungen zur Verschmelzung einer Körperschaft auf ein Personenunternehmen (§§ 3 bis 8 und 10) für entsprechend anwendbar erklärt. Obwohl weder
zivil- noch steuerrechtlich eine Gesamtrechtsnachfolge vorliegt, unterstellt

---

steuerlich nicht gegebenen Identität zwischen einer KapG und einer PersG mit der
Fiktion eines Vermögensübergangs arbeiten, vgl. *Stratz* in Schmitt/Hörtnagl/Stratz,
Vor §§ 190–213 UmwG Rdn. 10.

7 Gesetzesentwurf zur Änderung des Umwandlungssteuerrechts vom 24.02.1994,
BT-Drs. 12/6885.

8 So auch *Decher* in Lutter/Winter, Vor § 190 UmwG Rdn. 18 ff.; *Stengel/Schwanna*
in Semler/Stengel, § 190 UmwG Rdn. 8; *Vossius* in Widmann/Mayer, § 190 UmwG
Rdn. 38.

das Steuerrecht den Formwechsel einer KapG in eine PersG den ertragsteuerlichen Regelungen, die für eine Verschmelzung, also auf einen Vermögensübergang in Form der Gesamtrechtsnachfolge, Anwendung finden.[9] Durch die Bezugnahme auf die §§ 3 bis 8 und 10 werden die Folgen, die durch die steuerlich fingierte Vermögensübertragung im Rahmen eines Formwechsels eintreten, auf den unterschiedlichen Besteuerungsebenen geregelt. Zu unterscheiden sind die Ebenen der formwechselnden (aus steuerlicher Sicht: übertragenden) KapG (§§ 3, 10), der entstehenden (aus steuerlicher Sicht: aufnehmenden) PersG (§ 4 und § 6 vs. § 8) und der jeweiligen Anteilseigner bzw. Gesellschafter (§§ 5, 7). Die Anwendbarkeit des § 6 vs. § 8 ergibt sich in Abhängigkeit vom Charakter der PersG[10] (abzugrenzen ist die gewerbliche, freiberufliche und die land- und forstwirtschaftliche Tätigkeit von der rein vermögensverwaltenden Tätigkeit; siehe dazu Rdn. 46 f.). Auf Grund der in § 9 enthaltenen umfassenden Verweise auf die entsprechende Anwendung der §§ 3 bis 8 und 10 wird wegen der Einzelheiten zu diesen Vorschriften auf die jeweilige Kommentierung verwiesen. Die nachfolgenden Ausführungen beschränken sich daher im Wesentlichen auf die originären Regelungsinhalte von § 9 S. 1 (siehe dazu Rdn. 19 ff.).

6 Da zivilrechtlich von der Kontinuität des formwechselnden Rechtsträgers ausgegangen wird, hat dieser grds. keine handelsrechtliche Übertragungsbilanz aufzustellen.[11] Da steuerrechtlich hingegen eine Vermögensübertragung fingiert wird, enthält § 9 S. 2 eine eigenständige Verpflichtung zur Aufstellung einer Übertragungs- und Eröffnungsbilanz (siehe Rdn. 11 ff.). § 9 S. 3 regelt die grundsätzlich mögliche steuerliche Rückbeziehung des Formwechsels (siehe Rdn. 13 ff.).

C. Anwendungsbereich

I. Zivilrechtlicher Anwendungsbereich

7 Hinsichtlich des zivilrechtlichen Anwendungsbereiches verweist § 1 Abs. 1 S. 1 Nr. 2 für den Formwechsel auf § 190 Abs. 1 UmwG. Als übertragende (genauer: umzuwandelnde) Rechtsträger und damit als formwechselnde inländische KapG kommen die GmbH, die AG und die KGaA, aber auch die SE[12] in Betracht.[13] Hinsichtlich der bei einem Formwechsel einer KGaA zu beachtenden Besonderheiten wird auf die Ausführungen in Rdn. 48 verwiesen.

---

9 *Dötsch* in Dötsch/Patt/Pung/Möhlenbrock, Vor §§ 3–10 Rdn. 1; *Schmitt* in Schmitt/Hörtnagl/Stratz, § 9 Rdn. 3; *Birkemeier* in Rödder/Herlinghaus/van Lishaut, § 9 Rdn. 16.

10 *Birkemeier* in Rödder/Herlinghaus/van Lishaut, § 9 Rdn. 18.

11 *Stratz* in Schmitt/Hörtnagl/Stratz, Vor §§ 190–213 Rdn. 2; *Birkemeier* in Rödder/Herlinghaus/van Lishaut, § 9 *Rdn. 30.*

12 *Widmann* in Widmann/Mayer, § 9 Rdn. 1.

13 § 191 Abs. 1 Nr. 2 UmwG. Der Formwechsel einer eingetragenen Genossenschaft in eine PersG ist gem. § 258 UmwG nicht möglich.

Auf Grund der durch das SEStEG[14] vorgenommenen Europäisierung des   8
UmwStG ist die Anwendung des § 9 nicht mehr nur auf inländische KapG
beschränkt. Das deutsche UmwStG kann nunmehr neben rein innerdeut-
schen Formwechseln auch auf vergleichbare ausländische Vorgänge Anwendung finden (siehe dazu § 1 Rdn. 40 ff.). Handelt es sich bei dem ausländischen Vorgang um einen dem deutschen Formwechsel einer KapG in
eine PersG vergleichbaren Vorgang i. S. v. § 1 Abs. 1 S. 1 Nr. 2,[15] können
auch typengleiche KapG[16] an einem Formwechsel i. S. d. § 9 als übertragende Rechtsträger beteiligt sein, die nach dem Recht eines Mitgliedstaates
der EU oder des EWR gegründet wurden und deren Sitz und Ort der Geschäftsleitung sich innerhalb des Hoheitsbereichs eines dieser Staaten befindet.[17] Ob auch ein grenzüberschreitender Formwechsel in Ermangelung
entsprechender gesellschaftsrechtlicher Möglichkeiten[18] überhaupt möglich
ist, soll an dieser Stelle dahinstehen. Ein solcher dürfte schon praktisch
kaum durchführbar sein, da hier gleichzeitig mit dem Formwechsel der
KapG in eine PersG deren Sitzverlegung ins Ausland beschlossen und zum
selben Zeitpunkt zur Eintragung gebracht werden müsste.[19]

Als übernehmende PersG kommen als inländische Gesellschaftsformen die   9
OHG, KG, PartG[20] und die GbR in Betracht.[21] Darüber hinaus ist nunmehr
auch der Formwechsel in eine EU- bzw. EWR-Gesellschaft möglich, sofern
diese im Rahmen des sog. Typenvergleichs als PersG qualifiziert werden
kann und somit ein „tauglicher" übernehmender Rechtsträger ist (siehe

---

14 Gesetz über steuerliche Begleitmaßnahmen zur Einführung der Europäischen Gesellschaft und zur Änderung weiterer steuerrechtlicher Vorschriften (SEStEG) vom
   06. 12. 2006. Ziel des SEStEG war die Anpassung der Vorschriften des UmwStG an
   die europäischen Vorgaben (insbesondere die SE-VO sowie Richtlinie 2005/56/EG
   des Europäischen Parlaments und des Rates vom 26. 10. 2005 über die Verschmelzung von Kapitalgesellschaften aus verschiedenen Mitgliedstaaten, ABl. Nr. L 310,
   1, ber. ABl. 2008 Nr. L 28, 40).
15 Voraussetzung ist hier insbesondere, dass auch der andere EU-/EWR-Staat den
   Formwechsel zivilrechtlich identitätswahrend, d. h. ohne Vermögensübergang qualifiziert, vgl. *Schmitt* in Schmitt/Hörtnagl/Stratz, § 9 Rdn. 7. Sofern eine rechtliche
   Kontinuität nach ausländischem Recht nicht gegeben ist, liegt kein (strukturell)
   vergleichbarer ausländischer Vorgang vor, Tz. 01.39 UmwStE 2011. Dementsprechend sind Vorgänge mit Vermögensübertragungen nicht mit einem Formwechsel
   i. S. d. UmwG vergleichbar, vgl. *Möhlenbrock* in Dötsch/Pung/Möhlenbrock, § 9
   Rdn. 7.
16 Für einen Typenvergleich kann man sich in der Praxis an den Anlagetabellen 1
   und 2 des sog. „Betriebsstättenerlasses (BMF-Schreiben vom 24. 12. 1999, IV B 4 –
   S 1300 – 111/99, BStBl. I 1999, 1076 ff.) orientieren, vgl. auch die Übersichten in
   Widmann/Mayer, § 1 Rdn. 85 ff.; *Winkeljohann/Fuhrmann*, HdB Umwandlungssteuerrecht, 718 ff.
17 *Schnitter* in Frotscher/Maas, § 9 Rdn. 8a.
18 *Ege/Klett*, DStR 2012, 2442, 2448.
19 *Bärwaldt/Wisniewski* in Prinz/Hoffmann, Beck'sches Handbuch der Personengesellschaften, § 10 Rdn. 154; *Birkemeier* in Rödder/Herlinghaus/van Lishaut, § 9
   Rdn. 15.
20 Gemäß § 228 UmwG müssen zum Zeitpunkt der Wirksamkeit des Formwechsels in
   eine PartG alle Anteilsinhaber der formwechselnden KapG natürliche Personen
   sein, die einen freien Beruf ausüben.
21 § 191 Abs. 2 Nr. 1 und 2 UmwG.

dazu ausführlich § 1 Rdn. 60 ff.). Der Formwechsel einer KapG in ein Einzelunternehmen ist gem. § 191 Abs. 2 UmwG zivilrechtlich nicht möglich.[22]

10 Wurde der Anwendungsbereich für die übertragende und die übernehmende Gesellschaft durch das SEStEG ausgedehnt, ist sowohl die Ansässigkeit der Anteilseigner als auch deren Rechtsform für die Anwendung des § 9 weiterhin bedeutungslos.[23] § 9 findet daher bspw. auch Anwendung, wenn an der formzuwechselnden Kapitalgesellschaft Gesellschafter gleich welcher Rechtsform, die in einem Drittstaat ansässig sind, beteiligt sind.[24]

II. Zeitlicher Anwendungsbereich/Rückbezug

1. Handelsrecht

11 Handelsrechtlich wird die Umwandlung mit Eintragung des Formwechsels in das Handelsregister wirksam. Eine handelsrechtliche Rückwirkung existiert – anders als in Verschmelzungs- und Spaltungsfällen – nicht.[25] Gem. § 202 Abs. 1 Nr. 1 UmwG besteht der formwechselnde Rechtsträger (KapG) in der in dem Umwandlungsbeschluss bestimmten Rechtsform (PersG) weiter fort. Es erfolgt lediglich eine Änderung des Rechtskleids. Folglich hat die KapG weder eine handelsrechtliche Übertragungsbilanz nach § 17 Abs. 2 UmwG aufzustellen, noch wird das Wirtschaftsjahr durch den Formwechsel unterbrochen, noch hat die PersG eine handelsrechtliche Eröffnungsbilanz aufzustellen.[26] Dementsprechend sind handelsrechtlich die Buchwerte fortzuführen.[27]

2. Steuerrecht

a) Grundsatz

12 Die allgemeinen steuerlichen Rückwirkungsregelungen gemäß § 2 nehmen für die Wirksamkeit von Umwandlungen Bezug auf den Stichtag der handelsrechtlichen Bilanzen. So ergibt sich der Rückwirkungszeitraum aus der Verknüpfung des steuerlichen Übertragungsstichtags mit dem Stichtag der handelsrechtlichen Schlussbilanz als derjenigen Bilanz, die dem (handelsrechtlichen) Vermögensübergang zu Grunde liegt.[28] In Ermangelung entsprechender Bilanzen im Rahmen eines Formwechsels finden § 2 Abs. 1 und 2 unmittelbar keine Anwendung. Da jedoch ein heterogener Formwechsel steuerlich wie eine Vermögensübertragung behandelt wird, ergibt sich hier

---

22 *Schnitter* in Frotscher/Maas, § 9 Rdn. 11.
23 *Bogenschütz*, Ubg 2009, 604 ff.; Schmitt in Schmitt/Hörtnagl/Stratz, § 9 Rdn. 6.
24 *Birkemeier* in Rödder/Herlinghaus/van Lishaut, § 9 Rdn. 9.
25 Eine § 5 Abs. 1 Nr. 6 UmwG entsprechende Regelung, die im Innenverhältnis für die an einer Verschmelzung beteiligten Rechtsträger eine schuldrechtliche Rückwirkung enthält, existiert im Rahmen des Formwechsels nicht.
26 IDW RS HFA 41, Tz. 3; *Möhlenbrock* in Dötsch/Patt/Pung/Möhlenbrock, § 9 Rdn. 13; *Schnitter* in Frotscher/Maas, § 23.
27 IDW RS HFA 41, Tz. 5; *Künkele/Gomoluch*, BC 2013, 151; *Förschle/Hoffmann* in Budde/Förschle/Winkeljohann, Kapitel L Rdn. 30.
28 Tz. 02.02 UmwStE 2011; BFH vom 24.04.2008, IV R 69/05, BFH/NV 2008, 1550; BFH vom 07.04.2010, I R 96/08 BStBl II. 2011, 467; *Hörtnagl* in Schmitt/Hörtnagl/Stratz, § 2 Rdn. 18.

das Bedürfnis einer Vermögensabgrenzung. Dementsprechend sieht § 9 S. 2 vor, dass die formwechselnde KapG für steuerliche Zwecke auf den Zeitpunkt, in dem der Formwechsel wirksam wird, eine Übertragungsbilanz zu erstellen und die PersG auf den gleichen Stichtag eine Eröffnungsbilanz aufzustellen hat. Da für die Übertragungsbilanz der Maßgeblichkeitsgrundsatz keine Anwendung findet,[29] kann die übertragende KapG das übergehende Vermögen – abweichend von der Handelsbilanz – steuerlich zu gemeinen Werten, bei Vorliegen der entsprechenden Voraussetzungen (§ 3 Abs. 2) aber auch zu Buch- oder Zwischenwert ansetzen (siehe Rdn. 19 ff.). Für die KapG kann ein steuerliches Rumpfwirtschaftsjahr entstehen.[30] In der Eröffnungsbilanz erfolgt sodann eine Übernahme der Wertansätze aus der Übertragungsbilanz nach § 9 S. 2 i. V. m. § 4 Abs. 2 S. 1.

Grds. ist die steuerliche Übertragungs-/Eröffnungsbilanz gemäß § 9 S. 2 auf den Zeitpunkt aufzustellen, in dem der Formwechsel wirksam wird. Dies ist der Zeitpunkt der Eintragung des Formwechsels in das Handelsregister (§ 202 UmwG). Nicht zuletzt um praktische Schwierigkeiten zu vermeiden, die entstünden, würde auch steuerlich auf den Tag der Registereintragung des Formwechsels eine Übertragungs- und Eröffnungsbilanz erstellt werden müssen, enthält § 9 S. 3 eine eigenständige Rückwirkungsregelung,[31] die eine steuerliche Rückbeziehung des Formwechsels einer KapG in eine PersG ermöglicht. Hiernach können die steuerlichen Bilanzen auf einen Stichtag aufgestellt werden, der höchstens 8 Monate vor der Anmeldung des Formwechsels zur Eintragung in ein öffentliches Register[32] liegt (sog. steuerlicher Übertragungsstichtag). An dem so ermittelten Stichtag gilt der – für steuerliche Zwecke fiktive – Vermögensübergang als für die Einkommens- und Vermögensermittlung vollzogen.[33] Dies soll auch dann gelten, wenn nach den Vorschriften des ausländischen Rechts eine von § 9 S. 3 abweichende Regelung besteht.[34] Im Fall einer Überschreitung dieses Achtmonatszeitraumes ist hingegen auf den Tag der tatsächlichen Registereintragung eine Übertragungs-/Eröffnungsbilanz aufzustellen.[35] In diesem Fall gilt als steuerlicher Übertragungsstichtag der Tag der Eintragung.[36] Durch die in § 9 S. 3 geregelte Rückwirkung wird – da der Zeitpunkt der Eintragung der Umwandlung ungewiss und nicht beeinflussbar ist – der steuerliche Übertragungsstichtag fingiert. Die steuerliche Rückwirkung auf den steuerlichen Übertragungsstichtag gilt nicht nur für die Ermittlung des Ein-

13

---

29 Tz. 03.01 i. V. m. 03.04 UmwStE 2011; *Brinkhaus/Grabbe* in Haritz/Menner, § 3 Rdn. 72.

30 *Greve* in Haritz/Menner, § 9 Rdn. 40.

31 *Möhlenbrock* in Dötsch/Pung/Möhlenbrock, § 9 Rdn. 23; Tz. 02.05 UmwStE 2011.

32 Im Zuge der Europäisierung des Umwandlungssteuerrechts ist auf den Tag der Anmeldung zu einem öffentlichen Register und nicht mehr auf den Tag der Anmeldung zum Handelsregister abzustellen.

33 Tz. 09.01 i. V. m. Tz. 02.06, 02.03 UmwStE 2011.

34 Tz. 09.02 UmwStE 2011.

35 *van Lishaut* in Rödder/Herlinghaus/van Lishaut, § 2 Rdn. 24; *Widmann* in Widmann/Mayer, § 2 Rdn. 28.

36 Folge dieser eigenständigen Rückwirkungsregelung ist, dass die Aufstellung einer Zwischenbilanz hier nicht möglich ist, wenn die Acht-Monats-Frist nicht eingehalten wird, vgl. *Möhlenbrock* in Dötsch/Pung/Möhlenbrock, § 9 Rdn. 23.

kommens und des Vermögens der übertragenden KapG sowie der übernehmenden PersG, sondern auch für deren Gesellschafter.[37] Entsprechendes
gilt für die Ermittlung der Bemessungsgrundlage bei der GewSt (siehe
hierzu auch Rdn. 49 ff. sowie die Kommentierung zu § 18).[38]

14   Die Grundsätze der steuerlichen Rückwirkung gelten auch für Formwechsel, deren gesellschaftsrechtliche Voraussetzungen zum Zeitpunkt des Übertragungsstichtages noch nicht erfüllt sind.[39] Folglich ist ein steuerlicher
Rückbezug des Formwechsels bspw. einer GmbH in eine GmbH & Co. KG
möglich, auch wenn die Komplementär-GmbH zu diesem Zeitpunkt zivilrechtlich noch nicht existiert.

Beispiel:
Die A-GmbH soll zum 01. 01. 00 in eine GmbH & Co. KG im Wege
des Formwechsels umgewandelt werden. Die künftige Komplementär-GmbH (K-GmbH) wird erst im März 00 gegründet und in das
Handelsregister eingetragen. Zum 01. 04. 00 übernimmt sie einen
kleinen Geschäftsanteil an der A-GmbH.[40] Der Formwechsel wird im
Juni 00 zur Eintragung in das Handelsregister angemeldet. Die Eintragung des Formwechsels erfolgt im September 00.

Zivilrechtlich entsteht die K-GmbH mit Eintragung in das Handelsregister im März 00. Der Formwechsel der A-GmbH in eine GmbH &
Co. KG wird zivilrechtlich erst mit seiner Eintragung im September
00 wirksam; eine zivilrechtliche Rückwirkung auf den 01. 01. 00 ist
nicht möglich.

Steuerrechtlich ist die Rückwirkung hingegen auf den 01. 01. 00 möglich, da die Anmeldung des Formwechsels in das Handelsregister bis
zum 31. 08. 00 erfolgt. Die tatsächliche Vornahme der Eintragung in
das Handelsregister ist insoweit für steuerliche Zwecke nicht maßgeblich. Darüber hinaus ist die steuerliche Rückwirkung unabhängig
davon, dass die zivilrechtlichen Voraussetzungen zum Übertragungsstichtag noch nicht vorliegen, möglich, soweit diese im Rückwirkungszeitraum geschaffen werden.

b) Ausnahmen

15   Das Umwandlungssteuerrecht regelt ausschließlich die steuerlichen Folgen
für ertragsteuerliche Zwecke (Körperschaft-, Einkommen- und Gewerbesteuer).[41] Die Rückwirkungsregelung bezieht sich auf den Aufstellungszeit-
punkt der Übertragungsbilanz und damit der Grundlage für die Ertragsbesteuerung. Zu diesem Zeitpunkt erlischt die übertragende Kapitalgesellschaft,

---

37 Tz. 09.01 i. V. m. Tz. 02.06 UmwStE 2011.
38 *Widmann* in Widmann/Mayer, § 9 Rdn. 75.
39 Tz. 09.01, 02.09–02.11 UmwStE 2011; *Birkemeier* in Rödder/Herlinghaus/van Lishaut, § 9 Rdn. 37; *Schnitter* in Dötsch/Pung/Möhlenbrock, § 9 Rdn. 29.
40 Zu der in der Literatur und Praxis vieldiskutierten Frage, ob eine nur vorübergehende (treuhänderische) Beteiligung der späteren persönlich haftenden Gesellschafterin genügt, vgl. *Greve* in Haritz/Menner, § 9 Tz. 15 ff. m. w. N.
41 Tz. 01.01 UmwStE 2011.

während die aufnehmende Personengesellschaft entsteht. Da diese Rückwirkungsregelung jedoch nur für die Ertragsbesteuerung maßgebend ist, bleibt die übertragende Körperschaft bis zur Eintragung des Formwechsels in das Handelsregister nicht nur zivilrechtlich, sondern auch für andere Steuerarten, wie z.B. Umsatz- und Grunderwerbsteuer, bestehen (siehe hierzu Rdn. 53 f.).[42] Insoweit findet die steuerliche Rückwirkungsfiktion keine Anwendung.

Darüber hinaus werden von der steuerlichen Rückwirkungsfiktion im Rück- 16
wirkungszeitraum ausscheidende Anteilseigner ausgenommen.[43] Dies gilt auch für Anteilseigner, die aus dem umgewandelten Rechtsträger gegen Barabfindung ausscheiden.[44] Steuerlich werden die Anteilseigner, die unter die Fallgruppen des UmwStE 2011 zu subsumieren sind,[45] so behandelt, als ob sie aus der übertragenden KapG ausgeschieden wären. Als Folge dieser Behandlung, die im Übrigen der zivilrechtlichen Betrachtungsweise entspricht, ist in diesen Konstellationen keine Veräußerung/Aufgabe eines Mitunternehmeranteils der übernehmenden PersG, sondern eine Veräußerung eines Kapitalgesellschaftsanteils anzunehmen.

Im Rahmen des SEStEG wurde eine Sonderregelung in § 9 S. 3 HS 2 aufge- 17
nommen, nach der § 2 Abs. 3 entsprechend Anwendung findet. Hintergrund für diese Erweiterung des Gesetzeswortlauts ist die Öffnung des UmwStG für grenzüberschreitende Umwandlungen und vergleichbare ausländische Vorgänge.[46] Bei der in § 2 Abs. 3 normierten Sonderregelung handelt es sich um eine Vorschrift zur Vermeidung sog. „weißer" (unbesteuerter) Einkünfte.[47] Diese Regelung findet auf einen grenzüberschreitenden Formwechsel einer KapG in eine PersG Anwendung, wenn es auf Grund unterschiedlicher Stichtage in den beiden betroffenen Rechtsordnungen zu einer Nichterfassung von stillen Reserven – und somit einer Nichtbesteuerung der Einkünfte – kommt. Hier schließt § 2 Abs. 3 eine steuerliche Rückwirkung aus (siehe hierzu § 2 Rdn. 129 ff.).[48] Unter Berücksichtigung der Tatsache, dass ein grenzüberschreitender Formwechsel derzeit in praxi nicht durchführbar sein sollte, beschränkt sich der Anwendungsbereich von § 9 S. 3 HS 2 i.V.m. § 2 Abs. 3 auf den Formwechsel einer ausländischen KapG in eine ausländische PersG.[49]

Nach § 9 S. 3 HS 2 ist auch § 2 Abs. 4 entsprechend anwendbar. Gemäß § 2 18
Abs. 4 S. 1 f., die erstmals auf Formwechsel mit einem steuerlichen Übertragungsstichtag im Wirtschaftsjahr 2009 entsprechend anzuwenden sind,[50] ist ein Verlustausgleich oder eine Verlustverrechnung des Übertragungsge-

---

42 Tz. 01.01 UmwStE 2011.
43 Tz. 09.01 i.V.m. Tz. 02.17 UmwStE 2011.
44 § 207 UmwG; Tz. 09.01 i.V.m. Tz. 02.19 UmwStE 2011.
45 Zu den in Betracht kommenden Fallgruppen im Allgemeinen, vgl. Tz. 02.09–02.36 UmwStE 2011.
46 *Hörtnagl* in Schmitt/Hörtnagl/Stratz, § 2 Rdn. 111.
47 *Benecke/Schnitger*, IStR 2006, 765, 771.
48 *Dötsch* in Dötsch/Patt/Pung/Möhlenbrock, § 2 Rdn. 39.
49 *Möhlenbrock* in Dötsch/Pung/Möhlenbrock, § 9 Rdn. 28; *Widmann* in Widmann/Mayer, § 9 Rdn. 76 mit Beispiel.
50 § 27 Abs. 10; *Schnitter* in Frotscher/Maas, § 9 Rdn. 33.

winns mit laufenden Verlusten oder Verlustvorträgen der übertragenden KapG nur zulässig, wenn diese Verlustnutzung auch ohne die Rückwirkungsfiktion möglich gewesen wäre (siehe dazu ausführlich § 2 Rdn. 168 ff.). Des Weiteren wurden § 2 Abs. 4 S. 3 bis 6 durch das AmtshilfeRLUmsG vom 26.06.2013[51] zur Erfassung der Besteuerungsgrundlagen des übernehmenden Rechtsträgers erweitert. Die Sätze 3 bis 6 finden erstmals auf Umwandlungen Anwendung, bei denen die Anmeldung zur Eintragung in das maßgebende Register nach dem 06.06.2013 erfolgt ist.[52] Sie verbieten grds. den Ausgleich oder die Verrechnung positiver Einkünfte des übertragenden Rechtsträgers im steuerlichen Rückwirkungszeitraum mit verbleibenden Verlust- oder Zinsvorträgen etc. des übernehmenden Rechtsträgers. § 2 Abs. 4 S. 5 UmwStG regelt den Fall, dass eine PersG übernehmender Rechtsträger ist. Für den Formwechsel einer KapG in eine PersG bedeutet dies, dass ein entsprechender Ausgleich oder eine Verrechnung von positiven Einkünften der übertragenden KapG bei den Gesellschaftern der PersG im Rückwirkungszeitraum mit deren verrechenbaren Verlusten, verbleibenden Verlustvorträgen etc. nicht zulässig ist (siehe hierzu die Kommentierung zu § 2 Abs. 4).

D. Steuerliche Behandlung des Formwechsels

I. Ebene der „übertragenden" Körperschaft

1. Grundsatz – Ansatz mit dem gemeinen Wert

19 Gem. § 9 S. 1 finden die Vorschriften für eine Verschmelzung einer KapG auf eine PersG durch Verweis auf den zweiten Teil des UmwStG (§§ 3 bis 8 und 10) entsprechende Anwendung. Dementsprechend wird steuerlich auch im Rahmen des Formwechsels eine Übertragung impliziert, so dass die KapG für steuerliche Zwecke eine Übertragungsbilanz aufstellen muss. Maßgeblicher Abschlussstichtag ist dabei der Zeitpunkt, zu dem der Formwechsel steuerlich wirksam wird (§ 9 S. 2; zur steuerlichen Rückwirkung siehe Rdn. 12 ff.). Sofern nicht von der Rückwirkungsfiktion nach § 9 S. 3 Gebrauch gemacht wird, entsteht regelmäßig für die KapG ein steuerliches Rumpfwirtschaftsjahr.[53] Liest man § 3 Abs. 1 S. 1 im Kontext des Formwechsels[54] in eine PersG, sind die Wirtschaftsgüter der umgewandelten KapG, einschließlich nicht entgeltlich erworbener und selbst geschaffener immaterieller Wirtschaftsgüter, in der steuerlichen Schlussbilanz der umgewandelten KapG zunächst grds. mit dem gemeinen Wert – Pensionsrückstellungen hingegen mit dem Wert nach § 6a EStG – anzusetzen.[55] Diese gesetzliche Fiktion eines Veräußerungsvorganges hat eine Aufdeckung der stillen Reserven zur Folge. Dementsprechend ist zum Übertragungsstichtag ein Übertragungsgewinn zu ermitteln, der auf Ebene der übertragenden (= umge-

---

51 BStBl. I 2013, 802.
52 § 27 Abs. 12 UmwStG.
53 *Schnitter* in Frotscher/Maas, § 9 Rdn. 24.
54 Vgl. hierzu im Einzelnen den auf den Formwechsel „angepassten" Gesetzeswortlaut bei *Widmann* in Widmann/Mayer, § 9 Rdn. 6 ff.
55 Zur Definition „gemeiner Wert" vgl. § 3 Rdn. 37.

wandelten) KapG grds. körperschaft- und gewerbesteuerpflichtig ist.[56] Nach neuer Auffassung der Finanzverwaltung[57] – und entgegen der h.M. in der Literatur[58] – sollen Kosten, die der KapG zuzuordnen sind, nach dem steuerlichen Übertragungsstichtag entstanden sind und die mit dem Formwechsel im wirtschaftlichen Zusammenhang stehen als Kosten des Vermögensübergangs i.S.d. § 4 Abs. 4 S. 1 im Ergebnis den Übertragungsgewinn nicht als sofort abzugsfähige Betriebsausgaben mindern (siehe hierzu § 4 Rdn. 98).

Im Übrigen wird auf die entsprechende Kommentierung zu § 3 verwiesen.

2. Wahlrecht zum Buchwertansatz

Abweichend vom Grundsatz des Ansatzes des übertragenen Betriebsvermögens mit dem gemeinen Wert wird der übertragenden (= umgewandelten) KapG in § 3 Abs. 2 auf Antrag das Wahlrecht eingeräumt, ihr Betriebsvermögen in der Übertragungsbilanz mit dem Buchwert anzusetzen, sofern die abschließend genannten Voraussetzungen kumulativ erfüllt werden (zu den Voraussetzungen im Einzelnen siehe § 3 Rdn. 50 ff.):[59]   20

– die übergehenden Wirtschaftsgüter werden *Betriebsvermögen* der entstehenden PersG und es ist sichergestellt, dass sie später der Besteuerung mit Einkommen- oder Körperschaftsteuer unterliegen;[60]
– das Besteuerungsrecht der Bundesrepublik Deutschland hinsichtlich der Besteuerung des (etwaigen) Gewinns aus der Veräußerung der Wirtschaftsgüter wird bei den Gesellschaftern an der entstehenden PersG nicht ausgeschlossen oder beschränkt;
– im Rahmen des Formwechsels wird keine Gegenleistung gewährt oder sie besteht in Gesellschaftsrechten. Somit dürfen im Zusammenhang mit dem Formwechsel keine baren Zuzahlungen an Gesellschafter erfolgen oder Gesellschafterdarlehen gewährt werden.[61]

Die Antragstellung hat spätestens bis zur erstmaligen Einreichung der steuerlichen Schlussbilanz der KapG bei dem für sie zuständigen Finanzamt zu erfolgen (§ 3 Abs. 2 S. 2). Somit ist eine frühere Antragstellung möglich, eine spätere hingegen ausgeschlossen (zur Antragstellung im Einzelnen siehe § 3 Rdn. 67 ff.).

---

56 Soweit der Übertragungsgewinn aus der Aufdeckung der stillen Reserven in Anteilen an KapG, die die Voraussetzungen des § 8b KStG erfüllen, resultiert, findet insoweit eine 95 %ige Freistellung des Übertragungsgewinns statt (§ 8b Abs. 2 i.V.m. Abs. 3 KStG).
57 Tz. 04.34 UmwStE 2011.
58 *Birkemeier* in Rödder/Herlinghaus/van Lishaut, § 9 Rdn. 22, dort m.w.N. in Fn. 4.
59 Vgl. hierzu auch *Widmann* in Widmann/Mayer, § 9 Rdn. 7.
60 Folglich ist ein Formwechsel unter Buchwertfortführung in eine vermögensverwaltende PersG bzw. in eine PersG ohne Betriebsvermögen im Grundsatz nicht möglich. In diesem Fällen ist das Vermögen in der steuerlichen Übertragungsbilanz zwingend mit den gemeinen Werten anzusetzen, vgl. nachfolgend auch Rdn. 46 sowie *Birkemeier* in Rödder/Herlinghaus/van Lishaut, § 9 Rdn. 24. Hinsichtlich der Besteuerungsfolgen bei der umgewandelten KapG kann auf Rdn. 19 und 46 verwiesen werden.
61 *Greve* in Haritz/Menner, § 9 Rdn. 48.

21 Ob die Voraussetzungen für einen Buchwertansatz vorliegen, ist – soweit nicht für die Betriebsvermögenseigenschaft auf die übernehmende PersG abzustellen ist – für jeden einzelnen Anteilseigner der übertragenden KapG gesondert zu prüfen.[62]

Beispiel:
Die B-GmbH hat ihren Sitz und den Ort der Geschäftsleitung in der Bundesrepublik Deutschland. Sie unterhält eine Betriebsstätte in Aruba (eine der drei ABC-Inseln in der Karibik, die einen autonomen Landesteil des Königreichs der Niederlande darstellt). Die B-GmbH soll formwechselnd in eine GmbH & Co. KG umgewandelt werden. Anteilseigner der B-GmbH sind die natürlichen Personen A (50 %), B (35 %) und C (15 %). Während A und B als in Deutschland ansässig gelten, ist C auf den niederländischen Antillen ansässig.

In den Wirtschaftsgütern der B-GmbH ruhen stille Reserven i.H.v. insgesamt EUR 1.500.000; von diesen stillen Reserven entfallen EUR 300.000 auf die Betriebsstätte in Auruba. Die Anteilseigner favorisieren einen steuerneutralen Formwechsel.

Lösung:
Weder Aruba noch die niederländischen Antillen fallen unter den Geltungsbereich des zwischen Deutschland und den Niederlanden abgeschlossenen DBA,[63] so dass es sich insoweit um Nicht-DBA-Staaten handelt. Die B-GmbH ist aufgrund ihres Sitzes und des Orts der Geschäftsleitung in Deutschland unbeschränkt körperschaftsteuerpflichtig. Nach dem Formwechsel unterliegen die im Inland ansässigen Mitunternehmer (A und B) mit ihren Einkünften aus der B-GmbH & Co. KG unbeschränkt der deutschen Einkommensteuer. Das deutsche Besteuerungsrecht schließt in Ermangelung eines DBA mit Freistellungsmethode die Betriebsstättengewinne, die in Aruba erzielt werden, mit ein und wird insoweit nicht eingeschränkt bzw. ausgeschlossen. Hinsichtlich des Mitunternehmers C wird das deutsche Besteuerungsrecht allerdings durch den Formwechsel beschränkt. Vor dem Formwechsel unterlagen sämtliche Einkünfte aus der Betriebsstätte in Aruba auf Ebene der KapG der deutschen Besteuerung. Mangels einer unbeschränkten Steuerpflicht von C als ausländischem Gesellschafter der entstehenden B-GmbH & Co. KG fällt das deutsche Besteuerungsrecht hinsichtlich der anteiligen ausländischen Betriebsstätteneinkünfte von C nunmehr infolge des Formwechsels weg, da von § 49 Abs. 1 Nr. 2a) EStG nur inländische Einkünfte erfasst werden.[64] Der Gewinnanteil, der von dem Gewinn einer inländischen Personengesellschaft aus einer ausländischen Betriebsstätte auf einen nur beschränkt steuerpflichtigen Mitunterneh-

---

62 Tz. 03.11 UmwStE 2011; *Dötsch/Pung* in Dötsch/Patt/Pung/Möhlenbrock, § 3 Rdn. 21; *Bogenschütz*, Ubg 2009, 604 ff.

63 Art. 27 Abs. 1 DBA Deutschland - Niederlande; *Mick* in Wassermeyer, DBA NL, Art. 27 Rdn. 1.

64 *Wied* in Blümich, § 49 EStG Rdn. 60, 62; *Birkemeier* in Rödder/Herlinghaus/van Lishaut, § 3 Rdn. 104.

mer entfällt, ist daher in Deutschland nicht steuerbar.[65] Insoweit ist die Besteuerung der stillen Reserven nicht mehr sichergestellt, so dass bezogen auf den Gesellschafter C eine Aufdeckung der stillen Reserven zum gemeinen Wert erfolgen muss.[66] Hinsichtlich der Gesellschafter A und B kann hingegen ein Ansatz zum anteiligen Buchwert vorgenommen werden. Dementsprechend hat die B-GmbH einen Übertragungsgewinn i.H.v. EUR 45.000 (15 % von EUR 300.000) der inländischen Besteuerung zu unterwerfen.

3. Wahlrecht zum Ansatz eines Zwischenwerts

Neben dem Ansatz des Betriebsvermögens mit dem gemeinen Wert oder dem Ansatz mit dem Buchwert bietet § 3 Abs. 2 auf Antrag auch die Möglichkeit zur Vornahme eines Zwischenwertansatzes, sofern die in Rdn. 20 genannten Voraussetzungen erfüllt sind. Wählt die KapG den Zwischenwertansatz, sind die Buchwerte der Wirtschaftsgüter *einheitlich* und *verhältnismäßig* aufzustocken.[67] Durch die im Rahmen des SEStEG eingeführte Maßgabe zur *einheitlichen Aufstockung* wird verhindert, dass die übertragende KapG eine Aufstockung lediglich in abschreibungsfähigen Wirtschaftsgütern vornimmt. Die *verhältnismäßige Aufstockung* vermeidet, dass Wirtschaftsgüter mit kürzeren Nutzungsdauern mit höheren Aufstockungsbeträgen versehen werden als Wirtschaftsgüter mit längeren Nutzungsdauern, um so eine möglichst schnelle Amortisierung der durch die Aufstockungsbeträge realisierten Abschreibungsvolumina zu realisieren. Eine selektive Aufstockung einzelner Wirtschaftsgüter ist somit nicht zulässig.[68]

22

Sind die Voraussetzungen des § 3 Abs. 2 erfüllt, kann ein Antrag auf Vornahme eines Zwischenwertansatzes insbesondere von Vorteil sein, wenn die KapG über entsprechende Verlustvorträge verfügt, die andernfalls im Rahmen des Formwechsels untergehen würden (§ 4 Abs. 2 S. 2). Durch eine bewusste Aufstockung der stillen Reserven können die entsprechenden Verlustvorträge – unter Beachtung einer etwaigen Mindestbesteuerung (§ 10d EStG) – steuerlich nutzbar gemacht werden. Darüber hinaus werden durch die Aufstockungen zumindest in den planmäßig abschreibungsfähigen Wirtschaftsgütern zusätzliche Abschreibungsvolumina geschaffen, die in den nachfolgenden Jahren amortisiert werden. Denkbar sind Aufstockungen gegebenenfalls auch vor dem Hintergrund der zu erwartenden individuellen Steuersätze, mit denen die Mitunternehmer ihre Einkünfte aus der PersG zu versteuern haben. Zu berücksichtigen ist allerdings auch, dass etwaige Aufstockungen Auswirkungen auf die fingierte Dividende gem. § 7 im Wege des Formwechsels haben, so dass insoweit eine sofortige Besteuerung der stillen Reserven auf Ebene der Anteilseigner erfolgt.

23

Der Antrag zur Vornahme des Buchwert-/Zwischenwertansatzes ist durch die umgewandelte KapG im Rahmen der Aufstellung ihrer steuerlichen

24

---

65 BFH vom 24.02.1988, I R 95/84, BStBl. II 1988, 663.
66 *Dötsch/Pung* in Dötsch/Patt/Pung/Möhlenbrock, § 3 Rdn. 37.
67 Tz. 03.25 UmwStE 2011; *Birkemeier* in Rödder/Herlinghaus/van Lishaut, § 3 Rdn. 126; *Dötsch/Pung* in Dötsch/Patt/Pung/Möhlenbrock, § 3 Rdn. 51.
68 *Schmitt* in Schmitt/Hörtnagl/Stratz, § 3 Rdn. 66.

Schluss-/Übertragungsbilanz zu stellen (de facto geschieht dies durch die entstehende PersG). Die Finanzverwaltung stellt für die Antragstellung auf den Zeitpunkt der erstmaligen Abgabe der steuerlichen Schlussbilanz ab (siehe dazu ausführlich § 3 Rdn. 67).[69]

II. Ebene der „übernehmenden" PersG

25 § 9 verweist auf die Anwendbarkeit der §§ 3 bis 8 und 10, so dass für die Normenanwendung zunächst zu entscheiden ist, ob das Vermögen der umgewandelten KapG Betriebsvermögen der entstehenden PersG wird (siehe Rdn. 26 ff.) oder ein Formwechsel in eine vermögensverwaltenden PersG erfolgt, die als solche nicht über Betriebsvermögen verfügt (siehe Rdn. 46). Darüber hinaus gilt es zu beachten, dass die steuerlichen Folgen für die PersG bzw. deren Gesellschafter auf Grund der steuerlichen Transparenz der PersG miteinander verknüpft bzw. voneinander abhängig sind. Stellt für die „übernehmende" PersG die Ermittlung des Übernahmegewinns nach § 4 Abs. 4 das zentrale Element dar, ist auf Ebene der Anteilseigner – neben der Einlagefiktion nach § 5 – die Ausschüttungsfiktion nach § 7 zu beachten. Sowohl die Einlage- wie auch die Ausschüttungsfiktion wirken sich wiederum auf das auf Ebene der PersG gesellschafterbezogen zu ermittelnde Übernahmeergebnis aus (siehe Rdn. 31 und 42 ff.). Ungeachtet dieser Interdependenzen trennt die nachfolgende Darstellung zwischen der Ebene der PersG und deren Gesellschaftern.

1. Formwechsel in eine PersG mit Betriebsvermögen

26 Ein Formwechsel in eine PersG mit Betriebsvermögen erfolgt, sofern ihre Tätigkeit bzw. die der formwechselnden KapG ertragsteuerlich von gewerblicher, freiberuflicher oder land- und forstwirtschaftlicher Art ist. Ob es sich bei einer gewerblichen Qualifizierung um eine solche auf Grund der originären Tätigkeit der entstehenden PersG selbst handelt oder ob die Gewerblichkeit auf Grund einer Abfärbung oder auf Grund gewerblicher Prägung resultiert (§ 15 Abs. 3 Nr. 1 oder 2 EStG), ist unbeachtlich. Entscheidend ist nur, dass die entstehende PersG unmittelbar – also von Beginn ihrer Entstehung an – ertragsteuerlich entsprechend qualifiziert wird. Andernfalls würde das übergehende Vermögen zunächst – wenn auch nur für eine juristische Sekunde – steuerlich nicht mehr verhaftet sein mit der Folge, dass ein steuerneutraler Formwechsel nicht durchführbar ist (siehe auch Rdn. 20).

a) Eintritt in die steuerliche Rechtsstellung

27 Die im Rahmen des Formwechsels entstehende PersG hat gem. § 4 Abs. 1 S. 1 die Wirtschaftsgüter mit den in der steuerlichen Schlussbilanz der umgewandelten KapG enthaltenen Werten i.S.d. § 3 anzusetzen[70] und somit in ihrer Eröffnungsbilanz auszuweisen. Folglich ist die steuerliche Übertragungsbilanz der umgewandelten KapG für die Eröffnungsbilanz der PersG maßgeblich. Der Grundsatz der Maßgeblichkeit der Handels- für die Steuerbilanz gilt auch hier nicht.[71]

---

69 Tz. 03.28 UmwStE 2011.
70 *Widmann* in Widmann/Mayer, § 9 Rdn. 9.
71 Tz. 03.10 UmwStE 2011; *Schmitt* in Schmitt/Hörtnagl/Stratz, § 9 Rdn. 18.

Gemäß § 4 Abs. 2 S. 1 tritt die entstehende PersG grds. in die steuerliche   *28*
Rechtsstellung der umgewandelten KapG ein, und zwar unabhängig davon,
welchen Wertansatz letztere für ihre Übertragungsbilanz gewählt hat (vgl.
auch § 4 Abs. 3).[72] Der Eintritt in die steuerliche Rechtsstellung wird durch
den Gesetzgeber spezifiziert und gilt gem. § 4 Abs. 2 S. 1 insbesondere bzgl.
der Bewertung und Abschreibungsmethoden der übernommenen Wirtschaftsgüter sowie der den steuerlichen Gewinn mindernden Rücklagen
(vgl. ausführlich die Kommentierung zu § 4 Abs. 2).

Der Eintritt in die Rechtsstellung gilt jedoch nach § 4 Abs. 2 S. 2 nicht für   *29*
verrechenbare Verluste, verbleibende Verlustvorträge sowie laufende Verluste der übertragenden KapG. Vor dem Hintergrund der BFH-Rechtsprechung[73] erfolgte durch das SEStEG die „Klarstellung"[74], dass auch laufende
Verluste im Wirtschaftsjahr der Umwandlung nicht auf die entstehende
PersG übergehen.[75] Laufende Verluste des übernehmenden Rechtsträgers
bzw. dessen Gesellschaftern im Rückwirkungszeitraum werden hingegen
nicht von § 4 Abs. 2 S. 2 erfasst. Für diese sind die Einschränkungen des § 2
Abs. 4 S. 3 und 5 zu beachten.

Entsprechend der Regelung zum Schicksal des Verlustvortrags gehen darü-   *30*
ber hinaus sowohl ein sog. EBITDA-Vortrag nach § 4h Abs. 1 S. 3 EStG[76] sowie ein Zinsvortrag nach § 4h Abs. 1 S. 5 EStG als Folge des Formwechsels
unter. Während der Regierungsbegründung für Einbringungsfälle zu entnehmen ist, dass das Schicksal des Zinsvortrages eng mit dem Schicksal des
„zinsverursachenden" Betriebes verbunden ist und folglich Unternehmen-
seinbringungen zum Untergang des Zinsvortrages führen[77], erscheint die
Gleichstellung des Zinsvortrages mit dem Verlustvortrag für den Fall des
Formwechsels m. E. eher fragwürdig. Vielmehr wird der Betrieb und damit
die unternehmerische Tätigkeit, durch den bzw. die der Zinsvortrag entstanden ist, lediglich unter einem anderen Rechtskleid fortgeführt.[78] Nichts anderes gilt für den EBITDA-Vortrag. Ungeachtet der hier vorgebrachten Vorbehalte gegenüber dem Untergang der entsprechenden Steuerattribute im
Rahmen eines Formwechsels ist die Gesetzeslage eindeutig. EBITDA-Vortrag und Zinsvortrag gehen im Rahmen eines Formwechsels auf Grund der
fingierten Vermögensübertragung unter.

b) Ermittlung des Übernahmeergebnisses

Aufgrund der Fiktion einer Vermögensübertragung ist gem. § 4 für die über-   *31*
nehmende PersG (bzw. ihre Gesellschafter) ein Übernahmeergebnis wie

---

72 *Schmitt* in Schmitt/Hörtnagl/Stratz, § 9 Rdn. 20.
73 BFH vom 31.05.2005, I R 68/03, BStBl. II 2006, 380; BMF vom 07.04.2006 (Nichtanwendungserlass).
74 Entwurf eines Gesetzes über steuerliche Begleitmaßnahmen zur Einführung der
   Europäischen Gesellschaft und zur Änderung weiterer steuerrechtlicher Vorschriften (SEStEG) vom 25.09.2006, BT-Drs. 16/2710.
75 *van Lishaut* in Rödder/Herlinghaus/van Lishaut, § 3 Rdn. 58.
76 Ausführlich zur Einführung eines EBITDA-Vortrags vgl. *Ortmann-Babel/Zipfel,*
   Ubg 2009, 813 ff.
77 Entwurf eines Unternehmensteuerreformgesetzes 2008, BT-Dr. 16/4841, 82.
78 So auch *Schaden/Käshammer,* BB 2007, 2317 ff.; *Bogenschütz,* Ubg 2009, 604 ff.

folgt zu ermitteln (zu einer ausführlichen Darstellung siehe die Kommentierungen zu §§ 4 und 5):[79]

	Wert, mit dem die Wirtschaftsgüter in der steuerlichen Schlussbilanz der umgewandelten KapG angesetzt sind (= Saldo aus Aktiva und Fremdkapital der steuerlichen Übertragungsbilanz der KapG)
zzgl.	Umbewertungen neutrales Vermögen[80]
abzgl.	Kosten der Formwechsels (siehe § 4 Rdn. 97 ff.)
abzgl.	Buchwert der Anteile an der umgewandelten KapG (Einlagefiktion vgl. § 5)
=	Übernahmegewinn/-verlust der I. Stufe (§ 4 Abs. 4)
zzgl.	Sperrbetrag i.S.v. § 50c EStG 1999[81]
abzgl.	Bezüge i.S.v. § 7
=	Übernahmegewinn/-verlust der II. Stufe (§ 4 Abs. 5)

32 Aufgrund des Transparenzprinzips der PersG ist das Übernahmeergebnis gesellschafterbezogen zu ermitteln.[82] Somit kann sich bspw. bei einem Gesellschafter ein Übernahmegewinn ergeben, während bei einem anderen Gesellschafter ein Übernahmeverlust entsteht. Die Berücksichtigung des Übernahmeergebnisses bei der Ermittlung des zu versteuernden Einkommens auf Ebene der Mitunternehmer der PersG richtet sich nach der Eigenschaft der Mitunternehmer. Dementsprechend ist das (steuerpflichtige) Übernahmeergebnis auch Gegenstand der gesonderten und einheitlichen Feststellung bei der PersG.[83]

33 Gewerbesteuerlich ist auf Ebene der PersG ein etwaiges Übernahmeergebnis gem. § 18 Abs. 2 nicht zu erfassen (siehe auch Rdn. 49 ff.).

2. Formwechsel in eine PersG ohne Betriebsvermögen

34 Darüber hinaus ist von § 9 auch ein Formwechsel in eine PersG ohne Betriebsvermögen – eine vermögensverwaltende PersG – erfasst (siehe hierzu Rdn. 46 f.). So erklärt § 9 nicht nur § 3, sondern auch § 8 für entsprechend anwendbar.[84]

III. Ebene der Anteilseigner/Mitunternehmer

35 Durch das SEStEG wurde das *Prinzip der Vollausschüttung* eingeführt, so dass der Formwechsel einer KapG mit Betriebsvermögen in eine PersG grds. zu einer Besteuerung auf Ebene der Anteilseigner/Mitunternehmer führt.

---

79 Zum Berechnungsschema vgl. Tz. 04.27 UmwStE 2011.
80 Zu § 4 Abs. 4 S. 2, wonach Wirtschaftsgüter der formwechselnden KapG, für die Deutschland kein Besteuerungsrecht hat, für die Ermittlung des Übernahmeergebnisses zwingend mit dem gemeinen Wert anzusetzen sind, vgl. § 4 Rdn. 84 ff.
81 Anwendung längstens bis zum Jahre 2011, vgl. *Schmitt* in Schmitt/Hörtnagl/Stratz, § 4 Rdn. 118:
82 Tz. 04.19 UmwStE 2011.
83 Tz. 04.27 UmwStE 2011.
84 *Schnitter* in Frotscher/Maas, § 9 Rdn. 11b.

Nunmehr stellt die Ermittlung des Übernahmeergebnisses der PersG auf Ebene der Mitunternehmer ein Zusammenspiel der §§ 4, 5 und 7 dar.[85] Hierbei werden in einem ersten Schritt zunächst die Gewinnrücklagen der KapG auf die Anteilseigner der KapG verteilt (siehe nachfolgend Rdn. 36 ff.). Im Anschluss wird in einem zweiten Schritt für das übrige Vermögen ein Übernahmeergebnis nach §§ 4 und 5 ermittelt (vgl. Rdn. 39 ff.).[86]

1. Fingierte Vollausschüttung

Im Rahmen eines heterogenen Formwechsels einer KapG in eine PersG wird ein steuerlicher Systemwechsel vollzogen. Um hierbei das deutsche Besteuerungsrecht an den *offenen Rücklagen der formwechselnden KapG* zu gewährleisten,[87] sieht § 7 eine fiktive Ausschüttung vor. Hiernach ist dem jeweiligen Anteilseigner der Teil des in der Steuerbilanz ausgewiesenen Eigenkapitals abzüglich des Bestands des steuerlichen Einlagekontos i.S.d. § 27 KStG (nach Anwendung von § 29 KStG) in dem Verhältnis der Anteile zum Nennkapital der umgewandelten KapG als Einnahmen aus Kapitalvermögen i.S.d. § 20 Abs. 1 Nr. 1 EStG zuzurechnen. Dies gilt unabhängig davon, ob für den jeweiligen Anteilseigner ein Übernahmegewinn/-verlust nach §§ 4, 5 zu ermitteln ist (siehe Rdn. 40 f.). 36

Gemäß der in § 7 gesetzlich fingierten Vollausschüttung der Gewinnrücklagen unterliegen die auf Grund des bei KapG geltenden Intransparenzprinzips bislang auf Anteilseignerebene noch nicht versteuerten Gewinne nun auf Ebene der Anteilseigner grds. erstmalig der Besteuerung (siehe hierzu § 7 Rdn. 8 f.). Sofern es sich um Anteile handelt, die der Anteilseigner in einem Betriebsvermögen hält, ist das Halb- bzw. Teileinkünfteverfahren anzuwenden. Die fingierte Ausschüttung, die auf Anteile entfällt, die im Privatvermögen gehalten werden, unterliegt bei einem nach dem 31.12.2008 stattfindenden Formwechsel der Abgeltungssteuer.[88] Da jedoch bei Anteilseignern, für die ein Übernahmeergebnis zu ermitteln ist, nach h.M. eine Umqualifizierung der Einkünfte in gewerbliche Einkünfte vorzunehmen ist,[89] findet für diese die Subsidiaritätsregelung des § 20 Abs. 8 EStG Anwendung. Dies hat zur Folge, dass letztlich nur für diejenigen Anteileigner, für die kein Übernahmeergebnis nach § 4 Abs. 4 zu ermitteln ist, die Abgeltungsteuer Anwendung findet. Im Ergebnis sind dies nur die Anteilseiger, die ihre Anteile im Privatvermögen halten und die zu weniger als 1 % an der KapG beteiligt waren.[90] 37

Die Bezüge i.S.d. § 7 UmwStG unterliegen nach h.M. dem Kapitalertragsteuerabzug.[91] Dementsprechend hat die entstehende PersG Kapitalertrag- 38

---

85 *Haisch*, Ubg 2009, 96 ff.
86 *Brähler*, Umwandlungssteuerrecht, S. 121.
87 Entwurf eines Gesetzes über steuerliche Begleitmaßnahmen zur Einführung der Europäischen Gesellschaft und zur Änderung weiterer steuerrechtlicher Vorschriften (SEStEG) vom 25.09.2006; BT-Dzrs. 16/2710.
88 § 7 S. 1 i.V.m. § 20 Abs. 1 Nr. 1 EStG i.V.m. § 32 d EStG; mit der Folge, dass Kapitalertragsteuer einzubehalten und abzuführen ist.
89 *Schmitt* in Schmitt/Hörtnagl/Stratz, § 7 Rdn. 14a m.w.N.; Tz. 07.07 UmwStE 2011.
90 *Brähler*, Umwandlungssteuerrecht, S. 123.
91 Tz. 07.08 UmwStE 2011; *Börst* in Haritz/Menner, § 7 Rdn. 65 ff. mit Darstellung des Streitstandes.

steuer einzubehalten und abzuführen.[92] Zur Vermeidung einer Doppelbesteuerung wird die fingierte Ausschüttung im Rahmen der Ermittlung des Übernahmeergebnisses auf Ebene der PersG auf der II. Stufe nach § 4 Abs. 5 S. 2 abgezogen (siehe Rdn. 31).

2. Einlagefiktion

39 Durch den Formwechsel werden die Anteilseigner der umgewandelten KapG automatisch Gesellschafter der PersG. Die weitere *steuerliche Behandlung der Anteilseigner* ist in § 5 geregelt. Es handelt sich hierbei um eine Vorschrift zur Ermittlung des Übernahmeergebnisses für die Anteilseigner unter Berücksichtigung einer *Einlagefiktion*.[93] Die nach § 5 als eingelegt bzw. angeschafft geltenden Anteilen nehmen an der Ermittlung des Übernahmeergebnisses nach § 4 Abs. 4 und 5 teil, welches gem. § 4 Abs. 4 *einheitlich und personenbezogen* für alle Gesellschafter auf Ebene der PersG zu ermitteln ist.[94]

40 Im Rückwirkungszeitraum ausscheidende Anteilseigner werden von der Rückwirkungsfiktion ausgenommen (siehe Rdn. 20). Hingegen gelten im Rückwirkungszeitraum durch Gesellschafter der PersG angeschaffte Anteile als bereits zum Übertragungsstichtag angeschafft (§ 5 Abs. 1).[95] Nach § 5 Abs. 2 und 3 gelten bestimmte Beteiligungen als in das Betriebsvermögen der PersG eingelegt, so dass für folgende Fälle ein Übernahmeergebnis i.S.v. § 4 Abs. 4 zu ermitteln ist:

– im Privatvermögen gehaltene Beteiligungen von Anteilseignern, die innerhalb der letzten 5 Jahre zu mindestens 1 % un-/mittelbar an der KapG beteiligt waren (§ 5 Abs. 2),
– Beteiligungen, die im Betriebsvermögen gehalten werden (§ 5 Abs. 3),
– einbringungsgeborene Anteile i.S.d. § 21 UmwStG a.F.[96]

41 Im Umkehrschluss bedeutet dies, dass lediglich für Anteilseigner, die zu weniger als 1 % an der KapG beteiligt sind und die ihre Anteile – bei denen es sich nicht um steuerverstrickte Anteile handeln darf – im Privatvermögen halten, kein Übernahmeergebnis zu ermitteln.[97]

3. Besteuerung des Übernahmeergebnisses

42 Mit den voranstehend beschriebenen Schritten lässt sich das Übernahmeergebnis i.S.v. § 4 Abs. 4 ermitteln (siehe Rdn. 31). Je höher insbesondere die Wertansätze auf Grund der Einlagefiktion nach § 5 und die fiktive Vollausschüttung nach § 7 ausfallen, umso geringer ist das Übernahmeergebnis

---

92 *Börst* in Haritz/Menner, § 7 Rdn. 66 f.
93 Vgl. *Pung* in Dötsch/Patt/Pung/Möhlenbrock, § 5 Rdn. 13; *Schmitt* in Schmitt/Hörtnagl/Stratz, § 5 Rdn. 3.
94 *Pung* in Dötsch/Patt/Möhlenbrock, § 5 Rdn. 6.
95 Ein Anteilserwerb durch die „übernehmende" PersG nach dem steuerlichen Übertragungsstichtag kann bei einem Formwechsel nicht auftreten, da die PersG erst mit Eintragung des Formwechsels entsteht, vgl. *Widmann* in Widmann/Mayer, § 7 Rdn. 27.
96 § 27 Abs. 3 Nr. 1 i.V.m. § 5 Abs 4 a.F.
97 *Bogenschütz*, Ubg 2009, 604 ff.; *Schmitt* in Schmitt/Hörtnagl/Stratz, § 5 Rdn. 5.

des jeweiligen Gesellschafters der entstehenden PersG. Die Besteuerung eines positiven Übernahmeergebnisses (Übernahmegewinn) ist in § 4 Abs. 7, die Besteuerung des Übernahmeverlusts ist in § 4 Abs. 6 geregelt.

Bei dem Übernahmegewinn handelt es sich um einen laufenden Gewinn, **43** der zum Zeitpunkt des Übertragungsstichtages entsteht und den Gesellschaftern personenbezogen zuzurechnen ist. Soweit er auf eine Körperschaft entfällt, ist § 8b KStG anzuwenden, so dass grds. eine 95 %-ige Freistellung des Übertragungsgewinns erfolgt (§ 4 Abs. 7 S. 1).[98]

Gem. § 4 Abs. 7 S. 2 sind bei der Ermittlung des Übernahmegewinns, welcher **44** auf eine natürliche Person entfällt, die § 3 Nr. 40 sowie § 3 c EStG anzuwenden, so dass eine maximale Freistellung i.H.v. 40 % erreicht werden kann. Vor dem Hintergrund, dass das Übernahmeergebnis mit Ablauf des steuerlichen Übertragungsstichtages entsteht,[99] richten sich die Besteuerungsfolgen nach dem Übertragungsstichtag: erfolgt der Formwechsel steuerlich mit einer Wirkung bis zum 31.12.2008, unterliegt das Übernahmeergebnis dem Halbeinkünfteverfahren, während bei einem Übertragungsstichtag ab dem 01.01.2009 das Teileinkünfteverfahren anzuwenden ist.[100] Eine volle Steuerpflicht des Übernahmeergebnisses ist unabhängig vom Übertragungsstichtag für Anteilseigner mit (alt-) einbringungsgeborenen Anteilen gegeben (siehe ausführlich § 5 Rdn. 46 ff.).[101]

Ein Übernahmeverlust[102] bleibt nach § 4 Abs. 6 S. 1 bei der Ermittlung des **45** zu versteuernden Einkommens des Mitunternehmers in voller Höhe außer Ansatz, soweit es sich bei dem Mitunternehmer um eine Körperschaft handelt. Handelt es sich bei dem Mitunternehmer hingegen um eine natürliche Person, ist der Übernahmeverlust gemäß § 4 Abs. 6 S. 4 grds. zu 60 % abzugsfähig, höchstens jedoch i.H.v. 60 % der Bezüge i.S.d. § 7.[103]

IV. Formwechsel in eine PersG ohne Betriebsvermögen

Im Rahmen eines Formwechsels wird das Vermögen der KapG regelmäßig **46** kein Betriebsvermögen der PersG, wenn es sich bei der übertragenden KapG um eine vermögensverwaltende Gesellschaft handelt (siehe hierzu auch Rdn. 26). Auf Ebene einer solchen PersG werden demnach zukünftig keine betrieblichen Einkünfte mehr erzielt, so dass das Betriebsvermögen der KapG durch den Formwechsel die Vermögenssphäre wechselt.[104] Gemäß § 9 S. 1 i.V.m. § 3 Abs. 1 S. 1 hat daher die KapG in ihrer steuerlichen Schlussbilanz nach § 9 S. 2 das übergehende Vermögen zwingend mit den

---

98 Die Verfassungsmäßigkeit der Pauschalierung der nicht abzugsfähigen Betriebsausgaben gem. § 8b Abs. 5 KStG ist mittlerweile durch das BVerfG bestätigt worden, BVerfG vom 12.10.2010, 1 BvL 12/07, DStR 2010, 2393.
99 Tz. 02.04 UmwStE 2011.
100 *Haisch*, Ubg 2009, 96 ff.
101 *Bohnhardt* in Haritz/Menner, § 4 Rdn. 322.
102 Ausführlich zum Übernahmeverlust siehe § 4 Rdn. 109 ff.
103 *Schmitt* in Schmitt/Hörtnagl/Stratz, § 4 Rdn. 124. Hinsichtlich der Missbrauchsregelung zum Übernahmeverlust nach § 4 Abs. 6 S. 5 wird auf die Kommentierung in § 4 Rdn. 114 ff. verwiesen.
104 *Dötsch* in Dötsch/Patt/Pung/Möhlenbrock, § 8 Rdn. 14.

gemeinen Werten anzusetzen.[105] Dies gilt auch für die originären immateriellen Wirtschaftsgüter.[106] Andernfalls wäre – bevor das Betriebsvermögen der übertragenden Körperschaft in den Bereich des „Nicht-Betriebsvermögens" gelangt – die künftige Besteuerung der stillen Reserven nicht mehr gewährleistet.[107] Für Pensionsrückstellungen gilt wiederum die Ausnahme des § 3 Abs. 1 S. 2, d. h. ihr Ansatz erfolgt zu den Werten nach § 6a EStG (in der Regel führt dies zu einer Aufdeckung von stillen Lasten). Ein aus der Aufdeckung der stillen Reserven (abzüglich etwaiger stiller Lasten) resultierender Übertragungsgewinn unterliegt als laufender Gewinn der KSt und der GewSt.[108]

47   In Ermangelung eines Betriebsvermögens ist das übergehende Vermögen bei der entstehenden PersG dem gesamthänderischen Privatvermögen zuzuordnen.[109] Über § 9 S. 1 finden § 8 i. V. m. §§ 4, 5 und 7 Anwendung, die die Auswirkungen des Formwechsels auf die übernehmende Personengesellschaft und deren Gesellschafter im Einzelnen regeln (siehe hierzu die Kommentierung zu § 8).

V. Formwechsel einer KGaA in eine PersG

48   Bei einem Formwechsel einer Kommanditgesellschaft auf Aktien in eine PersG gilt es die Besonderheit zu beachten, dass es sich bei einer KGaA um eine Gesellschaft mit mindestens einem persönlich haftenden Gesellschafter handelt. Dieser Gesellschafter wird wie ein Mitunternehmer einer PersG behandelt (§ 278 AktG, § 15 Abs. 1 Nr. 3 EStG). Für den persönlich haftenden Gesellschafter stellt demnach der Formwechsel von einer KGaA in eine PersG eine Einbringung von Betriebsvermögen dar, die nach § 24 UmwStG zu beurteilen ist.[110] Für die Kommanditaktionäre hingegen finden, soweit das in Aktien zerlegte Grundkapital der KGaA auf die PersG übergeht, die §§ 3 bis 8 UmwStG uneingeschränkt Anwendung.[111]

---

105 Dies ergibt sich aus dem Umkehrschluss zu § 3 Abs. 2 S. 1 Nr. 1, wonach ein Ansatz der Buch- oder Zwischenwerte auf Antrag insbesondere voraussetzt, dass die übergehenden Wirtschaftsgüter Betriebsvermögen der übernehmenden Personengesellschaft (oder einer natürlichen Person) werden und die stillen Reserven weiterhin steuerverhaftet sind. In Ermangelung eines weiterhin bestehenden Betriebsvermögens scheidet vorliegend jedoch eine Steuerverhaftung – und somit auch ein entsprechendes Antragsrecht – *per se* aus; vgl. auch BT-Drs. 16/2710 zu § 8.
106 Tz. 03.04 UmwStE 2011.
107 *Möhlenbrock* in Dötsch/Patt/Pung/Möhlenbrock, § 8 Rdn. 21. Zur Möglichkeit eines steuerneutralen Formwechsels einer KapG in eine vermögensverwaltende PersG, soweit Gesellschafter an der PersG beteiligt sind, die ihre Anteile im Betriebsvermögen halten, vgl. ausführlich *Huber/Marat*, DB 2011, 1823.
108 *Schmitt* in Schmitt/Hörtnagl/Stratz, § 8 Rdn. 1.
109 *Greve* in Haritz/Menner, § 8 Rdn. 22.
110 *Schmitt* in Schmitt/Hörtnagl/Stratz, § 9 Rdn. 44; *Greve* in Haritz/Menner, § 9 Rdn. 69. Im Ergebnis so auch *Widmann* in Widmann/Mayer, § 9 Rdn. 83, der wohl auch ohne Anwendung von § 24 UmwStG von einem insoweit erfolgsneutralen Vorgang ausgeht.
111 *Schnitter* in Frotscher/Maas, § 9 Rdn. 19a; *Schmitt* in Schmitt/Hörtnagl/Stratz, § 9 Rdn. 43 f.

E. Weitere Steuerarten

I. Gewerbesteuer

Die gewerbesteuerlichen Konsequenzen des Formwechsels einer KapG in eine PersG richten sich nach § 18 (siehe dazu im Einzelnen die Kommentierung zu § 18). Besonderheiten gelten insoweit nicht. Aus dem Verweis in § 18 Abs. 1 S. 1 auf § 3 folgt, dass ein Übertragungsgewinn auf Ebene der formwechselnden inländischen KapG gewerbesteuerpflichtig ist.[112] Im Umkehrschluss bedeutet dies, dass im Falle einer Buchwertfortführung der Formwechsel grds. auch gewerbesteuerneutral zu erfolgen hat. 49

Ein bei der umgewandelten KapG bestehender Verlustvortrag i.S.d. § 10a GewStG oder ein laufender Verlust geht gemäß § 9 S. 1 i.V.m. § 4 Abs. 2 S. 2 nicht auf die entstehende PersG über.[113] Entsprechendes gilt für einen etwaigen Zins- oder EBITDA-Vortrag i.S.v. § 4h EStG.[114] Unter Beachtung der Mindestbesteuerung (§ 10a S. 1 f. GewStG) können etwaige Verluste jedoch noch bei der umgewandelten KapG durch einen entsprechenden Zwischenwertansatz (bzw. ggf. Ansatz zu gemeinen Werten) genutzt werden. 50

Ein Übernahmegewinn bzw. -verlust ist nach § 18 Abs. 2 S. 1 weder bei der PersG noch ihren Gesellschaftern gewerbesteuerlich zu erfassen.[115] Des Weiteren stellt § 18 Abs. 2 S. 2 sicher, dass eine fingierte Ausschüttung auf Anteile i.S.v. § 17 EStG, die im Rahmen von § 5 Abs. 2 in das Betriebsvermögen der PersG eingelegt gelten, nicht bei der Ermittlung des Gewerbeertrags zu erfassen ist.[116] 51

§ 18 Abs. 3 enthält eine Missbrauchsverhinderungsvorschrift für die (Teil-)Aufgabe/(Teil-)Veräußerung des Betriebs der PersG innerhalb von 5 Jahren nach Vornahme des Formwechsels. Ohne eine entsprechende Vorschrift bestünde bspw. die Möglichkeit, die Aufgabe einer KapG durch vorherigen Formwechsel in eine PersG gewerbesteuerneutral durchzuführen, soweit es sich bei den Anteilseignern um natürliche Personen handelt (siehe ausführlich § 18 Rdn. 46 ff.). 52

II. Umsatzsteuer

Bei einer formwechselnden Umwandlung einer KapG in eine PersG ändert sich lediglich die Rechtsform des Unternehmens, wohingegen die Identität des Rechtsträgers sowie dessen Gesellschafterkreis bestehen bleibt.[117] Der Formwechsel ist umsatzsteuerrechtlich in Ermangelung einer Vermögensübertragung grds. ohne Bedeutung, da kein Leistungsaustausch stattfindet. Vielmehr handelt es sich bei einem Formwechsel um einen nicht umsatzsteuerbaren Vorgang.[118] USt-Voranmeldungen bzw. -Erklärungen hat, da 53

---

112 *Trossen* in Rödder/Herlinghaus/van Lishaut, § 18 Rdn. 15.
113 § 18 Abs. 1 S. 2 hat insoweit allenfalls klarstellende Bedeutung, vgl. *Trossen* in Rödder/Herlinghaus/van Lishaut, § 18 Rdn. 34.
114 *Trossen* in Rödder/Herlinghaus/van Lishaut, § 18 Rdn. 38b.
115 *Greve* in Haritz/Menner, § 10 Rdn. 88. Hierdurch soll eine gewerbesteuerliche Doppelbelastung verhindert werden, vgl. *Schnitter* in Frotscher/Maas, § 18 Rdn. 5. Vgl. hierzu im Einzelnen auch die Kommentierung zu § 18 Rdn. 39 ff.
116 *Benecke/Schnitger*, IStR 2002, 22, 26 f.; *Schnitter* in Frotscher/Maas, § 18 Rdn. 5.
117 *Stengel* in Semler/Stengel, § 190 Rdn. 1.
118 *Greve* in Haritz/Menner, § 10 Rdn. 85.

sich die steuerliche Rückwirkung (§ 2) nur auf Ertragsteuern erstreckt, bis zur zivilrechtlichen Wirksamkeit des Formwechsels – also bis zum Zeitpunkt der Eintragung des Formwechsels bzw. der Löschung der KapG im Handelsregister – noch die KapG abzugeben.[119] Reicht die übertragende Körperschaft bspw. monatliche USt-VA bei ihrem zuständigen Finanzamt ein, empfiehlt sich im Rückwirkungszeitraum die Kontaktaufnahme mit dem Finanzamt, um ggf. im Vorwege abzustimmen, ab wann – der Tag der Vornahme der handelsregisterlichen Eintragung kann vom Steuerpflichtigen nicht beeinflusst werden und ist für diesen auch nicht vorhersehbar – die übernehmende PersG ihre Unternehmereigenschaft entfaltet und somit die USt-VA ihrerseits einzureichen hat.

III. Grunderwerbsteuer

54 Wie das UStG folgt auch das GrEStG grds. dem Zivilrecht. Die formwechselnde Umwandlung einer KapG in eine Personengesellschaft unterliegt daher in Ermangelung eines Rechtsträgerwechsels nicht der Grunderwerbsteuer.[120] Dies gilt sowohl für die unmittelbar betroffene Gesellschaft wie mittelbar für die nicht vom Formwechsel betroffenen Tochter-/Enkelgesellschaften.[121] Dennoch können Vorgänge, die im Zusammenhang mit dem Formwechsel erfolgen (wie bspw. Veränderungen in der Beteiligungsstruktur im Zuge des Formwechsels), GrESt auslösen. Ferner kann durch den Formwechsel für vorangegangene Vorgänge eine ggf. bestehende Sperrfrist verletzt oder für nachfolgende Vorgänge eine Wartefrist ausgelöst werden. So ist bspw. auf Grund des Hineinwachsens in die Anwendbarkeit von § 6 GrEStG im Falle eines späteren Übergangs von der Gesamthand i.S.v. § 6 GrEStG die fünfjährige „Nachbehaltensfrist" gemäß § 6 Abs. 4 GrEStG zu beachten.[122] Zwar ist im Anschluss an einen nicht steuerbaren Formwechsel von einer grundbesitzenden KapG in eine PersG grds. ein begünstigter (steuerbefreiter) Erwerb durch einen an der PersG beteiligten Gesellschafter nach § 6 GrEStG möglich. Da aber die Beteiligung der späteren Gesamthänder an der vormaligen KapG keine unmittelbare dingliche Mitberechtigung an dem entsprechenden Grundstück darstellt, beginnt die Fünfjahresfrist des § 6 Abs. 4 GrEStG hier erst in dem Zeitpunkt, in dem die PersG in das Handelsregister eingetragen wird und die Gesellschafter an dem Gesellschaftsvermögen gesamthänderisch mitberechtigt werden.[123] Eine „Besitzzeitanrechnung" von der formgewechselten KapG auf die Gesamthänder der PersG findet hier nicht statt.

---

119 *Moszka* in Semler/Stengel, Anhang UmwStG Rdn. 661.

120 BFH vom 04.12.1996, II B 116/96, BFH BStBl. II 1997, 661; BFH vom 07.09.2007, II B 5/07, BFH/NV 2007, 2351; FinMin. Baden-Württemberg, Erlass vom 18.09. 1997, S 4520/2, DStR 1997, 1576; *Fischer* in Boruttau, § 1 GrEStG Rdn. 544. Zur Frage der Anwendbarkeit von § 42 AO im Rahmen von heterogenen Formwechseln, vgl. *Greve* in Haritz/Menner, § 9 Rdn. 78 f.

121 So z.B. beim Formwechsel der Muttergesellschaft in Bezug auf die Grundbesitz haltende Tochtergesellschaft, vgl. *Greve* in Haritz/Menner, § 9 Rdn. 82.

122 BFH vom 04.04.2001, II R 57/98, BStBl. II 2001, 587.

123 BFH vom 04.04.2001, II R 57/98, BStBl. II 2001, 587; BFH vom 18.12.2002, II R 13/01, BStBl. II 2003, 358; *Gottwald*, DStR 2004, 341, 344; *Gottwald/Behrens*, Grunderwerbsteuer, Rdn. 565 f.; *Viskorf* in Boruttau, § 6 GrEStG Rdn. 80.

DRITTER TEIL

Verschmelzung oder Vermögensübertragung
(Vollübertragung) auf eine andere Körperschaft

§ 11
Wertansätze in der steuerlichen Schlussbilanz
der übertragenden Körperschaft

(1) [1]Bei einer Verschmelzung oder Vermögensübertragung (Vollübertragung) auf eine andere Körperschaft sind die übergehenden Wirtschaftsgüter, einschließlich nicht entgeltlich erworbener oder selbst geschaffener immaterieller Wirtschaftsgüter, in der steuerlichen Schlussbilanz der übertragenden Körperschaft mit dem gemeinen Wert anzusetzen. [2]Für die Bewertung von Pensionsrückstellungen gilt § 6a des Einkommensteuergesetzes.

(2) [1]Auf Antrag können die übergehenden Wirtschaftsgüter abweichend von Absatz 1 einheitlich mit dem Buchwert oder einem höheren Wert, höchstens jedoch mit dem Wert nach Absatz 1, angesetzt werden, soweit

1. sichergestellt ist, dass sie später bei der übernehmenden Körperschaft der Besteuerung mit Körperschaftsteuer unterliegen und

2. das Recht der Bundesrepublik Deutschland hinsichtlich der Besteuerung des Gewinns aus der Veräußerung der übertragenen Wirtschaftsgüter bei der übernehmenden Körperschaft nicht ausgeschlossen oder beschränkt wird und

3. eine Gegenleistung nicht gewährt wird oder in Gesellschaftsrechten besteht.

[2]Anteile an der übernehmenden Körperschaft sind mindestens mit dem Buchwert, erhöht um Abschreibungen sowie um Abzüge nach § 6b des Einkommensteuergesetzes und ähnliche Abzüge, die in früheren Jahren steuerwirksam vorgenommen worden sind, höchstens mit dem gemeinen Wert, anzusetzen. [3]Auf einen sich daraus ergebenden Gewinn findet § 8b Abs. 2 Satz 4 und 5 des Körperschaftsteuergesetzes Anwendung.

(3) § 3 Abs. 2 Satz 2 und Abs. 3 gilt entsprechend.

Inhaltsverzeichnis

1. Spezialliteratur

Behrendt/Klages, Verschmelzung in der Krise als Steuerrisiko? – Zur Besteuerung von Konfusionsgewinnen vor dem Hintergrund des § 8b Abs. 3 KStG, GmbHR 2010, 190; *Benecke/Beinert*, Internationale Aspekte der Umstrukturierung von Unternehmen – Zweiter Teil: Umwandlungen nach §§ 3 ff. und §§ 11 ff. UmwStG sowie Anwendung des § 50d Abs. 9 EStG, FR 2010, 1120; *Bilitewski*, Gesetz über steuerliche Begleitmaßnahmen zur Einführung der Europäischen Gesellschaft und zur Änderung weiterer steuerrechtlicher Vorschriften (SEStEG), FR 2007, 57; *Brähler*, Umwandlungssteuerrecht: Grundlagen für Studium und Steuerberaterprüfung, 2013; *Brocker*, Die grenzüberschreitende Verschmelzung von Kapitalgesellschaften, BB 2010, 971; *Ege/Klett*, Aktuelle gesellschaftsrechtliche und steuerliche Aspekte von Anwachsungsmodellen, DStR 2010, 2463; *Eisgruber/Schaden*, Vom Sinn und Zweck des § 8c KStG – Ein Beitrag zur Auslegung der Norm, Ubg 2010, 73; *Damas*, Einführung in das neue Umwandlungssteuerrecht, DStZ 2007, 129; *Dorfmueller*, Die Errichtung von internationalen Holdingstrukturen durch deutsche Konzern, IStR 2009, 826; *Dötsch/Pung*, SEStEG: Die Änderung des UmwStG (Teil I), DB 2006, 2704;*Ettinger/Königer*, Steuerrechtliche Rückwirkung bei grenzüberschreitenden Umstrukturierungsvorgängen, GmbHR 2009, 590; *Figna/Fürstenau*, Steuerliche Praxisfragen bei grenzüberschreitenden Verschmelzungen, BB Special 1 (zu BB 2010, Heft 5), 12; *Hagemann/Jakob/Ropohl/Viebrock*, SEStEG – Das neue Konzept der Verstrickung und Entstrickung sowie die Neufassung des Umwandlungssteuergesetzes, NWB 2007, Sonderheft 1; *Haritz*, Neuer Umwandlungssteuererlass in Vorbereitung. Teil I: Verschmelzung unter Beteiligung von KGaA und GmbH & atypisch Still, GmbHR 2009, 1194; *Huth/Wittenstein*, Bedeutung der §§ 4f und 5 Abs. 7 EStG für ausgewählte Übertragungsvorgänge von Pensionsverpflichtungen, DStR 2015, 1153; *Hruschka/Hellmann*, Bewertungswahlrechte bei grenzüberschreitenden Umwandlungen, DStR 2010, 1961; *Jacobsen*, Die Generierung und Koordination steuerlicher Teilgestaltungen im Rahmen der Umstrukturierung von

Unternehmen, BB 2009, 1955; *Jäschke*, Probleme bei der Behandlung eines Geschäfts- oder Firmenwertes im neuen Umwandlungssteuerrecht, FR 2010, 10; *Kahle/Hiller/Vogel*, Bewertungswahlrechte und Bewertungsmaßstäbe im Umwandlungsfall in Handels- und Steuerbilanz, FR 2012, 789; *Köhler*, Grenzüberschreitende Outbound-Verschmelzung und Sitzverlegung vor dem Hintergrund der jüngsten BFH-Rechtsprechung, IStR 2010, 337; *Klingberg/Nitzschke*, Grenzüberschreitende Umwandlungen am Beispiel grenzüberschreitender Verschmelzungen, Ubg 2011, 451; *Koch*, Steuerbilanzielle Antragswahlrechte nach UmwStG – Fallstricke und Praxistipps, BB 2011, 1067; *Körner*, Ent- und Verstrickung, IStR 2009, 741; *Krum*, Die Verschmelzung von Schwesterkapitalgesellschaften ohne Anteilsgewährung, GmbHR 2010, 24; *Kußmaul/Richter/Heyd*, Ausgewählte Problemfelder der Hinausverschmelzung von Kapitalgesellschaften aus Deutschland, IStR 2010, 73; *Ley/Bodden*, Verschmelzung und Spaltung von inländischen Kapitalgesellschaften nach dem SEStEG (§§ 11–15 UmwStG n.F.), FR 2007, 265; *Mensching/Tyarks*, Grunderwerbsteuerrechtliche Einführung einer Konzernklausel durch das Wachstumsbeschleunigungsgesetz, BB 2010, 87; *Ortmann-Babel/Bolik*, Chancen und Grenzen der steuerrechtlichen Wahlrechtsausübung nach BilMoG, BB 2010, 2099; *Pupeter/Schnittker*, Side-step-merger ohne Anteilsgewährung – Verhindert das UmwStG Vereinfachungsbestrebungen des UmwG, FR 2008, 160; *Pyszka*, Steuerliche Aspekte bei Kettenumwandlungen, DStR 2013, 1462; *ders.*, Umwandlungssteuerrecht: Buchwertfortsetzung trotz unvollständiger, fehlender oder erstmalig nach Abgabe der Steuerbilanz eingereichter steuerlicher Schlussbilanzen?, GmbHR 2013, 738; *Rödder*, Verschmelzung von Kapital- auf Kapitalgesellschaften – Kritische Anmerkungen zu den einschlägigen Textziffern des UmwSt-Erlass-Entwurfs vom 02.05.2011, DStR 2011, 1059; *Rödder/Schönfeld*, Abschied (auslandsbeherrschter) inländischer Kapitalgesellschaften von der deutschen Ertragsteuerpflicht?, DStR 2011, 886; *Rödder/Schumacher*, Das SEStEG – Überblick über die endgültige Fassung und die Änderungen gegenüber dem Regierungsentwurf, DStR 2007, 369; *Roß/Drogemüller*, Verschmelzungen und Abspaltungen bei Schwestergesellschaften nach der Reform des UmwG, DB 2009, 580; *Schaflitzl/Stadler*, Die grunderwerbsteuerliche Konzernklausel des § 6a GrEStG, DB 2010, 185; *Schaden/Ropohl*, Verschmelzung und Auf-/Abspaltung von Kapital- auf Kapitalgesellschaften, BB Beilage 2011, Nr. 1, 11; *Sistermann*, Umwandlungen und Organschaft, DStR 2012, 18 ff.; *Schmitt/Keuthen*, Stille Lasten bei der Verschmelzung von Körperschaften, DStR 2015, 2521; *Schmitt/Schloßmacher*, Downstream-Merger mit ausländischen Anteilseignern, DStR 2010, 673; *Schumacher/Hackstein*, Verschmelzung und Spaltung zwischen inländischen Kapitalgesellschaften, Ubg 2011, 409; *Schwedhelm/Wollweber*, Typische Beratungsfehler in Umwandlungsfällen und ihre Vermeidung, BB 2008, 2208; Stadler/Jetter, Grenzüberschreitende Verschmelzung von Kapitalgesellschaften und steuerliches Einlagekonto, IStR 2009, 336; *Riedel*, Steuerentstrickung bei Hinausverschmelzung von Kapitalgesellschaften zur Änderungsbedürftigkeit des Umwandlungssteuererlasses nach National Grid Indus, UB 2013, 30; *Thill/Antoszkiewicz*, Einzelfragen beim down-stream merger eines Organträgers auf eine Organgesellschaft, FR 2006, 7; *Trossen*, Aufgabe der Maßgeblichkeit bei Umwandlungen – Erste Beratungsempfehlungen zur bevorstehenden Änderung der §§ 3 und 11 UmwStG durch das SEStBeglG, FR 2006, 617; *Ungemach*, Europarechtliche und abkommensrechtliche Beurteilung der Entstrickungsregelungen des deutschen Umwandlungssteuerrechts, Ubg 2011, 251; *Viebrock/Hagemann*, Verschmelzungen mit grenzüberschreitendem Bezug – „Fallstricke" beim Übertragungs- und Übernahmeergebnis, FR 2009, 737; *Viskorf*, Erbschaft- und schenkungssteuerrechtliche Risiken in Umwandlungsfällen, ZEV 2014, 633.

A. Einführung
I. Bedeutung der Vorschrift

1 Der dritte Teil des UmwStG beinhaltet Regelungen zur Verschmelzung und Vermögensübertragung im Wege der Vollübertragung von einer Körperschaft auf eine andere Körperschaft.

2 Bei der Verschmelzung und Vermögensübertragung (Vollübertragung) sind für die ertragsteuerliche Behandlung drei Ebenen zu unterscheiden – die Ebene der übertragenden Körperschaft, die des übernehmenden Rechtsträgers und die der Anteilseigner. Entsprechend sind die §§ 11–13 gegliedert. In § 11 sind die Ansatz- und Bewertungsregelungen für die Schlussbilanz der übertragenden Körperschaft enthalten, in § 12 finden sich entsprechende Vorgaben für die steuerbilanziellen Auswirkungen bei der übernehmenden Körperschaft und § 13 betrifft die Auswirkungen bei den Anteilseignern. Besonderheiten für die GewSt sind ergänzend in § 19 geregelt. Im Falle einer Auf- oder Abspaltung zwischen Körperschaften gelten die §§ 11 ff. gem. § 15 entsprechend.

3 Die Übertragung von Vermögenswerten im Wege der Verschmelzung oder Vermögensübertragung (Vollübertragung) ist im Grundsatz gewinnrealisierend und damit steuerwirksam bei dem übertragenden Rechtsträger. Insoweit bestimmt auch § 11 Abs. 1 grds., dass die übertragenden Wirtschaftsgüter mit dem gemeinen Wert anzusetzen sind. Bei Ansatz des gemeinen Wertes sind etwaige stille Reserven auf der Ebene des übertragenden Rechtsträgers aufzudecken, es kommt zu einem steuerpflichtigen Übertragungsgewinn. Als Ausnahme von diesem Grundsatz ermöglicht § 11 Abs. 2 unter bestimmten Voraussetzungen eine gewinn- und damit steuerneutrale Vermögensübertragung. § 11 Abs. 2 enthält mithin eine Ausnahme von dem Grundsatz, wonach bei Tauschvorgängen steuerlich der gemeine Wert anzusetzen ist (vgl. § 6 Abs. 6 EStG). Liegen die Voraussetzungen des § 11 vor, ist daher im Zusammenhang mit der steuerlichen Wertverknüpfung nach § 12 Abs. 1 ein Transfer von stillen Reserven zwischen unabhängigen Steuerpflichtigen möglich.

4 Wesentlich für die Regelungen der Verschmelzung nach §§ 11–13 ist die Unterscheidung zwischen dem Übertragungsgewinn und dem Verschmelzungsgewinn. Ein *Übertragungsgewinn* entsteht durch Aufdeckung stiller Reserven in der Schlussbilanz der übertragenden Körperschaft und unterliegt beim übertragenden Rechtsträger der Besteuerung mit Körperschaft- und Gewerbesteuer, wenn er nicht durch höherrangiges Recht, insbesondere durch die Regelung eines Abkommens zur Vermeidung der Doppelbesteuerung, ganz oder teilweise von der Besteuerung in Deutschland ausgenommen worden ist. Der *Verschmelzungsgewinn* entsteht demgegenüber im Falle einer Beteiligung der übernehmenden Körperschaft an der übertragenden Körperschaft (up-stream merger), wenn der Wert der übergehenden Werte und Schulden des übertragenden Rechtsträgers den Beteiligungsansatz auf Ebene des übernehmenden Rechtsträgers für die Anteile am übertragenden Rechtsträger übersteigt. Der Verschmelzungsgewinn unterliegt gem. § 12 Abs. 2 S. 2 einer Besteuerung nach § 8b KStG, ein etwaiger Verschmelzungsverlust bleibt hingegen gem. § 12 Abs. 2 S. 1 außer Ansatz, ein-

gehend dazu § 12 Rdn. 94 ff., 125 ff. Daneben kann es auch zu einem unterstellten Veräußerungsgewinn auf Ebene der Anteilseigner nach § 13 kommen, wenn die dort in Abs. 2 S. 1 Nr. 1–2 genannten Voraussetzungen nicht erfüllt werden, eingehend dazu § 13 Rdn. 30 ff.

Die *Motive für Verschmelzungen* sind vielfältig. Die Motivation kann einerseits in einem Zusammengehen von Unternehmen gesehen werden, untechnisch auch „Fusion" genannt. Unternehmenstransaktionen, die als Fusion bezeichnet werden, stellen jedoch häufig keine echte Verschmelzung dar, sondern das Zusammenführen zweier Unternehmen unter einer gemeinsamen (ggf. dafür neu gegründeten) Holdinggesellschaft, z.B. im Wege des Anteilstausches nach § 21 UmwStG. Eine Verschmelzung liegt hingegen nur vor, wenn zumindest einer der beteiligten Rechtsträger nach der Transaktion erloschen ist. Relativ häufig sind Verschmelzungen innerhalb einer Unternehmensgruppe. Hier wird meist eine Verschlankung der Konzernstruktur angestrebt, etwa um Verwaltungskosten einzusparen oder weil die Gruppengesellschaften nicht mehr gebraucht werden. Dabei kommt neben einem up-stream merger oder einem down-stream merger zur Verkürzung von Beteiligungsketten auch ein side-step merger zur Zusammenfassung von Gesellschaften in Betracht.[1]

II. Überblick über die Vorschrift

§ 11 Abs. 1 S. 1 enthält den Grundsatz, wonach bei Verschmelzungen von Körperschaften in der steuerlichen Schlussbilanz des übertragenden Rechtsträgers die gemeinen Werte anzusetzen sind. Für die Bewertung von Pensionsrückstellungen gilt jedoch nach S. 2 abweichend nicht der gemeine Wert sondern der Ansatz nach § 6a des EStG.

Nach § 11 Abs. 2 S. 1 können auf Antrag unter den dort genannten Voraussetzungen auch Buchwerte fortgeführt oder ein Zwischenwertansatz bei der übertragenden Körperschaft gewählt werden. Nach § 11 Abs. 2 S. 2 sind dabei Anteile an der übernehmenden Körperschaft mindestens mit dem Buchwert, erhöht um Abschreibungen sowie um Abzüge nach § 6b EStG und ähnliche Abzüge, die in früheren Jahren steuerwirksam vorgenommen worden sind, höchstens jedoch mit dem gemeinen Wert, anzusetzen. Auf einen sich daraus ergebenden Gewinn findet abweichend § 8b Abs. 2 S. 4 und 5 KStG Anwendung.

Nach § 11 Abs. 3 gilt § 3 Abs. 2 S. 2 und Abs. 3 gilt entsprechend. Danach ist der Antrag auf Buchwertfortführung bzw. Ansatz von Zwischenwerten spätestens bis zur erstmaligen Abgabe der steuerlichen Schlussbilanz zu stellen.

III. Rechtsentwicklung

Die Regelungen zur Verschmelzung oder Vermögensübertragung auf eine andere Körperschaft sind wie kein anderer Teil des UmwStG durch europäische Ereignisse geprägt, die zur Öffnung des deutschen Steuerrechts für

---

1 *Körner*, IStR 2009, 1 (12).

grenzüberschreitende Umwandlungen geführt haben. In der Zeit vor Inkrafttreten des SEStEG setzte die Anwendbarkeit des § 11 Abs. 1 UmwStG
a.F. gem. § 1 Abs. 5 UmwStG a.f. sowohl auf der Seite der übertragenden
als auch der übernehmenden KapG die unbeschränkte Körperschaftsteuerpflicht voraus. Dabei waren die Verordnung über das Statut der Europäischen Gesellschaft (SE) und Europäische Genossenschaft (SCE) sowie die
Richtlinie über die Verschmelzung von KapG aus verschiedenen Mitgliedstaaten und das Urteil des EuGH in der Rechtssache „SEVIC Systems AG"[2]
wichtige europäische Entwicklungen, die den nationalen Gesetzgeber zu einer europaweiten Regelung über die Verschmelzung von KapG gezwungen
haben. Laut Gesetzesbegründung wollte der Gesetzgeber mit der Neuregelung des § 11 insbesondere die Vorschrift an die Vorgaben der geänderten
FusionsRL anpassen.[3]

10 Durch das *SEStEG*[4] ist der Anwendungsbereich des §§ 11 ff. auf übertragende und übernehmende EU-/EWR-Gesellschaften ausgedehnt worden.
Das heißt, erfasst werden nunmehr nicht nur innerstaatliche Verschmelzungen, sondern auch grenzüberschreitende Hinein- und Hinausverschmelzungen sowie Auslandsverschmelzungen, soweit Körperschaften betroffen sind,
die in einem Mitgliedstaat der EU bzw. des EWR gegründet wurden und zudem ihren Sitz in einem Mitgliedstaat der EU bzw. des EWR haben, sog.
doppelte Ansässigkeit (siehe dazu § 1 Rdn. 89 ff.).

11 Bei der Neufassung des § 11 wurde ein neues Grundsatz-Ausnahmeverhältnis geschaffen. Während im UmwStG a.F. die Fortführung der Buchwerte
die Regel war, ist dies nunmehr die Ausnahme, die nur bei Vorliegen besonderer Umstände eintreten kann. Grds. sind die übergehenden Wirtschaftsgüter nunmehr mit dem gemeinen Wert anzusetzen, mit Ausnahme der Pensionsrückstellungen, die nach § 6a EStG zu bewerten sind. Ein Ansatz des
Buchwertes bzw. eines Zwischenwertes ist nur auf Antrag unter Vorliegen
besonderer Voraussetzungen möglich.

12 Ausweislich der Regierungsbegründung[5] wurde die strikte Anknüpfung der
Umwandlungsvorgänge an die Maßgeblichkeit der Handelsbilanz für die
Steuerbilanz aufgegeben. Der Antrag auf Ansatz von Buch- oder Zwischenwerten kann daher unabhängig von der handelsrechtlichen Bilanzierung
gewählt werden, eingehend dazu unter Rdn. 66 ff.

13 Die übernehmende Gesellschaft tritt gem. § 12 Abs. 3 in die Rechtsstellung
der übertragenden Gesellschaft ein. Allerdings bestimmt § 12 Abs. 3 S. 1
HS 2 i.V.m. § 4 Abs. 2 UmwStG i.d.F. des SEStEG, dass verrechenbare Verluste, verbleibende Verlustvorträge oder vom übertragenden Rechtsträger
nicht ausgeglichene negative Einkünfte nicht von der übertragenden Gesellschaft auf die übernehmende Gesellschaft übergehen. Das bedeutet,
dass die übernehmende Gesellschaft im Vergleich zum früheren Recht die
Verluste und negativen Einkünfte der übertragenden Gesellschaft nach der
Verschmelzung nicht mehr geltend machen kann (eingehend dazu

---

2 EuGH vom 13.12.2005, C-411/03, DStR 2006, 49.
3 BT-Drs. 16/2710, 40.
4 BStBl. I 2007, 4.
5 BT-Drs. 16/2710, 34.

Rdn. 367 ff.). Nach dem UmwStG 1994 war dies hingegen unter der Voraussetzung möglich, dass der verlustverursachende Betrieb für einen Zeitraum von fünf Jahren in einem nach dem Gesamtbild der wirtschaftlichen Verhältnisse vergleichbaren Umfang fortgeführt wurde.

Strukturell lassen sich bei Verschmelzung *innerhalb einer Unternehmens-*   14 *gruppe* up-stream-, down-stream- und side-step merger *unterscheiden.* Denkbar ist innerhalb größerer Unternehmensgruppen jedoch auch die Verschmelzung von Gesellschaften, die in keinem unmittelbaren Verhältnis zueinander stehen.

Im Fall des *down-stream mergers*[6] ist die übertragende Körperschaft an der   15 übernehmenden Körperschaft beteiligt; es wird eine Mutter- auf ihre Tochtergesellschaft verschmolzen (dazu unter Rdn. 110 und 222). Der downstream merger wird nunmehr von § 11 Abs. 1 S. 2 erfasst, sodass kein Zweifel mehr besteht, dass die §§ 11 ff. auf diese Art der Verschmelzung anzuwenden sind, siehe Tz. 11.01 des UmwStE 2011.

Im Fall des *up-stream mergers* ist die übernehmende Körperschaft an der   16 übertragenden Körperschaft beteiligt; es wird also die Tochter- auf ihre Muttergesellschaft verschmolzen (dazu auch Rdn. 224). Da die §§ 11 ff. UmwStG keine Beteiligungsvoraussetzungen enthalten, kann es sich um eine 100 %-ige Beteiligung, eine Mehrheits- oder Minderheitsbeteiligung handeln.

Unter dem *side-step merger* wird hingegen die Verschmelzung zweier   17 Schwestergesellschaften verstanden (Rdn. 265).

IV. Anwendungsbereich

1. Zeitlicher Anwendungsbereich

Als Stichtag für die Anwendung des alten oder neuen Rechts stellt § 27   18 Abs. 1 grds. darauf ab, ob die Verschmelzung bis zum 12. 12. 2006 zur Eintragung in das Handelsregister angemeldet wurde. Für Verschmelzungen, deren Wirksamkeit keine Eintragung in ein öffentliches Register voraussetzt, ist das UmwStG in der Form des SEStEG erstmals anzuwenden, wenn das wirschaftliche Eigentum an den eingebrachten Wirtschaftsgütern nach dem 12. 12. 2006 übergegangen ist.

2. Sachlicher Anwendungsbereich

Der sachliche Anwendungsbereich des § 11 betrifft gem. § 1 Abs. 1 Nr. 1, 4   19 Verschmelzungen i. S. d. § 2 UmwG[7] sowie Vermögensübertragungen i. S. d. § 174 Abs. 1 UmwG (Vollübertragungen).[8]

---

6 Zum down-stream merger statt aller *Schultes-Schnitzlein/Kaiser*, NWB 2009, 4022.
7 Zu den handelsbilanziellen Fragestellungen im Zusammenhang mit Verschmelzungen vgl. IDW Stellungnahme HFA 2/1997 „Zweifelsfragen der Rechnungslegung bei Verschmelzungen" und die Ergänzung vom 25. 02. 2000, WPg 2000, 439 sowie den neuen Entwurf IDW ERS HFA 42 vom 10. 06. 2011, WPg Supplement 3/2011, 77 ff., FN-IDW 9/2011, 603 ff.
8 Zur Vermögensübertragung Rdn. 51.

20   Eine Verschmelzung liegt nach § 2 UmwG vor, wenn ein oder mehrere Rechtsträger unter Auflösung ohne Abwicklung ihr gesamtes Vermögen auf einen anderen Rechtsträger im Wege der Gesamtrechtsnachfolge übertragen.

21   Voraussetzung für die Anwendung des § 11 ist, dass eine rechtswirksame Verschmelzung oder Vermögensübertragung nach den Vorschriften des UmwG vorliegt. Die Verschmelzung ist in den §§ 2 bis 122 l UmwG geregelt. § 2 UmwG unterscheidet dabei die *Verschmelzung durch Aufnahme* (Nr. 1) von der *Verschmelzung durch Neugründung* (Nr. 2). Während bei der Verschmelzung durch Aufnahme einer der beiden Rechtsträger als aufnehmender Rechtsträger nach dem Wirksamwerden verbleibt, erfolgt bei der Verschmelzung zur Neugründung eine Vermögensübertragung auf einen neuen Rechtsträger, der mit Wirksamwerden der Verschmelzung (also im Wege einer Sachgründung) neu entsteht.[9] Eine solche Unterscheidung enthält das UmwStG nicht; auch § 11 behandelt beide Formen der Verschmelzung gleich.

22   Der Übergang des Vermögens im Rahmen einer Verschmelzung nach dem UmwG erfolgt zivilrechtlich im Wege der *Gesamtrechtsnachfolge* (sog. Universalsukzession).[10] Bei der Gesamtrechtsnachfolge geht das Vermögen in einem einzigen Akt auf den übernehmenden Rechtsträger über, § 20 Abs. 1 Nr. 1 UmwG. Konsequenz der Gesamtrechtsnachfolge ist, dass einzelne Vermögensgegenstände nicht vom Vermögensübergang ausgenommen werden können. Es ist daher nicht möglich, einzelne Vermögensgegenstände im Zuge des Verschmelzungsvorgangs auf einzelne Gesellschafter zu übertragen. Für die Praxis von besonderer Bedeutung ist, dass auch bestehende Vertragsverhältnisse und Positionen als Schuldner übergehen, ohne dass es einer Zustimmung der Vertragspartner oder Gläubiger bedarf.[11] Wie bei einer Erbschaft tritt also der übernehmende Rechtsträger in die Rechtsposition des übertragenden Rechtsträgers ein.

23   Maßgeblich für den *Zeitpunkt* der Vermögensübertragung ist die zivilrechtliche Wirksamkeit der Verschmelzung mit Eintragung ins Handelsregister des übernehmenden Rechtsträgers, § 20 Abs. 1 Nr. 1 UmwG. Ohne Belang und daher von dem zuständigen Finanzamt nicht zu prüfen ist die Frage, ob der zuständige Registerrichter die Eintragung auch vornehmen durfte.[12] Mängel der Umwandlung, die durch die Registereintragung geheilt werden, sind mithin aus steuerlicher Sicht grds. unbeachtlich.

24   Daneben besteht handelsrechtlich gem. § 5 Abs. 1 Nr. 5 und 6 UmwG (Regelungen im Verschmelzungsvertrag) und § 17 Abs. 2 S. 4 UmwG die Möglichkeit einer *Rückwirkung* oder besser „Rückbeziehung" der wirtschaftlichen Wirkung der Verschmelzung. Eine entsprechende Regelung ist

---

9 Eingehend dazu *Lutter/Drygala* in Lutter/Winter, § 2 UmwG Rdn. 23 f.
10 Grds. dazu *Grunewald* in Lutter/Winter, § 20 UmwG Rdn. 7 ff.
11 Ausnahmen können bestehen, wenn sich Vertragspartner für den Fall des Wechsels der Rechtsposition oder des Anteilseigners ein Sonderkündigungsrecht ausbedungen haben, sog. change of control Klausel.
12 *Rödder* in Rödder/Herlinghaus/van Lishaut, § 11 Rdn. 16.

steuerlich in § 2 enthalten, eingehend dazu § 2 Rdn. 2 ff.[13] Eine solche Rückbeziehung gilt jedoch nur für die Ertragsteuern, nicht aber für Verbrauchsteuern wie insbesondere die Umsatzsteuer; insofern ist der zivilrechtliche Zeitpunkt und mithin die Eintragung in das Handelsregister entscheidend.

Bei einer *grenzüberschreitenden Verschmelzung* ist die Anwendung des 25 § 11 möglich, wenn der Verschmelzungsvorgang als inländische Verschmelzung von der Anwendung der §§ 2 ff. UmwG erfasst wird oder unmittelbar unter die Vorschriften der §§ 122 a ff. UmwG zu grenzüberschreitenden Verschmelzungen subsumiert werden kann. Andere grenzüberschreitende bzw. ausländische Verschmelzungsvorgänge werden hingegen von § 11 nur erfasst, wenn der Verschmelzungsvorgang mit den Regelungen der §§ 2 ff. UmwG vergleichbar ist und im EU-/EWR-Raum stattfindet. Nach der Regierungsbegründung[14] soll eine solche „Vergleichbarkeit" allerdings nur dann gegeben sein, wenn das ausländische Recht ähnliche Rechtsfolgen wie das deutsche Umwandlungsrecht vorsieht (z.B. Auflösung ohne Abwicklung des übertragenden Rechtsträgers, Gesamtrechtsnachfolge des übernehmenden Rechtsträgers etc.), eingehend dazu § 1 Rdn. 53 ff.

Verschmelzungen von Rechtsträgern innerhalb eines Drittstaates werden 26 hingegen nicht von den Regelungen der §§ 1 Abs. 1 und 2, 11 ff. erfasst, können jedoch unter die Anwendung von § 12 Abs. 2 KStG fallen. Nach § 12 Abs. 2 KStG sind Vermögensübertragungen im Wege von Verschmelzungen zweier Gesellschaften im Ausland dann nach deutschem Steuerrecht zu Buchwerten (also ohne Entstrickung) möglich, wenn die beteiligten Rechtsträger in demselben Drittstaat ansässig sind und die Vermögensübertragung mit einer Verschmelzung i.S.d. § 2 UmwG vergleichbar ist. Eine solche Vergleichbarkeit liegt vor, wenn

– das Vermögen eines Rechtsträgers als Ganzes im Wege der Gesamtrechtsnachfolge (oder einer ähnlichen Rechtswirkung) auf einen anderen Rechtsträger übertragen wird,
– dadurch die Auflösung des übertragenden Rechtsträgers bewirkt wird, ohne dass es noch einer formellen Abwicklung bedarf und
– den Anteilseignern des übertragenden Rechtsträgers Anteile an dem übernehmenden Rechtsträger gewährt werden (soweit dieser, wie im Fall von Schwestergesellschaften, nicht ohnehin bereits die Anteile an dem übernehmenden Rechtsträger hält).[15]

Grenzüberschreitende Verschmelzungen zwischen zwei unterschiedlichen 27 Drittstaaten oder zwischen Drittstaaten und EU/EWR-Mitgliedstaaten werden hingegen von der Regelung nicht erfasst. Hier kommt es mithin zwingend zu einer Aufdeckung von stillen Reserven aus deutscher Sicht. Ob diesbezüglich ein deutsches Besteuerungsrecht besteht, richtet sich nach allgemeinen Grundsätzen, also auch unter Berücksichtigung eines etwaig bestehenden DBA.

---

13 Zu intercompany Beziehungen im Rückwirkungszeitraum *Rogall*, DB 2010, 1035.
14 BT-Drs. 16/2710, 35 f.
15 *Rödder* in Rödder/Herlinghaus/van Lishaut, § 11 Rdn. 20 m.w.N.

28 Nach § 12 Abs. 2 KStG sind grds. dieselben Voraussetzungen zu erfüllen, wie sie in § 11 Abs. 2 S. 1 Nr. 1–3 gefordert werden (dazu auch Rdn. 95 ff.), also (1) Sicherstellung der Besteuerung mit Körperschaftsteuer, (2) keine Beschränkung des deutschen Besteuerungsrechts hinsichtlich der übertragenden Wirtschaftsgüter und (3) keine Gewährung einer sonstigen Gegenleistung. Zudem müssen die Voraussetzungen des § 1 Abs. 2 S. 1 und 2 erfüllt sein. § 12 Abs. 2 KStG ermöglicht beispielsweise unter den genannten Voraussetzungen die steuerneutrale Übertragung von Wirtschaftsgütern eines beschränkt Steuerpflichtigen, wenn die Vermögensübertragung aufgrund einer Verschmelzung des beschränkt steuerpflichtigen Rechtsträgers *innerhalb eines Drittstaates* bewirkt wird. Dies gilt grds. auch für die Anteilseigner: Sollten die Anteilseigner einer solchen Verschmelzung innerhalb eines Drittstaates im Inland steuerpflichtig sein, greift insofern gem. § 12 Abs. 2 S. 2 KStG die Regelung des § 13 (siehe dazu § 13 Rdn. 55).

28a Nach der sog. VALE Entscheidung des EuGH[16] kommt eine analoge Anwendung der §§ 11 UmwStG für den Fall eines identitätswahrenden, grenzüberschreitenden Formwechsels in Betracht. Siehe dazu auch § 1 Rdn. 48.[17]

3. Persönlicher Anwendungsbereich

a) Verschmelzungsfähiger Rechtsträger

29 Um den Anwendungsbereich der §§ 11 ff. zu eröffnen, muss sowohl der übertragende Rechtsträger als auch der übernehmende Rechtsträger eine *Körperschaft* i.S.d. § 1 Abs. 1 KStG sein und zudem nach § 3 UmwG einen *verschmelzungsfähigen Rechtsträger* darstellen.

30 Gesellschaftsrechtlich können grds. alle in § 3 UmwG genannten verschmelzungsfähigen Rechtsträger als übertragende oder übernehmende Rechtsträger an der Verschmelzung beteiligt sein, insbesondere auch alle Formen von PersG. Damit sind *rechtsformübergreifende Verschmelzungen* grds. möglich, also zwischen Rechtsträgern verschiedener Strukturen (PersG und Körperschaft und umgekehrt).

31 Steuerrechtlich ist zu differenzieren: Unter dem Begriff der Verschmelzung i.S.d. § 11 werden nur Vermögensübertragungen von einer Körperschaft auf eine andere Körperschaft erfasst. Da *PersG* anders als KapG im deutschen Steuerrecht grds. als transparent betrachtet werden – die PersG bzw. Mitunternehmerschaft ist nicht Steuersubjekt im Rahmen der Einkommen- oder Körperschaftsteuer (jedoch im Rahmen der Gewerbesteuer) – bedarf es für rechtsformübergreifende Verschmelzungen steuerlicher Sonderregelungen. Diese befinden sich für die Verschmelzung von KapG auf PersG in den §§ 3 ff. Bei Verschmelzungen von PersG auf KapG können hingegen die §§ 20 ff. zur Anwendung kommen.

32 Ausgeschlossen vom Geltungsbereich der §§ 11 ff. ist die Teilübertragung. Soweit es sich um eine Übertragung eines Betriebs oder Teilbetriebs im Wege der Auf- oder Abspaltung handelt, können die Vorschriften über die

---

16 EuGH, Entscheidung vom 12.07.2012, VALE, C-378/10, DB 2012, 1614.
17 Dazu u.A. auch *Schießl* in Widmann/Mayer, § 11 Rdn. 50.71.1 ff.

Spaltung nach § 15 einschlägig sein. Handelt es sich um eine Ausgliederung, können die §§ 20 ff. zur Anwendung kommen.

Bei einer Verschmelzung ist mindestens ein Rechtsträger als übertragende **33** Gesellschaft beteiligt; es können aber auch *mehrere Rechtsträger* als übertragende Gesellschaften beteiligt sein. So ist beispielsweise die Verschmelzung mehrerer GmbH auf eine andere bestehende GmbH (zur Aufnahme) oder dadurch neu entstehende GmbH (zur Neugründung) rechtlich möglich. Demgegenüber kann übernehmender Rechtsträger oder neu gegründeter Rechtsträger immer nur *eine* Gesellschaft sein.

Als *Körperschaften* i.S.d. § 11 gelten KapG (insbesondere Europäische Ge- **34** sellschaften, Aktiengesellschaften, Kommanditgesellschaften auf Aktien, Gesellschaften mit beschränkter Haftung und eingeschränkt auch die Unternehmergesellschaft (haftungsbeschränkt)[18], eingetragene Genossenschaften und Europäische Genossenschaften, genossenschaftliche Prüfungsverbände, Versicherungsvereine auf Gegenseitigkeit sowie eingetragene Vereine und als übertragende Körperschaften auch wirtschaftliche Vereine. Die Einschränkung des Anwendungsbereichs der §§ 11 ff. auf Körperschaften ergibt sich aus dem Wortlaut des § 11 Abs. 1 S. 1, wonach sowohl der übertragende als auch der übernehmende Rechtsträger eine Körperschaft darstellen muss. Aus § 1 Abs. 1 ergibt sich, dass eine Verschmelzung nach dem UmwG vorliegen muss, so dass auch die Beschränkungen des § 3 UmwG greifen.

Ebenso werden *vergleichbare Rechtsträger ausländischen Rechts* erfasst, **35** sog. *Typenvergleich* (dazu auch § 1 Rdn. 60 ff.). Wesentlich ist dabei die Vergleichbarkeit mit einer Körperschaft bzw. KapG nach deutschem Gesellschaftsrecht, nicht hingegen die steuerliche Einordnung des ausländischen Rechtsträgers im Ansässigkeitsstaat. Anhaltspunkte für eine Vergleichbarkeit sind:[19]

- die beschränkte Haftung der Gesellschafter,
- die fehlende Nachschusspflicht der Gesellschafter,
- das Bestehen der Gesellschaft unabhängig vom Bestand der Gesellschafter,
- die Fungibilität der Anteile an der Gesellschaft,
- die Möglichkeit der Fremdorganschaft,
- der konstitutive Charakter der Registereintragung für das Wirksamwerden der Gesellschaft sowie
- die grds. unbegrenzte Lebensdauer der Gesellschaft.

Dabei ist Zweck des Typenvergleichs bei den Gesellschaften i.S.v. § 1 **36** Abs. 2 S. 1 Nr. 1 nicht die Klärung der Frage, ob das UmwStG überhaupt auf die Umwandlung anzuwenden ist, sondern vielmehr dient der Typenvergleich der Klärung, welcher Teil des UmwStG auf die Umwandlung anzuwenden ist.[20]

---

18 Zu letzterer eingehend unter Rdn. 40.
19 *Hagemann/Jakob/Ropohl/Viebrock*, NWB Sonderheft SEStEG, 2007, 24.
20 *Rödder* in Rödder/Herlinghaus/van Lishaut, § 11 Rdn. 33.

37   Voraussetzung für den persönlichen Anwendungsbereich ist zudem die sog. *doppelte Ansässigkeit* sowohl des übertragenden als auch des übernehmenden Rechtsträgers gem. § 1 Abs. 2. Danach müssen der übertragende Rechtsträger und der übernehmende Rechtsträger sowohl den Satzungssitz als auch den Ort der Geschäftsleitung (Verwaltungssitz) innerhalb des Hoheitsgebietes eines Staates der EU oder des EWR haben, sie müssen also jeweils in einem EU-/EWR-Staat „doppelt ansässig" sein (eingehend dazu § 1 Rdn. 89 ff.). Dabei ist nicht erforderlich, dass Satzungs- und Verwaltungssitz im selben EU-/EWR-Staat liegen.

38   Weder eine *Vorgründungsgesellschaft* noch eine *Vorgesellschaft* können *übertragende* KapG i.S.d. § 11 sein, denn erst mit der Eintragung in das Handelsregister beginnt die Umwandlungsfähigkeit der KapG.[21] Vor der Eintragung in das Handelsregister existiert die KapG als solche noch nicht. Eine *aufgelöste Körperschaft* kann demgegenüber verschmolzen werden, wenn die Fortsetzung beschlossen werden könnte. Dies ergibt sich für den auflösenden Rechtsträger als übertragender Rechtsträger explizit aus § 3 Abs. 2 UmwG.

39   Eine *Vorgründungsgesellschaft* kann *nicht* übernehmende KapG i.S.d. § 12 sein. Etwas anderes gilt hingegen für die *Vorgesellschaft*.[22] Auch eine aufgelöste KapG kann übernehmender Rechtsträger sein.[23] Zwar spricht § 3 Abs. 3 UmwG lediglich den *aufgelösten* übertragenden Rechtsträger bei der Verschmelzung an. Allerdings kann aus der Nichterwähnung im Gesetz kein Rückschluss dahingehend gezogen werden, dass eine Verschmelzung in diesem Fall ausgeschlossen ist. Der Rechtsgedanke in § 3 Abs. 3 UmwG ist vielmehr zumindest entsprechend auf den übernehmenden Rechtsträger anzuwenden.[24]

40   Bei der *Unternehmergesellschaft (haftungsbeschränkt)* (UG), die durch das MoMiG[25] ins Leben gerufen worden ist, handelt es sich nicht um eine neue Rechtsform; vielmehr stellt die Unternehmergesellschaft eine besondere Form der GmbH dar, die in einem ersten Schritt ohne ein bestimmtes Mindeststammkapital gegründet werden kann.[26] Aus der Qualifizierung als GmbH folgt, dass es sich bei der Unternehmergesellschaft um eine KapG i.S.d. § 1 Abs. 1 Nr. 1 KStG handelt. Die *Unternehmergesellschaft (haftungsbeschränkt)* i.S.d. § 5a GmbHG kann als *übertragende* Gesellschaft an einer Verschmelzung beteiligt sein, grds. hingegen *nicht* als *übernehmende*. Grund dafür ist, dass eine Sachkapitalerhöhung bei einer UG gesetzlich ausgeschlossen ist, vgl. § 5a Abs. 2 S. 2 GmbHG.[27] Die UG könnte jedoch in den Fällen auch als übernehmende Gesellschaft fungieren, wenn eine Ka-

---

21 *Schmitt* in Schmitt/Hörtnagl/Stratz, § 11 Rdn. 13.
22 *Rödder* in Rödder/Herlinghaus/van Lishaut, § 11 Rdn. 42; a.A. *Schießl* in Widmann/Mayer, Vor § 11 Rdn. 41.
23 *Schmitt* in Schmitt/Hörtnagl/Stratz, § 11 Rdn. 14.
24 Dazu auch *Rödder* in Rödder/Herlinghaus/van Lishaut, § 11 Rdn. 42.
25 Gesetz zur Modernisierung des GmbH-Rechts und zur Bekämpfung von Missbräuchen (MoMiG) vom 23.10.2008, BGBl. I 2008, 2026.
26 *Fischer*, Ubg 2008, 684 (684).
27 Ebenso *Schießl* in Widmann/Mayer, Vor § 11 Rdn. 32; *ders.*, StuB 2009, 460 (460).

pitalerhöhung nach § 54 Abs. 1 UmwG nicht durchgeführt werden darf oder entbehrlich ist.

b) Gründung einer SE oder SCE durch Verschmelzung

Durch das SEStEG ist die Anwendung des UmwStG für grenzüberschrei-   *41*
tende Umwandlungen innerhalb der EU und der EWR geöffnet worden. Die
§§ 11 ff. gelten nunmehr für Verschmelzungen und Vermögensübertragungen nach deutschem Recht und für entsprechende Vorgänge, die im EU-
Recht geregelt sind. In persönlicher Hinsicht sind die §§ 11–13 nach § 1
Abs. 2 nur anwendbar, wenn sowohl der übertragende als auch der übernehmende Rechtsträger nach dem Recht der EU bzw. eines Mitgliedstaates
der EU oder des EWR gegründet worden ist und wenn Sitz und Geschäftsleitung beider Rechtsträger sich im Gebiet der EU oder des EWR befinden.
Rechtsträger nach dem Recht der EU sind auch die SE sowie die SCE.

Aus deutscher Sicht wird die grenzüberschreitende Verschmelzung durch   *42*
§ 122a UmwG ermöglicht; dies ist gegenwärtig die einzige nach dem UmwG
mögliche Form der grenzüberschreitenden Umwandlung. Europarechtlich
sind grenzüberschreitende Verschmelzungen gesetzlich im Zusammenhang
mit der Gründung oder Verschmelzung einer Europäischen Aktiengesellschaft Societa Europae (SE) oder einer Europäischen Genosenschaft Societas Cooperativa Europaea (SCE) möglich.[28] Da nach der VerschmelzungsRL[29] gesellschaftsrechtlich und nach der FusionsRL[30] steuerrechtlich
eine grenzüberschreitende Verschmelzung grds. ermöglicht werden muss,
ist davon auszugehen, dass nach dem Recht anderer EU-Staaten die grenzüberschreitende Verschmelzung ebenfalls möglich ist, soweit sie diese
Richtlinien umgesetzt haben.

Die Gründung einer SE ist durch eine grenzüberschreitende Verschmelzung   *43*
möglich. Dies geschieht vergleichbar der Verschmelzung gem. § 2 UmwG
durch Übertragung des Gesellschaftsvermögens als Ganzes unter Auflösung
ohne Abwicklung auf eine andere Gesellschaft gegen Gewährung von Anteilen an der übernehmenden Gesellschaft an die Gesellschafter der übertragenden Gesellschaft.[31] Nach Art. 2 Abs. 1, Art. 17 SE-VO kann die SE
durch Verschmelzung von Aktiengesellschaften mit Sitz und Hauptverwaltung in der EU aus mindestens zwei verschiedenen Mitgliedsstaaten gegründet werden. Dabei kann die Verschmelzung entweder durch Aufnahme
(aufnehmende AG wird zur SE) oder durch Neugründung erfolgen. Ver-
gleichbares gilt nach Art. 19 SCE-VO für die Verschmelzung zu einer SCE.

Auch eine bereits bestehende SE oder SCE kann übertragende oder über-   *44*
nehmende Körperschaft bei einer Verschmelzung nach UmwG oder einem
vergleichbaren ausländischen Vorgang sein. Bei der Anwendbarkeitsprü-
fung sind sie wie eine Aktiengesellschaft bzw. eine Genossenschaft zu behandeln.[32] Zwar ist die SE nicht ausdrücklich in § 3 UmwG als verschmel-

---

28 Vgl. hierzu *Rödder* in Rödder/Herlinghaus/van Lishaut, § 11 Rdn. 25, 43.
29 Richtlinie 2005/56/EG vom 26. 10. 2005, ABl. 2005, Nr. L 310.
30 Richtlinie 90/434/EWG vom 23. 07. 1990, ABl. 1990, Nr. L 225/1–5.
31 *Rödder* in Rödder/Herlinghaus/van Lishaut, § 11 Rdn. 25.
32 *Rödder* in Rödder/Herlinghaus/van Lishaut, § 11 Rdn. 43.

zungsfähiger Rechtsträger genannt. Nach Art. 10 SE-VO ist die SE jedoch vorbehaltlich anderer Bestimmungen in jedem Mitgliedstaat wie eine Aktiengesellschaft zu behandeln, die nach dem Recht des Sitzstaates der SE gegründet wurde. Damit gelten für die SE grds. auch die Rechtsvorschriften, die auf die Aktiengesellschaft Anwendung finden.

c) Kommanditgesellschaft auf Aktien

45 Eine *Kommanditgesellschaft auf Aktien* (KGaA) ist eine Sonderform einer Körperschaft und kann daher übertragender und übernehmender Rechtsträger einer Verschmelzung sein. Besonderheiten bestehen jedoch hinsichtlich der *Doppelnatur* der KGaA.

46 Soweit die persönlich haftenden Gesellschafter betroffen sind, gelten die gesellschafts- und mithin auch die steuerrechtlichen Regeln der Kommanditgesellschaft, vgl. § 278 Abs. 2 AktG sowie § 15 Abs. 1 S. 1 Nr. 3 EStG. Sind die Kommanditaktionäre betroffen, gelten hingegen nach § 278 Abs. 3 AktG grds. die Regelungen des AktG zur AG und mithin auch steuerlich die Regelungen zur KapG, § 9 Abs. 1 S. 1 Nr. 1 KStG.[33] Diese Unterscheidung hat Auswirkungen auf die Verschmelzung einer KGaA ("Mischumwandlung").

47 Auf den „aktienrechtlichen" Teil der KGaA (die Kommanditaktionäre) sind die Vorschriften über die Verschmelzung, d.h. die §§ 11 ff., anzuwenden.[34] Auf die Beteiligung des persönlich haftenden Gesellschafters finden dagegen die §§ 20 ff. Anwendung, wenn die KGaA übertragender Rechtsträger ist; ist die KGaA übernehmender Rechtsträger, gelten neben den §§ 11 ff. für den persönlich haftenden Gesellschafter die §§ 3 ff.[35]

d) Stille Gesellschaft

48 Ist an einer KapG eine typische oder eine atypische stille Gesellschaft begründet, bleibt die Rechtsnatur der KapG als Körperschaft unverändert, die KapG kann folglich übertragender Rechtsträger sein. Da die stille Gesellschaft als Innengesellschaft nach § 230 Abs. 1 HGB kein Betriebsvermögen hat, sondern die Wirtschaftsgüter (und Schulden) allein im zivilrechtlichen Eigentum der KapG als dem Inhaber des Handelsgewerbes stehen, gehen die Wirtschaftsgüter der übertragenden Körperschaft im Falle einer Verschmelzung auf die übernehmende Körperschaft über. Dasselbe gilt für die Rechtsstellung der stillen Gesellschaft. Über die Gesamtrechtsnachfolge gehen alle Rechtspositionen auf die übernehmende KapG über; das gilt auch für die (atypische oder typische) stille Beteiligung. Diese setzt sich an dem übernehmenden Rechtsträger fort.[36]

49 Besteht an der *übernehmenden* Körperschaft eine *atypische stille Beteiligung*, die steuerlich als Mitunternehmerschaft zu qualifizieren ist, wird diese durch die Verschmelzung grds. nicht berührt. Das übergehende Ver-

---

33 BFH vom 21.06.1989, X R 14/88, BStBl. II 1989, 881.
34 Dazu *Haritz*, GmbHR 2009, 1194 f.
35 Ebenso *Haritz* in Haritz/Menner, § 1 Rdn. 90; *Rödder* in Rödder/Herlinghaus/van Lishaut, § 11 Rdn. 49; *Birkemeier* in Rödder/Herlinghaus/van Lishaut, § 3 Rdn. 7.
36 *Frotscher* in Frotscher/Maas, § 11 Rdn. 5.

mögen umfasst ausschließlich die Wirtschaftsgüter der übertragenden Körperschaft. Die Übertragung selbst beurteilt sich nach § 11. Die übernehmende Körperschaft ist als Verschmelzungsbeteiligter geeignet, weil sie weiterhin eine Körperschaft darstellt, auch wenn aus steuerlicher Sicht das Vermögen Teil der Mitunternehmerschaft wird. Fraglich kann aber sein, ob die Besteuerung mit Körperschaftsteuer sichergestellt ist.[37] Es soll sich aber bei dieser Verschmelzung einer Körperschaft auf eine übernehmende GmbH & atypisch still um einen zweistufigen Vorgang handeln, zunächst erfolgt eine Verschmelzung der übertragenden GmbH auf die übernehmende GmbH nach § 11 und anschließend findet eine nach § 24 zu beurteilende Überführung in die Mitunternehmerschaft bei der übernehmenden GmbH & atypisch still statt. Insofern ist neben dem Antrag nach § 11 Abs. 2 auch der Antrag nach § 24 Abs. 2 S. 2 für eine steuerneutrale Verschmelzung zu stellen.[38]

Im Falle einer bestehenden *atypisch stillen Gesellschaft* beim *übertragenden* Rechtsträger findet eine Verschmelzung nach § 11 einer Körperschaft auf die übernehmende Körperschaft statt, obwohl die übertragende Körperschaft steuerlich als Mitunternehmerschaft gilt. Im Ergebnis setzt sich die atypisch stille Beteiligung an der übernehmenden Körperschaft fort. Die Anforderungen des § 11 sollen beim übertragenden und übernehmenden Rechtsträger erfüllt sein.[39]　　　　　　　　　　　　　　　　50

4. Vermögensübertragung (Vollübertragung)

Eine Vermögensübertragung ist handelsrechtlich nach § 174 Abs. 1 und 2　51
UmwG als Vollübertragung (Abs. 1) und als Teilübertragung (Abs. 2) möglich. In § 175 UmwG sind die Rechtsträger genannt, die an einer Vollübertragung oder Teilübertragung beteiligt sein können. Danach betrifft die Vermögensübertragung Vorgänge, bei denen das Vermögen einer KapG auf den Bund, ein Land oder eine Gebietskörperschaft (z.B. Gemeinde) übertragen wird oder spezielle Übertragungen unter Beteiligung von VVaG. Der Anwendungsbereich der Vermögensübertragung ist daher hinsichtlich der beteiligten Rechtsträger enger als der der Verschmelzung nach §§ 2 ff. UmwG.

Bei der Vollübertragung geht das ganze Vermögen auf den übernehmenden　52
Rechtsträger über, der übertragende Rechtsträger erlischt. Dabei ist nur der Übergang des Vermögens auf einen einzigen Rechtsträger möglich. Der Übergang auf mehrere Rechtsträger wäre hingegen als Spaltung zu qualifizieren. Bei der Teilübertragung geht hingegen nur ein Teil des Vermögens auf den übernehmenden Rechtsträger über. Steuerrechtlich gilt § 11 aber nur für die Vollübertragung. Dies ergibt sich ausdrücklich aus § 11 Abs. 1 S. 1, der im Klammerzusatz ausschließlich die Vollübertragungen nennt.

Die Vermögensübertragung ist von der Verschmelzung abzugrenzen. Bei　53
der Verschmelzung muss grds. den Anteilsinhabern des übertragenden

---

37 Bejahend *Rödder* in Rödder/Herlinghaus/van Lishaut, § 11 Rdn. 48, 111; *Schießl* in Widmann/Mayer, § 11 Rdn. 44.
38 *Haritz*, GmbHR 2009, 1194 (1196).
39 *Möhlenbrock* in Dötsch/Jost/Pung/Witt, § 1 Rdn. 51 f.

Rechtsträgers als Gegenleistung eine Beteiligung an dem neuen oder übernehmenden Rechtsträger gewährt werden. Demgegenüber kann bei einer Vermögensübertragung kein Umtausch von Anteilen vorgenommen werden, da an dem übernehmenden Rechtsträger (z. b. Bund, Länder, Gebietskörperschaften) keine Beteiligung in Form von Anteilen oder Aktien vorgesehen ist. § 174 UmwG sieht daher vor, dass bei der Vermögensübertragung (Vollübertragung) eine Gegenleistung gewährt wird, die nicht in Anteilen besteht. Aus diesem Grund können die Voraussetzungen des Bewertungswahlrechts nach § 11 Abs. 2 bei Vermögensübertragungen nicht erfüllt sein, eingehend dazu unter Rdn. 171. Es kommt vielmehr immer zu einem Ansatz des gemeinen Wertes nach § 11 Abs. 1 und damit zur Aufdeckung der stillen Reserven.

5. Zeitpunkt

54 Die Voraussetzungen des § 11 Abs. 2 müssen spätestens im *Zeitpunkt der Eintragung der Verschmelzung in das Handelsregister* des übernehmenden Rechtsträgers vorliegen. Insofern reicht es bei einer Verschmelzung zur Neugründung aus, wenn der Rechtsträger erst durch den Verschmelzungsvorgang mit Eintragung in das Handelsregister entsteht.[40] Mit der Eintragung ins Handelsregister geht das Vermögen des übertragenden Rechtsträgers gem. § 20 Abs. 1 UmwG auf den übernehmenden Rechtsträger über, der übertragende Rechtsträger erlischt, die Anteile an dem übertragenden Rechtsträger gehen unter und die Anteilsinhaber des übertragenden Rechtsträgers erwerben Anteile an dem übernehmenden Rechtsträger.[41]

B. Grundsatz der Verschmelzung zu gemeinen Werten nach § 11 Abs. 1

I. Regelungsgegenstand

55 § 11 selbst enthält eine *Regelung zum Ansatz und zur Bewertung* von Wirtschaftsgütern in der steuerlichen Schlussbilanz des übertragenden Rechtsträgers im Rahmen einer Verschmelzung oder Vermögensübertragung (Vollübertragung) auf eine andere Körperschaft.[42] Danach sind die übergehenden Wirtschaftsgüter, einschließlich nicht entgeltlich erworbener oder selbst geschaffener immaterieller Wirtschaftsgüter, in der steuerlichen Schlussbilanz der übertragenden Körperschaft grds. mit dem gemeinen Wert anzusetzen.

56 § 11 Abs. 1 ist in Ergänzung zu § 4 Abs. 1 S. 3 EStG und § 12 Abs. 1 KStG Bestandteil des neuen durch das SEStEG eingeführten *Konzepts einer allge-*

---

40 Ebenso *Schmitt* in Schmitt/Hörtnagl/Stratz, § 11 Rdn. 12; *Rödder* in Rödder/Herlinghaus/van Lishaut, § 11 Rdn. 47.
41 Zu den steuerlichen Aspekten bei Kettenumwandlungen *Pyszka*, DStR 2013, 1462 ff.
42 Vgl. hierzu BT-Drs. 16/3369, 10; *Schmitt* in Schmitt/Hörtnagl/Stratz, § 11 Rdn. 13; a. A. *Frotscher* in Frotscher/Maas, § 11 Rdn. 29, 36, der davon ausgeht, dass es sich bei § 11 UmwStG nur um eine Bewertungsvorschrift handelt und nicht auch um eine Ansatzvorschrift.

meinen Entstrickung und Verstrickung. Die in dem UmwStG enthaltenen speziellen Entstrickungstatbestände haben dabei als Spezialregelungen Vorrang vor den allgemeinen Regelungen nach § 4 Abs. 1 S. 3 EStG.[43] Eine Anwendung der allgemeinen Entstrickungsregelungen ist hingegen möglich, wenn im zeitlichen Zusammenhang Wirtschaftsgüter in eine ausländische Betriebsstätte überführt werden, ohne dass diese Überführung durch die Verschmelzung selbst verursacht wurde.[44] Insofern können beide Regelungskonzepte auch parallel zur Anwendung gelangen.

Auf § 4 Abs. 1 S. 3 EStG und § 12 Abs. 1 KStG kann u.E. hinsichtlich der   *57* unmittelbaren steuerlichen Auswirkungen der Verschmelzung nicht zurückgegriffen werden. Damit wäre insbesondere auch die Bildung eines *Ausgleichspostens nach § 4g EStG* nicht möglich.[45] Die Anwendung des § 4g EStG ist jedoch regelmäßig schon deswegen ausgeschlossen, weil das dort genannte Wahlrecht tatbestandlich nur unbeschränkt steuerpflichtigen Rechtsträgern zusteht, die betreffende Körperschaft jedoch im Falle einer Herausverschmelzung regelmäßig nicht mehr unbeschränkt steuerpflichtig im Inland ist.

II. Steuerliche Schlussbilanz

1. Verpflichtung zur Erstellung einer steuerlichen Schlussbilanz

Nach § 11 Abs. 1 S. 1 sind die übergehenden Wirtschaftsgüter in der steu-   *58* erlichen Schlussbilanz grds. mit dem gemeinen Wert anzusetzen. Aus dieser Formulierung ergibt sich, dass der übertragende Rechtsträger eine steuerliche Schlussbilanz aufzustellen hat.

Die steuerliche Schlussbilanz wird ausweislich Tz. 11.02 i.V.m. Tz. 03.01   *59* UmwStE 2011 als eine eigenständige Bilanz angesehen und soll von der „normalen" Steuerbilanz für Zwecke der Gewinnermittlung i.S.d. § 4 Abs. 1, § 5 Abs. 1 EStG zu unterscheiden sein. Weiterhin wird in Tz. 03.01 UmwStE 2011 ausgeführt, dass als Abgabe der steuerlichen Schlussbilanz bei Verschmelzungen auch die (unwiderrufliche) ausdrückliche Erklärung gelte, dass die Steuerbilanz i.S.d. § 4 Abs. 1, § 5 Abs. 1 EStG gleichzeitig die steuerliche Schlussbilanz sein soll. Dieses Erfordernis kann so aus dem Gesetzeswortlaut nicht abgeleitet werden und stellt für die Praxis zusätzliche formale Kriterien auf. U.E. muss für die Fälle, in denen (wie regelmäßig) Bilanzstichtag und Umwandlungszeitpunkt aufeinander fallen, keine zusätzliche ausdrückliche Erklärung dahingehend erfolgen, dass die steuerliche Jahresbilanz auch die Schlussbilanz i.S.d. § 11 Abs. 1 darstellt. Vielmehr kann davon regelmäßig konkludent ausgegangen werden. Das Erfordernis einer „ausdrücklichen" Erklärung muss daher kritisch bewertet werden. Ebenso wie bei der Aufstellung der „normalen" steuerlichen Jahresbilanz kann u.E. auch eine Überleitungsrechnung nach § 60 EStDV vorgelegt werden, aus der sich die Bilanzansätze und Bewertungen der steuerlichen

43 *Schießl* in Widmann/Mayer, § 11 Rdn. 50.3; vgl. hierzu auch *Rödder* in Rödder/Her-linghaus/van Lishaut, § 11 Rdn. 130.
44 *Hruschka/Hellmann,* DStR 2010, 1961, 1963: „Entstrickung anlässlich der Umwandlung".
45 *Schießl* in Widmann/Mayer, § 11 Rdn. 50.3.

Schlussbilanz in Abweichung zur Handelsbilanz ergeben. Dies wird allerdings von einigen Autoren bezweifelt.[46] Ob die Finanzverwaltung eine Überleitungsrechnung nach § 60 EStDV als ausreichend erachten wird, kann derzeit nicht beurteilt werden. Ein entsprechrnder Hinweis ist in Tz. 03.01 des UmwStE 2011 nicht enthalten.

60 Fällt der steuerliche Übertragungsstichtag nicht auf das Ende des Wirtschaftsjahrs, entsteht insoweit ein Rumpfwirtschaftsjahr (§ 8b S. 2 Nr. 1 EStDV).

61 Wird ein Verschmelzungsvorgang unter Einbeziehung eines ausländischen Rechtsträgers von § 11 erfasst, hat auch dieser eine den Vorgaben des § 11 entsprechende Schlussbilanz aufzustellen.[47] Dies gilt unabhängig davon, ob die übertragende Körperschaft im Inland einer Steuerpflicht unterliegt, im Inland zur Führung von Büchern verpflichtet ist oder überhaupt inländisches Betriebsvermögen besitzt. Auch die steuerliche Schlussbilanz eines im Ausland steuerpflichtigen Rechtsträgers muss den Vorgaben des § 11 hinsichtlich Ansatz und Bewertung entsprechen.[48]

62 Die Aufstellung einer steuerlichen Schlussbilanz eines im Ausland ansässigen übertragenden Rechtsträgers ist deswegen erforderlich, weil die dort angesetzten Werte aufgrund der steuerlichen Wertverknüpfung gem. § 12 Abs. 1 S. 1 für den übernehmenden Rechtsträger maßgeblich sind, vgl. § 12 Rdn. 40 ff. und 59 ff. U.E. ist die Einbeziehung der im Ausland steuerlich verhafteten Wirtschaftsgüter dabei nicht erforderlich (etwa wenn diese im Rahmen einer Betriebsstättenbesteuerung der Besteuerung im Inland entzogen sind und bleiben). Soweit das übergehende Vermögen also weiterhin einer Besteuerung im Ausland unterliegt, braucht es nicht in die Vermögensaufstellung im Rahmen der Schlussbilanz aufgenommen zu werden. Nach Tz. 11.02 i.V. m. Tz. 03.02 UmwStE 2011 soll entsprechend die Vorlage einer steuerlichen Schlussbilanz dann entbehrlich sein, wenn sie nicht für inländische Besteuerungszwecke benötigt wird.

2. Stichtag der steuerlichen Schlussbilanz

63 Nach § 2 Abs. 1 ist steuerlicher Übertragungsstichtag, und damit Stichtag der steuerlichen Verschmelzungsbilanz, zwingend der Stichtag der handelsrechtlichen Verschmelzungsbilanz i.S.d. § 17 Abs. 2 UmwG[49]; ein anderer Bilanzstichtag kann nicht gewählt werden, siehe dazu auch § 2 Rdn. 16, 27 ff. Wird der Übertragungsstichtag abweichend vom bestehenden Wirtschaftsjahr gewählt, entsteht dadurch steuerlich ein Rumpfgeschäftsjahr.[50]

64 Wird eine steuerliche Schlussbilanz nicht vorgelegt, sind die Werte vom Finanzamt im Wege der Schätzung nach § 162 AO zu ermitteln. Der Buch-

---

46 *Krohn/Greulich*, DStR 2008, 646 (647).
47 *Rödder* in Rödder/Herlinghaus/van Lishaut, § 11 Rdn. 59; *Schmitt* in Schmitt/Hörtnagl/Stratz, § 11 Rdn. 15; vgl. hierzu auch *Rödder/Schumacher*, DStR 2006, 1525 (1529).
48 *Schmitt* in Schmitt/Hörtnagl/Stratz, § 11 Rdn. 15.
49 *Schmitt* in Schmitt/Hörtnagl/Stratz, § 11 Rdn. 17.
50 Eingehend dazu *Widmann* in Widmann/Mayer, § 2 Rdn. 272 ff.

wertansatz kann hingegen mit dem Hinweis auf eine fehlende Schlussbilanz nicht versagt werden[51], vorausgesetzt der Antrag ist ordnungsgemäß gestellt worden. Denn die Vorlage einer Schlussbilanz gehört nicht zu den in § 11 Abs. 2 S. 1 genannten Voraussetzungen.

3. Ausländische Körperschaft als übertragender Rechtsträger

Die Verpflichtung zur Aufstellung einer steuerlichen Schlussbilanz ergibt sich nach dem Gesetzeswortlaut auch dann, wenn der übertragende Rechtsträger den Sitz im Ausland hat. Voraussetzung ist, dass diese wirksam an einer Verschmelzung teilnehmen können, dazu bereits unter Rdn. 25 ff.   65

III. Keine Maßgeblichkeit der Handelsbilanz

Die Finanzverwaltung vertrat in dem UmwStE 1998[52] die Auffassung, dass für das umwandlungssteuerrechtliche Bewertungswahlrecht des § 11 Abs. 1 UmwStG a.F. der *Grundsatz der Maßgeblichkeit* der Handels- für die Steuerbilanz nach § 5 Abs. 1 S. 2 EStG zu beachten sei.[53] Im Gegensatz zum UmwStG besteht handelsrechtlich ein Wahlrecht zur Buchwertfortführung bzw. einem Ansatz zum Verkehrswert gem. § 24 UmwG auf Ebene der übernehmenden Gesellschaft. Im Steuerrecht bestand dieses Wahlrecht auch nach dem alten § 11 UmwStG a.F. auf Ebene der übertragenden Gesellschaft. Die übertragende Gesellschaft ist jedoch nach § 17 Abs. 2 UmwG handelsrechtlich an die Bilanzansätze nach den geltenden Rechnungslegungsvorschriften gebunden, eine Aufdeckung von stillen Reserven kann daher in der Handelsbilanz des *übertragenden* Rechtsträgers nicht erfolgen.[54] Im Ergebnis lief daher das steuerliche Bewertungswahlrecht mangels eines korrespondierenden handelsrechtlichen Bewertungswahlrechts leer.[55] Steuerlich reduzierte sich eine Zuschreibung auf den engen Rahmen handelsrechtlicher Wertaufholung. Dies führte dazu, dass der Buchwertansatz in der steuerlichen Schlussbilanz grds. zwingend wurde; siehe aber nachfolgend unter Rdn. 68.[56]   66

Ausweislich der Regierungsbegründung zum SEStEG hat der Gesetzgeber den Grundsatz der Maßgeblichkeit im Rahmen von Umwandlungsvor-   67

---

51 Ebenso *Schmitt* in Schmitt/Hörtnagl/Stratz § 11 Rdn. 18; a.A. *van Lishaut* in Röder/Herlinghaus/van Lishaut, § 4 Rdn. 28.
52 BStBl. I 1998, 268, Tz. 11.01.
53 Zum Grundsatz der Maßgeblichkeit nach dem BilMoG BMF vom 12. 03. 2010, IV C 6, BStBl. I 2010, 239; dazu *Herzig*, DB 2010, 917; *Zwirner*, DStR 2010, 591; *Gebert/Blasius*, FR 2010, 408; zum Entwurf des BMF-Schreibens bereits *Weber-Grellert*, DB 2009, 2402; *Fischer/Kalina-Kerschbaum*, DStR 2010, 399; zur Maßgeblichkeit weiterhin auch *Ortmann-Babel/Bolik*, BB 2010, 2099; *Schenk/Risse*, DB 2009, 1957; *Förster/Schmidtmann*, BB 2009, 1342, *Anzinger/Schleiter*, DStR 2010, 395; *Meurer*, FR 2009, 117; vgl. zur Maßgeblichkeit im Umwandlungssteuerrecht auch § 3 Rdn. 30.
54 IDW Stellungnahme HFA 2/1997 „Zweifelsfragen der Rechnungslegung bei Verschmelzungen" Tz. 1.1.2., ebenso *Schmitt* in Schmitt/Hörtnagl/Stratz, § 11 Rdn. 19.
55 Vgl. hierzu *Teiche*, DStR 2008, 1757 (1759); *Thiel*, DB 2005, 2316 (2320).
56 Eingehend dazu *Schmitt* in Schmitt/Hörtnagl/Stratz, § 11 Rdn. 20.

gängen nunmehr „aufgegeben".[57] Entsprechend wird auch in Tz. 11.05 UmwStE 2011 klargestellt, dass für den Ansatz des Buchwerts die Ansätze in der Handelsbilanz nicht maßgeblich sind. Eine Maßgeblichkeit besteht darüber hinaus aus denselben Gründen auch dann nicht, wenn handelsrechtlich nach § 24 UmwG die Buchwerte fortgeführt werden, während steuerlich der Ansatz eines Zwischenwertes oder des gemeinen Wertes erfolgen soll.

68   Eine ausdrückliche gesetzliche Kodifizierung der *Nichtgeltung des Maßgeblichkeitsgrundsatzes* bei der Ausübung der umwandlungssteuerrechtlichen Bewertungswahlrechte findet sich allerdings nicht. Zur Begründung könnte angeführt werden, dass nach der Neufassung des § 11 durch das SEStEG kein Wahlrecht im eigentlichen Sinne mehr besteht, sondern nur die Möglichkeit, durch Antrag den Ansatz des gemeinen Wertes zu vermeiden. Ein Wahlrecht ist aber Voraussetzung für die Anwendung des Maßgeblichkeitsgrundsatzes. Letztlich ist eine gesetzliche Regelung zur „Abschaffung" der Maßgeblichkeit nicht notwendig gewesen, denn zwischenzeitlich hatte der BFH entschieden, dass bereits im Rahmen des § 11 UmwStG 1995 keine Maßgeblichkeit der Handelsbilanz für die steuerrechtliche Umwandlungsbilanz bestanden hat.[58] Dies muss gleichermaßen auch für den neuen § 11 gelten.[59]

69   Die Nichtbeachtung der Maßgeblichkeit bei § 11 ist letztlich der Europäisierung des Umwandlungssteuerrechts geschuldet, denn die meisten europäischen Staaten kennen keine Maßgeblichkeit – zumindest nicht in der Ausprägung, wie sie im deutschen Steuerrecht verankert ist.[60] Hätte der Gesetzgeber auch im Rahmen des „neuen" europäisierten UmwStG am Maßgeblichkeitsgrundsatz festgehalten, so hätte dies zur Konsequenz gehabt, dass für die steuerliche Beurteilung des Umwandlungsvorgangs in Deutschland unter Umständen die handelsbilanzielle Behandlung nach ausländischem Recht maßgeblich gewesen wäre.

70   Mit der Aufgabe der Maßgeblichkeit im Umwandlungssteuerrecht entsteht – bei Erfüllung der entsprechenden umwandlungssteuerrechtlichen Tatbestandsmerkmale – im Ergebnis ein *steuerliches Bewertungswahlrecht* des übertragenden Rechtsträgers in der Steuerbilanz. Allerdings wird dieses Wahlrecht nur auf Antrag gewährt.[61]

71   Es besteht auch keine Bindung an die Steuerbilanz der übernehmenden Körperschaft. Nach § 12 Abs. 1 S. 1 ist jedoch der übernehmende Rechtsträger bei der Bewertung des übergehenden Vermögens an die Werte in der steuerlichen Schlussbilanz des übertragenden Rechtsträgers gebunden.

---

57 BT-Drs. 16/2710, 34; dazu *Schmitt* in Schmitt/Hörtnagl/Stratz § 11 Rdn. 19; *Rödder* in Rödder/Herlinghaus/van Lishaut, § 11 Rdn. 54; *Dötsch* in Dötsch/Patt/Pung/Möhlenbrock, § 11 Rdn. 10.
58 BFH vom 05.06.2007, I R 97/06, BFH/NV 2007, 2220.
59 So auch *Teiche*, DStR 2008, 1757 (1763).
60 *Prinz*, StuB 2007, 125 (125); vgl. hierzu auch *Rödder* in Rödder/Herlinghaus/van Lishaut, § 11 Rdn. 59; *Honert/Geimer*, EStB 2007, 421 (422 f.).
61 Dazu auch *Frotscher* in Frotscher/Maas, § 11 Rdn. 42; *Klingberg* in Blümich, § 11 Rdn. 4; *Honert/Geimer*, EStB 2007, 421 (423).

Durch diese *steuerliche Wertverknüpfung* wird sichergestellt, dass die bei dem übertragenden Rechtsträger nicht aufgedeckten stillen Reserven zu einem späteren Zeitpunkt bei dem übernehmenden Rechtsträger steuerlich erfasst werden. Die Ausübung des Bewertungswahlrechts durch den übertragenden Rechtsträger bestimmt damit nicht nur die Höhe des Übertragungsgewinns, sondern auch die Wertansätze in der steuerlichen Übernahmebilanz sowie das zukünftige Abschreibungsvolumen.[62]

Der Wegfall des umwandlungssteuerlichen Maßgeblichkeitsprinzips erleichtert Umwandlungen in der Praxis und schafft Gestaltungsmöglichkeiten. Dabei sind zwei Grundkonstellationen zu unterscheiden: **72**

Zum einen ist nunmehr eine steuerliche *Aufdeckung stiller Reserven*, sog. Step-up, zur optimalen Verlustnutzung möglich.[63] Denn die steuerliche Wertaufstockung auf den gemeinen Wert oder einen Zwischenwert kann, unabhängig von den handelsbilanziellen Wertansätzen, zur Verrechnung mit steuerlichen Verlustvorträgen sowie Zinsvorträgen genutzt werden, die ansonsten nach § 12 Abs. 3 i.V.m. § 4 Abs. 2 S. 2 untergehen würden, vgl. dazu eingehend unter Rdn. 367ff. Bei einem inländischen übernehmenden Rechtsträger oder einer inländischen verbleibenden Betriebsstätte hat die Wertaufstockung zur Folge, dass diesem ein erhöhtes Abschreibungsvolumen zur Verfügung steht. **73**

Handelsrechtlich ist andererseits nunmehr ein *Step-up* ohne Steuerbelastung möglich, zum Beispiel zur Verbesserung des Eigenkapitalausweises bzw. der Eigenkapitalquote.[64] Bei dieser Gestaltungsmöglichkeit können auf Antrag die steuerlichen Buchwerte fortgeführt werden, soweit die Voraussetzungen des § 11 Abs. 2 vorliegen. Der durch die Aufstockung erfolgte verbesserte Eigenkapitalausweis kann mithin günstige Folgen für die Unternehmensdarstellung im Hinblick auf Rating-Erfordernisse haben. **74**

IV. Ansatz des gemeinen Wertes

Nach § 11 Abs. 1 S. 1 sind die im Rahmen einer Verschmelzung von Körperschaften bzw. einer Vermögensübertragung (Vollübertragung) übergehenden Wirtschaftsgüter, einschließlich nicht entgeltlich erworbener und selbst geschaffener immaterieller Wirtschaftsgüter, grds. in der steuerlichen Schlussbilanz der übertragenden Körperschaft mit dem *gemeinen* Wert anzusetzen. Eine Ausnahme von dem Ansatz der übergehenden Wirtschaftsgüter mit dem gemeinen Wert kann nach Abs. 2 nur unter den dort genannten Voraussetzungen und zusätzlich nur auf Antrag erfolgen, dazu nachfolgend. **75**

Durch den Ansatz des gemeinen Wertes kann es zu einer *Aufdeckung der stillen Reserven* kommen, wenn die bisher bilanzierten Wirtschaftsgüter nicht bereits zum gemeinen Wert bilanziert werden (zum Beispiel in Folge einer auf den selben Stichtag erfolgten Akquisition der Vermögensgegenstände zum Verkehrswert in Folge eines sog. Asset Deals). Werden stille Re- **76**

---

62 Eingehend dazu unter § 12 Rdn. 149ff., 180ff.
63 *Honert/Geimer*, EStB 2007, 421 (424).
64 *Prinz*, StuB 2007, 125 (130).

serven aufgestockt, kann auf Ebene des übertragenden Rechtsträgers ein steuerpflichtiger Übertragungsgewinn entstehen.

77 Als Spezialregelung zu § 5 Abs. 2 EStG bestimmt § 11 Abs. 1, dass *immaterielle Wirtschaftsgüter* auch dann anzusetzen sind, wenn sie nicht entgeltlich erworben oder selbst geschaffen wurden.[65] Dies gilt grds. auch für einen selbst geschaffenen und nicht entgeltlich erworbenen Firmenwert, vgl. auch Tz. 11.03 i.V.m. Tz. 03.04 UmwStE 2011. Dies ist insofern konsequent, als sich der Verschmelzungsvorgang aus der Sicht des übernehmenden Rechtsträgers als Anschaffung darstellt.[66]

78 *Verbindlichkeiten, Rückstellungen* und *passive Rechnungsabgrenzungsposten* werden in § 11 Abs. 1 zwar nicht explizit aufgeführt. Jedoch enthält das Gesetz für Pensionsrückstellungen eine Ausnahmeregelung, sodass im Umkehrschluss daraus geschlossen werden kann, dass nach § 11 Abs. 1 auch Verbindlichkeiten, Rückstellungen und passive Rechnungsabgrenzungsposten mit dem gemeinen Wert anzusetzen sind.[67]

79 Obwohl bei der Verschmelzung – entsprechend der Teilwertdefinition in § 6 Abs. 1 Nr. 1 S. 3 EStG – immer ein ganzer Betrieb übertragen wird, hat das Gesetz nicht den Ansatz mit dem Teilwert, sondern den Ansatz mit dem gemeinen Wert angeordnet. Der *gemeine Wert* ist nach § 9 Abs. 2 S. 1 BewG der Betrag, der für das Wirtschaftsgut nach seiner Beschaffenheit im gewöhnlichen Geschäftsverkehr bei einer Veräußerung zu erzielen wäre. Ungewöhnliche oder persönliche Verhältnisse, die den Preis eines Wirtschaftsguts beeinflussen könnten, sind dabei nach § 9 Abs. 2 S. 2 BewG nicht zu berücksichtigen, da sie nicht den gemeinen Wert repräsentieren. Der gemeine Wert ist damit dem Verkehrswert eines Wirtschaftsguts gleichzusetzen.[68] Er orientiert sich am Einzelveräußerungspreis und ist daher am Absatzmarkt zu ermitteln.

80 Die Bewertung zum gemeinen Wert ist von dem sog. *Teilwert* abzugrenzen. Die Teilwertdefinition hat ihren Ursprung im Ertragsteuerrecht und erfasst originäre Entnahmen für betriebsfremde Zwecke. Der Teilwert ist nach § 6 Abs. 1 Nr. 1 S. 3 EStG der Betrag, den ein Erwerber des gesamten Betriebs im Rahmen eines Gesamtkaufpreises für das einzelne Wirtschaftsgut zahlen würde, wenn er den Betrieb fortführen würde. Dabei wird von der Fortführung des Unternehmens (sog. going-concern-Prinzip) als Bewertungsvoraussetzung ausgegangen. Der Teilwert steht insoweit im Spannungsverhältnis zwischen der Bewertung der einzelnen Wirtschaftsgüter als Aufteilung des Gesamtkaufpreises und dem Grundsatz der Einzelbewertung.

81 Regelmäßig deckt sich der gemeine Wert eines Wirtschaftsguts mit seinem Teilwert. Insbesondere bei Wirtschaftsgütern des Anlagevermögens, die ersetzbar sind, wird der gemeine Wert regelmäßig dem Teilwert entsprechen. Eine *Abweichung* des Teilwerts vom gemeinen Wert kann sich aber bei Wirtschaftsgütern des Anlagevermögens ergeben, wenn die Wirtschaftsgü-

---

65 Ebenso *Rödder* in Rödder/Herlinghaus/van Lishaut, § 11 Rdn. 10.
66 *Schmitt* in Schmitt/Hörtnagl/Stratz, § 11 Rdn. 21.
67 Ebenso *Frotscher* in Frotscher/Maas, § 11 Rdn. 32.
68 *Dörfler/Wittkowski*, GmbHR 2007, 352 (355).

Ropohl/Sonntag

ter auf die speziellen Bedürfnisse des jeweiligen Betriebs zugeschnitten sind und damit nicht ohne weiteres ersetzbar sind.[69]

Bei Wirtschaftsgütern des *Umlaufvermögens* wird der gemeine Wert regelmäßig von dem Teilwert abweichen. In diesen Fällen wird der gemeine Wert regelmäßig höher sein als der Teilwert. Denn der Teilwert wird bei Wirtschaftsgütern, die zum Verkauf oder Verbrauch bestimmt sind, durch die Wiederherstellung- oder Wiederbeschaffungskosten gebildet. Beim Teilwertansatz wird also kein Gewinnaufschlag vorgenommen. Demgegenüber wird beim gemeinen Wert als Einzelveräußerungspreis ein Gewinnaufschlag vorgenommen.   **82**

Im Falle eines *negativen Firmenwertes* (sog. Badwill) stellt sich die Frage, wie dieser beim Ansatz des gemeinen Wertes berücksichtigt werden kann. Da die Summe der gemeinen Werte aller übergehenden Wirtschaftsgüter (ohne Berücksichtigung eines Firmenwertes) nicht höher sein kann, als der Gesamtwert des übergehenden Vermögens, muss in diesen Fällen ein negativer Firmenwert ausgewiesen werden. Eine entsprechende anteilige Abstockung der gemeinen Werte der einzelnen Wirtschaftsgüter würde dem Grundsatz der Bilanzierung zum gemeinen Wert widersprechen.[70]   **83**

Nach Tz. 11.04 i.V.m. Tz. 03.07 UmwStE 2011 soll die Bewertung zum gemeinen Wert hingegen nicht bezogen auf jedes einzelne übergehende Wirtschaftsgut, sondern bezogen auf die Gesamtheit der übergehenden aktiven und passiven Wirtschaftsgüter erfolgen (Bewertung als Sachgesamtheit). Diese Vorgehensweise ist vom Gesetzgeber offensichtlich intendiert gewesen, steht aber, wie zuvor bereits dargelegt, im Widerspruch zur Definition des gemeinen Wertes, da dieser sich immer auf die einzelnen Wirtschaftsgüter bezieht und nicht auf Sachgesamtheiten.   **84**

Tz. 03.07 UmwStE 2011 regelt weiterhin, dass insbesondere der Bewertungsvorbehalt für Pensionsrückstellungen nach § 3 Abs. 1 S. 2 UmwStG bei der Ermittlung des gemeinen Wertes zu beachten sei. Über Tz. 11.04 gilt dies auch für den Ansatz des gemeinen Wertes nach § 11 Abs. 2. Dies widerspricht jedoch der Definition des Begriffes „gemeiner Wert", da dieser, wie zuvor dargestellt, den Betrag darstellt, der für das Wirtschaftsgut nach seiner Beschaffenheit im gewöhnlichen Geschäftsverkehr bei einer Veräußerung zu erzielen wäre. Dabei wären jedoch etwaige stille Lasten zwingend zu berücksichtigen, mithin auch eine etwaige stille Last aufgrund der Anwendung des § 6a EStG bei Pensionsrückstellungen. Dagegen wird jedoch in Tz. 03.08 UmwStE 2011 ausgeführt, dass aufgrund der Bewertung von Pensionsrückstellungen mit dem Teilwert i.S.d. § 6a EStG ein tatsächlich höherer gemeiner Wert der Versorgungsverpflichtung steuerlich nicht den gemeinen Wert des Unternehmens i.S.d. § 3 Abs. 1 UmwStG mindert. Dies soll über Tz. 11.04 UmwStE 2011 auch für § 11 Abs. 1 gelten. Wie bereits ausgeführt, widerspricht diese Vorgehensweise u.E. jedoch dem Begriff des gemeinen Wertes.   **85**

---

69 *Frotscher* in Frotscher/Maas, § 11 Rdn. 35.
70 Grundlegend *Rödder* in Rödder/Herlinghaus/van Lishaut, § 11 Rdn. 77.

86   Nach Tz. 11.04 i. V. m. Tz. 03.07 UmwStE 2011 soll die Ermittlung des gemeinen Werts der Sachgesamtheit, sofern der gemeine Wert des übertragenden Rechtsträgers nicht aus Verkäufen abgeleitet werden kann, anhand eines allgemein anerkannten ertragswert- oder zahlungsstromorientierten Verfahrens erfolgen können, welches ein gedachter Erwerber des Betriebs der übertragenden Körperschaft bei der Bemessung des Kaufpreises zu Grunde legen würde (vgl. § 109 Abs. 1 S. 2 i. V. m. § 11 Abs. 2 S. 2 BewG). Damit wird insbesondere auf das Ertragswert- bzw. discountet cashflow-Verfahren nach den Vorgaben des IDW Standards S 1 verwiesen. Nach § 11 Abs. 2 S. 2 BewG muss daneben auch die Anwendung des vereinfachten Ertragswertverfahrens i. S. d. §§ 199 ff. BewG möglich sein.

C. Ansatz von Buchwerten oder Zwischenwerten nach § 11 Abs. 2

I. Allgemeines

87   Liegen die Voraussetzungen des § 11 Abs. 2 S. 1 vor, können auf Antrag die übergehenden Wirtschaftsgüter mit dem Buchwert oder einem höheren Wert (Zwischenwert)[71], höchstens jedoch mit dem Wert nach § 11 Abs. 1 (gemeiner Wert) angesetzt werden. Das Wahlrecht bezieht sich auf die übergehenden Wirtschaftsgüter, einschließlich nicht entgeltlich erworbener oder selbst geschaffener immaterieller Wirtschaftsgüter. Der gemeine Wert nach Abs. 1 stellt damit die Höchstgrenze des Bewertungswahlrechtes nach Abs. 2 dar, sog. *Bewertungsobergrenze*.[72] Die Bewertungsuntergrenze stellt demgegenüber der Buchwertansatz dar.[73]

88   Der Begriff des *Buchwertes* ist in § 1 Abs. 5 Nr. 4 definiert. Danach ist Buchwert der Wert, der sich nach den steuerrechtlichen Vorschriften über die Gewinnermittlung in einer für den steuerlichen Übertragungsstichtag aufzustellenden Steuerbilanz ergibt oder ergäbe.

89   Der *Begriff des Zwischenwertes* wird durch das Gesetz nicht ausdrücklich benutzt, ist jedoch in der Praxis gebräuchlich. Der Zwischenwert liegt zwischen den bilanzierten Buchwerten und den gemeinen Werten. Bei einem Zwischenwertansatz wird daher nur ein Teil der etwaigen stillen Reserven aufgedeckt. Die Ausübung des Wahlrechts zum Zwischenwertansatz ist insbesondere dann sinnvoll, wenn dadurch ein bei dem übertragenden Rechtsträger vorhandener Verlustvortrag genutzt werden soll, eingehend dazu unter Rdn. 368 ff. Allerdings muss dieses Wahlrecht dann einheitlich

---

71 Für den Ansatz von Buch- oder Zwischenwerten bei einer Verschmelzung nach § 11 ist auch § 50i EStG zu beachten, wonach gegebenenfalls zwingend der gemeine Wert anzusetzen ist; siehe auch BMF-Schreiben vom 21. 12. 2015, IV B 5 – S 1300/14/10007, DStR 2016, 16.
72 Ebenso *Rödder* in Rödder/Herlinghaus/van Lishaut, § 11 Rdn. 70, 151, 173; *Frotscher* in Frotscher/Maas, § 11 Rdn. 41; *Schießl* in Widmann/Mayer, § 11 Rdn. 14.38.
73 *Rödder* in Rödder/Herlinghaus/van Lishaut, § 11 Rdn. 70, 153.

ausgeübt werden und darf nicht selektiv auf einzelne Wirtschaftsgüter beschränkt werden.[74]

Die Tatsache, dass das Gesetz in § 11 Abs. 2 S. 1 lediglich von den „übergehenden Wirtschaftsgütern" spricht und nicht den Zusatz des Abs. 1 S. 2 „einschließlich nicht entgeltlich erworbener oder selbst geschaffener immaterieller Wirtschaftsgüter" enthält, hat u.E. keine einschränkende Wirkung. Denn § 11 Abs. 2 ist aufgrund seiner systematischen Stellung und des Verweises auf Abs. 1 im Kontext dieser Vorschrift auszulegen. Auch die vorher *nicht bilanzierten immateriellen Wirtschaftsgüter* sind daher beim Zwischenwertansatz einzubeziehen.[75]   90

Bei Ansatz eines Wertes, der über dem Buchwert des übergehenden Wirtschaftsgutes liegt, ergibt sich bei der übertragenden Körperschaft ein *Übertragungsgewinn*, der sowohl der Körperschaftsteuer inklusive Solidaritätszuschlag als auch der Gewerbesteuer unterliegt.[76] Da mit Wirksamwerden der Verschmelzung der übernehmende Rechtsträger aufgrund der Gesamtrechtsnachfolge[77] in die Rechtsposition des übertragenden Rechtsträgers eintritt, hat im Ergebnis der übernehmende Rechtsträger die Steuerlast zu tragen. Sind im Rahmen der Verschmelzung an den beteiligten Rechtsträgern unterschiedliche Anteilseigner beteiligt, ist daher die Frage des Wertansatzes in der Schlussbilanz vorab zwischen den Beteiligten zu klären und sollte im *Verschmelzungsvertrag festgelegt* werden. Die Festlegung im Verschmelzungsvertrag hat jedoch keine Auswirkungen auf das steuerliche Wahlrecht bzw. den Antrag auf Ansatz eines Buchwertes oder Zwischenwertes, sondern bindet nur die Vertragsparteien im Innenverhältnis.   91

Die Ausübung des Bewertungswahlrechts hat auch insofern Bedeutung für die übernehmende Körperschaft, wenn sie an der übertragenden Gesellschaft beteiligt ist (sog. up-stream merger, siehe dazu Rdn. 224), da sich dann der Wertansatz auf die Höhe des steuerpflichtigen Übernahmegewinns (§ 12 Abs. 2 S. 1) auswirkt. Denn der übernehmende Rechtsträger ist gem. § 12 Abs. 1 S. 1 an die Wertsätze des übertragenden Rechtsträgers gebunden.   92

Für das Antragswahlrecht in § 11 Abs. 2 müssen die in den Nrn. 1 bis 3 genannten Voraussetzungen *kumulativ* vorliegen. Liegt eine dieser Voraussetzungen nicht vor, ist Rechtsfolge, dass in der Übertragungsbilanz der übertragenden Körperschaft der gemeine Wert unter Aufdeckung der stillen Reserven anzusetzen ist.   93

Sind die Voraussetzungen für *einzelne Wirtschaftsgüter* oder einen Teil des Vermögens nicht erfüllt, sind die gemeinen Werte **nur** für diese Wirtschafts-   94

---

74 Ebenso *Schmitt* in Schmitt/Hörtnagl/Stratz, § 11 Rdn. 54; *Dötsch* in Dötsch/Jost/Pung/Witt, § 11 Rdn. 13; *Frotscher* in Frotscher/Maas, § 11 Rdn. 47; *Rödder* in Rödder/Herlinghaus/van Lishaut, § 11 Rdn. 70, 157.

75 Ebenso *Schießl* in Widmann/Mayer, § 11 Rdn. 31.11.

76 Ebenso *Schmitt* in Schmitt/Hörtnagl/Stratz, § 11 Rdn. 146; *Bärwaldt* in Haritz/Menner, § 11 Rdn. 26; *Rödder* in Rödder/Herlinghaus/van Lishaut, § 11 Rdn. 3, 87; *Schießl* in Widmann/Mayer, § 11 Rdn. 256; *Dötsch* in Dötsch/Patt/Pung/Möhlenbrock, § 11 Rdn. 7.

77 Dazu unter Rdn. 22.

güter anzusetzen. Für die Wirtschaftsgüter, die die Voraussetzungen des § 11 Abs. 2 S. 1 Nrn. 1 bis 3 erfüllen, kann der Buchwert- oder ein Zwischenwertansatz gewählt werden. Das ergibt sich aus dem Gesetzeswortlaut des § 11 Abs. 2 S. 1, wonach der Buch- oder Zwischenwertansatz „soweit" angesetzt werden kann, wie die Voraussetzungen der Nrn. 1 bis 3 erfüllt sind.[78]

II. Voraussetzung des Antragswahlrechtes

95 Voraussetzungen für das Antragswahlrechts sind nach § 11 Abs. 2 S. 1 Nr. 1–3, dass

– sichergestellt ist, dass die übergehenden Wirtschaftsgüter bei der übernehmenden Körperschaft der Besteuerung mit KSt unterliegen,

– das Recht der Bundesrepublik Deutschland hinsichtlich der Besteuerung des Gewinns aus der Veräußerung der übertragenden Wirtschaftsgüter bei der übernehmenden Körperschaft nicht ausgeschlossen oder beschränkt wird und

– eine Gegenleistung nicht gewährt wird oder in Gesellschaftsrechten besteht.

1. Sicherstellung der Besteuerung mit Körperschaftsteuer, § 11 Abs. 2 S. 1 Nr. 1

a) Besteuerung der stillen Reserven mit Körperschaftsteuer

96 Der Antrag auf Buchwertfortführung oder Ansatz von Zwischenwerten setzt gem. § 11 Abs. 2 S. 1 Nr. 1 voraus, dass sichergestellt ist, dass im Falle einer Veräußerung die übergehenden Wirtschaftsgüter bei der übernehmenden Körperschaft der Besteuerung mit Körperschaftsteuer unterliegen. Zielsetzung ist, die *Besteuerung* der zu übertragenden *stillen Reserven* zu sichern.[79] Die Besteuerung mit Körperschaftsteuer wäre insbesondere dann nicht gewährleistet, wenn der übernehmende Rechtsträger von der Körperschaftsteuer befreit ist, etwa wegen Gemeinnützigkeit, oder wenn das Vermögen in den nicht steuerpflichtigen Bereich einer juristischen Person des öffentlichen Rechts übergeht, vgl. Tz. 11.07 UmwStE 2011.

97 Die Formulierung in § 11 Abs. 2 S. 1 Nr. 1 bedeutet nicht, dass im Falle einer Veräußerung der Wirtschaftsgüter nach Wirksamwerden der Verschmelzung auch *tatsächlich Körperschaftsteuer entsteht.* Denn es kommt nicht auf die tatsächliche Besteuerung an, sondern darauf, dass die betreffenden Wirtschaftsgüter grds. dem Steuerregime der Körperschaftsteuer unterliegen.[80] Demgegenüber geht Tz. 11.08 UmwStE 2011 in den Fällen der Verschmelzung auf Organgesellschaft (dazu nachfolgend unter Rdn. 104) davon aus, dass eine Besteuerung mit KSt auch konkret erfolgen muss bzw. eine Buchwertverschmelzung nur aus Billigkeitsgründen erfolgen kann, wenn das zu-

---

78 Ebenso Frotscher in Frotscher/Maas, § 11 Rdn. 50; *Dötsch* in Dötsch/Jost/Pung/Witt, § 11 Rdn. 16; *Schießl* in Widmann/Mayer, § 11 Rdn. 46.

79 *Dötsch* in Dötsch/Jost/Pung/Witt, § 11 Rdn. 17.

80 *Rödder* in Rödder/Herlinghaus/van Lishaut, § 11 Rdn. 105.

zurechnende Einkommen beim Organträger nicht der Körperschaftsteuer unterliegt.

Sowohl die Regelung des § 11 Abs. 2 S. 1 Nr. 1 als auch die der Nr. 2 liegt der Grundsatz der Sicherung der Besteuerung der stillen Reserven zugrunde, mithin der *Grundgedanke der Entstrickung*. Keine Entstrickung tritt in dem Fall ein, in dem eine Verschmelzung von einer unbeschränkten steuerpflichtigen Körperschaft auf eine andere unbeschränkt steuerpflichtige Körperschaft i.S.d. § 1 Abs. 1 Nr. 1 KStG vorgenommen wird. In diesem Fall ist die Besteuerung der stillen Reserven sichergestellt.   98

Eine Sicherstellung der stillen Reserven ist auch dann gegeben, wenn die spätere Aufdeckung der stillen Reserven bei der Übernehmerin z.b. wegen *bestehender Verlustvorträge* nicht zur Festsetzung einer Körperschaftsteuer führt.[81] Denn auch in diesem Fall unterliegen die stillen Reserven der Körperschaftsteuer, werden jedoch durch die Verlustvorträge neutralisiert.   99

Ebenso schaden *Steuerbefreiungen für einzelne Wirtschaftsgüter* nicht. Dies betrifft insbesondere Anteile an KapG, die nach § 8b Abs. 2 KStG von der KSt befreit sind. Die Buchwertfortführung wird also nicht dadurch gehindert, dass in dem übertragenden Vermögen Anteile an KapG vorhanden sind, die bei der übernehmenden Körperschaft steuerlich nicht erfasst werden.[82]   100

Die „Sicherstellung" in § 11 Abs. 2 Nr. 1 bezieht sich nur auf die Körperschaftsteuer. Ohne Bedeutung ist es hingegen, ob die Wirtschaftsgüter bei der übernehmenden Körperschaft auch der *Gewerbesteuer* unterliegen.[83]   101

b) Übernehmende Körperschaft ist generell steuerbefreit

Nicht sichergestellt ist die Besteuerung der stillen Reserven in dem Fall, dass die übernehmende Körperschaft zwar unbeschränkt körperschaftsteuerpflichtig ist, aber *persönlich von der Körperschaftsteuer befreit* ist (etwa nach § 5 KStG). Das ist insbesondere dann der Fall, wenn die Übernehmerin eine juristische Person des öffentlichen Rechts ist und das Vermögen nicht in einen Betrieb gewerblicher Art übergeht. Auch ein REIT als solcher ist von der Körperschaftsteuer befreit (vgl. § 16 Abs. 1 REITG). In diesem Fall muss die übertragende Körperschaft daher in der steuerlichen Schlussbilanz zwingend die gemeinen Werte ansetzen.[84]   102

c) Übertragende Körperschaft ist generell steuerbefreit

Die Voraussetzung der Nr. 1 greift nur dann ein, wenn die betreffenden Wirtschaftsgüter bereits *vorher bei der übertragenden Körperschaft der Kör-*   103

---

81 *Dötsch* in Dötsch/Jost/Pung/Witt, § 11 Rdn. 17; *Frotscher* in Frotscher/Maas, § 11 Rdn. 51; *Schießl* in Widmann/Mayer, § 11 Rdn. 39.
82 *Frotscher* in Frotscher/Maas, § 11 Rdn. 56; *Rödder* in Rödder/Herlinghaus/van Lishaut, § 11 Rdn. 105.
83 *Dötsch* in Dötsch/Jost/Pung/Witt, § 11 Rdn. 19; *Frotscher* in Frotscher/Maas, § 11 Rdn. 53; *Schießl* in Widmann/Mayer, § 11 Rdn. 32; *Rödder* in Rödder/Herlinghaus/van Lishaut, § 11 Rdn. 108.
84 Siehe zu Verschmelzungen bei bestehenden Organschaften auch Rdn. 104 ff.

perschaftsteuer unterlegen haben, also steuerlich bereits verstrickt waren. War die übertragende Körperschaft von der Körperschaftsteuer befreit, ist es für die Nr. 1 unschädlich, wenn auch die übernehmende Körperschaft von der KSt befreit ist. Es wird dann keine Entstrickung ausgelöst. Es ist also nicht erforderlich, dass Wirtschaftsgüter, die bei der übertragenden Körperschaft nicht der KSt unterlegen haben, durch die Verschmelzung bei der übernehmenden Körperschaft erstmalig der Körperschaftsteuer unterworfen werden. Dabei wäre zu prüfen, ob in diesen Fällen eine Buchwertverschmelzung einer steuerbefreiten Körperschaft auf eine steuerpflichtige Körperschaft steuerlich sinnvoll ist, da eine steuerneutrale Aufdeckung stiller Reserven in Form von Abschreibungen steuermindernd bei der übernehmenden Körperschaft genutzt werden kann.

d) Verschmelzung auf eine Organgesellschaft

104 Unklar ist, ob die Sicherstellung der Besteuerung mit Körperschaftsteuer auch in den Fällen gegeben ist, in denen die *übernehmende Körperschaft eine Organgesellschaft* ist, deren Organträger wiederum eine natürliche Person ist oder aber eine PersG, deren Gesellschafter wiederum natürliche Personen sind.[85] Der Organträger ist in diesem Fall nicht von der Körperschaftsteuer befreit, unterliegt jedoch kraft Rechtsform nicht der Körperschaftsteuer; das übergehende Vermögen unterliegt vielmehr der Einkommensteuer. Auch die Organgesellschaft selbst unterliegt nicht der Besteuerung mit Körperschaftsteuer, da die Besteuerung letztlich auf Ebene des Organträgers erfolgt. Wie bereits unter Rdn. 97 dargestellt, kommt es u.E. nicht auf die konkrete sondern die abstrakte Besteuerung mit Körperschaftsteuer an.[86] Diese ist jedoch bei einer Organgesellschaft mit Sitz in Inland immer gegeben.

105 Demgegenüber geht Tz. 11.08 UmwStE 2011 davon aus, dass im Falle einer Verschmelzung einer Körperschaft auf eine Organgesellschaft i.S.d. §§ 14, 17 KStG eine Besteuerung mit KSt bei der übernehmenden Körperschaft infolge der Zurechnung des Einkommens an den Organträger nur sichergestellt sei, soweit das zugerechnete Einkommen der Besteuerung mit KSt beim Organträger unterliegt. Die Verschmelzung auf eine Organgesellschaft wäre dann zu Buchwerten nicht möglich, soweit das zugerechnete Einkommen z.B. bei einer PersG als Organträgerin mit natürlichen Personen als Gesellschafter der Einkommensteuer unterliegt.

106 Aus Billigkeitsgründen sollen nach Tz. 11.08 UmwStE 2011 die übergehenden Wirtschaftsgüter jedoch einheitlich mit dem Buchwert angesetzt werden können, „... wenn sich alle an der Verschmelzung Beteiligten (übertragender Rechtsträger, übernehmender Rechtsträger und Anteilseigner des übertragenden und übernehmenden Rechtsträgers) in einem übereinstimmenden Antrag damit einverstanden erklären, dass auf die aus der Verschmelzung resultierenden Mehrabführungen § 14 Abs. 3 S. 1 KStG anzuwenden ist". In der Folge sollen die Grundsätze der Tz. Org. 33 und Tz. Org. 34 UmwStE

---

85 Ebenso *Schmitt* in Schmitt/Hörtnagl/Stratz, § 11 Rdn. 96; *Rödder* in Rödder/Herlinghaus/van Lishaut, § 11 Rdn. 106; *Dötsch* in Dötsch/Jost/Pung/Witt, § 11 Rdn. 17; *Schießl* in Widmann/Mayer, § 11 Rdn. 32, *ders.*, SuB 2009, 460 (461).
86 Dazu auch *Rödder*, DStR 2011, 1059 (1062).

2011 entsprechend gelten. Dieser Verweis auf die Tz. Org. 33 und 34 ist deswegen kritisch, weil die Beteiligten damit anerkennen, dass eine aufgrund eines unterschiedlichen Wertansatzes zwischen Handelsbilanz und Steuerbilanz verursachte Mehrabführung als vororganschaftliche Mehrabführung und damit Gewinnausschüttung an die Organträgerin anzusehen ist. Im Ergebnis wäre nach der Billigkeitsregelung mithin die Verschmelzung auf eine Organgesellschaft im ersten Schritt steuerneutral möglich. Entspricht jedoch der handelsrechtliche Ansatz nicht dem Ansatz in der steuerlichen Steuerbilanz, erfolgt in einem weiteren Schritt eine durch die entsprechende Mehrabführung verursachte Gewinnausschüttung. Diese Rechtsfolge basiert nicht auf den Regelungen des Gesetzes und ist damit abzulehnen. Kritisch zu hinterfragen ist dabei nicht nur die Rechtsfolge an sich sondern bereits die rechtliche Qualität der Erklärung, sich mit dieser Rechtsfolge „einverstanden" zu erklären. Auch eine solche Erklärung sieht das Gesetz nicht vor. Eine Besteuerungsfolge ohne gesetzliche Grundlage widerspricht jedoch den verfassungsrechtlichen Grundfreiheiten.

In der Kommentarliteratur wird daher zu Recht davon ausgegangen, dass **107** § 11 Abs. 2 auch auf die Fälle der Verschmelzung auf eine Organgesellschaft anzuwenden ist.[87] Die Besteuerung mit Körperschaftsteuer bei der übernehmenden Körperschaft ist abstrakt zu verstehen. Entscheidend ist die Zugehörigkeit zu einer Körperschaftbesteuerungssphäre. Da die übernehmende Organgesellschaft grds. dem Regime des Körperschaftsteuergesetzes unterliegt, ist auch in diesen Fällen die Voraussetzung der Nr. 1 erfüllt.

e) Grenzüberschreitende Verschmelzungen

Die Vorschrift des § 11 Abs. 2 S. 1 Nr. 1 betrifft nach dem Wortlaut nur die **108** spätere Sicherstellung der Körperschaftsteuer bei der übernehmenden Körperschaft. Der Gesetzeswortlaut erfordert nicht, dass es sich dabei um „deutsche" Körperschaftsteuer handeln muss. Bei grenzüberschreitenden Verschmelzungen kann die Voraussetzung der Nr. 1 mithin auch erfüllt werden, wenn sichergestellt ist, dass die ausländische übernehmende Körperschaft einer *ausländischen Körperschaftsteuer* unterliegt.[88] Diese (Körperschaft-)Steuer müsste dann aber mit der deutschen Körperschaftsteuer vergleichbar sein. Die Frage der Erfassung etwaiger stiller Reserven durch die deutsche Steuerhoheit ist demgegenüber in Nr. 2 geregelt.[89] Die Einbeziehung der ausländischen Steuer dient daher auch der Abgrenzung von § 11 Abs. 2 S. 1 Nr. 1 zu den Tatbestandsvoraussetzungen der Nr. 2. Anderenfalls wäre § 11 Abs. 2 Nr. 2 gegenstandslos.

Es ist nicht erforderlich, dass die spätere Aufdeckung der stillen Reserven **109** bei der übernehmenden Körperschaft zu einer *Körperschaftsteuer in glei-*

---

87 Ebenso *Schmitt* in Schmitt/Hörtnagl/Stratz, § 11 Rdn. 96; *Rödder* in Rödder/Herlinghaus/van Lishaut, § 11 Rdn. 106; *Dötsch* in Dötsch/Jost/Pung/Witt, § 11 Rdn. 17; *Schießl* in Widmann/Mayer, § 11 Rdn. 32, *ders.*, SuB 2009, 460 (461); *Schmitt/Keuthen*, DStR 2015, 2521.
88 *Frotscher* in Frotscher/Maas, § 11 Rdn. 53; *Schießl* in Widmann/Mayer, § 11 Rdn. 32; *Rödder* in Rödder/Herlinghaus/van Lishaut, § 11 Rdn. 107.
89 Ebenso *Frotscher* in Frotscher/Maas, § 11 Rdn. 53; *Rödder* in Rödder/Herlinghaus/van Lishaut, § 11 Rdn. 107.

cher Höhe führt. Entscheidend ist, dass die später realisierten stillen Reserven der deutschen Körperschaftsteuer bzw. einer vergleichbaren Steuer nach einer entsprechenden ausländischen Besteuerungsvorschrift unterliegen.[90] Daher ist auch grds. unschädlich, wenn die stillen Reserven bei der ausländischen Übernehmerin einem niedrigeren Steuersatz unterliegen als bei der Überträgerin.[91]

f) Sonderfall down-stream merger

110   Bei einem *down-stream merger*[92] des übertragenden Rechtsträgers auf dessen Tochtergesellschaft (dazu auch unter Rdn. 15 und 222) besteht die Besonderheit, dass nach ganz überwiegender Meinung[93] keine Kapitalerhöhung auf Ebene der Tochtergesellschaft vorgenommen werden muss, um neue Anteile auszugeben.[94] Vielmehr werden die bisher vom übertragenden Rechtsträger an der Tochtergesellschaft gehaltenen Anteile direkt an die Anteilseigner des übertragenden Rechtsträgers ausgegeben.[95] Dieser im Umwandlungsrecht geltende Grundsatz muss mithin auch für die steuerliche Beurteilung gelten, ebenso auch Tz. 11.18 UmwStE 2011 (mit Verweis auf BFH, Entscheidung vom 28. 10. 2009, I R 4/09, BStBl. II 2011, 315).

111   Da mithin die Anteile an der Tochtergesellschaft, die vorher im Betriebsvermögen des übertragenden Rechtsträgers bilanziert wurden, nicht auf die Tochtergesellschaft als übernehmenden Rechtsträger übergehen, könnte argumentiert werden, dass diese nach der Verschmelzung nicht mehr der Körperschaftsteuer unterliegen, wenn die Anteilseigner z.B. natürliche Personen sind, die der Einkommensteuer unterliegen. Dagegen spricht jedoch, dass einerseits die Besteuerung einer Veräußerung der Anteile bei dem übertragenden Rechtsträger vor der Verschmelzung bereits nach § 8b Abs. 2 KStG von der Körperschaftsteuer befreit waren und andererseits eine Umgehung der Entstrickungsregelungen nicht erfolgen kann. Denn würden die Anteile durch die Verschmelzung zunächst eigene Anteile der Tochtergesellschaft, könnten diese anschließend körperschaftsteuerneutral eingezogen werden.[96]

---

90 *Klingberg* in Blümich, § 11 Rdn. 28.
91 *Schießl* in Widmann/Mayer, § 11 Rdn. 32.
92 Zum Fall eines down-stream mergers mit ausländischen Anteilseignern *Schmitt/ Schloßmacher*, DStR 2010, 673.
93 *Rödder* in Rödder/Herlinghaus/van Lishaut, § 11 Rdn. 139; *Winter* in Lutter/Winter, § 54 UmwG Rdn. 14 f.; vgl. hierzu auch *Stratz* in Schmitt/Hörtnagl/Stratz, § 54 UmwG Rdn. 11.
94 Eine Kapitalerhöhung wäre z.B. bei einer GmbH gem. § 54 Abs. 1 S. 2 Nr. 3 UmwG möglich, wenn die Einlagen voll bewirkt sind, insoweit besteht handelsrechtlich also ein Wahlrecht; für AG findet sich eine entsprechende Vorschrift in § 68 Abs. 1 S. 2 Nr. 2 UmwG.
95 *Reichert* in Semler/Stengel, § 54 UmwG Rdn. 15; *Marsch-Barner* in Kallmeyer, § 20 UmwG Rdn. 29; vgl. auch hierzu Beispiel bei *Rödder* in Rödder/Herlinghaus/van Lishaut, § 11 Rdn. 112.
96 Vgl. dazu das Beispiel von *Rödder* in Rödder/Herlinghaus/van Lishaut, § 11 Rdn. 112; mit abweichender Begründung ebenso *Schmitt* in Schmitt/Hörtnagl/Stratz, § 11 Rdn. 92 f.

Ebenfalls kritisch ist ein down-stream merger, wenn die übertragende KapG *112* Anteilseigner hat, die im Ausland ansässig sind und mithin nicht der unbeschränkten deutschen Steuerpflicht unterliegen. Tz. 11.17 UmwStE 2011 regelt dazu, dass zunächst im Fall der Abwärtsverschmelzung einer Mutterauf ihre Tochtergesellschaft die Anteile an der übernehmenden Tochtergesellschaft gem. § 11 Abs. 2 S. 2 in der steuerlichen Schlussbilanz der übertragenden Muttergesellschaft mindestens mit dem Buchwert, erhöht um in früheren Jahren steuerwirksam vorgenommene Abschreibungen auf die Beteiligung sowie erhöht um steuerwirksame Abzüge nach § 6b EStG und ähnliche Abzüge, höchstens jedoch mit dem gemeinen Wert, anzusetzen sind. Insoweit bestehen mithin keine Besonderheiten.

Nach Tz. 11.19 UmwStE 2011 sollen die Anteile an der Tochtergesellschaft *113* nach § 11 Abs. 2 S. 2 in der steuerlichen Schlussbilanz der Muttergesellschaft dann mit einem Wert unterhalb des gemeinen Werts angesetzt werden können, wenn die übrigen Voraussetzungen des § 11 Abs. 2 S. 1 Nr. 2 und 3 UmwStG vorliegen. Statt auf die übernehmende Körperschaft sei hierbei auf den die Anteile an der Tochtergesellschaft übernehmenden Anteilseigner der Muttergesellschaft abzustellen. Auf Ebene des Anteilseigners der Muttergesellschaft soll dann § 13 UmwStG Anwendung finden.

Nach unserem Verständnis soll durch die zuvor dargestellte Erlassregelung *114* bewirkt werden, dass eine Aufdeckung stiller Reserven in den Anteilen an der übernehmenden Tochtergesellschaft bei der übertragenden Muttergesellschaft unter Anwendung des § 13 erfolgt, indem darauf abgestellt wird, ob das Besteuerungsrecht Deutschlands an den stillen Reserven in den Anteilen der Tochtergesellschaft auf Ebene der diese Anteile übernehmenden Gesellschafter der übertragenden Muttergesellschaft entfällt. Sollte der Regelungsgehalt der Tz. 11.19 UmwStE 2011 eine solche Rechtsfolge intendieren, würde die Tz. im Widerspruch zum Gesetz stehen, da sich aus dem Wortlaut des § 13 eine Anwendung für den Fall des down-stream mergers u.E. nicht ergibt. Da vielmehr der Anteil der übertragenden Muttergesellschaft an der übernehmenden Tochtergesellschaft nicht zu dem „übertragenden Vermögen" gehört, ist § 11 Abs. 1 UmwStG insoweit nicht anwendbar. Letztendlich bestimmt Tz. 11.19 UmwStE 2011 einen Ansatz der Anteile an der übernehmenden Tochtergesellschaft mit dem gemeinen Wert bei der übertragenden Muttergesellschaft, soweit ausländische Anteilseigner die Anteile an der Tochtergesellschaft beim down-stream merger erhalten und das deutsche Besteuerungsrecht für diese Anteile ausgeschlossen oder beschränkt ist.

2. Keine Einschränkung des deutschen Besteuerungsrechtes, § 11 Abs. 2 S. 1 Nr. 2

Die in § 11 Abs. 2 S. 1 Nr. 2 enthaltene Regelung, wonach für den Buchwert- *115* bzw. Zwischenwertansatz das Recht der Bundesrepublik Deutschland hinsichtlich der Besteuerung des Gewinns aus der Veräußerung der übertragenen Wirtschaftsgüter bei der übernehmenden Körperschaft nicht ausgeschlossen oder beschränkt werden darf, ist durch das SEStEG neu in das UmwStG eingefügt worden.[97] Die Regelung betrifft *grenzüberschreitende*

---

97 Grundlegend dazu *Ungemach*, Ubg 2011, 251 ff; sowie Rdn. 263 ff.

Verschmelzungen bzw. *Verschmelzungen mit Auslandsbezug.* Denn ein Ausschluss oder eine Beschränkung des deutschen Besteuerungsrechts ist nur möglich, soweit ein Auslandsbezug besteht, d. h. eine grenzüberschreitende Verschmelzung stattfindet bzw. die übertragende KapG ausländisches Vermögen besitzt.[98] Dabei ist die Voraussetzung, dass die Wirtschaftsgüter auch nach der Umwandlung der deutschen Besteuerung unterliegen, bei einer grenzüberschreitenden Umwandlung im Regelfall im Sinne einer „Betriebsstättenbedingung" zu verstehen.[99] Die Nr. 2 kann daher auch als „Betriebsstättenvorbehalt" verstanden werden.

116 Maßgeblich ist für die Regelung des § 11 Abs. 2 S. 1 Nr. 2 das Besteuerungsrecht hinsichtlich des *Veräußerungsgewinns* der übergehenden Wirtschaftsgüter, *nicht* hingegen die *laufende Besteuerung.* Im Fokus stehen mithin die stillen Reserven an den Wirtschaftsgütern, die bisher in Deutschland steuerverstrickt waren und für die Deutschland im Falle einer etwaigen Veräußerung – vor Umsetzung der Verschmelzung – das Besteuerungsrecht gehabt hätte.

a) Ausschluss und Beschränkung des deutschen Besteuerungsrechtes durch die Verschmelzung

117 Der Antrag auf Ansatz eines Buch- oder Zwischenwertes ist gem. § 11 Abs. 2 Nr. 2 bei grenzüberschreitenden Verschmelzungen[100] nur möglich, wenn weder ein Ausschluss noch eine Beschränkung des Besteuerungsrechtes an den stillen Reserven erfolgt.

118 *„Ausgeschlossen"* wird das Besteuerungsrecht, wenn die Bundesrepublik Deutschland den Gewinn aus der Veräußerung der Wirtschaftsgüter nicht mehr besteuern darf, weil das Wirtschaftsgut der deutschen Steuerhoheit entzogen wird.[101]

119 *„Beschränkt"* wird das Besteuerungsrecht, wenn die Bundesrepublik Deutschland das unbeschränkte Besteuerungsrecht hatte und nach der Verschmelzung ausländische Steuer auf ihren Steueranspruch *anrechnen* muss.[102] Unerheblich ist dabei, ob tatsächlich ausländische Steuern angerechnet werden. Allein die abstrakte Möglichkeit der Anrechnung wird als ausreichend angesehen.[103] Dies soll unabhängig davon gelten, ob die Anrechnung der ausländischen Steuer aufgrund eines DBA oder aufgrund des § 34c Abs. 1 EStG durchzuführen ist.

120 Eine Beschränkung des deutschen Besteuerungsrechts liegt u. E. hingegen nicht vor, wenn die ausländische Steuer nach *§ 34 c Abs. 2, 3 EStG die steuerliche Bemessungsgrundlage reduziert.* Eine solche Anrechnung ausländischer Steuern stellt eine „freiwillige" Anrechnung dar und kann daher

---

98 *Brähler*, Umwandlungssteuerrecht, 235; eingehend zur sog. Herausverschmelzung *Riedel*, UB 2013, 30 ff.
99 *Frotscher*, IStR 2006, 65 (67).
100 Zu den zivilrechtlichen Anforderungen *Brocker*, BB 2010, 971 ff. m. w. N.
101 *Frotscher* in Frotscher/Maas, § 11 Rdn. 66.
102 *Frotscher* in Frotscher/Maas, § 11 Rdn. 67.
103 *Schießl* in Widmann/Mayer, § 11 Rdn. 50.10.

keine Beschränkung des deutschen Besteuerungsrechts beinhalten.[104] Die Anrechnung nach § 34c Abs. 3 EStG stellt vielmehr eine freiwillige Nichtausübung eines bestehenden Besteuerungsrechtes dar. Andere Autoren argumentieren zudem, dass es sich bei § 34c Abs. 3 EStG um eine Einkunftsermittlungsvorschrift handele.[105] Es werde also nicht das „Recht" der Bundesrepublik Deutschlands beschränkt, sondern es werden die inländischen Einkünfte lediglich der Höhe nach gemindert. Demgegenüber wird teilweise auch die Ansicht vertreten, dass der Abzug der ausländischen Steuer tatbestandsmäßig eine Beschränkung i.S.d. § 11 Abs. 2 Nr. 2 sei, weil das Steueraufkommen des Staates durch den Abzug gemindert werde.[106]

Auch durch den *Abschluss eines DBA* können Besteuerungsrechte der Bundesrepublik Deutschland beschränkt werden.[107] Es liegt hingegen kein Ausschluss des deutschen Besteuerungsrechts vor, wenn nach der Umwandlung die Vorschriften der §§ 7 ff. AStG nicht mehr anwendbar sind.[108] Vielmehr muss der Verlust des deutschen Besteuerungsrechts auf abkommensrechtlichen Regelungen beruhen. **121**

Fällt in den Verschmelzungssachverhalten, in denen die Freistellungsmethode nach Art. 23 A OECD-MA gilt, die Möglichkeit der Anwendung des *Progressionsvorbehalts* weg, liegt keine Beschränkung des deutschen Besteuerungsrechts vor.[109] Denn im Rahmen der Freistellungsmethode steht dem anderen Staat eben kein Besteuerungsrecht zu, so dass ein solches auch nicht beschränkt werden kann. Der Progressionsvorbehalt betrifft nur die Frage des Steuersatzes hinsichtlich der übrigen Einkünfte. **122**

b) Vorliegen eines inländischen Besteuerungsrechtes

Voraussetzung für die Beschränkung des deutschen Besteuerungsrechtes bei grenzüberschreitenden Herausverschmelzungen ist, dass Deutschland vor der Verschmelzung ein entsprechendes Besteuerungsrecht zustand. Ist dies nicht der Fall gewesen, kann dieses nicht bestehende Besteuerungsrecht nicht „ausgeschlossen oder beschränkt" werden. **123**

aa) Betriebsstättenvorbehalt

Eine Beschränkung des inländischen Besteuerungsrechtes gem. § 11 Abs. 2 S. 1 Nr. 2 liegt grds. dann nicht vor, wenn bei einer Herausverschmelzung im Inland eine Betriebsstätte verbleibt, da in diesen Fällen nach § 49 Abs. 1 Nr. 2 a) EStG weiterhin eine beschränkte Steuerpflicht im Inland besteht. Nach den zwischen Deutschland und den Mitgliedstaaten der EU abgeschlossenen DBA wird bei Vorliegen einer Betriebsstätte das Besteuerungs- **124**

---

104 *Hagemann/Jakob/Ropohl/Viebrock*, NWB Sonderheft SEStEG, 2007, 2 zu allgemeinen Regelung der Entstrickung; ebenso *Bilitewski*, FR 2007, 57 (59).
105 *Wassermeyer*, DB 2006, 2420 (2420).
106 *Schmitt* in Schmitt/Hörtnagl/Stratz, § 11 Rdn. 100.
107 *Wassermeyer*, DB 2006, 2420 (2423).
108 *Schießl* in Widmann/Mayer, § 11 Rdn. 50.7.
109 Ebenso *Schmitt* in Schmitt/Hörtnagl/Stratz, § 11 Rdn. 100; *Hruschka/Hellmann*, DStR 2010, 1961, 1962.

recht zudem jeweils dem Staat zugewiesen, in dem die Betriebsstätte belegen ist.

125 Insoweit weicht die Vorgabe der FusionsRL hinsichtlich des *Betriebsstättenvorbehalts* jedoch von der in § 11 Abs. 2 S. 1 Nr. 2 gewählten Formulierung ab. Nach Art. 4 Abs. 1 Buchst. b FusionsR ist eine steuerneutrale Verschmelzung nur dann möglich, wenn die übertragenen Wirtschaftsgüter einer *im Inland belegenen Betriebsstätte* der übernehmenden KapG *weiterhin zugerechnet* werden und zur Erzielung des steuerlich zu berücksichtigenden Ergebnisses dieser Betriebsstätte beitragen. § 11 Abs. 2 S. 1 Nr. 2 spricht hingegen davon, dass eine Buchwertfortführung möglich ist, „soweit das Recht der Bundesrepublik Deutschland hinsichtlich der Besteuerung des Gewinns aus der Veräußerung der übertragenden Wirtschaftsgüter bei der übernehmenden Körperschaft *nicht ausgeschlossen oder beschränkt* wird".[110]

126 Für die Frage, ob eine *Betriebsstätte* vorliegt, ist auf die entsprechende Definition in den jeweiligen DBA abzustellen und nicht auf den nationalen Betriebsstättenbegriff des § 12 AO.[111] Denn nur soweit in Deutschland die Wirtschaftsgüter auch nach der Verschmelzung einer inländischen DBA-Betriebsstätte zuzuordnen sind, bleibt Deutschland das Besteuerungsrecht daran erhalten.

127 Besteht kein DBA, ist § 12 AO anwendbar. Da zwischen Deutschland und allen EU-Staaten sowie Norwegen und Island derzeit ein DBA besteht, ist § 12 AO nur in Ausnahmefällen anwendbar, z.B. im Verhältnis zu Liechtenstein.[112]

bb) Zuordnung von Wirtschaftsgütern zu einer inländischen Betriebsstätte

128 Ob und gegebenenfalls inwieweit es zu einer Aufdeckung der stillen Reserven kommt, hängt beim *Verbleib einer deutschen Betriebsstätte* entscheidend davon ab, welche Wirtschaftsgüter weiterhin in der inländischen Betriebsstätte verstrickt bleiben und welche nach Wirksamwerden der Verschmelzung dem übernehmenden Rechtsträger im Ausland zuzuordnen sind. Dabei ist zunächst zu beachten, dass zivilrechtlich alle Wirtschaftsgüter und Rechtspositionen dem Stammhaus zuzuordnen sind, da einer Betriebsstätte zivilrechtlich keine eigene Rechtspersönlichkeit zukommt und diese mithin nicht Trägerin von Rechten und Pflichten i.S.d. Zivilrechts sein kann. Auch handelsrechtlich werden die Vermögensgegenstände nach Wirksamwerden der Verschmelzung in der Handelsbilanz des übernehmenden Rechtsträgers bilanziert. Der Zuordnung von Wirtschaftsgütern zu einer Betriebsstätte liegt mithin eine rein steuerliche Betrachtungsweise zugrunde.

---

110 Kritisch insofern auch *Köhler*, IStR 2010, 337 338.
111 Vgl. hierzu *Frotscher* in Frotscher/Maas, § 11 Rdn. 69; *Rödder* in Rödder/Herlinghaus/van Lishaut, § 11 Rdn. 122; vgl. hierzu auch *Blumers*, DB 2006, 856 (556).
112 *Frotscher* in Frotscher/Maas, § 11 Rdn. 69; ein Doppelbesteuerungsabkommen zwischen der Bundesrepublik Deutschland und Liechtenstein ist im November 2011 unterzeichnet worden, bedarf aber noch der Ratifikation und des Austausches der Ratifikationsurkunden für das Inkrafttreten.

Verbleiben die *materiellen Wirtschaftsgüter* physisch in der im Inland bele- 129
genen Betriebsstätte – werden sie also dort auch tatsächlich noch weiterhin
genutzt –, bleiben die stillen Reserven grds. im Inland steuerlich verstrickt.[113] Der übernehmende Rechtsträger mit Sitz im Ausland ist mit der
inländischen Betriebsstätte insofern in Deutschland *beschränkt steuerpflichtig*. Werden jedoch die Wirtschaftsgüter im Zuge der Verschmelzung real
zur im Ausland ansässigen KapG transportiert, um nunmehr dort Teil des
ausländischen Betriebsvermögens zu werden, geht das deutsche Besteuerungsrecht an diesen Wirtschaftsgütern verloren, und es kommt zu einer
Buchwertaufstokkung, die zu einem Übertragungsgewinn auf Ebene der
übertragenden KapG führt.

Insoweit findet dann jedoch die allgemeine Regelung der Entstrickung Anwendung, vgl. Rdn. 56.

Problematisch ist die Zuordnung von sog. *ungebundenem Vermögen*, d.h. 130
Wirtschaftsgüter, die nicht zwingend einer Betriebsstätte zuzuordnen sind.
Das ist insbesondere bei körperlich nicht fassbaren Wirtschaftsgütern wie
den *immateriellen Wirtschaftsgütern* (z.B. Firmenwert, Patente, Lizenzen)
sowie den Finanzanlagen (z.B. Beteiligungen) der Fall.

Bei der Frage, welche Wirtschaftsgüter der Betriebsstätte zuzuordnen sind, 131
gelten u.E. die allgemeinen Grundsätze des internationalen Steuerrechts.
Danach sind einer Betriebsstätte diejenigen Wirtschaftsgüter zuzurechnen,
die in einem *funktionalen Zusammenhang* mit der in der Betriebsstätte ausgeübten Tätigkeit stehen. Nach dem von der Finanzverwaltung postulierten
Grundsatz der *„Zentralfunktion des Stammhauses"*[114] gilt jedoch für einige
Wirtschaftsgüter ein zwingendes Zuordnungsgebot zum Stammhaus.[115] Als
Konsequenz des Grundsatzes der Zentralfunktion des Stammhauses soll es
nicht zulässig sein, der Betriebsstätte eine Finanzierungs-, Holding- oder Li-
zenzgeberfunktion zuzuweisen. Demnach ist dem Stammhaus grds. das un-
gebundene Betriebsvermögen wie z.B. Finanzmittel, Beteiligungen, die dem
Gesamtunternehmen dienen sowie immaterielle Wirtschaftsgüter einschließlich eines Geschäfts- oder Firmenwerts zuzurechnen. Nach unserer Auffassung können Beteiligungen oder Lizenzen trotz einer Zentralfunktion des
Stammhauses durchaus der Betriebsstätte zuzuordnen sein, wenn die Wirtschaftsgüter der in der Betriebsstätte ausgeübten Tätigkeit dienen.[116] Daher
sollten z.B. auch KapG-Beteiligungen einer Managementholding-Betriebs-
stätte ausschließlich zugeordnet werden, wenn die Betriebsstätte die Beteiligungen leitet, koordiniert und führt. Dies gilt entsprechend für Tochter-
KapG, die einer operativen, ebenfalls gewerblichen Tätigkeit der Betriebsstätte dienen wie z.B. bei einer Vertriebs-KapG, die einer Verlagsbetriebs-
stätte dient.

---

113 *Brähler*, Umwandlungssteuerrecht, 9 Aufl., 335; vgl. hierzu auch *Hagemann/
Jakob/Ropohl/Viebrock*, NWB Sonderheft 1/2007, 31.
114 Kritisch zum Grundsatz der Zentralfunktion des Stammhauses: *Blumers*, DB 2006,
856 (857).
115 BMF vom 24.12.1999, IV B 4 – S 1300 – 111/99, BStBl. I 1999, 1076.
116 Vgl. hierzu auch BMF vom 25.08.2009, IV B 5 – S 1341/07/10004, BStBl. I 2009,
888 zu den Änderungen der Betriebsstättenverwaltungsgrundsätzen auf Grund
des SEStEG unter Tz. 2.4.

132 Einer Betriebsstätte werden dann Wirtschaftsgüter nicht zugerechnet, wenn die dieser nur *vorübergehend überlassen* oder von mehreren Betriebsstätten gleichzeitig bzw. nacheinander genutzt werden. Der Grundsatz der „Zentralfunktion des Stammhauses" kann also bei einer Herausverschmelzung zu einer Aufdeckung der stillen Reserven hinsichtlich des ungebundenen Vermögens und aufgrund einer fehlenden Stundungsregelung zu einer sofortigen Besteuerung in Deutschland führen.[117] Dabei ist unerheblich, ob die Wirtschaftsgüter willentlich in das steuerliche Betriebsvermögen des ausländischen Stammhauses wechseln (also ausdrücklich zugeordnet werden) oder ob eine Zuordnung aufgrund der Anwendung des Grundsatzes der Zentralfunktion des Stammhauses erfolgt.[118]

133 Gegen die Anwendung des Grundsatzes der Zentralfunktion des Stammhauses bei Hinausverschmelzungen spricht, dass die betreffenden immateriellen Wirtschaftsgüter und Finanzanlagen zunächst unstreitig in der inländischen Körperschaft entstanden und dort zunächst auch zu Recht bilanziert wurden. Wenn durch die Herausverschmelzung zivilrechtlich die inländische Körperschaft aufgelöst wird, steuerlich jedoch als Betriebsstätte im Inland unverändert fortgeführt werden soll, ist u.E. nicht einzusehen, warum einzelne Wirtschaftsgüter nachfolgend dem Stammhaus zugeordnet werden müssen. U.E. gilt vielmehr der Grundsatz, dass einer Betriebsstätte die positiven und negativen WG zuzurechnen sind, die der Erfüllung der Betriebsstätten-Funktion dienen – funktionale Betrachtungsweise.[119] Ferner hat die OECD im Jahr 2006 das Projekt der Festlegung neuer Grundsätze zur Ermittlung des Betriebsstättengewinns vorgelegt, den sog. Authorised OECD Approach (AOA), der u.a. dem sog. „functionally separate Entity Approach" für Betriebsstätten folgt und weiterhin regelt, dass ggf. über „Dealings" eine Zuordnung von Wirtschaftsgütern zwischen Stammhaus und Betriebsstätte erfolgen kann, so dass die weitere Entwicklung insoweit abzuwarten bleibt.[120] Für den Fall der Herausverschmelzung ist der Grundsatz der Zentralfunktion des Stammhauses mithin nicht zwingend anwendbar.

cc) Berücksichtigung von ausländischen Betriebsstätten

134 Besitzt die inländische übertragende KapG bei einer Herausverschmelzung eine Betriebsstätte im Ausland, so ist die steuerliche Behandlung unproblematisch, wenn mit dem anderen Staat ein DBA mit *Freistellungsmethode*

---

117 *Viebrock/Hagemann,* FR 2009, 737 (744 f.); auch *Rödder* in Rödder/Herlinghaus/van Lishaut, § 11 Rdn. 127.
118 *Hagemann/Jakob/Ropohl/Viebrock,* NWB Sonderheft 1/2007, 31.
119 Vgl. BFH vom 20.07.1988, I R 49/84, BStBl. II 1989, 140, BFH vom 29.07.1992, I R 39/89, BStBl. II 1993, 63.
120 Die OECD hat am 17.07.2008 den sog. *Betriebsstättenbericht* verabschiedet. Danach soll der Gewinn der Betriebsstätte durch Anwendung des in *Art. 7 Abs. 2 OECD-MA* verankerten *Fremdvergleichsgrundsatzes* so ermittelt werden, als wäre die Betriebsstätte ein selbständiges Unternehmen, das die gleichen oder ähnlichen Funktionen unter gleichen Bedingungen ausübt (sog. *Authorised OECD Approach – AOA);* im Juli 2010 ist der OECD-MA-Kommentar zu Art. 7 entsprechend neu gefasst worden.

(ohne Aktivitätsklausel) besteht.[121] Denn Deutschland hat vor der Herausverschmelzung kein Besteuerungsrecht gehabt, welches durch die Verschmelzung ausgeschlossen oder beschränkt werden könnte.

Ist die Betriebsstätte allerdings in einem *Nicht-DBA-Staat* oder einem DBA-   135
Staat belegen, mit dem die *Anrechnungsmethode* vereinbart ist, verliert Deutschland durch die Verschmelzung das Besteuerungsrecht für die der ausländischen Betriebsstätte zugeordneten Wirtschaftsgüter. In den Fällen, in denen die Anrechnungsmethode gilt, hatte Deutschland vor der Verschmelzung ein *beschränktes Besteuerungsrecht.* Dieses Besteuerungsrecht verliert Deutschland mit der Verschmelzung, wenn anschließend die bisher bestehende beschränkte Steuerpflicht nach § 49 EStG nicht aufrechterhalten werden kann.[122] Denn Einkünfte aus einer ausländischen Betriebsstätte stellen mangels Inlandsbezugs keine „inländischen Einkünfte" nach § 49 Abs. 1 Nr. 2 a) EStG dar. Die Wirtschaftsgüter der ausländischen Betriebsstätte scheiden damit durch die Verschmelzung aus der deutschen Besteuerungspflicht aus. Es kommt insoweit zu einer Aufdeckung der stillen Reserven.

Ausnahmsweise können jedoch auch solche Fälle problematisch sein, in de-   136
nen ein *DBA mit Freistellungsmethode* vorliegt. Soweit das entsprechende DBA eine *Aktivitätsklausel* enthält und die im Ausland belegene Betriebsstätte die Anforderungen dieser Klausel nicht erfüllt, stellt Deutschland diese Betriebsstätteneinkünfte nicht frei, sondern wendet die *Anrechnungsmethode* an.[123] Im Rahmen der Herausverschmelzung kann es dann ebenfalls zu einem Verlust des deutschen Besteuerungsrechts kommen.

Handelt es sich um eine EU-Betriebsstätte, sind die Wirtschaftsgüter bei der   137
Herausverschmelzung zwar mit dem gemeinen Wert anzusetzen, soweit die Voraussetzung des § 11 Abs. 2 S. 1 Nr. 2 nicht erfüllt ist; doch muss auf die insoweit erhobene inländische Steuer nach Art. 10 Abs. 2 FusionsR eine fiktive ausländische Steuer des anderen EU-Mitgliedstaats angerechnet werden, um eine etwaige (künftige) Doppelbesteuerung zu vermeiden. Diese Vorgabe hat der deutsche Gesetzgeber in § 11 Abs. 3 i. V. m. § 3 Abs. 3 umgesetzt (eingehend dazu unter Rdn. 151 ff.).

dd) Grundvermögen

Unproblematisch ist bei Herausverschmelzungen grds. die Behandlung von   138
Grundstücken, denn für *unbewegliches Vermögen* gilt nach Art. 6 OECD-MA das Belegenheitsprinzip und zwar unabhängig davon, ob das Grundstück einer Betriebsstätte zugeordnet werden kann (vgl. Art. 13 Abs. 1 OECD-MA).[124] Die grenzüberschreitende Verschmelzung führt also bei Grundstücken i.d.R. zu keinem Ausschluss oder Beschränkung des deutschen Besteuerungsrechtes.

---

121 *Frotscher* in Frotscher/Maas, § 11 Rdn. 70; *Schmitt* in Schmitt/Hörtnagl/Stratz, § 11 Rdn. 109; *Viebrock/Hagemann,* FR 2009, 737 (745); *Thiel,* DB 2005, 2316 (2317).
122 *Frotscher* in Frotscher/Maas, § 11 Rdn. 70; *Brähler,* Umwandlungssteuerrecht, 336.
123 Vgl. hierzu *Frotscher* in Frotscher/Maas, § 11 Rdn. 70; *Thiel,* DB 2005, 2316 (2317).
124 *Frotscher* in Frotscher/Maas, § 11 Rdn. 71.

139 Eine Ausnahme besteht jedoch für den Fall, dass mit dem ausländischen Staat, in dem das Grundstück belegen ist, *kein DBA* besteht. Denn vor der Verschmelzung besteuerte Deutschland die im Inland ansässige Körperschaft unbeschränkt mit ihrem Welteinkommen; nach der Verschmelzung greift jedoch nur die beschränkte Steuerpflicht nach §§ 2, 8 Abs. 1 KStG i.V.m. § 49 EStG ein, die ausländische Grundstücke nicht umfasst.

ee) Beteiligungen an KapG

140 Regelmäßig steht das *Besteuerungsrecht* für Kapitalbeteiligungen dem *Ansässigkeitsstaat des Gesellschafters* zu. Hält also die bei einer Herausverschmelzung übertragende Körperschaft Anteile an einer KapG, wird das Besteuerungsrecht im Zuge der Verschmelzung auf den Staat der übernehmenden Körperschaft übertragen.[125] Denn der Betriebsstättenvorbehalt der DBA greift grds. nur dann ein, wenn die Wirtschaftsgüter von der Betriebsstätte tatsächlich genutzt werden.[126] Hält die übertragende Körperschaft also Kapitalbeteiligungen, könnte der Staat der übertragenden Körperschaft das Besteuerungsrecht verlieren, sodass insoweit die gemeinen Werte anzusetzen wären. Diese Rechtsfolge ergibt sich aus dem Grundsatz der Zentralfunktion des Stammhauses, sofern nicht eine tatsächliche funktionale Zuordnung zur Betriebsstätte vorliegt (dazu bereits unter Rdn. 128 ff.).

141 Hingegen gibt es einige DBA, die nicht dem Ansässigkeitsstaat des Gesellschafters das *Besteuerungsrecht* für die Kapitalanteile zuweisen, sondern dem *Ansässigkeitsstaat der Gesellschaft* (z.B. Tschechien, Slowakei, Zypern).[127] Da in diesen Fällen nicht die Ansässigkeit des Gesellschafters entscheidend ist, kommt es in diesen Konstellationen nicht zu einem Verlust des Besteuerungsrechts. In den Fällen, in denen die KapG, an der die Anteile bestehen, im Ausland ansässig ist, hatte Deutschland kein Besteuerungsrecht und kann daher im Rahmen der Verschmelzung auf eine ausländische Gesellschaft auch kein Besteuerungsrecht verlieren. Soweit die KapG, an der die Anteile bestehen, in Deutschland ansässig ist, hat Deutschland in den Fällen, in denen das deutsche Besteuerungsrecht erhalten bleibt, vor dem Wirksamwerden der Verschmelzung ein Besteuerungsrecht, welches durch die Verschmelzung nicht verlorengeht oder eingeschränkt wird.

142 Eine andere Frage ist, ob Deutschland sein Besteuerungsrecht für Kapitalbeteiligungen auch nach *nationalem Recht* ausübt, denn grds. sind Gewinne aus der Veräußerung von Kapitalanteilen nach § 8b Abs. 2 KStG steuerfrei.

143 Fraglich ist weiterhin, ob auch im Rahmen einer Verschmelzung auf einen etwaigen Entstrickungsgewinn aus der Kapitalbeteiligung § 8b Abs. 2 KStG Anwendung findet. Zwar stellt eine Verschmelzung keine Veräußerung im engeren Sinne dar, so wie es § 8b Abs. 2 KStG fordert. Zum einen kann aber eine Verschmelzung einer Veräußerung im weiteren Sinn gleichgestellt werden. Zum anderen verliert Deutschland kein Besteuerungsrecht, da Deutschland ohne die Verschmelzung einen etwaigen Veräußerungsgewinn

---

125 *Frotscher* in Frotscher/Maas, § 11 Rdn. 72.
126 Vgl. hierzu BFH vom 17.12.2003, I R 47/02, BFH/NV 2004, 771 (772).
127 *Frotscher* in Frotscher/Maas, § 11 Rdn. 73.

wegen § 8b Abs. 2 KStG ohnehin nicht besteuert hätte.[128] Auch der Ansatz der nicht abziehbaren Betriebsausgaben i.H.v. 5 % nach § 8b Abs. 3 S. 1 KStG begründet kein Besteuerungsrecht an dem Veräußerungsgewinn. So hat insbesondere das FG Hamburg in seinem Vorlagebeschluss vom 07.11. 2007[129], in dem es die Verfassungswidrigkeit des typisierten Nichtabzugs von Betriebsausgaben ohne Möglichkeit eines Nachweises von geringeren Betriebsausgaben rügt, ausgeführt, dass der Gesetzgeber nicht etwa 95 % der Dividendenbezüge und Veräußerungsgewinne steuerfrei stelle. Vielmehr habe er die Entscheidung getroffen, dass Dividendenerträge und hiermit im Zusammenhang stehende Veräußerungsgewinne bei der Ermittlung des Einkommens vollständig außer Ansatz bleiben würden. Die durch § 8b Abs. 3 und Abs. 5 KStG einkommenserhöhend zu berücksichtigenden nicht abziehbaren Betriebsausgaben vom 5 % führten zwar rechnerisch bzw. im wirtschaftlichen Ergebnis zu einer 95 %-igen Steuerfreistellung; dies ändere jedoch nichts daran, dass Dividendenerträge und Veräußerungsgewinne in Gänze bei der Ermittlung des Einkommens außer Ansatz zu lassen seien.

Beispiel 1:

Die in Deutschland unbeschränkt steuerpflichtige X-GmbH hält eine Beteiligung an der in Deutschland ebenfalls ansässigen Y-GmbH. Die X-GmbH wird auf die im EU-Ausland ansässige Z-SE verschmolzen. In Deutschland bleibt lediglich eine Betriebsstätte zurück. Mit dem EU-Staat besteht ein DBA, das dem OECD-MA entspricht.   *144*

In dem zuvor dargestellten Fall stellt sich die Frage, ob Deutschland gem. § 11 Abs. 2 S. 1 Nr. 2 ein Besteuerungsrecht verliert. Zwar wird Deutschland in den meisten Fällen DBA-rechtlich sein Besteuerungsrecht verlieren, aber dieses übt Deutschland nach nationalem Recht bisher nicht aus. Denn im Fall einer etwaigen Veräußerung wäre der Veräußerungsgewinn nach § 8b Abs. 2 KStG steuerfrei gewesen. Zwar führt § 8 b Abs. 3 KStG wirtschaftlich nur zu einer 95 %-igen Steuerfreistellung mittels Fiktion von nichtabzugsfähigen Betriebsausgaben i.H.v. 5 % des Veräußerungsgewinnes. Dies ändert aber nichts an der Systematik, dass § 8b Abs. 2 KStG eine Steuerfreiheit der Veräußerungsgewinne gewährt. U. E. ist daher in dem vorliegenden Fall die Voraussetzung des § 11 Abs. 2 S. 1 Nr. 2 erfüllt. Zwar verliert Deutschland DBA-rechtlich das Besteuerungsrecht, dieses hat Deutschland jedoch nach nationalem Recht nicht ausgeübt, sodass es einer Sicherstellung der stillen Reserven in dem vorliegenden Fall nicht bedarf.   *145*

ff)   Patente und Warenzeichen

Im Rahmen einer Herausverschmelzung sind zudem *Patente* und *ähnliche*   *146*
Rechte sowie *Warenzeichen* besonders zu beachten. Unproblematisch ist,

---

128 Ebenso *Frotscher* in Frotscher/Maas, § 11 Rdn. 74; vgl. hierzu auch *Blumers*, DB 2006, 856 (858).
129 FG Hamburg vom 07.11.2007, 5 K 153/06, EFG 2008, 236 (240); das BVerfG hat mit Beschluss vom 12.10.2010, 1 BvL 12/07, BFH/NV 2011, 181, die Verfassungsmäßigkeit der Pauschalierung festgestellt.

wenn derartige Rechte ausschließlich in der inländischen Betriebsstätte der übertragenden Körperschaft genutzt werden, da sie dann zum notwendigen Betriebsvermögen dieser Betriebsstätte gehören. Dies stellt jedoch eher den Ausnahmefall dar. I.d.R. werden immaterielle Rechte zentral von der Muttergesellschaft bzw. dem Stammhaus gehalten und allen Tochtergesellschaften und Betriebsstätten zur Nutzung zur Verfügung gestellt. Derartige Rechte werden dann der Geschäftsleiter-Betriebsstätte zugeordnet, die aber gerade bei der grenzüberschreitenden Verschmelzung von der inländischen übertragenden Körperschaft ins Ausland verlagert wird. In diesen Fällen kann hinsichtlich der betreffenden immateriellen Patentrechte und Warenzeichen daher eine Entstrickung gegeben sein und es kommt zum Ansatz des gemeinen Wertes nach § 11 Abs. 1.[130]

147　Denkbar sind auch Fälle, in denen im Zuge der Verschmelzung *mehrere Staaten* beteiligt sind. Dann ist für jedes Wirtschaftsgut gesondert zu prüfen, ob ein deutsches Besteuerungsrecht ausgeschlossen oder beschränkt wird.

Beispiel 2:

148　Die A-GmbH, die in Deutschland unbeschränkt steuerpflichtig ist, wird auf die im EU-Mitgliedstaat B ansässige EU-KapG B verschmolzen. Die A-GmbH unterhält im Staat C eine Betriebsstätte. Das in Deutschland steuerverstrickte Betriebsvermögen der übertragenden A-GmbH bleibt im Inland auch weiterhin in einer inländischen Betriebsstätte steuerverstrickt. Zwischen Deutschland und dem EU-Mitgliedstaat B besteht ein DBA, das dem OECD-MA entspricht. Zwischen Deutschland und dem Staat C besteht hingegen kein DBA, so dass die Gewinne aus der im Staat C belegenen Betriebsstätte in Deutschland unter Anrechnung der ausländischen Ertragsteuer zu versteuern sind.[131]

149　Fraglich ist vorliegend, ob das deutsche Besteuerungsrecht bezüglich des Vermögens der übertragenden Gesellschaft ausgeschlossen oder beschränkt wird. Im Hinblick auf das in Deutschland belegene Betriebsvermögen bleiben die stillen Reserven auch weiterhin in der deutschen Betriebsstätte steuerverstrickt. Insoweit verliert Deutschland kein Besteuerungsrecht, da DBA-rechtlich die Freistellungsmethode Anwendung findet. Damit wäre hinsichtlich des in Deutschland verstrickten Betriebsstättenvermögens ein Buchwertansatz möglich.

150　Etwas anderes gilt hingegen für das im Staat C belegene Betriebsstättenvermögen. Da mit dem Staat C kein DBA besteht, durfte Deutschland vor der Verschmelzung die Wirtschaftsgüter besteuern, die in der Betriebsstätte im Staat C belegen sind. Nach der Verschmelzung steht das Besteuerungsrecht allerdings nicht mehr Deutschland, sondern dem EU-Mitgliedstaat B als Ansässigkeitsstaat der übernehmenden Gesellschaft und/oder dem Staat C als Betriebsstättenstaat zu. Insoweit sind daher nach § 11 Abs. 1 die gemeinen

---

130 *Frotscher* in Frotscher/Maas, § 11 Rdn. 77; vgl. zum ungebundenen Vermögen auch *Klingberg* in Blümich, § 11 Rdn. 32.
131 Beispiel aus *Hagemann/Jakob/Ropohl/Viebrock*, NWB Sonderheft 1/2007, 32.

Werte der ausländischen Betriebsstätte in der steuerlichen Schlussbilanz der A-GmbH anzusetzen. Es entsteht „insoweit" ein Übertragungsgewinn auf Ebene der übertragenden A-GmbH. Zur Berücksichtigung von fiktiver ausländischer Ertragsteuer in Deutschland
wird auf die Rdn. 151 ff. verwiesen.

gg) Steueranrechnung bei Herausverschmelzungen, § 11 Abs. 3

Nach § 11 Abs. 3 gilt § 3 Abs. 3 für den übertragenden Rechtsträger bei ei-   151
ner Verschmelzung entsprechend. § 3 Abs. 3 betrifft den Sonderfall einer
Herausverschmelzung einer unbeschränkt steuerpflichtigen Körperschaft
ins EU-Ausland, wobei sich unter den bei der Herausverschmelzung zu
übertragenden Wirtschaftsgütern eine in einem anderen Mitgliedstaat liegende *Betriebsstätte* befindet, für die das jeweilige DBA *nicht die Freistellungsmethode vorsieht*. Durch die Herausverschmelzung kann Deutschland
ein Besteuerungsrecht verlieren. Grds. sehen alle DBA zwischen Deutschland und anderen EU-Mitgliedstaaten die Freistellungsmethode vor. Die Regelung kommt daher nur zur Anwendung, wenn bei der Freistellung von
Betriebsstätten eine Aktivitätsklausel besteht.[132]

Da Deutschland durch die Herausverschmelzung das Besteuerungsrecht an   152
den Betriebsstättengewinnen verliert, ist das übertragene Vermögen in der
steuerlichen Übertragungsbilanz zwingend mit dem gemeinen Wert anzusetzen (vgl. § 11 Abs. 1, § 11 Abs. 2 S. 1 Nr. 2) und damit die stillen Reserven
aufzudecken. Entsprechend Art. 10 Abs. 2 FusionsRL ist auf die insoweit
erhobene inländische Steuer jedoch eine *fiktive ausländische Steuer anzurechnen*. Durch die fiktive Steueranrechnung wird im Ergebnis eine Doppelbesteuerung der stillen Reserven in der Betriebsstätte durch den Betriebsstättenstaat und den Ansässigkeitsstaat der übertragenden Körperschaft
vermieden, wenn im Zeitpunkt der Einbringung eine Aufdeckung der stillen
Reserven im Betriebsstättenstaat unterbleibt.

Erhebt der andere EU-Mitgliedstaat anlässlich der Verschmelzung tatsäch-   153
lich Steuern, so sind diese nach § 26 KStG anzurechnen.[133]

*c) Fortgeltung des deutschen Besteuerungsrechtes bei Übertragung
von Vermögenswerten ins Ausland?*

aa) Aufgabe der finalen Entnahmetheorie

Mit dem Urteil vom 17.07.2008 hat der BFH seine Rechtsprechung zur sog.   154
finalen Entnahmetheorie aufgegeben.[134] Die frühere Rechtsprechung begründete die sog. finale Entnahmetheorie damit, dass in der Überführung
eines Wirtschaftsgutes in eine ausländische Betriebsstätte eine Entnahme zu
sehen sei, weil Deutschland das Besteuerungsrecht an dem überführten
Wirtschaftsgut verliere.[135] Nunmehr vertritt der BFH in dem oben genann-

---

132 Vgl. z.B. Protokoll Nr. 8 zu Art. 24 DBA Portugal; ebenso DBA Deutschland-Polen
Art. 24 Abs. 1c) und § 20 Abs. 2 AStG.
133 *Rödder* in Rödder/Herlinghaus/van Lishaut, § 11 Rdn. 182.
134 BFH vom 17.07.2008, I R 77/06, IStR 2008, 814 (818 f.).
135 BFH vom 16.07.1969, I 266/65, BStBl. II 1970, 175 (176); BFH vom 30.05.1979,
VIII R 111/69, BStBl. II 1972, 760 (761); vgl. auch BFH vom 28.04.1971, I 55/66,
BStBl. II 1971, 630.

ten Urteil die Auffassung, dass ein Verlust des deutschen Besteuerungsrechtes nicht zwingend vorliege und mithin eine Entnahme nicht zu begründen sei. Der dieser Entscheidung zu Grunde liegende Sachverhalt betraf jedoch einen Fall vor Einführung des SEStEG und damit vor Einführung eines gesetzlichen Entstrickungstatbestands. Damit stellt sich die Frage, ob die Rechtsprechung auf die neue Rechtslage nach Einführung des SEStEG anwendbar ist.[136] Die Finanzverwaltung hat auf das Urteil des BFH mit einem Nichtanwendungserlass reagiert.[137] Inhaltlich stellt sich die Frage, ob die Grundsätze der Entscheidung auf Fälle grenzüberschreitender Verschmelzungen entsprechend angewendet werden können.

155　Nach der neuen Rechtsprechung des BFH führt die Überführung eines Einzelwirtschaftsguts aus einem inländischen Stammhaus in eine ausländische Betriebsstätte auch dann nicht zur sofortigen Gewinnrealisierung, wenn die ausländischen Betriebsstättengewinne aufgrund eines DBA von der Besteuerung im Inland freigestellt sind.[138] Der BFH begründet die Aufgabe seiner vorherigen Rechtsprechung zur finalen Entnahme damit, dass diese im Gesetz *keine hinreichende Grundlage* finde und auf einer unzutreffenden Beurteilung der Abgrenzung zwischen den inländischen und den ausländischen Einkünften und der Wirkungen der abkommensrechtlichen Freistellung beruhe. Denn die Gewinnrealisation durch Entnahme setze nach der Legaldefinition des § 4 Abs. 1 S. 2 EStG voraus, dass der Steuerpflichtige das Entnahmeobjekt für *private Interessen* oder für andere *betriebsfremde Interessen* entnehme. Die Überführung eines Wirtschaftsguts in eine ausländische Betriebsstätte des gleichen Unternehmens führe jedoch nicht zur Lösung des bisherigen betrieblichen Funktionszusammenhangs und könne deshalb mangels Außenumsatzes nicht als Realisierungstatbestand angesehen werden.

156　Entscheidend ist jedoch, dass der BFH in seinem Urteil ausgeführt hat, dass die *stillen Reserven* bei der Überführung eines Wirtschaftsgutes von einem inländischen Stammhaus in eine ausländische Betriebsstätte *sichergestellt* seien: *„Abkommensrechtlich wird jedoch nach heutiger Erkenntnis die (spätere) Besteuerung im Inland entstandener stiller Reserven durch eine Freistellung der ausländischen Betriebsstättengewinne nicht beeinträchtigt (...)".*[139] Weiter heißt es, dass anders als bei den von Art. 13 Abs. 5 OECD-MA erfassten Veräußerungsgewinnen, die ausschließlich in dem Vertragsstaat besteuert würden, in dem der Veräußerer – nach seinem Wegzug – ansässig sei, der inländische Besteuerungszugriff auf Gewinne aus der Veräußerung beweglichen Vermögens, das Betriebsvermögen einer Betriebsstätte sei, die ein Unternehmen eines Vertragsstaats im anderen Vertragsstaat habe (Art. 13 Abs. 2 OECD-MA), bei der Vereinbarung der Freistellungsmethode nur in jenem Umfang verloren gehe, in dem das Vermögen der Betriebsstätte auch tatsächlich zuzuordnen sei und in dem die realisierten Gewinne durch jene Betriebsstätte erwirtschaftet worden seien. Deshalb fehle

---

136　Grundlegend *Köhler*, IStR 2010, 337; *Kußmaul/Richter/Heyd*, IStR 2010, 73 sowie *Ungemach*, Ubg 2011, 251.
137　BMF vom 20.05.2009, IV C 6 – S 2134/07/10005, IStR 2009, 436.
138　BFH vom 17.07.2008, I R 77/06, IStR 2008, 814 (818f.).
139　BFH vom 17.07.2008, I R 77/06, IStR 2008, 814 (819).

jedenfalls vor Inkrafttreten des § 4 Abs. 1 S. 3 EStG i.d.F. des SEStEG sowohl eine Rechtsgrundlage als auch ein Bedürfnis dafür, die Überführung von Wirtschaftsgütern eines inländischen Unternehmens in dessen ausländische Betriebsstätte als Gewinnrealierungstatbestand anzusehen.

Im Rahmen des § 11 Abs. 2 S. 1 Nr. 2 stellt sich die Frage, welche Auswir-   157
kungen das Urteil des BFH auf das UmwStG hat. Teilweise wird ausgeführt, dass eine Beschränkung eines inländischen Besteuerungsrechtes i.S.d. § 11 Abs. 2 S. 1 Nr. 2 auch dann vorliege, wenn das Besteuerungsrecht an *potenziell zukünftigen Wertsteigerungen* des Wirtschaftsguts nicht mehr gegeben sei.[140] Daher soll nach dieser Auffassung die Aufgabe der finalen Entnahmetheorie keine Auswirkungen auf das Umwandlungssteuerrecht haben.

In der Literatur wird zu der vergleichbaren Problematik der allgemeinen   158
Entstrickung nach § 4 Abs. 1 S. 3 EStG bezweifelt, dass es bei der Überführung eines Wirtschaftsguts in eine ausländische Betriebsstätte zu einem Ausschluss oder einer Beschränkung des Besteuerungsrechts kommt, sodass diese Vorschrift auf der Grundlage der genannten Entscheidung des BFH im Ergebnis in vielen Fällen ins Leere liefe.[141] Da der Grundgedanke der Argumentation auch auf Umwandlungsfälle übertragen werden kann, wird in der Literatur auch teilweise vertreten, dass das Tatbestandsmerkmal des § 11 Abs. 2 S. 1 Nr. 2 leer läuft, da gleichermaßen die (spätere) Besteuerung im Inland entstandener stiller Reserven durch eine Freistellung der ausländischen Betriebsstättengewinne nicht beeinträchtigt wird.[142]

Ein Unterschied im Rahmen des Verschmelzungsvorgangs, der gegen diese   159
Auffassung spricht, ist jedoch, dass im Rahmen der Verschmelzung der übertragende Rechtsträger erlischt. Damit befindet sich sowohl das Eigentum an dem übergehenden Wirtschaftsgut als auch die übernehmende KapG im anderen DBA-Staat. In diesen Fällen kann jedoch in Deutschland weiterhin eine Betriebsstätte bestehen und mithin ein steuerlicher Anknüpfungspunkt. Hingegen verliert Deutschland unstreitig sein Besteuerungsrecht an den stillen Reserven, soweit auch die im Inland belegene Betriebsstätte in den anderen Vertragsstaat „übergeht" und damit im Inland keine beschränkte Steuerpflicht verbleibt.

Zur Abwehr der zuvor dargestellten Rechtsprechungsänderung des BFH zur   160
Aufgabe der Theorie der finalen Entnahme wurde der Gesetzgeber im Rahmen des JStG 2010[143] aktiv. Es wurde „klarstellend" eine Regelbeispiel eingeführt (§ 4 Abs. 1 S. 4 EStG, § 52 Abs. 8 b EStG). Danach ist der Ausschluss oder die Beschränkung des deutschen Besteuerungsrechts aus der Veräußerung eines Wirtschaftsguts insbesondere dann gegeben, wenn das Wirtschaftsgut einer ausländischen Betriebsstätte zuzuordnen ist. Korrespondierend wird für Körperschaften eine entsprechende gesetzliche Ergänzung im Körperschaftsteuergesetz vorgenommen (§ 12 Abs. 1 KStG, § 34 Abs. 8

---

140 *Schießl* in Widmann/Mayer, § 11 Rdn. 50.10; vgl. auch *Schenke*, DStZ 2007, 235 (246).
141 *Wassermeyer*, DB 2006, 1176; ders., DB 2006, 2420; *Prinz*, DB 2009, 807 (810 f.); *Kahle/Franke*, IStR 2009, 404 (408); *Körner*, IStR 2009, 741 (744).
142 *Körner*, IStR 2009, 741 (748, 750).
143 Jahressteuergesetz 2010 (JStG 2010), BGBl. I 2010, 1768.

KStG). Eine entsprechende Gesetzesregelung im UmwStG wurde hingegen nicht eingeführt. U. E. hat die Neuregelung in § 4 Abs. 1 S. 4 EStG und parallel in § 12 Abs. 1 KStG mithin keine Auswirkung auf die zuvor dargestellte Anwendung der neuen Rechtsprechungsregelungen auf grenzüberschreitende Umwandlungsvorgänge.

bb) Europarechtswidrigkeit ohne Stundungslösung?

161 Ob § 11 Abs. 1 den europarechtlichen Vorgaben gerecht wird, ohne dass eine dem § 4 g EStG entsprechend *Stundungsregelung* durch Bildung eines Ausgleichspostens für Verschmelzungsvorgänge besteht, wird in der Kommentarliteratur unterschiedlich bewertet. Die Frage stellt sich vorwiegend bei Hinausverschmelzungen, bei denen gem. § 11 Abs. 1 die gemeinen Werte angesetzt werden und es damit zu einer sofortigen Besteuerung der stillen Reserven auf Ebene des übertragenden Rechtsträgers kommt.

162 Der Gesetzgeber hält laut Gesetzesbegründung[144] eine Stundungslösung für die Anwendung der speziellen Entstrickungsregelungen nach dem UmwStG für nicht administrierbar. Hinzu käme, dass eine effektive grenzüberschreitende Zusammenarbeit der Mitgliedstaaten bei der Beitreibung von Steuerforderungen und im Rahmen der gegenseitigen Amtshilfe bisher nicht erreicht sei.

163 In der Kommentarliteratur wird teilweise davon ausgegangen, dass die Aufdeckung der stillen Reserven im Rahmen der Verschmelzung ohne Stundungsregelung europarechtskonform ist, da in den Fällen der Umwandlung das Besteuerungsrecht der Bundesrepublik Deutschland verloren gehe.[145] Anders argumentiert *Frotscher*[146], der davon ausgeht, dass die Grundfreiheiten im Fall der Umwandlung nicht betroffen seien. Denn hierbei handele es sich um eine Änderung bzw. um einen Austritt aus dem territorialen Bereich des nationalen Gesellschaftsstatuts. Da eine KapG ihre Existenz und ihre Rechte aus dem nationalen bzw. europarechtlichen Gründungsstatut ableite, könnten für das Ausscheiden aus dem Gründungsstatut bzw. seinem territorialen Geltungsbereich belastende Regelungen getroffen werden. Dieser Argumentation steht jedoch mittlerweile das EuGH-Urteil in der Rechtssache SEVIC entgegen. In diesem Urteil hat der EuGH ausgeführt, dass die Niederlassungsfreiheit nach Art. 43 EG und Art. 48 EG auch auf eine Verschmelzung anwendbar ist.[147] Für die Anwendung der Niederlassungsfreiheit spricht auch, dass die Verschmelzung im Wege der Gesamtrechtsnachfolge erfolgt und der übernehmende Rechtsträger in die Rechte und Pflichten des übertragenden Rechtsträgers eintritt. Da inländische Verschmelzungen steuerneutral durchgeführt werden können, grenzüberschreitende Verschmelzungen jedoch nur, wenn die übertragenen Wirtschaftsgüter auch weiterhin einer inländischen Betriebsstätte zugeordnet werden können, liegt darin auch eine Beschränkung der Niederlassungsfreiheit. Ob

---

144 BT-Drs. 16/2710, 26 f.
145 *Schenke*, DStZ 2007, 235 (246); zustimmend *Dötsch/Pung* in Dötsch/Patt/Pung/Möhlenbrock, § 3 Rdn. 37; *Schießl* in Widmann/Mayer, § 11 Rdn. 50.73.
146 *Frotscher*, IStR 2006, 65 (69, 72).
147 EuGH vom 13. 12. 2005, C-411/03, DStR 2006, 49 (49).

allein der administrative Aufwand die Verletzung der Niederlassungsfreiheit im Rahmen der grenzüberschreitenden Verschmelzung rechtfertigt, erscheint fraglich.[148]

Die Anwendung der Stundungsregelung nach § 4 g EStG kann jedoch dadurch erreicht werden, dass vor der Verschmelzung die einzelnen Wirtschaftsgüter auf das ausländische Stammhaus bzw. die Betriebsstätte übertragen werden, vorausgesetzt, dass die Finanzverwaltung darin keinen Gestaltungsmissbrauch i.S.d. § 42 AO sieht. *164*

3. Gegenleistung in Gesellschaftsrechten, § 11 Abs. 2 S. 1 Nr. 3

Nach § 11 Abs. 2 S. 1 Nr. 3 darf das übergehende Betriebsvermögen nur soweit mit dem Buchwert bzw. einem Zwischenwert angesetzt werden, als eine Gegenleistung nicht gewährt wird oder in Gesellschaftsrechten bzw. Mitgliedschaftsrechten besteht. Gemeint ist die Gewährung einer *Gegenleistung an die Anteilseigner der übertragenden Körperschaft* für die Übertragung des Vermögens durch die übertragende Körperschaft. *165*

Hintergrund dieser Regelung ist, dass eine steuerneutrale Verschmelzung nur in den Fällen möglich sein soll, in denen kein Gewinn in Form einer solchen wertmäßigen (monetären) Gegenleistung realisiert wird. Wird im Rahmen der Verschmelzung das übertragene Vermögen in Geld oder in geldwerte Ansprüche umgewandelt, ist kein Grund ersichtlich, die Besteuerung unter Anwendung des UmwStG aufzuschieben. Ein Aufschub der Besteuerung ist nur gerechtfertigt, wenn ein solcher veräußerungsgleicher Vorgang unterbleibt. Der Sinn und Zweck des § 11 Abs. 2 S. 1 Nr. 3 ist bei der Auslegung der Vorschrift zu berücksichtigen. *166*

a) Verschmelzung ohne Gegenleistung

Regelmäßig werden im Rahmen einer Verschmelzung den Anteilseignern der übertragenden Körperschaft im Gegenzug Anteile bzw. Mitgliedschaftsrechte an der übernehmenden Körperschaft gewährt. Die Gewährung stellt dabei eine Kompensation für die untergehenden Anteile an dem übertragenden Rechtsträger dar. Die neuen Anteile am übernehmenden Rechtsträger treten steuerlich an die Stelle der untergehenden Anteile am übertragenden Rechtsträger, vgl. § 13 Abs. 2 S. 2. *167*

Nach den Vorschriften des UmwG ist im Falle einer Verschmelzung von KapG regelmäßig eine *Kapitalerhöhung* bei der übernehmenden KapG vorzunehmen mit der Folge, dass neue Anteile an dieser Gesellschaft entstehen, die an die Gesellschafter der übertragenden Gesellschaft auszugeben sind, vgl. § 54 Abs. 1 UmwG für die GmbH sowie § 68 Abs. 1 UmwG für die AG. Vom Grundsatz der Anteilsgewährung gibt es jedoch nach den Vorschriften des UmwG Ausnahmen. Besonders praxisrelevant sind dabei folgende: *168*

Eine Kapitalerhöhung mit der Folge der Ausgabe neuer Anteile darf nach Maßgabe des deutschen UmwG nicht vorgenommen werden, wenn es sich bei der Verschmelzung um einen *up-stream merger* auf den bisherigen al- *169*

---

148 Zweifelnd auch *Rödder* in Rödder/Herlinghaus/van Lishaut, § 11 Rdn. 131.

leinigen Anteilseigner handelt, vgl. § 54 Abs. 1 S. 1 Nr. 1 UmwG bzw. § 68 Abs. 1 S. 1 Nr. 1 UmwG (zum up-stream merger auch Rdn. 16 und 224). Andernfalls würden auf Ebene des übernehmenden Rechtsträgers (der ja zugleich auch Anteilseigner des übertragenden Rechtsträgers ist), eigene Anteile entstehen.

170 Eine Kapitalerhöhung kann nach einer Gesetzesänderung in 2007[149] auch dann unterbleiben, wenn alle Anteilsinhaber eines übertragenden Rechtsträgers darauf mit notarieller Erklärung verzichten, vgl. § 54 Abs. 1 S. 3 UmwG für die GmbH sowie § 68 Abs. 1 S. 3 UmwG für die AG. Die Regelung ist zur Vereinfachung von Verschmelzungsvorgängen unter *Schwestergesellschaften* eingeführt worden (sog. side-step merger, dazu unter Rdn. 17 und 265), gilt aber nach dem Wortlaut auch für jede andere Form der Verschmelzung nach dem UmwG. Insbesondere bei Schwestergesellschaften, bei denen die gemeinsame Muttergesellschaft vor der Verschmelzung bereits 100 % der Anteile an den an der Verschmelzung beteiligten Rechtsträgern gehalten hat, stellt die Gewährung neuer Anteile im Wege der Kapitalerhöhung eine unnötige Förmelei dar und ist daher schon immer von Stimmen aus der Literatur kritisiert worden.[150] Nach § 54 Abs. 1 S. 2 UmwG gibt es weitere Fälle in denen eine Kapitalerhöhung unterbleiben kann wie z.B. bei einem down-stream merger.

171 Im Falle einer *Vermögensübertragung im Wege einer Vollübertragung* nach § 174 Abs. 1 UmwG erfolgt per Definition die Gewährung einer Gegenleistung, die nicht in Gesellschaftsrechten besteht (vgl. Rdn. 51 ff.). Die Bewertung der übergehenden Vermögensgegenstände zu Buchwerten ist daher in diesem Fall regelmäßig ausgeschlossen.[151] Der einzige Fall, in dem eine Vermögensübertragung unter den sonstigen Voraussetzungen steuerneutral zu Buchwerten möglich ist, liegt vor, wenn das Vermögen auf den alleinigen Gesellschafter übertragen wird (z.B. 100 %-ige Tochter-GmbH wird auf eine Gemeinde als deren alleinige Anteilsinhaberin übertragen).[152] In diesem Fällen liegt eine Gegenleistung nicht vor, da der Wegfall der Beteiligung an der übertragenden KapG keine Gegenleistung i.S.d. § 11 Abs. 2 S. 1 Nr. 3 darstellt.[153]

172 In den zuvor genannten Fällen wird mithin im Zusammenhang mit der Verschmelzung *keine Gegenleistung* gewährt. Dies ist für die Anwendung des § 11 Abs. 2 S. 1 Nr. 3 unschädlich, da die Gewährung neuer Anteile zwar erlaubt, nicht jedoch Voraussetzung für einen Antrag auf Buchwertfortführung oder Ansatz eines Zwischenwertes ist.[154]

---

149 Gesetzesänderung vom 19. 04. 2007, BGBl. I 2007, 542.
150 Dazu *Winter* in Lutter/Winter, § 54 UmwG Rdn. 19 ff. m. w. N.
151 Ebenso *Schmitt* in Schmitt/Hörtnagl/Stratz, § 11 Rdn. 4; *Rödder* in Rödder/Herlinghaus/van Lishaut, § 11 Rdn. 26 und 148; *Frotscher* in Frotscher/Maas, § 11 Rdn. 52.
152 *Rödder* in Rödder/Herlinghaus/van Lishaut, § 11 Rdn. 148; *Dötsch* in Dötsch/Jost/Pung/Witt, § 11 Rdn. 54.
153 Vgl. BStBl. I 1998, 268, Tz. 11.17.
154 *Heckschen/Gassen*, GWR 2010, 101.

b) Gegenleistung nur in Gesellschaftsrechten

Zulässig ist eine Buchwertfortführung nach § 11 Abs. 2 S. 1 Nr. 3 auch dann, 173 wenn die Gegenleistung (lediglich) in Gesellschaftsrechten besteht. Hierbei wird es sich im Regelfall um *neue Anteile* handeln, die durch eine im Rahmen der Verschmelzung vorgenommene Kapitalerhöhung entstanden sind.

Möglich ist jedoch auch die Gewährung *eigener Anteile* der übernehmen- 174 den Körperschaft, die den Anteilseignern der übertragenden Körperschaft als Gegenleistung gewährt werden.[155] Einigkeit besteht dahingehend, dass die Ausgabe eigener Anteile als Gegenleistung zur Vermögensübertragung im Wege der Verschmelzung unschädlich für das Antragswahlrecht nach § 11 Abs. 2 ist. Bei der Gewährung eigener Anteile besteht jedoch die Gefahr, dass hinsichtlich der Weggabe dieser Anteile ein Realisationsvorgang auf Ebene der *übernehmenden* Gesellschaft bewirkt wird.[156] Dagegen spricht jedoch, dass es im Ergebnis keinen Unterschied machen kann, ob die übernehmende Gesellschaft im Wege einer Kapitalerhöhung (steuerneutral) neue Anteile ausgibt oder solche, die sie an sich selbst hält.[157] Andernfalls könnte sie die eigenen Anteile auch zunächst einziehen und anschließend im Wege der Kapitalerhöhung bei Durchführung der Verschmelzung neue Anteile schaffen; das Ergebnis wäre aus steuerlicher Sicht dasselbe.

Unter den Begriff der Anteile können auch *beteiligungsähnliche Genuss-* 175 *rechte* fallen. Begründet wird dies damit, dass Genussrechte bei der Anwendung des § 17 EStG steuerlich wie Anteile an der Körperschaft behandelt werden; insofern kann bei einer Verschmelzung nach § 11 Abs. 2 nichts anderes gelten.[158]

Von der Regelung des § 11 Abs. 2 S. 1 Nr. 3 werden auch *Mitgliedschafts-* 176 *rechte* erfasst. Die Vorschrift selbst spricht zwar ausdrücklich nur von „Gesellschaftsrechten". Es besteht jedoch Einigkeit dahingehend, dass es sich insofern um ein historisches Versehen des Gesetzgebers handelt.[159]

Gesellschaftsrechte i.S.d. § 11 Abs. 2 S. 1 Nr. 3 sind nur solche an der über- 177 nehmenden Körperschaft. Entsprechende Rechte an einer *dritten Körperschaft* fallen nicht unter die Anwendung der Vorschrift.

c) Schädliche Gegenleistung

Schädliche sonstige Gegenleistungen i.S.d. § 11 Abs. 2 S. 1 Nr. 3 liegen nur 178 dann vor, wenn sie durch den übernehmenden Rechtsträger gewährt wer-

---

155 *Dötsch* in Dötsch/Jost/Pung/Witt, § 11 Rdn. 17; *Schmitt* in Schmitt/Hörtnagl/Stratz, § 11 Rdn. 124.

156 Kritisch etwa *Rödder* in Rödder/Herlinghaus/van Lishaut, § 11 Rdn. 143; *Dötsch* in Dötsch/Jost/Pung/Witt, § 11 Rdn. 34; eingehend dazu auch *Schmitt* in Schmitt/Hörtnagl/Stratz, § 11 Rdn. 124.

157 Ebenso *Sagasser* in Sagasser/Bula/Brünger, L 22.

158 *Frotscher* in Frotscher/Maas, § 11 Rdn. 85; *Dötsch* in Dötsch/Jost/Pung/Witt, § 11 Rdn. 37; *Schmitt* in Schmitt/Hörtnagl/Stratz, § 11 Rdn. 124; a.A. *Klingberg* in Blümich, § 11 Rdn. 35.

159 *Schmitt* in Schmitt/Hörtnagl/Stratz, § 11 Rdn. 124; *Schießl* in Widmann/Mayer, § 11 Rdn. 106; a.A. *Frotscher* in Frotscher/Maas, § 11 Rdn. 85, der jedoch i.E. dennoch von einer gewinnneutralen Verschmelzung ausgeht.

den. Alle *Zahlungen, die nicht durch die übernehmende Körperschaft erbracht* werden, sind daher unschädlich für das Antragswahlrecht[160], so etwa Zahlungen der übergehenden Körperschaft oder auf Ebene der Anteilseigner.[161] Solche Zahlungen sind nach allgemeinen steuerlichen Grundsätzen zu beurteilen.[162] Bei einer Zahlung durch die übertragende Körperschaft an ihre Anteilseigner kann eine vGA oder eine andere Form der Ausschüttung anzunehmen sein.[163]

179   Sonstige „Gegenleistung" i.S.d. § 11 Abs. 2 S. 1 Nr. 3 ist jede *Geldleistung oder geldwerte sonstige Leistung,* die im Zusammenhang mit der Verschmelzung für die Übertragung des Vermögens von der übernehmenden Körperschaft an die Gesellschafter der übertragenden Körperschaft erbracht wird.[164]

180   Dasselbe soll auch für *Zahlungen an die übertragende Körperschaft* gelten.[165] Da diese jedoch in Folge der Verschmelzung ohnehin ihr gesamtes Vermögen im Wege der Gesamtrechtsnachfolge auf die übernehmende Körperschaft überträgt, kann eine solche Zahlung u.E. nicht als schädlich angesehen werden,[166] da es sich im Ergebnis um eine Zahlung der übernehmenden Körperschaft an sich selbst handelt und nicht um eine Zahlung zum Erwerb der Vermögenspositionen.

181   Eine Gegenleistung i.S.d. § 11 Abs. 2 S. 1 Nr. 3 ist auch dann anzunehmen, wenn die Zahlung (oder eine anderweitige geldwerte Leistung) nicht unmittelbar an den Gesellschafter, sondern an eine diesem *nahe stehende Person* geleistet wird, letztlich aber dem Gesellschafter zugute kommt. Leistungen an sonstige, außenstehende Dritte sind hingegen unschädlich.

182   Jede sonstige Gegenleistung, sei es in Geld oder in Geldes- bzw. Sachwerten, schadet und schließt insoweit den Buchwertansatz aus. Insbesondere stellt sich ein *Spitzenausgleich in Geld* an die Anteilseigner der übertragenden Gesellschaft als schädlich dar.[167] Ein solcher Spitzenausgleich kann für den Fall einer Verschmelzung geleistet werden, um einen Wertausgleich zu schaffen, betreffend den Wert der hingegebenen Anteile im Verhältnis zum Wert der neu gewährten Anteile. Das UmwG lässt einen solchen Spitzenausgleich in Grenzen zu.[168] Des Weiteren liegt eine schädliche Gegenleis-

---

160 *Schießl* in Widmann/Mayer, § 11 Rdn. 54.

161 *Dötsch* in Dötsch/Jost/Pung/Witt, § 11 Rdn. 43; *Schmitt* in Schmitt/Hörtnagl/Stratz, § 11 Rdn. 129; *Rödder* in Rödder/Herlinghaus/van Lishaut, § 11 Rdn. 146.

162 *Rödder* in Rödder/Herlinghaus/van Lishaut, § 11 Rdn. 146 sowie *Schmitt* in Schmitt/Hörtnagl/Stratz, § 11 Rdn. 129, jeweils mit Hinweis auf UmwStE 1998, Tz. 11.08, 11.11.

163 *Schmitt* in Schmitt/Hörtnagl/Stratz, § 11 Rdn. 137.

164 *Rödder* in Rödder/Herlinghaus/van Lishaut, § 11 Rdn. 144.

165 *Schmitt* in Schmitt/Hörtnagl/Stratz, § 11 Rdn. 131; *Schießl* in Widmann/Mayer, § 11 Rdn. 68 f.

166 Ebenso *Dötsch* in Dötsch/Jost/Pung/Witt, § 11 Rdn. 43.

167 *Dötsch* in Dötsch/Jost/Pung/Witt, § 11 Rdn. 36; *Schmitt* in Schmitt/Hörtnagl/Stratz, § 11 Rdn. 131; *Thiel*, DB 2005, 2316 (2318).

168 Bei Verschmelzungen ohne Kapitalerhöhung besteht gem. §§ 54 Abs. 4, 68 Abs. 3 und 87 Abs. 2 S. 2 UmwG eine Begrenzung auf 10 % des Gesamtnennbetrages der gewährten Anteilsrechte der übernehmenden Gesellschaft.

tung vor, wenn die übernehmende KapG den Anteilseignern des übertragenden Rechtsträgers andere Vermögenswerte gewährt.

Hingegen sind sonstige Leistungen unschädlich, die der übernehmende   183
Rechtsträger *nicht im unmittelbaren Zusammenhang mit der Verschmelzung*
leistet, die also nicht als Gegenleistung für die Anschaffung der Wirtschaftsgüter angesehen werden können.[169] Dies gilt etwa für Zahlungen einer
übernehmenden KapG an widersprechende Anteilseigner der übertragenden Gesellschaft, die im Rahmen der Verschmelzung gem. *§ 29 UmwG bar
abgefunden* werden.[170] Diese Anteilseigner scheiden mit Wirksamwerden
der Verschmelzung durch Eintragung in das Handelsregister aus der übertragenden Gesellschaft aus. Die damit einhergehende Barzahlung wird jedoch nicht als Gegenleistung für die Vermögensübernahme gewährt, sondern im Gegenzug zum Ausscheiden dieser Gesellschafter. Eine Barzahlung
i.S.d. § 29 UmwG ist daher keine schädliche sonstige Leistung i.S.d. § 11
Abs. 2 S. 1 Nr. 3; sie ist vielmehr nach den allgemeinen Grundsätzen für das
Ausscheiden von Gesellschaftern zu behandeln.[171]

d) Steuerfolgen im Falle der Gewährung einer sonstigen Gegenleistung

Die in § 11 Abs. 2 S. 1 genannten Voraussetzungen für die Buchwertfortfüh-   184
rung führen bei anteiligem Nichtvorliegen nicht dazu, dass insgesamt keine
Buchwertfortführung möglich ist. Vielmehr beschränkt das UmwStG die
Aufdeckung der stillen Reserven auf den Teil des übergehenden Betriebsvermögens, für den die gesetzlichen Voraussetzungen nicht vorliegen.[172]
Dies ergibt sich aus dem Wort „soweit" in § 11 Abs. 2 S. 1. Die Steuerfolgen
für den Fall der Gewährung einer sonstigen Gegenleistung ist daher eine
anteilige Aufdeckung der stillen Reserven.[173] Der Grundgedanke ist dabei
eine teilentgeltliche Veräußerung der Wirtschaftsgüter.

Soweit schädliche Gegenleistungen gewährt werden, betrifft die Aufdek-   185
kung der stillen Reserven zunächst sämtliche Wirtschaftsgüter (wenngleich
auch anteilig). Die Gegenleistung ist dabei gleichmäßig auf alle übergehenden Wirtschaftsgüter zu verteilen.[174]

Die Aufdeckung der stillen Reserven ist quotal im Verhältnis der gewährten
Gegenleistung zum gemeinen Wert der übergehenden Wirtschaftsgüter vorzunehmen.[175] Bei der Berechnung des dadurch entstehenden Übertragungsgewinns sind die Buchwerte der jeweiligen Wirtschaftsgüter abzuziehen.[176]

---

169 *Rödder* in Rödder/Herlinghaus/van Lishaut, § 11 Rdn. 142.
170 *Dötsch* in Dötsch/Jost/Pung/Witt, § 11 Rdn. 42; *Schmitt* in Schmitt/Hörtnagl/
Stratz, § 11 Rdn. 131; anders hingegen noch UmwStE 1998 Tz. 11.05.
171 Ebenso *Rödder* in Rödder/Herlinghaus/van Lishaut, § 11 Rdn. 146.
172 *Bärwaldt* in Haritz/Menner, § 11 Rdn. 60 f.
173 *Rödder* in Rödder/Herlinghaus/van Lishaut, § 11 Rdn. 147; *Dötsch* in Dötsch/Jost/
Pung/Witt, § 11 Rdn. 49; *Schmitt* in Schmitt/Hörtnagl/Stratz, § 11 Rdn. 132.
174 Eingehend zur Aufdeckung stiller Reserven nach der modifizierten Stufentheorie
unter Rdn. 197 ff.
175 *Rödder* in Rödder/Herlinghaus/van Lishaut, § 11 Rdn. 147; *Schmitt* in Schmitt/
Hörtnagl/Stratz, § 11 Rdn. 135.
176 Berechnungsbeispiele bei *Schmitt* in Schmitt/Hörtnagl/Stratz, § 11 Rdn. 133; ähnlich *Rödder* in Rödder/Herlinghaus/van Lishaut, § 11 Rdn. 147; *Dötsch* in Dötsch/
Jost/Pung/Witt, § 11 Rdn. 49.

186   Ist eine sonstige (schädliche) Gegenleistung nicht in Geld, sondern in Sachwerten geleistet worden, müssen diese bewertet werden, um die Höhe der schädlichen Realisierung stiller Reserven festlegen zu können. Bewertungsmaßstab ist hierbei der gemeine Wert nach § 9 BewG, nicht der Teilwert. Dies gilt schon deswegen, weil die Gegenleistung an die Anteilseigner der übertragenden Körperschaft gewährt wird und damit aus dem betrieblichen Zusammenhang ausscheidet. Da mittlerweile für Umwandlungen nach dem UmwStG der Grundsatz der Übertragung zum gemeinen Wert gilt (für § 11 vgl. Abs. 1), erfolgt die Bewertung zum gemeinen Wert auch vor dem Hintergrund dieses Grundsatz/Ausnahme-Verhältnisses.

187   Bewertungszeitpunkt ist der steuerliche Übertragungsstichtag, da es sich um eine Bewertung des übergehenden Vermögens zum steuerlichen Übertragungsstichtag handelt.

Beispiel 3:

188   In dem Fall, in dem ein Spitzenausgleich i.H.v. 5 % des Werts der Anteile der übertragenden Körperschaft vereinbart wird, sind in allen Wirtschaftsgütern 5 % der stillen Reserven aufzudecken. I.H.v. 95 % können die Buchwerte fortgeführt werden, sodass eine Aufdeckung der stillen Reserven und damit die sofortige Besteuerung insoweit unterbleiben kann.[177]

III. Aufdeckung stiller Reserven in der Schlussbilanz des übertragenden Rechtsträgers bei Ansatz von Zwischenwerten

189   Liegen die Voraussetzungen des § 11 Abs. 2 nicht vor oder wird trotz des Vorliegens der Voraussetzungen der Antrag auf Buchwertfortführung oder zum Ansatz eines Zwischenwertes nicht gestellt, sind in der Schlussbilanz des übertragenden Rechtsträgers die stillen Reserven voll aufzudecken. In Höhe des dadurch realisierten Gewinns kommt es zu einem steuerpflichtigen Übertragungsgewinn.

190   Wird hingegen bei Vorliegen der Voraussetzungen nach § 11 Abs. 2 ein Antrag auf *Ansatz eines Zwischenwertes* gestellt, stellt sich die Frage, welche stillen Reserven in dem übergehenden Vermögen ggf. anteilig aufzudecken sind.

1. Einheitliche Bewertung

191   Das Antragswahlrecht nach § 11 Abs. 2 kann nur *einheitlich* für alle übergehenden Wirtschaftsgüter ausgeübt werden. Das bedeutet, dass einheitlich entweder nur der Buchwert, der gemeine Wert oder ein Zwischenwert angesetzt werden kann. Wird ein Zwischenwert angesetzt, müssen für alle Wirtschaftsgüter die stillen Reserven nach einem einheitlichen Prozentsatz aufgedeckt werden.[178] Es ist damit nicht möglich, für einen Teil der Wirtschaftsgüter die gemeinen Werte oder die Zwischenwerte anzusetzen (z.B.

---

177 Beispiel aus *Frotscher* in Frotscher/Maas, § 11 Rdn. 92.
178 *Rödder* in Rödder/Herlinghaus/van Lishaut, § 11 Rdn. 157.

für abschreibbare Wirtschaftsgüter, um Abschreibungsvolumen zu gewinnen), für andere Wirtschaftsgüter aber die Buchwerte beizubehalten. Einem Antrag auf Fortführung der Buchwerte steht nach Tz. 11.06 i. V. m. Tz. 03.13 UmwStE 2011 nicht entgegen, dass zum Teil Wirtschaftsgüter mit dem gemeinen Wert in der steuerlichen Schlussbilanz anzusetzen sind, weil insoweit die Voraussetzungen des § 3 Abs. 2 S. 1 Nr. 1 oder 2 bzw. entsprechend § 11 Abs. 2 S. 1 Nr. 1 bis 3 nicht gegeben sind.

Möglich ist jedoch, das Wahlrecht bei den einzelnen übertragenden **192** Rechtsträgern unterschiedlich auszuüben, wenn *mehrere Körperschaften gleichzeitig* verschmolzen werden.[179]

Gehören zum Betriebsvermögen der übertragenden Gesellschaft Beteiligun- **193** gen an PersG bzw. steuerliche *Mitunternehmeranteile*, so sind bei einem Ansatz von Zwischenwerten auch die in der jeweiligen Mitunternehmerschaft bilanzierten stillen Reserven anteilig (also die stillen Reserven in den Wirtschaftsgütern der betreffenden PersG) aufzudecken;[180] dies schließt einen Geschäfts- oder Firmenwert sowie eventuell bestehendes steuerliches Sonderbetriebsvermögen mit ein. Werden nicht 100 % der Mitunternehmerschaftsrechte gehalten, ist die Aufdeckung auf Ebene der Mitunternehmerschaft anteilig in Höhe der Beteiligung des übertragenden Rechtsträgers vorzunehmen. Die Aufdeckung erfolgt durch eine entsprechende Ergänzungsbilanz der übernehmenden Körperschaft bei der betreffenden Mitunternehmerschaft. Entsprechendes gilt bei einer Beteiligung an einer doppelstöckigen PersG.[181]

2. Einheitliche Aufdeckung

Nach dem Gesetzestext können die übergehenden Wirtschaftsgüter „ein- **194** heitlich" mit einem Zwischenwert angesetzt werden. Demgegenüber konnten die übergegangenen Wirtschaftsgüter nach dem Wortlaut des § 11 Abs. 1 UmwStG a. F. in der steuerlichen Schlussbilanz für das letzte Wirtschaftsjahr „insgesamt" mit dem Buchwert unter den Voraussetzungen der Nr. 1 und Nr. 2 angesetzt werden. Der Ansatz eines höheren Werts war nach § 11 Abs. 1 S. 2 UmwStG a. F. zulässig.

Zur Aufdeckung stiller Reserven beim Zwischenwertansatz werden im **195** Wesentlichen drei unterschiedliche Theorien vertreten. Neben der Stufentheorie und der modifizierten Stufentheorie wird auch die Anwendung einer einheitlichen Aufdeckung aller (materiellen und immateriellen) Wirtschaftsgüter vertreten. Fraglich ist, inwieweit alle genannten Theorien nach dem neuen Gesetzeswortlaut noch Anwendung finden können.

Das Vorgehen der ursprünglichen *Stufentheorie* sieht zunächst die Aufde- **196** ckung der bereits bilanzierten Wirtschaftsgüter auf der ersten Stufe vor. Auf der zweiten Stufe sind stille Reserven bei den nicht bilanzierten immateriellen Wirtschaftsgütern aufzudecken. Sind weitere stille Reserven vorhan-

---

179 *Schießl* in Widmann/Mayer, § 11 Rdn. 14.36.
180 *Rödder* in Rödder/Herlinghaus/van Lishaut, § 11 Rdn. 158; *Schmitt* in Schmitt/ Hörtnagl/Stratz, § 11 Rdn. 52.
181 *Schmitt* in Schmitt/Hörtnagl/Stratz, § 11 Rdn. 49.

den und aufzudecken, erfolgt dies im Rahmen eines dritten Schritts durch Aktivierung eines Geschäfts- oder Firmenwertes (sog. Goodwill).[182]

197 Die Finanzverwaltung vertrat bisher die sog. *modifizierte Stufentheorie*. Danach sind auf der ersten Stufe die in den bilanzierten und nicht bilanzierten Wirtschaftsgütern ruhenden stillen Reserven mit einem einheitlichen Prozentsatz aufzustocken. Auf der zweiten Stufe darf ein etwaiger Geschäftswert erst dann angesetzt werden, wenn sämtliche Wirtschaftsgüter auf der ersten Stufe mit dem gemeinen Werten angesetzt sind. Entsprechend bestimmt der UmwStE 1998[183], dass selbst geschaffene immaterielle Wirtschaftsgüter einschließlich eines Geschäfts- oder Firmenwertes nur zu berücksichtigen sind, wenn die übrigen Wirtschaftsgüter in den Fällen des § 11 Abs. 1 S. 1 Nr. 2 UmwStG a.F. auf Grund der Gegenleistung bis zu den Teilwerten aufgestockt worden sind. Selbst geschaffene immaterielle Wirtschaftsgüter einschließlich eines Geschäfts- oder Firmenwertes waren wiederum anzusetzen, wenn bei allen übrigen Wirtschaftsgütern sämtliche stillen Reserven aufgedeckt worden sind.[184]

198 Dem Ansatz einer *einheitlichen Aufdeckung* liegt dagegen die Vorstellung zugrunde, dass ein Mehrbetrag in gleicher Weise für stille Reserven der bisher bilanzierten als auch nicht bilanzierten Wirtschaftsgüter, einschließlich eines vorhandenen Geschäfts- oder Firmenwertes, bezahlt wurden. Der Geschäftswert oder Firmenwert wird in gleicher Höhe aufgedeckt wie die stillen Reserven innerhalb der Einzelwirtschaftsgüter.[185]

199 Umstritten ist nunmehr welcher Ansatz für die selbst geschaffenen immateriellen Wirtschaftsgüter einschließlich eines Geschäfts- oder Firmenwertes bei der Bewertung zu Zwischenwerten nach Änderung des UmwStG durch das SEStEG Anwendung findet. Nach der von *Dötsch*[186] vertretenen Auffassung *gilt die modifizierte Stufentheorie auch im zeitlichen Anwendungsbereich des SEStEG weiter*. Dies begründet er damit, dass § 11 Abs. 2 S. 1 lediglich von „übergehenden Wirtschaftsgütern" spricht und nicht den Zusatz des Abs. 1 S. 1 „einschließlich nicht entgeltlich erworbener oder selbst geschaffener immaterieller Wirtschaftsgüter" enthalte. Bisher konnte zur Begründung angefügt werden, dass der Geschäfts- oder Firmenwert gem. § 255 Abs. 4 HGB a.F. kein Vermögensgegenstand (steuerlich: Wirtschaftsgut), sondern nur eine Residualgröße zwischen dem Verkehrswert aller Wirtschaftsgüter und dem Unternehmenswert als Ganzes darstellt.[187] Dieser Grundgedanke liegt der modifizierten Stufentheorie zugrunde. Im Zuge des BilMoG wird jedoch der Geschäfts- oder Firmenwert künftig in § 246 Abs. 1 HGB n.F. als Vermögensgegenstand fingiert.[188] Danach gilt der entgeltlich

---

182 Grds. zur ursprünglichen Stufentheorie *Rödder/Hötzel* in Rödder/Hötzel/Mueller-Thus, Unternehmenskauf/Unternehmensverkauf, 763 f.
183 Tz. 11.20.
184 Dem folgend für das UmwStG a.F. auch *Schmitt* in Schmitt/Hörtnagl/Stratz, § 11 Rdn. 31.
185 *Rödder* in Rödder/Herlinghaus/van Lishaut § 11 Rdn. 158.
186 *Dötsch* in Dötsch/Jost/Pung/Witt, § 11 Rdn. 14; ebenso *Dötsch/Pung*, DB 2006, 2704 (2706); *Winkeljohann/Fuhrmann*, 748.
187 Vgl. dazu auch *Rödder* in Rödder/Herlinghaus/van Lishaut, § 11 Rdn. 158.
188 Vgl. hierzu *Ortmann-Babel/Bolik/Gageur*, DStR 2009, 934 (936).

Ropohl/Sonntag

erworbene Geschäfts- oder Firmenwert als zeitlich begrenzt nutzbarer Vermögensgegenstand.

Nach ganz überwiegender Ansicht ist die frühere (modifizierte) Stufentheorie jedoch nach der Neufassung des § 11 durch das SEStEG nicht mehr anwendbar.[189] Da der neue Gesetzeswortlaut in § 11 Abs. 1 S. 1 explizit selbst geschaffene immaterielle Wirtschaftsgüter erfasst, kann *nur eine einheitliche Aufdeckung zu einer dem Gesetzeszweck angemessenen Verteilung führen*.[190] Da § 11 Abs. 2 S. 1 insofern auf Abs. 1 verweist, bezieht sich Abs. 2 auch auf die nicht selbst geschaffenen immateriellen Wirtschaftsgüter einschließlich eines Geschäfts- oder Firmenwertes. Dass der Satzteil „einschließlich nicht entgeltlich erworbener oder selbst geschaffener immaterieller Wirtschaftsgüter" in Abs. 2 nicht mehr zusätzlich aufgenommen wurde, hat inhaltlich keine Bedeutung.

200

Auch nach Tz. 11.11 i. V. m. Tz. 03.25 UmwStE 2011 sind die Wirtschaftsgüter „gleichmäßig und verhältnismäßig" aufzustocken; maßgebend für den einheitlichen Zwischenwertansatz sei hierbei der Umfang der in den einzelnen Wirtschaftsgütern enthaltenen stillen Reserven und stillen Lasten (außer bei den Pensionsrückstellungen), die zu einem einheitlichen Prozentsatz aufzulösen sind. Eine (eingeschränkte) Stufentheorie soll danach offensichtlich keine Anwendung finden.

201

Etwaige *stille Lasten* sind verhältnismäßig bei der Berechnung des Geschäfts- oder Firmenwertes zu berücksichtigen.[191] So kann zum Beispiel eine Drohverlustrückstellung in der Schlussbilanz des übertragenden Rechtsträgers nach allgemeinen steuerlichen Vorschriften nicht angesetzt werden, mindert aber dennoch den Gesamtwert des Unternehmens und mithin den Geschäfts- oder Firmenwert.[192] Gleiches gilt u. E. auch für etwaige stille Lasten aufgrund der Bewertung von Pensionsrückstellungen nach § 6a EStG, vgl. § 11 Abs. 1 S. 2.

202

Durch das sog. AIFM-Steuer-Anpassungsgesetzes (AIFM-StAnpG) wurden die §§ 4f und 5 Abs. 7 EStG in das Gesetz eingefügt, wonach die Realisierung von steuerlichen Lasten im Rahmen eines Übertragungsvorganges grundsätzlich eingeschränkt werden. Dabei regelt § 4f EStG, dass bei der Übertragerin der für die Befreiung von Verbindlichkeiten entstehende Aufwand über 15 Jahre gleichmäßig zu verteilen ist. § 5 Abs. 7 EStG regelt hingegen, dass die steuerliche Bilanzierung bei der Übertragerin beim übernehmenden Rechtsträger fortzusetzen ist. Ein Gewinn aufgrund der Beachtung von Passivierungsverboten im Folgejahr kann dann wiederum über 15 Jahre gestreckt werden.[193] Unklar ist derzeit noch, ob diese Neure-

202a

---

189 *Schießl* in Widmann/Mayer, § 11 Rdn. 31.11; *Schmitt* in Schmitt/Hörtnagl/Stratz, § 11 Rdn. 135.
190 Ebenso *Dörfler/Wittowski*, GmbHR 2007, 352 (357).
191 Zum negativen Firmenwert (Badwill) auch Rdn. 234.
192 *Schmitt* in Schmitt/Hörtnagl/Stratz, § 11 Rdn. 28; *Rödder* in Rödder/Herlinghaus/ van Lishaut, § 11 Rdn. 66.
193 Grundlegend *Kahle/Hiller/Vogel*, FR 2012, 789 (794 ff.).

gelungen für Umwandlungsvorgänge anwendbar sind[194] oder ob insofern das UmwStG als speziellere Rechtsvorschrift vorgeht.[195] Sollten die §§ 4f und 5 Abs. 7 EStG grundsätzlich anwendbar sein, wäre ausweislich § 52 Abs. 8 EStG die Anwendbarkeit erstmals für Wirtschaftsjahre, die nach dem 28. 11. 013 enden, gegeben; bei der Verschmelzung zweier Körperschaften folglich, wenn der Verschmelzungsstichtag nach dem 28. 11. 2013 liegt.[196]

IV. Steuerliche Ansatz- und Bewertungsgrundsätze

1. Anwendung der steuerlichen Ansatz- und Bewertungsgrundsätze bei Verschmelzungen

203 Wie bereits dargelegt, ist im Zusammenhang mit der Neufassung des UmwStG durch das SEStEG die Maßgeblichkeit der Handelsbilanz für die Steuerbilanz partiell abgeschafft worden, bzw. hat auch davor nicht bestanden.[197] Das heißt jedoch nicht, dass die steuerliche Bilanzierung nunmehr losgelöst von den handelsrechtlichen Bilanzierungsvorschriften vorgenommen werden kann.[198]

204 Werden Buchwerte fortgeführt, so dass keine Änderungen in der steuerlichen Schlussbilanz erfolgen, stellt sich die Frage nach den allgemeinen steuerlichen Ansatz- und Bewertungsgrundsätzen nicht. Bei Ansatz von Zwischenwerten oder gemeinen Werten sind hingegen die allgemeinen steuerlichen Ansatz- und Bewertungsgrundsätze auch für die steuerliche Schlussbilanz grds. zu beachten.[199] Werden also stille Reserven aufgedeckt, muss dies in der steuerlichen Schlussbilanz unter Einhaltung der steuerlichen Aktivierungs- sowie Passivierungsverbote und der Aktivierungs- sowie Passivierungswahlrechte geschehen. Dabei sieht das Umwandlungssteuerrecht in Einzelfällen Besonderheiten vor.[200]

2. Aktivierungsverbote

205 Steuerbilanzielle Aktivierungsverbote unterliegen auch in der steuerlichen Schlussbilanz den „normalen" steuerbilanziellen Regeln.[201]

206 Grds. ist in § 5 Abs. 2 EStG ein Aktivierungsverbot für *selbstgeschaffene immaterielle Wirtschaftsgüter des Anlagevermögens* vorgesehen. Danach ist

---

194 So etwa *Gosch* in Kirchhoff, § 4f EStG Rdn. 13; *Dötsch* in Dötsch/Pung/Möhlenbrock, § 11 KStG Rdn. 17; *Krumm* in Blümich, EStG/KStG/GewStG, § 4f EStG Rdn. 34.

195 *Schmitt/Keuthen*, DStR 2015, 2523 (2524); *Schmitt* in Schmitt/Hörtnagl/Stratz, § 11 Rdn. 30a.

196 *Schmitt/Keuthen*, DStR 2015, 2523 (2521).

197 Dazu bereits unter Rdn. 66 ff.

198 Vgl. hierzu *Schmitt* in Schmitt/Hörtnagl/Stratz, § 11 Rdn. 24 ff; *Rödder* in Rödder/Herlinghaus/van Lishaut, § 11 Rdn. 66.

199 Vgl. hierzu *Schmitt* in Schmitt/Hörtnagl/Stratz, § 11 Rdn. 24 ff.; *Rödder* in Rödder/Herlinghaus/van Lishaut, § 11 Rdn. 66.

200 Zur steuerbilanziellen Wahlrechtsausübung nach Umsetzung des BilMoG *Ortmann-Babel/Bolik*, BB 2010, 2099.

201 Ebenso *Rödder* in Rödder/Herlinghaus/van Lishaut, § 11 Rdn. 66, 162; *Ley/Bodden*, FR 2007, 265 (269).

für immaterielle Wirtschaftsgüter des Anlagevermögens ein Aktivposten nur anzusetzen, wenn sie entgeltlich erworben wurden. Im Rahmen einer Verschmelzung macht § 11 Abs. 1 jedoch ausdrücklich eine Ausnahme von dem Aktivierungsverbot für selbst geschaffene immaterielle Wirtschaftsgüter nach § 5 Abs. 2 EStG.[202] Für selbst geschaffene, nicht entgeltlich erworbene immaterielle Wirtschaftsgüter enthält § 11 damit eine Ansatzregelung, die als speziellere Vorschrift das Aktivierungsverbot des § 5 Abs. 2 EStG verdrängt. Entsprechend ist in Tz. 11.03 i.V.m. Tz. 03.06 UmwStE 2011 geregelt, dass die steuerlichen Ansatzverbote des § 5 EStG nicht für die steuerliche Schlussbilanz gelten.

Handelsrechtlich ist im Rahmen des BilMoG das Aktivierungsverbot nach   207
§ 248 Abs. 2 HGB a.F. für selbst geschaffene immaterielle Vermögensgegenstände abgeschafft worden.[203] Künftig gilt handelsrechtlich nach § 248 Abs. 2 S. 1 HGB n.F. für selbst geschaffene immaterielle Vermögensgegenstände des Anlagevermögens ein Aktivierungswahlrecht. Von diesem Aktivierungswahlrecht sind jedoch nach § 248 Abs. 2 S. 2 HGB selbst geschaffene Marken, Drucktitel, Verlagsrechte und ähnliche Rechte ausgeschlossen.

3. Aktivierungswahlrechte

Mangels speziellerer Vorschrift unterliegen auch die steuerlichen Ansatz-   208
wahlrechte den generellen steuerlichen Regeln.

Dies gilt zum Beispiel für den Ansatz *geringwertige Wirtschaftsgüter*. Wur-   209
den diese vor dem 01. 01. 2008 angeschafft, bestand ein Aktivierungswahlrecht. Die Anschaffungskosten konnten in voller Höhe im Anschaffungsjahr steuermindernd als Betriebsausgaben geltenden gemacht werden (§ 6 Abs. 2 EStG a.F.). Alternativ konnten diese Wirtschaftsgüter aktiviert und abgeschrieben werden. Für geringwertige kurzlebige Wirtschaftsgüter, die *nach dem 31. 12. 2007* angeschafft worden sind, bestand hingegen ein Aktivierungsverbot. Die Anschaffungskosten bis einschließlich EUR 150 zuzüglich Umsatzsteuer müssen in voller Höhe im Anschaffungsjahr steuermindernd als Betriebsausgabe geltend gemacht werden (§ 6 Abs. 2 EStG i.d.F. des UntStRefG 2008).[204] Daneben ist die sog. Sammelabschreibung in § 6 Abs. 2a EStG eingeführt worden. Durch das Wachstumsbeschleunigungsgesetz vom 30. 12. 2009[205] besteht für Anschaffungsvorgänge nach dem 31. 12. 2009 für Steuerpflichtige mit Gewinneinkünften wieder ein *Wahlrecht*, wonach Wirtschaftsgüter bis zu einem Wert von EUR 410 sofort als Betriebsausgaben geltend gemacht und Wirtschaftsgüter über einen Wert von EUR 410 aktiviert und über die betriebsgewöhnliche Nutzungsdauer abgeschrieben werden können (Alternative 1). Alternativ kann der Steuerpflichtige sein Wahlrecht dahingehend ausüben, dass er Wirtschaftsgüter mit Anschaffungskosten bzw. Herstellungskosten über EUR 150 bis EUR 1.000 in einen

---

202 *Frotscher* in Frotscher/Maas, § 11 Rdn. 29; *Klingberg* in Blümich, § 11 Rdn. 24.
203 Dazu *Meyer*, DStR 2009, 762 (763).
204 Unternehmensteuerreformgesetz 2008, BGBl. I 2007, 1912; dazu *Weber-Grellet* in L. Schmidt, § 5 EStG Rdn. 445.
205 Gesetz zur Beschleunigung des Wirtschaftswachstums (Wachstumsbeschleunigungsgesetz) vom 30. 12. 2009, BGBl. I 2009, 3950.

sog. Sammelposten einstellt und diesen über 5 Jahre linear abschreibt (Alternative 2). Entscheidet sich der Steuerpflichtige für die Alternative 2, hat er ein Wahlrecht, die Wirtschaftsgüter bis zu einem Wert von EUR 150 als Sofortaufwand zu berücksichtigen.

4. Passivierungsverbote

210 Entsprechend unterliegen u.e. auch steuerbilanzielle Passivierungsverbote in der steuerlichen Schlussbilanz den „normalen" steuerbilanziellen Regeln.

211 Steuerbilanzielle Passivierungsverbote bestehen zum Beispiel für *Verbindlichkeiten*, die nur aus *künftigen Einnahmen* bzw. *Gewinnen* zu tilgen sind; diese dürfen (mangels wirtschaftlicher Verursachung) zunächst weder als Verbindlichkeiten noch als Rückstellung aufwandswirksam passiviert werden, § 5 Abs. 2 a EStG.[206]

212 Weitere Passivierungsverbote bestehen für *Rückstellungen wegen Verletzung fremder Patent-, Urheber- oder ähnlicher Schutzrechte*. Auf Grundlage der vorangegangenen Rechtsprechung des BFH[207] statuiert § 5 Abs. 3 EStG ein einkommensteuerliches Passivierungsverbot, und zwar primär in der Form eines Auflösungsgebots (§ 5 Abs. 3 S. 2 EStG).[208] Rückstellungen wegen Verletzung fremder Patent-, Urheber- oder ähnlicher Schutzrechte dürfen danach erst gebildet werden, wenn der Rechtsinhaber Ansprüche wegen der Rechtsverletzung geltend gemacht hat (Nr. 1) oder mit einer Inanspruchnahme wegen der Rechtsverletzung ernsthaft zu rechnen ist (Nr. 2).

213 Weiterhin bestehen steuerrechtlich Beschränkungen bei der Bildung einer Jubiläumsrückstellung nach § 5 Abs. 4 EStG, bei der Bilanzierung schwebender Geschäfte nach § 5 Abs. 4a EStG[209] sowie für Aufwandsrückstellungen.[210]

5. Passivierungswahlrechte

214 Auch Passivierungswahlrechte unterliegen den generellen steuerbilanziellen Regelungen. Dies kann zum Beispiel für *Rückstellungen wegen Verletzung fremder Patent-, Urheber- oder ähnlicher Schutzrechte* gelten: Soweit der Steuerpflichtige die Wahrscheinlichkeit der Inanspruchnahme i.S.d. § 5 Abs. 3 EStG nachweist – also entweder die Geltendmachung der Ansprüche durch den Rechtsinhaber (Nr. 1) oder dass mit einer Inanspruchnahme wegen der Rechtsverletzung ernsthaft zu rechnen ist (Nr. 2), besteht ein Passivierungswahlrecht. Ebenso kann ein Passivierungswahlrecht für *Jubiläumsrückstellungen* bestehen: Soweit die Voraussetzungen für die Jubiläumsrückstellung nach § 5 Abs. 4 EStG erfüllt sind (Bestand des Dienstverhältnisses von mindestens 10 Jahren, das Dienstjubiläum mindestens den Bestand eines Dienstverhältnisses von 15 Jahren voraussetzt, schriftliche Zusage sowie Er-

---

206 *Weber-Grellet* in L. Schmidt, § 5 EStG Rdn. 315.
207 BFH vom 11.11.1981, I R 157/79, BStBl. 748 (748).
208 *Weber-Grellet* in L. Schmidt, § 5 EStG Rdn. 391.
209 Dazu *Weber-Grellet* in L. Schmidt, § 5 EStG Rdn. 76.
210 Zur Neufassung durch das BilMoG *Meyer*, DStR 2009, 762 (763).

werb des Anwartschaftsrechts nach dem 31. 12. 1992), besteht ein Passivierungswahlrecht.

6. Umgekehrte Maßgeblichkeit

Eine auch für das UmwStG maßgebliche weitere Änderung erfolgte durch   *215*
die Abschaffung der umgekehrten Maßgeblichkeit nach § 5 Abs. 1 S. 2
EStG a.f. der Steuerbilanz für die Handelsbilanz durch die Umsetzung des
BilMoG.[211] Danach waren steuerrechtliche Wahlrechte in Übereinstimmung
mit der Handelsbilanz auszuüben. In den Anwendungsbereich der bisherigen umgekehrten Maßgeblichkeit fielen zum Beispiel *Reinvestitionsrücklagen* (§ 6 Abs. 3 EStG), *Rücklagen für Ersatzbeschaffungen* (R 6.6 EStR)
und steuerliche *Wahlrecht für erhöhte Abschreibungen* (z.B. §§ 7g, 7h, 7i
EStG). Die Abschaffung der umgekehrten Maßgeblichkeit hat zur Folge,
dass steuerliche Wahlrechte, die von den handelsrechtlichen Bilanzierungsvorschriften abweichen, künftig gem. § 5 Abs. 1 S. 2 EStG n.F. auch dann
ausgeübt werden können, wenn ein entsprechender Ausweis in der Handelsbilanz nicht erfolgt ist.[212] Letztendlich wird damit die Konzeption der
Einheitsbilanz aufgegeben.[213]

Voraussetzung für die Ausübung steuerlicher Wahlrechte ist nach § 5 Abs. 1   *216*
S. 2 EStG n.F., dass die Wirtschaftsgüter, die nicht mit dem handelsrechtlich
maßgeblichen Wert in der steuerlichen Gewinnermittlung ausgewiesen werden, in besondere, *laufend zu führende Verzeichnisse* aufgenommen werden. In den Verzeichnissen sind gem. § 5 Abs. 1 S. 2 EStG n.F. der Tag der
Anschaffung oder Herstellung, die Anschaffungs- oder Herstellungskosten,
die Vorschrift des ausgeübten steuerlichen Wahlrechts und die vorgenommenen Abschreibungen nachzuweisen. Dabei ist zu beachten, dass es sich
bei der laufenden Verzeichnisführung nach § 5 Abs. 1 S. 2 EStG n.F. um
eine Tatbestandsvoraussetzung für die Inanspruchnahme des jeweiligen
steuerlichen Wahlrechts handelt. Bei fehlenden oder unvollständigen Verzeichnissen besteht die Gefahr, dass die Finanzverwaltung die Inanspruchnahme des gewünschten steuerlichen Wahlrechts versagt.[214] Damit erlangt
die korrekte Verzeichnisführung eine nicht zu unterschätzende Bedeutung
für die Praxis.

---

211 Gesetz zur Modernisierung des Bilanzrechts (Bilanzrechtsmodernisierungsgesetz
   – BilMoG) vom 25. 05. 2009, BGBl. I 2009, 1102, BStBl. I 2009, 650; vgl. zur Diskussion: *Förster/Schmidtmann*, BB 2009, 1342; *Schenke/Risse*, DB 2009, 1957; *Hennrichs*, Ubg 2009; 533; *Herzig/Briesemeister*, DB 2009, 976; *Webert-Grellet*, DB
   2009, 2402; *Anzingrt/Schleiter*, DStR 2010, 395; *Fischer/Kalina-Kerschbaum*, DStR
   2010, 399; *Geberth/Blasius*, FR 2010, 408; vgl. auch *Dettmeier*, DB 2009, Gastkommentar (Heft 36).
212 Kritisch *Weber-Grellet*, DB 2009, 2402.
213 *Meyer*, DStR 2009, 762 (763).
214 *Ortmann-Babel/Bolik/Gageur*, DStR 2009, 934 (934).

V. Ausgewählte Bilanzposten der steuerlichen Schlussbilanz

1. Begriff des Wirtschaftsgutes

217 Die auch für das UmwStG maßgebliche steuerbilanzielle Definition des Wirtschaftsgutes stimmt weitgehend mit dem handelsrechtlichen Begriff des Vermögensgegenstandes überein. Obwohl die Steuergesetze den Begriff des Wirtschaftsgutes häufig verwenden, besteht keine Legaldefinition. Vielmehr ist der Begriff des Wirtschaftsguts wesentlich durch die Rechtsprechung geprägt. Danach sind Wirtschaftsgüter alle Rechtsgegenstände, vermögenswerte Vorteile einschließlich tatsächlicher Zustände und konkrete Möglichkeiten, deren Erlangung sich ein Kaufmann etwas kosten lässt, die nach der Verkehrsauffassung einer selbstständigen Bewertung zugänglich sind und die i.d.R. Nutzungen für mehrere Wirtschaftsjahre erbringen.[215]

218 Für den Begriff des Wirtschaftsguts ist – im Gegensatz zur Begriffsdefinition des Vermögensgegenstandes – nicht die Einzelveräußerbarkeit erforderlich, wohl aber die Übertragbarkeit zusammen mit dem Betrieb.[216] Weil das Handelsrecht die Bedingung aufstellt, dass es sich um ein einzeln veräußerbares Gut handelt, ist der Begriff des Wirtschaftsgutes umfangreicher als der des Vermögensgegenstandes. Ein Beispiel dafür ist der derivative (entgeltlich erworbene) und zu aktivierende Geschäfts- oder Firmenwert, der aus Sicht des Handelsrechts grds. keinen Vermögensgegenstand darstellt, auch wenn er nunmehr nach § 246 Abs. 1 S. 4 HGB als Vermögensgegenstand „gilt" (eingehend dazu unter Rdn. 246).

2. Anteile, Beteiligungen, Mitgliedschaften

a) Anteile an KapG

219 Setzt die übertragende Körperschaft in ihrer steuerlichen Schlussbilanz eine Beteiligung an einer anderen Körperschaft mit einem über dem Buchwert liegenden Wert an, so findet § 8b Abs. 2 KStG Anwendung, da es sich bei der Verschmelzung einer Körperschaft auf eine andere Körperschaft um einen Anschaffungs- und Veräußerungsvorgang handelt.[217] § 8b Abs. 3 S. 1 KStG ist zu beachten.

b) Eigene Anteile

220 Besitzt die *übertragende Körperschaft* am steuerlichen Übertragungsstichtag eigene Anteile[218], so gehen diese mit der Umwandlung unter.[219] Sie werden daher nicht auf die übernehmende Körperschaft übertragen, son-

---

215 BFH vom 09.07.1986, I R 218/82, BStBl. II 1987, 14; BFH vom 13.05.1987, I B 179/86, BStBl. II 1987, 777; BFH vom 06.12.1990, IV R 3/89, BStBl. II 1991, 346 (347).
216 *Weber-Grellet* in L. Schmidt, § 5 EStG Rdn. 95.
217 Ebenso *Rödder* in Rödder/Herlinghaus/van Lishaut, § 11 Rdn. 162; *Schmitt* in Schmitt/Hörtnagl/Stratz, § 11 Rdn. 67.
218 Vgl. zur bilanziellen Behandlung eigener Anteile nach BilMoG: *Ortmann-Babel/Bolik/Gageuer*, DStR 2009, 934 (936f.).
219 *Schmitt* in Schmitt/Hörtnagl/Stratz, § 11 Rdn. 71; *Rödder* in Rödder/Herlinghaus/van Lishaut, § 11 Rdn. 162; *Schießl* in Widmann/Mayer, § 11 Rdn. 187; *Frotscher* in Frotscher/Maas, § 11 Rdn. 30.

Ropohl/Sonntag

dern fallen mit dem Vermögensübergang weg. Es kann dabei nicht zu einer Realisierung der in den eigenen Anteilen ruhenden stillen Reserven kommen, denn mit Wegfall der eigenen Anteile sind die stillen Reserven, deren Sicherstellung notwendig erscheint, nicht mehr vorhanden.[220] In der steuerlichen Schlussbilanz der übertragenden Körperschaft sind die eigenen Anteile damit nicht mehr zu erfassen, sondern erfolgsneutral auszubuchen.[221]

Werden eigene Anteile des *übernehmenden Rechtsträgers* als Gegenleistung an die Anteilseigner des übertragenden Rechtsträgers ausgegeben, kann es hingegen zu einer Gewinnrealisierung hinsichtlich der ausgegebenen Anteile kommen.[222]

221

c) Anteile an der übernehmenden Körperschaft (down-stream merger)

Ist die übertragende Körperschaft an der übernehmenden Körperschaft beteiligt (sog. down-stream merger)[223], können diese Anteile nach dem Vermögensübergang *eigene Anteile der übernehmenden Körperschaft* darstellen. Eine andere Möglichkeit ist, dass die Anteile direkt an die Anteilseigner der übertragenden Rechtsträgers ausgekehrt werden. Dann findet kein Durchgangserwerb statt.[224] Wenn die Anteile übergehen und zu eigenen Anteilen bei dem übernehmenden Rechtsträger werden, bezieht sich das Wahlrecht der übertragenden Körperschaft auch auf diese Anteile, da sie zu den übergehenden Wirtschaftsgütern i.S.d. § 11 Abs. 1 gehören.[225] Bei Vorliegen der Voraussetzungen des § 11 Abs. 2 S. 1 braucht die übertragende Körperschaft die in diesen Anteilen enthaltenen stillen Reserven *nicht zwangsweise aufzudecken*, eingehend dazu unter Rdn. 110 ff.[226]

222

Zum Beteiligungskorrekturgewinn beim down-stream merger vgl. nachfolgend unter § 12 Rdn. 72.

223

d) Anteile an der übertragenden Körperschaft (up-stream merger)

Ist der übernehmende an dem übertragenden Rechtsträger beteiligt, sog. *up-stream merger*[227], bestehen für die Ausübung des Bewertungswahlrechtes auf Ebene des übertragenden Rechtsträgers grds. keine Besonderheiten. Es kann jedoch auch bei Buchwertfortführung ein Verschmelzungsgewinn

224

---

220 *Schießl* in Widmann/Mayer, § 11 Rdn. 187.
221 Vgl. zur bilanziellen Behandlung eigener Anteile nach BilMoG: *Ortmann-Babel/Bolik/Gageur*, DStR 2009, 934 (936 f.).
222 Ebenso *Rödder* in Rödder/Herlinghaus/van Lishaut, § 11 Rdn. 143.
223 Dazu auch bereits unter Rdn. 15 und 110 sowie *Rödder* in Rödder/Herlinghaus/van Lishaut, § 11 Rdn. 68.
224 *Rödder* in Rödder/Herlinghaus/van Lishaut, § 11 Rdn. 69; *Schmitt* in Schmitt/Hörtnagl/Stratz, § 11 Rdn. 69 ff.
225 *Schießl* in Widmann/Mayer, § 11 Rdn. 159; *Schmitt* in Schmitt/Hörtnagl/Stratz, § 11 Rdn. 68; *Rödder* in Rödder/Herlinghaus/van Lishaut, § 11 Rdn. 162; *Schmitt/Schloßmacher*, DStR 2010, 673, 675.
226 Dies soll auch dann gelten, wenn die übernehmende Gesellschaft diese Anteile einzieht, da die Einziehung ein körperschaftsteuerrechtlich neutraler Vorgang ist, der das tatsächliche Vermögen nicht schmälert, dazu *Schmitt* in Schmitt/Hörtnagl/Stratz, § 11 Rdn. 68 m.w.N.
227 Vgl. zum up-stream merger auch Rdn. 16.

oder -verlust entstehen, wenn der Beteiligungsansatz auf Ebene einer übernehmenden Gesellschaft für die Anteile an einer Tochtergesellschaft und der Wert des Eigenkapitals auf Ebene der übertragenden Tochtergesellschaft nicht deckungsgleich sind. Eine Übereinstimmung dürfte dabei nur in Ausnahmefällen vorliegen.

Beispiel 4:

225   Verschmelzung einer Tochter GmbH auf eine Mutter AG. Die Anteile sind zuvor zum Verkehrswert von 1.000 von der AG erworben worden. Das Eigenkapital der GmbH in der Steuerbilanz beträgt zum steuerlichen Umwandlungsstichtag 100. Im Anschluss an den Erwerb soll die GmbH mit der AG zusammengeführt werden. Hierfür kann eine Verschmelzung der GmbH auf die AG up-stream durchgeführt werden. Durch die Verschmelzung wird handelsrechtlich der hohe Beteiligungsansatz von 1.000 für die Anteile an der GmbH ausgebucht, im Gegenzug wird der Geschäftsbetrieb der GmbH übergehen, der (bei Buchwertfortführung) ein Eigenkapital von 100 aufweist.

226   Im Falle einer handelsrechtlichen Buchwertfortführung würde dies zu einem außerordentlichen Verlust von 900 führen. Handelsrechtlich besteht daher das Bedürfnis einer Aufdeckung stiller Reserven i.H.v. 900. Gem. § 24 UmwG besteht ein entsprechendes Wahlrecht auf Ebene der übernehmenden AG, die Aufdeckung erfolgt mithin bei der übernehmenden Gesellschaft.

227   Ertragsteuerlich kann die GmbH unter den Voraussetzungen der §§ 11 und 12 auf Antrag die Buchwerte fortführen. Dem steht eine etwaige Maßgeblichkeit der Handelsbilanz nach § 5 Abs. 1 EStG nicht entgegen, eingehend dazu bereits unter Rdn. 66 ff. Für steuerliche Zwecke entsteht ein irrelevanter Übernahmeverlust von 900.

e) Beteiligungen an PersG

228   Ist die übertragende Körperschaft an einer PersG beteiligt, so können insoweit die Grundsätze zur steuerlichen Mitunternehmerschaft zur Anwendung kommen, vgl. auch Rdn. 193.[228] Andernfalls gelten die allgemeinen Grundsätze für vermögensverwaltende PersG.

229   Beim Ansatz zum Buchwert ist in der Schlussbilanz der übertragenden Körperschaft eine mitunternehmerschaftliche Beteiligung nach den allgemeinen Grundsätzen mit dem steuerlichen Kapitalkonto zu bilanzieren.[229] Dabei unterbleibt auch eine Gewinnrealisierung hinsichtlich der Wirtschaftsgüter, die der Überträgerin gehören, jedoch der Mitunternehmerschaft dienen, sog. Sondervermögen.

230   Wird ein Zwischenwertansatz oder der Ansatz zum gemeinen Wert gewählt, so sind die stillen Reserven auf Ebene der Mitunternehmerschaft aufzusto-

---

228 Grds. dazu *Wacker* in L. Schmidt, § 15 EStG Rdn. 169.
229 *Schießl* in Widmann/Mayer, § 11 Rdn. 175.

cken, soweit sie auf den übertragenden Rechtsträger entfallen.[230] Von der PersG bzw. Mitunternehmerschaft selbst geschaffene immaterielle Wirtschaftsgüter (z.b. ein selbst geschaffener Firmenwert) können ebenfalls berücksichtig werden. Die Aufstockung der stillen Reserven ist insoweit in einer Ergänzungsbilanz vorzunehmen. Die Antragstellung durch die übertragende Körperschaft ist für die PersG bzw. Mitunternehmerschaft bindend.

Anteile an einer atypischen stillen Gesellschaft können als Anteile an einer 231
steuerlichen Mitunternehmerschaft angesehen werden, insofern gelten die
allgemeinen Regelungen.

f) Mitgliedschaften

Mitgliedschaften (zum Beispiel an einem Verein) stellen grds. Wirtschafts- 232
güter dar, die im Rahmen der Gesamtrechtsnachfolge übertragen werden
können, es sei denn, es bestehen rechtliche Übertragungshindernisse, weil
es sich um höchstpersönliche Rechte handelt. Ggf. kann insofern auch § 8b
KStG zur Anwendung kommen.

Werden im Zuge der Verschmelzung Mitgliedschaftsrechte als Gegenleis- 233
tung gewährt, z.b. bei einer Genossenschaft, einem VVaG oder bei genossenschaftlichen Prüfungsverbänden, fallen diese auch unter den Begriff der
Gesellschaftsrechte i.S.d. § 11 Abs. 2 S. 1 Nr. 3.[231]

3. Ausländisches Vermögen

In der *steuerlichen Schlussbilanz* der übertragenden Körperschaft ist auch 234
das im Ausland belegene Betriebsvermögen *auszuweisen*, das auf die übernehmende Körperschaft übergeht.[232] Dies gilt auch dann, wenn Deutschland aufgrund von Doppelbesteuerungsabkommen kein Besteuerungsrecht
an diesen Wirtschaftsgütern hat.

Der Ausweis des ausländischen Betriebsvermögens gilt mangels einer Ver- 235
schmelzung nach dem UmwG hingegen nicht, wenn eine im EU-/EWR-Aus-
land ansässige Körperschaft, die lediglich eine Betriebsstätte im Inland hat,
auf eine andere im EU-/EWR-Ausland ansässige Körperschaft unter Anwendung des einschlägigen ausländischen Gesellschaftsrechts verschmolzen
wird. In einem solchen Fall ist u.E. für Zwecke der deutschen Besteuerung
nur das im Inland belegene Betriebsvermögen in der steuerlichen Schluss-
und Übertragungsbilanz auszuweisen, vgl. dazu auch Rdn. 65; nicht eindeutig insoweit Tz. 11.02 i.V.m. Tz. 03.01 UmwStE 2011. Nach Tz. 11.02 i.V.m.
Tz. 03.02 UmwStE 2011 soll die Vorlage einer steuerlichen Schlussbilanz nur
dann entbehrlich sein, wenn sie nicht für inländische Besteuerungszwecke
benötigt wird.

---

230 *Schmitt* in Schmitt/Hörtnagl/Stratz, § 11 Rdn. 66; *Rödder* in Rödder/Herlinghaus/
    van Lishaut, § 11 Rdn. 162.
231 *Schmitt* in Schmitt/Hörtnagl/Stratz, § 11 Rdn. 124; *Schießl* in Widmann/Mayer,
    § 11 Rdn. 106; a.A. *Frotscher* in Frotscher/Maas, § 11 Rdn. 85.
232 *Dötsch* in Dötsch/Patt/Pung/Möhlenbrock, § 11 Rdn. 24; *Schmitt* in Schmitt/Hört-
    nagl/Stratz, § 11 Rdn. 64; *Rödder* in Rödder/Herlinghaus/van Lishaut, § 11
    Rdn. 162.

236 Sind die Voraussetzungen des § 11 Abs. 2 S. 1 erfüllt, bezieht sich das *Bewertungswahlrecht* auch auf das ausländische Betriebsvermögen des übertragenden Rechtsträgers.[233] Das Bewertungswahlrecht des § 11 Abs. 2 gilt für das gesamte Betriebsvermögen der übertragenden Körperschaft, also auch für die Wirtschaftsgüter, die in einer ausländischen Betriebsstätte steuerverhaftet sind, wenn das alleinige Besteuerungsrecht auf Grund eines DBA einem anderen Staat zusteht.

237 Hinsichtlich der Bewertung der Wirtschaftsgüter gilt grds. das *Einheitlichkeitserfordernis*, das heißt, die übertragenen Wirtschaftsgüter sind in die steuerliche Schlussbilanz der übertragenden Körperschaft einheitlich entweder mit dem Buchwert, dem gemeinen Wert oder einem Zwischenwert anzusetzen.[234] Dies gilt auch für Wirtschaftsgüter, die erst mit der Verschmelzung im Inland steuerverstrickt werden, sowie für Wirtschaftsgüter, die einer DBA-Freistellungsbetriebsstätte zuzuordnen sind. Letzteres ist bei Buchwertfortführung problematisch, da auch Wirtschaftsgüter, die erstmals im Inland steuerverstrickt werden, mit dem Buchwert anzusetzen wären. Demgegenüber soll nach dem Grundsatz der Verstrickung nach §§ 4 Abs. 1 S. 8 und 6 Abs. 1 Nr. 5 a EStG bei erstmaliger Begründung eines inländischen Besteuerungsrechtes eigentlich immer ein Ansatz zum gemeinen Wert erfolgen. Um diese Diskrepanz zu umgehen, müssten die betreffenden Wirtschaftsgüter vorab im Wege der Einzelrechtsnachfolge unter Anwendung der allgemeinen Verstrickungsregelungen übertragen werden.[235]

238 Eine grenzüberschreitende Wertverknüpfung in Form einer Bindung an den Wertansatz nach dem jeweiligen ausländischen Steuerrecht besteht nicht.

4. Ausstehende Einlagen

239 Nach Auffassung der Finanzverwaltung im UmwStE 1998 sind nicht eingeforderte, ausstehende Einlagen einer KapG anders (als eingeforderte) mangels Verkehrsfähigkeit keine Wirtschaftsgüter, sondern Wertberichtigungsposten zum Grund- oder Stammkapital.[236] Sie sollen daher in der steuerlichen Schlussbilanz der übertragenden KapG nicht zu berücksichtigen sein. Eine Aktivierung unterbleibt in diesem Fall.

240 Da ausstehende Einlagen echte Forderungen der übertragenden KapG gegenüber ihren Gesellschaftern sind, auf welche die Gesellschaft nicht verzichten kann, die abgetreten, verpfändet und gepfändet werden können und daher im Wege der Gesamtrechtsnachfolge auf die übernehmende Körperschaft übergehen, sind diese auch in der steuerlichen Schlussbilanz zu berücksichtigen.[237] Die Einzahlungsforderungen sind auch in der Schlussbilanz zu aktivieren, wenn sie sich gegen die übernehmende Körperschaft

---

233 *Rödder* in Rödder/Herlinghaus/van Lishaut, § 11 Rdn. 162.
234 *Schmitt* in Schmitt/Hörtnagl/Stratz, § 11 Rdn. 64; kritisch aber *Rödder* in Rödder/Herlinghaus/van Lishaut, § 11 Rdn. 159.
235 Vgl. auch *Rödder* in Rödder/Herlinghaus/van Lishaut, § 11 Rdn. 159.
236 BStBl. I 1998, 268 Rdn. 03.12.
237 *Schmitt* in Schmitt/Hörtnagl/Stratz, § 11 Rdn. 65; *Rödder* in Rödder/Herlinghaus/van Lishaut, § 11 Rdn. 162.

richten, da es zu einer Konfusion i.S.d. § 6 erst unmittelbar nach der Eintragung der Umwandlung in das Handelsregister kommt.

5. Beteiligungskorrekturgewinn nach Abs. 2 S. 2 und 3

Nach § 11 Abs. 2 S. 2 und 3 besteht eine Verpflichtung zur Wertaufholung, *241* sofern die übertragende KapG an dem übernehmenden Rechtsträger beteiligt ist. Etwaige steuerwirksame Abschreibungen sowie steuerwirksame Abzüge nach § 6b EStG in der Vergangenheit sollen dabei bis zur Höhe des gemeinen Wertes rückgängig gemacht werden, da andernfalls nach Wegfall des übertragenden Rechtsträgers im Rahmen der Verschmelzung eine Wertaufholung nicht mehr möglich wäre. Die Anteile, die die übertragende Körperschaft an der übernehmenden Körperschaft hält, werden durch die Verschmelzung eigene Anteile der übernehmenden Körperschaft.[238] Betroffen sind also insbesondere die Fälle des sog. *down-stream merger.*

Nach § 11 Abs. 2 S. 2 sind die Anteile an der Übernehmerin mindestens mit *242* dem Buchwert, erhöht um frühere steuerwirksam vorgenommene Teilwertabschreibungen sowie um steuerwirksame Abzüge nach § 6b EStG anzusetzen. Die Anteile, die die übertragende Körperschaft an der übernehmenden Körperschaft hält, sind daher vor der Aufstellung der Übertragungsbilanz neu zu bewerten. Dabei ist Bewertungsmaßstab weder der gemeine Wert noch der Teilwert der Anteile. Ausgangswert für die Neubewertung ist vielmehr der Buchwert der Anteile. Dieser Wert ist zu erhöhen um frühere steuerwirksame (noch nicht rückgängig gemachte) Teilwertabschreibungen und um steuerwirksame Abzüge i.S.d. § 6b EStG. Höchstens ist jedoch der zum Zeitpunkt der Verschmelzung relevante gemeine Wert anzusetzen.

Die Sonderregelung des § 11 Abs. 2 S. 2 gilt nur für Fälle, in denen das *243* Wahlrecht zum Buch- oder Zwischenwert nach § 11 Abs. 2 ausgeübt wird. Dies ergibt sich aus der systematischen Stellung der Norm.[239] Die Sonderregelung gilt nicht in den Fällen, in denen der gemeine Wert angesetzt wird, denn Obergrenze der Sonderregelung in § 11 Abs. 2 S. 2 ist ohnehin der gemeine Wert.

Die Neubewertung der Anteile kann zu einem Gewinn der übertragenden *244* Körperschaft führen, der außerhalb des eigentlichen Übertragungsgewinns entsteht. Dabei handelt es sich um einen laufenden Gewinn.[240] Für die Besteuerung dieses Gewinns bestimmt § 11 Abs. 2 S. 3, dass § 8b Abs. 2 S. 4, 5 KStG anzuwenden ist, das heißt dieser Gewinn ist nicht nach § 8b Abs. 2 S. 1 KStG steuerfrei. Dieses Vorgehen ist systematisch zwingend, da von der Regelung nur solche Abschreibungen erfasst werden, die in der Vergangenheit steuerwirksam vorgenommen wurden.

Eine entsprechende Regelung für den Fall der Aufwärtsverschmelzung der *245* Tochtergesellschaft auf die Muttergesellschaft (sog. up-stream merger) findet sich in § 12 Abs. 1 S. 2 (eingehend dazu unter § 12 Rdn. 69 ff.).

---

238 *Frotscher* in Frotscher/Maas, § 11 Rdn. 94.
239 *Frotscher* in Frotscher/Maas, § 11 Rdn. 94.
240 *Klingberg in Blümich*, § 11 Rdn. 44; *Frotscher* in Frotscher/Maas, § 11 Rdn. 95.

6. Firmenwert

a) Goodwill

246 Ein selbst geschaffener Geschäfts- oder Firmenwert[241] darf in der steuerlichen Schlussbilanz nicht angesetzt werden, soweit ein *Buchwertansatz* gewählt wurde.[242]

247 Soweit das Wahlrecht dahingehend ausgeübt wird, dass in der steuerlichen Schlussbilanz der *gemeine Wertansatz* bzw. ein *Zwischenwertansatz* gewählt wird, hat dies auch Auswirkungen auf den Ansatz und die Bewertung des selbst geschaffenen Firmenwertes. Denn das Ansatzverbot des § 5 Abs. 2 EStG für selbst geschaffene Wirtschaftsgüter des Anlagevermögens einschließlich eines Geschäfts- oder Firmenwertes gilt nach § 11 Abs. 1 nicht beim Ansatz des gemeinen Wertes. Dies ist insoweit konsequent, als sich der Verschmelzungsvorgang aus Sicht des übernehmenden Rechtsträgers als Anschaffung darstellt.[243] Ebenso gilt das Ansatzverbot für originär geschaffene immaterielle Wirtschaftsgüter des Anlagevermögens nicht bei einem Zwischenwertansatz. In diesem Fall ist der originäre immaterielle Firmenwert anteilig aufzustocken, vgl. Rdn. 199 ff.

248 Die nach dem Gesetz vorzunehmende Bewertung des Firmenwerts in Höhe eines gemeinen Wertes ist widersprüchlich. Denn die Bewertung mit dem gemeinen Wert setzt die Einzelveräußerbarkeit des betreffenden Wirtschaftsgutes voraus. Ein Firmenwert kann jedoch nicht losgelöst vom Betrieb veräußert werden.[244] Der Ansatz eines Firmenwerts kommt daher begrifflich nur bei einer Bewertung mit dem Teilwert in Betracht. Teilweise wird daraus geschlussfolgert, dass ein Firmenwert im Rahmen des § 11 Abs. 1 nicht angesetzt werden kann.[245] Ebenso sei es angesichts des Wortlauts des Gesetzes ausgeschlossen, für den Firmenwert den Teilwert anstelle des gemeinen Werts anzusetzen.

249 Die wohl h.A. geht jedoch davon aus, dass der Firmenwert eine Residualgröße zwischen dem Wert des Gesamtunternehmens und dem Wert der bilanzierten Wirtschaftsgüter darstellt.[246] Dies entspricht letztendlich dem Teilwert, sodass statt eines gemeinen Wertes dieser Teilwert anzusetzen ist.[247] Der Gesetzeswortlaut ist insofern missverständlich, der Wille des Gesetzgebers, einen etwaigen Firmenwert in der steuerlichen Schlussbilanz anzusetzen, ist jedoch unbestritten.

---

241 Grundlegend zur Behandlung eines Geschäfts- oder Firmenwertes bei Umwandlungen *Jäschke*, FR 2010, 10.

242 *Schießl* in Widmann/Mayer, § 11 Rdn. 192.

243 *Schmitt* in Schmitt/Hörtnagl/Stratz, § 11 Rdn. 71.

244 Vgl. hierzu *Desens*, GmbHR 2007, 1202 (1204).

245 *Frotscher* in Frotscher/Maas, § 11 Rdn. 38.

246 *Klingberg in Blümich*, § 11 Rdn. 25; *Rödder* in Rödder/Herlinghaus/van Lishaut, § 11 Rdn. 75; ähnlich auch *Desens*, GmbHR 2007, 1202 (1204), der von einem „Differenzwert" spricht.

247 *Dötsch* in Dötsch/Jost/Pung/Witt, § 11 Rdn. 4.

b) Badwill

Ausnahmsweise kann auch ein „negativer Geschäftswert" (sog. Badwill) beim Ansatz mit dem gemeinen Wert oder Zwischenwert entstehen.[248] Dieser ist in Ermangelung einer speziellen gesetzlichen Regelung in Form eines negativen Ausgleichspostens abzubilden.[249] Eine Abstockung der übergehenden Wirtschaftsgüter scheidet jedoch aus, da Bewertungsuntergrenze des § 11 grds. der Buchwert darstellt. Ein passiver Ausgleichsposten kann einen etwaigen Übertragungsgewinn neutralisieren, um steuerliche Scheingewinne zu vermeiden.[250]

250

7. Forderungen zwischen übertragenden und übernehmenden Rechtsträger

Bestehen zwischen der übertragenden und der übernehmenden KapG Forderungen/Verbindlichkeiten, so erlöschen diese durch die Eintragung der Verschmelzung in das Handelsregister. Eine solche Forderung auf Ebene des übertragenden Rechtsträgers bleibt in der steuerlichen Schlussbilanz der übertragenden Körperschaft zunächst bestehen.[251] Zu einer Konfusion – also der Vereinigung der Gläubiger- und Schuldnerstellung in einer Person – kommt es erst in der steuerlichen Übernahmebilanz der übernehmenden Körperschaft.

251

Sind die sich gegenüberstehenden Vermögenspositionen nicht deckungsgleich oder kommt es durch die Umwandlung zu der Auflösung von Rückstellungen, so ist die Differenz erfolgswirksam aufzulösen und als Übernahmefolgegewinn oder -verlust in vollem Umfang steuerlich zu berücksichtigen.[252] Nach § 12 Abs. 4 i.V.m. § 6 Abs. 1 darf der übernehmende Rechtsträger in Höhe des Übernahmefolgegewinns eine den steuerlichen Gewinn mindernde Rücklage bilden, eingehend dazu unter § 12 Rdn. 270 ff.

252

8. Forderungsverzicht mit Besserungsschein

Wenn ein Nichtgesellschafter auf eine Forderung gegenüber der übertragenden Gesellschaft mit Besserungsschein verzichtet, unterbleibt in der steuerlichen Schlussbilanz der übertragenden Körperschaft daraufhin der Ausweis einer Verbindlichkeit.[253] Im Verzichtszeitpunkt entsteht auf Ebene der übertragenden Gesellschaft ein entsprechender Gewinn. Die Verbindlichkeit aus dem Besserungsschein lebt entsprechend den vertraglichen Bedingungen jedoch wieder auf, wenn die Gesellschaft zum Beispiel wieder ein ausgeglichenes Vermögen aufweist (also eine etwaige Unterbilanz beseitigt ist) und wieder Gewinne erwirtschaftet werden. Eine solche bedingte

253

248 *Schmitt* in Schmitt/Hörtnagl/Stratz, § 11 Rdn. 72.
249 BFH vom 26.04.2006, I R 49, 50/04, DStR 2006, 1313 (1315).
250 *Desens*, GmbHR 2007, 1202 (1205 ff.); *Schmitt* in Schmitt/Hörtnagl/Stratz, § 11 Rdn. 72.
251 *Schmitt* in Schmitt/Hörtnagl/Stratz, § 11 Rdn. 73; *Rödder* in Rödder/Herlinghaus/ van Lishaut, § 11 Rdn. 162; vgl. hierzu auch *Schießl* in Widmann/Mayer, § 11 Rdn. 207.
252 Vgl. hierzu auch *Rödder* in Rödder/Herlinghaus/van Lishaut, § 11 Rdn. 162.
253 *Schmitt* in Schmitt/Hörtnagl/Stratz, § 11 Rdn. 74; *Rödder* in Rödder/Herlinghaus/ van Lishaut, § 11 Rdn. 162; *Widmann* in Widmann/Mayer, § 3 Rdn. 154.

Verpflichtung aus dem Forderungsverzicht mit Besserungsschein geht im Wege der Gesamtrechtsnachfolge auf die übernehmende Körperschaft über. Lebt die Verbindlichkeit bei der Übernehmerin später wieder auf, löst die Einbuchung der Verbindlichkeit einen steuerwirksamen Aufwand aus.

254 Verzichtet ein Gesellschafter oder eine diesem nahestehende Person auf eine Forderung, muss danach differenziert werden, ob diese Forderung werthaltig ist oder nicht. Soweit die Forderung nicht werthaltig ist, gelten die gleichen Grundsätze wie unter fremden Dritten. Hinsichtlich des werthaltigen Teils liegt hingegen grds. eine Einlage vor.[254] Im Besserungsfall ist die Einbuchung der Verbindlichkeit dann als Einlagenrückzahlung zu werten, mit der Folge, dass das Wiederaufleben der Verbindlichkeit den steuerlichen Gewinn der Übernehmerin nicht mindert.

9. Körperschaftsteuerguthaben

255 Beim Systemwechsel vom Anrechnungsverfahren zum Halb- bzw. mittlerweile Teileinkünfteverfahren musste der Gesetzgeber regeln, wie das Entlastungspotential, das in den mit Körperschaftsteuer belasteten Teilbeträgen des vEK ruhte, realisiert wird. Das Anrechnungsverfahren legte der Besteuerung verschiedene „Töpfe" zugrunde. Bei einer Ausschüttung wurde dabei zum Beispiel eine tarifliche Steuerbelastung von 40 % auf eine Ausschüttungsbelastung von 30 % reduziert. Dieses Anrechnungsguthaben musste daher bei Einführung des Systemwechsels im Jahr 2000/2001 einer besonderen Regelung zugeführt werden.

256 Um den Staatshaushalt bei einer sofortigen Auszahlung nicht zu stark zu belasten, hat sich der Gesetzgeber für eine gestreckte Auszahlung während eines zunächst 15-jährigen, später dann auf 18 Jahre verlängerten Übergangszeitraums entschieden.[255] Auch die Neuregelungen in § 37 Abs. 4 bis 7 KStG durch das SEStEG halten im Prinzip an der gestreckten Auszahlung fest, sehen aber von einer *ausschüttungsbedingten* Realisierung ab. Die Systemänderung zur *ausschüttungsunabhängigen* ratierlichen Realisierung hat der Gesetzgeber damit begründet, dass sich das alte System insbesondere bei grenzüberschreitenden Sachverhalten nicht mehr hätte administrieren lassen.[256] Vorteilhaft ist die Neuregelung für KapG, die zuvor mangels Ausschüttungspotenzial kein Körperschaftsteuerguthaben realisieren konnten und für Organschaften mit Körperschaftsteuerguthaben aus vororganschaftlicher Zeit.[257]

257 Das Körperschaftsteuerminderungspotenzial wurde letztmals auf den 31.12. 2006 ermittelt und einem Auszahlungsbescheid für die Jahre 2008 bis 2017 zugrunde gelegt. Die Körperschaft, bei der das Körperschaftsteuerguthaben ermittelt worden ist, hat nach § 37 Abs. 5 KStG innerhalb eines Auszahlungszeitraums von 10 Jahren einen *unverzinslichen* Anspruch auf die Auszahlung des Körperschaftsteuerguthabens in 10 gleichen Jahresbeträgen.

---

254 *Schmitt* in Schmitt/Hörtnagl/Stratz, § 11 Rdn. 74; *Rödder* in Rödder/Herlinghaus/
van Lishaut, § 11 Rdn. 162; *Widmann* in Widmann/Mayer, § 3 Rdn. 153.
255 *Werning in Blümich*, § 37 KStG Rdn. 13 f.
256 BT-Drs. 16/2710.
257 *Hagemann/Jakob/Ropohl/Viebrock*, NWB Sonderheft 1/2007, 5.

Ropohl/Sonntag

Im Rahmen einer Verschmelzung ist der Anspruch auf ratierliche Auszah- 258
lung des Körperschaftsteuerguthabens i.S.d. § 37 Abs. 5 KStG in abgezins-
ter Höhe in der steuerlichen Schlussbilanz des übertragenden Rechtsträgers
auszuweisen.[258] Denn der zum 31.12.2006 entstandene Anspruch (§ 37
Abs. 5 S. 2 KStG) stellt sich zu diesem Zeitpunkt steuerrechtlich als *aktivie-
rungsfähiges Wirtschaftsgut* und handelsrechtlich als Vermögensgegenstand
dar, denn die Auszahlung ist von keiner weiteren Bedingung mehr abhängig.[259] Dieser Anspruch geht bei einer Verschmelzung entsprechend auf die
übernehmende Körperschaft über.[260]

10. Körperschaftsteuererhöhung

Aus dem Systemwechsel vom Anrechnungsverfahren zum Halb- bzw. mitt- 259
lerweile Teileinkünfteverfahren (siehe dazu Rdn. 225 ff.) resultiert auch eine
Regelung zur Behandlung von Körperschaftsteuererhöhungspotential in
§ 38 KStG.[261] Im Gegensatz zur Änderung des § 37 KStG durch das SEStEG,
der eine ausschüttungsbedingte Minderung der Körperschaftsteuer nicht
mehr vorsieht, hielt der Gesetzgeber bei der Körperschaftsteuererhöhung
zunächst an der *ausschüttungsabhängigen* Erhöhung der Körperschaftsteuer fest.[262] Erst das Jahressteuergesetz 2008 vollzog in den neu eingeführten Abs. 7 bis 10 des § 38 KStG den vollständigen Systemwechsel, der
eigentlich schon zum Regelwerk des SEStEG gehört hätte, nämlich den
Übergang *zur ausschüttungsunabhängigen* Körperschaftsteuererhöhung.[263]
Diese sukzessiven Änderungen hatten letztendlich auch den Wegfall des
§ 40 KStG zur Folge.[264]

Im Rahmen einer Verschmelzung finden die Neuregelungen des § 38 Abs. 4– 260
10 KStG Anwendung, soweit der steuerliche Übertragungsstichtag nach dem
31.12.2006 liegt. Nach § 38 Abs. 4 KStG i.d.F. des Jahressteuergesetzes 2008
ist der Endbetrag nach § 38 Abs. 1 KStG nunmehr letztmalig auf den
31.12.2006 zu ermitteln und festzustellen. Der Aufbau sowie der Wortlaut
des § 38 Abs. 6 KStG entspricht im Wesentlichen der Regelung des § 37
Abs. 5 KStG. Die Vorschrift sieht vor, dass die Körperschaft oder deren
Rechtsnachfolger 3 % des EK 02 *ausschüttungsunabhängig* in zehn gleichen
Jahresraten unverzinslich in den Jahren 2008–2017 entrichten muss. Dieser
pauschale Erhöhungsbetrag entsteht am 01.01.2007 und ist in der Steuerbilanz abgezinst zu passivieren. Der Aufwand ist bei der Einkommensermittlung hinzuzurechnen. Die Verpflichtung zur Zahlung des pauschalierten Erhöhungsbetrags geht auf den übernehmenden Rechtsträger über.[265]

---

258 *Schmitt* in Schmitt/Hörtnagl/Stratz, § 11 Rdn. 76; *Rödder* in Rödder/Herlinghaus/
   van Lishaut, § 11 Rdn. 162.
259 *Werning in Blümich*, § 37 KStG Rdn. 66; eingehend *Mentel*, SteuK 2010, 90.
260 Ausführlich dazu *Schießl* in Widmann/Mayer, § 11 Rdn. 312 ff.; zum Fall einer
   grenzüberschreitenden Verschmelzung *Thiel*, DB 2005, 2316 (2321).
261 Vgl. ausführlich zum Körperschaftsteuererhöhungsbetrag: *Schießl* in Widmann/
   Mayer, § 11 Rdn. 323 ff.
262 Vgl. hierzu *Hagemann/Jakob/Ropohl/Viebrock*, NWB Sonderheft 1/2007, 6.
263 *Danelsing in Blümich*, § 38 KStG Rdn. 2.
264 *Horst*, NWB Fach 4, 5419 (5421).
265 *Schmitt* in Schmitt/Hörtnagl/Stratz, § 11 Rdn. 77.

11. Pensionsrückstellungen

261   Seit einiger Zeit wird durch das IDW die Auffassung vertreten, die Pensionsrückstellungen in der Handelsbilanz sollten sich künftig sowohl in Bezug auf die Verteilung auf die Dienstzeit als auch auf die Prämissenfestlegung mehr an den international üblichen Bewertungsvorschriften orientieren. Im Rahmen der Neufassung des HGB durch das BilMoG ist der Auffassung des IDW weitgehend gefolgt worden. Die Höhe der Rückstellungen orientiert sich zukünftig am erwarteten Erfüllungsbetrag, so dass zukünftige Gehalts- und Rentensteigerungen einzurechnen sind.[266]

262   Die steuerliche Bewertungsvorschrift des § 6a EStG zur Bildung und Bewertung von Pensionsrückstellungen bleibt demgegenüber unverändert. Danach darf eine Pensionsrückstellung nur gebildet werden, soweit dem Berechtigten ein Rechtsanspruch eingeräumt wurde, die Leistung nicht von zukünftigen gewinnabhängigen Bezügen bestimmt wird, die Zusage keine unzulässigen Vorbehalte enthält und die Schriftform gewahrt ist.

263   Im Rahmen einer Verschmelzung nach § 11 Abs. 1 gilt für Pensionsrückstellungen ausnahmsweise nicht der Ansatz des gemeinen Werts. Vielmehr soll gem. § 11 Abs. 1 S. 2 der Wert in der steuerlichen Schlussbilanz des übertragenden Rechtsträgers angesetzt werden, der sich nach § 6a EStG ergibt.[267] Etwaige stille Lasten im Zusammenhang mit der Bilanzierung von Pensionsverpflichtungen werden mithin im Gegensatz zu allen sonstigen stillen Reserven nicht erfasst.[268] Diese Regelung soll verhindern, dass z.B. bei der Verlagerung ganzer Betriebsstätten ins Ausland die bisher durch § 6a EStG „gedeckelten" Rückstellungen steuerwirksam nachgeholt werden können.[269] Der gem. § 6a EStG anzusetzende Wert ist weder der Teilwert noch der gemeine Wert, sondern ein Wert, der regelmäßig unter diesen beiden Werten liegen dürfte. Damit sind Pensionsrückstellungen grds. unterbewertet.[270] Diese einseitige Nichtberücksichtigung der stillen Lasten kann dazu führen, dass bei einer Verschmelzung zum gemeinen Wert ein höherer Gewinn zu versteuern wäre, als er bei einer Veräußerung realisiert werden könnte.[271] Die Nichtberücksichtigung von etwaigen stillen Lasten im Zusammenhang mit dem Ansatz der Pensionsverpflichtungen führt dann aber folgerichtig entsprechend bei der Bewertung des Unternehmens und damit zusammenhängend eines Firmenwertes zu einem entsprechend gemindertem Wert, denn die stillen Lasten wären im Rahmen eines Ertragswertverfahrens zu berücksichtigen, eingehend dazu bereits zuvor unter Rdn. 250.[272]

---

266 Vgl. hierzu *Meyer*, DStR 2009, 762 (763 f.).
267 Vgl. hierzu *Huth/Wittenstein*, DStR 2015, 1153; siehe dazu auch oben unter Rdn. 202a.
268 *Klingberg in Blümich*, § 11 Rdn. 24; *Schmitt* in Schmitt/Hörtnagl/Stratz, § 11 Rdn. 79.
269 *Dötsch* in Dötsch/Jost/Pung/Witt, § 11 Rdn. 5.
270 *Frotscher* in Frotscher/Maas, § 11 Rdn. 37.
271 *Rödder* in Rödder/Herlinghaus/van Lishaut, § 11 Rdn. 85.
272 Ebenso *Schmitt* in Schmitt/Hörtnagl/Stratz, § 11 Rdn. 79; *Rödder* in Rödder/Herlinghaus/van Lishaut, § 11 Rdn. 85; *Dötsch* in Dötsch/Jost/Pung/Witt, § 11 Rdn. 5; *Ley/Bodden*, FR 2007, 265.

Zu Recht wird insofern kritisiert, dass die Regelungen bezüglich der Pensi- *264*
onsrückstellungen inkonsequent sind, weil es ansonsten durchgängig zum
Ansatz der gemeinen Werte kommt.[273] Ob die Ausnahmeregelung für Pensionsrückstellungen den verfassungsrechtlichen Anforderungen entspricht,
kann bezweifelt werden. Denn das BVerfG hat in ständiger Rechtsprechung
entschieden, dass der Gesetzgeber, wenn er ein System einführt, dieses
auch folgerichtig umsetzen muss.[274]

12. Side-step merger

Bei einem side-step merger werden zwei *Schwestergesellschaften* ver- *265*
schmolzen, bei denen eine gemeinsame Muttergesellschaft vorhanden ist,
die sämtliche Anteile an den Schwestergesellschaften hält. Vom Grundsatz
her besteht nach § 2 UmwG für Verschmelzungen eine Anteilsgewährungspflicht. Eine Verschmelzung von Schwesterngesellschaften kann danach mit
Gewährung von Anteilsrechten durchgeführt werden, die im Rahmen einer
Kapitalerhöhung ausgegeben werden. Von der grds. nach § 2 UmwG bestehenden Anteilsgewährungspflicht macht das UmwG jedoch nach Umsetzung des Zweiten Gesetzes zur Änderung des Umwandlungsgesetzes
(MoMiG)[275] unter gewissen Voraussetzungen Ausnahmen. Dabei hat der
Gesetzgeber laut Gesetzesbegründung[276] insbesondere die Verschmelzung
von Schwestergesellschaften innerhalb eines Konzerns im Auge, deren
sämtliche Anteile von der Muttergesellschaft gehalten werden.

Nach § 54 Abs. 1 S. 3 (für GmbH) und § 68 Abs. 1 S. 3 (für AG) UmwG ist *266*
geregelt, dass die übernehmende Gesellschaft von der *Gewährung von Ge-
schäftsanteilen/Aktien absehen* darf, wenn alle Anteilsinhaber eines übertragenden Rechtsträgers darauf *verzichten* und die Verzichtserklärungen
notariell beurkundet werden. Die entsprechende Neufassung des UmwG
wurde zum 25. 04. 2007 wirksam.[277] Hintergrund ist ein seit Einführung des
UmwG zum 01. 01. 1995 bestehender Streit, ob eine Gewährung von Anteilen auch dann erforderlich ist, wenn der oder die Anteilseigner des übertragenden Rechtsträgers bereits an dem übernehmenden Rechtsträger mit derselben Beteiligungsquote beteiligt sind, übertragender und übernehmender
Rechtsträger also Schwestergesellschaften sind.[278] Von der Neuregelung
wird jedoch nicht nur der Fall der Schwestergesellschaften erfasst, sondern
es kann bei jedem Fall der Verschmelzung unter Beteiligung von GmbH
und/oder AG auf das Erfordernis der Anteilsgewährung verzichtet werden.
Der Grundsatz des § 2 UmwG, dass eine Umwandlung gegen Gewährung
von Anteilen zu erfolgen hat, ist daher für KapG dann aufgehoben, wenn
die Anteilseigner einen notariell beurkundeten Verzicht erklären.

---

273 Bereits kritisch zum Regierungsentwurf: *Rödder/Schumacher*, DStR 2006, 1481
    (1489).
274 Jüngst BVerfG vom 09. 12. 2008, 2 BvL 1/07, 2 BvL 2/07, 2 BvL 1/08, 2 BvL 2/08,
    DStR 2008, 2460 (2465).
275 Gesetz vom 19. 04. 2007, BGBl. I 2007, 542.
276 BT-Drs. 16/2919, 13.
277 Art. 6 des Zweiten Gesetzes zur Änderung des Umwandlungsgesetzes vom 24. 04.
    2007: Am Tag nach der Verkündung.
278 Dazu *Mayer/Weiler*, DB 2007, 1235, 1238 m. w. N.

267 Das handelsbilanzielle *Wahlrecht nach § 24 UmwG bleibt dabei erhalten.* Es handelt sich bei einem side-step merger ohne Anteilsgewährung eigentlich nicht um einen Tauschvorgang, aber die Regelung des § 24 UmwG eröffnet unabhängig davon kraft Gesetzes ein Bewertungswahlrecht. Dies galt auch nach bisherigem Recht bereits für den Fall, dass z.B. beim up-stream merger eine Anteilsgewährung nicht erfolgt. Die Notwendigkeit zur Einreichung einer Schlussbilanz bleibt daneben erhalten, § 17 Abs. 2 UmwG.

268 Insofern stellt sich die Frage, ob eine Verschmelzung von KapG ohne eine Gewährung von neuen Anteilen von den Regelungen des UmwStG erfasst wird. Eine *Anteilsgewährung* durch die aufnehmende Gesellschaft ist für die *Anwendung des § 11 nicht erforderlich.* Damit ist § 11 Abs. 1 als auch Abs. 2 auf den side-step merger ohne Anteilsgewährung anwendbar.[279] Vielmehr fordert § 11 Abs. 2 S. 1 Nr. 2 im Rahmen des Ansatzwahlrechts, dass entweder keine Gegenleistung gewährt wird oder die Gegenleistung in Gesellschaftsrechten besteht. Bei dem side-step merger ohne Anteilsgewährung wird keine Gegenleistung gewährt. Auf der Ebene der übertragenden KapG ist damit eine Buchwertfortführung oder Zwischenwertübertragung möglich, soweit die weiteren Voraussetzungen des § 11 Abs. 2 erfüllt sind.[280] Zu den Anwendungsfragen hinsichtlich der §§ 12 und 13 vgl. § 12 Rdn. 90 ff. und § 13 Rdn. 46 ff.

13. Steuerfreie Rücklagen

269 Steuerfreie Rücklagen sind bei Ansatz eines Buch- und Zwischenwertes in der steuerlichen Schlussbilanz des übertragenden Rechtsträgers auszuweisen, vgl. § 12 Abs. 3 i.V.m. § 4 Abs. 1 S. 1.[281]

14. Umwandlungskosten

270 Umwandlungs- bzw. Verschmelzungskosten sind die Kosten, die im Zusammenhang mit der Verschmelzung anfallen. Diese Kosten wurden bis zur Einführung des SEStEG grds. als Betriebsausgaben qualifiziert. Seit Einführung des SEStEG Ende 2006 sind bei einem up-stream merger diese Aufwendungen jedoch als Teil des Übernahmeergebnisses nach § 4 Abs. 4 S. 1 sowie § 12 Abs. 2 und § 22 entsprechend der Beteiligungshöhe zu berücksichtigen. Dabei ist ungeklärt, ob nur die Kosten des übernehmenden Rechtsträgers oder auch die Kosten des übertragenden Rechtsträgers erfasst werden. Das geminderte Übernahmeergebnis ist zu 95 % steuerbefreit. Sofern ein Übernahmeverlust entsteht, sind die Umwandlungskosten daher steuerlich nicht abzugsfähig. In den Fällen, in denen keine Beteiligung an dem übertragenden Rechtsträger besteht, mindern die Umwandlungskosten den laufenden Gewinn oder einen etwaigen Übertragungsgewinn. Ein dabei entstehender Übernahmeverlust kann nach § 10d EStG zurückgetragen werden.[282]

---

279 *Frotscher* in Frotscher/Maas, § 11 Rdn. 83.
280 *Pupeter/Schnittker*, FR 2008, 160 (161).
281 *Schmitt* in Schmitt/Hörtnagl/Stratz, § 11 Rdn. 20, 80; *Schießl* in Widmann/Mayer, § 11 Rdn. 229.
282 *Klingberg* in Blümich, § 11 Rdn. 47.

Die Umwandlungskosten der an der Verschmelzung beteiligten Rechtsträ-   271
ger sind nicht frei zuordenbar, sondern nach Auffassung des BFH[283] veran-
lassungsgerecht zu verteilen. Jeder Beteiligte hat mithin die auf ihn entfallenden Kosten selbst zu tragen. Die Zuordnung richtet sich nach dem
objektiven Veranlassungsprinzip und belässt den Beteiligten insofern kein
Zuordnungswahlrecht. Zu den Kosten, die dem übertragenden Unternehmen zuzuordnen und damit aufwandswirksam zu berücksichtigen sind, gehören solche, die mit dessen Gesellschaftsform zusammenhängen. Dabei
handelt es sich insbesondere um Kosten im Zusammenhang mit dem Verschmelzungsbeschluss, der Anmeldung und der Eintragung des Beschlusses, Beurkundungskosten, Kosten für die Beratung des übertragenden
Rechtsträgers, Kosten der Gesellschafterversammlung sowie regelmäßig die
Hälfte der Kosten für die Erstellung des Verschmelzungsvertrages bzw. des
Entwurfs.[284] Die dem übernehmenden Unternehmen zuzuordnenden Kosten
mindern den laufenden Gewinn, wenn sie nicht als objektbezogene Anschaffungskosten zu aktivieren sind.

Ungeklärt ist die Frage, ob die Grunderwerbsteuer zu aktivieren ist oder zu   272
den Umwandlungskosten – und damit zu den sofort abziehbaren Betriebsausgaben – gehört. Nach Auffassung des BFH gehören anfallende Grunderwerbsteuern im Rahmen einer Verschmelzung zu den aktivierungspflich-
tigen Anschaffungsnebenkosten.[285] Der BFH begründet diese Auffassung
damit, dass es sich bei der Grunderwerbsteuer im Rahmen der Verschmelzung wirtschaftlich gesehen nicht um Fremdaufwand für die übertragende
Gesellschaft handele, sondern um Eigenaufwand.[286] Der Grunderwerbsteu-
eranspruch entstehe erst in der logischen Sekunde nach Eintragung der
Verschmelzung in das Handelsregister.

Demgegenüber geht ein Teil der Literatur im Hinblick auf die Verwaltungs-   273
praxis[287] davon aus, dass die Grunderwerbsteuer bei Verschmelzungsvorgängen unter KapG als sofort abzugsfähige Betriebsausgaben zu behandeln
ist.[288]

VI. Ausübung des Antragswahlrechtes

1. Antragstellung

Der Ansatz des Buchwerts oder des Zwischenwerts ist bei Vorliegen der   274
Voraussetzungen des § 11 Abs. 2 S. 1 von einem Antrag der *übertragenden
Körperschaft* abhängig. Ist die Verschmelzung oder Vermögensübertragung
bereits wirksam geworden, ist der Antrag von dem *übernehmenden*

---

283 BFH vom 22.04.1998, I R 83/96, DStR 1998, 1420; ebenso *Bärwaldt* in Haritz/
Menner, § 11 Rdn. 27.
284 *Schmitt* in Schmitt/Hörtnagl/Stratz, § 11 Rdn. 81; *Rödder* in Rödder/Herlinghaus/
van Lishaut, § 11 Rdn. 164.
285 BFH vom 15.10.1997, I R 22/96, BStBl. II 1998, 168 (168).
286 BFH vom 15.10.1997, I R 22/96, BStBl. II 1998, 168 (168).
287 Vgl. hierzu BMF vom 25.03.1998, IV B 7 – S 1978 – 21/98, IV B 2 – S 1909-33/98,
BStBl. I 1998, 269, Tz. 04.43.
288 *Kroh/Greulich*, DStR 2008, 646 (647); *Lohmann/Goldacker/Zeitz*, BB 2009, 477
(479).

Rechtsträger zu stellen, denn dieser tritt aufgrund der Gesamtrechtsnachfolge in die Rechtsposition des übertragenden Rechtsträgers ein.[289] Dies gilt auch für das Antragsrecht.

275 Für die Ausübung des Antragswahlrechts ist kein förmlicher Antrag vorgesehen. Ausreichend ist vielmehr nach der Regierungsbegründung auch ein konkludenter Antrag *durch Einreichung einer steuerlichen Schlussbilanz* (insbesondere im Zusammenhang mit der Abgabe der Steuererklärung), aus der sich die jeweiligen Wertansätze ergeben.[290] Nach Tz. 03.29 (i.V.m. Tz. 11.12) UmwStE 2011 bedarf der Antrag keiner besonderen Form. Der Antrag ist unwiderruflich zu stellen, ist bedingungsfeindlich und bei einem Buchwert- oder Zwischenwertansatz muss sich dies aus dem Antrag ergeben. Ob jedoch die Abgabe der Schlussbilanz ausreichend ist, wurde im Erlass nicht ausdrücklich geregelt. Nach Tz. 03.29 UmwStE 2011 reicht die ausdrückliche Erklärung aus, dass die Steuerbilanz i.S.d. § 4 Abs. 1, § 5 Abs. 1 EStG gleichzeitig die steuerliche Schlussbilanz sein soll, damit diese Erklärung gleichzeitig als konkludenter Antrag auf Ansatz der Buchwerte gewertet wird, sofern kein ausdrücklich gesonderter anderweitiger Antrag gestellt wurde. Unabhängig davon sollte u.E. jedoch zumindest dann immer ein ausdrücklicher Antrag gestellt werden, wenn ein Zwischenwertansatz oder ein Buchwertansatz erfolgen soll.[291] Dadurch können etwaige Unklarheiten und Rechtsstreitigkeiten vermieden werden.[292]

276 Ist ein Antrag weder ausdrücklich noch konkludent gestellt worden, ist gem. § 11 Abs. 1 vom Grundsatz des Ansatzes des gemeinen Wertes in der Schlussbilanz des übertragenden Rechtsträgers auszugehen.

277 Die *Festlegung* eines steuerlichen Wertansatzes für die steuerliche Schlussbilanz der übertragenden Gesellschaft in dem *Verschmelzungsvertrag* ist üblich, hat jedoch keinerlei Auswirkungen auf das Antragsrecht nach § 11 Abs. 2. Der Verschmelzungsvertrag stellt eine rechtliche Regelung im Innenverhältnis zwischen den an der Verschmelzung beteiligten Rechtsträgern dar. Die Nichtbeachtung der Vereinbarungen aus dem Verschmelzungsvertrag kann daher Schadensersatzansprüche auslösen.[293] Die Aufnahme einer Regelung zum steuerlichen Wertansatz in dem Verschmelzungsvertrag ist daher auch nicht erforderlich; sie ist jedoch sinnvoll, um das gemeinsame Verständnis der Beteiligten zu dokumentieren. Für das Finanzamt ist eine Regelung im Verschmelzungsvertrag nicht bindend, kann aber dann als Indiz herangezogen werden, wenn kein ausdrücklicher Antrag gestellt worden ist.

---

289 *Schmitt* in Schmitt/Hörtnagl/Stratz, § 11 Rdn. 54; *Krohn/Greulich*, DStR 2008, 646 (646).

290 BT-Drs. 16/2710, 37; ebenso *Dötsch* in Dötsch/Jost/Pung/Witt, § 11 Rdn. 12; *Rödder* in Rödder/Herlinghaus/van Lishaut, § 11 Rdn. 93; *ders.*, DStR 2011, 1059, 1060; zur Konstellation, dass eine steuerliche Schlussbilanz unvollständig, gar nicht oder zu spät eingereicht wurde *Pyszka*, GmbHR 2013, 738 ff.

291 Vgl. hierzu auch Praxishinweis: *Schießl*, StuB 2009, 460 (461).

292 Ebenso *Krohn/Greulich*, DStR 2008, 646 (646).

293 *Rödder* in Rödder/Herlinghaus/van Lishaut, § 11 Rdn. 95; *Schmitt* in Schmitt/Hörtnagl/Stratz, § 11 Rdn. 54.

Nach Abs. 3 gilt § 3 Abs. 2 S. 2 entsprechend. Danach ist der Antrag auf 278
Buchwertfortführung bzw. Ansatz von Zwischenwerten spätestens bis zur
erstmaligen Abgabe der steuerlichen Schlussbilanz zu stellen. *Nach der Abgabe der steuerlichen Schlussbilanz* im Rahmen einer Steuererklärung kann
ein Antrag grds. nicht mehr gestellt werden, selbst wenn die abgegebene
Schlussbilanz später geändert oder berichtigt wird (siehe nachfolgend
Rdn. 293). Eine Ausnahme besteht u.E. jedoch dann, wenn die Durchführung der Verschmelzung bei Abgabe der Steuererklärung noch nicht beschlossen und zum Handelsregister eingereicht worden ist, aber nach Abgabe der Steuererklärung rückwirkend auf den Bilanzstichtag durchgeführt
werden soll:[294]

Beispiel 5:
Die X-GmbH gibt im Mai des Jahres 02 ihre Steuerklärung für den 279
Veranlagungszeitraum 01 zusammen mit einer steuerlichen Schlussbilanz zum 31.12.01 ab. Im Juni 02 beschließt die Geschäftsführung
der X-GmbH zusammen mit dem Vorstand der Y-AG, die X-GmbH
auf die Y-AG steuerlich rückwirkend auf den 31.12.01 zu verschmelzen. Ein entsprechender Verschmelzungsvertrag wird im August 02
notariell beurkundet und noch im August 02 zum Handelsregister
eingereicht.

Da bei Einreichung der Steuererklärung nebst steuerlicher Schluss- 280
bilanz im Mai 02 durch die Vertreter der X-GmbH die angehende
Verschmelzung noch nicht beschlossen und zum Handelsregister eingereicht war, kann in der Einreichung der steuerlichen Schlussbilanz
keine konkludente Ausübung des Antragswahlrechtes nach § 11
Abs. 2 liegen. Das Antragswahlrecht kann vielmehr durch Einreichung einer neuen steuerlichen Schlussbilanz ausgeübt werden. In
diesem Fall sollte jedoch unbedingt ein ausdrücklicher Antrag gestellt werden.

Entgegen Stimmen in der Literatur[295] muss der Antrag nicht *vor* der Einrei- 281
chung der Steuererklärung erfolgen, sondern kann auch *zugleich mit der
Einreichung Steuererklärung* gestellt werden.[296]

Ändert sich der Ansatz oder die Bewertung der steuerlichen Schlussbilanz 282
des übertragenden Rechtsträgers nachträglich im Rahmen einer *Betriebsprüfung*, ist die Schlussbilanz des übertragenden Rechtsträgers und korrespondierend auch die Übernahmebilanz des übernehmenden Rechtsträgers
entsprechend anzupassen, zumindest bei Buchwertansatz und Ansatz zum
gemeinen Wert in der Übertragungsbilanz, nicht aber bei Zwischenwertansatz, vgl. auch Tz. 03.30 UmwStE 2011.

---

294 Anders jedoch *Widmann* in Widmann/Mayer, § 20 Rdn. 423 zum vergleichbaren
Antragsrecht nach § 20 Abs. 2 S. 2 UmwStG bei Einbringungsvorgängen; vgl.
auch *Krohn/Greulich*, DStR 2008, 646 (646 f.).
295 *Widmann* in Widmann/Mayer, § 20 Rdn. 442 wiederum zum vergleichbaren Antragsrecht nach § 20 Abs. 2 S. 2 UmwStG bei Einbringungsvorgängen.
296 *Schmitt* in Schmitt/Hörtnagl/Stratz, § 11 Rdn. 56.

2. Antrag auf Ansatz von Zwischenwerten

283 Insbesondere im Fall eines gewünschten Ansatzes von Zwischenwerten sollte u.E. immer ein *ausdrücklicher Antrag* gestellt werden. Dies gilt umso mehr, wenn die Bescheide noch unter dem Vorbehalt der Nachprüfung stehen und eine Betriebsprüfung der übertragenden Gesellschaft noch aussteht. Denn aufgrund der Betriebsprüfung können sich die Bilanzansätze in der Schussbilanz des übertragenden Rechtsträgers nachträglich noch ändern. In diesem Fall sollte daher aus dem Antrag eindeutig hervorgehen, welcher Wert gewollt ist.

284 Das Antragswahlrecht ist *bedingungsfeindlich*, d.h. es ist unbedingt und hinreichend bestimmt auszuüben. Er kann insbesondere nicht an Bedingungen geknüpft werden, die außerhalb des Verschmelzungsvorganges liegen.[297] Es besteht daher nicht die Möglichkeit den Bilanzansatz so zu wählen, dass eine Aufdeckung stiller Reserven genau i.H.v. etwaig bestehenden Verlustvorträgen vorzunehmen ist.[298]

285 Zulässig ist die Ausübung des Bewertungswahlrechtes in einer *bestimmten Höhe* (absoluter Betrag) der aufzudeckenden stillen Reserven oder in Höhe eines *bestimmten Prozentsatzes* der stillen Reserven, nicht jedoch die Bindung an eine variable oder noch nicht feststehende Größe. Formulierungen wie „in Höhe eines zur Verfügung stehenden Verlustvortrags" sind zu unbestimmt; der Antrag ist dann unwirksam.[299]

286 Im Fall eines Zwischenwertansatzes sind alle übergehenden Wirtschaftsgüter prozentual *gleichmäßig*, das heißt um einen einheitlichen Prozentsatz, aufzustocken, der dem Verhältnis des Aufstockungsbetrags zum Gesamtbetrag der vorhandenen stillen Reserven des übergehenden Betriebsvermögens entspricht.[300] Eine selektive Aufstockung, etwa zur steuerlichen Optimierung der Abschreibung, ist nicht möglich.

287 Die Wahl des gemeinen Werts oder eines Zwischenwertes kann dann sinnvoll sein, wenn durch den dadurch entstehenden Übertragungsgewinn ein Verlustvortrag der übertragenden Körperschaft genutzt werden soll, da der Verlust nicht auf die übernehmende Körperschaft übergeht (vgl. § 12 Abs. 3 i.V.m. § 4 Abs. 2 S. 2), eingehend dazu unter Rdn. 368 ff.

3. Zuständiges Finanzamt

288 Zuständig für die Einreichung eines Antrags auf Buchwertfortführung oder Ansatz eines Zwischenwertes nach Abs. 2 ist das für die Besteuerung der *übertragenden* Körperschaft *nach § 20 AO* zuständige Finanzamt. Ist die Verschmelzung bei Antragstellung durch Eintragung im Handelsregister bereits rechtswirksam geworden, bleibt für die Antragstellung das Finanzamt

---

297 *Schmitt* in Schmitt/Hörtnagl/Stratz, § 11 Rdn. 58.
298 Das Problem ist, dass bestehende Verlustvorträge durch die Feststellung von Mehrsteuern im Rahmen einer Betriebsprüfung verbraucht sein können, so dass diese nicht mehr zur Verrechnung zur Verfügung stehen, dazu Rdn. 368 ff.
299 *Frotscher* in Frotscher/Maas, § 11 Rdn. 44; *Schmitt* in Schmitt/Hörtnagl/Stratz, § 11 Rdn. 58.
300 Dazu auch Rdn. 191 ff.

des übertragenden Rechtsträgers zuständig; der Antrag ist jedoch vom übernehmenden Rechtsträger zu stellen.

Bei einer *Herausverschmelzung* ist der Antrag bei dem für die Veranlagung   *289*
der inländischen Betriebsstätte bzw. des im Inland belegenen Grundvermögens zuständige FA zu stellen.[301]

Bei einer *Hineinverschmelzung* ist der Antrag an das für den übernehmen-   *290*
den Rechtsträger zuständige Finanzamt zu stellen.[302]

Nach Durchführung der Verschmelzung kann es zu einem *Zuständigkeits-*   *291*
wechsel des Finanzamtes nach § 26 Abs. 1 AO kommen, wenn für den übertragenden und den übernehmenden Rechtsträger nicht vor der Verschmelzung bereits dasselbe Finanzamt zuständig war.[303] Daneben besteht gem. § 26 S. 2 AO bzw. § 27 AO die Möglichkeit, dass das bisher zuständige Finanzamt die Zuständigkeit behält.[304]

4. Nachträgliche Antragsänderung

Die Übertragerin ist an das einmal von ihr ausgeübte Wahlrecht *gebun-*   *292*
den.[305] Der einmal wirksam gestellte Antrag nach § 11 Abs. 2 S. 1 kann weder zurückgenommen, geändert noch wegen Irrtums angefochten werden.

Bilanzberichtigungen sind jedoch nach allgemeinen Grundsätzen möglich.   *293*
Fehlerhafte Bilanzansätze sind nach § 4 Abs. 2 S. 1 EStG zu berichtigen, und zwar bis zur Einreichung der Bilanz ohne Einschränkung. Nach Einreichung der Steuererklärung muss der Fehler, der zu einer Steuerverkürzung führen kann, gem. § 153 AO bis zum Ablauf der Feststellungsfrist dem Finanzamt angezeigt und die erforderliche Richtigstellung vorgenommen werden. Nach Ablauf der Festsetzungsfrist ist die Berichtigung ausgeschlossen.

D. Grenzüberschreitende Gestaltungen

I. Grundsatz der Entstrickung

Bei grenzüberschreitenden Verschmelzungen ist der Ansatz von Buchwer-   *294*
ten oder Zwischenwerten gem. § 11 Abs. 2 S. 1 Nr. 2 wie dargestellt nur möglich, wenn es hinsichtlich der Besteuerung des Gewinns aus der Veräußerung der übertragenen Wirtschaftsgüter nicht zu einem Ausschluss oder zu einer Beschränkung des deutschen Besteuerungsrechts kommt. Im Grundsatz geht es dem Gesetzgeber dabei um die Sicherung des deutschen Besteuerungsrechts bei grenzüberschreitenden Verschmelzungen. Die ent-

---

301 *Rödder* in Rödder/Herlinghaus/van Lishaut, § 11 Rdn. 96.
302 *Rödder* in Rödder/Herlinghaus/van Lishaut, § 11 Rdn. 98; *Schmitt* in Schmitt/Hörtnagl/Stratz, § 11 Rdn. 59.
303 *Schmitt* in Schmitt/Hörtnagl/Stratz, § 11 Rdn. 59; *Rödder* in Rödder/Herlinghaus/van Lishaut, § 11 Rdn. 97.
304 *Schmitt* in Schmitt/Hörtnagl/Stratz, § 11 Rdn. 59.
305 *Rödder* in Rödder/Herlinghaus/van Lishaut, § 11 Rdn. 99; *Schmitt* in Schmitt/Hörtnagl/Stratz, § 11 Rdn. 60; nach *Dötsch/Pung* in Dötsch/Jost/Pung/Witt, § 3 Rdn. 29 soll hingegen eine Änderung des Antrags so lange möglich bleiben, bis die endgültige Einreichung der steuerlichen Schlussbilanz erfolgt ist.

sprechenden Regelungen des UmwStG zu grenzüberschreitenden Umwandlungen stellen dabei besondere Tatbestände zu dem in § 4 Abs. 1 S. 3 EStG allgemein normierten *Entstrickungstatbestand* dar.[306] Werden hingegen Wirtschaftsgüter so verlagert, dass Deutschland erstmals ein Besteuerungsrecht an den stillen Reserven erhält, findet eine Verstrickung statt. Grenzüberschreitende Umwandlungen können aber auch bei reinen Inlands- oder Auslandsverschmelzungen vorliegen, wenn diese sich auf die Besteuerung im Inland auswirken.

II. Herausverschmelzungen

295 In § 11 unmittelbar geregelt ist dabei über § 11 Abs. 2 S. 1 Nr. 2 der Fall der Herausverschmelzung. Eingehend zu den Voraussetzungen des § 11 Abs. 1 S. 1 Nr. 2 bei grenzüberschreitenden Verschmelzungen bereits unter Rdn. 115 ff.

III. Hereinverschmelzungen

1. Verstrickung

296 Bei einer Hereinverschmelzung überträgt eine im *EU-Mitgliedstaat oder EWR-Staat ansässige KapG* ihr Vermögen im Wege der Verschmelzung auf eine inländische KapG. Dabei richten sich die Rechtsfolgen für die übertragende KapG bei der Hineinverschmelzung ausschließlich nach *ausländischem Recht*, es sei denn, die übertragende KapG verfügt über eine Betriebsstätte in Deutschland.[307]

297 Im Falle der Hereinverschmelzung stellt sich die Frage, ob gem. § 11 Abs. 2 S. 1 Nr. 2 das inländische Besteuerungsrecht ausgeschlossen oder eingeschränkt wird, i.d.R. nicht. Denn wird eine ausländische Körperschaft auf eine in Deutschland unbeschränkt steuerpflichtige Körperschaft verschmolzen, so kommt es nicht zu einer Entstrickung, sondern einer erstmaligen *Verstrickung* der betreffenden Wirtschaftsgüter, soweit für diese Wirtschaftsgüter des übertragenden Rechtsträgers erstmalig das Besteuerungsrecht in Deutschland begründet wird.[308] Die Verstrickung wird als Einlage i.S.d. § 4 Abs. 1 S. 8 EStG behandelt, die nach § 6 Abs. 1 Nr. 5 a EStG mit dem gemeinen Wert anzusetzen ist. Dabei hat der übertragende Rechtsträger eine Schlussbilanz wegen der Ermittlung eines Übertragungsgewinnes aufzustellen.[309]

---

306 *Rödder* in Rödder/Herlinghaus/van Lishaut, § 11 Rdn. 115; allgemein zur Einführung der Entstrickungsregelungen durch das SEStEG *Hagemann/Jakob/Ropohl/Viebrock*, NWB Sonderheft SEStEG, 2007, 2.

307 *Brähler*, Umwandlungssteuerrecht, 337; *Hagemann/Jakob/Ropohl/Viebrock*, NWB Sonderheft 1/2007, 32.

308 Vgl. hierzu *Schmitt* in Schmitt/Hörtnagl/Stratz, § 11 Rdn. 112; *Rödder* in Rödder/Herlinghaus/van Lishaut, § 11 Rdn. 128.

309 *Schmitt* in Schmitt/Hörtnagl/Stratz, § 11 Rdn. 112; *Viebrock/Hagemann*, FR 2009, 737 (743).

2. Berücksichtigung von Betriebsstätten

Auch für den Fall, dass die übertragende Gesellschaft über eine *inländische*   298
Betriebsstätte verfügt, ist eine Beschränkung des deutschen Besteuerungsrechts nicht denkbar. Denn vor der Verschmelzung wurden die Gewinne aus
der deutschen Betriebsstätte vollständig in Deutschland besteuert, da selbst
bei einem DBA regelmäßig der Betriebsstättenvorbehalt zu Gunsten
Deutschlands greift. Auch nach der Verschmelzung behält Deutschland sein
unbeschränktes Besteuerungsrecht. Denn die Hineinverschmelzung führt
i.d.R. zur Ausdehnung des deutschen Besteuerungsrechts, aber keinesfalls
zum Ausschluss oder zur Beschränkung.

Verfügt die übertragende Gesellschaft über eine *ausländische Betriebs-*   299
stätte, so bestand vor der Verschmelzung für die Betriebsstättengewinne in
Deutschland mangels steuerlichen Anknüpfungspunktes grds. kein Besteuerungsrecht. Da die meisten DBA die *Freistellungsmethode* vorsehen, darf
Deutschland zwar auch nach der Verschmelzung die ausländischen Betriebsstättengewinne nicht besteuern; aber Deutschland verliert dadurch
kein Besteuerungsrecht.

Etwas anderes kann sich jedoch ergeben, wenn das betreffende DBA auf   300
Betriebsstättengewinne die *Anrechnungsmethode* anwendet oder *kein DBA*
besteht. In diesem Fall würde es durch die Hineinverschmelzung zu einer
erstmaligen Begründung des deutschen Besteuerungsrechts kommen. Die
erstmalige Verstrickung der ausländischen Wirtschaftsgüter in Deutschland
ist wiederum als Einlage i.S.d. § 4 Abs. 1 S. 8 EStG zu behandeln, die nach
§ 6 Abs. 1 Nr. 5 a EStG mit dem gemeinen Wert anzusetzen ist.[310]

3. Steuerliches Einlagekonto

Verschmelzungen von KapG ziehen immer auch Auswirkungen auf das   301
steuerliche Einlagekonto nach sich.[311] Für Umwandlungsfälle ist die Behandlung des steuerlichen Einlagekontos in § 29 KStG geregelt. Nach dieser
Vorschrift ist im Zuge einer Verschmelzung zweier KapG der Bestand des
steuerlichen Einlagekontos der übertragenden Gesellschaft dem steuerlichen Einlagekonto der übernehmenden Körperschaft hinzuzurechnen. Problematisch ist die Behandlung des steuerlichen Einlagekontos in den Fällen
der *Hineinverschmelzung*, da die ausländische Gesellschaft in den meisten
Fällen über kein steuerliches Einlagekonto i.S.d. § 27 KStG verfügen wird.
Damit dennoch der Bestand der in die ausländische KapG geleisteten Einlagen auch im Rahmen der Hereinverschmelzung berücksichtigt werden
kann, hat der Gesetzgeber die Bestimmungen zur Fortschreibung und Feststellung des steuerlichen Einlagekontos in § 29 Abs. 8 KStG erweitert. Danach gilt, dass an die Stelle des Einlagekontos der Bestand der nicht in das
Nennkapital geleisteten Einlagen tritt, falls für die übertragende KapG ein
solches Einlagekonto bislang nicht festzustellen war. Ferner gelten die Regelungen des § 27 Abs. 8 KStG entsprechend (§ 29 Abs. 6 S. 2 KStG). Dem

---

310 *Hagemann/Jakob/Ropohl/Viebrock*, NWB Sonderheft 1/2007, 32.
311 *Hagemann/Jakob/Ropohl/Viebrock*, NWB Sonderheft 1/2007, 32; vgl. hierzu auch
   Stadler/Jetter, IStR 2009, 336 (337).

Einlagekonto der inländischen Übernehmerin ist auch das Nennkapital der hineinverschmolzenen Kapitalgesellschaft zuzurechnen, da bei der Ermittlung des steuerlichen Einlagekontos der ausländischen Übertragerin auch die in § 29 Abs. 1 i.V.m. 28 Abs. 2 Satz 1 KStG vorgeschriebene fiktive Kapital-Herabsetzung zu beachten ist.[312]

302 Bei der nachträglichen Feststellung des Einlagekontos ist zu beachten, dass der Antrag auf gesonderte Feststellung nach § 29 Abs. 6 S. 2 KStG i.V.m. § 27 Abs. 8 S. 4 KStG fristgebunden ist. Danach ist der Antrag auf Feststellung einer Einlagenrückgewähr durch eine ausländische KapG bis zum Ende des Kalenderjahres zu stellen, in dem die Leistung der ausländischen KapG erfolgt. In den Fällen der Hineinverschmelzung stellt sich jedoch die Frage, was als fristauslösendes Ereignis anzusehen ist. Teilweise wird in der Literatur[313] die Auffassung vertreten, dass dies der Zeitpunkt des zivilrechtlichen Wirksamwerdens der Verschmelzung sei, also der Zeitpunkt der Eintragung der Verschmelzung ins Handelsregister bei der aufnehmenden KapG, §§ 122 l Abs. 1, 122a Abs. 2 i.V.m. 20 Abs. 1 UmwG.

302a Für den Übergang des steuerlichen Einlagekontos nach § 29 KStG ist das Finanzamt der übernehmenden Körperschaft zuständig, während für antragsgebundene Feststellungen nach § 27 Abs. 8 KStG das Bundeszentralamt für Steuern verantwortlich ist.[314]

IV. Inlandsverschmelzungen

1. Inlandsverschmelzung ohne Auslandsbezug

303 Werden zwei inländische KapG aufeinander verschmolzen (Inlandsverschmelzung) kann es *grds. nicht zum Ausschluss oder einer Beschränkung des deutschen Besteuerungsrechts* kommen, da die übernehmende KapG ebenfalls im Inland nach § 1 KStG unbeschränkt körperschaftsteuerpflichtig ist. Unproblematisch sind daher i.d.R. Inlandsverschmelzungen bei denen die Gesellschaften ausschließlich inländisches Betriebsvermögen besitzen. Da das inländische Betriebsvermögen auch nach der Verschmelzung weiterhin in Deutschland steuerverstrickt ist, ergibt sich keine Beschränkung des deutschen Besteuerungsrechts i.S.d. § 11 Abs. 2 S. 1 Nr. 2.[315]

2. Inlandsverschmelzung mit Auslandsbezug

304 Ein Auslandsbezug ist auch bei einer Verschmelzung zweier Gesellschaften mit Sitz in Deutschland gegeben, wenn die an der Verschmelzung beteiligten Gesellschaften über *ausländische Anteilseigner* oder *ausländisches Be-*

---

312 *Stadler/Jetter*, IStR 2009, 336 (339).
313 *Stadler/Jetter*, IStR 2009, 336 (339).
314 *Dötsch* in Dötsch/Jost/Pung/Witt, § 29 KStG Rdn. 65; insoweit sollte das überraschende BMF-Schreiben vom 04.04.2016 zur gesonderten Feststellung von Nennkapitalrückzahlungen bei ausländischen Kapitalgesellschaften (§ 27 Abs. 8 KStG), DStR 2016, 812, keine Wirkung entfalten.
315 *Schmitt* in Schmitt/Hörtnagl/Stratz, § 11 Rdn. 101; *Rödder* in Rödder/Herlinghaus/van Lishaut, § 11 Rdn. 125; *Klingberg* in Blümich, § 11 Rdn. 31.

triebsvermögen verfügen, dass einer ausländischen Betriebsstätte zuzuordnen ist.[316]

Soweit die Verschmelzung das *im Inland belegene Betriebsvermögen* betrifft, ergibt sich keine Beschränkung des deutschen Besteuerungsrechts, da das im Inland belegene Betriebsvermögen auch weiterhin in Deutschland steuerverstrickt bleibt.

305

Für das *im Ausland belegene Betriebsvermögen* gelten bei einer Inlandsverschmelzung die gleichen DBA-Regelungen wie vor der Verschmelzung. Schreibt das etwaige DBA die *Freistellungsmethode* zur Vermeidung der Doppelbesteuerung für das im Ausland belegene Betriebsstättenvermögen vor, wird das im Ausland belegene Betriebsstättenvermögen in Deutschland von der Besteuerung freigestellt. Deutschland hatte also vor der Verschmelzung hinsichtlich des ausländischen Betriebsstättenvermögens kein Besteuerungsrecht. Damit kann im Zusammenhang mit der Inlandsverschmelzung auch keine Einschränkung eines Besteuerungsrechtes einhergehen.[317]

306

Schreibt das etwaige DBA die *Anrechnungsmethode* vor oder liegt *kein DBA* vor, gilt die Anrechnungsmethode. Die Anwendung der Anrechnungsmethode wird jedoch durch die Inlandsverschmelzung nicht geändert, das ausländische Betriebsstättenvermögen bleibt daher in Deutschland auch nach Wirksamwerden der Inlandsverschmelzung weiterhin steuerverhaftet.[318]

307

Eine Beschränkung des inländischen Besteuerungsrechtes bei Inlandsverschmelzungen ist jedoch möglich, wenn sich durch die Verschmelzung für das im ausländischen Staat belegene Vermögen eine andere *Qualifizierung der Einkünfte* unter die Verteilungsnormen des jeweiligen DBA ergibt bzw. sich dadurch die Methode zur Vermeidung der Doppelbesteuerung ändert, z.B. Freistellungs- statt Anrechnungsmethode. Dies kann z.B. der Fall sein, wenn das ausländische Vermögen vor der Verschmelzung zu keiner DBA-Betriebsstätte (z.B. nur zur einer Auslagerungsstätte, die nach Art. 5 Abs. 4a) OECD-MA keine DBA-Betriebsstätte begründet, wohl aber nach § 12 S. 1 Nr. 5 AO) gehörte, aber im Zuge der Verschmelzung auf eine DBA-Betriebsstätte (z.B. Fabrikationsbetriebsstätte i.S.d. Art. 5 Abs. 2 d) OECD-MA) überführt wurde.

308

Beispiel 6:

Die in Deutschland unbeschränkt steuerpflichtige X-GmbH unterhält in Österreich ein Auslieferungslager. Die X-GmbH wird auf die ebenfalls in Deutschland ansässige Y-GmbH verschmolzen, die in Österreich eine Produktionsbetriebsstätte unterhält. Im Zuge der Verschmelzung fallen die österreichischen Aktivitäten der beiden

309

---

316 Zum Fall eines down-stream mergers von inländischen KapG mit ausländischen Anteilseignern bereits unter Rdn. 110 sowie *Schmitt/Schloßmacher*, DStR 2010, 673 ff.

317 *Dötsch* in Dötsch/Jost/Pung/Witt, § 11 Rdn. 25; vgl. auch *Frotscher* in Frotscher/Maas, § 11 Rdn. 63.

318 *Schmitt* in Schmitt/Hörtnagl/Stratz, § 11 Rdn. 102; *Dötsch* in Dötsch/Jost/Pung/Witt, § 11 Rdn. 26

Firmen zusammen. Dabei wird das bewegliche Anlagevermögen des österreichischen Auslieferungslagers in die österreichische Fabrikationsstätte überführt.[319]

310 Die Frage, welcher Staat vor der Verschmelzung das in Österreich belegene Vermögen der X-GmbH besteuern darf, hängt davon ab, ob das in Österreich belegene Vermögen als Betriebsstätte i.S.d. DBA-Österreich zu qualifizieren ist. Nach Art. 13 Abs. 3 DBA-Österreich dürfen Gewinne aus der Veräußerung einer österreichischen Betriebsstätte eines deutschen Unternehmens in Österreich besteuert werden.[320] Eine etwaige Doppelbesteuerung wird nach Art. 23 Abs. 1 Buchst. a DBA-Österreich mittels Freistellungsmethode erreicht. Liegt hingegen keine Betriebsstätte vor, besitzt Deutschland nach Art. 13 Abs. 5 DBA-Österreich als Ansässigkeitsstaat das unbeschränkte Besteuerungsrecht. Nach Art. 5 Abs. 4 Buchst. a DBA-Österreich gilt ein Auslieferungslager nicht als Betriebsstätte. Damit hatte Deutschland vor der Verschmelzung das uneingeschränkte Besteuerungsrecht. Hingegen stellt eine Fabrikationsstätte nach Art. 5 Abs. 2 Buchst. d DBA-Österreich eine Betriebsstätte dar. Mit Überführung der Wirtschaftsgüter aus dem österreichischen Auslieferungslager in die österreichische Fabrikationsstätte verliert Deutschland insoweit sein Besteuerungsrecht, da Art. 13 Abs. 3 DBA-Österreich das Besteuerungsrecht nunmehr dem Betriebsstättenstaat zuweist.

V. Auslandsverschmelzungen

1. Auslandsverschmelzung ohne Inlandsbezug

311 Soweit zwei ausländische KapG verschmolzen werden, die keinen Inlandsbezug aufweisen, kommt es mangels steuerlicher Verstrickung im Inland weder zu einer Aufdeckung von stillen Reserven nach § 11 Abs. 1 noch zu einer Hinzurechnungsbesteuerung nach §§ 7 ff. AStG mangels inländischer Gesellschafter (dazu nachfolgend unter Rdn. 318 ff.).

2. Auslandsverschmelzungen mit Inlandsbezug

312 Bei einer Verschmelzung von Körperschaften im Ausland besteht für die im Ausland ansässigen übertragenden Körperschaften ein Inlandsbezug, wenn in *Deutschland Betriebsvermögen belegen* ist, welches der *beschränkten Steuerpflicht* unterliegt.

313 Soweit es sich bei den verschmelzenden ausländischen Gesellschaften um solche handelt, die im selben ausländischen Staat ansässig sind, ergibt sich grds. kein Ausschluss oder Beschränkung des deutschen Besteuerungsrechts, da sich die einschlägigen DBA-Regelungen nicht verändern.

---

319 Beispiel nach *Brähler*, Umwandlungssteuerrecht, 337 ff. (vereinfacht).
320 Zwar spricht das DBA-Österreich in Art. 13 Abs. 3 auch von einer „festen Einrichtung"; diese Formulierung bezieht sich jedoch auf Personen, die Einkünfte aus selbstständiger Arbeit beziehen. Man spricht insofern auch davon, dass die feste Einrichtung eines selbstständig Tätigen seine „Betriebsstätte" ist (*Wassermeyer* in Debatin/Wassermeyer, Art. 14 MA Rdn. 66).

Anders ist der Fall jedoch zu beurteilen, wenn zwei ausländische Gesell- 314
schaften miteinander verschmolzen werden, die in zwei verschiedenen ausländischen Staaten ansässig sind *(grenzüberschreitende Auslandsver-*
schmelzung). Denn mit der grenzüberschreitenden Auslandsverschmelzung
geht auch ein Wechsel der anzuwendenden DBA einher. Da Deutschland
derzeit mit sämtlichen einschlägigen EU- bzw. EWR-Staaten hinsichtlich der
Betriebsstätteneinkünfte die *Freistellungsmethode* vereinbart hat, wird sich
in der Praxis bei Auslandsverschmelzungen hinsichtlich der im Inland belegenen Betriebsstätte grds. keine andere Behandlung nach dem nach Wirksamwerden der Verschmelzung anzuwendenden DBA ergeben.[321] Eine Auslandsverschmelzung unter Beteiligung von Gesellschaften, die ihren Sitz
nicht in der EU bzw. des EWR haben, fällt jedoch nach § 1 Abs. 2 nicht unter
die Anwendung des UmwStG.

Bei Auslandsverschmelzungen unter Beteiligungen von Körperschaften mit 315
Sitz in einem Staat außerhalb des Gebietes der EU oder des EWR kann *§ 12*
Abs. 2 KStG zur Anwendung kommen (siehe auch Rdn. 26 ff.). Danach können nicht vom UmwStG erfassten Verschmelzungen im Inland steuerneutral
umgesetzt werden, wenn der Übertragungsvorgang zwischen Rechtsträgern
desselben ausländischen Staates erfolgen, die Verschmelzung den Regelungen des § 2 UmwG vergleichbar ist und das deutsche Besteuerungsrecht an
den übertragenen Wirtschaftsgütern durch die Verschmelzung nicht beschränkt wird.

Für grenzüberschreitende Auslandsverschmelzungen von Körperschaften, 316
die ihren Sitz jeweils in unterschiedlichen Staaten außerhalb des Gebietes
der EU oder des EWR haben, findet sich weder eine Regelung im UmwStG
noch im KStG. Insofern kommen die allgemeinen Regelungen der Verstrickung und Entstrickung zur Anwendung.

Ein Ausschluss des deutschen Besteuerungsrechts kann bei grenzüber- 317
schreitender Verschmelzung eintreten, wenn durch die Verschmelzung die
entsprechenden Wirtschaftsgüter nicht mehr einer ausländischen Anrechnungsbetriebsstätte, sondern einer DBA-Freistellungsbetriebsstätte zugeordnet werden.

VI. Umwandlungen und Hinzurechnungsbesteuerung

1. Hinzurechnungsbesteuerung nach dem AStG

Internationale Umwandlungen unter Beteiligung von sog. *Zwischengesell-* 318
schaften, die nach ausländischem oder inländischem Recht steuerneutral
durchführbar sind, können inländische Besteuerungsfolgen in Form der
deutschen Hinzurechnungsbesteuerung auslösen. Ein Inlandsbezug kann
insofern bei Auslandsverschmelzungen dadurch hergestellt werden, dass *in-*
ländische Gesellschafter an einer an der Verschmelzung beteiligten ausländischen Zwischengesellschaft beteiligt sind.

Vor Einführung des SEStEG konnte die Überführung von Wirtschaftsgütern 319
durch eine Umwandlung im Ausland eine Hinzurechnungsbesteuerung

---

321 *Hagemann/Jakob/Ropohl/Viebrock,* NWB Sonderheft 1/2007, 30; *Brähler,* Umwandlungssteuerrecht, 332 ff.

nach §§ 7 ff. AStG auslösen, selbst wenn eine schädliche niedrige Besteuerung nur dadurch begründet wurde, dass eine den deutschen umwandlungssteuerrechtlichen Regelungen vergleichbare Buchwertfortführung im Ausland gewählt wurde.[322] Die in den §§ 7 bis 14 AStG geregelte Hinzurechnungsbesteuerung erhob mithin vor Inkrafttreten des SEStEG bei ausländischen Umwandlungsvorgängen eine deutsche Steuer auf (fiktive) Einkünfte, die weder nach ausländischem Steuerrecht eine Steuerbelastung auslösen noch unter sonst gleichen Umständen bei einem im Inland stattgefundenen vergleichbaren Umwandlungsvorgang eine Besteuerung ausgelöst hätte. Insoweit kam die Hinzurechnungsbesteuerung auch bei ausländischen Umwandlungen in Hochsteuerländern in Betracht, obwohl für die stillen Reserven in den übertragenen Wirtschaftsgütern lediglich ein Besteuerungsaufschub gewährt wird.[323]

320 Mit der Einführung des SEStEG hat der Gesetzgeber § 8 Abs. 1 AStG um einen Abs. 10 ergänzt.[324] Danach gehören Einkünfte aus Umwandlungen, die ungeachtet des § 1 Abs. 2 und 4 zu Buchwerten erfolgen könnten,[325] zu den aktiven Einkünften i.S.d. AStG. Es wäre ein Wertungswiderspruch, wenn Deutschland auf der einen Seite Umwandlungsvorgänge im Ausland als „niedrig besteuert" der Hinzurechnungsbesteuerung unterwirft, aber vergleichbare Umwandlungsvorgänge im Inland steuerfrei stellt.[326]

2. Voraussetzungen der Hinzurechnungsbesteuerung

321 Tatbestandsvoraussetzung für das Vorliegen von aktiven Einkünften ist eine fiktive Buchwertansatzmöglichkeit i.S.d. UmwStG.[327] Diese Erweiterung des Aktivitätskatalogs führt damit zu einer Vernetzung der Hinzurechnungsbesteuerung mit dem UmwStG und mithin auch zur Möglichkeit der Buchwertfortführung nach § 11 Abs. 2. Da es auf die in § 1 Abs. 2 und 4 genannten Voraussetzungen nicht ankommt, fallen darunter sowohl Umwandlungen in EU-/EWR-Mitgliedstaaten als auch Umwandlungen in Drittstaaten.[328] Dabei ist die Prüfung eines Buchwertansatzes nach deutschem UmwStG für den ausländischen Umwandlungsvorgang rein fiktiver Natur.[329]

---

322 *Rödder/Schumacher*, DStR 2007, 369 (377); *Rödel* in Kraft, § 8 AStG Rdn. 666; *Vogt* in Blümich, § 8 AStG Rdn. 121.

323 *Grotherr*, IWB 2007, Fach 3, 2175 (2177 f.); *Rödder/Schmacher*, DStR 2006, 1481 (1494).

324 Vgl. zur Entstehungsgeschichte: *Wassermeyer/Schönfeld* in Flick/Wassermeyer/Baumhoff, § 8 AStG Rdn. 314.

325 § 1 Abs. 2 und 4 regeln die Voraussetzung für die Anwendung des UmwStG bei grenzüberschreitenden EU-/EWR-Umwandlungen, diese sollen daher bei der entsprechenden Bewertung von Umwandlungsvorgängen im gesamten Ausland außer Acht bleiben. Voraussetzung ist aber wohl, dass es sich um eine ausländische Umwandlung – also eine nach dem UmwG/UmwStG vergleichbare Umwandlung – handelt.

326 *Grotherr*, IWB 2007, Fach 3, 2175 (2178); *Werra/Teiche*, DB 2006, 1455 (1461).

327 *Rödder/Schumacher*, DStR 2007, 369 (377).

328 *Grotherr*, IWB 2007, Fach 3, 2175 (2182); *Lehfeldt* in Strunk/Kaminski/Köhler, § 8 AStG Rdn. 182.6; *Reiche* in Haase, § 8 AStG Rdn. 102; *Rödel* in Kraft, § 8 AStG Rdn. 696; *Vogt* in Blümich, § 8 AStG Rdn. 125.

329 *Schmidtmann*, IStR 2009, 295 (300); vgl. hierzu auch *Reiche* in Haase, § 8 AStG Rdn. 102.

Die Schwierigkeiten bei der Auslegung des § 8 Abs. 1 Nr. 10 AStG liegen darin, dass im Rahmen der Hinzurechnungsbesteuerung nur sehr eingeschränkt mit der Sachlogik des UmwStG argumentiert werden kann.[330] Problematisch ist insbesondere die *Tatbestandsvoraussetzung des § 11 Abs. 2 S. 1 Nr. 2*, wonach das Recht der Bundesrepublik Deutschland hinsichtlich der Besteuerung des Gewinnes aus der Veräußerung der übertragenen Wirtschaftsgüter nicht ausgeschlossen oder beschränkt werden darf. Im Bereich der §§ 7–14 AStG existieren keine Regelungen zur Verstrickung bzw. Entstrickung stiller Reserven.[331] Andererseits besteht außerhalb der Hinzurechnungsbesteuerung ertragsteuerlich an den stillen Reserven des ausländischen Betriebsvermögens einer ausländischen KapG kein deutsches Besteuerungsrecht.[332]   **322**

Teilweise wird daher vertreten, dass das Tatbestandsmerkmal des § 11 Abs. 2 S. 1 Nr. 2 im Rahmen der Hinzurechnungsbesteuerung mangels eines vor Umwandlung bestehenden primären Besteuerungsrechts Deutschlands an den stillen Reserven der übertragenden Wirtschaftsgüter gar keine Relevanz habe.[333]   **323**

Andere Autoren wollen hingegen das Tatbestandsmerkmal des § 11 Abs. 2 S. 1 Nr. 2 entsprechend auf die ausländischen Gegebenheiten anwenden und nehmen dabei eine fiktive Prüfung vor.[334] Teilweise wird dabei die übertragende Zwischengesellschaft oder eine als Gesellschafterin am Umwandlungsvorgang beteiligte Zwischengesellschaft fiktiv als im Inland ansässig angesehen.[335] Eine fiktive Verlagerung der übrigen am Umwandlungsvorgang beteiligten Rechtsträgern bzw. übertragenen Vermögens ins Inland würde danach nicht vorgenommen werden. Andere Autoren wollen den Umwandlungsvorgang als Ganzes ins Inland verlagern.[336] Danach werden nicht nur die beteiligten Rechtsträger, sondern auch das übertragende Vermögen fiktiv ins Inland verlagert, da Staatsgrenzen für die fiktive Prüfung des UmwStG im Rahmen des § 8 Abs. 1 Nr. 10 AStG keine Rolle spielen sollen. Unterschiedliche Auswirkungen beider Auffassungen ergeben sich jedoch nur bei grenzüberschreitenden ausländischen Umwandlungen, während bei rein innerstaatlichen ausländischen Umwandlungen dasselbe Ergebnis eintritt.[337]   **324**

Für die Erzielung von aktiven Einkünften i.S.d. § 8 Abs. 1 Nr. 10 AStG ist naturgemäß keine Antragstellung auf Buchwertfortführung nach § 11 Abs. 2   **325**

---

330 Ebenso *Schmidtmann*, IStR 2009, 295 (300).
331 *Schmidtmann*, IStR 2009, 295 (300); vgl. hierzu auch *Vogt* in Blümich, § 8 AStG Rdn. 127.
332 *Grotherr*, IWB 2007, Fach 3, 2175 (2184); *Lehfeldt* in Strunk/Kaminski/Köhler, § 8 AStG Rdn. 182.7.
333 *Lehfeldt* in Strunk/Kaminski/Köhler, § 8 AStG Rdn. 182.7; vgl. hierzu auch *Rödel* in Kraft § 8 AStG Rdn. 702.
334 Vgl. hierzu *Reiche* in Haase, § 8 AStG Rdn. 102 f.
335 *Rödder/Schumacher*, DStR 2007, 369 (377).
336 *Wassermeyer/Schönfeld* in Flick/Wassermeyer/Baumhoff, § 8 AStG Rdn. 318; *Vogt* in Blümich, § 8 AStG Rdn. 127, 135.
337 So *Schmidtmann*, IStR 2009, 295 (300).

erforderlich.[338] Dementsprechend ist es unschädlich, wenn der Steuerpflichtige im Rahmen der Hinzurechnungsbilanzen nicht die Buchwerte ansetzt, da § 8 Abs. 1 Nr. 10 AStG dem Wortlaut nach nur auf die Möglichkeit des Buchwertansatzes abstellt.[339]

E. Sonderkonstellationen

I. Verschmelzungen und Organschaft

326 Die Verschmelzung einer Organgesellschaft oder eines Organträgers nach §§ 11 ff. betrifft vier steuerliche Fragestellungen: [340]

1. Beendigung der Organschaft,
2. Gefährdung der Organschaft für die Vergangenheit,
3. steuerlichen Zurechnung des Übertragungsgewinns und
4. Behandlung von Ausgleichposten.

327 Das deutsche Steuerrecht kennt dabei keine besonderen gesetzlichen Regelungen hinsichtlich der Auswirkung von Umwandlungen auf ertragsteuerliche Organschaftsverhältnisse. Daher bestehen noch immer viele Unklarheiten, die nur teilweise durch neuere BFH-Entscheidungen ausgeräumt werden konnten.[341] Zur Verschmelzung einer Körperschaft auf eine Organgesellschaft vgl. auch § 12 Rdn. 247 ff.

1. Beendigung der Organschaft

a) Verschmelzung unter Einbeziehung eines Organträgers

328 Bei der Auswirkung einer *Umwandlung des Organträgers* auf den Fortbestand des Gewinnabführungsvertrages sind folgende Fallvarianten zu unterscheiden:

aa) Verschmelzung des Organträgers auf einen anderen Rechtsträger

329 Die Verschmelzung des *Organträgers* auf einen anderen Rechtsträger zur Aufnahme oder Neugründung nach §§ 2 ff. UmwG vollzieht sich zivilrechtlich im Wege der Gesamtrechtsnachfolge, sodass der übernehmende Rechtsträger in die Rechtsposition der übertragenden Gesellschaft eintritt. Entsprechend tritt die übernehmende Gesellschaft in den *Gewinn- bzw. Ergebnisabführungsvertrag* ein, wenn das Vermögen des Organträgers durch Verschmel-

---

338 *Rödder/Schumacher*, DStR 2007, 369 (377); vgl. hierzu auch *Lehfeldt* in Strunk/Kaminski/Köhler, § 8 AStG Rdn. 182.9; *Reiche* in Haase, § 8 AStG Rdn. 102.
339 *Schmidtmann*, IStR 2009, 295 (301); vgl. hierzu auch *Grotherr*, IWB 2007, Fach 3, 2175 (2183); *Rödel* in Kraft, § 8 AStG Rdn. 69.9 wohl a.A. *Reiche* in Haase, § 8 AStG Rdn. 100; *Vogt* in Blümich, § 8 AStG Rdn. 128.
340 Grundlegend *Sistermann*, DStR 2012, Beihefter, 18 ff.
341 Grundlegend dazu *Dötsch*, Ubg 2011, 20; *Heinsen/Benzler*, Ubg 2011, 442; *Käshammer/Schümmer*, Ubg 2011, 244; *Rödder*, DStR 2011, 1053; *Vogel*, DB 2011, 1239; grds. zur Organschaft bei Verschmelzung von KapG auch unter § 12 Rdn. 213 ff.

zung auf diese Gesellschaft übergeht.[342] Steuerlich wird die bisherige Organschaft mit dem neuen Organträger fortgesetzt.[343]

Diese Ansicht entspricht auch der Regelung in Tz. Org. 01 UmwStE 2011, wonach der übernehmende Rechtsträger in den Gewinnabführungsvertrag eintritt, wenn das Vermögen des Organträgers und mit ihm die Beteiligung an der Organgesellschaft durch Verschmelzung auf ein anderes gewerbliches Unternehmen i. S. d. § 14 Abs. 1 S. 1 Nr. 2 KStG übergeht.   *330*

Nach Tz. Org. 02 UmwStE 2011 soll infolge des in § 12 Abs. 3 S. 1 vorgegebenen Eintritts des übernehmenden Rechtsträgers in die steuerliche Rechtsstellung des übertragenden Rechtsträgers (sog. „steuerliche Gesamtrechtsnachfolge" oder auch „Fußstapfentheorie") dem übernehmenden Rechtsträger mit Wirkung ab dem steuerlichen Übertragungsstichtag eine im Verhältnis zwischen dem übertragenden Rechtsträger und der Organgesellschaft bestehende finanzielle Eingliederung zuzurechnen sein. Diese Rechtsfolge entspricht grds. der neueren BFH-Rechtsprechung, wonach die Voraussetzungen einer Organschaft infolge der steuerlichen Gesamtrechtsnachfolge der übernehmenden Gesellschaft in die Position der übertragenden Gesellschaft von Beginn des Wirtschaftsjahres der Organgesellschaft an erfüllt sind.[344]   *331*

Allerdings enthält die Rechtsprechung des BFH nicht die Aussage, dass die finanzielle Eingliederung erst ab dem steuerlichen Übertragungsstichtag eintritt. In Tz. Org. 02 UmwStE 2011 heißt es dazu jedoch weiterhin: *„Die Voraussetzungen einer Organschaft sind danach vom Beginn des Wirtschaftsjahres der Organgesellschaft an erfüllt, wenn dem übernehmenden Rechtsträger z. B. nach §§ 2, 20 Absatz 5 und 6 oder § 24 Absatz 4 UmwStG auch die Beteiligung an der Organgesellschaft steuerlich rückwirkend zum Beginn des Wirtschaftsjahrs der Organgesellschaft zuzurechnen ist."* Auf eine Rückwirkung auf den steuerlichen Übertragungsstichtag kommt es jedoch nach der Rechtsprechung des BFH nach unserem Verständnis gerade nicht an, sondern allein auf den Eintritt in die Rechtsstellung nach § 12 Abs. 3 S. 1.   *332*

Kritisch ist die Ansicht der Finanzverwaltung insbesondere in den Fällen, wo die Organgesellschaft ein dem Kalenderjahr entsprechendes Wirtschaftsjahr hat und die Verschmelzung zum steuerlichen Übertragungsstichtag 01. 01. oder später erfolgt. In diesem Fall wäre eine Eingliederung von Beginn des Wirtschaftsjahres der Organgesellschaft nicht gegeben. Die von der Finanzverwaltung aufgrund der Bezugnahme auf den steuerlichen Übertragungsstichtag zusätzlich aufgestellte Voraussetzung ist daher abzulehnen.[345]   *333*

---

342 *Geßler* in Geßler/Hefermehl/Eckardt/Kropff, § 298 AktG Rdn. 48; *Walter* in Ernst&Young, § 14 KStG Rdn. 354, 356; *Müller*, BB 2002, 157 (157); *Herlinghaus*, FR 2004, 974 (975).
343 *Neumann* in Gosch, § 14 KStG Rdn. 276; *Müller*, BB 2002, 157 (157 f.).
344 BFH, Entscheidungen zur Gesamtrechtsnachfolge bei Ausgliederung/Einbringung, jeweils vom 28. 07. 2010, I R 89/09, BStBl. II 2011, 528 und I R 111/09, GmbHR 2011, 44; dazu *Gebert*, DStR 2011, 102.
345 Ebenso *Rödder*, DStR 2011, 1053 (1054).

334 In Tz. Org. 03 des UmwStE-E ist geregelt, dass eine Organschaft durch den übernehmenden Rechtsträger mit steuerlicher Rückwirkung nur begründet werden kann, wenn diesem auch die Anteile an der künftigen Organgesellschaft steuerlich rückwirkend (z.B. nach §§ 2, 20 Abs. 5 und 6 oder § 24 Abs. 4) zum Beginn des Wirtschaftsjahrs der Organgesellschaft zuzurechnen sind. Werden die Voraussetzungen der finanziellen Eingliederung erst infolge der Umwandlung geschaffen (z.B. wenn der übertragende Rechtsträger und der übernehmender Rechtsträger vor der Umwandlung eine Beteiligung von jeweils 50 % halten), ist die rückwirkende erstmalige Begründung einer Organschaft mangels Eintritts in die steuerliche Rechtsstellung hinsichtlich einer finanziellen Eingliederung nicht möglich. Diese Ansicht ist u.e. nicht konsequent, wenn die Finanzverwaltung andererseits davon ausgeht, dass die finanzielle Eingliederung rückwirkend zum steuerlichen Übertragungsstichtag dem übernehmenden Rechtsträger zugeordnet wird.

bb) *Verschmelzung eines anderen Rechtsträgers auf den Organträger*

335 Wird ein *anderer Rechtsträger*, der nicht Organgesellschaft ist, auf den Organträger verschmolzen, so hat eine solche Verschmelzung grds. keine Auswirkungen auf eine bestehende Organschaft, denn die Vertragsparteien – Organträger und Organgesellschaft – des Ergebnisabführungsvertrages bleiben auch nach der Verschmelzung unverändert erhalten. Da dem Organträger keine neuen Verpflichtungen aufgebürdet werden, besteht grds. auch kein Kündigungsrecht.[346] Dieser Fall ist insofern unproblematisch, weil letztendlich durch die Verschmelzung nur das Vermögen des Organträgers verändert wird, die Rechtsform der an der Organschaft beteiligten Gesellschaften bleibt hingegen unverändert.

b) *Verschmelzung unter Einbeziehung einer Organgesellschaft*

336 Wird die Verschmelzung unter Einbezug einer Organgesellschaft vorgenommen, sind folgende Fallvarianten zu unterscheiden:

aa) Verschmelzung der Organgesellschaft auf einen anderen Rechtsträger

337 Die Rechtsfolgen einer Verschmelzung der *Organgesellschaft* auf einen *anderen Rechtsträger* werden unterschiedlich bewertet.

338 Die ganz überwiegende Ansicht geht davon aus, dass die Verschmelzung der Organgesellschaft auf einen anderen Rechtsträger die automatische Beendigung des Ergebnisabführungsvertrages zur Folge hat.[347] Begründet

---

346 Vgl. hierzu *Neumann* in Gosch, § 14 KStG Rdn. 279; a.A. *Müller*, BB 2002, 157 (158); *Herlinghaus*, FR 2004, 974 (976).

347 *Frotscher* in Frotscher/Maas, § 14 Rdn. 87; Thiel/Eversberg/van Lishaut/Neumann, Umwandlungssteuer-Erlaß, 1998, 179; *Geßler* in Geßler/Hefermehl/Eckardt/Kropff, § 298 AktG Rdn. 49; *Koppensteiner* in Kölner Kommentar zum AktG, § 297 Rdn. 38; *Walter* in Ernst&Young, § 14 KStG Rdn. 358; *Müller*, BB 2002, 157 (159); *Herlinghaus*, FR 2004, 974 (978); vgl. hierzu auch OLG Karlsruhe vom 29.08.1994, 15 W 19/94, DB 1994, 1917.

wird dies damit, dass der übernehmende Rechtsträger sonst auf Grund eines organisationsrechtlichen, materiell satzungsändernden Vertrages in die Stellung einer abhängigen Gesellschaft gedrängt würde, ohne dass seine Organe mit den erforderlichen Mehrheiten zugestimmt hätten. Entsprechend regelt auch Tz. Org. 21 UmwStE 2011, dass ein bestehender Gewinnabführungsvertrag beendet wird, wenn das Vermögen der Organgesellschaft durch Verschmelzung auf einen anderen Rechtsträger übergeht.

Im Hinblick darauf, dass im umgekehrten Fall – also im Fall der Verschmel- **339** zung des Organträgers auf einen anderen Rechtsträger – der Ergebnisabführungsvertrag nicht automatisch beendet wird, wird auch die Ansicht vertreten, dass im Falle der Verschmelzung der Organgesellschaft auf einen anderen Rechtsträger der Rechtsnachfolger in die *Rechten und Pflichten des Ergebnisabführungsvertrages eintrete*, soweit der andere Rechtsträger taugliche Organgesellschaft sein könne.[348] Begründet wird diese Ansicht damit, dass bei jedem Vermögensübergang durch Universalsukzession besondere, nicht stets vorausschaubaren Risikoverschiebungen stattfänden, sodass die automatische Beendigung des Ergebnisabführungsvertrages nicht allein damit gerechtfertigt werden könne, dass den Übernehmer eine möglicherweise nicht gewollte Gewinnabführungsverpflichtung treffe. Diese Auffassung räumt jedoch den Vertragsparteien – wie bei der Verschmelzung des Organträgers – ein *außerordentliches Kündigungsrecht* ein.

Die Finanzverwaltung regelt dazu in Tz. Org. 21 UmwStE 2011, dass das **340** Vorliegen der finanziellen Eingliederung aus der Sicht des Organträgers zu beurteilen sei. Zur Begründung dieser Ansicht kann angeführt werde, dass zwar das Vermögen der Organgesellschaft im Wege der steuerlichen Gesamtrechtsnachfolge mit steuerlicher Rückwirkung auf die übernehmende Körperschaft übergeht, dass aber auf der Ebene des bisherigen Organträgers die bisherige Organbeteiligung nicht mit steuerlicher Rückwirkung gegen die Nachfolgebeteiligung ausgetauscht wird. § 13 Abs. 2 S. 2 regelt nur, dass die Anteile an der übernehmenden Körperschaft hinsichtlich ihrer steuerlichen Qualität an die Stelle der untergehenden Anteile an dem übernehmenden Rechtsträger treten, sieht dafür jedoch nicht den steuerlichen Rückbezug vor. Deshalb würde das bestehende Organschaftsverhältnis zum steuerlichen Übertragungsstichtag enden. Falls die übernehmende Tochtergesellschaft ebenfalls organschaftlich eingebunden werden soll, müsste ein neuer Gewinnabführungsvertrag abgeschlossen werden, wobei aber originär § 14 Abs. 1 S. 1 KStG zu beachten sei. Danach wäre eine durchgängige Organschaft nur möglich, wenn der übernehmende Rechtsträger bereits zum Beginn des betreffenden Wirtschaftsjahrs existierte (z.B. als Vorratsgesellschaft), während ihres gesamten Wirtschaftsjahrs i.S.d. § 14 Abs. 1 S. 1 Nr. 1 KStG in das Unternehmen des Organträgers eingegliedert war und der neu abzuschließende Gewinnabführungsvertrag bis zum Ende des ersten Wirtschaftsjahrs der Organgesellschaft, für das die Organschaft gelten soll, wirksam wird.

---

348 *Neumann* in Gosch, § 14 KStG Rdn. 288.

341 Diese Ansicht der Finanzverwaltung ist insofern konsequent, als die Rückwirkung nach § 2 nur für den übertragenden und den übernehmenden Rechtsträger Anwendung findet, nicht jedoch auf § 13 und die Situation auf Ebene der Anteilseigner. Andererseits regelt § 13 Abs. 2 S. 2 nach unserer Ansicht gleichermaßen einen Fall der steuerlichen Gesamtrechtsnachfolge. Auf Basis der zuvor dargestellten, neueren BFH-Rechtsprechung[349] muss mithin auch der Fall einer Verschmelzung der Organgesellschaft dazu führen, dass eine bestehende Eingliederung fortgesetzt wird, dass jedoch ein außerordentliches Kündigungsrecht besteht.[350]

bb) Verschmelzung eines anderen Rechtsträgers auf eine Organgesellschaft

342 Ist die *Organgesellschaft* im Rahmen der Verschmelzung der *aufnehmende Rechtsträger*, hat dies grds. keine Auswirkungen auf den Gewinn- bzw. Ergebnisabführungsvertrag, sofern die finanzielle Eingliederung auch nach der Umwandlung zum Organträger fortbesteht.[351] Sowohl die Organgesellschaft als auch der Organträger bleiben bestehen; neue Pflichten werden nicht begründet.

c) *Verschmelzung von Organträger und Organgesellschaft*

343 Wird die Organgesellschaft auf den Organträger verschmolzen *(up-stream merger)* oder umgekehrt der Organträger auf die Organgesellschaft *(down-stream merger)*, tritt wegen der Vereinigung der Vertragsparteien in Bezug auf den Ergebnisabführungsvertrages Konfusion ein, mit der Folge, dass der Ergebnisabführungsvertrag gegenstandslos wird.[352] Entsprechend ist auch in Tz. Org. 04, 21 UmwStE 2011 geregelt, dass die Verschmelzung der zum Organkreis gehörenden Gesellschaften zu einer Beendigung der Organschaft führen. Abweichend ist jedoch die Begründung, denn nach dem UmwStE 2011 soll bei Beendigung des Gewinnabführungsvertrags vor Ablauf von 5 Jahren in diesem Fall ein wichtiger Grund i.S.d. § 14 Abs. 1 S. 1 Nr. 3 S. 2 KStG anzunehmen sein. Im Ergebnis sollten sich daraus jedoch keine Unterschiede ergeben: die Organschaft kann in den Fällen des up- und down-stream mergers ohne Schädlichkeit für die Vergangenheit beendet werden (dazu auch nachfolgend).

2. Gefährdung der Organschaft für die Vergangenheit

344 Die steuerliche Wirksamkeit der Organschaft setzt nach § 14 KStG unter anderem voraus, dass der Gewinnabführungsvertrag i.S.d. § 291 Abs. 1 AktG (GAV, steuerlich Ergebnisabführungsvertrag oder EAV genannt) für die Dauer von mindestens fünf Jahren abgeschlossen und während seiner ge-

---

349 Entscheidungen jeweils vom 28.07.2010, I R 89/09, BStBl. II 2011, 528 und I R 111/09, GmbHR 2011, 44.

350 Ebenso *Heinsen/Benzler*, Ubg 2011, 442 (446); *Rödder*, DStR 2011, 1053 (1057); dagegen Dötsch, Ubg 2011, 20 (23).

351 *Neumann* in Gosch, § 14 KStG Rdn. 289; *Müller*, BB 2002, 157 (159f.); *Herlinghaus*, FR 2004, 974 (978); Tz. Org. 29 UmwStE 2011.

352 *Walter* in Ernst & Young, § 14 KStG Rdn. 355; *Neumann* in Gosch, § 14 KStG Rdn. 278; *Müller*, BB 2002, 157 (158, 160); *Herlinghaus*, FR 2004, 974 (974); *Thill/ Antoszkiewicz*, FR 2006, 7 (8).

samten Geltungsdauer durchgeführt wird. Nach Tz. Org. 11 UmwStE 2011 ist für die Prüfung der Mindestlaufzeit des Gewinnabführungsvertrags nach § 14 Abs. 1 S. 1 Nr. 3 KStG die Laufzeit gegenüber dem bisherigen und dem künftigen Organträger (übernehmender Rechtsträger bzw. Organträger neuer Rechtsform) zusammenzurechnen, wenn der übernehmende Rechtsträger infolge der Umwandlung in den bestehenden Gewinnabführungsvertrag eintritt.

Nach § 14 Abs. 1 S. 1 Nr. 3 S. 2 KStG ist eine *vorzeitige Beendigung* des   345
Vertrages dann unschädlich, wenn ein wichtiger Grund die Kündigung rechtfertigt.[353] Ohne einen wichtigen Grund bewirkt die vorzeitige – also vor Ablauf der fünfjährigen Mindestlaufzeit – Beendigung des Gewinnabführungsvertrages die rückwirkende Versagung der Organschaft für steuerliche Zwecke.

Die *Verschmelzung* des Organträgers oder der Organgesellschaft ist als   346
wichtiger Kündigungsgrund anerkannt, sodass eine etwaige Verschmelzung die Organschaft steuerrechtlich nicht rückwirkend gefährdet.[354] Zwar ist es nach KStR 60 Abs. 6 S. 3 schädlich, wenn bereits im Zeitpunkt des Vertragabschlusses feststand, dass der Gewinnabführungsvertrag vor Ablauf der ersten fünf Jahre beendet werden soll. Dies soll nach KStR 60 Abs. 6 S. 4 jedoch nicht gelten, wenn die Beendigung des Gewinnabführungsvertrages durch Verschmelzung oder Spaltung oder aufgrund der Liquidation der Organschaft beendet wird.

3. Steuerliche Zurechnung des Übertragungsgewinns

Bei der Verschmelzung von KapG kann sich ein Übertragungsgewinn erge-   347
ben, wenn die übertragende Gesellschaft die zu übertragenden Wirtschaftsgüter entweder mit dem gemeinen Wert oder einem Zwischenwert angesetzt hat. Handelt es sich bei der übertragenden Gesellschaft um eine Organgesellschaft, stellt sich die Frage der steuerlichen Zurechnung des Übertragungsgewinns.[355] Relevant ist dabei insbesondere die Frage einer möglichen Verrechnung *vororganschaftlicher Verluste*, denn vororganschaftliche Verluste der Organgesellschaft können während des Bestehens der Organschaft nicht genutzt werden und sind damit bis zur Beendigung der Organschaft „eingefroren". Die Zurechnung des Übertragungsgewinns zum Organträger oder zur Organgesellschaft hat mit Einführung des SEStEG an Brisanz gewonnen, da die Übertragungsmöglichkeit steuerlicher Verluste im Rahmen einer Verschmelzung weggefallen ist (vgl. § 12 Abs. 3 i. V. m. § 4 Abs. 3 S. 2).

§ 301 AktG enthält keine Regelung zur Behandlung der stillen Reserven   348
oder Rücklagen. Daher ist bereits *zivilrechtlich* unklar, ob eine Abführungspflicht des Übertragungsgewinns aus dem Gewinn- bzw. Ergebnisabführungsvertrag an den Organträger besteht. Hinzu kommt, dass aus der zivilrechtlichen Abführungspflicht nicht zwingend auf die *steuerliche* Zu-

---

353 Eingehen dazu *Lange*, GmbHR 2011, 806 ff.
354 *Neumann* in Gosch, § 14 KStG Rdn. 267; *Kessler/Weber/Aberle*, Ubg 2008, 209 (210); ebenso auch Tz. Org. 04, 26 UmwStE 2011.
355 Eingehend dazu *Käshammer/Schümmer*, Ubg 2011, 244.

rechnung des Übertragungsgewinns geschlossen werden kann, zumal der

zivilrechtlich abzuführende Gewinn und das steuerlich zuzurechnende Einkommen der Organgesellschaft regelmäßig nicht deckungsgleich sind.[356]

349   Teilweise wird in der Literatur die Auffassung vertreten, dass sich die zivilrechtliche Abführungsverpflichtung aus dem Gewinn- bzw. Ergebnisabführungsvertrag auch auf den Übertragungsgewinn der Organgesellschaft erstrecke.[357] Dies wird damit begründet, dass der Gewinn aus einer umwandlungsrechtlichen Übertragung Bestandteil des Gewinns einer werbenden Gesellschaft sei. Entsprechend dieser zivilrechtlichen Abführungspflicht an den Organträger will diese Auffassung den Übertragungsgewinn auch steuerlich dem *Organträger* zurechnen. Dies hat zur Konsequenz, dass der Übertragungsgewinn nicht bei der Organgesellschaft zu versteuern ist und daher auch nicht mit einem etwaigen „eingefrorenen" vororganschaftlichen Verlust verrechnet werden kann, so dass dieser ungenutzt untergeht.

350   Demgegenüber soll nach der Auffassung anderer Autoren der Übertragungsgewinn allein der *Organgesellschaft* zuzurechnen sein. Bereits auf zivilrechtlicher Ebene vertritt diese Auffassung, dass der Übertragungsgewinn, der durch die Aufstockung der Wirtschaftsgüter bei der Organgesellschaft entsteht, nicht zivilrechtlich abzuführen sei bzw. nicht der Gewinnabführungspflicht unterliege, weil er handelsrechtlich nicht zum Jahresüberschuss i.S.d. § 301 AktG gehöre.[358] Diese Zurechnung des Übertragungsgewinns auf Ebene der Organgesellschaft soll auch steuerlich gelten, zumal auch der alte UmwStE[359] eine Zurechnung des Übertragungsgewinns zur Organgesellschaft vornimmt. Zur Begründung wird unter anderem angeführt, dass durch die Abschaffung des § 12 Abs. 3 S. 2 UmwStG a.F. vor allem der Verlustimport aus dem Ausland verhindert werden sollte, nicht jedoch primär die Nutzung inländischer Verluste.[360] Insoweit soll durch die Zurechnung des Übertragungsgewinns zur Organgesellschaft die Streichung der Verlustübertragungsmöglichkeit nach § 12 Abs. 3 S. 2 UmwStG a.F. kompensiert werden.

351   U.E. ist von einer Abführungspflicht hinsichtlich des Übertragungsgewinns bei Verschmelzungen auszugehen. Der Übertragungsgewinn stellt handelsbilanziell einen außerordentlichen Gewinn dar, dieser unterliegt mithin der

---

356 Vgl. hierzu *Werning* in Blümich, § 27 KStG Rdn. 66.
357 *Walter* in Ernst&Young, § 14 KStG Rdn. 345; *Erle* in Erle/Sauter, § 14 KStG Rdn. 413; *Bahns/Graw*, DB 2008, 1645 (1651); *Hüffer*, § 301 AktG Rdn. 4; *Breuninger* in Herzig, Neues Umwandlungssteuerrecht, 1996, 167; *Honert/Geimer*, EStB 2007, 421 (426 f.).
358 *Kessler/Weber/Aberle*, Ubg 2008, 209 (210); vgl. hierzu auch *Danelsing* in Blümich, § 14 KStG Rdn. 204; *Dötsch* in Herzig, Neues Umwandlungssteuerrecht, 1996, 167 (in Anlehnung an BFH vom 18.10.1967, I 262/63, BStBl. II 1968, 105, wonach der Ergebnisabführungsvertrag im Rahmen eines Organschaftsverhältnisses nicht zur Abführung des Liquidationsgewinns verpflichtet).
359 BMF vom 25.03.1998, IV B 7 – S 1978 – 21/98/IV B 2 – S 1909-33/98, BStBl. I 1998, 269, Tz. Org. 19.
360 *Kessler/Weber/Aberle*, Ubg 2008, 209 (211 f.).

Abführungspflicht. Nicht zu leugnen ist jedoch, dass es daraufhin zu unbilligen Ergebnissen kommen kann, wenn nicht genutzte Verlustvorträge untergehen, ohne dass eine Verrechnung mit einem Übertragungsgewinn möglich ist. Alternativ wird daher vorgeschlagen, die Organschaft durch Kündigung des Gewinn- bzw. Ergebnisabführungsvertrages *vorzeitig vor dem steuerlichen Übertragungsstichtag zu beenden*.[361] So wird argumentiert, dass die Verschmelzung ein wichtiger Grund für die vorzeitige Kündigung darstelle. Bei Kündigung vor dem steuerlichen Übertragungsstichtag würde ein etwaiger Übertragungsgewinn nicht mehr der Ergebnisabführung unterliegen. Eine Verpflichtung, die Kündigung des Gewinn- bzw. Ergebnisabführungsvertrages auf den Verschmelzungsstichtag vorzunehmen, ist im Gesetz nicht enthalten und ist auch dogmatisch nicht zu begründen. Unseres Erachtens sollte es daher möglich sein, den Gewinn- bzw. Ergebnisabführungsvertrag zu kündigen und damit die Organschaft vor Wirksamwerden der Verschmelzung zu beenden, so dass der Übertragungsgewinn nicht mehr Bestandteil der Gewinnabführung ist.

Die Finanzverwaltung hat dazu in Org. 27 UmwStE 2011 geregelt, dass ein *352* etwaiger Übertragungsgewinn i.S.d. § 11 Abs. 1 (Ansatz des gemeinen Wertes) oder Abs. 2 S. 1 (Zwischenwertansatz) im Falle einer Verschmelzung (oder Aufspaltung) nicht der vertraglichen Gewinnabführungspflicht unterliegt, sondern von der Organgesellschaft selbst zu versteuern ist. Anders soll der Fall einer Abspaltung oder Ausgliederung zu beurteilen sein, da hier der übertragende Rechtsträger bestehen bleibt. Die Ansicht der Finanzverwaltung ist hinsichtlich der Nichtabführung des Übertragungsgewinns bei Verschmelzungen u. E. nicht zutreffend.

Zur Frage der Behandlung eines etwaigen Übernahmegewinns (insbeson- *353* dere im Fall der up-stream Verschmelzung) vgl. die Ausführungen zu § 12 unter Rdn. 125 ff.

4. Behandlung von Ausgleichsposten

Nach § 12 Abs. 3 i. V. m § 4 Abs. 2 tritt der übernehmende Rechtsträger in *354* die Rechtsstellung des übertragenden Rechtsträgers ein. Dies gilt u. E. auch für die Übertragung etwaige steuerlicher Ausgleichsposten i.S.d. §14 Abs. 4 KStG, soweit bei der Verschmelzung der Buchwertansatz gewählt wurde. Wird hingegen ein Zwischenwertansatz gewählt oder erfolgt die Verschmelzung zum gemeinen Wert, sind entsprechend anteilig oder vollumfänglich auch die steuerlichen Ausgleichsposten aufzulösen. Hintergrund dafür ist, dass die Verschmelzung als Veräußerungvorgang qualifiziert. Kritisch ist insofern die Ansicht der Finanzverwaltung, wonach eine solche Fortführung der Ausgleichsposten nur möglich sein soll, wenn im Falle der Buchwert-Verschmelzung einer Organträgerin die Organschaft nachfolgend fortgesetzt wird, vgl. Tz. Org. 05 UmwStE 2011. Im Falle der Verschmelzung der Organgesellschaft soll hingegen eine Übertragung der Ausgleichposten nicht möglich sein, vgl. Tz. Org. 21 UmwStE 2011. Dieser Ansicht ist aus den zuvor genannten Gründen nicht zu folgen.

---

361 *Kessler/Weber/Aberle*, Ubg 2008, 209 (213 Fn. 47); *Bahms/Graw*, DB 2008, 1645 (1651); *Walter* in Ernst&Young, § 14 KStG Rdn. 344.

II. Anwachsung in Folge einer Verschmelzung

355   Die *Anwachsung* des Vermögens einer PersG im Falle des Ausscheidens aller bis auf einen Gesellschafter kann auch durch eine Verschmelzung von Körperschaften bewirkt werden. Dabei kommt zum Beispiel die Verschmelzung zweier OHG-Gesellschafter (in der Rechtsform von KapG) im Falle einer zweigliedrigen OHG, die Verschmelzung einer Komplementär-GmbH auf den einzigen Kommanditisten oder die Verschmelzung des einzigen Kommanditisten auf die Komplementär-GmbH in Betracht. Die Anwachsung wird zudem in der Praxis auch als Alternative zur Verschmelzung unter Einbeziehung von PersG genutzt.[362]

356   Weder im UmwG noch im UmwStG finden sich Regelungen zur Anwachsung.[363] Das Rechtsinstitut der Anwachsung basiert vielmehr auf dem Rechtsgedanken des § 738 BGB. Als Anwachsung wird der (dingliche) Vorgang bezeichnet, bei dem ein Gesamthänder (Personengesellschafter) aus einer Gesamthandgemeinschaft (PersG) ausscheidet und dessen Anteil an der Gesamthandsgemeinschaft den verbleibenden Gesamthändern „anwächst", d.h. diesen anteilig zuwächst. Auf die Übernahme der Gesellschaft durch den letzten Gesellschafter nach Ausscheiden des vorletzten Gesellschafters finden die Vorschriften der Anwachsung nach ganz überwiegender Ansicht entsprechend Anwendung.[364]

1. Verschmelzung einer Komplementär-GmbH auf die einzige Kommanditistin einer typischen GmbH & Co. KG

357   In der Praxis stellt sich insbesondere bei folgender Fallkonstellation die Frage, ob eine Umstrukturierung steuerneutral möglich ist:

Beispiel 7:

358   Bei einer typischen GmbH & Co. KG wird die Komplementär-GmbH, die zu 0 % an der Kommanditgesellschaft beteiligt ist, auf die Kommanditistin in der Rechtsform einer AG verschmolzen.

359   Als Folge wächst das Vermögen der Kommanditistin als einzig verbleibende Gesellschafterin an. Ertragsteuerlich ist eine solche Verschmelzung nach §§ 11 ff. grds. steuerneutral möglich.[365] Eine andere Frage ist, ob auch die Anwachsung auf die Kommanditistin (AG) steuerneutral möglich ist, denn im oben genannten Fall sind rechtlich

---

362   Zu den rechtlichen und steuerlichen Gestaltungsmöglichkeiten im Zusammenhang mit Anwachsungsvorgängen *Ropohl/Freck*, GmbHR 2009, 1076.

363   Handelsrechtlich kann die Anwachsung u.E. entsprechend § 24 UmwG durchgeführt werden, so auch IDW ERS HFA 42, Entwurf vom 10.06.2011, WPg Supplement 3/2011, 77 ff., FN-IDW 9/2011, 603 ff.

364   *Sprau* in Palandt, § 738 BGB Rdn. 1; Ulmer in MünchKomm BGB, § 738 Rdn. 11; *Timm/Schöne* in Bamberger/Roth/Timm/Schöne, § 738 BGB Rdn. 1; a.A. *Karsten Schmidt* in MünchKomm HGB, § 131 Rdn. 105; *Hopt* in Baumbach/Hopt, § 131 HGB Rdn. 35; BGH vom 19.05.1969, II ZR 72/59, BGHZ 42, 307 (315, 317f.); vgl. hierzu auch BGH vom 13.12.1965, II ZR 10/64, NJW 1966, 827 (827); BGH vom 03.05.1999, II ZR 32/98, NJW 1999, 2438; BGH vom 07.12.1992, II ZR 248/91, NJW 1993, 1194.

365   *Ropohl/Freck*, GmbHR 2009, 1076 (1082).

zwei Vorgänge – die Verschmelzung und die Anwachsung – voneinander zu unterscheiden. Auf Grundlage der Verfügung der OFD Berlin[366] und Koblenz[367] ist nach Ansicht der Finanzerwaltung auch die Anwachsung auf die zu 100 % beteiligte Kommanditistin (AG) steuerneutral.

Des Weiteren stellt sich die Frage, ob auch im Rahmen der Anwachsung eine steuerrechtliche Rückwirkung nach § 2 möglich ist, denn die Anwachsung stellt keinen umwandlungssteuerlichen Vorgang dar. Durch die Verschmelzung kommt es nämlich zu zwei Vermögensübergängen im Wege der Gesamtrechtsnachfolge – zum einen zur verschmelzungsbedingten Vermögensübertragung von der Komplementär-GmbH auf die Kommanditistin (AG) und zum anderen zu einem anwachsungsbedingten Vermögensübergang von der GmbH & Co. KG auf die AG. Da es sich bei der Anwachsung jedoch nur um einen „Reflex" im Rahmen eines Verschmelzungsvorgangs handelt, geht die überwiegende Ansicht in der Literatur[368] zu Recht davon aus, dass eine rückwirkende Anwachsung möglich sein muss. Anderenfalls hätte dies zur Konsequenz, dass die PersG – hier die GmbH & Co. KG – aus ertragsteuerlicher Sicht im Rückwirkungszeitpunkt nur mit einem Gesellschafter fortbesteht, was weder zivilrechtlich noch steuerrechtlich möglich ist, da nach deutschen Rechtsgrundsätzen eine „Ein-Mann-PersG" nicht denkbar ist. Diese Ansicht wurde zwischenzeitlich auch durch ein Urteil des BFH bestätigt.[369]

360

2. Verschmelzung bei zweigliedrigen PersG

In der Literatur wird diskutiert, ob ein Antrag auf Ansatz eines Buch- oder Zwischenwertes nach § 11 Abs. 2 im Rahmen einer Verschmelzung auch dann möglich ist, wenn zum Betriebsvermögen der übertragenden sowie der übernehmenden Körperschaft eine Beteiligung an einer zweigliedrigen PersG gehört und diese PersG durch das Ausscheiden der übertragenden Körperschaft aufgelöst wird.[370] Der Wegfall des zweiten Personengesellschafters in Person der übertragenden Körperschaft führt gem. § 738 BGB i. V. m. § 105 Abs. 3 HGB zur Beendigung der PersG im Wege der Anwachsung.

361

Die Steuerneutralität der Verschmelzung (in Kombination mit einer Anwachsung) wäre dann zu verneinen, wenn in Höhe der stillen Reserven im Mitunternehmeranteil der übertragenden Körperschaft eine verdeckte Einlage des Gesellschafters der übertragenden Körperschaft anzunehmen wäre.

362

Beispiel 8:

Die A-GmbH hält sowohl alle Anteile an der B-GmbH als auch an der C-GmbH. Die B-GmbH und die C-GmbH sind zu je 50 % an der

363

---

366 OFD Berlin vom 19. 07. 2002, St 122 – S 2241 – 2/02, GmbHR 2002, 1091 (1091).
367 OFD Koblenz vom 21. 10. 2002, S 2241 A, Datev-Doku-Nr. 0577038.
368 *Schmidt/Dietel*, DStR 2008, 529 (530); *Ort*, DStR 20005, 1629 (1632); *Breitenbach*, DStR 2004, 1405 (1406); *Ropohl/Freck*, GmbHR 2009, 1076 (1082).
369 BFH vom 03. 02. 2010, IV R 59/07, GmbHR 2010, 886, insb. Tz. 18.
370 *Krebs/Bödefeld*, GmbHR 1996, 347 (347);

X-OHG beteiligt. Im Rahmen der Umstrukturierung der Unternehmensgruppe soll die C-GmbH auf die B-GmbH verschmolzen werden. Dadurch scheidet die C-GmbH als Gesellschafter aus der X-OHG aus, die dadurch aufgelöst wird. Im Rahmen der Verschmelzung geht der Gesellschaftsanteil an der X-OHG auf die B-GmbH über. Dadurch kommt es kraft Gesetzes zu einer Anwachsung des Vermögens der X-OHG bei der übernehmenden B-GmbH.[371]

364 Die Frage ist, ob in Höhe der Hälfte der stillen Reserven, die auf die übertragende C-GmbH entfallen, eine verdeckte Einlage der A-GmbH in die B-GmbH vorliegt.

365 Teilweise wurde in der Literatur davon ausgegangen, dass der aus der Mitunternehmerschaft ausscheidende Gesellschafter eine verdeckte Einlage in die übernehmende KapG vorgenommen habe, wenn es zu einer Auflösung einer PersG und damit zu einer Anwachsung von deren Vermögen auf eine KapG kommt, sofern der ausscheidende Gesellschafter keine neuen Anteile an der übernehmenden KapG erhalten hat.[372]

366 Ob in einem solchen Fall eine verdeckte Einlage denkbar ist, kann u.E. dahinstehen.[373] Denn selbst bei Bejahung einer verdeckten Einlage im Falle der Anwachsung kann es nicht zu einer Gewinnrealisierung kommen, wenn der Anwachsungsprozess die Rechtsfolge einer Verschmelzung darstellt.[374] Denn für die Verschmelzung einer Körperschaft auf eine andere Körperschaft sind die Rechtsfolgen abschließend in §§ 11 ff. geregelt. Liegen die Voraussetzungen des § 11 Abs. 2 vor, kann es nicht aufgrund von anderen Rechtsgrundsätzen zur Aufdeckung stiller Reserven kommen, da insbesondere auch nach § 11 Abs. 2 S. 1 Nr. 2 die Besteuerung der stillen Reserven sichergestellt ist.[375] Für die Buchwertfortführung kann es zudem keinen Unterschied machen, ob das im Wege der Verschmelzung übergehende Vermögen aus KapG-Beteiligungen, Mitunternehmeranteilen oder aus anderen Wirtschaftsgütern besteht.

III. Verluste und Verlustvorträge der übertragenden Körperschaft

1. Keine Übertragung von Verlusten oder Verlustvorträgen

367 In der Vergangenheit war es unter bestimmten Voraussetzungen möglich, den Verlustvortrag einer Körperschaft durch Verschmelzung auf eine andere Körperschaft zu übertragen. Die Möglichkeit zur Fortführung von Verlustvorträgen nach § 12 Abs. 3 S. 2 UmwStG a.F. entfiel mit den Änderungen des UmwStG durch das SEStEG.[376] Neben dem körperschaftlichen Verlust-

---

371 Beispiel nach *Krebs/Bödefeld*, GmbHR 1996, 347 (347).
372 *Wacker*, BB Beilage 8/1998, 1 (17).
373 Dagegen *Krebs/Bödefeld*, GmbHR 1996, 347 (348).
374 Ebenso *Schmitt* in Schmitt/Hörtnagl/Stratz, § 11 Rdn. 155.
375 *Dötsch* in Dötsch/Patt/Pung/Möhlenbrock, Vor §§ 11–13 Rdn. 21; i.E. ebenso *Schießl* in Widman/Mayer, § 11 Rdn. 176 f; *Rödder* in Rödder/Herlinghaus/van Lishaut, § 11 Rdn. 162.
376 Zur Verlustnutzung bei Umwandlungsvorgängen vor und nach Änderung des UmwStG durch das SEStEG *Dörfler/Rautenstrauch/Adrian*, BB 2006, 1657.

vortrag und dem Zinsvortrag (vgl. § 12 Abs. 3 i.V.m. § 4 Abs. 3 S. 2) geht auch der gewerbesteuerliche Verlustvortrag i.S.d. § 10a GewStG nach § 19 Abs. 2 UmwStG n.F. i.V.m. §§ 12 Abs. 3, 4 Abs. 3 S. 2 unter.[377] Dem Gesetzgeber ging es offensichtlich darum, eine Übertragung eines steuerlichen Verlustvortrags einer ausländischen Gesellschaft auf eine inländische Gesellschaft durch Verschmelzung – also den „Verlustimport" – zu verhindern.[378] Die Regelung wird in der Literatur als potenziell europarechts- bzw. verfassungswidrig angesehen.[379]

2. Nutzung von Verlustvorträgen im Zusammenhang mit Verschmelzungen

Alternativ zur Verlustübertragung kann die übertragende Körperschaft stille Reserven aufdecken und mit ihren bestehenden Verlustvorträgen direkt verrechnen.[380] Für eine optimierte Verlustnutzung bietet sich in der steuerlichen Übertragungsbilanz regelmäßig der zulässige Ansatz zu Zwischenwerten an.   368

Grds. ist der Ansatz zu einem höheren Wert als zum Buchwert nicht vorteilhaft, denn es entsteht dadurch ein Gewinn, der sowohl der KSt (zzgl. Solidaritätszuschlag) als auch der GewStG unterliegt. Jedoch eröffnen sich dem Steuerpflichtigen mit der Zulässigkeit eines Zwischenwertansatzes Gestaltungsmöglichkeiten zur Verlustnutzung. Bei Vorhandensein eines Verlustvortrags kann die Realisierung stiller Reserven zweckmäßig sein, denn der Verlustvortrag geht nach § 12 Abs. 3 HS 2 i.V.m. § 4 Abs. 2 S. 2 nicht auf die übernehmende Körperschaft über und kann dort nicht zur Neutralisierung des laufenden Gewinns verwendet werden.[381] Daher können zur Nutzung steuerlicher Verlustvorträge auf Ebene der übertragenden Körperschaft stille Reserven ertragswirksam aufgedeckt und zu Abschreibungspotenzial werden.   369

Dabei sind jedoch folgende Aspekte zu beachten:[382]   370

– Der bei der Aufstockung entstehende Gewinn unterliegt der Mindestbesteuerung nach § 10d Abs. 2 S. 1 EStG sowie § 10a S. 1, 2 GewStG (dazu Rdn. 372).[383]

– Eine Aufstockung setzt voraus, dass entsprechende stille Reserven auch tatsächlich vorhanden sind, andernfalls ist eine Aufstockung naturgemäß nicht möglich.[384]

377 Eingehend zur Verlustnutzung bei Umwandlungsvorgängen *Besch/Viebrock* in Lüdicke/Kempf/Brink, Verluste im Steuerrecht, unter 4.
378 *Frotscher* in Frotscher/Maas, § 12 Rdn. 51; *Dörfler/Rautenstrauch/Adrian*, BB 2006, 1657; *Maiterth/Müller*, DStR 2006, 1861; *Rödder/Schumacher*, DStR 2006, 1525; *Werra/Teiche*, DB 2006, 1460.
379 *Ley/Bodden*, FR 2007, 276; *Körner*, IStR 2006, 470.
380 Dazu auch *Bärwaldt* in Haritz/Menner, § 11 Rdn. 29.
381 *Schick/Franz*, DB 2008, 1987 (1988).
382 Dazu bereits *Hagemann/Jakob/Ropohl/Viebrock*, NWB Sonderheft SEStEG, 2007, 26.
383 *Frotscher* in Frotscher/Maas, § 12 Rdn. 57; *Olbing*, GmbH-StB 2007, 55; *Ott*, INF 2007, 101.
384 Ebenso *Besch/Viebrock* in Lüdicke/Kempf/Brink, Verluste im Steuerrecht, unter 4c.

- Die Aufstockung gilt gleichermaßen für Körperschaft- und Gewerbesteuer, nur wenn die Verlustvorträge für beide Steuerarten gleich hoch sind, kann steueroptimal einheitlich aufgestockt werden.[385]

371 Darüber hinaus zeigt sich in der Praxis häufig, dass etwaige steuerliche Verlustvorträge durch nachträgliche Mehrergebnisse im Zusammenhang mit Betriebsprüfungen verloren gehen; stehen daher noch Betriebsprüfungen aus, sollte dies bei der Berechnung der Höhe des Step-ups berücksichtigt werden. Eine Antragstellung dergestalt, dass ein Zwischenwertansatz nur in der Höhe vorzunehmen ist, wie (ggf. nach Durchführung einer Betriebsprüfung) noch Verlustvorträge vorhanden sind, ist nicht möglich.[386]

a) Berücksichtigung der Mindestbesteuerung

372 Die Verlustnutzung im Rahmen von Verschmelzungen wird durch die sog. Mindestbesteuerung nach § 8 Abs. 1 KStG i. V. m § 10 d Abs. 2 EStG und § 10a GewStG begrenzt. Daher werden häufig in der Praxis stille Reserven bei einer Verschmelzung durch Ansatz eines Zwischenwertes nur in Höhe von EUR 1 Mio. wegen der Mindestbesteuerung aufgedeckt. Anderenfalls wird ein steuerpflichtiger Gewinn generiert, obwohl diesem ein Verlust gegenüber steht, der jedoch wegen der Mindestbesteuerung nicht genutzt werden kann.

373 Die Mindestbesteuerung stellt als positive Ergebnisgröße auf den Gesamtbetrag der Einkünfte ab. I.H.v. EUR 1 Mio. (Sockelbetrag) ist eine Verlustverrechnung unbeschränkt möglich. Darüber hinaus ist die Verlustnutzung nur noch beschränkt bis zu 60 % des den Sockelbetrag übersteigenden Gesamtbetrages der Einkünfte möglich. Der BFH hat mit Beschluss vom 26. 08. 2010 – I B 49/10 – allerdings entschieden, dass es ernstlich zweifelhaft ist, ob die sog. Mindestgewinnbesteuerung gem. § 10 d Abs. 2 S. 1 EStG 2002 n.F. verfassungsrechtlichen Anforderungen auch dann standhält, wenn eine Verlustverrechnung in späteren Veranlagungszeiträumen aus rechtlichen Gründen endgültig ausgeschlossen ist. Daher soll nach dem BMF-Schreiben vom 19. 10. 2011, IV C 2 – S 2741/10/10002, Aussetzung der Vollziehung gewährt werden, wenn durch Zusammenwirken von Mindestbesteuerung und eines tatsächlichen oder rechtlichen Grundes wie z.B. endgültiger Wegfall der Verlustvorträge nach § 12 Abs. 3 bei einer Verschmelzung es zu einem Definitiveffekt kommt.

b) „Mantelkaufregelung" des § 8c KStG

374 Im Rahmen der Verlustnutzung sind sowohl die Vorschriften des § 12 Abs. 3 i.V.m. § 4 Abs. 2 S. 2 als auch § 8c KStG zu beachten. Der Verlustuntergang nach § 12 Abs. 3 i.V.m. § 4 Abs. 2 S. 2 betrifft nur die Verluste der Überträgerin.[387] Erfasst werden jedoch nicht die Verluste der Gesellschaften, an der

---

385 Kritisch dazu daher *Lemaitre/Schönherr*, GmbHR 2007, 176 ff.; *Schnitter* in Frotscher/Maas, § 3 Rdn. 100; *Strahl, Dörfler/Wittkowski*, GmbHR 2007, 357.
386 Dazu auch Rdn. 284, ebenso *Widmann* in Widmann/Mayer, § 3 Rdn. 63.16; *Rödder* in Rödder/Herlinghaus/van Lishaut, § 11 Rdn. 94; *Frotscher* in Frotscher/Maas, § 11 Rdn. 44.
387 *Schick/Franz*, DB 2008, 1987 (1988); vgl. hierzu auch *Schießl*, StuB 2009, 460 (466).

die Überträgerin unmittelbar oder mittelbar beteiligt ist. Auch die Verluste
der Übernehmerin sind durch § 12 Abs. 3 i.V.m. § 4 Abs. 2 S. 2 nicht betroffen. Insoweit würde sich eine Änderung der Verschmelzungsrichtung – also
eine Verschmelzung der gewinnbringenden Gesellschaft auf die Verlustgesellschaft – anbieten. Dieser Gestaltung steht jedoch gegebenenfalls § 8c
KStG entgegen. Der Anwendungsbereich des § 8c KStG erstreckt sich im
Gegensatz zu § 12 Abs. 3 i.V.m. § 4 Abs. 2 S. 2 auch auf die infolge der Verschmelzung bewirkten Verschiebungen von Anteilen bei unmittelbaren
oder mittelbaren Beteiligungen der Überträgerin, bei der Übernehmerin und
deren unmittelbaren und mittelbaren Beteiligungen.

§ 8c KStG ist durch die Unternehmensteuerreform 2008 eingeführt worden   *375*
und ersetzt die sog. Mantelkaufregelung des § 8 Abs. 4 KStG. [388] Die Neuregelung stellt nunmehr allein auf den schädlichen Anteilserwerb ab. Dabei erfasst § 8c KStG auch mittelbare Anteilsübertragung. Auf das noch in § 8
Abs. 4 S. 2 KStG a.F. enthaltene Tatbestandsmerkmal der Zuführung von
überwiegend neuem Betriebsvermögen hat der Gesetzgeber verzichtet. Wie
§ 8 Abs. 4 S. 2 KStG a.F. enthält auch § 8c KStG in Abs. 1a eine sog. Sanierungsklausel[389], wonach der Wegfall von Verlusten und Verlustvorträgen bei
einem Beteiligungserwerb zum Zwecke der Sanierung nicht erfolgen soll.
Das EU-Beitreibungsgesetz[390] sieht jedoch eine Suspendierung der Sanierungsklausel (§ 8c Abs. 1a KStG) vor. Im Regierungsentwurf war noch die
gänzliche Abschaffung der Vorschrift ab dem Veranlagungszeitraum 2011
und für Anteilsübertragungen nach dem 31. 12. 2010 geplant. Die entsprechende Änderung in der geplanten Neuregelung wurde auf Empfehlung des
Bundestags-Finanzausschusses vorgenommen. Danach ist die Sanierungsklausel zwar grds. nicht mehr anwendbar, sie kann aber unter bestimmten
Voraussetzungen wieder aufleben. Zum einen träte sie wieder in Kraft, wenn
das Europäische Gericht (EuG) oder der EuGH in einer rechtskräftigen Entscheidung die Einstufung der Sanierungsklausel als europarechtswidrige
Beihilfe durch die EU-Kommission für nichtig erklärt und feststellt, dass es
sich bei der Sanierungsklausel nicht um eine europarechtswidrige Beihilfe
handelt. Alternativ wäre die Sanierungsklausel wieder anwendbar, wenn die

---

388 Grundlegend zum Verständnis der Norm *Eisgruber/Schaden*, Ubg 2010, 73 ff.
389 Nachträglich eingeführt durch das Gesetz zur verbesserten steuerlichen Berücksichtigung von Vorsorgeaufwendungen (Bürgerentlastungsgesetz Krankenver-
sicherung) vom 16. 07. 2009, BGBl. I 2009, 1959; mit Gesetz zur Beschleunigung
des Wirtschaftswachstums (Wachstumsbeschleunigungsgesetz) vom 22. 12. 2009,
BGBl. I 2009, 3950 wurde die zunächst zeitlich beschränkte Anwendung der Sanierungsklausel aufgehoben, § 34 Abs. 7c KStG; grds. zur Sanierungsklausel Ott-
mann-Babel/Bolik, DStR 2009, 2173; *Wittowski/Hielscher*, DB 2010, 11; zur Anwendung des § 8c Abs. 1a KStG auch Verfügung der OFD Rheinland vom
30. 03. 2010, S-2745-1007-St 131, DStR 2010, 929; zur Anwendbarkeit des § 8c
Abs. 1a KStG aufgrund eines förmlichen Prüfungsverfahrens nach Art. 108 Abs. 2
AEUV (früher Art. 88 Abs. 2 EG) BMF vom 30. 04. 2010, IV C2-S 2745-a/08/10005/
002, DOK 2010/0332067, DStR 2010, 928 f.
390 EU-Beitreibungsgesetz: Entwurf eines Gesetzes zur Umsetzung der Beitreibungsrichtlinie sowie zur Änderung steuerlicher Vorschriften (Beitreibungsrichtlinie-
Umsetzungsgesetz – BeitrRLUmsG) – Drs. 17/6263 –; Zustimmung im Bundesrat
vom 25. 11. 2011, BR-Drs. 676/11.

EU-Kommission einen weiteren Beschluss fasst, der weder die Aufhebung noch die Änderung der Vorschrift fordert. Zu einem solchen Beschluss könnte es kommen, wenn das EuG der Nichtigkeitsklage – z.b. wegen einer falschen Prüfmethode durch die EU-Kommission – stattgibt, ohne die Sanierungsklausel hinsichtlich ihrer Europarechtskonformität zu würdigen. Lebt die Sanierungsklausel nach einer der beiden genannten Alternativen wieder auf, soll sie rückwirkend anwendbar sein, soweit Steuerbescheide noch nicht bestandskräftig sind.

376   Die Vorschrift des § 8c KStG gestaltet sich in der Praxis häufig als Umwandlungshindernis.[391] Nach § 8 c KStG führt die Übertragung von mehr als der Hälfte der Anteile innerhalb von fünf Jahren auf einen Erwerber (oder diesem nahe stehende Personen) zu einem vollständigen Wegfall des Verlustvortrags einer KapG. Schädlich ist auch ein Anteilserwerb von mehr als 25 %. Ein Anteilserwerb von mehr als 25 % und bis zu 50 % führt zu einem anteiligen Verlustuntergang. Schädlich ist gem. § 8c Abs. 1 S. 4 KStG auch die Anteilsgewährung im Wege einer Kapitalerhöhung.[392]

377   Ein *schädlicher Anteilserwerb* kann in einer Verschmelzung einer KapG auf eine Verlustgesellschaft unter Erhöhung des Nennkapitals der Verlustgesellschaft liegen, wenn mit der Verschmelzung eine Kapitalerhöhung von mehr als 25 % oder mehr als 50 % einhergeht.[393] Umwandlungsfälle fallen jedoch nur dann unter diesen Tatbestand, wenn es tatsächlich zu einer die Beteiligungsquote verändernden Kapitalerhöhung kommt, also nicht, wenn der übernehmende Rechtsträger beispielsweise bereits zu 100 % an dem übertragenden Rechtsträger beteiligt ist oder wenn die Gesellschafter des übertragenden Rechtsträgers auf eine Kapitalerhöhung verzichtet haben.[394] Dabei ist zu beachten, dass zusätzlich Vorerwerbe des jeweiligen Erwerbers oder der Erwerbergruppe innerhalb der Fünfjahresfrist des § 8c KStG zu berücksichtigen sind.[395]

378   Ein schädlicher Beteiligungserwerb i.S.d. § 8c Abs. 1 KStG liegt auch dann vor, wenn eine Beteiligung im Wege einer Verschmelzung übertragen wird, weil das übergehende Vermögen auch eine Beteiligung an einer Körperschaft beinhaltet.[396]

379   Die Vorschrift erfasst auch die bloße *Verkürzung einer Beteiligungskette* und damit den Fall des up-stream oder down-stream mergers.[397] Laut Gesetzesbegründung[398] bleibt eine Veränderung der unmittelbaren Beteiligungsverhältnisse nicht deswegen unberücksichtigt, dass sich eine mittelbare Beteiligung dadurch nicht ändert. Eine solche Konzernbetrachtung

391 Zur Anwendung des § 8c KStG bei Umwandlungen: *Dorfmueller*, IStR 2009, 411.
392 Eingehend zur Anwendung des § 8c KStG *Roser* in Gosch, § 8 c KStG Rdn. 11 ff.
393 *Frotscher* in Frotscher/Maas, § 8c KStG Rdn. 94.
394 *Sistermann/Brinkmann*, DStR 2008, 897 (901); zur Verschmelzung von Schwestergesellschaften ohne Kapitalerhöhung auch unter Rdn. 265 ff.
395 *Schultes-Schitzlein/Kaiser*, NWB 2009, 4022 (4026).
396 *Frotscher* in Frotscher/Maas, § 8 c KStG Rdn. 34.
397 Für eine teleologische Auslegung: *Schick/Franz*, DB 2008, 1987 (1989 f.).
398 BT-Drs. 16/4841, 76.

wäre nach Auffassung des Gesetzgebers zu verwaltungsaufwendig und gestaltungsanfällig gewesen.

Bei einer *up-stream* Verschmelzung (Tochtergesellschaft auf Muttergesellschaft)[399] ist § 8c KStG i. d. R. nicht anwendbar, da keine Anteile an der Muttergesellschaft auf deren Gesellschafter übertragen werden.[400] Die Verluste der Tochtergesellschaft gehen aber nach § 12 Abs. 3 i. V. m. § 4 Abs. 2 S. 2 unter.   *380*

§ 8c KStG kann jedoch die Fälle der *down-stream* Verschmelzung (Muttergesellschaft auf die Tochtergesellschaft)[401] betreffen. Bei einer down-stream Verschmelzung auf eine Verlusttochtergesellschaft, an der die übertragende Gesellschaft zu mehr als 25 % bzw. 50 % beteiligt ist, können die Verluste bereits aufgrund der mit der Verschmelzung einhergehenden Übertragung der bestehenden Anteile an der Verlustgesellschaft auf die Anteilseigner des übertragenden Rechtsträgers teilweise bzw. vollständig untergehen.[402] Die Finanzverwaltung sieht bisher die Umwandlung auf eine Verlustgesellschaft als einen vergleichbaren Sachverhalt i. S. d. § 8c Abs. 1 KStG an, wenn durch die Umwandlung ein Beteiligungserwerb durch einen Erwerberkreis stattfindet.[403]   *381*

Ist die übertragende Gesellschaft dagegen nicht bzw. nicht zu mehr als 25 % an der aufnehmenden Gesellschaft beteiligt, kommt es nicht zu einer schädlichen Übertragung von bestehenden Anteilen an der Verlustgesellschaft. Allerdings kann die Ausgabe von neuen Anteilen im Rahmen einer Kapitalerhöhung an der Verlustgesellschaft anlässlich der Umwandlung als originärer Anteilserwerb zu mehr als 25 % schädlich nach § 8 c Abs. 1 S. 4 KStG sein.[404]   *382*

Steuerliche Gestaltungen, wonach die erworbene Verlustgesellschaft unter Ausnutzung der steuerlichen Rückwirkung nach § 2 auf einen Zeitraum vor dem schädlichen Anteilseignerwechsel verschmolzen wird, hat der Gesetzgeber durch die Neuregelung des § 2 Abs. 4 unterbunden.[405] Voraussetzung für die Verlustnutzung oder Nutzung des Zinsvortrags durch Rückwirkung ist nunmehr, dass ein Verlust oder ein Zinsvortrag auch ohne die Umwandlung hätte ausgeglichen oder verrechnet werden können.[406]   *383*

Die Anwendung des § 8 c KStG ist jedoch durch die Einführung der sog. *Konzernklausel* in Abs. 1 S. 5 partiell eingeschränkt worden.[407] Ziel war es, wirtschaftlich sinnvolle Restrukturierungen ohne Verlustuntergang zu er-   *384*

---

399 Zum up-stream merger vgl. auch Rdn. 16 und 224.
400 *Frotscher* in Frotscher/Maas, § 8 c KStG Rdn. 34.
401 Zum down-stream merger vgl. auch Rdn. 15, 110 und 222.
402 *Sistermann/Brinkmann*, DStR 2008, 897 (899).
403 BMF vom 04. 07. 2008, IV C 7 – S 2745-a/08/10001, BStBl. I 2008, 736, Tz. 7.
404 Vgl. hierzu BMF vom 04. 07. 2008, IV C 7 – S 2745-a/08/10001, BStBl. I 2008, 736, Tz. 9.
405 Zu den einzelnen Fallgestaltungen: *Hubertus/Krenzin*, GmbHR 2009, 647 (647 ff.); kritisch dazu *Ropohl/Buschmann*, DStR 2011, 1407.
406 BT-Drs. 16/11108, 33.
407 Eingeführt durch das Gesetz zur Beschleunigung des Wirtschaftswachstums (Wachstumsbeschleunigungsgesetz) vom 30. 12. 2009, BGBl. I 2009, 3950.

möglichen.[408] Ein schädlicher Beteiligungserwerb liegt danach nicht vor, wenn an dem übertragenden und an dem übernehmenden Rechtsträger dieselbe Person zu jeweils 100 % unmittelbar oder mittelbar beteiligt ist. Erfasst werden mithin insbesondere Umwandlungsvorgänge unterhalb einer gemeinsamen Konzernmutter, wobei eine wortgetreue Auslegung der Gesetzesnorm zu einer restriktiven bzw. nicht sachgerechten Anwendung führt.[409]

385 Eine weitere Einschränkung ergibt sich durch die sog. *stille Reserven-Regelung* in § 8c Abs. 1 S. 6–8 KStG.[410] Danach kann nach einem schädlichen Beteiligungserwerb ein nicht genutzter Verlust in Höhe der anteiligen bzw. der gesamten vorhandenen stillen Reserven des inländischen Betriebsvermögens weiterhin abgezogen werden. Maßgeblich ist der Zeitpunkt des Beteiligungserwerbs bzw. der Umwandlung. Dem liegt die Überlegung zugrunde, dass bei gleichzeitigem Bestehen von Besteuerungspotential in vorhandenen stille Reserven und entsprechenden Verlustvorträgen eine uneingeschränkte Verrechnung möglich sein sollte.[411] Dasselbe Ergebnis könnte im Rahmen einer Verschmelzung auch durch Aufdeckung der stillen Reserven bei Ansatz des gemeinen Wertes oder eines Zwischenwertes erreicht werden, allerdings nur unter Berücksichtigung der Beschränkungen der Mindestbesteuerung sowie weiterer Einschränkungen.[412] Da die Veräußerung von Anteilen an KapG durch KapG nach § 8b Abs. 2 KStG nicht der Besteuerung mit Körperschaftsteuer unterliegen, sollen solche Beteiligung bei der Ermittlung der stillen Reserven nicht berücksichtigt werden[413]; Holdinggesellschaften werden mithin von der stille Reserven-Klausel nur erfasst, wenn über die Beteiligungen hinaus anderweitige steuerpflichtige stille Reserven vorhanden sind. Noch nicht abschließend geklärt ist die Frage, ob bei Bestehen einer Organschaft die stillen Reserven auf Ebene der Organgesellschaften dem Organträger zugerechnet werden können.[414]

---

408 BT-Drs. 17/15, 19.

409 Eingehend zur Konzernklausel *Neyer*, DStR 2010, 1600, 1603; *Bien/Wagner*, BB 2010, 923; *Franz*, BB 2010, 991; *Wittowski/Hielscher*, DB 2010, 11; *Eisgruber/Schaden*, Ubg 2010, 73.

410 Ebenfalls eingeführt durch das Gesetz zur Beschleunigung des Wirtschaftswachstums (Wachstumsbeschleunigungsgesetz) vom 30. 12. 2009, BGBl. I 2009, 3950; eingehend zur stille Reserven Regelung *Eisgruber/Schaden*, Ubg 2010, 73; *Rödder/Freeden*, Ubg 2010, 551; *Wittowski/Hielscher*, DB 2010, 11; *Neyer*, DStR 2010, 1600, 1604; *Ortmann-Babel/Zipfel*, Ubg 2009, 813; *Sistermann/Brinkmann*, DStR 2009, 2633; *Bien/Wagner*, BB 2009, 2627.

411 *Rödder/Freeden*, Ubg 2010, 551.

412 Zu den weiteren Aspekten, die bei einem solchen loss refresher zu berücksichtigen sind siehe Rdn. 370 ff.

413 Kritisch insofern *Eisgruber/Schaden*, Ubg 2010, 73, 84; *Rödder/Freeden*, Ubg 2010, 551; *Ortmann-Babel/Zipfel*, Ubg 2009, 813, 818; *Sistermann/Brinkmann*, DStR 2009, 2633, 2636; *Bien/Wagner*, BB 2009, 2627, 2631.

414 Eingehend dazu *Eisgruber/Schaden*, Ubg 2010, 73.

IV. Verschmelzung
bei einbringungsverstrickten Anteilen

Nach § 22 Abs. 1 S. 1 wird ein sog. Einbringungsgewinn I ausgelöst, wenn 386 die als Gegenleistung für die Einbringung erhaltenen Anteile durch den Einbringenden „veräußert" werden.[415] Zusätzlich enthält § 22 Abs. 1 S. 6 Nr. 1–6 Veräußerungsersatztatbestände.[416]

In diesem Zusammenhang stellt sich die Frage, ob eine Verschmelzung nach 387 erfolgter Einbringung einen schädlichen Veräußerungsvorgang i.S.d. § 22 darstellen kann.[417]

– Teilweise wird dazu die Ansicht vertreten, dass Umwandlungen grds. unter den Ersatzrealisierungstatbestand des § 22 Abs. 1 S. 6 Nr. 2 fallen, da § 22 Abs. 1 S. 1 laut Gesetzesbegründung[418] als Grundfall anzusehen sei, der nur Veräußerungen im eigentlichen Sinne betreffe, während der Ersatzrealisierungstatbestand des § 22 Abs. 1 S. 6 Nr. 2 alle denkbaren entgeltlichen Übertragungen durch den Einbringenden erfasse.[419] Nach dieser Auffassung gilt lediglich eine Ausnahme für die in § 22 Abs. 1 S. 6 Nr. 2 ausdrücklich ausgenommenen Buchwerteinbringungen.

– Eine andere Ansicht legt den Veräußerungsbegriff des § 22 Abs. 1 S. 1 weit aus und subsumiert darunter auch Umwandlungsvorgänge[420], wohingegen § 22 Abs. 1 S. 6 Nr. 2 keinen Ersatztatbestand darstellen soll, sondern vielmehr einen Ausnahmetatbestand.[421] Unschädlich sollen dabei die Fälle sein, in denen die einbringungsverstrickten Anteile untergehen (z.B. bei einer side-step Verschmelzung).[422] Danach soll mithin die Veräußerungsfiktion des § 13 Abs. 1 nicht auf § 22 durchschlagen.

– Des Weiteren wird vertreten, dass Verschmelzungen grds. nicht schädlich seien, da sie nicht ausdrücklich einer Veräußerung gleichgestellt würden.[423] Dies wird damit begründet, dass der Gesetzgeber zwar explizit in den Ersatzveräußerungstatbeständen die Einbringung in eine KapG oder Genossenschaft erwähnt habe, nicht jedoch die Verschmelzung.

– Eine andere Auffassung will den Veräußerungsbegriff des § 22 Abs. 1 S. 1 und den Begriff der „entgeltlichen Übertragung" des § 22 Abs. 1 S. 6 Nr. 2 normspezifisch eng auslegen.[424] Entsprechend dem Normzweck des § 22, Gestaltungsmissbräuche zu vermeiden, soll es lediglich in den Fällen zu einer Auslösung des Einbringungsgewinns kommen, in denen durch die

---

415 Eingehend dazu § 22 Rdn. 257 ff.
416 Vgl. grundlegend zu den Einbringungsfällen gem. §§ 20 bis 23 UmwStG nach dem SEStEG: *Dötsch/Pung*, DB 2006, 2763.
417 Dazu *Haritz*, GmbHR 2009, 1251; *Stangl*, Ubg 2009, 698.
418 BT-Drs. 16/3369, 12.
419 *Graw*, Ubg 2009, 691 (692); ebenso *Schönherr/Lemaitre*, GmbHR 2007, 459 (466).
420 Wohingegen Aufwärts-Verschmelzungen unter § 22 Abs. 1 S. 6 Nr. 1 fallen sollen (*Mutscher* in Frotscher/Maas, § 22 Rdn. 111, 132).
421 *Mutscher* in Frotscher/Maas, § 22 Rdn. 105, 148.
422 *Mutscher* in Frotscher/Maas, § 22 Rdn. 115 ff.
423 *Widmann* in Widmann/Mayer, § 22 Rdn. 142; *Schmitt* in Schmitt/Hörtnagl/Stratz, § 11 Rdn. 38.
424 *Stangl* in Rödder/Herlinghaus/van Lishaut, § 22 Rdn. 53 ff.

Umwandlung die durch die Einbringung eingetretene Statusverbesserung[425] genutzt wird. Es wird im Ergebnis also danach differenziert, ob die sich nach der Umwandlung ergebene Struktur auch ohne die Einbringung steuerneutral hätte erreicht werden können.

– Das FG Hamburg hat insofern entschieden, dass zumindest eine Aufwärtsverschmelzung (Verschmelzugn up-stream) nach vorheriger Einbringung unschädlich sei, da es an einer Gegenleistung fehle, die aber für den Begriff der Veräußerung ein „kennzeichnendes" Merkmal sei; zudem fehle es an einer Statusverbesserung.[426] Siehe dazu auch nachfolgend das **Beispiel 10**. Die Revision wurde zugelassen.[427]

388 Einigkeit besteht dahingehend, dass die Verschmelzung nicht unter den Ersatzveräußerungstatbestand des § 22 Abs. 1 S. 6 Nr. 3 fällt, da es bei der Verschmelzung zwar zur Auflösung kommt, nicht jedoch zu einer Abwicklung.[428]

389 U.E. ist die Auffassung vorzugswürdig, wonach eine normspezifische „enge" Auslegung erfolgt. Der Gesetzgeber hat mit der Regelung des § 22 Abs. 1 S. 6 Nr. 2 deutlich gemacht, dass Vorgänge zu Buchwerten, die auf Grundlage des UmwStG oder vergleichbarer ausländischer Vorschriften umgesetzt werden, nicht als eine schädliche Realisation angesehen werden sollen. Dass die Fälle der Verschmelzungen zu Buchwerten hier nicht explizit genannt werden, stellt u.E. schlichtweg ein Versehen des Gesetzgebers dar. Andernfalls hätte eine ausdrückliche Regelung in § 22 Abs. 1 S. 1 oder S. 6 aufgenommen werden müssen, wonach eine Verschmelzung als schädlicher Vorgang anzusehen ist. Der Hinweis in § 13 Abs. 1, dass die Anteile an der übertragenden Körperschaft als zum gemeinen Wert veräußert „gelten", steht dem nicht entgegen, da diese Gleichstellung nur den Fall einer Übertragung zum gemeinen Wert betrifft und zudem durch den Begriff „gelten" deutlich wird, dass eine Veräußerung eigentlich nicht gegeben ist. Daher ist festzuhalten, dass eine Verschmelzung zumindest dann keine schädliche Veräußerung oder einen veräußerungsgleichen Vorgang i.S.d. § 22 darstellen kann, wenn diese Verschmelzung auf Antrag zu Buchwerten umgesetzt wird.

390 Die verschiedenen Auffassungen kommen zu unterschiedlichen Ergebnissen. Dazu folgende Beispiele:

Beispiel 9:

391 Zunächst bringt die M GmbH einen Teilbetrieb zu Buchwerten in die Tochter-GmbH T ein. Anschließend wird die T GmbH zu Buchwerten

---

425 Der Begriff der „Statusverbesserung" kommt erstmals bei den Tendenzen des neuen Umwandlungssteuer-Erlasses vor, der den Veräußerungsbegriff weit auslegen will, jedoch Billigkeitsmaßnahmen vorsehen soll: vgl. hierzu *Haritz*, GmbHR 2009, 1251 (1251).

426 FG Hamburg, Urteil vom 21.05.2015, 2 K 12/13, DStR 2015, 2377 ff. mit Anmerkung *Kotyrba*.

427 Revision anhängig unter BFH: I R 48/15.

428 *Patt* in Dötsch/Jost/Pung/Witt, § 22 Rdn. 45; *Mutscher* in Frotscher/Maas, § 22 Rdn. 163; *Schmitt* in Schmitt/Hörtnagl/Stratz, § 11 Rdn. 86.

auf ihre Schwesterkapitalgesellschafter (S-GmbH) verschmolzen (side-step merger).[429]

Wenn nach der 1. Auffassung argumentiert wird, dass der side-step merger ein schädlicher Vorgang i.s.d. Ersatzrealisierungstatbestandes des § 22 Abs. 1 S. 6 Nr. 2. sei, kommt es im Beispielsfall zu einer Versteuerung des Einbringungsgewinns I. Insoweit wäre mithin jede Verschmelzung nach einer Einbringung zu Buch- oder Zwischenwerten innerhalb des 7-Jahre Zeitraums als schädlich anzusehen.   392

Da es beim side-step merger nicht zu einer Übertragung sondern zum Untergang der sperrfristverstrickten Anteile kommt, kommt es nach der 2. Auffassung nicht zu einer Besteuerung des Einbringungsgewinns I. Auch die Veräußerungsfiktion des § 13 Abs. 1 ändert an diesem Ergebnis nichts, da diese Fiktion nicht auf § 22 durchschlägt.   393

Nach der 3. Auffassung fallen Umwandlungen grds. nicht unter die schädlichen Tatbestände des § 22, sodass es auch danach nicht zu einer Besteuerung des Einbringungsgewinns I kommt.   394

Auch nach der 4. Auffassung kommt es zu keiner Versteuerung des Einbringungsgewinns I, da nach § 13 Abs. 2 S. 2 die Anteile an der übernehmenden Körperschaft steuerlich an die Stelle der Anteile an der übertragenden Körperschaft treten und sich damit die Sperrfrist an den von der M GmbH an der übernehmenden Schwestergesellschaft gehaltenen Anteile fortsetzt.[430] Insoweit soll der Telos des § 22 keine Versteuerung des Einbringungsgewinns erfordern, denn der potentielle Einbringungsgewinn haftet in diesem Fall für den Rest der 7-Jahres-Frist den neuen Anteilen an.   395

Beispiel 10:
Die M GmbH bringt zunächst einen Teilbetrieb in die 100 %ige Tochtergesellschaft (T GmbH) ein. Anschließend wird die T GmbH auf die M GmbH zu Buchwerten verschmolzen (up-stream merger).   396

Überwiegend wird in der Literatur die Auffassung vertreten, dass im vorliegenden Fall kein schädlicher Veräußerungstatbestand i.s.d. § 22 zu sehen sei, da letztendlich mit dem up-stream merger im Hinblick auf den zuvor eingebrachten Teilbetrieb lediglich der Ausgangszustand, der vor der Teilbetriebseinbringung bestand, wieder hergestellt werde.[431] Dem ist zumindest in den Fällen zuzustimmen, in denen die Wirtschaftsgüter mit Buchwerten eingebracht worden sind und die anschließende up-stream Verschmelzung wiederum zu Buchwerten erfolgt ist. In den Fällen, in denen bei der Einbringung ein Zwischenwertansatz vorgenommen wurde oder ein Ansatz mit dem gemeinen Wert, könnte es jedoch zu einer schädlichen Statusverbesserung gekommen sein. Weiterhin wird argumentiert, dass im Rahmen des up-stream mergers keine neuen Anteile ausgegeben   397

---

429 Entsprechendes Beispiel auch bei *Stangl*, Ubg 2009, 698 (699).
430 Ebenso *Schumacher/Neumann*, DStR 2008, 325 (334).
431 *Schumacher/Neumann*, DStR 2008, 325 (334); *Stangl*, Ubg 2009, 698 (700); *ders.* in Rödder/Herlinghaus/van Lishaut, § 22 Rdn. 61.

werden, sodass insoweit schon kein tauschähnlicher Vorgang und damit keine Veräußerung bzw. entgeltliche Übertragung vorliegen könne.[432]

V. Verdeckte Gewinnausschüttungen

398 Im Rahmen des § 11 stellt sich die Frage, in welchem Verhältnis diese Vorschrift zum Rechtsinstitut der verdeckten Gewinnausschüttung (vGA) i.S.d. § 8 Abs. 3 S. 2 KStG steht.

399 Grds. ist davon auszugehen, dass der Vermögensübergang durch Verschmelzung einer Körperschaft auf eine andere Körperschaft keine verdeckte Gewinnausschüttung der übertragenden Gesellschaft darstellt.[433] Teilweise wird in der Kommentarliteratur aber auch davon ausgegangen, dass im Grundsatz die Voraussetzungen der verdeckten Gewinnausschüttung erfüllt seien.[434] Denn die übertragende Körperschaft übertrage ihr gesamtes Vermögen auf einen anderen Rechtsträger, die als Gegenleistung gewährte Anteile erhalte, aber nicht der übertragende Rechtsträger, sondern vielmehr deren Gesellschafter. Der Grund dieser Vermögensminderung beim übertragenden Rechtsträger liege im Gesellschaftsverhältnis, die Gesellschafter stimmten der Verschmelzung durch Beschluss zu. Soweit die übertragende Körperschaft die Buchwerte fortführe und keine Gegenleistung erhalte, habe die Verschmelzung auch Auswirkungen auf die Höhe des Einkommens des übertragenden Rechtsträgers.

400 Im Ergebnis besteht dahingehend Einigkeit, dass der Vermögensübergang durch Verschmelzung einer Körperschaft auf eine andere Körperschaft wegen der spezielleren Regelungen in §§ 11 ff. grds. keine verdeckte Gewinnausschüttung der übertragenden Körperschaft darstellt.[435]

401 Die Verschmelzung einer Körperschaft auf eine andere Körperschaft kann aufgrund der Spezialregelungen in §§ 11 ff. auch keine verdeckte Einlage auslösen.[436]

402 Allerdings ist die Annahme von verdeckten Gewinnausschüttungen und verdeckten Einlagen in den Fällen denkbar, in denen im Rahmen der Verschmelzung Anteilseigner der übertragenden bzw. der übernehmenden Körperschaft zu Gunsten eines anderen Anteilseigners eine Vermögenseinbuße hinnehmen.[437] Auch ist eine verdeckte Gewinnausschüttung bei „Auslandsumwandlungen" denkbar, wenn eine ausländische Gesellschaft mangels

---

432 So auch die Entscheidung des FG Hamburg, Urteil vom 21.05.2015, 2 K 12/13, DStR 2015, 2377 ff; die Finanzverwaltung qualifiziert aber Umwandlungen und Einbringungen stets als realisierende Veräußerungen, Tz. 22.22 des UmwStE, und ordnet im Beispiel 3 für die „Rückumwandlung" ein schädliches Ereignis an, Tz. 22.23 des UmwStE.

433 *Schießl* in Widman/Mayer, § 11 Rdn. 412.

434 *Schmitt* in Schmitt/Hörtnagl/Stratz, § 11 Rdn. 152.

435 *Schießl* in Widman/Mayer, § 11 Rdn. 412; *Schmitt* in Schmitt/Hörtnagl/Stratz, § 11 Rdn. 152; *Rödder* in Rödder/Herlinghaus/van Lishaut, § 11 Rdn. 10.

436 *Rödder* in Rödder/Herlinghaus/van Lishaut, § 11 Rdn. 10.

437 *Füger/Rieger* in FS Widmann, 287 (309 ff.); ebenso *Rödder* in Rödder/Herlinghaus/van Lishaut, § 11 Rdn. 10.

Gesamtrechtsnachfolge ihre sämtlichen Wirtschaftsgüter einzelrechtlich zu Buchwerten auf ihre ausländische Schwestergesellschaft überträgt, so dass eine verdeckte Gewinnausschüttung an die gemeinsame deutsche Muttergesellschaft vorliegen könnte.[438]

F. Sonstige Steuern

I. Umsatzsteuer

Grds. handelt es sich bei Vermögensübertragungen um umsatzsteuerbare **403** und umsatzsteuerpflichtige Vorgänge. In § 1 Abs. 1a UStG ist jedoch ein Ausnahmetatbestand für Geschäftsveräußerungen im Ganzen geregelt. Eine Geschäftsveräußerung im Ganzen liegt nach § 1 Abs. 1a S. 2 UStG vor, wenn ein Unternehmen oder ein in der Gliederung eines Unternehmens gesondert geführter Betrieb im Ganzen entgeltlich oder unentgeltlich übereignet oder in eine Gesellschaft eingebracht wird. Da bei Verschmelzungen und Vermögensübertragungen in Form der Vollübertragung das Unternehmen des übertragenden Rechtsträgers im Ganzen auf den übernehmenden Rechtsträger übergeht, handelt es sich bei Umwandlungsvorgängen nach allgemeiner Ansicht nicht um einen umsatzsteuerbaren Vorgang.[439]

II. Grunderwerbsteuer

Soweit die übertragende Körperschaft Eigentum an inländischen Grund- **404** stücke i.S.d. des GrEStG hat, fällt bei einer Verschmelzung oder Vermögensübertragung *Grunderwerbsteuer* nach § 1 Abs. 1 Nr. 3 GrEStG an.[440] Möglich ist auch, dass durch die Verschmelzung eine Veränderung des Gesellschafterbestandes i.S.d. § 1 Abs. 2 a EStG oder eine Anteilsvereinigung i.S.d. § 1 Abs. 3 Nr. 1 oder 2 GrEStG bewirkt wird. Wesentlich ist dabei jeweils eine (mittelbare) Änderung/Übertragung von mindestens 95 % der Anteile.[441]

Durch das Wachstumsbeschleunigungsgesetz[442] wurde mit Wirkung ab 2010 **405** in § 6a GrEStG eine Verschonungsregelung in Form einer *grunderwerbsteuerlichen Konzernklausel* eingeführt. § 6a GrEStG betrifft alle zuvor genannten grunderwerbsteuerbaren Tatbestände, also § 1 Abs. 1 Nr. 3, Abs. 2a und Abs. 3 Nr. 1 und 2 GrEStG. Hintergrund ist, dass spezifische Umwandlungsvorgänge erfasst werden sollten.[443] Weitere Voraussetzung ist, dass der Tatbestand durch einen Umwandlungsvorgang i.S.d. § 1 Abs. 1 Nr. 1–3 UmwG erfolgt, dazu gehören auch Verschmelzungen nach § 2 UmwG, auf letzteren

438 *Haas*, IStR 2011, 353 (355 f.), wobei die steuerliche Freistellung der vGA in Deutschland nach § 8b Abs. 1 KStG wegen des Korrespondenzprinzips zweifelhaft ist.
439 *Klingberg* in Blümich, § 11 Rdn. 14; *Körner*, IStR 2009, 1 (13).
440 *Klingberg in Blümich*, § 11 Rdn. 15; vgl. hierzu auch *Lohnmann/Goldacker/Zeitz*, BB 2009, 477 (477 ff.); *Kroh/Greulich*, DStR 2008, 646 (647).
441 Eingehend zur Berechnung *Schmitt-Homann*, BB 2010, 2276 ff.
442 Gesetz zur Beschleunigung des Wirtschaftswachstums (Wachstumsbeschleunigungsgesetz) vom 30. 12. 2009, BGBl. I 2009, 3950.
443 *Schaflitz/Stadler*, DB 2010, 185.

verweist wiederum § 1 Abs. 1 Nr. 1 hinsichtlich der Anwendbarkeit der §§ 11 ff. Weitere Voraussetzung ist gem. § 6a S. 3 GrEStG, dass „... an dem Umwandlungsvorgang ausschließlich ein herrschendes Unternehmen und ein oder mehrere von diesem herrschenden Unternehmen abhängige Gesellschaften oder mehrere von einem herrschenden Unternehmen abhängige Gesellschaften beteiligt sind". Abhängig ist ein Unternehmen dann, wenn das herrschende Unternehmen fünf Jahre vor der Übertragung und fünf Jahre nach der Übertragung zu mindestens 95 % beteiligt ist.[444] Die Voraussetzung, dass das Konzernverhältnis über die herrschende Gesellschaft sowohl fünf Jahre vor als auch fünf Jahre nach der Verschmelzung vorliegen müssen, schränkt die Anwendbarkeit der Konzernklausel in der Praxis stark ein. Sind die zuvor genannten Voraussetzungen erfüllt, wird die Grunderwerbsteuer nicht erhoben.

406 Die Grunderwerbsteuer kann von entscheidender Bedeutung für die *Verschmelzungsrichtung* sein, etwa bei einer Verschmelzung von Schwestergesellschaften. Denn grds. wird hinsichtlich inländischer Grundstücke der übertragenden Gesellschaft Grunderwerbsteuer ausgelöst, hinsichtlich der Grundstücke der übernehmenden Gesellschaft regelmäßig nicht.[445]

III. Gewerbesteuer

407 Die gewerbesteuerliche Behandlung der Verschmelzung einer KapG auf eine andere KapG ist in § 19 geregelt. Nach dieser Vorschrift gelten die §§ 11–13 auch für die Ermittlung des Gewerbeertrags sowohl der übertragenden als auch der übernehmenden KapG sowie eventuell des Gesellschafters der übertragenden KapG.

408 Nach § 19 Abs. 2 ist § 12 Abs. 3 für die vortragsfähigen Fehlbeträge der übertragenden KapG i.S.d. § 10a GewStG (gewerbesteuerliche Verlustvorträge) entsprechend anzuwenden.

IV. Schenkungsteuer

409 Schenkungsteuerliche Aspekte sind bei Verschmelzung von KapG denkbar, wenn bei der Ausgabe der neuen Anteile am übernehmenden Rechtsträger keine wertproportionale Beteiligungsquote erreicht wird. Grds. stellt die Einlageleistung eines Gesellschafters (dabei kann es sich auch um eine Sacheinlage im Zusammenhang mit einer Verschmelzung handeln) die Förderung des Gesellschaftszwecks durch Stärkung der Kapitalbasis dar und ist mithin nicht als schenkungsteuerlich relevanter Vorgang zu qualifizieren.[446] Insofern hat der BFH entschieden, dass bei einer Einlage in eine KapG, bei der die Wertsteigerung auf Ebene der KapG anderen Anteilseignern mittelbar zugutekommt, keine freigebige Zuwendung i.S.d. § 7 Abs. 1 S. 1 Nr. 1 ErbStG darstellt.[447]

---

444 Beispiele dazu bei *Schaflitz/Stadler*, DB 2010, 185, 187; *Mensching/Tyarks*, BB 2010, 87, 89 f.
445 *Schlutes-Schnitzlein/Kaiser*, NWB 2009, 4023 (4024, 4037 f.).
446 *Benz/Böing*, DStR 2010, 1157 m.w.N.; ebenso *Breier*, Ubg 2009, 417.
447 BFH vom 09.12.2009, II 28/08, BStBl. II 2010, 566.

Im Falle einer Verschmelzung könnte eine (mittelbare) Zuwendung anzu-   *410*
nehmen sein, wenn das *Umtauschverhältnis* bei Ausgabe der neuen Anteile
nicht den Wertverhältnissen zwischen dem übertragenden und übernehmenden Rechtsträger entspricht, sondern zu Lasten der Alt- oder Neugesell-
schafter abweicht. Für die Beurteilung ist nach Ansicht des BFH auf die zivilrechtliche Selbständigkeit der KapG abzustellen, eine wirtschaftliche
Betrachtungsweise mit der Folge einer mittelbaren Zuwendung könne daher nicht erfolgen.[448]

Voraussetzung für eine freigebige Zuwendung ist jeweils ein *Näheverhält-*   *411*
nis zwischen den Anteilseignern der KapG, das einen entsprechenden Zu-
wendungswillen konkludiert. Andernfalls ist ein Zuwendungswille regelmäßig auszuschließen.[449] Das Näheverhältnis kann sich dabei nicht bereits aus
der gemeinsamen Beteiligung an dem betreffenden Rechtsträger ergeben.
Teilweise wird demgegenüber auch eine freigebige Zuwendung des Gesellschafters an die betreffende KapG angenommen, wenn eine Gesellschafter-
leistung über das hinausgeht, was der Beteiligungsquote entspricht. Die
freigebige Zuwendung erfolge zwischen Anteilseigner und KapG.[450]

Im Falle einer *disquotalen Verschmelzung*, bei der die Beteiligungsverhält-   *412*
nisse zwischen den Anteilseignern an dem übertragenden Rechtsträger vor
der Verschmelzung nicht dem Verhältnis zwischen diesen Anteilseignern an
dem übernehmenden Rechtsträger entsprechen, kommt eine freigebige Zuwendung zwischen den Anteilseignern in Betracht.[451] Insofern ist wiederum
ein Näheverhältnis sowie das Vorliegen eines Zuwendungswillens zwischen
den beteiligten Anteilseignern erforderlich.

Der Gesetzgeber hat zwischenzeitlich einen neuen § 7 Abs. 8 ErbStG einge-   *413*
führt, um Schenkungen bei disproportionalen Einlagen in KapG zu erfassen
und Schenkungen zwischen KapG im Konzern zu regeln.[452] Die zivilrechtliche Betrachtungsweise der Rechtsprechung hat in der Praxis zu der Sorge
geführt, dass auch verdeckte Gewinnausschüttungen im Konzern als schen-
kungsteuerbar angesehen werden könnten. § 7 Abs. 8 S. 2 ErbStG stellt
klar, dass solche Vermögensverschiebungen zwischen KapG nur in den dort
definierten Ausnahmefällen als Schenkungen behandelt werden können.
Freigebig sind demnach Zuwendungen zwischen KapG, soweit sie in der
Absicht getätigt werden, Gesellschafter zu bereichern und soweit an diesen
Gesellschaften nicht unmittelbar oder mittelbar dieselben Gesellschafter zu

---

448 BFH vom 09.12.2009, II 28/08, BStBl. II 2010, 566; anders hingegen die Finanz-
    verwaltung in R 18 Abs. 3 ErbStG, dazu auch *Tolksdorf*, DStR 2010, 423; *Benz/*
    Böing, DStR 2010, 1157.
449 *Tolksdorf*, DStR 2010, 423, 425; *Benz/Böing*, DStR 2010, 1157, 1159.
450 *Viskorf*, Anmerkung zum Urteil des BFH vom 15.03.2007, ZEV 2007, 291.
451 BFH vom 12.07.2005, II R 8/04, BStBl. II 2005, 845; BFH vom 24.04.2007, I R 35/
    05, DStR 2007, 1388; ebenso H 18 ErbStR; dazu auch *Tolksdorf*, DStR 2010, 423,
    425.
452 Eingeführt durch das Gesetz zur Umsetzung der Beitreibungsrichtlinie sowie zur
    Änderung steuerlicher Vorschriften (Beitreibungsrichtlinie-Umsetzungsgesetz –
    BeitrRLUmsG) vom 24.12.2008, BStBl. I. 3018; grundlegend dazu *Gebel* in Troll/
    Gebel/Jülicher, ErbStG, § 7 Rdn. 182ff.; *Meincke*, ErbStG, § 7 Rdn. 153ff.; *Korez-*
    kij, DStR 2012, 163ff.

gleichen Anteilen beteiligt sind. Gem. dieser Fiktion können Schenkungen auch durch Verschmelzungen ausgelöst werden, weshalb die Norm bei Restrukturierungen beachtet werden sollte.[453]

---

453 Dazu *Viskorf*, ZEV 2014, 633 ff.

§ 12
Auswirkungen auf den Gewinn der übernehmenden Körperschaft

(1) [1]Die übernehmende Körperschaft hat die auf sie übergegangenen Wirtschaftsgüter mit dem in der steuerlichen Schlussbilanz der übertragenden Körperschaft enthaltenen Wert im Sinne des § 11 zu übernehmen. [2]§ 4 Abs. 1 Satz 2 und 3 gilt entsprechend.

(2) [1]Bei der übernehmenden Körperschaft bleibt ein Gewinn oder ein Verlust in Höhe des Unterschieds zwischen dem Buchwert der Anteile an der übertragenden Körperschaft und dem Wert, mit dem die übergegangenen Wirtschaftsgüter zu übernehmen sind, abzüglich der Kosten für den Vermögensübergang, außer Ansatz. [2]§ 8b des Körperschaftsteuergesetzes ist anzuwenden, soweit der Gewinn im Sinne des Satzes 1 abzüglich der anteilig darauf entfallenden Kosten für den Vermögensübergang, dem Anteil der übernehmenden Körperschaft an der übertragenden Körperschaft entspricht. [3]§ 5 Abs. 1 gilt entsprechend.

(3) Die übernehmende Körperschaft tritt in die steuerliche Rechtsstellung der übertragenden Körperschaft ein; § 4 Abs. 2 und 3 gilt entsprechend.

(4) § 6 gilt sinngemäß für den Teil des Gewinns aus der Vereinigung von Forderungen und Verbindlichkeiten, der der Beteiligung der übernehmenden Körperschaft am Grund- oder Stammkapital der übertragenden Körperschaft entspricht.

(5) Im Falle des Vermögensübergangs in den nicht steuerpflichtigen oder steuerbefreiten Bereich der übernehmenden Körperschaft gilt das in der Steuerbilanz ausgewiesene Eigenkapital abzüglich des Bestands des steuerlichen Einlagekontos im Sinne des § 27 des Körperschaftsteuergesetzes, der sich nach Anwendung des § 29 Abs. 1 des Körperschaftsteuergesetzes ergibt, als Einnahme im Sinne des § 20 Abs. 1 Nr. 1 des Einkommensteuergesetzes.

Inhaltsverzeichnis

Spezialliteratur

Baldamus, Organschaft und Rückwirkung bei Umwandlung, Der Konzern 2003, 813 (816); *Benecke/Beinert*, Internationale Aspekte der Umstrukturierung von Unternehmen, FR 2010, 1120; *Benecke/Schnittger*, Letzte Änderungen der Neuregelungen des UmwStG und der Entstrickungsnormen durch das SEStEG, IStR

2007, 22; *Behrendt/Arjes*, Gewerbesteuerliche Unternehmeridentität bei Verschmelzung von Kapitalgesellschaften, DStR 2008, 811; *Behrendt/Klages*, Verschmelzung in der Krise als Steuerrisiko?, GmbHR 2010, 190; *Behrens*, Strittige Fragen bei § 6a GrEStG – Anmerkungen zum gleich lautenden Ländererlass vom 01. 12. 2010 (BStBl. I 2010, S. 1300), Ubg 2010, 845; *Bien/Wagner*, Die Konzernklausel bei § 8c KStG, BB 2010, 923; *Dörfler/Adrian*, Steuerbilanzpolitik nach BilMoG, Ubg 2009, 385; *Dörfler/Rautenstrauch/Adrian*, Verlustnutzung bei Verschmelzung von Körperschaften vor und nach Änderung des § 12 Abs. 3 UmwStG durch das SEStEG, BB 2006, 1657; *Dötsch*, Aktuelle Entwicklungen bei der ertragsteuerlichen Organschaft:insbes. Gesetzesänderungen, Rechtsprechung, BMF-Einführungsschreiben, Der Konzern 2003, 21; *Dötsch*, Umwandlungen und Organschaft, Ubg 2011, 20; *Dötsch/Pung*, § 8b Abs. 1 bis 6 KStG: Das Einführungsschreiben des Bundesfinanzministeriums, DB 2003, 1016; *Dötsch/Pung*, Das EuGH-Urteil in der Rs. SEVIC: Mögliche Auswirkungen auf das Umwandlungssteuerrecht, Der Konzern 2006, 258; *Dötsch/van Lishaut/Wochinger*, Der neue Umwandlungssteuererlaß, DB Beilage 7/1998, 10; *Förster/Felchner*, Umwandlung von Kapitalgesellschaften in Personengesellschaften nach dem Referentenentwurf zum SEStEG, DB 2006, 1072; *Förster/van Lishaut*, Steuerliche Folgen der Umwandlung einer Kapitalgesellschaft in ein Personenunternehmen nach neuem Umwandlungssteuerrecht, FR 2000, 1189; *Hageböke*, Sind alle Umwandlungen „Veräußerungen"? – Kritische Anmerkungen zur neueren Ausgangsthese der Finanzverwaltung im UmwStEE, Ubg 2011, 689; *Hagemann/Jakob/Ropohl/Viebrock* , SEStEG: Das neue Konzept der Verstrickung und Entstrickung sowie die Neufassung des Umwandlungssteuergesetzes, NWB-Sonderheft 1/2007; *Hannes/Odernka/von Oertzen*, ZEV-Report Gesellschaftsrecht/Unternehmensnachfolge, ZEV 2010, 137; *Haritz*, Neuer Umwandlungssteuererlass in Vorbereitung, GmbHR 2009, 1194; *Haßa/Gosmann*, Zweifelsfragen zu Konzernklausel und Verschonungsregel des § 8c KStG, DB 2010, 1198; *Heinsen/Benzler*, Umwandlung und Organschaft, Ubg 2011, 442; *Henerichs/Stedje*, Die ertragsteuerliche Behandlung von Grunderwerbsteuern bei „fiktiven" Grundstückserwerben nach § 1 Abs. 2 a GrEStG, FR 2011, 890; *Herlinghaus*, Ausgewählte Praxisprobleme im Schnittpunkt von Umwandlung und ertragsteuerlicher Organschaft, FR 2004, 974; *Honert/Geimer*, Aufgabe des umwandlungssteuerlichen Maßgeblichkeitsgrundsatzes durch das SEStEG, EStB 2007, 424; *Käshammer/Schaden*, Zurechnung von Übertragungsgewinnen bei Umwandlung einer Organgesellschaft zum Organträger, Ubg 2011, 244; *Kempf/Zipfel*, Offene Fragen der Einkommenszurechnung bei abweichendem Wirtschaftsjahr im Organkreis, DStR 2005, 1301; *Kessler/Saavedra-Olarte*, Niemals geht man so ganz? – Schiksal der Verlustvorträge beim Untergang einer ausländischen Tochtergesellschaft, DB 2006, 2364; *Klingberg/Nitzschke*, Grenzüberschreitende Umwandlungen am Beispiel grenzüberschreitender Umwandlungen, Ubg 2011, 451; *Körner*, Anmerkungen zum SEStEG-Entwurf vom 21. 04. 2006, IStR 2006, 470; *Körner*, Auf- und Umbau von Holdingstrukturen, IStR 2009, 1; *Körner*, Ent- und Verstrickung, IStR 2009, 741; *Krohn/Greulich*, Ausgewählte Einzelprobleme des neuen Umwandlungssteuerrechts aus der Praxis, DStR 2008, 646; *Kußmaul/Richter*, Die Behandlung von Verschmelzungsdifferenzbeträgen nach UmwG und UmwStG, GmbHR 2004, 701; *Lemaitre/Schönherr*, Die Umwandlung von Kapitalgesellschaften in Personengesellschaften durch Verschmelzung und Formwechsel nach der Neufassung des UmwStG durch das SEStEG, GmbHR 2007, 173; *Ley/Bodden*, Verschmelzung und Spaltung von inländischen Kapitalgesellschaften nach dem SEStEG (§§ 11–15 UmwStG n. F.), FR 2007, 265; *Lüdicke/Kempf/Brink*, Verluste im Steuerrecht, 2010, Schriften des Interdisziplinären Zentrums für Internationales Finanz- und Steuerwesen – International Tax Institute –

der Universität Hamburg; *Lüdicke/Schnitger,* Ausweitungen des § 6a GrEStG auf Umwandlungen in DBA-Drittstaaten, IStR 2011, 1005; *Maiterth/Müller,* Abschaffung der Verlustübernahme bei Verschmelzung von Körperschaften – steuersystematisch geboten oder fiskalisch motiviert?, DStR 2006, 1861; *Mensching/ Tyarks,* Grunderwerbsteuerrechtliche Einführung einer Konzernklausel durch das Wachstumsbeschleunigungsgesetz, BB 2010, 87; *Mühle,* Steuerliche Behandlung von Umwandlungskosten bei Unternehmenstransaktionen, DStZ 2006, 63; *Müller,* Auswirkungen von Umstrukturierungen nach Umwandlungsgesetz auf Beherrschungsverträge und Gewinnabführungsverträge, BB 2002, 157; *Neyer,* Die Konzernklausel für den Verlustabzug – Problembereiche der Verschonungsregel des § 8c Abs. 1 S. 5 KStG, GmbHR 2010, 1132; *Oenings,* Gewerbesteuerliche Verlustverrechnung – Unternehmeridentität i.S.d. § 10 a GewStG bei atypisch stiller Gesellschaft, DStR 2008, 279; *Ott,* Überblick über die Änderung im Körperschaft- und Umwandlungssteuerrecht durch das SEStEG, INF StW 2007, 97; *Perwein,* Übernahmegewinn bei nicht 100 %iger Beteiligung der übernehmenden Körperschaft und alt-einbringungsgeborene Anteile, GmbHR 2008, 747; *Rödder,* Umwandlungen und Organschaft – Kritische Anmerkungen zu den Org.-Textziffern des UmwSt-Erlass-Entwurfs vom 02.05.2011, DStR 2011, 1053; *Rödder/Schumacher,* Das BMF-Schreiben zu § 8b KStG, DStR 2003, 909; *Rödder/ Schumacher,* Das kommende SEStEG – Teil I: Die geplanten Änderungen des EStG, KStG und AStG – Der Regierungsentwurf eines Gesetzes über steuerliche Begleitmaßnahmen zur Einführung der Europäischen Gesellschaft und zur Änderung weiterer steuerrechtlicher Vorschriften, DStR 2006, 1481; *Rödder/Schumacher,* Das kommende SEStEG – Teil II: Die geplanten Änderungen des EStG, KStG und AStG – Der Regierungsentwurf eines Gesetzes über steuerliche Begleitmaßnahmen zur Einführung der Europäischen Gesellschaft und zur Änderung weiterer steuerrechtlicher Vorschriften, DStR 2006, 1525; *Roser/Haupt,* (Außer-)Bilanzieller Korrekturposten als Mittel der teleologischen Gesetzesanwendung des § 8b Abs. 2 KStG, DStR 2009, 1677; *Schaflitzl/Widmayer,* Die Besteuerung von Umwandlungen nach dem Regierungsentwurf des SEStEG, BB-Special 8/2006, 36; *Schell,* Kapitalertragsteuerpflicht bei grenzüberschreitender Verschmelzung einer deutschen Kapitalgesellschaft auf eine EU/EWR-Kapitalgesellschaft?, IStR 2008, 397; *Schießl,* Verschmelzung von Kapitalgesellschaften, StuB 2009, 460; *Schmidt,* Grunderwerbsteuer – quo vadis?, DB 1999, 1872; *Schönfeld,* Ausgewählte internationale Aspekte des neuen Umwandlungssteuererlasses, IStR 2011, 497; *Schultz,* Steuern und Recht 3/2009, 97; *Schumacher,* Umwandlungssteuerrecht und Organschaft zum übernehmenden Rechtsträger – Zugleich Anmerkung zur Verfügung der OFD Frankfurt/M. vom 21.11.2005, DStR 2006, 124; *Schumacher/Neitz-Hackstein,* Verschmelzung und Spaltung zwischen inländischen Kapitalgesellschaften, Ubg 2011, 409; *Sistermann/Brinkmann,* Wachstumsbeschleunigungsgesetz: Die Änderungen bei der Mantelkaufregelung, DStR 2009, 2633; *Steuerrechtsausschuss des Deutschen Anwaltsvereins,* Stellungnahme zum Gesetz über die steuerlichen Begleitmaßnahmen zur Einführung der europäischen Gesellschaft und zur Änderung weiterer steuerrechtlicher Vorschriften SEStEG), NZG 2006, 819; *Teiche,* Maßgeblichkeit bei Umwandlungen – trotz SEStEG?, DStR 2008, 1757; *Thümmel/Hack,* Die grenzüberschreitende Verschmelzung von Personengesellschaften, Der Konzern 2009, 1; *Trossen,* Aufgabe der Maßbeglichkeit bei Umwandlungsvorgängen, FR 2006, 617; *Viebrock/Hagemann,* Verschmelzung mit grenzüberschreitendem Bezug, FR 2009, 737; *Vogel,* Zweifelsfragen der Organschaf tin Umwandlungsfällen, Ubg 2010, 618; *Vogel,* Geklärte, ungeklärte und neue Fragen im Problemkreis von Umwandlung und Organschaft, DB 2011, 1239; *Werra/Teiche,* Das SEStBeglG aus der Sicht international tätiger Unternehmen, DB 2006, 1455; *Zieren/Adrian*, Die „Zuschreibungs-Falle", DB 2006, 299.

A. Einführung

I. Prinzipien des Umwandlungssteuerrechts

1 Das am 13. 12. 2006 in Kraft getretene UmwStG i. d. F. des SEStEG[1] verfolgt das Ziel, allgemeine ertragsteuerliche Grundsätze der Gewinnrealisation zu überlagern und die Übertragung von steuerverstrickten Wirtschaftsgütern im Wege der steuerlichen Rechtsnachfolge zu vollziehen. Sofern die jeweiligen Voraussetzungen erfüllt sind, wird die Besteuerung der stillen Reserven auf Ebene des übertragenden Rechtsträgers auf einen in der Zukunft liegenden Zeitpunkt verschoben.[2] Der übernehmende Rechtsträger tritt regelmäßig in die steuerliche Rechtsnachfolge des übertragenden Rechtsträgers ein. Grds. soll es hierbei weder auf Ebene der beteiligten Rechtsträger noch auf Ebene der Gesellschafter zu einer ertragsteuerpflichtigen Gewinnrealisierung kommen. Dieses Grundprinzip ergibt sich aus der FusionsRL[3] und setzt regelmäßig voraus, dass das Besteuerungsrechts Deutschlands an im Inland steuerverstrickten Wirtschaftsgütern nach der Umstrukturierung weder ausgeschlossen noch beschränkt wird.[4] Hierdurch sichert sich Deutschland trotz möglicher Ertragsteuerneutralität der Umstrukturierung das zukünftige Besteuerungsrecht an den durch die Umwandlung auf eine andere Körperschaft übertragenen stillen Reserven.

2 Durch die Neufassung des (dritten Teils des) UmwStG durch das SEStEG wird der Anwendungsbereich der §§ 11 bis 13 erstmals auch auf grenzüberschreitende bzw. vergleichbare ausländische Übertragungsvorgänge erweitert. Demnach erfassen die §§ 11 bis 13 die steuerlichen Konsequenzen von Verschmelzungen nach dem UmwG sowie vergleichbarer ausländischer Vorgänge, sofern die beteiligten Körperschaften nach den Rechtsvorschriften eines Mitgliedsstaates der Europäischen Union oder eines Staates, auf den das Abkommen über den Europäischen Wirtschaftsraum Anwendung findet, gegründet wurden.[5] Die steuerlichen Folgen der Gründung einer SE durch Verschmelzung[6] bzw. die Gründung einer SCE durch Verschmelzung[7]

---

1 Das Gesetz wurde als Art. 6 des Gesetzes über steuerliche Begleitmaßnahmen zur Einführung der Europäischen Gesellschaft und zur Änderung weiterer steuerlicher Vorschriften vom 07. 12. 2006 (SEStEG), BGBl. I 2006, 2782, vom Bundestag mit Zustimmung des Bundesrates erlassen. Es ist gem. Art. 14 dieses Gesetzes am 13. 12. 2006 in Kraft getreten.
2 BT-Drs. 12/6885, 14.
3 Richtlinie 90/434/EWG, ABl. 1990, L 225/1-5, zuletzt geändert durch 2005/19/EG vom 17. 02. 2005, ABl. 2005, L 58/19.
4 *Schmitt* in Schmitt/Hörtnagl/Stratz, Vor §§ 11–13, Rdn. 2.
5 Erforderlich sind gegründete Gesellschaften i. S. d. Art. 48 des Vertrags zur Gründung der europäischen Gemeinschaft oder des Art. 34 des Abkommens über den europäischen Wirtschaftsraum.
6 Gem. Art. 17 der Verordnung (EG) Nr. 2157/2001, im Folgenden auch SE-VO.
7 Gem. Art. 19 der Verordnung (EG) Nr. 1435/2003, im Folgenden auch SCE-VO.

werden ebenso wie die Vermögensübertragung (Vollübertragung) von Körperschaften[8] von den Vorschriften der §§ 11–13 erfasst.

II. Bedeutung der Vorschriften §§ 11–13

§ 11 erfasst die steuerlichen Auswirkungen auf Ebene der *übertragenden Körperschaft*.[9] § 11 Abs. 1 S. 1 sieht für die übertragende KapG grds. vor, dass die übergehenden Wirtschaftsgüter in der Schlussbilanz der übertragenden KapG mit dem gemeinen Wert anzusetzen sind. Die Aufdeckung der stillen Reserven umfasst hierbei auch nicht entgeltlich erworbene und selbstgeschaffene „immaterielle" Wirtschaftsgüter.[10] Pensionsrückstellungen sollen nach dem Willen des Gesetzgebers hingegen mit dem steuerlichen Wert des § 6a EStG anzusetzen sein.[11] Durch den Ansatz der gemeinen Werte entsteht auf Ebene der übertragenden KapG regelmäßig ein Übertragungsgewinn, der der allgemeinen Besteuerungssystematik, d. h. der Besteuerung mit Körperschaft- und Gewerbesteuer unterliegt. Auf Antrag besteht für die übertragende KapG unter der Voraussetzung des § 11 Abs. 2 das Wahlrecht, die übergehenden Wirtschaftsgüter in der steuerlichen Schlussbilanz einheitlich mit dem Buchwert oder einem Zwischenwert, maximal mit dem gemeinen Wert ansetzen. § 11 Abs. 2 S. 1 setzt hierbei voraus, dass

– sichergestellt ist, dass die stillen Reserven später bei der übernehmenden KapG der Besteuerung mit Körperschaftsteuer unterliegen (§ 11 Abs. 2 S. 1 Nr. 1) und

– das Recht der Bundesrepublik Deutschland hinsichtlich der Besteuerung des Gewinns aus der Veräußerung der übertragenen Wirtschaftsgüter bei der übernehmenden KapG nicht ausgeschlossen oder beschränkt wird (§ 11 Abs. 2 S. 1 Nr. 2) und

– eine Gegenleistung nicht gewährt wird oder in Gesellschaftsrechten besteht (§ 11 Abs. 2 S. 1 Nr. 3).

Durch das Einreichen der entsprechenden steuerlichen Schlussbilanz – nach Auffassung der Finanzverwaltung ist die Einreichung eines bedingungsfeindlichen und unwiderruflichen formlosen Antrags erforderlich[12] – kann die Buchwertfortführung sichergestellt werden.[13] Regelmäßig erfolgt die Aufdeckung stiller Reserven durch Ansatz eines über dem Buchwert der übertragenden Wirtschaftsgüter liegenden Werts nur, um steuerliche Verlustpositionen auf Ebene der übertragenden KapG zu nutzen. Sofern die übertragende KapG beispielsweise über laufende Verluste oder einen festgestellten Verlustvortrag verfügt, besteht durch die (teilweise) Aufdeckung stiller Reserven in der steuerlichen Schlussbilanz der übertragenden KapG letztmalig die Möglichkeit der Nutzung der Verlustpositionen.

3

4

---

8 Vgl. §§ 1 Abs. 1 Nr. 1 sowie Nr. 2 und §§ 11 ff. UmwStG.
9 Im Folgenden auch nur als KapG benannt; vgl. auch Rdn. 29.
10 Vgl. Gesetzesbegründung vom 09.11.2006 zu § 11 Abs. 1, BT-Drs. 16/3369, 40.
11 Zur Kritik an dieser Regelung vgl. *Ley/Bodden*, FR 2007, 265, 268.
12 Tz. 11.12 i. V. m. Tz. 03.29 UmwStE 2011.
13 Vgl. Gesetzesbegründung vom 25.09.2006 zu § 3 Abs. 2 UmwStG, BT-Drs. 16/2710, 37. *Lemaitre/Schönherr*, GmbHR 2007, 459, 463 raten zur Vermeidung von Risiken dazu, neben der Einreichung der Steuererklärung zusätzlich einen formlosen Antrag zu stellen.

5 § 12 regelt die steuerlichen Konsequenzen der Verschmelzung von KapG, vergleichbarer ausländischer Rechtsvorgänge oder Fälle der Vermögensübertragung für die übernehmende KapG. Neben der steuerlichen Rechtsnachfolge der übernehmenden KapG stellt die Ermittlung und Besteuerung des Übernahmeergebnisses den zentralen Regelungsbereich des § 12 dar.

6 Gem. § 12 Abs. 2 bleibt ein Übernahmeergebnis außer Ansatz. Ein Übernahmegewinn bleibt unter Anwendung des § 8b KStG steuerfrei. Hierdurch wird vermieden, dass neben die Besteuerung des Gewinns der übertragenden KapG zusätzlich eine Besteuerung der in den untergehenden Anteilen an dieser KapG ruhenden stillen Reserven tritt.[14]

7 Die steuerliche Rückwirkung nach § 2 Abs. 1 findet auf § 12 Anwendung. Das Einkommen und das Vermögen der übernehmenden KapG sind so zu ermitteln, als ob das Vermögen der übertragenden KapG mit Ablauf des steuerlichen Übertragungsstichtags auf die übernehmende KapG übergegangen wäre.[15] Der Anmeldung zum Handelsregister ist eine (Schluss-)Bilanz der übertragenden KapG beizufügen gem. § 17 Abs. 2 S. 1 UmwG, die auf einen Stichtag aufgestellt sein muss, der höchstens acht Monate vor dem Tag der Anmeldung liegt, § 17 Abs. 2 S. 4 UmwG. Ist dies geschehen, so sind gem. § 2 Abs. 1 UmwStG sowohl das Einkommen und das Vermögen als auch die Bemessungsgrundlagen der Gewerbesteuer bei der übertragenden KapG und bei der Übernehmerin so zu ermitteln, als ob das Vermögen der übertragenden KapG mit Ablauf des steuerlichen Übertragungsstichtags auf die Übernehmerin übergegangen wäre.

8 Die übernehmende KapG hat die auf sie übertragenen Wirtschaftsgüter nach § 12 Abs. 1 S. 1 mit den in der steuerlichen Schlussbilanz der übertragenen Körperschaft enthaltenen Wertansätzen zu übernehmen (Wertverknüpfung).

9 Sofern die Übernehmende an der übertragenden KapG beteiligt war und sie in der Vergangenheit steuerwirksame Teilwertabschreibungen auf die Anteile vorgenommen hat, die bis zum letzten Bilanzstichtag der übernehmenden Muttergesellschaft nach § 6 Abs. 1 Nr. 1 S. 4, Nr. 2 S. 3 EStG nicht rückgängig gemacht worden sind, eine Rücklage nach § 6b EStG oder ähnliche Abzüge geltend gemacht hat, ist – vergleichbar zur Regelung des § 11 Abs. 2 UmwStG – eine Wertaufholung in den Anteilen der übernehmenden an der übertragenden KapG vorzunehmen. Diese sog. erweiterte Wertaufholung i.S.v. § 12 Abs. 1 S. 2 i.V.m. § 4 Abs. 1 S. 2 ist auf den gemeinen Wert der Anteile zum Zeitpunkt der Verschmelzung begrenzt. Durch die Vorschrift des § 12 Abs. 1 S. 2 i.V.m. § 4 Abs. 1 S. 2 werden stille Reserven in den Anteilen an der übertragenden KapG besteuert, soweit die tatsächlichen Anschaffungskosten höher sind als der Buchwert der Anteile zum Zeitpunkt der Verschmelzung.[16]

10 Ein Übernahmeergebnis kann sich ergeben, wenn und soweit die übernehmende KapG an der übertragenden KapG beteiligt ist und sich aufgrund der

---

14 BT-Drs. 12/6885, 21.
15 Eingehend dazu unter § 2.
16 *Klingberg* in Blümich, § 12 Rdn. 9.

Übernahme der Wirtschaftsgüter unter Wegfall der zuvor bestehenden Beteiligung ein Saldo ergibt. Dieses Übernahmeergebnis bleibt bei der übernehmenden KapG grds. außer Ansatz, vgl. § 12 Abs. 2 S. 1. Gem. § 19 Abs. 1 gilt dies auch für gewerbesteuerliche Zwecke. Soweit ein entstehender Übernahmegewinn dem Anteil der übernehmenden KapG an der übertragenden KapG entspricht, sind auf den Übernahmegewinn die Regelungen des § 8b KStG anzuwenden, vgl. § 12 Abs. 2 S. 2.

Die übernehmende KapG tritt im Rahmen der Verschmelzung oder Vermögensübertragung nach § 12 Abs. 3 i.V.m. § 4 Abs. 2 und 3 in die steuerliche Rechtsstellung der übertragenden KapG ein (steuerliche Rechtsnachfolge; sogenannte Fußstapfentheorie). Steuerliche Verlustpositionen der übertragenden KapG gehen gem. § 12 Abs. 3 i.V.m. § 4 Abs. 2 S. 2 nicht mehr auf die übernehmende KapG über.   *11*

Steuerpflichtige Gewinne können auf Ebene der übernehmenden KapG bei einer Verschmelzung auch durch die Vereinigung von Forderungen und Verbindlichkeiten entstehen. Ein derartiger Übernahmefolgegewinn entsteht, sofern zwischen den an der Umwandlung beteiligten KapG die Forderung mit einem niedrigeren Wert bilanziert wurde als die korrespondierende Verbindlichkeit. Der Übernahmefolgegewinn unterliegt der Körperschaft- und der Gewerbesteuer, vgl. § 12 Abs. 4 i.V.m. § 6, § 19 Abs. 1.   *12*

Gem. § 12 Abs. 5 wird neben den bereits benannten steuerlichen Folgen des § 12 bei Verschmelzungen auf einen nicht steuerpflichtigen bzw. einen steuerbefreiten übernehmenden Rechtsträger eine Ausschüttung der offenen Rücklagen fingiert.   *13*

§ 13 regelt die Besteuerung der Anteilseigner an der übertragenden KapG. Die Vorschrift gilt – ebenso wie §§ 11 und 12 – für Verschmelzungen und Vermögensübertragungen innerhalb der EU/EWR. Unter den Voraussetzungen des § 12 Abs. 2 KStG[17] gilt die Vorschrift des § 13 für die Gesellschafter der übertragenden Körperschaft sogar weltweit.   *14*

Gem. § 13 Abs. 1 gelten die Anteile der Gesellschafter an der übertragenden KapG als mit dem gemeinen Wert veräußert und die neu erhaltenen Anteile an der übernehmenden KapG als mit diesem Wert angeschafft. Es kommt zur Aufdeckung der stillen Reserven. Auf Antrag kann unter den Voraussetzungen des § 13 Abs. 2 der Buchwert fortgeführt werden, wenn das Besteuerungsrecht Deutschlands an den Anteilen der übernehmenden KapG nicht ausgeschlossen oder beschränkt wird oder Art. 8 der FusionsRL anzuwenden ist. Gleiches gilt, wenn die Anteile nicht im Betriebs- sondern Privatvermögen gehalten werden, vgl. § 13 Abs. 2 S. 3 sowie § 20 Abs. 4a EStG. In den Fällen der Buchwertfortführung treten die Anteile an der übernehmenden KapG in die Rechtsstellung der untergegangenen Anteile an der übertragenden KapG.   *15*

---

17 § 12 Abs. 2 KStG erfasst Drittstaatenverschmelzungen innerhalb eines Drittstaates.

III. Einordnung der Verschmelzung nach allgemeinen ertragsteuerlichen Grundsätzen

16 Als ungeklärt dürfte die Frage bezeichnet werden, wie Verschmelzungsvorgänge nach allgemeinen Grundsätzen zu behandeln wären. Zumindest nach Auffassung der Finanzverwaltung soll es sich um Veräußerungs- und Anschaffungsvorgänge handeln.[18] Die bisherige Rechtsprechung des BFH ist hingegen weniger deutlich. Es handelt sich demnach entweder um tauschähnliche Vorgänge[19] oder Veräußerungs- und Anschaffungsvorgänge.[20]

17 Bedeutung dürfte diese Frage insbesondere hinsichtlich

– der Wertverknüpfung,

– der steuerlichen Bilanzansätze auf Ebene der übernehmenden KapG, insbesondere für die der Umwandlung nachfolgenden Bilanzstichtag,

– Haltefristen (bspw. für Zulagen oder bei einbringungsgeborenen Anteilen nach § 21 UmwStG a.F.) sowie

– im Zusammenhang mit organschaftlichen Ausgleichsposten haben.

IV. Anwendungsbereich

1. Zeitlicher Anwendungsbereich

18 § 12 i.d.F. des SEStEG[21] ist auf Verschmelzungen und Vermögensübertragungen (Vollübertragungen) anzuwenden, bei denen die Anmeldung zur Eintragung der Umwandlung in das jeweils zuständige öffentliche Register nach dem 12.12.2006 erfolgt ist.[22]

19 Gem. § 27 Abs. 2 ist das UmwStG i.d.F. der Bekanntmachung vom 15.10. 2002[23] (UmwStG 1995) letztmals auf den Übergang von Vermögen anzuwenden, der auf Rechtsakten beruht, die vor dem 01.01.1995 wirksam werden. Das UmwStG 1995 ist durch die Neufassung des UmwStG durch das SEStEG (UmwStG 2006) nicht aufgehoben worden, sondern weiterhin anzuwenden, vgl. Tz. 00.01 des UmwStE 2011. Insbesondere die Vorschriften zu einbringungsgeborenen Anteilen i.S.d. § 21 UmwStG 1995 sowie zum rückwirkenden Wegfall von Steuererleichterungen nach § 26 UmwStG 1995 sind weiterhin von Bedeutung.

2. Sachlicher und persönlicher Anwendungsbereich

20 Der Anwendungsbereich von § 12 wird sachlich (§ 1 Abs. 1 Nr. 1 und Nr. 4) und persönlich (§ 1 Abs. 2 S. 1 Nr. 1 und S. 2) begrenzt. § 12 ergänzt § 11.

---

18 Tz. 00.02 UmwStE 2011.
19 BFH vom 16.05.2002, III R 45/98, BStBl. II 2003, 10; BFH vom 15.10.1997, I R 22/96, BStBl. II 1998, 168; BFH vom 17.09.2003, I R 97/02, BStBl. II 2004, 686.
20 BFH vom 23.01.2002, XI R 48/99, BStBl. II 2002, 993; vgl. *Hageböke*, Ubg 2011, 689 ff.
21 Unter Berücksichtigung der hiernach ergangenen weiteren Änderungen des UmwStG.
22 § 27 Abs. 1 S. 1.
23 BGBl. I 2002, 4133; Anlage berichtigt durch BGBl. I 2003, 738.

Die §§ 11–13 sind sowohl auf Aufwärtsverschmelzungen[24], auf Abwärtsverschmelzungen[25] als auch auf Seitwärtsverschmelzungen[26] anzuwenden.[27]

a) Verschmelzungen

Nach § 1 Abs. 1 Nr. 1 ist der sachliche Anwendungsbereich des § 12 eröff-   *21*
net, sofern es sich um eine Verschmelzung von Körperschaften gem. § 2
UmwG, einen vergleichbaren ausländischen Vorgang oder die Gründung einer SE oder SCE durch Verschmelzung handelt.[28]
Das UmwG stellt die zivilrechtliche Grundlage für Inlandsverschmelzungen
dar.[29]

Die Verschmelzung bewirkt, dass das gesamte Vermögen einer oder mehre-   *22*
rer Körperschaften im Wege der Gesamtrechtsnachfolge auf eine andere
Körperschaft übertragen wird.[30] Gem. § 2 UmwG kann eine Verschmelzung
entweder zur Aufnahme auf eine bestehende Körperschaft oder zur Neugründung vorgenommen werden.[31] Die Verschmelzung zur Aufnahme
zeichnet sich dadurch aus, dass das gesamte Vermögen eines Rechtsträgers
oder mehrerer Rechtsträger in einem Akt auf einen (einzigen) bestehenden
Rechtsträger übergeht. Bei der Verschmelzung zur Neugründung wird ein
neues Unternehmen durch den Vermögensübergang im Wege der Gesamtrechtsnachfolge gegründet.

Charakteristisch für die Verschmelzung ist, dass es hierdurch zu einer Ver-   *23*
einigung eines oder mehrerer Rechtsträger kommt und sämtliche Aktiva
und Passiva im Wege der Gesamtrechtsnachfolge auf den übernehmenden
Rechtsträger übergehen.

Die Gesellschafter erhalten im Gegenzug für die Hingabe der Anteile an der   *24*
übertragenden Körperschaft regelmäßig Anteile an der übernehmenden
Körperschaft.[32] Ausnahmen von diesem Grundsatz können sich aus § 54
UmwG ergeben.[33] Durch das Zweite Gesetz zur Änderung des UmwG vom
19.04.2007[34] kann der übernehmende Rechtsträger auch in allen übrigen
Fällen von der Gewährung von Geschäftsanteilen absehen, wenn alle

---

24 Auch als Upstream-Verschmelzung oder Upstream-Merger bezeichnet.
25 Auch als Downstream-Verschmelzung oder Down-Stream-Merger bezeichnet.
26 Auch als Sidestep-Verschmelzung oder Sidestep-Merger bezeichnet.
27 Tz. 11.01 UmwStE 2011.
28 Tz. 01.03 ff. UmwStE 2011.
29 Tz. 01.10 UmwStE 2011 zu den verschiedenen Möglichkeiten der Verschmelzung
   nach UmwG. Verschmelzungen sind im zweiten Buch des UmwG geregelt, vgl.
   §§ 2–1221 UmwG. Im ersten Teil des zweiten Buchs, §§ 2–38 UmwG, finden sich
   die für alle Verschmelzungsarten geltenden Regelungen. Der zweite Teil des zweiten Buchs, §§ 39–1221 UmwG, regelt die jeweiligen Verschmelzungsarten sowie
   die für die unterschiedlichen teilnehmenden Rechtsträger geltenden besonderen
   Bestimmungen.
30 Tz. 01.08 UmwStE 2011.
31 Die §§ 11–13 UmwStG gelten unabhängig vom Umwandlungsvorgang zur Aufnahme oder Neugründung.
32 Tz. 01.08 UmwStE 2011.
33 Tz. 01.09 UmwStE 2011.
34 BGBl. I 2007, 542.

Gesellschafter eines übertragenden Rechtsträgers darauf verzichten.[35] Die übertragende Körperschaft geht ohne Abwicklung unter.[36]

25 Verschmelzungen nach ausländischem Recht sowie Verschmelzungen zum Zwecke der Gründung einer SE bzw. SCE gewinnen zunehmend an Bedeutung. Während die Voraussetzungen der Verschmelzung zum Zwecke der Gründung einer SE oder SCE durch die Verweise auf Art. 17 der SE-VO bzw. durch Art. 19 der SCE-VO in § 1 Abs. 1 S. 1 Nr. 1 eindeutig geregelt sind[37], bereitet die Anwendung des Umwandlungssteuerrechts auf ausländische Verschmelzungen regelmäßig Probleme. Die Vergleichbarkeit einer ausländischen Verschmelzung mit einer inländischen Verschmelzung soll nach Auffassung der Finanzverwaltung nach den in den Tz. 01.20 ff. UmwStE 2011 beschriebene Prüfschemen erfolgen.

26 Beteiligt an der Verschmelzung sind grds. nur Rechtsträger mit statuarischem Sitz im Inland, § 1 Abs. 1 UmwG. Mit Umsetzung der VerschmelzungsRL[38] sind (spätestens) ab dem 25.04.2007 auch grenzüberschreitende Verschmelzungen möglich. Der Anwendungsbereich beschränkt sich in diesen Fällen (derzeit) auf europäische KapG und ausschließlich auf die Umwandlung in der Form der Verschmelzung.[39] Handelsrechtliche Regelungen zu grenzüberschreitenden Verschmelzungen anderer Gesellschaften sowie zur grenzüberschreitenden Spaltungen fehlen derzeit.[40] Die grenzüberschreitende Verschmelzung von KapG erfordert, dass sämtliche beteiligte Rechtsträger nach dem Recht eines Mitgliedstaats der EU/EWR gegründet worden sind und ihren satzungsmäßigen Sitz, ihre Hauptverwaltung oder ihre Hauptniederlassung in einem Mitgliedsstaat der Europäischen Union oder in einem anderen Vertragsstaat über den europäischen Wirtschaftsraum haben.[41] Somit sind in Drittstaaten gegründete Gesellschaften von der grenzüberschreitenden Verschmelzung ausgeschlossen, selbst wenn sie über einen Verwaltungssitz innerhalb der EU verfügen.[42]

27 § 12 regelt die ertragsteuerlichen Auswirkungen auf Ebene der übernehmenden KapG bei der Verschmelzung von (einer) KapG(en) auf eine andere KapG. Gem. § 1 Abs. 1 S. 1 Nr. 1 ist § 12 bei Verschmelzungen von einer Körperschaft nach § 2 UmwG, bei vergleichbaren ausländischen (Verschmelzungs-)Vorgängen auf eine andere Körperschaft sowie nach § 1

---

35 Die Verzichtserklärungen sind notariell zu beurkunden, vgl. §§ 54 Abs. 1 S. 3 und 68 Abs. 1 S. 3 UmwG.
36 Tz. 01.08 UmwStE 2011.
37 Tz. 01.42 UmwStE 2011.
38 EU-RL über die Verschmelzung von Kapitalgesellschaften vom 26.10.2005, ABl. EU Nr. L 310,1.
39 Vgl. § 122b UmwG.
40 Siehe weitere Anmerkungen hierzu bei *Klingberg/Nitzschke*, Ubg 2011, 451 sowie die umfangreiche Diskussion in der Literatur zu den europarechtlichen Bedenken der Begrenzung der grenzüberschreitenden Umwandlungen auf Verschmelzungen von Körperschaften, vgl. bspw. *Thümmel/Hack*, Der Konzern 2009, 1 (3); *Hahn* in PricewaterhouseCoopers AG, Reform des Umwandlungssteuerrechts, Rdn. 819.
41 Vgl. § 122b Abs. 1 UmwG.
42 *Hörtnagl* in Schmitt/Hörtnagl/Stratz, § 122b UmwG Rdn. 8 ff.

Abs. 1 S. 1 Nr. 4 für die Vermögensübertragung in Form der Vollübertragung nach §§ 174 Abs. 1, 175 UmwG anzuwenden.

Als übernehmende KapG kommen folgende inländische Körperschaften in 28 Betracht: KapG in der Form der GmbH und AG, SE[43], Idealvereine, eingetragene Genossenschaften, SCE[44], genossenschaftliche Prüfungsverbände und Versicherungsvereine auf Gegenseitigkeit (VVaG). Als übernehmende Rechtsträger kommen aber auch ausländische Rechtsträger[45] innerhalb der EU/EWR in Betracht, soweit als Folge der Verschmelzung im Inland steuerpflichtiges Vermögen auf die inländische Betriebsstätte der Übernehmerin entfällt.

Hinsichtlich der weiteren Einzelheiten des sachlichen und persönlichen An- 29 wendungsbereichs der Vorschriften des § 12 vgl. die ausführliche Kommentierung hierzu zu § 1.

b) Vermögensübertragungen (Vollübertragung)

Die Vermögensübertragung (Vollübertragung)[46] stellt eine besondere Form 30 der Umwandlung dar, deren Anwendungsbereich durch die §§ 174 ff. UmwG begrenzt wird. Die Vermögensübertragung im Wege einer Vollübertragung führt – ähnlich einer Verschmelzung – dazu, dass ein übertragender Rechtsträger sein Vermögen als Ganzes im Wege der Gesamtrechtsnachfolge auf einen bestehenden Rechtsträger überträgt. Die Gewährung einer Gegenleistung ist ebenso vorgesehen, diese kann jedoch nicht in Anteilen oder Mitgliedschaften bestehen.[47]

Die Vermögensübertragung ist nur möglich zwischen den folgenden 31 Rechtsträgern:

- von einer KapG auf den Bund, ein Land, eine Gebietskörperschaft oder einen Zusammenschluss von Gebietskörperschaften;
- von einer Versicherungs-Aktiengesellschaft auf Versicherungsvereine auf Gegenseitigkeit oder auf öffentlich-rechtliche Versicherungsunternehmen;
- von einem Versicherungsverein auf Gegenseitigkeit auf Versicherungs-Aktiengesellschaften oder auf öffentlich-rechtliche Versicherungsunternehmen oder
- von einem öffentlich-rechtlichen Versicherungsunternehmen auf Versicherungs-Aktiengesellschaften oder auf Versicherungsvereine auf Gegenseitigkeit.

---

43 Voraussetzung ist bei den europäischen Aktiengesellschaften (SE), dass sie Sitz oder Geschäftsleitung im Inland haben.
44 Voraussetzung ist bei den europäischen Genossenschaften (SCE), dass sie Sitz oder Geschäftsleitung im Inland haben.
45 Vgl. hierzu aber Art. 3 der FusionsRL (RL 90/434/EWG, 2005/19/EG) sowie den dazugehörigen Anhang der in Frage kommenden Körperschaften der jeweils beteiligten EU/EWR-Staaten.
46 Die Verschmelzung stellt den Hauptanwendungsfall der §§ 11–13 dar. Vor dem Hintergrund der praktischen Relevanz wird nur die Vermögensübertragung im Folgenden ausdrücklich genannt.
47 Vgl. weiterführend zur Vermögensübertragung z.B. *Stratz* in Schmitt/Hörtnagl/Stratz, §§ 174 ff. UmwG.

32 In Fällen der Vermögensübertragung kommen nach § 175 UmwG die folgenden übernehmenden Rechtsträger in Betracht: Betriebe gewerblicher Art (BgA), VVaG, öffentlich-rechtliche Versicherungsunternehmen und Versicherungs-Aktiengesellschaften.

V. Rechtsgrundlagen

1. Nationale Grundlagen

33 Für die historische Rechtsentwicklung bis zur heutigen Fassung der Vorschrift des § 12 sind die folgenden Gesetze maßgeblich:

- Gesetz zur Änderung des Umwandlungssteuerrechts vom 28.10.1994[48],
- Gesetz zur Fortsetzung der Unternehmenssteuerreform vom 29.10.1997[49],
- Gesetz über die Zulassung von Stückaktien vom 25.03.1998[50],
- Steuerentlastungsgesetz 1999/2000/2002 vom 24.03.1999[51],
- Gesetz zur Bereinigung von steuerlichen Vorschriften – Steuerbereinigungsgesetz 1999 vom 22.12.1999[52],
- Gesetz zur Senkung der Steuersätze und zur Reform der Unternehmensbesteuerung – Steuersenkungsgesetz vom 23.10.2000[53],
- Gesetz zur Änderung steuerlicher Vorschriften – Steueränderungsgesetz vom 20.12.2001[54],
- Gesetz zur Fortentwicklung des Unternehmenssteuerrechts – Unternehmenssteuerfortentwicklungsgesetz vom 20.12.2001[55],
- Gesetz über steuerliche Begleitmaßnahmen zur Einführung der Europäischen Gesellschaft und zur Änderung weiterer steuerrechtlicher Vorschriften vom 07.12.2006 (SEStEG)[56] sowie das
- Unternehmenssteuerreformgesetz 2008 vom 14.08.2007.[57]

34 § 12 i.d.F. des SEStEG stellt die Nachfolgevorschrift des § 12 UmwStG 1995[58] dar. Durch das SEStEG wurde das UmwStG und damit einhergehend auch die Vorschrift des § 12 UmwStG neu gefasst und gleichzeitig die FusionsRL[59] auch im Bereich der Verschmelzungen umgesetzt.

35 Durch die Neufassung des § 12 im Jahr 2006 wurde der Beteiligungskorrekturgewinn neu geregelt, § 12 Abs. 1 S. 2. Auf den Übernahmegewinn findet nach § 12 Abs. 2 S. 2 nunmehr § 8b KStG Anwendung. Die bisherige Rege-

---

48 BGBl. I 1994, 3267; BStBl. I 1994, 839.
49 BGBl. I 1997, 2590; BStBl. I 1997, 928.
50 BGBl. I 1998, 590; BStBl. I 1998, 379.
51 BGBl. I 1999, 402; BStBl. I 1999, 304.
52 BGBl. I 1999, 2601; BStBl. I 2000, 13.
53 BGBl. I 2000, 1433; BStBl. I 2000, 1428.
54 BGBl. I 2001, 3794; BStBl. I 2002, 4.
55 BGBl. I 2001, 3858; BStBl. I 2002, 35.
56 BGBl. I 2006, 2782; BStBl. I 2007, 4.
57 BGBl. I 2007, 1912; BStBl. I 2007, 630; indirekte Auswirkung auf § 12 durch Änderung des § 4 Abs. 2 S. 2.
58 § 12 UmwStG 1995 löste vormals § 15 UmwStG 1977 ab.
59 Richtlinie 90/434/EWG, ABl. 1990, L 225/1-5, zuletzt geändert durch 2005/19/EG vom 17.02.2005, ABl. 2005, L 58/19.

lung des § 12 Abs. 3 UmwStG a.F., nach der unter weiteren Voraussetzungen ein steuerlicher Verlustabzugs von der übertragenden auf die übernehmende Körperschaft übergehen konnte, wurde ersatzlos gestrichen. Die Regelung über die Folgen einer Verschmelzung einer Unterstützungskasse, die bisher in § 12 Abs. 2 S. 2 UmwStG a.F. geregelt war, ist durch das SEStEG in § 4 Abs. 2 S. 5 aufgenommen und findet über den Verweis des § 12 Abs. 3 auch bei Verschmelzungen von Körperschaften Anwendung.

Die dem SEStEG nachfolgenden Änderungen des UmwStG durch das JStG   36
2009[60] sowie das Wachstumsbeschleunigungsgesetz[61] haben § 12 nicht unmittelbar geändert bzw. durch die Änderung des § 4 Abs. 2 S. 2 im Wachstumsbeschleunigungsgesetz nur mittelbaren Einfluss auf § 12.

2. Europarechtliche Grundlagen

Das vor SEStEG bestehende UmwStG trat zum 01.01.1995 in Kraft   37
(UmwStG 1995). Mit dem UmwStG 1995 wurden in Deutschland die Grundlagen geschaffen, inländische Umstrukturierungen von Unternehmen steuerneutral zu gestalten. Nur in wenigen Ausnahmefällen, bspw. im Bereich des § 23 UmwStG a.F. konnten Umstrukturierungen über die Grenze bereits nach dem UmwStG 1995 erfolgen.[62] Schon vor der Einführung des SEStEG im Jahr 2006 stellte sich die Frage nach der Europarechtskonformität der seinerzeit geltenden Vorschriften des UmwStG.

Die EuGH-Entscheidungen „Centros"[63], „Überseering"[64] und „Inspire   38
Art"[65] haben die Niederlassungsfreiheit innerhalb Europas bestätigt und die Bedeutung manifestiert. Mit der Neufassung des UmwStG im Rahmen des SEStEG[66] sind Ende 2006 die steuerlichen Rahmenbedingungen für grenzüberschreitende Umwandlungen innerhalb der EU/EWR geschaffen worden. Der Gesetzgeber kommt mit dem nach SEStEG normierten UmwStG der Umsetzungsverpflichtung der steuerlichen *FusionsRL*[67] nach.

Maßgeblich für die Europäisierung des UmwG ist hingegen die *Verschmel-   39
zungsRL*[68].

---

60 Gesetz vom 19.12.2008, BGBl. I 2009, 2794.
61 Gesetz vom 22.12.2009, BGBl. I 2009, 3950.
62 Wobei unter bestimmten Voraussetzungen bereits in dieser Fassung des UmwStG 1995 die Möglichkeit der Steuerneutralität durch Buchwertfortführung vorgesehen war.
63 EuGH vom 09.03.1999, Rs. C-212/97 – „Centros", Slg. 1999, I-1459ff.
64 EuGH vom 05.11.2002, Rs. C-208/00 – „Überseering", AG 2003, 37ff.
65 EuGH vom 30.09.2003, Rs. C-167/01 – „Inspire Art", AG 2003, 680ff.
66 Gesetz über steuerliche Begleitmaßnahmen zur Einführung der Europäischen Gesellschaft und zur Änderung weiterer steuerrechtlicher Vorschriften (SEStEG) vom 07.12.2006, BGBl. I 2006, 2782.
67 Richtlinie 90/434/EWG, ABl. 1990, L 225/1-5, zuletzt geändert durch 2005/19/EG vom 17.02.2005, ABl. 2005, L 58/19.
68 Richtlinie 2005/56/EG vom 26.10.2005 über die Verschmelzung von Kapitalgesellschaften aus verschiedenen Mitgliedstaaten, ABl. L 310 vom 25.11.2005.

B. Wertansätze in der Steuerbilanz der Übernehmerin (§ 12 Abs. 1)

I. Bedeutung des Prinzips der Wertverknüpfung und Wertaufholung

40   Gem. § 12 Abs. 1 S. 1 hat die übernehmende KapG die auf sie übergegangenen Wirtschaftgüter und sonstigen Bilanzpositionen mit den in der steuerlichen Schlussbilanz der übertragenden KapG angesetzten Werten zu übernehmen.[69] Für diese Zwecke hat die übertragende KapG auf den steuerlichen Übertragungsstichtag eine steuerliche Schlussbilanz aufzustellen.[70] Die Aufstellung einer steuerlichen Übernahmebilanz ist nicht erforderlich. § 12 enthält hierzu keine Regelung.

Es gilt grds. das Prinzip der Wertverknüpfung zwischen der steuerlichen Schlussbilanz der übertragenden KapG mit dem erstmaligen Ansatz der übergehenden Wirtschaftsgüter auf Ebene der übernehmenden KapG. Es gilt nicht nur für Wirtschaftsgüter, sondern auch für Bilanzpositionen, bei denen es an der Wirtschaftgutseigenschaft fehlt.[71]

41   Die Wertverknüpfung dient der Sicherstellung der zukünftigen Besteuerung der im Inland entstandenen stillen Reserven. Das Prinzip gilt nach Auffassung der Finanzverwaltung auch dann, wenn übertragender Rechtsträger eine steuerbefreite oder ausländische Körperschaft ist.[72] Insbesondere bei Verschmelzungen unter Beteiligung ausländischer Körperschaften stellt sich die Frage nach dem Vorrang der Wertverknüpfung nach § 12 Abs. 1 im Verhältnis zur allgemeinen Steuerverstrickung nach §§ 4 Abs. 1 S. 8 HS 2, 6 Abs. 1 Nr. 5a EStG.[73]

42   Besondere Bedeutung hat die Wertverknüpfung deshalb in den Fällen der Buchwertfortführung oder bei Ansatz eines Zwischenwerts. Der Regelungsinhalt beschränkt sich auf die Feststellung, mit welchem Wert die Wirtschaftsgüter und Bilanzpositionen bei der übernehmenden KapG bilanziell zu erfassen ist. Die zukünftige steuerliche Behandlung der Wirtschaftsgüter richtet sich hingegen nach § 12 Abs. 3 und Abs. 4. Daneben wirkt sich die Wertverknüpfung maßgeblich auf die Ermittlung des Übernahmeergebnisses auf Ebene der übernehmenden KapG aus.

43   In den Fällen der Aufwärtsverschmelzung ist zudem die erweiterte Wertaufholung gem. § 12 Abs. 1 S. 2 anzuwenden. Durch den Verweis des § 12 Abs. 1 S. 2 auf die Vorschrift des § 4 Abs. 1 S. 2 und 3 gilt auch in den Fällen der Aufwärtsverschmelzung der Grundsatz der erweiterten Wertaufholung.[74] Hierdurch kann ein steuerpflichtiger Beteiligungskorrekturgewinn entstehen, wenn in den Vorjahren steuermindernde Korrekturen des Betei-

---

69 Tz. 12.01 UmwStE 2011.
70 *Schießl* in Widmann/Mayer, § 12 Rdn. 2 ff.
71 Tz. 12.02 i. V. m. Tz. 04.01 S. 3 UmwStE 2011 mit dem Verweis auf die Beispiele des Rechnungsabgrenzungspostens sowie Sammelposten nach § 6 Abs. 2a EStG.
72 Tz. 12.02 i. V. m. Tz. 04.01 S. 2 UmwStE 2011.
73 Vgl. hierzu Rdn. 59 ff.
74 Zu den Wertaufholungen im Fall des Abwärtsverschmelzung vgl. § 11.

ligungsbuchwerts vorgenommen wurden und eine Korrektur dieses Ansatzes in der Zwischenzeit nicht erfolgte. Im Falle einer Korrektur des Beteiligungsbuchwerts auf Ebene der Muttergesellschaft aufgrund der Regelung des § 12 Abs. 1 S. 2 vermindert sich das im Rahmen des § 12 Abs. 2 zu ermittelnde Übernahmeergebnis.

II. Keine handelsrechtliche Wertverknüpfung

Aus zivilrechtlicher Sicht hat die übertragende KapG gem. § 17 Abs. 2   *44*
UmwG eine handelsrechtliche Schlussbilanz auf den Umwandlungsstichtag aufzustellen.[75] Sie braucht nicht bekanntgemacht zu werden. Das Registergericht darf die Verschmelzung nur eintragen, wenn die Bilanz auf einen höchstens acht Monate vor der Anmeldung liegenden Stichtag aufgestellt worden ist. Stille Reserven dürfen in dieser Bilanz jedoch mangels Vorliegens eines Realisationsakts nicht aufgedeckt werden.[76]

Auf Ebene der übernehmenden KapG kann die Verschmelzung handels-   *45*
rechtlich zur Aufdeckung stiller Reserven führen. Gem. § 24 UmwG wird der übernehmenden KapG das Recht eingeräumt, entweder die übernommenen Vermögensgegenstände und Schulden mit den Anschaffungskosten i.S.d. § 253 Abs. 1 HGB der übertragenden Körperschaft fortzuführen oder die tatsächlichen Anschaffungskosten in der Übernahmebilanz anzusetzen.

Es besteht keine Verknüpfung zwischen der handelsrechtlichen Schlussbi-   *46*
lanz der übertragenden KapG und der entsprechenden Bilanz der übernehmenden KapG. Eine Wertverknüpfung ist handelsrechtlich möglich, aber nicht zwingend.

III. Keine Maßgeblichkeit der Handels-
für die Steuerbilanz

Aufgrund der Regelung des § 12 Abs. 1 S. 1 kann die Steuerbilanz der über-   *47*
nehmenden KapG von der Handelsbilanz abweichen. Spätestens seit dem SEStEG besteht in Umwandlungsfällen keine Maßgeblichkeit der Handelsfür die Steuerbilanz mehr.[77] Aus der Regierungsbegründung zur Neufassung des UmwStG lässt sich die Aufgabe des Prinzips der Maßgeblichkeit der Handels- für die Steuerbilanz entnehmen.[78] Zum bisherigen UmwStG 1995 war diese Frage höchst umstritten. Zwar hatte die Finanzverwaltung

---

75 Für diese Bilanz gelten die Vorschriften über den Jahresabschluss und deren Prüfung entsprechend.
76 Zulässig ist in diesem Zusammenhang nur die nach allgemeinen Grundsätzen vorzunehmende Wertaufholung nach § 253 Abs. 5, § 280 Abs. 1 HGB.
77 *Dötsch* in Dötsch/Jost/Pung/Witt, § 12, Rdn. 11; Dörfler/Adrian, Ubg 2009, 385 (392), *Rödder* in Rödder/Herlinghaus/van Lishaut, § 12 Rdn. 44, *Schmitt* in Schmitt/Hörtnagl/Stratz, § 12 Rdn. 13; *Teiche*, DStR 2008, 1757 (1758). Allerdings können sich bei Abweichungen zwischen der Handels- und der Steuerbilanz Folgewirkungen im Bereich der steuerlichen Mehr- und Minderabführungen und latenten Steuern ergeben.
78 BT-Drs. 16/2710, 34; ein klarstellender Hinweis findet sich in nunmehr veröffentlichten UmwStE 2011, leider nur in Tz. 21.11 zum Bewertungswahlrecht beim qualifizierten Anteilstausch gem. § 21 Abs. 1 S. 2.

nicht den Maßgeblichkeitsgrundsatz als Begründung für die handelsrechtliche Wertaufholung herangezogen, sondern mit der sog. „phasenverschobenen Wertaufholung"[79] argumentiert: Sofern der übertragende Rechtsträger in seiner steuerlichen Schlussbilanz die Buchwerte für die Wirtschaftsgüter angesetzt hatte und der übernehmende Rechtsträger handelsrechtlich von seinem nach § 24 UmwG möglichen Wahlrecht des Ansatzes der (höheren) Anschaffungskosten Gebrauch gemacht hatte, blieb es nach dieser Auffassung für den Stichtag der Übernahmebilanz bei der in § 12 Abs. 1 vorgeschriebenen steuerlichen Wertverknüpfung. Allerdings sollten auf den folgenden Bilanzstichtag in der Steuerbilanz des übernehmenden Rechtsträgers bspw. Sonderabschreibungen und Übertragungen nach § 6b EStG erfolgs- und damit steuerwirksam rückgängig gemacht werden.[80]

48 Die Wertaufholung entbehrt jedoch einer gesetzlichen Grundlage und ist abzulehnen. Der UmwStE 2011 enthält die früher vertretene Auffassung der „phasenverschobenen Wertaufholung" nicht mehr.[81] Eine mögliche handelsbilanzielle Aufstockung auf Ebene der übernehmenden KapG bleibt damit für die folgenden Steuerbilanzen der übernehmenden KapG ohne Konsequenz.[82]

IV. Zeitpunkt und Auswirkungen der steuerlichen Wertverknüpfung

1. Zeitpunkt der Wertverknüpfung

49 Die Wirtschaftsgüter gehen mit Wirkung zum steuerlichen Übertragungsstichtag gem. § 2 Abs. 1 auf die übernehmende KapG über.[83]

2. Auswirkungen der Wertverknüpfung

50 Gem. § 12 Abs. 1 S. 1 hat die übertragende KapG die Wirtschaftsgüter und sonstigen Bilanzpositionen mit den in der steuerlichen Schlussbilanz enthaltenen Werten anzusetzen. Zu übernehmen ist hierbei entweder der gemeine Wert nach § 11 Abs. 1 oder der unter den Voraussetzungen des § 11 Abs. 2 gewählte Buch- oder Zwischenwertansatz. Sofern der gemeine Wert nicht aus zeitnahen Verkäufen[84] abgeleitet werden kann, soll die Ermittlung anhand eines allgemein anerkannten ertragswert- oder zahlungsstromorientierten Verfahrens erfolgen, welches ein gedachter Erwerber des Betriebs

---

79 BMF vom 25.03.1998, BStBl. I 1998, 268, Rdn. 11.01; *Schumacher/Neitz-Hackstein*, Ubg 2011, 409 (413), weisen zurecht darauf hin, dass der Anwendungsbereich der Tz. 11.01 des vorherigen Erlasses nach der BFH-Rechtsprechung vom 04.06.2008, I R 84/07, BStBl. II 2009, 187, keine praktische Anwendung mehr hatte.

80 *Kußmaul/Richter*, GmbHR 2004, 701.

81 Tz. 12.02 i.V.m. 04.04 UmwStE 2011.

82 *Schumacher/Neitz-Hackstein*, Ubg 2011, 409 (413). Vgl. auch Entwurf IDW ERS HFA 42, Entwurf IDW Stellungnahme zur Rechnungslegung: Auswirkungen einer Verschmelzung auf den handelsrechtlichen Jahresabschluss, Stand 10.06.2011. Steuerliche Auswirkungen können sich in der Folgezeit jedoch aus Mehr- oder Minderabführungen ergeben.

83 *Rödder* in Rödder/Herlinghaus/van Lishaut, § 12 Rdn. 15.

84 Vgl. § 11 Abs. 2 S. 2 BewG.

der übertragenden KapG bei der Bemessung des Kaufpreises zugrunde legen würde.[85] Die Finanzverwaltung verweist insoweit nur auf § 109 Abs. 1 S. 2 i.V.m. §11 Abs. 2 S. 2 BewG. Ein vereinfachtes Ertragswertverfahren nach § 11 Abs. 2 S. 4 BewG i.V.m. § 199 ff. BewG sollte trotz des Fehlens eines ausdrücklichen Verweises im UmwStE 2011 möglich sein, da § 109 Abs. 1 S. 2 BewG vollumfänglich auf § 11 Abs. 2 BewG verweist.[86]

3. Besonderheiten bei Ansatz des gemeinen Wertes oder Zwischenwertes bei der übertragenden KapG

Sofern kein Antrag auf Buchwert- oder Zwischenwertansatz gestellt wird, *51* sind die stillen Reserven und die stillen Lasten vollumfänglich aufzudecken.

Sofern auf Ebene der übertragenden KapG die stillen Reserven durch An- *52* satz des gemeinen Werts aufgedeckt wurden, erfolgte eine vollständige Besteuerung der stillen Reserven bereits auf Ebene der übertragenden Körperschaft. In diesen Fällen wäre das Prinzip der Wertverknüpfung grds. nicht notwendig, da es sich insoweit um einen tauschähnlichen Anschaffungsvorgang handeln würde. Eine gesetzliche Unterscheidung wird jedoch nicht getroffen, sodass § 12 Abs. 1 S. 1 auch in den Fällen des Ansatzes des gemeinen Werts auf Ebene der übertragenden KapG vorsieht.

Aufgrund der gesetzlichen Anordnung der §§ 11 Abs. 1 S. 2 i.V.m. 12 Abs. 1 *53* gilt für Pensionsrückstellungen jedoch Folgendes: Die Wertverknüpfung führt dazu, dass Pensionsrückstellungen mit dem steuerlichen Wert nach § 6a EStG anzusetzen sind. Die bilanzielle Abbildung des tatsächlichen gemeinen Werts der Pensionsrückstellung – d.h. die Aufdeckung der stillen Lasten und Ansatz dieses Wertes als Anschaffungskosten[87] – ist gesetzlich nicht möglich. Allerdings dürfte die stille Last zumindest bei der Ermittlung eines möglicherweise anzusetzenden Firmen- und Geschäftswertes wertmindernd zu berücksichtigen sein.[88]

Die Finanzverwaltung geht hingegen davon aus, dass der gemeine Wert der *54* Sachgesamtheit inklusive des Firmenwertes nicht durch stille Lasten der Pensionsrückstellung nach § 6a EStG gemindert wird.[89]

Bei Ansatz des gemeinen Werts ergibt sich aus dem Wortlaut des § 11 Abs. 1 *55* S. 1 und aufgrund der BFH-Rechtsprechung zur Anschaffung passiver Wirtschaftsgüter[90] eine Durchbrechung der Ansatzverbote nach § 5 EStG. Die Finanzverwaltung hat die gesetzliche Regelung sowie die Rechtsprechung des BFH im UmwStE 2011 bestätigt.[91] Die steuerlichen Ansatzverbote des

---

85 Tz. 11.04 i.V.m. 03.07 UmwStE 2011.
86 Tz. 03.07 UmwStE 2011; *Schumacher/Neitz-Hackstein*, Ubg 2011, 409 (410).
87 Vgl. zur Anschaffung negativer Wirtschaftgüter BFH vom 16.12.2009, I R 102/08, BStBl. II 2011, 566; BMF vom 24.06.2011, IV C 6 – S 2137/0-03.
88 *Rödder/Schumacher*, DStR 2006, 1481 (1489); *Schumacher/Neitz-Hackstein*, Ubg 2011, 409 (410).
89 Tz. 11.04 i.V.m. 03.08 UmwStE 2011.
90 BFH vom 16.12.2009, I R 102/08, BStBl. II 2011, 566; BFH vom 14.12.2011, I R 72/10.
91 Tz. 11.03 i.V.m. 03.06 UmwStE 2011.

§ 5 EStG gelten nicht für die steuerliche Schlussbilanz.[92] Nach Auffassung der Finanzverwaltung ist ein grundsätzlich entgegen § 5 EStG angesetztes Wirtschaftsgut in der Steuerbilanz der übernehmenden KapG in der Folgezeit unter Anwendung des § 5 EStG ertragswirksam aufzulösen.[93] Dieser Auffassung ist zu widersprechen. Sie steht nicht im Einklang mit der Rechtsprechung des BFH und würde unter Umständen dazu führen, dass sich tatsächlich anfallende betriebliche Aufwendungen steuerlich gar nicht auswirken.[94]

56   Die obigen Ausführungen gelten für den Ansatz eines Zwischenwertes nach § 11 Abs. 2 entsprechend.

4. Änderungen des Wertansatzes auf Ebene der übertragenden KapG

57   Sofern sich die Wertansätze für die Wirtschaftsgüter in der steuerlichen Schlussbilanz zu einem späteren Zeitpunkt ändern, sind korrespondierend die Wertansätze der übernommenen Wirtschaftsgüter auf Ebene der übernehmenden KapG anzupassen. Eine Änderung kann sich bspw. aufgrund einer Außenprüfung nach § 193 ff. AO ergeben.

58   Verfahrensrechtlich folgt die Änderung den allgemeinen Grundsätzen der Abgabenordnung (bspw. nach § 175 Abs. 1 Nr. 2 AO oder § 164 AO).[95]

V. Hereinverschmelzungen

59   Besonderheiten ergeben sich bei grenzüberschreitenden Hereinverschmelzungen. Unter diesem Begriff werden Verschmelzungen verstanden, bei denen die übernehmende KapG ihren Sitz im Inland hat, während die an der Umwandlung beteiligte übertragende KapG aufgrund ihrer Ansässigkeit oder eines anderen Merkmals den Rechtsordnungen eines oder verschiedener EU-/EWR-Staaten unterliegt.[96]

60   Die Anwendbarkeit des Umwandlungssteuerrechts ergibt sich in diesen Fällen ebenso aus § 1 Abs. 1 Nr. 1 unter der Maßgabe, dass es sich um Verschmelzungen i.S.d. § 2 UmwG oder vergleichbare ausländische Vorgänge handeln muss.[97] Weder das Gesetz noch der UmwStE 2011 gehen näher auf die bestehenden gesetzlichen Regelungen der grenzüberschreitenden Verschmelzungen nach §§ 122a ff. UmwG ein.[98]

61   In den Fällen der Hereinverschmelzung stellt sich auf Ebene der übernehmenden im Inland ansässigen KapG[99] die Frage nach dem Konkurrenzver-

---

92 Tz. 11.03 i.V.m. 03.06 UmwStE 2011.
93 Tz. 12.04 i.V.m. 04.16 UmwStE 2011.
94 BFH vom 16.12.2009, I R 102/08, BStBl. II 2011, 566, so wohl auch *Dötsch* in Dötsch/Jost/Pung/Witt, § 12, Rdn. 12.
95 *Schmitt* in Schmitt/Hörtnagl/Stratz, § 12 Rdn. 10.
96 *Hahn* in PricewaterhouseCoopers AG, Reform des Umwandlungssteuerrechts, Rdn. 777 (851); *Klingberg/Nitzschke*, Ubg 2011, 451 (452); *Möhlenbrock* in Dötsch/Jost/Pung/Witt, Einf. (SEStEG) Rdn. 40 ff.
97 Vgl. hierzu insbesondere die Kommentierung zu § 1.
98 Tz. 01.21 UmwStE 2011.
99 Zu den vielfältigen Fragestellungen auf Ebene der übertragenden (im Ausland ansässigen) KapG vgl. die Kommentierung zu § 11.

hältnis der umwandlungssteuerrechtlichen Wertverknüpfung und § 4 Abs. 1 S. 8 HS 2, 6 Abs. 1 Nr. 5 a EStG.[100]

1. Ansatz des gemeinen Wertes

Unproblematisch dürften die Fälle der Hereinverschmelzung sein, wenn die   62 übertragende KapG die stillen Reserven aufdeckt und die Verschmelzung vollumfänglich zum gemeinen Wert erfolgt. In diesen Fällen sind die gemeinen Werte der übergehenden Wirtschaftsgüter auf Ebene der übernehmenden KapG fortzuführen. Ein Konkurrenzverhältnis zur allgemeinen Verstrickungsregelung des § 4 Abs. 1 S. 8 HS 2 EStG besteht insoweit nicht.

2. Ansatz des Buch- oder Zwischenwertes

Problematisch sind hingegen die Fälle, in denen die übertragende KapG   63 den Buch- oder Zwischenwert ansetzt.[101] Der Antrag auf Buch- oder Zwischenwertfortführung ist denkbar, wenn die übertragende KapG bereits vor Umwandlung über Betriebsvermögen verfügt, welches in Deutschland steuerverstrickt ist. Denkbar wäre z.B., dass die übertragende KapG über eine deutsche Betriebstätte mit erheblichen stillen Reserven verfügt. Da das Bewertungswahlrecht des § 11 Abs. 2 nur einheitlich für das übergehende Betriebsvermögen ausgeübt werden kann,[102] muss zur Vermeidung der Besteuerung der inländischen stillen Reserven ein Antrag auf Buchwertfortführung erfolgen.

Sofern die übertragende ausländische KapG über weitere bisher in Deutsch-   64 land nicht steuerverstrickte Wirtschaftsgüter verfügt, stellt sich die Frage nach dem Konkurrenzverhältnis zwischen der Wertverknüpfung des § 12 Abs. 1 S. 1 und der Steuerverstrickung nach § 8 Abs. 1 KStG i.V.m. § 4 Abs. 1 S. 8 HS 2 i.V.m. § 6 Abs. 1 Nr. 5 a EStG.

Aufgrund der zwingenden Wertverknüpfung sind die erstmals im Inland   65 steuerverstrickten Wirtschaftsgüter mit dem gewählten Wertansatz auf Ebene der übernehmenden KapG zu erfassen.[103]

Die §§ 11 Abs. 2, 12 Abs. 1 S. 1 sind u. A. nach jedoch dahingehend ein-   66 schränkend auszulegen, dass die Wirtschaftsgüter im Fall der grenzüberschreitenden Verschmelzung bei der übernehmenden inländischen KapG unter der vorrangigen Anwendung der §§ 4 Abs. 1 S. 8 HS 2, 6 Abs. 1 Nr. 5a EStG in Deutschland erstmalig mit dem gemeinen Wert anzusetzen sind.[104] Nach in der Literatur vertretener Auffassung handelt es sich bei § 12 Abs. 1

---

100 Der allgemeine Grundsatz der Steuerverstrickung gilt über § 8 Abs. 1 S. 1 KStG ebenso für Körperschaften.

101 *Benecke/Beinert*, FR 2010, 1120 (1125).

102 Tz. 11.05 UmwStE 2011; *Klingberg* in Blümich, § 11 Rdn. 31 ff.; *Bärwaldt* in Haritz/Menner, § 11 Rdn. 36, *Rödder* in Rödder/Herlinghaus/van Lishaut, 11 Rdn. 159.

103 *Brinkhaus/Grabbe* in Haritz/Menner, § 3 Rdn. 174; *Dötsch* in Dötsch/Jost/Pung/Witt, § 3 Rdn. 43; *Widmann* in Widmann/Mayer, § 3 Rdn. 99, 465 f.; a. A. *Körner*, IStR 2009, 741 (749), der bei der Hereinverschmelzung die Anträge auf Buchwertfortführung für nicht im Inland steuerverstrickte Wirtschaftsgüter für irrelevant erachtet.

104 *Viebrock/Hagemann*, FR 2009, 737 (741).

S. 1 (Wertverknüpfung) um eine Vorschrift hinsichtlich der personellen Zuordnung der Wirtschaftsgüter, während § 4 Abs. 1 S. 8 HS 2 EStG ausschließlich die Steuerverstrickung erfasst.[105] Zwar kommt es auch nach dieser Auffassung zunächst zu einer Wertverknüpfung mit dem Wertansatz auf Ebene der übertragenden KapG. Da das Umwandlungssteuerrecht jedoch keine speziellen Steuerverstrickungstatbestände enthält, kommt es im Folgenden zur Anwendung der speziellen Steuerverstrickungsnorm, § 4 Abs. 1 S. 8 HS 2 EStG. Bisher im Inland nicht steuerverstrickte Wirtschaftsgüter werden somit auch bei Buchwert- oder Zwischenwertansatz im Ergebnis erstmalig mit dem gemeinen Wert in Deutschland erfasst.[106] Die Steuerverstrickung (und damit der Ansatz des gemeinen Wertes) überlagert die Wertverknüpfung nach der personellen Zuordnung.[107] Sie hat keinen Einfluss auf die Ermittlung des Übernahmeergebnisses nach § 12 Abs. 2.[108]

67 Bei vorrangiger Anwendung der §§ 11 Abs. 2, 12 Abs. 1 S. 1 könnte es anderenfalls zu dem systemwidrigen Ergebnis kommen, dass die erstmalig in Deutschland steuerverstrickten Wirtschaftgüter aufgrund der Wertverknüpfung nicht mit dem gemeinen Wert angesetzt werden könnten. Es besteht in diesen Fällen die Gefahr der Doppelbesteuerung, soweit der Staat der übertragenden KapG eine Besteuerung der stillen Reserven vornimmt.[109] Die Wertverknüpfung soll die Sicherstellung der Besteuerung der in Deutschland entstandenen stillen Reserven gewährleisten. Im Fall der korrespondierenden Behandlung der Wertansätze in der steuerlichen Schlussbilanz auf Ebene der übertragenden ausländischen KapG mit dem Wertansatz auf Ebene der übernehmenden inländischen KapG besteht keine Notwendigkeit, die Besteuerung bisher im Ausland entstandenen stillen Reserven sicherzustellen.

68 Die Finanzverwaltung folgt dieser Auffassung offensichtlich nicht. Die Regelung in dem nunmehr veröffentlichten UmwStE 2011 ist vermutlich so zu deuten, dass die Wertverknüpfung auch in Fällen der grenzüberschreitenden Verschmelzung zwingend sein soll.[110] Es stellt sich dann die Frage, wie die Finanzverwaltung eine mögliche Doppelbesteuerung bei (späteren) Veräußerungen der übergehenden Wirtschaftsgüter verhindern will.

VI. Erweiterte Wertaufholung, § 12 Abs. 1 S. 2

69 § 12 Abs. 1 S. 2 verweist auf § 4 Abs. 1 S. 2 und S. 3. In den Fällen der (ggf. partiellen) Aufwärtsverschmelzung kann es zum steuerlichen Übertragungsstichtag zu einer steuerpflichtigen Zuschreibung hinsichtlich des Beteiligungsbuchwertes an der Tochter-KapG kommen.[111] Insoweit erhöht sich der laufende Gewinn der Mutter-KapG.[112]

---

105 *Klingberg/Nitzschke*, Ubg 2011, 451 (457).
106 A.A. *Dötsch* in Dötsch/Jost/Pung/Witt, § 12 Rdn. 14.
107 *Schönfeld*, IStR 2011, 497 (500).
108 *Klingberg/Nitzschke*, Ubg 2011, 451 (457).
109 *Benecke/Beinert*, FR 2010, 1120 (1125).
110 Tz. 12.03 i.V.m. Tz. 04.01 UmwStE 2011.
111 Tz. 12.02 i.V.m. Tz. 04.01 UmwStE 2011.
112 Tz. 12.03 UmwStE 2011.

§ 4 Abs. 1 S. 2 stellt eine Sonderregelung hinsichtlich der Bewertung der **70** Anteile der übernehmenden KapG an der übertragenden KapG dar und ergänzt die allgemeine Bewertungsvorschrift des § 6 EStG. Der Wertansatz für die Anteile an der übertragenden Körperschaft wird eine logische Sekunde vor der eigentlichen Verschmelzung durch steuerwirksame Teilwertabschreibungen, steuerwirksame Abzüge nach § 6b EStG und ähnliche Abzüge steuerwirksam korrigiert.[113]

Ursprünglich sollte mit der Regelung die Möglichkeit der doppelten Gel- **71** tendmachung von steuerlichen Verlusten verhindert werden. Nach früherer Rechtslage war es beispielsweise möglich, durch eine steuerwirksame Teilwertabschreibung auf die Beteiligung an der Tochtergesellschaft eine Steuerminderung auf Ebene des Gesellschafters zu erzielen. Regelmäßig war der Anlass für die Teilwertabschreibung, dass sich die Tochtergesellschaft in einer Verlustsituation befand, womit es zu einer weiteren Verlustberücksichtigung kam.

Durch die frühere Möglichkeit des verschmelzungsbedingten Verlusttrans- **72** fers (§ 12 Abs. 3 UmwStG a. F.) konnten steuerliche Verlustvorträge durch die Verschmelzung auf die übernehmende KapG übertragen werden.[114] Insoweit fand eine doppelte Berücksichtigung der Verluste statt. Durch die erweiterte Wertaufholung sollte diese Möglichkeit der Verlustnutzung begrenzt werden.

Im Vergleich zum bisherigen Recht begrenzt die Neufassung des § 12 Abs. 1 **73** S. 2 i.V.m. § 4 Abs. 1 S. 2 und 3 die erweiterte Wertaufholung erstmals auf eine mögliche Zuschreibung bis zum gemeinen Wert. Im Gegensatz hierzu ordnete § 12 Abs. 2 S. 2 UmwStG a.F. noch an, dass die „gesamte" Teilwertabschreibung bis zur Höhe der tatsächlichen Anschaffungskosten der Beteiligung unabhängig von den tatsächlichen Wertverhältnissen zuzuschreiben war.[115]

Eine gleichlautende Regelung für den Fall der Abwärtsverschmelzung be- **74** steht in § 11 Abs. 2 S. 2.[116]

Steuerwirksame Teilwertabschreibungen sowie sonstige steuerwirksame **75** Abzüge auf den Beteiligungsbuchwert werden korrigiert. Ausdrücklich erfasst werden auch steuerwirksame Abzüge nach § 6b EStG und „ähnliche Abzüge".[117] Wertobergrenze für eine solche Zuschreibung stellt der gemeine Wert dar.

Der Beteiligungskorrekturgewinn ist nicht Teil des Übernahmegewinns, **76** sondern laufender Gewinn der übernehmenden KapG. Der nach Anwendung der erweiterten Wertaufholung erhöhte Beteiligungsbuchwert findet jedoch Eingang in die Berechnung des Übernahmeergebnisses nach § 12

---

113 *Dötsch* in Dötsch/Jost/Pung/Witt, § 12 Rdn. 16; *Wisnewski* in Haritz/Menner, § 12 Rdn. 22.
114 BFH vom 18.07.2001, I R 38/99, BStBl. II 2002, 27.
115 *Ley/Bodden*, FR 2007, 265 (272).
116 Vgl. § 11 hinsichtlich der Wertaufholung bei Abwärtsverschmelzungen.
117 *Dötsch* in Dötsch/Jost/Pung/Witt, § 12 Rdn. 16 nennt neben § 6b EStG als Beispiel hierfür Begünstigungen nach § 30 BergbauRatG sowie R 6.6 EStR.

Abs. 2.[118] Der Gewinn aus der erweiterten Wertaufholung wirkt sich auf Grund des höheren Beteiligungsansatzes durch ein geringes Übernahmeergebnis bei der übernehmenden KapG aus.[119]

77 Zu beachten ist, dass ggf. auch vor der Anwendung des SEStEG vollzogene Verschmelzungen auf die Tochter-KapG aufgrund der steuerlichen Rechtsnachfolge des damaligen Umwandlungsvorgangs dazu geführt haben können, dass frühere Abschreibungen auf untergegangene Anteile auf die Beteiligung an der nunmehr aufwärtsverschmelzenden Tochter-KapG übergegangen sind und nunmehr wieder steuerwirksam rückgängig gemacht werden müssen.[120]

77a Umstritten ist die Frage, ob bei einer sich an die Seitwärtsverschmelzung zweier Tochtergesellschaften anschließenden Aufwärtsverschmelzung ein Beteiligungskorrekturgewinn nach § 12 Abs. 2 S. 2 a. F. zu berücksichtigen ist.

Die Verwaltung will bei der Seitwärtsverschmelzung den Betrag der Teilwertabschreibung als Merkposten festhalten und bei der späteren Aufwärtsverschmelzung dem Gewinn der Muttergesellschaft hinzurechnen.[121] Nach Auffassung des FG Hamburg ist dagegen der Beteiligungskorrekturgewinn nicht im Rahmen der Aufwärtsverschmelzung bei der übernehmenden Muttergesellschaft zu berücksichtigen, da die teilwertberichtigte Beteiligung im Zuge der Verschmelzung auf die Schwestergesellschaft untergegangen, die Seitwärtsverschmelzung tatbestandlich nicht von § 12 Abs. 2 S. 2 a. F. erfasst sei und dessen Anwendung der Regelung des § 13 Abs. 1 S. 1 a. F. widersprechen würde, die die Anschaffung der Anteile zum Buchwert fingiert.[122] Auch eine analoge Anwendung der Vorschrift kommt nach FG Hamburg mangels planwidriger Regelungslücke nicht in Betracht. Aus denselben Gründen hat das FG Münster im Fall der Verschmelzung zweier Schwesterkapitalgesellschaften und der nachfolgenden Veräußerung der Anteile durch die Muttergesellschaft bei dieser die Hinzurechnung einer Teilwertabschreibung nach § 12 Abs. 2 S. 2 und 3 a. F. abgelehnt, da mit der späteren Anteilsveräußerung an einen neuen Vorgang angeknüpft werde, der nicht Bestandteil der Verschmelzung sei und dieser zeitlich erheblich nachfolge.[123]

Das Urteil sollte auf den Rechtsstand nach SEStEG indes wohl keine Auswirkungen haben. In § 13 Abs. 2 S. 2 n. F. ist nunmehr geregelt, dass die Anteile an der übernehmenden KapG bei einem Wertansatz unter dem gemeinen Wert steuerlich an die Stelle der Anteile an der übertragenden KapG treten (sog. Fußstapfentheorie). Ein gewisser Restzweifel besteht, da § 12 Abs. 1 S. 2 i. V. m. § 4 Abs. 1 S. 2 n. F. nur die Korrektur der Teilwerte der einer Muttergesellschaft zustehenden Anteile anordnet, im Zuge einer Seit-

---

118 *Rödder* in Rödder/Herlinghaus/van Lishaut, § 12 Rdn. 50; *Rödder/Schumacher*, DStR 2006, 1525 (1532).
119 *Ley/Bodden*, FR 2007, 265, (272).
120 *Rödder* in Rödder/Herlinghaus/van Lishaut, § 12 Rdn. 53.
121 Tz. 12.08 UmwStE vom 25.03.1998.
122 FG Hamburg vom 27.02.2012, 6 K 119/10, EFG 2012, 1506.
123 FG Münster vom 19.09.2012, 10 K 2079/12 F, EFG 2012, 2334.

wärtsverschmelzung gem. § 54 Abs. 1 S. 3 UmwG hingegen überhaupt keine neuen Anteile mehr an die Muttergesellschaft ausgegeben werden müssen. Dennoch streitet der Gesetzeswortlaut dafür, dass bei einer Seitwärtsverschmelzung von Schwestergesellschaften die Verpflichtung zur Teilwertberichtigung übergeht und im Anschluss bei der Aufwärtsverschmelzung auf die Muttergesellschaft eine Wertaufholung nach § 12 Abs. 1 S. 2 vorzunehmen ist.[124] Infolge der Erledigung des beim BFH bereits anhängig gewesenen Verfahrens ist eine höchstrichterliche Klärung der Frage vorerst ungewiss.[125]

Die praktische Relevanz der erweiterten Wertaufholung dürfte gering sein, da aufgrund der allgemeinen Bewertungsvorschrift des § 6 Abs. 1 Nr. 2 S. 3 i.V.m. Nr. 1 S. 4 EStG an jedem Bilanzstichtag das Erfordernis der steuerwirksamen Rückgängigmachung durch Zuschreibung zu prüfen ist und – sofern erforderlich – zu erfolgen hat.[126] 78

1. Steuerwirksamkeit der Abzüge

a) Steuerwirksamkeit

Steuerwirksam ist eine Teilwertabschreibung, wenn sie zu einer Verminderung des zu versteuernden Einkommens bzw. zu einer Erhöhung eines Verlustvortrags führt und sich der Verlustvortrag später steuermindernd auswirkt. Die Voraussetzung der Steuerwirksamkeit ist bereits erfüllt, wenn sich eine Steuerminderung mit Blick auf die Körperschaftsteuer ergeben hat. Aufgrund der systematischen Stellung des § 12 kommt es bei der Beurteilung nur auf die Körperschaftsteuer an.[127] 79

b) Teilwertabschreibungen und Abzüge

Steuerwirksame Teilwertabschreibungen auf die Anteile an der übertragenden KapG waren bis zur Einfügung des § 8b KStG durch die Unternehmensteuerreform 2001 möglich. 80

Steuerwirksame Abzüge nach § 6b EStG sind solche, die von KapG bis zum VZ 1999 in Anspruch genommen werden konnten. Die Rücklage gem. § 6b EStG ist aufgrund von Wertaufholungen nicht aufzulösen, sondern nur dann, wenn die Auflösungsfristen gem. § 6b EStG ablaufen oder der Steuerpflichtige die Rücklage in der Handelsbilanz zuschreibt. 81

Durch das SEStEG wurde der Anwendungsbereich auf steuerwirksame Abzüge nach § 6b EStG und „ähnliche Abzüge" ausgedehnt. Bei den „ähnlichen Abzügen" kann es sich beispielsweise um Begünstigungen nach § 30 BergbauRatG oder Rücklagen nach 6.6 EStR handeln. 82

Wenn eine steuerliche Rechtsnachfolge stattgefunden hat, sind steuerwirksame Abschreibungen oder Abzüge durch den steuerlichen Rechtsvorgänger der übernehmenden KapG zu berücksichtigen.

---

124 *Beyer*, BB 2012, 2036.
125 BFH vom 21. 06. 2012, I R 28/12.
126 *Schmitt* in Schmitt/Hörtnagl/Stratz, § 12 Rdn. 16.
127 Unerheblich ist daher, wenn eine Teilwertabschreibung, ggf. aufgrund der Regelung des § 8 Nr. 10 GewStG, nicht gewerbesteuerwirksam geworden ist.

83   Die Minderung des Beteiligungsbuchwerts infolge einer Kapitalherabsetzung oder einer Einlagenrückgewähr ist kein Anwendungsfall des § 12 Abs. 1 S. 2, da sie bereits vom Gesetzeswortlaut nicht erfasst wird und die der Einlagenrückgewähr immanente Buchwertminderung keine steuerwirksame Ergebnisminderung auslöst.[128]

c) Zeitliche Begrenzung

84   Eine zeitliche Begrenzung für die Rückgängigmachung einer steuerwirksamen Korrektur des Beteiligungsansatzes existiert nicht. § 12 Abs. 1 S. 2 ist unabhängig vom ursprünglichen Zeitpunkt der noch nicht rückgängig gemachten steuerwirksamen Teilwertabschreibung anzuwenden.[129] Dies birgt bei Verschmelzung von Körperschaften ein erhebliches Risiko, wenn in der Vergangenheit vorgenommene steuerwirksame Teilwertabschreibungen nicht nachgehalten bzw. vor Verschmelzung erkannt werden. Der Beteiligungskorrekturgewinn wird in dem Veranlagungszeitraum des steuerlichen Übertragungsstichtags berücksichtigt.[130]

d) Reihenfolge der Wertaufholung

85   Wurden auf die Anteile an der Tochter-KapG neben der steuerwirksamen Abschreibung auch nicht steuerwirksame Teilwertabschreibungen vorgenommen, stellt sich die Frage nach der Reihenfolge der Wertaufholung, wenn der gemeine Wert der Anteile niedriger ist als die in der Vergangenheit insgesamt vorgenommenen Teilwertabschreibungen.

86   Nach in der Literatur vertretener Auffassung sollten Wertaufholungen im Zusammenhang mit Abschreibungen zunächst den zuletzt vorgenommenen Abschreibungen zugeordnet werden.[131] Diese Literaturauffassungen stehen im Einklang mit der aktuellen Rechtsprechung des BFH sowie der mehrheitlichen Auffassung der Literatur in vergleichbaren Fällen.[132] Im Zusammenhang mit § 6 Abs. 1 Nr. 2 EStG sind Wertaufholungen vorrangig mit nicht steuerwirksamen Teilwertabschreibungen zu verrechnen.[133]

---

128 *Schießl* in Widmann/Mayer, § 12 Rdn. 109.
129 *Dötsch* in Dötsch/Patt/Pung/Witt, § 12 Rdn. 16 ff.
130 Tz. 12.03 i. V. m. Tz. 04.08 UmwStE 2011.
131 *Förster/Felchner*, DB 2006, 1072, (1074); *van Lishaut* in Rödder/Herlinghaus/van Lishaut, § 4 Rdn. 47; so wohl auch *Schumacher/Neitz-Hackstein*, Ubg 2011, 409, (412); a. A. *Dötsch/Pung*, DB 2003, 1016 (1019).
132 BFH vom 19. 08. 2009, I R 2/09, BStBl. II 2010, 760; *Gröbl/Adrian* in Erle/Sauter, § 8b KStG Rdn. 135; *Rödder/Schumacher*, DStR 2003, 909; *Roser/Haupt*, DStR 2009, 1677; *Zieren/Adrian*, DB 2006, 299; *Gosch*, § 8b KStG Rdn. 241; vgl. ebenso zu der parallelen Gesetzeslage nach § 3 Nr. 40 S. 1 Buchst. a EStG 2002: *Ritzer* in Frotscher/Geurts, § 3 Nr. 40 EStG Rdn. 199i a ff.; *von Beckerath* in Kirchhof/Söhn/ Mellinghoff, § 3 Nr. 40 EStG Rdn. B 40/152; *Hoffman* in Littmann/Bitz/Pust, Das Einkommensteuerrecht, § 6 EStG Rdn. 606; *Tormöhlen* in Korn/Carlé/Stahl/Strahl, § 3 Nr. 40 EStG Rdn. 23; a. A.: *Dötsch/Pung* in Dötsch/Jost/Pung/Witt, § 8b KStG Rdn. 91; *Erhard* in Blümich, § 3 Nr. 40 EStG Rdn. 18.
133 BFH vom 19. 08. 2009, I R 2/09, BStBl. II 2010, 760.

Die Finanzverwaltung geht hingegen davon aus, dass steuerwirksame vor nicht voll steuerwirksamen Teilwertabschreibungen hinzuzurechnen seien.[134]   *87*

2. Steuerliche Behandlung der Korrektur

Der Beteiligungskorrekturgewinn ist gem. § 12 Abs. 1 S. 2 i.V.m. § 4 Abs. 1   *88* S. 3 als laufender Gewinn voll steuerpflichtig. § 8b Abs. 2 S. 4 und 5 KStG sowie § 3 Nr. 40 S. 1 Buchst. a S. 2 und 3 EStG sind anzuwenden. Der Beteiligungskorrekturgewinn wirkt sich auf Grund des höheren Beteiligungsansatzes durch ein geringes Übernahmeergebnis nach § 12 Abs. 2 S. 1 bei der übernehmenden KapG aus.[135]

Die übernehmende KapG hat eine logische Sekunde vor der Verschmelzung   *89* den Buchwert der Anteile an der übertragenden KapG um steuerwirksame Abschreibungen, sowie um Abzüge nach § 6b EStG und ähnliche Abzüge außerbilanziell zu erhöhen, wobei die Wertaufholung durch den gemeinen Wert begrenzt wird.[136]

C. Übernahmeergebnis (§ 12 Abs. 2)

I. Allgemeines

Durch das SEStEG wurde die Ermittlung des Übernahmeergebnisses nach   *90* § 12 Abs. 2 neu gefasst. Die Vorschrift unterscheidet zwischen einem steuerfreien Übernahmeergebnis[137] (§ 12 Abs. 2 S. 1) und einem Übernahmegewinn (§ 12 Abs. 2 S. 2), auf den § 8b KStG anzuwenden ist. Unklar ist bereits der Anwendungsbereich des § 12 Abs. 2 S. 1. Zweifelsfragen ergeben sich auch bei § 12 Abs. 2 S. 2.

Daneben bewirkt § 12 Abs. 2 S. 3 i.V.m. § 5 Abs. 1 UmwStG eine Rückwir-   *91* kungsfiktion hinsichtlich der nach dem steuerlichen Umwandlungsstichtag, aber vor Eintragung der Verschmelzung im Handelsregister der übernehmenden KapG angeschafften Anteile an der übertragenden KapG.

II. Übernahmeergebnis i.S.d. § 12 Abs. 2 S. 1

Das Übernahmeergebnis i.S.d. § 12 Abs. 2 S. 1 UmwStG ergibt sich aus dem   *92* Unterschiedsbetrag zwischen dem (ggf. durch die erweiterte Wertaufholung gem. § 12 Abs. 1 S. 2 i.V.m. § 4 Abs. 1 S. 2 erhöhten)[138] Buchwert der Anteile an der übertragenden KapG und dem Wert, mit dem die übergegangenen Wirtschaftsgüter zu übernehmen sind, abzüglich der Kosten für den Vermögensübergang.[139]

134 Tz. 12.03 i.V.m. Tz. 04.07 UmwStE 2011.
135 *Ley/Bodden*, FR 2007, 265 (272).
136 *Klingberg* in Blümich, § 12 Rdn. 25 ff.
137 Der Wortlaut des § 12 Abs. 2 S. 1 ist durch die Neufassung gem. SEStEG um die Regelung zu den Umwandlungskosten ergänzt worden, vgl. hierzu auch Rdn. 114 ff.
138 Vgl. insoweit oben Rdn. 69 ff.
139 Richtigerweise ist der Buchwert der Anteile an der übertragenden KapG auf Ebene der übernehmenden KapG vom Wert der übergegangenen Wirtschaftsgüter abzuziehen.

	Wert der übergegangenen Wirtschaftsgüter
./.	Buchwert der Anteile an der übertragenden KapG
	Übernahmegewinn/-verlust vor Umwandlungskosten
./.	Umwandlungskosten
=	Steuerfreier Übernahmegewinn bzw. nichtabzugsfähiger Übernahmeverlust

93   Sofern die übernehmende KapG an der übertragenden KapG beteiligt ist und der Buchwert der Beteiligung dem Nettovermögen entspricht, fällt kein Übernahmeergebnis an. In der Praxis dürfte dieser Fall keine Rolle spielen, da stets die Umwandlungskosten zu berücksichtigen sind und zumindest diese Kosten zu einem Übernahmeverlust führen würden.

94   Der zu ermittelnde Übernahmegewinn oder -verlust bleibt steuerlich außer Ansatz. Dies gilt sowohl für körperschaft- als auch gem. § 19 Abs. 1 für gewerbesteuerliche Zwecke. Da das Übernahmeergebnis zunächst innerhalb des Jahresabschlusses erfasst wird, muss es für steuerliche Zwecke außerbilanziell korrigiert werden.[140]

1. Anwendungsbereich des § 12 Abs. 2 S. 1

95   Fraglich ist, ob ein Übernahmeergebnis i.S.d. § 12 Abs. 2 S. 1 bei jeder Verschmelzung von Körperschaften zu ermitteln ist oder ob hierfür zum steuerlichen Übertragungsstichtag insoweit eine Beteiligung der Übernehmerin an der übertragenden KapG bestehen muss.

96   Zwar bleibt das Übernahmeergebnis gem. § 12 Abs. 2 S. 1 steuerlich stets außer Ansatz. Entscheidend ist diese Frage jedoch im Zusammenhang mit der steuerlichen Behandlung der Umwandlungskosten.

97   Sollte ein Übernahmeergebnis in allen Verschmelzungsfällen von KapG[141] zu ermitteln sein, würden sich die regelmäßig nicht unerheblichen Umwandlungskosten[142] steuerlich nicht mehr auswirken, da sie aus der Gewinnermittlung ausscheiden würden.[143] Sie würden sich insoweit wie nachträgliche Anschaffungskosten auf die Beteiligung auswirken.[144]

98   Gem. § 12 Abs. 2 S. 1 ist das Übernahmeergebnis aus der Differenz zwischen dem Buchwert der Anteile an der übertragenden KapG und dem Wert der übergegangenen Wirtschaftsgüter zu ermitteln.[145] Aus dem Wortlaut der Vorschrift ergibt sich die Anwendbarkeit des § 12 Abs. 2 S. 1 für die Fälle der (ggf. anteiligen) Aufwärtsverschmelzung. Die Konzeption des § 12 Abs. 2 Abs. 1 geht dabei von einer 100 %igen Beteiligung der übernehmen-

---

140   *Schmitt* in Schmitt/Hörtnagl/Stratz, § 12 Rdn. 41, *Wisniewski* in Haritz/Menner, § 12 Rdn. 36; *Klingberg* in Blümich, § 12 Rdn. 33 ff.; *Rödder* in Rödder/Herlinghaus/van Lishaut, § 12 Rdn. 79.
141   D.h. unabhängig von einer bestehenden Beteiligung des übernehmenden an dem übertragenden Rechtsträger.
142   Vgl. hierzu Rdn. 114 ff.
143   *Haritz*, GmbHR 2009, 1194 (1197).
144   *Wisniewski* in Haritz/Menner, § 12 Rdn. 32.
145   Abzuziehen sind hiervon noch die Kosten des Vermögensübergangs.

den KapG an der übertragenden KapG aus, wobei Anteile an der übertragenden KapG, die erst nach dem steuerlichen Übertragungsstichtag angeschafft wurden, als an jenem Stichtag angeschafft gelten. Diese Fiktion ergibt sich aus § 12 Abs. 2 S. 3 i.V.m. § 5 Abs. 1.[146] Durch die Verschmelzung der Tochter-KapG auf die übernehmende Mutter-KapG fällt gem. § 54 Abs. 1 Nr. 1 UmwG zwingend eine Besteuerungsebene weg. Bei der übernehmenden KapG treten in den Fällen der (anteiligen) Aufwärtsverschmelzung die Werte des übergehenden Vermögens an die Stelle der untergehenden Beteiligung.

Nach Auffassung der Finanzverwaltung ist ein Übernahmeergebnis i.S.d. § 12 Abs. 2 S. 1 in allen Verschmelzungsfällen zu ermitteln,[147] d.h. auch in den Fällen, in denen die übernehmende KapG vor der Verschmelzung nicht mit der übertragenden KapG gesellschaftsrechtlich verbunden ist.[148]   99

Diese Auffassung kann darauf gestützt werden, dass § 12 Abs. 2 S. 1 eine dem § 4 Abs. 4 S. 3 vergleichbare anteilige Ermittlung des Übernahmegewinns gerade nicht vorsieht und somit das Fehlen der Regelung dazu führt, § 12 Abs. 2 S. 1 auch in den Fällen anzuwenden, in denen überhaupt keine Beteiligung der übernehmenden KapG an der übertragenden KapG besteht.[149]   100

Die Auslegung der Finanzverwaltung führt dazu, dass (grds.) steuerpflichtige Tauschsachverhalte – Hergabe der Beteiligung an der übertragenden KapG gegen die zu übernehmenden Wirtschaftsgüter – mit steuerneutralen Einlagen gleichbehandelt würden.[150] Nach in der Literatur vertretener Auffassung ist die Argumentation der Finanzverwaltung darauf zurückzuführen, dass auf diesem Wege eine steuermindernde Wirkung der Umwandlungskosten auf Ebene der übernehmenden KapG vermieden werden soll.[151]   101

Der Auffassung der Finanzverwaltung widerspricht die herrschende Meinung in der Literatur. Ein Übernahmeergebnis gem. § 12 Abs. 2 S. 1 sei nur dann zu ermitteln, wenn eine Beteiligung der übernehmenden KapG an der übertragenden KapG bestehe.[152] Nach dem Willen des Gesetzgebers des UmwStG 1995 sei Ziel der Regelung des § 12 Abs. 2 S. 1 UmwStG a.F., dass neben der Besteuerung des (möglicherweise entstehenden) Übertragungsgewinns die Besteuerung der in den untergehenden Anteilen der übernehmenden KapG an der übertragenden KapG bestehenden stillen Reserven si-   102

---

146 Vgl. § 5.
147 Tz. 12.05 UmwStE 2011.
148 Tz. 12.05 UmwStE 2011; gl.A. jedoch ohne weitere Begründung: *Frotscher* in Frotscher/Maas, § 12 Rdn. 46 ff.
149 Ohne weitere Begründung wendet *Frotscher* § 12 Abs. 2 S. 1 auf alle Fälle der Verschmelzung an, vgl. *Frotscher* in Frotscher/Maas, § 12 Rdn. 46 ff.
150 Nach Auffassung von *Rödder* in Rödder/Herlinghaus/van Lishaut, § 12 Rdn. 64 findet durch § 12 Abs. 2 S. 1 ein Vergleich von „Äpfeln mit Birnen" statt. Im Ergebnis ebenso: *Perwein*, GmbHR 2008, 747.
151 *Haritz*, GmbHR 2009, 1194 (1197).
152 *Schmitt* in Schmitt/Hörtnagl/Stratz, § 12 Rdn. 44, *Wisniewski* in Haritz/Menner, § 12 Rdn. 37; *Ley/Bodden*, FR 2007, 265 (273); zur Kritik an der Auffassung der Finanzverwaltung siehe auch *Haritz*, GmbHR 2009, 1194 (1197).

chergestellt sei.[153] Das Übernahmeergebnis sei demnach nur zu ermitteln, um eine Doppelbesteuerung der stillen Reserven in den untergehenden Anteilen zu vermeiden. Durch die Neufassung des § 12 Abs. 2 durch das SEStEG sei die Grundkonzeption der Vorschrift nicht verändert worden.[154]

103 Die Vermögensmehrung auf Ebene der übernehmenden KapG ohne vorherige Beteiligung an der übertragenden KapG stelle insoweit einen Einlagevorgang dar. Die Einlage ist danach bereits aufgrund der allgemeinen Gewinnermittlungsvorschrift der § 8 Abs. 1 KStG i.V.m. §§ 4 ff. EStG bei der Einkommensermittlung nicht zu berücksichtigen. Für die Steuerfreistellung bedürfe es der Anwendung des § 12 Abs. 2 S. 1 nicht.[155]

104 Im Rahmen der Verschmelzung komme es bei der übernehmenden KapG regelmäßig zu einer Kapitalerhöhung und Ausgabe neuer Anteile.[156] In den Fällen, in denen der Nennbetrag der neu ausgegebenen Anteile niedriger ist als der Vermögenszugang, führe die Einlage zu einem steuerfreien Agiogewinn. Im Fall der Gewährung neuer Anteile, deren Nominalbetrag höher ist als der Vermögenszugang, führe dies zu einem steuerlichen Minuskapital auf der Aktivseite der Bilanz. Eine Aufstockung sei nicht vorzunehmen. Das steuerliche Minuskapital könne zukünftig nur mit steuerlichem Mehrkapital verrechnet werden.

104a Das FG Berlin-Brandenburg ist für den Fall des Übergangs eines Teilbetriebs durch Abspaltung in seiner Argumentation der Meinung der herrschenden Literatur gefolgt.[157] Dagegen ist nach neuester Rechtsprechung des BFH nicht nur im Fall der Aufwärtsabspaltung, sondern auch in den Fällen der Abwärts- oder Seitwärtsabspaltung ein Übernahmeergebnis nach § 12 Abs. 2 S. 1 auch dann zu ermitteln, wenn die übernehmende KapG zuvor nicht an der übertragenden KapG beteiligt war.[158] Dementsprechend sind die Kosten des Vermögensübergangs in jenen Fällen nicht als Betriebsausgaben abziehbar. Begründend führt der BFH an, § 12 Abs. 2 S. 1 beschreibe die Voraussetzungen für das steuerliche „Außerachtlassen" lediglich abstrakt, ohne Bezug zu einem konkreten Beteiligungsverhältnis. Die Regelungsformulierung sei als Beschreibung eines bloßen Rechenvorgangs zu verstehen, für den der Buchwert bei konkret tatsächlich fehlender Beteiligung mit Null zu qualifizieren sei. Zudem ordne § 12 Abs. 2 S. 2 die Anwendung des § 8b KStG an; dies lasse sich erklärtermaßen nur aus einem Anteilsbesitz der übernehmenden an der übertragenden KapG und deren Veräußerung rechtfertigen. Ergäbe sich die Steuerfreiheit indes auch bei einem derartigen Anteilsbesitz uneingeschränkt bereits aus § 12 Abs. 2 S. 1, wäre der Regelung des Satzes 2 lediglich eine wiederholende und deklara-

---

153 Vgl. BT-Drs. 12/6885, 21.
154 *Ley/Bodden,* FR 2007, 265 (274).
155 Es kann in diesen Fällen nur ein sog. Agiogewinn entstehen, der von einem eigentlichen Übernahmeergebnis zu unterscheiden ist.
156 Sofern die übernehmende KapG eigene Anteile gehalten hat und diese Anteile im Rahmen der Verschmelzung ausgibt, kommt es insoweit zu einem unter § 8b KStG fallenden Tauschgeschäft; vgl. unten Rdn. 135 ff.
157 FG Berlin-Brandenburg vom 16.02.2012, 8 K 8236/09.
158 BFH vom 09.01.2013, I R 24/12, DStR 2013, 582.

torische Bedeutung beizumessen, was dem Willen des Gesetzgebers nicht entsprechen könne.

Da u. A. nach ein Übernahmeergebnis i. s. d. § 12 Abs. 2 S. 1 nur zu ermitteln   105
ist, sofern die übernehmende KapG an der übertragenden KapG beteiligt
ist, sind die Umwandlungskosten in allen anderen Fällen – sofern sie nicht
zwingend objektbezogen anzusehen sind und damit aktivierungspflichtig
sein könnten – als Betriebsausgaben abzugsfähig.

2. Ermittlung des Übernahmeergebnis i. s. d. § 12 Abs. 2 S. 1

Das *steuerfreie* Übernahmeergebnis ergibt sich nach § 12 Abs. 2 S. 1 in   106
Höhe des Unterschiedsbetrags zwischen dem Buchwert der Anteile an der
übertragenden KapG und dem Wert, mit dem die übergegangenen Wirtschaftsgüter zu übernehmen sind, abzüglich der Kosten für den Vermögensübergang.

§ 12 Abs. 2 S. 1 sieht keinen Zuschlag für neutrales Vermögen (wie etwa § 4   107
Abs. 4 S. 2 bei der Verschmelzung einer KapG auf eine PersG) vor.[159] Auf
die übernehmende KapG gehen sämtliche Wirtschaftsgüter über. Hierzu gehört auch eventuell bestehendes Auslandsvermögen, unabhängig von einem deutschen Besteuerungsrecht.

Bei der Ermittlung des Übernahmeergebnisses kann sich ein *Übernahmege-*   108
winn oder -verlust ergeben, wenn die übergehenden Wirtschaftsgüter der
übertragenden KapG in ihrer steuerlichen Schlussbilanz einen höheren bzw.
niedrigeren Wert als die bis zur Verschmelzung aktivierten Anteile an der
übertragenden Gesellschaft bei der übernehmenden KapG ausweisen, wobei diese Anteile hierbei bereits mit dem um den Beteiligungskorrekturgewinn erhöhten Buchwert anzusetzen sind. Von dem Übernahmeergebnis
sind zusätzlich die Umwandlungskosten in Abzug zu bringen.

a) Gemeiner Wert oder Zwischenwert

Der Wert, mit dem die übergehenden Wirtschaftsgüter im Zusammenhang   109
mit der Ermittlung des Übernahmeergebnisses anzusetzen sind, ergibt sich
aus der Wertverknüpfung des § 12 Abs. 1 S. 1. (Spätere) Änderungen der
steuerlichen Wertansätze der Wirtschaftsgüter, bspw. aufgrund von steuerlichen Außenprüfungen oder Kaufpreisanpassungen, wirken sich auf die Ermittlung des Übernahmeergebnisses aus.

b) Buchwert

§ 1 Abs. 5 Nr. 4 definiert den Buchwert als den Wert, der sich nach den steu-   110
errechtlichen Vorschriften über die Gewinnermittlung in einer für den steuerlichen Übertragungsstichtag aufzustellenden Steuerbilanz ergibt oder ergäbe.

Der Buchwert kann ebenso durch die Anordnung des § 12 Abs. 1 S. 2 i. V. m.   111
§ 4 Abs. 1 S. 2 (erweiterte Wertaufholung) anzupassen sein.

---

159 Eine Sicherstellung des deutschen Besteuerungsrechts ist mangels Transparenzprinzips nicht erforderlich.

112   Mehrere Anteile der übernehmenden KapG an der übertragenden KapG werden für diese Zwecke nicht isoliert betrachtet, d.h. § 12 Abs. 2 S. 1 meint den Wert aller Anteile an der übertragenden KapG. Die kumulierten Anschaffungskosten repräsentieren daher den zugrunde zu legenden Wert i.S.d. § 12 Abs. 2 S. 1.[160]

113   Nach unserem Verständnis des § 12 Abs. 2 S. 1 muss eine Beteiligung an der übertragenden KapG bestehen.[161] Diese kann ggf. auch nach dem steuerlichen Übertragungsstichtag, jedoch vor Eintragung der Verschmelzung im Handelsregister der übernehmenden KapG vorgenommen werden. In diesen Fällen kommt es insoweit zu einer Rückwirkungsfiktion, vgl. § 12 Abs. 2 S. 3 i.V.m. § 5 Abs. 1.

c) Umwandlungskosten

114   Bei der übertragenden KapG sind nach Auffassung des BFH nur solche Kosten zu berücksichtigen, die mit dessen Gesellschaftsform zusammenhängen, die sich also aus dessen „Rechtskleid" ergeben.[162] In Betracht kommen bei der Verschmelzung bspw. die hälftigen Kosten des Verschmelzungsvertrags, Kosten des Verschmelzungsbeschlusses, der Anmeldung und Eintragung des Beschlusses, Löschungskosten, Kosten für Beratungen, die sich auf den Verschmelzungsbeschluss und die Verschmelzungsbilanz beziehen, Kosten der Gesellschafterversammlung, auf der dem Verschmelzungsvertrag zugestimmt wird. Diese Aufwendungen mindern den von der übertragenden KapG ggf. zu versteuernden Übertragungsgewinn und sind als Betriebsausgaben abzugsfähig, es stellt sich jedoch die Frage, zu welchem Zeitpunkt diese Kosten berücksichtigungsfähig sind.

115   Aus zivilrechtlicher Sicht ist eine vertragliche Zuordnung der Verschmelzungskosten möglich[163], steuerlich ist auf den Verursachungszusammenhang abzustellen, welcher ein Zuordnungswahlrecht zwischen den beteiligten Rechtsträgern ausschließt.[164]

116   Die Kosten der Verschmelzung sind anhand des objektiven wirtschaftlichen *Veranlassungsprinzips* zuzuordnen und von jeder KapG selbst zu tragen.[165] Bei unzutreffender Kostenübernahme kann es sowohl zu verdeckten Einlagen als auch zu verdeckten Gewinnausschüttungen kommen. Bei einer Kostenübernahme der übernehmenden KapG für die übertragende KapG kann es zu einer verdeckten Einlage kommen, im umgekehrten Fall zu einer verdeckten Gewinnausschüttung. Sofern die verdeckte Einlage bzw. Gewinnausschüttung im Rückwirkungszeitraum bewirkt werden, wirken sie sich steuerlich nicht mehr aus.[166] Vertragliche Vereinbarungen, wonach der übertragende Rechtsträger die anfallende Grunderwerbsteuer voll oder teil-

---

160 *Rödder* in Rödder/Herlinghaus/van Lishaut, § 12 Rdn. 69; *Schmitt* in Schmitt/Hörtnagl/Stratz, § 12 Rdn. 46.
161 Vgl. Rdn. 95 ff.
162 BFH vom 22.04.1998, I R 83/96, BStBl. II 1998, 698.
163 *Mühle*, DStZ 2006, 63 (67).
164 BFH vom 22.04.1998, I R 83/96; BStBl. II 1998, 698.
165 *Schmitt* in Schmitt/Hörtnagl/Stratz, § 12 Rdn. 35.
166 *Rödder* in Rödder/Herlinghaus/van Lishaut, § 12 Rdn. 74.

weise trägt, sind im Hinblick auf das Vorliegen einer verdeckten Gewinnausschüttung zu prüfen.[167]

Auf Ebene der *übernehmenden* KapG ist die steuerliche Behandlung der   117
Umwandlungskosten hingegen nicht eindeutig geklärt.[168]

Die bei der übernehmenden KapG anfallenden Kosten der Vermögensüber-   118
tragung können zu aktivierende objektbezogene Anschaffungskosten oder
nicht objektbezogene Kosten des Vermögensübergangs darstellen. Die nicht
objektbezogenen Kosten können im Rahmen der Ermittlung des Übernahmeergebnisses zu berücksichtigen sein.[169]

Da nach Auffassung der Finanzverwaltung in allen Fällen, d.h. auch ohne   119
die erforderliche gesellschaftsrechtliche Beteiligung der zu verschmelzenden KapG, die Ermittlung des Übernahmeergebnisses vorzunehmen ist,
dürften sich nach dieser Auffassung die Umwandlungskosten regelmäßig
steuerlich nicht auswirken.[170]

Sie führen in diesem Fall lediglich zu einer Minderung des (ohnehin steu-   120
erfreien) Übernahmeergebnisses. Sofern die Kosten als laufender Aufwand
bei der übernehmenden KapG berücksichtigt worden sind, hat demnach
eine entsprechende außerbilanzielle Korrektur zu erfolgen.

Besonderheiten können sich jedoch im Zusammenhang mit objektbezoge-   121
nen Kosten, insbesondere der ggf. anfallenden Grunderwerbsteuer ergeben.[171] *Grunderwerbsteuer* dürfte zu den objektbezogenen Kosten der Umwandlung zählen. Sie ist deshalb – sofern sie überhaupt nach § 6a GrEStG
anfällt – von der übernehmenden KapG als objektbezogene (nachträgliche)
Anschaffungskosten zu aktivieren.[172]

Nach der Rechtsprechung des BFH sind nur die aufgrund von Anteilsverei-   122
nigungen ausgelösten Grunderwerbsteuern nicht als Anschaffungskosten
der Anteilsvereinigung zu aktivieren.[173] Folglich stellt sich in diesen Fällen
die Frage, ob es sich bei der Grunderwerbsteuer in diesen Fällen um laufende – steuerlich abzugsfähige Betriebsausgaben – oder Umwandlungskosten handelt.[174]

3. Folgewirkung aus der steuerlichen Behandlung der Umwandlungs-kosten beim Übernahmeergebnis

Sofern ein Übernahmeergebnis zu ermitteln ist, sind die Umwandlungskos-   123
ten vom Übernahmeergebnis in Abzug zu bringen. Hierdurch teilen sie das

---

167 BMF vom 18. 01. 2010, BStBl. I 2010, 70.
168 Zur steuerlichen Behandlung von Umwandlungskosten bei Unternehmenstransaktionen siehe *Mühle*, DStZ 2006, 63.
169 Tz. 12.05 i.V.m. 04.34 UmwStE 2011.
170 Vgl. auch Ausführungen zu Rdn. 95 ff.
171 BMF vom 18. 01. 2010, BStBl. I 2010, 70.
172 BMF vom 18. 01. 2010, BStBl. I 2010, 70, BFH vom 17. 09. 2003, I R 97/02, BStBl. II
2004, 686.
173 BFH vom 20. 04. 2011, I R 2/10, BStBl. II 2011, 761.
174 Bejahend als Umwandlungskosten: *Dötsch* in Dötsch/Jost/Pung/Witt, § 12 Rdn. 41,
ablehnend als Umwandlungskosten: *Henerichs/Stedje*, FR 2011, 890.

steuerliche Schicksal des Übernahmeergebnisses, d.h. sie wirken sich steuerlich nicht mindernd aus.[175] Diese Wirkung erscheint im Zusammenhang mit § 12 Abs. 2 S. 2 als problematisch, da in einem weiteren Schritt aufgrund des Verweises auf § 8b KStG fiktiv nichtabzugsfähige Betriebsausgaben dem steuerpflichtigen Gewinn wieder hinzugerechnet werden.[176]

124 Im Ergebnis kommt es zumindest in den Fällen des § 8b Abs. 3 KStG neben der oben beschriebenen Nichtberücksichtigung der Umwandlungskosten zu einer zusätzlichen (doppelten) Steuerbelastung durch die Pauschalierung nichtabzugsfähiger Betriebsausgaben i.H.v. 5 %.[177] Dieses Ergebnis erscheint höchst fragwürdig und unsystematisch.

III. Übernahmegewinn i.S.d. § 12 Abs. 2 S. 2

125 Gem. § 12 Abs. 2 S. 2 ist ein nach § 12 Abs. 2 S. 1 entstehender *Übernahmegewinn* anteilig unter Anwendung des § 8b KStG zu besteuern, soweit die übernehmende KapG an der übertragenden KapG beteiligt ist. Der Gesetzgeber geht in diesen Fällen davon aus, dass der Übernahmegewinn einem Gewinn aus der Veräußerung eines Anteils entspricht.[178]

126 Nach § 12 Abs. 2 S. 2 gelten durch den Verweis auf § 8b KStG 5 % des Übernahmegewinns i.S.d. § 12 Abs. 2 S. 1 *als nicht abzugsfähige Betriebsausgabe*, die dem Gewinn der übernehmenden KapG außerbilanziell hinzuzurechnen sind.

127 Dieser Betrag unterliegt vollumfänglich der Körperschaft- und Gewerbesteuer sowie dem Solidaritätszuschlag. Diese Effektivbesteuerung kann bei entsprechend hohem Übernahmegewinn ein echtes *Hindernis bei der Verschmelzung von KapG* darstellen.

128 Betrachtet man die Vorschrift des § 12 Abs. 2 S. 2 vor dem Hintergrund, dass der Gesetzgeber eine steuerfreie Überführung eventuell bestehender Gewinnrücklagen ohne eine 5 %ige Hinzurechnung nach § 8b KStG im Zuge einer solchen Verschmelzung verhindern will, so scheint diese Regelung gerechtfertigt zu sein. Ansonsten könnte sich eine Aufwärtsverschmelzung immer dann anbieten, wenn eine 5 %ige außerbilanzielle Hinzurechnung zum Ausschüttungsbetrag einer Tochter-KapG bei der Mutter-KapG eine höhere effektive Besteuerung auslöst, als die bei einer Verschmelzung entstehenden Kosten betragen.

129 Allerdings hätte der Gesetzgeber u. A. nach im Umkehrschluss die Umwandlungskosten zum Abzug zulassen müssen. Dies erfolgt im Ergebnis jedoch nur eingeschränkt, denn die Umwandlungskosten mindern gem. § 12 Abs. 2 S. 1 das steuerlich irrelevante Übernahmeergebnis. Die Umwandlungskosten mindern daher nur die Bemessungsgrundlage für die 5 %ige Hinzurechnung und nicht den laufenden Gewinn der Übernehmerin.[179]

---

175 *Rödder* in Rödder/Herlinghaus/van Lishaut, § 12 Rdn. 76.
176 *Schmitt* in Schmitt/Hörtnagl/Stratz, § 12 Rdn. 59.
177 *Rödder* in Rödder/Herlinghaus/van Lishaut, § 12, Rdn. 87.
178 BT-Drs. 16/2710, zu § 12, siehe S. 41; BT-Drs. 16/3369, zu § 12 Abs. 2, siehe S. 10.
179 Vgl. auch Ausführungen zu Rdn. 123 f.

Die Finanzverwaltung nimmt jedoch die Ermittlung des Übernahmeergeb- *130*
nisses *unabhängig von der Beteiligungsquote* vor. Besteht zwischen den
verschmelzenden KapG keine Beteiligung, so wird bei der übernehmenden
KapG ein Buchwert der Anteile an der übernehmenden KapG i.H.v. EUR 0
angesetzt.

Nach dem Wortlaut des UmwStE 2011 ist die 5 %ige Hinzurechnung auf den *131*
Anteil des Übernahmegewinns zu berechnen, der der Beteiligungsquote der
Übernehmerin an der Überträgerin entspricht. Richtig wäre jedoch, die 5 %
auf den Betrag zu berechnen, der sich als Differenz zwischen dem Buchwert
der untergehenden Beteiligung und dem Buchwert des anteilig auf den
übernehmenden Gesellschafter entfallenden Betriebsvermögens der Überträgerin ergibt. Dass beide Varianten zu unterschiedlichen Ergebnissen führen, wird nachfolgend anhand eines Beispiels noch einmal deutlich gemacht
werden.

Beispiel:[180]

Die übernehmende M-GmbH ist an der übertragenden T-GmbH zu *132*
40 % beteiligt. Der Buchwert der Anteile beträgt EUR 200.000, der
Buchwert des übergehenden Vermögens beträgt EUR 800.000. Die
Kosten des Vermögensübergangs betragen EUR 20.000.

Lösung nach Auffassung der Finanzverwaltung: *133*
Nach Auffassung der Finanzverwaltung beträgt der Übernahmegewinn i.S.d. § 12 Abs. 2 S. 1 EUR 580.000 (EUR 800.000 – EUR 200.000
– EUR 20.000 = EUR 580.000). Durch die außerbilanzielle Korrektur
des Übernahmeergebnisses werden bei dieser Auslegung des § 12
Abs. 2 S. 1 die im Rahmen der Verschmelzung anfallenden Umwandlungskosten aus der Gewinnermittlung eliminiert. Im Rahmen des
§ 12 Abs. 2 S. 2 gilt nach Auffassung der Finanzverwaltung Folgendes: Für Zwecke der Ermittlung des eigentlichen Übernahmeergebnisses sind von der anteiligen Vermögensmehrung auf Ebene des
übernehmenden Rechtsträgers der Buchwert des Übernehmers an der
Überträgerin sowie die tatsächlich auf Ebene der Übernehmerin entstehenden Umwandlungskosten in Abzug zu bringen. Der Gewinn
i.S.d. § 12 Abs. 2 S. 2 beträgt in diesem Beispiel EUR 232.000 (EUR
580.000 × 40 % = EUR 232.000). Da es sich beim up-stream merger
um einen veräußerungsgleichen Tatbestand handelt, erfolgt durch die
Anwendung des § 8b Abs. 2 KStG grds. eine vollständige Steuerfreistellung des eigentlichen Übernahmeergebnisses. Allerdings führt
§ 8b Abs. 3 KStG zu einer steuerpflichtigen Hinzurechnung von 5 %
nichtabzugsfähigen (fiktiven) Betriebsausgaben i.H.v. EUR 11.600.

Alternative Lösung des Beispiels: *134*
Ein Übernahmeergebnis i.S.d. § 12 Abs. 2 S. 1 UmwStG entsteht nur,
sofern und soweit der Übernehmer am Überträger beteiligt ist. Das
Übernahmeergebnis i.S.d. § 12 Abs. 2 S. 1 beträgt mithin nur EUR
112.000 (EUR 800.000 × 40 % = EUR 320.000 – EUR 200.000 – (EUR
20.000 × 40 %) = EUR 112.000). Die Umwandlungskosten i.H.v.

---

180 Tz. 12.06 UmwStE 2011.

EUR 20.000 bleiben für steuerliche Zwecke voll abzugsfähig. Die nichtabzugsfähigen Betriebsausgaben i.S.d. § 8b Abs. 3 KStG belaufen sich unter Zugrundelegung dieser Berechnungsmethode auf EUR 5.600. Durch die Umwandlungskosten ergibt sich im Saldo ein negatives Ergebnis i.H.v. EUR 6.400 (EUR 20.000 − EUR 5.600 = EUR 13.600).

135 Im Ergebnis ist durch die Anwendung des § 12 Ans. 2 S. 2 ein möglicher Übernahmegewinn i.S.d. § 12 Abs. 2 S. 1 im Regelfall nur zu 95 % steuerfrei.[181] Unterschiede können sich aufgrund der unterschiedlichen Berechnungsmethoden des Übernahmeergebnisses ergeben.

1. Anwendbarkeit des § 8 b Abs. 4 KStG a.F. i.V.m. § 34 Abs. 7a KStG

136 Im Zusammenhang mit dem Verweis auf § 8b KStG durch § 12 Abs. 2 S. 2 ist unklar, ob hierdurch auch § 8b Abs. 4 KStG a.F. zur Anwendung kommt, sofern die Anteile an dem übertragenden Rechtsträger einbringungsgeboren sind. Durch die Übergangsvorschrift des § 34 Abs. 7a KStG ist § 8b Abs. 4 KStG a.F. bis zum Ablauf der Sieben-Jahres-Frist weiterhin auf einbringungsgeborene Anteile anzuwenden. Sofern § 12 Abs. 2 S. 2 auch § 8b Abs. 4 KStG a.F. erfassen würde, wäre der (anteilige) Übernahmegewinn abzüglich der Kosten für den Vermögensübergang voll steuerpflichtig.

137 In der Literatur wird diese Frage kontrovers diskutiert. Zum Teil wird die Auffassung vertreten[182], dass § 12 Abs. 2 S. 2 i.V.m. § 8b Abs. 4 KStG a.F. anzuwenden sei, da § 12 Abs. 2 S. 2 beim Verweis auf § 8b KStG nicht differenziere. In diesem Fall wäre der entstandene Übernahmegewinn voll steuerpflichtig.

138 Dieser Auffassung kann entgegen gehalten werden, dass § 12 Abs. 2 S. 2 nur auf § 8 b KStG in der geltenden Fassung verweise.[183] Anderenfalls hätte es einer gesetzlichen Anwendung des § 8b Abs. 4 KStG a.F. durch die Einbeziehung des § 34 Abs. 7a KStG bedurft.[184] Aus § 4 Abs. 7 S. 2 lässt sich ableiten, dass die zuletzt genannte Auffassung zutreffend ist. Die Vorschrift verweist bei der Ermittlung des Übernahmeergebnisses bei der Verschmelzung auf eine PersG auf § 3 Nr. 40 S. 1 und S. 2 EStG, nicht hingegen auf die für einbringungsgeborene Anteile maßgebliche Regelung des § 3 Nr. 40 S. 3 EStG.[185] Eine Anwendung bei der Ermittlung des Übernahmeergebnisses ist demnach nicht vorgesehen.[186] Aus der gesetzgeberischen Absicht kann geschlossen werden, dass die Einbringungsgeborenheit der Anteile an der übertragenden KapG bei der Ermittlung des Übernahmegewinns i.S.d

---

181 Zu den möglichen Anwendungsfällen des § 8b Abs. 4 KStG a.F. bzw. § 8b Abs. 7 oder 8 KStG siehe unter Rdn. 139f. sowie Rdn. 141ff.
182 *Dötsch* in Dötsch/Pung/Patt/Möhlenbrock, § 12 Rdn. 46; *Schießl* in Widmann/Mayer, § 12 Rdn. 267.28.
183 *Ley/Bodden*, FR 2007, 265 (274); *Rödder* in Rödder/Herlinghaus/van Lishaut, § 12 Rdn. 90.
184 *Schmitt* in Schmitt/Hörtnagl/Stratz, § 12 Rdn. 57.
185 § 3 Nr. 40 S. 3 EStG a.F. findet gem. § 52 Abs. 4b S. 6 EStG grds. weiterhin Anwendung.
186 *Ley/Bodden*, FR 2007, 265 (274).

§ 12 Abs. 2 S. 2 keine Rolle spielen soll.[187] Sofern keine neuen Anteile ausgegeben werden, gehen diese Anteile ersatzlos unter. In allen anderen Fällen sollte die Regelung des § 13 Abs. 2 S. 2 zu beachten sein.

Selbst bei hypothetischer Anwendbarkeit des § 8b Abs. 4 KStG a.F. auf einen Übernahmegewinn i.S.d. § 12 Abs. 2 S. 2 sollte der Regelungsinhalt der Vorschrift, d.h. Eintritt der vollen Steuerpflicht, auf Grund teleologischer Reduktion jedenfalls dann nicht anzuwenden sein, wenn die Verschmelzung als Umkehrvorgang der zuvor erfolgten Einbringung anzusehen ist. In diesem Fall besteht kein Bedürfnis nach der vollen Besteuerung.[188] Die Besteuerung der stillen Reserven mit Körperschaftsteuer bleibt sichergestellt. *139*

Die teleologische Reduktion kann jedoch keine Anwendung finden, sofern die zugrunde liegende Einbringung durch nicht von § 8 b Abs. 2 KStG begünstigte Personen erfolgte.[189] *140*

2. § 8 b Abs. 7 und 8 KStG

Gem. der Gesetzesbegründung zum SEStEG sollen die Sonderregelungen für Kreditinstitute gem. § 8b Abs. 7 KStG und für Versicherungsunternehmen gem. § 8b Abs. 8 KStG auch für den Übernahmegewinn gelten.[190] Ein entstehender Übernahmegewinn wäre in diesen Fällen voll steuerpflichtig. Aufgrund des klaren Wortlauts des § 12 Abs. 2 S. 2 – der nur von *Gewinn* spricht – sollte ein Verlust bei diesen Unternehmen nicht berücksichtigt werden können. *141*

In der Literatur[191] wird vertreten, dass eine auf den Wortlaut beschränkte Auslegung zumindest dann nicht überzeugen kann, wenn die übernehmende Körperschaft ein Kreditinstitut oder ein Versicherungsunternehmen ist und demzufolge § 8b Abs. 7 oder Abs. 8 KStG anzuwenden ist. *142*

Nach anderer Auffassung ergibt sich die Verlustberücksichtigung bereits aufgrund der Tatsache, dass eine Verlustberücksichtigung im vergleichbaren Fall des § 4 Abs. 6 erfolgt. Ein sachlicher Grund für eine andere Behandlung im Rahmen des § 12 Abs. 2 S. 2 i.V.m. § 8 b Abs. 7 oder Abs. 8 KStG sei nicht ersichtlich. Im Ergebnis sei daher auch der in diesen Fällen entstehende Verlust zu berücksichtigen.[192] *143*

Das FG Baden-Württemberg hat sich dem Wortlautargument der Literatur angeschlossen mit der Konsequenz, dass ein Übernahmeverlust von der Regelung des § 12 Abs. 2 S. 1 und 2 mit umfasst sei.[193] Dem Begriff „Gewinn" komme im UmwStG einerseits und im KStG/EStG andererseits keine ein-

---

187 Ley/Bodden, FR 2007, 265 (274); Schmitt in Schmitt/Hörtnagl/Stratz, § 12 Rdn. 57.
188 Förster/van Lishaut, FR 2000, 1189 (1189ff.).
189 Rödder in Rödder/Herlinghaus/van Lishaut, § 12 Rdn. 90, Schießl in Widmann/ Mayer, § 12 Rdn. 267.30.
190 BT-Drs. 16/2710, 39.
191 Benecke/Schnittger, IStR 2007, 22 (26); Schmitt in Schmitt/Hörtnagl/Stratz, § 12 Rdn. 53 f.
192 Ley/Bodden, FR 2007, 265 (273 f.)
193 FG Baden-Württemberg vom 09.07.2012, 6 K 5258/09.

heitliche Bedeutung zu. Zudem sei Art. 7 der Fusionsrichtlinie[194] in Deutschland nicht ordnungsgemäß umgesetzt worden; ein Vergleich mit den anderssprachigen Fassungen belege, dass es nur um die Besteuerung einer Wertsteigerung gehe, nicht aber auch um einen Ausschluss einer Verlustberücksichtigung. Darüber hinaus enthalte § 12 Abs. 2 S. 2 einen uneingeschränkten Verweis auf § 8b KStG, in den auch die in § 8b Abs. 7 und 8 KStG bestehenden Sonderregelungen für Kreditinstitute und Versicherungsunternehmen einbezogen seien. Durch diesen Verweis auf § 8b Abs. 8 KStG werde die in § 12 Abs. 2 S. 1 angeordnete Steuerfreiheit von Gewinn und Verlust für die dort genannten Körperschaftsteuersubjekte derogiert. Nach zutreffender Auslegung des § 12 Abs. 2 S. 1 und 2 sei danach der Übernahmeverlust eines Lebensversicherers (auch) zu berücksichtigen.

Der BFH ist der Rechtsauffassung des FG Baden-Württemberg hingegen nicht gefolgt.[195] Aus dem Regelungstext in § 12 Abs. 2 S. 2 („... der Gewinn i.s. des Satzes 1 ...") ergebe sich eindeutig, dass zwar ein Übernahmegewinn, ein Übernahmeverlust im Grundsatz aber nicht in die Freistellung nach § 8b Abs. 2 S. 1 KStG einzubeziehen sei. Der oftmals erhobene Einwand einer „systematischen Verwerfung" in der Gleichbehandlung von Übernahmegewinnen einerseits und Übernahmeverlusten andererseits rechtfertige sich aus der teleologischen Erwägung, dass Übernahmeverluste regelmäßig (bloße) Buchverluste repräsentierten, jedoch nicht zu einer Minderung der Leistungsfähigkeit der übernehmenden KapG führen und letztere infolge der Übernahme insoweit auch nicht steuerlich belasten würden. Eine steuerliche Belastung trete erst ein, wenn die im übergegangenen Vermögen enthaltenen stillen Reserven realisiert würden.

144 Hier ist u.A. nach eine begünstigende Auslegung dahingehend geboten, dass § 8b KStG sowohl auf den Übernahmegewinn als auch -verlust Anwendung findet.[196]

3. Aufwärtsverschmelzung auf Organgesellschaft

145 Nach Auffassung der Finanzverwaltung ist in den Fällen der Aufwärtsverschmelzung auf eine Organgesellschaft – unter Anwendung des § 12 Abs. 2 S. 2 – § 15 S. 1 Nr. 2 KStG zu beachten.[197]

146 Sind an dem Organträger in der Rechtsform einer Personengesellschaft natürliche Personen beteiligt, soll insoweit gem. § 15 S. 1 Nr. 2 S. 2 KStG anzuwenden sein. Im Ergebnis soll es insoweit zu einer Besteuerung gem. § 3 Nr. 40, 3 c Abs. 2 EStG kommen. § 8 b KStG soll mithin nicht anzuwenden sein.[198]

---

194 Richtlinie des Rates vom 23.07.1990 über das gemeinsame Steuersystem für Fusionen, Spaltungen, die Einbringung von Unternehmen und den Austausch von Anteilen, die Gesellschaften verschiedener Mitgliedstaaten betreffen – 90/434/EWG, ABl 1990 L 225.
195 BFH vom 30.07.2014, I R 58/12, DStR 2014, 2120.
196 So auch *Benecke/Schnitger*, IStR 2007, 22 (26).
197 Tz. 12.07 UmwStE 2011.
198 Tz. 12.07 UmwStE 2011.

Diese Auffassung erscheint äußerst fraglich. Sie ist mit dem klaren Wortlaut   *147*
der Vorschrift nicht in Einklang zu bringen. Nach § 12 Abs. 2 S. 2 ist in den
Fällen der Aufwärtsverschmelzung „nur" § 8b KStG anzuwenden.

IV. Anschaffungen
nach dem steuerlichen Übertragungsstichtag

Gem. § 12 Abs. 2 S. 3 gelten Anteile, welche die übernehmende KapG erst   *148*
nach dem steuerlichen Übertragungsstichtag, aber vor der Eintragung der
Verschmelzung in das Handelsregister der übernehmenden KapG angeschafft oder durch Abfindung vorheriger Anteilseigner erworben hat, als
zum steuerlichen Übertragungsstichtag angeschafft. Das Übernahmeergebnis i.S.d. § 12 Abs. 2 S. 2 ist aufgrund des Verweises auf die Einlagefiktion
des § 5 Abs. 1 so zu ermitteln, als hätte die übernehmende KapG die Anteile
bereits am steuerlichen Übertragungsstichtag angeschafft. Sowohl die Anschaffung als auch die Abfindung führen zu einer Erhöhung des Buchwerts
der Anteile der übernehmenden KapG an der übertragenden KapG, sodass
sich ein Übernahmegewinn vermindert bzw. sich ein ggf. ergebender Übernahmeverlust erhöht.

D. Eintritt in die steuerliche Rechtsstellung
(§ 12 Abs. 3)

I. Allgemeines

Gem. § 12 Abs. 3 HS 1 tritt die übernehmende KapG in die steuerliche   *149*
Rechtsstellung (steuerliche Rechtsnachfolge) der übertragenden KapG ein,
und zwar unabhängig vom jeweiligen Wertansatz im Rahmen der Verschmelzung.[199] § 4 Abs. 2 und Abs. 3 gelten gem. § 12 Abs. 3 HS 2 entsprechend.

Die steuerliche Rechtsnachfolge der übernehmenden KapG in die Position   *150*
der übertragenden KapG ist umfassend.[200] Sie bewirkt, dass die gesamten
steuerlichen Rechtspositionen der übertragenden KapG auf die übernehmende KapG übergehen.

Einschränkungen dieses Grundsatzes bedürfen einer ausdrücklichen ge-   *151*
setzlichen Regelung. Hiervon hat der Gesetzgeber Gebrauch gemacht, da
§ 12 Abs. 3 i.V.m. § 4 Abs. 2 S. 2 die Übertragung von verrechenbaren Verlusten, verbleibenden Verlustvorträgen, von seitens der übertragenden Körperschaft nicht ausgeglichenen negativen Einkünften und eines Zinsvortrags nach § 4h Abs. 1 S. 2 EStG von der steuerlichen Rechtsnachfolge
ausschließt. Wegen des allgemeinen Leistungsfähigkeitsprinzips des deutschen Ertragsteuerrechts bedurfte es hierfür mit § 12 Abs. 3 i.V.m. § 4 Abs. 2
einer ausdrücklichen gesetzlichen Regelung.[201]

---

199 Tz. 12.04 i.V.m. Tz. 04.09–04.17 UmwStE 2011.
200 Fußstapfentheorie; BFH vom 28. 07. 2010, I R 111/09, BFH/NV 2011, 67–68; es besteht insoweit insbesondere keine Vergleichbarkeit zur Frage der steuerlichen
Rechtsnachfolge im Erbfall natürlicher Personen, vgl. hierzu BFH vom 17. 12. 2007,
GrS 2/04, BStBl. II 2008, 608.
201 *Schmitt* in Schmitt/Hörtnagl/Stratz, § 4 Rdn. 55.

152 Die steuerliche Rechtsnachfolge kann nicht dazu führen, dass ausländische Abschreibungsmethoden anzuwenden sind. Soweit die auf die übernehmende KapG übergehenden Wirtschaftsgüter durch die Verschmelzung erstmals dem deutschen Steuerrecht unterliegen[202], kommt es zu einer Verstrickung und der Abschreibung beginnend mit dem gemeinen Wert.[203]

153 § 12 Abs. 3 i.V.m. § 4 Abs. 2 S. 3 stellt klar, sofern die Dauer der Zugehörigkeit eines Wirtschaftsguts zum Betriebsvermögen für die Besteuerung von Bedeutung ist, so ist der Zeitraum der Zugehörigkeit zum Betriebsvermögen der übertragenden KapG der übernehmenden KapG anzurechnen. Bedeutsam ist diese Regelung insbes. für § 6b EStG und § 9 GewStG.

154 Hat die übertragende KapG die Wirtschaftgüter in ihrer Schlussbilanz mit einem über dem Buchwert liegenden Wert angesetzt (Zwischenwert oder gemeiner Wert), bemisst sich bei der übernehmenden KapG in den Fällen des § 7 Abs. 4 S. 1 und Abs. 5 EStG (Gebäude) die AfA nach der bisherigen Bemessungsgrundlage. Bei anderen Wirtschaftsgütern ist die AfA bei der übernehmenden KapG nach dem Buchwert vermehrt um den Unterschiedsbetrag zwischen dem Buchwert der einzelnen Wirtschaftsgüter und dem Wert, mit dem die übertragende Körperschaft die WG in der steuerlichen Schlussbilanz angesetzt hat, zu bemessen.

II. Grundsatz der steuerlichen Rechtsnachfolge

1. § 12 Abs. 3 i.V.m. § 4 Abs. 2

155 Die übernehmende KapG ist gem. § 12 Abs. 1 an die Wertansätze in der steuerlichen Schlussbilanz der übertragenden KapG gebunden. Aufgrund der Wertverknüpfung und der steuerlichen Rechtsnachfolge folgt die Bindung der übernehmenden KapG an die bisherigen Bewertungsprinzipien auch für steuerliche Zwecke.[204] Die übernehmende KapG tritt insbesondere hinsichtlich der historischen Anschaffungskosten in die Rechtsstellung der übertragenden KapG ein und führt diese grds. fort.[205] Sie ist an die Abschreibungsdauer und -art gebunden, da die übertragende KapG die steuerlich ggf. bestehenden Wahlrechte in der Vergangenheit bereits bindend ausgeübt hat.[206]

156 Die übernehmende Körperschaft führt auch die ggf. steuerlich relevante Dauer und die Zugehörigkeit der Wirtschaftgüter zum Betriebsvermögen fort.

---

202 *Schmitt* in Schmitt/Hörtnagl/Stratz, § 11 Rdn. 120 f. sowie § 4 Rdn. 13 und 27.
203 *Schmitt* in Schmitt/Hörtnagl/Stratz, § 4 Rdn. 27, § 12 Rdn. 72.
204 *Dötsch* in Dötsch/Jost/Pung/Witt, § 12 Rdn. 54, *Frotscher* in Frotscher/Maas, § 12 Rdn. 89; *Schmitt* in Schmitt/Hörtnagl/Stratz, § 12 Rdn. 70 f.; Widmann in Widmann/Mayer, § 4 Rdn. 166.
205 Tz. 12.04 i.V.m. Tz. 04.10 UmwStE 2011.
206 Hinsichtlich der wohl strittigen Frage nach der Bindung an die Restnutzungsdauer in den Fällen der Aufstockung der Buchwerte, vgl. BFH vom 29.11.2007, IV R 73/02, BStBl. II 2008, 407; BFH vom 29.11.2007, IV R 84/05, BFH/NV 2008, 935; Tz. 12.07 i.V.m. Tz. 04.14 f. UmwStE 2011.

Obwohl die Finanzverwaltung Umwandlungen und damit ebenso die Verschmelzung als Veräußerungs- und Anschaffungsvorgänge qualifiziert, soll keine Anschaffung für Zwecke der §§ 6b, 7 g EStG vorliegen.[207] *157*

Im Einzelnen:

a) Absetzung für Abnutzung (AfA) bei Buchwertfortführung

Die übernehmende KapG tritt gem. § 12 Abs. 3 hinsichtlich der nach § 7 *158*
EStG abschreibbaren Wirtschaftsgüter in die Position der übertragenden KapG ein und führt die bisherigen Buchwerte der übergehenden Wirtschaftsgüter gem. § 12 Abs. 3 i.V.m. § 4 Abs. 2 S. 1 fort.[208]

Die Rechtsnachfolge umfasst – zumindest in den Fällen der steuerneutralen *159*
Verschmelzung unter Buchwertfortführung – sowohl die Fortführung der Bemessungsgrundlage (Bewertung der übernommenen Wirtschaftsgüter) als auch die Art der Absetzung für Abnutzung (Abschreibungszeitraum und -methode).[209]

Steuerrechtliche Gründer- und/oder Herstellereigenschaften der übertra- *160*
genden KapG sind von der übernehmenden KapG zu übernehmen.[210] Dies kann beispielsweise bei anschaffungsnahen Aufwendungen für Gebäude nach § 6 Abs. 1 Nr. 1a EStG relevant werden.[211] Hatte die übertragende KapG ein Gebäude angeschafft, so gehören Aufwendungen für Instandsetzungs- oder Modernisierungsmaßnahmen der übernehmenden Körperschaft innerhalb der ersten drei Jahre nach der Anschaffung des Gebäudes grds. zu anschaffungsnahen Aufwendungen nach § 6 Abs. 1 Nr. 1a EStG.

Die übernehmende KapG tritt ebenso in die steuerliche Rechtsstellung hin- *161*
sichtlich Abschreibungen für *außergewöhnliche technische oder wirtschaftliche Abnutzung* gem. § 7 Abs. 1 S. 7 EStG ein, sodass es unter den Voraussetzungen des § 7 Abs. 1 S. 7 EStG nach der Verschmelzung auf Ebene der übernehmenden KapG zu einer gewinnerhöhenden Zuschreibung kommen kann.[212]

Gleiches gilt, sofern die übertragende KapG *Sonderabschreibungen* geltend *162*
gemacht hatte. Die übernehmende KapG tritt auch insoweit in die Rechtsstellung ein und kann die Sonderabschreibungen in gleichem Umfang vornehmen, wie es die übertragende KapG hätte tun können.[213]

---

207 Tz. 12.04 i.V.m. Tz. 04.14 UmwStE 2011.
208 *Schmitt* in Schmitt/Hörtnagl/Stratz, § 12 Rdn. 70; nach *Schmitt* stellen die objektbezogenen Kosten (insbesondere wohl ggf. außerhalb des Anwendungsbereichs von § 6 a GrEStG anfallende GrESt) zusätzliche Anschaffungskosten der übertragenen Wirtschaftsgüter dar und sind entsprechend zu aktivieren.
209 *Klingenberg* in Blümich, § 12 Rdn. 60.
210 *Schmitt* in Schmitt/Hörtnagl/Stratz, § 12 Rdn. 70.
211 *Rödder* in Rödder/Herlinghaus/van Lishaut, § 12 Rdn. 100.
212 *Schmitt* in Schmitt/Hörtnagl/Stratz, § 12 Rdn. 73.
213 *Schmitt* in Schmitt/Hörtnagl/Stratz, § 12 Rdn. 74; *Wisniewski* in Haritz/Menner, § 12 Rdn. 72.

b) Besitzzeitanrechnung

163 § 12 Abs. 3 i.V.m. § 4 Abs. 2 S. 3 konkretisiert die steuerliche Rechtsnachfolge hinsichtlich der steuerlich ggf. relevanten Besitzzeitanrechnung für die übergehenden Wirtschaftsgüter.

164 Die übernehmende KapG übernimmt die Besitzzeit der Zugehörigkeit der Wirtschaftsgüter zum Betriebsvermögen der übertragenden KapG. Es erfolgt damit eine Anrechnung, sofern die Zugehörigkeit der Wirtschaftsgüter für Zwecke der Besteuerung relevant ist.[214]

165 Bedeutung erlangt diese Vorschrift sowohl hinsichtlich steuerlich relevanter *begünstigender* Vorbesitzzeiten als auch ggf. *belastender* Behaltefristen.

166 Zu nennen sind in diesem Zusammenhang insbesondere die steuerlich relevanten Vorbesitzzeiten der gewerbesteuerlichen Kürzungsvorschriften des § 9 Nr. 2a und Nr. 7 GewStG sowie die erforderliche Vorbesitzzeit im Zusammenhang mit der Übertragung stiller Reserven bei der Veräußerung bestimmter Anlagegüter nach § 6b Abs. 4 S. 1 Nr. 2 EStG.[215]

167 Hinsichtlich eventuell bestehender Vorbesitzzeiten für die Gewährung von DBA-Schachtelprivilegien (z.B. nach Art. 10 Abs. 3 Buchst. a DBA USA/ Deutschland) ist zumindest in den Fällen, in denen Deutschland als Anwenderstaat die Auslegung des DBA vorzunehmen hat, davon auszugehen, dass die Vorbesitzzeit zugunsten der übernehmenden KapG anzurechnen ist.

168 Gleiches gilt für Behaltefristen wie z.B. § 2 Abs. 1 S. 1 Nr. 2, S. 3 und S. 5 InvZulG, § 8b Abs. 4 KStG a.F.[216] oder sonstige Zurechnungs- bzw. Steuerverstrickungsvorschriften, wie z.B. § 2a Abs. 3 und 4 EStG[217], § 6 Abs. 1 S. 1 Nr. 1 S. 4 und Nr. 2 S. 3 EStG, 8b Abs. 2 S. 4 ff. KStG, § 11 Abs. 2 S. 2 und § 12 Abs. 1 S. 2 UmwStG.

169 Die Behaltefristen bzw. die zukünftige Berücksichtigung der Zurechnungsbzw. Steuerverstrickungsvorschriften setzen sich bei der übernehmenden KapG fort[218], sie werden durch die Verschmelzung nicht unterbrochen.[219]

*c) Zusammenrechnung von Anteilen und erstmalige Begründung
relevanter Besitzverhältnisse*

170 Sofern die an der Verschmelzung beteiligten Körperschaften jeweils eine Minderheitsbeteiligung an einer weiteren Körperschaft halten, stellt sich die Frage, ob aufgrund der umfassenden steuerlichen Rechtsnachfolge durch

---

214 *Klingenberg* in Blümich, § 12 Rdn. 60.

215 *Schmitt* in Schmitt/Hörtnagl/Stratz, § 12 Rdn. 80, sowie zu § 6b EStG *Klingenberg* in Blümich, § 12 Rdn. 60.

216 *Rödder* in Rödder/Herlinghaus/van Lishaut, § 12 Rdn. 100, *Schmitt* in Schmitt/ Hörtnagl/Stratz, § 12 Rdn. 80.

217 § 2a Abs. 3 EStG aufgehoben durch Gesetz vom 24.03.1999, BGBl. I, 402; zur weiteren Anwendung siehe § 52 Abs. 2 S. 4 bis 6 EStG.

218 *Dötsch* in Dötsch/Jost/Pung/Witt, § 12 Rdn. 40; *Frotscher* in Frotscher/Maas, § 12 Rdn. 91; *Schmitt* in Schmitt/Hörtnagl/Stratz, § 12 Rdn. 80, *Rödder* in Rödder/Herlinghaus/van Lishaut, § 12 Rdn. 100.

219 *Schmitt* in Schmitt/Hörtnagl/Stratz, § 12 Rdn. 80, *Rödder* in Rödder/Herlinghaus/ van Lishaut, § 12 Rdn. 100.

die rückwirkende Verschmelzung beider KapG die Voraussetzungen bspw. für eine Schachtelbeteiligung i.S.d. § 9 Nr. 2a oder Nr. 9 GewStG geschaffen werden können.

In der Literatur wird insbesondere unter Berufung auf den Wortlaut des § 2 argumentiert, dass die steuerliche Rückwirkung im Zusammenspiel mit der steuerlichen Rechtsnachfolge die Voraussetzungen für die rückwirkende Zusammenrechnung vermittelt.[220] In Übereinstimmung mit der Literatur wird nach Auffassung des FG Köln mit der entsprechenden Anwendung von § 4 Abs. 2 S. 3 sowohl dem stichtagsbezogenen Beteiligungserfordernis des § 9 Nr. 2a S. 1 GewStG als auch dem Erfordernis der Zugehörigkeit des Wirtschaftsguts zum Betriebsvermögen Rechnung getragen.[221] Nach aktueller Rechtsprechung des BFH kann dagegen der tatbestandliche Mangel an dem stichtagsbezogenen Beteiligungserfordernis des § 9 Nr. 2a S. 1 GewStG nicht durch § 4 Abs. 2 S. 3 ersetzt werden.[222] Dies folge unmissverständlich aus dem Regelungswortlaut, der die Anrechnung des Zeitraums der Zugehörigkeit des eingebrachten Wirtschaftsguts nur ermögliche, falls die Dauer der Zugehörigkeit des Wirtschaftsguts zum Betriebsvermögen für die Besteuerung bedeutsam ist. Im Unterschied dazu sei für das gewerbesteuerrechtliche Schachtelprivileg der Beginn des Erhebungszeitraums, mithin ein Zeit*punkt* rechtsfolgenauslösend. Da § 4 Abs. 2 S. 3 als spezifische Ausnahmevorschrift konzipiert sei, verbiete sich ihre ausweitende Auslegung.

d) Organschaft und steuerliche Mehr-und Minderabführungen

Hinsichtlich der diversen Fragestellungen im Zusammenhang mit Organschaften bei Verschmelzungen vgl. Abschnitt D.IV.

e) Rücklagen

Die übernehmende KapG ist berechtigt, steuerlich gewinnmindernde Rücklagen der übertragenden KapG fortzuführen.[223] In Betracht kommen in diesem Zusammenhang bspw. Rücklagen nach § 6b Abs. 3 EStG[224], § 7g Abs. 3 EStG, § 52 Abs. 16 S. 3 EStG sowie die Rücklage für Ersatzbeschaffung gem. R 6.6 EStR. Die Rücklage kann aufgrund der umfassenden steuerlichen Rechtsnachfolge unabhängig davon fortgeführt werden, ob die jeweiligen Voraussetzungen für eine Rücklagenbildung bei der übernehmenden KapG erfüllt sind.[225]

171

172

173

---

220 *Schmitt* in Schmitt/Hörtnagl/Stratz, § 12 Rdn. 92; *van Lishaut* in Rödder/Herlinghaus/van Lishaut, § 2 Rdn. 41, *Widmann* in Widmann/Mayer, § 4 Rdn. 844.3.
221 FG Köln vom 08.05.2013, 10 K 3547/12, DStRE 2014, 465.
222 BFH vom 16.04.2014, I R 44/13, DStR 2014, 1229.
223 *Schmitt* in Schmitt/Hörtnagl/Stratz, § 12 Rdn. 77 mit Verweis auf § 4 Rdn. 68; *Wisniewski* in Haritz/Menner, § 12 Rdn. 76.
224 Im Zusammenhang mit einer Rücklage nach § 6b EStG ist zu beachten, dass, soweit im Rahmen der Umwandlung ein Rumpfwirtschaftsjahr entsteht, dieses als volles Wirtschaftsjahr i.S.d. § 6b Abs. 3 EStG gewertet wird, vgl. *Loschelder* in L. Schmidt, § 6b EStG Rdn. 88.
225 *Schmitt* in Schmitt/Hörtnagl/Stratz, § 12 Rdn. 77 mit Verweis auf § 4 Rdn. 68; *Wisniewski* in Haritz/Menner, § 12 Rdn. 76; *van Lishaut* in Rödder/Herlinghaus/van Lishaut, § 4 Rdn. 53.

174 Allerdings ist in diesem Zusammenhang zu beachten, dass die übernehmende KapG auch die zukünftigen steuerlichen Konsequenzen, insbesondere die jeweiligen Auflösungs- und Übertragungsbedingungen und eine etwaige Verzinsung berücksichtigt, die für die übertragende KapG ursprünglich maßgebend waren.[226]

175 Sofern die übertragende KapG trotz Vorliegens der steuerlichen Voraussetzungen die Bildung einer gewinnmindernden Rücklage nicht vorgenommen hat, sollte die übernehmende KapG dieses Wahlrecht in ihrer Steuerbilanz nicht ausüben können.[227] Die übernehmende KapG kann u.A. nach aufgrund der umfassenden steuerlichen Rechtsnachfolge das Bilanzierungswahlrecht der übertragenden KapG nicht ausüben.

175a Umstritten ist die Frage, ob eine Ansparabschreibung nach § 7g EStG a.F. gebildet werden kann, wenn eine Buchwerteinbringung in eine Kapitalgesellschaft bereits vollzogen oder in die Wege geleitet wurde. Die Finanzgerichte haben sich bislang mit dieser Frage ausschließlich in Bezug auf Buchwerteinbringungen eines Einzelunternehmens in eine Personengesellschaft befasst; insoweit ist die Rechtsprechung nicht einheitlich.[228] Im Schrifttum wird die Bildung einer Ansparabschreibung im Einzelunternehmen trotz bereits in Gang gesetzter Einbringung in eine Kapitalgesellschaft zu Buchwerten unter Bezugnahme auf den in § 12 Abs. 3 S. 1 angeordneten Eintritt in die steuerliche Rechtsstellung des Einbringenden überwiegend für zulässig gehalten.[229]

Die Finanzverwaltung vertritt die Auffassung, dass Investitionsabzugsbeträge mangels Investitionsabsicht nicht mehr geltend gemacht werden können, sobald der Steuerpflichtige den Entschluss gefasst habe, seinen Betrieb insgesamt zu veräußern oder aufzugeben.[230] Sie sieht in der Umwandlung und der Einbringung einen veräußerungsgleichen Vorgang und nimmt dementsprechend beim Übernehmenden Anschaffungskosten an.[231] Dennoch verneint sie die Förderungswürdigkeit nach § 7g EStG n.F.,[232] wohl um andernfalls ermöglichten Gestaltungen (mit der Folge einer meistbegünstigenden „Doppelsubventionierung") entgegenzuwirken.

Der Große Senat des BFH hat kürzlich entschieden, eine Ansparabschreibung nach § 7g EStG a.F. dürfe nicht mehr gebildet werden, wenn im Zeit-

---

226 *Widmann* in Widmann/Mayer, § 4 Rdn. 902 ff. mit weiteren Bsp.; *Wisniewski* in Haritz/Menner, § 12 Rdn. 76.

227 *Schmitt* in Schmitt/Hörtnagl/Stratz, § 4 Rdn. 68.

228 Insoweit bejahend: Nds. FG vom 25.03.2009, 2 K 273/06, EFG 2009, 1478; verneinend: FG Münster vom 15.05.2003, 14 K 7116/01 E, EFG 2003, 1368 zumindest für eine Beteiligung des einbringenden Einzelunternehmers mit nur 6,25 % an der aufnehmenden PersG; ebenfalls verneinend: Nds. FG vom 11.04.2012, 4 K 2010/11, EFG 2012, 1537.

229 *Meyer* in Herrmann/Heuer/Raupach, § 7g EStG Rdn. 5; *Schmidt/Kulosa*, § 7g EStG Rdn. 17; *Meyer/Ball*, FR 2004, 984 (994); *Weßling/Romswinkel*, DStR 2006, 782; *Wüllenkemper*, EFG 2011, 1533 und EFG 2011, 1696; *Vogelgesang*, BB 2004, 640 (642); *Wendt*, FR 2013, 218; *Steinhauff*, EStB 2012, 397.

230 BMF vom 20.11.2013, BStBl. I 2013, 1493, Rdn. 17 bis 22.

231 Tz. 00.02 und 20.01 UmwStE 2011.

232 Tz. 04.14 UmwStE 2011.

Herfort/Viebrock

punkt ihrer Geltendmachung beim FA bereits feststehe, dass der Betrieb zu Buchwerten in eine Kapitalgesellschaft eingebracht wird.[233] Begründend wird angeführt, die Ansparabschreibung könne in diesen Fällen ihr Ziel nicht mehr erreichen, die Liquidität und die Eigenkapitalausstattung und damit die Investitions- und Innovationskraft kleiner und mittlerer Betriebe dadurch zu stärken, dass Abschreibungspotenzial in ein Wirtschaftsjahr vor Anschaffung oder Herstellung eines begünstigten Wirtschaftsguts verlagert wird.

f) Steuerliches Einlagekonto

Hinsichtlich der Auswirkungen der Verschmelzung auf das steuerliche Einlagekonto der übertragenden und übernehmenden Körperschaft vgl. Abschnitt G.I.1.   176

g) Verbindlichkeiten

Nach Auffassung der Finanzverwaltung, wonach ein in der steuerlichen Schlussbilanz der übertragenden Körperschaft entgegen § 5 EStG angesetztes Wirtschaftsgut, bspw. angeschaffte Verbindlichkeiten aus der Übernahme einer Drohverlustrückstellung, zunächst in der Steuerbilanz der übernehmenden Körperschaft auszuweisen ist und unter Anwendung des § 5 EStG in der Folgezeit ertragswirksam aufzulösen ist, ist zu widersprechen.[234] Der BFH geht in seiner jüngsten Rechtsprechung von einer vollumfänglichen steuerlichen Rechtsnachfolge aus.[235] Eine gesetzliche Einschränkung ist nur hinsichtlich der Verluste erfolgt.   177

Die Finanzverwaltung zielt wohl auf die bilanzielle „Korrektur" hinsichtlich angeschaffter Verbindlichkeiten ab. Nach dieser Auffassung könnte es jedoch in Folgebilanzen der übernehmenden KapG sowohl zu einer ertragswirksamen Ausbuchung von Passiva[236] als auch von Aktiva[237] kommen.[238] Die Auffassung der Finanzverwaltung ist abzulehnen.[239] Es bestünde in diesen Fällen die Gefahr der Doppelbesteuerung.   178

---

233 BFH vom 14.04.2015, GrS 2/12, DStR 2015, 2368.

234 Tz. 12.04 i.V.m. 04.16 UmwStE 2011.

235 BFH vom 28.07.2010, I R 111/99, BFH/NV 2011, 67.

236 Bspw. bei angeschafften Drohverlustrückstellungen, die bilanziell als (ungewisse) Verbindlichkeiten auf Ebene der übertragenden KapG erfasst wurden, würde dies in der Folgebilanz der übernehmenden KapG zu einer gewinnerhöhenden Auflösung der Position führen.

237 Bspw. würden entgegen § 5 Abs. 2 EStG angesetzte immaterielle Wirtschaftsgüter in der Folgebilanz der übernehmenden KapG zu einer Sofortabschreibung führen.

238 *Schumacher/Neitz-Hackstein*, Ubg 2011, 409 (413); *Rödder* in Rödder/Herlinghaus/van Lishaut, § 11 Rdn. 66a.

239 *Schumacher/Neitz-Hackstein*, Ubg 2011, 409 (413). In Einzelfällen könnte die Auffassung der Finanzverwaltung zu einer zwangsweisen Verlustrealisierung auf Ebene der übertragenden KapG und in der Folgebilanz zu einer Zwangsversteuerung auf Ebene der übernehmenden KapG führen. Vor dem Hintergrund des § 12 Abs. 3 HS 2 ist diese Auffassung abzulehnen.

h) Verluste

179   Für den Übergang verbleibender Verlust- und/oder Zinsvorträge, laufender Verluste sowie eines möglichen EBITDA-Vortrags der übertragenden KapG auf die übernehmende KapG ist die Regelung des § 12 Abs. 3 HS 2 i.V.m. § 4 Abs. 2 maßgeblich. Hinsichtlich der Einzelheiten, vgl. insoweit Abschnitt D.III.

2. Aufstockung der Buchwerte, § 12 Abs. 3 i.V.m. § 4 Abs. 3

180   Die Verschmelzung zweier KapG kann gem. § 11 Abs. 1 grds. unter Aufdeckung der stillen Reserven erfolgen. Diesem Wertansatz hat die übernehmende KapG zu folgen, § 12 Abs. 1. Auf Antrag ist ein Wertansatz zwischen dem bisherigen Buchwert und dem gemeinen Wert der Wirtschaftsgüter nach § 11 Abs. 2 möglich. Auch die Ausübung dieses Wahlrechts ist für die übernehmende KapG bindend, § 12 Abs. 1.

181   Durch die Wertverknüpfung zwischen der Schlussbilanz der übertragenden KapG und den Wertansätzen auf Ebene der übernehmenden KapG wird die weitere Abschreibung festgelegt. Durch den Verweis auf § 4 Abs. 3 wird die grds. umfassende steuerliche Rechtsnachfolge hinsichtlich der Abschreibung im Zusammenhang mit der Aufstockung der bisherigen Buchwerte präzisiert bzw. durch die Regelungen in § 4 Abs. 3 HS 1 für die fortgeführten Abschreibungen bei Gebäudeabschreibungen nach § 7 Abs. 4 S. 1 EStG sowie § 7 Abs. 5 EStG eingeschränkt. § 12 Abs. 3 i.V.m. § 4 Abs 3 HS 2 konkretisiert die Bestimmung der Bemessungsgrundlage für die zukünftige Abschreibung in allen sonstigen Fällen der Wertverknüpfung bei Ansatz eines über dem bisherigen Buchwert der Wirtschaftsgüter liegenden Wertansatzes in der steuerlichen Schlussbilanz der übertragenden KapG.

a) Auswirkungen auf Gebäudeabschreibungen nach § 7 Abs. 4 S. 1
und Abs. 5 EStG

182   § 12 Abs. 3 i.V.m. § 4 Abs. 3 HS 1 bestimmt, dass sich die Absetzungen für Abnutzung (AfA) in den Fällen des § 7 Abs. 4 S. 1 und Abs. 5 EStG nach der bisherigen Bemessungsgrundlage bestimmt. Nach dem Gesetzeswortlaut ergeben sich bei Wertaufstockungen bei Gebäuden, deren AfA sich bisher nach § 7 Abs. 4 S. 1 oder Abs. 5 EStG bemessen hat, keine Auswirkungen auf die Höhe der Absetzung für Abnutzung.[240] Es ergibt sich durch die Aufstockung nur eine Verlängerung des Abschreibungszeitraums.

183   Nach § 12 Abs. 3 i.V.m. § 4 Abs. 3 S. 1 HS 1 erhöht sich die bisherige Bemessungsgrundlage um den Unterschiedsbetrag zwischen dem bisherigen Buchwert und dem Wertansatz in der steuerlichen Schlussbilanz der übertragenden KapG. Allerdings ist nach dem Wortlaut des Gesetzes (vgl. § 4 Abs. 3) der bisherige Abschreibungsbetrag weiter anzuwenden, sodass sich lediglich der Abschreibungszeitraum erheblich verlängert.[241] Es stellt sich insoweit die Frage, ob und inwieweit die grds. durch § 12 Abs. 3 vorgeschriebene steuerliche Rechtsnachfolge die Fortführung der bisherigen

---

240 *Schmitt* in Schmitt/Hörtnagl/Stratz, § 4 Rdn. 80.
241 Beispiel hierzu siehe *Schmitt* in Schmitt/Hörtnagl/Stratz, § 4 Rdn. 81 ff.

Restnutzungsdauer anordnet oder ob diese Anordnung durch die Regelung des § 12 Abs. 3 i.V.m. § 4 Abs. 3 HS 1 überlagert wird.

Ausweislich der Gesetzesbegründung der Bundesregierung zum SEStEG[242] sollte die Aussage des bisherigen § 4 Abs. 3 inhaltlich unverändert bleiben. Die amtliche Gesetzesbegründung zum UmwStG 1995[243] erläutert im Zusammenhang mit der AfA bei Aufstockung der bisherigen Buchwerte, dass in den Fällen des § 7 Abs. 4 S. 1 oder Abs. 5 EStG die bisherige Bemessungsgrundlage und der bisherige Prozentsatz zugrunde zu legen ist, vermehrt um den Unterschiedsbetrag zwischen bisherigem Buchwert des Gebäudes und dem Wert, mit dem die übertragende Körperschaft das Gebäude in der steuerlichen Schlussbilanz angesetzt hat. Wird in den Fällen des § 7 Abs. 4 S. 1 EStG die volle Absetzung innerhalb der tatsächlichen Nutzungsdauer nicht erreicht, kann die Afa nach der Restnutzungsdauer des Gebäudes bemessen werden.[244]

184

Gem. der Auffassung der Finanzverwaltung[245] sowie Teilen der Literatur[246] soll die Bemessungsgrundlage für die Ermittlung der AfA in den Fällen des § 7 Abs. 4 S. 1 und Abs. 5 EStG neu ermittelt werden. Die neue Bemessungsgrundlage soll sich ebenfalls aus der bisherigen Bemessungsgrundlage erhöht um den Unterschiedsbetrag zwischen dem bisherigen Buchwert und dem Wertansatz in der steuerlichen Schlussbilanz der übertragenden KapG ergeben. Auf diese neue Bemessungsgrundlage soll der bisherige Prozentsatz der Abschreibung angewendet werden.[247]

185

Aus den zuvor dargelegten unterschiedlichen Auslegungsergebnissen der besonderen steuerlichen Rechtsnachfolge des § 12 Abs. 3 i.V.m. § 4 Abs. 3 HS 1 ergeben sich unterschiedliche steuerliche Folgen, welche anhand des nachfolgenden Beispiels aufgezeigt werden[248]:

186

Beispiel:
Die übertragende KapG hat im Jahr 2001 ein Betriebsgebäude aktiviert. Die ursprünglichen Anschaffungs- und Herstellungskosten betrugen EUR 900.000 und es wurde eine lineare AfA in Höhe von 3 % p.a. gewählt. Die Gesellschaft wird mit steuerlicher Rückwirkung zum 31.12.10 auf eine andere KapG verschmolzen. Es wurde ein Zwischenwertansatz gewählt, der zur Aufstockung des bisherigen Buchwerts um EUR 570.000 führt.

187

---

242 BT-Drs. 16/2710, 39.
243 BT-Drs. 12/6885, 17.
244 BT-Drs. 12/6885, 17 mit Verweis auf Abschnitt 44 Abs. 11 EStR (nunmehr R 7.4 Abs. 3 EStR 2005) sowie H 7.3 zum Stichwort „Nachträgliche AK oder HK" EStH 2006.
245 Tz. 12.04 i.V.m. 04.10 UmwStE 2011.
246 *Dötsch* in Dötsch/Jost/Pung/Witt, § 12 Rdn. 54 mit Verweis auf § 4 Rdn. 18 ff., *van Lishaut* in Rödder/Herlinhaus/van Lishaut, § 4 Rdn. 71, *Dötsch/van Lishaut/ Wochinger*, DB Beilage 7/1998, 10; *Trossen*, FR 2006, 617 (622).
247 *Dötsch* in Dötsch/Jost/Pung/Witt, § 12 Rdn. 54 mit Verweis auf § 4 Rdn. 18 ff., m.w.N. bei *Hagemann/Jakob/Ropohl/Viebrock*, NWB-Sonderheft 1/2007, Nr. 1, 1–44 (15); *Trossen*, FR 2006, 617 (622).
248 Die zuvor getroffenen Aussagen gelten sowohl für die lineare (§ 7 Abs. 4 S. 1 EStG) als auch degressive AfA (§ 7 Abs. 5 EStG) gleichermaßen.

AK/HK 2001		900.000
Jährliche AfA nach § 7 Abs. 4 S. 1 Nr. 1 EStG	– 27.000	
Kumulierte AfA zum 31. 12. 2010	– 270.000	
Buchwert vor Verschmelzung		630.000
Aufstockungsbetrag	570.000	
Aufgestockter Buchwert		1.200.000
Fortführung der bisherigen Bemessungsgrundlage		
Afa für das Jahr 2011 bei der übernehmenden KapG		– 27.000
Buchwert bei übernehmender KapG Ende 2011		1.173.000

Neuberechnung der Bemessungsgrundlage		
Bisherige BMG	900.000	
Aufstockungsbetrag	570.000	
Neue BMG	1.470.000	
Davon 3 %	44.100	
AfA für das Jahr 2011 bei der übernehmenden KapG		– 44.100
Buchwert bei übernehmender KapG Ende 2011		1.155.900

188 Aus dem obigen Beispiel wird deutlich, dass sich durch die unterschiedliche Auslegung der Vorschrift des § 4 Abs. 3 hinsichtlich der Gebäudeabschreibungen nach § 7 Abs. 4 S. 1 sowie Abs. 5 EStG ergebniswirksame Unterschiede ergeben können.

b) Abschreibung bei übrigen Wirtschaftsgütern und Auswirkungen auf Gebäudeabschreibungen nach § 7 Abs. 4 S. 2 EStG

189 Bei linear abzuschreibenden Gebäuden sowie bei den übrigen Wirtschaftsgütern, die entsprechend der tatsächlichen Nutzungsdauer abgeschrieben werden, ist grds. der von der übertragenden KapG zuvor angewandte AfA-Satz weiterhin anzuwenden.

190 Nicht eindeutig geklärt ist die Frage, ob bzw. in welchen Fällen die Restnutzungsdauer für die Abschreibung der Wirtschaftsgüter bei Aufstockung der Buchwerte durch die übertragende KapG neu bestimmt werden muss. Die unterschiedliche Behandlung kann sich aus den verschiedenen Auffassungen ergeben, wonach die Verschmelzung und der damit einhergehende Übergang der Wirtschaftsgüter auf die übernehmende KapG als Anschaffungsvorgang oder als Vermögensübergang eigener Art verstanden wird. Steuerliche Auswirkungen können sich insoweit insbesondere hinsichtlich bereits abgeschriebener oder geringwertiger Wirtschaftsgüter ergeben, die in der Steuerbilanz der übertragenden KapG regelmäßig nur noch mit einem Erinnerungswert angesetzt sind. Kommt es in diesem Fällen zur Aufstockung der Buchwerte (bis zum gemeinen Wert) und sollte keine neue Restnutzungsdauer zu bestimmen sein, wäre eine vollumfängliche und steuerwirksame Abschreibung im ersten Wirtschaftsjahr vorzunehmen.

Die Finanzverwaltung geht davon aus, dass die Restnutzungsdauer nach den Verhältnissen am steuerlichen Übertragungsstichtag neu zu schätzen ist. Basis ist der Wertansatz mit dem die Körperschaft die Wirtschaftsgüter in der steuerlichen Schlussbilanz angesetzt hat.[249] Dieser Wertansatz bildet gleichzeitig die Bewertungsobergrenze i.S.d. § 6 Abs. 1 EStG sowie im Zusammenhang mit einer eventuell bestehenden Wertaufholungspflicht i.S.d. § 6 Abs. 1 Nr. 1 S. 4 oder Nr. 2 S. 3 EStG.[250]

191

Im Zusammenhang mit der Aufstockung geringwertiger Wirtschaftsgüter stellt sich ebenfalls die Frage, ob beim übernehmenden Rechtsträger erneut eine Sofortabschreibung der geringwertigen Wirtschaftsgüter vorgenommen werden kann. Nach Auffassung der Finanzverwaltung[251] sollte eine erneute Sofortabschreibung der geringwertigen Wirtschaftsgüter vorgenommen werden können.[252]

192

Die Abschreibung eines im Rahmen der Verschmelzung übertragenen Geschäfts- oder Firmenwertes richtet sich gemäß Finanzverwaltung nach § 7 Abs. 1 S. 3 EStG. Es erfolgt demnach eine Abschreibung über 15 Jahre[253], ohne dass zwischen einem originären oder derivativen Geschäfts- oder Firmenwert unterschieden würde.

193

III. Verluste

Bei der Verschmelzung von KapG ist hinsichtlich der Behandlung steuerlicher Verluste, Zinsvorträge und ggf. bestehender EBITDA-Vorträge zwischen der übertragenden und der übernehmenden KapG zu unterscheiden:

194

– Für den Übergang laufender Verluste sowie verbleibender Verlust- und/ oder Zinsvorträge sowie eines EBITDA-Vortrags der *übertragenden KapG* auf die übernehmende KapG ist die einschränkende Regelung des § 12 Abs. 3 HS 2 i.V.m. § 4 Abs. 2 maßgeblich. Die *steuerliche Rechtsnachfolge* wird hinsichtlich des Übergangs von Verlusten gesetzlich *durchbrochen*.

– Bei der *übernehmenden KapG* hängt die zukünftige Nutzung von laufenden Verlusten, Verlust- und/oder Zinsvorträgen von den Regelungen des § 8 c KStG sowie § 34 Abs. 6 S. 3 KStG i.V.m. § 8 Abs. 4 KStG a.F. ab.

1. Kein Verlustübergang

§ 12 Abs. 3 i.V.m. § 4 Abs. 2 S. 2 schließt den Übergang verrechenbarer Verluste, verbleibender Verlustvorträge von der übertragenden KapG nicht ausgeglichener negativer Einkünfte und eines Zinsvortrags sowie eines EBITDA-Vortrags auf die übernehmende KapG grds. und vollumfänglich

195

249 Tz. 12.04 i.V.m. 04.10 UmwStE 2011.
250 Tz. 12.04 i.V.m. 04.11 UmwStE 2011.
251 Tz. 12.04 i.V.m. 04.10 UmwStE 2011.
252 Tz. 12.04 i.V.m. 04.10 UmwStE 2011.
253 Tz. 04.10 (letzter Spiegelstrich) UmwStE 2011; nicht eindeutig geregelt scheint die Nutzungsdauer eines Praxiswertes. Nach allgemeinen Grundsätzen muss die Nutzungsdauer im Einzelfall geschätzt werden (3 bis 5 Jahre für eine Einzelpraxis und 6 bis 10 Jahre für Sozietäten, vgl. BFH vom 24. 02. 1994, IV R 33/93, BStBl. II 1994, 590; BFH vom 22. 09. 1994, IV R 38/94, BFH/NV 1995, 385).

aus. Gem. § 19 Abs. 2 i.V.m. § 12 Abs. 3 fallen auch für Zwecke der Gewerbesteuer sämtliche vortragsfähige Fehlbeträge i.S.d. § 10a GewStG weg. Trotz Verbleibs des übergehenden Vermögens im Besteuerungsregime der Körperschaftsteuer ist die steuerliche Rechtsnachfolge insoweit gesetzlich beschränkt.

196 Es besteht nur noch auf Ebene der übertragenden KapG die Möglichkeit, die ansonsten untergehenden Verluste durch Aufstockung zu nutzen. Ein bei der übertragenden KapG bei Ansatz der Wirtschaftsgüter mit dem gemeinen Wert (§ 11 Abs. 1) oder Zwischenwert (§ 11 Abs. 2) entstehender Übertragungsgewinn unterliegt sowohl der Körperschaft- als auch der Gewerbesteuer. Die übertragende KapG hat letztmalig die Möglichkeit, einen solchen Übertragungsgewinn mit bestehenden ungenutzten Verlusten zu verrechnen. Beschränkungen können sich hierbei aus den vorhandenen stillen Reserven, Diskrepanzen zwischen den Verlustvorträgen für Körperschaftsteuer- und Gewerbesteuerzwecke, aus § 2 Abs. 4[254] und aus der Mindestbesteuerung ergeben.[255]

a) Rechtswidrigkeit

197 Nach der Rechtslage vor SEStEG konnten Verluste unter der Bedingung einer 5-jährigen Betriebsfortführung weiterhin genutzt werden. Für einen Verlustabzug durch den übernehmenden Rechtsträger ist nach der Rechtsprechung des BFH insoweit nicht erforderlich, dass dieser den für den Verlust ursächlichen Betrieb oder Betriebsteil selbst fortführt. Vielmehr reicht es aus, dass der für den Verlust ursächliche Betrieb oder Betriebsteil von einem anderen Rechtsträger innerhalb der Fünfjahresfrist fortgeführt wird, sofern der verlustverursachende Betrieb(steil) am Stichtag der Verschmelzung oder Spaltung beim übertragenden Rechtsträger tatsächlich vorhanden ist.[256]

Im Fall einer Abspaltung, bei der der übertragende Rechtsträger im Unterschied zum Fall einer Verschmelzung bestehen bleibt, kann der für den Verlust ursächliche Betrieb oder Betriebsteil auch von der Kapitalgesellschaft fortgeführt werden, bei der dieser Betrieb oder Betriebsteil im Rahmen der Umwandlung verbleibt. Die Aufteilung des Verlustabzugs zwischen übernehmendem und übertragendem Rechtsträger zeigt für die Spaltung auf, dass die Verlustquelle von dem Verlust selbst getrennt werden kann, ohne dass dies einem Verlustabzug beim übernehmenden Rechtsträger entgegensteht. Dies gilt aber wiederum erst für den Zeitraum nach dem steuerlichen Übertragungsstichtag.[257]

Maßgeblich für den fortzuführenden Umfang des Geschäftsbetriebs sind demnach die Verhältnisse am steuerlichen Übertragungsstichtag.

Hinsichtlich der Frage, ob eine Aufteilung bestehender Verlustvorträge auf die einzelnen Betriebsteile auch bei Fortführung des Betriebs als Ganzes er-

---

254 Vgl. zu den Einzelheiten des § 2 Abs. 4 *Besch/Brink/Viebrock* in Lüdicke/Kempf/Brink, Verluste im Steuerrecht, 243.
255 Vgl. hierzu *Besch/Brink/Viebrock* in Lüdicke/Kempf/Brink, Verluste im Steuerrecht, 243.
256 BFH vom 14.03.2012, I R 13/11, DStR 2012, 962.
257 BFH vom 14.03.2012, I R 13/11, DStR 2012, 962.

forderlich ist, vertritt das FG Berlin-Brandenburg die Auffassung, dass die Verluste einer Kapitalgesellschaft einheitlich und nicht bezogen auf bestimmte Betriebsteile festgestellt werden.[258] Bei Verschmelzungen könne ein Verlustabzug auch dann übergehen, wenn der verlustverursachende Betriebsteil vor dem Verschmelzungsstichtag aufgegeben wurde, aber der Betrieb als solcher bestehen bleibt. Maßgebliches Argument gegen das vorrangige Abstellen auf die einzelnen Betriebsteile sei der Sinn des § 12 Abs. 3 S. 2 a.F. Die Vorschrift diene einerseits dazu, Verschmelzungen nicht dadurch wirtschaftlich zu erschweren, dass ein bestehender Verlustvortrag des übertragenden Rechtsträgers verloren geht, andererseits solle verhindert werden, dass der übernehmende Rechtsträger einen Verlustvortrag übernimmt und in der Zukunft nutzt, aber den übernommenen Betrieb nach der Verschmelzung erheblich reduziert oder gar einstellt.[259] Die Frage, ob der verlustverursachende Betriebsteil übernommen wurde, stelle sich aber nur dann, wenn der übernehmende Rechtsträger den übernommenen Betrieb nicht fünf Jahre lang in einem vergleichbaren Umfang fortgeführt hat. Ist dies der Fall, bleibe dem übernehmenden Rechtsträger noch die Möglichkeit darzulegen, dass er den verlustverursachenden Betriebs*teil* fünf Jahre lang in vergleichbarem Umfang fortgeführt hat, mit der Folge, dass die auf diesen Betriebsteil entfallenden Verluste von ihm genutzt werden können.

Im Vergleich zur Rechtslage vor SEStEG, nach der Verluste unter der Bedingung der 5-jährigen Betriebsfortführung weiterhin genutzt werden konnten, stellt die jetzige Fassung des § 12 Abs. 3 eine wesentliche Verschlechterung dar und wird – im Zusammenhang mit den sich aus der in diesen Fällen trotzdem vorgeschriebenen Anwendung der Mindestbesteuerung – als verfassungswidrig angesehen.[260] Diese Kritik wiegt umso schwerer als auch die Motive des Gesetzgebers für die Einschränkung des Verlustübergangs bei Umwandlungen in Frage zu stellen sind.

Der Gesetzgeber wollte mit der Abschaffung der Verlustübergangsregelung des bisherigen § 12 Abs. 3 UmwStG a.F. vermeiden, dass infolge grenzüberschreitender Umwandlungen im Sinne einer Hereinverschmelzung „Auslands-Verluste" in Deutschland zu berücksichtigen sein könnten.[261] Ein Import ausländischer Verluste wäre vor dem Hintergrund des Art. 6 der FusionsRL aber nicht zu befürchten gewesen, da hiernach verbleibende ausländische Verluste nur durch Betriebsstätten der übernehmenden Gesell-

198

---

258 FG Berlin-Brandenburg vom 09.09.2014, 10 V 10043/14; ebenso *Hörger/Endres*, FR 1998, 1017 (1018).

259 Vgl. auch *Hofmeister*, FS Widmann, 2000, 418f.

260 FG München vom 31.07.2008, 8 V 1588/08, rkr., EFG 2008, 1736; FG Nürnberg, 1 V 1379/2009 (anh.). Ferner *Körner*, IStR 2006, 469 (470); *Steuerrechtsausschuss des Deutschen Anwaltsvereins*, NZG 2006, 819 (820); *Ley/Bodden*, FR 2007, 276; sowie die diesbezüglichen Ausführungen von *Zerwas/Fröhlich* in Lüdicke/Kempf/Brink, Verluste im Steuerrecht, 228.

261 *Dörfler/Rautenstrauch/Adrian*, BB 2006, 1657; *Dötsch/Pung*, Der Konzern 2006, 258; *Maiterth/Müller*, DStR 2006, 1861; *Rödder/Schumacher*, DStR 2006, 1525; *Werra/Teiche*, DB 2006, 1455 (1460); *Honert/Geimer*, EStB 2007, 421 (424); *Ott*, INF StW 2007, 97; *Dötsch* in Dötsch/Jost/Pung/Witt, § 12 Rdn. 60; *Frotscher* in Frotscher/Maas, § 12 Rdn. 51.

schaft im Übertragungsstaat hätten genutzt werden können.[262] Diese Regelung entspricht den vom EuGH in der Entscheidung „Futura"[263] aufgestellten Grundsätzen, wonach Verluste grds. im Staat ihrer wirtschaftlichen Verursachung berücksichtigt werden sollen.

199 In diesem Zusammenhang hat der Gesetzgeber jedoch Folgendes verkannt:

– Ob sich primärrechtlich aus den europarechtlichen Grundsätzen ein grenzüberschreitender "Verlustimport" nach Deutschland begründen ließe, ist losgelöst von Umwandlungsvorgängen zu beantworten.[264]

– Insbesondere die Rechtsprechung des EuGH in Sachen „Marks & Spencer"[265], „Lidl Belgium"[266] sowie „Deutsche Schell"[267] ist in diesem Kontext zu beachten. Demnach müssen Auslandsverluste unter bestimmten Voraussetzungen auch im Inland berücksichtigt werden, soweit die Möglichkeit einer Verlustberücksichtigung im Ausland nicht (mehr) besteht.

200 Insofern bleibt festzuhalten, dass die Begründung für die Änderung des § 12 Abs. 3 im Vergleich zur bisherigen Regelung des Verlustübergangs nach § 12 Abs. 3 UmwStG 1995 a.F. nicht nachvollziehbar ist und verfassungsrechtlichen bzw. europarechtlichen Bedenken begegnet.

b) Mindestbesteuerung

201 Ob und inwieweit die Mindestbesteuerung den verfassungsrechtlichen Vorgaben entspricht, wird in der Literatur kontrovers diskutiert.[268]

202 Der BFH hat sich zur Mindestbesteuerung dahingehend geäußert, dass die „Grundkonzeption der zeitlichen Streckung des Verlustvortrages [...] angesichts des Zins- bzw. Liquiditätsnachteils den verfassungsrechtlichen Anforderungen noch entsprechen" mag.[269] Mit seinem Beschluss vom 26. 08. 2010 hat der BFH jedoch entschieden, dass es ernstlich zweifelhaft ist, ob die sog. Mindestbesteuerung gem. § 10 d Abs. 2 S. 1 EStG verfassungsrechtlichen Anforderungen auch dann standhält, wenn eine Verlustverrechnung in späteren Veranlagungszeiträumen aus rechtlichen Gründen endgültig ausgeschlossen ist.[270]

203 In den Fällen der Verschmelzung einer Verlust-KapG schließt § 12 Abs. 3 den Übergang der ungenutzten Verlustpositionen gerade aus. Auch in die-

---

262 *Dörfler/Rautenstrauch/Adrian*, BB 2006, 1657 (1658); *Rödder/Schumacher*, DStR 2006, 1525 (1533); *Schaflitzl/Widmayer*, BB-Special 8/2006, 36 (49); *Ley/Bodden*, FR 2007, 276; *Dötsch* in Dötsch/Jost/Pung/Witt, § 12 Rdn. 60; *Rödder* in Rödder/Herlinghaus/van Lishaut, § 12 Rdn. 107.
263 Vgl. EuGH vom 15. 05. 1997, Rs. C-250/95 (Futura).
264 *Rödder* in Rödder/Herlinghaus/van Lishaut, § 12 Rdn. 107; so wohl auch *Kessler/Saavedra-Olarte*, DB 2006, 2364.
265 Vgl. EuGH vom 13. 12. 2005, Rs. C-446/03 (Marks & Spencer) sowie weiterführend *Braunagel* in Lüdicke/Kempf/Brink, Verluste im Steuerrecht, 27.
266 Vgl. EuGH vom 15. 05. 2008, Rs. C-414/06 (Lidl Belgium).
267 Vgl. EuGH vom 28. 02. 2008, Rs. C-293/06 (Deutsche Shell) sowie BMF vom 23. 11. 2009, BStBl. I 2009, 1332.
268 *Kempf/Vogel* in Lüdicke/Kempf/Brink, Verluste im Steuerrecht, 81.
269 BFH vom 26. 08. 2010, I B 49/10, BStBl. II 2011, 826.
270 BFH vom 26. 08. 2010, I B 49/10, BStBl. II 2011, 826.

sem Fall kommt es aus rechtlichen Gründen zu einem Ausschluss verbleibender Verlustpositionen. Der übertragenden KapG bleibt grds. nur die Möglichkeit der letztmaligen Nutzung mit Hilfe eines Übertragungsgewinns unter steuerpflichtiger Aufdeckung stiller Reserven bei gleichzeitiger Berücksichtigung der Mindestbesteuerung. Aus verfassungsrechtlicher Sicht sind der Untergang verbleibender Verluste und die Anwendung der Mindestbesteuerung auf den Übertragungsgewinn äußerst zweifelhaft.

Nach neuerer Auffassung der Finanzverwaltung ist deshalb in solchen Fällen auf Antrag die Aussetzung der Vollziehung zu gewähren, in denen es aufgrund des Zusammenwirkens der Anwendung der Mindestbesteuerung nach § 10d Abs. 2 S. 1 und 2 EStG oder § 10 a GewStG und eines tatsächlichen oder rechtlichen Grundes, der zum endgültigen Ausschluss einer Verlustnutzungsmöglichkeit führt, zu einem Definitiveffekt kommt.[271] Die Anwendung ist auf Einzelfälle beschränkt. Explizit genannt ist der Verlustuntergang in Folge der Verschmelzung einer KapG bzw. die fehlende Übertragbarkeit der Verlustpositionen auf die übernehmende KapG gem. § 12 Abs. 3 i.V.m. § 4 Abs. 2 S. 2.[272] 204

2. Anteilsübertragungen im Zusammenhang mit der Verschmelzung

a) Anwendung des § 8c KStG

Bei der Verschmelzung von KapG (sowie bei sonstigen Umwandlungen) kann es zu Veränderungen der Beteiligungsverhältnisse an Verlust-KapG kommen, die in den Anwendungsbereich von § 8c KStG[273] und/oder § 34 Abs. 6 S. 3 KStG i.V.m. § 8 Abs. 4 KStG a.F.[274] fallen. 205

Zum einen kann es bei der übernehmenden KapG zur Ausgabe neuer Anteile und damit zu (un)mittelbaren Beteiligungserwerben an Verlustkörperschaften (z.B. bei der Abwärtsverschmelzung auf eine Verlustgesellschaft) kommen; zum anderen können Anteile an Verlustgesellschaften (un)mittelbar zum übertragenen Vermögen gehören.[275] 206

Nach Auffassung des BFH entfalten § 12 Abs. 3 S. 2 und § 8 Abs. 4 KStG a.F. eine Sperrwirkung dahingehend, dass die Verschmelzung einer Gewinn- auf eine Verlustgesellschaft nicht nach § 42 AO als rechtsmissbräuchlich angesehen werden kann.[276] Damit erfährt die gängige Praxis, Gewinn- auf Verlustgesellschaften zur Nutzung von Verlustvorträgen zu verschmelzen, eine höchstrichterliche Bestätigung. Eine Versagung der Verlustnutzung unter Rückgriff auf § 42 AO kommt nicht in Betracht, sofern spezielle Rechtsnormen zur Verhinderung der missbräuchlichen Verlustnutzung nicht greifen. Dies gilt für die aktuelle Rechtslage gleichermaßen und selbst dann,

---

271 BMF vom 19.10.2011, BStBl. I 2011, 974, Tz. 1.
272 BMF vom 19.10.2011, BStBl. I 2011, 974, Tz. 1.
273 Vgl. *Bien/Wagner*, BB 2010, 923; *Haßa/Gosmann*, DB 2010, 1198; *Neyer*, GmbHR 2010, 1132; *Sistermann/Brinkmann*, DStR 2009, 2633; *Zerwas/Fröhlich* in Lüdicke/Kempf/Brink, Verluste im Steuerrecht, 227.
274 *Zerwas/Fröhlich* in Lüdicke/Kempf/Brink, Verluste im Steuerrecht, 227.
275 Für § 34 Abs. 6 S. 3 KStG i.V.m. 8 Abs. 4 KStG a.F. sind allerdings nur unmittelbare Übertragungen von Anteilen an VerlustKapG relevant.
276 BFH vom 18.12.2013, I R 25/12, BFH/NV 2014, 904.

wenn die Gewinngesellschaft bei wirtschaftlicher Betrachtungsweise fortbesteht.[277]

Die Argumentation des BFH wird durch die Einführung des § 2 Abs. 4 S. 3 n.F. bestätigt. Diese Regelung schließt die Nutzung von Verlustpositionen des übernehmenden Rechtsträgers durch Umwandlungen aus, beschränkt sich jedoch auf den steuerlichen Rückwirkungszeitraum. Im Umkehrschluss ist die Nutzung der Verluste des übernehmenden Rechtsträgers im Übrigen weiterhin möglich.[278]

207 Überdies kann der Übergang des Vermögens auf den übernehmenden Rechtsträger bei diesem eine mit Blick auf § 34 Abs. 6 S. 3 i.V.m. § 8 Abs. 4 KStG a.F. relevante Betriebsvermögenszuführung darstellen.

Anders als eine „echte" Zuführung von Wirtschaftsgütern von außen führt nach neuester fachgerichtlicher Rechtsprechung[279] eine Aufwärtsverschmelzung der einzigen gehaltenen Beteiligung auf ihre Muttergesellschaft nicht zur Zuführung neuen Betriebsvermögens i.S.v. § 8 Abs. 4 KStG a.F. Zwar könne eine Zuführung neuen Betriebsvermögens auch durch Verschmelzung der Tochter- auf die Muttergesellschaft erfolgen. Bestehe jedoch das einzige Anlagevermögen der alleinigen Tochtergesellschaft in der Beteiligung, würden keine neuen Vermögensgegenstände zugeführt. Vielmehr werde lediglich die rechtliche Beziehung zu den Wirtschaftsgütern intensiviert, die zuvor mittelbar über die Beteiligung im Eigentum der Muttergesellschaft standen. Letztlich fehle es auch an dem erforderlichen engen zeitlichen und sachlichen Zusammenhang, wenn der Anteilseignerwechsel und die Betriebsvermögenszuführung voneinander unabhängige und konzernübliche Umstrukturierungsmaßnahmen darstellen, welche die Gesellschaft bzw. ihre Anteilseigner zu jeder Zeit aus eigener Wirtschaftskraft heraus hätten durchführen können.

Der BFH hat dagegen in seinem kürzlich ergangenen Revisionsurteil die Frage, ob im vorliegenden Fall der Aufwärtsverschmelzung überwiegend neues Betriebsvermögen gegeben ist, auf der Grundlage der sog. gegenständlichen Betrachtungsweise bejaht.[280] Die Deutung des FG werde der eigenständigen Rechtssubjektivität der Tochtergesellschaft und der Tatbestandsstruktur des § 8 Abs. 4 S. 2 KStG a.F. nicht gerecht. Zudem ist nach Ansicht des BFH auch der enge sachliche und zeitliche Zusammenhang zwischen der Anteilsübertragung und der Betriebsvermögenszuführung erfüllt. Ein solcher Zusammenhang fehle insbesondere in der Konstellation, in der nach einem unternehmensfremden Erwerb der Anteile an der Muttergesellschaft durch einen Dritten eine Verschmelzung der Tochtergesellschaft(en) auf ihre Muttergesellschaft erfolgt.[281] Zu dieser Sachkonstellation bestehe jedoch in (den hier streitgegenständlichen) unternehmensgruppeninternen Umstrukturierungsmaßnahmen keine vergleichbare Interessenlage.

---

277 Vgl. *Ronneberger*, SteuK 2014, 325.
278 *Ronneberger*, SteuK 2014, 325.
279 FG Köln vom 04.09.2014, 13 K 2837/12, DStRE 2016, 350.
280 BFH vom 14.10.2015, I R 71/14.
281 Vgl. dazu BFH vom 12.10.2010 – I R 64/09, BFHE 231, 522.

Im Zusammenhang mit der Verschmelzung sind stets parallel die Voraussetzungen des § 8c KStG zu prüfen. *208*

b) Fortführung der Unternehmeridentität

Sofern im Rahmen der Verschmelzung der KapG eine Beteiligung an einer *209* PersG mit gewerbesteuerlichen Verlustvorträgen übertragen wird, stellt sich die Frage, ob die vortragsfähigen Fehlbeträge i.S.d. § 10a GewStG weiterhin nutzbar sind.

Die Nutzung eines Fehlbetrags i.S.d. § 10 a GewStG setzt die sog. Unter- *210* nehmensidentität und die Unternehmeridentität voraus.[282]

Fraglich könnte in diesem Zusammenhang insbesondere sein, ob die Unter- *211* nehmeridentität vorliegt. Unternehmensidentität bedeutet, dass der Unternehmer, der die Verlustnutzung in Anspruch nimmt, derselbe ist, der den Verlust getragen hat.[283]

Nach in der Literatur vertretener Auffassung sind die gewerbesteuerlichen *212* Fehlbeträge der mittelbar übertragenden Mitunternehmerschaft auch nach der Verschmelzung weiterhin nutzbar.[284] Begründet wird diese Auffassung insbesondere damit, dass § 19 Abs. 2 nicht analog anwendbar sei und die Unternehmeridentität aufgrund der vollumfänglichen steuerlichen Rechtsnachfolge fortbesteht.

IV. Organschaft

1. Überblick

Die Verschmelzung kann verschiedene Auswirkungen auf eine bestehende *213* oder neu zu gründende ertragsteuerliche Organschaft haben. Steuerliche Fragestellungen ergeben sich insbesondere hinsichtlich

– der (Fortführung der) finanziellen Eingliederung aufgrund der steuerlichen Rechtsnachfolge,
– der (ggf. erstmaligen) Begründung einer ertragsteuerlichen Organschaft,
– der (möglichen) Beendigung der Organschaft und der damit ggf. zusammenhängenden steuerlichen Anerkennung für die Vergangenheit[285],
– der Behandlung von steuerlichen Ausgleichsposten sowie
– der steuerlichen Behandlung eines Übertragungsgewinns.

Die steuerlichen Fragestellungen sind in diesem Zusammenhang regel- *214* mäßig vielfältig und komplex, da die formalen Voraussetzungen der ertrag-

---

282 *Güroff* in Glanegger/Güroff, § 10a GewStG Rdn. 3.
283 BFH vom 14. 03. 2006, I R 1/04, BStBl. II 2006, 549.
284 *Behrendt/Arjes*, DStR 2008, 811; a.A. *Dötsch* in Dötsch/Patt/Pung/Möhlenbrock, § 19 Rdn. 9; *Oenings*, DStR 2008, 279; *Trossen* in Rödder/Herlinghaus/van Lishaut, § 19 Rdn. 32.
285 Dies ist insbesondere denkbar in den Fällen, in denen die Organschaft innerhalb der Mindestlaufzeit infolge der Verschmelzung beendet wird.

steuerlichen Organschaft zwingend zu beachten sind[286] und die handelsrechtliche Beurteilung der Umwandlung von der steuerlichen Beurteilung abweichen kann.

215 Umso erstaunlicher ist es, dass bis auf die Regelung des § 14 Abs. 4 S. 5 KStG für die Behandlung der Organschaft in Umwandlungsfällen bisher keine steuerrechtliche Gesetzesgrundlage geschaffen wurde.[287] Das zum Umwandlungssteuerrecht veröffentlichte BMF-Schreiben äußert sich zumindest zum Teil zu den sich in diesem Zusammenhang ergebenden Fragen.[288]

216 In Abhängigkeit davon, ob vor Verschmelzung ein Gewinn- bzw. Ergebnisabführungsvertrag bestand oder ob erst durch die Verschmelzung die Voraussetzungen für den Abschluss eines steuerlich anerkannten Vertrags geschaffen werden sollen, ergeben sich insbesondere die folgenden Fragestellungen.[289]

217 Bei *bestehenden Ergebnisabführungsverträgen* stellen sich *Fragen* bezüglich der Fortführung oder Beendigung, der Ermittlung und Zurechnung des Organeinkommens und etwaiger Konsequenzen im Fall von bestehenden Mehr- und Minderabführungen.[290]

218 Sofern *erstmalig ein Ergebnisabführungsvertrag* abgeschlossen werden soll, stellt sich regelmäßig die Frage nach dem Umfang der steuerlichen Rückwirkung. Diese Frage ist relevant für die Bestimmung des Zeitpunkts der *erstmaligen Begründung* einer Organschaft nach Verschmelzung.[291]

2. Verschmelzung des Organträgers

a) Fortsetzung einer bestehenden finanziellen Eingliederung

219 Durch die Verschmelzung einer Organträger-KapG setzt sich aufgrund der steuerlichen Rechtsnachfolge (Fußstapfentheorie) das Merkmal der finanziellen Eingliederung zur bestehenden Organgesellschaft auf Ebene der übernehmenden KapG fort. Dies gilt unabhängig davon, ob zwischen dem bisherigen Organträger und seiner finanziell eingegliederten Tochter-KapG ein Ergebnisabführungsvertrag bestand oder nicht.

---

286 Jüngste Beispiele hierfür sind die Urteile des BFH zu § 302 AktG sowie der gescheiterte Versuch im Rahmen des Jahressteuergesetzes 2010 gesetzliche Erleichterungen einzuführen.

287 Grundlegend zur Organschaft bei Umwandlungen *Dötsch*, Ubg 2011, 20; *Heinsen/Benzler*, Ubg 2011, 442; *Käshammer/Schummer*, Ubg 2011, 244; *Rödder*, DStR 2011, 1053; *Vogel*, DB 2011, 1239.

288 Tz. Org. 01-34 UmwStE 2011.

289 *Dötsch* spricht in diesem Zusammenhang davon, dass die körperschaftsteuerliche und gewerbesteuerliche Organschaft in mehrfacher Hinsicht *Querverbindungen* zum Umwandlungssteuerrecht aufweisen, vgl. *Dötsch*, Ubg 2011, 20.

290 Vgl. hierzu insbesondere Schumacher in FS Schaumburg, 2009, 477, Mehr- und Minderabführungen i.S.d. § 14 Abs. 3 und 4 KStG im Rahmen von Umwandlungen.

291 *Dötsch*, Ubg 2011, 20; *Vogel*, Ubg 2010, 618.

aa) Bestehender Ergebnisabführungsvertrag

Im Fall der Verschmelzung des Organträgers auf eine andere Körperschaft i.S.d. § 14 Abs. 1 Nr. 2 KStG, wird der Ergebnisabführungsvertrag grds. fortgesetzt.[292] Durch die Verschmelzung des Organträgers geht das Vermögen der übertragenden Körperschaft, d.h. des bisherigen Organträgers, gem. § 20 Abs. 1 Nr. 1 UmwG im Wege der Gesamtrechtsnachfolge auf die übernehmende Körperschaft über. Zum übergehenden Vermögen gehört auch der Gewinnabführungsvertrag.[293]

220

Die bisherige Organgesellschaft bleibt auch nach der Verschmelzung aufgrund der steuerlichen Rechtsnachfolge des § 12 Abs. 3 finanziell eingegliedert, sodass die ertragsteuerliche Organschaft mit der übernehmenden Körperschaft grds. fortbesteht.[294] Maßgeblich ist allein, dass die Organgesellschaft ununterbrochen zunächst in das Unternehmen des übertragenden und sodann in das Unternehmen des übernehmenden Rechtsträgers eingegliedert ist.[295] Auch nach der Rechtsprechung des BFH[296] ist von einer finanziellen Eingliederung zunächst in den übertragenden und dann in den übernehmenden Rechtsträger auszugehen. Die (vor der Verschmelzung vorliegende) finanzielle Eingliederung in die übertragende KapG wird durch die Umwandlung nicht rückwirkend zu einer solchen in die übernehmende KapG. Die zuerst bestehende finanzielle Eingliederung durch die übertragende KapG wird aufgrund der steuerlichen Rechtsnachfolge (aufgrund der Fußstapfentheorie) durch die übernehmende KapG fortgeführt.[297] Ein Neuabschluss des Gewinnabführungsvertrags ist nicht erforderlich.[298]

221

Auch nach Auffassung der Finanzverwaltung kann – unter bestimmten Voraussetzungen – die ertragsteuerliche Organschaft im Verhältnis zur übernehmenden KapG fortbestehen, da aufgrund der steuerlichen Rechtsnachfolge die finanzielle Eingliederung der übernehmenden KapG zuzurechnen ist.[299] Allerdings soll die finanzielle Eingliederung der übernehmenden KapG mit Wirkung ab dem steuerlichen Übertragungsstichtag zuzurechnen sein. Darüber hinaus sollen die Voraussetzungen für eine Organschaft zur übernehmenden KapG nur dann erfüllt sein, wenn dem Übernehmer auch

222

---

292 Tz. Org. 01 UmwStE 2011; *Neumann* in Gosch, § 14 KStG Rdn. 277, *Müller,* BB 2002, 157,(157 f.).

293 FG Berlin-Brandenburg vom 07.05.2008, 12 K 8015/05 B, EFG 2008, 1664–1665, *Baldamus,* Der Konzern 2003, 813 (816); *Dötsch,* Der Konzern 2003, 21 (24), *Dötsch,* Ubg 2011, 20; *Koppensteiner* in Kölner Kommentar zum AktG, § 297 AktG Rdn. 19; *Grunewald* in Lutter/Winter, § 20 UmwG Rdn. 37.

294 *Kolbe* in Herrmann/Heuer/Raupach, § 14 KStG Rdn. 116, Stichwort „Umwandlung des Organträgers"; *Neumann* in Gosch, § 14 KStG Rdn. 277; *Herlinghaus,* FR 2004, 974 (981).

295 Schumacher, DStR 2006, 124 (126).

296 BFH vom 28.07.2010, I R 111/09, BFH/NV 2011, 67.

297 §§ 4 Abs. 2 S. 1, 12 Abs. 3 S. 1.

298 *Dötsch,* Ubg 2011, 20.

299 Tz. Org. 02 UmwStE 2011; *Dötsch* in FS Widmann, 265.

die Beteiligung an der Organgesellschaft steuerlich rückwirkend zum Beginn des Wirtschaftsjahres der Organgesellschaft zuzurechnen sei.[300]

223 Diese Auffassung ist jedoch höchst zweifelhaft, da die steuerliche Rückbezugsfähigkeit der Voraussetzung der finanziellen Eingliederung nicht erforderlich ist. Die steuerliche Rechtsnachfolge führt zur Fortsetzung der finanziellen Eingliederung, und zwar unabhängig vom steuerlichen Rückbezug. Die Voraussetzung, wonach im Fall einer rückwirkenden Umwandlung der steuerliche Umwandlungsstichtag so bemessen sein muss, dass der übernehmenden KapG die Beteiligung an der Organgesellschaft bereits zu Beginn des Wirtschaftsjahres der Organgesellschaft zuzurechnen ist, steht im Widerspruch zu der steuerlichen Rechtsnachfolge des § 12 Abs. 3.[301]

224 In den Fällen der Fortführung der Organschaft ergibt sich aus der steuerlichen Rechtsnachfolge die Anrechnung der bisherigen (Mindest-) Laufzeit des Gewinnabführungsvertrags zwischen der übertragenden Körperschaft und der Organgesellschaft zugunsten der übernehmenden Körperschaft. Für die Berechnung der Mindestlaufzeit des Gewinnabführungsvertrags, insbesondere bei späterer Kündigung, sind die Laufzeiten zusammenzurechnen.[302]

bb) Erstmalige Vereinbarung eines Ergebnisabführungsvertrags
zur übernehmenden KapG

225 Aufgrund der steuerlichen Rechtsnachfolge setzt sich das Merkmal der finanziellen Eingliederung zu einer nachgeordneten KapG auf Ebene der übernehmenden KapG fort. Dies gilt unabhängig davon, ob zwischen dem bisherigen Organträger und seiner finanziell eingegliederten Tochter-KapG ein Ergebnisabführungsvertrag bestand oder nicht. Die Begründung der ertragsteuerlichen Organschaft ist mit Beginn des laufenden Wirtschaftsjahres der zukünftigen Organgesellschaft möglich.

226 Ebenso wie bei der Fortsetzung einer bestehenden Organschaft ist auch bei der erstmaligen Begründung der Organschaft Voraussetzung, dass der übernehmenden KapG auch die Anteile an der künftigen Organgesellschaft steuerlich rückwirkend zum Beginn des Wirtschaftsjahres der Organgesellschaft zuzurechnen sind.[303]

227 Die Finanzverwaltung lässt grds. die erstmalige Begründung einer Organschaft zur übernehmenden KapG zu.[304]

cc) Vorzeitige Beendigung des Ergebnisabführungsvertrags

228 Der Ergebnisabführungsvertrag endet hingegen, wenn der Organträger auf die Organgesellschaft verschmolzen wird *(Abwärtsverschmelzung)*.[305] Der

---

300 Tz. Org. 02 UmwStE 2011 mit Verweis auf BFH vom 28.07.2010, I R 89/09, BStBl. II 2011, 528.
301 BFH vom 28.07.2010, I R 111/09, BFH/NV 2011, 67.
302 Tz. Org. 11 UmwStE 2011.
303 Tz. Org. 03 UmwStE 2011.
304 Tz. Org. 03 UmwStE 2011.
305 Tz. Org. 04 UmwStE 2011; *Dötsch*, Ubg 2011, 20.

Vertrag erlischt im Wege der Konfusion.[306] Die ertragsteuerliche Organschaft endet demgemäß mit Wirkung zum steuerlichen Übertragungsstichtag.[307] Sofern sich die Beendigung des Ergebnisabführungsvertrags innerhalb der fünfjährigen Mindestlaufzeit vollzieht, ist in diesen Fällen ein wichtiger Grund i.S.d. § 14 Abs. 1 S. 1 Nr. 3 S. 2 KStG gegeben.[308]

In allen anderen Fällen besteht bei Verschmelzung des Organträgers auch   229
die Möglichkeit, den Gewinnabführungsvertrag vorzeitig zu beenden. Dies
kann entweder durch (außerordentliche) Kündigung oder einvernehmliche
Aufhebung erfolgen. Nach Auffassung der Finanzverwaltung stellt die Verschmelzung des Organträgers einen wichtigen Grund dar, einen noch nicht
fünf aufeinander folgende Jahre durchgeführten Gewinnabführungsvertrag
vorzeitig zu beenden.[309] Negative Auswirkungen auf die ggf. noch nicht abgelaufene Mindestlaufzeit von fünf Zeitjahren ergeben sich hieraus nicht.[310]

Jedoch ist in diesem Zusammenhang zu beachten, dass die *Kündigung* und   230
die Aufhebung des Gewinnabführungsvertrags zu unterschiedlichen steuerlichen und handelsrechtlichen Ergebnissen führen. Gem. § 14 Abs. 1 S. 1
Nr. 3 S. 1 KStG wirkt die vorzeitige Kündigung des Gewinnabführungsvertrags steuerlich auf den Beginn des betreffenden Wirtschaftsjahres zurück,
während zivilrechtlich die Wirkungen des Gewinnabführungsvertrages erst
mit Wirksamkeit der Kündigung eintreten.[311]

Aufgrund der zivilrechtlichen Vorgaben des § 296 Abs. 1 AktG kann die   231
Aufhebung eines Unternehmensvertrags grds. nur zum Ende des Geschäftsjahrs oder zu einem vertraglich bestimmten Abrechnungszeitraums vorgenommen werden. Eine rückwirkende Aufhebung ist unzulässig. Hieraus
ergibt sich, dass der Gewinnabführungsvertrag u.U. bis zum Ablauf des laufenden Geschäftsjahres handelsrechtlich fortgeführt werden muss, obwohl
die ertragsteuerliche Durchführung des Vertrags längst beendet ist.[312]

b) Auswirkungen auf Ausgleichsposten

Organschaftliche Ausgleichsposten werden gebildet, um eine Einmalbesteu-   232
erung der Gewinne der Organgesellschaft sicherzustellen. Mögliche Unterschiede zwischen der Handels- und Steuerbilanz der Organgesellschaft
können dazu führen, dass der an den Organträger abgeführte und von ihm
über die Einkommenszurechnung versteuerte Gewinn (Mehr- und Minder-

---

306 *Stratz* in Schmitt/Hörtnagl/Stratz, § 20 UmwG Rdn. 55 f. m.w.N.
307 Tz. Org. 04 UmwStE 2011.
308 Tz. Org. 04 UmwStE 2011.
309 Tz. Org. 12 UmwStE 2011.
310 Tz. Org. 11, 12 UmwStE 2011, und. R 60 Abs. 6 S. 2 KStR 2004. Negative Auswirkungen können sich auf das Nichteinhalten der Mindestlaufzeit jedoch dann ergeben, wenn die Beendigung des Gewinnabführungsvertrags vor Ablauf der Mindestlaufzeit zum Zeitpunkt des Abschlusses des Gewinnabführungsvertrags feststand, vgl. R 60 Abs. 4 S. 3 KStR 2004.
311 Kündigung des Gewinnabführungsvertrags erfolgt demnach zivilrechtlich ex nunc, vgl. *Dötsch*, Ubg 2011, 21.
312 Aus der handelsrechtlichen Durchführung des Gewinnabführungsvertages ergebenen sich ggf. steuerlich verdeckte Gewinnausschüttungen, Dividenden, Rückzahlungen vom steuerlichen Einlagekonto oder steuerneutrale Einlagen.

abführungen) differieren, vgl. § 14 Abs. 4 S. 6 KStG. In der Steuerbilanz des Organträgers ist ein aktiver oder passiver Ausgleichposten zu bilden, der sich grds. über die Laufzeit der bestehenden Organschaft umkehrt. Bei Umkehrung werden die aktiven oder passiven Ausgleichposten einkommensneutral aufgelöst. Nach Beendigung der Organschaft verbliebene Ausgleichsposten sind bei Veräußerung der Organbeteiligung gem. § 14 Abs. 4 S. 3 KStG einkommenswirksam aufzulösen.

233 Gem. § 14 Abs. 4 S. 5 KStG sind der unmittelbaren Veräußerung der Organbeteiligung die folgenden Vorgänge gleichgestellt:

- Umwandlung der Organgesellschaft auf eine PersG oder eine natürliche Person,
- die verdeckte Einlage der Beteiligung an der Organgesellschaft und
- die Auflösung der Organgesellschaft.

234 Fraglich ist, ob die Verschmelzung des Organträgers einen Veräußerungs- und Anschaffungsvorgang darstellt, der zur Auflösung organschaftlicher Ausgleichsposten nach § 14 Abs. 4 S. 2 KStG führt.

235 Dies erscheint äußerst zweifelhaft, da gesetzlich eine vollumfängliche steuerliche Rechtsnachfolge angeordnet ist, und zwar *unabhängig von der Ausübung eines etwaigen Bewertungswahlrechts*, § 12 Abs. 3 HS 1. Die Besonderheiten der steuerlichen Rechtsnachfolge hat die Finanzverwaltung zum Anlass genommen, dass z.B. eine Besitzzeitanrechnung erfolgt und die Übertragung der Wirtschaftsgüter keine Anschaffung i.S.d. §§ 6b, 7g darstellen soll.[313]

236 Umso erstaunlicher ist, dass die Finanzverwaltung die Verschmelzung des Organträgers als einen Veräußerungsvorgang i.S.d. § 14 Abs. 4 KStG hinsichtlich der Beteiligung an der Organgesellschaft begreift.[314] Demnach sollen organschaftliche Ausgleichsposten nach § 14 Abs. 4 S. 2 KStG zum steuerlichen Übertragungsstichtag aufzulösen sein.

237 Nur soweit die *Organschaft fortgesetzt* wird und die *Verschmelzung zum Buchwert* erfolgte, sind die organschaftlichen Ausgleichsposten nach dieser Auffassung fortzuführen. Erfolgt die Verschmelzung zum gemeinen Wert (oder Zwischenwert) sind die organschaftlichen Ausgleichsposten in voller Höhe, bei Verschmelzung zum Zwischenwert anteilig aufzulösen.[315]

238 Die Auffassung der Finanzverwaltung ist äußerst fraglich. Sie lässt sich nur schwerlich mit der steuerlichen Rechtsnachfolge bzw. mit dem Konzept der organschaftlichen Mehr- und Minderabführungen in Einklang bringen.

aa) Fortführung der Organschaft

239 Sofern die Organschaft nach der Verschmelzung des Organträgers fortgeführt wird, besteht u.A. nach kein Grund, eine Veräußerung der Organbeteiligung i.S.d. § 14 Abs. 4 S. 2 KStG anzunehmen. Aufgrund des Fortbestands der Organschaft gleichen sich die entstandenen Unterschiede der

---

313 Tz. 04.14 und 04.15 UmwStE 2011.
314 Tz. Org. 05 UmwStE 2011.
315 Tz. Org. 05 UmwStE 2011.

Gewinnabführung und der von dem Organträger versteuerten Gewinne innerhalb der fortbestehenden Organschaft auf Ebene der rechtsnachfolgenden Organträgerin aus. Die steuerliche Rechtsnachfolge würde anderenfalls ohne gesetzliche Grundlage beschränkt. Ein Rechtfertigungsgrund ist hierfür nicht ersichtlich. Im Ergebnis sollte daher - auch bei Bewertung der Verschmelzung zum gemeinen Wert oder Zwischenwert - eine Auflösung der organschaftlichen Ausgleichsposten unterbleiben. Erst die tatsächliche Veräußerung der Organgesellschaft oder die Verwirklichung der gesetzlich geregelten Ersatztatbestände des § 14 Abs. 4 S. 5 KStG sollten im Ergebnis zur Auflösung des Ausgleichspostens führen.

bb) Beendigung der Organschaft

Auch in den Fällen, in denen die Organschaft anlässlich der Verschmelzung **240** des Organträgers in steuerlich zulässiger Weise beendet wird, sollte es u. A. nach nicht zu einer Auflösung des steuerlichen Ausgleichspostens kommen. Es fehlt bereits an dem erforderlichen Veräußerungstatbestand. Die Beendigung der Organschaft reicht für die Annahme einer Veräußerung jedenfalls nicht aus. Demnach erfolgt u. a. nach auch keine Auflösung von Ausgleichsposten.

Die Finanzverwaltung differenziert insoweit nicht. Wie bereits oben darge- **241** stellt, ist nur in den Fällen der Fortführung der Organschaft und der Verschmelzung unter Buchwertfortführung von der Auflösung des Ausgleichspostens abzusehen.[316] Konsequenterweise müsste die Finanzverwaltung zumindest in den Fällen der Verschmelzung des Organträgers unter Buchwertansatz auch bei Beendigung der Organschaft von der Auflösung der Ausgleichsposten absehen. Anderenfalls ergibt sich ein nicht aufzulösender Wertungswiderspruch hinsichtlich steuerneutraler Verschmelzungen.

cc) Abwärtsverschmelzung des Organträgers auf Organgesellschaft

Nur in den Fällen der Abwärtsverschmelzung des Organträgers auf die Or- **242** gangesellschaft sind organschaftliche Ausgleichsposten stets aufzulösen, da eine Fortführung der Organschaft ausscheidet.[317]

c) Einkommenzurechnung

Nach der Rechtsprechung des BFH[318] ist das Einkommen der Organgesell- **243** schaft dem Organträger für den Veranlagungszeitraum zuzurechnen, in dem es die Organgesellschaft ohne Berücksichtigung der Organschaft hätte selbst versteuern müssen, d. h. mit Ablauf des zugrunde zu legenden Veranlagungszeitraums.

Sofern das Wirtschaftsjahr der Organgesellschaft und des Organträgers dem **244** Kalenderjahr entspricht und die Verschmelzung des Organträgers bspw. zum steuerlichen Übertragungsstichtag 31. 12. des vorangegangenen Wirt-

---

316 Tz. Org. 05 UmwStE 2011.
317 Tz. Org. 05 UmwStE 2011.
318 BFH vom 29. 10. 1974, I R 240/72, BStBl. II 1975, 126.

schaftsjahres erfolgt, ist das Einkommen dieses Wirtschaftsjahres noch zum 31. 12. dem bisherigen Organträger zuzurechnen.[319]

245 Unklar scheint jedoch die Zurechnung des Ergebnisses der Organgesellschaft bei abweichenden Wirtschaftjahren oder bei unterjährigen Verschmelzungen.[320] Nach Auffassung der Finanzverwaltung ist das Organeinkommen dem Rechtsträger zuzurechnen, der zum Schluss des Wirtschaftsjahres der Organgesellschaft der Organträger ist.[321] U.A. nach muss die Einkommenszurechnung bei dem Organträger erfolgen, der zum Schluss des Kalenderjahrs, in dem die Organgesellschaft das Einkommen bezogen hat, als Anteilseigner der Organgesellschaft anzusehen ist, denn erst zu diesem Zeitpunkt erfolgt nach Auffassung des BFH steuerlich die Zurechnung des Einkommens.[322] Damit erfolgt die Zurechnung des Organeinkommens beim Organträger für den Veranlagungszeitraum zum Schluss des Kalenderjahres, in dem die Organgesellschaft dieses Einkommen erzielt hat und es selbst zu versteuern hätte, wenn sie nicht Organgesellschaft wäre.[323]

3. Verschmelzung auf den Organträger

246 Die Verschmelzung einer außerhalb der Organschaft befindlichen Körperschaft auf einen Organträger berührt die vertraglichen Beziehungen der übernehmenden KapG nicht.[324] Die Stellung der übernehmenden KapG als Organträger bleibt bestehen. Es stellt sich jedoch die Folgefrage, ob durch die Verschmelzung auf den Organträger zumindest aus steuerlicher Sicht ein wichtiger Grund zur Beendigung der Organschaft vorliegt.[325]

4. Verschmelzung der Organgesellschaft

247 Sofern die Organgesellschaft verschmolzen wird, endet nach zivilrechtlicher Rechtsprechung der Gewinnabführungsvertrag.[326] Es handelt sich aus steuerlicher Sicht um einen wichtigen Grund.[327]

a) Beendigung der Organschaft

248 Sofern eine Organgesellschaft auf eine andere KapG verschmolzen wird, wird ein bestehender Ergebnisabführungsvertrag beendet.[328] Die Beendigung erfolgt zum steuerlichen Übertragungsstichtag, da die verschmolzene

---

319 *Dötsch*, Ubg 2011, 20 (26).
320 Umfassend zur Problematik der Einkommenzurechnung bei abweichendem Wirtschaftsjahr im Organkreis *Kempf/Zipfel*, DStR 2005, 1301.
321 Tz. Org. 19 UmwStE 2011.
322 A.A. *Dötsch*, Ubg 2011, 20 (26), der die Einkommenszurechnung bei derjenigen Muttergesellschaft vornehmen will, die zum Schluss des Wirtschaftsjahres der Organgesellschaft Organträger ist.
323 *Kempf/Zipfel*, DStR 2005, 1301.
324 Tz. Org. 20 UmwStE 2011.
325 Vgl. R 60 Abs. 6 S. 2 KStR 2004.
326 Tz. Org. 20 UmwStE 2011; OLG Karlsruhe vom 29. 08. 1994, 15 W 19/94, NJW-RR 1995, 354; *Müller*, BB 2002, 157; *Dötsch*, Ubg 2011, 21; a.A. *Neumann* in Gosch, § 14 KStG, Rdn. 288.
327 Tz. Org. 26 UmwStE 2011.
328 Tz. Org. 21 UmwStE 2011.

Organgesellschaft nach Ablauf des steuerlichen Übertragungsstichtags für steuerliche Zwecke nicht mehr existiert.

b) Auswirkungen auf Ausgleichsposten

Die Finanzverwaltung geht bei der Verschmelzung der Organgesellschaft 249
davon aus, dass es sich bei der Verschmelzung auf Ebene der übertragenden KapG um einen Veräußerungs- und auf Ebene der übernehmenden KapG um einen Anschaffungsvorgang handeln soll. Als Konsequenz sollen eventuell bestehende organschaftliche Ausgleichsposten an der Organgesellschaft nach § 14 Abs. 4 S. 2 KStG in voller Höhe aufzulösen sein.

Nach dem Wortlaut des § 14 Abs. 4 S. 5 KStG wird nur die Verschmelzung 250
der Organgesellschaft auf eine PersG oder eine natürliche Person ausdrücklich der Veräußerung der Organbeteiligung gleichgestellt. Grds. kann es daher nur in diesen – gesetzlich geregelten – Fällen zur zwingenden Auflösung der organschaftlichen Ausgleichsposten kommen.[329]

Wird die Organgesellschaft dagegen auf eine andere KapG verschmolzen, 251
stellt § 14 Abs. 4 S. 5 KStG diesen Umwandlungsvorgang nicht einer Veräußerung i.S.d. § 14 Abs. 4 S. 2 KStG gleich.

Neben den gesetzlich ausdrücklich geregelten Fällen kann es u.a. nach nur noch im Falle einer Aufwärtsverschmelzung der Organgesellschaft auf ihre Organträger-KapG zu einer Auflösung des Ausgleichspostens kommen, da in diesem Fall die Beteiligung zweifellos untergeht.

Zweifelhaft erscheint es jedoch, die Auflösung des Ausgleichspostens auch 252
in den Fällen der Seitwärts- und der Abwärtsverschmelzung anzunehmen.

Eine Veräußerung(-sfiktion) der untergehenden Anteile an der Organgesell- 253
schaft – und damit die Begründung der Pflicht zur Auflösung von organschaftlichen Ausgleichsposten – könnte allenfalls dann angenommen werden, wenn der Anteilseigner der untergehenden Gesellschaft gerade nicht die Buchwertfortführung nach § 13 Abs. 2 geltend macht. Nur insofern könnte § 14 Abs. 4 S. 2 KStG erfüllt sein.

Nicht nachvollziehbar erscheint jedoch die Auffassung der Finanzverwal- 254
tung, dass bei Seitwärts- oder Abwärtsverschmelzung unter Buchwertfortführung auf Anteilseignerebene nach § 13 Abs. 2 eine Veräußerungsfiktion angenommen wird. Da nach § 13 Abs. 2 S. 2 die neuen Anteile an der Übernehmerin an die Stelle der Anteile an der bisherigen Organgesellschaft treten, können die Anteile an der Organgesellschaft nicht als veräußert gelten.

c) Übertragungsgewinn bzw. -verlust und Gewinnabführungsvertrag

Nach Auffassung der Finanzverwaltung soll ein sich bei einer Organgesell- 255
schaft wegen Wertansatz oberhalb des Buchwerts ergebender Übertragungsgewinn nicht der vertraglichen Abführungsverpflichtung unterlie-

---

329 Die gesetzliche Regelung erfasst damit Fälle, in denen die Beteiligung an der Organgesellschaft in (Mit-) Eigentum an den übergehenden Wirtschaftsgütern der übertragenden KapG getauscht wird.

gen.[330] Es soll eine Besteuerung des Übertragungsgewinns auf Ebene der untergehenden Organgesellschaft erfolgen. Erklärbar ist diese Auffassung vermutlich damit, dass die Finanzverwaltung sich in den Fällen der Verschmelzung der Organgesellschaft auf die zur Liquidation ergangene Rechtsprechung des BFH zur fehlenden Abführungsverpflichtung für den im Abwicklungszeitraum erzielten Gewinn einer Organgesellschaft bezieht.[331] Diese Auffassung ist jedoch für die Fälle der Verschmelzung verfehlt und abzulehnen. Verschmelzung und Liquidation unterscheiden sich grundlegend darin, dass die Verschmelzung auf die Fortsetzung des bestehenden Unternehmens auf Ebene der übernehmenden KapG abzielt. Demgegenüber hat der BFH nur ein auf Erwerb gerichtetes Unternehmen zur Voraussetzung einer Gewinnabführungsverpflichtung gemacht. Dieses liegt aber nach Auflösung einer Gesellschaft durch Liquidation nicht vor.

256 Einer tatsächlichen Durchführung der Gewinnabführung in dem am Umwandlungsstichtag endenden Wirtschaftsjahr steht nichts entgegen. Der Übertragungsgewinn sollte u. a. abzuführen sein, da der Vertrag erst mit Eintragung der Umwandlung erlischt.

5. Verschmelzung auf eine Organgesellschaft

a) Fortgeltung einer bestehenden Organschaft

257 Die Verschmelzung einer bisher außerhalb des Organkreises bestehenden Gesellschaft auf die Organgesellschaft berührt den bestehenden Gewinnabführungsvertrag grds. nicht. Es ist jedoch in diesen Fällen regelmäßig zu prüfen, ob die steuerlichen Voraussetzungen der anzuerkennenden Organschaft, d. h. insbesondere die Voraussetzungen der finanziellen Eingliederung weiterhin vorliegen.

b) Übertragungsgewinn bzw. -verlust und Gewinnabführungsvertrag

258 Im Zusammenhang mit der Verschmelzung einer KapG auf eine Organgesellschaft, stellt sich die Frage, ob das Übernahmeergebnis der Gewinnabführung unterliegt.

In den Fällen der Aufwärtsverschmelzung unterliegt das Übernahmeergebnis der Abführungsverpflichtung.[332] In den Fällen der Seitwärtsverschmelzung erfolgt hingegen keine Abführung des Übernahmeergebnisses. Das Übernahmeergebnis wird für die Erhöhung des Nennkapitals verwendet oder in die Kapitalrücklage eingestellt.[333]

c) Steuerliche Mehr- und Minderabführungen

259 Nach Auffassung der Finanzverwaltung resultiert aus der Verschmelzung einer KapG auf eine Organgesellschaft folgendes:

– Sofern das Vermögen der übertragenden KapG im Wege der Verschmelzung auf eine Organgesellschaft übergeht und die übernehmende Organ-

---

330 Tz. Org. 27 UmwStE 2011.
331 BFH vom 18. 10. 1967, I 262/63, BStBl. II 1968, 105.
332 BFH vom 24. 01. 2001, I R 103/99, BFH/NV 2001, 1455.
333 Tz. Org. 30 UmwStE 2011.

gesellschaft das auf sie übergehende Vermögen in der Steuerbilanz mit den Buchwerten, handelsrechtlich jedoch mit den Verkehrswerten ansetzt, soll auf die sich daraus ergebende Mehrabführung § 14 Abs. 3 S. 1 KStG anzuwenden sein.[334]

– § 14 Abs. 3 KStG soll ebenso anzuwenden sein, sofern bei der übertragenden KapG Bewertungsunterschiede zwischen der Handels- und Steuerbilanz bestanden. Sowohl die Unterschiede zwischen der steuerlichen und handelsrechtlichen Beurteilung des Übernahmegewinns als auch spätere Bewertungsunterschiede sollen nach § 14 Abs. 3 KStG zu behandeln sein.

Die möglichen Bewertungsunterschiede bzw. Verwerfungen[335] zwischen **260** Handels- und Steuerbilanz der Organgesellschaft infolge der Verschmelzung sollen gerade nicht von § 14 Abs. 4 KStG erfasst werden und zu organschaftlichen Mehr-/Minderabführungen mit Bildung und Auflösung organschaftlicher Ausgleichsposten führen.

Vielmehr qualifiziert die Finanzverwaltung die möglichen Bewertungsunter- **261** schiede bzw. Verwerfungen zwischen Handels- und Steuerbilanz der Organgesellschaft infolge der Verschmelzung einer KapG auf eine Organgesellschaft als vororganschaftliche Mehr- oder Minderabführung, obwohl die Verschmelzung zweifelsfrei in organschaftlicher Zeit erfolgt. Es scheint, als setze die Finanzverwaltung ohne weitere Begründung – und u.A. nach auch ohne gesetzliche Grundlage – die Zuführung von Vermögen von außerhalb des bestehenden Organkreises einer vororganschaftlich verursachten Mehrund Minderabführung gleich. Eine Begründung hierfür ist nicht ersichtlich. Selbst wenn man diesem Ansatz folgen wollte, wäre eine differenzierte Betrachtung angebracht.

Die Auslegung – Anwendung der Grundsätze einer vororganschaftlichen **262** Mehr- oder Minderabführung nach § 14 Abs. 3 KStG – ist abzulehnen. Es fehlt bereits an der erforderlichen gesetzlichen Grundlage.

Mehr- und Minderabführungen infolge von Bewertungsunterschieden in der **263** *Handels- und Steuerbilanz*

Bei den möglichen Bewertungsunterschieden handelt es sich vielmehr um Mehr- und Minderabführungen nach § 14 Abs. 4 KStG. Der sich durch den Ansatz eines höheren Wertes in der Handelsbilanz in organschaftlicher Zeit ergebende negative Gewinn- und Vermögensunterschied (Mehrabführung) wird sich in Folgejahren durch positive Gewinnunterschiede und damit Minderabführungen ausgleichen.

Es handelt sich u. A. nach daher um eine in organschaftlicher Zeit verur- **264** sachte und somit § 14 Abs. 4 KStG unterliegende Mehrabführung mit Bildung eines aktiven Ausgleichspostens beim Organträger.

Die Umwandlung erfolgt zweifelsfrei in organschaftlicher Zeit. Für die Annahme eines vororganschaftlich verursachten Geschäftsvorfalls fehlt die Rechtsgrundlage.

---

334 Tz. Org. 33 UmwStE 2011.
335 Tz. Org. 34 UmwStE 2011.

265   Ausnahmen können sich bei Aufwärtsverschmelzungen ergeben. Denkbar ist, dass in den Fällen der *Aufwärtsverschmelzung* die Organgesellschaft bei höherem Ansatz der übernommenen Vermögensgegenstände denjenigen handelsrechtlichen Gewinn erzielt, der bei direkter Veräußerung der verschmolzenen Beteiligung realisiert und abgeführt worden wäre. Denn bei der Aufwärtsverschmelzung einer Tochtergesellschaft auf ihre Organ(mutter)gesellschaft sind die übernommenen Wirtschaftsgüter/Vermögensgegenstände Gegenleistung für die untergehende Beteiligung. Der Übernahmegewinn ist daher mit einer Veräußerung zu vergleichen. Ein im Vergleich zu betrachtender Veräußerungsgewinn (Annahme: die Muttergesellschaft veräußert die Beteiligung an der Tochtergesellschaft), den die Organgesellschaft alternativ hätte erzielen können, wäre ebenfalls nicht als vororganschaftlich verursacht zu qualifizieren.

266   Bei der *Seitwärtsverschmelzung* kann sich die Frage der Mehrabführung infolge des Ansatzes des übernommenen Vermögens mit dem Verkehrswert grds. gar nicht erst ergeben. In Folge der Verschmelzung wird das gezeichnete Kapital sowie ggf. die Kapitalrücklage erhöht. Ein anderes Ergebnis kann sich nur – wenn überhaupt – in den seltenen Fällen des Verzichts auf die Ausgabe neuer Anteile ergeben. Aber auch in diesen Fällen entsteht durch den höheren Wertansatz in der Handelsbilanz während der Organschaft ein negativer Gewinn- und Vermögensunterschied, der sich in den Folgejahren durch steuerliche Minderabschreibungen bzw. steuerlich höhere Veräußerungsgewinne bzgl. der übernommenen Wirtschaftsgüter wieder auflöst. Es ist mithin auch in diesem Fall die Anwendung des § 14 Abs. 4 KStG mit Bildung von Ausgleichsposten vorzuziehen.

267   *Mehr- und Minderabführungen infolge von bestehenden Bewertungsunterschieden auf Ebene der übertragenden KapG in der Handels- und Steuerbilanz*

Bereits bestehende Unterschiede zwischen Handels- und Steuerbilanz auf Ebene der übertragenden KapG sollen sowohl bei der Erfassung des Übernahmeergebnisses sowie auch später bei Auflösung der Vermögensunterschiede bei der Organgesellschaft als vororganschaftliche Mehr-/Minderabführungen gem. § 14 Abs. 3 KStG zu qualifizieren sein.

268   Die Abweichungen des steuerbilanziellen Übernahmeergebnisses vom handelsbilanziellen infolge der „Übernahme" von Unterschieden zwischen Handels- und Steuerbilanz sind u.A. nach in organschaftlicher Zeit verursacht. § 14 Abs. 4 KStG ist somit auf die Mehr-/Minderabführungen anzuwenden.

269   Die Umwandlung und damit die Erzielung eines Übernahmeergebnisses erfolgt zweifelsfrei in organschaftlicher Zeit. Für die Behandlung vororganschaftlich verursachter Geschäftsvorfälle fehlt es an einer Rechtsgrundlage.

E. Übernahmefolgegewinn (§ 12 Abs. 4)

I. Zivilrechtliche Konfusion

Zwischen den an der Verschmelzung beteiligten Rechtsträgern können wechselseitig Forderungen und Verbindlichkeiten[336], d.h. Schuldverhältnisse, bestehen. Ein Schuldverhältnis setzt zivilrechtlich allerdings zwingend voraus, dass Gläubiger und Schuldner verschiedene Personen sind. Deshalb erlischt es, wenn sich Forderung und Verbindlichkeit in einer Person vereinigen, d.h. wenn die Forderung auf den Schuldner oder die Schuld auf den Gläubiger übergeht.[337] Der Verschmelzung ist der Vermögensübergang kraft Gesamtrechtsnachfolge immanent, d.h. aus zivilrechtlicher Sicht vereinigen sich im Zeitpunkt der Eintragung der Verschmelzung im Handelsregister bei der übernehmenden KapG Forderung und Verbindlichkeit, es kommt in den Fällen des Zusammenfalles von Forderung und Verbindlichkeit auf Ebene der übernehmenden KapG zum Erlöschen der Forderung und Verbindlichkeit im Wege der Konfusion.[338]

270

II. Steuerliche Konsequenzen

In Fällen korrespondierender Wertansätze führt die Konfusion zu einer ergebnisneutralen „Bilanzverkürzung".[339] Steuerliche Konsequenzen kann die Konfusion daher nur haben, wenn sich Forderung und Verbindlichkeit in der logischen Sekunde ihrer Vereinigung im Rahmen der Verschmelzung mit unterschiedlichen bilanziellen Wertansätzen gegenüber stehen.[340] Durch die Ausbuchung kommt es auf Ebene der übernehmenden KapG in Höhe der Differenz zwischen den Buchwerten der Forderungen und Verbindlichkeiten zu einem Gewinn, dem sog. Übernahmefolgegewinn.[341] In Ausnahmefällen kann es auch zu einem sofort abzugsfähigen Übernahmeverlust kommen.[342] Der Übernahmefolgegewinn ist grds. voll steuerpflichtig[343] und entsteht eine logische Sekunde *nach dem steuerlichen Übertragungsstichtag*[344], jedoch

271

---

336 Ebenso wären ungewisse Verbindlichkeiten oder Rückstellungen denkbar. Der Gesetzeswortlaut des § 12 Abs. 4 spricht hingegen nur von „Verbindlichkeiten".
337 BGH vom 01.06.1967, II ZR 150/66, BGHZ 48, 214; BGH vom 11.12.1981, V ZR 222/80, NJW 1982, 2381.
338 *Schießl* in Widmann/Mayer, § 12 Rdn. 803.
339 *Widmann* in Widmann/Mayer, § 6 Rdn. 1 ff.
340 Unklar scheint derzeit noch die Frage, inwieweit die Vereinigung von Forderung und Verbindlichkeit durch vorherige Verbriefung der Forderung vermieden werden kann, vgl. *Schultz*, Steuern und Recht 3/2009, 97.
341 Aufgrund des Imparitätsprinzips dürfte es grds. nicht zu einem Übernahmefolgeverlust kommen können.
342 Vgl. § 6 Rdn. 18 m.w.N.
343 Systemwidrig erscheint insbesondere die reguläre Besteuerung des Übernahmefolgegewinns in Fällen der vorangegangenen Anwendung des § 8b Abs. 3 KStG und der damit verbundenen steuerunwirksamen Teilwertabschreibung auf Forderungen.
344 *Schmitt* in Schmitt/Hörtnagl/Stratz, § 12 Rdn. 62.

noch mit Ablauf des steuerlichen Übertragungsstichtags.[345] Er ist nicht Teil des Übernahmegewinns i.S.d. § 12 Abs. 2.[346]

Ggf. lassen sich die negativen Folgen des Übernahmefolgegewinns (zumindest temporär) vermeiden, indem Forderung oder Verbindlichkeit vor Verschmelzung auf einen nicht an der Verschmelzung Beteiligten übertragen werden [347] oder wenn die Forderung beispielsweise im Vorwege verbrieft wurde.[348]

1. Rücklagenbildung nach § 6

272   Die steuerlichen Folgen des Übernahmefolgegewinns sind in § 12 Abs. 4 i.V.m. § 6 Abs. 1, 3 geregelt. Gem. § 12 Abs. 4 ist § 6 sinngemäß für den Teil des Gewinns aus der Vereinigung von Forderungen und Verbindlichkeiten anzuwenden, der der Beteiligung der übernehmenden KapG am Nominalkapital der übertragenden KapG entspricht. Gem. § 6 Abs. 1 hat die übernehmende KapG die Möglichkeit, den grds. steuerpflichtigen Übernahmefolgegewinn in eine steuerfreie Rücklage einzustellen. Im Ergebnis kann hierdurch eine temporäre Verlagerung der Besteuerung des Übernahmefolgegewinns in folgende Veranlagungs- bzw. Erhebungszeiträume erreicht werden.

273   Die Rücklage wird in der Bilanz der übernehmenden KapG für das Wirtschaftsjahr gebildet, in das der steuerliche Übertragungsstichtag fällt. Die Auflösung erfolgt in den folgenden drei Wirtschaftsjahren mit mindestens je einem Drittel.[349] Gem. § 6 Abs. 1 S. 2 ist eine höhere Auflösung möglich.

2. Eingeschränkte Möglichkeit der Rücklagenbildung gem. § 12 Abs. 4

274   Aufgrund des § 12 Abs. 4 ist § 6 (d.h. insbesondere die Möglichkeit der Rücklagenbildung nach § 6 Abs. 1) nur für den Teil des Übernahmefolgegewinns anzuwenden, der der Beteiligung der übernehmenden KapG an der übertragenden KapG entspricht. Folglich ist die Begünstigung der §§ 12 Abs. 4 i.V.m. 6 Abs. 1 nur in den Fällen der (zumindest anteiligen) Aufwärtsverschmelzung anwendbar. In diesem Zusammenhang ist auch die *Rückwirkungsfiktion* für nach dem Übertragungsstichtag, aber vor Eintragung der Verschmelzung in das Handelsregister der übernehmenden KapG angeschaffte Anteile zu berücksichtigen, vgl. insoweit § 12 Abs. 2 S. 3 i.V.m. § 5 Abs. 1. Seitwärts- oder Abwärtsverschmelzungen sind vom Anwendungsbereich des § 12 Abs. 4 hingegen nicht erfasst.[350]

Selbst in den Fällen der Aufwärtsverschmelzung wird die Möglichkeit der Rücklagenbildung auf Übernahmefolgegewinne beschränkt, die aus der Vereinigung von Forderungen und Verbindlichkeiten resultieren. Eine gewinnmindernde Rücklage in entsprechender Anwendung des § 6 kann da-

---

345 Vgl. § 6 Rdn. 13 m.w.N.
346 Zur unterschiedlichen buchhalterischen Erfassung des Übernahmefolgegewinns (Brutto- oder Nettoerfassung) vgl. *Behrendt/Klages*, GmbHR 2010, 190.
347 *Widmann* in Widmann/Mayer, § 6 Rdn.123 ff.
348 *Schultz*, Steuern und Recht 3/2009, 97.
349 Vgl. § 6, Rdn. 25.
350 *Dötsch* in Dötsch/Jost/Pung/Witt, § 12 Rdn. 67.

her nicht für ggf. entstehende Übernahmefolgegewinne aus der Auflösung von Rückstellungen gebildet werden, da die entsprechende Anwendung des § 6 gem. § 12 Abs. 4 nur für Gewinne aus der Vereinigung von Forderungen und Verbindlichkeiten vorgesehen ist.[351]

3. Rückwirkender Wegfall der Rücklage

Die Möglichkeit der Bildung einer Rücklage steht gem. § 12 Abs. 4 unter dem Vorbehalt des § 6 Abs. 3. Die eigenständige Missbrauchsregelung des § 6 Abs. 3 ist durch den Verweis des § 12 Abs. 4 auf § 6 zu beachten.[352] Sofern die Voraussetzungen des § 12 Abs. 4 i.V.m. § 6 Abs. 3 S. 1 vorliegen, entfällt die Anwendbarkeit des § 6 Abs. 1 rückwirkend. Die vorgenommene gewinnmindernde Rücklage ist gewinnerhöhend im Wirtschaftsjahr des steuerlichen Übertragungsstichtags rückgängig zu machen. § 6 Abs. 3 S. 2 enthält eine eigenständige Änderungsvorschrift. Steuerbescheide, Steuermessbescheide, Freistellungs- oder Feststellungsbescheide sind zu ändern, soweit sie auf der Anwendung der Regelungen des § 6 beruhen.

4. Keine analoge Anwendung des § 8 b Abs. 3 S. 8 KStG

Im Zusammenhang mit dem Übernahmefolgegewinn kann es vorkommen, dass sich die Bewertungsunterschiede zwischen Forderungen und Verbindlichkeiten aufgrund von nicht steuerwirksamen Teilwertabschreibungen gem. § 8b Abs. 3 S. 4 ff. KStG ergeben haben. Aus steuersystematischer Sicht sollte sich eine Wertaufholung der Teilwertabschreibung auf eine Forderung, die unter Anwendung von § 8b Abs. 3 S. 4 ff. KStG wertberichtigt wurde, steuerlich grds. nicht auswirken. Nach § 8b Abs. 3 S. 8 KStG bleibt der Gewinn aus einer Wertaufholung aus einer Forderung außer Ansatz, soweit auf die vorangegangene Teilwertabschreibung § 8b Abs. 3 S. 3 KStG angewandt wurde. Durch diese Regelungstechnik werden Gewinne aus den Wertaufholungen nicht berücksichtigt, sofern sich die zuvor vorgenommene Teilwertabschreibung steuerlich nicht mindernd ausgewirkt hat.

Eine direkte Anwendung des § 8b Abs. 3 S. 8 KStG auf den Übernahmefolgegewinn ist zwar steuersystematisch geboten, vom Anwendungsbereich der Vorschrift jedoch nicht gedeckt und nach Auffassung der Finanzverwaltung auch nicht vorgesehen.[353] Der Übernahmefolgegewinn stellt keinen Gewinn aus einer Wertaufholung nach § 6 Abs. 1 Nr. 2 EStG dar, der nach § 8 b Abs. 3 S. 8 KStG außer Ansatz bleiben würde.[354] Mangels gesetzlicher Regelung erfolgt daher in Fällen des Übernahmefolgegewinns unter vorheriger Anwendung des § 8b Abs. 3 S. 4 ff. KStG die Besteuerung des durch die Konfusion entstehenden Gewinns. Es droht in diesen Fällen ein Verstoß gegen das objektive Nettoprinzip.[355]

275

276

---

351 *Schmitt* in Schmitt/Hörtnagl/Stratz, § 12 Rdn. 65; a.A. *Frotscher* in Frotscher/Maas, § 12 Rdn. 71.

352 § 6 Abs. 3 stellt eine eigenständige Missbrauchsvorschrift des Umwandlungssteuerrechts dar, die § 42 AO vorgeht, vgl. BFH vom 13.12.1989, I R 118/87, BStBl. II 1990, 474; offen gelassen BFH vom 20.05.2010, IV R 74/07, BStBl. II 2010, 1104.

353 Tz. 06.02 UmwStE 2011.

354 *Krohn/Greulich*, DStR 2008, 646 ff.

355 *Krohn/Greulich*, DStR 2008, 646 ff.

F. Vermögensübergang in den nicht steuerpflichtigen bzw. steuerbefreiten Bereich (§ 12 Abs. 5)

277 Sinn und Zweck der Regelung des § 12 Abs. 5 liegt in der Einbehaltung der Kapitalertragsteuer und der damit einhergehenden definitiven Steuerbelastung, wenn es im Zuge der Verschmelzung zu einem Vermögensübergang in den nicht steuerpflichtigen oder steuerbefreiten Bereich kommt. § 12 Abs. 5 findet *keine Anwendung auf* grenzüberschreitende *Hinausverschmelzungen*.

I. Anwendungsbereich

278 § 12 Abs. 5 S. 1 regelt den Vermögensübergang in den nicht steuerpflichtigen oder steuerbefreiten Bereich. In diesen Fällen sind auf Ebene der übertragenden KapG regelmäßig bereits gem. § 11 Abs. 1 die gemeinen Werte anzusetzen.[356] Auf diesem Wege werden auf Ebene der übertragenden KapG die stillen Reserven aufgedeckt und ggf. bereits bestehende offene Rücklagen[357] vor der eigentlichen Verschmelzung durch den Übertragungsgewinn erhöht.

279 Die verbliebenen offenen Rücklagen werden durch die Regelung des § 12 Abs. 5 erfasst. Ohne Verschmelzung hätten sie im Wege der Ausschüttung unter Einbehalt der Kapitalertragsteuer auf ihren nicht steuerpflichtigen bzw. steuerbefreiten Anteilseigner überführt werden können. Vor diesem Hintergrund fingiert § 12 Abs. 5 eine Totalausschüttung der offenen Rücklagen.

280 Die Vorschrift ist denklogisch nur dann anzuwenden, wenn sich die fehlende Steuerpflicht bzw. die Steuerbefreiung aus einer gesetzlichen Anordnung ergibt.[358] Von der Vorschrift des § 12 Abs. 5 werden nur Vermögensübertragungen auf juristische Personen des öffentlichen Rechts außerhalb ihrer Betriebe gewerblicher Art sowie gemeinnützige Körperschaften erfasst, nicht jedoch solche steuerpflichtige Körperschaften, deren Leistungen bei den Empfängern zu den Leistungen nach § 20 Abs. 1 Nr. 1 EStG führen.[359]

Als *nicht steuerpflichtige* übernehmende Körperschaft kommen juristische Personen des öffentlichen Rechts in Betracht. Sie sind, soweit sie sich auf ihre ihnen vorbehaltenen (hoheitlichen) Aufgaben beschränken, nicht unbeschränkt körperschaftsteuerpflichtig. Nur soweit die juristische Person des öffentlichen Rechts einen Betrieb gewerblicher Art i.S.d. § 4 KStG unterhält, ist sie insoweit nach § 1 Abs. 1 Nr. 6 KStG körperschaftsteuerpflichtig Die Abgrenzung zwischen dem hoheitlichen Bereich einer juristischen Person des öffentlichen Rechts und dem Betrieb gewerblicher Art (BgA) gestaltet

---

356 BT-Drs. 16/2710, 15.
357 Die *offenen Rücklagen* ergeben sich aus der Differenz zwischen dem steuerlichen Eigenkapital der Gesellschaft abzüglich der Positionen Nennkapital sowie des Bestandes an steuerlichem Einlagekonto.
358 *Schell*, IStR 2008, 397.
359 *Klingenberg* in Blümich, § 12 Rdn. 64.

sich regelmäßig als schwierig, da es sich bei dem Begriff des BgA um einen unbestimmten Rechtsbegriff handelt.[360]

Hoheitsbetriebe, die der Ausübung öffentlicher Gewalt dienen, sind nach § 4 Abs. 5 KStG keine BgA. Sie sind nicht steuerpflichtig und fallen damit in den Anwendungsbereich des § 12 Abs. 5.   281

Die *Steuerbefreiung* der übernehmenden Körperschaft kann sich auch aus § 5 KStG ergeben. § 5 KStG enthält sowohl persönliche[361] als auch sachliche[362] Steuerbefreiungen. Die Befreiung von der Körperschaftsteuer betrifft Körperschaften, Personenvereinigungen und Vermögensmassen, die nach § 1 KStG grds. unbeschränkt körperschaftsteuerpflichtig wären.   282

Das gesamte Einkommen der steuerbefreiten Körperschaften, Personenvereinigungen oder Vermögensmassen ist mit Ausnahme der inländischen Einkünfte, die dem Steuerabzug unterliegen, von der Besteuerung ausgenommen.

II. Rechtsfolge des § 12 Abs. 5

§ 12 Abs. 5 fingiert eine Vollausschüttung der offenen Rücklagen – vergleichbar der Regelung des § 7 bei der Verschmelzung einer Körperschaft auf eine PersG – an die übernehmende (nicht steuerpflichtige oder steuerbefreite) Körperschaft.   283

Das steuerliche Eigenkapital, abzüglich des Bestandes des steuerlichen Einlagekontos i.S.d. § 27 KStG nach Anwendung der fiktiven Kapitalherabsetzung der §§ 29 Abs. 1 i.V.m. § 28 Abs. 2 KStG, gilt mit Ablauf des steuerlichen Übertragungsstichtags der übernehmenden Körperschaft als zugeflossen.[363]   284

Die Bezüge stellen fiktive Einnahmen aus § 20 Abs. 1 Nr. 1 EStG dar mit der Konsequenz, dass Kapitalertragsteuer einzubehalten ist. Die Verpflichtung zur Abführung der Kapitalertragsteuer entsteht grds. zum Zeitpunkt des Zuflusses der als ausgeschüttet geltenden Bezüge i.s.d. § 20 Abs. 1 Nr. 1 EStG. Da die Einnahmen im Zusammenspiel mit der steuerlichen Rückwirkung des § 2 regelmäßig auf den steuerlichen Übertragungsstichtag zurückbezogen werden, müsste die Kapitalertragsteuer nach § 44 Abs. 1 S. 2 EStG angemeldet und abgeführt sein. Faktisch kann dieser Zeitpunkt jedoch nicht maßgeblich sein, da die Verschmelzung – zumindest in den Fällen der steuerlichen Rückbeziehung des § 2 – zu einem Zeitpunkt nach dem steuerlichen Übertragungsstichtag vollzogen wird. Vor diesem Hintergrund sollte die Kapitalertragsteuer erst zum Zeitpunkt der Eintragung der Verschmelzung im Handelsregister der übernehmenden Körperschaft abzuführen   285

---

360 BFH vom 11.01.1979, V R 26/74, BStBl. II 1979, 746; *Gosch* in Gosch, § 1 KStG, Rdn. 97.
361 Vgl.§ 5 Abs. 1 Nr. 1 bis 2a und 15 KStG.
362 Vgl. § 5 Abs. 1 Nr. 3 bis 14 und 16 bis 23 KStG.
363 *Rödder* in Rödder/Herlinghaus/van Lishaut, § 12 Rdn. 123; *Schmitt* in Schmitt/ Hörtnagl/Stratz, § 12 Rdn. 102.

sein.[364] Da die Verschmelzung i.d.R. rückwirkend vollzogen wird und die übertragende KapG mit Eintragung der Verschmelzung erloschen ist, geht die Verpflichtung zur Abführung der Kapitalertragsteuer auf die übernehmende Körperschaft über.[365]

286 Da die übernehmende Körperschaft entweder nicht steuerpflichtig oder steuerbefreit ist, kommt der Anwendung des § 8b KStG (insbesondere § 8b Abs. 5 KStG) auf die fiktive Vollausschüttung keine Bedeutung zu.[366]

287 § 12 Abs. 5 kann nicht dazu führen, dass ein negativer Betrag als ausgeschüttet gilt.[367]

III. Keine Anwendbarkeit bei Auslandsverschmelzungen

288 Zum Teil wird in der Literatur diskutiert, ob die Hinausverschmelzung einer inländischen KapG auf einen ausländischen Rechtsträger den Anwendungsbereich des § 12 Abs. 5 UmwStG eröffnet mit der Folge der entsprechenden Verpflichtung zur Abführung der Kapitalertragsteuer.[368]

289 U.A. nach ist § 12 Abs. 5 für Fälle der grenzüberschreitenden Verschmelzung nicht anwendbar, da das Gesetz den Vermögensübergang in den nicht steuerpflichtigen oder steuerbefreiten Bereich der übernehmenden Körperschaft fordert. Für die Anwendung des § 12 Abs. 5 kommt es nur darauf an, ob die Vermögensmehrung auf Ebene der übernehmenden Körperschaft nach geltendem nationalem Recht in den nicht steuerpflichtigen oder steuerbefreiten Bereich übergeht.[369]

290 Dieses Ergebnis wird durch den Vergleich mit § 3 Abs. 2 oder § 11 Abs. 2 verdeutlicht. Letztgenannte Vorschriften dienen der Sicherung des deutschen Besteuerungsrechts und beziehen sich explizit auf den Ausschluss oder die Beschränkung des deutschen Besteuerungsrechts. Der Wortlaut des § 12 Abs. 5 beschränkt sich hingegen auf die Vermögensmehrung in dem nicht steuerpflichtigen oder steuerbefreiten Bereich der übernehmenden Körperschaft.

291 Eine anderweitige Auslegung würde daneben einen offensichtlichen Verstoß gegen Art. 7 Abs. 1 der FusionsRL[370] bedeuten.

---

364 *Dötsch* in Dötsch/Jost/Pung/Witt, § 12 Rdn. 69; *Schmitt* in Schmitt/Hörtnagl/ Stratz, § 12 Rdn. 102; *Rödder* in Rödder/Herlinghaus/van Lishaut, § 12 Rdn. 124.
365 *Dötsch* in Dötsch/Jost/Pung/Witt, § 12 Rdn. 69.
366 Ebenso *Rödder* in Rödder/Herlinghaus/van Lishaut, § 12, Rdn. 123; wohl a.A. *Frotscher* in Frotscher/Maas, § 12 Rdn. 76 ff.
367 *Rödder* in in Rödder/Herlinghaus/van Lishaut, § 12, Rdn. 122.
368 *Schell*, IStR 2008, 397; *Schießl*, StuB 2009, 460; *Schmitt* in Schmitt/Hörtnagl/Stratz, § 12 Rdn. 102.
369 *Schell*, IStR 2008, 397; *Schmitt* in Schmitt/Hörtnagl/Stratz, § 12 Rdn. 102.
370 Richtlinie 90/434/EWG vom 23.07.1990, ABl. EU 1990, L225/1-5; zuletzt geändert durch Richtlinie 2005/19/EG vom 17.02.2005, ABl. EU 2005, L58/19.

G. Ergänzende steuerliche Regelungen

Die Vorschriften des UmwStG regeln ausschließlich ertragsteuerliche Folgen   *292*
der Umwandlungen und Einbringungen für die Körperschaft-, Einkommen-
und Gewerbesteuer. Folgen für andere Steuerarten wie z.B. Umsatz- und
Grunderwerbsteuer regelt das Umwandlungssteuerrecht nicht.[371] Die Verschmelzung i.S.d. §§ 11 ff. kann jedoch auch Auswirkungen in diesen Bereichen haben. Insbesondere die Grunderwerbsteuer kann – trotz der Einführung des § 6a GrEStG – eine erhebliche endgültige Steuerbelastung einer
ansonsten steuerneutralen Verschmelzung auslösen.[372] Aus umsatzsteuer-
licher Sicht sollte sich die Verschmelzung regelmäßig nicht auswirken. Weitere Auswirkungen können sich auch in körperschaftsteuerlicher Hinsicht
ergeben.

I. Körperschaftsteuer

1. Steuerliches Einlagekonto

Die §§ 11–13 werden durch § 29 KStG[373] ergänzt. § 29 erfasst Kapitalverän-   *293*
derungen bei Umwandlungen, insbesondere mit Blick auf das steuerliche
Einlagekonto gem. § 27 KStG.

Das steuerliche Einlagekonto umfasst die nicht in das Nennkapital geleisteten   *294*
Einlagen. Die Rückzahlung von Kapital aus dem steuerlichen Einlagekonto
stellt grds. (soweit die Anschaffungskosten/Buchwerte nicht überschritten
werden) beim Gesellschafter eine steuerneutrale Einlagenrückgewähr dar,
die nicht der Dividendenbesteuerung unterliegt.[374] Zu beachten ist in diesem
Zusammenhang ein gegebenenfalls vorliegender Sonderausweis gem. § 28
KStG.

§ 29 KStG regelt insoweit die Kapitalveränderungen bei Umwandlungen   *295*
und stellt die zutreffende Übertragung des steuerlichen Einlagekontos auf
den übernehmenden Rechtsträger sicher.

Die Regelungen des § 29 Abs. 1–4 KStG gelten grds. für KapG. Eine Erwei-   *296*
terung des Anwendungsbereichs erfolgt gem. § 29 Abs. 5 KStG für andere
unbeschränkt steuerpflichtige Körperschaften und Personenvereinigungen,
die Leistungen i.S.d. § 20 Abs. 1 Nr. 1, 9 und 10 EStG gewähren können.
§ 29 Abs. 6 KStG erweitert den Anwendungsbereich der Vorschrift auch für
die Fälle der grenzüberschreitenden Hineinverschmelzung ausländischer
Rechtsträger, für die bisher kein steuerliches Einlagekonto festgestellt
wurde.[375]

---

371 Tz. 01.01 UmwStE 2011.
372 § 1 Abs. 1 Nr. 3 GrEStG.
373 § 29 KStG erfasst Kapitalveränderungen bei Umwandlungen.
374 Im Zusammenhang mit der Einlagenrückgewähr ist jedoch die Regelung des § 27
    Abs. 1 S. 3 KStG zu beachten, wonach zunächst der nach § 27 Abs. 1 S. 5 KStG
    definierte Gewinn als ausgeschüttet gilt und erst im Anschluss Einlagen zurück-
    gewährt werden können.
375 Gem. § 29 Abs. 6 S. 2 i.V.m. 27 Abs. 8 KStG wird der Anwendungsbereich der
    Vorschrift auf Rechtsträger der EU-Mitgliedstaaten begrenzt.

297 Nach § 29 Abs. 1 KStG gilt bei einer Umwandlung (im Falle der §§ 11–13 der Verschmelzung) das Nennkapital des übertragenden Rechtsträgers zum steuerlichen Übertragungsstichtag als im vollem Umfang herabgesetzt.[376] Es kommt hierbei zur entsprechenden Anwendung des § 28 Abs. 2 S. 1 KStG, sodass ein ggf. bestehender Sonderausweis[377] das steuerliche Einlagenkonto entsprechend mindert.[378]

298 Bei einer Verschmelzung ist gem. § 29 Abs. 2 S. 1 eine Hinzurechnung des Bestandes des steuerlichen Einlagekontos des übertragenden Rechtsträgers zum Bestand des Einlagekontos des übernehmenden Rechtsträgers vorzunehmen. Durch die Addition bleibt die Steuerneutralität der Einlagen der Anteilseigner des untergehenden Rechtsträgers auch im Verschmelzungsfall gewährleistet.[379]

299 Soweit der übernehmende Rechtsträger am übertragenden Rechtsträger beteiligt ist, erfolgt eine fiktive Nennkapitalherabsetzung auch bei diesem Rechtsträger.[380]

300 Nur soweit im jeweiligen Nennkapital „echte Einlagen" gebunden waren, werden diese bei der Feststellung des steuerlichen Einlagekontos berücksichtigt. Gem. § 29 Abs. 2 S. 1 KStG geht das letztmalig festgestellte steuerliche Einlagekonto nach Anwendung des § 29 Abs. 1 KStG auf den übernehmenden Rechtsträger über. Gem. § 29 Abs. 2 KStG unterbleibt eine Hinzurechnung im Verhältnis der Beteiligung des übernehmenden an dem übertragenden Rechtsträger. Eine Kürzung des steuerlichen Einlagekontos erfolgt ebenso im Fall der Beteiligung des übertragenden am übernehmenden Rechtsträger. Im Ergebnis erfolgt in diesem Fall eine wechselseitige Kürzung des steuerlichen Einlagekontos, vgl. § 29 Abs. 2 S. 2 und 3 KStG.[381]

301 Nach Anwendung des § 29 Abs. 1 und 2 KStG erfolgt die Anpassung des Nennkapitals des übernehmenden Rechtsträgers nach Maßgabe des § 28 Abs. 1 und 3 KStG, vgl. § 29 Abs. 4 KStG. Der Zugang zum steuerlichen Einlagekonto ist beim übernehmenden Rechtsträger gem. § 28 Abs. 1 KStG für Anpassungen des Nennkapitals zu verwenden. Soweit ein verbleibender Betrag des übergehenden steuerlichen Einlagekontos verbleibt, ist zunächst ein ggf. bestehender Sonderausweis beim übernehmenden Rechtsträger zu eliminieren. Es erfolgt insoweit eine Verrechnung mit dem übergehenden steuerlichen Einlagekonto, vgl. §§ 29, 28 Abs. 3 KStG. Soweit im Rahmen der Nennkapitalerhöhung das übergehende steuerliche Einlagekonto für die nominelle Nennkapitalerhöhung nicht ausreicht, entsteht beim übernehmenden Rechtsträger ein Sonderausweis.

---

376 Tz. K.03 UmwStE 2011.
377 Vgl. § 28 KStG; der Sonderausweis entsteht durch Umwandlung von Rücklagen in Nennkapital.
378 Tz. K.03 UmwStE 2011.
379 Tz. K.09 UmwStE 2011.
380 Tz. K.10 UmwStE 2011.
381 Tz. K.10 und 12 UmwStE 2011.

2. Körperschaftsteuerguthaben/Körperschaftsteuererhöhungsbetrag

Ansprüche auf Auszahlung des Körperschaftsteuerguthabens nach § 37 Abs. 5 KStG bzw. die Zahlungsverpflichtung im Zusammenhang mit dem Körperschaftsteuererhöhungsbetrag nach § 38 Abs. 6 KStG gehen aufgrund der gesetzlich angeordneten Gesamtrechtsnachfolge im Rahmen der Verschmelzung auf den übernehmenden Rechtsträger als Rechtsnachfolger über. $\qquad$ *302*

3. Umwandlungen außerhalb des UmwStG (Drittstaatenverschmelzungen)

Im Gegensatz zum UmwStG erfasst § 12 Abs. 2 KStG (nur) die Auswirkungen von Verschmelzungen bzw. verschmelzungsähnliche Vorgänge von beschränkt steuerpflichtigen Körperschaften innerhalb eines Drittstaats. Im Falle der Anwendung des § 12 Abs. 2 KStG kommt es zwingend zu einem Buchwertansatz beim übernehmenden Rechtsträger, ein Wahlrecht für einen anderen Wertansatz besteht nicht. *303*

Die Buchwertübertragung ist möglich, soweit *304*

– sichergestellt ist, dass die übergehenden Wirtschaftsgüter später bei der übernehmenden Körperschaft der Besteuerung mit Körperschaftsteuer unterliegen,

– das Recht der Bundesrepublik Deutschland hinsichtlich der Besteuerung der übertragenen Wirtschaftsgüter bei der übernehmenden Körperschaft nicht beschränkt wird,

– eine Gegenleistung nicht gewährt wird oder in Gesellschaftsrechten besteht und

– wenn der übernehmende und der übertragende Rechtsträger nicht die Voraussetzungen des § 1 Abs. 2 S. 1 und 2 des UmwStG vom 07. 12. 2006[382] in der jeweils geltenden Fassung erfüllen.

Gem. dem Wortlaut der Regelung werden andere Formen der Umwandlung (bspw. die Spaltung) von § 12 Abs. 2 KStG nicht erfasst. *305*

II. Gewerbesteuer

Die gewerbesteuerlichen Konsequenzen der Verschmelzung von KapG richten sich nach § 19. Durch den vollumfänglichen Verweis des § 19 Abs. 1 auf §§ 11–15 ergibt sich ein Gleichlauf der Gewerbe- mit der Körperschaftsteuer. Grds. kann die Verschmelzung auch aus gewerbesteuerlicher Sicht steuerneutral erfolgen.[383] *306*

Durch den Verweis des § 19 Abs. 2 auf § 12 Abs. 3 fallen auch für Zwecke der Gewerbesteuer sämtliche vortragsfähige Fehlbeträge i.S.d. § 10a GewStG auf Ebene der übertragenden KapG weg. Abweichend von § 18 Abs. 1 S. 2, der neben den vortragsfähigen Fehlbeträgen auch Fehlbeträge des laufenden Erhebungszeitraums anspricht, nimmt § 19 Abs. 2 nur auf vortragsfähige Fehlbeträge Bezug. *307*

---

382 BGBl. I 2006, 2782, 2791.
383 Vgl. § 19.

III. Umsatzsteuer

1. Verschmelzungsvorgang

308 Nach den allgemeinen Grundsätzen des Umsatzsteuerrechts sollte die Verschmelzung nicht zu einer Belastung mit Umsatzsteuer führen, soweit die an der Verschmelzung beteiligten Rechtsträger sowohl vor als auch nach der Umwandlung als Unternehmer i.S.d. Umsatzsteuerrechts anzusehen sind. Rechtstechnisch stellt sich hierbei die Frage, ob die Umwandlung überhaupt einen umsatzsteuerbaren Übertragungsakt darstellt oder ob der Übertragungsvorgang bereits als nicht steuerbar behandelt wird.

309 In den meisten Fällen dürfte es sich bei der Verschmelzung um einen nicht steuerbaren Umsatz der übertragenden KapG handeln. Gem. § 1 Abs. 1a UStG[384] ist die Steuerbarkeit ausgeschlossen, soweit eine Geschäftsveräußerung im Ganzen vorliegt.

310 Zumindest bei Verschmelzungen wird aufgrund der gesetzlich angeordneten Gesamtrechtsnachfolge[385] das bestehende Geschäft im Ganzen, d.h. mit sämtlichen Aktiva und Passiva auf die übernehmende KapG überführt. Besonderheiten können sich jedoch in den Fällen der grenzüberschreitenden Verschmelzung ergeben.

311 Die Verschmelzung sollte damit regelmäßig eine nicht steuerbare Geschäftsveräußerung im Ganzen darstellen, sofern auch die übernehmende KapG Unternehmer ist und das übernommene Geschäft fortführt.[386] Ausreichend ist hierfür, dass die übernehmende KapG mit den erworbenen Wirtschaftsgütern Unternehmer wird. Die Unternehmereigenschaft erlangt sie dadurch, dass sie mit den erworbenen Besitzposten eine nachhaltige unternehmerische Tätigkeit aufnimmt oder aufzunehmen beabsichtigt.

312 Im Umkehrschluss bedeutet dies, dass die Rechtsfolgen des § 1 Abs. 1a UStG nicht eintreten, wenn der Erwerber

– das erworbene Vermögen zwar weiterhin einem unternehmerischen Betriebsvermögen zuordnet, diese unternehmerische Tätigkeit jedoch nicht als Fortsetzung der bisherigen Tätigkeit anzusehen ist[387],
– die übernommenen Wirtschaftgüter nicht einer eigenen Unternehmertätigkeit[388] zuordnet,
– selbst kein Unternehmer ist.[389]

---

384 Es handelt sich gem. der amtlichen Gesetzesbegründung zum StMBG um die nationale Umsetzung von Art. 19 MwStSystRL, wonach die Mitgliedstaaten die Übertragung eines Gesamt- oder Teilvermögens als nicht steuerbar behandeln können. Vgl. auch BT-Drs. 12/5630, 84.
385 § 20 i.V.m. § 2 UmwG.
386 *Klingberg* in Blümich, § 11 Rdn. 14; *Körner*, IStR 2009, 1 (13).
387 *Reiß* in FS Schaumburg, 1174.
388 Die Unternehmereigenschaft des übernehmenden Rechtsträgers im Zeitpunkt der Umwandlung setzt voraus, dass mit dem übertragenen Betrieb oder Teilbetrieb die spätere Ausführung entgeltlicher Leistungen nachweisbar beabsichtigt ist.
389 FG Düsseldorf vom 17. 12. 2003, 5 K 864/01 U, EFG 2004, 772.

Sofern die übertragende ebenso wie die übernehmende KapG eine umsatz-   *313*
steuerliche Organschaft[390] bilden, ist die Übertragung innerhalb desselben
Unternehmens ebenfalls nicht steuerbar, da sowohl der übertragende als
auch der übernehmende Rechtsträger ein Unternehmen darstellen.[391]

2. Umsatzsteuerliche Konsequenzen auf Ebene der übernehmenden KapG

Die Übertragung des Vermögens auf die übernehmende Körperschaft er-   *314*
folgt zivilrechtlich im Wege der Gesamtrechtsnachfolge. Die übertragende
KapG erlischt grds. erst mit Eintragung der Verschmelzung im Handelsregister der übernehmenden KapG.[392]

Das auf die übernehmende KapG übergehende Vermögen umfasst auch die
zu den Verbindlichkeiten gehörenden Umsatzsteuerschulden, die aus steuerpflichtigen Umsätzen herrühren, die vor Wirksamwerden der Verschmelzung ausgeführt worden sind. In den übergehenden Forderungen können
ebenso eventuelle Steuererstattungsansprüche und Vorsteuervergütungsansprüche enthalten sein. Gem. § 45 Abs. 1 AO gehen Forderungen und
Schulden aus dem Steuerschuldverhältnis auf den Rechtsnachfolger über.
Ergänzend zu dieser gesetzlichen Regelung hat der BFH mehrfach entschieden, dass der Gesamtrechtsnachfolger sowohl materiell- als auch verfahrensrechtlich in die abgabenrechtliche Rechtsstellung des Vorgängers eintritt.[393] Die übernehmende KapG tritt mit Eintragung der Verschmelzung in
das Handelsregister der übernehmenden KapG auch in die umsatzsteuerliche Rechtsstellung des erloschenen Rechtsträgers ein.[394]

3. Keine Rückwirkung

Klarstellend ist darauf hinzuweisen, dass sich die Rechtswirkung der in Um-   *315*
wandlungsfällen möglichen steuerlichen Rückwirkung des § 2 nicht auf die
Umsatzsteuer erstreckt.[395]

IV. Grunderwerbsteuer

Während die Verschmelzung von Körperschaften in einer Vielzahl von Fäl-   *316*
len ertragsteuerneutral durchgeführt werden kann, stellt sich bei Beteiligung von grundbesitzenden KapG die Frage, ob grunderwerbsteuerliche
Tatbestände ausgelöst werden. Relevant ist diese Frage, da die Grunderwerbsteuer bei Umwandlungsvorgängen auch mehrfach anfallen kann (insbesondere bei Kettenumwandlungen oder nachfolgenden Anteilsübertra-

---

390 Abschn. 2.8 UStAE.
391 § 2 Abs. 2 Nr. 2 S. 1 UStG, Abschn. 2.8 Abs. 1 S. 7 UStAE; BFH vom 17.01.2002,
   V R 37/00, BStBl. II 2002, 373.
392 Vgl. § 20 Abs. 1 Nr. 1 UmwG.
393 BFH vom 15.10.1964, VI 175/63 U, BStBl. III 1965, 86; BFH vom 28.04.1965, II 9/
   62 U, BStBl. III 1965, 422 und BFH vom 25.04.1969, III 127/65, BStBl. II 1969, 622;
   Drüen in Tipke/Kruse, § 45 AO, Rdn. 2.
394 Sofern eine Verschmelzung zur Neugründung erfolgt, ist ggf. eine vollumfängliche umsatzsteuerliche Registrierung erforderlich.
395 Das UmwStG gilt nicht für Verkehrs- und Verbrauchssteuern.

gungen) und in Abhängigkeit zur steuerlichen Bemessungsgrundlage und zur Lage des Grundvermögens[396] – zum Verschmelzungshemmnis wird.

317 Sofern die übertragende KapG über Grundbesitz verfügt, kommt es durch die Verschmelzung zu einem Übergang des Grundvermögens auf die übernehmende KapG. Diese direkten Grundstücksübertragungen unterliegen grds. gem. § 1 Abs. 1 Nr. 3 GrEStG der Grunderwerbsteuer.

318 Auch ohne unmittelbaren Übergang von Grundvermögen auf die übernehmende KapG können sich grunderwerbsteuerliche Folgen ergeben, sofern die übertragende KapG an grundbesitzenden Gesellschaften beteiligt ist. Durch die Verschmelzung findet insoweit ein (unmittelbarer oder mittelbarer) Anteilseignerwechsel statt, durch den die Tatbestände des § 1 Abs. 2a oder Abs. 3 GrEStG ausgelöst werden können.

319 Erforderlich ist hierfür, dass mindestens 95 % der Anteile an grundbesitzenden Gesellschaften übertragen werden und der Grundbesitz nicht bereits über eine mittelbare Beteiligung der übernehmenden KapG zuzurechnen war.

320 Nur in den Fällen der Verkürzung der Beteiligungskette wird hingegen kein grunderwerbsteuerbarer Vorgang ausgelöst. So kann beispielsweise durch die Verschmelzung aus einer bisher mittelbaren Beteiligung an einer grundstücksbesitzenden Gesellschaft eine unmittelbare Beteiligung werden. Dieser Vorgang löst keine erneute Grunderwerbsteuerpflicht aus.[397] Eine einschränkende Auslegung der §§ 1 Abs. 2a und Abs. 3 GrEStG ist insoweit geboten.[398]

321 Unerheblich dürfte hingegen regelmäßig der Umstand sein, dass die übernehmende KapG über Grundvermögen verfügt. Ausnahmen können sich nur z.B. in den Fällen der Seitwärtsverschmelzung aufgrund der Ausgabe neuer Anteile der übernehmenden KapG im Rahmen der Verschmelzung aufgrund der Regelungen des § 1 Abs. 2a und Abs. 3 GrEStG ergeben. Es kann insoweit auch auf Ebene der übernehmenden KapG zum grunderwerbsteuerlich relevanten Anteilseignerwechsel kommen.

322 Mit Einführung des § 6a GrEStG durch das Wachstumsbeschleunigungsgesetz[399] wurde eine Vorschrift geschaffen, die Umwandlungen i.S.d. § 1 Abs. 1 Nr. 1–3 UmwG[400] zumindest innerhalb eines Konzerns unter bestimmten Voraussetzungen grunderwerbsteuerneutral ermöglichen soll. Ausweislich des Berichts des Finanzausschusses[401] erfasst § 6a GrEStG Konzernsachverhalte an denen ausschließlich ein herrschendes Unternehmen

---

396 Die Lage des Grundbesitzes ist insbesondere für die Anwendung des Steuersatzes von Bedeutung. Seit dem 01. 09. 2006 dürfen die Bundesländer den Steuersatz Art. 105 Abs. 2a GG selbst festlegen.
397 *Schmidt*, DB 1999, 1872; Pahlke/Franz, § 1 GrEStG, Rdn. 307; Gleichlautende Ländererlasse vom 26. 02. 2003, BStBl. I 2003, 271, Tz. 4.1.
398 *Fischer* in Boruttau, § 1 GrEStG, Rdn. 848d, 901 ff.
399 Gesetz vom 22. 12. 2009, BGBl. I 2009, 3950.
400 Die Befreiung von der Grunderwerbsteuer gilt gem. § 6a S. 2 GrEStG ebenso für entsprechende Umwandlungen aufgrund des Rechts eines Mitgliedsstaates.
401 BT-Drs. 17/147, 10.

und ein oder mehrere von diesem herrschenden Unternehmen abhängige Gesellschaften, oder mehrere von einem herrschenden Unternehmen abhängige Gesellschaften beteiligt sind, vgl. § 6a S. 3 GrEStG. Abhängig in diesem Sinne ist ein Unternehmen gem. § 6a S. 4 GrEStG dann, wenn mindestens 95 % des Kapitals von der herrschenden Gesellschaft innerhalb einer 5-Jährigen Vorbehaltens- sowie eine 5-jährigen Nachbehaltensfrist unmittelbar oder mittelbar gehalten wird.

Da insbesondere die einschränkenden Regelungen des § 6 a S. 3 und 4 GrEStG viele Zweifelsfragen in der Rechtsanwendung offen lassen, ist die Anwendung der Vorschrift derzeit mit erheblichen Rechtsunsicherheiten behaftet.[402] In der Literatur wird die Vorschrift für die unklaren und zu eng gefassten Formulierungen kritisiert.[403] Ein gleichlautender Ländererlass zu § 6a GrEStG ist veröffentlicht worden.[404]   *323*

Der BFH hat in vier Beschlüssen vom 25. 11. 2015[405] das BMF gebeten, zu der Frage, ob § 6a GrEStG mit dem europarechtlichen Beihilfeverbot des Art. 107 AEUV vereinbar ist, Stellung zu nehmen und den entsprechenden Verfahren beizutreten. Für die Frage, ob § 6a GrEStG als Beihilfe zu qualifizieren ist, ist die sog. „Selektivität" (Begünstigung bestimmter Unternehmen) von entscheidender Bedeutung. Das sog. „Referenzsystem" im Hinblick auf § 6a GrEStG dürfte sein, dass nach den Steuertatbeständen des § 1 GrEStG der tatsächliche oder fingierte Wechsel des Eigentümers eines Grundstücks Grunderwerbsteuer auslöst. § 6a GrEStG bildet hiervon eine begünstigende Ausnahme, bezüglich derer sich die Frage stellt, ob diese durch „die Natur und den inneren Aufbau des Grunderwerbsteuersystems" gerechtfertigt ist. Nach § 6a GrEStG sind nicht alle konzerninternen „Übergänge" von Grundstücken von der Grunderwerbsteuer befreit (bspw. sind der Verkauf von Grundstücken und von grundstückstragenden Beteiligungen im Konzern nicht begünstigt). Vielmehr begünstigt § 6a GrEStG (nur) bestimmte Umstrukturierungsvorgänge, die sich nach dem Recht eines EU/EWR-Staats vollziehen und für welche die Vor- und Nachbehaltensfristen erfüllt werden können (nach dem Wortlaut etwa nicht Verschmelzung auf herrschendes Unternehmen). Sollte das herrschende Unternehmen nur ein Unternehmen i.S.d. UStG sein können, würden selbst von dem eingeschränkten Anwendungsbereich des § 6a GrEStG zudem nicht alle Konzerne erfasst. Die Vorschrift stellt mithin eine (relativ enge) Ausnahme von der Grunderwerbsteuer für bestimmte Umstrukturierungen innerhalb von (ggf. nur bestimmten) Konzernen dar.

Sollte der BFH die Beihilferechtskonformität des § 6a GrEStG in Zweifel ziehen und die Norm in den konkreten Streitfällen für anwendbar halten, ist

---

402 Vgl. bspw. für die Kritik in der Literatur an der Vorschrift: *Mensching/Tyarks*, BB 2010, 87.

403 *Lüdicke/Schnitger*, IStR 2011, 1005 weisen insbesondere darauf hin, dass der Anwendungsbereich auf Umwandlungen in DBA-Drittstaaten möglich erscheint; grundsätzlich zur Regelung *Behrens*, Ubg 2010, 845; *Hannes/Oderka/von Oertzen*, ZEV 2010, 137.

404 Finanzministerium Baden-Württemberg vom 23. 02. 2010, 3-S 451.4/27, DB 2010, 928.

405 BFH Beschl. vom 25. 11. 2015, II R 50/13 und II R 63/14; II R 62/14; II R 36/14.

mit hoher Wahrscheinlichkeit davon auszugehen, dass dieser den EuGH anruft und um eine Vorabentscheidung ersucht. Zudem könnte die Kommission dieses Verfahren zum Anlass nehmen, ebenfalls eine beihilferechtliche Untersuchung des § 6a GrEStG anzustoßen.

Zudem gilt es zu berücksichtigen, dass im europäischen Beihilferecht grds. kein Vertrauensschutz besteht. Dies gilt auch dann, wenn verbindliche Auskünfte erteilt wurden bzw. Festsetzungsverjährung eingetreten ist. Das Beihilferecht setzt sich über das nationale Verfahrensrecht hinweg. Gewährte Steuervorteile der vergangenen zehn Jahre wären nebst Zinsen zurückzuzahlen.

§ 13
Besteuerung der Anteilseigner der übertragenden Körperschaft

(1) Die Anteile an der übertragenden Körperschaft gelten als zum gemeinen Wert veräußert und die an ihre Stelle tretenden Anteile an der übernehmenden Körperschaft gelten als mit diesem Wert angeschafft.

(2) [1]Abweichend von Absatz 1 sind auf Antrag die Anteile an der übernehmenden Körperschaft mit dem Buchwert der Anteile an der übertragenden Körperschaft anzusetzen, wenn

1. das Recht der Bundesrepublik Deutschland hinsichtlich der Besteuerung des Gewinns aus der Veräußerung der Anteile an der übernehmenden Körperschaft nicht ausgeschlossen oder beschränkt wird oder

2. die Mitgliedstaaten der Europäischen Union bei einer Verschmelzung Artikel 8 der Richtlinie 2009/133/EG anzuwenden haben; in diesem Fall ist der Gewinn aus einer späteren Veräußerung der erworbenen Anteile ungeachtet der Bestimmungen eines Abkommens zur Vermeidung der Doppelbesteuerung in der gleichen Art und Weise zu besteuern, wie die Veräußerung der Anteile an der übertragenden Körperschaft zu besteuern wäre. § 15 Abs. 1a Satz 2 des Einkommensteuergesetzes ist entsprechend anzuwenden.

[2]Die Anteile an der übernehmenden Körperschaft treten steuerlich an die Stelle der Anteile an der übertragenden Körperschaft. [3]Gehören die Anteile an der übertragenden Körperschaft nicht zu einem Betriebsvermögen, treten an die Stelle des Buchwerts die Anschaffungskosten.

Spezialliteratur

Becker/Kamphaus/Loose, Greift das Korrespondenzprinzip bei Drittstaatenverschmelzung?, IStR 2013, 328; *Becker/Loose,* Zur Steuerpflicht von Drittstaatsverschmelzungen nach geänderter Auffassung der Finanzverwaltung, BB 2015,
1435; *Benz/Böhmer,* Das BMF-Schreiben zu § 50i Abs. 2 EStG, DStR 2016, 145;
Benz/Lang, Der verschärfte § 50i EStG, StBJB 183; *Blumenberg/Rossner,* Steuerliche Auswirkungen der durch das BilMoG geplanten Änderungen der Bilanzierung von eigenen Anteilen, GmbHR 2008, 1079; *Bron,* Aktuelle Entwicklung im
Rahmen von Kapitalmaßnahmen (§ 20 Abs. 4a EStG) Gesetzliche Änderung
durch das AmtshilfeRLUmsG und erste Rechtsprechung, DStR 2014, 353; *Bron,*
Der neugefasste § 50i und seine Gefahren – mit Kanonen auf Spatzen zu schießen, DStR 2014, 1849; *Bruckmeier/Zwirner/Künkele,* Die Behandlung eigener
Anteile – Das BilMoG kürzt das Steuersubstrat und fördert Investitionen in eigene Aktien, DStR 2010, 1640; *Ditz/Tcherveniachki,* Eigene Anteile und Mitar-
beiterbeteiligungsmodelle – Bilanzierung nach dem BilMoG und Konsequenzen
für das steuerliche Einlagekonto, Ubg 2010, 875; *Dötsch,* Minder- und Mehrabführungen mit Verursachung in organschaftlicher Zeit – Bildung und Auflösung
steuerlicher Ausgleichsposten zur Organbeteiligung nach Inkrafttreten des § 14
Abs. 4 KStG i.d.F. des JStG 2008 –, Ubg 2008, 117; *Förster/Schmidtmann,* Steuerliche Gewinnermittlung nach dem BilMoG, BB 2009, 1342; *Früchtl/Fischer,* Erwerb eigener Anteile – Änderungen durch das BilMoG?, DStZ 2009, 112; *Füger/
Rieger,* Umwandlungen im Zivil- und Steuerrecht, in FS Widmann, 287; *Förster/
Hölscher,* Reichweite der Veräußerungsfiktionen des KStG und des UmwStG,
Ubg 2012, 730; *Grundke/Feuerstein/Holle,* Der eigentlich klare Verweis in § 12
Abs. 2 S. 2 KStG iVm § 13 UmwStG: Drittstaatsverschmelzungen nach dem Entwurf der KStR 2015, DStR, 1653; *Hageböke,* Sind alle Umwandlungen „Veräußerungen"? – Kritische Anmerkungen zur neuen Ausgangsthese der Finanzverwaltung im UmwStEE, Ubg 2011, 689; *Hagemann/Jakob/Ropohl/Viebrock,* Das neue
Konzept der Verstrickung und Entstrickung sowie die Neufassung des Umwandlungssteuergesetzes, NWB-Sonderheft 1/2007, 1; *Herzig/Briesemeister,* Unterschiede zwischen Handels- und Steuerbilanz nach BilMoG – Unvermeidbare

Abweichung und Gestaltungsspielräume, WPg 2010, 63; Hru*schka*, Drittstaatenumwandlung mit Folgen, IStR 2012, 844; *Klepsch*, Zur steuerlichen Behandlung von Drittstaatenverschmelzungen von Körperschaften, IStR 2016, 15; *Lemaitre/Schönherr*, Die Umwandlung von Kapitalgesellschaften in Personengesellschaften durch Verschmelzung und Formwechsel nach der Neufassung des UmwStG durch das SEStEG, GmbHR 2007, 173; *Ortmann-Babel/Bolik/Gageur*, Ausgewählte steuerliche Chancen und Risiken des BilMoG, DStR 2009, 934; *Pupeter/Schnittker*, Side-step-merger ohne Anteilsgewährung, FR 2008, 160; *Rödder/Schumacher*, Das kommende SEStEG – Teil I: Die geplanten Änderungen des EStG, KStG und AStG – Der Regierungsentwurf eines Gesetzes über steuerliche Begleitmaßnahmen zur Einführung der Europäischen Gesellschaft und zur Änderung weiterer steuerrechtlicher Vorschriften, DStR 2006, 1481; *Roderburg/ Richter*, Offene Fragen und Probleme bei der Anwendung des § 50i EStG idF des Kroationgesetzes, IStR 2015, 227; *Rödder/Kuhr/Heimig*, § 50 i EStG-Strukturen nach dem „Kroatiengesetz" – warum massive Kollateralschäden drohen, Ubg 2014, 477; *Schafitzl/Widmayer*, Die Besteuerung von Umwandlungen nach dem Regierungsentwurf des SEStEG, BB Special 8/2006, 36; *Schmitt/Schlossmacher*, Antrag auf Buchwertansatz nach § 13 II UmwStG, DB 2009, 1425; *Schroer/Starke*, Die beteiligungshöhenunabhängige Schachtelprivilegierung in der Gewerbesteuer nach Verschmelzungen, FR 2007, 488; *Sejdija/Trinks*, Zur steuerlichen Behandlung von Drittlandsverschmelzungen auf Anteilseignerebene Replik auf Becker/Kamphaus/Loose IStR 2013, 328, IStR 2013, 866; *Simon*, Verschmelzung und Spaltung unter Verzicht auf Anteilsgewährung, in FS Schaumburg, 1341; *Trossen*, Aufgabe der Maßgeblichkeit bei Umwandlungsvorgängen, FR 2006, 617; *Viskorf*, Erneute Änderung des Erbschaftsteuergesetzes, DB 2011 vom 06. 07. 2011 (DB0425493); *Wassermeyer*, Verliert Deutschland im Fall der Überführung von Wirtschaftsgütern in eine ausländische Betriebsstätte das Besteuerungsrecht?, DB 2006, 1176.

A. Einführung

I. Bedeutung der Vorschrift

§ 13 behandelt im dritten Teil des UmwStG die steuerlichen Auswirkungen des Anteilseigners der übertragenden Körperschaft im Rahmen der Vermögensübertragung von einer Körperschaft auf eine andere Körperschaft durch Verschmelzung.   *1*

§ 13 Abs. 1 nimmt als Regelfall an, dass im Zuge der Verschmelzung der Körperschaften die Anteile des Anteilseigners an der übertragenden Körperschaft als zum gemeinen Wert veräußert und die Anteile an der übernehmenden Körperschaft als zum gemeinen Wert angeschafft gelten. Der Wortlaut des § 13 Abs. 1 enthält eine doppelte Fiktion, wonach zum einen die Anteile an der übertragenden Körperschaft als veräußert und die Anteile an der übernehmenden Körperschaft als angeschafft gelten. Zum anderen gelten diese als zum gemeinen Wert veräußert bzw. angeschafft.

§ 13 Abs. 2 normiert die Voraussetzungen unter denen die Anteile an der übernehmenden Körperschaft mit dem Buchwert bzw. den Anschaffungskosten der Altanteile an der übertragenden Körperschaft angesetzt werden können. Unter diesen Voraussetzungen kann mithin eine Aufdeckung der stillen Reserven in den Anteilen an der übertragenden Körperschaft und

eine damit verbundene Besteuerung auf Ebene des Anteilseigners verhindert werden. Sofern die Voraussetzungen des § 13 Abs. 2 erfüllt sind, treten die Anteile an der übernehmenden Körperschaft steuerlich an die Stelle der Anteile an der übertragenden Körperschaft. Dadurch gehen die steuerlichen Eigenschaften der Altanteile an der übertragenden Körperschaft auf die Anteile an der übernehmenden Körperschaft über (siehe dazu Rdn. 40 ff.).[1]

II. Geltungsbereich

2   § 13 behandelt die Auswirkungen der Verschmelzung auf Ebene der Anteilseigner der übertragenden Körperschaft. § 13 findet über § 15 Abs. 1 auch auf Ebene der Anteilseigner im Fall der Auf- und Abspaltung (§ 123 Abs. 1, Abs. 2 UmwG) einer Körperschaft Anwendung, welche unter das Umwandlungssteuergesetz fallen. Die *Vermögensübertragung gem. §§ 174 ff.* UmwG fällt hingegen nicht unter § 13, da andere Gegenleistungen als Anteile an der übernehmenden Körperschaft gewährt werden.[2]

1. Verschmelzungsvorgänge

3   Für die Anwendbarkeit des § 13 ist Voraussetzung, dass die Verschmelzung in den Anwendungsbereich des UmwStG fällt. Dies ist immer dann der Fall, wenn es sich um eine Verschmelzung i.S.d. UmwG handelt (§ 1 Abs. 1 UmwStG). Danach unterliegen *Inlandsverschmelzungen, Hinausverschmelzungen* (eine im Inland ansässige KapG wird auf eine in der EU/dem EWR ansässige KapG verschmolzen) und *Hereinverschmelzungen* (eine in der EU/dem EWR ansässige KapG wird auf eine im Inland ansässige KapG verschmolzen) dem Anwendungsbereich des UmwStG.

Auch im Fall von Auslandsverschmelzungen, die nicht unter das UmwG fallen, findet das UmwStG Anwendung, wenn die jeweilige ausländische Verschmelzung einer Verschmelzung i.S.d. UmwG entspricht und sowohl der übertragende als auch übernehmende Rechtsträger nach dem Recht eines EU- oder EWR-Staats gegründet wurden und sich deren Sitz sowie Ort der Geschäftsleitung innerhalb eines dieser Staaten befindet, § 1 Abs. 1 S. 1 Nr. 1 und Abs. 2 Nr. 1 (siehe dazu § 1 Rdn. 90 ff.).

4   Sofern die verschmelzenden KapG in Drittstaaten ansässig sind und der Verschmelzungsvorgang somit nicht dem Anwendungsbereich des UmwStG unterliegt, ist § 13 ggf. über § 12 Abs. 2 S. 2 KStG anwendbar (siehe dazu Rdn. 57).

5   Wird die Tochter- auf die Muttergesellschaft verschmolzen *(sog. Upstream-Merger)*, kommt es auf Ebene der übernehmenden Körperschaft zur Anwendung von § 12, der die steuerliche Behandlung der Verschmelzung auf Ebene der übernehmenden Körperschaft regelt. § 13 findet keine Anwendung, soweit die übernehmende an der übertragenden Körperschaft beteiligt ist.[3]

---

1   *Schmitt* in Schmitt/Hörtnagl/Stratz, § 13 Rdn. 6; *Neumann* in Rödder/Herlinghaus/van Lishaut, § 13 Rdn. 45.
2   *Dötsch/Werner* in Dötsch/Pung/Möhlenbrock, § 13 Rdn. 10.
3   Tz. 13.01 UmwStE 2011; *Neumann* in Rödder/Herlinghaus/van Lishaut, § 13 Rdn. 1.

Wird die Mutter- auf die Tochtergesellschaft verschmolzen *(sog. Down-* 6
stream-Merger), unterliegt die Verschmelzung auf Ebene der Anteilseigner
der Muttergesellschaft § 13.[4]

§ 13 ist ebenfalls im Fall der Verschmelzung zweier nicht aneinander betei- 7
ligter Körperschaften anwendbar *(sog. Sidestep-Merger).* Dies gilt auch
dann, wenn gem. § 54 Abs. 1 S. 3 UmwG bzw. § 68 Abs. 1 S. 3 UmwG auf
die Gewährung von Anteilen an der übernehmenden Körperschaft verzichtet wird.[5] Voraussetzung ist allerdings, dass es im Rahmen der Verschmelzung zu keiner Wertverschiebung zwischen den Anteilseignern kommt. § 13
soll insoweit keine Anwendung finden[6] (siehe dazu Rdn. 46 ff.).

§ 13 kommt unabhängig davon zur Anwendung, ob auf Ebene der übertra- 8
genden Körperschaft § 11 und auf Ebene der übernehmenden Körperschaft
§ 12 angewendet worden sind[7] (da beispielsweise übertragender und übernehmender Rechtsträger im EU-Ausland ansässig sind und kein Inlandsbezug besteht).

2. Anteile

§ 13 zielt bereits nach seinem Wortlaut auf die steuerliche Behandlung von 9
„Anteilen" an der übertragenden Körperschaft ab. Für die Anwendbarkeit
des § 13 müssen mithin an der übertragenden Körperschaft Anteile bestehen. Anteile an einer Körperschaft i.S.d. § 13 sind grds. dann gegeben,
wenn der jeweilige Anteilseigner bei Ausschüttungen der übertragenden
Körperschaft Einkünfte aus Kapitalvermögen i.S.d. § 20 Abs. 1 Nr. 1, 2 EStG
erzielt.[8] Trotz des Wortlauts „Anteile" findet § 13 auch Anwendung, wenn
Mitgliedschaften im Zuge der Verschmelzung von beispielsweise Versicherungsvereinen auf Gegenseitigkeit oder Genossenschaften untergehen.[9]

Ferner scheint nach dem Wortlaut („*... und die an ihre Stelle tretenden An-* 10
teile ...") für die Anwendbarkeit des § 13 Voraussetzung zu sein, dass der
Anteilseigner der übertragenden Körperschaft Anteile an der übernehmenden Körperschaft erhält.[10] § 13 wurde hinsichtlich des Wortlauts bisher nicht
auf die Möglichkeit der Verschmelzung von Schwestergesellschaften ohne
Gewährung von Gesellschaftsrechten angepasst, die durch das „Zweite Gesetz zur Änderung des Umwandlungsgesetzes" vom 24.04.2007[11] in § 54
Abs. 1; § 68 Abs. 1 UmwG eingeführt wurde. Nach § 54 Abs. 1 S. 3 UmwG
bzw. § 68 Abs. 1 S. 3 UmwG besteht eine Ausnahme von der grds. nach § 2
UmwG vorgesehenen Anteilsgewährungspflicht, wenn alle Anteilseigner
der übertragenden GmbH bzw. AG auf den Erhalt von Anteilen an der übernehmenden Körperschaft verzichten.

---

4 Tz. 13.01 i.V.m. 11.19 UmwStE 2011.
5 Tz. 13.09 UmwStE 2011.
6 Tz. 13.03 UmwStE 2011.
7 BT-Drs. 17/2710 vom 25.09.2006, 41; *Schmitt* in Schmitt/Hörtnagl/Stratz, § 13
  Rdn. 7.
8 *Dötsch/Werner* in Dötsch/Pung/Möhlenbrock, § 13 Rdn. 4.
9 Tz. 13.12 UmwStE 2011; *Schmitt* in Schmitt/Hörtnagl/Stratz, § 13 Rdn. 10.
10 *Dötsch/Werner* in Dötsch/Pung/Möhlenbrock, § 13 Rdn. 5; a.A. *Pupeter/Schnittker,*
   FR 2008, 160 (163).
11 BGBl. I 2007, 542.

Denkbar ist allerdings, den Wortlaut des § 13 auch dahingehend auszulegen, dass keine Anschaffung im zivil- bzw. handelsrechtlichen Sinn sondern lediglich eine „wirtschaftliche" Anschaffung und damit kein Zugang von Anteilen an der übernehmenden Körperschaft erforderlich ist.[12]

Die Finanzverwaltung wendet § 13 (ohne nähere Begründung) auch im Fall der Nichtgewährung von Anteilen an.[13] Dies soll allerdings insoweit nicht gelten, als sich im Rahmen der Verschmelzung Wertverschiebungen zwischen den Anteilen der beteiligten Anteilseigner ergeben[14] (zu den verschiedenen denkbaren Fallgestaltungen vgl. Rdn. 46 ff.).

11 Sofern Anteile gewährt werden, ist nicht erforderlich, dass neue Anteile ausgegeben werden.[15] Ausreichend ist die Gewährung gehaltener eigener Anteile der übernehmenden Körperschaft.[16] Eigene Anteile sind nach § 272 Abs. 1a S. 1 HGB, unabhängig vom Erwerbszweck, mit ihrem Nennbetrag offen vom gezeichneten Kapital abzusetzen. Sofern die Anschaffungskosten der Anteile höher sind als der Nennwert, ist der überschießende Teil erfolgsneutral mit frei verfügbaren Rücklagen zu verrechnen.[17] Im Fall der Veräußerung der Anteile ist umgekehrt zu verfahren. Zunächst ist der Nennwert, mit dem die eigenen Anteile angesetzt sind, zu reduzieren. Ein den Nennwert übersteigender Erlös macht die Verminderung der freien Rücklagen wieder rückgängig. Sofern ein darüber hinausgehender Veräußerungserlös gezahlt wird, wird dieser gem. § 272 Abs. 1b S. 3 HGB als Agio in die Kapitalrücklage eingestellt. Steuerrechtlich sollte die handelsrechtliche Behandlung im Rahmen des Maßgeblichkeitsgrundsatzes nachvollzogen werden, da keine abweichende Regelung im EStG vorhanden ist.[18] Ein steuerpflichtiger Veräußerungsgewinn kann sich somit nicht ergeben.

12 Trotz des Wortlauts können statt Anteilen auch Mitgliedschaften an der übernehmenden Körperschaft gewährt werden (z.B. im Fall der Verschmelzung auf Versicherungsvereine auf Gegenseitigkeit oder Genossenschaften).[19] Soweit im Fall von Versicherungsvereinen auf Gegenseitigkeit an die Stelle von Gesellschaftsrechten Mitgliedschaftsrechte treten, betragen die Anschaffungskosten nach Auffassung der Finanzverwaltung EUR 0.[20] Allerdings erscheint diese Auffassung nicht vereinbar mit der steuerrechtlichen Systematik, da nach § 13 Abs. 1 die Anschaffungskosten dem gemeinen

---

12 *Simon* in FS Schaumburg, 1341 (1353)
13 Tz. 13.02 UmwStE 2011.
14 Tz. 13.09 i.V.m. 13.03 UmwStE 2011.
15 *Dötsch/Werner* in Dötsch/Pung/Möhlenbrock, § 13 Rdn. 5; Schießl in Widmann/Mayer, § 13 Rdn. 5; Tz. 13.09 UmwStE 2011.
16 *Neumann* in Rödder/Herlinghaus/van Lishaut, § 13 Rdn. 8; *Schießl* in Widmann/Mayer, § 13 Rdn. 5; *Dötsch/Werner* in Dötsch/Pung/Möhlenbrock, § 13 Rdn. 5.
17 *Merkt* in Baumbach/Hopt, HGB § 272 Rdn. 4.
18 *Blumenberg/Rossner*, GmbHR 2008, 1079 (1082); *Bruckmeier/Zwirner/Künkele*, DStR 2010, 1640 (1642); *Ditz/Tcherveniachki*, Ubg 2010, 875 (877); *Förster/Schmidtmann*, BB 2009, 1342 (1344); *Früchtl/Fischer*, DStZ 2009, 112 (114); *Herzig/Briesemeister*, WPg 2010, 63 (74); *Ortmann-Babel/Bolik/Gageur*, DStR 2009, 934 (937).
19 Tz. 13.12 UmwStE 2011.
20 Tz. 13.12 UmwStE 2011; so auch *Dötsch/Werner* in Dötsch/Pung/Möhlenbrock, § 13 Rdn. 10.

Hecht/Hagemann

Wert bzw. nach § 13 Abs. 2 dem Buchwert oder den Anschaffungskosten der untergegangenen Gesellschaftsrechte entsprechen.[21]

Die Anwendung des § 13 ist auch dann ausgeschlossen, wenn der Anteils-   13
eigner im Fall einer Vollübertragung als Gegenleistung keine Anteile an der übernehmenden Körperschaft, sondern eine Barabfindung erhält.

3. Steuerverstrickung der Anteile

§ 13 findet grds. auf unbeschränkt und beschränkt steuerpflichtige Anteils-   14
eigner Anwendung. Auch wenn der Wortlaut des § 13 alle Anteile an der übertragenden Körperschaft erfasst (unabhängig davon, ob diese steuerverstrickt sind oder nicht), ist § 13 grds. nur für Anteile von Bedeutung, die im Inland steuerverstrickt sind. Folgende Szenarien sind denkbar:

- Die Anteile an der übertragenden Körperschaft werden in einem *inländischen Betriebsvermögen* gehalten.
- Die Anteile an der übertragenden Körperschaft sind einer *ausländischen Betriebsstätte* zuzuordnen. Im Fall eines unbeschränkt steuerpflichtigen Anteilseigners darf zwischen Deutschland und dem Betriebsstättenstaat kein DBA bestehen.[22] Sofern der Anteilseigner nicht der unbeschränkten Steuerpflicht in Deutschland unterliegt, sind die Anteile nur dann im Inland steuerverstrickt, wenn die übertragende Körperschaft im Inland ansässig ist[23], die Anteile mindestens 1 % des Kapitals (zu einem Zeitpunkt der letzten 5 Jahre) der übertragenden Körperschaft umfassen (§ 49 Abs. 1 Nr. 2 Buchst. e EStG) und zwischen Deutschland und dem Ansässigkeitsstaat des Anteilseigners kein DBA besteht bzw. das DBA Deutschland als Quellenstaat ein Besteuerungsrecht einräumt.
- Die Anteile an der übertragenden Körperschaft werden im *Privatvermögen* gehalten und unterliegen der deutschen Besteuerung gem. § 17 EStG, § 13 Abs. 2 S. 2 UmwStG, § 21 UmwStG a.F. oder 23 Abs. 1 S. 1 Nr. 2 EStG a.F. Sofern der Anteilseigner nicht der unbeschränkten Steuerpflicht im Inland unterliegt, sind die Anteile nur dann im Inland steuerverstrickt, wenn die übertragende Körperschaft im Inland ansässig ist[24], die Anteile mindestens 1 % des Kapitals (zu einem Zeitpunkt während der letzten 5 Jahre) der übertragenden Körperschaft umfassen (§ 49 Abs. 1 Nr. 2 Buchst. e EStG) und zwischen Deutschland und dem Ansässigkeitsstatt des Anteilseigners kein DBA besteht bzw. das DBA Deutschland als Quellenstaat ein Besteuerungsrecht einräumt.

---

21 *Schmitt* in Schmitt/Hörtnagl/Stratz, § 13 Rdn. 10.
22 Dies gilt zumindest für die Fälle, in denen das DBA für den Veräußerungsgewinn aus den Anteilen an der übertragenden Körperschaft die Freistellungsmethode vorsieht.
23 Oder wenn bei dem „Erwerb" der Anteile im Rahmen einer Verschmelzung oder eines Anteilstauschs unterhalb des gemeinen Werts § 13 Abs. 2 bzw. § 21 Abs. 2 S. 3 Nr. 2 oder bei Verlegung des Sitzes oder Orts der Geschäftsleitung § 17 Abs. 5 S. 2 EStG anzuwenden war.
24 Oder wenn bei dem „Erwerb" der Anteile im Rahmen einer Verschmelzung oder eines Anteilstauschs unterhalb des gemeinen Werts § 13 Abs. 2 bzw. § 21 Abs. 2 S. 3 Nr. 2 oder bei Verlegung des Sitzes oder Orts der Geschäftsleitung § 17 Abs. 5 S. 2 EStG anzuwenden war.

Die Anteile an der übertragenden Körperschaft dürfen zum Zeitpunkt der Verschmelzung nicht der übernehmenden Körperschaft zuzuordnen sein (Upstream-Merger, vgl. Rdn. 5).[25]

Kein Fall des § 13 ist die Hereinverschmelzung (Verschmelzung einer in der EU oder dem EWR ansässigen Körperschaft) auf eine inländische Körperschaft, sofern die Anteile an der übertragenden Körperschaft nicht im Inland steuerverstrickt sind. Dies gilt auch dann, wenn die gewährten Anteile an der übernehmenden Körperschaft erstmals im Inland steuerverstrickt werden. Insoweit kann es zur Anwendung von § 4 Abs. 1 S. 8 HS. 2 EStG kommen.[26]

15   Sofern die Anteile nicht den o.g. Steuerverstrickungen im Inland unterfallen, kommen für die übrigen im Inland steuerverstrickten Anteile an der übertragenden Körperschaft ggf. die Regelungen des § 20 Abs. 4a EStG in Betracht.[27] Zu den Voraussetzungen und den steuerlichen Auswirkungen von § 20 Abs. 4a EStG vgl. Rdn. 56.

III. Andere Gegenleistungen neben/anstatt Anteilen an der übernehmenden Körperschaft

16   § 13 findet nur insoweit Anwendung als dem Anteilseigner der übertragenden Körperschaft keine Gegenleistung oder eine Gegenleistung in Gesellschaftsrechten gewährt wird.[28] Gegenleistungen, die nicht in Gesellschaftsrechten bestehen, stellen einen (anteiligen) Veräußerungserlös dar.[29] Es finden folglich die allgemeinen ertragsteuerlichen Grundsätze Anwendung. In diesem Zusammenhang sind insbesondere die folgenden – nicht in Gesellschaftsrechten bestehenden – Gegenleistungen denkbar:

– Der ganz oder zum Teil ausscheidende Anteilseigner der übertragenden Körperschaft erhält *eine Barabfindung gem. § 29 UmwG durch die übernehmende Körperschaft.* Der ausscheidende Gesellschafter hat nach § 29 UmwG ein Wahlrecht, ob er die durch die Verschmelzung erhaltenen Anteile an der übernehmenden Körperschaft behalten möchte oder ob der Gesellschafter die Anteile an die übernehmende Körperschaft gegen eine angemessene Barabfindung an die übernehmende Körperschaft veräußert.[30]

Der durch einen solchen Anschaffungs- und Veräußerungsvorgang entstehende Veräußerungsgewinn unterliegt den allgemeinen ertragsteuerlichen Grundsätzen.[31] Der Veräußerungsgewinn auf Ebene des Anteilseig-

25 *Dötsch/Werner* in Dötsch/Pung/Möhlenbrock, § 13 Rdn. 6; *Neumann* in Rödder/Herlinghaus/van Lishaut, § 13 Rdn. 9b; *Schmitt* in Schmitt/Hörtnagl/Stratz, § 13 Rdn. 7, 11.
26 Vgl. *Dötsch/Werner* in Dötsch/Pung/Möhlenbrock, § 13 Rdn. 45.
27 Tz. 13.01 UmwStE 2011; *Dötsch/Werner* in Dötsch/Pung/Möhlenbrock, § 20 EStG Rdn. 295; *Jochum* in Kirchhof/Söhn/Mellinghoff, § 20 EStG Rdn. Fa 27.
28 Tz. 13.02 UmwStE 2011.
29 Tz. 13.02 UmwStE 2011.
30 *Stratz* in Schmitt/Hörtnagl/Stratz, § 29 UmwG Rdn. 1.
31 Tz. 13.02 UmwStE 2011; *Neumann* in Rödder/Herlinghaus/van Lishaut, § 13 Rdn. 11; *Schroer* in Haritz/Menner, § 13 Rdn. 14.

ners entsteht im Zeitpunkt der dinglichen Übertragung der Anteile an die Körperschaft.[32] Denkbar wäre auch der Zeitpunkt des steuerlichen Übertragungsstichtags der übernehmenden Körperschaft[33], allerdings fällt der Veräußerungsgewinn weder in den Anwendungsbereich des UmwStG noch findet die Rückwirkungsfiktion des § 2 auf Anteilseignerebene der übertragenden Körperschaft Anwendung.[34] Der steuerliche Übertragungsstichtag kann daher nicht maßgebend sein.

Da der ausscheidende Gesellschafter im Zeitpunkt der Veräußerung der Anteile Gesellschafter der übernehmenden Körperschaft ist, kommt es neben einem (anteiligen) Veräußerungsgewinn bei unangemessenen Abfindungen der Körperschaft zu einer verdeckten Gewinnausschüttung oder einer verdeckten Einlage.

– Dem Anteilseigner werden *bare Zuzahlungen von der übernehmenden Körperschaft* zum Ausgleich des Umtauschverhältnisses der zu niedrig bemessenen Anteile gewährt (§ 54 Abs. 4; § 56 UmwG (GmbH), § 68 Abs. 3; § 73 UmwG (AG), § 68 Abs. 3; § 73, § 78 UmwG (KGaA); § 87 Abs. 2 S. 2 UmwG (eG).

Soweit zum Ausgleich Anteile an der übernehmenden Körperschaft gewährt werden, gilt § 13.[35]

Die Finanzverwaltung ging nach dem alten UmwStE vom 25. 03. 1998[36] davon aus, dass bare Zuzahlungen steuerlich als Ausschüttung der übernehmenden Körperschaft und damit als Einkünfte aus Kapitalvermögen auf Ebene des Anteilseigners zu behandeln sind (§ 20 Abs. 1 Nr. 1 EStG, § 8b Abs. 1 KStG bzw. § 3 Nr. 40 EStG). Diese Auffassung wurde in der Literatur zu Recht kritisiert.[37] Vielmehr sollte die bare Zuzahlung im Rahmen der allgemeinen steuerlichen Grundsätze als Veräußerungsvorgang zu behandeln sein. Im Gegensatz zu der Annahme einer Ausschüttung, bei der die vollumfängliche Zuzahlung zu erfassen wäre, unterliegt im Fall der Annahme eines Veräußerungsvorganges die Differenz zwischen anteiligem Buchwert bzw. Anschaffungskosten und Zuzahlung der Besteuerung. Dabei ist grds. das Teileinkünfteverfahren nach § 3 Nr. 40 EStG oder die Steuerbefreiung nach § 8b Abs. 2, Abs. 3 KStG[38] zu gewähren. Ferner bedarf es im Gegensatz zu der Annahme einer Ausschüttung keines Einbehalts von Kapitalertragsteuer auf Ebene der übernehmenden Körperschaft.

Von einer Ausschüttung der übernehmenden Körperschaft im Fall barer Zuzahlungen scheint die Finanzverwaltung jedoch im neuen UmwStE 2011 nicht mehr auszugehen. Vielmehr sollen andere Gegenleistungen als

---

32 *Schießl* in Widmann/Mayer, § 13 Rdn. 245.
33 *Schmitt* in Schmitt/Hörtnagl/Stratz, § 13 Rdn. 15.
34 Tz. 13.06, 02.03 UmwStE 2011.
35 Tz. 13.02 UmwStE 2011; *Dötsch/Werner* in Dötsch/Pung/Möhlenbrock, § 13 Rdn. 19; *Schmitt* in Schmitt/Hörtnagl/Stratz, § 13 Rdn. 16; Frotscher in Frotscher/Maas, § 13 Rdn. 10.
36 Tz. 13.03 UmwStE a.F., BStBl. I 1998, 268.
37 *Schmitt* in Schmitt/Hörtnagl/Stratz, § 13 Rdn. 16.
38 Soweit die Anteile an der übertragenden Körperschaft nicht solche i.S.d. § 8b Abs. 4 KStG a.F. oder § 8b Abs. 7, Abs. 8 KStG darstellen.

Gesellschaftsrechte an der übernehmenden Körperschaft grds. zu einem Veräußerungserlös für die Anteile an der übertragenden Körperschaft führen.[39] Der sich durch die im Verschmelzungsvertrag vereinbarten baren Zuzahlungen ergebende Veräußerungsgewinn bzw. -verlust aus den Anteilen entsteht im Zeitpunkt der Eintragung der Verschmelzung in das Handelsregister der übernehmenden Körperschaft.[40]

– Dem ausscheidenden Anteilseigner wird eine *Ausgleichszahlung von einem anderen Anteilseigner* gewährt. Es finden auf den im Zuge des Anschaffungs- und Veräußerungsvorgangs entstehenden Veräußerungsgewinn ebenfalls die allgemeinen ertragsteuerlichen Grundsätze Anwendung.

IV. Rangverhältnis der § 13 verwandten Normen

17 § 20 Abs. 4a EStG erfasst wie § 13 Verschmelzungsvorgänge auf Ebene des Anteilseigners der übertragenden Körperschaft (vgl. dazu Rdn. 56). § 20 Abs. 4a EStG hat gegenüber § 13 Vorrang (lex specialis).[41] Sofern die Anteile an der übertragenden Körperschaft daher nicht in einem Betriebsvermögen, als Anteile i.S.d. § 17 EStG oder § 21 UmwStG a.F. steuerverstrickt sind, kommt ggf. § 20 Abs. 4a EStG zur Anwendung.

18 Über § 12 Abs. 2 S. 2 KStG ist § 13 auch bei einer Verschmelzung von in Drittstaaten ansässigen KapG auf Ebene der Anteilseigner der übertragenden Körperschaft anwendbar, auf die das UmwStG und damit § 13 sonst keine Anwendung fände.

19 Das Rangverhältnis von § 12 Abs. 2 S. 2 KStG zu § 20 Abs. 4a EStG ist gesetzlich nicht normiert. Vor dem Hintergrund, dass § 12 Abs. 2 S. 2 KStG eine entsprechende Anwendung des § 13 vorsieht und § 20 Abs. 4a EStG Vorrang gegenüber § 13 hat, sollte § 20 Abs. 4a EStG auch gegenüber § 12 Abs. 2 S. 2 KStG vorrangig zur Anwendung gelangen.[42]

20 Insbesondere im Fall von grenzüberschreitenden Verschmelzungen können die Voraussetzungen der allgemeinen Entstrickungsregelungen des § 4 Abs. 1 S. 3 EStG bzw. § 12 Abs. 1 KStG erfüllt sein. § 13 ist allerdings vorrangig, da die Möglichkeit eines steuerneutralen Anteilstausches gem. § 13 Abs. 2 S. 1 Nr. 2 anderenfalls ausgeschlossen wäre.

V. Rechtsentwicklung der Vorschrift

21 Der durch das „Gesetz zur Änderung des Umwandlungssteuerrechts"[43] maßgebend geprägte § 13 wurde zuletzt durch das SEStEG[44] im Rahmen ei-

---

39 Tz. 13.02 UmwStE.

40 *Schmitt* in Schmitt/Hörtnagl/Stratz, § 13 Rdn. 16; *Schießl* in Widmann/Mayer, § 13 Rdn. 246.

41 Tz. 13.01 UmwStE 2011; *Dötsch/Werner* in Dötsch/Pung/Möhlenbrock, § 20 EStG Rdn. 295; *Jochum* in Kirchhof/Söhn/Mellinghoff, § 20 EStG Rdn. Fa 27.

42 *Schießl* in Widmann/Mayer, § 13 Rdn. 2.4.

43 Gesetz vom 28.10.1994, BGBl. I 1994, 3267.

44 Gesetz vom 07.12.2006, BGBl. I 2006, 2782.

ner grundlegenden Neufassung des Umwandlungssteuergesetzes im Jahr 2006 aus steuersystematischer Sicht geändert.[45] So gelten die Anteile an der übertragenden Körperschaft zunächst als zum gemeinen Wert veräußert. Auf Antrag können die Buchwerte bzw. die Anschaffungskosten fortgeführt werden. Eine weitere maßgebliche Änderung des § 13 durch das SEStEG beruht aufgrund der Umsetzung der Fusionsrichtlinie (FusionsRL). Hierdurch wurden Möglichkeiten geschaffen, § 13 nicht nur auf ausschließlich im Inland sondern auch auf innerhalb der EU bzw. des EWR erfolgende Verschmelzungs- sowie Spaltungsvorgänge anzuwenden. Durch das Kroatien-StAnpG vom 25.07.2014[46] erfuhr § 13 Abs. 2 S. 1 Nr. 2 UmwStG eine redaktionelle Korrektur, indem die ursprüngliche Richtlinie 90/434/EWR des Rates vom 23.07.1990 durch die kodifizierte Richtlinie 2009/133/EG vom 19.10. 2009 ersetzt wurde.

B. Ansatz mit gemeinem Wert (§ 13 Abs. 1)

I. Veräußerungs- und Anschaffungsfiktion zum gemeinen Wert

1. § 13 Abs. 1 als Realisationstatbestand

Gem. § 13 Abs. 1 gelten die Anteile an der übertragenden Körperschaft als   22
zum gemeinen Wert veräußert und die an ihre Stelle tretenden Anteile an der übernehmenden Körperschaft gelten als mit dem gemeinen Wert angeschafft. § 13 Abs. 1 enthält nach Ansicht der Finanzverwaltung eine doppelte Fiktion, wonach zum einen die Anteile an der übertragenden Körperschaft als veräußert und die Anteile an der übernehmenden Körperschaft als angeschafft gelten und zum anderen die Anteile als zum gemeinen Wert veräußert bzw. angeschafft gelten.[47] Die erste Fiktion entfaltet konstitutive Wirkung, die zweite Fiktion wirkt deklaratorisch. Losgelöst von der Fiktion des § 13 Abs. 1 ist die Rechtsnatur des verschmelzungsbedingten Vermögenstransfers ungeklärt.

Die Finanzverwaltung geht davon aus, dass eine Verschmelzung auf Ebene des Anteilseigners grds. eine Veräußerung darstellt.[48] Zur Begründung bezieht sich die Finanzverwaltung auf ein Urteil des IX. Senats des BFH vom 19.08.2008[49], wonach Anteile im Zuge einer verschmelzungsbedingten Kapitalerhöhung (zumindest) i.S.d. § 23 Abs. 1 S. 1 Nr. 2 EStG a.F. angeschafft werden.

Stimmen in der Literatur lehnen insbesondere eine Veräußerung bzw. einen Tausch ab und rechtfertigen dies mit einer für die Veräußerung fehlenden Übertragung der Anteile an der übertragenden Körperschaft. Stattdessen gingen die Anteile an der übertragenden Körperschaft aufgrund des Ver-

---

45 Zu einem grds. Überblick *Hagemann/Jakob/Ropohl/Viebrock*, NWB-Sonderheft 1/2007, 1 ff.
46 BGBl. I 2014, 1266.
47 Tz. 13.05 UmwStE 2011.
48 Tz. 00.03 UmwStE 2011.
49 BFH vom 19.08.2008, IX R 71/07, BStBl. II 2009, 13; kritisch dazu *Hageböke*, Ubg 2011, 689 (700).

schmelzungsvorgangs unter.[50] Ein solch liquidationsähnlicher Vorgang stelle eine Sachausschüttung der übertragenden Gesellschaft an ihre Anteilseigner gefolgt – im Fall der Seitwärtsverschmelzung – von einer Einlage der Wirtschaftsgüter in die übernehmende Gesellschaft dar.[51] Eine andere Ansicht in der Literatur ordnet den Verschmelzungsvorgang daher richtigerweise als einen tauschähnlichen Vorgang ein.[52] Das formale Argument des fehlenden zivilrechtlichen Übergangs in Folge des Untergangs der übergehenden Körperschaft wird der im Steuerrecht maßgebenden wirtschaftlichen Betrachtung jedenfalls mit Blick auf einen tauschähnlichen Vorgang nicht gerecht.[53] Aus wirtschaftlicher Sicht erhält der Anteilseigner Anteile an der aufnehmenden Gesellschaft und gibt dafür Anteile an der übertragenden Gesellschaft ab. Dieser Vorgang ist wegen der fehlenden Übertragung keine Veräußerung, kann jedoch seinem Wesen nach als tauschähnlicher Vorgang qualifiziert werden.

Unabhängig davon stellt der Regelungsgehalt des § 13 Abs. 1 ausdrücklich klar, dass die Rechtsfolgen einer Veräußerung eintreten sollen. Er besitzt damit den Charakter eines Realisationstatbestands[54], der zur Aufdeckung der stillen Reserven in den Anteilen an der übertragenden Körperschaft führt.

Der Annahme einer Veräußerungsfiktion kommt insbesondere in den Fällen besondere Bedeutung zu, in denen im Rahmen eines Sidestep-Mergers gem. § 54 Abs. 1 S. 3 UmwG bzw. § 68 Abs. 1 S. 3 UmwG auf die Gewährung von Anteilen an der übernehmenden Körperschaft verzichtet wird, da mangels Gegenleistung keine Veräußerung der Anteile an der übertragenden Körperschaft angenommen werden kann.[55]

2. Auswirkung der Annahme eines Realisationstatbestandes

23 Sperrfristen, die zu einem voll steuerpflichtigen Veräußerungsgewinn führen, können aufgrund der Veräußerungsfiktion verletzt werden (z.B. § 8b Abs. 4 KStG a.F. i.V.m. § 34 Abs. 5 KStG; § 21 UmwStG a.F.; § 27 Abs. 3 Nr. 3 UmwStG; § 3 Nr. 40 S. 3, 4 EStG a.F., § 52 Abs. 4 S. 6 EStG).[56]

---

50 So auch der I. Senat des BFH mit Urteil vom 14.06.1984, BStBl. II 1985, 64; *Schnitger/Rometzki*, FR 2006, 845 (849); Hageböke, Ubg 2011, 689 (700); Förster/Hölscher, Ubg 2012, 729 (730); *Neumann* in Rödder/Herlinghaus/van Lishaut, § 13 Rdn. 2; *Schmitt* in Schmitt/Hörtnagl/Stratz, § 13 Rdn. 5.

51 Förster/Hölscher, Ubg 2012, 729 (730).

52 *Frotscher* in Frotscher/Maas, § 13, Rdn. 2, 18; Dötsch/Werner in: Dötsch/Pung/Möhlenbrock, § 13 Rdn. 1; *Schießl* in Widmann/Mayer, § 13 Rdn. 15.81; *Becker/Kamphaus/Loose*, IStR 2013, 328 (331), *Grundke/Feuerstein/Holle*, DStR 2015, 1653 (1658).

53 *Becker/Kamphaus/Loose*, IStR 2013, 328 (331).

54 *Frotscher* in Frotscher/Maas, § 13 Rdn. 21.

55 Obwohl der Wortlaut des § 13 Abs. 1 die Gewährung von Anteilen an der übernehmenden Körperschaft erfordert, geht die Finanzverwaltung (ohne weitere Begründung) von der Anwendbarkeit des § 13 Abs. 1 auch für die Fälle aus, in denen keine Anteile an der übernehmenden Körperschaft gewährt werden, Tz. 13.02 UmwStE 2011.

56 Für die Bestimmung der Sperrfristen ist § 108 Abs. 3 AO zu beachten; *Brandis* in Tipke/Kruse, § 108 AO Rdn. 8, 19.

Hecht/Hagemann

Sind die Anteile i.S.d. § 22 sperrfristbehaftet, stellt die Verschmelzung eine   24
schädliche Veräußerung i.S.d. § 22 Abs. 1 S. 1 und Abs. 2 S. 1 mit der Folge
dar, dass die innerhalb der letzten sieben Jahre erfolgte Einbringung gem.
§ 20 bzw. der erfolgte Anteilstausch gem. § 21 rückwirkend als zum gemeinen Wert vorgenommen gilt.[57]

3. Ermittlung des gemeinen Werts

Für die Ermittlung des Veräußerungspreises muss der gemeine Wert der un-   25
tergehenden Anteile an der übertragenden Körperschaft ermittelt werden.
Unerheblich ist der gemeine Wert der erhaltenen Anteile an der übernehmenden Körperschaft.[58]

Die Bewertung der Anteile, d.h. die Ermittlung des gemeinen Werts, richtet
sich nach § 9 Abs. 2 BewG. Danach wird der gemeine Wert durch den Veräußerungspreis bestimmt, der im gewöhnlichen Geschäftsverkehr zu erzielen
wäre, wobei alle den Preis beeinflussenden Umstände, insbesondere die Beschaffenheit des Wirtschaftsgutes, zu berücksichtigen, ungewöhnliche und
persönliche Verhältnisse aber auszuschalten sind. Sofern es sich bei der
übertragenden Körperschaft um eine börsennotierte Aktiengesellschaft handelt, stellt der gemeine Wert den jeweiligen Börsenkurs der Aktien dar. Handelt es sich nicht um börsennotierte Anteile und hat ein Verkauf gleichartiger
Anteile in der jüngeren Vergangenheit nicht (innerhalb des letzten Jahres)
stattgefunden, sind anerkannte Bewertungsverfahren wie z.B. IDW S 1
durchzuführen (§ 11 Abs. 2 S. 2 BewG).[59] Darüber hinaus hat das BMF mit
Schreiben vom 22.09.2011[60] im Einvernehmen mit den obersten Finanzbehörden der Länder entschieden, dass die koordinierten Ländererlasse vom
17.09.2011[61] zur Anwendung des vereinfachten Ertragswertverfahrens
(§ 199 ff. BewG) für ertragsteuerliche Zwecke bei der Besteuerung von Anteilen an KapG entsprechend anzuwenden sind. Das vereinfachte Ertragswertverfahren findet allerdings keine Anwendung bei z.B. komplexen Strukturen von verbundenen Unternehmen.

4. Zeitpunkt der Veräußerung

Die Anteile an der übertragenden Körperschaft bzw. an der übernehmenden   26
Körperschaft gelten im Zeitpunkt der Eintragung der Verschmelzung in das
Handelsregister der übernehmenden Körperschaft als veräußert bzw. angeschafft (Zeitpunkt des handelsrechtlichen Wirksamwerdens der Verschmelzung, vgl. § 20 Abs. 1 UmwG). § 2 Abs. 1 ist auf Ebene des Anteilseigners
unter dem Regelungsbereich des § 13 nicht anwendbar[62], sodass es nicht
auf den (rückbezogenen) steuerlichen Übertragungsstichtag ankommen
kann.

---

57 Tz. 00.03, Tz. 22.23 UmwStE 2011.
58 *Schmitt* in Schmitt/Hörtnagl/Stratz, § 13 Rdn. 19; a.A. *Neumann* in Rödder/Herling-
    haus/van Lishaut, § 13 Rdn. 19.
59 *Schroer* in Haritz/Menner, § 13 Rdn. 22.
60 BMF vom 22.09.2011, BStBl. I 2011, 859.
61 BStBl. I 2011, 606.
62 Tz. 13.06, Tz. 02.03 UmwStE 2011; *Schmitt* in Schmitt/Hörtnagl/Stratz, § 13 Rdn. 20;
    Neumann in Rödder/Herlinghaus/van Lishaut, § 13 Rdn. 20; *Dötsch/Werner* in
    Dötsch/Pung/Möhlenbrock, § 13 Rdn. 25.

II. Besteuerung des Veräußerungsgewinns

27   Die Besteuerung eines Veräußerungsgewinns hinsichtlich etwaiger stiller Reserven erfolgt nach den allgemeinen Grundsätzen.[63] Damit unterliegen die Anteile an der übertragenden Körperschaft dem Halb-/Teileinkünfteverfahren gem. § 3 Nr. 40 Buchst. a, j EStG, dem Freistellungsverfahren gem. § 8b Abs. 2, Abs. 3 KStG oder der vollumfänglichen Besteuerung (§ 3 Nr. 40 S. 3 EStG a.F.; § 8b Abs. 4 KStG a.F.; § 8b Abs. 7, 8 KStG).

Der sich ergebende Veräußerungsgewinn kann sich um einen noch nicht ausgelaufenen Sperrbetrag nach § 50c EStG, § 52 Abs. 59 EStG erhöhen.

Soweit der gemeine Wert der Anteile an der übertragenden Körperschaft im Zeitpunkt der Verschmelzung unterhalb des Buchwerts bzw. der Anschaffungskosten liegt, kann sich beim Anteilseigner ein Verlust ergeben. Folgende Szenarien sind in diesem Zusammenhang denkbar:

– Eine Teilwertabschreibung auf die sich im Betriebsvermögen befindenden Anteile nach § 6 Abs. 1 Nr. 2 S. 2 EStG wurde vor Verschmelzung nicht vorgenommen, da es sich nicht um eine voraussichtlich dauernde Wertminderung handelte. Der niedrigere gemeine Wert wird folglich erst im Zeitpunkt der Verschmelzung im Zuge der Anschaffungs- und Veräußerungsfiktion des § 13 Abs. 1 angesetzt.

– Bei im Privatvermögen gehaltenen Anteilen (i.S.v. § 17 EStG, § 21 UmwStG a.F.) können bis zur Veräußerung (oder einem Ersatzrealisationstatbestand) keine Verluste durch Abschreibung auf einen niedrigeren Wert realisiert werden. Der niedrigere gemeine Wert wirkt sich daher erst im Rahmen der Veräußerungsfiktion des § 13 Abs. 1 aus.

III. Steuerliche Folgen für Anteile an der übernehmenden Körperschaft

28   Die Anteile an der übernehmenden Körperschaft gelten als zum gemeinen Wert der Anteile an der übertragenden Körperschaft angeschafft.

§ 13 Abs. 1 hat nicht zur Folge, dass die Anteile an der übernehmenden Körperschaft in die Rechtsstellung der (Alt)Anteile an der übertragenden Körperschaft eintreten. Die Formulierung in § 13 Abs. 1 „an ihre Stelle tretenden Anteile an der übernehmenden Körperschaft" ist daher missverständlich. Steuerliche Merkmale der Altanteile gehen nicht auf die Anteile an der übernehmenden Körperschaft über.[64]

Dies hat insbesondere Bedeutung für Wertaufholungsverpflichtungen (§ 6 Abs. 1 Nr. 2 S. 3 EStG), die demzufolge nicht auf die Anteile an der übernehmenden Körperschaft übergehen. Aus diesem Grund ist im Einzelfall abzuwägen, ob trotz Vorliegen der Voraussetzungen des § 13 Abs. 2 ein Antrag auf Fortführung der Anschaffungskosten bzw. des Buchwerts unterblei-

---

63 *Schmitt* in Schmitt/Hörtnagl/Stratz, § 13 Rdn. 21; *Frotscher* in Frotscher/Maas, § 13 Rdn. 12; *Neumann* eines Rödder/Herlinghaus/van Lishaut, § 13 Rdn. 21; *Dötsch/Werner* in Dötsch/Pung/Möhlenbrock, § 13 Rdn. 23.

64 *Dötsch/Werner* in Dötsch/Pung/Möhlenbrock, § 13 Rdn. 24; *Neumann* in Rödder/Herlinghaus/van Lishaut, § 13 Rdn. 23.

ben sollte, um auf diese Weise steuerpflichtige Wertaufholungen in der Zukunft zu vermeiden.

Durch die Annahme einer Veräußerung ist auch die zu § 13 UmwStG 1995   *29*
von der Finanzverwaltung vertretene Auffassung[65], dass im Rahmen eines
Downstream-Mergers eine bestehende Wertaufholungsverpflichtung von
den Anteilen an der übertragenden Körperschaft auf die erhaltenen Anteile
an der übernehmenden Körperschaft übergeht, nicht mehr anwendbar. Das
Gleiche gilt bei der Verschmelzung von Schwestergesellschaften hinsichtlich des Übergangs der steuerlichen Merkmale nach § 12 Abs. 2 S. 2
UmwStG 1995.[66]

C. Antragsbedingte Fortführung des Buchwerts
bzw. der Anschaffungskosten (§ 13 Abs. 2)

I. Allgemeines

Gem. § 13 Abs. 2 können bei Vorliegen bestimmter Voraussetzungen abwei-   *30*
chend von § 13 Abs. 1 auf Antrag die Anteile an der übernehmenden Körperschaft mit dem Buchwert bzw. den Anschaffungskosten der Altanteile an
der übertragenden Körperschaft angesetzt werden. Zu einer Aufdeckung
stiller Reserven in den Altanteilen und der damit verbundenen Besteuerung
kommt es somit nicht.

Im Gegensatz zu § 13 UmwStG a.F. steht dem Anteilseigner aufgrund der
durch das SEStEG eingeführten Systematik der antragsbezogenen Steuerneutralität von Verschmelzungen ein Wahlrecht zu, die in den Anteilen ruhenden stillen Reserven im Zuge der Verschmelzung aufzudecken oder in
den Anteilen an der übernehmenden Körperschaft fortzuführen.[67]

Durch Fortführung der Anschaffungskosten bzw. Buchwerte besteht zwischen den Altanteilen und den erhaltenen Anteilen an der übernehmenden
Körperschaft eine Wertverknüpfung. Folglich gehen die in den Altanteilen
ruhenden stillen Reserven auf die im Zuge der Verschmelzung erhaltenen
Anteile über.

Im Gegensatz zu der antragsbezogenen Privilegierung auf Ebene der übertragenden Körperschaft gem. § 11 Abs. 2 ist beim Anteilseigner gem. § 13
Abs. 2 kein Zwischenwertansatz möglich.[68]

Die Anwendung des § 13 Abs. 2 setzt nicht voraus, dass auf Ebene der übertragenden Körperschaft die Buchwertfortführung gem. § 11 Abs. 2 gewählt
wird.[69] Das Wahlrecht des § 13 Abs. 2 kann auch dann ausgeübt werden,
wenn auf Ebene der übertragenden bzw. übernehmenden Körperschaft § 11

---

65 BMF vom 16.12.2003, BStBl. I 2003, 786, Rdn. 15 ff.; *Neumann* in Rödder/Herling-
   haus/van Lishaut, § 13 Rdn. 23.
66 BMF vom 16.12.2003, BStBl. I 2003, 786, Rdn. 19; *Neumann* in Rödder/Herling-
   haus/van Lishaut, § 13 Rdn. 23.
67 *Dötsch/Werner* in Dötsch/Pung/Möhlenbrock, § 13 Rdn. 3.
68 *Dötsch/Werner* in Dötsch/Pung/Möhlenbrock, § 13 Rdn. 26.
69 Tz. 13.08 UmwStE 2011.

oder § 12 nicht zur Anwendung kommt, sofern der Anwendungsbereich gem. § 1 Abs. 1, 2 eröffnet ist.

II. Voraussetzungen für steuerneutrale Verschmelzung auf Ebene der Gesellschafter gem. § 13 Abs. 2 S. 1

31 Die Fortführung des Buchwerts bzw. der Anschaffungskosten der Anteile an der übertragenden Körperschaft in den Anteilen an der übernehmenden Körperschaft setzt gem. § 13 Abs. 2 S. 1 voraus, dass

- der Steuerpflichtige einen Antrag auf Fortführung des Buchwerts bzw. der Anschaffungskosten stellt und
- das Besteuerungsrecht der Bundesrepublik Deutschland am Veräußerungsgewinn aus den Anteilen an der übernehmenden Körperschaft nicht ausgeschlossen oder beschränkt wird oder
- zwischen Deutschland und dem jeweiligen Ansässigkeitsstaat der übernehmenden Körperschaft Art. 8 der FusionsRL zur Anwendung kommt.[70]

Die Voraussetzungen des § 13 Abs. 2 S. 1 müssen nicht kumulativ erfüllt sein. Es ist ausreichend, wenn der Antrag seitens des Anteilseigners gestellt wird und entweder die Voraussetzung des § 13 Abs. 2 S. 1 Nr. 1 oder § 13 Abs. 2 S. 1 Nr. 2 erfüllt ist.

1. Antrag

32 Voraussetzung für die Gewährung der steuerlichen Begünstigung des § 13 Abs. 2 S. 1 ist, dass der Anteilseiger einen Antrag auf Fortführung des Buchwerts bzw. der Anschaffungskosten der Altanteile an der übertragenden Körperschaft stellt.

Der Antrag ist gesellschafterbezogen, d.h. vom jeweiligen Anteilseigner zu stellen. Das Wahlrecht des § 13 Abs. 2 muss mithin nicht einheitlich von allen Anteilseignern ausgeübt werden.[71]

Sofern der Anteilseigner mehrere Anteile an der übertragenden Körperschaft hält, kann der Antrag allerdings nur einheitlich für alle Anteile gestellt werden.[72]

Hält eine Gesamthandgemeinschaft Anteile an der übertragenden Körperschaft in ihrem Betriebsvermögen, so wird der Antrag durch das vertretungsberechtigte Organ ausgeübt und zwar mit Wirkung für alle Mitunternehmer.[73]

Der Antrag muss bei dem jeweils für den Anteilseigner zuständigen Finanzamt gestellt werden.

---

70 Richtlinie 2009/133/EG.
71 *Schmitt/Schlossmacher*, DB 2009, 1425 (1430).
72 *Schmitt/Schlossmacher*, DB 2009, 1425. (1430)
73 Schmitt in Schmitt/Hörtnagl/Stratz, § 13 Rdn. 33.

Für den Antrag sind kein Frist- und kein Formerfordernis vorgesehen.[74] Folglich kann der Antrag bis zur Bestandskraft des jeweiligen Veranlagungszeitraums bzw. Steuerbescheids erfolgen.[75] Werden die Anteile im Privatvermögen gehalten, wird der Antrag durch Einreichung der Steuererklärung gestellt.[76] Daraus sollte ersichtlich werden, ob der Anteilseigner die ursprünglichen Anschaffungskosten oder den gemeinen Wert ansetzt.

Werden die Anteile im Betriebsvermögen gehalten, wird der Antrag mit Einreichung der Steuerbilanz gestellt.[77]

Der Antrag ist bedingungsfeindlich und kann nach Ausübung nicht mehr zurückgenommen, geändert oder angefochten werden[78], da es sich bei der Ausübung des Wahlrechts um ein Tatbestandsmerkmal handelt, welches zur Verwirklichung des Steueranspruchs führt.

2. Kein Ausschluss oder Beschränkung des deutschen Besteuerungsrechts (§ 13 Abs. 2 S. 1 Nr. 1)

Auf Antrag des Anteilseigners kann gem. § 13 Abs. 2 S. 1 Nr. 1 eine Besteuerung im Rahmen der Verschmelzung unterbleiben, „wenn das Recht der Bundesrepublik Deutschland hinsichtlich der Besteuerung des Gewinns aus der Veräußerung der Anteile an der übernehmenden Körperschaft nicht ausgeschlossen oder beschränkt wird [...]".

Diese Voraussetzung ist mit dem SEStEG erstmals in § 13 aufgenommen worden. Der Gesetzgeber reagiert mit diesem Erfordernis auf die Internationalisierung des UmwStG, d.h. auf die Möglichkeit grenzüberschreitender Verschmelzungen, wodurch es (beispielsweise aufgrund von DBA) zu Änderungen hinsichtlich des Besteuerungsrechts an den Anteilen an der übernehmenden Körperschaft im Vergleich zu Anteilen an der übertragenden Körperschaft kommen kann.

Der Ausschluss oder die Beschränkung des Besteuerungsrechts an den Anteilen setzt zunächst denklogisch voraus, dass Deutschland vor Verschmelzung ein Besteuerungsrecht an den Anteilen der übertragenden Körperschaft hat.[79] Die Anteile an der übertragenden Körperschaft müssen folglich in Deutschland steuerlich verstrickt sein.[80]

Maßgeblicher Zeitpunkt für die Beurteilung, ob das deutsche Besteuerungsrecht an den Anteilen der übernehmenden Gesellschaft ausgeschlossen

33

---

74 Tz. 13.10 UmwStE 2011.

75 *Schmitt/Schlossmacher*, DB 2009, 1425 (1426); *Neumann* in Rödder/Herlinghaus/van Lishaut, § 13 Rdn. 26; *Dötsch/Werner* in Dötsch/Pung/Möhlenbrock, § 13 Rdn. 30.

76 *Dötsch/Werner* in Dötsch/Pung/Möhlenbrock, § 13 Rdn. 31.

77 *Dötsch/Werner* in Dötsch/Pung/Möhlenbrock, § 13 Rdn. 31; *Frotscher* in Frotscher/Maas, § 13 Rdn. 12; *Neumann* in Rödder/Herlinghaus/van Lishaut, § 13 Rdn. 26a.

78 Tz. 13.10 UmwStE 2011; *Schmitt/Schlossmacher*, DB 2009, 1425 (1426).

79 Vgl. BT-Drs. 16/2710, 38; *Benecke* in PricewaterhouseCoopers AG, Reform des Umwandlungssteuerrechts, 158; *Neumann* in: Rödder/Herlinghaus/van Lishaut, § 13 Rdn. 32; *Dötsch/Werner*, in Dötsch/Pung/Möhlenbrock, § 13 Rn. 37; *Lemaitre/Schönherr*, GmbHR 2007, 173 (175); *Schafitzl/Widmayer*, BB Special 8/2006, 36 (41); *Trossen*, FR 2006, 617 (620).

80 Zur Verstrickung der Anteile vgl. Rdn. 13.

oder beschränkt ist, ist die Eintragung der Verschmelzung in das Handelsregister. Nicht maßgebend ist der Zeitpunkt des steuerlichen Übertragungsstichtags der Verschmelzung.[81]

34 Ein *Ausschluss* des deutschen Besteuerungsrechts liegt vor, wenn Deutschland das Besteuerungsrecht an den erhaltenen Anteilen an der übernehmenden Körperschaft im Zuge der Verschmelzung im Vergleich zu den Anteilen an der übertragenden Körperschaft verliert. Dies ist der Fall, wenn nach inländischem Steuerrecht das Besteuerungsrecht entfällt oder Deutschland bei Erhalt des inländischen Besteuerungsrechts die Einkünfte aufgrund eines DBA freizustellen hat.[82] Folgende Szenarien sind im Rahmen einer Verschmelzung denkbar:

– Im Inland unbeschränkt steuerpflichtiger Anteilseigner hält die Anteile an der übertragenden Körperschaft im Privatvermögen oder einem inländischen Betriebsvermögen:

Zu einem Ausschluss des deutschen Besteuerungsrechts an den Anteilen an der übernehmenden Körperschaft könnte es nur dann kommen, wenn zwischen dem Ansässigkeitsstaat der übernehmenden Körperschaft und Deutschland als Ansässigkeitsstaat des Anteilseigners der übertragenden Körperschaft ein DBA besteht (Fall der Auslands- oder Hinausverschmelzung), nach dem das Besteuerungsrecht ausschließlich dem Ansässigkeitsstaat der übernehmenden Körperschaft zuzuordnen ist oder Deutschland einen sich aus den Anteilen ergebenden Veräußerungsgewinn freizustellen hat.

Nach den gegenwärtig von Deutschland abgeschlossenen DBA hat der Ansässigkeitsstaat des Anteilseigners grds. ein Besteuerungsrecht. Bei in Deutschland unbeschränkt steuerpflichtigen Anteilseignern kann es folglich durch die Verschmelzung nicht zum Ausschluss des deutschen Besteuerungsrechts kommen.

– Im Inland unbeschränkt steuerpflichtiger Anteilseigner hält die Anteile an der übertragenden Körperschaft in einem ausländischen Betriebsvermögen:

Hält der unbeschränkt Steuerpflichtige die Anteile an der übertragenden Körperschaft in einer ausländischen Betriebstätte und besteht zwischen Deutschland und dem Betriebsstättenstaat kein DBA, kann die Verschmelzung ebenfalls nicht zu einem Ausschluss des deutschen Besteuerungsrechts an den Anteilen an der übernehmenden Körperschaft führen.

– Im Inland beschränkt steuerpflichtiger Anteilseigner hält die Anteile an der übertragenden Körperschaft im Privatvermögen oder in einem ausländischen Betriebsvermögen:

Deutschland besitzt vor der Verschmelzung grds. nur dann ein Besteuerungsrecht, wenn die übertragende Körperschaft im Inland ansässig ist[83],

---

81 *Schmitt/Schlossmacher*, DB 2009, 1425 (1427).
82 *Schmitt/Schlossmacher*, DB 2009, 1425 (1427).
83 Vorausgesetzt, dass beim „Erwerb" der Anteile im Rahmen einer Verschmelzung oder eines Anteilstausches unterhalb des gemeinen Werts nicht § 13 Abs. 2 bzw. § 21 Abs. 2 S. 3 Nr. 2 oder bei Verlegung des Sitzes oder Orts der Geschäftsleitung § 17 Abs. 5 S. 2 EStG anzuwenden war.

die Beteiligung des ausländischen Anteilseigners mindestens 1 % des Kapitals (zu einem Zeitpunkt der letzten fünf Jahre) der übertragenden Körperschaft ausmacht (§ 49 Abs. 1 Nr. 2 Buchst. e EStG) und zwischen Deutschland und dem ausländischen Staat als Ansässigkeitsstaat des Anteilseigners der übertragenden Körperschaft kein DBA besteht bzw. das DBA Deutschland als Quellenstaat ein Besteuerungsrecht einräumt (z.B. DBA mit Tschechien, Slowakei und Bulgarien).[84]

Sofern die deutsche Körperschaft auf eine im EU/EWR-Ausland ansässige Körperschaft verschmilzt (Hinausverschmelzung), besitzt Deutschland mangels Inlandsbezug (§ 49 Abs. 1 Nr. 2 Buchst. e Doppelbuchst. aa EStG) im Anschluss der Verschmelzung kein Besteuerungsrecht an den Anteilen an der übernehmenden Körperschaft. Das Besteuerungsrecht ist folglich ausgeschlossen. Ist die übernehmende Körperschaft ebenfalls im Inland ansässig (Inlandsverschmelzung), ergibt sich hingegen kein Ausschluss des deutschen Besteuerungsrechts, da Deutschland weiterhin ein Besteuerungsrecht am Gewinn aus der Veräußerung der Anteile an der übernehmenden Körperschaft behält (§ 49 Abs. 1 Nr. 2 Buchst. e Doppelbuchst. aa EStG).

– Im Inland beschränkt steuerpflichtiger Anteilseigner hält die Anteile an der übertragenden Körperschaft in einem inländischen Betriebsvermögen: In diesem Fall kann es (vergleichbar dem unbeschränkt steuerpflichtigen Anteilseigner) im Rahmen der Verschmelzung grds. nicht zu einem Ausschluss des deutschen Besteuerungsrechts kommen (unter der Voraussetzung, dass die Anteile an der übernehmenden Körperschaft nach Verschmelzung weiterhin der inländischen Betriebsstätte zuzuordnen sind), unabhängig davon, ob es sich um eine Inlands-, Hinaus-, Herein- oder Auslandsverschmelzung handelt.

Das deutsche Besteuerungsrecht bleibt auch bei einer Körperschaft, deren Anteile auf Ebene einer Personengesellschaft als Anteilseignerin nach § 50i Abs. 1 EStG steuerverstrickt sind, im Wege des Treaty Override durch § 50i EStG gesichert.[85] Nach überwiegender Ansicht in der Literatur sind für den Fall einer Verschmelzung die erhaltenen Anteile an der übernehmenden Körperschaft in Deutschland aufgrund von § 50i EStG steuerverstrickt.[86] Unklar ist, ob die Finanzverwaltung sich dieser Ansicht anschließt (vgl. Rdn. 41).   35

Eine Beschränkung des deutschen Besteuerungsrechts ist gegeben, wenn Deutschland vor Verschmelzung ein uneingeschränktes Besteuerungsrecht am Veräußerungsgewinn aus den Anteilen an der übertragenden Körperschaft hat, während nach Verschmelzung (nur noch) ein Besteuerungsrecht am Veräußerungsgewinn der Anteile an der übernehmenden Körperschaft unter Anrechnung ausländischer Steuern gegeben ist. Keine Beschränkung des Besteuerungsrechts ist gegeben, wenn bereits vor Verschmelzung eine

---

84 Dies gilt ebenfalls für solche DBA, in denen – abweichend vom Musterabkommen – das Besteuerungsrecht im Fall der Veräußerung von Immobiliengesellschaften im Sinne der jeweiligen Abkommensregelung dem Quellenstaat zugewiesen wurde.
85 *Rödder/Kuhr/Heimig*, Ubg 2014, 477 (480).
86 *Rödder/Kuhr/Heimig*, Ubg 2014, 477 (480); *Roderburg/Richter*, IStR 2015, 227 (235).

Verpflichtung zur Anrechnung ausländischer Steuern im Fall der Veräußerung der Anteile an der übertragenden Körperschaft bestand. Dies gilt auch dann, wenn sich durch die Verschmelzung die ausländische anzurechnende Steuer auf einen Gewinn aus der Veräußerung der Anteile an der übernehmenden Körperschaft im Vergleich zu den Altanteilen an der übertragenden Körperschaft vor Verschmelzung erhöht und sich die Höhe der effektiven Besteuerung des Veräußerungsgewinns dadurch in Deutschland reduziert.[87] Folgende Szenarien sind im Rahmen einer Verschmelzung denkbar:

– *Im Inland* unbeschränkt steuerpflichtiger Anteilseigner hält die Anteile an der übertragenden Körperschaft im Privatvermögen oder einem inländischen Betriebsvermögen:
Gelangt im Zuge einer grenzüberschreitenden Verschmelzung im Verhältnis zum Ansässigkeitsstaat der übernehmenden Körperschaft ein (neues) DBA zur Anwendung (im Fall der Auslands- oder Hinausverschmelzung), welches die Besteuerung des Veräußerungsgewinns aus den erhaltenen Anteilen aus deutscher Sicht unter Anwendung der Anrechnungsmethode vorsieht, während Deutschland für die Anteile an der übertragenden Körperschaft zuvor das ausschließliche Besteuerungsrecht besaß, besteht eine Beschränkung des deutschen Besteuerungsrechts. Dies ist nach den gegenwärtig von Deutschland abgeschlossenen DBA innerhalb der EU bzw. des EWR denkbar, wenn die übernehmende Körperschaft in der Slowakei, in Tschechien oder in Bulgarien ansässig ist[88], da die DBA abweichend vom OECD-MA auch dem Ansässigkeitsstaat der übernehmenden Körperschaft als Quellenstaat ein Besteuerungsrecht im Fall der Veräußerung der Beteiligung an der übernehmenden Körperschaft zuweisen. Deutschland hat eine sich so ggf. ergebende Doppelbesteuerung durch Anrechnung der im Ansässigkeitsstaat der übernehmenden Körperschaft erhobenen Steuern zu vermeiden bzw. zu mildern.
Eine Beschränkung des deutschen Besteuerungsrechts kann sich auch dann ergeben, wenn die übernehmende Körperschaft eine sog. „Immobiliengesellschaft" i.S.d. Art. 13 Abs. 4 OECD-MA darstellt (und diese Kriterien auch nach Verschmelzung weiterhin erfüllt sind). Sofern Art. 13 Abs. 4 OECD-MA oder eine dieser vergleichbaren Regelung in dem jeweils zwischen Deutschland als Ansässigkeitsstaat des Anteilseigners der übertragenden Körperschaft und dem Ansässigkeitsstaat der übernehmenden Körperschaft besteht (und eine solche Regelung im DBA zwischen Deutschland und dem Ansässigkeitsstaat der übertragenden Körperschaft nicht vorhanden war), hat neben Deutschland auch der Ansässigkeitsstaat der übernehmenden Körperschaft ein Besteuerungsrecht im Fall der Veräußerung der an der übernehmenden Körperschaft bestehenden Anteile. Deutschland als Ansässigkeitsstaat des Anteilseigners vermeidet eine Doppelbesteuerung grds. durch Anwendung der Anrechnungsmethode.

---

87 *Schießl* in Widmann/Mayer, § 13 Rdn. 15.46.
88 Vgl. Übersicht bei *Reimer* in Vogel/Lehner, DBA, Art. 13 Rdn. 225.

– *Im Inland* unbeschränkt steuerpflichtiger Anteilseigner hält die Anteile an der übertragenden Körperschaft in einem ausländischen Betriebsvermögen:

Besteht zwischen Deutschland und dem Betriebsstättenstaat kein DBA, sodass die Anteile an der übertragenden Körperschaft im Inland steuerverstrickt sind, gelten die gleichen Grundsätze wie bei einem unbeschränkt Steuerpflichtigen, der die Anteile an der übertragenden Körperschaft im Privatvermögen oder einem inländischen Betriebsvermögen hält (siehe oben).

– *Im Inland* beschränkt steuerpflichtiger Anteilseigner hält die Anteile an der übertragenden Körperschaft im Privatvermögen oder in einem ausländischen Betriebsvermögen:

Deutschland besitzt vor der Verschmelzung nur dann ein Besteuerungsrecht, wenn die übertragende Körperschaft im Inland ansässig ist[89], die Beteiligung des ausländischen Anteilseigners mindestens 1 % des Kapitals (zu einem Zeitpunkt in den letzten fünf Jahren) der übertragenden Körperschaft ausmacht (§ 49 Abs. 1 Nr. 2 Buchst. e EStG) und zwischen Deutschland und dem ausländischen Staat als Ansässigkeitsstaat des Anteilseigners der übertragenden Körperschaft kein DBA besteht bzw. das DBA Deutschland als Quellenstaat ein Besteuerungsrecht einräumt (z.B. DBA mit Tschechien, Slowakei und Bulgarien).[90]

Eine Veränderung des deutschen Besteuerungsrechts mit Blick auf die Anteile an der übernehmenden Körperschaft kann sich grds. nur im Rahmen einer grenzüberschreitenden Hinausverschmelzung ergeben. Dies führt allerdings zu einem Ausschluss des deutschen Besteuerungsrechts. Eine Beschränkung des deutschen Besteuerungsrechts kann sich in diesem Fall hingegen nicht ergeben.

– *Im Inland* beschränkt steuerpflichtiger Anteilseigner hält die Anteile an der übertragenden Körperschaft in einem inländischen Betriebsvermögen:

Sofern auch die erhaltenen Anteile an der übernehmenden Körperschaft der inländischen Betriebsstätte zugeordnet werden können, führt eine Verschmelzung grds. zu keiner Beschränkung des deutschen Besteuerungsrechts, da Deutschland als Quellenstaat unabhängig vom Ansässigkeitsstaat der übernehmenden Körperschaft grds. weiterhin ein uneingeschränktes Besteuerungsrecht (ohne Verpflichtung der Vermeidung einer etwaigen Doppelbesteuerung) zusteht, § 49 Abs. 1 Nr. 2 Buchst. a EStG; Art. 13 Abs. 2 OECD-MA.

Eine Beschränkung des deutschen Besteuerungsrechts kann sich allerdings durch § 50 Abs. 3 EStG i.V.m. § 34c EStG ergeben. Wird beispielsweise eine im Inland ansässige Körperschaft auf eine ausländische Körperschaft verschmolzen, die nicht im Ansässigkeitssaat des Anteilseigners

---

89 Vorausgesetzt, dass beim „Erwerb" der Anteile im Rahmen einer Verschmelzung oder eines Anteilstausches unterhalb des gemeinen Werts nicht § 13 Abs. 2 bzw. § 21 Abs. 2 S. 3 Nr. 2 oder bei Verlegung des Sitzes oder Orts der Geschäftsleitung § 17 Abs. 5 S. 2 EStG anzuwenden war.

90 Dies gilt ebenfalls für solche DBA, in denen – abweichend vom Musterabkommen – das Besteuerungsrecht im Fall der Veräußerung von Immobiliengesellschaften im Sinne der jeweiligen Abkommensregelung dem Quellenstaat zugewiesen wurde.

ansässig ist, könnte sich durch § 50 Abs. 3 EStG eine Verpflichtung zur Anrechnung der im Ansässigkeitsstaat der übernehmenden Körperschaft im Rahmen einer Veräußerung ggf. anfallenden Steuer des Anteilseigners im Inland ergeben.

Unklar ist, ob bereits das abstrakte Erfordernis der Anrechnung bzw. des Abzugs ausländischer Steuern zu einer Beschränkung des deutschen Besteuerungsrechts führt.[91] Nach der hier vertretenen Auffassung muss für die Annahme einer Beschränkung die Möglichkeit einer tatsächlichen Besteuerung des Veräußerungsgewinns nach den nationalen Regelungen des Ansässigkeitsstaates der übernehmenden Körperschaft bestehen.[92] Entscheidend ist daher, ob nach Eintragung der Verschmelzung in das Handelsregister der übernehmenden Körperschaft bei einer gedachten Veräußerung eine ausländische Steuer erhoben werden würde, mit der Folge, dass diese Steuer auf die deutsche Steuer angerechnet werden müsste.[93]

3. Anwendung von Art. 8 der FusionsRL (§ 13 Abs. 2 S. 1 Nr. 2)

36 Eine Buchwert- bzw. Anschaffungskostenfortführung kann auf Antrag gem. § 13 Abs. 2 S. 1 Nr. 2 auch dann erfolgen, „wenn die Mitgliedstaaten der Europäischen Union bei einer Verschmelzung Art. 8 der Richtlinie 2009/133/EG anzuwenden haben".

Nach der Zielvorgabe des Art. 8 Abs. 1 FusionsRL darf die Zuteilung von Anteilen an der übernehmenden Gesellschaft gegen Anteile an der übertragenden Gesellschaft aufgrund der Verschmelzung für sich alleine keine Besteuerung auslösen, selbst wenn das Besteuerungsrecht Deutschlands an den Anteilen der übernehmenden Gesellschaft im Vergleich zu den Anteilen an der übertragenden Gesellschaft ausgeschlossen oder beschränkt wird. § 13 Abs. 2 S. 1 Nr. 2 erfasst folglich nur die Fälle, in denen die Voraussetzungen des § 13 Abs. 2 S. 1 Nr. 1 nicht erfüllt sind[94], das deutsche Besteuerungsrecht am Veräußerungsgewinn aus den Anteilen durch die Verschmelzung mithin ausgeschlossen oder beschränkt wird (vgl. Rdn. 34, 35).

§ 13 Abs. 2 S. 1 Nr. 2 setzt voraus, dass die Mitgliedstaaten der Europäischen Union, d.h. die jeweiligen Ansässigkeitsstaaten der verschmelzenden Körperschaften, Art. 8 FusionsRL im Rahmen der Verschmelzung anwenden. Da die FusionsRL im EWR-Raum keine Anwendung findet, hat § 13 Abs. 2 S. 1 Nr. 2 folglich nur Bedeutung für Verschmelzungen innerhalb der EU.[95]

Die Anwendbarkeit des Art. 8 FusionsRL sieht im Einzelnen folgende Voraussetzungen vor:

---

91 *Kolbe* in Herrmann/Heuer/Raupach, § 12 KStG Rdn. 35; *Wassermeyer*, DB 2006, 1176 (1177); *Rödder/Schumacher*, DStR 2006, 1481 (1484).
92 *Schmitt/Schlossmacher*, DB 2009, 1425 (1427); *Dötsch/Werner* in Dötsch/Pung/Möhlenbrock, § 13 Rdn. 36.a.A. *Neumann* in Rödder/Herlinghaus/van Lishaut, § 13 Rdn. 35.
93 *Schmitt/Schlossmacher*, DB 2009, 1425 (1427); a.A. *Schießl* in Widmann/Mayer, § 13 Rdn. 15.47.
94 *Dötsch/Werner* in Dötsch/Pung/Möhlenbrock, § 13 Rdn. 51.
95 *Dötsch/Werner* in Dötsch/Pung/Möhlenbrock, § 13 Rdn. 50.

- Es muss sich um eine grenzüberschreitende Verschmelzungen innerhalb der EU handeln. Nicht erfasst werden Verschmelzungen, die sich innerhalb eines Mitgliedstaats erschöpfen (Art. 1 Buchst. a FusionsRL). Für derartige Fallkonstellationen kommt es jedoch ohnehin nicht auf die Erfüllung der Voraussetzungen des § 13 Abs. 2 S. 1 Nr. 2 an, da insoweit grds. bereits zuvor § 13 Abs. 2 S. 1 Nr. 1 greift.
- Bei den verschmelzenden Körperschaften muss es sich um von der FusionsRL erfasste Gesellschaften d. h. um KapG handeln (Art. 3 FusionsRL).
- Gem. Art. 8 Abs. 4 FusionsRL darf der Anteilseigner den neu erhaltenen Anteilen keinen höheren steuerlichen Wert beimessen, als ihnen vor Durchführung der Fusion beigemessen war. Der Zweck dieser sog. Wertübernahmebedingung des Art. 8 Abs. 4 FusionsRL liegt in der Sicherstellung des Besteuerungsrechts an den im Rahmen der Verschmelzung erhaltenen Anteilen in der gleichen Höhe wie vor erfolgter Verschmelzung an den untergegangenen Anteilen an der übertragenden Körperschaft.

Gem. § 13 Abs. 2 S. 1 Nr. 2 HS 2 ist für den Fall der Buchwert- bzw. Anschaffungskostenfortführung unter Anwendung des Art. 8 der FusionsRL „der Gewinn aus einer späteren Veräußerung der erworbenen Anteile ungeachtet der Bestimmungen eines Abkommens zur Vermeidung der Doppelbesteuerung in der gleichen Art und Weise zu besteuern, wie die Veräußerung der Anteile an der übertragenden Körperschaft zu besteuern wäre".   37

§ 13 Abs. 2 S. 1 Nr. 2 HS 2 enthält inhaltlich die Regelung des Art. 8 Abs. 6 FusionsRL, wonach der Gewinn aus einer späteren Veräußerung der erworbenen Anteile ungeachtet der Bestimmungen eines DBA in der gleichen Art und Weise in Deutschland besteuert werden kann, wie die Veräußerung der Anteile an der übertragenden Körperschaft (vor Verschmelzung) hätte besteuert werden können. Bei der Vorschrift des § 13 Abs. 2 S. 1 Nr. 2 HS. 2 handelt es sich um einen „treaty override".

Die Formulierung des § 13 Abs. 2 S. 1 Nr. 2 HS 2 bewirkt jedoch, dass auch die im Zeitraum zwischen der Verschmelzung und der späteren Veräußerung entstandenen stillen Reserven in Deutschland der Besteuerung unterliegen. Da auch der jeweilige Ansässigkeitsstaat des Anteilseigners bzw. der Ansässigkeitsstaat der übernehmenden Körperschaft ein Besteuerungsrecht an den stillen Reserven hat, die seit Verschmelzung entstanden sind, kann § 13 Abs. 2 S. 1 Nr. 2 HS 2 zu einer Doppelbesteuerung führen.[96] Dies gilt insbesondere, wenn § 34c EStG, § 26 KStG – wie vom Gesetzgeber allem Anschein nach vorgesehen – nicht zur Anwendung gelangen und somit keine Anrechnung bzw. Abzug von im Ausland erhobenen Steuern erfolgt. Aufgrund der Gefahr einer Doppelbesteuerung sollte in Abhängigkeit von der zu erwartenden Wertsteigerung der Anteile ab dem Zeitpunkt der Verschmelzung geprüft werden, ob auf die Inanspruchnahme der begünstigenden Besteuerung gem. § 13 Abs. 2 verzichtet werden sollte.[97]

---

96 *Hagemann/Jakob/Ropohl/Viebrock*, NWB-Sonderheft 1/2007, 1 (27); *Neumann* in Rödder/Herlinghaus/van Lishaut, § 13 Rdn. 42.
97 *Hagemann/Jakob/Ropohl/Viebrock*, NWB-Sonderheft 1/2007, 1 (27).

38 § 13 Abs. 2 S. 1 Nr. 2 S. 2 bestimmt, dass § 15 Abs. 1a S. 2 EStG entsprechend anzuwenden ist. Durch diese Bestimmung wird erreicht, dass Deutschland nach Verschmelzung auch dann eine Besteuerung der Anteile an der übernehmenden Körperschaft vornehmen kann, wenn diese zwar nicht veräußert werden, jedoch einer der in § 15 Abs. 1a S. 2 EStG genannten vergleichbaren Ersatzrealisationstatbestände ausgelöst wird. Folgende Ersatzrealisationstatbestände sind zu beachten:

– Verdeckte Einlage der Anteile in eine KapG,
– Auflösung der übernehmenden Körperschaft,
– Herabsetzung und Rückzahlung des Kapitals der übernehmenden Körperschaft,
– Rückzahlung bzw. Ausschüttung von Beträgen aus dem steuerlichen Einlagekonto i.S.d. § 27 KStG der übernehmenden Körperschaft.

Die Rückzahlung bzw. die Ausschüttung aus dem steuerlichen Einlagekonto dürfte nur in den von § 27 Abs. 8 KStG erfassten Fällen zu einem Besteuerungsrecht führen. Seitens der übernehmenden Körperschaft muss mithin ein Antrag auf Feststellung eines steuerlichen Einlagekontos in Deutschland gestellt worden sein.[98]

III. Folgen der Inanspruchnahme der Buchwert-bzw. Anschaffungskostenfortführung

1. Allgemeines

39 Anders als § 13 Abs. 1 fingiert § 13 Abs. 2 keinen Veräußerungs- und Erwerbsvorgang im Hinblick auf die Anteile an der übertragenden bzw. übernehmenden Körperschaft.[99] Eine Verletzung von steuerlichen Sperrfristen, denen die Anteile an der übertragenden Körperschaft unterliegen, kann somit grds. nicht angenommen werden. Dies wird insbesondere dadurch deutlich, dass im Fall der Anwendung von § 13 Abs. 2 die objektbezogenen Merkmale der Anteile an der übertragenden Körperschaft in den Anteilen an der übernehmenden Körperschaft fortgeführt werden (§ 13 Abs. 2 S. 2).[100] Die Finanzverwaltung geht offensichtlich auch im Fall der Anwendung von § 13 Abs. 2 von einer Veräußerung der Anteile an der übertragenden Körperschaft aus.[101] So kann nach Auffassung der Finanzverwaltung[102] mit Blick auf § 22 Abs. 1 S. 1 und Abs. 2 S. 1 auch im Fall von steuerneutralen Verschmelzungen gem. § 13 Abs. 2 nur aus Billigkeitsgründen eine rückwirkende Besteuerung unterbleiben, wenn zusätzliche Voraussetzungen erfüllt sind (siehe dazu § 22 Rdn. 340 ff.).

Teile der Literatur ordnen den Verschmelzungsvorgang genauso wie im Fall des § 13 Abs. 1 jedenfalls als tauschähnlichen Vorgang ein (siehe dazu

---

98 *Dötsch/Werner* in Dötsch/Pung/Möhlenbrock, § 13 Rdn. 54.
99 *Dötsch/Werner* in Dötsch/Pung/Möhlenbrock, § 13 Rdn. 2.
100 Vgl. Rdn. 40 ff.; *Hageböke*, Ubg 2011, 689 (701).
101 Tz. 00.03 UmwStE 2011.
102 Tz. 22.23 UmwStE 2011 Beispiel 2 (Seitwärtsverschmelzung der übernehmenden Gesellschaft).

Hecht/Hagemann

Rdn. 22).[103] Die Anordnung der Buchwertfortführung und der Übergang der steuerlichen Merkmale gem. § 13 Abs. 2 S. 2 von den Anteilen der übertragenden Körperschaft auf die der übernehmenden Körperschaft stehen der Annahme eines tauschähnlichen Vorgangs nicht entgegen, sondern bestimmen den Wertansatz, zu dem der Vorgang abgewickelt wird.[104] Eine Verletzung von Sperrfristen sollte vor allem insbesondere dann nicht vorliegen, wenn es sich um einen Sidestep-Merger handelt und gem. § 54 Abs. 1 S. 3 UmwG bzw. § 68 Abs. 1 S. 3 UmwG auf die Gewährung von Anteilen an der übernehmenden Körperschaft verzichtet wird. Für die Annahme einer Veräußerung fehlt es in diesem Fall zweifelsfrei an einer Gegenleistung.[105]

2. Übergang steuerlicher Merkmale der Altanteile gem. § 13 Abs. 2 S. 2

Gem. § 13 Abs. 2 S. 2 treten im Fall der Buchwert- bzw. Anschaffungskos- **40** tenfortführung die Anteile an der übernehmenden Körperschaft steuerlich an die Stelle der Anteile an der übertragenden Körperschaft. Trotz Fortführung des Buchwerts bzw. der Anschaffungskosten sind im Rahmen der Verschmelzung entstehende Transaktionskosten ggf. buchwert- bzw. anschaffungskostenerhöhend zu erfassen.

Im Gegensatz zu § 13 Abs. 1 und der damit verbundenen Anschaffungs- und Veräußerungsfiktion (siehe dazu Rdn. 22) hat § 13 Abs. 2 S. 2 zur Folge, dass die Anteile an der übernehmenden Körperschaft in die steuerliche Rechtsnachfolge der Anteile an der übertragenden Körperschaft eintreten (sog. Fußstapfentheorie).

Unabhängig von der Qualifikation als tauschähnlicher Vorgang, gehen alle objektbezogenen Merkmale der Altanteile an der übertragenden Körperschaft auf die Anteile an der übernehmenden Körperschaft über.[106] Dies gilt allerdings nur insoweit, als keine Wertverschiebung zwischen den Anteilseignern der übernehmenden Körperschaft im Rahmen der Verschmelzung entsteht, da ansonsten § 13 Abs. 2 keine Anwendung findet (siehe dazu Rdn. 46 ff.). Ein Übergang der steuerlichen Merkmale kann sich insoweit jedoch aus anderen steuerlichen Regelungen wie z.B. § 22 Abs. 6, Abs. 7 ergeben.[107]

Für Zwecke der KapESt i.S.d. § 43 Abs. 1a EStG treten die Anteile an der übernehmenden Körperschaft unabhängig vom Vorliegen der Voraussetzungen des § 13 Abs. 2 an die Stelle der Altanteile an der übertragenden Körperschaft.[108]

---

103 *Frotscher* in Frotscher/Maas, § 13, Rdn. 2, 18; *Dötsch/Werner* in: Dötsch/Pung/ Möhlenbrock, § 13 Rdn. 55a; *Schießl* in Widmann/Mayer, § 13 Rdn. 15.81; *Becker/ Kamphaus/Loose*, IStR 2013, 328 (331), *Grundke/Feuerstein/Holle*, DStR 2015, 1653 (1658).

104 *Dötsch/Werner* in: Dötsch/Pung/Möhlenbrock, § 13 Rdn. 55a.

105 Denkbar wäre allenfalls die Annahme eines „einlageähnlichen Vorgangs" wonach die Anteile an der übertragenden Körperschaft gegen die Wertsteigerung der Anteile an der übernehmenden Körperschaft als eingelegt gelten, *Frotscher* in Frotscher/Maas, § 13 Rdn. 40; *Dötsch/Werner* in Dötsch/Pung/Möhlenbrock, § 13 Rdn. 8.

106 *Dötsch/Werner* in: Dötsch/Pung/Möhlenbrock, § 13 Rdn. 55a

107 *Dötsch/Werner* in Dötsch//Pung/Möhlenbrock, § 13 Rdn. 57.

108 *Schmitt/Schlossmacher*, DB 2009, 1425 (1425). *Schießl*, in Widmann/Mayer, § 13 Rdn. 2.7.

41 Insbesondere die folgenden steuerlichen objektbezogenen Merkmale gehen auf die Anteile an der übernehmenden Körperschaft über:

- Wertaufholungsverpflichtung nach § 6 Abs. 1 Nr. 1 S. 4 EStG und § 6 Abs. 1 Nr. 2 S. 3 EStG.[109] Demzufolge sind in der Vergangenheit vorgenommene Teilwertabschreibungen in den Altanteilen an der übertragenden Körperschaft in den Anteilen an der übernehmenden Körperschaft rückgängig zu machen, sofern eine dauerhafte Wertminderung mit Blick auf die Anteile an der übernehmenden Körperschaft nach der Verschmelzung nicht mehr gegeben ist. Sofern eine Wertaufholung bei den Anteilen an der übertragenden Körperschaft bis zur Eintragung der Verschmelzung in das Handelsregister der übernehmenden Körperschaft (Zeitpunkt der Veräußerung der Anteile an der übertragenden Körperschaft) nicht zu erwarten ist, sollte ggf. auf die Anwendung von § 13 Abs. 2 verzichtet werden, um (durch die Veräußerungsfiktion des § 13 Abs. 1) eine steuerpflichtige Wertaufholung in den Anteilen an der übernehmenden Körperschaft zu vermeiden.[110]

- Qualifikation i.S.d. § 8b Abs. 2 S. 4 und S. 5 KStG, § 3 Nr. 40 S. 1 Buchst. a und S. 2, 3 sowie Buchst. b S. 3 EStG.[111] Wurden die Altanteile an der übertragenden Körperschaft steuerwirksam abgeschrieben, führt eine spätere Zuschreibung in den Anteilen an der übernehmenden Körperschaft zu einem korrespondierenden steuerpflichtigen Ertrag auf Ebene des Anteilseigners.

- Sperrbetrag i.S.d. § 50 c EStG.[112]

- Die Siebenjahresfrist sperrfristbehafteter Anteile i.S.d. § 22 UmwStG[113] bzw. einbringungsgeborener Anteile i.S.d. § 21 UmwStG a.F.[114]; § 27 Abs. 3 UmwStG; § 3 Nr. 40 S. 3 EStG a.F. und § 8b Abs. 4 KStG wird durch die Anteile an der übernehmenden Körperschaft fortgeführt. Die Fußstapfentheorie führt bei der Qualifikation als einbringungsgeborene Anteile dazu, dass die erhaltenen Anteile an der übernehmenden Körperschaft unabhängig von der Beteiligungshöhe unbefristet steuerverstrickt bleiben (§ 21 UmwStG a.F.; § 16 EStG; § 27 Abs. 3 Nr. 3 UmwStG).

- Anrechnung der Besitzzeit der Anteile an der übertragenden Körperschaft bei den Anteilen an der übernehmenden Körperschaft.[115] Dies gilt insbesondere für die Gewerbesteuerbefreiung gem. § 9 Nr. 2a GewStG hinsichtlich Ausschüttungen der übernehmenden Körperschaft an den Anteilseigner oder für die Bildung einer Rücklage nach § 6b EStG im Fall der Veräußerung der Anteile an der übernehmenden Körperschaft.

- Die Qualifikation des § 9 Nr. 2a GewStG hinsichtlich der für das Schachtelprivileg erforderlichen Beteiligungshöhe.[116] Wird nach Verschmelzung

---

109 Tz. 13.11 UmwStE 2011.
110 *DötschWerner* in Dötsch/Pung/Möhlenbrock, § 13 Rdn. 55.
111 Tz. 13.11 UmwStE 2011.
112 Tz. 13.11 UmwStE 2011.
113 *Dötsch/Werner* in Dötsch/Pung/Möhlenbrock, § 13 Rdn. 56.
114 Tz. 13.11 UmwStE 2011.
115 Tz. 13.11 UmwStE 2011.
116 *Schroer/Starke*, FR 2007, 488 (490); *Dötsch/Werner* in Dötsch//Pung/Möhlenbrock, § 13 Rdn. 56.

die Beteiligungshöhe des § 9 Nr. 2a GewStG mit Blick auf die Anteile an der übernehmenden Körperschaft unterschritten, sind die Voraussetzungen des Schachtelprivilegs dennoch erfüllt, wenn die Altanteile vor Verschmelzung die geforderte Beteiligungshöhe des § 9 Nr. 2a GewStG erfüllt haben.

- Sofern die Altanteile vor Verschmelzung als solche i.S.d. § 17 EStG zu qualifizieren waren, gelten die erhaltenen Anteile ebenfalls als wesentliche Anteile i.S.d. § 17 EStG, auch wenn die Mindestbeteiligungshöhe von 1 % am Stamm- oder Grundkapital der übernehmenden Körperschaft nicht (mehr) erreicht wird (sog. verschmelzungsgeborene Anteile).[117] Die ausdrückliche Vorgabe des § 13 Abs. 2 S. 2 UmwStG a.F., wonach die im Zuge des Vermögensübergangs gewährten Anteile als Anteile i.S.d. § 17 EStG gelten, ist in § 13 Abs. 2 aufgrund der nun umfassenden Rechtsnachfolge der objektbezogenen Merkmale nicht mehr enthalten. Zu beachten ist, dass durch den Übergang der steuerlichen Eigenschaft des § 17 EStG trotz Beteiligung unter 1 % am Kapital der übernehmenden Körperschaft stille Reserven steuerlich verstrickt werden, die sich nach Verschmelzung in den Anteilen an der übernehmenden Körperschaft bilden. Sofern die Verschmelzung nach dem 31.12.2008 erfolgt, kann eine Steuerverstrickung der Anteile an der übernehmenden Körperschaft aufgrund der Regelung des § 20 Abs. 2 EStG jedoch ohnehin nicht verhindert werden.

- Im Fall der Verschmelzung einer Organgesellschaft wird auf Ebene des Organträgers ein vor Verschmelzung bestehender Ausgleichsposten mit Blick auf die neuen Anteile an der übernehmenden Körperschaft fortgeführt. Dies gilt auch dann, wenn mit der übernehmenden Körperschaft kein Organschaftsverhältnis eingegangen wird.[118]

- Sofern die Anteile an der übertragenden Körperschaft bei einer Personengesellschaft als Anteilseignerin nach § 50i Abs. 1 EStG steuerverstrickt sind, setzt sich diese Steuerverstrickung in den Anteilen an der übernehmenden Körperschaft grundsätzlich fort.[119] Zwar erfüllen die erhaltenen Anteile dem reinen Wortlaut nach nicht den Tatbestand der Vorschrift, da sie nicht vor dem 29.06.2013 unentgeltlich in die „§ 50i Personengesellschaft" eingebracht wurden.[120] Jedoch treten die erhaltenen Anteile im Rahmen der Fußstapfentheorie steuerlich an die Stelle der übertragenen Anteile.[121] Dadurch sollte das deutsche Besteuerungsrecht gesichert und die Verschmelzung auf Ebene der Anteilseigner zu Buchwerten erfolgen können.[122] Es besteht jedoch das Risiko, dass die Finanzverwaltung die Verschmelzung als Veräußerungsvorgänge i.S.d. § 50i EStG einordnet, wodurch die Steuerhaftung nach § 50i EStG beendet wäre und die

---

117 Tz. 13.11 UmwStE 2011.
118 *Dötsch*, Ubg 2008, 117 (122).
119 *Dötsch* in Dötsch/Pung/Möhlenbrock, § 13 Rdn. 56.
120 *Rödder/Kuhr/Heimig*, Ubg 2014, 477 (480); *Roderburg/Richter*, IStR 2015, 227 (235); *Benz/Böhmer*, DStR 2016, 145 (150f.).
121 *Bron*, DStR 2014, 1849 (1853); *Dötsch* in Dötsch/Pung/Möhlenbrock § 13 Rdn. 56.
122 *Roderburg/Richter*, IStR 2015, 227 (235); Lang/Benz, StBJB 2014/2015, 183 (209).

Voraussetzungen des § 13 Abs. 2 S. 1 Nr. 1 UmwStG nicht mehr erfüllt wären.[123]

42 § 13 Abs. 2 S. 2 unterstellt, dass alle Anteile des Anteilseigners an der übernehmenden Körperschaft steuerlich an die Stelle der Altanteile des Anteilseigners an der übertragenden Körperschaft treten.

Ist der Anteilseigner schon vor der Verschmelzung an der übernehmenden Körperschaft beteiligt, treten auch die (bereits vor der Verschmelzung) bestehenden Anteile an die Stelle der Altanteile an der übertragenden Körperschaft. Aus Sicht des § 13 Abs. 2 S. 2 besteht nach Verschmelzung nur noch ein Anteil[124], unabhängig davon, ob aus zivilrechtlicher Sicht im Rahmen der Kapitalerhöhung auf Ebene der übernehmenden Körperschaft ein neuer Anteil geschaffen wird. Die steuerlichen Merkmale der Anteile an der übertragenden Körperschaft gehen damit quotal auf alle nach der Verschmelzung bestehenden Anteile an der übernehmenden Körperschaft über.[125] Die jeweiligen Auswirkungen des Übergangs der steuerlichen Merkmale der Anteile an der übertragenden Körperschaft hängen entscheidend von dem jeweils relevanten steuerlichen Merkmal ab.[126]

So teilen sich beispielsweise der Buchwert bzw. die Anschaffungskosten der Altanteile an der übertragenden und übernehmenden Körperschaft auf die Anteile an der übernehmenden Körperschaft (Altanteil und neu gewährter Anteil) nach erfolgter Verschmelzung im Verhältnis der Verkörperung des Altanteils und des neu gewährten Anteils am Stammkapital der übernehmenden Körperschaft auf. Umfassen die Altanteile an der übernehmenden Körperschaft beispielsweise 1/3 und der neu gewährte Anteil 2/3 des Kapitals der übernehmenden Körperschaft, so beträgt der Buchwert bzw. betragen die Anschaffungskosten der Altanteile an der übernehmenden Körperschaft 1/3 und die neu gewährten Anteile 2/3 des gesamten Buchwerts bzw. der gesamten Anschaffungskosten der Altanteile an der übertragenden und übernehmenden Körperschaft.[127]

43 Nicht eindeutig geklärt ist, wie lange die jeweiligen übergegangenen Merkmale der Altanteile an der übertragenden Körperschaft bei den Anteilen an der übernehmenden Körperschaft fortbestehen.

Zeitlich bezogene Merkmale – wie Sperrfristen – enden mit Ablauf der jeweiligen (Rest-)Frist. Fristen, die bereits in den Altanteilen an der übertragenden Körperschaft angefangen sind zu laufen, werden aufgrund der steuerlichen Nachfolge nicht unterbrochen, sondern werden in den Anteilen an der übernehmenden Körperschaft fortgesetzt. Handelt es sich bei den Anteilen an der übertragenden Körperschaft beispielsweise um Anteile i.S.d.

---

123 In EU-Fällen sollte nach § 13 Abs. 2 Nr. 2 die Buchwertübertragung möglich sein.
124 *Schmitt/Schlossmacher*, DB 2009, 1425 (1428); *Dötsch/Werner* in Dötsch/Pung/Möhlenbrock, § 13 Rdn. 59.
125 *Neumann* Rödder/Herlinghaus/van Lishaut, § 13 Rdn. 45; *Dötsch/Werner* in Dötsch/Pung/Möhlenbrock, § 13 Rdn. 59; *Schmitt/Schlossmacher*, DB 2009, 1425 (1429).
126 *Schmitt/Schlossmacher*, DB 2009, 1425 (1428).
127 Zu weiteren denkbaren Fallvarianten siehe *Schmitt/Schlossmacher*, DB 2009, 1425 ff.

§ 17 Abs. 1 S. 1 EStG, da diese im Privatvermögen gehalten werden und innerhalb der letzten 5 Jahre (allerdings nicht mehr im Zeitpunkt der Verschmelzung) mindestens 1 % des Kapitals der übertragenden Körperschaft umfassten, stellen die erhaltenen Anteile an der übernehmenden Körperschaft solange eine wesentliche Beteiligung i.S.d. § 17 EStG dar, bis die 5-jährige Frist ab Unterschreiten der Wesentlichkeitsgrenze der Altanteile an der übertragenden Körperschaft bei den Anteilen an der übernehmenden Körperschaft abgelaufen ist. Voraussetzung ist jedoch, dass die Anteile an der übernehmenden Körperschaft (nach Verschmelzung) nicht mindestens 1 % des Kapitals der übernehmenden Körperschaft ausmachen.

Merkmale, die an die *Beteiligungshöhe* anknüpfen, enden, wenn die Veränderung der Beteiligungshöhe bei den Altanteilen an der übertragenden Körperschaft ohne erfolgte Verschmelzung zu einem Verlust der jeweiligen steuerlichen Begünstigung (z.B. § 9 Nr. 2a GewStG) oder zu einem Verlust der steuerlichen Qualifikation (z.B. § 17 EStG) geführt hätte.[128] Folglich hat eine Umrechnung der Veränderung der Beteiligungshöhe der Anteile an der übernehmenden Körperschaft auf die Altanteile an der übertragenden Körperschaft zu erfolgen.

Betrug beispielsweise die Beteiligungshöhe von im Privatvermögen gehaltener Altanteile vor Verschmelzung 20 %, während der Anteilseigner an der übernehmenden Körperschaft nach Verschmelzung in Höhe von 2 % beteiligt ist, führt ein Absenken der Beteiligungshöhe der neuen Anteile (beispielsweise durch Veräußerung) von mehr als 50 % auf unter 1 % am Stamm- bzw. Grundkapital nicht zum Unterschreiten der maßgeblichen Beteiligungshöhe des § 17 Abs. 1 EStG, da die Altanteile an der übertragenden Körperschaft (ohne erfolgte Verschmelzung) noch mindestens 1 % am Stamm- bzw. Grundkapital der übertragenden KapG ausgemacht hätten.

Problematisch sind Sachverhaltskonstellationen, in denen die Anteile an der **44** übertragenden Körperschaft vor Verschmelzung im Betriebsvermögen gehalten werden und nach Verschmelzung die Voraussetzungen für die Erfassung der erhaltenen Anteile an der übernehmenden Körperschaft im Betriebsvermögen nicht (mehr) erfüllt sind. Bestand beispielsweise vor Verschmelzung eine Betriebsaufspaltung aufgrund der Überlassung einer wesentlichen Betriebsgrundlage durch zu über 50 % an der übertragenden Körperschaft beteiligten Anteilseigner, kann diese im Fall einer Beteiligung an der übernehmenden Körperschaft von unter 50 % entfallen. Eine Entnahme der Anteile an der übernehmenden Körperschaft mit dem Teilwert wäre die Folge.[129]

3. Fortführung der Anschaffungskosten (§ 13 Abs. 2 S. 3)

§ 13 Abs. 2 S. 3 trägt der Möglichkeit Rechnung, dass die Anteile an der **45** übertragenden Körperschaft nicht in einem Betriebs- sondern im Privatvermögen gehalten werden. Demzufolge treten die Anschaffungskosten im Fall der Antragsstellung nach § 13 Abs. 2 an die Stelle des Buchwerts, wenn der

---

128 *Schmitt/Schlossmacher*, DB 2009, 1425 (1429).
129 *Dötsch/Werner*, in Dötsch/Pung/Möhlenbrock, § 13 Rdn. 56.

Anteilseigner die Anteile an der übertragenden Körperschaft im Privatvermögen hält.

D. Wertverschiebungen im Fall der Verschmelzung von Schwestergesellschaften (Sidestep-Merger)

I. Allgemeines

46 Im Rahmen der Verschmelzung von Schwestergesellschaften (z.b. innerhalb von Konzernen oder im Fall von Familiengesellschaften) verkörpert die auf Ebene der übernehmenden Körperschaft erfolgte Kapitalerhöhung nicht immer den gemeinen Wert des anteilig auf den Anteilseigner der übertragenden Körperschaft entfallenden Vermögens. Durch § 54 Abs. 1 S. 3 UmwG bzw. § 68 Abs. 1 S. 3 UmwG besteht sogar die Möglichkeit auf eine Kapitalerhöhung auf Ebene der übernehmenden Körperschaft ganz zu verzichten und somit keine Anteile auszugeben.

Es können grds. zwei Kategorien unterschieden werden:

– Zum einen können sich Wertverschiebungen zwischen den Altanteilen an der übernehmenden Körperschaft und den im Rahmen der Verschmelzung neu erhaltenen Anteilen an der übernehmenden Körperschaft desselben Anteilseigners ergeben. Eine Verschiebung der Wertverhältnisse zwischen den Anteilen eines Anteilseigners kann sich insbesondere in den Fällen einer Verschmelzung von beteiligungsidentischen Schwestergesellschaften ergeben, d.h. Körperschaften, an denen sowohl an der übertragenden als auch übernehmenden Körperschaft (auch nach der Verschmelzung) die gleichen Anteilseigner in gleicher Höhe beteiligt sind. Wird gem. § 54 Abs. 1 S. 3 UmwG bzw. § 68 Abs. 1 S. 3 UmwG auf eine Kapitalerhöhung auf Ebene der übernehmenden Körperschaft verzichtet oder werden Anteile ausgegeben, die nicht dem anteilig übergehenden Vermögen der übertragenden Körperschaft entsprechen, verlagert sich der Wert des jeweils anteilig übergehenden Vermögens in die Altanteile an der übernehmenden Körperschaft. Solange es dadurch zu keinen Wertverschiebungen zwischen den verschiedenen Anteilseignern der übernehmenden Körperschaft kommt, sondern „nur" zwischen den verschiedenen Anteilen desselben Anteilseigners, findet § 13 mit den daraus resultierenden Folgen vollumfänglich auf die Anteile an der übertragenden und übernehmenden Körperschaft Anwendung.[130]
– Ergeben sich allerdings aufgrund eines wertinkongruenten Umtauschverhältnisses Wertverschiebungen zwischen verschiedenen Anteilseignern der übernehmenden Körperschaft, findet nach Auffassung der Finanzver-

---

130 Tz. 13.09 UmwStE 2011, wonach § 13 grds. auch in den Fällen Anwendung findet, in denen z.b. gem. § 54 Abs. 1 S. 3 UmwG auf die Gewährung von Anteilen verzichtet wird und es somit „automatisch" zu einer Wertverschiebung von den Altanteilen an der übertragenden Körperschaft auf die (bereits vor der Verschmelzung bestehenden) Altanteile an der übernehmenden Körperschaft desselben Anteilseigners kommt.

Hecht/Hagemann

waltung § 13 insoweit keine Anwendung.[131] Vielmehr sollen die allgemeinen steuerlichen Grundsätze gelten. Insoweit als keine Wertverschiebung zu Gunsten oder zu Lasten der übrigen Anteilseigner der übernehmenden Körperschaft vorliegt, bleibt § 13 mit den daraus resultierenden steuerlichen Konsequenzen anwendbar.

II. Entstehung von Wertverschiebungen zwischen den Anteilseignern

Eine auf einem wertinkongruenten Umtauschverhältnis beruhende Wertver- 47
schiebung (und nicht nur eine bloße Quotenverschiebung) zu Gunsten oder zu Lasten der übrigen Anteilseigner der übernehmenden Körperschaft kann sich in folgenden Fällen ergeben:

– *Beteiligungsidentische Schwestergesellschaften:*
In den Fällen, in denen an der übertragenden und übernehmenden Körperschaft die gleichen Anteilseigner in der jeweils gleichen Höhe am gezeichneten Kapital beteiligt sind, kann sich eine Verschiebung von Wertverhältnissen nur dann ergeben, wenn ein Anteilseigner der übertragenden Körperschaft im Vergleich zu den anderen Anteilseigner der übertragenden Körperschaft im Rahmen einer disquotalen Kapitalerhöhung unangemessen (bzw. gar nicht) an der übernehmenden Körperschaft beteiligt wird.[132] Unerheblich ist hingegen die Höhe der Kapitalerhöhung, d.h. ob die gewährten Anteile dem anteilig auf den Anteilseigner entfallenden Vermögen der übertragenden Körperschaft entsprechen, sofern die Kapitalerhöhung quotal erfolgt.

– *Nichtbeteiligungsidentische Schwestergesellschaften:*
Eine Wertverschiebung vom Anteilseigner der übertragenden Körperschaft auf einen Anteilseigner der übernehmenden Körperschaft ergibt sich bereits dann, wenn die im Rahmen der Kapitalerhöhung gewährten Anteile an der übernehmenden Körperschaft nicht dem gemeinen Wert des jeweils anteilig auf die Anteilseigner entfallenden Vermögens der übertragenden Körperschaft entsprechen. Auch bei Verschmelzungen ohne Gewährung von Anteilen (d.h. ohne Kapitalerhöhung) an der übernehmenden Körperschaft können (anteilige) Wertverschiebungen zwischen den Gesellschaftern der übernehmenden Körperschaft auftreten.

III. Auswirkungen der Wertverschiebungen

Wertverschiebungen können nach den Umständen des jeweiligen Sachverhalts dem Grunde nach die Tatbestandsvoraussetzungen einer verdeckten Einlage oder verdeckten Gewinnausschüttung erfüllen.[133]

1. Verdeckte Einlage

Wenn ein Gesellschafter im Zusammenhang mit einer Verschmelzung aus 48
gesellschaftsrechtlichen Gründen einer Wertverschiebung zugunsten einer

---

131 Tz. 13.03 UmwStE 2011.
132 *Neumann* in Rödder/Herlinghaus/van Lizhaut, § 13 Rdn. 28.
133 *Füger/Rieger* in FS Widmann, 287 (340).

anderen KapG zustimmt, durch welche sich die Anteile der begünstigten KapG an dem übernehmenden Rechtsträger unangemessen im Wert erhöhen, kann die Vorteilsgewährung als verdeckte Einlage zu beurteilen sein.[134]

Beispiel 1:

Anteilseigner der übertragenden Körperschaft ist die Körperschaft B. Anteilseigner der übernehmenden Körperschaft C ist A. Der Anteilseigner A ist an B beteiligt. Die übertragende Körperschaft wird auf die C verschmolzen. Die der B gewährten Anteile an C verkörpern einen höheren gemeinen Wert als das auf die B anteilig entfallende Vermögen der übertragenden Körperschaft.

Es liegt eine verdeckte Einlage des A in die B i.H.d. Vermögenswerts vor, der im Zuge der zu hohen Kapitalerhöhung zu Gunsten der B von den Altanteilen des A an der C auf die neu gewährten Anteile der B an der C übergegangen ist.[135] Im Rahmen der verdeckten Einlage kommt es zu einer Realisation der stillen Reserven in den Anteilen des A (§ 17 Abs. 1 S. 2 EStG bzw. § 6 Abs. 6 S. 2 EStG) an der übertragenden Körperschaft. Ein entsprechender Veräußerungsgewinn unterliegt auf Ebene des A der Besteuerung.

Soweit keine Wertverschiebung stattgefunden hat, setzt A die Anteile an der C mit dem anteiligen gemeinen Wert gem. § 13 Abs. 1 oder mit dem anteiligen Buchwert bzw. anteiligen Anschaffungskosten gem. § 13 Abs. 2 an. In Höhe der Wertverschiebung erhöhen sich der Wert der Anteile des A an der B und der Wert der Anteile der B an der C.

2. Verdeckte Gewinnausschüttung

49 Die Finanzverwaltung nennt als beispielhafte Vorteilsgewährung, welche dem Grunde nach die Voraussetzungen als verdeckte Gewinnausschüttung erfüllen kann, den Fall, dass eine an dem übertragenden Rechtsträger beteiligte KapG zugunsten eines ihrer Anteilseigner oder einer diesem nahe stehenden Person eine geringwertige Beteiligung an dem übernehmenden Rechtsträger erhält.[136] Darüber hinaus ist auch umgekehrt eine Konstellation denkbar, in welcher ein Gesellschafter einer übernehmenden KapG im Zusammenhang mit einer Verschmelzung aus gesellschaftsrechtlichen Gründen eine Wertverschiebung zulasten seiner KapG akzeptiert, durch welche sich die Anteile des begünstigten Gesellschafters an dem übernehmenden Rechtsträger unangemessen im Wert erhöht.

Beispiel 2:

Anteilseigner der übertragenden Körperschaft ist A. Anteilseigner der übernehmenden Körperschaft C ist die Körperschaft B. Der Anteilseigner A ist an B beteiligt. Die übertragende Körperschaft wird

---

134 *Neumann* in Rödder/Herlinghaus/van Lizhaut, § 13 Rdn. 9 f.
135 BFH vom 09.11.2010, IX R 24/09. Demnach führt die Kapitalerhöhung zu einer Abspaltung der durch den alten Geschäftsanteil verkörperten Substanz und damit zu einer Abspaltung eines Teils des alten Geschäftsanteils des A an der C i.S.d. § 17 Abs. 1 S. 3 EStG.
136 Tz. 13.03 UmwStE 2011.

auf die C verschmolzen. Die dem A gewährten Anteile an C verkörpern einen höheren gemeinen Wert als das auf A anteilig entfallende Vermögen der übertragenden Körperschaft.

Es liegt eine verdeckte Gewinnausschüttung von B an A vor. Die B schüttet fiktiv anteilig ihre Anteile an der C an A aus. Die verdeckte Gewinnausschüttung entspricht der zu Gunsten des A im Rahmen der Verschmelzung erfolgten Wertverschiebung.

Die verdeckte Gewinnausschüttung führt auf Ebene der B zu einer anteiligen Aufdeckung der stillen Reserven in den Anteilen an der übernehmenden Körperschaft. Die stillen Reserven unterliegen auf Ebene der B der Besteuerung. Darüber hinaus hat die B Kapitalertragsteuer auf die verdeckte Gewinnausschüttung einzubehalten. A erzielt im Rahmen der verdeckten Gewinnausschüttung Einkünfte aus Kapitalvermögen gem. § 20 Abs. 1 Nr. 1 EStG.

A setzt die Anteile an der C – soweit keine Wertverschiebung stattgefunden hat – mit dem anteiligen gemeinen Wert gem. § 13 Abs. 1 oder mit dem anteiligen Buchwert gem. § 13 Abs. 2 an. Darüber hinaus erhöhen sich die Anschaffungskosten bzw. der Buchwert der Anteile des A an der C um die von B anteilig ausgeschütteten Anteile (d.h. i.H.d. Wertverschiebung).

3. Übrige Fallkonstellationen

Soweit keine verdeckte Einlage oder verdeckte Gewinnausschüttung vorliegt[137], ist eine unentgeltliche Wertverschiebung zwischen natürlichen Personen (d.h. insbesondere im Fall von Familiengesellschaften) denkbar. $\qquad$ 50

Beispiel 3:

Die übertragende Körperschaft, an der A beteiligt ist, wird auf die übernehmende Körperschaft C verschmolzen, an der B beteiligt ist. Die dem A gewährten Anteile an der C verkörpern einen höheren Wert als das auf A anteilig entfallende Vermögen der übertragenden Körperschaft.

Die Wertverschiebung von den Anteilen des B auf die Anteile des A an der C stellt eine Abspaltung eines Teils des Anteils des B an der C zu Gunsten des A dar. Hinsichtlich der ertragsteuerlichen Folgen ist zwischen zwei Grundkonstellationen zu differenzieren: $\qquad$ 51

– Hält der B die Anteile an der C in einem *Betriebsvermögen*, ist in einem ersten Schritt eine fiktive Entnahme eines Teils der Anteile des B an der C in Höhe der Wertverschiebung anzunehmen, die zu einer entsprechenden Realisation der anteiligen stillen Reserven in den Anteilen an der C führt, § 6 Abs. 1 Nr. 4 EStG. Die Anschaffungskosten der Anteile des B an der C vermindern sich in entsprechender Höhe.

– A setzt die erhaltenen Anteile an der C – soweit keine Wertverschiebung stattgefunden hat – mit dem anteiligen gemeinen Wert gem. § 13 Abs. 1

---

137 D.h. keine Beteiligung zwischen Anteilseigner der übertragenden Körperschaft und Anteilseigner der übernehmenden Körperschaft bzw. keine nahestehenden Personen aufgrund eines gemeinsamen Anteilseigners.

oder mit dem anteiligen Buchwert bzw. Anschaffungskosten gem. § 13 Abs. 2 an.

- Darüber hinaus erhöhen sich die Anschaffungskosten bzw. der Buchwert der Anteile des A an der C um den Wert der Entnahme des B, d.h. des anteilig abgespaltenen Anteils des B (Höhe der Wertverschiebung).
- Hält der B die Anteile an der C im *Privatvermögen* (i.S.d. § 17 EStG), kommt es grds. zu keiner Aufdeckung der stillen Reserven in den Anteilen an der übertragenden Körperschaft, da die Übertragung unentgeltlich erfolgt.
- A setzt die erhaltenen Anteile an der C – soweit keine Wertverschiebung stattgefunden hat – zum einen mit dem anteiligen gemeinen Wert gem. § 13 Abs. 1 oder mit dem anteiligen Buchwert gem. § 13 Abs. 2 an.
- Zum anderen führt A die anteiligen Anschaffungskosten des abgespaltenen Teils der Anteile des B an der C (i.H.d. Wertverschiebung) in den erhaltenen Anteilen an der C fort („Fußstapfentheorie"). Die Anschaffungskosten der Anteile des B an der C vermindern sich in entsprechender Höhe.
- Eine Ausnahme von der einkommensteuerneutralen unentgeltlichen Übertragung wäre z.b. jedoch dann anzunehmen, wenn A im Ausland ansässig ist und B hinsichtlich eines Teils seiner Anteile an der übernehmenden Körperschaft (i.H.d. Wertverschiebung) eine Wegzugsbesteuerung gem. § 6 Abs. 1 S. 2 Nr. 1 AStG auslöst. Ist A im EU-Ausland ansässig und sind die übrigen Voraussetzungen des § 6 Abs. 5 AStG erfüllt, kommt eine Stundung der Wegzugssteuer in Betracht. Die jährliche Pflicht zum Nachweis gem. § 6 Abs. 7 AStG sollte sich nur auf die Anteile beziehen, die der A im Rahmen der Verschmelzung an der C erhalten hat.

E. Behandlung einer Verschmelzung außerhalb des Anwendungsbereichs von § 13

I. Allgemeines

52   Ist der Anwendungsbereich des § 13 nicht eröffnet, da

- keine der unter Rdn. 14 beschriebenen Steuerverstrickungen der Anteile gegeben ist oder
- die an der Verschmelzung beteiligten Rechtsträger nicht nach dem Recht eines EU- oder EWR-Staats gegründet wurden oder sich der Sitz und Ort der Geschäftsleitung der an der Verschmelzung beteiligten Rechtsträger nicht innerhalb eines EU- oder EWR Staaten befindet (§ 1 Abs. 2)

können die folgenden Vorschriften Anwendung finden, die vergleichbar zu § 13 die steuerlichen Auswirkungen einer Verschmelzung auf Ebene des Anteilseigners regeln.

II. Tausch inländischer und ausländischer Kapitalanteile nach § 20 Abs. 4a EStG

53   § 20 Abs. 4a EStG behandelt – wie § 13 – den im Rahmen der Verschmelzung auf Ebene des Anteilseigners der übertragenden Körperschaft erfol-

genden Anteilstausch. Im Gegensatz zu § 13 besteht bei Erfüllung der Voraussetzungen des § 20 Abs. 4a EStG ein Zwang, die Anschaffungskosten der Anteile an der übertragenden Körperschaft in den Anteilen an der übernehmenden Körperschaft fortzuführen. Eine Aufdeckung der stillen Reserven ist folglich nicht möglich.[138] Ein Antragserfordernis zur Fortführung der Anschaffungskosten besteht nicht.[139] § 20 Abs. 4a EStG gilt erstmals für Kapitalerträge, die nach dem 31.12.2008 zufließen. § 20 Abs. 4a EStG kommt auch für Anteile in Betracht, die bereits vor dem 01.01.2009 erworben wurden.[140]

Folgende Voraussetzungen müssen für die Anwendbarkeit des § 20 Abs. 4a   54
EStG erfüllt sein:

- Die Anteile an der übertragenden Körperschaft unterliegen keiner der in Rdn. 14 genannten Steuerverstrickungen.
- Es muss ein Anteilstausch aufgrund gesellschaftsrechtlicher Maßnahmen vorliegen. Verschmelzungen erfüllen grds. die Voraussetzungen einer solchen gesellschaftrechtlichen Maßnahme.[141] Beteiligte Körperschaften einer Verschmelzung können im Inland, in der EU/EWR als auch im Drittstaat ansässige Körperschaften sein.
- Das deutsche Besteuerungsrecht hinsichtlich der erhaltenen Anteile an der übernehmenden Körperschaft darf nicht ausgeschlossen oder beschränkt werden (siehe die Ausführungen zu Rdn. 33–35) oder die Voraussetzungen des Art. 8 der FusionsRL (siehe die Ausführungen zu Rdn. 36–38) sind erfüllt.

In der Folge treten die Anteile an der übernehmenden Gesellschaft an die Stelle der Anteile der übertragenden Gesellschaft (Fußstapfentheorie).

III. Verschmelzungen innerhalb von Drittstaaten (§ 12 Abs. 2 S. 2 KStG)

Sofern der Anwendungsbereich von § 13 und § 20 Abs. 4a EStG nicht eröff-   55
net ist, kommt im Rahmen einer Verschmelzung die Regelung des § 12 Abs. 2 S. 2 KStG auf Ebene der Anteilseigner der übertragenden Körperschaft in Betracht.

§ 12 Abs. 2 S. 2 KStG ermöglicht die wirtschaftlich notwendige Steuerneutralität auf Ebene des Anteilseigners im Fall von Drittstaatenverschmelzungen.[142] Auf Drittstaatenspaltungen findet § 12 Abs. 2 S. 2 KStG hingegen keine analoge Anwendung.[143]

---

138 *Dötsch/Werner* in Dötsch/Pung/Möhlenbrock, § 20 EStG Rdn. 297.
139 *Dötsch/Werner* in Dötsch/Pung/Möhlenbrock, § 20 EStG Rdn. 297;
140 BMF vom 22.12.2009, BStBl. I 2010, 94, Rz. 100; für den Tausch mit Barabfindung (§ 20 Abs. 4a S. 2 EStG) entschieden FG Düsseldorf, Urteil vom 11.12.2012, Az. 10 K 4059/10 E (Rev. eingelegt Az. BFH VIII R 10/13); *Bron*, DStR 2014, 353 (355).
141 *Stuhrmann* in Blümich, § 20 EStG Rdn. 432.
142 *Grundke/Feuerstein/Holle*, DStR 2015, 1653 (1655).
143 *Dötsch/Werner* in Dötsch/Pung/Möhlenbrock, § 13 Rdn. 15, *Schießl* in Widmann/Mayer, § 13 Rdn. 324.

Der persönliche Anwendungsbereich der Regelung ist weit gefasst. Insbesondere muss der Anteilseigner der übertragenden Körperschaft keine bestimmte Rechtsform aufweisen.[144] Der Wortlaut verlangt auch nicht ausdrücklich, dass der Anteilseigner unbeschränkt oder beschränkt steuerpflichtig ist. Aus der Existenz der Vorschrift ergibt sich jedoch, dass ein Besteuerungsrecht der Bundesrepublik Deutschland existieren muss, damit der Anteilstausch infolge der Verschmelzung überhaupt der deutschen Besteuerung unterliegt.[145]

Der sachliche Anwendungsbereich der Regelung verweist im Grundsatz auf § 12 Abs. 2 S. 1 KStG. Nach § 12 Abs. 2 S. 2 KStG gilt § 13 für die Anteilseigner der übertragenden Körperschaft entsprechend, wenn das Vermögen einer Körperschaft durch einen Vorgang i.S.d. Satzes 1 auf eine andere Körperschaft übertragen wird. Die Formulierung „durch einen Vorgang i.S.d. § 12 Abs. 2 S. 1 KStG" konkretisiert diesen dahingehend, dass der Vorgang einer Verschmelzung i.S.d. § 2 UmwG vergleichbar sein muss (vgl. zu den Kriterien § 1 Rdn. 68 ff.).

Ob der Verweis darüber hinaus weitere Tatbestandsvoraussetzungen für die Steuerneutralität auf Ebene des Anteilseigners umfasst, ist umstritten.[146] Es wird vertreten, dass der Verweis auf den Vorgang i.S.d. Satzes 1 eng auszulegen sei und sämtliche Voraussetzungen des § 12 Abs. 2 S. 2 KStG erfüllt sein müssen.[147] Danach würde insbesondere das Vorliegen der beschränkten Steuerpflicht auf Ebene der übertragenen Körperschaft und die Begrenzung auf Verschmelzungen, in denen die übertragende und übernehmende Körperschaft in demselben Drittstaat ansässig sind, die Steuerneutralität auf Ebene der Anteilseigner erheblich erschweren. Das BMF hat sich in dem am 18. 05. 2015 veröffentlichen Entwurf der Körperschaftsteuer-Richtlinien erstmals offiziell zu der Auslegung des Verweises in § 12 Abs. 2 S. 2 KStG geäußert und eine beschränkte Steuerpflicht als notwendige Voraussetzung erachtet.[148] Diese zu Recht in der Literatur[149] kritisierte Auslegung des BMF ist jedoch in der beschlossenen Neufassung der KStR 2015 vom 06. 04. 2016 nicht mehr enthalten.[150] Mit BMF-Schreiben vom 10. 11. 2016 hat sich die Finanzverwaltung nun endgültig (durch Änderung der Tz. 13.04 [a. F.]) positioniert, wonach eine beschränkte Steuerpflicht des übertragenden Rechtsträgers nicht (mehr) erforderlich sein sollte. Neben der grammatikalischen Auslegung, wonach der Wortlaut in § 12 Abs. 2 S. 2 KStG „Wird das Ver-

---

144 *Frotscher* in Frotscher/Maas, § 13 Rdn. 61a.
145 *Frotscher* in Frotscher/Maas, § 13 Rdn. 61a.
146 Die Diskussion angestoßen durch den Beitrag von Hruschka, IStR 2012, 844ff. sowie *Becker/Kamphaus/Loose*, IStR 2013, 328 ff., Sejdija/Trinks, IStR 2013, 866 ff.
147 *Sejdija/Trinks*, IStR 2013, 866; *Aßmann*, in Patt/Rupp/Aßmann, der neue Umwandlungssteuererlass, S. 79; a. A. m. w. N. *Schießl* in Widmann/Mayer, § 13 Rdn. 337; *Frotscher* in Frotscher/Maas, § 13, Rdn. 61c; *Klepsch*, IStR 2016, 15 (17 f.); *Frotscher/Loose*, BB 2015, 1435 (1436).
148 Entwurf der allgemeinen Verwaltungsvorschrift über die Neufassung der Körperschaftsteuer-Richtlinien 2015 vom 18. 05. 2015, R 12, S. 30. GZ: IV C 2 – S 2930/ 08/10006 :004.
149 *Grundke/Feuerstein/Holle*, DStR 2015, 1653 ff.; Becker/Loose, BB 2015, 1435 (1437); *Klepsch*, IStR 2016, 15 ff..
150 BStBl. I 2016, Sondrnummer 1/2016, S. 2.

mögen einer Körperschaft [...]" offenkundig weiter gefasst ist als der Wortlaut in § 12 Abs. 2 S. 1 „Wird das Vermögen einer beschränkt steuerpflichtigen Körperschaft [...]" spricht auch der gesetzgeberische Grundgedanke in Form der Gesetzesbegründung für eine weite Auslegung der Verweisung des § 12 Abs. 2 S. 2 KStG.[151] Zudem ist kein vernünftiger sachlicher Grund für die Einschränkung ersichtlich.[152]

Unerheblich sollte ebenfalls sein, ob die Rechtsträger desselben Drittstaates verschmolzen werden oder ob eine grenzüberschreitende Verschmelzung unter Beteiligung verschiedener Drittstaaten vorliegt.[153] Auch die Gesetzesbegründung stellt ausdrücklich klar, dass die Voraussetzungen einer steuerneutralen Verschmelzung auf Ebene der übertragenden Körperschaft nicht vorliegen müssen; insbesondere nicht, dass die verschmelzenden Körperschaften innerhalb eines Drittstaates ansässig sind.[154]

Unstreitig müssen für eine steuerneutrale Verschmelzung auf Ebene der Anteilseigner der übertragenden Körperschaft folgende Voraussetzungen des § 12 Abs. 2 S. 2 erfüllt sein:

– Die Anteile an der übertragenden Körperschaft unterliegen einer der in Rdn. 14 genannten Steuerverstrickungen im Inland. Sofern es sich um Anteile i.S.d. § 20 Abs. 2 EStG handelt, richtet sich die Behandlung der Besteuerung des Anteilseigners der übertragenden Körperschaft nach § 20 Abs. 4a EStG.
– Bei der übertragenden und übernehmenden Körperschaft handelt es sich um Körperschaften. Nicht ausreichend sind daher Personenvereinigungen, Vermögensmassen oder Mitunternehmerschaften.[155]
– Die Voraussetzungen des § 13 Abs. 2 müssen vorliegen (Rechtsgrundverweisung). Zum einen muss der Anteilseigner daher einen Antrag auf Fortführung der Anschaffungskosten bzw. des Buchwerts stellen (vgl. Rdn. 32). Zum anderen darf das Besteuerungsrecht Deutschlands am Gewinn aus der Veräußerung der Anteile an der übernehmenden Körperschaft nicht ausgeschlossen oder beschränkt sein (§ 13 Abs. 2 S. 1 Nr. 1). Zu den möglichen Konstellationen, ob ein Ausschluss oder eine Beschränkung gegeben ist, vgl. Rdn. 33–35. Der Tatbestand des § 13 Abs. 2 S. 1 Nr. 2 kann nicht erfüllt sein, da die an der Verschmelzung beteiligten Körperschaften in Drittstaaten ansässig sind und die FusionsRL somit keine Anwendung findet (kein EU/EWR-Staat).

Sind die Voraussetzungen des § 12 Abs. 2 Satz 2 KStG bei Verschmelzungen in Drittstaaten nicht erfüllt, sind die steuerlichen Folgen der Drittstaatenverschmelzung nach den allgemeinen ertragsteuerlichen Grundsätzen zu beurteilen.[156] Umstritten ist die Rechtsnatur der verschmelzungsbedingten

---

151 Laut BT-Drs. 16/3369, S. 8. kommt es nicht darauf an, dass es nicht darauf an, dass die Voraussetzungen für eine steuerneutrale Übertragung auf Gesellschaftsebene gegeben sind.
152 Vgl. *Frotscher* in Frotscher/Maas, § 13 Rdn. 61c.
153 *Becker/Loose*, BB 2015, 1435 (1437); a.A. *Dötsch/Werner* in Dötsch/Pung/Möhlenbrock, KStG, § 12 Rdn. 412.
154 BT-Drs. 16/3369, S. 9.
155 *Schießl* in Widmann/Mayer, § 13 Rdn. 336.

Vermögensübertragung.[157] Ein Teil der Literatur bewertet einen solchen Vermögenstransfer als eine Veräußerung (bzw. Tausch), der auf Ebene des Anteilseigners zu einer Besteuerung der in den untergehenden Anteilen verstrickten stillen Reserven führt.[158] Nach anderer Ansicht in der Literatur führt die verschmelzungsbedingte Vermögensübertragung zu einer Sachausschüttung der übertragenden Körperschaft, gefolgt von einer Einlage in die übernehmende Körperschaft.[159] Dieser Ansicht folgt auch Hruschka, der zwar grundsätzlich in Umwandlungen einen Veräußerungs- und Anschaffungsvorgang mit Verweis auf Tz. 00.03 des UmwSt-Erlasses auf Ebene der Anteilseigner anerkennt, jedoch einschränkt, es müsse sich um einen Umwandlungsvorgang handeln auf den § 13 Anwendung findet.[160] Problematisch ist, dass § 13 nicht unmittelbar erfüllt ist, da bei Drittstaatenverschmelzungen der persönliche Anwendungsbereich des § 1 Abs. 2 S. 1 und S. 2 UmwStG nicht erfüllt wird. Stattdessen solle die Vermögensübertragung der übertragenden Körperschaft im Rahmen einer verdeckten Gewinnausschüttung an deren Anteilseignerin und gleichzeitig eine verdeckte Einlage in die empfangene Körperschaft erfolgen.[161] Dadurch kommt es jedoch zu einem Wechsel des Besteuerungssubstrats, weg von einer Besteuerung der steuerverstrickten stillen Reserven in den Anteilen hin zu einer umfassenden Besteuerung der im Ausland verstrickten stillen Reserven in den Wirtschaftsgütern der untergehenden Körperschaft.[162] Ermöglicht ferner der Drittstaat die buchwertneutrale Verschmelzung, würde § 8b Abs. 1 S. 2 KStG die Steuerfreistellung nach § 8b Abs. 1 S. 1 KStG mangels steuerlicher Vorbelastung ausschließen.[163] Die erhaltenen Bezüge wären dann in Folge des Korrespondenzprinzips voll steuerpflichtig.

---

156 *Klepsch*, IStR 2016, 15 (20).
157 *Hruschka*, IStR 2012, 844 (845); *Klepsch*, IStR 2016, 15 (20).
158 *Becker/Kamphaus/Loose*, IStR 2013, 328 (331); *Klepsch*, IStR 2016, 15 (20); *Grundke/Feuerstein/Holle*, DStR 2015, 1653 (1657).
159 *Hageböke*, Ubg 2011, 689 (700); *Förster/Hölscher*, Ubg 2012, 729 (730).
160 *Hruschka*, IStR 2012, 844 (845).
161 *Hruschka*, IStR 2012, 844 (845).
162 *Grundke/Feuerstein/Holle*, DStR 2015, 1653 (1657).
163 *Hruschka*, IStR 2012, 844 (845).

Hecht/Hagemann

VIERTER TEIL

Aufspaltung, Abspaltung und Vermögensübertragung (Teilübertragung)

§ 15
Aufspaltung, Abspaltung und Teilübertragung auf andere Körperschaften

(1) ¹Geht Vermögen einer Körperschaft durch Aufspaltung oder Abspaltung oder durch Teilübertragung auf andere Körperschaften über, gelten die §§ 11 bis 13 vorbehaltlich des Satzes 2 und des § 16 entsprechend. ²§ 11 Abs. 2 und § 13 Abs. 2 sind nur anzuwenden, wenn auf die Übernehmerinnen ein Teilbetrieb übertragen wird und im Falle der Abspaltung oder Teilübertragung bei der übertragenden Körperschaft ein Teilbetrieb verbleibt. ³Als Teilbetrieb gilt auch ein Mitunternehmeranteil oder die Beteiligung an einer Kapitalgesellschaft, die das gesamte Nennkapital der Gesellschaft umfasst.

(2) ¹§ 11 Abs. 2 ist auf Mitunternehmeranteile und Beteiligungen im Sinne des Absatzes 1 nicht anzuwenden, wenn sie innerhalb eines Zeitraumes von drei Jahren vor dem steuerlichen Übertragungsstichtag durch Übertragung von Wirtschaftsgütern, die kein Teilbetrieb sind, erworben oder aufgestockt worden sind. ²§ 11 Abs. 2 ist ebenfalls nicht anzuwenden, wenn durch die Spaltung die Veräußerung an außenstehende Personen vollzogen wird. ³Das Gleiche gilt, wenn durch die Spaltung die Voraussetzungen für eine Veräußerung geschaffen werden. ⁴Davon ist auszugehen, wenn innerhalb von fünf Jahren nach dem steuerlichen Übertragungsstichtag Anteile an einer an der Spaltung beteiligten Körperschaft, die mehr als 20 Prozent der vor Wirksamwerden der Spaltung an der Körperschaft bestehenden Anteile ausmachen, veräußert werden. ⁵Bei der Trennung von Gesellschafterstämmen setzt die Anwendung des § 11 Abs. 2 außerdem voraus, dass die Beteiligungen an der übertragenden Körperschaft mindestens fünf Jahre vor dem steuerlichen Übertragungsstichtag bestanden haben.

(3) Bei einer Abspaltung mindern sich verrechenbare Verluste, verbleibende Verlustvorträge, nicht ausgeglichene negative Einkünfte, ein Zinsvortrag nach § 4h Abs. 1 Satz 5 des Einkommensteuergesetzes und ein EBITDA-Vortrag nach § 4h Abs. 1 Satz 3 des Einkommensteuergesetzes der übertragenden Körperschaft in dem Verhältnis, in dem bei Zugrundelegung des gemeinen Werts das Vermögen auf eine andere Körperschaft übergeht.

Inhaltsverzeichnis

Spezialliteratur

Beinert/Benecke, Internationale Aspekte der Umstrukturierung von Unternehmen, FR 2010, 1009; *Beutel*, Die Spaltung von Kapitalgesellschaften nach dem neuen Umwandlungssteuer-Erlass, SteuK 2012, 1; *Blumers*, Der Teilbetriebsbegriff im neuen Umwandlungssteuererlass-Entwurf, BB 2011, 2204; *ders.*, Teilbetriebe und wesentliche Betriebsgrundlagen, DB 2010, 1670; *ders.*, Europäische Umwandlungen mit Teilbetrieben, BB 2008, 2041; *ders.* Die Teilbetriebe des Umwandlungssteuerrechts, DB 2001, 722; *Braatz/Brühl*, Zur Anwendbarkeit der umwandlungssteuerrechtlichen Regeln über die Abspaltung bei Übertragung wirtschaftlichen Eigentums, Ubg 2015, 122; *Claß/Weggenmann*, Ein neues Teilbetriebsverständnis im Umwandlungssteuerrecht – entscheidet zukünftig der EuGH?!, BB 2012, 552; *Feldgen*, Der Teilbetrieb im Steuerrecht, Ubg 2012, 459; *Gebert*, Das doppelte Teilbetriebserfordernis des § 15 UmwStG – Gemeinsam genutzte Betriebsimmobilien als Hindernis für die Steuerneutralität der Abspaltung? DB 2010, 1670; *Gille*, Missbrauchstypisierungen im neuen Umwandlungssteuerrecht: Verstoß gegen die Fusionsrichtlinie?, IStR 2007, 194; *Graw*, Der Teilbetriebsbegriff im UmwSt-Recht nach dem UmwStE 2011, DB 2013, 1011; *ders.*, Der Teilbetrieb im Umwandlungssteuerrecht nach dem Umwandlungssteuer-Erlass 2011, IFSt-Schrift Nr. 488 (2013); *Haritz/Wagner*, Steuerneutralität bei nichtverhältniswahrender Abspaltung, DStR 1997, 181; *Kessler/Philipp*, Steuerlicher Übertragungsstichtag als maßgeblicher Zeitpunkt für das Vorliegen der Teilbetriebsvoraussetzung? Anmerkung zur geplanten Änderung der Verwaltungsauffassung, DStR 2011, 1065; *Kutt/Pitzal*, Umwandlungen: Neue Entwicklungen bei der Zurückbehaltung wesentlicher Betriebsgrundlagen, DStR 2009, 1243; *Ley/Bodden*, Verschmelzungen und Spaltung von inländischen Kapitalgesellschaften nach dem SEStEG (§§ 11–15 UmwStG n.F.), FR 2007, 265; *Momen*,

Veräußerung durch Spaltung: Die Mißbrauchsklausel des § 15 Abs. 3 Satz 2 UmwStG auf dem Prüfstand, DStR 1997, 355; *Neumann/Benz*, Praxisfragen des Teilbetriebsbegriffs in Steuerberater-Jahrbuch 2013/2014, S. 167; *Rogall*, Die Abspaltung aus Kapitalgesellschaften und die Zuordnung neutralen Vermögens, DB 2006, 66; *Ruoff/Beutel*, Die ertragsteuerliche Behandlung von nichtverhältniswahrenden Auf- und Abspaltungen von Kapitalgesellschaften, DStR 2015, 609; *Schaflitzl/Götz*, Verschmelzungen zwischen Kapitalgesellschaften, Spaltungen von Kapitalgesellschaften und damit verbundene gewerbesteuerliche Regelungen, DB 2012, Beilage 1, 25; *Schmidtmann*, Anteilige Auflösung organschaftlicher Ausgleichsposten bei „up-stream"-Abspaltungen, DStR 2014, 405; *Schmitt*, Auf- und Abspaltung von Kapitalgesellschaften Anmerkungen zum Entwurf des Umwandlungssteuererlasses, DStR 2011, 1108; *Schumacher*, Kann ein Mitunternehmeranteil eine wesentliche Betriebsgrundlage für Zwecke des Umwandlungssteuerrechts darstellen? DStR 2010, 1606; *Schumacher/Neumann*, Ausgewählte Zweifelsfragen zur Auf- und Abspaltung von Kapitalgesellschaften und Einbringung von Unternehmensteilen in Kapitalgesellschaften, DStR 2008, 325; *Sistermann/Beutel*, Spaltung und Begründung von wirtschaftlichem Eigentum Gestaltungsmöglichkeiten nach dem Entwurf des Umwandlungssteuer-Erlasses vom 02. 05. 2011, DStR 2011, 1162; *Stangl/Grundke*, Zeitpunkt des Vorliegens eines Teilbetriebs, DB 2010, 1851; *Weier*, Der deutsche Teilbetrieb wird europäisch, DStR 2008, 1002; *Wilke*, Abspaltung: Anforderungen des § 15 Abs. 1 S. 2 UmwStG n.F. (SEStG) an das bei der übertragenden Körperschaft verbleibende Vermögen, FR 2009, 216.

A. Allgemeines

I. Bedeutung der Vorschrift

1   Der Anwendungsbereich des § 15 erstreckt sich auf die Auf- und Abspaltung und die Teilübertragung i.S.d. § 174 Abs. 2 UmwG von Körperschaften auf Körperschaften. Die ebenfalls unter den Spaltungsbegriff des Zivilrechts fallende Ausgliederung (§ 123 Abs. 3 UmwG) wird nicht von § 15, sondern von §§ 20, 24 erfasst.

Die Vorschrift gehört neben § 16 zum Vierten Teil des UmwStG. Nach Maßgabe des § 1 Abs. 1 gilt der Zweite bis Fünfte Teil des UmwStG nur für Umwandlungen

– i.S.d. UmwG,

– vergleichbarer ausländischer Vorgänge und

– nach der SE-VO und der SCE-VO.

Weder die SE-VO noch die SCE-VO sehen derzeit die Gründung einer SE oder SCE durch Auf- oder Abspaltung vor. Damit umfasst § 15 lediglich Auf- und Abspaltungen bzw. Teilübertragungen, die sich nach §§ 123 ff. bzw. 174 ff. UmwG durch Gesamtrechtsnachfolge bzw. Sonderrechtsnachfolge vollziehen und dem vergleichbare ausländische bzw. grenzüberschreitende Auf- und Abspaltungen bzw. Teilübertragungen.

2   Die in § 174 Abs. 2 Nr. 1 und Nr. 2 UmwG normierte Teilübertragung unterscheidet sich von der Auf- und Abspaltung in der für die Vermögensübertragung gewährten Gegenleistung. Bei der Auf- und Abspaltung erhalten die Anteilseigner der übertragenden Körperschaft als Gegenleistung An-

teile an der übernehmenden Körperschaft, während die Gegenleistung bei der Teilübertragung gerade nicht in Anteilen oder Mitgliedschaftsrechten besteht. Eine steuerneutrale Übertragung kommt daher für Teilübertragungen wegen § 11 Abs. 2 Nr. 3 nur dann in Betracht, wenn keine Gegenleistung gewährt wird, was der Ausnahmefall sein sollte, etwa bei Teilübertragungen von Körperschaften auf ihren alleinigen Anteilsinhaber.[1] Darüber hinaus ist die Teilübertragung gem. § 175 UmwG nur unter Beteiligung bestimmter Rechtsformen eröffnet, z.B. Bund, Länder usw.

II. Arten der Spaltung

1. Auf- und Abspaltung

Die Auf- oder Abspaltung führt zu einer Teilung des übertragenden 3 Rechtsträgers und stellt damit das Gegenstück zur Verschmelzung dar, wo mehrere Rechtsträger zu einem übernehmenden Rechtsträger zusammengeführt werden. Dabei spricht man von einer *Aufspaltung*, wenn der übertragende Rechtsträger sein gesamtes Vermögen unter Auflösung, jedoch ohne Abwicklung, als Gesamtheit im Wege der Sonderrechtsnachfolge auf mindestens zwei übernehmende Rechtsträger aufteilt (§ 123 Abs. 1 UmwG). Bei der *Abspaltung* hingegen geht der übertragende Rechtsträger, anders als bei der Aufspaltung, nicht unter, sondern es wird nur ein Teil seines Vermögens im Wege der Sonderrechtsnachfolge auf eine oder mehrere bestehende oder neu zu gründende Gesellschaften übertragen (§ 123 Abs. 2 UmwG).

Sowohl bei der Auf-, als auch bei der Abspaltung erhalten die Anteilseigner des übertragenden Rechtsträger unmittelbar Anteile an dem übernehmenden Rechtsträger. Dies unterscheidet die Abspaltung von der Ausgliederung (§ 123 Abs. 3 UmwG), bei der nicht die Anteilseigner, sondern der übertragende Rechtsträger die Anteile an dem übernehmenden Rechtsträger erhält.

Als übernehmender Rechtsträger kommt entweder eine bereits bestehende 4 Gesellschaft (*Spaltung zur Aufnahme*) oder eine neu zu gründende Gesellschaft (*Spaltung zur Neugründung*) in Betracht. Eine Spaltung kann gem. § 123 Abs. 4 UmwG auch durch gleichzeitige Übertragung auf bestehende und neue Rechtsträger erfolgen.

Bei einer Spaltung zur Aufnahme sind grds. sämtliche Umwandlungsrich- 5 tungen denkbar.[2] Bei einer *Seitwärtsspaltung* (sog. „side-stream") ist der übertragende Rechtsträger und der übernehmende Rechtsträger nicht aneinander beteiligt (z.B. Abspaltung auf eine Schwestergesellschaft). Im Fall der *Aufwärtsspaltung* (sog. „up-stream") hingegen ist der übernehmende Rechtsträger an der übertragenden Körperschaft beteiligt (z.B. Abspaltung von Tochter- auf Muttergesellschaft). Gleiches gilt bei der *Abwärtsspaltung* (sog. „down-stream"), bei der der übertragende Rechtsträger an dem übernehmenden Rechtsträger beteiligt ist. Damit erfolgt zwar – wie im Falle der Ausgliederung – die Übertragung des Vermögens von der Mutter- auf die Tochtergesellschaft, jedoch werden bei der Abwärtsspaltung die Anteile der

---

1 Vgl. *Hörtnagl* in Schmitt/Hörtnagl/Stratz, § 15 Rdn. 26; Tz. 11.14 f. UmwStE 2011.
2 Übersicht über mögliche Varianten *Sagasser/Bultmann* in Sagasser/Bula/Brünger, § 18 Rdn. 2 ff.

Tochtergesellschaft nicht der Muttergesellschaft selbst, sondern unmittelbar den Gesellschaftern der Muttergesellschaft gewährt.

2. Spaltung über die Grenze

6 Bei einer Spaltung über die Grenze ist sowohl ein inländischer, als auch ein ausländischer Rechtsträger an der Spaltung beteiligt. Es sind zwei mögliche Fallkonstellationen denkbar, die Hereinspaltung, bei der die Spaltung auf einen inländischen Rechtsträger erfolgt und die Herausspaltung, bei der der übertragende Rechtsträger seinen Sitz im Inland hat.

7 Ob eine Spaltung über die Grenze gesellschaftsrechtlich zulässig ist, ist umstritten. Das nationale Recht sieht eine solche Möglichkeit nicht vor. Nach § 1 Abs. 1 UmwG sind Umwandlungen nach dem UmwG grds. nur für Rechtsträger mit Sitz im Inland möglich. Etwas anderes gilt nur, soweit eine Ausnahme gesetzlich normiert ist. Im Rahmen der Umsetzung der Verschmelzungsrichtlinie der EU (Richtlinie 2005/56/EG vom 26.10.2005) ist mit den §§ 122a ff. UmwG eine solche Ausnahme für Verschmelzungen geregelt worden. Für Spaltungen hingegen enthält das Gesetz keine Ausnahmeregelung. Auch eine entsprechende Anwendung der §§ 122a ff. UmwG für Spaltungen über die Grenze kommt nicht in Betracht, da der generelle Verweis in § 125 UmwG auf die Vorschriften über die Verschmelzung sich gerade nicht auf die §§ 122a ff. UmwG bezieht.

Ebenso wie das nationale Recht sehen auch die SE-VO bzw. SCE-VO keine Regelung für grenzüberschreitende Spaltungen einer SE oder SCE vor.

8 Eine Spaltung über die Grenze könnte aber unter Berufung auf die europarechtlich verbürgte Niederlassungsfreiheit möglich sein. Eine Grundsatzentscheidung stellt hierbei die Sevic-Entscheidung des EuGH zur Zuzugsfreiheit einer Gesellschaft dar. In dieser Entscheidung führt der EuGH aus, dass der Schutzbereich der Niederlassungsfreiheit generell bei grenzüberschreitenden Gesellschaftsumwandlungen eröffnet ist.[3]

Daraus wird geschlussfolgert, dass daher auch die grenzüberschreitende Spaltung innerhalb der EU unter Berufung auf die Niederlassungsfreiheit generell möglich sein muss.[4] Aufgrund der fehlenden gesetzlichen Regelungen besteht allerdings erhebliche Rechtsunsicherheit hinsichtlich des einzuhaltenden Verfahrens.[5] Daher wird dieser Weg in der Regel in der Praxis auch nicht beschritten, sondern die Umsetzung erfolgt im Rahmen einer Alternativgestaltung, bspw. durch „innerstaatliche" Abspaltung und anschließende grenzüberschreitende Verschmelzung.[6]

---

3 Vgl. EuGH vom 13.12.2005, C-411/03 (*SEVIC Systems*), GmbHR 2006, 140 Rdn. 19.
4 Vgl. *Schumacher* in Rödder/Herlinghaus/van Lishaut, § 15 Rdn. 47; *Hörtnagl* in Schmitt/Hörtnagl/Stratz, § 1 UmwG Rdn. 48ff.; *Asmus* in Haritz/Menner, § 15 Rdn. 30; *Klingberg* in PricewaterhouseCoopers AG, Reform des Umwandlungssteuerrechts, 202.
5 So auch *Beutel/Grosskreuz*, Beck'scher OK UmwStG, § 15 Rdn. 71.2; *Herrler*, DNotZ 2009, 484 (491).
6 Vgl. *Beutel*, Grenzüberschreitende Verschmelzung, S. 95 ff.

3. Nicht verhältniswahrende Spaltung

Bei einer nicht verhältniswahrenden Spaltung sind die Beteiligungsverhält-   9
nisse bei den beteiligten Rechtsträgern, d.h. beim übertragenden und übernehmenden Rechtsträger neu und unabhängig von den bisherigen Verhältnissen festzulegen (§ 126 Abs. 1 Nr. 10, § 128 UmwG). Dies bedeutet, dass
die bisherigen Gesellschafter des übertragenden Rechtsträgers am übergehenden Vermögen nicht im gleichen Verhältnis beteiligt sind, wie sie es an
dem übertragenden Rechtsträger waren. Im Extremfall sind Gesellschafter
nach Spaltung somit nicht mehr an beiden, sondern bspw. nur noch an der
übernehmenden Gesellschaft beteiligt (sog. Spaltung „zu Null").[7] Damit will
der Gesetzgeber die Auseinandersetzung von Gesellschaftergruppen und
Familienstämmen im Wege der Sonderrechtsnachfolge ermöglichen.[8]

Die Möglichkeiten der nicht verhältniswahrenden Spaltung sind vielfältig
und sollen in den folgenden Beispielen verdeutlicht werden:[9]

Beispiel 1:
Gesellschafter der Z-GmbH sind zu je 50 % A und B. Die Z-GmbH
wird in die X-GmbH und die Y-GmbH aufgespalten. Der Wert der
Teilbetriebe X und Y ist identisch. A ist zu 70 % an der X-GmbH und
zu 30 % an der Y-GmbH, B hält 30 % an der X-GmbH und 70 % an
der Y-GmbH.

Beispiel 2:
Die Z-GmbH wird in die X-GmbH und die Y-GmbH aufgespalten. A
erhält die Anteile an der X-GmbH, B die Anteile an der Y-GmbH.

Beispiel 3:
Die Z-GmbH spaltet einen Teilbetrieb auf die X-GmbH ab. Die Anteile an der X-GmbH werden ausschließlich A gewährt.

Wie aus Beispiel 3 deutlich wird, kann eine nicht verhältniswahrende Spaltung nicht nur zu einer rechnerischen Änderung der Beteiligungsquote einzelner Gesellschafter, sondern auch zu einer wertmäßigen Änderung der
Beteiligung kommen. Ausgleichszahlungen zwischen den Gesellschaftern
hierfür sind möglich, jedoch nicht zwingend vorausgesetzt.

Die ertragsteuerliche Behandlung von nicht verhältniswahrenden Spaltun-   10
gen ist umstritten.[10] Kommt es zu einer vermögensmäßigen Verschiebung
zwischen den Gesellschaftern ist darin zwar keine Gegenleistung i.S.d. § 11
Abs. 2 S. 1 Nr. 3 zu sehen. Dennoch besteht auf Gesellschafterebene in der
Regel keine Steuerneutralität, denn der Vorgang kann unter den Voraussetzungen des § 7 ErbStG als freigebige Zuwendung der Schenkungssteuer
unterliegen.[11] Erfolgt die Vermögensverschiebung hingegen zwischen einer
an dem übertragenden Rechtsträger beteiligten KapG und deren Anteilseig-

---

7 *Haritz/Wagner*, DStR 1997, 181; *Walpert*, DStR 1998, 361.
8 RegE Begr. BT-Drs. 75/94 zu § 128 UmwG, 120.
9 Nach *Hörtnagl* in Schmitt/Hörtnagl/Stratz, § 128 UmwG Rdn. 11 ff.
10 *Ruoff/Beutel*, DStR 2015, 609.
11 Vgl. Tz. 15.44 und Tz. 13.03 UmwStE 2011; *Trossen* in Rödder/Herlinghaus/van Lishaut, Anh. 12 Rdn. 87 ff.; *Perwein*, DStR 2009, 1892; kritisch bei fremden Dritten
Schmidt-Naschke, DStR 2010, 301 (305).

nern, wird die Vermögensverschiebung regelmäßig dem Gesellschaftsverhältnis zuordenbar sein und ist als verdeckte Einlage bzw. verdeckte Gewinnausschüttung zu qualifizieren.[12]

III. Ablauf einer Spaltung – Praktische Umsetzung

11 Der Ablauf einer Spaltung lässt sich in eine Vorbereitungs-, Beschluss- und Vollzugsphase unterteilen.

1. Vorbereitungsphase

12 Beginn der Vorbereitungsphase und Ausgangspunkt einer Spaltung ist die Erstellung eines Spaltungs- und Übernahmevertrages zwischen den beteiligten Rechtsträgern.

Im Spaltungsvertrag sind alle wesentlichen Punkte zu regeln, hierbei handelt es sich mindestens um die in § 126 Abs. 1 UmwG genannten Regelungsbereiche. Daneben sind aber auch noch weitere Vorschriften des Dritten Buches des UmwG und über die Verweisung in § 125 UmwG auch die Vorschriften über die Verschmelzung entsprechend zu beachten.[13]

– Der Spaltungsvertrag enthält nach den Vorgaben des § 126 Abs. 1 UmwG insbesondere Angaben zu

– Name oder Firma und Sitz der beteiligten Rechtsträger

– Übernahmevereinbarung bezüglich des zu übertragenden Vermögens

– Umtauschverhältnis der Anteile

– Spaltungsstichtag

– Bezeichnung und Aufteilung der einzelnen Gegenstände des zu übertragenden Vermögens

13 Die Vertretungsorgane der beteiligten Rechtsträger haben einen ausführlichen schriftlichen Spaltungsbericht abzufassen, in dem die einzelnen Regelungen und insbesondere das Umtauschverhältnis rechtlich und wirtschaftlich erläutert und begründet werden (§ 127 UmwG).

14 Im Falle der Spaltung zur Neugründung ist der Abschluss eines Vertrages mangels Existenz der übernehmenden Rechtsträger noch nicht möglich. Anstelle des Vertrages tritt der Spaltungsplan (§ 136 UmwG), welcher seinem Wesen nach der Funktion und dem Inhalt eines Spaltungsvertrags entspricht.

Der Gesellschaftsvertrag bzw. die Satzung des neuen Rechtsträgers muss im Spaltungsplan enthalten sein (vgl. §§ 125, 37 UmwG). Dabei sind gem. § 135 Abs. 2 S. 1 UmwG die für die jeweilige Rechtsform des neuen Rechtsträgers geltenden Gründungsvorschriften anzuwenden. Es ist zu Beachten, dass die Spaltung zur Neugründung eine Sachgründung darstellt und daher die in einen neuen Rechtsträger eingebrachten Sacheinlagen nicht nur im Spaltungsplan, sondern auch im Gesellschaftsvertrag bzw. Satzung genannt werden müssen.[14]

---

12 Vgl. Tz. 13.03 UmwStE 2011; BFH vom 09. 11. 2010, IX R 24/09, BFH/NV 2011, 507.
13 Vgl. ausführlich zur Thematik *Heidenhain,* NJW 1995, 2873 (2875 f.).
14 Vgl. *Heidenhain,* NJW 1995, 2873 (2876).

2. Beschlussphase

Der Spaltungsvertrag oder sein Entwurf ist spätestens einen Monat vor der   15
Versammlung der Anteilseigner über die Beschlussfassung dem jeweils zu-
ständigen Betriebsrat der beteiligten Rechtsträger zuzuleiten (vgl. § 126
Abs. 3 UmwG).

Der Spaltungsvertrag wird erst wirksam, wenn die Anteilsinhaber der betei-   16
ligten Rechtsträger ihm durch Spaltungsbeschluss zustimmen. Bei einer
nicht verhältniswahrenden Auf- oder Abspaltung (vgl. Rdn. 9 f.) besteht ein
besonderer Minderheitenschutz und der Spaltungsbeschluss bedarf der Ein-
stimmigkeit, also der Zustimmung aller Gesellschafter des übertragenden
Rechtsträgers (§ 128 UmwG). Der Spaltungsbeschluss ist ebenso wie der
Spaltungsvertrag notariell zu beurkunden (vgl. §§ 125, 13 Abs. 3 bzw. § 6
UmwG). Das Erfordernis zur Beurkundung gilt auch für mögliche Nebenab-
reden im Spaltungsvertrag, soweit diese nach dem Willen der Parteien ein
untrennbares Ganzes darstellen, also mit dem Vertrag „stehen und fallen"
sollen.[15]

3. Vollzugsphase

Die Spaltung ist zur Eintragung ins Handelsregister der jeweils beteiligten   17
Rechtsträger anzumelden. Nach Anmeldung erfolgt zuerst die Eintragung
der Spaltung in die Handelsregister des Sitzes der übernehmenden
Rechtsträger, erst im Anschluss daran erfolgt die Eintragung ins Handelsregister des Sitzes der übertragenden Gesellschaft (§ 130 Abs. 1 UmwG).

Der Anmeldung ist u.a. eine handelsrechtliche Schlussbilanz des übertra-   18
genden Rechtsträgers auf den Übertragungsstichtag beizufügen. Die Bilanz
darf gem. §§ 125, 17 Abs. 2 UmwG maximal auf einen Tag (Übertragungsstichtag) zurück bezogen werden, der 8 Monate vor Anmeldung der Spaltung beim Registergericht in der Vergangenheit liegt.

Mit der (letzten) Eintragung in das Handelsregister des Sitzes des übertra-   19
genden Rechtsträgers wird die Spaltung wirksam (§ 131 Abs. 1 UmwG). Somit gehen zu diesem Zeitpunkt die Aktiva und Passiva des übertragenden
Rechtsträgers als Gesamtheit entsprechend der Zuordnung im Spaltungsvertrag auf die jeweiligen übernehmenden Rechtsträger über. Eine nachträgliche Korrektur der getroffenen Vermögenszuordnung unter Einbeziehung in die Gesamtrechtsnachfolge ist ab diesem Zeitpunkt nicht mehr
möglich.[16] Im Falle der Aufspaltung geht der übertragende Rechtsträger unter.

Die Eintragung der Spaltung ins Register führt zur Heilung etwaiger
Formmängel (§ 131 Abs. 1 Nr. 4, Abs. 2 UmwG). Eine Rückabwicklung wäre
praktisch auch nicht oder nur unter großen Schwierigkeiten durchführbar.[17]

---

15 Vgl. zum Verschmelzungsvertrag *Schröer* in Semler/Stengel, § 6 UmwG Rdn. 5;
   Stratz in Schmitt/Hörtnagl/Stratz, § 6 UmwG Rdn. 4.
16 Vgl. *Mayer* in Widmann/Mayer, § 126 UmwG Rdn. 372; FG Schleswig-Holstein
   vom 24.04.2015, 3 K 106/11, EFG 2015, 1214.
17 Vgl. nur *Teichmann* in Lutter, § 131 UmwG Rdn. 102.

Bei einer Spaltung zur Neugründung hat der übernehmende Rechtsträger auf den Übertragungsstichtag eine Eröffnungsbilanz zu erstellen. Bei der Spaltung zur Aufnahme ist der Vermögensübergang hingegen ein laufender Geschäftsvorfall, das Wahlrecht zur Buchwertübernahme nach §§ 125, 24 UmwG ist zum Wirtschaftsjahresende mit der Schlussbilanz auszuüben.[18]

B. Anwendungsbereich des § 15 Abs. 1

I. Persönlicher Anwendungsbereich

20 Der Anwendungsbereich des § 15 Abs. 1 ist nur eröffnet, soweit sich die Vermögensübertragung von einer Körperschaft (übertragender Rechtsträger) auf eine andere Körperschaft (übernehmender Rechtsträger) vollzieht. Ist eine PersG an der Spaltung beteiligt, ist § 15 nicht einschlägig. Insoweit könnte aber § 16 im Falle einer PersG als übernehmender Rechtsträger bzw. §§ 20, 24 in der Funktion als übertragender Rechtsträger zu prüfen sein.

21 Fraglich ist, wie eine entstehende Körperschaft im Stadium einer Vorgründungsgesellschaft bzw. nach Abschluss des Gesellschaftsvertrags vor Eintragung als Vorgesellschaft zu behandeln ist. Eine KapG entsteht erst mit Eintragung ins Handelsregister, davor ist sie nicht spaltungsfähig.[19] Die Vorgründungsgesellschaft kann jedoch als PersG (OHG) an einer Spaltung beteiligt sein.[20]

22 Eine in Liquidation befindliche KapG kann bis zum Abschluss des Liquidationsverfahren übertragender Rechtsträger bei einer Spaltung sein (§§ 124 Abs. 2, 3 Abs. 3 UmwG). Ob diese Vorschrift auch für den Fall, dass die KapG übernehmender Rechtsträger ist, analog übertragen werden kann, ist umstritten. Ein Teil der Literatur geht davon aus, dass auch eine in Liquidation befindliche KapG nach Fortsetzungsbeschluss (i.d.R. konkludent im Spaltungsbeschluss enthalten) übernehmender Rechtsträger sein kann.[21] Das OLG Naumburg hat sich hingegen der Gegenansicht angeschlossen und dies verneint.[22]

23 Für *inländische Spaltungsvorgänge* kommen nach § 1 Abs. 1 S. 1 Nr. 1 Alt. 1 i.V.m. §§ 124, 3 Abs. 1 UmwG als beteiligte Körperschaften folgende Gesellschaftsformen in Betracht: GmbH, AG, KGaA, eG, eV, genossenschaftlicher Prüfungsverbände und VVaG. Daneben fallen auch die SE, wirtschaftliche Vereine und öffentlich-rechtliche Versicherungsunternehmen als Körperschaften in den Anwendungsbereich des § 15. Ausländische Rechtsformen können aufgrund des Numerus clausus des UmwG und der damit einhergehenden fehlenden Beteiligtenfähigkeit nicht an einer inländischen Spaltung beteiligt sein.[23] Zur Spaltung über die Grenze vgl. Rdn. 6 ff.

---

18 Vgl. *Dötsch/Pung* in Dötsch/Patt/Pung/Möhlenbrock, § 15 Rdn. 17.
19 Vgl. *Hörtnagl* in Schmitt/Hörtnagl/Stratz, § 15 Rdn. 32.
20 Vgl. *Schießl* in Widmann/Mayer, Vor § 15 Rdn. 6.
21 Vgl. *Hörtnagl* in Schmitt/Hörtnagl/Stratz, § 124 UmwG Rdn. 76.
22 Vgl. OLG Naumburg vom 12.02.1997, 10-Wx-1/97, GmbHR 1997, 1152 (m.w.N.).
23 Vgl. *Hörtnagl* in Schmitt/Hörtnagl/Stratz, § 15 Rdn. 35.

Daneben sind seit der Neufassung des UmwStG durch das SEStEG aber   *24*
auch *vergleichbare ausländische (Spaltungs-)Vorgänge* ausländischer Gesellschaften vom Anwendungsbereich des § 15 erfasst (§ 1 Abs. 1 S. 1 Alt. 2).
Es ist jedoch zu beachten, dass der Anwendungsbereich des UmwStG auf
EU/EWR-Gesellschaften beschränkt ist. Andere nicht EU/EWR-Körperschaf-
ten werden vom Anwendungsbereich nicht erfasst (vgl. § 1 Abs. 1 und 2).
Im Übrigen sei auf die Kommentierung zu § 1 verwiesen.

II. Sachlicher Anwendungsbereich

Nach § 15 Abs. 1 S. 1 ist das UmwStG grds. anwendbar, wenn Vermögen ei-   *25*
ner Körperschaft durch Auf- oder Abspaltung oder Teilübertragung auf andere Körperschaften übergeht.

Das Bewertungswahlrecht des § 11 Abs. 2 und 13 Abs. 2 ist dagegen nur anwendbar, wenn

– auf die übernehmenden Gesellschaften Teilbetriebe übertragen werden
  und
– im Falle einer Abspaltung bei der übertragenden Körperschaft ein Teilbetrieb verbleibt.

§ 15 Abs. 1 hat somit gegenüber der Rechtslage vor Einführung des SEStEG
eine materielle Änderung erfahren. Vor Reformierung des UmwStG durch
das SEStEG war das Teilbetriebserfordernis nicht nur zwingende Voraussetzung für das Bewertungswahlrecht, sondern grundsätzlich für die Anwendbarkeit des UmwStG, da bei Fehlen nach § 15 Abs. 1 a.F. die Regelungen
der § 11 bis § 13, und somit das UmwStG insgesamt nicht anwendbar waren. In solch einem Fall wurde die Aufspaltung wie eine Liquidation des
übertragenden Rechtsträgers mit anschließender Einlage in die Übernehmerin und eine Abspaltung als Sachausschüttung mit nachfolgender Einlage behandelt.[24]

§ 15 Abs. 1 S. 1 i.d.F. SEStEG sieht nun die Anwendung des UmwStG für   *26*
alle Auf- und Abspaltungen vor, die unter das UmwG fallen. Zivilrechtlich
können grds. auch einzelne Vermögensgegenstände und Schulden übertragen werden. Die Übertragung eines Teilbetriebs oder einer Sachgesamtheit
ist nicht vorgeschrieben. Allerdings sind Übertragungen ohne Erfüllung der
Teilbetriebsvoraussetzung, entsprechend dem systematischen Aufbau des
UmwStG, nur zum gemeinen Wert möglich.

Für die Anwendung des Zwischen- oder Buchwertansatzes der § 11 Abs. 2
und § 13 Abs. 2 (vgl. auch Rdn. 104 ff.) ist es nach § 15 Abs. 1 S. 2 weiterhin
erforderlich, dass das Teilbetriebserfordernis erfüllt wird, d.h. bei einer Aufspaltung müssen Teilbetriebe übergehen und bei einer Abspaltung zusätzlich bei der übertragenden Gesellschaft auch ein Teilbetrieb verbleiben. Die
erhöhten Anforderungen an eine steuerneutrale Übertragung werden damit
begründet, dass lediglich die Fortsetzung (und nicht die Aufgabe) des unternehmerischen Engagements als sozial erwünschtes Verhalten eine steu-

---

24 Tz. 15.01, 15.11 BMF vom 25.03.1998, BStBl. I 1998, 268.

erneutrale Übertragung rechtspolitisch rechtfertigen kann.[25] Für die Fortsetzung bedarf es aber mindestens zweier organischer Einheiten, die selbständig fortgeführt werden können. Bei einzelnen Wirtschaftsgütern ist dies gerade nicht der Fall.[26] Allerdings stellt das doppelte Teilbetriebserfordernis (vgl. dazu Rdn. 76 ff.) in der Praxis auch häufig ein wesentliches Spaltungshindernis dar.[27]

III. Zeitliche Voraussetzung – Maßgeblicher Zeitpunkt

27 Für die Frage, zu welchem Zeitpunkt die Teilbetriebseigenschaft bestehen muss, werden unterschiedliche Ansätze vertreten. Als frühester Zeitpunkt wird von einem Teil der Literatur bereits der *steuerliche Übertragungsstichtag* als maßgebend erachtet.[28] Dies wird damit begründet, dass auf diesen Zeitpunkt auch die ertragsteuerlichen Folgen der Spaltung eintreten. Dieser Sichtweise ist auch die Finanzverwaltung im UmwStE 2011 gefolgt. Waren die Teilbetriebsvoraussetzungen früher erst im Zeitpunkt des Spaltungsbeschlusses zu erfüllen, müssen diese heute nach Ansicht der Verwaltung bereits im Zeitpunkt des steuerlichen Übertragungsstichtags vorliegen.[29] Der steuerliche Übertragungsstichtag nach § 2 kann aber nicht maßgeblich sein, da er lediglich als Rechtsfolge der Spaltung eine fiktive Rückwirkung anordnet, jedoch nicht selbst Tatbestandsvoraussetzung der Spaltung ist.[30]

Für Spaltungsvorgänge, deren Spaltungsbeschluss bis zum 31.12.2011 erfolgt ist, sieht der UmwStE 2011 eine Übergangsregelung vor. Danach ist es ausreichend, wenn die Teilbetriebsvoraussetzungen entsprechend der bisherigen Regelung erst im Zeitpunkt des Spaltungsbeschlusses erfüllt waren.[31]

28 Nach der wohl h.M. in der Literatur ist es ausreichend, wenn die Teilbetriebseigenschaft erst zum Zeitpunkt des *Beschlusses über die Spaltung* (§§ 125, 13 Abs. 1 UmwG) vorliegt.[32] Hierbei wird u.E. zu Recht darauf verwiesen, dass der dem Spaltungsbeschluss zu Grunde liegende Spaltungsvertrag (bzw. Vertragsentwurf) gem. § 126 Abs. 1 Nr. 9 UmwG bereits zwingend die genaue Bezeichnung und Aufteilung der Gegenstände des Aktiv- und Passivvermögens enthalten muss, die übertragen werden.

---

25 Vgl. *Frotscher* in Frotscher/Maas, § 15 Rdn. 58.

26 Vgl. *Herzig*, DB 1986, 1401 (1405).

27 So auch *Frotscher* in Frotscher/Maas, § 15 Rdn. 81.

28 Vgl. *Herzig/Förster*, DB 1995, 338 (343); *Schwedhelm/Streck/Mack*, GmbHR 1995, 100 (101); *Luther*, StBp 1998, 103 (104); jetzt wohl auch *Dötsch/Pung* in Dötsch/Patt/Pung/Möhlenbrock, § 15 Rdn. 70a.

29 Vgl. Tz. 15.10 S. 1 BMF vom 25.03.1998, BStBl. I 1998, 268; Tz. 15.03, 15.05 UmwStE 2011.

30 Vgl. *Schumacher* in Rödder/Herlinghaus/van Lishaut, § 15 Rdn. 155; *Hörtnagl* in Schmitt/Hörtnagl/Stratz, § 15 Rdn. 85 f.; *Stangl/Grundke*, DB 2010, 1851 (1853).

31 Tz. S.05 UmwStE 2011.

32 Vgl. *Hörtnagl* in Schmitt/Hörtnagl/Stratz, § 15 Rdn. 85 f.; *Schumacher* in Lutter, Anh. 1 nach § 151 UmwG Rdn. 12; *Frotscher* in Frotscher/Maas, § 15 Rdn. 89; *Asmus* in Haritz/Menner, § 15 Rdn. 84; *Kessler/Philipp*, DStR 2011, 1065 (1066 ff.); *Menner/Broer*, DB 2003, 1075 (1076); *Thiel/Eversberg/van Lishaut/Neumann*, GmbHR 1998, 397 (426); *Thiel*, DStR 1995, 237 (240).

Es wird in der Literatur aber auch vertreten, dass maßgebender Zeitpunkt für die Beurteilung der Teilbetriebseigenschaft erst die *Eintragung ins Handelsregister* ist.[33] Es soll wie bei einer Teilbetriebsveräußerung nach § 16 EStG aufgrund der ähnlichen Rechtslage der Zeitpunkt des Vermögensübergangs maßgeblich sein. Dieser Zeitpunkt ist bei einer Spaltung die Eintragung der Spaltung ins Handelsregister (§ 131 UmwG). Allerdings wird dabei verkannt, dass jedenfalls bis zum Spaltungsbeschluss im Spaltungsvertrag die Aufteilung des Vermögens erfolgt sein muss und dieser Vertrag ab Beschlussfassung für die übertragende Körperschaft auch einseitig bindend ist. Die Bindungswirkung tritt sogar schon dann ein, wenn ein Vertragsentwurf Grundlage der Beschlussfassung war.[34] Daher kann zwischen Beschlussfassung und Eintragung rein faktisch gesehen kein Teilbetrieb mehr gebildet werden.

Die Schaffung eines echten Teilbetriebs kann auch erst kurz vor dem Spaltungsbeschluss erfolgen.[35] Bei einem fiktiven Teilbetrieb sind die Missbrauchstatbestände zu beachten, siehe hierzu Rdn. 110 ff.

29

30

C. Der Teilbetrieb

I. Echter Teilbetrieb

Der Teilbetriebsbegriff ist weder im UmwStG noch in anderen Steuergesetzen legal definiert. Folglich sind die Anforderungen an das Tatbestandsmerkmal „Teilbetrieb" durch Auslegung zu ermitteln.

31

Zu unterscheiden ist dabei grds. zwischen einem sog. echten Teilbetrieb und den fiktiven Teilbetrieben nach § 15 Abs. 1 S. 3. Per gesetzliche Fiktion gelten Mitunternehmeranteile und 100 % Beteiligungen an KapG als (fiktive) Teilbetriebe i.S.d. UmwStG.

1. Nationaler Teilbetriebsbegriff

Der Begriff des Teilbetriebs hat insbesondere bei § 16 EStG Bedeutung erlangt und wurde dort von Rechtsprechung und Finanzverwaltung i.R.v. Richtlinien entwickelt. Die *Finanzverwaltung* ging in der Vergangenheit davon aus, dass unter dem Blickwinkel der Einheit der Rechtsordnung der Begriff des Teilbetriebs in allen steuerlichen Vorschriften gleich auszulegen und anzuwenden ist und wollte zunächst die für § 16 EStG entwickelten Grundsätze uneingeschränkt anwenden.[36]

32

Allerdings wird im Kontext des § 16 EStG der Teilbetriebsbegriff im Hinblick auf die Bestimmung der wesentlichen Betriebsgrundlagen sehr weit ausgelegt, so dass sowohl funktionale, wie auch quantitative Kriterien bei der Teil-

33 Vgl. *Schießl* in Widmann/Mayer, § 15 Rdn. 32; *Schumacher* in Rödder/Herlinghaus/ van Lishaut, § 15 Rdn. 155; *Graw*, DB 2013, 1011 (1015); *Hörger* in StbJb 1994/95, 225 (241); ähnlich auch *Beutel/Grosskreuz*, Beck'scher OK UmwStG, § 15 Rdn. 375.1, welche auf den Übergang des (wirtschaftlichen) Eigentums abstellen.
34 Vgl. *Hörtnagl* in Schmitt/Hörtnagl/Stratz, § 15 Rdn. 86; § 126 UmwG Rdn. 7 ff.
35 Vgl. *Hörtnagl* in Schmitt/Hörtnagl/Stratz, § 15 Rdn. 87.
36 Vgl. Tz. 15.02 BMF vom 25.03.1998, BStBl. I 1998, 268.

betriebsbestimmung von Bedeutung sind (sog. *quantitativ-funktionaler Teil-betriebsbegriff*). Bei quantitativer Betrachtung sind Wirtschaftsgüter unabhängig von der funktionalen Zuordnung auch dann wesentliche Betriebsgrundlagen, wenn sie im Wert nicht von untergeordneter Bedeutung sind und zudem nennenswerte stille Reserven enthalten (H 16 Abs. 3 EStH). Nach der Rechtsprechung ist eine solch quantitative Betrachtungsweise bei § 15 allerdings nach dem Telos der Norm nicht geboten, da die Zuordnung zu Teilbetrieben ausschließlich unter dem Blickwinkel der Fortsetzung des unternehmerischen Engagements erfolgt und keine Entscheidung über steuerlich begünstigte Gewinne darstellt. Daher ist hinsichtlich der Bestimmung der wesentlichen Betriebsgrundlagen nureine funktionale Betrachtungsweise für Zwecke des § 15 maßgebend (sog. *funktionaler Teilbetriebsbegriff*).[37] Dieser Sichtweise folgt heute auch die Finanzverwaltung, allerdings unter Verweis auf den europäischen Teilbetriebsbegriff (vgl. Rdn. 43).[38]

33 Ein *Teilbetrieb i.S.v. § 16 EStG* ist ein mit einer *gewissen Selbständigkeit* ausgestatteter, *organisch geschlossener Teil* des Gesamtbetriebs, der für sich betrachtet alle Merkmale eines Betriebs i.S.d. Einkommensteuergesetzes aufweist und für sich *lebensfähig* ist.[39] Die Beurteilung erfolgt aus der Sicht des übertragenden Rechtsträgers.[40]

34 Eine *gewisse Selbständigkeit* liegt vor, wenn die dem Teilbetrieb gewidmeten Wirtschaftsgüter in ihrer Zusammenfassung einer Betätigung dienen, die sich i.R.d. Gesamtunternehmens von der übrigen gewerblichen Tätigkeit deutlich abhebt. Es muss sich um eine Untereinheit des Gesamtbetriebs handeln, die ein selbständiger Zweigbetrieb darstellt.[41] Insoweit muss bei Existenz eines Teilbetriebs jeweils mindestens noch ein weiterer bestehen.[42]

Die dem Teilbetrieb zugeordneten Wirtschaftsgüter müssen einer Tätigkeit dienen, die sich von der übrigen Tätigkeit des anderen Teilbetriebs (Teilbetriebe) abhebt. Eine solche Differenzierung kann auf sachlichen oder örtlichen Gesichtspunkten beruhen.

35 Für eine Selbständigkeit des Teilbetriebs gegenüber dem Gesamtbetrieb können folgende von der Rechtsprechung herausgearbeitete Indizien sprechen (*Selbständigkeit nach Innen*):[43]

---

37 BFH vom 07.04.2010, I R 96/08, BStBl. II 2011, 467; noch weitergehend die Vorinstanz (Sächsisches FG vom 09.09.2008, 3-K-1996/06, EFG 2009, 65), welche für eine von § 16 EStG lösgeloste Auslegung eintritt.

38 Vgl. 15.02 UmwStE 2011.

39 Vgl. R 16 Abs. 3 S. 1 EStR; ständige Rechtsprechung u.a. BFH vom 17.07.2008, I R 77/06, BStBl. II 2009, 464 (m.w.N.); *Wacker* in L. Schmidt, § 16 EStG Rdn. 143.

40 BFH vom 18.10.1999, GrS 2/98, BStBl. II 2000, 123; BFH vom 07.04.2010, I R 96/08, BStBl. II 2011, 467.

41 Vgl. BFH vom 04.07.1973, I R 154/71, BStBl. II 1973, 838; BFH vom 13.02.1996, VIII R 39/92, BStBl. II 1996, 409; BFH vom 17.07.2008, I R 77/06, BStBl. II 2009, 464 (m.w.N.).

42 Vgl. *Patt* in Dötsch/Patt/Pung/Möhlenbrock, § 20 Rdn. 78; BFH vom 12.04.1989, I R 105/85, BStBl. 1989, 653.

43 Vgl. u.a. BFH vom 22.10.2015, IV R 17/12, BFH/NV 2016, 209; BFH vom 16.11.2005, X R 17/03, BFH/NV 2006, 532; BFH vom 10.03.1998, VIII R 31/95, BFH/NV 1998, 1209; BFH vom 15.03.1984, IV R 189/81, BStBl. II 1984, 486 (m.w.N.).

- Ungleichartige betriebliche Tätigkeiten (sachlicher Gesichtspunkt)
- Örtlich/räumliche Trennung (vom Hauptbetrieb)
- Organisatorische Trennung
  - Eigenes Anlagevermögen
  - Selbständige Organisation
  - Eigene Verwaltung
  - Gesonderte Buchführung
- Personelle Trennung

Daneben muss der Teilbetrieb eine *eigenständige Lebensfähigkeit* aufwei-   36
sen. Er muss jedoch nicht stets mit Gewinn betrieben werden.[44] Verluste
sind grds. unschädlich, jedoch darf keine Liebhaberei vorliegen. Nach der
Rechtsprechung ist entscheidend, dass nach der objektiven wirtschaftlichen
Struktur der zu beurteilenden Betriebseinheit eine eigenständige betriebliche Tätigkeit ausgeübt werden könnte.[45]

Es werden zur Beurteilung der eigenständigen Lebensfähigkeit des Teilbe-   37
triebs folgende Anhaltspunkte verwendet (*Lebensfähigkeit nach Außen*):[46]

- Eigener Kundenstamm
- Möglichkeit einer Preisgestaltung
- Eigene Einkaufsbeziehungen

Eine Ausnahme lässt die Rechtsprechung allerdings beim Merkmal der ei-   38
genständigen Lebensfähigkeit zu. Ein im *Aufbau befindlicher Teilbetrieb*
weist naturgemäß nicht alle Voraussetzungen eines Teilbetriebs auf, er wird
insbesondere nicht lebensfähig sein. Dies ist allerdings unschädlich, sofern
bei zielgerechter Weiterverfolgung des Aufbauplans ein selbständig lebensfähiger Organismus zu erwarten ist.[47] Nach Auffassung der Finanzverwaltung ist ein im Aufbau befindlicher Teilbetrieb nicht (mehr) begünstigt.[48]

Das Merkmal des *organisatorisch geschlossenen Teils* eines Gesamtbetriebs   39
ist von untergeordneter Bedeutung. Es dient einerseits der Abgrenzung des
Teilbetriebs von einzelnen Wirtschaftsgütern (Betriebsmittel), die für sich
betrachtet keine organisatorisch abgeschlossene Einheit bilden. Anderseits
grenzt es mehrere Gesamtbetriebe von einem Gesamtbetrieb mit einzelnen
Teilbetrieben ab.[49]

---

44 Vgl. BFH vom 13.02.1996, VIII R 39/92, BStBl. II 1996, 409; BFH vom 23.11.1988,
   X R 1/86, BStBl. II 1989, 376.
45 Vgl. BFH vom 04.07.1973, I R 154/71, BStBl. II 1973, 838; BFH vom 19.02.1976, IV
   R 179/72, BStBl. II 76, 415.
46 Vgl. u.a. BFH vom 12.12.2013, X R 33/11, BFH/NV 2014, 693; BFH vom
   12.02.1992, XI R 21/90, BFH/NV 1992, 516 (m.w.N.); BFH vom 15.03.1984, IV R
   189/81, BStBl. II 1984, 486 (m.w.N.); *Wacker* in L. Schmidt, § 16 EStG Rdn. 147
   (m.w.N.).
47 Vgl. BFH vom 22.06.2010, I R 77/09, BFH/NV 2011, 10; BFH vom 01.02.1989, VIII
   R 33/85, BStBl. II 1989, 458.
48 Vgl. Tz. 15.03 UmwStE 2011; a.A. noch Tz. 15.10 BMF vom 25.03.1998, BStBl. I
   1998, 268.
49 Vgl. *Wacker* in L. Schmidt, § 16 EStG Rdn. 146.

40 Die oben genannten Indizien für das Vorliegen eines Teilbetriebs müssen nicht alle gleichermaßen erfüllt sein. Der Teilbetrieb erfordert nur eine gewisse Selbständigkeit gegenüber dem Hauptbetrieb. Eine völlig selbständige Organisation mit eigener Buchführung kennzeichnet bereits einen eigenständigen Gesamtbetrieb im Gegensatz zum bloßen Teilbetrieb.[50] Die Beurteilung erfolgt daher nach den konkreten Verhältnissen des Einzelfalles i.R.e. Tatsachenwürdigung. Je nach Beschaffenheit und Branche des Betriebes (Fertigung, Handel oder Dienstleistung) sind die Kriterien im Rahmen einer Gesamtwürdigung unterschiedlich zu gewichten.[51]

2. Europäischer Teilbetriebsbegriff

41 Der Begriff des Teilbetriebs ist (auch) Bestandteil des sekundären Europarechts. *Art. 2 Buchst. j FusionsRL* enthält eine *Legaldefinition des Teilbetriebs.* Hiernach gilt als Teilbetrieb die Gesamtheit der in einem Unternehmensteil einer Gesellschaft vorhandenen aktiven und passiven Wirtschaftsgüter, die in organisatorischer Hinsicht einen selbständigen Betrieb, d.h. eine aus eigenen Mitteln funktionsfähige Einheit, darstellen.

Entscheidendes Merkmal des europäischen Teilbetriebsbegriffs ist die *Funktionsfähigkeit des Betriebs.* Die übertragenen Unternehmensteile müssen als selbständiges Unternehmen in technischer, kaufmännischer und finanzieller Hinsicht funktionsfähig sein, ohne dass es hierfür zusätzlicher Investitionen bedarf. Dies beinhaltet auch eine zeitliche Komponente; der Teilbetrieb muss sich im Zeitablauf als funktionsfähig erweisen.[52] Nicht erforderlich ist, dass sich die Tätigkeit des Teilbetriebs von den restlichen gewerblichen Tätigkeiten des Gesamtbetriebs unterscheidet.[53] Die Teilbetriebseigenschaft wird dabei aus Sicht des aufnehmenden Unternehmens beurteilt.[54]

Fraglich ist, ob es nach dem europäischen Teilbetriebsverständnis einen *Teilbetrieb im Aufbau* geben kann. Dies wird teilweise in der Literatur bejaht, soweit das Merkmal „Funktionsfähigkeit" mit dem nationalen Merkmal „Lebensfähigkeit" gleichgesetzt werden kann. Die überwiegende Meinung verneint dies jedoch.[55]

---

50 ständige Rspr. vgl. nur BFH vom 12.12.2013, X R 33/11, BFH/NV 2014, 693.
51 Vgl. BFH vom 22.10.2015, IV R 17/12, BFH/NV 2016, 209; BFH vom 12.09.1979, I R 146/76, BStBl. II 1980, 51; BFH vom 13.07.1998, VIII B 82/97, BFH/NV 1999, 38; *Hörtnagl* in Schmitt/Hörtnagl/Stratz, § 15 Rdn. 54.
52 Vgl. EuGH vom 15.01.2002, C-43/00 (*Andersen og Jensen*), Slg. 2002, I-379.
53 Herzig, IStR 1994, 1 (3); *Thömmes* in FS Widmann, 2000, S. 583 (597); *Schmitt* in Schmitt/Hörtnagl/Stratz, § 20 Rdn. 87 (m.w.N.).
54 Vgl. *Blumers*, BB 2011, 2204 (2205); *Beinert* bei Beinert/Benecke, FR 2010, 1009 (1020 f.); (m.w.N.); a.A. Tz. 15.02 UmwStE 2011; wohl auch BFH vom 07.04.2010, I R 96/08, BStBl. II 2011, 467, s. Rdn. 43; *Graw*, DB 2013, 1011.
55 Vgl. Tz. 15.03 UmwStE 2011; *Patt* in Dötsch/Patt/Pung/Möhlenbrock, § 20 Rdn. 95; *Neumann*, EStB 2002, 437 (441); a.A. *Schumacher* in Rödder/Herlinghaus/van Lishaut, § 15 Rdn. 134.

3. Verhältnis zwischen nationalem Recht und FusionsRL

Der nationale Teilbetriebsbegriff ist nicht mit dem europäischen deckungs-   42
gleich. Während nach nationalem Verständnis die einzelnen Merkmale
„Selbständigkeit", „Lebensfähigkeit" und „organisatorischen Abgeschlos-
senheit" gleichberechtigt nebeneinander stehen, ist nach der FusionsRL auf
das zentrale Merkmal „Funktionsfähigkeit" abzustellen, welche hilfsweise
durch das Merkmal „Selbständigkeit" ausgelegt wird.[56]

Das Verhältnis von europäischem und nationalem Teilbetriebsbegriff ist äu-   43
ßerst strittig und wird kontrovers diskutiert. Dabei reicht das Meinungsspek-
trum von einer uneingeschränkten einheitlichen Anwendung des nationalen
Begriffs, über einen gespalten Teilbetriebsbegriff bis hin zur uneingeschränkten Anwendung des europäischen Teilbetriebsverständnisses für
alle Spaltungsvorgänge.[57]

Eine klärende Rechtsprechung ist zu dieser Frage bisher noch nicht erfolgt.
Der BFH hat sich lediglich in einem obiter dictum dahingehend geäußert,
dass ein vom nationalen Teilbetriebsbegriff abweichendes Begriffsverständnis aufgrund der FusionsRL nicht ersichtlich sei. Somit setzt der BFH den
europäischen Teilbetriebsbegriff mit dem Nationalen gleich.[58] Dieser Sichtweise will wohl auch die Finanzverwaltung folgen, wobei diese nunmehr einen am europäischen Begriffsverständnis orientierten, modifizierten (und
engeren) Teilbetriebsbegriff zu Grunde legt.[59]

Bei grenzüberschreitenden Spaltungen im Anwendungsbereich der Fu-   44
sionsRL wird unstrittig der europäische Teilbetriebsbegriff zur Anwendung
gelangen. Allerdings sind solche grenzüberschreitenden Spaltungen, d. h.
Spaltungen unter Beteiligung von Gesellschaften aus mindestens zwei Mitgliedstaaten in der Praxis, aufgrund der fehlenden gesellschaftsrechtlichen
Regelung derzeit nicht möglich (siehe Rdn. 6 ff.).

Bei rein innerstaatlichen Spaltungen ist der Anwendungsbereich der Fusi-   45
onsRL hingegen nicht unmittelbar eröffnet. Dennoch kann das europäische
Begriffsverständnis maßgebend sein und die Auslegungshoheit über den
Teilbetriebsbegriff zukünftig beim EuGH liegen.[60] Nimmt der nationale Gesetzgeber Bezug auf europäisches Recht, bejaht der EuGH auch für rein nationale Sachverhalte seine Zuständigkeit um eine einheitliche Auslegung
europäischer Rechtsbegriffe zu gewährleisten.[61] Folglich ist für die Anwendbarkeit des europäischen Teilbetriebsbegriffs entscheidend, ob der Gesetz-

56 Vgl. *Herzig*, IStR 1994, 1 (2); *Herzig/Momen*, DB 1994, 2210 (2213); *Strobl-Haarmann* in FS Widmann, 553 (556).
57 Eine ausführliche Übersicht zum Meinungsstand *Graw*, IFSt-Schrift Nr. 488 (2013)
   S. 31 ff.; vgl. im Übrigen auch Rdn. 46 f.
58 Vgl. BFH vom 07. 04. 2010, I R 96/08, BStBl. II 2011, 467.
59 Vgl. Tz. 15.02 ff. UmwStE 2011; *Graw* spricht in diesem Zusammenhang auch von
   der Rosinentheorie der FinVerw., siehe IFSt-Schrift Nr. 488 (2013) S. 50.
60 Vgl. *Claß/Weggenmann*, BB 2012, 552 (554 f.); *Frotscher* in Frotscher/Maas, § 15
   Rdn. 5; ablehnend *Graw*, IFSt-Schrift Nr. 488 (2013) S. 61 f.
61 Vgl. EuGH vom 17. 07. 1997, C-28/95 (*Leur-Bloem*), IStR 1997, 539; vgl. auch Einl.
   Rdn. 59[?].

geber mit dem SEStEG die Regelungen der FusionsRL für alle Spaltungsvorgänge oder nur für grenzüberschreitende Vorgänge übernehmen wollte.

46 Ob eine vollständige Umsetzung der FusionsRL mit dem SEStEG erfolgte, ist in der Literatur umstritten.

Soweit ein gespaltener Teilbetriebsbegriff, d. h. eine zwischen nationalen und grenzüberschreitenden Transaktionen differenzierende Auslegung vertreten wird, wird dies regelmäßig abgelehnt.[62] Allerdings wurde mit dem SEStEG die FusionsRL in nationales Recht transformiert. Der Gesetzgeber wollte mit der Reformierung des UmwStG ausdrücklich ein systematisch in sich geschlossenes steuerliches Umstrukturierungsrecht schaffen. Die Regelungen sollen sowohl für inländische, grenzüberschreitende, als auch vergleichbare ausländische Spaltungen Anwendung finden.[63] Dieser Intention des Gesetzgebers würde ein gespaltener Teilbetriebsbegriff innerhalb des UmwStG entgegenstehen und ist daher abzulehnen.[64]

47 Die h. M. geht davon aus, dass sich der nationale Teilbetriebsbegriff an der FusionsRL messen lassen muss.[65] Inwieweit er vollständig durch Art. 2 Buchst. j FusionsRL verdrängt wird,[66] ist umstritten. Der Gesetzgeber hat den Wortlaut des § 15 Abs. 1 S. 2 an die FusionsRL angepasst und wollte diese grds. übernehmen. Es steht ihm dabei frei, die Teilbetriebsanforderungen zu lockern, wie etwa im Bereich der fiktiven Teilbetriebe geschehen. Dies benachteiligt die Steuerpflichtigen nicht, insbesondere deswegen nicht, da sie uneingeschränkt für sämtliche Steuerpflichtige im Anwendungsbereich des UmwStG gilt. Soweit allerdings der Teilbetriebsbegriff des § 15 enger ist, ist Art. 2 Buchst. j FusionsRL maßgebend. Dies gilt sowohl für rein nationale, als auch für grenzüberschreitende Umwandlungsvorgänge.

II. Fiktiver Teilbetrieb (§ 15 Abs. 1 Satz 3)

48 Gem. § 15 Abs. 1 S. 3 gilt als Teilbetrieb auch ein Mitunternehmeranteil oder die Beteiligung an einer KapG, die das gesamte Nennkapital der Gesellschaft umfasst (sog. fiktive Teilbetriebe). Anders als echte Teilbetriebe existiert für fiktive Teilbetriebe somit eine Legaldefinition. Sie sind den echten Teilbetrieben uneingeschränkt gleichgestellt und werden bei der Prüfung des doppelten Teilbetriebserfordernisses ebenfalls berücksichtigt.[67]

---

62 Vgl. *Hörtnagl* in Schmitt/Hörtnagl/Stratz, § 15 Rdn. 56; *Widmann* in Widmann/ Mayer, § 20 Rdn. 5; *Schmitt*, DStR 2011, 1108 (1110); *Graw*, IFSt-Schrift Nr. 488 (2013).

63 Vgl. BT-Drs. 16/2710, 1 und 25 f.

64 Vgl. auch *Claß/Weggenmann*, BB 2012, 552.

65 Vgl. *Schumacher* in Rödder/Herlinghaus/van Lishaut, § 15 Rdn. 125 f.; *Schumacher* in Lutter, Anh. 1 nach § 151 UmwG Rdn. 13; *Asmus* in Haritz/Menner, § 15 Rdn. 62 f.; *Frotscher* in Frotscher/Maas, § 15 Rdn. 60.

66 So *Frotscher* in Frotscher/Maas, § 15 Rdn. 5; *Patt* in Dötsch/Patt/Pung/Möhlenbrock, § 20 Rdn. 76; *Weggenmann/Claß*, Beck'scher OK UmwStG, § 24 Rdn. 323 ff.; *Neumann/Benz*, StBJB 2013/14 S. 176; *Blumers*, DB 2010, 1670 (1672); *Benecke* bei Beinert/Benecke, FR 2010, 1009 (1020); *Weier*, DStR 2008, 1002 (1005 f.); *Klingebiel/Patt/Rasche/Krause*, Umwandlungssteuerrecht, 358; bereits vor dem SEStEG *Strobl-Haarmann* in FS Widmann, 553 (565).

67 Siehe dazu Rdn. 76 ff.

Fiktive Teilbetriebe sind keine Teilbetriebe i. S. d. FusionsRL. Die liberalere nationale Regelung stellt jedoch keine Einschränkung der FusionsRL dar und ist somit vollumfänglich anwendbar.[68]

1. Mitunternehmeranteil

Der Begriff des Mitunternehmeranteils i. S. d. § 15 Abs. 1 S. 3 ist für das ge-   49
samte UmwStG identisch auszulegen und bezieht sich auf § 15 EStG. Als
Mitunternehmeranteile kommen Beteiligungen an einer PersG mit Gesamthandsvermögen (OHG, KG, GbR), aber auch reine Innengesellschaften (atypisch stille Gesellschaft, Unterbeteiligung) in Betracht. Die Gesellschaft
muss entweder gewerblich tätig (§ 15 Abs. 1 Nr. 1 EStG), gewerblich infiziert (§ 15 Abs. 3 Nr. 1 EStG) oder gewerblich geprägt (§ 15 Abs. 3 Nr. 2
EStG) sein. Auch Einkünfte i. S. d. §§ 13 und 18 EStG, welche mit Gewinnerzielungsabsicht betrieben werden, sind ausreichend.[69]

Ebenso gelten auch Beteiligungen an ausländischen Gesellschaften als Mit-   50
unternehmerschaft, soweit die Gesellschaft – unabhängig von der rechtlichen Einordnung im ausländischen Staat – im Rahmen des sog. Typenver-
gleiches als PersG zu qualifizieren ist.[70] Folglich können auch Beteiligungen
an sog. hypriden Gesellschaften, wie bspw. der LLC, ein fiktiver Teilbetrieb
darstellen.[71]

Der *Bruchteil an einem Mitunternehmeranteil* steht einem Mitunternehme-   51
ranteil gleich und ist ebenfalls ein begünstigter fiktiver Teilbetrieb i. S. d.
§ 15 Abs. 1 S. 3. Der bei der übertragenden Körperschaft verbleibende
(Rest)Teil des Mitunternehmeranteils stellt dann ebenfalls ein fiktiver Teilbetrieb dar.[72]

Der UmwStE-Entwurf vom 02. 05. 2011 sah ursprünglich noch in Tz. 15.05   52
vor, dass ein Mitunternehmeranteil dann kein eigenständiger Teilbetrieb ist,
wenn er funktional wesentliche Betriebsgrundlage eines anderen, d. h. echten Teilbetriebs darstellt. Auf Basis dieser Tz. wurde diskutiert, ob dies eine
Abkehr der Finanzverwaltung von der ständigen Rechtsprechung des BFH[73]
darstellt, nach der ein Mitunternehmeranteil ertragsteuerlich kein Wirtschaftsgut darstellt und aus diesem Grund keine wesentliche Betriebsgrundlage eines anderen (Teil-) Betriebes sein kann. Allerdings erfolgte keine
Übernahme dieser Randnummer in die endgültige Fassung des UmwStE, so
dass wohl die bisherige Sichtweise weiterhin Bestand hat.

Zum Mitunternehmeranteil gehört nicht nur der Anteil am Gesamthandsver-   53
mögen der Gesellschaft, sondern umfasst auch das *Sonderbetriebsvermö-*

---

68 *Asmus* in Haritz/Menner, § 15 Rdn. 62; siehe auch Rdn. 47.
69 Vgl. *Schumacher* in Rödder/Herlinghaus/van Lishaut, § 15 Rdn. 158.
70 Tz. 1.2 BMF vom 26. 09. 2014, BStBl. I 2014, 1258.
71 Vgl. *Beutel/Grosskreuz*, Beck'scher OK UmwStG, § 15 Rdn. 379; *Herlinghaus* in
Rödder/Herlinghaus/van Lishaut, § 20 Rdn. 101.
72 So noch ausdrücklich Tz. 15.04 BMF vom 25. 03. 1998, BStBl. I 1998, 268; vgl. auch
Hörtnagl in Schmitt/Hörtnagl/Stratz, § 15 Rdn. 90.
73 Z. B. BFH vom 25. 02. 1991, GrS 7/89; BFH vom 12. 12. 1996, IV R 77/93, *Patt* in
Dötsch/Patt/Pung/Möhlenbrock, § 20 Rdn. 34; *Schaflitzl/Götz*, DB 2012, Beilage 1,
25 (33 f.); *Schumacher*, DStR 2010, 1606.

gen.[74] Als Sonderbetriebsvermögen gelten – entsprechend der allgemeinen Definition – alle Wirtschaftsgüter im zivilrechtlichen oder wirtschaftlichen Eigentum des Mitunternehmers, die dazu geeignet oder bestimmt sind, dem Betrieb der Mitunternehmerschaft (Sonderbetriebsvermögen I) oder der Beteiligung des Mitunternehmers an der Mitunternehmerschaft (Sonderbetriebsvermögen II) zu dienen.[75]

2. Beteiligung (100 %) an einer KapG

54 Als eigenständiger fiktiver Teilbetrieb i.S.d. § 15 Abs. 1 S. 3 gelten auch Beteiligungen an KapG. Die Beteiligung muss dabei das gesamte Nennkapital umfassen. Aufgrund des eindeutigen Wortlauts ist ein Bruchteil einer Beteiligung – anders als bei den Mitunternehmeranteilen[76] – kein begünstigter Teilbetrieb.

54a Bei der Beteiligung muss es sich um eine Kapitalgesellschaft handeln, also nach der Legaldefinition des § 1 Abs. 1 Nr. 1 KStG um eine AG, SE, GmbH oder KGaA. Beteiligungen an anderen Körperschaften sind nicht begünstigt.

Auch Anteile an Vorgesellschaften, d.h. an Gesellschaften im Zeitraum zwischen notariellem Gründungsakt und Handelsregistereintragung sind als KapG zu behandeln und können damit einen begünstigten Teilbetrieb darstellen.[77] Umfasst sind weiterhin auch ausländische KapG, einschließlich Drittlandsgesellschaften. Dabei hat die Qualifikation einer ausländischen Gesellschaft als KapG – unabhängig von der rechtlichen Einordnung im ausländischen Staat – stets anhand eines sog. Typenvergleichs zu erfolgen.[78]

54b Anders als bei den Einbringungstatbeständen (§§ 20, 24) wurde bei der Spaltung (§ 15) vom Gesetzgeber die Teilbetriebsfiktion einer 100 %-Beteiligung ausdrücklich angeordnet. Daher ist die dort geführte Diskussion[79] nicht übertragbar und das Urteil des BFH[80] zu § 24 bezüglich einer, das gesamte Nennkapital umfassenden Beteiligung findet bei § 15 keine Anwendung.

55 Eine 100 %-Beteiligung an einer KapG soll nach Ansicht der Verwaltung allerdings nur dann ein eigenständiger Teilbetrieb i.S.d. § 15 Abs. 1 S. 3 sein, wenn sie keinem anderen Teilbetrieb als funktional wesentliche Betriebsgrundlage zugerechnet werden kann.[81] Ein solcher Vorrang des echten Teilbetriebs in Bezug auf § 15 Abs. 1 S. 3 findet jedoch im Gesetz keine Stütze.[82]

---

74 Vgl. BFH vom 13.04.2007, IV B 81/06, BFH/NV 2007, 1939; BFH vom 16.02.1996, I R 183/94, BStBl. II 1996, 342 (m.w.N.).
75 Vgl. nur BFH vom 30.03.1993, VIII R 8/91, BStBl. II 1993, 864 (m.w.N.).
76 Vgl. Rdn. 51.
77 Vgl. BFH vom 14.10.1992, Az.; I R 17/92, BStBl. II 1993, 352.
78 Tz. 1.2 BMF vom 26.09.2014, BStBl. I 2014, 1258.
79 Vgl. § 24 Rdn. 22.
80 Siehe BFH vom 17.07.2008, I R 77/06, BStBl. II 2009, 464.
81 Vgl. Tz. 15.06 UmwStE 2011.
82 So auch *Beutel/Grosskreuz*, Beck'scher OK UmwStG, § 15 Rdn. 478.

D. Zuordnung von Wirtschaftsgütern zu einem Teilbetrieb

Nach § 15 Abs. 1 S. 2 ist eine steuerneutrale Spaltung nur möglich, wenn auf   56
den übernehmenden Rechtsträger ein Teilbetrieb übertragen wird und im
Falle der Abspaltung oder Teilübertragung bei der übertragenden Körperschaft ein Teilbetrieb verbleibt. Das „Übertragen" oder das „Verbleiben" eines Teilbetriebs erfordert die genaue Bestimmung und Zuordnung der Wirtschaftsgüter zum Teilbetrieb im Zeitpunkt des Beschlusses über die
Spaltung.[83] Neben Identifikation von Teilbetrieben, besteht somit stets auch
die Notwendigkeit, sämtliche Wirtschaftsgüter den Teilbetrieben zuzuordnen.

I. Echter Teilbetrieb

Die Betriebseinheit „Teilbetrieb" umfasst alle ihr zuordenbaren oder zuge-   57
ordneten Wirtschaftsgüter. Diese lassen sich ganz allgemein in zwei unterschiedliche Gruppen unterteilen. Die eine Gruppe sind all diejenigen Wirtschaftsgüter, die eine notwendige Betriebsgrundlage des Teilbetriebs
darstellen und daher für eine steuerneutrale Spaltung zwingend übertragen
werden müssen. Die andere Gruppe (sog. neutrales Vermögen) wird von
den sonstigen verbleibenden Wirtschaftsgütern gebildet.

1. Nationales Teilbetriebsverständnis

a) Zwingend zu übertragende Wirtschaftsgüter

Nach dem nationalen Teilbetriebsverständnis sind dem Teilbetrieb alle seine   58
wesentlichen Betriebsgrundlagen zuzuordnen. Für eine steuerneutrale Spaltung müssen folglich alle wesentlichen Betriebsgrundlagen des Teilbetriebs
sowie die nach wirtschaftlichen Zusammenhängen zuordenbaren Wirtschaftsgüter auf den übernehmenden Rechtsträger übertragen werden bzw.
beim abspaltenden Rechtsträger verbleiben. Unterbleibt eine Übertragung
oder ist eine solche grds. nicht möglich, verliert die „Betriebseinheit" ihre
Teilbetriebseigenschaft und eine steuerneutrale Spaltung scheitert.[84] Es ist
allerdings unschädlich, wenn im zeitlich und wirtschaftlichen Zusammenhang vor der Spaltung wesentliche Betriebsgrundlagen veräußert oder anderweitig übertragen werden, sofern dies unter Aufdeckung aller stillen Reserven erfolgt und auf Dauer angelegt ist.[85] Erfolgt die Veräußerung nach
dem steuerlich relevanten Übertragungsstichtag (Rdn. 27 ff.), bedarf es in
der Praxis aber regelmäßig der Übertragung des aus der Veräußerung erzielten Surrogats.[86]

Wirtschaftsgüter, die nicht im wirtschaftlichen Zusammenhang mit dem Teilbetrieb stehen (neutrales Vermögen), müssen nicht zwingend (mit) übertragen werden.[87]

---

83 Siehe auch Rdn. 19 und 27 ff.
84 Vgl. Tz. 15.07 f. UmwStE 2011.
85 BFH vom 09. 11. 2011, X R 60/09, BStBl. II 2012, 638.
86 *Schumacher* in Rödder/Herlinghaus/van Lishaut, § 15 Rdn. 156; *Neumann/Benz*,
    StBJB 2013/14 S. 193.
87 Siehe unter Rdn. 62 f.

59 Als *wesentlich* für den Teilbetrieb sind diejenigen *Wirtschaftsgüter* anzusehen, die zur Erreichung des Betriebszwecks erforderlich sind und denen ein besonderes wirtschaftliches Gewicht für die Betriebsführung zukommt,[88] also eine *zentrale Funktion im Wertschöpfungsprozess* des Teilbetriebes einnehmen.[89] I.d.R. sind dies Wirtschaftsgüter des *Anlagevermögens*, insbesondere Betriebsgrundstücke – und zwar unabhängig davon, ob diese auf die individuellen Bedürfnisse des Unternehmens zugeschnitten oder als austauschbar einzustufen sind –,[90] Maschinen, aber auch immaterielle Werte wie der Kundenstamm.[91]

Eine *Ausnahme* stellen einzelne, kurzfristig wieder beschaffbare Wirtschaftsgüter von relativ geringem wirtschaftlichem Wert dar,[92] ebenso wie Wirtschaftsgüter, die nur *unterstützende Funktion* haben und nicht der eigentlichen Tätigkeit des Teilbetriebs dienen.[93] Ob der *gemeinsame Verwaltungsapparat* lediglich eine unterstützende Funktion darstellt und damit nicht als wesentliche Betriebsgrundlage qualifiziert werden kann, ist in der Literatur umstritten.[94] Einigkeit besteht hingegen darin, dass *Forderungen, Finanzmittel* und *Verbindlichkeiten* regelmäßig nicht als wesentliche Betriebsgrundlagen angesehen werden dürften.[95] Welche Wirtschaftsgüter wesentliche Betriebsgrundlagen eines Teilbetriebs darstellen ist regelmäßig anhand der tatsächlichen Verhältnisse des Einzelfalles unter Berücksichtigung der Eigenschaften des jeweiligen Betriebs zu bestimmen.[96]

60 Die dem Teilbetrieb zugeordneten zwingend zu übertragende Wirtschaftsgüter sind im Zuge der Spaltung zu übertragen. Fraglich ist allerdings, welche Anforderungen an die „Übertragung" zu stellen sind. Nach einer restriktiven Ansicht sei aufgrund der systematischen Verknüpfung mit dem UmwG zwingend die zivilrechtliche Eigentumsübertragung erforderlich.[97]

Die *Finanzverwaltung* hingegen erachtet es für ausreichend, wenn zumindest die *Übertragung des wirtschaftlichen Eigentums* auf den übernehmen-

---

88 Ständige Rechtsprechung vgl. BFH vom 13.02.1996, VIII R 39/92, BStBl. II 1996, 409 (m.w.N.); BFH vom 17.04.1997, VIII R 2/95, BStBl. II 1998, 388 (m.w.N.).
89 Vgl. *Strobl-Haarmann* in FS Widmann, 553 (561).
90 Vgl. BFH vom 11.06.2013, I B 144/12, BFH/NV 2013, 1650; BFH vom 26.04.1979, IV R 116/76, BStBl. II 1979, 750.
91 Vgl. *Wacker* in L. Schmidt, § 16 EStG Rdn. 103 und 104 (m.w.N.).
92 Vgl. BFH vom 26.05.1993, X R 101/90, BStBl. II 1993, 710; BFH vom 12.06.1996, XI R 56, 57/95, BStBl. II 1996, 527.
93 Vgl. *Schumacher* in Rödder/Herlinghaus/van Lishaut, § 15 Rdn. 143.
94 Vgl. e.A. *Schumacher* in Rödder/Herlinghaus/van Lishaut, § 15 Rdn. 143 (unterstützende Funktion); a.A. *Dötsch/Pung* in Dötsch/Patt/Pung/Möhlenbrock, § 15 Rdn. 82 (wesentliche Betriebsgrundlage).
95 Vgl. *Hörtnagl* in Schmitt/Hörtnagl/Stratz, § 15 Rdn. 81f.; *Asmus* in Haritz/Menner, § 15 Rdn. 90 und 93; *Schumacher* in Rödder/Herlinghaus/van Lishaut, § 15 Rdn. 143.
96 Vgl. BFH vom 17.04.1997, Az.; VIII R 2/95, BStBl. II 1998, 388 (m.w.N.).
97 FG Berlin-Brandenburg vom 01.07.2014, 6-K-6085/12, EFG 2014, 1928 Rdn. 69f. (rkr.).

den Rechtsträger erfolgt. Eine (langfristige) Nutzungsüberlassung ist allerdings nicht ausreichend.[98] Dieser Sicht ist ein Teil der Literatur gefolgt.[99] Problematisch ist das Erfordernis der Übertragung des (zivilrechtlichen) Eigentums immer dann, wenn eine wesentliche Betriebsgrundlage von mehreren Teilbetrieben genutzt wird und somit nicht exklusiv einem Teilbetrieb zugeordnet und mit diesem übertragen werden kann. In diesem Fall liegt ein sog. Spaltungshindernis vor.

Im Falle von gemeinsam genutzten *Grundstücken* müssen nach Ansicht der Finanzverwaltung diese bis zum Spaltungsbeschluss zivilrechtlich real aufgeteilt werden. Soweit eine solche Teilung nicht zumutbar ist, wird es aus Billigkeitsgründen als ausreichend erachtet, wenn eine ideelle Teilung (Bruchteilseigentum) im Verhältnis der tatsächlichen Nutzung unmittelbar nach der Spaltung erfolgt.[100]

Noch weitergehend hat das *sächsische Finanzgericht* in einer Entscheidung auch eine *Nutzungsüberlassung* für einzelne wesentliche Betriebsgrundlagen als *ausreichend* erachtet. Dies wurde mit der eher funktionalen Sichtweise des Teilbetriebs begründet, da trotz der Überlassung auf schuldrechtlicher Basis der Teilbetrieb weiterhin einen funktionsfähigen Betrieb darstellt.[101] Allerdings hatte diese Sichtweise im Revisionsverfahren keinen Bestand.[102]

In der Praxis wird es zukünftig wohl entscheidend sein, ob durch die Nutzungsüberlassung (bspw. im Rahmen eines langfristigen Leasingvertrages) der nutzende Teilbetrieb wirtschaftliches Eigentum an dem spaltungshindernden Wirtschaftsguts begründet.[103]

b) Neutrales Vermögen

Neutrales Vermögen kann im Gegensatz zu den zwingend zu übertragenden Wirtschaftsgütern bei einer Spaltung unabhängig von der funktionalen Zugehörigkeit *frei einem Teilbetrieb* zur Kapitalstärkung *zugeordnet* werden. Allerdings hat dies neuerdings grds. nach wirtschaftlichen Zusammenhängen zu erfolgen. Soweit dies nicht möglich ist, kann neutrales Vermögen jedem der Teilbetriebe zugeordnet werden.[104] Der Umfang von neutralem Vermögen, das tatsächlich frei zugeordnet werden kann, hat durch die neue Auslegung der Finanzverwaltung somit deutlich abgenommen. Die Zuordnung kann bis zum Spaltungsbeschluss erfolgen und ist im Spaltungsvertrag festzulegen (§ 126 Abs. 1 Nr. 8 UmwG).[105]

61

62

---

98 Vgl. Tz. 15.07 UmwStE 2011.
99 Vgl. *Schießl* in Widmann/Mayer, § 15 Rdn. 26.2; *Dötsch/Pung* in Dötsch/Patt/Pung/Möhlenbrock, § 15 Rdn. 63; *Hörtnagl* in Schmitt/Hörtnagl/Stratz, § 15 Rdn. 73; *Frotscher* in Frotscher/Maas, § 15 Rdn. 114 f.; *Braatz/Brühl*, Ubg 2015, 122; wohl auch *Gebert*, DStR 2010, 1774 (1777).
100 Vgl. Tz. 15.08 UmwStE 2011.
101 Vgl. Sächsisches FG vom 09.09.2008, 3-K-1996/06, EFG 2009, 65; so i.E. auch *Blumers*, DB 2010, 1670 (1672); *Kutt/Pitzal*, DStR 2009, 1243 ff.; *Haarmann* in FS Widmann, 365 (384).
102 Vgl. BFH vom 07.04.2010, I R 96/08, BStBl. II 2011, 467.
103 Vgl. *Sistermann/Beutel*, DStR 2011, 1162 (1164).
104 Vgl. Tz. 15.09 UmwStE 2011.
105 *Dötsch/Pung* in Dötsch/Patt/Pung/Möhlenbrock, § 15 Rdn. 85.

63 Verbindlichkeiten sind i.d.R. keine wesentliche Betriebsgrundlage (vgl. Rdn. 59) und können – sofern kein wirtschaftlicher Zusammenhang besteht – jedem der Teilbetriebe frei zugeordnet werden.[106] Pensionsrückstellungen müssen dem Teilbetrieb zugeordnet werden, welcher entweder das bestehende Arbeitsverhältnis oder die sich aus der Pensionszusage ergebende Verpflichtung übernimmt.[107]

2. Europäisches Teilbetriebsverständnis

64 Das europäische Verständnis weicht vom nationalen Verständnis ab. Nach der *Rechtsprechung des EuGH* kommt es darauf an, dass *alle aktiven und passiven Wirtschaftsgüter* des Teilbetriebs in ihrer Gesamtheit übertragen werden, um die Funktionsfähigkeit zu erhalten.[108]

In der Literatur wird daraus geschlossen, dass aber nicht alle Wirtschaftsgüter des Teilbetriebs übertragen werden müssen, sondern nur solche, welche die Funktionsfähigkeit bestimmen.[109] Dies kann nach Rechtsprechung des EuGH auch Verbindlichkeiten umfassen.[110] In der Praxis werden wohl auch (nach nationalem Verständnis) unwesentliche Betriebsgrundlagen für die Funktionsfähigkeit von Bedeutung sein, so dass im Ergebnis die Anforderungen an die Teilbetriebsübertragung in diesem Punkt restriktiver sind.[111]

65 Für die Funktionsfähigkeit des Teilbetriebs ist eine zwingende Übertragung des zivilrechtlichen oder wirtschaftlichen Eigentums nicht erforderlich. Es muss lediglich die Aufrechterhaltung der Funktion gewährleistet sein, so dass auch eine langfristige rein schuldrechtliche Nutzungsüberlassung nach europäischem Verständnis ausreichend ist.[112]

66 Die im Vergleich zum nationalen Verständnis engeren Anforderungen an die Übertragung werden durch die weiteren Übertragungsmöglichkeiten wieder relativiert und dürften sich in der Praxis somit im Ergebnis weniger problematisch auswirken als das nationale Verständnis. Zum Verhältnis von nationalem und europäischen Teilbetriebsbegriff, vgl. Rdn. 42 ff.

II. Fiktiver Teilbetrieb

67 Da ein fiktiver Teilbetrieb dem europäischen Verständnis fremd ist, kann für die Bestimmung der zwingend zu übertragenden Wirtschaftsgüter nur das nationale Verständnis maßgebend sein. Demnach sind die wesentlichen Betriebsgrundlagen zwingend zu übertragen. Allerdings können, nach Ansicht der Finanzverwaltung, nur die Wirtschaftsgüter einschließlich Schulden zu-

---

106 Vgl. OFD Hannover vom 30.01.2007, DB 2007, 716; *Schießl* in Widmann/Mayer, § 15 Rdn. 47.
107 Vgl. Tz. 15.10 UmwStE 2011.
108 Vgl. EuGH vom 15.01.2002, C-43/00 (*Andersen og Jensen*), Slg. 2002, I-379.
109 Vgl. *Blumers*, BB 2008, 2041 (2042); so wohl auch *Weier*, DStR 2008, 1002 (1005).
110 Vgl. EuGH vom 15.01.2002, C-43/00 (*Andersen og Jensen*), Slg. 2002, I-379.
111 Vgl. *Patt* in Dötsch/Patt/Pung/Möhlenbrock, § 20 Rdn. 93; *Blumers*, DB 2001, 722 (725); *Weier*, DStR 2008, 1002 (1005); a.A. *Schumacher* bei Schumacher/Neumann, DStR 2008, 325 (328); *Frotscher* in Frotscher/Maas, § 15 Rdn. 96a.
112 Vgl. *Weier*, DStR 2008, 1002 (1005); *Blumers*, DB 2001, 722 (725); *Thömmes* in FS Widmann, 583 (598); a.A. BFH vom 07.04.2010, I R 96/08, BStBl. II 2011, 467.

geordnet werden, die in unmittelbarem wirtschaftlichen Zusammenhang mit dem Mitunternehmeranteil stehen.[113] Eine Zuordnung von nur in wirtschaftlichem Zusammenhang stehenden Wirtschaftsgütern oder gar neutralem Vermögen scheidet nach dieser neuen Auffassung aus.

1. Mitunternehmeranteil

Zum Mitunternehmeranteil gehört auch das Sonderbetriebsvermögen (vgl. 68 Rdn. 53). Nach h.M. können auch Teile des Sonderbetriebsvermögen wesentliche Betriebsgrundlagen sein.[114] Sonderbetriebsvermögen, welches eine wesentliche Betriebsgrundlage des Mitunternehmeranteils ist, muss daher das Schicksal des Mitunternehmeranteils teilen.

Zu den wesentlichen Betriebsgrundlagen werden regelmäßig nur Wirt- 69 schaftsgüter des Sonderbetriebsvermögen I gehören, da diese zum unmittelbaren Einsatz im Betrieb der Mitunternehmerschaft benötigt werden. Dies sind in der Praxis wohl insbesondere Rechte, Erfindungen, Patente und Grundstücke.[115] Verbindlichkeiten, welche in unmittelbarem Zusammenhang mit einem Mitunternehmeranteil stehen, können bzw. müssen mit diesem übertragen werden.[116]

Von der Finanzverwaltung und teilweise auch in der Literatur wird vertre- 70 ten, dass auch *Sonderbetriebsvermögen II* wesentliche Betriebsgrundlagen sein können.[117] Dies betrifft hauptsächlich die Beteiligung des Kommanditistin an der Komplementär-GmbH. Nach anderer Ansicht, welcher i.E. zuzustimmen ist, kann ein Wirtschaftsgut, welches der Beteiligung des Gesellschafters an der Gesellschaft nur förderlich ist, i.d.R. nicht als wesentlich angesehen werden.[118]

Wirtschaftsgüter des Sonderbetriebsvermögen, welche keine wesentliche 71 Betriebsgrundlage darstellen, sind neutrales Vermögen. Sie können, soweit sie in keinem unmittelbaren wirtschaftlichen Zusammenhang mit der Beteiligung stehen, nach Ansicht der Finanzverwaltung nicht mehr dem fiktiven Teilbetrieb zugeordnet werden (vgl. Rdn. 67).[119] Sofern allerdings das betreffende Wirtschaftsgut bereits nach vorrangigen allgemeinen ertragssteuerlichen Grundsätzen als gewillkürtes Sonderbetriebsvermögen zu qualifizieren ist, kann neutrales Vermögen sehr wohl durch entsprechenden

---

113 Vgl. Tz. 15.11 UmwStE 2011.
114 Vgl. u.a. Tz. 15.04 UmwStE 2011; BFH vom 31.08.1995, VIII B 21/93, BStBl. II 1995, 890; *Hörtnagl* in Schmitt/Hörtnagl/Stratz, § 15 Rdn. 92 (m.w.N.); a.A. *Reiß* in Kirchhof/Söhn/Mellinghoff, § 16 Rdn. C 52.
115 Vgl. *Patt* in Dötsch/Patt/Pung/Möhlenbrock, § 20 Rdn. 135.
116 Vgl. Tz. 15.11 UmwStE 2011.
117 Vgl. BMF vom 16.08.2000, BStBl. I 2000, 1253; *Schumacher* in Rödder/Herlinghaus/van Lishaut, § 15 Rdn. 162; *Patt* in Dötsch/Patt/Pung/Möhlenbrock, § 20 Rdn. 136 (m.w.N.).
118 Vgl. BFH vom 16.02.1996, I R 183/94, BStBl. II 1996, 342; *Schießl* in Widmann/Mayer, § 15 Rdn. 69; *Hörtnagl* in Schmitt/Hörtnagl/Stratz, § 15 Rdn. 92.
119 Tz. 15.11 UmwStE 2011.

Widmungsakt dem begünstigten Mitunternehmeranteil zugeordnet und mit übertragen werden.[120]

72 Bei Übertragung eines *Teils eines Mitunternehmeranteils*, muss anders als bei §§ 16, 34 EStG das Sonderbetriebsvermögen nach h.M. nicht quotal mit übertragen werden.[121] Es bleibt weiterhin Sonderbetriebsvermögen beim zurückbleibenden Mitunternehmeranteil und damit unternehmerisch gebunden. Nach Ansicht der Finanzverwaltung hingegen muss das Sonderbetriebsvermögen anteilig mitübertragen werden.[122] Problematisch ist diese Sichtweise allerdings bei wesentlichem Sonderbetriebsvermögen. Dieses wäre wesentliche Betriebsgrundlage sowohl beim übertragenen, als auch beim zurückbleibenden Mitunternehmeranteil. Es würde sich somit um ein sog. Spaltungshindernis handeln. Hinsichtlich der Behandlung von spaltungshindernden Wirtschaftsgütern wird auf Rdn. 60 verwiesen. Insoweit bestehen keine Unterschiede zwischen echten und fiktiven Teilbetrieben.

2. Hundertprozentige Beteiligung an einer KapG

73 Auch zu einer 100 %igen Beteiligung an einer KapG können Wirtschaftsgüter zugeordnet werden. Nach Meinung der Finanzverwaltung sollen jedoch nur solche Wirtschaftsgüter dem fiktiven Teilbetrieb zuordenbar sein, die für die Verwaltung der Beteiligung erforderlich sind. Auch Schulden, die in unmittelbarem wirtschaftlichen Zusammenhang mit der Beteiligung stehen, können dieser zugeordnet werden.[123]

74 Die Problematik der Zuordnung von neutralem Vermögen zu fiktiven Teilbetrieben wird vor allem bei *Holdinggesellschaften* relevant. Diese verfügen i.d.R. nur über Beteiligungen und sonstiges neutrales Vermögen. Verwaltet die Holdinggesellschaft neben Mitunternehmeranteilen und 100 %igen Beteiligungen auch Kapitalbeteiligungen mit einer niedrigeren Beteiligungsquote kann nach Auffassung der Finanzverwaltung eine steuerneutrale Spaltung zu Buchwerten nicht erfolgen. In der Literatur wird hierzu auch vertreten, dass eine *geschäftsleitende Holding* aufgrund ihrer gewerblichen Tätigkeit per se schon einen originären Teilbetrieb unterhält und damit grds. steuerneutral abgespalten werden kann.[124]

Es empfiehlt sich daher bei der Spaltung einer Holdinggesellschaft sich frühzeitig mit dem zuständigen Finanzamt über die Zuordnung des neutralen Vermögens abzustimmen. Es wäre auch denkbar, dass die schädlichen Beteiligungen (< 100 %) vor der Spaltung nach § 8b Abs. 2 und 3 KStG zu 95 % steuerfrei veräußert und damit abgestoßen würden.[125]

120 *Beutel/Grosskreuz*, Beck'scher OK UmwStG, § 15 Rdn. 513; *Asmus* in Haritz/Menner, § 15 Rdn. 102.
121 *Hörtnagl* in Schmitt/Hörtnagl/Stratz, § 15 Rdn. 94; *Schießl* in Widmann/Mayer, § 15 Rdn. 67; *Schumacher* in Rödder/Herlinghaus/van Lishaut, § 15 Rdn. 163; a.A. *Dötsch/Pung* in Dötsch/Patt/Pung/Möhlenbrock, § 15 Rdn. 73.
122 Vgl. Tz. 15.04 UmwStE 2011.
123 Vgl. Tz. 15.11 UmwStE 2011.
124 Vgl. *Frotscher* in Frotscher/Maas § 15 Rdn. 140; *Schumacher* in Rödder/Herlinghaus/van Lishaut, § 15 Rdn. 141; *Schießl* in Widmann/Mayer, § 15 Rdn. 19; *Neumann/Benz*, StBJB 2013/14 S. 188f.
125 Vgl. *Dötsch/Pung* in Dötsch/Patt/Pung/Möhlenbrock, § 15 Rdn. 87.

Strittig ist, ob eine 100 % Beteiligung auch dann ein fiktiver Teilbetrieb ist,   *75*
wenn sie wesentliche Betriebsgrundlage eines anderen, echten oder fiktiven
Teilbetrieb darstellt.

Die Finanzverwaltung erkennt in solch einer Konstellation die (fiktive) Teilbetriebseigenschaft der Beteiligung nicht an.[126] Auch Teile der Literatur lehnen die Teilbetriebseigenschaft der 100 %igen Beteiligung ab, da die Beteiligung das steuerliche Schicksal des echten Teilbetriebs teilt und selbst kein
eigenständiges „Spaltmaterial" darstellt.[127]

Dies wird von der in der Literatur vorherrschenden Meinung zu Recht als
Verstoß gegen den Gesetzeswortlaut abgelehnt.[128] Das Gesetz stellt ausdrücklich die vollständige Beteiligung an einer KapG einem echten Teilbetrieb gleich. Damit geht § 15 Abs. 1 S. 3 im Verhältnis zu S. 1 und 2 als lex
specialis vor.

E. Doppeltes Teilbetriebserfordernis

I. Grundsatz

Entsprechend dem systematischen Aufbau des Umwandlungssteuergesetzes   *76*
erfolgt der Vermögensübergang auch bei der Auf- und Abspaltung bzw.
Teilübertragung grds. zum gemeinen Wert. Unter den Voraussetzungen des
§ 15 Abs. 1 Satz 2 i.V.m. § 11 Abs. 2 und § 13 Abs. 2 ist jedoch auf Antrag
auch eine Übertragung zum Buchwert oder zu Zwischenwerten möglich.[129]
§ 15 Abs. 1 Satz 2 ist nur anzuwenden, wenn auf jede Übernehmerin ein
Teilbetrieb übertragen wird oder im Falle der Abspaltung oder Teilübertragung bei der übertragenden Körperschaft ein Teilbetrieb verbleibt.

Das in § 15 Abs. 1 Satz 2 normierte so genannte „doppelte Teilbetriebserfordernis" ist also Voraussetzung für eine steuerneutrale Spaltung. Handelsrechtlich hingegen werden keine besonderen Anforderungen an die Qualifizierung der übertragenen bzw. verbleibenden Vermögensgegenstände
gestellt. Eine Spaltung ist handelsrechtlich auch ohne das doppelte Teilbetriebserfordernis möglich.[130]

II. Aufspaltung

Das doppelte Teilbetriebserfordernis als Voraussetzung für eine steuerneut-   *77*
rale Übertragung wird in der Literatur für den Fall der Aufspaltung teilweise
kritisiert und abgelehnt.[131] Das doppelte Teilbetriebserfordernis, im UmwStG

---

126 Tz. 15.06 UmwStE 2011.
127 Vgl. *Dötsch/Pung* in Dötsch/Patt/Pung/Möhlenbrock, § 15 Rdn. 76; *Schießl* in
     Widmann/Mayer, § 15 Rdn. 91.
128 Vgl. *Hörtnagl* in Schmitt/Hörtnagl/Stratz, § 15 Rdn. 103; *Frotscher* in Frotscher/
     Maas, § 15 Rdn. 137; *Asmus* in Haritz/Menner, § 15 Rdn. 114; *Klingberg* in Blü-
     mich, § 15 Rdn. 73; *Rödder/Wochinger,* FR 2000, 1 (16).
129 Vgl. Rdn. 104 ff.
130 Vgl. *Hörtnagl* in Schmitt/Hörtnagl/Stratz, § 15 Rdn. 47.
131 Vgl. *Gille,* IStR 2007, 194 (196); *Körner,* IStR 2006, 469 (471); *Klingberg* in Price-
     waterhouseCoopers AG, Reform des Umwandlungssteuerrechts, 203.

unstrittiges Tatbestandsmerkmal, soll für den Fall der Aufspaltung nicht gelten, da es sich hierbei um einen Verstoß gegen die FusionsRL handle.[132] In der FusionsRL wird in der Definition der Aufspaltung, anders als bei der Abspaltung, das Teilbetriebserfordernis nicht erwähnt. Der Schluss, daher seien bei der Aufspaltung keine Teilbetrieb erforderlich, mag aber nicht zu überzeugen, da die übernehmende Gesellschaft immer einen oder mehrere Teilbetriebe übernehmen muss.[133]

78 Umstritten ist aber wie streng das Teilbetriebserfordernis ausgelegt werden muss. Zum Meinungsstand vgl. nachfolgend Rdn. 79 ff.

III. Abspaltung

79 Bei der Abspaltung muss auf die übernehmende Gesellschaft ein Teilbetrieb übergehen. Werden mehrere Teilbetriebe auf eine übernehmende Gesellschaft übertragen, ist dies unschädlich. Im Umkehrfall, wenn Vermögen auf *mehrere übernehmende Gesellschaften* übergehen soll, muss auf jede Gesellschaft mindestens ein Teilbetrieb übergehen. Es ist nicht ausreichend, wenn ein Teilbetrieb auf mehrere Gesellschaften aufgeteilt wird.[134]

Für eine steuerneutrale Abspaltung muss aber auch ein Teilbetrieb bei der übertragenden Körperschaft verbleiben. Sind daneben zusätzlich sogenannte *„spaltungshindernde Wirtschaftsgüter"* vorhanden, ist es umstritten, ob eine steuerneutrale Spaltung möglich sein soll. Von spaltungshindernden Wirtschaftsgütern spricht man, wenn einzelne Wirtschaftsgüter keinem Teilbetrieb zugeordnet werden können oder nicht zugeordnet wurden.[135]

1. Teilbetrieb im Sinne eines Ausschließlichkeitserfordernis

80 Vor der Änderung durch das SEStEG wurde von der Finanzverwaltung § 15 Abs. 1 Satz 2 a.F. dahingehend ausgelegt, dass eine steuerneutrale Abspaltung nur dann möglich ist, wenn *nur* Teilbetriebe vorliegen (sog. *Ausschließlichkeitserfordernis*). Spaltungshindernde Wirtschaftsgüter waren schädlich.[136] Diese Auslegung wurde auf den Wortlaut gestützt, der wie folgt lautete: „Im Falle der Abspaltung ... *muss* das der übertragenden Körperschaft *verbleibende Vermögen* ebenfalls *zu einem Teilbetrieb gehören"*. Mit dem SEStEG wurde der Wortlaut der Vorschrift jedoch modifiziert. Er lautet heute: *„wenn* im Falle der Abspaltung ... bei der übertragenden Körperschaft *ein Teilbetrieb verbleibt"* (§ 15 Abs. 1 Satz 2 n.F.).

81 Trotz der Neufassung wird auch weiterhin von der Finanzverwaltung und Teilen der Literatur vertreten, dass spaltungshindernde Wirtschaftsgüter

---

132 Zur Anwendbarkeit der FusionsRL siehe Rdn. 42 ff.
133 Vgl. *Schumacher* in Rödder/Herlinghaus/van Lishaut, § 15 Rdn. 123; *Hörtnagl* in Schmitt/Hörtnagl/Stratz, § 15 Rdn. 57.
134 Vgl. *Schießl* in Widmann/Mayer, § 15 Rdn. 27 f.; *Schumacher* in Rödder/Herlinghaus/van Lishaut, § 15 Rdn. 111; *Dötsch/Pung* in Dötsch/Patt/Pung/Möhlenbrock, § 15 Rdn. 60; *Klingberg* in Blümich, § 15 Rdn. 58.
135 Vgl. hierzu Rdn. 56 ff.
136 Vgl. Tz. 15.02 und 15.10 BMF vom 25.03.1998, BStBl. I 1998, 268.

eine steuerneutrale Abspaltung verhindern.[137] Dies wird insbesondere mit der Beibehaltung der Missbrauchsregeln begründet. Ebenso wollte der Gesetzgeber wohl trotz der Modifizierung des Wortlautes nicht auch den Regelungsinhalt der Norm zu ändern.

2. Teilbetrieb als Mindestanforderung

Die h.M. in der Literatur lehnt heute ein Ausschließlichkeitserfordernis ab.   *82*
Wurde bereits die Auslegung der Finanzverwaltung vor dem SEStEG von einer Mindermeinung als zu restriktiv kritisiert,[138] wird aufgrund der Gesetzesänderung die Anforderung an das Vorliegen eines Teilbetriebs heute im Sinne einer *Mindestanforderung* verstanden.

Dies wird nicht ausdrücklich in der Norm bestimmt, ergibt sich aber (zwingend) durch Auslegung, da der Wortlaut deutlich weiter gefasst ist als in der alten Fassung. Ein Ausschließlichkeitserfordernis würde im Ergebnis eine Einschränkung darstellen, die nicht mehr mit dem heutigen Wortlaut vereinbar ist.[139]

Zwar könnte man den Gesetzestext durch hineinlesen eines ungeschriebenen Tatbestandsmerkmals auch dahingehend auslegen, dass bei der übertragenden Körperschaft *ausschließlich* ein Teilbetrieb verbleibt. Dies Widerspricht aber der Vorgabe durch die FusionsRL.[140] Die Formulierung der FusionsRL in Art. 2 Buchst. c FusionsRL geht über die deutsche Fassung noch hinaus. Nach der FusionsRL muss *„mindestens* ein Teilbetrieb in der einbringenden Gesellschaft verbleiben". Dies zeigt einerseits, dass auch das Gemeinschaftsrecht von einem doppelten Teilbetriebserfordernis ausgeht. Andererseits schließt die Formulierung „mindestens ein Teilbetrieb" eine Beschränkung der Norm durch ein „Nur-Teilbetriebserfordernis" i.S.v. „ausschließlich ein Teilbetrieb bzw. ausschließlich Teilbetriebe" aufgrund des Widerspruches aus.[141]

Der Vorrang des Gemeinschaftsrechts erfordert für § 15 Abs. 1 Satz 2 eine richtlinienkonforme Auslegung. Diese kann nur erreicht werden, wenn man wie die h.M. in der Literatur das Teilbetriebserfordernis als Mindestanforderung begreift.

Fraglich ist allerdings, ob das Teilbetriebserfordernis als Mindestanforderung   *83*
nur für das verbleibende oder auch das übertragene Vermögen gilt. Ein Teil der Literatur will dies nur für den im Gesetz genannten Fall des *verbleibenden Vermögens* anwenden. Für das übertragene Vermögen soll es beim „Nur-Teilbetriebserfordernis" bleiben.[142] Allerdings enthält der Gesetzes-

---

137 Vgl. Tz 15.02 UmwStE 2011; *Dötsch/Pung* in Dötsch/Patt/Pung/Möhlenbrock, § 15 Rdn. 55; *Hörtnagl* in Schmitt/Hörtnagl/Stratz, § 15 Rdn. 64; *Neumann* bei Schumacher/Neumann, DStR 2008, 325 (326); wohl auch *Klingberg* in Blümich, § 15 Rdn. 57.
138 Vgl. *Krebs*, BB 1998, 2082.
139 Vgl. *Frotscher* in Frotscher/Maas, § 15 Rdn. 119; *Wilke*, FR 2009, 216 (217); so auch *Ley/Bodden*, FR 2007, 265 (279).
140 Zur Anwendbarkeit der FusionsRL siehe Rdn. 42 ff.
141 Vgl. *Wilke*, FR 2009, 216 (220); *Körner*, IStR 2006, 469 (471).
142 Vgl. *Schießl* in Widmann/Mayer, § 15 Rdn. 62.1 ff.; *Ley/Bodden*, FR 2007, 265 (279); *Ott*, INF 2007, 465 (471); *Wilke*, FR 2009, 216 (221).

wortlaut für eine Unterscheidung zwischen verbleibendem und übertragenem Vermögen keine Anhaltspunkte.[143] Daher gilt auch für das *übertragene Vermögen* das Teilbetriebserfordernis lediglich als Mindestanforderung für eine steuerneutrale Abspaltung.[144]

F. Rechtsfolgen einer Spaltung

84 Nach § 15 Abs. 1 S. 1 gelten bezüglich der steuerlichen Rechtsfolgen einer Spaltung – vorbehaltlich des § 15 Abs. 1 S. 2 und Abs. 2 – die Regelung zur Verschmelzung (§§ 11 bis 13) entsprechend. Es handelt sich dabei um eine Rechtsgrundverweisung. Dies bedeutet, dass neben den Voraussetzungen des § 15 auch die in den §§ 11 bis 13 genannten Voraussetzungen für eine entsprechende Anwendung gegeben sein müssen.

Des Weiteren sind bei der entsprechenden Anwendung der Regelungen die charakteristischen Unterschiede zwischen Verschmelzung und Spaltung zu beachten. Bei einer Verschmelzung geht das gesamte Vermögen des übertragenden Rechtsträgers auf den übernehmenden Rechtsträger über. Es verbleibt nur ein übernehmender Rechtsträger. Bei der Auf- oder Abspaltung hingegen kommt es zu einer Aufteilung des Vermögens auf mindestens zwei Körperschaften. Daher sind auch die Rechtsfolgen der §§ 11 bis 13 jeweils nur anteilig zu ziehen.

I. Verweis auf §§ 11 bis 13, Besonderheiten bei der Spaltung

85 Für die Betrachtung der Rechtsfolgen einer Spaltung ist zwischen übertragendem Rechtsträger, übernehmender Rechtsträger und Anteilseigner zu unterscheiden.

1. Entsprechende Anwendung des § 11 beim übertragenden Rechtsträger

a) Pflicht zur Erstellung einer Steuerbilanz

86 Für den übertragenden Rechtsträger ordnet § 11 Abs. 1 S. 1 die Aufstellung einer steuerlichen Schlussbilanz an. Eine eigenständige Regelung für die Spaltung, wie § 15 Abs. 2 a.F. vor Änderung durch das SEStEG, enthält das heutige Gesetz nicht mehr. Für eine Umwandlung durch Aufspaltung ist dies auch nicht zwingend erforderlich, da das letzte Wirtschaftsjahr des übertragenden Rechtsträgers, wie bei einer Verschmelzung, mit dem steuerlichen Übertragungsstichtag endet.

87 Problematisch ist jedoch der Fall der *unterjährigen Abspaltung*. Die Übertragung der BFH-Rechtsprechung[145] zur Verschmelzung des übertragenden Rechtsträgers mit der Fiktion eines Rumpfwirtschaftsjahres auf den Übertragungsstichtag für steuerliche Zwecke (unabhängig eines gesellschaftsrecht-

---

143 Vgl. *Schumacher/Neumann*, DStR 2008, 325 (326); *Hörtnagl* in Schmitt/Hörtnagl/ Stratz, § 15 Rdn. 64.

144 Vgl. *Schumacher* in Rödder/Herlinghaus/van Lishaut, § 15 Rdn. 113 f.; *Frotscher* in Frotscher/Maas, § 15 Rdn. 119; so wohl auch *Blumers*, BB 2008, 2041 (2044).

145 Vgl. BFH vom 21. 12. 2005, I R 66/05, BStBl. II 2006, 469.

lichen Beschlusses und der Eintragung ins Handelsregister) ist nicht möglich, da der übertragende Rechtsträger weiterhin existiert.[146] Die h.M. geht davon aus, dass auch bei einer unterjährigen Abspaltung der übertragende Rechtsträger entsprechend § 11 Abs. 1 S. 1 eine (Teil-)Steuerbilanz auf den Übertragungsstichtag aufzustellen hat.[147] Eine vollständige Gewinnermittlung für das gesamte Vermögen bis zum steuerlichen Übertragungsstichtag ist nicht vorzunehmen.[148] Dies ist insbesondere im Falle von Verlustvorträgen von Bedeutung, vgl. hierzu Rdn. 162.

b) Bewertung der Wirtschaftsgüter

In der Steuerbilanz auf den steuerlichen Übertragungsstichtag hat der übertragende Rechtsträger die übergehenden Wirtschaftsgüter, einschließlich nicht entgeltlich erworbener oder selbst geschaffener immaterieller Wirtschaftsgüter, mit dem gemeinen Wert anzusetzen. Eine Ausnahme gilt für Pensionsrückstellungen, diese sind nach § 6a EStG zu bewerten. Im Fall der Abspaltung ist zu beachten, dass nur ein Teil des Vermögens übergeht. Das zurückbleibende Vermögen ist in der Steuerbilanz mangels Realisierungstatbestand zwingend mit dem Buchwert anzusetzen.[149] 88

Daneben ist aber auch für das übergehende Vermögen unter weiteren Voraussetzungen nach § 11 Abs. 2 eine Bewertung zu Buchwerten möglich. Die Voraussetzungen zur Buchwertfortführung werden unter Rdn. 104 ff. erläutert.

Eine Besonderheit tritt bei Spaltungen hinsichtlich der Ermittlung des Firmenwerts ein. Nach der Rechtsprechung des BFH kann auch ein Teilbetrieb einen (eigenen) Firmenwert haben. Dieser muss jedoch nicht zwingend mit dem Firmenwert des Gesamtbetriebs identisch sein, so dass eine anteilige Zurechnung zum jeweiligen Teilbetrieb ausscheidet. Vielmehr ist der Firmenwert je Teilbetrieb nach allgemeinen Grundsätzen eigenständig zu ermitteln.[150] Ein Firmenwert ist in der Steuerbilanz nur anzusetzen, soweit er auch tatsächlich auf den übernehmenden Rechtsträger übergeht.[151] Bei der Aufspaltung ist die vollständige Verflüchtigung des Firmenwerts des untergehenden Rechtsträgers denkbar. 89

---

146 Vgl. *Hörtnagl* in Schmitt/Hörtnagl/Stratz, § 15 Rdn. 114.
147 Vgl. *Schumacher* in Rödder/Herlinghaus/van Lishaut, § 15 Rdn. 76; *Dötsch/Pung* in Dötsch/Patt/Pung/Möhlenbrock, § 15 Rdn. 223; a.A. *Hörtnagl* in Schmitt/Hörtnagl/Stratz, § 15 Rdn. 114, der jedoch auch davon ausgeht, dass der Übertragungsgewinn des übergehenden Vermögens anhand einer „fiktiven" Steuerbilanz zum Übertragungsstichtag zu ermitteln ist.
148 Vgl. Tz. 15.14 UmwStE 2011.
149 Vgl. *Hörtnagl* in Schmitt/Hörtnagl/Stratz, § 15 Rdn. 245, 248; *Schumacher* in Rödder/Herlinghaus/van Lishaut, § 15 Rdn. 77; *Dötsch/Pung* in Dötsch/Patt/Pung/Möhlenbrock, § 15 Rdn. 43.
150 Vgl. BFH vom 27.03.1996, I R 60/95, BStBl. II 1996, 576; BFH vom 20.08.1986, I R 150/82, BStBl. II 1987, 455.
151 Vgl. *Hörtnagl* in Schmitt/Hörtnagl/Stratz, § 15 Rdn. 246; *Schumacher* in Rödder/Herlinghaus/van Lishaut, § 15 Rdn. 78; a.A. wohl Tz. 11.03 UmwStE 2011.

2. Entsprechende Anwendung des § 12 beim übernehmenden Rechtsträger

90 Die entsprechende Anwendung des § 12 im Rahmen von Spaltungen ist nur an die Voraussetzungen des § 15 Abs. 1 S. 1 geknüpft. Das Teilbetriebserfordernis (§ 15 Abs. 1 S. 2) bzw. die Missbrauchsvorschriften (§ 15 Abs. 2) sind insoweit unbeachtlich.

91 Der übernehmende Rechtsträger hat die durch Auf- oder Abspaltung auf ihn übergehenden Wirtschaftsgüter zwingend mit den Schlussbilanzwerten des übertragenden Rechtsträgers zu übernehmen und zwar unabhängig davon, ob der übertragende Rechtsträger Buchwerte, Zwischenwerte oder den gemeinen Wert angesetzt hat (§ 15 Abs. 1 S. 1 i.V.m. § 12 Abs. 1). Siehe hierzu ausführlich die Kommentierung zu § 12 Rdn. 50 ff.

a) Erweiterte Wertaufholung bei der Aufwärtsspaltung

92 Nach § 12 Abs. 1 S. 2 i.V.m. § 4 Abs. 1 S. 2 hat der übernehmende Rechtsträger Anteile des übertragenden Rechtsträgers zum steuerlichen Übertragungsstichtag um etwaige in der Vergangenheit vorgenommene steuerwirksame Abschreibungen bzw. Abzüge nach § 6b EStG bis maximal zur Höhe des gemeinen Werts zu korrigieren. Ein dabei entstehender Gewinn ist aufgrund der Verweisung auf § 8b Abs. 2 S. 4 und 5 KStG voll steuerpflichtig.

Im Rahmen der entsprechenden Anwendung der Regelung bei Aufwärtsspaltungen ist jedoch zu beachten, dass anders als bei der Verschmelzung, bei einer Spaltung von der Tochter- auf die Muttergesellschaft i.d.R. nicht alle Anteile untergehen. In diesem Fall, dass nicht alle Anteile untergehen, erfolgt nur eine anteilige Wertaufholung. Aufteilungsmaßstab ist dabei der gemeine Wert der Tochtergesellschaft vor der Spaltung und der gemeine Wert des auf die Muttergesellschaft übergehenden Vermögens.[152]

b) Übernahmegewinn und Übernahmefolgegewinn

93 Nach § 12 Abs. 2 S. 1 bleibt ein Gewinn bzw. Verlust der übernehmenden Körperschaft in Höhe des Unterschieds zwischen dem Buchwert der Anteile an der übertragenden Körperschaft (Tochtergesellschaft) und dem Wert, mit dem die übergegangenen Wirtschaftsgüter zu übernehmen sind, abzüglich Kosten des Vermögensübergangs, außer Ansatz. Dabei ist die Spaltungsrichtung unerheblich, so dass auch bei der Ab- oder Seitwärtsspaltung ein Übernahmeergebnis zu ermitteln ist und ein Abzug der Spaltungskosten als laufende Betriebsausgaben ausscheidet.[153]

93a Ebenso wie bei der erweiterten Wertaufholung (vgl. Rdn. 92) stellt sich auch bei der entsprechenden Anwendung dieser Regelung die Frage, wie der Gewinn bzw. Verlust zu ermitteln ist, da die Beteiligung an der Tochter i.d.R. nicht vollständig untergeht. Theoretisch wäre eine vollständige Verrechnung des übergehenden Vermögens mit dem Beteiligungsbuchwert bis zum Erinnerungswert denkbar. Sachgerecht, und der h.M. folgend, er-

---

152 Vgl. *Schumacher* in Rödder/Herlinghaus/van Lishaut, § 15 Rdn. 84; *Hörtnagl* in Schmitt/Hörtnagl/Stratz, § 15 Rdn. 267.
153 BFH vom 09.01.2013, I R 24/12, BFH/NV 2013, 881; Tz. 12.05 UmwStE 2011

scheint uns aber für die Ermittlung des Übernahmegewinns das Verhältnis des gemeinen Werts des übertragenden Rechtsträgers mit dem gemeinen Wert des übergehenden Vermögens zu Grunde zu legen.[154]

Beispiel: 94

Die M-AG ist an der T-GmbH zu 100 % beteiligt (Gemeiner Wert EUR 10.000; Buchwert bei M EUR 1.000). Die T-GmbH ist ihrerseits wiederrum mit 100 % an der E-GmbH beteiligt (Gemeiner Wert EUR 3.000; Buchwert bei T EUR 2.000). Die T spaltet zum Buchwert die Beteiligung an der E (fiktiver Teilbetrieb) auf die M ab.

Übernahmegewinn bei M: Der Beteiligungsbuchwert (EUR 1.000) der T ist anteilig im Verhältnis des gemeinen Werts der T (gW: EUR 10.000) zum übergehenden Vermögen (gW: EUR 3.000) mit 30 % zu kürzen. Neuer Beteiligungsbuchwert der T in der Bilanz der M ist EUR 700. Daneben ist die Beteiligung an der E (als übergehendes Vermögen) mit EUR 2.000 in die Bilanz der M einzubuchen. Folglich entsteht ein Übernahmegewinn von EUR 1.700 (Zugang neues Vermögen EUR 2.000 abzgl. anteilige Buchwertreduzierung EUR 300).

Auch im Rahmen von Auf- bzw. Abspaltungen kann es zu einem Übernah- 95 mefolgegewinn aufgrund der Konfusion von Forderung und Verbindlichkeit kommen (§ 12 Abs. 4), zu Einzelheiten siehe bei § 12 Rdn. 270 ff.

c) Eintritt in die steuerlichen Rechtspositionen der übertragenden Gesellschaft

Bei einer Spaltung gehen zivilrechtlich die im Spaltungsvertrag bestimmten 96 Wirtschaftsgüter im Wege der Gesamtrechtsnachfolge (Sonderrechtsnachfolge) auf den übernehmenden Rechtsträger über (vgl. § 131 UmwG). Dies führt aber nicht automatisch dazu, dass der übernehmende Rechtsträger auch für steuerliche Zwecke in die jeweilige Rechtsposition (AfA, Besitzzeit etc.) des Rechtsvorgängers tritt.[155] Hierfür bedarf es einer gesetzlichen Anordnung wie in § 12 Abs. 3, die auch für Spaltungen entsprechend gilt.

Bei der Auf- und Abspaltung ist jedoch zu beachten, dass die Regelung nur objektbezogen gilt und folglich der übernehmende Rechtsträger nur hinsichtlich des auf ihn übertragenen Vermögens in die Rechtsposition des übertragenden Rechtsträgers eintritt.[156]

Entsprechend §§ 12 Abs. 3, 4 Abs. 2 gehen *verrechenbare Verluste, verblei-* 97 *bende Verlustvorträge* oder bei der übertragenden Körperschaft nicht ausgeglichene negative Einkünfte, ein Zinsvortrag nach § 4 h Abs. 1 S. 5 EStG, ein EBITDA-Vortrag nach § 4 h Abs. 1 S. 3 EStG nicht auf die übernehmende Körperschaft über sondern unter (siehe Kommentierung zu § 12 Rdn. 194 ff.).

---

154 Vgl. *Schumacher* in Rödder/Herlinghaus/van Lishaut, § 15 Rdn. 86; *Dötsch/Pung* in Dötsch/Patt/Pung/Möhlenbrock, § 15 Rdn. 241; *Thiel*, DStR 1995, 276 (279 f.).
155 Vgl. *Hörtnagl* in Schmitt/Hörtnagl/Stratz, § 15 Rdn. 272.
156 Vgl. *Schumacher* in Rödder/Herlinghaus/van Lishaut, § 15 Rdn. 87.

Im Falle der *Abspaltung* ist § 15 Abs. 3 die speziellere Regelung. Die verbleibenden Verlustvorträge werden beim übertragenden Rechtsträger nur anteilig gemindert, zu den Einzelheiten vgl. Rdn. 162 ff.

3. Entsprechende Anwendung des § 13 beim Anteilseigner des übertragenden Rechtsträgers

a) Anschaffungs- und Veräußerungsfiktion

98 § 13 Abs. 1 fingiert die Veräußerung der Anteile an der übertragenden Körperschaft – unabhängig von einer Steuerverstrickung – und den Erwerb der Anteile an der übernehmenden Körperschaft, jeweils zum gemeinen Wert (Anschaffungs- und Veräußerungsfiktion). Ein abweichender Buchwertansatz ist nur unter der Voraussetzung des Teilbetriebserfordernisses (§§ 15 Abs. 1 S. 2, 13 Abs. 2) möglich, siehe hierzu Rdn. 25 ff.

Nach früherer Rechtslage, vor Änderung durch das SEStEG, waren bei fehlendem Teilbetriebserfordernis die §§ 11–13 insgesamt nicht anwendbar und die Spaltung wurde steuerlich als Liquidation behandelt (siehe Rdn. 25). Diese Änderung kann insbesondere bei beschränkt steuerpflichtigen Gesellschaftern von Bedeutung sein, da im DBA-Fall Deutschland anders als bei Ausschüttungen (Art. 10 Abs. 2 OECD-MA), bei der Veräußerung regelmäßig kein Besteuerungsrecht zusteht (Art. 13 Abs. 5 OECD-MA).

99 Bei Aufspaltungen werden die Anteilsinhaber der übertragenden Körperschaft i. d. R. Anteile an zwei oder mehr übernehmenden Körperschaften erhalten. Mangels gesetzlicher Regelung erfolgt die Aufteilung der Anschaffungskosten auf die einzelnen neuerworbenen Anteile im Verhältnis nach dem gemeinen Wert der jeweiligen Anteile.[157] Nach Ansicht der Finanzverwaltung richtet sich die Aufteilung vorrangig nach dem festgelegten Umtauschverhältnis im Spaltungsvertrag bzw. Spaltungsplan und nur subsidiär nach dem gemeinen Wert des übergangenen Vermögens.[158]

Im Fall der Abspaltung kommt die Anschaffungs- und Veräußerungsfiktion des § 13 Abs. 1 nur in Bezug auf den abgespaltenen Teil zur Anwendung. Erhält ein Anteilsinhaber im Rahmen einer nichtverhältniswahrenden Spaltung zusätzliche Anteile an der übertragenden Körperschaft, ist die Anschaffungsfiktion des § 13 Abs. 1 nach dem Sinn und Zweck trotz der Einschränkung durch den Wortlaut auf „Anteile an der übernehmenden Körperschaft" entsprechend anwendbar.[159]

b) Steuerliches Einlagekonto § 27 KStG

100 Eine Auf- und Abspaltung einer unbeschränkt steuerpflichtigen Körperschaft erfordert zum steuerlichen Übertragungsstichtag eine Anpassung des Bestandes des steuerlichen Einlagekontos. Dieses muss auf die übernehmenden bzw. im Fall der Abspaltung zwischen dem übertragenden und den übernehmenden Rechtsträgern aufgeteilt werden. Die Regelungen hierzu

157 Vgl. *Hörtnagl* in Schmitt/Hörtnagl/Stratz, § 15 Rdn. 291 f.
158 Tz. 15.43 UmwStE 2011.
159 Vgl. *Hörtnagl* in Schmitt/Hörtnagl/Stratz, § 15 Rdn. 295; a. A. *Ruoff/Beutel*, DStR 2015, 609 (614); *Schumacher* in Rödder/Herlinghaus/van Lishaut, § 15 Rdn. 94.

sind nicht im UmwStG, sondern in § 29 KStG enthalten. In einem dreistufigen Verfahren ist das steuerliche Einlagekonto auf den übernehmenden Rechtsträger überzuleiten.

In einem ersten Schritt wird nach § 29 Abs. 1 KStG das Nennkapital des   *101* übertragenden Rechtsträgers in vollem Umfang herabgesetzt und dem steuerlichen Einlagekonto gutgeschrieben, soweit es nicht durch die Umwandlung sonstiger Gewinnrücklagen entstanden ist.

Im Zweiten Schritt erfolgt gem. § 29 Abs. 3 KStG die Aufteilung des steuer   *102* lichen Einlagekontos der übertragenden Körperschaft auf die übernehmenden Körperschaften im Verhältnis der übergehenden Vermögensteile zu dem bei der übertragenden Körperschaft vor dem Übergang bestehenden Vermögen. Hierbei ist vorrangig auf das Umtauschverhältnis im Spaltungsund Übernahmevertrag abzustellen und nur, soweit dies unzutreffend, auf das Verhältnis der gemeinen Werte (§ 29 Abs. 3 S. 1 HS 2 und S. 2 KStG). Korrespondierend mit der Verringerung des steuerlichen Einlagekontos der übertragenden Körperschaft erhöht sich das steuerliche Einlagekonto der übernehmenden Körperschaft. Bei einer Auf- bzw. Abwärtsspaltung ist zusätzlich § 29 Abs. 3 S. 3 KStG zu beachten, der eine Doppelerfassung verhindert.

Im letzten Schritt erfolgt gem. § 29 Abs. 4 KStG die Anpassung des Nenn-   *103* kapitals und ggf die Neubildung bzw. Anpassung eines Sonderausweises bei den an der Spaltung beteiligten Rechtsträgern. Danach gilt der Bestand des steuerlichen Einlagekontos als vorrangig für die Bildung des Nennkapitals verwendet und mindert sich entsprechend.

II. Wahlrecht des § 11 Abs. 2 und § 13 Abs. 2

1. Entsprechende Anwendung des § 11 Abs. 2

Auf Antrag können die übergehenden Wirtschaftsgüter in der steuerlichen   *104* Schlussbilanz des übertragenden Rechtsträgers abweichend vom gemeinen Wert auch einheitlich mit dem Buchwert (Buchwertfortführung) oder einem Zwischenwert angesetzt werden. Nach § 11 Abs. 2 kommt ein Ansatzwahlrecht nur in Betracht, wenn

- die Besteuerung der stillen Reserven bei der übernehmenden Körperschaft sichergestellt ist (§ 11 Abs. 2 S. 1 Nr. 1),
- das Besteuerungsrecht Deutschlands hinsichtlich der Besteuerung des Veräußerungsgewinns der übertragenen Wirtschaftsgüter nicht beschränkt oder ausgeschlossen wird (§ 11 Abs. 2 S. 1 Nr. 2), und
- eine Gegenleistung nicht gewährt wird oder in Gesellschaftsrecht besteht (§ 11 Abs. 2 S. 1 Nr. 3).

Neben den in § 11 Abs. 2 genannten Voraussetzungen sind für die Buchwertfortführung aber zusätzlich auch das Teilbetriebserfordernis (§ 15 Abs. 1 S. 2) und die Missbrauchsvorschriften (§ 15 Abs. 2) zu beachten. Die letzten beiden Voraussetzungen wurden bereits an anderer Stelle kommentiert, insoweit sei auf die Rdn. 76 ff. (Teilbetriebserfordernis) und Rdn. 110 ff. (Missbrauchsvorschriften) verwiesen. Auch bezüglich der (allgemeinen) Voraussetzungen des

§ 11 Abs. 2 sei auf die Kommentierung zu § 11 Rdn. 87 ff. verwiesen. Daneben ergeben sich aber auch spaltungsspezifische Besonderheiten.

a) Besonderheiten bei der Ausübung des Wahlrechts

105 Anders als bei der Verschmelzung wird bei der Spaltung das Vermögen nicht in einem Rechtsträger zusammengeführt, sondern auf mehrere Rechtsträger aufgeteilt. Es stellt sich daher die Frage, ob das Wahlrecht für jeden Teilbetrieb einzeln oder einheitlich für alle Teilbetriebe auszuüben ist. Auch wenn der Gesetzeswortlaut des § 11 Abs. 2 von „einheitlich" spricht, sind bei der Verweisung die spaltungsspezifischen Besonderheiten zu beachten und das Wahlrecht zwar einheitlich für alle dem Teilbetrieb zuordenbare Wirtschaftsgüter, aber doch einzeln für jeden Teilbetrieb auszuüben. Das Einzelwahlrecht je Teilbetrieb gilt selbst dann, wenn mehrere Teilbetriebe auf denselben übernehmenden Rechtsträger übergehen.[160]

Im Fall der Abspaltung ist für das verbleibende Vermögen jedoch der zwingende Buchwertansatz zu beachten, ein Wahlrecht hinsichtlich des nichtübertragenen Vermögens besteht nicht (vgl. Rdn. 88).

b) Besonderheiten bei der Gegenleistung

106 In der Literatur ist die Beurteilung bei einer Neuordnung der Beteiligungsverhältnisse im Rahmen der *nichtverhältniswahrenden Spaltung* (Rdn. 9 f.) umstritten. Eine Literaturansicht geht davon aus, dass die Gewährung von Gesellschaftsrechten an der übertragenden Körperschaft oder die Erhöhung der Beteiligungsquote durch Wegfall anderer Anteile eine schädliche Gegenleistung darstellt.[161] Die h.M. hingegen sieht in der Neuordnung der Beteiligungsverhältnisse keine schädliche Gegenleistung, solange die Gewährung der Anteile eine unmittelbare Wirkung der Abspaltung gem. §§ 126 Abs. 1 Nr. 10, 131 Abs. 1 Nr. 3 UmwG ist.[162]

107 Teilübertragungen im Rahmen der §§ 174 ff. UmwG werden ebenfalls von § 15 Abs. 1 erfasst. Eine Buchwertfortführung scheidet jedoch regelmäßig aus, da bereits gemäß der Definition in § 174 Abs. 2 UmwG bei der Teilübertragung die Gegenleistung gerade nicht in Gesellschaftsrechten besteht und folglich gem. § 11 Abs. 2 S. 1 Nr. 3 schädlich ist.

c) Erweiterte Wertaufholung bei der Abwärtsspaltung

108 Nach § 11 Abs. 2 S. 2 sind vorhandene Anteile des übernehmenden Rechtsträgers in der Schlussbilanz des übertragenden Rechtsträgers bei der Buchwertfortführung um etwaige in der Vergangenheit vorgenommene steuerwirksame Abschreibungen bzw. Abzüge nach § 6b EStG bis maximal zur Höhe des gemeinen Werts zu korrigieren. Die Regelung führt bei Verschmelzungsvorgängen, bei denen der übertragende Rechtsträger unter-

---

160 Vgl. *Dötsch/Pung* in Dötsch/Patt/Pung/Möhlenbrock, § 15 Rdn. 218; *Klingberg* in Blümich, § 15 Rdn. 78; *Hörtnagl* in Schmitt/Hörtnagl/Stratz, § 15 Rdn. 249 ff. (m.w.N.); *Sagasser/Schöneberger* in Sagasser/Bula/Brünger, § 20 Rdn. 34.
161 Vgl. *Haritz/Wagner*, DStR 1997, 181 (183); *Rogall*, DB 2006, 66 (68).
162 Vgl. Tz. 15.44 UmwStE 2011; *Schumacher* in Rödder/Herlinghaus/van Lishaut, § 15 Rdn. 184; *Hörtnagl* in Schmitt/Hörtnagl/Stratz, § 15 Rdn. 257 (m.w.N.).

geht, zur letztmalig möglichen Rückgängigmachung der steuerwirksamen Abschreibung. Fraglich ist allerdings, ob diese Regelung auf Spaltungen entsprechend anwendbar ist. Für den Fall der Abwärts*auf*spaltung wird dies bejaht, da der übertragende Rechtsträger untergeht. Im Fall der Abwärts*ab*spaltung wird die entsprechende Anwendung der Norm aber zutreffend abgelehnt, da der übertragende Rechtsträger, anders als bei einer Verschmelzung, weiterhin bestehen bleibt.[163]

2. Entsprechende Anwendung des § 13 Abs. 2

Nach § 13 Abs. 2 kann der Anteilseigner die Anteile auch zum Buchwert   *109* (ohne Aufdeckung der stillen Reserven) ansetzen. Der Ansatz des Buchwertes ist nach § 13 Abs. 2 aber nur möglich, wenn

– das Besteuerungsrecht Deutschlands hinsichtlich der Besteuerung des Veräußerungsgewinns der Anteile an der übernehmenden Körperschaft nicht beschränkt oder ausgeschlossen wird (§ 13 Abs. 2 S. 1 Nr. 1), oder
– Art. 8 FusionsRL anzuwenden ist (§ 13 Abs. 2 S. 1 Nr. 2).

Zu den Einzelheiten siehe Kommentierung zu § 13 Rdn. 30 ff.

Weitere Voraussetzung für das Ansatzwahlrecht ist, dass das Teilbetriebserfordernis des § 15 Abs. 1 S. 2 erfüllt ist. Die Missbrauchsvorschriften (§ 15 Abs. 2) schränken das Wahlrecht des Anteilseigners nicht ein. Diese sind nur auf Ebene der übertragenden Körperschaft zu beachten, vgl. Rdn. 104.

G. Missbrauchstatbestand des § 15 Abs. 2

§ 15 Abs. 3 a.F. enthält gesetzliche Missbrauchsbestimmungen, bei deren   *110* Erfüllung eine Spaltung nicht steuerneutral durchgeführt werden kann. Durch das SEStEG ist die Vorschrift inhaltlich unverändert geblieben. Sie ist lediglich von Abs. 3 in Abs. 2 überführt worden. Die im Regierungsentwurf vorgesehene Neufassung der sog. Nachspaltungsveräußerungssperre und der Trennung von Gesellschafterstämmen wurde nicht umgesetzt.

I. Missbräuchlicher Anteilserwerb (§ 15 Abs. 2 S. 1)

Nach § 15 Abs. 2 S. 1 kann eine Spaltung bei fiktiven Teilbetrieben nicht zu   *111* Buchwerten durchgeführt werden, wenn diese durch Übertragung von Wirtschaftsgütern, die kein Teilbetrieb sind, erworben oder aufgestockt wurden. Hierdurch soll die Umgehung der Teilbetriebsvoraussetzung des § 15 Abs. 1 S. 2 verhindert werden, dass bspw. vor Spaltung

– wertvolle Einzelwirtschaftsgüter, die keinen Teilbetrieb darstellen, steuerneutral in eine PersG eingelegt werden und i.R.e. Spaltung steuerneutral übertragen werden oder

---

163 Vgl. *Hörtnagl* in Schmitt/Hörtnagl/Stratz, § 15 Rdn. 260.

– eine Mehrheitsbeteiligung an einer KapG durch Einbringung steuerneutral in eine KapG in eine 100 %ige KapG-Beteiligung steuerneutral eingebracht wird, um einen fiktiven Teilbetrieb zu gestalten.

Dabei verneint § 15 Abs. 2 S. 1 nicht die Teilbetriebseigenschaft der erworbenen oder aufgestockten Mitunternehmeranteile und KapG-Beteiligungen. Vielmehr versagt die Vorschrift die Buchwertfortführung nach § 11 Abs. 2.[164]

112 Da die Definition von fiktiven Teilbetrieben in § 15 Abs. 1 S. 3 eine Begünstigung darstellt, welche über die Bestimmungen der Fusionsrichtlinie hinausgeht, verstößt auch die Missbrauchsvorschrift des § 15 Abs. 2 S. 1 nicht gegen die Fusionsrichtlinie. Der Gesetzgeber war in der Ausgestaltung der Norm insoweit frei.[165]

113 Die Regelung betrifft ausdrücklich nur fiktive Teilbetriebe. Dies sind nach § 15 Abs. 1 S. 3 Mitunternehmeranteile und die Beteiligung an einer KapG, die das gesamte Nennkapital umfasst. Auf Rdn. 67 ff. wird verwiesen. Echte Teilbetriebe sind von dieser Vorschrift nicht umfasst. Insoweit steht es dem Steuerpflichtigen frei, Einzelwirtschaftsgüter, welche zum neutralen Vermögen zählen, im Vorfeld einer Spaltung einem echten Teilbetrieb zuzuordnen. Es wird jedoch auf Rdn. 62 ff. verwiesen.

114 Fraglich ist, ob die Missbrauchsvorschrift auch auf fiktive Teilbetriebe Anwendung findet, die i.R.e. Spaltung wesentliche Betriebsgrundlage eines echten Teilbetriebs darstellen. *Hörtnagl* legt die Vorschrift in diesem Sinne aus, da Mitunternehmeranteile und 100 %ige Beteiligungen an KapG nach § 15 Abs. 1 S. 3 stets als Teilbetriebe gelten und somit stets isoliert übertragen werden können, auch wenn sie wesentliche Betriebsgrundlage eines echten Teilbetriebs sind.[166] Dem ist nicht zuzustimmen. Soweit fiktive Teilbetriebe als wesentliche Betriebsgrundlage eines echten Teilbetriebs übertragen werden, kommt es auf die Qualifikation als fiktiven Teilbetrieb nicht an.[167] Insoweit besteht keine Notwendigkeit für das Erzeugen fiktiver Teilbetriebe vor der Spaltung. Das für die Übertragung echter Teilbetriebe gewährte Wertansatzwahlrecht überlagert nach h.M. in diesem Fall die Missbrauchsvorschrift des § 15 Abs. 2 S. 1.[168]

115 Die von § 15 Abs. 2 S. 1 erfassten fiktiven Teilbetriebe müssen übertragen werden. Das Zurückbehalten von erworbenen oder aufgestockten fiktiven Teilbetrieben ist nach h.M. unschädlich und schließt das Bewertungswahlrecht des § 11 Abs. 2 nicht aus.[169] Dies widerspricht der Meinung der Finanzverwaltung, welche die Vorschrift sowohl auf übertragene als auch auf zurückbleibende Teilbetriebe anwenden will.[170] U.E. ist der h.M. zuzustim-

---

164 *Asmus* in Haritz/Menner, § 15 Rdn. 117.
165 *Schießl* in Rödder/Herlinghaus/van Lishaut, § 15 Rdn. 195.
166 *Hörtnagl* in Schmitt/Hörtnagl/Stratz, § 15 Rdn. 120.
167 In diese Richtung Tz. 15.06 UmwStE 2011.
168 *Dötsch/Pung* in Dötsch/Patt/Pung/Möhlenbrock, § 15 Rdn. 104; *Schießl* in Rödder/Herlinghaus/van Lishaut, § 15 Rdn. 193.
169 *Asmus* in Haritz/Menner, § 15 Rdn. 118; *Hörtnagl* in Schmitt/Hörtnagl/Stratz, § 15 Rdn. 121 (m.w.N.); a.A. *Dötsch/Pung* in Dötsch/Patt/Pung/Möhlenbrock, § 15 Rdn. 103.
170 Tz. 15.17 UmwStE 2011.

men, da § 11 Abs. 2 das Bewertungswahlrecht nur für den übertragenen Teil des Vermögens einräumt („übergehende Wirtschaftsgüter") und § 15 Abs. 2 S. 1 sich ausdrücklich auf § 11 Abs. 2 bezieht. Eine durch den Gesetzgeber anders favorisierte Lösung wurde im Gesetzeswortlaut nicht umgesetzt.

1. Erwerb oder Aufstockung der Beteiligung durch Übertragung von Wirtschaftsgütern

Keinen Teilbetrieb darstellende Wirtschaftsgüter sind grds. sämtliche Einzel-   *116* wirtschaftsgüter, soweit sie in ihrer Gesamtheit nicht die Teilbetriebseigenschaft erfüllen.

Der Erwerb einer Beteiligung umfasst die erstmalige Begründung derselben. Im Falle einer Aufstockung werden zu einer bestehenden Beteiligung weitere Anteile hinzuerworben. Dabei ist eine Aufstockung nicht ausschließlich eine prozentuale Aufstockung der Beteiligungsquote. Auch die volumenmäßige Aufstockung einer 100 %igen Beteiligung ist eine schädliche Aufstockung i.S.d. § 15 Abs. 3 S. 1.[171]

Ein Erwerb oder eine Aufstockung im Sinne dieser Vorschrift kann jedoch nur dann vorliegen, wenn die Gegenleistung für die Übertragung von Einzelwirtschaftsgütern in der Gewährung von Gesellschaftsrechten besteht. Insoweit ist bspw. der Erwerb von Einzelwirtschaftsgütern durch Begründung einer Mitunternehmerschaft oder durch Beteiligung an einer KapG von der übertragenden Körperschaft unschädlich.[172] Weiterhin unschädlich ist die erstmalige Begründung oder Aufstockung einer Beteiligung durch entgeltlichen oder unentgeltlichen Erwerb (bspw. Schenkung oder Erbfall) eines echten fiktiven Teilbetriebs oder der Beteiligung selbst oder eines Teils davon.[173] Unschädlich ist weiterhin, soweit der Erwerb oder die Aufstockung auf der Zuführung durch einen Dritten beruht.

Beispiel:[174]   *117*

Eine GmbH 1 ist zu 60 % an der GmbH 2 beteiligt. Weitere 40 % der Anteile an der GmbH 2 werden von einem Anteilseigner der GmbH 1 nach § 21 zum Buchwert in die GmbH 1 eingebracht. Danach ist die GmbH 1 zu 100 % an der GmbH 2 beteiligt. Der Vorgang ist nicht schädlich i.S.d. § 15 Abs. 2 S. 1, da die Aufstockung nicht auf einer Zuführung eines Wirtschaftsguts durch die GmbH 1 an die GmbH 2, sondern auf der Zuführung durch einen Dritten (Gesellschafter der GmbH 1) beruht.

Unklar ist, ob als Erwerb oder Aufstockung i.S.d. § 15 Abs. 2 S. 1 auch eine   *118* vor Spaltung vorgenommene Umwandlung angesehen werden kann, wenn hierdurch die fiktive Teilbetriebsvoraussetzung geschaffen wird.

---

171 *Dötsch/Pung* in Dötsch/Patt/Pung/Möhlenbrock, § 15 Rdn. 106.
172 *Hörtnagl* in Schmitt/Hörtnagl/Stratz, § 15 Rdn. 125; *Dötsch/Pung* in Dötsch/Patt/ Pung/Möhlenbrock, § 15 Rdn. 106.
173 Tz. 15.20 UmwStE 2011; *Schießl* in Rödder/Herlinghaus/van Lishaut, § 15 Rdn. 200; *Dötsch/Pung* in Dötsch/Patt/Pung/Möhlenbrock, § 15 Rdn. 108.
174 Tz. 15.19 UmwStE 2011.

Beispiel:[175]

Anteilseigner halten zu je 50 % die Anteile an der X-GmbH. Vor Spaltung wird die X-GmbH in eine oHG formgewechselt. Anstelle der nicht abspaltbaren hälftigen KapG-Anteile halten die Gesellschafter nun Mitunternehmeranteile und somit spaltungsfähige, fiktive Teilbetriebe.

U.E. erfüllt der Formwechsel nicht die Voraussetzungen des § 15 Abs. 2 S. 1. Es mag dahin gestellt bleiben, ob die fiktive Vermögensübertragung für steuerliche Zwecke i.R.d. Formwechsels eine Gewährung von Gesellschaftsrechten und somit einen Erwerb oder eine Aufstockung darstellt, denn es fehlt an der notwendigen Übertragung von Einzelwirtschaftsgütern. Das Vermögen der formgewechselten GmbH wird regelmäßig die Voraussetzung eines Teilbetriebs erfüllen.[176]

119   Bei KapG liegt eine Übertragung von Einzelwirtschaftsgütern gegen Gewährung von Gesellschaftsrechten nur im Falle einer sog. Sachgründung oder Sachkapitalerhöhung vor. Die unentgeltliche Übertragung im Wege der verdeckten Einlage ist dagegen unschädlich und eröffnet nicht den Anwendungsbereich des § 15 Abs. 2 S. 1.[177]

120   Bei Mitunternehmeranteilen geht die Finanzverwaltung dagegen davon aus, dass sowohl die verdeckte Einlage ins Gesamthandsvermögen als auch die Übertragung von Einzelwirtschaftsgütern ins Sonderbetriebsvermögen schädlich i.S.d. Vorschrift sei, da jede Einlage von Wirtschaftsgütern, die stille Reserven enthalten, zu einer Aufstockung der Beteiligung führe.[178] Dies ist u.E. unzutreffend. Soweit eine verdeckte Einlage ins Gesamthandsvermögen erfolgt, werden hierfür, ebenso wie bei KapG, gerade keine Gesellschaftsrechte gewährt. Es erfolgt lediglich eine Erhöhung des Kapitalkontos II, welches keine Gesellschaftsrechte vermittelt.[179] Auch eine Überführung von Einzelwirtschaftsgütern ins Sonderbetriebsvermögen schließt u.E. die Anwendung des § 15 Abs. 2 S. 1 aus. Es fehlt bereits an dem notwendigen Wechsel des zivilrechtlichen Eigentümers. Darüber hinaus werden durch die Überführung keine Gesellschaftsrechte gewährt. Die vermögensmäßige Aufstockung des Mitunternehmeranteils muss, analog der Behandlung bei Anteilen an KapG, unbeachtlich bleiben.[180]

121   Grds. ist es unbeachtlich, ob der Erwerb oder die Aufstockung durch Übertragung von Einzelwirtschaftsgütern steuerneutral erfolgt. Soweit die Übertragung jedoch unter Aufdeckung von stillen Reserven erfolgt, fehlt der Missbrauchsgedanke des § 15 Abs. 2 S. 1. Die steuerneutrale Übertragung von Wirtschaftsgütern durch Schaffung von oder durch Zuordnung zu fiktiven Teilbetrieben muss nicht mehr sanktioniert werden, da die stillen Reserven

---

175 *Dötsch/Pung* in Dötsch/Patt/Pung/Möhlenbrock, § 15 Rdn. 111.
176 *Widmann* in Widmann/Mayer, § 15 Rdn. 190; a.A. *Dötsch/Patt* in Dötsch/Patt/ Pung/Möhlenbrock, § 15 Rdn. 111.
177 *Schießl* in Rödder/Herlinghaus/van Lishaut, § 15 Rdn. 204.
178 Tz. 15.18 UmwStE 2011; so auch *Dötsch/Pung* in Dötsch/Patt/Pung/Möhlenbrock, § 15 Rdn. 109.
179 So auch *Widmann* in Widmann/Mayer, § 15 Rdn. 179, 182; *Beutel*, SteuK 2012, 1, 4.
180 *Hörtnagl* in Schmitt/Hörtnagl/Stratz, § 15 Rdn. 127; *Schießl* in Rödder/Herling- haus/van Lishaut, § 15 Rdn. 199, 204; Schmitt, DStR 2011, 1108 (1111).

bereits vor Spaltung der Besteuerung unterlagen. Gleiches gilt für Wirtschaftsgüter, welche keine stillen Reserven aufweisen. Auch die Finanzverwaltung geht von einer teleologischen Reduktion der Vorschrift aus, da diese nur bei Einlage von Wirtschaftsgütern anzuwenden ist, wenn in diesen nicht oder nicht in vollem Umfang aufgedeckte stille Reserven enthalten sind.[181]

2. Dreijahreszeitraum

Eine missbräuchliche Gestaltung liegt nur vor, soweit der Erwerb oder die Aufstockung innerhalb von drei Jahren vor dem steuerlichen Übertragungsstichtag erfolgt ist. Dabei kommt es nicht auf den Zeitpunkt der Übertragung der Wirtschaftsgüter, sondern auf den Erwerb der als Gegenleistung gewährten Gesellschaftsrechte bzw. auf das zivilrechtliche Entstehen der Beteiligung an. *122*

Bei Einbringung von Wirtschaftsgütern in eine KapG gegen Gewährung von Gesellschaftsrechten ist dies regelmäßig die Eintragung der Kapitalerhöhung bzw. die Neueintragung der Gesellschaft ins Handelsregister. Im Falle der Einbringung von Wirtschaftsgütern in eine PersG erfolgt keine Eintragung ins Handelsregister. Maßgebend ist daher der Zeitpunkt, zu dem die Überträgerin die Gesellschaftsrechte nach dem Gesellschaftsvertrag erwirbt.[182]

Die Fristberechnung erfolgt nach § 108 AO i.V.m. §§ 187 Abs. 1, 188 Abs. 2 BGB. Vom Datum des steuerlichen Übertragungsstichtages ist somit drei Jahre zurückzurechnen.[183] *123*

3. Rechtsfolgen

Sind die Voraussetzungen des § 15 Abs. 2 S. 1 erfüllt, wird die Buchwertfortführung gem. § 11 Abs. 2 versagt. Die Bewertung erfolgt zum gemeinen Wert (§ 11 Abs. 1). *124*

Nach wohl h.M. gilt die Versagung der Buchwertfortführung nur für die fiktiven Teilbetriebe, welche die Voraussetzungen des § 15 Abs. 2 S. 1 nicht erfüllen. Im Übrigen, d.h. insbesondere für echte Teilbetriebe und andere fiktive Teilbetriebe, die nicht von § 15 Abs. 2 S. 1 erfasst sind, bleibt das Wahlrecht des Buchwert- oder Zwischenwertansatzes nach § 11 Abs. 2 erhalten. Eine Klarstellung durch die Finanzverwaltung wäre wünschenswert.[184]

Da § 15 Abs. 2 S. 1 lediglich die Anwendung des § 11 Abs. 2 versagt, bleiben die restlichen Vorschriften der §§ 11 bis 13 weiterhin anwendbar. Insbesondere bleibt auch die Ebene der Anteilseigner unberührt.[185]

---

181 Tz. 15.16 UmwStE 2011; *Beutel*, SteuK 2012, 1, 4.
182 *Hörtnagl* in Schmitt/Hörtnagl/Stratz, § 15 Rdn. 130; *Widmann* in Widmann/Mayer, § 15 Rdn. 207.
183 *Schießl* in Rödder/Herlinghaus/van Lishaut, § 15 Rdn. 206.
184 *Hörtnagl* in Schmitt/Hörtnagl/Stratz, § 15 Rdn. 131; unklar Tz. 15.21 UmwStE 2011.
185 Tz. 15.21 UmwStE 2011; *Dötsch/Pung* in Dötsch/Patt/Pung/Möhlenbrock, § 15 Rdn. 112.

II. Kein Vollzug einer Veräußerung
(§ 15 Abs. 2 S. 2 bis 4)

125 § 15 Abs. 2 S. 2 bis 4 sanktioniert die Übertragung von Vermögen an außenstehende Personen i.R.d. Spaltung. Die Sätze enthalten dabei zwei unterschiedliche Missbrauchsvorschriften:

– Nach § 15 Abs. 2 S. 2 ist es schädlich, wenn durch die Spaltung die Veräußerung an außenstehende Personen vollzogen wird.

– § 15 Abs. 2 S. 3 und S. 4 verbietet, wenn durch die Spaltung die Voraussetzungen für eine Veräußerung geschaffen werden. Hiervon ist auszugehen, wenn innerhalb von fünf Jahren nach Spaltung Anteile an einer an der Spaltung beteiligten Körperschaft veräußert werden, die mehr als 20 % des Vermögens vor Spaltung ausmachen.

Die Regelungen wollen verhindern, dass eine ggf. steuerpflichtige Veräußerung von Teilbetrieben durch die übertragende Gesellschaft umgangen wird, indem zunächst steuerneutral eine Spaltung vollzogen wird und im Zuge der Spaltung bzw. nach Spaltung Vermögen ggf. steuergünstiger an den Erwerber übertragen wird.

In beiden Fällen wird die Anwendung des § 11 Abs. 2 versagt.

Die Vorschriften sind in vielerlei Hinsicht unklar formuliert und wurden auch i.R.d. SEStEG nicht konkretisiert.

1. Veräußerung an außenstehende Personen nach § 15 Abs. 2 S. 2

126 § 15 Abs. 2 S. 2 behandelt die Veräußerung an außenstehende Personen i. R. d. Spaltung selbst. Anders als bei § 15 Abs. 2 S. 3 und S. 4 kommt hierbei weder die Fünfjahresfrist noch die 20 %ige Vermögensgrenze zur Anwendung. Schädlich soll jede Veräußerung sein.

In der Literatur ist umstritten, ob § 15 Abs. 2 S. 2 überhaupt einen eigenen Anwendungsbereich hat. Für die Beantwortung dieser Frage ist die Auslegung der Begriffe „Veräußerung" und „außenstehende Personen" von entscheidender Bedeutung.

a) Veräußerung

127 Nicht eindeutig geregelt ist, welche Veräußerung welchen Vermögens gem. § 15 Abs. 2 S. 2 schädlich ist. In Frage kommen sowohl die Veräußerung der Anteile an der übertragenden oder der übernehmenden Gesellschaft, sowie die Veräußerung von Betriebsvermögen durch eine oder beide Gesellschaften. Nach dem Sinn und Zweck der Norm sowie aus dem Sinnzusammenhang mit § 15 Abs. 2 S. 4 soll sich jedoch ergeben, dass die Veräußerung von Anteilen an der übertragenden oder der übernehmenden Gesellschaft gemeint ist. Die Veräußerung des Betriebsvermögens selbst kann u.E. nicht bzw. nur indirekt gemeint sein, da zwar durch die Spaltung stets Betriebsvermögen übertragen wird, dies jedoch durch die neu entstehenden Anteile repräsentiert wird.[186] Für den Veräußerungsbegriff wird weiter auf Rdn. 138 ff. verwiesen.

Durch die Spaltung muss die Veräußerung vollzogen werden. Der Spal- **128**
tungsvorgang selbst ist aber keine Veräußerung. Eine Veräußerung im eigentlichen Sinne kann somit durch die Spaltung nicht vollzogen werden.
§ 15 Abs. 2 S. 2 ist daher dahingehend auszulegen, dass durch die Spaltung
nicht eine Veräußerung umgangen werden darf.[187] Die Spaltung muss weiterhin ursächlich für die Veräußerung sein. Besteht lediglich ein zeitlicher
Zusammenhang zwischen der Spaltung und der Anteilsveräußerung, ist der
Anwendungsbereich des § 15 Abs. 2 S. 2 nicht eröffnet.[188] Jedoch kann § 15
Abs. 2 S. 3 einschlägig sein, sofern die Veräußerung nach Spaltung erfolgt
(vgl. Rdn. 136 ff.).

b) Außenstehende Personen

Der Begriff der außenstehenden Personen ist weder in § 15 selbst noch im **129**
UmwStE 2011 erläutert. Einigkeit besteht darüber, dass die Auslegung des
Begriffs sich weder an § 304 AktG orientiert noch als Umkehr des Begriffs
der nahestehenden Personen nach § 1 Abs. 2 AStG zu verstehen ist.[189]

Heftig umstritten ist, ob außenstehende Personen solche sind, die vor der
Spaltung

– weder an der übertragenden noch an der übernehmenden Körperschaft
  oder

– nicht an der übertragenden, jedoch an der übernehmenden Körperschaft
  beteiligt waren

und nach Spaltung Anteilseigner beider Gesellschaften sind.

Bei beiden Alternativen kommt es nicht auf die Beteiligungshöhe an. Ausschlaggebend ist alleine die Beteiligung dem Grunde nach.

Unschädlich sind laut Finanzverwaltung Veräußerungen innerhalb verbun- **130**
dener Unternehmen i.S.d. § 271 Abs. 2 HGB oder juristischer Personen des
öffentlichen Rechts einschließlich ihrer Betriebe gewerblicher Art. Aller-
dings gilt dies nur dann, wenn im Anschluss an die Umstrukturierung im
Konzern keine unmittelbare oder mittelbare Veräußerung an außenstehende
Personen stattfindet. Tz. 15.26 UmwStE 2011 ist als Billigkeitsmaßnahme der
Finanzverwaltung auszulegen, mit welcher der Begriff der außenstehenden
Personen eingegrenzt wird.[190]

Die Verbundenheit muss zwischen den Personen bestehen, zwischen denen
die Anteile übertragen werden. Eine Verbundenheit muss dagegen nicht
zwischen übertragender und übernehmender Körperschaft oder zwischen
der Überträgerin und ihren Gesellschaftern oder der Übernehmerin und ih-

---

186 Tz. 15.28 UmwStE 2011; *Dötsch/Pung* in Dötsch/Patt/Pung/Möhlenbrock, § 15
    Rdn. 140; a.A. *Widmann* in Widmann/Mayer, § 15 Rdn. 223.
187 *Sagasser/Schöneberger* in Sagasser/Bula/Brünger, § 20 Rn. 48; *Hörtnagl* in
    Schmitt/Hörtnagl/Stratz, § 15 Rdn. 139.
188 *Asmus* in Haritz/Menner, § 15 Rdn. 150; *Dötsch/Pung* in Dötsch/Patt/Pung/Möh-
    lenbrock, § 15 Rdn. 153.
189 *Asmus* in Haritz/Menner, § 15 Rdn. 152; *Widmann* in Widmann/Mayer, § 15
    Rdn. 240.
190 *Widmann* in Widmann/Mayer, § 15 Rdn. 242.

ren Anteilseignern bestehen.[191] Weiterhin darf der Begriff des verbundenen Unternehmens i.S.d. § 271 Abs. 2 HGB nicht zu eng ausgelegt werden. Nach § 271 Abs. 2 HGB handelt es sich nur dann um ein verbundenes Unternehmen, wenn auch tatsächlich die Einbeziehung in den Konzernabschluss eines gemeinsamen Mutterunternehmens erfolgt. Da bei ausländischen Mutterunternehmen ggf. keine Einbeziehung in einen Konzernabschluss erfolgt, wäre bei enger Auslegung § 271 Abs. 2 HGB nicht erfüllt. Für steuerliche Zwecke soll es daher genügen, wenn § 271 Abs. 2 HGB lediglich abstrakt, nicht jedoch formal erfüllt ist.[192]

Tz. 15.26 des neuen UmwStE 2011 ist nicht auf Veräußerungen von Anteilen anzuwenden, die vor der Veröffentlichung dieses Schreibens im Bundessteuerblatt erfolgen.[193]

131 Wer außenstehende Person ist, bestimmt sich zum Zeitpunkt des Wirksamwerdens der Spaltung, d.h. mit Eintragung ins Handelsregister der übertragenden Gesellschaft (§ 131 UmwG).[194] Die Finanzverwaltung stellt hingegen auf den steuerlichen Übertragungsstichtag ab.[195]

aa) Außenstehende Personen sind weder Gesellschafter der übertragenden noch der übernehmenden Gesellschaft

132 Geht man von erster Lösung aus, ist eine Veräußerung an außenstehende Personen i.r.d. Spaltung nicht möglich. § 15 Abs. 2 S. 2 hat somit keinen oder nur einen sehr geringen eigenen Anwendungsbereich und ist lediglich im Kontext mit den Sätzen 3 und 4 zu betrachten.[196]

Anteile am übernehmenden Rechtsträger können i.r.d. Spaltung nur Personen gewährt werden, welche im Zeitpunkt des Wirksamwerdens der Spaltung am übertragenden Rechtsträger beteiligt waren. Eine Beteiligung Dritter kann daher nur in einem separaten, von der Spaltung unabhängigen Rechtsakt erfolgen. Dieser kann zeitlich mit der Spaltung vollzogen werden.[197]

133 Bei einer *Spaltung zur Neugründung* bedeutet dies, dass sich der Gesellschafterbestand der übernehmenden Gesellschaft stets aus dem der übertragenden Gesellschaft bildet. Eine Veräußerung an außenstehende Gesellschafter i.r.d. Spaltung zur Neugründung ist somit nicht möglich.[198]

---

191 *Asmus* in Haritz/Menner, § 15 Rdn. 155; *Dötsch/Pung* in Dötsch/Patt/Pung/Möhlenbrock, § 15 Rdn. 146
192 *Hörtnagl* in Schmitt/Hörtnagl/Stratz, § 15 Rdn. 206; *Schießl* in Rödder/Herlinghaus/van Lishaut, § 15 Rdn. 216; a.A. *Dötsch/Pung* in Dötsch/Patt/Pung/Möhlenbrock, § 15 Rdn. 146.
193 Tz. S.07 UmwStE 2011.
194 *Widmann* in Widmann/Mayer, § 15 Rdn. 238.
195 Tz. 15.26 UmwStE 2011.
196 *Widmann* in Widmann/Mayer, § 15 Rdn. 230; *Hörtnagl* in Schmitt/Hörtnagl/Stratz, § 15 Rdn. 138; *Momen*, DStR 1997, 355; ähnlich *Asmus* in Haritz/Menner, § 15 Rdn. 157; *Sagasser/Schöneberger* in Sagasser/Bula/Brünger, § 20 Rn. 48.
197 *Mayer* in Widmann/Mayer, § 126 UmwG Rdn. 103.
198 *Hörtnagl* in Schmitt/Hörtnagl/Stratz, § 124 UmwG Rdn. 6.

Auch bei einer *Spaltung zur Aufnahme* wäre nach dieser Meinung keine   *134*
Veräußerung an außenstehende Personen möglich, da sich der Personen-
kreis der Anteilseigner durch die Spaltung nicht ändert bzw. erweitert.
Selbst bei einer nicht verhältniswahrenden Spaltung (vgl. Rdn. 9ff.) kann es
nicht zu einer Übertragung an außenstehende Personen kommen. Auch hier
können keine neuen Gesellschafter hinzutreten. Darüber hinaus kommt es
bei einer nicht verhältniswahrenden Spaltung höchstens zu Vermögensverschiebungen zwischen den Gesellschaftern der übertragenden Gesellschaft.
Eine Vermögensverschiebung zugunsten der Gesellschafter der aufnehmenden Gesellschaft ist nicht im Sinne der Vorschriften des Umwandlungsgesetzes.

Insoweit kann es zwar durch die Spaltung zu einer Veräußerung an andere
Gesellschafter der übertragenden Gesellschaft kommen, nicht aber zu einer
Veräußerung an außenstehende i.S.v. neu eintretenden Gesellschafter. Die
Steuerneutralität der Spaltung würde somit nicht an § 15 Abs. 2 S. 2 schei-
tern.[199]

bb) Außenstehende Personen sind nicht Gesellschafter der übertragenden
    Gesellschaft

Nach anders lautender Auffassung sind unter dem Begriff der außenstehen-   *135*
den Gesellschafter Anteilseigner zu verstehen, welche vor Spaltung nicht an
der übertragenden Gesellschaft sondern lediglich an der übernehmenden
beteiligt waren.[200]

Allerdings ist u.E. fraglich, inwieweit die Gesellschafter der aufnehmenden
Gesellschaft überhaupt vermögensmäßig von dem abgespaltenen Vermögen
profitieren, da sich ihre Beteiligung an der aufnehmenden Gesellschaft
durch die Ausgabe neuer Anteile verringert.

In der Literatur wird die nichtverhältniswahrende Spaltung als eigenständiger Anwendungsbereich des § 15 Abs. 2 S. 2 genannt.[201] Aber auch hier
stellt sich u.E. die Frage, wie Gesellschafter der aufnehmenden Gesellschaft
hiervon vermögensmäßig profitieren können, da die nichtverhältniswahrende Spaltung i.d.R. nur eine Vermögensverschiebung zwischen den Gesellschaftern des übertragenden Rechtsträgers zulässt.

Zu beachten ist, dass es für die Annahme einer Veräußerung dann nicht auf
das Überschreiten der 20%-Grenze oder Unterschreiten der Fünfjahres-
grenze ankommt. Nach § 15 Abs. 2 S. 2 ist jede Anteilsveräußerung schädlich.

**2. Schaffung der Voraussetzungen für eine Veräußerung durch die Spal-
tung (§ 15 Abs. 2 S. 3 und 4)**

Nach § 15 Abs. 2 S. 3 und 4 wird die Buchwertfortführung nach § 11 Abs. 2   *136*
versagt, wenn durch die Spaltung die Voraussetzungen für eine Veräußerung geschaffen werden. Davon ist auszugehen, wenn innerhalb von fünf

---

199 *Widmann* in Widmann/Mayer, § 15 Rdn. 223; *Haritz/Wagner*, DStR 1997, 183.
200 *Dötsch* in Dötsch/Pung/Patt/Möhlenbrock, § 15 Rdn. 145.
201 *Klingberg* in Blümich, § 15 Rdn. 81, 128.

Jahren nach Spaltung Anteile an der übertragenden oder übernehmenden Körperschaft veräußert werden, die mehr als 20 % der Anteile vor Spaltung darstellen.

Es ist unklar, ob § 15 Abs. 2 S. 3 einen selbständigen Anwendungsbereich gegenüber S. 4 hat. Wäre dies der Fall, könnten auch Anteilsveräußerungen nach Ablauf der Fünfjahresfrist oder unterhalb der Schwelle von 20 % schädlich sein. Nach einer von Teilen der Finanzverwaltung vertretenen Auffassung hat § 15 Abs. 2 S. 3 dahingehend einen eigenen Anwendungsbereich, als auch bei einer Veräußerung unter der 20 %-Grenze die Steuerneutralität der Spaltung abzulehnen sein kann. Ob eine Spaltung der Vorbereitung einer Veräußerung dient und eine Veräußerungsabsicht schon zum Spaltungsstichtag bzw. zum steuerlichen Übertragungsstichtag bestand, sei nach den konkreten Umständen des Einzelfalls zu beurteilen. Insbesondere Verträge, Geschäftspläne und Bilanzerläuterungen sowie die Sachverhaltsschilderungen des Steuerpflichtigen im Rahmen eines Antrags auf eine verbindliche Auskunft seien hier zu berücksichtigen.[202] Nach h.M. sind § 15 Abs. 2 S. 3 und 4 aber als einheitliche Missbrauchsregelung zu verstehen, die nur dann erfüllt ist, wenn die 20 %-Grenze innerhalb des Fünfjahreszeitraums überschritten ist.[203]

Durch die Vorschrift wird unterstellt, dass im Spaltungszeitpunkt eine subjektive Veräußerungsabsicht bestand. Nach wohl h.M. kann diese Vermutung nicht widerlegt werden.[204] Sind die Voraussetzungen erfüllt, wird von einer Missbrauchsabsicht ausgegangen. Ein Kausalzusammenhang zwischen Spaltung und Veräußerung muss nicht nachgewiesen werden. Dies bedeutet, dass die Rechtsfolgen auch eintreten, wenn die Veräußerung bei Spaltung nicht geplant war, jedoch aufgrund von äußeren Einflüssen, etwa einer wirtschaftliche Notlage, notwendig ist. Hier können im Einzelfall Billigkeitsmaßnahmen nach §§ 163, 227 AO anwendbar sein.[205]

137 Allerdings wird in der Unwiderlegbarkeit der Missbrauchsvorschrift des § 15 Abs. 2 S. 4 ein Verstoß gegen Art. 11 Abs. 1 Buchst. a der Fusionsrichtlinie gesehen. Hiernach sind typisierende Missbrauchsregelungen nicht zulässig. Um die Richtlinienkonformität zu gewährleisten, soll die Vorschrift daher als widerlegbar interpretiert werden.[206]

a) Veräußerungsbegriff

138 Den Erläuterungen der Finanzverwaltung ist zu entnehmen, dass unter Veräußerung jede entgeltliche Übertragung des wirtschaftlichen Eigentums zu

---

202 Erlass der FBeh Hamburg vom 13.04.2015, DStR 2015, 1871; Erlass des FinMin Brandenburg vom 16.07.2014, DStR 2014, 2180.
203 *Schießl* in Rödder/Herlinghaus/van Lishaut, § 15 Rdn. 221; Tz. 15.29, 15.31 UmwStE 2011; BFH vom 03.08.2005, IR 62/04, BStBl. II 2006, 391.
204 So auch Tz. 15.27 UmwStE 2011.
205 BFH vom 03.08.2006, I R 62/04, BStBl. II 2006, 391; *Dötsch/Pung* in Dötsch/Patt/Pung/Möhlenbrock, § 15 Rdn. 160; *Widmann* in Widmann/Mayer, § 15 Rdn. 298; a.A. *Asmus* in Haritz/Menner, § 15 Rdn. 160.
206 *Schießl/Neumann*, DStR 2008, 329f.; *Hörtnagl* in Schmitt/Hörtnagl/Stratz, § 15 Rdn. 243.

verstehen ist.[207] Auch eine Kapitalerhöhung ist schädlich, soweit sie wirtschaftlich als Veräußerung von Anteilen zu werten ist. Die Aufnahme neuer Gesellschafter im Wege der Kapitalerhöhung ist als Veräußerung zu sehen, soweit kein angemessenes Aufgeld gezahlt wird oder soweit dieses Aufgeld innerhalb von fünf Jahren an die bisherigen Anteilseigner ausgekehrt wird.[208]

Eine Veräußerung ist auch dann schädlich, wenn durch die Veräußerung kein Gewinn entsteht, etwa weil ein Veräußerungsgewinn nicht der deutschen Besteuerung unterliegt, oder weil ein Veräußerungsverlust entsteht. Die mehrmalige Veräußerung desselben Anteils innerhalb von fünf Jahren soll nach h. M. nur einmal gezählt werden.

Keine Veräußerung liegt vor bei unentgeltlichen Anteilsübertragungen, **139** etwa i. R. v. Schenkungen, Erbfolge, Erbauseinandersetzung oder Realteilung.[209] Teilentgeltliche Übertragungen sind in einen voll entgeltlichen und einen voll unentgeltlichen Teil aufzuteilen (sog. Trennungstheorie).[210] Nach einer Meinung kann auch die nicht verhältniswahrende Spaltung nicht unter § 15 Abs. 2 S. 2 fallen, da hier keine Veräußerung, sondern eine sog. Anteilsverschiebung vorliegt.[211]

Unschädlich ist die Veräußerung einzelner Wirtschaftsgüter, eines echten oder fiktiven Teilbetriebs durch die übertragende oder aufnehmende Gesellschaft.[212]

Die verdeckte Einlage ist nicht als Veräußerung zu qualifizieren, da mangels **140** Anteilsgewährung keine Gegenleistung vorliegt. Auch die Wertsteigerung der Anteile kann nicht als Gegenleistung angesehen werden. Es handelt sich damit um einen unentgeltlichen Vorgang. Eine andere Ansicht widerspräche dem Wortlaut der Vorschrift, da anders als bspw. in § 8b Abs. 2 S. 6 KStG die verdeckte Einlage gerade nicht ausdrücklich normiert ist. Nach Ansicht des BFH will auch der Gesetzgeber die verdeckte Einlage nicht als „Umgehungstatbestand" verstanden wissen, der in den Anwendungsbereich der Missbrauchsverhinderungsvorschrift fällt.[213]

Umwandlungen in Form von Verschmelzung, Spaltung oder Einbringung **141** sind lt. Finanzverwaltung schädliche Veräußerungen.[214] Irrelevant ist jeweils, ob die Umwandlung steuerneutral erfolgt. Dabei kommt es darauf an, dass die Anteile an der übertragenden oder aufnehmenden Gesellschaft als veräußert gelten. Dies kann der Fall sein, wenn

---

207 *Dötsch/Pung* in Dötsch/Patt/Pung/Möhlenbrock, § 15 Rdn. 125; *Sistermann/Beutel*, DStR 2011, 1162, 1163 ff.
208 Tz. 15.25 UmwStE 2011.
209 Tz. 15.23 UmwStE 2011.
210 *Widmann* in Widmann/Mayer, § 15 Rdn. 394.
211 *Walpert*, DStR 1998, 361.
212 *Hörtnagl* in Schmitt/Hörtnagl/Stratz, § 15 Rdn. 167.
213 BFH vom 20. 07. 2005, XR 22/02, BStBl. II 2006, 457; *Asmus* in Haritz/Menner, § 15 Rdn. 166; *Dötsch/Pung* in Dötsch/Patt/Pung/Möhlenbrock, § 15 Rdn. 128; *Schießl* in Rödder/Herlinghaus/van Lishaut, § 15 Rdn. 226; *Klingberg* in Blümich, § 15 Rdn. 96; *Hörtnagl* in Schmitt/Hörtnagl/Stratz, § 15, Rdn. 158.
214 Tz. 15.24 UmwStE 2011.

- die übertragende oder aufnehmende Gesellschaft nach der Spaltung als übertragender Rechtsträger an einem Umwandlungsvorgang beteiligt ist und den Anteilsinhabern im Gegenzug neue Anteile gewährt werden, oder
- die Anteilseigner der übertragenden oder übernehmenden Gesellschaft selbst Gegenstand einer Umwandlung sind und somit die fraglichen Anteile auf einen neuen Rechtsträger gegen Gewährung von Gesellschaftsrechten übergehen.[215]

142 Nicht schädlich sind:

- Formwechsel eines an der Spaltung beteiligten Rechtsträgers, da hierdurch keine Anteilsübertragung stattfindet,[216]
- Liquidation oder Kapitalherabsetzung,[217]
- Einziehung eigener Anteile, soweit hierfür kein Entgelt gezahlt wird.[218]

Mittelbare Anteilseignerwechsel fallen grds. nicht unter § 15 Abs. 2 S. 3 und 4. Jedoch kann eine mittelbare Anteilsveräußerung in den Anwendungsbereich des § 42 AO oder der Gesamtplanrechtsprechung fallen.[219] Nach u.E. nicht zutreffender a.A. sind mittelbare Anteilsveräußerungen immer dann schädlich, wenn hierdurch eine Trennung der Anteile an der gespaltenen Körperschaft eintritt. Nach dieser Meinung träte nur dann keine schädliche Veräußerung ein, wenn bspw. die Anteile der gemeinsamen Muttergesellschaft von übertragender und übernehmender Gesellschaft veräußert würden. Insoweit käme es zu keiner Trennung von abgespaltenem und zurückbleibendem Vermögen.[220]

143 Die Veräußerung gilt mit Übergang des wirtschaftlichen Eigentums (§ 39 Abs. 2 Nr. 1 AO), spätestens mit dinglicher Übertragung als vollzogen.[221]

b) Anteile an den beteiligten Körperschaften

144 Gem. § 15 Abs. 2 S. 4 ist die Veräußerung von Anteilen an den an der Spaltung beteiligten Körperschaften sanktioniert. Dies sind die übernehmende sowie die übertragende Gesellschaft, soweit es sich um eine Abspaltung handelt.

Bei einer Spaltung zur Neugründung bezieht sich die Norm auf sämtliche Anteile an der aufnehmenden Gesellschaft.

Handelt es sich dagegen um eine Spaltung zur Aufnahme, ist fraglich, ob auch die Veräußerung der vor Spaltung bestehenden Anteile an der aufneh-

---

215 OFD Nürnberg vom 09.02.2000, GmbHR 2000, 519; *Hörtnagl* in Schmitt/Hörtnagl/Stratz, § 15, Rdn. 159 ff.; *Dötsch/Pung* in Dötsch/Patt/Pung/Möhlenbrock, § 15 Rdn. 163.
216 *Widmann* in Widmann/Mayer, § 15 Rdn. 375.
217 *Asmus* in Haritz/Menner, § 15 Rdn. 174; *Hörtnagl* in Schmitt/Hörtnagl/Stratz, § 15 Rdn. 162; *Schmitt*, DStR 2011, 1108, 1112.
218 *Hörtnagl* in Schmitt/Hörtnagl/Stratz, § 15 Rdn. 166.
219 *Widmann* in Widmann/Mayer, § 15 Rdn. 383; *Hörtnagl* in Schmitt/Hörtnagl/Stratz, § 15 Rdn. 171.
220 *Dötsch/Pung* in Dötsch/Patt/Pung/Möhlenbrock, § 15, Rdn. 151.
221 *Asmus* in Haritz/Menner, § 15 Rdn. 163.

menden Gesellschaft schädlich ist. Grds. wären diese Anteile vom Wortlaut der Vorschrift erfasst. Nach dem Sinn und Zweck der Norm kann jedoch nur die Veräußerung derjenigen Anteile schädlich sein, welche das gespaltene Vermögen repräsentieren. Die Regelung des § 15 Abs. 2 S. 4 muss daher teleologisch reduziert werden, so dass die Veräußerung von Anteilen an der aufnehmenden Gesellschaft nur insoweit schädlich ist, als diese Anteile durch eine Kapitalerhöhung bei Spaltung neu geschaffen wurden. Soweit allerdings i.R.d. Spaltung keine oder keine angemessene Kapitalerhöhung stattgefunden hat und es somit zu einem Überspringen von stillen Reserven auf bereits bestehende Anteile kam, müssen auch diese für die Ermittlung der 20 % Grenze einbezogen werden.[222]

c) Schädlicher Erwerberkreis

Nur die Veräußerung an außenstehende Gesellschafter ist für Zwecke des *145* § 15 Abs. 2 S. 3 und 4 steuerschädlich, auch wenn die Vorschrift selbst hierzu keine Aussage enthält.[223] Es wird somit grds. auf Rdn. 129 ff. verwiesen.

Sämtliche dargestellten Veräußerungstatbestände sind daher nur schädlich, wenn die fraglichen Anteile hierdurch auf außenstehende Personen übergehen. So ist eine Kapitalerhöhung unter ausschließlicher Beteiligung der Altgesellschafter keine schädliche Veräußerung i.S.d. § 15 Abs. 2 S. 3 und 4, unabhängig davon, ob ein angemessenes Agio gezahlt wird. Zwar fällt die Kapitalerhöhung ggf. unter den Veräußerungsbegriff der Norm, es erfolgt aber keine Veräußerung an außenstehende Anteilseigner.[224]

Veräußerungen zwischen verbundenen Unternehmen sind auch für Zwecke des § 15 Abs. 2 S. 3 und 4 nicht schädlich. Erst wenn die Anteile an außenstehende Gesellschafter übergehen, sind sie für Zwecke der 20 % Quote zu erfassen.

d) 20 %-Grenze

Schädlich ist die Veräußerung von Anteilen, welche mehr als 20 % der Anteile an der übertragenden Körperschaft vor Spaltung ausmachen.[225] Es *146* kommt somit nicht darauf an, ob 20 % der nach Spaltung bestehenden Anteile an der übertragenden oder den übernehmenden Gesellschaften veräußert werden.

---

222 *Schießl* in Rödder/Herlinghaus/van Lishaut, § 15 Rdn. 237; *Asmus* in Haritz/Menner, § 15 Rdn. 185; *Widmann* in Widmann/Mayer, § 15 Rdn. 343 ff.; *Dötsch/Pung* in Dötsch/Patt/Pung/Möhlenbrock, § 15 Rdn. 140 164.
223 *Dötsch/Pung* in Dötsch/Patt/Pung/Möhlenbrock, § 15 Rdn. 140; a.A. *Widmann* in Widmann/Mayer, § 15 Rdn. 295.
224 *Schießl* in Rödder/Herlinghaus/van Lishaut, § 15 Rdn. 227; *Hörtnagl* in Schmitt/Hörtnagl/Stratz, § 15 Rdn. 158.
225 Tz. 15.29 und 15.31 UmwStE 2011.

Für die Wertermittlung ist jeweils der gemeine Wert zum steuerlichen Übertragungsstichtag maßgebend.[226] Wertveränderungen nach dem steuerlichen Übertragungsstichtag bis zur Veräußerung der Anteile sind irrelevant.[227] Es ist der rechnerische Anteil zu ermitteln, der die vor Spaltung bestehenden Anteile an der Überträgerin nach Spaltung darstellt. Es ist daher wie folgt vorzugehen:

– Ermittlung des gemeinen Werts der Anteile an der übertragenden Körperschaft zum steuerlichen Übertragungsstichtag.

– Aufspaltung: Aufteilung des ermittelten Werts auf die durch Spaltung neuentstehenden Anteile im Verhältnis, in dem die übertragenen Teilbetriebe zueinander stehen.

– Abspaltung: Ermittlung des gemeinen Werts der Anteile an der übertragenden Gesellschaft nach Abspaltung sowie der neuen bzw. aller verstrickten Anteile an der übernehmenden Körperschaft.[228]

147 Entgegen der Meinung der Finanzverwaltung kann als Aufteilungsmaßstab u.E. nicht das im Spaltungsvertrag festgelegte Umtauschverhältnis herangezogen werden. Dieses drückt das Verhältnis des beim aufnehmenden Rechtsträger vor und nach Spaltung bestehenden Vermögen aus (§ 126 UmwG). Es gibt keine Anhaltspunkte über die Wertrelation beim übertragenden Rechtsträger.[229]

Die nachfolgende Tabelle, welche dem UmwStE 2011 entnommen ist, zeigt für ausgewählte Aufteilungsverhältnisse im Falle einer Aufspaltung auf GmbH A und GmbH B, die Anteilsquote, welche höchstens veräußert werden darf, ohne dass § 15 Abs. 2 S. 4 erfüllt ist:

GmbH A						
Anteil des übergangenen Vermögens in %	1	10	20	30	40	50
Zulässige Quote in % (v. 1.)	100	100	100	66,67	50	40
GmbH B						
Anteil des übergangenen Vermögens in %	99	90	80	70	60	50
Zulässige Quote in % (v. 1.)	20,2	22,2	25	28,6	33,3	40
Bei Veräußerung von Anteilen an GmbH A i.H.d. zulässigen Quote verblieben für die Gesellschafter der GmbH B	19,2	11,1	0	0	0	0

148 Anteilsverkäufe verschiedener Gesellschafter werden für die Ermittlung der 20 %-Grenze zusammengerechnet. Soweit einer der Gesellschafter die

226 *Hörtnagl* in Schmitt/Hörtnagl/Stratz, § 15 Rdn. 181 m.w.N.; a.A. *Widmann* in Widmann/Mayer, § 15 Rdn. 326, 328, der den Tag der Eintragung der Spaltung für maßgebend hält.
227 *Asmus* in Haritz/Menner, § 15 Rdn. 181.
228 *Schießl* in Rödder/Herlinghaus/van Lishaut, § 15 Rdn. 239.
229 *Hörtnagl* in Schmitt/Hörtnagl/Stratz, § 15 Rdn. 183; a.A. Tz. 15.29 UmwStE 2011.

Quote ausgeschöpft hat, sind Veräußerungen anderer Gesellschafter schädlich.[230] Auch die Veräußerung von Anteilen an mehreren Gesellschaften ist zusammenzurechnen.[231]

Mehrmalige Veräußerungen desselben Anteils werden nur einmal gezählt. Es ist jeweils der erste Verkauf an außenstehende Personen maßgebend.[232] Die Feststellungslast für Überschreiten der 20 % Grenze trägt die Finanzverwaltung. Dabei muss sie nicht nur das Überschreiten der Grenze sondern auch die Veräußerung an außenstehende Personen nachweisen.[233] Dies kann sich insbesondere bei börsennotierten Gesellschaften als schwierig erweisen.

e) Fünfjahreszeitraum

Schädlich sind Veräußerungen, wenn sie innerhalb des Fünfjahreszeitraums 149 erfolgen. Danach stattfindende Veräußerungen sind auch dann unschädlich, wenn bereits während der Sperrfrist Veräußerungsabsicht bestand.[234]

Die Frist endet fünf Jahre nach dem steuerlichen Übertragungsstichtag. Die Fristberechnung erfolgt nach § 108 AO, §§ 187 Abs. 1, 188 Abs. 2 AO.[235]

Fraglich ist, wie die Veräußerung von Anteilen im Rückwirkungszeitpunkt, 150 d.h. nach dem steuerlichen Übertragungsstichtag aber vor Wirksamwerden der Spaltung durch Eintragung ins Handelsregister zu behandeln ist. In diesem Zeitraum wird der noch ungespaltene Anteil am übertragenden oder die alten Anteile am übernehmenden Rechtsträger veräußert. U.E. sind Veräußerungen im Rückwirkungszeitraum ebenfalls schädlich. Für steuerliche Zwecke gilt die Spaltung als mit dem steuerlichen Übertragungsstichtag vollzogen. Dies muss auch für die Anwendung des Missbrauchstatbestands des § 15 Abs. 2 S. 3 und 4 gelten. Anderenfalls könnte dieser durch Anteilsveräußerungen vor Eintragung der Spaltung ohne größeren Aufwand umgangen werden.[236] Allerdings kann dem UmwStE 2011 auch eine andere Sichtweise entnommen werden.[237]

3. Rechtsfolgen des § 15 Abs. 2 S. 2 bis 4

Sind § 15 Abs. 2 S. 2 oder S. 3 und 4 erfüllt, wird die Buchwertfortführung 151 gem. § 11 Abs. 2 versagt. Weitere Auswirkungen auf die Anwendung der §§ 11 bis 13 hat die Regelung nicht. Der Ansatz des bei der übertragenden Körperschaft verbleibenden Vermögens ist nicht betroffen. Auch die Bestim-

---

230 Tz. 15.31 UmwStE 2011; *Dötsch/Pung* in Dötsch/Patt/Pung/Möhlenbrock, § 15 Rdn. 178.

231 *Hörtnagl* in Schmitt/Hörtnagl/Stratz, § 15 Rdn. 191.

232 *Schießl* in Rödder/Herlinghaus/van Lishaut, § 15 Rdn. 242.

233 *Widmann* in Widmann/Mayer, § 15 Rdn. 347.

234 *Schießl* in Rödder/Herlinghaus/van Lishaut, § 15 Rdn. 244; Tz. 15.32 UmwStE 2011.

235 *Schießl* in Rödder/Herlinghaus/van Lishaut, § 15 Rdn. 244.

236 Ebenso *Hörtnagl* in Schmitt/Hörtnagl/Stratz, § 15 Rdn. 210; *Widmann* in Widmann/Mayer, § 15 Rdn. 387 ff.; a.A. *Asmus* in Haritz/Menner, § 15 Rdn. 180.

237 Tz. 15.26, letzter HS UmwStE 2011.

mungen zur Behandlung eines Übernahmeergebnisses oder zur Wertfortführung auf Anteilseignerebene bleiben unberührt.[238]

Im Falle der Aufspaltung gilt dies für das gesamte Vermögen, bei einer Abspaltung für das gesamte abgespaltene Vermögen. Dies gilt unabhängig davon, an welcher Körperschaft die Anteile veräußert werden.[239] Die zur Überschreitung der 20 % Grenze führende Veräußerung nach § 15 Abs. 2 S. 4 ist ein rückwirkendes Ereignis (§ 175 Abs. 1 S. 1 Nr. 2 AO).

152   Auf den steuerlichen Übertragungsstichtag sind somit durch Ansatz des gemeinen Werts sämtliche stillen Reserven im übertragenen Vermögen aufzudecken. Eine Abschmelzungsregelung wie nach § 22 existiert nicht. Durch den Ansatz des gemeinen Wertes entsteht ein Übertragungsgewinn noch bei der zu spaltenden Gesellschaft.

Steuerschuldner des Übertragungsgewinns ist bei einer Abspaltung die übertragende Körperschaft. Bei einer Aufspaltung sind auch die übernehmenden Gesellschaften Steuerschuldner. Sie haften gem. § 133 Abs. 1 S. 1 UmwG als Gesamtschuldner für die Steuer auf den Übertragungsgewinn.[240]

Vor dem Hintergrund der extensiven Regelungen des § 15 Abs. 2 S. 2 bis 4 empfiehlt es sich, durch geeignete vertragliche Regelungen zwischen den Gesellschaftern sicher zu stellen, dass innerhalb der fünf Jahre nach Spaltung keine schädlichen Veräußerungen stattfinden dürfen, oder Regelungen zu treffen, dass ein entstehender Schaden ausgeglichen wird.

III. Trennung von Gesellschafterstämmen § 15 Abs. 2 S. 5

153   Der letzte Missbrauchstatbestand des § 15 Abs. 2 besagt, dass die Buchwertfortführung nach § 11 Abs. 2 auch dann versagt wird, wenn durch die Spaltung die Trennung von Gesellschafterstämmen vollzogen wird und die Beteiligungen weniger als fünf Jahre vor Spaltung bestanden haben.

Die Vorschrift ist problematisch, da ihr Inhalt zum größten Teil durch auslegungsbedürftige Rechtsbegriffe bestimmt wird, welche auch durch die Finanzverwaltung oder die Gesetzesmaterialien nicht näher erläutert werden.

§ 15 Abs. 2 S. 5 will vermeiden, dass Teilbetriebe dadurch veräußert werden, dass ein neuer Gesellschafter kurz vor Spaltung der übertragenden Körperschaft beitritt und anschließend eine nicht verhältniswahrende Spaltung steuerneutral durchgeführt wird, bei welcher der zu veräußernde Teilbetrieb auf den neuen Gesellschafter übergeht.

---

238 Tz. 15.33 UmwStE 2011; *Dötsch/Pung* in Dötsch/Patt/Pung/Möhlenbrock, § 15 Rdn. 181.

239 *Widmann* in Widmann/Mayer, § 15 Rdn. 409; *Schießl* in Rödder/Herlinghaus/van Lishaut, § 15 Rdn. 246.

240 *Hörtnagl* in Schmitt/Hörtnagl/Stratz, § 15 Rdn. 215.

1. Gesellschafterstamm

Der Begriff des Gesellschafterstamms ist weder gesetzlich definiert noch von der Finanzverwaltung erläutert. Er kann jedoch nicht gleichbedeutend mit dem Gesellschafterbegriff sein, denn sonst wäre dieser vermutlich bei Formulierung des Gesetzes verwendet worden. Eine zwischenzeitliche Verwendung der Begrifflichkeit „Stamm" im UmwStE-Entwurf vom 02. 05. 2011 wurde durch die Finanzverwaltung wieder revidiert.[241]

Der Begriff des Gesellschafterstamms lässt vermuten, dass es sich um eine Gruppe von Gesellschaftern handelt. Grds. kann aber auch jede natürliche oder juristische Person ein Gesellschafterstamm sein. Gesellschafterstämme sind somit Gesellschafter, welche sich durch unterschiedliche Zugehörigkeitsmerkmale voneinander abgrenzen. Dies können Familienzugehörigkeit, Konzernzugehörigkeit oder allgemein die Verfolgung gleichgerichteter wirtschaftlicher Interessen sein. Der Begriff des Gesellschafterstamms setzt aber nicht voraus, dass alle Gesellschafter einer Familie angehören oder die Beteiligung auf einen Urgesellschafter zurückgeht, der Stammesbegriff ist nicht identisch mit dem des Familienstamms. Auch besondere vertragliche Vereinbarungen zwischen den Gesellschaftern, wie etwa Stimmbindungs- oder Poolverträge sind nicht notwendig, bilden jedoch ein starkes Indiz für das Vorliegen eines Gesellschafterstamms. Unterschiedliche Gesellschafterstämme existieren daher nur dann, wenn verschiedene Anteilseigner unterschiedliche (wirtschaftliche) Interessen hinsichtlich ihrer Beteiligung an der zu spaltenden Gesellschaft verfolgen. Die Anwendung des § 15 Abs. 2 S. 5 setzt somit das Bestehen von mindestens zwei Gesellschafterstämmen voraus.[242]

Beispiel:[243]
A ist mit 50 % und B1 und B2 mit jeweils 25 % an der AB GmbH beteiligt. Die AB GmbH besitzt zwei Teilbetriebe. Die Gesellschaft wird in die A GmbH und die B GmbH aufgespalten. A übernimmt sämtliche Anteile an der A GmbH während B1 und B2 die Anteile an der B GmbH erhalten. A einerseits und B1 und B2 andererseits sind jeweils Gesellschafterstämme, da sie hinsichtlich des unternehmerischen Engagements der AB GmbH bzw. deren Teilbetriebe unterschiedliche Interessen verfolgen.

2. Trennung von Gesellschafterstämmen

Eine Trennung von Gesellschafterstämmen liegt lt. Finanzverwaltung vor, wenn nach der Spaltung nicht mehr alle Anteilsinhaber der übertragenden Körperschaft auch an der übertragenden und übernehmenden (Abspaltung) oder den übernehmenden (Aufspaltung) Körperschaften beteiligt sind.[244] U. E. ist nicht auf den einzelnen Gesellschafter, sondern auf Gesellschafterstämme abzustellen. Eine Trennung von Gesellschafterstämmen kann nur

154

155

156

241 Tz. 15.37 UmwStE 2011.
242 *Dötsch/Pung* in Dötsch/Patt/Pung/Möhlenbrock, § 15 Rdn. 192; *Asmus* in Haritz/ Menner, § 15 Rdn. 189; *Ruoff/Beutel*, DStR 2015, 609, 612.
243 *Hörtnagl* in Schmitt/Hörtnagl/Stratz, § 15 Rdn. 223.
244 Tz. 15.37 UmwStE 2011.

dann vorliegen, wenn nach Spaltung an mindestens einem der an der Spaltung beteiligten Rechtsträger nicht mehr alle Gesellschafterstämme beteiligt sind.[245]

Die Trennung der Gesellschafterstämme muss vollständig sein. Dies setzt voraus, dass nach Spaltung mindestens ein Gesellschafterstamm nicht mehr an einem der beteiligten Rechtsträger Anteile besitzt. Keine Trennung liegt vor, wenn nach Spaltung weiterhin Überkreuzbeteiligungen bestehen.[246]

Die Trennung muss durch die Spaltung selbst erfolgen. § 15 Abs. 2 S. 5 ist eine eigenständige Vorschrift und ergänzt nicht die Sätze 2 bis 4. Das Wort „außerdem" bezieht sich ausschließlich auf die Anwendung des § 11 Abs. 2. Eine Trennung durch Veräußerung nach Spaltung fällt nicht in den Anwendungsbereich des § 15 Abs. 2 S. 5. Allerdings können bestimmte Gestaltungen in den Anwendungsbereich des § 42 AO oder der sog. Gesamtplanrechtsprechung fallen.[247]

157 **Beispiel:**[248]

Der Gesellschafter A veräußert kurz vor Spaltung einen geringfügigen Anteil an der A GmbH an den Gesellschafter B. Anschließend wird ein Teilbetrieb der A GmbH auf die B GmbH abgespalten. An der B GmbH sind A und B entsprechend ihrer Beteiligungsquoten an der A GmbH beteiligt. Anschließend veräußert A die neuen Anteile an der B GmbH an den Gesellschafter B. § 15 Abs. 2 S. 5 ist nicht anwendbar, da die Trennung der Gesellschafterstämme nicht durch die Spaltung vollzogen wurde. Auch § 15 Abs. 2 S. 3 und 4 greifen nicht, da B bereits vor Spaltung an der A GmbH beteiligt und daher keine außenstehende Person ist.

§ 15 Abs. 2 S. 5 ist somit ausschließlich bei einer nicht verhältniswahrenden Spaltung nach § 128 UmwG anwendbar. In allen anderen Fällen ist keine Trennung von Gesellschafterstämmen i.S.d. Vorschrift möglich.[249]

3. Vorbesitzzeit

158 Die Trennung von Gesellschafterstämmen ist unschädlich, wenn die Beteiligung an der übertragenden Körperschaft seit mindestens fünf Jahren vor Spaltung bestanden hat. Die Beteiligung muss dem Grunde nach bestanden haben, Schwankungen in der Beteiligungshöhe sind unschädlich.[250] Die Frist beginnt fünf Jahre vor dem steuerlichen Übertragungsstichtag.

Unklar ist, ob sich die Vorbesitzzeit auf den einzelnen Gesellschafter oder auf den gesamten Gesellschafterstamm bezieht. Bei zweiter Alternative wäre es unschädlich, wenn innerhalb der fünf Jahre ein neuer Gesellschaf-

---

245 *Hörtnagl* in Schmitt/Hörtnagl/Stratz, § 15 Rdn. 228.
246 *Hörtnagl* in Schmitt/Hörtnagl/Stratz, § 15 Rdn. 233; a.A. *Dötsch/Pung* in Dötsch/Pung/Patt/Möhlenbrock, § 15 Rdn. 195 f.
247 *Schießl* in Rödder/Herlinghaus/van Lishaut, § 15 Rdn. 255 f., *Widmann* in Widmann/Mayer, § 15 Rdn. 469.
248 *Hörtnagl* in Schmitt/Hörtnagl/Stratz, § 15 Rdn. 231.
249 *Hörtnagl* in Schmitt/Hörtnagl/Stratz, § 15 Rdn. 218, 228.
250 Tz. 15.36 UmwStE 2011.

ter hinzutritt. Die Finanzverwaltung scheint jedoch auf den einzelnen Gesellschafter abzustellen. Dies ergibt sich daraus, dass sowohl mittelbare Beteiligungen als auch Vorbesitzzeiten innerhalb eines Konzerns nicht zu berücksichtigen sind. In der Literatur wird zwar überwiegend die Auffassung geteilt, dass die Beteiligung des einzelnen Anteilseigners maßgebend sei. Das Fehlen einer Konzernklausel wird aber z.T. scharf kritisiert.[251]

Existiert die übertragende Körperschaft noch keine fünf Jahre, ist lt. Finanz- *159*
verwaltung eine steuerneutrale Trennung von Gesellschafterstämmen nicht möglich. Dem ist u.E. nicht zuzustimmen. Allein die Tatsache, dass die zu spaltende Gesellschaft noch keine fünf Jahre besteht, zeugt noch nicht von Missbrauch. Die Qualifikation als Gründungsgesellschafter muss in diesem Fall ausreichend sein.[252]

Ist die KapG aus dem Formwechsel einer PersG hervorgegangen, ist die Be- *160*
sitzzeit der Gesellschafterstämme bei der PersG anzurechnen.[253]

Eine Besitzzeitanrechnung findet weiterhin statt, bei

- Unentgeltlichem Erwerb, soweit es sich um Schenkung, Erbfall, Erbauseinandersetzung oder scheidungsbedingte Teilung handelt. Andere unentgeltliche Übertragungen im Wege der Einzelrechtsnachfolge sind dagegen schädlich.[254]
- Umstrukturierungen im Wege der Verschmelzung oder Spaltung aufgrund spezialgesetzlicher Vorschriften (§§ 4 Abs. 2, 12 Abs. 3, 23 Abs. 1).

4. Rechtsfolgen

Folge der Trennung von Gesellschafterstämmen ist, dass die Buchwertfort- *161*
führung gem. § 11 Abs. 2 für das gesamte übertragene Vermögen versagt wird. Die Rechtsfolgen sind identisch mit denen des § 15 Abs. 2 S. 2 bis 4.[255] Es wird auf Rdn. 151 ff. verwiesen.

H. Aufteilung von Verlust- und Vortragspositionen

Da auf Spaltungen gem. § 15 Abs. 1 S. 1 die Vorschriften des § 12 entspre- *162*
chend anzuwenden sind, gilt dies auch für die Regelung, dass Verluste und andere Vorträge der übertragenden Gesellschaft nicht auf die aufnehmende Gesellschaft übergehen (§ 12 Abs. 3 HS. 2 i.V.m. § 4 Abs. 2 S. 2). Es wird daher auf § 12 Rdn. 194 ff. verwiesen.

---

251 *Widmann* in Widmann/Mayer, § 15 Rdn. 472; *Dötsch/Pung* in Dötsch/Pung/Patt/ Möhlenbrock, § 15 Rdn. 200; a.A. *Asmus* in Haritz/Menner, § 15 Rdn. 197; *Hörtnagl* in Schmitt/Hörtnagl/Stratz, § 15 Rdn. 234.
252 *Widmann* in Widmann/Mayer, § 15 Rdn. 490; *Schießl* in Rödder/Herlinghaus/van Lishaut, § 15 Rdn. 257; a.A. Tz. 15.38 UmwStE 2011.
253 Tz. 15.40 UmwStE 2011.
254 *Widmann* in Widmann/Mayer, § 15 Rdn. 495.
255 *Schießl* in Rödder/Herlinghaus/van Lishaut, § 15 Rdn. 262.

Dies betrifft seit Einführung des SEStEG gewerbe- und körperschaftsteuerliche verrechenbare Verluste sowie Verlustvorträge. Durch das UntStRefG 2008 ist zudem auch ein Zinsvortrag nach § 4h Abs. 1 S. 5 EStG umfasst. Durch das WBG geht ab 01.01.2010 auch ein sog. EBITDA-Vortrag nach § 4 h Abs. 1 S. 3 EStG nicht auf die übernehmende Gesellschaft über.

163 Im Falle der Aufspaltung sind stets sämtliche Verluste und Vorträge umfasst, da das gesamte Vermögen der aufzuspaltenden Gesellschaft auf andere Rechtsträger übergeht. I.R.d. Abspaltung bleibt jedoch ein Teil des Vermögens bei der übertragenden Körperschaft. Insoweit gehen auch nicht sämtliche Verluste und Vorträge unter. Es ist daher ein geeigneter Aufteilungsmaßstab anzuwenden.

Abzustellen ist dabei auf den gemeinen Wert des Vermögens i.S.d. § 9 Abs. 2 BewG. Die früher im Gesetz verankerte Möglichkeit, sich am Umtauschverhältnis des Spaltungsvertrages oder -plans zu orientieren, ist zwar entfallen, allerdings sind die Verkehrswerte auch weiterhin für das Umtauschverhältnis bestimmend. Insoweit kann das Umtauschverhältnis auch nach Geltung des SEStEG ein Anhaltspunkt für die Aufteilung von Verlusten und Vorträgen sein.[256]

§ 15 Abs. 3 schreibt vor, dass sich die Verluste und Vorträge in dem Verhältnis mindern, in dem bei Zugrundelegung des gemeinen Werts das Vermögen auf die übernehmende Körperschaft übergeht. Es kommt nicht darauf an, ob und in welchem Umfang der verlustverursachende Teilbetrieb auch tatsächlich übertragen wird.[257] Erforderlich ist aber, dass dieser am Stichtag der Spaltung beim übertragenden Rechtsträger tatsächlich vorhanden ist.[258]

164 Umstritten ist die Verlustverrechnung bei einer unterjährigen Abspaltung, da trotz der Spaltung das Wirtschaftsjahr des übertragenden Rechtsträgers nicht endet (vgl. Rdn. 87). Es stellt sich die Frage, ob sich die Minderung des Verlustvortrages gem. § 15 Abs. 3 auf den zuletzt festgestellten Verlustvortrag bezieht, oder ob für Zwecke der Minderung ein fiktiver Verlustvortrag auf den steuerlichen Übertragungsstichtag zu ermitteln ist. Die Rechtsprechung geht offensichtlich von ersterem aus, da im laufenden Jahr entstandene Verluste nicht bei der Kürzung zu berücksichtigen sind.[259] Anders hingegen die Finanzverwaltung, nach deren Ansicht ein verbleibender Verlustvortrag vor Kürzung um einen etwaigen Übertragungsgewinn zu korrigieren ist.[260]

165 Die Abspaltung einer Organgesellschaft wird grundsätzlich wie eine Veräußerung behandelt, so dass der organschaftliche Ausgleichsposten im Zeitpunkt der Spaltung nach Maßgabe des § 15 Abs. 3 anteilig aufzulösen ist, § 14 Abs. 4 S. 2 und 5 KStG.[261] Das gilt auch im Fall der „up-stream"-Ab-

---

256 Tz. 15.41 UmwStE 2011; *Dötsch/Pung* in Dötsch/Patt/Pung/Möhlenbrock, § 15 Rdn. 233.
257 *Hörtnagl* in Schmitt/Hörtnagl/Stratz, § 15 Rdn. 277; BFH, Urteil vom 14.03.2012 – I R 13/11 – BFH/NV 2012, 1271.
258 BFH vom 14.03.2012, I R 13/11, BFH/NV 2012, 1271.
259 BFH vom 27.05.2009, I R 94/08, BStBl. II 2010, 937 zur Verschmelzung.
260 Tz. 15.41 UmwStE 2011.
261 Tz. Org.22 UmwStE 2011; Berner, DStR 2016, 14.

spaltung (vgl Rdn. 5). Zwar erfolgt diese zu Buchwerten und das Organschaftsverhältnis wird unverändert fortgeführt.[262] Mangels Anteilsgewährung sind § 15 Abs. 1 S. 1 i.V.m. § 13 Abs. 2 S. 2 aber nicht einschlägig, so dass von einer (fiktiven) Teilveräußerung auszugehen ist.[263]

---

262 Tz. Org.22 i.V.m. Org.05 UmwStE 2011,Schmidtmann, DStR 2014, 405, 407; Berner, DStR 2016, 14..
263 Schmidtmann, DStR 2014, 405, 406.

§ 16
Aufspaltung oder Abspaltung auf eine Personengesellschaft

[1]Soweit Vermögen einer Körperschaft durch Aufspaltung oder Abspaltung auf eine Personengesellschaft übergeht, gelten die §§ 3 bis 8, 10 und 15 entsprechend. [2]§ 10 ist für den in § 40 Absatz 2 Satz 3 des Körperschaftsteuergesetzes bezeichneten Teil des Betrags im Sinne des § 38 des Körperschaftsteuergesetzes anzuwenden.

Inhaltsverzeichnis

Spezialliteratur

Bogenschütz, Aktuelle Entwicklungen bei der Umwandlung von Kapital- und Personengesellschaften, Ubg 2009, 604; *Ley/Bodden*, Verschmelzung und Spaltung von inländischen Kapitalgesellschaften nach dem SEStEG; *Mayer*, Umtauschverhältnis und gemeine Werte als systemwidriger Aufteilungsmaßstab für das steuerliche Einlagenkonto bei Auf- und Abspaltungen; *Rödder/Schumacher*, Das SEStEG – Überblick über die endgültige Fassung und die Änderungen gegenüber dem Regierungsentwurf, DStR 2007, 370; *Schwedhelm/Streck/Mack*, Die Spaltung der GmbH nach neuem Umwandlungsrecht (I), GmbHR 1995, 7; *Thieme*, Anwendung der Missbrauchsregelung der § 15 Abs. 3 S. 4 UmwStG bei Abspaltung 100 %iger Kapitalgesellschaftsbeteiligungen auf Personengesellschaften, BB 2005, 2042.

A. Einführung

§ 16 bildet mit § 15 den vierten Teil des UmwStG und soll – ebenso wie § 15 – die Steuerneutralität der Spaltung von Körperschaften ermöglichen. Unterschiede zwischen § 15 und § 16 ergeben sich insb. daraus, dass § 15 eine andere Körperschaft, § 16 dagegen eine PersG als übernehmenden Rechtsträger voraussetzt.   *1*

§ 16 wurde durch das UmwStG 1995[1] eingeführt und ist seither weitgehend unverändert geblieben. Lediglich der Verweis in § 16 S. 2 auf § 10 wurde im Zuge der Änderungen der Vorschriften über das steuerliche Eigenkapital von KapG angepasst. Dieser Verweis ist für Umwandlungsmaßnahmen, bei denen der steuerliche Übertragungsstichtag nach dem 31.12.2006 liegt, weitgehend obsolet, weil § 10 aufgrund der Änderung des § 38 KStG durch Art. 4 Nr. 2 des Jahressteuergesetzes 2008[2] aufgehoben wurde.[3]   *2*

§ 16 S. 3 UmwStG a.F. wurde durch das SEStEG[4] aufgehoben; eine inhaltliche Änderung war hiermit nicht verbunden, da die Regelungsmaterie (Verlustnutzung) in § 15 Abs. 3 ihren Niederschlag gefunden hat.[5]

B. Anwendungsbereich und Abgrenzung zu anderen Vorschriften
I. Sachlicher Anwendungsbereich: Auf- und Abspaltung

Wie sich aus § 1 Abs. 1 S. 1 ergibt, knüpft § 16 – ebenso wie die übrigen Vorschriften des 2. bis 5. Teils – an die im UmwG geregelten zivilrechtlichen Vorgänge oder vergleichbare ausländische Vorgänge an. Da § 16 die steuerlichen Folgen des Übergangs von Vermögen einer Körperschaft durch Aufspaltung oder Abspaltung auf eine PersG regelt, sind in zivilrechtlicher Hinsicht zunächst die §§ 1 Abs. 1 Nr. 2, 123 Abs. 1, Abs. 2 UmwG oder vergleichbare ausländische Vorgänge in Bezug genommen (siehe § 1 Abs. 1 S. 1 Nr. 1). Für die Anwendung des § 16 ist es unerheblich, ob die Auf- oder Abspaltung zur Aufnahme oder zur Neugründung erfolgt (vgl. § 123 Abs. 1, Abs. 2 UmwG).[6]   *3*

---

1 Gesetz vom 28.10.1994, BGBl. I 1994, 3267.
2 BGBl. I 2007, 3150 (3168).
3 *Hörtnagl* in Schmitt/Hörtnagl/Stratz, D Einf. Rdn. 16.
4 BGBl. I 2006, 2782 (2791).
5 *Asmus* in Haritz/Menner, § 16 Rdn. 53; *Schloßmacher*, Neues UmwStG, 58.
6 *Dötsch* in Dötsch/Patt/Pung/Möhlenbrock, § 16 Rdn. 3.

4 Die Ausgliederung gem. § 123 Abs. 3 UmwG, die nach der zivilrechtlichen Systematik ebenfalls einen Fall der Spaltung darstellt, wird vom Anwendungsbereich des § 16 nicht erfasst (siehe § 1 Abs. 1 S. 2[7]); insoweit gelten gem. § 1 Abs. 3 Nr. 2 der 6. bis 8. Teil.[8]

5 Im Gegensatz zur grenzüberschreitenden Verschmelzung, für die durch das Zweite Gesetz zur Änderung des UmwG[9] die Sonderregelungen der §§ 122a ff. UmwG eingefügt wurden, sieht das UmwG keine ausdrückliche Regelung zur grenzüberschreitenden Spaltung vor. Solche Regelungen fehlen auch in der SE-VO und der SCE-VO. Angesichts der Rechtsprechung des EuGH[10] führt dies jedoch nicht zu einem Verbot oder zur Unzulässigkeit einer grenzüberschreitenden Spaltung. Mit Blick auf die Niederlassungsfreiheit müssen innerhalb der EU sowohl grenzüberschreitende Hinein- als auch Hinausspaltungen zulässig sein.[11] Für Drittstaaten gilt dies nur, soweit sich eine Gleichstellung mit EU-/EWR-Staaten aus völkerrechtlichen Abkommen ergibt.[12] Steuerlich gibt es ohnehin keine Beschränkung auf inländische Rechtsträger (siehe nachfolgend Rdn. 6 ff.). Soweit man also eine grenzüberschreitende Spaltung auch nach deutschem Umwandlungsrecht für zulässig erachtet[13], kommt hierfür § 16 grds. zur Anwendung.

II. Persönlicher Anwendungsbereich: Beteiligte Rechtsträger

1. Überblick

6 § 16 setzt voraus, dass an der Spaltung eine Körperschaft als übertragender Rechtsträger (siehe nachfolgend Rdn. 7) und eine PersG als übernehmender Rechtsträger (siehe nachfolgend Rdn. 8) beteiligt sind. Der übertragende und der übernehmende Rechtsträger müssen dabei gem. § 1 Abs. 2 S. 1 Nr. 1 nach den Rechtsvorschriften eines Mitgliedsstaats der Europäischen Union oder eines Staates, auf den das Abkommen über den Europäischen Wirtschaftsraum Anwendung findet, gegründete Gesellschaften i.S.d. Art. 48 EGV oder des Art. 34 EWR sein, deren Sitz und Ort der Geschäftsleitung sich innerhalb des Hoheitsgebiets eines dieser Staaten befinden (siehe hierzu im Einzelnen die Kommentierung zu § 1 Rdn. 40 ff.).[14]

---

7 *Widmann* in Widmann/Mayer, § 16 Rdn. 7.
8 *Hörtnagl* in Schmitt/Hörtnagl/Stratz, D § 1 Rdn. 90.
9 BGBl. I 2007, 542.
10 Vgl EuGH NJW 2006, 425 – Sevic; EuGH NZG 2012, 871 Tz. 24 – Vale.
11 H.M., vgl. ausführlich *Kleba*, RNotZ 2016, 273 (275 f.); *Ege/Klett*, DStR 2012, 2442 (2446); *Hörtnagl* in Schmitt/Hörtnagl/Stratz, A § 1 Rdn. 51, 54.
12 So z.B. aufgrund des dt.-amerikanischen Freundschaftsvertrages, vgl. BGH NJW 2003, 1607 (1608).
13 So die h.M.; ausführlich *Kleba*, RNotZ 2016, 273 (275 f.); vgl zudem *Ege/Klett*, DStR 2012, 2442 (2446); *Herrler*, DNotZ 2009, 484 (488 ff.); *Geyrhalter/Weber*, DStR 2006, 146 (150); *Hörtnagl* in Schmitt/Hörtnagl/Stratz, A § 1 Rdn. 51, 54; *Asmus* in Haritz/Menner, § 15 Rdn. 30.
14 *Hörtnagl* in Schmitt/Hörtnagl/Stratz, D § 16 Rdn. 9, § 15 Rdn. 35.

Beispiel:[15]

Die deutsche Betriebsstätte der französischen X-SA wird nach französischem Umwandlungsrecht auf eine Kommanditgesellschaft nach französischem Recht, die Y-SCS (Société en Commandite Simple) abgespalten. Die Wirtschaftsgüter der deutschen Betriebsstätte können unter den weiteren Voraussetzungen des § 16 zum Buchwert übertragen werden.

2. Übertragender Rechtsträger

Als übertragende Rechtsträger kommen nur die in § 1 Abs. 1 KStG aufgeführten Körperschaften in Betracht, soweit sie in §§ 3 Abs. 1, 124 UmwG genannt sind, oder vergleichbare ausländische Rechtsformen. Dies sind im Einzelnen Kapitalgesellschaften (SE, AG, KGaA, GmbH, UG)[16], eingetragene Genossenschaften[17], europäische Genossenschaften[18], eingetragene Vereine[19] und wirtschaftliche Vereine[20] sowie vergleichbare ausländische Rechtsformen. Die Spaltung einer KGaA weist aufgrund der hybriden Rechtsform dieser Gesellschaft insoweit Besonderheiten auf, als sich die Übertragung einer etwaigen Vermögenseinlage des persönlich haftenden Gesellschafters (Komplementär) steuerlich nicht nach den §§ 16 S. 1, 3 ff. richtet, sondern eine sinngemäße Anwendung des § 24 erfordert (siehe § 3 Rdn. 11).[21] 7

§ 16 ist nicht anwendbar, wenn im Rahmen der Spaltung als übertragender Rechtsträger eine PersG beteiligt ist. Insoweit gelten gem. § 1 Abs. 3 Nr. 1 die Vorschriften des 6. bis 8. Teils, wobei allerdings die §§ 20 und 24 die Übertragung eines Betriebs-, Teilbetriebs- oder Mitunternehmeranteils voraussetzen.[22] Fehlt es an letztgenannter Voraussetzung, was etwa bei der zivilrechtlich möglichen Abspaltung von Einzelwirtschaftsgütern der Fall ist[23], so richten sich die steuerlichen Folgen der Abspaltung nicht nach dem UmwStG, sondern nach allgemeinen Regeln (siehe § 20 Rdn. 48). 8

3. Übernehmender Rechtsträger

§ 16 ist nur insoweit auf Spaltungsvorgänge anwendbar, als eine PersG als übernehmender Rechtsträger auftritt. Das UmwG beschränkt die möglichen Rechtsformen weiter und sieht nur Personenhandelsgesellschaften (OHG, KG) oder Partnerschaftsgesellschaften als übernehmende Rechtsträger vor 9

---

15 Vgl *Rödder/Schumacher*, DStR 2007, 369 (370).
16 *Bermel* in Goutier/Knopf/Tulloch, § 3 UmwG Rdn. 10 f.; *Stefan Simon* in Kölner Kommentar zum UmwG, § 3 Rdn. 20 ff.
17 *Stefan Simon* in Kölner Kommentar zum UmwG, § 3 Rdn. 34.
18 *Drygala* in Lutter/Winter, § 3 UmwG Rdn. 22.
19 *Stefan Simon* in Kölner Kommentar zum UmwG, § 3 Rdn. 39.
20 *Drygala* in Lutter/Winter, § 3 UmwG Rdn. 16; *Stefan Simon* in Kölner Kommentar zum UmwG, § 3 Rdn. 45.
21 *Birkemeier* in Rödder/Herlinghaus/van Lishaut, § 3 Rdn. 7.
22 Siehe auch Tz. 20.05 ff. UmwStE 2011 und Tz. 24.01 UmwStE 2011, Tz. 24.03 UmwStE 2011.
23 Zur Abspaltung von Einzelwirtschaftsgütern siehe *Teichmann* in Lutter/Winter, § 123 UmwG Rdn. 23.

(siehe §§ 3 Abs. 1 Nr. 1, 124 UmwG). Gesellschaften bürgerlichen Rechts oder stille Gesellschaften können daher nicht an inländischen Spaltungsvorgängen nach dem UmwG beteiligt sein[24], so dass § 16 insoweit keine Bedeutung hat. Denkbar wäre es jedoch, dass ausländische Rechtsordnungen auch solche PersG als übernehmende Rechtsträger i.R.v. Spaltungsvorgängen zulassen, die nach deutschem Verständnis einer GbR oder einer stillen Gesellschaft vergleichbar sind. Der ausländische Spaltungsvorgang kann dem Wesen des deutschen Pendants allerdings bereits deshalb widersprechen, weil eine Gesellschaft beteiligt ist, die nach deutschem Verständnis kein geeigneter Rechtsträger im Rahmen einer Spaltung wäre (zu den Kriterien siehe im Einzelnen § 1 Rdn. 56)[25], sodass die Anwendbarkeit des § 16 an der fehlenden Vergleichbarkeit des ausländischen Vorgangs scheitert.

4. Beteiligung von Rechtsträgern verschiedener Gesellschaftsformen

10 Im Rahmen einer Auf- oder Abspaltung unter Beteiligung einer Körperschaft als übertragender Rechtsträger können Vermögenswerte auf übernehmende Rechtsträger unterschiedlicher Rechtsform übergehen.

Beispiel:

Die X-GmbH unterhält die Teilbetriebe 1 und 2. Sie wird mit Wirkung auf den 01.01. (steuerlicher Übertragungsstichtag 31.12. des Vorjahres) aufgespalten, wobei der Teilbetrieb 1 auf die Y-GmbH und der Teilbetrieb 2 auf die Z-OHG übergeht.

Soweit an der Aufspaltung als übernehmender Rechtsträger die Y-GmbH beteiligt ist, richten sich die steuerlichen Folgen nach § 15. Soweit dagegen die Z-OHG als übernehmender Rechtsträger an der Aufspaltung beteiligt ist, kommt § 16 zur Anwendung.

11 Die vorstehende Konstellation darf nicht verwechselt werden mit der nicht verhältniswahrenden Abspaltung, bei der einzelne Gesellschafter neben oder anstelle ihrer Beteiligung an der übernehmenden PersG Anteile an der übertragenden Körperschaft erhalten.

Beispiel:

Die A-GmbH, an der die natürlichen Personen C und D zu je 50 % beteiligt sind, unterhält zwei in etwa gleichwertige Teilbetriebe. Einer der Teilbetriebe wird auf die B-KG abgespalten, an der wirtschaftlich D allein beteiligt ist. C erhält im Gegenzug die Beteiligung des D an der A-GmbH.

Es kommt ausschließlich zur Spaltung auf eine PersG. Somit ist grds. allein § 16 anzuwenden. Der Gesamtvorgang kann steuerlich aber hinsichtlich der von C erworbenen Beteiligung an der A-GmbH nicht zutreffend gewürdigt werden, ohne dass im Hinblick auf diese Beteiligung § 13 sinngemäß angewendet wird (siehe nachfolgend Rdn. 55).[26]

---

24 *Drygala* in Lutter/Winter, § 3 UmwG Rdn. 5.
25 A.A. *Klingebiel/Patt/Rasche/Krause*, Umwandlungssteuerrecht, B I 2.3.2 (S. 69).
26 *Schumacher* in Rödder/Herlinghaus/van Lishaut, § 16 Rdn. 10; zust. *Hörtnagl* in Schmitt/Hörtnagl/Stratz, D § 16 Rdn. 12.

C. Regelungssystematik des § 16 S. 1
I. Überblick

Die Vorschriften des 4. Teils des UmwStG gehen von einer Parallelität von $\quad$ *12*
Spaltung und Verschmelzung aus. In der Tat weist die Spaltung von Körperschaften zivilrechtlich zahlreiche Elemente der Verschmelzung auf.[27] So
führt die Spaltung, ebenso wie die Verschmelzung zu einem Übergang von
Vermögen vom übertragenden Rechtsträger auf den übernehmenden
Rechtsträger im Wege der Gesamtrechtsnachfolge (siehe § 125 UmwG
i.V.m. § 20 Abs. 1 UmwG), wobei freilich der übertragende Rechtsträger
nicht notwendigerweise erlischt.

Während § 15 für die Spaltung unter Beteiligung von Körperschaften auf
den 3. Teil des UmwStG verweist (Verschmelzung oder Vermögensübertra-
gen auf andere Körperschaften, §§ 11–13), nimmt § 16 für die Spaltung unter Beteiligung von Körperschaften als übertragende Rechtsträger und
PersG als übernehmende Rechtsträger auf die Vorschriften des 2. Teils (Vermögensübergang bei Verschmelzung auf eine PersG, §§ 3–8) Bezug.

§ 2 findet ebenfalls Anwendung, obwohl es an einer Verweisung in § 16 $\quad$ *13*
fehlt (siehe § 2 Rdn. 61).

II. Regelungstechnik

Die §§ 15 und 16 sind Verweisnormen, die eine Kombination aus Rechts- $\quad$ *14*
grund- und Rechtsfolgenverweisung beinhalten, wobei § 16 im Vergleich zu
§ 15 eine zusätzliche Verweisebene vorsieht. Diese Verweisungstechnik erschwert die Anwendung des § 16.[28] Nach Prüfung der in § 16 S. 1 geregelten Tatbestandsmerkmale ist weiter der Tatbestand des § 15 zu prüfen. Für
weitere Tatbestandsmerkmale und die Rechtsfolgen sind dann aber nicht
die §§ 11–13 heranzuziehen, auf die § 15 im Rahmen seiner unmittelbaren
Anwendung verweist. Vielmehr sind die entsprechenden Vorschriften der
§§ 3 ff. anzuwenden. Dies verdeutlicht bereits § 15 Abs. 1 S. 1, nach dem die
§§ 11–13 „nur" vorbehaltlich des § 16 entsprechend gelten, folgt aber auch
aus der Regelungssystematik des § 16. Der in § 16 enthaltene Rechtsfolgen-
verweis auf die Vorschriften des zweiten Teiles geht als speziellere Folge
der in § 15 vorgesehenen allgemeinen Folge vor.

Zweifel wirft diese Regelungstechnik auf, wenn § 15 einzelne Vorschriften $\quad$ *15*
der §§ 11 ff. für nicht oder nur unter weiteren Voraussetzungen für anwendbar erklärt, wie dies etwa in § 15 Abs. 1 S. 2 oder in § 15 Abs. 2 im Hinblick
auf § 11 Abs. 2 geschieht.[29] Die überwiegende Ansicht in der Literatur[30]

---

27 Siehe *Teichmann* in Lutter/Winter, § 123 UmwG Rdn. 5.
28 Zur Kritik an der Regelungssystematik vgl *Asmus* in Haritz/Menner, § 16 Rdn. 13
   („entweder überflüssig und als Redaktionsversehen zu qualifizieren oder [...]");
   Hörtnagl in Schmitt/Hörtnagl/Stratz, D § 16 Rdn. 10 („unglücklicher Wortlaut");
   Dötsch in Dötsch/Patt/Pung/Möhlenbrock, § 16 Rdn. 1 („etwas missverständlich").
29 *Hörtnagl* in Schmitt/Hörtnagl/Stratz, D § 16 Rdn. 10.
30 *Dötsch* in Dötsch/Patt/Pung/Möhlenbrock, § 16 Rdn. 5 und 7; *Schumacher* in Röd-
   der/Herlinghaus/van Lishaut, § 16 Rdn. 9, 11 und 18; *Hörtnagl* in Schmitt/Hörtnagl/
   Stratz, D § 16 Rdn. 10 und 13.

wendet § 15 im Anwendungsbereich des § 16 so an, dass sie jeden in § 15 enthaltenen Verweis auf die §§ 11 ff. durch sein jeweiliges Pendant in den §§ 3 ff. ersetzt.[31] Ganz zweifelsfrei ist diese Vorgehensweise nicht, denn die unterschiedliche steuerliche Behandlung des übernehmenden Rechtsträgers – Körperschaft einerseits, PersG andererseits – steht der rein schematischen Anwendung einer Verweistechnik an sich entgegen.[32] Allerdings verweist § 16 auf alle Absätze des § 15, sodass nicht davon ausgegangen werden kann, der Gesetzgeber habe einzelne Verweisungen aussparen wollen. Vorschläge im Schrifttum, die auf eine einschränkende Auslegung der Verweisung in § 16 abzielen[33], konnten sich daher bislang nicht durchsetzen.

16   Im Anwendungsbereich des § 16 muss § 15 mithin grds. wie folgt verstanden werden:

Abs. 1: [1]*Geht Vermögen einer Körperschaft durch Aufspaltung oder Abspaltung auf eine Personengesellschaft über, gelten die §§ 3 bis 8 vorbehaltlich des Satzes 2 entsprechend.* [2]*§ 3 Absatz 2 ist nur anzuwenden, wenn auf die Übernehmerinnen ein Teilbetrieb übertragen wird und im Falle der Abspaltung oder Teilübertragung bei der übertragenden Körperschaft ein Teilbetrieb verbleibt.* [3]*Als Teilbetrieb gilt auch ein Mitunternehmeranteil oder die Beteiligung an einer Kapitalgesellschaft, die das gesamte Nennkapital der Gesellschaft umfasst.*

Abs. 2: [1]*§ 3 Absatz 2 ist auf Mitunternehmeranteile und Beteiligungen im Sinne des Absatzes 1 nicht anzuwenden, wenn sie innerhalb eines Zeitraums von drei Jahren vor dem steuerlichen Übertragungsstichtag durch Übertragung von Wirtschaftsgütern, die kein Teilbetrieb sind, erworben oder aufgestockt worden sind.* [2]*§ 3 Absatz 2 ist ebenfalls nicht anzuwenden, wenn durch die Spaltung die Veräußerung an außenstehende Personen vollzogen wird.* [3]*Das Gleiche gilt, wenn durch die Spaltung die Voraussetzungen für eine Veräußerung geschaffen werden.* [4]*Davon ist auszugehen, wenn innerhalb von fünf Jahren nach dem steuerlichen Übertragungsstichtag Anteile an einem an der Spaltung beteiligten Rechtsträger, die mehr als 20 Prozent der vor Wirksamwerden der Spaltung an dem Rechtsträger bestehenden Anteile ausmachen, veräußert werden.* [5]*Bei der Trennung von Gesellschafterstämmen setzt die Anwendung des § 3 Absatz 2 außerdem voraus, dass die Beteiligungen an der übertragenden Körperschaft mindestens fünf Jahre vor dem steuerlichen Übertragungsstichtag bestanden haben.*

Abs. 3: *Bei einer Abspaltung mindern sich verrechenbare Verluste, verbleibende Verlustvorträge, nicht ausgeglichene negative Einkünfte und ein Zinsvortrag nach § 4h Absatz 1 Satz 2 des Einkommensteuergesetzes und ein EBITDA-Vortrag nach § 4h Absatz 1 Satz 3 des Einkommensteuergesetzes der übertragenden Körperschaft in dem Verhältnis, in dem bei Zugrundelegung des gemeinen Werts das Vermögen auf eine Personengesellschaft übergeht.*

---

31 Siehe beispielhaft *Dötsch* in Dötsch/Patt/Pung/Möhlenbrock, § 16 Rdn. 7.
32 Siehe die Kritik von *Asmus* in Haritz/Menner, § 16 Rdn. 10 ff. Vgl auch *Thieme*, BB 2005, 2042 (2043) sowie *Schumacher* in Rödder/Herlinghaus/van Lishaut, § 16 Rdn. 17, der für die Verweisung auf § 15 Abs. 2 S. 2 bis 4 bei der Spaltung auf eine PersG aus teleologischen Gründen nur auf den übertragenden Rechtsträger beziehen will.
33 *Asmus* in Haritz/Menner, § 16 Rdn. 10 ff. (keine Anwendung des Teilbetriebserfordernisses); *Schumacher* in Rödder/Herlinghaus/van Lishaut, § 16 Rdn. 17 (Anwendung der Verweisung auf § 15 Abs. 2 S. 2 bis 4 nur auf die übertragende Körperschaft); *Thieme*, BB 2005, 2042 (2043) (keine Anwendung der Missbrauchsregeln).

Im Rahmen der nicht verhältniswahrenden Abspaltung auf eine PersG kann   17
parallel zu § 16 i.V.m. §§ 3–8 auch § 13 entsprechend Anwendung finden.
Siehe hierzu bereits Rdn. 11 sowie nachfolgend Rdn. 55.

D. Verweisung in § 16 S. 1 auf § 15
I. Verweisung auf § 15 Abs. 1 S. 1

§ 16 S. 1 setzt zunächst lediglich voraus, dass Vermögen einer Körperschaft   18
durch Aufspaltung oder Abspaltung auf eine PersG übergeht. Die übertragende Körperschaft hat das übergehende Vermögen in der steuerlichen
Schlussbilanz gem. § 3 Abs. 1 S. 1 mit dem gemeinen Wert anzusetzen. Die
§§ 16 S. 1, 3 Abs. 1 S. 1 setzen nach der Neufassung durch Art. 6 des SES-
tEG[34] nicht mehr voraus, dass ein Teilbetrieb übertragen wird, so dass auch
die – zivilrechtlich wirksame – Abspaltung von Einzelwirtschaftsgütern von
einer Körperschaft auf eine PersG von den §§ 16 S. 1, 3 Abs. 1 S. 1 erfasst
wird.[35] Dies ist insb. deshalb von Bedeutung, weil die §§ 3–8 sowie § 10, auf
die in § 16 S. 1 verwiesen wird, steuerliche Rechtsfolgen der Spaltung beinhalten, die unabhängig vom Vorliegen eines Teilbetriebs Anwendung finden. Ein Rückgriff auf allgemeine steuerliche Regeln, insb. die vor dem
Inkrafttreten des SEStEG angenommene Liquidation bzw. Sachausschüttung[36], ist wegen des Vorrangs der spezielleren Vorschriften in den §§ 16
S. 1, 3–8, 10 nicht statthaft.[37]

II. Verweisung auf § 15 Abs. 1 S. 2
(steuerneutrale Spaltung)

Aus dem in § 16 Abs. 1 S. 1 enthaltenen Verweis auf § 15 Abs. 1 S. 2 wird   19
gefolgert, dass ein Wertansatz des im Rahmen der Spaltung übertragenen
Vermögens zu einem geringeren als dem gemeinen Wert nur erfolgen darf,
wenn auf die übernehmende PersG ein Teilbetrieb übertragen wird[38] und
– infolge der Abspaltung – auch ein Teilbetrieb bei der übertragenden Körperschaft verbleibt.[39] § 16 bestätigt mithin die Aussage, dass die Übertragung von Einzelwirtschaftsgütern durch das UmwStG nicht begünstigt werden soll, und zwar auch nicht dadurch, dass durch die Buchwertfortführung
wirtschaftlich eine Steuerstundung erreicht wird.

Strittig ist allerdings die Frage, inwieweit sämtliche auf den übernehmen-   20
den Rechtsträger übergehende Vermögensgegenstände und sämtliche bei
dem übertragenden Rechtsträger verbleibende Vermögensgegenstände für

34 BGBl. I 2006, 2782 (2791).
35 *Dötsch* in Dötsch/Patt/Pung/Möhlenbrock, § 16 Rdn. 7; *Schumacher* in Rödder/Her-
   linghaus/van Lishaut, § 16 Rdn. 15.
36 Vgl. dazu *Widmann* in Widmann/Mayer, § 16 Rdn. 18.
37 *Dötsch* in Dötsch/Patt/Pung/Möhlenbrock, § 16 Rdn. 7.
38 *Schumacher* in Rödder/Herlinghaus/van Lishaut, § 16 Rdn. 12; *Dötsch* in Dötsch/
   Patt/Pung/Möhlenbrock, § 16 Rdn. 6; zweifelnd *Asmus* in Haritz/Menner, § 16
   Rdn. 10 ff.
39 *Dötsch* in Dötsch/Patt/Pung/Möhlenbrock, § 16 Rdn. 6.

sich genommen jeweils einem Teilbetrieb zugeordnet sein müssen („Nur-Teilbetriebserfordernis") oder ob es genügt, wenn neben neutralem Vermögen jeweils auch mindestens ein Teilbetrieb übergeht und zurückbleibt (siehe § 15 Rdn. 76 ff.).

21 Für den Begriff des Teilbetriebs kann auf die Kommentierung zu § 15 verwiesen werden (siehe dort Rdn. 31 ff.).

22 Aus §§ 16 S. 1, 15 Abs. 1 S. 3 folgt schließlich, dass als Teilbetrieb auch ein Mitunternehmeranteil oder die Beteiligung an einer KapG, die das gesamte Nennkapital der Gesellschaft umfasst, gilt (sog. fiktive Teilbetriebe).

III. Verweisung auf § 15 Abs. 2

23 Im Rahmen der Anwendung des § 16 sind mangels einer Einschränkung der Verweisung des § 16 S. 1 auch die Missbrauchsregeln des § 15 Abs. 2 zu beachten.[40] Dabei tritt an die Stelle der Nichtanwendung des § 11 Abs. 2 aufgrund des Vorranges der direkten Verweisung des § 16 S. 1 die Nichtanwendung des § 3 Abs. 2 (siehe bereits oben Rdn. 15 ff.).

1. Entsprechende Anwendung des § 15 Abs. 2 S. 1

24 Durch den Verweis in § 16 S. 1 auf § 15 Abs. 2 S. 1 soll die Umgehung des Teilbetriebserfordernisses verhindert werden. Einzelwirtschaftsgüter (also Wirtschaftsgüter, die keinem Teilbetrieb zugeordnet werden können) sollen nicht allein dadurch zum Buchwert abgespalten werden können, dass sie kurz zuvor in einen fiktiven Teilbetrieb i.S.d. § 15 Abs. 1 S. 3 eingelegt wurden (siehe hierzu § 15 Rdn. 111 ff.). Für die steuerneutrale Abspaltung fiktiver Teilbetriebe besteht somit gem. § 16 S. 1 i.V.m. § 15 Abs. 2 S. 1 die zusätzliche Voraussetzung, dass der Erwerb oder die Aufstockung solcher fiktiver Teilbetriebe durch Einbringung von Einzelwirtschaftsgütern mindestens drei Jahre vor dem steuerlichen Übertragungsstichtag liegt.[41]

25 § 15 Abs. 2 S. 1 gilt nicht für Einzelwirtschaftsgüter, die echten Teilbetrieben zugeordnet werden; deren Erwerb durch die übertragende Körperschaft innerhalb der Drei-Jahres-Frist (bis zur Fassung des Umwandlungsbeschlusses der übertragenden Körperschaft) ist mithin unschädlich, wenn sie einem Teilbetrieb zugeordnet werden.[42]

26 Ferner gilt die Einschränkung nach dem Gesetzeswortlaut nur für die auf den übernehmenden Rechtsträger übergehenden fiktiven Teilbetriebe. Bei der Abspaltung können fiktive Teilbetriebe jedoch auch beim übertragenden Rechtsträger zurückbleiben. Der Erwerb oder die Aufstockung innerhalb der Drei-Jahres-Frist von fiktiven Teilbetrieben, die beim übertragenden

---

40 *Hörtnagl* in Schmitt/Hörtnagl/Stratz, D § 16 Rdn. 15; *Dötsch* in Dötsch/Patt/Pung/Möhlenbrock, § 16 Rdn. 9; *Widmann* in Widmann/Mayer, § 16 Rdn. 78; *Schumacher* in Rödder/Herlinghaus/van Lishaut, § 16 Rdn. 16; a.A. *Thieme*, BB 2005, 2042 (2043), *Asmus* in Haritz/Benkert, UmwStG, 2. Aufl., § 16 Rdn. 22.
41 *Widmann* in Widmann/Mayer, § 16 Rdn. 80; a.A. *Asmus* in Haritz/Menner, § 16 Rdn. 24; *Thieme*, BB 2005, 2042 ff.
42 *Hörtnagl* in Schmitt/Hörtnagl/Stratz, D § 15 Rdn. 118 und 120.

Rechtsträger zurückbleiben, steht entgegen der Ansicht der Finanzverwaltung der steuerneutralen Abspaltung nicht entgegen.[43]

2. Entsprechende Anwendung des § 15 Abs. 2 S. 2–4

Ebenso wie § 15 Abs. 2 S. 1 dient auch die Regelung des § 15 Abs. 2 S. 2–4   27
der Verhinderung von Missbräuchen (siehe § 15 Rdn. 125). Dient die Spaltung dem Vollzug gem. § 15 Abs. 2 S. 2 oder gem. § 15 Abs. 2 S. 3 der Vorbereitung der Veräußerung an Außenstehende, so ist § 3 Abs. 2 ebenfalls nicht anzuwenden und damit eine Übertragung zu Buchwerten ausgeschlossen.[44]

Der Wortlaut des § 15 Abs. 2 S. 4 bezieht sich indes nur auf „Körperschaf-   28
ten". Eine wörtliche Anwendung des § 15 Abs. 2 S. 4 im Kontext des § 16
S. 1 würde den Anwendungsbereich der Vorschrift auf die nachträgliche Übertragung von Anteilen an der übertragenden Körperschaft im Falle der Abspaltung einengen.[45] Eine entsprechende Anwendung des § 15 Abs. 2 S. 4 im Kontext des § 16 S. 1 würde demgegenüber bedeuten, dass jedwede Übertragung von mehr als 20 % der Anteile am übertragenden oder an einem übernehmenden Rechtsträger (also einer PersG) zur Anwendung der Missbrauchsvorschrift führen würde. Betrachtet man isoliert den auf die PersG übergehenden Teilbetrieb, so liegt es in der Tat nahe, diesen von § 15 Abs. 2 S. 4 auszunehmen.[46] Insoweit besteht nach der Spaltung eine volle Steuerpflicht bei Veräußerungen des für den übertragenen Teilbetrieb erworbenen Mitunternehmeranteils, so dass wenige Möglichkeiten für einen „Missbrauch" zu erkennen sind. Gleichwohl ist zweifelhaft, ob eine Einschränkung des § 15 Abs. 2 S. 4 im Kontext des § 16 S. 1 zu rechtfertigen ist. Die Spaltung soll die Fortsetzung der bisherigen unternehmerischen Tätigkeit in anderer Rechtsform und nicht den steueroptimierten Teilverkauf von betrieblichen Einheiten ermöglichen.[47] Dem entspricht es, wenn ein einheitlicher zivilrechtlicher Spaltungsvorgang betreffend eine KapG als übertragender Rechtsträger auch steuerlich als Einheit gesehen wird. Dies verdeutlicht folgendes

Beispiel:

Die X-GmbH hat zwei in etwa gleichwertige Teilbetriebe. Die X-GmbH wird zur Neugründung aufgespalten, wobei Teilbetrieb 1 auf die Y-GmbH und Teilbetrieb 2 auf die Z-KG übertragen wird. Die Umwandlung erfolgt verhältniswahrend. Kurze Zeit später verkaufen die Gesellschafter 25 % der Y-GmbH an den außenstehenden Gesell-

---

43 Wie hier *Hörtnagl* in Schmitt/Hörtnagl/Stratz, D § 15 Rdn. 121; *Dötsch/Pung* in Dötsch/Patt/Pung/Möhlenbrock, § 15 Rdn. 103; *Schumacher* in Rödder/Herlinghaus/van Lishaut, § 15 Rdn. 198; *Widmann* in Widmann/Mayer, § 15 Rdn. 219; *Asmus* in Haritz/Menner, § 15 Rdn. 114; anders jedoch: Tz. 15.17 UmwStE 2011.

44 *Dötsch* in Dötsch/Patt/Pung/Möhlenbrock, § 16 Rdn. 9; *Widmann* in Widmann/Mayer, § 16 Rdn. 83, 86 und 125; *Knopf/Hill* in Goutier/Knopf/Tulloch/Hill, § 16 Rdn. 4 f.; a.A. *Asmus* in Haritz/Menner, § 16 Rdn. 22 f.; *Thieme*, BB 2005, 2042 (2043).

45 *Schumacher* in Rödder/Herlinghaus/van Lishaut, § 16 Rdn. 17.

46 So *Schumacher* in Rödder/Herlinghaus/van Lishaut, § 16 Rdn. 17.

47 Siehe Tz. 15.22 UmwStE 2011.

schafter C und 25 % der Z-KG an den außenstehenden Gesellschafter D.

Würde man § 15 Abs. 2 S. 2 ff. isoliert nur auf die beteiligten Körperschaften anwenden, so wäre noch nicht von einer schädlichen Veräußerung auszugehen, weil der außenstehende Gesellschafter C nur 25 % von 50 %, also 12,5 % der ursprünglichen Anteile erwirbt, so dass die 20 %-Grenze nicht überschritten wird.

Wendet man § 16 S. 1 i. V. m. § 15 Abs. 2 S. 2 ff. nicht an, weil bei isolierter Betrachtung nach einer „Aufspaltung zur Neugründung einer PersG" keine Körperschaft übrig bleibt und das Missbrauchsrisiko bei der Übertragung von Teilbetrieben auf PersG gering ist, so wäre der gesamte Spaltungsvorgang zu Buchwerten möglich.

Es darf indes nicht übersehen werden, dass der Spaltungsvorgang der Veräußerung von mehr als 20 % des ursprünglichen Unternehmens diente und damit eine Fortsetzung der bisherigen unternehmerischen Tätigkeit in anderer Rechtsform an sich nicht gegeben ist. Es spricht vor diesem Hintergrund mehr dafür, § 15 Abs. 2 S. 2 ff. bei einheitlichen Spaltungsvorgängen unter Beteiligung von KapG und PersG als übernehmende Rechtsträger in dem Sinne einheitlich anzuwenden, dass der Veräußerungstatbestand des § 15 Abs. 2 S. 4 rechtsformunabhängig ausgelegt wird.[48]

Damit sind hier 25 % der vor der Veräußerung bestehenden Anteile veräußert worden (12,5 % an C und 12,5 % an D), so dass weder der Teilbetrieb 1 noch der Teilbetrieb 2 zu einem Wert unter dem gemeinen Wert auf die übernehmenden Rechtsträger übertragen werden kann.

Die Veräußerungssperre der §§ 15 Abs. 2 S. 2 findet somit nicht nur im Falle der Abspaltung Anwendung.[49] Die Sperre erstreckt sich neben den Anteilen an der übertragenden Körperschaft auch auf die im Rahmen der Spaltung gewährten Anteile an der übernehmenden PersG.[50]

29 Zur Berechnung der 20 %-Grenze gem. § 15 Abs. 2 S. 4 siehe Tz. 15.30 UmwStE 2011.[51]

3. Entsprechende Anwendung des § 15 Abs. 2 S. 5

30 § 16 S. 1 i. V. m. § 15 Abs. 2 S. 5 ist insb. vor dem Hintergrund der nicht verhältniswahrenden Spaltung i. S. d. § 128 UmwG zu sehen. Eine Veräußerung von Anteilen an außenstehende Dritte wäre bspw. möglich, indem ein potentieller Interessent für einen von einer KapG unterhaltenen Teilbetrieb dieser KapG kurz vor einer Spaltung als neuer Gesellschafters beitritt und der Teilbetrieb anschließend im Wege einer nichtverhältniswahrenden Spaltung an den Interessenten übertragen wird. Im Falle der Trennung von

---

48 Siehe *Klingebiel/Patt/Rasche/Krause*, Umwandlungssteuerrecht, B IV 2.4.2.2 (S. 263 f.).
49 *Widmann* in Widmann/Mayer, § 16 Rdn. 85.
50 *Hörtnagl* in Schmitt/Hörtnagl/Stratz, D § 16 Rdn. 15. A. A. *Schumacher* in Rödder/ Herlinghaus/van Lishaut, § 16 Rdn. 17.
51 Vgl. auch *Widmann* in Widmann/Mayer, § 16 Rdn. 98 und § 15 Rdn. 321–347.

Gesellschafterstämmen im Rahmen der Spaltung setzt deshalb eine steuerneutrale Übertragung gem. § 15 Abs. 2 S. 5 zudem voraus, dass die Beteiligungen an den der übertragenden Körperschaft mindestens fünf Jahre vor dem steuerlichen Übertragungsstichtag bestanden haben.[52] Zu den Einzelheiten dieser Voraussetzung siehe Rdn. 149 f. zu § 15.

4. Folgen eines Verstoßes gegen die Missbrauchsregeln

Bei Erfüllung eines der Missbrauchstatbestände des § 16 S. 1 i.V.m. § 15   *31*
Abs. 2 tritt entsprechend der Regelungssystematik des § 16 an die Stelle der in § 15 Abs. 2 vorgesehenen Nichtanwendung des § 11 Abs. 2 die Nichtanwendung des entsprechenden Pendants der §§ 3–8, mithin die Nichtanwendung des § 3 Abs. 2.[53]

Demnach ist die Spaltung weiterhin möglich, und es finden mit Ausnahme des § 3 Abs. 2 die §§ 3–8 Anwendung[54]; eine steuerneutrale Übertragung zu Buchwerten ist jedoch ausgeschlossen. In der steuerlichen Übertragungsbilanz ist das übergehende Betriebsvermögen mithin – ebenso wie bei einem Verstoß gegen das Teilbetriebserfordernis des § 15 Abs. 1 S. 2 – zwingend mit dem gemeinen Wert anzusetzen und stille Reserven somit aufzudecken.

IV. Verweisung auf § 15 Abs. 3

Die Rechtsfolge der Verweisung auf § 15 Abs. 3 entspricht sinngemäß der-   *32*
jenigen, die im Rahmen der unmittelbaren Anwendung des § 15 Abs. 3 zu ziehen ist (siehe § 15 Rdn. 162 ff.). Dieselbe Rechtsfolge ergibt sich aus der Verweisung in § 16 S. 1 auf § 4 Abs. 2 S. 2. Die Verluste, Verlustvorträge, negativen Einkünfte, der Zinsvortrag oder ein EBITDA-Vortrag gehen im Verhältnis der gemeinen Werte der abgespalteten zu den zurückbehaltenen Vermögensteilen unter.[55]

Etwaige gewerbesteuerliche Fehlbeträge der übertragenden Körperschaft   *33*
können nicht von der übernehmenden PersG genutzt werden (§ 18 Abs. 1 S. 2).[56] Vielmehr gehen solche Fehlbeträge im Verhältnis der gemeinen Werte der abgespalteten zu den zurückbehaltenen Vermögensteilen unter. Dies folgt aus der Verweiskette § 18 Abs. 1 S. 1, § 16 S. 1, § 15 Abs. 3.

Beispiel:

Die A-GmbH unterhält zwei Teilbetriebe. Der Teilbetrieb 1 hat das seit Jahren profitable Kerngeschäft der A-GmbH zum Gegenstand und besitzt einen gemeinen Wert von EUR 10.000.000. Der Teilbe-

---

52 Wie hier *Widmann* in Widmann/Mayer, § 16 Rdn. 126–128; *Schumacher* in Rödder/ Herlinghaus/van Lishaut, § 16 Rdn. 17. A.A. *Asmus* in Haritz/Menner, § 16 Rdn. 24.

53 Ebenso *Dötsch* in Dötsch/Patt/Pung/Möhlenbrock, § 16 Rdn. 9; *Hörtnagl* in Schmitt/ Hörtnagl/Stratz, D § 16 Rdn. 17 f.; *Schumacher* in Rödder/Herlinghaus/van Lishaut, § 16 Rdn. 18. A.A. *Thieme*, BB 2005, 2042 (2043); *Asmus* in Haritz/Menner, § 16 Rdn. 22-24.

54 *Hörtnagl* in Schmitt/Hörtnagl/Stratz, D § 16 Rdn. 18.

55 *Dötsch* in Dötsch/Patt/Pung/Möhlenbrock, § 16 Rdn. 17–19; *Hörtnagl* in Schmitt/ Hörtnagl/Stratz, D § 16 Rdn. 19.

56 *Hörtnagl* in Schmitt/Hörtnagl/Stratz, D § 16 Rdn. 20.

trieb 2 beinhaltet ein zukunftsträchtiges neues Geschäftsfeld, in das die A-GmbH erheblich investiert hat, das bislang jedoch noch nicht aus der Verlustzone herausgekommen ist. Der gemeine Wert des Teilbetriebs 2 beträgt EUR 5.000.000. Insgesamt verfügt die A-GmbH aufgrund der Verluste der Vorjahre über Verlustvorträge in Höhe von EUR 3.000.000. Die A-GmbH spaltet den Teilbetrieb 2 verhältniswahrend ab, um die Aufnahme eines Risikokapitalgebers zu erleichtern. Gem. §§ 16 S. 1, 15 Abs. 3 gehen im Zuge der Abspaltung ein Drittel der vor der Abspaltung vorhandenen Verlustvorträge unter (5.000.000 zu 15.000.000). Keine Rolle spielt, dass der übertragene Teilbetrieb 100 % aller Verluste verursacht hat.

E. Verweisung auf §§ 3–8, 10

I. Grundsatz

34 Liegen die Voraussetzungen des § 16 S. 1 vor, so ist der Spaltungsvorgang im Grundsatz wie eine Verschmelzung unter Beteiligung einer KapG als übertragender Rechtsträger und PersG als übernehmender Rechtsträger zu behandeln. Auf die Ausführungen zu den §§ 3–8, 10 kann daher verwiesen werden. Zu beachten ist allerdings, dass es bei einer Spaltung im Unterschied zur Verschmelzung nicht zum Übergang des gesamten Vermögens des übertragenden Rechtsträgers auf einen übernehmenden Rechtsträger kommt. Vielmehr bleiben entweder Vermögensteile beim übertragenden Rechtsträger zurück und/oder das Vermögen des übertragenden Rechtsträgers wird auf mehrere übernehmende Rechtsträger verteilt. Die Rechtsfolgen der §§ 3–8, 10 sind daher stets nur anteilig zu ziehen, soweit Vermögen auf die übernehmende PersG übergeht. Dies bringt es mit sich, dass im Falle einer Spaltung in steuerlicher Hinsicht zunächst die maßgeblichen Bezugsgrößen zu ermitteln sind.

35 Einen Aufteilungsmaßstabe gibt § 16 nicht ausdrücklich vor. Allerdings stellen sowohl § 40 Abs. 2 S. 2, 3 KStG für die Aufteilung des unbelasteten Teilbetrags und § 15 Abs. 3 für die Minderung des verbleibenden Verlustvortrags auf das Verhältnis der gemeinen Werte der übergehenden Vermögensteile zu dem vor der Spaltung vorhandenen Gesamtvermögen ab. Dieser Maßstab erscheint im Kontext des § 16 generell sachgerecht.[57] Es bedarf daher grds. einer Bewertung des Betriebsvermögens der übertragenden Körperschaft. Das im Spaltungsplan festgelegte Umtauschverhältnis wird demgegenüber vielfach nicht unmittelbar als Aufteilungsmaßstab geeignet sein, nicht zuletzt, weil es keine Rückschlüsse auf den Wert des Gesamtvermögens der übertragenden Körperschaft vor der Spaltung zulässt.[58]

---

57 *Schumacher* in Rödder/Herlinghaus/van Lishaut, § 16 Rdn. 21; siehe auch Tz. 15.43 UmwStE 2011.

58 *Schumacher* in Rödder/Herlinghaus/van Lishaut, § 16 Rdn. 21.

II. Handelsbilanzielle Auswirkungen

1. Schlussbilanz der übertragenden Körperschaft

Gem. § 125 S. 1 UmwG ist § 17 Abs. 2 UmwG sowohl für die Auf- als auch   *36*
für die Abspaltung entsprechend anzuwenden. Der Anmeldung zum Register des Sitzes des übertragenden Rechtsträgers ist somit eine Bilanz dieses
Rechtsträgers beizufügen (Schlussbilanz). Gemeint ist damit grds. auch im
Falle der Spaltung eine Bilanz, die das gesamte Unternehmen des übertragenden Rechtsträgers zum Gegenstand hat; Teilbilanzen für das zu übertragende und das verbleibende Vermögen können nicht gefordert werden.[59]
Gleichwohl sind solche Teilbilanzen vielfach zweckmäßig, weil die Gesamtbilanz des übertragenden Rechtsträgers im Rahmen einer Spaltung meist
wenig aussagekräftig ist und für steuerliche Zwecke ohnehin Teilbilanzen
zu erstellen sind.[60] Die Schlussbilanz wird üblicherweise auf den Tag vor
dem Spaltungsstichtag aufgestellt.[61] Da gem. § 125 S. 1 UmwG i.V. m. § 17
Abs. 2 S. 2 UmwG die Vorschriften über die Jahresbilanz entsprechend Anwendung finden, folgt die Schlussbilanz denselben Bilanzierungsgrundsät-
zen wie ein auf das Ende eines Geschäftsjahres aufzustellender Jahresabschluss.[62]

Die Abspaltung ist ein gesellschaftsrechtlicher Vorgang. Weist der abgespal-   *37*
tene Teilbetrieb einen positiven Buchwert auf, so kommt es zwar bei der
übertragenden Körperschaft zu einem buchmäßigen Vermögensabgang, der
jedoch in der handelsrechtlichen Gewinn- und Verlustrechnung regelmäßig
nach dem Posten „Jahresüberschuss/Jahresfehlbetrag" auszuweisen ist[63]
und keinen steuerwirksamen Aufwand darstellt.[64]

2. Kosten der Vermögensübertragung

Nicht abschließend geklärt ist die bilanzsteuerliche Behandlung von Um-   *38*
wandlungskosten. Im Ausgangspunkt ist zwischen objektbezogenen und
sonstigen Kosten zu unterscheiden.

Objektbezogene Kosten der Vermögensübertragung (insb. die Grunder-   *39*
werbsteuer bei der Übertragung von Grundstücken) sind nach Ansicht des
BFH[65] der übernehmenden PersG zuzuordnen und unabhängig von der vertraglichen Kostenverteilung zwischen übernehmender und übertragender
Gesellschaft bei der übernehmenden PersG als Nebenkosten der Anschaffung aktivierungspflichtig (§§ 253 Abs. 1, 255 Abs. 1 S. 2 HGB).[66] Bei der
übertragenden Körperschaft darf keine Rückstellung gebildet werden, wenn
diese Kosten (wie die Grunderwerbsteuer) erst mit Vollzug der Vermögens-

---

59 IDW, Stellungnahme HFA 1/1998, Tz. 11.
60 *Schumacher* in Rödder/Herlinghaus/van Lishaut, § 15 Rdn. 36; zur steuerlichen
  Schlussbilanz siehe auch Tz. 15.14 UmwStE 2011.
61 Siehe Tz. 02.02. UmwStE 2011; IDW, Stellungnahme HFA 2/1997 Tz. 111.
62 Zu den Einzelheiten siehe IDW, Stellungnahme HFA 2/1997 Tz. 112 ff.
63 IDW, Stellungnahme HFA 1/1998 Tz. 122.
64 *Widmann* in Widmann/Mayer, § 16 Rdn. 35.
65 BFH vom 15.10.1997, I R 22/96, DStR 1998, 164 (165); BFH vom 17.09.2003, I R
  97/02, DStRE 2004, 38 f.
66 A.A. *Widmann* in Widmann/Mayer, § 3 Rdn. 190.

übertragung und damit in einem Zeitpunkt entstehen, in dem die übertragende Körperschaft bereits erloschen und mit den Kosten daher wirtschaftlich nicht belastet ist. Die Finanzverwaltung hat sich dieser Sichtweise angeschlossen. Im Falle der Abspaltung ist zu beachten, dass die übertragende Körperschaft nicht erlischt. Soweit die übertragende Körperschaft mithin Kosten der Übertragung trägt, muss eine Rückstellung in der Schlussbilanz gebildet werden, weil die übertragende Körperschaft mit der Zahlungsverpflichtung nicht nur rechtlich, sondern auch wirtschaftlich belastet ist. Ob die Rückstellung auch steuerlich als Aufwand anzuerkennen ist, hängt davon ab, ob man in der Übernahme von Übertragungskosten eine verdeckte Gewinnausschüttung an die Anteilseigner der übertragenden Körperschaft sieht (§ 8 Abs. 3 S. 2 KStG).[67]

40 Sonstige Kosten sind danach zuzuordnen, in welcher Sphäre sie entstanden sind; ein Zuordnungswahlrecht besteht nicht.[68]

3. Bilanzierung der Vermögensübertragung bei der Übernehmerin

41 Aus Sicht der übernehmenden PersG stellt der Vermögensübergang infolge der Spaltung einen (laufenden) Anschaffungsvorgang dar, so dass die übernehmende PersG das erworbene Vermögen in ihrem (nächsten) Jahresabschluss und grds. gem. § 253 Abs. 1 S. 1 HGB mit den Anschaffungskosten (Zeitwert) zu bewerten hat.[69] Abweichend hiervon können gem. § 24 UmwG auch die Buchwerte aus der Schlussbilanz der übertragenden Körperschaft als Anschaffungskosten angesetzt werden. Das in § 24 UmwG eingeräumte Wahlrecht kann nur einheitlich für das übernommene Vermögen ausgeübt werden.[70] Die übernehmende PersG kann das Wahlrecht gem. § 24 UmwG grundsätzlich unabhängig von dem steuerlichen Ansatzwahlrecht gem. §§ 16 S. 1, 3 Abs. 1 der übertragenden Körperschaft ausüben (siehe § 3 Rdn. 29, 30).[71]

4. Behandlung der Anteile an der übertragenden Körperschaft

42 Bei der Aufspaltung gehen die Anteile an der übertragenden Körperschaft unter[72], so dass sie bei bilanzierenden Anteilseignern auszubuchen sind. Bei der Abspaltung ist der Vermögensabgang dadurch abzubilden, dass die Buchwerte (Anschaffungskosten) der Anteile an der übertragenden Körperschaft bei den Anteilseignern im Verhältnis der gemeinen Werte des übertragenden Vermögens zum Gesamtvermögen des übertragenden Rechtsträgers vor der Abspaltung zu kürzen sind.

---

67 Siehe BMF vom 18. 01. 2010, BStBl. I 2010, 70; zum Meinungsstand siehe *Widmann* in Widmann/Mayer, § 3 Rdn. 178, der die Grunderwerbsteuer stets der übernehmenden PersG zuordnen will.
68 *Rödder* in Rödder/Herlinghaus/van Lishaut, § 12 Rdn. 74:
69 Siehe *Schwedhelm/Streck/Mack*, GmbHR 1995, 7 (12).
70 *Widmann* in Widmann/Mayer, § 24 UmwG Rdn. 311; *Priester* in Lutter/Winter, § 24 UmwG Rdn. 77.
71 *Priester* in Lutter/Winter, § 24 UmwG Rdn. 90.
72 *Stefan Simon* in Kölner Kommentar zum UmwG, § 131 Rdn. 42.

III. Verweisung auf § 3

1. Ansatz des gemeinen Werts (§ 3 Abs. 1)

Die übertragende Körperschaft hat gem. § 16 S. 1 i. V. m. § 3 Abs. 1 auf den   *43*
Übertragungsstichtag eine steuerliche Schlussbilanz (Übertragungsbilanz)
aufzustellen. In dieser Übertragungsbilanz ist das übergehende Betriebsvermögen gem. § 3 Abs. 1 grds. mit dem gemeinen Wert anzusetzen (vgl. dazu
Rdn. 32 zu § 3). Im Falle der Abspaltung sind Vermögensteile, die bei der
übertragenden Körperschaft verbleiben, mit dem Buchwert anzusetzen.[73] Zu
den Bewertungsgrundsätzen im Einzelnen siehe § 3 Rdn. 33, 34; § 15
Rdn. 89.

2. Ansatz des Buchwerts- oder eines Zwischenwerts (§ 3 Abs. 2)

Sind die Voraussetzungen des § 15 sowie die weiteren Voraussetzungen des   *44*
§ 3 Abs. 2 S. 1 Nr. 1–3 (siehe dazu § 3 Rdn. 50 ff.) erfüllt, so kann gem. § 3
Abs. 2 S. 1 des gemeinen Wertes gem. § 3 Abs. 1 S. 1 auch der
Buchwert oder ein zwischen Buchwert und gemeinen Wert liegender Zwischenwert angesetzt werden. Das Wahlrecht hinsichtlich des anzusetzenden
Werts steht der übertragenden Körperschaft zu[74] und kann für jeden bei der
Spaltung übertragenen Teilbetrieb gesondert ausgeübt werden.[75] Hinsichtlich aller im Rahmen eines Teilbetriebes übertragenen Wirtschaftsgüter
kann das Bewertungswahlrecht jedoch nur einheitlich ausgeübt werden[76],
d. h. eine unterschiedliche Bewertung einzelner übertragener Wirtschaftsgüter ist nicht zulässig.[77]

Bei der Bewertung stellt der gemeine Wert die Wertobergrenze und regel-   *45*
mäßig der Buchwert die Wertuntergrenze dar.[78] Liegt der Buchwert über
dem gemeinen Wert, so ist letzterer in Ansatz zu bringen.[79] Im Einzelnen
kann auf die Ausführungen zu § 3 Rdn. 43 ff. verwiesen werden.

IV. Auswirkungen auf den Gewinn der übernehmenden PersG (§§ 4, 5)

Nach § 16 S. 1 i. V. m. § 4 Abs. 1 S. 1 übernimmt die übernehmende PersG   *46*
die übergegangenen Wirtschaftsgüter mit den Werten aus der steuerlichen
Übertragungsbilanz der übertragenden Körperschaft.

---

73 *Schumacher* in Rödder/Herlinghaus/van Lishaut, § 16 Rdn. 22; *Hörtnagl* in Schmitt/
Hörtnagl/Stratz, D § 16 Rdn. 26; *Widmann* in Widmann/Mayer, § 16 Rdn. 29.

74 *Hörtnagl* in Schmitt/Hörtnagl/Stratz, D § 16 Rdn. 23.

75 *Widmann* in Widmann/Mayer, § 16 Rdn. 30; *Hörtnagl* in Schmitt/Hörtnagl/Stratz, D
§ 16 Rdn. 26; *Asmus* in Haritz/Menner, § 16 Rdn. 29.

76 *Schmitt* in Schmitt/Hörtnagl/Stratz, D § 3 Rdn. 57 und 66; *Ley/Bodden*, FR 2007,
265 (270); *Bogenschütz*, Ubg 2009, 604 (606).

77 *Dötsch/Pung* in Dötsch/Patt/Pung/Möhlenbrock, § 3 Rdn. 51; *Hörtnagl* in Schmitt/
Hörtnagl/Stratz, D § 16 Rdn. 26.

78 *Schmitt* in Schmitt/Hörtnagl/Stratz, D § 3 Rdn. 54; *Dötsch/Pung* in Dötsch/Patt/
Pung/Möhlenbrock, § 3 Rdn. 17; vgl auch *Priester* in Lutter/Winter, § 24 UmwG
Rdn. 90.

79 *Dötsch/Pung* in Dötsch/Patt/Pung/Möhlenbrock, § 3 Rdn. 17; Schmitt in Schmitt/
Hörtnagl/Stratz, D § 3 Rdn. 54.

47 Ist die übernehmende PersG an der übertragenden KapG beteiligt, so ist das Wertaufholungsgebot des § 4 Abs. 1 S. 2, 3 zu beachten. Jedoch ist die Wertaufholung grundsätzlich nur anteilig vorzunehmen, soweit Vermögensteile der übertragenden Körperschaft auf die übernehmende PersG übergehen. Aufteilungsmaßstab ist der gemeine Wert des übergehenden Vermögens im Verhältnis zum Gesamtvermögen des übertragenden Rechtsträgers vor der Spaltung.

48 Es bietet sich regelmäßig an, zunächst den Buchwert der Gesamtbeteiligung der übernehmenden PersG an der übertragenden KapG vor der Spaltung sowie den hierauf bezogenen Betrag der nach § 4 Abs. 1 S. 2, 3 erforderlichen Wertaufholung zu ermitteln. Diese Werte sind nach dem Verhältnis der gemeinen Werte des auf die übernehmende PersG übergehenden Vermögens zum Gesamtvermögen der übertragenden Körperschaft vor der Spaltung aufzuteilen. Der anteilige Buchwert ist um den anteiligen Betrag der Wertaufholung aufzustocken. Ein dabei entstehender Gewinn ist nach § 16 S. 1 i.V.m. § 4 Abs. 1 S. 2, 3 zu versteuern.

49 Für die Berechnung des Übernahmegewinns oder -verlustes siehe im Übrigen § 4 Rdn. 73 ff. Zu beachten ist, dass der Buchwert der Anteile an der übertragenden Gesellschaft aufzuteilen ist; dies gilt auch für die Anwendung der Einlagefiktion (§ 5).

Beispiel:

An der X-GmbH ist der Gesellschafter A mit 40 % (Anschaffungskosten EUR 100.000) und Gesellschaft B mit 60 % beteiligt (Anschaffungskosten EUR 400.000). Beide Gesellschafter halten ihre Beteiligungen im Betriebsvermögen ihrer einzelkaufmännischen Betriebe. Der Buchwert entspricht den Anschaffungskosten. Die X-GmbH unterhält den Teilbetrieb 1 mit einem gemeinen Wert von EUR 1.500.000 (Buchwert EUR 400.000) und den Teilbetrieb 2 mit einem gemeinen Wert von EUR 900.000 (Buchwert 350.000). Der Teilbetrieb 2 wird zu Buchwerten auf die Y GmbH & Co KG abgespalten, an der A zu 40 % und B zu 60 % beteiligt ist.

Der Übernahmegewinn gem. §§ 16 S. 1, 4 Abs. 4 ermittelt sich wie folgt:

– Ermittlung des Aufteilungsmaßstabs: Der gemeine Wert des übertragenen Teilbetriebs macht 37,5 % des gemeinen Werts des Betriebsvermögens der X-GmbH vor der Abspaltung aus (EUR 900.000 zu EUR 2.400.000).

– Für Zwecke der Ermittlung des Übernahmeergebnisses gelten gem. §§ 16 S. 1, 5 Abs. 3 S. 1 jeweils 37,5 % der Beteiligungen von A und B an der X-GmbH als zum Buchwert in das Betriebsvermögen der Y GmbH & Co KG eingelegt. Nach Buchwerten gelten eine Beteiligung des A von EUR 37.500 und eine Beteiligung des B von EUR 150.000 als eingelegt.

– Der Wert, mit dem die übergegangenen Wirtschaftsgüter des Teilbetriebs 2 bei der Y GmbH & Co KG zu übernehmen ist, beträgt EUR 900.000 (bei Buchwertfortführung). Hiervon entfallen auf A 40 % (EUR 360.000) und auf B 60 % (EUR 540.000).

– Übernahmegewinn des Gesellschafters A[80]:

	Anteiliger Übernahmewert (§ 4 Abs. 4 S. 1)	EUR	360.000
./.	Anteiliger Anteilswert (§ 4 Abs. 4 S. 1, § 5 Abs. 3)	EUR	37.500
./.	Kosten des Vermögensübergangs (unterstellt)	EUR	0
=	Übernahmeergebnis 1. Stufe (§ 4 Abs. 4 S. 1)	EUR	322.500

– Übernahmegewinn des Gesellschafters B:

	Anteiliger Übernahmewert (§ 4 Abs. 4 S. 1)	EUR	540.000
./.	Anteiliger Anteilswert (§ 4 Abs. 4 S. 1, § 5 Abs. 3)	EUR	150.000
./.	Kosten des Vermögensübergangs (unterstellt)	EUR	0
=	Übernahmeergebnis 1. Stufe (§ 4 Abs. 4 S. 1)	EUR	390.000

– Nach Korrektur des Übernahmeergebnisses auf der 1. Stufe durch den Sperrbetrag nach § 50c EStG und die nach §§ 16 S. 1, 7 versteuerten offenen Rücklagen ergibt sich das Übernahmeergebnis 2. Stufe.

Der Sperrbetrag gem. § 50 EStG erhöht den Übernahmegewinn bzw. mindert den Übernahmeverlust (siehe die Kommentierung zu § 4 Rdn. 101 ff.), soweit er auf Anteile entfällt, die die übernehmende PersG bzw. ihre Gesellschafter an der übertragenden KapG halten. Auf das Übernahmeergebnis werden ferner die nach §§ 16 S. 1, 7 versteuerten offenen Rücklagen angerechnet (siehe insoweit die Kommentierung zu § 4 Rdn. 104).   50

Aus §§ 16 S. 1, 4 Abs. 2 S. 1 folgt, dass die übernehmende PersG in die steuerliche Rechtsstellung der übertragenden Körperschaft eintritt. Aus §§ 16 S. 1, 4 Abs. 2. S. 3 folgt schließlich die Besitzzeitanrechnung. Es kann auf die Kommentierung zu § 4 Rdn. 54 ff. verwiesen werden.   51

V. Besteuerung offener Rücklagen (§§ 16 S. 1, 7)

Es gelten im Grundsatz die Ausführungen zu § 7 entsprechend. Besonderheiten ergeben sich insb. dadurch, dass im Rahmen einer Spaltung im Gegensatz zu einer Verschmelzung nicht notwendig das gesamte Vermögen des übertragenden Rechtsträgers auf übernehmende Rechtsträger übertragen wird und folglich auch nicht alle offenen Rücklagen Gegenstand der Besteuerung gem. §§ 16 S. 1, 7 sein müssen. In einem ersten Schritt muss daher der Teil der offenen Rücklagen ermittelt werden, der im Rahmen der Spaltung zu versteuern ist.   52

Hierzu ist zunächst das gesamte Eigenkapital gem. Steuerbilanz nach gemeinen Werten im Verhältnis des auf die übernehmende PersG übertragenen Vermögens zu dem Gesamtvermögen der übertragenen Körperschaft vor der Spaltung aufzuteilen.   53

Sodann ist der anteilige Wert des steuerlichen Einlagekontos gem. § 27 KStG zu ermitteln, wobei zuvor auch im Rahmen der Spaltung gem. § 29 Abs. 1 KStG eine fiktive Kapitalherabsetzung auf Null vorzunehmen ist. Der

---

80 Gesellschafterbezogene Ermittlung, siehe Tz. 04.19 UmwStE 2011.

so ermittelte Bestand des steuerlichen Einlagekontos fließt in die Ermittlung der offenen Rücklagen anteilig ein. Maßgeblich ist wiederum der gemeine Wert[81] des übertragenen Vermögens zum Gesamtvermögen.[82]

54 Das steuerliche Einlagekonto bei der übertragenden Körperschaft mindert sich entsprechend (§ 29 Abs. 3 S. 4 KStG).[83] Der geminderte Bestand des steuerlichen Einlagekontos wird im Falle der Abspaltung auf den Schluss des laufenden Wirtschaftsjahres festgestellt. Im Falle der Aufspaltung erlischt die übertragende Körperschaft, so dass für die Feststellung des steuerlichen Einlagekontos zur Anwendung von § 29 Abs. 3 S. 1 KStG oder § 29 Abs. 3 S. 4 KStG kommt, je nachdem, ob der übernehmende Rechtsträger eine Körperschaft oder eine PersG ist.

55 Zu einer Besteuerung offener Rücklagen kann es im Zuge einer Spaltung ferner nur kommen, soweit ein Gesellschafter seine Beteiligung an der übertragenden Körperschaft gegen eine solche an der übernehmenden PersG tauscht. Somit sind die gem. vorstehendem Absatz ermittelten anteiligen offenen Rücklagen bei der verhältniswahrenden Spaltung von den Gesellschaftern der übertragenden Körperschaft entsprechend ihrer Beteiligung am Nennkapital dieser Körperschaft zu versteuern (siehe § 7). Bei einer nicht verhältniswahrenden Spaltung muss dagegen der Anteil des einzelnen Gesellschafters der übertragenden Körperschaft an der insgesamt im Rahmen der Spaltung an alle Gesellschafter der übertragenden Körperschaft von der übernehmenden PersG ausgegebene Beteiligung maßgeblich sein. Daneben tritt ggf. eine Besteuerung von Anteilseignern unter sinngemäßer Anwendung des § 13 (siehe oben Rdn. 11).

Beispiel:

Das Stammkapital der A-GmbH beträgt EUR 100.000. Hieran ist der Gründungsgesellschafter X mit 40 % (Anschaffungskosten EUR 50.000) und der Gesellschafter Y mit 60 % beteiligt (Anschaffungskosten EUR 300.000). Beide Gesellschafter halten ihre Beteiligungen im Privatvermögen. Die A-GmbH unterhält den Teilbetrieb 1 mit einem gemeinen Wert von EUR 800.000 (Buchwert EUR 300.000) und den Teilbetrieb 2 mit einem gemeinen Wert von EUR 1.200.000 (Buchwert 400.000). Das steuerliche Einlagekonto weist vor der Abspaltung einen Bestand von EUR 300.000 aus. Der Teilbetrieb 2 wird zu Buchwerten auf die Y GmbH & Co KG abgespalten, an der Y allein beteiligt ist. Im Gegenzug überträgt Y seine Anteile an der A-GmbH auf X und scheidet aus der A-GmbH aus. Das Stammkapital der A-GmbH wird nicht herabgesetzt. Die Beratungs- und Notarkosten für die Abspaltung betragen EUR 10.000.

---

81 Kritisch dazu *Mayer*, DB 2008, 888 (889 ff.).
82 *Schumacher* in Rödder/Herlinghaus/van Lishaut, § 16 Rdn. 28.
83 Siehe das Beispiel zu Rdn. 55.

Steuerliches Einlagekonto und Stammkapital:

A-GmbH (vor Spaltung)

Aktiva		Passiva	
Teilbetrieb 1	300 T	Stammkapital	100 T
Teilbetrieb 2	400 T	Rücklagen	600 T
Summe	700 T	Summe	700 T

A-GmbH (nach Spaltung)

Aktiva		Passiva	
Teilbetrieb 1	300 T	Stammkapital	100 T
		Rücklagen	200 T
Summe	300 T	Summe	300 T

Nach § 29 Abs. 1 KStG gilt das Nennkapital der übertragenden Körperschaft als in vollem Umfang in § 28 Abs. 2 S. 1 KStG herabgesetzt. Das steuerliche Einlagekonto beträgt daher EUR 400.000. Der Bestand des steuerlichen Einlagekontos ist im Verhältnis der gemeinen Werte auf die Teilbetriebe aufzuteilen. Danach entfällt auf den Teilbetrieb 1 ein Anteil von EUR 160.000 des steuerlichen Einlagekontos (= $^8/_{20}$ von EUR 400.000) und auf den Teilbetrieb 2 ein Anteil von EUR 240.000 (= $^{12}/_{20}$ von EUR 400.000). Das steuerliche Einlagekonto mindert sich gem. § 29 Abs. 3 S. 4 KStG um den auf den Teilbetrieb 2 entfallenden Betrag, also um EUR 240.000. Da das Stammkapital der A-GmbH auch nach der Abspaltung EUR 100.000 beträgt, ist insoweit der positive Bestand des (verbliebenen) steuerlichen Einlagekontos (= EUR 160.000) vor den sonstigen Rücklagen als umgewandelt anzusehen (§ 28 Abs. 1 S. 1 KStG). Das steuerliche Einlagekonto der A-GmbH beträgt folglich nach der Abspaltung EUR 60.000.

Der dem Y zuzurechnende Übernahmegewinn ist wie folgt zu ermitteln:

	Übernahmewert (§ 4 Abs. 1 S. 1)	EUR	400.000
./.	Kosten der Übernahme	EUR	10.000
./.	Anteilswert A-GmbH (§§ 4 Abs. 1 S. 1, 5 Abs. 2)	EUR	300.000
=	Übernahmegewinn 1. Stufe (§ 4 Abs. 4 S. 1)	EUR	90.000

Von dem Übernahmegewinn 1. Stufe ist der Betrag der offenen Rücklagen abzuziehen, der von den Gesellschaftern gem. § 16 S. 1 i.V.m. § 7 zu versteuern ist (§ 4 Abs. 5 S. 2). Dieser berechnet sich für Y wie folgt:

	Wert des übertragenen Betriebsvermögens	EUR	400.000
./.	anteiliges steuerliches Einlagekonto	EUR	240.000
=	Offene Rücklagen	EUR	160.000

Damit ergibt sich für Y das Übernahmeergebnis 2. Stufe wie folgt:

	Übernahmegewinn 1. Stufe	EUR	90.000
./.	Offene Rücklagen	EUR	160.000
=	Übernahmeergebnis 2. Stufe	EUR	− 70.000

Der Übernahmeverlust 2. Stufe beträgt für Y somit EUR 70.000. Die Berücksichtigung des Übernahmeverlustes richtet sich nach §§ 16 S. 1, 4 Abs. 6.

Für X, den verbliebenen Gesellschafter der A-GmbH, stellt sich die Situation wie folgt dar: Da X nicht aus der A-GmbH ausscheidet und kein Betriebsvermögen der A-GmbH erwirbt, kommt eine Besteuerung offener Rücklagen oder eine Beteiligung an einem Übernahmegewinn oder –verlust nicht in Betracht. Die Anschaffungskosten der ursprünglichen Beteiligung des X reduzieren sich zunächst im Verhältnis der gemeinen Werte des übertragenen Vermögens zum Gesamtvermögen der A-GmbH vor der Spaltung auf EUR 20.000 (40 % der ursprünglichen Anschaffungskosten). Die Kürzung der Anschaffungskosten um EUR 30.000 korrespondiert indes mit dem Erwerb der Anteile von Y. Auf diesen Vorgang ist zusätzlich sinngemäß § 13 anzuwenden. Unterstellt, X kann insoweit zum Buchwert/zu den Anschaffungskosten optieren, so betragen die Anschaffungskosten für die von Y erworbenen Anteile EUR 30.000, so dass sich der Vorgang für X als steuerneutraler Anschaffungsvorgang darstellt.

VI. Spaltung auf eine PersG ohne Betriebsvermögen (§ 8)

56 Gem. § 8 sind im Falle der Spaltung auf eine PersG ohne Betriebsvermögen die übergehenden Wirtschaftsgüter in der steuerlichen Schlussbilanz der übertragenden Körperschaft auch dann zwingend mit dem gemeinen Wert anzusetzen, wenn die weiteren Voraussetzungen für ein Wahlrecht zum Ansatz des Buch- oder eines Zwischenwertes gem. §§ 15, 3 Abs. 2 erfüllt sind.[84] Denn beim Übergang auf eine betriebsvermögenslose PersG ist andernfalls die (spätere) Aufdeckung und Besteuerung stiller Reserven nicht sichergestellt. Zu den Einzelheiten siehe die Kommentierung zu § 8.

F. Gewerbesteuerliche Auswirkungen (§ 18)

57 Gem. § 1 Abs. 1 S. 1 Nr. 1 UmwStG findet auf Auf- und Abspaltungen von Körperschaften auf PersG § 18 Anwendung.[85] Gem. § 18 Abs. 1 S. 1 i.V.m. § 16 S. 1 gelten somit die §§ 3–8, 15 auch für die Gewerbesteuer entsprechend.

---

84 *Schumacher* in Rödder/Herlinghaus/van Lishaut, § 16 Rdn. 26.
85 *Widmann* in Widmann/Mayer, § 18 Rdn. 1.

Dabei ist ein entstehender Übernahmegewinn oder -verlust gem. § 18 Abs. 2   *58*
nicht zu erfassen.[86]

Gem. § 18 Abs. 3, der einen eigenständigen gewerbesteuerlichen Sondertat-   *59*
bestand darstellt[87], sind Veräußerungen und Aufgaben von Anteilen an der
übernehmenden PersG gewerbesteuerpflichtig, soweit sie innerhalb von
fünf Jahren nach dem steuerlichen Übertragungsstichtag erfolgen (siehe näher dazu Kommentierung zu § 18 Rdn. 46 ff.).

---

86 *Pung* in Dötsch/Patt/Pung/Möhlenbrock, § 18 Rdn. 26; *Trossen* in Rödder/Herling-
   haus/van Lishaut, § 18 Rdn. 29.
87 *Schmitt* in Schmitt/Hörtnagl/Stratz, D § 18 Rdn. 33.

FÜNFTER TEIL

Gewerbesteuer

§ 18
Gewerbesteuer bei Vermögensübergang auf eine Personengesellschaft oder auf eine natürliche Person sowie bei Formwechsel in eine Personengesellschaft

(1) [1]Die §§ 3 bis 9 und 16 gelten bei Vermögensübergang auf eine Personengesellschaft oder auf eine natürliche Person sowie bei Formwechsel in eine Personengesellschaft auch für die Ermittlung des Gewerbeertrags. [2]Der maßgebende Gewerbeertrag der übernehmenden Personengesellschaft oder natürlichen Person kann nicht um Fehlbeträge des laufenden Erhebungszeitraums und die vortragsfähigen Fehlbeträge der übertragenden Körperschaft im Sinne des § 10a des Gewerbesteuergesetzes gekürzt werden.

(2) [1]Ein Übernahmegewinn oder Übernahmeverlust ist nicht zu erfassen. [2]In Fällen des § 5 Abs. 2 ist ein Gewinn nach § 7 nicht zu erfassen.

(3) [1]Wird der Betrieb der Personengesellschaft oder der natürlichen Person innerhalb von fünf Jahren nach der Umwandlung aufgegeben oder veräußert, unterliegt ein Aufgabe- oder Veräußerungsgewinn der Gewerbesteuer, auch soweit er auf das Betriebsvermögen entfällt, das bereits vor der Umwandlung im Betrieb der übernehmenden Personengesellschaft oder der natürlichen Person vorhanden war. [2]Satz 1 gilt entsprechend, soweit ein Teilbetrieb oder ein Anteil an der Personengesellschaft aufgegeben oder veräußert wird. [3]Der auf den Aufgabe- oder Veräußerungsgewinnen im Sinne der Sätze 1 und 2 beruhende Teil des Gewerbesteuer-Messbetrags ist bei der Ermäßigung der Einkommensteuer nach § 35 des Einkommensteuergesetzes nicht zu berücksichtigen.

Inhaltsverzeichnis

1. Spezialliteratur

Behrendt/Arjes, Das Verhältnis der Ausschüttungsfiktion (§ 7 UmwStG) zur Einlagefiktion (§ 5 UmwStG), DB 2007, 824; *Behrens/Schmidt,* § 7 Satz 2 GewStG n.F. – Neue Gewerbesteuer-Tatbestände für Mitunternehmerunterschaften und KGaA, BB 2002, 860; *Englisch,* Folgerichtiges Steuerrecht als Verfassungsgebot, FS Lang, 2010, 167; *Förster,* Aktuelle Gefahrenbereiche des § 18 Abs. 3 UmwStG, BB 2016, 789; *Förster/Felchner,* Weite versus enge Einlagefiktion bei der Umwandlung der Kap-Ges in Personenunternehmen, DB 2008, 2445; *Füger/Rieger,* Gewerbesteuer bei Teilveräußerungen und das Verbot der pauschalierten Gewerbesteueranrechnung in § 18 Abs. 4 Satz 3 UmwStG, DStR 2002, 1021; *Günkel/Levedag,* Die Gewerbesteuer bei der Veräußerung von Mitunternehmeranteilen durch Kapitalgesellschaften, FR 2004, 261; *Lemaitre/Schönherr,* Die Umwandlung von Kap-Ges in Pers-Ges durch Verschmelzung und Formwechsel nach der Neufassung des UmwStG durch das SEStEG, GmbHR 2007, 173; *Neu/Hamacher,* Anwendung des § 18 Abs. 3 UmwStG bei Veräußerung eines Unternehmens oder eines MU-Anteils gegen wiederkehrende Bezüge, DStR 2010, 1453; *Neumayer/Bader,* Gewerbesteuerfragen bei Anteilsveräußerungen – Problemfelder bei Mitunternehmer- und Kapitalgesellschaftsanteilen, EStB 2005, 386; *Neu/Hamacher,* Die Gewerbesteuerfalle des § 18 Abs. 3 UmwStG nach dem UmSt-Erlass 2011, GmbHR 2012, 280; *Neumann/Schiffers/Watermeyer,* Praxisrelevante Schwerpunkte aus dem UmwStE-Entwurf, GmbHR 2011, 729; *Oenings,* Gewerbesteuerliche Verlustverrechnung – Unternehmeridentität i.S.d. § 10a GewStG bei atypisch stiller Gesellschaft, DStR 2008, 279; *Patt,* Gewerbesteuerpflichtige Veräußerung oder Aufgabe „umwandlungsgeborener" (Teil-)Betriebe oder Mitunternehmeranteile, FR 2000, 1115; *Plewka/Herr,* GewSt-Falle: Verlängerung der fünfjährigen GewSt-Sperrfrist bei Betriebseinbringungen zu Bw nach Formwechsel?, BB 2009, 2736; *Rose,* Sondergewerbesteuer aus § 18 Abs. 4 UmwStG nach Formwechsel vor 1999, FR 2005, 1; *Roser,* Kommentar zu BFH VIII R 23/01, GmbHR 2002, 388; *Roser,* Die Auslegung sog. „alternativer Missbrauchsbestimmungen", FR 2005, 178; *Roser,* GewSt: Steuerliche Grundsätze der (partiellen) steuerlichen Verhaftung und Entlassung, FR 2011, 1126; *Siebert,* Gewerbesteuerprobleme bei Unternehmensumstrukturierungen, DStR 2000, 758; *Trossen,* Umfang der GewSt-Pflicht nach § 18 Abs. 3 UmwStG bei Veräußerung und Aufgabe von Betrieben und MU-Anteilen, DB 2007, 1373; *Wacker,* Veräußerung von Anteilen an einer durch Formwechsel entstandenen Kapitalgesellschaft, DStZ 2002, 457; *Weiss,* Aktuelle Rechtsprechung zum gewerbesteuerlichen Missbrauchstatbestand des § 18 Abs. 3 UmwStG, Vorschrift mit erheblichem Haftungspotential, EStB 2016, 20; *Wernsmann/Desens,* Gleichheitswidrige Gewerbesteuerbelastung durch ein Nichtanwendungsgesetz, DStR 2008, 221.

A. Bedeutung der Vorschrift

§ 18 regelt die *gewerbesteuerlichen Folgen des Vermögensübergangs* im **1** Wege der Umwandlung *von einer KapG auf eine PersG oder eine natürliche Person.* Erfasst sind Verschmelzungen (§§ 3–8), Auf- und Abspaltungen (§ 16, nicht die Ausgliederung) sowie der Formwechsel in eine PersG (§ 9). Dabei wird auf die Grundsätze der Ermittlung des Gewerbeertrages verwiesen, die aufgrund dieser Veränderungen auf Ebene der übertragenden KapG als auch auf Ebene der übernehmenden PersG bzw. natürlichen Person zur Anwendung kommen. Die Vorschrift ist *lex specialis zu § 7 GewStG,*[1] sie begründet aber *keine eigenständige GewSt-Pflicht* (Ausnahme: § 18 Abs. 3; siehe dazu § 18 Rdn. 46),[2] sondern setzt die Anwendbarkeit des GewStG auf den Übertragungs- und Übernahmegewinn voraus.[3] Auch begründet § 18 Abs. 1 S. 1 keine Rechtsgrundlage für die Annahme einer eigenständigen Sicherstellung einer gewerbesteuerlichen Verhaftung und Besteuerung stiller Reserven.[4] Entsprechend setzt die Ausübung der Wahlrechte auch keine weitere gewerbesteuerliche Erfassung der stillen Reserven voraus[5], was grundsätzlich sogar zu einer gewerbesteuerlichen Entstrickung führen kann.

Zielsetzung des § 18 ist insbesondere, die Möglichkeit der Buchwertfortführung bzw. des Zwischenwert-Ansatzes (siehe auch Rdn. 16) bei Umwand-   **2**

---

1   Zu dessen verfassungsrechtlicher Beurteilung BFH vom 22.07.2010, IV R 29/07, BStBl. II 2011, 511.

2   Vgl. u.a. *Widmann* in Widmann/Mayer, § 18 Rdn. 5; *Roser* in Lenski/Steinberg, § 7 GewStG Rdn. 239.

3   *Bohnhardt* in Haritz/Menner, § 18 Rdn. 25; *Pung* in Dötsch/Pung/Möhlenbrock, § 18 UmwStG Rdn. 3.

4   Dazu *Roser,* FR 2011, 1126.

5   Tz. 18.01 UmwStE 2011.

lungen einer Körperschaft auf bzw. in eine PersG sowie eine natürliche Person gleichermaßen für die GewSt zu gewähren. *§ 18 Abs. 1 S. 1* sieht daher eine *entsprechende Anwendung der ertragsteuerlichen Vorschriften des UmwStG (§§ 3 bis 9) für Zwecke der GewSt* vor (bei Auf- und Abspaltungen sind darüber hinaus die Besonderheiten des § 16 entsprechend zu beachten). Damit gelten u.a. die ertragsteuerlichen Bewertungsrechte und -pflichten auch bei der Ermittlung des Gewerbeertrags; ein sich ergebender Übertragungsgewinn unterliegt bei der KapG sowohl der KSt als auch der GewSt. Durch die Regelung des *§ 18 Abs. 1 S. 2* wird sichergestellt, dass laufende Fehlbeträge des Erhebungszeitraums sowie nach § 10a GewStG vortragsfähige Gewerbeverluste nicht auf die Übernehmerin übergehen können.

3   *§ 18 Abs. 2 S. 1* bestimmt, dass ein *Übernahmegewinn gewerbesteuerfrei* bleibt. Damit wird eine *Doppelbelastung vermieden*, da Gewinne infolge der (ggf. teilweisen) Aufdeckung stiller Reserven schon bei der übertragenden KapG der GewSt unterliegen und nicht ein zweites Mal bei der übernehmenden PersG oder natürlichen Person der GewSt unterworfen werden sollen.[6] Die *Nichterfassung von Übernahmeverlusten* war ursprünglich als gesetzliche Klarstellung der Verwaltungsauffassung vorgesehen, um sog. „step up"-Konstruktionen zur Nutzung von Verlustvorträgen der übertragenden Körperschaft gewerbesteuerlich einzuschränken. Durch die Änderung des § 4 Abs. 6 ist nunmehr allerdings auch einkommensteuerrechtlich eine Buchwertaufstockung nicht mehr möglich (vgl. § 4 Rdn. 114). Nach *§ 18 Abs. 2 S. 2* sind auch Bezüge i.S.d. § 7 nicht gewerbesteuerlich zu berücksichtigen.

4   *§ 18 Abs. 3* soll als *spezielle Missbrauchsverhinderungsvorschrift* konzipiert sein.[7] Zu den Einzelheiten sowie zu den verfassungsrechtlichen Zweifeln vgl. Rdn. 54.

B. Gesetzliche Entwicklung

5   Die entsprechende Anwendung der Vorschriften des UmwStG für Zwecke der GewSt sowie die gewerbesteuerliche Behandlung eines Übernahmegewinns wurde bereits in § 11 Abs. 1 und 3 *UmwStG 1969*[8] geregelt. § 11 Abs. 4 enthielt eine Sonderregelung für Renten und dauernde Lasten, die auf die PersG übergegangen sind. Eine Missbrauchsbestimmung – begrenzt vergleichbar mit dem heutigen § 18 Abs. 3 – war bereits in § 24 Abs. 2 enthalten.[9]

6   Im Rahmen des *UmwStG 1977*[10] erfolgte die Trennung der gewerbesteuerlichen Regelungen für den Fall des Vermögensübergangs auf eine PersG

---

6 Vgl. *Schnitter* in Frotscher/Drüen, § 18 Rdn. 5.
7 Vgl. BMF vom 25.03.1998, IV B 7 – S 1978 – 21/98, BStBl. I 1998, 268, Rdn. 18.03 zu § 18 Abs. 4 UmwStG a.F.
8 UmwStG vom 14.08.1969, BGBl. I 1969, 1163.
9 Allerdings wurden nur Fälle erfasst, in denen die übernehmende PersG oder natürliche Person den auf sie von der KapG übergegangenen Betrieb innerhalb von fünf Jahren „ohne triftigen Grund" veräußerte oder aufgab.
10 UmwStG vom 06.09.1976, BGBl. I 1976, 2641.

oder eine natürliche Person (§ 18 UmwStG 1977) sowie für den Fall des Vermögensübergangs auf eine andere Körperschaft (§ 19 UmwStG 1977). Inhaltlich handelte es sich hierbei – wie in der Regierungsbegründung[11] klargestellt wurde – weitestgehend um eine Fortgeltung des bereits geltenden Rechts. Ähnlich dem bisherigen § 24 Abs. 2 UmwStG 1969 übernahm § 25 UmwStG 1977 eine Missbrauchsverhinderungsregelung.

Die Vorschrift des § 18 UmwStG 1977 wurde – unter Vornahme einiger Anpassungen – in das *UmwStG 1995*[12] übernommen. Der Gesetzgeber hat u.a. eine Regelung zur Übertragbarkeit eines verbleibenden Gewerbeertrags i.S.d. § 10a GewStG eingefügt. Die neu eingeführte Missbrauchsregelung in § 18 Abs. 4 ging auf § 25 Abs. 2 und 3 UmwStG 1977 zurück, allerdings mit dem wesentlichen Unterschied, dass nunmehr kein „Fehlen eines triftigen Grundes" erforderlich war und anstelle des bisher vorgesehenen rückwirkenden Wegfalls der gewerbesteuerlichen Vergünstigung künftig der im Rahmen der Aufgabe oder Veräußerung erzielte Gewinn der GewSt unterworfen wurde.   7

Da die in § 18 Abs. 3 UmwStG 1995 weitergeführte Sonderregelung für Renten und dauernde Lasten[13] wegen § 8 Nr. 2 GewStG nur klarstellende Bedeutung hatte, erfolgte im Rahmen des *StBereinG 1999*[14] eine Streichung dieser Vorschrift.[15]   8

Eine Neufassung des § 18 Abs. 2 wurde durch das *StEntlG 1999/2000/2002*[16] vorgenommen, indem nunmehr – entsprechend der bisherigen Auffassung der Finanzverwaltung – ausdrücklich auch Übernahmeverluste (§ 18 Abs. 2 S. 1) sowie gem. § 18 Abs. 2 S. 2 der Aufstockungsbetrag nach § 4 Abs. 6 a.f. gewerbesteuerlich unberücksichtigt blieben. Im Rahmen des *StSenkG*[17] erübrigte sich die Regelung des § 18 Abs. 2 S. 2 aufgrund der Änderung des § 4 Abs. 6 wieder, so dass dementsprechend eine Aufhebung des S. 2 erfolgte.   9

§ 18 Abs. 4 unterlag seit seiner Einführung mit dem UmwStG 1995 erheblichen gesetzgeberischen Anpassungen. Bereits durch das *JStG 1997*[18] wurde er um einen S. 2 ergänzt, der die Gewerbesteuer-Pflicht im Rahmen der Missbrauchsregelung auf die Veräußerung oder Aufgabe von Teilbetrieben oder Mitunternehmeranteilen ausdehnte; damit reagierte der Gesetzgeber auf eine bereits seit 1989 bekannte Rechtsprechung des BFH.[19] Im *StEntlG*   10

---

11 BT-Drs. 7/4803 vom 24.02.1976, 30f.
12 UmwStG vom 28.10.1994, BGBl. I 1994, 3267.
13 Danach waren die Hinzurechnungsvorschriften der §§ 8 Nr. 2 und 12 Abs. 2 Nr. 1 GewStG bei der Übernehmerin nicht anwendbar, es sei denn, die Voraussetzungen für eine Hinzurechnung waren bereits bei der Überträgerin erfüllt.
14 Gesetz vom 22.12.1999, BGBl. I 1999, 2601.
15 Die Generalklausel in § 4 Abs. 2 S. 1 sowie die Verweisungen in § 18 Abs. 1 machten die Vorschrift des § 18 Abs. 3 a.F. entbehrlich; vgl. *Herrmann* in Frotscher/Drüen, § 18 UmwStG 2002 Rdn. 34–36.
16 Gesetz vom 24.03.1999, BGBl. I 1999, 402.
17 Gesetz vom 23.10.2000, BGBl. I 2000, 1433.
18 Gesetz vom 20.12.1996, BGBl. I 1996, 2049.
19 BFH vom 13.12.1989, I R 118/87, BStBl. II 1990, 474

1999/2000/2002[20] hat der Gesetzgeber in § 18 Abs. 4 S. 1 die Wörter „dem Vermögensübergang" durch „der Umwandlung" ersetzt.[21] Schließlich erfolgte durch das *UntStFG*[22] eine Ergänzung um S. 3, der klarstellt, dass die Ermäßigung nach § 35 EStG im Rahmen des § 18 Abs. 4 nicht zur Anwendung kommt.

11 Im Rahmen des *SEStEG*[23] wurden neben einigen rein formalen Anpassungen auch inhaltliche „Klarstellungen" in § 18 übernommen. So wurde in § 18 Abs. 1 S. 2 ergänzt, dass auch Fehlbeträge des laufenden Erhebungszeitraums nicht auf die Übernehmerin übergehen. Gem. dem neu eingefügten S. 2 des § 18 Abs. 2 ist in den Fällen des § 5 Abs. 2 ein Gewinn i.S.d. § 7 nicht zu erfassen.

12 Zuletzt wurde durch das *JStG 2008*[24] der bisherige Abs. 4 des § 18 zu Abs. 3, der seit der Aufhebung im Rahmen des StBerG 1999[25] unbesetzt geblieben war. Darüber hinaus erfolgte eine Änderung des § 18 Abs. 3 S. 1 dahingehend, dass auch der Teil des Veräußerungsgewinns gewerbesteuerpflichtig ist, der auf das dem übernehmenden Rechtsträger bereits vor der Umwandlung gehörende Betriebsvermögen entfällt.

C. Verhältnis zu anderen Vorschriften

13 § 18 bezieht sich auf das Regelungskonzept des UmwStG; entsprechend finden sich Verweisungen auf die §§ 3 bis 9 und 16 (Abs. 1 S. 1) und speziell § 5 Abs. 2 und § 7 (Abs. 2 S. 2). Zu Abs. 2 S. 2 vgl. auch § 7 Rdn. 64.

Verhältnis zu § 2 Abs. 1 S. 2: § 18 enthält bzgl. der steuerlichen Rückwirkung keine eigene Anwendungsregelung für die Gewerbesteuer, da § 2 Abs. 1 S. 2 sich ausdrücklich auf die Gewerbesteuer bezieht.

Verhältnis zu § 7 GewStG: § 18 steht neben § 2 GewStG (sachliche Steuerpflicht, Betrieb als Steuerobjekt) und beinhaltet einen Sondertatbestand der Gewerbesteuerpflicht; ob damit zugleich der Charakter einer „objektiven Gewerbesteuerpflicht" der Betriebe bestimmt ist,[26] ist zweifelhaft. § 18 Abs. 1 S. 1 ergänzt als speziellere Norm den § 7 S. 1 GewStG. Die darüber hinausgehenden Regelungen der § 7 S. 2 und S. 4 GewStG müssen hingegen in ihrem Anwendungsbereich § 18 Abs. 3 UmwStG verdrängen.[27] Der Zweck der Missbrauchsverhinderung (vgl. Rdn. 50) ist kaum geeignet, die von der Finanzverwaltung stets geforderte Spezialität des § 18 insoweit zu begründen. Da § 18 Abs. 3 S. 3 die Anwendung des § 35 EStG ausdrücklich

20 Gesetz vom 24.03.1999, BGBl. I 1999, 402.
21 Vgl. Regierungsbegründung gem. BT-Drs. 14/23 vom 09.11.1998, 195.
22 Gesetz vom 20.12.2001, BGBl. I 2001, 3858.
23 Gesetz vom 07.12.2006, BGBl. I 2006, 2782.
24 Gesetz vom 20.12.2007, BGBl. I 2007, 3150.
25 Gesetz vom 22.12.1999, BGBl. I 1999, 2601; vgl. auch Rdn. 8.
26 So *Trossen* in Rödder/Herlinghaus/van Lishaut, § 18 Rdn. 8.
27 A. A. *Trossen* in Rödder/Herlinghaus/van Lishaut, § 18 Rdn. 72, der damit insbesondere die Anwendung des § 35 EStG ausschließen möchte; auch *Pung* in Dötsch/Pung/Möhlenbrock, § 18 Rdn. 74.

ausschließt, fehlt es an jeder Rechtfertigung für einen notwendigen Vorrang (vgl. Rdn. 83).

Verhältnis zu §§ 20, 24 UmwStG: Zu der Einbringung nach den §§ 20, 24 UmwStG vgl. Rdn. 59 ff. Soweit Einbringungsgewinne zu einer Gewinnrealisierung führen, liegt ein Gewerbeertrag nach § 7 S. 1 GewStG vor; dennoch geht die Finanzverwaltung davon aus, dass § 18 vorrangig anzuwenden ist.[28] Damit wird eine „strenge Wurzeltheorie" vertreten, die im Gesetz keine Stütze findet.

Die *verfassungsrechtlichen Begrenzungen* der Besteuerung stiller Reserven aus gewerbesteuerfreier Zeit[29] sind auch im UmwStG zu beachten.[30]

D. Systematik des § 18 Abs. 1 S. 1

§ 18 Abs. 1 S. 1 bezieht sich auf den Gewerbeertrag, ohne zwischen dem   *14* übertragenden und dem übernehmenden Rechtsträger zu differenzieren. Da § 18 Abs. 2 den Übernahmegewinn/-verlust gewerbesteuerlich außer Ansatz lässt, bezieht sich § 18 Abs. 1 S. 1 auf den Übertragungsgewinn, auf die Ausschüttungsfiktion (§ 7, vgl. Rdn. 5), den Beteiligungskorrekturgewinn (§ 4 Abs. 1 S. 2) und auf den Übernahmefolgegewinn (§ 6, vgl. Rdn. 26). Die Verweistechnik des § 18 Abs. 1 S. 1 basiert auf der ausdrücklichen Zielsetzung, *Ermittlung des aufgrund der Umwandlung beeinflussten Gewerbeertrags des übertragenden und des übernehmenden Rechtsträger* zu regeln. Ausgangspunkt ist daher, dass diejenigen Vorschriften, die aufgrund ihrer Wirkung auf das Einkommen der übertragenden Rechtsträgers auch den Gewerbeertrag beeinflussen, Berücksichtigung finden. Daher können die Verweise auf die §§ 3 bis 9 und § 16 in „relevante", „deklaratorische" und „unbeachtliche" Verweise unterteilt werden. Angesichts der Aufhebung des § 18 Abs. 3 UmwStG a.F. wegen seiner deklaratorischen Wirkung und damit Bedeutungslosigkeit[31] beeindruckt in jedem Fall die verbliebene Anzahl deklaratorischer Verweisungen.

I. Deklaratorische Verweise

Für die Ermittlung des Gewerbeertrages bedient sich § 18 Abs. 1 S. 1 tech-   *15* nisch der Verweisung auf die Vorschriften des UmwStG. Diese ist in erster Linie deklaratorischer Natur, so dass der Wertansatz selbst keine Gewerbesteuerpflicht begründet, wenn der betroffene Vermögensgegenstand im Falle seiner Veräußerung von der Gewerbesteuer nicht erfasst wäre. Mit dem Ziel einer Erleichterung von Umwandlungsvorgängen wäre nicht vereinbar, wenn eine besondere Gewerbesteuerpflicht eingeführt würde.[32]

---

28 Tz. 18.09 UmwStE 2011; vgl. Rdn. 60.
29 BVerfG vom 07.07.2010, 2 BvR 748/05, 753/05 und 1738/05, BStBl. II 2011, 86, Rdn. 53; BVerfG vom 07.07.2010, 2 BvL 14/02, 2/04 und 13/05, BStBl. II 2010, 76, Rdn. 72; vgl. dazu *Schmidt/Renger*, DStR 2011, 693.
30 Vgl. *Roser*, FR 2011, 1126.
31 Vgl. BR-Drs. 475/99, 25.
32 BFH vom 28.02.1990, I R 92/86, BStBl. II 1990, 699.

16 *Übertragungsgewinn (§ 3):* Der Verweis stellt sicher, dass die Regelungen zum Übertragungsgewinn der Körperschaft entsprechend auch für die GewStG gelten. Setzt die KapG auf Antrag nach § 3 Abs. 2 das übergehende Vermögen mit dem Buchwert oder einem Zwischenwert an, kommt der Wert auch für gewerbesteuerliche Zwecke zum Tragen. Zur Frage, ob das Wertansatzwahlrecht deckungsgleich bei der ESt/KSt und der GewSt ausgeübt werden muss, siehe § 18 Rdn. 24.

17 *Übernahmegewinn/-verlust (§§ 4, 5):* Die Ermittlung des Übernahmegewinns richtet sich nach § 4 Abs. 4 bis 7 i. V. m. § 5. Diese Regelungen haben insoweit für § 18 Abs. 1 S. 1 keine Bedeutung, da § 18 Abs. 2 S. 1 insoweit vorrangig zu beachten ist.

Die weiteren Verweisungen haben nach h. A.[33] keinen unmittelbaren Bezug zu der Ermittlung des Gewerbeertrages, da sie sich auf die Grundsätze der Wertverknüpfung beziehen und damit die einkommen- bzw. körperschaftsteuerliche Bemessungsgrundlage betreffen:

- § 4 Abs. 1: Die Schlussbilanz der Körperschaft ist auch für die GewSt maßgeblich;

- § 4 Abs. 2 S. 1: Die Grundsätze zur Bewertung gelten auch für die GewSt (ergibt sich bereits aus § 7 GewStG);

- § 4 Abs. 2 S. 2: der Ausschluss des Übergangs der „verrechenbaren Verluste, verbleibenden Verlustvorträge, vom übertragenden Rechtsträger nicht ausgeglichenen negativen Einkünfte" steht weder mit dem Gewerbeertrag des übertragenden, noch des übernehmenden Rechtsträgers in Zusammenhang;

- § 4 Abs. 2 S. 3 kann für die gewerbesteuerliche Besitzzeitanrechnung Bedeutung erlangen (Beteiligungen: § 8 Nr. 5, § 9 Nr. 2a und Nr. 7 GewStG; Grundstücke: § 9 Nr. 1 GewStG);

- § 4 Abs. 3: Die Fortgeltung der Absetzung für Abnutzung greift auch für die GewSt (folgt schon aus § 7 GewStG);

Soweit *eigene gewerbesteuerliche Ansätze* zu bilanzieren sind (z. B. im Falle einer Aufstockung für Gewerbesteuerzwecke nach § 18 Abs. 2 S. 2 UmwStG a. F.[34] oder wenn die Finanzverwaltung mit der Sonderregelung zur Gewerbesteuer Recht gehabt hätte), werden die Wertansätze für Zwecke der Gewerbesteuer auf der Grundlage der Verweisung in § 18 fortgeführt.

18 Ein Übernahmeergebnis, das sich in den Fällen ergibt, in denen die Anteile an der übertragenden Körperschaft am Übertragungsstichtag nicht bzw. nicht zu 100 % im Betriebsvermögen der Übernehmerin gehalten werden, ist gewerbesteuerlich zu berücksichtigen.

19 *Folgegewinne (§ 4 Abs. 1 S. 2, § 6):* Durch § 4 Abs. 1 S. 2 ergibt sich für den Beteiligungskorrekturgewinn die Gewerbesteuerpflicht des Übernehmers. Der Verweis auf § 6 stellt klar, dass ein Übernahmefolgegewinn der GewSt

---

33 Anders wäre die Verweisung zu lesen, wenn man zu einer eigenen Gewerbesteuerbilanz kommt, die dann einer eigenen Wertverknüpfung unterliegt, vgl. *Roser,* FR 2011, 1126.

34 BFH vom 20. 06. 2000, VIII R 5/99, BStBl. II 2001, 35; dazu OFD München vom 19. 02. 2001, S 1978a – 3 St 424, DStR 2001, 665.

unterliegt und die Möglichkeit einer neutralisierenden Rücklagenbildung besteht (vgl. dazu § 18 Rdn. 45). Streitig ist, ob der Übernahmefolgegewinn auch dann der Gewerbesteuer unterliegt, wenn er auf einer Gewinnminderung beruht, die sich gewerbesteuerlich nicht ausgewirkt hat, z.b., weil die Gewinnminderung gewerbesteuerlich hinzugerechnet wurde oder die Übernehmerin nicht gewerbesteuerpflichtig war. Überwiegend wird die Gewerbesteuerpflicht angenommen;[35] es muss jedoch bezweifelt werden, dass die Zielsetzung der Erleichterung einer Verschmelzung durch das UmwStG mit einer effektiven Gewerbesteuermehrbelastung vereinbar ist.[36] Zu der Frage einem eigenen Wahlrecht für Zwecke der GewSt vgl. Rdn 25.

Ausschüttungsfiktion (§ 7): Die Vorschrift soll für die GewStG entsprechend   20
angewendet werden. Der Verweis hat nur insofern deklaratorische Bedeutung, als Anteilseigner betroffen sind, für die ein Übernahmeergebnis ermittelt wird. Vgl. auch § 7 Rdn. 17.

Spezifische Übertragungswege (§§ 9, 16): Für den Formwechsel einer KapG   21
in eine PersG gelten die Verweise in § 9 (Anwendbarkeit der §§ 3–8 und 10) somit auch für die Gewerbesteuer. Für die Auf- und Abspaltung gelten die Verweise in § 16 (§§ 3–8, 10 und 15) entsprechend für gewerbesteuerliche Zwecke.

II. Unbeachtliche Verweise

Verweis auf § 7: Für Fälle, in denen ein Übernahmeergebnis nicht zu ermit-   22
teln ist und die Anteilseigner Einnahmen aus Kapitalvermögen nach § 20 Abs. 1 Nr. 1 EStG erzielen, führt der Verweis ins Leere, da Einkünfte aus Kapitalvermögen nicht der GewSt unterliegen.[37]

Verweis auf § 8: Diese Vorschrift hat keinen Bezug zur GewStG, da zum einen die Übernehmerin in den Fällen des § 8 nicht der GewStG unterliegt   23
und zum anderen der bei der übertragenden Körperschaft entstehende Gewinn bereits aufgrund des Verweises auf § 3 gewerbesteuerlich erfasst wird.

E. Inhalt und Umfang der Gewerbesteuerpflicht des Übertragungsgewinns

I. Ansatzwahlrechte für gewerbesteuerliche Zwecke

Ein *Übertragungsgewinn*, der durch den *Ansatz des gemeinen Wertes oder*   24
eines Zwischenwertes in der Schlussbilanz der übertragenden Körperschaft entsteht, unterliegt als (laufender) Gewerbeertrag bei der Überträgerin der GewSt (§ 18 Abs. 1 S. 1 i.V.m. § 3). Dies folgt bereits daraus, dass die KapG als solche ausschließlich Einkünfte aus Gewerbebetrieb erzielt (§ 8 Abs. 2

---

35 So *Pung* in Dötsch/Pung/Möhlenbrock, § 18 Rdn. 14; *Trossen* in Rödder/Herling-
   haus/van Lishaut, § 18 Rdn. 33 („trotz teleologischer Bedenken").

36 So zu Recht *Widmann* in Widmann/Mayer, § 18 Rdn. 107, 116; zweifelnd: *Schmitt*
   in Schmitt/Hörtnagl/Stratz, § 18 Rdn. 9.

37 Vgl. *Pung* in Dötsch/Pung/Möhlenbrock, § 18 Rdn. 16; *Bonhardt* in Haritz/Menner,
   § 18 Rdn. 90.

KStG) und damit auch Veräußerungs- und Aufgabegewinne – anders als bei PersG und Einzelgewerbetreibenden – grds. gewerbesteuerpflichtig sind.[38] Der Übertragungsgewinn ist auch dann gewerbesteuerpflichtig, wenn das Vermögen bei der übernehmenden Gesellschaft in ein nicht gewerbliches Betriebsvermögen übergeht.

25 Bislang wurde die Auffassung vertreten, dass eine *gezielte Ausübung des Bewertungswahlrechts nach § 3 allein für (gewerbe-)steuerliche Zwecke* wegen der Maßgeblichkeit des Handels- für die Steuerbilanz nicht möglich sei.[39] Eine Begründung für diesen Einheitlichkeitsgedanken wurde nicht gegeben. Nach der Entscheidung des BFH vom 05.06.2007[40] steht bei der Verschmelzung von KapG ebenso wie bei der Umwandlung einer KapG in eine PersG der Maßgeblichkeitsgrundsatz einem höheren Wertansatz in der steuerlichen Übertragungsbilanz der Überträgerin nicht entgegen. Zudem wurde durch das BilMoG[41] § 5 Abs. 1 S. 2 EStG aufgehoben. Gem. § 3 Abs. 1 und 2 UmwStG i.d.F. des SEStEG[42] wird nunmehr nur für die steuerliche Schlussbilanz festgelegt, mit welchen Werten die übertragende Gesellschaft die Wirtschaftsgüter anzusetzen hat. Der Grundsatz der Maßgeblichkeit der Handels- für die Steuerbilanz ist nicht mehr anzuwenden. Damit entfällt ein entscheidendes Argument für die steuerliche Einheitsbilanz.[43] Wenn man die Selbständigkeit der Ermittlung des Gewerbeertrages konsequenterweise auch auf das UmwStG durchschlagen lässt, eröffnet sich die eigenständige Ausübung der Wahlrechte für gewerbesteuerliche Zwecke.

II. Gewerbesteuerpflicht des Übertragungsgewinns

26 Die GewSt-Pflicht des Übertragungsgewinns *entfällt*, sofern die übertragende *Körperschaft gem. § 3 GewStG von der GewSt freigestellt* ist sowie im Fall einer sonstigen Person des privaten Rechts oder eines nicht eingetragenen Vereins, soweit der Vorgang keinem wirtschaftlichen Geschäftsbetrieb zuzurechnen ist oder dieser allein Land- und Forstwirtschaft betreibt (§ 2 Abs. 3 GewStG). Dies lässt sich daraus folgern, dass § 18 Abs. 1 keinen eigenständigen gewerbesteuerlichen Tatbestand schafft, sondern lediglich Grundsätze für die Ermittlung des Gewerbeertrags festlegt.[44] GewSt auf den Übertragungsgewinn fällt ebenfalls nicht an, wenn es sich bei der Überträgerin um eine ausländische Körperschaft ohne inländische Betriebsstätte handelt.[45] Setzt die übertragende KapG in ihrer Schlussbilanz die übergehenden Wirtschaftsgüter mit dem Buchwert an, entsteht kein Übertragungsgewinn. Das *Antragswahlrecht* steht der KapG *auch dann* zu, wenn die

---

38 Vgl. *Herrmann* in Frotscher/Drüen, § 18 UmwStG 2002 Rdn. 15.
39 So noch BMF vom 25.03.1998, IV B 7 S-1978 – 21/98/IV B 2 S-1909 – 33/98, BStBl. I 1998, 268, Tz. 03.01; ebenso: *Pung* in Dötsch/Pung/Witt, § 18 UmwStG Rdn. 5.
40 I R 97/06, BStBl. II 2008, 650.
41 Vom 25.05.2009, BGBl. I 2009, 1102.
42 Gesetz vom 07.12.2006, BGBl. I 2006, 2782.
43 BFH vom 25.04.2985, IV R 83/83, BStBl. II 1986, 350 unter Abschn. 4.
44 Vgl. *Widmann* in Widmann/Mayer, § 18 Rdn. 8.
45 So auch *Pung* in Dötsch/Pung/Möhlenbrock, § 18 Rdn. 3 und 8 mit der Begründung, dass nach § 2 GewStG nur ein inländischer stehender Gewerbebetrieb der Gewerbesteuer unterliegt.

übernehmende PersG ihrerseits nicht gewerbesteuerpflichtig ist (z.B. bei Umwandlung einer KapG in eine Freiberufler-PersG) und somit die stillen Reserven auch bei der Übernehmerin nicht gewerbesteuerlich erfasst werden.[46] Etwas anderes gilt nur, wenn das Vermögen der übertragenden Körperschaft nicht Betriebsvermögen der übernehmenden PersG oder natürlichen Person wird (siehe § 3 Rdn. 43).[47]

Enthält der Übertragungsgewinn aufgedeckte stille Reserven, die auf einen   27
von der Überträgerin gehaltenen *Mitunternehmeranteil* entfallen, unterliegt
der Übertragungsgewinn auch insoweit – aufgrund der Regelung in § 7 S. 2
GewStG[48] – der GewSt. Entfällt der Übertragungsgewinn auf *Beteiligungen
an anderen KapG*, ist grds. die Befreiungsvorschrift *des § 8b Abs. 2 KStG*
nach § 7 S. 4 GewStG auch für gewerbesteuerliche Zwecke anzuwenden
(unter Beachtung der Sonderregelungen in § 8b KStG).[49] Soweit der Gewinn
auf *einbringungsgeborene Anteile i.S.d. § 21 UmwStG a.F.* entfällt, die aus
der Einbringung eines Mitunternehmeranteils stammen, unterliegt er nur
dann der Gewerbebesteuerung, wenn die Einbringung des Mitunternehmeranteils nach dem 31.12.2001 erfolgt ist.[50]

Die allgemeinen *Hinzurechnungs- und Kürzungsvorschriften gem. §§ 8 und*   28
9 GewStG sind auf den Übertragungsgewinn anzuwenden. So kommt z.B.
bei einer grundbesitzverwaltenden KapG die erweiterte Grundstückskürzung nach § 9 Nr. 1 S. 2 GewStG (unter Beachtung des § 9 Nr. 1 S. 5
GewStG) in Betracht. Soweit ein Übertragungsgewinn auf eine Nicht-DBA-
Betriebsstätte oder auf eine DBA-Betriebsstätte mit Anrechnungsmethode
entfällt, kann eine Kürzung nach § 9 Nr. 3 GewStG vorgenommen werden[51],
anderenfalls (Freistellungsmethode) ist der Übertragungsgewinn im Gewerbeertrag bereits aufgrund DBA nicht enthalten.

Ein Übertragungsgewinn kann *mit einem laufenden Verlust oder einem vor-*   29
tragsfähigen Fehlbetrag nach § 10a GewStG verrechnet werden, so dass es
bei Vorliegen eines noch nicht ausgeglichenen Verlusts vorteilhaft ist, die
Wirtschaftsgüter mit einem höheren Wert als dem Buchwert anzusetzen.
Aufgrund dieser Gestaltungsmöglichkeit kann trotz § 18 Abs. 1 S. 2 (keine
Geltendmachung von Verlustvorträgen der übertragenden Körperschaft
nach § 10a GewStG bei der Übernehmerin) ein vorhandener Verlust noch
bei der übertragenden Körperschaft selbst durch Schaffung von Abschreibungspotenzial nutzbar gemacht werden (allerdings unter Beachtung der
Mindestbesteuerung).

---

46 Vgl. *Bohnhardt* in Haritz/Benkert, § 18 Rdn. 42 sowie Tz. 18.01 S. 2 UmwStE 2011.
47 Vgl. *Herrmann* in Frotscher/Drüen, § 18 UmwStG 2002 Rdn. 19.
48 Zur Verfassungsrechtlichen Beurteilung vgl. Fn. 1.
49 Zu den Einzelheiten vgl. *Gosch* in Gosch, § 8b KStG Rdn. 150ff.
50 Vgl. Kurzinformation der OFD Koblenz vom 27.12.2004, G 1421 A St 3 – 079/04,
   DB 2005, 78, Rdn. 1; Bonhardt in Haritz/Menner, § 18 Rdn. 35; *Pung* in Dötsch/
   Pung/Möhlenbrock, § 18 UmwStG (SEStEG) Rdn. 6; *Schmitt* in Schmitt/Hörtnagl/
   Stratz, § 18 Rdn. 9; ; *Roser* in Lenski/Steinberg, § 7 GewStG Rdn. 251.
51 So auch *Lemaitre/Schönherr*, GmbHR 2007, 173 (182).

III. Steuerschuldner

30 Die Gewerbesteuer auf den Übertragungsgewinn entsteht für den Erhebungszeitraum, in dem der steuerliche Übertragungsstichtag liegt.[52] *Steuerschuldner* für die auf den Übertragungsgewinn entfallende Gewerbesteuer ist die übertragende KapG. Diese Gewerbesteuerschuld geht bei Fällen der Auf- oder Abspaltung aufgrund der eingeschränkten Wirkung der Sonderrechtsnachfolge nicht in jedem Fall auf den übernehmenden Rechtsträger über.[53] Auch § 5 Abs. 2 S. 1 GewStG hilft nur begrenzt weiter.

F. Laufende Fehlbeträge und Verlustvorträge nach § 10a GewStG (§ 18 Abs. 1 S. 2)

31 § 18 Abs. 1 S. 2 regelt die Abgrenzung der gewerbesteuerlichen Verlustnutzung und es finden sich erhebliche Stimmen, die von einer *deklaratorischen* bzw. *klarstellenden Regelung* sprechen, da bereits § 4 Abs. 2 S. 2 den Übergang ausschließe[54] und sich diese Rechtsfolge bereits aus dem Verweis des § 18 Abs. 1 S. 1 sowie aus der fehlenden Unternehmeridentität beim (teilweisen[55]) Übergang vortragsfähiger Verluste von der KapG auf die übernehmende PersG oder natürliche Person ergäben. Es bestehen jedoch Zweifel, ob aus § 18 Abs. 1 S. 1 tatsächlich eine klarstellende Wirkung abgeleitet werden kann, da § 4 Abs. 2 S. 2 für die „Ermittlung des Gewerbeertrags" nämlich keine Bedeutung hat. Man kann in § 18 Abs. 1 S. 2 durchaus einen eigenständigen Regelungsinhalt sehen. Würde der Verlust bereits nach § 4 Abs. 2 S. 2 nicht übergehen, müsste man die Kürzung nicht ausschließen.

Zunächst wird der „maßgebende Gewerbeertrag" der übernehmenden PersG oder natürlichen Person adressiert. Damit bezieht sich der Gesetzestext auf die Legaldefinition des § 10a Abs. 1 GewStG[56] und wiederholt die Regelung des § 10a S. 1 GewStG. Es wird deutlich, dass das Kürzungsverbot nicht nur den durch die Umwandlung beeinflussten Gewerbeertrag erfasst.

Laufende Fehlbeträge des laufenden Erhebungszeitraums sowie vortragsfähige Fehlbeträge i.S.d. § 10a GewStG, die bei der übertragenden Körperschaft vorhanden sind, stehen für eine Kürzung von dem maßgebenden Gewerbeertrag bei der übernehmenden PersG oder natürlichen Person nicht zur Verfügung. Die ausdrückliche Erwähnung der laufenden Fehlbeträge erfolgte im Rahmen der Neufassung des § 4 Abs. 2 S. 2 durch das SEStEG,[57] da anderenfalls die Schlussfolgerung möglich gewesen wäre, dass für ge-

---

52 *Trossen* in Rödder/Herlinghaus/van Lishaut, § 18 Rdn. 18; bei abweichendem Wirtschaftsjahr könnte wegen der Vergleichbarkeit mit einem Veräußerungsgewinn R 4a EStR 2008 zur Anwendung kommen.

53 Vgl. zur Abspaltung: BFH vom 05.11.2009, IV R 29/08, BFH/NV 2010, 356; zur Ausgliederung bereits BFH vom 07.08.2002, I R 99/00, BStBl. II 2003, 835.

54 *Trossen* in Rödder/Herlinghaus/van Lishaut, § 18 Rdn. 34.

55 Bei Auf- und Abspaltung geht der Verlust ggf. teilweise unter.

56 Und damit auf den Bemessungszeitraum, vgl. *Roser* in Lenski/Steinberg, § 10 GewStG Rdn. 2.

57 Gesetz vom 07.12.2006, BGBl. I 2006, 2782, bezeichnet als „eine Folgeänderung der Regelung des § 4 Abs. 2 S. 2", BT-Drs. 16/3369 vom 09.11.2008, 10.

werbesteuerliche Zwecke lediglich der Übergang von Verlustvorträgen, nicht hingegen von laufenden Verlusten versagt wird (vgl. zu der Problematik bei § 19 Abs. 2, dort Rdn. 22).

Der Untergang der Verluste der übertragenden KapG kann allenfalls durch *Verlustvermeidungsstrategien* verhindert werden. Z.B. kann der Verlust in Form eines künftigen Abschreibungsvolumens nutzbar gemacht werden, indem in der Schlussbilanz der Überträgerin stille Reserven bis zur Höhe der bestehenden Verluste bzw. Verlustvorträge durch Ansatz eines Zwischenwertes oder des gemeinen Wertes aufgedeckt werden; das Risiko der Mindestbesteuerung ist zu beachten (siehe § 18 Rdn. 29).[58]

Ein bei der *übernehmenden PersG* vorhandener Verlustvortrag entfällt[59]   32
entsprechend der allgemeinen Grundsätze zum Unternehmerwechsel, sofern nach der Umwandlung andere Gesellschafter an der PersG beteiligt sind als zuvor. Gehören zum übergehenden Vermögen der übertragenden KapG Mitunternehmeranteile, kann ein von der unmittelbar *nachgeordneten PersG* ausgewiesener Fehlbetrag aufgrund des Wegfalls der Unternehmeridentität nicht mehr genutzt werden. Bei einem identitätswahrenden Formwechsel bleibt die Unternehmeridentität allerdings erhalten.[60] Ebenfalls nicht gefährdet ist der Fehlbetrag von PersG, an denen der übertragende Rechtsträger nur mittelbar über eine andere PersG oder KapG beteiligt ist *(doppelstöckige Strukturen)*, da der Unternehmerwechsel sich nach dem unmittelbar beteiligten Rechtsträger richtet (R 10a.3 Abs. 3 Nr. 8 GewStR 2009).[61]

Die Besonderheiten des § 10 a S. 10 i.V.m. §§ 8 Abs. 4, 8c KStG sind zu be-   33
achten, da die Anteile an einer KapG von der Übertragung betroffen sind und somit eine Anteilsübertragung nach § 8 Abs. 4 KStG a.F. als auch ein „schädlicher Beteiligungserwerb" nach § 8c Abs. 1 KStG vorliegen kann.

G. Gewerbesteuerliche Behandlung des Übernahme-gewinns/-verlusts und der Einkünfte nach § 7 (§ 18 Abs. 1 S. 1 und Abs. 2)

I. Besteuerung der Einkünfte nach § 7 (offene Rücklagen)

Nach dem Inkrafttreten des SEStEG erfolgt eine Aufspaltung des Übernah-   34
meergebnisses für die an der Umwandlung beteiligten Gesellschafter in

---

58 Zudem können sich Steuerwirkungen aufgrund von Abweichungen zwischen körperschaftsteuerlichen und gewerbesteuerlichen Verlusten ergeben – es sei denn, man gewährt eine getrennte Ausübung der Wahlrechte, vgl. Rdn. 24 f.; zur verfassungsrechtlichen Beurteilung der Mindestbesteuerung bei endgültigem Ausschluss der Verlustverrechnung aus Rechtsgründen, BFH vom 26.08.2010, I B 49/10, BStBl. II 2011, 826; vgl. auch FG Münster vom 23.09.2015, 9 K 4074/11 G, EFG 2016, 587.

59 Dem Entfallen steht die nach R 10a.1 Abs. 3 S. 3 GewStR 2009 fehlende weitere Nutzungsmöglichkeit gleich.

60 Vgl. im Einzelnen *Oenings*, DStR 2008, 279 (283 f.).

61 So auch *Trossen* in Rödder/Herlinghaus/van Lishaut, § 18 Rdn. 36.

zwei unterschiedlich zu besteuernde Bestandteile (wegen Einzelheiten siehe § 4 Rdn. 1 ff.). Zum einen werden gem. § 7 die steuerlichen Gewinnrücklagen, d.h. das anteilige Eigenkapital lt. Steuerbilanz abzüglich des Bestands des steuerlichen Einlagekontos, welcher sich nach Anwendung des § 29 Abs. 1 KStG ergibt, als Kapitalertrag besteuert („fiktive Ausschüttung"). Zum anderen wird das eigentliche Übernahmeergebnis ermittelt,[62] welches nur das übrige übergehende Vermögen (Nennkapital, Kapitalrücklagen) beinhaltet (siehe § 18 Rdn. 40).

35 § 18 Abs. 2 S. 2 regelt im Hinblick auf die Einkünfte nach § 7, dass diese in den Fällen des § 5 Abs. 2, d.h. wenn der Anteilseigner an der übertragenden KapG im Privatvermögen eine Beteiligung i.S.d. § 17 EStG gehalten hat, gewerbesteuerlich nicht zu erfassen sind.[63]

Nach dem Wortlaut des § 18 Abs. 2 S. 2 ist ein *„Gewinn nach § 7"* nicht zu *erfassen*, obwohl sich die Vorschrift des § 7 explizit nur auf **Einnahmen** aus Kapitalvermögen, nicht hingegen auf einen Gewinn (also einen Saldo aus Erträgen und Aufwendungen) bezieht.[64] Ob sich aus der verwirrenden Wortwahl in § 18 Abs. 2 S. 2 folgern lässt, dass auch die mit den Bezügen i.S.d. § 7 verbundenen Betriebsausgaben gewerbesteuerlich nicht berücksichtigt werden können,[65] ist zweifelhaft. Die Anwendung des § 3c EStG würde voraussetzen, dass § 18 Abs. 2 eine Steuerbefreiungsvorschrift ist.

36 Aus der Formulierung des § 18 Abs. 2 S. 2 ergibt sich des Weiteren die Frage, ob die *fiktive Ausschüttung i.S.d. § 7 der übernehmenden PersG oder den Anteilseignern der übertragenden Körperschaft* zuzurechnen ist. § 20 Abs. 5 S. 1 EStG geht im Grundsatz von einer zwingenden Zurechnung echter Ausschüttungen zum Anteilseigner i.S.d. § 39 AO aus. In Abhängigkeit von der vorzunehmenden Zuordnung können sich unterschiedliche Auswirkungen für die gewerbesteuerliche Behandlung der fiktiven Dividende ergeben. Der Wortlaut des § 18 Abs. 2 S. 2 lässt erkennen, dass der Gesetzgeber die Einlagefiktion des § 5 Abs. 2 grds. auch im Falle der Ausschüttung nach § 7 für anwendbar hält und eine Gewerbesteuer-Befreiung nur deshalb gewährt, da eine Veräußerung der Anteile an der übertragenden Körperschaft bei dem Anteilseigner i.S.d. § 17 EStG, für den die Einlagefiktion des § 5 Abs. 2 greift, ebenfalls gewerbesteuerfrei geblieben wäre.[66] Sofern die Einlagefiktion auch für die fiktive Dividende gilt, müsste eine Zurechnung der Einkünfte nach § 7 zu der übernehmenden PersG bzw. natürlichen Person erfolgen.[67] Bei Anwendung des § 20 Abs. 5 S. 1 EStG wäre das nur konsequent. Allerdings scheint diese Schlussfolgerung nicht mit dem Sinn und Zweck des § 7 vereinbar, der nach dem Willen des Gesetzgebers das deutsche Besteuerungsrecht an den offenen Rücklagen der

---

62 Und nur dann sind die Tatbestandsvoraussetzungen erfüllt, vgl. Tz. 18.02 UmwStE 2011.
63 Vgl. auch die Begründung in BT-Drs. 16/3369 vom 09.11.2008, 10.
64 Vgl. *Behrendt/Arjes*, DB 2007, 824 (825).
65 So *Pung* in *Dötsch/Pung/Möhlenbrock*, § 18 Rdn. 32.
66 Vgl. BT-Drs. 16/3369, 10.
67 So *Schmitt* in *Schmitt/Hörtnagl/Stratz*, § 18 Rdn. 15 m.w.N.

KapG durch den Einbehalt von Kapitalertragsteuer sicherstellen soll.[68] Dieses Ziel lässt sich im Hinblick auf die Besteuerung ausländischer Anteilseigner jedoch nur erreichen, wenn die Kapitalerträge i.S.d. § 7 noch unmittelbar den (ausländischen) Anteilseignern der übertragenden Körperschaft zugerechnet werden (sog. „enge Einlagefiktion", vgl. § 7 Rn. 49ff., 63ff., so dass die nach nationalem Recht bzw. DBA einzubehaltene Kapitalertragsteuer abzuführen ist.[69] Im Übrigen sprechen die systematische Stellung des § 5 (unmittelbar nach der Regelung des Übernahmegewinns in § 4, jedoch vor der Vorschrift des § 7) sowie der Wortlaut („Ermittlung des Gewinns") dafür, dass sich die Einlagefiktion nur auf den Übernahmegewinn gem. § 4, nicht hingegen auf die Einnahmen nach § 7 bezieht.[70] Folgt man dieser plausibleren Auslegung, kommt der Regelung in § 18 Abs. 2 S. 2 lediglich eine klarstellende Bedeutung zu. Für die gewerbesteuerliche Beurteilung ist damit ausschließlich auf die Verhältnisse bei den Gesellschaftern der Überträgerin abzustellen.

Für Anteile, die zum Privatvermögen des Anteilseigners der übertragenden Körperschaft oder zu einem der freiberuflichen oder land- und fortwirtschaftlichen Tätigkeit dienenden Betriebsvermögen oder zu einem ausländischen Betriebsvermögen des Anteilseigners gehören, gilt die Einlagefiktion des § 5 entsprechend Rdn. 36 nicht für die Einkünfte i.S.d. § 7, so dass hierauf keine GewSt anfällt.[71]   37

Für Anteile, die zu einem inländischen gewerblichen Betriebsvermögen gehören, erfolgt aufgrund der Subsidiarität des § 20 Abs. 1 S. 1 EStG gegenüber den anderen Einkunftsarten[72] eine Umqualifizierung der Einkünfte aus Kapitalvermögen nach § 7 in gewerbliche Einkünfte. Soweit natürliche Personen (unmittelbar oder mittelbar über eine PersG) an der übertragenden KapG beteiligt sind und die Einkünfte i.S.d. § 7 insoweit nach § 3 Nr. 40 EStG nur zu 60 % (bis VZ 2009: zur Hälfte) der Einkommensbesteuerung unterliegen, sind die Bezüge grds. in entsprechender Höhe (60 % bzw. 50 %) im Gewerbeertrag enthalten.[73] Eine gewerbesteuerliche Kürzung ist unter den Voraussetzungen des § 9 Nr. 2a oder Nr. 7 GewStG möglich und insoweit ist zu beachten, dass die fiktive Dividende zwar einen „entgangenen Veräußerungsgewinn" erfasst, dennoch jedoch die Technik der fingierten Dividende gewählt hat. Die Voraussetzungen des gewerbesteuerlichen Schachtelprivilegs müssen zu Beginn des EZ erfüllt sein. Die Besitzzeitanrechnung ergibt sich aus der Fußstapfentheorie des § 4 Abs. 2 S. 3 UmwStG, offen ist, ob sich daraus auch eine Zusammenrechnung von Beteiligungs-   38

---

68 Vgl. BT-Drs. 16/2710, 40.
69 Vgl. hierzu Behrendt/Arjes, DB 2007, 824 (826).
70 So auch Förster/Felchner, DB 2008, 2445 (2448) und Behrendt/Arjes, DB 2007, 824 (826), die jeweils noch weitere plausible Begründungen zur Rechtfertigung der Zurechnung des Kapitalertrags nach § 7 zu den Anteilseignern der Überträgerin darlegen.
71 So auch Förster/Felchner, DB 2008, 2445 (2449).
72 Siehe § 20 Abs. 3 EStG.
73 Dies ergibt sich für unmittelbar beteiligte natürliche Personen aus § 7 S. 1 GewStG, für mittelbar beteiligte natürliche Personen aus § 7 S. 4 GewStG.

quoten ergeben könnte, wenn jede Beteiligung für sich unter 15 % liegt.[74] Sofern keine Kürzungsvorschrift greift, sind die Einnahmen aufgrund der Hinzurechnungsvorschrift des § 8 Nr. 5 GewStG in voller Höhe gewerbesteuerpflichtig (zu berücksichtigen ist allerdings die GewSt-Anrechnung gem. § 35 EStG auf Gesellschafterebene). Handelt es sich bei dem Anteilseigner um eine *Körperschaft*, sind die Vorschriften des § 8b KStG zu beachten. Im Regelfall sind die Einkünfte danach gem. § 8 b Abs. 2 i. V. m. § 8b Abs. 5 KStG zu 95 % von der KSt befreit. Gem. § 7 S. 4 GewStG gilt die Steuerbefreiung grds. auch für die GewSt. Eine gewerbesteuerliche Kürzung der mit 5 % pauschalierten nichtabziehbaren Betriebsausgaben nach § 8b Abs. 5 KStG kommt nicht in Betracht (§ 9 Nr. 2a S. 3, Nr. 7 S. 3 GewStG). Erfüllt die Beteiligung nicht die Voraussetzungen des § 9 Nr. 2a oder Nr. 7 GewStG, muss eine Hinzurechnung der nicht im Gewerbeertrag enthaltenen Einkünfte i. S. d. § 7 nach § 8 Nr. 5 GewStG vorgenommen werden.

II. Behandlung eines Übernahmegewinns

39   Nach § 18 Abs. 2 S. 1 UmwStG ist ein *Übernahmegewinn von der Gewerbesteuer befreit*, es handelt sich insoweit nach dem Wortlaut und dem materiellrechtlichen Gehalt um eine *sachliche Steuerbefreiung*, die bereits auf der Ebene der Bestimmung des Gewerbeertrags zu berücksichtigen ist.[75] Allerdings steht diese Befreiung unter dem Vorbehalt, dass der übergegangene Betrieb oder ein Teilbetrieb bzw. ein Mitunternehmeranteil der übernehmenden PersG nicht innerhalb von fünf Jahren nach der Umwandlung aufgegeben oder veräußert wird; anderenfalls unterliegt (anstelle des Übernahmegewinns) der Aufgabe- oder Veräußerungsgewinn nach § 18 Abs. 3 der GewSt (siehe § 18 Rdn. 58 ff.). Durch die Gewerbesteuer-Befreiung des Übernahmegewinns wird eine Doppelbelastung von Gewinnen – zum einen auf Ebene der übertragenden KapG (infolge der Aufdeckung stiller Reserven in den Wirtschaftsgütern), zum anderen auf Ebene der übernehmenden PersG oder natürlichen Person (in Form des Übernahmegewinns durch Aufdeckung der stillen Reserven in den Anteilen) – vermieden.[76]

40   Der Übernahmegewinn wird grds. gesellschafterbezogen als Differenz zwischen dem anteiligen Wert, mit dem die übergegangenen Wirtschaftsgüter zu übernehmen sind abzüglich der Übernahmekosten,[77] und dem Buchwert der Anteile an der Überträgerin abzüglich der Bezüge gem. § 7 ermittelt (siehe § 4 Rdn. 100). Im Ergebnis beinhaltet das Übernahmeergebnis nach §§ 4, 5 nur das übrige übergehende Vermögen der Überträgerin, d.h. das Nennkapital und die Kapitalrücklagen (ohne die Gewinnrücklagen). Die GewSt-Freistellung nach §18 Abs. 2 S. 1 ist nur dann von Bedeutung, wenn die *Übernehmerin selbst der GewSt unterliegt* bzw. im Rahmen der Um-

---

74 Wegen § 2 Abs. 1 UmwStG sollte dies möglich sein; offen *Trossen* in Rödder/Herlinghaus/van Lishaut, § 18 Rdn. 24; zweifelnd *Pung* in Dötsch/Pung/Möhlenbrock, § 18 Rdn. 17.
75 BFH vom 09. 01. 2009, IV B 27/07, BStBl. II 2011, 393; BFH vom 20. 06. 2000, VIII R 5/99, BStBl. II 2001, 35 (zu § 18 Abs. 2 UmwStG a.F.).
76 Vgl. *Schnitter* in *Frotscher/Drüen*, § 18 Rdn. 13.
77 Hierzu gehört nach § 4 Abs. 5b EStG nicht die Gewerbesteuer.

wandlung gewerbesteuerpflichtig wird[78]; die Gewerbesteuerpflicht oder die tatsächliche gewerbesteuerliche Erfassung des Gewinns bei der Übertragerin ist keine Voraussetzung. Für *natürliche Personen als Mitunternehmer* ist der Übernahmegewinn gem. § 3 Nr. 40 EStG zu 60 % (bis VZ 2009: zur Hälfte) einkommensteuerpflichtig; entsprechend ist der Gewerbeertrag um diesen Anteil zu kürzen. Ist ein Mitunternehmer der übernehmenden PersG selbst gewerbesteuerpflichtig, so ist auf seiner Ebene für den im Beteiligungsergebnis enthaltenen Übernahmegewinn insoweit die Kürzung nach § 9 Nr. 2a GewStG vorrangig vorzunehmen, so dass die Befreiung des § 18 Abs. 2 S. 1 insofern unbeachtlich bleibt.[79] Für *Körperschaften als Mitunternehmer* ist auf den Übernahmegewinn die Befreiungsvorschrift gem. § 8b Abs. 2 i.V.m. Abs. 3 KStG anzuwenden; eine Korrektur des Gewerbeertrags ist insofern nicht erforderlich. Die im Gewerbeertrag enthaltenen mit 5 % pauschalierten nichtabziehbaren Betriebsausgaben sind nicht als Teil des Übernahmegewinns zu behandeln, so dass eine Kürzung des Gewerbeertrags um diesen Betrag m. E. nicht möglich ist.

Auf die Höhe der *Steuerermäßigung nach § 35 EStG* kann sich der Übernahmegewinn nicht auswirken, da er gewerbesteuerlich unberücksichtigt bleibt. Offen ist allerdings, ob der Übernahmegewinn bei der Ermittlung des *Ermäßigungshöchstbetrags* in die gewerblichen Einkünfte einzubeziehen ist. Die Finanzverwaltung schließt dies offenbar aus, indem sie nur Einkünfte als gewerblich i.S.d. § 35 EStG ansieht, die auch gewerbesteuerpflichtig sind.[80] *Pung* zweifelt diese Auffassung zu Recht an, da der Wortlaut des § 35 EStG nur das Vorliegen von gewerblichen Einkünften i.S.d. § 15 Abs. 1 EStG voraussetzt und somit nicht unmittelbar an die Gewerbesteuerpflicht anknüpft.[81] Eine Grenze der Ermäßigungswirkung wird sicherlich die tatsächlich zu zahlende Gewerbesteuer bilden (§ 35 Abs. 1 S. 5 EStG).   41

III. Behandlung eines Übernahmeverlusts

Auch ein *Übernahmeverlust* ist *gewerbesteuerlich gem. § 18 Abs. 2 S. 1 nicht zu berücksichtigen*.[82] Ausdrücklich erwähnt wird der Übernahmeverlust in der Vorschrift erst seit der Neufassung durch das StEntlG 1999/2000/ 2002.[83] Zuvor vertrat jedoch bereits die Finanzverwaltung die Auffassung, dass ein Übernahmeverlust ebensowenig wie ein Übernahmegewinn bei der Gewerbesteuer zu erfassen ist.[84] Der Gesetzgeber sah daher (zu Unrecht) in der Gesetzesänderung lediglich eine Klarstellung.[85] Der BFH hatte mit Urteil vom 20.06.2000[86] einen Übernahmeverlust bis zum Inkrafttreten der   42

---

78 Vgl. *Trossen* in Rödder/Herlinghaus/van Lishaut, § 18 Rdn. 28.
79 Vgl. *Schmitt* in Schmitt/Hörtnagl/Stratz, § 18 Rdn. 29.
80 BMF vom 03.11.2016, IV C 6 S-2296a/08/10002: 003, BStBl. I 2016, 1187, Tz. 13 f.
81 So auch *Pung* in Dötsch/Pung/Möhlenbrock, § 18 UmwStG (SEStEG) Rdn. 31.
82 BFH vom 09.01.2009, IV B 27/07, BStBl. II 2011, 393; BFH vom 20.06.2000, VIII R 5/99, BStBl. II 2001, 35 (zu § 18 Abs. 2 UmwStG a.F.).
83 Gesetz vom 24.03.1999, BGBl. I 1999, 402.
84 BMF vom 25.03.1998, IV B 7 S-1978 – 21/98/IV B 2 S-1909 – 33/98, BStBl. I 1998, 268, Tz. 18.02 Satz 1.
85 Vgl. BT-Drs. 14/23, 195.
86 VIII R 5/99, BStBl. II 2001, 35.

Neuregelung des § 18 Abs. 2 gewerbesteuerlich für berücksichtigungsfähig erachtet. Auch Abschreibungen aus einer Aufstockung nach § 4 Abs. 4–6 UmwStG a.F. sind nach Auffassung des BFH vor Geltung des StEntlG für gewerbesteuerliche Zwecke zu beachten.[87] Seit der Änderung des § 4 Abs. 6 im Rahmen des StSenkG[88] wird ein Übernahmeverlust nunmehr auch einkommensteuerlich nicht berücksichtigt, so dass sich die gewerbesteuerliche Nichterfassung des Übernahmeverlusts *bereits aus dem Verweis in § 18 Abs. 1 S. 1 auf die Regelung des § 4 Abs. 6* ergibt. Die Einschränkung der Verlustnutzung des § 18 Abs. 2 durchbricht das objektive Nettoprinzip, ist jedoch sachlich gerechtfertigt und verfassungsrechtlich nicht zu beanstanden.[89]

43 Entfällt ein Übernahmeverlust auf eine *natürliche Person als Mitunternehmer* der übernehmenden PersG, wird ein Übernahmeverlust in Höhe des Betrags der Bezüge i.S.d. § 7 berücksichtigt, der nicht nach § 3 Nr. 40 EStG steuerfrei ist. Dies bedeutet, dass bei einer Steuerbefreiung im Rahmen des Teileinkünfteverfahrens i.H.v. 40 % (bis VZ 2009: 50 %) der Übernahmeverlust i.H.v. 60 % (bis VZ 2009: 50 %) der Einkünfte nach § 7 geltend gemacht werden kann.[90] Ein danach verbleibender Übernahmeverlust bleibt einkommensteuerlich außer Ansatz. Für Zwecke der GewSt ist eine Erhöhung des Gewerbeertrags um den noch in der Ausgangsgröße enthaltenen Übernahmeverlust vorzunehmen. Entfällt ein Übernahmeverlust auf eine *Körperschaft als Mitunternehmer* der übernehmenden PersG, ist dieser infolge von § 8b Abs. 3 KStG (anwendbar über § 7 S. 4 GewStG) grds. nicht abziehbar; in den Fällen des § 8b Abs. 7 und 8 KStG ist er bis zur Höhe der Bezüge i.S.d. § 7 in voller Höhe berücksichtigungsfähig. Gewerbesteuerlich ist somit nur in den Fällen des § 8b Abs. 7 und 8 KStG eine Erhöhung um den im Gewerbeertrag enthaltenen Verlust erforderlich.

44 Zur Auswirkung des Übernahmeverlusts auf die *Steuerermäßigung gem. § 35 EStG* siehe Rdn. 41.

IV. Keine Gewerbesteuerbefreiung des Übernahmefolgegewinns

45 Durch die entsprechende Anwendung des § 6 *aufgrund des Verweises in § 18 Abs. 1 S. 1* wird klargestellt, dass ein Übernahmefolgegewinn auch *gewerbesteuerlich zu berücksichtigen* ist. Die Gewerbesteuer-Befreiung nach § 18 Abs. 2 S. 1 erfasst nur den Übernahmegewinn i.S.d. § 4 Abs. 4–6, nicht hingegen den Übernahmefolgegewinn i.S.d. § 6.[91] Dieser entsteht durch Konfusion (= Erlöschen) von wertmäßig nicht deckungsgleich ausgewiese-

---

87 Zu den Einzelheiten des sog. step-up-Modells nach altem Recht siehe *Widmann* in Widmann/Mayer, § 4 Rdn. 2 sowie § 18 Rdn. 41 ff.
88 Gesetz vom 23. 10. 2000, BGBl. I 2000, 1433.
89 BFH vom 05. 11. 2015, III R 12/13, BStBl. II 2016, 420.
90 Zur Änderung des § 4 Abs. 6 S. 4 im Rahmen des JStG 2009 vom 19. 12. 2008, BGBl. I 2008, 2974 vgl. die Regierungsbegründung vom 07. 10. 2008, BT-Drs. 16/ 10494.
91 So auch *Widmann* in Widmann/Mayer, § 18 Rdn. 105.

nen Forderungen der übertragenden Körperschaft und Verbindlichkeiten der übernehmenden PersG oder durch Auflösung interner Rückstellungen zwischen den Rechtsträgern. Der Übernahmefolgegewinn entsteht eine *logische Sekunde nach dem Übertragungsstichtag* und ist als *laufender Gewinn des übernehmenden Rechtsträgers*[92] gewerbesteuerpflichtig. Aufwendungen aus der Neutralisierung des Übernahmefolgegewinns durch Bildung einer gewinnmindernden Rücklage nach § 6 Abs. 1 können bei der Ermittlung des Gewerbeertrags abgezogen werden. Die Auflösung der Rücklage in den Folgejahren erhöht entsprechend den Gewerbeertrag.[93] Sofern der Übernahmefolgegewinn auf einer früher bei der Übernehmerin entstandenen Gewinnminderung beruht und die Übernehmerin im Zeitpunkt der Gewinnminderung selbst nicht gewerbesteuerpflichtig war, darf der Übernahmefolgegewinn nicht der Gewerbebesteuerung unterworfen werden.[94]

H. Missbrauchsregelungen (§ 18 Abs. 3)

I. Allgemeines

§ 18 Abs. 3 i.d.F. des JStG 2008[95] (bisher: § 18 Abs. 4) enthält für den Fall   **46**
der Aufgabe oder Veräußerung des Betriebs, Teilbetriebs oder eines Mitunternehmeranteils an der übernehmenden PersG innerhalb von fünf Jahren nach der Umwandlung eine *gesetzlich besonders normierte Missbrauchsregelung*. Die Finanzverwaltung geht noch einen Schritt weiter und vermutet einen *Sondertatbestand der Gewerbesteuerpflicht*.[96] Die Vorschrift soll verhindern, dass eine Körperschaft zum Zwecke der Gewerbesteuer-Ersparnis kurz vor der Betriebsaufgabe oder -veräußerung in eine PersG umgewandelt wird, um Gewerbesteuer auf den anfallenden Aufgabe- bzw. Veräußerungsgewinn nach den allgemeinen Gewerbesteuer-Grundsätzen und dem Objektsteuercharakter bei der PersG zu vermeiden ("Umwandlungsmodell"). Obwohl die Regelung in § 18 Abs. 3 nach ihrem Sinn und Zweck ausschließlich Missbrauchsfälle erfassen soll, lässt der Gesetzgeber die Motive außer Betracht, da es *unerheblich* ist, *aus welchem Grund* die Aufgabe oder Veräußerung innerhalb der Fünf-Jahresfrist erfolgt. Nach § 25 Abs. 2 S. 1 UmwStG 1977 kam es noch auf das "Fehlen eines triftigen Grundes" an. Die Veräußerung oder Aufgabe innerhalb der Fünf-Jahresfrist gilt jetzt jedoch als unwiderlegliche Vermutung eines missbräuchlichen Handelns.

Da § 18 Abs. 3 ausdrücklich den Veräußerungs- oder Aufgabegewinn nennt, nicht hingegen einen *Veräußerungs- oder Aufgabeverlust*, wird unter Berücksichtigung des Missbrauchsvermeidungsziels angenommen, dass die

---

92 Vgl. BMF vom 25.03.1998, IV B 7 S-1978 – 21/98/IV B 2 S-1909 – 33/98, BStBl. I 1998, 268, Tz. 06.02.

93 Vgl. auch *Trossen* in Rödder/Herlinghaus/van Lishaut, § 18 Rdn. 33.

94 So auch *Widmann* in Widmann/Mayer, § 18 Rdn. 115; a.A. *Trossen* in Rödder/Herlinghaus/van Lishaut, § 18 Rdn. 33.

95 Gesetz vom 20.12.2007, BGBl. I 2007, 3150.

96 Tz. 18.11 S. 2 UmwStE 2011.

Vorschrift nicht auf Verluste anzuwenden ist.[97] Dabei wird unter anderem auf die Wirkung des § 18 Abs. 2 a.F. (vor SEStEG) Bezug genommen, der sich jedoch auf den „Übernahmegewinn" bezog.[98] Dem ist nicht zu folgen. Aus dem Begriff des „Gewinns" allein kann nicht nur ein positiver Saldo abgeleitet werden (vgl. das Verständnis zu § 17 Abs. 2 EStG und § 21 UmwStG a.F.[99]). Die Zielsetzung einer Missbrauchsverhinderung kann kaum geeignet sein, einen weitgehenden Einschnitt in die Rechte der übernehmenden PersG oder natürlichen Person zu rechtfertigen. Es ist zwar zu berücksichtigen, dass der BFH[100] einer teleologischen Einschränkung zu Gunsten des Steuerpflichtigen das Wort redet.[101] Wenn jedoch die Missbrauchsabsicht unwiderleglich vermutet wird, dann kann auch die Tatsache eines Verlustes, der bei einer Veräußerung durch die umgewandelte KapG abzugsfähig gewesen wäre, die gesetzlich unterstellte Nutzung der Gewerbesteuerfreiheit nicht zu Ungunsten des Steuerpflichtigen widerlegen.

47 Tatsächlich kann die Wirkung des § 18 Abs. 3 einer **Veräußerungssperre** gleichstehen, insbesondere kann die Pauschalierung der Steuerfolgen auf der Basis des Veräußerungsgewinns zu der Besteuerung von zum Umwandlungszeitpunkt nicht vorhandenen stillen Reserven führen (vgl. Rdn. 54). Da eine Missbrauchsvorschrift die objektive Möglichkeit einer Steuerumgehung umfassen muss[102], fehlt es an einer hinreichenden Rechtsgrundlage, wenn mangels vorhandener stiller Reserven eine solche Steuerumgehung als Tatbestandsvoraussetzung ebenfalls fingiert werden muss (Doppelfiktion).

48 Die allein anlassabhängige Besteuerung kann zu **unbilligen Härten** führen, die entweder im Wege einer teleologischen Reduktion des Anwendungsbereiches (dazu Rdn. 55) oder nach §§ 163, 227 AO auszugleichen sind.

II. Entwicklung der Vorschrift

49 § 18 Abs. 3 (damals § 18 Abs. 4) wurde mit dem UmwStG 1995 eingeführt. Durch das JStG 1997 wurde § 18 Abs. 4 S. 2 angefügt, um der BFH-Rechtsprechung zu § 25 Abs. 2 UmwStG 1977[103] Rechnung zu tragen.[104] Bis zum VZ 1999 galt die Regelung nach ihrem Wortlaut für den „Vermögensüber-

---

97 So *Pung* in Dötsch/Pung/Möhlenbrock, § 18 Rdn. 49; *Trossen* in Rödder/Herlinghaus/van Lishaut, § 18 Rdn. 40; *Schmitt* in Schmitt/Hörtnagl/Stratz, § 18 Rdn. 59 und *Siebert*, DStR 2000, 758 (759); der BFH vom 20.11.2006, VIII R 45/05, BFH/NV 2007, 793, befasst sich unter Abschn. II.2.c) nur mit der Möglichkeit eines niedrigeren Veräußerungs- oder Aufgabegewinns (ebenso BFH vom 26.06.2007, IV R 58/06, BFH/NV 2007, 2024).

98 BFH vom 20.06.2000, VIII R 5/99, BStBl. II 2001, 35.

99 BFH vom 28.02.1990, I R 43/86, BStBl. II 1990, 615.

100 BFH vom 20.11.2006, VIII R 47/05, BStBl. II 2008, 69.

101 Auch für § 6 AStG wird aus dem Sinn und Zweck der Sicherung stiller Reserven abgeleitet, dass stille Lasten nicht einzubeziehen sind, BFH vom 28.02.1990, I R 43/86, BStBl. II 1990, 615.

102 BFH vom 07.10.2009, II R 58/08, BStBl. II 2010, 302.

103 BFH vom 13.12.1989, I R 18/87, BStBl. II 1990, 474, der zwischen Betrieb und Mitunternehmeranteil differenziert.

104 BT-Drs. 13/5359 vom 26.08.1996, 128.

gang". Durch das StEntlG 1999/2000/2002[105] wurde auf die „Umwandlung" Bezug genommen. Nach der Regierungsbegründung sollte damit klargestellt werden, dass § 18 Abs. 3 auch für den *Formwechsel* gilt.[106] Die erweiternde Auslegung des Begriffes „Vermögensübergang" für Zeiträume vor dem Inkrafttreten des StEntlG 1999/2000/20002, die der BFH in diversen Urteilen[107] für rechtmäßig hielt, wurde z.T. kritisch beurteilt.[108] Mit Beschluss vom 06.11.2008[109] hat das Bundesverfassungsgericht die Verfassungsbeschwerde gegen das Urteil des BFH vom 26.06.2007[110] nicht zur Entscheidung angenommen, weil die Rechtslage nicht in grober Weise verkannt wurde und der IV. Senat nicht objektiv erkennbar gegen Recht und Gesetz gehandelt hat. Man dürfte die aus steuerlicher Sicht aus § 14 UmwStG a.F. abgeleitete Gleichstellung von Vermögensübergang und Umwandlung inzwischen als abschließend ansehen müssen.

§ 18 Abs. 3 S. 1 wurde durch das Jahressteuergesetz 2008[111] um einen Halbsatz ergänzt, durch den *auch das Betriebsvermögen der übernehmenden PersG oder natürlichen Person* in die Gewerbesteuerpflicht einbezogen wird. Damit reagierte der Gesetzgeber auf die Rechtsprechung des BFH[112], die – entgegen der bereits vertretenen Auffassung der Finanzverwaltung – eine Abgrenzung der erfassten Vermögensteile als sachgerecht ansah.[113]

III. Verhältnis zu anderen Vorschriften

Gegenüber § 42 AO ist § 18 Abs. 3 lex specialis.[114] § 42 Abs. 2 AO kann insoweit keine besonderen weitergehenden Maßstäbe setzen.[115]   50

Die zunächst vorgesehene Neufassung des § 26 wurde im Zuge der Anpassung des UmwStG an das SEStEG aufgegeben; § 26 wurde gehoben.

Die besondere typisierte Missbrauchsbestimmung des § 22[116] mit der Sieben-Jahres-Sperrfrist beeinflusst die gewerbesteuerliche Bemessungsgrundlage unmittelbar;[117] einer Anwendung des § 18 Abs. 3 bedarf es nicht.

---

105 Gesetz vom 24.03.1999, BGBl. I 1999, 402.
106 BT-Drs. 14/23 vom 09.11.1998, 195, obgleich ausdrücklich die Änderung der Vermeidung von Steuerausfällen diente.
107 BFH vom 11.12.2001, VIII R 23/01, BStBl. II 2004, 474; BFH vom 20.11.2006, VIII R 45/05, BFH/NV 2007, 793; BFH vom 26.06.2007, IV R 58/06, BStBl. II 2008, 73.
108 Vgl. *Roser*, GmbHR 2002, 388.
109 I BvR 2360/07, HFR 2009, 302.
110 IV R 58/06, BStBl. II 2008, 73.
111 JStG 2008 vom 20.12.2007, BGBl. I 2007, 3150. Zur Anwendung vgl. § 27 Abs. 6: anzuwenden ab 01.01.2008.
112 BFH vom 20.11.2006, VIII R 47/05, BStBl. II 2008, 69.
113 BR-Drs. 544/1/07 vom 11.09.2007, 58.
114 Vgl. hierzu ausführlich *Schmitt* in Schmitt/Hörtnagl/Stratz, § 18 Rdn. 34.
115 *Schmitt* in Schmitt/Hörtnagl/Stratz, § 18 Rdn. 34; Hessisches FG vom 24.03.2009, 8 K 399/02, EFG 2009, 1885: „Grundsätzlich trägt der Staat – der Gesetzgeber – nach dem Prinzip der Tatbestandsmäßigkeit der Besteuerung das Risiko, dass nicht alle Sachverhalte tatbestandskonkretisierend umschrieben sind. Bleiben insoweit Regelungslücken, so ist es Sache des Gesetzgebers, diese in der auch insoweit vorrangigen Spezialregelung zu schließen."
116 *Stangl* in Rödder/Herlinghaus/van Lishaut, § 22 Rdn. 7.
117 *Stangl* in Rödder/Herlinghaus/van Lishaut, § 22 Rdn. 85.

Darüber hinaus geht § 18 Abs. 3 nach Auffassung der Finanzverwaltung der Anwendung des § 7 GewStG vor.[118] Der BFH hat in seinem Urteil vom 11. 12. 2001[119] hingegen die Auffassung vertreten, dass § 18 Abs. 3 als sondergesetzliche Ausnahmeregelung nur auf die gewerbesteuerrechtliche Erfassung solcher Gewinne zielt, die nach den allgemeinen Grundsätzen nicht der Gewerbesteuer unterliegen. Dies betrifft zumindest Gewinne aus der Veräußerung eines Teils eines Mitunternehmeranteils, die bereits nach § 7 S. 1 GewStG i. V. m. § 16 Abs. 1 S. 2 EStG als laufende Gewinne gewerbesteuerpflichtig sind. Der *Vorrang des § 7 S. 1 GewStG gegenüber § 18 Abs. 3* im Fall einer Teilanteilsveräußerung kann auch aus dem BFH-Urteil vom 30. 08. 2007[120] abgeleitet werden. Da auch § 7 S. 2 GewStG die Fiktion eines laufenden Gewinns enthält, müsste entsprechend *§ 7 S. 2 GewStG gegenüber § 18 Abs. 3 vorrangig* angewendet werden. Problematisch ist der Vorrang des § 7 GewStG insofern, als § 18 Abs. 3 S. 3 die schärfere Rechtsfolge enthält (Nichtanwendbarkeit der GewSt-Anrechnung nach § 35 EStG). Es käme daher zu einer Schlechterstellung der unmittelbar an der übernehmenden PersG beteiligten natürlichen Person gegenüber dem nur mittelbar beteiligten Gesellschafter, der nach § 7 S. 2 GewStG zur Steuerermäßigung gem. § 35 GewStG befugt wäre.[121] Um eine derartige – vom Gesetzgeber vermutlich nicht beabsichtigte – Ungleichbehandlung zu vermeiden, muss entweder – trotz der Verdrängung des § 18 Abs. 3 S. 1 und 2 durch § 7 GewStG – im Hinblick auf die Gewerbesteuer-Anrechnung nach § 35 EStG die Vorschrift des § 18 Abs. 3 S. 3 angewendet werden[122] oder § 18 Abs. 3 S. 3 als gleichheitswidrige Schlechterstellung im Grundsatz als unanwendbar anzusehen.

Durch die Einführung des § 7 S. 2 GewStG im Rahmen des UntStFG[123], der eine Gewerbesteuer-Befreiung des Aufgabe- bzw. Veräußerungsgewinns nur noch dann vorsieht, wenn eine natürliche Person unmittelbar an der PersG beteiligt ist, hat die Missbrauchsregelung in § 18 Abs. 3 zumindest für den Fall einer KapG als Anteilseigner keine Bedeutung mehr. Für den Fall der mittelbaren Beteiligung einer natürlichen Person über eine PersG ist die Vorschrift insofern noch relevant, als nach § 18 Abs. 3 S. 3 – anders als bei § 7 S. 2 GewStG – die *Gewerbesteuer-Anrechnung nach § 35 EStG ausgeschlossen* ist (siehe hierzu § 18 Rdn. 83).

---

118 BMF vom 16. 12. 2003, IV A 2 – S 978 – 16/03, BStBl. I 2003, 786, Tz. 14; Tz. 18.09 UmwStE 2011.
119 VIII R 23/01, BStBl. II 2004, 474.
120 IV R 22/06, BFH/NV 2008, 109; *Schmitt* (in Schmitt/Hörtnagl/Stratz, § 18 Rdn. 49) zieht aus dem Urteil u. E. zu Unrecht den Schluss, dass § 18 Abs. 3 S. 2 auch den Fall der Veräußerung eines Teils eines Mitunternehmerteils erfasst. Der BFH hat in der Urteilsbegründung (II.3) deutlich hervorgehoben, dass die Teilanteilsveräußerung nach § 16 Abs. 1 S. 2 EStG „ohnehin" der Gewerbesteuer unterliegt und somit § 7 S. 1 GewStG vorrangig anzuwenden ist.
121 Vgl. *Füger/Rieger*, DStR 2002, 1021 (1023).
122 So auch *Wacker*, DStZ 2002, 457 (460).
123 Gesetz vom 20. 12. 2001, BGBl. I 2001, 3858; Vorschrift ist erstmals auf Veräußerungsvorgänge nach dem 01. 01. 2002 anzuwenden.

Soweit § 24 Abs. 3 S. 3 EStG zur Anwendung kommt und über die Verweisung auf § 16 Abs. 2 S. 3 EStG einen laufenden – und damit gewerbesteuerpflichtigen[124] – Gewinn fingiert, ist § 18 Abs. 3 ausgeschlossen.[125]

IV. Unbestimmter Steuerschuldner

Bei der Anwendung des *§ 18 Abs. 3 S. 2* stellt sich die Frage, wer *Steuer-*   *51* *schuldner* für die anfallende GewSt auf den Gewinn aus der Veräußerung eines Mitunternehmeranteils ist. Während die Besteuerung der Einkünfte aus einer PersG im Einkommensteuerrecht stets auf Gesellschafterebene erfolgt, ist im Gewerbesteuerrecht grds. die PersG selbst Steuerschuldner i.S.d. § 5 Abs. 1 S. 3 GewStG, sofern ihre Tätigkeit Gewerbebetrieb ist. Nach h.M., die allerdings unzureichend begründet ist, schuldet die PersG, deren Anteile veräußert werden, auch die aus der Veräußerung resultierende GewSt (sowohl nach § 18 Abs. 3 als auch nach § 7 S. 2 GewStG), da der Betrieb dieser PersG die Quelle der aufgedeckten stillen Reserven und somit des Veräußerungsgewinns ist.[126] Dabei wird auf frühere BFH-Rechtsprechung (zur Rechtslage vor Geltung des § 7 S. 2 GewStG) verwiesen, welche die Auffassung vertrat, dass der aus der Veräußerung eines Mitunternehmeranteils resultierende Gewinn allenfalls im Gewerbeertrag der PersG, jedoch keinesfalls beim Mitunternehmer zu berücksichtigen ist.[127] Allerdings bleibt unbeachtet, dass der BFH in diesem Zusammenhang ausdrücklich darauf hingewiesen hat, dass der Veräußerungsgewinn auch nicht Bestandteil des Gewerbeertrags der PersG sein kann, da es sich nicht um „laufenden" Gewinn handelt.[128] Aufgrund *des Objektsteuercharakters der GewSt* kann nur das Ergebnis der Ertragskraft des werbenden Betriebs und folglich *nur das laufende Ergebnis* gewerbesteuerlich Berücksichtigung finden. Der Objektsteuercharakter entfaltet jedoch nach Auffassung des BFH nur dann eine Wirkung, wenn dem nicht ausdrückliche gesetzliche Regelungen entgegenstehen.[129] Der BFH hat nunmehr die Frage der Gewerbesteuerschuldnerschaft der PersG für zweifelsfrei befunden und auch unter Berücksichtigung des § 7 S. 2 GewStG keine verfassungsrechtlichen Bedenken wegen eines Verstoßes gegen das Veranlassungsprinzip und die Trennungstheorie gesehen.[130]

---

124 BFH vom 15. 06. 2004, VIII R 7/01, BStBl. II 2004, 754.

125 Tz. 18.09 und 24.17 UmwStE 2011; *Bohnhardt* in Haritz/Menner, § 18 Rdn. 155.

126 Vorrangig *Trossen* in Rödder/Herlinghaus/van Lishaut, § 18 Rdn. 69 ff., der sich wesentlich auf die unbegründete Auffassung von *Pung* in Dötsch/Pung/Möhlenbrock, § 18 Rdn. 72 bezieht; *Widmann* in Widmann/Mayer, § 18 Rdn. 238; weitere Fundstellen zu den Literaturmeinungen siehe *Günkel/Levedag*, FR 2004, 261 (262; Fn. 12 und 13), die allerdings selbst nicht diese Auffassung teilen. Die von *Kühnen*, EFG 2008, 61 aufgeworfene Frage der Verlagerung der Steuerschuld wird mit Hinweis auf die Spezialität des § 18 Abs. 3 UmwStG nicht weiter diskutiert; ohne jede Begründung auch FG Münster vom 20. 12. 2011, 1 K 3146/08 G.

127 Vgl. *Füger/Rieger*, DStR 2002, 933 (935); zuletzt BFH vom 26. 04. 2001, IV R 75/99, BFH/NV 2001, 1195 m.w.N.

128 Vgl. u. a. BFH vom 28. 02. 1990, I R 92/86, BStBl. II 1990, 699 und BFH vom 25. 05. 1962, I R 78/61 S, BStBl. III 1962, 438.

129 BFH vom 15. 06. 2004, VIII R 7/01, BStBl. II 2004, 754.

130 BFH vom 28. 02. 2013, IV R 33/09, GmbHR 2013, 774 – die Verfassungsbeschwerde 2 BvR 1444/13 ist unverändert anhängig.

52 Die Rechtsprechung des BFH unterliegt erheblichen Zweifeln. Dem Gesetzgeber steht es grds. frei, auch das *personelle Element* in die Gewerbesteuer einzubeziehen. Um eine solche, das persönliche Element des Gewerbesteuerrechts betreffende Vorschrift handelt es sich gem. BFH-Urteil vom 15.06. 2004[131] z.B. bei § 16 Abs. 2 S. 3 EStG (i.V.m. § 7 GewStG), demzufolge der Gewinn aus der Veräußerung eines Mitunternehmeranteils bei Personenidentität als laufender Gewinn gilt.[132] Auch § 7 S. 2 GewStG enthält die *Fiktion* eines laufenden Gewinns („Zum Gewerbeertrag gehört auch der Gewinn aus der Veräußerung oder Aufgabe … "), so dass die Frage der Steuerschuldnerschaft diesbezüglich – zugunsten der PersG – gesetzlich geregelt ist.[133]

53 Die vom BFH ausdrücklich geforderte *Rechtsgrundlage für eine Durchbrechung des Objektsteuersystems*[134] ist hingegen *nicht in § 18 Abs. 3 S. 2 i.V.m. S. 1 enthalten.* Da diese Vorschrift lediglich die sachliche Steuerpflicht regelt („… unterliegt ein Aufgabe- oder Veräußerungsgewinn der Gewerbesteuer, … "), hingegen keine Aussage zur persönlichen Steuerpflicht enthält, muss man zu dem Ergebnis gelangen, dass die Regelung nicht anwendbar ist. Gewinne aus der Veräußerung eines Mitunternehmeranteils i.S.d. § 18 Abs. 3 S. 2 werden nicht kraft Gesetzes in einen laufenden Gewinn umqualifiziert und somit liegt keine Verursachung durch die Tätigkeit der Gesellschaft vor. Damit ist die Grundvoraussetzung des Objektsteuercharakters der GewSt nicht erfüllt. Allein aus dem Haftungsgedanken des § 5 Abs. 1 S. 3 GewStG kann eine weitreichende Anpassung nicht gerechtfertigt werden.[135] Mit einer solchen Auslegung ist nicht notwendigerweise verbunden, dass die Missbrauchsregelung des § 18 ins Leere läuft, vielmehr wäre die Folge, dass stattdessen die allgemeine Vorschrift des *§ 5 Abs. 1 S. 1 GewStG* zur Regelung der Steuerschuldnerschaft anzuwenden ist. Danach ist der Unternehmer, d.h. der veräußernde Mitunternehmer, Schuldner der GewSt auf den Veräußerungsgewinn. *Günkel/Levedag*[136] schlagen insofern vor, den anteiligen Gewerbesteuer-Messbetrag, der auf den Veräußerungsgewinn entfällt, im Rahmen eines gesonderten Gewerbesteuer-Messbescheids für den Veräußerer auszuweisen.

53a Wenn nach der Umwandlung auf eine PersG diese nur Einkünfte aus selbständiger Arbeit oder aus Land- und Forstwirtschaft hat,[137] kann die PersG nicht Gewerbesteuerschuldner sein, da § 5 Abs. 1 S. 3 GewStG einen Gewerbebetrieb voraussetzt; hier bleibt es bei der Grundregelung des § 5 Abs. 1 S. 1 GewStG.[138]

---

131 VIII R 7/01, BStBl. II 2004, 754.
132 Vgl. auch *Neumayer/Bader*, EStB 2005, 386 (388). Entsprechendes gilt für § 24 Abs. 3 S. 3.
133 A.A. *Günkel/Levedag*, FR 2004, 261 (266).
134 Vgl. u.a. BFH vom 15.06.2004, VIII R 7/01, BStBl. II 2004, 754 sowie – zu § 10a GewStG – BFH vom 03.05.1993, GrS 3/92, BStBl. II 1993, 616.
135 So auch *Günkel/Levedag*, FR 2004, 261 (266).
136 FR 2004, 261(266).
137 BFH vom 28.02.2013, IV R 33/09, BFH/NV 2013, 1122.
138 *Förster*, BB 2016, 789.

V. Verfassungsrechtliche Einschränkungen des Anwendungsbereiches

1. Verfassungsrechtliche Bedenken

Die Verfassungsmäßigkeit des § 18 Abs. 3 lässt sich in vielerlei Hinsicht anzweifeln. Grds. ist kritisch zu beurteilen, dass die Vorschrift als allgemeine Missbrauchsvermeidungsvorschrift – anders als die Regelung in § 25 Abs. 2 S. 1 UmwStG 1977 – *ohne Berücksichtigung der Gründe* für den Umwandlungsvorgang anzuwenden ist. Da ein Missbrauchstatbestand eine steuerliche Gestaltung zum Zwecke der Steuerersparnis voraussetzt, lässt sich eine aus Vereinfachungsgründen *pauschalierte Strafbesteuerung kaum rechtfertigen.*[139] Der BFH hat zu § 42 AO entschieden, dass die Rechtsfolgen eines Gestaltungsmissbrauchs nur bei demjenigen Steuerpflichtigen gezogen werden können, der aus der Gestaltung einen steuerlichen Vorteil erlangt hat.[140] Der Versuch einer verfassungskonformen Einschränkung des Anwendungsbereiches des § 18 Abs. 3 durch den BFH (Rdn. 55) verdeutlicht die Problematik der gewerbesteuerlichen „catch-all-Klausel".

54

Die vermeintliche Klarstellung des § 18 Abs. 4 S. 2 UmwStG a.F. (jetzt § 18 Abs. 3 S. 2) aufgrund der Auswechselung des Begriffs „Vermögensübergang" gegen den Begriff „Umwandlung" durch das StEntlG 1999/2000/2002 wurde erheblich kritisiert;[141] dennoch hat der BFH die Auswechslung der Begriffe verfassungsrechtlich nicht beanstandet.[142]

§ 18 Abs. 3 ist nicht geeignet, die im Rahmen der Nutzung gesetzlicher Systembrüche auftretenden Missbrauchsfälle vollständig zu erfassen. Eine Veräußerung des Mitunternehmeranteils, der durch steuerneutrale Einbringung eines (Teil-)Betriebs oder Mitunternehmeranteils im Wege der Ausgliederung nach § 24 UmwStG erworben wurde, ist z.B. nicht erfasst (erst durch § 7 S. 2 GewStG).[143] Auch die Nutzung doppelstöckiger Strukturen schließt die Anwendung des § 18 Abs. 3 aus[144], da es an einer § 15 Abs. 1 Nr. 2 S. 2 EStG entsprechenden Regelung fehlt.[145]

Wernsmann/Desens[146] sehen zumindest in der Neuregelung des § 18 Abs. 3 S. 1 durch das JStG 2008 (vgl. Rdn. 49), durch die für die stillen Reserven des übernehmenden Rechtsträgers ebenfalls die Gewerbesteuerfreiheit versagt wird, einen *Verstoß gegen den verfassungsrechtlichen Gleichheitssatz* nach Art. 3 Abs. 1 GG. Die Vorschrift diskreditiert Fälle als Missbrauch, ohne die Beziehung zu einem missbrauchsanfälligen Tatbestand herzustel-

---

139 Vgl. *Roser*, FR 2005, 178 (183).
140 BFH vom 19.08.1999, I R 77/96, BStBl. I 2001, 43.
141 Statt aller *Rose*, FR 2005, 1.
142 Ständige Rechtsprechung seit BFH vom 11.12.2001, VIII R 23/01, BStBl. II 2004, 474.
143 Vgl. *Patt*, FR 2000, 1115 (1117); zustimmend *Trossen* in Rödder/Herlinghaus/van Lishaut, § 18 Rdn. 44; *Pung* in Dötsch/Pung/Möhlenbrock, § 18 Rdn. 33.
144 OFD Koblenz vom 27.12.2004, G 1421 A, HaufeIndex 1308015 = DB 2005, 78, unter Abschn. 2
145 *Widmann* in Widmann/Mayer, § 18 Rdn. 180.
146 DStR 2008, 221; zustimmend *Schmitt* in Schmitt/Hörtnagl/Stratz, § 18 Rdn. 37.

len. Mit Praktikabilitätsgründen lässt sich die Erweiterung des Anwendungsbereiches nicht rechtfertigen.[147]

Durch den Vorlagebeschluss des FG Hamburg vom 04. 04. 2011[148] wird die Frage Bedeutung gewinnen, ob zumindest die Neufassung des § 18 Abs. 3 S. 1 auch vor dem *Folgerichtigkeitsgebot* und der „teloslosen und mechanischen Besteuerungsfolgen" verfassungsrechtlich gewürdigt werden muss.[149] Die Besteuerung bloßer Reflexwirkungen von Gesellschaftermaßnahmen erscheint verfassungsrechtlich höchst bedenklich.

Dem erweiterten Zugriff auf das Besteuerungssubstrat der PersG ohne Differenzierung der gewerbesteuerlichen Verhaftung der stillen Reserven steht schließlich auch das Gebot der *Schonung der Wertzuwächse aus gewerbesteuerfreien Zeit* entgegen.[150]

2. Teleologische Reduktionen

55 Die Technik der teleologischen Reduktion wählt die Rechtsprechung und die Literatur, um die ansonsten verfassungsrechtlich bedenklichen Besteuerungsfolgen des § 18 Abs. 3 zu vermeiden. § 18 Abs. 3 darf zu *keiner vom Missbrauchsgedanken unabhängige Erweiterung der Gewerbesteuerpflicht* führen.[151] Grundgedanke der Regelung ist nun einmal die Fiktion der gewerbesteuerlichen Verstrickung des Vermögens der umgewandelten KapG.[152] Die inzwischen erkennbare wahrhafte Rallye an teleologischen Einschränkungen verdeutlicht die überschießende Wirkung des § 18 Abs. 3.

Besonders bemerkenswert ist das Urteil des FG Münster vom 20. 12. 2011[153], das wegen der Besteuerung eines Vorgangs in der Gesellschafterebene auf der Gesellschaftsebene eine „freundliche Auslegung der Vorschrift" und eine „restriktive Handhabung" für erforderlich hält.

Die Rechtsprechung hat zunächst nur einige Fälle angesprochen:

– Ausschluss des Teils des Veräußerungsgewinns, der auf stillen Reserven entfällt, die *bei dem übernehmenden Rechtsträger bereits vorhanden* waren;[154]

---

147 BFH vom 16. 11. 2005, X R 6/04, BStBl. II 2008, 62; anders offenbar *Trossen* in Rödder/Herlinghaus/van Lishaut, § 18 Rdn. 44, der darin die Möglichkeit sieht, die „ggf. schwerwiegende Unterscheidung" zu vermeiden.
148 2 K 33/10, GmbHR 2011, 711 mit Komm. *Roser*.
149 Vgl. dazu *Englisch* in FS Lang, 167.
150 Vgl. *Roser*, FR 2011, 1126; hinzuweisen ist auf das anhängige BVerfG-Verfahren zu § 7 S. 2 GewStG (1 BvR 1236/11).
151 BFH vom 16. 11. 2005, X R 6/04, BStBl. II 2008, 62.
152 BFH vom 26. 06. 2007, IV R 58/06, BFH/NV 2007, 2024; BFH vom 26. 03. 2015, IV R 3/12, GmbHR 2015, 833; Widmann in Widmann/Mayer, § 18 UmwStG (StSenkG/UntStFG) Rdn. 3.
153 1 K 3146/09 G.
154 BFH vom 16. 11. 2005, X R 6/04, BStBl. II 2008, 62; bestätigt durch BFH vom 20. 11. 2006, VIII R 47/05, BStBl. II 2008, 69 = GmbHR 2006, 382 mit Komm. *Roser*; *Roser*, FR 2005, 178; auch OFD Münster vom 28. 03. 2008, 001/2008, BB 2008, 824.

- Ausschluss des Teils des Veräußerungsgewinns, der auf stillen Reserven entfällt, die durch Einbringung von *Sonderbetriebsvermögen* entstanden sind;[155]
- Ausschluss laufender Gewinne aus der Veräußerung von *Umlaufvermögen*;[156]
- Ausschluss des Teils des Veräußerungsgewinns, der auf stillen Reserven entfällt, die sich auf im Betriebsvermögen befindliche *Mitunternehmeranteile* beziehen;[157]
- Kaufpreiskomponenten, die ihren wirtschaftlichen Grund in dem *Bestehen der PersG selbst* haben, sind zu eliminieren;[158]
- die zeitliche Abfolge des Gesetzes „nach der Umwandlung" muss eingehalten werden.[159]

In der Literatur werden weitere notwendige Einschränkungen erörtert:

- Begrenzung der erfassten stillen Reserven auf die *zum Umwandlungsstichtag maßgeblichen Verhältnisse*; diese Auffassung hat der BFH ausdrücklich widersprochen.[160]
- Ausschluss des Teils des Gewinns, der aus der Veräußerung oder Aufgabe von *ausländischem Betriebsstättenvermögen* einer inländischen PersG resultiert, da der Gewinn ohnehin über § 2 GewStG bzw. Art. 13 Abs. 2 i. V. m. Art. 7 OECD-MA 2005 von der GewSt befreit wäre bzw. § 9 Nr. 3 GewStG zur Anwendung käme.[161]
- Ausschluss des Teils des Gewinns, der auf die Veräußerung oder Aufgabe von *einbringungsgeborenen Anteilen* nach § 21 UmwStG a.F. basiert.[162]
- Ausschluss des Teils des nach § 8b Abs. 6 KStG bzw. § 3 Nr. 40 EStG befreiten Gewinns, der auf die Veräußerung oder Aufgabe von übergegangenen *Anteilen an KapG* entfallen.[163]

---

155 BFH vom 20. 11. 2006, VIII R 45/05, BFH/NV 2007, 793.
156 BFH vom 24. 09. 2015, IV R 30/13, FR 2016, 169, da es bereits an der notwendigen gesetzlichen Regelung einer besonderen Gewerbesteuerpflicht fehlt; auf den bilanziellen Ausweis kommt es insoweit nicht an (auch *Wendt*, FR 2016, 172); zustimmend *Förster*, BB 2016, 789.
157 BFH vom 11. 12. 2001, VIII R 23/01, BStBl. II 2004, 474.
158 Vgl. die Hinweise von BVerfG vom 06. 11. 2008, 1 BvR 2360/07, unter Abschn. IV.2.b)bb).
159 Hessisches FG vom 24. 03. 2009, 8 K 399/02, EFG 2009, 1885 (Rev. IV R 24/09).
160 BFH vom 11. 12. 2001, VIII R 23/01, BStBl. II 2004, 474 m.w.N.
161 Vgl. *Widmann* in Widmann/Mayer, § 18 Rdn. 159; *Roser* in Lenski/Steinberg, § 7 GewStG Rdn. 250; *Pung* in Dötsch/Pung/Möhlenbrock, § 18 Rdn. 57, die darauf hinweist, dass das Vermögen zum Zeitpunkt der Veräußerung oder Aufgabe noch zu dem ausländischen Betriebsstättenvermögen gehören müsse; so auch *Schmitt* in Schmitt/Hörtnagl/Stratz, § 18 Rdn. 38; *Neu/Hamacher*, GmbHR 2012, 280; *Förster*, BB 2016, 789.
162 *Roser* in Lenski/Steinberg, § 7 GewStG Rdn. 251.
163 *Pung* in Dötsch/Pung/Möhlenbrock, § 18 Rdn. 60; *Rödder*, DStR 2002, 939 (943); a.A. *Widmann* in Widmann/Mayer, § 18 (StSenkG/UntStFG) Rdn. 3, der § 7 S. 4 GewStG nicht hinreichend beachtet; ablehnend noch BMF vom 28. 04. 2003, IV A 2 – S 2750a – 7/03, BStBl. I 2003, 292, Tz. 57.

- Ausschluss der Erfassung der stillen Reserven, die auf einen *nicht gewerbesteuerpflichtigen Rechtsträger* übergehen (z.B. Umwandlung einer Freiberufler-GmbH in eine Freiberufler-GbR), da die Vorschrift einen eigenen Gewerbesteuer-Tatbestand begründet.[164] Sie kann allerdings entgegen dem Wortlaut nicht zum Tragen, wenn die Übernehmerin kein Betriebsvermögen, sondern Privatvermögen besitzt und insofern die übertragende KapG zum Ansatz der Wirtschaftsgüter mit dem gemeinen Wert in ihrer Schlussbilanz verpflichtet ist.[165]

- Fraglich ist, ob die Gewerbesteuer-Pflicht i.S.d. § 18 Abs. 3 auch dann zum Tragen kommt, wenn der übernommene (Teil-)Betrieb bei der umgewandelten KapG *von der Gewerbesteuer befreit* war, da die Gesellschaft *gemeinnützige oder mildtätige Zwecke* gem. § 3 Nr. 6 oder Nr. 20 GewStG verfolgt hat. Eine Besteuerung erscheint in diesem Fall nicht angemessen; etwas anderes mag in den Fällen der nur partiellen Gewerbesteuer-Befreiung gelten (§ 3 Nr. 13 GewStG).[166]

- Soweit die *Umwandlung zum gemeinen Wert* (früher: zu Teilwerten) erfolgt, kann es zu keinem Missbrauch kommen, da die stillen Reserven bereits erfasst und besteuert wurden.[167] Es ist nicht zu rechtfertigen, dass § 18 Abs. 3 noch zur Anwendung kommt, wenn alle stillen Reserven bereits aufgedeckt wurden.[168] Die Finanzverwaltung rechtfertigt die Anwendung des § 18 Abs. 3 zu Unrecht mit einem antiquierten Verständnis des § 3 (ohne Berücksichtigung der Rechtsprechungsentwicklung zu den umwandlungsrechtlichen Wahlrechten[169]).[170] Durch § 18 Abs. 3 i.d.F. des JStG 2008 könnte eine Erweiterung des Anwendungsbereiches veranlasst worden sein, da nun auch stille – und damit zwangsläufig nicht aufgedeckte – Reserven des übernehmenden Rechtsträgers eingebunden werden. Nicht nur aus diesem Grund steht diese Erweiterung des Anwendungsbereiches des § 18 Abs. 3 unter einem erheblichen verfassungsrechtlichen Vorbehalt.

- Soweit gar *keine stillen Reserven* vorhanden sind und damit zwangsläufig keine „Verhaftung stiller Reserven" angenommen werden kann, führt § 18 Abs. 3 stets zu einer „Infektion", die kaum zu begründen ist.[171]

---

164 Vgl. Tz. 18.11 UmwStE 2011; offen bei BFH vom 11.12.2001, VIII R 23/01, BStBl. II 2004, 474.

165 So auch *Trossen* in Rödder/Herlinghaus/van Lishaut, § 18 Rdn. 41.

166 Für eine Gewerbesteuerpflicht: *Widmann* in Widmann/Mayer, § 18 Rdn. 161; *Pung* in Dötsch/Pung/Möhlenbrock, § 18 Rdn. 58; gegen eine Gewerbesteuerpflicht: *Trossen* in Rödder/Herlinghaus/van Lishaut, § 18 Rdn. 43; *Neu/Hamacher*, GmbHR 2012, 280.

167 *Trossen* in Rödder/Herlinghaus/van Lishaut, § 18 Rdn. 41; *Roser*, EStB 2003, 71; *Bonhardt* in Haritz/Menner, § 18 Rdn. 179; a.A. *Widmann* in Widmann/Mayer, § 18 Rdn. 226; *Wacker*, DStZ 2002, 457.

168 Vgl. auch IDW vom 22.06.2011, zu Tz. 18.05 UmwStE-Entwurf; *Förster*, BB 2016, 789.

169 BFH vom 10.07.2002, I R 79/01, BStBl. II 2002, 784.

170 Obgleich das BMF in Tz. 03.05 UmwStE 2011 auch einen originären Geschäfts- oder Firmenwert ansetzt, wird in 18.07 sowohl die Anwendung als auch die Fortgeltung des § 18 Abs. 3 angenommen; *Neu/Hamacher*, GmbHR 2012, 280; *Förster*, BB 2016, 789.

171 Vgl. *Weiss*, EStB 2016, 20, 21; *Neu/Hamacher*, GmbHR 2012, 280.

– Veräußerungsgewinne aus Sonderbetriebsvermögen, das erst nach der Umwandlung angeschafft wurde.[172]
– Neu eintretende Mitunternehmer können nicht von § 18 Abs. 3 erfasst sein, es sei denn, dieser den Mitunternehmeranteil nicht unentgeltlich erworben hat.[173]
– Gespaltene Vorgänge (Veräußerung/Aufgabe der Beteiligung und Überführung des SonderBV in ein anderes Betriebsvermögen nach § 6 Abs. 5 EStG), der nicht von § 16 EStG begünstigt ist.[174]

Auch in den Fällen des gesetzlichen Ausschlusses des § 35 EStG tendiert die Rechtsprechung zu einer teleologischen Reduktion der überzogenen Gesetzesregelung.[175]

3. Rückwirkungsverbot

Die *rückwirkende Anwendung der durch das UntStFG[176] eingeführten Ausschluss des § 35 EStG in § 18 Abs. 3 S. 3* auf Veräußerungsvorgänge im Veranlagungszeitraum 2001 wurde vom BFH verfassungsrechtlich nicht beanstandet (siehe dazu § 18 Rdn. 83).[177]   56

4. Unzureichende Tatbestandsmäßigkeit

Die Anwendung des § 18 Abs. 3 setzt nach dem Wortlaut nur voraus, dass   57
ein Aufgabe- oder Veräußerungsgewinn entsteht, nachdem eine PersG von einer Umwandlung betroffen war. Es wird weder spezifiziert, welche Anforderungen an die PersG zu stellen sind (in- oder ausländisch, Maßgeblichkeit eines Typenvergleichs), noch wird deutlich, welchen Einfluss die Umwandlung auf die betroffene PersG haben muss. Der typisierte Anwendungsfall ist sicherlich der Formwechsel einer KapG in eine PersG. Möglich ist jedoch auch eine grenzüberschreitende Restrukturierung auf der Grundlage des UmwStG, in die eine *ausländische PersG* eingebunden ist. Die territoriale Ausweitung der Gewerbesteuer wäre die Folge der konsequenten Umsetzung des Gesetzesbefehls.

Zu beachten ist auch, dass der veräußernde Gesellschafter nach dem Wortlaut *nicht* einmal *an dem Umwandlungsvorgang beteiligt* gewesen sein muss.[178]

---

172 Vgl. *Neu/Hamacher*, GmbHR 2012, 280.
173 Vgl. *Förster*, BB 2016, 789; *Neu/Hamacher*, GmbHR 2012, 280, 288 f.
174 Vgl. *Neu/Hamacher*, GmbHR 2012, 280; a.A. *Pung* in Dötsch/Pung/Möhlenbrock, § 18 Rdn. 70; aus den Erwägungen des BFH vom 24.09.2015, IV R 30/13, FR 2016, 169 könnte man ableiten, dass des der Anwendung des § 18 Abs. 3 UmwStG gar nicht bedarf.
175 BFH vom 28.05.2015, IV R 27/12, BStBl. II 2015, 837 für die Organschaft; BFH vom 24.09.2015, IV R 30/13, FR 2016, 169 für die Veräußerung von Umlaufvermögen.
176 Gesetz vom 20.12.2001, BGBl. I 2001, 3858.
177 BFH vom 15.04.2010, IV R 5/08, BStBl. II 2010, 912 mit Komm. *Wendt*, FR 2011, 38; Vorinstanz FG Hessen vom 19.12.2007, 2 K 1375/05, EFG 2008, 821.
178 So *Pung* in Dötsch/Pung/Möhlenbrock, § 18 Rdn. 65; *Widmann* in Widmann/Mayer, § 18 Rdn. 184.

VI. Aufgabe- und Veräußerungstatbestände innerhalb von fünf Jahren nach der Umwandlung (§ 18 Abs. 3 S. 1 und 2)

1. Umwandlung bzw. Formwechsel

57a Das Gesetz geht in § 18 Abs. 3 von einer Koinzidenz zweier Tatbestände aus:

– Vorliegen einer „Umwandlung"
– Disposition über den Betrieb, Teilbetrieb oder Anteil an „der Personengesellschaft"
– Zeitliche Reihenfolge durch „nach"

Nur aus dem Gesamtzusammenhang der Vorschrift kann man erkennen, dass die Personengesellschaft durch Umwandlung entstanden sein muss. Der Begriff der „Personengesellschaft" wird nicht näher qualifiziert, so dass auch eine ausländische Kapitalgesellschaft erfasst wird, die über eine im Inland belegene Betriebsstätte verfügt und in eine Personengesellschaft ausländischen Rechts umgewandelt wird.[179]

2. Aufgabe oder Veräußerung des Betriebs (§ 18 Abs. 3 S. 1)

a) Begriff der Betriebsveräußerung

58 Der Begriff der Betriebsveräußerung i.S.d. § 18 Abs. 3 S. 1 bestimmt sich nach den allgemeinen (einkommensteuerrechtlichen) Grundsätzen.[180] Eine Betriebsveräußerung (im Ganzen) liegt danach vor, wenn ein Betrieb mit seinen wesentlichen Grundlagen und unter Aufrechterhaltung des geschäftlichen Organismus auf einen Erwerber übergeht.[181] Auf den *Beweggrund* der Betriebsveräußerung (Notfall, Zwangslage) kommt es nicht an.[182] Voraussetzung für die Anwendung des § 18 Abs. 3 S. 1 ist die entgeltliche Übertragung sämtlicher wesentlicher Betriebsgrundlagen. Dabei ist der Begriff der *wesentlichen Betriebsgrundlage* i.S.d. § 16 EStG nicht nur funktional, sondern *auch quantitativ* zu verstehen.[183]

59 Im Falle einer *unentgeltlichen Übertragung des im Wege der Umwandlung übergegangenen Betriebs* liegt keine Veräußerung i.S.d. § 18 Abs. 3 S. 1 vor, da nach § 6 Abs. 3 EStG keine Realisierung von stillen Reserven erfolgt. Jedoch ist gem. UmwStE 2011 der Rechtsnachfolger für den Rest der Fünf-Jahres-Frist an die Vorschrift des § 18 Abs. 3 gebunden.[184] Dies entspricht auch der Auffassung des BFH zum Fall der unentgeltlichen Übertragung ei-

---

179 So *Weiss*, EStB 2016, 20, 25.
180 Vgl. Tz. 18.04 UmwStE 2011.
181 BFH vom 13.01.1966, IV 76/63, BStBl. III 1966, 168 sowie R 139 Abs. 1 S. 1 EStR 2005.
182 *Widmann* in Widmann/Mayer, § 18 Rdn. 187; *Trossen* in Rödder/Herlinghaus/van Lishaut, § 18 Rdn. 45.
183 Etwas anderes gilt für §§ 15 und 20, für deren Anwendung nur die funktionale Betrachtungsweise entscheidend ist, siehe auch *Pung* in Dötsch/Pung/Möhlenbrock, § 18 Rdn. 35.
184 Vgl. Tz. 18.08 UmwStE 2011.

nes Mitunternehmeranteils aufgrund eines Erbfalls.[185] Über die Frage der *teilentgeltlichen Veräußerung* musste in dem Urteilsfall nicht entschieden werden. *Wacker*[186] weist für diesen Fall darauf hin, dass der teilentgeltliche Rechtsnachfolger trotz der teilweisen GewSt-Belastung der aufgedeckten stillen Reserven im Rahmen des § 18 Abs. 3 wohl weiterhin für den Rest des Fünf-Jahres-Zeitraums den Sanktionen des § 18 Abs. 3 unterliegt.

Eine Veräußerung des übertragenen Betriebs liegt auch im Falle der *Ein-* **60** *bringung nach § 20 UmwStG* zu Buchwerten, Zwischenwerten oder zum gemeinen *Wert in eine KapG oder Genossenschaft* vor.[187] Der BFH hat in seinem Urteil vom 11. 12. 2001 offen gelassen, ob bei einer Einbringung zu Buch- oder Zwischenwerten die aufnehmende KapG oder Genossenschaft bezüglich § 18 Abs. 3 in die Rechtsstellung des Rechtsvorgängers eintritt.[188] Dies erscheint jedoch insofern unnötig, als die Veräußerung eines (Teil-)Betriebs bei der KapG ohnehin nach § 7 GewStG gewerbesteuerpflichtig ist. Gleiches gilt für einen *Formwechsel nach § 25*.[189] Im Falle einer *Einbringung* des übergegangenen Betriebs *in eine PersG nach § 24* liegt nach Auffassung der Finanzverwaltung kein Veräußerungsvorgang vor, da das betriebliche Engagement nicht beendet, sondern fortgesetzt wird.[190] Allerdings tritt die übernehmende PersG bei einer Einbringung *zu Buch- oder Zwischenwerten* in die Rechtsstellung der übertragenden Gesellschaft ein und ist für den Rest der Fünf-Jahres-Frist des § 18 Abs. 3 zu unterwerfen. Die Fortgeltung der fünfjährigen Steuerverhaftung erscheint insofern gerechtfertigt, als – ähnlich dem Fall der teilentgeltlichen Veräußerung – bei der Einbringung zu Buch- oder Zwischenwerten nicht alle stillen Reserven aufgedeckt worden sind.[191] Der Übertragungsgewinn wird ungeachtet der Rechtsnachfolge von § 18 Abs. 3 erfasst. Unverständlich ist, dass die Finanzverwaltung im Falle einer Gesamtrechtsnachfolge auch bei einer Einbringung zum gemeinen Wert die Fortführung der Fünf-Jahres.Frist annimmt.[192] Hinsichtlich der Frage der Verlängerung der Sperrfrist von fünf Jahren aufgrund § 22 Abs. 1 vgl. Rdn. 178 ff.

Bei Folgeumwandlungen ist höchste Vorsicht geboten, da die Wirkungen **61** des § 18 Abs. 3 von der Gesamtrechtsnachfolge und der Fortführung der Buchwerte abhängen.[193] Bei einer Einbringung nach § 24 *zum gemeinen Wert* ist nach Auffassung der Finanzverwaltung nur insoweit § 18 Abs. 3 anzuwenden, als der Einbringende nicht an der Übernehmerin beteiligt ist.[194]

---

185 BFH vom 11. 12. 2001, VIII R 23/01, BStBl. II 2004, 474.
186 DStZ 2002, 457 (458).
187 Vgl. Tz. 18.05 UmwStE 2011.
188 Zu Recht kritisch *Widmann* in Widmann/Mayer, § 18 Rdn. 194.2 ff., da der Eintritt in die Rechtsstellung den Übernehmer und nicht den Übertrager betrifft.
189 Siehe auch *Widmann* in Widmann/Mayer, § 18 Rdn. 200.
190 Vgl. Tz. 18.09 UmwStE 2011. A.A. *Trossen* in Rödder/Herlinghaus/van Lishaut, § 18 Rdn. 48.
191 Vgl. BFH vom 28. 04. 2016, IV R 6/13, BStBl. II 2016, 725; so auch *Pung* in Dötsch/Pung/Möhlenbrock, § 18 Rdn. 88.
192 Vgl. Tz. 18.07 S. 3 UmwStE 2011; zu Recht kritisch *Trossen* in Rödder/Herlinghaus/van Lishaut, § 18 Rdn. 68a; *Förster*, BB 2016, 789.
193 So *Weiss*, EStB 2016, 20, 22.
194 Vgl. Tz. 18.09 UmwStE 2011.

Im Übrigen entsteht ein nach § 24 Abs. 3 S. 3 i.V.m. § 16 Abs. 3 S. 2 EStG gewerbesteuerpflichtiger laufender Gewinn.[195]

62 Eine *Überführung von Wirtschaftsgütern nach § 6 Abs. 5 S. 1 und 2 EStG* gilt *nicht* als Betriebsveräußerung im Sinne dieser Vorschrift.[196] Im Fall des rückwirkenden Teilwertansatzes nach § 6 Abs. 5 S. 3 ff. EStG kann es nach Auffassung von *Trossen*[197] zur Anwendung des § 18 Abs. 3 UmwStG kommen. Dies erscheint insofern zweifelhaft, als die Regelung nur die Übertragung von Einzelwirtschaftsgütern, nicht hingegen eines ganzen Betriebs betrifft.

b) Begriff der Betriebsaufgabe

63 Eine Betriebsaufgabe i.S.v. § 18 Abs. 3 liegt entsprechend der einkommensteuerrechtlichen Begriffsdefinition dann vor, wenn auf Grund des Entschlusses des Steuerpflichtigen den Betrieb aufzugeben, die bisherige gewerbliche Tätigkeit *endgültig eingestellt* wird und alle wesentlichen Betriebsausgaben in einem einheitlichen Vorgang entweder in das Privatvermögen überführt bzw. anderen betriebsfremden Zwecken zugeführt und/oder einzeln an verschiedene Erwerber veräußert werden.[198] Sofern nach Ablauf der Fünf-Jahres-Frist *noch wesentliche Betriebsgrundlagen vorhanden sind, ist keine Betriebsaufgabe* gegeben.[199]

Nach § 16 Abs. 3a EStG steht der Ausschluss oder die Beschränkung des deutschen Besteuerungsrechtes hinsichtlich des Gewinns aus der Veräußerung sämtlicher Wirtschaftsgüter des (Teil-)Betriebs einer Betriebsaufgabe gleich. Eine Stundungsregelung analog § 36 Abs. 5 EStG ist – EU-rechtlich bedenklich – nicht vorgesehen.

64 Die *Entnahme einzelner Wirtschaftsgüter* ist für § 18 Abs. 3 unbeachtlich, wenn die Kriterien einer Betriebsaufgabe nicht zur Anwendung kommen.[200] Nach dem Wortlaut der OFD-Verfügung vom 07.09.2000 käme es damit bei einer *„Totalentnahme"* im Fünf-Jahres-Zeitraum nicht auf die weiteren Kriterien der Betriebsaufgabe i.S.d. Ertragsteuerrechts an. Diese Auslegung wäre m. E. zu weit gefasst, da die in § 18 Abs. 3 genannte Betriebsaufgabe als Sonderform der Totalentnahme[201] zu verstehen ist und insofern neben dem Tatbestand der Entnahme des gesamten Vermögens auch der Entschluss des Steuerpflichtigen zur Betriebseinstellung sowie ein einheitlicher wirtschaftlicher Vorgang (d.h. Entnahme innerhalb eines kurzen Zeitraums) vorliegen muss. Sofern allerdings sukzessive innerhalb der Frist des § 18

---

195 So auch BFH vom 15.06.2004, VIII R 7/01, BStBl. II 2004, 754.
196 Vgl. BMF vom 08.12.2011, IV C 6 – S 2241/10/10002, *Widmann* in Widmann/ Mayer, § 18 Rdn. 183.
197 In Rödder/Herlinghaus/van Lishaut, § 18 Rdn. 49.
198 Vgl. im Einzelnen *Wacker* in L. Schmidt, § 16 EStG Rdn. 173.
199 Vgl. *Schnitter* in Frotscher/Drüen, § 18 Rdn. 94.
200 *Trossen* in Rödder/Herlinghaus/van Lishaut, § 18 Rdn. 51; *Pung* in Dötsch/Pung/ Möhlenbrock, § 18 Rdn. 43; unklar OFD Frankfurt vom 07.09.2000, S 1978 A – 6 St II 21, FR 2000, 1370, die offenbar eine fiktive Aufgabe annehmen möchte.
201 Vgl. BFH vom 13.12.1983, VIII R 90/81, BStBl. II 1984, 474 sowie *Wacker* in L. Schmidt, § 16 EStG Rdn. 172.

Abs. 3 Wirtschaftsgüter aus dem Betriebsvermögen entnommen werden mit dem Ziel, nach Ablauf des Zeitraums durch eine *Entnahme des restlichen Vermögens* endgültig den Betrieb aufzugeben, könnte nach Auffassung von *Siebert* zumindest der Tatbestand des § 42 AO (wohl nur in der Form eines Gesamtplans) erfüllt sein.[202]

Die *verdeckte Einlage* des Betriebs *in eine KapG* stellt ebenfalls eine Betriebsaufgabe i.S.d. § 18 Abs. 3 dar.[203]   65

3. Aufgabe oder Veräußerung eines Teilbetriebs oder Anteils an der PersG (§ 18 Abs. 3 S. 2)

a) Begriff des Teilbetriebs

Als Teilbetrieb gilt *entsprechend der ertragsteuerlichen Begriffsdefinition*   66
ein mit einer gewissen Selbständigkeit ausgestatteter organisch geschlossener Teil des Gesamtbetriebs, der für sich allein lebensfähig ist.[204] Der UmwStE 2011, Tz. 18.05, verweist allerdings auf den Teilbetriebsbegriff des Art. 2 Buchst. j) der FusionsRL (Tz. 15.02 f.). Diese Auslegung ist fragwürdig und es ist leider ungeklärt, ob die Übergangsregelung der Tz. S.05 UmwStE 2011 für § 18 Abs. 3 gelten soll. Die *Teilbetriebsfiktion* gem. § 16 Abs. 1 Nr. 1 S. 2 EStG (100 %ige Beteiligung an einer KapG) greift m.E. *nicht* im Rahmen des § 18 Abs. 3.[205]

Im Fall der *Aufgabe oder Veräußerung eines Teilbetriebs, der bereits vor der*   67
Umwandlung im Betrieb der Übernehmerin vorhanden war, kam nach alter Rechtslage (vor Geltung des JStG 2008[206]) die Vorschrift des § 18 Abs. 3 S. 2 nicht zur Anwendung. Nach Auffassung des BFH waren bisher nur diejenigen stillen Reserven zu erfassen, welche auf die im Rahmen der Umwandlung übertragenen Wirtschaftsgüter entfallen, da anderenfalls eine von dem Umwandlungsvorgang losgelöste Erweiterung der Gewerbesteuer-Pflicht begründet würde.[207] Der Gesetzgeber hat daraufhin im Rahmen des JStG 2008[208] ergänzend in § 18 Abs. 3 S. 1 eingefügt, dass ein Aufgabe- oder Veräußerungsgewinn der GewSt unterliegt, „auch soweit er auf das Betriebsvermögen entfällt, das bereits vor der Umwandlung im Betrieb der übernehmenden PersG oder der natürlichen Person vorhanden war". Da nach dem Wortlaut des § 18 Abs. 3 S. 2 die Vorschrift des § 18 Abs. 3 S. 1 entsprechend gilt, werden m.E. nunmehr auch Aufgabe- bzw. Veräußerungsgewinne von § 18 Abs. 3 erfasst, sofern sie einen bereits vor der Umwandlung im Betrieb des übernehmenden Rechtsträgers vorhandenen Teilbetrieb betreffen (zur Verfassungsmäßigkeit des neuen § 18 Abs. 3 S. 1 vgl. § 18 Rdn. 54).[209]

---

202 DStR 2000, 758 (760).
203 Vgl. *Trossen* in Rödder/Herlinghaus/van Lishaut, § 18 Rdn. 53.
204 Vgl. BFH vom 18.10.1999, GrS 2/98, BStBl. II 2000, 123.
205 So auch *Patt*, FR 2000, 1115 (1119).
206 Gesetz vom 20.12.2007, BGBl. I 2007, 3150.
207 Vgl. BFH vom 16.11.2005, X R 6/04, BStBl. II 2008, 62.
208 Gesetz vom 20.12.2007, BGBl. I 2007, 3150.
209 A.A. *Schmitt* in Schmitt/Hörtnagl/Stratz, § 18 Rdn. 45 sowie *Trossen* in Rödder/Herlinghaus/van Lishaut, § 18 Rdn. 62.

b) Begriff des Mitunternehmeranteils

68 Die Veräußerung oder Aufgabe eines *Anteils an der übernehmenden PersG* unterliegt ebenfalls der besonderen GewSt-Pflicht nach § 18 Abs. 3 (zum Verhältnis zu § 7 GewStG vgl. § 18 Rdn. 50). Abs. 3 S. 2 bezieht sich hingegen *nicht auf die Veräußerung von Anteilen durch die übernehmende PersG* an einer anderen Mitunternehmerschaft, sofern der Anteil an der anderen PersG bereits durch den übertragenden Rechtsträger gewerbesteuerfrei hätte veräußert werden können.[210] Sind bei einer *doppelstöckigen PersG* die Anteile an der Untergesellschaft durch eine Umwandlung entstanden, ist § 18 Abs. 3 im Falle der Veräußerung der Anteile an der Obergesellschaft nicht anwendbar.[211] Allerdings könnte es – im Hinblick auf die Gesamtplan-Rechtsprechung des BFH – problematisch sein, wenn die doppelstöckige Struktur erst geschaffen wurde.[212] Nach dem Wortlaut des § 18 Abs. 3 ist der Teil eines Mitunternehmeranteils nicht erfasst; dennoch geht die Finanzverwaltung von der Besteuerung aus.[213]

69 Unter die Vorschrift fällt auch das *Ausscheiden* eines Mitunternehmers *gegen Abfindung* durch die Mitgesellschafter. Die Veräußerung eines *Teils eines Mitunternehmeranteils* wird gem. BFH-Rechtsprechung nicht von § 18 Abs. 3 erfasst, da die Missbrauchsregelung keine Veräußerungsgewinne betrifft, die bereits nach den allgemeinen Grundsätzen des § 7 GewStG (hier: i. V. m. § 16 Abs. 1 S. 2 EStG) als laufende Gewinne zu erfassen sind (siehe hierzu auch § 18 Rdn. 50).

70 Der Mitunternehmeranteil umfasst neben dem Gesamthandsvermögen auch das *Sonderbetriebsvermögen*. Dieses ist seit der Geltung des JStG 2008[214] auch dann der Missbrauchsregelung des § 18 Abs. 3 zu unterwerfen, wenn das Sonderbetriebsvermögen bereits vor der Umwandlung vorhanden war (siehe hierzu § 18 Rdn. 77). § 18 Abs. 3 S. 2 kommt auch zum Tragen, wenn nur das Gesamthandsvermögen veräußert und das Sonderbetriebsvermögen in ein anderes Betriebsvermögen des Veräußerers überführt wird.[215]

4. Sonderfälle

71 *Zebragesellschaft:* Hinsichtlich der vermögensverwaltenden Vermögensteile einer Zebragesellschaft, die auf Ebene der beteiligten KapG umqualifiziert

---

210 Vgl. BFH vom 11. 12. 2001, VIII R 23/01, BStBl. II 2004, 474.
211 Vgl. OFD Koblenz vom 27. 12. 2004, G 1421 A – St 3 – 079/04, DB 2005, 78.
212 Vgl. hierzu auch *Pung* in Dötsch/Pung/Möhlenbrock, § 18 Rdn. 67.
213 Vgl. Tz. 18.06 S. 4 UmwStE 2011; *Bonhardt* in Haritz/Menner § 18 Rdn. 130; *Schnitter* in Frotscher/Drüen § 18 Rdn. 108; ohne Begründung geht der BFH von der Erfassung aus, vgl. BFH vom 30. 08. 2007, IV R 22/06, BFH/NV 2008, 109; hierzu auch *Neu/Hamacher*, GmbHR 2012, 280; *Roser* in Lenski/Steinberg, § 7 GewStG Rdn. 251.
214 Gesetz vom 20. 12. 2007, BGBl. I 2007, 3150.
215 So *Patt*, FR 2000, 1115 (1119) und *Behrens/Schmidt*, BB 2002, 860 (863).

werden, findet § 18 Abs. 3 keine Anwendung[216], da die Gesellschaft selbst keinen Betrieb hat und nicht gewerbesteuerpflichtig ist.[217]

Atypisch stille Beteiligung: Wird eine GmbH, an der eine atypisch stille Be-   72
teiligung besteht, in eine PersG umgewandelt, bleibt die atypisch stille Beteiligung bestehen. Bezüglich des Betriebsvermögens der „GmbH & Atypisch Still" erscheint m. E. eine Steuerverhaftung im Rahmen des § 18 Abs. 3 nicht gerechtfertigt. Zwar ordnet der BFH das Betriebsvermögen grds. der GmbH zu[218], für die Beurteilung im Hinblick auf § 18 Abs. 3 kommt es jedoch auf die schuldrechtliche Zuweisung der stillen Reserven an, mit denen der atypisch stille Gesellschafter wie ein Beteiligter des Betriebsvermögens behandelt wird.

Realteilung: Nach § 16 Abs. 3 S. 2 EStG sind im Falle der Realteilung der   73
übernehmenden PersG grds. zwingend die Buchwerte fortzuführen, sofern die Besteuerung der stillen Reserven sichergestellt ist. Erfolgt die Realteilung innerhalb der Fünf-Jahres-Frist des § 18 Abs. 3, bleiben die übertragenen Wirtschaftsgüter für den Rest des Fünf-Jahres-Zeitraums steuerverhaftet.[219] Bei der Übertragung von Wirtschaftsgütern auf eine Körperschaft kommt die Ausnahmeregelung des § 16 Abs. 3 S. 4 EStG zur Anwendung, so dass die Wirtschaftsgüter mit dem gemeinen Wert anzusetzen sind. In diesem Fall treten die Rechtsfolgen des § 18 Abs. 3 unmittelbar ein. Soweit zum Buchwert übertragener Grund und Boden, übertragene Gebäude oder andere übertragene wesentliche Betriebsgrundlagen innerhalb einer Sperrfrist von drei Jahren veräußert oder entnommen werden, ist nach § 16 Abs. 3 S. 3 EStG rückwirkend der gemeine Wert anzusetzen. Fällt die Rückwirkung in den Fünf-Jahres-Zeitraum, ist § 18 Abs. 3 anzuwenden.

5. Fünf-Jahres-Frist

Ein Veräußerungs- oder Aufgabegewinn wird nur innerhalb einer Frist von   74
fünf Jahren nach der Umwandlung von § 18 Abs. 3 erfasst. Es handelt sich um eine taggenau zu berechnende Frist (Zeitjahre, nicht Wirtschaftsjahre).[220] Fraglich ist, auf welchen Zeitpunkt bezüglich des Umwandlungsvorgangs abzustellen ist. In Betracht kämen sowohl der steuerliche Übertragungsstichtag als auch der Zeitpunkt des zivilrechtlichen Wirksamwerdens der Umwandlung. Zutreffend dürfte nur der *steuerliche Übertragungsstichtag* sein, da zu diesem Zeitpunkt auch für gewerbesteuerliche Zwecke das Vermögen auf den übernehmenden Rechtsträger übergeht.[221] Folglich unterlie-

---

216 Es kann allerdings zur Anwendung des § 7 GewStG beim Gesellschafter kommen, vgl. *Widmann* in Widmann/Mayer, § 18 Rdn. 146; zustimmend offenbar *Weiss,* EStB 2016, 20.

217 Vgl. zu den Einzelheiten der Einkünftefeststellung für eine Zebragesellschaft *Wacker* in L. Schmidt, § 15 EStG Rdn. 202 ff.; *Trossen* in Rödder/Herlinghaus/van Lishaut, § 18 Rdn. 42 und § 8 Rdn. 53 stellt auf den betrieblich beteiligten Gesellschafter ab.

218 BFH vom 16. 12. 2003, VIII R 6/93, BFH/NV 2004, 1080.

219 Vgl. Tz. 18.08 UmwStE 2011.

220 *Pung* in Dötsch/Pung/Möhlenbrock, § 18 Rdn. 44; auch *Birkemeier* in Rödder/Herlinghaus/van Lishaut, § 6 Rdn. 60.

221 So auch *Pung* in *Dötsch/Pung/Möhlenbrock,* § 18 Rdn. 44.

Roser

gen bereits Aufgabe- bzw. Veräußerungsvorgänge innerhalb der sog. Interimszeit den Restriktionen des § 18 Abs. 3.

75 Die Veräußerung bzw. Aufgabe des Betriebs erfolgt im *Zeitpunkt des Übergangs des wirtschaftlichen Eigentums* an den wesentlichen Betriebsgrundlagen auf den Übernehmer. Im Falle einer Veräußerung in mehreren Schritten ist der letzte Veräußerungsakt maßgeblich. Bei der Veräußerung bzw. Aufgabe eines Mitunternehmeranteils ist grds. der Zeitpunkt des *Abschlusses des Anteilsabtretungsvertrags* entscheidend. Sofern eine Einbringung des übernehmenden Rechtsträgers in eine KapG oder PersG erfolgt, ist auf den steuerlichen Übertragungsstichtag abzustellen.[222]

76 Streitig ist, ob die fünf-jährige Sperrfrist des § 18 Abs. 3 durch Sonderregelungen eine Verlängerung erfahren kann. Diskutiert wird vor allem, ob in Fällen einer Einbringung unter dem gemeinen Wert durch den rückwirkenden Ansatz des Einbringungsgewinns I die Sperrbetragsfrist des § 22 Abs. 1 von sieben Jahren Bedeutung erlangen kann. *Trossen*[223] vertritt ohne nähere Begründung diese Auffassung und insoweit wird zu Recht Kritik geäußert.[224] Da der BFH gerade nicht auf den Rückwirkungszeitpunkt abstellt[225], kann die Wirkung des § 18 Abs. 3 hier nicht anders gesehen werden.

76a Sperrfristen unterliegen der Rechtsnachfolge, wenn innerhalb der Fünf-Jahres-Frist eine Einbringung nach §§ 20, 24 zum Buch- oder Zwischenwert erfolgt, tritt die übernehmende Gesellschaft in die Rechtsstellung des Rechtsvorgängers ein und ist für den Rest der Sperrfrist dem § 18 Abs. 3 unterworfen.[226]

6. Umfang des gewerbesteuerpflichtigen Aufgabe- oder Veräußerungsgewinns

77 Nach § 18 Abs. 3 unterliegt ein Aufgabe- oder Veräußerungsgewinn, der innerhalb von fünf Jahren nach der Umwandlung entsteht, der Gewerbesteuer. Dem Wortlaut entsprechend ist nach ständiger BFH-Rechtsprechung[227] der erzielte Veräußerungsgewinn und nicht der Gewinn, der zum Umwandlungsstichtag zu erzielen gewesen wäre, maßgeblich. Somit werden *sämtliche stillen Reserven seit dem Umwandlungsstichtag bis zur tatsächlichen Aufgabe bzw. Veräußerung* steuerlich erfasst und zwar auch dann, wenn die Umwandlung zum gemeinen Wert erfolgt ist, oder erst durch den Formwechsel Sonderbetriebsvermögen entstanden ist.[228] Dies kann u. U. auch von Vorteil sein, sofern sich die wirtschaftliche Lage seit dem Umwandlungsstichtag verschlechtert hat.[229]

78 Fraglich war bislang, inwiefern auch der Teil des Veräußerungsgewinns gewerbesteuerpflichtig ist, der auf die bereits vor der Umwandlung im Be-

---

222 Vgl. hierzu *Widmann* in Widmann/Mayer, § 18 Rdn. 213 ff.
223 In Rödder/Herlinghaus/van Lishaut, § 18 Rdn. 47.
224 *Plewka/Herr*, BB 2009, 2736.
225 BFH vom 26.06.2007, IV R 58/06, BStBl. II 2008, 73.
226 Vgl. Tz. 18.07 S. 2 UmwStE 2011 unter Hinweis auf §§ 23 Abs. 1, 24 Abs. 4).
227 Vgl. u.a. BFH vom 26.06.2007, IV R 58/06, BStBl. II 2008, 73.
228 Vgl. *Trossen*, DB 2007, 1373.
229 Vgl. hierzu *Siebert*, DStR 2000, 758 (759).

triebsvermögen des aufnehmenden Rechtsträgers vorhandenen stillen Reserven entfällt. Diesbezüglich hat der BFH in diversen Urteilen[230] entschieden, dass nach § 18 Abs. 4 a.f. nur der Teil des Veräußerungsgewinns der GewSt unterliegt, der auf die dem Einzelunternehmen oder der PersG übertragenen Wirtschaftsgüter entfällt. Die bereits vor der Umwandlung bei der Übernehmerin vorhandenen Wirtschaftsgüter sind nach Auffassung des BFH nicht einzubeziehen, da die Anwendung des § 18 Abs. 4 a.F. damit nicht (ausschließlich) der vom Gesetzgeber angestrebten Missbrauchsverhinderung dienen würde, sondern darüber hinaus eine von dem Umwandlungsvorgang losgelöste Erweiterung der Gewerbesteuer-Pflicht auslösen würde. Der Gesetzgeber hat daraufhin im Rahmen des JStG 2008[231] *§ 18 Abs. 3 S. 1 ergänzt, so dass nunmehr ausdrücklich auch die im Zeitpunkt der Umwandlung im dem bereits vorhandenen Vermögen enthaltenen stillen Reserven von der Missbrauchsregelung erfasst werden* (zur Verfassungsmäßigkeit der Gesetzesänderung siehe § 18 Rdn. 54). Die Regelung ist nach § 27 Abs. 7 i.d.F. des JStG 2008 erstmals auf Umwandlungen anzuwenden, bei denen die Anmeldung zur Eintragung in das für die Wirksamkeit der Umwandlung maßgebliche öffentliche Register nach dem 31. 12. 2007 erfolgt ist. In den Fällen vor Geltung des JStG 2008 unterliegt der Aufgabe- bzw. Veräußerungsgewinn aufgrund der BFH-Rechtsprechung nur insoweit der GewSt, als er auf Wirtschaftsgüter entfällt, die durch die Umwandlung von der KapG auf die PersG übertragen wurden. Umfasst das Betriebsvermögen der Übernehmerin einen Firmenwert, muss dieser gem. OFD Münster[232] getrennt vom Firmenwert aus dem Betriebsvermögen der übertragenden KapG bestehen bleiben.

Für die Ermittlung des Aufgabe- oder Veräußerungsgewinns werden im Übrigen die *ertragsteuerlichen Grundsätze nach § 16 EStG* herangezogen, da das UmwStG keine eigene Definition enthält und der Missbrauchscharakter keine Abweichung von den allgemeinen Grundsätzen rechtfertigt.[233] Ausländisches Betriebsstättenvermögen wird gewerbesteuerlich nicht erfasst (§ 9 Nr. 3), so dass Aufgabe- bzw. Veräußerungsgewinne, die auf *ausländische Betriebsteile* entfallen, nicht unter § 18 Abs. 3 fallen. Von einer Versicherung geleistete Entschädigungen für den Erwerbsschaden, die im Zusammenhang mit einer Betriebsaufgabe geleistet werden, gehören gem. FG Münster[234] nicht zum steuerpflichtigen Gewerbeertrag nach § 18 Abs. 3.

Auf den Veräußerungsgewinn ist der Freibetrag des § 16 Abs. 4 EStG nicht anzuwenden.[235] Bei einer Veräußerung gegen Leibrenten bzw. wiederkeh-

79

---

230 BFH vom 16. 11. 2005, X R 6/04, BStBl. II 2008, 62 = GmbHR 2006, 382 mit Komm.
 Roser; Roser, FR 2005, 178; BFH vom 20. 11. 2006, VIII R 47/05, BStBl. II 2008, 69
 sowie BFH vom 26. 06. 2007, IV R 58/06, BStBl. II 2008, 73.
231 Gesetz vom 20. 12. 2007, BGBl. I 2007, 3150.
232 Kurzinformation Gewerbesteuer Nr. 1/2008 vom 18. 03. 2008, aktualisiert am
 06. 03. 2009.
233 LFD Thüringen vom 29. 01. 2009, G 1421 A – 07 – A 3.12 (S), HaufeIndex 2163381.
234 FG Münster vom 29. 03. 2004, 4 K 890/01, EFG 2004, 1259, rkr.
235 Vgl. BFH vom 26. 03. 2015, IV R 3/12, GmbHR 2015, 833; auch Tz. 18.06 S. 3
 UmwStE 2011; anders noch FG Münster vom 20. 12. 2011, 1 K 3146/08 G unter besonderem Hinweis auf die Gesellschafterebene.

rende Bezüge ist der Veräußerungstatbestand mit Übertragung des wirtschaftlichen Eigentums (§ 39 AO) verwirklicht. Das einkommensteuerliche (Billigkeits-)Wahlrecht einer laufenden Besteuerung kommt nicht zur Anwendung so dass es zu einer Sofortbesteuerung in Höhe des Barwertes kommt; eine dauerhafte Erfassung der Rentenzahlungen im jeweiligen Zuflusszeitpunkt kommt nicht in Betracht.[236] Etwas anderes gilt allerdings dann, wenn – in dem (Sonder-)Fall einer umsatz- oder gewinnabhängigen Leibrente – eine Schätzung nicht erfolgen kann; dann bleibt es bei der Zuflussbesteuerung.[237] Ob in diesem Fall § 18 Abs. 3 auf die laufenden Zahlungen zur Anwendung kommen kann und soll, ist äußerst fraglich; die Finanzverwaltung hat diesen Fall bislang nicht näher geregelt.[238]

80 Hält die übernehmende PersG *Anteile an einer KapG, die unter § 8b KStG fallen*, soll der Veräußerungsgewinn von § 18 Abs. 3 erfasst sein, obgleich der anteilig auf die KapG-Beteiligung entfallende Gewinnanteil vor der Umwandlung steuerfrei gewesen wäre. Dies erscheint verfassungsmäßig bedenklich.

7. Ausschluss eines Verlustes

81 Stellt man auf den strengen Missbrauchscharakter des § 18 Abs. 3 ab, wäre ein *Aufgabe- oder Veräußerungsverlust* gewerbesteuerlich nicht zu berücksichtigen.[239]

8. Qualifizierung der Gewerbesteuer nach § 18 Abs. 3 als laufende Betriebsausgabe oder Veräußerungskosten

82 Erst durch die Entscheidung des BFH vom 16. 12. 2009[240] wurde höchstrichterlich geklärt ist, dass die GewSt nach § 18 Abs. 3 keine Betriebsausgabe beim laufenden Gewinn der Gesellschaft darstellt, sondern als *Veräußerungskosten* den Veräußerungs- bzw. Aufgabegewinn mindert. Der BFH bezieht sich auf den Verursachungszusammenhang. Entgegen der sonst vertretenen „Gleichstellungsannahme" zu dem veräußerten oder aufgegebenen Geschäftsbetrieb einer KapG (vgl. Rdn. 83) betont der IV. Senat hier die Tatsache, dass nicht eine rückwirkende Versagung der gewerbesteuerlichen Vergünstigungen des Umwandlungsvorganges vorliege, sondern gesetzestechnisch allein auf den Veräußerungs- oder Aufgabevorgang selbst abzustellen sei.

Die Entscheidung ist unbefriedigend; sie ist allerdings nur noch für Altfälle von Bedeutung, da die GewSt nach der Einführung des § 4 Abs. 5b EStG im

---

236 Vgl. BFH vom 17. 07. 2013, X R 40/10, BStBl. II 2013, 883 = FR 2013, 1001 mit Anm. *Nöcker.*
237 Vgl. BFH vom 17. 07. 2013, X R 40/10, BStBl. II 2013, 883 = FR 2013, 1001 mit Anm. *Nöcker;* Rdn. 30;
238 Vgl. *Neu/Hamacher,* GmbHR 2012, 280, 284; *Förster,* DB 2016, 789, 794.
239 So Tz. 18.10 UmwStE 2011; zustimmend *Trossen* in Rödder/Herlinghaus/van Lishaut, § 18 Rdn. 40; *Pung* in Dötsch/Pung/Möhlenbrock, § 18 Rdn. 48; a.A. *Neumann/Schiffers/Watermeyer,* GmbHR 2011, 728.
240 BFH vom 16. 12. 2009, IV R 22/08, Vorinstanz: FG Rheinland-Pfalz vom 23. 04. 2008, 2 K 2802/06, EFG 2008, 1307; so auch FG Köln vom 27. 10. 2009, 8 K 3437/07, EFG 2010, 433 (Rev.: IV R 49/09).

Rahmen des UntStRG 2008[241] generell nicht mehr als Betriebsausgabe abzugsfähig ist. Die Aktivierung objektbezogener Kosten ist im Einzelfall zu prüfen.[242]

VII. Ausschluss der Einkommensteuerermäßigung nach § 35 EStG (§ 18 Abs. 3 S. 3)

Nach § 18 Abs. 3 S. 3 kann der auf Veräußerungs- bzw. Aufgabegewinnen *83* beruhende GewSt-Messbetrag *nicht bei der Einkommensteuerermäßigung nach § 35 EStG berücksichtigt* werden. Das Anrechnungsverbot wurde eingeführt, um der gewerbesteuerlichen Verhaftung der stillen Reserven der übertragenden Körperschaft Rechnung zu tragen und insoweit die Steuerwirkungen und damit den Missbrauchscharakter der Vorschrift sicherzustellen.[243] Dementsprechend soll verhindert werden, dass die Gewerbesteuer-Belastung durch die Tarifermäßigung nach § 35 EStG kompensiert (ggf. sogar überkompensiert[244]) wird und damit die Gewerbesteuerpflicht auf Ebene der KapG faktisch unterlaufen würde.[245] Die wesentliche Zielsetzung der Regelung geht auf die konsequente „Bestrafung" der Veräußerung, der keine Entlastung zuerkannt werden soll.

Laufende Gewinne aus der unternehmerischen Tätigkeit werden von § 18 *84* Abs. 3 nicht erfasst, so dass für diesen Gewinn die Anwendung des § 35 EStG nicht ausgeschlossen ist. Die Veräußerung von Wirtschaftsgütern als Teil der laufenden unternehmerischen Tätigkeit unterfällt aber auch bei einer Personengesellschaft selbst dann der Gewerbesteuer, wenn sie zeitlich mit der Aufgabe oder der Veräußerung ihres Betriebs zusammenfällt.[246] Für den Fall der Umwandlung einer Organgesellschaft in eine Personengesellschaft ist ein Ausschluss des § 35 EStG im Zuge der teleologischen Reduktion auch nach Auffassung des BFH nicht zu rechtfertigen.[247]

Gegen die rückwirkende Anwendung der durch das UntStFG[248] eingeführ- *85* ten Regelung des § 18 Abs. 4 S. 3 a.F. auf Veräußerungsvorgänge im Veranlagungszeitraum 2001 bestehen zwar *formell verfassungsrechtliche Bedenken*[249], diese wurden vom BFH allerdings auf der Grundlage einer teleologischen Reduktion nicht gefolgt.[250] Erstaunlich ist, dass der BFH sich bei seinen Überlegungen nicht mit der gesetzlichen Regelung zu Zuschlagsteuern (§ 51a Abs. 2 S. 3 EStG) befasst hat, obgleich dort verdeutlicht wird,

---

241 Gesetz vom 14.08.2007, BGBl. I 2007, 1912.
242 BMF vom 18.01.2010, IV C 2 – S 1978 – b/0, FR 2010, 247.
243 *Trossen* in Rödder/Herlinghaus/van Lishaut, § 18 Rdn. 72.
244 Wenn der aktuelle Hebesatz nicht dem fiktiven Hebesatz von 400 % entspricht.
245 BFH vom 15.04.2010, IV R 5/08, BStBl. II 2010, 912 mit Komm. *Wendt*, FR 2011, 38.
246 BFH vom 24.09.2015, IV R 30/13, FR 2016, 169.
247 BFH vom 28.05.2015, IV R 27/12, BStBl. II 2015, 837.
248 Gesetz vom 20.12.2001, BGBl. I 2001, 3858.
249 Hessisches FG vom 19.12.2007, 2 K 1375/05, EFG 2008, 821, nrkr., Az. BFH: IV R 5/08.
250 BFH vom 15.04.2010, IV R 5/08, BStBl. II 2010, 912 mit Komm. *Wendt*, FR 2011, 38.

dass angesichts der Sonderregelung keine Regelungslücke angenommen werden kann. Wenn der Gesetzgeber im Jahr 2000[251] eine sondergesetzliche Regelung zur Neutralisierung des § 35 EStG geschaffen hat, muss die Bedeutung eines solchen Anrechnungsausschlusses dem Gesetzgeber bekannt gewesen sein.

86 Zum *Verhältnis zwischen § 18 Abs. 3 S. 3 und § 7 GewStG* siehe § 18 Rdn. 50.

---

251 Gesetz vom 21. 12. 2000, BStBl. I 2001, 38.

§ 19
Gewerbesteuer bei Vermögensübertragung auf eine andere Körperschaft

(1) Geht das Vermögen der übertragenden Körperschaft auf eine andere Körperschaft über, gelten die §§ 11 bis 15 auch für die Ermittlung des Gewerbeertrags.

(2) Für die vortragsfähigen Fehlbeträge der übertragenden Körperschaft im Sinne des § 10a des Gewerbesteuergesetzes gelten § 12 Abs. 3 und § 15 Abs. 3 entsprechend.

Inhaltsverzeichnis

Spezialliteratur

Behrendt/Arjes, Gewerbesteuerliche Unternehmerindentität bei Verschmelzung von Kapitalgesellschaften, DStR 2008, 811; *Roser,* Umsetzung und Umfang der Verlustnutzung nach Marks & Spencer – Umsetzungsfragen in der Praxis, Ubg 2010, 30.

A. Bedeutung der Vorschrift

§ 19 regelt in Abgrenzung zu § 18 die *gewerbesteuerlichen Folgen des Vermögensübergangs auf eine andere Körperschaft.* Erfasst sind Verschmelzungen, Auf- und Abspaltungen sowie die Vermögensübertragung nach § 174 UmwG.[1] Die Ausgliederung (§ 123 Abs. 3 UmwG) ist durch § 1 Abs. 1 S. 2 von der Anwendung des § 19 ausgenommen. Soweit im Zuge einer Auf- oder Abspaltung als aufnehmender Rechtsträger sowohl eine PersG (§ 16)   **1**

---

1 Die Vollrechtsübertragung nach § 174 Abs.1 UmwG ist einer Verschmelzung, die Teilrechtsübertragung nach § 174 Abs.2 UmwG ist einer Auf- oder Abspaltung vergleichbar. Daher beziehen sich die nachfolgenden Ausführungen auch bei Nennung der Begriffe „Verschmelzung" oder „Auf- und Abspaltung" auch auf § 174 UmwG.

als auch eine Körperschaft (§ 15) auftritt, kommen §§ 18, 19 für den aufnehmenden Rechtsträger nebeneinander zur Anwendung.

2 Zielsetzung des § 19 ist insbesondere, die Möglichkeit der Buchwertfortführung bei Umwandlungen einer Körperschaft gleichermaßen für die GewSt zu gewähren. *§ 19 Abs. 1* sieht daher eine *entsprechende Anwendung* („gelten ... auch") *der ertragsteuerlichen Vorschriften des UmwStG (§§ 11 bis 13, 15²) für Zwecke der GewSt* vor. Damit werden u.a. die ertragsteuerlichen Bewertungswahlrechte bei der Ermittlung des Gewerbeertrags eingebunden; ein sich ergebender Übertragungsgewinn unterliegt bei der KapG sowohl der KSt als auch der GewSt. Die Verweisung auf die §§ 11 bis 13 stellt sicher, dass der übertragende Rechtsträger, der übernehmende Rechtsträger und die Anteilseigner des übertragenden Rechtsträgers erfasst werden.

3 Durch die Regelung des *§ 19 Abs. 2* wird sichergestellt, dass nach § 10a GewStG vortragsfähige Gewerbeverluste nicht auf die Übernehmerin übergehen³; laufende Fehlbeträge des Erhebungszeitraums werden nicht ausdrücklich geregelt. Ein eigenständiger Regelungsinhalt der Verweisungsnorm ist kaum erkennbar (vgl. aber Rdn. 17).

B. Gesetzliche Entwicklung

4 § 19 Abs. 1 wurde mit dem „Gesetz zur Änderung des Umwandlungssteuerrechts"⁴ eingeführt und basiert auf den Vorgängerregelungen des § 11 Abs. 1 und 3 UmwStG 1969.⁵ § 11 Abs. 4 und des § 19 UmwStG 1977.⁶ Inhaltlich handelte es sich hierbei – wie in der Regierungsbegründung⁷ klargestellt wurde – weitestgehend um eine Fortgeltung des bereits geltenden Rechts. Das Steuerbereinigungsgesetz 1999⁸ und das SEStEG⁹ haben lediglich in § 19 Abs. 1 enthaltene Verweisungsvorschriften redaktionell angepasst.

§ 19 Abs. 2 wurde mit dem Steuerentlastungsgesetz 1999/2000/2002¹⁰ neu gefasst und die Geltung Verlustnutzungseinschränkungen des § 12 Abs. 3 (und mittelbar des § 4 Abs. 2 S. 2) für gewerbesteuerliche Zwecke klargestellt.

C. Verhältnis zu anderen Vorschriften

5 *Verhältnis zu § 18 UmwStG:* Der Anwendungsbereich des § 18 bezieht sich auf den Vermögensübergang auf PersG und natürliche Personen. In Fällen

---

2 Die Verweisung auf § 14 läuft wegen der Aufhebung dieser Vorschrift leer.
3 Da § 10a S. 10 GewStG auf § 8c KStG Bezug nimmt, wird die gesamte Verlustverrechnungsbeschränkung in Umwandlungsfälle eingebunden.
4 UmwStG vom 28. 10. 1994, BGBl. I 1994, 3267.
5 UmwStG vom 14. 08. 1969, BGBl. I 1969, 1163.
6 UmwStG vom 06. 09. 1976, BGBl. I 1976, 2641.
7 BT-Drs. 7/4803 vom 24. 02. 1976, 30 f.
8 Vom 22. 12. 1999, BGBl. I 1999, 2601.
9 Vom 07. 12. 2006, BGBl. I 2006, 2782.
10 Vom 24. 03. 1999, BGBl. I 1999, 402.

einer anteiligen Abspaltung, teilweise auf eine Körperschaft, teilweise auf eine PersG, können §§ 18, 19 nebeneinander zur Anwendung gelangen.[11] *Verhältnis zu § 7 GewStG:* § 19 Abs. 1 bezieht sich – wie § 18 Abs. 1 – ausdrücklich auf die Ermittlung des Gewerbeertrages. Die Vorschrift ist *lex specialis zu § 7 GewStG,* sie begründet aber keine eigenständige Gewerbesteuer-Pflicht.[12] *Verhältnis zu § 10a GewStG, § 8 Abs. 4 KStG a.F., § 8c KStG:* Die Verweisung auf die genannten Bestimmungen schließt ein Konkurrenzverhältnis aus. Vgl. dazu Rdn. 20.

D. Ermittlung des Gewerbeertrags der Beteiligten (Abs. 1)

I. Gewerbeertrag der übertragenden Körperschaft

§ 19 Abs. 1 regelt nur die Ermittlung des maßgeblichen Gewerbeertrags,   6 nicht dessen Gewerbesteuerpflicht. Für die Frage der Gewerbesteuerpflicht selbst kommt es allein darauf an, ob die *übertragende Körperschaft gewerbesteuerpflichtig* ist. Insoweit gilt allein das GewStG.

Der Gewerbeertrag der übertragenden Körperschaft ermittelt sich aus dem   7 *Übertragungsgewinn* und hängt damit von den Wertansätzen in der Schlussbilanz der übertragenden Körperschaft ab. Grundsätzlich ermittelt sich damit der Gewerbeertrag auf der Grundlage eines Ansatzes der Wirtschaftsgüter (einschließlich nicht entgeltlich erworbener oder selbst geschaffener immaterieller Wirtschaftsgüter) mit dem gemeinen Wert (§ 11 Abs. 1 S. 1). Unter den Voraussetzungen des § 11 Abs. 2 Nrn. 1–3 kann für Verschmelzungen bzw. unter den weitergehenden Bedingungen des § 15 Abs. 1 S. 2, Abs. 2 für Spaltungen das Wahlrecht zur Fortführung des steuerlichen Buchwertes (oder eines höheren Zwischenwertes) auch mit Wirkung auf den Gewerbeertrag ausgeübt werden. Auf die gewerbesteuerliche Verhaftung der stillen Reserven kommt es für das Wahlrecht nach § 11 Abs. 2 S. 1 Nr. 2 nicht an.[13]

Fraglich ist, ob § 19 Abs. 1 für Zwecke eines *gewerbesteuerlichen Übertra-*   8 *gungsgewinnes eigenständige Wahlrechte* gewährt oder ob die Ausübung der körperschaftsteuerlichen Wahlrechte für Zwecke der Gewerbesteuer bindend ist. Soweit gewerbesteuerlich abweichende Wertansätze als Buchwerte anzusehen sind (z.B. aufgrund einer Aufstockung nach § 18 Abs. 2 UmwStG a.F. oder bei Korrekturen im Zuge einer gewerbesteuerlichen Organschaft), werden diese nach Maßgabe des Rechtsgedankens des § 19 Abs. 1 fortzuführen sein. Die Erstellung einer eigenen Gewerbesteuerbilanz

---

11 So auch *Trossen* in Rödder/Herlinghaus/van Lishaut, § 19 Rdn. 4; *Wisniewski* in Haritz/Menner, § 19 Rdn. 1..
12 So auch *Möhlenbrock* in Dötsch/Pung/Möhlenbrock, § 19 Rdn. 2; *Trossen* in Rödder/Herlinghaus/van Lishaut, § 19 Rdn. 1; *Schmitt* in Schmitt/Hörtnagl/Stratz, § 19 Rdn. 2; *Roser* in Lenski/Steinberg, § 7 GewStG Rdn. 239.
13 Tz. 19.01 S. 2 UmwStE 2011; *Trossen* in Rödder/Herlinghaus/van Lishaut, § 19 Rdn. 16a; *Schnitter* in Frotscher/Drüen, § 19 Rdn. 13.

könnte nach der Aufhebung der formellen Maßgeblichkeit des § 5 Abs. 1 S. 2 EStG durch das BilMoG[14] für zulässig anzusehen sei[15], denn ohne formelle Maßgeblichkeit fehlt ein entscheidendes Argument für die steuerliche Einheitsbilanz.[16] Wenn man die Selbständigkeit der Ermittlung des Gewerbeertrages konsequenterweise auch auf das UmwStG durchschlagen lässt, eröffnet sich die eigenständige Ausübung der Wahlrechte für gewerbesteuerliche Zwecke.

Hierfür spricht der Wortlaut des § 19 Abs. 1.

9   Der Wortlaut des § 19 Abs. 1 legt eine unmittelbare Geltung[17] („gelten ... auch") der §§ 11–15 für die Ermittlung des Gewerbeertrags nahe. Die Verweisung wäre nicht erforderlich, wenn die Ermittlung des Übertragungsgewinns – entsprechend § 7 GewStG – auf den Gewinnermittlungsvorschriften des EStG/KStG und des UmwStG basieren würde. Soweit ersichtlich wird diese Frage kaum diskutiert, da sich die Diskussion in der Literatur darauf beschränkt, dass keine besondere Voraussetzung einer Gewerbesteuerpflicht in § 11 Abs. 2 Nr. 1 enthalten ist, weil sich die Regelung ausdrücklich auf die Körperschaftsteuer bezieht und keine Parallelwertung oder Anpassung der Tatbestandsvoraussetzung für gewerbesteuerliche Zwecke vorgegeben ist. Daher ist weder die *Gewerbesteuerpflicht der übernehmenden Körperschaft* (Befreiungen nach § 3 GewStG) noch eine Betriebsstätte der übernehmenden Körperschaft in Deutschland erforderlich.[18] Dadurch unterscheidet sich die gewerbesteuerliche Betrachtung von den Regelungen vor der Anpassung des SEStEG.[19]

Für die Ermittlung des Gewerbeertrags sind die gewerbesteuerlichen Besonderheiten (§ 9 Nr. 1 S. 2 ff. GewStG für Grundstücksunternehmen[20], § 9 Nr. 3 GewStG für Gewerbeerträge[21] ausländischer Betriebsstätten) zu beachten.

10   Bis zum Erhebungszeitraum 2007 wurde der Übertragungsgewinn durch die Gewerbesteuer gemindert; ab dem Erhebungszeitraum 2008 wurde die Abzugsfähigkeit der Gewerbesteuer und der Nebenleistungen ausgeschlossen (§ 4 Abs. 5b EStG[22]).

11   Die Verweisung umfasst auch § 11 Abs. 2 S. 2 und 3 (Beteiligungskorrekturgewinn bei Abwärtsverschmelzung[23]), sodass der aus dem Mindestansatz

---

14 Vom 25.05.2009, BGBl. I 2009, 1102.
15 So *Roser* in Lenski/Steinberg, § 7 GewStG Rdn. 67a m.w.N.
16 BFH vom 25.04.2985, IV R 83/83, BStBl. II 1986, 350 unter Abschn. 4.
17 § 19 Abs. 2 hingegen regelt ausdrücklich eine entsprechende Anwendung.
18 Tz. 19.01 UmwStE 2011; *Trossen* in Rödder/Herlinghaus/van Lishaut, § 19 Rdn. 16a; *Schnitter* in Frotscher/Drüen, § 19 Rdn. 14.
19 Zu § 12 Abs.1 S. 2 UmwStG a.F. vgl. *Schießl* in Widmann/Mayer, § 19 UmwStG Rdn. 16.
20 *Roser* in Lenski/Steinberg, § 9 Nr. 1 GewStG Rdn. 236 m.w.N.; auch *Wisniewski* in Haritz/Menner, § 19 Rdn. 12.
21 Gewerbeertrag = Gewinn und Verlust, vgl. BFH vom 24.04.2008, IV R 31/06, BStBl. II 2009, 142; BFH vom 10.07.1974, I R 248/71, BStBl. II 1974, 752
22 Eingefügt durch das JStG 2007 vom 14.08.2007, BGBl. I 2007, 630.
23 Vgl. dazu § 11 Rdn. 110.

des (steuerlichen) Buchwertes entstehende Gewinn der Gewerbesteuer unterliegt, soweit zuvor eine steuerwirksame Teilwertabschreibung vorgenommen wurde (§ 11 Abs. 2 S. 3 i.V.m. § 8b Abs. 2 S. 4 und 5 KStG).[24] Das bisher diskutierte „Reihenfolgeproblem"[25] der Korrektur hat sich durch die Rechtsprechung des BFH[26] auch für Zwecke des UmwStG gelöst. Fraglich ist, ob der Ansatz des niedrigeren Teilwertes für gewerbesteuerliche Zwecke anerkannt gewesen sein muss.[27] Gerade bei Hinzurechnungen nach § 8 Nr. 10 GewStG gebietet der Grundsatz der Neutralität eine Korrektur des Beteiligungskorrekturgewinns für gewerbesteuerliche Zwecke.[28]

Die Verweisung auf § 11 Abs. 3 (mit der Folge der Berücksichtigung fiktiver und tatsächlich gezahlter ausländischer Steuern nach § 3 Abs. 3) hat keine eigenständige Wirkung.[29] Im Falle einer Hinausverschmelzung bei Vorhandensein einer in einem EU-Mitgliedsstaat belegenen Betriebsstätte ist bereits nach Art. 10 Abs. 2 FusionsRL die Steuer, die ohne die Bestimmungen dieser Richtlinie auf diese Veräußerungsgewinne im Staat der Betriebsstätte erhoben worden wäre, auf den Übertragungsgewinn anzurechnen. Damit sind im Ergebnis grundsätzlich nur Fälle betroffen, in denen die FusionsRL oder die Freistellungsmethode der DBA nicht zur Anwendung kommt.[30] Da es zudem einer gewerbesteuerlichen Vorbelastung bedarf, die wegen § 9 Nr. 3 GewStG regelmäßig nicht bestehen kann, wenn eine ausländische Betriebsstätte anzuerkennen ist, ist zutreffend davon auszugehen, dass § 11 Abs. 3 für Zwecke der Ermittlung des Gewerbeertrags nach h.M. für den Übertragungsgewinn keine Auswirkung hat.[31]   **12**

Die Gewerbesteuer auf den Übertragungsgewinn entsteht für den Erhebungszeitraums, in dem der steuerliche Übertragungsstichtag liegt. *Steuerschuldner* für die auf den Übertragungsgewinn entfallende Gewerbesteuer ist die übertragende Körperschaft. Diese Gewerbesteuerschuld geht aufgrund der eingeschränkten Wirkung der Sonderrechtsnachfolge nicht in jedem Fall auf den übernehmenden Rechtsträger über.[32] Auch § 5 Abs. 2 S. 1 GewStG hilft nur begrenzt weiter.   **13**

---

24 Ist die Teilwertabschreibung nach § 8b Abs. 3 KStG nicht steuerwirksam, kommt es zu keinem steuerwirksamen Beteiligungskorrekturgewinn, *Schnitter* in Frotscher/Drüen, § 19 Rdn. 22; ob sich die Teilwertabschreibung gewerbesteuerlich ausgewirkt hat, ist indes unerheblich, vgl. FG Köln vom 03.12.2014, 13 K 2447/11, EFG 2015, 665 – Rev. I R 9/15.

25 *Rödder* in Rödder/Herlinghaus/van Lishaut, § 11 Rdn. 169.

26 BFH vom 09.08.2009, I R 2/09, BStBl. II 2010, 760; dazu auch *Roser/Haupt,* DStR 2009, 1677.

27 Offen bei *Rödder* in Rödder/Herlinghaus/van Lishaut, § 11 Rdn. 178.

28 Vgl. dazu BFH vom 05.11.2009, IV R 57/06, BStBl. II 2010, 646 zu den Folgewirkungen einer Wertaufholung oder eines Darlehensverzichtes nach einer nicht anerkannten Teilwertabschreibung.

29 Zustimmend *Schnitter* in Frotscher/Drüen, § 19 Rdn. 11.

30 Z.B. § 20 Abs.2 AStG, DBA mit Aktivitätsvorbehalt.

31 *Trossen* in Rödder/Herlinghaus/van Lishaut §(Hrsg.) § 19 Rdn. 18 unter Hinweis auf das Territorialitätsprinzip der Gewerbesteuer.

32 Vgl. zur Abspaltung: BFH vom 05.11.2009, IV R 29/08, GmbHR 2010, 163; zur Ausgliederung bereits BFH vom 07.08.2002, I R 99/00, BStBl. II 2003, 835.

II. Gewerbeertrag der übernehmenden Körperschaft

14 Die übernehmende Körperschaft hat die auf sie übergehenden Wirtschaftsgüter auch für gewerbesteuerliche Zwecke mit demjenigen Wertansatz zu übernehmen, der sich aus der Schlussbilanz der übertragenden Körperschaft ergibt (§ 12 Abs. 1; zu der gewerbesteuerlichen Eigenständigkeit dieses Wertsansatzes vgl. Rdn. 7).

Der Übernahmegewinn bemisst sich nach § 12 Abs. 2 und bleibt – auch für gewerbesteuerliche Zwecke – grundsätzlich außer Ansatz. Für den Beteiligungskorrekturgewinn (aus einer Aufwärtsverschmelzung)[33] nach § 12 Abs. 2 S. 2 i. V. m. § 8 b KStG kann es hingegen zu einer Gewerbesteuer kommen; die §§ 8 Nr. 5, 9 Nr. 2a und Nr. 7 GewStG sind auf den fingierten Veräußerungsgewinn nicht anwendbar. Bemessungsgrundlage für die Gewerbesteuer ist entweder der 5 %-Ansatz nach § 8b Abs. 3 S. 1 oder der 100 %-Ansatz nach § 8 b Abs. 4, 7 oder 8 KStG.[34]

15 Der *Eintritt in die Rechtsstellung* der übertragenden Körperschaft nach § 12 Abs. 3 sowie die Konfusionsfolgen nach § 12 Abs. 4 greifen für gewerbesteuerliche Zwecke nur dann, wenn sich die Formulierung „gelten … für die Ermittlung des Gewerbeertrags" nicht nur auf den Umwandlungsvorgang selbst bezieht, sondern auch auf Folgewirkungen der Umwandlung. Davon geht – ohne nähere Begründung – die h. M. aus.[35] Der Eintritt in die Rechtsstellung kann nicht alle Wirkungen abdecken; die Besitzzeitanrechnung ist zeitraumbezogen, während für die Kürzung nach §§ 8 Nr. 5, 9 Nr. 2a und Nr. 7 GewStG der Beginn des Erhebungszeitraums maßgeblich ist.[36] Der BFH hat offen gelassen, ob die allgemeine Rückwirkungsfiktion des § 2 Abs. 1 die Anwendung der Begünstigungen, die auf den Beginn des Erhebungszeitraums abstellen, gewährleistet.[37]

Der Eintritt in die Rechtsstellung kann auch das Recht auf *Geltendmachung finaler Betriebsstättenverluste* mit gewerbesteuerlicher Wirkung umfassen.[38]

Für den Übernahmefolgegewinn aus Konfusion (der nicht von § 12 Abs. 2 S. 1 erfasst ist[39]), gibt § 6 die Möglichkeit einer Rücklagenbildung, die insoweit auch für die gewerbesteuerliche Bemessungsgrundlage Wirkung entfaltet.

16 § 12 Abs. 5 hat für gewerbesteuerliche Zwecke keine Bedeutung, da seine Wirkung auf die Fiktion einer Totalausschüttung und die KESt abzielt und damit für die Ermittlung des Gewerbeertrages unbeachtlich ist. Ob sich § 19

---

33 Tz. 12.03 UmwStE 2011.
34 Auch *Trossen* in Rödder/Herlinghaus/van Lishaut, § 19 Rdn. 21.
35 *Trossen* in Rödder/Herlinghaus/van Lishaut, § 19 Rdn. 23–24.
36 BFH vom 16. 04. 2014, I R 44/13, BStBl. II 2014, 775, anders noch Tz. 12.04 i. V. m. Tz. 04.15 UmwStE 2011.
37 BFH vom 16. 04. 2014, I R 44/13, BStBl. II 2014, 775, Rdn. 11; *Roser* in Lenski/Steinberg, § 7 GewStG Rdn. 36.
38 Dazu BFH vom 09. 06. 2010, I R 107/09, BFH/NV 2010, 1744; *Roser,* Ubg 2010, 30.
39 *Wisniewski* in Haritz/Menner, § 19 Rdn. 26; *Möhlenbrock* in Dötsch/Pung/Möhlenbrock, § 19 Rdn. 8; *Frotscher* in Frotscher/Drüen, § 12 Rdn. 70; *Schmitt* in Schmitt/ Hörtnagl/Stratz, § 19 Rdn. 9.

Abs. 1 überhaupt auf diese Regelung bezieht, kann daher dahingestellt bleiben.

III. Besteuerung der Anteilseigner der überragenden Körperschaft

Die Gewerbesteuerfolgen der (nach § 2 GewStG gewerblichen) Anteilseig-   17
ner der übertragenden Körperschaft richtet sich nach § 19 Abs. 1 i.V.m.
§ 13. Die Gewinnrealisierung aufgrund des Veräußerungs- und Anschaf-
fungsvorgangs des § 13 Abs. 1 S. 1 (Tausch zum gemeinen Wert[40]) unterliegt
auch der Gewerbesteuer, soweit nicht § 8b Abs. 3 S. 1 KStG oder § 3 Nr. 40
EStG zur Anwendung kommt. Das nach § 13 Abs. 2 S. 1 dem Anteilseigner
eigenständig eingeräumte Wahlrecht betrifft den Wertansatz mit dem Buchwert[41] der untergehenden Anteile und erfasst damit nur das Anschaffungs-,
nicht das Veräußerungsgeschäft. Dennoch scheint der Wertansatz auch die
Veräußerung zum gemeinen Wert nach § 13 Abs. 1 zu verdrängen.[42] Das
Wahlrecht setzt voraus, dass das deutsche Besteuerungsrecht nicht ausgeschlossen oder eingeschränkt wird oder dass Art. 8 FusionsRL zur Anwendung kommt und sich Deutschland – ungeachtet der DBA-Bestimmungen –
an der späteren Anteilsveräußerung die Besteuerungsrechte vorbehält.

Auch gewerbesteuerlich treten die erhaltenen Anteile nach § 13 Abs. 2 S. 2
an die Stelle der hingegebenen Anteile und damit greift die „Fußstapfentheorie" (Übergang der steuerlichen Merkmale) auch für gewerbesteuerliche Zwecke; hinsichtlich der Risiken der Berücksichtigung der Wirkung
der Besitzzeitanrechnung für Kürzungen nach § 9 Nr. 2a und Nr. 7 GewStG
vgl. Rdn.15.[43] Eine rückwirkende Zusammenrechnung nicht schachtelbe-
günstigter Beteiligungen scheidet nach überwiegender Auffassung aus; vgl.
Tz. 18. 04 UmwStE 2011; Schießl in Widmann/Mayer, § 19 UmwStG Rdn. 60.

E. Verluste der übertragenden Körperschaft (Abs. 2)

I. Allgemeines

§ 19 Abs. 2 wurde angepasst, da mit den durch das SEStEG neu geregelten   18
§ 12 Abs. 3 und § 15 Abs. 3 die vor dem 13. 12. 2006 (Anmeldung der Umwandlung zur Eintragung in das Handelsregister, § 27 Abs. 2 S. 1) beste-

---

40 Insoweit verleitet das Wort „gelten" zu Unrecht zu der Annahme, es liege eine Veräußerungsfiktion vor, BFH vom 19. 08. 2008, IX R 71/07, BStBl. II 2009, 13, der eine
   „Kostenfiktion" annimmt.
41 Ein Zwischenwertansatz ist nach dem Wortlaut der Vorschrift nicht vorgesehen und
   unzulässig; vgl. *Trossen* in Rödder/Herlinghaus/van Lishaut, § 13 Rdn. 29; *Dötsch*
   in Dötsch/Pung/Möhlenbrock, § 13 Rdn.20.
42 Vgl. *Schroer* in Haritz/Menner, § 13 Rdn. 33; weitergehend *Frotscher* in Frotscher/
   Drüen, § 13 Rdn. 15, der davon ausgeht, dass § 13 Abs.2 keine fiktive Veräußerung
   unterstellt.
43 Tz. 13.11 UmwStE 2011, letzter Spiegelstrich.

hende Möglichkeit einer Übernahme der Verluste der übertragenden Körperschaft entfallen ist.[44] Mit der Neuregelung des § 19 Abs. 2 wird auch die Frage geklärt, ob diese Bestimmung lex specialis gegenüber § 2 Abs. 5 GewStG[45] und § 10a S. 3 GewStG[46] ist.

Der Verweisung in § 19 Abs. 2 wird z. T. als überflüssig angesehen, da sie in der Generalverweisung auf die §§ 12–15 in § 19 Abs. 1 bereits enthalten ist.[47] Dies muss bezweifelt werden. Man kann zum einen dem Gesetzgeber keine sinnlosen Verweisungen unterstellen, vor allem, wenn er nur in § 19 Abs. 2 die Vorgabe einer „entsprechenden" Geltung gemacht hat. Zum anderen bezieht sich § 19 Abs. 1 dem Wortlaut nach nur auf die Regelungen der §§ 12–15, die für die Ermittlung des Gewerbeertrags Bedeutung haben.

II. Behandlung der gewerbesteuerlichen Verlustvorträge bei der Verschmelzung und Aufspaltung (Verweis auf § 12 Abs. 3)

19   Die Verweisung auf § 12 Abs. 3 ist nur unter Berücksichtigung der dortigen (Weiter-)Verweisung auf § 4 Abs. 2 S. 2 verständlich, der sich seinerseits auf „verrechenbare Verluste, verbleibende Verlustvorträge, vom übertragenden Rechtsträger nicht ausgeglichene negative Einkünfte" bezieht. Sie führt neben der Erfassung der Verluste auch zu der Einbindung der *Zins- und EBITDA-Vorträge* nach § 4h EStG. Nicht ausdrücklich angesprochen ist der Spendenvortrag nach § 9 Abs. 1 Nr. 2 S. 9 KStG.[48] Ebenfalls nicht angesprochen sind „latent finale Betriebsstättenverluste" (vgl. Rdn. 15).

Nach dem Wortlaut betrifft § 19 Abs. 2 nur „vortragsfähige Fehlbeträge im Sinne des § 10a GewStG" und damit nur die Gewerbeverluste vorangegangener Erhebungszeiträume. Die verfehlte Formulierung wird von der h. M. wegen des insoweit eindeutigen Willens des Gesetzgebers korrigiert und auch auf Fehlbeträge des laufenden EZ ausgeweitet.[49] Daran müssen angesichts des klaren Wortlauts als Grenze der Auslegung erhebliche Bedenken angemeldet werden. § 18 Abs. 1 S. 2 enthält zudem eine klare Differenzierung, die durchaus Ansatzpunkte für eine gesetzgeberisch gewollte Differenzierung ergeben.

In der Literatur wird der Fußstapfentheorie des § 12 Abs. 3 HS 1 besondere Bedeutung beigemessen.[50] Obgleich die Entscheidung des Großen Senats des BFH vom 17. 12. 2007[51] nicht ohne weiteres auf das Gewerbesteuerrecht übertragbar ist,[52] bestehen Zweifel, ob die Unternehmensidentität von der

---

44 Zu der Nutzung durch Verschmelzung BFH vom 18. 12. 2013, I R 25/12, BFH/NV 2014, 904.

45 So *Kleinheisterkamp* in Lenski/Steinberg, § 10a GewStG, Rdn. 86.

46 So *Möhlenbrock* in Dötsch/Pung/Möhlenbrock, § 19 Rdn. 9.

47 *Trossen* in Rödder/Herlinghaus/van Lishaut, § 19 Rdn. 30.

48 *Schnitger* in Frotscher/Drüen, § 19 Rdn. 33.

49 *Trossen* in Rödder/Herlinghaus/van Lishaut, § 19 Rdn. 30; *Wisniewski* in Haritz/Menner, § 19 Rdn. 33.

50 *Behrendt/Arjes*, DStR 2008, 811.

51 GrS 2/04, BStBl. II 2008, 608 = DStR 2008, 545.

52 BFH vom 07. 12. 1993, VIII R 160/86, BStBl. II 1994, 331.

Rechtsnachfolge ausdrücklich erfasst ist, da die besondere personale Anknüpfung der Gewerbesteuer gerade nicht immanent ist.[53]

Die Übertragung von Anteilen an einer Körperschaft im Zuge einer Verschmelzung kann ihrerseits für *Verlustvorträge* (sowie Zins- und EBITDA-Vorträge) die Folgen des § 10a S. 10 GewStG i.V.m. §§ 8 Abs. 4, 8c KStG auslösen.[54] Gerade § 10a S. 10 HS 2 Nr. 2 GewStG erweitert die Wirkung des § 8c KStG bei Umstrukturierungen auf mittelbar gehaltene (nachgeordnete) Mitunternehmerschaften. Die sog. „Konzernklausel" und die „Stille Reserven-Klausel" des § 8c Abs. 1 S. 5 ff. KStG sind zu beachten. 20

Die mittelbare Übertragung von Anteilen an einer Personengesellschaft ist zwischen einer unmittelbaren Beteiligung an einer Personengesellschaft und doppelstöckigen Strukturen zu unterscheiden (R 10a.3 Abs. 3 S. 9 Nr. 8 GewStR). Führt eine Verschmelzung der Komplementärin auf die Kommanditistin (in der Rechtsform der Körperschaft) zu einer Anwachsung des Vermögens einer PersG mit Verlusten nach § 10a GewStG, dann kann § 19 Abs. 2 nicht für den Übergang der gewerbesteuerlichen Verluste aufgrund der Anwachsung gelten, da diese Folge nach R 10a.3 Abs. 3 Nr. 8 S. 4 GewStR 2009 eintritt und nur eine Folge der Verschmelzung ist. 21

Die Neufassung der R 10a.3 „Unternehmeridentität" Abs. 3 Nr. 6 GewStR 2009 verdeutlicht die entsprechende Anwendung des § 19 Abs. 2, wenn eine KapG, die Mitunternehmerin einer PersG ist, auf eine andere KapG verschmolzen wird; in diesem Fall mindert sich der Verlustabzug nach § 10a GewStG bei der PersG um den nach § 10a S. 4 und 5 GewStG auf die KapG entfallenden Betrag (Abschn. 68 Abs. 3 Nr. 6 GewStR 1998 wurde insoweit aufgehoben). Wenn allerdings die Anteile an der PersG ihrerseits über eine PersG gehalten werden (doppelstöckige PersG), wird der Verlust der Personen-Untergesellschaft von der Verschmelzung nicht berührt.[55]

Bei der Aufspaltung entfällt der Regelungsbedarf des § 19 Abs. 2, da der Rechtsträger, der die Verluste erlitten hat, im Zuge der Aufspaltung untergeht (§ 123 Abs. 1). Die Grundsätze der Verschmelzung beziehen sich auf das Vermögen, nicht auf die Rechtsstellung der untergehenden Körperschaft.

III. Behandlung der gewerbesteuerlichen Verlustvorträge bei der Abspaltung (Verweis auf § 15 Abs. 3)

Für die Abspaltung (§ 123 Abs. 2 UmwG) geht § 19 Abs. 2 von einer entsprechenden Geltung des § 15 Abs. 3 aus, da anderenfalls die übertragende Körperschaft ihren eigenen gewerbesteuerlichen Verlust – vermindert um einen etwaigen Übertragungsgewinn – unvermindert nutzen könnte. Die an 22

---

53 So *Schmitt* in Schmitt/Hörtnagl/Stratz, § 19 Rdn. 17.
54 Zu der Anwendung des § 8 Abs. 4 KStG a.f. in den Fällen der Auf- und Abwärtsverschmelzung vgl. BFH vom 12.10.2010, I R 64/09, GmbHR 2011, 215.
55 BFH vom 06.09.2000, IV R 69/99, BStBl. II 2001, 731 = FR 2001, 77 mit Komm. *Wendt; Roser*, EStB 2006, 149.

dem Wert des übertragenen Vermögens[56] orientierte Minderung der gewerbesteuerlichen Verluste kann gewerbesteuerlich allenfalls mit einer Teilaufgabe der Unternehmensidentität gerechtfertigt werden.[57]

Bis zum Erhebungszeitraum 2007 war § 15 Abs. 3 ausdrücklich auf den „verbleibenden Verlustabzug" begrenzt; insoweit passte die Verweisung in § 19 Abs. 2. Die gesetzliche Neufassung durch das Unternehmensteuerreformgesetz 2008[58] erweiterte den Anwendungsbereich des § 15 Abs. 3 ab dem Erhebungszeitraum 2008 (§ 27 Abs. 5) auf „verrechenbare Verluste, verbleibende Verlustvorträge, vom übertragenden Rechtsträger nicht ausgeglichene negative Einkünfte". Die auf „vortragsfähige Fehlbeträge i.S.d. § 10a GewStG" beschränkte Verweisung zu § 15 Abs. 3 wurde hingegen nicht angepasst. Man kann sich über die Bedeutung der fehlenden Anpassung sicherlich wundern; zumindest steht sie auch hier im Konflikt zu dem Wortlaut der Norm (vgl. Rdn. 16). Da der Wortlaut die Grenze der Auslegung bildet, ist fraglich, ob tatsächlich auch die Fehlbeträge des laufenden Erhebungszeitraums betroffen sein können.[59]

Die Verweisung auf § 15 Abs. 3 führt neben der Erfassung der Verluste auch zu der Einbindung der *Zins- und EBITDA-Vorträge* nach § 4h EStG. Nicht ausdrücklich angesprochen ist auch hier der Spendenvortrag nach § 9 Abs. 1 Nr. 2 S. 9 KStG (vgl. Rdn. 19).

Abschn. 68 Abs. 4 S. 2 GewStR 1998 wurde mit R 10a.3 Abs. 4 S. 3 GewStR 2009 aufgehoben.

---

56 Damit besteht auch gewerbesteuerlich die Möglichkeit, durch die Zuordnung von Schulden den Wert des übertragenen Vermögens zu mindern.
57 Vgl. dazu *Kleinheisterkamp* in Lenski/Steinberg, § 10a GewStG Rdn. 27.
58 UntStRefG 2008 vom 14.08.2007, BGBl. I 2007, 1912; ohne jede Begründung, da diese Neuregelung erst durch den Finanzausschuss eingefügt wurde (Beschlüsse des 7. Ausschusses zu den BT-Drs. 16/4841 und 16/5377.
59 So aber *Trossen* in Rödder/Herlinghaus/van Lishaut, § 19 Rdn. 30.

SECHSTER TEIL
Einbringung von Unternehmensteilen in eine Kapitalgesellschaft oder Genossenschaft und Anteilstausch

§ 20
Einbringung von Unternehmensteilen in eine Kapitalgesellschaft oder Genossenschaft

(1) Wird ein Betrieb oder Teilbetrieb oder ein Mitunternehmeranteil in eine Kapitalgesellschaft oder eine Genossenschaft (übernehmende Gesellschaft) eingebracht und erhält der Einbringende dafür neue Anteile an der Gesellschaft (Sacheinlage), gelten für die Bewertung des eingebrachten Betriebsvermögens und der neuen Gesellschaftsanteile die nachfolgenden Absätze.

(2) [1]Die übernehmende Gesellschaft hat das eingebrachte Betriebsvermögen mit dem gemeinen Wert anzusetzen; für die Bewertung von Pensionsrückstellungen gilt § 6a des Einkommensteuergesetzes. [2]Abweichend von Satz 1 kann das übernommene Betriebsvermögen auf Antrag einheitlich mit dem Buchwert oder einem höheren Wert, höchstens jedoch mit dem Wert im Sinne des Satzes 1, angesetzt werden, soweit

1. sichergestellt ist, dass es später bei der übernehmenden Körperschaft der Besteuerung mit Körperschaftsteuer unterliegt,

2. die Passivposten des eingebrachten Betriebsvermögens die Aktivposten nicht übersteigen; dabei ist das Eigenkapital nicht zu berücksichtigen,

3. das Recht der Bundesrepublik Deutschland hinsichtlich der Besteuerung des Gewinns aus der Veräußerung des eingebrachten Betriebsvermögens bei der übernehmenden Gesellschaft nicht ausgeschlossen oder beschränkt wird und

4. der gemeine Wert von sonstigen Gegenleistungen, die neben den neuen Gesellschaftsanteilen gewährt werden, nicht mehr beträgt als

   a) 25 Prozent des Buchwerts des eingebrachten Betriebsvermögens oder

   b) 500.000 Euro, höchstens jedoch den Buchwert des eingebrachten Betriebsvermögens.

[3]Der Antrag ist spätestens bis zur erstmaligen Abgabe der steuerlichen Schlussbilanz bei dem für die Besteuerung der übernehmenden Gesellschaft zuständigen Finanzamt zu stellen. [4]Erhält der Einbringende neben den neuen Gesellschaftsanteilen auch sonstige Gegenleistungen, ist das eingebrachte Betriebsvermögen abweichend von Satz 2 mindestens mit dem gemeinen Wert der sonstigen Gegenleistungen anzusetzen, wenn dieser den sich nach Satz 2 ergebenden Wert übersteigt.

(3) ¹Der Wert, mit dem die übernehmende Gesellschaft das eingebrachte Betriebsvermögen ansetzt, gilt für den Einbringenden als Veräußerungspreis und als Anschaffungskosten der Gesellschaftsanteile. ²Ist das Recht der Bundesrepublik Deutschland hinsichtlich der Besteuerung des Gewinns aus der Veräußerung des eingebrachten Betriebsvermögens im Zeitpunkt der Einbringung ausgeschlossen und wird dieses auch nicht durch die Einbringung begründet, gilt für den Einbringenden insoweit der gemeine Wert des Betriebsvermögens im Zeitpunkt der Einbringung als Anschaffungskosten der Anteile. ³Soweit neben den Gesellschaftsanteilen auch andere Wirtschaftsgüter gewährt werden, ist deren gemeiner Wert bei der Bemessung der Anschaffungskosten der Gesellschaftsanteile von dem sich nach den Sätzen 1 und 2 ergebenden Wert abzuziehen. ⁴Umfasst das eingebrachte Betriebsvermögen auch einbringungsgeborene Anteile im Sinne von § 21 Abs. 1 in der Fassung der Bekanntmachung vom 15. Oktober 2002 (BGBl. I S. 4133, 2003 I S. 738), geändert durch Artikel 3 des Gesetzes vom 16. Mai 2003 (BGBl. I S. 660), gelten die erhaltenen Anteile insoweit auch als einbringungsgeboren im Sinne von § 21 Abs. 1 in der Fassung der Bekanntmachung vom 15. Oktober 2002 (BGBl. I S. 4133, 2003 I S. 738), geändert durch Artikel 3 des Gesetzes vom 16. Mai 2003 (BGBl. I S. 660).

(4) ¹Auf einen bei der Sacheinlage entstehenden Veräußerungsgewinn ist § 16 Abs. 4 des Einkommensteuergesetzes nur anzuwenden, wenn der Einbringende eine natürliche Person ist, es sich nicht um die Einbringung von Teilen eines Mitunternehmeranteils handelt und die übernehmende Gesellschaft das eingebrachte Betriebsvermögen mit dem gemeinen Wert ansetzt. ²In diesen Fällen ist § 34 Abs. 1 und 3 des Einkommensteuergesetzes nur anzuwenden, soweit der Veräußerungsgewinn nicht nach § 3 Nr. 40 Satz 1 in Verbindung mit § 3c Abs. 2 des Einkommensteuergesetzes teilweise steuerbefreit ist.

(5) ¹Das Einkommen und das Vermögen des Einbringenden und der übernehmenden Gesellschaft sind auf Antrag so zu ermitteln, als ob das eingebrachte Betriebsvermögen mit Ablauf des steuerlichen Übertragungsstichtags (Absatz 6) auf die Übernehmerin übergegangen wäre. ²Dies gilt hinsichtlich des Einkommens und des Gewerbeertrags nicht für Entnahmen und Einlagen, die nach dem steuerlichen Übertragungsstichtag erfolgen. ³Die Anschaffungskosten der Anteile (Absatz 3) sind um den Buchwert der Entnahmen zu vermindern und um den sich nach § 6 Abs. 1 Nr. 5 des Einkommensteuergesetzes ergebenden Wert der Einlagen zu erhöhen.

(6) ¹Als steuerlicher Übertragungsstichtag (Einbringungszeitpunkt) darf in den Fällen der Sacheinlage durch Verschmelzung im Sinne des § 2 des Umwandlungsgesetzes der Stichtag angesehen werden, für den die Schlussbilanz jedes der übertragenden Unternehmen im Sinne des § 17 Abs. 2 des Umwandlungsgesetzes aufgestellt ist; dieser Stichtag darf höchstens acht Monate vor der Anmeldung der Verschmelzung zur Eintragung in das Handelsregister liegen. ²Entsprechendes gilt, wenn Vermögen im Wege der Sacheinlage durch Aufspaltung, Abspaltung oder Ausgliederung nach § 123 des Umwandlungsgesetzes auf die übernehmende Gesellschaft übergeht. ³In anderen Fällen der Sacheinlage darf die Einbringung auf ei-

nen Tag zurückbezogen werden, der höchstens acht Monate vor dem Tag des Abschlusses des Einbringungsvertrags liegt und höchstens acht Monate vor dem Zeitpunkt liegt, an dem das eingebrachte Betriebsvermögen auf die übernehmende Gesellschaft übergeht. [4] § 2 Abs. 3 und 4 gilt entsprechend.

(7) § 3 Abs. 3 ist entsprechend anzuwenden.

(8) Ist eine gebietsfremde einbringende oder erworbene Gesellschaft im Sinne von Artikel 3 der Richtlinie 2009/133/EG als steuerlich transparent anzusehen, ist auf Grund Artikel 11 der Richtlinie 2009/133/EG die ausländische Steuer, die nach den Rechtsvorschriften des anderen Mitgliedstaats der Europäischen Union erhoben worden wäre, wenn die einer in einem anderen Mitgliedstaat belegenen Betriebsstätte zuzurechnenden eingebrachten Wirtschaftsgüter zum gemeinen Wert veräußert worden wären, auf die auf den Einbringungsgewinn entfallende Körperschaftsteuer oder Einkommensteuer unter entsprechender Anwendung von § 26 des Körperschaftsteuergesetzes und von den §§ 34c und 50 Absatz 3 des Einkommensteuergesetzes anzurechnen.

(9) Ein Zinsvortrag nach § 4h Absatz 1 Satz 2 des Einkommensteuergesetzes und ein EBITDA-Vortrag nach § 4h Absatz 1 Satz 3 des Einkommensteuergesetzes des eingebrachten Betriebs gehen nicht auf die übernehmende Gesellschaft über.

Inhaltsverzeichnis

Spezialliteratur

Benz/Böhmer, Das BMF-Schreiben zu § 50i Abs. 2 EStG, DStR 2016, 145; Blümich
(Hrsg), EStG KStG GewStG, 104. A (2006), abgek: Blümich UmwStG 2006; BMF
vom 19. 03. 2004, Limited Liability Company: Körperschaft oder Personengesellschaft, , abgek: BMF-LLC, BStBl I, 2004, 411; BMF vom 23. 12. 1991, Schreiben
betr. ertragsteuerliche Behandlung von Teilamortisations-Leasing-Verträgen über
unbewegliche Wirtschaftsgüter, BStBl I 1992, 13 ; BMF vom 24. 12. 1999, Schreiben betr. Grundsätze der Verwaltung für die Prüfung der Aufteilung der Einkünfte bei Betriebsstätten international tätiger Unternehmen (Betriebsstätten-
Verwaltungsgrundsätze), abgek: BS-VWG 1999, BStBl I 1999, 1076; BMF vom
25. 03. 1998, Schreiben betr. Umwandlungssteuergesetz 1995 (UmwStG 1995);
Zweifels- und Auslegungsfragen, abgek: UmwSt-E 1995, BStBl I 1998, 268; Bodden, § 50i EStG – Eine Bestandsaufnahme, DStR 2015, 150; Bron, Der neugefasste
§ 50i EStG und seine Gefahren – mit Kanonen auf Spatzen zu schießen, DStR
2014, 1849; Damas, Einführung in das neue UmwStR, DStZ 2007, 129; Ditz, Internationale Gewinnabgrenzung bei Betriebsstätten, (2004), abgek: Ditz/Be-
triebsstättengewinnabgrenzung; Ditz, Aufgabe der finalen Entnahmetheorie –
Analyse des BFH-Urteils vom 17. 07. 2008 und seiner Konsequenzen, IStR 2009,
115; Dötsch/Pung, SEStEG: Die Änderungen des UmwStG (Teil II), DB 2006,
2763; Dötsch/Pung/Patt/Möhlenbrock, UmwStR, 6. Aufl. (2007), abgek: Dötsch/
UmwStR; Ettinger/Mörz, Ausgewählte Problemfelder und praktische Gestaltungsmöglichkeiten im Zusammenhang mit der Neuregelung der §§ 20, 21 und
24 UmwStG durch das Steueränderungsgesetz 2015 („Lex Porsche"), GmbHR
2016, A, 154; Förster/Wendland, Einbringung von Unternehmensteilen in Kapitalgesellschaften, BB 2007, 631; Frotscher (Hrsg), EStG, Loseblatt (Stand 15. 03.
2009), abgek: Frotscher/EStG; Frotscher/Maas (Hrsg), Umwandlungssteuergesetz, Loseblatt (Stand 15. 01. 2008), abgek: Frotscher/Maas UmwStG; Kahle, Aktuelle Entwicklungen der Ertragsbesteuerung ausländischer Betriebsstätten, IStR
2007, 757; Kessler/Huck, Grenzüberschreitende Betriebsstättenbesteuerung,
StuW 2005, 193; Körner, Anmerkungen zum SEStEG-Entwurf vom 21. 04. 2006,
IStR 2006, 469; Kowallik/Merklein/Scheipers, Ertragsteuerliche Beurteilung der
Anwachsung nach den Änderungen des UmwStG aufgrund des SEStEG, DStR
2008, 173; Liekenbrock, § 50i-Schreiben und seine Auswirkungen auf Einbrin-
gungs- und Umwandlungsvorgänge , DB 2016, 436; Löwenstein/Looks, Betriebs-
stättenbesteuerung, 2. Aufl. 2011, abgek: Löwenstein/Looks; Mitsch, Einbrin-
gung in Kapitalgesellschaft nach dem SEStEG, INF 2007, 225; Mühle, Steuerliche
Behandlung von Umwandlungskosten bei Unternehmenstransaktionen, DStZ
2006 S. 63, 64 ; Ott, Einbringung in eine Kapitalgesellschaft nach den §§ 20–23
UmwStG i.d.F. des SEStEG, StuB 2007, 10; Ott, Sonstige Gegenleistungen bei
Einbringungen nach den §§ 20, 21 und 24 UmwStG, StuB 2015, 909; Perwein,
Vom Einzelunternehmen in die GmbH – Einzelrechtsnachfolge oder Gesamt-
rechtsnachfolge als besserer Weg, GmbHR 2007, 1214; Ritzer/Rogall/Stangl, Die
Einbringung in eine Kapitalgesellschaft nach dem SEStEG, Wpg 2006, 1210;
Ritzer/Stangl, Geplante Änderungen im Konzernsteuerrecht durch das Prot-
ErklUmsG, DStR 2015, 849; Rödder/Kuhr/Heimig, § 50i EStG – Strukturen nach
dem „Kroatiengesetz" – warum massive Kollateralschäden drohen, Ubg 2014,

477; Rödder/Schuhmacher, Das kommende SEStEG – Teil I: Die geplanten Änderungen des EStG, KStG und AStG; Der Regierungsentwurf eines Gesetzes über steuerliche Begleitmaßnahmen zur Einführung der Europäischen Gesellschaft und zur Änderung weiterer steuerrechtlicher Vorschriften, DStR 2006, 1481; Roderburg/Richter, Offene Fragen und Probleme bei der Anwendung des § 50i EStG idF des Kroatiengesetzes, IStR 2015, 227Schaaf/Hannweber, Reichweite der sonstigen Gegenleistung i.S.d. § 20 UmwStG, DStZ 2016, 155; Schaumburg (Hrsg.), abgek: Schaumburg IStR; Schmidt (Hrsg.), EStG, 28.A (2009), abgek: Schmidt/EStG; Schönherr/Lemaitre, Grundzüge und ausgewählte Aspekte bei Einbringungen nach dem SEStEG, GmbHR2007, 459; Stadler/Elser, SEStEG: Kommentierung des Regierungsentwurfs, abgek: Stadler/Elser SEStEG, Betriebsberater Special 8/06; Vogel/Lehner (Hrsg), DBA, 5.A (2009), abgek: Vogel/DBA; Voß, SEStEG: Die vorgesehenen Änderungen im Einkommensteuergesetz, im Körperschaftsteuergesetz und im 1. bis 7. Teil des Umwandlungssteuergesetzes, BB 2006, 412; Wassermeyer/Andresen/Ditz, Betriebsstättenhandbuch, 2004, abgek: W/A/D; Werra/Teiche, Das SEStBeglG aus der Sicht international tätiger Unternehmen, DB 2006, 1455; Widmann/Mayer, Umwandlungsgesesetz, Umwandlungssteuer, abgek: Widmann/Mayer UmwStG;

A. Einführung
I. Bedeutung der Vorschrift

1. Allgemein

§ 20 regelt die Einbringung von Unternehmensteilen in eine KapG bzw. Genossenschaft gegen Gewährung von Gesellschaftsanteilen. Der Gesetzgeber wollte damit den Unternehmen die Möglichkeit geben, ohne Aufdeckung und Versteuerung der stillen Reserven, ihre Rechtsform zu ändern. Ohne diese Norm wäre diese Einbringung wie jede andere Sacheinlage in eine KapG oder Genossenschaft gegen Gewährung von Gesellschaftsrechten nach allgemeinen steuerlichen Grundsätzen als tauschähnlicher Vorgang einzuordnen (§ 6 Abs. 6 EStG). Damit wären die in den Wirtschaftsgütern enthaltenen stillen Reserven aufzulösen und zu versteuern. Die dadurch entstehende finanzielle Belastung könnte erforderliche Umstrukturierungen und Anpassungen an wirtschaftlich veränderte Umstände verhindern.

Der Gesetzgeber hat in § 20 deshalb geregelt, dass die Einbringung von bestimmten Unternehmensteilen in eine KapG bzw. Genossenschaft erfolgsneutral möglich ist. Damit kann die unternehmerische Betätigung in einer veränderten gesellschaftsrechtlichen Form fortgesetzt werden.

Auf bestehende Besteuerungsrechte Deutschlands wird jedoch nicht endgültig verzichtet.

2. Verdoppelung der stillen Reserven

Bei einer steuerneutralen Einbringung geht das einzubringende Betriebsvermögen zu Buchwerten auf die übernehmende KapG bzw. Genossenschaft als Körperschaftsteuersubjekt über. Damit sind bei der Körperschaftsteuer die stillen Reserven in den Wirtschaftsgütern des Betriebsvermögens steuerverhaftet (Ebene der Gesellschaft). Wegen § 20 Abs. 3 S. 1 gilt der im Wege der Sacheinlage erworbene Anteil an der übernehmenden Gesellschaft für den Einbringenden als zum Buchwert angeschafft. Damit sind die gleichen stillen Reserven nochmals in den Anteilen des Anteilseigners erfasst. Der Wert der Anteile bestimmt sich nämlich nach dem tatsächlichen Wert der Sacheinlage (Ebene des Anteilseigners). Insoweit ist zu beachten, dass das Besteuerungsrecht Deutschlands sowohl an den Wirtschaftsgütern des Betriebsvermögens als auch an den Anteilen an der Gesellschaft ausgeschlossen bzw. eingeschränkt werden kann.

II. Überblick über die Vorschrift

3   *Abs.* 1 bestimmt, welche Sacheinlage Gegenstand einer Einbringung sein kann. Danach sind die Einbringung von Betrieben, Teilbetrieben und Mitunternehmeranteilen in eine KapG bzw. Genossenschaft begünstigt, wenn der Einbringende dafür neue Gesellschaftsanteile an der KapG erhält, in die eingebracht wird (Sachgründung bzw. Sachkapitalerhöhung).

4   *Abs.* 2 regelt die Bewertung der Sacheinlage bei der übernehmenden Gesellschaft. Danach hat die aufnehmende Gesellschaft das eingebrachte Betriebsvermögen grds. mit dem gemeinen Wert anzusetzen (S. 1); Pensionsrückstellungen sind davon abweichend mit dem Wert nach § 6a EStG zu bewerten. Auf *Antrag* darf das eingebrachte Betriebsvermögen mit dem Buchwert oder einem höheren Wert, höchstens jedoch mit dem gemeinen Wert angesetzt werden. Dabei sind jedoch die Einschränkungen in S. 2, Nr. 1 bis 4 zu beachten.

Erhält der Einbringende neben den Gesellschaftsanteilen an der übernehmenden KapG noch andere Wirtschaftsgüter und übersteigt der gemeine Wert der anderen Wirtschaftsgüter den Buchwert des eingebrachten Betriebsvermögens, so muss die KapG nach S. 4 das eingebrachte Betriebsvermögen mindestens mit dem gemeinen Wert der erhaltenen anderen Wirtschaftsgüter ansetzen.

5   *Abs.* 3 enthält Bestimmungen über die Besteuerung des Einbringungsvorgangs. Abs. 3 geht von einem Veräußerungsvorgang des Einbringenden und einem Anschaffungsvorgang bei der übernehmenden Gesellschaft aus. Der Wert mit dem die aufnehmende KapG das eingebrachte Betriebsvermögen ansetzt, gilt nach S. 1 als Veräußerungspreis und Anschaffungskosten für die Gesellschaftsanteile beim Einbringenden. Bestand vor dem Einbringungsvorgang an dem eingebrachten Betriebsvermögen kein deutsches Besteuerungsrecht und wird dieses auch nicht durch die Einbringung begründet, so ist insoweit der gemeine Wert des übergehenden Vermögens als Anschaffungskosten der erhaltenen Anteile anzusetzen. Damit wird bei erstmaliger Steuerverstrickung der gewährten Anteile der Ansatz mit dem gemeinen Wert sichergestellt.

Erhält der Einbringende neben den Gesellschaftsanteilen noch andere Wirtschaftsgüter, so ist nach S. 3 deren gemeiner Wert von den Anschaffungskosten der erhaltenen Anteile abzuziehen. Dadurch wird eine spätere Versteuerung der stillen Reserven im eingebrachten Betriebsvermögen sichergestellt. Negative Anschaffungskosten der Anteile können sich nicht ergeben.

6   *Abs.* 4 regelt die Anwendung von § 16 Abs. 4 EStG (Freibetrag bei Betriebsveräußerung), wenn der Einbringende eine natürliche Person ist. Danach ist der Freibetrag nur zu gewähren, wenn es sich nicht um den Teil eines Mit-

unternehmeranteils handelt und die Sacheinlage mit dem gemeinen Wert bewertet wurde.

Die Tarifvergünstigung des § 34 Abs. 1 und 3 EStG wird nicht gewährt, soweit auf den Veräußerungsgewinn § 3 Nr. 40 S. 1 EStG (Teileinkünfteverfahren) anzuwenden ist.

Abs. 5 ermöglicht die Rückbeziehung der Einbringung. Dabei werden die Voraussetzungen und die Methode der Rückbeziehung der Einbringung geregelt (z. B. erforderliche Antragsstellung).   7

Abs. 6 regelt den für eine Rückbeziehung nach Abs. 5 maßgebenden Übertragungs- bzw. Einbringungsstichtag für Einbringungen aufgrund von Gesamt- und Einzelrechtsnachfolge.   8

Der Rückbezugszeitraum beträgt 8 Monate.

Durch das JStG 2009 wurde in Abs. 6 in S. 4 ein Hinweis eingefügt, der einen Verweis auf die entsprechende Anwendung des § 2 Abs. 4 enthält.[1]

Abs. 7 gewährt dem Einbringenden eine Anrechnung fiktiver ausländischer Steuern für den Fall, dass die stillen Reserven von Wirtschaftsgütern einer ausländischen Betriebsstätte, für die die Anrechnungsmethode gilt, im Zuge der Einbringung für deutsche Besteuerungszwecke aufzudecken, für ausländische Besteuerungszwecke dagegen nicht aufzudecken sind und deshalb im Zuge der Einbringung keine tatsächlichen ausländischen Steuern entstehen.   9

Art. 10 Abs. 2 der FusionsRL wurde umgesetzt.

Abs. 8 gewährt ebenfalls eine Anrechnung fiktiver ausländischer Steuern für Fälle, in denen eine ausländische hybride PersG entweder als einbringender Rechtsträger oder als erworbene Gesellschaft in den Einbringungsvorgang eingebunden ist. Zu einer Anrechnung fiktiver ausländischer Steuern kann es wie in den Fällen des Abs. 7 kommen, wenn stille Reserven von Wirtschaftsgütern einer Anrechnungsbetriebsstätte im Zuge der Einbringung für deutsche Besteuerungszwecke aufzudecken, für ausländische Besteuerungszwecke dagegen nicht aufzudecken sind.   10

Abs. 9 untersagt den Übergang eines durch die Anwendung der Zinsschrankenregelung entstehenden Zinsvortrags (§ 4h Abs. 1 S. 2 EStG) des übertragenen Betriebs auf die übernehmende KapG.   11

Das Gleiche gilt für den EBITDA-Vortrag i. S. d. § 4h Abs. 1 S. 3 EStG.

III. Rechtsentwicklung

1. Einbringungen bis 2006

Bis 2006 regelte das Umwandlungsgesetz zivilrechtlich nur nationale Umwandlungen. Wegen des numerus clausus des deutschen Gesellschaftsrechts waren ausländische Rechtsträger von vornherein als Beteiligte ausgeschlossen.   12

---

1 Lt. BT-Drs. 16/11108, 41 handelt es sich um eine redaktionelle Folgeänderung.

Das Steuerrecht knüpfte weitgehend[2] an diese Wertung an. Dementsprechend verlangte § 20 UmwStG 1995 für Einbringungen, dass Aufnehmende eine inländische KapG i.S.v. § 1 Abs. 1 Nr. 1 KStG war. Nach der dortigen, abschließenden Legaldefinition waren dies nur die GmbH, die AG und die KGaA. Andere, insbesondere ausländische Rechtsträger waren damit auch steuerrechtlich von vornherein von den Privilegien des UmwStG ausgeschlossen. Eine steuerrechtliche Einbringung zu Buchwerten war aber auch ausgeschlossen, wenn Deutschland kein Besteuerungsrecht an den als Gegenleistung gewährten Anteilen erhielt (§ 20 Abs. 3 UmwStG 1995). Damit waren auch Einbringungen in inländische KapG weitgehend ausgeschlossen, soweit Einbringender ein Steuerausländer war. Ausnahmen waren lediglich in der rudimentär in § 23 UmwStG 1995 umgesetzten FusionsRL 1992 geregelt.

2. Änderungen ab 2006

a) Umwandlungsgesetz

13 Aufgrund mehrerer Entscheidungen des EuGH[3] wurde in der Beschränkung des UmwG auf innerstaatliche Rechtsträger insbesondere ein Verstoß gegen primäres EU-Recht (z.B. Niederlassungsfreiheit, Art. 43 und 48 EGV) gesehen. Das europäische Parlament hat daraufhin am 26.10.2005 die sog. VerschmelzungsRL[4] verabschiedet. Die VerschmelzungsRL hat der Gesetzgeber durch das Zweite Gesetz zur Änderung des Umwandlungsgesetzes[5] in nationales Recht umgesetzt und somit auch Umwandlungen mit Auslandsbezug ermöglicht. Die entsprechenden Änderungen sind im X. Teil des Umwandlungsgesetzes enthalten (§§ 122a bis 122 l UmwG).

b) Umwandlungssteuergesetz

14 Im Rahmen des SEStEG wurde der sachliche und persönliche Anwendungsbereich des 6. und 8. Teils des (insbesondere § 20) in § 1 Abs. 3 und 4 europäisiert. Anlass für die Änderung der bisherigen Vorschriften waren hauptsächlich die Notwendigkeit der Umsetzung der EU-FusionsRL (geänderte Fassung in Richtlinie 2005/19/EG vom 17.02.2005) in nationales Recht sowie die Rechtsprechung des EuGH, insbesondere zur Wegzugsbesteuerung.[6]

Das UmwStG wurde „europäisiert", d.h. auf Umwandlungs- und Einbringungsfälle in der Europäischen Union (EU) sowie des Europäischen Wirtschaftsraums (EWR) erweitert. Die Ausdehnung auf den EWR ist dem EWR-Abkommen zu entnehmen und nicht der EU-FusionsRL. In Art. 126 Abs. 1 EWR-Abkommen sind die drei EFTA-Staaten Island, Norwegen und Liechtenstein genannt; die Schweiz hat sich nicht dem EWR angeschlossen.

Das UmwStG hat eine globale Wirkung hinsichtlich der Regelung in § 20, wenn der Einbringende die Voraussetzung des § 1 Abs. 4 S. 1 Nr. 2b erfüllt.

---

2 Ausnahmen waren in § 23 UmwStG 1995 geregelt.
3 Z.B. EuGH vom 30.09.2003, Rs. C-167/01(Inspire Art), BB 2003, 2195.
4 Richtlinie 2005/56/EG.
5 BGBl. 2007, 542.
6 Z.B. EuGH vom 05.11 2002, C-208/00 (Überseering), GmbHR 2002, 1137.

Hruschka/Hellmann

Unter das UmwStG fallen i.d.R. keine grenzüberschreitenden Sitzverlegungen (z.b. vom Inland ins Ausland). Hier sind die allgemeinen Entstrickungsregelungen des § 4 Abs. 1 S. 3 ff. EStG sowie § 12 Abs. 1 KStG zu beachten. Dies gilt jedoch nur für Entstrickungen für die das UmwStG nicht zur Anwendung kommt oder kein Rechtsträgerwechsel stattfindet.

3. Änderung des Bewertungsmaßstabs

Im UmwStG n.F. sind im Regelfall die übertragenden WG mit dem gemeinen Wert anzusetzen. Pensionsrückstellungen sind mit dem Steuerbilanzwert nach § 6 a EStG zu übernehmen. Dies hat zur Folge, dass stille Lasten (negative stille Reserven) der Pensionsverpflichtungen nicht aufgedeckt werden. 15

Der Ansatz des Betriebsvermögens mit dem gemeinen Wert erfasst nunmehr auch selbst erstellte oder unentgeltlich erworbene immaterielle Wirtschaftsgüter einschließlich des originären Firmenwerts. § 5 Abs. 2 EStG findet insoweit keine Anwendung.

Die Verwendung des Begriffs gemeiner Wert stellt einen Unterschied zu dem im Umwandlungssteuerrecht bisher verwandten Begriff des Teilwerts dar.

Wegen Einzelheiten vgl. Rdn. 98 ff.

4. Wegfall der Maßgeblichkeit der Handelsbilanz der Übernehmerin

Ohne dass die Nichtgeltung des Maßgeblichkeitsgrundsatzes bei der Ausübung umwandlungssteuerlicher Wahlrechte im Umwandlungssteuergesetz ausdrücklich angesprochen wird, ist der Bewertungsansatz eines Werts unter dem gemeinen Wert in der Steuerbilanz der Übernehmerin auch dann zulässig, wenn in der Handelsbilanz andere Werte angesetzt werden. Damit ist ein Maßgeblichkeitsgrundsatz nicht mehr zu beachten.[7] Dies gilt insbesondere auch dann, wenn ein handelsrechtlicher Zwang zur Höherbewertung besteht. Umgekehrt ist auch dann eine Höherbewertung in der Steuerbilanz der Übernehmerin möglich, wenn in der Handelsbilanz z.b. die Buchwerte übernommen werden. Von Bedeutung ist dies in den Fällen, in denen sich durch die Aufstockung der Buchwerte in der Steuerbilanz der sonst vom Untergang bedrohte steuerliche Verlustabzug noch nutzen lässt; dabei ist jedoch die sog. Mindestbesteuerung zu beachten. 16

Vgl. hierzu Rdn. 99.

IV. Grundkonzeption des 6. Teils des UmwStG

1. Sacheinlage

Der UmwStE 2011 regelt in den Tz. E 20.01 bis E 20.05 die Grundkonzeption der Einbringung nach der Neuregelung der §§ 20 ff. durch das SEStEG. Danach werden die bisherigen Sonderregelungen für die Besteuerung einbringungsgeborener Anteile (§ 21 UmwStG a.F., § 8b Abs. 4 KStG a.F., § 3 Nr. 40 S. 3 und 4 EStG a.F.) und die bisherige Missbrauchsklausel (§ 26 17

---

7 BT-Drs. 16/2710, 69.

Abs. 2 S. 1 und 2 UmwStG a.F.) abgelöst und durch eine nachträgliche Besteuerung des zugrunde liegenden Einbringungsvorgangs abgelöst.

Veräußert der Einbringende in den Fällen einer Sacheinlage unter dem gemeinen Wert die erhaltenen Anteile innerhalb eines Zeitraums von sieben Jahren nach der Einbringung, wird der Einbringungsgewinn rückwirkend auf den Zeitpunkt der Einbringung versteuert (§ 22 Abs. 1). Zu diesem Zweck ist der gemeine Wert des eingebrachten Betriebsvermögens auf den Einbringungszeitpunkt zu ermitteln. Die schädliche Anteilsveräußerung oder die einer Veräußerung gleichgestellten Ersatztatbestände (§ 22 Abs. 1 S. 6) stellen in Bezug auf die Steuerfestsetzung beim Einbringenden im Einbringungsjahr ein rückwirkendes Ereignis i.S.v. § 175 Abs. 1 S. 1 Nr. 2 AO dar.

Der zu versteuernde Einbringungsgewinn erhöht die Anschaffungskosten der erhaltenen Anteile (§ 22 Abs. 1 S. 4). Dadurch wird erreicht, dass die bis zum Einbringungszeitpunkt entstandenen stillen Reserven der vollen Besteuerung nach § 16 *EStG* und die nach der Einbringung entstandenen stillen Reserven der Veräußerungsgewinnbesteuerung von Anteilen und damit der vollen/teilweisen Steuerfreistellung nach *§8b KStG oder § 3 Nr. 40 EStG* unterliegen.

Auf der Ebene der übernehmenden Gesellschaft kommt es auf Antrag zu einer gewinnneutralen Buchwertaufstockung i.H.d. versteuerten Einbringungsgewinns (§ 23 Abs. 2).[8]

2. Anteilstausch

18 Nach Ansicht der Verwaltung[9] gilt für den Anteilstausch Folgendes:

– Veräußert die übernehmende Gesellschaft in den Fällen eines Anteilstausches unter dem gemeinen Wert die eingebrachten Anteile innerhalb eines Zeitraums von sieben Jahren nach der Einbringung und wäre die unmittelbare Veräußerung der Anteile nicht nach § 8b Abs. 2 KStG begünstigt gewesen, wird der Einbringungsgewinn rückwirkend auf den Zeitpunkt der Einbringung versteuert (§ 22 Abs. 2). Zu diesem Zeitpunkt ist der gemeine Wert der eingebrachten Anteile auf den Einbringungszeitpunkt zu ermitteln. § 175 Abs. 1 S. 1 Nr. 2 AO ist anzuwenden. Der zu versteuernde Einbringungsgewinn erhöht die Anschaffungskosten der erhaltenen Anteile (§ 22 Abs. 2 S. 4). Gleichzeitig kommt es auf Antrag der Ebene der übernehmenden Gesellschaft auf Antrag zu einer gewinnneutralen Buchwertaufstockung i.H.d. versteuerten Einbringungsgewinns (§ 23 Abs. 2 S. 2). Dadurch wird erreicht, dass die bis zum Einbringungszeitpunkt entstandenen stillen Reserven beim Einbringenden im Halb-/Teileinkünfteverfahren oder in voller Höhe versteuert werden und die nach der Einbringung entstandenen stillen Reserven bei der übernehmenden Gesellschaft nach § 8b Abs. 2 KStG begünstigt sind.[10]

---

8 Der UmwStE 2011 enthält in Tz. 20.05 ein entsprechendes Eingangsbeispiel.
9 Tz. 20.06–20.08 UmwStE 2011.
10 Einführungsbeispiel zum Anteilstausch: Tz. 20.08 UmwStE 2011.

3. Gegenleistung, Gewährung neuer Anteile

Voraussetzung für die Anwendung der §§ 20–23, 25 ist, dass die Gegenleis-   *19*
tung der übernehmenden Gesellschaft für das eingebrachte Vermögen zumindest zum Teil in neuen Gesellschaftsanteilen besteht. Neue Anteile entstehen nur im Fall der Gesellschaftsgründung oder einer Kapitalerhöhung.
Folgende Vorgänge fallen mangels Gewährung neuer Anteile nicht in den
Anwendungsbereich von § 20:

– Verdeckte Einlage
– Verschleierte Sachgründung oder verschleierte Sachkapitalerhöhung
– Ausscheiden der Kommanditisten aus einer Kap & Co. KG unter An-
  wachsung ihrer Anteile gem. § 738 BGB, § 142 HGB, ohne dass die Kom-
  manditisten einen Ausgleich in Form neuer Anteile an der GmbH erhalten
– Fälle des § 54 Abs. 1 und § 68 Abs. 1 und 2 UmwG[11]

Neben den Gesellschaftsanteilen können auch andere Wirtschaftsgüter ge-
währt werden (vgl. § 20 Abs. 2 S. 4, Abs. 3 S. 3, § 21 Abs. 1 S. 3, Abs. 2 S. 6).
Daneben besteht die Möglichkeit, das eingebrachte Vermögen teilweise der
Kapitalrücklage zuzuführen (§ 272 Abs. 2 Nr. 4 HGB; § 27 Abs. 1 KStG).[12]

Die Einbringung von Betriebsvermögen in eine KapG oder Genossenschaft   *20*
ist aus ertragsteuerlicher Sicht ein veräußerungs- bzw. tauschähnlicher Vorgang, bei dem die übernehmende Gesellschaft als Gegenleistung für das
eingebrachte Betriebsvermögen neue Gesellschaftsanteile gewährt.[13]

V. Anwendungsbereich

Um in den Einbringungsbereich des § 20 zu gelangen, müssen neben den   *21*
speziellen Normen des § 20 die allgemeinen Anwendungsvorschriften des
§ 1 Abs. 3 und 4 erfüllt sein.

Als aufnehmende Gesellschaft kommen alle inländischen KapG und Genossenschaften sowie auch KapG und Genossenschaften des EU/EWR-Bereichs
in Frage.

1. Sachlicher Anwendungsbereich

Der sachliche Anwendungsbereich ist abschließend in § 1 Abs. 3 genannt.[14]   *22*

Bei einer Sacheinlage nach § 20 Abs. 1 scheiden jedoch die Normen des § 1
Abs. 3 Nr. 3 und 5 aus, weil der dort genannte Formwechsel sowie der Anteilstausch vorrangig von § 25 bzw. 21 erfasst wird.

Zu den zivilrechtlichen Möglichkeiten einer Einbringung vgl. Rdn. 42 ff.

2. Persönlicher Anwendungsbereich

Den persönlichen Anwendungsbereich regelt § 1 Abs. 4.[15]   *23*

---

11 Vgl. Tz. E 20.09, 20.10 UmwStE 2011.
12 Vgl. Tz. E 20.11 UmwStE 2011.
13 Tz. 20.09 UmwStE 2011.
14 Vgl. insoweit die Ausführungen zu § 1 Rdn. 99 ff.
15 Siehe § 1 Rdn. 120 ff.

Danach kann gem. § 1 Abs. 4 Nr. 1 Übernehmerin jede nach den Rechtsvorschriften eines Mitgliedstaates der EU oder des EWR gegründete Gesellschaft mit Sitz *und* Ort der Geschäftsleitung innerhalb des EU/EWR-Raums sein.

24 Als Überträgerin kommen nach § 1 Abs. 4 Nr. 2 a in Betracht:

– nach Doppelbuchst. bb:

– Eine natürliche Person mit Wohnsitz oder gewöhnlichem Aufenthalt innerhalb eines Mitgliedstaates der EU oder des EWR

oder nach Doppelbuchst. aa:

– Eine nach den Rechtsvorschriften eines Mitgliedstaates der EU oder des EWR gegründete Gesellschaft i. S. d. Art. 48 EGV oder Art. 34 EWR-Abkommen mit Sitz *und* Geschäftsleitung innerhalb des EU/EWR-Raums

und

– in den Fällen, dass Überträgerin eine PersG ist, unmittelbar oder mittelbar (über weitere PersG) nur natürliche und/oder juristische Personen beteiligt sind, die die Voraussetzungen des Doppelbuchst. aa erfüllen.

25 Nach § 1 Abs. 4 Nr. 2b ist weiter Voraussetzung, dass das Recht Deutschlands hinsichtlich der Besteuerung des Gewinns aus der Veräußerung der erhaltenen Anteile nicht ausgeschlossen oder beschränkt ist[16].

3. Zeitlicher Anwendungsbereich

26 Nach § 27 Abs. 1 ist das UmwStG n. F. erstmals auf Umwandlungen und Einbringungen anzuwenden, bei denen die Anmeldung zur Eintragung in das maßgebende Register (i. d. R. das Handelsregister) nach dem 12. 12. 2006 erfolgt ist.

Für Einbringungen, deren Wirksamkeit keine Eintragung in ein öffentliches Register voraussetzt, ist nach § 27 Abs. 2 das UmwStG n. F. erstmals anzuwenden, wenn das wirtschaftliche Eigentum nach dem 12. 12. 2006 übergegangen ist.

27–31 *(einstweilen frei)*

B. Sacheinlage (Abs. 1)

I. Regelungsgegenstand

32 § 20 Abs. 1 regelt die Tatbestandsmerkmale einer Einbringung i. S. v. § 20. Für die Anwendbarkeit von § 20 müssen folgende Voraussetzungen erfüllt sein:

– Einbringung (= Vermögensübertragung)
– eines Betriebs, Teilbetriebs oder Mitunternehmeranteils
– in eine KapG bzw. Genossenschaft
– gegen Gewährung neuer Anteile.

Indes ergeben sich die persönlichen Voraussetzungen für die Beteiligten aus § 1 Abs. 4.

---

16 Siehe unten Rdn. 39.

II. Beteiligte

1. Übernehmende Gesellschaft[17]

a) Inländischer Rechtsträger

Übernehmende Gesellschaften können KapG und Genossenschaften sein, 33
die nach deutschem Recht gegründet sind und ihren Sitz und Ort der Ge-
schäftsleitung in Deutschland haben. Damit werden von § 20 neben der AG,
KGaA und GmbH auch Genossenschaften erfasst. Übernehmender
Rechtsträger kann auch eine Europäische Gesellschaft (SE) mit Sitz und Ge-
schäftsleitung in Deutschland sein, sowie eine Europäische Genossenschaft
(SCE). Alle anderen Körperschaften und Personenvereinigungen (z.B.
VVaG; e V.) scheiden als übernehmender Rechtsträger aus.[18]

Die Einbringung kann in eine bereits bestehende KapG durch Sachkapitalerhöhung erfolgen bzw. auch durch Einbringung im Wege der Sachgründung. Die übernehmende KapG braucht auch am steuerlichen Übertragungsstichtag bzw. zum Zeitpunkt des Umwandlungsbeschlusses oder
Abschluss des Einbringungsvertrags noch nicht bestehen. Damit ist die
Neugründung im sog. Rückwirkungszeitraum uneingeschränkt möglich.[19]

b) Rechtsträger mit Auslandsbezug

aa) Gründung der übernehmenden Gesellschaft nach deutschem Recht

Wird der übernehmende Rechtsträger nach deutschem Recht gegründet und 34
befindet sich der Ort der Geschäftsleitung (Verwaltungssitz) in einem EU-
bzw. EWR-Staat, fällt der Vorgang unter § 20 (§ 1 Abs. 4 Nr. 1 lit. a) aa)
i.V.m. § 1 Abs. 2 Nr. 1).

Befindet sich der Verwaltungssitz der übernehmenden Gesellschaft in einem Drittstaat, ist § 20 grds. nicht anzuwenden.

bb) Gründung der übernehmenden Gesellschaft nach dem Recht
eines EU/EWR-Staates

Als übernehmender Rechtsträger kommen auch Gesellschaften in Betracht, 35
die nach dem Recht eines EU- bzw. EWR-Staates gegründet wurden und
sich der Ort ihrer Geschäftsleitung innerhalb des Hoheitsgebiets eines dieser Staaten befindet (§ 1 Abs. 4 Nr. 1 lit. a) aa) i.V.m. § 1 Abs. 2 Nr. 1). Die
ausländische Gesellschaft muss jedoch nach dem sog. Typenvergleich[20] einer deutschen KapG bzw. Genossenschaft entsprechen[21].

Ist z.B. eine KapG nach dem Recht eines EU- bzw. EWR-Staates gegründet
und hat auch ihre Geschäftsleitung in einem EU- bzw. EWR-Staat, ist § 20
anwendbar.

---

17 Tz. 20.04 UmwStE 2011.
18 OFD Magdeburg vom 16.09.1999, DB 1999, 2240.
19 Tz. 02.11 UmwStE 2011.
20 Für die Kriterien des Typenvergleichs siehe beispielhaft: BMF LLC, BStBl. I 2004,
   411.
21 Tz. 01.27 UmwStE

Befindet sich der Verwaltungssitz in einem Drittstaat kommt es grds. nicht zur Anwendung von § 20.

cc) Gründung der übernehmenden Gesellschaft nach dem Recht eines Drittstaates

36 Einbringungen in eine Gesellschaft, die nach dem Recht eines Drittstaates gegründet wurde, fallen nicht in den Anwendungsbereich des § 20. Dabei ist der Verwaltungssitz unbeachtlich.

c) *Steuerpflicht der übernehmenden Gesellschaft*

37 Die übernehmende Gesellschaft muss in Deutschland weder unbeschränkt noch beschränkt steuerpflichtig sein.

2. **Einbringender Rechtsträger**[22]

38 Der persönliche Anwendungsbereich ist im Wesentlichen in § 1 Abs. 4 i.V.m. Abs. 2 geregelt.[23]

a) *Allgemeine Grundsätze*

39 Grds. setzt die Anwendung von § 20 voraus, dass der Einbringende seinen Wohnsitz/gewöhnlichen Aufenthalt bzw. seinen Sitz und die Geschäftsleitung in der EU bzw. im EWR hat. Daneben muss Deutschland das Besteuerungsrecht hinsichtlich des Gewinns aus der Veräußerung der erhalten Anteile zustehen. Ist dies nicht der Fall, weil z.B. ein DBA das Besteuerungsrecht an den erhaltenen Anteilen einem anderen Staat zuweist, kommt § 20 dennoch zur Anwendung, denn für Zwecke des § 20 ist lediglich das Besteuerungsrecht an dem eingebrachten Betriebsvermögen entscheidend.

Ausnahmsweise kann der Einbringende auch in einem Drittstaat ansässig sein. Nach § 1 Abs. 4 Nr. 2b ist die Ansässigkeit in einem Drittstaat unschädlich, wenn das deutsche Besteuerungsrecht an den im Gegenzug gewährten Anteile erhalten bleibt, bzw. nicht eingeschränkt wird. Dadurch soll sichergestellt werden, dass das Besteuerungsrecht, welches Deutschland bisher hinsichtlich des eingebrachten Betriebsvermögens hatte, nunmehr in Form der Gesellschaftsanteile erhalten bleibt. Bei Staaten mit den Deutschland ein DBA abgeschlossen hat, das dem OECD-MA entspricht, wäre diese Einschränkung im Regelfall nicht erfüllt, da Art. 13 Abs. 4 OECD-MA das Besteuerungsrecht aus Anteilsveräußerungsgewinnen dem Sitzstaat/Wohnsitzstaat zuordnet.

b) *Natürliche Personen und Körperschaften als Einbringende*

40 Natürliche Personen können Einbringende sein, gleich ob sie beschränkt oder unbeschränkt steuerpflichtig sind. Dasselbe gilt für Körperschaften i.S.d. § 1 Abs. 1 KStG.

---

22 Tz. 20.04 UmwStE 2011.
23 Siehe § 1 Rdn. 120ff.

c) Mitunternehmerschaften

Einbringender kann auch eine Mitunternehmerschaft sein. Dies gilt auch für   *41*
eine GbR, wenn diese die Voraussetzungen einer Mitunternehmerschaft erfüllt. Wird die Personengesellschaft, deren Betriebsvermögen übertragen wird, infolge der Einbringung aufgelöst und stehen die Anteile am übernehmenden Rechtsträger daher zivilrechtlich den Mitunternehmern zu (z.B. bei einer Verschmelzung i.S.d. § 2 UmwG), sind diese als Einbringende anzusehen.[24] Besteht die übertragende Personengesellschaft dagegen auch nach der Einbringung als Mitunternehmerschaft fort und werden ihr die Anteile am übernehmenden Rechtsträger gewährt (z.B. bei einer Ausgliederung i.S.d. § 123 Abs. 3 UmwG), ist die übertragende Personengesellschaft selbst als Einbringende anzusehen.[25]

Dies gilt vor allem dann, wenn die einbringende Mitunternehmerschaft im Zuge der Einbringung ihr gesamtes Vermögen überträgt und dadurch erlischt. Wirtschaftlich betrachtet werden sämtliche Mitunternehmeranteile auf die Gesellschaft übertragen. Die Anteile an der aufnehmenden Gesellschaft werden den bisherigen Mitunternehmern gewährt.

Die Mitunternehmerschaft gilt jedoch dann als Einbringende i.S.v. § 20, wenn sie im Zuge der Einbringung nicht erlischt. Dies ist immer dann der Fall, wenn die Mitunternehmerschaft nicht ihr gesamtes Vermögen einbringt (z.B. nur einen Teilbetrieb) und die dafür gewährten Gesellschaftsanteile zum Gesamthandvermögen der Mitunternehmerschaft gehören. Gleiches gilt, wenn die Mitunternehmerschaft ihren gesamten Betrieb in eine Gesellschaft einbringt und die dafür gewährten Anteile an der aufnehmenden Gesellschaft der Mitunternehmerschaft zuzurechnen sind.

Demgegenüber stehen bei einer verhältniswahrenden Abspaltung i.S.d. § 123 Abs. 2 UmwG die Anteile an der übernehmenden Gesellschaft zivilrechtlich den Mitunternehmern der bisherigen Gesellschaft zu, so dass diese hier selbst als Einbringende anzusehen sind. Bei einer nicht verhältniswahrenden Abspaltung ohne Wertverschiebung sind nur diejenigen Mitunternehmer als Einbringende anzusehen, die für die Einbringung neue Anteile erhalten. Eine nicht verhältniswahrende Spaltung ohne Wertverschiebung ist somit grds. steuerneutral nach § 20 möglich. Bei einer nicht verhältniswahrenden Abspaltung mit Wertverschiebung sind hingegen auch diejenigen Mitunternehmer als Einbringende anzusehen, die z.B. auf die Gewährung neuer Anteile nach § 54 Abs. 1 UmwG verzichtet haben.[26]

Bei Ermittlung des Buchwertes als Bewertungsuntergrenze i.S.d. § 20 Abs. 2 S. 2 sind insbesondere steuerliche *Ergänzungsbilanzen* zu berücksichtigen. Steuerliche Ergänzungsbilanzen sind regelmäßig dann aufzustellen, wenn ein Mitunternehmer seinen Mitunternehmeranteil veräußert und der Erwerber einen über den Buchwert des Anteils liegenden Kaufpreis bezahlt. Dieser bezahlte Mehrwert (wegen der stillen Reserven) wird in einer positiven Ergänzungsbilanz des Erwerbers erfasst, indem der Mehrwert auf alle bilan-

---

24 Vgl. auch BFH vom 16.02.1996 – I R 183/94, BStBl. II 1996, 342.
25 Tz. 20.03 UmwStE.
26 Tz. 20.03 UmwStE 2011.

zierten und nicht bilanzierten Wirtschaftsgüter, soweit diese stille Reserven enthalten, verteilt wird.

Negative Ergänzungsbilanzen können durch die Neutralisierung eines Veräußerungsgewinns entstehen.

III. Einbringungen

1. Zivilrecht

42 Der Begriff Einbringung wird im UmwG nicht verwendet. Die Einbringung i.S.d. § 20 kann sowohl im Wege der Gesamtrechtsnachfolge als auch im Wege der Einzelrechtsnachfolge geschehen.

Die zivilrechtlichen Einbringungsmöglichkeiten für die Anwendung des § 20 zählt § 1 Abs. 3 abschließend auf.[27]

Für die Anwendung des § 20 Abs. 1 ist es unerheblich in welcher Form die Sacheinlage in die KapG oder Genossenschaft eingebracht wird. Steuerliche Unterschiede ergeben sich nur

– bei der Berechnung des Rückbezugszeitraums gem. § 20 Abs. 6
– bei der weiteren Besteuerung des eingebrachten Betriebsvermögens, soweit der gemeine Wert angesetzt wurde (§ 23)
– bei der Grunderwerbsteuer im Fall der Einbringung durch Formwechsel, wenn zum Sacheinlagegegenstand Grundstücke gehören (§ 25).

Der Vermögensübergang von einer Vorgründungsgesellschaft auf eine Vorgesellschaft wird als Einbringungsvorgang angesehen.

a) Einzelrechtsnachfolge

43 Die Einbringung im Wege der Einzelrechtsnachfolge bedeutet die Übertragung von Wirtschaftsgütern auf die übernehmende Gesellschaft nach den jeweils für diese Wirtschaftsgüter geltenden zivilrechtlichen (schuld- und sachenrechtlichen) Übertragungsvorschriften. Werden Sachgesamtheiten (Betriebe, Teilbetriebe, Mitunternehmeranteile) übertragen, so muss dieser Vorgang in einem einheitlichen wirtschaftlichen Übertragungsakt (z.B. Einbringungsvertrag) erfolgen. Für eine Einbringung nach § 20 im Wege der Einzelrechtsnachfolge kommen damit solche Vorgänge in Betracht, die zivilrechtlich als Sachgründung oder Sachkapitalerhöhung bzw. Sacheinlage bei Genossenschaften zu qualifizieren sind.[28]

Insbesondere sind damit erfasst

– Sachgründungen nach § 5 Abs. 4 GmbHG bzw. § 27 AktG
– Sachkapitalerhöhung nach § 56 GmbHG bzw. § 183, 194, 205 AktG
– Leistungen nach § 7a Abs. 3 GenG.

Daneben sind, mangels handelsrechtlicher Alternative, Einbringungsvorgänge nur im Wege der Einzelrechtsnachfolge möglich. Bei einer handelsrechtlichen Umwandlung einer PersG in eine KapG kann vorhandenes Son-

---

27 Siehe § 1 Rdn. 99 ff.
28 Tz. 01.44 UmwStE.

derbetriebsvermögen nur im Wege der Einzelrechtsnachfolge (nach den Vorschriften des BGB) übertragen werden.

b) Gesamtrechtsnachfolge

Zivilrechtliche Grundlage einer Einbringung kann auch eine Umwandlung 44
nach den Vorschriften des UmwG sein. Eine Gesamtrechtsnachfolge liegt
danach vor bei *Verschmelzung* einer Personenhandelsgesellschaft oder Partnerschaftsgesellschaft auf eine KapG oder Genossenschaft, bei *Auf- und Abspaltung* (§ 123 Abs. 1 und 2 UmwG) von Teilbetrieben von einer oder mehrerer Personenhandelsgesellschaften oder Partnerschaftsgesellschaften auf
eine KapG oder Genossenschaft sowie bei *Ausgliederungstatbeständen*
(§ 123 Abs. 3 UmwG), wenn übernehmender Rechtsträger eine KapG oder
Genossenschaft ist.[29]

Der *Formwechsel* einer Personenhandels- oder Partnerschaftsgesellschaft in
eine KapG ist zivilrechtlich aufgrund der Rechtsträgeridentität (§ 202 Abs. 1
Nr. 1 UmwG) nicht mit einer Kapitalerhöhung verbunden. Kennzeichnend
für eine formwechselnde Umwandlung ist, dass an ihr nur ein Rechtsträger
beteiligt ist und es weder zu einer Gesamtrechtsnachfolge des Vermögens
eines Rechtsträgers in das Vermögen eines anderen kommt noch es einer
Übertragung der einzelnen Vermögensgegenstände bedarf.

Steuerrechtlich wird der Formwechsel gem. § 25 S. 1 als Einbringungsvorgang behandelt. Damit wird aus steuerlicher Sicht beim sog. „kreuzenden"
Formwechsel eine Vermögensübertragung fingiert.[30]

Den Vorschriften des Umwandlungsgesetzes vergleichbare ausländische
Vorgänge liegen vor, wenn der Vorgang seinem Wesen nach einer im deutschen Umwandlungsrecht geregelten Umwandlung entspricht. Die Vergleichbarkeitsprüfung umfasst

– die Rechtsfolgen (Auflösung ohne Abwicklung, Gesamtrechtsnachfolge)

– und die beteiligten Rechtsträger (Typenvergleich).

c) Anwachsung

Bei der Anwachsung sind als Mitunternehmer nicht nur natürliche Personen 45
beteiligt, sondern auch juristische Personen (z.B. eine KapG als Komplementär). Scheiden nunmehr alle Kommanditisten aus der PersG aus, wächst
deren Anteil am Gesellschaftsvermögen der verbleibenden KapG an. Die
Vermögensübertragung durch Anwachsung vollzieht sich zivilrechtlich
(§ 738 Abs. 1 S. 1 BGB) im Wege der Gesamtrechtsnachfolge. Ertragsteuerlich behandelt die Finanzverwaltung die Anwachsung als einen Unterfall
der Einzelrechtsnachfolge.[31]

Ob die Anwachsung zur Anwendung des § 20 führt, hängt von der Art der
Gegenleistung ab. Führt die Anwachsung zwar zur Kapitalzuführung bei
der übernehmenden KapG (Buchung als Zugang bei der Kapitalrücklage),

---

29 Tz. 01.44 UmwStE 2011.
30 Tz. 01.44 UmwStE 2011.
31 Tz. 01.44 UmwStE 2011.

werden jedoch keine neuen Gesellschaftsrechte als Gegenleistung gewährt, liegt kein Fall des § 20 vor (sog. einfaches Anwachsungsmodell).

Erfolgt im Zuge der Anwachsung eine formelle Kapitalerhöhung, liegt ein Einbringungsvorgang nach § 20 vor. Die ausscheidenden Mitunternehmer bringen ihre Kommanditanteile in die Komplementär-KapG gegen Gewährung von Gesellschaftsrechten ein (sog. erweitertes Anwachsungsmodell).

aa) Einfaches Anwachsungsmodell

46 Der Vorgang fällt nicht unter § 20. Aus Sicht der ausscheidenden Mitunternehmer kommt es zur Aufgabe des Mitunternehmeranteils nach § 16 EStG. Bei der übernehmenden KapG liegt eine verdeckte Einlage in die Komplementär-GmbH vor. Dabei bemisst sich der Wert der verdeckten Einlage nach der Wertsteigerung, die die GmbH einschließlich des anteiligen Firmenwerts durch die Anwachsung erfährt. Damit erfolgt die Bewertung der verdeckten Einlage grds. mit dem Teilwert.

Beispiel:

Mitunternehmer der A-GmbH & Co. KG sind die A-GmbH als Komplementär ohne Vermögenseinlage und A als Kommanditist zu 100 %. Am 01.05.08 scheidet A als Kommanditist aus der KG aus, mit der Folge, dass das Gesamthandvermögen nur der GmbH als Eigentümerin anwächst (§ 738 BGB; §§ 161 Abs. 2, 142 HGB). Das Kapitalkonto des A beträgt am 01.05.08 EUR 100.000; der Teilwert der KG beträgt EUR 500.000.

Lösung:

Da A einen Mitunternehmeranteil aufgibt, muss er einen Aufgabegewinn von EUR 400.000 nach § 16 Abs. 3 EStG versteuern. Es handelt sich danach um eine verdeckte Einlage in die GmbH, da A seiner Gesellschaft unentgeltlich einen einlagefähigen Vermögensvorteil verschafft. § 20 kann mangels Gewährung von Gesellschaftsrechten nicht angewendet werden. Bei der A-GmbH ist das übernommene Betriebsvermögen (die KG ist durch Ausscheiden des vorletzten Mitunternehmers beendet) mit dem Teilwert zu bewerten. Gleichzeitig erhöht sich bei der GmbH das steuerliche Einlagekonto um EUR 500.000. Die Anschaffungskosten des GmbH-Anteils sind bei A um ebenfalls EUR 500.000 zu erhöhen.

bb) Erweitertes Anwachsungsmodell

47 Beim sog. erweiterten Anwachsungsmodell werden dem ausgeschiedenen Mitunternehmer im Gegenzug neue Gesellschaftsrechte an der übernehmenden KapG gewährt. § 20 ist anwendbar. Zu beachten ist aber dabei insbesondere das Sonderbetriebsvermögen. Denn von der Anwachsung betroffen sind nur die Wirtschaftsgüter des Gesamthandvermögens, die aufgrund gesetzlicher Rechtsfolge auf den verbleibenden Gesellschafter (KapG) übergehen. Das dem Gesellschafter persönlich zuzurechnende Sonderbetriebsvermögen (als funktionell wesentliche Betriebsgrundlage) kann hingegen nur im Rahmen der Einzelrechtsnachfolge und daher zusätzlich auf die KapG übertragen werden.

Beispiel:

Mitunternehmer der A-GmbH & Co. KG sind die A-GmbH ohne Vermögenseinlage und der Kommanditist A zu 100 %. Am 01.07.08 überträgt A als Kommanditist an der KG seinen Mitunternehmeranteil auf die A-GmbH. Daraus ergibt sich nun die Rechtsfolge, dass das Gesamthandsvermögen der A-GmbH als Eigentümerin anwächst. Das Kapitalkonto des A beträgt am 01.07.08 EUR 100.000; der gemeine Wert der KG EUR 500.000. Im Zuge der Anwachsung gewährt die A-GmbH dem A neue Anteile von nominal EUR 50.000. A besitzt auch noch ein Grundstück (funktionell wesentliche Grundlage), welches bei ihm im Sonderbetriebsvermögen ausgewiesen ist. Dieses überträgt er nicht auf die GmbH, sondern überlässt es ihr langfristig zur Nutzung.

Lösung:

Zwar bekommt A aufgrund des Ausscheidens neue Gesellschaftsrechte, aber ein Anwendungsfall i.S.d. § 20 ist trotzdem nicht gegeben. Denn Einbringungsgegenstand ist kein Mitunternehmeranteil, da nicht sämtliche wesentlichen Betriebsgrundlagen (hier das Sonderbetriebsvermögen) auf die GmbH übertragen werden. Der Mitunternehmeranteil wird daher zerschlagen. Daraus entsteht A ein Aufgabegewinn von EUR 400.000, da nur die stillen Reserven des Gesamthandvermögens aufzudecken sind. Das Sonderbetriebsvermögen bleibt Betriebsvermögen des aufgrund der Betriebsaufspaltung entstehenden Besitzunternehmens. Daher ist der Aufgabegewinn auch nicht begünstigt. Die A-GmbH muss das Vermögen mit dem gemeinen Wert ausweisen. Gleichzeitig erhöht sich das steuerliche Einlagekonto um EUR 450.000, da A in dieser Höhe ein Agio gezahlt hat (keine verdeckte Einlage).

Beispiel:

An der X-GmbH & Co. KG ist die X-GmbH ohne Vermögenseinlage als Komplementär beteiligt. Kommanditist ist die Y-GmbH zu 100 %, die auch alle Anteile an der X-GmbH hält. Im Wj 09 wird die X-GmbH auf die Y-GmbH im Wege der Aufwärtsverschmelzung rückwirkend zum 31.12.08 verschmolzen.

Lösung:

Nach der Verschmelzung der X-GmbH auf die Y-GmbH hat die KG nur noch einen Gesellschafter. Damit geht das Vermögen der KG im Wege der Anwachsung auf die Y-GmbH über. Der Vermögensübergang erfolgt zwingend zu Buchwerten soweit die Y-GmbH bisher an der X-KG beteiligt war, denn es fehlt insoweit an einem Anschaffungsvorgang.[32]

Als Reflex der rückwirkenden Verschmelzung der X-GmbH zum 31.12.08 findet die Vermögensübertragung im Wege der Anwachsung ebenfalls zum 31.12.08 statt.

---

32 OFD Berlin vom 19.07.2002, DB 2002, 1966.

2. Steuerrecht

48 Als Sacheinlage, die nach § 20 Abs. 1 S. 1 Gegenstand einer Einbringung sein kann, kommen in Betracht:

– ein ganzer Betrieb

– ein ganzer Teilbetrieb

– und ein ganzer Mitunternehmeranteil oder Teile davon.[33]

Damit ist § 20 nicht auf die Einbringung *einzelner* Wirtschaftsgüter anwendbar. Die Aufzählung der Sacheinlagen in § 20 Abs. 1 ist insoweit abschließend.

a) Betrieb

aa) Begriff

49 Das UmwStG definiert den Begriff des Betriebs nicht. Nach Auffassung der Finanzverwaltung kann grds. auf die zu § 16 EStG entwickelte Begriffsbestimmung des Gewerbebetriebs zurückgegriffen werden, wonach der Betrieb die Summe aller wesentlichen Betriebsgrundlagen darstellt (R 16 Abs. 1 EStR).[34]

Unter Betrieb ist nicht nur ein gewerblicher Betrieb zu verstehen, sondern auch land- und forstwirtschaftliche Betriebe sowie der Betrieb eines freiberuflich bzw. selbständig Tätigen.[35] Auch Betriebe gewerblicher Art von juristischen Personen des öffentlichen Rechts sowie wirtschaftliche Geschäftsbetriebe stellen einen Betrieb i.S.d. UmwStG dar.[36]

Ein Gewerbebetrieb kraft „Rechtsform" i.S.v. § 8 Abs. 2 KStG reicht für die Annahme eines Betriebs. Dies gilt auch für gewerblich geprägte PersG. Eine rein vermögensverwaltende PersG unterhält jedoch keinen Betrieb. Dies gilt auch für sog. Zebragesellschaften.[37]

bb) Wesentliche Betriebsgrundlage

50 Erforderlich ist, dass alle wesentlichen Grundlagen des Betriebs übertragen werden; es genügt nicht, der übernehmenden Gesellschaft diese Wirtschaftsgüter nur zur Nutzung zu überlassen.[38] Dabei ist auf die sog. funktionelle Betrachtung abzustellen.[39] Entscheidend sind danach der tatsächliche Einsatz des Wirtschaftsguts und die Funktion für die Betriebsführung. Das Wirtschaftsgut muss zur Erreichung des Unternehmenszwecks erforderlich und für den Betriebsablauf von einigem Gewicht sein. Wie hoch die stillen Reserven des Wirtschaftsguts sind, ist für die funktionelle Wesentlichkeit ohne Bedeutung.

Voraussetzung ist, dass spätestens am steuerlichen Einbringungsstichtag alle wesentlichen Grundlagen vorhanden sind.[40]

---

33 Tz. 20.11 UmwStE.
34 Tz. 20.06 UmwStE 2011; BMF vom 16.08.2000, BStBl. I, 1253.
35 Siehe auch *Kauffmann* in Frotscher/Maas, § 15 EStG Rdn. 11 ff.
36 *Patt* in Dötsch/Pung/Patt/Möhlenbrock, § 20 Rdn. 23.
37 Tz. 03.16 UmwStE 2011.
38 Tz. 20.06 UmwStE 2011.
39 Tz. 20.06 UmwStE 2011; BMF vom 16.08.2000, BStBl. I, 1253.
40 Tz. 20.06 UmwStE 2011 i.V.m. Tz. 15.03.

Hruschka/Hellmann

Unerheblich ist die Verwendung durch die übernehmende KapG.

Werden im Rahmen der Einbringung *einzelne* Wirtschaftsgüter (wesentliche Betriebsgrundlagen oder nach wirtschaftlichen Zusammenhängen zuordbare Wirtschaftsgüter) im zeitlichen und wirtschaftlichen Zusammenhang mit der Einbringung eines Betriebs/Teilbetriebs zu Buchwerten in ein anderes Betriebsvermögen überführt (z.B. § 6 Abs. 5 EStG), kann § 20 grds. nicht angewendet werden, da nicht der gesamte Betrieb übertragen wurde. Insoweit ist die Anwendung der Gesamtplanrechtsprechung zu prüfen.[41] Die auf die KapG übertragenden (restlichen) Wirtschaftsgüter führen nach den Grundsätzen des § 6 Abs. 6 EStG zu einer Gewinnrealisierung. Der Gewinn ist aber dann nicht nach §§ 16, 34 EStG begünstigt, da nicht alle stille Reserven der wesentlichen Betriebsgrundlagen aufgedeckt werden. Die Buchwert-Übertragung der einzelnen WG wird davon nicht berührt.

Beispiel:
V will sein Einzelunternehmen in die neu gegründete A-GmbH einbringen. Zum Betriebsvermögen des Unternehmens gehören als wesentliche Betriebsgrundlagen lediglich zwei Wirtschaftsgüter (Grundstück I: Buchwert EUR 100.000; Verkehrswert EUR 500.000; Grundstück II: Buchwert EUR 50.000; Verkehrswert EUR 250.000). Das Grundstück II soll von V zurückbehalten und künftig privat verpachtet werden.

Lösung:
Die Voraussetzungen des § 20 liegen nicht vor, da kein Betrieb eingebracht wird. Denn es werden nicht sämtliche wesentliche Betriebsgrundlagen auf die KapG übertragen. Damit handelt es sich um eine Betriebsaufgabe (Grundstück II wird Privatvermögen) nach § 16 EStG, woraus ein Aufgabegewinn von EUR 600.000 (EUR 750.000 – EUR 150.000) entsteht.

Abwandlung:
Das Grundstück II wird nicht Privatvermögen, sondern soll in ein anderes Einzelunternehmen des A überführt werden.

Lösung:
Auch hier sind die Voraussetzungen des § 20 nicht erfüllt, da nicht sämtliche wesentlichen Betriebsgrundlagen übertragen wurden. Der Vorgang stellt eine Betriebsaufgabe i.S.d. § 16 EStG dar, wobei aber nicht die stillen Reserven des Grundstücks II aufgedeckt werden müssen. Denn dieses Grundstück ist gem. § 6 Abs. 5 EStG zu Buchwert in ein anderes Betriebsvermögen des Unternehmers zu überführen. Die aus dem Wirtschaftgut aufgedeckten stillen Reserven i.H.v. EUR 400.000 sind danach aber nicht nach §§ 16,34 EStG begünstigt, da nicht sämtliche stille Reserven des Einzelunternehmens aufgedeckt wurden.[42]

---

41 Tz. 20.06 UmwStE 2011.
42 Tz. 20.06 UmwstE.

Werden wesentliche Betriebsgrundlagen im zeitlichen und wirtschaftlichen Zusammenhang mit der Einbringung in ein anderes Betriebsvermögen überführt, so ist die Anwendung der BFH-Rechtsprechung[43] zur Gesamtplanrechtsprechung sowie der Grundsatz des § 42 AO zu prüfen.[44]

51 Einzelfälle für wesentliche/nicht wesentliche Betriebsgrundlagen:

– Bewegliche WG, die für den Betriebsablauf unerlässlich sind (Technische Anlagen, Betriebsvorrichtungen, Maschinen, LKW usw.)

– Immaterielle Wirtschaftsgüter, auch wenn sie nicht aktiviert sind (Patente, Marken- und Warenzeichen; Herstellungsverfahren usw.)

– Grundstücke sind regelmäßig wesentliche Grundlage, wenn sie in einen bestimmten Betriebsablauf eingebunden sind

– Anteile an einer KapG, die für die Erreichung des Betriebszwecks erforderlich sind (z.B. Vertriebsgesellschaften; Organschaft usw.).[45] Anteile, die lediglich der Verstärkung des Betriebsvermögens dienen, sind keine wesentliche Grundlage[46]

– Umlaufvermögen (Vorräte, Forderungen, Geldbestände) zählen nicht zu den wesentlichen Grundlagen eines Betriebs

– Betriebsschulden (Darlehen; Verbindlichkeiten aus Lieferungen und Leistungen) sind keine wesentliche Grundlagen; Ausnahme: Pensionsrückstellungen wegen § 613a BGB.

Ausnahme: Einbringung zum gemeinen Wert durch natürliche Personen

Hier müssen bei Ansatz des gemeinen Werts auch die quantitativ wesentlichen Betriebsgrundlagen mit eingebracht werden, weil es sich nach § 20 Abs. 4 um eine Betriebsveräußerung nach § 16 EStG handelt und die §§ 16 Abs. 4, 34 EStG Anwendung finden.

cc) Betrieb mit Anteilen an KapG

52 Enthält der im Rahmen einer Sacheinlage eingebrachte Betrieb auch Anteile an KapGen, sind diese regelmäßig unselbständiger Bestandteil des eingebrachten Betriebs, sofern es sich um funktional wesentliche Betriebsgrundlagen handelt.[47] Dies gilt auch für die zum Betriebsvermögen gehörende 100%ige Beteiligung an einer KapG. Die Fiktion eines Teilbetriebs, wie sie § 15 bzw. § 16 EStG enthält, ist in § 20 nicht vorgesehen.[48]

Die Beteiligung an einer KapG bleibt auch dann unselbständiger Teil des Betriebs, wenn sie für sich betrachtet die Voraussetzungen einer mehrheitsvermittelnden Beteiligung i.S.d. § 21 erfüllt, denn § 21 Abs. 1 S. 2 ist nur anzuwenden, wenn der dort aufgezählte Einlagegegenstand *isoliert* eingebracht wird.

Somit ist § 20 vorrangig vor § 21 anzuwenden.

---

43 Urteil v. 11.12.2001 – VIII R 23/01, BStBl. II 2004, 474
44 Tz. 20.07 UmwStE 2011; vgl. hierzu auch Rdn. 56 „Ausgliederungsmodell".
45 Tz. 20.06 UmwStE 2011.
46 Wegen Anteilen an einer Komplementär-GmbH vgl. Rdn. 72.
47 Tz. 20.06 UmwStE 2011.
48 BT-Drs. 16/2710 zu § 20.

Im Einzelnen ergeben sich die folgenden Auswirkungen: 53

– Gehört die Beteiligung an der KapG zu den wesentlichen Grundlagen eines Betriebs, richtet sich die Einbringung zwingend nach § 20. Es besteht nur ein einheitliches Wahlrecht.[49]

– Eine eigene Sacheinlage hinsichtlich der mehrheitsvermittelnden Beteiligung an einer KapG im Betriebsvermögen eines Betriebs kann nach § 21 erreicht werden, wenn der Betriebseinbringung die Einbringung der Anteile vorangeht. Dies ist jedoch nur möglich, wenn die Anteile an der KapG keine wesentliche Grundlage des später eingebrachten Betriebs sind. Zu beachten ist, dass der Anteilstausch nach § 21 keine Rückwirkungsfiktion vorsieht.

Zur Betriebsaufspaltung vgl. Rdn. 59

Sonderfall: Zum eingebrachten Betriebsvermögen gehören bereits Anteile an der übernehmenden Gesellschaft.[50]

Gehören zum Betriebsvermögen des eingebrachten Betriebs bzw. Teilbetriebs Anteile an der übernehmenden Gesellschaft, so werden diese Anteile, wenn sie mit eingebracht werden, zu sog. eigenen Anteilen der KapG. Der Erwerb eigener Anteile durch eine KapG unterliegt handelsrechtlichen Beschränkungen. Soweit die Anteile mit eingebracht werden, würde der Einbringende dafür als Gegenleistung neue Anteile an der KapG erhalten.

Bei dieser Situation ist es nicht zu beanstanden, wenn die Anteile an der KapG auf *unwiderruflichen Antrag* des Einbringenden nicht mit eingebracht werden. Der Einbringende muss sich in dem Antrag damit einverstanden erklären, dass die zurückbehaltenen Anteile an der übernehmenden Gesellschaft künftig in vollem Umfang als Anteile zu behandeln sind, die durch eine Sacheinlage erworben worden sind. Dementsprechend ist auch für diese Anteile § 22 Abs. 1 anzuwenden. Besteht in diesen Fällen hinsichtlich des Gewinns aus der Veräußerung der zurückbehaltenen Anteile durch den Einbringenden kein deutsches Besteuerungsrecht, ist § 22 Abs. 1 S. 5 HS 2 anzuwenden. Als Anschaffungskosten der erhaltenen Anteile (Neu- und Altanteile) gilt der Wertansatz des eingebrachten Betriebsvermögens zuzüglich des Buchwerts der zurückbehaltenen Anteile. § 20 Abs. 2 S. 2 Nr. 2 ist im Hinblick auf das eingebrachte (Rest-) Vermögen zu beachten.

Beispiel:[51]

A ist zu 80 % an der X-GmbH (Stammkapital: EUR 25.000, Buchwert: EUR 40.000, gemeiner Wert: EUR 85.000) beteiligt und hält die Beteiligung im Betriebsvermögen seines Einzelunternehmens. Zum 01.01.08 bringt er das Einzelunternehmen zu Buchwerten (Buchwert: EUR 170.000, gemeiner Wert: EUR 345.000; jeweils incl. Beteiligung) nach § 20 in die X-GmbH gegen Gewährung von Anteilen (Kapitalerhöhung 20) ein. Die Beteiligung an der X-GmbH soll zurückbehalten werden, um das Entstehen eigener Anteile auf Ebene

---

49 Tz. 20.06 UmwStE 2011.
50 Tz. 20.09 UmwStE 2011.
51 Tz. 20.08 UmwStE 2011.

der X-GmbH zu vermeiden. Zum 01. 03. 10 werden sämtliche Anteile zum Preis von EUR 400.000 veräußert.

Stellt die Beteiligung eine funktional wesentliche Betriebsgrundlage des Einzelunternehmens dar, würde der Zurückbehalt der Beteiligung grds. die Anwendung von § 20 ausschließen. Ist die Beteiligung keine wesentliche Grundlage, kann sie zwar zurückbehalten werden, aber die Beteiligung würde dann als entnommen gelten. Auf unwiderruflichen Antrag des Einbringenden können diese Anteile zurückbehalten werden und stehen damit einer Einbringung zu Buchwerten nicht entgegen, mit der Folge, dass diese als Anteile i.S.d. § 22 Abs. 1 zu behandeln sind. Die Veräußerung der Anteile im Jahr 10 löst damit die rückwirkende Besteuerung des Einbringungsgewinn I zum 01. 01. 08 aus:

gemeiner Wert des eingebrachten Betriebsvermögen (ohne Beteiligung)	260 (345 – 85)
./. Buchwert des eingebrachten Betriebsvermögen (ohne Beteiligung)	<u>120</u> (170 – 50)
Stille Reserven im Einbringungszeitpunkt	140
./. 2/7 Abschmelzungsbetrag	– 40
Zu versteuernder Einbringungsgewinn I	100

Darüber hinaus erzielt A zum 01. 03. 10 einen Veräußerungsgewinn nach § 17 EStG:

Veräußerungspreis der Anteile	400
./. AK der Anteile (Buchwert eingebrachtes Betriebsvermögen zzgl. Buchwert der zurückbehaltenen Anteile)	– 170
./. versteuerter Einbringungsgewinn I	– 100
Veräußerungsgewinn nach § 17 EStG	130

Alternativ:

Wäre der Einbringende A z.B. in Frankreich ansässig und damit beschränkt steuerpflichtig, ist der Einbringungsgewinn I unter Anwendung von § 22 Abs. 1 S. 5 HS 2 wie folgt zu berechnen:

Gemeiner Wert des eingebrachten Betriebsvermögen (incl. Beteiligung)	345
./. Buchwert des eingebrachten Betriebsvermögen (mit Beteiligung)	– 170
Stille Reserven im Einbringungszeitpunkt (insgesamt)	175
./. 2/7 Abschmelzungsbetrag	– 50
Zu versteuernder Einbringungsgewinn I	125

Ein Veräußerungsgewinn nach § 17 EStG entsteht nicht, da Deutschland insoweit kein Besteuerungsrecht hat. Nach DBA-F besteuert der Wohnsitzstaat die Veräußerung.

dd) Betrieb mit Mitunternehmeranteilen

54 Gehört ein Mitunternehmeranteil zum Vermögen des eingebrachten Betriebs der natürlichen Person oder Körperschaft, liegen unabhängig von der

Höhe der Beteiligung stets mehrere Sacheinlagen vor. Neben der Einbringung des ganzen Betriebs sind zusätzlich noch so viele Sacheinlagen gem. § 20 Abs. 1 gegeben, wie Mitunternehmeranteile zusammen mit dem Betrieb eingebracht werden.[52] Im Gegensatz zu einer Beteiligung an einer KapG ist der Mitunternehmeranteil ertragsteuerlich kein Wirtschaftsgut des eingebrachten Betriebs. Die Mitunternehmerbeteiligung repräsentiert vielmehr die Mitberechtigung an den Wirtschaftsgütern des Gesamthandvermögens der PersG, an der die Mitunternehmerschaft besteht ggf. zuzgl. Sonderbetriebsvermögen. Mehrere Mitunternehmerschaften können nicht zu einer Sacheinlage zusammengefasst werden.

Der Mitunternehmeranteil ist *keine* wesentliche Betriebsgrundlage des Betriebs.

ee) Zurückbehaltung wesentlicher Betriebsgrundlagen

Wird nur *eine* der wesentlichen Betriebsgrundlagen von der Einbringung ausgeschlossen, liegt keine Betriebseinbringung i.S.d. § 20 Abs. 1 vor.[53] Es handelt sich um die Einbringung einer Vielzahl von Einzel-Wirtschaftsgütern gegen Erwerb einer Beteiligung an der übernehmenden KapG. Es kommt nicht darauf an, ob andere wesentliche Betriebsgrundlagen eingebracht worden sind oder mit dem übertragenen Betriebsvermögen eine Fortsetzung des Betriebs durch die Übernehmerin möglich wäre.   55

Die Zurückbehaltung einer wesentlichen Betriebsgrundlage liegt vor, wenn wesentliche Wirtschaftsgüter nicht durch Umwandlung oder Einzelrechtsnachfolge auf die KapG übertragen, sondern dieser nur zur Nutzung überlassen werden.[54]

Scheiden in einem zeitlichen Zusammenhang mit der Betriebseinbringung funktional wesentliche Betriebsgrundlagen aus dem Betriebsvermögen des eingebrachten Betriebs aus und erfolgt dieser Vorgang nicht nur zeitlich zufällig mit der Einbringung, sondern ist mit der Umstrukturierung wirtschaftlich (sachlich) verknüpft, liegt die für § 20 Abs. 1 schädliche Zurückbehaltung einer wesentlichen Grundlage vor. Diese Vorgänge stehen nämlich mit einem einheitlich mit der Einbringung zu beurteilenden Zusammenhang (sog. zeitraumbezogene Betrachtung). Hier ist z.B. die der Einbringung eines Einzelunternehmens unmittelbar vorausgehende Überführung von Grundstücken in das Sonderbetriebsvermögen einer PersG (§ 6 Abs. 5 S. 2 und 3 EStG) und anschließende Verpachtung der betriebsnotwendigen Grundstücke an die das übrige Betriebsvermögen übernehmende KapG zu nennen.[55]   56

Bei der Frage der Einbringung gem. § 20 Abs. 1 ist jedoch (umgekehrt) zu entscheiden, ob nach Zurückbehaltung eines wesentlichen Wirtschaftsguts noch ein ganzer Betrieb übergeht mit der Folge, dass in dem eingebrachten

---

52 Tz. 20.12 UmwStE 2011.
53 Tz. 20.07 UmwStE 2011.
54 Tz. 20.07 UmwStE 2011.
55 Tz. 20.07 UmwStE 2011; a.A. BFH v. 25.11.2009 – I R 72/08, BFH/NV 2010, 535; v. 02.08.2012 – IV R 41/11, BFH/NV 2012, 2053.

„Restbetrieb" gerade nicht die stillen Reserven aufgedeckt werden (§ 20 Abs. 2 S. 1).

Die sog. Gesamtplan-Rechtsprechung ist auch bei Einbringungsfällen zu beachten.[56]

Beispiel *(Ausgliederungsmodell)*:
V plant die Einbringung seines Einzelunternehmens, zu dessen Betriebsvermögen zwei Grundstücke gehören (Grundstück I: Buchwert EUR 100.000, Verkehrswert: EUR 500.000; Grundstück II: Buchwert EUR 100.000, Verkehrswert: EUR 300.000). Im Rahmen der Einbringung soll aber nur das Grundstück I auf die neu gegründete GmbH übertragen werden; das Grundstück II (ebenfalls funktional wesentliche Betriebsgrundlage) jedoch nicht. Aus diesem Grund überführt er dieses Grundstück am 15.10.08 in sein Sonderbetriebsvermögen bei der X-OHG. Am 01.01.08 nimmt er die Einbringung seines „Restbetriebs" in die A-GmbH vor.

Lösung:
Die Voraussetzungen des § 20 liegen nicht vor, da Gegenstand der Einbringung nicht ein Betrieb ist. Denn eine funktional wesentliche Betriebsgrundlage wurde im zeitlichen Zusammenhang zur Einbringung dem Betrieb ausgegliedert (steuerneutral nach § 6 Abs. 5 S. 2 EStG). Daher findet eine Zerschlagung des betrieblichen Organismus statt, wonach es zur Aufdeckung der im Grundstück I ruhenden stillen Reserven (= EUR 400.000) kommt. Die stillen Reserven des Grundstücks II werden nicht aufgedeckt, da diese dem A aufgrund des Sonderbetriebsvermögens bei der OHG weiterhin zuzurechnen sind, so dass der Buchwert-Ansatz zwingend ist. § 6 Abs. 5 S. 2 EStG geht insoweit § 16 EStG vor. Mangels Aufdeckung aller stillen Reserven ist der Gewinn von EUR 400.000 daher nicht nach §§ 16 und 34 EStG begünstigt.

Dieses Ausgliederungsmodell wird von der Rechtsprechung[57] und von der Finanzverwaltung[58] i.d.R. nicht anerkannt, wenn die Ausgliederung auf einem einheitlichen Gesamtplan mit der Einbringung beruht und mit dieser zeitlich eng zusammenhängt.

Ein *enger zeitlicher Zusammenhang* ist anzunehmen, wenn zwischen der Ausgliederung und der Einbringung ein Zeitraum von *12 Monaten oder weniger* besteht.[59]

Die Finanzverwaltung nimmt i.d.R. einen Zeitraum von *24 Monaten* an.[60]

---

56 Tz. 20.07 UmwStE 2011; a.A. BFH v. 25.11.2009 – I R 72/08, BFH/NV 2010, 535; v. 02.08.2012 – IV R 41/11, BFH/NV 2012, 2053.
57 BFH vom 06.09.2000, IV R 18/99, BStBl. II 2001, 229; BFH vom 13.04.2007, IV B 81/06, BFH/NV 2007, 1939.
58 Tz. 20.07 UmwStE 2011.
59 BFH vom 16.09.2004, IV R 11/03, BStBl. II 2004, 1068.
60 OFD Karlsruhe vom 20.06.2006, Beisp. 5 zu Tz. 5.3.

Hinweis:

Der BFH[61] lässt in einem Streitfall die Überlegung des Finanzamts auf das Vorliegen eines schädlichen Gesamtplans und die damit verbundene Anwendbarkeit von § 42 AO nicht durchgreifen. Er erkennt die Auslagerung einer wesentlichen Grundlage – hier von Grundstücken – aus einer PersG und damit aus einem einzubringenden Mitunternehmeranteil steuerlich an, wenn sie „auf Dauer erfolgt und deshalb andere wirtschaftliche Folgen auslöst als die Einbeziehung des betreffenden Wirtschaftsguts in den Einbringungsvorgang". Anders könne es nur sein, wenn die Auslagerung alsbald rückgängig gemacht werde und sich deshalb nur als vorgeschoben erweise. Dieser relativ kurze Passus im Besprechungsurteil muss wohl als „Warnschuss" gegen eine ausufernde Anwendung der Gesamtplanrechtsprechung durch die Finanzverwaltung gesehen werden.

ff) Rückbehalt nicht funktional wesentlicher Betriebsgrundlagen

Der Rückbehalt nicht funktional wesentlicher Betriebsgrundlagen steht der 57 Anwendung des § 20 nicht entgegen. Zurückbehaltene Wirtschaftsgüter sind grds. als entnommen[62] zu behandeln, es sei denn, sie stellen weiterhin Betriebsvermögen dar. Dies gilt auch für das Sonderbetriebsvermögen als auch z.b. bei einer Überführung nicht funktional wesentlicher Betriebsgrundlagen zum Buchwert gem. § 6 Abs. 5 EStG in ein anderes Betriebsvermögen.

Entnahmezeitpunkt ist in diesen Fällen der steuerliche Übertragungsstichtag.[63]

gg) Zurückbehaltung von Schulden

Werden bei Einbringung eines Betriebs Schulden, die zum Betriebsvermö- 58 gen des eingebrachten Betriebs gehört haben, zurückbehalten, so ist § 20 uneingeschränkt anwendbar, soweit die Verbindlichkeiten kein nach wirtschaftlichen Zusammenhängen zuordbares Wirtschaftsgut darstellen. Die Möglichkeit, Schulden zurückzubehalten, ist dann interessant, wenn das Kapitalkonto des eingebrachten Betriebs negativ ist.

Die ggf. zu entrichtenden Schuldzinsen sind dann als Werbungskosten bzw. Betriebsausgaben unter Beachtung von § 3 c Abs. 2 EStG zu berücksichtigen.[64]

hh) Betriebsaufspaltung

Wird der Betrieb des Besitzunternehmens in die Betriebskapitalgesellschaft 59 eingebracht, müssten die zum Betriebsvermögen des Besitzunternehmens gehörenden Anteile an der Betriebs-KapG ebenfalls übertragen werden. Denn diese Anteile gehören zu den wesentlichen Betriebsgrundlagen des

---

61 BFH vom 25.11.2009, DStR 2010, 269.
62 Tz. 20.08 UmwStE 2011.
63 Tz. 20.08 UmwStE 2011.
64 BFH vom 11.09.1991, XI R 15/90, BStBl. II 1992, 404.

Betriebs. In diesem Fall entstehen sog. eigene Anteile der KapG. Der Erwerb eigener Anteile durch eine KapG unterliegt handelsrechtlichen Beschränkungen (§ 71 AktG; § 33 GmbHG). Soweit die Anteile an der KapG mit eingebracht werden, würde der Einbringende dafür neue Anteile an der KapG erhalten. Bei dieser Situation ist es nach Auffassung der Finanzverwaltung[65] nicht zu beanstanden, wenn die Anteile nicht eingebracht werden. § 20 Abs. 1 ist für die Einbringung des Betriebsvermögens ungeachtet der Zurückbehaltung der Anteile an der Betriebs-KapG anwendbar. Die zurückbehaltenen Anteile an der KapG gelten in diesem Fall als nicht entnommen. Sie sind künftig als aus einer Sacheinlage zum Buchwert erworbene („steuerverstrickte") Anteile i.S.d. § 22 zu behandeln. Damit entfällt eine Aufdeckung von den stillen Reserven, die in den Anteilen enthalten sind.[66]

Wird der Betrieb des Besitzunternehmens nicht in die Betriebs-KapG eingebracht, sondern in eine andere KapG, ist die Einbringung der Anteile an der Betriebs-KapG unverzichtbar für die Anwendung des § 20 Abs. 1. Es entsteht damit eine sog. kapitalistische Betriebsaufspaltung.

b) Teilbetrieb

aa) Begriff

60 Das UmwStG enthält keine Definition des Begriffs „Teilbetrieb". Der Begriff des Teilbetriebs ist im deutschen Ertragsteuerrecht einheitlich auszulegen.[67] Damit können zur Auslegung des Begriffs insbesondere die Vorschriften zu § 16 EStG herangezogen werden.

Der UmwStE 2011 verweist in Tz. 20.06 zum Begriff des Teilbetriebs auf Tz. 15.02 sowie Tz. 15.07 – 15.10.

Nach der Rechtsprechung ist ein Teilbetrieb ein mit gewisser Selbständigkeit ausgestatteter, organisch geschlossener Teil des Gesamtbetriebs, der für sich allein lebensfähig ist.[68]

Kein Teilbetrieb sind z.B. innerbetriebliche Organisationseinheiten, die nicht selbst am Markt Leistungen anbieten, da hier keine originäre wirtschaftliche Tätigkeit gegeben ist. Ebenso stellt ein einzelnes Wirtschaftsgut bzw. die Zusammenfassung einzelner Wirtschaftsgüter (z.B. Grundstücke, Beteiligungen) grds. keinen Teilbetrieb dar.

61 Indizien für eine gewisse Selbständigkeit können z.B. sein:

– Räumliche (örtliche) Trennung (z.B. Filiale bei einem Handelsbetrieb)
– Einsatz von eigenem Fachpersonal
– Eigenes Anlagevermögen (z.B. bei einem Produktionsunternehmen)
– Verwendung unterschiedlicher Rohstoffe
– Mitwirkung bei der Preisgestaltung
– Unterschiedliches Warensortiment sowie eigene Lieferanten

---

65 Tz. 20.09 UmwStE 2011.
66 Vgl. hierzu Rdn. 53.
67 Statt aller: *Mutscher* in Frotscher/Maas § 20 Rdn. 101; kritisch: *Wacker* in L. Schmidt, § 16 EStG Rdn. 141.
68 BFH vom 18. 10. 1999, GrS 2/98, BStBl. II 1999, 123.

Hruschka/Hellmann

– Eigener Kundenkreis (z.B. bei Dienstleistungsunternehmen)
– Eigene Buchführung (getrennte Buchung von Aufwendungen und Erlösen)
– Selbständige Organisation (Verwaltung)

Eine völlig selbständige Organisation, Buchführung und Verwaltung ist für   62
die Annahme eines Teilbetriebs nicht zwingend.

Lebensfähig bedeutet, dass mit der Struktur des Betriebsteils eine eigenständige betriebliche Tätigkeit ausgeübt werden kann. Es ist nicht erforderlich, dass der Teilbetrieb mit Gewinn arbeitet. Auch die Wertverhältnisse im Gesamtbetrieb sind unmaßgeblich.

Die Tätigkeit des Teilbetriebs muss einen gewerblichen Charakter haben.   63
Ein Gewerbebetrieb kraft Rechtsform (z.B. bei Körperschaften § 8 Abs. 2
KStG; bei PersG nach § 15 Abs. 3 Nr. 1 und 2 EStG) reicht nicht aus. Hat
z.B. ein Unternehmen neben seiner eigengewerblichen Betätigung einen
eigenen vermögensverwaltenden Bereich (z.B. Verwaltung von Beteiligungen, Vermietung von Grundstücken), dann ist dieser Bereich grds. kein Teilbetrieb. Ein Teilbetrieb kann jedoch dann vorliegen, wenn z.B. die Grundstücksverwaltung innerhalb einer Betriebsaufspaltung erfolgt, bzw. wenn
die Verwaltung der Beteiligungen eine geschäftsleitende Holdingtätigkeit
darstellt, die gegen Entgelt bzw. Aufwendungsersatz erfolgt.

Die vermögensverwaltende Tätigkeit muss von der eigengewerblichen Betätigung abgrenzbar sein.   64

Eine zu einem Betriebsvermögen gehörende 100 %ige Beteiligung an einer   65
KapG gilt nicht als Teilbetrieb.[69] Wird ein Teilbetrieb eingebracht und ist die
100 %ige Beteiligung an einer KapG eine wesentliche Grundlage des Teilbetriebs, gehört die Beteiligung als unselbständiger aber notwendiger Bestandteil zum Sacheinlagegegenstand Teilbetrieb.[70]

Mitunternehmeranteile stellen keine wesentliche Betriebsgrundlage dar.   66
Der Mitunternehmeranteil ist ein eigener Sacheinlagegegenstand nach § 20
Abs. 1.[71]

Die Frage, ob ein Teilbetrieb vorliegt, ist nach den Verhältnissen des Einbringenden zu beurteilen. Wirtschaftsgüter, die beim Einbringenden eine   67
wesentliche Grundlage darstellten, werden deshalb nicht zu unwesentlichen
Grundlagen, weil die übernehmende Gesellschaft diese Wirtschaftsgüter
durch eigene Güter ersetzt und daher nicht mehr benötigt werden.

bb) Teilbetriebsbegriff nach der EU-FusionsRL

Der Teilbetriebsbegriff der FusionsRL weicht im Wesentlichen in folgenden   68
Punkten vom Teilbetriebsbegriff nach § 16 EStG ab:

– Die Tätigkeit im Teilbetrieb muss sich nicht von der übrigen Tätigkeit der
  Gesellschaft abheben.

---

69 BT-Drs. 16/2710, 69.
70 Vgl. hierzu Rdn. 52.
71 Tz. 20.12 UmwStE 2011.

- Es ist nur eine organisatorische Selbstständigkeit vonnöten.
- Eine Eigentumsübertragung ist nicht erforderlich. Eine dauerhaft gesicherte Nutzungsüberlassung ist ausreichend. Ob diese Auffassung aus der FusionsRL entnommen werden kann ist zweifelhaft. Nach h.M. ist für die Anwendung von § 20 Abs. 1 jedenfalls nach wie vor eine Eigentumsübertragung zwingend.[72]
- Ob ein Teilbetrieb i.S.d. FusionsRL vorliegt ist ausschließlich aus der Sicht der Übernehmerin zu beurteilen. Die h.M. geht davon aus, dass für das Vorliegen eines Teilbetriebs die Verhältnisse beim Einbringenden maßgebend sind. Insoweit besteht Übereinstimmung mit § 16 EStG.
- Die Einbringung eines Teilbetriebs setzt nach der FusionsRL die Einbringung aller aktiven und passiven WG voraus, nicht nur die wesentlichen Betriebsgrundlagen.
- Nach der FusionsRL kann ein „Teilbetrieb im Aufbau" nicht Gegenstand einer steuerneutralen Einbringung sein.

Der UmwStE 2011 geht von der Anwendung der FusionsRL aus[73], allerdings mit Einschränkungen.

cc) Teilbetriebe im Aufbau

69 Die Voraussetzungen des Teilbetriebs müssen bereits am steuerlichen Übertragungsstichtag vorgelegen haben.[74]

Danach ist ein die Einbringung eines Teilbetriebs im Aufbau nicht möglich.

dd) Nutzung von wesentlichen Betriebsgrundlagen durch mehrere Teilbetriebe

70 Die Zurückbehaltung einer wesentlichen Betriebsgrundlage ist gegeben, wenn ein für mehrere Teilbetriebe gemeinschaftlich genutztes wesentliches Wirtschaftsgut nicht mit übertragen wird. Dies gilt selbst dann, wenn die Nutzung des Wirtschaftsguts für den tatsächlich eingebrachten Teilbetrieb nur sehr gering ist.

Nicht selten werden Wirtschaftsgüter – insbesondere Grundstücke, Maschinen oder Betriebsvorrichtungen – für mehrere Teilbetriebe gemeinschaftlich genutzt. Dies resultiert häufig aus der historischen Entwicklung eines Unternehmens. Sind die gemeinschaftlich genutzten Wirtschaftsgüter auch für die unterschiedlichen Teilbetriebe wesentliche Grundlage (funktional), steht dies nach Auffassung der Finanzverwaltung[75] der Annahme von Teilbetrieben entgegen. Eine Sacheinlage eines Teilbetriebs kommt danach nur in Frage, wenn

- entweder das gemischtgenutzte Wirtschaftsgut nach dem Einsatz in den Teilbetrieb zivilrechtlich geteilt wird und auf die Übernehmerin übertragen wird (nur bei Grundstücken möglich)

---

72 Tz. 20.06 UmwStE 2011.
73 Tz. 15.02 UmwStE 2011.
74 Tz. 20.15 UmwStE 2011 i.V.m. Tz. 15.03, 02.14.
75 Tz. 20.06 UmwStE 2011 i.V.m. Tz. 15.08.

– an dem gemischtgenutzten Wirtschaftsgut (z.b. Grundstück) nach dem Verhältnis der tatsächlichen Nutzung Bruchteilseigentum eingeräumt wird
– das gesamte gemischtgenutzte Wirtschaftsgut auf die Übernehmerin übertragen wird und von dieser an den Restbetrieb in dem für den zurückbehaltenen Teilbetrieb genutzten Umfang verpachtet wird. Es ist bei § 20 nicht erforderlich, dass der zurückbleibende Restbetrieb ebenfalls einen Teilbetrieb darstellt.

ee) Zeitliches Moment für das Vorliegen eines Teilbetriebs

Die Teilbetriebs-Eigenschaft muss bereits am steuerlichen Übertragungs- 71 stichtag vorliegen.[76]

Mitunternehmeranteil

Ertragsteuerlich stellt der Mitunternehmeranteil einen Anteil an sämtlichen 72 Wirtschaftsgütern der Mitunternehmerschaft dar. Bringt eine PersG einen Betrieb oder Teilbetrieb in eine KapG ein, kann als Einbringende die PersG anzusehen sein, wenn diese nach der Einbringung fortbesteht und die gewährten Anteile hält.

Eine Mitunternehmerschaft liegt vor, soweit Einkünfte aus Gewerbebetrieb, selbständiger Arbeit oder aus Land- und Forstwirtschaft erzielt werden. Eine gewerblich geprägte PersG ist stets als Mitunternehmerschaft anzusehen, auch wenn sie keine gewerbliche Tätigkeit i.S.d. § 15 Abs. 1 S. 1 Nr. 1 EStG ausübt. Diese gesetzliche Fiktion gilt auch für die Einbringungen nach § 20 Abs. 1. Kein Mitunternehmeranteil ist der im Betriebsvermögen einer natürlichen Person oder KapG gehaltenen Anteil an einer PersG, die weder gewerblich tätig noch gewerblich geprägt ist (vermögensverwaltende PersG). Das gilt auch dann, wenn die Erträge aus der PersG beim Gesellschafter Einkünfte aus Gewerbebetrieb darstellen *(Zebra-Gesellschaften).*[77]

Bei einer GmbH und Co. KG ergibt sich die Frage, ob und unter welchen Voraussetzungen eine Beteiligung an der Komplementär-GmbH des Mitunternehmers, die als sein Sonderbetriebsvermögen II qualifiziert wird, als funktional wesentliche Betriebsgrundlage eines Mitunternehmeranteils angesehen werden kann. Der BFH[78] geht davon aus, dass eine Komplementär-Beteiligung funktional wesentlich sei, wenn die Beteiligung an der Komplementär-GmbH den Kommanditisten in die Lage versetze, über Fragen der laufenden Geschäftsführung zu bestimmen. Der BFH hat dies im Streitfall verneint, weil der Kommanditist die Komplementär GmbH nicht beherrscht hat. Damit wäre die Beteiligung des Kommanditisten an der Komplementär-GmbH immer dann eine funktional wesentliche Betriebsgrundlage, wenn der Kommanditist die Komplementär-GmbH beherrscht und zwar unabhängig davon, ob die Komplementär-GmbH am Vermögen der KG beteiligt ist, oder nicht.

---

76 Tz. 20.06 UmwStE 2011 i. V. m. Tz. 15.02.
77 Siehe auch: *Nitzschke* in Blümich, § 20 Rdn. 57.
78 BFH vom 25.11.2009, I R 72/08, BStBl. II 2010, 471; DStR 2010, 269.

Wird jedoch die PersG aufgrund Formwechsels (§ 25) umgewandelt oder wenn sie durch Einbringung aller Mitunternehmeranteile in eine KapG untergeht, wird die Komplementärstellung aufgrund der Umwandlung bzw. Einbringung wirtschaftlich sinnlos. Der BFH hat in diesem Fall die funktional wesentliche Betriebsgrundlage verneint.[79]

Zu den einzelnen Abgrenzungskriterien hat die Finanzverwaltung in einem umfangreichen Schreiben ihre Auffassung dargelegt.[80]

ff) Mitunternehmeranteil als Gegenstand einer Sacheinlage

73 Gegenstand einer Sacheinlage kann nach § 20 Abs. 1 auch ein Mitunternehmeranteil sein.[81]

Der Einbringende kann gesellschaftsrechtlich nicht mehrere Mitgliedschaften an *einer* PersG haben. Daraus folgt, dass der Mitunternehmeranteil unteilbar ist; d.h. es liegen nicht mehrere Mitunternehmeranteile an derselben Mitunternehmerschaft vor, wenn der Einbringende seine Beteiligung sukzessiv erworben hat. Die nach und nach angeschafften Anteile vereinigen sich zu einem einheitlichen Mitunternehmeranteil mit einheitlichen Anschaffungskosten. Die Einbringung eines Mitunternehmeranteils stellt daher nur *eine* einzige Sacheinlage i.S.d. § 20 Abs. 1 dar. Werden dagegen Mitunternehmeranteile an verschiedenen PersG eingebracht, ist hinsichtlich der Beteiligung an jeder PersG ein eigener Sacheinlagevorgang gegeben. Dies gilt selbst dann, wenn es sich bei den PersG um beteiligungsidentische Schwestergesellschaften handelt oder wenn die vd. Mitunternehmeranteile zu einem Betriebsvermögen gehören, das insgesamt unter den Bedingungen des § 20 Abs. 1 eingebracht wird.

gg) Einbringung eines ganzen Mitunternehmeranteils

74 Die Einbringung eines Mitunternehmeranteils i.S.d. § 20 Abs. 1 ist nur gegeben, wenn *alle wesentlichen* Betriebsgrundlagen auf die Übernehmerin übertragen werden. Die Zurückbehaltung unwesentlicher Wirtschaftsgüter schließt eine Sacheinlage nicht aus. Zu einem Mitunternehmeranteil gehören der Anteil am Gesellschaftsvermögen/Gesamthandvermögen *(GHV) und* das Sonder-Betriebsvermögen *(SBV)*. Sind im Sonderbetriebsvermögen keine wesentlichen Grundlagen enthalten, kann das zur Vermögenssphäre des Mitunternehmeranteils gehörende Sonderbetriebsvermögen von der Einbringung ausgenommen werden. In diesem Fall entspricht der Anteil am Gesellschaftsvermögen dem Mitunternehmeranteil. Befindet sich jedoch eine wesentliche Betriebsgrundlage im Sonderbetriebsvermögens-Bereich des Mitunternehmers, muss diese gem. § 20 Abs. 1 auf die Übernehmerin übertragen werden.[82]

Werden wesentliche Betriebsgrundlagen des Mitunternehmeranteils (des Gesamthandvermögens und des Sonderbetriebsvermögens) in einem zeitlichen und sachlichen Zusammenhang mit der Einbringung aus dem Be-

---

79 BFH vom 16.12.2009, I R 97/08, BStBl. II 2010, 808.
80 Z.B. OFD Münster vom 06.11.2008, S 2242, GmbHR 2009, 108.
81 Tz. 20.10 UmwStE 2011.
82 Tz. 20.10 UmwStE 2011 i.V.m. 20.06; *Mutscher* in Frotscher/Maas, § 20 Rdn. 125.

Hruschka/Hellmann

triebsvermögen des Mitunternehmeranteils herausgenommen (Überführung in ein anderes Betriebsvermögen oder Verkauf an eine Schwester-PersG), liegt – wie bereits erwähnt – eine Zurückbehaltung von wesentlichen Betriebsgrundlagen vor, die die Anwendung des § 20 Abs. 1 für das Rest-Betriebsvermögen ausschließt.

– Zum Sonderbetriebsvermögen:

Gegenstand der Einbringung ist nicht die Einbringung eines Betriebs durch   75
die PersG, sondern vielmehr die Einbringung der Mitunternehmeranteile durch die einzelnen Mitunternehmer.

Zum Mitunternehmeranteil gehört der Anteil am Gesellschaftsvermögen und das Sonderbetriebsvermögen (soweit es wesentliche Grundlagen enthält).[83]

– Zur wesentlichen Grundlage im Sonderbetriebsvermögen:

Die zum unmittelbaren Einsatz im Betrieb der Mitunternehmerschaft über-   76
lassenen Wirtschaftsgüter des Sonderbetriebsvermögens I gehören zu den wesentlichen Grundlagen des Mitunternehmeranteils, wenn sie ein wirtschaftliches Gewicht für das Unternehmen besitzen.[84] Hier kommen insbesondere Grundstücke in Frage.

Die Forderung eines Mitunternehmers aus einem Darlehen an die PersG ist notwendiges Sonderbetriebsvermögen I. Die Forderung gehört jedoch unter funktionalen Gesichtspunkten grds. nicht zu den wesentlichen Betriebsgrundlagen.

Auch Sonderbetriebsvermögen II kann – ausnahmsweise – zu den (funktio-   77
nal) wesentlichen Betriebsgrundlagen gehören[85]; z.B. Wirtschaftsgüter die über einen Dritten der PersG zur Nutzung überlassen werden, bei Organschaft, bei Betriebsaufspaltungen, bei Komplementär-GmbH.[86]

Gewillkürtes Sonderbetriebsvermögen I und Sonderbetriebsvermögen II ist   78
unter funktionalen Gesichtspunkten regelmäßig keine wesentliche Betriebsgrundlage.

Schulden, die der Mitunternehmer zur Finanzierung der Beteiligung an der   79
PersG eingegangen ist, gehören zu seinem passiven Sonderbetriebsvermögen (negatives Sonderbetriebsvermögen II) und gehören nicht zu den funktional wesentlichen Grundlagen des Mitunternehmeranteils. Ggf. könnte es sich jedoch um ein nach wirtschaftlichen Zusammenhängen zuordbares Wirtschaftsgut handeln.

Wird der Mitunternehmeranteil des Kommanditisten einer GmbH & Co.KG   80
in die Komplementär-GmbH eingebracht, kann die im Sonderbetriebsvermögen II befindliche Beteiligung an der Komplementär-GmbH aus Billigkeitsgründen zurückbehalten werden.[87] Trotz Zurückbehaltung bleibt § 20 anwendbar; die Beteiligung an der Komplementär-GmbH, die die Sonder-

---

83 BFH vom 16.02.1996, I R 183/94, BStBl. II 1996, 342.
84 BFH vom 02.10.1997, IV R 84/96, BStBl. II 1998, 104.
85 BMF vom 16.08.2000, BStBl. I 2000, 1253.
86 Vgl. Rdn. 73.
87 Tz. 20.09 UmwStE 2011; BFH vom 16.02.1996, I R 183/94, BStBl. II 1996, 342; *Mutscher* in Frotscher/Maas, § 20 Rdn. 133.

betriebsvermögens-Eigenschaft verliert, wird zum Buchwert in das Privatvermögen überführt und gilt als Beteiligung i.S.v. § 22.[88]

Gehört zum Mitunternehmeranteil Sonderbetriebsvermögen mit wesentlichen Grundlagen und geht der Mitunternehmeranteil im Wege der handelsrechtlichen Verschmelzung (= Gesamtrechtsnachfolge) über, so muss das Sonderbetriebsvermögen zusätzlich durch Einzelrechtsnachfolge auf die KapG übertragen werden (einheitlicher Übertragungsakt). Es bedarf also einer weiteren zivilrechtlichen Vereinbarung zwischen dem Eigentümer des Wirtschaftsguts des Sonderbetriebsvermögens und der aufnehmenden KapG.

Beispiel:

An der A & B OHG sind die Mitunternehmer A und B zu jeweils 50 % beteiligt. Zum Gesamthandvermögen der OHG gehört ein Grundstück (Buchwert: EUR 100.000, Verkehrswert: EUR 200.000) und zum Sonderbetriebsvermögen des A eine Maschine (Buchwert: EUR 25.000, Verkehrswert: EUR 150.000). Beide Wirtschaftsgüter gehören zu den funktional wesentlichen Betriebsgrundlagen. Die OHG soll in die A & B GmbH umgewandelt werden. Aus diesem Grund wird das Betriebsvermögen der OHG auf die GmbH übertragen, jedoch mit Ausnahme der Maschine, die A zurückbehält (im Privatvermögen).

Lösung:

Einbringungsgegenstand sind hier die Mitunternehmeranteile der OHG. Somit liegen zwei getrennt zu würdigende Einbringungsvorgänge vor. Im Fall des B sind die Voraussetzungen für eine antragsgemäße Buchwert-Einbringung erfüllt, da er seinen kompletten Mitunternehmeranteil einbringt. Bei A mangelt es daran, da er eine wesentliche Betriebsgrundlage, die sich bei ihm im Sonderbetriebsvermögen befindet, nicht mit einbringt. Es kommt daher bei A zur Zerschlagung des Mitunternehmeranteils, so dass die mit diesem zusammenhängenden stillen Reserven nach § 16 EStG aufzudecken sind und § 20 nicht zur Anwendung kommt. Eine Betriebsaufspaltung wird nicht begründet, da die personellen Voraussetzungen nicht erfüllt werden.

50 % der stR des Grundstücks	50.000
stR aus dem SBV (150.000 – 25.000)	125.000
Gewinn des A	175.000

hh) Bruchteil eines Mitunternehmeranteils (Teilanteilseinbringung)

81 Nach Auffassung der Finanzverwaltung[89] kann auch ein Bruchteil eines Mitunternehmeranteils Gegenstand einer von § 20 Abs. 1 begünstigten Einlage sein. Ist Sonderbetriebsvermögen vorhanden, dass eine wesentliche Betriebsgrundlage darstellt, dann verlangt die Rechtsprechung auch die *quotale Miteinbringung* des Sonderbetriebvermögens. Enthält das Sonder-

---

88 Vgl. hierzu jedoch die Ausführungen in Rdn. 73.
89 Tz. 20.11 UmwStE 2011.

betriebsvermögen keine wesentlichen Betriebsgrundlagen genügt die Einbringung des Bruchteils des Gesamthandvermögens. Im Fall der Veräußerung eines Teils eines Mitunternehmeranteils gem. § 16 Abs. 1 Nr. 2 EStG hat der BFH entschieden, dass die Veräußerung eines Teils des Anteils nur dann vorliegt, wenn zugleich auch die *quotale* Mitveräußerung des (wesentlichen) Sonderbetriebsvermögens erfolgt.[90] Die gleichen Grundsätze müssen auch für Zwecke des § 20 gelten. Dies erfordert in vielen Fällen die rechtliche Teilung der Wirtschaftsgüter. Bei der Einbringung von Bruchteilen an Mitunternehmeranteilen bei Vorhandensein von Sonderbetriebsvermögen gilt folgendes:

- Enthält das Sonderbetriebsvermögen keine wesentliche Grundlage, genügt die Einbringung des Bruchteils des Mitunternehmeranteils. Die Zurückbehaltung des gesamten Sonderbetriebsvermögens ist demnach unschädlich. Das Sonderbetriebsvermögen bleibt in vollem Umfang als Bestandteil des „Rest-Mitunternehmeranteils" erhalten.
- Enthält das Sonderbetriebsvermögen wesentliche Grundlagen, muss ein quotal gleich hoher Anteil am Sonderbetriebsvermögen übertragen werden. In diesem Fall ist die Einbringung eines Mitunternehmeranteils gegeben.
- Enthält das Sonderbetriebsvermögen wesentliche Grundlagen und wird das gesamte Sonderbetriebsvermögen übertragen (überquotale Übertragung), liegt die Übertragung eines Mitunternehmerteilanteils vor. Zum Sacheinlagegegenstand gehört aber nur das Sonderbetriebsvermögen, soweit es der Quote des übertragenen Mitunternehmeranteils entspricht. Die Übertragung des „Rest-Sonderbetriebsvermögens" kann daher nicht nach § 20 beurteilt werden, sondern ist nach den allgemeinen Grundsätzen (Gewinnrealisierung: § 6 Abs. 1 Nr. 4 S. 1 EStG oder § 6 Abs. 6 S. 1 EStG, wenn die Beteiligung an der Übernehmerin Sonderbetriebsvermögen des Einbringenden wird) zu würdigen (Ausnahme: Anteil einer KapG, wenn zusätzlich die Voraussetzungen des § 21 Abs. 1 S. 1 vorliegen). Eine Anwendung von § 6 Abs. 5 S. 3 EStG ist nicht möglich, da hier nur die Einbringung in ein Gesamthandvermögen (also PersG) betroffen ist.
- Enthält das Sonderbetriebsvermögen wesentliche Grundlagen und wird ein geringerer Anteil am Sonderbetriebsvermögen übertragen, als es der Quote am Gesamthandvermögen entspricht (unterquotale Übertragung), liegt die Einbringung eines Mitunternehmerteilanteils vor, soweit sich der Anteil am Gesamthandvermögen und am Sonderbetriebsvermögen decken. Die Übererfüllung von anteiligen Wirtschaftsgütern des Gesamthandvermögens erfolgt außerhalb der Sacheinlage nach § 20 Abs. 1 S. 1. Es gelten die allgemeinen Grundsätze der Gewinnrealisierung.

ii) Ausgleichsmaßnahmen für Anteilseigner, die zusätzlich Sonderbetriebsvermögen einbringen

In den Fällen in denen ein Mitunternehmer neben seinem Anteil am Gesellschaftsvermögen zusätzlich sein Sonderbetriebsvermögen mit auf die über-   82

---

90 BFH vom 12. 04. 2000, XI R 35/99, BStBl. II 2001, 26; BFH vom 24. 08. 2000, IV R 51/98, BFH/NV 2000, 1554; BFH vom 06. 12. 2000, VIII R 21/00, BFH/NV 2001, 548.

nehmende KapG überträgt, ergibt sich die Notwendigkeit eines wertmäßigen Ausgleichs. Hier bieten sich die folgenden Ausgleichsmöglichkeiten an:

- der einbringende Mitunternehmer erhält eine höhere Beteiligung an der übernehmenden Gesellschaft,
- bis zum Ausgleich des eingebrachten Mehrwerts werden vereinbarungsgemäß disquotale (inkongruente) Gewinnausschüttungen vorgenommen, die der Anteilseigner erhält, der das Sonderbetriebsvermögen eingebracht hat,
- diejenigen Mitunternehmer, die kein Sonderbetriebsvermögen eingebracht haben leisten ein angemessenes Aufgeld durch Zahlung in die Kapitalrücklage,
- die übernehmende KapG gewährt dem Mitunternehmer, der sein Sonderbetriebsvermögen eingebracht hat, ein Darlehen (hier wäre § 20 Abs. 2 S. 4 zu beachten). Der gemeine Wert des Darlehens mindert jedoch die Anschaffungskosten der erhaltenen Anteile.

Beispiel:

A ist zu 50 % an der X-OHG beteiligt. In seinem Sonderbetriebsvermögen ist ein Grundstück (funktional wesentliche Betriebsgrundlage) ausgewiesen. Zum 01.01.08 übertragt A die Hälfte seines Mitunternehmeranteils auf die Y-GmbH. A überträgt das Sonderbetriebsvermögen:

a) nicht auf die GmbH
b) zu 50 % auf die GmbH
c) zu 25 % auf die GmbH
d) zu 100 % auf die GmbH

Lösung:

a) keine Übertragung von Sonderbetriebsvermögen
Aufdeckung der stillen Reserven im Mitunternehmeranteil;
Wird Sonderbetriebsvermögen zum Privatvermögen des A sind auch die stillen Reserven im Sonderbetriebsvermögen aufzudecken.

b) Übertragung des Sonderbetriebsvermögens zu 50 %
Es liegt eine quotale Übertragung vor, denn auch der Mitunternehmeranteil wurde zu 50 % übertragen. Somit erfolgt keine Aufdeckung von stillen Reserven.

c) Unterquotale Übertragung von Sonderbetriebsvermögen
   (nur 25 %)
Soweit Deckungsgleichheit besteht ist die Buchwert-Fortführung möglich; d.h. das Sonderbetriebsvermögen ist zu Buchwerten zu übertragen. Der Mitunternehmeranteil ist zur Hälfte (= 25 % von 50 % = $^{1}/_{2}$) mit dem Buchwert zu übertragen. Für die andere Hälfte des Mitunternehmeranteils erfolgt die Aufdeckung von stillen Reserven (laufender Gewinn).

d) Überquotale Übertragung des Sonderbetriebsvermögens
   (hier 100 %)
Soweit Deckungsgleichheit besteht ist die Buchwert-Fortführung möglich, d.h. der Mitunternehmeranteil ist voll zu Buchwerten zu

übertragen. Beim Sonderbetriebsvermögen ist die Hälfte zum Buchwert zu übertragen (hinsichtlich 50 % besteht Deckungsgleichheit); die andere Hälfte des Sonderbetriebsvermögens ist unter Aufdeckung der stillen Reserven zu übertragen.

3. Vermögensübertragung

a) Übertragung des zivilrechtlichen Eigentums

Die Einbringung erfordert, dass die zum Betrieb, Teilbetrieb oder Mitunter-   83
nehmeranteil gehörenden Wirtschaftsgüter auf die KapG übertragen werden. Dies erfordert den Übergang des zivilrechtlichen Eigentums an den übertragenen Wirtschaftsgütern des Gesellschaftsvermögens und auch des Sonderbetriebsvermögens.

Eine Einbringung i. S. d. § 20 scheidet danach immer aus, wenn funktional wesentliche Betriebsgrundlagen nicht auf die KapG übertragen werden.

Gleiches gilt, wenn der Einbringende die nicht übertragenen Wirtschaftsgüter der KapG nur langfristig (z. B. Mietvertrag) überlässt. Ggf. kann hieraus eine Betriebsaufspaltung begründet werden.

b) Übertragung des wirtschaftlichen Eigentums

Wird hinsichtlich wesentlicher Betriebsgrundlagen nur das wirtschaftliche   84
Eigentum von Betriebsvermögen in eine KapG übertragen, wäre § 20 nach h. M.[91] nicht anzuwenden, weil ein derartiger bloß steuerrechtlicher Vermögenstransfer nicht von § 1 Abs. 3 erfasst wird.

Die Finanzverwaltung[92] hat jedoch im Billigkeitswege das Einbringen durch Übertragung des wirtschaftlichen Eigentums als unschädlich angesehen. Danach genügt für den steuerlichen Begriff des „Einbringens" die Einräumung der Rechtsposition des wirtschaftlichen Eigentums gem. § 39 Abs. 2 S. 1 AO. Entscheidende Bedeutung hat diese Möglichkeit für die Einbringungsfälle, in denen Grundstücke im Privateigentum des Einbringenden zurück gehalten werden sollen. Offen ist allerdings, wann vom Übergang des wirtschaftlichen Eigentums auszugehen ist. Hierfür sind u. E. die Regelungen zum Immobilienleasing[93] heranzuziehen. Hiernach liegt vornehmlich eine Übertragung des wirtschaftlichen Eigentums vor, wenn die Immobilie nur sinnvoll von der Betriebs-GmbH genutzt werden kann (Spezial-Leasing) bzw. bei Leasingverträgen mit Mietverlängerungsoption, wenn v. a. die Grundmietzeit mehr als 90 % der betriebsgewöhnlichen Nutzungsdauer beträgt und der Leasingnehmer die Gefahr des zufälligen Untergangs trägt.

---

91 Z. B. *Patt* in Dötsch/Pung/Patt/Möhlenbrock, § 20 Rdn. 7.
92 Tz. 20.06 UmwStE 2011 i. V. m. Tz. 15.07; ebenso: Bay. Lfst vom 06. 03. 2006, FR 2006, 391.
93 BMF vom 22. 12. 1975, IV B 2-S 2170-161/75; DB 1976, 172 ff. (Schreiben betr. steuerrechtliche Zurechnung des Leasing-Gegenstandes bei Teilamortisations-Leasing-Verträgen über bewegliche Wirtschaftsgüter); BMF vom 10. 10. 1983, IV B 2-S 2170-83/83, BStBl. I 1983, 431 (Schreiben betr. einkommensteuerrechtliche Beurteilung eines Immobilien-Leasing-Vertrages mit degressiven Leasing-Raten).

IV. Gegenleistung

1. Ausgabe von neuen Anteilen[94]

85 Voraussetzung für die Anwendung des § 20 ist, dass die Gegenleistung der übernehmenden KapG für den eingebrachten Betrieb, Teilbetrieb oder Mitunternehmeranteil zumindest zum Teil in neuen Gesellschaftsrechten besteht. Neue Anteile können u. a. gewährt werden

– bei Gründung der KapG (Sachgründung gem. § 5 Abs. 4 GmbHG; § 27 AktG) oder

– im Falle einer Kapitalerhöhung (sog. Sachkapitalerhöhung gem. § 56 GmbHG; §§ 183, 194 und 205 AktG).

Die Ausgabe neuer Anteile muss unmittelbar ursächlich für die Einbringung des begünstigten Vermögens sein. Die Höhe der gewährten Beteiligung und die Höhe des Nennkapitals sind unmaßgeblich. Ebenso die gesellschaftsrechtliche Ausgestaltung der Anteile (z. B. Anteile mit oder ohne Stimmrechtsbefugnis).

2. Keine neuen Anteile

86 Keine neuen Anteile werden gewährt bei

– Gewährung von Genussscheinen
– verschleierter oder verdeckter Sacheinlage bzw. Sachkapitalerhöhung
– Hingabe eigener Anteile der KapG, da sie bereits existieren.
– Einfaches Anwachsungsmodell
– Fälle des § 54 Abs. 1 und § 68 Abs. 1 und 2 UmwG
– Fälle der Übertragung von Betriebsvermögen auf eine Unternehmergesellschaft (§ 5a GmbHG)[95]

Werden eigene Anteile für die Einbringung von Betriebsvermögen **neben** der Ausgabe von neuen Anteilen gewährt, ist § 20 anwendbar. Die Hingabe eigener Anteile ist als zusätzliche Gegenleistung i. S. v. § 20 Abs. 2 S. 4 zu behandeln.

3. Gewährung neuer Anteile und Zuführungen zur Kapitalrücklage

87 Für die Anwendung des § 20 ist es unschädlich, wenn der Nominalwert des gewährten Gesellschaftsanteils nicht in voller Höhe den Buchwert des übernommenen Betriebsvermögens abdeckt. I. H. d. Differenz hat die KapG eine Kapitalrücklage i. S. d. § 272 Abs. 2 Nr. 4 HGB zu bilden, da es sich tatsächlich um eine Mehreinlage der Gesellschafter handelt.[96] In gleicher Höhe liegt ein Zugang in das steuerliche Einlagekonto vor.[97]

Eine Gegenleistung i. S. v. § 20 Abs. 2 S. 4 liegt nicht vor.[98]

---

94 Tz. 20.09 UmwStE 2011.
95 Tz. 20.11 UmwStE 2011
96 Tz. 20.11 UmwStE 2011.
97 BMF vom 16. 12. 2003, BStBl. I 2003, 786, Tz. 20.
98 Tz. E 20.11 UmwStE 2011.

Beispiel:
Der Einzelunternehmer A will seinen Betrieb in eine neu zu gründende GmbH einbringen. Das Eigenkapital des Betriebs (übernommenes Betriebsvermögen) beträgt EUR 100.000. Die Anteile an der GmbH werden bei A Privatvermögen.

Lösung:
Wird der Betrieb auf die KapG übertragen, muss die Gesellschaft dafür auch neue Gesellschaftsrechte gewähren. Diese müssen aber nicht den Nominalwert von EUR 100.000 ausmachen, da es auch zulässig ist, im Zuge der Einbringung eine Kapitalrücklage zu bilden. Daher könnte die Gesellschaft einen Gesellschaftsanteil im Nominalwert von EUR 25.000 (Mindeststammkapital gem. § 5 Abs. 1 GmbHG) gewähren, und den restlichen Differenzbetrag von EUR 75.000 in einer Kapitalrücklage ausweisen. Im Prinzip könnte die Gesellschaft ein Stammkapital zwischen EUR 25.000 und EUR 100.000 beliebig ausweisen.

Gewährt die Gesellschaft neue Gesellschaftsrechte und weist den Differenzbetrag zum übernommenen Betriebsvermögen in einer Kapitalrücklage aus, liegt darin keine verdeckte Einlage des Gesellschafters. Die in dem Betriebsvermögen enthaltenen stillen Reserven verlagern sich nunmehr auf die KapG, wodurch sich im Gegenzug auch der Wert der dadurch herausgegebenen Anteile erhöht (doppelte Verstrickung der stillen Reserven).

Die als Gegenleistung erhaltenen Anteile unterliegen z.B. bei einer Veräußerung grds. dem Teileinkünfteverfahren und *nicht* der Abgeltungssteuer, selbst wenn die als Gegenleistung erhaltenen Anteile weniger als 1 % betragen, es sei denn, die Einbringung erfolgt zum gemeinen Wert. Erfolgt die Einbringung jedoch unter dem gemeinen Wert, werden die erhaltenen Anteile unabhängig von ihrer Beteiligungshöhe als Anteile i.S.v. § 17 EStG (vgl. § 17 Abs. 6 EStG) eingestuft.

4. Gewährung neuer Anteile und zusätzliche Gegenleistungen

Für die Anwendung des § 20 Abs. 1 ist es nicht notwendig, dass die Gegenleistung für die Sacheinlage ausschließlich aus neuen Anteilen besteht; es ist auch möglich, zusätzlich zu den neuen Anteilen andere Vorteile zu gewähren. Für eine steuerneutrale Einbringung muss der Buchwert der Sacheinlage also nicht zwingend dem Nennwert des dafür gewährten Stamm- oder Grundkapitals an der Übernehmerin entsprechen. Es reicht vielmehr aus, dass überhaupt neue Anteile gewährt werden. Auch die Beteiligungshöhe ist unmaßgeblich. Zu beachten ist lediglich, dass das Mindestkapital (z.B. § 5 Abs. 1 GmbHG) nicht unterschritten werden darf.

Neben den neuen Anteilen kann die übernehmende KapG z.B.:

– Ein Gesellschafter-Darlehen ausweisen
– Private Schulden des Einbringenden übernehmen
– Geld- oder Sachwerte gewähren
– Eine typisch stille Beteiligung gewähren.

Die Übernahme betrieblicher Verbindlichkeiten, die zu der eingebrachten Sachgesamtheit gehören, ist dagegen keine neben den neuen Anteilen gewährte Gegenleistung. Diese Verbindlichkeiten sind unselbständiger Teil des einheitlich zu betrachtenden Sacheinlagegegenstandes (z.B. „Betrieb"). Es gilt die sog. Einheitstheorie.[99]

5. Verschleierte Sachgründung

a) Grundfall (ohne Heilung)

89   Bei der verschleierten Sachgründung werden Wirtschaftsgüter auf die KapG übertragen, ohne dass Gegenleistung dafür neue Gesellschaftsrechte gewesen sind. Nach derzeitiger Verwaltungsauffassung kann § 20 auf diese Sachverhalte nicht angewendet werden. Vom Zeitablauf her folgt die verschleierte Sachgründung immer einer vorherigen Barkapitalerhöhung. Als verschleierte Sachgründung werden Sachverhalte bezeichnet, bei denen die Errichtung der KapG durch Sacheinlagen unter Umgehung der aufwendigen Formvorschriften (z.B. Sachgründungsbericht) vorgenommen wird. Die Gewährung der neuen Gesellschaftsrechte war nicht unmittelbar verursacht durch die spätere Betriebseinbringung, sondern resultierte aus einer eindeutigen Bargründung bzw. Bar-Kapitalerhöhung. Der Vorgang führt daher zu einer Gewinnrealisierung. Der Käufer hat für die Übertragung des Betriebsvermögens einen Kaufpreisanspruch. Ist dieser niedriger als der Teilwert des Betriebsvermögens, kommt es i.H.d. Vermögensmehrung zu einer verdeckten Einlage.[100]

Beispiel:

A betreibt ein gewerbliches Einzelunternehmen. Er errichtet im Jahr 01 durch Bargründung eine GmbH, deren Stammkapital EUR 50.000 beträgt. Lt. Gründungsurkunde ist die Gesellschaftereinlage (A = 100 %) voll eingezahlt. Die Gründungsurkunde ist vom 15.03.01.

Mit Vertrag vom 01.04.01 bringt A seinen bisher als Einzelunternehmen geführten Betrieb mit allen Aktiva (= Buchwert: EUR 100.000) und Passiva (= Buchwert: EUR 40.000) zum Buchwert in die GmbH ein, die ihm als Gegenleistung die Differenz zwischen den eingebrachten Aktiva und Passiva (=EUR 60.000) auszahlt.

Übernommene Aktiva	100.000	an	übernommene Passiva	40.000
			Bank	60.000

Im eingebrachten Betriebsvermögen sind im Anlagevermögen stille Reserven von EUR 120.000 enthalten. Daneben beträgt der originäre Firmenwert EUR 300.000.

Die GmbH-Anteile gehören bei A zu seinem Privatvermögen.

Lösung:

Bei Einbringung eines Betriebs in eine KapG gegen Gewährung von Gesellschaftsrechten gesteht das Gesetz (§ 20 Abs. 1 und 2) der KapG eine Wahlrecht zu, die Sacheinlage mit dem gemeinen Wert,

---

99 Vgl. hierzu die Ausführungen zu § 20 Abs. 2 S. 4, Rdn. 142.
100 BFH vom 01.07.1992, I R 5/92, BStBl. II 1993, 131.

Hruschka/Hellmann

dem Buchwert oder einem Zwischenwert anzusetzen. Für die Inanspruchnahme des Wahlrechts ist es gleichgültig, ob die Einzelfirma im Wege einer handelsrechtlichen Umwandlung (z. B. § 123 ff. UmwG), also durch Gesamtrechtsnachfolge, oder im Wege einer Einzelrechtsnachfolge (Übertragung) in die GmbH eingebracht wird.

Eine verschleierte Sachgründung wird im Allgemeinen angenommen bei 90 Bargründung einer KapG und zeitnaher anschließender Übertragung eines Betriebs auf die neugegründete KapG, wobei die aus der schuldrechtlichen Übertragung des Betriebs für den Einbringenden resultierende Forderung:

– entweder mit der Forderung der KapG auf Bareinlage verrechnet bzw.

– aus der im zeitl. Zusammenhang der KapG zugeflossenen Bareinlage getilgt wird oder

– durch den Kaufvertrag dem Einbringenden erst die Begleichung der Einlagenforderung ermöglicht wird.

Der BFH[101] hat entschieden, dass § 20 auch nicht analog auf die verschleierte Sachgründung angewendet werden kann, weil bei der verschleierten Sachgründung einer GmbH der wirksame Abschluss des Bargründungsvertrags bewirkt, dass die Anteile an der GmbH für die Bareinlage und nicht für eine Sacheinlage i. S. v. § 20 gewährt werden (vgl. H 16 (1) „verd. Einlage" EStH). Dies hat zur Folge, dass der Einbringungsvorgang gem. § 16 Abs. 1 EStG als Veräußerung zu beurteilen ist (wird also einer Veräußerung gleichgestellt).[102]

A muss demzufolge die übergehenden stillen Reserven und den übergehenden Firmenwert nach § 16 EStG (nicht § 17 EStG – dort wird die verdeckte Einlage einer Beteiligung behandelt) versteuern.

Für die Ermittlung des Veräußerungsgewinns ist in diesen Fällen statt des Veräußerungspreises der gemeine Wert der Wirtschaftsgüter anzusetzen. Die §§ 16 und 34 EStG gelten. Die GmbH muss die übernommenen Wirtschaftsgüter, die stille Reserven enthalten um EUR 120.000 aufstocken. Zugleich muss sie den – in Form einer verdeckten Einlage übergehenden – Firmenwert in ihrer Eröffnungsbilanz i. H. v. EUR 300.000 ausweisen. Vgl. H 4.3 (1) EStH „verdeckte Einlage – Firmenwert".

Die AK des GmbH-Anteils des A erhöhen sich infolge der verdeckten Einlage um EUR 420.000.

b) Verschleierte Sachgründung mit Heilung

Der BGH[103] hat festgestellt, dass es sich bei der sog. verschleierten Sach- 91 gründung um einen Vorgang handelt, der gegen § 5 Abs. 4 und § 19 Abs. 5 GmbHG verstößt (= Nichtigkeit der Übertragung und Herausgabeanspruch des Gesellschafters) und dass dadurch eine spätere Heilung in eine Sacheinlage möglich ist. Der Gesellschafter hat aufgrund dessen einen Herausgabeanspruch gegenüber der Gesellschaft, welche die unzulässigerweise erworbenen Wirtschaftsgüter zurück übertragen müsste. Nach Rückgängig-

---

101 BFH vom 01. 07. 1992, I R 5/92 BStBl. II 1993, 131.
102 Tz. E 20.10 UmwStE 2011.
103 BGH vom 07. 07. 2003, GmbHR 2003, 1051 unter B.I.3.a sowie GmbHR 2003, 1125.

machung der bisherigen Übertragung wäre dann eine erneute – zivilrechtlich erstmals wirksame – Übertragung möglich, wobei Gesellschafter und Gesellschaft diesen Vorgang dann als Sacheinlagen regeln könnten. Mit der Heilung entfällt allerdings nicht die mit der verschleierten Sachgründung ausgelöste Aufdeckung der stillen Reserven.

6. Anwachsungsmodell

92 Vgl. hierzu Rdn. 45.

93–97 *(einstweilen frei)*

C. Bewertung des eingebrachten Vermögens (Abs. 2)

I. Regelungsgegenstand

1. Allgemeines

98 § 20 Abs. 2 S. 1 bestimmt, dass die übernehmende KapG bzw. Genossenschaft das übernommene Betriebsvermögen grds. mit dem gemeinen Wert anzusetzen hat. Pensionsrückstellungen sind mit dem Steuerbilanzwert nach § 6a EStG zu übernehmen, d. h., dass die negativen stillen Reserven der Pensionsverpflichtungen nicht aufgedeckt werden dürfen.[104]

Gem. § 20 Abs. 2 S. 2 kann die übernehmende Gesellschaft auf Antrag die Buchwerte des übergehenden Betriebsvermögens fortführen oder einen Zwischenwert ansetzen. Der gemeine Wert darf jedoch nicht überschritten werden. Ein Ansatz unter dem gemeinen Wert ist jedoch nur zulässig, wenn die Voraussetzungen des S. 2 Nr. 1–3 kumulativ erfüllt werden.[105]

Nach § 20 Abs. 2 S. 3 ist der Antrag auf Buchwert- bzw. Zwischenwertansatz spätestens bis zur erstmaligen Abgabe der steuerlichen Schlussbilanz bei dem für die Besteuerung der übernehmenden Gesellschaft zuständigen Finanzamt zu stellen. Vgl. hierzu Rdn. 102 ff.

Werden dem Einbringenden neben den neuen Gesellschaftsanteilen noch weitere Wirtschaftsgüter (z. B. Einräumung von Darlehen) als Gegenleistung gewährt und übersteigt deren gemeine Wert den Buchwert des eingebrachten Betriebsvermögens, ist bei der KapG bzw. Genossenschaft das übernommene Betriebsvermögen insoweit mindestens mit dem gemeinen Wert der anderen Wirtschaftsgüter anzusetzen (§ 20 Abs. 2 S. 4).

2. Keine Maßgeblichkeit der Handelsbilanz für die Steuerbilanz

a) Abweichungen zwischen Handelsbilanz und Steuerbilanz

99 Der Grundsatz der Maßgeblichkeit der Handelsbilanz für die Steuerbilanz gilt für Zwecke der Einbringung nicht mehr. § 20 Abs. 2 ist somit als eigenständige Bewertungsvorschrift für Einbringungsvorgänge anzusehen.[106] Der

---

104 Tz. 20.17 UmwStE 2011.
105 Tz. 20.18 UmwStE 2011.
106 BT-Drs. 16/2710, 43 und 69.

Ansatz der eingebrachten Wirtschaftsgüter in der Handelsbilanz der übernehmenden Gesellschaft ist für den steuerlichen Wertansatz und daher auch
für das Ansatzwahlrecht in der Steuerbilanz ohne Bedeutung. Dies gilt auch
dann, wenn handelsrechtlich ein Zwang zur Höherbewertung besteht, z.B.
um das erforderliche Mindestnennkapital zu erreichen. Der Ausweis eines
höheren Eigenkapitals kann auch von Interesse sein, wenn bei einer Kredit-
aufnahme die Bedingungen von Basel II erfüllt werden müssen. Umgekehrt
ist es jedoch auch möglich, in der Steuerbilanz einen höheren Wertansatz
als in der Handelsbilanz zu wählen. So ist z.B. der Formwechsel einer Personenhandelsgesellschaft in eine KapG handelsrechtlich zwingend zu
Buchwerten vorzunehmen. Unabhängig davon können in der Steuerbilanz
Wertansätze gewählt werden, die über dem Buchwert liegen (z.B. Wertaufstockungen zur Nutzung von Verlustvorträgen).[107]

b) Steuerlicher (aktiver) Ausgleichsposten

Die Wertabweichungen zwischen Handelsbilanz und Steuerbilanz sind in   100
der Steuerbilanz durch die Bildung eines steuerlichen Korrekturpostens
(Ausgleichsposten) auszugleichen. Dieser Ausgleichsposten ist lediglich ein
bilanztechnisches Hilfsmittel und kein Wirtschaftsgut. Er nimmt nicht am
steuerlichen Betriebsvermögensvergleich teil. Mindert sich die durch den
Ausgleichsposten gedeckte Differenz zwischen der Aktiv- und Passivseite
der Bilanz, insbesondere wegen Aufdeckung von stillen Reserven oder
durch Abschreibungen der Wirtschaftsgüter, die unterschiedlich angesetzt
wurden, so fällt der Ausgleichsposten in entsprechender Höhe *erfolgsneutral* weg.[108]

Zu einem steuerlichen Ausgleichsposten kommt es auch bei einem Ansatz
von Rückstellungen in der HB, die jedoch steuerlich nicht zulässig sind (z.B.
§ 5 Abs. 4a EStG).

Beispiel:

Der Kaufmann A bringt sein Einzelunternehmen (Buchkapital: EUR
20.000; gemeiner Wert: EUR 120.000) in eine neu zu gründende
GmbH ein und erhält dafür neue Gesellschaftsrechte zu 100 %. Die
stillen Reserven i.H.v. EUR 150.000 entfallen ausschließlich auf ein
Gebäude, das gem. § 7 Abs. 4 S. 2 EStG mit jährlich 4 % abgeschrieben wird.

Gem. § 5 Abs. 1 GmbHG muss die GmbH bei der Gründung ein Mindeststammkapital i.H.v. EUR 25.000 ausweisen, was dazu führt, dass
in der Handelsbilanz mindestens EUR 5.000 stille Reserven des übergehenden Betriebs aufgedeckt werden müssen.

---

107 Tz. 20.20 UmwStE 2011.
108 Tz. 20.20 UmwStE 2011.

	Schlussbilanz	
Aktiva	des Einzelunternehmens	Passiva
Vd. Aktiva	50.000	EK	20.000
		Vd. Passiva	30.000
	50.000		50.000

	Handelsrechtliche Eröffnungsbilanz	
Aktiva	der GmbH	Passiva
Vd. Aktiva	55.000	EK	25.000
		Vd. Passiva	30.000
	55.000		55.000

	Steuerrechtliche Eröffnungsbilanz	
Aktiva	der GmbH	Passiva
Vd. Aktiva (BW)	50.000	EK	25.000
Ausgleichsposten	5.000	Vd. Passiva	30.000
	55.000		55.000

Entwicklung des Ausgleichspostens:

Ansatz in der steuerlichen Eröffnungsbilanz	5.000
Minderung wegen AfA-Differenz (4 % v. EUR 5.000) zur HB	– 200
Ansatz in der steuerlichen Schlussbilanz	4.800

Erfolgsneutrale Umbuchung:

Jahresüberschuss (Eigenkapital)   an   steuerlichen Ausgleichsposten   200

Selbst wenn die GmbH ein Stammkapital von EUR 100.000 in ihrer Eröffnungsbilanz wählt, ist steuerlich die Buchwertfortführung möglich. Der steuerliche Ausgleichsposten würde dann EUR 100.000 betragen.

II. Wertverknüpfung beim Einbringenden

101   Der Wertansatz der übernehmenden Gesellschaft ist auch für die Besteuerung des Einbringenden von Bedeutung. Der gewählte Ansatz gilt für den Einbringenden sowohl als Veräußerungspreis als auch als Anschaffungskosten für die erhaltenen Anteile (§ 20 Abs. 3 S. 1). Bereits durchgeführte Veranlagungen des Einbringenden sind nach § 175 Abs. 1 S. 1 Nr. 2 AO zu ändern.[109]

---

109 Vgl. hierzu Rdn. 188 ff.

III. Allgemeines zur Bewertung der Sacheinlage

1. Regelbewertung und Bewertungswahlrecht

Nach § 20 Abs. 2 S. 1 hat die übernehmende Gesellschaft das übernommene   *102*
Betriebsvermögen grds. mit dem gemeinen Wert anzusetzen (Regelbewertung). Der gemeine Wert stellt die Obergrenze dar.

Ausnahmsweise darf die übernehmende Gesellschaft das eingebrachte Betriebsvermögen mit seinem Buchwert oder einem Zwischenwert ansetzen (Bewertungswahlrecht), wenn ein ordnungsgemäßer Antrag gem. § 20 Abs. 2 S. 3 [110] gestellt wurde und die materiell-rechtlichen Voraussetzungen für die Fortführung von Buch- oder Zwischenwerten erfüllt sind. Der Buchwert ist die Untergrenze. Bei einem Wertansatz unterhalb des gemeinen Werts, kann für ein Einzelwirtschaftsgut ein unter dem Buchwert liegender gemeiner Wert nur dann (und insoweit) angesetzt werden, als der gemeine Wert des gesamten eingebrachten Vermögens unter der Summe der Buchwerte liegt.[111]

2. Ausschluss des Bewertungswahlrechts

In folgenden Fällen ist das Bewertungswahlrecht ausgeschlossen und es besteht ein Zwang zur (teilweisen) Aufdeckung von stillen Reserven[112]:   *103*

– Ein formeller Antrag auf Minderbewertung wird nicht gestellt[113]
– Die übernehmende Gesellschaft ist nicht körperschaftsteuerpflichtig[114]
– Die Passivposten des eingebrachten Betriebsvermögens übersteigen die Aktivposten (Negativkapital)[115]
– Ausschluss oder Beschränkung des deutschen Besteuerungsrechts an dem eingebrachten Betriebsvermögen[116]
– Es werden Gegenleistungen gewährt, deren gemeiner Wert den Buchwert des eingebrachten Betriebsvermögens übersteigt[117]
– Das eingebrachte Betriebsvermögen wird durch Entnahmen im Rückwirkungszeitraum negativ (§ 20 Abs. 5 S. 2).[118]
– Die gewährte Gegenleistung übersteigt die Grenzen des § 20 Abs. 2 S. 2 Nr. 4 UmwStG[119].
– Es wird schädliches Betriebsvermögen i.S.v. § 50i EStG eingebracht. Ihrem Wortlaut nach schließt die Vorschrift in ihrem Anwendungsbereich das Bewertungswahlrecht vollständig aus. Mit Schreiben vom 21.12.2015 hat die Verwaltung[120] jedoch umfangreiche Ausnahmen zugelassen[121].

---

110 Siehe unten Rdn. 104 ff.
111 Tz. 20.17 UmwStE 2011 i.V.m. Tz. 03.07.
112 Tz. 20.19 UmwStE 2011.
113 Vgl. Rdn. 105.
114 Vgl. Rdn. 128.
115 Vgl. Rdn. 129.
116 Vgl. Rdn. 67.
117 Vgl. Rdn. 176.
118 Vgl. Rdn. 232.
119 Vgl. Rdn. 144 ff.
120 BMF v. 21.12.2015, BStBl I 2016, 7 ff.
121 Siehe unten Rdn. 155 ff.

IV. Ausübung des Bewertungswahlrechts
(§ 20 Abs. 2 S. 3)

1. Antragsberechtigter

104 Das Bewertungswahlrecht für den Ansatz von Buch- bzw. Zwischenwerten übt die aufnehmende KapG bzw. Genossenschaft aus. Das Wahlrecht bezüglich der einzelnen Sacheinlage ist einheitlich[122] auszuüben. Dies ist insbesondere dann zu beachten, wenn ein Mitunternehmeranteil mit dem dazugehörigen Sonderbetriebsvermögen eingebracht wird. Hat sich die aufnehmende KapG mit dem Einbringenden auf einen bestimmten Wertansatz geeinigt, weicht sie aber von dieser Vereinbarung ab, ist der tatsächliche Ansatz der Sacheinlage in der Bilanz der übernehmenden Gesellschaft maßgebend.

Der Ansatz des eingebrachten Betriebsvermögens in der Steuerbilanz ist unabhängig vom Ansatz in der Handelsbilanz der übernehmenden Gesellschaft.

Wird ein einzelner Mitunternehmeranteil eingebracht und wird dadurch die übernehmende Gesellschaft Mitunternehmerin der PersG (Gesellschafterwechsel), erfolgt die Ausübung des Bewertungswahlrechts gemeinsam durch die PersG in der steuerlichen Schlussbilanz der PersG.[123] Die Beteiligung an einer PersG stellt – im Gegensatz zum Handelsrecht – im Steuerrecht kein Wirtschaftsgut dar und wird damit lediglich aufgrund der sog. Spiegelbildmethode als eine Art Ausgleichsposten bilanziert.[124]

2. Antragstellung

105 Der Ansatz der Wirtschaftsgüter mit dem gemeinen Wert ist der Regelbewertungsmaßstab der Sacheinlage. Soll die Einbringung nicht zum gemeinen Wert erfolgen, muss die übernehmende Gesellschaft einen Antrag stellen.[125] Der Antrag selbst setzt jedoch voraus, dass die entsprechenden Voraussetzungen (insbesondere § 20 Abs. 2 S. 2 Nr. 1–4) für einen Ansatz unterhalb des gemeinen Wertes erfüllt sind.

Maßgebend ist damit für den Ansatz einer Minderbewertung (Buch- oder Zwischenwert) das im Antrag bestimmte Wahlrecht. Weicht die übernehmende Gesellschaft bei ihrer Bilanzierung vom gestellten Antrag ab, sind die Wertansätze in der Bilanz unzutreffend und müssen berichtigt werden. Die Veranlagung des Einbringenden ist nach § 175 Abs. 1 S. 1 Nr. 2 AO zu ändern.[126]

Beispiel:
Die übernehmende Gesellschaft hat einen Antrag auf Ansatz von Zwischenwerten gestellt. Danach sollen die stillen Reserven i.H.v. 25 % aufgestockt werden. In der Bilanz der Übernehmerin werden jedoch die Buchwerte fortgeführt.

---

122 Vorbehaltlich der Ausschlussgründe des § 20 Abs. 2 S. 2 Nr. 1–4 UmwStG.
123 Tz. 20.03 UmwStE 2011.
124 BFH vom 30.04.2003, I R 102/01, BStBl. II 2004, 804.
125 Tz. 20.21 UmwStE 2011.
126 Tz. 20.21 UmwStE 2011.

Lösung:
Die Bilanz der Übernehmerin ist zu berichtigen. Die eingebrachten Wirtschaftsgüter sind mit dem beantragten Zwischenwert anzusetzen.

3. Antragszeitpunkt

Der Antrag auf Minderbewertung der Sacheinlage ist spätestens bis zur   *106*
erstmaligen Abgabe der steuerlichen Schlussbilanz zu stellen. Da das Bewertungswahlrecht von der übernehmenden Gesellschaft ausgeübt wird, handelt es sich hierbei um die steuerliche Schlussbilanz der übernehmenden Gesellschaft. Eine sog. Überleitungsrechnung gem. § 60 Abs. 2 S. 1 EStDV ist ausreichend. Die steuerliche Schlussbilanz ist abgegeben, wenn sie in den Bereich des zuständigen Finanzamts gelangt ist. Entscheidend ist der Zugang beim zuständigen Finanzamt der Übernehmerin. Danach kann kein Antrag mehr gestellt werden. Das Wahlrecht ist verwirkt.[127]

Zwar ist der Begriff der Schlussbilanz für Einbringungsfälle nicht ausdrücklich geregelt. Aus Sinn und Zweck von § 20 UmwStG ergibt sich jedoch, dass hierunter keine eigenständige von der Gewinnermittlung nach §§ 4 Abs. 1, 5 Abs. 1 EStG zu unterscheidende Bilanz des übernehmenden Rechtsträgers zu verstehen ist[128]. Vielmehr ist die (reguläre) Steuerbilanz gemeint, in der das übernommene Betriebsvermögen erstmals anzusetzen ist[129]. Wird die Steuerbilanz i.S.d. §§ 4 Abs. 1, 5 Abs. 1 EStG auf den Bilanzstichtag abgegeben, ohne weitere Erklärung zur Ausübung des Wahlrechts, ist die Antragsfrist der §§ 20 Abs. 2 Satz 3, 24 Abs. 2 Satz 3 UmwStG verstrichen und der darin angesetzte Wert maßgebend. Wird lediglich eine Handelsbilanz ggfs. mit notwendigen Korrekturen i.S.d. § 60 Abs. 2 EStDV eingereicht und wird diese der Steuerfestsetzung zu Grunde gelegt, gilt das Bewertungswahlrecht als ausgeübt[130].

Nach dem Gesetzeswortlaut ist ein Antrag auch dann noch möglich, wenn zwar die Steuererklärungen abgegeben wurden, nicht jedoch die steuerliche Schlussbilanz. Dagegen ist er vom Wortlaut her bei gleichzeitiger Stellung des Antrags und Einreichung der steuerlichen Schlussbilanz verspätet, da er nur *bis* zur Abgabe der Steuerbilanz gestellt werden kann. Allerdings bringt der Erlass zum Ausdruck, dass eine Einreichung der steuerlichen Schlussbilanz zusammen mit der Steuererklärung ausreichend ist.[131]

4. Form des Antrags

Für den Antrag besteht keine Formvorschrift. Er kann auch mündlich ge-   *107*
stellt werden. Das Finanzamt wird dann die Antragstellung schriftlich bestätigen.[132]

---

127 Tz. 20.21 UmwStE 2011.
128 So Tz. 03.01 UmwStE 2011 für Fälle der Verschmelzung
129 LfSt Bayern v. 11. 11. 2014, DStR 2015, 429.
130 Vgl. zustimmend Urteil des FG München vom 22. 10. 2013 – 6 K 3548/12, EFG 2014 S. 235, Revision anhängig, Az. des BFH: I R 77/13
131 Tz. 20.21 UmwStE 2011 i. V. m. Tz. 03.29.
132 Tz. 20.21 UmwStE 2011 i. V. m. Tz. 03.29.

5. Zuständiges Finanzamt

108   Der Antrag ist bei dem für die Besteuerung der übernehmenden Gesellschaft zuständigen Finanzamt zu stellen.[133] Bei der Einbringung eines einzelnen Mitunternehmeranteils (Gesellschafterwechsel) ist das Bewertungswahlrecht auf der Ebene der übernehmenden Gesellschaft auszuüben. Es ist nicht zu beanstanden, wenn der Antrag bei dem für die PersG zuständigen Finanzamt gestellt wird.[134] Insoweit werden dort Ergänzungsbilanzen erstellt. Daher ist es in diesem Fall sinnvoll, den Antrag aus praktischen Gründen bei dem für die PersG zuständigen Finanzamt zu stellen.

6. Änderung des Wahlrechts

109   Mit der erstmaligen Antragstellung auf einen Wertansatz unterhalb des gemeinen Werts hat die übernehmende Gesellschaft ihr Bewertungswahlrecht verwirkt. Die Vorschriften über die Bilanzänderung sind damit nicht anwendbar. Eine Änderung des einmal ausgeübten Bewertungswahlrechts würde zu einer rückwirkenden Sachverhaltsgestaltung führen, weil die geänderte Bewertung auch Auswirkungen auf die Besteuerung des Einbringenden hat.[135]

Bilanzberichtigungen (z. B. aufgrund einer Betriebsprüfung) des eingebrachten Betriebsvermögens führen bei der aufnehmenden Gesellschaft ebenfalls zu einer Berichtigung der Wertansätze. Hierbei handelt es sich jedoch nicht um die Änderung eines bereits getroffenen Bewertungswahlrechts, sondern um die Korrektur fehlerhafter Bilanzansätze.[136]

Beispiel:
A hat sein bisheriges Einzelunternehmen gegen Gewährung von Gesellschaftsrechten in die A-GmbH mit Wirkung 01.01.08 eingebracht. Bei einer Betriebsprüfung des Einzelunternehmens wurde die Steuerbilanz zum 31.12.07 wie folgt geändert:
a) eine Forderung auf Schadensersatz wurde aktiviert
b) ein eigenbetrieblich genutztes unbebautes Grundstück wurde bilanziert

Lösung:
Durch die ergebniswirksame Aktivierung der Forderung erhöht sich das Eigenkapital des Einzelunternehmens. Damit ändert sich der Wert des eingebrachten Betriebsvermögens entsprechend. Bei der übernehmenden KapG wird die Forderung bilanziert und die Kapitalrücklage entsprechend erhöht. Dies geschieht unabhängig vom gewählten Bewertungsansatz. Das unbebaute Grundstück wird, wenn die übernehmende Gesellschaft die Buchwertfortführung gewählt hat, ebenfalls als Aktivposten ausgewiesen und der entsprechende Wert in die Kapitalrücklage eingestellt. Hat die Gesellschaft einen Zwischenwertansatz vorgenommen, so ist der gewählte Auf-

---

133 Tz. 20.21 UmwStE 2011.
134 Tz. 20.22 UmwStE 2011.
135 Tz. 20.24 UmwStE 2011.
136 Tz. 20.24 UmwStE 2011.

stockungsprozentsatz auch auf das unbebaute Grundstück anzuwenden. Bei einem Ansatz des gemeinen Wertes sind die stillen Reserven in voller Höhe aufzudecken.

Wird ein Zwischenwertansatz[137] bzw. ein Ansatz des gemeinen Wertes gewählt, entsteht bzw. erhöht sich beim Einbringenden der Veräußerungsgewinn. Für diese Fälle muss ausdrücklich angegeben werden, in welcher Höhe oder zu welchem Prozentsatz die stillen Reserven aufgedeckt wurden.[138]

V. Bewertung der Sacheinlage

1. Grundsatz: Gemeiner Wert (§ 20 Abs. 2 S. 1 HS 1)

a) Begriff

Der gemeine Wert bestimmt sich nach § 9 Abs. 2 S. 1 BewG. Danach entspricht er regelmäßig dem Verkehrswert, bzw. dem Einzelveräußerungspreis. Im Gegensatz zum Teilwert enthält der gemeine Wert auch einen Gewinnaufschlag und kann somit zu einem höher Ansatz als der Teilwert führen (z.B. bei Vorräten). § 9 Abs. 2 BewG findet auch im Umwandlungssteuerrecht Anwendung (§ 1 Abs. 1 BewG).   *110*

Die gemeinen Werte der einzelnen Wirtschaftsgüter darf allerdings nach § 20 Abs. 2 S. 2 nicht überschritten werden.

b) Ermittlung des gemeinen Werts

Für die Ermittlung des gemeinen Werts sind die Verhältnisse am steuerlichen Übertragungszeitpunkt maßgebend.[139] Danach kann der gemeine Wert grds. aus Verkäufen, die zeitnah vor bzw. nach dem Übertragungsstichtag erfolgt sind, abgeleitet werden.[140]   *111*

Bei Beteiligungen an KapG, die an einer inländischen Börse notiert sind, bietet der Börsenpreis grds. einen Anhaltspunkt für die Ermittlung des gemeinen Wertes.

Für Anteile an KapG, die nicht an einer inländischen Börse notiert werden, kann nach Auffassung der Finanzverwaltung das sog. vereinfachte Bewertungsverfahren (§§ 199–203 BewG) angewendet.[141] Daneben kann die Ermittlung des gemeinen Werts anhand eines allgemein anerkannten ertragswertorientierten Verfahrens erfolgen.

Sind im Betriebsvermögen der Sacheinlage teilfertige Arbeiten enthalten, so umfasst der gemeine Wert auch den anteiligen Gewinn, der auf die teilfertigen Arbeiten entfällt.

Steuerfreie Rücklagen (z.B. § 6 b EStG; Rücklage für Ersatzbeschaffung) sind bei Ansatz des gemeinen Wertes aufzulösen.

---

137 Siehe Rdn. 123 ff.
138 Tz. 20.21 UmwStE 2011 i.V.m. Tz. 03.29.
139 BFH vom 24.03.1983, IV R 138/80, BStBl. II 1984, 233.
140 BFH vom 24.03.1983, IV R 138/80, BStBl. II 1984, 233.
141 Tz. 20.17 UmwStE 2011 i.V.m. Tz. 03.07.

c) Selbst geschaffene immaterielle Wirtschaftsgüter

112 Beim Ansatz des gemeinen Wertes sind auch die stillen Reserven aufzudecken, die in den selbst geschaffenen immateriellen Wirtschaftsgütern enthalten sind, obwohl diese nicht bilanziert werden durften. § 5 Abs. 2 EStG findet insoweit keine Beachtung. Dies hat zur Folge, dass auch ein selbst geschaffener Firmenwert anzusetzen ist.[142] Ein Geschäfts- oder Firmenwert ist auch bei der Einbringung eines Teilbetriebs oder Mitunternehmeranteils anzusetzen. Für die Berechnung des Firmenwerts ist von den allgemeinen Grundsätzen der Unternehmensbewertung auszugehen (IdW-Standard, S 1).[143]

d) Einbringung von Mitunternehmeranteilen

113 Wird ein Mitunternehmeranteil zum gemeinen Wert eingebracht, ist der den Buchwert übersteigende Betrag in einer Ergänzungsbilanz für die aufnehmende Gesellschaft auf die Wirtschaftsgüter der PersG, deren Anteil eingebracht wurde, zu verteilen.[144]

e) Nicht in der Steuerbilanz berücksichtigte Aktiva und Passiva

114 Bei Ansatz der gemeinen Werte sind auch Aktiva und Passiva zu berücksichtigen, die in der Steuerbilanz nicht ausgewiesen werden dürften (z.B. Gewinne aus schwebenden Geschäften, Rückstellungen für drohende Verluste usw.).

Gewinnchancen aus einem Auftragsbestand sind jedoch nur dann isoliert zu berücksichtigen, wenn sie gegenüber dem Geschäftswert abgrenzbar und rechtlich verselbständigt sind.[145] Der Auftragsbestand kann von der übernehmenden Gesellschaft entsprechend seiner Abwicklung abgeschrieben werden.

In der Steuerbilanz nicht berücksichtigte Rückstellungen mindern den Wert des übertragenen Vermögens. Sie sind bei Ansatz des gemeinen Werts erfolgswirksam in der Einbringungsbilanz zu berücksichtigen. Diese Handhabung kann zu einem Einbringungsverlust führen, wenn die Passivposten die gemeinen Werte der Aktiva übersteigen.

Die übernehmende Gesellschaft löst diese Rückstellung nach allgemeinen Grundsätzen auf (z.B. Auflösung der Drohverlustrückstellung nach Abwicklung des Geschäfts). Eine zwingende Auflösung dieser Rückstellungen in der auf den Einbringungsstichtag folgenden Bilanz kann nicht verlangt werden, da das EStG nur die Bildung dieser Passivposten verbietet. Die Bildung war jedoch aufgrund von § 20 zulässig. § 20 hat insoweit Vorrang vor den allgemeinen Bestimmungen des EStG. Vgl. hierzu auch §§ 4f und 5 Abs. 7 EStG.

---

142 BT-Drs. 16/2710, 43.
143 Wegen Minderung eines Firmenwerts infolge der Bewertung von Pensionsrückstellungen nach § 6a EStG vgl. Rdn. 100.
144 Tz. 20.18 UmwStE 2011 i.V.m. Tz. 03.10.
145 BFH vom 13.09.1989, II R 1/87, BStBl. II 1990, 47; BFH vom 28.10.1987, II R 224/82, BStBl. II 1988, 50.

f) Pensionsrückstellungen (§ 20 Abs. 2 S. 1 HS 2)

Sind im Betriebsvermögen der Sacheinlage Pensionsrückstellungen enthal-   115
ten, so bestimmt sich deren Wert gem. § 20 Abs. 2 S. 1 HS 2 einzig nach § 6a
EStG. Diese Bestimmung hat Vorrang vor den Vorschriften des Bewertungs-
gesetzes (§ 1 Abs. 2 BewG). Damit sind die Pensionsrückstellungen mit dem
Wert nach § 6a Abs. 3 EStG zu bewerten.

Der nach § 6a EStG anzusetzende Wert ist somit niedriger als der gemeine
Wert. Das kann daran liegen, dass das Dienstverhältnis vor dem maßgebenden Mindestalter (§ 6a Abs. 2 Nr. 1 EStG) begonnen hat oder dass bei Berechnung des gemeinen Wertes ein niedrigerer Rechnungszinsfuß als der in
§ 6a Abs. 3 S. 3 EStG vorgeschriebene von 6 % zu Grunde gelegt wurde.
Durch den Ansatz mit dem Wert gem. § 6 EStG wird ein steuerwirksamer
Aufwand vermieden.

Für die Bewertung von Pensionsrückstellungen gelten die Tz. 03. 07 – 03. 09
UmwStE 2011 entsprechend.[146] Danach mindert ein tatsächlich höherer
Wert der Pensionsverpflichtung steuerlich nicht den gemeinen Wert eines
Unternehmens.

Zu beachten ist, dass bei Ermittlung des Firmenwerts jedoch der gemeine
Wert der Pensionsrückstellung zu berücksichtigen ist, wenn der abgezinste
zukünftige Ertrag ermittelt wird.

2. Ausnahme: Buchwert (§ 20 Abs. 2 S. 2)

Der Buchwert ist die Untergrenze der Bewertung. Der Begriff des Buchwerts   116
ergibt sich aus § 1 Abs. 5 Nr. 4.

Danach ist Buchwert der Wert, mit dem der Einbringende das eingebrachte
Vermögen im Zeitpunkt der Sacheinlage nach den steuerrechtlichen Vorschriften über die Gewinnermittlung anzusetzen hat. Die in dem Einbringungsgegenstand enthaltenen stillen Reserven verlagern sich dadurch auf
die aufnehmende KapG.

Bei Mitunternehmeranteilen entspricht der Buchwert dem steuerlichen Kapitalkonto des Gesellschafters, wobei neben dem Gesamthandvermögen
auch Ergänzungs- und Sonderbilanzen zu berücksichtigen sind.

Einschränkungen der sog. Buchwertfortführung ergeben sich jedoch aus
§ 20 Abs. 2 S. 2 Nr. 1–4 sowie aus § 20 Abs. 2 S. 4, bzw. § 20 Abs. 5, soweit
die Entnahmen im Rückwirkungszeitraum zu negativen Anschaffungskosten führen.[147]

a) Einbringungsstichtag

In der Praxis wird der Einbringungsstichtag i.d.R. so gewählt, dass er auf   117
den üblichen Abschlussstichtag des eingebrachten Vermögens (z.B. Betrieb)
entfällt. Erfolgt die Einbringung auf einen unterjährigen Zeitpunkt, kann
der Buchwert zwar aus der Schlussbilanz des vorangegangenen Wirtschaftsjahres fortentwickelt werden, tatsächlich wird sich jedoch ein Zwang zur

---

146 Tz. 20.17 UmwStE 2011.
147 Tz. 20.19 UmwStE 2011.

Aufstellung einer sog. Zwischenbilanz ergeben, da nur so die Einkünfte der Beteiligten sowie das übertragene Vermögen zutreffend ermittelt werden können. Insoweit wäre auch eine Bestandsaufnahme des Vorratsvermögens durchzuführen.

b) Buchwertansatz des eingebrachten Vermögens trotz Verlust des Besteuerungsrechts an einzelnen Wirtschaftsgütern

118 Das Bewertungswahlrecht für die Wirtschaftsgüter des eingebrachten Betriebsvermögens und damit auch für den Buchwert ist grds. einheitlich auszuüben. Eine Ausnahme besteht jedoch für umwandlungsbedingte Entstrickungen.[148] Denn wird durch die Einbringung für einzelne Wirtschaftsgüter die Besteuerung der stillen Reserven ausgeschlossen (Verlust des Besteuerungsrechts), so sind diese Wirtschaftsgüter nur insoweit mit dem gemeinen Wert anzusetzen (§ 20 Abs. 2 S. 2 Nr. 3). Dem Gesetzeswortlaut folgend bleibt der einheitliche Buchwertansatz des übrigen Betriebsvermögens hiervon unberührt.[149] Damit ist bei der übernehmenden KapG auch § 23 Abs. 1 anwendbar und nicht Abs. 3.

Zu einem Ausschluss des deutschen Besteuerungsrechts an bestimmten Wirtschaftsgütern kann es im Allgemeinen bei grenzüberschreitenden Sacheinlagen kommen (Zuordnung von Wirtschaftsgütern an das ausländische Stammhaus).[150]

c) Buchwertansatz bei erstmaliger inländischer Steuerverstrickung von eingebrachten Wirtschaftsgütern

119 Auch hier gilt der Grundsatz, dass Wirtschaftsgüter des eingebrachten Betriebsvermögens grds. einheitlich mit dem Buchwert anzusetzen sind. Zu trennen sind dabei die Fälle der erstmaligen tatsächlichen und rechtlichen Verstrickung.[151] Denn während tatsächliche Verstrickungen die einbringungsbedingten Bewertungswahlrechte unberührt lassen, ist dies bei rechtlichen Verstrickungen fraglich. Im Gegensatz zur Steuerentstrickung (§ 20 Abs. 2 S. 2 Nr. 3) enthält nämlich das UmwStG für eine erstmalige Steuerverstrickung keine eigenständige Vorschrift. Entsteht daher als Folge der Einbringung erstmals ein deutsches Besteuerungsrecht an dem eingebrachten Betriebsvermögen, z.B. bei passivem Betriebsstättenvermögen[152], ist offen, ob die übernehmende KapG nach den allgemeinen Vorschriften den gemeinen Wert im Zeitpunkt der Einbringung anzusetzen hat (§ 4 Abs. 1 S. 8 i.V.m. § 6 Abs. 1 Nr. 5a EStG) oder das allgemeine Bewertungswahlrecht des § 20 Abs. 2 S. 1 als speziellere Regelung die „Pflichtaufstockung" des § 4 Abs. 1 S. 8 EStG verdrängt. Ferner ist offen, ob ggf. die Pflichtaufstockung gem. § 4 Abs. 1 S. 8 EStG wegen des inneren Zusammenhangs mit der Einbringung (rechtliche Verstrickung) das einheitlich auszuübende Bewertungswahlrecht des § 20 Abs. 2 S. 1 infiziert. Letzt genannte Ansicht hat

---

148 Im Einzelnen siehe unten Rdn. 125 ff.
149 So wohl auch *Mutscher* in Frotscher/Maas, § 20 Rdn. 269.
150 Vgl. hierzu Rdn. 135 ff.
151 Zum Begriff siehe unten Rdn. 137.
152 Beispiel: siehe unten Rdn. 170.

zur Folge, dass die aus der Verstrickung folgende Pflicht zum Ansatz des gemeinen Werts zur steuerpflichtigen Aufdeckung des übrigen übergehenden Vermögens zwingen würde. Da dies in Widerspruch zum Zweck des Gesetzes steht, wäre es daher hilfreich, wenn der Gesetzgeber eine entsprechende Gesetzesänderung vornehmen würde.[153]

d) Buchwertansatz bei fehlendem Besteuerungsrecht für die erhaltenen Anteile

aa) Steuerausländer aus dem EU/EWR-Bereich

Anders als beim Anteilstausch (§ 21 Abs. 2 S. 3 Nr. 1 UmwStG) sieht § 20 UmwStG keine Einschränkung des Bewertungswahlrechts vor, wenn Deutschland den Gewinn aus der Veräußerung der erhaltenen Anteile nicht besteuern kann. Eine Besteuerung der stillen Reserven dieser Anteile ist nur im Rahmen von § 22 möglich. Nach Ablauf der dortigen Sperrfrist entfällt grds. eine deutsche Besteuerung.   *120*

Gehören die erhaltenen Anteile jedoch zu einer inländischen Betriebstätte des Anteilseigners, so unterliegen sie der beschränkten Steuerpflicht (§ 49 Abs. 1 Nr. 2 lit. a EStG). Für die laufenden Gewinne hat Deutschland als Quellenstaat gem. Art. 10 Abs. 4 i. V. m. Art. 7 Abs. 1 S. 2 OECD-MA sowie für die Veräußerungsgewinne gem. Art. 13 Abs. 2 OECD-MA das Besteuerungsrecht.

Befinden sich die Anteile nicht in einer inländischen Betriebstätte oder gehören sie zum Privatvermögen des Anteilseigners unterliegen zwar als laufende Gewinne gem. § 49 Abs. 1 Nr. 5 lit. a EStG (ggf. i. V. m. § 49 Abs. 2 EStG) und als Veräußerungsgewinne gem. § 49 Abs. 1 Nr. 2 lit. e EStG (ggf. i. V. m. § 49 Abs. 2 EStG) der beschränkten Steuerpflicht. Als Quellenstaat hat Deutschland für die laufenden Erträge gem. Art. 10 Abs. 1, Abs. 2 OECD-MA nur ein beschränktes sowie für die Veräußerungsgewinne gem. Art. 13 Abs. 5 OECD-MA[154] kein Besteuerungsrecht.

bb) Steuerausländer in Drittstaaten

§ 20 findet Steuerausländer aus Drittstaaten grds. keine Anwendung (§ 1 Abs. 3 Nr. 1–4 UmwStG). In diesem Fall ist die Einbringung des Sacheinlagegegenstandes mit dem gemeinen Wert anzusetzen.   *121*

Eine Ausnahme besteht, wenn das deutsche Besteuerungsrecht für den Gewinn aus der Veräußerung der erhaltenen Anteile nicht ausgeschlossen oder beschränkt ist (§ 1 Abs. 4 Nr. 2 Buchst. b).

Beispiel:
Der in Indien ansässige I bringt seinen Anteil an der in Deutschland belegenen D-OHG (Buchwert: EUR 20.000; gemeiner Wert: EUR 100.000) gegen Gewährung von Gesellschaftsrechten in die deutsche D-Holding-GmbH mit Sitz und Geschäftsleitung im Inland ein.

---

153 Zum Ganzen siehe *Hruschka/Hellmann*, DStR 2010, 1361 ff.
154 Eine Ausnahme enthält Art. 13 Abs. 3 DBA Tschechien, das auch dem Ansässigkeitsstaat der Gesellschaft ein Besteuerungsrecht einräumt.

Obwohl I Steuerausländer aus einem Drittstaat ist, kann er seinen Mitunternehmeranteil zu Buchwerten einbringen, da das Besteuerungsrecht Deutschlands an den erhaltenen Anteilen nicht beschränkt wird.

Mit den Gewinnen aus der OHG war I vor der Einbringung beschränkt steuerpflichtig (§ 1 Abs. 4 EStG i.V.m. § 49 Abs. 1 Nr. 2 Buchst. a EStG). Nach der Einbringung sind die anteiligen stillen Reserven der OHG im Rahmen der unbeschränkten Steuerpflicht der übernehmenden GmbH (§ 1 Abs. 1 Nr. 1 KStG) steuerverstrickt. Der Veräußerungsgewinn für die erhaltenen Anteile an der D-Holding-GmbH unterliegt ebenfalls der beschränkten Steuerpflicht des I (§ 49 Abs. 1 Nr. 2 Buchst. e Doppelbuchst. aa EStG).

Für den Gewinnanteil aus der OHG hatte Deutschland als Betriebsstättenstaat (Art. 7 Abs. 1 S. 2 i.V.m. Art. 5 DBA Indien) das Besteuerungsrecht. Für den Veräußerungsgewinn an den erhaltenen Anteilen hat Deutschland als Ansässigkeitsstaat der D-Holding-GmbH ebenfalls das Besteuerungsrecht (Art. 13 Abs. 4 DBA Indien)

e) Antrag

122 Der Buchwertansatz ist nur auf Antrag zulässig.[155]

3. Ansatz der Sacheinlage mit einem höheren Wert (Zwischenwert) (§ 20 Abs. 2 S. 2)

123 Die formellen Antragsvoraussetzungen[156] gelten entsprechend für einen Zwischenwertansatz.

a) Allgemeines

124 Zwischenwert ist ein von der übernehmenden KapG frei wählbarer Wert, der zwischen dem Buchwert (Untergrenze) und dem gemeinen Wert (Obergrenze) liegt. Damit werden die stillen Reserven in dem übergehenden Vermögen nur teilweise aufgedeckt. Die Aufdeckung von stillen Reserven erfolgt somit (anteilig) bei:

– den Wirtschaftsgütern des Anlage- und Umlaufvermögens
– den Verbindlichkeiten und
– den steuerfreien Rücklagen (z.B. Rücklage nach § 6b EStG).

Auch die vom Einbringenden selbst geschaffenen immateriellen Wirtschaftsgüter, die nicht in der Bilanz ausgewiesen wurden, sind mit ihrem Zwischenwert anzusetzen (z.B. selbst geschaffene Patente). Wegen des Ansatzes eines selbst geschaffenen Geschäftswerts.[157]

---

155 Vgl. Rdn. 104 ff.
156 Vgl. Rdn. 104 ff.
157 Tz. 20.18 UmwStE 2011 i.V.m. Tz. 03.25.

b) einheitliche Ausübung des Wahlrechts

Besteht ein Bewertungswahlrecht für das eingebrachte Betriebsvermögen, 125
ist es *einheitlich* auf alle Einzel-Wirtschaftsgüter anzuwenden, die zu dem
Sacheinlagegegenstand gehören.[158] Wird z. b. ein Betrieb eingebracht der
über mehrere Teilbetriebe verfügt oder zu dessen Betriebsvermögen auch
Beteiligungen an KapG (wesentliche Grundlage) gehören, liegt ein einheitlicher Sacheinlagegegenstand vor (vgl. hierzu § 20 Abs. 1). Eine Ausnahme
von der Einheitlichkeit der Wahlrechtsausübung enthalten die Tatbestände
des § 20 Abs. 2 S. 2 Nr. 1–4 UmwStG. Soweit sich in Bezug auf diese übergehenden Vermögensteile das Besteuerungsrecht verschlechtert[159] ist zwingend der gemeine Wert anzusetzen. Im Übrigen bleibt das (einheitlich auszuübende) Bewertungswahlrecht unangetastet.

Innerhalb eines Betriebsvermögens einer Sacheinlage ist das Bewertungswahlrecht einheitlich auszuüben. Wird z. b. ein Mitunternehmeranteil eingebracht, muss auch das wesentliche Sonderbetriebsvermögen mit eingebracht werden.

Werden jedoch mehrere Sacheinlagen eingebracht (z. b. ein Betrieb zu dem
auch eine Beteiligung an einer PersG gehört) gilt für jede Sacheinlage ein
gesondertes Bewertungswahlrecht.

Bei Einbringung von Mitunternehmeranteilen sind Ergänzungsbilanzen, die
bei der einbringenden Mitunternehmerschaft bestehen, zu berücksichtigen.

Zur Ermittlung des Zwischenwerts muss zunächst festgestellt werden, in
welchen Wirtschaftsgütern, Schulden und unversteuerten Rücklagen stille
Reserven enthalten sind und wie hoch sie insgesamt sind. Diese stillen Reserven sind dann gleichmäßig um den Prozentsatz aufzulösen, der dem Verhältnis des aufzustockenden Betrags zum Gesamtbetrag der vorhandenen
stillen Reserven des eingebrachten Betriebsvermögens entspricht. Dabei ist
auch auf einen originären Firmenwert aufzustocken.[160] Die sog. modifizierte
Stufentheorie ist nicht mehr anzuwenden.

Beispiel:

Aktiva	Schlussbilanz des Einzelunternehmens		Passiva
Anlagevermögen	100.000	Kapital	50.000
Umlaufvermögen	200.000	Rücklage § 6 b EStG	150.000
Sonstige Aktiva	100.000	Sonstige Passiva	200.000
	400.000		400.000

Lösung:

---

158 *Mutscher* in Frotscher/Maas, § 20 Rdn. 269.
159 Siehe unten: Rdn. 135 ff.
160 Tz. 20.18 UmwStE 2011 i. V. m. Tz. 03.25.

Stille Reserven	
im Anlagevermögen	300.000
Im Umlaufvermögen	50.000
Orig. Firmenwert	100.000
	450.000
+ Rücklage 6b EStG	150.000
Gesamt:	600.000
Aufstockungsbetrag	300.000

Stille Reserven	
im Anlagevermögen	300.000
Im Umlaufvermögen	50.000
+ Rücklage 6b EStG	150.000
Firmenwert	100.000
Summe	600.000
Aufstockungsbetrag	300.000
In Prozent	50 %
Aufstockung der stillen Reserven	

Im AV 50 % von 300.000	150.000	(Aufstockung wg. Aktivseite)
Im UV 50 % von 50.000	25.000	(Aufstockung wg. Aktivseite)
Firmenwert: 50 % von 100.000	50.000	(Aufstockung wg. Aktivseite)
§ 6b EStG 5 % von 150.000	75.000	(Abstockung wg. Passivseite)
Aufstockungsbetrag	300.000	

Rechtsfolgen bei der GmbH: Erstellung einer Eröffnungsbilanz (bei Neugründung)

Aktiva	Eröffnungsbilanz der GmbH		Passiva
AV (100 + 150 st. R)	250.000	Kapital	50.000
UV (200 + 25 st. R)	225.000	KapRL (Aufstockung)	300.000
Sonstige Aktiva	100.000	§ 6b EStG (150 – 75)	75.000
Firmenwert	50.000	Sonstige Passiva	200.000
	625.000		625.000

c) Mitunternehmeranteil bei Zwischenwertansatz

126 Wird ein Mitunternehmeranteil in eine KapG eingebracht und wird die Übernehmerin Mitunternehmer der (weiter bestehenden) PersG, bezieht sich im Zwischenwertansatz auf die durch den Mitunternehmeranteil repräsentierten ideellen Wirtschaftsgüter des Gesamthandvermögens der Übernehmerin. Denn steuerlich ist nicht die Mitunternehmerbeteiligung ein Wirtschaftsgut, sondern die der Beteiligung zuzurechnenden anteiligen Wirtschaftsgüter der Mitunternehmerschaft. Die durch den Zwischen-

wertansatz aufgedeckten stillen Reserven sind in einer positiven Ergänzungsbilanz für die aufnehmende KapG bei der Mitunternehmerschaft zu erfassen.

VI. Einschränkung
des Bewertungswahlrechts

Der Ansatz von Buch- oder Zwischenwerten ist nur zulässig, soweit die Voraussetzungen des § 20 Abs. 2 S. 2 Nr. 1–4 kumulativ erfüllt sind. Ferner darf die Ausübung des Wahlrechts nicht gem. § 50i Abs. 2 S. 1 EStG ausgeschlossen sein.   *127*

1. Körperschaftssteuerpflicht bei der übernehmenden Gesellschaft (§ 20 Abs. 2 S. 2 Nr. 1)

Gem. Abs. 2 Nr. 1 ist das Bewertungswahlrecht ausgeschlossen, d.h. zwingend der gemeine Wert anzusetzen, sofern das eingebrachte Vermögen später bei der übernehmenden Körperschaft von der Besteuerung mit Körperschaftssteuer befreit ist.   *128*

Entgegen der Formulierung in Abs. 2 Nr. 1 sind nicht sämtliche Körperschaften i.S.d. § 1 KStG sondern nur KapG i.S.d. § 1 Abs. 1 Nr. 1 KStG sowie Genossenschaften i.S.d. § 1 Abs. 1 Nr. 2 KStG Gegenstand der Einschränkung des Bewertungswahlrechts. Denn nach dem ausdrücklichen Wortlaut des § 20 Abs. 1 S. 1 sind nur Sacheinlagen in KapG und Genossenschaften, nicht aber in sonstige Körperschaften vom UmwStG geregelt.

Die Hauptanwendungsfälle der Körperschaftsteuerbefreiung sind in § 5 KStG geregelt. Nach dem Willen des Gesetzgebers regelt Abs. 2 S. 2 Nr. 1 insoweit lediglich klarstellend, dass in den Fällen der Einbringung in eine steuerbefreite Gesellschaft ein Buchwert- oder Zwischenwertansatz nicht zulässig ist.[161] Praktisch betroffen sind damit vor allem KapG, die satzungsgemäß ausschließlich und unmittelbar gemeinnützigen, mildtätigen oder kirchlichen Zwecken (§§ 51–68 AO) dienen (§ 5 Abs. 1 Nr. 9 KStG). Wird jedoch auf derartige Rechtsträger ein Betrieb, Teilbetrieb oder Mitunternehmeranteil übertragen, entsteht insoweit regelmäßig ein wirtschaftlicher Geschäftsbetrieb, der die Steuerbefreiung ausschließt (vgl. § 5 Abs. 1 Nr. 9 S. 2 KStG). Im Ergebnis bleibt damit das Bewertungswahlrecht erhalten.[162] Indes wird das Bewertungswahlrecht tatsächlich ausgeschlossen, wenn ein Betrieb, Teilbetrieb oder Mitunternehmeranteil in eine AG eingebracht wird, die nach der Einbringung die Voraussetzungen einer REIT-AG i.S.v. § 1 Abs. 1 REITG erfüllt.[163] Denn gem. § 16 Abs. 1 S. 1 REITG ist die gesamte REIT-AG inkl. dem eingebrachten Vermögen von der Körperschaftsteuer befreit.[164]

Fraglich ist, ob die partielle Steuerbefreiung der übernehmenden Körperschaft gem. § 8b KStG das Wahlrecht nach S. 2 ausschließt. Nach dem Wort-   *129*

---

161 BT-Drs 16/3369, 25.
162 So auch: *Patt* in Dötsch/Pung/Patt/Möhlenbrock, § 20 Rdn. 225.
163 *Widmann* in Widmann/Mayer § 20 Rdn. 541.
164 Tz. 20.19 UmwStE 2011 i.V.m. Tz. 03.17.

laut spricht einiges dafür, denn körperschaftssteuerlich bleiben die stillen Reserven eingebrachter Beteiligungen bei der aufnehmenden KapG außer Ansatz. Gegen den zwingenden Ansatz des gemeinen Werts spricht indes, dass das Wahlrecht besteht, wenn Anteile im Rahmen eines qualifizierten Anteilstauschs von der KapG übernommen werden (§ 21 Abs. 1 S. 2). Ferner spricht für das Wahlrecht, dass bei der übernehmenden KapG gem. § 8b KStG privilegierte stille Reserven beim Anteilseigner gem. § 22 Abs. 2 erfasst sind[165]. Zusammenfassend ist daher eine Steuerbefreiung gem. § 8b KStG unschädlich.[166]

Beispiel:
Die natürliche Person A bringt ihren Betrieb, der u.a. auch eine 60 %-Beteiligung an der X-GmbH (Buchwert: EUR 30.000; gemeiner Wert: EUR 100.000) umfasst, in die A-GmbH gegen Gewährung neuer Gesellschaftsrechte ein.

Bei der A-GmbH sind die stillen Reserven der X-GmbH gem. § 8b Abs. 2 KStG steuerfrei. Nach der hier vertretenen Ansicht darf A die Anteile gleichwohl zu Buchwerten einbringen, da ihm dieses Recht auch zustünde, wenn er ausschließlich die Anteile an der X-GmbH in die A-GmbH einbrächte (§ 21 Abs. 1 S. 2). Dem Fiskus geht hierdurch kein Steuersubstrat verloren. Denn: Verkauft die A-GmbH die erhaltenen Anteile in den folgenden 7 Jahren, hat A einen Einbringungsgewinn II (§ 22 Abs. 2) zu versteuern.

Handelt es sich bei der übernehmenden Gesellschaft um eine Organgesellschaft i.S.d. §§ 14, 17 KStG ist eine Besteuerung mit Körperschaftsteuer nur sichergestellt, soweit das dem Organträger zuzurechnende Einkommen der Besteuerung mit Körperschaftsteuer unterliegt. Entsprechendes gilt, wenn der Organträger selbst wiederum Organgesellschaft ist. Soweit das so zugerechnete Einkommen der Besteuerung mit Einkommensteuer unterliegt, können aus Billigkeitsgründen die übergehenden Wirtschaftsgüter dennoch einheitlich mit dem Buch- oder einem Zwischenwert angesetzt werden, wenn sich alle an der Einbringung Beteiligten übereinstimmend schriftlich damit einverstanden erklären, dass auf die auf der Einbringung resultierenden Mehrabführungen § 14 Abs. 3 S. 1 KStG anzuwenden ist; die Grundsätze der Tz. Org. 32 und 33 des UmwStE 2011 gelten entsprechend.[167]

2. Kein negatives Betriebsvermögen; Passivposten dürfen die Aktivposten nicht übersteigen (§ 20 Abs. 2 S. 2 Nr. 2)

a) Zwischenwertansatz durch Aufstockung der Aktivseite

130 Das eingebrachte Betriebsvermögen darf nicht negativ sein. In diesem Fall ist ein Ansatz des eingebrachten Betriebsvermögens mit dem Buchwert nicht mehr zulässig. Die aufnehmende Gesellschaft muss den Überhang der Passivposten durch Aufstockung der Aktiva ausgleichen. Der Wertansatz beträgt bei der KapG mit der sog. „Mindestaufstockung" daher immer EUR 0. Dies entspricht de facto einem Zwischenwertansatz. Durch diese Re-

---

165 Zust.: *Widmann* in Widmann/Mayer, § 20 Rdn. 541.
166 Ebenso: *Mutscher* in Frotscher/Maas, § 20 Rdn. 204.
167 Tz. 20.19 UmwStE 2011.

gelung wird verhindert, dass beim Einbringenden negative Anschaffungskosten entstehen.

Zu den Passivposten gehört nicht das Eigenkapital des eingebrachten Be-   *131*
triebsvermögens. Steuerfreie Rücklagen (z.b. § 6b EStG, Rücklage für Ersatzbeschaffung, Zuschussrücklage) rechnen nicht zum Eigenkapital sondern zu den Passivposten.

Zur Verhinderung des Ansatzzwangs bei negativem Kapitalkonto und der   *132*
steuerlichen Konsequenzen für den Einbringenden und die übernehmende
KapG, kann das Kapitalkonto vor der Einbringung durch Einlagen ausgeglichen oder betriebliche Schulden (keine wesentliche Grundlage) zurückbehalten werden. Eine Einlage in das einzubringende Betriebsvermögen ist allerdings zwingend, wenn keine oder nur unzureichende stille Reserven zum
Ausgleich des negativen Kapitalkontos (und aus handelsrechtlichen Gründen zusätzlich i.H.d. Nennkapitals der neuen Anteile) vorhanden sind.

b) Höherer Wertansatz in der Handelsbilanz

Muss die KapG in ihrer Handelsbilanz das Betriebsvermögen aufgrund han-   *133*
delsrechtlicher Bestimmungen höher ansetzen (z.B. wegen Ausweis des
Nennkapitals), hat dieser handelsrechtliche Wertansatz mangels Maßgeblichkeit keine Auswirkungen auf den steuerlichen Wertansatz der KapG. Bei
dieser ist steuerlich der ausgeglichene Wertansatz zulässig. Der sich daraus
ergebene Unterschiedsbetrag ist in der Steuerbilanz als steuerneutraler *Aus-*
gleichsposten auszuweisen. Dieser Ausgleichsposten ist steuerlich ohne jegliche Bedeutung und nimmt daher auch nicht an der Gewinnermittlung teil.
Er bleibt in der Steuerbilanz, solange die Gesellschaft das Betriebsvermögen
besitzt. Er hat infolgedessen auch auf die spätere Auflösung und Versteuerung der im eingebrachten Betriebsvermögen enthaltenen stillen Reserven
keinen Einfluss. Mindert sich durch den Ausgleichsposten gedeckte Differenz zwischen der Aktiv- und Passivseite der Bilanz, so fällt der Ausgleichsposten in entsprechender Höhe erfolgsneutral weg (zu Lasten des Eigenkapitals, z.B. Gewinnvortrag).[168]

Beispiel:
A bringt sein Einzelunternehmen in die neu gegründete GmbH ein
(Anteilseigner: A zu 100 %). Die Aktiva betragen EUR 100.000; die
Verbindlichkeiten EUR 200.000, so dass ein negatives Kapitalkonto in
der Einzelfirma von EUR 100.000 ausgewiesen wird. In einem Ge-
bäude (AfA nach § 7 Abs. 4 S. 2 EStG 5 %) sind stille Reserven von
EUR 300.000 enthalten. Die A-GmbH weist ein Stammkapital i.H.v.
EUR 25.000 aus.

Lösung:

Aktiva	HB Eröffnungsbilanz		Passiva
Aktiva (aufg. stR 125.000)	225.000	Nennkapital	25.000
		Verbindlichkeiten	200.000
	225.000		225.000

---

168 Tz. 20.20 UmwStE 2011.

Aktiva	StB- Eröffnungsbilanz		Passiva
Aktiva (aufg. stR 100.000)	200.000	Nennkapital	25.000
Ausgleichsposten (Apo)	25.000	Verbindlichkeiten	200.000
	225.000		225.000

Aufgedeckte stR in HB	125.000
Aufgedeckte stR in StB	100.000
Unterschied (Apo)	25.000
AfA-Unterschied (5 %)	1.250 (Mehr-AfA in der HB)

Auflösung Apo am 31.12.:
Eigenkapital (Gewinnvortr)   an   stl. Apo (1.250)

Alternativ: wenn z. b. kein Eigenkapital vorhanden:
Aufwand (Auflösung Apo)   an   stl. Apo (1.250)
Zurechnung außerhalb der Bilanz (1.250)

c) Gesellschafterbezogene Einbringung bei PersG

134 Wird eine PG in eine KapG/Genossenschaft umgewandelt bzw. eingebracht, ist abzugrenzen, ob der Gegenstand der Einbringung der Betrieb der PG oder die Anteile an der PG sind.

Wird z. b. der Betrieb einer PersG eingebracht, sind steuerlich als Einbringende in diesem Fall die Mitunternehmer der PersG anzusehen und nicht die PersG selbst, wenn die Anteile an der übernehmenden KapG den Mitunternehmern gewährt werden.[169] Es kann in diesem Fall das Bewertungswahlrecht auf Buchwertansatz ausgeschlossen sein, obwohl das Kapital der PersG insgesamt positiv ist, wenn nur ein Mitunternehmer über ein negatives steuerliches Kapital zum Einbringungsstichtag verfügt.

Das Kapitalkonto eines Mitunternehmers ist sein Anteil am Gesamthandvermögen unter Berücksichtigung von Ergänzungsbilanzen sowie sein Sonderbetriebsvermögen, soweit diese Wirtschaftsgüter mit eingebracht werden.

Beispiel:
An der A & B OHG sind A und B zu je 50 % beteiligt. Die OHG wird rückwirkend in die A & B GmbH per Formwechsel umgewandelt. Die GmbH wird mit einem Stammkapital von EUR 50.000 ausgestattet, dass zu je 50 % auf A und B entfällt. Übersteigende Beträge sollen den Gesellschaftern als Darlehen gewährt werden. Im Anlagevermögen sind EUR 200.000 stille Reserven enthalten.

---

169 Tz. 20.03 UmwStE 2011.

Aktiva	Bilanz der A&B-OHG		Passiva
Aktiva	400.000	Kapital B	100.000
Kapital A	50.000	Verbindlichkeiten	350.000
	450.000		450.000

Insgesamt hat die PersG ein positives Betriebsvermögen i.H.v. EUR 50.000 (Aktiva 400.000 – Verbindlichkeiten 350.000); das Kapitalkonto des Mitunternehmers A ist jedoch negativ.

Lösung:
Die Einbringung ist gesellschafterbezogen zu betrachten. Jeder Mitunternehmer gilt als Einbringender i.S.v. § 20.

Darlehensforderung des B	
Kapital in der PersG	100.000
Davon verwendet für Stammeinlage (50 %)	12.500
Darlehen von der GmbH an B	87.500

Aufstockung der Buchwerte wegen des negativen Kapitalkontos A in der HB

Wegfall des negativen Kapitalkontos	50.000
+ Finanzierung der anteiligen Stammeinlage	12.500
Aufdeckung von stillen Reserven	62.500

Damit sich beim Gesellschafter A Aktiv- und Passivposten in der Steuerbilanz ausgleichen, müssen EUR 50.000 stille Reserven aufgedeckt werden (= Wegfall des negativen Kapitalkontos. In Höhe seines Anteils am Stammkapital der GmbH (= EUR 12.500) wird in der Steuerbilanz der GmbH ein aktiver Ausgleichsposten gebildet.

Aktiva	Handelsbilanz der A & B – GmbH		Passiva
Aktiva	462.500	Stammkapital	25.000
		Darlehen B	87.500
		Verbindlichkeiten	350.000
	462.500		462.500

Aktiva	Steuerbilanz der A & B – GmbH		Passiva
Aktiva	450.000	Stammkapital	25.000
Apo	12.500	Darlehen B	87.500
		Verbindlichkeiten	350.000
	462.500		462.500

Bei A ergibt sich i.H.d. aufgedeckten stillen Reserven ein Veräußerungsgewinn i.H.v. EUR 50.000. Bei B wurden keine stillen Reserven aufgedeckt.

Die Anschaffungskosten der GmbH-Anteile betragen bei A EUR 0, bei B EUR 12.500. (vgl. § 20 Abs. 3).

Ist bei der Übertragung von Betriebsvermögen einer PG, die steuerlich als Betriebseinbringung zu beurteilen ist (die einbringende PG erhält die neuen Anteile an der aufnehmenden KapG), ist auf alle Aktiv- und Passivposten des Betriebs abzustellen. Maßgebend ist also der Gesamtkapitalstand der PG (Kapitalkonto der Gesamthand, incl. Ergänzungs- und Sonderbilanzen. Die Verteilung des Gesamtkapitals auf die einzelnen Mitunternehmer ist unbeachtlich. Entscheidend ist, ob das Gesamtkapital positiv oder negativ ist.

3. Keine Verschlechterung des Besteuerungsrechts (§ 20 Abs. 2 S. 2 Nr. 3 UmwStG)[170]

135 Gem. § 20 Abs. 2 S. 2 Nr. 3 ist das Bewertungswahlrecht ausgeschlossen, soweit das Recht der Bundesrepublik Deutschland an der Besteuerung des Gewinns aus der Veräußerung des eingebrachten Betriebsvermögens durch die Einbringung ausgeschlossen oder beschränkt wird (i. W.: Entstrickung).[171]

a) Einbringungsbedingte Entstrickung

136 Nach Ansicht der Verwaltung[172] stellen die Entstrickungsregeln des UmwStG ein „aliud" zu den allgemeinen Entstrickungsregeln dar. Dem ist zuzustimmen. Denn das UmwStG regelt[173] die steuerrechtlichen Folgen aus dem zivilrechtlichen Rechtsträgerwechsel. So setzt § 20 Abs. 2 S. 2 Nr. 3 voraus, dass der Ausschluss oder die Beschränkung des Besteuerungsrechts durch den zivilrechtlichen Rechtsträgerwechsel in Form einer „conditio sine qua non" ausgelöst wird.

Beispiel:
Der unbeschränkt Steuerpflichtige A bringt seinen passiv tätigen Betrieb in Ungarn in eine ungarische kft[174] ein.

Während das Betriebsvermögen vor der Einbringung in Deutschland im Rahmen der unbeschränkten Steuerpflicht des A steuerlich unter Anrechnungsverpflichtung verhaftet war, unterliegt es nach der Einbringung als ausländisches Betriebsstättenvermögen der kft ohne Sitz und Geschäftsleitung im Inland keiner deutschen Steuerpflicht mehr. Der Verlust des Besteuerungsrechts an dem ungarischen Betriebsstättenvermögen wurde allein durch den einbringungsbedingten Wechsel von der unbeschränkten Steuerpflicht des A auf die fehlende Steuerpflicht der kft ausgelöst.

---

170 Zum Begriff der Entstrickung siehe: Exkurs: Veränderungen des Besteuerungsrechts
171 Zur Problematik der Entstrickung siehe unten Rdn. 167.
172 Tz. 20.19 UmwStE 2011 i. V. m. Tz. 03.20.
173 Mit wenigen Ausnahmen wie etwa dem Formwechsel.
174 Entspricht typisierend einer deutschen Kapitalgesellschaft.

b) Zusammenhang mit der Einbringung[175]

Neben § 20 Abs. 2 S. 2 Nr. 3 bedingen § 4 Abs. 1 S. 3–8 EStG bzw. § 12 Abs. 1 KStG die zwingende Aufdeckung stiller Reserven in Entstrickungsfällen. Unklar ist dabei, ob § 20 auch Entstrickungen erfasst, die durch Verbringungen von Wirtschaftsgütern ins Ausland in zeitlichem Zusammenhang mit der Umwandlung vollzogen werden, mit anderen Worten, ob die umwandlungssteuerrechtlichen Entstrickungsregeln die allgemeinen als speziellere verdrängen[176] oder ob sie ein „aliud" darstellen, da sie an andere Tatbestandsvoraussetzungen anknüpfen. Bedeutung hat dies insbesondere auch für den Zeitpunkt der Entstrickung. Denn nur die Tatbestände des UmwStG sind einer Rückwirkung gem. § 20 Abs. 6 zugänglich.

137

In diesem – zivilrechtlichen – Rechtsgrund unterscheidet sich § 20 Abs. 2 S. 2 Nr. 3 – wie auch die anderen umwandlungssteuerrechtlichen Entstrickungsregeln – von den allgemeinen Entstrickungsregeln. Denn wird Betriebsvermögen gem. § 4 Abs. 1 S. 3 EStG bzw. § 12 Abs. 1 KStG entstrickt, wird es innerhalb desselben Betriebsvermögens ohne Rechtsträgerwechsel lediglich tatsächlich an einen Standort überführt, der – aus dem Blickwinkel des deutschen Fiskus – nach der Überführung schlechter besteuert werden kann als vorher. Innerhalb der tatsächlichen Entstrickung ist weiter zu differenzieren, ob diese ihre Ursache in dem umwandlungsbedingten Ansässigkeitswechsel oder in einer zusätzlichen Entscheidung des Unternehmens haben.

138

aa) tatsächliche Entstrickung kraft Zuordnungsfiktion

Zu einer tatsächlichen Entstrickung kraft Zuordnungsfiktion kommt es, sofern Wirtschaftsgüter abkommensrechtlich einem bestimmten Ort, insbesondere dem Ansässigkeitsstaat des Unternehmens, zugewiesen werden. Wechselt dieser Ort anlässlich der Einbringung, folgen die betroffenen Wirtschaftsgüter gleichsam akzessorisch. Diesbezügliche Regelungen finden sich in den speziellen Zuordnungsvorbehalten der DBA (sog. Betriebsstättenvorbehalte), z.B. bei den Einkünften aus Dividenden (Art. 10 Abs. 1, Abs. 4 OECD-MA), Zinsen (Art. 11 Abs. 1, Abs. 4 OECD-MA), Lizenzen (Art. 12 Abs. 1, Abs. 3 OECD-MA sowie sonstigen Einkünften (Art. 21 Abs. 1, Abs. 2 OECD-MA)[177]. Verkürzt gesprochen besagen diese Klauseln, dass die genannten Wirtschaftsgüter grds. dem Ort der Geschäftsleitung des Unternehmens zuzuordnen sind, sofern nicht konkret nachgewiesen wird, dass die Wirtschaftsgüter funktional[178] der Betriebsstätte dienen. Entscheidend ist dabei darauf abzustellen, ob das betreffende Wirtschaftsgut der Betriebsstätte dient, mit anderen Worten, mit deren Hilfe der Betriebsstättenerfolg erwirtschaftet wird.[179] Dies ist der Fall, wenn es ausschließlich oder unmittelbar für deren Zwecke (Nutzung, Verwertung) eingesetzt wird oder

139

---

175 Zum Ganzen siehe *Hruschka/Hellmann*, DStR 2010, 1961 ff.
176 So z.B.: *Widmann* in Widmann/Mayer, § 20 Rdn. 578.
177 BMF v. 26.09.2014, BStBl I 2014, 1258ff Tz. 2.2.4.1.
178 Z.B.: BFH vom 30.08.1995, I R 112/94, BFH/NV 1996, 22; *Maier* in Löwenstein/Looks, Rdn. 618; *Ditz*, Gewinnabgrenzung, 288.
179 *Vogel/Lehner*, DBA, Art. 22 Tz. 24; BFH vom 29.07.1992, II R 39/89, BStBl. II 1993, 63.

dazu bestimmt ist.[180] Maßgeblich sind insoweit die tatsächlichen Verhältnisse und insbesondere die Struktur, Organisation und Aufgabenstellung der Betriebsstätte im Unternehmen. Unbeachtlich ist hingegen, ob die Wirtschaftsgüter von der Betriebsstätte selbst erworben oder lediglich vom Stammhaus in die Betriebsstätte überführt wurden.

Seiner Rechtsnatur nach ist dieser Ortswechsel *tatsächlicher* Art. Denn einerseits ist die Frage der Ansässigkeit eines Unternehmens i.S.d. Art. 4 OECD-MA eine Frage der tatsächlichen Zuordnung; andererseits findet die von der Regel abweichende Zuordnung gem. DBA ebenfalls ausschließlich aufgrund tatsächlicher Umstände statt. Dem entsprechend fallen Ent- und Verstrickungen, die durch den umwandlungsbedingten Ansässigkeitswechsel veranlasst werden, unter die allgemeinen Entrickungsregeln des § 4 Abs. 1 S. 3 bzw. S. 7 HS 2 EStG bzw. § 12 Abs. 1 KStG.

Beispiel:

Der unbeschränkt Steuerpflichtige A unterhält im Inland einen Handelsbetrieb. Dort verwaltet er u.a. Streubesitzbeteiligungen aus Drittstaaten. Diesen Betrieb bringt er inkl. der Beteiligungen gem. § 20 in eine AG mit Sitz und Geschäftsleitung in Österreich ein. Der bisherige Betriebssitz im Inland wird zur Betriebsstätte der österreichischen AG.

Anlässlich der Umwandlung werden die Streubesitzbeteiligungen in Deutschland gem. § 4 Abs. 1 S. 3 EStG entstrickt, da sie abkommensrechtlich mangels funktionalem Zusammenhang mit der inländischen Betriebsstättentätigkeit dem österreichischen Stammhaus zugeordnet werden müssen. Die österreichische AG ist in Deutschland beschränkt steuerpflichtig (§§ 2, 7 Abs. 2, 8 Abs. 1 KStG i.V.m. § 49 Abs. 1 Nr. 2 Buchst. a EStG). Abkommensrechtlich ist sie in Österreich ansässig (Art. 4 Abs. 1 DBA AT). Daher hat Deutschland als Quellenstaat nur das Besteuerungsrecht für die inländischen Betriebsstätteneinkünfte der AG (Art. 7 Abs. 1 i.V.m. Art. 5 DBA AT). Diesen können die Beteiligungserträge jedoch nur zugeordnet werden, wenn die Beteiligungen tatsächlich zur inländischen Betriebsstätte gehören (Art. 10 Abs. 4 DBA AT). Hierfür fehlt es an dem funktionalen Zusammenhang mit der Betriebsstättenaktivität.

Diese Zuordnung fällt nicht unter § 20 Abs. 2 S. 2 Nr. 3, da sie tatsächlicher Natur ist (Art. 10 Abs. 4 DBA AT).

bb) tatsächliche Entstrickung durch zusätzliche Reorganisationsentscheidung

140 Neben der tatsächlichen Entstrickung kraft Zuordnungsfiktion kann es zu Entstrickungen kraft eigener, zusätzlicher Entscheidung des Unternehmers kommen. Ebenso wie in der Abgrenzung zwischen umwandlungsbedingten und tatsächlichen Entstrickungen[181] liegt hier der Unterschied im Rechtsgrund. Während der Ansässigkeitswechsel und die daran anknüpfende Zu-

---

180 BS-VWG Tz. 2.4.
181 Siehe oben Rdn. 139.

ordnungsfiktion aus den Betriebsstättenvorbehalten[182] folgen, beruht die Zuordnung durch unternehmerische Entscheidung auf Art. 7 Abs. 1 S. 2 OECD-MA. Für die Praxis kann dieser Unterschied eine Rolle spielen, wenn es auf den Zeitpunkt der Entstrickung (z.b. wegen Zuordnung zu einer speziellen Steuerperiode) ankommt. Während nämlich die Zuordnungsfiktion durch den Ansässigkeitswechsel in unmittelbarem zeitlichen Zusammenhang mit dem Rechtsträgerwechsel steht ist die Entscheidung des Unternehmers von der Umwandlung unabhängig.

Beispiel:
Der unbeschränkt steuerpflichtige A bringt seinen inländischen Betrieb (bestehend aus einem Betriebsgrundstück Buchwert: EUR 100.000; gemeiner Wert: EUR 1.000.000 sowie beweglichen WG: Buchwert: EUR 30.000; gemeiner Wert: EUR 35.000) zu Buchwerten in die Ö-GmbH mit Sitz und Geschäftsleitung in Österreich ein. Sämtliche beweglichen WG werden anlässlich der Umwandlung in die neuen Geschäftsräume in Österreich verbracht. Das deutsche Betriebsgrundstück dient zukünftig als Auslieferungslager.

Die Überführung der beweglichen WG nach Österreich stellt eine eigene Handlung dar, die zwar zeitlich der Einbringung nahe steht. Sie wurde jedoch nicht durch die Einbringung verursacht. Gleichwohl wurden die in diesen ruhenden, stillen Reserven (EUR 5.000) steuerlich entstrickt und sind daher zwingend mit dem gemeinen Wert anzusetzen (§ 4 Abs. 1 S. 3 EStG i.V.m. § 6 Abs. 1 Nr. 4 S. 1 HS 2 EStG). Diese Entstrickung wurde jedoch nicht durch sondern nur anlässlich der Umwandlung verwirklicht. Das Bewertungswahlrecht gem. § 20 Abs. 2 S. 2 hinsichtlich des nicht entstrickten Betriebvermögens (hier: Betriebsgrundstück) bleibt A erhalten. Diese tatsächliche Entstrickung beruht auf einer eigenen Entscheidung des Unternehmers. Im Unterschied zur tatsächlichen Entstrickung auf Grund des Ansässigkeitswechsels bedurfte es zu ihr einer zusätzlichen Handlung, nämlich der tatsächlichen Überführung der materiellen Wirtschaftsgüter.

Im Ergebnis unterscheiden sich damit Entstrickungen gem. § 20 Abs. 2 S. 2 Nr. 3 und solche i.S.v. § 4 Abs. 1 S. 3–7 EStG bzw. § 12 Abs. 1 KStG in ihrem Rechtsgrund.[183] Denn Ursache umwandlungsbedingter Entstrickungen ist der rechtliche Wechsel des Steuersubjekts, hingegen bei den allgemeinen Entrickungstatbeständen der tatsächliche Ortswechsel des Steuerobjekts (Verbringung) oder der -subjekts (Wegzug). Praktisch beschränkt sich damit der Anwendungsbereich des § 20 Abs. 2 S. Nr. 3 auf ausländisches Betriebsstättenvermögen, das in Deutschland unter Anrechnungsverpflichtung gem. DBA bzw. § 34 c EStG/§ 26 KStG besteuert werden darf und in eine beschränkt bzw. nicht steuerpflichtige KapG eingebracht wird.

---

182 Siehe oben Rdn. 139.
183 A.A.: *Widmann* in Widmann/Mayer, § 20 Rdn. 578.

4. keine Gewährung schädlicher Gegenleistungen (§ 20 Abs. 2 S. 2 Nr. 4; § 20 Abs. 2 S. 4)

141 Gem. § 20 Abs. 2 S. 4 a.F.[184] bzw. § 20 Abs. 2. S. 2 Nr. 4 n.F.[185] kann auf Antrag der Buchwert des eingebrachten Betriebsvermögens auch dann fortgeführt werden, wenn der Einbringende als Gegenleistung für die Hingabe nicht nur neue Anteile an der übernehmenden Gesellschaft sondern neben diesen auch andere Wirtschaftsgüter (sonstige Gegenleistungen) erhält.

142 **Sonstige Gegenleistungen** verlangen, dass ein ursächlicher Zusammenhang zwischen der Gewährung der anderen Gegenleistung und der Einbringung des Vermögens gem. § 20 Abs. 1 UmwStG besteht. Dies folgt aus der Formulierung „neben" in S. 2 Nr. 4.[186]. Typische Anwendungsfälle sind z.B. die Einräumung von Darlehen, typisch stille Beteiligungen, Barabfindungen oder die Übertragung eigener Anteile der Übernehmerin auf den Einbringenden.[187] Keine sonstige Gegenleistung liegt vor, wenn im Zuge einer Einbringung von Betriebsvermögen ein Teilbetrag in die Kapitalrücklage eingestellt wird.[188] Nicht erforderlich ist, dass die sonstige Gegenleistung durch die Übernehmende getätigt wird. Sie kann auch durch Dritte – etwa durch den Altgesellschafter der übernehmenden Körperschaft – erfolgen.[189]

a) Rechtslage bis 31. 12. 2014

143 Bis inkl. dem 31. 12. 2014 war die Buchwertfortführung des eingebrachten Betriebsvermögens zulässig, sofern der gemeine Wert der sonstigen Gegenleistung den Buchwert des eingebrachten Betriebsvermögens nicht überstieg (§ 20 Abs. 2 S. 4 a.F.). Der gemeine Wert der Gegenleistung definierte die Untergrenze des Wertansatzes im Rahmen der beantragten Minderbewertung der Sacheinlage[190].

Wurde die Höchstgrenze für die buchwertneutrale Gewährung anderer Wirtschaftsgüter überschritten, waren die eingebrachten Wirtschaftsgüter bei der übernehmenden Gesellschaft zwingend mit einem höheren Wert anzusetzen. Es kam folglich erst bei Überschreiten der Grenze zwingend zur Aufdeckung von stillen Reserven und somit regelmäßig zu einer Steuerbelastung beim Einbringenden

Der Wert, mit dem die übernehmende Gesellschaft das eingebrachte Betriebsvermögen ansetzte, galt für den Einbringenden grundsätzlich als Veräußerungspreis und als Anschaffungskosten der als Gegenleistung gewährten Gesellschaftsanteile. Soweit neben den Gesellschaftsanteilen auch andere Wirtschaftsgüter gewährt werden, ist deren gemeiner Wert bei der

---

184 Bis 31. 12. 2014.
185 Ab 01. 01. 2015.
186 *Herlinghaus* in: Rödder/Herlinghaus/van Lishaut, UmwStG, 2. Aufl. 2013, § 20 UmwStG Rz. 182.
187 *Herlinghaus* in: Rödder/Herlinghaus/van Lishaut, UmwStG, 2. Aufl. 2013, § 20 UmwStG Rz. 181.
188 Tz. 20.11 UmwStE 2011.
189 Ebenso: *Brandstetter* in Eisgruber, UmwStG, 1. Aufl. 2016, § 20 Rz. 101.
190 *Menner* in Haritz/Menner, § 20 UmwStG Rz. 376; *Patt* in Dötsch/Patt/Pung/Möhlenbrock, Umwandlungssteuerrecht, § 20 UmwStG Rz. 219.

Bemessung der Anschaffungskosten der Gesellschaftsanteile abzuziehen (§ 20 Abs. 3 S. 3 UmwStG).

Beispiel:

A bringt zum 01.01.08 sein Einzelunternehmen (Kapital: EUR 100.000) in die B-GmbH ein. Dafür erhält A neben Anteilen im Nennwert von EUR 10.000 auch ein Grundstück der GmbH im Wert von EUR 90.000 (Buchwert bei der GmbH: EUR 25.000).

Lösung:

Wert (Buchwert) des eingebrachten Betriebsvermögen	100.000
dafür Anteile im Nennwert von	-10.000
dafür Grundstück (gemeiner Wert))	-90.000
übersteigender Wert	0

Damit entsteht bei A kein Veräußerungsgewinn. Es liegt auch kein Fall des § 20 Abs. 2 S. 4 vor, da die Gegenleistung (= EUR 90.000) den Buchwert der eingebrachten Wirtschaftsgüter (= EUR 100.000) nicht übersteigt. Die GmbH setzt damit das eingebrachte Vermögen mit EUR 100.000 an. Aus der Übertragung des Grundstücks erzielt sie einen Ertrag aus Abgang von Anlagevermögen i.H.v. EUR 65.000 (90.000 – 25.000).

Buchung bei der B-GmbH

Übernommene Aktiva/Passiva	an	Nennkapital	10.000
	an	Grundstück	25.000
	an	Ertrag	65.000

Die Anschaffungskosten des A für die Anteile an der B-GmbH betragen EUR 10.000.

Würde der Grundstückswert EUR 120.000 betragen, ergäbe sich bei A ein Veräußerungsgewinn i.H.v. EUR 20.000 aus der zwangsweisen Aufdeckung von stillen Reserven. Die A-GmbH würde dann EUR 120.000 übernehmen und hätte einen Ertrag aus Grundstücksübertragung von EUR 85.000. Es liegt ein Fall des § 20 Abs. 2 S. 4 vor.

Keine zusätzliche Gegenleistung ist die Bildung einer *Kapitalrücklage* (§ 272 Abs. 2 Nr. 4 HGB).[191]

Auch bei Gewährung anderer Wirtschaftsgüter darf der gemeine Wert des eingebrachten Betriebsvermögens nicht überschritten werden. Ist der gemeine Wert der Zusatzleistung höher als die gemeinen Werte der Sacheinlage, liegen insoweit *verdeckte Gewinnausschüttungen* vor.

---

191 Tz. E 20.11 UmwStE 2011.

b) Rechtslage ab 01. 01. 2015

144 Durch das Steueränderungsgesetz v. 02. 11. 2015[192] wurde § 20 Abs. 2 S. 4 neu gefasst. Er gilt für Einbringungen, deren Umwandlungsbeschluss bzw. in anderen Fällen deren Einbringungsvertrag nach dem 31. 12. 2014 geschlossen wurde (§ 27 Abs. 14).

Die Vorschrift knüpft an die Beschränkung des Bewertungswahlrechts gem. § 20 Abs. 2 S. 2 Nr. 4 an und vermeidet, dass durch den Abzug des gemeinen Werts der sonstigen Gegenleistung[193] von den Anschaffungskosten der gewährten Beteiligung negative Anschaffungskosten entstehen. Ebenso wird durch die Regelung die Entstehung eines zu niedrigen Einbringungsgewinns verhindert. Praktisch ist eine Vergleichsrechnung durchzuführen, in der das Ergebnis des § 20 Abs. 2 S. Nr. 4 dem des § 20 Abs. 2 S. 4 gegenüber gestellt wird.

c) Beschränkung des Bewertungswahlrechts durch schädliche Gegenleistungen (§ 20 Abs. 2 S. 2. Nr. 4)

aa) Allgemeines

145 Durch das Steueränderungsgesetz v. 02. 11. 2015[194] wurde ein neuer § 20 Abs. 2 S. 2 Nr. 4 geschaffen, der die Ausübung des Bewertungswahlrechts im Fall von sonstigen Gegenleistungen[195] über das bisherige Maß des § 20 Abs. 2 S. 4 a. F.[196] hinaus beschränkt[197]. Die Neuregelung gilt für Einbringungen, deren Umwandlungsbeschluss bzw. in anderen Fällen deren Einbringungsvertrag nach dem 31. 12. 2014 geschlossen wurde (§ 27 Abs. 14).

Gem. § 20 Abs. 2 S. 2 Nr. 4 n. F. darf der Buchwert des eingebrachten Betriebsvermögens nur noch fortgeführt werden, wenn der gemeine Wert von sonstigen Gegenleistungen, die neben den Gesellschaftsanteilen gewährt werden, nicht mehr beträgt als

a) 25 % des Buchwerts des eingebrachten Betriebsvermögens oder

b) 500.000 EUR, höchstens jedoch den Buchwert des eingebrachten Betriebsvermögens.

Danach ist die Einbringung von Betriebsvermögen in KapG gegen Gewährung von Gesellschaftsrechten und sonstigen Gegenleistungen nicht mehr uneingeschränkt bis maximal zum Buchwert möglich. Vielmehr hängt das Recht zur Buchwertfortführung von unterschiedlichen Obergrenzen für die sonstigen Gegenleistungen ab. Für diese Obergrenzen sind drei Bereiche zu unterscheiden:

---

192 BGBl. I S. 1834.
193 Siehe oben Rnd. 142.
194 BGBl. I S. 1834.
195 Siehe oben Rnd. 142.
196 Siehe oben Rnd. 143.
197 Zu den Hintergründen: Patt in Dötsch/Pung/Möhlenbrock, §§ 20–23 UmwStG, Rz. 11.

– Bereich 1
Bei einem Buchwert des eingebrachten Betriebsvermögen bis maximal
500.000 EUR darf die sonstige Gegenleistung den Buchwert nicht übersteigen.
– Bereich 2
Bei einem Buchwert des eingebrachten Betriebsvermögen zwischen
500.000 EUR und 2.000.000 EUR (= $^1/_4$ v. 2 Mio EUR = 500.000) ist eine
maximale Gegenleistung bis zu einem Betrag von 500.000 EUR möglich
(sog. Mittelstands-Komponente).
– Bereich 3
Ab einem Buchwert des eingebrachten Betriebsvermögen von mehr als
2.000.000 EUR darf die sonstige Gegenleistung 25 % des Buchwerts des
eingebrachten Betriebsvermögen nicht übersteigen.

Übersicht zur Behandlung von sonstigen Gegenleistungen   *146*

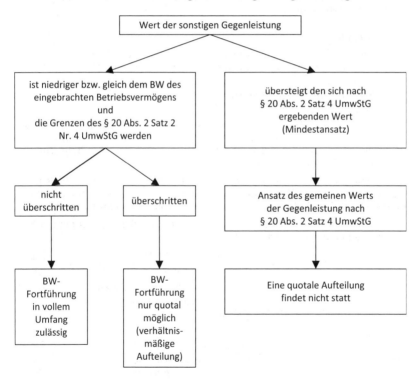

bb) Funktionsweise der Regelung

147 Die Ermittlung der absoluten und relativen Beschränkung von sonstigen Gegenleistungen erfolgt in fünf Schritten.

In den ersten drei Schritten wird der Wertansatz bei der übernehmenden Gesellschaft ermittelt. In den beiden letzten Schritten werden die Folgen beim Einbringenden dargestellt.

Übernehmende Gesellschaft
1. Prüfung der Grenzen (25 %-Grenze; Höchstbetrag 500.000 EUR) und Ermittlung des übersteigenden Betrags
2. Ermittlung des Anteils des Betriebsvermögen, für das die Buchwerte fortgeführt werden können
3. Ermittlung des Wertansatzes des eingebrachten Betriebsvermögen bei der Übernehmerin

Einbringender
4. Ermittlung des Einbringungsgewinns/Veräußerungsgewinns
5. Berechnung der Anschaffungskosten der Gesellschaftsanteile

cc) Beispiele zur Funktionsweise:

148 – Grundfall: § 20 Abs. 2 S. 4

Einbringung eines Einzelunternehmens in eine KapG (Buchwert des Betriebsvermögens: 425.000). Antrag auf Buchwert-Fortführung. Die KapG weist ein Stammkapital i.H.v. 25.000 EUR aus und gewährt dem Einbringenden eine Darlehensforderung von 400.000 EUR.

Die sonstige Gegenleistung (Darlehensforderung) i.H.v. 400.000 EUR übersteigt nicht den Wert des eingebrachten Betriebsvermögen von 425.000 EUR. Ein Fall des § 20 Abs. 2 Satz 4 UmwStG liegt nicht vor

Die Bilanzen der übernehmenden KapG sowie der des einbringenden Einzelunternehmens sehen wie folgt aus:

Aktiva	Eröffnungsbilanz der KapG		Passiva
Aktiva	800.000	Stammkapital	25.000
		Darlehen (v. Gesellschafter)	400.000
		andere Verbindlichkeiten etc.	375.000
	800.000		800.000

Aktiva	Einbringungsbilanz der Einzelfirma		Passiva
Aktiva	800.000	Kapital (Wert d. eingebr. Betriebsvermögens)	425.000
		andere Verbindlichkeiten etc.	375.000
	800.000		800.000

Die Anschaffungskosten der Anteile betragen:

Wert (Buchwert) des eingebrachten Betriebsvermögen	425.000
./. Wert der sonstigen Gegenleistung § 20 Abs. 3 S. 3 UmwStG	-400.000
AK der erhaltenen GmbH-Anteile	25.000

– Abwandlung zu § 20 Abs. 2 S. 4 (Die Gegenleistung übersteigt den Min-   *149*
destwert des eingebrachten Betriebsvermögen)

Die gewährte Gegenleistung (Darlehensforderung) beträgt 475.000 EUR
und übersteigt den Wert des eingebrachten Betriebsvermögen von
425.000 EUR um 50.000 EUR. Es liegt damit ein Fall von § 20 Abs.2 S. 4
UmwStG vor, d.h. die eingebrachten Wirtschaftsgüter sind mit dem gemeinen Wert der gewährten Gegenleistung anzusetzen. Die Grenzen des § 20
Abs.2 S. 2 Nr. 4 lit. a sind deshalb unbeachtlich.

Als Folge ist bei der übernehmenden KapG das eingebrachte Aktivvermögen um den Wert aufzustocken, um den der gemeine Wert der Gegenleistung das eingebrachte Betriebsvermögen übersteigt. Im Beispielsfall führt
dies zu einer Aufdeckung von stillen Reserven i.H.v. 50.000 EUR.

Aktiva		Eröffnungsbilanz der KapG	Passiva
Aktiva	800.000	Stammkapital	25.000
Aufstockung (stR)	50.000	Darlehen (v. Gesellschafter)	475.000
Steuerl. Ausgl.post.	25.000	andere Verbindlichkeiten etc.	375.000
	875.000		875.000

Die Aktivierung des Ausgleichspostens ist erforderlich, da der Buchwert des
eingebrachten Betriebsvermögens niedriger ist als das in der Handelsbilanz
ausgewiesene gezeichnete Kapital. Der Ausgleichsposten, der in den vorgenannten Fällen ausgewiesen werden muss, um den Ausgleich zu dem in der
Handelsbilanz ausgewiesenen Eigenkapital herbeizuführen, ist kein Bestandteil des Betriebsvermögens i.S.v. § 4 Abs. 1 Satz 1 EStG; er nimmt am
Betriebsvermögensvergleich nicht teil[198].

Folgen beim Einbringenden
Es entsteht ein voll steuerpflichtiger Einbringungsgewinn i.H.v. 50.000 EUR
(= aufgedeckte stille Reserven).

Berechnung der Anschaffungskosten

Wert (Buchwert) des eingebrachten Betriebsvermögen	425.000
+ aufgedeckte sti.Res.	50.000
./. Wert der sonstigen Gegenleistung § 20 Abs. 3 S. 3 UmwStG	-475.000
AK der erhaltenen GmbH-Anteile	0

---

198 Tz. 20.20 UmwStE.

– Grundfall zu § 20 Abs. 2 S. 2 Nr. 4

Es soll eine Einzelfirma (Betriebsvermögen: Buchwert: 1.000.000 EUR; gemeiner Wert: 2.000.000 EUR) gegen Gewährung neuer Anteile und einer sonstigen Gegenleistung im Wert i.H.v. 400.000 in eine GmbH eingebracht werden; die Buchwerte sollen fortgeführt werden.

Die gewährte Gegenleistung übersteigt nicht den BW des eingebrachten Betriebsvermögen. Damit kommt § 20 Abs. 2 S. 4 UmwStG nicht zur Anwendung

Die gewährte Gegenleistung übersteigt zwar die 25%-Grenze (250.000 EUR); nicht aber den Höchstbetrag von 500.000 EUR. Damit kann die gesamte Einbringung steuerneutral zu Buchwerten vorgenommen werden. Es werden keine stillen Reserven aufgedeckt.

dd) Abwandlung zu § 20 Abs. 2 S. 2 Nr. 4 (Die Gegenleistung übersteigt den zulässigen Maximalwert sonstigen Gegenleistung)

150   Die gewährte Gegenleistung beträgt nunmehr 700.000 EUR.

Die gewährte Gegenleistung übersteigt nicht den Wert den eingebrachten Betriebsvermögen. Deshalb kommt § 20 Abs. 2 S. 4 UmwStG nicht zur Anwendung.

Da nunmehr sowohl die 25%-Grenze (= 250.000 EUR) als auch die Höchstgrenze in Höhe von 500.000 ? überschritten sind erfolgt eine quotale Aufteilung des BW.

Wertsätze bei der Übernehmerin
1. Schritt (Ermittlung des übersteigenden Betrags)

Gewährte Gegenleistung	700.000
Grenze i.S.d. Nr. 4 (die höhere der beiden Grenzen ist maßgebend)	- 500.000
Übersteigender Betrag	200.000

2. Schritt (Berechnung des Anteils der BW-Fortführung)

$$\frac{\left(\text{gW eingebr. BW-übersteigender Betrag}\right)}{\text{gW eingebr. BV}} = \text{fortgeführte BW-Quote}$$

$$\frac{\left(2.000.000 - 200.000\right)}{2.000.000} = \frac{1,8}{2} = 90\%$$

3. Schritt (Vergleichsrechnung)
Ansatz bei der übernehmenden Gesellschaft

BW-Fortführung zu 90 %	900.000
= 9 % von 1.000.000 EUR	
+ übersteigende Gegenleistung	200.000
Mindestansatz in übernehmender GmbH	1.100.000

Die Gegenleistung (700.000 EUR) übersteigt nicht den Wert nach § 20 Abs. 2 S. 2 Nr. 4 UmwStG (Mindestansatz 1,1 Mio EUR). Damit kommt § 20 Abs. 2 S. 4 UmwStG nicht zur Anwendung.

Ansatz bei der übernehmenden KapG	1.100.000
Buchwert des eingebrachten Betriebsvermögens	– 1.000.000
aufgedeckte stille Reserven	100.000

Folgen beim Einbringenden
4. Schritt (Berechnung des Einbringungsgewinns)

Veräußerungspreis	1.100.000
Buchwert des eingebrachten Betriebsvermögens	– 1.000.000
steuerpflichtiger Einbringungsgewinn	100.000

5. Schritt (Berechnung der Anschaffungskosten der Anteile)

Wertansatz im Einzelunternehmen	1.000.000
+ aufgedeckte stille Reserve	+ 100.000
Summe	1.100.000
./. Gegenleistung (§ 20 Abs. 3 S. 3)	– 700.000
Anschaffungskosten der Anteile	400.000

– Abwandlung (Die Gegenleistung übersteigt den Mindestansatz i.S.v. § 20   *151*
Abs. 2 S. 2 Nr. 4)
Es soll ein Einzelunternehmen (Buchwert: 2.000.000; gemeiner Wert: 50.000.000) unter Fortführung der Buchwerte in eine GmbH eingebracht werden. Neben den neuen Anteilen soll dem Einbringenden ein Darlehen i.H.v. 40.000.000 eingeräumt werden.

Wertsätze bei der Übernehmerin

1. Schritt (Ermittlung des übersteigenden Betrags)

Gewährte Gegenleistung	40.000.000
Grenze i. S. d. Nr. 4 (die höhere	− 500.000
der beiden Grenzen ist maßgebend)	
Übersteigender Betrag	39.500.000

2. Schritt (Berechnung des Anteils der BW-Fortführung)

$$\frac{(50.000.000 - 39.500.00)}{50.000.000} = 21\%$$

3. Schritt (Vergleichsrechnung)
Ansatz bei der übernehmenden Gesellschaft unter ausschließlicher Anwendung von § 20 Abs. 2 S. 2 Nr. 4:

BW-Fortführung zu 21 %	
= 21 % von 2.000.000 EUR	420.000
+ übersteigende Gegenleistung	
(i. S. v. § 20 Abs. 2 S. 2 Nr. 4)	39.500.000
Mindestansatz in übernehmender GmbH	39.920.000

Da die Gegenleistung (40.000.000 EUR) den Mindestansatz in der GmbH nach S. 2. Nr. 4 (39.920.000) übersteigt, kommt § 20 Abs. 2 S. 4 UmwStG zur Anwendung. Wegen des Vorrangs des Abs. 2 S. 4 wird die vorgenommen Quotierung entbehrlich. Vielmehr hat die übernehmende GmbH das Betriebsvermögen mit 40.000.000 anzusetzen.

Folgen beim Einbringenden
4. Schritt (Berechnung des Einbringungsgewinns)

Veräußerungspreis	40.000.000
Buchwert des eingebrachten	
Betriebsvermögens	− 2.000.000
steuerpflichtiger Einbringungsgewinn	38.000.000

5. Schritt (Berechnung der Anschaffungskosten der Anteile)

Wertansatz im Einzelunternehmen	2.000.000
+ aufgedeckte stille Reserve	38.000.000
Summe	40.000.000
./. Gegenleistung (§ 20 Abs. 3 S. 3)	− 40.000.000
Anschaffungskosten der Anteile	0

Ohne der Wiederaufnahme des im ursprünglichen Gesetzesentwurf nicht enthaltenen Abs. 2 S. 4 in das Gesetz[199] hätte der Einbringende im Beispielsfall zum Einen einen zu niedrigen Einbringungsgewinn (37.920.000) versteuert und zum Anderen wären negative Anschaffungskosten (– 80.000) entstanden. Im Ergebnis verhindert S. 4 den Besteuerungsaufschub realisierter stiller Reserven.

ee) Übernahme von Pensionszusagen der PersG an ihre Mitunternehmer

– Behandlung bei der PersG

Der in der steuerlichen Gesamthandbilanz gebildeten Pensionsrückstellung   *152*
steht eine Forderung in der Sonderbilanz des Mitunternehmers gegenüber.
Im Zuge der Umwandlung der PersG auf eine KapG gilt diese Forderung
auf Antrag nicht als entnommen, sondern bleibt als Restbetriebsvermögen
des ehemaligen Mitunternehmers i.S.v. § 15 EStG.[200]

– Behandlung bei der übernehmenden Gesellschaft

Die Übernahme der Pensionsrückstellung stellt keine Gegenleistung i.S.v.   *153*
§ 20 Abs. 2 S. 4 dar. Die Pensionszusage zugunsten eines Mitunternehmers
ist nicht als Gewinnverteilungsabrede anzusehen.[201]

Die Pensionsverpflichtung geht dementsprechend als eine nur unselbständige Bilanzposition des eingebrachten Betriebs mit auf die übernehmende KapG über. Die übernehmende Körperschaft vollzieht mit der Übernahme der Verpflichtung also keine Gewinnverteilungsentscheidung, sondern übernimmt im Zuge der Umwandlung/Einbringung eine dem Betrieb der PersG zuzurechnende betriebliche Verbindlichkeit (Einheitstheorie).[202]

Die übernommene Pensionsverpflichtung ist in den Fällen des Formwechsels oder der Verschmelzung bei der Übernehmerin gem. § 6a Abs. 3 S. 1 Nr. 3 EStG so zu bewerten, als wenn das Dienstverhältnis unverändert fortgeführt worden wäre (§ 20 Abs. 2 S. 1 HS 2). Dies gilt auch für die der Umwandlung nachfolgenden Bilanzstichtage.[203]

Bei der übernehmenden KapG ist nicht von einer Neuzusage im Zeitpunkt der Einbringung auszugehen. Für Zwecke der Erdienensdauer können in diesem Fall die Dienstzeiten in der PersG mit berücksichtigt werden.[204]

– - Behandlung beim begünstigten Gesellschafter

Unter der Voraussetzung, dass ein Antrag auf Beibehaltung von Rest-   *154*
Betriebsvermögen gestellt wurde, gilt folgendes:

Wenn der frühere Mitunternehmer Arbeitnehmer der KapG wird und er die Pensionsanwartschaft nach der Umwandlung in die KapG weiter erdient,

---

199 Vgl. BT-Drs 18/4902
200 Tz. 20.28 UmwStE 2011; BMF vom 29.01.2008, IV B 2-S 2176/07/0001, BStBl. I
    2008, 317; BFH vom 10.02.1994, IV R 37/92, BStBl. II 1994, 564.
201 Tz. 20.29 UmwStE 2011; BMF vom 29.01.2008, IV B 2-S 2176/07/0001, BStBl. I
    2008, 317.
202 Tz. 20.29 UmwStE 2011.
203 Tz. 20.30 UmwStE 2011.
204 Tz. 20.31 UmwStE 2011.

muss jede nach Eintritt des Versorgungsfalls an den GGF geleistete Ruhegehaltzahlung für steuerliche Zwecke aufgeteilt werden.

Soweit die spätere Pensionsleistung rechnerisch auf in der Zeit nach der Umwandlung (KapG) erdiente Anwartschaftsteile entfällt, erzielt der pensionierte GGF stpfl. Versorgungsleistungen i.S.d. §§ 19, 24 Nr. 2 EStG.

Soweit die Pensionsleistung rechnerisch auf in der Zeit vor der Umwandlung (PersG) erdiente Anwartschaftsteile entfällt, erzielt der pensionierte GGF Einnahmen i.S.d. § 15 Abs. 1 S. 2 i.V.m. S. 1 Nr. 2 i.V.m. § 24 Nr. 2 EStG. Dies gilt allerdings erst, sobald die auf die Zeit vor der Umwandlung entfallenden Pensionszahlungen die als Rest-Betriebsvermögen zurückbehaltene Pensionsforderung des Geschäftsführers übersteigt.

Die Aufteilung der laufenden Pensionszahlungen in nachträgliche Einnahmen aus der ehemaligen PersG einerseits und Einnahmen i.S.d. § 19 EStG andererseits hat grds. nach versicherungsmathematischen Grundsätzen zu erfolgen. Aus Vereinfachungsgründen ist es nicht zu beanstanden, wenn die Pensionsleistung nach dem Verhältnis der Erdienenszeiträume vor und nach der Umwandlung (zeitanteilig) aufgeteilt wird.[205]

Beispiel:

Die PersG erteilt einem Mitunternehmer im Jahr 03 im Alter von 35 Jahren eine Pensionszusage (Diensteintritt im Alter von 30 Jahren), wonach ein Altersruhegeld von monatlich EUR 10.000 ab Vollendung des 65. Lebensjahre zu zahlen ist (Gesamtdienstzeit somit 35 Jahre). Die PersG wird zum 31.12.08 formwechselnd in eine GmbH umgewandelt. Der Mitunternehmer ist zu diesem Zeitpunkt 40 Jahre alt (Restdienstzeit also 25 Jahre). Die PersG passiviert die Pensionsrückstellung zum 31.12.08 mit EUR 150.000. Der Mitunternehmer aktiviert einen entsprechenden Anspruch in seiner Sonderbilanz.

Die übernehmende GmbH passiviert die Pensionsrückstellung mit dem bei der PersG zuletzt passivierten Betrag. Der Aktivposten in der Sonderbilanz wird entsprechend dem Antrag nicht entnommen, sondern mit dem Wert von EUR 150.000 eingefroren und als Rest-Betriebsvermögen des ehemaligen Mitunternehmers behandelt. Die späteren Pensionszahlungen an den GGF sind aufzuteilen. Aus Vereinfachungsgründen ist davon auszugehen, dass von der jeweiligen Jahrespensionsleistung i.H.v. EUR 120.000 (= EUR 34.285) auf die Zeit der Mitunternehmerschaft und 25/35 (= EUR 85.715) auf die Zeit der GmbH entfallen.

Da die als Rest-Betriebsvermögen zurückbehaltene Forderung des ehemaligen Mitunternehmers von EUR 150.000 nur den in der PersG erdienten Anwartschaftsteil betrifft, muss sie mit den jährlich darauf entfallenden Leistungen i.H.v. EUR 34.285 verrechnet werden.

Damit ist die Forderung im 5. Jahr verbraucht. Im 1. bis 4. Jahr nach der Pensionierung versteuert der ehemalige Mitunternehmer/GGF also ausschließlich EUR 85.715 nach § 19 EStG. Im 5. Jahr (nach Verbrauch der Forderung) versteuert er zusätzlich noch nachträgliche

---

Einkünfte gem. § 15 EStG i.H.v. EUR 21.425 (= 150.000 – 171.425 [5 × 34.285]).

Ab dem 6. Jahr entstehen nachträgliche Einkünfte nach § 15 EStG i.H.v. EUR 34.285.

Wird kein Antrag auf Rest-Betriebsvermögen gestellt, ist die Pensionszahlung, die auf die Personengesellschaftszeit entfällt, den Einkünften i.S.v. § 22 Nr. 1 EStG zuzurechnen.[206] Am steuerlichen Übertragungsstichtag ist die Forderung mit dem TW zu entnehmen.

d) Beschränkung des Bewertungswahlrechts gem. § 50i Abs. 2 EStG

Abweichend von den Bestimmungen des § 20 Abs. 2 S. 2 UmwStG sind gem. § 50i Abs. 2 S. 1 EStG Sachgesamtheiten, die Wirtschaftsgüter und Anteile im Sinne des § 50i Abs. 1 EStG enthalten stets mit dem gemeinen Wert anzusetzen. Durch diese Spezialregelung wird das Bewertungswahlrecht i.S.d. § 20 Abs. 2 S. 2 ausgeschlossen[207]. Unabhängig vom Wortlaut des § 50i Abs. 1 EStG kommt der Tatbestand des Abs. 2 auf sämtliche Umwandlungen und Einbringungen zur Anwendung, deren Beschluss nach dem 31.12.2013 gefasst wurde (§ 52 Abs. 48 S. 4 ff. EStG) ohne dass es darauf ankommt, dass der Tatbestand durch einen i.S.d. DBA Nichtansässigen verwirklicht wird. Der Wortlaut ist überschießend[208] aber eindeutig[209].

Beispiel:

Der im Inland lebende alleinige Kommanditist einer GmbH & Co KG i.S.v. § 15 Abs. 3 Nr. 2 EStG hat in den 1980'er Jahren Grundstücke aus seiner Land- und Forstwirtschaft zu Buchwerten auf die KG übertragen.

In 2015 möchte er seinen Mitunternehmeranteil an der KG gem. § 20 UmwStG in eine ihm allein gehörende GmbH zu Buchwerten einbringen. Das alleinige Besteuerungsrecht für die übergehenden Wirtschaftsgüter in der KG wie auch für die erhaltenen Anteile an der GmbH steht ausschließlich Deutschland zu.

Gem. § 20 Abs. 2 S. 2 kann die GmbH einheitlich das übernommene Betriebsvermögen zum Buchwert ansetzen. Die Vorschrift wird jedoch verdrängt von der speziellen Regelung des § 50i Abs. 2 S. 1 EStG. Hiernach ist die Ausübung des Bewertungswahlrechts ausgeschlossen, da die eingebrachte Sachgesamtheit eine i.S.v. § 50i Abs. 1 S. 1 EStG ist und die Einbringung nach dem 31.12.2014 erfolgte. Vom Wortlaut des Gesetzes her ist daher ausschließlich eine Einbringung zu gemeinen Werten möglich[210].

155

---

206 Tz. 20.33 UmwStE 2011.
207 I.Erg zust.: Tz. 2.1.1 BMF v. 21.12.2015, BStBl I 2016, 7.
208 Vgl. *Köhler*, ISR 2014, 317; *Rödder*, Ubg 2014, 477; *Bron*, DStR 2014, 1849
209 Tz. 1 BMF v. 21.12.2015, BStBl I 2016, 7; ebenso: *Bodden* DStR 2015, 150 (156); *Roderburg/Richter*, IStR 2015, 227 (231).
210 Zu den Ausnahmen aus Gründen sachlicher Billigkeit s.u. Rdn. 162 ff.

aa) Hintergrund der Norm

156 Ursprünglich vertrat die Verwaltung die Ansicht, dass Personengesellschaften i.S.d. § 15 Abs. 3 EStG in Bezug auf Steuerausländer nicht nur die beschränkte Steuerpflicht i.S.v. § 49 Abs. 1 Nr. 2 lit. a EStG i.V.m. § 12 AO sondern auch abkommensrechtlich ein Besteuerungsrecht i.S.v. Art. 7 Abs. 1 S. 2 OECD-MA i.V.m. Art. 5 OECD-MA auslösen können[211]. Dem entsprechend blieb das deutsche Besteuerungsrecht für Wirtschaftsgüter der Personengesellschaft – insbesondere Beteiligungen – auch erhalten, wenn der Mitunternehmer ins Ausland wegzog. Im Anschluss an die Rechtsprechung[212] gab die Verwaltung[213] diese Ansicht jedoch auf. Um das Besteuerungsrecht für sog. "Altfälle" zu behalten wurde § 50i EStG mit Wirkung ab dem 29.06.2013 geschaffen (§ 52 Abs. 48 S. 1 EStG)[214]. Der dort geregelte Abs. 1 verschafft Deutschland abkommensbrechend[215] das Besteuerungsrecht für Wirtschaftsgüter, die einem nach DBA Nichtansässigen zuzurechnen sind und bei Anschluss der Verwaltung an die Rechtsprechung mit dem ursprünglichen Wegzugs- oder Übertragungsvorgang entzogen worden wären. Zur Schließung von Lücken wurde die Vorschrift durch Gesetz vom 25.07.2014[216] um einen Absatz 2 ergänzt. Dieser nimmt ausschließlich auf Sachgesamtheiten i.S.d. Abs. nicht aber auf die Verwirklichung eines Realisationstatbestands durch einen Nichtansässigen Bezug. Daher ist Abs. 2 nach Ansicht der Verwaltung[217] auch auf reine Inlandssachverhalte anzuwenden[218]. Wegen der überschießenden Wirkung[219] hat die Verwaltung die Möglichkeit eröffnet, in bestimmten Fällen die Steuer auf Antrag aus sachlicher Billigkeit zu erlassen[220].

bb) Voraussetzungen einer schädlichen Sachgesamtheit
i.S.v. § 50i Abs. 1 EStG

157 Der Ausschluss des Bewertungswahlrechts gem. § 50i Abs. 2 EStG greift nur, wenn eine schädliche Sachgesamtheit i.S.d. § 50i Abs. 1 EStG gegeben ist. Schädliche Sachgesamtheiten sind solche, bei denen die folgenden Voraussetzungen kumulativ erfüllt sind. Betroffen von der Regelung des § 50i Abs. 2 EStG sind daher:

---

211 Tz. 2.2.1. BMF v. 16.04.2010, BStBl I 2010, 354 ff.
212 BFH v. 25.05.2011 – I R 95/10, DStR 2011, 1553; v. 04.05.2011 – II R 51/09, DStRE 2011, 1004; v. 24.08.2011 – I R 46/10, DStR 2011, 2085; v. 09.12.2010 – I R 49/09, BStBl II 2011 482, BFH/NV 2011 698; BFH v. 25.05.2011 – I R 95/10, DStR 2011, 1553.
213 Tz. 2.2.1 BMF v. 26.09.2014, BStBl I 2014, 1258 ff.
214 BGBl. I 2013, 1809.
215 Zur verfassungsrechtlichen Zulässigkeit sog. treaty overridings siehe BVerfG v. 15.12.2015 – 2 BvL 1/12, DStR 2016, 359 (m. Anm. Mitschke).
216 BGBl. I 2014, 1266.
217 Tz. 1 BMF v. 21.12.2015, BStBl I 2016, 7.
218 A.A. *Lohschelder* § 50i Tz. 5 in Schmidt/EStG, 34. Aufl. 2015; *Bodden* DB 2014, 2371 (2374)
219 Vgl. *Köhler*, ISR 2014, 317; *Rödder*, Ubg 2014, 477; *Bron*, DStR 2014, 1849.
220 BMF v. 21.12.2015, BStBl I 2016, 7.

1. a) Gewerblich infizierte[221] (§ 15 Abs. 3 Nr. 1 EStG) oder geprägte[222] (§ 15 Abs. 3 Nr. 2 EStG) Personengesellschaften (§ 50i Abs. 1 S. 1 EStG) oder
   b) Besitzunternehmen einer Betriebsaufspaltung[223] in der Rechtsform eines Einzelunternehmens oder einer Personengesellschaft (§ 50i Abs. 1 S. 4 EStG), in die

2. vor dem 29. 06. 2013

3. a) Wirtschaftsgüter des Betriebsvermögens[224] oder
   b) Anteile i. S. d. § 17 EStG[225]

4. a) überführt (§ 6 Abs. 5 S. 1 EStG) oder
   b) übertragen (§ 6 Abs. 3 EStG, § 6 Abs. 5 S.3 EStG bzw. § 50i Abs. 1 S. 2 EStG i. V. m. § 20 UmwStG)

5. und die Besteuerung der stillen Reserven im Zeitpunkt des Transfers unterblieben ist.

– Unterbliebene Besteuerung der stillen Reserven im Zeitpunkt des Transfers

Zwingende Voraussetzung für § 50i EStG ist, dass die Besteuerung der stillen Reserven im Zeitpunkt der Übertragung, Überführung oder Einbringung unterblieben ist. Hiervon ist auszugehen wenn der Transfer auf die Personengesellschaft zum Buchwert oder Zwischenwert erfolgt ist[226]. Dies gilt auch, wenn die Anschaffungskosten im Falle der Einlage hinter dem Teilwert zurückbleiben (§ 6 Abs. 1 Nr. 5 S. 1 HS 2 EStG)[227].   **158**

Vor dem Hintergrund der unterbliebenen Aufdeckung der stillen Reserven im Zeitpunkt des Transfers kommen als steuerrechtliche Transfertatbestände nur solche in Betracht, die die Fortführung des Buchwerts bzw. Zwischenwerts ermöglichen. Indes scheiden Realisationstatbestände bzw. Ersatzrealisationstatbestände von vornherein aus.

– Überführungstatbestände i. S. d. § 50i Abs. 1 EStG

Ein Überführungstatbestand i. S. d. § 50i Abs. 1 EStG ist verwirklicht, wenn das Wirtschaftsgut lediglich die Sphäre, nicht aber den Rechtsträger wechselt und die vollständige Aufdeckung der stillen Reserven unterbleibt. Denkbar ist dies im Falle der   **159**

– Einlage aus der Privatsphäre in ein Betriebsvermögen des Steuerpflichtigen gem. § 4 Abs. 1 S. 8 HS 1 EStG, wenn die Voraussetzungen des § 6 Abs. 1 Nr. 5 S. 1 HS 2 EStG erfüllt sind oder

221 R 15.8 (4) EStR 2012 mit Hinweisen 2014; i. Ü. statt aller: *Wacker* § 15 Tz. 185 f.f in Schmidt/EStG, 34. Aufl. 2015.
222 R 15.8 (5) EStR 2012 mit Hinweisen 2014; i. Ü. statt aller: *Wacker* § 15 Tz. 211 ff. in Schmidt/EStG, 34. Aufl. 2015.
223 R 15.7 (4)–(7) EStR 2012 mit Hinweisen 2014; i. Ü. statt aller: *Wacker* § 15 Tz. 800 ff. in Schmidt/EStG, 34. Aufl. 2015.
224 R 4.2 EStR 2012 mit Hinweisen 2014.
225 R 17 EStR 2012 mit Hinweisen 2014; zu den Anteilen i. S. d. § 17 EStG gehören auch sog. alteinbringungsgeborene Anteile i. S. d. § 21 UmwStG 1995 (Tz. 2.3.3. BMF v. 26. 09. 2014, BStBl. I 2014, 1258 ff.).
226 Tz. 2.2.3.2 BMF v. 26. 09. 2014, BStBl I 2014, 1258 ff.
227 Tz. 2.2.3.2 BMF v. 26. 09. 2014, BStBl I 2014, 1258 ff.

– im Falle des bloßen Wechsels von einem in einen anderen Betrieb desselben Steuerpflichtigen gem. § 6 Abs. 5 S. 1 EStG[228] oder

– im Falle der Überführung von einem Betriebsvermögen des Steuerpflichtigen in sein Sonderbetriebsvermögen oder zwischen verschiedenen Sonderbetriebsvermögen desselben Steuerpflichtigen gem. § 6 Abs. 5 S. 2 EStG.

Vor dem 01. 01. 1999 war der Tatbestand der Überführung zwischen verschiedenen betrieblichen Sphären desselben Steuerpflichtigen zwar nicht ausdrücklich geregelt, folgte jedoch im Umkehrschluss aus Regelung des § 7 Abs. 2 EStDV 1955[229].

– Übertragungstatbestände i.S.d. § 50i Abs. 1 EStG

160 Ein Übertragungstatbestand i.S.d. § 50i Abs. 1 EStG ist gegeben, wenn durch den Transfer der Rechtsträger, dem das Wirtschaftsgut zuzurechnen ist, wechselt und eine vollständige Realisation der stillen Reserven unterbleibt. Praktisch betroffen sind vor allem[230] die Fälle der Übertragung in das Gesamthandvermögen der Personengesellschaft i.s.v. § 15 Abs. 3 EStG. Denkbar ist dies im Falle der

– Übertragung eines Betriebs, Teilbetriebs oder Mitunternehmeranteils gegen Gewährung bzw. Minderung von Gesellschaftsrechten gem. § 24 UmwStG,

– unentgeltlichen Übertragung eines Betriebs, Teilbetriebs oder Mitunternehmeranteils gem. § 6 Abs. 3 S. 1 HS 1 EStG. Denn Aufnehmender kann auch eine Mitunternehmerschaft sein[231],

– unentgeltlichen Übertragung eines einzelnen Wirtschaftsguts aus einem Betriebsvermögen des Steuerpflichtigen gem. § 6 Abs. 5 S. 3 EStG,

– Übertragung eines einzelnen Wirtschaftsguts aus einem Betriebsvermögen des Steuerpflichtigen gegen Gewährung bzw. Minderung von Gesellschaftsrechten gem. § 6 Abs. 5 S. 3 EStG.

161 Daneben gilt als Übertragung oder Überführung von Anteilen im Sinne des § 17 EStG in das Betriebsvermögen einer Personengesellschaft auch die Gewährung neuer Anteile an eine Personengesellschaft, die ihren Geschäftsbetrieb (i.S.v. § 15 Abs. 1 Nr. 1 oder 2 EStG) im Rahmen der Einbringung eines Betriebs oder Teilbetriebs oder eines Mitunternehmeranteils dieser Personengesellschaft in eine Körperschaft nach § 20 UmwStG, wenn der Einbringungszeitpunkt vor dem 29. 07. 2013 lag und die Personengesellschaft nach der Einbringung als Personengesellschaft i.S.d. § 15 Abs. 3 EStG fortbesteht (§ 50i Abs. 1 S. 2 EStG). Die Ergänzung war notwendig, da nach ansicht des Gesetzgebers zweifelhaft war, ob der Wortlaut des S. 1 auch die Gewährung neuer Anteile an einer Kapitalgesellschaft als Gegenleistung für die Einbringung des Geschäftsbetriebs einer Personengesell-

---

228 Eingeführt durch Art. 1 Nr. 8 Buchst. b Gesetz v. 24. 03. 1999, BGBl. I 1999, 402 m.W.v. 01. 01. 1999.
229 Aufgehoben mit Wirkung ab 01. 01. 1999.
230 Vorbehaltlich des Ausnahmetatbestands des § 50i Abs. 1 S. 2 EStG.
231 Tz. 1 BMF v. 03. 03. 2005, BStBl. I S. 458; ebenso *Ehmke* § 6 Tz. 1226 in Blümich/ EStG, 130. Aufl. 2015.

schaft auf Grund einer Umstrukturierung nach § 20 UmwStG einschließt[232]. U.E. bestanden die Zweifel an der Anwendbarkeit nicht wegen der fehlenden Gegenleistung bei erstmaligem Entstehen der Anteile im Rahmen der Ausgliederung[233] sondern an dem von § 50i Abs. 1 S. 1 vorgeschriebenen Weg. Dieser verlangt einen Transfer in das Betriebsvermögen einer Personengesellschaft. Bei der Ausgliederung liegt indes ein Transfer in das Betriebsvermögen einer Kapitalgesellschaft vor. Genau diesen Sachverhalt erfasst nunmehr der Tatbestand des § 50i Abs. 1 S. 2 EStG.

Beispiel:
Die X-GmbH & Co KG (i.W.: X-KG) betrieb bis 31. 12. 2008 Handel. Mit Wirkung zum 31. 12. 2008 brachte sie ihren gesamten Geschäftsbetrieb im Wege der Ausgliederung gegen Gewährung von Gesellschaftsrechten gem. § 20 UmwStG in die Op-GmbH ein. ab diesem Zeitpunkt erzielt die X-KG nur noch wegen ihrer gewerblichen Prägung gem. § 15 Abs. 3 Nr. 2 EStG gewerbliche Einkünfte.

Ist der Gesellschafter der X-KG ein Steuerausländer und veräußert die X-KG die Anteile an der Op-GmbH erst nach Ablauf der Sperrfrist unterbliebe zum Einen die Besteuerung eines Einbringungsgewinns I i.S.v. § 22 Abs. 1 UmwStG. Zum Anderen wären die in den Anteilen an der Op-GmbH enthaltenen stillen Reserven von vornherein entstrickt, sofern die Ausgliederung keinen schädlichen Tatbestand i.S.d. § 50i Abs. 1 S. 2 EStG darstellen würde.

cc) Erlass der Steuer aus sachlicher Billigkeit[234]

Gem. BMF-Schreiben vom 21. 12. 2015 können reine Inlandsfälle vom Anwendungsbereich des § 50i Abs. 2 EStG ausgenommen werden[235]. So ist § 50i Abs. 2 S. 1 EStG aus sachlicher Billigkeit bei Einbringung nach § 20 UmwStG auf übereinstimmenden Antrag des Einbringenden und der übernehmenden Gesellschaft nicht anzuwenden, wenn das deutsche Besteuerungsrecht hinsichtlich der laufenden Einkünfte und des Gewinns aus der Veräußerung oder Entnahme der erhaltenen Anteile nicht ausgeschlossen oder beschränkt wird[236]. Im Ergebnis erlaubt die Verwaltung die Buchwertfortführung oder den Zwischenwertansatz durch eine Billigkeitsregelung im Festsetzungsverfahren gem. § 163 AO[237]. *162*

– zuständiges Finanzamt

Das BMF-Schreiben lässt offen, welches Finanzamt für den Antrag zuständig ist. Über Billigkeitsmaßnahmen nach § 163 AO entscheidet grundsätzlich dieselbe Finanzbehörde, die auch für die Steuerfestsetzung zu zustän- *163*

---

232 BT-Drs 18/1995, 106.
233 Siehe: BT-Drs 18/1995, 106.
234 BMF v. 21. 12. 2015, BStBl I 2016, 7.
235 *Benz/Böhmer*, DStR 2016, 145.
236 Tz. 2.1.1. BMF v. 21. 12. 2015, BStBl I 2016, 7.
237 *Benz/Böhmer*, DStR 2016, 145.

dig ist[238]. Diese Kompetenz umfasst auch die Gewerbesteuer (§ 184 Abs. 2 S. 1 AO)[239]. Der Antrag richtet sich inhaltlich auf das Recht zur Ausübung des Bewertungswahlrechts i.S.d. § 20 UmwStG. Hierfür ist das Finanzamt der übernehmenden Gesellschaft zuständig. Denn die Übernehmende übt das Bewertungswahlrecht aus (§ 20 Abs. 2 S. 2 UmwStG), an das der Einbringende gebunden ist (§ 20 Abs. 3 S. 1 UmwStG).

– Antragstellung

164 In Abweichung vom UmwStG ist der Antrag nicht nur von der Übernehmenden sondern übereinstimmend auch vom Übertragenden zu stellen[240]. Offen ist, ob ein Antrag der Übernehmenden bei ihrem Finanzamt und das Schweigen des Übertragenden genügt. Teleologisch ist eine dahingehende Reduzierung des Antragserfordernisses ausreichend, da der Übertragende wegen der Wertverknüpfung inhaltlich an den Antrag der Übernehmenden gebunden ist[241]. Vom Wortlaut der Verfügung und den hohen Anforderungen für Billigkeitsmaßnahmen ist dies aber wohl abzulehnen. Ggf kann allerdings der Antrag des Übertragenden noch nachgeholt werden, solange die Veranlagung noch offen ist. Denn der Antrag ist an keine Frist gebunden. In jedem Fall ist es in der Praxis zielführend, den Antrag von beiden beim Finanzamt für die übernehmende Gesellschaft zu stellen.

– Form und Frist des Antrags

165 Eine Frist nennt das Schreiben eben so wenig wie eine Form. Gleichwohl ist es allein schon aus Gründen der Dokumentation zielführend den Antrag in Schriftform einzureichen.

– keine Beschränkung des deutschen Besteuerungsrechts

166 Der Antrag ist nur zulässig, wenn die Einbringung zu keiner Verschlechterung des Besteuerungsrechts führt. Insofern ist zu prüfen, ob Wirtschaftsgüter i.S.d. § 50i EStG durch die Einbringung rechtlich oder tatsächlich entstrickt werden.

---

238 Vgl. *Rüsken*, in: Klein, AO, § 163, Rn. 130.
239 Die Bedenken, die gegen die Anwendbarkeit von § 184 Abs. 2 Satz 1 AO im Falle des Sanierungserlasses vorgebracht werden (vgl. OFD NRW v. 06.02.2015 – Kurzinformation Gewerbesteuer Nr. 02/2015, DStR 2015, 1114; siehe dazu auch: *Hageböke/Hasbach*, DStR 2015, 1713ff.), gelten in diesem Zusammenhang nicht, da das BMF-Schreiben zu § 50i EStG sich – wenn auch nicht ausdrücklich, so doch in der Sache – auf § 163 Satz 1 AO stützt und auch nicht ausdrücklich einen Zuständigkeitsvorbehalt für die Gemeinden schafft.
240 Tz. 2.1.1. BMF v. 21.12.2015, BStBl I 2016, 7.
241 So: *Benz/Böhmer*, DStR 2016, 145.

Hruschka/Hellmann

VII. Exkurs:
Veränderungen des Besteuerungsrechts[242]

1. Entstrickung

Hinsichtlich der Begrifflichkeit, wann ein Ausschluss bzw. eine Beschränkung des Besteuerungsrechts gegeben ist, besteht Einigkeit zwischen Verwaltung, Rechtsprechung und Literatur. So ist ein *Ausschluss*[243] des Besteuerungsrechts ist gegeben, wenn Deutschland die betreffenden Einkünfte überhaupt nicht besteuern oder lediglich im Rahmen des Progressionsvorbehalts berücksichtigen darf.[244]

167

Hingegen ist von einer *Beschränkung* des Besteuerungsrechts die Rede, wenn Deutschland zur Anrechnung der ausländischen Steuer auf die deutsche Steuer für die ausländischen Einkünfte verpflichtet ist.[245] Fraglich ist insoweit, ob eine Beschränkung auch dann vorliegt, wenn beispielsweise im Ausland keine Steuer erhoben wird und somit die Anrechnungsverpflichtung ins Leere läuft.[246] U.E. ist dies der Fall. So spricht der Wortlaut lediglich von der Verpflichtung zur Anrechnung dem Grunde nach. Diese richtet sich aber nach dem DBA bzw. nach § 34c Abs. 1 EStG bzw. § 26 KStG und ist bei Einschlägigkeit der vorgenannten Normen stets – und zwar unabhängig von der tatsächlichen Erhebung einer Steuer im Ausland – gegeben. Ein optionaler Wechsel zum Steuerabzug gem. § 34c Abs. 2 EStG ändert an der grds. Anrechnungsverpflichtung nichts. Im Ergebnis ist es daher für die Annahme einer Beschränkung unbeachtlich, ob im Quellenstaat eine Steuer erhoben wird oder sich dort der Steuersatz ändert bzw. ob der Steuerpflichtige freiwillig zum Steuerabzug optiert.

Kein Ausschluss bzw. *keine Beschränkung* liegt indes vor, wenn das Recht zur Berücksichtigung der Einkünfte im Rahmen des Progressionsvorbehalts verloren geht[247] oder die stillen Reserven gewerbesteuerlich entstrickt werden.[248] Das Gleiche gilt, wenn ausländische Steuern gem. § 34c Abs. 3 EStG wie Betriebsausgaben abgezogen werden müssen, da die Vorschrift insoweit die Einkünfteermittlung und nicht – wie § 34c Abs. 1 und 2 EStG – den Steueranspruch regelt.

Durch die Formulierung „wird" bringt das Gesetz zum Ausdruck, dass der gemeine Wert zwingend angesetzt werden muss, wenn sich das Besteuerungsrecht durch den Einbringungsvorgang verschlechtert. Hierzu müssen stets 2 Besteuerungszustände miteinander verglichen werden, nämlich derjenige vor mit demjenigen nach der Einbringung. Dabei muss der Besteuerungszustand vor der Einbringung für den deutschen Fiskus günstiger gewesen sein als nach ihr.

---

242 Tz. 20.19 UmwStE 2011 i.V.m. Tz. 03.18–03.20.
243 Tz. 20.19 UmwStE 2011 i.V.m. Tz. 03.19.
244 Ebenso *Kahle*, IStR 2007, 757 ff. (762); *Körner*, IStR 2006, 469 ff.; *Voß*, BB 2006, 412 ff., *Werra/Teiche*, DB 2006, 1455 ff.
245 Tz. 20.19 UmwStE 2011 i.V.m. Tz. 03.19.
246 Ablehnend: *Kahle*, IStR 2007, 757 ff. (762); *Stadler/Elser*, BB Special 8/2006, 49.
247 BT-Drs. 16/2710, 38.
248 Tz. 03.18 UmwStE 2011.

2. Zeitpunkt der Entstrickung

168 Streitig ist, ob und wann es zu einer Entstrickung kommt. Nach den Vorstellungen der älteren Rechtsprechung[249] und der Finanzverwaltung[250] liegt eine Entstrickung vor, wenn das abkommensrechtliche Besteuerungsrecht für stille Reserven entfällt. Dies sei insbesondere dann gegeben, wenn ein Wirtschaftsgut aus einer abkommensrechtlich besteuerbaren in eine steuerfrei gestellte Sphäre wechselt (sog. Theorie der finalen Entnahme)[251]. Maßgeblich ist hiernach der Zeitpunkt, in dem das Wirtschaftsgut in die neue Sphäre wechselt.

Beispiel:

Überführt eine unbeschränkt steuerpflichtige, natürliche Person ihre im inländischen Betriebsvermögen befindliche Beteiligung (Buchwert: EUR 30.000; Teilwert: EUR 100.000) in eine zum Betrieb gehörende, ausländische Betriebsstätte, deren Gewinne in Deutschland freizustellen sind, gilt dies als Entnahme zum gemeinen Wert EUR 100.000 (§ 6 Abs. 1 Nr. 4 S. 1 HS 2 EStG).

Die h.M. in der Literatur[252] und die jüngere Rechtsprechung[253] halten diese Ansicht für überkommen, da nach dem neueren Verständnis das abkommensrechtliche Besteuerungsrecht für die stillen Reserven durch den Wechsel des Wirtschaftsguts in die steuerfreie Sphäre nicht beeinträchtigt werde[254]. Vielmehr könne der Herkunftsstaat die stillen Reserven auch dann noch besteuern, wenn das Wirtschaftsgut schon längst in die andere steuerliche Sphäre gewechselt habe.

Fortsetzung Beispiel:

Nach Ansicht der Literatur und jüngeren Rechtsprechung ist die Überführung der Beteiligung in die ausländische Betriebsstätte zum Buchwert durchzuführen. Wird die Beteiligung später von der Betriebsstätte zum Preis von EUR 120.000 verkauft, steht Deutschland gem. Art. 13 Abs. 5 OECD-MA das Besteuerungsrecht für die stillen Reserven i.H.v. EUR 70.000 zu. Der verbleibende Gewinn (EUR 20.000) steht dem Betriebsstättenstaat zu, da die stillen Reserven dort entstanden sind.

---

249 Vgl. BFH vom 16.07.1969, I 266/65, BStBl. II 1970, 175; BFH vom 28.04.1971, I R 55/66, BStBl. II 1971, 630; BFH vom 24.11.1982, I R 123/78, BStBl. II 1983, 113; zustimmend: BFH vom 30.05.1972, VIII R 111/69, BStBl. II 1972, 760; BFH vom 16.12.1975, VIII R 3/74, BStBl. II 1976, 246; BFH vom 19.02.1998, IV R 38/97, BStBl. II 1998, 509.
250 BS-VWG Tz. 2.6.3.
251 BFH vom 19.02.1998, IV R 38/97, BStBl. II 1998, 509; BS-VWG Tz. 2.6.3.
252 Vgl. jeweils m.w.N. Schaumburg, Internationales Steuerrecht, Rdn. 18.44; *Wassermeyer*, Betriebsstättenhandbuch, Rdn. 3.11; *Kessler/Huck*, StuW 2005, 193, 195; *Rödder/Schumacher*, DStR 2006, 1481, 1482f.; a.A. *Weber-Grellet* in L. Schmidt, § 5 EStG Rdn. 661.
253 BFH vom 17.07.2008, I R 77/06, DStR 2008, 2001ff.
254 BFH vom 17.07.2008, I R 77/06, DStR 2008, 2001, B.) II.) 3.) b) bb).

Da aber die seit 01.01.2006 bzw. 01.01.2007 geltenden, gesetzlichen Entstrickungsregeln im EStG, KStG und UmwStG den (unmöglichen) Ausschluss bzw. die (unmögliche) Beschränkung als Tatbestandsmerkmal voraussetzen, liefen diese Regelungen leer. Die Finanzverwaltung beharrt allerdings auf der „Theorie der finalen Entnahme" und hat daher der Entscheidung des BFH vom 17.07.2008 widersprochen.[255] Der Gesetzgeber hat diese Überzeugung durch die Einfügung von § 4 Abs. 1 S. 4 EStG im JStG 2010 bekräftigt.

Ob die jüngere Rechtsprechung in Widerspruch zu den nationalen Entstrickungsregeln in § 4 Abs. 1 S. 3–8 EStG bzw. § 12 KStG[256] sowie deren Umsetzung u.a. in § 20 Abs. 2 S. 2 Nr. 3[257] steht[258], hat der BFH ausdrücklich offen gelassen[259]. Bedenkt man aber, dass die Auslegung nicht in Widerspruch zum Willen des Gesetzgebers treten darf[260], hat sich der Streit mit Einführung der Entstrickungsregeln erledigt. Denn nach dem historischen Willen des Gesetzgebers gehört zu den Entnahmen für betriebsfremde Zwecke insbesondere die Überführung eines Wirtschaftsguts von einem inländischen Betrieb in eine ausländische Betriebsstätte des Steuerpflichtigen, wenn der Gewinn der ausländischen Betriebsstätte auf Grund eines DBA von der inländischen Besteuerung freigestellt ist oder die ausländische Steuer im Inland anzurechnen ist[261]. Nach der hier vertretenen Ansicht gilt dies umso mehr, seit der Gesetzgeber das Regelbeispiel in § 4 Abs. 1 S. 4 EStG eingefügt hat.

Zusammenfassend kommt es damit bei folgenden Wechseln der Besteuerungszustände zu Entstrickungen, die zwingend den Ansatz des gemeinen Werts nach sich ziehen:

169

Besteuerungsrecht für die Einkünfte vor Einbringung	Besteuerungsrecht für die Einkünfte nach Einbringung
Uneingeschränkt	Ausschluss ohne Progressionsvorbehalt
Uneingeschränkt	Ausschluss mit Progressionsvorbehalt
Uneingeschränkt	Eingeschränkt mit Anrechnungsverpflichtung
Eingeschränkt mit Anrechnungsverpflichtung	Ausschluss ohne Progressionsvorbehalt
Eingeschränkt mit Anrechnungsverpflichtung	Ausschluss mit Progressionsvorbehalt

---

255 BMF vom 20.05.2009, IV C 6 – S 2134/07/1005.
256 Erstmals anwendbar für Wirtschaftsjahre, die nach dem 31.12.2005 enden (§ 52 Abs. 8b EStG bzw. § 34 Abs. 8 S. 2 KStG).
257 Erstmals anwendbar für Einbringungen, die nach dem 12.12.2006 wirksam werden (§ 27 Abs. 1).
258 So: *Ditz*, IStR 2009, 115 (119).
259 BFH vom 17.07.2008, I R 77/06, DStR 2008, 2001 ff., B.) II.) 3.) b) bb).
260 BFH vom 14.12.1999, IX R 7/95, BStBl. II 2000, 265.
261 BT-Drs. 16/2710 vom 25.09.2006 zu Art. 1 Nr. 2 Buchst. a (S. 28).

3. Verstrickung

170 In § 20 nicht geregelt sind die Fälle, in denen Deutschland erstmals das Besteuerungsrecht für stille Reserven zuwächst (Verstrickung).[262] Gemeint sind
die Fälle, bei denen sich das Besteuerungsrecht durch die Umwandlung verbessert. Nach dem Verständnis des Gesetzgebers[263] liegt eine solche Verbesserung nur vor, wenn zunächst überhaupt kein Besteurungsrecht oder
nur ein Recht zur Besteuerung der stillen Reserven im Rahmen des Progressionsvorbehalts bestand, nach dem Ereignis indes ein Recht zur Erfassung
der Einkünfte im Rahmen der steuerlichen Bemessungsgrundlage besteht.
Umwandlungsbedingt kann es damit nur zu Verstrickungen kommen, soweit die Wirtschaftsgüter des übertragenden Rechtsträgers einer Betriebsstätte zuzuordnen sind, die beim übernehmenden Rechtsträger erstmals besteuert werden können. Möglich ist dies nur in Hinblick auf ausländisches
Betriebsstättenvermögen, das nach der Umwandlung als Anrechnungsbe-
triebsstättenvermögen der deutschen Besteuerung unterliegt. Indes fallen
Wirtschaftsgüter, die anlässlich der Umwandlung in eine von Deutschland
besteuerbare Sphäre verbracht werden, unter die allgemeinen Verstrickungsregeln des § 4 Abs. 1 S. 8 HS 2 EStG.

171 In der Literatur wird hierzu vertreten, das durch den Einbringungsvorgang
erstmals verstrickte Betriebsvermögen sei mit dem gemeinen Wert anzusetzen[264], da Deutschland grds. keine stillen Reserven, die auf fremdem Hoheitsgebiet entstanden sind, zuwachsen sollen.[265] Im Übrigen bliebe das Bewertungswahlrecht unberührt.[266] Dem ist zwar vom gewünschten Ziel her
zuzustimmen, jedoch fehlt u.E. hierfür die notwendige gesetzliche Grundlage. Denn nach dem ausdrücklichen Wortlaut des Gesetzes ist das Bewertungswahlrecht zwingend einheitlich auszuüben, soweit kein Ausnahmetatbestand i.S.d. § 20 Abs. 2 S. 2 Nr. 1–4 vorliegt. Da dort aber nur
Entstrickungen geregelt sind, greift der Ausnahmetatbestand bei Verstrickungen nicht. Damit kann das Wahlrecht bei umwandlungsbedingten Verstrickungen nur einheitlich ausgeübt werden. In der Praxis bedeutet dies,
dass sich der Unternehmer bei Vorhandensein inländischer und ausländischer stiller Reserven entscheiden muss, ob er die ausländischen stillen Reserven importieren oder die inländischen stillen Reserven umwandlungsbedingt versteuern möchte. Von dieser Infektionswirkung betroffen aber nur
das einbringungsbedingt verstrickte Vermögen, nicht aber das anlässlich
der Einbringung verstrickte. Denn nach der hier vertretenen Ansicht richtet
sich die Bewertung von Betriebsvermögen, das durch tatsächlichen Ortswechsel verstrickt wird, nach den allgemeinen Verstrickungsgrundsätzen
(§ 4 Abs. 1 S. 8 HS 2 EStG i.V.m. § 6 Abs. 1 Nr. 5a EStG).[267]

---

262 Vgl. BT-Drs. 16/2710, 28 zu § 4 Abs. 1 S. 7 HS 2 EStG.
263 BT-Drs. 16/2710, 28, 1. Spalte unten.
264 Ebenso *Mutscher* in Frotscher/Maas, § 20 Rdn. 228.
265 Vgl. BT-Drs. 16/2710, 28.
266 *Mutscher* in Frotscher/Maas, § 20 Rdn. 228.
267 Siehe oben: Einbringungsbedingte Entstrickung.

Hruschka/Hellmann

Beispiel:

Die beschränkt steuerpflichtige ungarische kft[268] bringt ihren Betrieb, bestehend aus einer inländischen (Buchwert: EUR 50.000; gemeiner Wert: EUR 500.000) und einer passiv tätigen Betriebsstätte (Buchwert: EUR 20.000; gemeiner Wert: EUR 30.000) in Ungarn, gem. § 20 in eine deutsche GmbH mit Sitz und Geschäftsleitung im Inland ein. In der ungarischen Betriebsstätte befinden sich zudem Beteiligungen (Buchwert: EUR 25.000; gemeiner Wert: EUR 30.000) ohne funktionalen Zusammenhang mit der Betriebsstättentätigkeit.

Durch den einbringungsbedingten Wechsel von der beschränkten zur unbeschränkten Steuerpflicht werden die stillen Reserven, die in der passiv tätigen, ungarischen Betriebsstätte ruhen (sonstiges Betriebsstättenvermögen: EUR 10.000; Beteiligungen: EUR 5.000) erstmals in Deutschland steuerlich verstrickt. Dem Rechtsgrund nach ist bei diesen Verstrickungen zu unterscheiden. Die Verstrickung des sonstigen Betriebsstättenvermögens der ungarischen Betriebsstätte wird ausschließlich durch den Rechtsträgerwechsel (kft – GmbH) ausgelöst und ist daher durch die Einbringung bedingt. Da für derartige Verstrickungen keine gesetzliche Regelung besteht, die die Pflichtaufdeckung der stillen Reserven auf das erstmals verstrickte Vermögen begrenzt, zwingt die Pflicht zur einheitlichen Ausübung des Bewertungswahlrechts den Steuerpflichtigen sich zu entscheiden, ob er die stillen Reserven aus der passiven Betriebsstätte steuerneutral importieren oder die inländischen stillen Reserven versteuern möchte. Im Ergebnis infiziert damit der Wahlrechtsausschluss hinsichtlich des passiven ausländischen Betriebvermögens das grds. bestehende Wahlrecht hinsichtlich des inländischen Betriebsstättenvermögens.

Werden hingegen anlässlich der Einbringung auch Wirtschaftsgüter (hier: Beteiligungen) von der ungarischen Betriebsstätte in das deutsche Stammhaus überführt[269], liegt insoweit eine Verstrickung gem. §§ 7 Abs. 2, 8 Abs. 1 KStG i.V.m. § 4 Abs. 1 S. 7 HS 2 EStG vor. Diese ist nicht einbringungsbedingt. Damit infiziert die Pflicht zum Ansatz des gemeinen Werts (§ 6 Abs. 1 Nr. 5a EStG) das inländische Betriebsstättenvermögen nicht.

4. Unbeachtliche Änderungen des Besteuerungsrechts

Erlangt Deutschland erstmals durch die Einbringung das Recht, stille Reserven im Rahmen des Progressionsvorbehalts zu besteuern, führt dies ebenso wenig zu einer Erlangung des Besteuerungsrechts wie der Wegfall dieses Rechts zu einem Verlust des Besteuerungsrechts führt.[270] Dies gilt umso mehr bei § 20, da das abkommensrechtlich eingeräumte Recht zur Berücksichtigung von Einkünften im Rahmen des Progressionsvorbehalts bei KapG

172

---

268 Entspricht nach Typenvergleich einer deutschen GmbH (BS-VWG, Tabelle 2, Ungarn).
269 Vgl. BS-VWG Tz. 2.4.
270 argumentum ex contrario: BT-Drs. 16/2710, 38.

leer läuft. Dem entsprechend steht es der übernehmenden KapG offen, das nach DBA unter Progressionsvorbehalt frei gestellte Vermögen im Zeitpunkt der Einbringung steuerlich mit dem Buch-, Zwischen- oder gemeinen Wert anzusetzen. Konsequenterweise kann die übernehmende KapG daher ihr Wahlrecht bei Übernahme von besteuerbarem und freigestelltem Betriebsvermögen uneingeschränkt einheitlich ausüben.

Theoretisch gilt dies auch für den Wechsel von einem eingeschränkten zu einem uneingeschränktem Besteuerungsrecht.[271] Faktisch ist ein dahingehender einbringungsbedingter Wechsel nicht möglich, da dieser zwingend den Ortswechsel des eingebrachten Betriebsvermögens vom Ausland ins Inland voraussetzt. Dabei handelt es sich jedoch um einen Vorgang, der bestenfalls den allgemeinen Verstrickungsregeln, nicht aber denen des unterliegen könnte.

5. Fallgruppen der Ent- und Verstrickung

173 Entscheidend für die Frage des Wertansatzes hinsichtlich des eingebrachten Vermögens ist bei Einbringungen innerhalb der EU/EWR einerseits die Steuerpflicht der Beteiligten[272] sowie andererseits der Ort des Betriebsvermögens. Nach der hier vertretenen Ansicht ist für die Rechtsfolge, die maßgebliche Auswirkung auf das Bewertungswahlrecht gem. § 20 Abs. 2 S. 2 hat, zu differenzieren, ob Wirtschaftsgüter bei der Einbringung durch Ortswechsel oder durch Rechtsträgerwechsel ent- bzw. verstrickt werden, da nur letztgenannte Vorgänge unter die Regelungen des UmwStG fallen.

174 In Hinblick auf die Steuerpflicht der Beteiligten lassen sich folgende 4 Fallgruppen bilden:

Einbringender	Übernehmende KapG
Unbeschränkt steuerpflichtig	Unbeschränkt steuerpflichtig
Unbeschränkt steuerpflichtig	Nicht/beschränkt steuerpflichtig
Nicht/Beschränkt steuerpflichtig	Unbeschränkt steuerpflichtig
Nicht/Beschränkt steuerpflichtig	Nicht/beschränkt steuerpflichtig

International unproblematisch sind in diesen 4 Gruppen die beiden Fälle, in denen die Steuerpflicht des Einbringenden der der übernehmenden KapG entspricht (unbeschränkt – unbeschränkt; nicht/beschränkt – nicht/beschränkt), da das Besteuerungsrecht für das eingebrachte Betriebsvermögen grds. bei der übernehmenden KapG unverändert fortbesteht. Dem entsprechend steht der übernehmenden KapG das Bewertungswahlrecht gem. § 20 Abs. 2 S. 2 zu. Unabhängig vom Bewertungswahlrecht kann es im Fall unbeschränkt – unbeschränkt zu einer Ent- bzw. Verstrickung gem. § 4 Abs. 1 S. 3–7 EStG bzw. § 12 Abs. 1 KStG kommen, wenn zwar beide Beteiligten unbeschränkt steuerpflichtig, aber abkommensrechtlich einer der beiden im Inland und der andere als im Ausland ansässig gilt (Art. 4 Abs. 3 OECD-

---

271 Vgl. BT-Drs. 16/2710, 28.
272 Vorausgesetzt, die Beteiligten erfüllen die Voraussetzungen des § 1 Abs. 4.

MA), da es in diesem Fall anlässlich der Einbringung zu einer Überführung immaterieller Wirtschaftsgüter kommen kann.[273]

Für die Fallgruppen, in denen einbringungsbedingt die Steuerpflicht wechselt ist wie folgt zu unterscheiden: *175*

Einbringender – übernehmender Rechtsträger
Unbeschränkt Steuerpflichtig – nicht/beschränkt steuerpflichtig

Art des Betriebsvermögens	Rechtsfolge	Wahlrecht
Inländisches Betriebsstättenvermögen	keine Entstrickung	Ja
Betriebsstättenvermögen mit Freistellungsverpflichtung	keine Entstrickung gem. § 20 Abs. 2 S. 2 Nr. 3	Ja
	AK-Anteile gem. Wert gem. § 20 Abs. 3 S. 2	–
Betriebsstättenvermögen mit Anrechnungsverpflichtung	Entstrickung gem. § 20 Abs. 2 S. 2 Nr. 3	Nein
Immaterielle Wirtschaftsgüter	grds. Entstrickung gem. § 4 Abs. 1 S. 3 EStG bzw. § 12 Abs. 1 KStG	Nein

Einbringender – übernehmender Rechtsträger   *176*
nicht/beschränkt steuerpflichtig – Unbeschränkt Steuerpflichtig

Art des Betriebsvermögens	Rechtsfolge	Wahlrecht
Inländisches Betriebsstättenvermögen	keine Verstrickung	Ja
Betriebsstättenvermögen mit Freistellungsverpflichtung	keine Verstrickung gem. § 20 Abs. 2 S. 2 Nr. 3	Ja
	AK-Anteile gem. Wert gem. § 20 Abs. 3 S. 2	–
Betriebsstättenvermögen mit Anrechnungsverpflichtung	Verstrickung	Ja
Immaterielle Wirtschaftsgüter	grds. Verstrickung gem. § 4 Abs. 1 S. 3 EStG bzw. § 12 Abs. 1 KStG	Nein

(einstweilen frei)   *177–186*

---

273 Siehe oben: Entstrickung durch Ansässigkeitswechsel.

D. Auswirkungen der Sacheinlage beim Einbringenden (Abs. 3)

I. Regelungsgegenstand

187 § 20 Abs. 3 gilt nur für den Einbringenden. Die Auswirkungen der Einbringung bei der übernehmenden Gesellschaft ergeben sich aus § 23.

§ 20 Abs. 3 S. *1* regelt die sog. Wertverknüpfung. Die Sacheinlage wird beim Einbringenden als Veräußerungsvorgang hinsichtlich des übergehenden Betriebsvermögens gewertet. Zugleich stellt dieser Vorgang beim Einbringenden eine Anschaffung der hierfür gewährten Anteile dar.

§ 20 Abs. 3 S. *2* stellt sicher, dass bei einer erstmaligen Steuerverstrickung von Vermögen in Deutschland die gewährten Anteile mit dem gemeinen Wert im Zeitpunkt der Verstrickung angesetzt werden.

§ 20 Abs. 3 S. *3* ergänzt § 20 Abs. 2 S. 4. Soweit neben den Gesellschaftsanteilen auch andere Wirtschaftsgüter (Sachwerte oder Geld) als Gegenleistung gewährt werden, ist deren gemeiner Wert bei der Bemessung der Anschaffungskosten abzuziehen.

§ 20 Abs. 3 S. *4* regelt den Fall, dass im eingebrachten Betriebsvermögen Anteile i.S.d. § 21 1995 enthalten sind.

II. Veräußerungspreis

188 Der Wert, mit dem die übernehmende Gesellschaft das eingebrachte Betriebsvermögen ansetzt, gilt für den Einbringenden gem. § 20 Abs. 3 S. 1 als Veräußerungspreis des eingebrachten Betriebs, Teilbetriebs oder Mitunternehmeranteils. Beim Einbringenden ergibt sich daher regelmäßig nur dann ein Veräußerungsgewinn, wenn die eingebrachten Wirtschaftsgüter mit einem über dem Buchwert liegenden Wert angesetzt werden. Dies gilt auch in den Fällen, in denen die Gesellschaft das eingebrachte Betriebsvermögen zwangsweise höher bewerten muss, weil z.B. das eingebrachte Vermögen negativ ist (§ 20 Abs. 2 S. 2 Nr. 2) oder weil neben den Anteilen sonstige Gegenleistungen gewährt werden, deren gemeine Wert das eingebrachte Betriebsvermögen übersteigt (§ 20 Abs. 2 S. 4).

Zu einer Gewinnrealisierung kann es jedoch auch trotz Buchwertansatzes kommen, wenn im Zuge der Einbringung nicht wesentliche Betriebsgrundlagen zurückbehalten und in das Privatvermögen überführt werden.

III. Anschaffungskosten der Anteile

1. Grundsatz

189 Der Wert, mit dem die übernehmende Gesellschaft das eingebrachte Betriebsvermögen ansetzt, gilt für den Einbringenden auch grds. als Anschaffungskosten der erhaltenen Gesellschaftsanteile (§ 20 Abs. 3 S. 1). Dies gilt unabhängig davon, ob die Gesellschaft einen Buchwert- bzw. Zwischenwertansatz wählt, oder den gemeinen Wert ansetzt.

Die auf diese Weise ermittelten Anschaffungskosten bedürfen jedoch noch einer Korrektur, wenn

- neben den Gesellschaftsanteilen auch andere Wirtschaftsgüter gewährt werden (§ 20 Abs. 3 S. 3) und/oder
- Entnahmen oder Einlagen im sog. Rückwirkungszeitraum erfolgt sind (§ 20 Abs. 5 S. 3).[274]

2. Gewährung anderer Wirtschaftsgüter

Die Gewährung anderer Wirtschaftsgüter (z.B. Darlehen) neben den neuen   *190*
Anteilen führt zu einer Minderung der Anschaffungskosten (§ 20 Abs. 3
S. 3). Dadurch wird erreicht, dass ein ggf. späterer Veräußerungsgewinn aus
dem Verkauf der Anteile zutreffend ermittelt wird.

Beispiel:
A bringt sein Einzelunternehmen in eine GmbH ein. Das Einzelunternehmen hat ein Kapital i.H.v. EUR 600.000. In den Wirtschaftsgütern sind stille Reserven i.H.v. EUR 300.000 enthalten. Die GmbH setzt das übernommene Vermögen auf Antrag zu Buchwerten an und weist folgendes Eigenkapital aus:

	Fall 1	Fall 2
Stammkapital	25.000	600.000
Kapitalrücklage	75.000	0
Summe Eigenkapital	100.000	600.000
Gesellschafterdarlehen	500.000	0
Eigenkapital beim Einzelunternehmen	600.000	600.000

A veräußert seine erhaltenen Anteile
Im Fall 1 um EUR 400.000 (Eigenkapital EUR 100.000 zzgl. EUR 300.000 stille Rerserven)
Im Fall 2 um EUR 900.000 (Eigenkapital EUR 600.000 zzgl. EUR 300.000 stille Reserven)

Lösung:

Berechnung der Anschaffungskosten		
Wertansatz bei übernehmender Gesellschaft	600.000	600.000
./. eingeräumte Gegenleistung (Darlehen)	500.000	0
Anschaffungskosten	100.000	600.000
Ermittlung des Veräußerungsgewinns		
Veräußerungspreis	400.000	900.000
./. Anschaffungskosten der Anteile	– 100.000	– 600.000
Veräußerungsgewinn	300.000	300.000

3. nach DBA frei gestelltes Auslandsvermögen

Eine Besonderheit für die Bestimmung der Anschaffungskosten der Anteile   *191*
sieht die Regelung des § 20 Abs. 3 S. 2 vor. Gehören zum Umfang des ein-

---

274 Vgl. Rdn. 232.

gebrachten Betriebsvermögens *Wirtschaftsgüter*, für die Deutschland vor und auch nach der Einbringung kein Besteuerungsrecht hat, erhöhen sich die Anschaffungskosten des Anteilseigners für die im Zuge der Sacheinlage gewährten Anteile auf den gemeinen Wert dieser Wirtschaftsgüter[275]. Gleichzeitig bleibt das Bewertungswahlrecht der übernehmenden Gesellschaft für das Auslandsvermögen unangetastet, d. h. insoweit steht der übernehmenden Gesellschaft das Bewertungswahlrecht in vollem Umfang zu. Diese Regelung zielt insbesondere auf ausländische Betriebstätten ab, für die nach Einbringung auch weiterhin der Betriebstätten-Staat das alleinige Besteuerungsrecht behält. Für die übernehmende Gesellschaft ist dieses Vermögen steuerlich ohne Bedeutung, da diese den ausländischen Vermögensteil nicht in Deutschland bilanziert und mit diesem auch nicht steuerpflichtig wird. Zielrichtung ist der inländische Einbringende, der die neuen Anteile an der übernehmenden ausländischen KapG erhält. Ohne § 20 Abs. 3 S. 2 könnten sich die mit dem Auslandsvermögen zusammenhängenden stillen Reserven auf den durch den Einbringungsvorgang gewährten Gesellschaftsanteil verlagern und wären damit bei einer späteren Anteilsveräußerung in Deutschland steuerpflichtig. Denn bei einer Anteilsveräußerung würde der Anteilseigner zur Kaufpreisfindung auch den Wert des Auslandsvermögens einbeziehen. Hätte er z. B. als Einzelunternehmer die ausländische Betriebstätte veräußert, wäre dieser Gewinn – wenn das DBA dem Betriebstätten-Staat das Besteuerungsrecht zugesteht – in Deutschland freizustellen. Bei der Anteilsveräußerung hätte Deutschland als Sitzstaat des Anteilseigners das Besteuerungsrecht, so dass der daraus resultierende Gewinn steuerpflichtig wäre, unabhängig davon, ob in dem Gewinn auch Kaufpreiskomponenten eines Auslandsvermögens der Gesellschaft enthalten sind. Durch Erhöhung der Anschaffungskosten wird erreicht, dass die im Zeitpunkt der Einbringung vorhandenen stillen Reserven nicht steuerpflichtig werden. Spätere Wertsteigerungen, die dann bei der Anteilsveräußerung realisiert werden, sind aber zu versteuern.

Beispiel 1:

A besitzt in Deutschland ein Einzelunternehmen (Buchwert: EUR 100.000; gemeiner Wert: EUR 1.000.000), welches in Österreich zusätzlich eine Betriebstätte (Buchwert: EUR 100.000; gemeiner Wert EUR 1.000.000) unterhält. Zum 01.01.08 bringt A sein gesamtes Betriebsvermögen – einschließlich ausländischer Betriebstätte – gegen Gewährung von Gesellschaftsrechten in die A-GmbH, München ein.

Lösung:

Hinsichtlich des Inlandvermögens kann die A-GmbH antragsgemäß einen Buch- oder Zwischenwertansatz vornehmen (§ 20 Abs. 2 S. 2). Für die Betriebstätte hat nach dem einschlägigen DBA ausschließlich der Betriebstätten-Staat Österreich das Besteuerungsrecht. In Deutschland wird ein daraus entstehender Gewinn freigestellt. Dieses Besteuerungsrecht wird durch die Einbringung in die A-GmbH nicht verändert. Im Zuge der Einbringung erhält A neue Anteile an der A-GmbH. Der Wertansatz der A-GmbH bildet dafür die Anschaffungskosten. Die

---

275 Tz. 20.34 UmwStE 2011.

Anschaffungskosten für das eingebrachte inländische Betriebsvermögen (Buchwert: EUR 100.000) sind aber um den gemeinen Wert der ausländischen Betriebstätte von EUR 1 Mio. zu erhöhen (§ 20 Abs. 3 S. 2). Bei einer späteren Anteilsveräußerung wird dadurch sichergestellt, dass die im Zeitpunkt der Einbringung im Ausland entstandenen stillen Reserven nicht in Deutschland besteuert werden.

Beispiel 2:
Der in Tschechien wohnhafte A bringt seinen Betrieb, bestehend aus einer französischen Betriebsstätte (Buchwert: EUR 100.000; gemeiner Wert: EUR 300.000) und einer inländischen Betriebsstätte (Buchwert: EUR 40.000; gemeiner Wert: EUR 100.000) in eine deutsche GmbH mit Sitz und Geschäftsleitung im Inland ein.

Die GmbH kann steuerlich die Buchwerte[276] für den gesamten Betrieb (§ 146 Abs. 2 AO) ansetzen.

Für den A belaufen sich die Anschaffungskosten der Anteile in Bezug auf das inländische Betriebsvermögen auf EUR 40.000 (§ 20 Abs. 3 S. 1), in Bezug auf das französische Betriebsvermögen auf EUR 300.000 (§ 20 Abs. 3 S. 2), insgesamt also auf EUR 340.000. Die rechtlich geteilte Ermittlung der Anschaffungskosten gem. § 20 Abs. 3 S. 1 bzw. S. 2 wird rechtlich durch die Formulierung „insoweit" in S. 2 ermöglicht. Verkauft A seine Anteile später für EUR 400.000, unterliegt dieser Veräußerungsgewinn in Deutschland gem. §§ 1 Abs. 4 i. V. m. § 49 Abs. 1 Nr. 2 Buchst. e, 17 Abs. 1, 3 Nr. 40 Buchst. c EStG der beschränkten Steuerpflicht. Abkommensrechtlich darf Deutschland diesen Gewinn als Quellenstaat besteuern (Art. 13 Abs. 3 DBA Tschechien).

4. Miteinbringung von einbringungsgeborenen Anteilen i. S. d. § 21 UmwStG 1995

a) Weitergeltung des § 21 UmwStG 1995 (§ 20 Abs. 3 S. 4 UmwStG)

Zum eingebrachten Betriebsvermögen können auch Anteile an KapG gehören, die nicht isoliert nach § 21 übertragen werden, sondern unselbständiger Bestandteil der Sacheinlage sind. Handelt es sich bei diesen miteingebrachten Anteilen um solche Anteile, die unter Geltung des § 21 UmwStG 1995 entstanden sind (einbringungsgeborene Anteile), so gelten die (neuen) gewährten Anteile ebenfalls – anteilig – als einbringungsgeborene Anteile i. S. d. § 21 (§ 20 Abs. 3 S. 4).   192

Insoweit sind die Vorschriften des § 21 UmwStG 1995 weiterhin anzuwenden (§ 27 Abs. 3 Nr. 3). Im Ergebnis werden dadurch die bisherigen Regelungen für einbringungsgeborene Anteile nicht beseitigt, sondern auf die neu gewährten Anteile übertragen.

---

276 Vorausgesetzt, diese wurden entsprechend den GoB ermittelt.

b) Einbringungsgeborene Anteile i.S.v. § 21 UmwStG 1995

aa) Entstehung von einbringungsgeborenen Anteilen

193 Hat die übernehmende Gesellschaft die eingebrachte Sacheinlage mit dem Buchwert bzw. mit einem Zwischenwert angesetzt, war auf die gewährten Gesellschaftsanteile (sog. einbringungsgeborene Anteile) § 21 UmwStG 1995 anzuwenden.

bb) Rechtsfolgen bei Veräußerung von einbringungsgeborenen Anteilen

194 Die in § 21 Abs. 2 S. 1 UmwStG 1995 gleichgestellten Tatbestände führten zu einer Steuerpflicht gem. § 16 EStG.

Eine steuerfreie bzw. steuerbegünstigte Veräußerung der Anteile war grds. nur nach Ablauf einer siebenjährigen Behaltefrist möglich (§ 8b Abs. 4 KStG a.F. bzw. § 3 Nr. 40 S. 3 und 4 EStG a.F.).

Darüber hinaus sind auch nach Ablauf der Siebenjahresfrist (zeitlich unbegrenzt) die Regelungen des § 21 UmwStG a.F. weiter anzuwenden.

c) Qualifizierung der (neuen) erhaltenen Anteile als einbringungs-geborene Anteile

aa) Anwendung der bisherigen Regelungen

195 Enthält die übertragene Sacheinlage auch Anteile i.S.v. § 21 UmwStG 1995, so bestimmt § 20 Abs. 3 S. 4, dass auch die dafür erhaltenen Anteile – anteilig – als einbringungsgeboren i.S.v. § 21 UmwStG 1995 gelten. Im Falle der Veräußerung der erhaltenen (neuen) Anteile sind damit sowohl die Rechtsfolgen des § 22 (für den nicht einbringungsgeborenen Teil) als auch die für die einbringungsgeborenen Anteile anzuwenden.

Werden demnach Anteile i.S.d. § 21 UmwStG a.F. im Rahmen einer Sacheinlage mit eingebracht, gelten die erhalten Anteile insoweit ebenfalls als einbringungsgeborene Anteile alten Rechts (§ 20 Abs. 3 S. 4). Dies bedeutet, dass bei einer Veräußerung der (infizierten) Anteile innerhalb der Siebenjahresfrist die Steuerfreistellung nach § 8b Abs. 4 KStG a.F. oder § 3 Nr. 40 S. 3 und 4 EStG a.F. insoweit ausgeschlossen ist. Die Weitereinbringung der einbringungsgeborenen Anteile alten Rechts im zeitlichen Anwendungsbereich des SEStEG löst allerdings keine neue Siebenjahresfrist i.S.v. § 8b Abs. 4 KStG a.F. oder § 3 Nr. 40 S. 3 und 4 EStG a.F. aus.

Damit gelten folgende Regelungen weiterhin:

– § 21 UmwStG 1995 (§ 27 Abs. 3 Nr. 3)
– § 8b Abs. 4 KStG a.F. (§ 34 Abs. 7a KStG)
– § 3 Nr. 40 S. 3 und 4 EStG a.F. (§ 52 Abs. 4b S. 2 EStG

Im Falle der Veräußerung der mit der Einbringungsgeborenheit infizierten erhaltenen Anteile kommt das neue Recht (rückwirkende Einbringungsgewinnbesteuerung) nicht zur Anwendung, soweit die Steuerfreistellung nach § 8b Abs. 4 KStG a.F. oder § 3 Nr. 40 S. 3 und 4 EStG a.F. ausgeschlossen ist (§ 27 Abs.4). Die Anwendung alten Rechts geht somit innerhalb des für den ursprünglichen Einbringungsvorgang (nach altem Recht) geltenden Siebenjahreszeitraums vor. Erfolgt die Veräußerung der Anteile hingegen nach Ablauf der Sperrfrist für die einbringungsgeborenen Anteile alten Rechts, aber noch innerhalb des für die erhaltenen Anteile geltenden Siebenjahreszeitraums, kommt es in vollem Umfang zur rückwirkenden Einbringungsgewinnbesteuerung. Für die Ermittlung des Veräußerungsgewinns aus den erhaltenen Anteilen sind aber insoweit weiterhin die Regeln des § 21 UmwStG a.f. anzuwenden mit der Folge, dass der Veräußerungsgewinn teilweise nach § 16 EStG und teilweise nach § 17 EStG zu ermitteln ist.

Beispiel:

A bringt sein Einzelunternehmen zum 31. 12. 07 auf Antrag zu Buchwerten in die A-GmbH ein. Die Einbringungsbilanz hat folgendes Aussehen:

Aktiva	Einzelunternehmen A		Passiva
sonstige Aktiva	50.000	(gW: 200.000)	Kapital 100.000
Bet. X-GmbH	20.000	(gW: 100.000)	
Bet. Y GmbH	30.000	(gW: 300.000)	
(einbringungsgeb.)			
	100.000		100.000

Die einbringungsgeborenen Anteile an der Y-GmbH stammen aus einer früheren Betriebseinbringung (in 05) und sind nach § 21 UmwStG a.F. steuerverhaftet.

Die Anschaffungskosten der erhaltenen Anteile gem. § 22 Abs. 3 S. 1 verteilen sich wie folgt:

Eingebrachtes Betriebsvermögen (ohne Anteile)	50.000
Anteile X-GmbH	20.000
Anteile Y-GmbH	30.000

Im Jahr 08 veräußert A seine gesamten Anteile an der A-GmbH für EUR 600.000 (keine Wertveränderungen gegenüber 31. 12. 07).

Lösung:

Handelt es sich bei den miteingebrachten Anteilen um einbringungsgeborene Anteile i.S.d. § 21 UmwStG a.F., so regelt § 20 Abs. 3 S. 4, dass – trotz Einbringung unter der Geltung des neuen Rechts – auch die erhaltenen Anteile weiterhin einbringungsgeborene Anteile sind, die den für eine Übergangsfrist weiterhin geltenden Regelungen über die voll stpfl. Veräußerung von einbringungsgeborenen Anteilen gem. § 3 Nr. 40 S. 3 und 4 EStG a.F.; § 8b Abs. 4 KStG a.F. unterliegen.

A hat rückwirkend auf den 31. 12. 07 das Betriebsvermögen (ohne die Anteile an der X-GmbH und Y-GmbH) mit EUR 200.000 anzusetzen.

Der Einbringungsgewinn I berechnet sich wie folgt:

Eingebrachte Aktiva zum gemeinen Wert	200.000
./. Anschaffungskosten der Anteile	50.000
Zwischensumme	150.000
Kürzung (Siebentelung)	0
Zu versteuernder Einbringungsgewinn I	150.000

Veräußerungsgewinn für X-GmbH: gemeiner Wert EUR 100.000 ./. Buchwert EUR 20.000 = EUR 80.000 (zu versteuern nach § 17 EStG (Teileinkünfteverfahren).

Veräußerungsgewinn für Y-GmbH: gemeiner Wert: EUR 300.000 ./. Buchwert: EUR 30.000 = EUR 270.000 (voll stpfl. nach § 21 UmwStG a. F. i. V. m. § 3 Nr. 40 S. 3 und 4 EStG a. F.)

bb) Bestimmte Veräußerungen nach Ablauf der Sperrfrist

196 Eine neue Sperrfrist i. S. v. § 8b Abs. 4 KStG bzw. § 3 Nr. 40 S. 3 und 4 EStG beginnt jedoch nicht zu laufen.

Ungeachtet der Regelungen des § 8b Abs. 4 KStG bzw. § 3 Nr. 40 S. 3 und 4 EStG gelten auch nach Ablauf der siebenjährigen Behaltefrist die besonderen Regelungen des § 21 a. F. zeitlich unbegrenzt weiter. Dies gilt vor allem in dem Fall, dass im Zuge der Sacheinlage Anteile gewährt werden, die sich im Privatvermögen befinden und nicht nach § 17 EStG steuerverstrickt sind. Dabei erfasst die Vorschrift sowohl die ursprünglich einbringungsgeborenen Anteile als auch diejenigen, die infolge der Einbringung von Anteilen i. S. d. § 21 nach § 20 Abs. 3 S. 4 ebenfalls als einbringungsgeboren gelten.

d) *Umfang der Qualifizierung als einbringungsgeborene Anteile*

aa) Aufteilungsmaßstab

197 Nach § 20 Abs. 3 S. 4 gelten die für die Sacheinlage erhaltenen neuen Anteile *insoweit* als einbringungsgeborene Anteile i. S. d. § 21 UmwStG 1995, als das eingebrachte Betriebsvermögen einbringungsgeborene Anteile i. S. d. § 21 UmwStG 1995 umfasst. Aufteilungsmaßstab ist hierbei das Verhältnis der gemeinen Werte der eingebrachten einbringungsgeborenen Anteile zum gemeinen Wert der übrigen Wirtschaftsgüter.

Damit gelten u. E. alle neu gewährten Anteile als *anteilig* einbringungsgeboren, d. h. jeder neue Anteil ist aufzuteilen in einen nicht einbringungsgeborenen und einen einbringungsgeborenen Teil. Ein Feststellungsverfahren i. S. v. § 180 Abs. 2 AO ist hierfür nicht vorgesehen.

bb) Veräußerung der neuen Anteile

198 Die Rechtsfolgen des § 22 kommen nach § 27 Abs. 4 nur insoweit zu Anwendung, als die erhaltenen neuen Anteile als nicht einbringungsgeboren gelten oder die Behaltefrist bereits abgelaufen ist. Für den als einbringungsgeboren geltenden Teil der Anteile ist die Veräußerung voll steuerpflichtig, wenn die Sperrfrist noch nicht abgelaufen ist. Nach Ablauf der Behaltefrist sind die Regelungen des § 22 anzuwenden.

Beispiel:
Der Einzelunternehmer E bringt am 01. 01. 06 sein Einzelunternehmen gegen Gewährung von Gesellschaftsrechten zum Buchwert in die A-GmbH ein. Am 01. 12. 08 bringt E die erhaltenen Anteile an der A-GmbH im Wege des Anteilstausches gem. § 21 zu Anschaffungskosten in die B-GmbH ein.

Lösung:

Die erhaltenen Anteile an der B-GmbH gelten als einbringungsgeborene Anteile i.S.v. § 21 UmwStG a.F., obwohl für die zweite Einbringung bereits das UmwStG 2006 anzuwenden ist. Gleichzeitig liegen aber auch die Voraussetzungen des § 22 Abs. 1 vor, so dass zusätzlich sperrfristverhaftete Anteile i.S.d. § 22 entstehen („Verdoppelung von einbringungsgeborenen Anteilen").

Hierzu regelt § 27 Abs. 4, dass die §§ 22 und 23 nicht anzuwenden sind, soweit § 3 Nr. 40 S. 3 und 4 EStG a.F. bzw. § 8b Abs. 4 KStG a.F. weiter anzuwenden sind.

Damit läuft die siebenjährige Sperrfrist von § 3 Nr. 40 S. 3 und 4 EStG, § 8b Abs. 4 KStG am 01.01.2113 ab (Beginn war der 01.01.2006).

Der siebenjährige Überwachungszeitraum des § 22 Abs. 2 endet am 01.01.15 (Beginn war der 01.01.2008).

cc) Verlagerung stiller Reserven auf andere Gesellschaftsanteile

Gehen im Rahmen einer Kapitalerhöhung gegen Gesellschaftereinlage stille   *199*
Reserven von einbringungsgeborenen Anteilen auf andere Anteile des Gesellschafters über, so tritt insoweit keine Gewinnrealisierung ein. Diese neuen Anteile werden aber dadurch ebenfalls von der Steuerverstrickung nach § 21 UmwStG 1995 erfasst.

(einstweilen frei)   *200–204*

E. Besteuerung eines Einbringungsgewinns (Abs. 4)

I. Regelungsgegenstand

§ 20 Abs. 4 regelt die Besteuerung eines Veräußerungsgewinns (Einbringungsgewinns) und zwar: *205*

– die Anwendung von § 16 Abs. 4 EStG und
– die Besteuerung nach § 34 Abs. 1 und 3 EStG.

§ 20 Abs. 4 ist somit dann anzuwenden, wenn der Einbringende eine natürliche Person ist.

II. Veräußerungsgewinn bzw. -verlust

1. Veräußerungsgewinn

206   Der Veräußerungsgewinn (Einbringungsgewinn) berechnet sich wie folgt:

	Veräußerungspreis i.S.d. § 20 Abs. 3 S. 1
./.	Buchwert des eingebrachten Betriebsvermögens
./.	Einbringungskosten
./.	Freibetrag nach § 16 Abs. 4 EStG
=	Einbringungsgewinn bzw. Einbringungsverlust (1. Stufe)
+	gemeiner Wert der in das Privatvermögen überführten Wirtschaftsgüter
./.	Buchwert der in das Privatvermögen überführten Wirtschaftsgüter
=	Einbringungsgewinn (2. Stufe)

Soweit im Zuge der Einbringung Rücklagen aufzulösen sind und dadurch Gewinnzuschläge vorzunehmen sind (z.B. § 6b Abs. 7 EStG), erhöhen diese Beträge den Einbringungsgewinn.

Beim Einbringenden ergibt sich regelmäßig nur dann ein Einbringungsgewinn, wenn die eingebrachten Wirtschaftsgüter von der KapG bzw. Genossenschaft mit einem Zwischenwert oder mit dem gemeinen Wert angesetzt werden.[277]

Zu beachten ist aber, dass es selbst bei einem Buchwertansatz zu einer Gewinnrealisierung kommen kann. Werden nämlich nicht wesentliche Betriebsgrundlagen zurückbehalten und in das Privatvermögen überführt, gelten diese als entnommen.

2. Veräußerungsverlust

207   Ein Veräußerungsverlust kann sich ergeben, wenn sehr hohe sofort abziehbare Einbringungskosten vorliegen oder wenn der gemeine Wert niedriger als der Buchwert der Wirtschaftsgüter ist.

3. Abgrenzung des Einbringungsgewinns

208   Der bis zum Einbringungsstichtag entstandene Gewinn ist laufender Gewinn. Dies gilt auch für ggf. bis dahin vorzunehmende Wertaufholungen i.S.v. § 6 Abs. 1 Nr. 1 und 2 EStG.

Ein Übergangsgewinn, der sich aus der Umstellung von der Überschussrechnung nach § 4 Abs. 3 EStG zum Bestandsvergleich ergibt, ist ebenfalls kein Einbringungsgewinn. Die Pflicht zur Umstellung auf den Bestandsvergleich ergibt sich aus § 16 Abs. 2 EStG, denn die Einbringung erfüllt den Tatbestand des § 16 Abs. 1 S. 1 EStG (Betriebsveräußerung), auch wenn sie zum Buchwert erfolgt.[278]

---

277 Tz. 20.25 UmwStE 2011.
278 BFH vom 25.09.1991, I R 183/87, BFH/NV 1992, 469.

Hruschka/Hellmann

III. Veräußerungspreis

Der Wert, mit dem die KapG bzw. Genossenschaft das eingebrachte Be-   *209*
triebsvermögen ansetzt, gilt für den Einbringenden nach § 20 Abs. 3 S.
1 als Veräußerungspreis der eingebrachten Sachgesamtheit. Insoweit besteht
eine Wertverknüpfung zwischen dem Ansatz der eingebrachten Wirtschaftsgüter und dem Veräußerungspreis.

Bei der Einbringung eines Mitunternehmeranteils bestimmt sich der Veräußerungspreis nach der Steuerbilanz der PersG, d.h. incl. Ergänzungs- und
Sonderbilanzen.

IV. Zurückbehaltung
nicht wesentlicher Betriebsgrundlagen

Werden Wirtschaftsgüter, die nicht zu den (funktional) wesentlichen Be-   *210*
triebsgrundlagen eines Betriebs, Teilbetriebs oder Mitunternehmeranteils
gehören, zurückbehalten, so ist dies für die Anwendung des § 20 nicht
schädlich.

Bei einer Überführung solcher Wirtschafsgüter in ein anderes Betriebsvermögen des Einbringenden bzw. Mitunternehmers sind die Grundsätze des
§ 6 Abs. 5 EStG zu beachten. Erfolgt die Überführung jedoch in das Privatvermögen, kommt es zu einer Entnahme auf den Zeitpunkt des Einbringungsstichtags.[279]

V. Einbringungskosten

1. Kostenzuordnung

Aufwendungen, die im Zusammenhang mit der Durchführung der Einbrin-   *211*
gung bzw. Umwandlung stehen, sind nach dem Veranlassungsprinzip dem
Einbringenden oder der übernehmenden KapG bzw. Genossenschaft zuzurechnen. Ein Zuordnungswahlrecht besteht nicht.[280]

Dem Einbringenden sind daher die Kosten für die Rechts- und Steuerbera-
tung hinsichtlich der Planung und Vorbereitung des Einbringungsvorgangs,
die Kosten für die Erstellung der Einbringungsbilanz sowie des Einbringungsvertrags zuzurechnen.[281]

Der Übernehmerin sind z.B. die Kosten über die Aufstellung der Übernahmebilanz, über die Bewertung des eingebrachten Betriebsvermögens, Kosten für Eintragungen in das Handelsregister sowie in das Grundbuch und
auch die Grunderwerbsteuer zuzurechnen.

2. Steuerliche Behandlung der Einbringungskosten

Die Einbringungskosten der Übernehmerin sind, soweit es sich um objekt-   *212*
bezogene Kosten handelt (z.B. die Grunderwerbsteuer aus der Übernahme
von Grundstücken), als zusätzliche Anschaffungskosten der Wirtschaftsgü-

---

279 BFH vom 28.04.1988, IV R 52/87, BStBl. II 1988, 829.
280 *Mühle*, DStZ 2006, 63, 64.
281 BFH vom 19.01.2000, I R 24/99, BStBl. II 2000, 545.

ter zu aktivieren. Können die Einbringungskosten der Übernehmerin nicht bestimmten Wirtschaftsgütern zugeordnet werden, liegen sofort abzugsfähige Betriebsausgaben vor.

Die steuerliche Rückwirkung gem. § 20 Abs. 5 und 6 gilt nicht für die Grunderwerbsteuer. Die Grunderwerbsteuer entsteht bei Umwandlungen mit der Eintragung der Umwandlung in das Handelsregister, bei der Einbringung im Wege der Einzelrechtsnachfolge mit der Beurkundung des Einbringungsvertrags. Damit entsteht die Grunderwerbsteuer nach der Einbringung und kann somit am (rückbezogenen) Einbringungsstichtag nicht als Rückstellung behandelt werden. Eine Aktivierung als nachträgliche Anschaffungskosten ist somit erstmals in dem Wirtschaftsjahr zulässig, in das der Entstehungszeitpunkt der Grunderwerbsteuer fällt.[282]

Die Einbringungskosten sind bei der Berechnung des Einbringungsgewinns auch dann zu berücksichtigen, wenn sie bereits vor der Einbringung anfallen.[283]

VI. Einkunftsart des Einbringungsgewinns

213 Der Einbringungsgewinn ist Teil der Einkünfte, dem die Einkünfte aus der übertragenen Sachgesamtheit vor Einbringung zuzuordnen waren. In Betracht kommen Einkünfte aus Land- und Forstwirtschaft, aus Gewerbebetrieb und aus selbständiger Arbeit.

Beispiel:
Der Steuerberater A bringt seine Einzelkanzlei gegen Gewährung von Gesellschaftsrechten in eine GmbH ein. Die GmbH setzt das übernommene Vermögen mit dem gemeinen Wert an.

A erzielt einen Einbringungsgewinn, der zu den Einkünften aus selbständiger Arbeit i.S.v. § 18 EStG gehört.

Der Einbringungsgewinn wird bei natürlichen Personen bei der ESt-Veranlagung berücksichtigt; der Einbringungsgewinn bei Körperschaften bei der Körperschaftsteuerveranlagung.

Bei PersG wird über die Höhe des Einbringungsgewinns im Gewinnfeststellungsverfahren entschieden und nicht bei den Veranlagungen der einzelnen Mitunternehmer. Erfolgt die Einbringung am 01.01. eines Jahres, muss für diesen Feststellungszeitraum noch eine Gewinnfeststellung durchgeführt werden.[284]

Der Einbringungsgewinn entsteht am steuerlichen Einbringungsstichtag. Dies gilt auch für den Entnahmegewinn aus der Zurückbehaltung von nicht wesentlichen Betriebsgrundlagen.

---

282 BFH vom 29.09.2005, II R 23/04, BStBl. II 2006, 137; BFH vom 17.12.2003, I R 97/02, BStBl. II 2004, 686.
283 BFH vom 06.10.1993, I R 97/92, BStBl. II 1994, 287.
284 BFH vom 29.04.1993, IV R 107/92, BStBl. II 1993, 666.

VII. Steuerliche Behandlung des Einbringungsgewinns

1. Einbringender ist eine natürliche Person

In den Fällen der Sacheinlage nach § 20 Abs. 1 ist § 3 Nr. 40 EStG sowie   *214*
§ 3c Abs. 2 EStG zu beachten, wenn Anteile an Körperschaften usw. Gegenstand der Einbringung sind.[285]

Wird ein Betrieb, Teilbetrieb oder Mitunternehmeranteil eingebracht und ist in der Sachgesamtheit auch z.B. ein Anteil an einer (inländischen oder ausländischen) KapG enthalten, erstreckt sich die 40 %ige Steuerfreiheit hierzu des § 3 Nr. 40 S. 1 Buchst. b EStG auf den anteiligen Veräußerungspreis, der auf diese Beteiligung entfällt. Korrespondierend sind 60 v.H. des Buchwerts der Beteiligung und der auf diese Beteiligung entfallenden nicht objektbezogenen Einbringungskosten gem. § 3c Abs. 2 S. 1 EStG abzugsfähig. Die Einbringungskosten, die nicht einzelnen Wirtschaftsgütern direkt zugeordnet werden können, sind ggf. zu schätzen.

2. Einbringender ist eine Körperschaft

Eine Steuerfreiheit für (anteilige) Einbringungsgewinne ergibt sich aus § 8b   *215*
KStG, soweit der Einbringungsgewinn auf Anteile an Körperschaften entfällt, deren Leistungen zu den Einnahmen i.S.d. § 20 Abs. 1 Nr. 1,2,9 und 10 Buchst. a EStG gehören. Die anteiligen Einbringungskosten sind ggf. zu schätzen. Von dem nunmehr nach § 8b Abs. 2 KStG außer Ansatz bleibenden Veräußerungsgewinn gelten 5 v.H. als nicht abzugsfähige Betriebsausgaben (§ 8b Abs. 3 S. 1 KStG).[286]

Auf einen (anteiligen) Einbringungsverlust ist § 8b Abs. 3 S. 3 KStG anzuwenden.

Ausnahmen von der Steuerbefreiung: *216*

– Einbringungsgeborene Anteile i.S.v. § 21 UmwStG a.F. i.V.m. § 8b Abs. 4 KStG a.F.
– Soweit auf die eingebrachte Beteiligung (gewinnmindernde) Teilwertabschreibungen vorgenommen worden sind (§ 8b Abs. 2 S. 4 KStG)
– Soweit auf die eingebrachte Beteiligung eine (gewinnmindernde) Rücklage gem. § 6b EStG in Abzug gebracht worden ist (§ 8b Abs. 2 S. 5 KStG).

3. Tarifvergünstigung (§ 34 EStG) und Freibetrag (§ 16 Abs. 4 EStG)

Die Regelungen über die Tarifvergünstigung und die Freibetragsregelung   *217*
gelten nur, wenn Einbringende natürliche Personen sind oder wenn Einbringender eine PersG ist, an der natürliche Personen als Mitunternehmer beteiligt sind.

Beim Buchwertansatz entsteht kein Einbringungsgewinn. Der Gewinn, der sich hierbei aus Überführungen von nicht wesentlichen Wirtschaftsgütern in das Privatvermögen ergibt ist nicht nach § 34 EStG begünstigt. Ein Freibetrag nach § 16 Abs. 4 EStG wird nicht gewährt. Für beide Vergünstigungen setzt § 20 Abs. 4 S. 1 einen Ansatz mit dem gemeinen Wert voraus.

---

285 Tz. 20.25 UmwStE 2011.
286 Tz. 20.25 UmwStE 2011.

Auch bei einem Ansatz mit Zwischenwerten wird weder eine Tarifvergünstigung nach § 34 EStG noch ein Freibetrag nach § 16 Abs. 4 EStG gewährt. Werden die eingebrachten Wirtschaftsgüter mit dem gemeinen Wert angesetzt, kommt es zu einer Zusammenballung von aufgedeckten stillen Reserven. Damit sind die Voraussetzungen für die Tarifermäßigung nach § 34 EStG und den Freibetrag nach § 16 Abs. 4 EStG erfüllt. Der Freibetrag nach § 16 Abs. 4 EStG sowie die Steuervergünstigung nach § 34 Abs. 3 EStG (ermäßigter Steuersatz) werden nur auf Antrag gewährt. Dabei ist zu beachten, dass der Freibetrag gem. § 16 Abs. 4 EStG nur gewährt wird, wenn der Einbringende am steuerlichen Übertragungsstichtag das 55. Lebensjahr vollendet hat.

Zum begünstigten Einbringungsgewinn gehört auch der Gewinn aus der Auflösung von Rücklagen (z.b. § 6b EStG) sowie der Gewinnzuschlag wegen der Auflösung der Rücklage (z.b. § 6b Abs. 7 EStG).[287]

Ausnahmen von der Tarifvergünstigung nach § 34 Abs. 1 und Abs. 3 EStG:

– Einbringung eines Bruchteils eines Mitunternehmeranteils
– Anwendung des Teileinkünfteverfahrens (§ 3 Nr. 40 EStG, § 3c EStG)
– Bildung einer Rücklage nach § 6b EStG.[288]

4. Gewerbesteuerliche Behandlung des Einbringungsgewinns

218 Ist Einbringender eine *natürliche Person*, so gehört der Einbringungsgewinn nicht zum steuerpflichtigen Gewerbeertrag, wenn es sich bei dem Einbringungsgegenstand um einen Betrieb, Teilbetrieb oder ganzen Mitunternehmeranteil handelt. Dabei spielt es keine Rolle, ob die übernehmende Gesellschaft Zwischen- oder gemeine Werte ansetzt. Auch der Entnahmegewinn aus der Zurückbehaltung nicht wesentlicher Wirtschaftsgüter gehört nicht zum Gewerbeertrag, wenn er in einem zeitlichen und sachlichen Zusammenhang mit der Einbringung anfällt. Dies gilt selbst bei Buchwertansatz. Nicht von der Gewerbesteuer freigestellt ist lediglich die Einbringung eines Bruchteils eines Mitunternehmeranteils.

Ist Einbringender eine *PersG*, so unterliegt der Einbringungsgewinn nach § 7 S. 2 GewStG insoweit nicht der Gewerbesteuer, als er auf unmittelbar an der PersG beteiligte natürliche Personen entfällt.

Ist Einbringender eine *KapG*, so zählt der Einbringungsgewinn grds. in vollem Umfang zum Gewerbeertrag.

---

287 Tz. 20.27 UmwStE 2011.
288 Tz. 20.26 UmwStE 2011.

F. Zeitpunkt der Einbringung und Rückbezug (Abs. 5 und 6)

I. Regelungsgegenstand

§ 20 Abs. 5 regelt den Zeitpunkt der Einbringung. Das Gesetz bezeichnet *219* den Einbringungsstichtag als Übertragungsstichtag und verweist auf Abs. 6.

Nach § 20 Abs. 5 ist der steuerliche Übertragungszeitpunkt der Tag, an dem das wirtschaftliche Eigentum an den Wirtschaftsgütern auf den übernehmenden Rechtsträger übergeht. Abweichend von dieser Regelung darf der steuerliche Übertragungsstichtag gem. § 20 Abs. 6 auf Antrag der übernehmenden KapG um bis zu 8 Monate zurückbezogen werden. Insoweit wird hier – im Gegensatz zu Abs. 5 – tatsächlich auch ein rückwirkender Vermögensübergang angenommen.

II. Übergang des wirtschaftlichen Eigentums an der Sacheinlage und Besteuerungsfiktion

Nach § 20 Abs. 5 ist der Zeitpunkt der Sacheinlage der Tag, zu dem die Sa- *220* cheinlage tatsächlich auf die Übernehmerin übertragen wird. Somit wird auf den Übergang des wirtschaftlichen Eigentums abgestellt. Nach Auffassung der Finanzverwaltung[289] geht das wirtschaftliche Eigentum regelmäßig zu dem im Einbringungsvertrag vorgesehenen Zeitpunkt des Übergangs von Nutzen und Lasten über bzw. im Fall der Einbringung durch Verschmelzung oder Spaltung durch Eintragung der Umwandlung im Handelsregister.

Sobald die Sacheinlage vollzogen ist unterliegt das eingebrachte Vermögen der Besteuerung bei der übernehmenden Gesellschaft. Von diesem Zeitpunkt an ist auf den Gewinn des eingebrachten Betriebsvermögens Körperschaftsteuer zu erheben, denn mit Ablauf des Übertragungsstichtags endet die letztmalige Zurechnung des eingebrachten Vermögens beim Einbringenden, und führt gleichzeitig zur erstmaligen Zurechnung bei der übernehmenden Gesellschaft.[290]

Soll der Übergang des wirtschaftlichen Eigentums im Schnittpunkt von zwei Wirtschaftsjahren erfolgen, ist der Zeitpunkt genau zu bestimmen (z. B. 31. 12. 24 Uhr oder 01. 01. 0 Uhr), um eine klare Zuordnung von Ergebnissen zwischen Einbringendem und übernehmender Gesellschaft zu erreichen. Aus der steuerlichen Bilanz oder der Steuererklärung muss sich ergeben, welchen Einbringungszeitpunkt die KapG wählt.[291]

Einer solchen Regelung bedarf es jedoch nicht, wenn auf Antrag der steuerliche Übertragungsstichtag nach Abs. 6 gewählt wird.

Die Rückbeziehung nach § 20 Abs. 5,6 hat zur Folge, dass auch die als Gegenleistung für das eingebrachte Vermögen gewährten Gesellschaftsanteile mit Ablauf des steuerlichen Übertragungsstichtags dem Einbringenden zuzurechnen sind.[292]

---

289 Tz. 20.13 UmwStE 2011.
290 Tz. 20.15 UmwStE 2011.
291 Tz. 20.14 UmwStE 2011.
292 Tz. 20.14 UmwStE 2011.

III. Abweichender steuerlicher Übertragungsstichtag

221 Auf Antrag kann nach § 20 Abs. 5 S. 1 abweichend vom tatsächlichen bzw. wirtschaftlichen Eigentumsübergang der steuerliche Übertragungsstichtag i.S.v. § 20 Abs. 6 zu Grunde gelegt werden. Die Regelungen des § 20 Abs. 5 und 6 haben insoweit als spezielle Norm Vorrang vor den allgemeinen Grundsätzen des § 2.

1. Antragstellung

222 Der Antrag muss von der übernehmenden Gesellschaft bei dem Finanzamt gestellt werden, bei dem die übernehmende Gesellschaft veranlagt wird. Eine bestimmte Form ist nicht vorgeschrieben. Der Antrag auf einen steuerlich abweichenden Übertragungsstichtag wird übereinstimmend mit dem Bewertungswahlrecht nach § 20 Abs. 2 S. 3 von der Übernehmerin in ihrer Bilanz oder Steuererklärung ausgeübt. Da die Wahl des Einbringungsstichtags – wie auch das Bewertungswahlrecht – steuerliche Auswirkungen sowohl beim Einbringenden als auch beim Übernehmer hat, ist eine spätere Änderung des einmal gewählten Einbringungsstichtags nicht mehr zulässig.

2. Zeitraum für die Rückbeziehung

223 Der Einbringungsstichtag darf um bis zu acht Monate zurückbezogen werden. Dies ist eine Vereinfachung, die dem Handelsrecht angelehnt ist. Bei der Frist handelt es sich um eine Ausschlussfrist. Auch ein nur geringfügiges Überschreiten der Frist führt zur Versagung der Rückwirkung. Die Einbringung ist danach steuerlich zu dem Zeitpunkt zu berücksichtigen, zu dem sie zivilrechtlich wirksam ist. Der Acht-Monatszeitraum ist für alle Einbringungsarten gleich und unabhängig von der Ausübung des Bewertungswahlrechts.

Der *Beginn* der Rückbeziehung richtet sich jedoch nach der jeweiligen Art des Vermögensübergangs.

3. Sacheinlagen nach den handelsrechtlichen Vorschriften (§ 20 Abs. 6 S. 1, 2)

224 Soweit eine Sacheinlage zivilrechtlich durch Verschmelzung (§ 2 UmwG) oder Spaltung (§ 123 Abs. 1–3 UmwG), also im Wege der Gesamtrechtsnachfolge bzw. Sonderrechtsnachfolge erfolgt, knüpft § 20 Abs. 6 S. 1 und 2 an die handelsrechtliche Rückbeziehung des Umwandlungsstichtags an. Nach der handelsrechtlichen Vorschrift des § 17 Abs. 2 UmwG bzw. § 125 UmwG darf das zuständige Registergericht die Umwandlung nur eintragen, wenn die Schlussbilanz auf einen höchstens acht Monate vor der Anmeldung (zur Eintragung in das Handelsregister) liegenden Stichtag aufgestellt worden ist.

Der übertragende Rechtsträger hat die Schlussbilanz auf den Schluss des Tages zu erstellen, der dem Umwandlungsstichtag vorangeht (§ 17 Abs. 2 S. 4 UmwG).

Der steuerliche Übertragungsstichtag entspricht in diesen Fällen daher immer dem Tag, auf den die Schlussbilanz erstellt wurde.[293]

Beispiel:

Die X-OHG hat ihre letzte Bilanz auf den 31. 12. 07 aufgestellt. Lt. notariellem Vertrag vom 01. 01. 08 soll die OHG auf die XY-GmbH nach § 2 UmwG verschmolzen werden. Die Verschmelzung wird unter Vorlage der Bilanz zum 31. 12. 07 am 15. 07. 08 beim Handelsregister angemeldet. Die Verschmelzung wird am 12. 10. 08 in das Handelsregister eingetragen.

Lösung:

Obwohl die OHG zivilrechtlich erst am 12. 10. 08 erlischt, gilt das Vermögen der OHG steuerlich bereits als zum 31. 12. 07 auf die GmbH übertragen. Die Einkünfte und das Betriebsvermögen sind damit mit dem Ablauf des 31. 12. 07 der GmbH zuzurechnen.[294] Ein ggf. entstehender Veräußerungsgewinn ist den Mitunternehmern der OHG noch im Gewinnfeststellungszeitraum 07 zuzurechnen.

Soll der steuerliche Übertragungsstichtag auf den 01. 01. fallen, muss als handelsrechtlicher Umwandlungszeitpunkt der 02. 01. gewählt werden. Möglich ist jedoch auch, einen in den 01. 01. fallenden Zeitpunkt zu wählen.[295]

a) Rückwirkung beim Formwechsel

Die Ausführungen in Rdn. 166 gelten für den Formwechsel entsprechend. **225** Handelsrechtlich ist jedoch der Anmeldung zum Handelsregister keine Schlussbilanz beizufügen. Damit gibt es handelsrechtlich auch keinen Stichtag für eine Schlussbilanz.

Das Steuerrecht verlangt jedoch in § 25 S. 2 i. V. m. § 9 S. 2 die Aufstellung einer steuerlichen Schlussbilanz, die nicht mehr als acht Monate vor der Anmeldung des Formwechsels zum Handelsregister liegen darf.

b) Einbringungen durch Einzelrechtsnachfolge

In den Fällen, die nicht als Verschmelzung oder als Spaltung i. S. d. UmwG **226** anzusehen sind, kommt § 20 Abs. 6 S. 3 zur Anwendung. Dieser betrifft damit im Wesentlichen Einbringungen durch Einzelrechtsnachfolge (z. B. § 5 Abs. 4 GmbHG) und vergleichbare ausländische Rechtsvorschriften.

Nach § 20 Abs. 6 S. 3 kann der steuerliche Übertragungsstichtag auf einen Zeitpunkt zurückbezogen werden, der (kumulativ) höchstens acht Monate

– vor dem Tag des Abschlusses des Einbringungsvertrages *und*
– vor dem Zeitpunkt liegt, an dem das eingebrachte Vermögen auf den übernehmenden Rechtsträger übergeht.

---

293 A. A. *Widmann* in Widmann/Mayer, § 20 Rdn. 287.
294 Tz. 20.13 UmwStE 2011.
295 FG Köln vom 29. 10. 2004, I K 5268/00, EFG 2005, 1153, nachgehend: BFH vom 24. 04. 2008, IV R 69/05, BFH/NV 2008, 1550.

Auf Schlussbilanzen (wie z.B. bei Verschmelzungen und Spaltungen) kann in den Fällen der Einzelübertragung nicht abgestellt werden.

Beispiel:

A bringt sein Einzelunternehmen (Schlussbilanz 31.12.07) im Wege der Einzelrechtsnachfolge gem. § 5 Abs. 4 GmbHG in die von ihm durch Sachgründung errichtete A-GmbH ein. Laut Einbringungsvertrag vom 01.06.08 sollen Gefahren, Nutzen und Lasten an den eingebrachten Wirtschaftsgütern am 01.10.08 auf die A-GmbH übergehen.

Lösung:

Eine steuerliche Rückbeziehung auf den 31.12.07 (= letzte Bilanz des Einzelunternehmens) wäre unzulässig (obwohl innerhalb der Acht-Monatsfrist ab Einbringungsvertrag), da das wirtschaftliche Eigentum erst am 01.10.08 auf die A-GmbH übergeht und somit in einem Zeitpunkt, der mehr als acht Monate nach dem letzten Bilanzstichtag liegt. A müsste daher eine Bilanz auf den 31.03.08 oder später aufstellen.

4. Beschränkung der Rückbeziehung (§ 20 Abs. 6 S. 4)

227 Gem. § 20 Abs. 6 S. 4 i.V.m. § 2 Abs. 3 scheidet eine Rückbeziehung aus, soweit dadurch Einkünfte aufgrund abweichender Rückbeziehungsregelungen in einem anderen Staat der Besteuerung gänzlich entzogen werden (sog. „weiße" Einkünfte).

IV. Verträge im Rückwirkungszeitraum

1. Laufende Geschäftsvorfälle

228 Die im Rückwirkungszeitraum tatsächlich verwirkten laufenden Geschäftsvorfälle werden nach Ablauf des steuerlichen Übertragungsstichtags dem übernehmenden Rechtsträger zugerechnet. Die Handlungen des einbringenden Rechtsträgers gelten als für Rechnung des aufnehmenden Rechtsträgers vorgenommen. Die Buchführung des Einbringenden wird durch die aufnehmende Gesellschaft fortgesetzt bzw. übernommen. Dadurch werden die bereits zeitlich abgelaufenen Geschäftsvorfälle infolge der Rückwirkung nicht verändert.

Die aufnehmende Gesellschaft tritt rückwirkend in die bereits bestehenden Verträge (z.B. Arbeitsverträge mit den Angestellten; Darlehensverträge mit Kreditinstituten; Miet- und Pachtverträge sowie schwebende Geschäfte) ein.

Lieferungen und Leistungen zwischen dem Einbringenden und der übernehmenden Gesellschaft innerhalb des Rückbezugszeitraums sind jedoch steuerlich – soweit sie über die laufenden Geschäftsvorfälle hinausgehen – zu neutralisieren.

Beispiel:

A veräußert am 05.03.2008 ein Grundstück für EUR 400.000, das er bisher mit EUR 250.000 in seiner Bilanz angesetzt hatte, an die B-GmbH. Am 01.07.2008 schließt A mit der B-GmbH einen Einbringungsvertrag. Das wirtschaftliche Eigentum am einzubringenden

Einzelunternehmen des A, zu dem auch das am 05.03.2008 veräußerte Grundstück gehörte, geht am selben Tag auf die GmbH über. Steuerrechtlich liegt eine Einbringung i.S.d. § 20 vor, die antragsgemäß zum Buchwert erfolgen soll. Die B-GmbH stellt gem. § 20 Abs. 5 S. 1 einen Antrag auf steuerliche Rückwirkung zum 31.12.2007.

Lösung:

Da die B-GmbH den Ansatz zu Buchwerten wählt, ist das Grundstück in der Steuerbilanz 31.12.2007 mit EUR 500.000 zu bilanzieren. Der Gewinn aus dem Verkauf des Grundstücks am 05.03.2008 i.H.v. EUR 150.000 ist steuerlich zu neutralisieren. In der – von der GmbH fortgeführten – Buchführung entfällt der Gewinn aus der Grundstücksveräußerung. Die Anschaffungskosten für das Grundstück verringern sich auf EUR 250.000.

Umbuchung

Ertrag aus Abgang Anlagevermögen (150.000)	an	Grundstück (150.000)

Im Gegensatz zum Rückbezugszeitraum (Acht-Monatsfrist) reicht der Rückwirkungszeitraum bis zur Eintragung der Einbringung in das Handelsregister.[296]

2. Bestehende Verträge zwischen Mitunternehmer und PersG

Hatten die Mitunternehmer der eingebrachten PersG bereits zum steuerlichen Übertragungsstichtag Verträge (Dienstvertrag, Miet- und Pachtverträge; Darlehensverträge) mit ihrer PersG abgeschlossen, auf die § 15 Abs. 1 S. 1 Nr. 2 EStG anzuwenden war, tritt die aufnehmende KapG in diese Verträge ein. Die Vergütungen für diese Verträge haben bei der PersG innerhalb des Gesamthandvermögens zu Betriebsausgaben geführt und im Sonderbetriebsvermögen des betreffenden Mitunternehmers zu Sonderbetriebseinnahmen.

Ab dem steuerlichen Übertragungsstichtag sind diese Vergütungen an die Gesellschafter aber nach den Regeln des KStG zu beurteilen. Danach liegen bei der KapG Betriebsausgaben vor, wenn die Verträge von vornherein klar und eindeutig abgeschlossen wurden, ernsthaft durchgeführt und einem Fremdvergleich standhalten. Der Gesellschafter erzielt nunmehr Einkünfte nach § 19 EStG.

Dies gilt aber nur, wenn mit der PersG bereits ein Vertrag bestand, auf den § 15 Abs. 1 S. 1 Nr. 2 EStG anzuwenden war. Eine Berücksichtigung lediglich im Rahmen der Gewinnverteilung (sog. „Vorabgewinn" für die Leistungen) reicht nicht aus.

Ist die Vergütung für die Leistung des Mitunternehmers z.B. (teilweise) zu hoch, wäre nach allgemeinen körperschaftsteuerlichen Grundsätzen eine verdeckte Gewinnausschüttung anzunehmen. Nach § 20 Abs. 5 S. 2 gilt die Rückbeziehung jedoch nicht für Entnahmen nach dem Übertragungsstich-

229

---

296 Tz. 02.10 UmwStE 2011.

tag bis zur Eintragung der Einbringung in das Handelsregister. Damit kommt es nicht zu einer verdeckten Gewinnausschüttung, sondern zu einer dem Einbringenden zuzurechnenden Entnahme, die die Anschaffungskosten seiner Anteile an der übernehmenden KapG verringert (§ 20 Abs. 5 S. 3). § 20 Abs. 5 S. 2 schützt den Einbringenden vor verdeckten Gewinnausschüttungen.[297]

3. Vertragsabschluss nach dem steuerlichen Übertragungsstichtag

a) Gesellschafter einer PersG

230 Werden Verträge im Rückwirkungszeitraum geschlossen, sind sie ab dem steuerlich wirksamen Vertragsabschluss anzuerkennen. Erfolgt eine rückwirkende Auszahlung, so sind die Auszahlungen vor Vertragsabschluss verdeckte Gewinnausschüttungen, die wegen § 20 Abs. 5 S. 2 als Entnahmen zu beurteilen sind und die Anschaffungskosten der erhaltenen Anteile vermindern.[298]

Werden Zahlungen für Vergütungen geleistet ohne dass eine vertragliche Vereinbarung vorliegt, liegen i.H.d. Auszahlung Entnahmen bis zur Eintragung in das Handelsregister vor. Danach gelten die Grundsätze der verdeckten Gewinnausschüttung.

b) Einzelunternehmen

231 Bei Einbringung eines Einzelbetriebs in eine KapG können zivilrechtlich wirksame Verträge erst mit der Vorgesellschaft der Übernehmerin abgeschlossen werden. Die Vorgesellschaft entsteht ab der notariellen Beurkundung der Sachgründung. Ab diesem Zeitpunkt sind die angemessenen Zahlungen der KapG als Betriebsausgaben abzugsfähig. Der Empfänger der Zahlungen erzielt Einkünfte i.S.v. § 19 EStG. Unangemessen hohe Zahlungen sowie Zahlungen ohne vertragliche Vereinbarung und Zahlungen für den Zeitraum vor der notariellen Beurkundung führen im Rückwirkungszeitraum zu Entnahmen.

Beispiel:

Gesellschafter der OHG sind A und B zu je 50 %.

Am 01.01.01 bringen A und B ihre Mitunternehmeranteile nach den Vorschriften des § 5 Abs. 4 GmbHG in eine neu zu gründende GmbH ein. Erforderliche Anträge wurden gestellt.

An dem festgelegten Stammkapital der GmbH sind A mit 60 v.H. und B mit 40 v.H. beteiligt. Soweit das eingebrachte Betriebsvermögen das Stammkapital überstieg, waren lt. Gesellschaftsvertrag EUR 500.000 im Verhältnis 60:40 als Darlehen der beiden Gesellschafter zu behandeln.

Gem. zivilrechtlich wirksamer Vereinbarung mit der GmbH (Einbringungsvertrag vom 01.07.01), bei der die nach dem Gesellschaftsvertrag erforderliche Mitwirkung beider Gesellschafter beachtet wurde, sollen die Gesellschafter für ihre dinglich nicht gesicherten und mit

---

297 Tz. 20.16 UmwStE 2011.
298 Tz. 20.16 UmwStE 2011.

gesetzlicher Frist kündbaren Darlehen von EUR 300.000 und EUR 200.000 Zinsen i.H.v. 12 % p.a. erhalten, und zwar mit Wirkung ab 01.01.01. Die entsprechenden Zinsen für das Wj 2001 wurden von der GmbH am 31.12.01 geleistet. Für gleichartige Bankdarlehen hätte die GmbH nur 6 % Zinsen p.a. zu entrichten. Der Eintrag in das Handelsregister erfolgte am 01.10.01.

Lösung:

Neben der Angemessenheit von Leistung und Gegenleistung erfordert die Anerkennung schuldrechtlicher Verträge zwischen KapG und Gesellschafter im Voraus getroffene klare und eindeutige Abmachungen über eine Entgeltzahlung. Abmachungen über die Einräumung von Darlehen und ihrer Verzinsung sind zwischen den Beteiligten jedoch erst am 01.07.01 getroffen worden. Die für den Zeitraum 01.01. bis 30.06.01 geleisteten Zinszahlungen sind somit Entnahmen. Nach dem Rückwirkungszeitraum (= ab Eintrag in das Handelsregister) ist zu prüfen, ob verdeckte Gewinnausschüttungen vorliegen.

Die steuerliche Würdigung der nachentrichteten Darlehenszinsen als verdeckte Gewinnausschüttungen gilt auch für den nicht beherrschenden Gesellschafter B (Anteil 40 %), weil bei einem Zusammenwirken mehrerer Gesellschafter mit gleichgerichteten Interessen auf den gesamten Anteilsbesitz bzw. das gesamte Stimmrecht dieser Gesellschafter abzustellen ist. Lediglich in angemessener Höhe können Zinsen für den Zeitraum 01.07.–31.12.01 gewinnmindernd berücksichtigt werden. Die für die Darlehensart übliche Höhe beträgt 6 %. Nur i.H.d. entsprechenden Betrages kommt eine Gewinnminderung in Betracht. I.H.d. Mehrbetrages liegt ab 01.10.01 eine vGA vor, die das Einkommen der GmbH nicht mindern darf.

Dies führt dazu, dass bei der GmbH die Zinsen für den Zeitraum 01.01.–30.06.01 in voller Höhe Entnahmen und der überhöhte Teil der Zinsen für die Zeit vom 01.07.–30.09.01 ebenfalls Entnahmen darstellen, die das Einkommen der GmbH nicht mindern dürfen (nur die angemessenen Zinsen vom 01.07.–30.09.01 sind Betriebsausgaben).

Ab 01.10.01 liegen i.H.d. unangemessenen Teils der Zinsen verdecke Gewinnausschüttungen vor, die nach § 8 Abs. 3 KStG das Einkommen der GmbH nicht mindern dürfen.

Darlehen	A (EUR 300.000)	B (EUR 200.000)
Zins 12 % p.a. =	36.000	24.000
bezahlt v. 01.01. – 30.06.	18.000	12.000
davon Entnahme	18.000	12.000
bezahlt v. 01.07. – 30.09.	9.000	6.000
davon Entnahme	4.500	3.000
bezahlt v. 01.10. – 31.12.	9.000	6.000
davon verdeckte Gewinnausschüttung	4.500	3.000

Auf die im Rückwirkungszeitraum als Entnahmen zu qualifizierenden Zinsen ist § 20 Abs. 5 S. 3 (= Minderung der Anschaffungskosten) anzuwenden, soweit die Entnahmen nicht zurückgefordert werden (z.b. über Verrechnungskonten).

Die Entnahmen müssen sich bei der Einkommensermittlung der GmbH *erfolgsneutral* auswirken. Die Entnahmekonten werden in der Buchführung (die bestehende Buchführung wird ja weitergeführt) erfolgswirksam ausgebucht und bei der Einkommensermittlung außerhalb der Bilanz zugerechnet oder gegen das Konto Rücklagen gebucht. Die Einstellung eines passiven Korrekturpostens in die Einbringungsbilanz wäre zwar zulässig, ist aber nicht erforderlich, wenn die Entnahmen im Rückwirkungszeitraum nicht zu negativen Anschaffungskosten der Anteile führen.

V. Entnahmen und Einlagen im Rückwirkungszeitraum (§ 20 Abs. 5 S. 2)

232 Ausnahmen von der Rückbeziehung

Einlagen

Für Einlagen im Rückbezugszeitraum, d.h. nach dem steuerlichen Übertragungsstichtag und vor der Eintragung der Einbringung in das H-Reg, in das Betriebsvermögen der eingebrachten Sachgesamthiet gilt die Rückwirkungsfiktion nicht. Es liegt also keine gesellschaftsrechtliche (verdeckte) Einlage in die übernehmende KapG vor, sondern noch eineim eingebrachten Betrieb bewirkte Zuführung eines WG zum Betriebsvermögen.

Entnahmen

Für Entnahmen aus dem eingebrachten Betriebsvermögen nach dem rückbezogenen Übertragungsstichtag gilt die Rückwirkungsfiktion ebenfalls nicht. Dadurch soll vermieden werden, dass durch die Anwendung von § 8 Abs.3 S.2 KStG die Vorgänge als vGA besteuert werden, die nach dem Recht von PG und Einzelbetrieben Entnahmen gewesen wären. Die Vorschrift des § 20 Abs.5 S. 2 UmwStG gilt nur bis zur Eintragung der Einbringung in das Handelsregister.

233 Aufdeckung stiller Reserven

Ein Zwang zur Aufstockung der Buchwerte des eingebrachten Betriebsvermögens kann sich auch ergeben, wenn im Rückwirkungszeitraum (nach steuerlichem Übertragungsstichtag und Eintrag der Einbringungsmaßnahme in das Handelsregister) Entnahmen aus dem Betriebsvermögen getätigt werden. Dabei kommt es im Ergebnis dann zu einer Buchwert-Aufstockung, wenn ohne Aufdeckung stiller Reserven das zum Übertragungszeitpunkt vorhandene Betriebsvermögen durch Entnahmen (ggf. saldiert mit Einlagen) negativ würde.

Dies liegt darin begründet, dass die Entnahmen und Einlagen im Rückbezugszeitraum gem. § 20 Abs. 5 S. 2 an der Rückwirkung nicht teilnehmen. Die Entnahmen (saldiert mit Einlagen) verringern die Anschaffungskosten der Beteiligung. Die Entnahmen im Rückwirkungszeitraum gelten als zum steuerlichen Übertragungszeitpunkt vorgenommen. Dadurch kann sich ein negatives Kapital ergeben, dass dann zur Aufdeckung von stillen Reserven führt (§ 20 Abs. 2 S. 2 Nr. 2).

Die Minderung der Anschaffungskosten durch die im Rückwirkungszeitraum vorgenommenen Entnahmen kann steuerlich nicht zu negativen Anschaffungskosten der Anteile führen. Insoweit sind stille Reserven aufzudecken.

Eine Minderung der Anschaffungskosten der Anteile sowie eine Aufdeckung von stillen Reserven kommen nur in Betracht, wenn die Entnahmen das Betriebsvermögen des Einbringenden verringert haben. Ist dies nicht der Fall (weil die KapG die Entnahmen über Verrechnungskonten als Sonst. Forderung bilanziert) ergibt sich weder ein negatives Kapitalkonto beim Einbringenden noch findet eine Minderung von Anschaffungskosten der Anteile statt.

Beispiel 1
(Entnahmen führen nicht zu negativen Anschaffungskosten):
A bringt sein Einzelunternehmen (Kapital 01.01.08: EUR 100.000) zum Buchwert in die A-GmbH (Anteilseigner: A zu 100 %) ein. Im Rückwirkungszeitraum hat A in der laufenden Buchführung noch EUR 40.000 Privatentnahmen getätigt.

Lösung *(Rückforderung der Entnahmen durch die GmbH):*
Buchung bei GmbH:

Forderung an A (Verrechnungskonto)	an Entnahmen	40.000

bzw. bei Einräumung v. Darlehen (d.h. Darlehenschuld der GmbH):

Darlehensverbindlichkeiten	an Entnahmen	40.000

Eine Minderung der Anschaffungskosten für die Anteile an der A-GmbH tritt beim Anteilseigner A nicht ein. Die getätigten Entnahmen haben das Vermögen der GmbH im Endergebnis nicht gemindert, da sie zurückgefordert wurden.

Lösung (Die Entnahmen werden nicht zurückgefordert):
Die Entnahmen im Rückwirkungszeitraum werden auf den steuerlichen Einbringungszeitraum beim Einbringenden zurückbezogen:

Buchung beim Einbringenden (hier Einzelfirma)

Kapital	an Passiven Korrekturposten n. § 20 Abs. 5	40.000

Buchung (Eröffnungsbilanz) bei der GmbH:

Aktiva	an Verbindlichkeiten usw. (Passiva)	....
	Stammkapital (z.B.)	25.000
	passiver Korrekturposten	40.000
	Kapitalrücklage (z.B.)	35.000
		100.000

Damit beträgt das eingebrachte Betriebsvermögen (aus der Einzelfirma) EUR 100.000.

Laufende Buchung bei tatsächlicher Vermögensübernahme bei der GmbH:

passiver Korrekturposten	an Entnahmekonto	40.000

Beim Anteilseigner A mindern sich die Anschaffungskosten der GmbH-Anteile um EUR 40.000. Die Anschaffungskosten betragen somit nur EUR 60.000 (Kapital lt. Einzelfirma EUR 100.000 ./. Korrekturposten EUR 40.000)

Da die Anschaffungskosten der Anteile im Rückwirkungszeitraum durch die Entnahmen nicht negativ werden, kann auf die Bildung eines passiven Korrekturpostens verzichtet werden. Es bieten sich noch folgende Möglichkeiten an:

- ein besonderer Korrekturposten wird nicht in der Einbringungsbilanz des Einzelunternehmens ausgewiesen
- das Vermögen geht damit zu EUR 100.000 auf die GmbH über; davon EUR 25.000 für das Stammkapital und EUR 75.000 in die Kapitalrücklage
- bei der tatsächlichen Übernahme werden die Entnahmen im Rückwirkungszeitraum gegen die Kapitalrücklage gebucht
- alternativ könnten die Entnahmen auch als Aufwand ausgebucht werden; sie müssten dann aber außerhalb der Bilanz wieder dem Gewinn hinzugerechnet werden.

Beispiel 2
(Entnahmen führen zu negativen Anschaffungskosten):
A bringt sein Einzelunternehmen (Kapital EUR 100.000; stille Reserven EUR 400.000) in die A-GmbH (Anteilseigner: A zu 100 %) ein. Die GmbH weist ein Stammkapital von EUR 100.000 aus. Die Entnahmen im Rückwirkungszeitraum haben EUR 200.000 betragen.

Lösung:
Berechnung von Anschaffungskosten der Anteile:

	Wert d. übergehenden Vermögens	100.000
-	Entnahmen im Rückwirkungszeitraum	− 200.000
=	Anschaffungskosten (**negativ**)	100.000

Negative Anschaffungskosten sind steuerlich nicht zulässig.

Daher ist nunmehr zwingend ein Korrekturposten nach § 20 Abs. 5 in der Übertragungsbilanz des Einzelunternehmens auszuweisen.

Buchung im Einzelunternehmen:

Kapital	an Korrekturposten	200.000

Dadurch ergibt sich nunmehr in der Steuerbilanz des Einzelunternehmens ein negatives Kapital i.H.v. EUR 100.000. Der negative Wert von EUR 100.000 muss nunmehr ausgeglichen werden, weil nach § 20 Abs. 2 S. 2 Nr. 2 Aktiv- und Passivposten (ohne Eigenkapital) gleich hoch sein müssen. Dies führt in der Einbringungsbilanz des Einzelunternehmens zur Aufdeckung von stillen Reserven i.H.v. EUR 100.000. Das Kapital beträgt nunmehr EUR 0.

A erzielt i.H.d. aufgedeckten stillen Reserven einen laufenden Veräußerungsgewinn von EUR 100.000.

Die A-GmbH übernimmt in ihrer Eröffnungsbilanz die Buchwerte des Einzelunternehmens, also auch den passiven Korrekturposten. Nunmehr stellt die A-GmbH in ihre Eröffnungsbilanz zusätzlich das vertragliche Stammkapital i.H.v. EUR 100.000 ein. Auf der Aktivseite bildet sie dafür einen steuerlichen Ausgleichsposten (Luftposten).[299] Der passive Korrekturposten wird gegen das Entnahmekonto bei der tatsächlichen Vermögensübertragung ausgebucht.

Beim AE mindern sich die AK auf EUR 0

	Kapital im Einzelunternehmen	– 100.000
+	aufgedeckte stille Reserven	100.000
=	Anschaffungskosten (Wert d. übernommenen Vermögens)	0

Beispiel

Sachverhalt

Der Einzelunternehmer A hat zum 31.12.15 folgende – vereinfacht dargestellte – Steuerbilanz erstellt:

Aktiva	StB A zum 31.12.15		Passiva
Grund + Boden (unbebaut)	100.000	Eigenkapital	100.000
Bank	100.000	Verbindlichkeiten	100.000
	200.000		200.000

Am 18.06.16 wird beschlossen, das Einzelunternehmen in die A-GmbH nach § 5 Abs. 4 GmbHG zum BW einzubringen. Einbringungsstichtag soll der 01.01.16 sein. Alleingesellschafter der neuen GmbH soll A werden. Die Eintragung der Einbringung in das H-Reg. erfolgt im Juli 16.

Am 05.03.16 hat A das unbebaute Grundstück zum Kaufpreis von 150.000 EUR veräußert und einen Ertrag von 50.000 EUR gebucht. Den Kaufpreis hat A einen Tag später entnommen. Sonstige Entnahmen bzw. Einlagen wurden im Rückwirkungszeitraum nicht getätigt.

Lösung

Die KapG existiert steuerlich ab 01.01.16 mit dem am Einbringungsstichtag übernommenen Vermögen (also incl. des später veräußerten unbebauten Grundstücks (BW: 100.000 EUR).Der Gewinn aus der Veräußerung des unbebauten Grundstücks ist bei der GmbH nach einer event. Aufstockung um aufgedeckte stille Reserven zu erfassen.

Hinsichtlich der Entnahme des Kaufpreises ist in der Bilanz des Einzelunternehmens ein passiver Korrekturposten auszuweisen.

---

299 Tz. 20.18 UmwStE 2011.

Aktiva	Bilanz der Einzelfirma 31. 12. 15		Passiva
Grund + Boden (unbebaut)	100.000	stl. Korrekturposten	150.000
Bank	100.000	Verbindlichkeiten	100.000
Kapital			
	250.000		250.000

Damit ergibt sich ein negatives Kapital i.H.v. 50.000 EUR. Nunmehr greift § 20 Abs. 2 S. 2 Nr. 2 UmwStG. somit sind 50.000 EUR stille Reserven in der Eröffnungsbilanz der KapG aufzudecken.

Aktiva	Eröffnungsbilanz GmbH 31. 12. 15		Passiva
Grund + Boden (unbebaut) 100.000		Stammkapital	25.000
Sti. Reserve 50.000	150.000	passiver Korrekturposten	150.000
Bank	100.000	Verbindlichkeiten	100.000
Stl. Ausgleichsposten	25.000		
	275.000		275.000

Damit entsteht bei der GmbH kein Ertrag aus dem Grundstücksverkauf (Kaufpreis 150.000 ./. Buchwert 150.000 = 0). Beim Einzelunternehmen ergibt sich ein Einbringungsgewinn von 50.000 EUR (= aufgedeckte stille reserven).

Der passive Korrekturposten wird mit den in der Buchführung enthaltenen Entnahmen verrechnet (Passiver Korrekturposten an Entnahmen 150.000). Der stl. Ausgleichsposten, der in Zusammenhang mit der Grundstückveräußerung (Aufdeckung der stillen Reserven) steht wird erfolgsneutral (Rücklagen, Gewinnvortrag) am 31. 12.16 aufgelöst (alternativ erfolgswirksam und Korrektur außerhalb der Bilanz)

Anschaffungskosten der GmbH-Anteile

	Kapital im Einzelunternehmen (vor passiven Korrekturposten)	100.000
+	aufgedeckte stille Reserven	50.000
=	Wertansatz bei übernehmender KapG	150.000
−	Entnahmen im Rückwirkungszeitraum	− 150.000
=	Anschaffungskosten	0

G. Sonderfälle (Abs. 7 und 8)

I. Ausländische Betriebsstätte (Abs. 7)

1. Regelungsgegenstand

§ 20 Abs. 7 betrifft den Sonderfall, dass Deutschland einbringungsbedingt 234 die stillen Reserven in ausländischem Betriebsstättenvermögen aufdecken möchte, jedoch durch die FusionsRL gehalten ist, den Einbringungsvorgang steuerneutral zuzulassen.

Beispiel:

Eine inländische GmbH bringt ihre tschechische Betriebsstätte (mit passiven Einkünften) gegen Gewährung von neuen Anteilen in eine französische SA ein.

Durch die Einbringung wird das Besteuerungsrecht der Bundesrepublik Deutschland hinsichtlich der tschechischen Betriebsstätte (Besteuerungsrecht mit Anrechnungsverpflichtung bei passiven Einkünften) ausgeschlossen. Nach § 20 Abs. 2 S. 2 Nr. 3 kommt es deshalb insoweit zwingend zum Ansatz des gemeinen Werts und damit zur Besteuerung des Einbringungsgewinns. Die durch die FusionsRL gebotene Steuerneutralität des Vorgangs wird hergestellt, indem die auf den Gewinn aus einer gedachten Veräußerung der Betriebsstätte entfallende fiktive tschechische Steuer auf die auf den Einbringungsgewinn aus der portugiesischen Betriebsstätte entfallende inländische Körperschaftsteuer anzurechnen ist.

Voraussetzung für die Anwendung des § 20 Abs. 7 ist, dass

– Der Einbringungsvorgang durch die FusionsRL geschützt ist und
– Deutschland einbringungsbedingt das Besteuerungsrecht verliert.

a) Einbringungsvorgänge i.S.d. FusionsRL

Persönlich anwendbar ist die FusionsRL auf Gesellschaften die kumulativ 235 folgende Anforderungen erfüllen (Art. 3 FusionsRL):

– Gesellschaftsform i.S.d. Anhangs zur FusionsRL,
– (Haupt-)ansässigkeit innerhalb der EU und
– dort ohne Wahlmöglichkeit der Körperschaftssteuer oder einer entsprechenden Steuer unterliegen.

Ist Einbringender eine natürliche Person oder eine PersG, die grds. nicht von der FusionsRL geschützt wird[300], kommt daher § 20 Abs. 7 von vornherein nicht zur Anwendung.

Einbringungsobjekt sind Betriebe und Teilbetriebe (Art. 2 Buchst. c FusionsRL), wobei der Teilbetriebsbegriff i.S.d. Art. 2 Buchst. i FusionsRL von dem nationalen Teilbetriebsbegriff abweicht.[301] Ferner wird mit der Definition deutlich, dass die Einbringung von Mitunternehmeranteilen nicht zu den begünstigten Einbringungsvorgängen zählt.

---

300 Zu den Ausnahmen siehe unten: Abs. 8.
301 Siehe oben Rdn. 60 ff.

b) Einbringungsbedingter Verlust des Besteuerungsrechts

236   Praktisch beschränkt sich der Anwendungsbereich des § 20 Abs. 2 S. 2 Nr. 3 auf ausländisches Betriebsstättenvermögen, das in Deutschland unter Anrechnungsverpflichtung gem. DBA bzw. § 34c EStG/§ 26 KStG besteuert werden darf und in eine beschränkt bzw. nicht steuerpflichtige KapG eingebracht wird.[302] Da Deutschland mit sämtlichen anderen EU-Mitgliedsstaaten DBA abgeschlossen hat, nach denen Betriebsstättengewinne grds. unter die Freistellungsmethode fallen, kommt die Regelung des Abs. 7 nur zum Tragen, soweit das jeweilige DBA einen Aktivitätsvorbehalt enthält. Dies ist bei folgenden EU-Mitgliedsstaaten der Fall:

Land	Fundstelle	Land	Fundstelle
Bulgarien	Art. 22 Abs. 1 Buchst. C	Rumänien	Art. 23 Abs. 2 Buchst. c
Estland	Art. 23 Abs. 1 Buchst. C	Slowakei	Art. 23 Abs. 1 Buchst. c
Finnland	Prot. Ziff. 5 zu Art. 23	Slowenien	Art. 24 Abs. 1 Buchst. c
Lettland	Art. 23 Abs. 1 Buchst. C	Spanien	Art. 22 Abs. 2 Buchst. c
Litauen	Art. 23 Abs. 1 Buchst. C	Tschechien	Art. 23 Abs. 1 Buchst. c
Malta	Prot. Ziff. 4 zu Art. 24	Ungarn	Art. 23 Abs. 1 Buchst. c
Polen	Art. 24 Abs. 1 Buchst. C	Zypern	Prot. Ziff. 3 zu Art. 23

2. Anrechnung der fiktiven ausländischen Steuer

237   Kommt § 20 Abs. 7 zur Anwendung, ist eine fiktive Anrechnung der auf den Einbringungsgewinn entfallenden ausländischen Steuer vorzunehmen. Die Anrechnung erfolgt mit dem Betrag ausländischer Steuer, der nach den Rechtsvorschriften eines anderen Mitgliedstaats erhoben worden wäre, wenn das übertragene Vermögen zum Zeitpunkt der Übertragung veräußert worden wäre[303]. Wenn ein anderer Mitgliedstaat bei einer in seinem Hoheitsgebiet belegenen Betriebsstätte einem Steuerpflichtigen anlässlich des Verschmelzungs- oder Spaltungsvorgangs ein Wahlrecht zur Aufdeckung der stillen Reserven einräumt, richtet sich die Anrechnung der tatsächlich erhobenen Steuer nach den allgemeinen Vorschriften des § 26 KStG.

II. Steuerlich transparente ausländische Gesellschaft i.S.d. FusionsRL[304] (Abs. 8)

1. Regelungsgegenstand

238   § 20 Abs. 8 regelt den Sonderfall, dass eine ausländische Gesellschaft i.S.d. FusionsRL, die nach deutschem Steuerrecht als transparente Mitunternehmerschaft einzustufen ist, in eine Gesellschaft i.S.d. FusionsRL mit Sitz und Geschäftsleitung im Ausland, die nach deutschem Steuerrecht als KapG einzustufen ist, eingebracht wird und dadurch das deutsche Besteuerungsrecht für im Ausland befindliche stille Reserven untergeht. Gem. § 20 Abs. 2 Nr. 3 sind die betroffenen Wirtschaftsgüter in diesem Fall zwingend mit dem ge-

---

302 Siehe oben Rdn. 173 ff.
303 Tz. 20.36 UmwStE 2011.
304 Bis 14.12.2009 RL 90/434/EWG; seit 15.12.2009 RL 2009/133/EG.

meinen Wert anzusetzen. Da der Vorgang jedoch von Art. 11 FusionsRL[305] geschützt ist, muss die Umwandlung steuerneutral stattfinden. Dies geschieht durch Anrechnung der fiktiven ausländischen Steuer.

Beispiel:
Eine in Deutschland ansässige Person bringt ihren Mitunternehmeranteil an einer passiv tätigen, portugiesischen sociedade em comandita (i. w.: s. c.) mit Betriebsstätte in Lissabon, vergleichbar einer deutschen KG[306], gegen Gewährung neuer Gesellschaftsrechte in eine portugiesische S.A, vergleichbar einer deutschen AG[307], mit Sitz und Geschäftsleitung vor Ort ein. Wegen der Passivität der S.C. hat Deutschland bis zur Umwandlung das Besteuerungsrecht für die stillen Reserven an den Wirtschaftsgütern der Betriebsstätte in Lissabon (Art. 24 Abs. 2 Buchst. a DBA Portugal i. V. m. Rdn. 8 Buchst. a Protokoll). Mit der Umwandlung endet dieses Besteuerungsrecht, da an Stelle des einbringenden unbeschränkt steuerpflichtigen Personengesellschafters die aufnehmende, portugiesische KapG tritt, welche in Deutschland nicht unbeschränkt steuerpflichtig ist (a. e. c. § 1 Abs. 1 Nr. 1 KStG). Demgemäß ordnet § 20 Abs. 2 Nr. 3 die steuerpflichtige Aufdeckung der in der Betriebsstätte befindlichen stillen Reserven an.

2. Anrechnung der fiktiven ausländischen Steuer

Um die Steuerneutralität des Einbringungsvorgangs herzustellen, ist in diesem Fall die hypothetische ausländische Steuer, die im Quellenstaat bei Aufdeckung auf die betroffenen stillen Reserven erhoben worden wäre, auf die tatsächlich erhobene deutsche Steuer auf denjenigen Einbringungsgewinn anzurechnen, der auf die Betriebsstätte entfällt[308]. *239*

Zu beachten ist, dass bei der hierzu in § 20 Abs. 8 UmwStG i.d.F. bis 31. 12. 2013 angeordneten sinngemäßen Anwendung des § 50 Abs. 6 EStG ein redaktionelles Versehen vorliegt, das bei Umstellung des § 50 EStG im Rahmen des JStG 2009 übersehen wurde. Es müsste richtig heißen: § 50 Abs. 3 EStG. Dieser Fehler wurde mit Gesetz vom 25. 07. 2014[309] behoben und ist auf sämtliche Einbringungen anzuwenden, deren steuerlicher Übertragungsstichtag nach dem 31. 12. 2013 liegt (§ 27 Abs. 13 UmwStG).

H. Zinsvortrag (Abs. 9)

Gem. § 4 h EStG sind Zinsaufwendungen ggf. im Jahr ihres Anfalls steuerlich nicht berücksichtigungsfähig. Die nicht abzugsfähigen Zinsaufwendungen können ähnlich wie ein Verlust auf künftige Jahre vorgetragen werden. Dieser Zinsvortrag kann nach § 20 Abs. 9 nicht auf die übernehmende Gesellschaft übergehen. Das Gleiche gilt für einen EBITDA-Vortrag. *240*

---

305 Bis 14. 12. 2009: Art. 10a.
306 BS-VWG Tabelle 1.
307 BS-VWG Tabelle 1.
308 Tz. 20.37 UmwStE 2011.
309 BGBl. I 2014, 1912.

I. Sonderfälle außerhalb des UmwStG im Zusammenhang mit Einbringungen

I. Verdeckte Gewinnausschüttungen (vGA)

1. Grundsatz

241 Überlässt ein Gesellschafter der übernehmenden KapG weniger Werte als in dem Einbringungsvertrag vereinbart wurde, liegt eine vGA vor.

2. Ein Gesellschafter erhält einen zu hohen Anteil am Nennkapital

242 Erhält ein Gesellschafter im Verhältnis zu den übrigen Gesellschaftern der KapG einen zu hohen Anteil am Nennkapital der übernehmenden KapG, so liegt grds. keine verdeckte Gewinnausschüttung vor. Es handelt sich hierbei um eine Zuwendung der anderen Gesellschafter an den begünstigten einbringenden Gesellschafter. Diese Zuwendung ist lediglich unter schenkungssteuerlichen Gesichtspunkten zu beurteilen.

3. Übernahme der Einbringungskosten

243 Übernimmt die aufnehmende KapG Kosten der Einbringung, die nach dem Veranlassungsprinzip der einbringende Rechtsträger zu tragen hätte, liegt insoweit eine verdeckte Gewinnausschüttung vor. Das Einkommen der aufnehmenden KapG ist insoweit außerhalb der Bilanz zu erhöhen.

Im Fall der *Gründung* einer KapG müssen die Kosten, die von der KapG getragen werden, in der Satzung bzw. im Gesellschaftsvertrag festgelegt werden. Ein Ausweis dieser Kosten als Gesamtbetrag ist ausreichend. Es ist nicht erforderlich, dass die Kosten ihrer Art nach beispielhaft in der Satzung bzw. in dem Gesellschaftsvertrag benannt werden.

Bei einer *Kapitalerhöhung* bedarf es keiner Festlegung der Kosten in der Satzung bzw. im Gesellschaftsvertrag. Damit kann sich eine verdeckte Gewinnausschüttung nur insoweit ergeben, als die KapG Kosten trägt, die nach dem Veranlassungsprinzip nicht ihrem Bereich zuzuordnen sind.

Beim Empfänger der verdeckten Gewinnausschüttung ist § 3 Nr. 40 EStG bzw. § 8b Abs. 1 und Abs. 5 KStG anzuwenden. Daneben wirken sich die von der aufnehmenden KapG übernommenen Kosten beim einbringenden Rechtsträger durch Anwendung der sog. Verbrauchstheorie als Betriebsausgaben aus, soweit sie nicht objektbezogen sind. Objektbezogene Kosten (z.B. Grunderwerbsteuer) sind als Anschaffungsnebenkosten zu aktivieren.

4. Neben Gesellschaftsrechten werden auch andere Wirtschaftsgüter gewährt

244 Werden neben Gesellschaftsrechten an den Einbringenden auch andere Wirtschaftsgüter gewährt, kommt es zu einer verdeckten Gewinnausschüttung, wenn die Gewährung dieser anderen Wirtschaftsgüter zivilrechtlich nicht wirksam vereinbart worden ist. Die Vereinbarung solcher Gegenleistungen muss, um wirksam zu sein, in der Satzung/Gesellschaftsvertrag bzw. im Kapitalerhöhungsbeschluss aufgeführt sein.

5. Die gewährte Gegenleistung übersteigt den Wert der Sacheinlage

Erhält der Einbringende eine Gegenleistung, die den gemeinen Wert der   245
Sacheinlage übersteigt, liegt im Zeitpunkt der Sacheinlage eine verdeckte
Gewinnausschüttung vor.

6. Die aufnehmende Gesellschaft setzt die übernommenen Wirtschaftsgüter über dem gemeinen Wert an

Beispiel: 246

Beim Einzelunternehmer A besteht am 31. 12. 2007 ein erheblicher
Verlustvortrag. Mit Wirkung zum 01. 01. 2008 bringt A seinen Betrieb
gegen Gewährung von Gesellschaftsrechten in die A-GmbH im
Wege der Neugründung ein.

Die aufnehmende KapG setzt das eingebrachte Betriebsvermögen
mit dem gemeinen Wert an. Dabei weist sie einen Firmenwert aus,
der jedoch tatsächlich nicht vorhanden ist. Dadurch kann A seinen
vorhandenen Verlustvortrag „retten".

Lösung:

Die Grundsätze einer vGA sind hier unbeachtlich, da die aufnehmende
Gesellschaft dem Gesellschafter A keinen Vermögensvorteil
zuwendet. Ein Firmenwert besteht nicht. Da ein unzulässiger Bilanzansatz
ausgewiesen wurde, muss die Eröffnungsbilanz der A-GmbH
berichtigt werden. Nach § 20 Abs. 2 S. 2 dürfen die gemeinen Werte
nicht überschritten werden. Der Firmenwert ist bei der aufnehmenden
KapG mit EUR 0 anzusetzen. Dadurch verringert sich beim Anteilseigner
A der Veräußerungsgewinn entsprechend. Der Einkommensteuerbescheid
ist ggf. nach § 175 Abs. 1 S. 1 Nr. 2 AO zu berichtigen.

II. Verdeckte Einlagen

1. Grundsatz

Verdeckte Einlagen dürfen das Einkommen der Empfänger-KapG nicht er-   247
höhen (§ 8 Abs. 3 S. 3 KStG). Sie sind bei der Ermittlung des zu versteuernden
Einkommens außerbilanziell abzuziehen, wenn sie sich innerhalb der
Bilanz erfolgswirksam ausgewirkt haben. Beim Anteilseigner erhöhen verdeckte
Einlagen die Anschaffungskosten seiner Beteiligung (§ 6 Abs. 6 S. 2
EStG).

2. Übernahme der Einbringungskosten

Übernimmt der einbringende Rechtsträger Kosten der Einbringung, die   248
nach dem Veranlassungsprinzip der aufnehmenden KapG zuzurechnen
sind, besteht ein Ersatzanspruch gegen die übernehmende KapG. Wird der
Ersatzanspruch nicht geltend gemacht oder wird auf den Ersatzanspruch
nachträglich verzichtet, liegt eine verdeckte Einlage vor.

III. Folgewirkung auf vorangegangene Überführungen und Übertragungen von Wirtschaftsgütern

249   Einige Steuervergünstigungen beim Transfer von Betriebsvermögen werden davon abhängig gemacht, dass innerhalb bestimmter Fristen (Sperr-, Behalte- und Verbleibensfristen) keine Veräußerungsvorgänge stattfinden.

1. Unentgeltliche Übertragung eines Teils eines Mitunternehmeranteils und unentgeltl. Aufnahme in ein Einzelunternehmen (§ 6 Abs. 3 S. 2 EStG).

250   Wird ein Mitunternehmeranteil, der unentgeltlich i.S.d. § 6 Abs. 3 S. 2 EStG erlangt wurde, innerhalb einer Frist von 5 Jahren nach dem unentgeltlichen Erwerb veräußert, wird bei dem Rechtsvorgänger zum Zeitpunkt der unentgeltlichen Übertragung eine Betriebsveräußerung unterstellt (§ 6 Abs. 3 S. 2 EStG).

Als Veräußerung gilt grds. auch die Einbringung eines Mitunternehmeranteils bzw. Teil eines Mitunternehmeranteils in eine KapG bzw. Genossenschaft. Dabei spielt der Ansatz (Buchwert, Zwischenwert oder gemeiner Wert) bei der übernehmenden Gesellschaft keine Rolle.

Wird der Mitunternehmeranteil (Teil eines Mitunternehmeranteils) von der übernehmenden KapG bzw. Genossenschaft zum *Buchwert* angesetzt, gilt die Einbringung jedoch nicht als Veräußerung, wenn der einbringende Rechtsträger die erhaltenen Anteile an der aufnehmenden KapG über einen Zeitraum von fünf Jahren – gerechnet ab der ursprünglichen Übertragung des Mitunternehmeranteils – nicht veräußert. Auch die übernehmende Gesellschaft darf ihrerseits den erhaltenen Mitunternehmeranteil nicht in der genannten Frist veräußern.[310]

Als Veräußerung gilt auch der Formwechsel einer PersG in eine KapG bzw. Genossenschaft gem. § 25.

2. Übertragung eines Wirtschaftsguts in eine Mitunternehmerschaft (§ 6 Abs. 5 S. 4 und S. 6 EStG)

251   Wurde ein *einzelnes* Wirtschaftsgut aus einem Betriebsvermögen gegen Gewährung von Gesellschaftsrechten in das Gesamthandvermögen einer PersG übertragen und wird der *Mitunternehmeranteil* des Einbringenden innerhalb der Sperrfrist von drei Jahren in eine KapG/Genossenschaft eingebracht, ist nicht rückwirkend (§ 6 Abs. 5 S. 4 EStG) auf den Zeitpunkt der damaligen Übertragung des einzelnen Wirtschaftsguts der Teilwert anzusetzen, denn es liegt nicht die Veräußerung des übertragenen Wirtschaftsguts vor, sondern die Veräußerung eines Mitunternehmeranteils.

3. Übertragung von Wirtschaftsgüter im Rahmen einer Realteilung (§ 16 Abs. 3 S. 3 EStG und § 16 Abs. 5 EStG)

252   Soweit einzelne Wirtschaftsgüter durch Realteilung zum Buchwert übertragen worden sind, sieht § 16 Abs. 3 S. 3 EStG eine Sperrfrist von drei Jahren

---

310 BMF vom 03.03.2005, BStBl. I 2005, 458, Tz. 13.

vor. Werden die Wirtschaftsgüter innerhalb der Sperrfrist von drei Jahren veräußert, ist für die Übertragung rückwirkend der gemeine Wert anzusetzen. Die Sperrfrist beginnt mit Abgabe der Steuererklärung der Mitunternehmerschaft für den Veranlagungszeitraum der Realteilung (§ 16 Abs. 3 S. 3 EStG).

Werden diese Wirtschaftsgüter im Rahmen einer Sacheinlage nach § 20 in eine KapG eingebracht, so ist diese Einbringung als Veräußerung anzusehen. Auf den Ansatz der Sacheinlage bei der aufnehmenden Gesellschaft kommt es nicht an.

IV. Steuerliches Einlagekonto

1. Auswirkungen des aktiven Ausgleichspostens auf das steuerliche Einlagekonto

Der steuerliche Ausgleichsposten dient ausschließlich dazu, die Differenz 253
zwischen dem Ansatz in der Steuerbilanz und dem Ansatz in der Handelsbilanz auszugleichen. Der steuerliche Ausgleichsposten hat damit keinen Einfluss auf das steuerliche Einlagekonto.[311]

2. Änderungen des steuerlichen Einlagekontos durch Einbringungen

Werden in Zusammenhang mit einer Einbringung Beträge zulässigerweise 254
in die Kapitalrücklage eingestellt, erhöhen diese auch das steuerliche Einlagekonto. Für den Zugang zum steuerlichen Einlagekonto ist der steuerliche Übertragungsstichtag maßgebend. Dem steht auch nicht entgegen, dass es beim steuerlichen Einlagekonto auf den Zufluss ankommt.[312] Durch die Rückwirkungsfiktion in § 20 Abs. 5 und 6 wird der Zufluss zum steuerlichen Übertragungsstichtag fingiert. Berücksichtigt wird der Zugang allerdings erst zum Ende des Wirtschaftsjahres, in dem der steuerliche Übertragungsstichtag liegt (§ 27 Abs. 1 S. 1 und 3 KStG).

In den Fällen, in denen durch die Einbringung die KapG erst entsteht, ist der Zugang im ersten Wirtschaftsjahr der KapG zu erfassen.

Für Ausschüttungen, die in dem Wirtschaftsjahr vorgenommen werden, das nach dem steuerlichen Übertragungsstichtag endet (z.B. Vorabausschüttungen) gilt nach der Neufassung von § 27 Abs. 2 S. 3 KStG folgendes:

Bei einem Eintritt in die unbeschränkte Steuerpflicht ist das steuerliche Einlagekonto gem. § 27 Abs. 2 S. 3 KStG auf den Tag des Beginns der unbeschränkten Steuerpflicht gesondert festzustellen. Der gesondert festgestellte Bestand gilt als Bestand des steuerlichen Einlagekontos am Ende des vorangegangenen Jahres.

Die Regelung gilt nach der Gesetzesbegründung auch für *Neugründungen*. Dadurch, dass der gesondert festgestellte Bestand des steuerlichen Einlagekontos als Bestand am Ende des vorangegangenen Wirtschaftsjahres gilt,

---

311 Vgl. hierzu die verschiedenen Auffassungen bei *Widmann* in Widmann/Mayer, § 20 Rdn. 174.
312 BMF vom 04.06.2003, BStBl. I 2003, 366, Tz. 26 und 6.

können die bei Gründung erbrachten Einlagen bereits im ersten Jahr für Ausschüttungen verwendet werden (z.B. Vorabausschüttungen).

V. Einbringungen und Organschaft

1. Allgemeines

255 Durch das SEStEG wurde das UmwStG in seinem Anwendungsbereich „europäisiert". Es gelangt nunmehr auch zur Anwendung, wenn die an der Umwandlung beteiligten übertragenden und übernehmenden Rechtsträger nach dem Recht eines EU-/EWR-Mitgliedstaates gegründet sind und dort auch ihren Sitz und Ort der Geschäftsleitung haben bzw. dort ansässig sind. Auf Organschaftsfälle wirkt sich diese Erweiterung jedoch nicht aus. Das derzeit geltende Körperschaftsteuerrecht (§§ 14, 15 und 18 KStG) verlangt wie bisher einen inländischen Ort der Geschäftsleitung des Organträgers sowie den Sitz und Ort der Geschäftsleitung der Organgesellschaft in Deutschland.

2. Gewinnabführungsvertrag

256 Bei einer Einbringung des *Organträgers* durch *Gesamtrechtsnachfolge* kann neben dem übertragenen Vermögen auch der Gewinnabführungsvertrag auf den übernehmenden Rechtsträger übergehen. Er kann aber auch aufgrund der Einbringung enden (z.B. einvernehmliche Aufhebung). Bei einer Umwandlung der *Organgesellschaft* endet grds. der Gewinnabführungsvertrag.

Bei einem Neuabschluss von Gewinnabführungsverträgen in Folge eines Einbringungsvorgangs ist die Rückbeziehbarkeit des Gewinnabführungsvertrags zu beachten. Der Gewinnabführungsvertrag muss gem. § 14 Abs. 1 S. 2 KStG bis zum Ende des Wirtschaftsjahrs der Organgesellschaft wirksam werden, d.h. er muss noch innerhalb des ab dem steuerlichen Übertragungsstichtag laufenden Wirtschaftsjahres abgeschlossen und in das Handelsregister eingetragen werden.

Bei einer Einbringung des Organträgers außerhalb des UmwG (z.B. § 5 Abs. 4 GmbHG; § 27 AktG) im Wege der *Einzelrechtsnachfolge* ist ein Eintritt in den bestehenden Gewinnabführungsvertrag nicht möglich. In diesen Fällen muss mit der Übernehmerin ein neuer Gewinnabführungsvertrag abgeschlossen werden.

3. Finanzielle Eingliederung und rückwirkende Begründung einer Organschaft

257 Die Rückbeziehung der finanziellen Eingliederung und damit die rückwirkende Begründung eines Organschaftsverhältnisses wurde bisher durch die Finanzverwaltung abgelehnt.[313]

---

313 Vom 26.08.2003, BStBl. I 2003, 437, Tz. 12.

VI. Umsatzsteuerliche Behandlung der Einbringung

1. Steuerbarkeit der Einbringung

Wird ein Betrieb, Teilbetrieb oder Mitunternehmeranteil in ein KapG bzw. Genossenschaft eingebracht, liegt regelmäßig eine Geschäftsveräußerung im Ganzen vor. Nach § 1 Abs. 1a UStG unterliegen die Umsätze nicht mehr der Umsatzsteuer.

258

2. Vorsteuerabzug

Da nach § 1 Abs. 1a UStG eine nicht steuerbare Geschäftsveräußerung vorliegt, ist der Vorsteuerabzug (z. B. aus den Einbringungskosten) uneingeschränkt möglich, wenn die entsprechenden Voraussetzungen des § 15 UStG erfüllt werden.

259

VII. Grunderwerbsteuer

Mit Art. 7 des sog. Wachstumsbeschleunigungsgesetzes vom 22. 12. 2009[314] wurde eine Grunderwerbsteuerbefreiung für Übertragungen innerhalb eines Konzerns eingeführt. Die Regelung sieht vor, dass bestimmte durch eine Umwandlung veranlasste Grundstücksübertragungen innerhalb eines Konzerns unbesteuert bleiben.

260

Nach dem neu eingeführten § 6a S. 1 GrEStG sind jedoch nur Umwandlungen nach § 1 Abs. 1 Nr. 1–3 UmwG begünstigt. Damit ist die Vorschrift auf die folgenden Fälle anwendbar:

– Verschmelzung (§ 1 Abs. 1 Nr. 1 UmwG)
– Spaltung (§ 1 Abs .1 Nr. 2 UmwG), und zwar die Aufspaltung, Abspaltung und die Ausgliederung
– Vermögensübertragung (§ 1 Abs. 1 Nr. 3 UmwG).

Somit ist die Steuerfreiheit auf Umwandlungen die durch Gesamtrechtsnachfolge bzw. partielle Gesamtrechtsnachfolge vorgenommen werden, beschränkt.

Keine Begünstigung erfahren Umstrukturierungen im Wege der Einzelrechtsnachfolge.

---

314 BGBl. 2009 I, 3950.

§ 21
Bewertung der Anteile beim Anteilstausch

(1) [1]Werden Anteile an einer Kapitalgesellschaft oder einer Genossenschaft (erworbene Gesellschaft) in eine Kapitalgesellschaft oder Genossenschaft (übernehmende Gesellschaft) gegen Gewährung neuer Anteile an der übernehmenden Gesellschaft eingebracht (Anteilstausch), hat die übernehmende Gesellschaft die eingebrachten Anteile mit dem gemeinen Wert anzusetzen. [2]Abweichend von Satz 1 können die eingebrachten Anteile auf Antrag mit dem Buchwert oder einem höheren Wert, höchstens jedoch mit dem gemeinen Wert, angesetzt werden, wenn

1. die übernehmende Gesellschaft nach der Einbringung auf Grund ihrer Beteiligung einschließlich der eingebrachten Anteile nachweisbar unmittelbar die Mehrheit der Stimmrechte an der erworbenen Gesellschaft hat (qualifizierter Anteilstausch) und soweit

2. der gemeine Wert von sonstigen Gegenleistungen, die neben den neuen Anteilen gewährt werden, nicht mehr beträgt als

   a) 25 Prozent des Buchwerts der eingebrachten Anteile oder

   b) 500 000 Euro, höchstens jedoch den Buchwert der eingebrachten Anteile.

[3]§ 20 Absatz 2 Satz 3 gilt entsprechend. [4]Erhält der Einbringende neben den neuen Gesellschaftsanteilen auch sonstige Gegenleistungen, sind die eingebrachten Anteile abweichend von Satz 2 mindestens mit dem gemeinen Wert der sonstigen Gegenleistungen anzusetzen, wenn dieser den sich nach Satz 2 ergebenden Wert übersteigt.

(2) [1]Der Wert, mit dem die übernehmende Gesellschaft die eingebrachten Anteile ansetzt, gilt für den Einbringenden als Veräußerungspreis der eingebrachten Anteile und als Anschaffungskosten der erhaltenen Anteile. [2]Abweichend von Satz 1 gilt für den Einbringenden der gemeine Wert der eingebrachten Anteile als Veräußerungspreis und als Anschaffungskosten der erhaltenen Anteile, wenn für die eingebrachten Anteile nach der Einbringung das Recht der Bundesrepublik Deutschland hinsichtlich der Besteuerung des Gewinns aus der Veräußerung dieser Anteile ausgeschlossen oder beschränkt ist; dies gilt auch, wenn das Recht der Bundesrepublik Deutschland hinsichtlich der Besteuerung des Gewinns aus der Veräußerung der erhaltenen Anteile ausgeschlossen oder beschränkt ist. [3]Auf Antrag gilt in den Fällen des Satzes 2 unter den Voraussetzungen des Absatzes 1 Satz 2 der Buchwert oder ein höherer Wert, höchstens der gemeine Wert, als Veräußerungspreis der eingebrachten Anteile und als Anschaffungskosten der erhaltenen Anteile, wenn

1. das Recht der Bundesrepublik Deutschland hinsichtlich der Besteuerung des Gewinns aus der Veräußerung der erhaltenen Anteile nicht ausgeschlossen oder beschränkt ist oder

2. der Gewinn aus dem Anteilstausch auf Grund Artikel 8 der Richtlinie 2009/133/EG nicht besteuert werden darf; in diesem Fall ist der Gewinn aus einer späteren Veräußerung der erhaltenen Anteile ungeachtet der Bestimmungen eines Abkommens zur Vermeidung der Doppelbesteue-

rung in der gleichen Art und Weise zu besteuern, wie die Veräußerung der Anteile an der erworbenen Gesellschaft zu besteuern gewesen wäre; § 15 Abs. 1a Satz 2 des Einkommensteuergesetzes ist entsprechend anzuwenden.

[4]Der Antrag ist spätestens bis zur erstmaligen Abgabe der Steuererklärung bei dem für die Besteuerung des Einbringenden zuständigen Finanzamt zu stellen. [5]Haben die eingebrachten Anteile beim Einbringenden nicht zu einem Betriebsvermögen gehört, treten an die Stelle des Buchwerts die Anschaffungskosten. § 20 Abs. 3 Satz 3 und 4 gilt entsprechend.

(3) [1]Auf den beim Anteilstausch entstehenden Veräußerungsgewinn ist § 17 Abs. 3 des Einkommensteuergesetzes nur anzuwenden, wenn der Einbringende eine natürliche Person ist und die übernehmende Gesellschaft die eingebrachten Anteile nach Absatz 1 Satz 1 oder in den Fällen des Absatzes 2 Satz 2 der Einbringende mit dem gemeinen Wert ansetzt; dies gilt für die Anwendung von § 16 Abs. 4 des Einkommensteuergesetzes unter der Voraussetzung, dass eine im Betriebsvermögen gehaltene Beteiligung an einer Kapitalgesellschaft eingebracht wird, die das gesamte Nennkapital der Kapitalgesellschaft umfasst. [2]§ 34 Abs. 1 des Einkommensteuergesetzes findet keine Anwendung.

Inhaltsverzeichnis

Spezialliteratur

Becker-Pennrich, Die Sofortversteuerung nach § 21 Abs. 2 Satz 2 UmwStG beim grenzüberschreitenden Anteilstausch, IStR 2007, 684; *Bilitewski/Heinemann*, Die Beschränkung der „sonstigen Gegenleistung" in Einbringungsfällen nach dem Entwurf der Bundesregierung zum ProtErklUmsG vom 27. 03. 2015, Ubg 2015, 513; *Bron*, Sonstige Gegenleistungen im Rahmen von Umwandlungen (§§ 20, 21 und 24 UmwStG) nach dem „Protokollerklärungsumsetzungsgesetz", DB 2015, 940; *Dörfler/Rautenstrauch/Adrian*, Einbringungen in eine Kapitalgesellschaft nach dem SEStEG-Entwurf, BB 2006, 1711; *Förster/Wendland*, Einbringung von Unternehmensteilen in Kapitalgesellschaften, BB 2007, 631; *Hageböke*, Zum Zeitpunkt des Anteilstausches nach § 21 UmwStG aus Sicht des Einbringenden, Ubg 2010, 41; *Ley*, Einbringungen nach §§ 20, 24 UmwStG in der Fassung des SEStEG, FR 2007, 109; *Mayer*, Anteilstausch über die Grenze, PIStB 2009, 186; *Neumann*, Praxisrelevante Fragen zum Anteilstausch nach dem SEStEG, GmbH-StB 2007, 377; *Ott*, Steuerklauseln beim Anteilstausch im Sinne von § 21 UmwStG, DStZ 2009, 90; *Ruf*, Ausübung des Bewertungswahlrechts des § 21 UmwStG und die Einbringung mehrerer mehrheitsvermittelnder Beteiligungen an verschiedenen Kapitalgesellschaften, GmbHR 2008, 243; *Schaaf/Hannweber*, „Unmittelbarkeitserfordernis" des § 21 UmwStG bei Umstrukturierungen unter Beteiligung vermögensverwaltender Personengesellschaften, GmbH-StB 2016, 139; *Schmitt/Schlossmacher*, Einbringungsgeborene Anteile im Umwandlungssteuergesetz 2006, DStR 2008, 2242; *Schönherr/Lemaitre*, Grundzüge und ausgewählte Aspekte bei Einbringungen in Kapitalgesellschaften nach dem SEStEG, GmbHR 2007, 459; *Schwarz*, Zweifelsfragen bei der Einlage von Kapitalgesellschaften in Kapitalgesellschaften, insbesondere Wertaufholungsproblematik, FR 2008, 548; *Schwetlik*, Steuer- und zivilrechtliche Aspekte der Anteilseinbringung gem. § 21 UmwStG, NZG 2008, 41; *Walzer*, Einbringungsgeborene Anteile – Friktionen bei der Fortgeltung des „Alten" Umwandlungssteuerrechts nach SEStEG, DB 2009, 2341.

A. Allgemeines
I. Inhalt und Zweck

§ 21 regelt die Einbringung von Anteilen an in- oder ausländischen KapG oder Genossenschaften in EU/EWR-KapG oder Genossenschaften gegen Gewährung neuer Anteile (sog. Anteilstausch). Die Vorschrift gehört zum sechsten Teil des UmwStG, der sich in den §§ 20–23 mit Einbringungen in KapG oder Genossenschaften befasst. Seit der Neufassung des UmwStG durch das SEStEG im Dezember 2006 ist der Anteilstausch in § 21 eigenständig geregelt, zuvor war für Inlandseinbringungen auf § 20 Abs. 1 S. 2 UmwStG a. F. und für Einbringungen in der Europäischen Union auf § 23 Abs. 4 UmwStG a. F. zurückzugreifen. Der Anteilstausch stellt einen tauschähnlichen Vorgang dar, der ohne spezialgesetzliche Regelung zu einem steuerpflichtigen Veräußerungsvorgang beim Einbringenden und einem Anschaffungsvorgang bei der übernehmenden Gesellschaft führt. Durch die Sonderregelung in § 21 wird die Steuerneutralität des Anteilstauschs ermöglicht. **1**

In *§ 21 Abs. 1 S. 1* wird zunächst der Begriff des Anteilstauschs definiert als Einbringung von Anteilen an einer KapG oder einer Genossenschaft (erworbene Gesellschaft) in eine KapG oder eine Genossenschaft (übernehmende Gesellschaft) gegen Gewährung neuer Anteile an der übernehmenden Gesellschaft. Der sachliche und persönliche Anwendungsbereich ist ergänzend **2** in § 1 Abs. 3 Nr. 5 und Abs. 4 S. 1 Nr. 1 geregelt. Danach muss die übernehmende Gesellschaft eine EU/EWR-Gesellschaft sein, während an den Einbringenden und die erworbene Gesellschaft in sachlicher und persönlicher Hinsicht darüber hinaus keine weiteren Voraussetzungen geknüpft werden.[1]

3 Wesentlicher Regelungsinhalt des § 21 Abs. 1 ist die Bewertung der Anteile bei der übernehmenden Gesellschaft. Nach S. 1 hat die übernehmende Gesellschaft die eingebrachten Anteile grds. mit dem gemeinen Wert anzusetzen. Dadurch wird die Besteuerung der im übergehenden Vermögen enthaltenen stillen Reserven sichergestellt. Auf Antrag der übernehmenden Gesellschaft können die eingebrachten Anteile gem. S. 2 ausnahmsweise aber auch mit dem Buchwert oder einem Zwischenwert angesetzt werden, wenn die übernehmende Gesellschaft nach der Einbringung nachweisbar unmittelbar die Mehrheit der Stimmrechte an der erworbenen Gesellschaft hat (sog. qualifizierter Anteilstausch) und – seit Inkrafttreten des StÄndG vom 02.11.2015 – der gemeine Wert sonstiger gewährter Gegenleistungen einen bestimmten Betrag nicht überschreitet. Hinsichtlich der Antragsvoraussetzungen verweist S. 3 auf § 20 Abs. 2 S. 3, wonach der Antrag spätestens bis zur erstmaligen Abgabe der steuerlichen Schlussbilanz bei dem für die Besteuerung der übernehmenden Gesellschaft zuständigen Finanzamt zu stellen ist. § 21 Abs. 2 S. 4 schränkt das Bewertungswahlrecht der übernehmenden Gesellschaft für den Fall der Gewährung auch sonstiger Gegenleistungen im Rahmen der Einbringung wieder ein. Erhält der Einbringende neben den neuen Gesellschaftsanteilen auch sonstige Gegenleistungen (z.B. Darlehen) und übersteigt der gemeine Wert der sonstigen Gegenleistungen den Buchwert der eingebrachten Anteile, ist mindestens der gemeine Wert der sonstigen Gegenleistungen anzusetzen.

4 Die Behandlung der Einbringung beim Einbringenden ist im Wesentlichen in *§ 21 Abs. 2* geregelt. Nach dem in § 21 Abs. 2 S. 1 enthaltenen *Grundsatz der Wertverknüpfung* knüpfen der Veräußerungspreis der eingebrachten Anteile und die Anschaffungskosten der erhaltenen Anteile an den Wertansatz der eingebrachten Anteile bei der übernehmenden Gesellschaft an. Eine *Ausnahme* vom Grundsatz der Wertverknüpfung besteht jedoch gem. § 21 Abs. 2 S. 2, wenn das Besteuerungsrecht der Bundesrepublik Deutschland hinsichtlich des Gewinns aus der Veräußerung entweder der eingebrachten oder der erhaltenen Anteile nach der Einbringung ausgeschlossen oder beschränkt ist. In diesem Fall gilt für den Einbringenden – unabhängig von dem Wertansatz bei der übernehmenden Gesellschaft – der gemeine Wert der eingebrachten Anteile als Veräußerungspreis und als Anschaffungskosten der erhaltenen Anteile. Von der Ausnahme in S. 2 enthält S. 3 wiederum eine *Rückausnahme* bei Vorliegen eines qualifizierten Anteilstauschs. Auf Antrag des Einbringenden gilt nicht der gemeine Wert, sondern – unabhängig von dem Wertansatz bei der übernehmenden Gesellschaft – der Buchwert oder ein Zwischenwert als Veräußerungspreis der eingebrachten Anteile und als Anschaffungskosten der erhaltenen Anteile, vorausgesetzt (1) das Besteuerungsrecht der Bundesrepublik Deutschland

---

1 Vgl. Rdn. 16, 20.

hinsichtlich des Veräußerungsgewinns an den erhaltenen Anteilen ist weder ausgeschlossen noch beschränkt oder (2) der Gewinn aus dem Anteilstausch darf nach Art. 8 der FusionsRL nicht besteuert werden. In letzterem Fall unterliegt aber ein späterer Veräußerungsgewinn der erhaltenen Anteile ungeachtet eines DBA der Besteuerung in Deutschland. Der späteste Zeitpunkt der Antragstellung zum Buchwert- oder Zwischenwertansatz durch den Einbringenden ist in § 21 Abs. 2 S. 4 geregelt. § 21 Abs. 2 S. 5 enthält eine Bestimmung, wonach an die Stelle des Buchwerts der eingebrachten Anteile die Anschaffungskosten treten, wenn die Anteile beim Einbringenden nicht zu einem Betriebsvermögen gehört haben. § 21 Abs. 2 S. 6 enthält schließlich eine Verweisung auf § 20 Abs. 3 S. 3 und 4, so dass die dortigen Regelungen bei Gewährung anderer Wirtschaftsgüter neben den Gesellschaftsanteilen und bei Einbringung einbringungsgeborener Anteile auf den Anteilstausch entsprechend anzuwenden sind.

Unter welchen Voraussetzungen ein beim Anteilstausch entstehender Einbringungsgewinn nach § 17 Abs. 3 bzw. § 16 Abs. 4 EStG begünstigt ist, wird in § 21 Abs. 3 S. 1 geregelt. Nach § 21 Abs. 3 S. 2 findet die Begünstigung des § 34 Abs. 1 EStG auf einen Einbringungsgewinn keine Anwendung.   5

II. Begriff des Anteilstauschs

1. Einfacher Anteilstausch

§ 21 unterscheidet zwischen dem „einfachen" Anteilstausch und dem „qualifizierten" Anteilstausch. Die Vorschrift enthält in S. 1 zunächst eine Definition des (einfachen) Anteilstauschs. Hierunter fallen alle Vorgänge, bei denen Anteile an einer KapG oder einer Genossenschaft (erworbene Gesellschaft) in eine KapG oder eine Genossenschaft (übernehmende Gesellschaft) gegen Gewährung neuer Anteile an der übernehmenden Gesellschaft eingebracht werden. Hieraus ergibt sich ein weiter Anwendungsbereich für den (einfachen) Anteilstausch, der auch nicht durch § 1 Abs. 3 Nr. 5, der lediglich einen „Austausch von Anteilen" erfordert, eingeschränkt wird.[2] Unter den Begriff des (einfachen) Anteilstauschs fallen damit alle Anteilseinbringungen, bei denen die eingebrachten Anteile nach der Einbringung der übernehmenden Gesellschaft steuerlich zuzurechnen sind. Hierbei ist eine Zurechnung des wirtschaftlichen Eigentums zur übernehmenden Gesellschaft ausreichend, aber auch entscheidend.[3]   6

2. Qualifizierter Anteilstausch

Ein qualifizierter Anteilstausch liegt nach § 21 Abs. 1 S. 2 vor, wenn die übernehmende Gesellschaft nach der Einbringung aufgrund ihrer Beteiligung einschließlich der eingebrachten Anteile nachweisbar unmittelbar die Mehrheit der Stimmrechte an der erworbenen Gesellschaft hat. Die mehr-   7

---

2 Vgl. *Patt* in Dötsch/Patt/Pung/Möhlenbrock, § 21 Rdn. 2; *Behrens* in Haritz/Menner, § 21 Rdn. 42.

3 Vgl. Bayerisches Landesamt für Steuern vom 06.03.2006, DB 2006, 644; *Patt* in Dötsch/Patt/Pung/Möhlenbrock, § 21 Rdn. 4; *Behrens* in Haritz/Menner, § 21 Rdn. 46; vgl. auch Rdn. 13.

heitsvermittelnde Beteiligung kann entweder erst durch den Einbringungsvorgang entstehen oder durch die Aufstockung einer bereits bestehenden mehrheitsvermittelnden Beteiligung.[4] Fallen Beteiligungshöhe und Stimmrechtsanteil bei den eingebrachten Anteilen auseinander, ist folglich das Ausmaß der Stimmrechte entscheidend. Eine Stimmrechtsmehrheit ist grds. gegeben, wenn die übernehmende Gesellschaft nach der Einbringung die Hälfte aller Stimmrechte zuzüglich mindestens einer Stimme hat. Maßgeblich ist das Gesellschaftsrecht (§§ 47 GmbHG, 12 und 134 AktG, 43 GenG, Satzung, Gesellschaftsvertrag[5]). Eine darüber hinausgehende qualifizierte Mehrheit der Stimmrechte (z.B. $^3/_4$-Mehrheit) wird von § 21 Abs. 1 S. 2 nicht verlangt. Dies gilt selbst dann, wenn das Gesetz oder der jeweilige Gesellschaftsvertrag für einzelne oder alle Beschlussfassungen eine qualifizierte Mehrheit vorsieht.[6] Im Gesellschaftsrecht ist das Stimmrecht ein Mitgliedschaftsrecht und folglich an das Vollrecht am Gesellschaftsanteil gebunden.[7] Vereinbarungen über die Ausübung der Stimmrechte, wie z.B. Stimmrechtsausschlussvereinbarungen, Stimmrechtsbindungsverträge oder Vetoverträge, sind für die Bestimmung des Stimmrechtsanteils daher unbeachtlich.[8] Für ein ausschließliches Abstellen auf das gesetzliche oder satzungsmäßige Stimmrecht des Gesellschafters spricht auch, dass § 21 Abs. 1 S. 2 auf das unmittelbare Halten der Stimmrechtsmehrheit abstellt und nicht darauf, ob die übernehmende Gesellschaft die erworbene Gesellschaft im gesellschaftsrechtlichen Sinne beherrscht. Bei Einbringung einer Beteiligung an einer ausländischen KapG ist das ausländische Kapitalgesellschaftsrecht unter Beachtung vorstehender Grundsätze maßgeblich.[9]

8 In § 21 Abs. 1 S. 2 ist kodifiziert, dass „nachweisbar" eine unmittelbare Stimmrechtsmehrheit gegeben sein muss. Danach trägt der Einbringende die Darlegungs- und Beweislast für das Vorliegen der Tatbestandsvoraussetzung. Es sind die steuerrelevanten Tatsachen sowie in Fällen mit Auslandsbezug die einschlägigen Vorschriften des ausländischen Rechts nachzuweisen, aus denen sich die Stimmrechtsmehrheit ergibt.[10] Nachweisschwierigkeiten gehen zu Lasten des Einbringenden.

9 Die Stimmrechtsmehrheit muss bei der übernehmenden KapG „nach der Einbringung" vorliegen. Hiermit ist nach allgemeinen Grundsätzen der Zeitpunkt der Übertragung des zivilrechtlichen bzw. – falls abweichend – des wirtschaftlichen Eigentums entscheidend.[11] Der Zeitpunkt des Ab-

---

4 Vgl. Tz. 21.09 UmwStE 2011.
5 Vgl. *Widmann* in Widmann/Mayer, § 20 Rdn. 197; *Schmitt* in Schmitt/Hörtnagl/Stratz, § 21 Rdn. 43.
6 So auch *Patt* in Dötsch/Patt/Pung/Möhlenbrock, § 21 Rdn. 34.
7 Vgl. *Schmidt* in Scholz, GmbHG, § 47 Rdn. 13ff.; *Hüffer*, AktG, § 12 Rdn. 1.
8 Vgl. *Schmitt* in Schmitt/Hörtnagl/Stratz, § 21 Rdn. 53; *Rabback* in Rödder/Herlinghaus/van Lishaut, § 21 Rdn. 14; *Patt* in Dötsch/Patt/Pung/Möhlenbrock, § 21 Rdn. 34; *Widmann* in Widmann/Mayer, § 21 Rdn. 138.
9 Vgl. *Patt* in Dötsch/Patt/Pung/Möhlenbrock, § 21 Rdn. 34.
10 Vgl. *Widmann* in Widmann/Mayer, § 20 Rdn. 209 f.; *Rabback* in Rödder/Herlinghaus/van Lishaut, § 21 Rdn. 69; *Patt* in Dötsch/Patt/Pung/Möhlenbrock, § 21 Rdn. 38.
11 Vgl. *Behrens* in Haritz/Menner, § 21 Rdn. 161; *Rabback* in Rödder/Herlinghaus/van Lishaut, § 21 Rdn. 70; *Widmann* in Widmann/Mayer, § 21 Rdn. 96.

Lübbehüsen/Schütte

schlusses des Einbringungsvertrages oder ein hiervon abweichend festgelegter Einbringungsstichtag sind irrelevant. Eine gesetzliche Mindestfrist für das Fortbestehen der Stimmrechtsmehrheit existiert nicht. Folglich ist es für die Anerkennung eines qualifizierten Anteilstauschs unschädlich, wenn die übernehmende Gesellschaft bereits kurz nach der Einbringung einen Teil oder alle Anteile an der erworbenen Gesellschaft wieder veräußert oder anderweitig überträgt oder wenn die Mehrheit der Stimmrechte an der erworbenen Gesellschaft dadurch verloren geht, dass die übernehmende Gesellschaft nicht beteiligungswahrend an einer Kapitalerhöhung der erworbenen KapG teilnimmt.[12] Ein Gestaltungsmissbrauch i.s.v. § 42 AO wird hierin grds. mit Verweis auf § 22 Abs. 2 nicht gesehen.[13] Nach letztgenannter Vorschrift führt die teilweise Veräußerung der eingebrachten Anteile innerhalb von sieben Jahren nach der Einbringung als rückwirkendes Ereignis insoweit zu einem nachträglichen Einbringungsgewinn, wie Anteile veräußert werden. Vergleichbare Sachverhalte werden mit Verweis auf § 22 Abs. 1 S. 6 erfasst.[14] Nicht unproblematisch ist bei dieser Argumentation, dass gem. § 21 Abs. 1 S. 2 insgesamt ein Einbringungsgewinn vermieden werden kann, gem. § 22 Abs. 2 jedoch nur insoweit ein Einbringungsgewinn entsteht, wie Anteile veräußert werden.[15]

Bei den folgenden, beispielhaften Einbringungen (Beteiligungshöhe entspricht Stimmrechtsanteil) liegen die Voraussetzungen eines qualifizierten Anteilstauschs vor: **10**

Die übernehmende Gesellschaft (T1-GmbH) ist vor der Einbringung an der Gesellschaft, deren Anteile eingebracht werden (T-GmbH), nicht beteiligt. Es wird eine Beteiligung von mehr als 50 % (mehrheitsvermittelnde Beteiligung) eingebracht.[16]

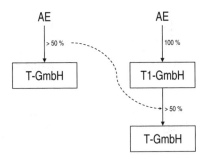

---

12 Vgl. *Milatz/Lütticken*, GmbHR 2001, 560.
13 So auch *Rabback* in Rödder/Herlinghaus/van Lishaut, § 21 Rdn. 70; *Patt* in Dötsch/Patt/Pung/Möhlenbrock, § 21 Rdn. 40; *Behrens* in Haritz/Menner, § 21 Rdn. 162.
14 Vgl. *Patt* in Dötsch/Patt/Pung/Möhlenbrock, § 21 Rdn. 40.
15 Vgl. *Behrens* in Haritz/Menner, § 21 Rdn. 162.
16 Vgl. Tz. 21.09 UmwStE 2011, Beispiel a).

Die übernehmende Gesellschaft (A-GmbH) hält bereits eine Minderheitsbeteiligung an der Gesellschaft, deren Anteile eingebracht werden (AB-GmbH). Es wird eine Beteiligung von weniger als 50 % eingebracht. Zusammen mit der bereits zuvor gehaltenen Minderheitsbeteiligung hält die übernehmende Gesellschaft nach der Einbringung mehr als 50 % der Anteile (Aufstockung auf Mehrheitsbeteiligung).[17]

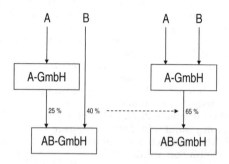

Die übernehmende Gesellschaft hält bereits eine Mehrheitsbeteiligung an der Gesellschaft, deren Anteile eingebracht werden. Es wird eine Minderheitsbeteiligung in beliebiger Höhe eingebracht (Aufstockung einer Mehrheitsbeteiligung).[18] Ein qualifizierter Anteilstausch ist in diesem Fall selbst dann gegeben, wenn eine Beteiligung eingebracht wird, die keine Stimmrechte vermittelt.[19]

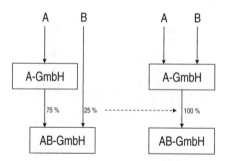

Die übernehmende Gesellschaft (ABC-GmbH) ist noch nicht an der Gesellschaft, deren Anteile eingebracht werden (ABCD-GmbH), beteiligt. Es werden mehrere Minderheitsbeteiligungen (von A, B und C) im Rahmen eines einheitlichen Einbringungsvorgangs eingebracht, so dass die überneh-

---

17 Vgl. Tz. 21.09 UmwStE 2011, Beispiel c).
18 Vgl. Tz. 21.09 UmwStE 2011, Beispiel b).
19 Vgl. BT-Drs. 16/2710, 45; *Patt* in Dötsch/Patt/Pung/Möhlenbrock, § 21 Rdn. 32.

Lübbehüsen/Schütte

mende Gesellschaft nach der Einbringung mehrheitlich an der erworbenen Gesellschaft beteiligt ist.[20]

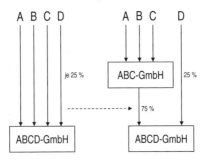

Eine zusammenfassende Betrachtung der verschiedenen Einbringungen erfordert einen einheitlichen Einbringungsvorgang.[21] Dieser liegt insbesondere vor, wenn alle Einbringungen, die zu der mehrheitsvermittelnden Beteiligung führen, im Rahmen der Gründung oder einer einheitlichen Kapitalerhöhung erfolgen.[22] Ein lediglich zeitlicher Zusammenhang der Einbringungen dürfte bei einem einheitlichen Erwerbsvorgang für eine zusammenfassende Betrachtung nach der geänderten Formulierung im UmwStE 2011 nunmehr ebenfalls genügen.[23] In diesem Fall erfüllt jeder einzelne Einbringende die Voraussetzungen eines qualifizierten Anteilstauschs. Das ggf. für die übernehmende Gesellschaft bestehende Bewertungswahlrecht muss nach h.M. für die einzelnen eingebrachten Anteile nicht einheitlich ausgeübt werden.[24] Die übernehmende Gesellschaft kann folglich eine eingebrachte Beteiligung mit dem Buchwert, eine andere mit einem Zwischenwert und eine weitere Beteiligung mit dem gemeinen Wert ansetzen.

Ein qualifizierter Anteilstausch erfordert gem. § 21 Abs. 1 S. 2 nach der Einbringung eine *unmittelbare* Stimmrechtsmehrheit der übernehmenden Gesellschaft an der erworbenen Gesellschaft. Eine (auch nur teilweise) über eine Beteiligung an einer anderen Gesellschaft vermittelte Stimmrechtsmehrheit erfüllt folglich nicht die Voraussetzungen eines qualifizierten Anteilstauschs.

11

Beispiel:
An der AB-GmbH ist die A-GmbH mittelbar über die H-B.V. zu 60 % beteiligt. Die natürliche Person B ist unmittelbar zu 40 % an der

---

20 Vgl. Tz. 21.09 UmwStE 2011, Beispiel c).
21 Vgl. Tz. 21.09 UmwStE 2011.
22 Vgl. Tz. 20.15 UmwStE 1998.
23 Der UmwStE 2011 spricht nur noch von einem einheitlichen Vorgang und nicht mehr von einem einheitlichen Gründungs- oder Kapitalerhöhungsvorgang; *Behrens* in Haritz/Menner, § 21 Rdn. 156; *Patt* in Dötsch/Patt/Pung/Möhlenbrock, § 21 Rdn. 33.
24 Vgl. *Behrens* in Haritz/Menner, § 21 Rdn. 156; *Rabback* in Rödder/Herlinghaus/van Lishaut, § 21 Rdn. 68; Dötsch/Patt/Pung/Möhlenbrock, § 21 Rdn. 48.

AB-GmbH beteiligt. Die Stimmrechte sollen den Beteiligungsverhältnissen entsprechen. B bringt seine Beteiligung an der AB-GmbH gegen Gewährung neuer Anteile in die A-GmbH ein.

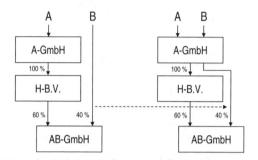

Nach der Einbringung hat die A-GmbH unmittelbar nur 40 % der Stimmrechte an der AB-GmbH. Eine unmittelbare Stimmrechtsmehrheit ist somit
nicht gegeben. Die mittelbar über die H-B.V. vermittelten Stimmrechte an
der AB-GmbH sind bei der Ermittlung der Stimmrechte nicht zu berücksichtigen. Es liegt folglich kein qualifizierter Anteilstausch nach § 21 Abs. 1 S. 2,
sondern nur ein einfacher Anteilstausch nach § 21 Abs. 1 S. 1 vor.

12 Sind Einbringungsgegenstand Anteile an einer ausländischen Gesellschaft,
gelten die dargelegten Grundsätze entsprechend.

3. Zurechnung der Anteile

13 Die eingebrachten Anteile müssen vor der Einbringung dem einbringenden
Steuerpflichtigen und nach der Einbringung der übernehmenden Gesellschaft steuerlich zuzurechnen sein. Für die steuerliche Zurechnung kommt
es gem. § 39 Abs. 2 Nr. 1 AO auf das wirtschaftliche Eigentum an den eingebrachten Anteilen an.[25] Zivilrechtliches Eigentum an den Anteilen ist
daher nicht zwingend erforderlich. Für den Fall von treuhänderisch gehaltenen Anteilen – dies ist der in der Praxis häufigste Fall des Auseinander-
fallens von zivilrechtlichem und wirtschaftlichem Eigentum – bedeutet dies,
dass der Treugeber den Tatbestand des Anteilstauschs i.S.v. § 21 verwirk-
lichen kann (§ 39 Abs. 2 Nr. 1 S. 2 AO).

14 Bringt eine vermögensverwaltende PersG die von ihr gehaltenen Anteile an
einer KapG oder Genossenschaft ein, ist der Gesellschafter der PersG als
Einbringender anzusehen, da ihm die Anteile gem. § 39 Abs. 2 Nr. 2 AO unmittelbar als steuerlichem Anteilseigner zuzurechnen sind. Bringt der Gesellschafter die Beteiligung an der vermögensverwaltenden PersG ein, die
ihrerseits Anteile an einer KapG oder Genossenschaft hält, liegt aufgrund

---

25 Vgl. Tz. 21.06 UmwStE 2011; Bayerisches Landesamt für Steuern vom 06.03.2006,
    DB 2006, 644; *Patt* in Dötsch/Patt/Pung/Möhlenbrock, § 21 Rdn. 4, 30; *Behrens* in
    Haritz/Menner, § 21 Rdn. 46; BFH vom 08.11.2005, VIII R 21/01, BFH/NV 2006, 491.

der unmittelbaren Zurechnung der Anteile an der KapG oder Genossenschaft beim Gesellschafter ebenfalls ein Anteilstausch i.S.v. § 21 vor.[26]

III. Anwendungsbereich

1. Einbringungsgegenstand

Vom sachlichen Anwendungsbereich des § 21 werden *Anteile an einer* **15** *KapG* und *Anteile an einer Genossenschaft* erfasst (§ 21 Abs. 1 S. 1). Die Gesellschaft, an der die eingebrachten Anteile bestehen, wird vom Gesetz – der FusionsRL folgend[27] – als „erworbene Gesellschaft" bezeichnet. Eine Mindestbeteiligung an der erworbenen Gesellschaft ist für die Anwendung der Vorschrift nicht vorgesehen. Die steuerlichen Rechtsfolgen hängen aber davon ab, ob die übernehmende Gesellschaft nach der Einbringung einschließlich der eingebrachten Anteile eine mehrheitsvermittelnde Beteiligung an der erworbenen Gesellschaft hält oder nicht.[28]

Da weder § 21 noch § 1 insoweit eine Einschränkung enthalten, können Gegenstand der Einbringung sowohl Anteile an einer *inländischen* als auch an einer *ausländischen KapG* sein. Neben Anteilen an in der EU/dem EWR ansässigen Gesellschaften kommen folglich auch Anteile an in einem Drittstaat ansässigen Gesellschaften als Einbringungsgegenstand in Betracht. Einzige Voraussetzung ist, dass die ausländische Gesellschaft nach dem sog. Typenvergleich[29] einer inländischen KapG entspricht.[30] Anteile an Gesellschaften, die nach ausländischem Steuerrecht als KapG behandelt werden, aus deutscher Sicht jedoch als PersG einzustufen sind, fallen nicht unter § 21, sondern unter § 20.[31] Anteile an einer ausländischen Genossenschaft werden ebenfalls von § 21 Abs. 1 S. 1 erfasst, soweit diese nach dem sog. Typenvergleich als Genossenschaft zu qualifizieren ist.[32]

Ein Anteil an einer *KapG* setzt voraus, dass durch ihn ein Anteil am Nennkapital der Gesellschaft repräsentiert wird.[33] Die Vermittlung von Stimmrechten ist hingegen nicht erforderlich. Keine Anteile an KapG i.S.v. § 21 stellen folglich (typisch und atypisch) stille Beteiligungen, kapitalersetzende Forderungen, Genussrechte oder Beteiligungen eines persönlich haftenden Gesellschafters einer KGaA dar. Anwartschaftsrechte auf den Bezug weiterer Anteile am Nennkapital einer KapG dürften hingegen als begünstigter Einbringungsgegenstand i.S.v. § 21 anzusehen sein, da zwischen Anteilen an einer KapG und konkreten Bezugsrechten auf derartige Anteile weder

16

17

---

26 Vgl. zu Einbringungen unter Beteiligung vermögensverwaltender PersG *Schaaf/ Hannweber*, GmbH-StB 2016, 139.
27 Vgl. Art. 2 Buchst. h der FusionsRL.
28 Vgl. Rdn. 3, 7.
29 Vgl. hierzu § 20 Rdn. 35 und § 1 Rdn. 60 ff.
30 Vgl. Tz. 21.05 und 01.27 UmwStE 2011.
31 Vgl. *Dörfler/Rautenstrauch/Adrian*, BB 2006, 1711; *Ley*, FR 2007, 109.
32 Vgl. Tz. 21.05 UmwStE 2011.
33 *Patt* in Dötsch/Patt/Pung/Möhlenbrock, § 21 Rdn. 25; *Nitzschke* in Blümich, § 21 Rdn. 27.

steuerlich noch wirtschaftlich ein Unterschied besteht.[34] Anteile an *Genossenschaften* erfordern entsprechende Mitgliedschaftsrechte.

18 Vom Anwendungsbereich des § 21 werden sowohl im Privatvermögen als auch im Betriebsvermögen gehaltene Anteile erfasst.[35] Sind die im Privatvermögen gehaltenen Anteile jedoch nicht steuerverstrickt, weil es sich entweder um unwesentliche Anteile i.S.v. § 17 EStG handelt und/oder die Spekulationsfrist des § 23 Abs. 1 Nr. 2 EStG a.F. bereits abgelaufen ist und die Anteile jeweils vor dem 31. 12. 2008 erworben wurden, empfiehlt sich ein Ansatz zum gemeinen Wert. Durch die Einbringung zum gemeinen Wert entsteht kein steuerpflichtiger Einbringungsgewinn, so dass bis zum Einbringungsstichtag gebildete stille Reserven steuerfrei aufgedeckt werden können. Nach dem 31. 12. 2008 erworbene und im Privatvermögen gehaltene Anteile sind grds. steuerverstrickt.[36] Die Möglichkeit eines steuerneutralen Anteilstauschs hat somit für im Privatvermögen gehaltene Anteile an Bedeutung gewonnen.

19 Werden die einzubringenden Anteile an der KapG oder Genossenschaft von einem im Ausland ansässigen Anteilseigner gehalten und steht das Besteuerungsrecht hinsichtlich des Gewinns aus der Veräußerung der Anteile aufgrund eines DBA ausschließlich dem Ansässigkeitsstaat des Anteilseigners zu, können die eingebrachten Anteile stets mit dem gemeinen Wert angesetzt werden.[37] Darf ein Veräußerungsgewinn eines ausländischen Anteilseigners, der Anteile an einer inländischen Gesellschaft hält, hingegen im Inland besteuert werden,[38] ist nach § 21 auch eine Buchwertfortführung zu prüfen.

2. Einbringender

20 Hinsichtlich der Person des Einbringenden enthält § 21 keine Beschränkung.[39] Eine Beschränkung ergibt sich auch nicht aus den allgemeinen Regelungen in § 1 (vgl. § 1 Abs. 4 S. 1 Nr. 2 i.V.m. Abs. 3 Nr. 5 EStG). Einbringender kann somit jede natürliche oder juristische Person sein, die im Inland, in einem EU/EWR-Staat oder in einem Drittstaat ansässig ist. Bei einer PersG gilt entsprechend dem Transparenzprinzip der Gesellschafter als Einbringender.[40] Voraussetzung ist lediglich, dass die eingebrachten Anteile zumindest wirtschaftliches Eigentum des Einbringenden sind.[41]

---

34 *Patt* in Dötsch/Patt/Pung/Möhlenbrock, § 21 Rdn. 26; *Mutscher* in Frotscher/Maas, § 21 Rdn. 34; *Widmann* in Widmann/Mayer, § 21 Rdn. 17.
35 Vgl. Tz. 21.02 UmwStE 2011.
36 § 20 Abs. 2 S. 1 Nr. 1 i.V.m. § 52a Abs. 10 S. 1 EStG i.d.F. des UntStReformG 2008.
37 So *Schmitt* in Schmitt/Hörtnagl/Stratz, § 21 Rdn. 25.
38 § 49 Abs. 1 Nr. 2 Buchst. e, Nr. 8 EStG.
39 Tz. 21.03 UmwStE 2011.
40 Vgl. BT-Drs. 16/2710, 45; dies ist teilw. streitig, vgl. *Widmann* in Widmann/Mayer, § 21 Rdn. 40 i.V.m. § 20 Rdn. 45ff.
41 Vgl. Rdn. 13.

Ansässigkeit im:	Einbringender: Natürliche Person	PersG bzw. Gesellschafter	Körperschaft, Personenvereinigung, Vermögensmasse
Inland	+	+	+
EU/EWR-Staat	+	+	+
Drittstaat	+	+	+

3. Übernehmende Gesellschaft

Als übernehmende Gesellschaften kommen gem. § 21 Abs. 1 S. 1 *KapG* und *Genossenschaften* in Betracht. Der persönliche Anwendungsbereich ist durch die allgemeinen Vorschriften im ersten Teil des UmwStG weiter eingeschränkt. Zusätzliche Voraussetzung ist danach, dass die KapG bzw. Genossenschaften nach EU- oder EWR-Recht (Art. 54 AEUV/Art. 34 EWR-Abkommen) gegründet wurden und dass sich deren Sitz (§ 11 AO) und Ort der Geschäftsleitung (§ 10 AO) innerhalb der EU/des EWR befinden (§ 1 Abs. 4 S. 1 Nr. 1 i.V.m. Abs. 2 S. 1 Nr. 1). Der Gründungsstaat, Sitzstaat und Staat des Orts der Geschäftsleitung müssen aber nicht identisch sein.[42] Zudem ist irrelevant, ob die übernehmende Gesellschaft unbeschränkt, beschränkt oder gar nicht steuerpflichtig ist. Übernehmende Gesellschaften können demnach sein:

21

– alle KapG i.S.v. Art. 3 der FusionsRL (z.B. GmbH, AG und KGaA);
– SE (Europäische Gesellschaft);
– sonstige nach dem sog. Typenvergleich[43] einer KapG entsprechende Gesellschaften, die von Art. 54 AEUV/Art. 34 EWR-Abkommen erfasst werden;
– eingetragene Genossenschaften nach deutschem Recht;
– SCE (Europäische Genossenschaft);
– vergleichbare nach dem Recht eines EU/EWR-Staats gegründete Genossenschaften.

Die Anteile können auch in eine Betriebsstätte der übernehmenden EU/EWR-Gesellschaft eingebracht werden, selbst wenn diese in einem Drittstaat belegen ist.[44] Gesellschaften, die nach ausländischem Steuerrecht als Körperschaften behandelt werden, aus deutscher Sicht jedoch als PersG einzustufen sind, erfüllen nicht die Voraussetzungen als übernehmende Rechtsträger i.S.v. § 21.[45]

---

42 Vgl. *Förster/Wendland*, BB 2007, 631; *Rabback* in Rödder/Herlinghaus/van Lishaut, § 21 Rdn. 14; *Schmitt* in Schmitt/Hörtnagl/Stratz, § 21 Rdn. 16.
43 Vgl. hierzu § 20 Rdn. 35 und § 1 Rdn. 60 ff.
44 *Benz/Rosenberg* in Blumenberg/Schäfer, 167; *Behrens* in Haritz/Menner, § 21 Rdn. 84.
45 *Mutscher* in Frotscher/Maas, § 21 Rdn. 27 f.; *Widmann* in Widmann/Mayer, § 21 Rdn. 26, der die FusionsRL insoweit als nicht zutreffend umgesetzt ansieht.

Übernehmende Gesellschaft: Ansässigkeit im:	PersG	KapG	Genossenschaft
Inland	-	+	+
EU/EWR-Staat	-	+	+
Drittstaat	-	-	-

IV. Abgrenzung zu anderen Vorschriften

1. UmwStG als lex specialis

22   § 21 regelt den Anteilstausch, ein tauschähnliches Geschäft, bei dem Anteile entgeltlich übertragen werden.[46] Die spezialgesetzliche Vorschrift des § 21 hat Vorrang vor den allgemeinen Vorschriften des EStG und des KStG (z.B. §§ 4 Abs. 1 S. 3, 6 Abs. 6, 17, 23 EStG, § 8b, 12 Abs. 1 KStG).

2. Verhältnis zu § 20

23   Die Regelung des § 21 geht als lex specialis der Vorschrift des § 20 grds. vor. § 20 findet hingegen auf den gesamten Einbringungsvorgang einheitlich Anwendung, wenn Anteile an einer KapG oder an einer Genossenschaft als (unselbständiger) Bestandteil eines Betriebs, Teilbetriebs oder Mitunternehmeranteils in eine KapG oder Genossenschaft eingebracht werden.[47] Unerheblich ist, ob die miteingebrachten Anteile eine wesentliche (Betriebs-) Grundlage des eingebrachten Unternehmensteils darstellen.[48]

24   Die (isolierte) Einbringung einer Beteiligung, die 100 % des Nennkapitals der Gesellschaft umfasst, fällt hingegen unter § 21 und nicht unter § 20.[49] Insofern liegt nicht die Einbringung eines Teilbetriebs, sondern ein Anteilstausch vor. Ebenso ist § 21 bei einer Anteilseinbringung anwendbar, wenn zwar gleichzeitig auch ein Teilbetrieb eingebracht wird, die eingebrachten Anteile jedoch einem zurückbehaltenen Teilbetrieb zuzuordnen waren.[50] Für die Zuordnung ist ein funktionaler Zusammenhang entscheidend.

25   Werden Anteile an Gesellschaften eingebracht, die nach ausländischem Steuerrecht als KapG behandelt werden, aus deutscher Sicht jedoch als

---

46 Vgl. BFH vom 19.09.2002, X R 51/98, BStBl. II 2003, 394.
47 Vgl. Tz. 21.01 UmwStE 2011; *Widmann* in Widmann/Mayer, § 21 Rdn. 3; *Patt* in Dötsch/Patt/Pung/Möhlenbrock, § 21 Rdn. 10; a.A. *Mutscher* in Frotscher/Maas, § 21 Rdn. 64, der von einer vorrangigen Anwendung von § 21 ausgeht, wenn sich die Zugehörigkeit der Gesellschaftsanteile zu dem etwaigen Unternehmensteil nur aus der bilanziellen Behandlung oder den zivilrechtlichen Eigentumsverhältnissen ableiten lässt, darüber hinaus aber keine besonderen wirtschaftlichen oder rechtlichen Gründe für eine Zugehörigkeit sprechen.
48 Vgl. *Widmann* in Widmann/Mayer, § 21 Rdn. 4; *Patt* in Dötsch/Patt/Pung/Möhlenbrock, § 21 Rdn. 10.
49 Vgl. *Patt* in Dötsch/Patt/Pung/Möhlenbrock, § 21 Rdn. 12; *Widmann* in Widmann/Mayer, § 21 Rdn. 7; siehe auch § 21 Abs. 3 S. 1 HS 2.
50 Vgl. *Patt* in Dötsch/Patt/Pung/Möhlenbrock, § 21 Rdn. 11; *Widmann* in Widmann/Mayer, § 21 Rdn. 5.

PersG einzustufen sind, fällt die Einbringung nicht unter § 21, sondern unter § 20.

Richtet sich die (Mit-)Einbringung von Anteilen nach § 20, ist einerseits der engere Anwendungsbereich des § 1 Abs. 4 hinsichtlich des übertragenden Rechtsträgers zu beachten.[51] Andererseits setzt § 20 im Gegensatz zu § 21 Abs. 1 S. 2 für einen Ansatz der miteingebrachten Anteile zum Buch- oder Zwischenwert nicht voraus, dass die übernehmende Gesellschaft nach der Einbringung nachweisbar unmittelbar die Mehrheit der Stimmrechte an der miteingebrachten Gesellschaft hält. Hinsichtlich der miteingebrachten Anteile ist die Sonderregelung des § 22 Abs. 2 zu beachten.

3. Verhältnis zu § 25

Ein Anwendungsfall des § 21 und nicht des § 25 liegt vor, wenn eine vermögensverwaltende PersG im Wege des Formwechsels in eine KapG oder Genossenschaft umgewandelt wird und zum Gesellschaftsvermögen der PersG die Beteiligung an einer KapG oder Genossenschaft gehört.[52]

V. Zeitpunkt der Einbringung

§ 21 enthält keine eigene Regelung zum Zeitpunkt der Anteilseinbringung. Im Gegensatz zu § 20 Abs. 6 ist damit auch keine steuerliche Rückbeziehung für den Anteilstausch in § 21 vorgesehen. Die Möglichkeit einer steuerlichen Rückwirkung könnte sich damit lediglich aus § 2, einer Vorschrift zur steuerlichen Rückwirkung des allgemeinen Teils, ergeben. Gegen die Anwendung von § 2 auf den Anteilstausch spricht jedoch, dass § 2 in der heutigen Fassung wortgleich ist mit § 2 UmwStG a.F., der auf Einbringungen nicht anwendbar war. Es ist nicht ersichtlich, dass durch die Änderungen des SEStEG diesbezüglich ein Systemwechsel eintreten sollte. Zudem stellen die Formulierungen in § 2 auf die Umwandlungsvorgänge der §§ 3–19 und nicht auf Einbringungsvorgänge ab. Weiterhin spricht gegen eine Anwendung von § 2 auf den Anteilstausch, dass die Einbringungstatbestände der §§ 20, 24 und 25 eigene Rückwirkungsregelungen enthalten und nur im Rahmen des § 21 auf die allgemeine Rückwirkungsregel in § 2 zurückgegriffen werden müsste. § 2 ist daher nach ganz h.M. und Auffassung der Finanzverwaltung auf den Anteilstausch nicht anwendbar, so dass eine Rückbeziehung des Anteilstauschs nunmehr gesetzlich ausgeschlossen ist.[53]

Marginal numbers: 26, 27, 28

---

51 Vgl. § 20 Rdn. 52 f.
52 Vgl. § 25 Rdn. 9; *Patt* in Dötsch/Patt/Pung/Möhlenbrock, § 21 Rdn. 13.
53 Vgl. Tz. 21.17 UmwStE 2011; *Widmann* in Widmann/Mayer, § 21 Rdn. 99; *Patt* in Dötsch/Patt/Pung/Möhlenbrock, § 21 Rdn. 43; *Mutscher* in Frotscher/Maas, § 21 Rdn. 234; *Schmitt* in Schmitt/Hörtnagl/Stratz, § 21 Rdn. 35; *Rabback* in Rödder/Herlinghaus/van Lishaut, § 21 Rdn. 52 f.; a.A. *Schwarz*, FR 2008, 548 ff.; *Stengel*, DB 2008, 2329 ff.; zur Sondersituation beim Formwechsel i.S.d. § 25 vgl. § 25 Rdn. 12, 52 f.

29 Für den Zeitpunkt der Einbringung sind somit die allgemeinen Grundsätze maßgeblich.[54] Danach bestimmt sich der Zeitpunkt des Anteilstauschs nach dem Übergang des zivilrechtlichen Eigentums an den eingebrachten Anteilen auf die übernehmende Gesellschaft bzw. nach dem Übergang des wirtschaftlichen Eigentums (§ 39 Abs. 2 Nr. 1 AO), sofern das wirtschaftliche Eigentum vor dem zivilrechtlichen Eigentum übergeht.[55] Für den Einbringungszeitpunkt irrelevant ist der Übergang der Gegenleistung, d.h. der Anteile an der übernehmenden Gesellschaft. Die erhaltenen Anteile entstehen gesellschaftsrechtlich erst mit der Eintragung der Kapitalerhöhung. Sie sind beim Einbringenden aber regelmäßig bereits zum Zeitpunkt des Übergangs des wirtschaftlichen Eigentums an den eingebrachten Anteilen zu bilanzieren.[56] Eine Rückbeziehung ist nach den allgemeinen Grundsätzen ausnahmsweise zur technischen Vereinfachung der Besteuerung zulässig, wenn der Rückbezugszeitraum höchstens sechs Wochen beträgt und durch die Rückwirkung keine steuerlichen Vorteile entstehen.[57]

VI. Einbringung von einbringungs-geborenen Anteilen alten Rechts

30 Bei den sog. einbringungsgeborenen Anteilen alten Rechts handelt es sich um Anteile i.S.v. § 21 Abs. 1 vor Inkrafttreten des Unternehmenssteuerreformgesetzes 2008.[58] Sie entstanden dann, wenn ein Betrieb, Teilbetrieb oder ein Mitunternehmeranteil in eine unbeschränkt steuerpflichtige KapG eingebracht wurde und der Einbringende dafür neue Anteile an der Gesellschaft unter dem Teilwert erworben hat. Der Gewinn aus der Veräußerung derartiger Anteile ist innerhalb einer siebenjährigen Sperrfrist nach der Einbringung in vollem Umfang steuerpflichtig. Erst nach Ablauf dieser Frist ist der Gewinn bei einer KapG zu 95 % und bei einer natürlichen Person zu 50 % steuerfrei.[59] Neben der Veräußerung lösen auch andere innerhalb der Sperrfrist verwirklichte Vorgänge die Steuerpflicht aus. Dazu zählen nach § 21 Abs. 2 UmwStG a.F. z.B. auch die Fälle, in denen der Anteilseigner die Anteile verdeckt in eine KapG einlegt, das Besteuerungsrecht der Bundesrepublik Deutschland hinsichtlich des Anteilsveräußerungsgewinns ausgeschlossen wird, die KapG, an der die Anteile bestehen, aufgelöst und abgewickelt wird oder das Kapital dieser Gesellschaft herabgesetzt und an die Anteilseigner zurückgezahlt wird oder Beträge aus dem steuerlichen Einlagekonto ausgeschüttet oder zurückgezahlt werden, soweit die Bezüge nicht solche i.S.d. § 20 Abs. 1 Nr. 1 oder 2 EStG sind.

---

54 Vgl. *Ley*, FR 2007, 109 ff.; *Patt* in Dötsch/Patt/Pung/Möhlenbrock, § 21 Rdn. 42; *Schmitt* in Schmitt/Hörtnagl/Stratz, § 21 Rdn. 35; *Rabback* in Rödder/Herlinghaus/van Lishaut, § 21 Rdn. 54.
55 Vgl. BFH vom 11.07.2006, VIII R 32/04, BStBl. II 2007, 296; Tz. 21.17 UmwStE 2011.
56 Vgl. *Hageböke*, Ubg 2010, 41.
57 Vgl. BFH vom 06.12.2000, VIII R 21/00, BStBl. II 2003, 194; BFH vom 18.09.1984, VIII R 119/81, BStBl. II 1985, 55.
58 Vgl. Gesetz vom 14.08.2007, BGBl. I 2007, 1912.
59 § 8b Abs. 4 KStG a.F., § 3 Nr. 40 S. 3 und 4 EStG a.F.

Lübbehüsen/Schütte

Durch die Neuregelungen des SEStEG[60] ist das bisherige System der ein- 31
bringungsgeborenen Anteile dem Grunde nach aufgegeben worden. Allerdings sind die Regelungen für „alte" einbringungsgeborene Anteile in ihrer
bisherigen Fassung weiterhin anzuwenden.[61] Bei einer Veräußerung von
Anteilen ist daher jeweils zu prüfen, ob einbringungsgeborene Anteile i.S.v.
§ 21 UmwStG a.F. vorliegen. Der Stichtag für die Anwendung des alten oder
neuen Rechts ist der 12.12.2006. Grds. gilt für alle Einbringungen, die bis
zum 12.12.2006 zur Eintragung ins Handelsregister angemeldet wurden,
nach § 27 Abs. 1 S. 1 das alte Recht. Seitdem können zwar keine originär
einbringungsgeborenen Anteile mehr entstehen, doch aufgrund der Regelungen in §§ 21 Abs. 2 S. 6 i.V.m. 20 Abs. 3 S. 4 können auch nach diesem
Stichtag neu ausgegebene Anteile erstmals als einbringungsgeboren qualifiziert werden. Denn nach diesen Vorschriften gelten die im Rahmen des
Anteilstauschs von einbringungsgeborenen Anteilen erhaltenen Anteile
ebenfalls als (derivativ) einbringungsgeboren.

Das Nebeneinander der alten und neuen Regelungen aufgrund des „un- 32
durchdringlichen Gestrüpps" von Anwendungsvorschriften erschwert die
Rechtsanwendung erheblich.[62] Zumal aufgrund der Neuregelung das Rechtsinstitut der einbringungsgeborenen Anteile dauerhaft festgeschrieben ist.[63]

Für die Behandlung der Einbringung von einbringungsgeborenen Anteilen 33
alten Rechts verweist § 21 Abs. 2 S. 6 auf § 20 Abs. 3 S. 4.[64] Danach gelten
die im Rahmen eines Anteilstauschs von einbringungsgeborenen Anteilen
erhaltenen Anteile insoweit ebenfalls als einbringungsgeboren. Damit gilt
auch für diese Anteile die Siebenjahresfrist aus §§ 8b Abs. 4 KStG a.F., 3
Nr. 40 S. 3 und 4 EStG a.F., wobei jedoch für die neu erhaltenen Anteile
keine neue siebenjährige Frist beginnt.[65]

Umstritten ist, ob die eingebrachten einbringungsgeborenen Anteile ihre 34
Qualifikation verlieren oder behalten.[66] In letzterem Fall käme es zu einer
„Verdoppelung" der einbringungsgeborenen Anteile.[67] Nach der Gesetzesbegründung sollen im Fall eines Anteilstauschs mit einbringungsgeborenen Anteilen auch die erhaltenen Anteile durch die Einbringungsgeborenheit infiziert werden und somit selbst als einbringungsgeborene Anteile i.S.d.
bisherigen Rechts gelten.[68] Gegen die Verdoppelung spricht die Qualifikation

---

60 Vgl. Gesetz über steuerliche Begleitmaßnahmen zur Einführung der Europäischen
   Gesellschaft und zur Änderung weiterer steuerrechtlicher Vorschriften, BGBl. I
   2006, 2782.
61 Vgl. § 52 Abs. 4 b letzter S., Abs. 8a letzter S., Abs. 18b EStG.
62 Vgl. *Haritz*, GmbHR 2007, 169.
63 Vgl. *Haritz*, GmbHR 2007, 169 (172); *Mutscher* in Frotscher/Maas, § 21 Rdn. 225.
64 Vgl. § 20 Rdn. 192 ff.
65 Vgl. Tz. 20.39 UmwStE 2011; *Mutscher* in Frotscher/Maas, § 21 Rdn. 226; *Nitzschke*
   in Blümich, § 20 Rdn. 99.
66 Vgl. *Förster/Wendland*, BB 2007, 631 (634); *Schönherr/Lemaitre*, GmbHR 2007, 459
   (465).
67 Vgl. *Schmitt/Schlossmacher*, DStR 2008, 2242 (2243); *Schmitt* in Schmitt/Hörtnagl/
   Stratz, § 21 Rdn. 109; *Mutscher* in Frotscher/Maas, § 21 Rdn. 223.
68 Vgl. BT-Drs. 16/2710, 46.

des Anteilstauschs als tauschähnlicher Veräußerungsvorgang in Abgrenzung zur unentgeltlichen Rechtsnachfolge i.S.d. § 21 Abs. 1 UmwStG a.F.[69]

35 Keine neuen einbringungsgeborenen Anteile entstehen, wenn sämtliche stillen Reserven in den übertragenen einbringungsgeborenen Anteilen im Rahmen der Einbringung aufgedeckt werden.[70] Die Übertragung der Einbringungsgeborenheit setzt also die Einbringung zu Buch- oder Zwischenwerten voraus. Für diese Sichtweise spricht zwar nicht der Gesetzeswortlaut, doch gebietet der Zweck, die Besteuerung des Veräußerungsgewinns einbringungsgeborener Anteile innerhalb der Sperrfrist sicherzustellen, eine einschränkende Auslegung.[71]

Beispiel:
A bringt im Jahr 2005 gegen Gewährung neuer Anteile einen Betrieb (Buchwert EUR 50.000; gemeiner Wert EUR 150.000) mit dem Buchwert in die X-GmbH ein. Die neu gewährten Anteile an der X-GmbH bringt er drei Jahre später ebenfalls gegen Gewährung neuer Anteile zum Buchwert in die Z-AG ein.

Die Anschaffungskosten der neu gewährten GmbH-Anteile betragen EUR 50.000. Die Anteile sind zu 100 % nach altem Recht einbringungsgeboren. Die im Rahmen des nachfolgenden Anteilstauschs erhaltenen Aktien an der Z-AG gelten ebenfalls als einbringungsgeboren. Eine Veräußerung der Aktien innerhalb der nächsten vier Jahre würde deshalb eine Steuerpflicht auslösen.

36 Ist der eingebrachte Anteil nur zum Teil einbringungsgeboren, dürfte der erhaltene Anteil zu demselben Anteil als einbringungsgeboren gelten.[72] In diesem Fall ist für die als Gegenleistung erhaltenen Anteile grds. eine Verstrickungsquote zu ermitteln.[73] Sinn und Zweck dieser Quote ist, dass wertmäßig nur die stillen Reserven nach § 21 Abs. 2 S. 6 in einbringungsgeborenen Anteilen aufgehen, die bereits nach altem Recht steuerverstrickt waren. Die Verstrickungsquote wird durch die Gegenüberstellung der stillen Reserven der einbringungsgeborenen Anteile einerseits und der stillen Reserven des gesamten Anteilstauschs andererseits errechnet.

Beispiel:
A hält seit dem Jahr 2005 als Alleingesellschafter 100 % der Anteile an der X-GmbH, welche zu 25 % als einbringungsgeboren und zu 75 % als nicht einbringungsgeboren gelten. Alle Anteile an der X-GmbH bringt er im Rahmen eines Anteilstauschs zum Buchwert in die Z-AG ein. Anschließend hält er die Mehrheit der Anteile an der Z-AG.

69 Vgl. *Schmitt/Schlossmacher*, DStR 2008, 2242 (2244).
70 Vgl. *Schmitt* in Schmitt/Hörtnagl/Stratz, § 21 Rdn. 107; *Herlinghaus* in Rödder/Herlinghaus/van Lishaut, § 20 Rdn. 198; *Nitzschke* in Blümich, § 21 Rdn. 58; *Schönherr/Lemaitre*, GmbHR 2007, 459 (465).
71 Vgl. *Benz/Rosenberg* in Blumenberg/Schäfer, 172 f.
72 Vgl. BFH vom 28.11.2007, I R 34/07, BStBl. II 2008, 533; *Widmann* in Widmann/Mayer, § 21 Rdn. 380; *Mutscher* in Frotscher/Maas, § 21 Rdn. 222; *Herlinghaus* in Rödder/Herlinghaus/van Lishaut, § 20 Rdn. 199.
73 Vgl. *Schmitt/Schlossmacher*, DStR 2008, 2242 (2245 f.); *Herlinghaus* in Rödder/Herlinghaus/van Lishaut, § 20 Rdn. 199; *Nitzschke* in Blümich, § 20 Rdn. 99.

Die im Rahmen des Anteilstauschs erhaltenen Aktien an der Z-AG gelten somit ebenfalls zu 25 % als (derivativ) einbringungsgeborene und zu 75 % als nicht einbringungsgeborene Anteile.

Bei einer späteren teilweisen Veräußerung der erhaltenen Anteile wären insoweit, d. h. anteilig, die Vorschriften über einbringungsgeborene Anteile anzuwenden. Die Argumentation, dass zunächst nicht einbringungsgeborene und danach erst einbringungsgeborene Anteile veräußert werden, dürfte keine Aussicht auf Erfolg haben.[74] *37*

Beispiel:

A veräußert in o. g. Beispiel im Jahr 2009 die Hälfte seiner Aktien an der Z-AG und erzielt einen Veräußerungsgewinn von EUR 300.000. Der Veräußerungsgewinn entfällt zu 25 % auf einbringungsgeborene und zu 75 % auf nicht einbringungsgeborene Aktien. Der Gewinn unterliegt somit zu 25 % bei A der vollen Steuerpflicht, da die Veräußerung innerhalb der Siebenjahresfrist erfolgt. Bei der Berechnung sind alle Aktien als anteilig einbringungsgeboren anzusehen. Die Einbringungsgeborenheit beschränkt sich nicht auf einzelne Anteile jeweils in vollem Umfang. Insbesondere besteht für den Steuerpflichtigen kein Wahlrecht, die Steuerverstrickung nach seinem Ermessen auf die einzelnen neuen Anteile zu verteilen und dabei bestimmte Anteile von der Steuerverstrickung zu befreien.[75]

Im Fall eines grenzüberschreitenden qualifizierten Anteilstauschs mit einbringungsgeborenen Anteilen geht § 21 Abs. 2 S. 3 der früheren Regelung des § 21 Abs. 2 S. 2 UmwStG a. f. vor, nach der der gemeine Wert an die Stelle des Veräußerungspreises tritt, wenn das deutsche Besteuerungsrecht hinsichtlich des Gewinns aus der Veräußerung der Anteile ausgeschlossen wird.[76] Aufgrund des Vorrangs von § 21 Abs. 2 S. 3 ist der Anteilstausch steuerneutral möglich. *38*

B. Bewertung der eingebrachten Anteile durch die übernehmende Gesellschaft (Abs. 1)

I. Der gemeine Wert als Regelbewertung beim Anteilstausch (§ 21 Abs. 1 S. 1)

In allen Fällen des Anteilstauschs hat die übernehmende Gesellschaft die eingebrachten Anteile gem. § 21 Abs. 1 S. 1 grds. mit dem gemeinen Wert anzusetzen. Der gemeine Wert ist auf den steuerlichen Zeitpunkt der Einbringung zu ermitteln.[77] *39*

Bereits aus dem Wortlaut des § 21 Abs. 1 S. 1 folgt, dass der Einbringende als Gegenleistung für die eingebrachten Anteile zwingend neue Anteile an *40*

---

74 Zu Einzelheiten vgl. § 20 Rdn. 158.
75 Vgl. BFH vom 28. 11. 2007, I R 34/07, BStBl. II 2008, 533.
76 Vgl. *Schmitt* in Schmitt/Hörtnagl/Stratz, § 21 Rdn. 103; *Schmitt/Schlossmacher*, DStR 2008, 2242 (2246).
77 Vgl. Rdn. 49; Tz. 21.08 UmwStE 2011.

der übernehmenden Gesellschaft erhalten muss. Andernfalls liegt kein Anteilstausch i.S.d. § 21 vor.

Neue Anteile sind solche, die mit (Sach-)Gründung einer KapG oder Genossenschaft oder im Rahmen von Sachkapitalerhöhungen entstehen. Ferner gelten als neue Anteile die aufgrund einer Ausgliederung gem. § 123 Abs. 1 Nr. 3 UmwG oder im Zusammenhang mit einer Sacheinlage auf das Kommanditkapital einer KGaA gewährten Anteile.[78] An die Höhe des Nennbetrags und des Verkehrswerts der erhaltenen neuen Anteile werden keine Mindestanforderungen gestellt.[79]

Auch ist nicht gefordert, dass als Gegenleistung ausschließlich neue Anteile gewährt werden. Insoweit als neben neuen Anteilen auch bestehende eigene Anteile gewährt werden, liegen sonstige Gegenleistungen i.S.v. § 21 Abs. 1 S. 2 und 4 vor.[80] Werden hingegen nur bestehende eigene Anteile gewährt, liegt kein Anteilstausch i.S.d. § 21 vor.

Der Wortlaut der FusionsRL lässt die Ausgabe bestehender eigener Anteile genügen, so dass die gesetzliche Regelung gegen die FusionsRL verstößt.[81]

41   Auf die bei der übernehmenden Gesellschaft entstehende Beteiligungsquote kommt es beim Regelansatz ebenfalls nicht an.[82] Es genügt die Gewährung jeder noch so kleinen Beteiligung.

42   Werden Anteile nach ausländischem Recht gewährt, muss dies vergleichbar den vorstehenden Rechtsvorgängen von statten gehen.[83]

43   Der gemeine Wert bestimmt sich für ertragsteuerliche Zwecke nach den Bewertungsgrundsätzen des BewG und damit nach allgemeinen Bewertungsvorschriften. Bei der Bewertung nach § 9 Abs. 2 BewG wird der gemeine Wert bestimmt durch den Preis, der im gewöhnlichen Geschäftsverkehr nach der Beschaffenheit des Wirtschaftsgutes bei einer Veräußerung zu erzielen wäre. Dabei sind alle den Preis beeinflussenden Umstände zu berücksichtigen. Ungewöhnliche oder persönliche Verhältnisse sind nicht zu berücksichtigen. Die Bewertung von Anteilen an KapG richtet sich nach § 11 BewG. Danach erfolgt die Ermittlung des gemeinen Werts von Anteilen an KapG oder Genossenschaften nach den allgemeinen Regeln der Unternehmensbewertung.[84] § 199 Abs. 1 BewG bestimmt, dass zur Ermittlung des gemeinen Werts von nicht notierten Anteilen an Kapitalgesellschaften das vereinfachte Ertragswertverfahren angewendet werden kann, sofern es nicht zu offensichtlich unzutreffenden Ergebnissen führt. Dies gilt auch für ertrag-

---

78 Vgl. *Rabback* in Rödder/Herlinghaus/van Lishaut, § 21 Rdn. 48.
79 Vgl. BFH vom 24.04.2007, I R 35/05, BStBl. II 2008, 253.
80 Vgl. *Blumers/Kinzl*, BB 2005, 971 (974); *Behrens* in Haritz/Menner, § 21 Rdn. 129; *Klingberg/van Lishaut*, Der Konzern 2005, 698 (722).
81 Vgl. *Mutscher* in Frotscher/Maas, § 21 Rdn. 56; *Patt* in Dötsch/Patt/Pung/Möhlenbrock, § 21 Rdn. 41.
82 Vgl. *Rabback* in Rödder/Herlinghaus/van Lishaut, § 21 Rdn. 47.
83 Vgl. *Rabback* in Rödder/Herlinghaus/van Lishaut, § 21 Rdn. 49.
84 Vgl. Tz. 21.08 UmwStE 2011; *Förster/Wendland*, BB 2007, 631 (633); Ley, FR 2007, 109 (113).

steuerliche Zwecke.[85] Die Anwendung des Stuttgarter Verfahrens ist seit Einfügung des § 11 Abs. 2 S. 3 BewG ausgeschlossen.[86]

Ist die übernehmende Gesellschaft in einem ausländischen EU/EWR-Staat *44* ansässig und werden Anteile an einer ausländischen Gesellschaft eingebracht, die keinem deutschen Betriebsvermögen der übernehmenden Gesellschaft zuzuordnen sind, so richtet sich der Ansatz der eingebrachten Anteile in der Bilanz der übernehmenden Gesellschaft nach dem Recht des ausländischen EU/EWR-Staats. Die Bewertung der erhaltenen Anteile beim Einbringenden ist nicht an den Wertansatz der eingebrachten Anteile auf Ebene der übernehmenden Gesellschaft gebunden.[87]

II. Antragsgebundenes Bewertungswahlrecht beim qualifizierten Anteilstausch zwischen dem Buchwert oder einem höheren Wert (§ 21 Abs. 1 S. 2)

1. Inhalt des Bewertungswahlrechts

a) Allgemein

Hält die übernehmende Gesellschaft nach der Einbringung aufgrund ihrer *45* Beteiligung einschließlich der eingebrachten Anteile nachweisbar unmittelbar die Mehrheit der Stimmrechte an der erworbenen Gesellschaft (qualifizierter Anteilstausch), so können abweichend von der Regelbewertung nach § 21 Abs. 1 S. 1 auf Antrag nach § 21 Abs. 1 S. 2 die eingebrachten Anteile bei der übernehmenden Gesellschaft mit dem Buchwert[88] oder einem höheren Wert, höchstens jedoch mit dem gemeinen Wert[89] angesetzt werden, soweit der gemeine Wert von sonstigen Gegenleistungen, die neben den neuen Anteilen gewährt werden, nicht mehr beträgt als (a) 25 % des Buchwerts der eingebrachten Anteile oder (b) EUR 500.000, höchstens jedoch den Buchwert der eingebrachten Anteile. Nach § 21 Abs. 1 S. 4 müssen die eingebrachten Anteile mindestens jedoch mit dem gemeinen Wert der sonstigen Gegenleistung angesetzt werden. Begünstigt werden nur unternehmerische Beteiligungen i. S. einer Mehrheitsbeteiligung und keine kapitalorientierten Minderheitsbeteiligungen.[90]

b) Buchwertansatz

Der Buchwert der eingebrachten Anteile ist gem. § 1 Abs. 5 Nr. 4 der Wert, *46* mit dem der Einbringende die eingebrachten Anteile im Zeitpunkt der Einbringung nach den steuerlichen Vorschriften über die Gewinnermittlung in einer Steuerbilanz anzusetzen hat bzw. hätte. Maßgebend sind die am steu-

---

85 Vgl. Gleichlt. LänderErl., BStBl. I 2014, 882; BMF BStBl. I 2011, 859; OFD Frankfurt, DStR 2015, 1313.

86 Vgl. *Nitzschke* in Blümich, § 21 Rdn. 34; *Rabback* in Rödder/Herlinghaus/van Lishaut, § 21 Rdn. 62.

87 Vgl. *Behrens* in Haritz/Menner, § 21 Rdn. 184.

88 Vgl. § 1 Abs. 5 Nr. 4.

89 Vgl. Rdn. 43.

90 Vgl. *Patt* in Dötsch/Patt/Pung/Möhlenbrock, § 21 Rdn. 31; *Rabback* in Rödder/Herlinghaus/van Lishaut, § 21 Rdn. 62.

erlichen Übertragungsstichtag geltenden steuerlichen Vorschriften, hier §§ 4–7k EStG. Die Bilanz, aus der sich der Buchwert ergibt, ist unter der Annahme der Fortführung des Unternehmens aufzustellen.[91]

c) Zwischenwertansatz

47 Nach § 21 Abs. 1 S. 2 können die eingebrachten Anteile mit dem Buchwert oder einem höheren, höchstens jedoch mit dem gemeinen Wert angesetzt werden, soweit der Mindestansatz bei Gewährung von sonstigen Gegenleistungen nach § 21 Abs. 1 S. 2 Nr. 2 und S. 4 nicht unterschritten wird. Damit kommt zum Ausdruck, dass auch ein Zwischenwert zulässig ist. Da bei einem Einbringungsvorgang von Anteilen nur ein Wirtschaftsgut (Beteiligung) zu bewerten ist, stellt sich hier nicht die Frage, inwieweit beim Zwischenwertansatz stille Reserven in einzelnen Wirtschaftsgütern willkürlich aufgedeckt werden dürfen.[92] Bringen hingegen mehrere Einbringende in einem Einbringungsvorgang Anteile ein[93], so ist bisher nicht geklärt, ob für die Anteile eines jeden Einbringenden ein gesondertes Bewertungsrecht besteht.[94]

d) Keine Maßgeblichkeit der Handelsbilanz

48 Der Maßgeblichkeitsgrundsatz, soweit er denn überhaupt nach altem Recht bestand, wurde für das gesamte UmwStR zugunsten der „Europäisierung" des UmwStG aufgegeben, da eine Anknüpfung deutschen Steuerrechts an ausländisches Handelsrecht derzeit nicht sinnvoll darstellbar ist.[95] Das steuerliche Bewertungswahlrecht kann daher unabhängig vom Wertansatz der eingebrachten Anteile in der Handelsbilanz der übernehmenden Gesellschaft ausgeübt werden.[96] Auch die phasenverschobene Wertaufholung in Fällen des § 24 UmwG zum auf dem Übertragungsstichtag folgenden Bilanzstichtag entfällt.[97] Da der Maßgeblichkeitsgrundsatz nicht gilt, besteht keine Notwendigkeit, das steuerliche Eigenkapital mit Hilfe eines „Korrektur- oder Ausgleichspostens" an das handelsrechtliche Eigenkapital anzupassen.[98]

e) Zeitpunkt der Bewertung der eingebrachten Anteile

49 Die Bewertung der eingebrachten Anteile erfolgt auf den Zeitpunkt der steuerlichen Einbringung.[99] Da der steuerliche Einbringungsstichtag nicht zurückbezogen werden kann, hat die Bewertung auf den Zeitpunkt der Einbringung zu erfolgen. Das Gesetz fordert keine formelle Steuerbilanz des Einbringenden i.S. einer Einbringungsbilanz auf den Zeitpunkt der Einbrin-

---

91 Vgl. *Frotscher* in Frotscher/Maas, § 1 Rdn. 161.
92 Vgl. *Rabback* in Rödder/Herlinghaus/van Lishaut, § 21 Rdn. 86.
93 Vgl. *Widmann* in Widmann/Mayer, § 20 Rdn. 190.
94 Vgl. *Rabback* in Rödder/Herlinghaus/van Lishaut, § 21 Rdn. 68, 74.
95 Vgl. *Rödder/Schumacher*, DStR 2007, 369 (372).
96 Vgl. BT-Drs. 16/2710, 43; Tz. 21.11 UmwStE 2011.
97 Vgl. *Dötsch/Pung* in Dötsch/Jost/Pung/Witt, § 3 Rdn. 28; *Patt* in Dötsch/Jost/Pung/Witt, § 20 Rdn. 210 und § 21 Rdn. 46; *Teiche*, DStR 2008, 1757.
98 Vgl. *Behrens* in Haritz/Menner, § 21 Rdn. 203.
99 Vgl. Rdn. 39.

Lübbehüsen/Schütte

gung.[100] Stattdessen ist der Buchwert der eingebrachten Anteile in einer fiktiven Bilanz auf den Zeitpunkt der Einbringung fortzuschreiben[101], so dass ggf. vor der Einbringung im Betriebsvermögen des Einbringenden eine Wertaufholung der eingebrachten Anteile vorzunehmen ist.[102]

f) Einbringung von Anteilen aus dem Privatvermögen

Haben die eingebrachten Anteile zum Privatvermögen des Einbringenden   50
gehört, treten nach § 21 Abs. 2 S. 5 für die Ermittlung des Veräußerungspreises der eingebrachten Anteile und die Anschaffungskosten der erhaltenen Anteile die steuerlichen Anschaffungskosten der eingebrachten Anteile an die Stelle des Buchwerts. Das Gesetz sieht keine ausdrückliche Möglichkeit der Bewertung der eingebrachten Anteile auf Ebene der übernehmenden Gesellschaft mit den Anschaffungskosten des Einbringenden vor. Dennoch ist davon auszugehen, dass § 21 Abs. 2 S. 5 unmittelbar oder entsprechend auf die Bewertung der erhaltenen Anteile auf Ebene der übernehmenden Gesellschaft anzuwenden ist.[103]

2. Relevanz des Bewertungswahlrechts

a) Inländisches Besteuerungsrecht

Das Bewertungswahlrecht nach § 21 Abs. 1 S. 2 wirkt sich für die überneh-   51
mende Gesellschaft nur dann steuerlich aus, wenn nach der Einbringung an dem Gewinn aus der späteren Veräußerung der eingebrachten Anteile an der erworbenen Gesellschaft ein inländisches Besteuerungsrecht besteht.[104]

b) Aufnehmende Gesellschaft ist im Inland unbeschränkt steuerpflichtig

Für eine aufnehmende Gesellschaft, die im Inland unbeschränkt steuer-   52
pflichtig ist, wird regelmäßig das inländische Besteuerungsrecht an dem Veräußerungsgewinn gegeben sein. Dies ist ausnahmsweise nicht der Fall, wenn entweder die eingebrachten Anteile einer ausländischen Betriebsstätte zuzuordnen sind oder die erworbene Gesellschaft in einem ausländischen Staat domiziliert, mit dem Deutschland ein DBA abgeschlossen hat, das dem Wohnsitzstaat das Besteuerungsrecht hinsichtlich des Gewinns aus der Veräußerung der eingebrachten Anteile entzieht oder beschränkt.

c) Erstmalige Begründung eines deutschen Besteuerungsrechts

Werden Anteile eingebracht, an deren Veräußerungsgewinn vor der Ein-   53
bringung Deutschland kein Besteuerungsrecht zusteht und wird durch die Einbringung ein deutsches Besteuerungsrecht erstmals begründet, so sind die eingebrachten Anteile auf Ebene der übernehmenden Gesellschaft selbst dann zwingend mit dem gemeinen Wert anzusetzen, wenn im Übrigen die Voraussetzungen des § 21 Abs. 1 S. 2 erfüllt sind. Da die erstmalige

100 Vgl. *Rabback* in Rödder/Herlinghaus/van Lishaut, § 21 Rdn. 88.
101 Vgl. *Mutscher* in Frotscher/Maas, § 21 Rdn. 122.
102 Vgl. *Widmann* in Widmann/Meyer, § 21 Rdn. 160.
103 Vgl. *Mutscher* in Frotscher/Maas, § 21 Rdn. 129; *Heß/Schnitger* in PricewaterhouseCoopers AG, Reform des Umwandlungssteuerrechts, § 21 Rdn. 1638.
104 Vgl. *Nitzschke* in Blümich, § 21 Rdn. 35; *Patt* in Dötsch/Patt/Pung/Möhlenbrock, § 21 Rdn. 47; *Behrens* in Haritz/Menner, § 21 Rdn. 186 ff.

steuerliche Verstrickung auf einen Anteilstausch und nicht auf eine Einlage zurückzuführen ist, scheidet der Ansatz mit dem Teilwert gem. §§ 8 Abs. 1 KStG, 6 Abs. 1 Nr. 5 S. 1 HS 1 EStG aus.

d) Aufnehmende Gesellschaft ist im Inland beschränkt steuerpflichtig

54　Ist die übernehmende Gesellschaft im Inland beschränkt steuerpflichtig, wird an dem Gewinn aus der Veräußerung der eingebrachten Anteile dann ein inländisches Besteuerungsrecht bestehen, wenn die erworbene Gesellschaft im Inland unbeschränkt steuerpflichtig ist und entweder kein DBA mit dem Sitzstaat der übernehmenden Gesellschaft besteht oder das abgeschlossene DBA dem Sitzstaat der erworbenen Gesellschaft das Besteuerungsrecht zuweist (z. b. DBA Tschechien, Slowakei, Bulgarien, Zypern oder Immobiliengesellschaft mit Sitz in einem Land, mit dem Deutschland ein DBA mit Sonderregelungen für Immobilienkapitalgesellschaften abgeschlossen hat). Unabhängig davon, ob die erworbene Gesellschaft im Inland beschränkt oder unbeschränkt steuerpflichtig ist, besteht dann ein inländisches Besteuerungsrecht an dem Gewinn aus der Veräußerung der eingebrachten Anteile, wenn diese einer inländischen Betriebsstätte zuzurechnen sind.

3. Antragserfordernis für die Ausübung des Wahlrechts

a) Wahlrechtsausübung durch Antragstellung

55　Sollen die eingebrachten Anteile bei der übernehmenden Gesellschaft abweichend von der Regelbewertung mit dem Buchwert oder einem Zwischenwert bewertet werden, so ist gem. § 21 Abs. 1 S. 2 HS 1 ein entsprechender Antrag zu stellen. Wird kein Antrag gestellt oder wird der Ansatz mit dem gemeinen Wert beantragt, sind die eingebrachten Anteile mit dem gemeinen Wert anzusetzen.

56　Wer den Antrag zu stellen hat, ist im Gesetz nicht ausdrücklich erwähnt. Jedoch ergibt sich aus dem Anwendungsbereich des § 21 Abs. 1 S. 3 i. V. m. § 20 Abs. 2 S. 3 und des § 21 Abs. 2 S. 1[105] sowie aus der Gesetzesbegründung zu § 20 Abs. 2[106], in der ausdrücklich von der übernehmenden Gesellschaft die Rede ist, dass die übernehmende Gesellschaft den Antrag stellen muss.[107] Dem Einbringenden steht hingegen kein Antragswahlrecht zu.

b) Wirkung der Wahlrechtsausübung auf den Einbringenden

57　Mit dem Wertansatz der eingebrachten Anteile auf Ebene der übernehmenden Gesellschaft werden für den Einbringenden gem. § 21 Abs. 2 S. 1 der Veräußerungspreis für die eingebrachten Anteile und die Anschaffungskosten für die erhaltenen Anteile bestimmt. Da dem Einbringenden kein eigenes Antragswahlrecht zusteht, kann dieser nur versuchen, über eine vertragliche Vereinbarung mit der übernehmenden Gesellschaft auf die Wahlrechtsausübung Einfluss zu nehmen. Die vertragliche Vereinbarung

---

105 Vgl. *Rabback* in Rödder/Herlinghaus/van Lishaut, § 21 Rdn. 77; *Widmann* in Widmann/Mayer, § 20 Rdn. R 417; *Schmitt* in Schmitt/Hörtnagl/Stratz, § 21 Rdn. 57.
106 Vgl. BT-Drs. 16/2710, 43.
107 So auch Tz. 21.12 i. V. m. 20.21 UmwStE 2011.

selber ist steuerlich unbeachtlich.[108] Jedoch kann der Einbringende ggf. vor Abgabe der Steuererklärung durch die übernehmende Gesellschaft mittels einstweiliger Verfügung bzw. Klage den vertraglich vereinbarten Wertansatz durchsetzen. Nach Abgabe der Steuererklärung kann der Einbringende nur noch Schadenersatzansprüche geltend machen.[109]

c)   Anforderungen an den zu stellenden Antrag
aa) Ausdrückliche Nennung der Wertart

Dem Antrag muss expressis verbis zu entnehmen sein, welche Wertart   *58* (Buchwert, Zwischenwert oder gemeiner Wert) die übernehmende Gesellschaft für den Ansatz der eingebrachten Anteile wählt.[110] Wird der Ansatz eines Zwischenwerts gewählt, muss ausdrücklich angegeben werden, in welcher Höhe oder zu welchem Prozentsatz die stillen Reserven aufgedeckt wurden.[111] Die steuerliche Bilanzierung bei der übernehmenden Gesellschaft ist für die Wahlrechtsausübung irrelevant, so dass ein vom beantragten oder im Fall der Nichtstellung eines Antrags vom gemeinen Wert abweichender Wertansatz in der Steuerbilanz zu korrigieren ist.[112] Selbst wenn bspw. der Ansatz mit dem gemeinen Wert beantragt und der vermeintliche gemeine Wert auch in der Steuerbilanz angesetzt wird, muss bei einem tatsächlich davon abweichenden gemeinen Wert der Bilanzansatz an den tatsächlichen gemeinen Wert angepasst werden. Eine Umdeutung des Antrags auf Ansatz des gemeinen Werts bei tatsächlich höherem gemeinem Wert in einen Zwischenwertansatz wäre nicht zulässig.[113] Es müsste vielmehr eine Bilanzberichtigung nach § 4 Abs. 2 S. 1 EStG erfolgen.[114] Ein Antrag entfaltet jedoch dann keine Bindungswirkung, wenn die eingebrachten Anteile gesetzlich zwingend abweichend vom beantragten Wert anzusetzen sind[115], so z. B. in Fällen des § 21 Abs. 1 S. 2 und 4.

bb) Zuständiges Finanzamt
Gem. § 21 Abs. 1 S. 3 i. V. m. § 20 Abs. 2 S. 3 ist der Antrag bei dem für die   *59* Besteuerung der übernehmenden Gesellschaft zuständigen Finanzamt zu stellen. Nach § 20 Abs. 1 AO ist das Finanzamt zuständig, in dessen Bezirk sich die Geschäftsleitung der übernehmenden Gesellschaft befindet.

Ist die übernehmende Gesellschaft eine ausländische EU/EWR-Gesellschaft und sind die eingebrachten Anteile einer deutschen Betriebsstätte zuzurechnen, so ist das Finanzamt zuständig, in dessen Bezirk die deutsche Betriebsstätte liegt.

In allen übrigen Fällen ist der Antrag bei dem für die Besteuerung der erworbenen Gesellschaft zuständigen Finanzamt zu stellen.[116]

---

108 Vgl. Tz. 20.24 UmwStE 2011.
109 Vgl. *Rabback* in Rödder/Herlinghaus/van Lishaut, § 21 Rdn. 77.
110 Vgl. *Widmann* in Widmann/Meyer, § 21 Rdn. R446.
111 Vgl. Tz. 21.12 i. V. m. 20.21 UmwStE 2011.
112 Vgl. *Schmitt* in Schmitt/Hörtnagl/Stratz, § 21 Rdn. 57.
113 Vgl. FG Köln vom 11. 12. 2008, 15 K 4963/01, rkr, EFG 2009, 448; mit Anm. *Herlinghaus.*
114 Vgl. *Behrens* in Haritz/Menner, § 21 Rdn. 194.
115 Vgl. *Schmitt* in Schmitt/Hörtnagl/Stratz, § 21 Rdn. 57.
116 Vgl. *Widmann* in Widmann/Meyer, § 20 Rdn. R 440.

cc) Zeitpunkt der Antragstellung

60 Nach § 21 Abs. 1 S. 3 i.V.m. § 20 Abs. 2 S. 3 ist der Antrag auf Abweichung von der Regelbewertung spätestens bis zur erstmaligen Abgabe der steuerlichen Schlussbilanz bei dem für die Besteuerung der übernehmenden Gesellschaft zuständigen Finanzamt zu stellen. Danach kann der Antrag letztmöglich mit Einreichung der Körperschaftsteuererklärung der übernehmenden Gesellschaft für den Veranlagungszeitraum der Einbringung unter Beifügung der steuerlichen Schlussbilanz erfolgen.[117] Die steuerliche Schlussbilanz ist keine eigenständige, von der Gewinnermittlung nach §§ 4 Abs. 1, 5 Abs. 1 EStG zu unterscheidende Bilanz[118]. Mit Einreichung einer Steuerbilanz i.S.d. §§ 4 Abs. 1, 5 Abs. 1 EStG auf den Bilanzstichtag oder einer Handelsbilanz mit gegebenenfalls notwendigen Korrekturen nach § 60 Abs. 2 EStDV ist die Antragsfrist nach § 20 Abs. 2 S. 3 verstrichen[119]. Eine Änderung oder der Widerruf eines einmal gestellten Antrags ist nicht möglich.[120] Da sich der Antrag auf die Besteuerung des Einbringenden auswirkt, ist auch nach Abgabe der Steuererklärung einschließlich steuerlicher Schlussbilanz eine Änderung oder ein Widerruf des Antrags oder eine Bilanzänderung ausgeschlossen. Die Möglichkeit der Bilanzberichtigung i.S.d. § 4 Abs. 2 S. 1 EStG bleibt unter Berücksichtigung der Festsetzungsfrist jederzeit möglich.

d) Gegenstand des Antrags

61 Die aufnehmende Gesellschaft kann den Antrag für jeden Anteilstausch nur einheitlich ausüben. Bringt derselbe Einbringende im selben Einbringungsvorgang sowohl nach § 21 UmwStG 1995 steuerverstrickte als auch nicht steuerverstrickte mehrheitsvermittelnde oder -verstärkende Anteile ein, so handelt es sich insgesamt um einen Anteilstausch, für den die aufnehmende Gesellschaft nur einen einheitlichen Antrag stellen kann.[121]

62 Werden vom selben Einbringenden im selben Einbringungsvorgang mehrere mehrheitsvermittelnde oder -verstärkende Anteile an verschiedenen Gesellschaften in eine aufnehmende Gesellschaft eingebracht, so stellt jede Einbringung der Anteile an den verschiedenen erworbenen Gesellschaften für sich einen Anteilstausch dar.[122] Die aufnehmende Gesellschaft kann daher bezogen auf jede eingebrachte Beteiligung einen gesonderten Antrag stellen. Es ist nicht Voraussetzung, dass für die eingebrachten Anteile jeder erworbenen Gesellschaft neue Anteile gewährt werden.[123]

63 Bringen mehrere Einbringende im selben Einbringungsvorgang mehrheitsvermittelnde oder -verstärkende Anteile an derselben erworbenen Gesell-

---

117 Vgl. *Benz/Rosenberg*, BB-Spezial 2006/8, 51 (56); *Patt* in Dötsch/Patt/Pung/Möhlenbrock, § 21 Rdn. 49, *Widmann* in Widmann/Mayer, § 20 Rdn. R 420.

118 Vgl. LfSt Bayern, DStR 2015, 429; *Schmitt* in Schmitt/Hörtnagl/Stratz, § 21 Rdn. 314; *Widmann* in Widmann/Mayer, § 20 Rdn. R 422.

119 Vgl. LfSt Bayern, DStR 2015, 429.

120 Vgl. Tz. 21.12 i.V.m. 20.24 UmwStE 2011.

121 Vgl. *Behrens* in Haritz/Menner, § 21 Rdn. 198.

122 Vgl. *Nitzschke* in Blümich, § 20 Rdn. 88; *Patt* in Dötsch/Patt/Pung/Möhlenbrock, § 21 Rdn. 48; ausführlich zum Meinungsstand *Ruf*, GmbHR 2008, 243 ff.

123 Vgl. *Behrens* in Haritz/Menner, § 21 Rdn. 199.

schaft ein, liegen eine der Anzahl der Einbringenden entsprechende Mehrzahl von Anteilstauschvorgängen vor. Die übernehmende Gesellschaft kann unabhängig voneinander für jeden einzelnen Anteilstausch mit einem gesonderten Antrag das Bewertungswahlrecht ausüben. Wird das Bewertungswahlrecht für die eingebrachten Anteile unterschiedlich ausgeübt, ist im Rahmen der Steuererklärung darzulegen, wie das Wahlrecht für den jeweiligen Einbringenden ausgeübt wurde.[124]

Werden die von einer gewerblichen PersG (Mitunternehmerschaft) gehalte- 64
nen Anteile eingebracht, so ist nicht geklärt, ob für die Anteile das Bewertungswahlrecht einheitlich oder für jeden Mitunternehmer gesondert ausgeübt werden kann. Die Unklarheit geht auf die Frage zurück, ob die Mitunternehmer oder die PersG als Einbringender anzusehen sind. Sofern die PersG als Einbringender anzusehen ist, liegt insgesamt nur ein Anteilstausch vor, für den das Bewertungswahlrecht einheitlich auszuüben ist.[125] Werden hingegen die Mitunternehmer als Einbringende qualifiziert, so liegt eine der Anzahl der Mitunternehmer entsprechende Mehrzahl von Anteilstauschvorgängen vor. Für jeden Anteilstausch kann das Bewertungswahlrecht unabhängig und gesondert ausgeübt werden.[126]

III. Einschränkung des Ansatzwahlrechts bei zusätzlicher Gewährung von sonstigen Gegenleistungen § 21 Abs. 1 S. 2 Nr. 2 und S. 4)

Das Ansatzwahlrecht des § 21 Abs. 2 S. 2 wurde mit Gesetz vom 02. 11. 2015 65
(BGBl. I, 1835) in Nr. 2 lit. a durch eine relative Grenze i. H. v. 25 % des Buchwerts der eingebrachten Anteile und in Nr. 2 lit. b durch eine absolute Grenze von EUR 500.000 für den gemeinen Wert der sonstigen Gegenleistung eingeschränkt. Ferner bleibt es mit § 21 Abs. 2 S. 4 bei der alten Wertuntergrenze des § 21 Abs. 2 S. 3 a. F., wonach die eingebrachten Anteile mindestens mit dem gemeinen Wert der sonstigen Gegenleistung anzusetzen sind[127]. Danach ist eine steuerneutrale Einbringung nur möglich, wenn der gemeine Wert der gewährten sonstigen Gegenleistungen nicht über dem steuerlichen Buchwert der eingebrachten Anteile und entweder nicht über EUR 500.000 oder nicht über 25 % des steuerlichen Buchwerts der eingebrachten Anteile liegt. Liegt der gemeine Wert der sonstigen Gegenleistung über 25 % des Buchwerts der eingebrachten Anteile, sind zwingend stille Reserven aufzudecken. Das nachfolgende Rechenbeispiel, angelehnt an die BR-Drs. 121/15, 55 ff., zeigt exemplarisch die nach § 21 Abs. 1 S. 2 erzwungene Aufdeckung stiller Reserven.

---

124 Vgl. *Benz/Rosenberg*, BB-Spezial 2006/8, 51 (56); *Patt* in Dötsch/Jost/Pung/Witt, § 21 Rdn. 49.

125 Vgl. *Behrens* in Haritz/Menner, § 21 Rdn. 201.

126 Dies entspricht der Auffassung der Finanzverwaltung, aus deren Sicht in Bezug auf jeden Mitunternehmer ein separater Anteilstausch vorliegt, wenn die Personengesellschaft infolge der Einbringung aufgelöst wird, vgl. Tz. 20.03 UmwStE 2011.

127 Vgl. zu anderen Wirtschaftsgütern *Ley*, FR 2007, 109 (112).

Beispiel 1

Die 100 %-Beteiligung an der X-GmbH hat einen BW i.H.v. EUR 5.000.000 und einen gW i.H.v. EUR 10.000.000. Der Einbringende erhält neben neuen Anteilen sonstige Gegenleistungen i.H.v. EUR 2.000.000 und die übernehmende Gesellschaft stellt einen Antrag auf BW-Fortführung.

gW Anteile	10.000.000
BW Anteile	5.000.000
gW sonstige Gegenleistung	2.000.000

Wertansatz bei der übernehmenden Gesellschaft

Ermittlung des Teils, der zum gW angesetzt werden muss:

Prüfung der Grenze des Abs. 1 S. 2 Nr. 2 und Ermittlung des übersteigenden Betrags			
gW der sonstigen Gegenleistung			2.000.000

Prüfungp950 der Grenze des Abs. 1 S. 2 Nr. 2 lit. a			
höchstens 25 % des BW der eingebrachten Anteile		1.250.000	1.250.000

Prüfung der Grenze des Abs. 1 S. 2 Nr. 2 lit. b			
oder EUR 500.000, höchstens jedoch der BW	500.000	500.000	
	5.000.000		
insoweit Ansatz zum gW			750.000

Ermittlung des restlichen Teils, für den die BW fortgeführt werden können			
gW der Anteile		10.000.000	
insoweit Quote Ansatz zum gW	7,50 %	– 750.000	
insoweit Quote Ansatz zum BW	92,50 %	9.250.000	
insoweit Ansatz zum BW		5.000.000	4.625.000

Wertansatz der eingebrachten Anteile an der erworbenen Gesellschaft nach Abs. 1 S. 2		5.375.000
Wertuntergrenze des Abs. 1 S. 4 i.H. des gW der sonstigen Gegenleistungen, wenn Wert höher als der sich aus Abs. 1 S. 2 ergebende	2.000.000	5.375.000

Folgen beim Einbringenden

Einbringungsgewinn des einbringenden Gesellschafters

Veräußerungspreis der eingebrachten Anteile nach Abs. 2 S. 1	5.375.000
BW der eingebrachten Anteile	5.000.000
Einbringungsgewinn	375.000

Ermittlung der Anschaffungskosten der erhaltenen Anteile

Anschaffungskosten der erhaltenen Anteile nach Abs. 2 S. 1	5.375.000
gW der sonstigen Gegenleistungen	2.000.000
Anschaffungskosten der erhaltenen Anteile	3.375.000

Mit dieser Regelung wird die steuerneutrale Gewährung anderer Wirt- 66
schaftsgüter bestätigt, jedoch durch Einschränkung des Antragsrechts gem.
§ 21 Abs. 1 S. 2 und S. 4 betragsmäßig nach oben begrenzt. Im Ergebnis
kann der Einbringende die eingebrachten Anteile bis zur Höhe eines Buchwerts von EUR 2.000.000 steuerneutral an die übernehmende Gesellschaft
veräußern. Darüber hinaus führt die Gewährung sonstiger Gegenleistungen
zur Gewinnrealisierung auf Ebene des Einbringenden.[128]

Der Gesetzgeber hat durch die ersatzlose Streichung der betragsmäßigen 67
Begrenzung der zusätzlichen Gegenleistung nach § 23 Abs. 4 UmwStG a.F.
auf 10 % des Nennwerts der gewährten Anteile die Diskriminierung der
grenzüberschreitenden Einbringung im Verhältnis zur rein nationalen Einbringung beseitigt.[129]

C. Behandlung der eingebrachten und der erhaltenen Anteile durch den Einbringenden (Abs. 2)

I. Struktur des § 21 Abs. 2

Grds. gilt gem. § 21 Abs. 2 S. 1 beim Anteilstausch der Wert, mit dem die 68
übernehmende Gesellschaft die eingebrachten Anteile ansetzt, für den Einbringenden als Veräußerungspreis der eingebrachten Anteile und als Anschaffungskosten der erhaltenen Anteile (Wertverknüpfung).

Wenn nach dem Anteilstausch das Recht der Bundesrepublik Deutschland 69
hinsichtlich der Besteuerung des Gewinns aus der Veräußerung der erhaltenen Anteile oder der eingebrachten Anteile ausgeschlossen oder beschränkt ist, gilt keine Wertverknüpfung. Losgelöst vom Wertansatz der
übernehmenden Gesellschaft gilt dann für den Einbringenden der gemeine
Wert als Veräußerungspreis für die eingebrachten Anteile und als Anschaffungskosten für die erhaltenen Anteile.[130] Die Ausnahme von der Wertverknüpfung ist nur auf Einbringungen mit Auslandsbezug anzuwenden, da
überhaupt nur in solchen Fällen das Besteuerungsrecht der Bundesrepublik
Deutschland gefährdet sein kann.

Wenn das Besteuerungsrecht der Bundesrepublik Deutschland nur hinsicht- 70
lich der erhaltenden Anteile ausgeschlossen oder beschränkt ist oder aber
wenn das Besteuerungsrecht sowohl hinsichtlich der erhaltenen als auch der
eingebrachten Anteile ausgeschlossen oder beschränkt ist, der Gewinn aus
dem Anteilstausch aber aufgrund von Art. 8 der Richtlinie 90/434/EWG (FusionsRL) nicht besteuert werden darf, kann der Einbringende im Fall des
qualifizierten Anteilstauschs auf Antrag gem. § 21 Abs. 2 S. 3 den Buchwert
oder einen höheren Wert, höchstens den gemeinen Wert als Veräußerungspreis für die eingebrachten Anteile und als Anschaffungskosten für die
erhaltenen Anteile ansetzen. Die doppelte Wertverknüpfung gem. § 21
Abs. 2 S. 1 wird nicht wieder eingeführt.[131]

---

128 Vgl. *Schmitt* in Schmitt/Hörtnagl/Stratz, § 21 Rdn. 55c.
129 Vgl. *Klingberg/van Lishaut*, Der Konzern 2005, 698 (729); *Rabback* in Rödder/Her-
linghaus/van Lishaut, § 21 Rdn. 92.
130 Vgl. Tz. 21.14 UmwStE 2011.
131 Vgl. Tz. 21.15 UmwStE 2011.

II. Grundsatz der Wertverknüpfung

71 Nach dem in § 21 Abs. 2 S. 1 kodifizierten Grundsatz der Wertverknüpfung gilt der Wert, mit dem die übernehmende Gesellschaft die eingebrachten Anteile ansetzt für den Einbringenden als Veräußerungspreis der eingebrachten Anteile und als Anschaffungskosten der erhaltenen Anteile.

72 Die Wertverknüpfung gilt gem. § 21 Abs. 2 S. 1 i.V.m. 21 Abs. 1 S. 1 uneingeschränkt für den einfachen Anteilstausch mit der Folge, dass in jedem Fall der Wertansatz der erhaltenen Anteile zum gemeinen Wert erfolgt. Die Ausnahmeregelungen des § 21 Abs. 2 S. 2 sind folglich nur in den Fällen des (qualifizierten[132]) Anteilstauschs relevant,[133] in denen die aufnehmende Gesellschaft die eingebrachten Anteile nicht mit dem gemeinen Wert ansetzt. Zudem darf es sich nicht um einen Inlandsfall handeln und in Fällen mit Auslandsbezug muss das Recht der Bundesrepublik Deutschland hinsichtlich der Besteuerung des Gewinns aus der Veräußerung der eingebrachten Anteile oder der erhaltenen Anteile ausgeschlossen oder beschränkt sein.[134]

73 Setzt die übernehmende Gesellschaft die eingebrachten Anteile zu einem Wert unterhalb des gemeinen Werts an, kommt es insoweit, als der gewählte Wertansatz hinter dem gemeinen Wert zurückbleibt, zu einer doppelten steuerlichen Verstrickung derselben stillen Reserven. Die in den eingebrachten Anteilen auf Ebene der aufnehmenden Gesellschaft nicht aufgedeckten Reserven spiegeln sich aufgrund des korrespondierenden Wertansatzes für die erhaltenen Anteile beim Einbringenden wider.[135] Auch wenn die stillen Reserven sowohl in den erhaltenen als auch in den eingebrachten Anteilen steuerlich erfasst sind, sollte es aufgrund der Regelungen in §§ 22 Abs. 2, 23 Abs. 2 mit Ausnahme der Besteuerung des nicht steuerverhafteten Teils nach § 8b KStG zu keiner Doppelbesteuerung stiller Reserven kommen.

74 Wenn der Wertansatz der eingebrachten Anteile bei der übernehmenden Gesellschaft im Rahmen einer späteren Bilanzberichtigung geändert wird, richten sich der Veräußerungserlös und die Anschaffungskosten des Einbringenden nach den geänderten Wertansätzen der übernehmenden Gesellschaft. Die Anknüpfung an die von der aufnehmenden Gesellschaft angesetzten Werte führt dazu, dass Wertänderungen sich auf die Besteuerung des Einbringenden auswirken und die Veranlagung gegebenenfalls gem. § 175 Abs. 1 S. 1 Nr. 2 AO zu ändern ist.[136] Einwendungen gegen die angesetzten Werte können nur durch eine Anfechtung des gegenüber der über-

---

132 Vgl. für die Frage, ob für die Anwendung des § 21 Abs. 2 S. 3 die aufnehmende Gesellschaft einen Antrag gem. § 21 Abs. 1 S. 2 gestellt haben muss, *Mutscher* in Frotscher/Maas, § 21 Rdn. 172 bis 175.

133 Vgl. *Rabback* in Rödder/Herlinghaus/van Lishaut, § 21 Rdn. 96.

134 Vgl. *Patt* in Dötsch/Jost/Pung/Witt, § 21 Rdn. 56.

135 Vgl. *Rödder/Schumacher*, DStR 2006, 1525; *Ley*, FR 2007, 109 (114); *Förster/Wendland*, BB 2007, 631.

136 Vgl. Tz. 21.12 i.V.m. 20.23 UmwStE 2011; FinMin Mecklenburg-Vorpommern, DStR 2013, 973; BFH vom 06.02.2014, I B 168/13, BFH/NV 2014, 921; BFH vom 20.04.2011, I R 97/10, BStBl. II 2011, 815.

nehmenden Gesellschaft ergangenen Körperschaftsteuerbescheids durch den Einbringenden als Drittbetroffenen erhoben werden.[137]

Werden dem Einbringenden neben den neuen Anteilen an der überneh- 75 menden Gesellschaft auch andere Wirtschaftsgüter als Gegenleistung gewährt, sind die Anschaffungskosten der erhaltenen Anteile gem. § 21 Abs. 2 S. 6 i.V.m. § 20 Abs. 3 S. 3 um die gemeinen Werte der anderen Wirtschaftsgüter zu kürzen. Infolge des Mindestansatzes i.H. der gewährten sonstigen Gegenleistungen gem. § 21 Abs. 1 S. 4 kann es durch die Kürzung der Anschaffungskosten um die anderen Wirtschaftsgüter nicht zu negativen Anschaffungskosten kommen.[138] Die Kürzung der Anschaffungskosten stellt sicher, dass die auf die übernehmende Gesellschaft übertragenen stillen Reserven beim Einbringenden steuerverhaftet bleiben. Im Unterschied zu § 21 Abs. 1 S. 2 Nr. 2 und S. 4, in denen von der Gewährung sonstiger Gegenleistungen die Rede ist, werden die Anschaffungskosten der erhaltenen Anteile gem. § 21 Abs. 2 S. 6 i.V.m. § 20 Abs. 3 S. 3 „nur" um die gemeinen Werte der anderen Wirtschaftsgüter gemindert, die neben den Gesellschaftsanteilen gewährt werden. Die anderen Wirtschaftsgüter sind als Teilmenge der sonstigen Gegenleistungen zu verstehen, da letztere auch Leistungszusagen umfassen, die keine Wirtschaftsgüter sind.[139] Folge dessen ist, dass gewährte, sonstige Gegenleistungen, die keine Wirtschaftsgüter darstellen, dem Einbringenden steuerfrei zufließen.[140]

III. Bei Beschränkung des deutschen Besteuerungsrechts keine Wertverknüpfung und gemeiner Wert als Veräußerungspreis und Anschaffungskosten (§ 21 Abs. 2 S. 2)

1. Einführung

Die in § 21 Abs. 2 S. 1 kodifizierte Wertverknüpfung wird durchbrochen, 76 wenn nach der Einbringung das Recht Deutschlands auf Besteuerung der eingebrachten Anteile (§ 21 Abs. 2 S. 2 HS 1) und/oder der erhaltenen Anteile ausgeschlossen oder beschränkt ist (§ 21 Abs. 2 S. 2 HS 2). In diesen Fällen ist der gemeine Wert der eingebrachten Anteile als Veräußerungspreis der eingebrachten Anteile und als Anschaffungskosten der erhaltenen Anteile anzusetzen. Die Bindung an den von der übernehmenden Gesellschaft gewählten Wertansatz für die eingebrachten Anteile wird gelöst. Damit soll in Fällen des qualifizierten Anteilstauschs mit Auslandsbezug die deutsche Besteuerung der stillen Reserven sichergestellt werden.[141]

Inwiefern das Recht Deutschlands auf Besteuerung des Gewinns aus der 77 Veräußerung der erhaltenen und/oder eingebrachten Anteile ausgeschlossen oder eingeschränkt wird, ist anhand einer Vergleichsrechnung zu analysieren. Es wird die Steuer, die bei einer Veräußerung der eingebrachten

---

137 Vgl. BFH vom 08.06.2011, I R 79/10, BStBl. II 2012, 421.
138 A.A. *Schmitt* in Schmitt/Hörtnagl/Stratz, § 21 Rdn. 106a.
139 Vgl. *Widmann* in Widmann/Mayer, § 20 Rdn. R 580; a.A. *Bilitewski/Heinemann*, Ubg 2015, 513 (515).
140 Vgl. *Widmann* in Widmann/Mayer, § 20 Rdn. R 580.
141 Vgl. *Rabback* in Rödder/Herlinghaus/van Lishaut, § 21 Rdn. 101.

Anteile vor Einbringung in Deutschland anfallen würde mit der Steuer verglichen, die bei einer Veräußerung der erhaltenen Anteile nach Einbringung in Deutschland anfallen würde. Entscheidend ist der konkrete Steuerbetrag, den der deutsche Fiskus vereinnahmen würde. So würde der Wechsel von einem unbeschränkten Steueranspruch ohne Anrechnungs- oder Abzugsverpflichtung auf den Gewinn bei Veräußerung der eingebrachten Anteile hin zu einem unbeschränkten Steueranspruch auf den Gewinn bei Veräußerung der erhaltenen Anteile mit der Verpflichtung zur Anrechnung oder zum Abzug von ausländischen Steuern schädlich sein.[142] Der Ausschluss als stärkste Form der Beschränkung des deutschen Besteuerungsrechts hat keine konstitutive Bedeutung.

78 Die Steuerfreistellung der Gewinne aus der Veräußerung von Anteilen an KapG gem. § 8b KStG oder die KSt-Befreiung gem. § 5 KStG einer im Inland ansässigen übernehmenden Gesellschaft sind kein Ausschluss bzw. keine Beschränkung des inländischen Besteuerungsrechts i.S.v. § 21 Abs. 2.[143]

79 Entsteht später entgegen der ursprünglichen Einschätzung bei der tatsächlichen Veräußerung der erhaltenen Anteile ein Steueranspruch, der nicht geringer ist als derjenige, der bei Veräußerung der eingebrachten Anteile entstanden wäre, so stellt dies ein rückwirkendes Ereignis i.S.v. § 175 Abs. 1 Nr. 2 AO dar und der Anteilstausch muss rückwirkend zum Wert gem. § 21 Abs. 2 S. 1 vollzogen werden.[144]

2. Beschränkung bzw. Ausschluss des deutschen Besteuerungsrechts am Gewinn aus der Veräußerung der eingebrachten Anteile

80 Mit der Einbringung von Anteilen in eine ausländische EU/EWR-KapG durch einen mit diesen Anteilen vor der Einbringung im Inland unbeschränkt oder beschränkt steuerpflichtigen Anteilseigner wird das Recht der Bundesrepublik Deutschland auf Besteuerung des Gewinns aus der Veräußerung der eingebrachten Anteile regelmäßig beschränkt bzw. ausgeschlossen.

81 So kommt es zum Ausschluss des deutschen Besteuerungsrechts, wenn das durch die unbeschränkte Steuerpflicht des Einbringenden begründete Besteuerungsrecht hinsichtlich des Gewinns aus der Veräußerung der eingebrachten Anteile ersatzlos untergeht.

Ein weiterer Ausschlussfall liegt vor, wenn Anteile in eine in Deutschland unbeschränkt steuerpflichtige KapG eingebracht werden, die Anteile jedoch einer ausländischen Betriebsstätte zuzuordnen sind und das zwischen Deutschland und dem ausländischen Staat abgeschlossene DBA letzterem das ausschließliche Besteuerungsrecht für die mit der Betriebsstätte erzielten Gewinne zuweist.[145]

---

142 Vgl. BT-Drs. 16/2710, 45 f.; *Becker-Pennrich*, IStR 2007, 684 (689); *Mutscher* in Frotscher/Maas, § 21 Rdn. 163 f.
143 Vgl. *Becker-Pennrich*, IStR 2007, 684 (686).
144 Vgl. *Behrens* in Haritz/Menner, § 21 Rdn. 263; a.A. *Becker-Pennrich*, IStR 2007, 684 (692 f.), der bis zur tatsächlichen Veräußerung die Wertverknüpfung gem. § 21 Abs. 2 S. 1 präferiert.
145 Vgl. *Behrens* in Haritz/Menner, § 21 Rdn. 268.

Von einer Beschränkung des vollen deutschen Besteuerungsrechts hinsichtlich des Gewinns aus einer Veräußerung der eingebrachten Anteile ist auszugehen, wenn auf Ebene der übernehmenden Gesellschaft zwar das deutsche Besteuerungsrecht grds. fortbesteht, jedoch auf die festzusetzende deutsche Steuer ausländische Steuer anzurechnen ist. Eine Beschränkung des deutschen Besteuerungsrechts soll dann bereits anzunehmen sein, wenn eine abstrakte Anrechnungsverpflichtung besteht. Eine abstrakte Anrechnung liegt vor, wenn ohne Berücksichtigung des Besteuerungsrechts des anderen Staats und aufgrund fehlendem bzw. nicht anwendbarem DBA eine unilaterale Anrechnungsverpflichtung der Bundesrepublik Deutschland besteht.[146] **82**

3. Beschränkung bzw. Ausschluss des deutschen Besteuerungsrechts am Gewinn aus der Veräußerung der erhaltenen Anteile

Die zweite Ausnahme von der Wertverknüpfung gem. § 21 Abs. 2 S. 1 greift dann, wenn das Besteuerungsrecht der Bundesrepublik Deutschland hinsichtlich des Gewinns aus der Veräußerung der erhaltenen Anteile ausgeschlossen oder beschränkt ist. Grund für diese Ausnahme ist, dass nur so die Anwendung des in § 21 Abs. 2 S. 3 Nr. 2 geregelten Treaty Override auf diese Fälle möglich wäre.[147] **83**

Nachstehend sind die denkbaren Fälle dargestellt, in denen ein deutsches Besteuerungsrecht hinsichtlich des Gewinns aus einer Veräußerung der erhaltenen Anteile ausgeschlossen oder beschränkt ist:[148] **84**

Wird nach DBA das Besteuerungsrecht an den erhaltenen Anteilen ausschließlich dem Ansässigkeitsstaat des Einbringenden zugewiesen, was der Regelfall ist, und ist der Einbringende nicht in Deutschland ansässig, so hat Deutschland kein Besteuerungsrecht an dem Gewinn aus der Veräußerung der erhaltenen Anteile. Hierunter fallen all jene Konstellationen, in denen der Einbringende im ausländischen EU/EWR-Raum sitzt und die übernehmende Gesellschaft eine KapG in der EU/EWR ist. Irrelevant ist, wo die erworbene Gesellschaft domiziliert.

Deutschland fällt auch kein Besteuerungsrecht zu, wenn abweichend vom Regelfall das Besteuerungsrecht nach DBA dem Ansässigkeitsstaat der übernehmenden Gesellschaft zugewiesen wird und die übernehmende Gesellschaft nicht in Deutschland ansässig ist. In diesen Fällen sitzt der Einbringende in der EU/EWR und die übernehmende Gesellschaft ist eine KapG im ausländischen EU/EWR-Raum. Auch in diesen Fällen ist irrelevant, wo die erworbene Gesellschaft domiziliert. Es handelt sich vorrangig um Einbringungen einer im Inland ansässigen Person in eine aufnehmende Gesellschaft, die in der Slowakei, Tschechien, Bulgarien oder Zypern ansässig ist oder die Immobiliengesellschaft mit Sitz in einem Land ist, mit dem Deutschland ein DBA mit Sonderregelungen für Immobilienkapitalgesellschaften abgeschlossen hat.[149] **85**

---

146 Vgl. *Mutscher* in Frotscher/Maas, § 21 Rdn. 165 f.
147 Vgl. BT-Drs. 16/3369, 27.
148 Vgl. *Behrens* in Haritz/Menner, § 21 Rdn. 272.
149 Vgl. *Mutscher* in Frotscher/Maas, § 21 Rdn. 168.

86 Ferner entsteht kein deutsches Besteuerungsrecht an dem Gewinn aus der Veräußerung der erhaltenen Anteile, wenn das Besteuerungsrecht nach DBA sowohl dem Ansässigkeitsstaat des Einbringenden als auch dem Ansässigkeitsstaat der übernehmenden Gesellschaft zusteht und weder der Einbringende noch die übernehmende Gesellschaft in Deutschland ansässig sind. In dieser Situation ist der Einbringende im ausländischen EU/EWR-Raum ansässig und die übernehmende Gesellschaft ist eine KapG, die im ausländischen EU/EWR-Raum ansässig ist. Wiederum ist die Ansässigkeit der erworbenen Gesellschaft irrelevant.

87 Ein nur beschränktes deutsches Besteuerungsrecht an dem Gewinn aus der Veräußerung der erhaltenen Anteile wird dann begründet, wenn das Besteuerungsrecht nach DBA sowohl dem Ansässigkeitsstaat des Einbringenden als auch dem Ansässigkeitsstaat der übernehmenden Gesellschaft zusteht, der Einbringende in Deutschland ansässig ist, Deutschland jedoch die vom Ansässigkeitsstaat der übernehmenden Gesellschaft erhobene Steuer anrechnen muss. In dieser Konstellation ist Einbringender eine natürliche Person mit Wohnsitz in Deutschland, die übernehmende Gesellschaft ist eine KapG ansässig z.b. in Großbritannien und die erworbene Gesellschaft ist eine in Deutschland ansässige KapG.

4. Rechtsfolgen des Ausschlusses oder der Beschränkung des deutschen Besteuerungsrechts

88 Ist nach der Einbringung das Recht der Bundesrepublik Deutschland hinsichtlich der Besteuerung des Gewinns aus der Veräußerung der eingebrachten und/oder erhaltenen Anteile eingeschränkt, wird unabhängig vom steuerlichen Bewertungswahlrecht der übernehmenden Gesellschaft gem. § 21 Abs. 2 S. 2 der gemeine Wert der eingebrachten Anteile als Veräußerungspreis der eingebrachten und als Anschaffungskosten der erhaltenen Anteile bestimmt. Die Rechtsfolgen können jedoch unter den Voraussetzungen des § 21 Abs. 2 S. 3 im Antragswege vermieden werden.

IV. Keine Wertverknüpfung und antragsgebundenes Bewertungswahlrecht bei grenzüberschreitendem qualifizierten Anteilstausch (§ 21 Abs. 2 S. 3)

1. Einführung

89 In § 21 Abs. 2 S. 3 wird für besondere Fälle, in denen das Besteuerungsrecht der Bundesrepublik Deutschland hinsichtlich des Gewinns aus der Veräußerung der eingebrachten oder erhaltenen Anteile nach der Einbringung ausgeschlossen oder beschränkt ist, eine antragsgebundene Rückausnahme von der Bestimmung des gemeinen Werts der eingebrachten Anteile als Veräußerungspreis und als Anschaffungskosten der erhaltenen Anteile gem. § 21 Abs. 2 S. 2 bestimmt.

90 Es handelt sich entweder um solche Fälle, in denen das unmittelbare Besteuerungsrecht an den stillen Reserven in den eingebrachten Anteilen verloren geht, aber mittelbar durch die Besteuerung der stillen Reserven in den erhalten Anteilen erhalten bleibt. Dies ist dann der Fall, wenn das Recht der Bundesrepublik Deutschland an der Besteuerung des Gewinns aus der Veräußerung der erhaltenen Anteile nicht ausgeschlossen oder eingeschränkt ist, § 21 Abs. 3 S. 2 Nr. 1. So z.B. wenn eine in Deutschland ansässige Person mehrheitsvermittelnde Anteile an einer holländischen KapG in eine österreichische KapG einbringt.

Oder es handelt sich um Fälle, in denen die Bundesrepublik Deutschland 91 kein Besteuerungsrecht an den erhaltenen Anteilen hat, jedoch eine Besteuerung des Anteilstauschs aufgrund von Art. 8 der FusionsRL unzulässig ist. Unbeachtlich ist, ob das Besteuerungsrecht an den eingebrachten Anteilen fortbesteht. In diesen Fällen wird die Besteuerung der stillen Reserven durch Treaty Override bei Veräußerung der erhaltenen Anteile sichergestellt, § 21 Abs. 2 S. 3 Nr. 2.

Beispielsweise besteht weder an den eingebrachten noch an den erhaltenen 92 Anteilen ein deutsches Besteuerungsrecht, wenn eine in Deutschland ansässige Person mehrheitsvermittelnde Anteile an einer österreichischen KapG in eine tschechische KapG einbringt. Oder handelt es sich im vorstehenden Fall bei der erworbenen Gesellschaft um eine deutsche KapG, so bleibt das deutsche Besteuerungsrecht nur an den eingebrachten Anteilen erhalten. In beiden Fällen kann eine Besteuerung nur durch Anwendung von § 21 Abs. 2 S. 3 Nr. 2 vermieden werden.

Sofern die Voraussetzungen sowohl der Nr. 1 als auch der Nr. 2 des § 21 93 Abs. 2 S. 3 erfüllt sind, ist vorrangig Nr. 1 anzuwenden. Dies ist immer dann der Fall, wenn an den erhaltenen Anteilen ein nicht beschränktes deutsches Besteuerungsrecht besteht und darüber hinaus nach Art. 8 der FusionsRL der Anteilstausch nicht besteuert werden darf.

§ 21 Abs. 2 S. 3 verweist ausdrücklich auf die Voraussetzungen des Abs. 1 94 S. 2 und bestimmt damit, dass die antragsgebundene Rückausnahme nur in Fällen des qualifizierten Anteilstauschs Anwendung findet. Beim einfachen Anteilstausch bleibt es daher in jedem Fall beim Grundsatz, dass der Einbringende als Veräußerungspreis für die eingebrachten Anteile und als Anschaffungskosten für die erhaltenen Anteile den gemeinen Wert der eingebrachten Anteile anzusetzen hat.

2. Kein Ausschluss und keine Beschränkung des deutschen Besteuerungsrechts hinsichtlich der erhaltenen Anteile

Eine Beschränkung des deutschen Besteuerungsrechts hinsichtlich der er- 95 haltenen Anteile ist durch eine vergleichende Betrachtung des Besteuerungsrechts an den erhaltenen Anteilen im Zeitpunkt nach der Einbringung und des Besteuerungsrechts an den eingebrachten Anteilen im Zeitpunkt vor Einbringung zu prüfen. Es kommt letztlich darauf an, ob der deutsche Steueranspruch tatsächlich geschmälert wird.

In den meisten von Deutschland mit anderen EU/EWR-Staaten abgeschlos- 96 senen DBA wird dem Sitzstaat des Veräußerers das Besteuerungsrecht zugewiesen, soweit Anteile an im anderen Vertragsstaat ansässigen KapG veräußert werden. Insofern wird Deutschland regelmäßig das Besteuerungsrecht an den erhaltenen Anteilen zustehen und damit eine Antragsmöglichkeit nach § 21 Abs. 2 S. 3 Nr. 1 bestehen.

97 In den Fällen, in denen in Deutschland steuerverhaftete Anteile in eine ausländische Gesellschaft eingebracht werden und das entsprechende deutsche
DBA das Besteuerungsrecht am Veräußerungsgewinn aus dem Verkauf der
erhaltenen Anteile dem Sitzstaat der Gesellschaft, an der die veräußerten
Anteile bestehen, zuweist z.b. Bulgarien, Slowakei, Tschechien, Zypern
oder es sich um Immobiliengesellschaften in Ländern handelt, mit denen
Deutschland ein DBA mit Sonderregelungen für Immobilienkapitalgesellschaften abgeschlossen hat, besteht keine Antragsmöglichkeit gem. § 21
Abs. 2 S. 3 Nr. 1.

98 Eine Beschränkung des deutschen Besteuerungsrechts und damit keine Antragsmöglichkeit liegt auch dann vor, wenn Deutschland mit dem Sitzstaat
der übernehmenden KapG kein DBA abgeschlossen hat. Der Sitzstaat der
übernehmenden KapG kann in diesem Fall den Anteilsveräußerungsgewinn
tatsächlich besteuern und die ausländische Steuer ist nach §§ 34c EStG, 26
KStG auf die deutsche Steuer anzurechnen.[150]

3. Unzulässigkeit der Besteuerung eines Gewinns beim Anteilstausch gem. Art. 8 der FusionsRL

99 Sofern Deutschland kein unbeschränktes Besteuerungsrecht an den erhaltenen Anteile erhält, jedoch der Gewinn aus dem Anteilstausch aufgrund des
Art. 8 Abs. 1 der FusionsRL nicht besteuert werden darf, kann der Einbringende gem. § 21 Abs. 2 S. 3 Nr. 2 den Ansatz der erhaltenen Anteile mit einem Wert unterhalb des gemeinen Werts beantragen.

In diesem Fall wird der Gewinn aus einer späteren Veräußerung der erhaltenen Anteile ungeachtet der sich möglicherweise aus dem DBA ergebenden abweichenden Bestimmungen der deutschen Besteuerung unterworfen
(Treaty Override). § 21 Abs. 2 S. 3 Nr. 2 geht insoweit auf Art. 8 Abs. 6 der
FusionsRL zurück, wonach der Wohnsitzstaat des Einbringenden hinsichtlich des Gewinns aus der späteren Veräußerung der im Rahmen des Anteilstauschs erworbenen Anteile in gleicher Weise besteuerungsbefugt bleibt
wie er es zuvor hinsichtlich des Gewinns aus einer (fiktiven) Veräußerung
der vor dem Anteilstausch vom Einbringenden gehaltenen Anteile war.[151]
Da die übernehmende Gesellschaft gem. § 1 Abs. 4 S. 1 Nr. 1 ihren Sitz und
ihren Ort der Geschäftsleitung in einem EU/EWR-Mitgliedstaat haben muss
und die EU/EWR-Mitgliedstaaten an die Vorgaben der FusionsRL gebunden
sind, kann der Sitzstaat der übernehmenden Gesellschaft nichts gegen eine
DBA-widrige Besteuerung Deutschlands einwenden.

100 Nach dem Gesetzeswortlaut umfasst das erweiterte Besteuerungsrecht auch
Wertsteigerungen, die erst nach der Einbringung entstehen. Insofern kann
es zur Doppelbesteuerung im ausländischen EU/EWR-Staat und in Deutschland kommen.[152]

---

150 Vgl. *Behrens* in Haritz/Menner, § 21 Rdn. 296.
151 Vgl. *Benz/Rosenberg*, BB-Spezial 2006/8, 51 (60), Fn. 67; *Rabback* in Rödder/
    Herlinghaus/van Lishaut, § 21 Rdn. 115.
152 Vgl. *Mutscher* in Frotscher/Maas, § 21 Rdn. 196.

Durch die Verweisung in § 21 Abs. 2 S. 3 Nr. 2 auf § 15 Abs. 1a S.   101
2 EStG wird das deutsche Besteuerungsrecht auch in den Fällen sichergestellt, in denen die erhaltenen Anteile nicht veräußert, sondern verdeckt in eine KapG eingelegt werden oder die KapG, an der die Anteile bestehen, aufgelöst oder deren Kapital herabgesetzt oder zurückgezahlt wird oder Beträge aus dem steuerlichen Einlagekonto i.S.d. § 27 KStG zurückgeführt werden. Bei ausländischen Gesellschaften, die kein steuerliches Einlagekonto führen, kommt es analog § 29 Abs. 6 KStG auf die Ausschüttung bzw. Rückzahlung der nicht auf das Nennkapital geleisteten Einlagen an.[153]

Um den deutschen Anspruch auf die Besteuerung stiller Reserven sicherzu-   102
stellen, wurden für Beurkundungen ab 2007 die Mitteilungspflichten der Notare über Veräußerungen von Anteilen gem. § 54 Abs. 4 EStDV ausgedehnt.

4. Antragstellung durch den Einbringenden

Ausweislich der Gesetzesbegründung ist allein der Einbringende berechtigt,   103
einen Antrag auf Bewertung der erhaltenen Anteile abweichend vom Grundsatz des § 21 Abs. 2 S. 2 mit einem Wert unterhalb des gemeinen Werts zu stellen.[154] Dies ist konsequent, da ausschließlich die Besteuerungsfolgen auf Ebene des Einbringenden geregelt werden.[155]

Der Antrag ist spätestens bis zur erstmaligen Abgabe der Steuererklärung   104
bei dem für die Besteuerung des Einbringenden zuständigen Finanzamt zu stellen. Es kommt dabei auf die Abgabe der Steuererklärung für den Veranlagungszeitraum an, in dem die Einbringung erfolgt ist.[156]

Grds. kann der Antrag in der mit der Steuererklärung eingereichten Steu-   105
erbilanz oder in einer entsprechenden Dokumentation in der Steuererklärung gesehen werden. Aus Gründen der Bestimmtheit ist es jedoch zu empfehlen, das Wahlrecht in der Steuererklärung durch eine ausdrückliche Erklärung eines von dem gemeinen Wert abweichenden Wertansatzes auszuüben.[157]

Für Einbringende, die im Inland nicht veranlagt werden und die keine wei-   106
teren beschränkt steuerpflichtigen Einkünfte erzielen, könnte ein Antrag auf Fortführung der Buchwerte auch ohne Abgabe einer Steuererklärung ausreichend sein. Es empfiehlt sich dennoch eine Steuererklärung abzugeben, in der der Veräußerungsgewinn aus der Beteiligung aufgrund des Antragswahlrechts mit EUR 0 angesetzt ist. Denn das Finanzamt wird die Voraussetzungen für eine vom gemeinen Wert abweichende Bewertung prüfen.[158]

---

153 Vgl. *Mutscher* in Frotscher/Maas, § 21 Rdn. 198.
154 Vgl. BT-Drs. 16/2710, 45.
155 Vgl. *Patt* in Dötsch/Jost/Pung/Witt, § 21 Rdn. 65.
156 Vgl. *Nitzschke* in Blümich, § 21 Rdn. 55; *Widmann* in Widmann/Mayer, § 21 Rdn. 197.
157 Vgl. *Nitzschke* in Blümich, § 21 Rdn. 55; *Patt* in Dötsch/Jost/Pung/Witt, § 21 Rdn. 64; *Rabback* in Rödder/Herlinghaus/van Lishaut, § 21 Rdn. 119; a.A. *Widmann* in Widmann/Mayer, § 21 Rdn. 212, der einen ausdrücklichen Antrag vor Abgabe der Steuererklärung für notwendig erachtet.
158 Vgl. *Behrens* in Haritz/Menner, § 21 Rdn. 303.

5. Rechtsfolgen

107 Liegen die Voraussetzungen des § 21 Abs. 2 S. 3 vor und stellt der Einbringende einen entsprechenden Antrag, kann der Einbringende die erhaltenen Anteile abweichend von § 21 Abs. 2 S. 2 mit einem Wert unterhalb des gemeinen Werts ansetzen. Die Ausübung des Wahlrechts durch den Einbringenden ist unabhängig von der Ausübung des Bewertungswahlrechts gem. § 21 Abs. 1 S. 2 durch die übernehmende Gesellschaft.

108 Der Einbringende ist an die Wahlrechtsausübung gem. § 21 Abs. 2 S. 3 nicht gebunden, da sich eine Änderung der Wahlrechtsausübung nur auf die Besteuerung des Einbringenden auswirkt. Bis zur Bestandskraft der Steuerfestsetzung des Jahres der Einbringung ist es dem Einbringenden daher nach den allgemeinen Grundsätzen möglich, den einmal gewählten Wertansatz zu ändern. Gehören die erhaltenen Anteile zu einem Betriebsvermögen, kann die Wahlrechtsausübung nur dann geändert werden, wenn die Voraussetzungen für eine Änderung der Steuerbilanz nach § 4 Abs. 2 EStG gegeben sind.[159]

V. Anschaffungskosten
bei nicht zum Betriebsvermögen gehörigen Anteilen

109 Gehörten die eingebrachten Anteile beim Einbringenden nicht zu einem Betriebsvermögen, so wurden die Anteile nicht bilanziert und folglich gibt es keinen Buchwert. Für diesen Fall treten gem. § 21 Abs. 2 S. 5 sowohl für den Wertansatz der übernehmenden Gesellschaft als auch für die Besteuerungsfolgen des Einbringenden die Anschaffungskosten des Einbringenden für die eingebrachten Anteile an die Stelle des Buchwerts.

VI. Minderung der Anschaffungskosten
bei weiterer Gegenleistung

110 Werden neben den neuen Anteilen auch andere Wirtschaftsgüter gewährt, ist gem. §§ 21 Abs. 2 S. 6, 20 Abs. 3 S. 3 der gemeine Wert dieser Zusatzleistungen bei der Bemessung der Anschaffungskosten der erhaltenen Anteile von dem sich nach § 21 Abs. 2 ergebenden Wert abzuziehen. Insoweit als sonstige Gegenleistungen gewährt werden, die keine Wirtschaftsgüter sind, z.B. von der übernehmenden Gesellschaft dem Einbringenden zugesagte Dienstleistungen, erfolgt kein Abzug von den Anschaffungskosten.[160]

111 Sind die Anschaffungskosten der erhaltenen Anteile gem. § 21 Abs. 2 S. 1 Reflex des Wertansatzes der eingebrachten Anteile auf Ebene der übernehmenden Gesellschaft, führen andere als Gegenleistung gewährte sonstige Gegenleistungen insoweit zu einem Einbringungsgewinn, als der Wertansatz der eingebrachten Anteile auf Ebene der aufnehmenden Gesellschaft gem. § 21 Abs. 1 S. 2 Nr. 2 lit. a und S. 4 über dem Buchwert der eingebrachten Anteile liegt. Die Einschränkung des Ansatzwahlrechts bei zusätz-

---

159 Vgl. *Patt* in Dötsch/Jost/Pung/Witt, § 21 Rdn. 65; *Rabback* in Rödder/Herlinghaus/van Lishaut, § 21 Rdn. 121.
160 *Vgl. Widmann* in Widmann/Mayer, § 21 Rdn. R 251.

licher Gewährung von anderen Wirtschaftsgütern wirkt sich somit mittelbar auf die Ebene des Einbringenden aus. Die Wertuntergrenze des § 21 Abs. 1 S. 4 führt dazu, dass keine negativen Anschaffungskosten entstehen.[161]

Beispiel 2

Die 100 %-Beteiligung an der X-GmbH hat einen BW i.H.v. EUR 400.000 und einen gW i.H.v. EUR 4.000.000. Der Einbringende erhält neben neuen Anteilen sonstige Gegenleistungen i.H.v. EUR 1.000.000 und die übernehmende Gesellschaft stellt einen Antrag auf BW Fortführung.

gW Anteile	4.000.000
BW Anteile	400.000
gW sonstige Gegenleistung	1.000.000

Wertansatz bei der übernehmenden Gesellschaft

Ermittlung des Teils, der zum gW angesetzt werden muss:

Prüfung der Grenze des Abs. 1 S. 2 Nr. 2 und Ermittlung des übersteigenden Betrags			
gW der sonstigen Gegenleistung		1.000.000	
Prüfung der Grenze des Abs. 1 S. 2 Nr. 2 lit. a			
höchstens 25% des BW der eingebrachten Anteile		100.000	
Prüfung der Grenze des Abs. 1 S. 2 Nr. 2 lit. b			
oder EUR 500.000, höchstens	500.000		
jedoch der BW	400.000	400.000	400.000
insoweit Ansatz zum gW			600.000

Ermittlung des restlichen Teils, für den die BW fortgeführt werden können			
gW der Anteile		4.000.000	
insoweit Quote Ansatz zum gW	15,00 %	– 600.000	
insoweit Quote Ansatz zum BW	85,00 %	3.400.000	
insoweit Ansatz zum BW		400.000	340.000

Wertansatz der eingebrachten Anteile an der erworbenen Gesellschaft nach Abs. 1 S. 2		940.000
Wertuntergrenze des Abs. 1 S. 4 i.H. des gW der sonstigen Gegenleistungen, wenn Wert höher als der sich aus Abs. 1 S. 2 ergebende	1.000.000	1.000.000

---

161 Vgl. a.A. *Schmitt* in Schmitt/Hörtnagl/Stratz, § 21 Rdn. 106b, der offensichtlich § 21 Abs. 1 S. 4 nicht berücksichtigt.

Folgen beim Einbringenden

Einbringungsgewinn des einbringenden Gesellschafters

Veräußerungspreis der eingebrachten Anteile nach Abs. 2 S. 1	1.000.000
BW der eingebrachten Anteile	400.000
Einbringungsgewinn	600.000

Ermittlung der Anschaffungskosten der erhaltenen Anteile

Anschaffungskosten der erhaltenen Anteile nach Abs. 2 S. 1	1.000.000
gW der sonstigen Gegenleistungen	1.000.000
Anschaffungskosten der erhaltenen Anteile	0

112 Werden die Anschaffungskosten der erhaltenen Anteile auf Antrag gem. § 21 Abs. 2 S. 3 unter dem gemeinen Wert der eingebrachten Anteile angesetzt, führen andere als Gegenleistung gewährte Wirtschaftsgüter dem Wortlaut des Gesetzes folgend insoweit zu negativen Anschaffungskosten, als sie die Anschaffungskosten der eingebrachten Anteile wertmäßig übersteigen. Die Wahlrechtseinschränkung gem. § 21 Abs. 1 S. 2 und 4 wirkt sich in diesem Fall nicht auf die Ebene des Einbringenden aus.

113 Es ist offensichtlich, dass in Fällen mit Auslandsbezug über das Wahlrecht gem. § 21 Abs. 2 S. 3 eine steuerfreie Veräußerung der eingebrachten Anteile an die übernehmende Gesellschaft möglich ist, während dies in Inlandsfällen mit Wertverknüpfung nur in den Grenzen des Wertansatzes des § 21 Abs. 1 S. 2 und 4 möglich ist. Daher stellt sich die Frage, ob das Wahlrecht gem. § 21 Abs. 2 S. 3 wertmäßig insoweit nach unten begrenzt ist, als dass mindestens der sich nach § 21 Abs. 1 S. 2 und 4 ergebende Wertansatz auf Ebene der aufnehmenden Gesellschaft als Veräußerungspreis der eingebrachten Anteile und als Anschaffungskosten der erhaltenen Anteile anzusetzen ist.[162] Es ist nicht davon auszugehen, dass der Gesetzgeber die Steuern auf einen Veräußerungsgewinn aus einer „wirtschaftlichen" Veräußerung der eingebrachten Anteile an eine ausländische übernehmende Gesellschaft bis zur tatsächlichen Veräußerung der erhaltenen Anteile stunden wollte. Danach sollte die unbewusste Gesetzeslücke im Wege der Analogie entsprechend der Intention des Gesetzgebers geschlossen werden. Somit wäre das Wahlrecht betragsmäßig zu beschränken, so dass die Anschaffungskosten der erhaltenen Anteile nicht negativ werden können.

---

162 Vgl. *Mutscher* in Frotscher/Maas, § 21 Rdn. 209; *Widmann* in Widmann/Mayer, § 21 Rdn. 221, die sich für negative Anschaffungskosten und damit gegen eine wertmäßige Einschränkung des Bewertungswahlrechts gem. § 21 Abs. 2 S. 3 aussprechen; *Patt* in Dötsch/Jost/Pung/Witt, § 21 Rdn. 63; *Rabback* in Rödder/Herlinghaus/van Lishaut, § 21 Rdn. 126; *Behrens* in Haritz/Menner, § 21 Rdn. 322, die sich gegen negative Anschaffungskosten aussprechen und eine wertmäßige Begrenzung auf den gemeinen Wert der Gegenleistung befürworten.

D. Besteuerung eines Einbringungsgewinns (Abs. 3)

§ 21 Abs. 3 regelt die Besteuerung eines beim Anteilstausch entstehenden **114** Veräußerungsgewinns beim Einbringenden, weshalb der Veräußerungsgewinn auch als Einbringungsgewinn bezeichnet wird. Für den Einbringenden stellt ein Anteilstausch dem Grunde nach eine entgeltliche Übertragung der eingebrachten Anteile im Austausch gegen neue Anteile an der übernehmenden Gesellschaft dar (sog. tauschähnlicher Vorgang). Der Einbringungsgewinn entsteht im Einbringungszeitpunkt.[163]

Die Vorschrift entspricht inhaltlich weitgehend der bisherigen Regelung in **115** § 20 Abs. 5 UmwStG a.F., sie wurde jedoch auf die Bedürfnisse des Anteilstauschs beschränkt und entsprechend angepasst.[164] So ist Bewertungsmaßstab nicht mehr der Teilwert, sondern nunmehr der gemeine Wert und die Tarifbegünstigung des § 34 Abs. 1 EStG ist nicht mehr anwendbar.[165]

I. Ermittlung des Einbringungsgewinns

Der Einbringungsgewinn bzw. dessen Ermittlung sind in § 21 nicht definiert. **116** Aus der Qualifizierung des Anteilstauschs als tauschähnlicher Vorgang ergibt sich jedoch, dass Einbringungsgewinn (Veräußerungsgewinn) der Betrag ist, um den der Veräußerungspreis nach Abzug der Einbringungskosten den Buchwert bzw. die Anschaffungskosten der übertragenen Anteile übersteigt:

Veräußerungspreis der eingebrachten Anteile

./. Einbringungskosten des Einbringenden

./. Buchwert bzw. Anschaffungskosten der eingebrachten Anteile

= Einbringungsgewinn/-verlust (ggf. abzgl. Freibetrag)

Die Höhe des *Veräußerungspreises* ergibt sich aus Abs. 2 der Vorschrift. Als **117** Veräußerungspreis der eingebrachten Anteile gilt gem. § 21 Abs. 2 S. 1 grds. der Wert, mit dem die übernehmende Gesellschaft die eingebrachten Anteile ansetzt. Beim Einbringenden ist nicht zu prüfen, ob der Wert zutreffend ermittelt wurde.[166] Verletzt die übernehmende Gesellschaft die gesetzlichen Bewertungsgrenzen, ist der Wertansatz beim Übernehmer hingegen nicht maßgeblich.[167] Vom Grundsatz abweichend gilt gem. § 21 Abs. 2 S. 2 der gemeine Wert der eingebrachten Anteile als Veräußerungspreis, wenn das deutsche Besteuerungsrecht hinsichtlich der Besteuerung eines Veräußerungsgewinns der eingebrachten oder der erhaltenen Anteile nach der Einbringung ausgeschlossen oder beschränkt ist.[168] Übt der Einbringende das Bewertungswahlrecht nach § 21 Abs. 2 S. 3 wirksam aus,[169] ist der bean-

---

163 Vgl. Rdn. 28 f.
164 Vgl. Gesetzesbegründung, BT-Drs. 16/2710, 46.
165 Siehe hierzu im Einzelnen Rdn. 131.
166 BFH vom 19.12.2007, I R 111/05, BStBl. II 2008, 536.
167 Vgl. *Widmann* in Widmann/Meyer, § 21 Rdn. 287; *Herlinghaus* in Rödder/Herlinghaus/van Lishaut, § 20 Rdn. 188; offen gelassen durch BFH vom 19.12.2007, I R 111/05, BStBl. II 2008, 536.
168 Vgl. hierzu Rdn. 76 ff.
169 Vgl. hierzu Rdn. 89 ff.

tragte Buchwert der eingebrachten Anteile oder ein Zwischenwert als Veräußerungspreis bei der Ermittlung des Einbringungsgewinns anzusetzen. Hinsichtlich der Details zur Bestimmung des Veräußerungspreises kann auf die Ausführungen zur Ermittlung der Anschaffungskosten der erhaltenen Anteile verwiesen werden, da beide Größen stets identisch zu ermitteln sind.[170]

118 *Einbringungskosten* sind im Veranlassungszusammenhang mit der Einbringung stehende Aufwendungen. Erforderlich ist ein objektiver Veranlassungszusammenhang zwischen den Kosten und dem Einbringungsvorgang beim Einbringenden, ein Zuordnungswahlrecht der Beteiligten besteht nicht.[171] Eine (vertraglich abgesprochene) Verschiebung der Kostentragungspflicht zwischen einbringender und übernehmender Gesellschaft wird daher steuerlich nicht anerkannt.[172] Trägt bspw. die übernehmende Gesellschaft die Kosten des Einbringenden, liegt eine vGA vor.[173] Zu den Einbringungskosten können z.B. mit der Planung und Durchführung der Einbringung zusammenhängende Rechts- und Steuerberatungskosten, Bilanz- und Vertragserstellungskosten sowie Beschluss- und Eintragungskosten gehören. Die Aufwendungen können sowohl vor der Einbringung als auch erst nach der Einbringung anfallen.[174] Nach Ansicht von *Patt* mindern die Einbringungskosten den Einbringungsgewinn unabhängig vom Bewertungsansatz und stellen demgemäß in keinem Fall laufende Betriebsausgaben des Einbringenden im Wirtschaftsjahr des Anteilstauschs dar.[175] Dies ergebe sich zum einen aus den allgemeinen auf den Einbringungsgegenstand anzuwendenden Vorschriften (insb. §§ 16 Abs. 2, 17 Abs. 2 EStG bzw. § 20 Abs. 2 Nr. 1 i.V.m. Abs. 4 S. 1 EStG) und zum anderen aus der gesetzlichen Definition des (nachträglichen) Einbringungsgewinns in §§ 22 Abs. 1 S. 3 und Abs. 2 S. 3. Nach anderer, jedoch systematisch nicht überzeugender Auffassung können bei Buchwertansatz die Einbringungskosten sofort abzugsfähige Betriebsausgaben des Einbringenden sein.[176]

119 Ein Gewinn, der aus der Rückgängigmachung einer vorangegangenen Teilwertabschreibung auf die eingebrachten Anteile resultiert, gehört nicht zum Einbringungsgewinn, sondern zum laufenden Ergebnis des Einbringenden.

---

170 Vgl. Rdn. 68 ff.

171 Vgl. BFH vom 22.04.1998, I R 83/96, BStBl. II 1998, 698; *Mühle*, DStZ 2006, 63; *Patt* in Dötsch/Patt/Pung/Möhlenbrock, § 21 Rdn. 78; *Behrens* in Haritz/Menner, § 21 Rdn. 344; *Ott*, DStR 2016, 777.

172 Vgl. *Schmitt* in Schmitt/Hörtnagl/Stratz, § 21 Rdn. 115; *Herlinghaus* in Rödder/Herlinghaus/van Lishaut, § 20 Rdn. 204b; offen gelassen durch BFH vom 15.10.1997, I R 22/96, BStBl. II 1998, 168.

173 Vgl. *Widmann* in Widmann/Meyer, § 21 Rdn. 284 i.V.m. § 20 R 717.

174 Zu vorgezogenen Veräußerungskosten vgl. BFH vom 06.10.1993, I R 97/92, BStBl. II 1994, 287.

175 Vgl. *Patt* in Dötsch/Patt/Pung/Möhlenbrock, § 21 Rdn. 78; vgl. auch *Ott*, DStR 2016, 777.

176 Vgl. *Schmitt* in Schmitt/Hörtnagl/Stratz, § 21 Rdn. 115.

II. Besteuerung des Einbringungsgewinns

Das UmwStG selbst enthält keine Vorschrift zur Besteuerung des Einbringungsgewinns. Die Besteuerung richtet sich daher nach den allgemeinen Vorschriften der Einzelsteuergesetze in Abhängigkeit von der Person des Einbringenden. Ist Einbringender eine natürliche Person oder eine PersG mit natürlichen Personen als Mitunternehmern, finden §§ 3 Nr. 40, 3c Abs. 2 EStG auf den Einbringungsgewinn Anwendung. Der Einbringungsgewinn ist demnach bei Anwendung des Teileinkünfteverfahrens zu 60 % einkommensteuerpflichtig. Ist Einbringender eine Körperschaft, Personenvereinigung oder Vermögensmasse oder eine PersG mit den vorgenannten Mitunternehmern, ist § 8b Abs. 2 und Abs. 3 KStG auf den Einbringungsgewinn anwendbar. Der Einbringungsgewinn ist in diesem Fall zu 95 % von der Körperschaftsteuer freigestellt. 120

Zu den anwendbaren Freibeträgen und Tarifbegünstigungen auf den Einbringungsgewinn vgl. nachfolgend Rdn. 125 ff. 121

Der Einbringungsgewinn unterliegt wie ein Veräußerungsgewinn nur dann der Gewerbesteuerpflicht, wenn die eingebrachten Anteile zum Betriebsvermögen eines Gewerbebetriebs i.S.v. § 2 Abs. 1 GewStG gehörten. Auch wenn die Anteile dem Betriebsvermögen einer natürlichen Person zuzuordnen waren, stellt der Einbringungsgewinn einen gewerbesteuerpflichtigen laufenden Gewinn dar.[177] Die Einbringung einer im Privatvermögen gehaltenen Beteiligung unterliegt nicht der Gewerbesteuer. Die Ermittlung des Einbringungsgewinns folgt für Gewerbesteuerzwecke den gleichen Grundsätzen,[178] insbesondere gilt das Antragswahlrecht in § 21 Abs. 2 S. 3 auch für die Gewerbesteuer. Aus § 7 S. 4 GewStG folgt, dass der nach dem Teileinkünfteverfahren gem. §§ 3 Nr. 40, 3c EStG bzw. der Steuerfreistellung nach § 8 b KStG steuerfreie Teil auch bei der Ermittlung der Gewerbesteuer außer Ansatz bleibt. 122

Handelt es sich bei den eingebrachten Anteilen um sog. *einbringungsgeborene Anteile* i.S.v. § 21 UmwStG a.F.,[179] sind die Ausnahmevorschriften von der Steuerfreistellung in § 3 Nr. 40 S. 3 f. EStG a.F. bzw. § 8b Abs. 4 KStG a.F. bei der Besteuerung des Einbringungsgewinns weiterhin zu berücksichtigen. Für Gewerbesteuerzwecke ist der Einbringungsgewinn nach h.M. gewerbesteuerfrei, wenn die Veräußerung des ursprünglich eingebrachten Betriebs, Teilbetriebs bzw. Mitunternehmeranteils, für die die einbringungsgeborenen Anteile gewährt wurden, gewerbesteuerfrei gewesen wäre.[180] 123

Bei einem *grenzüberschreitenden Anteilstausch* ist der Einbringungsgewinn in Deutschland nur steuerpflichtig, wenn der Einbringende unbeschränkt oder beschränkt steuerpflichtig ist und das Besteuerungsrecht nicht durch 124

---

177 Dies gilt selbst dann, wenn es sich um eine 100 %-Beteiligung handelt, vgl. H 7.1 (3) GewStH 2009 „Gewinn aus der Veräußerung einer 100 %igen Beteiligung an einer Kapitalgesellschaft".

178 § 7 S. 1 GewStG; vgl. im Einzelnen Rdn. 116.

179 Vgl. Rdn. 30.

180 Vgl. Tz. 21.13 UmwStE 1998; OFD Koblenz vom 27.12.2004, DStR 2005, 194; *Rabback* in Rödder/Herlinghaus/van Lishaut, § 21 Rdn. 132; *Schmitt* in Schmitt/Hörtnagl/Stratz, § 21 Rdn. 133.

ein DBA eingeschränkt wird. Bei in Deutschland unbeschränkt Steuerpflichtigen, die Anteile an einer ausländischen Gesellschaft in eine deutsche Körperschaft einbringen, wird der Einbringungsgewinn regelmäßig in Deutschland steuerpflichtig sein, da das Besteuerungsrecht an den Anteilen nach den meisten von Deutschland abgeschlossenen DBA – entsprechend dem OECD-MA – dem Wohnsitzstaat zusteht. Ist der Einbringende nur beschränkt steuerpflichtig und sind Einbringungsgegenstand Anteile an einer inländischen KapG, ist zunächst zu prüfen, ob der Einbringungsgewinn zu den inländischen Einkünften i.S.v. § 49 EStG zählt. Ist dies der Fall, aber weist ein DBA das Besteuerungsrecht an den Anteilen – dem OECD-MA entsprechend – dem Wohnsitzstaat zu, wird das deutsche Besteuerungsrecht hinsichtlich des Einbringungsgewinns hierdurch ausgeschlossen.

III. Begünstigungsvorschriften

1. Freibetrag gem. § 17 Abs. 3 EStG

125   Nach § 21 Abs. 3 S. 1 HS 1 ist der Freibetrag des § 17 Abs. 3 EStG auf einen beim Anteilstausch entstehenden Veräußerungsgewinn nur anzuwenden, wenn der Einbringende eine natürliche Person ist und entweder die übernehmende Gesellschaft die eingebrachten Anteile nach § 21 Abs. 1 S. 1 oder in Fällen des § 21 Abs. 2 S. 2 der Einbringende die erhaltenen Anteile mit dem *gemeinen Wert* ansetzt. Voraussetzung für die Nutzung des Freibetrags in § 17 Abs. 3 EStG ist somit insbesondere, dass sämtliche stillen Reserven in den eingebrachten Anteilen aufgedeckt werden.[181]

126   Die Inanspruchnahme des Freibetrags gem. § 17 Abs. 3 EStG erfordert weiterhin das Vorliegen der Voraussetzungen des § 17 Abs. 1 EStG. Bei der eingebrachten Beteiligung muss es sich folglich um eine wesentliche Beteiligung i.S.v. § 17 Abs. 1 EStG (mind. 1%ige Beteiligung) handeln. Einbringungsgeborene Anteile i.S.v. § 21 UmwStG a.F. sind bei Ermittlung der Wesentlichkeit zu berücksichtigen, für einbringungsgeborene Anteile selbst kann jedoch der Freibetrag des § 17 Abs. 3 EStG nicht beansprucht werden.[182]

127   Rechtsfolge der Anwendung des Freibetrags ist, dass der Einbringungsgewinn nur insoweit zur Einkommensteuer herangezogen wird, wie er den Teil von EUR 9.060 übersteigt, der dem eingebrachten Anteil an der KapG entspricht (Beispiel: bei Einbringung einer 60%-Beteiligung beträgt der Freibetrag somit nur 60% von EUR 9.060 = EUR 5.436; § 17 Abs. 3 S. 1 EStG). Der Freibetrag reduziert sich zudem um den Betrag, um den der Einbringungsgewinn den Teil von EUR 36.100 übersteigt, der dem eingebrachten Anteil an der KapG entspricht (60% von EUR 36.100 = EUR 21.660; § 17 Abs. 3 S. 2 EStG).

2. Freibetrag gem. § 16 Abs. 4 EStG

128   Der Freibetrag des § 16 Abs. 4 EStG wird dem Einbringenden beim Anteilstausch von KapG-Anteilen gem. § 21 Abs. 3 S. 1 HS 2 nur gewährt, wenn

---

181 Vgl. *Schmitt* in Schmitt/Hörtnagl/Stratz, § 21 Rdn. 127; *Rabback* in Rödder/Herlinghaus/van Lishaut, § 21 Rdn. 135.
182 Vgl. BFH vom 10.11.1992, VIII R 40/89, BStBl. II 1994, 222.

– die Voraussetzungen zur Gewährung des Freibetrags nach § 17 Abs. 3 EStG des § 21 Abs. 3 S. 1 HS 1 vorliegen,
– die eingebrachte Beteiligung im Betriebsvermögen gehalten wird und das gesamte Nennkapital der KapG umfasst und
– die Bedingungen des § 16 Abs. 4 S. 1 EStG erfüllt sind.

Erforderlich ist somit zunächst, dass Einbringender eine natürliche Person ist und dass eine Aufdeckung sämtlicher stiller Reserven durch Ansatz des gemeinen Werts erfolgte.[183] Der Verweis auf diese Tatbestandsvoraussetzungen ist der Formulierung „dies gilt für die Anwendung ... " in § 21 Abs. 3 S. 1 HS 2 zu entnehmen. Daneben fordert die Vorschrift ausdrücklich, dass die eingebrachte Beteiligung vor der Einbringung einem Betriebsvermögen des Einbringenden zuzuordnen war. Handelt es sich um Anteile des Privatvermögens kommt folglich nur der Freibetrag des § 17 Abs. 3 EStG in Betracht. Weitere in § 21 Abs. 3 S. 1 HS 2 genannte Voraussetzung ist, dass die eingebrachte Beteiligung das gesamte Nennkapital der KapG umfassen muss. Bei der Einbringung einer Beteiligung, die weniger als 100 % des Nennkapitals umfasst, scheidet die Gewährung des Freibetrags gem. § 16 Abs. 4 EStG somit selbst bei Ansatz des gemeinen Werts von vornherein aus.

Die Inanspruchnahme des Freibetrags gem. § 16 Abs. 4 EStG erfordert wei- 129
terhin das Vorliegen der Voraussetzungen des § 16 Abs. 4 S. 1 EStG. Der Einbringende muss folglich das 55. Lebensjahr vollendet haben oder im sozialversicherungsrechtlichen Sinne dauernd berufsunfähig sein. In beiden Fällen wird der Freibetrag nur auf Antrag gewährt.

Rechtsfolge der Anwendung des Freibetrags ist, dass der Einbringungsge- 130
winn auf Antrag nur insoweit zur Einkommensteuer herangezogen wird, wie er EUR 45.000 übersteigt. Der Freibetrag reduziert sich jedoch um den Betrag, um den der Einbringungsgewinn EUR 136.000 übersteigt (§ 16 Abs. 4 S. 3 EStG). Der Freibetrag des § 16 Abs. 4 EStG ist jedem Steuerpflichtigen nur einmal im Leben zu gewähren (§ 16 Abs. 4 S. 2 EStG).

3. Tarifbegünstigung gem. § 34 EStG

Die Tarifbegünstigung des § 34 Abs. 1 EStG (sog. Fünftelregelung) wird für 131
den Einbringungsgewinn durch § 21 Abs. 3 S. 2 ausgeschlossen. Hierdurch soll eine doppelte Steuerbegünstigung ausgeschlossen werden, weil der Einbringungsgewinn regelmäßig bereits nach dem Teileinkünfteverfahren steuerlich begünstigt ist. Keine Aussage trifft die Vorschrift zur Steuerbegünstigung nach § 34 Abs. 3 EStG (Anwendung eines ermäßigten Steuersatzes). Hieraus wird zum Teil geschlossen, dass letztere Steuerbegünstigung grds. anwendbar bleibt.[184] Nach anderer Auffassung kann auch § 34 Abs. 3 EStG nicht in Anspruch genommen werden, da hierzu aufgrund des Verwei-

---

183 Vgl. hierzu Rdn. 39 ff.
184 Vgl. *Schmitt* in Schmitt/Hörtnagl/Stratz, § 21 Rdn. 130; *Nitzschke* in Blümich, § 21 Rdn. 67; *Heß/Schnitger* in PricewaterhouseCoopers AG, Reform des Umwandlungssteuerrechts, § 21 Rdn. 1642; *Benz/Rosenberg* in Blumenberg/Schäfer, S. 172; für einbringungsgeborene Anteile siehe auch BMF vom 16.12.2003, BStBl. I 2003, 786 Rdn. 21.

ses auf Abs. 1 eine Anwendbarkeit von Abs. 1 Grundvoraussetzung sei.[185] Letzterer Auffassung ist u.E. zuzustimmen.

4. Steuerermäßigung gem. § 35 EStG

132 Die Steuerermäßigung des § 35 EStG wird in § 21 Abs. 3 nicht ausgeschlossen und ist somit anwendbar, wenn Anteile an einer KapG oder Genossenschaft, die in einem gewerblichen Betriebsvermögen gehalten werden, eingebracht werden.[186]

IV. Einbringungsverlust

133 Ein Einbringungsverlust entsteht, wenn der Buchwert bzw. die Anschaffungskosten der eingebrachten Anteile über der Summe aus Veräußerungspreis i.S.d. § 21 Abs. 2 und Einbringungskosten liegen. Im Fall des Buchwert- oder Zwischenwertansatzes kann ein Einbringungsverlust folglich aus dem Abzug von Einbringungskosten resultieren. Ein Einbringungsverlust kann ferner entstehen, wenn der gemeine Wert der eingebrachten Anteile unter dem Buchwert bzw. den Anschaffungskosten liegt.

134 Ist der Einbringende eine natürliche Person, die die Beteiligung im Privatvermögen hält, oder eine PersG, zu deren Betriebsvermögen die Beteiligung gehört und deren Gesellschafter natürliche Personen sind, ist grds. § 3c Abs. 2 EStG anwendbar. Der Einbringungsverlust ist in diesem Fall zu 60 % berücksichtigungsfähig. Handelt es sich um von einer Körperschaft, Personenvereinigung oder Vermögensmasse eingebrachte Anteile i.S.v. § 8b Abs. 2 KStG, ist der Einbringungsverlust gem. § 8b Abs. 3 S. 3 KStG steuerlich außer Ansatz zu lassen.

---

185 Vgl. *Mutscher* in Frotscher/Maas, § 21 Rdn. 233; *Patt* in Dötsch/Patt/Pung/Möhlenbrock, § 21 Rdn. 83.
186 Vgl. *Widmann* in Widmann/Mayer, § 21 Rdn. 351.

§ 22
Besteuerung des Anteilseigners

(1) [1]Soweit in den Fällen einer Sacheinlage unter dem gemeinen Wert (§ 20 Abs. 2 Satz 2) der Einbringende die erhaltenen Anteile innerhalb eines Zeitraums von sieben Jahren nach dem Einbringungszeitpunkt veräußert, ist der Gewinn aus der Einbringung rückwirkend im Wirtschaftsjahr der Einbringung als Gewinn des Einbringenden im Sinne von § 16 des Einkommensteuergesetzes zu versteuern (Einbringungsgewinn I); § 16 Abs. 4 und § 34 des Einkommensteuergesetzes sind nicht anzuwenden. [2]Die Veräußerung der erhaltenen Anteile gilt insoweit als rückwirkendes Ereignis im Sinne von § 175 Abs. 1 Satz 1 Nr. 2 der Abgabenordnung. [3]Einbringungsgewinn I ist der Betrag, um den der gemeine Wert des eingebrachten Betriebsvermögens im Einbringungszeitpunkt nach Abzug der Kosten für den Vermögensübergang den Wert, mit dem die übernehmende Gesellschaft dieses eingebrachte Betriebsvermögen angesetzt hat, übersteigt, vermindert um jeweils ein Siebtel für jedes seit dem Einbringungszeitpunkt abgelaufene Zeitjahr. [4]Der Einbringungsgewinn I gilt als nachträgliche Anschaffungskosten der erhaltenen Anteile. [5]Umfasst das eingebrachte Betriebsvermögen auch Anteile an Kapitalgesellschaften oder Genossenschaften, ist insoweit § 22 Abs. 2 anzuwenden; ist in diesen Fällen das Recht der Bundesrepublik Deutschland hinsichtlich der Besteuerung des Gewinns aus der Veräußerung der erhaltenen Anteile ausgeschlossen oder beschränkt, sind daneben auch die Sätze 1 bis 4 anzuwenden. [6]Die Sätze 1 bis 5 gelten entsprechend, wenn

1. der Einbringende die erhaltenen Anteile unmittelbar oder mittelbar unentgeltlich auf eine Kapitalgesellschaft oder eine Genossenschaft überträgt,

2. der Einbringende die erhaltenen Anteile entgeltlich überträgt, es sei denn er weist nach, dass die Übertragung durch einen Vorgang im Sinne des § 20 Absatz 1 oder § 21 Absatz 1 oder auf Grund vergleichbarer ausländischer Vorgänge zu Buchwerten erfolgte und keine sonstigen Gegenleistungen erbracht wurden, die die Grenze des § 20 Absatz 2 Satz 2 Nummer 4 oder die Grenze des § 21 Absatz 1 Satz 2 Nummer 2 übersteigen,

3. die Kapitalgesellschaft, an der die Anteile bestehen, aufgelöst und abgewickelt wird oder das Kapital dieser Gesellschaft herabgesetzt und an die Anteilseigner zurückgezahlt wird oder Beträge aus dem steuerlichen Einlagenkonto im Sinne des § 27 des Körperschaftsteuergesetzes ausgeschüttet oder zurückgezahlt werden,

4. der Einbringende die erhaltenen Anteile durch einen Vorgang im Sinne des § 21 Absatz 1 oder einen Vorgang im Sinne des § 20 Absatz 1 oder auf Grund vergleichbarer ausländischer Vorgänge zum Buchwert in eine Kapitalgesellschaft oder eine Genossenschaft eingebracht hat und diese Anteile anschließend unmittelbar oder mittelbar veräußert oder durch einen Vorgang im Sinne der Nummern 1 oder 2 unmittelbar oder mittelbar übertragen werden, es sei denn, er weist nach, dass diese Anteile zu Buchwerten übertragen wurden und keine sonstigen Gegenleistungen erbracht wurden, die die Grenze des § 20 Absatz 2 Satz 2

Nummer 4 oder die Grenze des § 21 Absatz 1 Satz 2 Nummer 2 übersteigen (Ketteneinbringung),

5. der **Einbringende die erhaltenen Anteile in eine Kapitalgesellschaft oder eine Genossenschaft durch einen Vorgang im Sinne des § 20 Absatz 1 oder einen Vorgang im Sinne des § 21 Absatz 1 oder auf Grund vergleichbarer ausländischer Vorgänge zu Buchwerten einbringt und die aus dieser Einbringung erhaltenen Anteile anschließend unmittelbar oder mittelbar veräußert oder durch einen Vorgang im Sinne der Nummern 1 oder 2 unmittelbar oder mittelbar übertragen werden, es sei denn er weist nach, dass die Einbringung zu Buchwerten erfolgte und keine sonstigen Gegenleistungen erbracht wurden, die die Grenze des § 20 Absatz 2 Satz 2 Nummer 4 oder die Grenze des § 21 Absatz 1 Satz 2 Nummer 2 übersteigen, oder**

6. **für den Einbringenden oder die übernehmende Gesellschaft im Sinne der Nummer 4 die Voraussetzungen im Sinne von § 1 Abs. 4 nicht mehr erfüllt sind.**

[7]Satz 4 gilt in den Fällen des Satzes 6 Nr. 4 und 5 auch hinsichtlich der Anschaffungskosten der auf einer Weitereinbringung dieser Anteile (§ 20 Abs. 1 und § 21 Abs. 1 Satz 2) zum Buchwert beruhenden Anteile.

(2) [1]Soweit im Rahmen einer Sacheinlage (§ 20 Abs. 1) oder eines Anteilstausches (§ 21 Abs. 1) unter dem gemeinen Wert eingebrachte Anteile innerhalb eines Zeitraums von sieben Jahren nach dem Einbringungszeitpunkt durch die übernehmende Gesellschaft unmittelbar oder mittelbar veräußert werden und soweit beim Einbringenden der Gewinn aus der Veräußerung dieser Anteile im Einbringungszeitpunkt nicht nach § 8b Abs. 2 des Körperschaftsteuergesetzes steuerfrei gewesen wäre, ist der Gewinn aus der Einbringung im Wirtschaftsjahr der Einbringung rückwirkend als Gewinn des Einbringenden aus der Veräußerung von Anteilen zu versteuern (Einbringungsgewinn II); § 16 Abs. 4 und § 34 des Einkommensteuergesetzes sind nicht anzuwenden. [2]Absatz 1 Satz 2 gilt entsprechend. [3]Einbringungsgewinn II ist der Betrag, um den der gemeine Wert der eingebrachten Anteile im Einbringungszeitpunkt nach Abzug der Kosten für den Vermögensübergang den Wert, mit dem der Einbringende die erhaltenen Anteile angesetzt hat, übersteigt, vermindert um jeweils ein Siebtel für jedes seit dem Einbringungszeitpunkt abgelaufene Zeitjahr. [4]Der Einbringungsgewinn II gilt als nachträgliche Anschaffungskosten der erhaltenen Anteile. [5]Sätze 1 bis 4 sind nicht anzuwenden, soweit der Einbringende die erhaltenen Anteile veräußert hat; dies gilt auch in den Fällen von § 6 des Außensteuergesetzes vom 8. September 1972 (BGBl. I S. 1713), das zuletzt durch Artikel 7 des Gesetzes vom 7. Dezember 2006 (BGBl. I S. 2782) geändert worden ist, in der jeweils geltenden Fassung, wenn und soweit die Steuer nicht gestundet wird. [6]Sätze 1 bis 5 gelten entsprechend, wenn die übernehmende Gesellschaft die eingebrachten Anteile ihrerseits durch einen Vorgang nach Absatz 1 Satz 6 Nr. 1 bis 5 weiter überträgt oder für diese die Voraussetzungen nach § 1 Abs. 4 nicht mehr erfüllt sind. Absatz 1 Satz 7 ist entsprechend anzuwenden.

(3) [1]Der Einbringende hat in den dem Einbringungszeitpunkt folgenden sieben Jahren jährlich spätestens bis zum 31. Mai den Nachweis darüber

zu erbringen, wem mit Ablauf des Tages, der dem maßgebenden Einbringungszeitpunkt entspricht,

1. in den Fällen des Absatzes 1 die erhaltenen Anteile und die auf diesen Anteilen beruhenden Anteile und

2. in den Fällen des Absatzes 2 die eingebrachten Anteile und die auf diesen Anteilen beruhenden Anteile

zuzurechnen sind. ²Erbringt er den Nachweis nicht, gelten die Anteile im Sinne des Absatzes 1 oder des Absatzes 2 an dem Tag, der dem Einbringungszeitpunkt folgt oder der in den Folgejahren diesem Kalendertag entspricht, als veräußert.

(4) ¹Ist der Veräußerer von Anteilen nach Absatz 1

1. eine juristische Person des öffentlichen Rechts, gilt in den Fällen des Absatzes 1 der Gewinn aus der Veräußerung der erhaltenen Anteile als in einem Betrieb gewerblicher Art dieser Körperschaft entstanden,

2. von der Körperschaftsteuer befreit, gilt in den Fällen des Absatzes 1 der Gewinn aus der Veräußerung der erhaltenen Anteile als in einem wirtschaftlichen Geschäftsbetrieb dieser Körperschaft entstanden.

(5) ¹Das für den Einbringenden zuständige Finanzamt bescheinigt der übernehmenden Gesellschaft auf deren Antrag die Höhe des zu versteuernden Einbringungsgewinns, die darauf entfallende festgesetzte Steuer und den darauf entrichteten Betrag; nachträgliche Minderungen des versteuerten Einbringungsgewinns sowie die darauf entfallende festgesetzte Steuer und der darauf entrichtete Betrag sind dem für die übernehmende Gesellschaft zuständigen Finanzamt von Amts wegen mitzuteilen.

(6) ¹In den Fällen der unentgeltlichen Rechtsnachfolge gilt der Rechtsnachfolger des Einbringenden als Einbringender im Sinne der Absätze 1 bis 5 und der Rechtsnachfolger der übernehmenden Gesellschaft als übernehmende Gesellschaft im Sinne des Absatzes 2.

(7) Werden in den Fällen einer Sacheinlage (§ 20 Abs. 1) oder eines Anteilstauschs (§ 21 Abs. 1) unter dem gemeinen Wert stille Reserven auf Grund einer Gesellschaftsgründung oder Kapitalerhöhung von den erhaltenen oder eingebrachten Anteilen oder von auf diesen Anteilen beruhenden Anteilen auf andere Anteile verlagert, gelten diese Anteile insoweit auch als erhaltene oder eingebrachte Anteile oder als auf diesen Anteilen beruhende Anteile im Sinne des Absatzes 1 oder 2 (Mitverstrickung von Anteilen).

Inhaltsverzeichnis

Wulff-Dohmen

Spezialliteratur (Auswahl)

Bauernschmidt/Blöchle, SEStEG: Umwandlung unerwünscht!, BB 2007, 743; *Benecke/Schnitger*, Neuregelung des Umwandlungssteuerrechts und der Entstrickungsnormen durch das SEStEG, IStR 2006, 765; *Benecke/Schnitger*, Letzte Änderungen der Neuregelungen des und der Entstrickungsnormen durch das SEStEG, IStR 2007, 22; *Benz/Rosenberg*, Einbringungsvorgänge nach dem Regierungsentwurf des SEStEG, BB-Special 2006, Nr. 8, 51; *Benz/Rosenberg*, Einbringungsvorgänge nach dem Regierungsentwurf des SEStEG, in Blumenberg/Schäfer, Das SEStEG, 2007, 143 ff.; *Förster/Wendland*, Einbringung von Unternehmensteilen in KapG, BB 2007, 631; *Gille*, Missbrauchstypisierungen im neuen UmwStR Verstoß gegen die Fusionsrichtlinie?, IStR 2007, 194; *Fuhrmann*, Aktualisierung von Gesellschaftsverträgen – Erwägungen im Hinblick auf Gesetzesänderungen, Rechtssprechungsentwicklungen und aktuelle Verwaltungsanweisungen, KÖSDI 2010, Nr. 3, 16884–16895; *Hagemann/Jakob/Ropohl/Viebrock*, SESTEG: Das neue Konzept der Verstrickung und Entstrickung sowie die Neufassung des UmwStG, NWB 2007, Sonderheft 1; *Haritz*, Die Langlebigkeit einbringungsgeborener Anteile, GmbHR 2007, 169; *Heß/Schnitger*, Besteuerung des Anteilseigners nach Einbringung (§ 22), in PricewaterhouseCoopers AG, Reform des Umwandlungssteuerrechts, 2007, 250 ff.; *Hörtnagl*, Europäisierung des UmwStR – SEStEG, Stbg 2006, 471; *Jung/Dern/Wartenberg*, Die schädliche Einlagenrückgewähr nach § 22 Abs. 1 S. 6 Nr. 3 bei formwechselnder Umwandlung einer PersG in eine KapG – ein Damoklesschwert des Umwandlungssteuerrechts?, BB-Special 2007, Nr. 1, 26–30; *Kessler*, Analyse der Ersatzrealisationstatbestände i.S.d. § 22 Abs. 1 Satz 6 UmwStG, Ubg 2011, 34; *Krumm*, Die Verschmelzung von SchwesterkapG ohne Anteilsgewährung, GmbHR 2010, 24–29; *Kutt/Jehke*, Steuerliche Fallen bei Folge-Umstrukturierung innerhalb der 7-jährigen Sperrfrist gem. § 22 UmwStG, BB 2010, 474–481; *Orth*, Einbringung eines wirtschaftlichen Geschäftsbetriebes oder eines Betriebs gewerblicher Art in eine KapG nach dem UmwStG i.d.F. des SEStEG, DB 2007, 419 ff.; *Rödder/Wochinger*, Down-Stream-Merger mit Schuldenüberhang und Rückkauf eigener Anteile, DStR 2006, 684; *Schönherr/Lemaitre*, Grundzüge und ausgewählte Aspekte bei Einbringungen in KapG nach dem SEStEG, GmbHR 2007, 459 ff., *Schröder/Pickhart-Poremba*, Einbringung von Betriebsvermögen in eine KapG durch nat. Personen nach der Neufassung des UmwStR durch das SEStEG – Eine Fallstudie, DB 2007, 2166; *Schwenke*, Europarechtliche Vorgaben und deren Umsetzung durch das SEStEG, DStZ 2007, 235 ff.; *Söffing/Lange*, Die neue Nachweispflicht des § 22 Abs. 3, DStR 2007, 1607 ff.; *Strahl*, Einbringung in eine KapG nach dem neuen UmwSt-Recht, KÖSDI 2007, 15442 ff.; *Wassermeyer*, Merkwürdigkeiten bei der Wegzugsbesteuerung, IStR 2007, 833.

A. Einführung

I. Überblick

Der Anwendungsbereich des § 22 ergibt sich aus § 1 Abs. 3 (sachlicher An-   1
wendungsbereich) und Abs. 4 (persönlicher Anwendungsbereich). Er erstreckt sich auf inländische, ausländische und grenzüberschreitende Sachverhalte.[1]

§ 22 gehört zum Sechsten Teil des UmwStG, welcher durch die Regelungen   2
in den §§ 20 und 21 natürlichen und juristischen Personen die Möglichkeit
eröffnet, „Unternehmensteile" (Betriebe, Teilbetriebe oder Mitunternehmeranteile) bzw. mehrheitsvermittelnde Anteile an KapG oder Genossenschaften „unter ihrem gemeinen Wert" d.h. ohne bzw. ohne vollständige Aufdeckung und Besteuerung der in den übertragenen Wirtschaftsgütern enthaltenen stillen Reserven und des Geschäftswertes gegen Gewährung von Anteilen auf eine KapG oder Genossenschaft zu übertragen. Die Einbringung von Unternehmensteilen nach § 20 wird vom Gesetzgeber in § 22 als „Sacheinlage", die isolierte Übertragung mehrheitsvermittelnder (qualifizierter) Anteile nach § 21 als „Anteilstausch" bezeichnet. § 22 ergänzt die §§ 20 und 21 im Hinblick auf die nachfolgende Besteuerung der Einbringenden („Anteilseigner" i.S.v. § 22), die von dieser Möglichkeit Gebrauch gemacht haben.

Werden die für eine Sacheinlage unter dem gemeinen Wert nach § 20 *erhal-*   3
tenen Anteile (Fälle des § 22 Abs. 1) bzw. die im Wege der Sacheinlage nach
§ 20 oder eines isolierten qualifizierten Anteilstausches nach § 21 unter dem
gemeinen Wert *eingebrachten Anteile* an KapG oder Genossenschaften
(Fälle des § 22 Abs. 2) innerhalb eines siebenjährigen Zeitraumes (nachfolgend auch „Sperrfrist") nach der Einbringung *veräußert*, so bestimmen die
Abs. 1 bzw. 2 des § 22 in ihrem Grundregelungsgehalt, dass die in den übertragenen Wirtschaftsgütern zum Einbringungszeitpunkt vorhandenen, aber
zu diesem Zeitpunkt nicht aufgedeckten und besteuerten stillen Reserven sowie der Geschäftswert vom *Einbringenden* als sog. „Einbringungsgewinn I"
bzw. „Einbringungsgewinn II" nachträglich zu versteuern sind. Der Einbringende wird daher in diesem Fall nachträglich so behandelt, als wenn er die
Unternehmensteile bzw. die Anteile an KapG oder Genossenschaften nach
§ 20 bzw. 21 zum gemeinen Wert eingebracht hätte. Der nachträglich zu versteuernde Einbringungsgewinn vermindert sich hierbei allerdings um jeweils
$1/7$ für jedes seit dem Einbringungszeitpunkt abgelaufene Jahr.

---

1 Siehe i.E. zum Anwendungsbereich auch die Kommentierung zu § 1 Abs. 3
Rdn. 99 ff. und zu § 1 Abs. 4 Rdn. 120 ff.

4 In § 22 Abs. 1 S. 6 Nr. 1, 3 und 16 bzw. § 22 Abs. 2 S. 6 i.V.m. Abs. 2 S. 6 Nr. 1, 3 und 6 sind Tatbestände aufgeführt, deren Erfüllung nach näherer Maßgabe dieser Vorschriften in gleicher Weise wie Veräußerungen zu einer nachträglichen Besteuerung eines Einbringungsgewinns führen. Dieses sind nach Nr. 1 *unentgeltliche Übertragungen* „erhaltener Anteile" i.S.v. § 22 Abs. 1 bzw. „eingebrachter Anteile" i.S.v. § 22 Abs. 2 auf eine KapG oder Genossenschaft , nach Nr. 3 die *Auflösung und Abwicklung* der KapG oder Genossenschaft, an der die erhaltenen bzw. eingebrachten Anteile bestehen sowie die *Einlagenrückgewähr* – auch im Rahmen einer Kapitalherabsetzung – durch diese sowie nach Nr. 6 der *Wegfall der Voraussetzungen des § 1 Abs. 4* für den Einbringenden oder die übernehmende Gesellschaft.

5 Erhaltene und eingebrachte Anteile, durch deren Veräußerung bzw. diesen gleichgestellten Vorgängen die Besteuerung eines Einbringungsgewinns nach § 22 ausgelöst wird, werden nachfolgend in Überstimmung mit dem UmwStE 2011 und einem Großteil der Literatur auch als *„sperrfristbehaftete Anteile"* bezeichnet. Vorgänge, die eine Einbringungsgewinnbesteuerung nach § 22 auslösen, werden nachfolgend auch als *„steuerschädlich"*, solche, die dieses nicht tun, werden auch als *„steuerunschädlich"* bezeichnet.

6 § 22 Abs. 1 S. 6 bzw. § 22 Abs. 2 S 6 i.V.m. Abs. 1 S. 6 enthalten in Nr. 2, 4 und 5 *Ausnahmevorschriften*, nach denen sperrfristbehaftete Anteile steuerunschädlich zu Buchwerten nach §§ 20 Abs. 2 S. 2 bzw. § 21 Abs. 1 S. 2 oder durch vergleichbare ausländische Vorgänge gegen Gewährung von Gesellschaftsrechten und damit entgeltlich übertragen und weiter übertragen werden können. Anteile, die für diese Übertragung und Weiterübertragung gewährt werden, sind hiernach ebenfalls sperrfristbehaftet. Sie werden nachfolgend auch als *„sperrfristinfizierte"* Anteile bezeichnet.

7 Nach Tz. 22.23 UmwStE 2011 kann die Finanzverwaltung im Einzelfall unter einer Reihe dort genannter Bedingungen *auf Antrag im Billigkeitswege* von einer nachträglichen Einbringungsgewinnbesteuerung absehen, wenn sperrfristbehaftete Anteile durch Umwandlungen zu Buchwerten übertragen werden und die Übertragungsvorgänge mit den in § 22 Abs. 1 S. 6 Nr. 2, 4 und 5 (ggf. i.V.m. Abs. 2 S. 6) geregelten Einbringungsvorgängen vergleichbar sind.

8 Durch § 22 Abs. 1 und 2 sollen in *typisierender, unwiderlegbarer Weise*[2] Steuergestaltungen vermieden werden, die vom Gesetzgeber als *missbräuchlich* angesehen werden. § 22 Abs. 1 soll insbesondere verhindern, dass der Einbringende Unternehmensteile, die er veräußern will, nach § 20 in eine KapG oder Genossenschaft unter dem gemeinen Wert einbringt, um im Anschluss hieran die hierfür erhaltenen Anteile an der KapG bzw. Genossenschaft steuerpriviligiert nach § 3 Nr. 40 EStG bzw. § 8b Abs. 2 KStG bzw. unter Nutzung eines DBA-Schachtelprivilegs zu veräußern. § 22 Abs. 2 soll verhindern, dass natürlichen Personen oder aus solchen bestehende Mitunternehmerschaften vor einer angestrebten Veräußerung der von ihnen gehaltenen Anteile an KapG oder Genossenschaften diese auf eine weitere KapG oder Genossenschaft nach § 20 Abs. 2 S. 2 oder § 21 Abs. 1 S. 2 unter

---

2 Vgl. BT-Drs. 16/2710, 46 und z.B. *Hörtnagl*, Stbg 2007, 257 (265).

dem gemeinen Wert übertragen, um anschließend die hierfür erhaltenen Anteile nach § 8b Abs. 2 KStG steuerfrei zu veräußern. § 22 Abs. 2 findet daher nur Anwendung, wenn der Gewinn aus der Veräußerung der Anteile im Einbringungszeitpunkt nicht ohnehin nach § 8b Abs. 2 KStG steuerfrei gewesen wäre.

Der durch das SEStEG eingeführte § 22 ersetzt das System sog. *„einbringungsgeborener Anteile"* des UmwStG 1995 (§ 21 UmwStG 1995, § 3 Nr. 40 S. 3 und 4 EStG a. F., § 8b Abs. 4 KStG a. F. sowie § 26 Abs. 2 S. 1 und 2 UmwStG 1995). Während eine Veräußerung einbringungsgeborener Anteile i. S. d. § 21 UmwStG 1995 zu einer einheitlichen (besonderen) Besteuerung eines Veräußerungsgewinns führte, wird durch § 22 erstmals der Begriff des *„Einbringungsgewinns"* als gesonderter Besteuerungstatbestand eingeführt. Hierdurch wird im Vergleich zum UmwStG 1995 der Veräußerungsgewinn quasi in einen Einbringungs- und in einen Veräußerungsgewinn „zerlegt."[3] Für bestehende *einbringungsgeborene Anteile* findet § 21 UmwStG 1995 *weiterhin Anwendung.* 9

Der Einbringungsgewinn erfasst rückwirkend nur *die zum Zeitpunkt der Einbringung* vorhandenen und bisher nicht besteuerten stillen Reserven in den übertragenden Unternehmensteilen bzw. Anteilen. Der nach den allgemeinen ertragsteuerrechtlichen Regeln (u. a. §§ 3 Nr. 40, 13, 15–18, 23 EStG i. V. m. § 3 Nr. 40 und §§ 20, 32d Abs. 1 EStG, § 8b KStG) zu versteuernde *Gewinn aus der Veräußerung* sperrfristbehafteter Anteile erfasst nur die *nach* der Einbringung entstandenen stillen Reserven. Durch diese Zerlegung wird erreicht, dass nach der Einbringung entstandene stille Reserven ggf. weiterhin privilegiert als Veräußerungsgewinn besteuert werden. Dieses ist sachgerecht, da die nach der Einbringung entstandenen stillen Reserven auch dann privilegiert zu versteuern gewesen wären, wenn das eingebrachte Betriebsvermögen nicht unter dem gemeinen Wert übertragen worden wäre. Dieses hat allerdings im Vergleich zur Regelung des § 21 UmwStG 1995 den Nachteil, dass Wertminderungen des eingebrachten Betriebsvermögens nach der Einbringung nicht zu einer Minderung des Einbringungsgewinns führen, sondern ggf. nur bei der Ermittlung des privilegiert zu besteuernden Veräußerungsgewinns Berücksichtigung finden. 10

Der nach § 22 Abs. 1 bzw. Abs. 2 zu versteuernde Einbringungsgewinn I bzw. II *vermindert sich um ein Siebtel* für jedes nach dem Einbringungszeitpunkt abgelaufene Zeitjahr (§ 22 Abs. 1 S. 3 und Abs. 2 S. 3). Durch dieses *Abschmelzen* des zu versteuernden Einbringungsgewinns soll berücksichtigt werden, dass die Wahrscheinlichkeit einer missbräuchlichen Gestaltung mit zunehmenden zeitlichem Abstand zwischen Einbringung und Veräußerung der Unternehmensteile bzw. der Anteile abnimmt. Hierdurch soll auch für eine Konformität des § 22 mit Art. 11 Abs. 1 FusionsRL gesorgt werden.[4] 11

Die Zerlegung des Gewinns in einen Einbringungs- und in einen Veräußerungsgewinn erfolgt nur innerhalb der *siebenjährigen Sperrfrist.* Für hiernach erfolgende Veräußerungen von Anteilen an KapG oder Genossen- 12

---

3 Vgl. BT-Drs. 16/2710, 47.
4 BT-Drs. 16/2710, 46; siehe auch unten Rdn. 23.

schaften, die durch Einbringungen nach den §§ 20, 21 unter dem gemeinen Wert entstanden sind, findet § 22 keine Anwendung mehr. Die Besteuerung der Veräußerung der für die Einbringung erhaltenen Anteile i.S.d. § 22 Abs. 1 bzw. der eingebrachten Anteile i.S.d. § 22 Abs. 2 erfolgt nach Ablauf der Frist nur noch nach den allgemeinen ertragsteuerrechtlichen Regelungen für die Veräußerung von Anteilen.

13 Der nach § 22 Abs. 1 bzw. 2 zu versteuernde Einbringungsgewinn *erhöht die Anschaffungskosten* der für die Einbringung erhaltenen Anteile (§ 22 Abs. 1 S. 4 bzw. Abs. 2 S. 4). Da hierdurch ein Einbringungsgewinn einen ggf. zusätzlich anfallenden Veräußerungsgewinn vermindert, verhindert diese Regelung eine Doppelbesteuerung. Durch die unterschiedlichen Zeitpunkte des zu ermittelnden Einbringungs- bzw. Veräußerungsgewinns entspricht die Summe aus dem Einbringungsgewinn und des hiernach ermittelten Veräußerungsgewinns i.d.R. aber nicht dem Veräußerungsgewinn, wie er ohne Anrechnung des Einbringungsgewinns entstanden wäre.

14 *§ 22 Abs. 3* verpflichtet *den Einbringenden* innerhalb der siebenjährigen Sperrfrist jeweils bis zum 31. Mai eines Jahres *nachzuweisen,* wem die sperrfristbehafteten Anteile jeweils zuzurechnen sind, um es der Finanzverwaltung zu ermöglichen, Veräußerungen oder diesen gleichgestellte Vorgänge, die die Besteuerung eines Einbringungsgewinns I oder II auslösen, zu erfassen.

15 *§ 22 Abs. 4* findet Anwendung, wenn der Veräußerer sperrfristbehafteter Anteile *eine juristische Person des öffentlichen Rechts bzw. eine steuerbefreite Körperschaft* ist. Durch diese Vorschrift wird aber im Unterschied zu § 22 Abs. 1 und 2, der auch für diese Körperschaften gilt, nicht die Besteuerung eines Einbringungsgewinns geregelt. Abs. 4 fingiert vielmehr, dass die *Veräußerungen* sperrfristbehafteter Anteile im *steuerpflichtigen Bereich* dieser Körperschaften erfolgen.

16 Durch *§ 22 Abs. 5* wird das für den Einbringenden zuständige Finanzamt verpflichtet, auf Antrag der übernehmenden Gesellschaft eine entspr. *Bescheinigung* über die Höhe des zu versteuernden Einbringungsgewinns sowie die festgesetzte und vom Einbringenden hierauf entrichtete Steuer auszustellen. Durch diese Vorschrift wird es der übernehmenden Gesellschaft ermöglicht, nach § 23 Abs. 2 die Höhe des versteuerten Einbringungsgewinns I bzw. II nachzuweisen und in dieser Höhe *eine Aufstockung der Buchwerte der eingebrachten Wirtschaftsgüter* bzw. *der eingebrachten Anteile* vorzunehmen.

17 *§ 22 Abs. 6* regelt, dass in den Fällen der *unentgeltlichen* Übertragung sperrfristbehafteter Anteile, die nicht zu einer (vollständigen) Einbringungsgewinnbesteuerung führen, diese ihren Status beim *Rechtsnachfolger* behalten.

18 Nach *§ 22 Abs. 7* löst auch die Veräußerung sog. „mitverstrickter" Anteile innerhalb der siebenjährigen Sperrfrist die Besteuerung eines Einbringungsgewinns I bzw. II aus. „Mitverstrickte" und hierdurch ebenfalls sperrfristbehaftete Anteile entstehen, wenn *stille Reserven* von sperrfristbehafteten Anteilen im Rahmen von Gesellschaftsgründungen oder Kapitalerhöhungen auf andere Anteile *verlagert werden.*

II. Verhältnis des § 22 zu anderen Vorschriften

Auch wenn nach Inkrafttreten des § 22 i.d.F. des SEStEG grds. keine neuen *19* „einbringungsgeborenen Anteile" i.S.d. § 21 UmwStG 1995 mehr durch Einlagen i.S.d. §§ 20, 21 entstehen, findet nach § 27 Abs. 3 Nr. 3 für noch *bestehende einbringungsgeborene Anteile* i.S.v. § 21 UmwStG 1995 die bisher geltenden Regelungen des UmwStG 1995 weiter Anwendung. Wenn einbringungsgeborene Anteile nach Inkrafttreten des SEStEG Gegenstand einer Sacheinlage nach § 20 Abs. 1 oder eines Anteilstausches nach § 21 sind, gelten auch die hierfür gewährten Anteile als einbringungsgeboren und unterliegen dem Anwendungsbereich des § 21 UmwStG 1995.[5] Folge der Weitergeltung des § 21 UmwStG 1995 ist, dass nach § 34 Abs. 7a KStG auch der ansonsten bereits aufgehobene § 8b Abs. 4 KStG i.d.F. vom 12.12. 2006 sowie nach § 52 Abs. 4d S. 2 und Abs. 8a S. 2 EStG auch § 3 Nr. 40 S. 3 und 4 EStG und § 3c Abs. 2 S. 3 und 4 jeweils i.d.F. vom 12.12.2006 weiterhin für einbringungsgeborene Anteile Anwendung findet.[6]

Hält eine Körperschaft mit nicht genutzten steuerlichen Verlustabzügen *19a* sperrfristbehaftete Anteile i.S.v. § 22 Abs. 1, so hat dieses Auswirkungen auf die Anwendung der sog. „Stille-Reserven-Klausel" des *§ 8c Abs. 1 S. 6 bis 9 KStG*. Diese Klausel ist eine Ausnahmevorschrift zu § 8c Abs. 1 S. 1 und 2 KStG. Hiernach geht bei einer Übertragung von mehr als 25% bis 50% (Fälle des S. 1) bzw. mehr als 50% (Fälle des S. 2) der Anteile an dieser Körperschaft ein nicht abziehbarer, nicht genutzter Verlust dieser Körperschaft in Ausnahme zu S. 1 und 2 dieser Vorschrift nicht verloren, soweit dieser Betrag in den Fällen des S. 1 die anteiligen bzw. in den Fällen des S. 2 die gesamten zu dem Zeitpunkt des schädlichen Beteiligungserwerbs vorhandenen, im Inland steuerpflichtigen stillen Reserven in dem Betriebsvermögen dieser Körperschaft nicht übersteigt. Hierdurch wird es entbehrlich, vor einem schädlichen Beteiligungserwerb durch Realisierung stiller Reserven den gefährdeten Verlustabzug zu nutzen. Die stillen Reserven aus den Anteilen dieser Körperschaft an einer KapG sind hierbei nach h.M. wegen der Steuerbefreiung der Anteilsveräußerung nach § 8b Abs. 2 KStG nicht[7] bzw. wegen § 8 Abs. 3 S. 1 KStG (Besteuerung einer 5%-igen, nicht abziehbaren fiktiven Betriebsausgabe) nur zu 5% zu berücksichtigen.[8] Sind die Anteile an dieser Körperschaft jedoch nach § 22 Abs. 1 sperrfristbehaftet, so unterliegen die stillen Reserven in Höhe eines potenziell steuerpflichtigen Einbringungsgewinns I der inländischen Besteuerung, so dass insoweit diese stillen Reserven nach § 8c Abs. 1 S. 7 KStG bei der Ermittlung der für den Erhalt der Verlustabzüge maßgeblichen stillen Reserven einzubeziehen sind.[9]

---

5 Vgl. z.B. *Widmann* in Widmann/Mayer, § 22 Rdn. 183; siehe hierzu auch unten Rdn. 31 sowie i.E. die Kommentierung zu § 20 Rdn.192 ff.

6 Vgl. hierzu i.E. *Haritz*, GmbHR 2007, 169 (170).

7 So z.B. *Dötsch* in Dötsch/Pung/Möhlenbrock, § 8c KStG Rdn. 76a; *Frotscher* in Frotscher/Maas, § 8c KStG Rdn. 140; *Suchanek* in Hermann/Heuer/Raupach, § 8c KStG Rdn. 57.

8 So z.B. *Bien/Wagner*, BB 2009, 2627 (2631); *Lang* in Ernst & Young, KStG, § 8c Rdn. 134; *Ropohl/Buschmann*, DStR 2011, 1407 (1408).

9 Vgl. *Brinkmann*, Ubg 2011, 94 (97); *Frotscher* in Frotscher/Maas, § 8c KStG Rdn. 140; *Roser*, EStB 2010, 265 (270 f.); *Stangl* in Rödder/Herlinghaus/van Lishaut, § 22 Rdn. 14a.

20 Da § 22 eine typisierende Missbrauchsverhinderungsvorschrift ist[10], stellt sich die Frage nach dem Verhältnis der Regelung zu *§ 42 AO*. Nach § 42 Abs. 2 AO ist § 42 Abs. 1 AO ausdrücklich „neben anderen Vorschriften" anwendbar. Zu beachten ist allerdings, dass § 22 die gegenüber § 42 AO speziellere Vorschrift ist, durch die eine Konkretisierung der Umstände erfolgt, die als missbräuchlich angesehen werden. Durch diese gesetzliche Konkretisierung wird der Umfang eines potenziellen Missbrauchs im Rahmen des § 42 AO insoweit abschließend festgelegt. Dieses bedeutet insbesondere, dass die in § 22 konstituierte Sperrfrist von sieben Jahren abschließend den Zeitraum festlegt, innerhalb dessen die Veräußerungen von erhaltenen bzw. eingebrachten Anteilen i.S.d. § 22 die Besteuerung eines Einbringungsgewinns auslösen kann.[11]

21 § 22 Abs. 1, 2 und 5 stehen in einem engen Bezug zu *§ 23 Abs. 2*, da die übernehmende Gesellschaft nach § 23 Abs. 2 in Höhe des nach § 22 Abs. 1 bzw. 2 versteuerten Einbringungsgewinns I bzw. II auf Antrag eine Aufstockung der Wertansätze der eingebrachten Wirtschaftsgüter bzw. der eingebrachten Anteile nach Maßgabe des § 23 Abs. 2 durchführen kann, wenn die Steuerentrichtung auf Grund einer Bescheinigung des für den Einbringenden zuständigen Finanzamtes nach § 22 Abs. 5 nachgewiesen wird.[12]

22 Werden Anteile an einer Körperschaft, Personenvereinigung oder Vermögensmasse durch eine nicht nach § 8b Abs. 2 KStG begünstigte Person unter dem gemeinen Wert nach *§ 24* in eine PersG eingebracht und veräußert diese innerhalb eines Zeitraums vom sieben Jahren nach dem Einbringungszeitpunkt diese Anteile oder überträgt sie diese durch einen Vorgang nach § 22 Abs. 1 S. 6 Nr. 1–5 weiter, so ist § 22 Abs. 2, 3 und 5 bis 7 nach *§ 24 Abs. 5* insoweit entspr. anzuwenden, als der Gewinn aus der Veräußerung der eingebrachten Anteile auf einen nach § 8b Abs. 2 KStG begünstigten Mitunternehmer entfällt.[13]

23 Nach *§ 25* ist § 22 auch in den Fällen des Formwechsels i.S.d. § 190 UmwG einer PersG (Mitunternehmerschaft) in eine KapG oder Genossenschaft bei einem Ansatz des (fiktiv) übertragenen Vermögens unter dem gemeinen Wert anzuwenden.[14]

24 Da § 22 auch für ausländische und grenzüberschreitende Einbringungen gilt, stellt sich die Frage nach dem Verhältnis der Vorschrift zu den *Normen des EU-Rechts*. Die Besteuerung eines Einbringungsgewinns widerspricht grds. Art. 8 FusionsRL, da die hiernach verlangte Ertragsteuerneutralität einer Sacheinlage bzw. eines Anteilstausches zu Buchwerten wieder rückgängig gemacht wird. Allerdings erlaubt Art. 11 Abs. 1 Buchst. a) FusionsRL nationale Normen, die der FusionsRL entgegenstehen, wenn die Umwandlung

---

10 Vgl. *Hörtnagl*, Stbg 2007, 257 (265).
11 Vgl. *Stangl* in Rödder/Herlinghaus/van Lishaut, § 22 Rdn. 15; *Schmitt* in Schmitt/Hörtnagl/Stratz, § 22 Rdn. 9 f.
12 Siehe hierzu i.E. die Kommentierung zu § 23 Rdn. 46 ff.
13 Siehe hierzu i.E. die Kommentierung zu § 24 Rdn. 61.
14 Siehe hierzu i.E. die Kommentierung zu § 25 Rdn. 46 ff. sowie unten Rdn. 396.

nicht auf vernünftigen wirtschaftlichen Gründen beruht, sondern die Steuerumgehung hauptsächlicher Beweggrund ist. Insbesondere unter Hinweis auf das Urteil des EuGH in der Rechtssache „Leur-Bloem"[15] wird vielfach in der Literatur die Auffassung vertreten, dass § 22 wie schon § 26 Abs. 2 UmwStG 1995 nicht durch Art. 11 Abs. 1 Buchst. a) FusionsRL gedeckt sei, da § 22 anhand abstrakter Kriterien eine generelle und nicht widerlegbare Missbrauchsvermutung beinhaltet und die tatsächlichen Beweggründe nicht berücksichtigt.[16] Der Gesetzgeber geht hingegen davon aus, diesen EU-rechtlichen Vorgaben dadurch ausreichend Rechnung getragen zu haben, dass der zu versteuernde Einbringungsgewinn jährlich um $1/7$ abschmilzt und damit die Missbrauchsvermutung abnimmt.[17] Nach der Entscheidung des EuGH in der Rechtssache „Cadbury Schweppes",[18] ist es grds. erlaubt, dass ein Mitgliedstaat pauschal anhand eines „Motivtests" unterstellt, dass eine Gestaltung zur Steuerumgehung eingesetzt wurde. Zweifelhaft bleibt allerdings, ob die Dauer der gesetzlichen Missbrauchsvermutung (sieben Jahre) und die fehlende Widerlegbarkeit eines Missbrauchs mit dem EU-Recht vereinbar sind.[19]

B. Veräußerung erhaltener Anteile (§ 22 Abs.1)

I. Überblick

Nach § 22 Abs. S. 1 wird rückwirkend zum Einbringungszeitpunkt ein Ein-   25
bringungsgewinn I besteuert (siehe hierzu unten Rdn. 81 ff.), wenn folgende Tatbestände kumulativ vorliegen:

- Ein „Einbringender"(siehe unten Rdn. 27 ff.) leistet
- eine „Sacheinlage" i.S.v. § 20 Abs. 1 (siehe unten Rdn. 31 f.)
- unter dem gemeinen Wert (siehe unten Rdn. 33 ff.),
- und erhält hierfür Anteile (siehe unten Rdn. 41 ff.),
- die er „veräußert" (siehe unten Rdn. 48 ff.),
- innerhalb der siebenjährigen Sperrfrist (siehe unten Rdn. 77 ff.).

S. 6 benennt zudem hierzu Tatbestände, die in *gleicher Weise wie eine Veräußerung* erhaltener Anteile die Besteuerung eines Einbringungsgewinns I auslösen (siehe unten Rdn. 117 ff.). Ferner sind in S. 6 Nr. 2 HS 2, Nr. 4 letzter HS und Nr. 5 letzter HS *Ausnahmetatbestände* genannt, nach denen erhaltene Anteile durch Einbringungen zu Buchwerten nach § 20 Abs. 2 S. 2

---

15 EuGH vom 17.07.1997, C-28/95 (Leur-Bloem), IStR 1997, 539.
16 Vgl. z.B. *Benecke/Schnitger*, IStR 2006, 765 (777); *Förster/Wendland*, BB 2007, 631 (635); *Dötsch/Pung*, DB 2006, 2704 (2707).
17 BT-Drs. 16/2710, 46.
18 EuGH vom 12.09.2006, C-196/04 (Cadbury Schweppes), IStR 2006, 670.
19 Dieses bezweifeln u.a. auch *Förster/Wendland*, BB 2007, 631 (635); *Rödder/Schuhmacher*, DStR 2006, 1525 (1537); *Körner*, IStR 2006, 469 (471); *Gille*, IStR 2007, 194 (197); *Stangl* in Rödder/Herlinghaus/van Lishaut, § 22 Rdn. 16, *Schwenke*, DStZ 2007, 235 (247); *Bilitewski* in Haritz/Menner, § 22 Rdn. 83.

bzw. § 21 Abs. 1 S. 2 oder durch vergleichbare ausländische Vorgänge steuerunschädlich übertragen werden können (siehe Rdn. 135 ff., 178 ff. und 201 ff.). Ergänzend hierzu können nach der *Billigkeitsregelung* in Tz. 22.23 UmwStG 2011 erhaltene (sperrfristbehaftete) Anteile durch hiermit *vergleichbare Umwandlungen zu Buchwerten* auf Antrag ohne Besteuerung eines Einbringungsgewinns übertragen werden (siehe hierzu u.a. Rdn. 144, 180 und 203).[20]

26   S. 2 erläutert den Begriff der Rückwirkung (siehe unten Rdn. 81) und S. 3 definiert den Einbringungsgewinn I (siehe unten Rdn. 91 ff.). S. 4 regelt als Folgewirkung der Einbringungsgewinnbesteuerung die Erfassung des Einbringungsgewinns I als nachträgliche Anschaffungskosten der erhaltenen Anteile (siehe unten Rdn. 103 f.). S. 4 wird durch S. 7 ergänzt, der bestimmt, dass der Einbringungsgewinn I auch bei den auf Weiterübertragungen sperrfristbehafteter Anteile beruhenden Anteilen nach S. 6 Nr. 4 und Nr. 5 zu nachträglichen Anschaffungskosten führt (siehe unten Rdn. 219). Durch S. 5 wird der Anwendungsbereich des Abs. 1 insoweit modifiziert, als für nach § 20 Abs. 2 S. 2 unter dem gemeinen Wert mit eingebrachte Anteile an KapG oder Genossenschaften unter den dort genannten Voraussetzungen nur oder auch § 22 Abs. 2 Anwendung findet (siehe unten Rdn. 105 ff.).

II. „Einbringender" i.S.v. § 22 Abs. 1 S. 1

27   Nach § 1 Abs. 4 S. 1 Nr. 2 Buchst. a) Doppelbuchst. aa) kann „Einbringender" i.S.v. § 22 Abs. 1 S. 1 *jede Gesellschaft* i.S.v. § 1 Abs. 2 S. 1 Nr. 1 sein, d.h. jede Gesellschaft i.S.v. Art. 54 AEUV oder Art. 34 Abs. 2 EWR-Abkommen, sofern diese nach den Vorschriften eines EU/EWR-Mitgliedstaates gegründet worden ist und auch im Hoheitsgebiet eines dieser Staaten ihren Sitz und den Ort der Geschäftsleitung hat und auch nach den mit den Drittstaaten bestehenden DBA als innerhalb dieses Gebiets ansässig anzusehen ist.[21] Hierzu gehören bei Erfüllung der o.g. Bedingungen insbesondere auch Körperschaften, Personenvereinigungen und Vermögensmassen i.S.v. § 1 KStG, juristische Personen des privaten Rechts mit entspr. Erwerbszweck sowie Betriebe gewerblicher Art von juristischen Personen des öffentlichen Rechts.

28   Auch *PersG* (Mitunternehmerschaften) können Einbringende sein, wenn an ihr EU/EWR-Körperschaften, Personenvereinigungen, Vermögensmassen oder natürliche Personen unmittelbar oder mittelbar über eine oder mehrere PersG beteiligt sind, welche ihrerseits die Voraussetzungen des § 1 Abs. 2 S. 1 Nr. 1 bzw. 2 erfüllen (§ 1 Abs. 4 S. 1 Nr. 2 Buchst. a) Doppelbuchst. aa)). Bei Erlöschen der PersG im Rahmen der Einbringung und bei Abspaltungen i.S.d. § 123 Abs. 2 UmwG gelten nach Tz. 20.03 UmwStE 2011 die Mitunternehmer der PersG als Einbringende (siehe hierzu i.E. § 20 Rdn. 36 sowie unten Rdn. 63 und 76).

29   „Einbringender" i.S.v. § 22 Abs. 1 S. 1 kann nach § 1 Abs. 4 Nr. 2 Buchst. a) Doppelbuchst. bb) i.V.m. § 1 Abs. 2 S. 1 Nr. 2 auch jede *natürliche Person*

---

20 Siehe insgesamt zu Umwandlungen unter Berücksichtigung der Billigkeitsregelung unten Rdn. 326 ff.
21 Vgl. Tz. 01.53 UmwStE 2011.

sein, die in einem EU/EWR Mitgliedstaat unbeschränkt steuerpflichtig ist und auch nach dem mit Drittstaaten vereinbarten DBA als innerhalb dieses Gebietes ansässig gilt.

Darüber hinaus kann nach § 1 Abs. 4 S. 1 Nr. 2 Buchst. b) *jede natürliche* 30 *Person oder Gesellschaft* und damit auch ein im Drittstaat Ansässiger, Einbringender sein, wenn das deutsche Besteuerungsrecht hinsichtlich der Besteuerung des Gewinns aus der *Veräußerung der erhaltenen* Anteile nicht ausgeschlossen oder beschränkt ist.[22]

III. „Sacheinlage" i.S.v. § 22 Abs. 1 S. 1

§ 22 Abs. 1 S. 1 findet nur in den Fällen einer *Sacheinlage* nach § 20 Abs. 1 31 S. 1 Anwendung, d.h. wenn Unternehmensteile i.S.d. § 20 Abs. 1 (Betriebe, Teilbetriebe oder Mitunternehmeranteile) in eine KapG oder eine Genossenschaft als übernehmende Gesellschaft eingebracht wurden.

Umfasst das eingebrachte Betriebsvermögen auch *„einbringungsgeborene* 32 *Anteile" i.S.v.* § 21 UmwStG 1995, so sind bei deren Ansatz unter dem gemeinen Wert auch die hierfür erhaltenen Anteile einbringungsgeboren, so dass insoweit noch § 21 UmwStG 1995 Anwendung findet.[23] Die Miteinbringung einbringungsgeborener Anteile kann zu einer Besteuerung eines Veräußerungsgewinns nach § 21 Abs. 2 S. 1 Nr. 2 UmwStG 1995 führen, wenn durch die Einbringung das deutsche Besteuerungsrecht an den hierfür erhaltenen Anteilen entfällt.[24] Soweit die einbringungsgeborenen Anteile als veräußert anzusehen sind, entsteht kein Einbringungsgewinn II.[25]

IV. Wertansatz „unter dem gemeinen Wert"

Nach § 22 Abs. 1 S. 1 sind die für eine Sacheinlage erhaltenen Anteile des 33 Einbringenden nur dann sperrfristbehaftet, wenn die übertragenen Wirtschaftsgüter nach § 20 Abs. 2 S. 2 bei der *übernehmenden* KapG oder Genossenschaft *unter deren gemeinen Wert* angesetzt wurden.

Hierdurch bestimmt grds. die übernehmende KapG oder Genossenschaft 34 durch den Wertansatz des übernommenen Betriebsvermögens in ihrer Steuerbilanz unter dem gemeinen Wert, dass die Anteile des Einbringenden, die er für die Sacheinlage erhalten hat, nach § 22 Abs. 1 sperrfristbehaftet sind.

Ein Wertansatz unter dem gemeinen Wert durch die übernehmende Gesell- 35 schaft ist aber für den Einbringenden nur insoweit bindend, als dieser nach

22 Siehe ergänzend hierzu auch die Kommentierung zu § 1 Rdn. 126 und zu § 20 Rdn. 34.
23 Vgl. u.a. *Widmann* in Widmann/Mayer, § 22 Rdn. 183, zur Weitergeltung sonstiger Altfassungen einkommensteuerrechtlicher Vorschriften im Zusammenhang mit einbringungsgeborenen Anteilen, siehe auch oben Rdn. 19 und die Kommentierung zu § 20 Rdn. 152.
24 Vgl. *Schröder/Pickhardt-Poremba*, DB 1997, 2166 (2168); sowie *Widmann* in Widmann/Mayer, § 22 Rdn. 183.
25 Vgl. *Schröder/Pickhardt-Poremba*, DB 1997, 2166 (2170).

§ 20 Abs. 2 S. 2 *zulässig* ist.[26] Ein unzulässiger Wertansatz unter dem gemeinen Wert führt damit auch nicht zur Entstehung sperrfristbehafteter Anteile beim Einbringenden nach § 22 Abs. 1 S. 1.[27]

36 Ein Ansatz unter dem gemeinen Wert ist z.b. dann nicht zulässig, wenn die übernehmende KapG oder Genossenschaft es versäumt hat, bei dem für ihre Steuerveranlagung zuständigen Finanzamt einen entspr. *Antrag* zu stellen, z.b. weil irrtümlich angenommen wurde, dass der fortgeführte Buchwert dem gemeinen Wert entspricht,[28] wenn die gesetzlichen Voraussetzungen für eine Wertansatz unter dem gemeinen Wert nach § 20 Abs. 2 S. 2 Nr. 1 und 3 nicht vorliegen[29] oder wenn wegen den neben den Anteilen gewährten anderen Wirtschaftsgütern ein Ansatz zum gemeinen Wert nach § 20 Abs. 2 S. 4 zwingend vorgeschrieben ist.[30]

37 Der gebotene Ansatz des eingebrachten Betriebsvermögens mit dem gemeinen Wert erfolgt in den o.g. Fällen im Rahmen der (Neu-) Veranlagung der übernehmenden Gesellschaft, ggf. in deren letzten Steuerbilanz, die noch keiner bestandskräftigen Veranlagung zugrunde liegt. Eine entspr. Bilanzberichtigung erfolgt auch, wenn sich z.b. im Rahmen einer Betriebsprüfung herausstellt, dass der tatsächliche gemeine Wert des eingebrachten Betriebsvermögens höher ist als der in der Steuerbilanz angesetzte Wert.[31] Die Korrektur bei der übernehmenden Gesellschaft führt auf Grund der Wertverknüpfung nach § 20 Abs. 3 S. 1 zu einer Korrektur der Veranlagung des Einbringenden nach § 175 Abs. 1 S. 2 AO. Der entspr. erhöhte Wertansatzes für die erhaltenen Anteile führt beim Einbringenden zu einem steuerpflichtigen Veräußerungsgewinn nach § 20. § 22 findet in diesen Fällen keine Anwendung.

38 Der nach § 20 zulässige Wertansatz ist für die Anwendbarkeit des § 22 auch dann maßgeblich, wenn aus verfahrensrechtlichen Gründen *eine Korrektur* eines unzulässigen Wertansatzes unter dem gemeinen Wert z.b. wegen eingetretener Festsetzungsverjährung *nicht mehr zulässig ist*.[32] Tatsächlich sind hierdurch zwar Unternehmensteile unter ihrem gemeinen Wert eingebracht worden, die Sacheinlage erfolgte aber nicht nach § 20 Abs. 2 S. 2, so dass § 22 Abs. 1 auf diese Fälle keine Anwendung findet. Es entspricht nicht dem Regelungszweck des § 22 bereits verjährte Ansprüche aus der Besteuerung von Veräußerungsgewinnen über die Einbringungsgewinnbesteuerung wieder „aufleben" zu lassen.

---

26 Vgl. u.a. *Widmann* in Widmann/Mayer, § 20 Rdn. R 401; *Patt* in Dötsch/Patt/Pung/Möhlenbrock, § 20 Rdn. 250; *Schmitt* in Schmitt/Hörtnagl/Stratz, § 22 Rdn. 14; vgl. auch BFH vom 16.12.2009, I R 97/08, BStBl. II 2010, 808 (zu § 21 UmwStG a.F.).

27 Vgl. *Stangl* in Rödder/Herlinghaus/van Lishaut, § 22 Rdn. 23; *Schmitt* in Schmitt/Hörtnagl/Stratz, § 22 Rdn. 14.

28 *Widmann* in Widmann/Mayer, § 22 Rdn. 13.

29 § 20 Abs. 2 S. 2 Nr. 2 führt i.d.R. nicht zu einem zwingenden Ansatz zum gemeinen Wert, vgl. *Stangl* in Rödder/Herlinghaus/van Lishaut, § 22 Rdn. 23.

30 Siehe zu den Einschränkungen der Bewertungswahlrechte i.E. die Kommentierung zu § 20 Rdn. 127 ff.

31 Vgl. *Patt* in Dötsch/Patt/Pung/Möhlenbrock, § 22 Rdn. 18.

32 Ebenso *Schmitt* in Schmitt/Hörtnagl/Stratz, § 22 Rdn. 14, *Stangl* in Rödder/Herlinghaus/van Lishaut, § 22 Rdn. 23.

Unmaßgeblich für die Anwendbarkeit des § 22 Abs. 1 ist, ob der Wertansatz   *39*
des eingebrachten Betriebsvermögens bei der übernehmenden Gesellschaft
von den zwischen dem Einbringenden und der übernehmenden Gesellschaft getroffenen *Vereinbarungen* abweicht.[33] Hat der Einbringende entspr. den vertraglichen Vereinbarungen die erhaltenen Anteile an der übernehmenden Gesellschaft in seiner Steuerbilanz mit dem Buchwert des
eingebrachten Betriebsvermögens angesetzt, so ist der Steuerbescheid ggf.
nach § 175 Abs. 1 Nr. 2 AO zu korrigieren, wenn die übernehmende Gesellschaft einen höheren Wertansatz gewählt hat.

Für den Einbringenden können sowohl durch den vertragswidrigen Ansatz   *40*
des gemeinen Wertes des übertragenen Betriebsvermögens durch die übernehmende Gesellschaft (wegen der hiermit verbundenen sofortigen Besteuerung stiller Reserven) als auch bei vertragswidrigem Ansatz des Betriebsvermögens unter dem gemeinen Wert durch die übernehmende Gesellschaft
(z.b. wegen einer hierdurch nicht möglichen Nutzung steuerrechtlicher Verlustvorträge) ein Schaden entstehen. Unter diesen Aspekten empfiehlt es
sich für den Einbringenden, die übernehmende Gesellschaft zu einer Scha-
denersatzleistung bei vertragswidrigen Wertansätzen zu verpflichten.

V. „Erhaltene Anteile" i.S.v. § 22 Abs. 1 S. 1

„Erhaltene Anteile" i.S.v. § 22 Abs. 1 S. 1 sind neue Anteile i.S.v. § 20   *41*
Abs. 1, die als Gegenleistung für die Einbringung von Unternehmensteilen
i.S.v. § 20 Abs. 1 an den Einbringenden gewährt wurden.[34]

Der nach § 20 Abs. 1 zu erfüllende Tatbestand der Gewährung neuer An-   *42*
teile wird auch dann erfüllt, wenn der Einbringende für die Sacheinlage
nicht entspr. § 5 Abs. 3 GmbHG einen neuen Anteil erhält, sondern der bereits bestehende Anteil des Einbringenden an der Gesellschaft *aufgestockt*
wird, auch wenn hierdurch zivilrechtlich kein identifizierbarer neuer Gesellschaftsanteil entsteht.[35] In diesen Fall unterliegt der bestehende Anteil nur
in Höhe des Aufstockungsbetrages dem Anwendungsbereich des § 22
Abs. 1.

Die Veräußerung des „aufgestockten" Anteils löst nach § 22 Abs. 1 aber   *43*
stets eine (teilweise) Einbringungsgewinnbesteuerung aus, auch wenn der
Anteil nur teilweise als Gegenleistung für eine Sacheinlage i.S.v. § 20 gewährt wurde. In der Praxis ist daher im Einzelfall abzuwägen, ob unter diesem Aspekt in den Fällen einer Sacheinlage nach § 20 Abs. 2 S. 2 anstelle
der Aufstockung eines bestehenden Anteils besser ein neuer Anteil gewährt
wird, so dass § 22 auf Altanteile weiterhin keine Anwendung findet.

Erfolgte die Einbringung von Unternehmenteilen im Rahmen einer *gemisch-*   *44*
ten Bar- und Sachgründung bzw. einer *gemischten Bar- und Sachkapitaler-*

---

33 Vgl. BMF vom 25.03 1998, IV B 7 – S 1978 – 21/98, BStBl. I 1998, 268 (zu § 21
    UmwStG 1995); u.a.: *Stangl* in Rödder/Herlinghaus/van Lishaut, § 22 Rdn. 23, *Mut-
    scher* in Frotscher/Maas, § 22 Rdn. 25.
34 Siehe hierzu i.E. auch die Kommentierung zu § 20 Rdn. 85 ff.
35 Vgl. z.B. *Patt* in Dötsch/Jost/Pung/Witt, § 20 Rdn. 171; *Widmann* in Widmann/May-
    er, § 20 Rdn. 456.

höhung, so findet § 22 auf Anteile, die für die Bareinlage erbracht wurden,

keine Anwendung. Entspr. gilt für Anteile, die nicht als Gegenleistung für die Einbringung von Unternehmensteilen nach § 20 sondern für die Einbringung anderer Wirtschaftsgüter gewährt wurden. Wird in diesen Fällen als Gegenleistung ein einheitlicher Geschäftsanteil gewährt, so fällt auch dieser Anteil teilweise in den Anwendungsbereich des § 22 Abs. 1. Dabei hat die Aufteilung so zu erfolgen, dass die stillen Reserven des Sacheinlagegegenstandes den stillen Reserven in den erhaltenen Anteilen entsprechen.[36]

45 Erhält der Einbringende als Gegenleistung für die Einbringung von Unternehmensteilen "andere Wirtschaftsgüter" i.S.v. § 20 Abs. 3 S. 3 z.B. in Form von vorhandenen (eigenen) Anteilen der übernehmenden Gesellschaft, so werden auch diese Anteile nicht von § 22 Abs. 1 erfasst.[37]

46 Erfolgte die Einbringung eines Unternehmensteils i.S.v. § 20 zu einem Zeitpunkt vor Inkrafttreten des § 22 i.d.F. des SEStEG und gelten die *erhaltenen Anteile als „einbringungsgeboren"* i.S.v. § 21 UmwStG 1995, so werden diese Anteile ebenfalls nicht von § 22 erfasst.[38] Dieses gilt auch, wenn die Sperrfristen nach §§ 3 Nr. 40 S. 4 EStG a.F. und 8b Abs. 4 KStG a.F. abgelaufen sind. Auch sonstige vorhandene oder nachträglich erworbene Anteile des Einbringenden an der übernehmenden Gesellschaft gelten nicht als „erhaltene Anteile" i.S.v. § 22 Abs. 1, sofern es sich nicht um sog. „mitverstrickte" Anteile" i.S.v. § 22 Abs. 7 handelt.[39]

47 Ein *Formwechsel einer PersG in eine KapG oder Genossenschaft* wird nach § 25 i.V.m. §§ 20 steuerrechtlich wie eine Sacheinlage des Betriebsvermögen der PersG in die KapG behandelt. Setzt die KapG bzw. die Genossenschaft das (fiktiv) übertragene Betriebsvermögen der PersG in ihrer Steuerbilanz nach § 20 Abs. 2 S. 2 unter dessen gemeinen Wert an, so sind auch die im Zuge des Formwechsels gewährten Anteile an der KapG bzw. Genossenschaft nach § 22 Abs. 1 S. 1 sperrfristbehaftet.[40]

VI. Veräußerung" erhaltener Anteile" i.S.v. § 22 Abs. 1 S. 1

1. Tatbestand der „Veräußerung" i.S.v. § 22 Abs. 1 S. 1

48 Wann der Tatbestand einer „Veräußerung" erfüllt ist, ist weder in § 22 noch in den anderen Vorschriften des UmwStG explizit definiert. Nach der von der Rechtsprechung entwickelten allgemeinen ertragsteuerrechtlichen Definition und der h.M. in der Literatur ist unter einer „Veräußerung" *jegliche entgeltliche Übertragung* des Eigentums an Wirtschaftsgütern *auf einen anderen Rechtsträger* zu verstehen, unabhängig davon ob, wie der Rechts-

---

36 *Patt* in Dötsch/Patt/Pung/Möhlenbrock, § 22 Rdn. 6.
37 Vgl. *Widmann* in Widmann/Mayer, § 22 Rdn. 21.
38 Vgl. *Patt* in Dötsch/Patt/Pung/Möhlenbrock, § 22 Rdn. 15 und 24.
39 Siehe zu den mitverstrickten Anteilen unten Rdn. 479 ff.
40 Vgl. z.B. *Patt* in Dötsch/Patt/Pung/Möhlenbrock, § 22 Rdn. 6, siehe hierzu auch die Kommentierung zu § 25 Rdn. 46 ff.

wechsel vollzogen wird und unabhängig davon, ob die Gegenleistung für die Übertragung in Geld oder in anderen Wirtschaftsgütern besteht.[41] Die Gegenleistung kann daher auch in Anteilen an anderen Gesellschaften bestehen (Anteilstausch). Dieses entspricht auch dem Verständnis des Begriffs „Veräußerung" im Rahmen der Vorgängervorschrift des § 21 UmwStG 1995.[42] Nach Tz. 22.07 UmwStE 2011 gilt diese Definition auch für § 22, wobei die Tz. 22.07 in Abweichung hiervon und unzutreffend nicht verlangt, dass die entgeltliche Übertragung auf einen *anderen Rechtsträger* erfolgt.

Damit lösen auch Übertragungen sperrfristbehafteter Anteile *durch Umwandlungen zu Buchwerten* grds. die Besteuerung eines Einbringungsgewinns I aus, sofern nicht die Ausnahmeregelungen des § 22 Abs. 1 S. 6 Nr. 2, 4 und 5 Anwendung finden oder nach der *Billigkeitsregelung* in Tz. 22.23 UmwStE 2011 auf Antrag von einer Einbringungsgewinnbesteuerung abgesehen werden kann. Zu der Billigkeitsregelung wird auf die gesonderten Erläuterungen unter Rdn. 333 verwiesen.   49

Eine Übertragung eines sperrfristbehafteten Anteils erfolgt grds. noch nicht durch den Abschluss eines entspr. *Verpflichtungsgeschäftes* (z.b. eines Kauf- oder Einbringungsvertrages), sondern erst durch eine (ggf. aufschiebend bedingte) *Abtretung der Anteile.*   50

Eine Veräußerung sperrfristbehafteter Anteile i.S.v. § 22 Abs. 1 liegt allerdings bereits dann vor, wenn (nur) das *wirtschaftliche Eigentum* an diesen Anteilen übertragen wurde. Das kann z.b. auch der Fall sein, wenn die zivilrechtliche Abtretung der Anteile formunwirksam war.[43] Nach der Rechtsprechung geht das wirtschaftliche Eigentum an Anteilen von KapG und Genossenschaften jedenfalls dann über, wenn folgende Voraussetzungen erfüllt sind:[44]   51

– Der Erwerber hat bereits eine rechtlich geschützte, auf den Erwerb der Anteile gerichtete Position erworben, die ihm gegen seinen Willen nicht mehr entzogen werden kann,

– die wesentlichen mit den Anteilen verbundenen Rechte sind auf den Erwerber übergegangen (insbesondere das Gewinnbezugs- und das Stimmrecht),

– das Risiko einer Wertminderung und die Chancen einer Wertsteigerung der Anteile sind auf den Erwerber übergegangen (z.b. Kursrisiken und -chancen).

Da es auf die Gesamtbetrachtung ankommt, müssen die o.g. Voraussetzungen nicht vollständig in jedem Einzelfall erfüllt sein.[45]

---

41 Vgl. u.a. BFH vom 07.07.1992, VIII R 54/88, BStBl. II 1993, 331 und vom 21.10. 1999, I R 44/98, BStBl. II 2000, 424 sowie *Widmann* in Widmann/Mayer, § 22 Rdn. 18; *Patt* in Dötsch/Patt/Pung/Möhlenbrock, § 22 Rdn. 28.
42 Vgl. z.b. BFH vom 08.04.1992, I R 128/88, BStBl. II 1992, 761.
43 Vgl. z.b. BFH vom 17.02.2004, BStBl. II 2004, 651.
44 Vgl. z.b. BFH vom 10.03.1988, IV R 226/85, BStBl. II 1988, 832 und vom 11.07. 2006, VIII R 32/04, BStBl. II 2007, 296.
45 Vgl. BFH vom 11.07.2006, VIII R 32/04, BStBl. II 2007, 296.

52   Unerheblich ist es, ob die entgeltliche Übertragung *freiwillig oder unfreiwillig* z.B. im Rahmen von Zwangsvollstreckungen und Veräußerungsanordnungen nach § 857 Abs. 4 und 5 ZPO, einer Verpfändung oder eines Sqeeze-Out nach §§ 327a ff. AktG erfolgt.[46] Als Veräußerung des Einbringenden gilt auch die Veräußerung der sperrfristbehafteten Anteile durch den *Insolvenzverwalter* des Einbringenden.[47]

52a Auch der *Erwerb eigener Anteile* durch die KapG, an der die sperrfristbehafteten Anteile bestehen, stellt aus der Sicht des übertragenden Gesellschafters eine i.S.d. § 22 steuerschädliche Veräußerung dar.[48]l Handelsbilanziell sind die Anschaffungskosten für die eigenen Anteile nach § 272 Abs. 1a HGB von dem gezeichneten Kapital abzusetzen und es werden in dieser Höhe die frei verfügbaren Rücklagen reduziert. Hieraus wird teilweise in der Literatur die Auffassung abgeleitet, dass der Erwerb eigener Anteile als ein mit einer Kapitalherabsetzung vergleichbarer Vorgang angesehen werden kann, so dass ein etwaiger Sperrfristverstoß nach § 22 Abs. 1 S. 6 Nr. 3 zu beurteilen sei.[49] Bedeutung hat dieses insoweit, als bei einer Behandlung des Erwerbs als Kapitalherabsetzung i.S.d. § 22 Abs. 1 S. 6 Nr. 3 ein Einbringungsgewinn nur insoweit zu besteuern wäre, als die Kapitalherabsetzung den Beteiligungsbuchwert bzw. die Anschaffungskosten des sperrfristbehafteten Anteils übersteigt (siehe i.E. Rdn. 151 und Rdn. 154 ff.)

53   Eine Veräußerung ist auch der Austritt oder das *Ausscheiden gegen Entgelt aus einer KapG*, an der sperrfristbehaftete Anteile bestehen.[50] Dieses kann z.B. auch der Fall sein, wenn ein Gesellschafter gegen den Beschluss zur Umwandlung der KapG durch Verschmelzung auf oder Formwechsel in eine PersG Widerspruch einlegt und gegen Barabfindung aus der KapG ausscheidet.[51]

54   Veräußert der Einbringende ihm auf Grund seiner sperrfristbehafteten Anteile zustehende *Bezugsrechte* zur Teilnahme an einer Kapitalerhöhung der übernehmenden Gesellschaft, so wird dieses als Teilveräußerung der erhaltenen Anteile behandelt.[52] Entspr. gilt bei einem entgeltlichen Verzicht auf die Ausübung des Bezugsrechts.[53] *Schmitt*[54] weist allerdings zu Recht auf die Rechtsprechung des BFH hin, wonach eine Bezugsrechtsveräußerung angesichts des klaren Regelungswortlauts der Vorschrift keine Anteilsverräu-

---

46 Vgl. *Patt* in Dötsch/Patt/Pung/Möhlenbrock, § 22 Rdn. 31.
47 Vgl. *Widmann* in Widmann/Mayer, § 22 Rdn. 18;
48 So im Ergebnis auch *Patt* in Dötsch/Patt/Pung/Möhlenbrock, § 22 Rdn. 31.
49 Vgl. *Goebel,/Ungemach/Reifarth*, DStZ 2012, 41 (42); siehe auch die ausführliche Darstellung hierzu von *Stangl* in Rödder/Herlinghaus/van Lishaut, § 22 Rdn. 35.
50 Vgl. *Stangl* in Rödder/Herlinghaus/van Lishaut, § 22 Rdn. 37.
51 Vgl. *Patt* in Dötsch/Patt/Pung/Möhlenbrock, § 22 Rdn. 31.
52 Vgl. *Patt* in Dötsch/Patt/Pung/Möhlenbrock, § 22 Rdn. 29 m.w.N.; vgl. auch Tz. 22.45 UmwStE 2011.
53 Vgl. *Stangl* in Rödder/Herlinghaus/van Lishaut, § 22 Rdn. 36.
54 *Schmitt* in Schmitt/Hörtnagel/Stratz, § 22 Rdn. 29.

ßerung i.S.d. § 8b KStG darstellt. Diese Argumentation ließe sich in diesem Fall zugunsten des Steuerpflichtigen auf § 22 übertragen.[55] Die durch die Ausübung des Bezugsrechts entgeltlich erworbenen Anteile stellen keine sperrfristbehafteten Anteile i.S.v. § 22 Abs. 1 dar.[56]

In Abgrenzung hierzu sind *unentgeltliche* Übertragungen, wie insbesondere 55 *verdeckte Einlagen* in KapG oder PersG *keine Veräußerungen* i.S.d. § 22 Abs. 1 S. 1. Unentgeltliche Übertragungen *auf KapG oder Genossenschaften* lösen aber nach § 22 Abs. 1 S. 6 Nr. 1 die Besteuerung eines Einbringungsgewinns I aus.[57] Sofern unentgeltliche Übertragungen steuerunschädlich möglich sind, tritt der begünstigte Rechtsnachfolger nach § 22 Abs. 6 in die Rechtsstellung des Einbringenden ein.[58]

2. Übertragung sperrfristbehafteter Anteile auf bzw. von PersG

Eine Gewährung von Gesellschaftsrechten und damit eine Veräußerung 56 i.S.v. § 22 liegt bei einer (offenen) Einlage sperrfristbehafteter Anteile in eine PersG vor, wenn die Einlage auf einem für den Einbringenden geführtem *Eigenkapitalkonto* des Gesellschafters bei der PersG verbucht wird.

Eine Veräußerung liegt auch vor, wenn die sperrfristbehafteten Anteile zur 57 Gutschrift auf einem Kapitalkonto des Gesellschafters einer PersG übertragen werden, das als *Darlehenskonto* zu qualifizieren ist.[59]

Verdeckte Einlagen sperrfristbehafteter Anteile in gewerbliche PersG, die 58 ausschließlich auf dem *Rücklagenkonto* der PersG erfasst werden und nicht im Zusammenhang mit der Gewährung neuer Anteile stehen, sind dagegen grds. als *unentgeltliche* Übertragungen anzusehen.[60] Sie stellen daher keine Veräußerungen i.S.v. § 22 Abs. 1 S. 1 dar. Soweit an der PersG, ggf. neben dem Einbringenden, keine andere KapG oder Genossenschaft beteiligt ist, führen die verdeckten Einlagen nicht zur Besteuerung eines Einbringungsgewinns,[61] sondern dazu, dass die PersG als unentgeltlicher Rechtsnachfolger nachfolgend nach § 22 Abs. 6 als „Einbringender" gilt.[62]

Werden die eingebrachten sperrfristbehafteten Anteile teilweise dem Eigen- 59 kapitalkonto des Einbringenden gutgeschrieben und teilweise als Leistung in ein gesamthänderisch gebundenes Rücklagenkonto der gewerblichen PersG erfasst, so liegt grds. nur im Verhältnis des gemeinen Wertes der neu gewährten Gesellschaftsrechte an der PersG zum gemeinen Wert der über-

---

55 Vgl. auch *Stangl* in Rödder/Herlinghaus/van Lishaut, § 22 Rdn. 36.
56 Vgl. *Stangl* in Rödder/Herlinghaus/van Lishaut, § 22 Rdn. 36; OFD Hannover vom 05. 01. 2007, S 2244 – 81 – StO 243, DB 2007, 491.
57 Siehe hierzu unten Rdn. 122 ff.
58 Siehe hierzu i.E. unten Rdn. 467 ff.
59 Vgl. BMF vom 26. 11. 2004, IV B 2 – S 2178 – 2/04, BStBl. I 2004, 1190 *Stangl* in Rödder/Herlinghaus/van Lishaut, § 22 Rdn. 43.
60 Vgl. Mutscher, DStR 2009, 1625 (1629).
61 Siehe hierzu Rdn. 133.
62 Siehe zur unentgeltlichen Rechtsnachfolge nach § 22 Abs. 6 unten Rdn. 467 ff.

tragenen sperrfristbehafteten Anteile eine entgeltliche Übertragung vor. Im Übrigen handelt es sich grds. um eine (unentgeltliche) verdeckte Einlage.[63]

60 Wird allerdings im *Rahmen der Gründung oder Kapitalerhöhung* einer gewerblichen PersG die Einlage der sperrfristbehafteten Anteile nur teilweise dem Eigenkapitalkonto des Einbringenden und zum Teil als Agiozahlung dem gesamthänderisch gebundenen Rücklagenkonto der PersG gutgeschrieben, so handelt es sich nach den Entscheidungen des I. und IV. Senats des BFH insgesamt um eine in vollem Umfang *entgeltliche* Übertragung, da auch die Leistung auf das Rücklagenkonto im Zusammenhang mit der Gewährung neuer Anteile erfolge.[64] Derartige Übertragungen lösen damit auch eine vollständige Einbringungsgewinnbesteuerung nach § 22 Abs. 1 aus.

61 Anders als eine Veräußerung sperrfristbehafteter Anteile an eine PersG, die als Mitunternehmerschaft zu qualifizieren ist, stellt eine *Veräußerung* sperrfristbehafteter Anteile *an einer vermögensverwaltenden, nicht gewerblich geprägten PersG* nur insoweit eine Veräußerung i.S.d. § 22 Abs. 1 S. 1 dar, als der Veräußerer nicht an der PersG beteiligt ist, da es ansonsten aus steuerrechtlicher Sicht nicht zu einer Übertragung des wirtschaftlichen Eigentums an den Anteilen kommt.[65]

62 Eine *PersG als „Einbringende"* i.S.v. § 22 Abs. 1 S. 1 kann Veräußerer der für die Einbringung erhaltenen sperrfristbehafteten Anteile sein, wenn sie nach der Einbringung als Mitunternehmerschaft *fortbesteht*.[66] Nach Tz. 22.02 UmwStE 2011 soll allerdings im Widerspruch hierzu auch die Veräußerung eines Mitunternehmeranteils, zu dessen Betriebsvermögen ein sperrfristbehafteter Anteil i.S.v. § 22 gehört, durch einen *Mitunternehmer* wie eine (ggf. teilweise) steuerschädliche Veräußerung des Anteils durch die PersG selbst zu behandeln sein. Dieses wird mit der auf Grund des Transparenzprinzips gebotenen *gesellschafterbezogenen* Betrachtungsweise des § 22 begründet.[67]

63 *Erlischt* die PersG infolge der Einbringung sperrfristbehafteter Anteile (z.B. bei ihrer Verschmelzung auf eine KapG), so sind nach Tz. 22.02 UmwStE 2011 die *ehemaligen Gesellschafter* der PersG als Einbringende anzusehen,[68] so dass die Veräußerung der sperrfristbehafteten Anteile durch diese zur Besteuerung eines Einbringungsgewinns I nach § 22 Abs. 1 führt.

64 Die Übertragung sperrfristbehafteter Anteile aus dem Gesamthandvermögen einer Mitunternehmerschaft auf die Gesellschafter im Rahmen einer *Realteilung* ist eine steuerschädliche Veräußerung, soweit diese Vorgänge *entgeltlich* z.B. durch Ausgleichs- und Abfindungszahlungen an Gesellschafter

---

63 Vgl. BMF vom 26.11.2004, IV B 2 – S 2178 – 2/04, BStBl. I 2004, 1190.
64 BFH vom 24.04.2007, I R 35/05, DStR 2007, 1388; BFH vom 24.01.2008, IV R 37/06, DStR 2008, 761.
65 Vgl. *Stangl* in Rödder/Herlinghaus/van Lishaut, § 22 Rdn. 47.
66 Vgl. Tz. 20.03 und 22.02 UmwStE 2011, h.M. in der Literatur, vgl. z.B. *Stangl* in Rödder/Herlinghaus/van Lishaut, § 22 Rdn. 76; *Widmann* in Widmann/Mayer, § 22 Rdn. 28.
67 Vgl. hierzu unten Rdn. 76.
68 Mit Hinweis auf BFH vom 16.02.1996, I R 183/94, BStBl. II 1996, 342.

erfolgen.[69] Werden hingegen sperrfristbehaftete Anteile *unentgeltlich* im Rahmen einer Realteilung übertragen, so liegt keine steuerschädliche Veräußerung i.S.v. § 22 vor, sofern die Übertragung nicht auf eine KapG oder Genossenschaft erfolgt.[70] Durch die unentgeltliche Übertragung tritt der begünstige Rechtsnachfolger nach § 22 Abs. 6 in die Rechtsstellung des Einbringenden bzw. – im Falle des § 22 Abs. 2 – der übernehmenden Gesellschaft ein, so dass erst die nachfolgende Veräußerung der Anteile durch diesen nach Maßgabe des § 22 eine Einbringungsgewinnbesteuerung auslösen kann[71]. Werden die sperrfristbehafteten Anteile allerdings im Rahmen der Realteilung unentgeltlich auf eine KapG oder Genossenschaft als Mitunternehmer übertragen, so löst dieses nach § 22 Abs. 1 S. 6 Nr. 1 die Besteuerung eines Einbringungsgewinns aus.[72]

Die Übertragung sperrfristbehafteter Anteile zu Buchwerten *nach § 6 Abs. 5 S. 3 Nr. 1 bis 3 EStG* gegen *Gewährung oder Minderung von Gesellschaftsrechten* auf oder aus Mitunternehmerschaften lösen ebenfalls als *entgeltliche* Übertragungen eine Einbringungsgewinnbesteuerung aus.[73] 65

Gehen sperrfristbehaftete Anteile im Wege der *Anwachsung* von einer PersG auf einen anderen Rechtsträger über, so liegt insoweit eine Veräußerung vor, als der übernehmende Gesellschafter nicht an der aufgelösten PersG beteiligt ist und er an die ausscheidenden Gesellschafter eine Abfindung zahlt.[74] 66

3. Fiktive Veräußerung erhaltener Anteile nach § 12 Abs. 1 KStG

Gem. § 12 Abs. 1 KStG wird eine Veräußerung eines Wirtschaftsguts zum gemeinen Wert fingiert, wenn das Besteuerungsrecht der Bundesrepublik Deutschland bei einer Körperschaft hinsichtlich des Gewinns aus der Veräußerung eines Wirtschaftsgutes beschränkt oder ausgeschlossen wird. 67

Verliert z.B. die Bundesrepublik Deutschland das Besteuerungsrecht an einer Europäischen Gesellschaft (SE) durch deren Sitzverlegung, so gilt dieses als Veräußerung dieser Anteile zum gemeinen Wert i.S.v. § 12 KStG. Die Sitzverlegung ist allerdings kein Veräußerungstatbestand i.S.d. § 22. Schädliche Sitzverlegungen werden durch § 22 Abs. 1 S. 6 Nr. 6 und Abs. 2 S. 6 68

---

69 Vgl. *Widmann* in Widmann/Mayer, § 22 Rdn. 18.

70 Vgl. Tz. 22.20. UmwStE 2011; ebenso u.a. *Stangl* in Rödder/Herlinghaus/van Lishaut, § 22 Rdn. 103.

71 Siehe zur unentgeltlichen Rechtsnachfolge auch unten Rdn. 467 ff.

72 Vgl. Tz. 22.20 UmwStE 2011, siehe zur steuerschädlichen unentgeltlichen Übertragung sperrfristbehafteter Anteile auf eine KapG oder Genossenschaft die Kommentierung zu § 22 Abs. 1 S. 6 Nr. 1, Rdn. 122 ff. und zu § 22 Abs. 1 S. 6 Nr. 1 i.V.m. Abs. 2 S. 6 Nr. 1, Rdn. 262 ff.

73 Ebenso z.B. *Schmitt* in Schmitt/Hörtnagel/Stratz, § 22 Rdn. 34; *Bilitewski* in Haritz/Menner, § 22 Rdn. 34, *Patt* in Dötsch/Patt/Pung/Möhlenbrock, § 22 Rdn. 32a; *Stangl* in Rödder/Herlinghaus/van Lishaut, § 22 Rdn. 44 kritisiert die Verschärfung gegenüber der Rechtslage unter § 21 UmwStG 1995 und fordert insoweit bei zulässiger Buchwertfortführung eine einschränkenden Auslegung des Veräußerungsbegriffs, siehe hierzu auch die unter Rdn. 326 ff. dargestellte Diskussion.

74 Vgl. *Widmann* in Widmann/Mayer, § 22 Rdn. 18.

(abschließend) für die Zwecke des § 22 geregelt. Die Veräußerungsfiktion des § 12 KStG ist daher nicht auf § 22 übertragbar.[75]

4. Teilentgeltliche Veräußerung

69 Im Falle einer teilentgeltlichen Übertragung der sperrfristbehafteten Anteile ist die Übertragung nach der zu § 17 EStG entwickelten Trennungstheorie nach dem Verhältnis des gemeinen Wertes der Gegenleistung zum gemeinen Wert der übertragenen Anteile in einen entgeltlichen und in einen unentgeltlichen Teil aufzuteilen.[76] Für den entgeltlichen Teil ist ein Einbringungsgewinn I nach § 22 Abs. 1 S. 1 zu ermitteln, die Rechtsfolgen für die Übertragung des unentgeltlichen Teils ergeben sich aus § 22 Abs. 1 S. 6 Nr. 1 bzw. § 22 Abs. 6.

70 Eine teilentgeltliche Übertragung kommt z.B. bei einer gemischten Schenkung, einer Schenkung unter Auflage oder bei einer vorweggenommenen Erbfolge unter Zahlung von Gleichstellungsgeldern in Betracht, während bei Vereinbarungen unter fremden Dritten, sofern nicht ein offensichtliches Missverhältnis zwischen Leistung und Gegenleistung vorliegt, regelmäßig von einem in vollem Umfang entgeltlichen Geschäft auszugehen ist.[77]

5. Teilweise Veräußerungen

71 Nach § 22 Abs. 1 S. 1 ist ein Einbringungsgewinn I nur zu versteuern, „soweit" der Einbringende die für eine Sacheinlage i.S.v. § 20 Abs. 2 S. 2 erhaltenen Anteile veräußert. Veräußert der Einbringende nur Teile der sperrfristbehafteten Anteile, so entsteht nur ein anteiliger Einbringungsgewinn.

72 Der zu versteuernde Einbringungsgewinn (vor der Siebtelregelung) entspricht hierbei dem Teil des bei einer Veräußerung sämtlicher sperrfristbehafteter Anteile entstehenden Einbringungsgewinns, der dem Verhältnis des Nennwertes der veräußerten sperrfristbehafteten Anteile zu dem Nennwert der insgesamt dem Einbringenden zuzurechnenden sperrfristverhafteten Anteile entspricht.[78]

6. Mittelbare Veräußerung erhaltener Anteile

73 Nach § 22 Abs. 1 S. 1 ist ein Einbringungsgewinn I nur zu versteuern, wenn der *Einbringende* die erhaltenen sperrfristbehafteten Anteile an der KapG oder Genossenschaft *unmittelbar* veräußert. Veräußern unmittelbare oder mittelbare Anteilseigner einer Gesellschaft, die sperrfristbehaftete Anteile

---

75 Vgl. *Stangl* in Rödder/Herlinghaus/van Lishaut, § 22 Rdn. 41; *Widmann* in Widmann/Mayer, § 22 Rdn. 35, *Benecke/Schnittker*, FR 2010, 555 (561); a.A. *Pung*, GmbHR 2012, 158 (161); *Patt* in Dötsch/Patt/Pung/Möhlenbrock, Rdn. 28 unter Hinweis darauf, dass eine fiktive Veräußerung nach § 12 Abs. 1 KStG vom BMF (Schreiben vom 08.12.2011, BStBl. I 2011, 1279 Rdn. 23) als Veräußerung i.S.v. § 6 Abs. 5 S. 4 angesehen wird.

76 BFH vom 17.07.1981, IV R 15/76, BStBl. II 1981, 11; vgl. auch *Stangl* in Rödder/Herlinghaus/van Lishaut, § 22 Rdn. 27. *Widmann* in Widmann/Mayer, § 22 Rdn. 33; *Patt* in Dötsch/Patt/Pung/Möhlenbrock, § 22 Rdn. 30.

77 Vgl. *Patt* in Dötsch/Patt/Pung/Möhlenbrock, § 22 Rdn. 30.

78 Ebenso z.B. *Widmann* in Widmann/Mayer, § 22 Rdn. 29; *Förster/Wendland*, BB 2007, 631 (635); *Stangl* in Rödder/Herlinghaus/van Lishaut, § 22 Rdn. 62; siehe hierzu auch das Berechnungsbeispiel in Tz. 22.04 UmwStE 2011.

hält, ihre Anteile an dieser Gesellschaft, so wird diese Veräußerung nicht vom Anwendungsbereich des § 22 Abs. 1 S. 1 erfasst.[79]

Beispiel: 74
A ist zu 100 % an der A-GmbH beteiligt. Diese hält sperrfristbehaftete Anteile an der B-GmbH, die aus der Einbringung eines Teilbetriebes der A-GmbH in die B-GmbH unter dem gemeinen Wert nach § 20 Abs. 2 S. 2 stammen. Veräußert A die Anteile an der A-GmbH, so veräußert er mittelbar die sperrfristbehafteten Anteile der A-GmbH an der B-GmbH. Nach dem Gesetzeswortlaut löst dieses aber keine Besteuerung eines Einbringungsgewinns I aus, da keine Veräußerung der sperrfristbehafteten Anteile durch den Einbringenden (hier die A-GmbH) erfolgt.

Auch eine *mittelbare* Veräußerung sperrfristbehafteter Anteile *durch den Einbringenden* ist nach § 22 Abs. 1 S. 1 steuerunschädlich.

Beispiel:[80] 75
A hält 100 % der Anteile an der A-GmbH und der B-GmbH. Die B-GmbH hält wiederum 100 % der Anteile an der C-GmbH. A überträgt die Anteile an der A-GmbH, die wegen einer Sacheinlage nach § 20 Abs. 2 S. 2 sperrfristbehaftet sind, zu Buchwerten nach § 21 Abs. 1 S. 2 auf die C-GmbH und erhält hierfür neue Anteile an dieser, so dass er hiernach unmittelbar zu 30 % an der C-GmbH beteiligt ist. Die B-GmbH ist hiernach noch zu 70 % an der C-GmbH beteiligt. Anschließend veräußert A seine Anteile an der B-GmbH.
Da A über die B-GmbH zu 70 % an der C-GmbH beteiligt ist, veräußert er hierdurch zu 70 % mittelbar die zuvor übertragenden sperrfristbehafteten Anteile an der A-GmbH. Dieser Vorgang ist steuerunschädlich i.S.v. § 22 Abs. 1 S. 1, da mittelbare Veräußerungen sperrfristbehafteter Anteile durch den Einbringenden von dieser Vorschrift nicht erfasst werden.
Eine steuerschädliche Veräußerung sperrfristinfizierter Anteile durch den Einbringenden liegt aber nach § 22 Abs. 1 S. 6 Nr. 5 vor, wenn A die 30 %-ige unmittelbare Beteiligung an der C-GmbH veräußert.[81]

Nach Tz. 22.02 i.V.m. 20.03 UmwStE 2011 soll aber in den Fällen, in denen 76
der *Einbringende eine PersG* ist, die Veräußerung von Mitunternehmeranteilen an einer PersG, die sperrfristbehaftete Anteile hält, durch deren Mitunternehmer aufgrund des Transparenzprinzips wie eine *unmittelbare* Veräußerung sperrfristbehafteter Anteile durch die PersG i.S.v. § 22 Abs. 1 behandelt werden. Das gleiche soll gelten, wenn bei mehrstöckigen PersG Mitunternehmeranteile an einer PersG, die sperrfristbehaftete Anteile hält, mittelbar veräußert werden. Dieses widerspricht allerdings dem Gesetzwortlaut des § 22, da in diesen Fällen die PersG und nicht die veräußernden unmittelbaren und mittelbaren Mitunternehmer der PersG „Einbringende" i.S.v. § 22 Abs. 1 S. 1 sind und mittelbare Veräußerungen durch Anteilseigner des Einbringenden nicht vom Anwendungsbereich des § 22 Abs. 1 er-

---

79 Vgl. *Widmann* in Widmann/Mayer, § 22 Rdn. 29.
80 Vgl. Beispiel von *Widmann* in Widmann/Mayer, § 22 Rdn. 29.
81 Siehe hierzu i.E. unten Rdn. 187 ff.

fasst sind. Dementsprechend wird die Auffassung der Finanzverwaltung zu Recht vielfach kritisiert.[82]

76a Folgt man der Auffassung der Finanzverwaltung, so stellt sich die Frage, ob der Einbringungsgewinn (anteilig) auf der Ebene der PersG zu erfassen ist, die die sperrfristbehafteten Anteile hält, oder auf der Ebene des Mitunternehmers, der einen Mitunternehmeranteil an einer PersG veräußert, die unmittelbar oder – bei mehrstöckigen PersG – mittelbar über weitere PersG sperrfristbehaftete Anteile hält. Letzteres entspricht dem „Transparenzprinzip" und verhindert, dass andere Mitunternehmer der PersG, die sperrfristbehaftete Anteile hält, anteilig einen Einbringungsgewinn zu besteuern haben, obwohl sie selbst weder unmittelbar noch mittelbar über ihre Mitunternehmeranteile sperrfristbehaftete Anteile veräußert haben.[83]

Beispiel:
A und B sind als Kommanditisten zu jeweils 50 % an der X-KG beteiligt. Die X-KG ist als Kommanditist zu 60 % an der Y-KG beteiligt, C ist zu 40 % an der Y-KG beteiligt. Die Y-KG hält sperrfristbehaftete Anteile an der Z-GmbH, weil sie einen Teilbetrieb unter Fortführung der Buchwerte nach § 20 Abs. 2 S. 2 vor zwei Jahren auf die Z-GmbH ausgegliedert hat. B veräußert seinen Kommanditanteil an der X-KG. Nach Auffassung der Finanzverwaltung wird hierdurch anteilig in der Höhe eine Einbringungsgewinnbesteuerung nach § 22 Abs. 1 hinsichtlich der sperrfristbehafteten Anteile der Y-KG an der Z-GmbH ausgelöst, in der dem B die sperrfristbehafteten Z-GmbH-Anteile über seine mittelbare Beteiligung zugerechnet werden, d. h. zu 50 % von 60 % = 30 %. Dieser 30 %ige Einbringungsgewinn ist – wenn man der Meinung der Finanzverwaltung folgt – im Rahmen der einheitlichen und gesonderten Gewinnfeststellung der Y-KG zunächst ausschließlich der X-KG zuweisen und innerhalb der einheitlichen und gesonderten Gewinnfeststellung der X-KG ausschließlich B zuzurechnen. Der zu 40 % an der Y-KG beteiligte C hat daher keinen Einbringungsgewinn zu besteuern.

76b Zu dem im Beispiel unter Rdn. 76a geschilderten Verfahren der Zurechnung des Einbringungsgewinns hat sich die Finanzverwaltung noch nicht verbindlich geäußert. Um verbleibende Risiken zu vermeiden, sollten Mitunternehmer einer PersG, die sperrfristbehaftete Anteile halten, durch entsprechende vertragliche Vereinbarungen ihre Mitgesellschafter dazu verpflichten, ihre Mitunternehmeranteile an PersG, die sperrfristbehaftete Anteile halten, nicht ohne deren Zustimmung zu veräußern bzw. ggf. den ihnen hieraus entstehenden Steuerschaden zu ersetzen. Im Beispielsfall unter Rdn. 76a könnte u. U. C den Mitunternehmer Y-KG hierzu vertraglich verpflichten. Praktisch

---

82 Vgl. z.B. *Benz/Rosenberg*, DB 2012, Beilage, 38 (47); *Neu/Schiffers/Watermeyer*, GmbHR 2011, 729 (741); *Weber/Hahne*, Ubg 2011, 420 (430); *Schneider/Ruoff/Sistermannn*, FR 2012, 1 (8); *Kamphaus/Birnbaum*, Ubg 2012, 293(298); *Schmitt* in Schmitt/Hörtnagl/Stratz, § 22 Rdn. 25; *Stangl* in Rödder/Herlinghaus/van Lishaut, § 22 Rdn. 47a ff.
83 Siehe hierzu im Einzelnen *Stangl* in Rödder/Herlinghaus/van Lishaut; § 22 Rdn. 83b sowie *Stangl*, GmbHR 2012, 253 (255).

dürfte es allerdings regelmäßig nicht möglich sein, in solchen Fällen auch entsprechende Vereinbarungen mit den unmittelbaren und mittelbaren Gesellschaftern seiner Mitgesellschafter zu schließen. Daher dürfte es im Beispielsfall unter Rdn. 76a C kaum möglich sein, die X-KG unmittelbar zu verpflichten, ihre Anteile an der Y-KG in solchen Fällen nicht ohne Zustimmung des C zu veräußern.

VII. Veräußerung „innerhalb eines Zeitraumes von sieben Jahren"

Bei einer Veräußerung bzw. einer Realisierung der in 22 Abs. 1 S. 6 genannten Tatbestände wird nur innerhalb eines Zeitraumes von sieben *Jahren nach dem Einbringungszeitpunkt* ein Einbringungsgewinn I versteuert. Einbringungszeitpunkt ist bei Sacheinlagen i.S.d. § 20 der steuerliche Übertragungsstichtag, d.h. nach § 20 Abs. 5 der Tag, mit dessen Ablauf das Vermögen des übertragenden Rechtsträgers für Zwecke der Ertragsbesteuerung als auf den übernehmenden Rechtsträger übergegangen gilt. Nach Maßgabe des § 20 Abs. 6 kann dieser auch zurückbezogen werden.[84] Der steuerliche Übertragungsstichtag entspricht bei Sacheinlagen nach § 20 unter Anwendung des UmwG (Spaltungen oder Verschmelzungen i.S.v. § 1 UmwG) dem Stichtag der Schlussbilanz des übertragenden Rechtsträgers, welcher nach § 17 Abs. 2 UmwG höchstens 8 Monate vor der Anmeldung der Umwandlung zum Handelsregister des übertragenden Rechtsträgers aufgestellt worden sein darf. Bei einem Anteilstausch i.S.v. § 21 ist der Einbringungszeitpunkt der Zeitpunkt des Übergangs des wirtschaftlichen Eigentums an den Anteilen auf die übernehmende Gesellschaft (siehe hierzu auch die Kommentierung zu § 21 Rdn. 28 f.). 77

Beginn der siebenjährigen Frist ist der Tag, der dem Tag der Einbringung (steuerlicher Übertragungszeitpunkt nach § 20 Abs. 6) folgt. Die Frist ist ausschließlich nach Jahren („Zeitjahren") zu bemessen, so dass z.B. „Veranlagungszeiträume" oder „Geschäftsjahre" unmaßgeblich für die Fristenberechnung sind. Veräußerungszeitpunkt ist der Zeitpunkt des Übergangs des wirtschaftlichen Eigentums an den erhaltenen Anteilen auf den Erwerber. Wird z.B. ein Betrieb zum steuerlichen Übertragungsstichtag 31.12.01 zu Buchwerten nach § 20 Abs. 2 S. 2 in eine KapG eingebracht, so führt eine Übertragung des wirtschaftlichen Eigentums an den hierfür erhaltenen Anteile an der KapG am 01.01.09 nicht mehr zu einer Besteuerung eines Einbringungsgewinns nach § 22. Die Siebenjahresfrist ist, so wie sie geregelt wurde, entgegen der in der Begründung des Gesetzentwurfes vertretenen Auffassung,[85] eine objektive Ausschlussfrist, sodass Veräußerungen kurz hiernach steuerunschädlich sind.[86] 78

§ 108 Abs. 3 AO ist anwendbar, so dass die Frist erst mit Ablauf des nachfolgenden Werktages endet, wenn die Veräußerung auf eine Samstag, Werktag oder Feiertag erfolgt.[87] 79

---

84 Siehe hierzu i.E. die Kommentierung zu § 20 Rdn. 221 ff.
85 Vgl. BT-Drs. 16/2710, 49.
86 Vgl. *Patt* in Dötsch/Patt/Pung/Möhlenbrock, § 22 Rdn. 77.
87 So auch *Schmitt* in Schmitt/Hörtnagl/Stratz, §22 Rdn. 49 m.w.N.; a.A. *Widmann* in Widmann/Mayer; § 22 Rdn. 19.

80 Gehen die sperrfristbehafteten erhaltenen Anteile auf einen Rechtsnachfolger des Einbringenden über, ohne dass dieses die Besteuerung eines Einbringungsgewinns auslöst, wird die bereits abgelaufene Frist beim Rechtsnachfolger angerechnet, da die Siebenjahresfrist nicht personenbezogen ist.[88] Dieses betrifft insbesondere die Fälle der unentgeltlichen Rechtsnachfolge, auf die § 22 Abs. 6 Anwendung findet (siehe hierzu Rdn. 467 ff.). Aber auch bei steuerunsstchädlichen Übertragungen und Weiterübertragungen sperrfristbehafteter Anteile unter Anwendung der Ausnahmevorschriften des § 22 Abs. 1 S. 6 Nr. 2, 4 und 5, ggf. jeweils i.V.m. § 22 Abs. 2 S. 6 (siehe hierzu u.a. Rdn. 267 ff., Rdn. 279 ff. und Rdn. 297 ff.) sowie bei Übertragungen unter Anwendung der Billigkeitsregelung (siehe hierzu insbesondere Rdn. 333 ff.) wird die zum ursprünglichen Zeitpunkt der Einbringung von Unternehmensteilen nach § 20 bzw. Anteilen nach § 21 beginnende siebenjährige Frist fortgeführt.

VIII. Besteuerung des Einbringungsgewinns I (§ 22 Abs. 1 S. 1 und 2

1. Rückwirkung der Besteuerung

81 Gem. § 22 Abs. 1 S. 1 ist der durch eine Veräußerung sperrfristbehafteter Anteile bzw. der durch Realisierung einer der in § 22 Abs. 1 S. 6 aufgeführten Tatbestände ausgelöste Gewinn aus der Einbringung *rückwirkend* im Wirtschaftsjahr der Einbringung zu versteuern. Die Beteiligten sind daher so zu stellen, als wenn die Unternehmensteile oder die mehrheitsvermittelnden Anteile an KapG oder Genossenschaften nach § 20 bzw. 21 zum Einbringungszeitpunkt zum gemeinen Wert übertragen wurden. Der Einbringungsgewinn wird rückwirkend in dem Veranlagungszeitraum erfasst, in dem der Einbringungszeitpunkt liegt. Die Veräußerung der sperrfristbehaften Anteile gilt nach § 22 Abs. 1 S. 2 insoweit als rückwirkendes Ereignis i.S.v. § 175 Abs. 1 S. 1 Nr. 2 AO. Nach § 175 Abs. 1 S. 1 AO ist der Steuerbescheid des Einbringenden in den Fällen einer steuerschädlichen Veräußerung bzw. der Realisierung von Tatbeständen i.S.v. § 22 Abs. 1 S. 6 im Kalenderjahr der Einbringung unter Berücksichtigung des Einbringungsgewinns I zu ändern.

82 Eine Änderung ist nicht mehr zulässig, wenn nach § 169 AO Festsetzungsverjährung eingetreten ist. Gem. § 175 Abs. 1 S. 2 AO beginnt die Festsetzungsfrist mit Ablauf des Kalenderjahres, in dem die sperrfristbehafteten Anteile veräußert bzw. ein Tatbestand i.S.v. § 22 Abs. 1 S. 6 realisiert wurde. Gem. § 233 a Abs. 2 a AO beginnt die Zinszahlung für die nachträglich zu leistenden Steuer auf den Einbringungsgewinn I 15 Monate nach Ablauf des Kalenderjahres, in dem die Anteilsveräußerung bzw. ein nach § 22 Abs. 1 S. 6 vergleichbarer Tatbestand erfüllt ist, so dass die *Rückwirkung* der Einbringungsgewinnbesteuerung *keine Verzinsung* auslöst.[89]

---

88 Vgl. z.B. *Patt* in Dötsch/Patt/Pung/Möhlenbrock § 22 Rdn. 19; *Stangl* in Rödder/Herlinghaus/van Lishaut § 22 Rdn. 79.
89 Vgl. z.B. *Förster/Wendland*, BB 2007, 631 (635), *Patt* in Dötsch/Patt/Pung/Möhlenbrock, § 22 Rdn. 63.

Die rückwirkende Ermittlung und Besteuerung des Einbringungsgewinns I   *83*
nach § 175 Abs. 1 Nr. 2 AO hat zur Folge, dass die *Kosten*, die durch die Sacheinlage i.S.v. § 22 Abs. 1 entstanden sind, *nicht mehr als Betriebsausgabe*
den laufenden Gewinn im Einbringungsjahr sondern den Einbringungsgewinn I mindern (siehe unten Rdn. 96 f.).[90]

Die Rückwirkung umfasst auch die durch den Einbringungsgewinn nach   *84*
§ 22 Abs. 1 S. 4 entstehenden nachträglichen Anschaffungskosten für die erhaltenen Anteile. Diese Anschaffungskosten gelten beim Einbringenden als
rückwirkend zum Einbringungszeitpunkt entstanden (siehe hierzu auch
nachfolgend Rdn. 103 ff.).[91] Wurden die sperrfristbehafteten erhaltenen Anteile nach der Einbringung steuerunschädlich nach § 22 Abs. 1 S. 6 Nr. 2, 4
und 5 weiter übertragen (siehe hierzu Rdn. 267 ff.) so erhöhen sich auch
nachträglich zum ursprünglichen Einbringungszeitpunkt (siehe Rdn. 81) die
Anschaffungskosten der für die jeweilige Weiterübertragung erhaltenen Anteile, welche nach § 22 Abs. 1 S. 6 Nr. 5 „sperrfristinfiziert" sind.[92] Als Folgewirkung der rückwirkenden Erhöhung der Anschaffungskosten sind in
nachfolgenden Steuerbescheiden zwischenzeitlich vorgenommene Teilwertabschreibungen auf die sperrfristbehafteten Anteile im Veranlagungszeitraum der Teilwertabschreibung von Amts wegen um die erhöhten Anschaffungskosten zu erhöhen, ohne dass dieses der erneuten Ausübung eines
Wahlrechtes nach § 6 Abs. 1 EStG bedarf, da dieses Wahlrecht schon in der
damals gerechtfertigten Höhe der Teilwertabschreibung ausgeübt wurde.[93]
Auch wenn sich hierdurch ggf. ein Veräußerungsgewinn erhöht bzw. ein
Veräußerungsverlust vermindert, führt dieses ggf. zu Zinserträgen des Einbringenden aus rückwirkenden Steuererstattungen.

Auch die Frage, ob ein Einbringungsgewinn eines Ausländers nach § 49
EStG zu den beschränkt steuerpflichtigen inländischen Einkünften gehört,
wird rückwirkend anhand der Verhältnisse zum Zeitpunkt der Einbringung
bestimmt.[94]

2. Einkunfts- und Steuerart

Der Einbringungsgewinn I ist ein Gewinn i.S.v. § 16 EStG (§ 22 Abs. 1 S. 1).   *85*
Unabhängig hiervon wird der Einbringungsgewinn der Einkunftsart zugerechnet, die aus den eingebrachten Unternehmensteilen erzielt wurden
(gewerbliche Einkünfte, Einkünfte aus Land- und Forstwirtschaft oder Einkünfte aus selbständiger Arbeit).[95] Ist der Einbringende körperschaftsteuerpflichtig, so unterliegt auch der Einbringungsgewinn der Körperschaftsteuer.

---

90 Vgl. Tz. 22.09 UmwStE 2011 und z.b. *Stangl* in Rödder/Herlinghaus/van Lishaut;
    § 22 Rdn. 80; *Patt* in Dötsch/Patt/Pung/Möhlenbrock, § 22 Rdn. 63.
91 Ebenso Tz. 22.10 UmwStE 2011; *Stangl* in Rödder/Herlinghaus/van Lishaut; § 22
    Rdn. 80; a.A. *Patt* in Dötsch/Patt/Pung/Möhlenbrock, § 22 Rdn. 63 (Erfassung der
    Kosten zum Zeitpunkt der Anteilsveräußerung); siehe zur Relevanz unten Rdn. 103.
92 Vgl. Tz. 22.16 UmwStE 2011.
93 Vgl. *Bilitewski* in Haritz/Menner, § 22 Rdn. 141,142.
94 Vgl. *Widmann* in Widmann/Mayer, § 22 Rdn. 165.
95 Vgl. *Widmann* in Widmann/Mayer, § 22 Rdn. 160.

3. Nichtanwendbarkeit der §§ 16 Abs. 4 und 34 EStG und des § 6b EStG

86 Nach § 22 Abs. 1 S. 1 HS 2 sind auf den Einbringungsgewinn I die Freibetragsregelungen des § 16 Abs. 4 EStG und die Regelungen zur Progressionsminderung und Tarifermäßigung nach § 34 EStG nicht anzuwenden. Dieses gilt nach Tz. 22.07 UmwStE 2011 auch bei einer schädlichen Anteilsveräußerung innerhalb des ersten Zeitjahres nach der Einbringung. Wären hingegen die Unternehmensteile bereits zum gemeinen Wert nach § 20 eingebracht worden, so hätten gem. § 20 Abs. 4 S. 1 unter den dort genannten Voraussetzungen die §§ 16 Abs. 4, 34 EStG auf den realisierten Veräußerungsgewinn Anwendung gefunden. Der Einbringende wird im Vergleich hierzu schlechter gestellt, wenn er die Unternehmensteile zunächst unter dem gemeinen Wert einbringt und diese innerhalb der Sperrfrist verkauft. Dieser Nachteil ist insbesondere dann gravierend, wenn die sperrfristbehafteten Anteile innerhalb des ersten Jahres nach der Einbringung veräußert werden und der Einbringende von dem „Abschmelzen" des zu versteuernden Einbringungsgewinns I durch die Siebtel-Regelung des § 22 Abs. 1 S. 3 letzter HS daher noch nicht profitiert hat. Diese Benachteiligung des Einbringenden lässt sich nicht mit dem Zweck der Vorschrift, der Missbrauchsvermeidung, begründen und ist daher nicht gerechtfertigt.[96]

Nach Tz. 22.07 findet *§ 6b EStG* auf den Einbringungsgewinn I keine Anwendung, was insofern nicht gerechtfertigt ist, als auf einen Einbringungsgewinn nach § 20 der § 6b EStG Anwendung findet.

4. Gewerbesteuer

87 Der Einbringungsgewinn I unterliegt nach Maßgabe von § 7 S. 2 als Gewerbeertrag in gleicher Weise der Gewerbesteuer wie ein bereits bei der Einbringung von Unternehmenteilen nach § 20 entstehender Einbringungsgewinn (Veräußerungsgewinn).[97] Werden nicht sämtliche sperrfristbehafteten erhaltenen Anteile veräußert, so liegt keine Veräußerung eines Betriebes bzw. Teilbetriebes i.S.v. § 7 Abs. 2 S. 2 GewStG vor.[98]

Nach Tz. 22.07 findet *§ 6b EStG* auf den Einbringungsgewinn I keine Anwendung, was insofern nicht gerechtfertigt ist, als auf einen Einbringungsgewinn nach § 20 der § 6b EStG Anwendung finden kann.

5. Beschränkte Steuerpflicht

88 Maßgeblich für die Frage, ob eine beschränkte oder unbeschränkte Steuerpflicht vorliegt, sind die Verhältnisse zum Einbringungszeitpunkt, nicht die zum Zeitpunkt der Veräußerung der sperrfristbehafteten Anteile. Ist der Einbringende als Ausländer zu diesem Zeitpunkt nur beschränkt steuerpflichtig, so wird ein Einbringungsgewinn I nach § 49 EStG nur besteuert, wenn dieser zum Einbringungszeitpunkt den inländischen Einkünften des Einbringenden, z.B. einer in Deutschland belegenen Betriebstätte zuzurechnen ist.[99]

---

96 So auch *Patt* in Dötsch/Patt/Pung/Möhlenbrock, § 22 Rdn. 60; *Stangl* in Rödder/Herlinghaus/van Lishaut, § 22 Rdn. 83.
97 Siehe hierzu die Kommentierung zu § 20 Rdn. 218.
98 Vgl. Tz. 22.07 UmwStE 2011.
99 Vgl. *Widmann* in Widmann/Mayer, § 22 Rdn. 165.

Der Einbringungsgewinn I unterliegt nur insoweit der deutschen Besteue- *89*
rung, als Deutschland nach den jeweilig abgeschlossenen Doppelbesteuerungsabkommen zum Einbringungszeitpunkt das Besteuerungsrecht hinsichtlich des durch die Sacheinlage nach § 20 Abs. 2 S. 2 übertragenen
Betriebsvermögens zusteht.[100]

Beispiel: *90*
X bringt einen Betrieb, zu dem eine französische Betriebsstätte gehört, in die deutsche X-GmbH ein. Anschließend verkauft er die
sperrfristbehafteten Anteile an der X-GmbH.

Ein Einbringungsgewinn aus der französischen Betriebsstätte unterliegt nach dem DBA Deutschland/Frankreich nicht dem deutschen
Besteuerungsrecht. Die Veräußerung der sperrfristbehafteten Anteile
führt daher nur zu einer Besteuerung der stillen Reserven des Betriebes zum Einbringungszeitpunkt, soweit diese zum Einbringungszeitpunkt nicht der französischen Betriebsstätte zuzurechnen sind.

IX. Ermittlung des Einbringungsgewinns I
(§ 22 Abs. 1 S. 3)

1. Schema der Gewinnermittlung

Nach § 22 Abs. 1 S. 3 ist der Einbringungsgewinn I nach folgendem Ermitt- *91*
lungsschema zu berechnen:[101]

Gemeiner Wert des eingebrachten Betriebsvermögens zum Einbringungszeitpunkt (ohne mit eingebrachte Anteile an KapG und Genossenschaften)

./. Kosten für den Vermögensübergang

./. Wert mit dem die übernehmende Gesellschaft das Betriebsvermögen angesetzt hat (Buchwert oder Zwischenwert)

Vorläufiger Einbringungsgewinn

./. $1/7$ des vorläufigen Einbringungsgewinns I für jedes seit dem Einbringungszeitpunkt abgelaufene Zeitjahr

= zu versteuernder Einbringungsgewinn I

2. Gemeiner Wert des eingebrachten Betriebsvermögens

Maßgeblich für die Ermittlung des Einbringungsgewinns I ist der gemeine *92*
Wert des Betriebsvermögens zum Einbringungszeitpunkt. Aus der Verweiskette (§ 22 Abs. 1 S. 1 verweist auf § 20 Abs. 2 S. 2, der wiederum auf § 20
Abs. 2 S. 1 verweist) ergibt sich, dass *für Pensionsrückstellungen der Wert
nach § 6a EStG anzusetzen* ist.[102] Hinsichtlich der Einzelheiten zum Begriff

---

100 Vgl. *Widmann* in Widmann/Mayer, § 22 Rdn. 169.
101 Vgl. auch Tz. 22.08 UmwStE.
102 Vgl. *Patt* in Dötsch/Patt/Pung/Möhlenbrock, § 22 Rdn. 55; *Widmann* in Widmann/
Mayer, § 22 Rdn. 154.

des „gemeinen Wertes" wird auf die Kommentierung zu § 20 Rdn. 95 verwiesen.

93 Bei der Ermittlung des Einbringungsgewinns I sind die gemeinen Werte von Anteilen an KapG und Genossenschaften, für die nach 22 Abs. 1 S. 5 HS 2 ausschließlich ein Einbringungsgewinn II zu ermitteln ist, nicht zu erfassen.[103]

94 Der Einbringungszeitpunkt kann bis zu sieben Jahren vor der Veräußerung der hierfür erhaltenen Anteile liegen, was in der Praxis zu erheblichen Problemen bei der nachträglichen Wertfeststellung führen kann. Auch wenn die Darlegungs- und Beweislast bei der Finanzverwaltung liegt, wenn sie einen höheren gemeinen Wert annimmt, als erklärt,[104] wird allgemein empfohlen, bereits zum Einbringungszeitpunkt den gemeinen Wert der Sacheinlage und die Grundlage der Berechnung zu dokumentieren, um praktische Schwierigkeiten bei der Ermittlung des gemeinen Wertes zum Einbringungszeitpunkt zu vermeiden.[105] Dieses ist nicht zuletzt deshalb ratsam, weil die Finanzverwaltung Kenntnisse aus einer Ex-Post-Betrachtung hat und überprüfen wird, inwieweit zum Veräußerungszeitpunkt vorhandene stille Reserven bereits zum Einbringungszeitpunkt vorhanden waren.[106]

3. Kosten für den Vermögensübergang

95 Bei der Ermittlung des Einbringungsgewinns I sind die dem Einbringenden entstandenen Kosten für den Vermögensübergang nach § 22 Abs. 1 S. 3 abzuziehen. Zu berücksichtigen sind die Kosten, die in einem Veranlassungszusammenhang zu dem Einbringungsvorgang stehen und dem Einbringenden zugeordnet werden können.[107] Zu den Kosten für die Vermögensübertragung können hiernach z.B. Notarkosten, Gerichtsgebühren oder Rechtsberatungskosten gehören, sowie Kosten im Zusammenhang mit der Erstellung von Einbringungsbilanzen und Kosten der Gesellschafterversammlungen im Zusammenhang mit der Einbringung. Bei Einbringungen durch Umwandlungen gehören hierzu auch die Kosten für den Umwandlungsvertrag, den Umwandlungsbericht, Umwandlungsprüfungen sowie Kosten der Anmeldung und Eintragung der Umwandlung, soweit sie dem Einbringenden und nicht der übernehmenden Gesellschaft zuzurechnen sind. Auch eine etwaige Gewerbesteuer auf den Einbringungsgewinn gehört bei einer rückwirkenden Besteuerung des Einbringungsgewinns zu den abziehbaren Einbringungskosten, da diese durch die Einbringung selbst ausgelöst wird.[108]Dieses wirkt sich allerdings ab dem Veranlagungszeit-

103 Siehe hierzu auch Rdn. 105.
104 Vgl. z.B. *Dötsch/Pung*, DB 2006, 2704, 2763, 2766; *Förster/Wendland*, BB 2007, 631, (636); *Stangl* in Rödder/Herlinghaus/van Lishaut§ 22 Rdn. 88.
105 Vgl. statt vieler: *Hagemann/Jakob/Ropohl/Viebrock*, NWB Sonderheft 1/2007, 39; *Stangl* in Rödder/Herlinghaus/van Lishaut, § 22 Rdn. 88.
106 Vgl. *Hagemann/Jakob/Ropohl/Viebrock*, NWB Sonderheft 1/2007, 39.
107 Vgl. z.B. BFH vom 19.01.2000, I R 24/99 BStBl. II/2000, 545; BFH vom 25.01.2000, VIII R 55/97, BStBl. II 2000, 458.
108 Vgl. *Patt* in Dötsch/Patt/Pung/Möhlenbrock, § 20 Rdn. 253; *Herlinghaus* in Rödder/Herlinghaus/van Lishaut, § 20 Rdn. 204.

punkt 2008 nicht mehr aus, da seitdem die Gewerbesteuer nach § 4 Abs. 5b EStG nicht mehr zu den abziehbaren Betriebsausgaben gehört. Objektbezogene Anschaffungsnebenkosten, wie z.b. die Grunderwerbsteuer gehören jedoch nicht zu den Kosten des Vermögensübergangs, sondern sind, soweit sie bestimmten Wirtschaftsgütern zugeordnet werden können, bei diesen zu aktivieren.[109]

Soweit die Einbringungskosten im Wirtschaftsjahr der Einbringung den laufenden Gewinn des Einbringenden steuerlich gemindert haben, sind diese Kosten bei einer nachfolgenden, nach § 22 steuerschädlichen Übertragung der sperrfristbehafteten Anteile rückwirkend diesem laufenden Gewinn wieder hinzuzurechnen, da diese Einbringungskosten nunmehr ausschließlich bei der Ermittlung des Einbringungsgewinns I zu berücksichtigen sind.[110] Soweit der zu versteuernde Einbringungsgewinn I nach § 22 Abs. 1 S. 3 für jedes seit dem Einbringungszeitpunkt abgelaufene Zeitjahr um ein Siebentel „abgeschmolzen" ist, wirken sich die Kosten der Vermögensübertragung damit nur noch insoweit steuermindernd aus, als der verbleibende zu versteuernde Einbringungsgewinn I durch diese Kosten anteilig reduziert wurde. Insoweit können sich für den Einbringenden in dem Veranlagungszeitraum der Rückwirkung Steuermehrbelastungen ergeben, die über die rückwirkende Besteuerung des Einbringungsgewinns hinausgehen.[111]   **96**

Die Kosten der Vermögensübertragung vermindern den Einbringungsgewinn I und damit die nach § 22 Abs. 1 S. 4 nachträglich zu bilanzierenden Anschaffungskosten, was im Vergleich zu einer Sacheinlage zum gemeinen Wert zu nicht gerechtfertigten niedrigeren Anschaffungskosten und damit zu einem höheren Gewinn aus der Veräußerung der Anteile führt.[112]   **97**

4. Wertansatz durch die übernehmende Gesellschaft

Zur Ermittlung des Einbringungsgewinns I ist vom gemeinen Wert des eingebrachten Betriebsvermögens der Buch- oder Zwischenwert abzuziehen, mit dem die übernehmende Gesellschaft die eingebrachten Unternehmenteile angesetzt hat. Dieses ist der nach § 20 Abs. 2 ermittelte Wert.[113] Enthält das eingebrachte Betriebsvermögen Anteile an KapG oder Genossenschaften, für die nach § 22 Abs. 1 S. 5 ausschließlich ein Einbringungsgewinn II zu ermitteln ist, so ist der Wert dieser Anteile nicht abziehbar (siehe auch das Beispiel unten Rdn. 107).   **98**

5. Kürzung des Einbringungsgewinns I um 1/7 je abgelaufenem Zeitjahr

Um den Einbringungsgewinn I zu ermitteln, ist entspr. dem unter Rdn. 91 dargestellten Schema der „vorläufige Einbringungsgewinn I" für jedes seit dem Einbringungszeitpunkt abgelaufene Zeitjahr um 1/7 zu kürzen.   **99**

---

109 Vgl. Tz. 22.09 UmwStE 2011, siehe auch die Kommentierung zu § 20 Rdn. 212.
110 Vgl. Tz. 22.09 UmwStE 2011.
111 Vgl. *Dötsch/Pung*, DB 2006, 2763; *Stangl* in Rödder/Herlinghaus/van Lishaut; § 22 Rdn. 89, siehe auch das Beispiel von *Bilitewski* in Haritz/Menner, § 22 Rdn. 118.
112 Vgl. *Patt* in Dötsch/Patt/Pung/Möhlenbrock, § 22 Rdn. 65.
113 Siehe hierzu i.E. die Kommentierung zu § 20 Abs. 2 Rdn. 98 ff.

100 Durch diese, durch das SEStEG neu eingeführte Regelung der „Abschmelzung" des zu versteuernden Einbringungsgewinns, soll nach der Gesetzesbegründung insbesondere erreicht werden, dass die europäischen Vorgaben für Vorschriften zur Vermeidung von Steuerumgehungen, insbesondere Art. 11 Abs. 1 FusionsRL eingehalten werden.[114]

101 Maßgeblich sind die abgelaufenen Jahre von dem Zeitpunkt der Einbringung an, der nach § 20 Abs. 6 S. 1 durch den steuerlichen Übertragungsstichtag bestimmt wird, bis zu dem Zeitpunkt, zu dem die sperrfristbehafteten Anteile durch Übergang des wirtschaftlichen Eigentums auf den Erwerber i.S.v. § 22 Abs. 1 veräußert wurden oder zu dem ein in § 22 Abs. 1 S. 6 aufgeführter Tatbestand realisiert wurde. Nur vollständig abgelaufene Zeitjahre führen zu der Minderung des Einbringungsgewinns um $1/7$.[115] War daher z.B. der steuerliche Übertragungsstichtag der Einbringung der 31. 12. 2010, so führt eine steuerschädliche Veräußerung der sperrfristbehafteten Anteile innerhalb des am 31. 12. 2011 endenden Zeitraums noch zu keiner Minderung des zu versteuernden Einbringungsgewinns nach der Siebtel-Regelung.

X. Exkurs: Ermittlung des Veräußerungsgewinns

102 Der Gewinn des Einbringenden aus der Veräußerung sperrfristbehafteter Anteile wird nach den allgemeinen einkommensteuerlichen Vorschriften (§§ 13, 15, 16, 17 und 18 im § 3 Nr. 40, sowie §§ 20, 32d Abs. 1 EStG, § 8b KStG) besteuert.[116] Da der Einbringungsgewinn nach § 22 Abs. 1 S. 4 zu nachträglichen Anschaffungskosten für die erhaltenen Anteile führt, ist dieser zunächst zu ermitteln, da die nachträglichen Anschaffungskosten zu einer Minderung des Gewinns des Einbringenden aus der Veräußerung der sperrfristbehafteten Anteile führt. Nach § 17 Abs. 6 EStG erzielt eine natürliche Person oder eine PersG mit natürlichen Personen als Einbringende oder entsprechende unentgeltliche Rechtsnachfolger bei der Veräußerung sperrfristbehafteter Anteile auch dann einen Veräußerungsgewinn i.S.v. § 17 Abs. 1, wenn diese innerhalb der letzten fünf Jahre am Kapital der Gesellschaft nicht unmittelbar oder mittelbar zu mindestens 1 % beteiligt war.[117] Der Veräußerungsgewinn unterliegt bei diesen dem Teileinkünfteverfahren nach § 3 Nr. 40 EStG, Veräußerungsverluste können ebenfalls nur anteilig geltend gemacht werden. Der Veräußerungsgewinn von KapG oder anderen Körperschaften ist nach Maßgabe von § 8 Abs. 2 KStG steuerfrei, wobei nach § 8b Abs. 3 KStG 5 % des Gewinns als nicht abziehbare Betriebsausgabe gilt. Veräußerungsverluste, die KapG oder andere Körperschaften ggf. auch aufgrund der Erhöhung ihrer Anschaffungskosten um den Einbringungsgewinn erzielen, können diese nach § 8b Abs. 3 S. 3 KStG nicht steuermindernd geltend machen.

---

114 Siehe BT-Drs. 16/2710, 46; zur Frage der Vereinbarkeit der siebenjährigen Frist mit EU-Recht siehe u.a. *Rödder/Schuhmacher*, DStR 2006, 1525; *Körner*, IStR 2006, 471; *Gille*, IStR 2007, 194 und oben Rdn. 24.
115 Vgl. *Stangl* in Rödder/Herlinghaus/van Lishaut; § 22 Rdn. 91.
116 Vgl. Tz. 22.05 UmwStE 2011.
117 Vgl. Tz. 22.06 UmwStE 2011.

XI. Einbringungsgewinn I als nachträgliche Anschaffungskosten (§ 22 Abs. 1 S. 4)

Gem. § 22 Abs. 1 S. 4 gilt der Einbringungsgewinn I als nachträgliche Anschaffungskosten der erhaltenen Anteile. Die nachträglichen Anschaffungskosten erhöhen sich zum *Zeitpunkt der Einbringung*, was relevant ist, wenn
vor Auslösen des Einbringungsgewinns I die stillen Reserven in den Anteilen zu versteuern sind (z.B. nach § 12 Abs. 1 KStG oder nach § 6 AStG).[118]   *103*

Veräußert der Einbringende nur einen Teil seiner sperrfristbehafteten Anteile, so erhöht der erzielte Einbringungsgewinn I nur die Anschaffungskosten der veräußerten sperrfristbehafteten Anteile und führt daher nicht zu einer Verteilung der Anschaffungskostenerhöhung auf den Gesamtbestand
der sperrfristbehafteten Anteile i.S.v. § 22 Abs. 1.[119] Dieses lässt sich zwar
dem Gesetzestext des § 22 Abs. 1 S. 4 nicht unmittelbar entnehmen, ist aber
unter Berücksichtigung des Willens des Gesetzgebers und der Systematik
des § 22 sachgerecht. Denn nach der Begründung zu § 22 soll durch diese
Vorschrift der Gewinn aus der Veräußerung der Anteile in einen Einbringungsgewinn I und einen Gewinn aus dem Anteilsverkauf „zerlegt" werden.[120] Würde die Anschaffungskostenerhöhung bei einer Teilveräußerung
auch auf nicht veräußerte sperrfristbehaftete Anteile verteilt werden, so
käme es nicht zu dieser Aufteilung („Zerlegung") des durch die Veräußerung realisierten Gesamtgewinns.   *104*

Wurden im Zuge der Einbringung oder durch nachfolgende Kapitalmaßnahmen stille Reserven von den sperrfristbehafteten Anteilen auf andere Anteile des Einbringenden oder eines Dritten an der übernehmenden Gesellschaft übertragen, so werden diese anderen Anteile nach § 22 Abs. 7
ebenfalls zu sperrfristbehaftete Anteile (sog. „mitverstrickte Anteile", siehe
hierzu i.E. Rdn. 479 ff.). Veräußert in solchen Fällen der Einbringende seine
sperrfristbehafteten Anteile, so reduziert sich sein Einbringungsgewinn um
die auf andere Anteile verlagerten stillen Reserven. Dieser (reduzierte) Einbringungsgewinn erhöht in vollem Umfang die Anschaffungskosten der vom
Einbringenden veräußerten sperrfristbehafteten Anteile. Bei der Veräußerung der mitverstrickten Anteile entsteht jeweils wieder ein Einbringungsgewinn in Höhe der jeweils auf diese Anteile verlagerten stillen Reserven.
Dieser jeweilige Einbringungsgewinn erhöht ausschließlich die Anschaffungskosten des jeweils veräußerten mitverstrickten Anteils.   *104a*

---

118 Ebenso Tz. 22.10 UmwStE 2011; *Widmann* in Widmann/Mayer, § 22 Rdn. 186;
Stangl in Rödder/Herlinghaus/van Lishaut, § 22 Rdn. 93; a.A. (Erhöhung zum Veräußerungszeitpunkt) *Patt* in Dötsch/Patt/Pung/Möhlenbrock, § 22 Rdn. 61.

119 Vgl. *Patt* in Dötsch/Patt/Pung/Möhlenbrock, § 22 Rdn. 61; *Widmann* in Widmann/
Mayer, § 22 Rdn. 186; *Stangl* in Rödder/Herlinghaus/van Lishaut, § 22 Rdn. 95;
a.A. *Strahl* (Verteilung der Anschaffungskosten auf sämtliche erhaltenen Anteile),
KÖSDI 2007, 15442 (15451).

120 Vgl. BT-Drs. 16/2710, 46.

XII. Eingebrachtes Betriebsvermögen umfasst Anteile an KapG oder Genossenschaften (§ 22 Abs. 1 S. 5)

1. Ausschließliche Anwendbarkeit des § 22 Abs. 2

105 Enthält die nach § 20 Abs. 1 eingebrachte Sacheinlage auch Anteile an KapG oder Genossenschaften, so ist nach § 22 Abs. 1 S. 5 HS 1 „insoweit" § 22 Abs. 2 und nicht § 22 Abs. 1 anzuwenden, als das Recht der Bundesrepublik Deutschland hinsichtlich der Besteuerung des Gewinns aus der Veräußerung der erhaltenen Anteile weder ausgeschlossen noch beschränkt ist (Umkehrschluss aus § 22 Abs. 1 S. 5 HS 2).

106 Durch diese Regelung wird eine im Rahmen des § 22 nicht gewollte Statusverschlechterung des Einbringenden verhindert. Wäre § 22 Abs. 1 auch auf mit eingebrachte Anteile an KapG und Genossenschaften anwendbar, so würden diese Anteile, die der Einbringende nach dem Teileinkünfteverfahren nach § 3 Nr. 40 EStG bzw. als Körperschaft nach § 8b Abs. 2 KStG hätte steuerbegünstigt bzw. steuerfrei veräußern können, der vollen Einbringungsgewinnbesteuerung unterliegen. Um dieses zu vermeiden, wird im Falle einer Veräußerung der für eine solche (gemischte) Sacheinlage „erhaltenen Anteile" bei der Ermittlung des Einbringungsgewinns I der gemeine Wert der Anteile an einer mit eingebrachten KapG oder Genossenschaft sowie die damit zusammenhängenden Kosten der Vermögensübertragung und der angesetzte Buchwert der Anteile als Abzugspositionen nicht berücksichtigt.[121] Sofern sich die Kosten der Vermögensübertragung nicht unmittelbar den miteingebrachten Anteilen an KapG zuordnen lassen, müssen diese entspr. dem Buchwert der Anteile zum insgesamt eingebrachten Nettovermögen geschlüsselt werden.

107 **Beispiel:**
Die A-GmbH bringt zum 31. 12. 01 einen Teilbetrieb nach § 20 Abs. 2 S. 2 zu Buchwerten in die B-GmbH gegen Gewährung von Gesellschaftsrechten ein. Zu dem Teilbetrieb gehören auch Anteile an der X-GmbH, die mit eingebracht werden. Der Teilbetrieb hat zum Einbringungszeitpunkt einen Buchwert i. H. v. TEUR 200 (gemeiner Wert TEUR 500). Der Buchwert der Anteile an der X-GmbH beträgt zum Einbringungszeitpunkt TEUR 100 (gemeiner Wert TEUR 150).
Die A-GmbH veräußert im Januar 04 30 % der Anteile an der B-GmbH für TEUR 300.

Berechnung des Einbringungsgewinns I:

Gemeiner Wert der Sacheinlage (ohne Anteile an der X-GmbH)	350 TEUR
Buchwert der Sacheinlage ohne Anteile an der X-GmbH	100 TEUR
Vorläufiger Einbringungsgewinn I	250 TEUR

---

121 Siehe hierzu auch das oben unter Rdn. 91 dargestellte Ermittlungsschema.

Kürzung um $^2/_7$ für zwei abgelaufene Zeitjahre seit der Einbringung (gerundet)	70 TEUR
Endgültiger Einbringungsgewinn I	180 TEUR
Anteilig zu versteuernder Einbringungs-gewinn I (30 %)	54 TEUR
Berechnung des Veräußerungsgewinns:	
Veräußerungserlös für 30 % der B-GmbH-Anteile	300 TEUR
Anschaffungskosten(AK) für 30 % der B-GmbH-Anteile	./. 60 TEUR
Nachträgliche AK durch den Einbringungsgewinn	54 TEUR
Veräußerungsgewinn der A-GmbH	186 TEUR

§ 22 Abs. 2 findet keine Anwendung, da die Veräußerung der Anteile zum Einbringungszeitpunkt nach § 8b Abs. 2 KStG steuerfrei gewesen wäre.

Teilweise wird in der Literatur die Auffassung vertreten, dass es nach § 22 Abs. 1 S. 5 möglich ist, den für die Sacheinlage nach § 20 Abs. 1 S. 1 erhaltenen Anteile in einen für die Miteinbringung von Anteilen an KapG oder Genossenschaften gewährten Teil und in einen für das übrige eingebrachte Betriebsvermögen ausgegebenen Teil aufzuteilen.[122] Die Zulässigkeit einer solchen Aufteilung hätte zur Folge, dass der quotal auf die Miteinbringung von Anteilen entfallende Teil des Anteils gesondert veräußert werden könnte, ohne dass dieses die Besteuerung eines Einbringungsgewinns I auslöst.   *108*

Der Gesetzestext enthält allerdings keine Angaben darüber, ob und ggf. wie eine Aufteilung erfolgen kann. Unter Berücksichtigung der zu § 8b Abs. 4 KStG a. F. vertretenen Auffassung der Finanzverwaltung ist hierfür eine eindeutige Identifizierbarkeit und gesonderte buchhalterische Erfassung der unterschiedlich zu qualifizierenden Anteile erforderlich.[123] Im Einbringungsvertrag sollte daher ausdrücklich die Ausgabe eines gesonderten Anteils für die miteingebrachten Anteile und eines Anteils für das übrige eingebrachte Betriebsvermögen vereinbart werden, um der Gefahr zu entgehen, dass bei der Veräußerung nur eines Anteils eine quotale Besteuerung eines Einbringungsgewinns I ausgelöst wird.[124]   *109*

Beispiel: *110*
Die A-GmbH bringt einen Teilbetrieb zu Buchwerten nach § 20 Abs. 2 S. 2 in die B-GmbH ein. Wesentliche Betriebsgrundlage des Teilbetriebes ist ein 100 %-iger Anteil an der X-GmbH, der mit eingebracht wird. Der Buchwert des Teilbetriebes beträgt TEUR 100, wovon TEUR 40 auf die Anteile an der X-GmbH und TEUR 60 auf das übrige Betriebsvermögen entfällt. Zum Einbringungszeitpunkt

---

122 So z.B. *Widmann* in Widmann/Mayer, § 22 Rdn. 177.
123 Vgl. BMF vom 05.01.2004, BStBl. I 2004, 44.
124 Vgl. auch *Stangl* in Rödder/Herlinghaus/van Lishaut, § 22 Rdn. 98 f.; *Schmitt* in Schmitt/Hörtnagl/Stratz, § 22 Rdn. 67.

beträgt der gemeine Wert der Anteile an der X-GmbH TEUR 120, der des übrigen eingebrachten Betriebsvermögens TEUR 240. Die A-GmbH erhält für die mit eingebrachten Anteile an der X-GmbH einen Anteil an der B-GmbH im Nennwert von TEUR 10 und für das übrige Betriebsvermögen einen Anteil an der B-GmbH im Nennbetrag von TEUR 20. Zwei Monate nach der Einbringung veräußert die A-GmbH beide Anteile an der B-GmbH. Die Veräußerung des Anteils im Nennwert von TEUR 10 kann nach § 8b Abs. 2 KStG steuerfrei erfolgen und löst nach § 22 Abs. 1 S. 5 auch keine Besteuerung eines Einbringungsgewinns I aus, da insoweit § 22 Abs. 1 nicht anwendbar ist. § 22 Abs. 2 findet keine Anwendung, weil der Gewinn aus der Veräußerung der Anteile an der X-GmbH zum Einbringungszeitpunkt nach § 8b Abs. 2 KStG steuerfrei gewesen wäre. Die Veräußerung des Anteils an der B-GmbH im Nennbetrag von TEUR 20 führt zu einem Einbringungsgewinn I i.H.v. TEUR 180 (Differenz zwischen dem gemeinen Wert und dem Buchwert des eingebrachten Betriebsvermögens zum Einbringungszeitpunkt).

Abwandlung:

Die A-GmbH erhält für die Einbringung des Teilbetriebes nur einen Anteil an der B-GmbH im Nennwert von TEUR 30. Zwei Monate nach der Einbringung wird ein Drittel dieses Anteils im Nennbetrag von TEUR 10 veräußert. Die Veräußerung löst die Besteuerung eines Einbringungsgewinns I aus, soweit dieser auf das übrige Betriebsvermögen entfällt (TEUR 180). Da nur ein Drittel der erhaltenen Anteile an der B-GmbH veräußert werden, ist ein Einbringungsgewinn I i.H.v. TEUR 60 zu versteuern.

111 In dem Grundfall kann der für den mit eingebrachten X-GmbH-Anteil gewährte Anteil im Nennbetrag von TEUR 10 an der B-GmbH nach § 8b Abs. 2 KStG steuerfrei veräußert werden, in der Abwandlung führt die Veräußerung eines Anteils im Nennbetrag von TEUR 10 zur Besteuerung eines quotalen Einbringungsgewinns.

112 Das Verhältnis des Nennbetrags des für die mit eingebrachten Anteile gewährten Anteils zum Nennbetrag der für die gesamte Sacheinlage gewährten Anteile sollte hierbei dem Verhältnis des gemeinen Wertes der mit eingebrachten Anteile zum gemeinen Wert der gesamten Sacheinlage entsprechen. Ist nämlich der Nennbetrag der für die mit eingebrachten Anteil gewährte Anteile höher, so führt dieses zu einer Verlagerung stiller Reserven aus dem eingebrachten übrigen Betriebsvermögen auf diese Anteile und damit zu einer Mitverstrickung dieser Anteile nach § 22 Abs. 7.[125]

2. Parallele Anwendung des § 22 Abs. 2

113 Nach der Ausnahmeregel des § 22 Abs. 1 S. 5 HS 2 sind, soweit das eingebrachte Betriebsvermögen Anteile an KapG oder Genossenschaften umfasst, neben Abs. 2 auch Abs. 1 S. 1 bis 4 anzuwenden, wenn das Recht der Bun-

---

125 Siehe hierzu i.E. unten Rdn. 479 ff.

desrepublik Deutschland hinsichtlich des Gewinns aus der Veräußerung der sperrfristbehafteten erhaltenen Anteile *ausgeschlossen oder beschränkt* ist. Diese Regelung betrifft die Einbringung von Anteilen, die bisher in Deutschland steuerverhaftet sind. Ohne eine derartige Ausnahmeregelung könnten die Anteile an der übernehmenden Gesellschaft, soweit sie auf diese mit eingebrachten Anteile an KapG oder Genossenschaften entfallen, ohne Besteuerung in Deutschland veräußert werden.

Zu der Frage, in welchen Fällen das deutsche Besteuerungsrecht an den er-   *114* halten Anteilen „ausgeschlossen oder beschränkt" ist, wird auf die Kommentierung zu § 21 Rdn. 95 ff. verwiesen.

Beispiel: *115*
Eine in Frankreich ansässige natürliche Person X hält eine deutsche Betriebsstätte. In dieser Betriebsstätte befinden sich Anteile an der deutschen Y-GmbH. X bringt die Betriebsstätte zu Buchwerten nach § 20 Abs. 2 S. 2 in die Z-GmbH gegen Gewährung von Anteilen an der Z-GmbH ein. Die im Privatvermögen von X gehaltenen Anteile an der Z-GmbH zählen hiernach nicht mehr zu einer deutschen Betriebsstätte, womit sie unter Berücksichtigung des DBA mit Frankreich in Deutschland nicht mehr steuerverhaftet sind.

Veräußert X die erhaltenen Anteile an der Z-GmbH innerhalb der siebenjährigen Sperrfrist, so löst dieses die Besteuerung eines Einbringungsgewinns I in Höhe der stillen Reserven der deutschen Betriebsstätte einschließlich der Anteile an der Y-GmbH aus. Veräußert die Z-GmbH die Anteile an der Y-GmbH innerhalb dieser Sperrfrist, so löst dieses die Besteuerung eines Einbringungsgewinns II nach § 22 Abs. 2 aus, sofern nicht zuvor die sperrfristbehafteten Anteile an der Z-GmbH veräußert wurden (§ 22 Abs. 2 S. 5).

Handelt es sich bei den mit eingebrachten Anteilen um *einbringungsgebo-*   *116* *rene Anteile* i.S.d. § 21 UmwStG 1995, so haben die für die Einbringung unter dem gemeinen Wert erhaltenen Anteile ebenfalls nach § 20 Abs. 3 S. 4 anteilig den Status „einbringungsgeboren." § 21 UmwStG 1995 ist auf diese Anteile weiter anzuwenden, was bedeutet, dass diese „infizierten" Anteile nach § 8 b Abs. 4 KStG a.F. oder § 3 Nr. 40 S. 3 und 4 EStG a.F., die insoweit weiter gelten, nicht steuerbegünstigt veräußert werden können (vgl. hierzu i.E. die Kommentierung zu § 20 Rdn. 155).[126]

XIII. Realisations- und Ausnahmetatbestände nach § 22 Abs. 1 S. 6

1. Überblick

Nach § 22 Abs. 1 S. 6 gelten die Vorschriften des Abs. 1 S. 1 bis 5 für die   *117* dort geregelten Tatbestände entsprechend. Die Anwendung des S. 6 setzt voraus, dass bereits durch eine Sacheinlage unter dem gemeinen Wert

---

126 Vgl. Tz. 20.39 UmwStE 2011; ebenso u.a. *Widmann* in Widmann/Mayer, § 22 Rdn. 183; a.A. *Schmitt* in Schmitt/Hörtnagl/Stratz, § 22 Rdn. 72.

sperrfristbehaftete Anteile i.S.v. Abs. 1 S. 1 entstanden sind und dass die siebenjährige Sperrfrist des Abs. 1 S. 1 noch nicht abgelaufen ist.

118 Bei Realisierung einer der in S. 6 genannten Tatbestände treten daher die gleichen Rechtsfolgen wie bei einer Veräußerung der sperrfristbehafteten Anteile ein, d.h. der hierdurch ebenfalls entstehende Einbringungsgewinn I wird rückwirkend, ggf. auch nur quotal, besteuert, der zu besteuernde Betrag vermindert sich nach § 22 Abs. 1 S. 3 jährlich um ein Siebtel und die Anschaffungskosten der für die ursprüngliche Sacheinlage nach § 20 erhaltenen Anteile erhöhen sich nach § 22 Abs. 1 S. 4 um den nach § 22 Abs. 1 S. 6 realisierten Einbringungsgewinn I. Allerdings hat die Finanzverwaltung in Rdn. 22.24 UmwStE 2011 für die § 22 Abs.1 S. 6 Nr. 3 geregelten Fälle der Rückzahlung von herabgesetztem Kapital und der sonstigen Einlagenrückgewähr eine von § 22 Abs.1 S. 3 abweichende Methode zur Ermittlung des (anteiligen) Einbringungsgewinns eingeführt (siehe Rdn. 157 ff.).

119 S. 6 benennt Tatbestände, die neben *einer Veräußerung* i.S.v. Abs. 1 S. 1 zu einer Einbringungsgewinnbesteuerung führen (Ergänzungstatbestände). Hierzu gehört die in Nr. 1 geregelte *unentgeltliche* Übertragung sperrfristbehafteter Anteile auf KapG oder Genossenschaften (siehe nachfolgend Rdn. 122f.) und der in Nr. 6 geregelte Wegfall der Voraussetzungen des § 1 Abs. 4 (Ansässigkeitsvoraussetzung), siehe nachfolgend Rdn. 211ff.). Die Vorschrift enthält in Nr. 3 ferner Regelungen, nach denen die Auflösung und Abwicklung der KapG, an der die sperrfristbehafteten Anteile bestehen (siehe nachfolgend Rdn. 148f.), die Herabsetzung und Rückzahlung ihres Kapitals (siehe nachfolgend Rdn. 150f.) oder eine sonstige Ausschüttung oder Rückzahlung von Einlagen dieser KapG (siehe nachfolgend Rdn. 152ff.) *wie eine Veräußerung* der sperrfristbehafteten Anteile behandelt wird und daher eine Einbringungsgewinnbesteuerung auslöst.

120 Ferner enthalten S. 6 Nr. 2, 4 und 5 im Wesentlichen *Ausnahmeregelungen* zu § 22 Abs. 1 S. 1. Hiernach lösen *entgeltliche Übertragungen und Weiterübertragungen* („Ketteneinbringungen") sperrfristbehafteter Anteile auf weitere KapG oder Genossenschaften, die nachweislich zu Buchwerten nach §§ 20 Abs. 2 S. 2 bzw. § 21 Abs. 1 S. 2 oder durch vergleichbare ausländische Vorgänge erfolgen, keine Einbringungsgewinnbesteuerung aus (siehe i.E. hierzu nachfolgend Rdn. 135 bis 145 und Rdn. 164 bis 207). Im Rahmen der *Billigkeitsregelung* in Tz. 22.23 UmwStE 2011 kann von einer Einbringungsgewinnbesteuerung auf Antrag abgesehen werden, wenn die sperrfristbehafteten Anteile durch mit diesen Ausnahmeregelungen *vergleichbare Umwandlungen zu Buchwerten* übertragen werden (siehe nachfolgend Rdn. 144, 180 und 203 sowie Rdn. 333ff.).

121 Der Aufbau und die Formulierungen des insoweit missglückten S. 6 spiegeln die Beziehung der Tatbestände untereinander sowie die vorstehend genannten unterschiedlichen Beziehungen des S. 6 zu den S. 1 bis 5 als Ergänzungs- und Ausnahmetatbestände nicht wider. Der vielfach verwendete Begriff „Ersatzrealisationstatbestände" für alle in S. 6 geregelten Vorgänge ist irreführend, da durch diesen Begriff nicht deutlich wird, dass ein wesentlicher Regelungsbestandteil des S. 6 die unter Rdn. 120 genannten Ausnahmetatbestände der steuerunschädlichen Ketteneinbringungen sind, und es

sich ansonsten überwiegend um ergänzende und nicht um „Ersatztatbestände" handelt.

2. Unentgeltliche Übertragungen erhaltener Anteile (§ 22 Abs. 1 S. 6 Nr. 1)

a) Grundregelungsgehalt

Die Besteuerung eines Einbringungsgewinns I wird nach § 22 Abs. 1 S. 6   122
Nr. 1 ausgelöst, wenn der Einbringende sperrfristbehaftete erhaltene Anteile i.S.v. § 22 Abs. 1 S. 1 mittelbar oder unmittelbar *unentgeltlich* auf eine *KapG oder Genossenschaft* überträgt. Es kommt hierbei nicht darauf an, ob es sich um eine inländische oder ausländische KapG oder Genossenschaft handelt.

Unentgeltliche Übertragungen sperrfristbehafteter Anteile auf andere *Kör-*   123
perschaften, wie z.b. auf eine Stiftung führen nicht zu einer Einbringungsgewinnbesteuerung.[127] Auf diese Fälle findet § 22 Abs. 6 Anwendung.[128]

Steuerunschädlich ist auch die unentgeltliche Übertragung sperrfristbehaf-   124
teter Anteile auf eine *natürliche Person* oder, z.b. in Form der verdeckten Einlage, auf eine (gewerbliche) *PersG*, soweit an der PersG ggf. neben dem Einbringenden keine andere KapG oder Genossenschaft beteiligt ist (siehe hierzu auch unten Rdn. 133).

Eine Übertragung ist unentgeltlich, wenn und soweit *keine Gegenleistung*   125
für die Abtretung der sperrfristbehafteten Anteile gewährt wird. Hierbei kann es sich um verdeckte Einlagen, verdeckte Gewinnausschüttungen, Sachdividenden, eine Zuweisung der sperrfristbehafteten Anteile an die Realteiler als KapG oder Genossenschaft im Rahmen einer Mitunternehmerschaft (§ 16 Abs. 3 S. 2 EStG) oder um *unentgeltliche* Übertragungen der Anteile nach § 6 Abs. 3 und 5 EStG handeln (vgl. hierzu auch Rdn. 65).[129] Soweit in den Fällen des § 6 Abs. 5 EStG aber an der übernehmenden PersG eine andere KapG oder Genossenschaft beteiligt ist, liegt ein nach § 22 Abs. 1 S. 6 Nr. 5 steuerschädlicher Vorgang vor (siehe Rdn. 133). Auch die Übertragung der sperrfristbehafteten Anteile im Rahmen von Umwandlungen auf KapG oder Genossenschaften kann ein nach § 22 Abs. 1 S. 6 Nr. 1 steuerschädlicher Vorgang sein, etwa, wenn die übertragenden Rechtsträger im Rahmen von Verschmelzungen oder Spaltungen sperrfristbehaftete Anteile übertragen und neue Anteile an der aufnehmenden KapG oder Genossenschaft nach § 54 oder § 68 UmwG nicht gewährt werden dürfen bzw. nach diesen Vorschriften auf die Gewährung neuer Anteile verzichtet wird.

Es kommt für die Anwendung der Vorschrift nicht darauf an, ob die unent-   126
geltliche Übertragung der sperrfristbehafteten Anteile isoliert oder z.B. im Zusammenhang mit der Übertragung von Betrieben oder Teilbetrieben erfolgt, ob sie aus dem Privat- oder Betriebsvermögen erfolgt[130] oder ob sie

---

127 Vgl. *Patt* in Dötsch/Patt/Pung/Möhlenbrock, § 22 Rdn. 40.
128 Siehe hierzu i.E. unten Rdn. 467 ff.
129 Vgl. Tz. 22.20 UmwStE 2011 sowie *Stangl* in Rödder/Herlinghaus/van Lishaut, § 22 Rdn. 38 und Rdn. 103; *Patt* in Dötsch/Patt/Pung/Möhlenbrock, § 22 Rdn. 40.
130 Vgl. *Schmitt* in Schmitt/Hörtnagl/Stratz, § 22 Rdn. 76.

unter Fortführung der Buchwerte der sperrfristbehafteten Anteile oder unter Aufdeckung stiller Reserven[131] vorgenommen wird.

127 Hauptanwendungsfälle unentgeltlicher Übertragungen sperrfristbehafteter Anteile dürften die Fälle sein, in denen ein gesellschaftsrechtliches Beteiligungsverhältnis zwischen der begünstigten KapG oder Genossenschaft und dem Einbringenden entweder in der Weise besteht, dass der Einbringende unmittelbar oder mittelbar an der begünstigten KapG oder Genossenschaften beteiligt ist oder umgekehrt, diese mittelbare oder unmittelbare Anteile an dem Einbringenden hält. Im zuerst genannten Fall erfolgt die steuerschädliche unentgeltliche Übertragung durch eine *verdeckte Einlage* der sperrfristbehafteten Anteile, im zweiten Fall durch *eine Sachdividende oder verdeckte Gewinnausschüttung* bzw. *durch eine Sachentnahme*, wenn die sperrfristbehafteten Anteile von einer PersG gehalten werden.

128 Die Anwendung der Vorschrift setzt aber nicht voraus, dass ein Gesellschaftsverhältnis zwischen dem Inhaber der sperrfristbehafteten Anteile und der begünstigten KapG oder Genossenschaft besteht oder dass es sich bei dem Begünstigten um eine nahestehende Person des Einbringenden handelt, so dass z.B. auch unentgeltliche Übertragungen sperrfristbehafteter Anteile in Form von Spenden an steuerbefreite KapG in den Anwendungsbereich der Vorschrift fallen.[132]

b) Mittelbare unentgeltliche Übertragungen

129 § 22 Abs. 1 S. 6 Nr. 1 erfasst auch *mittelbare* unentgeltliche Übertragungen sperrfristbehafteter Anteile auf KapG oder Genossenschaften *durch den Einbringenden* bzw. dessen unentgeltlichem Rechtsnachfolger i.S.v. § 22 Abs. 6. Unentgeltliche Übertragungen durch *unmittelbare und mittelbare Anteileigner des Einbringenden* lösen nach dem Gesetzeswortlaut keine Einbringungsgewinnbesteuerung nach Nr. 1 aus.[133] Allerdings soll nach Tz. 22.02 i.V.m. 20.03 UmwStE 2011 in den Fällen, in denen Einbringender eine PersG ist, die Veräußerung durch den Mitunternehmer der PersG zugerechnet werden (siehe oben Rdn. 76). Es ist nicht auszuschließen, dass unter Berücksichtigung des angeführten „Transparenzprinzips" dieses auch für steuerschädliche unentgeltliche Übertragungen gelten soll.

130 Die Erfassung *mittelbarer* unentgeltlicher Übertragungen erfolgt insbesondere vor dem Hintergrund, dass sowohl der Einbringende als auch ihm nachfolgende KapG oder Genossenschaften die sperrfristbehafteten Anteile nach den Ausnahmeregelungen in § 22 Abs. 1 S. 6 Nr. 2, 4 und 5 zu Buchwerten nach § 20 Abs. 2 S. 2 bzw. § 21 Abs. 1 S. 2 steuerunschädlich weiter übertragen können.

---

131 Vgl. *Patt* in Dötsch/Patt/Pung/Möhlenbrock, § 22 Rdn. 40.

132 Wie hier *Patt* in Dötsch/Patt/Pung/Möhlenbrock, § 22 Rdn. 40 und *Stangl* in Rödder/Herlinghaus/van Lishaut, § 22 Rdn. 103; a.A. *Widmann* in Widmann/Mayer, § 22 Rdn. 38, wonach nur verdeckte Einlagen unter diese Regelung fallen. Diese einschränkende Auslegung lässt sich allerdings aus dem Gesetz nicht ableiten.

133 Vgl. *Widmann* in Widmann/Mayer, § 22 Rdn. 45; *Stangl* in Rödder/Herlinghaus/van Lishaut, § 22 Rdn. 104.

Eine mittelbare unentgeltliche Übertragung setzt zunächst voraus, dass der *131* Einbringende die sperrfristbehafteten Anteile zunächst *ohne Auslösen einer Einbringungsgewinnbesteuerung* auf eine Zwischengesellschaft überträgt, an der er übertragbare und wertvermittelnde Gesellschafts- oder Mitgliedschaftsrechte hält bzw. solche für die Übertragung erhält. Durch deren nachfolgende steuerschädliche unentgeltliche Übertragung werden die sperrfristbehaftete Anteile mittelbar unentgeltlich übertragen.

Es kann sich hiernach bei der Zwischengesellschaft grds. auch um eine wei- *132* tere KapG oder Genossenschaft handeln, auf die der Einbringende die sperrfristbehafteten Anteile *steuerunschädlich zu Buchwerten* nach der Ausnahmeregelung in Nr. 2 HS 2[134] entweder (1) nach § 20 Abs. S. 2 bzw. § 21 Abs. 1 S. 2 oder (2) durch vergleichbare ausländische Vorgänge oder (3) in entspr. Anwendung der Ausnahmeregelung auf Antrag nach der Billigkeitsregelung in Tz. 22.23 UmwStE 2011 durch mit (1) und (2) vergleichbare Umwandlungen überträgt.[135] Allerdings wird eine hieran anschließende unentgeltliche Übertragung der Anteile an der Zwischengesellschaft bereits gesondert von *§ 22 Abs. 1 S. 6 Nr. 5* behandelt, die insoweit als spezielle Vorschrift vorrangig ist.[136]

Zwischengesellschaft kann eine *gewerbliche PersG* sein, an der der Einbrin- *133* gende beteiligt ist und auf die er zunächst die sperrfristbehafteten Anteile durch steuerunschädliche *verdeckte Einlage* unentgeltlich überträgt.[137] Dieses setzt aber voraus, dass, ggf. neben dem Einbringenden, keine andere KapG oder Genossenschaften an dieser PersG beteiligt ist, da anderenfalls diese Übertragung bereits eine teilweise steuerschädliche mittelbare verdeckte Einlage in die mitbeteiligte KapG oder Genossenschaft darstellen würde.[138] Die übernehmende Gesellschaft gilt hiernach als unentgeltlicher Rechtsnachfolger i.S.v. § 22 Abs. 6 als Einbringender. Bei einer gesellschafterbezogenen Betrachtungsweise im Rahmen des § 22 entspr. Tz. 22.02 UmwStE 2011 ist eine anschließende Veräußerung der MU-Anteile der PersG zuzurechnen und wäre damit auch eine „unmittelbare" Veräußerung. Den Einbringungsgewinn hat unabhängig hiervon immer der *Einbringende* i.S.v. § 22 Abs. 1 S. 1 und nicht dessen unentgeltlicher Rechtsnachfolger i.S.v. § 22 Abs. 6 zu entrichten.

c) Teilentgeltliche Übertragungen

Im Falle einer teilentgeltlichen Übertragung der sperrfristbehafteten Anteile *134* ist die Übertragung nach der zu § 17 EStG entwickelten Trennungstheorie nach dem Verhältnis des gemeinen Wertes der Gegenleistung zum gemeinen Wert der übertragenen Anteile in einen entgeltlichen und in einen un-

---

134 Siehe hierzu unten Rdn. 135 ff.
135 Siehe zu den Voraussetzungen der Anwendung der Billigkeitsregelung unten Rdn. 340 ff. und zu den hiernach möglichen steuerunschädlichen Umwandlungen nach dem UmwG unten Rdn. 382 ff.
136 Vgl. *Widmann* in Widmann/Mayer, § 22 Rdn. 44.
137 Vgl. *Patt* in Dötsch/Patt/Pung/Möhlenbrock, § 22 Rdn. 40 *Schmitt* in Schmitt/Hörtnagl/Stratz, § 22 Rdn. 77.
138 Vgl. *Patt* in Dötsch/Patt/Pung/Möhlenbrock, § 22 Rdn. 40; *Schmitt* in Schmitt/Hörtnagl/Stratz, § 22 Rdn. 77; a.A. *Widmann* in Widmann/Mayer, § 22 Rdn. 42.

entgeltlichen Teil aufzuteilen.[139] Für den entgeltlichen Teil ist ein Einbringungsgewinn I nach § 22 Abs. 1 S. 1 zu ermitteln, die Rechtsfolgen für die Übertragung des unentgeltlichen Teils ergeben sich aus § 22 Abs. 1 S. 6 Nr. 1 bzw. § 22 Abs. 6.[140] Praktisch ist die Aufteilung bei teilentgeltlichen Übertragungen der Anteile auf KapG oder Genossenschaften entbehrlich, da in diesen Fällen auch die unentgeltliche Übertragung nach § 22 Abs. 1 S. 6 Nr. 1 steuerschädlich ist.

3. Entgeltliche Übertragung erhaltener Anteile (§ 22 Abs. 1 S. 6 Nr. 2)

a) Grundregelungsgehalt

135   Nach § 22 Abs. 1 S. 6 Nr. 2 löst die *entgeltliche* Übertragung sperrfristbehafteter erhaltener Anteile[141] i.S.v. § 22 Abs. 1 S. 1 durch den Einbringenden auf eine weitere KapG oder Genossenschaft (Gesellschaft II) die Besteuerung eines Einbringungsgewinns I nach Maßgabe von § 22 Abs. 1 S. 1 bis 5 aus, es sei denn, es wird der Nachweis erbracht, dass diese Übertragung zu Buchwerten nach § 20 Abs. 2 S. 2 oder § 21 Abs. 1 S. 2 oder durch vergleichbare ausländische Vorgänge erfolgte und keine sonstigen Gegenleistungen erbracht wurden, die die Grenze des § 20 Abs. 2 S. 2 Nr. 4 oder die Grenze des § 21 Abs. 1 S. 2 Nr. 2 übersteigen.

136   HS 1 der gesetzestechnisch missglückten Nr. 2 hat keinen eigenständigen Regelungsgehalt, da entgeltliche Übertragungen „Veräußerungen" sind und bereits vom Grundtatbestand des § 22 Abs. 1 S. 1 erfasst werden.[142] Zur Definition der entgeltlichen Übertragung und der hiervon betroffenen Vorgänge wird daher auf die Erläuterungen zu den Veräußerungen i.S.v. § 22 Abs. 1 oben unter Rdn. 48 ff. verwiesen. Entgeltliche Übertragungen sind, wie sich im Umkehrschluss auch aus Nr. 2 HS 2 ergibt, auch Übertragungen sperrfristbehafteter Anteile zu Buchwerten.[143]

137   Nach der hier vertretenen Auffassung erstreckt sich der Anwendungsbereich der Nr. 2 damit ausschließlich auf die *Ausnahmeregelung im HS 2 der Nr. 2*, nach der entgeltliche Übertragungen sperrfristbehafteter Anteile zu *Buchwerten* nach § 20 Abs. 2 S. 2 bzw. nach § 21 Abs. 1 S. 2 *keine Besteuerung eines Einbringungsgewinns I* auslösen.[144]

138   Voraussetzung hierfür ist, dass *der Einbringende* die für die Übertragung sperrfristbehafteter Anteile gewährten Anteile an der übernehmenden

---

139 BFH vom 17.07.1981, IV R 15/76, BStBl. II 1981, 11; vgl. auch *Stangl* in Rödder/Herlinghaus/van Lishaut, § 22 Rdn. 27; *Widmann* in Widmann/Mayer, § 22 Rdn. 33.

140 Vgl z.B. auch *Rabback* in Rödder/Herlinghaus/van Lishaut § 27 Rdn. 113.

141 Hierzu können auch „mitverstrickte" Anteile i.S.v. § 22 Abs. 7 gehören (siehe auch unten Rdn. 479 ff.).

142 *Patt* (in Dötsch/Patt/Pung/Möhlenbrock, § 22 Rdn. 41) folgert hieraus allerdings zu Unrecht, dass § 22 Abs. 1 S. 6 Nr. 2 als gegenüber dem Grundtatbestand des § 22 Abs. 1 subsidiäre Vorschrift nur im Billigkeitswege Anwendung findet.

143 Siehe auch Rdn. 326 ff.

144 Im Ergebnis (weitgehend) ebenso *Widmann* in Widmann/Mayer § 22 Rdn. 49; *Stangl* in Rödder/Herlinghaus/van Lishaut, § 22 Rdn. 106; *Schmitt* in Schmitt/Hörtnagl/Stratz, § 22 Rdn. 80.

KapG oder Genossenschaft (Gesellschaft II) *rechtswirksam* mit dem Buchwert ansetzt.[145] Dieses erfordert regelmäßig einen Antrag nach § 20 Abs. 2 S. 2 bzw. § 21 Abs. 1 S. 2 durch die Gesellschaft II, die vom Einbringenden übernommenen sperrfristbehafteten Anteile in ihrer Steuerbilanz mit dem Buchwert anzusetzen und einen entspr. Wertansatz bei dieser, da hierdurch nach § 20 Abs. 3 S. 1 bzw. § 21 Abs. 2 S. 1 grds. der Wertansatz der für die Übertragung erhaltenen Anteile beim Einbringenden bestimmt wird.

Durch das StÄndG 2015[146] ist Nr. 2 insoweit ergänzt worden, als die steuer- **138a** unschädliche Übertragung der sperrfristbehafteten Anteile nunmehr zusätzlich den Nachweis voraussetzt, dass für die Übertragung keine sonstigen Gegenleistungen erbracht wurden, die die durch das StÄndG 2015 neu gefassten Grenzen des § 20 Abs. 2 S. 2 Nr. 4 bzw. des § 21 Abs. 1 S. 2 Nr. 2 übersteigen. Hinsichtlich der neuen Grenzen zulässiger finanzieller Gegenleistungen nach dem StÄndG 2015 bei einer angestrebten steuerneutralen Einbringung bzw. bei einem angestrebten steuerneutralen Anteilstausch zu Buchwerten nach §§ 20, 21 wird auf die Kommentierungen zu § 20 Abs. 2 S. 2 Nr. 4 bzw. § 21 Abs. 1 S. 2 Nr. 2 verwiesen (siehe § 20 Rdn. 144 ff. und § 21 Rdn. 65 ff.). Überschreiten die dem Übertragenden gewährten Gegenleistungen für die Einbringung der sperrfristbehafteten Anteile die Grenzen des § 20 Abs. 2 S. 2 Nr. 4 bzw. des § 21 Abs. 1 S. 2 Nr. 2, so kann die übernehmende KapG oder Genossenschaft (Gesellschaft II) die Buchwerte der sperrfristbehafteten Anteile nicht rechtswirksam fortführen, sondern muss diese zu einem Zwischenwert ansetzen (siehe § 20 Rdn. 144 ff. und § 21 Rdn. 65 ff.). Dieses galt auch schon für die vor dem StÄndG 2015 geltenden Grenzen der Gegenleistung. Insoweit hat der neu eingefügte letzte HS der Nr. 2 keinen eigenständigen Regelungsgehalt, sondern stellt nur klar, dass der Nachweis der Buchwertfortführung auch ggf. den Nachweis umfasst, dass die hierfür bestehenden Grenzen der Gegenleistung eingehalten wurden.

Bei einem *grenzüberschreitenden Anteilstausch* können auf Antrag des Ein- **139** bringenden unter den Voraussetzungen des § 21 Abs. 2 S. 3 die für die Übertragung der sperrfristbehafteten Anteile erhaltenen Anteile auch dann mit dem Buchwert der übertragenen sperrfristbehafteten Anteile angesetzt werden, wenn die übernehmende Gesellschaft II die sperrfristbehafteten Anteile mit einem höheren Wert ansetzt.[147] In diesen Fällen ist der Buchwertansatz durch *den Einbringenden* ausreichend, um die Besteuerung eines Einbringungsgewinns zu vermeiden.[148]

Nr. 2 HS 2 findet auch bei einem *Formwechsel einer PersG* in eine KapG **140** oder Genossenschaft Anwendung, wenn zum Betriebsvermögen der formwechselnden PersG sperrfristbehaftete Anteile gehören (siehe hierzu auch unten Rdn. 396).

---

145 Ebenso Tz. 22.22 UmwStE 2011; *Schmitt* in Schmitt/Hörtnagl/Stratz, § 22 Rdn. 80.
146 StÄndG vom 02. 11. 2015 (BGBl. I 2015, 1834).
147 Siehe hierzu i.E. die Kommentierung zu § 21 Rdn. 89 ff.
148 Ebenso *Stangl* in Rödder/Herlinghaus/van Lishaut, § 22 Rdn. 107; *Widmann* in Widmann/Mayer, § 22 Rdn. 49; vgl. auch Tz. 22.22 UmwStE 2011.

b) Vergleichbare ausländische Vorgänge

141 Vergleichbare ausländische Vorgänge, die unter die Ausnahmeregelung der Nr. 2 HS 2 fallen, sind Einbringungen sperrfristbehafteter Anteile in KapG oder Genossenschaften, die im Ausland (auch außerhalb der EU/EWR) ansässig sind unter Anwendung ausländischer Steuervorschriften, die insoweit mit denen der §§ 20, 21 vergleichbar sind, als hiernach die sperrfristbehafteten Anteile von dem Einbringenden gegen Gewährung von (neuen) Anteilen an der übernehmenden ausländischen KapG oder Genossenschaften an ihn *unter Fortführung der Buchwerte* übertragen werden dürfen.[149]

142 Maßgeblich sind jeweils die Buchwerte, wie sie sich nach dem ausländischen Steuerrecht ergeben und wie sie der *Einbringende* rechtswirksam d.h. unter Erfüllung aller Voraussetzungen für die Buchwertfortführung ansetzt.[150] Auf den Ansatz der übertragenen Anteile bei der übernehmenden Gesellschaft im Ausland kommt es nicht an, wenn keine mit §§ 20, 21 vergleichbare Wertverknüpfung zwischen dem Ansatz der übertragenen sperrfristbehafteten Anteile bei der übernehmenden Gesellschaft und den hierfür im Tausch gewährten Anteile an der übernehmenden Gesellschaft besteht.[151]

143 **Beispiel:**
Die in Frankreich ansässige X-SARL unterhält eine Betriebstätte in Deutschland. Sie bringt diese nach § 20 Abs. 2 S. 2 zum Buchwert gegen Gewährung von Anteilen in die deutsche A-GmbH ein. Anschließend überträgt die X-SARL die hierdurch nach § 22 Abs. 1 S. 1 sperrfristbehafteten Anteile an der A-GmbH rechtswirksam nach französischem Recht durch einen mit § 21 vergleichbaren Vorgang zu Buchwerten gegen Gewährung von Anteilen auf die französische Y-SARL.

Die Einbringung der sperrfristbehafteten Anteile an der A-GmbH in die Y-SARL zu Buchwerten ist ein „vergleichbarer ausländischer Vorgang" i.S.v. Nr. 2 HS 2, wenn die X-SARL die für Übertragung der sperrfristbehafteten Anteile erhaltenen Anteile an der Y-SARL rechtswirksam mit dem Buchwert ansetzen darf, so dass dieser Vorgang nach Nr. 2 HS 2 keine Nachbesteuerung der zum Zeitpunkt der ersten Einbringung in der deutschen Betriebsstätte vorhandenen stillen Reserven nach § 22 Abs. 1 auslöst.

143a Wegen der verlangten „Vergleichbarkeit" der ausländischen Vorgänge mit den inländischen sind bei der Übertragung sperrfristbehafteter Anteile unter Anwendung des ausländischen Recht die in § 20 Abs. 2 S. 2 Nr. 4 bzw. § 21 Abs. 1 S. 2 Nr. 2 bestimmten Grenzen der zulässigen Gegenleistung hinsichtlich der Art und der zulässigen Höhe (neu bestimmt durch das StÄndG 2015) einzuhalten, um eine Einbringungsgewinnbesteuerung nach § 22 zu vermeiden Hierbei kommt es nicht darauf an, ob die Art und Höhe der ge-

---

149 Vgl. z.B. *Patt* in Dötsch/Patt/Pung/Möhlenbrock, § 22 Rdn. 42.
150 Vgl. Tz. 22.22 UmwStE 2011.
151 Vgl. *Widmann* in Widmann/Mayer, § 22 Rdn. 51; *Stangl* in Rödder/Herlinghaus/ van Lishaut, § 22 Rdn. 107.

währten Gegenleistung auch nach ausländischen Recht einer Übertragung zu Buchwerten entgegen steht.[152]

c) Vergleichbare Umwandlungen nach der Billigkeitsregelung

Nach der *Billigkeitsregelung* in Tz. 22.23 UmwStE 2011 kann die Finanzver- 144
waltung bei Übertragungen sperrfristbehafteter Anteile *zu Buchwerten im Rahmen von Umwandlungen auf KapG oder Genossenschaften,* die mit den steuerunschädlichen Buchwerteinbringungen i.S.d. Nr. 2 HS 2 vergleichbar sind, auf *Antrag* von einer Einbringungsgewinnbesteuerung absehen.[153] Dieses gilt nach der hier vertretenen Auffassung in gleicher Weise bei vergleichbaren Umwandlungen nach ausländischem Recht.[154]

d) Nachweise durch den Einbringenden

Der Einbringende muss die tatsächliche Übertragung der sperrfristbehafte- 145
ten Anteile zu Buchwerten gegenüber dem für ihn zuständigen Finanzamt nachweisen.[155] Dieses kann bei inländischen Vorgängen grds. wegen der regelmäßigen Maßgeblichkeit der Wertansätze bei der übernehmenden Gesellschaft nach § 20 Abs. 3 S. 1 bzw. § 21 Abs. 2 S. 1 z.B. durch die Vorlage einer Kopie eines entspr. Antrages der übernehmenden Gesellschaft auf Buchwertfortführung geschehen,[156] ausreichend sollte aber auch sein, wenn die Adresse und Steuernummer der übernehmenden Gesellschaft benannt wird, da sich das zuständige Finanzamt die Auskunft von dem für die übernehmende Gesellschaft zuständigen Finanzamt holen kann.

Bei *ausländischen Vorgängen,* die unter die Ausnahmeregelung der Nr. 2 146
HS 2 fallen, ist zudem ein Nachweis über die *Möglichkeit* einer Buchwertfortführung und über die *Vergleichbarkeit* der anwendbaren ausländischen Vorschriften mit denen der §§ 20, 21 durch Vorlage der maßgeblichen Vorschriften, ggf. ergänzt durch Kommentierungen und/oder Gutachten in deutscher Übersetzung zu erbringen.[157] Dieses umfasst nach der Neufassung der Vorschrift durch das StÄndG 2015 auch den Nachweis, dass die ggf. nach ausländischem Recht gewährten Gegenleistungen innerhalb der Grenzen des deutschen Rechts liegen (siehe oben Rdn. 143a). Entspr. dürfte gelten, wenn für Übertragungen sperrfristbehafteter Anteile durch mit §§ 20 und 21 vergleichbaren Umwandlungen zu Buchwerten nach ausländischem Recht ein Steuerlass nach der *Billigkeitsregelung* in Tz. 22.23 UmwStE 2011 begehrt wird.

---

152 Vgl. *Patt* in Dötsch/Patt/Pung/Möhlenbrock, § 22 Vorab-Komm, Rdn. 5.
153 Hinsichtlich der hierbei zu erfüllenden Voraussetzungen siehe unten Rdn. 340 ff., hinsichtlich der hiernach möglichen steuerunschädlichen Übertragungen nach dem UmwG siehe unten Rdn. 380 ff.
154 Siehe hierzu auch unten Rdn. 358.
155 Vgl. u.a. *Patt* in Dötsch/Patt/Pung/Möhlenbrock, § 22 Rdn. 42.
156 Vgl. *Widmann* in Widmann/Mayer, § 22 Rdn. 58.
157 Vgl. *Widmann* in Widmann/Mayer, § 22 Rdn. 58; *Patt* in Dötsch/Patt/Pung/Möhlenbrock, § 22 Rdn. 42; a.A. *Stangl* in Rödder/Herlinghaus/van Lishaut, § 22 Rdn. 108 sowie *Benz/Rosenberg* in Blumenberg/Schäfer, Das SEStEG, 183, wonach die Vorlage der ausländischen Steuerbilanz ausreichen soll.

4. Auflösung, Kapitalherabsetzung und Einlagenrückgewähr (§ 22 Abs. 1 S. 6 Nr. 3)

a) Überblick

147 Nach § 22 Abs. 1 S. 6 Nr. 3 lösen alternativ folgende drei Tatbestandsalternativen bei der KapG, „an der die Anteile bestehen" d.h. der KapG, an der sperrfristbehaftete Anteile bestehen, eine Besteuerung eines Einbringungsgewinns I aus, sofern sie innerhalb der siebenjährigen Sperrfrist nach § 22 Abs.1 S. 1 realisiert werden:

– Auflösung und Abwicklung der KapG (siehe nachfolgend Rdn. 148 ff.),
– Herabsetzung und Rückzahlung des Kapitals der KapG (siehe nachfolgend Rdn. 150 f.),
– Ausschüttungen und Rückzahlungen aus dem steuerlichen Einlagenkontos einer KapG i.S.v. § 27 KStG (siehe nachfolgend Rdn. 152 ff.)

Bei den sperrfristbehafteten Anteilen kann es sich um erhaltene Anteile nach § 22 Abs. 1 S. 1 bzw. Abs. 2 S. 1, um die eines unentgeltlichen Rechtsnachfolgers nach § 22 Abs. 6, um mitverstrickte erhaltene Anteile i.S.v. § 22 Abs. 7 oder um „sperrfristinfizierte" erhaltene Anteile i.S.v. § 22 Abs. 1 S. 6 Nr. 4 oder 5 handeln (nach Tz. 22.24 UmwStE 2011 findet Abs. 1 S. 6 Nr. 3 auch bei Kettenübertragungen Anwendung, vgl. Tz. 22.26 UmwStE 2011).

b) Auflösung und Abwicklung

148 Die Besteuerung eines Einbringungsgewinns I wird ausgelöst, wenn die KapG, an der sperrfristbehaftete Anteile bestehen, innerhalb der siebenjährigen Sperrfrist des § 22 Abs. 1 aufgelöst und abgewickelt wird. Erfasst werden die Fälle einer Liquidation dieser KapG nur, wenn eine Abwicklung erfolgt, d.h. wenn der Liquidationserlös an die Anteilseigner ausbezahlt wird. Das Insolvenzverfahren löst mangels Abwicklung diesen Tatbestand nicht aus.[158] Die Besteuerung des Einbringungsgewinns wird auf den Zeitpunkt der Schlussverteilung des Vermögens ausgelöst.[159] Der Zeitpunkt des Auflösungsbeschlusses und der Löschung der Gesellschaft ist daher irrelevant. Unmaßgeblich ist, wer zu diesem Zeitpunkt Gesellschafter der KapG ist.[160] Umstritten ist, ob der „Zeitpunkt der Schlussverteilung" bereits dann vorliegt, wenn ein Schlussverteilungsanspruch zivilrechtlich feststeht[161] oder erst bei tatsächlicher Auszahlung.[162] Dieses ist im Hinblick auf die zeitabhängige Minderung des Einbringungsgewinns durch die Siebtelregelung und im Hinblick auf einen etwaigen Ablaufs der siebenjährigen Sperrfrist

---

158 Tz. 22.24 UmwStE 2011.
159 Tz. 22.24 UmwStE 2011.
160 Vgl. Tz. 22.24 UmwStE 2011.
161 Vgl. *Mutscher* in Frotscher/Maas/Mutscher, 22 Rdn. 162 (unter Hinweis auf BFH, Urteil vom 02. 10. 1984, VIII R 20/84, BStBl. II 1985, 428 (zu § 17 EStG); *Patt* in Patt/Jost/Pung/Witt, § 22 KStG Rdn. 44; *Schmitt* in Schmitt/Hörtnagel/Stratz, § 22 Rdn. 86.
162 In diesem Sinne wohl *Graw* in Bordewin/Brandt, § 22 EStG Rdn. 97, ebenfalls unter Hinweis auf BFH, Urteil vom 02. 10. 1984, VIII R 20/84, BStBl. II 1985, 428; *Widmann* in Widmann/Mayer, § 22 Rdn. 59 („ausbezahlt wird").

von Bedeutung.[163] Der Wortlaut von Rdn. 22.24 UmwStE 2011 („Zeitpunkt der Schlussverteilung") spricht zwar zunächst dafür, dass auch die Finanzverwaltung auf den Auszahlungszeitpunkt abstellt.[164] Dieses kann aber auch eine sprachliche Ungenauigkeit sein. Es kann in der Praxis zumindest nicht mit Sicherheit davon ausgegangen werden, dass die Finanzverwaltung dem Steuerpflichtigen auf diese Weise Gestaltungsspielräume einräumt.

Nicht von § 22 Abs. 1 S. 6 Nr. 3 sind Fälle erfasst, in denen eine KapG dadurch erlischt, dass sie auf eine andere Gesellschaft verschmolzen oder auf mehrere andere Gesellschaften aufgespalten wird. Denn in diesen Fällen erlischt die KapG kraft Gesetzes ohne dass eine Abwicklung erfolgt (§§ 2, 123 Abs. 1 UmwG).[165] Auch ein Formwechsel einer KapG an der sperrfristbehaftete Anteile bestehen, fällt nicht unter § 22 Abs. 1 S. 6 Nr. 3, da sich hierdurch nur die Rechtsform ändert (§ 190 Abs. 1 UmwG) und die KapG nicht aufgelöst wird.[166]   149

c) Kapitalherabsetzung und Rückzahlung

aa) Einführung

Die Besteuerung eines Einbringungsgewinns I wird nach einer weiteren Tatbestandsalternative des § 22 Abs. 1 S. 6 Nr. 3 ausgelöst, wenn die KapG, an der sperrfristbehaftete Anteile gehalten werden, ihr Kapital gesellschaftsrechtlich wirksam durch einen Kapitalherabsetzungsbeschluss und dessen Eintragung in das Handelsregister *herabsetzt* (§§ 222–240 AktG, §§ 58–58f GmbHG) *und* das herabgesetzte Kapital an den Anteilseigner *zurückgezahlt* wird. Die Tatbestandalternative betrifft daher nur die ordentliche Kapitalherabsetzung mit Auskehrungen an die Anteilseigner, da bei einer vereinfachten Kapitalherabsetzung und bei einer Umwandlung, bei der nach § 29 KStG das Nennkapital der übertragenden Gesellschaft als nach § 28 Abs. 2 S. 1 KStG herabgesetzt gilt, die Kapitalherabsetzung nicht mit einer Auskehrung des herabgesetzten Kapitals verbunden ist. Der Tatbestand der „Rückzahlung" wird zu dem Zeitpunkt realisiert, zu dem die Anteilseigner einen zivilrechtlichen Anspruch auf die Kapitalrückzahlung haben.[167] Hiernach bestimmt sich auch, inwieweit sich ggf. ein Einbringungsgewinn nach der Siebtelregelung mindert und ob ggf. zu diesem Zeitpunkt die siebenjährigen Sperrfrist des § 22 Abs. 1 S. 1 bereits abgelaufen ist.   150

Rückzahlung an „Anteilseigner" i.S.v. § 22 Abs. 1 S. 6 Nr. 3 sind nur solche an die Anteilseigner *sperrfristbehafteter bzw. sperrfristinfizierter Anteile* (siehe zu den verschiedenen Arten sperrfristbehafteter Anteile oben Rdn.147), auch wenn dieses aus der Vorschrift nicht explizit hervorgeht.[168]   150a

---

163 Vgl. *Bilitewski* in Haritz/Menner, § 22 Rdn. 176; *Mutscher* in Frotscher/Maas/ Mutscher, 22 Rdn. 162.
164 So *Bilitewski* in Haritz/Menner, § 22 Rdn. 176.
165 Vgl. z.B. *Widmann* in Widmann/Mayer, § 22 Rdn. 59.
166 Siehe aber zur Steuerschädlichkeit eines Formwechsels in eine PersG als (fiktiv) entgeltlicher und damit steuerschädlicher Vorgang Rdn. 399.
167 Vgl. *Mutscher* in Frotscher/Maas/Mutscher, § 22 Rdn. 166; *Patt* in Dötsch/Patt/ Pung/Möhlenbrock, § 22 Rdn. 47; *Schmitt* in Schmitt/Hörtnagel/Stratz, § 22 Rdn. 88.
168 Dieses ergibt sich auch aus Tz. 22.24 UmwStE 2011.

151 Nach dem Gesetzeswortlaut ist mit der Rückzahlung von herabgesetztem Kapital die Tatbestandalternative des § 22 Abs. 1 S. 6 Nr. 3 erfüllt, so dass als Rechtsfolge auf Grund des Verweises in § 22 Abs.1 S. 6 HS 1 ein Einbringungsgewinn entspr. 22 Abs. 1 S. 1 bis 5 zu ermitteln und ggf. zu besteuern ist. Nach der Auslegung durch die Finanzverwaltung in Tz. 22.24 UmwStE 2011 ist der Tatbestand jedoch nur erfüllt, wenn die herabgesetzten Beträge *unter Verwendung des steuerlichen Einlagenkontos* i.S.v. *§ 27 KStG* zurückgezahlt werden (siehe hierzu unten Rdn. 151a ff.). Ferner wird der Einbringungsgewinn nach Tz. 22.24 UmwStE 2011 nicht vorrangig entspr. § 22 Abs. 1 S. 1 bis 5 ermittelt, sondern entsteht primär in der Höhe, in der die an den Anteilseigner sperrfristbehafteter Anteile zurück gezahlte Einlage im Zeitpunkt der Einlagenrückgewähr den Buchwert bzw. die AK dieses Anteils übersteigt. Die Rückzahlung von herabgesetztem Kapital ist hiernach nur ein Fall einer „Einlagenrückgewähr", welche als weitere Tatbestandsalternative des § 22 Abs. 1 S. 6 Nr. 3 nachfolgend unter Rdn. 152 ff. kommentiert wird. Hinsichtlich der Einzelheiten der Ermittlung des Einbringungsgewinns bei einer Rückzahlung aus einer Kapitalherabsetzung gelten daher die Erläuterungen hierzu im Rahmen der Einlagenrückgewähr unter Rdn. 157 ff. entsprechend.

bb) Verwendung des steuerlichen Einlagenkontos

151a Nach § 28 Abs. 2 S. 1 KStG erhöht sich durch die Kapitalherabsetzung zunächst das Einlagenkonto i.S.v. § 27 KStG. Die Rückzahlung des Kapitals an die Anteilseigner mindert im Regelfall nach § 28 Abs. 2 S. 3 KStG, anders als in den übrigen Fällen der Einlagenrückgewähr (siehe hierzu nachfolgend Rdn. 154 ff.), ohne vorherige Vollausschüttung das steuerliche Einlagenkonto i.S.v. § 27 KStG, soweit die Einlage in das Nennkapital geleistet wurde (direkter „Durchgriff" auf das Einlagenkonto).

151b Ausnahmsweise mindert nach § 28 Abs. 2 S. 2 KStG die Rückzahlung dann nicht das Einlagenkonto i.S.v. § 27 KStG, wenn und soweit wegen der Kapitalherabsetzung nach § 28 Abs. 2 S. 1 KStG zunächst der „Sonderausweis" der KapG zum Schluss des vorangegangenen Wirtschaftsjahres zu mindern ist. Ein solcher „Sonderausweis" ist bei einer KapG nach § 28 Abs. 1 S. 3 KStG bei einer Kapitalerhöhung zu bilden, soweit hierfür nicht Bestände des steuerlichen Einlagenkontos, sondern sonstige Rücklagen (Gewinnrücklagen) in Nennkapital umgewandelt gelten. Durch die Bildung des Sonderausweises bei einer Kapitalerhöhung und dessen Minderung bei einer Kapitalherabsetzung wird vermieden, dass im Wege der Kapitalerhöhung und anschließenden -herabsetzung nicht aus Einlagen der Anteilseigner stammende Gewinnrücklagen steuerfrei als Einlagenrückgewähr an die Anteilseigner zurückgezahlt werden können. Die Rückzahlung erfolgt in der Höhe, in der der Sonderausweis gemindert wurde, nicht aus dem steuerlichen Einlagenkonto i.S.v. § 27 KStG, sondern gilt als Gewinnausschüttung, die beim Anteilseigner zu steuerpflichtigen Bezügen nach § 21 Abs. 1 S. 2 EStG führt. Damit ist nach Tz. 22.24 UmwStE 2011 insoweit auch nicht der Tatbestand der „Rückzahlung" i.S.v. § 22 Abs. 1 S. 6 Nr. 3 erfüllt.[169]

---

[169] So im Ergebnis auch *Mutscher* in Frotscher/Maas/Mutscher, § 22 Rdn. 165; vgl. auch *Bilitewski* in Haritz/Menner, § 22 Rdn. 179.

Auch soweit der im Rahmen einer Kapitalherabsetzung zurückgezahlte Betrag den positiven Bestand des steuerlichen Einlagekontos i.S.v. § 27 KStG übersteigt, gilt die Rückzahlung nach § 28 Abs. 2 S. 4 KStG nicht als Einlagenrückgewähr sondern als Gewinnausschüttung, so dass nach Rdn. 22.24 UmwStE 2011 insoweit keine nach § 22 Abs. 1 S. 6 Nr. 3 potenziell steuerschädliche Rückzahlung erfolgt.

151c

Die Minderung des Einlagenkonto, wie sie nach § 28 Abs. 2 S. 3 KStG durch die Rückzahlung des herabgesetztem Kapital eintritt (siehe oben Rdn. 151a) hängt, anders als in anderen Fällen der Einlagenrückgewähr (siehe hierzu Rdn. 154b), nicht (zusätzlich) von einer Bescheinigung der KapG über die Verwendung des Einlagenkontos nach § 27 Abs. 3 KStG ab, da es sich hierbei nach dem Gesetzeswortlaut und nach übereinstimmender Auffassung von BFH[170] und BMF[171] nicht um eine bescheinigungspflichtige Leistung i.S.d. § 27 Abs. 3 KStG handelt. Hieraus folgt, dass fehlende Bescheinigungen i.S.d. § 27 Abs.3 KStG nicht die Konsequenzen des § 27 Abs. 5 KStG auslösen können.

151d

cc) Rückzahlung von herabgesetztem Kapital durch eine ausländische EU/EWR-KapG

Auch die Rückzahlung von herabgesetztem Kapital durch eine ausländische EU/EWR-KapG, an der sperrfristbehaftete Anteile bestehen, fällt in den Anwendungsbereich des § 22 Abs.1 S. 6 Nr. 3 KStG.[172] Wann in diesen Fällen eine Kapitalherabsetzung vorliegt, bestimmt sich nach dem insoweit maßgeblichen ausländischen Recht.[173] Nach dem durch das SEStEG eingeführten § 27 Abs. 8 S. 1 KStG können auch in einem anderen Mitgliedsstaat der EU unbeschränkt steuerpflichtige KapG den nach Tz. 22.24 UmwStE 2011 zu erfüllenden Tatbestand einer Einlagenrückgewähr aus dem steuerlichen Einlagenkonto erfüllen, auch wenn nach dem ausländischen Recht kein derartiges gesondertes Konto zu bilden ist. Nach Auffassung der Finanzverwaltung und einem Teil der Literatur gilt § 27 Abs. 8 KStG auch für eine in einem *EWR-Staat* unbeschränkt steuerpflichtige KapG, auch wenn dieses in dem Gesetzestext nicht genannt ist.[174] § 27 Abs. 8 S. 2 KStG ordnet in diesen Fällen zur Ermittlung der Einlagenrückgewähr auch die Anwendung von § 28 Abs. 2 KStG an und verweist damit auf die speziell für die Rückzahlung von herabgesetztem Kapital geltenden Regeln zur Verwendung des Einlagenkontos. Dementsprechend werden nach dem Gesetzeswortlaut

151e

---

170 BFH vom 21.10.2014, I R 31/13, DStR 2015, S. 411 Rdn. 23.
171 BMF vom 04.06.2003, IV A 2 – S 2836 – 2/03, BStBl. I 2003, S.366.
172 Vgl. z.B. *Schmitt* in Schmitt/Hörtnagel/Stratz, § 22 Rdn. 88; *Bilitewski* in Haritz/ Menner § 22 Rdn. 180; *Stangl* in Rödder/Herlinghaus/van Lishaut, § 22 Rdn. 111a.
173 Vgl. BFH, Urteil vom 14.10.1992, I R 1/91; BStBl. II 1993, 189.
174 Hierfür: BMF vom 04.04.2016, Schreiben betr. Gesonderte Feststellung von Nennkapitalrückzahlungen bei ausländischen Kapitalgesellschaften (§ 27 Abs. 8 KStG), IV C 2 – S 2836/08/10002, BStBl. I, 468; *Frotscher* in Frotscher/Maas, § 27 KStG, Rdn, 116; *Schießl* DStZ 2007, 852, 853; *Dötsch* in Dötsch/Jost/Pung/Witt, § 27 KStG Rdn. 266; a.A. Christochowitz/Leib in Mössner/Seeger,§ 27 KStG Rn. 274; *van Lishaut* in Rödder/Herlinghaus/van Lishaut, Anh. 2 Rdn. 8; *Heger* in Gosch, § 27 KStG Rdn. 8.

auch Nennkapitalrückzahlungen von EU/EWR-KapG durch § 27 Abs. 8 KStG erfasst.[175] Dieses sieht inzwischen auch die Finanzverwaltung so, wie sich aus dem BMF-Schreiben hierzu vom 04.04.2016 ergibt.[176] In Teilen der Literatur wird allerdings die Anwendung von § 27 Abs. 8 auf Nennkapitalrückzahlungen als rechtswidrig angesehen.[177] Folgt man der Auffassung der Finanzverwaltung, so könnte eine EU/EWR-KapG unter Inkaufnahme einer Dividendenbesteuerung der Anteilseigner eine ggf. durch die Rückzahlung von Nennkapital drohende Einbringungsgewinnbesteuerung dadurch vermeiden, dass sie keinen Feststellungsantrag nach § 27 Abs. 8 S. 3 KStG stellt.[178] Denn nach § 27 Abs. 8 S. 3 KStG wird der als Einlagenrückgewähr zu gewährende Betrag auf Antrag der EU/EWR-KapG für den jeweiligen Anwendungszeitraum gesondert festgestellt. Soweit diese Feststellungen nicht getroffen werden, gelten die Leistungen nach § 28 Abs. 8 S. 9 KStG nicht als Einlagenrückgewähr sondern – auch im Rahmen einer Nennkapitalrückzahlung – als Gewinnausschüttung, die beim Anteilseigner zu Einnahmen i. S. v. § 20 Abs. 1 Nr. 1 oder 9 EStG führen.[179] Das steuerliche Einlagenkonto i. S. v. § 27 KStG gilt in diesem Fall nicht als verwendet, so dass nach Tz. 22.24 UmwStE 2011 auch der Tatbestand des § 22 Abs. 1 S. 6 Nr. 3 nicht erfüllt ist. Dieses würde allerdings eine erhebliche Diskriminierung inländischer KapG im Rahmen der Anwendung des § 22 Abs. 1 S. 6 Nr. 3 bedeuten, da bei diesen regelmäßig die Rückzahlung von herabgesetztem Kapital ohne deren Zutun zu einer Einlagenrückgewähr führt. Die Finanzverwaltung hat zu dieser Frage noch keine Stellung bezogen. Es kann jedoch nicht davon ausgegangen werden, dass sie die Fiktion des § 28 Abs. 8 S. 9 KStG auch für Zwecke des § 22 Abs. 1 S. 6 Nr. 3 für maßgeblich hält. (vgl. auch Rdn. 155 zu den Folgen eines unterlassenen Feststellungsantrages bei der Einlagenrückgewähr in sonstigen Fällen).

d) Einlagenrückgewähr

aa) Einführung

152 Eine weitere Tatbestandalternative des § 22 Abs. 1 S. 6 Nr. 3 sind Rückzahlungen oder Ausschüttungen aus dem steuerlichen Einlagenkonto i. S. v. § 27 KStG (Einlagenrückgewähr) durch die KapG, an der sperrfristbehaftete Anteile bestehen, innerhalb der siebenjährigen Sperrfrist des § 22 Abs. 1 S. 1. Durch diese Tatbestandalternative werden auch „Rückzahlungen" aus dem Einlagenkonto i. S. v. § 27 KStG und damit auch Rückzahlungen von herabgesetztem Kapital erfasst, welche aber auch eine gesonderte Tatbestands-

---

175 Ebenso z. B. *Hageböke*, DStR 2010, 715; *Sedemund*, IStR 2010, 270.
176 BMF vom 04.04.2016, Schreiben betr. Gesonderte Feststellung von Nennkapitalrückzahlungen bei ausländischen Kapitalgesellschaften (§ 27 Abs. 8 KStG), IV C 2 – S 2836/08/10002, BStBl. I, 468.
177 Siehe z. B. *Teiche*, DStR 2016, 712; *Stimpel* in Rödder/Herlinghaus/Neumann, § 27 KStG Rdn. 232.
178 *Stangl* (in Rödder/Herlinghaus/van Lishaut, § 22 Rdn. 111a und 112) vertritt diese Ansicht wohl nur im Hinblick auf die Einlagenrückgewähr außerhalb von Kapitalherabsetzungen.
179 Vgl. BMF vom 04.04.2016, Schreiben betr. Gesonderte Feststellung von Nennkapitalrückzahlungen bei ausländischen Kapitalgesellschaften (§ 27 Abs. 8 KStG), IV C 2 – S 2836/08/10002, BStBl. I, 468.

alternative des § 22 Abs. 1 S. 6 Nr. 3 bilden. Die in Fällen der Kapitalherabsetzung zu berücksichtigenden Besonderheiten bei der Verwendung des steuerlichen Einlagekontos werden daher gesondert oben unter Rdn. 150 ff. erläutert. Die Verwirklichung beider Tatbestandsalternativen führt nach Tz. 22.24 UmwStE 2011 nicht primär entspr. des Verweises in § 22 Abs. 1 S. 6 HS 1 zur Ermittlung eines Einbringungsgewinns nach 22 Abs. 1 S. 1 bis 5, vielmehr entsteht hiernach primär ein Einbringungsgewinn in der Höhe, in der die zurück gezahlte Einlage im Zeitpunkt der Einlagenrückgewähr den Buchwert bzw. die AK des sperrfristbehafteten Anteils übersteigt (siehe hierzu im Einzelnen unten Rdn. 157 ff.)

Nach dem Gesetzeswortlaut des § 22 Abs. 1 S. 6 Nr. 3 führt *jegliche* Einlagenrückgewähr, unabhängig davon, wer der Empfänger ist, zu einer Einbringungsgewinnbesteuerung. Entsprechend der h. M. sind aber nur die Auskehrungen aus dem Einlagekonto i. S. v. § 27 KStG, die anteilig auf die *Anteilseigner sperrfristbehafteter* Anteile entfallen, bei der Ermittlung eines etwaigen Einbringungsgewinns einzubeziehen.[180] Zu den verschiedenen Arten der sperrfristbehafteten Anteile wird auf Rdn. 147 verwiesen. Hält der Empfänger der Einlagenrückgewähr auch nicht sperrfristbehaftete Anteile an der KapG, so ist die Einlagenrückgewähr der KapG im Verhältnis der Nennwerte auf die verschiedenen Anteile aufzuteilen.[181] **153**

bb) Verwendung des steuerlichen Einlagenkontos

Grundsätzlich können alle „Leistungen" der KapG, die ihre Ursache im Gesellschaftsverhältnis haben d. h. alle Ausschüttungen in Form von offenen oder verdeckten Gewinnausschüttungen nach § 27 Abs. 1 S. 3 KStG das steuerliche Einlagekonto i. S. v. § 27 KStG mindern. Dies gilt auch für die Auskehrung des Liquidationserlöses im Rahmen der Abwicklung der KapG, welche allerdings als gesonderte Tatbestandalternative oben unter Rdn. 148 f. kommentiert wird. Nach § 27 Abs. 1 S. 3 KStG mindern diese Auskehrungen, soweit es sich nicht um die Rückzahlung von herabgesetztem Kapital handelt, das Einlagekonto aber nur insoweit, als sie den auf den Schluss des vorangegangen Wirtschaftsjahres ermittelten steuerlich ausschüttbaren Gewinn der KapG übersteigen (so genannte „Verwendungsreihenfolge"). **154**

Hat ein Anteilseigner, der sperrfristbehaftete Anteile an einer KapG hält, gegen Besserungsschein auf eine Forderung gegenüber der KapG verzichtet und ist der Besserungsfall eingetreten (z. B. wegen der Einbringung eines Betriebes unter den gemeinen Wert nach § 20 Abs. 2 S. 2 in die KapG, die zu einem sperrfristbehafteten Anteil geführt hat), so wird der Forderungsverzicht mit dem Wiederaufleben der Forderung zivilrechtlich ex-tunc und **154a**

---

180 Ebenso z.B. *Stangl* in Rödder/Herlinghaus/van Lishaut, § 22 Rdn. 113; *Patt* in: Dötsch/Patt/Pung/Möhlenbrock, § 22 Rdn. 46; *Bilitewski* in Haritz/Menner, § 22 Rdn. 192.

181 Ebenso *Pung*, GmbHR 2012, 158 (163); *Schneider/Roderburg* in Schneider/Ruoff/ Sistermann, UmwStE 2011, H. 22.76; wohl auch in *Bilitewski* in Haritz/Menner § 22 Rdn. 187, die auch auf das Beispiel unter Tz. 22.24 UmwStE 2011 verweist, aus dem allerdings, wie Schneider/Roderburg (a. a. O.) anmerken, nicht hervorgeht, ob die Aufteilung im Verhältnis der Nennwerte oder der gemeinen Werte erfolgt, da beide Verhältnisse in den Fall gleich sind.

steuerlich ex-nunc so behandelt, als sei er nie erklärt worden. Durch das Wiederaufleben der Forderung mindert sich das durch den Forderungsverzicht erhöhte Einlagenkonto der KapG, was zu einer nach § 22 Abs. 1 S. 6 Nr. 3 potenziell steuerschädlichen Einlagenrückgewähr führt.[182] Nach von einem Teil der Literatur vertretenen, aber strittigen Auffassung, die auf dem BFH-Urteil vom 30.05.1990[183] (vor Abschaffung des Anrechnungsverfahrens) beruht, ist die Verwendungsreihenfolge des § 27 Abs. 1 S. 3 KStG in diesem Fall nicht einzuhalten, so dass sich das Einlagenkonto ohne vorherige Vollausschüttung mindert („negative Einlage" durch „Zurückdrehung" des Vorgangs).[184]

154b Nach § 27 Abs. 3 KStG hat die KapG ihren Anteilseignern die Verwendung des Einlagenkontos zu *bescheinigen.* Nach § 27 Abs. 5 S. 2 KStG gilt der Betrag der Einlagenrückgewähr als mit 0 bescheinigt, wenn eine Steuerbescheinigung zum Schluss des Wirtschaftsjahres der Leistung nicht erteilt wird. Auch bei der Bescheinigung einer zu geringen Einlagenrückgewähr bleibt die bescheinigte geringere Verwendung maßgeblich. Insoweit, wie keine Bescheinigung vorliegt, verringert sich das Einlagenkonto der KapG nach § 27 Abs. 5 S. 2 KStG nicht.[185] In der Literatur wird daher konsequenterweise die Auffassung vertreten, dass bei einer „Nullbescheinigung" bzw. der Bescheinigung eines zu geringen Betrages (insoweit) keine Einlagenrückgewähr i. S. v. § 22 Abs. 1 S. 6 Nr. 3 vorliegt, so dass hiernach eine Einbringungsgewinnbesteuerung unter Inkaufnahme einer Dividendenbesteuerung vermieden werden kann, indem die KapG es unterlässt, eine Bescheinigung auszustellen.[186] Allerdings sollte dieses in Abstimmung mit den Anteilseignern geschehen, da diese nach § 27 Abs. 3 KStG einen einklagbaren Anspruch auf eine Bescheinigung gegenüber der KapG haben.[187] Die Finanzverwaltung hat sich zu dieser Frage im UmwStE 2011 nicht explizit geäußert. Es ist aber angesichts der sich hierdurch ergebenden Gestaltungsspielräume nicht davon auszugehen, dass sie diese Auffassung teilt. Anzeichen für ein ablehnende Haltung ist, dass in Tz. 22.24 UmwStE 2011 auf den „tatsächlich" aus dem steuerlichen Einlagenkonto ausgekehrten Be-

---

182 Allerdings wird wegen der Buchwert- bzw. AK-Verrechnung der Einlagenrückgewähr (siehe Rdn) die Erhöhung des Buchwertes bzw. der AK des sperrfristbehafteten Anteils durch den vorangegangen Forderungsverzicht mit Besserungsschein dazu führen, dass die Einlagenrückgewähr in den meisten Fällen i.S.v § 22 Abs. 2 S. 6 Nr. 3 steuerunschädlich ist.

183 BFH, Urteil vom 30.05.1990, I R 41/87, BStBl. II 1991, 588.

184 Vgl. *Dötsch* in Dötsch/Jost/Ping/Witt, § 27 KStG Rdn. 63; *Antweiler* in Ernst & Young, § 27 KStG, Rdn. 113; *Lornsen-Veit/Behrend*, FR 2007, 179; *Pohl*, DB 2007, 1553 (1556); *Korn*, GmbHR 2007, 624 (625); a.A. (Einhaltung der Verwendungsreihenfolge erforderlich), *Frotscher* in Frotscher/Maas, § 27 KStG, Rdn. 22a; *Heger* in Gosch, § 27 KStG, Rdn. 27; *Semmler* in Lademann, § 27 KStG, Rdn. 114.

185 Vgl. *Dötsch* in Dötsch/Pung/Jost/Witt, § 27 KStG, Rdn. 213.

186 Vgl. *Bilitewski* in Haritz/Menner, § 22 Rdn. 146; *Schmitt/Schlossmacher*, UmwStE 2011, 308; *Stangl* in Rödder/Herlinghaus/van Lishaut, § 22 Rdn. 112, wohl auch *Patt* in Dötsch/Patt/Pung/Möhlenbrock, § 22 Rdn. 48.

187 Vgl. *Antweiler* in Ernst & Young, § 27 KStG Rdn. 231; 27 *Bilitewski*, in Haritz/Menner, § 22 Rdn. 184.

trag abgestellt wird, wobei auch insoweit fraglich ist, was hierunter zu verstehen ist, da die gesamte Verwendung des Einlagenkontos auf gesetzlich festgelegte Fiktionen beruht.

cc) Einlagenrückgewähr durch eine ausländische EU/EWR-KapG

Handelt es sich bei der KapG, an der die sperrfristbehafteten Anteile beste- 155
hen, um eine in einem *ausländischen EU/EWR Mitgliedsstaat steuerpflichtigen Gesellschaft*[188], so liegt nach wohl einhelliger Auffassung in der Literatur eine ggf. nach § 22 Abs. 1 S. 6 Nr. 3 schädliche Einlagenrückgewähr nur dann vor, wenn die Voraussetzungen des § 27 Abs. 8 KStG erfüllt sind. Insbesondere gehört hierzu auch die Feststellung der Einlagenrückgewähr nach § 27 Abs. 8 S. 3 KStG auf Antrag der KapG.[189] Soweit diese Feststellungen nicht getroffen werden, gelten die Leistungen nach § 28 Abs. 8 S. 9 KStG nicht als Einlagenrückgewähr sondern als Gewinnausschüttung. Das steuerliche Einlagenkonto i.S.v. § 27 KStG gilt in diesem Fall nicht als verwendet, so dass nach Tz. 22.24 UmwStE 2011 auch der Tatbestand des § 22 Abs. 1 S. 6 Nr. 3 nicht erfüllt ist. Die KapG hat es hiernach in der Hand, unter Inkaufnahme einer Dividendenbesteuerung der Anteilseigner eine Einbringungsgewinnbesteuerung der Anteilseigner sperrfristbehafteter Anteile zu vermeiden. Die Finanzverwaltung hat zu dieser Frage noch keine Stellung bezogen. Es kann jedoch nicht davon ausgegangen werden, dass sie dieser Auffassung folgt (vgl. hierzu auch oben Rdn. 151e).

Zu der Frage, in welchem *Umfang das steuerliche Einlagenkonto* der KapG, 156
an der sperrfristbehaftete Anteile bestehen, bei der Ermittlung des Einbringungsgewinns einzubeziehen ist, wird auf die nachfolgenden Ausführungen unter Rdn. 159a ff. verwiesen.

dd) Ermittlung des Einbringungsgewinns

§ 22 Abs. 1 S. 6 Nr. 3 enthält keine gesonderte Bestimmung zur *Ermittlung* 157
eines Einbringungsgewinns im Falle einer Einlagenrückgewähr. Der Wortlaut der Regelung und der Verweis in § 22 Abs. 1 S. 6 HS 1 auf die entspr. Geltung der S. 1 bis 5 indiziert, dass *jegliche* Einlagenrückgewähr zur Ermittlung eines Einbringungsgewinns *entspr. Abs. 1 S. 3* führt, was vor Veröffentlichung des UmwStE 2011 zu einer Vielzahl unterschiedlicher Annahmen über die Art der Ermittlung und des hierbei entstehenden Einbringungsgewinns geführt hat.[190] Nach Tz. 22.24 UmwStE 2011 soll es entspr. der Auslegung der Vorschrift durch den überwiegenden Teil der Literatur

---

188 Siehe zur Diskussion über die Anwendung von § 27 Abs. 8 KStG auf EWR-KapG Rdn. 151e.
189 Vgl. *Patt* in Dötsch/Patt/Pung/Möhlenbrock, § 22 Rdn. 48b; *Bilitewski* in Haritz/Menner, § 22 Rdn. 150; *Schmitt* in Schmitt/Hörtnagel/Stratz, § 22 Rdn. 94; *Stangl* in Rödder/Herlinghaus/van Lishaut, § 22 Rdn. 112; *Widmann* in Widmann/Mayer, § 22 Rdn. 71;
190 Vgl. z.B. auch die verschiedenen von *Widmann* in Widmann/Mayer, § 22 Rdn. 64 ff. aufgeführten Ermittlungsvarianten.

vor Veröffentlichung des UmwStE 2011,[191] nur insoweit zu einer rückwirkenden Besteuerung eines Einbringungsgewinns kommen, als durch die Einlagenrückgewähr

(1) der ausgekehrte Betrag innerhalb der siebenjährigen Sperrfrist bei im Betriebsvermögen gehaltenen sperrfristbehafteten Anteilen deren Buchwert bzw. bei im Privatvermögen gehaltenen sperrfristbehafteten Anteilen deren Anschaffungskosten zum Zeitpunkt der Einlagenrückgewähr übersteigt (Buchwert- bzw. Anschaffungskostenverrechnung) und

(2) der nach (1) ermittelte Betrag nicht höher ist, als der durch eine Vergleichsrechnung zu ermittelnde tatsächliche Einbringungsgewinn I bzw. II nach § 22 Abs. 1 S. 3 bzw. Abs. 2 S. 3, vermindert um $^{1}/_{7}$ für jedes seit der Einbringung abgelaufene Zeitjahr (Vergleichsrechnung zur Ermittlung des „Deckelungsbetrages").

158 Die Ermittlung des Einbringungsgewinns entspr. (1) erfolgt damit nach der vom BFH entwickelten Methode zur Ermittlung eines *veräußerungsgleichen Gewinns,* der bei natürlichen Personen und PersG nach § 17 Abs. 4 EStG unter Anwendung des Teileinkünfteverfahrens nach § 3 Nr. 40 EStG zu versteuern ist[192] und der bei einer Körperschaft als Anteilseigner nach Auffassung der Finanzverwaltung nach § 8b Abs. 2 KStG von der Steuer befreit ist.[193] Die teleologische Reduktion des Gesetzwortlautes des § 22 Abs. 1 S. 6 Nr. 3 durch Tz. 22.24 UmwStE 2011 ist im Ergebnis zu begrüßen, da sie eine übermäßige Einbringungsgewinnbesteuerung verhindert. Fraglich ist, ob die Vorschrift eine derartige Auslegung über die Ermittlung des Einbringungsgewinns im Rahmen des § 22 zulässt.[194]

158a Während die Veräußerung sperrfristbehafteter Anteile nach dem Grundtatbestand des § 22 Abs. 1 S. 1 nur *Auslöser* der Ermittlung eines etwaigen Einbringungsgewinns ist, wird nach Tz. 22.24 UmwStE 2011 der durch die Einlagenrückgewähr erzielte veräußerungsgleiche Gewinn selbst als realisierter Einbringungsgewinn angesehen, sofern er nicht höher ist, als der durch die Vergleichsrechnung ermittelte Betrag. Bis auf die Deckelung des Einbringungsgewinns auf den sich nach § 22 Abs. 1 S. 3 ergebenden Gewinn entspricht dieses der Gewinnermittlung nach § 21 UmwStG a. F. zur Besteuerung einbringungsgeborener Anteile. Allerdings führt die Deckelung dazu, dass im Ergebnis durch die Ermittlung des veräußerungsgleichen Gewinns nur der *Umfang bestimmt* wird, zu dem die zum Einbringungszeitpunkt bestehenden stillen Reserven aufgedeckt und als Einbringungsgewinn besteuert werden. Dabei führt jede Überschreitung des Buchwerts

---

191 Vgl. z.B. *Stangl* in Rödder/Herlinghaus/van Lishaut, § 22 Rdn. 112; *Schmitt* in Schmitt/Hörtnagl/Stratz, § 22 Rdn. 90; *Forst/Schaaf*, EStB 2007, 458; *Oesterwinter/ Pellmann*, BB 2008, 2769; *Schuhmacher/Neumann*, DStR 2008, 325; *Willibald/Ege*, DStZ 2009, 83.
192 BFH vom 19.07.1994, VIII R 58/92, BStBl. II 1995, 362; BFH vom 16.03.1994, I R 70/92, BStBl. II 1994, 527.
193 Vgl. BMF vom 28.04.2003, IV A 2 – S 2750a – 7/03, BStBl. I 2003,292, Rdn. 6.
194 *Patt* hält diese Auslegung angesichts des Wortlautes und des klaren systematischen Aufbaus der Missbrauchsvorschrift für unzulässig und spricht insofern von einer „Billigkeitsmaßnahme" ohne Gesetzesgrundlage (*Patt* in Dötsch/Patt/Pung/ Möhlenbrock, § 22 Rdn. 48)

bzw. der AK der sperrfristbehafteten Anteile durch die auf diese Anteile entfallende Einlagenrückgewähr in gleicher Höhe und damit in Höhe des veräußerungsgleichen Gewinns bis zur Höhe des sich nach § 22 Abs. 1 S. 3 ergebenden Gewinns zu einem Einbringungsgewinn. Diese Auslegung ist nicht zwingend (siehe zu alternativen Auslegungen unten Rdn. 159b ff.). Da § 22 Abs. 1 S. 6 Nr. 3 aber keine ausdrückliche Regelung über den Umfang des zu versteuernden Einbringungsgewinns in Abhängigkeit von der Höhe der Einlagenrückgewähr enthält, wird nach der hier vertretenen Auffassung hierdurch der zulässige Auslegungsspielraum, der sich aus der Gesetzeslücke ergibt, noch nicht überschritten. Wünschenswert wäre allerdings de lege ferenda, ergänzend eine entspr. sprachliche Anpassung des Gesetzestextes, um es dem Rechtsanwender zu ermöglichen, die Rechtsfolgen seiner Maßnahmen auch unmittelbar dem Gesetz zu entnehmen.

Beispiel   *159*
für eine Einbringungsermittlung entspr. Rdn. 22.24 UmwStE:[195]
A ist zu 100 % an der X-GmbH beteiligt, deren Stammkapital 50 TEUR beträgt. A hat anlässlich der Gründung eine Zuzahlung in die Kapitalrücklage der X-GmbH in Höhe von 500 TEUR geleistet, welche den Bestand des steuerlichen Einlagenkontos i.S.v. § 27 KStG zum Gründungszeitpunkt bildet. Der Buchwert (= gemeiner Wert) des Anteils von A an der X-GmbH beträgt zum 31. 12. 07 550 TEUR. B bringt sein Einzelunternehmen zum 31. 12. 07 nach § 20 Abs. 2 S. 2 zum Buchwert (100 TEUR) gegen Gewährung einen neuen, nach § 22 Abs. 1 sperrfristbehafteten Anteils im Nennbetrag von 50 TEUR in die X-GmbH ein. Der gemeine Wert des Einzelunternehmens zum Einbringungszeitpunkt beträgt 550 TEUR. Die Differenz zwischen dem Buchwert des eingebrachten Vermögens (100 TEUR) und dem Nennbetrag des neuen Anteils (50 TEUR) = 50 TEUR wird der Kapitalrücklage der X-GmbH zugeführt, so dass diese nunmehr 550 TEUR beträgt. Im Juni 09 erhalten A und B eine Ausschüttung von der X-GmbH i.H.v. insgesamt 700 TEUR, für die in Höhe von 550 TEUR das steuerliche Einlagenkonto der X-GmbH als verwendet gilt.

Einbringungsgewinn I des B nach § 22 Abs. 1 S. 6 Nr. 3:

Anteilig auf den sperrfristbehafteten Anteil von B entfallende Einlagenrückgewähr (50 % von 550 TEUR)	275 TEUR
./. Buchwert des sperrfristbehafteten Anteils von B	100 TEUR
Vorläufiger Einbringungsgewinn I vor Siebtelung und Vergleichsrechnung	175 TEUR
davon 6/7	150 TEUR

Der hiernach ermittelte Einbringungsgewinn I darf den nach § 22 Abs. 1 S. 3 ermittelten Einbringungsgewinn I nicht übersteigen (Vergleichsrechnung zur Ermittlung des Deckelungsbetrages):

---

195 In Anlehnung an das in Tz. 22.24 UmwStE 2011 aufgeführte Beispiel.

Gemeiner Wert des von B in die X-GmbH eingebrachten Betriebsvermögens zum 31.12.07 (Einbringungszeitpunkt)	550 TEUR
./. Buchwert des sperrfristbehafteten Anteils von B	100 TEUR
Einbringungsgewinn I vor Siebtelung	450 TEUR
davon ⁶/₇ = höchstens zu versteuernder Einbringungsgewinn	386 TEUR

Der durch die Buchwertverrechnung ermittelte Einbringungsgewinn I ist höher als der § 22 Abs. 1 S. 3 ermittelte Gewinn, die Vergleichsrechnung ermittelte so dass B rückwirkend in 07 ein Einbringungsgewinn im Umfang von 150 TEUR zu versteuern hat. In dieser Höhe erhöhen sich die Anschaffungskosten des B für seinen Anteil an der X-GmbH nach § 22 Abs. 1 S. 4. B erzielt einen veräußerungsgleichen Gewinn nach § 17 Abs. 4 EStG in Höhe von 25 TEUR (Ausschüttung aus dem steuerlichen Einlagenkonto 275 TEUR ./. ursprüngliche AK 100 TEUR ./. nachträgliche AK 150 TEUR), auf den § 3 Nr. 40 EStG Anwendung findet.

Da die stillen Reserven zum Einbringungszeitpunkt in Höhe von 450 TEUR durch die Einlagenrückgewähr nur anteilig in Höhe von 175 TEUR versteuert wurden, bleibt der Anteil von B an der X-GmbH (teilweise) sperrfristbehaftet, so dass die Veräußerung dieses Anteils oder die Realisierung von Tatbeständen des § 22 Abs. 1 S. 6 innerhalb der siebenjährigen Sperrfrist zu einer weiteren Einbringungsbesteuerung in Höhe von maximal 275 TEUR (450 TEUR ./. 175 TEUR) vor Siebtelung führen kann.

159a Entspr. dem Beispiel in Tz. 22.24 UmwStE 2011 ist in dem unter Rdn.159 genannten Beispiel das *gesamte steuerliche Einlagenkonto der* X-GmbH (550 TEUR), soweit es an B ausgekehrt wurde (d.h. in Höhe von 275 TEUR) bei der Ermittlung des Einbringungsgewinns von B einbezogen worden, mithin auch die anteilig zu 50 % an B ausgekehrte Einlage, die aus der Zuzahlung von A in die Kapitalrücklage der X-GmbH in Höhe von 500 TEUR stammen.

159b Demgegenüber wird in der Literatur überwiegend die Ansicht vertreten, dass die Auskehrung von steuerlichen Einlagen, die anteilig auf den sperrfristbehafteten Anteil entfallen, nur insoweit zu einer Einbringungsgewinnbesteuerung führen kann, als die ausgekehrten Einlagen aus der potenziell steuerschädlichen Einbringung von Unternehmensteilen nach § 22 Abs. 1 UmwStG entstammen (einbringungsgeborene Einlagen).[196] Nach dieser Ansicht ist eine Aufteilung des steuerlichen Einlagenkontos der KapG erforderlich. Umstritten ist, wann in welchem Umfang in diesem Fall die einbringungsgeborenen Einlagen als ausgekehrt gelten. Zum Teil wird vertreten,

---

196 Vgl u.a. *Förster/Wendlandt*, BB 2007, 631 (607), *Graw* in Bordewin/Brandt, § 22 Rdn. 99, *Kessler*, Ubg 2011, 34 (37), *Patt* in Dötsch/Patt/Pung/Möhlenbrock, § 22 Rdn. 48b; *Schönherr/Lemaitre*, GmbHR 2007, 459 (Fn. 84); *Willibald/Ege*, DStZ 2009, 83 (88); *Winkeljohann/Fuhrmann*, Handbuch des Umwandlungssteuerrechts, 860; *Stangl* in Rödder/Herlinghaus/van Lishaut, § 22 Rdn. 114; *Schmitt* in Schmitt/Hörtnagl/Stratz, § 22 Rdn. 92 m.w.N.; *Nitschke* in Blümich, § 22 Rdn. 65.

dass diese nachrangig zu den übrigen Einlagebeständen als verwendet gelten[197], nach anderer Auffassung gelten sie als anteilig verwendet.[198]

Die vorstehend geschilderte Literaturauffassung wird im Wesentlichen damit begründet, dass die Einlagenrückgewähr als Ersatztatbestand für die steuerschädliche Veräußerungen eines sperrfristbehafteten Anteils nach dem Grundtatbestand des § 22 Abs. 1 S. 1 anzusehen sei. Die Rückzahlung von nicht einbringungsgeborenen Einlagen dürfe daher eben so wenig wie Veräußerungen von nicht sperrfristbehafteten Anteilen zu einer Einbringungsgewinnbesteuerung führen.[199] Diese Auffassung wird nicht geteilt. Denn beide Vorgänge können nicht miteinander verglichen werden. Der Erlös aus der Veräußerung eines nicht sperrfristbehafteten Anteils entfällt ausschließlich auf diesen und hat keine Auswirkung auf die nicht sperrfristbehafteten Anteile. Demgegenüber werden im Falle einer Einlagenrückgewähr auch die nicht aus Einbringungen stammenden Einlagen anteilig an die Anteilseigner sperrfristbehafteter Anteile ausgekehrt und erhöhen den „Betrag" der auf die sperrfristbehafteten Anteile entfällt. Im oben unter Rdn. 159 genannten Beispiel stammen 250 TEUR (50 % von 500 TEUR) des an B ausgekehrten Betrages aus der Einlage von A. Wie aus dem Beispiel ersichtlich wird, kann B durch die auf seinen sperrfristbehafteten Anteil entfallende Einlagenrückgewähr stille Reserven in seinem Anteil an der X-GmbH in Höhe von 175 TEUR realisieren, die ohne Erfassung als Einbringungsgewinn als veräußerungsgleicher Gewinn nur nach dem erweiterten Halbeinkünfteverfahren steuerpflichtig wären. im Hinblick auf die Zielsetzung des § 22 als Missbrauchsverhinderungsvorschrift ist es daher vertretbar, dass der unter Einbeziehung aller ausgekehrten Einlagen ermittelten veräußerungsgleiche Gewinn, soweit er auf sperrfristbehaftete Anteile entfällt, nicht nur eine Einbringungsgewinnbesteuerung auslöst, sondern als (anteilig) realisierter Einbringungsgewinn angesehen wird, soweit der nach § 22 Abs. 1 S. 3 ermittelte Gewinn nicht niedriger ist.[200]

Soweit nach der oben geschilderten Ansicht vertreten wird, das nur die einbringungsgeborenen Einlagen für die Ermittlung des Einbringungsgewinns maßgeblich sind, wird von einem Teil der Literatur vertreten, dass der Einbringungsgewinn durch Verrechnung der ausgekehrten, auf die sperrfristbehafteten Anteile entfallenden einbringungsgeborenen Einlagen mit dem

159c

159d

---

197 So z.B. *Stangl* in Rödder/Herlinghaus/van Lishaut, § 22 Rdn. 114; Förster/*Wendlandt,,* BB 2007, 631 (607); Oesterwinter/Pellmann, BB 2008, 2769 (2770); *Willibald/Ege*, DStZ 2009, 83 (88); Widmann in Widmann/Mayer, § 22 Rdn. 65.

198 *Graw* in Bordewin/Brandt, § 22 Rdn. 99; *Patt* in Dötsch/Patt/Pung/Möhlenbrock, § 22 Rdn. 48c.

199 Vgl. z.B. *Patt* in Dötsch/Patt/Pung/Möhlenbrock, § 22 Rdn. 48b; *Stangl* in Rödder/Herlinghaus/van Lishaut, § 22 Rdn. 114

200 Vgl. *Mutscher* in Frotscher/Maas/Mutscher, § 22 Rdn. 171, der sich auch angesichts derartiger „Quasi-Veräußerungen" für die Einbeziehung nicht einbringungsgeborener Einlagen in die Einbringungsgewinnermittlung ausspricht. *Stangl* (in Rödder/Herlinghaus/van Lishaut), will zwar einerseits die nicht einbringungsgeborenen Einlagen bei der Einbringungsgewinnermittlung außer Acht lassen (§ 22 Rdn. 114), hält es aber anderseits auch für sachgerecht, dass jeder den Beteiligungsbuchwert übersteigende Euro zu einem Einbringungsgewinn führt, sofern die Deckelungsregelung keine Anwendung findet (§ 22 Rdn. 115).

Buchwert bzw. den AK dieses Anteils zu ermitteln ist.[201] In dem in Rdn. 159 genannten Beispiel würde in diesem Fall kein Einbringungsgewinn entstehen. Die in vollem Umfang ausgekehrte einbringungsgeborene Einlage beträgt 50 TEUR (Zuführung von B in die Kapitalrücklage bei Einbringung seines Betriebes in die X-GmbH). Sie entfällt zu 50 % = 25 TEUR auf den sperrfristbehafteten Anteil von B. Dieser Betrag ist erheblich niedriger als der Buchwert des Anteils von B an der X-GmbH (100 TEUR).

159e   Soweit in der Literatur vertreten wird, dass der Einbringungsgewinn aus eine Rückgewähr einbringungsgeborener Einlagen ohne Buchwert bzw. AK-Verrechnung zu ermitteln ist, soll dieser durch die Einlagenrückgewähr in dem Verhältnis der ausgekehrten, auf die sperrfristbehafteten Anteile entfallenden einbringungsgeborenen Einlagen zum gemeinen Wert der Sacheinlage im Zeitpunkt der Einlagenrückgewähr entstehen.[202] In dem unter Rdn. 159 aufgeführten Beispiel würde dieses zu folgendem Einbringungsgewinn des B vor Siebtelung führen:[203]

$$\frac{450 \text{ TEUR (stille Reserven)} \times 25 \text{ TEUR}}{550 \text{ TEUR}} = 21 \text{ TEUR}$$

ee) Mehrabführungen der Organgesellschaft als Einlagenrückgewähr

160   Ist die KapG, an der die sperrfristbehafteten Anteile bestehen, *Organgesellschaft* i.S.v. § 14 KStG, so sollen nach Tz. 22.24 UmwStE 2011 vororganschaftliche Mehrabführungen nach § 14 Abs. 3 KStG und organschaftliche Mehrabführungen nach § 14 Abs. 4 KStG als Ausschüttungen bzw. Rückzahlungen i.S.v. § 22 Abs. 1 S. 6 Nr. 3 ebenfalls steuerschädlich sein, soweit hierfür das steuerliche Einlagenkonto der Organgesellschaft i.S.v. § 27 KStG als verwendet gilt und die Einlagenrückgewähr höher ist als der Buchwertbzw. die AK der sperrfristbehafteten Anteile an der Organgesellschaft (siehe zur Ermittlung des Einbringungsgewinns i.E. unten Rdn. 157 ff). Organschaftliche Mehrabführungen liegen vor, wenn der entspr. der Handelsbilanz von der Organgesellschaft abzuführende Gewinn höher ist als der steuerbilanzielle Gewinn der Organgesellschaft nach der Steuerbilanz, was organschaftliche oder vororganschaftliche Ursachen haben kann. Hauptanwendungsfälle sind Ansatz- und Bewertungsunterschiede zwischen Handels- und Steuerbilanz, aber z.B. auch die Bildung und Auflösung von Rücklagen bei der Organgesellschaft (siehe hierzu auch nachfolgend die Beispiele unter Rdn. 161, 161a sowie 161c ff.).

160a   Soweit die Mehrabführungen der Organgesellschaft ihre Ursache in *vororganschaftlicher Zeit* haben, gelten diese nach § 14 Abs. 3 KStG als Gewin-

---

201 So z.B. *Graw*, Ubg 2011, 603 (608); *Stangl* in Rödder/Herlinghaus/van Lishaut, § 22 Rdn. 114 und 114bn.
202 So z.B. *Patt* in Patt/Dötsch/Pung/Möhlebrock § 22 Rdn. 48a, 48b; *Mutscher* in Frotscher/Maas/Mutscher, § 22 Rdn. 172; *Förster/Wendland*, BB 2007, 631 (637 und 638); *Blümich*, § 22 Rdn. 65b.
203 Hierbei wird unterstellt, dass der gemeine Wert der Sacheinlage zum Zeitpunkt der Einlagenrückgewähr weiterhin 550 TEUR beträgt.

nausschüttungen der Organgesellschaft. Eine nach Tz. 22.24 UmwStE 2011 ggf. steuerschädliche Einlagenrückgewähr ergibt sich in diesen Fällen nach der in § 27 Abs. 1 S. 3 KStG festgelegten Verwendungsreihenfolge d. h. wenn die Mehrabführung den auf den auf dem Schluss des vorangegangen Wirtschaftsjahres ermittelten steuerlich ausschüttbaren Gewinn der Organgesellschaft übersteigt.[204] Die Anwendung von § 22 Abs. 1 S. 6 Nr. 3 auf Mehrabführungen nach § 14 Abs. 3 KStG wird von *Stangl* mit dem Hinweis kritisiert, dass nach dieser Vorschrift eine Ausschüttung nur fingiert werde und die Reichweite der Fiktion unklar sei.[205] Insofern soll allerdings eine nach § 22 Abs. 1 S. 6 Nr. 3 potenziell steuerschädliche Einlagenrückgewähr durch das Unterlassen einer Bescheinigung der KapG nach § 27 Abs. 3 KStG vermieden werden können, da in diesem Fall nach § 27 Abs. 5 S. 2 KStG das Einlagenkonto für die Ausschüttung als nicht gemindert gilt.[206] Es kann nicht davon ausgegangen werden, dass die Finanzverwaltung diese Auffassung teilt (siehe hierzu auch Rdn. 154b).

Nach § 27 Abs. 6 KStG führen Mehrabführungen aus *organschaftlicher Zeit* stets zu einer Minderung des steuerlichen Einlagenkontos der Organgesellschaft, so dass in diesen Fällen nach Rdn. 22.24 UmwStE 2011 eine Einlagenrückgewähr i. S. v. § 22 Abs. 1 S. 6 Nr. 3 vorliegt. Diese Mehrabführungen können auch zu einem negativen Einlagenkonto führen, wobei unklar ist, ob nach Auffassung der Finanzverwaltung auch insoweit eine ggf. steuerschädliche Einlagenrückgewähr vorliegt. Bei einer Einlagenrückgewähr nach § 27 Abs. 6 KStG ist von der KapG gegenüber den Anteilseignern keine Bescheinigung entspr. § 27 Abs. 3 KStG über die Verwendung des steuerlichen Einlagenkontos auszustellen, so dass insoweit kein Gestaltungsspielraum besteht, durch das Unterlassen einer Bescheinigung die Minderung des Einlagenkontos zu vermeiden (siehe hierzu auch oben Rdn. 154b und Rdn. 160a). 160b

Die Anwendung von § 22 Abs. 1 S. 6 Nr. 3 auf organschaftliche und vororganschaftliche Mehrabführungen wird in der Literatur u. a. mit dem Hinweis kritisiert, dass es sich hierbei nach der Rechtsprechung des BFH[207] und dem Wortlaut des § 27 Abs. 6 KStG nicht um „Ausschüttungen" oder „Rückzahlungen" i. S. v. § 22 Abs. 1 S. 6 Nr. 3 handelt.[208] Nach *Schmitt* fehlt es an einer gesetzlichen Grundlage, derartige Mehrabführungen als Einlagenrückgewähr i. S. v. § 22 Abs. 1 S. 6 Nr. 3 zu behandeln.[209] Kritisiert wird insbesondere auch die Gefahr, dass durch unvermeidbare Abweichungen zwischen Handels- und Steuerbilanz ein nicht steuerbare Zugriff auf das 160c

---

204 Vgl. *Antweiler* in Ernst & Young, § 27 KStG Rdn. 32; *Frotscher* in Frotscher/Maas, § 14 KStG Rdn. 769.

205 *Stangl* in Rödder/Herlinghaus/van Lishaut, § 22 Rdn. 112.

206 *Stangl* in Rödder/Herlinghaus/van Lishaut, § 22 Rdn. 112.

207 BFH vom 07. 02. 2007, I R 5/05, BStBl. II 2007, 796.

208 Vgl. z. B. *Stangl* in Rödder/Herlinghaus/van Lishaut, § 22 Rdn. 112; *Graw* in Bordewin/Brandt, § 22 Rdn. 101; *Hans*, BB 2008, 26 (26 ff); *Jäschke* in Lademann, § 22 UmwStG n. F. Rdn. 18b; *Lornsen-Veit* in Erle/Sauter, § 27 KStG, Rdn.115 ff.; *Schmitt* in Schmitt/Hörtnagel/Stratz, § 22 Rdn. 94; *Kessler*, Ubg 2011, 34 ff. (37).

209 *Schmitt* in Schmitt/Hörtnagel/Stratz, § 22 Rdn. 94.

Einlagekonto der Organgesellschaft entstehen kann, was zu einer Zwangsbesteuerung nach § 22 Abs.1 S. 6 Nr.3 führen könne.[210]

160d Nach Tz. 22.24 UmwStE 2011 führt auch die auf den sperrfristbehafteten Anteil entfallene Einlagenrückgewähr durch vororganschaftliche oder organschaftliche Mehrabführungen nur dann zu einem Einbringungsgewinn, als sie höher ist als der Buchwert bzw. die AK des sperrfristbehafteten Anteils. Unter Berücksichtigung dieser einschränkenden Auslegung des § 22 Abs.1 S. 6 Nr. 3 ist die o.g. – teilweise vor Veröffentlichung des UmwStE 2011 geäußerte – Kritik an der Anwendung der Vorschrift auf organschaftliche Mehrabführungen nur noch in begrenzten Umfang berechtigt.

160e Zwar sind weiterhin grundsätzliche Zweifel angebracht, ob § 22 Abs. 1 S. 6 Nr. 3 eine ausreichend bestimmte Gesetzesgrundlage für die Erfassung von organschaftlichen Mehrabführungen als steuerschädliche Einlagenrückgewähr entspr. der Auslegung durch Rdn. 22.24 UmwStE bietet. Regelmäßig korrespondieren aber die Mehrabführungen mit entspr. Minderabführungen, so dass die Buchwert- bzw. Anschaffungskostenverrechnung der Einlagenrückgewähr dazu führt, dass die Einlagenrückgewähr i.S.v. § 22 Abs. 1 S. 6 Nr. 3 meistens nicht steuerschädlich ist. Denn Minderabführungen ühren nach § 27 Abs. 6 KStG zu einer Erhöhung des Einlagenkontos der Organgesellschaft. Beim Organträger ist nach § 14 Abs. 4 KStG in Höhe der Minderabführung ein aktiver Ausgleichsposten zu bilden. Dieser ist bei organschaftlichen Mehrabführungen bezüglich derselben Ursache nach § 14 Abs. Abs. 4 KStG wieder aufzulösen.[211] Nach Tz. 22.24 UmwStE ist für die Zwecke der Ermittlung des Einbringungsgewinns im Falle organschaftlicher Mehrabführungen eine vergleichbare Verrechnung durchzuführen. Nach Tz. 22.24 UmwStE 2011 wird der Buchwert des sperrfristbehafteten Anteils „um die aktiven und passiven Ausgleichsposten korrigiert", d.h. aktive Ausgleichsposten erhöhen den für die Zwecke der Einbringungsgewinnermittlung maßgeblichen Buchwert bzw. die AK des sperrfristbehafteten Anteils („Beteiligungspuffer") und die wegen der Mehrabführung zu bildenden passiven Ausgleichsposten mindern diesen Beteiligungspuffer.[212] Korrespondieren daher Mehrabführungen mit entspr. Minderabführungen, so reduziert im Saldo der Vorgang den „Beteiligungspuffer" nicht.

161 Dieses kann am Beispiel von organschaftlichen Mehrabführungen durch die Auflösung von Rücklagen der Organgesellschaft verdeutlicht werden, welches teilweise in der Literatur dafür angeführt wird, dass Maßnahmen eine Einbringungsgewinnbesteuerung auslösen, die nichts mit einer möglichen steuerliche Statusverbesserung durch die Einbringungen nach § 22 zu tun

---

210 Vgl. z.B. *Patt*, in Dötsch/Patt/Pung/Möhlenbrock, § 22 Rdn. 48; *Bilitewski* in Haritz/Mennner § 22 Rdn. 190; *Oesterwinter/Pellmann*, BB 2008, 2769; *Willibald/ Edge*, DStZ 2009, 83.
211 Vgl. hierzu i.E. *Dötsch/Witt* in Dötsch/Jost/Pung/Witt, § 14 KStG, Rdn. 492ff.
212 Die unklare Formulierung in Tz. 22.24 UmwStE 011 kann nur so verstanden werden, dass die verlangte Korrektur des Buchwertes des sperrfristbehafteten Anteils um den passiven Ausgleichsposten anstelle der Verrechnung des Buchwertes um die Einlagenrückgewähr nach § 27 Abs. 6 KStG tritt, denn anderenfalls würde die Einlagenrückgewähr doppelt erfasst werden (vgl. *Stangl/Kaeser* in FGS/BDI, UmwStE 2011, S. 448).

haben.[213] Bei einer Verrechnung der Einlagenrückgewähr entspr. Tz. 22.24 UmwStE mit dem Buchwert bzw. den AK des sperrfristbehafteten Anteils löst die Auflösung von Rücklagen nach § 22 Abs. 1 S. 6 Nr. 3 regelmäßig keine Einbringungsgewinnbesteuerung aus. Denn im Jahr der Bildung der Rücklage durch die Organgesellschaft nach § 14 Abs. 1 S. 1 Nr. 4 KStG ist in Höhe der Minderabführung beim Organträger ein entspr. aktiver Ausgleichsposten zu bilden, welcher den „Beteiligungspuffer" des sperrfristbehafteten Anteils an der Organgesellschaft erhöht. Die Auflösung der Rücklage mindert das Einlagenkonto nach § 27 Abs. 6 KStG. Der in entspr. Höhe beim Organträger nach § 14 Abs.4 KStG zu bildende passive Ausgleichsposten wird zur Ermittlung des Einbringungsgewinns nach § 22 Abs. 1 S. 6 Nr. 3 mit dem aktiven Ausgleichsposten verrechnet, so das im Saldo der Buchwert bzw. die AK des sperrfristbehafteten Anteils an der Organgesellschaft unverändert bleibt bzw. bleiben.

In der Literatur wird ferner als Beispiel für die Entstehung permanent nach § 22 Abs. 1 S. 6 Nr. 3 zu versteuernder Mehrabführungen höhere Zuführungen zu den Pensionsrückstellungen in der Handelsbilanz im Vergleich zur Steuerbilanz der Organgesellschaft genannt.[214] Diese Abweichung zwischen Handels- und Steuerbilanz hat aktuell eine besondere praktische Relevanz, da in den letzten Jahren der Diskontierungszinssatz durch die Niedrigzinspolitik der EZB gesunken ist, was zu einem höheren Barwert der Pensionsverpflichtungen und damit zu einem höheren handelsbilanziellen Zuführungsaufwand zu den Pensionsrückstellungen führt. Demgegenüber sind in der Steuerbilanz wegen des festen Abzinsungszinssatz von sechs Prozent nach § 6a Abs. 3 S. 3 EStG erheblich niedrigere Pensionsrückstellungen zu bilden. Folge der höhere Zuführungen in der Handelsbilanz sind aber zunächst organschaftliche Minderabführungen der Organgesellschaft an den Organträger, welche nach § 27 Abs. 6 KStG das Einlagenkonto der Organgesellschaft erhöhen und die nach § 14 Abs. 4 KStG zur Bildung eines aktiven Ausgleichsposten beim sperrfristbehafteten Anteil des Organträgers an der Organgesellschaft führen. Soweit sich Handels- und Steuerbilanz wieder angleichen, weil z.B. die in der Handelsbilanz gebildeten Pensionsrückstellungen verbraucht werden, so wird der nach § 14 Abs. 4 KStG zu bildende passive Ausgleichsposten zur Ermittlung des Einbringungsgewinns nach § 22 Abs. 1 S. 6 Nr. 3 mit dem aktiven Ausgleichsposten verrechnet, so das im Saldo der Buchwert/die AK des sperrfristbehafteten Anteils an der Organgesellschaft unverändert bleibt bzw. bleiben. Eine Einbringungsgewinnbesteuerung droht hierdurch daher regelmäßig nicht.

Auch in den praktisch häufigen Fälle, in denen in der Handelsbilanz aufwandswirksame Maßnahmen der Organgesellschaft, an der sperrfristbehaftete Anteil bestehen, steuerlich nicht anerkannt werden (z.B. die Bildung von Rückstellungen oder die Höhe der Abschreibung von Wirtschaftsgütern), entsteht auch bei einer Nachholung des Aufwands in der Steuerbilanz regemäßig kein Einbringungsgewinn des Organträgers, unabhängig davon ob die aufwandswirksame Bilanzierung von der Organgesellschaft in voror-

161a

161b

213 *Mutscher* in Frotscher/Maas/Mutscher, § 22 Rdn. 169b.
214 *Bilitewski* in Haritz/Menner, § 22 Rdn. 190.

ganschaftlicher oder organschaftlicher Zeit vorgenommen wurde. Auch in diesen Fällen ist der Grund hierfür, dass der Mehrabführung durch die Nachholung des Aufwands in der Steuerbilanz der Organgesellschaft eine handelsbilanzieller Mindergewinn bzw. eine Minderabführung vorausgeht, so dass der Buchwert der Beteiligung an der Organgesellschaft im Saldo unverändert bleibt, was anhand der nachfolgenden Beispiele (Rdn. 161c und Rdn. 161d) deutlich wird.

161c **Beispiel**
(vororganschaftlich verursachte Mehrabführung)
Die M-GmbH bringt ihren Betrieb im Jahr 01 nach § 20 Abs. 2 S. 2. zu Buchwerten in die T-GmbH ein. Die T-GmbH bildet in 01 in ihrer Handelsbilanz eine steuerlich nicht anzuerkennende Drohverlustrückstellung in Höhe von 400 TEUR. Der Gewinn der T-GmbH lt. Handelsbilanz vor Körper- und Gewerbesteuer (Ertragsteuern) beträgt 600 TEUR (Steuerbilanz: 1.000 TEUR) und bei einer unterstellten Ertragsteuerbelastung in Höhe von 35 % hiernach 250 TEUR (Steuerbilanz: 650 TEUR). Die T-GmbH schüttet den Gewinn in Höhe von 250 TEUR an die M-GmbH aus. Hiernach verbleibt in der Steuerbilanz ein nicht ausgeschütteter Gewinn der T-GmbH in Höhe von 400 TEUR. Zum 01.01.02 beginnt ein Organschaftsverhältnis zwischen der M-GmbH (Organträger) und der T-GmbH (Organgesellschaft). Die B-GmbH löst die Drohverlustrückstellung in 02 in ihrer Handelsbilanz auf und führt den hierdurch entstehenden Gewinn in Höhe von 400 TEUR an die M-GmbH ab. In der Steuerbilanz entsteht kein Gewinn (vor Gewinnabführung), da in 01 keine Rückstellung gebildet wurde. Die aus der Auflösung der Rückstellung resultierende handelsbilanzielle Mehrabführung in Höhe von 400 TEUR ist nach § 14 Abs. 3 KStG steuerlich als Gewinnausschüttung an die M-GmbH zu behandeln. Hierfür gilt nach § 27 Abs. 1 S. 3 KStG das Einlagenkonto der T-GmbH nur insoweit als verwendet, als die Mehrabführung den ausschüttbaren Gewinn der T-GmbH lt. Steuerbilanz zum 31.12.01 übersteigt. Die Ausschüttung in Höhe von 400 TEUR wird jedoch aus dem ausschüttbaren Gewinn lt. Steuerbilanz „gespeist", der dadurch entstanden ist, dass in der Steuerbilanz keine Rückstellung gebildet wurde. Ein Einbringungsgewinn entsteht daher durch den Vorgang nicht.

161d **Beispiel**
(organschaftliche Mehrabführung)
Wie Rdn. 161c, allerdings bestand das Organschaftsverhältnis zwischen der M-GmbH und der T-GmbH schon in 01. In diesem Fall führt die Bildung der Drohverlustrückstellung zu einer Minderabführung der T-GmbH in 01 in Höhe von 400 TEUR. In dieser Höhe erhöht sich nach § 27 Abs. 6 KStG das Einlagenkonto der T-GmbH. Die M-GmbH bildet nach § 14 Abs. 4 KStG in dieser Höhe einen aktiven Ausgleichsposten. Die Auflösung der Rückstellung in 02 führt zu einer entspr. Mehrabführung, wodurch das zuvor erhöhte Einlagenkonto der T-GmbH nach § 27 Abs. 6 KStG wieder gemindert wird. In Höhe der Mehrabführung ist der aktive Ausgleichsposten bei der M-GmbH wieder aufzulösen. Im Saldo bleibt der für die Ermittlung des

Einbringungsgewinns nach § 22 Abs. 1 S. 6 maßgebliche „Beteiligungspuffer" unverändert.

Die Gefahr einer Einbringungsgewinnbesteuerung nach § 22 Abs.1 S. 6   *161e*
Nr. 3 entsteht insbesondere in den Fällen, in denen Mehrabführungen der Organgesellschaft nicht durch bereits vorangegangene Minderabführungen kompensiert werden.

Dieses kann z.b. der Fall sein, wenn eine Organgesellschaft, an der sperr-   *161f*
fristbehaftete Anteile bestehen, an einer PersG beteiligt ist, die Verluste erzielt, welche entspr. der Spiegelbildmethode in der Steuerbilanz der Organgesellschaft ausgewiesen sind. Wird in der Handelsbilanz der Organgesellschaft keine dem Verlustanteil an der PersG entspr. Abschreibung der Beteiligung an der PersG auf den niedrigeren Zeitwert vorgenommen, so führt dieses zu einer Mehrabführung der Organgesellschaft an den Organträger, welche nach § 27 Abs. 6 KStG das Einlagenkonto der Organgesellschaft mindert und damit die Ermittlung eines Einbringungsgewinns nach § 22 Abs. 1 S. 6 Nr. 3 auslöst. Der Organträger hat einen entspr. passiven Ausgleichsposten zu bilden, welcher mit dem Buchwert seines sperrfristbehafteten Anteils an der Organgesellschaft zu verrechnen ist. Ist der passive Ausgleichsposten innerhalb der siebenjährigen Sperrfrist höher als der Buchwert der Beteiligung an der Organgesellschaft, so entsteht insoweit ein Einbringungsgewinn nach § 22 Abs. 1 S. 6 Nr. 3.

Auch die Aufdeckung stiller Reserven in der Handelsbilanz der Organge-   *161g*
sellschaft bei gleichzeitiger Fortführung der Buchwerte in der Steuerbilanz in Umwandlungs- und Einbringungsfällen kann zu einer Mehrabführung an den Organträger und damit zu Einbringungsgewinnbesteuerung nach § 22 Abs. 1 S. 6 Nr. 3 führen.

Beispiel: *161h*
Die M-GmbH (Organträger) ist zu 100 % an der T-GmbH (Organgesellschaft) beteiligt. Der steuerbilanzielle Buchwert der Beteiligung beträgt 1 Mio. EUR. Die M-GmbH bringt ihren Betrieb mit Wirkung zum 31.12.01 in die T-GmbH ein und erhält hierfür einen angemessenen neuen Anteil an der T-GmbH im Nennbetrag von 50 TEUR. Die T-GmbH überträgt den Betrieb weiter (Ketteneinbringung) auf die hierdurch neu gegründete E-GmbH gegen Gewährung eines Anteils an der E-GmbH im Nennbetrag von 50 TEUR. Beide Übertragungen erfolgen nach § 20 Abs. 2 S. 2 zu den Buchwerten des Betriebes in Höhe von jeweils 1 Mio. EUR, so dass die jeweils neuen Anteile der M-GmbH an der T-GmbH und der T-GmbH an der E-GmbH nach § 22 Abs. 1 sperrfristbehaftet sind. Sie werden jeweils mit ihren AK in Höhe von jeweils 1. Mio. EUR in der Steuerbilanz und Handelsbilanz der M-GmbH bzw. in der Steuerbilanz der T-GmbH bilanziert. Die T-GmbH bilanziert in ihrer Handelsbilanz ihren neuen Anteil an der E-GmbH mit dem Zeitwert in Höhe von 3 Mio. EUR. Der hierdurch handelsrechtlich bei der T-GmbH entstehende Gewinn aus der Aufdeckung stiller Reserven in Höhe von EUR 2 Mio. EUR ist als (steuerfreier) Übertragungsgewinn von der T-GmbH an die M-GmbH abzuführen. Nach § 14 Abs. 4 KStG ist in der Steuerbilanz der M-GmbH ein passiver Ausgleichsposten in Höhe der Mehrabführung von 2 Mio.

EUR zu bilden. Die Mehrabführung mindert nach § 27 Abs. 6 KStG das Einlagenkonto der M-GmbH und gilt daher nach § 22 Abs. 1 S. 6 Nr. 3 als potenziell steuerschädliche Einlagenrückgewähr. Nach der Auslegung entspr. Rdn. 22.24 UmwStE 2011 entsteht ein Einbringungsgewinn in der Höhe, in der der Betrag, um den sich das Einlagenkonto nach § 27 Abs. 6 KStG mindert, den Buchwert des sperrfristbehafteten Anteils der M-GmbH an der T-GmbH in Höhe von 1 Mio. EUR übersteigt. Nach Tz. 22.24 UmwStE 2011 wird hierzu der Buchwert des sperrfristbehafteten Anteils um den passiven Ausgleichsposten in Höhe von 2 Mio. EUR korrigiert. In diesem Fall entfällt die Mehrabführung in Höhe von 2 Mio. EUR nur zu 50 % auf den sperrfristbehafteten Anteil und zu 50 % auf den Altanteil der M-GmbH an der T-GmbH, so dass sich der Buchwert des sperrfristbehafteten Anteils in Höhe von 1 Mio. EUR um die Hälfte des passiven Ausgleichsposten (= 1 Mio. EUR) auf 0 reduziert.[215] Ein Einbringungsgewinn entsteht damit noch nicht. Auf Grund der Buchwertverrechnung ist damit in Organschaftsfällen eine erheblich höhere steuerunschädliche „Rückzahlung" an den Einbringenden möglich, als dieses nach § 20 Abs. 2 S. 2 Nr. 4 durch die Gewährung einer sonstigen Gegenleistung möglich ist (vgl. hierzu § 20 Rdn. 141 ff.). Allerdings führt die Aufdeckung stiller Reserven in der Handelsbilanz noch nicht dazu, dass auch entsprechende Zahlungsmittel der T-GmbH vorhanden sind.[216]

162–163 *(einstweilen frei)*

5. Weiterübertragung von Anteilen durch übernehmende Gesellschaften (§ 22 Abs. 1 S. 6 Nr. 4)

a) Grundregelungsgehalt

164 § 22 Abs. 1 S. 6 Nr. 4 baut, wie auch die Wiederholung der Tatbestände im *HS 1* zeigt, auf die Ausnahmeregelung in Nr. 2 HS 2 auf. Die Anwendung der Regelung setzt daher voraus, dass zuvor sperrfristbehaftete Anteile, die der Einbringende für die erste Einbringung i.S.v. § 22 Abs. 1 S. 1 erhalten hat, nach Nr. 2 *steuerunschädlich zu* Buchwerten nach § 20 Abs. 2 S. 2 oder § 21 Abs. 1 S. 2 oder auf Grund vergleichbarer ausländischer Vorgänge vom Einbringenden auf eine weitere KapG oder Genossenschaft (Gesellschaft II) übertragen wurden.[217]

165 Nach der Übertragung der sperrfristbehafteten Anteile auf die Gesellschaft II können diese nicht mehr entspr. dem Grundtatbestand vom Einbringen-

---

215 Das der Buchwert des sperrfristbehafteten Anteils entgegen dem Wortlaut der Tz. 22.24 UmwStE 2011 nur anteilig um den passiven Ausgleichsposten zu reduzieren ist, ergibt sich aus dem dort angeführten Beispiel, wonach nur die anteilig auf den sperrfristbehafteten Anteil entfallende Auskehrung aus dem Einlagenkonto zu erfassen ist. Auch im Falle einer Veräußerung eines Teils der Anteile des Organträgers an der Organgesellschaft ist der passive Ausgleichsposten nur anteilig aufzulösen (vgl. z.B. *Dötsch* in Dötsch/Jost/Pung/Witt, § 14 KStG Rdn. 528).
216 Vgl. *Dötsch* in Dötsch/Jost/Pung/Witt, § 14 KStG Rdn. 508.
217 Siehe hierzu auch die Erläuterungen zu § 22 Abs. 1 S. 6 Nr. 2 oben Rdn. 135 ff.

den i. S. v. § 22 Abs. 1 S. 1 steuerschädlich veräußert werden, so dass zur Sicherung der Besteuerung ein Einbringungsgewinns I auch dann besteuert wird, wenn gemäß Nr. 4 *HS 2* die *Gesellschaft II* die übernommenen sperrfristbehafteten Anteile innerhalb der siebenjährigen Sperrfrist *unmittelbar oder mittelbar* veräußert oder durch einen steuerschädlichen Vorgang i. S. v. Nr. 1 oder 2 unmittelbar oder mittelbar auf eine weitere KapG oder Genossenschaft überträgt.

Hinsichtlich der steuerschädlichen *unentgeltlichen* Übertragungen nach   166
Nr. 1 wird auf die Erläuterungen oben Rdn. 122 ff. verwiesen, hinsichtlich der nach Nr. 2 steuerschädlichen *entgeltlichen* Übertragungen auf die Ausführungen oben Rdn. 135 und unter Rdn. 48 ff.

Beispiel: 167
Die A-GmbH überträgt einen Teilbetrieb gem. § 20 Abs. 2 S. 2 zu Buchwerten auf die B-GmbH. Nachfolgend wird der hierfür gewährte, sperrfristbehaftete Anteil an der B-GmbH gem. § 21 Abs. 1 S. 2 zu Buchwerten auf die C-GmbH übertragen.

Überträgt die C-GmbH anschließend den sperrfristbehafteten Anteil an der B-GmbH unentgeltlich und damit steuerschädlich nach Nr. 1 (z. B. im Wege einer verdeckten Einlage) auf eine KapG oder Genossenschaft innerhalb der siebenjährigen Sperrfrist des § 22 Abs. 1, so hat die A-GmbH die stillen Reserven in dem Teilbetrieb zum Zeitpunkt der Einbringung des Teilbetriebes rückwirkend als Einbringungsgewinn I zu versteuern.

Nach der *Ausnahmeregelung in Nr. 4 letzter HS* können die eingebrachten   168
sperrfristbehafteten Anteile zu Buchwerten nach § 20 Abs. 2 S. 2 bzw. 21 Abs. 1 S. 2 *steuerunschädlich* sowohl von der Gesellschaft II als auch von ihr nachfolgenden Gesellschaften weiter übertragen werden (siehe hierzu auch unten Rdn. 178 ff.).

b) Steuerschädliche mittelbare Übertragungen (Nr. 4 HS 2)

Insbesondere vor dem Hintergrund dieser und anderer Möglichkeiten der   169
steuerunschädlichen Weiterübertragung sperrfristbehafteter Anteile werden durch die Regelung in Nr. 4 HS 2 auch *mittelbare* Übertragungen oder Veräußerungen sperrfristbehafteter Anteile nach Nr. 1 und 2 als steuerschädliche Vorgänge erfasst.

Nr. 4 HS 2 bestimmt nicht, aus wessen Sicht eine mittelbare steuerschädliche   170
Veräußerung oder Übertragung erfolgen muss. Eine solche *aus Sicht der Gesellschaft II* d. h. der KapG oder Genossenschaft, die die sperrfristbehafteten Anteile vom Einbringenden zu Buchwerten übernommen hat, setzt voraus, dass diese die Anteile zunächst wiederum *steuerunschädlich* auf eine Zwischengesellschaft überträgt, an der sie übertragbare und wertvermittelnde Gesellschafts- oder Mitgliedschaftsrechte hält bzw. solche für die Übertragung erhält. Die nachfolgende steuerschädliche Übertragung dieser Anteile an der Zwischengesellschaft auf eine KapG oder Genossenschaft nach Nr. 1 oder 2 ist als mittelbarer Vorgang nach Nr. 4 HS 2 steuerschädlich.

Es kann sich bei der Zwischengesellschaft um eine weitere KapG oder Genossenschaft handeln, auf die die Gesellschaft II die sperrfristbehafteten An-   171 teile *steuerunschädlich zu Buchwerten* nach der Ausnahmeregelung in *Nr. 4 letzter HS* entweder (1) nach § 20 Abs. S. 2 bzw. § 21 Abs. 1 S. 2 oder (2) durch hiermit vergleichbare ausländische Vorgänge oder (3) durch mit (1) und (2) vergleichbare Umwandlungen unter Absehen von einer Einbringungsgewinnbesteuerung nach der Billigkeitsregelung in Tz. 22.23 UmwStE 2011 überträgt.[218]

172 Als Zwischengesellschaft kommt hiernach auch eine *PersG* (Mitunternehmerschaft) in Betracht, an der die Gesellschaft II beteiligt ist und auf die sie zunächst die sperrfristbehafteten Anteile steuerunschädlich durch eine *verdeckte Einlage* unentgeltlich übertragen kann, wenn an dieser PersG – ggf. neben ihr – keine andere KapG oder Genossenschaft beteiligt ist.[219]

173 Steuerschädliche mittelbare Übertragungen *aus Sicht der Gesellschaft II* liegen auch vor, wenn zunächst die Beteiligungskette durch weitere steuerunschädliche Übertragungen verlängert wurde, z.B. indem die Gesellschaft II ihre Anteile an der Zwischengesellschaft oder die Zwischengesellschaft die sperrfristbehafteten Anteile auf eine weitere Zwischengesellschaft II steuerunschädlich durch die in Rdn. 171 und Rdn. 172[220] dargestellten Vorgänge weiter überträgt.[221] bevor die Gesellschaft II ihre Anteile an der Zwischengesellschaft I bzw. II steuerschädlich veräußert oder überträgt (siehe auch das Beispiel unten Rdn. 183).

174 Da Nr. 4 nicht darauf abstellt, durch wen die steuerschädliche mittelbare unentgeltliche oder entgeltliche Übertragung nach Nr. 1 und 2 erfolgt, werden auch mittelbare Übertragungen sperrfristbehafteter Anteile durch *Gesellschaften, die der Gesellschaft II nachfolgen,* von der Regelung erfasst.[222] (siehe auch das Beispiel unten Rdn. 183).

175 Grds. liegt zwar eine mittelbare steuerschädliche Übertragung i.S.v. Nr. 4 HS 2 auch vor, wenn der *Einbringende* seine Anteile an der Gesellschaft II steuerschädlich veräußert oder unentgeltlich überträgt. Die Steuerschädlichkeit der Übertragung ergibt sich in diesen Fällen aber bereits aus der vorrangig anzuwendenden Regelung in Nr. 5 (siehe hierzu unten Rdn. 187 ff.).[223]

---

218 Siehe zur Weiterübertragung der nach der Billigkeitsregelung übertragenen Anteile nachfolgend Rdn. 180, zu den Voraussetzungen der Anwendung dieser Regelung unten Rdn. 340 ff., und zu den hiernach möglichen Umwandlungen nach dem UmwG unten Rdn. 382 ff.

219 Siehe ergänzend hierzu oben Rdn. 133.

220 Bei einer Zwischenübertragung auf eine PersG ist eine nachfolgende Weiterübertragung nach den § 22 Abs. 1 S. 6 Nr. 4 und 5 nicht möglich, da dieses eine vorherige Einbringung in eine KapG oder Genossenschaft voraussetzt.

221 Zur Möglichkeit der steuerunschädlichen Weiterübertragung von Anteilen, die zuvor steuerunschädlich nach der Billigkeitsregelung übertragen wurden, siehe unten Rdn. 180 f.

222 Vgl. *Stangl* in Rödder/Herlinghaus/van Lishaut, § 22 Rdn. 119; *Schmitt* in Schmitt/Hörtnagl/Stratz, § 22 Rdn. 99; a.A. *Widmann* in Widmann/Mayer, § 22 Rdn. 83, wonach nur die mittelbare Veräußerung durch die übernehmende Gesellschaft II steuerschädlich sein soll.

223 Vgl. *Stangl* in Rödder/Herlinghaus/van Lishaut; § 22 Rdn. 119, im Ergebnis auch *Schmitt* in Schmitt/Hörtnagl/Stratz, § 22 Rdn. 99.

Eine mittelbare Veräußerung sperrfristbehafteter Anteile i.S.v. Nr. 4 liegt *nicht* vor, wenn *unmittelbare oder mittelbare Anteilseigner des Einbringenden i.S.v. § 22 Abs. 1 S. 1* ihre mittelbaren oder unmittelbaren Anteile an dem Einbringenden steuerschädlich veräußern oder übertragen (siehe auch das Beispiel unten Rdn. 183). Die Finanzverwaltung hat bereits zu §§ 26 Abs. 2 S. 2, 23 Abs. 4 UmwStG 1995 die Auffassung vertreten, dass bei Weiterübertragungen eingebrachter Anteile ein Sperrfristverstoß nur vorliegt, wenn die übernehmende Gesellschaft oder eine der ihr nachfolgenden Gesellschaften diese Anteile unmittelbar oder mittelbar veräußern. Auch in Tz. 22.23 UmwStE 2011 verweist die Finanzverwaltung im Zusammenhang mit der Billigkeitsregelung[224] auf das hierzu ergangene BMF-Schreiben vom 16. 12. 2003.[225] Dieses ergibt sich auch aus dem Grundtatbestand des § 22 Abs. 1 S. 1, wonach nur die Veräußerung erhaltener sperrfristbehafteter Anteile *durch den Einbringenden* die Besteuerung eines Einbringungsgewinns I auslöst, nicht jedoch eine mittelbare Veräußerung der sperrfristbehafteten Anteile durch Anteilseigner des Einbringenden. Es widerspräche der Gesetzessystematik wenn diese Grundregelung in Fällen der Weiterübertragung ihre Gültigkeit verlieren würde.[226]

176

Ist der Einbringende allerdings eine *PersG* (Mitunternehmerschaft), so soll nach Tz. 22.02 UmwStE 2011 wegen der mit dem Transparenzprinzip begründeten gesellschafterbezogenen Betrachtungsweise die Veräußerung der Mitunternehmeranteile, zu deren Betriebsvermögen die sperrfristbehafteten Anteile gehören, der PersG als steuerschädliche Veräußerung zugerechnet werden. Dieses soll bei mehrstöckigen PersG auch gelten, wenn derartige Mitunternehmeranteile mittelbar veräußert werden.[227]

177

c) Steuerunschädliche Ketteneinbringungen (Nr. 4 letzter HS)

Nach der *Ausnahmeregelung* in § 22 Abs. 1 S. 6 *Nr. 4 letzter HS* können die nach Nr. 2 HS 2 steuerunschädlich übertragenen sperrfristbehafteten Anteile[228] von der Gesellschaft, die die sperrfristbehafteten Anteile übernommen hat (Gesellschaft II) und durch jede dieser nachfolgenden Gesellschaft durch Übertragungen zu Buchwerten d.h., wie sich aus dem Klammerzusatz ergibt, durch (Ketten-) Einbringungen nach § 20 Abs. 2 S. 2 bzw. § 21 Abs. 1 S. 2 oder durch vergleichbare ausländischen Vorgänge beliebig oft auf weitere KapG oder Genossenschaften übertragen werden, ohne dass dieses die Besteuerung eines Einbringungsgewinns I auslöst, wenn der Nachweis der Buchwertfortführung hinsichtlich aller (Folge-) Einbringungen erbracht wird. Die jeweils für die Weiterübertragung sperrfristbehafteter Anteile gewährten Anteile sind ebenfalls sperrfristbehaftet („sperrfristinfiziert").

178

---

224 Siehe hierzu unten Rdn. 369.
225 BMF vom 16. 12. 2003, IV A 2 – S 1978 – 16/03, BStBl. 2003, 786.
226 Ebenso *Stangl* in Rödder/Herlinghaus/van Lishaut; § 22 Rdn. 119; vgl. auch *Widmann* in Widmann/Mayer, § 22 Rdn. 84.
227 Siehe zur Kritik hierzu Rdn. 76.
228 Hierbei kann es sich auch um „mitverstrickte" Anteile i.S.v. § 22 Abs. 7 handeln, siehe unten Rdn. 486 ff.

178a Durch das StÄndG 2015[229] ist Nr. 4 am Ende um einen weiteren HS ergänzt worden, wonach die steuerunschädliche Weiterübertragung der sperrfristbehafteten Anteile zusätzlich voraussetzt, dass nachgewiesen wird, dass hierfür keine sonstigen Gegenleistungen erbracht wurden, die die – durch das StÄndG 2015 neu gefassten – Grenzen des § 20 Abs. 2 S 2 Nr. 4 bzw. des § 21 Abs. 1 S 2 Nr. 2 übersteigen. Hinsichtlich der neuen Grenzen zulässiger finanzieller Gegenleistungen nach dem StÄndG 2015 bei einer angestrebten Einbringung bzw. bei einem angestrebten Anteilstausch zu Buchwerten wird auf die Kommentierungen zu § 20 Abs. 2 S. 2 Nr. 4 (siehe § 20 Rdn. 144 ff.) bzw. § 21 Abs. 1 S. 2 Nr. 2 (siehe § 21 Rdn. 65 ff.) verwiesen. Überschreiten die dem Übertragenden gewährten Gegenleistungen für die sperrfristbehafteten Anteile die Grenzen des § 20 Abs. 2 S. 2 Nr. 4 bzw. des § 21 Abs. 1 S. 2 Nr. 2, so kann die jeweils übernehmende KapG oder Genossenschaft die Buchwerte der sperrfristbehafteten Anteile nicht rechtswirksam fortführen, sondern muss diese zu einem Zwischenwert ansetzen (siehe § 20 Rdn. 144 ff. und § 21 Rdn. 65 ff.). Dieses galt auch schon bei einer Überschreitung der vor dem StÄndG 2015 geltenden Grenzen der Gegenleistung. Insoweit hat der neu eingefügte letzte HS der Nr. 4 keinen eigenständigen Regelungsgehalt, sondern stellt nur klar, dass der Nachweis der Buchwertfortführung auch den Nachweis umfasst, dass die hierfür bestehenden Grenzen der Gegenleistung nicht überschritten wurden. Der Nachweis, dass die nach § 20 bzw. § 21 bestehenden Grenzen der Gegenleistung eingehalten wurden, ist auch bei vergleichbaren ausländischen Vorgängen zu erbringen, unabhängig davon, ob nach dem ausländischen Recht entsprechende Grenzen gelten (siehe hierzu auch Rdn. 143a).

179 Zur Ermittlung der siebenjährigen Sperrfrist nach § 22 Abs. 1 S. 1 wird die Haltedauer des ursprünglich Einbringenden i.S.v. § 22 Abs. 1 S. 1 und der Gesellschaften, die sperrfristbehaftete Anteile übernehmen, zusammen gerechnet, da die Sperrfrist nicht personenbezogen ist. Die Sperrfrist endet vorher, wenn vor Ablauf der sieben Jahre durch Veräußerungen oder die Realisierung von Tatbeständen i.S.d. § 22 Abs. 1 S. 6 bereits die (vollständige) Besteuerung eines Einbringungsgewinns I ausgelöst wurde.[230]

aa) Kettenübertragungen unter Anwendung der Billigkeitsregelung

180 Bei Ketteneinbringungen kann jede Gesellschaft, auf die zuvor nach der Annahmeregelung in Nr. 4 letzter HS steuerunschädlich sperrfristbehaftete Anteile übertragen wurden, einen Erlassantrag entspr. Tz. 22.23 UmwStE 2011 stellen, bei dessen Bewilligung diese Anteile zumindest einmalig wiederum ohne Einbringungsgewinnbesteuerung *durch mit dieser Ausnahmeregelung vergleichbare Umwandlungen* zu Buchwerten auf eine andere KapG oder Genossenschaft weiter übertragen werden können.[231] Inwieweit die übertragenen Anteile nachfolgend ein weiteres Mal nach *Nr. 4 letzter HS* steuerunschädlich weiter übertragen werden dürfen, lässt sich Tz. 22.23

---

229 StÄndG vom 02.11.2015 (BGBl. I 2015, 1834).
230 Vgl. *Widmann* in Widmann/Mayer, § 22 Rdn. 191.
231 Siehe zu den Voraussetzungen der Anwendung der Billigkeitsregelung unten Rdn. 340 und zu den hiernach möglichen steuerunschädlichen Umwandlungen nach dem UmwG unten Rdn. 382.

UmwStE 2011 nicht explizit entnehmen. Allerdings unterstellt die Billigkeitsregelung, dass die Anteile nach der Umwandlung weiterhin nach § 22 Abs. 1 sperrfristbehaftet bleiben,[232] was die Möglichkeit der weiteren Anwendung dieser Ausnahmeregelung auf diese Anteile einschließt. Maßgeblich sind aber letztlich die Bestimmungen des Erlassbescheides.

Nach der hier vertretenen Auffassung können grds. auch mittelbare und unmittelbare Anteile an Gesellschaften, die an der Umwandlung beteiligt waren und deren Anteile daher hiernach nach Tz. 22.23 UmwStE 2011 *als sperrfristbehaftet gelten,* entspr. *Nr. 4 letzter HS* steuerunschädlich weiter übertragen werden, sofern die konkreten Bestimmungen des jeweiligen Erlassbescheides dieses nicht ausschließen.[233]   *181*

Werden die unter Anwendung der Billigkeitsregelung steuerunschädlich durch Umwandlungen übertragenen sperrfristbehafteten Anteile innerhalb der siebenjährigen Sperrfrist erneut durch erlassgeeignete Umwandlungen zu Buchwerten übertragen, so führt diese Weiterübertragung nur dann zu keiner Einbringungsgewinnbesteuerung, wenn von dieser nach einem erneuten Erlassantrag entspr. Tz. 22.23 UmwStE 2011 abgesehen wird.   *182*

bb) Zusammenfassendes Beispiel für Ketteneinbringungen

Die M-GmbH hält 100 % der Anteile an der A-GmbH. Die A-GmbH überträgt einen Teilbetrieb gem. § 20 Abs. 2 S. 2 zu Buchwerten auf die X-GmbH (erste Einbringung) und nachfolgend die hierfür erhaltenen sperrfristbehafteten Anteile an der X-GmbH steuerunschädlich nach § 22 Abs. 1 S. 6 Nr. 2 HS 2 zu Buchwerten nach § 21 Abs. 1 S. 2 auf die B-GmbH (zweite Einbringung). Nachfolgend werden die Anteile an der X-GmbH jeweils steuerunschädlich nach § 22 Abs. 1 S. 6 Nr. 4 letzter HS zu Buchwerten nach § 21 Abs. 1 S. 2 von der B-GmbH auf die C-GmbH (dritte Einbringung) und von der C-GmbH auf die D-GmbH weiter übertragen (vierte Einbringung).   *183*

Nach den jeweiligen Einbringungen ergibt sich folgende Beteiligungsstruktur:

Veräußert die M-GmbH die Anteile an der A-GmbH nach der Einbringung des Teilbetriebes in die X-GmbH durch die A-GmbH, so ist dieses, unabhängig davon, dass nachfolgend die Anteile an der X-GmbH weiter übertragen werden, steuerunschädlich, da die mittelbare Veräußerung sperrfristbehafteter Anteile durch Anteilseigner des Einbringenden nicht von § 22 Abs. 1 erfasst wird (siehe oben Rdn. 176).

Veräußert nach der ersten Einbringung die A-GmbH die Anteile an der X-GmbH, so ist der Grundtatbestand des § 22 Abs. 1 S. 1 erfüllt. Veräußert nach der zweiten Einbringung die B-GmbH die Anteile an der X-GmbH, so liegt eine steuerschädliche unmittelbare Veräußerung i.S.v. § 22 Abs. 1 S. 6 Nr. 4 HS 2 vor. Das gleiche gilt, wenn die C-GmbH nach der dritten Einbringung oder die D-GmbH nach der vierten Einbringung die Anteile an der X-GmbH veräußern.

---

232 Nach der hier vertretenen Auffassung sind die Anteile nach der Umwandlung nicht mehr nach § 22 sperrfristbehaftet, siehe hierzu unten Rdn. 360 f.
233 Siehe i.E. zu diesen Anteilen Rdn. 364 ff. und zur Weiterübertragung Rdn. 375.

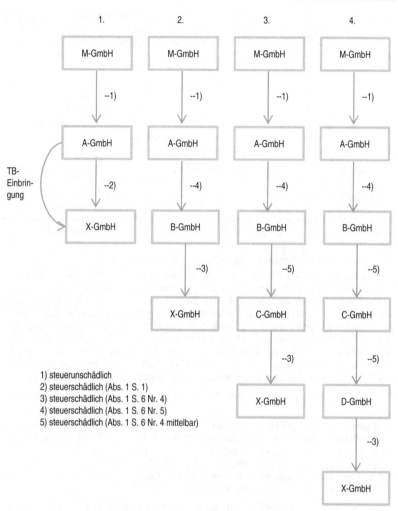

1) steuerunschädlich
2) steuerschädlich (Abs. 1 S. 1)
3) steuerschädlich (Abs. 1 S. 6 Nr. 4)
4) steuerschädlich (Abs. 1 S. 6 Nr. 5)
5) steuerschädlich (Abs. 1 S. 6 Nr. 4 mittelbar)

Abbildung 1: Steuerschädlichkeit der Veräußerung nach § 22 Abs. 1

Veräußert die A-GmbH nach der zweiten Einbringung die Anteile an der B-GmbH, so ist dieses nach § 22 Abs. 1 S. 6 Nr. 5 HS 2 steuerschädlich (siehe oben Rdn. 175). Veräußert die B-GmbH nach der dritten Einbringung die Anteile an der C-GmbH oder die C-GmbH nach der vierten Einbringung die Anteile an der D-GmbH, so liegt jeweils eine steuerschädliche mittelbare Veräußerung der Anteile an der X-GmbH i.S.v. Nr. 4 HS 2 vor (siehe auch oben Rdn. 174).

Darüber hinaus entsteht bei einer Veräußerung der Anteile an der X-GmbH jeweils ein Einbringungsgewinn II, wenn die B-GmbH nach der zweiten Einbringung diese Anteile unmittelbar bzw. mittelbar veräußert und wenn die C-GmbH und die D-GmbH nach der dritten oder vierten Einbringung diese Anteile unmittelbar bzw. mittelbar veräußern.[234]

d) Nachweispflichten und vertragliche Absicherung

Voraussetzung für die Vermeidung der Besteuerung eines Einbringungsgewinns I ist bei Ketteneinbringungen, dass „er" d. h. *der Einbringende i. S. v.* § 22 Abs. 1 jeweils seinem zuständigen Finanzamt nachweist, dass die Übertragungen und Weiterübertragungen sperrfristbehafteter Anteile jeweils durch Einbringungen zu Buchwerten nach § 20 Abs. 2 S. 2 bzw. § 21 Abs. 1 S. 2 erfolgen.   *184*

Bei *ausländischen Vorgängen* ist zudem ein Nachweis über die *Möglichkeit* einer Buchwertfortführung und über die *Vergleichbarkeit* der anwendbaren ausländischen Vorschriften mit den §§ 20, 21 zu erbringen. Entspr. gilt bei einer Umwandlung nach ausländischem Recht, für die ein Steuererlass nach der Billigkeitsregelung in Tz. 22.23 UmwStE 2011 begehrt wird. Hinsichtlich der Art der möglichen Nachweise siehe oben Rdn. 145 f.   *185*

Bei Ketteneinbringungen kann der Einbringende unmittelbar nur die Gesellschaft verpflichten, die von ihm sperrfristbehaftete Anteile übernimmt (Gesellschaft II), steuerschädliche Anteilsübertragungen zu unterlassen bzw. ihm entspr. Unterlagen über steuerunschädliche Folgeübertragungen zur Verfügung zu stellen, damit er seiner Nachweispflicht nachkommen kann. Darüber hinaus kann er die Gesellschaft II vertraglich dafür haftbar machen, wenn er auf Grund steuerschädlicher Weiterübertragungen der sperrfristbehafteten Anteile auf nachfolgende Gesellschaften einen Einbringungsgewinn zu versteuern hat.   *186*

6. Übertragungen von Anteilen, die für erhaltene Anteile gewährt wurden (§ 22 Abs. 1 S. 6 Nr. 5)

a) Grundregelungsgehalt

§ 22 Abs. 1 S. 6 Nr. 5 baut, wie Nr. 4, auf die Ausnahmeregelung in *Nr. 2 HS 2* auf. Die Anwendung der Regelung setzt daher zunächst voraus, dass der Einbringende seine sperrfristbehafteten Anteile an der KapG oder Genossenschaft (Gesellschaft I) aus der ersten Einbringung nach § 22 Abs. 1 S. 1 nach Nr. 2 HS 2 *steuerunschädlich zu Buchwerten* durch (1) eine zweite Einbringung nach § 20 Abs. 2 S. 2 oder § 21 Abs. 1 S. 2 oder (2) durch vergleichbare ausländischer Vorgänge[235] oder (3) durch mit (1) und (2) vergleichbare Umwandlungen nach der Billigkeitsregelung in Tz. 22.23 UmwStE 2011[236] auf eine weitere KapG oder Genossenschaft (Gesellschaft II) übertragen hat.   *187*

---

234 Siehe hierzu i.E. Rdn. 279 ff.
235 Siehe insgesamt hierzu oben Rdn. 135 ff.
236 Entspr. Anwendung von Nr. 2 HS 2 auf Antrag im Rahmen der Billigkeitsregelung in Tz. 22.23 UmwStE 2011, siehe zu den Voraussetzungen unten Rdn. 340 ff. und zu den hiernach möglichen steuerunschädlichen Umwandlungen nach dem UmwG unten Rdn. 382 ff.

188 Während aber Nr. 4 HS 2 bestimmt, dass Weiterübertragungen sperrfristbehafteter Anteile auf eine KapG oder Genossenschaft durch die *übernehmende Gesellschaft II* grds. steuerschädlich sind, regelt Nr. 5 HS 2 *ergänzend hierzu* die grds. Steuerschädlichkeit der Weiterübertragung von Anteilen, die *der Einbringende an der übernehmenden Gesellschaft II* als Gegenleistung für die steuerunschädlich übertragenen sperrfristbehafteten Anteile erhalten hat. Nachfolgend werden diese Anteile an der übernehmenden Gesellschaft II in Abgrenzung zu den unmittelbar durch die erste Einbringung nach § 22 Abs. 1 S. 1 entstandenen sperrfristbehafteten Anteilen auch als „sperrfristinfizierte" Anteile bezeichnet.

189 Nach Nr. 5 HS 2 wird die Besteuerung eines Einbringungsgewinns I ausgelöst, wenn die sperrfristinfizierten Anteile[237] an der Gesellschaft II unmittelbar veräußert oder gem. Nr. 1 oder 2 steuerschädlich unentgeltlich bzw. entgeltlich übertragen werden.

190 **Beispiel:**
Die A-GmbH überträgt einen Teilbetrieb gem. § 20 Abs. 2 S. 2 zu Buchwerten auf die B-GmbH. Nachfolgend überträgt sie die hierfür erhaltenen sperrfristbehafteten Anteile an der B-GmbH gem. § 21 Abs. 1 S. 2 zu Buchwerten auf die C-GmbH gegen Gewährung von hierdurch sperrfristinfizierten Anteilen an der C-GmbH.

Veräußert die A-GmbH anschließend die sperrfristinfizierten Anteile an der C-GmbH oder überträgt sie diese z.B. unentgeltlich (z.B. im Wege einer verdeckten Einlage) auf eine KapG oder Genossenschaft innerhalb der siebenjährigen Sperrfrist des § 22 Abs. 1, so hat die A-GmbH nach Nr. 5 HS 2 die stillen Reserven des Teilbetriebes zum Zeitpunkt der Einbringung rückwirkend als Einbringungsgewinn I zu versteuern.

Abwandlung:
Überträgt die A-GmbH die sperrfristinfizierten Anteile an der C-GmbH gem. § 21 Abs. 1 S. 2 zu Buchwerten auf die D-GmbH und veräußert anschließend die C-GmbH die Anteile an der D-GmbH, so liegt ebenfalls eine steuerschädliche unmittelbare Veräußerung i.S.v. Nr. 5 HS 2 (i.V.m. Nr. 2) vor. Denn die Regelung stellt nicht darauf ab, durch wen die steuerschädliche Veräußerung erfolgt.

191 Hinsichtlich der steuerschädlichen unentgeltlichen Übertragungen nach Nr. 1 wird auf die Erläuterungen oben unter Rdn. 122 ff. verwiesen, hinsichtlich der nach Nr. 2 steuerschädlichen entgeltlichen Übertragungen auf die Ausführungen oben unter Rdn. 135 ff. und unter Rdn. 48 ff.

192 Nach der *Ausnahmeregelung* in *Nr. 5 letzter HS* können sperrfristinfizierte Anteile *steuerunschädlich zu Buchwerten* nach § 20 Abs. 2 S. 2 oder § 21 Abs. 1 S. 2, auch mehrfach in Form von Ketteneinbringungen, weiter übertragen werden (siehe hierzu auch unten Rdn. 201 ff.).

---

237 Dieses können auch „mitverstrickte" Anteile i.S.v. 22 Abs. 7 sein, siehe hierzu i.E. Rdn. 479 ff.

b) Steuerschädliche mittelbare Übertragungen (Nr. 5 HS 2)

Die Erfassung *mittelbarer* Übertragungen und Veräußerung sperrfristinfi- 193
zierter Anteile durch Nr. 5 HS 2 als steuerschädliche Vorgänge erfolgt insbesondere auch vor den durch Nr. 5 letzter HS eröffneten Möglichkeit der
steuerunschädlichen Weiterübertragung sperrfristinfizierter Anteile.

Nr. 5 HS 2 bestimmt nicht, aus wessen Sicht eine mittelbare steuerschädliche 194
Übertragung der sperrfristinfizierten Anteile an der Gesellschaft II erfolgen
muss. Aus der *Sicht des Einbringenden* i.S.v. § 22 Abs. 1 S. 1 setzt dieses
voraus, dass dieser die Anteile zunächst *ohne Auslösen einer Einbringungsgewinnbesteuerung* auf einen anderen Rechtsträger (Zwischengesellschaft)
überträgt, an der er übertragbare und wertvermittelnde Gesellschafts- oder
Mitgliedschaftsrechte hält bzw. für die Übertragung erhält. Durch deren
nachfolgende Übertragung oder Veräußerung nach Nr. 1 oder 2 werden die
sperrfristinfizierten Anteile mittelbar steuerschädlich übertragen.

Es kann sich bei der Zwischengesellschaft um eine *weitere KapG oder Ge-* 195
nossenschaft handeln, auf die der Einbringende die sperrfristinfizierten Anteile *steuerunschädlich zu Buchwerten* gegen Gewährung von Gesellschaftsrechten nach der Ausnahmeregelung in Nr. 5 letzter HS entweder (1)
nach § 20 Abs. S. 2 bzw. § 21 Abs. 1 S. 2 oder (2) durch vergleichbare ausländische Vorgänge oder (3) durch mit (1) und (2) vergleichbare Umwandlungen ohne Einbringungsgewinnbesteuerung nach der Billigkeitsregelung
in Tz. 22.23 UmwStE 2011 überträgt.[238]

Zwischengesellschaft kann auch eine (gewerbliche) *PersG* sein, an der der 196
Einbringende beteiligt ist und in die er zunächst die sperrfristinfizierten Anteile an der Gesellschaft II steuerunschädlich *verdeckt einlegt,* was voraussetzt, dass, ggf. neben ihm, keine andere KapG oder Genossenschaft an der
PersG beteiligt ist.[239]

Eine mittelbare steuerschädliche Veräußerung oder Übertragung i.S.d. Nr. 5 197
HS 2 *aus Sicht des Einbringenden* liegt auch vor, wenn er anschließend die
hierfür erhaltenen Anteile an der Zwischengesellschaft veräußert oder
durch einen Vorgang nach Nr. 1 oder 2 steuerschädlich überträgt. Entspr.
gilt, wenn die Beteiligungskette durch weitere Einbringungen verlängert
wird und der Einbringende jeweils Beteiligungen an KapG oder Genossenschaften steuerschädlich überträgt, die unmittelbar oder mittelbar sperrfristbehaftete Anteile halten (siehe auch das Beispiel unten Rdn. 207).

Da Nr. 5 HS 2 nicht darauf abstellt, durch wen die mittelbare Übertragung 198
der sperrfristinfizierten Anteile erfolgt, findet die Vorschrift auch dann Anwendung, wenn bei Weiterübertragungen der Anteile durch die dem Einbringenden *nachfolgende Gesellschaften* die sperrfristinfizierten Anteile
nach Nr. 5 HS 2 steuerschädlich übertragen werden.[240] Ein solcher Fall liegt

---

238 Siehe insgesamt hierzu oben Rdn. 135 ff., zu den möglichen Weiterübertragungen
dieser Anteile siehe auch unten Rdn. 203 ff.
239 Siehe ergänzend hierzu oben Rdn. 133.
240 Ebenso *Stangl* in Rödder/Herlinghaus/van Lishaut, § 22 Rdn. 125; a.A. *Widmann*
in Widmann/Mayer, § 22 Rdn. 133, der darauf abstellt, dass die mittelbare steuerschädliche Übertragung durch den Einbringenden erfolgen muss.

z.B. vor, wenn die *Zwischengesellschaft* die vom Einbringenden übernommenen sperrfristinfizierten Anteile zunächst steuerunschädlich durch eine der in Rdn. 195 und 196 genannten Maßnahmen auf eine weitere Zwischengesellschaft II überträgt und anschließend die hierfür erhaltenen Anteile an der Zwischengesellschaft II veräußert oder steuerschädlich nach Nr. 1 oder 2 unentgeltlich oder entgeltlich übertragen werden (siehe hierzu auch das Beispiel unten Rdn. 207).

199 Keine steuerschädliche mittelbare Veräußerung i.S.v. Nr. 5 HS 2 liegt vor, wenn *unmittelbare oder mittelbare Anteilseigner des Einbringenden* i.S.v. § 22 Abs. 1 S. 1 ihre Anteile an dem Einbringenden, der sperrfristinfizierte Anteile an der Gesellschaft II hält, steuerschädlich veräußern oder übertragen (siehe auch das Beispiel unten Rdn. 207). Bereits aus dem Grundtatbestand des § 22 Abs. 1 S. 1 ergibt sich, dass nur die Veräußerung sperrfristbehafteter Anteile durch den *Einbringenden* die Besteuerung eines Einbringungsgewinns I auslöst. Es widerspräche der Gesetzessystematik, wenn diese Grundregelung in Fällen der Weiterübertragung sperrfristbehafteter Anteile ihre Gültigkeit verlieren würde.[241]

200 Ist der Einbringende allerdings eine *PersG* (Mitunternehmerschaft), so soll nach Tz. 22.02 UmwStE 2011 wegen der mit dem Transparenzprinzip begründeten gesellschafterbezogenen Betrachtungsweise die Veräußerung der Mitunternehmeranteile, zu deren Betriebsvermögen die sperrfristbehafteten Anteile gehören, als steuerschädliche Veräußerung durch die PersG behandelt werden. Dieses soll bei mehrstöckigen PersG auch gelten, wenn derartige Mitunternehmeranteile mittelbar veräußert werden.[242]

c) Steuerunschädliche Ketteneinbringungen (Nr. 5 letzter HS)

201 Nach der Ausnahmeregelung des *Nr. 5 vorletzter HS* können auf Übertragung sperrfristbehafteter Anteile beruhende „sperrfristinfizierte" Anteile steuerunschädlich durch „Einbringungen zu Buchwerten" (beliebig oft) auf weitere KapG oder Genossenschaften übertragen werden, ohne dass dieses die Besteuerung eines Einbringungsgewinns I auslöst, wenn der Nachweis der Buchwertfortführung hinsichtlich aller Folgeeinbringungen erbracht wird (Ketteneinbringungen). „Einbringungen zu Buchwerten" sind (ausschließlich) Einbringungen durch Vorgänge i.S.v. *Nr. 5 HS 1* d.h. Übertragungen zu Buchwerten nach § 20 Abs. 2 S. 2 bzw. § 21 Abs. 1 S. 2 sowie durch vergleichbare ausländische Vorgänge.[243]

201a Durch das StÄndG 2015[244] ist Nr. 5 am Ende um einen weiteren HS ergänzt worden, wonach die steuerunschädliche Weiterübertragung der sperrfristbehafteten Anteile zusätzlich voraussetzt, dass nachgewiesen wird, dass hier-

241 Vgl. *Stangl* in Rödder/Herlinghaus/van Lishaut, § 22 Rdn. 194; *Widmann* in Widmann/Mayer, § 22 Rdn. 84, vgl. auch die zu §§ 26 Abs. 2 S. 2, § 23 Abs. 4 UmwStG 1995 vertretene Auffassung des BMF vom 16. 12. 2003, BStBl. 2003, 786, Tz. 22, auf die auch in Tz. 22.23 UmwStE 2011 Bezug genommen wird.
242 Siehe hierzu auch Rdn. 76.
243 Vgl. *Stangl* in Rödder/Herlinghaus/van Lishaut, § 22 Rdn. 126 sowie Rdn. 22.23 UmwStE 2011.
244 StÄndG vom 02. 11. 2015 (BGBl. I 2015, 1834).

für keine sonstigen Gegenleistungen erbracht wurden, die – durch das StÄndG 2015 neu gefassten – Grenzen des § 20 Abs. 2 S. 2 Nr. 4 bzw. des § 21 Abs. 1 S. 2 Nr. 2 übersteigen. Hinsichtlich der neuen Grenzen zulässiger finanzieller Gegenleistungen nach dem StÄndG 2015 bei der Einbringung von Unternehmensteilen nach § 20 bzw. bei einem qualifizierten Anteilstausch nach § 21 zu Buchwerten wird auf die Kommentierungen zu § 20 Abs. 2 S. 2 Nr. 4 (siehe § 20 Rdn. 144 ff.) bzw. § 21 Abs. 1 S. 2 Nr. 2 (siehe § 21 Rdn. 65 ff.) verwiesen. Überschreiten die dem Übertragenden gewährten Gegenleistungen für die sperrfristbehafteten Anteile die Grenzen des § 20 Abs. 2 S. 2 Nr. 4 bzw. des § 21 Abs. 1 S. 2 Nr. 2, so kann die jeweils übernehmende KapG oder Genossenschaft die Buchwerte der sperrfristbehafteten Anteile nicht rechtswirksam fortführen, sondern muss diese zu einem Zwischenwert ansetzen (siehe § 20 Rdn. 144 ff. und § 21 Rdn. 65 ff.). Dieses galt auch schon bei einer Überschreitung der vor dem StÄndG 2015 geltenden Grenzen der Gegenleistung. Insoweit hat der der neu eingefügte letzte HS der Nr. 5 keinen eigenständigen Regelungsgehalt, sondern stellt nur klar, dass der Nachweis der Buchwertfortführung auch den Nachweis umfasst, dass die hierfür bestehenden Grenzen der Gegenleistung nicht überschritten wurden. Der Nachweis ist auch bei vergleichbaren ausländischen Vorgängen zu erbringen, unabhängig davon, ob nach dem ausländischen Recht entsprechende Grenzen für eine Buchwertfortführung gelten (siehe hierzu auch Rdn. 143a).

Die für die Weiterübertragung gewährten Anteile sind jeweils wiederum sperrfristinfiziert und behalten diesen Status, bis die siebenjährige Frist für die sperrfristbehafteten „erhaltenen Anteile" i.S.v. § 22 Abs. 1 S. 1, deren Weiterübertragung zur Sperrfristinfizierung geführt hat, abgelaufen ist. Die Sperrfrist endet vorher, wenn durch die Veräußerung sperrfristbehafteter Anteile oder durch die Realisierung von Tatbeständen i.S.v. § 22 Abs. 1 S. 6 bereits die (vollständige) Besteuerung eines Einbringungsgewinns I ausgelöst wurde. **202**

aa) Kettenübertragungen unter Anwendung der Billigkeitsregelung

Bei Ketteneinbringungen kann jede Gesellschaft, auf die zuvor nach Nr. 5 letzter HS sperrfristinfizierte Anteile übertragen wurden, nach Tz. 22.23 UmwStE 2011 einen Erlassantrag stellen, bei dessen Bewilligung diese Anteile zumindest einmalig wiederum steuerunschädlich durch mit dieser Ausnahmeregelung vergleichbare *Umwandlungen zu Buchwerten* auf eine KapG oder Genossenschaft weiter übertragen werden können.[245] Inwieweit die übertragenen Anteile nachfolgend ein weiteres Mal *nach Nr. 5 letzter HS* steuerunschädlich übertragen werden dürfen, lässt sich Tz. 22.23 UmwStE 2011 nicht explizit entnehmen. Allerdings unterstellt die Billigkeitsregelung, dass die Anteile nach der Umwandlung weiterhin nach § 22 Abs. 1 sperrfristbehaftet bleiben,[246] was die Möglichkeit der weiteren An- **203**

---

245 Siehe zu den Voraussetzungen der Anwendung der Billigkeitsregelung unten Rdn. 340 und zu den hiernach möglichen steuerunschädlichen Umwandlungen unten Rdn. 382.

246 Nach der hier vertretenen Auffassung sind die Anteile nach der Umwandlung nicht mehr nach § 22 sperrfristbehaftet, siehe hierzu unten Rdn. 359 f.

wendung dieser Ausnahmeregelung auf diese Anteile einschließt. Maßgeblich sind aber letztlich die Bestimmungen des Erlassbescheides.

204 Nach den in Tz. 22.23 UmwStE 2011 genannten Bedingungen gelten mit Einverständnis der Antragsteller nach Bewilligung eines Erlassantrages *alle* Anteile an den Gesellschaften, die sperrfristinfizierte Anteile im Rahmen von Umwandlungen zu Buchwerten übernommen haben, *in entspr. Anwendung von Nr. 5* als sperrfristinfiziert.[247] Die entspr. Anwendung dieser Ausnahmeregelung schließt ebenfalls die Möglichkeit mit ein, diese Anteile wiederum nach Nr. 5 letzter HS steuerunschädlich weiter zu übertragen, soweit im konkreten Erlassbescheid diese Weiterübertragungsmöglichkeit nicht ausgeschlossen wurde.

205 Sollen die nach der Billigkeitsregelung steuerunschädlich übertragenen sperrfristinfizierten Anteile innerhalb der siebenjährigen Sperrfrist erneut durch erlassgeeignete *Umwandlungen zu Buchwerten* steuerunschädlich übertragen werden, so ist dieses nur nach Bewilligung eines erneuten Erlassantrages möglich.

206 Auch die nach der Billigkeitsregelung als sperrfristinfiziert geltenden Anteile behalten diesen Status nur so lange, bis die siebenjährige Frist für die sperrfristbehafteten „erhaltenen Anteile" i.S.v. § 22 Abs. 1 S. 1 abgelaufen ist.

bb) Zusammenfassendes Beispiel für Ketteneinbringungen

207 Die M-GmbH hält 100 % der Anteile an der A-GmbH. Die A-GmbH überträgt einen Teilbetrieb gem. § 20 Abs. 2 S. 2 zu Buchwerten auf die X-GmbH (erste Einbringung). Nachfolgend überträgt die A-GmbH die hierfür erhaltenen sperrfristbehafteten Anteile an der X-GmbH steuerunschädlich nach Nr. 2 HS 2 gem. § 21 Abs. 1 S. 2 zu Buchwerten auf die B-GmbH (zweite Einbringung). Hiernach überträgt die A-GmbH steuerunschädlich nach Nr. 5 letzter HS jeweils gem. § 21 Abs. 1 S. 2 zu Buchwerten die für die zweite Einbringung erhaltenen Anteile an der B-GmbH auf die C-GmbH (dritte Einbringung) und die für die dritte Einbringung erhaltenen Anteile an der C-GmbH auf die D-GmbH (vierte Einbringung). Nach den jeweiligen Einbringungen ergibt sich folgende Beteiligungsstruktur (siehe Abbildung 2).

Veräußert die M-GmbH die Anteile an der A-GmbH nach der Einbringung der Anteile an der X-GmbH in die B-GmbH (zweite Einbringung), so liegt zwar aus Sicht der M-GmbH eine mittelbare Veräußerung der sperrfristinfizierten Anteile der A-GmbH an der B-GmbH vor. Dieses ist aber kein Fall der Nr. 5 HS 2, da mittelbare Veräußerungen durch Anteilseigner des Einbringenden nach der Gesetzessystematik nicht von § 22 Abs. 1 erfasst werden (siehe oben Rdn. 199)

Veräußert nach der zweiten Einbringung die B-GmbH die Anteile an der X-GmbH, so ist dieses nach Nr. 4 HS 2 steuerschädlich. Veräußert nach der zweiten Einbringung die A-GmbH die Anteile an der B-GmbH, so liegt eine unmittelbare Veräußerung sperrfristinfizierter Anteile i.S.v. Nr. 5 HS 2 vor. Das gleiche gilt, wenn nach der dritten Einbringung die C-GmbH die An-

---

247 Siehe hierzu auch oben Rdn. 364 ff.

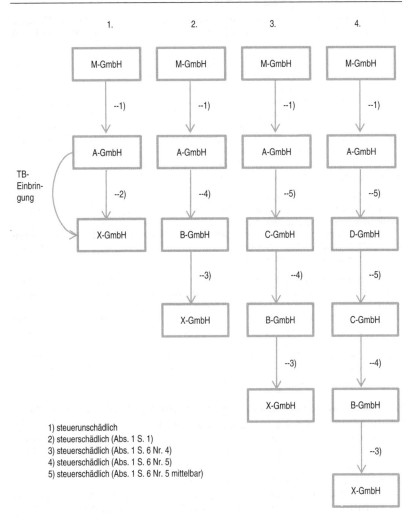

1. 2. 3. 4.

TB-Einbringung

1) steuerunschädlich
2) steuerschädlich (Abs. 1 S. 1)
3) steuerschädlich (Abs. 1 S. 6 Nr. 4)
4) steuerschädlich (Abs. 1 S. 6 Nr. 5)
5) steuerschädlich (Abs. 1 S. 6 Nr. 5 mittelbar)

Abbildung 2: Steuerschädlichkeit von Veräußerungen nach § 22 Abs. 1

teile an der B-GmbH veräußert. Veräußert die A-GmbH nach der dritten Einbringung die Anteile an der C-GmbH bzw. nach der vierten Einbringung die Anteile an der D-GmbH, so liegt eine steuerschädliche mittelbare Veräußerung i.S.v. Nr. 5 HS 2 vor. Das gleiche gilt, wenn die D-GmbH nach der vierten Einbringung die Anteile an der C-GmbH veräußert.

Darüber hinaus entsteht jeweils ein Einbringungsgewinn II, wenn die B-GmbH nach der zweiten Einbringung die Anteile an der X-GmbH veräußert oder die C-GmbH die Anteile an der B-GmbH nach der dritten Einbringung veräußert oder die D-GmbH die Anteile an der C-GmbH nach der vierten Einbringung veräußert.

d) Nachweispflichten und vertragliche Absicherung

208 Voraussetzung für die Vermeidung der Besteuerung eines Einbringungsgewinns I ist bei Ketteneinbringungen, dass „er" d.h. *der Einbringende* i.S.v. § 22 Abs. 1 jeweils seinem zuständigen Finanzamt nachweist, dass die sperrfristinfizierten Anteile jeweils tatsächlich durch Einbringungen zu *Buchwerten* nach § 20 Abs. 2 S. 2 bzw. § 21 Abs. 1 S. 2 übertragen bzw. weiter übertragen wurden. Auch bei Übertragungen sperrfristinfizierter Anteile durch erlassgeeignete Umwandlungen unter Anwendung der Billigkeitsregelung in Tz. 22.23 UmwStE 2011 ist ein entspr. Nachweis zu führen.

209 Bei ausländischen Vorgängen ist zudem ein Nachweis über die *Möglichkeit* einer Buchwertfortführung und über die *Vergleichbarkeit* der anwendbaren ausländischen Vorschriften mit den §§ 20, 21 zu erbringen. Entspr. gilt bei einer Umwandlung nach ausländischem Recht, für die ein Steuererlass nach Tz. 22.23 UmwStE 2011 begehrt wird. Hinsichtlich der Art der möglichen Nachweise siehe oben Rdn. 145f.

210 Bei Ketteneinbringungen kann der Einbringende unmittelbar nur die Gesellschaft verpflichten, auf die er die sperrfristinfizierten Anteile überträgt (Gesellschaft II), steuerschädliche Anteilsübertragungen zu unterlassen bzw. ihm bei steuerunschädlichen Übertragungen und Folgeübertragungen entspr. Unterlagen zur Verfügung zu stellen, damit er seiner Nachweispflicht nachkommen kann. Daneben kann er die Gesellschaft II vertraglich dafür haftbar machen, wenn er auf Grund steuerschädlicher Weiterübertragungen der sperrfristbehafteten Anteile auf nachfolgende Gesellschaften einen Einbringungsgewinn zu versteuern hat.

7. Wegfall der Voraussetzungen nach § 1 Abs. 4 (§ 22 Abs. 1 S. 6 Nr. 6)

211 Die Besteuerung eines Einbringungsgewinns I wird nach § 22 Abs. 1 S. 6 Nr. 6 auch ausgelöst, wenn und soweit bei folgenden Personen die Voraussetzungen des § 1 Abs. 4 hinsichtlich des EU- bzw. EWR-Bezugs innerhalb der siebenjährigen Sperrfrist nicht mehr erfüllt sind:

(1) Bei dem Einbringenden i.S.v. § 22 Abs. 1 S. 1,

(2) bei den Gesellschaften und deren Nachfolgegesellschaften, die jeweils sperrfristbehaftete Anteile steuerunschädlich nach § 22 Abs. 1 S. 6 Nr. 4 (ggf. auch im Rahmen von Ketteneinbringungen) übernommen haben,[248]

(3) bei natürlichen oder juristischen Person, die mitverstrickte erhaltene Anteile i.S.v. § 22 Abs. 7 halten.[249] Dieses sind Anteile, auf die stille Reserven von sperrfristbehafteten Anteilen übergegangen sind, die die in (1) bis (4) genannten Personen halten, d.h. auch Anteile, auf die stille Reserven von hiernach mitverstrickten Anteilen weiterverlagert werden.

---

248 Siehe hierzu Rdn. 178 ff.
249 Vgl. Tz. 22.44 i.V.m. Tz. 22.42 UmwStE 2011. Siehe zur Mitverstrickung von Anteilen Rdn. 479 ff.

(4) jeweils bei unentgeltlichen Rechtsnachfolgern der unter (1) bis (4) genannten Personen (daher auch die Rechtsnachfolger der Rechtsnachfolger), soweit die Rechtsnachfolge ohne Einbringungsgewinnbesteuerung erfolgt ist (vgl. Tz. 22.27 UmwStE 2011).

Nach Tz. 22.23 UmwStE 2011 gilt (2) auch für Gesellschaften und deren   212
Nachfolgegesellschaften, auf die sperrfristbehaftete Anteile durch Umwandlungen zu Buchwerten entspr. § 22 Abs. 1 S. 6 Nr. 4 nach *der Billigkeitsregelung* ohne Einbringungsgewinnbesteuerung übertragen wurden sowie, in entspr. Anwendung von Nr. 6, für die Gesellschaften, die in diesen Fällen *ersatzweise sperrfristbehaftete Anteile* halten, weil die originär nach § 22 Abs. 1 S. 1 sperrfristbehafteten Anteile durch die Umwandlung untergegangen sind. [250] Hiernach führt auch der Wegfall der Voraussetzungen des § 1 Abs. 4 bei diesen Gesellschaften ebenfalls zu einer Einbringungsgewinnbesteuerung nach Nr. 6 bzw. entspr. Nr. 6.[251]

Wurde die Sacheinlage i.S.v. § 20 Abs. 1 durch eine *PersG* (Mitunterneh-   213
merschaft) erbracht, so kann auch der Wegfall der o.g. EU/EWR-Voraussetzungen bei einem *Gesellschafter der PersG* eine Einbringungsgewinnbesteuerung auslösen, da nach § 1 Abs. 4 S. 1 Nr. 2 Buchst. a) Doppelbuchst. aa) die Verhältnisse beim Gesellschafter maßgeblich für die PersG sind.[252] Der anteilig zu versteuernde Gewinn ist hierbei von dem Gesellschafter zu versteuern, bei dem die EU/EWR Voraussetzungen wegfallen.[253]

Der Wegfall der Voraussetzungen des § 1 Abs. 4 bei der *übernehmenden Ge-*   214
sellschaft der ersten Einbringung i.S.v. § 22 Abs. 1 S. 1 führt hingegen nicht zu einer Besteuerung eines Einbringungsgewinns I nach § 22 Abs. 1.[254]

Hauptanwendungsfall des Wegfalls der Voraussetzungen nach § 1 Abs. 4 ist   215
der Wegzug des Einbringenden bzw. der übernehmenden Gesellschaft aus dem Gebiet der EU/EWR. Bei einer *natürlichen Person* als Einbringender sind die Voraussetzungen nach § 1 Abs. 4 grds. bei einer Verlegung des Wohnsitzes und des gewöhnlichen Aufenthaltes an einen Ort außerhalb des Gebietes der EU/EWR nicht mehr erfüllt.

Bei einer *KapG oder Genossenschaft* sind die Voraussetzungen des § 1   216
Abs. 4 grds. dann nicht mehr erfüllt, wenn diese ihren Sitz oder den Ort ihrer Geschäftsleitung auf ein Gebiet außerhalb des Gebietes der EU/EWR verlegen. Die Voraussetzungen des § 1 Abs. 4 können auch durch die Änderungen eines DBA entfallen.

Hiervon ausgenommen ist § 1 Abs. 4 weiterhin erfüllt, wenn in allen oben   217
genannten Fällen das Besteuerungsrecht der Bunderepublik Deutschland hinsichtlich der erhaltenen Anteile nicht ausgeschlossen oder beschränkt ist (§ 1 Abs. 4 S. 1 Nr. 2 Buchst. b).[255]

---

250 Siehe hierzu auch unten Rdn. 371 ff.
251 Nach der hier vertretenen Auffassung ist § 22 Abs. 1 S. 6 Nr. 6 nicht analog anwendbar, siehe i.E. hierzu Rdn. 361 ff.
252 Vgl. z.B. *Stangl* in Rödder/Herlinghaus/van Lishaut; § 22 Rdn. 128; *Widmann* in Widmann/Mayer, § 22 Rdn. 139.
253 *Widmann* in Widmann/Mayer, § 22 Rdn. 139.
254 Vgl. z.B. *Stangl* in Rödder/Herlinghaus/van Lishaut; § 22 Rdn. 127; *Widmann* in Widmann/Mayer, § 22 Rdn. 140.
255 Siehe auch die Kommentierung zu § 1 Rdn. 126.

218 **Beispiel**
für den Wegfall der Voraussetzungen nach § 1 Abs. 4:[256]
Die X-GmbH bringt einen Teilbetrieb, dessen Buchwert Wert zum
Einbringungszeitpunkt TEUR 60 beträgt (gemeiner Wert: TEUR 100)
auf Antrag zum Buchwert nach § 20 Abs. 2 S. 2 gegen Gewährung
von neuen Anteilen in die Y- GmbH zum steuerlichen Übertragungsstichtag 31.12.01 ein. Am 30.06.02 überträgt die X-GmbH die hierdurch sperrfristbehafteten Anteile an der Y-GmbH zum Buchwert
nach § 21 Abs. 1 S. 2 auf eine niederländische B.V. Die Übertragung
löst auf Grund der Ausnahmeregelung des § 22 Abs. 1 S. 6 Nr. 2 HS 2
keine Einbringungsgewinnbesteuerung aus. Am 01.10.03 verlegt die
niederländische B.V. ihre Geschäftsleitung in die Schweiz, was nach
niederländischem Recht nicht zu einer Auflösung der B.V. führt.

Bei der B.V. handelt es sich um eine „übernehmende Gesellschaft"
i.S.v. § 22 Abs. 1 S. 6 Nr. 6 i.V.m. Abs. 1 S. 6 Nr. 4. Auf Grund der
Verlegung des Ortes der Geschäftsleitung sind bei dieser die Voraussetzungen nach § 1 Abs. 4 nicht mehr erfüllt. Hierdurch entsteht für
die X-GmbH ein Einbringungsgewinn I von TEUR 40 (Differenz zwischen gemeinen Wert und Buchwert des Teilbetriebes zum Einbringungszeitpunkt).

**8. Erhöhung der Anschaffungskosten der auf Weitereinbringungen beru-
henden Anteile (§ 22 Abs. 1 S. 7)**

219 Nach § 22 Abs. 1 S. 7 i.V.m. S. 4 erhöht der bei einer schädlichen Veräußerung der sperrfristbehafteten Anteile entstehende Einbringungsgewinn I
auch die Anschaffungskosten der auf einer „Weitereinbringung dieser Anteile zum Buchwert nach § 20 Abs. 1 und § 21 Abs. 1 S. 2 beruhenden Anteile." Hierbei handelt es sich zum einen um Anteile i.S.v. § 22 Abs. 1 S. 6
Nr. 5, die dafür gewährt wurden, dass der Einbringende die erhaltenen
(sperrfristbehafteten) Anteile i.S.v. § 22 Abs. 1 S. 1 nach Abs. 1 S. 6 Nr. 2
HS 2 steuerunschädlich weiter übertragen hat. Hierzu gehören auch die Anteile, die dafür gewährt wurden, dass der Einbringende bzw. ihm nachfolgende Gesellschaften die für *die Weiterübertragung sperrfristbehafteter Anteile jeweils gewährten Anteile* steuerunschädlich nach Abs. 1 S. 6 Nr. 5
letzter HS weiter übertragen. Ferner gehören hierzu die Anteile, die gewährt werden, wenn die *Gesellschaft, auf die sperrfristbehaftete Anteile
übertragen wurden* und ihr nachfolgende Gesellschaften diese sperrfristbehafteten Anteile im Rahmen von Kettenübertragungen steuerunschädlich
nach Abs. 1 S. 6 Nr. 4 letzter HS weiter übertragen. Alle o.g. Anteile sind
sperrfristbehaftet („sperrfristinfiziert"). Bei einer Realisierung eines Einbringungsgewinns I werden infolge der „Durchstockung" der nachträglichen
Anschaffungskosten über die gesamte Beteiligungskette diese Anteile so
gestellt, als wenn die ursprüngliche Sacheinlage (vor den Kettenübertragungen) zum gemeinen Wert erfolgt wäre.[257]

---

256 Vgl. das Beispiel von *Widmann* in Widmann/Mayer, § 22 Rdn. 140.
257 Siehe hierzu auch das Beispiel in Tz. 22.26 UmwStE 2011.

C. Veräußerung von eingebrachten Anteilen (§ 22 Abs. 2)

I. Überblick

§ 22 Abs. 2 soll als eine typisierende Missbrauchsverhinderungsvorschrift 220
vermeiden, dass Anteile an KapG oder Genossenschaften (nur) deshalb auf
eine KapG oder Genossenschaft übertragen werden, um diese nachfolgend
nach § 8b Abs. 2 KStG steuerfrei veräußern zu können.

Die Grundtatbestände sind in § 22 Abs. 2 S. 1 geregelt. Hiernach wird grds. 221
ein Einbringungsgewinn II besteuert (siehe Rdn. 237 ff.), wenn kumulativ

– Anteile an einer KapG oder Genossenschaft in eine weitere KapG oder
Genossenschaft im Wege einer Sacheinlage nach § 20 oder im Wege eines
isolierten (qualifizierten) Anteilstausches nach § 21 eingebracht wurden
(siehe Rdn. 223 ff.),
– die Sacheinlage bzw. der Anteilstausch unter dem gemeinen Wert erfolgte
(siehe Rdn. 228 ff.),
– der Einbringende nur durch die Einbringung das Steuerprivileg des § 8b
Abs. 2 KStG nutzen kann (siehe Rdn. 228 ff.),
– die übernehmende Gesellschaft die eingebrachten Anteile innerhalb siebenjährigen Sperrfrist veräußert (siehe Rdn. 232 ff.).

S. 5 und 6 enthalten *Ausnahmetatbestände* zu diesem Grundtatbestand. 222
Nach der Ausnahmeregelung in S. 5 erfolgt keine Besteuerung eines Einbringungsgewinns II, wenn der Einbringende die erhaltenen Anteile bereits
veräußert hat (siehe Rdn. 251 ff.) oder diese nach § 6 AStG ohne Stundung
der Steuerschuld besteuert wurden (siehe Rdn. 256). Nach S. 6 Nr. 2 HS 2,
Nr. 4 letzter HS und Nr. 5 letzter HS werden Übertragungen und Weiterübertragungen nach § 20 Abs. 2 S. 2 bzw. § 21 Abs. 1 S. 2 (oder vergleichbare ausländische Vorgänge) nicht als steuerschädliche Veräußerungen angesehen (siehe Rdn. 267 ff., 279 ff., 297 ff.). Nach der Billigkeitsregelung in
Tz. 22.23 können auf Antrag im Billigkeitswege auch vergleichbare Umwandlungen zu Buchwerten ohne Einbringungsbesteuerung übertragen
werden (siehe u.a. Rdn. 275 und 313).

S. 6 enthält zudem weitere Tatbestände, die in *gleicher Weise wie eine Veräußerung* der eingebrachten Anteile die Besteuerung eines Einbringungsgewinns II auslösen (siehe unten Rdn. 257 ff.).

S. 2 bestimmt, dass die Veräußerung als rückwirkendes Ereignis gilt (siehe
Rdn. 237 ff.), durch S. 3 wird der Einbringungsgewinn II und dessen Ermittlung definiert (siehe Rdn. 242 ff.). S. 4 bestimmt, dass der Einbringungsgewinn zu nachträglichen Anschaffungskosten führt (siehe Rdn. 249 f.). S. 4
wird durch S. 7 ergänzt, wonach der Einbringungsgewinn II auch bei den
auf Weiterübertragungen sperrfristbehafteter Anteile nach S. 6 Nr. 4 und
Nr. 5 beruhenden Anteilen zu nachträglichen Anschaffungskosten führt
(siehe Rdn. 322).

II. „Eingebrachte Anteile" i.S.v. § 22 Abs. 2

223 „Eingebrachte Anteile" i.S.v. § 22 Abs. 2 S. 1 sind Anteile an KapG oder Genossenschaften, die im Rahmen einer Sacheinlage unter dem gemeinen Wert nach § 20 Abs. 2 S. 2 oder isoliert im Rahmen eines qualifizierten Anteilstausches nach § 21 Abs. 1 S. 2 eingebracht wurden. Gem. § 22 Abs. 7 gelten auch solche Anteile als eingebracht, auf die stille Reserven von eingebrachten Anteilen verlagert werden.[258]

III. Keine Anwendung des § 22 Abs. 2 bei der Einbringung von einbringungsgeborenen Anteilen

224 Gem. § 27 Abs. 3 Nr. 3 ist § 21 UmwStG 1995 i.d.F. vom 21.05.2003 für *einbringungsgeborene Anteile* i.s.v. § 21 UmwStG 1995 auch nach Änderung des Gesetzes durch das SEStEG *weiter anzuwenden*. Werden daher solche Anteile unter ihrem gemeinen Wert im Wege der Sacheinlage nach § 20 Abs. 2 S. 2 oder im Rahmen eines Anteilstausches nach § 21 Abs. 1. S. 2 in eine KapG oder Genossenschaft zu Buchwerten eingebracht, behalten diese ihren Status als „einbringungsgeboren," soweit die siebenjährige Sperrfrist nach § 8 b Abs. 4 S. 2 Nr. 1 KStG a.F. noch nicht abgelaufen ist. Gem. *§ 8 Abs. 4 S. 1 Nr. 1 KStG a.F.*, der gem. § 34 Abs. 7 a KStG auf diese Anteile insoweit weiter Anwendung findet, sind die Gewinne aus der Veräußerung dieser Anteile nach der Einbringung *nicht nach § 8b Abs. 2 KStG* von der Steuer freigestellt. Dieses führt nach § 27 Abs. 4 dazu, dass insoweit die Anwendung des § 22 und damit die Besteuerung eines Einbringungsgewinns II ausgeschlossen ist (siehe auch Tz. 27.07 UmwStE 2011).

225 Hintergrund hierfür ist, dass der Einbringende in diesen Fällen durch die Einlage der einbringungsgeborenen Anteile in einer KapG oder Genossenschaft keine Steuerfreistellung nach § 8b Abs. 2 KStG erreichen kann, so dass es keiner Anwendung von § 22 Abs. 2 als Missbrauchsvermeidungsvorschrift bedarf. Ohne die Regelung des § 27 Abs. 4 würde eine Veräußerung der einbringungsgeborenen Anteile innerhalb der siebenjährigen Sperrfrist nach § 8b Abs. 4 S. 2 Nr. 1 KStG a.F. auch die Besteuerung eines Einbringungsgewinns II bei dem Einbringenden und damit eine Doppelbesteuerung auslösen.

IV. Ansatz unter dem gemeinen Wert

226 Die eingebrachten Anteile sind nur sperrfristbehaftet i.S.v. § 22 Abs. 2 wenn sie „unter dem gemeinen Wert" eingebracht worden sind. Maßgeblich sind nicht die Wertansätze bei der übernehmenden Gesellschaft, sondern, die Bewertung der als Gegenleistung erhaltenen Anteile durch den Einbringenden.[259] Dieses setzt aber grds. voraus, dass die übernehmende Gesellschaft gem. § 20 Abs. 2 S. 2 bzw. nach § 21 Abs. 1 S. 2 einen entspr. Antrag auf Ansatz der erhaltenen Anteile unter dem gemeinen Wert gestellt hat, da wegen

---

258 Siehe hierzu i.E. unten Rdn. 479 ff.
259 Ebenso *Patt* in Dötsch/Patt/Pung/Möhlenbrock, § 22 Rdn. 17; *Stangl* in Rödder/Herlinghaus/van Lishaut, § 22 Rdn. 139; *Schmitt* in Schmitt/Hoertnagel/Stratz, § 22 Rdn. 113.

der Wertverknüpfung nach § 20 Abs. 3 S. 1 bzw. § 21 Abs. 2 S. 1 grds. dieser Ansatz für den Wertansatz beim Einbringenden maßgeblich ist.[260]

Allerdings kann der Einbringende in den Fällen eines *grenzüberschreiten-* *den Anteilstausches* nach § 21 Abs. 2 S. 3 unter den dort genannten Voraussetzungen auf Antrag die für die Einbringung der sperrfristbehafteten Anteile erhaltenen Anteile auch dann unter ihrem gemeinen Wert ansetzen, wenn die übernehmende Gesellschaft die sperrfristbehafteten Anteile mit dem gemeinen Wert ansetzt.[261] Auch in diesem Fall findet § 22 Abs. 2 Anwendung, da es, wie auch aus der Berechnung des Einbringungsgewinns II nach § 22 Abs. 2 S. 3 ersichtlich, auf den Wertansatz der erhaltenen Anteile *beim Einbringenden* ankommt.[262]

227

V. Keine Steuerfreistellung einer Anteilsveräußerung nach § 8b Abs. 2 KStG

Die eingebrachten Anteile unterliegen nach § 22 Abs. 2 S. 1 nur dann als sperrfristbehaftete Anteile der Einbringungsgewinnbesteuerung, wenn ein Gewinn aus der Veräußerung der eingebrachten Anteile zum Einbringungszeitpunkt beim Einbringenden *nicht* nach § 8b Abs. 2 KStG steuerfrei gewesen wäre, denn anderenfalls würde ein Einbringender, der ohnehin die Anteile steuerfrei veräußern könnte, durch die Übertragung der Anteile auf eine KapG oder Genossenschaft keine Verbesserung seines Steuerstatus erreichen können. Für diese Fälle bedarf es daher keiner Missbrauchsvermeidungsvorschrift i.S.v. § 22 Abs. 2.

228

Der Tatbestand wurde durch das Jahressteuergesetz 2009 vom 19. 12. 2008[263] neu gefasst. Nach § 22 Abs. 1 S. 1 i.d.F. vor der Änderung durch das Jahressteuergesetz 2009 setzte die Besteuerung eines Einbringungsgewinns II voraus, dass der Einbringende *„keine durch § 8b Abs. 2 KStG begünstigte Person"* ist. Hiernach genügte es nach der zu dieser Fassung überwiegend in der Literatur vertretenen Auffassung, dass der Einbringende die persönlichen Voraussetzungen für die Nichtanwendung des § 8b Abs. 2 KStG erfüllte. Als nicht entscheidend wurde hingegen angesehen, ob die sachlichen Voraussetzungen beim Einbringenden für eine Steuerfreistellung nach § 8b Abs. 2 KStG vorlagen,[264] sodass hiernach z.B. eingebrachte Anteile i.S.v. § 8b Abs. 7 S. 1 oder Abs. 8 S. 1 KStG nicht unter § 22 Abs. 2 fielen.

229

Nach der in der Gesetzesbegründung als *„klarstellend"* bezeichneten[265] Neufassung ist diese zu der Altfassung des Gesetzes vertretene Auffassung

230

---

260 Siehe zur Bewertung und zur Wertverknüpfung i.E. § 21 Rdn. 39 ff.

261 Siehe hierzu § 21 Rdn. 89 ff.

262 Vgl. auch *Patt* in Dötsch/Patt/Pung/Möhlenbrock, § 22 Rdn. 17; *Stangl* in Rödder/ Herlinghaus/van Lishaut, § 22, Rdn. 139.

263 BGBl. I 2008, 2794.

264 Vgl. z.B. *Widmann* in Widmann/Mayer, § 22 Rdn. 196; *Stangl* in Rödder/Herlinghaus/van Lishaut; § 22 Rdn. 140; *Benz/Rosenberg* in Blumenberg/Schäfer, Das SEStEG, BB-Special 2006, Nr. 8, 194 f.; *Rödder/Schumacher*, DStR 2006, 1525 (1541).

265 Vgl. Stellungnahme des Bundesrates, BT-Drs. 16/10494 und Bericht des Finanzausschusses des Deutschen Bundestags zum Entwurf des Jahressteuergesetzes 2009, BT-Drs. 16/11108, 33.

überholt. § 22 Abs. 2 findet daher nunmehr auch dann Anwendung, wenn der Einbringende die persönlichen Voraussetzungen für die Anwendung des § 8b Abs. 2 KStG zum Einbringungszeitpunkt zwar erfüllte, er aber das Steuerprivileg nach § 8b Abs. 2 KStG zum Einbringungszeitpunkt nicht nutzen konnte.

231 Zusammenfassend findet § 22 Abs. 2 in der jetzigen Fassung insbesondere Anwendung, wenn zum Einbringungszeitpunkt eine der nachfolgenden Tatbestände vorliegen:[266]

(1) Der Einbringende ist eine *natürliche Person*, so dass das KStG für ihn nicht anwendbar ist.

(2) Der Einbringende ist eine *PersG*, an der natürliche Personen mittelbar oder unmittelbar beteiligt sind, so dass insoweit ebenfalls § 8b Abs. 2 KStG keine Anwendung findet.

(3) Der Einbringende ist eine *KapG als Organgesellschaft* auf die gem.§ 15 S. 1 Nr. 2 S. 1 KStG § 8b Abs. 2 KStG nicht anzuwenden ist und der Organträger ist eine natürliche Person oder eine unter (2) genannte PersG, so dass insoweit eine Anwendung von § 8b Abs. 2 KStG auch nicht nach § 15 S. 1 Nr. 2 S. 2 KStG beim Organträger in Betracht kommt.

(4) Die Anteile werden bei *Kreditinstituten oder Finanzdienstleistungsinstituten* dem Handelsbuch zugerechnet oder die Anteile werden von *Finanzunternehmen* i.S.d. Kreditwesensgesetzes mit dem Ziel einer kurzfristigen Erzielung eines Handelserfolges erworben, so dass§ 8b Abs. 2 KStG nach *§ 8b Abs. 7 KStG* keine Anwendung findet.

(5) Die Anteile werden bei *Lebens- und Krankenversicherungsunternehmen* den Kapitalanlagen zugerechnet und die Rückausnahmeregelung des § 8b Abs. 8 S. 2 KStG findet keine Anwendung, so dass § 8b Abs. 2 KStG nach *§ 8b Abs. 8 S. 1 KStG* keine Anwendung findet.

(6) Es handelt sich um *einbringungsgeborene Anteile* i.S.v. § 21 UmwStG 1995, für die zwar *§ 8b Abs. 4 KStG* in der am 12.12.2006 geltenden Fassung gem. § 34 Abs. 7a KStG noch Anwendung findet, für die aber die Ausnahmeregelung des § 27 Abs. 4 *keine* Anwendung findet,[267] weil z.b. die Veräußerung der einbringungsgeborenen Anteile erst nach Ablauf der siebenjährigen Sperrfrist nach § 8b Abs. 4 S. 2 Nr. 1 KStG a.F. erfolgte, so dass § 8b Abs. 4 S. 1 KStG a.F. keine Anwendung findet.[268]

(7) Der Einbringende ist eine Körperschaft, Personenvereinigung oder Vermögensmasse i.S.v. § 1 KStG, in der der Anteil von einem nicht nach § 8b Abs. 2 KStG begünstigten Steuerpflichtigen bis zum 12.12.2006 unter dem Teilwert eingebracht wurde, so dass § 8b Abs. 4 S. 1 Nr. 2 KStG gem. § 34 Abs. 7a KStG noch Anwendung findet, aber die Ausnahmeregelung in § 27 Abs. 4 findet *keine* Anwendung, weil z.B. die siebenjährige Sperrfrist nach § 8b Abs. 4 S. 2 Nr. 1 KStG a.F. abgelaufen ist, so dass § 8b Abs. 4 S. 1 KStG a.F. keine Anwendung findet.

---

266 Vgl. hierzu auch *Patt* in Dötsch/Patt/Pung/Möhlenbrock, § 22 Rdn. 72; *Widmann* in Widmann/Mayer, § 22 Rdn. 191.
267 Siehe hierzu auch das Beispiel von Widmann/Mayer, Rdn. 197.1.
268 Vgl. hierzu auch Rdn. 224 f.

VI. „Veräußerung" der eingebrachten Anteile

1. Überblick

Hinsichtlich der Frage, welche Vorgänge als „Veräußerungen" eingebrach- *232*
ter Anteile i. s. v. § 22 anzusehen sind, wird auf die Kommentierung oben zu
§ 22 Abs. 1 Rdn. 48 ff. verwiesen, die entspr. für Veräußerungen i. S. v. § 22
Abs. 2 gilt. Auch die Ausführungen zu § 22 Abs. 1 hinsichtlich der *Nichteinbeziehung fiktiver Veräußerungen nach § 12 Abs. 1 KStG* (siehe oben
Rdn. 67 f.), der *teilentgeltlichen Veräußerung* (siehe oben Rdn. 69 f.) und der
teilweisen Veräußerung (siehe oben Rdn. 71 f.) gelten entspr. bei einer Veräußerung sperrfristbehafteter eingebrachter Anteile i. S. v. § 22 Abs. 2.

Wie im Einzelnen oben unter Rdn. 48 ff. ausgeführt, stellen auch entgeltliche *233*
Übertragungen zu Buchwerten „Veräußerungen" i. S. v. § 22 dar. Hiernach
führen insbesondere auch Übertragungen sperrfristbehafteter eingebrachter
Anteile i. S. v. § 22 Abs. 2 *durch Umwandlungen nach dem UmwG unter
Fortführung der Buchwerte* grds. zur Versteuerung eines Einbringungsgewinns II, soweit die Ausnahmeregelungen in § 22 Abs. 1 S. 6 Nr. 2, 4 und 5
i. V. m. Abs. 2 S. 6 keine Anwendung finden und die Finanzverwaltung nicht
unter den in der *Billigkeitsregelung* in Tz. 22.23 UmwStE 2011 genannten
Voraussetzungen von einer Einbringungsgewinnbesteuerung absieht.

Die für die Anwendung der Billigkeitsregelung zu erfüllenden Vorausset- *234*
zungen werden gesondert unter Rdn. 340 ff. erläutert. Zu der Frage, durch
welche Umwandlungen sperrfristbehaftete eingebrachte Anteile nach den
Ausnahmeregelungen in § 22 Abs. 1 S. 6 Nr. 2, 4 und 5 i. V. m. Abs. 2 S. 6 sowie unter Berücksichtigung der Billigkeitsregelung in Tz. 22.23 UmwStE
2011 steuerunschädlich i. S. v. § 22 Abs. 2 übertragen werden können, wird
auf die Ausführungen unter Rdn. 382 ff. verwiesen. Die Frage, welche Auswirkungen die Umwandlungen von Gesellschaften hat, an der sperrfristbehaftete eingebrachte Anteile bestehen, werden unter Rdn. 400 bis 408 behandelt, zu den Auswirkungen der Übertragung von Vermögen auf
Gesellschaften, die sperrfristbehaftete eingebrachte Anteile halten oder an
denen solche bestehen, siehe Rdn. 409.

Die Besteuerung eines Einbringungsgewinns durch steuerschädliche Über- *235*
tragungen sperrfristbehafteter Anteile im Rahmen von Umwandlungen der
übernehmenden Gesellschaft kann der Einbringende nicht verhindern,
wenn die übernehmende Gesellschaft auch ohne den Einbringenden über
eine qualifizierte Mehrheit verfügt, um eine Umwandlung auf einen anderen Rechtsträger zu beschließen. Er kann allenfalls Schadenersatzansprüche
geltend machen, wenn er die übernehmende Gesellschaft verpflichtet hat,
derartige Maßnahmen innerhalb der siebenjährigen Sperrfrist nicht durchzuführen.

2. Mittelbare Veräußerung eingebrachter Anteile

Nach der Änderung durch das Jahressteuergesetz 2009[269] führen auch *mit-* *236*
telbare Veräußerungen eingebrachter Anteile durch die übernehmende Gesellschaft unter den übrigen Voraussetzungen des § 22 Abs. 2 zu einer Be-

---

269 Jahressteuergesetz 2009, BGBl. I 2008, 2794.

steuerung eines Einbringungsgewinns II. Durch die Gesetzesänderung sollen insbesondere die Fälle erfasst werden, in denen im Rahmen von Sacheinlagen unter dem gemeinen Wert nach § 20 Abs. 2 S. 2 Mitunternehmeranteile eingebracht werden, zu deren Gesamthandsvermögen Anteile an KapG oder Genossenschaften gehören.[270] Die Veräußerung dieser Anteile durch die Mitunternehmerschaft soll unter den übrigen Voraussetzungen des § 22 Abs. 2 S. 1 bis 5 zu der Besteuerung eines Einbringungsgewinns II führen. Nach der Gesetzesbegründung ist die Gesetzesänderung nur klarstellend.[271] Nach der hier vertretenen Auffassung ist hingegen eine Änderung der Rechtslage eingetreten. Denn bisher fiel eine mittelbare Veräußerung von eingebrachten Anteilen nach dem Wortlaut des § 22 Abs. 2 nicht in den Anwendungsbereich dieser Vorschrift.[272]

Mittelbare Veräußerungen sperrfristbehafteter Anteile nach deren steuerunschädlichen Weiterübertragung werden auch durch § 22 Abs. 1 S. 6 Nr. 5 i. V. m. Abs. 2 S. 6 erfasst (siehe Rdn. 297 ff.).

VII. Besteuerung des Einbringungsgewinns II (§ 22 Abs. 2 S. 1 und 2)

1. Rückwirkung der Besteuerung

237 Gem. § 22 Abs. 2 S. 1 ist, soweit unter dem gemeinen Wert eingebrachte Anteile innerhalb des siebenjährigen Zeitraumes veräußert werden, der *Einbringungsgewinn II* rückwirkend im Wirtschaftsjahr der Einbringung als Gewinn des Einbringenden zu versteuern. Der Veranlagungszeitraum wird durch den steuerlichen Übertragungsstichtag bestimmt und damit bei Sacheinlagen i.S.v. § 20 durch § 20 Abs. 6. Bei einem qualifiziertem Anteilstausch i.S.v. § 21 ist gesetzlich keine Rückbeziehung vorgesehen, so dass der Zeitpunkt des Übergangs des wirtschaftlichen Eigentums an den Anteilen maßgeblich ist.[273] Die Veräußerung der eingebrachten Anteile bzw. die Realisierung von Tatbeständen i.S.v. § 22 Abs. 2 S. 6 i.V.m. Abs. 1 S. 6 innerhalb der siebenjährigen Sperrfrist gilt als rückwirkendes Ereignis i.S.v. § 175 Abs. 1 S. 1 Nr. 2 AO (§ 22 Abs. 2 S. 2 i.V.m. Abs. 1 S. 2). Gem. § 175 Abs. 1 S. 1 AO ist der Steuerbescheid des Einbringenden im Kalenderjahr der Einbringung zu ändern, um den Einbringungsgewinn II zu berücksichtigen. Eine Änderung ist nicht mehr zulässig, wenn nach Maßgabe von § 169 AO Festsetzungsverjährung eingetreten ist. Gem. § 175 Abs. 1 S. 2 AO beginnt die Festsetzungsfrist aber erst mit Ablauf des Kalenderjahres, in dem die eingebrachten Anteile veräußert wurden bzw. ein Tatbestand i.S.v. § 22 Abs. 2 S. 6 i.V.m. Abs. 1 S. 6 realisiert wurde.

238 Gem. § 233a Abs. 2a AO beginnt die Zinszahlung für die nachträglich zu leistende Steuer auf den Einbringungsgewinn II 15 Monate nach Ablauf des

---

270 Die Regelung betrifft auch Fälle der Weiterübertragung sperrfristbehafteter Anteile, siehe das Beispiel unten Rdn. 293 und 309.
271 Stellungnahme des Bundesrates, BT-Drs. 10924, 23, siehe zu gesellschafterbezogenen Betrachtungsweise der Finanzverwaltung auch oben Rdn. 76.
272 Ebenso *Widmann* in Widmann/Mayer, § 22 Rdn. 211.
273 Siehe zum Übergang des wirtschaftlichen Eigentums auch oben Rdn. 51.

Kalenderjahres, in dem die Anteilsveräußerung bzw. ein steuerschädlicher Tatbestand nach § 22 Abs. 2 S. 6 i.V.m. Abs. 1 S. 6 erfüllt ist.

Die rückwirkende Ermittlung und Besteuerung des Einbringungsgewinns I 239 nach § 175 Abs. 1 Nr. 2 AO hat auch zur Folge, dass die Kosten für den Vermögensübergang, die durch die Sacheinlage nach § 20 Abs. 1 oder durch den Anteilstausch nach § 21 Abs. 1 entstanden sind, soweit sie als Betriebsausgabe den laufenden Gewinn im Einbringungsjahr gemindert haben, diesem Gewinn wieder hinzuzurechnen sind.[274] Die Rückwirkung erfasst auch die *nachträglichen Anschaffungskosten* i.S.v. § 22 Abs. 2 S. 4.

2. Einkunftsart und Einkommensbesteuerung/Gewerbesteuer

Der Einbringungsgewinn II ist nach § 22 Abs. 2 S. 1 als ein Gewinn aus der 240 „Veräußerung von Anteilen" nach den allgemeinen Regeln zu versteuern. Er wird der Einkunftsart zugerechnet, welcher der Gewinn aus der Veräußerung der eingebrachten Anteile durch den Einbringenden zum Einbringungszeitpunkt zugerechnet werden würde (z.B. § 13, 15, 16, 17 und 18 i.V.m. § 3 Nr. 40 EStG sowie §§ 20, 32d Abs. 1 EStG, § 8b KStG).[275] §§ 16 Abs. 4 und 34 EStG finden nach § 22 Abs. 2 S. 1 HS 2 keine Anwendung. Nach Maßgabe von § 3 Nr. 40 EStG unterliegt der Einbringungsgewinn II dem *Teileinkünfteverfahren.* Der Einbringungsgewinn II unterliegt der Gewerbesteuer unter denselben Voraussetzungen, unter denen ein durch den Ansatz der eingebrachten Anteile über dem gemeinen Wert entstehender Einbringungsgewinn der Gewerbesteuer unterlegen hätte (siehe auch § 21 Rdn. 122).

3. Einbringender als Steuersubjekt

Besonderheit des § 22 Abs. 2 ist, dass eine Handlung der übernehmenden 241 Gesellschaft eine Besteuerung eines Einbringungsgewinns II *beim Einbringenden* auslösen kann. Der Einbringende sollte diesem Risiko durch vertragliche Vereinbarungen mit der übernehmenden Gesellschaft Rechnung tragen, etwa indem er die übernehmende Gesellschaft dazu verpflichtet, die ihm ggf. aus der Besteuerung eines Einbringungsgewinns entstehende Steuerlast zu tragen.[276]

---

274 Vgl. z.B. *Stangl* in Rödder/Herlinghaus/van Lishaut, § 22 Rdn. 147; *Widmann* in Widmann/Mayer, § 22 Rdn. 318.

275 Vgl. Tz. 22.12 UmwStE 2011; *Widmann* in Widmann/Mayer, § 22 Rdn. 322; *Benz/ Rosenberg*, BB Special 2006 Nr. 8, Heft 45, 51 (69).

276 Vgl. *Stümper/Walter*, GmbHR 2008, 5.

VIII. Ermittlung des Einbringungsgewinns II

1. Schema der Ermittlung

242 Gem. § 22 Abs. 2 S. 3 ist der Einbringungsgewinn II nach folgendem Ermittlungsschema zu berechnen:[277]

Gemeiner Wert der eingebrachten Anteile zum Einbringungszeitpunkt

./. Kosten des Vermögensübergangs

./. Wert, mit dem der Einbringende die erhaltenen Anteile angesetzt hat

= vorläufiger Einbringungsgewinn II

./. $1/7$ des vorläufigen Einbringungsgewinns II für jedes seit dem Einbringungszeitpunkt abgelaufene Zeitjahr

= Einbringungsgewinn II

2. Gemeiner Wert des eingebrachten Betriebsvermögens

243 Ausgangsgröße für die Ermittlung des Einbringungsgewinns I ist der gemeine Wert der eingebrachten Anteile zum Einbringungszeitpunkt.[278]

244 Der Einbringungszeitpunkt kann bis zu sieben Jahren vor der Veräußerung der eingebrachten Anteile durch die übernehmende Gesellschaft liegen, was zu erheblichen Problemen bei der nachträglichen Wertfeststellung führen kann. Auch wenn die Darlegungs- und Beweislast bei der Finanzverwaltung liegt, wenn sie einen höheren gemeinen Wert annimmt, als erklärt,[279] wird empfohlen, bereits zum Zeitpunkt der Einbringung der Anteile die Grundlagen zur Berechnung des gemeinen Wertes zu dokumentieren.[280]

3. Kosten für den Vermögensübergang

245 Bei der Ermittlung des Einbringungsgewinns II sind die dem Einbringenden entstehenden Kosten für den Vermögensübergang nach § 22 Abs. 2 S. 3 abzuziehen. Zu den zu berücksichtigenden Kosten und den Folgewirkungen wird auf die Ausführungen oben zu § 22 Abs. 1 Rdn. 95 ff. verwiesen, die entspr. für die Ermittlung des Einbringungsgewinns II gelten.

4. Wertansatz der erhaltenen Anteile

246 Zur Ermittlung des Einbringungsgewinns II ist vom gemeinen Wert der eingebrachten Anteile der Wert abzuziehen, mit dem der Einbringende die für die Einbringung erhaltenen Anteile angesetzt hat. Dieses ist auf Grund der Wertverknüpfung nach § 21 Abs. 2 S. 1 grds. der Wert, mit dem die über-

---

277 Vgl. Tz. 22.14 UmwStE 2011.
278 Siehe zu Ermittlung des gemeinen Wertes der Anteile die Kommentierung zu § 21 Rdn. 43 und zu § 20 Rdn. 96.
279 Vgl. *Widmann* in Widmann/Mayer; § 22 Rdn. 317; *Stangl* in Rödder/Herlinghaus/ van Lishaut, § 22 Rdn. 153.
280 Vgl. z.B. *Widmann* in Widmann/Mayer, § 22 Rdn. 154; *Hagemann/Jakob/Ropohl/ Viebrock*, NWB Sonderheft 1/2007, 39, siehe hierzu auch oben Rdn. 94.

nehmende Gesellschaft die eingebrachten Anteile angesetzt hat.[281] Der Wertansatz der erhaltenen Anteile ist um den gemeinen Wert der sonstigen Gegenleistung (§ 20 Abs. 3 S. 3 i.V.m. § 21 Abs. 2 S. 6) zu erhöhen (Tz. 22.15 UmwStE 2011).

5. Kürzung des Einbringungsgewinns II um 1/7 je Zeitjahr

Um den Einbringungsgewinn II zu ermitteln, ist entspr. dem oben unter Rdn. 242 dargestelltem Schema der „vorläufige Einbringungsgewinn II" für jedes seit dem Einbringungszeitpunkt abgelaufene Zeitjahr um $1/7$ zu kürzen.

247

Maßgeblich sind die abgelaufenen Jahre von dem steuerlichen Übertragungsstichtag an (bei Sacheinlagen nach § 20 Abs. 2 S. 2) bzw. vom Zeitpunkt des Übergangs des wirtschaftlichen Eigentums an den Anteilen an (bei einem Anteilstausch nach § 21 Abs. 1 S. 2) bis zu dem Zeitpunkt, zu dem die eingebrachten Anteile i.S.v. § 22 Abs. 2 S. 1 *durch Übergang des wirtschaftlichen Eigentums* der Anteile veräußert wurden[282] oder zu dem ein der Veräußerung gleichgestellter Tatbestand nach § 22 Abs. 1 S. 6 i.V.m. Abs. 2 S. 6 erfüllt wurde. Nur vollständig abgelaufene Zeitjahre werden bei der jährlichen $1/7$ Kürzung berücksichtigt. Ist daher z.B. der steuerliche Übertragungsstichtag der 31.12.01, so führt eine Veräußerung innerhalb des am 31.12.02 endenden Zeitjahres noch zu keiner Minderung nach der Siebtel-Regelung.

248

IX. Einbringungsgewinn II als nachträgliche Anschaffungskosten (§ 22 Abs. 2 S. 4)

Gem. § 22 Abs. 2 S. 4 gilt der Einbringungsgewinn II als nachträgliche Anschaffungskosten der *erhaltenen Anteile*. Die Anschaffungskosten werden nach Tz. 22.10 UmwStE 2011 *zum Zeitpunkt der Einbringung* durch den Einbringungsgewinn II erhöht.

249

Bei einer Veräußerung nur *eines Teils der eingebrachten Anteile* erhöht der anteilige Einbringungsgewinn II nur die Anschaffungskosten der veräußerten Anteile und führt daher nicht zu einer Verteilung der Anschaffungskostenerhöhung auf den Gesamtbestand der insgesamt sperrfristbehafteten Anteile.[283]

250

---

281 Siehe ergänzend hierzu oben Rdn. 221, sowie i.E. zur Wertverknüpfung und den Ausnahmen hiervon die Kommentierung zu § 21 Rdn. 71 ff.
282 Vgl. u.a. BFH vom 11.07.2006, VIII R 32/04, BStBl. II, 296.
283 Siehe hierzu auch oben zu § 22 Abs. 1 S. 4 Rdn. 104.

X. Keine Anwendung des § 22 Abs. 2
nach Veräußerung der erhaltenen Anteile
(§ 22 Abs. 2 S. 5 HS 1)

251 Gem. § 22 Abs. 2 S. 5 sind die S. 1 bis 4 nicht anzuwenden, soweit der Einbringende die erhaltenen Anteile veräußert hat.[284]

Diese Regelung ergibt sich aus dem Zielsetzung des § 22 Abs. 2, nach der verhindert werden soll, dass der Einbringende durch die Übertragung seiner Anteile auf eine KapG oder Genossenschaft seinen Steuerstatus verbessert, indem er bei einer anschließenden Veräußerung der eingebrachten Anteile die Steuerfreistellung nach § 8 b Abs. 2 KStG in Anspruch nehmen kann. Veräußert der Einbringende die für die Sacheinlage nach § 20 Abs. 1 bzw. den Anteilstausch nach § 21 Abs. 1 erhaltenen Anteile, so werden auf Grund der Wertverknüpfung hierdurch mittelbar die stillen Reserven in den eingebrachten Anteilen versteuert. Der Einbringende hat in diesem Fall durch die Übertragung der Anteile unter dem gemeinen Wert auf eine KapG oder Genossenschaft keinen Steuervorteil mehr erlangt, der eine Regelung zur Missbrauchsvermeidung erfordern würde.[285] Die Veräußerung der erhaltenen Anteile muss *vor* der Veräußerung der eingebrachten Anteile i.S.v. § 22 Abs. 2 S. 1 erfolgt sein.

252 Die Besteuerung eines Einbringungsgewinns II entfällt nur für die Anteile, die der Einbringende für die Übertragung von Anteilen im Rahmen einer Sacheinlage nach § 20 Abs. 1 oder eines Anteilstausches nach § 21 Abs. 1 erhalten hat.

253 Da die Besteuerung eines Einbringungsgewinns II nur entfällt, „soweit" der Einbringende die erhaltenen Anteile veräußert hat, entfällt diese nur teilweise, wenn die erhaltenen Anteile teilweise oder teilentgeltlich veräußert werden oder wenn mitverstrickte Anteile i.S.v. § 22 Abs. 7 ganz oder teilweise veräußert werden.[286] Der zu versteuernde Einbringungsgewinn mindert sich in dem Verhältnis der entgeltlich veräußerten Anteile zu den insgesamt dem Einbringenden für die Sacheinlage bzw. den Anteilstausch gewährten Anteile.

254 Wenn und soweit die sperrfristbehafteten erhaltenen Anteile veräußert wurden, entfällt auch die Besteuerung eines Einbringungsgewinns II, der sich aus der Realisierung der unter § 22 Abs. 1 S. 6 i.V.m. Abs. 2 S. 6 genannten Tatbestände ergibt.[287]

255 Eine Veräußerung der erhaltenen Anteile läge nach der hier vertretenen Auffassung auch vor, wenn diese Anteile nach der *Billigkeitsregelung* in Tz. 22.23 UmwStE 2011 ohne Besteuerung eines Einbringungsgewinns *durch Umwandlungen zu Buchwerten*, die mit den Ausnahmevorschriften in

284 Zu den „erhaltenen Anteilen" zählen ggf. auch die „mitverstrickten" Anteile i.S.v. § 22 Abs. 7, auf die stille Reserven von erhaltenen Anteilen verlagert wurden.
285 Vgl. *Stangl* in Rödder/Herlinghaus/van Lishaut, § 22 Rdn. 159; *Widmann* in Widmann/Mayer, § 22 Rdn. 331.
286 *Patt* in Dötsch/Patt/Pung/Möhlenbrock, § 22 Rdn. 75.
287 Vgl. *Widmann* in Widmann/Mayer, § 22 Rdn. 331.

§ 22 Abs. 1 S. 6 Nr. 2, 4 und 5 vergleichbar sind, übertragen werden. Denn die Übertragung ist nach Tz. 22.23 UmwStE 2011 grds. eine steuerschädliche Veräußerung der Anteile. Das Absehen von der Besteuerung im Billigkeitswege ändert nichts an dem realisierten Tatbestand. Nach dem in Tz. 22.23 UmwStE 2011 zum Ausdruck kommenden Verständnis der Finanzverwaltung sollen die erhaltenen Anteile in diesen Fällen allerdings wohl auch nach der Umwandlung sperrfristbehaftet bleiben (siehe hierzu i.E. auch Rdn. 360 ff.), d.h. der Veräußerungstatbestand soll ignoriert werden. Allerdings würde die Billigkeitsregelung keine Anwendung finden, wenn entspr. der hier vertretenen Auffassung von einer Veräußerung ausgegangen wird und auf Grund der Umwandlung nach der Billigkeitsregelung eine Einbringungsgewinnbesteuerung verhindert werden würde.[288]

XI. Keine Besteuerung nach Erfüllung der Tatbestände des § 6 AStG (§ 22 Abs. 2 S. 5 HS 2)

Nach § 22 Abs. 2 S. 5 HS 2 führt auch die Erfüllung der Tatbestände des § 6 AStG vor der Veräußerung der sperrfristbehafteten Anteile durch den Einbringenden dazu, dass die Veräußerung eingebrachter Anteil bzw. die Realisierung von Tatbeständen i.S.v. § 22 Abs. 2 S. 6 keinen Einbringungsgewinn II mehr auslöst, es sei denn die nach § 6 AStG anfallende Steuer wird gestundet. Diese Regelung betrifft insbesondere Fälle, in denen die unbeschränkte Steuerpflicht des Einbringenden durch Aufgabe des Wohnsitzes oder des gewöhnlichen Aufenthaltes in Deutschland endet (Wegzugsbesteuerung). Eine Stundung kann gem. § 6 Abs. 4 AStG wegen Vorliegen einer erheblichen Härte und gem. § 6 Abs. 5 AStG bei einem Wegzug in den EU/EWR erfolgen.

256

XII. Realisations- und Ausnahmetatbestände nach § 22 Abs. 1 S. 6 i.V.m. Abs. 2 S. 6

1. Überblick

Gem. § 22 Abs. 2 S. 6 gelten die S. 1 bis 5 des § 22 Abs. 2 „entsprechend", wenn die übernehmende Gesellschaft i.S.v. Abs. 2 S. 1 oder deren unentgeltliche Rechtsnachfolger die eingebrachten Anteile ihrerseits durch einen Vorgang nach Abs. 1 S. 6 Nr. 1 bis 5 weiter überträgt oder für diese die Voraussetzungen nach § 1 Abs. 4 nicht mehr erfüllt sind. Die Regelungen des Abs. 1 S. 6 sind daher in der Weise anwendbar, dass die „übernehmende Gesellschaft" i.S.d. Abs. 2 S. 1 anstelle des „Einbringenden" i.S.d. Abs. 1 tritt und die sperrfristbehafteten „eingebrachten Anteile" i.S.v. Abs. 2 S. 1 an die Stelle der sperrfristbehafteten „erhaltenen Anteile" i.S.v. Abs. 1 S. 1 treten.

257

Die Anwendung der Vorschriften des Abs. 1 S. 6 i.V.m. Abs. 2 S. 6 setzt in allen Fällen voraus, dass die *Grundtatbestände des Abs. 2 S. 1 bis 5 erfüllt sind*, d.h. dass Anteile an KapG oder Genossenschaften durch einen Vor-

258

---

288 Siehe zu den einzelnen Voraussetzungen der Anwendung der Billigkeitsregelung Rdn. 340 ff. und zu der Frage der weiteren Anwendung des § 22 nach Umwandlungen entspr. der Billigkeitsregelung in Tz. 22.23 UmwStE Rdn. 360 ff.

gang i.S.d. Abs. 2 S. 1 übertragen wurden, deren Veräußerung durch den Einbringenden zum Einbringungszeitpunkt nicht nach § 8b Abs. 2 steuerfrei gewesen wäre, dass seit der Einbringung noch keine sieben Jahre verstrichen sind, so dass die Anteile noch sperrfristbehaftet i.S.v. § 22 Abs. 2 sind und dass die „erhaltenen Anteile" zumindest noch nicht vollständig veräußert wurden oder bereits zuvor ein Tatbestand nach § 6 AStG erfüllt wurde.

259 Die in Abs. 2 S. 1 bis 5 geregelten *Rechtsfolgen*, wie die rückwirkende ggf. auch nur quotale Besteuerung eines Einbringungsgewinns II, die jährliche Minderung des Einbringungsgewinns um ein Siebtel sowie die Erhöhung der Anschaffungskosten der erhaltenen Anteile um den Einbringungsgewinn II, gelten unmittelbar auch bei Realisierung einer der in Abs. 1 S. 6 genannten Tatbestände, auf deren entspr. Anwendung Abs. 2 S. 6 verweist.

260 In allen Fällen der steuerunschädlichen Übertragung und Weiterübertragung sperrfristbehafteter eingebrachter Anteile nach Abs. 1 S. 6 Nr. 2, 4 und 5 i.V.m. Abs. 2 S. 6 oder bei entspr. Anwendung dieser Vorschriften nach der Billigkeitsregelung in Tz. 22.23 UmwStE 2011 wird zur Ermittlung der siebenjährigen Sperrfrist nach Abs. 2 S. 1 die Haltedauer des ursprünglich Einbringenden und der Rechtsträger, die sperrfristbehaftete Anteile übernehmen, *zusammen gerechnet*, da die Sperrfrist nicht personenbezogen ist.

261 Hinsichtlich des Aufbaus der Regelungen und dem Verhältnis zu den Grundtatbeständen des Abs. 2 S. 1 bis 5 wird ergänzend auf die Ausführungen oben zu Abs. 1 S. 6 Rdn. 119 ff. verwiesen, die entsprechend gelten.

2. Unentgeltliche Übertragungen eingebrachter Anteile (§ 22 Abs. 1 S. 6 Nr. 1 i.V.m. Abs. 2 S. 6)

a) Grundregelungsgehalt

262 Nach Nr. 1 i.V.m. Abs. 2 S. 6 wird die Besteuerung eines Einbringungsgewinns II beim Einbringenden i.S.v. Abs. 2 S. 1 ausgelöst, wenn die übernehmende Gesellschaft i.S.d. Abs. 2 S. 1 die sperrfristbehafteten eingebrachten Anteile an KapG oder Genossenschaften unmittelbar *unentgeltlich auf eine KapG oder eine Genossenschaft* weiter überträgt. Zu der Frage, welche verschiedenen unentgeltlichen Übertragungen in Betracht kommen, wird auf Rdn. 122 ff. verwiesen. Zu den Auswirkungen einer teilentgeltlichen Übertragung siehe oben Rdn. 134.

b) Mittelbare unentgeltliche Übertragungen

263 Nach Nr. 1 i.V.m. Abs. 2 S. 6 lösen auch *mittelbare* unentgeltliche Übertragungen sperrfristbehafteter eingebrachter Anteile auf KapG oder Genossenschaften die Besteuerung eines Einbringungsgewinns II aus. Die mittelbare Übertragung der eingebrachten Anteile muss hierbei durch die *übernehmende Gesellschaft* i.S.v. § 22 Abs. 2 S. 1 erfolgen. Dieses ergibt sich bei entspr. Anwendung der Nr. 1 nach Abs. 2 S. 6 aus dem Wortlaut der Regelung, wenn der Begriff „Einbringender" gedanklich durch den Begriff „übernehmende Gesellschaft" ersetzt wird.[289] Unentgeltliche Übertragungen der Anteile an der übernehmenden Gesellschaft durch deren *unmittel-*

---

289 Vgl. *Stangl* in Rödder/Herlinghaus/van Lishaut, § 22 Rdn. 163.

Wulff-Dohmen

bare oder mittelbare Anteilseigner werden daher von dieser Regelung nicht erfasst.[290]

Voraussetzung für eine mittelbare Übertragung ist, dass die übernehmende 264 Gesellschaft i.S.v. 22 Abs. 2 S. 1 (Gesellschaft I) zunächst die sperrfristbehafteten eingebrachten Anteile *ohne Auslösen einer Einbringungsgewinnbesteuerung* auf einen anderen Rechtsträger (Zwischengesellschaft) übertragen hat, an der sie übertragbare und wertvermittelnde Gesellschafts- oder Mitgliedschaftsrechte hält bzw. für die Übertragung erhält.

Zwischengesellschaft kann hiernach eine *PersG* (Mitunternehmerschaft) 265 sein, an der die Gesellschaft I beteiligt ist und in die sie zunächst die sperrfristbehafteten Anteile *steuerunschädlich verdeckt einlegen* kann, wenn an dieser PersG neben ihr keine weitere KapG oder Genossenschaften beteiligt sind.[291] Legt die Gesellschaft I nachfolgend die Mitunternehmeranteile an der PersG z.B. im Wege einer verdeckten Einlage in eine KapG oder Genossenschaft ein, so liegt eine steuerschädliche mittelbar unentgeltliche Übertragung i.S.v. Nr. 1 i.V.m. Abs. 2 S. 6 vor, was zu einer Besteuerung des Einbringungsgewinns II aus der ersten Sacheinlage bzw. dem ersten Anteilstausch beim *Einbringenden* führt.

Es könnte sich bei der Zwischengesellschaft grds. auch um eine weitere 266 *KapG oder Genossenschaft* handeln, auf die die übernehmende Gesellschaft I die sperrfristbehafteten Anteile *steuerunschädlich zu Buchwerten* nach der Ausnahmeregelung in Nr. 2 HS 2 i.V.m. Abs. 2 S. 6 übertragen kann. Allerdings wird eine hieran anschließende unentgeltliche Übertragung der Anteile an der Zwischengesellschaft bereits gesondert von *Abs. 1 S. 6 Nr. 5* i.V.m. Abs. 2 S. 6 erfasst, die insoweit vorrangig ist.[292]

3. Entgeltliche Übertragungen eingebrachter Anteile (§ 22 Abs. 1 S. 6 Nr. 2 i. V. m Abs. 2 S. 6)

a) Grundregelungsgehalt

Nach Nr. 2 HS 1 i.V.m. Abs. 2 S. 6 wird die Besteuerung eines Einbrin- 267 gungsgewinns II ausgelöst, wenn die übernehmende Gesellschaft i.S.v. § 22 Abs. 2 S. 1 (Gesellschaft I) die eingebrachten sperrfristbehafteten Anteile *entgeltlich* weiter überträgt, es sei denn, sie weist nach, dass die Übertragung zu Buchwerten durch einen Vorgang i.S.d. § 20 Abs. 2 S. 2 oder des § 21 Abs. 1 S. 2 auf eine KapG oder Genossenschaft (Gesellschaft II) oder aufgrund vergleichbarer ausländischer Vorgänge erfolgte.

Da entgeltliche Übertragungen „Veräußerungen" i.S.d. Grundtatbestandes 268 des § 22 Abs. 1 S. 1 sind, hat der HS 1 nach der hier vertretenen Auffassung (vgl. oben Rdn. 136) keinen eigenständigen Regelungsgehalt. Zur Definition der entgeltlichen Übertragungen und der hiervon betroffenen Vorgänge wird daher auf die Erläuterungen zu den Veräußerungen i.S.v. § 22 Abs. 1 oben unter Rdn. 48 ff. verwiesen.

---

290 Vgl. *Widmann* in Widmann/Mayer, § 22 Rdn. 224.
291 Siehe ergänzend hierzu Rdn. 133.
292 Vgl. *Widmann* in Widmann/Mayer, § 22 Rdn. 223; a.A. *Schmitt* in Schmitt/Hörtnagl/Stratz, § 22 Rdn. 79.

269 Wesentlich ist die *Ausnahmeregelung im HS 2*, nach der Buchwerteinbringungen sperrfristbehafteter Anteile in KapG oder Genossenschaften nach § 20 Abs. 2 S. 2 bzw. § 21 Abs. 1 S. 2, obwohl sie gegen Gewährung von Gesellschaftsrechten und daher entgeltlich erfolgen, keine Besteuerung eines Einbringungsgewinns II auslösen.

270 Eine Voraussetzung hierfür ist, dass die *übernehmende Gesellschaft* i.S.v. § 22 Abs. 2 S. 1 (Gesellschaft I) die ihr für die Weiterübertragung der sperrfristbehafteten eingebrachten Anteile gewährten Anteile an der KapG oder Genossenschaft (Gesellschaft II) *rechtswirksam* mit dem Buchwert der übertragenen sperrfristbehafteten Anteile ansetzt.

271 Regelmäßig setzt dieses einen entspr. Antrag der Gesellschaft II auf Buchwertfortführung nach § 20 Abs. 2 S. 2 bzw. § 21 Abs. 1 S. 2 und einen entspr. Wertansatz bei dieser voraus, da nach § 20 Abs. 3 S. 1 bzw. grds. auch nach § 21 Abs. 2 S. 1 durch den Wertansatz der Gesellschaft II der bei der Gesellschaft I zulässige Wertansatz bestimmt wird. Maßgeblich ist hierbei der Buchwert, der einer bestandskräftigen Veranlagung der Gesellschaft II zugrunde liegt, auch wenn sich herausstellen sollte, dass der tatsächliche Buchwert Höhe oder niedriger ist. Wurde allerdings der Buchwert angesetzt, obwohl die gesetzlichen Voraussetzungen nach §§ 20 bzw. 21 hierfür nicht vorlagen und kann wegen bereits eingetretener Festsetzungsverjährung keine Korrektur des Wertansatzes mehr erfolgen, so kommt eine Anwendung des § 22 Abs. 2 nicht in Betracht.[293]

272 Bei einem *grenzüberschreitenden Anteilstausch* kann die Gesellschaft I unter den Voraussetzungen des § 21 Abs. 2 S. 3 beantragen, die für die Übertragung der sperrfristbehafteten erhaltenen Anteile auch dann mit dem Buchwert der übertragenen Anteile anzusetzen, wenn die Gesellschaft II die übertragenen Anteile mit einem höheren Wert ansetzt. In diesen Fällen ist der Vorgang nach § 22 Abs. 2 steuerunschädlich, wenn die Gesellschaft I antragsgemäß den Buchwert ansetzen darf.[294]

b) Vergleichbare ausländische Vorgänge

273 Vergleichbare ausländische Vorgänge, die unter die Ausnahmevorschrift fallen, sind nicht solche, die nach § 1 Abs. 3 zur Anwendung der §§ 20 ff. führen, sondern Einbringungen sperrfristbehafteter Anteile in KapG oder Genossenschaften, die im Ausland (auch außerhalb der EU/EWR) ansässig sind unter Anwendung ausländischer Steuervorschriften, die insoweit mit denen der §§ 20, 21 vergleichbar sind, als hiernach die übernehmende Gesellschaft i.S.v. § 22 Abs. 2 S. 1 (Gesellschaft I) die ihr für die Einbringung der sperrfristbehafteten Anteile gewährten Anteile an der Gesellschaft II mit dem Buchwert der übertragenen sperrfristbehafteten Anteilen ansetzen darf. Auf den Wertansatz bei der übernehmenden Gesellschaft II kommt es hierbei nicht an.[295]

---

293 Siehe i.E. hierzu oben Rdn. 35 ff. und insbesondere Rdn. 38.

294 Vgl. auch das Beispiel von *Benz/Rosenberg*; BB-Special 8/2006, 63; ebenso *Stangl* in Rödder/Herlinghaus/van Lishaut, § 22 Rdn. 166; *Schmitt* in Schmitt/Hörtnagl/Stratz, § 22 Rdn. 131 sowie Tz. 22.22 UmwStE 2011.

295 Vgl. *Stangl* in Rödder/Herlinghaus/van Lishaut, § 22 Rdn. 167; *Schmitt* in Schmitt/Hörtnagl/Stratz, § 22 Rdn. 137, vgl. auch Tz. 22.22 UmwStE 2011.

Beispiel: 274

Die deutsche (gewerbliche) A-KG hält 100 % der Anteile an der deutschen B-GmbH. Die A-KG bringt diese Anteile nach § 21 Abs. 1 S. 2 zu Buchwerten in die österreichische C-GmbH ein. Die C-GmbH überträgt die hiernach sperrfristbehafteten Anteile an der B-GmbH auf die österreichische D-GmbH und setzt die hierfür erhaltenen Anteile an der D-GmbH (rechtswirksam) mit dem Buchwert der Anteile an der B-GmbH an.

Lösung:

Die Weiterübertragung der Anteile an der B-GmbH durch die österreichische C-GmbH auf die D-GmbH führt nach § 22 Abs. 1 S. 6 Nr. 2 HS 2 i.V.m. Abs. 2 S. 6 zu keiner Besteuerung eines Einbringungsgewinns II, da dieser Vorgang mit einer Weiterübertragung der sperrfristbehafteten Anteile zu Buchwerten nach § 21 Abs. 1 S. 2 vergleichbar ist. Auf den Wertansatz der sperrfristbehafteten Anteile durch die D-GmbH kommt es hierbei nicht an.

c) Vergleichbare Umwandlungen nach der Billigkeitsregelung

Nach der Billigkeitsregelung in Tz. 22.23 UmwStE 2011 kann die Finanzver- 275
waltung bei entgeltlichen Übertragungen sperrfristbehafteter eingebrachter Anteile zu Buchwerten im Rahmen einer Umwandlung der übernehmenden Gesellschaft i.S.d. § 22 Abs. 2 S. 1 (Gesellschaft I) auf eine andere KapG oder Genossenschaft (Gesellschaft II) auf Antrag von der Besteuerung eines Einbringungsgewinns II absehen, wenn die Umwandlung nach deutschem Recht bzw. nach entspr. ausländischen Vorschriften[296] mit einer steuerunschädlichen Buchwerteinbringung i.S.d. HS 2 der Nr. 2 des § 22 Abs. 1 S. 6 vergleichbar ist.[297]

d) Nachweis der Buchwerteinbringung

Der Nachweis darüber, dass die Übertragung der sperrfristbehafteten An- 276
teile auf die Gesellschaft II zu Buchwerten erfolgt, obliegt nicht der übernehmenden Gesellschaft i.S.v. § 22 Abs. 2 S. 1 (Gesellschaft I), sondern dem *Einbringenden* i.S.v. § 22 Abs. 2 S. 1 als potenziell Steuerpflichtigen bei fehlendem Nachweis.[298] Auf Grund der entspr. Anwendung des § 22 Abs. 1 S. 6 Nr. 2 nach Abs. 2 S. 6 tritt zwar gedanklich grds. die übernehmende Gesellschaft I an die Stelle des Einbringenden. Die entspr. Anwendung bezieht sich aber nicht auf die nachweispflichtige Person.[299]

Bei *ausländischen Vorgängen* ist zudem ein Nachweis über die *Möglichkeit* 277
einer Buchwertfortführung und über die *Vergleichbarkeit* der anwendbaren

---

296 Siehe zur Anwendung der Billigkeitsregelung bei Umwandlungen nach ausländischen Rechtsvorschriften auch unten Rdn. 358.
297 Hinsichtlich der Voraussetzungen für die Anwendung der Billigkeitsregelung siehe unten Rdn. 340 ff., hinsichtlich der hiernach möglichen steuerunschädlichen Übertragungen durch Umwandlungen nach dem UmwG siehe unten Rdn. 382 ff.
298 Vgl. u.a. *Stangl* in Rödder/Herlinghaus/van Lishaut, § 22 Rdn. 167; *Widmann* in Widmann§ 22 Rdn. 235.
299 So auch *Widmann* in Widmann/Mayer, § 22 Rdn. 235.

ausländischen Vorschriften mit denen der §§ 20, 21 zu erbringen. Entspr. gilt, wenn sperrfristbehaftete Anteile unter Anwendung der Billigkeitsregelung in Tz. 22.23 UmwStE 2011 ohne Besteuerung eines Einbringungsgewinns durch Umwandlungen nach ausländischem Recht übertragen werden sollen. Hinsichtlich der Art der möglichen Nachweise wird auf Rdn. 145 ff. verwiesen.

4. Auflösung, Kapitalherabsetzung und Einlagenrückgewähr (§ 22 Abs. 1 S. 6 Nr. 3 i.V.m. Abs. 2 S. 6)

278 Nach § 22 Abs. 2 S. 6 wird die Besteuerung eines Einbringungsgewinns II ausgelöst, wenn die übernehmende Gesellschaft i.S.v. § 22 Abs. 2 S. 1 die eingebrachten Anteile durch einen Vorgang nach § 22 Abs. 1 S. 6 Nr. 1 bis 5 „weiter überträgt". Auch wenn es sich bei den in Abs. 1 S. 6 Nr. 3 genannten Tatbeständen nicht um „Übertragungen" handelt, ist auf Grund dieses generellen Verweises Abs. 1 S. 6 Nr. 3 entspr. auf die KapG anzuwenden, *an der die eingebrachten, sperrfristbehafteten Anteile bestehen.*[300] Bei den sperrfristbehafteten Anteilen kann es sich auch um die eines unentgeltlichen Rechtsnachfolgers nach § 22 Abs. 6, um mitverstrickte eingebrachte Anteile i.S.v. § 22 Abs. 7 oder um „sperrfristinfizierte" eingebrachte Anteile i.S.v. § 22 Abs. 1 S. 6 Nr. 4 oder 5 handeln (nach Tz. 22.24 UmwStE 2011 findet Abs. 1 S. 6 Nr. 3 auch bei Kettenübertragungen Anwendung, vgl. auch Tz. 22.26 UmwStE 2011). Wird eine solche KapG daher aufgelöst und abgewickelt, wird ihr Kapital herabsetzt oder gewährt diese Einlagen an die Anteilseigner sperrfristbehafteter Anteile zurück, so werden steuerschädliche Tatbestände i.S.v. § 22 Abs. 2 S. 6 realisiert, welche die Besteuerung eines Einbringungsgewinns II beim Einbringenden auslösen. Die einzelnen Tatbestände (Auflösung, Kapitalherabsetzung und Einlagenrückgewähr) werden oben unter Rdn. 147 ff. zu § 22 Abs. 1 S. 6 Nr. 3 erläutert, die entspr. für die Fälle des Anteilstausches nach § 22 Abs. 2 S. 6 Nr. 3 gelten. Insbesondere legt die Finanzverwaltung die Tatbestände der „Kapitalherabsetzung" und der „Einlagenrückgewähr" (§ 27 KStG) ebenso wie in den Fällen des § 22 Abs. 1 S. 6 Nr. 3 dahingehend einschränkend aus, dass diese nur dann die Besteuerung eines Einbringungsgewinns II auslösen, wenn der tatsächlich aus dem steuerlichen Einlagenkonto i.S.v. § 27 KStG ausgekehrte Betrag den Buchwert bzw. die Anschaffungskosten der sperrfristbehafteten Anteile im Zeitpunkt der Einlagenrückgewähr übersteigt.[301]

5. Weiterübertragungen von Anteilen durch übernehmende Gesellschaften (§ 22 Abs. 1 S. 6 Nr. 4 i.V.m. Abs. 2 S. 6)

a) Grundregelungsgehalt

279 § 22 Abs. 1 S. 6 Nr. 4 i.V.m. Abs. 2 S. 6 baut auf die Ausnahmeregelung der Nr. 2 HS 2 i.V.m. Abs. 2 S. 6 auf und setzt daher zunächst voraus, dass nach

---

300 So im Ergebnis auch Tz. 22.24. UmwStE 2011; *Widmann* in Widmann/Mayer § 22 Rdn. 236, Graw in Bordewin/Brandt, § 22 Rdn. 194; *Mutscher* In Frotscher/Maas, § 22 Rdn. 280; anzweifelnd unter Hinweis darauf, dass die Tatbestände des § 22 Abs. 2 S. 6 Nr. 3 keine „Übertragungen" sind z.B. *Bilitewski* in Haritz/Menner, § 22 Rdn. 237, *Stangl* in Rödder/Herlinghaus/van Lishaut, § 22 Rdn. 167.

301 Tz. 22.24 UmwStE 2011, siehe i.E. Rdn. 151 ff.

dieser Ausnahmevorschrift unter dem gemeinen Wert eingebrachte sperrfristbehaftete Anteile aus der ersten Einbringung nach § 22 Abs. 2 S. 1 von der übernehmenden KapG oder Genossenschaft (Gesellschaft I) *steuerunschädlich* entweder (1) durch eine zweite Einbringung zu Buchwerten nach § 20 Abs. 2 S. 2 oder § 21 Abs. 1 S. 2 oder (2) auf Grund vergleichbarer ausländischer Vorgänge oder (3) durch mit (1) und (2) vergleichbare Umwandlungen zu Buchwerten i.S.d. Billigkeitsregelung in Tz. 22.23 UmwStE 2011 auf eine weitere KapG oder Genossenschaft (Gesellschaft II) übertragen wurden (siehe hierzu i.E. oben Rdn. 267 ff.).

Nach der Übertragung der sperrfristbehafteten Anteile auf die Gesellschaft   280
II kann die übernehmende Gesellschaft i.S.v. § 22 Abs. 2 S. 1 (Gesellschaft I) diese Anteile nicht mehr veräußern. Zur Sicherstellung der Besteuerung bestimmt daher *Nr. 4 HS 2* i.V.m. Abs. 2 S. 6 als Rechtsfolge, dass ein Einbringungsgewinns II auch dann besteuert wird, wenn die *Gesellschaft II* innerhalb der siebenjährigen Sperrfrist die übernommenen sperrfristbehaften Anteile veräußert oder durch einen steuerschädlichen Vorgang i.S.d. Nr. 1 oder Nr. 2 (jeweils i.V.m. Abs. 2 S. 6) auf eine weitere KapG oder Genossenschaft (Gesellschaft III) überträgt.

Hinsichtlich der steuerschädlichen *unentgeltlichen* Übertragungen nach   281
Nr. 1 i.V.m. Abs. 2 S. 6 wird auf Erläuterungen oben unter Rdn. 262 ff. verwiesen, hinsichtlich der nach Nr. 2 i.V.m. Abs. 2 S. 6 steuerschädlichen *entgeltlichen* Übertragungen auf die Ausführungen oben unter Rdn. 267 ff.

Nach der *Ausnahmeregelung in Nr. 4 letzter HS* i.V.m. Abs. 2 S. 6 können die eingebrachten sperrfristbehafteten Anteile zu Buchwerten nach § 20 Abs. 2 S. 2 bzw. § 21 Abs. 1 S. 2 *steuerunschädlich* sowohl von der Gesellschaft II als auch von ihr nachfolgenden Gesellschaften weiter übertragen werden. (siehe hierzu auch unten Rdn. 289 ff.).

b) Steuerschädliche mittelbare Übertragungen (Nr. 4 HS 2 i.V. m. Abs. 2 S. 6)

Insbesondere auch vor dem Hintergrund, dass nach Nr. 4 letzter HS i.V.m.   282
Abs. 2 S. 6 sperrfristbehaftete Anteile steuerunschädlich durch Ketteneinbringungen weiter übertragen werden können, bestimmt *Nr. 4 HS 2* i.V.m. Abs. 2 S. 6, dass die Besteuerung eines Einbringungsgewinns II auch ausgelöst wird, wenn die von der Gesellschaft II übernommenen sperrfristbehafteten Anteile *mittelbar* veräußert bzw. nach Nr. 1 oder 2 (jeweils i.V.m. Abs. 2 S. 6) *mittelbar* unentgeltlich bzw. entgeltlich übertragen werden.

Aus Sicht der Gesellschaft II setzt eine mittelbare Übertragung zunächst   283
voraus, dass diese die sperrfristbehafteten Anteile *ohne Auslösen einer Einbringungsgewinnbesteuerung* auf einen anderen Rechtsträger als Zwischengesellschaft übertragen hat, an der sie übertragbare und wertvermittelnde Gesellschafts- oder Mitgliedschaftsrechte hält bzw. für die Übertragung erhält.

Zwischengesellschaft kann hiernach (1) eine *PersG* sein, an der die Gesell-   284
schaft II beteiligt ist und auf die sie zunächst die sperrfristbehafteten Anteile *durch eine verdeckte Einlage* steuerschädlich *unentgeltlich* übertragen kann, soweit neben ihr keine andere KapG oder Genossenschaft an dieser

PersG beteiligt ist.[302] Es kann sich hierbei (2) auch um eine weitere *KapG oder Genossenschaft* handeln, in der die Gesellschaft II die sperrfristbehafteten Anteile steuerunschädlich zu Buchwerten nach der Ausnahmeregelung der Nr. 4 letzter HS i.V. m. Abs. 2 S. 6 gegen Gewährung von Gesellschaftsrechten einbringt, es kann sich (3) auch um eine KapG oder Genossenschaft handeln, auf die sie die Anteile nach *der Billigkeitsregelung* in Tz. 22.23 UmwStE 2011 nach Bewilligung eines entspr. Antrages durch eine erlassgeeignete Umwandlung zu Buchwerten ohne Einbringungsgewinnbesteuerung überträgt.[303]

285 Durch die nachfolgende Veräußerung oder steuerschädliche Übertragung der Gesellschafts- oder Mitgliedschaftsrechte an der Zwischengesellschaft nach Nr. 1 oder 2 (jeweils i.V. m. Abs. 2 S. 6) wird die Besteuerung eines Einbringungsgewinns II aus der ersten Sacheinlage bzw. dem ersten Anteilstausch beim *Einbringenden* ausgelöst.

286 Da Nr. 4 HS 2 i.V. m. Abs. 2 S. 6 nicht darauf abstellt, durch wen die steuerschädliche mittelbare Übertragung erfolgt, werden auch mittelbare Übertragungen sperrfristbehafteter Anteile durch *Gesellschaften, die der Gesellschaft II nachfolgen,* von der Vorschrift erfasst.[304] Dieses ist z.B. der Fall, wenn die Zwischengesellschaft, auf die sperrfristbehaftete Anteile von der Gesellschaft II übertragen wurden, diese zunächst steuerunschädlich auf eine weitere Zwischengesellschaft überträgt und anschließend diese Anteile veräußert (siehe auch das Beispiel unten Rdn. 293).

287 Keine mittelbare Veräußerung eingebrachter Anteile i.S.v. Nr. 4 i.V.m. Abs. 2 S. 6 liegt vor, wenn der Einbringende i.S.v. § 22 Abs. 2 S. 1 die Anteile an der übernehmenden Gesellschaft I veräußert. In diesem Fall ist der Tatbestand des § 22 Abs. 2 S. 5 erfüllt, so dass nachfolgend kein Einbringungsgewinn II mehr besteuert wird (siehe auch das Beispiel oben Rdn. 251 ff. sowie unten Rdn. 293).[305]

288 Eine mittelbare Veräußerung eingebrachter Anteile i.S.v. Nr. 4 i.V. m. Abs. 2 S. 6 liegt auch *nicht* vor, *wenn unmittelbare oder mittelbare Anteilseigner des Einbringenden* i.S.v. § 22 Abs. 2 S. 1 ihre Anteile an dem Einbringenden übertragen. Bereits aus dem Grundtatbestand des § 22 Abs. 2 S. 1 ergibt sich, dass nur die unmittelbare oder mittelbare Veräußerung eingebrachter Anteile durch die *übernehmende Gesellschaft* die Besteuerung eines Einbringungsgewinns II auslöst. Es widerspräche der Gesetzessystematik, wenn diese Grundregelung in Fällen der Weiterübertragung sperrfristbehafteter eingebrachter Anteile ihre Gültigkeit verlieren würde (siehe auch das

---

302 Siehe ergänzend hierzu Rdn. 133.
303 Siehe zu den Voraussetzungen der Anwendung der Billigkeitsregelung unten Rdn. 340 ff. und zu den hiernach möglichen steuerunschädlichen Umwandlungen nach dem UmwG unten Rdn. 382 ff.
304 Ebenso u. a. *Stangl* in Rödder/Herlinghaus/van Lishaut, § 22 Rdn. 171; a.A. *Widmann* in Widmann/Mayer, § 22 Rdn. 256, der darauf abstellt, dass die mittelbare steuerschädliche Übertragung durch die übernehmende Gesellschaft i.S.v. § 22 Abs. 2 S. 1 erfolgen muss.
305 Vgl. *Stangl* in Rödder/Herlinghaus/van Lishaut, § 22 Rdn. 171.

Beispiel unten Rdn. 293).[306] Ist der Einbringende allerdings eine PersG, so wird nach Auffassung der Finanzverwaltung die Veräußerung eines Mitunternehmeranteils, zu dessen Betriebsvermögen sperrfristbehaftete Anteile gehören, als Veräußerung i.S.v. § 22 Abs. 1 S. 1 angesehen. Diese gesellschafterbezogene Betrachtungsweise könnte auch in den Fällen des § 22 Abs. 2 gelten.

c) Steuerunschädliche Ketteneinbringungen
   (Nr. 4 letzter HS i.V. m. Abs. 2 S. 6)

Nach der Ausnahmeregelung der Nr. 4 letzter HS i.V. m. Abs. 2 S. 6 lösen   *289*
Weiterübertragungen der sperrfristbehafteten eingebrachten Anteile durch die Gesellschaft II und dieser nachfolgenden KapG oder Genossenschaften keine Besteuerung eines Einbringungsgewinns II aus, wenn diese nachweislich zu Buchwerten erfolgen. Aus dem Klammerzusatz („Ketteneinbringungen") ist herzuleiten, dass nur Weitereinbringungen i.S.v. *Nr. 4 HS 1* i.V.m. Abs. 2 S. 6 steuerunschädlich sind, d.h. Einbringungen zu Buchwerten nach § 20 Abs. 2 S. 2 und nach § 21 Abs. 1 S. 2.[307] Die jeweils für die Weiterübertragung gewährten Anteile sind ebenfalls sperrfristbehaftet („sperrfristinfiziert").

Zur Ermittlung der *siebenjährigen Sperrfrist* nach § 22 Abs. 2 S. 1 wird die   *290*
Haltedauer der übernehmenden Gesellschaft i.S.v. Abs. 2 S. 1 und der Gesellschaften, die sperrfristbehaftete Anteile nachfolgend übernehmen, zusammen gerechnet, da die Sperrfrist *nicht personenbezogen* ist. Die Sperrfrist endet vorher, wenn vor Ablauf der sieben Jahre durch Veräußerungen oder durch die Realisierung von Tatbeständen i.S.d. § 22 Abs. 1 S. 6 i.V. m. Abs. 2 S. 6 bereits die (vollständige) Besteuerung eines Einbringungsgewinns II ausgelöst wurde.[308]

aa) Kettenübertragungen unter Anwendung der Billigkeitsregelung

Bei Ketteneinbringungen kann jede Gesellschaft, auf die zuvor nach der   *291*
Ausnahmeregelung in Nr. 4 letzter HS i.V. m. Abs. 2 S. 6 steuerunschädlich sperrfristbehaftete Anteile übertragen wurden, einen Erlassantrag entspr. Tz. 22.23 UmwStE stellen, bei dessen Bewilligung diese Anteile zumindest einmalig wiederum ohne Einbringungsgewinnbesteuerung durch erlassgeeignete *Umwandlungen zu Buchwerten auf eine andere KapG oder Genossenschaft* weiter übertragen werden können.[309] Inwieweit die übertragenen Anteile nachfolgend ein weiteres Mal *nach Nr. 4 letzter HS i.V. m. Abs. 2*

---

306 Im Ergebnis ebenso *Stangl* in Rödder/Herlinghaus/van Lishaut, § 22 Rdn. 171;
   Widmann in Widmann/Mayer, § 22 Rdn. 257; vgl. auch die zu §§ 26 Abs. 2 S. 2,
   23 Abs. 4 UmwStG 1995 vertretene Auffassung der Finanzverwaltung, BMF vom
   16. 12. 2003, BStBl. 2003, 786, Tz. 22, auf die auch in Tz. 22.23 UmwStE 2011 Bezug genommen wird.
307 Vgl. z.B. *Stangl* in Rödder/Herlinghaus/van Lishaut; § 22 Rdn. 170, Tz. 22.23
   UmwStE 2011.
308 Vgl. *Widmann* in Widmann/Mayer, § 22 Rdn. 191.
309 Siehe zu den Voraussetzungen der Anwendung der Billigkeitsregelung oben
   Rdn. 340 und zu den hiernach möglichen steuerunschädlichen Umwandlungen
   nach dem UmwG oben Rdn. 382.

S. 6 steuerunschädlich weiter übertragen werden dürfen, lässt sich Tz. 22.23 UmwStE 2011 nicht explizit entnehmen. Allerdings unterstellt die Billigkeitsregelung, dass die Anteile nach der Umwandlung weiterhin nach § 22 Abs. 2 sperrfristbehaftet bleiben,[310] was aber auch die Möglichkeit der weiteren Anwendung dieser Ausnahmeregelung auf diese Anteile einschließt. Maßgeblich sind aber letztlich die Bestimmungen des Erlassbescheides.

292 Sollen die nach der Billigkeitsregelung steuerunschädlich übertragenen sperrfristbehafteten Anteile innerhalb der siebenjährigen Sperrfrist erneut durch erlassgeeignete Umwandlungen zu Buchwerten auf eine KapG oder Genossenschaft übertragen werden, so ist hierzu ein erneuter Erlassantrag erforderlich.

bb) Beispiel Ketteneinbringungen

293 *A und B sind an der gewerblichen A-KG beteiligt, welche alleiniger Gesellschafter der X-GmbH ist. Die Anteile an der X-GmbH werden von der A-KG zu Buchwerten nach § 21 Abs. 1 S. 2 auf die B-GmbH übertragen (erste Einbringung). Die Anteile an der X-GmbH sind hiernach nach § 22 Abs. 2 S. 1 sperrfristbehaftet. Nachfolgend werden die Anteile an der X-GmbH jeweils zu Buchwerten nach § 21 Abs. 1 S. 2 von der B-GmbH auf die C-GmbH (zweite Einbringung), von der C-GmbH auf die D-GmbH (dritte Einbringung) und von der D-GmbH auf die E-GmbH (vierte Einbringung) übertragen. Die zweite Einbringung ist nach § 22 Abs. 1 S. 6 Nr. 2 HS 2 i.V.m. Abs. 2 S. 6 steuerunschädlich, die dritte und vierte Einbringung ist jeweils nach § 22 Abs. 1 S. 6 Nr. 4 letzter HS i.V.m. Abs. 2 S. 6 steuerunschädlich. Nach den jeweiligen Einbringungen ergibt sich folgende Beteiligungsstruktur (siehe Abbildung 3).*

Veräußern A und B ihre Anteile an der A-KG nach der Einbringung der Anteile an der X-GmbH in die B-GmbH, so ist dieses zwar aus Sicht von A und B eine mittelbare Veräußerung der sperrfristbehafteten eingebrachten Anteile an der X-GmbH. Diese mittelbare Veräußerung durch Anteilseigner des Einbringenden wird aber grds. nicht von der Regelung in § 22 Abs. 2 erfasst (siehe hierzu oben Rdn. 288). Legt man allerdings die Auffassung der Finanzverwaltung in Tz. 22.02 UmwStE 2011 zugrunde, so wäre diese Veräußerung auf Grund des Transparenzprinzips für PersG wie eine unmittelbare Veräußerung durch die A-KG zu behandeln. Veräußert die A-KG nach der ersten Einbringung die Anteile an der B-GmbH, so führt dieses nach § 22 Abs. 2 S. 5 dazu, dass nachfolgend kein Einbringungsgewinn II mehr besteuert wird, da die AG-KG hierdurch bereits mittelbar die stillen Reserven in den eingebrachten Anteilen an der X-GmbH versteuert (vgl. oben Rdn. 287 und 251 ff.). Veräußert nach der ersten Einbringung die B-GmbH die Anteile an der X-GmbH, so ist der Grundtatbestand des § 22 Abs. 2 S. 1 erfüllt. Veräußert die B-GmbH nach der zweiten, dritten oder vierten Einbringung die Anteile an der C-GmbH, so liegt eine steuerschädliche mittelbare Veräußerung eingebrachter Anteile i.S.v. § 22 Abs. 2 S. 1 vor. Gleich-

---

[310] Nach der hier vertretenen Auffassung sind die Anteile nach der Umwandlung – anders als nach Auffassung der Finanzverwaltung – nicht mehr nach § 22 Abs. 2 sperrfristbehaftet, siehe hierzu unten Rdn. 359 f.

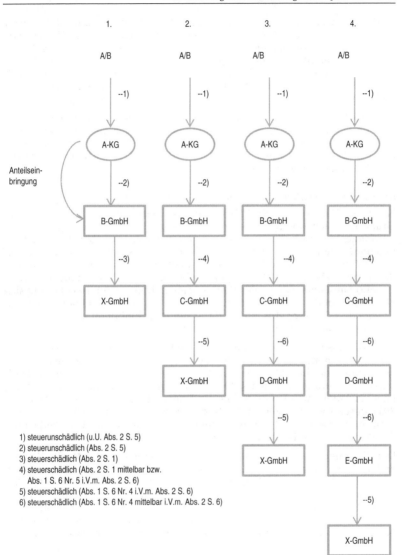

Abbildung 3: Steuerschädlichkeit von Veräußerungen nach § 22 Abs. 2 (ggf. i.V.m. § 22 Abs.1 S.6)

zeitig liegen unmittelbare und mittelbare Veräußerungen i.S.v. § 22 Abs. 1 S. 6 Nr. 5 i.V.m. Abs. 2 S. 6 vor. Veräußert die C-GmbH nach der zweiten Einbringung die Anteile an der X-GmbH, so liegt eine steuerschädliche unmittelbare Veräußerung der eingebrachten Anteile nach § 22 Abs. 1 Nr. 4 HS 2 i.V.m. Abs. 2 S. 6 vor. Entspr. gilt, wenn die D-GmbH oder die E-GmbH nach der dritten bzw. vierten Einbringung die Anteile an der X-GmbH veräußert.

Veräußert die C-GmbH nach der dritten oder vierten Einbringung die Anteile an der D-GmbH, so liegt eine mittelbare Veräußerung der sperrfristbehafteten Anteile an der X-GmbH i.S.v. § 22 Abs. 1 Nr. 4 HS 2 i.V.m. Abs. 2 S. 6 vor. Entspr. gilt, wenn die D-GmbH nach der vierten Einbringung die Anteile an der E-GmbH veräußert.[311]

d) Nachweispflichten und vertragliche Absicherung

294 Nach dem Wortlaut der Nr. 4 letzter HS („er weist nach") ist unklar, wer auf Grund der nach Abs. 2 S. 6 entspr. Anwendung der Nr. 4 den Nachweis zu erbringen hat, dass die Weiterübertragung der sperrfristbehafteten eingebrachten Anteile durch die übernehmende Gesellschaft I und ihr nachfolgende Gesellschaften zu Buchwerten erfolgt. Auf Grund der entspr. Anwendung des Abs. 1 S. 6 tritt zwar gedanklich grds. die übernehmende Gesellschaft I an die Stelle des Einbringenden. Dieser Grundsatz bezieht sich aber nicht auf die nachweispflichtige Person. Nachweispflichtiger ist *der Einbringende i.S.v. § 22 Abs. 2 S. 1*, da er ggf. den Einbringungsgewinn II bei fehlendem Nachweis zu versteuern hat.[312]

295 Bei *ausländischen Vorgängen* muss der Einbringende gegenüber seinem zuständigen Finanzamt auch den Nachweis über die *Möglichkeit* einer Buchwertfortführung und über die *Vergleichbarkeit* der anwendbaren ausländischen Vorschriften mit den § 20, 21 erbringen.[313] Bei einer Umwandlung nach ausländischem Recht, für die ein Erlassantrag nach Tz. 22.23 UmwStE 2011 gestellt werden soll, ist der Nachweis zu führen, dass diese Umwandlung mit erlassgeeigneten Umwandlungen vergleichbar ist. Hinsichtlich der Art der möglichen Nachweise siehe oben Rdn. 145 f.

296 Der Einbringende kann unmittelbar nur die übernehmende Gesellschaft der ersten Einbringung i.S.v. § 22 Abs. 2 S. 1 (Gesellschaft I) vertraglich verpflichten, während der siebenjährigen Haltefrist die sperrfristbehafteten Anteile nicht weiter zu übertragen bzw. dafür Sorge zu tragen, dass ihr nachfolgende Gesellschaften ihm bei Weiterübertragungen der Anteile zu Buchwerten nach § 22 Abs. 2 S. 6 i.V.m. Abs. 1 S. 6 Nr. 2 und nachfolgend nach Nr. 4 entspr. Unterlagen zur Verfügung stellen, die es ihm ermögli-

---

311 Nach *Widmann* in Widmann/Mayer, § 22 Rdn. 256 (Beispiel) sollen Veräußerungen durch die D-GmbH und die E-GmbH keine Besteuerung eines Einbringungsgewinn II auslösen, da die Veräußerungen nicht durch die Gesellschaft erfolgen, auf die die sperrfristbehafteten Anteile übertragen wurden.

312 So auch *Widmann* in Widmann/Mayer, § 22 Rdn. 273 und 235; Nach *Stangl* in Rödder/Herlinghaus/van Lishaut; § 22 Rdn.170, sollte sowohl der Einbringende als auch die übernehmende Gesellschaft I den Nachweis erbringen können.

313 Vgl. *Widmann* in Widmann/Mayer, § 22 Rdn. 273 und Rdn. 235.

chen, seiner Nachweispflicht gegenüber seinem Finanzamt nachzukommen.
Ferner können Schadenersatzansprüche des Einbringenden gegenüber der
Gesellschaft I vereinbart werden, wenn der Einbringende wegen der Nichterfüllung derartiger Verpflichtungen einen Einbringungsgewinn II zu versteuern hat.

6. Übertragungen von Anteilen, die für eingebrachte Anteile gewährt wurden (§ 22 Abs. 1 S. 6 Nr. 5 i.V.m. Abs. 2 S. 6)

a) Grundregelungsgehalt

§ 22 Abs. 1 S. 6 Nr. 5 i.V.m. Abs. 2 S. 6 baut wie Nr. 4 auf die Ausnahmeregelung des § 22 Abs. 1 S. 6 Nr. 2 HS 2 auf. Die Anwendung der Regelung
setzt daher zunächst voraus, dass nach dieser Ausnahmevorschrift sperrfristbehaftete „eingebrachte Anteile" i.S.v. § 22 Abs. 2 S. 1 von der übernehmenden Gesellschaft i.S.v. § 22 Abs. 2 S. 1 (Gesellschaft I) *steuerunschädlich zu Buchwerten* entweder (1) durch eine zweite Einbringung nach § 20
Abs. 2 S. 2 bzw. § 21 Abs. 1 S. 2, oder (2) auf Grund vergleichbarer ausländischer Vorgänge oder (3) durch mit (1) oder (2) vergleichbare Umwandlungen unter Absehen von einer Einbringungsgewinnbesteuerung entspr.
Tz. 22.23 UmwStE 2011[314] auf eine weitere KapG oder Genossenschaft (Ge-
sellschaft II) übertragen wurden. | 297

Während aber Abs. 1 S. 6 Nr. 4 HS 2 i.V.m. Abs. 2 S. 6 bestimmt, dass nachfolgende Weiterübertragungen der sperrfristbehafteten Anteile durch die
übernehmende Gesellschaft II grds. steuerschädlich sind, regelt Nr. 5 HS 2
i.V.m. Abs. 2 S. 6 die grds. Steuerschädlichkeit der Weiterübertragung von
Anteilen an der übernehmenden Gesellschaft II, die die übernehmende Gesellschaft I als Gegenleistung für die Übertragung der sperrfristbehafteten
Anteile erhalten hat. Nachfolgend werden diese Anteile in Abgrenzung zu
den unmittelbar durch die erste Einbringung nach § 22 Abs. 2 S. 1 entstandenen sperrfristbehafteten Anteilen auch als *„sperrfristinfizierte"* Anteile
bezeichnet. | 298

Nach *Nr. 5 HS 2* i.V.m. Abs. 2 S. 6 erfolgt eine rückwirkende Besteuerung
eines Einbringungsgewinns II, wenn die Gesellschaft I die ihr für die Einbringung der sperrfristbehafteten Anteile gewährten Anteile an der Gesellschaft II unmittelbar oder mittelbar veräußert oder durch Vorgänge i.S.d.
Abs. 1 S. 6 Nr. 1 oder 2 (jeweils i.V.m. Abs. 2 S. 6) unmittelbar oder mittelbar überträgt, es sei denn, es wird nachgewiesen, dass es sich um Einbringungen zu Buchwerten handelt (siehe zur Ausnahmeregelung der Nr. 5 letz-
ter HS Rdn. 310 ff.). | 299

Beispiel:

Der Einzelunternehmer A ist zu 100 % an der X-GmbH beteiligt. Die
Beteiligung befindet sich in seinem Betriebsvermögen. A überträgt
seine Anteile an der X-GmbH gem. § 21 Abs. 1 S. 2 zu Buchwerten auf
die B-GmbH (erste Einbringung). Nachfolgend überträgt die B-GmbH | 300

---

314 Siehe zu den Voraussetzungen der Anwendung der Billigkeitsregelung oben
Rdn. 340 ff. und zu den hiernach möglichen steuerunschädlichen Umwandlungen
nach den UmwG oben Rdn. 382 ff.

die sperrfristbehafteten Anteile an der X-GmbH gemäß § 21 Abs. 1 S. 2 zu Buchwerten auf die C-GmbH (zweite Einbringung) gegen Gewährung von Anteilen an der C-GmbH.

Veräußert die B-GmbH anschließend die Anteile an der C-GmbH oder überträgt sie diese Anteile unentgeltlich (z.b. im Wege einer verdeckten Einlage) auf eine KapG oder Genossenschaft innerhalb der siebenjährigen Sperrfrist des § 22 Abs. 2, so liegt eine steuerschädliche unmittelbare Übertragung von sperrfristinfizierten Anteilen i.S.v. § 22 Abs. 2 S. 6 i.V.m. Abs. 1 S. 6 Nr. 5 vor. Rechtsfolge ist, dass A die stillen Reserven in den Anteilen an der X-GmbH zum Zeitpunkt der Einbringung nach Maßgabe von § 22 Abs. 2 rückwirkend als Einbringungsgewinn II zu versteuern hat.

301 Hinsichtlich der Frage, welche Vorgänge im Einzelnen als „Veräußerungen" bzw. „entgeltliche Übertragungen" i.S.v. Nr. 2 anzusehen sind, wird auf die Kommentierung oben zu § 22 Abs. 1 Rdn. 48 ff. verwiesen. Hinsichtlich der verschiedenen Formen steuerschädlicher unentgeltlicher Übertragungen auf KapG oder Genossenschaften i.S.v. Nr. 1 siehe oben Rdn. 262 ff. und 122 ff.

302 Nach der *Ausnahmeregelung in Nr. 5 letzter HS* i.V.m. Abs. 2 S. 6 können sperrfristinfizierte Anteile zu Buchwerten nach § 20 Abs. 2 S.2 bzw. § 21 Abs. 1 S. 2 steuerunschädlich übertragen werden (siehe auch unten Rdn. 310 ff.).

b) Steuerschädliche mittelbare Übertragungen
(Nr. 5 HS 2 i.V. m. Abs. 2 S. 6)

303 Insbesondere vor dem Hintergrund der möglichen steuerunschädlichen Weiterübertragungen sperrfristinfizierter Anteile wird nach *Nr. 5 HS 2* i.V.m. Abs. 2 S. 6 die Besteuerung eines Einbringungsgewinns II auch dann ausgelöst, wenn diese Anteile *mittelbar* veräußert bzw. nach Nr. 1 oder 2 unentgeltlich bzw. entgeltlich übertragen werden.

304 *Aus Sicht der Gesellschaft II* setzt dieses voraus, dass diese vorab die sperrfristinfizierten Anteile *ohne Auslösen einer Einbringungsgewinnbesteuerung* auf einen anderen Rechtsträger (Zwischengesellschaft) übertragen hat, an der sie übertragbare und wertvermittelnde Gesellschafts- oder Mitgliedschaftsrechte hält bzw. als Gegenleistung für die Übertragung erhält. Durch die nachfolgende steuerschädliche Übertragung oder Veräußerung dieser Beteiligung an der Zwischengesellschaft nach Nr. 1 oder 2 (jeweils i.V. m. Abs. 2 S. 6) wird die Besteuerung eines Einbringungsgewinns II aus der ersten Sacheinlage bzw. dem ersten Anteilstausch beim *Einbringenden* ausgelöst.

305 Zwischengesellschaft der Gesellschaft II kann hiernach (1) eine *PersG* sein, an der sie beteiligt ist und in die sie die sperrfristinfizierten Anteile steuerunschädlich *verdeckt einlegen* kann, soweit an dieser keine weitere KapG oder Genossenschaft beteiligt ist,[315] es kann sich hierbei (2) auch um eine weitere KapG oder Genossenschaft handeln, auf die sie die Anteile *steuerunschädlich zu Buchwerten* nach der Ausnahmeregelung in *Nr. 5 letzter HS*

---

315 Siehe ergänzend hierzu Rdn. 133.

i.V.m. Abs. 2 S. 6 entweder (a) durch Einbringungen nach § 20 Abs. 2 S. 2
bzw. § 21 Abs. 1 S. 2 oder (b) durch vergleichbare ausländische Vorgänge
oder (c) durch mit (a) und (b) vergleichbare Umwandlungen zu Buchwerten
nach *der Billigkeitsregelung in Tz. 22.23 UmwStE 2011* überträgt.[316]

Da Nr. 5 HS 2 i.V.m. Abs. 2 S. 6 nicht darauf abstellt, durch wen die mittel-   306
bare Übertragung erfolgt, werden auch steuerschädliche Übertragungen
sperrfristbehafteter Anteile nach Nr. 1 und 2 durch *Gesellschaften, die der
Gesellschaft II nachfolgen,* von der Regelung erfasst.[317] Dieses ist z.B. der
Fall, wenn die Zwischengesellschaft, auf welche sperrfristinfizierte Anteile
von der Gesellschaft II übertragen wurden, diese zunächst steuerunschädlich auf eine weitere Zwischengesellschaft II überträgt und anschließend die
Anteile an dieser veräußert (siehe auch das Beispiel unten Rdn. 309). Unabhängig davon, durch wen die steuerschädlichen Übertragungen erfolgen,
wird die Besteuerung eines Einbringungsgewinns II *beim Einbringenden
i.S.v. § 22 Abs. 2 S. 1* ausgelöst.

Keine mittelbare Veräußerung sperrfristinfizierter Anteile i.S.v. Nr. 5 HS 2   307
i.V.m. Abs. 2 S. 6 liegt vor, wenn *unmittelbare oder mittelbare Anteilseigner
des Einbringenden* i.S.v. § 22 Abs. 2 S. 1 ihre Anteile an der Gesellschaft I
veräußern oder nach Nr. 1 oder 2 steuerschädlich übertragen, da diese Anteile nicht auf die Einbringung sperrfristbehafteter Anteile beruhen (siehe
auch das Beispiel unten Rdn. 309).[318]

Wenn der *Einbringende i.S.v. § 22 Abs. 2 S. 1* seine Anteile an der überneh-   308
menden Gesellschaft i.S.v. § 22 Abs. 2 S. 1 veräußert hat, so führt dieses nach
§ 22 Abs. 2 S. 5 HS 1 dazu, dass nachfolgend ein Einbringungsgewinn II
nicht mehr ermittelt und besteuert wird (vgl. Rdn. 251 ff.). Eine unmittelbare
oder mittelbare Veräußerung sperrfristinfizierter Anteile liegt hierdurch nicht
vor, da es sich bei den Anteilen an der übernehmenden Gesellschaft i.S.v.
§ 22 Abs. 2 S. 1 nicht um sperrfristinfizierte Anteile handelt (siehe auch das
nachfolgende Beispiel).[319]

Zusammenfassendes Beispiel: 309
A und B sind Anteilseigner der gewerblichen A-KG, die sämtliche
Anteile an der X-GmbH hält. Die Anteile an der X-GmbH werden je-
weils zu Buchwerten gem. § 21 Abs. 1 S. 2 von der A-KG auf die
B-GmbH (erste Einbringung) und von der B-GmbH auf die C-GmbH
(zweite Einbringung) übertragen.

Die Anteile an der X-GmbH sind nach der ersten Einbringung nach
§ 22 Abs. 2 S. 1 sperrfristbehaftet. Die Weiterübertragung der sperrfristbehafteten Anteile durch die B-GmbH ist nach Nr. 2 i.V.m. Abs. 2
S. 6 steuerunschädlich. Die der B-GmbH für die Weiterübertragung
der Anteile gewährten Anteile an der C-GmbH sind i.S.v. Abs. 1 S. 6
Nr. 5 i.V.m. Abs. 2 S. 6 sperrfristinfiziert.

316 Siehe Fußnote zu Rdn. 249.
317 Ebenso *Stangl* in Rödder/Herlinghaus/van Lishaut, § 22 Rdn. 174 (Beispiel); a.A.
   Widmann in Widmann/Mayer, § 22 Rdn. 289.
318 Vgl. *Widmann* in Widmann/Mayer, § 22 Rdn. 290; *Stangl* in Rödder/Herlinghaus/
   van Lishaut, § 22 Rdn. 174 sowie ergänzend hierzu Rdn. 288.
319 Vgl. *Stangl* in Rödder/Herlinghaus/van Lishaut, § 22 Rdn. 174.

Nachfolgend werden die sperrfristinfizierten Anteile an der C-GmbH wiederum jeweils zu Buchwerten gem. § 21 Abs. 1 S. 2 und damit steuerunschädlich nach Abs. 1 S. 6 Nr. 5 letzter HS i.V.m. Abs. 2 S. 6 von der B-GmbH auf die D-GmbH (dritte Einbringung) und von der D-GmbH auf die E-GmbH (vierte Einbringung) übertragen.

Nach der jeweiligen Einbringung ergibt sich folgende Beteiligungsstruktur (siehe Abbildung 4).

Veräußern A und B ihre Anteile an der A-KG nach der zweiten, dritten oder vierten Einbringung, so werden hierdurch zwar mittelbar auch die sperrfristinfizierten Anteile an der C-GmbH veräußert, die veräußerten Anteile beruhen aber nicht auf der Einbringung sperrfristbehafteter Anteile, so dass der Vorgang keine Besteuerung eines Einbringungsgewinns II auslöst (siehe oben Rdn. 307). Bei einer gesellschafterbezogenen Betrachtungsweise entspr. Tz. 22.03 UmwStE 2011 müsste man die Veräußerung allerdings der A-KG zurechnen, so dass nach § 22 Abs. 2 S. 5 nachfolgend kein Einbringungsgewinn II mehr besteuert wird.

Veräußert die A-KG nach der ersten Einbringung ihre Anteile an der B-GmbH so liegt ebenfalls keine mittelbare Veräußerung sperrfristinfizierter Anteile vor. Nach § 22 Abs. 2 S. 5 HS 1 findet hiernach § 22 Abs. 2 S. 1 bis 4 keine Anwendung mehr (siehe oben Rdn. 308 und 251 ff.).

Veräußert nach der ersten Einbringung die B-GmbH ihre Anteile an der X-GmbH, so liegt eine unmittelbare Veräußerung sperrfristbehafteter Anteile i.S.v. § 22 Abs. 2 S. 1 vor. Werden die Anteile an der C-GmbH nach der zweiten Einbringung durch die B-GmbH, nach der dritten Einbringung durch die D-GmbH oder nach der vierten Einbringung durch die E-GmbH veräußert, so handelt es sich jeweils um steuerschädliche unmittelbare Veräußerungen sperrfristinfizierter Anteile i.S.v. Abs. 1 S. 6 Nr. 5 i.V.m. Abs. 2 S. 6. Die mittelbare Veräußerung durch die B-GmbH ist gleichzeitig nach § 22 Abs. 2 S. 1 steuerschädlich.

Steuerschädliche mittelbare Veräußerungen sperrfristinfizierter Anteile i.S.v. Abs. 1 S. 6 Nr. 5 i.V.m. Abs. 2 S. 6 liegen vor, wenn die B-GmbH nach der dritten oder vierten Einbringung die Anteile an der D-GmbH veräußert oder wenn die D-GmbH nach der vierten Einbringung die Anteile an der E-GmbH veräußert. Entspr. gilt, wenn nach der vierten Einbringung die D-GmbH die Anteile an der E-GmbH veräußert.

c) Steuerunschädliche Ketteneinbringungen
(Nr. 5 letzter HS i.V. m. Abs. 2 S. 6)

310 Nach der Ausnahmeregelung des Nr. 5 letzter HS i.V.m. Abs. 2 S. 6 können sperrfristinfizierte Anteile durch die übernehmende Gesellschaft der ersten Einbringung (Gesellschaft I) und durch jede ihr nachfolgende KapG oder Genossenschaft (beliebig oft) auf andere KapG oder Genossenschaften übertragen werden (Ketteneinbringungen), wenn jeweils nachgewiesen wird, dass die Einbringungen *zu Buchwerten* erfolgt sind.

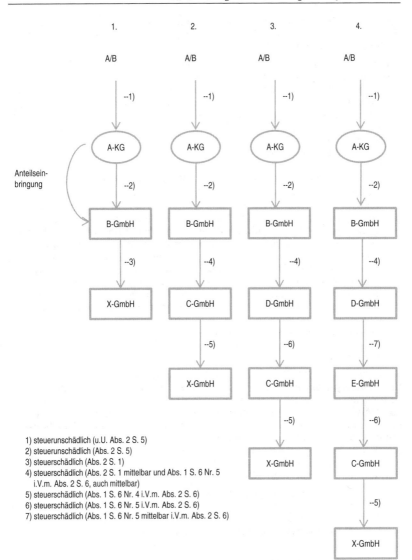

1) steuerunschädlich (u.U. Abs. 2 S. 5)
2) steuerunschädlich (Abs. 2 S. 5)
3) steuerschädlich (Abs. 2 S. 1)
4) steuerschädlich (Abs. 2 S. 1 mittelbar und Abs. 1 S. 6 Nr. 5
   i.V.m. Abs. 2 S. 6, auch mittelbar)
5) steuerschädlich (Abs. 1 S. 6 Nr. 4 i.V.m. Abs. 2 S. 6)
6) steuerschädlich (Abs. 1 S. 6 Nr. 5 i.V.m. Abs. 2 S. 6)
7) steuerschädlich (Abs. 1 S. 6 Nr. 5 mittelbar i.V.m. Abs. 2 S. 6)

Abbildung 4: Steuerschädlichkeit von Veräußerungen nach § 22 Abs. 2 ggf. i.V.m. § 22 Abs. 1 S.6

311 Die Weiterübertragung muss hierbei jeweils durch Einbringungen zu Buchwerten nach § 20 Abs. 2 S. 2 oder § 21 Abs. 1 S. 2 bzw. durch vergleichbare ausländische Vorgänge erfolgen.[320]

312 Die für die Weiterübertragung gewährten Anteile sind jeweils ebenfalls sperrfristinfiziert und behalten diesen Status so lange, bis die siebenjährige Frist für die sperrfristbehafteten „eingebrachten Anteile" i.S.v. § 22 Abs. 2 S. 1, deren Weiterübertragung zur Sperrfristinfizierung geführt hat, abgelaufen ist, es sei denn, es wurde vorher durch Veräußerungen oder die Realisierung von Tatbestanden i.S.d. § 22 Abs. 1 S. 6 bereits die (vollständige) Besteuerung eines Einbringungsgewinns II ausgelöst oder ein Tatbestand i.S.v. § 22 Abs. 2 S. 5 realisiert.

d) Kettenübertragungen unter Anwendung der Billigkeitsregelung

313 Bei Ketteneinbringungen kann jede Gesellschaft, auf die zuvor nach § 22 Nr. 5 letzter HS i.V.m. Abs. 2 S. 6 sperrfristinfizierte Anteile übertragen wurden, nach Tz. 22.23 UmwStE 2011 einen Erlassantrag stellen, bei dessen Bewilligung diese Anteile zumindest einmalig wiederum steuerunschädlich durch mit dieser Ausnahmeregelung vergleichbare *Umwandlungen zu Buchwerten* auf eine KapG oder Genossenschaft weiter übertragen werden können.[321] Inwieweit die übertragenen Anteile nachfolgend ein weiteres Mal *nach Nr. 5 letzter HS i.V. m Abs. 2 S. 6.* steuerunschädlich übertragen werden dürfen, lässt sich Tz. 22.23 UmwStE 2011 nicht explizit entnehmen. Allerdings unterstellt die Billigkeitsregelung, dass die Anteile nach der Umwandlung weiterhin nach § 22 Abs. 2 sperrfristinfiziert bleiben,[322] was die Möglichkeit der weiteren Anwendung dieser Ausnahmeregelung auf diese Anteile einschließt. Maßgeblich sind aber letztlich die Bestimmungen des Erlassbescheides.

314 Nach den in Tz. 22.23 UmwStE 2011 genannten Bedingungen gelten mit Einverständnis der Antragsteller nach Bewilligung eines Erlassantrages *alle* Anteile an den Gesellschaften, die sperrfristinfizierte Anteile im Rahmen von Umwandlungen zu Buchwerten übernommen haben, in entspr. Anwendung von Nr. 5 i.V.m. Abs. 2 S. 6 als sperrfristinfiziert.[323] Die entspr. Anwendung dieser Ausnahmeregelung schließt ebenfalls die Möglichkeit mit ein, diese Anteile wiederum nach dieser Ausnahmeregelung steuerunschädlich weiter zu übertragen, soweit im konkreten Erlassbescheid diese Weiterübertragungsmöglichkeit nicht ausgeschlossen wurde.

315 Sollen die nach der Billigkeitsregelung steuerunschädlich übertragenen sperrfristinfizierten Anteile innerhalb der siebenjährigen Sperrfrist erneut durch *erlassgeeignete Umwandlungen zu Buchwerten* übertragen werden, so ist hierfür ein erneuter Erlassantrag erforderlich.

---

320 Vgl. *Stangl* in Rödder/Herlinghaus/van Lishaut, § 22 Rdn. 173; *Widmann* in Widmann, § 22 Rdn. 303; Tz. 22.23 UmwStE 2011.

321 Siehe zu den Voraussetzungen der Anwendung der Billigkeitsregelung oben Rdn. 340 ff. und zu den hiernach möglichen steuerunschädlichen Umwandlungen nach dem UmwG oben Rdn. 382 ff.

322 Nach der hier vertretenen Auffassung sind die Anteile nach der Umwandlung nicht mehr nach § 22 Abs. 2 sperrfristbehaftet, siehe i.E. hierzu unten Rdn. 360 ff.

323 Siehe hierzu auch unten Rdn. 364 ff.

e) Nachweispflichten und vertragliche Absicherung

Nach dem Wortlaut des Nr. 5 letzter HS („er weist nach") ist unklar, wer auf *316*
Grund der nach § 22 Abs. 2 S. 6 entspr. Anwendung der Nr.
5 letzter HS den Nachweis zu erbringen hat, dass die Weiterübertragung der sperrfristinfizierten Anteile zu Buchwerten erfolgt. Auf Grund der entspr. Anwendung
tritt zwar gedanklich grds. die übernehmende Gesellschaft I an die Stelle
des Einbringenden. Dieses gilt aber nicht hinsichtlich der nachweispflichtiger Person. Da der Einbringende i.S.v. § 22 Abs. 2 S. 1 ggf. den Einbringungsgewinn II bei fehlendem Nachweis zu versteuern hätte, ist dieser
nachweispflichtig.[324]

Bei ausländischen Vorgängen muss der Einbringende gegenüber seinem *317*
zuständigen Finanzamt auch den Nachweis über die *Möglichkeit* einer
Buchwertfortführung und über die *Vergleichbarkeit* der anwendbaren ausländischen Vorschriften mit denen der §§ 20, 21 erbringen.[325] Bei einer Umwandlung nach ausländischem Recht, für die ein Erlassantrag nach
Tz. 22.23 UmwStE 2011 gestellt werden soll, ist der Nachweis zu führen,
dass diese Umwandlung mit erlassgeeigneten Umwandlungen nach deutschem Recht vergleichbar ist.

Hinsichtlich der Art der möglichen Nachweise siehe oben Rdn. 145, hin *318*
sichtlich der erforderlichen vertraglichen Absicherungen siehe oben
Rdn. 296.

XIII. Wegfall der Voraussetzungen des § 1 Abs. 4
(§ 22 Abs. 2 S. 6 HS 2)

Die Besteuerung eines Einbringungsgewinns II wird nach § 22 Abs. 2 S. 6 *319*
HS 2 auch ausgelöst, wenn und soweit bei folgenden Personen die Voraussetzungen des § 1 Abs. 4 (EU- bzw. EWR-Bezug) innerhalb der siebenjährigen Sperrfrist nicht mehr erfüllt sind:

(1) bei der *übernehmenden Gesellschaft* i.S.v. § 22 Abs. 2 S. 1,
(2) bei den Gesellschaften und ihr nachfolgende Gesellschaften, die jeweils
    sperrfristbehaftete Anteile durch nicht steuerunschädliche Übertragungen
    nach *§ 22 Abs. 1 S. 6 Nr. 4* i.V.m. Abs. 2 S. 6 von der übernehmenden
    Gesellschaft i.S.v. § 22 Abs. 2 S. 1 – ggf. im Rahmen von Ketteneinbringungen – übernommen haben,
(3) bei den natürlichen oder juristischen Person, die *mitverstrickte Anteile*
    i.S.v. § 22 Abs. 7 aus der Verlagerung von stillen Reserven von eingebrachten Anteilen halten.[326] Dieses sind Anteile, auf die stille Reserven
    von sperrfristbehafteten Anteilen verlagert wurden, die die in (1) bis (4)
    genannten Personen halten, d.h. auch die Anteile, auf die stille Reserven
    von hiernach mitverstrickten Anteilen weiter verlagert werden.
(4) bei den *unentgeltlichen Rechtsnachfolgern* der unter (1) bis (4) genannten Personen (daher auch die Rechtsnachfolger der Rechtsnachfolger),

---

324 So auch *Widmann* in Widmann/Mayer, § 22 Rdn. 300 und Rdn. 235.
325 Vgl. *Widmann* in Widmann/Mayer, § 22 Rdn. 273 und Rdn. 235.
326 Vgl. Tz. 22.44 i.V.m. Tz. 22.42 UmwStE 2011.

soweit die Rechtsnachfolge ohne Einbringungsgewinnbesteuerung erfolgte (vgl. Tz. 22.27 UmwStE 2011).

320 Nach Tz. 22.23 UmwStE 2011 gilt (2) auch für Gesellschaften und deren Nachfolgegesellschaften, auf die sperrfristbehaftete Anteile durch Umwandlungen zu Buchwerten entspr. § 22 Abs. 1 S. 6 Nr. 4 i.V.m. Abs. 2 S. 6 nach *der Billigkeitsregelung* ohne Einbringungsgewinnbesteuerung übertragen wurden sowie, in *entspr. Anwendung* von § 22 Abs. 2 S. 6 HS 2, für die Gesellschaften, die in solchen Fällen *ersatzweise sperrfristbehaftete Anteile* halten, weil die originär sperrfristbehafteten Anteile durch die Umwandlung untergegangen sind.[327] Hiernach führt auch der Wegfall der Voraussetzungen des § 1 Abs. 4 bei diesen Gesellschaften ebenfalls zu einer Einbringungsgewinnbesteuerung nach § 22 Abs. 2 S. 6 HS 2 (ggf. analog).[328]

Der Wegfall der Voraussetzungen des § 1 Abs. 4 *beim Einbringenden* i.S.v. § 22 Abs. 2 S. 1 löst *keine* Besteuerung eines Einbringungsgewinns II aus.[329]

321 Hauptanwendungsfälle des Wegfalls der Voraussetzungen nach § 1 Abs. 4 ist die Verlegung des Wohnsitzes bzw. Sitzes oder Ortes der Geschäftsleitung der o.g. übernehmenden Personen oder Gesellschaften aus dem Gebiet der EU/EWR oder die Änderung eines DBA (vgl. Tz. 22.27 UmwStE 2011). Bei PersG sind die Verhältnisse bei deren Gesellschaftern maßgeblich (siehe hierzu Rdn. 213).[330]

XIV. Erhöhung der Anschaffungskosten der auf Weitereinbringungen beruhenden Anteile (§ 22 Abs. 1 S. 7 i.V. m. Abs. 2 S. 7)

322 Nach § 22 Abs. 2 S. 7 i.V.m. Abs. 1 S. 7 erhöht der bei einer schädlichen Veräußerung der sperrfristbehafteten eingebrachten Anteile entstehende Einbringungsgewinn II auch die Anschaffungskosten der auf einer „Weitereinbringung dieser Anteile zum Buchwert nach § 20 Abs. 1 und § 21 Abs. 1 S. 2 beruhenden Anteile". Hierbei handelt es sich zum einen um Anteile i.S.v. § 22 Abs. 1 S. 6 Nr. 5 i.V.m. Abs. 2 S. 6, die dafür gewährt wurden, dass die übernehmende Gesellschaft die eingebrachten (sperrfristbehafteten) Anteile i.S.v. § 22 Abs. 2 S. 1 nach Abs. 1 S. 6 Nr. 2 HS 2 i.V.m. Abs. 2 S. 6 steuerschädlich weiter übertragen hat. Hierzu gehören auch die Anteile, die dafür gewährt wurden, dass die übernehmende Gesellschaft bzw. ihr nachfolgende Gesellschaften *die für die Weiterübertragung jeweils gewährten Anteile* steuerunschädlich nach Abs. 1 S. 6 Nr. 5 letzter HS i.V.m. Abs. 2 S. 6 weiter übertragen. Ferner gehören hierzu die Anteile, die gewährt werden, wenn *die Gesellschaft, auf die sperrfristbehaftete Anteile übertragen wurden* und ihr nachfolgende Gesellschaften diese Anteile im

---

327 Siehe zu diesen Anteilen auch unten Rdn. 371.
328 Nach der hier vertretenen Auffassung findet nach der Umwandlung allerdings § 22 Abs. 2 S. 6 HS 2 auf die übertragenen bzw. die ersatzweise sperrfristbehafteten Anteile keine (ggf. auch keine analoge) Anwendung mehr, siehe hierzu i.E. Rdn. 359 ff. und Rdn. 364 ff.
329 *Widmann* in Widmann/Mayer, § 22 Rdn. 306.
330 Siehe ergänzend hierzu Rdn. 215 ff.

Rahmen von Kettenübertragungen steuerunschädlich nach Abs. 1 S. 6 Nr. 4 letzter HS i.V.m. Abs. 2 S. 6 weiter übertragen. Alle o.g. Anteile sind sperrfristbehafteten ("sperrfristinfiziert").

Bei einer Realisierung eines Einbringungsgewinns II werden infolge der „Durchstockung" der nachträglichen Anschaffungskosten über die gesamte Beteiligungskette diese Anteile so gestellt, als wenn die ursprüngliche Sacheinlage (vor den Kettenübertragungen) zum gemeinen Wert erfolgt wäre.[331]

D. Verhältnis von § 22 Abs. 1 zu § 22 Abs. 2

Werden sperrfristbehaftete Anteile i.S.v. § 22 Abs. 1, die der Einbringende für eine Sacheinlage unter dem gemeinen Wert nach § 20 Abs. 2 S. 2 in eine KapG oder Genossenschaft (Gesellschaft I) erhalten hat, von diesem durch eine zweite, nach § 22 Abs. 1 S. 6 Nr. 2 HS 2 steuerunschädliche Sacheinlage zum Buchwert nach § 20 Abs. 2 S. 2 oder im Rahmen eines qualifizierten Anteilstausches nach § 21 Abs. 1 S. 2 auf eine weitere KapG oder Genossenschaft (Gesellschaft II) übertragen und veräußert die übernehmende Gesellschaft II die eingebrachten Anteile, so löst dieses die Besteuerung eines Einbringungsgewinns I nach § 22 Abs. 1 S. 6 Nr. 4 HS 2 aus. Gleichzeitig wird durch den Verkauf der Anteile aus der zweiten Einbringung die Besteuerung eines Einbringungsgewinns II nach § 22 Abs. 2 S. 1 ausgelöst. In diesem Fall stellt sich die Frage nach dem Verhältnis des § 22 Abs. 1 zu § 22 Abs. 2. | 323

Die Rechtsfolgen ergeben sich aus der zeitlichen Reihenfolge der Einbringungen. Zunächst sind daher die Rechtsfolgen aus der Besteuerung des Einbringungsgewinns I zu ziehen (einschließlich der nachträglichen Erhöhung der Anschaffungskosten der erhaltenen Anteile nach § 22 Abs. 1 S. 4 und ggf. des Ansatzes des Erhöhungsbetrages bei der Gesellschaft I nach § 23 Abs. 2) und anschließend die Rechtsfolgen aus der Besteuerung des Einbringungsgewinns II.[332] | 324

Beispiel: | 325

A bringt einen Betrieb zum Buchwert von TEUR 200 (gemeiner Wert: TEUR 500) nach § 20 Abs. 2 S. 2 gegen Gewährung eines Anteils in die X-GmbH zum steuerlichen Übertragungsstichtag 31.12.01 ein. Am 30.06.02 überträgt A den für die Einbringung erhaltenen, sperrfristbehafteten Anteil an der X-GmbH im Rahmen eines Anteilstausches zum Buchwert nach § 21 Abs. 1 S. 2 auf die B-GmbH. Die Übertragung des sperrfristbehafteten Anteils ist nach § 22 Abs. 1 S. 6 Nr. 2 HS 2 steuerunschädlich i.S.v. § 22 Abs. 1. Der gemeine Wert des Anteils an der X-GmbH beträgt zum 30.06.02 TEUR 600.

Die B-GmbH veräußert den Anteil an der X-GmbH am 25.11.02 für TEUR 650. Durch die Veräußerung des Anteils an der X-GmbH wird die Besteuerung eines Einbringungsgewinns I i.H.v. TEUR 300 (Differenz zwischen dem Buchwert und dem gemeinen Wert des Betrie-

---

331 Siehe hierzu auch das Beispiel in Tz. 22.25 UmwStE 2011.
332 Vgl. u.a. *Patt* in Dötsch/Patt/Pung/Möhlenbrock, § 22 Rdn. 83; *Stangl* in Rödder/Herlinghaus/van Lishaut, § 22 Rdn. 179.

bes zum Einbringungszeitpunkt) nach § 22 Abs. 1 S. 6 Nr. 4 HS 2 ausgelöst. A hat den Gewinn als Gewinn i.s.v. § 16 EStG zu versteuern.

Der Einbringungsgewinn I erhöht gem. § 22 Abs. 1 S. 4 die Anschaffungskosten des Anteils des A an der X-GmbH von TEUR 200 um TEUR 300 auf TEUR 500.

Daneben entsteht durch die Veräußerung der Anteile an der X-GmbH ein Einbringungsgewinn II gem. § 22 Abs. 2 S. 1:

Gemeiner Wert der Anteile an der X-GmbH zum Zeitpunkt der Einbringung in die B-GmbH	600 TEUR
Anschaffungskosten des Anteils an der X-GmbH (nach Aufstockung durch den Einbringungsgewinn I)	./. 500 TEUR
Einbringungsgewinn II	100 TEUR

Der Einbringungsgewinn II ist von A als Veräußerungsgewinn nach § 17 EStG zu versteuern. Der Gewinn unterliegt dem Teileinkünfteverfahren nach § 3 Nr. 40 EStG. Die Anschaffungskosten des A an der B-GmbH erhöhen sich nach § 22 Abs. 2 S. 4 durch den Einbringungsgewinn II von TEUR 500 auf TEUR 600.

E. Übertragungen sperrfristbehafteter Anteile durch Umwandlungen

I. Gesetzliche Ausgangslage

326 Übertragungen sperrfristbehafteter Anteile gegen Gewährung von Gesellschaftsrechten lösen als „Veräußerungen" i.s.v. § 22 (siehe zum Begriff oben Rdn. 48) auch dann die Besteuerung eines Einbringungsgewinns aus, wenn nach den ertragsteuerrechtlichen Vorschriften *die Buchwerte fortgeführt* werden dürfen und somit durch die Übertragung kein Veräußerungsgewinn beim Einbringenden entsteht.[333] Denn die Buchwertfortführung betrifft lediglich die Bewertung des hingegebenen Vermögens und der hierfür erhaltenen Anteile und nimmt der Übertragung nicht ihren Charakter als entgeltlichen Vorgang.[334] Auch eine Übertragung im Wege der *Gesamtrechtsnachfolge* schließt einen Veräußerungsvorgang nicht aus.[335] Dementsprechend führt nach Tz. 22.23 UmwStE 2011 grds. auch jede Übertragung sperrfristbehafteter Anteile durch Umwandlungen zu Buchwerten zu einer steuerschädlichen Veräußerung i.s.v. § 22 Abs. 1 und 2, soweit nicht die Ausnahmeregelungen in § 22 Abs. 1 S. 6 Nr. 2, 4 und 5 (ggf. i.V.m. Abs. 2 S. 6) Anwendung finden.

327 Hierdurch hat sich die Rechtslage für den Einbringenden im Vergleich zum UmwStG 1995 erheblich verschlechtert. Denn nach § 21 UmwStG 1995 führt

---

333 Vgl. Tz. 22.07 UmwStE 2011.
334 Vgl. *Stangl* in Rödder/Herlinghaus/van Lishaut, § 22 Rdn. 26; *Patt* in Dötsch/Patt/Pung/Möhlenbrock, § 22 Rdn. 33.
335 Vgl. z.B. BFH vom 15.10.1997, I R 22/96, BStBl. II 1998, 168.

die Übertragung einbringungsgeborener Anteile zu Buchwerten gegen Gewährung von Gesellschaftsrechten zu keiner Besteuerung des Einbringenden, weil hierdurch kein Veräußerungsgewinn realisiert wird.

Dieses hat in der Literatur vor der Veröffentlichung des UmwStE 2011 zu Recht zu heftigen Diskussionen und zu verschiedenen Versuchen geführt, den Begriff „Veräußerung" i.S.v. § 22 Abs. 1 S. 1 oder den Tatbestand der „entgeltlichen Übertragung" i.S.v. § 22 Abs. 1 S. 6 Nr. 2 in der Weise auszulegen, dass im Ergebnis Übertragungen sperrfristbehafteter Anteile zu Buchwerten gegen Gewährung von Gesellschaftsrechten keine steuerschädlichen Veräußerungen i.S.v. § 22 darstellen.[336]   *328*

Die Möglichkeiten einer dem Zweck der Vorschrift entspr. Auslegung, nach der Übertragungen sperrfristbehafteter Anteile zu Buchwerten generell nach § 22 steuerunschädlich sind, sind aber angesichts des eindeutigen Wortlauts des § 22 Abs. 1 S. 1 bzw. Abs. 1 S. 6 Nr. 2, wonach „Veräußerungen" bzw. „entgeltliche Übertragungen" eine Einbringungsgewinnbesteuerung auslösen, begrenzt. Eine gesetzesimmanente Rechtsfortbildung würde eine planwidrige Unvollständigkeit der Regelung voraussetzen. Hiergegen spricht, dass der Gesetzgeber durch die in den § 22 Abs. 1 S. 6 Nr. 2, 4 und 5 normierten Ausnahmen einzelne entgeltliche Übertragungen zu Buchwerten gegen Gewährung von Gesellschaftsrechten explizit als steuerunschädlich behandelt. Auch aus der Gesetzesbegründung ergibt sich, dass es dem Willen des Gesetzgebers entsprach, Umwandlungen, wie Abspaltungen, als steuerschädliche Veräußerungen zu behandeln.[337]   *329*

Der Gesetzgeber hat hierdurch aber für die Fälle der Übertragung sperrfristbehafteter Anteile durch Umwandlungen eine wesentliche Zielsetzung des UmwStG aufgegeben, die darin besteht, Steuerbelastungen betriebswirtschaftlich gebotener und handelsrechtlich möglicher Umstrukturierungen zu vermeiden.[338]   *330*

Die Einschränkung der Möglichkeiten, über die Ausnahmevorschriften in § 22 Abs. 1 S. 6 Nr. 2, 4 und 5 (ggf. i.V.m. Abs. 2 S. 6) hinaus sperrfristbehaftete Anteile steuerunschädlich durch Umwandlungen zu Buchwerten weiter zu übertragen, ist insoweit unverhältnismäßig, als die mit § 22 angestrebte Vermeidung des Missbrauchs steuerrechtlicher Gestaltungsmöglichkeiten keine derartige Einschränkung erfordert. Zwar ist der Steuergesetzgeber nicht verpflichtet, durch eine Regelung alle fassbaren Gruppen zu berücksichtigen, er sollte aber im Rahmen der notwendigen Pauschalisierung alle *typischen Sachverhalte* erfassen, um für eine möglichst große Gruppe von Steuerpflichtigen angemessene Regelungen zu treffen, so dass nur für atypische Einzelfälle Härten verbleiben.[339] § 22 in seiner derzeitigen Fassung wird dieser Anforderung insoweit nicht gerecht, als von der Einschränkung der Möglichkeiten steuerunschädlicher Übertragungen sperr-   *331*

---

336 Vgl. statt vieler *Stangl*, Ubg 2009, 698 m.w.N.; *Widmann* in Widmann/Mayer, § 22 Rdn. 142 ff.; *Kutt/Jehke*, BB 2010, 474 ff.

337 Vgl. BT-Drs. 16/2710, 47.

338 So die Begründung zum Gesetzentwurf des UmwStG 1995, BT-Drs. 12/6885, 14.

339 Vgl. z.B. BVerfG vom 07.12.1999, 2 BvR 301/98, DB 1999, 2610; BFH vom 24.02.2000, III R 59/98, BStBl. 2000, 273.

fristbehafteter Anteile auf Vorgänge nach §§ 20, 21 nicht nur einzelne Här-
tefälle betroffen sind, sondern die gesamte Gruppe derjenigen, die diese
Anteile aus wirtschaftlichen Gründen durch Umwandlungen zu Buchwerten
übertragen müssen, die nicht unter diese gesetzlichen Ausnahmeregelungen fallen. Der Einschränkung der Dispositionsmöglichkeiten kommt insofern ein besonderes Gewicht zu, als der Belastung der betroffenen Steuerpflichtigen aus der potenziellen Besteuerung eines Einbringungsgewinns
bei Übertragungen gegen Gewährung von Gesellschaften kein entspr. Zufluss an liquiden Mitteln gegenüber steht.

332 Durch eine Gesetzesänderung, die generell steuerunschädliche Übertragungen sperrfristbehafteter Anteile zu Buchwerten ermöglicht, könnte die
Typengerechtigkeit der Vorschrift wieder hergestellt werden. Die Ausnahmeregelungen in § 22 Abs. 1 S. 6 Nr. 2, 4 und 5 zeigen hierbei Regelungs-
mechanismen zur Sicherstellung der Einbringungsgewinnbesteuerung bei
der Übertragung sperrfristbehafteter Anteile zu Buchwerten auf, die in
leicht abgewandelter Form grds. auch für (andere) Umwandlungen geeignet
wären.

II. Die Billigkeitsregelung in Tz. 22.23 UmwStE 2011

333 Als Reaktion auf die Kritik in der Literatur hat die Finanzverwaltung in
Tz. 22.23 UmwStE 2011 Voraussetzungen benannt, bei deren Vorliegen auf
Antrag aus *„Billigkeitsgründen im Einzelfall"* bei Übertragungen sperrfristbehafteter Anteile durch *Umwandlungen zu Buchwerten*, die mit den Ausnahmevorschriften des § 22 Abs. 1 S. 6 Nr. 2, 4 und 5 vergleichbar sind, „von
einer Besteuerung eines Einbringungsgewinns abgesehen werden kann."
Gewollt ist hierbei wohl, dass die auf der Grundlage eines bewilligten Erlassantrages übertragenen sperrfristbehafteten Anteile auch nach der Umwandlung nach § 22 *sperrfristbehaftet bleiben.*[340]

334 Die *Rechtsgrundlage* dieser Billigkeitsregelung ist allerdings unklar. Nach
§ 35 AO entstehen die Ansprüche aus dem Steuerverhältnis, sobald der Tatbestand verwirklicht ist, an den das Gesetz die Leistungspflicht knüpft.
Nach § 85 S. 1 AO hat die Finanzverwaltung die Steuern nach Maßgabe der
Gesetze festzulegen. Sie kann wegen des u.a. aus Art. 20 Abs. 3 GG abge-
leiteten verfassungsrechtlichen Grundsatzes des Gesetzesvorbehalts des
Verwaltungshandelns nur auf der Grundlage eines Gesetzes auf die Besteuerung verwirklichter Steuertatbestände verzichten.[341] Ansonsten hat die Finanzverwaltung auch zugunsten der Steuerpflichtigen keinen Spielraum
sich über anzuwendendes Recht hinwegzusetzen.[342]

335 Tz. 22.23 UmwStE 2011 enthält keine Angaben darüber, aufgrund welcher
Gesetzesgrundlage die Billigkeitsregelung getroffen wurde. Nach § 163 S. 1

---

340 Dieses ergibt sich bereits daraus, dass durch die Umwandlung nach Tz. 22.23
UmwStE 2011 keine Statusverbesserung eintreten soll.
341 Vgl. *Rüsken* in Klein, AO, § 163 Rdn. 6c.
342 Vgl. BVerfG vom 22.06.1995, 2 BvL 37/91, BStBl. II 1995, 655; unter diesem Aspekt hat das FG München im Urteil vom 12.12.2002, 1K 4487/06, DStR 2008,
1687, bereits den sog. Sanierungserlass des BMF vom 27.03.2003 wegen fehlender Rechtsgrundlage als rechtswidrig angesehen.

AO, dem Teile der Literatur die Billigkeitsregelung zuordnen[343], können steuererhöhende Besteuerungsgrundlagen, wie hier die grds. nach § 22 Abs. 1 und 2 steuerschädliche entgeltliche Übertragung sperrfristbehafteter Anteile durch Umwandlungen im Festsetzungsverfahren aus sachlichen Billigkeitsgründen unberücksichtigt bleiben. Allerdings führt dieses nach § 47 AO zum Erlöschen des Steueranspruchs. Da der Veräußerungstatbestand i.S.v. § 22 erfüllt ist, ist nachfolgend § 22 nicht mehr anwendbar.[344] Die *übertragenen sperrfristbehafteten Anteile* sind nach der hier vertretenen Ansicht daher unabhängig von der Gewährung eines Erlasses nach der Umwandlung *nicht mehr i.S.v. § 22 sperrfristbehaftet.* Gleiches gilt bei einer Stundung des Steueranspruchs nach § 222 AO oder einem Erlass nach § 163 S. 2 AO, der ebenfalls Stundungscharakter hat, da hiernach mit Zustimmung des Steuerpflichtigen steuererhöhende Besteuerungsgrundlagen erst zu einem späteren Zeitpunkt berücksichtigt werden können.

Billigkeitsmaßnahmen nach Tz. 22.23 UmwStE 2011 stellen eine Kombination aus einer Stundung der Steuer auf den Einbringungsgewinn (bis zum Ablauf der siebenjährigen Sperrfrist i.S.v. § 22 Abs. 1 und 2) und einem Steuererlass (nach Ablauf der Sperrfrist, wenn während der Zeit der Stundung kein entsprechend § 22 Abs. 1 oder 2 steuerschädlicher Tatbestand erfüllt wird bzw. vor Ablauf, soweit die Anwendung der Siebtelregelung zu einem teilweisen Steuererlasse führt) dar, für die die AO keine adäquate Rechtsgrundlage bietet. — 336

Es stellt sich im Hinblick auf die Zielsetzung der Billigkeitsregelung die Frage, ob trotz der begrenzten Auslegungsspielräume eine vorrangige, gesetzeskorrigierende Auslegung des § 22 (siehe oben Rdn. 329) unter Berücksichtigung der o.g. Aspekte zu einer passenderen Lösung geführt hätte. Billigkeitsmaßnahmen sollen grds. die sich aus gesetzlichen Regelungen ergebende Unbilligkeit in atypischen Einzelfällen ausgleichen[345] und sind für eine Reparatur eines Gesetzes nicht gedacht und – zumindest auf Dauer – auch nicht geeignet. — 337

Tz. 22.23 UmwStE 2011 soll vorgeblich zwar nur in „Einzelfällen" anwendbar sein, betrifft aber die (typische) Fallgruppe umwandlungsbedingter Übertragungen sperrfristbehafteter Anteile zu Buchwerten, die ohne diese Billigkeitsregelung nach § 22 steuerschädlich wären. Die Steuerunschädlichkeit dieser Übertragungen wird aber auf diesem Wege nicht durch gesetzliche, gerichtlich überprüfbare und durchsetzbare konkrete Tatbestände, sondern durch eine Ermessensvorschrift geregelt, deren Handhabung nur einer beschränkten gerichtlichen Kontrolle unterliegt und hinsichtlich der fraglich ist, ob hierfür eine geeignete Gesetzesgrundlage besteht. Die in Tz. 22.23 UmwStE 2011 genannten Voraussetzungen ihrer Anwendung sind allgemein gehalten und entsprechen damit in ihrem Konkretisierungsgrad trotz der geforderten und weitgehend bestehenden Vergleichbarkeit der in — 338

---

343 Vgl. *Drüen*, DStR 2012, Beihefter zu Heft 2, 22 (23); *Schneider/Rodenburg* in Schneider/Ruoff/Sistermann, UmwStE-Erlass 2011, H. 22.49.; *Stangl* in Rödder/ Herlinghaus/van Lishaut, § 22 Rdn. 57a.

344 Vgl. *Widmann* in Widmann/Mayer, § 22 Rdn. 191.

345 Vgl. z.B. BFH vom 09.09.1994, III R 17/93, BStBl. 1995, 8.

Betracht kommenden Umwandlungsvorgänge mit den ausnahmsweise steuerunschädlichen Übertragungen sperrfristbehafteter Anteile nach § 22 Abs. 1 S. 6 Nr. 2, 4 und 5 nicht den gesetzlichen Bedingungen für die Anwendung dieser Ausnahmevorschriften.[346]

339 Die Billigkeitsregelung entfaltet mittelbar nach den Grundsätzen der *Selbstbindung der Verwaltung* in der Art und Weise der tatsächlichen Anwendung nur dann eine bindende Außenwirkung, wenn man davon ausgeht, dass sie auf der Grundlage einer geeigneten Gesetzesgrundlage erfolgt (keine Gleichheit im Unrecht). Sie bietet auch dem Steuerpflichtigen keine Planungssicherheit, denn auch bei Erfüllung der in Tz. 22.23 UmwStE 2011 genannten Voraussetzungen ergibt sich zunächst nur die grds. Erlassgeeignetheit der Maßnahme. Ein Anspruch auf Gewährung eines Erlasses ergibt sich hieraus nicht. Unter diesen Aspekten sollte die Billigkeitsregelung so bald wie möglich durch eine entspr. gesetzliche Regelung abgelöst werden.

III. Voraussetzungen für die Anwendung der Billigkeitsregelung

340 Nach Tz. 22.23 UmwStE 2011 können sperrfristbehaftete Anteile nur dann im Billigkeitswege durch Umwandlungen zu Buchwerten ohne Einbringungsgewinnbesteuerung übertragen werden, wenn zumindest die nachfolgend genannten Voraussetzungen vorliegen.

1. Übereinstimmender Erlassantrag

341 Nach Tz. 22.23 UmwStE 2011 müssen „alle Personen, bei denen ansonsten infolge des Umwandlungsvorgangs ein Einbringungsgewinn rückwirkend zu versteuern wäre", d.h. grds. alle „Einbringenden" i.s.v. § 22 Abs. 1 bzw. 2 einen *übereinstimmenden* Erlassantrag stellen. Bei einer PersG als Einbringende (siehe hierzu auch oben Rdn. 28 und 62 f.) ist die Einkommens- bzw. Körperschaftsteuer auf den Einbringungsgewinn auf der Ebene der Gesellschafter zu versteuern, so dass auch diese, sowie bei doppelstöckigen PersG, auch deren Gesellschafter, den Antrag stellen müssen. Bei einer körperschaftsteuerlichen Organschaft, bei der die Organgesellschaft „Einbringende" ist, muss auch der Organträger, bei dem der Einbringungsgewinn zu besteuern wäre, den Antrag stellen. Da bei einer unentgeltlichen Rechtsnachfolge i.S.d. § 22 Abs. 6 der Rechtsvorgänger den Einbringungsgewinn zu besteuern hat (siehe Rdn. 475), muss dieser den Erlassantrag stellen[347]. Soweit für die Übertragung mitverstrickter Anteile i. S. d. § 22 Abs. 7 ein Erlassantrag gestellt werden soll, ist der Antrag vom ursprünglich Einbringenden zu stellen, da der Einbringungsgewinn bei ihm zu versteuern wäre. (siehe Rdn. 498).[348]

---

346 Siehe zu den Voraussetzungen i.E. nachfolgend Rdn. 340 ff.
347 Vgl. *Stangl* in Rödder/Herlinghaus/van Lishaut, § 22 Rdn. 57e; *Schneider/Roderburg* in Schneider/Ruoff/Sistermann, UmwSt-Erlass 2011, H 22.52.
348 Vgl. *Stangl* in Rödder/Herlinghaus/van Lishaut, § 22 Rdn. 57e; *Schneider/Roderburg* in Schneider/Ruoff/Sistermann, UmwSt-Erlass 2011, H 22.52.

Tz. 22.23 UmwStE 2011 enthält keine Angaben über das Verfahren der An- 342
tragstellung. Orientiert man sich hierbei an § 163 AO als gesetzliche Erlassregelung,[349] so kann ein solcher Antrag formlos gestellt werden.[350] Er kann
und sollte aber regelmäßig schriftlich vor Umsetzung der ggf. steuerschädlichen Umwandlung bei dem für den jeweiligen Einbringenden i.S.v. § 22
Abs. 1 bzw. 2 zuständigen Wohnsitz- bzw. Betriebsstättenfinanzamt gestellt
werden, welches auch den Einbringungsgewinn durch Bescheid festsetzt. Er
kann noch *nach Bestandskraft des Festsetzungsbescheides gestellt werden*,
solange noch keine Feststellungverjährung eingetreten ist. Ggf. ist der Festsetzungsbescheid nach § 175 Abs. 1 Nr. 1 AO rückwirkend zu ändern.[351]

Anders als bei Buchwerteinbringungen nach § 22 Abs. 1 S. 6 Nr. 2, 4 und 5 343
(ggf. i.V.m. Abs. 2 S. 6), bei denen kein einheitliches Vorgehen der Einbringenden verlangt wird, muss der Antrag nach Tz. 22.23 UmwStE 2011 von
allen Einbringenden *übereinstimmend* gestellt werden. Damit wird Minder-
heitsgesellschaften ohne Berücksichtigung der Höhe ihrer Beteiligung die
Möglichkeit eröffnet, die Umwandlung zu verhindern.

Beispiel: 344

A und B halten nach § 22 Abs. 1 sperrfristbehaftete Anteile an der
X-GmbH, wobei A zu 98 % und B zu 2 % an der X-GmbH beteiligt
ist. Die X-GmbH soll nach dem Willen von A gegen Gewährung von
Gesellschaftsrechten auf die Y-GmbH verschmolzen werden. A kann
eine Besteuerung eines Einbringungsgewinns durch die Verschmelzung nur verhindern, wenn er gemeinsam mit B einen Erlassantrag
stellt. Er ist insoweit auf das Wohlwollen des B bzw. ein gemeinsames
Interesse angewiesen.

Die Finanzverwaltung muss auch bei Vorliegen der in Tz. 22.23 UmwStE 345
2011 genannten Voraussetzungen den Erlassantrag grds. nicht zwingend
bewilligen, weil es sich, wenn man hierfür § 163 AO zugrunde legt, um eine
Ermessensvorschrift i.S.v. § 5 AO handelt.[352] Durch den Katalog an Voraussetzungen in Tz. 22.23 UmwStE 2011 werden die Kriterien der Ermessensausübung allerdings bereits insofern festgelegt, als bei entspr. tatsächlicher Ermessensausübung insoweit eine Selbstbindung der Verwaltung und
damit eine Ermessensreduzierung auf null eintritt, wenn man entgegen der
oben unter Rdn. 339 dargelegten Auffassung davon ausgeht, dass eine Gesetzesgrundlage für die Anwendung der Billigkeitsregelung besteht.[353] Bei
einer Billigkeitsregelung innerhalb des gesetzlichen Rahmens hat der Steuerpflichtige in der Weise, wie die Regelung angewandt wird, einen Rechtsanspruch auf Gleichbehandlung.[354]

---

349 Siehe zur Frage der Rechtsgrundlage oben Rdn. 334.
350 Vgl. *Rüsken* in Klein, AO, § 163 Rdn. 110.
351 Vgl. *Rüsken* in Klein, AO, § 163 Rdn. 3.
352 Vgl. *Pahlke/Koenig*, AO, § 163 Rdn. 5.
353 Eine Ermessenreduzierung auf null nehmen ebenso an: *Stangl* in Rödder/Herling-
    haus/van Lishaut, § 22 Rdn. 57c; *Schneider/Rodenburg* in Schneider/Ruoff/Sister-
    mann, UmwStE 2011, H. 22.49.
354 Vgl. z.B. BFH vom 14.03.2007, XI R 59/04, NV 2007, 1838; BFH vom 21.10.1999,
    I R 68/98, NV 2000, 891; siehe aber auch Rdn. 339.

346 Die Erlassentscheidung der Finanzverwaltung ist ein selbstständiger Verwaltungsakt und *Grundlagenbescheid* i.S.d. § 171 Abs. 10 AO für die Steuerfestsetzung.[355] Er kann nicht unter dem Vorbehalt der Nachprüfung nach § 164 AO gestellt werden. Der Verwaltungsakt kann mit Nebenbestimmungen i.S.v. § 120 AO (z.B. einer Bedingung i.S.d. § 120 Abs.2 Nr. 2 AO oder einer Auflage i.S.d. § 120 Abs. 2 Nr.4 AO) versehen werden. Ein Verstoß gegen eine Auflage berechtigt nach § 131 Abs. 2 Satz 1 Nr. 2 AO nur zu einem Widerruf für die Zukunft, während die Nichterfüllung der Bedingung auch zurück wirken kann. Allerdings käme ein *Widerruf eines Steuererlasses* nach § 163 AO, anders als bei einer Stundung einer festgesetzten Steuer nach § 222 AO, nicht in Betracht, weil dieser nach § 131 Abs. 1 AO *nur für die Zukunft wirkt* und den durch den Erlass nach § 47 erloschenen Steueranspruch nicht wieder aufleben lassen würde.[356]

347 Gegen eine Erlassentscheidung auf der Grundlage der AO kann gesondert vom Festsetzungsbescheid *Einspruch* nach § 347 Abs. 1 Nr. 1 AO erhoben werden.[357] Soweit zum Zeitpunkt der Antragsstellung bereits die Steuern auf den Einbringungsgewinn festgesetzt wurde, sollte unabhängig hiervon der Steuerbescheid angefochten werden, um zu vermeiden, dass die der Billigkeitsregelung zugrunde liegenden Erwägungen vom Finanzgericht in das Festsetzungsverfahren verwiesen werden und wegen Bestandkraft des Bescheides dort nicht mehr berücksichtigt werden.[358]

348 Gegen einen ablehnenden Bescheid über einen Erlassantrag ist die *Verpflichtungsklage* nach § 101 FGO gegeben.[359] Eine Erlassentscheidung, bei der die Finanzbehörde ermächtigt ist, nach ihrem Ermessen zu handeln, unterliegt gem. § 102 FGO nur insoweit der gerichtlichen Überprüfung als die die gesetzlichen Grenzen des Ermessens überschritten sind oder von dem Ermessen nicht in einer dem Zweck entsprechenden Weise Gebrauch gemacht wurde. Nur soweit eine Ermessenreduzierung auf null vorliegt, kann das Gericht eine Verpflichtung zum Erlass der Steuer aussprechen.[360]

2. Einverständniserklärung über die nachfolgende Anwendung des § 22 Abs. 1 und 2

349 Die Anwendung der Billigkeitsregelung setzt nach Tz. 22.23 UmwStE 2011 voraus, dass sich alle Antragsteller damit einverstanden erklären, dass auf *„alle unmittelbaren oder mittelbaren Anteile an einer an der Umwandlung beteiligten Gesellschaft"* nachfolgend § 22 Abs. 1 und 2 entspr. anzuwenden ist, wobei die Anteile am Einbringenden regelmäßig nicht mit einzubeziehen sind. Wer als Antragsteller die Einverständniserklärung abgeben muss, ist oben unter Rdn. 341 ausgeführt. Durch das verlangte Einverständnis über die Anwendung des § 22 Abs. 1 und 2 auf mittelbare und unmittelbare An-

---

355 Vgl. AEAO zu § 163; *Rüsken* in Klein, AO, Rdn. 2 m.w.N.

356 Vgl. z.B. *Loose* in Tipke/Kruse, § 227 AO, Rdn. 139.

357 Vgl. AEAO zu § 347 Nr. 4.

358 Vgl. *Rüsken* in Klein, AO, § 163 Rdn. 5.

359 Vgl. FG Berlin-Brandenburg vom 15.06.2010, 6 K 6216/06 B, EFG 2010, 1576.

360 Vgl. BFH vom 19.11.2009, V R 8/09, NV 2010, 1141; siehe hierzu auch oben Rdn. 339 und 345.

teile an umwandlungsbeteiligten Gesellschaften wird eine Regelung über die Rechtsfolgen einer Umwandlung nach Bewilligung eines Erlassantrages angestrebt. Hierzu wird nachfolgend unter Rdn. 359 ff. Stellung genommen..

3. Keine Statusverbesserung

Durch die Umwandlung darf keine *Statusverbesserung* eintreten, d.h. die   350
(zukünftige) Besteuerung eines Einbringungsgewinns entspr. § 22 darf hierdurch nicht verhindert werden, dieses betrifft auch die in § 22 Abs.1 S. 6 aufgeführten, einer Veräußerung gleichgestellten Tatbestände. In Tz. 22.23 UmwStE 2011 wird als Beispiel eines unter diese „Auffangregelung" fallenden Sachverhalts eine mögliche Statusverbesserung durch Gewinnausschüttungen der übernehmenden Gesellschaft im zeitlichen Zusammenhang mit einem Side-stream-merger genannt, wenn infolge der Umwandlung (z.B. aufgrund einer unterjährigen Zuführung eines Bestandes des steuerlichen Einlagenkontos bei der übernehmenden Gesellschaft) eine steuerschädliche Einlagenrückgewähr nach § 22 Abs. 1 S. 6 Nr. 3 vermieden werden soll. Dieses betrifft den Fall, in dem die Auskehrung von Beträgen an Gesellschafter durch die Gesellschaft, an der sperrfristbehaftete Anteile bestehen, als Einlagenrückgewähr nach § 22 Abs. 1 S. 6 Nr. 3 steuerschädlich wäre (siehe hierzu auch Rdn. 152 ff.). Um dieses zu vermeiden, wird diese Gesellschaft auf eine Schwesterkapitalgesellschaft unterjährig verschmolzen. Die Zuführung aus dem Einlagenkonto der übertragenden Gesellschaft wird nach K 09 UmwStE 2011 erst Ende des Wirtschaftsjahres, in das der steuerliche Übertragungsstichtag fällt, nach § 29 Abs. 2 KStG bei der übernehmenden Gesellschaft erfasst, so dass der Fall eintreten kann, dass eine vorherige Auskehrung als Ausschüttung und nicht als steuerschädliche Einlagenrückgewähr zu behandeln ist.

Beispiel: 350a

Die M-GmbH ist alleiniger Anteilseigner der T1-GmbH und der T2-GmbH. Der Anteil an der T1-GmbH ist nach § 22 sperrfristbehaftet. Der steuerliche Buchwert der Beteiligung der M-GmbH an der T1 GmbH beträgt 100 TEUR. Die T1-GmbH verfügt über ein steuerliches Einlagekonto in Höhe von 500 TEUR, welches die M-GmbH auskehren möchte. Der ausschüttbare Gewinn der T1-GmbH beträgt 0. Die Auskehrung würde nach der Verrechnung der Einlagenrückgewähr mit dem Buchwert der Beteiligung an der T1-GmbH zu einem Einbringungsgewinn in Höhe von 300 TEUR führen, da der nach § 22 Abs. 1 S. 3 ermittelte Einbringungsgewinn nicht höher ist (siehe zur Ermittlung des Einbringungsgewinns oben Rdn. 157 ff.). Die T1-GmbH wird zum 30. 06. 01 auf die T2 GmbH verschmolzen. Hierdurch geht das Einlagenkonto der T1-GmbH nach § 29 Abs. 2 KStG auf die T2-GmbH über. Allerdings wird die Zuführung aus dem Einlagenkonto der T1-GmbH bei der T2-GmbH nach K 09 UmwStE 2011 erst zum 31. 12. 01 erfasst. Die T2 GmbH schüttet noch vor dem 31. 12. 01 400 TEUR an die M-GmbH aus, die Liquidität stammt aus der T1 GmbH. Die Ausschüttung erfolgt bei der T2- GmbH nach der Verwendungsreihenfolge des § 27 Abs.1 S. 3 KStG nicht unter Verwendung des steuerlichen Einlagenkontos der T2 GmbH i. S. v § 27 KStG und führt daher nicht zu einer nach § 22 Abs. 1 S. 6 Nr. 3 potenziell steuerschädliche Einlagenrückgewähr. Die Ausschüttung führt lediglich nach § 8b Abs.1, Abs. 5 KStG zu einer 5 %-igen Besteuerung fiktiver Ausgaben.

Aus dem Beispiel wird deutlich, dass die Finanzverwaltung durch das Merkmal „Statusverbesserung" jeden denkbaren Steuervorteil gegenüber der Regelung des § 22 durch das „Merkmal Statusverbesserung" erfassen will, unabhängig davon, ob der Steuerpflichtige von den sich durch die Umwandlung ergebenden Gestaltungsmöglichkeiten Gebrauch macht.

4. Keine Verlagerung stiller Reserven auf Anteile Dritter

351 Durch die Umwandlung dürfen stille Reserven nicht von sperrfristbehafteten Anteilen auf Anteile Dritter verlagert werden. Diese Voraussetzung hat zur Folge, dass bei Umwandlungen zu Buchwerten unter Anwendung der Billigkeitsregelung gar nicht erst (weitere) mitverstrickte Anteile *Dritter* i.s.v. § 22 Abs. 7 entstehen können.[361] Der Begriff des „Dritten" wurde von der Finanzverwaltung nicht definiert. Möglicherweise sind dieses alle, die keine Antragsteller des Erlasses sind und die daher keine „Einverständniserklärung" bzgl. der zukünftigen Sperrfristhaftung von Anteilen abgeben (siehe auch Rdn. 364). Dieses Verständnis ist naheliegend, wenn man davon ausgeht, dass § 22 Abs. 7 nach Auffassung der Finanzverwaltung auf die im Wege der Billigkeitsregelung übertragenen Anteile nicht entspr. anwendbar ist und auf diese Weise sichergestellt wird, dass stille Reserven in den sperrfristbehafteten Anteilen nicht der Besteuerung entzogen werden. Nach Stangl ist eine weite Auslegung zutreffend. Hiernach sind „Dritte" „fremde Dritte" d.h. nicht Nahestehende i.s.v. § 1 Abs. 2 AStG bzw. nicht i.s.v. § 271 Abs. 2 HGB verbundene Unternehmen.[362] Nicht ausgeschlossen wird nach dem Wortlaut der Voraussetzung hingegen eine Verlagerung stiller Reserven *auf andere Anteile der Anteilseigner sperrfristbehafteter Anteile* im Rahmen der Umwandlung.[363] Auf *nachfolgende* Verlagerungen stiller Reserven von sperrfristbehafteten Anteilen, die durch Umwandlungen übertragen wurden, auf andere Anteile im Rahmen von Gesellschaftsgründungen oder Kapitalerhöhungen soll wohl § 22 Abs. 7 weiterhin Anwendung finden, endgültige Klarheit besteht aber nicht.[364]

351a Die von Finanzverwaltung entwickelte Voraussetzung „Keine Verlagerung stille Reserven" führt dazu, dass zumindest bei potenziell fehlenden unterschiedlicher Interessenlagen (wie z.B. bei konzerninternen Umwandlungen oder Umwandlungen mit familiären Hintergrund) Umwandlungen unter Inanspruchnahme der Billigkeitsregelung regelmäßig die vorherige Erstellung eines Gutachtens zur Ermittlung der Wertverhältnisse der Anteile an den beteiligten Gesellschaften vor und nach der Umwandlung, um die Erfüllung dieses Kriteriums darlegen zu können und Rechtsunsicherheit zu vermeiden. Dieses Erfordernis besteht unabhängig davon, ob die Finanzverwaltung vor Gewährung der Billigkeitsmaßnahmen einen entspr Nachweis verlangt oder

---

361 Siehe zur Mitverstrickung von Anteilen unten Rdn. 479 ff.
362 *Stangl* in Rödder/Stangl/van Lishaut, § 22 Rdn. 57g.
363 Vgl. hierzu auch das Beispiel unter Rdn. 490.
364 Siehe zur Frage der weiteren Geltung des § 22 nach Umwandlungen Rdn. 361.

ob das Erfordernis „Keine Verlagerung stiller Reserven" Gegenstand einer Bedingung im entspr. Bescheid wird. Dieses ist schon deshalb anzuraten, weil – zumindest in der Theorie – keine Bagatellgrenze besteht, so dass theoretisch auch die Verlagerung von stillen Reserven im Wert von einem Euro die Anwendung der Billigkeitsregelung ausschließen würde.[365] Unter diesem Aspekt wird von Teilen der Literatur verlangt, dass in solchen Fällen zur Vermeidung einer „überschießenden" Wirkung nur anteilig die Anwendung der Billigkeitsregelung versagt werden soll.[366]

5. Vergleichbarkeit mit den Tatbeständen des § 22 Abs. 1 S. 6 Nr. 2, 4 und 5

Der konkrete Einzelfall der Umwandlung muss nach Tz. 22.23 „in jeder Hinsicht mit den in § 22 Abs. 1 S. 6 Nr. 2, 4 und 5 geregelten *Ausnahmetatbeständen vergleichbar sein*, was u.a. nicht der Fall sein soll, wenn sperrfristbehaftete Anteile unter Anwendung von § 24 auf *PersG* übertragen werden.   352

Die Nichteinbeziehung von PersG als übernehmende Gesellschaft ist insoweit nachvollziehbar, als die Ausnahmetatbestände in § 22 Abs. 1 S. 6 Nr. 2, 4 und 5 nur Buchwerteinbringungen auf KapG oder Genossenschaften erlauben, so dass die gesetzlichen Rahmenbedingungen keine Grundlage für eine entspr. Ausweitung der Ausnahmetatbestände im Billigkeitswege bieten. Unter dem Aspekt des Zwecks der Vorschrift, der Missbrauchsvermeidung, sind aber keine inhaltlichen Gründe dafür erkennbar, diese Fälle nicht mit einzubeziehen, was aber wohl nur im Rahmen einer Gesetzesänderung möglich wäre.   353

Auch Übertragungen sperrfristbehafteter Anteile durch Umwandlungen *ohne Gewährung von Anteilen oder Mitgliedschaften an der übernehmenden KapG oder Genossenschaften* sind nach Tz. 22.23 UmwStE 2011 *nicht erlassfähig*. Dieses korrespondiert mit entspr. Voraussetzungen steuerunschädlicher Übertragungen und Weiterübertragungen solcher Anteile nach den Ausnahmeregelungen in § 22 Abs. 1 S. 6 Nr. 2, 4 und 5 (ggf. i.V.m. Abs. 2 S. 6) zu Buchwerten nach §§ 20, 21. Die hierfür zwingend zu gewährenden Anteile an der übernehmenden Gesellschaft sind hiernach nach Nr. 4 und 5 ebenso wie die zuvor übertragenen Anteile sperrfristbehaftet. Hierdurch wird vermieden, dass steuerunschädlich übertragene Anteile nachfolgend mittelbar ohne Einbringungsgewinnbesteuerung weiter übertragen werden können. Auf diese Weise werden gleichzeitig steuerunschädliche Kettenübertragungen zu Buchwerten erst ermöglicht.[367] Da die §§ 20, 21 als Vergleichsmaßstab heranzuziehen sind und hiernach auch Übertragungen im Wege der Rechtsnachfolge möglich sind, sind daher grds. nicht nur Umwandlungen im Wege der Gesamtrechtsnachfolge erlassgeeignet.   354

---

365 *Stangl* in Rödder/Stangl/van Lishaut, § 22 Rdn. 57h.
366 Vgl. *Schneider/Rodenburg* in Schneider/Ruoff/Sistermann, UmwStE 2011, H 22.58; *Stangl* in Rödder/Herlinghaus/van Lishaut, § 22 Rdn. 57h.
367 Siehe zu den nach Nr. 4 und 5 möglichen Kettenübertragungen auch die Beispiele unten Rdn. 183, 207, 293 und 309 sowie zu Kettenübertragungen unter Anwendung der Billigkeitsregelung u.a. Rdn. 180 ff. und Rdn. 203 ff.

6. Die Umwandlung dient nicht der Veräußerung

355 Die Umwandlung darf „in einer Gesamtschau" nicht der Veräußerung des eingebrachten Vermögens dienen, wovon nach Tz. 22.23 UmwStE 2011 auszugehen sei, wenn der Einbringende *nach der Umwandlung an dem ursprünglich eingebrachten Vermögen nicht mehr beteiligt* ist. Eine bloße Reduzierung der Beteiligungsquote am eingebrachten Betriebsvermögen dürfte aber nach Tz. 22.23 UmwStE 2011 steuerunschädlich sein.

356 Diese Anforderung, für die als Beispiel die Trennung von Gesellschafterstämmen bei Spaltungen angeführt wird,[368] steht im Widerspruch zur gesetzlichen Grundregelung des § 22 Abs. 1 S. 1. Hiernach wird, ausgelöst durch die Veräußerung der sperrfristbehafteten Anteile, der Gewinn *zum Zeitpunkt der Einbringung* unabhängig davon besteuert, ob zum *Veräußerungszeitpunkt* das eingebrachte Betriebsvermögen noch besteht oder sich noch im Eigentum der übernehmenden Gesellschaft befindet.[369] Die Einschränkung ist auch insoweit nicht zwingend, als nach der Billigkeitsregelung alle mittelbaren und unmittelbaren Anteile an Gesellschaften, die an der Umwandlung beteiligt sind, und damit auch die Anteile eines Dritten an der Gesellschaft, auf die ggf. das ursprünglich eingebrachte Vermögen ab- oder aufgespalten wurde, nachfolgend entspr. § 22 Abs. 1 und 2 als sperrfristbehaftet gelten sollen.[370]

7. Keine Einschränkung oder Ausschluss des deutschen Besteuerungsrechts

357 Nach Tz. 22.23 UmwStE 2011 setzt die Anwendung der Billigkeitsregelung voraus, dass „deutsche Besteuerungsrechte nicht ausgeschlossen oder eingeschränkt werden". Maßgebend hierfür können hier nur die vergleichsweise heranzuziehenden Übertragungen sperrfristbehafteter Anteile nach den Ausnahmeregelungen in § 22 Abs. 1 S. 6 Nr. 2, 4 und 5 durch Einbringungen zu Buchwerten nach § 20 Abs. 2 S. 2 bzw. nach § 21 Abs. 1 S. 2 sein. Vergleichsmaßstab ist daher die gesamte Steuerverstrickung innerhalb des Systems der §§ 20–23, insbesondere die weitere unbeschränkte Besteuerung des Einbringungsgewinns I und II. Auf die Besteuerung des Gewinns aus der Veräußerung der sperrfristbehafteten Anteile kann es aber nicht ankommen, da in dem System der §§ 20, 22 dem deutschen Besteuerungsrecht an den erhaltenen Anteilen keine Bedeutung zukommt.[371]

IV. Anwendung der Billigkeitsregelung auf Umwandlungen nach ausländischem Recht

358 Tz. 22.23 UmwStE 2011 enthält keine Angaben darüber, inwieweit die Billigkeitsregelung auch auf Übertragungen sperrfristbehafteter Anteile durch Umwandlungen zu Buchwerten auf KapG oder Genossenschaften nach *aus-*

---

368 Sog. „Spaltung zu Null", siehe hierzu die Kommentierung zu § 15 Rdn. 9.
369 Siehe hierzu auch das Beispiel unten Rdn. 406.
370 Siehe zu diesen Anteilen auch unten Rdn. 112 ff.
371 Ebenso u. a. *Graw*, Ubg 2011, 603 (605); *Kessler*, Ubg 2011, 34 (35); *Schneider/Roderburg* in Schneider/Ruoff/Sistermann, UmwStE-2011, H 22.58; *Stangl/Kaeser* in FGS/BDI, UmwStE 2011, S. 428 ff.

ländischem Recht Anwendung findet. Nach den Ausnahmevorschriften in § 22 Abs. 1 S. 6 Nr. 2, 4 und 5 (ggf. i.V.m. Abs. 2 S. 6) können sperrfristbehaftete Anteile auch durch ausländische Vorgänge, die mit den Einbringungen i.S.v. §§ 20, 21 vergleichbar sind, steuerunschädlich weiter übertragen werden. Da diese Ausnahmevorschriften im Rahmen der Billigkeitsregelung als Vergleichsmaßstab heranzuziehen sind, sollten nach der hier vertretenen Ansicht die Regelungen in Tz. 22.23 UmwStE 2011 auch für erlassgeeignete Umwandlungen nach ausländischem Recht gelten, die im Übrigen die dort genannten Voraussetzungen erfüllen.

V. Rechtsfolgen von Umwandlungen nach der Billigkeitsregelung

Hinsichtlich der Rechtsfolgen einer Übertragung sperrfristbehafteter Anteile   **359**
entspr. Tz. 22.23 UmwStE 2011 durch Umwandlung zu Buchwerten unter Absehen von einer Einbringungsgewinnbesteuerung ist zwischen den vor der Umwandlung *originär nach § 22 sperrfristbehafteten Anteilen* (siehe hierzu nachfolgend Rdn. 360 ff.) und den unmittelbaren und mittelbaren Anteilen der an der Umwandlung beteiligten Gesellschaften zu unterscheiden, für die nach Tz. 22.23 UmwStE die *§ 22 Abs. 1 und 2 entspr. Anwendung* finden soll (siehe hierzu nachfolgend Rdn. 364 ff.).

1. Anwendung des § 22 auf die übertragenen sperrfristbehafteten Anteile

Nach dem in Tz. 22.23 UmwStE 2011 zum Ausdruck kommenden Verständ-   **360**
nis der Finanzverwaltung sollen die durch die Umwandlung entspr. der Billigkeitsregelung ohne Besteuerung übertragenen Anteile auch hiernach *i.S.v. § 22 sperrfristbehaftet bleiben* (möglicherweise auch durch deren Einbeziehung in die Einverständniserklärung als „mittelbar an der Umwandlung beteiligte Anteile", siehe hierzu Rdn. 364 ff.), so dass eine nachfolgende Realisierung von steuerschädlichen Tatbeständen i.S.v. § 22 erneut eine Einbringungsgewinnbesteuerung auslöst. Diese Auffassung kann nicht geteilt werden.

Diese Anteile würden nur dann noch dem Anwendungsbereich des § 22 un-   **361**
terliegen, wenn die Übertragung der Anteile durch Umwandlung zu Buchwerten auf Grund einer, vorrangig vor einer Erlassregelung in Betracht zu ziehenden, *analogen Anwendung* der Ausnahmeregelungen in § 22 Abs. 1 S. 6 Nr. 2, 4 und 5 (ggf. i.V.m. Abs. 2 S. 6) nicht steuerschädlich wäre. Das Absehen von der Besteuerung nach Tz. 22.23 UmwStE 2011 erfolgt aber nicht auf Grund einer entspr. analogen Anwendung des § 22. Die Umwandlungen zu Buchwerten, auf die die Billigkeitsregelung Anwendung findet, sind nach Tz. 22.23 UmwStE 2011 als „Veräußerungen" i.S.v. § 22 Abs. 1 oder 2 steuerschädlich. Der realisierte Tatbestand der Veräußerung hat zur Folge, dass § 22 auf diese Anteile nachfolgend keine Anwendung mehr findet,[372] diese also i.S.v. § 22 nicht mehr sperrfristbehaftet sind. Eine ggf. aus

---

372 Siehe hierzu auch oben Rdn. 334; vgl. zum Wegfall der Qualifikation als Anteile i.S.v. § 22 Abs. 1 auch *Widmann* in Widmann/Mayer, § 22 Rdn. 191.

Billigkeitsgründen nicht festgesetzte oder nicht erhobene Steuer hat nicht zur Folge, dass der verwirklichte Steuertatbestand als nicht erfüllt gilt.

362 Nach der hier vertretenen Auffassung können daher nur *durch Bestimmungen im Rahmen des Bescheides*, durch den die Steuer auf den durch die Umwandlung ausgelösten Einbringungsgewinn gestundet bzw. erlassen wird, mit § 22 Abs. 1 und 2 vergleichbare Rechtsfolgen bewirkt werden, wenn hinsichtlich dieser Anteile nach der Umwandlung i.S.d. § 22 Abs. 1 und 2 steuerschädliche Tatbestände realisiert werden. So könnte z.B. die Steuer auf den Einbringungsgewinn bis zum Ablauf der sich aus § 22 Abs. 1 und 2 ergebenden siebenjährigen Sperrfrist gestundet und hiernach erlassen werden. Gleichzeitig könnte bestimmt werden, dass die Realisierung von Tatbeständen, die nach § 22 Abs. 1 oder 2 steuerschädlich wären, vor Ablauf dieser Sperrfrist zu einem Widerruf der Stundung führt.

363 Die sperrfristbehafteten übertragenen Anteile können *nach Tz. 22.23 UmwStE 2011* bei weiterer unmittelbarer Anwendung des § 22 nach den Ausnahmeregelungen in § 22 Abs. 1 S. 6 Nr. 2, 4 und 5 *steuerunschädlich* weiter übertragen werden. Auch die *Abs. 2 bis 7* finden, soweit sie die sperrfristbehafteten Anteile betreffen, hiernach weiterhin unmittelbar Anwendung. Nach der *hier vertretenen Auffassung* bedarf dieses jeweils einer entspr. Bestimmung im Bewilligungsbescheid, weil § 22 keine unmittelbare Anwendung mehr findet. Über diesen Weg kann aber mangels gesetzlicher Grundlage nicht fingiert werden, dass ein *nicht erbrachter Nachweis nach § 22 Abs. 3* die Besteuerung eines Veräußerungsgewinns auslöst.[373] Ferner kann hierdurch mangels Gesetzesgrundlage weder ein Rechtsnachfolger i.S.v. *Abs. 6* noch ein Anteilseigner mitverstrickter Anteile i.S.v. *Abs. 7* verpflichtet werden, Nachweise über die Halter sperrfristbehafteter Anteile entspr. Abs. 3 zu erbringen.[374]

2. Entspr. Anwendung des § 22 auf mittelbare und unmittelbare Anteile an umwandlungsbeteiligten Gesellschaften

a) Rechtsgrundlage für die entsprechende Anwendung von Abs. 1 und 2 und Einverständniserklärung

364 Die Anwendung der Billigkeitsregelung setzt nach Tz. 22.23 UmwStE 2011 voraus, dass sich alle Antragsteller damit einverstanden erklären, dass auf *„alle unmittelbaren oder mittelbaren Anteile an einer an der Umwandlung beteiligten Gesellschaft"* nachfolgend *§ 22 Abs. 1 und 2 entspr.* anzuwenden ist, wobei die Anteile am Einbringenden regelmäßig nicht mit einzubeziehen sind."* Tz. 22.23 UmwStE 2011 benennt daher die angestrebte Rechtsfolge der Einverständniserklärung.

365 Eine (unmittelbare) *analoge* Anwendung des § 22 Abs. 1 und 2 kann hiermit nicht gemeint sein, denn dieses würde zunächst voraussetzen, dass der Tatbestand der Übertragung der sperrfristbehafteten Anteile durch die Umwandlung in *analoger Anwendung* der Ausnahmeregelungen in § 22 Abs. 1 S. 6 Nr. 2, 4 als nicht steuerschädlich angesehen wird. Diese Voraussetzung

---

373 Siehe hierzu i.E. Rdn. 435.
374 Siehe zur Nachweispflicht Rdn. 423.

ist nicht erfüllt. Nach Tz. 22.23 UmwStE 2011 führt die Umwandlung zu einer steuerschädlichen Veräußerung der sperrfristbehafteten Anteile, so dass § 22 hiernach keine Anwendung mehr findet (siehe hierzu auch oben Rdn. 361).

Es kann auch nicht gemeint sein, dass die von den Antragstellern nach **366** Tz. 22.23 UmwStE 2011 verlangten *Einverständniserklärungen* zu einer analogen Anwendung des § 22 Abs. 1 und 2 führen. Nach ständiger Rechtsprechung des BFH und der h.M. in der Literatur dürfen auf Grund des verfassungsrechtlichen Gebots der Gesetzmäßigkeit der Verwaltung Verständigungen zwischen der Finanzverwaltung und den Steuerpflichtigen keine Rechtsfragen, insbesondere nicht anzuwendendes Recht oder Rechtsfolgen betreffen.[375] Auch die Finanzverwaltung vertritt eine entspr. Auffassung.[376]

Damit kann nur *durch Bestimmungen im Rahmen des Bescheides* (Auflagen **367** oder Bedingungen i.S.d. § 120 Abs. 2 AO), durch den der Erlass bewilligt wird, erreicht werden, dass bei einer Realisierung von Tatbeständen hinsichtlich der durch die Umwandlung übertragenen Anteile, die nach § 22 Abs. 1 oder 2 steuerschädlich wären, eine mit § 22 Abs. 1 und 2 vergleichbare Rechtsfolge eintritt (siehe hierzu auch das Beispiel oben Rdn. 362).[377]

Eine (mittelbare) *entspr.* Anwendung von § 22 Abs. 1 und 2 kommt nach der **368** Systematik des § 22 aber nur in Betracht, wenn die mittelbaren und unmittelbaren Anteile an umwandlungsbeteiligten Gesellschaften in vergleichbarer Weise wie sperrfristbehaftete Anteile i.S.v. § 22 Abs. 1 und 2 mittelbar oder unmittelbar Beteiligungen an stillen Reserven aus Sacheinlagen bzw. aus einem isolierten qualifizierten Anteilstausch unter dem gemeinen Wert nach § 20 Abs. S. 2 oder § 21 Abs. 1 S. 2 vermitteln. Die Vergleichbarkeit soll nachfolgend hinsichtlich der verschiedenen Kategorien von Anteilen an umwandlungsbeteiligten Gesellschaften untersucht werden, die aber keinen Anspruch auf Vollständigkeit erhebt.

b) Betroffene Anteile

aa) Anteile an dem Einbringenden

Nach der Billigkeitsregelung gelten Anteile an dem *Einbringenden* „regel- **369** mäßig" *nicht* als sperrfristbehaftet. Die Nichteinbeziehung der Anteile des Einbringenden (und damit auch der Anteile unmittelbarer und mittelbar Anteilseigner des Einbringenden) entspricht den Grundtatbeständen des § 22 Abs. 1 S. 1 und Abs. 2 S. 1 und auch der überwiegend in der Literatur vertretenen Auffassung hinsichtlich der einzubeziehenden Anteile bei mittelbaren Übertragungen sperrfristbehafteter Anteile nach § 22 Abs. 1 S. 6 Nr. 4 und 5 (ggf. i.V.m. Abs. 2 S. 6).[378] Sie entspricht ebenfalls den Ausführungen in Tz. 22 des BMF-Schreibens vom 16.12.2003 zur Anwendung des § 26 Abs. 2 S. 2 UmwStG 1995 i.d.F. vom 15.10.2002,[379] auf die Tz. 22.23

---

375 Vgl. u.a. *Söhn* in Hübschmann/Hepp/Spitaler, § 78 AO, Rdn. 158, m.w.N.
376 Siehe BMF vom 30.07.2008, IV A 3 – S 0223/0710002 (Tz. 2.2.).
377 Vgl. auch *Dötsch* in Dötsch/Patt/Pung/Möhlenbrock, § 11 Rdn. 50 für die Einverständniserklärung i.S.d. Tz. 11.08. UmwStE 2011.
378 Siehe hierzu jeweils oben Rdn. 176, 199 und 288.
379 BMF vom 16.12.2003, IV A 2 – S 1978 – 16/03, BStBl. 2003, 786.

UmwStE 2011 ausdrücklich verweist. Hiernach lag bei Weiterübertragung eingebrachter Anteile ein Sperrfristverstoß i.S.d. Vorschrift nur dann vor, wenn die übernehmende oder eine ihr *nachfolgende* Gesellschaft die Anteile veräußerte. Unklar bleibt aber, warum diese Anteile nicht, wie in den zuvor genannten Fällen, *ausnahmslos* als nicht sperrfristbehaftet gelten sollen.

bb) Für die Übertragung sperrfristbehafteter Anteile gewährte Anteile an der aufnehmenden Gesellschaft

370 Diese Anteile sind, soweit die sperrfristbehafteten Anteile nach der Übertragung weiter bestehen, grds. mit den unmittelbaren und (bei Folgeübertragungen) mittelbaren Anteilen an auf Weiterübertragungen sperrfristbehafteter Anteilen beruhenden Anteile i.S.d. § 22 Abs. 1 S. 6 Nr. 4 bzw. 5 (ggf. i.V.m. Abs. 2 S. 6) vergleichbar, so dass die Veräußerung oder Übertragung dieser Anteile entspr. diesen Regelungen in gleicher Weise steuerschädlich i.S.v. Tz. 22.23 UmwStE 2011 ist.

cc) Ersatzweise sperrfristbehaftete Anteile

371 Es kann sich bei den Anteilen um eine durch die Billigkeitsregelung neu entstehende Kategorie *„ersatzweise sperrfristbehafteter Anteile"* handeln, wenn diese Anteile auf Grund einer Umwandlung an die Stelle der bisher „originär" nach § 22 Abs. 1 bzw. nach § 22 Abs. 2 sperrfristbehafteten Anteile treten. Dieser Fall kann eintreten, wenn zum Beispiel durch die Umwandlung sperrfristbehaftete Anteile durch Aufspaltungen oder Verschmelzungen der KapG oder Genossenschaften, an der diese Anteile bestehen, untergehen. Die Anteile an den aufnehmenden Gesellschaften im Rahmen dieser Umwandlungen sind hiernach *„ersatzweise sperrfristbehaftete Anteile."*[380]

372 Entspr. den originär nach § 22 Abs. 1 bzw. Abs. 2 sperrfristbehafteten Anteilen können durch diese z.B. auch Tatbestände *entspr. § 22 Abs. 1 S. 6 Nr. 3* (ggf. i.V.m. Abs. 2 S. 6) erfüllt werden, wenn die KapG, an der diese Anteile bestehen, aufgelöst wird oder Einlagen zurück gewährt. Auch der Tatbestand des *§ 22 Abs. 1 S. 6 Nr. 6 bzw. Abs. 2 S. 6 HS 2* kann entspr. erfüllt sein, wenn bei den Anteilseignern der ersatzweise sperrfristbehafteten Anteile die Voraussetzungen des § 1 Abs. 4 innerhalb der siebenjährigen Sperrfrist nicht mehr vorliegen.

dd) Nicht für die Übertragung sperrfristbehafteter Anteile gewährte Anteile an der übernehmenden Gesellschaft

373 Die Qualifizierung dieser Anteile als „sperrfristbehaftet" geht über den gesetzlichen Rahmen bei steuerunschädlichen Buchwerteinbringungen nach § 22 Abs. 1 S. 6 Nr. 2, 4 und 5 (ggf. i.V.m. Abs. 2 S. 6) hinaus. Derartige Anteile sind nach § 22 nur ausnahmsweise als „mitverstrickte" Anteile i.S.v. § 22 Abs. 7 sperrfristbehaftet, wenn auf diese stille Reserven von sperrfristbehafteten Anteilen verlagert wurden.[381] Eine Umwandlung unter Anwen-

---

380 Siehe hierzu auch unten Rdn. 400 ff.
381 Siehe zu der Mitverstrickung von Anteilen Rdn. 479 ff.

dung der Billigkeitsregelung ist aber in den Fällen der Verlagerung stiller Reserven durch die Umwandlung insoweit explizit nach Tz. 22.23 UmwStE 2011 ausgeschlossen, als stille Reserven auf Anteile *Dritter* hierdurch verlagert werden. Dieses schließt allerdings – zumindest nach dem Wortlaut – die Verlagerung stiller Reserven auf andere Anteile *der Anteilseigner sperrfristbehafteter Anteile* an der übernehmenden Gesellschaft im Rahmen der Umwandlung nicht aus. Für diese Fälle der Verlagerungen stiller Reserven von sperrfristbehafteten Anteile und ggf. für Verlagerungen, die *nach* der Umwandlung erfolgen, könnte die Einbeziehung dieser Anteile relevant sein, soweit nicht weiterhin § 22 Abs. 7 hiernach Anwendung findet.[382]

ee) Anteile an umwandlungsbeteiligten Gesellschaften, auf die keine sperrfristbehafteten Anteile übertragen wurden

Hierbei kann es sich auch um unmittelbare und mittelbare Anteile an Gesellschaften handeln, die z.b. als aufnehmende Gesellschaft an Aufspaltungen beteiligt sind, auf die hierbei aber keine sperrfristbehafteten Anteile übertragen werden. Für diese Anteile gelten die Ausführungen unter Rdn. 373 entsprechend.   374

Die *Weiterübertragung* der unmittelbaren und mittelbaren Anteile an umwandlungsbeteiligten Gesellschaften ist gesetzlich nicht eingeschränkt. Die entspr. Anwendung des § 22 Abs. 1 und 2 und damit auch des Abs. 1 S. 6 Nr. 2, 4 und 5 (ggf. i.V.m. Abs. 2 S. 6) auf diese Anteile nach Tz. 22.23 UmwStE 2011 schließt die Möglichkeit mit ein, diese als sperrfristbehaftet geltenden Anteile an umwandlungsbeteiligten Gesellschaften in Anwendung dieser Ausnahmevorschriften zu Buchwerten nach §§ 20 Abs. 2 S. 2 bzw. nach § 21 Abs. 1 S. 2 auch *im Rahmen der Billigkeitsregelung* steuerunschädlich *weiter zu übertragen*, wenn die übrigen Bedingungen des Tz. 22.23 UmwStE 2011 hierbei eingehalten werden und in dem jeweils konkreten Erlassbescheid keine Bestimmungen enthalten sind, die dieses ausschließen.   375

Die für die Anwendung der Billigkeitsregelung in Tz. 22.23 UmwStE 2011 verlangte Einverständniserklärung (siehe oben Rdn. 364) soll nur ein Einverständnis bzgl. der entspr. Anwendung von § 22 Abs. 1 und Abs. 2 erreicht werden. Teilweise wird in der Literatur allerdings vertreten, dass die Finanzverwaltung auch die restlichen Absätze des § 22 auf die durch die Einverständniserklärung sperrfristbehafteten Anteile anwenden wird.[383] Hiervon kann aber angesichts der fehlenden Verweise in Tz. 22.23 UmwStE 2011 auf § 22 Abs. 3 ff. nicht mit Sicherheit ausgegangen werden. In Bezug auf die entspr. Anwendung des § 22 Abs. 3 bis 7 ergibt sich i.E. folgende Situation: 375a

c) Entsprechende Anwendung von § 22 Abs. 3 bis 7

Auch wenn Tz.. 22.23 UmwStE 2011 keine Angaben darüber enthält, inwieweit der Einbringende entspr. § 22 *Abs. 3* jährlich Nachweise hinsichtlich der Zurechnung der nach der Billigkeitsregelung als sperrfristbehaftet gel-   376

---

382 Siehe hierzu Rdn. 363 und Rdn. 381.
383 So Stangl in Rödder/Herlinghaus/van Lishaut, § 22 Rdn. 57m; *Schneider/Rodenburg* in Schneider/Ruoff/Sistermann, UmwSt-Erlass 2011, H 22.60: 99.

tenden Anteile zu erbringen hat, ist davon auszugehen, dass die Finanzverwaltung derartige Nachweise entspr. § 22 Abs. 3 verlangt. Unklar ist Die Nichterfüllung einer etwaigen Nachweispflicht kann jedoch nicht zu einer Veräußerungsfiktion dieser Anteile führen, da es insoweit an einer gesetzlichen Grundlage fehlt. Insoweit kann die Finanzverwaltung die Rechtsfolge des § 22 Abs. 3 allenfalls über entspr. Auflage oder Bedingungen in dem Erlassbescheid erreichen (siehe hierzu auch oben Rdn. 367).

377 *Nach Abs. 4* gilt der Gewinn aus der *Veräußerung* eines nach § 22 Abs. 1 sperrfristbehafteten Anteils als in dem Betrieb gewerblicher Art der juristischen Person bzw. als in dem wirtschaftlichen Geschäftsbetrieb einer steuerbefreiten Körperschaft entstanden. Da die Billigkeitsregelung in Tz. 22.23 UmwStE 2011 sich nur auf den *Einbringungs- und nicht auf einen Veräußerungsgewinn* bezieht, bleibt diese Vorschrift durch die Billigkeitsregelung unberührt.

378 Das „Absehen" von der Einbringungsgewinnbesteuerung nach Tz. 22.23 UmwStE 2011 hat nicht zur Folge, dass die im Billigkeitswege erlassene Steuer als i.S.v. *Abs. 5* „entrichtet" gilt.[384] Es besteht daher kein Anspruch der übernehmenden Gesellschaft gegenüber dem für den Einbringenden zuständigen Finanzamt auf eine entspr. Bescheinigung und damit auch keine Möglichkeit, einen Antrag auf Ansatz eines Erhöhungsbetrages nach § 23 Abs. 2 zu stellen. Abs. 5 findet aber Anwendung, wenn der Einbringende nach Bewilligung eines Steuererlasses auf Grund eines nachfolgenden Ereignisses innerhalb der siebenjährigen Sperrfrist eine Steuer auf den Einbringungsgewinn zu entrichten hat.

379 Tz. 22.23 des UmwStE 2011 enthält keine Angaben darüber, inwieweit bei unentgeltlichen Übertragungen der nach der Umwandlung als sperrfristbehaftet geltenden Anteile *Abs. 6* entspr. Anwendung finden soll. Da (zumindest) Abs. 1 und 2 auf diese Anteile weiterhin entspr. Anwendung finden sollen, besteht hiernach grds. die Möglichkeit, diese Anteile steuerunschädlich unentgeltlich auf einen Dritten weiter zu übertragen, soweit der Begünstigte keine KapG oder Genossenschaft ist.[385] Dieses kann allerdings ohne entspr. Anwendung des Abs. 6 zu einer "Statusverbesserung" des Einbringenden i.S.v. Tz. 22.23 UmwStE 2011 führen, wenn z.B. ersatzweise sperrfristbehaftete Anteile auf diese Weise unentgeltlich weiter übertragen werden und der Begünstigte nicht in die Rechtsstellung des Einbringenden bzw. der übernehmenden Gesellschaft eintritt. Hiernach wäre die entspr. Anwendung von § 22 Abs. 6 Voraussetzung dafür, dass die Billigkeitsregelung überhaupt Anwendung finden kann.

380 Bei einer entspr. Anwendung von Abs. 6 im Rahmen der Billigkeitsregelung wäre es allerdings mangels einer hierfür bestehender Gesetzesgrundlage wohl nicht möglich, den begünstigten Rechtsnachfolger entspr. Abs. 3 zu

---

384 Ebenso (generell zu einem Steuerlass) *Widmann* in Widmann/Mayer, § 22 Rdn. 418; a.A. (generell zu einem Steuerlass) *Patt* in Dötsch/Patt/Pung/Möhlenbrock, § 22 Rdn. 112; *Ritzer* in Rödder/Herlinghaus/van Lishaut, § 22 Rdn. 99.
385 Die unentgeltliche Übertragung der Anteile auf KapG oder Genossenschaften wäre nach § 22 Abs. 1 S. 6 Nr. 1 (ggf. i.V.m. Abs. 2 S.6) steuerschädlich (siehe oben Rdn. 122 und 262).

verpflichten, während der siebenjährigen Sperrfrist anstelle des Einbringenden einen Nachweis über die wirtschaftlichen Eigentümer der als sperrfristbehaftet geltenden Anteile zu erbringen.[386]

Tz. 22.23 UmwStE 2011 enthält keine Angaben darüber, ob *Abs. 7* nach der Umwandlung entspr. auf die hier behandelten Anteile Anwendung finden soll. Der Anwendung des Abs. 7 bedarf es insoweit nicht, als nach den in Tz. 22.23 UmwStE 2011 genannten Bedingungen für einen Steuerlass durch die Umwandlung keine stillen Reserven von den originär nach § 22 sperrfristbehafteten Anteilen auf Anteile *eines Dritten* verlagert werden dürfen. Dieses schließt aber nicht aus, dass (1) bereits bestehende sperrfristbehaftete Anteile des Einbringenden bzw. der übernehmenden Gesellschaft durch die Umwandlung mitverstrickt werden oder dass (2) ohne Einbringungsgewinnbesteuerung übertragene sperrfristbehaftete Anteile *nachfolgend* eine Mitverstrickung anderer Anteile im Rahmen von Gründungen oder Kapitalerhöhungen auslösen können.[387] Nur ein Teil dieser Fälle wird dadurch erfasst, dass alle unmittelbaren und mittelbaren Anteile an der Umwandlung beteiligten Gesellschaften als sperrfristbehaftet gelten. Insoweit ist unklar, ob die in Tz. 22.23 UmwStE 2011 genannte Bedingung – keine Verlagerung stiller Reserven – nicht nur für die Umwandlung selbst sondern auch nachfolgend gelten soll oder ob nachfolgend auch Abs. 7 entspr. Anwendung finden soll. Ist letzteres der Fall, so ist es allerdings fraglich, ob ohne gesetzliche Grundlage Anteilseigner von Anteilen, die nach der Umwandlung mitverstrickt werden, verpflichtet werden können, Nachweise entspr. § 22 Abs. 3 über den Halter dieser Anteile zu erbringen.[388]

VI. Übertragung sperrfristbehafteter Anteile zu Buchwerten unter Berücksichtigung der Billigkeitsregelung

1. Übertragung von einer Körperschaft auf eine andere Körperschaft

a) Übertragung durch Verschmelzung, Auf- oder Abspaltung

Werden nach § 22 Abs. 1 S. 1 sperrfristbehaftete „erhaltene Anteile", die von verschmelzungs- bzw. spaltungsfähigen Körperschaften i.S.v. § 3 Abs. 1 und 2 UmwG gehalten werden,[389] durch deren Verschmelzung, Ab- oder Aufspaltung nach § 2 ff. UmwG bzw. §§ 123 ff. UmwG auf eine andere Körperschaft zu Buchwerten nach § 11 Abs. 2 bzw. § 15 i.V.m. § 11 Abs. 2 übertragen, so stellen nach Auffassung der Finanzverwaltung derartige Übertragungen schädliche Veräußerungen i.S.v. § 22 dar. Sie verweist hierbei zu Recht auf zahlreiche Urteile des BFH, in denen Umwandlungen als tauschähnliche Vorgänge und damit rechtsgeschäftliche „Veräußerungen"

---

386 Siehe zur entspr. Verpflichtung in gesetzlichen Fällen Tz. 22.28 UmwStE 2011.
387 Nach der hier vertretenen Auffassung (siehe oben Rdn. 360) sind diese Anteile allerdings nach der Umwandlung nicht mehr sperrfristbehaftet, so dass sich eine Mitverstrickung aus § 22 nicht mehr ergibt.
388 Siehe zu deren Nachweispflichten in gesetzlichen Fällen auch Rdn. 423.
389 Hierzu gehören nach § 3 UmwG (ggf. i.V.m. § 125 UmwG) KapG, Genossenschaften, eingetragene und wirtschaftliche Vereine, genossenschaftliche Prüfungsverbände oder Versicherungsvereine auf Gegenseitigkeit.

angesehen wurden.[390] In der Literatur wird diese Auffassung teilweise abgelehnt. Begründet wird dieses teilweise damit, dass es sich bei Umwandlungen nur „um einer Veräußerung gleichgestellte Vorgänge" handele und diese nicht in § 22 Abs. 1 S. 6 als ergänzend steuerschädliche Vorgänge 22 aufgeführt sind,[391] zum Teil wird zumindest bei einer Umwandlung zu Buchwerten die Annahme einer Veräußerung i. S. v. § 22 abgelehnt, weil auch eine nach der Umwandlung durchgeführte Veräußerung der übertragenen sperrfristbehafteten Anteile eine Einbringungsgewinnbesteuerung auslösen kann und somit durch die Umwandlung keine mißbräuchliche Nutzung der mit der Einbringung verbundenen Statusverbesserung eintritt.

383 Entspr. gilt, wenn andere sperrfristbehaftete Anteile i. S. v. § 22, d. h. eingebrachte Anteile i. S. v. § 22 Abs. 2 S. 1,[392] sperrfristinfizierte Anteile i. S. v. § 22 Abs. 1 S. 6 Nr. 4 und 5[393] oder mitverstrickte Anteile i. S. v. § 22 Abs. 7[394] sowie die der unentgeltlichen Rechtsnachfolge i. S. v. § 22 Abs. 6 übertragen werden.

384 Aus dem Umstand, dass diese Verschmelzungen, Auf- oder Abspaltungen in § 22 Abs. 1 und 2 nicht ausdrücklich als „Veräußerungen" oder als „entgeltliche Übertragungen" i. S. v. § 22 Abs. 1 S. 6 Nr. 2 genannt sind, lässt sich nicht etwas Anderes herleiten.[395]

385 Auch eine Übertragung der o. g. sperrfristbehafteten Anteile durch Verschmelzung oder Aufspaltung einer der o. g. Körperschaften *ohne Gewährung von Anteilen* an der übernehmenden GmbH oder AG nach §§ 58 und 68 UmwG bzw. § 125 i. V. m. §§ 58 und 68 UmwG, z.B. in Fällen der Verschmelzung der Tochter- auf die Mutter-KapG (Aufwärtsverschmelzung), ist entgeltlich, da die übergehenden sperrfristbehafteten Anteile als Teil des insgesamt übergehenden Betriebsvermögens an die Stelle der untergehenden Anteile an der Körperschaft treten.[396]

386 Entspr. gilt bei einer Übertragung sperrfristbehafteter Anteile durch Verschmelzung oder Aufspaltung einer Körperschaft auf *Schwester-KapG* (Seitwärtsverschmelzung oder Seitwärtsaufspaltungen) *unter Verzicht auf eine Anteilsgewährung* nach § 54 Abs. 1 UmwG bzw. § 68 Abs. 1 UmwG, da in diesen Fällen die Anschaffungskosten der untergehenden Anteile an der

---

390 Tz. 00.02, 22.22 und 22.23 UmwStE 2011; BFH vom 15. 07. 1997, I R 22/96, BStBl. II 1998,. 168; BFH vom 16. 05. 2002, III R 45/98, BStBl. II 2003 II, 10 und BFH vom 17. 09. 2003, I R 97/02, BStBl. II 2004 II, 686.

391 So z.B. *Widmann* in Widmann/Mayer, § 22 Rdn. 145; *Schmitt* in Schmitt/Hörtnagel/Stratz, § 22 Rdn. 38, die dementsprechend wohl unabhängig von den Wertansätzen bei den Umwandlungen einen Veräußerungvorgang verneinen.

392 Siehe oben Rdn. 223.

393 Siehe oben Rdn. 178, 188 und Rdn. 289, 298.

394 Siehe unten Rdn. 486 ff.

395 Vgl. hierzu z.B. die Auslegung von *Widmann* in Widmann/Mayer, § 22 Rdn. 142, wonach sich aus der fehlenden Gleichstellung der Verschmelzung mit einer Veräußerung in § 22 ergibt, dass diese keine Veräußerung i. S. v. § 22 ist; im Ergebnis wie hier: z.B. *Hörtnagl*, Stbg 2007, 257, 267; *Bauernschmitt/Blöchle*, BB 2007, 743, 746.

396 Vgl. z.B. BFH vom 16. 05. 2002, III R 45/98, BStBl. II 2003, 10; BFH vom 23. 01. 2002, XI R 48/99, BStBl. II 2002, 875.

übertragenden Körperschaft als Anschaffungskosten der übernehmenden Schwester-KapG gelten.[397]

Nach dem Beispiel 1 in Tz. 22.23 UmwStE 2011 kann allerdings bei einer *387* Übertragung sperrfristbehafteter „erhaltener Anteile" i.S.v. § 22 Abs. 1 durch Seitwärtsverschmelzung der KapG, die diese Anteile hält (im Beispiel GmbH 1), auf eine andere KapG (im Beispiel GmbH 3) zu Buchwerten nach § 11 Abs. 2 gegen Gewährung von Gesellschaftsrechten grds. aus Billigkeitsgründen bei Erfüllung der weiteren Bedingungen der Billigkeitsregelung *von einer Einbringungsgewinnbesteuerung abgesehen werden.*

Die Anwendung der Billigkeitsregelung in Tz. 22.23 UmwStE 2011 über das *388* Beispiel hinaus kommt auch in Betracht,

(1) wenn die Übertragung der sperrfristbehafteten Anteile nicht durch eine Verschmelzung sondern durch eine Auf- oder Abspaltung erfolgt,

(2) wenn die *übertragende* Körperschaft keine KapG oder Genossenschaft, sondern eine andere spaltungs- bzw. verschmelzungsfähige Körperschaften ist und

(3) wenn durch die Verschmelzung, Auf- oder Abspaltung andere sperrfristbehaftete Anteile[398] übertragen werden.

Hingegen kann die Billigkeitsregelung nach den in Tz. 22.23 UmwStE 2011 *389* genannten Bedingungen *nicht* in Anspruch genommen werden,

(1) wenn und soweit die *übernehmende* Körperschaft im Rahmen der Verschmelzung bzw. Aufspaltung *keine KapG oder Genossenschaft* ist,

(2) wenn und soweit die Verschmelzung bzw. Auf- oder Abspaltung *ohne Gewährung von Anteilen* an der übernehmenden KapG oder Genossenschaft erfolgt,

(3) wenn der ursprünglich „Einbringende" i.S.v. von 22 Abs. 1 S. 1 bzw. § 22 Abs. 2 S. 1 hiernach *nicht mehr mittelbar oder unmittelbar an dem ursprünglich eingebrachten Vermögen beteiligt ist.*

Ein unter (3) einzuordnender Fall war Grundlage einer Verfügung der OFD *389a* Niedersachsen vom 22.08.2014.[399] Hiernach hatte eine M-GmbH einen Teilbetrieb im Rahmen einer Sachgründung auf ihre Tochtergesellschaft (T-GmbH) zu Buchwerten nach § 20 eingebracht, so dass die Anteile an der T-GmbH nach § 22 Abs. 1 sperrfristbehaftet waren. Ein halbes Jahr später wurden die sperrfristbehafteten Anteile an der T-GmbH auf eine Schwestergesellschaft der M-GmbH (S-GmbH) abgespalten. Die Anwendung der Billigkeitsregelung wurde für solche Fälle ausgeschlossen, weil die M-GmbH, nach der Abspaltung nicht mehr (mittelbar) an dem eingebrachten Betriebsvermögen beteiligt war. Die Abspaltung führt hiernach, auch wenn ansonsten die Voraussetzungen für eine Buchwertfortführung vorliegen, zur Besteuerung eines Einbringungsgewinns nach § 22 Abs. 1.

---

397 Vgl. z.B. *Bauernschmitt/Blöchle*, BB 2007, 743 (749).
398 Siehe Rdn. 383.
399 OFD Niedersachsen, S 1978c – 136 – St 243, Umwandlung: Auslösen der Einbringungsgewinnbesteuerung nach einer Spaltung – Anwendung der Billigkeitsregelung in Rz. 22.23 des BMF-Schreibens vom 11.11.2011 (UmwStE), GmbHR 2015, 55–56.

390 Bei der in Tz. 22.23 UmwStE 2011 genannten Trennung von Gesellschafterstämmen im Rahmen der Auf- oder Abspaltung[400] ist die zuletzt genannte
Voraussetzung nicht erfüllt, wenn der Einbringende als Anteilseigner der
übertragenden Körperschaft nach der Auf- oder Abspaltung nicht an der
KapG oder Genossenschaft beteiligt ist, die die sperrfristbehafteten Anteile
übernommen hat (siehe auch das Beispiel unten Rdn. 406).

391 Zu den Möglichkeiten der Weiterübertragung der durch die o.g. Umwandlungen steuerunschädlich übertragenen sperrfristbehafteten Anteile und
von Anteilen an umwandlungsbeteiligten Gesellschaften, die hiernach als
sperrfristbehaftet gelten nach den Ausnahmevorschriften in § 22 Abs. 1 S. 6
Nr. 2, 4 und 5 (ggf. i.V.m. § 22 Abs. 2 S. 6), siehe oben Rdn. 363 und
Rdn. 375.

*b) Ausgliederungen aus dem Vermögen von Körperschaften und Stiftungen
auf eine andere Körperschaft*

392 Gliedern KapG oder Genossenschaften ihre sperrfristbehafteten „erhaltenen
Anteile" i.S.v. § 22 Abs. 1 S. 1 bzw. andere sperrfristbehaftete Anteile[401]
durch eine *Ausgliederung* nach § 123 Abs. 3 ff. UmwG nachweislich zu
Buchwerten nach § 20 Abs. 2 S. 2 oder 21 Abs. 2 S. oder durch einen vergleichbaren ausländischen Vorgang auf eine weitere KapG oder Genossenschaft gegen Gewährung von Gesellschaftsrechten aus, so löst dieser Veräußerungsvorgang nach der Ausnahmeregelung in 22 Abs. 1 S. 6 Nr. 2 HS 2
keine Besteuerung eines Einbringungsgewinns aus.

393 Entspr. gilt, wenn andere ausgliederungsfähige Körperschaften[402] oder Stiftungen als „Einbringende" i.S.v. § 22 Abs. 1 S. 1 ihre sperrfristbehafteten
Anteile ausgliedern. Hingegen kann die Billigkeitsregelung nach den in
Tz. 22.23 UmwStE 2011 genannten Bedingungen nicht in Anspruch genommen werden, wenn und soweit die *übernehmende Körperschaft* im Rahmen
der Ausgliederungen *keine KapG oder Genossenschaft* ist.

**2. Übertragung von einem Einzelkaufmann oder einer PersG
auf eine Körperschaft**

394 Werden sperrfristbehaftete „erhaltene Anteile" i.S.v. § 22 Abs. 1 oder anderer sperrfristbehaftete Anteile,[403] die von PersG (Mitunternehmerschaften)
oder Partnerschaftsgesellschaften gehalten werden, durch Verschmelzungen, Auf- oder Abspaltungen oder durch Ausgliederungen auf KapG oder
Genossenschaften *nachweislich zu Buchwerten* nach § 20 Abs. 2 S. 2 oder 21
Abs. 1 S. 2 gegen Gewährung von Gesellschaftsrechten oder durch vergleichbare ausländische Vorgänge übertragen oder von der jeweils übernehmenden Gesellschaft *weiter übertragen,* so löst dieses nach den Ausnahmeregelungen in 22 Abs. 1 S. 6 Nr. 2, 4 und 5 (ggf. i.V.m. Abs. 2 S. 6) *keine
Besteuerung eines Einbringungsgewinns aus.*

---

400 Siehe hierzu auch die Kommentierung zu § 15 Rdn. 9 und Rdn. 156 ff.
401 Siehe hierzu oben Rdn. 383.
402 Wirtschaftliche oder eingetragene Vereine, genossenschaftliche Prüfungsverbände, Versicherungsvereine auf Gegenseitigkeit oder juristische Personen des öffentlichen Rechts.
403 Siehe hierzu oben Rdn. 383.

Dieses gilt auch für die Ausgliederung sperrfristbehafteter Anteile aus dem 395
Betriebsvermögen eines Einzelkaufmanns auf eine KapG oder Genossenschaft zu Buchwerten nach § 20 Abs. 2 S. 2 oder § 21 Abs. 1 S. 2.

3. Rechtformwechsel einer PersG als Anteilseigner in eine KapG/Genossenschaft

Zivilrechtlich führt der Formwechsel einer (gewerblichen) PersG, die sperr- 396
fristbehaftete „erhaltene" Anteile i.S.v. § 22 Abs. 1 oder andere sperrfristbehaftete Anteile[404] hält, in eine KapG oder Genossenschaft mangels eines
Übertragungsvorgangs zu keiner Veräußerung dieser Anteile. Nach § 25
i.V.m. § 20 gilt aber in diesen Fällen aus steuerrechtlicher Sicht das Betriebsvermögen der PersG und damit die von dieser gehaltenen sperrfristbehafteten Anteile als gegen Gewährung von Gesellschaftsrechten auf die
KapG bzw. Genossenschaft übertragen und damit nach Tz. 22.07 UmwStE
2011 grds. als steuerschädlich veräußert. Erfolgt der Formwechsel nach
§§ 20 Abs. 2 S. 2 bzw. § 21 Abs. 1 S. 2 zu Buchwerten, so löst die (fiktive)
Übertragung der sperrfristbehafteten Anteile aber nach Maßgabe der Ausnahmevorschriften in § 22 Abs. 1 S. 6 Nr. 2, 4 und 5 *keine* Besteuerung eines
Einbringungsgewinns aus.

4. Übertragung auf Rechtsträger, die keine KapG oder Genossenschaften sind

Werden sperrfristbehaftete Anteile[405] im Wege der Verschmelzung, Auf- 397
oder Abspaltung oder Ausgliederung zu Buchwerten auf Rechtsträger übertragen, die keine KapG oder Genossenschaft sind, so kommt ein Absehen
von einer Einbringungsgewinnbesteuerung nach den in Tz. 22.23 UmwStE
2011 genannten Bedingungen nicht in Betracht.

In diesen Fällen kann zur Vermeidung einer Einbringungsgewinnbesteue- 398
rung erwogen werden, anstelle der steuerschädlichen Übertragung der
sperrfristbehafteten Anteile ersatzweise den (gesamten) Betrieb der KapG
oder Genossenschaft, an der die sperrfristbehafteten Anteile bestehen, auf
die übernehmende Gesellschaft durch Abspaltung zu übertragen. Eine Abspaltung zu Buchwerten nach § 15 Abs. 1 bzw. nach § 16 i.V.m. § 15 Abs. 1
setzt zwar u.a. voraus, dass ein Teilbetrieb zurückbleibt, dieses kann aber
z.B. auch eine das gesamte Nennkapital umfassende Beteiligung an einer
KapG als sog. „fiktiver" Teilbetrieb sein.

5. Rechtsformwechsel einer KapG/Genossenschaft in eine PersG

Der Formwechsel einer KapG oder Genossenschaft, die sperrfristbehaftete 399
erhaltene Anteile i.S.v. § 22 Abs. 1 oder andere sperrfristbehaftete Anteile[406]
hält, in eine (gewerbliche) PersG, wird, obwohl zivilrechtlich kein Übertragungsvorgang vorliegt, nach § 9 i.V.m. §§ 3ff. steuerrechtlich wie eine
Übertragung des Betriebsvermögens der KapG auf die PersG behandelt.[407]

---

404 Siehe zu den verschiedenen Formen oben Rdn. 383.
405 Siehe hierzu oben Rdn. 383.
406 Siehe hierzu oben Rdn. 383.
407 Siehe hierzu auch die Kommentierung zu § 9 Rdn. 22 ff.

Nach Tz. 00.02 und 22.23 UmwStE 2011 löst diese fiktive Veräußerung der sperrfristbehafteten Anteile durch den Formwechsel die Besteuerung eines Einbringungsgewinns aus. Die Anwendung der Billigkeitsregelung kommt nicht in Betracht, weil Übertragungen ohne Gewährung von Anteilen an KapG oder Genossenschaften nach Tz. 22.23 UmwStE 2011 von der Billigkeitsregelung ausgenommen sind.

VII. Auswirkungen von Umwandlungen einer KapG oder Genossenschaft, an der sperrfristbehaftete Anteile bestehen

1. Verschmelzung oder Aufspaltung der KapG oder Genossenschaft

400 Bei einer *Verschmelzung oder Aufspaltung* der KapG oder Genossenschaft, an der sperrfristbehaftete Anteile[408] bestehen (Gesellschaft I) nach § 2 ff. UmwG bzw. §§ 123 Abs. 1 ff. UmwG auf eine andere Körperschaft (Gesellschaft II) zu Buchwerten nach § 11 Abs. 2 bzw. § 15 i. V. m. § 11 Abs. 2 gehen die sperrfristbehafteten Anteile an der Gesellschaft I unter.

401 Dieser umwandlungsbedingte Untergang sperrfristbehafteter Anteile ist mangels eines Übertragungsvorgangs keine „Veräußerung"[409]. Zu diesem Ergebnis ist auch das FG Hamburg in seinem für die Praxis bedeutenden Urteil vom 21.05.2015 in dem Fall einer Aufwärtsverschmelzung gekommen.[410] Hingegen behandelt die Finanzverwaltung auch diese Vorgänge als steuerschädliche „Veräußerungen".[411] In dem vom FG Hamburg zu beurteilenden Fall waren der Kläger (eine natürliche Person) und A jeweils zu 50 % Anteilseigner der B-GmbH. Beide übertrugen ihre jeweiligen Anteile an der B-GmbH unter dem gemeinen Wert nach § 21 Abs. 1 S. 3 auf die C-GmbH, deren Anteile sie ebenfalls jeweils zur Hälfte hielten. Die Anteile an der C-GmbH waren hierdurch nach § 22 Abs. 2 sperrfristbehaftet. Anschließend wurde die C-GmbH auf die B-GmbH verschmolzen, wodurch die C-GmbH ohne Abwicklung aufgelöst wurde und die sperrfristbehafteten Anteile der B-GmbH an der C-GmbH GmbH mit der Eintragung der Verschmelzung in das Handelsregister (§ 20 Abs. 1 Nr. 2 UmwG) untergingen. Nach Auffassung des FG Hamburg liegt zwar in diesem Fall auf der Ebene der übernehmenden B-GmbH eine Anschaffung von Wirtschaftsgütern vor, allerdings stelle der Untergang der sperrfristbehafteten Anteile durch die Verschmelzung keine steuerschädliche Veräußerung dieser Anteile i. S. v. § 22 Abs. 2 dar. Da die C-GmbH entspr. § 54 Abs. 1 S. 1 Nr. 1 UmwG zwingend ohne Anteilsgewährung auf die B-GmbH verschmolzen wurde, fehle es aus Sicht des übertragenden Gesellschafters an einer Gegenleistung an den übertragenen Gesellschafter oder deren Anteilseigner, so dass keine entgeltliche Übertragung vorliegt. Ferner fehle es, bezogen auf die sperrfristbehafteten Anteile, an einem Rechtsträgerwechsel.

---

408 Siehe zu den verschiedenen Formen oben Rdn. 383.
409 Vgl. z.B. *Stangl* in Rödder/Herlinghaus/van Lishaut, § 22 Rdn. 61; *Benz/Rosenberg* DB 2011, 1354 (1360).
410 FG Hamburg, Urteil vom 21.05.2015, 2 K 12/13, Revision eingelegt (AZ des BFH: I R 48/15), BeckRS 2015 95349.
411 Tz. 22.23 UmwStE 2011.

Die Merkmale „entgeltliche Übertragung" und „Rechtsträgerwechsel" entsprechen der hier vertretenen Definition des Begriffes „Veräußerung" i.S.v. § 22 (siehe hierzu auch Rdn. 48). Obwohl diese Definition bereits zur Begründung der getroffenen Entscheidung ausgereicht hätte, geht das FG Hamburg in seiner Urteilsbegründung noch einen Schritt weiter: Hiernach schließt sich das FG der Literaturmeinung an, wonach der Begriff „Veräußerung" in § 22 *dem Normzweck entsprechend* eng auszulegen sei.[412] Diese enge Auslegung sei gerechtfertigt, weil es im Falle der Aufwärtsverschmelzung zu keiner missbräuchlichen Ausnutzung einer Statusverbesserung käme und die übertragenden stillen Reserven nicht der Besteuerung entzogen würden. Setzt sich die Auffassung des FG Hamburg durch, so kann dieses zur Folge haben, dass die Billigkeitsregelung der Finanzverwaltung insoweit teilweise obsolet wird, als bereits über eine ergebnisorientierte Auslegung des Begriffs „Veräußerung" eine über den Zweck der Missbrauchsverhinderung hinausgehende Einbringungsgewinnbesteuerung vermieden wird.

Legt man das Beispiel 2 in Tz. 22.23 UmwStE 2011 (Verschmelzung der übernehmenden Gesellschaft i.S.v. § 22 Abs. 1 auf eine Schwesterkapitalgesellschaft) zugrunde, so kommt die Anwendung der Billigkeitsregelung trotz Untergangs der sperrfristbehafteten Anteile an der übernehmenden Gesellschaft I nicht nur in Verschmelzungsfällen sondern auch in den hiermit vergleichbaren Fällen der *Aufspaltung* immer in Betracht, *402*

(1) wenn und soweit es sich bei den übernehmenden Rechtsträgern um KapG oder Genossenschaften handelt,

(2) wenn die für die Verschmelzung bzw. Aufspaltung gewährten Anteile an der Gesellschaft II mit dem Buchwert nach § 13 Abs. 2 S. 2 bzw. § 15 Abs. 1 i.V.m. § 13 Abs. 2 S. 2 angesetzt werden,

(3) wenn und soweit die Verschmelzung bzw. Aufspaltung gegen Gewährung von Anteilen an der übernehmenden KapG oder Genossenschaft erfolgt und

(4) wenn der ursprünglich „Einbringende" hiernach weiterhin mittelbar oder unmittelbar an dem ursprünglich eingebrachten Vermögen beteiligt ist (siehe zu letzterem das Beispiel unten Rdn. 406).

Damit kommt bei dem unter Rdn. 401 erörterten Fall der Aufwärtsverschmelzung nach Auffassung der Finanzverwaltung auch nicht die Anwendung der Billigkeitsregelung in Betracht, weil in diesen Fällen keine neuen Anteile an der übernehmenden KapG bzw. Genossenschaft gewährt werden.

Anstelle der durch die Verschmelzung bzw. Aufspaltung untergehenden sperrfristbehafteten Anteile treten die von der übernehmenden KapG oder Genossenschaft gewährten Anteile, die auf Grundlage einer Einverständniserklärung der Antragsteller *als sperrfristbehaftet gelten* (ersatzweise sperrfristbehaftete Anteile, siehe auch oben Rdn. 371 f.). *403*

Die Billigkeitsregelung soll allerdings keine Anwendung finden, wenn die Gesellschaft II auf den Einbringenden i.S.v. § 22 Abs. 1 S. 1 verschmolzen *404*

---

412 Siehe hierzu auch oben Rdn. 328.

wird (vgl. Tz. 22.23 UmwStE 2011 Beispiel 3 „Rückumwandlung"). Dieses wird mit der Wertentscheidung des Gesetzgebers durch die Regelung in § 22 Abs. 2 S. 6 Nr. 3 (Steuerschädlichkeit der Auflösung und Abwicklung der KapG, an der sperrfristbehaftete Anteile bestehen) begründet. Das ist insoweit nicht nachvollziehbar, als durch die hiermit verbundene Rückübertragung des eingebrachten Vermögens die durch die ursprüngliche Einbringung entstandene Missbrauchsmöglichkeit, deren Vermeidung § 22 dient,[413] nicht mehr besteht.[414]

405 Nach Tz. 22.23 UmwStE 2011 findet die Billigkeitsregelung keine Anwendung, wenn infolge der Aufspaltung der Einbringende an dem ursprünglich eingebrachten Betriebsvermögen nicht mehr beteiligt ist.

406 **Beispiel:**

A bringt seinen Betrieb nach § 20 Abs. 2 S. 2 zu Buchwerten in die X-GmbH ein und erhält hierfür 50 % der Anteile an der X-GmbH, die nach § 22 Abs. 1 sperrfristbehaftet sind. B hält die anderen 50 % der Anteile an der X-GmbH. Das Vermögen der X-GmbH besteht aus dem eingebrachten Betrieb I, einem weiteren Betrieb II und einem Mitunternehmeranteil an der D-KG.

Nachfolgend wird die X-GmbH in der Weise aufgespalten, dass auf die Y-GmbH die Betriebe I und II und auf die Z-GmbH der Mitunternehmeranteil an der D-KG übertragen wird. A erhält für seinen untergehenden Anteil an der X-GmbH einen Anteil an der Z-GmbH, B erhält einen Anteil an der Y-GmbH.

Die Anwendung der Billigkeitsregelung kommt für A nach Tz. 22.23 UmwStE 2011 nicht in Betracht, da er nach der Aufspaltung nicht mehr an dem ursprünglich eingebrachten Betrieb I beteiligt ist.

Abwandlung:

Hingegen dürfte die Billigkeitsregelung Anwendung finden, wenn der von A eingebrachte Betrieb I vor der Aufspaltung eingestellt wurde. Zwar ist in diesem Fall A nach der Aufspaltung ebenfalls nicht mehr mittelbar an dem ursprünglich eingebrachten Betrieb I beteiligt, dieses ist aber keine Folge der Umwandlung.

2. Abspaltungen oder Ausgliederungen aus dem Vermögen der KapG oder Genossenschaft

407 Wird Betriebsvermögen einer KapG oder Genossenschaft, an der sperrfristbehaftete Anteile[415] gehalten werden, auf einen anderen Rechtsträger *abgespalten bzw. ausgegliedert*, so bleiben die sperrfristbehafteten Anteile unverändert bestehen, so dass diese Vorgänge noch keine steuerschädlichen „Veräußerungen" dieser Anteile i.S.v. § 22 bewirken. Steuerunschädlich ist es auch, wenn der Einbringende nach einer Abspaltung an dem ursprünglich eingebrachten Betriebsvermögen nicht mehr beteiligt ist, da dieser Umstand nicht Folge der Übertragung sperrfristbehafteter Anteile ist. Wenn al-

---

413 Siehe hierzu oben Rdn. 8.
414 Kritisch ebenso z.B. *Benz/Rosenberg*, DB 2011, 1354 (1360).
415 Siehe hierzu oben Rdn. 383.

lerdings durch eine Abspaltung oder Ausgliederung stille Reserven von den sperrfristbehafteten Anteilen auf andere Anteile verlagert werden, so werden die anderen Anteile nach § 22 Abs. 7 zu sperrfristbehafteten „mitverstrickten" Anteilen.[416]

Die Abspaltung des Betriebes der KapG oder Genossenschaft, an der sperrfristbehaftete Anteile gehalten werden, kann im Einzelfall eine Gestaltungsalternative sein, wenn die Verschmelzung oder Aufspaltung dieser KapG oder Genossenschaft eine Einbringungsgewinnbesteuerung auslösen würde. Allerdings kann die Abspaltung nach § 15 Abs. 1 nur dann zu Buchwerten erfolgen, wenn hiernach ein (ggf. auch fiktiver) Teilbetrieb verbleibt.[417]   408

VIII. Übertragung von Vermögen auf Gesellschaften, die sperrfristbehaftete Anteile halten oder an denen solche Anteile bestehen

Die Übertragung von Vermögen auf Gesellschaften, die sperrfristbehaftete Anteile halten oder an denen solche Anteile bestehen, durch Verschmelzung, Auf- oder Abspaltung sowie Ausgliederung ist grds. steuerunschädlich i.S.v. § 22, da diese Vorgänge zu keiner Übertragung sperrfristbehafteter Anteile führen. Diese Umwandlungen können aber zu einer Mitverstrickung von anderen Anteilen führen, wenn hierdurch z.B. stille Reserven von sperrfristbehafteten Anteilen i.S.v. § 22 Abs. 7 auf neu gewährte Anteile verlagert werden. Eine Einbringungsgewinnbesteuerung erfolgt aber erst bei einer Veräußerung der mitverstrickten Anteile oder bei Realisierung sonstiger, nach § 22 steuerschädlicher Vorgänge.   409

F. Nachweispflichten des Einbringenden (§ 22 Abs. 3)

I. Zweck der Vorschrift

Die Nachweispflichten nach § 22 Abs. 3 sind durch das SEStEG insbesondere auch wegen der hierdurch ermöglichten europaweiten Übertragung von Anteilen neu eingeführt worden. Die Vorschrift soll sicher stellen, dass Veräußerungen oder diesen nach § 22 Abs. 1 S. 6 bzw. Abs. 2 S. 6 gleich gestellte Vorgänge zu einer nachträglichen Besteuerung eines Einbringungsgewinns I nach § 22 Abs. 1 bzw. eines Einbringungsgewinns II nach Abs. 2 führen.[418] Dementsprechend besteht z.B. keine Nachweispflicht, wenn die Anteile an der KapG oder Genossenschaften zum gemeinen Wert eingebracht wurden oder wenn in den Fällen des § 22 Abs. 2 der Gewinn aus der Veräußerung der eingebrachten Anteile beim Einbringenden nach § 8b Abs. 2 KStG steuerfrei gewesen wäre.   410

---

416 Siehe zur Thematik der Mitverstrickung unten Rdn. 479 ff.
417 Siehe hierzu auch die Kommentierung zu § 15 Rdn. 76 ff.
418 Vgl. Tz. 22.28 UmwStE 2011.

II. Von der Nachweispflicht betroffene Anteile

1. Nachweis der Zurechnung „erhaltener Anteile" (§ 22 Abs. 3 S. 1 Nr. 1 HS 1)

411 Nach § 22 Abs. 3 S. 1 Nr. 1 hat der *Einbringende* (siehe hierzu Rdn. 28) nachzuweisen, wem in den Fällen des § 22 Abs. 1 die „erhaltenen Anteile" zuzurechnen, d.h. die sperrfristbehafteten Anteile, die dem Einbringenden für eine Einlage von Unternehmensteilen (Betriebe, Teilbetriebe oder Mitunternehmeranteile) nach § 20 Abs. 2 S. 2 in eine KapG oder Genossenschaft gewährt wurden.

412 Als „erhaltene Anteile" gelten gem. § 22 Abs. 7 i.V.m. § 22 Abs. 1 auch die Anteile, auf die anlässlich einer Gesellschaftsgründung oder einer Kapitalerhöhung stille Reserven von sperrfristbehafteten erhaltenen Anteilen verlagert wurden („mitverstrickte" Anteile). Hinsichtlich dieser Anteile sind der Einbringende und der Anteilseigner der mitverstrickter Anteile nachweispflichtig.[419]

413 Nach Tz. 22.28 UmwStE 2011 muss der Einbringende in den Fällen der Einbringung durch eine PersG, d.h. regelmäßig die PersG selbst (siehe aber auch Rdn. 28), auch nachweisen, wem *die Mitunternehmeranteile an der einbringenden PersG* zuzurechnen sind. Diese Nachweispflicht besteht vor dem Hintergrund, dass nach Tz. 22.02 UmwStE 2011 die Veräußerung dieser Mitunternehmeranteile und bei mehrstöckigen PersG auch mittelbare Veräußerungen der Mitunternehmeranteile steuerschädlich sein sollen. Zudem kann der Wegfall der Voraussetzungen des § 1 Abs. 4 bei einem Gesellschafter der PersG nach § 22 Abs. 1 S. 6 Nr. 6 eine Einbringungsgewinnbesteuerung auslösen.[420]

414 „In den Fällen des Abs. 1" heißt, dass eine Nachweispflicht nur besteht, soweit die erhaltenen Anteile als Gegenleistung für eine Einlage von Unternehmensteilen nach § 20 Abs. 2 S. 2 unter dem gemeinen Wert gewährt wurden. Keine Nachweispflicht besteht daher z.B. für andere nicht sperrfristbehaftete Anteile, die der Einbringende an der übernehmenden Gesellschaft i.S.v. § 22 Abs. 1 hält.

2. Nachweis der Zurechnung der „auf erhaltene Anteile beruhenden Anteile" (§ 22 Abs. 3 S. 1 Nr. 1 HS 2)

415 Der Einbringende (siehe hierzu auch Rdn. 28) hat gem. § 22 Abs. 3 S. 1 Nr. 1 auch nachzuweisen, wem in den Fällen des § 22 Abs. 1 die "auf erhaltenen Anteilen beruhenden Anteile" zuzurechnen sind. Diese Pflicht besteht auf Grund der in § 22 Abs. 1 S. 6 Nr. 2, 4 und 5 geregelten Möglichkeiten der steuerunschädlichen *Weiterübertragung* sperrfristbehafteter erhaltener Anteile zu Buchwerten nach § 20 Abs. 2 S. 2 bzw. 21 Abs. 1 S. 2 und durch vergleichbare ausländische Vorgänge. Die für die Weiterübertragung gewährten Anteile an der Gesellschaft, die die sperrfristbehafteten Anteile übernimmt, sind auf „ auf erhaltene Anteile beruhende Anteile" i.S.v. § 22 Abs. 3 S. 1 Nr. 1.

---

419 Tz. 22.28 UmwStE 2011.
420 Siehe auch oben Rdn. 213 ff. und Rdn. 319.

Diese Anteile können unter den Voraussetzungen des § 22 Abs. 1 S. 6 Nr. 4 *416* und 5 wiederum (beliebig oft) steuerunschädlich auf weitere übernehmende Gesellschaften zu Buchwerten übertragen werden. Auch die hierfür jeweils erhaltenen Anteile an den übernehmenden Gesellschaften sind sperrfristbehaftet und unterliegen der Nachweispflicht durch den Einbringenden nach § 22 Abs. 3 S. 1 Nr. 1.[421] Bei Weiterübertragungen von sperrfristinfizierten Anteilen bleibt die Nachweispflicht für die jeweils übertragenen sperrfristinfizierten Anteile bestehen.

In den Fällen der Einbringung durch eine PersG muss der Einbringende *417* nach Tz. 22.28 UmwStE 2011 auch nachweisen, wem die Mitunternehmeranteile der PersG zuzurechnen sind, die auf „erhaltene Anteile beruhende Anteile" hält [422] (siehe hierzu auch oben Rdn. 413).

3. Nachweis der Zurechnung der „eingebrachten Anteile" (§ 22 Abs. 3 S. 1 Nr. 2, HS 1)

Nach § 22 Abs. 3 S. 1 Nr. 2 hat der Einbringende in den Fällen des § 22 *418* Abs. 2 nachzuweisen, wem zum maßgeblichen Zeitpunkt die „eingebrachten Anteile" zuzurechnen sind, d.h. die sperrfristbehafteten Anteile an einer KapG oder Genossenschaften, die durch eine Sacheinlage nach § 20 Abs. 2 S. 2 oder im Rahmen eines Anteilstausches nach § 21 Abs. 1 S. 2 unter dem gemeinen Wert in eine KapG oder Genossenschaft eingebracht wurden.

Als „eingebrachte Anteile" gelten gem. § 22 Abs. 7 auch die Anteile, auf die *419* anlässlich einer Gesellschaftsgründung oder Kapitalerhöhung stille Reserven von eingebrachten Anteilen verlagert wurden („mitverstrickte" Anteile). Auch hinsichtlich dieser mitverstrickten Anteile sind der Einbringende und daneben auch der Anteilseigner der mitverstrickten Anteile nachweispflichtig.[423]

Werden nach § 20 Abs. 2 S. 2 mittelbar Anteile an KapG oder Genossenschaften durch die Übertragung von Mitunternehmeranteilen, die diese Anteile halten, eingebracht (vgl. Rdn. 236), so dürfte entspr. Tz. 22.28 UmwStE 2011 aufgrund der gesellschafterbezogenen Betrachtungsweise auch ein Nachweis hinsichtlich der Zurechnung dieser Mitunternehmeranteile zu führen sein. Entspr. dürfte gelten, wenn PersG mitverstrickte eingebrachte Anteile erhalten. Angesichts der Unsicherheit des Umfangs der Nachweispflichten sollten diese im Einzelfall konkret mit dem Finanzamt schriftlich abgestimmt werden.

4. Nachweis der Zurechnung der „auf eingebrachten Anteilen beruhenden Anteile" (§ 22 Abs. 3 Nr. 2 HS 2)

Nach § 22 Abs. 3 S. 1 Nr. 2 hat der Einbringende in den Fällen des § 22 *420* Abs. 2 nachzuweisen, wem zum maßgeblichen Zeitpunkt die „Anteile, die auf den eingebrachten Anteilen beruhen", zuzurechnen sind.

---

421 Vgl. u.a. Tz. 22.28 UmwStE 2011; *Widmann* in Widmann/Mayer, § 22 Rdn. 351; *Söffing/Lange*, DStR 2007, 1607 (1608).
422 Vgl. Tz. 22.28 UmwStE 2011.
423 Tz. 22.28 UmwStE 2011.

421 Diese Pflicht besteht im Hinblick auf die in § 22 Abs. 2 S. 6 i. V. m. Abs. 1 S. 6 Nr. 2, 4 und 5 geregelten Möglichkeiten der steuerunschädlichen Weiterübertragung sperrfristbehafteter eingebrachter Anteile zu Buchwerten nach § 20 Abs. 2 S. 2 bzw. § 21 Abs. 1 S. 2 und vergleichbaren ausländischen Vorgängen. Die hierbei für die Weiterübertragung gewährten Anteile an der Gesellschaft, auf die sperrfristbehafteten Anteile übertragen wurden, sind nach §§ Abs. 1 S. 6 Nr. 5 i. V. m. Abs. 2 S. 6 ebenfalls sperrfristbehaftete „auf eingebrachte Anteile beruhende Anteile" i. S. v. § 22 Abs. 3 S. 1 Nr. 2.

422 Diese Anteile können unter den Voraussetzungen des § Abs. 1 S. 6 Nr. 5 i. V. m. Abs. 2 S. 6 wiederum (beliebig oft) steuerunschädlich auf weitere übernehmende Gesellschaften zu Buchwerten übertragen werden. Die hierfür gewährten Anteile an der jeweils übernehmenden Gesellschaften sind sperrfristbehaftet und unterliegen der Nachweispflicht nach § 22 Abs. 3 S. 1 Nr. 2.[424] Die Nachweispflicht für Anteile, die auf vorangegangenen Einbringungen beruhen, bleibt hierbei jeweils bestehen.

III. Nachweispflichtiger

423 Nach dem Wortlaut der Vorschrift hat der *Einbringende* (siehe ergänzend hierzu in Bezug auf PersG Rdn. 28) zum maßgeblichen Zeitpunkt nachzuweisen, wem die sperrfristbehafteten Anteile zuzurechnen sind. Im Falle der unentgeltlichen Rechtsnachfolge gilt nach § 22 Abs. 6 der *Rechtsnachfolger* als Einbringender, so dass in diesem Fall nur dieser und nicht der ursprünglich Einbringende nachweispflichtig ist.[425] Im Falle einer Mitverstrickung von Anteilen nach § 22 Abs. 7 ist nach Tz. 22.28 UmwStE 2011 neben dem Einbringenden auch der Anteilseigner der mitverstrickten Anteile zum Nachweis verpflichtet.[426]

424 Da die Nachweispflicht nicht nur die von dem Nachweispflichtigen selbst gehaltenen Anteile, sondern auch von Dritten gehaltene sperrfristbehaftete erhaltene, eingebrachte, mitverstrickte oder auf erhaltene bzw. eingebrachte Anteilen beruhende Anteile betrifft, sollten die Nachweispflichtigen bei der vertraglichen Gestaltung der zugrunde liegenden Vorgänge (Einbringungen, Kapitalerhöhungen etc.) diesen Dritten verpflichten, sie in der Weise zu informieren, dass sie ihren Nachweispflichten nachkommen können. Diese Informationspflichten sollten ggf. mit Schadenersatzpflichten bei deren Nichterfüllung verknüpft werden.[427]

IV. Zurechnung der Anteile

425 Die Nachweispflicht bezieht sich auf dem *wirtschaftlichen Eigentümer* i. S. v. § 39 AO, welchem die sperrfristbehafteten Anteile zuzurechnen sind. Nach der Rechtsprechung des BFH ist hierfür insbesondere darauf abzustellen, wer die Stimmrechte und Gewinnbezugsrechte hat und wen die Chancen

---

424 Vgl. u. a. Tz. 22.28 UmwStE 2011; *Widmann* in Widmann/Mayer, § 22 Rdn. 351; *Söffing/Lange*, DStR 2007, 1607 (1608).
425 Vgl. Tz. 22.28 UmwStE 2011.
426 Vgl. Tz. 22.28 UmwStE 2011.
427 Vgl. u. a. *Söffing*, DStR 2007, 1607 (1609).

und Risiken einer Wertminderung bzw. Wertsteigerung der Anteile treffen.[428] Der Nachweis des wirtschaftlichen Eigentümers von Anteilen kann in Einzelfällen für den Einbringenden schwierig sein, so dass er sich insoweit auch durch vertragliche Vereinbarungen absichern sollte (z.B. Informationspflichten des Übernehmers sperrfristbehafteter Anteile, Verbot der Weiterübertragung des (wirtschaftlichen) Eigentums an den Anteilen, ggf. Schadenersatzansprüche etc.).

V. Nachweisempfänger

§ 22 Abs. 3 gibt nicht an, wem gegenüber der Nachweis zu erbringen ist. Nach Tz. 22.29 UmwStE 2011 hat der Einbringende (siehe ergänzend hierzu in Bezug auf PersG Rdn. 28) den Nachweis gegenüber dem für ihn zuständigen Wohnsitz – bzw. Betriebsstättenfinanzamt zu führen.[429] In Fällen, in denen vor der Einbringung eine gesonderte und einheitliche Gewinnfeststellung der Besteuerungsgrundlagen nach § 180 Abs. 1 Nr. 2 AO für die Einkünfte aus dem eingebrachten Betrieb oder dem Mitunternehmeranteil vorgenommen wurde, und das nach § 19 bzw. 20 AO zuständige Finanzamt nicht mit dem Feststellungsfinanzamt identisch war, ist der Nachweis beim Wohnsitzfinanzamt des Einbringenden zu erbringen.[430]

426

Beispiel 1:[431]
A mit dem Wohnsitzfinanzamt in Wiesbaden und einem Gewerbebetrieb in Frankfurt bringt sein Einzelunternehmen zu Buchwerten nach § 20 Abs. 2 S. 2 in die B-GmbH ein, so dass die hierfür gewähren Anteile an der B-GmbH nach § 22 Abs. 1 sperrfristbehaftet sind. A muss innerhalb der siebenjährigen Sperrfrist den Nachweis nach § 22 Abs. 3 bei seinem Wohnsitzfinanzamt in Wiesbaden erbringen, welches das für den Betrieb zuständige Finanzamt in Frankfurt im Falle steuerschädlicher Übertragungen der Anteile an der B-GmbH informiert.

Beispiel 2:
A mit Wohnsitz in Wiesbaden ist als Kommanditist an der AB-KG beteiligt, welche steuerlich in Frankfurt geführt wird. Die AB-KG wird formwechselnd in die AB-GmbH umgewandelt, so dass die Anteile an der AB-GmbH nach § 22 Abs. 1 sperrfristbehaftet sind. A muss innerhalb der siebenjährigen Sperrfrist den Nachweis nach § 22 Abs. 3 hinsichtlich der sperrfristbehafteten Anteile beim Wohnsitzfinanzamt in Wiesbaden erbringen, welches das Finanzamt Frankfurt ggf. über steuerschädliche Übertragungen der Anteile an der AB-GmbH informiert.

---

428 Vgl. BFH vom 11.07.2006, VIII R 32/04, DStR 2006, 2163.
429 Vgl. auch BMF vom 04.09.2007, IV B 2 – S. 1909/07/0001, DStR 2007, 1628.
430 Verfügung der OFD Frankfurt betr. Zweifelsfragen zu den Nachweispflichten nach § 22 Abs. 3 UmwStG vom 22.07.2014, S 1978c A-51-St 510, DStR 2014, 2509.
431 Beispiel 1 und 2 aus der Verfügung der OFD Frankfurt betr. Zweifelsfragen zu den Nachweispflichten nach § 22 Abs. 3 UmwStG vom 22.07.2014, S 1978c A-51-St 510, DStR. 2014, 2509.

Entspr. gilt für die nachweispflichtigen unentgeltlichen Rechtsnachfolger i.S.v. § 22 Abs. 6 und den Anteilseignern der mitverstrickten Anteile i.S.v. § 22 Abs. 7. Der Nachweis ist jeweils beim Wohnsitzfinanzamt des Rechtsnachfolgers bzw. des Anteilseigners der mitverstrickten Anteile zu erbringen. Ist der Einbringende nach der Einbringung nicht mehr unbeschränkt steuerpflichtig, so ist der Nachweis bei dem nach § 6 Abs. 7 S. 1 AStG für ihn zuständigen Finanzamt zu erbringen. War er vor der Einbringung nur beschränkt steuerpflichtig, ist der Nachweis gegenüber dem für den Veranlagungszeitraum der Einbringung für ihn zuständigen Finanzamt zu erbringen.[432]

VI. Art des Nachweis

427 Sind dem Einbringenden die sperrfristbehafteten Anteile an der einbringenden Gesellschaft i.S.v. § 22 Abs. 2 S. 1 weiterhin zuzurechnen, so soll er dem für ihn zuständigen Finanzamt eine schriftliche Bestätigung der übernehmenden Gesellschaft über seine Gesellschafterstellung vorlegen.[433]

428 Sind dem Einbringenden die sperrfristbehafteten Anteile nicht mehr zuzurechnen, so muss er angeben, wem die Anteile auf welche Weise übertragen wurden. Dieses beinhaltet, zumindest wenn Anteile nicht unter Anwendung des deutschen Rechts übertragen wurden, die Angabe der rechtlichen und steuerrechtlichen Gesetzesgrundlagen der Übertragung, da anderenfalls eine Überprüfung, inwieweit die Übertragung einen Einbringungsgewinn I oder II auslöst, nicht möglich ist.[434]

429 In den Fällen eines Anteilstausches ist eine Bestätigung der übernehmenden Gesellschaft über das (wirtschaftliche) Eigentum an den eingebrachten Anteilen und zur Gesellschafterstellung ausreichend. Auch durch die Vorlage einer Steuerbilanz der übernehmenden Gesellschaft kann nachgewiesen werden, dass dieser die eingebrachten Anteile zugerechnet werden.[435] Der Nachweis der Gesellschafterstellung kann auch über eine Gesellschafterliste (§ 40 GmbHG), ein Aktienregister (§ 67 AktG) oder durch Mitgliederlisten (§ 15 Abs. 2 GenG) erfolgen.[436]

VII. Nachweisdauer und -fristen

430 Entspr. des siebenjährigen Zeitraumes, innerhalb dessen der Einbringungsgewinn I und II besteuert wird, ist der Nachweis über die Zurechnung der Anteile in den dem Einbringungszeitpunkt folgenden sieben Jahren zu erbringen.

431 Der Nachweis ist erstmalig für den Zeitpunkt nach Ablauf des ersten auf den Einbringungszeitpunkt folgenden Jahres zu führen.[437] Er hat jährlich

---

432 Tz. 22.30 UmwStE 2011.
433 Tz. 22.30 UmwStE 2011.
434 Vgl. *Widmann* in Widmann/Mayer, § 22 Rdn. 365.
435 Tz. 22.30 UmwStE 2011.
436 Tz. 22.30 UmwStE 2011.
437 Tz. 22.31 UmwStE 2011; BMF vom 04.09.2007, IV B 2 – S 1909/07/0001, DStR 2007, 1628.

spätestens bis zum 31.05. zu erfolgen. Gem. § 108 Abs. 1 AO i.V.m. § 193 BGB ist der Nachweis am nächsten Werktag zu führen, wenn der 31. 05. auf einen Samstag oder auf einen staatlich anerkannten Feiertag fällt.

Ist z.B. der Einbringungszeitpunkt der 31.12.01, so hat der Einbringende   432
erstmals bis zum 31.05.02 nachzuweisen, wem die sperrfristbehafteten Anteile zum 31.12.02 zuzurechnen sind. Der letzte Nachweis über die Zurechnung der Anteile zum 31.12.08 ist bis zum 31.05.09 zu erbringen.

Liegt der Einbringungszeitpunkt nach dem 31. 05. eines Jahres, so liegt der   433
Zeitpunkt, zu dem spätestens erstmals der Nachweis über die Zurechnung der sperrfristbehafteten Anteile geführt werden muss, nach dem 31.05. des auf die Einbringung folgenden Jahres. In diesem Fall ist der Nachweis erst spätestens zum 31.05. des zweiten Jahres nach Einbringung der Anteile zu führen.[438]

Beispiel :   434
A bringt sämtliche Anteile an der A-GmbH gegen Gewährung von Gesellschaftsrechten zu Buchwerten mit Wirkung zum 30.06.01 in die B-GmbH ein. Der Nachweis über die Zurechnung der Anteile an der A-GmbH zum 30.06.02 kann nicht bereits zum 31.05.02 geführt werden, so dass er von A erstmals bis zum 31.05.03 zu führen ist.

VIII. Folgen eines unterlassenen oder verspäteten Nachweises

Nach § 22 Abs. 3 S. 2 gelten die erhaltenen bzw. eingebrachten Anteile an   435
dem Tag, der dem Einbringungszeitpunkt folgt oder der den Folgejahren dieses Kalendertages entspricht, als veräußert, wenn der Einbringende den Nachweis über die Zurechnung der sperrfristbehafteten Anteile nicht erbringt.

Beispiel: 436
Sachverhalt wie das Beispiel oben Rdn. 434. Erbringt A bis zum 31.05.03 nicht den Nachweis, wem die Anteile zum 31.05.02 zuzurechnen sind, gelten nach § 22 Abs. 3 S. 2 die Anteile als zum 01.06.02 verkauft. [439]

Es handelt sich bei der Nachweisfrist entgegen der Gesetzesbegründung[440]   437
um eine Ausschlussfrist.[441] Die Frist kann nicht verlängert werden.[442] Die Finanzverwaltung berücksichtigt aber noch Nachweise des Einbringenden, die nach Ablauf der Frist erbracht werden, wenn eine Änderung der betref-

---

438 Vgl. Tz.31 UmwStE 2011, sowie u.a. *Patt* in Dötsch/Patt/Pung/Möhlenbrock, § 22 Rdn. 91; *Stangl* in Rödder/Herlinghaus/van Lishaut, § 22 Rdn. 188; Widmann/ Mayer, § 22 Rdn. 347.
439 Vgl. *Söffing/Lange*, DStR 2007, 1607 (1611).
440 BT-Drs. 16/2710, 49.
441 Vgl. *Patt* in Dötsch/Patt/Pung/Möhlenbrock, § 22 Rdn. 91; *Förster/Wendland*, BB 2007, 638; *Söffing/Lange*, DStR 2007, 1607 (1610).
442 Tz. 22.31 UmwStE 2011.

fenden Bescheide verfahrensrechtlich möglich ist, so dass im Falle eines Rechtsbehelfsverfahrens der Nachweis längstens noch bis zum Abschluss des Klageverfahrens erbracht werden kann.[443]

438 Die Besteuerungsfolgen eines nicht rechtzeitigen Nachweises treffen auch dann den Einbringenden, wenn der *unentgeltliche Rechtsnachfolger* des Einbringenden seinen Nachweisverpflichtungen nicht nachkommt.

439 Nach Tz. 22.32 UmwStE 2011 führt der versäumte Nachweis auf Grund der Veräußerungsfiktion des § 22 Abs. 3 nicht nur zu einer Besteuerung eines Einbringungsgewinns sondern auch zur Besteuerung eines *Veräußerungsgewinns* zu dem in § 22 Abs. 3 S. 2 genannten Zeitpunkt. Die Finanzverwaltung unterstellt zur Ermittlung des fiktiven Veräußerungsgewinns, dass der Veräußerungspreis *dem gemeinen Wert der Anteile* entspricht.

440 Dies Besteuerung eines Veräußerungsgewinns entspricht nicht der systematischen Stellung der Nachweisregelung des § 22 Abs. 3 innerhalb des § 22, der ansonsten die Besteuerung eines Einbringungsgewinns I und II regelt. Da zudem der Gesetzgeber keine Angaben über den bei einer fiktiven Veräußerung anzusetzenden Veräußerungspreis gemacht hat, wurde bereits in der Literatur vor Veröffentlichung des UmwStE 2011 überwiegend die Auffassung vertreten, dass Folge der Veräußerungsfiktion nur die Besteuerung eines Einbringungsgewinns ist.[444] Die Besteuerung eines Veräußerungsgewinns geht über den Zweck der Vorschrift, der Vermeidung von Steuerumgehungen durch Einbringungen, hinaus.[445] Hierdurch erhält die Regelung einen Sanktionscharakter. § 22 Abs. 3 sollte daher de lege ferenda dahingehend geändert werden, dass entspr. der Systematik des § 22 ein nicht rechtzeitiger Nachweis über die Zurechnung der Anteile nur zu der Besteuerung eines Einbringungsgewinns I bzw. II führt.

441 Zur Ermittlung des Einbringungs- sowie des (fiktiven) Veräußerungsgewinns wird der Einbringende nach der Fristversäumnis von der Finanzverwaltung aufgefordert, Angaben zum gemeinen Wert des eingebrachten Betriebes oder der eingebrachten Anteile sowie zu den Einbringungs- bzw. Veräußerungskosten jeweils zum Einbringungszeitpunkt bzw. zum Zeitpunkt der fiktiven Veräußerung zu machen. Kommt der Nachweispflichtige der Aufforderung nicht nach, so werden die nachgefragten Angaben nach § 162 AO von der Finanzverwaltung geschätzt.[446]

442 Bei einer Veräußerungs- und Einbringungsgewinnbesteuerung wegen einer fiktiven Veräußerung auf Grund eines nicht erbrachten Nachweises kann eine nachfolgende tatsächliche Veräußerung nicht erneut der Besteuerung unterworfen werden.[447] Dieses kann für den Steuerpflichtigen von Vorteil sein, wenn zu erwarten ist, dass der nachfolgend erzielbare tatsächliche

---

443 Tz. 22.33 UmwStE 2011.
444 So u. a. *Söffing/Lange*, DStR 2007, 1607 (1611); *Widmann* in Widmann/Mayer, § 22 Rdn. 373; *Patt* in Dötsch/Patt/Pung/Möhlenbrock, § 22 Rdn. 93; *Stangl* in Rödder/ Herlinghaus/van Lishaut, § 22 Rdn. 193; *Rödder/Schuhmacher*, DStR 2007, 369 (375); *Schmitt* in Schmitt/Hörtnagl/Stratz, § 22 Rdn. 163.
445 Siehe zum Zweck der Vorschrift auch oben Rdn. 8.
446 Tz. 22.32 UmwStE 2011.
447 Vgl. *Widmann* in Widmann/Mayer, § 22 Rdn. 373.

Veräußerungsgewinn höher ist, als der Gewinn, wie er sich auf Grundlage des gemeinen Wertes der Anteile zum Zeitpunkt des Ablaufs der Nachweisfrist ergibt.

G. Juristische Person des öffentlichen Rechts oder steuerbefreite Körperschaften als Veräußerer (§ 22 Abs. 4)

I. Grundregelungsgehalt und Anwendungsbereich

§ 22 Abs. 4 bestimmt als Nachfolgeregelung zu § 21 Abs. 3 UmwStG 1995, 443
dass in den Fällen, in denen juristische Personen des öffentlichen Rechts (§ 22 Abs. 4 S. 1 Nr. 1) bzw. steuerbefreite Körperschaften (§ 22 Abs. 4 S. 1 Nr. 2) einen Betrieb gewerblicher Art (BgA) bzw. einen wirtschaftlichen Geschäftsbetrieb, Teilbetrieb oder einen Mitunternehmeranteil nach § 20 Abs. 2 S. 2 unter dem gemeinen Wert in eine KapG oder Genossenschaft eingebracht haben (Sacheinlagen und damit „Fälle" i.S.v. § 22 Abs. 1), deren jeweiliger Gewinn aus der anschließenden *Veräußerung* der hierfür erhaltenen sperrfristbehafteten Anteile an dieser KapG oder Genossenschaft als in einem BgA bzw. in einem wirtschaftlichen Geschäftsbetrieb entstanden gelten. § 22 Abs. 4 regelt damit, anders als die übrigen Absätze des § 22, nicht die Besteuerung eines Einbringungsgewinns. Einer solchen gesonderten Regelung zur Einbringungsgewinnbesteuerung bedurfte es auch nicht, weil auch BgA von juristische Personen des öffentlichen Rechts und steuerbefreite Körperschaften mit einem wirtschaftlichen Geschäftsbetrieb „Einbringende" i.S.v. § 22 sein können, so dass die ihnen hierfür gewährten sperrfristbehafteten Anteile an KapG oder Genossenschaften nach den allgemeinen Regelungen in § 22 einer Einbringungsgewinnbesteuerung unterliegen.[448] Zu den Einzelheiten der Einbringungsgewinnbesteuerung von juristischen Personen des öffentlichen Rechts und steuerbefreiten Körperschaften wird auf die nachfolgende Kommentierung unter Rdn. 455 ff. verwiesen.

Die fiktive Zurechnung des Gewinns aus der Veräußerung der nach § 22 444
Abs. 1 sperrfristbehafteten Anteile zu einem BgA bzw. zu einem wirtschaftlichen Geschäftsbetrieb nach § 22 Abs. 4 führt dazu, dass dieser Veräußerungsgewinn steuerpflichtig ist. Ohne diese Fiktion des § 22 Abs. 4 könnten die sperrfristbehafteten Anteile durch die juristische Person des öffentlichen Rechts bzw. durch die steuerbefreite Körperschaften grundsätzlich steuerfrei veräußert werden. Denn regelmäßig werden diese Anteile in deren steuerfreien Sphäre der Vermögensverwaltung gehalten. Sind die Anteile ausnahmsweise einem BgA bzw. wirtschaftlichen Geschäftsbetrieb zuzuordnen

---

448 Vgl. Tz. 22.34 bzw. Tz. 22.36 UmwStE 2011; ebenso *Nitschke* in Blümich, § 22 Rdn. 90; *Patt* in Dötsch/Patt/Pung/Möhlenbrock, § 22 Rdn. 94; *Schmitt* in Schmitt/Hörtnagl/Stratz, § 22 Rdn. 170; *Graw* in Bordewin/Brandt, § 22 Rdn. 285; *Jäschke* in Lademann § 22 Rdn. 29; *Stangl* in Rödder/Herlinghaus/van Lishaut, § 22 Rdn. 197; a. A. *Bilitewski* in Haritz/Menner, § 22 Rdn. 302, wonach ohne die Regelung des § 22 Abs. 4 die Besteuerung eines Einbringungsgewinns nicht möglich wäre.

oder bilden sie selbst einen BgA bzw. wirtschaftlichen Geschäftsbetrieb, so findet § 22 Abs. 4 nach der hier vertretenen Auffassung keine Anwendung, da die sperrfristbehafteten Anteile in diesen Fällen bereits ohne die Fiktion des § 22 Abs. 4 steuerpflichtig veräußert werden.[449] Ein solcher Ausnahmefall kann vorliegen, wenn z.B. nur Teilbetriebe und nicht der gesamte BgA bzw. wirtschaftlicher Geschäftsbetrieb oder der gesamte, als eigenständiger BgA bzw. wirtschaftlicher Geschäftsbetriebe anzusehende Mitunternehmeranteil nach § 20 Abs. 2 S. 2 unter dem gemeinen Wert eingebracht wurde und die hierfür gewährten sperrfristbehafteten Anteile dem verbliebenen BgA bzw. wirtschaftlichen Geschäftsbetrieb zuzuordnen sind. Dieser Fall kann auch auftreten, wenn der gesamte BgA bzw. wirtschaftliche Geschäftsbetrieb in eine KapG oder Genossenschaft eingebracht wurde und die hierfür gewährten Anteile der KapG oder Genossenschaft ausnahmsweise selbst als BgA [450] bzw. als wirtschaftlicher Geschäftsbetrieb zu behandeln sind. Relevanz hat diese Abgrenzung des Anwendungsbereichs des § 22 Abs. 4 insoweit, als nur die Veräußerung von Anteilen, die in den Anwendungsbereich des § 22 Abs. 4 fallen, nach Ablauf von sieben Jahren steuerfrei veräußert werden können (siehe nachfolgend Rdn. 449).

445 Im Regierungsentwurf bezog sich die Fiktion des § 22 Abs. 4 noch auf die Entstehung des *Einbringungsgewinns* in einem BgA bzw. wirtschaftlichen Geschäftsbetrieb. Begründet wurde die auf Empfehlung des Finanzausschusses vorgenommene Änderung der Regelung damit, dass wegen der rückwirkenden Besteuerung des Einbringungsgewinns dieser ohnehin noch dem BgA bzw. dem wirtschaftlichen Geschäftsbetrieb zuzurechnen sei und damit durch die Regelung in § 22 Abs. 1 und 2 erfasst werden.[451] Dieses hätte allerdings die Streichung des § 22 Abs. 4 in der Fassung des Regierungsentwurfes indiziert, nicht jedoch die Ausweitung der Regelung auf die Besteuerung eines Veräußerungsgewinns. Die Änderung stellt eine Durchbrechung der Systematik der Regelungen des § 22 dar, der im Übrigen nur die Besteuerung von nachträglichen Einbringungsgewinnen behandelt.[452] Gemessen am Sinn und Zweck der Regelung, der Missbrauchsvermeidung,[453] ist diese Regelung nicht gerechtfertigt. Sie wird zum Teil damit begründet, dass die Zielsetzung des § 22 Abs. 4 die Steuerverhaftung der Veräußerung der erhaltenen Anteile sei, um hierdurch für BgA von juristische Personen des öffentlichen Rechts und wirtschaftlichen Geschäftsbetrieben von steuerbefreiten Körperschaften über § 1 Abs. 1 S. 4 Nr. 2 Buchst. b überhaupt erst den Anwendungsbereich des § 20 zu eröffnen (vgl. hierzu auch § 1 Rdn. 95, 96). Allerdings gelten juristische Personen des öffentlichen Rechts nach Art. 48 Abs. 2 EGV und Art. 34 Abs. 2 EWRV als „Gesellschaften" i.S.v. § 1

---

449 Im Ergebnis so auch *Widmann* in Widmann/Mayer, § 22 Rdn. 394; vgl. auch *Orth,* DB 2007, 419 (425).
450 Vgl. hierzu BFH vom 30.06.1971, IR 57/70, BStBl. II 1971, 753.
451 Vgl. BT-Drs. 16/3369 Abschn. B „Einzelbegründung zu Art. 6 UmwStG, § 22 Abs. 4; vgl. auch *Orth* in DB 2007, 419 (425).
452 Eine weitere entspr. Durchbrechung stellt die fiktive Veräußerung sperrfristbehafteter Anteile bei Nichterfüllung der Nachweispflichten nach § 22 Abs. 3 dar, die aber in gleicher Weise von der Literatur kritisiert wird (siehe oben Rdn. 435 ff.).
453 Siehe auch oben Rdn. 8.

Abs. 4 S. 1 Nr. 2 Buchst. a Doppelbuchst. aa i. V. m. § 1 Abs. 2 S. 1 Nr. 1, so dass der Anwendungsbereich des § 20 für diese auch ohne die Vorschrift des § 22 Abs. 4 eröffnet ist.[454] Entspr. gilt auch für steuerbefreite Körperschaften, die über ihren wirtschaftlichen Geschäftsbetrieb Einnahmen erzielen und damit Erwerbszwecken nachgehen.[455]

II. Veräußerung von „Anteilen nach § 22 Abs. 1"

§ 22 Abs. 4 Nr. 1 und 2 finden nur bei der Veräußerung von Anteilen an   *446*
KapG oder Genossenschaften nach *§ 22 Abs. 1* Anwendung, daher solcher Anteile, die der Einbringende für die Übertragung von Unternehmensteilen i. S. v. § 20 Abs. 1 („Sacheinlagen" i. S. v. § 22 Abs. 1) unter dem gemeinen Wert erhalten hat und somit sperrfristbehaftet sind. Für die Veräußerung von eingebrachten Anteilen an KapG oder Genossenschaften i. S. v. § 22 Abs. 2 gilt die Fiktion des § 22 Abs. 4 nicht.

Die sperrfristbehafteten Anteile können der juristischen Person des öffentli- *447*
chen Rechts bzw. der steuerbefreiten Körperschaft für die Einbringung von Mitunternehmeranteilen, Teilbetrieben oder des gesamten BgA bzw. des gesamten wirtschaftlichen Geschäftsbetriebes gewährt worden sein. Zweckbetriebe von steuerbefreiten Körperschaften i. S. v. §§ 65 ff. AO können hingegen nicht Gegenstand einer Sacheinlage i. S. v. § 22 Abs. 1 sein, da es sich hierbei nicht um steuerpflichtiges Betriebsvermögen handelt.[456]

Mitverstrickte Anteile i. S. v. § 22 Abs. 7 gelten auch als „erhaltene Anteile" *448*
i. S. v. § 22 Abs. 1, so dass auch die Veräußerung dieser Anteile durch die juristische Person des öffentlichen Rechts bzw. durch eine steuerbefreite Körperschaft in den Anwendungsbereich des § 22 Abs. 4 fällt.

III. Veräußerungsgewinn „in den Fällen des Abs. 1"

Die fiktive Verlagerung der Veräußerungsgewinne in den steuerpflichtigen *449*
Bereich der juristischen Person des öffentlichen Rechts bzw. der steuerbefreiten Körperschaft durch § 22 Abs. 4 Nr. 1 und 2 gilt nur „in den Fällen des § 22 Abs. 1." Auf Grund dieses Verweises gelten nur solche Veräußerungsgewinne als in einem Betrieb gewerblicher Art bzw. in einem wirtschaftlichen Geschäftsbetrieb entstanden, die *innerhalb eines Zeitpunkt von sieben Jahren* nach dem Einbringungszeitpunkt durch juristische Personen des öffentlichen Rechts bzw. durch steuerbefreite Körperschaften veräußert werden.[457] Danach können diese Anteile, sofern sie nicht einem BgA oder einem wirtschaftlichen Geschäftsbetrieb zuzuordnen sind, steuerfrei veräußert werden.[458]

---

454 Vgl. *Orth*, DB 2007, S. 419 (420, 421), auch die Finanzverwaltung geht hiervon aus, siehe Tz. 01.50 UmwStE 2011.
455 Vgl. *Orth*, DB 2007, S. 419 (421).
456 Vgl. *Orth*, DB 2007, 419 (421).
457 Vgl. Tz.22.35 UmwStE 2011.
458 Vgl. Tz. 22.35 UmwStE 2011, *Orth*, DB 2007, 419 (426); *Stangl* in Rödder/Herlinghaus/van Lishaut, § 22 Rdn. 198; *Patt* in Dötsch/Patt/Pung/Möhlenbrock, § 22 Rdn. 91; a.A. *Widmann* in Widmann/Mayer, § 22 Rdn. 367.

450 Die Realisierung der in § 22 Abs. 1 S. 6 genannten steuerschädlichen Tatbestände führt zwar auch für die der juristischen Person des öffentlichen Rechts bzw. der steuerbefreiten Körperschaft zur Besteuerung eines Einbringungsgewinns I. Es fehlt aber in § 22 Abs. 1 S. 6 an einem Verweis, wonach diese Vorgänge, die eine Einbringungsgewinnbesteuerung auslösen, generell auch als Veräußerungen i.S.v. § 22 Abs. 4 anzusehen sind,[459] so dass durch § 22 Abs. 1 S. 6e Veräußerungstatbestände für die Anwendung des § 22 Abs. 4 nicht erweitert werden. Werden die sperrfristbehafteten Anteile von der juristischen Person des öffentlichen Rechts nach den Ausnahmetatbeständen des § 22 Abs. 1 S. 6 Nr. 2, 4 und 5 auf eine KapG oder Genossenschaft zu Buchwerten ohne Einbringungsgewinnbesteuerung übertragen, so führt dieser Vorgang zu keinem nach § 22 Abs. 4 steuerpflichtigen Veräußerungsgewinn. Eine anschließende Veräußerung der übertragenen sperrfristbehafteten Anteile durch die übernehmende Gesellschaft fällt nach dem Gesetzeswortlaut nicht in den Anwendungsbereich des § 22 Abs. 4.[460] Allerdings gilt der Gewinn aus der Veräußerung des Anteils, den die juristische Person des öffentlichen Rechts bzw. die steuerbefreite Körperschaft für die Übertragung des sperrfristbehafteten Anteils von der übernehmenden Gesellschaft erhalten hat, nach § 22 Abs. 4 als in einem BgA bzw. wirtschaftlichen Geschäftsbetrieb erzielt, weil es sich bei diesem Anteil nach § 22 Abs. 1 S. 6 Nr. 5 ebenfalls um einen sperrfristbehafteten (sperrfristinfizierten) Anteil handelt.[461] Entsprechendes gilt für den Gewinn aus der Veräußerung von nach § 22 Abs. 6 mitverstrickten Anteilen von juristischen Person des öffentlichen Rechts bzw. steuerbefreite Körperschaft, weil, die mitverstrickten Anteile nach der Fiktion des § 22 Abs. 6 als sperrfristbehaftete Anteile i.S.v. § 22 Abs.1 gelten.

IV. Ermittlung und Besteuerung des Veräußerungsgewinns

451 Für die Besteuerung des von der juristischen Person des öffentlichen Rechts bzw. dem wirtschaftlichen Geschäftsbetrieb der steuerbefreiten Körperschaft durch die Veräußerung von sperrfristbehafteten Anteile erzielten Veräußerungsgewinns gelten die allgemeinen ertragsteuerrechtlichen Vorschriften. Nach § 8 Abs. 1 KStG i.V.m. § 20 Abs. 1 Nr. 10b S. 1 EStG zählt der Veräußerungsgewinn eines BgA zu den Einkünften aus Kapitalvermögen. Entspr. gilt für einen Veräußerungsgewinn einer steuerbefreiten Körperschaft im Rahmen ihres wirtschaftlichen Geschäftsbetriebes nach § 8 Abs. 1 KStG i.V.m. § 20 Abs. 1 Nr. 10 b S. 4 EStG.

452 Die für die Ermittlung und Besteuerung des Einbringungsgewinns I in § 22 Abs. 1 getroffenen Regelungen können nicht über § 22 Abs. 4 auf die Ermittlung des Veräußerungsgewinns übertragen werden, so dass sich der Veräußerungsgewinn auch nicht um jeweils ein Siebtel für jedes seit der

---

459 Vgl. *Widmann* in Widmann/Mayer, § 22 Rdn. 390.
460 So auch *Stangl* in Rödder/Herlinghaus/van Lishaut, § 22 Rdn. 197a und Rdn. 199 (Beispiel).
461 A.A. *Mutscher* in Frotscher/Maaß/Mutscher, § 22 Rdn. 325

Einbringung abgelaufene Jahr mindert.[462] Der Veräußerungsgewinn wird jedoch, wie in den anderen Fällen des § 22 Abs. 1, durch den Einbringungsgewinn I gemindert, welcher durch die Veräußerung nach § 22 Abs. 1 ausgelöst wird, da dieser nach § 22 Abs. 1 S. 4 die Anschaffungskosten der Anteile erhöht.

Der Gewinn aus der Veräußerung der sperrfristbehafteten Anteile bleibt gemäß § 8b Abs. 2 KStG außer Ansatz. Nach § 8b Abs. 3 KStG sind allerdings 5 % des Veräußerungsgewinns als nichtabziehbare Betriebsausgabe zu behandeln. Ein Veräußerungsverlust bleibt gemäß § 8b Abs. 3 KStG ebenfalls außer Ansatz. **453**

Der Veräußerungsgewinn unterliegt nach § 43 Abs. 1 S. 1 Nr. 7c EStG unter den Voraussetzungen des § 20 Abs. 1 Nr. 10b EStG der Kapitalertragsteuer. Die Kapitalertragsteuer beträgt nach § 43a Abs. 1 S. 1 Nr. 2 EStG 15 % des Veräußerungsgewinns. Unter den Voraussetzungen des § 44a Abs. 7 S. 1 EStG wird keine Kapitalertragsteuer abgezogen. Da § 22 Abs. 4 fingiert, dass der Veräußerungsgewinn in einem inländischen BgA angefallen ist, hat die Kapitalertragsteuer nach § 32 Abs. 1 Nr. 2 KStG Abgeltungswirkung (Änderung der Auffassung gegenüber der Vorauflage).[463] Der Veräußerungsgewinn unterliegt nicht der Gewerbesteuer, da er nur als Gewinn aus der Veräußerung eines Anteils gilt.[464] **454**

V. Ermittlung und Besteuerung eines Einbringungsgewinns I

§ 22 Abs. 4 enthält keine Sonderregelung im Hinblick auf die Ermittlung und Besteuerung des Einbringungsgewinns I für juristischen Personen des öffentlichen Rechts bzw. steuerbefreiten Körperschaften, welcher durch die Veräußerung der sperrfristbehafteten Anteile ausgelöst wird. Veräußern diese die für eine Sacheinlage i.S.v. § 22 Abs. 1 erhaltenen Anteile oder werden die in § 22 Abs. 1 S. 6 geregelten Tatbestände realisiert, so führt dieses zur Ermittlung und Besteuerung des Einbringungsgewinns I rückwirkend zum Einbringungszeitpunkt nach den allgemeinen Vorschriften des § 22 Abs. 1 und der weiteren Vorschriften des § 22 beim einbringenden BgA der juristischen Person des öffentlichen Rechts bzw. dem einbringenden wirtschaftlichen Geschäftsbetrieb der steuerbefreiten Körperschaft. Auf Grund der Rückwirkung wird der Einbringungsgewinn I noch als letzter **455**

---

462 Vgl. *Widmann* in Widmann/Mayer, § 22 Rdn. 388.
463 Ebenso *Stangl* in Rödder/Herlinghaus/van Lishaut, § 22 Rdn. 199; *Patt* in Dötsch/Patt/Pung/Möhlenbrock,§ 22 Rdn. 97; Graw in Bordewin/Brandt, § 22 Rdn. 286 , Bilitewski in Haritz/Menner; § 22 Rdn. 239; a.A. *Widmann* in Widmann/Mayer, § 22 Rdn. 389.
464 Ebenso. *Orth*, DB 2007, 419 (427); *Bott* in Ernst & Young, § 4 KStG Rdn. 463.6; *Jäschke* in Lademann, § 22 Rdn. 457; a.A. *Patt* in Dötsch/Patt/Pung/Möhlenbrock, § 22 Rdn. 59c.

Vorgang innerhalb des BgA bzw. des wirtschaftlichen Geschäftsbetriebes und damit innerhalb der steuerverhafteten Sphäre erfasst.[465]

456 Werden im Rahmen der Sacheinlage nach § 22 Abs. 1 von der juristischen Person des öffentlichen Rechts bzw. von der steuerbefreiten Körperschaft Anteile an KapG oder Genossenschaften, die zum Betriebsvermögen eines BgA bzw. eines wirtschaftlichen Geschäftsbetriebes gehören, auf die übernehmende KapG oder Genossenschaft unter dem gemeinen Wert übertragen, so werden bei der Ermittlung des Einbringungsgewinns I die eingebrachten Anteile an KapG bzw. Genossenschaften gem. § 22 Abs. 1 S. 5 nicht berücksichtigt, da das Recht der Bundesrepublik Deutschland zur Besteuerung des Gewinns aus der Veräußerung der Anteile nicht ausgeschlossen oder beschränkt ist. Gehören die mit eingebrachten Anteile an der KapG oder Genossenschaft zum Bereich der Vermögensverwaltung der juristischen Person des öffentlichen Rechts und damit nicht zu deren BgA, so handelt es sich insoweit nicht um eine Sacheinlage i.S.v. § 22 Abs. 1, so dass die Anteile aus der Ermittlung des Einbringungsgewinns ausscheiden.

457 Der Einbringungsgewinn I der juristischen Person des öffentlichen Rechts unterliegt gemäß § 23 Abs. 1 KStG mit einem Steuersatz von 15 % der Körperschaftsteuer. Er unterliegt nicht der Kapitalertragsteuer, da § 20 Abs. 1 Nr. 10b S. 1 EStG nur auf § 22 Abs. 4 verweist, der nur den Veräußerungs- und nicht den Einbringungsgewinn regelt.[466] Der Einbringungsgewinn I erhöht nach § 22 Abs. 1 S. 4 nachträglich die Anschaffungskosten der erhaltenen Anteile, so dass sich insoweit der nach § 22 Abs. 4 zu ermittelnde Veräußerungsgewinn mindert.

VI. Keine Ermittlung und Besteuerung eines Einbringungsgewinns II

458 Die Besteuerung eines Einbringungsgewinns II nach § 22 Abs. 2 kommt bei der Einbringung von Anteilen an KapG oder Genossenschaften durch eine juristische Person des öffentlichen Rechts oder durch eine steuerbefreite Körperschaft nicht in Betracht. Wurden die eingebrachten Anteile jeweils in deren steuerfreien Bereich gehalten d.h. nicht in einem BgA bzw. wirtschaftlichen Geschäftsbetrieb, so findet auch die Einbringung in der steuerfreien Sphäre statt. § 22 Abs. 2 findet schon wegen der Nichtanwendung der §§ § 20 und 21 auf diese Einbringungsvorgänge keine Anwendung. Wurden die eingebrachten Anteile ausnahmsweise in einem BgA bzw. wirtschaftlichen Geschäftsbetrieb gehalten bzw. stellen die eingebrachten Anteile ausnahmsweise selbst einen BgA bzw. wirtschaftlichen Geschäftsbetrieb dar, so wäre der Einbringungsgewinn jeweils nach § 8b Abs. 2 KStG zum Einbringungszeitpunkt steuerfrei gewesen, so dass nach § 22 Abs. 2 S. 1 kein Einbringungsgewinn zu ermitteln und zu besteuern ist.

---

465 Vgl. *Heß/Schnitker*, in PricewaterhouseCoopers AG (Hrsg.), Reform des Umwandlungssteuerrechts, Rdn. 1714; *Orth*, DB 2007, 419 (425); *Patt* in Dötsch/Patt/Pung/Möhlenbrock, § 22 Rdn. 59c; *Stangl* in Rödder/Herlinghaus/van Lishaut, § 22 Rdn. 197.
466 So auch *Orth*, DB 2007, 419 (426).

H. Bescheinigung über die Steuer
auf den Einbringungsgewinn (§ 22 Abs. 5)
I. Überblick

§ 22 Abs. 5 steht im Zusammenhang mit § 23 Abs. 2, wonach die übernehmende Gesellschaft auf Antrag in den Fällen der Sacheinlage den auf das eingebrachte Betriebsvermögen (ohne Anteile an KapG oder Genossenschaften) entfallenden Einbringungsgewinn I als Erhöhungsbetrag aktivieren kann, soweit der Einbringende die auf den Einbringungsgewinn entfallende Steuer entrichtet hat und dieses durch eine Bescheinigung des Finanzamtes nach § 22 Abs. 5 nachgewiesen wurde. In den Fällen der Einbringung von Anteilen nach § 20 Abs. 1 oder § 21 Abs. 1 erhöhen sich auf Antrag unter den entspr Voraussetzungen nach § 23 Abs. 2 die Anschaffungskosten der eingebrachten Anteile in Höhe des versteuerten Einbringungsgewinns II, siehe hierzu i.E. die Kommentierung zu § 23 Rdn. 49 ff. und 81 ff.   *459*

Um die nach § 23 Abs. 2 hierfür erforderlichen Nachweise erbringen zu können, hat die übernehmende Gesellschaft nach § 22 Abs. 5 HS 1 in den Fällen des § 22 Abs. 1 und 2 das Recht, von dem für den Einbringenden zuständigem Finanzamt auf Antrag die Höhe des zu versteuernden Einbringungsgewinns I bzw. II sowie die darauf entfallende festgesetzte Steuer und den darauf entrichteten Betrag mitgeteilt zu bekommen. Nachträgliche Minderungen des versteuerten Einbringungsgewinns, der hierauf festgesetzten Steuer und des entrichteten Betrages werden dem für die übernehmende Gesellschaft zuständigen Finanzamt von Amt wegen mitgeteilt.[467]   *460*

II. Antragsberechtigter und Form des Antrags

Antragsberechtigt ist die übernehmende Gesellschaft. Die Antragsstellung kann nach Tz. 22.39 UmwStE 2011 aus Vereinfachungsgründen aber auch durch den Einbringenden erfolgen. Dementsprechend kann die übernehmende Gesellschaft den Einbringenden vertraglich verpflichten, im Falle der Besteuerung eines Einbringungsgewinns I eine Bescheinigung nach § 22 Abs. 5 zugunsten der übernehmenden Gesellschaft zu beantragen. Darüber hinaus empfiehlt es sich, den Einbringenden auch zu verpflichten, Auskünfte über die Besteuerung eines Einbringungsgewinns I und über das zuständige Finanzamt zu geben.   *461*

Für den Antrag ist keine besondere Form vorgeschrieben. Er wird aber regelmäßig schriftlich erfolgen, zumal durch Vorlage entspr. Dokumente und Urkunden (z.B. den Einbringungsvertrag) die Zurechnung der eingebrachten Anteile zum maßgeblichen Zeitpunkt zur übernehmenden Gesellschaft nachgewiesen werden muss.   *462*

---

467 Tz. 22.40 UmwStE 2011.

III. Zuständiges Finanzamt

463 Die Bescheinigung hat das für den Einbringenden im Zeitpunkt der Antragstellung zuständige Finanzamt zu erteilen.[468] Werden Sacheinlagen nach § 20 Abs. 2 S. 2 S. 2 von mehreren Mitunternehmern einer Unternehmerschaft eingebracht, so muss die Bescheinigung über den auf den (anteiligen) Einbringungsgewinn entrichteten Betrag von dem Finanzamt eingeholt werden, welches für den jeweilig einbringenden Mitunternehmer zuständig ist.[469]

IV. Entrichtete Steuer[470]

464 Bei der zu bescheinigenden entrichteten Steuer handelt es sich um die auf den Einbringungsgewinn entrichtete Einkommen- und Körperschaftsteuer, nicht hingegen um die Gewerbesteuer.[471] Die Steuer gilt nicht nur durch Zahlung nach § 224, 224a AO sondern z.b. auch durch eine wirksame Aufrechnung nach § 226 AO oder durch Verlustverrechnungen (Verrechnung mit Verlustvor- und Rückträgen sowie wirksame Verrechnung mit Verlusten aus anderen Einkunftsarten)[472] als entrichtet, nicht jedoch bei einer Stundung oder einer Aussetzung der Vollziehung.[473]

465 Wird im Rahmen der Billigkeitsregelung in Tz. 22.23 UmwStE 2011 von einer Einbringungsgewinnbesteuerung abgesehen (siehe hierzu i.e. oben Rdn. 333 ff.), so gilt die (ggf. nur vorläufig) erlassene Steuer nicht als „entrichtete Steuer" i.S.v. § 22 Abs. 5.[474]

466 Das Gesetz sieht keine Regelung für den Fall vor, das der Einbringende nur einen *Teil der Steuer entrichtet*. Im Wege der Meistbegünstigung sind daher die Zahlungen vorrangig den Steuern zuzuordnen, die auf den Einbringungsgewinn entfallen.[475] Nach Auffassung der Finanzverwaltung soll die Tilgung nur anteilig auf den Einbringungsgewinn entfallen.[476]

---

468 Vgl. Tz. 22.39 UmwStE 2011; *Stangl* in Rödder/Herlinghaus/van Lishaut, § 22 Rdn. 200; *Patt* in Dötsch/Patt/Pung/Möhlenbrock, § 22 Rdn. 102.
469 Vgl. *Widmann* in Widmann/Mayer, § 22 Rdn. 409.
470 Siehe hierzu auch die Kommentierung zu § 23 Rdn. 51 ff.
471 Vgl. *Ritzer* in Rödder/Herlinghaus/van Lishaut, § 23 Rdn. 97; *Patt* in Dötsch/Patt/ Pung/Möhlenbrock, § 23 Rdn. 112, a.A. *Widmann* in Widmann/Mayer, § 22 Rdn. 415.
472 Vgl. Tz. 23.12 UmwStE 2011, ebenso *Patt* in Dötsch/Patt/Pung/Möhlenbrock, § 23 Rdn. 117.
473 Vgl. *Ritzer* in Rödder/Herlinghaus/van Lishaut, § 23 Rdn. 98.
474 Allgemein gegen eine Erfassung eines Steuererlasses als Steuerentrichtung: *Widmann* in Widmann/Mayer, § 22 Rdn. 418; allgemein dafür: *Patt* in Dötsch/Patt/ Pung/Möhlenbrock, § 23 Rdn. 11; *Ritzer* in Rödder/Herlinghaus/van Lishaut, § 23 Rdn. 98.
475 *Widmann* in Widmann/Mayer, § 22 Rdn. 415; *Bilitewski* in Haritz/Menner, § 23 Rdn. 91.
476 Vgl. Tz. 23.12 UmwStE 2011.

Wulff-Dohmen

I. Unentgeltliche Rechtsnachfolge (§ 22 Abs. 6)

I. Unentgeltliche Übertragungen sperrfristbehafteter Anteile

Nach § 22 Abs. 6 tritt im Falle der *unentgeltlichen Übertragung* sperrfristbe-   467
hafteter Anteile i.S.v. § 22 Abs. 1 und 2 der Rechtsnachfolger des Einbringenden in die Rechtsstellung des Einbringenden i.S.v. § 22 Abs. 1 bzw. der
Rechtsnachfolger der übernehmenden Gesellschaft i.S.v. § 22 Abs. 2 in die
Rechtsstellung der übernehmenden Gesellschaft ein.

Bei den übertragenen sperrfristbehafteten Anteilen kann es sich um „erhal-   468
tener Anteile" i.S.v. § 22 Abs. 1, „eingebrachte Anteile" i.S.v. § 22 Abs. 2,
auf „Weitereinbringungen sperrfristbehafteter Anteile beruhende Anteile"
i.S.v. § 22 Abs. 1 S. 6 Nr. 4 und 5 (ggf. i.V.m. Abs. 2 S. 6) sowie um „mitverstrickte Anteile" i.S.v. § 22 Abs. 7 handeln.

Werden sperrfristbehaftete Anteile, die durch *Umwandlung zu Buchwerten*   469
nach der Billigkeitsregelung in Tz. 22.23 UmwStE 2011 steuerunschädlich
übertragen wurden, anschließend unentgeltlich übertragen, so soll wohl
nach Tz. 22.23 UmwStE 2011 § 22 Abs. 6, entgegen der hier vertretenen
Auffassung,[477] weiter Anwendung finden. Inwieweit auch für Anteile an Gesellschaften, die an der Umwandlung beteiligt waren und die deshalb nach
der Billigkeitsregelung hiernach *als sperrfristbehaftet gelten*, § 22 Abs. 6
entspr. Anwendung finden soll, ist unklar.[478]

§ 22 Abs. 6 findet keine Anwendung, wenn bereits die unentgeltliche Über-   470
tragung der sperrfristbehafteten Anteile die Besteuerung eines Einbringungsgewinns auslöst, was z.B. nach § 22 Abs. 1 S. 6 Nr. 1 der Fall ist, wenn
diese Anteile unentgeltlich auf eine KapG oder Genossenschaft übertragen
werden[479] oder wenn die Voraussetzungen des § 1 Abs. 4 beim begünstigten
Rechtsnachfolger des Einbringenden bzw. der übernehmenden Gesellschaft
nicht mehr erfüllt sind (siehe hierzu auch oben Rdn. 211 ff. und 319 ff.).

Unentgeltlich ist die Übertragung der Anteile, wenn sie nach dem Willen   471
der Vertragsparteien ohne Gegenleistung erfolgt.[480] § 22 Abs. 6 kann z.B.
Anwendung finden, wenn die o.g. sperrfristbehafteten Anteile i.S.v. § 22
Abs. 1 oder Abs. 2 durch Schenkung, unentgeltliche vorweggenommene
Erbfolge oder im Erbfall unmittelbar oder mittelbar ohne Gegenleistung auf
Erben, Pflichtteilsberechtigte oder Vermächtnisnehmer als begünstigte
Rechtsnachfolger übertragen werden.[481]

Keine unentgeltliche Rechtsnachfolge liegt vor, wenn sperrfristbehaftete   472
Anteile durch Umwandlungen, wie Verschmelzungen, Abspaltungen oder
Einbringungen nach §§ 20, 21 übertragen werden, da es sich in diesen Fäl-

---

477 Siehe hierzu Rdn. 363.
478 Siehe hierzu auch Rdn. 380.
479 Tz. 22.41 UmwStE 2011, *Stangl* in Rödder/Herlinghaus/van Lishaut, § 22 Rdn. 204.
480 Vgl. *Stangl* in Rödder/Herlinghaus/van Lishaut, § 22 Rdn. 203 m.w.N. (der
    UmwStE geht aber nicht darauf ein, ob die Übertragung „willentlich" ist).
481 Vgl. Tz. 22.41 UmwStE 2011.

len um entgeltliche Vorgänge handelt (siehe hierzu auch oben Rdn. 326 ff.).[482]

473 Die unentgeltliche Übertragung sperrfristbehafteter Anteile kann im Rahmen von Gesellschaftsverhältnissen z.b. durch verdeckte Gewinnausschüttungen an die Anteilseigner (Sachdividende), im Wege einer verdeckten Sacheinlage, durch Realteilung einer PersG oder durch unentgeltliche Übertragungen und Überführungen nach § 6 Abs. 3 und Abs. 5 EStG erfolgen (vgl. hierzu auch Rdn. 165 und 125). Ein Eintritt des begünstigen Rechtsnachfolgers in die Rechtstellung des Einbringenden bzw. der übernehmenden Gesellschaft nach § 22 Abs. 6 setzt aber keine unentgeltliche Übertragung auf Grund eines Gesellschafts-, Verwandtschafts- oder sonstiges Naheverhältnis zwischen dem Einbringenden bzw. der übernehmenden Gesellschaft und dem begünstigten Rechtsnachfolger voraus. Sie kann daher z.b. auch dadurch erfolgen, dass sperrfristhaftete Anteile in Form einer Spende auf eine Stiftung übertragen werden.[483]

474 Durch die unentgeltliche Übertragung begünstigte Rechtsnachfolger können des Weiteren u.a. natürliche Personen, PersG, Anstalten und Körperschaften (mit Ausnahme von KapG) sein. Die unentgeltliche Übertragung sperrfristbehafteter Anteile auf diese Rechtsnachfolger löst noch keine Einbringungsgewinnbesteuerung aus. Dies gilt auch dann, wenn die Übertragung zu einer Aufdeckung der stillen Reserven in den sperrfristbehafteten Anteilen führt (siehe hierzu das Beispiel unten Rdn. 477).

II. Rechtsfolgen der unentgeltlichen Übertragung

475 Der unentgeltliche Rechtsnachfolger tritt hinsichtlich der siebenjährigen Sperrfrist in die Rechtsstellung der Rechtsvorgänger ein, es beginnt daher keine neue Frist zu laufen.[484] Ferner hat er die Nachweispflichten nach § 22 Abs. 3 an Stelle des Einbringenden zu erfüllen.[485]

Hinsichtlich der Rechtsfolgen einer *teilentgeltlichen Übertragung* siehe oben Rdn. 134.

476 Die Veräußerung sperrfristbehafteter Anteile oder die Realisierung der in § 22 Abs. 1 S. 6 genannten steuerschädlichen Tatbestände (ggf. i.V.m. § 22 Abs. 2 S. 6) durch den begünstigten Rechtsnachfolger des Einbringenden i.S.v. § 22 Abs. 1 bzw. der übernehmenden Gesellschaft i.S.d. § 22 Abs. 2 führt zur Besteuerung eines Einbringungsgewinns I nach § 22 Abs. 1 bzw. eines Einbringungsgewinns II nach § 22 Abs. 2. Der Einbringungsgewinn ist vom *Einbringenden* zu versteuern.[486]

---

482 So auch *Stangl* in Rödder/Herlinghaus/van Lishaut, § 22 Rdn. 203; *Schmitt* in Schmitt/Hörtnagl/Stratz, § 22 Rdn. 172; a.A. *Patt* in Dötsch/Patt/Pung/Möhlenbrock, § 23 Rdn. 21.

483 Vgl. u.a. *Widmann* in Widmann/Mayer, § 22 Rdn. 442.

484 Vgl. u.a. *Stangl* in Rödder/Herlinghaus/van Lishaut, § 22 Rdn. 205.

485 Tz. 22.28 UmwStE 2011.

486 Vgl. Tz. 22.41 UmwStE 2011 (Beispiel); ebenso *Widmann* in Widmann/Mayer, § 22 Rdn. 459: *Patt* in Dötsch/Patt/Pung/Möhlenbrock, § 22 Rdn. 92; a.A. *Schmitt* in Schmitt/Hörtnagl/Stratz, § 22 Rdn. 172.

Beispiel:[487]   *477*

A ist zu 100 % an der M-GmbH beteiligt. Die M-GmbH bringt zum 01.01.07 einen Teilbetrieb zum Buchwert von TEUR 100 (gemeiner Wert TEUR 450) nach § 20 Abs. 2 S. 2 in die T-GmbH ein. Im Jahr 08 überträgt die M-GmbH ihren Anteil an der T-GmbH (gemeiner Wert zu diesem Zeitpunkt: TEUR 520) unentgeltlich auf ihren Anteilseigner A. Am 01.07.09 veräußert A die sperrfristbehafteten Anteile an der T-GmbH für TEUR 550.

Das Einkommen der M-GmbH wird durch die unentgeltliche Übertragung der Anteile an der T-GmbH auf A im Jahr nicht gemindert, da es sich um hierbei um eine verdeckte Gewinnausschüttung (vGA) nach § 8 Abs. 3 S. 2 KStG handelt. Die stillen Reserven der sperrfristbehafteten Anteile an der T-GmbH sind auf Ebene der M-GmbH aufzudecken. Die Einkommenshinzurechnung aus der Gewinnzurechnung beträgt TEUR 420 (gemeiner Wert TEUR 520 ./. Buchwert TEUR 100). Der Gewinn wird nach § 8b Abs. 2 KStG steuerfrei gestellt, wegen der Unentgeltlichkeit der Anteilsübertragung auf A liegt aber keine steuerschädliche Veräußerung i.S.d. § 22 vor. 5 % des Gewinns ist nach § 8b Abs. 3 S. 1 KStG als nichtabziehbare Betriebsausgabe außerhalb der Bilanz der M-GmbH für steuerliche Zwecke wieder hinzuzurechnen.

Die Besteuerung eines Einbringungsgewinns I nach § 22 Abs. 1 i.V.m. Abs. 6 wird nicht bereits durch die unentgeltliche Übertragung der Anteile an der T-GmbH auf A, sondern erst durch die Veräußerung dieser Anteile durch A am 01.07.09 ausgelöst. Er errechnet sich wie folgt:

Gemeiner Wert des eingebrachten Betriebsvermögens zum Zeitpunkt der Einbringung (01.01.07)	450 TEUR
./. Buchwert der sperrfristbehafteten Anteile	./. 100 TEUR
= Einbringungsgewinn I vor Siebtelung	350 TEUR
davon 5/7 = von der M-GmbH zu versteuernder Einbringungsgewinn I	250 TEUR

Der Einbringungsgewinn I gilt als nachträgliche Anschaffungskosten der sperrfristbehafteten Anteile an der T-GmbH (§ 22 Abs. 1 S. 4).   *478*
Die im Jahr 08 durch die unentgeltliche Übertragung der sperrfristbehafteten Anteile auf A (vGA) bei der M-GmbH entstandene (steuerfreie) Einkommenszurechnung vermindert sich entspr. von TEUR 420 auf TEUR 170. Die fiktiven, nichtabziehbaren Betriebsausgaben nach § 8b Abs. 3 S. 1 KStG vermindern sich auf 5 % von TEUR 170. Die Höhe der Bezüge i.S.v. § 20 Abs. 1 Nr. 1 S. 2 EStG aus der vGA bei A ändert sich hierdurch nicht.

Der Einbringungsgewinn I gilt auch beim unentgeltlichen Rechtsnachfolger A als nachträgliche Anschaffungskosten der sperrfristbehafteten Anteile (§ 22 Abs. 6 i.V.m. Abs. 1 S. 4). Diese wirken sich je-

---

487 Beispiel aus Tz. 22.41 UmwStE 2011.

doch bei A nicht mehr aus, da wegen der Besteuerung der vGA als Beteiligungsertrag bei A die Anteile an der T-GmbH mit dem gemeinen Wert im Zeitpunkt der vGA (TEUR 520) zum Ansatz kommen. Der Veräußerungsgewinn aus den Anteilen an der T-GmbH in 09 ermittelt sich bei A demnach wie folgt:

Veräußerungspreis der Anteile am 01. 07. 09	550 TEUR
./. Anschaffungskosten der sperrfristbehafteten Anteile	520 TEUR
= Veräußerungsgewinn nach § 17 Abs. 2 EStG	30 TEUR

Der Veräußerungsgewinn ist anteilig steuerfrei (§ 3 Nr. 40 S. 1 Buchst. c) i. V. m. § 3c Abs. 2 EStG).

J. Mitverstrickung von Anteilen (§ 22 Abs. 7)

I. Überblick

479 Bereits nach der Rechtsprechung zu § 21 UmwStG 1995 führte die Verlagerung stiller Reserven von einbringungsgeborenen Anteilen ohne eine entspr. Ausgleichsvergütung auf andere, hierdurch bereicherte Anteile dazu, dass die bereicherten Anteile insoweit anteilig als „derivative einbringungsgeborene" Anteile galten, die den Vorschriften des § 21 UmwStG 1995 unterlagen.[488] § 22 Abs. 7 soll nach dem Willen des Gesetzgebers diese von der Rechtsprechung entwickelte „Wertabspaltungstheorie" gesetzlich verankern.[489] Der Bericht des Finanzausschusses verweist ausdrücklich auf die im Rahmen des § 21 UmwStG 1995 hierzu vertretene Verwaltungsauffassung in Tz. 21.14 des UmwSt-Erlasses 1995[490] und Tz. 51 und 52 des BMF-Schreibens vom 28. 04. 2003.[491]

480 Nach der hierdurch gesetzlich kodifizierten Wertabspaltungstheorie führt eine Abspaltung („Verlagerung") stiller Reserven ohne eine Ausgleichszahlungen von hierdurch entreicherten sperrfristbehafteten Anteile im Rahmen von Gesellschaftsgründungen oder Kapitalerhöhungen zugunsten „anderer", hierdurch bereicherter Anteile, dazu, dass die anderen Anteile nach § 22 Abs. 7 als „mitverstrickt" gelten und daher auch sperrfristbehaftet sind. Eine Einbringungsgewinnbesteuerung wird grds. aber erst dann ausgelöst, wenn die hierdurch mitverstrickten Anteile nachfolgend veräußert werden. Erfüllt allerdings der Anteilseigner der mitverstrickten Anteile nicht bzw. nicht mehr die Voraussetzungen des § 1 Abs. 4, so führt dieses nach § 22 Abs. 1 S. 6 Nr. 6 zu einer (anteiligen) Einbringungsgewinnbesteuerung nach § 22.[492]

---

488 Vgl. z.B. BFH vom 08. 04. 1992, I R 128/88, BStBl. II 1992, 761; BFH vom 08. 04. 1992, I R 164/90, BFH/NV 1992, 778; BFH vom 21. 08. 1996, I R 75/95, BFH/NV 1997, 314.
489 BT-Drs. 16/3369, 13.
490 BMF vom 25. 03. 1998, IV B 7 – S 1978 – 21/98, BStBl. I, 268.
491 BMF vom 28. 04. 2003, IV A 2 – S 2750 – 7/03, BStBl. I, 292.
492 Vgl. Tz. 22.44 i. V. m. Tz. 22.42 UmwStE 2011.

II. Anteile, die der Mitverstrickung unterliegen

Nach § 22 Abs. 7 sind die „anderen Anteile" jeweils mitverstrickt, auf die *481* stille Reserven von sperrfristbehafteten „erhaltenen Anteile" i.S.v. §22 Abs. 1 S. 1, „eingebrachten Anteilen" i.S.v. Abs. 2 S. 1 und jeweils auf „diesen Anteilen beruhenden Anteilen" i.S.v. Abs. 1 S. 6 Nr. 4 und 5 (ggf. i.V.m. Abs. 2 S. 6) im Rahmen einer Gesellschaftsgründung oder Kapitalerhöhung übergegangen sind. Sie gelten nachfolgend in gleicher Weise als sperrfristbehaftet, wie die Anteile, von denen stille Reserven verlagert wurden.

Die o.g. mitverstrickten Anteile bleiben sperrfristbehaftet, wenn und soweit *482* sie ohne Einbringungsgewinnbesteuerung innerhalb der siebenjährigen Sperrfrist (1) nach den Ausnahmeregelungen in § 22 Abs. 1 S. 6 Nr. 2, 4 oder 5 (ggf. i.V.m. Abs. 2 S. 6) zu Buchwerten nach § 20 Abs. 2 S. 2 bzw. nach § 21 Abs. 1 S. 2 oder durch vergleichbare ausländische Vorgänge oder (2) durch eine unentgeltliche Übertragung, auf die § 22 Abs. 6 Anwendung findet,[493] *weiter übertragen* werden.

Mitverstrickte Anteile und andere sperrfristbehaftete Anteile i.S.v. § 22 kön- *483* nen grds. nach der *Billigkeitsregelung* in Tz. 22.23 UmwStE 2011 bei Bewilligung eines entspr. Antrages durch Umwandlung zu Buchwerten auf eine andere KapG oder Genossenschaft ohne Einbringungsgewinnbesteuerung weiter übertragen werden, soweit hierdurch nicht wiederum *Anteile Dritter mitverstrickt* werden.[494] Die Finanzverwaltung vertritt hierbei wohl die Auffassung, dass auf die durch die Umwandlung übertragenen sperrfristbehafteten Anteile § 22 Abs. 7 weiterhin unmittelbar Anwendung findet.[495]

Nach der Umwandlung unter Bewilligung eines Steuererlasses nach *484* Tz. 22.23 UmwStG 2011 soll § 22 Abs. 1 und 2 auf alle mittelbaren Anteile und unmittelbaren Anteile an Gesellschaften, die an der Umwandlung beteiligt waren, Anwendung finden, so dass diese auch entspr. sperrfristbehaftet sein können. Ob für diese Anteile auch § 22 Abs. 7 entspr. Anwendung finden soll, ist aus Tz. 22.23 UmwStE 2011 nicht ersichtlich (siehe hierzu auch Rdn. 381).

III. Vorgänge, die eine Mitverstrickung auslösen

Zu einer Mitverstrickung von Anteilen i.S.v. § 22 Abs. 7 kommt es immer *485* dann, wenn stille Reserven im Rahmen von Gesellschaftsgründungen oder Kapitalerhöhungen aus einer Sacheinlage nach § 20 Abs. 1 oder eines qualifizierten Anteilstausches i.S.v. § 21 unentgeltlich auf andere Anteile desselben Gesellschafters oder auf Anteile Dritter an der KapG oder Genossenschaft übergehen. Dieses kann z.B. bei einer Mischung aus Sach- und Bareinlage der Fall sein, wenn im Zuge der Bareinlagen kein angemessenes Aufgeld zum Ausgleich für die in der Sacheinlage enthaltenen und nicht

---

493 Siehe hierzu Rdn. 467 ff.
494 Siehe hierzu auch Rdn. 351.
495 Nach der hier vertretenen Auffassung kommt – entgegen der Auffassung der Finanzverwaltung – eine unmittelbare Anwendung allerdings nicht mehr in Betracht, da die Anteile nach der Umwandlung nicht mehr sperrfristbehaftet sind, siehe i.E. Rdn. 360 ff.

aufgedeckten stillen Reserven geleistet werden (siehe hierzu i.E. nachfolgend Rdn. 487 und das Beispiel in Rdn 496). Ferner können z.b. stille Reserven auf andere Anteile dadurch verlagert werden, dass mehrere Gesellschafter Unternehmensteile nach § 20 unter dem gemeinen Wert in eine KapG einbringen und die einzelnen Gesellschafter nicht entspr. dem gemeinen Wert ihrer Sacheinlage zum Gesamtwert der Gesellschaft an der KapG beteiligt werden. Eine Verlagerung stiller Reserven kann auch dadurch eintreten, dass ein Eigner sperrfristbehafteter bzw. sperrfristinfizierter Anteile bei Kapitalerhöhungen der KapG, an der diese Anteile bestehen, unentgeltlich auf sein Bezugsrecht verzichtet. Verzichtet er gegen ein (angemessenes) Entgelt auf sein Bezugsrecht, so löst dieses Veräußerung des Bezugsrechts die Besteuerung eines Einbringungsgewinns nach § 22 Abs. 1 S. 1 bzw. Abs. 2 S. 1 aus, so dass insoweit keine mitverstrickten Anteile entstehen.[496] Beruht die Verlagerung stiller Reserven nicht auf Kapitalmaßnahmen im Rahmen von Gesellschaftsgründungen und Kapitalerhöhungen, sondern z.b. auf eine Veränderung der Gewinnverteilung, so findet § 22 Abs. 7 aufgrund des Wortlautes der Vorschrift hierauf keine Anwendung.[497]

486   Da der Gesetzgeber durch § 22 Abs. 7 die von der Rechtsprechung zu den sog. derivativen einbringungsgeborenen Anteilen aufgestellten Grundsätze gesetzlich verankern will,[498] setzt die Anwendung der Vorschrift unter Berücksichtigung des Urteils des BFH vom 08.04.1992[499] zu den derivativen einbringungsgeborenen Anteilen nach der hier vertretenen Auffassung voraus, dass die stillen Reserven unmittelbar und willentlich auf die „anderen Anteile" verlagert werden.[500] Bestehen keine Anhaltspunkte für ein willentliche Verlagerung stiller Reserven, so kommt § 22 Abs. 7 zumindest bei sich nicht nahestehenden Gesellschaftern auch dann nicht zur Anwendung, wenn sich im Nachhinein herausstellen sollte, dass stille Reserven bei Gesellschaftsgründungen oder Kapitalerhöhungen auf andere Anteile verlagert wurden.[501] Allerdings ergibt sich weder aus dem Wortlaut der Vorschrift noch aus dem UmwStE 2011, dass es auf eine „willentliche" Verlagerung ankommt.

487   Insbesondere in nachfolgenden Fallkonstellationen entstehen mitverstrickte Anteile:

Wird im Rahmen einer *Gesellschaftsgründung* ein Betrieb, Teilbetrieb oder ein Mitunternehmeranteil *als Sacheinlage* unter dem gemeinen Wert nach § 20 Abs. 2 S. 2 in die zu gründende KapG eingebracht, so werden stille Reserven aus dem jeweiligen Unternehmensteil auf die KapG übertragen. Die hierfür gewährten Anteile an der KapG sind nach § 22 Abs. 1 S. 1 sperrfristbehaftet, d.h. deren Veräußerung löst die Besteuerung eines Einbringungs-

---

496 Vgl. Tz. 22.45 UmwStE 2011.
497 Vgl. *Bilitewski* in Haritz/Menner, § 22 Rdn. 337.
498 BT-Drs. 116/3369, 13, siehe zur Rechtsprechung BFH vom 08.04.1992, I R 128/88, BStBl. II 1992, 761 ff.; BFH vom 21.08.1996, I R 75/95, NV 1997, 314.
499 BFH vom 08.04.1992, I R 128/88, BStBl. II 1992, 761 ff.
500 Ebenso *Schmitt* in Schmitt/Hörtnagl/Stratz, § 22 Rdn.181 und Rdn. 182; a.A. wohl *Stangl* in Rödder/Herlinghaus/van Lishaut, § 22 Rdn. 212. Der UmwStE 2011 enthält hierzu keine Angaben.
501 Im Ergebnis ebenso *Bilitewski* in Haritz/Menner, § 22 Rdn. 341.

gewinns I aus. Erbringen andere Gründungsgesellschafter und/oder der die Sacheinlage leistende Gesellschafter daneben Bareinlagen und werden bei der Ausgabe der Anteile hierfür die stillen Reserven in dem eingebrachten Unternehmensteil nicht ausreichend durch eine entspr. niedrigere Beteiligungsquote der für die Bareinlage ausgegebenen Anteile, durch Agiozahlung in die KapG oder durch Ausgleichzahlungen an den die Sacheinlage leistenden Gesellschafter berücksichtigt, so werden stille Reserven nicht nur in den für die Sacheinlage gewährten *sperrfristbehafteten „erhaltenen"* Anteilen sondern auch bei den die für die Bareinlage ausgegebenen „anderen Anteile" i.S.v. § 22 Abs. 7 gebildet..(siehe hierzu auch das Beispiel unter Rdn. 496). Anders als es der Wortlaut der Vorschrift suggeriert, findet § 22 Abs. 7 UmwStG damit nicht nur Anwendung, wenn stille Reserven von bereits bestehenden sperrfristbehafteten Anteilen auf andere Anteile verlagert werden, sondern auch dann, wenn vor Entstehung der sperrfristbehafteten Anteile stille Reserven aus der Einbringung auf die anderen Anteile übergehen, so dass der Wert der für Sacheinlage unter dem gemeinen Wert erhaltenen Anteile geringer ist, als der Wert des eingebrachten Betriebsvermögens.[502]

Stille Reserven von sperrfristbehafteten *„auf erhaltenen Anteilen beruhen-* | 488
den" Anteilen werden bei einer in gleicher Weise wertinkongruenter Anteilsverteilung (siehe Rdn. 487) auf die für die Bareinlage ausgegebenen „anderen Anteile" verlagert, wenn in die zu gründende KapG als Sacheinlage anstelle eines Unternehmensteils *sperrfristbehaftete erhaltene Anteile* an einer KapG II zu Buchwerten nach § 21 Abs. 1 S. 2 eingebracht werden. Dieses sind Anteile, die für die Einbringung eines Unternehmensteils nach § 20 Abs. 2 S. 2 unter dem gemeinen Wert gewährt wurden. Die Veräußerung dieser Anteile an der KapG II löst nach § 22 Abs. 1 S. 1 die Besteuerung eines Einbringungsgewinns I aus. Nach der Ausnahmeregelung in § 22 Abs. 1 S. 6 Nr. 2 HS 2 können diese Anteile aber ohne Einbringungsgewinnbesteuerung zu Buchwerten nach § 21 Abs. 1 S. 2 auf die zu gründende KapG übertragen werden. Folge hiervon ist allerdings, dass die hierfür gewährten Anteile als auf „erhaltene Anteile beruhende Anteile" nach § 22 Abs. 1 S. 6 Nr. 5 „sperrfristbehaftete („sperrfristinfizierte") Anteile sind.[503] Durch die wertinkongruente Anteilsverteilung im Rahmen der Gründung werden stille Reserven von diesen sperrfristinfizierten Anteilen auf die für die Bareinlage gewährten „anderen Anteile" an der zu gründenden KapG verlagert. Diese „anderen Anteile" sind hiernach ebenfalls sperrfristbehaftete, „auf erhaltene Anteile beruhende (mitverstrickte) Anteile i.S.v. § 22 Abs. 7.

Stille Reserven von *sperrfristbehafteten „auf eingebrachten Anteilen beru-* | 489
hende Anteile" werden bei gleicher wertinkongruenter Anteilsverteilung, wie unter Rdn. 487 dargestellt, auf die für die Bareinlage ausgegebenen „anderen Anteile" verlagert, wenn z.B. als Sacheinlage im Rahmen der Gründung der KapG *sperrfristbehaftete eingebrachte Anteile* i.S.v. § 22

---

502 H.M., vgl. statt vieler: *Bilitewski* in Haritz/Menner; § 22 Rdn. 335; *Mutscher* in Frotscher/Maaß, § 22 Rdn. 350;
503 Siehe hierzu i.E. oben Rdn. 297 ff.

Abs. 2 S. 1 an einer KapG II zu Buchwerten nach § 21 Abs. 1 S. 2 eingebracht werden. Die Veräußerung dieser Anteile löst nach § 22 Abs. 2 S. 1 die
Besteuerung eines Einbringungsgewinns II aus. Sie können aber ohne Einbringungsgewinnbesteuerung nach § 22 Abs. 1 S. 6 Nr. 2 HS 2 i. V. m. Abs. 2
S. 6 zu Buchwerten nach § 21 Abs. 1 S. 2 auf die zu gründende KapG weiter
übertragen werden. Folge hiervon ist aber, dass die hierfür erhaltenen Anteile an der zu gründenden KapG nach § 22 Abs. 1 S. 6 Nr. 5 i. V. m. Abs. 2
S. 6 als „auf eingebrachte Anteile beruhende Anteile" ebenfalls sperrfristbehaftet sind („sperrfristinfizierte Anteile").[504] Durch eine wertinkongruente
Anteilsverteilung im Rahmen der Gründung (siehe Rdn. 487) werden stille
Reserven von diesen Anteilen auf die für die Bareinlage gewährten „anderen Anteile" an der zu gründenden KapG verlagert. Diese „anderen Anteile" sind hiernach ebenfalls sperrfristinfizierte, „auf eingebrachte Anteile
beruhende Anteile i. S. v. § 22 Abs. 7.

490 Werden Sacheinlagen oder Anteile unter dem gemeinen Wert nach § 20
Abs. 2 S. 2 bzw. § 21 Abs. 1 S. 2 im Rahmen einer *Kapitalerhöhung* bei *einer
bestehenden KapG* eingebracht, und ist der für die Sacheinlage bzw. den
Anteilstausch ausgegebene Anteil, gemessen an dessen Verkehrswert im
Verhältnis zum Wert der bestehenden KapG und den zugleich geleisteten
Bareinlagen zu gering, so werden nicht nur stille Reserven auf die für die
Bareinlagen gewährten *jungen Anteile*, sondern auch auf die *bestehenden
Altanteile* an der KapG verlagert. Diese „anderen Anteile" sind hierdurch
ebenfalls i. S. v. § 22 Abs. 7 mitverstrickt.[505] „Andere Anteile" können hierbei
auch Anteile sein, die der die Sacheinlage erbringende *Gesellschafter selbst*
hält.

491 Die Ausführungen unter Rdn. 487 bis 489 zur Entstehung mitverstrickter
Anteile im Rahmen von Gründungen durch Verlagerung stiller Reserven
von *erhaltenen* bzw. *auf erhaltenen oder eingebrachten Anteilen beruhenden Anteilen auf andere Anteile* gelten bei einer *Kapitalerhöhung* einer bestehenden KapG durch Sacheinlagen unter dem gemeinen Wert nach § 20
Abs. 2 S. 2 bzw. § 21 Abs. 1 S. 2 entsprechend.

492 Erfolgt bei einer Gesellschaft, *an der bereits sperrfristbehaftete erhaltene,
eingebrachte oder auf erhaltenen oder eingebrachten Anteilen beruhende
Anteile bestehen,* eine Barkapitalerhöhung, und werden die neuen (jungen)
Anteile an dieser Gesellschaft zu einem unter ihrem Verkehrswert liegenden Kurs ausgegeben, so werden ebenfalls stille Reserven von den jeweils
sperrfristbehafteten Altanteilen auf die jungen Anteile verlagert, so dass
diese jeweils zu mitverstrickten Anteilen i. S. v. § 22 Abs. 7 werden und
nachfolgend in jeweils gleicher Weise sperrfristbehaftet sind.[506]

493 Wird bei einer Gesellschaft, an der sperrfristbehaftete Anteile bestehen,
eine Kapitalerhöhung aus *Gesellschaftsmitteln* unter Verwendung von Ka-
pital- oder Gewinnrücklagen (§§ 57c ff. GmbH, §§ 207 ff. AktG) vorgenommen, so führt dieses stets zu einer (anteiligen) Verlagerung von stillen Re-

---

504 Siehe hierzu i. E. Rdn. 297 ff.
505 Im Rahmen des § 21 UmwStG 1995 war dieses noch umstritten, siehe hierzu auch
Stangl in Rödder/Herlinghaus/van Lishaut, § 22 Rdn. 214 m. w. N.
506 Vgl. *Schmitt* in Schmitt/Hörtnagl/Stratz, § 22 Rdn. 185.

serven von den sperrfristbehafteten Altanteilen auf die neu ausgegeben Anteile und damit zu einer Mitverstrickung dieser neuen Anteile nach § 22 Abs. 7.[507]

Regelmäßig werden derartige Verlagerungen von stillen Reserven eher zwi- 494 schen nahestehenden Personen vorkommen. Aber auch innerhalb konzerninterner Übertragungsvorgänge können diese Fälle auftreten, wenn hierbei, was häufig der Fall ist, bewusst inkongruente Anteilsverteilungen in Kauf genommen werden.

Entspr. der Rechtsprechung zur Wertabspaltung, führt die Verlagerung stil- 495 ler Reserven auf die hierdurch mitverstrickten Anteile als unentgeltlicher Vorgang zu einer *anteiligen Verlagerung der Anschaffungskosten* von den entreicherten sperrfristbehafteten Anteilen auf die mitverstrickten Anteile.[508] Es wird der Teil der Anschaffungskosten auf die mitverstrickten Anteile verlagert, der dem Verhältnis der verlagerten stillen Reserven in den sperrfristbehafteten Anteilen zu dem gemeinen Wert der sperrfristbehafteten Anteile vor der Entreicherung durch das Überspringen („Verlagerung") stiller Reserven entspricht.

Beispiel:[509]   496
Vater V und Sohn S wollen gemeinsam die X-GmbH gründen. Das Stammkapital der X-GmbH soll TEUR 200 betragen. V und S sollen zu jeweils 50 % an der X-GmbH beteiligt werden. V legt im Rahmen der Gründung der X-GmbH seinen Betrieb als Sacheinlage zum Buchwert i.H.v. TEUR 210 (gemeiner Wert TEUR 600) nach § 20 Abs. 2 S. 2 in die X-GmbH ein. Er erhält hierfür einen nach § 22 Abs. 1 sperrfristbehafteten Geschäftsanteil an der X-GmbH im Nennbetrag von TEUR 100. Ein Betrag i.H.v. TEUR 110 wird in die Kapitalrücklage der X-GmbH eingestellt. Der V gewährte Anteil an der X-GmbH ist sperrfristbehaftet i.S.v. § 22 Abs. 1 S. 1. S. leistet eine Bareinlage i.H.v. TEUR 200 und übernimmt hierfür eine Stammeinlage im Nennbetrag von TEUR 100. Das Aufgeld i.H.v. TEUR 100 wird in die Kapitalrücklage der X-GmbH eingestellt. Einbringungszeitpunkt der Sacheinlage von V und der Bareinlage von S ist der 31.12.01.

Der Gesamtwert der X-GmbH beträgt nach der Einbringung TEUR 800 (TEUR 600 gemeiner Wert des Betriebes zuzüglich TEUR 200 Bareinlage des S). S ist mit 50 % an der X-GmbH beteiligt, so dass sein Geschäftsanteil einen gemeinen Wert von TEUR 400 hat. Dem stehen Anschaffungskosten des S für seinen Anteil an der X-GmbH i.H.v. TEUR 200 gegenüber. Es sind daher im Rahmen der Gründung der X-GmbH stille Reserven i.H.v. TEUR 200 aus der Einbringung des Betriebs von dem Anteil des V auf den Anteil des S an der X-GmbH übergesprungen („verlagert") worden. Insoweit gilt nach § 22 Abs. 7

---

507 Vgl. *Stangl* in Rödder/Herlinghaus/van Lishaut, § 22 Rdn. 215; *Schmitt* in Schmitt/Hörtnagl/Stratz, § 22 Rdn.187.
508 Vgl. z.B. BFH vom 19.12.2000, IX R 100/97; DB 2001, 581.
509 Vgl. auch das Beispiel in Tz. 22.43 UmwStE 2011.

der an S gewährte Anteil an der X-GmbH als mitverstrickter erhaltener Anteil i.S.v. § 22 Abs. 1.

Variante 1:

V und S veräußern ihre Anteile an der X-GmbH am 30.05.02 zu einem Veräußerungspreis von jeweils TEUR 400.

Hierdurch entsteht folgender Einbringungsgewinn I:

gemeiner Wert des Betriebes von V zum Einbringungszeitpunkt	600 TEUR
Anschaffungskosten V nach § 20 Abs. 3	./. 210 TEUR
Einbringungsgewinn I	390 TEUR

Der Einbringungsgewinn ist von V als Einbringender i.S.v. § 22 Abs. 1 zu versteuern.

Bei der Ermittlung des Veräußerungsgewinns von V und S ist zum einen zu berücksichtigen, dass die Verlagerung der stillen Reserven von V auf S ein unentgeltlicher Vorgang ist, der dazu führt, dass dem S die Anschaffungskosten des V für den GmbH-Anteil (= TEUR 210) im Verhältnis der auf seinen GmbH-Anteil überspringenden („verlagerten") stillen Reserven (TEUR 200) zum gemeinen Wert, den der sperrfristbehaftete Anteil des V ohne Überspringen der stillen Reserven auf S hätte (TEUR 600) und somit zu einem Drittel = TEUR 70 zuzurechnen ist. Bei V vermindern sich die Anschaffungskosten des GmbH-Anteils durch die Verlagerung der stillen Reserven entsprechend um ein Drittel auf TEUR 140.

Der Einbringungsgewinn I erhöht die Anschaffungskosten der sperrfristbehafteten erhaltenen Anteile nach § 22 Abs. 1 S. 4. Da sowohl der Anteil des V als auch der Anteil des S als sperrfristbehaftet gelten, ist die Anschaffungskostenerhöhung nach § 22 Abs. 1 S. 4 dem S in dem gleichen Verhältnis (siehe vorstehenden Absatz) zuzurechnen, wie ihm die Anschaffungskosten des V wegen der Verlagerung stiller Reserven auf ihn zugerechnet wurden (siehe vorstehenden Absatz). Die Anschaffungskosten des S erhöhen sich daher nach § 22 Abs. 1 S. 4 um 1/3 des Einbringungsgewinns, die des V um 2/3 des Einbringungsgewinns. Hieraus ergeben sich folgende Veräußerungsgewinne:

Anschaffungskosten (AK) des V für seinen GmbH-Anteils	
AK ohne Verlagerung stiller Reserven	210 TEUR
Minderung der AK um 1/3 wg. „Verlagerung" stiller Reserven auf S	./. 70 TEUR
Erhöhung der AK um 2/3 des Einbringungsgewinns I	260 TEUR
AK des V	400 TEUR

V erzielt bei einem Veräußerungspreis von TEUR 400 keinen Veräußerungsgewinn, denn die durch den Verkauf realisierten stillen Reserven entsprechen denen zum Einbringungszeitpunkt (nach „Verlagerung" stiller Reserven auf S), so dass diese bereits im Rahmen der Einbringungsgewinnbesteuerung erfasst wurden

Anschaffungskosten des S für seinen GmbH-Anteil

AK ohne Verlagerung stiller Reserven (Betrag der Bareinlage)	200 TEUR
Erhöhung der AK um $^1/_3$ wg. „Verlagerung" stiller Reserven auf S	70 TEUR
Erhöhung der AK um $^1/_3$ des Einbringungsgewinns I	130 TEUR
AK des S	400 TEUR

S erzielt bei einem Veräußerungspreis von TEUR 400 keinen Veräußerungsgewinn, denn die durch den Verkauf realisierten stillen Reserven entsprechen denen zum Einbringungszeitpunkt (nach „Verlagerung" stiller Reserven auf S), so dass diese bereits im Rahmen der Einbringungsgewinnbesteuerung erfasst wurden.

Variante 2

Nur S veräußert seinen Anteil an der X-GmbH. Hierdurch entsteht folgender Einbringungsgewinn I nach Maßgabe von § 22 Abs. 1, der von V zu versteuern ist:

gemeiner Wert des Anteils von S zum Einbringungszeitpunkt (nach „Verlagerung" stiller Reserven)	400 TEUR
Anschaffungskosten (nach Erhöhung wg. Verlagerung stiller Reserven)	./. 270 TEUR
Einbringungsgewinn I	130 TEUR

Der anteilig realisierte Einbringungsgewinn I erhöht nur die Anschaffungskosten des S von TEUR 270 auf TEUR 400, so dass S bei einem Veräußerungspreis von TEUR 400 keinen Veräußerungsgewinn erzielt.

§ 22 Abs. 7 fingiert, dass „andere Anteile" zu sperrfristverhafteten Anteilen **497** werden können, wenn sich durch eine Sacheinlage stille Reserven bei den anderen Anteilen bilden. § 22 Abs. 7 fingiert aber nicht, dass die Anteilseigner der „anderen Anteile" hierdurch zu „Einbringenden" i.S.v. § 22 Abs. 1 bzw. 2 werden. Der Einbringungsgewinn I ist daher von V als Einbringenden und nicht von S zu versteuern.[510]

IV. Rechtsfolgen der Mitverstrickung

Durch die Verlagerung von stillen Reserven von den in § 22 Abs. 7 genann- **498** ten sperrfristbehafteten Anteilen auf die „anderen Anteile" gelten diese jeweils in gleicher Weise als sperrfristbehaftet, so dass deren Veräußerung oder die Realisierung von Tatbeständen i.S.v. Abs. 1 S. 6 (ggf. i.V.m. § 22 Abs. 2 S. 6 zur *Besteuerung eines Einbringungsgewinns I bzw. II führt. Die*

---

510 Für eine Besteuerung auf der Ebene des Einbringenden auch UmwStE 2011, Tz. 22.43 (Beispiel); *Patt* in Patt/Dötsch/Pung Möhlebrock, § 22 Rdn. 112; *Graw* in Bordewin/Brandt, § 22 Rdn. 328; *Krohn/Greulich*, DStR 2008, 646 (655), *Bilitewski* in Haritz/Menner, § 22 Rdn. 105; a.A. (Besteuerung beim Anteilseigner der mitverstrickten Anteile): *Schmitt* in Schmitt/Hörtnagel/Stratz, § 22 Rdn. 192.

Besteuerung erfolgt *nur innerhalb der siebenjährigen Sperrfrist* nach § 22 Abs. 1 S. 1 bzw. Abs. 2 S. 1 für die „originär" sperrfristbehafteten erhaltenen bzw. eingebrachten Anteile. Da der *Einbringende* den Einbringungsgewinn zu entrichten hat, ist dessen Besteuerung von dem Verhalten der Anteilseigner der mitverstrickten Anteile abhängig. Ggf. sollte sich der Einbringende daher gegenüber diesen vertraglich z.b. durch die Vereinbarung von Veräußerungsverboten und/oder Schadenersatzansprüchen absichern.[511]

---

511 Vgl. auch *Stangl* in Rödder/Herlinghaus/van Lishaut, § 22 Rdn. 218.

§ 23
Auswirkungen bei der übernehmenden Körperschaft

(1) Setzt die übernehmende Gesellschaft das eingebrachte Betriebsvermögen mit einem unter dem gemeinen Wert liegenden Wert (§ 20 Abs. 2 Satz 2, § 21 Abs. 1 Satz 2) an, gelten § 4 Abs. 2 Satz 3 und § 12 Abs. 3 erster Halbsatz entsprechend.

(2) [1]In den Fällen des § 22 Abs. 1 kann die übernehmende Gesellschaft auf Antrag den versteuerten Einbringungsgewinn im Wirtschaftsjahr der Veräußerung der Anteile oder eines gleichgestellten Ereignisses (§ 22 Abs. 1 Satz 1 und Satz 6 Nr. 1 bis 6) als Erhöhungsbetrag ansetzen, soweit der Einbringende die auf den Einbringungsgewinn entfallende Steuer entrichtet hat und dies durch Vorlage einer Bescheinigung des zuständigen Finanzamts im Sinne von § 22 Abs. 5 nachgewiesen wurde; der Ansatz des Erhöhungsbetrags bleibt ohne Auswirkung auf den Gewinn. [2]Satz 1 ist nur anzuwenden, soweit das eingebrachte Betriebsvermögen in den Fällen des § 22 Abs. 1 noch zum Betriebsvermögen der übernehmenden Gesellschaft gehört, es sei denn, dieses wurde zum gemeinen Wert übertragen. [3]Wurden die veräußerten Anteile auf Grund einer Einbringung von Anteilen nach § 20 Abs. 1 oder § 21 Abs. 1 (§ 22 Abs. 2) erworben, erhöhen sich die Anschaffungskosten der eingebrachten Anteile in Höhe des versteuerten Einbringungsgewinns, soweit der Einbringende die auf den Einbringungsgewinn entfallende Steuer entrichtet hat; Satz 1 und § 22 Abs. 1 Satz 7 gelten entsprechend.

(3) [1]Setzt die übernehmende Gesellschaft das eingebrachte Betriebsvermögen mit einem über dem Buchwert, aber unter dem gemeinen Wert liegenden Wert an, gilt § 12 Abs. 3 erster Halbsatz entsprechend mit der folgenden Maßgabe:

1. Die Absetzungen für Abnutzung oder Substanzverringerung nach § 7 Abs. 1, 4, 5 und 6 des Einkommensteuergesetzes sind vom Zeitpunkt der Einbringung an nach den Anschaffungs- oder Herstellungskosten des Einbringenden, vermehrt um den Unterschiedsbetrag zwischen dem Buchwert der einzelnen Wirtschaftsgüter und dem Wert, mit dem die Kapitalgesellschaft die Wirtschaftsgüter ansetzt, zu bemessen.

2. Bei den Absetzungen für Abnutzung nach § 7 Abs. 2 des Einkommensteuergesetzes tritt im Zeitpunkt der Einbringung an die Stelle des Buchwerts der einzelnen Wirtschaftsgüter der Wert, mit dem die Kapitalgesellschaft die Wirtschaftsgüter ansetzt.

[2]Bei einer Erhöhung der Anschaffungskosten oder Herstellungskosten auf Grund rückwirkender Besteuerung des Einbringungsgewinns (Absatz 2) gilt dies mit der Maßgabe, dass an die Stelle des Zeitpunkts der Einbringung der Beginn des Wirtschaftsjahrs tritt, in welches das die Besteuerung des Einbringungsgewinns auslösende Ereignis fällt.

(4) Setzt die übernehmende Gesellschaft das eingebrachte Betriebsvermögen mit dem gemeinen Wert an, gelten die eingebrachten Wirtschaftsgüter als im Zeitpunkt der Einbringung von der Kapitalgesellschaft angeschafft, wenn die Einbringung des Betriebsvermögens im Wege der Einzelrechtsnachfolge erfolgt; erfolgt die Einbringung des Betriebsvermögens im Wege

der Gesamtrechtsnachfolge nach den Vorschriften des Umwandlungsgesetzes, gilt Absatz 3 entsprechend.

(5) Der maßgebende Gewerbeertrag der übernehmenden Gesellschaft kann nicht um die vortragsfähigen Fehlbeträge des Einbringenden im Sinne des § 10a des Gewerbesteuergesetzes gekürzt werden.

(6) § 6 Abs. 1 und 3 gilt entsprechend.

Inhaltsverzeichnis

Biesold

Spezialliteratur

Bilitewski, Gesetz über steuerliche Begleitmaßnahmen zur Einführung der Europäischen Gesellschaft und zur Änderung weiterer steuerrechtlicher Vorschriften (SEStG), FR 2007, 57; *Dörfler/Rautenstrauch/Adrian,* Einbringungen in eine Kapitalgesellschaft nach dem SEStEG-Entwurf, BB 2006, 1711; *Dötsch/Pung,* SEStEG: Die Änderungen des UmwStG, DB 2006, 2763; *Förster/Wendland,* Einbringung von Unternehmensteilen in Kapitalgesellschaften , BB 2007, 631; *Engel,* Fortführung und rückwirkende Begründung von Organschaftsverhältnissen in Umwandlungsfällen; BB 2011, 151; *Jacobsen,* Die Strukturdefizite des UmwStG, FR 2011, 973; *Helios/Meinert,* Steuerrechtliche Behandlung von Bewertungseinheiten im Rahmen von Umwandlungen, Ubg 2011, 592; *Rödder/Schumacher,* Das kommende SEStEG Teil I: die geplanten Änderungen des EStG, KStG und AStG Teil II: Das geplante neue Umwandlungssteuergesetz, DStR 2006, 1528; *Schell,* Nachweispflicht gemäß § 22 Abs. 3 UmwStG und mögliche zeitliche Beschränkungen der Antragswahlrechte in § 20 und § 21 UmwStG, DStR 2010, 2222; *Schönherr/Lemaitre,* Grundzüge und ausgewählte

Aspekte bei Einbringungen in Kapitalgesellschaften nach dem SEStEG, GmbHR 2007, 459; *Schumacher/Neumann*, Ausgewählte Zweifelsfragen zur Auf- und Abspaltung von Kapitalgesellschaften und Einbringung von Unternehmensteilen in Kapitalgesellschaften.

A. Bedeutung der Vorschrift
I. Zweck der Vorschrift

1 § 23 ist Teil der Regelungen über die ertragsteuerlichen Folgen[1] bei Einbringung eines Betriebs, Teilbetriebs oder eines Mitunternehmeranteils in eine KapG oder Genossenschaft (§ 20) sowie bei Einbringung von Anteilen an einer KapG oder Genossenschaft in eine KapG oder Genossenschaft im Wege des Anteilstausches (§ 21).

Nach § 20 und § 21 kann die Einbringung eines Betriebs, eines Teilbetriebs oder eines Mitunternehmeranteils bzw. die Einbringung von Anteilen im Wege des Anteilstausches auf Antrag steuerneutral zum Buchwert oder Anschaffungskosten, steuerwirksam zum Zwischenwert oder zum gemeinen Wert unter (anteiliger) Aufdeckung von stillen Reserven erfolgen. Der Wert, mit dem die übernehmende Gesellschaft das eingebrachte Betriebsvermögen bzw. die eingebrachten Anteile ansetzt, gilt nach § 20 Abs. 3 bzw. § 21 Abs. 2 für den Einbringenden als Veräußerungspreis und gleichzeitig als Anschaffungskosten der im Rahmen der Einbringung erhaltenen Anteile. Während § 20 und § 21 mithin die steuerlichen Folgen auf Ebene des Einbringenden im Einbringungszeitpunkt regeln, befasst sich die Vorschrift des § 23 mit den steuerlichen Folgen der Einbringung nach § 20 und § 21 sowie der steuerlichen Behandlung eines nach § 22 resultierenden Einbringungsgewinns I oder Einbringungsgewinns II auf Ebene der übernehmenden Gesellschaft.

Auf Ebene der übernehmenden Gesellschaft treten unterschiedliche Rechtsfolgen ein, je nachdem, ob die Einbringung zum Buchwert, zu einem Zwischenwert oder zum gemeinen Wert erfolgt. Bei einer Einbringung zum Buchwert tritt die übernehmende Gesellschaft in Bezug auf das eingebrachte Betriebsvermögen in die steuerliche Rechtsposition des Einbringenden ein und Besitzzeiten des Einbringenden können angerechnet werden. Beim Zwischenwertansatz gilt dies auch mit der Maßgabe, dass Modifikationen in Bezug auf die Abschreibung zu berücksichtigen sind.

Die steuerlichen Rechtsfolgen bei Einbringung zum gemeinen Wert richten sich hingegen danach, ob die Übertragung im Wege der Einzel- oder Gesamtrechtsnachfolge erfolgt. Erfolgt die Übertragung zum gemeinen Wert im Wege der Einzelrechtsnachfolge wird der Vorgang als Anschaffungsvorgang behandelt, sodass die übernehmende Gesellschaft nicht in die Rechtsposition des Einbringenden eintritt. Bei einer Übertragung zum gemeinen Wert im Wege der Gesamtrechtsnachfolge tritt die übernehmende Gesellschaft jedoch – wie bei einem Zwischenwertansatz – in die steuerliche

---

1 *Mutscher* in Frotscher/Maas, § 23 Rdn. 10.

Rechtsposition des Einbringenden ein und Besitzzeiten des Einbringenden werden angerechnet.

Die Regelung des § 23 findet über den Verweis in § 24 Abs. 4 und § 25 S. 1 auch bei Einbringung eines Betriebs, Teilbetriebs oder Mitunternehmeranteils in eine Personengesellschaft sowie bei Formwechsel einer Personengesellschaft in eine KapG Anwendung.

II. Überblick

§ 23 Abs. 1: Die übernehmende Gesellschaft tritt in die steuerliche Rechts-   2
stellung des Einbringenden ein und Besitzzeiten sind anzurechnen, weil
§ 23 Abs. 1 die Regelungen des § 12 Abs. 3 HS 1 und § 4 Abs. 2 S. 3 für entsprechend anwendbar erklärt. Voraussetzung ist, dass die Einbringung auf Antrag zum Buchwert oder zu einem Zwischenwert erfolgt.

§ 23 Abs. 2 regelt, unter welchen Voraussetzungen und wie die steuerliche Berücksichtigung eines beim Einbringenden versteuerten Einbringungsgewinns I (§ 22 Abs. 1) bzw. Einbringungsgewinns II (§ 22 Abs. 2) auf Ebene der übernehmenden Gesellschaft erfolgt. Die Veräußerung von Anteilen, die der Einbringende im Rahmen einer Einbringung unter dem gemeinen Wert erhalten hat, führt nach § 22 Abs. 1 beim Einbringenden zu einem rückwirkend zu versteuernden Gewinn (Einbringungsgewinn I), wenn die Anteile innerhalb einer Frist von sieben Jahren nach dem Einbringungszeitpunkt veräußert werden. Nach § 23 Abs. 2 S. 3 gilt entsprechendes in Bezug auf die Anschaffungskosten der eingebrachten Anteile, wenn ein sog. Einbringungsgewinn II i.S.d. § 22 Abs. 2 versteuert wurde. Ein Einbringungsgewinn II entsteht, wenn die im Rahmen einer Sacheinlage nach § 20 Abs. 1 oder eines Anteilstauschs nach § 21 Abs. 1 unter dem gemeinen Wert eingebrachten Anteile innerhalb eines Zeitraums von sieben Jahren nach dem Einbringungszeitpunkt durch die übernehmende Gesellschaft veräußert werden.

§ 23 Abs. 3 regelt ergänzend zu § 23 Abs. 1 die Auswirkungen eines antragsgebundenen Ansatzes des eingebrachten Betriebsvermögens zu einem Zwischenwert bei der übernehmenden Gesellschaft in Bezug auf die Absetzung für Abnutzung der eingebrachten Wirtschaftsgüter (§ 23 Abs. 3 S. 1). Des Weiteren ist die Berücksichtigung des Erhöhungsbetrags nach § 23 Abs. 2 näher bestimmt (§ 23 Abs. 3 S. 2). Danach erfolgt die Aufstockung der Anschaffungs- und Herstellungskosten zu Beginn des Wirtschaftsjahres, in welches das steuerschädliche Ereignis fällt, das die rückwirkende Besteuerung des Einbringungsgewinns nach § 22 auslöst.

§ 23 Abs. 4: Für die steuerlichen Folgen eines Ansatzes des eingebrachten Betriebsvermögens zum gemeinen Wert wird nach § 23 Abs. 4 danach unterschieden, ob die Einbringung im Wege der Einzelrechtsnachfolge oder im Wege der Gesamtrechtsnachfolge erfolgt. Die Einzelrechtsnachfolge wird als (regulärer) Anschaffungsvorgang behandelt, so dass die übernehmende Gesellschaft nicht in die steuerliche Rechtsstellung des Einbringenden eintritt und eine Besitzzeitanrechnung gem. § 4 Abs. 2 S. 3 ausscheidet. Dagegen ist die Einbringung im Wege der Gesamtrechtsnachfolge wie eine Zwischenwerteinbringung zu behandeln.

§ 23 Abs. 5 schließt den Übergang eines gewerbesteuerlichen Verlustvortrags des Einbringenden auf die übernehmende Gesellschaft aus. Der Gewerbeertrag der übernehmenden Gesellschaft darf nicht um die vortragsfähigen Fehlbeträge des Einbringenden gem. § 10a GewStG gekürzt werden. *§ 23 Abs.* 6 regelt die steuerliche Behandlung eines sog. Einbringungsfolgegewinns auf Ebene der übernehmenden Gesellschaft, wenn in Folge der Einbringung zwischen dem einbringenden Rechtsträger und der übernehmenden Gesellschaft bestehende Forderungen und Verbindlichkeiten durch Konfusion untergehen oder Rückstellungen aufzulösen sind. Nach § 23 Abs. 6 ist § 6 Abs. 1 entsprechend anzuwenden, sodass die übernehmende Gesellschaft für den Einbringungsfolgegewinn eine steuermindernde Rücklage bilden kann, die anschließend innerhalb von drei Wirtschaftsjahren gewinnerhöhend aufzulösen ist. Da § 23 Abs. 6 auch § 6 Abs. 3 für entsprechend anwendbar erklärt, entfällt die Möglichkeit zur Rücklagenbildung, wenn die übernehmende Gesellschaft den eingebrachten Betrieb oder Teilbetrieb innerhalb von fünf Jahren nach dem steuerlichen Übertragungsstichtag in eine KapG einbringt oder ohne triftigen Grund veräußert oder aufgibt.

B. Ansatz des eingebrachten Betriebsvermögens unter dem gemeinen Wert (Abs. 1)

3 Die Vorschrift des § 23 Abs. 1 regelt die steuerliche Behandlung des durch Einbringung übernommenen Betriebsvermögens bei der übernehmenden Gesellschaft, wenn die Einbringung auf Antrag unter dem gemeinen Wert erfolgt. Die übernehmende Gesellschaft tritt grds. in die steuerliche Rechtsstellung des Einbringenden ein und Vorbesitzzeiten des Einbringenden können angerechnet werden, wenn das eingebrachte Betriebsvermögen mit dem Buchwert oder einem Zwischenwert angesetzt wird. Ob die Einbringung zivilrechtlich im Wege der Einzelrechtsnachfolge oder im Wege der Gesamtrechtsnachfolge durchgeführt wird, ist für die Anwendung des § 23 Abs. 1 unerheblich[2].

I. Einbringung nach § 20 und Anteilstausch nach § 21

1. Anwendung bei einer Einbringung nach § 20

4 Die Anwendung des § 23 Abs. 1 setzt voraus, dass der Ansatz des eingebrachten Betriebsvermögens auf Ebene der übernehmenden Gesellschaft auf Antrag unter dem gemeinen Wert (zum Buchwert oder einem Zwischenwert) nach den Vorschriften des § 20 Abs. 2 S. 2 erfolgt. Es muss also die Einbringung eines Betriebs, Teilbetriebs oder Mitunternehmeranteils gegen Gewährung von Gesellschaftsrechten an der übernehmenden Gesellschaft (Sacheinlage) i.S.d. § 20 Abs. 1 vorliegen. Sind die weiteren Voraussetzungen des § 20 Abs. 2 S. 2 erfüllt und setzt die übernehmende Gesellschaft das eingebrachte Betriebsvermögen tatsächlich zum Buchwert oder einem Zwi-

---

2 *Ritzer* in Rödder/Herlinghaus/van Lishaut, § 23 Rdn. 25.

schenwert an, richtet sich die steuerliche Behandlung des Vorgangs bei der übernehmenden Gesellschaft nach § 23 Abs. 1.[3] Die übernehmende Gesellschaft tritt in die steuerliche Rechtsstellung des Einbringenden ein (§ 12 Abs. 3 HS 1) und ihr werden Vorbesitzzeiten des Einbringenden angerechnet (§ 4 Abs. 2 S. 3). Bei einem Ansatz des eingebrachten Betriebsvermögens zu Zwischenwerten sind darüber hinaus in Bezug auf die Absetzung für Abnutzung die Bestimmungen des § 23 Abs. 3 zu beachten. Zu Einzelheiten siehe Rdn. 91 ff.

2. Anwendung bei einem Anteilstausch nach § 21

§ 23 Abs. 1 ist auch im Falle eines Anteilstauschs i. S. d. § 21 Abs. 1 anzu-   5
wenden, wenn die eingebrachten Anteile an einer KapG oder Genossenschaft zulässigerweise auf Antrag nach § 21 Abs. 1 S. 2 mit dem Buchwert oder einem Zwischenwert angesetzt werden. Wurden die Anteile aus einem Privatvermögen eingebracht, treten an die Stelle des Buchwerts die Anschaffungskosten der Anteile.[4]

Die Anwendung des § 23 Abs. 1 im Falle eines Anteilstauschs ist zumindest seit Änderung der Vorschrift durch das JStG 2009[5] vom 19. 12. 2008 mit Wirkung ab dem 25. 12. 2008 unstreitig. Mit dem JStG 2009 wurde nämlich der Klammerzusatz in § 23 Abs. 1 um einen Verweis auf § 21 Abs. 1 S. 2 ergänzt, sodass die Anwendung der Vorschrift auf den Anteilstausch unter Ansatz der Anteile zum Buch- oder Zwischenwert hinreichend klar gesetzlich geregelt ist.[6] Werden Gesellschaftsrechte an einer KapG oder Genossenschaft gegen Gewährung neuer Anteile an der übernehmenden Gesellschaft zu Buch- oder Zwischenwerten i. S. d. § 21 Abs. 1 S. 2 nach dem 24. 12. 2008 eingebracht, ist § 23 Abs. 1 daher unzweifelhaft anzuwenden.

Aber auch nach der bis zum 25. 12. 2008 geltenden Gesetzesfassung war   6
§ 23 Abs. 1 auf einen Anteilstausch anzuwenden.[7] In der ursprünglichen Fassung des § 23 Abs. 1 enthielt der Klammerzusatz zwar nur den Verweis auf die Einbringung eines Betriebs, Teilbetriebs oder Mitunternehmeranteils zum Buch- oder Zwischenwert nach § 20 Abs. 2 S. 2. Mithin fehlte eine klare gesetzliche Regelung bezüglich eines Anteilstauschs i. S. d. § 21. Dies beruhte aber auf einem gesetzgeberischen Versehen[8], so dass die unbewusste Lücke des Gesetzes im Wege der Analogie geschlossen werden konnte. Diese Sichtweise wird durch die Gesetzesbegründung zum JStG 2009 bestätigt. Danach handele es sich bei der Ergänzung des Klammerzusatzes durch das JStG 2009 lediglich um eine klarstellende Änderung, denn der fehlende Verweis auf § 21 Abs. 1 S. 2 in der ursprünglichen Gesetzesfassung beruhe allein auf einem Redaktionsversehen.[9]

---

3   *Bilitewski* in Haritz/Menner, § 23 Rdn. 13.
4   Tz. 23.05 UmwStE 2011.
5   BGBl. I 2008, 2794.
6   *Bilitewski* in Haritz/Menner, § 23 Rdn. 15 ff.; *Nitzschke* in Blümich, § 23 Rdn. 16.
7   Gl. A. *Ritzer* in Rödder/Herlinghaus/van Lishaut, § 23 Rdn. 24; *Schmitt* in Schmitt/
     Hörtnagl/Stratz, § 23 Rdn. 16; a. A. *Patt* in Dötsch/Patt/Pung/Möhlenbrock, § 23
     (SEStEG) Rdn. 25; *Widmann* in Widmann/Mayer, § 23 Rdn. 19.
8   *Nitzschke* in Blümich, § 23 Rdn. 16; *Schmitt* in Schmitt/Hörtnagl/Stratz, § 23 Rdn. 16.
9   BT-Drs. 16/11055, 103.

II. Ansatz unter dem gemeinen Wert

7 Das eingebrachte Betriebsvermögen muss von der übernehmenden Gesellschaft auf Antrag mit einem unter dem gemeinen Wert liegenden Wert in der Steuerbilanz[10] angesetzt werden. Damit gilt § 23 Abs. 1 in den Fällen, in denen das eingebrachte Betriebsvermögen auf Antrag zum *Buchwert* oder zu einem (beliebigen) *Zwischenwert* angesetzt wird. Der Buchwert oder die Zwischenwerte müssen aufgrund der Wahlrechtsausübung i.S.d. § 20 Abs. 2 S. 2 unter Beachtung des in Folge des Steueränderungsgesetzes 2016 vom 05.11.2015 in § 20 Abs. 2 eingefügten S. 4 oder i.S.d. § 21 Abs. 1 S. 2 i.V.m. dem aufgrund des Steueränderungsgesetzes 2016 vom 05.11.2015 ergänzten S. 3 erfolgen. Der Übergang des Vermögens muss dementsprechend auf einer Einbringung i.S.d. § 20 Abs. 1 oder § 21 Abs. 1 beruhen. Der Ansatz des eingebrachten Vermögens mit dem gemeinen Wert schließt folglich die Anwendung des § 23 Abs. 1 aus. Vielmehr sind bei Ansatz des gemeinen Werts die Regelungen des § 23 Abs. 4 zu beachten (siehe ausführlich Rdn. 103 ff.).

8 Ob die übernehmende Gesellschaft das eingebrachte Vermögen mit dem Buchwert oder einem Zwischenwert angesetzt hat, richtet sich allein nach dem Ansatz in der Steuerbilanz. Eine abweichende Bilanzierung in der Handelsbilanz der übernehmenden Gesellschaft ist irrelevant[11], weil eine Maßgeblichkeit zwischen der Handelsbilanz und der Steuerbilanz im Bereich des Umwandlungssteuerrechts nicht besteht.[12]

9 Nur der erstmalige Ansatz des Betriebsvermögens nach Einbringung ist für die Anwendung des § 23 Abs. 1 relevant. Wie sich die Wertentwicklung des eingebrachten Betriebsvermögens anschließend fortsetzt, hat keinen Einfluss mehr. Dementsprechend ist es auch ohne Bedeutung, wenn die Buchwerte in Anwendung des § 23 Abs. 2 S. 1 aufgestockt werden, weil der Einbringende gem. § 22 Abs. 1 einen Einbringungsgewinn wegen der Veräußerung der erhaltenen Anteile innerhalb des Sieben-Jahres-Zeitraums versteuert hat. Auch die steuerschädliche Veräußerung der Anteile, die auf Antrag zu einer Buchwertaufstockung gem. § 23 Abs. 2 S. 2 führt, steht einer Anwendung des § 23 Abs. 1 nicht entgegen.[13] Der ursprüngliche Ansatz des eingebrachten Betriebsvermögens zum Buchwert- oder Zwischenwert wird selbst dann nicht rückwirkend beeinflusst, wenn die Buchwertaufstockung bis zum gemeinen Wert erfolgt, weil durch eine steuerschädliche Veräußerung i.S.d. § 22 Abs. 1 sämtliche stillen Reserven aufgedeckt werden.

1. Ansatz des eingebrachten Vermögens mit dem Buchwert

10 Der Ansatz des eingebrachten Betriebsvermögens auf Antrag zum Buchwert muss in der *Steuerbilanz* erfolgen. Die Bilanzierung in der Handelsbilanz ist ohne Bedeutung.[14] Der Buchwert ist nach der Legaldefinition des § 1 Abs. 5

---

10 *Bilitewski*, FR 2007, 62; *Rödder/Schumacher*, DStR 2006, 1528.
11 *Schmitt* in Schmitt/Hörtnagl/Stratz, § 23 Rdn. 12; *Ritzer* in Rödder/Herlinghaus/van Lishaut, § 23 Rdn. 21.
12 *Raab* in: Lippross/Seibel, § 21 Rdn 18.
13 *Patt* in Dötsch/Patt/Pung/Möhlenbrock, § 23 (SEStEG) Rdn. 21.
14 *Schmitt* in Schmitt/Hörtnagl/Stratz, § 23 Rdn. 12; s.a. Rdn. 8.

Nr. 4 der Wert, der sich nach den steuerlichen Vorschriften über die Gewinnermittlung in einer für den steuerlichen Übertragungsstichtag aufzustellenden Steuerbilanz ergibt oder ergäbe (zu Einzelheiten siehe § 1 Rdn. 132).[15] Diese Werte ergeben sich aus der Schlussbilanz des Einbringenden.[16] Das Wahlrecht, das eingebrachte Betriebsvermögen mit dem Buchwert anzusetzen, kann nur auf Antrag und nur einheitlich für alle Wirtschaftsgüter ausgeübt werden (siehe § 20 Rdn. 104 ff.). Die Aufstockung nur einzelner Wirtschaftsgüter ist unzulässig.[17] Von einer solchen selektiven Aufstockung einzelner Wirtschaftsgüter ist der Fall zu unterscheiden, dass gleichzeitig verschiedene nach § 20 bzw. § 21 begünstigte Einbringungsgegenstände vorliegen. In diesem Fall kann für jeden Einbringungsgegenstand das Wahlrecht des § 20 Abs. 2 S. 2 i.V.m. S. 4 bzw. § 21 Abs. 1 S. 2 i.V.m. S. 3 gesondert ausgeübt werden. Werden z.B. gleichzeitig zwei Teilbetriebe oder gleichzeitig verschiedene Mitunternehmeranteile eingebracht, kann für jeden Teilbetrieb bzw. jeden Mitunternehmeranteil[18] das Wahlrecht unterschiedlich ausgeübt werden (zu Einzelheiten siehe § 20 Rdn. 125).

Objektbezogene Einbringungskosten stellen für die übernehmende Gesellschaft zusätzliche Anschaffungskosten in Bezug auf das eingebrachte Vermögen dar und sind als solche bei den Wirtschaftsgütern zu aktivieren, bei deren Einbringung diese angefallen sind.[19] Die (objektbezogenen) Einbringungskosten erhöhen daher den Wert, mit dem das eingebrachte Vermögen von der übernehmenden Gesellschaft anzusetzen ist. Hierzu gehört zum Beispiel die in Folge der Einbringung von Grundstücken anfallende Grunderwerbsteuer.[20] Allerdings gehört die Grunderwerbsteuer, die durch eine anlässlich der Einbringung erfolgende Anteilsvereinigung gem. § 1 Abs. 3 Nr. 1 GrEStG entsteht, nicht zu den Anschaffungskosten der eingebrachten Beteiligung, sie ist vielmehr steuerlich als sofort abzugsfähige Betriebsausgabe zu berücksichtigen.[21] Obwohl die eingebrachten Wirtschaftsgüter unter Berücksichtigung der Einbringungskosten mit einem über dem Buchwert liegenden Wert zu aktivieren sind, steht dies einer Anwendung des § 23 Abs. 1 nicht entgegen. Denn die Notwendigkeit der Berücksichtigung von Einbringungskosten ändert nichts daran, dass die übernehmende Gesellschaft in einem ersten Wertansatz die Buchwerte angesetzt hat. Die Einbringungskosten entstehen nämlich originär bei der übernehmenden Gesellschaft und beeinflussen nicht die Übernahme der Buchwerte vom Einbringenden.[22] Die Anwendung des § 23 Abs. 1 entspricht auch dem Sinn und Zweck der Vorschrift, wenn die Buchwerte ausschließlich um die Einbringungskosten erhöht werden.[23]

---

15 Tz. 23.05 i.V.m. Tz. 01.57 UmwStE 2011
16 *Bilitewski* in Haritz/Menner, § 23 Rdn. 54.
17 *Bilitewski* in Haritz/Menner, § 23 Rdn. 11.
18 *Ritzer* in Rödder/Herlinghaus/van Lishaut, § 23 Rdn. 26.
19 BFH vom 17.09.2003, I R 97/02, BStBl. II 2004, 686; *Fatouros*, DStR 2003, 272; *Schmitt* in Schmitt/Hörtnagl/Stratz, § 23 Rdn. 15; *Ritzer* in Rödder/Herlinghaus/van Lishaut, § 23 Rdn. 26; Tz. 23.01 UmwStE 2011.
20 Tz. 23.01 UmwStE 2011; BFH vom 17.09.2003, I R 97/02, BStBl. II 2004,686.
21 BFH vom 20.04.2011, I R 2/10, BStBl. II 2011, 761; so auch Tz. 23.01 UmwStE 2011.
22 *Schmitt* in Schmitt/Hörtnagl/Stratz, § 23 Rdn. 15.
23 *Ritzer* in Rödder/Herlinghaus/van Lishaut, § 23 Rdn. 26.

11 Ein Ansatz des eingebrachten Betriebsvermögens zum Buchwert liegt auch vor, wenn durch die Einbringung einzelne Wirtschaftsgüter mit dem gemeinen Wert anzusetzen sind, weil entweder *ausländische Wirtschaftsgüter erstmals steuerverstrickt* werden bzw. an bestimmten Wirtschaftsgüter in Folge der Einbringung das deutsche Besteuerungsrechts beschränkt oder ausgeschlossen wird.[24] In Bezug auf die erstmalige Steuerverstrickung ausländischer Wirtschaftsgüter wird die Auffassung vertreten, dass diese Wirtschaftsgüter gem. § 4 Abs. 1 S. 5 EStG i.V. m. § 6 Abs. 1 Nr. 5a EStG zwingend mit dem gemeinen Wert anzusetzen sind, weil sich das Wahlrecht nach § 20 Abs. 2 S. 2 nicht auf diese Wirtschaftsgüter erstreckt.[25] Der Ansatz von Wirtschaftsgütern, für die durch die Einbringung erstmals das deutsche Besteuerungsrecht begründet wird, mit dem gemeinen Wert, entspricht ausweislich der Gesetzesbegründung dem Willen des Gesetzgebers.[26] Trotz des Ansatzes dieser Wirtschaftsgüter mit dem gemeinen Wert ist § 23 Abs. 1 auf die zum Buchwert angesetzten Wirtschaftsgüter anzuwenden.[27] Nach anderer Auffassung geht § 20 Abs. 2 S. 2 als lex specialis den allgemeinen Verstrickungsregelungen des § 4 Abs. 1 S. 5 EStG i.V. m. § 6 Abs. 1 Nr. 5a EStG vor, sodass auch die erstmals im Inland steuerverstrickten Wirtschaftsgüter mit dem Buchwert angesetzt werden können.[28] Folgt man dieser Auffassung, ist die Anwendung des § 23 Abs. 1 auch auf die erstmals im Inland steuerverstrickten Wirtschaftsgüter eindeutig. Zu Einzelheiten siehe ausführlich § 20 Rdn. 119.

12 Eine spätere *Aufstockung der Buchwerte nach § 23 Abs. 2* hat ebenfalls keinen Einfluss darauf, dass die übernehmende Gesellschaft das eingebrachte Betriebsvermögen zum Zeitpunkt der Einbringung mit dem Buchwert angesetzt hatte. Daher steht eine spätere Buchwertaufstockung nach § 23 Abs. 2 ebenfalls nicht der Anwendung des § 23 Abs. 1 entgegen.[29]

2. Ansatz des eingebrachten Vermögens mit einem Zwischenwert

13 Neben der Buchwerteinbringung ist § 23 Abs. 1 auch anzuwenden, wenn die übernehmende Gesellschaft das eingebrachte Vermögen auf Antrag mit einem *Zwischenwert* ansetzt. Zwischenwert ist jeder Wert über dem Buchwert, solange nicht der gemeine Wert erreicht wird.[30] Zum Ansatz des Zwischenwert siehe ausführlich § 20 Rdn. 123 ff.

14 Der Ansatz eines beliebigen Zwischenwerts bedeutet aber nicht, dass die eingebrachten Wirtschaftsgüter selektiv mit unterschiedlich hohen Zwischenwerten angesetzt werden dürfen. Vielmehr sind die in den eingebrachten Wirtschaftsgütern, Schulden und steuerfreien Rücklagen ruhenden stillen

---

24 *Patt* in Dötsch/Pung/Möhlenbrock, § 20 UmwStG Rz. 197.
25 *Ley*, FR 2007, 109; *Menner* in Haritz/Menner, § 20 Rdn. 332; *Förster/Wendland*, BB 2007, 631; *Patt* in Dötsch/Patt/Pung/Möhlenbrock, § 23 (SEStEG) Rdn. 21.
26 BT-Drs. 16/2710, 43; *Schmitt* in Schmitt/Hörtnagl/Stratz, § 23 Rdn. 14.
27 *Patt* in Dötsch/Patt/Pung/Möhlenbrock, § 23 (SEStEG) Rdn. 21; *Bilitewski* in Haritz/Menner, 23 Rdn. 7.
28 *Herlinghaus* in Rödder/Herlinghaus/van Lishaut, § 20 Rdn. 167; *Schönherr/Lemaitre*, GmbHR 2007, 459.
29 *Patt* in Dötsch/Patt/Pung/Möhlenbrock, § 23 (SEStEG) Rdn. 21.
30 *Bilitewski* in Haritz/Menner, § 23 Rdn. 57.

Reserven mit einem einheitlichen Prozentsatz aufzulösen.[31] Dabei sind mithin auch steuerfreie Rücklagen durch den Einbringenden anteilig aufzulösen. Zur Zwischenwertaufstockung siehe ausführlich § 20 Rdn. 123 ff.

Ein Zwischenwertansatz führt zur teilweisen Aufdeckung der im einge-   15
brachten Betriebsvermögen bzw. Anteilen ruhenden stillen Reserven.[32] Die
übernehmende Gesellschaft tritt dennoch wie beim Buchwertansatz grds.
uneingeschränkt in die steuerliche Rechtsstellung des Einbringenden ein
und es sind ihr Besitzzeiten des Einbringenden anzurechnen. Allerdings
wird der teilweisen Aufdeckung der stillen Reserven beim Einbringenden
systematisch konsequent auf Ebene der übernehmenden Gesellschaft Rechnung getragen in Bezug auf die Abschreibung. Die sich aus dem Zwischenwertansatz ergebenden Auswirkungen auf die Abschreibung der eingebrachten Wirtschaftsgüter sind in § 23 Abs. 3 geregelt. Mithin sind beim
Zwischenwertansatz neben § 23 Abs. 1 stets auch die Abschreibungsmodalitäten des § 23 Abs. 3 zu beachten.

III. Rechtsfolge

Als Rechtsfolge ordnet § 23 Abs. 1 an, dass die Vorschriften des § 12 Abs. 3   16
HS 1 und des § 4 Abs. Abs. 2 S. 3 bei der übernehmenden Gesellschaft entsprechend anzuwenden sind. Die übernehmende Gesellschaft tritt danach in
Bezug auf die eingebrachten Wirtschaftsgüter in die *steuerliche Rechtsstellung* des Einbringenden ein (§ 12 Abs. 3 HS 1) und steuerlich relevante *Besitzzeiten* des Einbringenden werden ihr angerechnet (§ 4 Abs. 2 S. 3). Für
die Anwendung der Rechtsfolge wird nicht unterschieden, ob das eingebrachte Betriebsvermögen auf Antrag zum Buchwert oder zum Zwischenwert angesetzt wird bzw., ob die Einbringung im Wege der Einzel – oder
Gesamtrechtnachfolge durchgeführt wurde. Auch bei einem Ansatz des eingebrachten Betriebsvermögens zu Zwischenwerten ist § 12 Abs. 3 HS 1 und
§ 4 Abs. 2 S. 3 entsprechend anzuwenden, wobei hier die Modifikationen
des § 23 Abs. 3 zu beachten sind.

Mit dem Eintritt in die steuerliche Rechtsstellung gehen alle für die Besteuerung relevanten Merkmale bzw. alle in Bezug auf die eingebrachten
Wirtschaftsgüter durch den Einbringenden realisierten steuerrelevanten
Sachverhalte auf die übernehmende Gesellschaft über.[33] Aus Sicht der übernehmenden Gesellschaft handelt es sich daher trotz Entgeltlichkeit des
Übertragungsvorgangs (aus Sicht des Einbringenden) nicht um ein Anschaffungsgeschäft. Soweit die übernehmende Gesellschaft das eingebrachte
Vermögen mit einem Zwischenwert ansetzt, sind allerdings die modifizierenden Regelungen des § 23 Abs. 3 zu beachten (vgl. auch Rdn. 92 ff.)

Zu den Auswirkungen des Eintritts in die steuerliche Rechtsstellung und die
Zurechnung der Besitzzeiten im Detail siehe die folgenden Rdn. 17 ff.

---

31 *Ritzer* in Rödder/Herlinghaus/van Lishaut, § 23 Rdn. 19; Tz. 23.14 UmwStE 2011.
32 *Nitzschke* in Blümich, § 20 Rdn. 87.
33 *Bilitewski* in Haritz/Menner, § 23 Rdn. 34.

1. Auswirkung auf die Abschreibung

17 Die übernehmende Gesellschaft hat die vom Einbringenden gewählte Abschreibungsmethode, die Abschreibungssätze und die der Abschreibung zugrunde gelegte betriebsgewöhnliche Nutzungsdauer fortzuführen, wobei auch Sonderabschreibungen und erhöhte Abschreibungen weitergeführt werden.[34] Setzt die übernehmende Gesellschaft die eingebrachten Wirtschaftsgüter auf Antrag mit einem Zwischenwert an, so ist darüber hinaus in Bezug auf die Abschreibungsmodalitäten § 23 Abs. 3 S. 1 zu beachten (vgl. Rdn. 91 ff.).

Ein Wechsel der Abschreibungsmethode ist lediglich insoweit zulässig, als auch der Einbringende die Abschreibungsmethode nach den gesetzlichen Bestimmungen hätte wechseln dürfen.[35] Ein eigenständiges Recht zum Wechseln steht der übernehmenden Gesellschaft nicht zu. Somit kann die übernehmende Gesellschaft von der degressiven zur linearen Abschreibung nach § 7 Abs. 3 EStG wechseln, wenn dies auch dem Einbringenden erlaubt gewesen wäre.

18 Das Bewertungswahlrecht nach § 6 Abs. 2 EStG zur Sofortabschreibung *geringwertiger Wirtschaftsgüter* kann von der übernehmenden Gesellschaft nicht ausgeübt werden. Die übernehmende Gesellschaft ist an die Wahlrechtsausübung des Einbringenden gebunden.[36] Die übernehmende Gesellschaft kann das Wahlrecht noch ausnahmsweise ausüben, wenn der Einbringende das Wahlrecht noch hätte ausüben können und nicht bereits ausgeübt hat.[37]

19 Hat der Einbringende eine *Teilwertabschreibung* auf ein eingebrachtes Wirtschaftsgut vorgenommen, tritt die übernehmende Gesellschaft in die Pflicht zur Wertaufholung nach § 6 Abs. 1 Nr. 1 S. 4 und Nr. 2 S. 3 EStG ein.[38] Die Obergrenze für die Wertzuschreibung bilden die fortgeführten historischen Anschaffungs- oder Herstellungskosten bzw. der Einlagewert des Einbringenden. Eine Wertaufholung bei der übernehmenden Gesellschaft kommt aber nur in Betracht, wenn die Erhöhung des Teilwerts nach dem steuerlichen Übertragungsstichtag stattfindet.[39] Andernfalls ist die Wertaufholung bereits in der steuerlichen Schlussbilanz des Einbringenden vorzunehmen.[40]

20 Die *Verpflichtung zur Wertaufholung* gilt auch für teilwertberichtigte Anteile an KapG, die im Wege des Anteilstauschs i.S.d. § 21 Abs. 1 in die übernehmende Gesellschaft eingebracht wurden. Dies gilt unstreitig für Einbringungsvorgänge, die nach dem 24.12.2008 abgewickelt wurde, da seit der Änderung durch das JStG 2008 die Anwendung des § 23 Abs. 1 auf den Anteilstausch gem. § 21 gesetzlich eindeutig geregelt ist. Soweit die Auffassung vertreten wird, dass vor der gesetzlichen Änderung § 23 Abs. 1 auf ei-

---

34 *Ritzer* in Rödder/Herlinghaus/van Lishaut, § 23 Rdn. 34.
35 *Patt* in Dötsch/Patt/Pung/Möhlenbrock, § 23 (SEStEG) Rdn. 32.
36 *Patt* in Dötsch/Patt/Pung/Möhlenbrock, § 23 (SEStEG) Rdn. 33.
37 *Ritzer* in Rödder/Herlinghaus/van Lishaut, § 23 Rdn. 34.
38 *Patt* in Dötsch/Patt/Pung/Möhlenbrock, § 23 (SEStEG) Rdn. 34.
39 *Patt* in Dötsch/Patt/Pung/Witt, § 23 Rdn. 34.
40 *Patt* in Dötsch/Patt/Pung/Witt, § 23 Rdn. 34.

nen Anteilstausch nicht anzuwenden war, kommt eine Wertaufholung nicht in Betracht, weil die übernehmende Gesellschaft nicht nach § 23 Abs. 1 i.V. m. § 12 Abs. 3 HS 1 in die steuerliche Rechtstellung des Einbringenden eintritt.[41] Wird dagegen die Auffassung vertreten, dass § 23 Abs. 1 auf den Fall des Anteilstauschs i.S.d. § 21 Abs. 1 auch vor der gesetzlichen Änderung im Wege der Auslegung anzuwenden ist, trifft die übernehmende Gesellschaft das Wertaufholungsgebot für im Wege des § 21 Abs. 1 eingebrachte teilwertberichtigte Anteile.[42]

2. Übergang steuerfreier Rücklagen

Die von dem Einbringenden gebildeten steuerfreien Rücklagen werden von der übernehmenden Gesellschaft als Rechtsnachfolger fortgeführt.[43] Für die Frage, ob die steuerfreien Rücklagen zulässig sind, ist auf die steuerlich relevanten Verhältnisse des Einbringenden abzustellen. Es ist für die Fortführung der steuerfreien Rückstellungen daher nicht erforderlich, dass auch die übernehmende Gesellschaft die Voraussetzungen für die Bildung der Rücklage erfüllt.[44] Zu den steuerfreien Rücklagen, die die übernehmende Gesellschaft fortführt, gehören:

– die Reinvestitionsrücklage nach § 6b EStG
– der Investitionsabzugsbetrag nach § 7g EStG
– die Rücklage für Ersatzbeschaffung (R 6.6 EStR)
– Rücklage für im Voraus gewährte Zuschüsse (R 6.5 Abs. 4 EStR)

Die Rücklagen sind von der übernehmenden Gesellschaft so fortzuführen, wie es beim Einbringenden hätte erfolgen müssen, wenn die Einbringung nicht erfolgt wäre. Die Rücklagen sind unter Berücksichtigung der Auflösungsfristen ggf. gewinnerhöhend aufzulösen. Ist die gewinnerhöhende Auflösung mit einer Zinspflicht verbunden, so trifft diese ausschließlich die übernehmende Gesellschaft, sodass diese auch für einen Zinsvorteil zahlen muss, der dem Einbringenden zu Gute gekommen ist.[45]

a) Reinvestitionsrücklage nach § 6b EStG

Die übernehmende Gesellschaft kann eine Reinvestitionsrücklage nach § 6b Abs. 3 EStG, die anlässlich der Einbringung übertragen wurde[46], fortführen.[47] Die Übertragung der Reinvestitionsrücklage nach § 6b Abs. 3 EStG gem. § 23 Abs. 1 i.V. m. § 12 Abs. 3 HS 1 auf die übernehmende Gesellschaft ist insoweit möglich, als bei dem Einbringenden eine Rücklage nach § 6b EStG für ein veräußertes Wirtschaftsgut i.S.v. § 6 b Abs. 1 S. 1 EStG gebildet

---

41 So *Bilitewski* in Haritz/Menner, § 23 Rdn. 35 und 17; *Patt* in Dötsch/Patt/Pung/ Möhlenbrock, § 23 (SEStG) Rdn. 25.
42 *Ritzer* in Rödder/Herlinghaus/van Lishaut, § 23 Rdn. 24.
43 *Ritzer* in Rödder/Herlinghaus/van Lishaut, § 23 Rdn. 41.
44 *Bilitewski* in Haritz/Menner, § 23 Rdn. 37.
45 *Widmann* in Widmann/Mayer § 23 Rdn. 33.
46 Zur Möglichkeit der Übertragung einer §6b-Rücklage siehe im Einzelnen § 12 Rdn. 173 ff.
47 *Patt* in Dötsch/Patt/Pung/Möhlenbrock, § 23 (SEStEG) Rdn. 42; *Rödder* in Rödder/ Herlinghaus/van Lishaut, § 12 Rdn. 100; *Pitzal*, DStR 2011, 2373.

wurde, das dem übertragenden Betrieb ,Teilbetrieb oder Mitunternehmeranteil zuzurechnen war.[48] Die Rücklage kann von der übernehmenden Gesellschaft wiederum auf von ihr angeschaffte Wirtschaftsgüter i.S.v. § 6b Abs. 1 S. 2 EStG übertragen werden. Auf welche Art von Wirtschaftsgütern eine Reinvestitionsrücklage übertragen werden kann, hängt nach § 6b Abs. 1 EStG davon ab, welche Art von Wirtschaftsgütern veräußert wurde. Es ist daher für die Übertragungsmöglichkeiten der übernehmenden Gesellschaft darauf abzustellen, welche Wirtschaftsgüter der Einbringende mit Gewinn, der sodann in die Reinvestitionsrücklage nach § 6b EStG eingestellt wurde, veräußert hat.[49] Die eingebrachten Wirtschaftsgüter können nicht als Reinvestitionsgüter verwendet werden, da es sich bei der Übertragung der Wirtschaftsgüter aus Sicht der übernehmenden Gesellschaft aufgrund von § 23 Abs. 1 i.V.m. § 12 Abs. 3 HS 1 nicht um einen Anschaffungsvorgang handelt.

23   Die Rücklage nach § 6b Abs. 3 S. 5 EStG ist gewinnerhöhend aufzulösen, wenn sie nicht innerhalb bestimmter Fristen auf die Anschaffungs- oder Herstellungskosten eines angeschafftes oder hergestelltes Wirtschaftsgut übertragen wird. Die Gewinnerhöhung einschließlich der gesetzlich vorgesehenen Verzinsung nach § 6b Abs. 7 EStG hat bei der übernehmenden Gesellschaft zu erfolgen.[50] Für die Berechnung der Investitionsfristen nach § 6b Abs. 3 EStG sind auch die Zeiten der bereits bestehenden Rücklagenbildung beim Einbringenden zu berücksichtigen.

24   Nach § 6b Abs. 10 EStG können Stpfl., die keine Körperschaft sind, den Gewinn aus der Veräußerung von Anteilen an einer KapG bis zu einem Betrag von EUR 500.000 in eine steuerfreie Rücklage einstellen. Die steuerliche Behandlung einer Rücklage nach § 6b Abs. 10 EStG im Rahmen einer Einbringung nach § 20 ist umstritten.

25   Teilweise wird die Auffassung vertreten, dass eine Rücklage nach § 6b Abs. 10 EStG nicht von der übernehmenden Gesellschaft fortgeführt werden könne, da es sich im Falle von Einbringungen nach § 20 bei der übernehmenden Gesellschaft um eine KapG handelt. Da eine KapG als Körperschaft nicht zur Rücklagenbildung nach § 6b Abs. 10 EStG berechtigt ist, sei daher die Rücklage nach § 6b Abs. 10 EStG zwingend vom Einbringenden aufzulösen.[51] Nach Sinn und Zweck des § 6b Abs. 10 EStG sei ein Übergang daher ausgeschlossen.[52]

26   Dagegen wird auch die Auffassung vertreten, dass die übernehmende Gesellschaft die Rücklage fortführen könne, obwohl sie als Körperschaft die Rücklage selbst nicht hätte bilden dürfen, weil sie als steuerliche Rechtsnachfolgerin selbst nicht die Voraussetzungen des § 6b Abs. 10 EStG erfül-

---

48 BFH vom 22.06.2010, I R 77/09, BFH/NV 2011, 10
49 *Ritzer* in Rödder/Herlinghaus/van Lishaut, § 23 Rdn. 42; *Bilitewski* in Haritz/Menner, § 23 Rdn. 37; a.A. *Widmann* in Widmann/Mayer, § 23 Rdn. 30.
50 *Patt* in Dötsch/Patt/Pung/Möhlenbrock, § 23 (SEStEG) Rdn. 41.
51 Gl. A. *Kanzler*, FR 2002, 117; *Loschelder* in L. Schmidt, § 6b EStG Rdn. 110.
52 *Patt* in Dötsch/Patt/Pung/Möhlenbrock, § 23 (SEStEG) Rdn. 42; *Ritzer* in Rödder/Herlinghaus/van Lishaut, § 23 Rdn. 42.

len müsse.[53] Es werden der übernehmenden Gesellschaft aufgrund des Eintritts in die steuerliche Rechtstellung des Einbringenden vielmehr die vom Einbringenden realisierten steuerlich relevanten Sachverhalte zugerechnet, zu denen auch gehört, dass der Einbringende im Zeitpunkt der Rücklagenbildung, die nach § 6b Abs. 10 EStG (personenbezogenen) Tatbestandsvoraussetzungen für die Bildung einer Rücklage nach § 6b Abs. 10 EStG erfüllt hat. Danach wäre auch eine Übertragung der Rücklage auf neu angeschaffte Beteiligungen der übernehmenden Gesellschaft zulässig.[54] Dies ist insoweit auch vertretbar, da die (persönlichen) Voraussetzungen einer Rücklagenbildung i.S.v. § 6b EStG allgemein bzw. i.S.v. § 6b Abs. 10 im Besonderen nicht jährlich geprüft werden müssen. Eine derartige Regelung ist in § 6b Abs. 10 EStG nicht enthalten bzw. kann dem Gesetz nicht entnommen werden.[55]

b) Investitionsabzugsbetrag nach § 7 g EStG

Nach § 7g EStG kann für zukünftige Investitionen ein sog. Investitionsab-   27
zugsbetrag in Anspruch genommen werden. Geht dieser auf die übernehmende Gesellschaft über, kann er von ihr fortgeführt werden, selbst wenn die übernehmende Gesellschaft selbst die Voraussetzungen (z.B. bestimmte Betriebsgröße) nicht erfüllt.[56] § 7g Abs. 3 EStG in der bis zum VZ 2007 geltenden Fassung räumte dem Stpfl. dagegen die Möglichkeit ein, für zukünftige Investitionen eine steuerfreie Rücklage zu bilden. Auch diese Rücklage geht auf die übernehmende Gesellschaft über.[57] Eine Übertragung der Rücklage auf Wirtschaftsgüter, die im Zusammenhang mit der Einbringung zum Buch- oder Zwischenwert auf die übernehmende Gesellschaft übertragen wurden, ist aufgrund der steuerlichen Rechtsnachfolge nicht zulässig.[58]

c) Rücklage für Ersatzbeschaffung

Auch die Rücklage für Ersatzbeschaffung kann von der übernehmenden   27a
Gesellschaft als steuerlicher Rechtsnachfolger fortgeführt werden. Bei Einbringungen von Teilbetrieben setzt dies voraus, dass das ausgeschiedene Wirtschaftsgut, für das die Rücklage für Ersatzbeschaffung nach R 6.6. EStR gebildet wurde, zu dem eingebrachten Teilbetrieb gehört.[59]

3. Kein Übergang von Verlusten

Steuerliche Verlustvorträge des Einbringenden gehen nicht auf die über-   28
nehmende Gesellschaft über; ebenso werden laufende steuerliche Verlust des Einbringenden, die bis zum Einbringungszeitpunkt entstanden sind,

53 *Förster*, DStR 2001, 1913; *Patt* in Dötsch/Patt/Pung/Möhlenbrock, § 23 (SEStEG) Rdn. 42; *Ritzer* in Rödder/Herlinghaus/van Lishaut, § 23 Rdn. 42; a.A. *Kanzler*, FR 2002, 117; *Loschelder* in L. Schmidt, § 6b EStG Rdn. 110.
54 *Förster*, DStR 2001, 117; *Widmann* in Widmann/Mayer, § 23 Rdn. 33.
55 *Dötsch/Patt/Pung/Möhlenbrock*, § 23 Rdn. 43.
56 *Bilitewski* in Haritz/Menner, § 23 Rdn. 37.
57 *Ritzer* in Rödder/Herlinghaus/van Lishaut, § 23 Rdn. 43.
58 *Bilitewski* in Haritz/Menner, § 23 Rdn. 42.
59 *Widmann* in Widmann/Mayer, § 23 Rdn. 35.

nicht auf die übernehmende Gesellschaft übertragen.[60] Es fehlt zwar in § 23 Abs. 1 ein expliziter Verweis auf § 4 Abs. 2 S. 2, welcher den Verlustübergang ausdrücklich untersagt. Jedoch geht ein Verlust als personenbezogenes Merkmal schon nach den allgemeinen Besteuerungsgrundsätzen nicht vom Einbringenden auf die übernehmende Gesellschaft über.[61] Ob die Einbringung im Wege der Einzel- oder Gesamtrechtsnachfolge erfolgt, ist unerheblich.[62] Zum Verlustübergang siehe ausführlich § 12 Rdn. 194 ff.

29   Die nicht übergehenden laufenden steuerlichen Verluste bzw. Verlustvorträge umfassen sowohl einkommen-, körperschaft- und gewerbesteuerliche Verluste als auch etwaige auf Ebene des Einbringenden bestehenden Zins- und EBITDA-Vorträge i.S.v. § 4h EStG (vgl. Rdn. 32). Der Ausschluss des Übergangs eines Verlustvortrags zur Gewerbesteuer nach § 10a GewStG ergibt sich allerdings bereits schon aus § 23 Abs. 5 (vgl. hierzu ausführlich Rdn.120 ff.). Verlustvorträge des Einbringenden, die auf einer Anwendung des *§ 15 Abs. 4 EStG, § 15a EStG* und *§ 15b EStG* beruhen, gehen ebenfalls nicht auf die übernehmende Gesellschaft über.[63] Dies gilt für einen beschränkt verrechenbaren Verlust nach § 15a Abs. 1 EStG auch, wenn eine KG oder ein KG-Anteil in die übernehmende Gesellschaft eingebracht wird.[64]

30   Gehen die Verluste des Einbringenden, deren Nutzung aufgrund einer Verlustverrechnungsbeschränkung gem. § 10d EStG, § 15 Abs. 4 EStG, § 15a EStG oder § 15b EStG im Zusammenhang mit der Einbringung endgültig unter, hat der BFH in einem Verfahren über die Aussetzung der Vollziehung *Zweifel an der Verfassungsmäßigkeit* der Regelungen geäußert.[65] Denn der BFH hält es bei der im Aussetzungsverfahren gebotenen summarischen Prüfung für zweifelhaft, ob die Mindestbesteuerung des § 10d EStG verfassungsgemäß ist, wenn die Verluste aufgrund der zeitlichen Streckung im Zusammenspiel mit anderen Normen, die die Verlustnutzung einschränken, endgültig untergehen. Zwar sei es verfassungsrechtlich (wohl) grds. zulässig, die Verlustverrechnung zeitlich zu strecken. Solange die zeitliche Streckung der Verlustnutzung nur das Wann und nicht das Ob der Verlustnutzung berühre, entspräche die Mindestbesteuerung in ihrer Grundkonzeption einer zeitlichen Streckung der Nutzung des Verlustvortrags noch den verfassungsrechtlichen Anforderungen.[66] In den Kernbereich der Verlustnutzung werde jedoch eingegriffen, wenn Verluste endgültig nicht mehr genutzt werden

---

60 Tz. 23.02 UmwStE 2011; *Bilitewski* in Haritz/Menner, § 23 Rdn. 50; *Ritzer* in Rödder/Herlinghaus/van Lishaut, § 23 Rdn. 37.

61 *Widmann* in Widmann/Mayer, § 23 Rdn. 564; *Patt* in Dötsch/Patt/Pung/Möhlenbrock, § 23 Rdn. 37.

62 *Bilitewski* in Haritz/Menner, § 23 Rdn. 50.

63 *Ritzer* in Rödder/Herlinghaus/van Lishaut, § 23 Rdn. 38.

64 *Lüdemann* in Herrmann/Heuer/Raupach, § 15a EStG Anm. 143; *Wacker* in L. Schmidt, § 15a EStG Rdn. 236; *Patt* in Dötsch/Patt/Pung/Möhlenbrock, § 23 (SEStEG) Rdn. 38.

65 BFH vom 26.08.2010, I B 49/10, BFH/NV 2010, 2356.

66 BFH vom 22.08.2012, I R 9/11.

könnten.[67] Daher sei es verfassungsrechtlich zweifelhaft, wenn ein bestehender Verlustvortrag durch das Eingreifen der Regelungen des § 8c KStG und §§ 12, 4 UmwStG endgültig untergehe und es zu einem vollständigen Ausschluss des Verlustausgleichs kommt. Dies verstoße gegen den Gleichheitssatz des Art. 3 Abs. 1 GG.[68] Vor diesem Hintergrund hat der BFH mit Vorlagebeschluss vom 26.02.2014 (Az. I R59/12) das Bundesverfassungsgericht (BVerfG) im Rahmen eines Normenkontrollersuchens zur Verfassungsprüfung angerufen. Eine Entscheidung des BVerfG zur Verfassungsmäßigkeit der Mindestbesteuerung bei Definitiveffekten ist noch nicht ergangen.

Die bei der übernehmenden Gesellschaft bestehenden Verlustvorträge können als Folge einer Einbringung nach § 8c Abs. 1 KStG untergehen. Nach § 8c Abs. 1 KStG gehen bestehende Verluste quotal oder vollständig verloren, wenn innerhalb von fünf Jahren mehr als 25 % bzw. mehr als 50 % der Anteile an einen Erwerber oder eine Erwerbergruppe übertragen werden. Der Übertragung von Anteilen ist nach § 8c Abs. 1 S. 4 KStG eine Kapitalerhöhung ausdrücklich gleichgestellt, soweit diese zu einer Veränderung der Beteiligungsquoten am Kapital der Körperschaft (= übernehmenden Gesellschaft) führt. Daher kann es durch die Einbringung gegen Gewährung von Gesellschaftsanteilen nach § 20 oder § 21 zu einem schädlichen Beteiligungserwerb i.S.d. § 8c Abs. 1 KStG kommen[69], so dass noch nicht ausgeglichene oder abgezogene steuerliche Verluste der übernehmenden Gesellschaft durch die Einbringung untergehen können (siehe auch § 12 Rdn. 205). Ferner ist im Rückwirkungszeitraum § 2 Abs. 4 S. 3 zu beachten, wonach positive Einkünfte des übertragenden Rechtsträgers im Rückwirkungszeitraum nicht mit steuerlichen Verlustvorträgen bzw. laufenden steuerlichen Verlusten des übernehmenden Rechtsträgers ausgeglichen werden dürfen. **31**

4. Kein Übergang eines Zinsvortrags (Zinsschranke) und EBITDA Vortrags

Ein Zinsvortrag nach § 4h Abs. 1 S. 2 EStG und ein EBITDA Vortrag nach § 4h Abs. 1 S. 3 EStG geht nach der ausdrücklichen gesetzlichen Regelung des § 20 Abs. 9 nicht auf die übernehmende Gesellschaft über. Nach Einführung der sog. Zinsschranke nach § 4h Abs. 1 S. 1 EStG können betriebliche Zinsaufwendungen einem Abzugsverbot unterliegen. Die nichtabzugsfähigen Zinsen sind in die folgenden Wirtschaftsjahre vorzutragen. Der Zinsvortrag ist nach § 4h Abs. 4 EStG gesondert festzustellen. Soweit beim Einbringenden ein solcher Zinsvortrag vorhanden ist, geht er gem. § 20 Abs. 9 nicht auf die übernehmende Gesellschaft über. Der Gesetzgeber wollte mit dem Übertragungsverbot ein Unterlaufen der Zinsschrankenregelung durch eine Betriebseinbringung verhindern.[70] Gleiches gilt in Bezug auf einen auf Ebene des Einbringenden bestehenden EBITDA Vortrag nach § 4h Abs. 1 S. 3 EStG. Ein EBITDA Vortrag entsteht, wenn das verrechenbare EBITDA **32**

67 Der BFH verweist dazu auf die Entscheidung des BVerfG vom 30.09.1998, 2 BvR 1818/91, zur alten Verlustverrechnungsbeschränkung des § 22 Nr. 3 S. 3 EStG 1983.
68 BFH Beschluss vom 26.02.2014, I R 59/12.
69 BMF vom 04.07.2008, BStBl. I 2008, 736, Tz. 7; *Hans*, FR 2007, 775.
70 BT-Drs. 16/5377, 5.

die um die Zinserträge geminderten Zinsaufwendungen übersteigt. Nach § 20 Abs. 9 geht ein EBITDA Vortrag ausdrücklich nicht auf die übernehmende Gesellschaft über.

5. Übergang von Pensionsrückstellungen

33 Eine *Pensionsrückstellung*, die der Einbringende gebildet hatte, wird von der übernehmenden Gesellschaft fortgeführt und ist mit dem Wert gem. § 6a Abs. 3 EStG zu passivieren, auch dann, wenn die Einbringung unter den Voraussetzungen des § 20 Abs. 2 zum Buchwert oder einem Zwischenwert erfolgt. Dies ergibt sich daraus, dass § 20 Abs. 2 S. 1 für die Bewertung von Pensionsrückstellungen explizit auf die spezielle Bewertungsvorschrift des § 6a EStG verweist[71]. Die Dienstzeiten des Berechtigten beim Einbringenden sind zu berücksichtigen. Auch das Nachholverbot gem. § 6a Abs. 4 EStG[72] ist von der übernehmenden Gesellschaft zu beachten, so dass die Zuführung zur Pensionsrückstellung den Unterschiedsbetrag zwischen dem Teilwert der Pensionsverpflichtung am Schluss des Wirtschaftsjahres und am Schluss des vorangegangenen Wirtschaftsjahres nicht überschreiten darf.[73]

6. Auswirkung auf einbringungsgeborene Anteile

34 Werden einbringungsgeborene Anteile im Rahmen einer Einbringung i.S.d. § 20 Abs. 1 in die übernehmende Gesellschaft eingebracht, setzt sich die Eigenschaft, einbringungsgeboren zu sein, fort[74]. Bei einem Verkauf der Anteile durch die übernehmende Gesellschaft sind die *Restriktionen des § 8b Abs. 4 KStG a.F.* zu beachten. Für die Ermittlung der Sieben-Jahres-Frist sind auch die Besitzzeiten des Einbringenden zu berücksichtigen.

7. Berücksichtigung von Besitzzeiten (§ 4 Abs. 2 S. 3)

a) Grundsatz

35 Bei der übernehmenden Gesellschaft sind sowohl bei einer *Buchwert- als auch bei einer Zwischenwerteinbringung* die Vorbesitzzeiten des Einbringenden in entsprechender Anwendung des § 4 Abs. 2 S. 3 bei der Besteuerung zu berücksichtigen. Ist die Dauer der Zugehörigkeit (wirtschaftliches Eigentum) eines Wirtschaftsguts zum Betriebsvermögen für die Besteuerung relevant, so ist der Zeitraum der Zugehörigkeit zum Betriebsvermögen des Einbringenden der übernehmenden Gesellschaft nach § 23 Abs. 1 i.V.m. § 4 Abs. 2 S. 3 anzurechnen (abzugrenzen von der Zugehörigkeit von Wirtschaftsgütern zum Betriebsvermögen zu einem bestimmten Zeitpunkt[75]). In Abweichung von § 22 UmwStG a.F. sind die Vorbesitzzeiten also auch bei einer Zwischenwerteinbringung anzurechnen.

Eine Anrechnung der Besitzzeiten hat in folgenden Fällen Bedeutung:

---

71 *Ritzer* in Rödder/Herlinghaus/van Lishaut, § 23 Rdn. 36. *Patt* in Dötsch/Patt/Pung/ Möhlenbrock, § 23 Rdn. 35.

72 Zum Nachholverbot siehe z.B. BFH vom 28.04.2010, I R 78/08; BFH/NV 2010, 1709.

73 BMF vom 25.03.1998, BStBl. I 1998, 298; *Patt* in Dötsch/Patt/Pung/Möhlenbrock, § 23 Rdn. 35.

74 *Nitzschke* in Blümich, § 23 Rdn. 26.

75 BFH vom 16.04.2014, IR 44/113, BFH/NV 2014, 1229.

- Beteiligung des Organträgers an der Organgesellschaft seit Beginn des Wirtschaftsjahres nach § 14 Abs. 1 S. 1 Nr. 1 KStG (finanzielle Eingliederung) und Dauer des Bestehens des Gewinnabführungsvertrags nach § 14 Abs. 1 S. 1 Nr. 3 KStG
- Berechnung der zeitlichen Voraussetzung für die Gewährung des gewerbesteuerlichen Schachtelprivilegs nach § 9 Nr. 2a, § 7 GewStG
- Berechnung der erforderlichen Besitzzeiten für die Bildung einer Rücklage nach § 6b EStG[76]
- Berücksichtigung der Dienstzeiten des Berechtigten im Falle einer Pensionsrückstellung nach § 6a EStG
- Berechnung der Verbleibensfrist nach § 2 InvZulG
- Berechnung der zeitlichen Voraussetzung von Schachtelprivilegien nach einem Doppelbesteuerungsabkommen (DBA)

b) Organschaft

Nach § 14 Abs. 1 S. 1 Nr. 1 KStG setzt eine ertragsteuerliche Organschaft   36
voraus, dass der Organträger an der Organgesellschaft vom Beginn ihres Wirtschaftsjahres an ununterbrochen qualifiziert beteiligt ist (*finanzielle Eingliederung*).[77] Fraglich ist, ab welchem Zeitpunkt die für die Begründung oder Fortsetzung einer Organschaft erforderliche finanzielle Eingliederung besteht.

Geht eine (qualifizierten) Mehrheitsbeteiligung an einer Organgesellschaft   37
vom bisherigen Organträger (übertragenden Gesellschaft) auf die übernehmende Gesellschaft über, so ist dieser in Folge des Eintritts der übernehmenden Gesellschaft in die steuerliche Rechtsstellung der übertragenden Gesellschaft hinsichtlich der übernommenen Beteiligung gem. § 23 Abs. 1 i.V. m. § 12 Abs. 3 HS 1 und § 4 Abs. 2 S. 3 (sog. Fußstapfentheorie) nach Auffassung der Finanzverwaltung mit Wirkung ab dem steuerlichen Übertragungsstichtag eine zwischen dem übertragenden Rechtsträger und der Organgesellschaft bestehende finanzielle Eingliederung zuzurechnen.[78] Entgegen ihrer bisherigen Auffassung schließt sich die Finanzverwaltung[79] damit im Grundsatz der vorwiegend in Literatur und BFH-Rechtsprechung[80] vertretenen Auffassung an.

Während aber aufgrund von § 20 Abs. 5 und Abs. 6 i.V.m. § 2 bei Einbringungen nach § 20 eine steuerliche Rückwirkung im Grundsatz möglich ist, ist steuerlicher Übertragungsstichtag bei Einbringungen im Wege des Anteilstausches nach § 21 stets der Zeitpunkt, an dem das wirtschaftliche Eigentum an den Anteilen an der Organgesellschaft übergeht.[81] Eine Fortsetzung oder aber auch erstmalige Begründung einer Organschaft ist in die-

---

76 BFH vom 09. 09. 010, IV R 22/07, BFH/NV 2011, 31 zu § 24 UmwStG a. F.
77 Siehe ausführlich *Neumann* in Gosch, § 14 KStG Rdn. 125 ff.
78 BFH vom 28. 07. 2010, I R 111/09, BFH/NV 2010, 67.
79 BMF vom 26. 08. 2003, BStBl. I 2003, 437, Tz. 12; vom 24. 05. 2004, BStBl. I 2004, 549.
80 BFH vom 28. 07. 2010, I R 111/09, BFH/NV 2010, 67.
81 Tz. Org 08 UmwstE 2011.

sen Fällen nur dann möglich, wenn das Wirtschaftsjahr der Organgesellschaft nach dem steuerlichen Übertragungsstichtag beginnt.[82]

38 Auch die erstmalige Begründung einer ertragsteuerlichen Organschaft ist nur dann möglich, wenn seit dem Beginn des Wirtschaftsjahres der Organgesellschaft die finanzielle Eingliederung zunächst zum übertragenden Rechtsträger und anschließend zum übernehmenden Rechtsträger besteht und dieses Erfordernis bis zum Ende des Wirtschaftsjahres aufrechterhalten bleibt. Sind diese Voraussetzungen bei der übertragenden Gesellschaft erfüllt, setzt sich dies für die übernehmende Gesellschaft fort.[83] Somit kann eine (rückwirkende) Organschaft auch erstmals zwischen der übernehmenden Gesellschaft und der Organgesellschaft begründet werden.[84]

39 Werden die Voraussetzungen der finanziellen Eingliederung allerdings erst infolge der Umwandlung geschaffen (z. b. übertragender Rechtsträger und übernehmender Rechtsträger besitzen vor der Umwandlung eine Beteiligung von jeweils unter 50 %), so ist die rückwirkende erstmalige Begründung einer Organschaft mangels Eintritt in die steuerliche Rechtsstellung hinsichtlich einer beim übertragenden Rechtsträger zum steuerlichen Übertragungsstichtag bestehenden finanziellen Eingliederung nicht möglich.[85]

40 Weitere Voraussetzung für die Anerkennung einer Organschaft ist nach § 14 Abs. 1 S. 1 Nr. 3 KStG eine *Mindestlaufzeit des Gewinnabführungsvertrags* von fünf Jahren. Die Laufzeit des Gewinnabführungsvertrags mit der einbringenden Gesellschaft kann der übernehmenden Gesellschaft zugerechnet werden, soweit der Ergebnisabführungsvertrag auch übergeht.[86]

c) Schachtelprivilegien

41 Die *Gewährung von Schachtelprivilegien* setzt regelmäßig voraus, dass der Anteilseigner für einen bestimmten Zeitraum bzw. zu einem bestimmten Zeitpunkt an einer anderen KapG zu einem gewissen Prozentsatz beteiligt ist. So verlangt das gewerbesteuerliche Schachtelprivileg nach § 9 Nr. 2 a, Nr. 7 GewStG, dass die Beteiligung von Beginn des Erhebungszeitraums (Zeitpunkt) der Gesellschaft, an der die Beteiligung gehalten wird, mit mindestens 15 % besteht.

Die Anrechnung der Vorbesitzzeiten nach § 23 Abs. 1 i. V. m. § 4 Abs. 2 S. 3 wirkt sich nach Auffassung der Finanzverwaltung[87] und der vielfach in der Literatur vertretenen Auffassung[88] auf das Tatbestandsmerkmal „zu Beginn

---

82 Tz. Org 08 UmwstE 2011.
83 BFH vom 28. 07. 2010, I R 111/09, BFH/NV 2010, 67.
84 Im Ergebnis so auch *Bilitewski* in Haritz/Menner, § 23 Rdn. 27, *Ritzer* in Rödder/Herlinghaus/van Lishaut, § 23 Rdn. 54; *Herlinghaus*, FR 2004, 974; *Schmitt* in Schmitt/Hörtnagl/Stratz, § 23 Rdn. 33; siehe ausführlich *Heurung/Engel*, BB 2011, 151.
85 Tz. Org 03 UmwstE 2011.
86 *Ritzer* in Rödder/Herlinghaus/van Lishaut, § 23 Rdn. 55, *Bilitewski* in Haritz/Menner, § 23 Rdn. 27
87 Tz. 4.15 UmwStE 2011.
88 *Ritzer* in Rödder/Herlinghaus/van Lishaut, § 23 Rdn. 46 ff.; *Schmitt* in Schmitt/Hörtnagl/Stratz, § 23 Rdn. 35.

des Erhebungszeitraums" aus, wenngleich an anderer Stelle des Umwandlungssteuererlasses zum Ausdruck kommt, dass für die Prüfung der Voraussetzungen des § 9 Nr. 2a oder 7 GewStG die Verhältnisse zu Beginn des Erhebungszeitraums beim übernehmenden Rechtsträger maßgebend sind.[89] Die Besitzzeit des Einbringenden wird der übernehmenden Gesellschaft zugerechnet, sodass hier auch bei einer Einbringung im Laufe eines Erhebungszeitraums die übernehmende Gesellschaft unter den weiteren Voraussetzungen des § 9 Nr. 2a, Nr. 7 GewStG das gewerbesteuerliche Schachtelprivileg auf Gewinnausschüttungen in Anspruch nehmen kann.[90] Dies gilt auch für Schachtelprivilegien nach einem *DBA*.

Nach der aktuellen Rechtsprechung[91] handelt es sich aber bei dem Tatbestandsmerkmal „zu Beginn des Erhebungszeitraums" um ein zeitpunktbezogenes Merkmal und kein zeitraumbezogenes Merkmal. Die Besitzzeitanrechnung, wonach der Zeitraum der Zugehörigkeit eines Wirtschaftsguts zum Betriebsvermögen der übernehmenden Gesellschaft zuzurechnen ist, hat daher für das gewerbesteuerliche Schachtelprivileg aufgrund seiner Zeitpunktbezogenheit keine Bedeutung. Die Rechtsprechung ist für den Fall eines unterjährigen Anteilstausches ergangen und widerspricht im Ergebnis der im Umwandlungssteuererlass vertretenen Auffassung der Finanzverwaltung[92], dass eine gewerbesteuerliche Kürzung nach § 9 Nr. 2a oder 7 GewStG bei unterjährigem qualifiziertem Anteilstausch gewährt wird.

Die Anwendung des BFH-Urteils führt damit bei unterjährigen Anteilstausch grds. zu einem nicht sachgerechten Ergebnis, bei dem Gewinnausschüttungen, die ohne qualifizierten unterjährigen Anteilstausch dem gewerbesteuerlichen Schachtelprivileg unterlegen hätten, nunmehr der Gewerbesteuer unterliegen. Dies ist mit dem vorrangigen Ziel des UmwStG[93] betriebswirtschaftlich erwünschte Umstrukturierungen nicht durch steuerrechtliche Folgen zu behindern nicht vereinbar.[94]

Die Inanspruchnahme des gewerbesteuerlichen Schachtelprivilegs sollte aber nach der hier vertretenen Auffassung zumindest dann unkritisch sein, wenn im Rahmen von § 20 UmwStG rückwirkend eine Schachtelbeteiligung eingebracht wird und der für die Anwendung des gewerbesteuerlichen Schachtelprivilegs geforderte „Beginn des Erhebungszeitraums" in den Rückwirkungszeitraum fällt, da dann bereits die übernehmende Gesellschaft das Stichtagserfordernis des § 9 Nr. 2a, Nr. 7 GewStG erfüllt.[95]

Eine Besitzzeitanrechnung findet auch statt, wenn der Einbringende die **42** Wirtschaftsgüter nicht im Betriebsvermögen, sondern im Privatvermögen bzw. in einem freiberuflichen oder land- und forstwirtschaftlichen Betrieb

---

89 Tz. 18.06 UmwStE 2011, *Bilitewski* in Haritz/Menner, § 23 Rdn. 29, *Widmann* in Widmann/Mayer, § 23 Rdn. 45.
90 *Bilitewski* in Haritz/Menner, § 23 Rdn. 29; *Schmitt* in Schmitt/Hörtnagl/Stratz, § 23 Rdn. 34.
91 BFH vom 16.04.2014, I R 44/113, BFH/NV 2014, 1229.
92 Tz. 4.15 UmwStE 2011, *Bilitewski* in Haritz/Menner, § 23 Rdn. 29
93 BT-Drucks. 12/6885, 14.
94 *Lenz/Adrian*, DB 21.11.2014, 2670–2673.
95 So auch *Patt* in Dötsch/Patt/Pung/Möhlenbrock, § 23 (SEStEG) Rdn. 87a.

gehalten hat[96], wenngleich sich die Besitzzeitanrechnung und die steuerliche Rechtsnachfolge eigentlich nur auf die Haltedauer und die Höhe der Beteiligung auswirken und nicht zugleich die Zugehörigkeit der Beteiligung zu einem Gewerbebetrieb fingieren sollte.[97] Dies ist aber dann unerheblich, wenn der Beginn des Erhebungszeitraums nach dem steuerlichen Einbringungsstichtag liegt[98].

43 Besitzt sowohl die übernehmende Gesellschaft als auch der Einbringende jeweils nur eine Beteiligung, die einzeln die *Mindestbeteiligungsquote* von 15 % nicht erreicht, ist fraglich, ob das gewerbesteuerliche Schachtelprivileg dennoch durch *Zusammenrechnung der Anteile* nach der Einbringung greift. Während in der überwiegenden Literatur[99] eine Zusammenrechnung für Zwecke der Inanspruchnahme des gewerbesteuerlichen Schachtelprivilegs im Grundsatz befürwortet wird (zu Einzelheiten siehe § 4 Rdn. 66), kann aber mitunter hierzu einschränkend die entgegenstehende Auffassung der Finanzverwaltung im Zusammenhang mit der Zusammenrechnung von Anteilen für die finanzielle Eingliederung berücksichtigt werden (vgl. Rdn. 39).

Eine Zusammenrechnung sollte aber nach der hier vertretenen Auffassung dann unkritisch sein, wenn im Rahmen von § 20 rückwirkend eine Beteiligung von weniger als 15 % eingebracht wird und der steuerliche Übertragungsstichtag auf den Ende des Erhebungszeitraums bzw. vor Beginn des Erhebungszeitraums fällt, da insoweit der übernehmenden Gesellschaft die Anteile bereits mit dem steuerlichen Übertragungsstichtag und mithin seit Beginn des Erhebungszeitraums zuzurechnen sind.[100]

Verfügt der Einbringende seit Beginn des Erhebungszeitraums isoliert über eine Schachtelbeteiligung, sollte aufgrund des Eintritts in die steuerliche Rechtsstellung sowie aufgrund von § 20 Abs. 5 S. 1[101] die Inanspruchnahme des gewerbesteuerlichen Schachtelprivilegs in Bezug auf diesbezügliche Gewinnausschüttungen möglich sein. In diesen Fällen sollte sich, wenn auch die übernehmende Gesellschaft selbst über Streubesitzanteile verfügt, das gewerbesteuerliche Schachtelprivileg auch auf Gewinnausschüttungen in Bezug auf jene Streubesitzanteile der übernehmenden Gesellschaft auswirken.[102]

---

96 *Schmitt* in Schmitt/Hörtnagl/Stratz, § 23 Rdn. 29; *Ritzer* in Rödder/Herlinghaus/van Lishaut, § 23 Rdn. 51; *Bilitewski* in Haritz/Menner, § 23 Rdn. 30; a.A. *Patt* in Dötsch/Patt/Pung/Möhlenbrock, § 23 (SEStEG) Rdn. 87; FG München vom 17. 09. 1991, EFG 1992, 201.
97 A.A. *Patt* in Dötsch/Patt/Pung/Möhlenbrock, § 23 (SEStEG) Rdn. 87.
98 *Patt* in Dötsch/Patt/Pung/Möhlenbrock, § 23 (SEStEG) Rdn. 87a.
99 Für eine Zusammenrechnung: *Ritzer* in Rödder/Herlinghaus/van Lishaut, § 23 Rdn. 52 und *van Lishaut* in: Rödder/Herlinghaus/van Lishaut, § 4 Rdn. 64; *Bilitewski* in Haritz/Menner, § 23 Rdn. 30; *Widmann* in Widmann/Mayer, § 23 Rdn. 43, a.A. *Schmitt* in Schmitt/Hörtnagl/Stratz, § 23 Rdn. 35.
100 So auch *Patt* in Dötsch/Patt/Pung/Möhlenbrock, § 23 (SEStEG) Rdn. 87a.
101 *Patt* in Dötsch/Patt/Pung/Möhlenbrock, § 23 (SEStEG) Rdn. 87a.
102 Praxis-Beispiel in *Mutscher* in Frotscher/Maas, § 23 Rdn.43, *Bilitewski* in Haritz/Menner, § 23 Rdn. 30.

Die vorigen Ausführungen zur Inanspruchnahme des gewerbesteuerlichen 44
Schachtelprivilegs sollten auch im Zusammenhang mit der Besteuerung von
Streubesitzdividenden nach § 8 Abs. 4 KStG relevant sein.[103]

d) Übertragung stiller Reserven nach § 6b EStG

Für die Einstellung eines Gewinns aus der Veräußerung von begünstigten 45
Wirtschaftsgütern in eine Rücklage nach § 6b EStG ist Voraussetzung, dass
das veräußerte Wirtschaftsgut mindestens sechs Jahre ununterbrochen zum
Anlagevermögen einer inländischen Betriebsstätte gehört hat. Die Zugehörigkeit eines Wirtschaftsguts zum Anlagevermögen einer inländischen Betriebsstätte wird durch eine Einbringung zu Buch- oder Zwischenwerten
nach § 20 nicht unterbrochen. Nach § 23 Abs. 1 i.V. m. § 4 Abs. 2 S. 3 werden der übernehmenden Gesellschaft im Falle der Buchwert- oder Zwischenwerteinbringung nach § 20 die Zeiten, in denen das fragliche Wirtschaftsgut zum Anlagevermögen einer inländischen Betriebsstätte des
Einbringenden gehört hat, zugerechnet.[104] Der Gewinn aus der Veräußerung begünstigter Wirtschaftsgüter durch die übernehmende Gesellschaft
kann also unter den weiteren Voraussetzungen des § 6b EStG in eine gewinnmindernde Rücklage nach § 6b EStG eingestellt werden, wenn das
Wirtschaftsgut insgesamt mindestens (kumulativ) sechs Jahre zum Anlagevermögen des Einbringenden und der übernehmenden Gesellschaft gehört
hat. Die Besitzzeiten werden also zusammengerechnet. Gleiches gilt für die
Übertragung des Veräußerungsgewinns auf die Herstellungs- und Anschaffungskosten bestimmter anderer Wirtschaftsgüter gem. § 6b Abs. 1 EStG.

C. Auswirkungen der Besteuerung
eines Einbringungsgewinns
bei der übernehmenden Gesellschaft (Abs. 2)

I. Überblick

Mit der Neukonzeption des Umwandlungssteuerrechts durch das SEStEG[105] 46
wurde das Institut der einbringungsgeborenen Anteile aufgegeben. An die
Stelle des Instituts einbringungsgeborener Anteile ist nach § 22 Abs. 1 eine
Besteuerung der in den eingebrachten Vermögen ruhenden stillen Reserven
rückwirkend auf den Zeitpunkt der Einbringung durch den Einbringenden
getreten. Veräußert der Einbringende die im Rahmen einer Sacheinlage unter dem gemeinen Wert (§ 20 Abs. 2 S. 2) erhaltenen Anteile innerhalb eines
Zeitraums von sieben Jahren nach dem Einbringungszeitpunkt, kommt es
zu einer rückwirkenden Besteuerung des Einbringungsgewinns (sog. Einbringungsgewinn I). Zur Ermittlung des Einbringungsgewinns I wird das
eingebrachte Vermögen mit dem gemeinen Wert zum Zeitpunkt der Einbringung angesetzt. Für jedes seit der Einbringung abgelaufene Zeitjahr

---

103 Bilitewski in Haritz/Menner, § 23 Rdn. 31.
104 BFH vom 09.09.2010, IV R 22/07, BFH/NV 2011, 31 zu § 24 UmwStG a.F.
105 SEStEG vom 07.12.2006, BGBl. I 2006, 2782.

wird der Einbringungsgewinn I linear um ein Siebtel abgeschmolzen (siehe ausführlich § 22 Rdn. 99 ff.).

47 Kommt es durch die Veräußerung der im Rahmen der Einbringung erhaltenen Anteile zu einer (anteiligen) Besteuerung des Einbringungsgewinns I, führt dies zu einer vollständigen oder anteiligen Aufdeckung der in dem eingebrachten Vermögen ruhenden stillen Reserven. Insoweit ist die rückwirkende Besteuerung des Einbringungsgewinns I gem. § 22 Abs. 1 rein systematisch mit einer Einbringung des Betriebsvermögens zu einem über dem Buchwert liegenden Wert bzw. zum gemeinen Wert zu vergleichen. Ungeachtet dessen bleibt es aber trotz Buchwertaufstockung im Grundsatz dabei, dass die Einbringung zum Buchwert oder Zwischenwert unter Anwendung von § 23 Abs. 1 erfolgt ist (vgl. Rdn. 9). § 23 Abs. 2 S. 1 i.V.m. S. 2 regelt die steuerlichen Auswirkungen der rückwirkenden Besteuerung des Einbringungsgewinns I auf Ebene der *übernehmenden Gesellschaft*. Die Besteuerung des Einbringungsgewinns I beim Einbringenden führt nach § 23 Abs. 2 systematisch konsequent zum Ansatz eines entsprechenden Erhöhungsbetrags bei der übernehmenden Gesellschaft[106], so dass eine doppelte Versteuerung der stillen Reserven vermieden wird.[107]

48 Werden Anteile an einer KapG im Rahmen einer Sacheinlage nach § 20 Abs. 1 oder eines Anteilstauschs nach § 21 Abs. 1 unter dem gemeinen Wert in die übernehmende Gesellschaft eingebracht und innerhalb von sieben Jahren nach dem Einbringungszeitpunkt durch die übernehmende Gesellschaft veräußert, kann es gem. § 22 Abs. 2 zu einer rückwirkenden Besteuerung eines sog. *Einbringungsgewinns II* kommen. Voraussetzung ist, dass der Einbringende die Anteile nicht nach § 8b Abs. 2 KStG hätte veräußern können. Mit der Anordnung einer Besteuerung des Einbringungsgewinns II will der Gesetzgeber Gestaltungen zur missbräuchlichen Inanspruchnahme des Veräußerungsprivilegs gem. § 8b Abs. 2 KStG bekämpfen.[108] Liegen die Voraussetzungen des § 22 Abs. 2 vor, löst dies beim Einbringenden die rückwirkende Besteuerung eines sog. Einbringungsgewinns II aus, wenngleich die steuerschädliche Veräußerung nicht durch den Einbringenden, sondern durch die übernehmende Gesellschaft erfolgte. Der Einbringungsgewinn II ist rückwirkend im Jahr der Einbringung zu versteuern. § 23 Abs. 2 S. 3 regelt die steuerliche Behandlung der rückwirkenden Besteuerung des Einbringungsgewinns II bei der übernehmenden Gesellschaft. Zu Einzelheiten der Besteuerung des Einbringungsgewinns II siehe § 22 Rdn. 237 ff.

II. Auswirkungen der Besteuerung eines Einbringungsgewinns I

1. Einbringungsgewinn i.S.d. § 22 Abs. 1

49 Der antragsgebundene Ansatz eines Erhöhungsbetrags auf Ebene der übernehmenden Gesellschaft in dem Wirtschaftsjahr, in das die Veräußerung der Anteile bzw. das steuerschädliche Ereignis (§ 22 Abs. 1 S. 6) fällt, setzt nach

---

106 *Nitzschke* in Blümich, § 23 Rdn. 33.
107 *Patt* in Dötsch/Patt/Pung/Möhlenbrock, § 23 (SEStEG) Rdn. 2.
108 BT-Drs. 16/2710, 46.

§ 23 Abs. 3 S. 1 voraus, dass der Einbringende den Einbringungsgewinn I i.S.d. § 22 Abs. 1 versteuert hat, die darauf entfallende Steuer entrichtet hat und dies durch Vorlage einer Bescheinigung des zuständigen Finanzamts (§ 22 Abs. 5) nachgewiesen werden kann. Weitere Voraussetzung der steuerlichen Berücksichtigung des versteuerten Einbringungsgewinns I als Erhöhungsbetrag auf Ebene der übernehmenden Gesellschaft ist, dass das eingebrachte Betriebsvermögen noch zum Betriebsvermögen der übernehmenden Gesellschaft gehört. Soweit dies nicht gegeben ist, kommt abweichend hiervon eine steuerliche Berücksichtigung des durch den Einbringenden versteuerten Einbringungsgewinns I auf Ebene der übernehmenden Gesellschaft als steuerlich sofort abzugsfähige Betriebsausgabe in Betracht, vorausgesetzt das nicht mehr zum Betriebsvermögen der übernehmende Gesellschaft gehörenden eingebrachte Betriebsvermögen wurde zum gemeinen Wert übertragen.

Ein *Einbringungsgewinn I* entsteht, wenn der Einbringende die im Rahmen einer Sacheinlage unter dem gemeinen Wert (§ 20 Abs. 2 S. 2) erhaltenen Anteile innerhalb eines Zeitraums von sieben Jahren nach dem Einbringungszeitpunkt veräußert. Es kommt unter diesen Voraussetzungen zu einer rückwirkenden Besteuerung des Einbringungsgewinns, wobei das eingebrachte Betriebsvermögen zur Ermittlung des Einbringungsgewinns mit dem gemeinen Wert angesetzt wird. Neben der Veräußerung können nach § 22 Abs. 1 S. 6 Nr. 1 bis 6 auch andere Ereignisse die Besteuerung eines Einbringungsgewinns I auslösen (zu Einzelheiten siehe § 22 Rdn. 117 ff.). Als Folge der dadurch erfolgten Aufdeckung der stillen Reserven beim Einbringenden kann die übernehmende Gesellschaft unter weiteren Voraussetzungen das eingebrachte Betriebsvermögen im Wirtschaftsjähr der Veräußerung der Anteile mit einem entsprechend höheren Wert ansetzen (Erhöhungsbetrag; zu Einzelheiten siehe Rdn. 64 ff.).

Veräußert der Einbringende innerhalb der Siebenjahresfrist nur einen *Teil*   50
der erhaltenen Anteile, entsteht ein Einbringungsgewinn I nur insoweit als Anteile veräußert wurden. Bei der übernehmenden Gesellschaft ist korrespondierend nur ein Erhöhungsbetrag unter Berücksichtigung eines anteiligen Einbringungsgewinns anzusetzen. Entsprechend ist zu verfahren, wenn der Einbringende mehrfach einen Teil der erhaltenen Anteile in unterschiedlichen Veranlagungszeiträumen veräußert. Jede steuerschädliche Veräußerung führt zu einem gesonderten (anteiligen) Einbringungsgewinn mit entsprechender steuerlichen Berücksichtigung bei der übernehmenden Gesellschaft nach 23 Abs. 2.[109]

2. Versteuerung des Einbringungsgewinns I und Zahlung der Steuer

Die Aufstockung der Anschaffungskosten der eingebrachten Wirtschaftsgüter   51
setzt voraus, dass der Einbringungsgewinn I beim Einbringenden der Besteuerung unterworfen wurde und dieser die darauf entfallende Steuer tatsächlich entrichtet hat. Eine Besteuerung des Einbringungsgewinns I liegt vor, wenn der Gewinn in die *Besteuerungsgrundlagen* des Einbringenden eingeflossen ist. Ob die Berücksichtigung des Einbringungsgewinns tatsächlich eine

---

109 *Ritzer* in Rödder/Herlinghaus/van Lishaut, § 23 Rdn. 91 und 92.

Steuer ausgelöst hat, ist dagegen nicht erforderlich (siehe Rdn. 58). Ein versteuerter Einbringungsgewinn liegt auch vor, wenn der Gewinn (anteilig) beim Einbringenden steuerbefreit ist.[110] Unterbleibt eine Versteuerung des Einbringungsgewinns I jedoch wegen des Eintritts der *Festsetzungsverjährung*, kann die übernehmende Gesellschaft keinen Erhöhungsbetrag ansetzen.[111] Denn der Gewinn ist endgültig nicht in die Besteuerungsgrundlagen des Einbringenden eingeflossen, so dass die übernehmende Gesellschaft nach dem Zweck der Regelung nicht in den Vorteil des Erhöhungsbetrages kommen soll.

52 Auch eine *Korrektur des Einbringungsgewinns I* beim Einbringenden hat Auswirkungen auf den steuerlichen Ansatz eines Erhöhungsbetrags nach § 23 Abs. 2 bei der übernehmenden Gesellschaft. Wird der Einbringungsgewinn I im Rahmen einer Außenprüfung oder eines Einspruchs- und Klageverfahrens erhöht oder vermindert, führt dies zu einer entsprechenden Änderung des Erhöhungsbetrags bei der übernehmenden Gesellschaft. Die nach § 22 Abs. 5 vorzulegende Bescheinigung ist ebenfalls entsprechend zu ändern.

53 Neben der Versteuerung des Einbringungsgewinns muss der Einbringende die auf den Gewinn entfallende Steuer entrichtet haben. Entrichtet werden muss die *Körperschaft- oder die Einkommensteuer*, nicht hingegen die Gewerbesteuer.[112] Die Zahlung steuerlicher Nebenleistung wie Zuschlagsteuern, Säumniszuschläge oder Zinsen ist nicht notwendig.

54 Die Entrichtung der Steuerschuld kann durch Zahlung gem. § 224 AO, durch Hingabe von Kunstgegenständen an Zahlungsstatt gem. § 224a AO und durch Aufrechnung erfolgen. Eine Entrichtung der Steuer ist auch dann anzunehmen, wenn die Steuer erlassen wurde oder gar Zahlungsverjährung eingetreten ist.[113] Dagegen führt die Stundung oder eine Aussetzung der Vollziehung der Steuer oder eine (finanzamtsinterne) Niederschlagung der Steuerschuld nicht dazu, dass die Steuer als entrichtet gilt.[114]

55 Zahlt der Einbringende die Steuer nur *anteilig*, ist ein Erhöhungsbetrag auch nur anteilig („insoweit") bei der übernehmenden Gesellschaft anzusetzen.[115] Hat der Einbringende neben dem Einbringungsgewinn I noch andere positive Einkünfte, die der Besteuerung unterliegen, so stellt sich die Frage, wie eine nur anteilige Zahlung der Steuerschuld beim Erhöhungsbetrag zu berücksichtigen ist. Das Gesetz sieht hierfür keine Regelung vor. Daher sind die Steuerzahlungen im Wege der *Meistbegünstigung* vorrangig den Steuern zuzuordnen, die auf den Einbringungsgewinn entfallen.[116]

---

110 *Ritzer* in Rödder/Herlinghaus/van Lishaut, § 23 Rdn. 84.
111 *Patt* in Dötsch/Patt/Pung/Möhlenbrock, § 23 (SEStEG) Rdn. 117; *Schmitt* in Schmitt/Hörtnagl/Stratz, § 23 Rdn. 40.
112 *Ritzer* in Rödder/Herlinghaus/van Lishaut, § 23 Rdn. 97; *Patt* in Dötsch/Patt/Pung/Möhlenbrock, § 23 (SEStEG) Rdn. 114; *Schmitt* in Schmitt/Hörtnagl/Stratz, § 23 Rdn. 39; a.A. *Widmann* in Widmann/Mayer, § 22 Rdn. 415.
113 *Mutscher* in Frotscher/Maas, § 23 Rdn. 163.
114 *Ritzer* in Rödder/Herlinghaus/van Lishaut, § 23 Rdn. 99.
115 *Schmitt* in Schmitt/Hörtnagl/Stratz, § 23 Rdn. 41, *Patt* in Dötsch/Patt/Pung/Möhlenbrock, § 23 (SEStEG) Rdn. 121.
116 *Bilitewski* in Haritz/Menner, § 23 Rdn. 91.

Nach Auffassung der Finanzverwaltung soll die Steuerzahlung im Verhältnis des Einbringungsgewinns zum gesamten zu versteuernden Einkommen aufgeteilt werden, so dass daher nur ein geringerer Erhöhungsbetrag angesetzt werden kann.[117]

Eine *Korrektur des Erhöhungsbetrags* ist notwendig, wenn der Einbringende   56
die auf den Einbringungsgewinn I entfallende Steuer in mehreren Raten
zahlt. Insbesondere die Zahlung der Steuern über mehrere Jahre hinweg
macht eine kontinuierliche Anpassung des Erhöhungsbetrags bei der übernehmenden Gesellschaft notwendig.[118] Die Korrektur des Erhöhungsbetrags
setzt wiederum die Vorlage einer (berichtigten) Bescheinigung nach § 22
Abs. 5 voraus, denn nur wenn diese vorliegt, kann die übernehmende Gesellschaft den korrigierten Erhöhungsbetrag berücksichtigen. Die gesetzlich
vorgesehene Konzeption verursacht mithin bei der übernehmenden Gesellschaft einen erheblichen organisatorischen Aufwand.[119]

Die Bescheinigung nach § 22 Abs. 5 stellt nach Ansicht der Finanzverwal-   57
tung einen Grundlagenbescheid i. S. d. § 175 Abs. 1 Nr. 1 AO dar[120], so dass
dessen Berichtigung auch eine Änderung des Steuerbescheids der übernehmenden Gesellschaft verfahrensrechtlich ermöglicht.

Die Steuer gilt auch als entrichtet, wenn die Berücksichtigung des Einbrin-   58
gungsgewinns I *tatsächlich zu keiner Steuerfestsetzung* führt, weil der Gewinn mit anderen negativen Einkünften des Einbringenden ausgeglichen
oder mit Verlustvorträgen verrechnet wird.[121] Mangels gesetzlicher Grundlage kann bei einer Verlustverrechnung nicht gefordert werden, dass eine
Entrichtung der Steuer erst vorliegt, wenn die aufgrund der Verlustnutzung
in späteren Jahren höher festgesetzte Steuer gezahlt wurde.[122]

3. Bescheinigung

Für den Ansatz des Erhöhungsbetrags ist die Vorlage einer *Bescheinigung*   59
i. S. d. § 22 Abs. 5 notwendig. Nach § 22 Abs. 5 bescheinigt das für den Einbringenden zuständige Finanzamt der übernehmenden Gesellschaft die
Höhe des zu versteuernden Einbringungsgewinns I, die darauf entfallende
festgesetzte Steuer und den darauf entrichteten Betrag. Die Bescheinigung
wird auf Antrag der übernehmenden Gesellschaft vom Finanzamt ausgestellt. Zum Bescheinigungsverfahren siehe § 22 Rdn. 459 ff.

4. Antrag

Die Berücksichtigung des versteuerten Einbringungsgewinns I erfolgt nicht   60
zwingend, sondern nur auf *Antrag* der übernehmenden Gesellschaft. Das
Finanzamt ist nicht von Amts wegen zu einer Berücksichtigung des Erhö-

---

117 Tz. 23.12 UmwStE 2011; gl. A. *Patt* in Dötsch/Patt/Pung/Möhlenbrock, § 23 (SES-
   tEG) Rdn. 121; wohl auch *Ritzer* in Rödder/Herlinghaus/van Lishaut, § 23 Rdn. 100.
118 *Ritzer* in Rödder/Herlinghaus/van Lishaut, § 23 Rdn. 101.
119 *Ritzer* in Rödder/Herlinghaus/van Lishaut, § 23 Rdn. 101.
120 Tz. 23.10 UmwStE 2011.
121 Tz. 23.12 UmwStE 2011; gl.A. *Schmitt* in Schmitt/Hörtnagl/Stratz, § 23 Rdn. 40;
   Ritzer in Rödder/Herlinghaus/van Lishaut, § 23 Rdn. 98.
122 So aber *Patt* in Dötsch/Patt/Pung/Möhlenbrock, § 23 (SEStEG) Rdn. 118.

hungsbetrags verpflichtet. Die übernehmende Gesellschaft hat dabei nur die Wahl, den versteuerten Einbringungsgewinn als Erhöhungsbetrag im Ganzen anzusetzen oder auf eine Berücksichtigung im Ganzen zu verzichten. Der Antrag kann weder auf bestimmte Wirtschaftsgüter noch auf eine partielle Aufstockung begrenzt werden.[123] Der Antrag ist bei dem für die übernehmende Gesellschaft zuständigen Finanzamt zu stellen.

61 Die Antragstellung setzt *keine besondere Form* voraus, so dass der Antrag insbesondere nicht schriftlich gestellt werden muss. Auch ein formlos gestellter Antrag ist zulässig. Ein (konkludenter) Antrag kann somit auch in der Einreichung einer Steuerbilanz, welche den Erhöhungsbetrag i.S.d. § 23 Abs. 2 berücksichtigt, gesehen werden.[124] Allerdings verlangt die Finanzverwaltung, dass sich aus dem Antrag die Höhe und die Zuordnung des Aufstockungsbetrags eindeutig ergeben sollen.[125]

62 Das Gesetz sieht *keine Frist* für die Antragstellung vor. Der Antrag kann zumindest bis zur Bestandskraft des Steuerbescheids des Jahres gestellt werden, in welchem der Aufstockungsbetrag erstmals bei der übernehmenden Gesellschaft anzusetzen ist.[126] Ein Antrag, der nach Eintritt der Bestandskraft dieses Steuerbescheids gestellt wird, kann nur noch wirksam werden, wenn die Voraussetzungen einer verfahrensrechtlichen Änderungsnorm erfüllt sind. Eine eigenständige Änderungsvorschrift sieht das UmwStG nicht vor.[127]

63 Die übernehmende Gesellschaft kann den Antrag nur (rechtzeitig) stellen, wenn sie von der rückwirkenden Besteuerung des Einbringungsgewinns I gem. § 22 Abs. 1 *Kenntnis erlangt.* Da die Finanzverwaltung den Erhöhungsbetrag i.S.d. § 23 Abs. 2 nicht von Amts wegen zu berücksichtigen hat (siehe Rdn. 60), ist sie auch nicht zu einer entsprechenden Information des für die übernehmende Gesellschaft zuständigen Finanzamtes verpflichtet. Vielmehr muss die übernehmende Gesellschaft allein Vorsorge dafür treffen, von der rückwirkenden Besteuerung des Einbringungsgewinns I in Kenntnis gesetzt zu werden. Es ist daher angeraten, dem Einbringenden *vertraglich* eine entsprechende Mitteilungspflicht aufzuerlegen.[128]

5. Berücksichtigung eines Erhöhungsbetrags bei der übernehmenden Gesellschaft

64 Die übernehmende Gesellschaft kann auf Antrag in Höhe des versteuerten Einbringungsgewinns I einen *Erhöhungsbetrag* ansetzen. Während § 22 Abs. 1 die steuerlichen Folgen einer schädlichen Veräußerung der im Rahmen der Einbringung erhaltenen Anteile beim Einbringenden regelt, bestimmt § 23 Abs. 2, welche steuerlichen Auswirkungen sich bei der *übernehmenden Gesellschaft* aus der Versteuerung des Einbringungsgewinns I

---

123 *Ritzer* in Rödder/Herlinghaus/van Lishaut, § 23 Rdn. 68.
124 *Bilitewski* in Haritz/Menner, § 23 Rdn. 94.
125 Tz. 23.07 UmwStE 2011.
126 *Schmitt* in Schmitt/Hörtnagl/Stratz, § 23 Rdn. 38; *Bilitewski* in Haritz/Menner, § 23 Rdn. 95.
127 *Ritzer* in Rödder/Herlinghaus/van Lishaut, § 23 Rdn. 73.
128 *Ritzer* in Rödder/Herlinghaus/van Lishaut, § 23 Rdn. 70.

ergeben. Durch die rückwirkende Versteuerung des Einbringungsgewinns I wird der Einbringende im Ergebnis so gestellt wird, als ob er das Betriebsvermögen nicht zum Buch- oder Zwischenwert, sondern von Anfang an zum gemeinen Wert eingebracht hätte. Es ist daher systematisch konsequent entsprechend den Wertansatz des eingebrachten Vermögens auf Ebene der übernehmende Gesellschaft anzupassen. Dementsprechend kann die übernehmende Gesellschaft die Buchwerte des eingebrachten Betriebsvermögens um den versteuerten Einbringungsgewinn I aufstocken. Allerdings erfolgt die Aufstockung der Buchwerte – anders als die Versteuerung des zugrundeliegenden Einbringungsgewinns I – nicht rückwirkend zum Einbringungszeitpunkt sondern erst im dem Wirtschaftsjahr, in welches die steuerschädliche Anteilsveräußerung (§ 22 Abs. 1 S. 1) oder das gleichgestellte Ereignis (§ 22 Abs. 1 S. 6) fällt.

a) Ansatz eines Erhöhungsbetrag

Der Erhöhungsbetrag ist auf die eingebrachten Wirtschaftsgüter zu verteilen und nicht als eigenständiger Betrag als Ganzes in die Steuerbilanz einzustellen.[129] Die Berücksichtigung des Erhöhungsbetrags gem. § 23 Abs. 2 hat vielmehr *wirtschaftsgutbezogen* zu erfolgen. Die rückwirkende Besteuerung des Einbringungsgewinns I ist mit einer Einbringung der Wirtschaftsgüter zu einem über dem Buchwert liegenden Wert zu vergleichen, so dass der Erhöhungsbetrag entsprechend auf die eingebrachten Wirtschaftsgüter zu verteilen ist. Die Aufstockung der Buchwerte führt zu einer erhöhten Bemessungsgrundlage für die Abschreibung, die gem. § 23 Abs. 3 S. 2 in entsprechender Anwendung des § 23 Abs. 3 S. 1 wie bei einer Einbringung zu Zwischenwerten vorzunehmen ist (siehe dazu Rdn. 91 ff.).[130] An die Stelle des Zeitpunkts der Einbringung tritt aber bei Berücksichtigung eines Erhöhungsbetrags durch die rückwirkende Besteuerung eines Einbringungsgewinns I der Beginn des Wirtschaftsjahres, in welches die steuerschädliche Anteilsveräußerung (§ 22 Abs. 1 S. 1) oder das gleichgestellte Ereignis (§ 22 Abs. 1 S. 6) fällt.

Der Erhöhungsbetrag ist den eingebrachten Wirtschaftsgütern *im Verhältnis ihrer stillen Reserven* zum Zeitpunkt der Einbringung zuzuordnen.[131] Bei der Ermittlung des Einbringungsgewinns I sind die eingebrachten Wirtschaftsgüter mit dem gemeinen Wert – also unter Aufdeckung der in ihnen ruhenden stillen Reserven – anzusetzen. Korrespondierend sind die Buchwerte der eingebrachten Wirtschaftsgüter auch bei der übernehmenden Gesellschaft unter Zuordnung der in ihnen ruhenden stillen Reserven (prozentual) aufzustocken.[132] Dabei ist die Aufstockung gleichmäßig und verhältnismäßig vorzunehmen, so dass eine selektive Aufstockung einzelner Wirtschaftsgüter nicht zulässig ist. Dies setzt allerdings voraus, dass die eingebrachten Wirtschaftsgüter noch im Betriebsvermögen der übernehmenden Gesellschaft sind. Soweit die eingebrachten Wirtschaftsgüter (zwischenzeitlich/teilweise)

65

66

---

129 *Förster/Wendland*, BB 2007, 631; *Ritzer/Rogall/Stangl*, WPg 2006, 1210.
130 *Biliteswki* in Haritz/Menner, § 23 Rdn. 122.
131 Tz. 23.08 UmwStE 2011; *Schmitt* in Schmitt/Hörtnagl/Stratz, § 23 Rdn. 47; *Ritzer/Rogall/Stangl*, WPg 2006, 1210.
132 *Bilitewski* in Haritz/Menner, § 23 Rdn. 97.

aus dem Betriebsvermögen der übernehmenden Gesellschaft ausgeschieden sind, stellt der insoweit auf das ausgeschiedene Wirtschaftsgut entfallende Erhöhungsbetrag sofort abzugsfähigen Aufwand dar (siehe ausführlich Rdn. 77), vorausgesetzt das bzw. die jeweiligen Wirtschaftsgüter sind zum gemeinen Wert aus dem Betriebsvermögen ausgeschieden. Ist das Wirtschaftsgut dagegen unter dem gemeinen Wert aus dem Betriebsvermögen der übernehmenden Gesellschaft ausgeschieden, wirkt sich der Erhöhungsbetrag insoweit nicht steuerlich aus (siehe ausführlich Rdn. 74).

67 Der Erhöhungsbetrag ist zwar erst auf den Beginn des Wirtschaftsjahres, in welches die Veräußerung der Anteile oder das steuerschädliche Ereignis fällt, anzusetzen. Dennoch ist für die Verteilung des Erhöhungsbetrags auf die eingebrachten Wirtschaftsgüter auf den *Zeitpunkt der Einbringung* abzustellen.[133] Somit sind bei der Verteilung des Erhöhungsbetrags die im Einbringungszeitpunkt eingebrachten Wirtschaftsgüter und deren stille Reserven zu berücksichtigen. Dabei ist auch ein selbstgeschaffener Geschäfts- oder Firmenwert in die Verteilung einzubeziehen. Zur Berücksichtigung eines selbstgeschaffen Geschäfts- oder Firmenwerts im Rahmen einer Einbringung zum gemeinen Wert siehe § 20 Rdn. 112.

68 Veräußert der Einbringende innerhalb der Siebenjahresfrist nur einen *Teil der erhaltenen Anteile*, entsteht ein Einbringungsgewinn I nur insoweit als die erhaltenen Anteile veräußert wurden. Bei der übernehmenden Gesellschaft ist korrespondierend nur ein Erhöhungsbetrag unter Berücksichtigung eines anteiligen Einbringungsgewinns I anzusetzen[134].

69 Veräußert der Einbringende *mehrfach einen Teil* der erhaltenen Anteile in unterschiedlichen Veranlagungszeiträumen, führt jede steuerschädliche Veräußerung zu einem gesonderten (anteiligen) Einbringungsgewinn I, welcher wiederum einen gesonderten Erhöhungsbetrag i.S.d. § 22 Abs. 1 auslöst, der unter den weiteren Voraussetzungen des § 23 Abs. 2 bei der übernehmenden Gesellschaft berücksichtigt werden kann.[135] Es kann also mehrfach und in unterschiedlichen Wirtschaftsjahren zu einer Aufstockung des eingebrachten Betriebsvermögens auf Ebene der übernehmenden Gesellschaft kommen.

b) Im Wirtschaftsjahr der Veräußerung der Anteile oder eines gleichgestellten Ereignisses

70 Der Erhöhungsbetrag ist bei der übernehmenden Gesellschaft in dem Wirtschaftsjahr erstmals anzusetzen, in welches die steuerschädliche Veräußerung der Anteile oder das steuerschädliche Ereignis i.S.d. § 22 Abs. 1 S. 6 fällt. Entscheidend ist das Wirtschaftsjahr der übernehmenden Gesellschaft und nicht des Einbringenden.[136] Obwohl der Einbringungsgewinn I beim Einbringenden rückwirkend auf den Zeitpunkt der Einbringung zu versteuern ist, ist der Erhöhungsbetrag bei der übernehmenden Gesellschaft nicht rückwirkend anzusetzen.[137]

---

133 *Bilitewski* in Haritz/Menner, § 23 Rdn. 96; *Schmitt* in Schmitt/Hörtnagl/Stratz, § 23 Rdn. 47.
134 *Ritzer* in Rödder/Herlinghaus/van Lishaut, § 23 Rdn. 91.
135 *Ritzer* in Rödder/Herlinghaus/van Lishaut, § 23 Rdn. 92.
136 *Ritzer* in Rödder/Herlinghaus/van Lishaut, § 23 Rdn. 76.
137 *Damas*, DStZ 2007, 129.

Die Buchwerte der eingebrachten Wirtschaftsgüter sind unter Berücksichti-   71
gung des § 23 Abs. 3 S. 2 zu *Beginn des Wirtschaftsjahres,* in welches das
steuerschädliche Ereignis i.S.d. § 22 Abs. 1 fällt, um den Erhöhungsbetrag
aufzustocken.[138]

c) Keine Auswirkung auf den Gewinn

Die Berücksichtigung des Erhöhungsbetrags bleibt nach § 23 Abs. 2 S. 1   72
zweiter HS ohne Auswirkung auf den Gewinn der übernehmenden Gesellschaft. Der Aufstockungsbetrag stellt somit eine steuerfreie Betriebsvermögensmehrung dar[139], so dass die Erhöhung des Steuerbilanzgewinns durch
eine Kürzung außerhalb der Bilanz zu neutralisieren ist.[140] Der Erhöhungsbetrag ist als Zugang im steuerlichen Einlagekonto nach § 27 KStG zu
erfassen.[141] Es werden nur die Beträge des Einbringungsgewinns I dem
steuerlichen Einlagekonto zugeführt, die tatsächlich zu einer Buchwertaufstockung geführt haben oder als sofort abzugsfähige Betriebsausgaben zu
behandeln sind. Soweit der Einbringungsgewinn I sich steuerlich bei der
übernehmenden Gesellschaft nicht auswirkt, weil die eingebrachte Wirtschaftsgüter unter dem gemeinen Wert aus dem Betriebsvermögen ausgeschieden sind bzw. die sonstigen Voraussetzungen des § 23 Abs. 2 nicht vorliegen, ist das steuerliche Einlagekonto nicht zu erhöhen.[142]

6. Fortdauernde Betriebsvermögenseigenschaft der eingebrachten Wirtschaftsgüter (S. 2)

Der Erhöhungsbetrag ist nach § 23 Abs. 2 S. 2 nur insoweit anzusetzen, als   73
das eingebrachte Betriebsvermögen noch zum Betriebsvermögen der übernehmenden Gesellschaft gehört.[143] Soweit eingebrachte Wirtschaftsgüter
aus dem Betriebsvermögen der übernehmenden Gesellschaft *zwischenzeitlich ausgeschieden* sind, entfällt der Ansatz des Erhöhungsbetrags, sodass
sich dieser steuerlich bei der übernehmenden Gesellschaft nicht mehr auswirkt, obwohl beim Einbringenden die in den fraglichen Wirtschaftsgütern
ruhenden stillen Reserven besteuert wurden. Diese für die übernehmende
Gesellschaft zunächst nachteilige Regelung soll (wohl) den Gesetzesvollzug
vereinfachen.[144] Die Regelung des § 23 Abs. 2 S. 2 wird allerdings durchbrochen, wenn das Wirtschaftsgut zum *gemeinen Wert* aus dem Vermögen der
übernehmenden Gesellschaft ausgeschieden ist (vgl. Rdn. 77 ff.).

---

138 *Nitzschke* in Blümich, § 23 Rdn. 39; *Patt* in Dötsch/Patt/Pung/Möhlenbrock, § 23
(SEStEG) Rdn. 140; *Ritzer* in Rödder/Herlinghaus/van Lishaut, § 23 Rdn. 77;
Schmitt in Schmitt/Hörtnagl/Stratz, § 23 Rdn. 43; a.A. *Widmann* in Widmann/
Mayer, § 23 Rdn. 632: Zeitpunkt des schädlichen Ereignisses.
139 *Schmitt* in Schmitt/Hörtnagl/Stratz, § 23 Rdn. 46.
140 Tz. 23.07 UmwStE 2011.
141 Tz. 23.07 UmwStE 2011; *Förster/Wendland,* BB 2007, 631; *Schönherr/Lemaitre,*
GmbHR 2007, 459; *Dötsch/Pung,* DB 2006, 2763.
142 *Bilitewski* in Haritz/Menner, § 23 Rdn. 117; *Widmann* in Widmann/Mayer, § 23
Rdn. 629.
143 Tz. 23.09 UmwStE 2011.
144 *Ritzer* in Rödder/Herlinghaus/van Lishaut, § 23 Rdn. 121.

a) Ausscheiden aus dem Betriebsvermögen unter dem gemeinen Wert

74 Gehört das eingebrachte Betriebsvermögen nicht mehr zum Betriebsvermögen der übernehmenden Gesellschaft, ist der *Erhöhungsbetrag insoweit nicht anzusetzen*, außer das Wirtschaftsgut ist zum gemeinen Wert übertragen worden. Der Erhöhungsbetrag wirkt sich insoweit steuerlich nicht mehr bei der übernehmenden Gesellschaft aus, da der Abzug des Erhöhungsbetrags insoweit als sofort abzugsfähige Betriebsausgabe ausscheidet.[145]

75 Der Aufstockungsbetrag geht wohl endgültig verloren, soweit die eingebrachten Wirtschaftsgüter z.b. gem. *§ 6 Abs. 5 EStG* oder im Rahmen eines *Umwandlungsvorgangs* unter dem gemeinen Wert (z.B. Weiterübertragungen aufgrund von § 20 und § 21, Verschmelzungen und Spaltungen) übertragen werden, obgleich in diesen Fällen die als Gegenleistung gewährten Gesellschaftsrechte wertmäßig dem gemeinen Wert entsprechen sollten.[146] Bei einer Umwandlung ist jedoch zu prüfen, ob die übernehmende Gesellschaft in die steuerliche Rechtstellung eintritt, so dass sie den Aufstockungsbetrag nunmehr geltend machen kann.[147] Bei einem *zufälligen Untergang* eines eingebrachten Wirtschaftsguts geht der Aufstockungsbetrag nicht verloren.[148]

76 Für die Frage, ob das eingebrachte Wirtschaftsgut noch zum Betriebsvermögen der übernehmenden Gesellschaft gehört, ist nach Auffassung des Gesetzgebers auf den *Zeitpunkt* der schädlichen Anteilsveräußerung abzustellen (BT-Drs. 16/2710, 50). Diese in der Gesetzesbegründung niedergelegte Vorstellung hat aber keinen Eingang in das Gesetz gefunden.[149] Daher wird in der Literatur zu Recht überwiegend die Auffassung vertreten, dass auf den Beginn des Wirtschaftsjahres abzustellen ist, in welches das steuerschädliche Ereignis fällt, weil auf diesen Zeitpunkt die Aufstockung der eingebrachten Wirtschaftsgüter zu erfolgen hat.[150]

b) Übertragung des Wirtschaftsguts zum gemeinen Wert

77 Soweit eingebrachte Wirtschaftsgüter zum gemeinen Wert übertragen wurden, ist ein Erhöhungsbetrag anzusetzen, obwohl das Wirtschaftsgut aus dem Betriebsvermögen der übernehmenden Gesellschaft ausgeschieden ist. Der auf das zum gemeinen Wert ausgeschiedene Wirtschaftsgut entfallende Teil des Erhöhungsbetrags stellt bei der übernehmenden Gesellschaft steuerlich

---

145 Tz. 23.09 UmwStE 2011.
146 *Mutscher* in Frotscher/Maas, § 23 Rdn. 174–176.
147 Für Übernahme des Aufstockungsbetrags: *Ritzer* in Rödder/Herlinghaus/van Lishaut, § 23 Rdn. 122 und 122a; *Schmitt* in Schmitt/Hörtnagl/Stratz, § 23 Rdn. 54; Förster/Wendland, BB 2007, 631; a.A. *Patt* in Dötsch/Patt/Pung/Möhlenbrock, § 23 (SEStEG) Rdn. 139; *Widmann* in Widmann/Mayer, § 23 Rdn. 618.
148 *Ritzer* in Rödder/Herlinghaus/van Lishaut, § 23 Rdn. 123; *Schmitt* in Schmitt/Hörtnagl/Stratz, § 23 Rdn. 54; a.A. *Benz/Rosenberg*, Das SEStEG, 205.
149 So auch *Widmann* in Widmann/Mayer, § 23 Rdn. 632.
150 *Rödder/Schumacher*, DStR 2006, 1525; *Patt* in Dötsch/Patt/Pung/Möhlenbrock, § 23 (SEStEG) Rdn. 139; *Ritzer* in Rödder/Herlinghaus/van Lishaut, § 23 Rdn. 125; *Schmitt* in Schmitt/Hörtnagl/Stratz, § 23 Rdn. 50; *Bilitewski* in Haritz/Menner, § 23 Rdn. 93.

einen *sofort abziehbaren Aufwand* dar.[151] Zwar fehlt hierzu eine ausdrückliche gesetzliche Regelung, die Behandlung des anteiligen Erhöhungsbetrags als sofort abziehbarer Aufwand ist aber notwendige Konsequenz des Regelungskonzepts des § 23 Abs. 2.[152] Das steuerliche Einlagekonto gem. § 27 KStG ist entsprechend zu erhöhen.[153]

Eine Übertagung zu gemeinen Wert liegt regelmäßig bei einer *Veräußerung*   78 eines Wirtschaftsguts an einen Dritten zu marktüblichen Konditionen vor. Ebenso führen *Umwandlungsvorgänge*, die zum gemeinen Wert durchgeführt werden, zu einer Übertragung der Wirtschaftsgüter zum gemeinen Wert[154]. Erfolgt eine Übertragung von Wirtschaftsgütern nach den gesetzlichen Bestimmungen zur Bewertung zum Teilwert, liegt auch ein Fall der Übertragung zum gemeinen Wert i.S.d. § 23 Abs. 2 S. 2 vor.[155] Denn auch bei einem gesetzlich vorgeschriebenen Ansatz des Teilwerts werden die in dem Wirtschaftsgut liegenden stillen Reserven aufgedeckt, so dass nach Sinn und Zweck der Regelung des § 23 Abs. 2 S. 2 eine Gleichbehandlung geboten ist.

Wird ein Wirtschaftsgut unter dem gemeinen Wert auf einen Gesellschafter   79 oder eine ihm nahe stehende Person übertragen und wird die Differenz zum gemeinen Wert bei der Gesellschaft (tatsächlich) als *verdeckte Gewinnausschüttung* gem. § 8 Abs. 3 S. 2 KStG steuerlich erfasst, ist dies wie eine Übertragung zum gemeinen Wert i.S.d. § 23 Abs. 2 S. 2 zu behandeln.[156] Die Berücksichtigung des Differenzbetrags als verdeckte Gewinnausschüttung führt dazu, dass die steuerliche Auswirkung des Geschäftsvorfalls mit der Übertagung des Wirtschaftsguts zum gemeinen Wert vergleichbar ist. Daher ist es sachlich gerechtfertigt, die Vorgänge im Ergebnis gleich zu behandeln.

Die Überführung eines Wirtschaftsguts in eine ausländische Betriebsstätte   80 i.S.d. *§ 12 KStG (Entstrickung)* ist als Übertragung zum gemeinen Wert zu behandeln. Zwar fehlt es an einem Rechtsträgerwechsel; jedoch gilt die Überführung des Wirtschaftsguts in eine ausländische Betriebsstätte nach § 12 KStG als Veräußerung zum gemeinen Wert. Die gesetzliche Fiktion des § 12 KStG wirkt sich auch auf die Anwendung des § 23 Abs. 2 S. 2 aus.[157]

---

151 Tz. 23.09 UmwStE 2011; so auch BT-Drs. 16/2710, 50; *Ley*, FR 2007, 109; *Schmitt* in Schmitt/Hörtnagl/Stratz, § 23 Rdn. 51; *Bilitewski* in Haritz/Menner, § 23 Rdn. 104.

152 *Ritzer* in Rödder/Herlinghaus/van Lishaut, § 23 Rdn. 133.

153 *Ritzer* in Rödder/Herlinghaus/van Lishaut, § 23 Rdn. 133; *Schmitt* in Schmitt/Hörtnagl/Stratz, § 23 Rdn. 51; kritisch *Nitzschke* in Blümich, § 23 Rdn. 38.

154 *Schmitt* in Schmitt/Hörtnagl/Stratz, § 23 Rdn. 52.

155 Tz. 23.09 UmwStE 2011; gl. A. *Schmitt* in Schmitt/Hörtnagl/Stratz, § 23 Rdn. 53; *Ritzer* in Rödder/Herlinghaus/van Lishaut, § 23 Rdn.130:

156 *Förster/Wendland*, BB 2007, 631; *Patt* in Dötsch/Patt/Pung/Möhlenbrock, § 23 (SEStEG) Rdn. 134.

157 *Ritzer* in Rödder/Herlinghaus/van Lishaut, § 23 Rdn. 131; differenzierend *Bilitewski* in Haritz/Menner, § 23 Rdn. 113; a.A. *Widmann* in Widmann/Mayer, § 23 Rdn. 617.

III. Auswirkungen der Besteuerung
des Einbringungsgewinns II

1. Anwendungsbereich von § 23 Abs. 2 S. 3

81 Die Vorschrift des § 23 Abs. 2 S. 3 soll die steuerlichen Auswirkungen der Besteuerung eines Einbringungsgewinns II i.S.d. § 22 Abs. 2 auf Ebene der übernehmende Gesellschaft regeln. Ein Einbringungsgewinn II ist nach § 22 Abs. 2 rückwirkend zu besteuern, wenn im Rahmen einer Sacheinlage nach § 20 Abs. 1 oder eines Anteilstausch nach § 21 Abs. 1 unter dem gemeinen Wert eingebrachte Anteile innerhalb eines Zeitraums von sieben Jahren nach dem Einbringungszeitpunkt durch die übernehmende Gesellschaft veräußert werden. Somit meint § 23 Abs. 2 S. 3 mit den veräußerten Anteilen, diejenigen Anteile, die nach § 20 Abs. 1 bzw. § 21 Abs. 1 in die übernehmende Gesellschaft eingebracht wurden; nicht gemeint sind die Anteile, die der Einbringende im Rahmen der Einbringung bzw. des Anteilstauschs erhalten hat.[158] Weiter setzt § 22 Abs. 2 voraus, dass der Einbringende die Anteile nicht nach § 8b Abs. 2 KStG steuerfrei hätte veräußern können. Der Einbringungsgewinn II ist vom Einbringenden rückwirkend im Jahr der Einbringung zu versteuern. Liegen die Voraussetzungen für die rückwirkende Besteuerung des Einbringungsgewinns II gem. § 22 Abs. 2 vor, erhöhen sich die Anschaffungskosten der eingebrachten Anteile auf Ebene der übernehmenden Gesellschaft um den versteuerten Einbringungsgewinn II, soweit der Einbringende die darauf entfallende Steuer entrichtet hat. Darüber hinaus sind über den Verweis in § 23 Abs. 2 S. 3 HS 2 auch die Voraussetzungen des § 23 Abs. 2 S. 1 zu erfüllen, um einen Erhöhungsbetrag auf Ebene der übernehmenden Gesellschaft aus der rückwirkenden Versteuerung eines Einbringungsgewinns II zu berücksichtigen. Die Voraussetzung, dass ein Erhöhungsbetrag nur dann berücksichtigt werden kann, wenn die eingebrachten Anteile noch zum Betriebsvermögen gehören, ist vorliegend nicht relevant, da der Einbringungsgewinn II gerade in Folge der Veräußerung der eingebrachten Anteile ausgelöst wird.

Zu Einzelheiten der Besteuerung eines Einbringungsgewinns II siehe § 22 Rdn. 237 ff.

2. Versteuerung des Einbringungsgewinns II und Zahlung der Steuer

82 Die Aufstockung der Anschaffungskosten der Anteile setzt voraus, dass der Einbringungsgewinn II beim Einbringenden der Besteuerung unterworfen wurde und dieser die darauf entfallenen Steuern tatsächlich entrichtet hat.

83 Dieselben Voraussetzungen gelten für die Berücksichtigung eines Einbringungsgewinns I, so dass auf die Kommentierung in Rdn. 51 ff. verwiesen werden kann.

3. Antragswahlrecht und Vorlage einer Bescheinigung gem. § 22 Abs. 5

84 Nach § 23 Abs. 2 S. 3 zweiter HS ist § 23 Abs. 2 S. 1 entsprechend anzuwenden, so dass eine Erhöhung der Anschaffungskosten nur auf *Antrag der*

---

158 *Ritzer* in Rödder/Herlinghaus/van Lishaut, § 23 Rdn. 147.

übernehmenden Gesellschaft erfolgt.[159] Zur Ausübung des Antragsrechts siehe Rdn. 60.

Darüber hinaus ist die Vorlage einer *Bescheinigung i.S.d. § 22 Abs. 5* not- 85
wendig. Nach § 22 Abs. 5 bescheinigt das für den Einbringenden zuständige Finanzamt der übernehmenden Gesellschaft die Höhe des zu versteuernden Einbringungsgewinns, die darauf entfallende festgesetzte Steuer und den darauf entrichteten Betrag. Die Bescheinigung wird auf Antrag der übernehmenden Gesellschaft vom Finanzamt ausgestellt. Die Bescheinigung ist ein Grundlagenbescheid gem. § 175 AO.[160] Zum Bescheinigungsverfahren siehe § 22 Rdn. 459 ff.

4. Rechtsfolge

Die Anschaffungskosten der eingebrachten Anteile sind unter Berücksichti- 86
gung des versteuerten Einbringungsgewinns II aufzustocken. Der Erhö-hungsbetrag ist als steuerfreie Betriebsvermögensmehrung bei der überneh-menden Gesellschaft zu behandeln. Das steuerliche Einlagekonto gem. § 27 KStG ist entsprechend zu erhöhen.[161]

Die Erhöhung der Anschaffungskosten führt zu eine entsprechenden *Min-* 87
derung des Veräußerungsgewinns, der durch die steuerschädliche Veräuße-rung der eingebrachten Anteile bei der übernehmenden Gesellschaft ent-standen ist.[162] Der Veräußerungsgewinn wird grds. nach § 8 b Abs. 2 i.V. m. § 8 b Abs. 3 KStG im Ergebnis zu 95 % steuerfrei gestellt.

Eine Erhöhung der Anschaffungskosten der Anteile darf nur erfolgen, wenn 88
der Einbringungsgewinn II versteuert wurde. Soweit der Einbringungsge-winn II beim Einbringenden nach *§ 3 Nr. 40 EStG* anteilig steuerfrei gestellt wurde, sind die Anschaffungskosten dennoch um den gesamten Einbrin-gungsgewinn II und nicht nur in Höhe des steuerpflichtigen Einbringungs-gewinns II zu erhöhen.[163] Für die Frage, ob der Einbringungsgewinn II versteuert wurde, ist auf die für seine Besteuerung allgemein geltenden Re-gelungen abzustellen, so dass die materiell-rechtlich zu gewährende Steu-erfreistellung des § 3 Nr. 40 EStG einer Erhöhung der Anschaffungskosten der Anteile um den gesamten Einbringungsgewinn II nicht entgegen steht. Daher ist diese Auslegung vom Wortlaut der Vorschrift gedeckt. Sie führt auch unter systematischen Gesichtspunkten zu einer zutreffenden Besteue-rung.[164]

Die *Veräußerung* lediglich eines *Teilanteils* löst entsprechend nur einen an- 89
teiligen Einbringungsgewinn II aus. Die dadurch entstehenden nachträg-lichen Anschaffungskosten der übernehmenden Gesellschaft sind nur dem veräußerten Teilanteil steuerlich zuzuordnen, wenngleich sich eine solche Zuordnung aus dem Wortlaut des Gesetzes nicht ergibt. Die durch den Ein-

---

159 *Schmitt* in Schmitt/Hörtnagl/Stratz, § 23 Rdn. 58.
160 Tz. 23.10 UmwStE 2011.
161 *Schmitt* in Schmitt/Hörtnagl/Stratz, § 23 Rdn. 62.
162 Tz. 23.11 UmwStE 2011; *Ritzer* in Rödder/Herlinghaus/van Lishaut, § 23 Rdn. 153.
163 *Widmann* in Widmann/Mayer, § 23 Rdn. 650; *Schmitt* in Schmitt/Hörtnagl/Stratz, § 23 Rdn. 62.
164 *Ritzer* in Rödder/Herlinghaus/van Lishaut, § 23 Rdn. 152.

bringungsgewinn II ausgelösten Anschaffungskosten mindern daher vollständig den Gewinn aus der Veräußerung des Teilanteils. Eine gleichmäßige Verteilung der nachträglichen Anschaffungskosten auf alle eingebrachten Anteilen, also auch auf die nicht veräußerten Anteile, hat aus steuersystematischen Gründen nicht zu erfolgen.[165]

90 Bei *Ketteneinbringungen* ist die Besonderheit des § 22 Abs. 1 S. 7, der nach § 23 Abs. 2 S. 3 entsprechend anzuwenden ist, zu beachten. Der Einbringungsgewinn II erhöht danach auch die Anschaffungskosten der bei der Weitereinbringung erhaltenen Anteile (zu Einzelheiten siehe § 22 Rdn. 322 ff.).[166]

D. Ansatz des eingebrachten Vermögens zum Zwischenwert (Abs. 3)

91 Setzt die übernehmende Gesellschaft das eingebrachte Vermögen mit einem Zwischenwert an (zum Begriff des Zwischenwerts siehe Rdn. 13 ff.), regelt § 23 Abs. 3 in Ergänzung des § 23 Abs. 1, welche Auswirkungen sich auf die weitere steuerliche Behandlung des eingebrachten Vermögens durch die übernehmende Gesellschaft ergeben. Im Grundsatz tritt die übernehmende Gesellschaft auch bei einem Zwischenwertansatz gem. § 23 Abs. 1 uneingeschränkt in die steuerliche Rechtsstellung des Einbringenden ein. Da eine Zwischenwerteinbringung anders als eine Buchwerteinbringung zu einer teilweisen (prozentualen) Aufdeckung der im eingebrachten Vermögen ruhenden stillen Reserven führt, muss sich der Aufstockungsbetrag auch bei der übernehmenden Gesellschaft steuerlich auswirken. Die teilweise Aufdeckung der stillen Reserven beim Einbringenden wird bei der übernehmenden Gesellschaft durch einen modifizierten Ansatz der eingebrachten Wirtschaftsgüter mit entsprechender Berücksichtigung bei der Abschreibung gem. § 23 Abs. 3 Rechnung getragen.

I. Auswirkung auf die Abschreibung

92 Bei dem Ansatz des eingebrachten Betriebsvermögens mit einem Zwischenwert dürfen die Wirtschaftsgüter nicht mit einem beliebigen Wert bilanziert werden. Vielmehr hat die Aufstockung für alle Wirtschaftsgüter prozentual einheitlich und gleichmäßig zu erfolgen. Die gleichmäßig erhöhten Buchwerte der eingebrachten Wirtschaftsgüter bilden die Bemessungsgrundlage für die von der übernehmenden Gesellschaft vorzunehmenden Abschreibungen.

1. Abschreibung nach § 7 Abs. 1, 4, 5 und 6 EStG (Abs. 3 S. 1 Nr. 1)

93 Die bei einem Zwischenwertansatz vorgenommene Aufstockung der Buchwerte muss sich auch bei der steuerlichen Behandlung des eingebrachten

---

165 Gl. A. *Ritzer* in Rödder/Herlinghaus/van Lishaut, § 23 Rdn. 156; *Patt* in Dötsch/Patt/Pung/Möhlenbrock, § 23 (SEStEG) Rdn. 127; *Bilitewski* in Haritz/Menner, § 23 Rdn. 128; offen gelassen Schmitt in Schmitt/Hörtnagl/Stratz, § 23 Rdn. 64.
166 Tz. 23.11 UmwStE 2011; *Bilitewski* in Haritz/Menner, § 23 Rdn. 129.

Betriebsvermögens auf Ebene der übernehmenden Gesellschaft auswirken. Nach § 23 Abs. 3 S. 1 Nr. 1 bemisst sich vom Zeitpunkt der Einbringung an die Abschreibung nach § 7 Abs. 1, 4, 5 und 6 EStG nach den Anschaffungs- oder Herstellungskosten des Einbringenden vermehrt um den Unterschieds- betrag zwischen dem Buchwert der einzelnen Wirtschaftsgüter und dem Wert, mit dem die KapG die Wirtschaftsgüter ansetzt. Mithin erhöht sich die AfA-Bemessungsgrundlage um die in Folge der Einbringung (einheitlich und gleichmäßig) bezogen auf das betreffende Wirtschaftsgut aufgedeckten stillen Reserven. Der Aufstockungsbetrag erhöht also das Abschreibungs- volumen der übernehmenden Gesellschaft. Insoweit wird eine korrespon- dierende Besteuerung zwischen dem Einbringenden und der übernehmen- den Gesellschaft sichergestellt. Soweit der Zwischenwertansatz zu einer Aufdeckung von stillen Reserven beim Einbringenden geführt hat, kann die übernehmende Gesellschaft folglich einen höheren Abschreibungsbetrag steuerlich geltend machen. Dies gilt einheitlich für die Abschreibung von beweglichen Wirtschaftsgütern (§ 7 Abs. 1 EStG), von Gebäuden (§ 7 Abs. 4 und Abs. 5 EStG) und für die Absetzung für Substanzverringerung (§ 7 Abs. 6 EStG).

Die übernehmende Gesellschaft hat die *Abschreibungsmethode und den*   94 *AfA-Hundertsatz des Einbringenden* unter Berücksichtigung des Aufsto- ckungsbetrags zu übernehmen.[167] Die Abschreibungsdauer der eingebrach- ten Wirtschaftsgüter sollte sich daher durch die Einbringung nicht verlän- gern.[168] Im Ergebnis erhöht sich der jährliche Abschreibungsbetrag mithin nur entsprechend. Soweit nach Ablauf der Nutzungsdauer ein Restbuchwert verbleibt, ist dieser nach Auffassung der Finanzverwaltung im letzten Jahr zusätzlich zu linearen AfA vollständig abzuschreiben.[169] Dagegen wird die Auffassung vertreten, dass der aufgestockte Wert über die bei Einbringung noch bestehende Restnutzungsdauer gleichmäßig verteilt werden kann[170] oder die Restnutzungsdauer neu geschätzt wird und der Abschreibungssatz sich entsprechend daran bemisst.[171]Der Argumentation liegen die Abschrei- bungsmodalitäten im Fall von nachträglichen Anschaffungskosten zu- grunde. Wird der Aufstockungsbetrag danach als nachträgliche Anschaf- fungs- oder Herstellungskosten gesehen, wären auch die Buchwerte um den Aufstockungsbetrag zu erhöhen und auf die neu geschätzte Restnutzungs- dauer zu verteilen.

Beispiel:[172]
Für eine Maschine mit Anschaffungskosten von EUR 100.000 und eine Nutzungsdauer von 10 Jahren wird AfA nach § 7 Abs. 1 EStG von jährlich EUR 10.000 vorgenommen. Bei Einbringung nach drei Jahren beträgt der Restbuchwert EUR 70.000, die Restnutzungsdauer

---

167 *Nitzschke* in Blümich, § 23 Rdn. 29; *Bilitewski* in Haritz/Menner, § 23 Rdn. 61.
168 Tz. 23.15 UmwStE 2011, a.A. *Patt* in Dötsch/Patt/Pung/Möhlenbrock, § 23 (SES-tEG) Rdn. 57.
169 Tz. 23.15 UmwStE 2011.
170 *Ritzer* in Rödder/Herlinghaus/van Lishaut, § 23 Rdn. 206.
171 *Widmann* in Widmann/Mayer, § 23 Rdn. 234, *Patt* in Dötsch/Patt/Pung/Möhlen-brock, § 23 (SEStEG) Rdn. 57.
172 Tz. 23.15 UmwStE 2011.

sieben Jahre. Die übernehmende Gesellschaft setzt die Maschine mit einem Zwischenwert von EUR 90.000 an.

Lösung:

In Folge der Einbringung wurden stille Reserven in Höhe von EUR 20.000 aufgedeckt (=Unterschiedsbetrag zwischen dem Buchwert (EUR 70.000) und dem Wert, mit dem die übernehmende Gesellschaft die Maschine ansetzte (EUR 90.000). Nach § 23 Abs. 3 S. 1 Nr. 1 bemisst sich die Abschreibung der Maschine vom Zeitpunkt der Einbringung an nach den Anschaffungskosten (EUR 100.000) vermehrt um den Aufstockungsbetrag von vorliegend EUR 20.000. Bemessungsgrundlage für die Abschreibung der Maschine auf Ebene der übernehmenden Gesellschaft sind daher EUR 120.000.

Nach § 23 Abs. 1 hat die übernehmende Gesellschaft die vom Einbringenden gewählte Abschreibungsmethode, die Abschreibungssätze und die der Abschreibung zugrunde gelegte betriebsgewöhnliche Nutzungsdauer fortzuführen. Vorliegend beträgt der Abschreibungssatz 10 % und die Restnutzungsdauer beläuft sich auf 7 Jahre. Folglich ist die Maschine über die Restnutzungsdauer von 7 Jahren jährlich um EUR 12.000 (= 10 % von EUR 120.000) abzuschreiben. Da insoweit am Ende der Nutzungsdauer ein Restbuchwert von EUR 6.000 (EUR 90.000 – 7 × EUR 12.000) verbleiben würde, ist im letzten Jahr zusätzlich zur linearen AfA auch der Restwert von EUR 6.000 abzuziehen. Bei Neuschätzung der Restnutzungsdauer bzw. bei Aufteilung des Aufstockungsbetrags über die Restnutzungsdauer würde es am Ende der Nutzungsdauer nicht zur steuerwirksamen Abschreibung des Restwerts in einer Summe kommen, sondern vielmehr würde dieser gleichmäßig verteilt werden.

95 Bei einer *linearen Abschreibung von Gebäuden* nach § 7 Abs. 4 S. 1 EStG erlaubt es die Finanzverwaltung, die Abschreibung nach der Restnutzungsdauer des Gebäudes zu bemessen, wenn der aufgestockte Wert nicht innerhalb der tatsächlichen Nutzungsdauer abgeschrieben werden würde.[173]

96 Wird erstmalig ein vom Einbringenden *selbst geschaffener Geschäfts- oder Firmenwert* (anteilig) von der übernehmenden Gesellschaft bilanziert, ist dieser nach den allgemeinen Regeln über 15 Jahre abzuschreiben.[174] Da der Einbringende einen originären Geschäfts- bzw. Firmenwert nicht bilanzieren durfte, kann die übernehmende Gesellschaft nicht in die steuerliche Rechtsposition des Einbringenden eintreten. Der Praxiswert einer freiberuflichen Einzelpraxis ist über 3–5 Jahre[175], der einer Sozietät über 6–10 Jahre abzuschreiben. Zu Bilanzierung eines originären Geschäfts- oder Firmenwerts nach Einbringung zu Zwischenwerten siehe § 20 Rdn. 112.

97 Für *Sonderabschreibungen* ist § 23 Abs. 3 Nr. 1 nicht anzuwenden, so dass sich die Bemessungsgrundlage für die Sonderabschreibung nicht durch den

---

173 Tz. 23.15 UmwStE 2011.
174 *Schmitt* in Schmitt/Hörtnagl/Stratz, § 23 Rdn. 88.
175 BFH vom 30.03.1994, BStBl. II 1994, 590; *Bilitewski* in Haritz/Menner, § 23 Rdn. 63.

Aufstockungsbetrag erhöht. Der Aufstockungsbetrag erhöht lediglich die Bemessungsgrundlage für die neben der Sonderabschreibung zulässige reguläre Abschreibung bzw. für die Abschreibung nach Ablauf des Begünstigungszeitraums.[176]

2. Degressive Abschreibung nach § 7 Abs. 2 EStG (Abs. 3 S. 1 Nr. 2

Sind hingegen im eingebrachten Betriebsvermögen Wirtschaftsgüter enthalten, deren Abschreibung sich nach § 7 Abs. 2 EStG bemisst (degressive Abschreibung), so tritt nach § 23 Abs. 3 S. 1 Nr. 2 der Zwischenwert im Zeitpunkt der Einbringung an die Stelle des Buchwerts. Die jährlichen Abschreibungsbeträge erhöhen sich entsprechend.[177]   *98*

In Folge der Übertragung der eingebrachten Wirtschaftsgüter zu Zwischenwerten kommt es grds. nicht zu einer Verlängerung der betriebsgewöhnlichen Nutzungsdauer. Dennoch ist nach *Auffassung der Finanzverwaltung* abweichend zu den Abschreibungsmodalitäten nach § 23 Abs. 3 S. 1 Nr. 1 betreffend die lineare Abschreibung im ersten Jahr nach Einbringung die Abschreibung mit einem nach der neu zu schätzenden Restnutzungsdauer im Zeitpunkt der Einbringung zu ermittelnden degressive Abschreibungssatz[178] von dem jeweiligen Wert vorzunehmen, mit dem die übernehmenden Gesellschaft das Wirtschaftsgut angesetzt hat (Zwischenwert). Mithin ergibt sich hier ein neuer Abschreibungssatz.[179] Es sei an dieser Stelle auf das Beispiel in Tz. 23.15 UmwStE verwiesen.   *99*

Die übernehmende Gesellschaft kann als steuerliche Rechtsnachfolgerin des Einbringenden nach § 7 Abs. 3 EStG zur linearen Abschreibung wechseln.[180]

II. Berücksichtigung
eines versteuerten Einbringungsgewinns

§ 23 Abs. 3 S. 2 regelt im Zusammenhang mit § 23 Abs. 2 die Berücksichtigung der rückwirkenden Besteuerung eines Einbringungsgewinns i.S.d. § 22 Abs. 1 bei der übernehmenden Gesellschaft. Unter den weiteren Voraussetzungen des § 23 Abs. 2 kann die übernehmende Gesellschaft den versteuerten Einbringungsgewinn auf Antrag als Erhöhungsbetrag ansetzen (siehe Rdn. 49 ff.). Damit erhöhen sich (anteilig) die Anschaffungs- bzw. Herstellungskosten, welche die *Bemessungsgrundlage für die Abschreibung* der eingebrachten Wirtschaftsgüter durch die übernehmende Gesellschaft darstellt.[181] Bei der Bemessung der Abschreibung wird der Aufstockungsbe-   *100*

---

176 *Patt* in Dötsch/Patt/Pung/Möhlenbrock, § 23 (SEStEG) Rdn. 61.
177 *Bilitewski* in Haritz/Menner, § 23 Rdn. 64.
178 Tz. 23.15 UmwStE 2011.
179 Tz. 23.15 UmwStE 2011; gl. A. *Patt* in Dötsch/Patt/Pung/Möhlenbrock, § 23 (SEStEG) Rdn. 59 f.; a.A. *Ritzer* in Rödder/Herlinghaus/van Lishaut, § 23 Rdn. 212; *Schmitt* in Schmitt/Hörtnagl/Stratz, § 23 Rdn. 84, 85 *Bilitewski* in Haritz/Menner, § 23 Rdn. 64.
180 *Schmitt* in Schmitt/Hörtnagl/Stratz, § 23 Rdn. 84; *Bilitewski* in Haritz/Menner, § 23 Rdn. 64.
181 *Schmitt* in Schmitt/Hörtnagl/Stratz, § 23 Rdn. 90.

trag aufgrund einer rückwirkenden Besteuerung des Einbringungsgewinns wie der Aufstockungsbetrag bei einem Zwischenwertansatz berücksichtigt, da nach § 23 Abs. 3 S. 2 für die Berücksichtigung des versteuerten Einbringungsgewinns im Rahmen der Abschreibung § 23 Abs. 3 S. 1 entsprechend anzuwenden ist.[182]

101 Die Aufstockung erfolgt erst auf den *Beginn des Wirtschaftsjahres*, in welches das steuerschädliche Ereignis fällt, das die rückwirkende Besteuerung des Einbringungsgewinns nach § 22 Abs. 1 auslöst.[183] Trotz der rückwirkenden Besteuerung des Einbringungsgewinns beim Einbringenden auf den Einbringungsstichtag wirkt sich die Aufstockung der Anschaffungs- bzw. Herstellungskosten bei der übernehmenden Gesellschaft erst im Jahr der Veräußerung der Anteile bzw. der Verwirklichung der Ersatztatbestände des § 22 Abs. 1 S. 6 aus. Die steuerliche Auswirkung des schädlichen Ereignisses i.S.d. § 22 Abs. 1 tritt beim Einbringenden und bei der übernehmenden Gesellschaft daher regelmäßig in unterschiedlichen Besteuerungszeiträumen ein.[184]

102 Kommt es *innerhalb des ersten Zeitjahres* nach der Einbringung zu einer rückwirkenden Besteuerung des Einbringungsgewinns i.S.d. § 22 Abs. 1, werden die eingebrachten Wirtschaftsgüter im Ergebnis zum *gemeinen Wert* angesetzt. Denn der Einbringungsgewinn ist nach § 22 Abs. 1 S. 3 noch nicht um $1/7$ abgeschmolzen, so dass die Wirtschaftsgüter ungemindert mit dem gemeinen Wert anzusetzen sind. Trotz Ansatz der eingebrachten Wirtschaftsgüter mit dem gemeinen Wert kommt nicht § 23 Abs. 4 zur Anwendung. Für die Frage, ob § 23 Abs. 3 oder § 23 Abs. 4 anzuwenden ist, ist allein auf den ursprünglichen Ansatz der Wirtschaftsgüter im Einbringungszeitpunkt abzustellen. Hat die übernehmende Gesellschaft das eingebrachte Betriebsvermögen mit dem Buchwert oder einem Zwischenwert angesetzt, findet § 23 Abs. 3 Anwendung, auch wenn es aufgrund der rückwirkenden Besteuerung eines Einbringungsgewinns nachträglich zu einem Ansatz der Wirtschaftsgüter mit dem gemeinen Wert kommt.[185]

E. Wertansatz des eingebrachten Betriebsvermögens mit dem gemeinen Wert (Abs. 4)

103 Bei einer Einbringung nach § 20 hat die übernehmende Gesellschaft das eingebrachte Betriebsvermögen im Grundsatz stets mit dem gemeinen Wert anzusetzen (§ 20 Abs. 2 S. 1). Auch im Falle eines Anteilstauschs hat die übernehmende Gesellschaft die eingebrachten Anteile nach § 21 Abs. 1 S. 1 grds. mit dem gemeinen Wert anzusetzen. Wird das eingebrachte Vermögen, weil entweder die Voraussetzungen für einen Buch- oder Zwischen-

---

182 Tz. 23.16 UmwStE 2011; *Patt* in Dötsch/Patt/Pung/Möhlenbrock, § 23 (SEStEG) Rdn. 143.
183 Tz. 23.16 UmwStE 2011.
184 *Ritzer* in Rödder/Herlinghaus/van Lishaut, § 23 Rdn. 219.
185 Gl. A. *Patt* in Dötsch/Patt/Pung/Möhlenbrock, § 23 (SEStEG) Rdn. 144; *Schmitt* in Schmitt/Hörtnagl/Stratz, § 23 Rdn. 92; *Ritzer* in Rödder/Herlinghaus/van Lishaut, § 23 Rdn. 223.

wertansatz nicht vorliegen oder auf Ebene des Einbringenden noch bestehende nicht genutzte steuerliche Verluste genutzt werden sollten, mit dem
gemeinen Wert angesetzt, regelt § 23 Abs. 4 die ertragsteuerliche Behandlung bei der übernehmenden Gesellschaft. Dabei differenziert § 23 Abs. 4
zwischen der Einbringung im Wege der Einzelrechtsnachfolge und im Wege
der Gesamtrechtsnachfolge nach den Vorschriften des UmwG. Während die
Einbringung im Wege der Einzelrechtsnachfolge als regulärer Anschaffungsvorgang behandelt wird, gelten für die Einbringung im Wege der
Gesamtrechtsnachfolge die Regelungen über den Zwischenwertansatz entsprechend.[186] Ein Vorgang wird nach Auffassung der Finanzverwaltung einheitlich nach den Regelungen der Gesamtrechtsnachfolge behandelt, wenn
die Einbringung sowohl im Wege der Einzelrechtsnachfolge als auch im
Wege der Gesamtrechtsnachfolge erfolgt.[187]

I. Ansatz des eingebrachten Vermögens
mit dem gemeinen Wert

Die Anwendung von § 23 Abs. 4 setzt voraus, dass das eingebrachte Be-   *104*
triebsvermögen oder die eingebrachten Anteile von der übernehmenden
Gesellschaft mit dem gemeinen Wert angesetzt werden. Der Ansatz der eingebrachten Wirtschaftsgüter mit dem gemeinen Wert ist sowohl für die Einbringung im Wege der Einzelrechtsnachfolge als auch im Wege der Gesamtrechtsnachfolge Voraussetzung für die Anwendung des § 23 Abs. 4. Eine
Differenzierung bezüglich der unterschiedlichen Formen der Einbringung
wirkt sich erst bei der Rechtsfolge aus. Es ist unerheblich, ob die eingebrachten Wirtschaftsgüter oder eingebrachten Anteile freiwillig oder zwingend mit dem gemeinen Wert angesetzt werden.[188]

Objektbezogene Einbringungskosten, wie die durch die Einbringung ausge-   *105*
löste Grunderwerbsteuer, stellen *zusätzliche Anschaffungskosten* der eingebrachten Wirtschaftsgüter dar.[189] Sie sind zusätzlich zum gemeinen Wert
von der übernehmenden Gesellschaft zu aktivieren.

Entscheidend ist, ob das *eingebrachte Betriebsvermögen* bzw. die einge-   *106*
brachten Anteile mit dem gemeinen Wert i.S.d. § 20 Abs. 2 S. 1 bzw. § 21
Abs. 1 S. 1 angesetzt wird. Es sind alle in den eingebrachten Anteilen enthaltenen stillen Reserven bzw. alle stillen Reserven des eingebrachten
Betriebsvermögens einschließlich selbst geschaffener immaterieller Wirtschaftsgüter wie z.B. eines Geschäfts- oder Firmenwerts sowie steuerfreie
Rücklagen aufzudecken.[190] Wird ein Mitunternehmeranteil eingebracht sind
die stillen Reserven im (anteiligen) Gesamthandvermögen sowie im Sonderbetriebsvermögen aufzudecken.[191] Dabei besteht nach § 20 Abs. 2 nur die
Möglichkeit, das eingebrachte Betriebsvermögen einheitlich mit dem gemeinen Wert anzusetzen (siehe § 20 Rdn. 104 ff. und Rdn. 110). Der Ansatz

---

186 *Bilitewski* in Haritz/Menner, § 23 Rdn. 67.
187 Tz. 23.20 UmwStE 2011.
188 *Ritzer* in Rödder/Herlinghaus/van Lishaut, § 23 Rdn. 233.
189 BFH vom 17.09.2003, I R 97/02, BStBl. II 2004, 686.
190 Tz. 23.17 UmwStE 2011.
191 *Mutscher* in Frotscher/Maas, § 23 Rdn. 111.

nur einzelner Wirtschaftsgüter mit dem gemeinen Wert ist nicht zulässig. Allerdings besteht für Pensionsrückstellungen gem. § 20 Abs. 2 S. 1 HS 2 die Besonderheit, dass sich deren Bewertung immer nach § 6a EStG richtet.[192] Einer Anwendung des § 23 Abs. 4 steht die gesetzlich ausdrücklich vorgesehene Bewertung von Pensionsrückstellung nach § 6a EStG jedoch nicht entgegen.[193]

Zum Ansatz des gemeinen Werts nach § 20 siehe ausführlich § 20 Rdn. 98 bzw. Rdn. 102 ff.

107 § 23 Abs. 4 ist dagegen *nicht anzuwenden*, wenn das eingebrachte Betriebsvermögen mit dem gemeinen Wert angesetzt wird, weil es innerhalb des ersten Zeitjahres nach der Einbringung zu einer rückwirkenden Besteuerung des *Einbringungsgewinns i.S.d. § 22 Abs. 1* kommt. Vielmehr ist in diesem Fall weiterhin § 23 Abs. 1 unter Berücksichtigung von § 23 Abs. 3 in Bezug auf den Aufstockungsbetrag anzuwenden, denn es ist allein darauf abzustellen, dass das eingebrachte Betriebsvermögen ursprünglich mit dem Buchwert oder einem Zwischenwert angesetzt wurde. Zu Einzelheiten siehe ausführlich Rdn. 9.

II. Einbringung im Wege der Einzelrechtsnachfolge

1. Einzelrechtsnachfolge

108 Die Einbringung im Wege der Einzelrechtsnachfolge unter Ansatz des eingebrachten Betriebsvermögens bzw. der eingebrachten Anteile zum gemeinen Wert wird auf Ebene der übernehmenden Gesellschaft nach § 23 Abs. 4 HS 1 als *Anschaffungsvorgang* behandelt. Ob eine Einbringung im Wege der Einzelrechtsnachfolge erfolgt, richtet sich nach zivilrechtlichen Grundsätzen.[194] Dabei werden die einzelnen Wirtschaftsgüter einzeln in der zivilrechtlich hierfür vorgesehenen Form auf die übernehmende Gesellschaft übertragen.[195] Zu den Voraussetzungen einer Einbringung im Wege der Einzelrechtsnachfolge im Einzelnen siehe ausführlich § 20 Rdn. 43.

2. Steuerliche Auswirkung bei der übernehmenden Gesellschaft

a) Einbringung gilt als Anschaffungsvorgang

109 Als Rechtsfolge ordnet § 23 Abs. 4 HS 1 an, dass die eingebrachten Wirtschaftsgüter als im Zeitpunkt der Einbringung von der übernehmenden Gesellschaft als angeschafft gelten. Die im Wege der Einzelrechtsnachfolge zum gemeinen Wert eingebrachten Wirtschaftsgüter werden bei der übernehmenden Gesellschaft daher nach den allgemeinen Regelungen, die für einen Anschaffungsvorgang gelten, behandelt.[196] Da aus Sicht der übernehmenden Gesellschaft eine Anschaffung vorliegt, tritt sie weder in die (steuerliche) Rechtstellung des Einbringenden ein noch sind ihr Vorbesitzzeiten des Einbringenden anzurechnen.

---

192 Tz. 23.18 UmwStE 2011.
193 *Ritzer* in Rödder/Herlinghaus/van Lishaut, § 23 Rdn. 237.
194 *Ritzer* in Rödder/Herlinghaus/van Lishaut, § 23 Rdn. 246.
195 *Bilitewski* in Haritz/Menner, § 23 Rdn. 69.
196 Tz. 23.21 UmwStE 2011; *Patt* in Dötsch/Patt/Pung/Witt, § 23 Rdn. 71.

Die im Wege der Einzelrechtsnachfolge eingebrachten Wirtschaftsgüter gel- *110*
ten vielmehr als im *Zeitpunkt der Einbringung* als neu angeschafft. Anschaffungszeitpunkt ist danach der Zeitpunkt, in welchem das wirtschaftliche Eigentum an den eingebrachten Wirtschaftsgütern auf die übernehmende
Gesellschaft übergeht. Wurde allerdings ein Antrag nach § 20 Abs. 5 oder 6
gestellt, ist für den Zeitpunkt der Anschaffung auf den zurückbezogenen
steuerlichen Übertragungsstichtag abzustellen.[197]

b) Abschreibung

Da die eingebrachten Wirtschaftsgüter als angeschafft gelten, richtet sich *111*
die Abschreibung für Abnutzung allein nach den von der übernehmenden
Gesellschaft erfüllten Voraussetzungen.[198] Die übernehmende Gesellschaft
ist *nicht an die Abschreibungsmethode des Einbringenden gebunden*.[199] Es
ist aus Sicht der übernehmenden Gesellschaft zu prüfen, wie das als angeschafft geltende Wirtschaftsgut abgeschrieben wird. Die Nutzungsdauer der
eingebrachten Wirtschaftsgüter ist neu zu schätzen, wobei keine Bindung
an die vom Einbringenden gewählte Nutzungsdauer besteht.[200] Die übernehmende Gesellschaft tritt auch nicht in eine etwaige Herstellereigen-
schaft des Einbringenden ein, so dass Abschreibungen, die die Herstellerei-
genschaft voraussetzen, nicht in Anspruch genommen werden können.

Der Abschreibung ist der *gemeine Wert* der eingebrachten Wirtschaftsgüter *112*
als Anschaffungskosten zu Grunde zu legen. *Anschaffungsnebenkosten* erhöhen die zu aktivierenden Anschaffungskosten und damit das Abschreibungsvolumen.[201] Die Höhe der Anschaffungskosten ist nämlich nicht durch
die Höhe des gemeinen Werts i.S.d. § 20 Abs. 2 S. 1 limitiert[202], weil die
Höhe der Anschaffungskosten aufgrund der Anschaffungsfiktion des § 23
Abs. 4 HS 1 nach den allgemeinen Regeln zu bestimmen ist. Soweit durch
die die Einbringung objektbezogene Einbringungskosten – wie z.B. Grunderwerbsteuer ausgelöst wurde, erhöhen diese die zu aktivierenden Anschaffungskosten derjenigen Wirtschaftsgüter, die die Anschaffungsnebenkosten
bzw. die Grunderwerbsteuerpflicht ausgelöst haben.[203]

In Folge der Anschaffungsfiktion des § 23 Abs. 4 HS 1 UmwStG kann die
übernehmenden Gesellschaft das Abschreibungswahlrecht des § 6 Abs. 2
EStG für *geringwertige bewegliche Wirtschaftsgü*ter in Anspruch nehmen
und unter den weiteren Voraussetzungen des § 6 Abs. 2 EStG den gemeinen
Wert der eingebrachten, abnutzbaren beweglichen Wirtschaftsgüter als
steuerliche Betriebsausgaben geltend machen. Gleiches gilt auch in Bezug

---

197 *Ritzer* in Rödder/Herlinghaus/van Lishaut, § 23 Rdn. 252; *Patt* in Dötsch/Patt/
Pung/Witt, § 23 Rdn. 77; *Bilitewski* in Haritz/Menner, § 23 Rdn. 73.
198 Tz. 23.21 UmwStE 2011.
199 *Nitzschke* in Blümich, § 23 Rdn. 42.
200 *Ritzer* in Rödder/Herlinghaus/van Lishaut, § 23 Rdn. 253.
201 *Ritzer* in Rödder/Herlinghaus/van Lishaut, § 23 Rdn. 252.
202 *Patt* in Dötsch/Patt/Pung/Witt, § 23 Rdn. 68.
203 BFH vom 17.09.2003, BStBl. II 2004, 686; *Ritzer* in Rödder/Herlinghaus/van Lishaut, § 23 Rdn. 252; *Patt* in Dötsch/Patt/Pung/Möhlenbrock, § 23 (SEStEG)
Rdn. 68; *Bilitewski* in Haritz/Menner, § 23 Rdn. 76.

auf die Ausübung des Wahlrechts der Bildung eines *Sammelpostens* nach § 6 Abs. 2a EStG.[204]

c) Wertaufholung

112a Werden bei der Einbringung im Wege der Einzelrechtsnachfolge Wirtschaftsgüter übertragen, bei denen durch den Einbringenden (steuerlich wirksame) Teilwertabschreibungen vorgenommen wurden, geht in Folge der Anschaffungsfiktion des § 23 Abs. 4 HS 1 UmwStG die Zuschreibungsverpflichtung nach § 6 Abs. 1 Nr. 1 S. 4 EStG und § 6 Abs. 1 Nr. 2 S. 3 EStG nicht auf die übernehmende Gesellschaft über.[205] Selbst wenn nach dem steuerlichen Einbringungszeitpunkt/Anschaffungszeitpunkt der Teilwert steigt, ist eine Wertaufholung daher nicht vorzunehmen.

d) Vorbesitzzeiten

113 Eine Anrechnung von Vorbesitzzeiten des Einbringenden durch die übernehmende Gesellschaft ist – wie bei regulären Anschaffungsvorgängen – ausgeschlossen.[206] Damit beginnen alle steuerrelevanten Fristen mit bzw. ab dem Einbringungszeitpunkt neu an zu laufen.[207]

e) Steuerliche Rücklagen

114 Steuerliche Rücklagen sind im Falle der Einbringung zum gemeinen Wert aufzulösen. Sie können also von der übernehmenden Gesellschaft nicht fortgeführt werden.[208]

III. Einbringung im Wege der Gesamtrechtsnachfolge

115 Bei einer Einbringung im Wege der Gesamtrechtsnachfolge nach dem UmwG zum gemeinen Wert verweist § 23 Abs. 4 für die steuerliche Behandlung bei der übernehmenden Gesellschaft auf eine entsprechende Anwendung des § 23 Abs. 3. An die Stelle des Zwischenwerts tritt dabei der gemeine Wert des eingebrachten Vermögens.

1. Gesamtrechtsnachfolge

116 Im Unterschied zur Einzelrechtsnachfolge geht das einzubringende Vermögen bei einer Gesamtrechtsnachfolge in einem Akt im Ganzen auf die übernehmende Gesellschaft übertragen wird. Eine Gesamtrechtsnachfolge nach den Grundsätzen des UmwG liegt in folgenden Fällen vor:

– Verschmelzung einer PersG auf eine KapG gem. § 20 UmwG
– Formwechsel einer PersG in eine KapG gem. §§ 190, 214 UmwG
– Spaltung nach §§ 123, 131 UmwG, insbesondere durch Ausgliederung eines Betriebs oder Teilbetriebs auf eine KapG und Auf- oder Abspaltung von PersG auf KapG.

---

204 *Patt* in Dötsch/Patt/Pung/Möhlenbrock, § 23 (SEStEG) Rdn. 80.
205 *Patt* in Dötsch/Patt/Pung/Möhlenbrock, § 23 (SEStEG) Rdn. 81.
206 *Patt* in Dötsch/Patt/Pung/Möhlenbrock, § 23 (SEStEG) Rdn. 82.
207 *Mutscher* in Frotscher/Maas, § 23 Rdn. 120.
208 *Nitschke* in Blümich, § 23 Rdn. 42.

Eine Einbringung im Wege der Gesamtrechtsnachfolge liegt insgesamt auch vor, wenn die Einbringung teilweise im Wege der Einzelrechtsnachfolge und teilweise im Wege der Gesamtrechtsnachfolge erfolgt.[209]

Zur Behandlung eines Formwechsels nach §§ 190, 214 UmwG wird auf die Kommentierung zu § 25 verwiesen.

Die Finanzverwaltung geht davon aus, dass die Einbringung im Wege der *(erweiterten) Anwachsung* nach § 738 BGB durch Ausscheiden des vorletzten Gesellschafters kein Fall der Gesamtrechtsnachfolge ist, sondern ertragsteuerlich als ein Fall der Einzelrechtsnachfolge zu behandeln ist.[210] Dies steht jedoch im Widerspruch zum Anwendungserlass zur Abgabenordnung (AO), wo die Anwachsung als ein Fall der Gesamtrechtsnachfolge i.S.v. § 45 AO behandelt wird.[211]

117

2. Steuerliche Auswirkung bei der übernehmenden Gesellschaft

Die Einbringung im Wege der Gesamtrechtsnachfolge zum gemeinen Wert löst nach § 23 Abs. 4 die Rechtsfolgen des § 23 Abs. 3 aus. Die übernehmende Gesellschaft tritt in die *steuerliche Rechtsstellung* des Einbringenden ein, wobei der Ansatz der Wirtschaftsgüter mit dem gemeinen Wert bei der Bemessung der Abschreibung berücksichtigt wird. Wegen der weiteren Einzelheiten wird auf die Kommentierung in Rdn. 91 ff. verwiesen.

118

Dagegen findet *keine Besitzzeitanrechnung* bei einer Gesamtrechtsnachfolge zum gemeinen Wert statt, weil § 23 Abs. 4 nur auf § 23 Abs. 3 verweist, der sich § 12 Abs. 3 HS 1 (Eintritt in die steuerliche Rechtsstellung) bezieht, aber keinen Verweis auf § 4 Abs. 2 S. 3 enthält.[212]

119

Der in § 23 Abs. 4 enthaltene Verweis auf § 23 Abs. 3 geht in Bezug auf den S. 2 ins Leere, da in Folge der Einbringung zum gemeinen Wert die rückwirkende Besteuerung eines Einbringungsgewinns I oder II nie ausgelöst werden kann.[213]

F. Kein Übergang gewerbesteuerlicher Verlustvorträge des Einbringenden (Abs. 5)

§ 23 Abs. 5 regelt die steuerliche Behandlung eines *gewerbesteuerlichen Verlustvortrags* gem. § 10a GewStG des Einbringenden bei der übernehmenden Gesellschaft. Die übernehmende Gesellschaft kann die vortragsfähigen Fehlbeträge des Einbringenden nicht mit den eigenen Gewerbeerträgen ausgleichen. Der gewerbesteuerliche Verlustvortrag geht nicht auf die übernehmende Gesellschaft über. Die Vorschrift des § 23 Abs. 5 hat nur de-

120

---

209 Tz. 23.20 UmwStE 2011; *Schmitt* in Schmitt/Hörtnagl/Stratz, § 23 Rz. 100; *Patt* in Dötsch/Patt/Pung/Möhlenbrock, § 23 (SEStEG) Rdn. 74.
210 BMF vom 25.03.1998 Tz. 24.01, BStBl. I 1998, 268; gl. A. *Ritzer* in Rödder/Herlinghaus/van Lishaut, § 23 Rdn. 247 und § 1 Rdn. 231a, Raab in: Lippross/Seibel, § 20 Rdn. 5; a.A. *Widmann* in Widmann/Mayer, § 23 Rdn. 228.
211 Nr. 1 AEAO zu § 45 AO.
212 *Ritzer* in Rödder/Herlinghaus/van Lishaut, § 23 Rdn. 272.
213 *Mutscher* in Frotscher/Maas, § 23 Rdn. 126.

klaratorische Bedeutung[214], weil ein gewerbesteuerlicher Verlustvortrag schon mangels Unternehmeridentität nicht übergehen würde.[215] Die Rechtsfolge des § 23 Abs. 5 tritt unabhängig davon ein, ob die Einbringung zu Buchwerten, Zwischenwerten oder zum gemeinen Wert erfolgt und, ob sie im Wege einer Einzel- oder einer Gesamtrechtsnachfolge durchgeführt wird.[216]

I. Gewerbesteuerlicher Verlustvortrag des Einbringenden

121 Besitzt der Einbringende gewerbesteuerliche Verlustvorträge gem. § 10a GewStG, gehen diese nach § 23 Abs. 5 nicht auf die übernehmende Gesellschaft über. Der Verlustvortrag kann also von der übernehmenden Gesellschaft *nicht genutzt werden*. Eine Verrechnung des gewerbesteuerlichen Verlustvortrags des Einbringenden ist auch nicht mit Gewerbeerträgen der übernehmenden Gesellschaft möglich, die auf der wirtschaftlichen Tätigkeit des eingebrachten (Teil-) Betriebs resultieren.[217]

122 Nach der Einbringung kann der *gewerbesteuerlicher Verlustvortrag vom Einbringenden* selbst auch nicht mehr genutzt werden, wenn es sich beim Einbringenden um einen *Einzelunternehmer* oder eine *PersG* handelt und Gegenstand der Einbringung ein ganzer Betrieb ist. In diesem Fall fehlt es an einer nach § 10a GewStG notwendige Unternehmensidentität, welche Voraussetzung für eine Verlustverrechnung ist.[218] Die Inanspruchnahme eines gewerbesteuerlichen Verlustabzugs setzt nämlich Unternehmensidentität und Unternehmeridentität voraus. Letzteres bedeutet, dass der Steuerpflichtige, der den Verlustabzug in Anspruch nimmt, den Gewerbeverlust zuvor in eigener Person erlitten haben muss. Der Steuerpflichtige muss danach sowohl zur Zeit der Verlustentstehung als auch im Jahr der Entstehung des positiven Gewerbeertrags Unternehmensinhaber gewesen sein.[219]

Wird von einem Einzelunternehmer oder einer PersG nur ein *Teilbetrieb* eingebracht, stehen dem Einbringenden die Verluste, soweit sie auf den eingebrachten Teilbetrieb entfallen, mangels (Teil-)Unternehmensidentität nicht für eine Verrechnung mit (positiven) Gewerbeerträgen in späteren Erhebungszeiträumen zur Verfügung.[220] Mit der Einbringung eines Teilbetriebs verliert der ursprüngliche Betrieb seine (Teil-)Unternehmensidentität, da dadurch der wirtschaftliche Zusammenhang der fortgeführten mit der bisherigen (umfassenderen) gewerblichen Tätigkeit teilweise aufgegeben wird.[221] Praktische Probleme ergeben sich hier im Zusammenhang mit der Zuteilung der Anteile am vortragsfähigen Gewerbeverlust, die auf den ein-

---

214 *Bilitewski* in Haritz/Menner, § 23 Rdn. 134.
215 BFH vom 03.02.2010, IV R 59/07, BFH/NV 2010, 1492.
216 *Widmann* in Widmann/Mayer, § 23 Rdn. 580.
217 *Ritzer* in Rödder/Herlinghaus/van Lishaut, § 23 Rdn. 287.
218 BFH vom 16.04.2002, VIII R 16/01, BFH/NV 2003, 81; BFH vom 03.05.1993, GrS 3/92, BStBl. II 1993, 616.
219 BFH vom 03.02.2010, IV R 59/07, BFH/NV 2010, 1492.
220 BFH vom 07.08.2008, IV R 86/05, BFH/NV 2008, 1960.
221 BFH vom 07.08.2008, IV R 86/05, BFH/NV 2008, 1960.

gebrachten Teilbetrieb bzw. beim Einbringenden verbleibenden Teilbetrieb entfallen, sodass es mangels verfahrensrechtlicher Vorgaben im Zweifel auf eine sachgerechte Schätzung hinauslaufen wird.[222] Mitunter entfällt auf den eingebrachten oder den beim Einbringenden verbleibenden Teilbetrieb gar kein Anteil am vortragsfähigen Gewerbeverlust, wenn der Teilbetrieb erst kurz vor Einbringung geschaffen bzw. entstanden ist und insoweit in den Verlustentstehungszeitraum gar nicht bestanden hat.[223]

Handelt es sich beim Einbringenden um eine *KapG*, kann der Einbringende   *123* nach der Einbringung den *gewerbesteuerlichen Verlustvortrag* nutzen, weil bei einer KapG die Unternehmensidentität nicht erforderlich ist.[224] Unternehmeridentität liegt auch nach einer Einbringung bei einer KapG vor. Bringt allerdings eine KapG einen Mitunternehmeranteil nach § 20 ein und bestehen bei der PersG vortragsfähige Gewerbeverluste geht ein verbleibender Gewerbeverlust anteilig unter, soweit dieser der einbringenden KapG zuzurechnen war.[225] Dies gilt nicht, wenn nur ein Teil des Mitunternehmeranteils eingebracht wird.[226]

II. Gewerbesteuerlicher Verlustvortrag
der übernehmenden Gesellschaft

Der *eigene gewerbesteuerliche Verlustvortrag* der übernehmenden Gesell-   *124* schaft gem. § 10a GewStG bleibt von der Einbringung dagegen unberührt, soweit in Folge der Einbringung kein (anteiliger) Verlustuntergang nach § 10a S. 10 GewStG i.V.m. § 8c KStG resultiert (vgl. Rdn. 125). § 23 Abs. 5 verbietet nur die Verrechnung des gewerbesteuerlichen Verlustvortrags des Einbringenden mit dem Gewerbeertrag der übernehmenden Gesellschaft. Hingegen kann der eigene gewerbesteuerliche Verlustvortrag von der übernehmenden Gesellschaft auch nach einer Einbringung grds. uneingeschränkt genutzt werden.[227]

In Bezug auf gewerbesteuerliche Verluste im Rückwirkungszeitraum ist die Regelung des § 2 Abs. 4 S. 3 zu beachten, wonach der Ausgleich oder die Verrechnung von positiven Einkünften des übertragenden Rechtsträgers im Rückwirkungszeitraum mit verrechenbaren Verlusten, verbleibenden Verlustvorträgen, nicht ausgeglichenen negativen Einkünften und einem Zinsvortrag der übernehmenden Gesellschaft nicht zulässig ist. Eine Verrechnung mit dem Gewerbeertrag, der auf der wirtschaftlichen Tätigkeit des eingebrachten (Teil-) Betriebs beruht, ist aber, soweit nicht auf den Rückwirkungszeitraum entfallend und damit den vorgenannten Beschränkungen unterliegend, zulässig.

---

222 *Patt* in Dötsch/Patt/Pung/Witt, § 23 Rdn. 149.
223 *Patt* in Dötsch/Patt/Pung/Witt, § 23 Rdn. 149.
224 BFH vom 29.10.1986, I R 318-319/83, BStBl. II 1987, 310; *Bilitewski* in Haritz/ Menner, § 23 Rdn. 131; *Ritzer* in Rödder/Herlinghaus/van Lishaut, § 23 Rdn. 280, *Kleinheisterkamp* in Lenski/Steinberg, § 10a GewStG Rdn. 29.
225 *Patt* in Dötsch/Patt/Pung/Witt, § 23 Rdn. 147.
226 *Patt* in Dötsch/Patt/Pung/Witt, § 23 Rdn. 148.
227 *Ritzer* in Rödder/Herlinghaus/van Lishaut, § 23 Rdn. 293.

125 Zu beachten ist allerdings, dass der eigene gewerbesteuerliche Verlustvortrag im Zusammenhang mit der Einbringung auf Grund der *Anwendung des § 8c KStG bzw. § 8 Abs. 4 KStG a.F.* untergehen kann. Durch die Einbringung kann es zu einem steuerschädlichen Beteiligungserwerb i.S.d. § 8c KStG bzw. zu einem Verlust der wirtschaftlichen Identität i.S.d. § 8 Abs. 4 KStG kommen (zu Einzelheiten siehe Rdn. 122). Dies schlägt gem. § 10a S. 9 GewStG auf die Gewerbesteuer durch, sodass dadurch auch gewerbesteuerliche Verlustvorträge untergehen können.

G. Steuerliche Behandlung eines Einbringungsfolgegewinns (Abs. 6)

126 Bestanden zwischen dem einbringenden Rechtsträger und der übernehmenden Gesellschaft Forderungen und Verbindlichkeiten, erlöschen diese im Rahmen der Einbringung durch *Konfusion*. Dadurch kann es bei der übernehmenden Gesellschaft zu einem Einbringungsfolgegewinn kommen, wenn Forderungen und Verbindlichkeiten z.B. in Folge von Abzinsung oder Teilwertabschreibungen auf Forderungen unterschiedlich bewertet wurden.[228] In Fällen korrespondierender Wertansätze führt die Konfusion hingegen lediglich zu einer gewinnneutralen „Bilanzverkürzung". Ein Einbringungsfolgegewinn ist darüber hinaus auch denkbar, wenn in Folge des Vermögensübergangs Rückstellungen bei der übernehmenden oder übertragenden Gesellschaft aufzulösen sind. Im Ergebnis kann ein Einbringungsfolgegewinn immer dann resultieren, wenn es in Folge der Einbringung zu einer Vereinigung von Schuldner und Gläubiger kommt.

127 Der *Einbringungsfolgegewinn* wäre nach den allgemeinen Gewinnermittlungsvorschriften als laufender Gewinn der übernehmenden Gesellschaft sofort in voller Höhe zu versteuern.[229] Nach § 23 Abs. 6 ist § 6 Abs. 1 auch in Einbringungsfällen anzuwenden. Durch die Anordnung einer entsprechenden Anwendung von § 6 Abs. 1 kann auch bei einer Einbringung nach § 20 die übernehmende Gesellschaft für den Einbringungsfolgegewinn eine steuermindernde Rücklage bilden, die anschließend innerhalb von drei Wirtschaftsjahren gewinnerhöhend aufzulösen ist.[230] Die Möglichkeit zur Rücklagenbildung entfällt in entsprechender Anwendung des § 6 Abs. 3, wenn die übernehmende Gesellschaft den eingebrachten Betrieb oder Teilbetrieb innerhalb von fünf Jahren nach dem steuerlichen Übertragungsstichtag in eine KapG einbringt oder ohne triftigen Grund veräußert oder aufgibt.[231]

Die Rechtsfolge des § 23 Abs. 6 tritt unabhängig davon ein, ob die Einbringung zu Buchwerten, Zwischenwerten oder zum gemeinen Wert erfolgt und, ob sie im Wege einer Einzel- oder einer Gesamtrechtsnachfolge durchgeführt wird.

---

228 Siehe auch § 6 Rdn. 10 ff.; *Birkemeier* in Rödder/Herlinghaus/van Lishaut, § 6 Rdn. 32.
229 *Bilitewski* in Haritz/Menner, § 23 Rdn. 139.
230 *Schmitt* in Schmitt/Hörtnagl/Stratz, § 23 Rdn. 106.
231 Tz. 23.04 UmwStE 2011.

I. Entsprechende Anwendung von § 6 Abs. 1

Nach § 6 Abs. 1 darf bei einer Umwandlung einer KapG in ein Personenun-   128
ternehmen oder beim Formwechsel in eine Personengesellschaft der übernehmende Rechtsträger für einen Übernahmefolgegewinn eine den steuerlichen Gewinn mindernde Rücklage bilden. Die Rücklage hat der
übernehmende Rechtsträger gem. § 6 Abs. 1 S. 2 in den auf die Bildung folgenden drei Wirtschaftsjahren mit mindestens je einem Drittel gewinnerhöhend aufzulösen (zu Einzelheiten siehe § 6 Rdn. 19 ff.). Die Möglichkeit zur
Bildung einer steuermindernden Rücklage steht bei einer Einbringung nach
§ 20 der übernehmenden Gesellschaft auch für den Einbringungsfolgegewinn zu (§ 23 Abs. 6). Die Rücklage ist auch von der übernehmenden Gesellschaft innerhalb von drei Wirtschaftsjahren nach dem Jahr ihrer Bildung
gewinnerhöhend aufzulösen. Der Einbringungsfolgegewinn kann also nicht
auf Dauer der Besteuerung entzogen werden. Im Jahr der Einbringung erfolgt noch keine Auflösung der Rücklage, da in entsprechender Anwendung
von § 6 Abs. 1 S. 2 die Rücklage in den auf ihre Bildung folgenden drei Wirtschaftsjahren aufzulösen ist.[232]

Der übernehmenden Gesellschaft steht bezüglich der Bildung der Rücklage   129
ein *Wahlrecht* zu. Hat sie eine Rücklage gebildet, kann sie diese grds. auch
um mehr als ein Drittel gewinnerhöhen auflösen, weil § 6 Abs. 1 S. 2 nur
verlangt, dass die Rücklage zu „mindestens" einem Drittel aufzulösen ist.

Beruht die unterschiedliche Bewertung von Forderung und Verbindlichkeit   130
auf einer *Teilwertabschreibung*, die sich wegen § 8b Abs. 3 S. 3 KStG steuerlich nicht ausgewirkt hat, ist die Besteuerung des Einbringungsfolgegewinns insoweit steuersystematisch verfehlt.[233] Eine Besteuerung könnte nur
durch eine analoge Anwendung des § 8b Abs. 3 S. 8 KStG auf den Einbringungsfolgegewinn vermieden werden.

II. Entsprechende Anwendung von § 6 Abs. 3

Im Rahmen einer Einbringung wird die Möglichkeit der Bildung einer steu-   131
erfreien Rücklage für den Einbringungsfolgegewinn durch eine entsprechende Anwendung der *(typisierenden) Missbrauchsklausel* des § 6 Abs. 3
beschränkt[234], da § 23 Abs. 6 ausdrücklich auch § 6 Abs. 3 für entsprechend
anwendbar erklärt. Nach § 6 Abs. 3 entfällt die Möglichkeit der Bildung einer steuerfreien Rücklage, wenn die übernehmende Gesellschaft den eingebrachten Betrieb oder Teilbetrieb innerhalb von fünf Jahren nach dem steuerlichen Übertragungsstichtag in eine KapG einbringt oder ohne triftigen
Grund veräußert oder aufgibt (zur Anwendung des § 6 Abs. 3 siehe im Einzelnen § 6 Rdn. 38 ff.). Unter diesen Voraussetzungen entfällt auch bei einer
Einbringung die Möglichkeit rückwirkend, eine steuermindernde Rücklage
für den Einbringungsfolgegewinn zu bilden. Der Einbringungsfolgegewinn
ist somit rückwirkend zum Zeitpunkt der Einbringung in voller Höhe zu versteuern.[235]

---

232 *Ritzer* in Rödder/Herlinghaus/van Lishaut, § 23 Rdn. 307.
233 *Krohn/Greulich*, DStR 2008, 646.
234 Tz. 23.04 UmwStE 2011.
235 *Widmann* in Widmann/Mayer, § 23 Rdn. 590.

SIEBTER TEIL

Einbringung eines Betriebs, Teilbetriebs oder Mitunternehmeranteils in eine Personengesellschaft

§ 24
Einbringung von Betriebsvermögen in eine Personengesellschaft

(1) Wird ein Betrieb oder Teilbetrieb oder ein Mitunternehmeranteil in eine Personengesellschaft eingebracht und wird der Einbringende Mitunternehmer der Gesellschaft, gelten für die Bewertung des eingebrachten Betriebsvermögens die Absätze 2 bis 4.

(2) ¹Die Personengesellschaft hat das eingebrachte Betriebsvermögen in ihrer Bilanz einschließlich der Ergänzungsbilanzen für ihre Gesellschafter mit dem gemeinen Wert anzusetzen; für die Bewertung von Pensionsrückstellungen gilt § 6a des Einkommensteuergesetzes. ²Abweichend von Satz 1 kann das übernommene Betriebsvermögen auf Antrag mit dem Buchwert oder einem höheren Wert, höchstens jedoch mit dem Wert im Sinne des Satzes 1, angesetzt werden, soweit

1. das Recht der Bundesrepublik Deutschland hinsichtlich der Besteuerung des eingebrachten Betriebsvermögens nicht ausgeschlossen oder beschränkt wird und

2. der gemeine Wert von sonstigen Gegenleistungen, die neben den neuen Gesellschaftsanteilen gewährt werden, nicht mehr beträgt als

   a) 25 Prozent des Buchwerts des eingebrachten Betriebsvermögens oder

   b) 500 000 Euro, höchstens jedoch den Buchwert des eingebrachten Betriebsvermögens.

³§ 20 Abs. 2 Satz 3 gilt entsprechend. ⁴Erhält der Einbringende neben den neuen Gesellschaftsanteilen auch sonstige Gegenleistungen, ist das eingebrachte Betriebsvermögen abweichend von Satz 2 mindestens mit dem gemeinen Wert der sonstigen Gegenleistungen anzusetzen, wenn dieser den sich nach Satz 2 ergebenden Wert übersteigt.

(3) ¹Der Wert, mit dem das eingebrachte Betriebsvermögen in der Bilanz der Personengesellschaft einschließlich der Ergänzungsbilanzen für ihre Gesellschafter angesetzt wird, gilt für den Einbringenden als Veräußerungspreis. ²§ 16 Abs. 4 des Einkommensteuergesetzes ist nur anzuwenden, wenn das eingebrachte Betriebsvermögen mit dem gemeinen Wert angesetzt wird und es sich nicht um die Einbringung von Teilen eines Mitunternehmeranteils handelt; in diesen Fällen ist § 34 Abs. 1 und 3 des Einkommensteuergesetzes anzuwenden, soweit der Veräußerungsgewinn nicht nach § 3 Nr. 40 Satz 1 Buchstabe b in Verbindung mit § 3c Abs. 2 des Einkommensteuergesetzes teilweise steuerbefreit ist. ³In den Fällen des Satzes 2 gilt § 16 Abs. 2 Satz 3 des Einkommensteuergesetzes entsprechend.

(4) § 23 Abs. 1, 3, 4 und 6 gilt entsprechend; in den Fällen der Einbringung in eine Personengesellschaft im Wege der Gesamtrechtsnachfolge gilt auch § 20 Abs. 5 und 6 entsprechend.

(5) Soweit im Rahmen einer Einbringung nach Absatz 1 unter dem gemeinen Wert eingebrachte Anteile an einer Körperschaft, Personenvereinigung oder Vermögensmasse innerhalb eines Zeitraums von sieben Jahren nach dem Einbringungszeitpunkt durch die übernehmende Personengesellschaft veräußert oder durch einen Vorgang nach § 22 Absatz 1 Satz 6 Nummer 1 bis 5 weiter übertragen werden und soweit beim Einbringenden der Gewinn aus der Veräußerung dieser Anteile im Einbringungszeitpunkt nicht nach § 8b Absatz 2 des Körperschaftsteuergesetzes steuerfrei gewesen wäre, ist § 22 Absatz 2, 3 und 5 bis 7 insoweit entsprechend anzuwenden, als der Gewinn aus der Veräußerung der eingebrachten Anteile auf einen Mitunternehmer entfällt, für den insoweit § 8b Absatz 2 des Körperschaftsteuergesetzes Anwendung findet.

(6) § 20 Abs. 9 gilt entsprechend.

Inhaltsverzeichnis

Spezialliteratur

Behrens/Schmitt, Übertragung wesentlicher Betriebsgrundlagen im Vorfeld von Einbringungen nach §§ 20, 24 UmwStG, FR 2002, 549; *Briese*, Verdeckte Gewinnausschüttungen und ihr Verhältnis zu den steuerlichen Bewertungsvorbehalten in Einbringungsfällen, GmbHR 2005, 207; *Dötsch/Pung*, Die Änderungen des UmwStG, DB 2006, 2714, 2763; Ettinger/Schmitz, Einbringungen ins Sonderbetriebsvermögen – Anwendbarkeit des § 24 UmwStG nach dem SEStEG, DStR 2009, 1248; *Herlinghaus*, Sacheinbringung nach dem SEStG: Verschaffung des wirtschaftlichen Eigentums fällt unter §§ 1 Abs. 3, 20 Abs. 1 UmwStG, FR 2007, *286; Korn*, Einbringung in Personengesellschaften nach § 24 UmwStG – Rechtslage und Hinweise für die Gestaltungspraxis nach der Änderung des UmwStG durch das SEStG, NWB F 18, S. 4417; *Ley*, Brennpunkte zu Einbringungen in und Umwandlungen auf Personengesellschaften, KÖSDI 1999, 12155; *Patt/Rasche*, FR 1996, 365; *Rasche*, Stellt eine das gesamte Nennkapital einer Kapitalgesellschaft umfassende Beteiligung einen (fiktiven) Teilbetrieb i.S.d. § 24 I UmwStG dar? GmbHR 2007, 793; *Reiß*, Einbringung von Wirtschaftsgütern des Privatvermögens in das Betriebsvermögen einer Mitunternehmerschaft, DB 2005, 358; *Rogall*, Sonderbetriebsvermögen und der Konflikt zwischen Einbringung eines Teilbetriebs und Einbringung eines Teil-Mitunternehmeranteils nach §§ 20 und 24 UmwStG, DB 2005, 410; *Rogall*, Einbringungen ins Darlehenskonto von Personengesellschaften im Zusammenhang mit § 24 UmwStG, DB 2007, 1215; *Rödder/Schumacher*, Verschmelzung von Kommanditgesellschaften und § 15a EStG, DB 1998, 99; *Röhrig/Doege*, Das Kapital der Personengesellschaften im Handels- und Ertragsteuerrecht – Begriff, Bedeutung, Gestaltungen DStR 2006, 489; *Strahl*, Die Bedeutung der Gesamtplanrechtsprechung bei der Umstrukturierung von Personengesellschaften unter steuerneutraler Ausgliederung einzelner Wirtschaftsgüter, FR 2004, 929.

A. Bedeutung der Vorschrift

§ 24 regelt die Einbringung von Betrieben, Teilbetrieben und Mitunternehmer-Anteilen in PersG gegen Gewährung von Gesellschaftsrechten. Aufgrund dieser Vorschrift ist die Einbringung nicht wie jede andere Sacheinlage in eine PersG gegen Gewährung von Gesellschaftsanteilen nach allgemeinen steuerrechtlichen Grundsätzen wie ein Tausch oder tauschähnlicher Vorgang zu beurteilen.[1] Eine Einbringung führt grds. nach allgemeinen steuerlichen Grundsätzen zur Realisierung der stillen Reserven. § 24 regelt ertragsteuerliche Ausnahmetatbestände. Diese ermöglichen eine Umstrukturierung ohne Aufdeckung von stillen Reserven und damit ohne eine Ertragssteuerbelastung. Ziel ist einerseits durch die Steuerneutralität Unternehmensumstrukturierungen zu erleichtern. Anderseits soll sichergestellt werden, dass alle übertragenen stillen Reserven letztlich der Besteuerung unterworfen werden. Eine ertragssteuerneutrale Umstrukturierung setzt die Einbringung einer unternehmerischen Einheit in Form eines Betriebs, Teilbetriebs oder Mitunternehmeranteils voraus. Die Steuerneutralität wird durch die Buchwertfortführung der PersG nur auf Antrag gewährleistet (Abs. 2 S. 2). Der Ansatz des Buchwertes bei der PersG gilt für den Einbringenden als Veräußerungspreis (Abs. 3 S. 1).

1

---

1 BFH vom 29.10.1987, IV R 93/85, BStBl. II 1988, 374; BFH vom 25.06.2004, VIII B 275/03; BFH vom 19.10.1998, VIII R 69/95, BStBl. II 2000, 230; OFD Frankfurt/Main vom 19.09.2003, DStR 2003, 2074.

B. Rechtsentwicklung

2   Auch vor der Kodifizierung des Umwandlungssteuerrechtes konnten nach
der ständigen Rechtsprechung von RFH und BFH bei der Einbringung eines
Betriebes in eine PersG die Buchwerte des eingebrachten Betriebsvermögens beibehalten werden.[2] Voraussetzung für die Fortführung der Buchwerte war, dass der bisherige Inhaber des Betriebes bei der Mitunternehmerschaft die beherrschende Stellung einnimmt.[3] Eine Wertfortführung
brauchte nicht erfolgen, wenn ernsthafte und nicht nur steuerliche Gründe
die Beteiligten veranlassten, die Bilanzansätze für die übernommenen Vermögensgegenstände zu erhöhen.[4] Mit der Kodifizierung des Umwandlungssteuerrechts im Jahr 1969 regelte dann § 22 UmwStG die Einbringung von
Betriebsvermögen in eine Mitunternehmerschaft.

3   § 24 UmwStG 1995 ist seit dem *UmwStG 1969* (§ 22 UmwStG 1969) im Wesentlichen unverändert. Durch das StMBG vom 21.12.1993[5] wurde Abs. 3
S. 3 eingefügt. Diese Vorschrift schließt eine Gewährung des Freibetrags
gem. § 16 Abs. 4 EStG und der Tarifermäßigung nach § 34 EStG bei der Einbringung eines Teils eines Mitunternehmeranteils aus. Durch das *JStG 1996*
vom 18.12.1995[6] wurde für Einbringungen im Wege der Gesamtrechtsnachfolge eine steuerliche Rückwirkung ermöglicht. Das *SEStEG* vom 07.12.
2006[7] übernahm die Neukonzeption des UmwStG in § 24. Durch die übernehmende PersG ist das übergehende Betriebsvermögen grds. mit dem gemeinen Wert anzusetzen. Auf Antrag kann davon abweichend in der Steuerbilanz der Buch- oder Zwischenwert angesetzt werden. Abs. 5 tritt an die
Stelle des § 8b Abs. 4 S. 1 Nr. 2 KStG. Im Übrigen blieb die Vorschrift inhaltlich unverändert. Das *UntStReformG 2008* vom 14.08.2007[8] fügte Abs. 6 als
Bestandteil der Zinsschrankenregelung (§ 4h EStG, § 8a KStG) ein.

C. Überblick über die Vorschrift

4   *Abs. 1* regelt, dass *Sacheinlagen* Gegenstand einer steuerlich begünstigten
Einbringung in das Betriebsvermögen sein können. Begünstigt werden die
Einbringung eines Betriebs, Teilbetriebs oder eines Mitunternehmeranteils
in eine PersG. Als Teilbetrieb gilt auch die 100 %ige Beteiligung an einer
KapG. Die Auf- oder Abspaltung einzelner Wirtschaftsgüter ist zwar zivil-
rechtlich möglich, fällt jedoch nicht in den Anwendungsbereich von § 24. Im
Gegensatz zu Einbringungen in KapG oder Genossenschaften werden keine
Voraussetzungen an die Herkunft oder Sitz der PersG gestellt (§ 1 Abs. 4
S. 2). Insoweit kommt es also nicht darauf an, ob die PersG aus dem In- oder

---

2   RFH vom 26.11.1931, VI A 1978/31, RStBl. 1932, 624; BFH vom 21.08.1961, I 32/
    61, BStBl. III, 500 jeweils m.w.N.
3   RFH vom 17.02.1937, VI A 83/37, StW 1937; RFH vom 29.10.1941, VI 36/41, RStBl.
    1942, 11.
4   RFH vom 01.02.1934, VI A 1856/32, RStBl. 1934, 540; BFH vom 19.01.1960, I 29/
    59, StRK § 5 EStG R 249 = HFR, 1961, 2.
5   BGBl. I 1993, 2310.
6   BGBl. I 1995, 1250.
7   BGBl. I 2006, 2782.
8   BGBl. I 2007, 1912.

Ausland stammt, bzw. wo sie ansässig ist. Weiter ist für eine nach § 24 begünstigte Sacheinlage erforderlich, dass der Einbringende Mitunternehmer der PersG wird bzw. seine Mitunternehmerstellung im Gegenzug zur Einbringung verstärkt. Voraussetzung ist insoweit stets die Gewährung (oder Verstärkung) von Mitgliedschaftsrechten.

In *Abs. 2* wird grundlegend der Ansatz des eingebrachten Betriebsvermö- 5
gens geregelt. Es geht um die *Bewertung* der Sacheinlage bei der PersG. Gem. Abs. 2 S. 1 ist bei der PersG das eingebrachte Betriebsvermögen in ihrer Bilanz einschließlich der Ergänzungsbilanzen der Gesellschafter grds. mit dem gemeinen Wert anzusetzen; Pensionsrückstellungen sind gesondert nach § 6 a EStG zu bewerten. Auf Antrag kann das eingebrachte Betriebsvermögen mit dem Buchwert oder einem höheren Wert, höchstens jedoch mit dem gemeinen Wert angesetzt werden. Voraussetzung dafür ist nach S. 2, dass ein Besteuerungsrecht der Bundesrepublik Deutschland an dem eingebrachten Betriebsvermögen nicht ausgeschlossen oder beschränkt wird. Gem. Abs. 2 S. 3 gilt § 20 Abs. 3 S. 2 entsprechend. Wird also das Besteuerungsrecht der Bundesrepublik Deutschland hinsichtlich der Besteuerung des Gewinns aus der Veräußerung des eingebrachten Vermögens im Zeitpunkt der Einbringung ausgeschlossen und wird dieses auch nicht durch die Einbringung begründet, gilt für den Einbringenden insoweit der gemeine Wert des Betriebsvermögens im Zeitpunkt der Einbringung als Anschaffungskosten der Anteile.

Abs. 3 hat die *Besteuerung des Einbringungsvorgangs* zum Gegenstand. Da 6
die Einbringung gegen Einräumung einer Mitunternehmerstellung für den Einbringenden ein tauschähnliches Geschäft darstellt, ist nach S. 1 der Wertansatz der übernehmenden PersG mit dem Veräußerungspreis des Einbringenden verknüpft. Der Wert, mit dem die PersG das eingebrachte Betriebsvermögen ansetzt, gilt für den Einbringenden grds. als Veräußerungspreis (§ 24 Abs. 3 S. 1). Der Freibetrag nach § 16 Abs. 4 EStG (Freibetrag bei Betriebsveräußerung) ist nur anzuwenden, wenn der Einbringende eine natürliche Person ist, kein Teil eines Mitunternehmeranteils eingebracht und wenn das eingebrachte Betriebsvermögen mit dem gemeinen Wert angesetzt wurde. Der Ansatz eines Zwischenwertes wird damit nicht begünstigt. Die Anwendung der Tarifbegünstigung des § 34 Abs. 1 bzw. 3 EStG scheidet aus, soweit der Veräußerungs-/Einbringungsgewinn teilweise steuerbefreit ist, § 3 Nr. 40 S. 1 EStG *(Halbeinkünfteverfahren; ab VZ 09: Teileinkünfteverfahren)*.

Nach *§ 24 Abs. 4* gelten die Vorschriften über die Rechtsnachfolge hinsicht- 7
lich des eingebrachten Vermögens und über die Abschreibung nach Werterhöhung des § 23 Abs. 1, 3, 4 und 6 entsprechend. Erfolgt die Einbringung aufgrund einer *Gesamtrechtsnachfolge*, gelten die Regelungen zur Rückbeziehung des Einbringungsvorgangs von § 20 Abs. 5 und 6 entsprechend. § 20 Abs. 5 normiert die Voraussetzungen und die Methode der Rückbeziehung. Danach sind das Einkommen und das Vermögen des Einbringenden und der übernehmenden Gesellschaft (bzw. deren Gesellschaftern) auf Antrag so zu übernehmen, als ob das eingebrachte Betriebsvermögen mit Ablauf des steuerlichen Übertragungsstichtages auf die übernehmende PersG übergegangen wäre. Insoweit besteht ein Antragserfordernis. § 24 Abs. 4

i. V. m. § 20 Abs. 6 regelt den für eine Rückbeziehung maßgebenden Übertragungsstichtag *(Einbringungszeitpunkt)*. Eine *Rückbeziehung* ist nach dem
Wortlaut der Vorschrift wie in § 2 UmwStG i. V. m. § 17 Abs. 2 UmwG grds.
höchstens für einen Zeitraum von bis zu acht Monaten möglich. Eine Rückwirkung in Fällen der *Einzelrechtsnachfolge* sieht die Vorschrift nicht vor.
Gleichwohl wird in der Praxis auch in diesen Fällen eine Rückwirkung im
begrenzten Umfang anerkannt (siehe unten Rdn. 58 ff.).

8   *Abs. 5* stellt eine Missbrauchsvorschrift dar, die den Anwendungsbereich
von § 24 einschränkt. Soweit im Rahmen einer Einbringung eines Betriebs,
Teilbetriebs oder Mitunternehmeranteils Anteile an Körperschaften, Personenvereinigungen oder Vermögensmassen unter dem gemeinen Wert durch
Steuerpflichtige in eine PersG eingebracht werden, die nicht nach § 8b
Abs. 2 KStG begünstigt sind, gilt die Regelung über die nachträgliche Besteuerung des Einbringungsgewinns II (§ 22 Abs. 2, 3, 5, 7) entsprechend,
wenn der Veräußerungsgewinn auf einen nach § 8b Abs. 2 KStG begünstigten Mitunternehmer entfällt. Die Sperrfrist beginnt mit dem Einbringungszeitpunkt und beträgt sieben Jahre. Diese Regelung gilt auch für die einer
Veräußerung gleichgestellten Tatbestände des § 22 Abs. 1 S. 6 Nrn. 1–5. Die
Vorschrift tritt an die Stelle von § 8b Abs. 4 S. 1 Nr. 2 KStG a. F. bei Einbringungen i. S. d. § 24.

9   *Abs. 6* verweist auf § 20 Abs. 9. Bei einer Einbringung gem. § 24 ist damit
die Übertragung des Zinsvortrages nach § 4h Abs. 1 S. 5 EStG und eines
EBITDA-Vortrages nach § 4h Abs. 1 S. 3 EStG auf die übernehmende PersG
ausgeschlossen.

10 Die aktuelle Fassung des § 24 gilt gem. § 27 Abs. 1 S. 1 erstmals für Umwandlungen und *Einbringungen, die nach dem 12. 12. 2006* zur Eintragung
in das für die Wirksamkeit der Umwandlung maßgebende öffentliche Register angemeldet wurden. Für Einbringungen, deren Wirksamkeit keine Eintragung voraussetzt, gilt die aktuelle Fassung von § 24, wenn das wirtschaftliche Eigentum an den eingebrachten Wirtschaftsgütern nach dem 12. 12.
2006 übertragen wurde, § 27 Abs. 1 S. 2. Für Umwandlungen und Einbringungen bis zum 12. 12. 2006 ist die bisherige Fassung der Vorschrift anzuwenden (§ 27 Abs. 2).

D. Persönlicher Geltungsbereich

11 Nur eine PersG kann aufnehmender Rechtsträger i. S. d. § 24 sein. Jede ertragsteuerliche Mitunternehmerschaft, die Einkünfte aus Gewerbebetrieb,
Land- und Forstwirtschaft oder selbständiger Tätigkeit erzielt, ist PersG
i. S. d. Vorschrift. Damit können gewerblich tätige offene Handelsgesellschaften (OHG, auch in der Sonderform der Europäischen Wirtschaftlichen
Interessenvereinigung (EWIV)), Kommanditgesellschaften (KG) und Gesellschaften des bürgerlichen Rechts – auch in der Sonderform der Partnerschaftsgesellschaft, § 1 PartGG –, Partenreedereien[9] wie auch die atypisch
stille Gesellschaft aufnehmender Rechtsträger sein. Auch eine nach auslän-

---

9   *Wacker* in L. Schmidt, § 15 EStG Rdn. 374.

dischen Rechtsvorschriften gegründete Gesellschaft kann Aufnehmende sein. Voraussetzung ist, diese entspricht ihrem Typus nach einer PersG. D.h., die Gesellschafter müssen nach den Grundsätzen des deutschen Steuerrechts als Mitunternehmer angesehen werden.[10] Damit gilt § 24 auch für Sachverhalte, die nach ausländischem Recht als Einbringungen in KapG gelten. Einbringungen die unter die FusionsRL fallen, sind nach Art. 10a Abs. 3 und 4 FusionsRL zu beurteilen. Gem. Art. 10a Abs. 3 FusionsRL ist ein Mitgliedsstaat berechtigt, Art. 8 Abs. 1 bis 3 – d.h. die Regelungen zur Übertragung von Körperschaften – nicht anzuwenden, wenn er eine gebietsfremde übernehmende oder erwerbende Gesellschaft aufgrund seiner Beurteilung ihrer juristischen Merkmale, die sich aus dem Recht ergeben, nach dem sie gegründet wurde, als steuerlich transparent betrachtet. Unter Gesellschaft sind dabei solche Rechtsträger zu verstehen, die dem deutschen Körperschaftsteuerrecht unterliegen (vgl. Anhang I zu Art. 3 FusionsRL). Einbringender i.S.v. § 24 kann jeder beschränkt oder unbeschränkt Steuerpflichtige sein.[11] Damit gilt die Vorschrift für alle natürlichen und juristischen Personen. Einbringender kann auch eine PersG sein. Vgl. im Übrigen auch unten die Ausführungen zu Rdn. 36.

E. § 24 Abs. 1

I. Grundlagen

§ 24 Abs. 1 regelt die Einbringung eines Betriebs, Teilbetriebs oder Mitunter-   12
nehmeranteils in eine PersG, in denen dem Einbringenden eine Stellung als Mitunternehmer eingeräumt wird. Der Begriff der Einbringung ist weder im Zivil- noch im Steuerrecht gesetzlich definiert. Es handelt sich um einen unbestimmten, auslegungsbedürftigen Rechtsbegriff. Unter einer Einbringung ist die Übertragung des zivilrechtlichen oder wirtschaftlichen Eigentums an Wirtschaftsgütern aus einem Betriebsvermögen in ein Betriebsvermögen einer PersG gegen Begründung oder Erweiterung der gesellschaftsrechtlichen Position des Einbringenden zu verstehen.[12] Eine Einbringung i.S.d. § 24 kann sowohl im Wege der *Einzelrechtsnachfolge* als auch durch *Gesamtrechtsnachfolge* erfolgen (§ 1 Abs. 3 Nr. 1–4). Der Anwendungsbereich von § 24 ist (ebenso wie § 20) nicht auf Einbringungsvorgänge nach dem UmwG oder mit diesen vergleichbare ausländische Vorgänge beschränkt

Erfolgt eine Einbringung eines Betriebs oder Teilbetriebs durch *Einzelrechts-*   13
nachfolge, setzt dies in Anlehnung an die Grundsätze der sog. *Gesamtplan-rechtsprechung* voraus, dass die Übertragung der einzelnen wesentlichen Betriebsgrundlagen als Verfolgung eines Gesamtziels in Teilschritten mit engem zeitlichen Zusammenhang zwischen diesen Teilschritten anzusehen

---

10 *Nitzschke* in Blümich, § 24 Rdn. 11; *Widmann* in Widmann/Mayer, § 24 Rdn. 87; *Schlößer* in Haritz/Menner, § 24 Rdn. 59; *Schmitt* in Schmitt/Hörtnagl/Stratz, § 24 Rdn. 108.
11 Vgl. Tz. 24.03 i.V.m. Tz. 20.03 i.V.m. Tz. 01.53 UmwStE 2011.
12 BFH vom 08.12.1994, IV R 82/92, BStBl. II 1995, 599; vgl. Tz. 24.01 i.V.m. Tz. 01.47 f. UmwStE 2011; *Schlößer* in Haritz/Menner, § 24 Rdn. 14; *Schmitt* in Schmitt/Hörtnagl/Stratz, § 24 Rdn. 32.

ist.[13] D.h., werden Betriebe oder Teilbetriebe als Sachgesamtheiten übertragen, hat die Übertragung in einem einheitlichen wirtschaftlichen Übertragungsakt zu erfolgen. Die Übertragung muss wirtschaftlich und zeitlich einen einheitlichen Vorgang darstellen.[14] Erforderlich ist damit ein zeitlicher und sachlicher Zusammenhang zwischen den verschiedenen Rechtsgeschäften, die die Einbringungsakte begründen. Wird die Gesamtübertragung in mehrere, zeitlich aufeinander folgende Einzelakte aufgespalten, so kann nur dann ein einheitlicher Vorgang angenommen werden, wenn die Einzelakte auf einem einheitlichen Willensentschluss beruhen und zwischen den einzelnen Übertragungsvorgängen ein zeitlicher Zusammenhang besteht.[15] Fehlt ein solcher Zusammenhang zwischen den einzelnen Rechtsgeschäften, so liegt keine nach § 24 steuerlich privilegierte Übertragung eines (Teil-)Betriebs vor. Die Einbringungsakte unterliegen in diesen Fällen damit den allgemeinen ertragsteuerlichen Vorschriften. Stille Reserven sind grds. aufzudecken. Bei dem Einbringenden werden die Gewinne realisiert. § 24 kommt auch nicht zur Anwendung, wenn vor der Einbringung auch nur eine wesentliche Betriebsgrundlage in ein *anderes* Betriebsvermögen (z.B. nach § 6 Abs. 5 EStG) übertragen wird oder nicht im Rahmen der Einbringung mit übergeht.[16]

14 Ebenso kann der Übertragungsstichtag im Rahmen der Einzelrechtsnachfolge grds. nicht für längere Zeit rückbezogen werden (siehe aber auch unten Rdn. 58 ff. zum zeitlichen Anwendungsbereich). Bei der Übertragung von Betrieben, Teilbetrieben und Mitunternehmeranteilen sind die für das jeweilige Wirtschaftsgut geltenden schuld- und sachenrechtlichen Vorschriften zu beachten. Grundstücksübertragungen bedürfen gem. § 311b Abs. 1 BGB und die Abtretung von GmbH-Anteilen gem. § 15 Abs. 3 GmbHG zur Wirksamkeit stets der notariellen Beurkundung.

15 Die Einlage erfolgt durch die Einräumung des zivilrechtlichen *oder des wirtschaftlichen Eigentums (str.)* an den wesentlichen Betriebsgrundlagen.[17] Damit werden auch Einbringungen erfasst, bei denen Wirtschaftsgüter teilweise im zivilrechtlichen Eigentum des Einbringenden bleiben, jedoch dem Betriebsvermögen der PersG zuzuordnen sind.[18] Diejenigen, die zwingend (neben der Übertragung des wirtschaftlichen Eigentums auch) die Übertra-

---

13 *Nitzschke* in Blümich, § 24 Rdn. 20; *Schmitt* in Schmitt/Hörtnagl/Stratz, § 24 Rdn. 45, 59; *Patt* in Dötsch/Jost/Pung/Witt, § 24 Rdn. 103; vgl. BFH vom 06.09. 2000, IV R 18/99, BStBl. II 2001, 229; *Rogall*, DB 2005, 410, 411; *Strahl*, FR 2004, 929, 933 ff.; *Behrens/Schmitt*, FR 2002, 549, 551; vgl. Tz. 24.03 i.V.m. Tz. 20.06 UmwStE 2011.
14 *Widmann* in Widmann/Mayer, § 24 Rdn. 98.2.
15 Vgl. BFH vom 12.04.1989, I R 105/85, BStBl. II 1989, 653; BFH vom 14.07.1993, X R 74 – 75/90, BStBl. II 1994, 15 m.w.N.
16 BFH vom 16.12.2004, IV R 3/03, DStR 2005, 554.
17 *Nitzschke* in Blümich, § 24 Rdn. 20, 26; *Herlinghaus*, FR 2007, 286, 287 für § 20; *Schmitt* in Schmitt/Hörtnagl/Stratz, § 24 Rdn. 34, 45; gegen die Anwendung von § 24 bei Übertragung ausschließlicher Übertragung des wirtschaftlichen Eigentums: *Patt* in Dötsch/Jost/Pung/Witt, § 24 Rdn. 14: Die Vorschrift führe die Anwendungsfälle des UmwStG abschließend auf („§ 1 Abs. 3: gilt nur für …"). Eine berichtigende Auslegung sei nicht möglich.
18 *Widmann* in Widmann/Mayer, § 24 Rdn. 100.

gung des zivilrechtlichen Eigentums fordern, schließen für die Einbringung wesentlicher Betriebsgrundlagen in das *Sonderbetriebsvermögens* einer PersG die Anwendung des § 24 aus.[19] Demzufolge wäre in vielen Fällen die Umstrukturierung von PersG unter Nutzung des § 24 nicht möglich. Eine solche Auslegung entspricht nicht dem Sinn und Zweck der Vorschrift. Durch § 24 soll eine steuerneutrale Übertragung von Betriebsvermögen auch bei Mitunternehmerschaften ermöglicht werden, bei denen wesentliche Betriebsgrundlagen im Alleineigentum eines einzelnen Mitunternehmers liegen. In diesen Fällen ist der Ausweis von Sonderbetriebsvermögen der Mitunternehmerschaft vom deutschen Ertragssteuerrecht allgemein anerkannt bzw. zwingend vorgeschrieben. Insofern geht die Auffassung, dass § 24 stets die Übertragung des zivilrechtlichen Eigentums an allen wesentlichen Betriebsgrundlagen, einschließlich derer, die dem Sonderbetriebsvermögen zuzuordnen sind, verlangt, zu weit. Eine zivilrechtliche Übertragung des im Alleineigentum stehenden Sonderbetriebsvermögens würde voraussetzen, dass der bisherige Alleineigentümer sein (Sonderbetriebs)Eigentum aufgeben müsste. Richtigerweise muss daher eine bloße Zuordnung des Sonderbetriebsvermögens zu der „aufnehmenden" Mitunternehmerschaft ausreichen.[20] Auch ist im Handels- aber auch Ertragssteuerrecht allgemein anerkannt, dass für die Zuordnung eines Vermögensgegenstanden bzw. Wirtschaftsgutes das wirtschaftliche Eigentum ausreichend ist. Dies ergibt sich bereits aus § 39 AO.[21] Insofern geht es insgesamt zu weit, wenn für die Anwendung von § 24 zwingend die Übertragung des zivilrechtlichen Eigentums gefordert wird. Schließlich spricht dafür, dass die Übertragung des wirtschaftlichen Eigentums für eine Einbringung nach § 24 Abs. 1 ausreichend ist, dass gem. der Anwendungsregelung des § 27 Abs. 1 S. 2 für den Geltungszeitraum des Umwandlungssteuergesetzes 2006 vom 07.12.2006 bei Einbringungen, deren Wirksamkeit keine Eintragung in ein öffentliches Register voraussetzt, auf den Zeitpunkt der Übertragung des wirtschaftlichen Eigentums der eingebrachten Wirtschaftsgüter abgestellt wird.

II. Einbringungsvorgänge
im Wege der Einzelrechtsnachfolge

Folgende Sachverhalte stellen unter anderem einen Fall der Einzelrechts-   16
nachfolge i. S. v. § 24 dar[22]:

---

19 So konsequent *Patt* in Dötsch/Jost/Pung/Witt, § 24 Rdn. 16. Dies ergebe sich daraus, dass bei einer Zuordnung von Betriebsvermögen zum Sonderbetriebsvermögen eines Gesellschafters dieses nicht übertragen und damit nicht in die PersG eingebracht werde. Dieser Vorgang falle nicht in den Anwendungsbereich von § 1 Abs. 3; *Rogall*, DB 2005, 410, 413.
20 So auch FinMin. Schleswig-Holstein vom 17.03.2008, VI 30 – 1978 d – 005, unter Verweis der Fortgeltung des BMF-Schreiben vom 25.03.1998, BStBl. I, 268; *Ettinger/Schmitz*, DStR 2009, 1248, 1252.
21 Vgl. *Weber-Grellet* in L. Schmidt, § 2 EStG Rdn. 40 m.w.N.
22 Tz. 24.01 i.V. Tz. 01.47 UmwStE 2011; vgl. *Nitzschke* in Blümich, § 24 Rdn. 21; *Schlößer* in Haritz/Menner, § 24 Rdn. 12; *Schmitt* in Schmitt/Hörtnagl/Stratz, § 24 Rdn. 15 ff., 58 ff.; *Patt* in Dötsch/Jost/Pung/Witt, § 24 Rdn. 19 ff.

- Übertragung eines Einzelunternehmens in eine PersG durch Aufnahme eines Gesellschafters in ein Einzelunternehmen – und damit Gründung einer PersG,
- Übertragung eines Einzelunternehmens in eine bestehende PersG gegen Einräumung einer Mitunternehmerstellung,
- Zusammenschluss mehrerer Einzelunternehmen – und damit Gründung einer PersG,
- Übertragung von Mitunternehmeranteilen auf eine PersG gegen Gewährung oder Stärkung einer Mitunternehmerstellung durch Aufnahme eines neuen Gesellschafters,
- Übertragung eines (Teil-)Betriebs oder Mitunternehmeranteils durch eine PersG in eine PersG gegen Gewährung von Mitunternehmeranteilen,
- Übertragung eines Bruchteils eines Mitunternehmeranteils in eine PersG gegen Gewährung von Mitunternehmeranteilen an der aufnehmenden PersG,
- Begründung einer atypisch stillen Beteiligung an einem Einzelunternehmen, einer KapG oder PersG gegen Einbringung eines Betriebs, eines Einzelunternehmers, einer 100 %igen Beteiligung an einer KapG oder einer PersG – und damit Gründung einer PersG,
- Begründung einer atypisch stillen Gesellschaft durch Einbringung gegen Gewährung einer Unterbeteiligung an einem Mitunternehmeranteil,
- Zusammenschluss von mindestens zwei PersG durch
  - Übertragung des Betriebsvermögens einer PersG auf eine andere gegen Gewährung von Mitunternehmeranteilen an die Gesellschafter der einbringenden PersG,
  - Übertragung aller Mitunternehmeranteile an einer PersG in eine andere PersG gegen Gewährung von Mitunternehmeranteilen an der aufnehmenden PersG,
  - Gründung einer neuen PersG durch Übertagung des Betriebsvermögens von mindestens zwei PersG gegen Gewährung von Mitunternehmeranteilen.
- Übertragung einer 100 %igen Beteiligung an einer KapG aus dem Betriebsvermögen in eine PersG gegen Gewährung eines Mitunternehmeranteils. § 24 geht als lex specialis § 6 Abs. 5 S. 3 Nr. 1 EStG vor. Eine im Betriebsvermögen gehaltene 100 %ige Beteiligung an einer KapG gilt als Teilbetrieb i.S.v. § 24 Abs.1, siehe auch unten die Ausführungen zu Rdn. 22.
- Aufnahme eines Gesellschafters in ein Einzelunternehmen gegen Leistung einer Geldeinlage oder Einlage anderer Wirtschaftsgüter – und damit Gründung einer PersG,
- Aufnahme eines Gesellschafters in eine PersG gegen Geldeinlage oder Einlage anderer Wirtschaftsgüter – und damit Einbringung der Mitunternehmeranteile der bisherigen Gesellschafter der PersG in eine neue PersG,
- Beitritt eines neuen Gesellschafters in eine bestehende PersG mit Beteiligung am Kapital und Gewinn aber ohne Sacheinlage.[23]

---

23 BFH vom 06.07.1999, VIII R 17/95 (NV), DStR 1999, 911.

III. Einbringungsvorgänge
im Wege der Gesamtrechtsnachfolge

Eine Einbringung kann durch auch Umwandlung auf der Grundlage der   17
Vorschriften des UmwG oder aufgrund vergleichbarer ausländischer Vorgänge erfolgen. Folgende Umwandlungen i.S.d. UmwG werden erfasst[24]:

– Verschmelzungen von Personenhandelsgesellschaften oder Partnerschaftsgesellschaften (§ 2, § 3 Abs. 1 Nr. 1, §§ 39 ff.‚ 45a UmwG),

– auf eine Personenhandelsgesellschaft oder Partnerschaftsgesellschaft als Verschmelzung durch Aufnahme in eine bestehende PersG oder

– als Verschmelzung zur Neugründung einer Mitunternehmerschaft,

– Spaltungen von Personenhandels- oder Partnerschaftsgesellschaften als

– Aufspaltung (§ 123 Abs. 1 UmwG),

– Abspaltung (§ 123 Abs. 2 UmwG) oder

– Ausgliederung (§ 123 Abs. 3 UmwG) auf eine Personenhandelsgesellschaft oder Partnerschaftsgesellschaft (§§ 3 Abs. 1 Nr. 1, 125, 135 UmwG),

– sowie andere Ausgliederungstatbestände (§ 123 Abs. 3 UmwG), in denen der übernehmende Rechtsträger eine Personenhandelsgesellschaft oder Partnerschaftsgesellschaft ist (§ 24 Abs. 1 UmwStG i.V.m. § 3 Abs. 1 Nr. 1 UmwG).

Ausgliedernde Rechtsträger können (§ 123 Abs. 1 UmwG) neben den Personenhandels- und Partnerschaftsgesellschaften auch KapG (§§ 138 ff. und §§ 141 ff. UmwG); Genossenschaften (§ 147 f. UmwG), eingetragene Vereine, e.V., Versicherungsvereine auf Gegenseitigkeit, VVaG (§ 151 UmwG), wirtschaftliche Vereine oder Einzelkaufleute (§§ 152 ff. UmwG), rechtsfähige Stiftungen (§§ 161 ff. UmwG), Gebietskörperschaften oder Zusammenschlüsse von diesen Gebietskörperschaften (§§ 168 ff. UmwG) sein.

Wegen der Einzelheiten wird auf die folgenden Ausführungen verwiesen.

IV. Begünstigte Sacheinlagen

Gegenstand einer Einbringung i.S.v. § 24 ist wie im Rahmen des § 20 nur   18
eine unternehmerische Einheit in Form eines Betriebs, Teilbetriebs oder Mitunternehmeranteils. Maßgeblich ist, dass alle wesentlichen Betriebsgrundlagen im Rahmen eines *einheitlichen Vorgangs* gegen Gewährung von Gesellschaftsrechten an der PersG übertragen werden.[25] Eine bloße Nutzungsüberlassung von Wirtschaftsgütern erfüllt den Tatbestand des § 24 nicht.[26] Ein Betrieb i.S.d. UmwStG setzt eine selbständige mit Gewinnerzielungsabsicht vorgenommene nachhaltige Tätigkeit im Rahmen der Beteiligung am allgemeinen wirtschaftlichen Verkehr voraus (vgl. § 15 Abs. 2 S. 1

---

24 Vgl. Tz. 24.01 i.V.m. Tz. 0.47 UmwStE 2011; *Nitzschke* in Blümich, § 24 Rdn. 22; *Schlößer* in Haritz/Menner, § 24 Rdn. 82 ff.; *Patt* in Dötsch/Jost/Pung/Witt, § 24 Rdn. 105.

25 Tz. 24.03 i.V.m. Tz. 20.05 ff. UmwStE 2011; *Schmitt* in Schmitt/Hörtnagl/Stratz, § 24 Rdn. 59; *Patt* in Dötsch/Jost/Pung/Witt, § 24 Rdn. 103.

26 Tz. 24.03 i.V.m. Tz. 20.06 UmwStE 2011; *Patt* in Dötsch/Jost/Pung/Witt, § 24 Rdn. 19.

EStG). Werden *Wirtschaftsgüter zurückbehalten*, die nicht wesentliche Betriebsgrundlage sind, so ist dies unschädlich. § 24 kommt zur Anwendung. Eine ertragssteuerneutrale Übertragung eines Betriebs, Teilbetriebs oder eines Mitunternehmeranteils gegen Gewährung von Gesellschaftsrechten an der PersG wird dadurch nicht beschränkt. In diesen Fällen ist jedoch zu prüfen, ob die zurückbehaltenen Wirtschaftsgüter weiterhin steuerlich im Betriebsvermögen verhaftet sind. Stille Reserven werden dann nicht steuerpflichtig realisiert. Ist eine Zuordnung der zurückbehaltenen Wirtschaftsgüter zu einem Betriebsvermögen des Einbringenden nach der Einbringung der wesentlichen Betriebsgrundlagen in die PersG nicht (mehr) möglich, so kommt es im Hinblick auf die zurückbehaltenen Wirtschaftsgüter zu einer Entnahme. Es entsteht ein Entnahmegewinn in Höhe der Differenz zwischen Buchwert und gemeinem Wert.[27] Werden dagegen vom Einbringendem Wirtschaftsgüter zurückbehalten, die zu den wesentlichen Betriebsgrundlagen des Betriebs bzw. Teilbetriebs zählen, ist eine Buchwertfortschreibung nach § 24 nicht möglich. Die steuerliche Beurteilung des Sachverhaltes richtet sich in diesen Fällen nach § 6 Abs. 5, 6 EStG.

19 Unter einem *Teilbetrieb* ist ein mit einer bestimmten Selbständigkeit versehener, für sich allein lebensfähiger Teil des Gesamtbetriebs zu verstehen. Dies setzt auch eine gewisse organisatorische Geschlossenheit voraus. Für die Beantwortung der Frage, wann ein Teilbetrieb vorliegt, sind die Gegebenheiten des Einbringenden maßgeblich. Die Begriffe „Betrieb" bzw. „Teilbetrieb"[28] entsprechen denen in § 20. Insoweit wird ergänzend auf die Erläuterungen zu § 20 verwiesen. Der Einbringende trägt – als derjenige der sich auf die Privilegierung durch § 24 beruft – auch die Darlegungs- und etwaige Beweislast, ob ein Teilbetrieb eingebracht wurde.[29]

20 Als Gegenstand einer Einbringung nach § 24 kommt auch ein erst im Entstehen begriffener Betrieb, der noch nicht werbend tätig ist, d. h. ein *Gewerbebetrieb im Aufbau*, in Betracht. Maßgeblich ist insoweit, dass einerseits die wesentlichen Betriebsgrundlagen bereits vorhanden sind. Andererseits muss bei zielgerichteter Verfolgung des Plans zum Aufbau ein selbstständig lebensfähiger Betrieb zu erwarten sein.[30] Dementsprechend ist auch ein *Teilbetrieb im Aufbau* geeignet, Gegenstand der Einbringung zu sein.[31]

---

27 Tz. 24.03 i. V. m. TZ. 20.08 UmwStE 2011; *Schmitt* in Schmitt/Hörtnagl/Stratz, § 24 Rdn. 94.

28 Tz. 24.03 i. V. m. Tz. 20.06 i. V. m. Tz. 15.02 ff. UmwStE 2011.

29 *Schmitt* in Schmitt/Hörtnagl/Stratz, § 24 Rdn. 61.

30 *Schmitt* in Schmitt/Hörtnagl/Stratz, § 24 Rdn. 58; *Patt* in Dötsch/Jost/Pung/Witt, § 24 Rdn. 89; BMF vom 25. 03. 1998, BStBl. I, 268, Rdn. 24.04 i. V. m. Rdn. 20.08; vgl. FG Düsseldorf vom 17. 08. 2000, 10 K 5594-96 E (rkr.), DStRE 2000, 1136 zu §§ 16, 34 EStG im Hinblick auf die Anwendung von § 34 EStG bei einer Betriebsveräußerung: es brauchen nicht unbedingt alle wesentlichen Betriebsgrundlagen bereits vorhanden sein.

31 *Rogall*, DB 2005, 410, 410; vgl. aber Tz. 24.03 i. V. m. Tz. 20.06 i. V. m. Tz. 15.03 i. V. m. Tz. 02.14 UmwStE 2011. Diesem zufolge müssen die Voraussetzungen für einen Teilbetrieb bei einer Übertragung im Rahmen einer Gesamtrechtsnachfolge bereits zum Zeitpunkt des steuerlichen Übertragungsstichtages vorliegen. Da § 24 Abs. 4 HS 2 auf § 20 Abs. 6 verweist, dürfte die Finanzverwaltung diese Auffassung auch insoweit vertreten.

Ebenso kann ein *auslaufender oder verpachteter Gewerbebetrieb* Gegenstand einer Einlage gem. § 24 sein. Voraussetzung ist, dass die wesentlichen Betriebsgrundlagen noch vorhanden sind. Ferner darf der Betriebsinhaber den Willen zur Betriebsaufgabe noch nicht geäußert haben.[32] Auch ist ein *ruhender Gewerbebetrieb* Betrieb oder Teilbetrieb i.S.d. § 24. Ebenso ist im Falle einer *Betriebsaufspaltung* das vermögensverwaltende Besitzunternehmen Betrieb i.S.v. § 24.[33]

Auch ein *Mitunternehmeranteil* kann Gegenstand einer Einbringung nach §24 sein. Es handelt sich bei dem Terminus „Mitunternehmeranteil" um einen unbestimmten Rechtsbegriff. Eine Legaldefinition erfolgt weder in § 24 UmwStG noch in §§ 15, 16 EStG. Der Begriff Mitunternehmeranteil ist nicht identisch mit dem des Gesellschaftsanteils an einem Gesellschaftsvermögen einer PersG. Der Begriff geht weiter. Erfasst werden auch Erbengemeinschaften und Gütergemeinschaften als Gemeinschaften mit einem der PersG ähnlichen Gesamthandsvermögen sowie Gemeinschaften nach Bruchteilen an Rechten aller Art, vorausgesetzt, sie lassen eine Mehrheit von bruchteilsmäßig Berechtigten zu, §§ 741 ff. BGB. Ein Mitunternehmeranteil ist der Anteil einer natürlichen oder juristischen Person oder einer PersG an einer Mitunternehmerschaft. Hinzu kommt etwaiges Sonderbetriebsvermögen des Mitunternehmers.[34] Gegenstand der Mitunternehmerschaft hat ein Gewerbetrieb, Land und Forstwirtschaft oder freiberufliche Tätigkeit zu sein. Ferner setzt die Annahme einer Mitunternehmerschaft Gewinnerzielungsabsicht voraus. Ebenso kommt als Gegenstand der Einbringung ein Anteil an einer vermögenswaltenden PersG bzw. Gemeinschaft in Betracht, sofern diese i.S.v. § 15 Abs. 3 S. 2 EStG gewerblich geprägt ist.[35] Eine Anwendung von § 24 scheidet dagegen aus, wenn Anteile an einer PersG vorliegen, die nicht gewerblich tätig oder gewerblich geprägt ist, auch wenn dieser Gesellschaftsanteil im Betriebsvermögen des Gesellschafters gehalten wird.[36] Dagegen reicht nach der sog. Abfärbetheorie des BFH eine nur teilweise gewerbliche Tätigkeit, um die PersG gem. § 15 Abs. 3 Nr. 1 EStG im vollen Umfang als gewerblich anzusehen. Etwas anderes gilt nur dann, wenn der gewerbliche Teil der Tätigkeit von ganz untergeordneter Bedeutung ist.[37]

21

Begünstigt wird weiter die Einbringung einer *100%-Beteiligung an einer KapG* aus einem Betriebsvermögen. Dies erschließt sich zwar nicht direkt aus dem Wortlaut der Vorschrift. Eine gesetzliche Teilbetriebsfiktion wie in § 15 Abs. 1 S. 3 fehlt. Gleichwohl ist herrschende Auffassung, dass eine im Betriebsvermögen gehaltene 100%ige Beteiligung an einer KapG als Teilbe-

22

---

32 *Schmitt* in Schmitt/Hörtnagl/Stratz, § 24 Rdn. 58.
33 Vgl. BFH vom 24.10.2000, VIII R25/98, BStBl. II 2001, 321; so auch *Patt* in Dötsch/Jost/Pung/Witt, § 24 Rdn. 89.
34 *Schlößer* in Haritz/Menner § 24 Rdn. 32; *Wacker* in L. Schmidt, § 16 EStG Rdn. 404, 407.
35 *Schmitt* in Schmitt/Hörtnagl/Stratz, § 24 Rdn. 63.
36 „Zebra-Gesellschaft", vgl. BFH vom 26.04.2001, BFH/NV 2001, 1195.
37 BFH vom 11.08.1999, XI R 12/98, BStBl. II 2000, 229.

trieb i.S.v. § 24 Abs. 1 anzusehen ist, bzw. als Teilbetrieb gilt.[38] Diese stützt sich auch auf die Gesetzesbegründung.[39] Auch spricht eine teleologische und systematische Auslegung der Vorschrift für eine Gleichbehandlung. Die Einbringung einer im Betriebsvermögen gehaltenen 100 %igen Beteiligung an einer KapG soll nicht schlechter gestellt werden als die Einbringung eines Teilbetriebs. Dies entspricht auch der Wertung des Gesetzgebers in § 16 Abs. 1 S. 1 Nr. 1 S. 2 EStG. Dort wird eine 100 %ige Beteiligung an einer KapG dem Teilbetrieb gleichgestellt. Die Verwaltungsauffassung, der zur Folge eine 100 %-Beteiligung entsprechend als ein fiktiver Teilbetrieb zu qualifizieren ist,[40] hat damit grds. weiterhin Bestand. Eine 100 %ige Beteiligung an einer KapG gilt dagegen nicht als selbständiger Teilbetrieb, wenn diese einem Teilbetrieb als funktional wesentliche Betriebsgrundlage zuzurechnen ist. Wird eine solche Beteiligung übertragen, stellt das verbleibende Betriebsvermögen keinen Teilbetrieb mehr dar.[41] Maßgeblich ist für die Anwendung von § 24 weiter, dass sich das gesamte außenstehende Nominalkapital im Betriebsvermögen des Einbringenden befindet. Wird die 100 %ige Beteiligung einer KapG also nicht ausschließlich im Betriebsvermögen sondern ganz oder teilweise im Privatvermögen gehalten, so kommt eine Anwendung von § 24 dagegen nicht in Betracht. Dies ergibt sich bereits aus dem Wortlaut von § 24 Abs. 1, dem zu Folge auf die Bewertung des eingebrachten *Betriebsvermögens* abgestellt wird.[42] Hält die KapG eigene Anteile, so ist dies unschädlich.[43]

23 Auch nach Ansicht der Finanzverwaltung wird von § 24 die Aufnahme von Gesellschaftern in eine PersG sowie die *disquotale Kapitalerhöhung* erfasst.[44] Dies gilt auch nach Einführung von UmwStG 2006.[45] Wird ein neuer Gesellschafter in eine PersG gegen Geldeinlage oder Einlage anderer Wirtschaftsgüter aufgenommen, wurde dieser Vorgang bisher als Einbringung von Mitunternehmeranteilen in eine neue PersG angesehen. Insofern wurde

---

38 *Schmitt* in Schmitt/Hörtnagl/Stratz, § 24 Rdn. 43, 71; *Schlößer* in Haritz/Menner, § 24 Rdn. 36; *Patt* in Dötsch/Jost/Pung/Witt, § 24 Rdn. 95; *Nitzschke* in Blümich, § 24 Rdn. 26; so auch Tz. 24.02 i.V.m. Tz. 15.05f. UmwStE 2011; a.A. *Rasche* in Rödder/Herlinghaus/van Lishaut, § 24 Rdn. 42; *Rasche*, GmbHR 2007, 793, 795; BFH vom 17.07.2008, I R 77/06, DStR 2008, 2001 zum UmwStG 1995. Differenzierend *Mutscher* in Frotscher/Maas, § 24 Rdn. 46f.: eine 100 %ige Beteiligung an einer KapG könne gem. § 24 eingebracht werden, soweit diese zu einem Betrieb, Teilbetrieb oder Mitunternehmeranteil gehöre, der seinerseits Gegenstand der Einbringung ist.
39 BT-Drs. 16/2710, 50.
40 Vgl. Tz. 24.03 i.V.m. Tz. 20.06 i.V.m. Tz. 15.02, 15.06 UmwStE 2011.
41 Tz. 24.03 i.V.m. Tz. 20.06 i.V.m. Tz. 15.02, 15.06 UmwStE 2011.
42 Vgl. BFH vom 19.10.1998, VIII R 69/95, DStR 1999, 366; Tz. 24.03 i.V.m. Tz. 20.06 i.V.m. Tz. 15.02, 15.06 UmwStE 2011; BMF vom 02.03.2000, DStR 2000, 820, *Schmitt* in Schmitt/Hörtnagl/Stratz, § 24 Rdn. 29, 76, siehe auch unter Rdn. 30.
43 *Schlößer* in Haritz/Menner, § 24 Rdn. 39, *Schmitt* in Schmitt/Hörtnagl/Stratz, § 24 Rdn. 72.
44 Tz. 24.01 i.V.m. Tz. 01.47 UmwStE 2011 vgl. auch BFH vom 25.04.2006, VIII R 52/04, BStBl. II 2006, 847.
45 *Nitzschke* in Blümich, § 24 Rdn. 21; *Korn*, NWB F 18, S. 4417, 4426f.; *Mutscher* in Frotscher/Maas, § 24 Rdn. 64; a.A. Dötsch/Jost/Pung/Witt, § 24 Rdn. 26 in Bezug auf die disquotale Kapitalerhöhung.

ein Anwendungsfall von § 24 angenommen. § 1 Abs. 3 n. F. ändert an einer derartigen, dem wirtschaftlichen Gehalt entsprechenden Auslegung des Anwendungsbereichs der Vorschrift nichts. Es ist unerheblich, dass ein Rechtsträgerwechsel nur fingiert wird.[46] Gleiches gilt auch für die disquotale Kapitalerhöhung. Dieser Fall ist mit dem Eintritt eines neuen Gesellschafters gegen Erbringung einer Einlage wirtschaftlich identisch.[47]

V. Einbringung durch Anwachsung

§ 738 Abs. 1 S. 1 BGB bestimmt, dass für den Fall, dass ein Gesellschafter   *24* aus der Gesellschaft ausscheidet, sein Anteil am Gesellschaftsvermögen der PersG den übrigen Gesellschaftern zuwächst. Wird ein Betrieb oder ein Mitunternehmeranteil im Rahmen einer Anwachsung gem. § 738 Abs. 1 S. 1 BGB übertragen, so ist im Hinblick auf die Anwendung von § 24 zu unterscheiden. Kein Anwendungsfall des § 24 liegt in den Fällen der *einfachen Anwachsung* vor. Bei einer einfachen Anwachsung scheidet ein Gesellschafter einer PersG aus. Sein Anteil wächst den verbleibenden Gesellschaftern aufgrund des Gesamthandsprinzips zu. Eine Anwendung von § 24 scheidet insofern aus, da die verbleibenden Gesellschafter weder etwas einbringen noch dadurch ihre Stellung an der Gesamthand gestärkt wird.[48]

Dagegen liegt bei einer Einbringung im Wege der *erweiterten Anwachsung*   *25* ein Fall der Gesamtrechtsnachfolge vor, der in den Anwendungsbereich von § 24 fällt.[49] Ein Fall der erweiterten Anwachsung liegt vor, wenn alle Gesellschafter einer PersG ihre Mitunternehmeranteile in eine übernehmende zweite PersG gegen Gewährung von Mitunternehmeranteilen an dieser einbringen und das Gesamthandsvermögen der ersten PersG bei der übernehmenden Gesellschaft anwächst.[50] Für eine Subsumtion der erweiterten Anwachsung unter § 24 spricht, dass im Rahmen der Anwachsung ein Mitunternehmeranteil in eine PersG eingebracht wird und die Gesellschafter der ersten PersG im Gegenzug Mitunternehmeranteile an der zweiten PersG erhalten. § 1 Abs. 3 UmwStG steht dem nicht entgegen. Zwar handelt es sich bei einer erweiterten Anwachsung nicht um einen Fall der Einzelrechtsnachfolge. Auch wird sie nicht in § 1 Abs. 3 UmwStG aufgeführt. Die Aufzählung ist jedoch nicht abschießend und im Rahmen einer teleologischen Auslegung zu berichtigen. Es ist nicht erkennbar, dass der Gesetzgeber durch die Neufassung des Umwandlungssteuergesetzes den Fall der er-

---

46 *Patt* in Dötsch/Jost/Pung/Witt, § 24 Rdn. 24.
47 *Röhrig/Doege*, DStR 2006, 489, 499 f.
48 So einhellige Meinung, vgl. z. B. Tz. 24.01 i. V. m. Tz. 01.47 UmwStE 2011; *Schlößer* in Haritz/Menner, § 24 Rdn. 90; *Schmitt* in Schmitt/Hörtnagl/Stratz, § 24 Rdn. 55; *Patt* in Dötsch/Patt/Pung/Jost, § 24 Rdn. 15.
49 Vgl. Tz. 24.01 i. V. m. Tz. 01.47 UmwStE 2011; *Widmann* in Widmann/Mayer, § 24 Rdn. 120.2; *Schlößer* in Haritz/Menner, § 24 Rdn. 90; *Schmitt* in Schmitt/Hörtnagl/Stratz, § 24 Rdn. 56; a. A. *Patt* in Dötsch/Patt/Pung/Jost, § 24 Rdn. 15 – danach scheide auch in Fällen der erweiterten Anwachsung eine Anwendung von § 24 aus, da diese nicht von der Anwendungsvorschrift des § 1 Abs. 3 erfasst seien.
50 BFH vom 21. 06. 1994, VIII R5/92, BStBl. II 1994, 856.

weiterten Anwachsung aus dem Anwendungsbereich des § 24 ausscheiden lassen wollte.[51] Ein Fall des § 24 im Rahmen der erweiterten Anwachsung liegt auch vor, wenn die Gesellschafter der beiden involvierten Personengesellschafter identisch sind.[52]

26 Eine privilegierte Übertragung i.s.v. § 24 kann auch im Rahmen einer *Kombination von Gesamt- und Einzelrechtsnachfolge* erfolgen. In diesen Fällen umfasst ein Antrag auf Rückbeziehung die gesamte Einbringung einschließlich des Teils der Sacheinlage, der im Wege der Einzelrechtsnachfolge erfolgt ist.[53]

27 **Von § 24 nicht erfasste Fälle**

§ 24 gilt nicht die für Einbringungen, bei denen als Gegenleistung keine Gesellschafterrechte an der aufnehmenden PersG gewährt werden.[54] Ein solcher Fall liegt zum Beispiel bei verdeckten Einlagen eines Betriebs, Teilbetriebs, Mitunternehmeranteils oder einer 100 %igen Beteiligung an einer KapG vor. Zwar wird durch die Einlage der Wert der Beteiligung erhöht. Die Werterhöhung stellt jedoch keine Gegenleistung für die Einlage dar.[55] Ebenso wird die Überführung eines (Teil-)Betriebs in das Sonderbetriebsvermögen nicht erfasst.[56] Die Einbringung von Wirtschaftsgütern in ein Sonderbetriebsvermögen ist nicht geeignet, als Gegenleistung den Erwerb einer Mitunternehmerstellung auszulösen. Durch ausschließliche Einlage in das Sonderbetriebsvermögen erlangt der Mitunternehmer keine (zusätzlichen) Gesellschafterrechte an der PersG. Erforderlich für die Anwendung von § 24 ist vielmehr, dass durch die Einlage in die PersG eine Mitunternehmerstellung als Gegenleistung erlangt wird.

28 Weiter scheidet eine Anwendung von § 24 aus, *soweit* neben der Einräumung oder Verstärkung der Gesellschafterstellung *andere Gegenleistungen* aus dem Gesamthandsvermögen der aufnehmenden Gesellschaft gewährt werden. Dabei kann es sich zum Beispiel um eine Entgeltzahlung handeln. Weiter kommt die Gewährung einer Forderung gegen das Gesamthandsvermögen in Betracht, welche vom Einbringenden gegenüber der Gesellschaft gestundet wird. Für die Beurteilung der Frage, ob neben der Einräumung oder Verstärkung der Mitunternehmerstellung andere Gegenleistungen eingeräumt werden, ist eine wirtschaftliche Sichtweise maßgeblich. In diesen und vergleichbaren Fällen werden stille Reserven in dem Umfang steuerpflichtig aufgedeckt, in dem die Übertragung der Wirtschaftsgüter nicht

---

51 *Schmitt* in Schmitt/Hörtnagl/Stratz, § 24 Rdn. 56.
52 BFH vom 21.06.1994, VIII R 5/92, BStBl. II 1994, 856: *Schmitt* in Schmitt/Hörtnagl/Stratz, § 24 Rdn. 56; anders aber FG Münster vom 17.11.1997, 16 K 2981/96, EFG 1998, 1020.
53 Tz. 24.06 i.V.m. Tz. 20.13–20.16 UmwStE 2011; *Schmitt* in Schmitt/Hörtnagl/Stratz, § 24 Rdn. 53.
54 *Nitzschke* in Blümich, § 24 Rdn. 23.
55 *Patt* in Dötsch/Jost/Pung/Witt, § 24 Rdn. 40 ff.
56 FG Düsseldorf vom 30.04.2003, EFG 2003, 1180 rkr.; *Schmitt* in Schmitt/Hörtnagl/Stratz, § 24 Rdn. 110; *Patt* in Dötsch/Jost/Pung/Witt, § 24 Rdn. 44.

durch die Gewährung von Gesellschaftsrechten gedeckt ist.[57] Vgl. auch unten Rdn. 42.

§ 24 gilt ebenso nicht für die *Einbringung einzelner Wirtschaftsgüter*.[58] Dies 29
gilt auch für Übertragungen nach dem UmwG. Zivilrechtlich ist es zwar
i.d.R. durch Auf- oder Abspaltung von einer PersG durchaus möglich, im
Wesentlichen nur einen einzigen Vermögensgegenstand oder eine einzige
Verbindlichkeit überzuleiten. Diese Vorgänge fallen jedoch in aller Regel
nicht in den Anwendungsbereich von § 24. Eine steuerneutrale Übertragung
von einzelnen steuerverstrickten Wirtschaftsgütern kann nur nach § 6 Abs. 5
EStG erfolgen.[59]

§ 24 erfasst ebenso nicht die Einbringung von *Wirtschaftsgütern des Privat-* 30
vermögens. Bei der Einbringung einzelner Wirtschaftsgüter des Privatvermögens in das Betriebsvermögen einer Mitunternehmerschaft gegen Gewährung von Gesellschaftsrechten erfolgt ein tauschähnlicher Vorgang, der
beim Übertragenden zu einem steuerpflichtigen Veräußerungsgeschäft
führt, vorausgesetzt steuerverstricktes Privatvermögen liegt vor. Die übernehmende PersG tätigt ein Anschaffungsgeschäft.[60] Der Gewinn oder Verlust ist grds. steuerpflichtig. Soweit die Tatbestände der §§ 17, 20 Abs. 2, 23
EStG erfüllt sind, ist der Gewinn oder Verlust ertragsteuerlich relevant. § 24
gilt damit nicht für die Einbringung einer 100 %igen Beteiligung an einer
KapG aus dem Privatvermögen in eine PersG gegen Gewährung von Mitunternehmeranteilen.[61] Dies ergibt sich sowohl aus der Überschrift der Vorschrift als auch aus dem Wortlaut der Regelung. § 24 setzt ausdrücklich
voraus, dass Betriebsvermögen gegen Gewährung einer Mitunternehmerstellung Gegenstand der Einbringung ist.

Erfolgt ein *Formwechsel* einer KapG in eine PersG, so kommt § 24 ebenfalls 31
nicht zur Anwendung. § 14 geht als lex specialis § 24 vor.

Auch soweit eine PersG einer Rechtsform in eine *PersG anderer Rechtsform* 32
wechselt (z.B. OHG in GbR oder OHG in KG) scheidet eine Anwendung von
§ 24 aus. Durch den bloßen Formwechsel unter Wahrung der zivilrechtlichen Identität und der Beteiligungsverhältnisse kommt es zu keiner Vermögensübertragung im steuerlichen Sinne. Der Rechtsformwechsel ist insoweit

---

57 Tz. 24.07 UmwStE 2011; BFH vom 08.12.1994, IV R 82/92, BStBl. II 1995, 599; BFH
vom 18.10.1999, GrS 2 – 98, DStR 2000, 65; BFH vom 11.12.1, VIII R 58/98,
BStBl. II 2002, 420; *Schmitt* in Schmitt/Hörtnagl/Stratz, § 24 Rdn. 28; *Patt* in Dötsch/
Jost/Pung/Witt, § 24 Rdn. 58 ff.
58 *Nitzschke* in Blümich, § 24 Rdn. 26.
59 *Schmitt* in Schmitt/Hörtnagl/Stratz, § 24 Rdn. 78; *Patt* in Dötsch/Jost/Pung/Witt,
§ 24 Rdn. 45.
60 *Patt* in Dötsch/Jost/Pung/Witt, § 24 Rdn. 56; 88; BFH vom 19.10.1998, VIII R 69/95,
BStBl. II 2000, 230; BMF vom 29.03.2000, BStBl. I 2000, 462; *Kulosa* in L. Schmidt,
§ 6 EStG Rdn. 551, 555, 664; a.A. *Reiß*, DB 2005, 358, 365 f.
61 BFH vom 19.10.1998, IV R 52-96, DStR 1999, 366; BMF vom 29.03.2000, DStR
2000, 820; *Schmitt* in Schmitt/Hörtnagl/Stratz, § 24 Rdn. 29; *Patt* in Dötsch/Jost/
Pung/Witt, § 24 Rdn. 56, siehe oben Rdn. 22.

steuerlich nicht relevant.[62] Ebenso liegt kein Fall der Veräußerung oder der Betriebsaufgabe vor.[63] Ebenso kommt § 24 nicht zur Anwendung, falls ein Einzelunternehmer unentgeltlich in das Einzelunternehmen eines anderen Einzelunternehmers aufgenommen wird.[64]

VI. Einbringender

33   Im Hinblick auf die Person des Einbringenden sieht § 24 i. V. m. § 1 Abs. 4 keine Beschränkungen vor. Die Einbringung kann durch jede natürliche oder juristische Person erfolgen. Damit gilt § 24 auch für juristische Personen des öffentlichen Rechts. Bringt eine juristische Person des öffentlichen Rechts einen Betrieb, Teilbetrieb oder Mitunternehmeranteil ein, ist die als Gegenleistung eingeräumte Mitunternehmerstellung als Betrieb gewerblicher Art zu qualifizieren.[65] Bei einer gem. §§ 51 ff. AO steuerbefreiten Körperschaft wird bei einem entsprechenden Sachverhalt ein wirtschaftlicher Geschäftsbetrieb gebildet. Ebenfalls wird die Anwendung nicht auf Angehörige aus EU-/EWR-Staaten begrenzt. Der Wortlaut der Tatbestandsmerkmale des Abs. 1 sieht nicht vor, dass der Einbringende unbeschränkt steuerpflichtig ist. Die Einbringung kann damit sowohl durch einen unbeschränkt Steuerpflichtigen, wie auch durch einen beschränkt Steuerpflichtigen erfolgen.[66]

34   Strittig ist, ob eine *Mitunternehmerschaft als Einbringende* i. s. v. § 24 angesehen werden kann. Dies ist jedenfalls anzunehmen, wenn die als Gegenleistung für die Einlage gewährten Anteile an der PersG von der Mitunternehmerschaft gesamthänderisch gehalten werden.[67] Anders soll es aussehen, wenn nach der Einbringung die PersG nicht fortbesteht.[68] Nach (bisheriger) Auffassung der Finanzverwaltung sollte stets der einzelne *Mitunternehmer* selbst – und nicht die Mitunternehmerschaft – Einbringender sein. Dies gelte auch dann, wenn Betriebsvermögen von einer PersG in eine andere PersG einlegt wird und der als Gegenleistung gewährte Mitunter-

---

62 Vgl. Tz. 24.01 i. V. m. Tz. 01.47 UmwStE 2011; BFH vom 21.06.1994, VIII R/92, BStBl. II 1994, 856; BFH vom 20.09.2007, IV R 70/05, BStBl. II 2008, 265; *Schmitt* in Schmitt/Hörtnagl/Stratz, § 24 Rdn. 57; *Patt* in Dötsch/Jost/Pung/Witt, § 24 Rdn. 73.

63 *Wacker* in L. Schmidt, § 16 EStG Rdn. 416.

64 Tz. 24.01, 24.07 UmwStE 2011.

65 Vgl. BFH vom 06.04.1973, III R 78/72, BStBl. II 1973, 616.

66 *Schmitt* in Schmitt/Hörtnagl/Stratz, § 24 Rdn. 100; *Nitzschke* in Blümich, § 24 Rdn. 27.

67 So nun ausdrücklich auch die Finanzverwaltung für den Fall, dass die einbringende PersG nach der Einbringung fortbesteht: Tz. 24.03 i. V. m. Tz. 20.03 UmwStE 2011. Ein solcher Fall ist anzunehmen, wenn eine mehrstöckige PersG-Struktur vorliegt und Gesellschafter der eingebrachten PersG wiederum eine PersG ist; für die Mitunternehmerschaft als Einbringende: *Schlößer* in Haritz/Menner, § 24 Rdn. 50; *Schmitt* in Schmitt/Hörtnagl/Stratz, § 24 Rdn. 101 ff.: Auch die Mitunternehmerschaft könne Einbringender sein unter Hinweis auf BFH GrS vom 25.02. 1991, GrS 7/89, BStBl. II 1991, 691; BFH vom 26.01.1995, IV R 23/93, BStBl. II 1995, 467.

68 Tz. 24.03 i. V. m. Tz. 20.03 UmwStE 2011 unter Hinweis auf BFH vom 16.02.1996, I R 183/94, BStBl. II, 342

nehmeranteil Gesamthandsvermögen der einlegenden PersG wird.[69] Für diese Sichtweise spricht, dass die PersG nach § 1 Abs. 3 und 4 sowie dem Einkommensteuergesetz transparent ist. Gleichwohl ist der Ansicht der Finanzverwaltung nicht zu folgen. Die neue und die bisherige Auffassung der Finanzverwaltung berücksichtigt nicht, dass das Betriebsvermögen zum Zeitpunkt der Einbringung gesamthänderisch gebunden und damit der PersG – und nicht ihren Mitunternehmern – zuzurechnen war. Von der Qualifizierung der PersG als Einbringende ist zu unterscheiden, dass ihr Einbringungsgewinn wiederum im Rahmen der einheitlichen und gesonderten Gewinnermittlung den einzelnen Mitunternehmern selbst zugerechnet wird.

VII. Einbringung in eine PersG

Als übernehmende Gesellschaften kommen land- und forstwirtschaftlich,   35
gewerblich oder freiberuflich tätige PersG in Betracht. Darunter fallen insbesondere die nach deutschen Recht gegründeten folgenden Rechtsträger: Gesellschaften des bürgerlichen Rechts, Offene Handelsgesellschaften, Kommanditgesellschaften sowie die Partnerschaftsgesellschaften, Innengesellschaften, Unterbeteiligungsgesellschaften oder stille Gesellschaften, bei denen die Gesellschafter als Mitunternehmer anzusehen sind, d.h. atypische stille Gesellschaften.[70] Maßgeblich ist, dass die Wirtschafsgüter in das Betriebsvermögen der PersG übergehen. Ausreichend ist, wenn die Einbringung in eine bisher vermögensverwaltende PersG erfolgt, die erst aufgrund der Einbringung eines Betriebs, Teilbetriebs oder Mitunternehmeranteils gewerbliche, freiberufliche oder Einkünfte aus Land und Forstwirtschaft erzielt.

Für die Einordnung eines nach ausländischem Recht gegründeten Rechtsträ-   36
gers sind die *Grundsätze zum Typenvergleich* anzuwenden.[71] Als aufnehmende Gesellschaft. i.S.d. § 24 kommen auch Gesellschaften, die in ihrem Ansässigkeitsstaat als KapG, nach dem Typenvergleich aber als PersG zu qualifizieren sind in Betracht.[72] Soweit die Einbringung in eine solche transparente Gesellschaft von der FusionsRL erfasst wird, kommen Art. 8 Abs. 1–3 der FusionsRL gem. Art. 10a Abs. 3 FusionsRL nicht zur Anwendung. Soweit ein Mitgliedsstaat eine gebietsfremde übernehmende oder erwerbende Gesellschaft aufgrund seiner Beurteilung als steuerlich transparent ansieht, ist er berechtigt § 8 Abs. 1 bis 3 nicht anzuwenden. Der Anwendungsbereich des § 24 wird durch § 1 Abs. 4 nicht auf PersG als aufnehmende Rechtsträger beschränkt, die nach dem Recht eines Mitglieds der EU-/EWR gegründet wurden. Vgl. im Übrigen auch die Ausführungen oben zu Rdn. 11.

---

69 BMF vom 25.03.1998, BStBl. I, 268, Rdn. 24.04 i.V.m. 20.05; *Patt* in Dötsch/Jost/ Pung/Witt, § 24 Rdn. 112; wohl offen *Rasche* in Rödder/Herlinghaus/van Lishaut, § 24 Rdn. 54.
70 *Schmitt* in Schmitt/Hörtnagl/Stratz, § 24 Rdn. 108; *Patt* in Dötsch/Jost/Pung/Witt, § 24 Rdn. 99.
71 Zum Typenvergleich BMF vom 19.04.2004, BStBl. I 2004, 411, Abschn. IV; zur Einordnung ausgewählter ausländischer Gesellschaften BMF vom 24.12.1999, BStBl. I 1999, 1076 Anhang 1 Tabellen 1 und 2.
72 Tz. 24.01 i.V.m. Tz. 01.48 UmwStE 2011.

37   Bei der Einbringung muss das rechtliche, jedenfalls aber das wirtschaftliche Eigentum auf die PersG übertragen werden (vgl. oben Rdn. 15). Die Übertragung hat in das Gesamthandsvermögen oder kann auch zum Teil in das Sonderbetriebsvermögen zu erfolgen.[73] Erfolgt die Einbringung ausschließlich dagegen in das Sonderbetriebsvermögen, kommt § 24 nicht zur Anwendung. Dies ergibt sich daraus, dass da im Rahmen der Einbringung in das Sonderbetriebsvermögen im Gegenzug keine neuen Gesellschafterrechte an der PersG begründet werden können.[74] Unerheblich für die Anwendung des § 24 ist, ob die Einbringung in eine bestehende PersG auf eine durch die Einbringung erst selbst neu gegründete PersG erfolgt.[75] Auch bei Neugründung einer PersG ist eine Rückbeziehung der Einbringung nach Abs. 4 i. V. m. § 20 Abs. 5 möglich.

VIII. Einräumung einer Mitunternehmerstellung

38   Nach Abs. 1 ist als Gegenleistung für die Sacheinlage erforderlich, dass der Einbringende Mitunternehmer der Gesellschaft „wird". Welche Voraussetzungen erfüllt sein müssen, damit davon ausgegangen werden kann, dass der Einbringende Mitunternehmer geworden ist, beschreibt das Gesetz nicht. Hinsichtlich der Voraussetzungen der Mitunternehmerstellung gelten damit die *allgemeinen steuerlichen Grundsätze*.[76] Dem Einbringenden muss *Mitunternehmerinitiative* und *Mitunternehmerrisiko* eingeräumt werden. Beide Merkmale müssen vorliegen. Sie können aber im Einzelfall unterschiedlich ausgeprägt sein. Stets ist das Gesamtbild entscheidend.[77] Dies bedeutet auch, dass eine Anwendung von § 24 ausscheidet, wenn der Einbringende zwar Gesellschafter der PersG wird, dies aber im Ausnahmefall aufgrund der vorliegenden vertraglichen Vereinbarungen nicht mit der Begründung einer Mitunternehmerstellung verbunden ist.[78] Damit kommt es nicht darauf an, dass durch die Einbringung der Einbringende bei zivilrechtlicher Betrachtung Gesellschafter der aufnehmenden PersG wird.[79] Dies wird zwar regelmäßig der Fall sein. Maßgeblich ist jedoch allein, dass im Gegenzug zur Einbringung eine Mitunternehmerstellung begründet wird. § 24 ist somit grds. auch anwendbar, wenn der Einbringende bereits Mitunternehmer ist. Problematisch ist allerdings die Sachverhaltskonstellation, in der der Einbringende (bereits schon zuvor) alleiniger Mitunternehmer der übernehmenden PersG ist. Hier stellt sich die Frage, ob der Einbringende Mitunternehmer der PersG „wird", da er bereits alle Anteile hält. Es ist jedoch auch in diesen Fällen von der Anwendbarkeit des § 24 auszugehen.

---

73 Tz. 24.05 UmwStE 2011; *Nitzschke* in Blümich, § 24 Rdn. 29; a. A. *Patt* in Dötsch/Jost/Pung/Witt, § 24 Rdn. 14, 16 unter Hinweis auf § 1 Abs. 3.

74 Vgl. *Schmitt* in Schmitt/Hörtnagl/Stratz, § 24 Rdn. 110.

75 Vgl. *Patt* in Dötsch/Jost/Pung/Witt, § 24 Rdn. 19 f.; *Schlößer* in Haritz/Menner, § 24 Rdn. 62; *Schmitt* in Schmitt/Hörtnagl/Stratz, § 24 Rdn. 111.

76 Vgl. *Nitzschke* in Blümich, § 24 Rdn. 33.

77 *Wacker* in L. Schmidt, § 15 EStG Rdn. 261 ff.; BFH vom 03. 05. 1993, GrS 3/92, BStBl. II 1993, 616.

78 *Schmitt* in Schmitt/Hörtnagl/Stratz, § 24 Rdn. 115; *Wacker* in L. Schmidt, § 15 EStG Rdn. 266.

79 *Schlößer* in Haritz/Menner, § 24 Rdn. 64.

Dies ergibt sich daraus, dass die bestehende Beteiligung durch die Sacheinlage erweitert wird.[80]

Die *Einräumung der Mitunternehmerstellung* erfordert grds. die Erfassung des Einbringungsvorgangs auf einem *Kapitalkonto* des Einbringenden in der PersG.[81] Nicht erforderlich ist eine vollständige Erfassung auf dem Kapitalkonto, durch welches die Beteiligung am Gewinn und Verlust, dem Vermögen und der Stimmrechte repräsentiert wird (i.d.R. das Kapitalkonto I). Es kann auch die teilweise Verbuchung auf einem variablen Kapitalkonto erfolgen, soweit es sich nicht um ein Darlehenskonto handelt. Lediglich im Rahmen der Einbringung eine Darlehensforderung einzuräumen, ist nicht ausreichend.[82] Die Mitunternehmerstellung wird dadurch nicht verstärkt.[83] Der Qualifizierung der Gesellschafterkonten als Kapital- oder Darlehenskonten kommt daher erhebliche Bedeutung zu.[84]

39

Erfolgt im Gegenzug zur Einbringung keine *Beteiligung am Vermögen der Mitunternehmerschaft*, so wird i.d.R. keine Mitunternehmerstellung begründet. Dies ist zum Bespiel der Fall, wenn für den Einbringenden kein Kapitalkonto in der Gesamthandsbilanz geführt wird und der Einbringungsvorgang ausschließlich auf Darlehenskonten oder in der Sonderbilanz erfasst wird. Dies gilt auch, wenn ein Mitunternehmer einen Betrieb, Teilbetrieb oder Mitunternehmeranteil ausschließlich in das Sonderbetriebsvermögen der Mitunternehmerschaft überführt. Insoweit wird keine Mitunternehmerstellung als Gegenleistung für die Einbringung eingeräumt. Ebenso ist § 24 im Grundsatz nicht anwendbar, wenn die Sacheinlage lediglich in den Rücklagen erfasst wird.

40

Umstritten ist, ob § 24 in *Ausnahmefällen* auch dann anwendbar ist, wenn aufgrund der Sacheinlage eine Mitunternehmerstellung eingeräumt wurde, dies jedoch nicht zugleich mit einer Beteiligung am Vermögen der Mitunternehmerschaft verbunden ist. Eine Anzahl von Autoren fordert, dass im Gegenzug zur Einbringung eine Beteiligung am Vermögen der Mitunternehmerschaft eingeräumt wird.[85] Diese Ansicht ist zu eng, da der Wortlaut

41

---

80 Tz. 24.06 UmwStE 2011; BFH vom 25.04.2006, VIII R 74/03, DStR 2006, 1408 ff.; BMF vom 26.11.2004, DB 2004, 2667, 2668; *Schmitt* in Schmitt/Hörtnagl/Stratz, § 24 Rdn. 116; *Patt* in Dötsch/Jost/Pung/Witt, § 24 Rdn. 109; *Schlößer* in Haritz/Menner, § 24 Rdn. 75.

81 *Widmann* in Widmann/Mayer, § 24 Rdn. 101.4; vgl. *Schmitt* in Schmitt/Hörtnagl/Stratz, § 24 Rdn. 128 f.

82 Tz. 24.07 UmwStE 2011.

83 *Schmitt* in Schmitt/Hörtnagl/Stratz, § 24 Rdn. 129; *Patt* in Dötsch/Jost/Pung/Witt, § 24 Rdn. 108, 61; differenzierend *Ley*, KÖSDI 1999, 12155, 12162; kritisch *Rogall*, DB 2007, 1215, 1217 ff.

84 Vgl. zur Abgrenzung zwischen Kapitalkonto und Darlehenskonto Tz. 24.07 UmwStE 2011 unter Hinweis auf BMF vom 30.05.1997, BStBl. I, 627 sowie BMF vom 26.11.2004, BStBl. I 2004, 1190; BFH vom 12.10.2005, X R 35/04, BFH/NV 2006, 521; *Röhrig/Doege*, DStR 2006, 489, 499. Ausreichend ist dagegen, wenn der Gegenwert der Einlage auf einem gesamthänderisch gebundenen Rücklagenkonto verbucht wird, vgl. BFH vom 25.04.2006, VIII R 52/04, BStBl. II 2006, 846; *Patt* in Dötsch/Jost/Pung/Witt, § 24 Rdn. 108.

85 *Schmitt* in Schmitt/Hörtnagl/Stratz, § 24 Rdn. 119; so wohl auch *Nitschke* in Blümich, § 24 Rdn. 34, 36, der stets eine Erfassung auf dem Kapitalkonto fordert.

der Vorschrift lediglich die Einräumung einer Mitunternehmerstellung fordert. Insofern kann es in Ausnahmenfällen für die Anwendung von § 24 genügen, wenn dem Einbringenden für die Sacheinlage in dem Maße Mitunternehmerrisiko und Mitunternehmerinitiative einräumt wird, das erforderlich ist, um ihn nach den allgemeinen Maßstäben als Mitunternehmer anzusehen.[86] Maßgeblich ist damit nicht die zivilrechtliche Stellung des Einbringenden, sondern seine Qualifikation als Mitunternehmer der PersG.[87] I.d.R. wird dies allerdings auch eine Beteiligung am Vermögen der Mitunternehmerschaft beinhalten. Ausreichend ist auch, wenn der Einbringende bereits an der PersG beteiligt war, dass zusätzliche Rechte eingeräumt werden, an der Gewinnverteilung teilzuhaben oder die Einräumung von weiteren Stimmrechten. Auch dürfte die Einräumung von weiteren Befugnissen aus der Gesellschafterstellung als Mitunternehmer ausreichen, wie zum Beispiel die Einräumung einer Sperrminorität in bestimmten Fällen oder bestimmter Rechte, die über die bisherigen hinausgehen. Maßgeblich ist, dass durch die Einbringung im Gegenzug die Stellung als Mitunternehmer erstarkt.[88] Dabei reicht im Ergebnis jede Besserstellung mit wirtschaftlichem Gehalt aus.[89]

42 Leisten die übrigen Gesellschafter *Ausgleichszahlungen oder Zuzahlungen in das Privatvermögen* des Einbringenden, so schließt dies insoweit die Anwendung von § 24 aus und führt zur steuerpflichtigen Aufdeckung der stillen Reserven.[90] Eine entgeltliche Übertragung eines Teils des Mitunternehmeranteils liegt in Höhe der Ausgleichszahlung vor, soweit die Gegenleistung nicht in der Gewährung von Gesellschafterrechten besteht. Zuzahlungen liegen auch vor, wenn durch die übrigen Gesellschafter private Verbindlichkeiten des Einbringenden getilgt oder übernommen werden.[91] Erfolgt die Aufnahme eines Gesellschafters zu gemeinen Werten und erfolgen Zuzahlungen in das Privatvermögen, so kommen gem. § 24 Abs. 3 S. 2 die Vergünstigungen des §§ 16 Abs. 4, 34 EStG zur Anwendung. Dies gilt vorbehaltlich der Regelung des § 24 Abs. 3 S. 3.[92]

43 Kein Anwendungsfall von § 24 liegt vor, wenn der Inhaber eines Betriebes zunächst aufgrund einer *Bareinlage* Mitunternehmer einer Gesellschaft

---

86 Vgl. zur Begründung einer Mitunternehmerstellung *Wacker* in L. Schmidt, § 15 EStG Rdn. 266 ff.

87 Vgl. *Schlößer* in Haritz/Menner, § 24 Rdn. 64; *Widmann* in Widmann/Mayer, § 24 Rdn. 108; so wohl auch *Patt* in Dötsch/Jost/Pung/Witt, § 24 Rdn. 106 f., siehe oben Rdn. 38.

88 Tz. 24.07 UmwStE 2011; BFH vom 25.04.2006, VIII 52/04, BStBl. II 2006, 847; BFH vom 15.06.1976, I R 17/74, BStBl. II 1976, 748.

89 *Schlößer* in Haritz/Menner, § 24 Rdn. 14; *Widmann* in Widmann/Mayer, § 24 Rdn. 101.4; *Schmitt* in Schmitt/Hörtnagl/Stratz, § 24 Rdn. 131; solange keine missbräuchliche Gestaltung anzunehmen ist, vgl. *Schmitt* in Schmitt/Hörtnagl/Stratz, § 24 Rdn. 141 ff.

90 BFH vom 08.12.1994, IV R 82/92, BStBl. II 1995, 599; BFH vom 18.10.1999, GrS 2/98,, BStBl. II 2000, 123, *Patt* in Dötsch/Jost/Pung/Witt, § 24 Rdn. 62; *Nitzschke* in Blümich, § 24 Rdn. 35; vgl. auch oben Rdn. 28.

91 BFH vom 16.12.2004, II R 38/00, BFH/NV 2005, 767.

92 Tz. 24.07, Tz. 24.15 ff. UmwStE 2011; BMF vom 21.09.2000, IV R 54/99, BStBl. II 2001, 178.

wird, die anschließend den Betrieb erwirbt. Ebenso scheidet die Anwendung von § 24 aus, wenn für die Sacheinlage nur die Stellung als Gesellschafter einer PersG eingeräumt wird, der (neue) Gesellschafter jedoch nicht auch Mitunternehmer wird. Dies ergibt sich aus dem Wortlaut der Vorschrift, die ausdrücklich auf die Einräumung einer Mitunternehmerstellung abstellt.[93] Für die Anwendung von § 24 ist jedoch ausreichend, wenn im Rahmen der Einbringung nur ein *sehr geringer Mitunternehmeranteil* eingeräumt wird.[94] Der Wortlaut der Vorschrift sieht keine Mindestbeteiligung vor. Fraglich ist, ob i.d.R. der Wert der eingeräumten Mitunternehmeranteile dem Wert der Einlage entsprechen muss. Dies ist nach dem Gesetzeswortlaut für die Anwendung des § 24 nicht erforderlich. D.h., es kann eine Einlage gegen Einräumung einer Mitunternehmerstellung erfolgen, deren Wert nicht dem Wert der Einlage entspricht. Stille Reserven sind in diesen Fällen nicht aufzudecken. Zu beachten ist allerdings, dass es in diesen Fällen zu verdeckten Gewinnausschüttungen kommen kann, falls eine KapG auf diese Weise einer nahestehenden Person einen Vermögensvorteil zukommen lässt, ohne eine Gegenleistung zu erhalten, die einem Drittvergleich standhält.[95] Die Grenze der Gestaltung zieht § 42 AO. Ein Missbrauch liegt insbesondere dann vor, wenn ein Veräußerungsgeschäft verschleiert und dem Veräußerer eine Mitunternehmerstellung nur der Form halber eingeräumt wurde.[96] Insofern spricht auch die Gewährung eines nur sehr geringen Mitunternehmeranteils jedenfalls dann für die Anwendung des § 24, wenn die Motivation hierzu wirtschaftlich nachvollziehbar und nicht nur fiskalisch begründet ist. Insofern wird es auf eine wertende Betrachtung des jeweiligen Einzelfalls ankommen.

F. § 24 Abs. 2

I. Grundsatz: Ansatz mit dem gemeinen Wert (S. 1)

Gem. § 24 Abs. 2 S. 1 hat die übernehmende PersG das übernommene Betriebsvermögen in der Steuerbilanz einschließlich der Ergänzungsbilanzen der Gesellschafter *grds. mit dem gemeinen Wert* anzusetzen. Dieser Grundsatz wird für Pensionsrückstellungen eingeschränkt. Für diese hat die Bewertung nach § 6a EStG zu erfolgen. Stille Lasten der Pensionsverpflichtungen werden danach nicht aufgedeckt.   **44**

II. Auf Antrag: Buch- oder Zwischenwertansatz (S. 2)

Für den Einbringenden liegt in Fällen des § 24 ein tauschähnliches Veräußerungs-, für den übernehmenden Rechtsträger ein Anschaffungsgeschäft   **45**

---

93 *Patt* in Dötsch/Patt/Pung/Jost, § 24 Rdn. 106.
94 BFH vom 29.10.1987, IV R 93/85, BStBl. II 1988, 374; *Schmitt* in Schmitt/Hörtnagl/ Stratz, § 24 Rdn. 131; *Schlößer* in Haritz/Menner, § 24 Rdn. 76; *Widmann* in Widmann/Mayer, § 24 Rdn. 101.3; *Patt* in Dötsch/Jost/Pung/Witt, § 24 Rdn. 108.
95 Vgl. BFH vom 15.09.2004, I R 7/02, BStBl. II 2005, 867; *Briese*, GmbHR 2005, 207, 211 ff.
96 Vgl. BFH vom 23.06.1981, VIII R 138/80, BStBl. II 1982, 622.

vor.[97] Es besteht daher nach S. 2 für die übernehmende PersG ein Ansatz- und Bewertungswahlrecht für die eingebrachten Wirtschaftsgüter des Betriebs, des Teilbetriebs bzw. des Mitunternehmeranteils. Der Wertansatz ist sowohl für die Besteuerung des Einbringenden als auch der übernehmenden PersG von maßgeblicher Bedeutung. Für den Einbringenden ist die Ausübung des Wahlrechts durch die übernehmende PersG für die Bemessung des Veräußerungspreises und damit für seine Besteuerung maßgeblich. Dies ergibt sich aus § 24 Abs. 3 S. 1. Diesem zufolge gilt der Wert, mit dem das eingebrachte Betriebsvermögen in die Bilanz der PersG einschließlich der Ergänzung- und Sonderbilanzen für ihre Gesellschafter angesetzt wird als Veräußerungspreis.[98] Auf Antrag kann die PersG nach § 24 Abs. 2 S. 2 die *Buchwerte* des übergehenden Betriebsvermögens fortführen oder einen *Zwischenwert*, höchstens jedoch den gemeinen Wert ansetzen, wenn ein deutsches Besteuerungsrecht an dem eingebrachten Vermögen weder ausgeschlossen noch beschränkt wird. Liegen diese Voraussetzungen vor, hat die *übernehmende PersG* – und nur diese – ein *Bewertungswahlrecht*.[99] Der Einbringende hat weder ein Mitsprache- noch ein Vetorecht.[100] Bei Buchwertfortführung sind nicht allein die Werte der Gesamthands- sondern auch die der Ergänzungsbilanz und ggf. der Sonderbilanz der Gesellschafter zu übernehmen.[101] Siehe insoweit auch unten Rdn. 49 f.

46   Die Fortführung der Buchwerte kann im Gegensatz zu § 20 auch dann erfolgen, wenn der *Buchwert des eingebrachten Betriebsvermögens negativ* ist.[102] Für den Einbringenden wird das übergehende negative Vermögen durch ein negatives Kapitalkonto festgehalten. Damit wird die Besteuerung der stillen Reserven sichergestellt. Es gelten für die Einbringung der Grundsatz der *Einzelbewertung* und das *Saldierungsverbot*. Soweit der gemeine Wert einzelner Wirtschaftsgüter über dem Buchwert und anderer unter dem Buchwert liegt, darf daher keine Verrechnung erfolgen. Bei einer Buchwertfortführung ist für alle Wirtschaftsgüter einheitlich der Buchwert anzusetzen. Wirtschaftsgüter dürfen ausnahmsweise nur dann unter dem Buchwert angesetzt werden, wenn der gemeine Wert unter dem Buchwert liegt. Dies ergibt sich daraus, dass der gemeine Wert den höchst zulässigen Wert für einen Bilanzansatz darstellt.[103]

47   Durch die Einbringung darf das Recht der Bundesrepublik Deutschland an der Besteuerung des Gewinns aus der Veräußerung des eingebrachten Betriebsvermögens nicht ausgeschlossen oder beschränkt werden. Das deutsche Besteuerungsrecht wird ausgeschlossen, wenn nach der Einbringung kein *deutsches Besteuerungsrecht* besteht. Eine Beschränkung des deut-

---

97 BFH vom 29.10.1987, IV R 93/85, BStBl. II 1988, 374; FG Hamburg vom 13.05.2004, V 284/00, DStRE 2004, 1290; *Schlößer* in Haritz/Menner, § 24 Rdn. 14.
98 Tz. 24.13 UmwStE 2011; *Schmitt* in Schmitt/Hörtnagl/Stratz, § 24 Rdn. 236.
99 Tz. 24.03 i.V.m. Tz. 20.22 UmwStE 2011.
100 BFH vom 25.04.2006, VIII R 52/04, BStBl. II 2006, 847; *Patt* in Dötsch/Jost/Pung/Witt, § 24 Rdn. 116.
101 Vgl. *Widmann* in Widmann/Mayer, § 24 Rdn. 128 i.V.m. Rdn. 196.
102 A.A. Tz. 24.04 UmwStE 2011; *Patt* in Dötsch/Jost/Pung/Witt, § 24 Rdn. 129.
103 Tz. 24.03 i.V.m. Tz. 20.17 UmwStE 2011; *Schmitt* in Schmitt/Hörtnagl/Stratz, § 24 Rdn. 175 f.

schen Besteuerungsrechts liegt vor, wenn das deutsche Besteuerungsrecht ohne die Verpflichtung zur Anrechnung ausländischer Steuern durch ein (eingeschränktes) Recht auf die Besteuerung mit Anrechnungsverpflichtung nach DBA oder § 34c EStG ersetzt wird. *Je Einbringungsvorgang* ist das *Wahlrecht einheitlich* für alle Wirtschaftsgüter auszuüben. Dies gilt sowohl für das Gesamthands- als auch für das Sonderbetriebsvermögen. D.h., wird der Ansatz eines Zwischenwertes gewählt, sind die Wirtschaftsgüter des eingebrachten Betriebsvermögens gleichmäßig aufzustocken.[104] Auch unentgeltlich erworbene oder selbst erstellte immaterielle Wirtschaftsgüter werden aufgestockt. Hinsichtlich der in § 24 Abs. 2 S. 2 genannten Grenzen wird auf die Kommentierung zu § 20 Abs. 2 S. 2 Nr. 4 verwiesen.

III. Keine Maßgeblichkeit der Handelsbilanz für die Steuerbilanz

Der Ansatz des eingebrachten Betriebsvermögens in der Steuerbilanz kann unabhängig vom Ansatz der Vermögensgegenstände in der Handelsbilanz erfolgen. Der Grundsatz der *Maßgeblichkeit der Handelsbilanz* für die Steuerbilanz *gilt* insoweit *nicht*.[105] Teile der Literatur sind allerdings der Auffassung, dass soweit bei der Einbringung in eine PersG handels- und steuerrechtlich korrespondierende Wahlrechte bestehen, die Handelsbilanz für die Steuerbilanz maßgeblich sei, soweit es um die Gesamthandsbilanz gehe.[106] Dem kann nicht gefolgt werden. § 24 Abs. 2 kodifiziert ein eigenständiges, steuerliches Bewertungswahlrecht i.S.v. § 5 Abs. 1 S. 1 letzter HS EStG. Aufgrund dessen kann bei den Wertansätzen in der Steuerbilanz von denen in der Handelsbilanz abgewichen werden. Für Umwandlungen war der Grundsatz der Maßgeblichkeit bereits nach § 24 UmwStG 1995 ohne Bedeutung.[107] D.h., in der Handelsbilanz können im Rahmen einer Einbringung die stillen Reserven aufgedeckt werden, während in der Steuerbilanz die Buchwertfortführung gewählt wird. Dies führt in der Folge insbesondere im Hinblick auf die unterschiedlichen Abschreibungssätzen zu entsprechenden Ergebnisabweichungen zwischen Handels- und Steuerbilanz. Die handelsrechtlichen Vorschriften des § 274 HGB zur bilanziellen Behandlung von latenten Steuern sind insoweit zu beachten.

IV. Ausübung des Bewertungswahlrechts

Die PersG übt i.d.R. ihr Bewertungswahlrecht mit Einreichung der Steuererklärung bei dem zuständigen Betriebsfinanzamt unter Beifügung der

48

49

---

104 Tz. 24.03 i.V.m. Tz. 20.17 i.V.m. Tz. 03.07 und Tz. 03.09 UmwStE 2011; keine selektive Aufstockung BFH vom 10.07.2002, I R 79/01, BStBl. II 2002, 784; BFH vom 24.05.1984, I R 116/78, BStBl. II 1984, 747.

105 A.A. BT-Drs. 16/2710, Rdn. 43; Tz. 24.03 i.V.m. Tz. 20.20 UmwStE 2011; *Patt* in Dötsch/Jost/Pung/Witt, § 24 Rdn. 119; *Schmitt* in Schmitt/Hörtnagl/Stratz, § 24 Rdn. 153, 157; *Nitzschke* in Blümich, § 24 Rdn. 45; *Budde/Förschle/Winkeljohann*, K 213.

106 *Widmann* in Widmann/Mayer, § 24 Rdn. 141.

107 *Widmann* in Widmann/Mayer, § 24 Rdn. 147 f. m.w.N.

Steuerbilanz aus. Der Antrag kann formlos gestellt werden.[108] Das *Wahlrecht* wird regelmäßig *in der Steuerbilanz einschließlich der Ergänzungsbilanzen* ausgeübt. Dies ergibt sich bereits aus dem Wortlaut von § 24 Abs. 2 S. 1.[109] Bei der Gewinnermittlung nach § 4 Abs. 3 EStG hat der Übergang zum Bestandsvergleich zu erfolgen.[110] Nach der gesetzlichen Regelung ist der Ansatz bei der übernehmenden PersG entscheidend. Das gilt auch soweit Wirtschaftsgüter dem Sonderbetriebsvermögen des Einbringenden zuzuordnen sind. Werden gleichzeitig mehrere Betriebe, Teilbetriebe oder Mitunternehmeranteile eingebracht, ist eine unterschiedliche Ausübung des Wahlrechts möglich.[111] Durch die entsprechenden Wertansätze in der Steuerbilanz erfolgt die formlose Stellung des Antrages auf einen vom gemeinen Wert abweichenden Ansatz des übergehenden Vermögens.[112] Maßgeblich ist insoweit ausschließlich, welcher Wertansatz (Buchwert, Zwischenwert, Teilwert) in der Steuerbilanz gewählt wird. Die Finanzverwaltung verlangt weiter, dass sich aus dem Antrag ergibt, ob die eingebrachten Wirtschaftsgüter und Schulden mit dem Buchwert oder einem Zwischenwert angesetzt wurden. Wird ein Zwischenwert gewählt, müsse ausdrücklich angegeben werden, in welcher Höhe oder zu welchem Prozentsatz die stillen Reserven aufgedeckt wurden.[113] Die einmal ausgeübte Wahl zwischen Buchwert, Zwischenwert und gemeinem Wert (Teilwert) ist grds. endgültig.[114] Dies gilt auch dann, wenn beim Einbringenden die Steuerfestsetzung für den Veranlagungszeitraum der Einbringung noch nicht rechtskräftig ist.[115] Wird in der gemeinsamen Bilanz die Sacheinlage eines Mitunternehmers über dem Buchwert ausgewiesen, so kann der Einbringende einen Einbringungsgewinn durch einen entsprechenden negativen Wertansatz in einer Ergänzungsbilanz vermeiden.[116]

50   Der Wertansatz bei dem übernehmenden Rechtsträger ist für den Einbringenden für die Bemessung des Veräußerungspreises allerdings nur insoweit maßgebend, als die PersG die *gesetzlichen Bewertungsgrenzen* beachtet und nicht offenkundig davon abweicht. Ein von den gesetzlichen Vorgaben abweichender Ansatz durch den übernehmenden Rechtsträger hat keine Auswirkung auf den Veräußerungsgewinn. So sind für den Fall, dass der übernehmende Rechtsträger das eingebrachte Betriebsvermögen mit dem gemeinen Wert ansetzt und sich später ergibt, dass die gemeinen Werte der Wirtschaftsgüter nicht zutreffend ermittelt worden, die Bilanzansätze der

---

108 Tz. 24.03 i. V. m. Tz. 20.18 i. V. m. Tz. 03.29 UmwStE 2011; *Nitzschke* in Blümich, § 24 Rdn. 46.

109 Vgl. zur bisherigen Rechtslage BFH vom 21. 08. 1998, XI B 7/98, BFH/NV 1999, 177; BFH vom 25. 04. 2006, VIII R 52/04, BStBl. II 2006, 846 sowie *Patt* in Dötsch/Jost/Pung/Witt, § 24 Rdn. 118 ff.

110 OFD Frankfurt/Main vom 19. 09. 2003, S 1978d A-4-St II 2.02, DStR 2003, 2074.

111 *Widmann* in Widmann/Mayer, § 24 Rdn. 128.

112 Tz. 24.03 i. V. m. Tz. 20.21 i. V. m. Tz. 03.29 UmwStE 2011.

113 Tz. 24.03 i. V. m. Tz. 20.21 i. V. m. Tz. 03.29 UmwStE 2011.

114 Tz. 24.03 i. V. m. Tz. 20.24 UmwStE 2011; *Patt* in Dötsch/Jost/Pung/Witt, § 24 Rdn. 127.

115 Ständige Rechtsprechung, vgl. BFH vom 09. 04. 1981, I R 191/77, BStBl. II 1981, 620; BFH vom 25. 04. 2006, VIII R 52/04, BStBl. II 2006, 847.

116 *Widmann* in Widmann/Mayer, § 24 Rdn. 167; vgl. Tz. 24.13 i. V. m. Tz. 03.25 UmwStE 2011.

übernehmenden Gesellschaft nach den allgemeinen Vorschriften zu berichtigen.[117] Es handelt sich um eine Bilanzberichtigung i.S.v. § 4 Abs. 2 S. 1 EStG. Die Veranlagungen des Einbringenden sind in diesem Zusammenhang gem. § 175 Abs. 1 S. 1 AO zu berichtigen. D.h., ist die Übernehmerin gesetzlich gehalten, einen bestimmten Ansatz der Sacheinlage zugrunde zu legen, so gilt dieser Wert auch für den Einbringenden. Insoweit ist die Bewertung auf Basis der gesetzlichen Vorgaben zu berichtigen.[118] Auch sind insoweit sind Vereinbarungen zwischen dem Einbringenden und dem übernehmenden Rechtsträger über die Bewertung des Betriebsvermögens irrelevant. Ein von den gesetzlichen Vorgaben abweichender Wertansatz beim Einbringenden auf Basis des Vereinbarten ist auch diesen Fällen damit gem. § 175 Abs. 1 Nr. 2 AO zu berichtigen.[119] Ebenso ist für die Besteuerung des Einbringungsgewinns ohne Bedeutung, wenn die PersG von einer dem Einbringenden zugesagten und gesetzlich zulässigen Bewertung bei der Abgabe der Steuererklärung abweicht. Die Änderung oder der Widerruf des durch die übernehmende PersG gestellten Antrags ist nicht möglich.[120] Auch kann der Antrag auf einen vom gemeinen Wert abweichenden Ansatz des Buch- bzw. eines Zwischenwertes nur bis zur erstmaligen Abgabe der steuerlichen Schlussbilanz gestellt werden. Wird die zugesagte Bewertung nicht gewählt, so ist der Einbringende darauf beschränkt, etwaig zivilrechtliche Ansprüche gegen die PersG geltend zu machen.

G. § 24 Abs. 3

I. Veräußerungspreis
für das eingebrachte Betriebsvermögen (Abs. 3 S. 1)

Die Einräumung einer Mitunternehmerstellung im Rahmen der Einbringung   51
eines Betriebs, Teilbetriebs oder eines Mitunternehmeranteils in eine PersG
ist ein tauschähnlicher Vorgang. Der *Veräußerungspreis des Einbringenden*
bestimmt sich gem. Abs. 3 S. 1 daher nach dem Wertansatz der PersG einschließlich der Ergänzungsbilanzen für den Gesellschafter. Zuständig für die
Aufstellung der Ergänzungsbilanzen ist die PersG, nicht die betroffenen Gesellschafter.[121] Liegt der Wertansatz der eingebrachten Wirtschaftsgüter bei
der PersG über dem Buchwert, so entsteht für den Einbringenden ein Veräußerungsgewinn. Der Veräußerungspreis gem. Abs. 3 wirkt sich auch auf
die Anschaffungskosten sowie die künftigen Abschreibungen aus (vgl. § 23
Abs. 1, 3, 4 sowie oben Rdn. 48).

---

117 Tz. 24.03 i.V.m. Tz. 20.24 UmwStE 2011.
118 Tz. 24.02 i.V.m. Tz. 20.24 UmwStE 2011; *Widmann* in Widmann/Mayer, § 20
    Rdn. 401; a.A. *Herlinghaus* in Rödder/Herlinghaus/van Lishaut, § 20 Rdn. 190: der
    Wertansatz der übernehmenden Gesellschaft sei stets verbindlich für die Höhe
    der Anschaffungskosten für den Einbringenden unabhängig von dessen Richtigkeit; vgl. *Patt* in Dötsch/Jost/Pung/Witt, § 24 Rdn. 116; vgl. BFH vom 19.12.2007,
    I R 111/05, BStBl. II 2008, 536.
119 Tz. 24.03 i.V.m. Tz. 20.22 UmwStE 2011.
120 Vgl. oben Fn. 114.
121 BFH vom 23.10.1990, VIII R 142/85, BStBl. II 1991, 401; *Patt* in Dötsch/Jost/Pung/
    Witt, § 24 Rdn. 125.

II. Veräußerungsgewinn/Veräußerungsverlust

52 Der Veräußerungsgewinn wird auch als „Einbringungsgewinn" bezeichnet wird. Er ermittelt sich wie folgt:

Veräußerungspreis i.S.d. § 24 Abs. 3 S. 1 = Wertansatz des eingebrachten Betriebsvermögens bei der PersG

./. Einbringungskosten

./. Buchwert des eingebrachten Betriebsvermögens einschließlich der Ergänzungsbilanzen[122]

./. Freibetrag nach § 16 Abs. 4 EStG

= Einbringungsgewinn/Einbringungsverlust (im engeren Sinne)

Ein Einbringungsgewinn entsteht nur, wenn die Einbringung zu einem Zwischenwert oder dem gemeinen Wert erfolgt. Der Einbringungsgewinn wird um die sofort abzugsfähigen Betriebsausgaben des Einbringenden gemindert. Insoweit kann sich unter Umständen auch ein Einbringungsverlust ergeben. Entsteht der Veräußerungsgewinn bei der Einbringung von begünstigen Wirtschaftsgüter, so kann insoweit eine Besteuerung durch Bildung einer Rücklage i.S.v. § 6 b EStG vermieden werden.[123] Wird ein Kommanditanteil eingebracht, so ist ein etwaiger Einbringungsgewinn gegebenen Falls durch einen verrechenbaren Verlust des Kommanditisten (§ 15a EStG) zu mindern.[124]

Ferner wird auch vom *Einbringungsgewinn im weiteren Sinne* gesprochen.[125] Dieser ergibt sich wie folgt:

Einbringungsgewinn im engeren Sinne

+ dem gemeinen Wert/Teilwert der anlässlich der Einbringung in das Privatvermögen überführten Wirtschaftsgüter

./. des Buchwerts der entnommenen Wirtschaftsgüter am steuerlichen Einbringungstag

+ eines Gewinnzuschlages aus der durch die Einbringung bedingten Auflösung von Rücklagen.

= Einbringungsgewinn im weiteren Sinne

Der *vom Einbringungsgewinn ist der laufende Gewinn zu unterscheiden* ist. Das gilt auch für einen Übergangsgewinn beim Wechsel von der Einnahmen-Überschussrechnung zum Bestandsvergleich.[126] Einbringungsgewinn oder Einbringungsverlust ist Teil der Einkunftsart, zu denen die Einkünfte aus der übertragenen Sacheinlage vor der Einbringung zugeordnet waren.

---

122 Tz. 24.13 UmwStE 2011.
123 Tz. 24.03 i.V.m. Tz. 20.27 UmwStE 2011; *Loschelder* in L. Schmidt EStG, § 6b EStG Rdn. 55, 59.
124 *Nitzschke* in Blümich, § 24 Rdn. 49; *Patt* in Dötsch/Jost/Pung/Witt, § 24 Rdn. 149; *Rödder/Schumacher*, DB 1998, 99, 100 f.
125 Vgl. *Patt* in Dötsch/Jost/Pung/Witt, § 24 Rdn. 130.
126 BFH vom 13.09.2001, IV R 13/01, BStBl. II 2002, 287.

In Betracht kommen Einkünfte aus Gewerbebetrieb, selbständiger Tätigkeit sowie Land-und Forstwirtschaft. Nicht umfasst werden Einkünfte aus Vermietung und Verpachtung Regelmäßig wird es bei Einkünften aus Vermietung und Verpachtung bereits an dem Tatbestandsmerkmal des Betriebs, Teilbetriebs oder Mitunternehmeranteils fehlen.[127]

III. Besteuerung des Einbringungsgewinns

Werden von der übernehmenden PersG der gemeine Wert oder der Zwischenwert für das eingebrachte Betriebsvermögen angesetzt, so ist der bei dem Einbringenden entstehende Gewinn nach den allgemeinen Vorschriften zu besteuern. Damit kommen insbesondere die §§ 15, 16 EStG aber auch §§ 6b und 34 EStG zur Anwendung. Werden im Rahmen der Einbringung Beteiligungen an KapG übertragen, sind § 8b KStG und § 3 Nr. 40 EStG zu berücksichtigen.[128]   53

IV. Gewerbesteuer

§ 24 gilt grds. auch für die Gewerbesteuer. Für die gewerbesteuerlichen Folgen von Einbringungsgewinnen ist jedoch maßgeblich, wer *Einbringender i.S.d. § 24* ist. Erfolgt die Einbringung durch eine *natürliche Person*, so zählen die Gewinne aus der Einbringung eines Betriebs, Teilbetriebs oder Mitunternehmeranteils wegen des Objektsteuercharakters der Gewerbesteuer nicht zu den Bestandteilen des Gewerbeertrags. Die Gewerbesteuer soll lediglich zur Besteuerung des laufenden Gewinns führen.[129] Die Einbringung eines Betriebs, Teilbetriebs oder Mitunternehmeranteils stellt eine Betriebsveräußerung i.S.v. § 16 Abs. 1 S. 1 EStG dar. Damit gehört der Einbringungsgewinn bei natürlichen Personen grds. nicht zum Gewerbeertrag.[130] Dies gilt jedoch nicht für Gewinne, die gem. § 24 Abs. 3 S. 3 i.V.m. § 16 Abs. 2 S. 3 EStG als *laufende Gewinne* gelten. Es handelt sich hierbei um die Fälle, in denen der gemeine Wert für Teile des eingebrachten Betriebsvermögens angesetzt wird, soweit auf der Seite des Veräußerers und der Seite des Erwerbers dieselben Personen Unternehmer oder Mitunternehmer sind.[131] Die dabei erzielten Gewinne sind gewerbesteuerpflichtig.[132] Auch dem BFH zufolge gehört der Einbringungsgewinn, soweit der Einbringende Mitunternehmer wird, zum Gewerbeertrag.[133] Wird lediglich ein Teil eines Mitunternehmeranteils oder eine 100 %ige Beteiligung an einer KapG aus einem gewerblichen Betriebsvermögen eingebracht, so ist der Einbringungsgewinn insgesamt gewerbesteuerpflichtig.[134] Soweit der gewerbe-   54

---

127 *Nitzschke* in Blümich, § 24 Rdn. 50.
128 Tz. 24.03 i.V.m. Tz. 20.26–20.27 UmwStE 2011.
129 *Nitzschke* in Blümich, § 24 Rdn. 51.
130 *Patt* in Dötsch/Jost/Pung/Witt, § 24 Rdn. 153; *Schmitt* in Schmitt/Hörtnagl/Stratz, § 24 Rdn. 253.
131 Tz. 24.16 UmwStE 2011; vgl. auch *Wacker* in L. Schmidt EStG, § 16 EStG Rdn. 562; a.A. *Patt* in Dötsch/Jost/Pung/Witt, § 24 Rdn. 153.
132 BMF-Schreiben, Entwurf Verbandsanhörung Stand 02.05.2011, Rdn. 24.17.
133 BFH vom 15.06.2004, VIII R 7/02, BStBl. II 2004, 754.
134 *Nitzschke* in Blümich, § 24 Rdn. 51; *Patt* in Dötsch/Jost/Pung/Witt, § 24 Rdn. 154 f.; *Schmitt* in Schmitt/Hörtnagl/Stratz, § 24 Rdn. 253.

steuerliche Einbringungsgewinn auf einen Mitunternehmeranteil entfällt, fällt nach herrschender Meinung die Gewerbesteuer auf Ebene der PersG an.

Erfolgt die Einbringung durch eine *KapG*, so unterliegt ein Einbringungsgewinn der Gewerbesteuer.[135] Der Vorgang ist gewerbesteuerpflichtig soweit nicht eine Steuerbefreiung nach § 8b Abs. 2 KStG erfolgt.[136]

H. § 24 Abs. 4

I. Entsprechende Anwendung des § 23 Abs. 1, 3, 4 und 6 (§ 24 Abs. 4 HS 1)

55 Nach § 24 Abs. 4 HS 1 gelten die Abs. 1, 3, 4 und 6 von § 23 entsprechend. § 23 regelt die Auswirkungen für die Besteuerung einer Einbringung bei der übernehmenden Gesellschaft. Maßgeblich ist der für die eingebrachten Wirtschaftsgüter gewählte Wertansatz. Erfolgt die *Sacheinlage unter dem gemeinen Wert* (§ 24 Abs. 2 S. 2), tritt die übernehmende PersG in die steuerliche Rechtsstellung des Übertragenden (§§ 4 Abs. 2 i.V.m. 12 Abs. 3 HS 1) ein (§ 23 Abs. 1). Dies gilt insbesondere im Hinblick auf die Bewertung der übernommenen Wirtschaftsgüter, der Absetzungen für Abnutzungen und der den steuerlichen Gewinn mindernden Rücklagen. Etwaige verrechenbare Verluste, verbleibende Verlustvorträge, die vom Übertragenden nicht ausgeglichenen negativen Einkünfte, der Zinsvortrag nach § 4h Abs. 1 S. 5 EStG sowie der Vortrag des EBITDA gem. § 4h Abs. 1 S. 3 EStG werden nicht übertragen, § 4 Abs. 2 S. 2. Wird das Betriebsvermögen unter dem gemeinen Wert angesetzt, gilt § 4 Abs. 2 S. 3 im Hinblick auf die Zugehörigkeit eines Wirtschaftsgutes zum Betriebsvermögen entsprechend.

56 § 23 Abs. 3 regelt bei Ansatz eines Zwischenwerts die *Wertaufstockung für Zwecke der Absetzungen für Abnutzungen* oder Substanzverringerung. § 12 Abs. 3 gilt unter den folgenden Maßgaben. Absetzungen für Abnutzung oder für eine Substanzverminderung nach § 7 Abs. 1, 4–6 EStG bemessen sich den Anschaffungs- oder Herstellungskosten vermehrt nach dem Unterschiedsbetrag zwischen dem Buchwert der Wirtschaftsgüter und dem Wert, mit dem die PersG die Wirtschaftsgüter angesetzt hat. Soweit Absetzungen für Abnutzung gem. § 7 Abs. 2 EStG (degressive AfA) erfolgen, ist zum Zeitpunkt der Einbringung der Wert maßgeblich, mit dem die PersG die Wirtschaftsgüter angesetzt hat. Erhöhen sich die Anschaffungs- oder Herstellungskosten aufgrund rückwirkender Besteuerung des Einbringungsgewinns, tritt an die Stelle des Zeitpunkts der Einbringung der Beginn des Wirtschaftsjahrs, in welches das die Besteuerung des Einbringungsgewinns auslösende Ereignis fällt (§ 23 Abs. 3 S. 2)

57 Wird der gemeine Wert angesetzt, unterscheidet § 23 Abs. 4 zwischen der Einbringung des Betriebsvermögens im Wege der Einzelrechtsnachfolge oder im Wege der Gesamtrechtsnachfolge nach den Vorschriften des UmwG. In Fällen der Einzelrechtsnachfolge liegt eine Anschaffung des Wirtschafts-

---

135 *Nitzschke* in Blümich, § 24 Rdn. 51.
136 *Patt* in Dötsch/Jost/Pung/Witt, § 24 Rdn. 156.

gutes im Zeitpunkt der Einbringung vor. Bei Einbringungen im Wege der Gesamtrechtsnachfolge liegt keine Anschaffung vor. Das Gesetz geht vielmehr durch den Verweis auf Abs. 3 von einem Eintritt in die Rechtsstellung des Übertragenden aus. § 23 Abs. 6 erklärt § 6 Abs. 1 und 3 hinsichtlich des Einbringungsfolgegewinns aus der Vereinigung von Forderungen und Verbindlichkeiten bzw. der Auflösung von Rückstellungen für anwendbar.

II. Zeitpunkt der Sacheinlage und Rückbeziehung (§ 24 Abs. 4 HS 2)

Die Vorschriften des § 20 Abs. 5 und 6 zur Rückwirkung gelten gem. § 24 Abs. 4 HS 2 für Einbringungen in eine PersG entsprechend, soweit diese im Wege der Gesamtrechtsnachfolge erfolgt. Erfolgt die Einbringung im Wege der Einzelrechtsnachfolge ist dies nach dem Wortlaut nicht mit steuerlicher Rückwirkung möglich. **58**

Erfolgt die Einbringung im Wege der *Gesamtrechtsnachfolge*, verweist Abs. 4 auf § 20 Abs. 5 und 6. Nach § 20 Abs. 5 S. 1 sind das Einkommen und das Vermögen des Einbringenden und der übernehmenden Gesellschaft auf Antrag so zu ermitteln, als ob das eingebrachte Betriebsvermögen mit Ablauf des steuerlichen Übertragungsstichtages auf den Übernehmenden übergegangen wäre. § 20 Abs. 6 bestimmt, dass als steuerlicher *Übertragungsstichtag* (Einbringungszeitpunkt) in den Fällen der Sacheinlage durch Verschmelzung i.S.d. § 2 der Stichtag angesehen werden darf, für den die Schlussbilanz jedes der übertragenden Unternehmen aufgestellt ist. Der Verweis in § 24 Abs. 4 ermöglicht damit eine entsprechende Anwendung der Regelungen über die steuerliche Rückwirkung sowie den steuerlichen Übertragungsstichtag. Aufgrund dessen unterliegen die eingebrachten Sacheinlagegegenstände ab dem (rückbezogenen) Übertragungsstichtag der Besteuerung bei der aufnehmenden PersG.[137] Dies gilt auch in den Fällen, in denen die PersG zum Übertragungsstichtag zivilrechtlich noch nicht existent war.[138] Erfolgt die Einbringung als Kombination von Gesamtrechtsnachfolge sowie Einzelrechtsnachfolge, so gilt die Rückwirkungsfiktion für den gesamten Einbringungsvorgang.[139] **59**

Die Vorschriften des § 2 zur steuerlichen Rückwirkung einer Maßnahme i.S.d. Umwandlungsgesetzes gelten jedoch jedenfalls nicht direkt für die Einbringung eines Betriebs, Teilbetriebs oder eines Mitunternehmeranteils in eine PersG im Rahmen einer Einzelrechtsnachfolge. Erfolgt die Einbringung durch *Einzelrechtsnachfolge*, ist nach dem Wortlaut der Vorschriften der Zeitpunkt maßgeblich, zu dem die Einbringung vollzogen wurde. Grundsätzlich wird damit der Zeitpunkt entscheidend sein, von dem an die eingebrachten Wirtschaftsgüter für Rechnung der aufnehmenden PersG geführt werden.[140] Eine Rückbeziehung scheidet aufgrund des Wortlauts der **60**

---

137 Tz. 24.06 i.V.m. Tz. 20.13–20.16 UmwStE 2011.
138 *Patt* in Dötsch/Jost/Pung/Witt, § 24 Rdn. 173; vgl. auch *Patt/Rasche*, FR 1996, 365, 368.
139 Tz. 24.06 UmwStE 2011.
140 Vgl. *Nitzschke* in Blümich, § 24 Rdn. 55; *Patt* in Dötsch/Jost/Pung/Witt, § 24 Rdn. 159; *Schlößer* in Haritz/Menner, § 24 Rdn. 91; *Schmitt* in Schmitt/Hörtnagl/Stratz, § 24 Rdn. 144; FG Düsseldorf vom 13.12.1973, EFG 1974, 151 rkr.

Vorschrift grds. aus.[141] Es kommt auf den Einbringungsakt selbst an, der auch Realakt ist. Gleichwohl wird in der Praxis durch den BFH und einer Vielzahl von Stimmen in der Literatur eine *Rückbeziehung* der Einbringung auch im Wege der Einzelrechtsnachfolge anerkannt soweit es sich um eine *kurze Zeitspanne* handelt.[142] Auch verweist der BFH in seiner Entscheidung vom 21. 09. 2000[143] darauf, dass der Zeitpunkt zu dem eine Rechtsübertragung wirksam werden soll, grds. durch die vertragliche Vereinbarung der Parteien bestimmt wird.

I. § 24 Abs. 5

61 § 24 Abs. 5 regelt die nachträgliche Besteuerung von Einbringungsgewinnen für den Fall, dass Anteile an einer Körperschaft, Personenvereinigung oder Vermögensmasse unter dem gemeinen Wert eingebracht werden und binnen sieben Jahren durch die übernehmende PersG veräußert werden (sog. *sperrfristbehaftete Anteile*[144]) oder nach § 22 Abs. 1 S. 6 Nr. 1 bis 5 weiter übertragen werden und der Einbringende nicht durch § 8 Abs. 2 KStG steuerfrei gestellte Veräußerungsgewinne erzielt. Werden Anteile im Rahmen einer Einbringung in eine PersG mittelbar auf eine KapG übertragen, käme es anderenfalls zu einer Verbesserung des steuerlichen Status in den Fällen, in denen der Einbringende nicht durch § 8b Abs. 2 KStG begünstigt ist. Dabei gilt für die Anwendung des § 8b Abs. 2 KStG das **Transparenzprinzip**. Es wird bei der Einbringung von Betriebsvermögen durch eine PersG auf die dahinter stehenden Steuersubjekte abgestellt.[145] Abs. 5 sieht daher unter entsprechender Anwendung von § 22 Abs. 2 bei einer Veräußerung der eingebrachten Beteiligung oder mit verstrickten Anteilen durch die PersG eine *rückwirkende Besteuerung des Einbringungsgewinns* vor, soweit diese innerhalb einer Frist von sieben Jahren seit der Einbringung erfolgt. Eine rückwirkende Besteuerung des Einbringungsgewinns erfolgt jedoch nur insoweit, als der Gewinn auf eine inländische Körperschaft oder ausländische Körperschaft entfällt, die gem. §§ 1 Abs. 1 oder 2 KStG steuerpflichtig ist.[146] Werden die Wertansätze der Anteile nur anteilig steuerneutral erhöht (§ 22 Abs. 2 S. 4), so führt dies im Ergebnis allerdings zu einer teilweisen Begüns-

---

141 So ohne Einschränkungen: Tz. 24.06 UmwStE 2011.
142 BFH vom 14. 06. 2006, VIII B 196/05, BFH/NV 2006, 1829; vgl. BFH vom 18. 09. 1984, VIII R 119/81, BStBl. II 1985, 55; *Widmann* in Widmann/Mayer, § 24 Rdn. 118: Dieser hält eine Rückbeziehung des Zeitpunkts der Einbringung von einem Monat für möglich. Andere halten bei einer Einzelrechtsnachfolge eine Rückwirkung von bis zu drei Monaten für zulässig: *Schlößer* in Haritz/Menner, § 24 Rdn. 93; *Wacker* in L. Schmidt, § 16 EStG Rdn. 443 unter Verweis auf BFH vom 21. 05. 1987, IV R 80/85, BStBl. 1987, 710, wenn die die Rückbeziehung nur der technischen Vereinfachung der Besteuerung dient; in der Argumentation ebenso *Schmitt* in Schmitt/Hörtnagl/Stratz, § 24 Rdn. 145: vier bis sechs Wochen. Es wird dabei auf die allgemeinen Grundsätze zur steuerlichen Rückbeziehung einer Betriebsveräußerung abgestellt: *Patt* in Dötsch/Jost/Pung/Witt, § 24 Rdn. 159.
143 IV R 54/99, BStBl. II 2001, 178.
144 Tz. 24.18 UmwStE 2011.
145 Tz. 24.21 UmwStE 2011.
146 *Patt* in Dötsch/Jost/Pung/Witt, § 24 Rdn. 218 f.

tigung nach § 8 b Abs. 2 KStG.[147] Vorgänge nach § 22 Abs. 1 S. 6 Nr. 1–5 werden einer Veräußerung gleichgestellt. Die Veräußerung oder die Weiterübertragung wird steuerlich nach den allgemeinen ertragsteuerlichen Vorschriften behandelt.[148] Soweit eine nachträgliche Besteuerung des Einbringungsgewinns nach § 24 Abs. 5 aufgrund einer Veräußerung oder eines gleichgestellten Ereignisse geboten ist, liegt ein rückwirkendes Ergebnis i.S.v. § 175 Abs. 1 S. 1 Nr. 2 AO vor.[149] Der Zinslauf für die nachträglich zu entrichtenden Steuern beginnt erst 15 Monate nach Ablauf des Kalenderjahres, in dem das rückwirkende Ereignis eingetreten ist (§ 233a Abs. 2a AO).

J. § 24 Abs. 6

§ 24 Abs. 6 verweist auf § 20 Abs. 9. Er verhindert bei der Einbringung eines Betriebs etc. den Übergang eines EBITDA-Vortrages sowie Zinsvortrages nach § 4h Abs. 1 S. 2 EStG auf die übernehmende PersG. Zum Untergang des EBITDA- sowie Zinsvortrages bei Übertragung des Betriebs oder Ausscheiden eines Mitunternehmers vgl. § 4h Abs. 5 EStG.   62

K. Umsatzsteuer

Bei Einbringungen gem. § 24 handelt es sich grds. um einen steuerbaren Vorgang. Wird ein Gesellschafter gegen Leistung einer Sacheinlage aufgenommen, stellt dies eine steuerbare entgeltliche Leistung dar.[150] Für Einbringungen im Wege der *Einzelrechtsnachfolge* ist umsatzsteuerlich Folgendes zu beachten: Erfolgt die Einbringung eines im Betriebsvermögen gehaltenen *Mitunternehmeranteils* in eine PersG, so ist dies gem. § 1 Abs. 1 Nr. 1 S. 1 UStG umsatzsteuerbar, grds. jedoch nach § 4 Nr. 8 Buchst. f UStG umsatzsteuerfrei. Gem. § 9 Abs. 1 UStG kann auf die Steuerfreiheit nach § 4 Nr. 8 Buchst. f UStG verzichtet werden, wenn der Umsatz an das Unternehmen eines anderen Unternehmers durchgeführt wird. Empfehlenswert ist die Option zur Umsatzsteuer, wenn die aufnehmende PersG zum Vorsteuerabzug berechtigt ist. In diesen Fällen können sowohl der Einbringende als auch die aufnehmende Gesellschaft ihre im Zusammenhang mit der Einbringung stehenden und mit Umsatzsteuer belasteten Aufwendungen zum Vorsteuerabzug bringen.   63

Die Einbringung von Einzelwirtschaftsgütern ist grds. umsatzsteuerbar und umsatzsteuerpflichtig.[151] Dies gilt nicht, soweit für einzelne Wirtschaftsgüter – wie Grund und Boden – eine Umsatzsteuerbefreiung nach § 4 UStG greift. Auf die Möglichkeiten nach § 9 UStG auf eine etwaige Umsatzsteuerbefrei-

---

147 *Dötsch/Pung*, DB 2006, 2714, 2763, 2765 ff.
148 Insbesondere kommen die §§ 13, 15, 16, 18 EStG i.V.m. § 3 Nr. 40 EStG oder § 8b Abs. 2, 3 KStG zur Anwendung, Tz. 24.22 UmwStE 2011.
149 Tz. 24.19 UmwStE 2011.
150 BFH vom 01.07.2004, V R 32/00, BStBl. II 2004, 1022; vgl. EuGH vom 26.06.2003, C-442/01, DB 2003, 1611 zur Nichtsteuerbarkeit der Aufnahme eines Gesellschafters gegen Bareinlage; *Schlößer* in Haritz/Menner, § 24 Rdn. 97.
151 Vgl. BFH vom 15.05.1997, V R 67/94, BStBl. II 1997, 705.

ung zu verzichten wird in diesem Zusammenhang hingewiesen. Dies kann im Hinblick auf den Vorsteuerabzug von Vorteil sein.

64 Wird ein *Betrieb oder Teilbetrieb* übertragen, so gilt § 1 Abs. 1a S. 1 UStG. Umsätze im Rahmen einer *Geschäftsveräußerung* an einen anderen Unternehmer für dessen Unternehmen unterliegen nicht der Umsatzsteuer. Gem. § 1 Abs. 1a S. 2 UStG liegt eine Geschäftsveräußerung vor, wenn ein Unternehmen oder ein im Unternehmen gesondert geführter Betrieb in eine Gesellschaft eingebracht wird.[152] Nach Abschn. 1.5 Abs. 6 S. 4 UStAE kann soweit einkommensteuerrechtlich eine Teilbetriebsveräußerung angenommen wird, umsatzsteuerlich von der Veräußerung eines gesondert geführten Betriebs ausgegangen werden.

Wird eine *100 %-Beteiligung an einer KapG* eingebracht, so stellt dies umsatzsteuerlich ein Fall der Geschäftsveräußerung im Ganzen dar. Diese ist als Teilvermögen i. S. v. Art. 19 MwStSystRl anzusehen. Auch umsatzsteuerlich gilt damit im Ergebnis für eine 100 %ige Beteiligung an einer KapG die Teilbetriebsfiktion (siehe oben Rdn. 22). Die Steuerbefreiung gem. § 4 Nr. 8 Buchst. f UStG und die Möglichkeit zur Umsatzsteuer zu optieren kommen für Geschäftsveräußerungen nicht zur Anwendung.[153]

65 *Verschmelzungen* sowie *Spaltungen*, bei denen ein „in der Gliederung eines Unternehmens gesonderten Betrieb" übertragen werden fallen unter § 1 Abs. 1 a UStG und sind damit als Geschäftsveräußerung nicht steuerbar. In Fällen der *Anwachsung* werden sämtliche Anteile an einer PersG einbracht und geht aufgrund dessen über. Es fehlt damit bereits an einem Leistungsaustausch, der steuerbar sein könnte.[154]

L. Grunderwerbsteuer

66 Wird ein Betrieb, Teilbetrieb, ein Mitunternehmeranteil oder eine 100 %ige Beteiligung an einer KapG aus einem Betriebsvermögen in eine PersG im Rahmen einer Einzelrechtsnachfolge eingebracht, so ist dieser Vorgang soweit eine Übertragung von Grundstücken erfolgt nach den allgemeinen Vorschriften grunderwerbsteuerpflichtig. Erfolgt eine Übertragung im Rahmen einer Gesamtrechtsnachfolge, so unterliegt auch dieser Sachverhalt der Grunderwerbsteuer. Gem. § 5 Abs. 2 GrEStG wird die Steuer bei einer Übertragung eines Grundstücks von einem Alleineigentümer auf eine Gesamthand in Höhe des Anteils des Veräußerers am Vermögen der Gesamthand nicht erhoben. Maßgeblich ist die Beteiligung an der Gesamthand zum

---

152 Vgl. Abschn. 1.5 UStAE.
153 BFH vom 27. 01. 2011, V R 38/09, DStR 2011, 454; EuGH vom 29. 10. 2009, C-29/08, DStR 2009, 2311, *Pyszka*, DStR 2011, 545, 550; *Schlößer* in Haritz/Menner, § 24 Rdn. 98; so wohl im Ergebnis auch *Husmann* in Rau/Dürrwächter/Flick/Geist, § 1 UStG Rdn. 1121, 283 ff.
154 *Husmann* in Rau/Dürrwächter/Flick/Geist, § 1 UStG Rdn. 265, 268; *Knoll* in Widmann/Mayer, Anh. 11 Rdn. 104, 185, 189; *Schlößer* in Haritz/Menner, § 24 Rdn. 99.

Zeitpunkt der Übertragung.[155] Ein solcher Sachverhalt wird regelmäßig bei einer Übertragung auf eine PersG gegen Einräumung einer Beteiligung am Vermögen vorliegen. Es genügt, wenn die Beteiligung an der PersG mit der Einlage begründet wird.[156] Eine entsprechende Regelung treffen § 5 Abs. 1 GrEStG für die Übertragung eines Grundstücks von mehreren Miteigentümern auf eine Gesamthand sowie § 6 GrEStG für die Übertragung von einer Gesamthand auf eine Gesamthand.

Die Vergünstigung nach § 5 GrEStG greift nicht, soweit nach der sog. *Ge-*   67
samtplanrechtsprechung des BFH zum Zeitpunkt der Einbringung ein Plan besteht, im sachlichen und zeitlichen Zusammenhang mit der Übertragung die Gesellschafterstellung an der Gesamthand zu übertragen bzw. durch eine Neuaufnahme von Gesellschaftern die vermögensmäßige Beteiligung zu verringern.[157]

Weiter ist bei Sachverhalten i.S.v. § 24 UmwStG zu prüfen inwieweit sich   68
die Parteien auf die Steuerbefreiung gem. *§ 6a GrEStG bei Umstrukturierungen im Konzern* berufen können.[158] Nach dieser Vorschrift wird bei Umwandlungen i.S.d. § 1 Abs. 1 Nr. 1 bis 3 des Umwandlungsgesetzes die Grunderwerbsteuer nicht erhoben. Die Grunderwerbsteuervergünstigung für Umstrukturierungen im Konzern greift gem. § 6a S. 3 GrEStG nur, wenn an dem Umwandungsvorgang ausschließlich ein herrschendes Unternehmen und ein oder mehrere von einem herrschenden Unternehmen abhängige Gesellschaften beteiligt sind. Als abhängig gilt eine Gesellschaft, an deren Kapital das herrschende Unternehmen innerhalb von fünf Jahren vor dem Rechtsvorgang und fünf Jahre nach dem Rechtsvorgang unmittelbar oder mittelbar oder teils unmittelbar, teils mittelbar zu mindestens 95 % ununterbrochen beteiligt ist, § 6a S. 4 GrEStG. Dabei können auch PersG abhängige Gesellschaften i.S.v. § 6a S. 4 GrEStG sein.[159] Allerdings dürften die vorgenannten Voraussetzungen für eine Grunderwerbsteuerbefreiung nur in einer kleinen Anzahl der Fälle greifen.

---

155 BFH vom 14.03.1979, II R 73/75, BStBl. II 1981, 225; *Viskorf* in Boruttau, § 5 GrEStG Rdn. 18.
156 *Viskorf* in Boruttau, § 5 GrEStG Rdn. 2.
157 BFH vom 15.12.2004, II 37/01, BStBl. II 2005, 303; *Viskorf* in Boruttau, § 5 GrEStG Rdn. 51.
158 Vgl. *Pahlke* in Widmann/Mayer, Anh. 12 Rdn. 216 ff.
159 Vgl. Oberste Finanzbehörden der Länder, gleichlautender Erlass vom 01.12.2010, Tz. 2.3 sowie *Haag*, BB 2011, 1119, 1125 f.

ACHTER TEIL

Formwechsel einer Personengesellschaft in eine Kapitalgesellschaft oder Genossenschaft

§ 25
Entsprechende Anwendung des Sechsten Teils

[1]In den Fällen des Formwechsels einer Personengesellschaft in eine Kapitalgesellschaft oder Genossenschaft im Sinne des § 190 des Umwandlungsgesetzes vom 28. Oktober 1994 (BGBl. I S. 3210, 1995 I S. 428), das zuletzt durch Artikel 10 des Gesetzes vom 9. Dezember 2004 (BGBl. I S. 3214) geändert worden ist, in der jeweils geänderten Fassung oder auf Grund vergleichbarer ausländischer Vorgänge gelten die §§ 20 bis 23 entsprechend. [2]§ 9 Satz 2 und 3 ist entsprechend anzuwenden.

Inhaltsverzeichnis

Spezialliteratur:

Behrendt/Heeg, Die abkommensrechtliche Behandlung des Einbringungsgewinns I i.S.d. § 22 Abs. 1 UmwStG, RIW 2008, 56; *Benecke*, Anwendungsbereich
des UmwStG und Rückwirkung nach dem UmwSt-Erlass 2011, GmbHR 2012,
113; *Bogenschütz*, Aktuelle Entwicklungen bei der Umwandlung von Kapitalgesellschaften in Personengesellschaften, Ubg 2009, 604; *Boorberg/Boorberg*,
Formwechselnde Umwandlung von Personengesellschaften mit Sonderbetriebsvermögen – Fiskalische Fallenstellerei?, DB 2007, 1777; *Dodenhoff*, Keine Auswirkungen der neuen Verlustnutzungssperre in § 2 Abs. 4 Sätze 3 ff. UmwStG auf
die Ermittlung des Gewerbeertrags, FR 2014, 687; *Ege/Klett*, Praxisfragen der
grenzüberschreitenden Mobilität von Gesellschaften, DStR 2012, 2442; *Finanzministerium Baden-Württemberg*, Erlass vom 19. 12. 1997, Übergang von Grundstücken bei Umwandlungen, Einbringungen und anderen Erwerbsvorgängen auf
gesellschaftsvertraglicher Grundlage, DB 1998, 166; *Oberste Finanzbehörden der
Länder*, Erlass vom 09. 12. 2015, Anwendung der §§ 5 und 6 GrEStG, BStBl. I,
1029; *Graessner/Hütig*, Formwechsel in eine Kapitalgesellschaft unter besonderer Berücksichtigung von GrESt, DB 2015, 2415; *Hruschka/Schicketanz*, Vom
Verbot der virtuellen Doppelbesteuerung zur Vermeidung weißer Einkünfte, ISR
2015, 164; *Jäschke*, Übertragung von Wirtschaftsgütern und Mitunternehmeranteilen, GmbHR 2012, 601; *Mückl*, Die neue Verlustnutzungsbeschränkung für
rückwirkende Umwandlungen (§ 2 Abs. 4 S. 3 ff. UmwStG), GmbHR 2013, 1084;
OFD Düsseldorf, Verfügung vom 12. 10. 2000, Verfügung betr. Fehlbeträge i.S.d.
§ 10a GewStG bei doppelstöckiger Personengesellschaft und formwechselnder
Umwandlung, GmbHR 2000, 1218; *OFD Frankfurt/M* in der Verfügung vom
13. 02. 2014, Mitunternehmern gehörende Anteile an Kapitalgesellschaften, DB
2014, 1227; *Ott*, Steuerliche Fallstricke bei der Einbringung in eine Kapitalgesellschaft nach § 20 UmwStG, GmbHR 2015, 918; *Patt*, Rückbeziehungsgrundsätze
von Einbringungssachverhalten des UmwStG, GmbH-StB 2015, 235; *Pung*, Besteuerung von Einbringungsgewinnen bei Sperrfristverstößen nach dem UmwSt-
Erlass 2011, GmbHR 2012, 158; *Pyszka*, Umsatzsteuer bei Umwandlungen, DStR
2011, 545; *Pyszka*, Umwandlungssteuerrecht: Buchwertfortführung trotz unvollständiger, fehlender oder erstmalig nach Abgabe der Steuerbilanz eingereichter

steuerlicher Schlussbilanz, GmbHR 2013, 738; *Schäffler/Gebert*, Der steuerneutrale Wechsel von der GmbH & Co. KG in die GmbH – Was tun mit (den Anteilen an) der Komplementär-GmbH?, DStR 2010, 636; *Schmitt/Schlossmacher*, Das Antragswahlrecht im UmwStG, DB 2010, 522; *Schmitt/Keuthen*, Folgen der (unabhängigen) Bestimmung von Einbringungsgegenstand und Einbringendem im Rahmen von § 20 UmwStG bei der Beteiligung von Mitunternehmerschaften, DStR 2015, 860; *Schönhaus/Müller*, Grenzüberschreitender Formwechsel aus gesellschafts- und steuerrechtlicher Sicht, IStR 2013, 174; *Stangl*, Ausgewählte Zweifels- und Praxisfragen zur Einbringung nach dem UmwSt-Erlass 2011, GmbHR 2012, 253; *Suchanek*, Die atypisch stille Gesellschaft im Umwandlungsfall, Ubg 2012, 431.

A. Einführung

I. Bedeutung der Vorschrift

Die Vorschrift trifft spezielle Regelungen für bestimmte Fälle eines Formwechsels. Anders als im handelsrechtlichen UmwG, in dem alle Arten des Formwechsels im fünften Buch des UmwG in den §§ 190 ff. UmwG geregelt sind, ist § 25 nicht für alle Spielarten des Formwechsels anwendbar. Die Vorschrift betrifft ausschließlich die Fälle „raus aus der PersG und rein in die Körperschaft". Die umgekehrten Fallgruppen sind dagegen in § 9 geregelt. Dies ist der systematischen Stellung im UmwStG geschuldet, da der zweite Teil des UmwStG (u. a. § 9) Umwandlungen von KapG in PersG betrifft, während der sechste und achte Teil (u. a. § 25) Umwandlungen/Einbringungen in KapG oder Genossenschaften behandelt. **1**

§ 25 regelt die ertragsteuerlichen Folgen eines *Formwechsels einer PersG in eine KapG oder Genossenschaft*. Auf Grund des Wechsels aus der einkommen-/körperschaftsteuerlich transparenten PersG in das eigenständige Steuersubjekt KapG oder Genossenschaft sind Rechtsfolgen sowohl für die Ebene der Gesellschaft selbst als auch für deren Gesellschafter zu treffen. Während aus handelsrechtlicher Sicht der Formwechsel ein reiner „*Rechtskleidwechsel*" bei Rechtsträgeridentität ist, kann das Steuerrecht dieser Einordnung nicht folgen.[1] Der Wechsel aus der einfachen Verhaftung stiller Reserven (PersG) in die doppelte Verhaftung stiller Reserven (KapG oder Genossenschaft) erfordert vielmehr die ertragsteuerliche Fiktion eines Vermögensübergangs auf eine Körperschaft vergleichbar mit den Fällen der Einbringung von Vermögen in eine Körperschaft. Das Steuerrecht fingiert, dass die Gesellschafter (Mitunternehmer) der PersG ihre Gesellschaftsanteile (Mitunternehmeranteile) in die KapG einbringen.[2] Demgemäß erfolgt wie in den Fällen der Sacheinlage eine eigenständige Bewertung des Vermögens auf Ebene der Körperschaft sowie eine Festlegung der Anschaffungskosten der Gesellschafter für ihre Anteile an der Körperschaft. **2**

---

1 Vgl. BFH vom 14. 03. 2007, XI R 15/05, BStBl. II, 924 sowie BFH vom 25. 11. 2014, I R 78/12, BFH/NV 2015, 523.

2 Vgl. *Widmann* in Widmann/Mayer, § 25 Rdn. 3; *Patt* in Dötsch/Pung/Möhlenbrock, § 25 Rdn. 20; *Bilitewski* in Haritz/Menner, § 25 Rdn. 3 und 24; *Rabback* in Rödder/Herlinghaus/van Lishaut, § 25 Rdn. 4 und *Schmitt* in Schmitt/Hörtnagl/Stratz, § 25 Rdn. 3 und 20. Die Finanzverwaltung geht dagegen offenbar davon aus, dass Einbringungsgegenstand der Betrieb der PersG sei, siehe auch Rdn. 25.

3 Um die *Schlussbesteuerung* für die PersG und deren Gesellschafter sowie die *steuerliche Gründung* der KapG oder Genossenschaft zu erreichen, arbeitet die Vorschrift mit der Anordnung der Aufstellung einer *steuerlichen Schlussbilanz* für die PersG und einer *steuerlichen Eröffnungsbilanz* für die KapG oder Genossenschaft. Handelsrechtlich ist weder die eine noch die andere Bilanz vorgeschrieben bzw. möglich, da es sich bei dem Formwechsel im Handelsrecht um keinen Geschäftsvorfall handelt[3] und mangels Vermögensübergangs auch kein Anlass für eine (Neu-)Bewertung des Vermögens besteht.

4 Die Vorschrift regelt nur die *ertragsteuerlichen Konsequenzen* des Formwechsels. In Bezug auf Verkehrsteuern unterliegt der Formwechselvorgang selbst mangels Übertragungsvorgangs nicht der GrESt (siehe zu weiteren grunderwerbsteuerlichen Konsequenzen aber Rdn. 56) und ist mangels Leistungsaustausches auch nicht umsatzsteuerbar.[4]

II. Überblick über die Vorschrift

5 Die Vorschrift besteht lediglich aus zwei Sätzen. Um die Vorschrift in das System der Einbringungsregelungen des sechsten Teils des UmwStG für KapG oder Genossenschaften einzubetten, bedient sie sich einer *Verweistechnik*, die den Wortlaut der Regelung sehr kurz erscheinen lässt. Deshalb kann insbesondere auf der Tatbestandseite der Wortlaut irreführend sein.

Satz 1 der Vorschrift verweist auf die §§ 20 bis 23 und beinhaltet nach nahezu einhelliger Auffassung einen *Rechtsgrundverweis.*[5] Demgemäß müssen nicht nur die in § 25 S. 1 selbst genannten Tatbestandsmerkmale des Formwechsels einer PersG in eine KapG oder Genossenschaft, sondern auch die in §§ 20 bis 23 aufgeführten Voraussetzungen erfüllt sein, weil die vorgegebene entsprechende Anwendung dieser Vorschriften neben deren Rechtsfolgen auch deren Tatbestandsseite umfasst.

Darüber hinaus sind für die Anwendbarkeit des § 25 auch die in § 1 genannten persönlichen Voraussetzungen zu beachten.[6]

Auf der *Rechtsfolgenseite* führt die Verweistechnik dazu, dass sich die Rechtsfolgen aus der entsprechenden Anwendung der §§ 20 bis 23 und – durch den Verweis in *S. 2 der Vorschrift* – auch aus § 9 S. 2 und 3 ergeben.

---

3 Vgl. z.B. *Förschle/Hoffmann* in Beck'scher Bilanzkommentar, § 272 HGB Rdn. 355.
4 Vgl. *Schuhmann* in Rau/Dürrwächter, Umsatzsteuergesetz, Ergänzungslieferung Oktober 2012, § 10 Anm. 470 sowie *Pyszka*, DStR 2011, 545.
5 So auch *Widmann* in Widmann/Mayer, § 25 Rdn. 4; *Patt* in Dötsch/Pung/Möhlenbrock, § 25 Rdn. 15; *Bilitewski* in Haritz/Menner, § 25 Rdn. 9; *Rabback* in Rödder/Herlinghaus/van Lishaut, § 25 Rdn. 2 und 4; *Schmitt* in Schmitt/Hörtnagl/Stratz, § 25 Rdn. 4 und *Nitzschke* in Blümich, § 25 Rdn. 11 und 26; so vermutlich auch die Finanzverwaltung im UmwStE 2011, weil Tz. 25.01 die entsprechende Anwendung der Tz. 20.01 bis 23.21 beim Formwechsel vorsieht und damit auch auf die Tz. zur jeweiligen Tatbestandsseite verweist; a.A. *Boorberg/Boorberg*, DB 2007, 1777 m.w.N.
6 Zur Diskussion, inwieweit § 25 S. 1 wegen § 1 Abs. 3 Nr. 3 obsolet sein könnte, vgl *Bilitewski* in Haritz/Menner, § 25 Rdn. 4; *Patt* in Dötsch/Pung/Möhlenbrock, § 25 Rdn. 17 und *Rabback* in Rödder/Herlinghaus/van Lishaut, § 25 Rdn. 12.

Ein Überblick über die wesentlichen Tatbestandsmerkmale und Rechtsfolgen findet sich in Abschnitt A.V.

III. Rechtsentwicklung

Der Formwechsel von inländischen PersG ist handelsrechtlich erst seit Einführung des UmwG 1995[7] möglich und dementsprechend besteht die Vorschrift des *§ 25 UmwStG 1995* mit ihrem Regelungsbereich erst seit Einführung des UmwStG 1995. Die nachfolgende Änderung der Vorschrift führte zur Erweiterung des Anwendungsbereiches. Seit 1998 ist umwandlungsrechtlich die PartG als formwechselnder Rechtsträger einbezogen worden[8] und seit 1999 ist der Bezug in § 25 UmwStG 1995 auf Personenhandelsgesellschaften weggefallen[9], d.h. seitdem ist auch die *PartG* steuerlich zugelassen. 6

Eine wesentliche Erweiterung erfuhr § 25 durch die letzte Änderung im Rahmen des *SEStEG*[10] mit der grds. *„Europäisierung"* der Vorschrift. Seit Geltung des neuen Rechts Ende 2006 sind auch bestimmte ausländische Vorgänge aufgenommen, die mit dem inländischen Formwechsel vergleichbar sind. Damit können insbesondere Formwechsel ausländischer Rechtsträger, die bzw. deren Gesellschafter der unbeschränkten oder beschränkten Steuerpflicht in Deutschland unterliegen, unter § 25 fallen. Die flankierende Änderung des § 1 beschränkt diese Erweiterung auf ausländische Rechtsträger zunächst auf solche aus EU-/EWR-Staaten. In bestimmten Fällen sind jedoch auch ausländische Rechtsträger und natürliche Personen aus *Drittstaaten* umfasst. 7

Schließlich wurden die möglichen Zielrechtsformen durch das SEStEG um die Genossenschaft ergänzt.

IV. Anwendungsbereich

1. Zeitlicher Anwendungsbereich

Nach § 27 Abs. 1 ist § 25 erstmals auf Formwechsel anzuwenden, bei denen die Anmeldung zur Eintragung in das maßgebende Register nach dem 12.12.2006 erfolgt ist. 8

Nach § 27 Abs. 2 ist § 25 ggf. für ausländische Formwechsel, deren Wirksamkeit keine Eintragung in ein öffentliches Register voraussetzt, erstmals anzuwenden, wenn das wirtschaftliche Eigentum (fiktiv) nach dem 12.12. 2006 übergegangen ist.

2. Sachlicher Anwendungsbereich

Der Wortlaut des § 25 S. 1 (sowie zusätzlich § 1 Abs. 3 Nr. 3) verlangt das Vorliegen eines *Formwechsels* i.S.d. § 190 UmwG oder auf Grund eines ver- 9

---

7 Umwandlungsgesetz (UmwG) vom 28.10.1994, BGBl. I, 3210, ber. 1995 I, 428.
8 Gesetz zur Änderung des UmwG, des PartGG und anderer Gesetze vom 22.07. 1998, BGBl. I, 1878.
9 Steuerentlastungsgesetz 1999/2000/2002 vom 24.03.1999, BGBl. I, 402.
10 BGBl. I 2006, 2782.

gleichbaren ausländischen Vorgangs sowie das Vorhandensein einer bestimmten *Ausgangsrechtsform* (oHG, KG oder PartG oder vergleichbare ausländische Rechtsform) und *Zielrechtsform* (KapG oder Genossenschaft oder vergleichbare ausländische Rechtsform).

Durch den Rechtsgrundverweis auf § 20 muss zusätzlich die PersG grds. eine *Mitunternehmerschaft* im steuerlichen Sinne darstellen, die über *Betriebsvermögen* verfügt und der Erzielung von Einkünften aus Land- und Forstwirtschaft, aus Gewerbebetrieb oder aus selbständiger Arbeit dient (§§ 13 Abs. 7, 15 Abs. 1 S. 1 Nr. 2, Abs. 3, 18 Abs. 4 EStG). Ferner muss der Formwechsel einer Mitunternehmerschaft aus steuerlicher Sicht den *gesamten Mitunternehmeranteil* jedes Gesellschafters umfassen (§ 20 Abs. 1 i.V.m. § 25 S. 1), was insb. für den Bereich etwaigen SBV von Gesellschaftern von Relevanz ist.

Liegt keine Mitunternehmerschaft vor (*vermögensverwaltende PersG*), kommt die Anwendung des § 25 allenfalls für einen bestimmten Vermögensteil dieser PersG in Betracht, und zwar mehrheitsvermittelnde Anteile an einer KapG oder Genossenschaft i.S.v. § 21.

3. Persönlicher Anwendungsbereich

10 Zusätzlich zum Erfordernis einer bestimmten *Ausgangsrechtsform* (oHG, KG oder PartG oder vergleichbare ausländische Rechtsform) und *Zielrechtsform* (KapG oder Genossenschaft oder vergleichbare ausländische Rechtsform) nach § 25 normiert § 1 Abs. 4 S. 1 Nr. 2 einschränkend im Wesentlichen Anforderungen an die steuerliche *Ansässigkeit* des Rechtsträgers in seiner Ausgangs- und Zielrechtsform sowie der Gesellschafter in Form der grundlegenden Beschränkung auf *EU-/EWR-Staaten*.

In bestimmten Fällen sind jedoch auch ausländische Rechtsträger oder natürliche Personen aus *Drittstaaten* umfasst. Hierzu ist es erforderlich, dass das Recht der Bundesrepublik Deutschland hinsichtlich der Besteuerung des Gewinns aus der Veräußerung der erhaltenen Anteile nicht ausgeschlossen oder beschränkt ist.

V. Zusammenfassende Übersicht
zu Tatbestandsmerkmalen und Rechtsfolgen

1. Wesentliche Tatbestandsmerkmale

11 Für die wesentlichen *Tatbestandsmerkmale*, die insbesondere zur Eröffnung des Bewertungswahlrechts erfüllt sein müssen, kann damit das folgende vereinfachte, nicht abschließende *Prüfungsschema* gelten:

– Liegt vor dem Formwechselvorgang eine PersG vor, die eine der in § 191 Abs. 1 Nr. 1 UmwG genannten Rechtsformen und ihren Sitz im Inland und ihren Ort der Geschäftsleitung in einem EU-/EWR-Staat hat (§§ 1 Abs. 1 Nr. 4, 190 ff. UmwG i.V.m. §§ 1 Abs. 4 S. 1 Nr. 2 a) aa), 25 S. 1)?

– Alternativ: Liegt eine ausländische PersG vor, die im Typenvergleich in ihren wesentlichen Merkmalen einer in § 191 Abs. 1 Nr. 1 UmwG genannten PersG entspricht (§ 25 S. 1), und den Ansässigkeitsvoraussetzungen des § 1 Abs. 4 S. 1 Nr. 2 a) aa) genügt?

- Erfüllt die Ansässigkeit der Gesellschafter der PersG die Anforderungen des § 1 Abs. 4 S. 1 Nr. 2 a) aa) i.V.m. Abs. 2 S. 1 Nr. 1 und 2?
- Bei PersG und/oder Gesellschaftern außerhalb EU/EWR: Ist das Recht der Bundesrepublik Deutschland hinsichtlich der Besteuerung des Gewinns aus der Veräußerung der erhaltenen Anteile ausgeschlossen oder beschränkt (§ 1 Abs. 4 S. 1 Nr. 2 b))?
- Handelt es sich bei der PersG um eine Mitunternehmerschaft im steuerlichen Sinne (§ 20 Abs. 1 i.V.m. § 25 S. 1)? Wenn nicht, hält die PersG Anteile an KapG oder Genossenschaften (§ 21 Abs. 1 i.V.m. § 25 S. 1)?
- Werden die gesamten Mitunternehmeranteile in die KapG oder Genossenschaft eingebracht, d.h. einschließlich etwaiger wesentlicher Betriebsgrundlagen des SBV (§ 20 Abs. 1 i.V.m. § 25 S. 1)?
- Liegt nach dem Formwechsel eine KapG oder Genossenschaft mit Sitz im Inland und Ort der Geschäftsleitung in einem EU-/EWR-Staat vor (§§ 1 Abs. 1 Nr. 4, 190 ff. UmwG i.V.m. §§ 1 Abs. 4 S. 1 Nr. 2 a) aa), 25 S. 1)?
- Alternativ: Liegt nach dem ausländischen Vorgang eine ausländische KapG oder Genossenschaft vor, die im Typenvergleich einer inländischen KapG oder Genossenschaft entspricht (§ 25 S. 1), und den Ansässigkeitsvoraussetzungen des § 1 Abs. 4 S. 1 Nr. 2 a) aa) genügt, oder ist § 1 Abs. 4 S. 1 Nr. 2 b) erfüllt?
- Ist die Besteuerung des Betriebsvermögens der KapG oder Genossenschaft mit KSt sichergestellt und ist das Recht der Bundesrepublik Deutschland zur Besteuerung eines Gewinns aus der Veräußerung des Betriebsvermögens der KapG oder Genossenschaft nicht ausgeschlossen oder eingeschränkt (§ 20 Abs. 2 S. 2 Nr. 1 und 3 i.V.m. § 25 S. 1)?
- Ist das steuerliche Kapitalkonto der Mitunternehmer der PersG im Zeitpunkt des Formwechsels jeweils nicht negativ (§ 20 Abs. 2 S. 2 Nr. 2 i.V.m. § 25 S. 1)?
- Beträgt der Wert von sonstigen Gegenleistungen nicht mehr als 25 % des Buchwerts des eingebrachten Betriebsvermögens oder nicht mehr als EUR 500.000 bzw. als ein geringerer Buchwert (§ 20 Abs. 2 S. 2 Nr. 4 i.V.m. § 25 S. 1)?

2. Wesentliche Rechtsfolgen

Die wesentlichen unmittelbaren *Rechtsfolgen* aus §§ 9, 20 bis 23 i.V.m. § 25   *12* sind:

- Der KapG oder Genossenschaft steht in ihrer steuerlichen Eröffnungsbilanz ein Bewertungswahlrecht für ihr (begünstigtes) Anfangsvermögen zu (§§ 20 Abs. 2, 21 Abs. 1 S. 2 i.V.m. § 25 S. 1). Abweichend vom Grundsatz der Bewertung mit dem gemeinen Wert kann der Buchwertansatz oder ein Zwischenwertansatz gewählt werden. Das Wahlrecht kann dabei für jeden Mitunternehmeranteil getrennt ausgeübt werden.
- Der Veräußerungspreis für das eingebrachte Vermögen und die Anschaffungskosten für die Anteile an der KapG oder Genossenschaft bestimmen sich nach dem Wertansatz des Vermögens auf Ebene der KapG oder Genossenschaft (§§ 20 Abs. 3, 21 Abs. 2 i.V.m. 25 S. 1).
- Es erfolgt zumindest bei Buch- oder Zwischenwertansatz ein Eintritt in die steuerliche Rechtsstellung bezüglich des Vermögens bei der KapG oder

Genossenschaft und auch eine Anrechnung von Vorbesitzzeiten (§ 23 Abs. 1, 3 und 4 i.V.m. § 25 S. 1).

– Bei Buchwert- oder Zwischenwertansatz wird grds. das Regime der sog. Einbringungsgewinne I oder II anwendbar (§ 22 i.V.m. § 25 S. 1).

– Der Formwechsel oder vergleichbare ausländische Vorgang erlangt steuerliche Wirksamkeit mit Ablauf des steuerlichen Übertragungsstichtags, für den eine bis zu achtmonatige Rückbeziehungsmöglichkeit gegeben ist (§ 9 S. 3 i.V.m. § 25 S. 2).

Es sind weitere mittelbare Rechtsfolgen möglich, die insb. durch die formwechselbedingte Nichterfüllung einkommen- oder grunderwerbsteuerlicher Haltefristen/Vorbesitzzeiten hervorgerufen sein können (siehe hierzu auch Rdn. 50 und 56).

B. Entsprechende Geltung der §§ 20 bis 23 bei Formwechsel einer PersG in eine KapG oder Genossenschaft (§ 25 S. 1)

I. Regelungsgegenstand

13 Satz 1 der Vorschrift beschreibt zum Einen den begünstigten Umwandlungsvorgang und regelt zum Anderen die entsprechende Anwendung des sechsten Teils (§§ 20 bis 23), die nach h.M. sowohl dessen Tatbestands- als auch dessen Rechtsfolgenseite umfasst.

II. Formwechsel einer PersG in eine KapG oder Genossenschaft i.S.d. § 190 UmwG

14 Die erste Fallgruppe des Formwechsels ist der *Inlandsfall*, d.h. der Formwechsel eines inländischen Rechtsträgers. Neben der Erfüllung der Voraussetzungen für einen Formwechsel nach dem fünften Buch des UmwG werden Anforderungen an die Ausgangs- und Zielrechtsform sowie die Ansässigkeit der Gesellschafter gestellt.

1. Formwechsel nach § 190 UmwG

15 Es muss ein Formwechsel i.S.v. § 190 UmwG (in der jeweils geltenden Fassung) vorliegen. Bedeutsames Wesensmerkmal ist die *Änderung der Rechtsform bei Rechtsträgeridentität* (§ 190 Abs. 1 UmwG). Der Formwechsel erfordert die Erfüllung aller Voraussetzungen für seine gesellschaftsrechtliche Wirksamkeit, insb.:

– Umwandlungsbericht oder notariell beurkundete Verzichtserklärung (§ 192 UmwG)

– Notariell beurkundeter Umwandlungsbeschluss der Gesellschafter, ggf. mit rechtzeitiger vorheriger Zuleitung des Entwurfs an einen Betriebsrat (§§ 193 ff. UmwG)

– Anmeldung des Formwechsels bei den zuständigen Registern (§§ 198 f. UmwG)

– Eintragung in das Register der neuen Rechtsform (hier: HR, Abteilung B, oder GenR; §§ 201 f. UmwG).

Nach erfolgter Eintragung des Formwechsels in das zuständige Register besteht grundsätzlich kein Prüfungsrecht der Finanzbehörde im Hinblick auf die Erfüllung der Voraussetzungen[11], wobei die Finanzverwaltung in Fällen „rechtlich gravierender Mängel" die registerrechtliche Entscheidung nicht für verbindlich hält.[12]

Die Überführung einer PersG in eine bestehende KapG oder Genossenschaft durch Anwachsung (z. B. Anwachsung des Gesellschaftsvermögens einer KG auf eine Komplementär-GmbH nach Austritt des Kommanditisten) ist kein Formwechsel i. S. d. UmwG.

2. Ausgangsrechtsform: Inländische PersG

In § 191 Abs. 1 Nr. 1 UmwG sind die möglichen *Ausgangsrechtsformen* in   16
Bezug auf PersG abschließend aufgeführt:

– OHG (auch EWIV als besondere Form der oHG[13]),
– KG oder
– PartG,

jeweils mit Sitz im Inland (§ 1 Abs. 1 UmwG). Dem Formwechsel zugänglich sind damit weder Gesellschaftsformen wie die GbR oder die stille Gesellschaft[14] noch andere Innengesellschaften oder Gemeinschaften.

3. Ansässigkeit der Gesellschaft und Gesellschafter/Besteuerungsrecht

Zusätzlich zum schon umwandlungsrechtlich erforderlichen Sitz bzw. Grün-   17
dungsort im Inland ist steuerrechtlich grds. gefordert, dass sich der Ort der Geschäftsleitung der PersG in einem EU-/EWR-Staat befindet (§ 1 Abs. 2 S. 1 Nr. 1 i. V. m. Abs. 4 S. 1 Nr. 2 a) aa)). Darüber hinaus kann sich der Ort der Geschäftsleitung auch außerhalb der EU bzw. des EWR befinden, jedoch nur, wenn das Recht der Bundesrepublik Deutschland hinsichtlich der Besteuerung des Gewinns aus der Veräußerung der erhaltenen Anteile nicht ausgeschlossen oder beschränkt ist (§ 1 Abs. 4 S. 1 Nr. 2 b)).

Der in der Literatur gleichfalls vertretenen Auffassung, dass die umwandelnde PersG bzw. die entstehende KapG oder Genossenschaft ihren Sitz und ihre Geschäftsleitung ausschließlich innerhalb der EU bzw. des EWR haben muss[15], ist aus meiner Sicht nicht zu folgen. Die Vorschrift des § 1 Abs. 4 S. 1 Nr. 1, aus der die EU-/EWR-Beschränkung regelmäßig gefolgert wird, ist m. E. beim Formwechsel nicht anwendbar, weil bei einem Formwechsel kein

---

11 Vgl. *Patt* in Dötsch/Pung/Möhlenbrock, § 25 Rdn. 9; *Rabback* in Rödder/Herlinghaus/van Lishaut, § 25 Rdn. 25; *Schmitt* in Schmitt/Hörtnagl/Stratz, § 25 Rdn. 7.
12 Vgl. Tz. 01.06 UmwStE 2011.
13 Vgl. *Stratz* in Schmitt/Hörtnagl/Stratz, § 191 UmwG Rdn. 10 sowie Tz. 01.05 UmwStE 2011.
14 Eine stille Gesellschaft kann jedoch an der formzuwechselnden PersG bestehen. Die stille Gesellschaft bleibt aufgrund der Rechtsträgeridentität auch nach dem Formwechsel an der entstandenen KapG bestehen. Zu Einzelheiten siehe: *Suchanek*, Ubg 2012, 434.
15 So insb. *Patt* in Dötsch/Pung/Möhlenbrock, § 25 Rdn. 13; *Rabback* in Rödder/Herlinghaus/van Lishaut, § 25 Rdn. 42 und *Schmitt* in Schmitt/Hörtnagl/Stratz, § 25 Rdn. 15.

„übernehmender Rechtsträger" gegeben ist.[16] Beim Formwechsel gibt es nur einen Rechtsträger, der bei der Umwandlung seine Rechtsform wechselt, d. h. nur einen „umwandelnden Rechtsträger" und keinen „übernehmenden Rechtsträger" wie in § 1 Abs. 4 S. 1 Nr. 1 gefordert. Diese Unterscheidung sieht der § 1 verbindlich vor (§ 1 Abs. 2 S. 1 Nr. 1 sowie Abs. 4 S. 1 Nr. 2 a) aa)), indem dort „beim Formwechsel der umwandelnde Rechtsträger" genannt ist.[17]

Über die genannte Rechtsform- und Ansässigkeitsvoraussetzung der PersG hinaus erklärt § 1 Abs. 4 S. 1 Nr. 2 a) aa) den achten Teil des UmwStG (d. h. § 25) im Grundsatz nur für anwendbar, *soweit* die *Gesellschafter* der PersG bestimmte *Ansässigkeitsvoraussetzungen* erfüllen, die wiederum in § 1 Abs. 2 S. 1 Nr. 1 und 2 genannt sind. Dies bedeutet im Umkehrschluss, dass Fälle denkbar sind, in denen das steuerliche Bewertungswahlrecht nur teilweise gegeben ist.[18] Darüber hinaus spielt die Ansässigkeit der Gesellschafter dann keine Rolle, wenn wiederum das Recht der Bundesrepublik Deutschland hinsichtlich der Besteuerung des Gewinns aus der Veräußerung der erhaltenen Anteile nicht ausgeschlossen oder beschränkt ist (§ 1 Abs. 4 S. 1 Nr. 2 b)).

In Bezug auf die Ansässigkeitsvoraussetzungen ist je nach Gesellschaftertypus wie folgt zu unterscheiden:

– Natürliche Personen als unmittelbar Beteiligte: Wohnsitz oder gewöhnlicher Aufenthalt sowie Ansässigkeit nach DBA im Inland oder im EU-/ EWR-Ausland (§ 1 Abs. 4 S. 1 Nr. 2 a) aa) i. V. m. § 1 Abs. 2 S. 1 Nr. 2).
– Körperschaften, Personenvereinigungen oder Vermögensmassen als unmittelbar Beteiligte: Nach den Rechtsvorschriften eines EU-/EWR-Mitgliedsstaates gegründet und sowohl Sitz als auch Ort der Geschäftsleitung in einem EU-/EWR-Mitgliedsstaat (§ 1 Abs. 4 S. 1 Nr. 2 a) aa) i. V. m. § 1 Abs. 2 S. 1 Nr. 1).[19]
– PersG als unmittelbar oder mittelbar über andere PersG Beteiligte: für die Gesellschafter einer solchen PersG gelten oben genannte Voraussetzungen.

18 *Alternativ* für alle vorgenannten Gesellschafter: wenn diese nicht in EU-/ EWR-Staaten, d. h. also in Drittstaaten ansässig sind, ist der Anwendungs-

---

16 A.A. vgl. *Hruschka/Schiketanz*, ISR 2015, 165, die dabei den Wortlaut des § 1 Abs. 4 missachten, in dem für den Formwechsel nur der „umwandelnde Rechtsträger" vorgesehen ist. Die von den Autoren für ihre Argumentation herangezogene generelle ertragsteuerliche Fiktion eines Vermögensübergangs darf m. E. nicht für die Auslegung der steuerlichen Vorschrift des § 1 herangezogen werden, da deren Wortlaut bereits eindeutig eine eigenständige steuerliche Festlegung trifft.
17 Auch die Finanzverwaltung sieht m. E. richtigerweise nicht die Beschränkung auf den EU-/EWR-Raum, wenn das Besteuerungsrecht für die erhaltenen Anteile an der entstehenden KapG oder Genossenschaft nicht ausgeschlossen oder beschränkt ist; Tz. 01.53 UmwStE 2011.
18 So auch: *Rabback* in Rödder/Herlinghaus/van Lishaut, § 25 Rdn. 47 und 86.
19 Wobei der Gesellschaftssitz und der Ort der Geschäftsleitung grds. auch in verschiedenen EU-/EWR-Staaten liegen können. So auch Tz. 01.49 UmwStE 2011. Der Auffassung von *Schmitt*, der davon ausgeht, dass lediglich entweder der Sitz oder der Ort der Geschäftsleitung in einem EU-/EWR-Staat zu liegen braucht, ist aus meiner Sicht nicht zuzustimmen. Vgl. *Schmitt* in Schmitt/Hörtnagl/Stratz, § 25 Rdn. 9.

bereich des § 25 dennoch grds. eröffnet, *wenn* im Inland ein unbeschränktes Besteuerungsrecht für den Gewinn aus der Veräußerung der erhaltenen Anteile gegeben ist (§ 1 Abs. 4 S. 1 Nr. 2 b)).[20] In den Fällen, in denen ein DBA zwischen dem Drittstaat und der Bundesrepublik Deutschland besteht, dürfte dieser Fall regelmäßig nicht gegeben sein. Insofern könnten vornehmlich Gesellschafter, die in *Nicht-DBA-Drittstaaten* ansässig sind, durch diese Erweiterung begünstigt sein. Darüber hinaus ggf. bei inländischen Immobilien-PersG, wenn infolge des Grundbesitzes das Besteuerungsrecht dem Belegenheitsstaat Deutschland nach dem anwendbaren DBA zusteht oder auch bei inländischen Betriebsstätten, denen die erhaltenen Anteile zuzurechnen sind.

Beispiel:
An einer inländischen KG sind der in Deutschland ansässige D und der in den USA ansässige U beteiligt. Der U hält seinen Mitunternehmeranteil in einer inländischen Betriebsstätte. Die KG wird in eine GmbH formwechselnd umgewandelt.

Sowohl für die Anteile des D als auch für die Anteile des U an der GmbH hat Deutschland das Besteuerungsrecht für einen Veräußerungsgewinn (für U über Art. 7 und 13 DBA Deutschland – USA) bei tatsächlicher Zugehörigkeit der Anteile zum Betriebsstätten-Vermögen. Auch der Mitunternehmeranteil des U kann zu einem Wert unter dem gemeinen Wert eingebracht werden, obwohl U nicht in einem EU-/EWR-Staat ansässig ist.

Die Belegenheit des Vermögens der PersG an sich ist zunächst nicht auf der Tatbestandsseite erfasst. Das Vermögen kann sich demnach im Inland und/oder im EU-/EWR-Ausland und/oder in Drittstaaten befinden. Auf der Rechtsfolgenseite können sich jedoch in bestimmten Fällen Auswirkungen ergeben, insb. in Bezug auf das Bewertungswahlrecht, wenn das deutsche Besteuerungsrecht betroffen ist (siehe dazu Rdn. 37 und 42).

4. Zielrechtsform: Inländische KapG oder Genossenschaft

Die *Zielrechtsform* kann eine KapG mit Sitz im Inland sein (§ 191 Abs. 2 Nr. 3   *19* UmwG). Darunter fallen die GmbH, die AG und die KGaA. Obwohl auch

---

20 Wobei bei Drittstaatenansässigkeit von Gesellschaftern gar keine, d.h. auch keine teilweise Beschränkung bzw. kein Ausschluss des Besteuerungsrechts gegeben sein darf. Dies ergibt sich aus der Formulierung des § 1 Abs. 4 S. 1 („Absatz 3 gilt nur, wenn ..."); so auch *Möhlenbrock* in Dötsch/Pung/Möhlenbrock, § 1 Rdn. 160. Bei Drittstaatenansässigkeit und beschränktem oder ausgeschlossenem Besteuerungsrecht kann sich aber ggf. eine quotale Anwendbarkeit von § 25 ergeben, soweit die PersG und Mitgesellschafter die EU/EWR-Ansässigkeit des § 1 Abs. 4 S. 1 Nr. 2 a) aa) erfüllen.

die SE eine KapG darstellt (vgl. auch § 1 Abs. 1 Nr. 1 KStG), ist ein direkter Formwechsel einer PersG in eine SE nach dem UmwG nicht möglich.[21]

Bei der Zielrechtsform KGaA besteht eine Besonderheit, soweit aus dem Kreis der bisherigen Mitunternehmer der PersG der neue persönlich haftende Gesellschafter der KGaA stammt. Der bisherige Mitunternehmer führt insoweit seine Mitunternehmerstellung fort und der Vorgang unterfällt insoweit nicht § 25, sondern ist grds. ohne ertragsteuerliche Relevanz.[22]

Der Rechtsträger kann auch in eine Genossenschaft mit Sitz im Inland formwechseln (§§ 191 Abs. 2 Nr. 4, 214, 225a UmwG).[23] Analog zur SE ist nach dem UmwG auch kein direkter Formwechsel einer PersG in eine SCE möglich.

III. Formwechsel einer PersG in eine KapG oder Genossenschaft auf Grund mit § 190 UmwG vergleichbarer ausländischer Vorgänge

1. Grundlegendes

20 Die zweite Fallgruppe des Formwechsels ist der *Auslandsfall*, d.h. der Formwechsel eines ausländischen Rechtsträgers. Ein Regelungsbedarf besteht nur bei einem Inlandsbezug des ausländischen Formwechsels, d.h. bei Ansässigkeit von Gesellschaftern im Inland und/oder bei der Erzielung inländischer Einkünfte. Neben der Vergleichbarkeit des ausländischen Umwandlungsvorgangs mit den Voraussetzungen und Wirkungen eines Formwechsels nach dem fünften Buch des UmwG, werden wiederum auch Anforderungen an die Ausgangs- und Zielrechtsform sowie die Ansässigkeit der Gesellschafter gestellt.

Nach bislang h.M. war *kein grenzüberschreitender Formwechsel* eröffnet, d.h. eine Änderung eines Rechtsträgers mit Sitz in einem Staat in einen Rechtsträger anderer Rechtsform mit Sitz in einem anderen Staat.[24] Eine europäische Richtlinien-Vorgabe existiert nicht. Mit der Entscheidung „*Cartesio*" hat der EuGH[25] nun gefordert, dass ein Mitgliedstaat den statuswechselnden Wegzug durch Verlegung des Satzungssitzes einer inländischen Gesellschaft ins Ausland oder den statuswechselnden Zuzug durch Verlegung des Satzungssitzes einer ausländischen Gesellschaft ins Inland zu er-

---

21 Eine SE kann im Wege des Formwechsels nur aus einer AG unter bestimmten Voraussetzungen entstehen (Art. 2 Abs. 4 Verordnung (EG) Nr. 2157/2001 vom 08.10.2001, ABl. L 294 vom 10.11.2001, 1).
22 Vgl. *Widmann* in Widmann/Mayer, § 25 Rdn. 39 und *Patt* in Dötsch/Pung/Möhlenbrock, § 25 Rdn. 31.
23 Der Auffassung von *Nitzschke*, der wohl davon ausgeht, dass eine oHG oder KG nicht in eine Genossenschaft formwechseln könnten bzw. diese Fälle nicht von § 25 erfasst wären, ist aus meiner Sicht nicht zuzustimmen. Vgl. *Nitzschke* in Blümich, § 25 Rdn. 30.
24 Vgl. *Patt* in Dötsch/Pung/Möhlenbrock, § 25 Rdn. 3, *Rabback* in Rödder/Herlinghaus/van Lishaut, § 25 Rdn. 10 und *Hahn* in PricewaterhouseCoopers AG, Reform des Umwandlungssteuerrechts, Rdn. 825.
25 EuGH vom 16.12.2008, C-210/06, *Cartesio*, Slg. 2008, I-9641, Rdn. 113.

möglichen hat. Zudem hat der EuGH in seinem Urteil „*Vale*"[26] klargestellt, dass grenzüberschreitende Formwechsel[27] im Hinblick auf Art. 49 AEUV und Art. 54 AEUV auch entgegen nationaler Regelungen ermöglicht werden müssen, soweit keine Rechtfertigung der Ungleichbehandlung durch zwingende Gründe des Allgemeinwohls besteht.[28]

2. Mit dem Formwechsel nach § 190 UmwG vergleichbarer ausländischer Vorgang

Es muss ein dem Formwechsel i.S.v. § 190 UmwG vergleichbarer ausländischer Vorgang vorliegen. Dies erfordert, dass der tatsächliche Vorgang nach dem betreffenden ausländischen Gesellschaftsrecht *seinem Wesen nach* mit dem Formwechsel nach deutschem Umwandlungsrecht *vergleichbar* ist (Vergleichbarkeitstest[29]). Der konkrete ausländische Vorgang muss somit insbesondere durch Rechtsträgeridentität (keine Auflösung ohne Abwicklung) bei Wechsel der Rechtsform *(„Rechtskleidwechsel")* ohne Vermögenstransfer gekennzeichnet sein.[30] Die Finanzverwaltung fordert abstrakt, dass der nach ausländischem Umwandlungsrecht abgewickelte konkrete Vorgang ungeachtet des Sitzerfordernisses in § 1 Abs. 1 UmwG auch nach den Regelungen des UmwG wirksam abgewickelt werden könnte[31], und legt damit grds. wohl strenge Maßstäbe als die Vergleichbarkeitsprüfung. Explizit wird die Abgrenzung zur Verschmelzung, die durch eine Auflösung ohne Abwicklung gekennzeichnet ist, angesprochen.[32]

Umwandlungsrechtliche Regelungen einer Vielzahl von Ländern sind bei *Widmann/Mayer* beschrieben.[33]

Unter den Fall des ausländischen Vorgangs kann ggf. auch ein grenzüberschreitender Formwechsel fallen, weil der Begriff „ausländisch" des § 1 Abs. 3 Nr. 3 allgemein weit gefasst verstanden wird.[34] Dabei wird zwischen grenzüberschreitenden rechtsformkongruenten und rechtsforminkongruen-

21

---

26 EuGH vom 12.07.2012, C-378/10, *Vale*, NZG 2012, 871.
27 Nach dem Wortlaut wird von einer grenzüberschreitenden Umwandlung gesprochen, welche im Aufnahmemitgliedstaat zu einer Gründung einer Gesellschaft führe, vgl. EuGH v 12.07.2012, C-378/10, *Vale*, NJW 2012, 2718; allerdings kann aus anderen sprachlichen Fassungen und dem weiten Kontext aus deutscher Sicht der Vorgang als Formwechsel qualifiziert werden, vgl. *Ege/Klett*, DStR 2012, 2443.
28 EuGH vom 12.07.2012, C-378/10, *Vale*, NZG 2012, 874 (Tz. 39).
29 Vgl. BT-Drs. 16/2710, 35.
30 Vgl. *Benecke*, GmbHR 2012, 120; Streitig ist, ob auch die Erlangung der Wirksamkeit durch Eintragung in ein öffentliches Register Voraussetzung für die Vergleichbarkeit ist, vgl. *Bilitewski* in Haritz/Menner, § 25 Rdn. 16. *Benecke* erachtet es als ausreichend, wenn den Bestimmungen des maßgebenden ausländischen Personalstatuts genüge getan ist, vgl. *Benecke*, GmbHR 2012, 120. *Patt* sieht dagegen das Erfordernis im Umkehrschluss aus § 9 S. 3 i.V.m. § 25 S. 2 gegeben, vgl. *Patt* in Dötsch/Pung/Möhlenbrock, § 25 Rdn. 11. Die Finanzverwaltung äußert sich hierzu nicht explizit im UmwStE 2011.
31 Tz. 01.25 UmwStE 2011.
32 Vgl. Tz. 01.39 UmwStE 2011.
33 Vgl. *Widmann/Mayer*, Anhang 3.
34 Tz. 01.21 UmwStE 2011; *Schönhaus/Müller*, IStR 2013, 177.

ten Hinaus- oder Hinein-Formwechseln unterschieden.[35] Im Rahmen des § 25 handelt es sich allerdings lediglich um Fälle des rechtsforminkongruenten Hinaus- oder Hinein-Formwechsels.

Weitere Einzelheiten, insb. zur Regelungskompetenz des deutschen Steuergesetzgebers, finden sich bei *Ege/Klett*.[36]

3. Ausgangsrechtsform: Ausländische PersG

22   Der ausländische Rechtsträger muss eine Rechtsform besitzen, die in ihren wesentlichen Merkmalen vergleichbar mit einer deutschen oHG, KG oder PartG ist. Die Vergleichbarkeit ist anhand eines Typenvergleichs festzustellen.

In den *Betriebsstätten-Verwaltungsgrundsätzen*[37] in den Tabellen 1 und 2 sowie im BMF-Schreiben zur Anwendung von DBA auf PersG[38] findet sich jeweils eine Übersicht mit ausländischen Rechtsformen und ihrer grds. Vergleichbarkeit mit inländischen Rechtsformen. Eine Vielzahl der dort genannten Länder verfügt demnach über Rechtsformen, die denen einer inländischen oHG oder KG vergleichbar sind. Dennoch sollte stets anhand des konkreten Gesellschaftsvertrags ein Typenvergleich vorgenommen werden, da ggf. gesellschaftsvertragliche Dispositionsmöglichkeiten bestehen. Als Anhaltspunkt für die Vorgehensweise beim Typenvergleich kann das sog. *LLC-Schreiben* dienen.[39]

Darüber hinaus muss der ausländische Rechtsträger nach § 1 Abs. 4 S. 1 Nr. 2 a) aa) i.V.m. Abs. 2 S. 1 Nr. 1 grds. eine nach den Rechtsvorschriften eines EU- oder EWR-Staates gegründete Gesellschaft sein *und* der Sitz und Ort der Geschäftsleitung der Gesellschaft muss sich innerhalb des Hoheitsgebiets eines dieser Staaten befinden.[40]

In bestimmten Fällen kommen jedoch auch Gesellschaften mit Gründungssitz in einem Drittstaat oder in einem EU-/EWR-Staat gegründete Gesellschaften in Betracht, deren Ort der Geschäftsleitung in einem Drittstaat liegt. Voraussetzung in diesen Fällen ist, dass das Recht der Bundesrepublik Deutschland hinsichtlich der Besteuerung des Gewinns aus der Veräußerung der erhaltenen Anteile nicht ausgeschlossen oder beschränkt ist (§ 1 Abs. 4 S. 1 Nr. 2 b)).

4. Ansässigkeit der Gesellschafter

23   Über die genannte Rechtsform- und Ansässigkeitsvoraussetzung der PersG hinaus erklärt § 1 Abs. 4 S. 1 Nr. 2 a) aa) den achten Teil des UmwStG

---

35 Vgl. *Schönhaus/Müller*, IStR 2013, 177.
36 Vgl. *Ege/Klett*, DStR 2012, 2442.
37 BMF vom 24.12.1999, BStBl. I, 1076, zuletzt geändert durch BMF vom 26.09.2014, BStBl. I, 1258.
38 Vgl. BMF vom 26.09.2014, BStBl. I, 1258, Anlage.
39 BMF zur steuerlichen Einordnung der nach dem Recht der Bundesstaaten der USA gegründeten Limited Liability Company vom 19.03.2004, BStBl. I, 411, das auch in Tz. 01.27 UmwStE 2011 genannt ist.
40 Wobei der Gesellschaftssitz und der Ort der Geschäftsleitung grds. auch in verschiedenen EU-/EWR-Staaten liegen können. So auch Tz. 01.49 UmwStE 2011.

(d.h. § 25) nur für anwendbar, *soweit* die Gesellschafter der PersG bestimmte Ansässigkeitsvoraussetzungen erfüllen, die wiederum in § 1 Abs. 2 S. 1 Nr. 1 und 2 genannt sind, oder wenn das Recht der Bundesrepublik Deutschland hinsichtlich der Besteuerung des Gewinns aus der Veräußerung der erhaltenen Anteile nicht ausgeschlossen oder beschränkt ist (§ 1 Abs. 4 S. 1 Nr. 2 b)).

Insoweit kann auf die Ausführungen zu den identischen Voraussetzungen für den Inlandsfall in Rdn. 17 und 18 verwiesen werden.

5. Zielrechtsform: Ausländische KapG oder Genossenschaft

Die *Zielrechtsform* kann einerseits eine KapG sein. Wiederum ist hierzu mittels Typenvergleichs zu prüfen, ob die neue Rechtsform in ihren wesentlichen Merkmalen einer deutschen GmbH, AG (bzw. SE) oder KGaA entspricht. Der Rechtsträger kann andererseits auch in eine Gesellschaft, die im Typenvergleich einer deutschen Genossenschaft (bzw. SCE) entspricht, formwechselnd umgewandelt werden. Auch hier können als Anhaltspunkt zunächst die Tabellen 1 und 2 in den Betriebsstätten-Verwaltungsgrundsätzen sowie das sog. LLC-Schreiben dienen (siehe Rdn. 22).   24

IV. Entsprechende Geltung der §§ 20 bis 23

1. Zusätzliche wesentliche Tatbestandsmerkmale

a) Mitunternehmerschaft

Durch den Rechtsgrundverweis des § 25 S. 1 auf die entsprechende Geltung der §§ 20 bis 23 ergeben sich zusätzliche Tatbestandsmerkmale. Wenn der Anwendungsbereich des § 20 eröffnet werden soll, müssen nach vorherrschender Auffassung nach § 20 Abs. 1 Mitunternehmeranteile eingebracht werden, d.h. es muss sich bei dem formwechselnden Rechtsträger im Zeitpunkt des Formwechsels um eine steuerliche (inländische oder ausländische) *Mitunternehmerschaft* handeln.   25

Die Finanzverwaltung vertritt im UmwStE 2011 ggf. die Auffassung, dass Einbringungsgegenstand nicht der Mitunternehmeranteil, sondern der Betrieb der PersG sei. Zumindest wird dies für den vergleichbaren Fall der Verschmelzung einer PersG auf eine KapG erwähnt, auch wenn die Finanzverwaltung gleichermaßen davon ausgeht, dass Einbringende die Mitunternehmer sind, weil die PersG nach der Umwandlung nicht mehr fortbesteht.[41] Nachfolgend wird deshalb unterstellt, dass auch die Finanzverwaltung im Ergebnis dieselben Voraussetzungen, die bei einer Einbringung von Mitunternehmeranteilen erforderlich sind, für die Anwendbarkeit des § 25 fordern wird.[42] Es handelt sich beim Formwechsel letztlich um eine steuerliche Fiktion des Rechtsträgerwechsels mit Vermögensübergang, die keine eindeutige Regelung enthält, was der Einbringungsgegenstand ist. Nicht denkbar ist

---

41 Vgl. Tz. 20.03 und 20.05 UmwStE 2011.
42 So kann auch der Verweis in Tz. 20.10 (Mitunternehmeranteil) auf die entsprechende Anwendung der Tz. 20.05 bis 20.09 (Betrieb, Teilbetrieb) im UmwStE 2011 verstanden werden.

hierbei jedoch, dass es sich um die Einbringung eines Teilbetriebs handelt, da das gesamte Vermögen der PersG auf die KapG übergeht. Die Anwendung des § 25 ist damit nicht von der Auffassung der Finanzverwaltung, dass der Teilbetriebsbegriff nunmehr nach der Fusionsrichtlinie zu definieren sei[43], betroffen.[44]

26 Die Mitunternehmerschaft kann sich aus einer eigenen land- und forstwirtschaftlichen oder gewerblichen oder selbständigen Tätigkeit der Gesellschaft (einschl. Betriebsaufspaltung) ergeben (§§ 13 Abs. 7, 15 Abs. 1 S. 1 Nr. 2, Abs. 3 Nr. 1, 18 Abs. 4 EStG). Auch kann sich Betriebsvermögen bei einer an sich vermögensverwaltenden Tätigkeit durch sog. Abfärbung auf Grund einer Beteiligung an einer Mitunternehmerschaft ergeben (§ 15 Abs. 3 Nr. 1, 2. Alt EStG).[45] Schließlich kann auch eine Mitunternehmerschaft aufgrund gewerblicher Prägung nach § 15 Abs. 3 Nr. 2 EStG vorliegen. Nach der Rechtsprechung des BFH kann auch eine ausländische KapG als persönlich haftende Gesellschafterin einer inländischen oder ausländischen PersG das Gepräge geben.[46]

Da der Formwechsel als Einbringung der Mitunternehmeranteile durch die Mitunternehmer gilt[47], ist der Anwendungsbereich des § 25 grds. nur denjenigen Gesellschaftern der Mitunternehmerschaft eröffnet, die über eine Mitunternehmerstellung verfügen.[48]

Zu den Auswirkungen einer Unterbeteiligung an einem Mitunternehmeranteil (Veräußerungsvorgang) sowie zur atypisch stillen Beteiligung (Fortsetzung am Betrieb der KapG oder Genossenschaft) siehe ausführlich bei *Patt*[49] und bei *Suchanek*.[50]

b) Sacheinlagegegenstand

aa) Gesamte Mitunternehmeranteile

27 In den Fällen des § 20 Abs. 1 i.V.m. § 25 S. 1 ist jeweils der gesamte Mitunternehmeranteil einzubringen.[51] Dazu gehören neben dem Anteil am Gesamthandsvermögen – sofern vorhanden – *wesentliche Betriebsgrundlagen*

---

43 Vgl. Tz. 15.02 f. i.V.m. 20.06 UmwStE 2011.
44 So im Ergebnis auch das FG Münster, vgl. FG Münster vom 25.07.2012, 10 K 3388/08 K, G, F.
45 Vgl. *Patt* in Dötsch/Pung/Möhlenbrock, § 25 Rdn. 20.
46 Vgl. BFH vom 14.03.2007, XI R 15/05, BStBl. II, 924.
47 Vgl. hierzu ausführlich *Rabback* in Rödder/Herlinghaus/van Lishaut, § 25 Rdn. 46. Zur Auffassung der Finanzverwaltung siehe oben. Ausführlich zur unabhängigen Bestimmung von Einbringendem und Einbringungsgegenstand bei Mitunternehmerschaften, vgl. *Schmitt/Keuthen*, DStR 2015, 860.
48 Vgl. *Bilitewski* in Haritz/Menner, § 25 Rdn. 23. Daher fällt auch die sog. Zebra-Gesellschaft nicht unter § 25, da auch deren Gesellschafter, die über eigenes Betriebsvermögen verfügen, keine Mitunternehmerstellung innehaben.
49 Vgl. *Patt* in Dötsch/Pung/Möhlenbrock, § 25 Rdn. 25 und 52.
50 Vgl. *Suchanek*, Ubg 2012, 434.
51 So auch *Stangl*, GmbHR 2012, 257.

des SBV des Gesellschafters.[52] Hierbei kann es sich zum einen um Aktiva des sog. SBV I handeln (z.b. ein der PersG zur Nutzung überlassenes betriebsnotwendiges Grundstück). Zum anderen sind aber auch wesentliche Betriebsgrundlagen des sog. SBV II[53] denkbar (z.b. Anteile an der Komplementärgesellschaft). Es gilt ausschließlich die funktionale Betrachtungsweise für die Bestimmung wesentlicher Betriebsgrundlagen.[54] Passiva des SBV (z.b. ein Darlehen zur Finanzierung des Erwerbs des Mitunternehmeranteils) stellen regelmäßig keine wesentlichen Betriebsgrundlagen dar.[55] Es ist jeder Mitunternehmeranteil getrennt zu betrachten, d.h. für jeden Mitunternehmeranteil kann das Bewertungswahlrecht getrennt ausgeübt werden bzw. es kann bei einzelnen Mitunternehmeranteilen ggf. mangels Vorliegen der Voraussetzungen gar nicht gegeben sein.[56]

Wenn wesentliche Betriebsgrundlagen des SBV vorliegen, ist m.E. eine Einbringung des betreffenden Vermögens des Gesellschafters in zeitlichem und sachlichem Zusammenhang mit dem Formwechselvorgang durch eine separate zivilrechtliche Vereinbarung erforderlich, um die Anwendbarkeit des § 20 i.V.m. § 25 S. 1 zu erreichen.[57] Die Einbringung muss m.E. nicht unmittelbar Teil des Formwechsels selbst sein.[58]

Beispiel:
Die AB-KG betreibt eine Produktionsanlage und soll in eine GmbH umgewandelt werden. Das Betriebsgrundstück pachtet die KG von dem Mitunternehmer A (wesentliche Betriebsgrundlage des notwendigen SBV I des A).

Im Zusammenhang mit dem Formwechselvorgang muss A das Eigentum an dem Grundstück auf die Gesellschaft übertragen. Andernfalls könnte der Formwechsel bezogen auf seinen Mitunternehmeranteil

---

52 Vgl. *Widmann* in Widmann/Mayer, § 25 Rdn. 6.1; *Bilitewski* in Haritz/Menner, § 25 Rdn. 30; *Rabback* in Rödder/Herlinghaus/van Lishaut, § 25 Rdn. 50 und *Nitzschke* in Blümich, § 25 Rdn. 27; a.A. *Boorberg/Boorberg*, DB 2007, 1777. So im Ergebnis auch die Finanzverwaltung, auch wenn sie als Einbringungsgegenstand wohl den Betrieb der PersG ansieht, vgl. Tz. 20.06 UmwStE 2011.
53 Vgl. die Definitionen in R 4.2 Abs. 2 EStR 2012: Wirtschaftsgüter, die unmittelbar dem Betrieb der PersG dienen (SBV I) oder zur Begründung oder Stärkung der Beteiligung des Mitunternehmers an der PersG eingesetzt werden oder diese fördern (SBV II).
54 Vgl. Tz. 20.06 UmwStE 2011.
55 Vgl. *Schmitt* in Schmitt/Hörtnagl/Stratz, § 20 Rdn. 151.
56 So z.B. auch *Stangl*, GmbHR 2012, 258.
57 So auch *Rabback* in Rödder/Herlinghaus/van Lishaut, § 25 Rdn. 51 und *Bilitewski* in Haritz/Menner, § 25 Rdn. 30 und 31. Die Finanzverwaltung behandelt zumindest im Fall der echten Gesamtrechtsnachfolge, z.B. bei Verschmelzung, die gleichzeitige Einbringung von SBV im Wege der Einzelrechtsnachfolge zusammen mit der Verschmelzung einheitlich als Gesamtrechtsnachfolge, vgl. Tz. 23.20 UmwStE 2011. Unklar bleibt hierbei, ob dieser Gedanke gleichfalls für den Formwechsel gelten soll und was unter „gleichzeitig" zu verstehen ist.
58 So auch *Bilitewski* in Haritz/Menner, § 25 Rdn. 35 und *Rabback* in Rödder/Herlinghaus/van Lishaut, § 25 Rdn. 51; *Schmitt* hält offenbar die Übertragung in der Form des § 6 UmwG (notarielle Urkunde) für erforderlich, vgl. *Schmitt* in Schmitt/Hörtnagl/Stratz, § 25 Rdn. 20.

nicht unter § 25 fallen und sämtliche stillen Reserven in seinem Mitunternehmeranteil wären insoweit aufzudecken. Die Übertragung des Grundstücks erfolgt bei Antrag auf Buchwertfortführung für den Mitunternehmer A ebenfalls zum Buchwert.

28 Seit langer Zeit ist streitig, ob bei einer GmbH & Co. KG die *Anteile an der Komplementär-GmbH* einen Fall einer wesentlichen Betriebsgrundlage des SBV II darstellen. Wenn nicht eine Einheitsgesellschaft (d. h. die KG hält selbst die Anteile an der Komplementärgesellschaft) vorliegt, stellt sich regelmäßig die Frage der Notwendigkeit der Einbringung der Anteile an der Komplementär-GmbH entweder in die KG (vor Wirksamkeit des Formwechsels) oder in die neue Rechtsform (KapG oder Genossenschaft) in zeitlichem und sachlichem Zusammenhang mit dem Formwechsel nach dessen Wirksamkeit.

Wann eine Beteiligung als wesentliche Betriebsgrundlage anzusehen ist, ist durch die Rechtsprechung des BFH bisher nicht eindeutig entschieden.[59] Inzwischen hat der BFH für Fälle, in denen die PersG in Folge der Umwandlung erlischt, entschieden, dass eine Übertragung der Beteiligung an der bisherigen Komplementärgesellschaft, deren Tätigkeit sich auf die Geschäftsführungsfunktion bei der KG beschränkt hat, wirtschaftlich ohne Sinn wäre und nichts Wesentliches zurückbehalten wird.[60] Demnach braucht bei einer typischen Komplementär-GmbH (keine vermögensmäßige Beteiligung an der KG und reine Geschäftsführungs- und Haftungsfunktion) nach dieser Rechtsprechung im Falle des Formwechsels keine Übertragung der Anteile an der Komplementärin auf die KG bzw. die neue KapG zu erfolgen.[61]

29 Eine Einbringung von wesentlichen Betriebsgrundlagen des SBV in den formwechselnden Rechtsträger in zeitlichem und sachlichem Zusammenhang unterfällt m.E. ebenfalls den Regelungen des § 25.[62] Eine eigenständige Rechtsgrundlage für diese Übertragung (z.B. § 6 Abs. 5 S. 3 EStG bei Einbringung in die PersG vor dem Formwechselvorgang[63]) ist daher m.E. nicht erforderlich.[64] Fraglich kann gleichwohl sein, wann ein zeitlicher Zusammenhang nicht mehr gegeben ist. Wenn z.B. eine Einbringung im Zuge

---

59 Vgl. zum Stand der Diskussion bspw. *Graessner/Hütig*, DB 2015, 2416 m.w.N.
60 Vgl. BFH vom 16.12.2009, I R 97/08, BStBl. II 2010, 808.
61 So auch die OFD Frankfurt/M in der Verfügung vom 13.02.2014, DB 2014, 1227.
62 So auch *Bilitewski* in Haritz/Menner, § 25 Rdn. 30 und 31, *Rabback* in Rödder/Herlinghaus/van Lishaut, § 25 Rdn. 51 und *Jäschke*, GmbHR 2012, 608. *Widmann* in Widmann/Mayer, § 25 Rdn. 6.7, lässt pauschal alle Übertragungen innerhalb des Rückwirkungszeitraums dem § 25 unterfallen; damit offenbar jedoch keine Übertragungen nach der Eintragung des Formwechsels in das öffentliche Register. Ähnlich auch *Patt* in Dötsch/Pung/Möhlenbrock, § 25 Rdn. 24.
63 Wenn eine Übertragung von SBV auf die PersG zu Buchwerten vor dem Formwechselvorgang dem § 6 Abs. 5 S. 3 EStG unterfallen würde, bestünde unmittelbar im Anschluss eine Pflicht zum rückwirkenden Ansatz des Teilwerts nach S. 6 der Vorschrift, ausgelöst durch den Formwechsel in eine Körperschaft. So auch die Auffassung der Finanzverwaltung, vgl. BMF vom 08.12.2011, Rdn. 35.
64 So auch *Patt* in Dötsch/Pung/Möhlenbrock, § 25 Rdn. 24; *Schmitt* in Schmitt/Hörtnagl/Stratz, § 25 Rdn. 20 und *Nitzschke* in Blümich, § 25 Rdn. 27; krit. aber wohl auch *Ott*, GmbHR 2015, 924.

des Formwechsels offensichtlich versäumt wurde (insb. kritisch nach dem Tag der Registereintragung), dürfte eine deutlich später nachgeholte Einbringung nicht mehr in einem zeitlichen (und auch nicht in einem sachlichen) Zusammenhang stehen. Daher dürfte eine Dokumentation der zeitlichen und sachlichen Nähe zum Formwechsel von großer Bedeutung sein. Ggf. könnte die Übertragung des SBV zur Dokumentation bereits in der Präambel des Umwandlungsbeschlusses erwähnt werden.[65]

Handelt es sich um eine sog. *doppelstöckige PersG* und soll die Unter-PersG   **30** formgewechselt werden, stehen die Gesellschafter der Ober-PersG einem unmittelbar beteiligten Mitunternehmer in Bezug auf SBV gleich (§ 15 Abs. 3 Nr. 2 EStG). Dennoch müsste wohl ein Gesellschafter der Ober-PersG, der gar nicht Gesellschafter der aus dem Formwechsel hervorgehenden KapG oder Genossenschaft wird, kein Vermögen vor oder nach dem Formwechselvorgang in die PersG/KapG einbringen, selbst wenn es eine wesentliche Betriebsgrundlage des SBV darstellt.[66] Die Finanzverwaltung geht m. E. richtigerweise nunmehr davon aus, dass die Ober-PersG selbst als Einbringender i.S.v. § 20 Abs. 1 i.V.m. § 25 S. 1 angesehen wird, und nicht die Gesellschafter der Ober-PersG.[67]

Im Falle *ausländischer Mitunternehmer* einer inländischen PersG sind auch   **31** wesentliche Betriebsgrundlagen des SBV ausländischer Mitunternehmer mit einzubringen. Die deutsche Finanzverwaltung folgert in DBA-Fällen ein deutsches Besteuerungsrecht für das SBV aus § 50d Abs. 10 EStG, nach dem Sondervergütungen als Unternehmensgewinne i.S.d. DBA gelten.[68] Nach der Rechtsprechung des BFH kommt es hierfür jedoch auf die tatsächliche Zuordnung zur deutschen Betriebsstätte an.[69] Doch selbst wenn kein deutsches Besteuerungsrecht für einen Veräußerungsgewinn aus SBV eines ausländischen Mitunternehmers gegeben sein sollte, dürfte eine Einbringung wesentlicher Betriebsgrundlagen des SBV erforderlich sein, da diese aus deutscher Sicht Bestandteil des Einbringungsgegenstands (gesamter) Mitunternehmeranteil i.S.v. § 20 Abs. 1 i.V.m. § 25 S. 1 sind.

bb) Anteile an KapG oder Genossenschaften

Sofern keine Mitunternehmerschaft vorliegt (*vermögensverwaltende PersG*)   **32** oder bei einer Mitunternehmerschaft wesentliche Betriebsgrundlagen des SBV zurückbehalten werden, kann keine Einbringung von Mitunternehmeranteilen nach § 20 Abs. 1 i.V.m. § 25 S. 1 erfolgen. Das steuerliche Bewertungswahlrecht kann dennoch in Gänze oder für bestimmte Vermögensteile

---

65 Vgl. *Patt* in Dötsch/Pung/Möhlenbrock, § 25 Rdn. 24 und *Rabback* in Rödder/Herlinghaus/van Lishaut, § 25 Rdn. 51; *Ott*, GmbHR 2015, 924. *Bilitewski* in Haritz/Menner, § 25 Rdn. 31, präferiert dies verbunden mit einem aufschiebend auf den Zeitpunkt der Registereintragung bedingten Eigentumsübergang.
66 Dass notwendiges SBV nach Auffassung der Finanzverwaltung vorliegt, ergibt sich aus R 15.8 Abs. 2 EStR 2012. *Stangl* äußert Zweifel dahingehend, dass ggf. eine Einbringung notwendig sein könnte, vgl. *Stangl*, GmbHR 2012, 261.
67 Vgl. Tz. 20.03 UmwStE 2011.
68 Vgl. BMF vom 26.09.2014, BStBl. I, 1258, Tz. 5.1.
69 So bspw. für den Outbound-Fall BFH vom 19.12.2007, I R 66/06, BStBl. II 2008, 510.

gegeben sein. Dies, wenn die vermögensverwaltende PersG über Anteile an einer oder mehreren KapG oder Genossenschaften verfügt, die bei der formgewechselten Gesellschaft mehrheitsvermittelnde Anteile darstellen (sog. *qualifizierter Anteilstausch*; § 21 Abs. 1 i.V. m. § 25 S. 1), und soweit kein Fall des § 20 Abs. 4a S. 1 und 2 EStG vorliegt.[70]

Hierbei ist es auch möglich, dass nicht die PersG selbst eine mehrheitsvermittelnde Beteiligung hält. Entscheidend ist, dass die aus dem Formwechsel hervorgehende KapG oder Genossenschaft über die *Anteilsmehrheit* verfügt. Insofern ist es zulässig, dass ein oder mehrere Gesellschafter zusätzliche Anteile an der KapG oder Genossenschaft, an der auch die formwechselnde PersG beteiligt ist, in die Körperschaft in zeitlichem und sachlichem Zusammenhang mit dem Formwechsel einbringen.[71]

Beispiel:

Die vermögensverwaltende AB-oHG ist zu 45 % an der C-GmbH beteiligt. Gesellschafter der oHG sind A und B. Zusätzlich hält A persönlich 10 % der Anteile an der C-GmbH. Die AB-oHG soll im Wege des Formwechsels in eine GmbH umgewandelt werden.

Das Bewertungswahlrecht des § 21 Abs. 1 S. 2 i.V. m. § 25 S. 1 für die Anteile an der C-GmbH wäre grds. eröffnet, wenn der A in zeitlichem und sachlichem Zusammenhang zu dem Formwechsel seine 10 %ige Beteiligung an der C-GmbH in die AB-GmbH einbringt. Die AB-GmbH wäre einschließlich aller eingebrachten Anteile zu mehr als 50 % an der C-GmbH beteiligt.

Sollte die PersG sowohl über mehrheitsvermittelnde Beteiligungen an KapG oder Genossenschaften verfügen und eine Mitunternehmerschaft sein, erfolgt nach der h.M. keine Aufteilung des Einbringungsgegenstands auf die Tatbestandsmerkmale von § 20 Abs. 1 (Mitunternehmeranteile) und § 21 Abs. 1 (mehrheitsvermittelnde Anteile an KapG oder Genossenschaften). Der Vorgang fällt bei Mitunternehmerschaften stets insgesamt unter § 20 Abs. 1 i.V. m. § 25 S. 1.[72]

c) Gewährung neuer Anteile/Person des Einbringenden

33 Die Gewährung neuer Anteile an der KapG oder Genossenschaft an den/die Einbringenden als Voraussetzung der §§ 20 Abs. 1, 21 Abs. 1 ist beim Formwechsel grds. *automatisch erfüllt*. Die am Formwechsel teilnehmenden Gesellschafter der PersG erhalten per definitionem neue Anteile an der entstehenden KapG oder Genossenschaft.[73]

---

70 Vgl. *Bilitewski* in Haritz/Menner, § 25 Rdn. 22; *Patt*, GmbH-StB 2015, 239.
71 Vgl. *Widmann* in Widmann/Mayer, § 25 Rdn. 6; *Bilitewski* in Haritz/Menner, § 25 Rdn. 22; *Rabback* in Rödder/Herlinghaus/van Lishaut, § 25 Rdn. 57 und *Schmitt* in Schmitt/Hörtnagl/Stratz, § 25 Rdn. 11 sowie Tz. 21.01 UmwStE 2011.
72 Vgl. *Patt* in Dötsch/Pung/Möhlenbrock, § 25 Rdn. 20 und *Rabback* in Rödder/Herlinghaus/van Lishaut, § 25 Rdn. 58.
73 Eine Ausnahme gilt für den werdenden persönlich haftenden Gesellschafter einer KGaA, vgl. *Patt* in Dötsch/Pung/Möhlenbrock, § 25 Rdn. 31. *Patt* in Dötsch/Pung/Möhlenbrock, § 25 Rdn. 30 sieht die Erfüllung des Merkmale „Einbringen" und „Gewährung neuer Anteile" beim Formwechsel als nicht erforderlich an, da diese Merkmale durch die Voraussetzung des Formwechsels überlagert würden.

Aus dem Rechtsgrundverweis ergibt sich, dass beim Formwechsel einer Mitunternehmerschaft die Mitunternehmer ihre gesamten Mitunternehmeranteile in die neue KapG oder Genossenschaft einbringen.[74] *Einbringende* i.S.v. § 20 sind daher die *Mitunternehmer* der PersG.[75] Im Falle einer *doppelstöckigen PersG* stellt sich die Frage, ob Einbringende die Ober-PersG selbst ist oder ob es die Gesellschafter der Ober-PersG sind. Im neuen UmwStE 2011[76] vertritt die Finanzverwaltung nunmehr die m.E. richtige Auffassung, dass in diesem Fall die Ober-PersG selbst Einbringende ist und nicht die Gesellschafter der Ober-PersG. **34**

Wenn keine Mitunternehmerschaft gegeben ist, kann allenfalls ein Fall des § 21 Abs. 1 vorliegen. Die Gesellschafter der formgewechselten PersG bringen ihren rechnerischen Anteil (§ 39 Abs. 2 Nr. 2 AO) an den Anteilen der PersG an der KapG oder Genossenschaft in die Gesellschaft neuer Rechtsform ein. **35**

d) Besteuerung mit KSt und Besteuerungsrecht der Bundesrepublik Deutschland

Die Gewährung des steuerlichen Bewertungswahlrechts unterliegt in § 20 Abs. 2 S. 2 Nr. 1 und 3 weiteren Voraussetzungen, wenn eine Mitunternehmerschaft gegeben ist. Demnach muss einerseits die Besteuerung des Betriebsvermögens der entstehenden KapG oder Genossenschaft mit (inländischer oder ausländischer[77]) KSt sichergestellt sein. Dies könnte insb. bei steuerbefreiten Körperschaften (z.B. wegen Gemeinnützigkeit, § 5 Abs. 1 Nr. 9 KStG) mit ausschließlich inländischen Einkünften im Einzelfall nicht gegeben sein. Zur Thematik bei Umwandlung auf eine Organgesellschaft enthält der UmwStE 2011 gesonderte Ausführungen.[78] **36**

Andererseits darf auch das Recht der Bundesrepublik Deutschland zur Besteuerung eines Gewinns aus der Veräußerung des Betriebsvermögens bei der KapG oder Genossenschaft nicht ausgeschlossen oder eingeschränkt sein. Insoweit ergibt sich eine Beschränkung des Bewertungswahlrechts. Damit ist insb. kein Bewertungswahlrecht bei der formwechselnden Umwandlung einer ausländischen PersG mit inländischen Mitunternehmern gegeben, *soweit* deren Vermögen einer ausländischen Betriebsstätte in einem Nicht-DBA-Staat oder in einem DBA-Staat mit Anrechnungsmethode zuzuordnen ist. Da die deutsche Abkommenspraxis meist die Freistellungsmethode für Unternehmensgewinne vorsieht, ist der Anwendungsbereich dieser Einschränkung jedoch eher begrenzt.[79] **37**

---

74 Zur Auffassung der Finanzverwaltung, die annahmegemäß im Ergebnis zu keinen Abweichungen führt, siehe oben.
75 So auch FG Münster vom 25.07.2012, 10 K 3388/08 K, G, F, Tz. 46 und die Finanzverwaltung, vgl. Tz. 20.03 UmwStE 2011.
76 Tz. 20.03 UmwStE 2011. Anders noch im alten UmwStE 1998, Tz. 20.05.
77 Vgl. *Schmitt* in Schmitt/Hörtnagl/Stratz, § 20 Rdn. 323 sowie Tz. 03.17 i.V.m. 20.19 UmwStE 2011.
78 Vgl. Tz. 20.19 UmwStE 2011.
79 Wobei hierbei eine Nichtgewährung der Freistellung bei Aktivitätsvorbehalt oder in Fällen des § 20 Abs. 2 AStG außer Acht gelassen wurde.

Beispiel:

Eine PersG hat ihren Sitz in einem Nicht-DBA-Staat und verfügt dort über eine gewerbliche Betriebsstätte. Mitunternehmer der Gesellschaft ist der in Deutschland ansässige D. Die Gesellschaft soll in eine KapG formwechselnd umgewandelt werden.

Nach dem Formwechsel ist das gesamte Vermögen der ausländischen KapG zuzurechnen, so dass das deutsche Besteuerungsrecht durch den Formwechsel ausgeschlossen wird. Daher sind die gemeinen Werte zu berücksichtigen, so dass sich auf Grund der Wertverknüpfung (§ 20 Abs. 3 S. 2 i.V.m. § 25 S. 1) ein Veräußerungsgewinn für D ergeben würde.

Die Fälle, in denen schon vor dem Formwechsel kein Besteuerungsrecht für Vermögen(steile) der PersG z.B. durch Belegenheit einer Betriebsstätte in einem DBA-Staat mit Freistellungsmethode bestand, sind dagegen kein Anwendungsfall des Ausschlusses oder der Beschränkung des Besteuerungsrechts.[80]

e) Kein negatives Eigenkapital/kein Entnahmeüberhang/sonstige Gegenleistung

38 Eine weitere Voraussetzung für das steuerliche Bewertungswahlrecht ist das Vorliegen eines ausgeglichenen oder positiven *Eigenkapitals* auf Ebene jedes Mitunternehmeranteils (§ 20 Abs. 2 S. 2 Nr. 2 i.V.m. § 25 S. 1). Das jeweilige *steuerliche Kapitalkonto* (Kapitalkonto der steuerlichen Gesamthandsbilanz zzgl. des Kapitals aus einer etwaigen Ergänzungsbilanz und Sonderbilanzkapital, soweit SBV mit eingebracht wird[81]) jedes einbringenden Mitunternehmers darf *nicht negativ* sein. Anderenfalls hat eine Aufstockung des (anteiligen) Vermögens zu erfolgen, und zwar *soweit*, bis die Summe der Aktiva und die Summe der Schulden einen identischen Wert aufweisen.[82]

39 Ebenso dürfen Entnahmen und Einlagen in der Zeit nach dem steuerlichen Übertragungsstichtag bis zur zivilrechtlichen Wirksamkeit des Formwechsels (sog. Rückwirkungszeitraum) nicht zu einem sog. Entnahmeüberhang führen. Wenn das Kapitalkonto durch einen Entnahmeüberhang negativ werden würde, ist insoweit auch eine Aufstockung vorzunehmen (§ 20 Abs. 5 i.V.m. § 25 S. 1).[83]

40 Wenn *sonstige Gegenleistungen* gewährt werden, hat insoweit ggf. ebenfalls eine Aufstockung zu erfolgen (§ 20 Abs. 2 S. 2 Nr. 4 und S. 4 und § 21

---

80 Vgl. *Herlinghaus* in Rödder/Herlinghaus/van Lishaut, § 20 Rdn. 168.
81 Vgl. *Widmann* in Widmann/Mayer, § 25 Rdn. 6.3; *Bilitewski* in Haritz/Menner, § 25 Rdn. 26 und *Rabback* in Rödder/Herlinghaus/van Lishaut, § 25 Rdn. 70.
82 Dies setzt wohl nicht voraus, dass überhaupt stille Reserven in dem Vermögen vorhanden sind, da dies nicht explizit in § 20 Abs. 2 S. 2 Nr. 2 als Erfordernis erwähnt ist.
83 Vgl. *Patt* in Dötsch/Pung/Möhlenbrock, § 25 Rdn. 37 und § 20 Rdn. 223; *Rabback* in Rödder/Herlinghaus/van Lishaut, § 25 Rdn. 77 und 89 und *Schmitt* in Schmitt/Hörtnagl/Stratz, § 25 Rdn. 44 sowie Tz. 20.19 UmwStE 2011.

Abs. 1 S. 3 i.V.m. § 25 S. 1). Nach der durch das StÄndG 2015[84] eingefügten Neuregelung, die als gesetzgeberische Antwort auf den Porsche-VW-Deal gilt, dürfen die sonstigen Gegenleistungen nicht mehr als 25 % des Buchwerts des eingebrachten Betriebsvermögens oder nicht mehr als EUR 500.000 bzw. als ein geringerer Buchwert betragen. Ein Fall der Aufstockung kann insb. vorliegen, wenn einem Gesellschafter Forderungen gegen die Gesellschaft oder Ausgleichszahlungen (bare Zuzahlung als Ausgleich, § 196 S. 1 UmwG) gewährt werden.

2. Wesentliche Rechtsfolgen

a) Bewertungswahlrecht und Eintritt in die steuerliche Rechtsstellung

Auf Grund des Verweises des § 25 S. 1 auf die entsprechende Anwendbar- *41*
keit der §§ 20 bis 23 gelten deren Rechtsfolgen auch für den Formwechsel einer PersG in eine KapG oder eine Genossenschaft. Deshalb steht der Zielrechtsform KapG oder Genossenschaft zunächst ein *steuerliches Bewertungswahlrecht* für ihre WG zu. Grundsatz ist dabei die Bewertung des Vermögens mit dem *gemeinen Wert* (§ 20 Abs. 2 S. 1 oder § 21 Abs. 1 S. 1 i.V.m. § 25 S. 1).[85] Die KapG darf jedoch alternativ auch die steuerlichen Buchwerte aus dem vormaligen Gesamthandsvermögen und ggf. SBV fortführen oder Werte ansetzen, die oberhalb dieser Buchwerte und unterhalb der gemeinen Werte liegen (*Zwischenwerte*), § 20 Abs. 2 S. 2 oder § 21 Abs. 1 S. 2 i.V.m. § 25 S. 1. Zu den *Buchwerten* gehören auch Werte aus steuerlichen *Ergänzungsbilanzen* bei der PersG, sofern vorhanden. Der Antrag auf Ausübung des Bewertungswahlrechts ist spätestens im Rahmen der Einreichung der steuerlichen Eröffnungsbilanz für die KapG oder Genossenschaft zu stellen (vgl. hierzu auch Rdn. 55).

Es handelt sich um ein *autonomes steuerliches Bewertungswahlrecht*.[86] Die Tatsache, dass in der Handelsbilanz zwingend die Buchwerte fortzuführen sind, da handelsrechtlich der Formwechsel keinen Geschäftsvorfall darstellt, ändert hieran nichts. Der zu § 25 i.d.F. vor der Änderung durch das SEStEG zunächst vertretenen Auffassung der Finanzverwaltung zur Maßgeblichkeit der handelsrechtlichen Buchwertfortführung schloss sich der BFH zu Recht nicht an.[87] Auch die Gesetzesbegründung zur Änderung des UmwStG durch das SEStEG geht von einem autonomen steuerlichen Wahlrecht aus.[88]

Es handelt sich um ein Wahlrecht für jede Sacheinlage (d.h. bei mehreren *42*
Mitunternehmern für jeden Mitunternehmer gesondert)[89], wobei es je Sacheinlage jedoch nur einheitlich ausgeübt werden darf. Sonderfälle sind in Bezug auf ausländisches Vermögen der PersG denkbar. Bei einer inländischen

---

84 Steueränderungsgesetz 2015 vom 02.11.2015, BGBl. I, 1834.
85 Eine Ausnahme besteht lediglich für Pensionsrückstellungen, die weiterhin nach § 6a EStG zu bewerten sind.
86 So z.B. auch *Patt* in Dötsch/Pung/Möhlenbrock, § 25 Rdn. 36; *Schmitt* in Schmitt/Hörtnagl/Stratz, § 25 Rdn. 31 und auch Tz. 20.20 UmwStE 2011.
87 Vgl. BFH vom 19.10.2005, I R 38/04, BStBl. II 2006, 568; danach auch BMF vom 04.07.2006, BStBl. I, 445.
88 BT-Drs. 16/2710, 34 und 37.
89 Vgl. *Bilitewski* in Haritz/Menner, § 25 Rdn. 37, *Nitzschke* in Blümich, § 25 Rdn. 28; *Patt*, GmbH-StB 2015, 239, *Stangl*, GmbHR 2012, 258.

PersG mit einer Betriebsstätte in einem Nicht-DBA-Staat[90] könnte sich folgende Situation ergeben:

Beispiel:

Die AB-oHG mit Hauptsitz in Hamburg verfügt über eine Zweigniederlassung (gewerbliche Betriebsstätte) in Hong Kong. Der Gesellschafter A hat seinen Wohnsitz in Kopenhagen, Gesellschafter B wohnt in Hamburg. Die AB-oHG soll formwechselnd in eine GmbH umgewandelt werden.

Vor dem Formwechsel steht Deutschland kein Besteuerungsrecht für in Hong Kong erwirtschaftete Unternehmensgewinne zu, soweit diese anteilig auf den Gesellschafter A entfallen. A unterliegt nur mit in Deutschland erwirtschafteten Unternehmensgewinnen der beschränkten Steuerpflicht. Nach dem Formwechsel unterliegen sämtliche Unternehmensgewinne der AB-GmbH der unbeschränkten Steuerpflicht. Während die AB-GmbH für das gesamte der deutschen Betriebsstätte zuzuordnende Vermögen das Bewertungswahlrecht hat, ist für das der Betriebsstätte in Hong Kong zuzuordnende Vermögen, soweit es anteilig auf den A entfällt, der gemeine Wert anzusetzen.[91] Dies ergibt sich aus § 6 Abs. 1 Nr. 5a i.V.m. § 4 Abs. 1 S. 7 EStG.

Wenn die formzuwechselnde PersG ihrerseits wiederum Mitunternehmerin bei einer Unter-PersG ist, hat eine Neubewertung des Mitunternehmeranteils an der Unter-PersG (gemeiner Wert oder Zwischenwert) im Rahmen einer steuerlichen Ergänzungsbilanz auf Ebene der Unter-PersG und nicht etwa auf Ebene der KapG oder Genossenschaft zu erfolgen.[92]

43   Gemäß § 23 Abs. 1, 3 und 4 i.V.m. § 25 S. 1 tritt die aus dem Formwechsel hervorgehende KapG oder Genossenschaft in die *steuerliche Rechtsstellung* der PersG ein. Dies gilt m.E. letztlich unabhängig von der Art des Wertansatzes (Buchwert, Zwischenwert oder gemeiner Wert), d.h. auch bei einem Ansatz zum gemeinen Wert, da der Formwechsel steuerlich wie ein Akt der Gesamtrechtsnachfolge nach dem UmwG behandelt wird (§ 23 Abs. 4 HS 2 i.V.m. § 25 S. 1).[93] Die Finanzverwaltung scheint womöglich anderer Ansicht zu sein, da sie im UmwStE 2011 den Formwechsel (gesellschaftsrechtlich korrekt) weder als Gesamtrechtsnachfolge noch als Einzelrechtsnach-

---

90 Oder in einem DBA-Staat mit Anrechnungsmethode oder bei Nichtgewährung der Freistellungsmethode auf Grund eines DBA-Aktivitätsvorbehalts.
91 So auch *Schmitt* in Schmitt/Hörtnagl/Stratz, § 25 Rdn. 31.
92 Vgl. BFH vom 30.04.2003, BStBl. II 2004, 804 und *Patt* in Dötsch/Pung/Möhlenbrock, § 25 Rdn. 35 sowie Tz. 20.22 UmwStE 2011.
93 Auch beim Ansatz des Vermögens mit dem gemeinen Wert ordnet § 23 Abs. 4 HS 2 durch Verweis auf Abs. 3 der Vorschrift den Eintritt in die steuerliche Rechtsstellung an, wenn es sich um eine Einbringung des Betriebsvermögens im Wege der Gesamtrechtsnachfolge nach dem UmwG handelt. Zwar liegt zivilrechtlich beim Formwechsel auf Grund der Rechtsträgeridentität kein Akt der Gesamtrechtsnachfolge vor. Durch die entsprechende Anwendung des § 23 Abs. 4 HS 2 über den Verweis in § 25 S. 1 lässt sich m.E. jedoch argumentieren, dass steuerlich eine Einbringung im Wege der Gesamtrechtsnachfolge vorliegt. So auch *Patt* in Dötsch/Pung/Möhlenbrock, § 25 Rdn. 53 m.w.N.

folge einordnet[94], so dass mangels Gesamtrechtsnachfolge kein Eintritt in die steuerliche Rechtsstellung beim Ansatz zum gemeinen Wert gewährt werden würde.[95] Beim Ansatz zum Zwischenwert oder gemeinen Wert gelten Besonderheiten bzgl. der AfA-Bemessungsgrundlage. Zu den Auswirkungen des Eintritts in die steuerliche Rechtsstellung wird auf die Kommentierung zu § 23 verwiesen.

Eine Anrechnung von *Vorbesitzzeiten* der PersG an WG erfolgt nur bei einem Buch- oder Zwischenwertansatz, § 4 Abs. 2 S. 3 i.V. m. § 23 Abs. 1 i.V. m. § 25 S. 1. Dies ist insb. für die (teilweise) Beibehaltung einer Rücklage nach § 6b EStG relevant.

b) *Veräußerungspreis und Veräußerungsgewinn*

Der steuerliche Wertansatz auf Ebene der KapG oder Genossenschaft determiniert grds. den *Veräußerungspreis* der Mitunternehmer für ihre Mitunternehmeranteile (§ 20 Abs. 3 S. 1 i.V. m. § 25 S. 1). Setzt die KapG oder Genossenschaft daher freiwillig höhere Werte an, als durch die bisherigen steuerlichen Kapitalkonten der Gesellschafter repräsentiert (ggf. muss sie höhere Werte ansetzen), entsteht somit ein Veräußerungsgewinn. Der Veräußerungsgewinn unterliegt beim Gesellschafter (bei Vorliegen eines inländischen Besteuerungsrechtes) der ESt oder KSt (ggf. begünstigt nach § 3 Nr. 40 EStG bzw. § 8b KStG, soweit Anteile an einer KapG oder Genossenschaft Teil des Betriebsvermögens der Mitunternehmerschaft sind) und in der Schlussbilanz der Mitunternehmerschaft entsteht (ggf. begünstigt nach § 3 Nr. 40 EStG bzw. § 8b KStG, soweit Anteile an einer KapG oder Genossenschaft Teil des Betriebsvermögens der Mitunternehmerschaft sind) und in der Schlussbilanz der Mitunternehmerschaft entsteht. GewSt, soweit nicht natürliche Personen direkte Mitunternehmer der PersG sind, § 7 S. 2 GewStG (und nicht ein Fall des § 18 Abs. 3 vorliegt). Soweit die Mitunternehmerschaft selbst an einer weiteren Mitunternehmerschaft beteiligt ist (Unter-PersG), liegt insoweit eine eigene Sacheinlage vor und der auf den Anteil an der Unter-PersG entfallende Veräußerungsgewinn (einschl. GewSt) entsteht auf Ebene der Unter-PersG.[96]

Wenn keine Mitunternehmerschaft vorliegt (vermögensverwaltende PersG), ist nach Tauschgrundsätzen von einer Veräußerung des Vermögens der PersG durch deren Gesellschafter an die KapG auszugehen. Ein steuerpflichtiger Veräußerungsgewinn kann sich bei natürlichen Personen nach einkommensteuerlichen und bei Körperschaften nach körperschaftsteuerlichen Grundsätzen ergeben (ggf. begünstigt nach § 3 Nr. 40 EStG bzw. § 8b KStG). Allenfalls für Anteile i.S.v. § 21 Abs. 1 kann ein Veräußerungsgewinn mittels des Bewertungswahlrechts nach § 21 Abs. 2 i.V. m. § 25 S. 1 vermieden oder der Höhe nach gesteuert werden.

c) *Anschaffungskosten der Anteile*

Den neu entstehenden Anteilen an der KapG oder Genossenschaft werden *Anschaffungskosten* in Höhe der Vermögensbewertung auf Ebene der Gesellschaft zugewiesen. Grundsätzlich ist es beim Formwechsel auch möglich, dass Gesellschafter der PersG eine bare Zuzahlung als Ausgleich für nicht

44

45

---

94 Tz. 01.44 UmwStE 2011.
95 Tz. 23.19 UmwStE 2011.
96 Vgl. *Patt* in Dötsch/Pung/Möhlenbrock, § 25 Rdn. 35.

gleichwertige Anteile an dem Rechtsträger neuer Rechtsform erhalten (§ 196 UmwG). Die Anschaffungskosten der Anteile an der KapG oder Genossenschaft vermindern sich in diesem Falle um den (gemeinen) Wert der Zuzahlung (§ 20 Abs. 3 S. 3 i. V. m. § 25 S. 1). Soweit die Zuzahlung das Kapitalkonto des Mitunternehmers bzw. die neuen Wertgrenzen nach § 20 Abs. 2 Nr. 4 übersteigt (vgl. hierzu auch die Ausführungen in Rdn. 40), ist eine Aufstockung von vorhandenen stillen Reserven vorzunehmen. Auch für den Fall, dass Verbindlichkeiten der PersG gegen einen Mitunternehmer bestehen, dessen Forderungen SBV I darstellt, und somit steuerliches Eigenkapital der PersG begründet, kann sich eine zusätzliche Gegenleistung ergeben.[97] Nämlich dann, wenn der Mitunternehmer seine Forderung gegen die PersG nicht im Zusammenhang mit dem Formwechsel in die PersG einbringt. Dann erhält der Gesellschafter neben den Anteilen an der KapG oder Genossenschaft im Zuge des Formwechsels eine Forderung gegen die Gesellschaft, die vor dem Formwechsel steuerlich nicht vorhanden war, da es sich um SBV handelte.[98]

d) Einbringungsgewinn I oder II

46 Handelt es sich bei der formwechselnden PersG um eine Mitunternehmerschaft und setzt die entstandene KapG oder Genossenschaft das Vermögen zu Werten unterhalb der gemeinen Werte an, wird mit dem steuerlichen Übertragungsstichtag eine Siebenjahresfrist für den sog. *Einbringungsgewinn I* (§ 22 Abs. 1 S. 1 i. V. m. § 25 S. 1) ausgelöst. Veräußern Gesellschafter der KapG oder Genossenschaft innerhalb dieser Frist Anteile oder tritt ein gleichgestellter Vorgang ein (§ 22 Abs. 1 S. 6 Nr. 1–6 i. V. m. § 25 S. 1)[99], sind bei der KapG oder Genossenschaft unter bestimmten Voraussetzungen auf Antrag rückwirkend auf den steuerlichen Übertragungsstichtag die gemeinen Werte für ihr Vermögen anzusetzen (§ 23 Abs. 2 i. V. m. § 25 S. 1) und beim Gesellschafter erhöht sich entsprechend der Veräußerungspreis für die Mitunternehmeranteile[100] sowie die Anschaffungskosten für die erhaltenen Anteile an der KapG oder Genossenschaft (§ 22 Abs. 1 i. V. m. § 25 S. 1). Der Wertansatz verringert sich jedoch um $1/7$ für jedes seit dem Einbringungszeitpunkt abgelaufene Zeitjahr.[101]

Beispiel:

Eine PersG wird zum 01. 01. 01 in eine KapG formwechselnd umgewandelt. Das Betriebsvermögen hat einen Buchwert von 100. Der gemeine Wert des Betriebsvermögens beträgt jedoch 200. Der Einbringungsgewinn I beläuft sich folglich auf 100 – gemeiner Wert zum 01. 01. 01: 200 abzüglich Buchwert des Betriebsvermögens: 100. Im

---

97 Zur Behandlung von Pensionszusagen zu Gunsten eines einbringenden Mitunternehmers vgl. die ausführlichen Regelungen im neuen UmwStE 2011: Tz. 20.28 bis 20.33 UmwStE 2011.
98 Vgl. *Jäschke*, GmbHR 2012, 605.
99 Zu der sehr weiten Auslegung des Anwendungsbereichs durch die Finanzverwaltung vgl. Tz. 00.02 und 22.07 ff. UmwStE 2011.
100 Zur abkommensrechtlichen Behandlung des Einbringungsgewinns I vgl. *Behrendt/Heeg*, RIW 2008, 56.
101 Vgl. *Pung*, GmbHR 2012, 159.

Jahr 02 veräußert der Gesellschafter der KapG die neuen Anteile. Der am 01.06.02 zu zahlende Veräußerungspreis beträgt 300.

In der geschilderten Situation greift die Siebenjahressperrfrist für den sog. Einbringungsgewinn I gem. § 22 Abs. 1 S. 1 i.V.m. § 25 S. 1, da das Vermögen unterhalb der gemeinen Werte angesetzt wurde. Es ergeben sich folgende Resultate:

– Der Einbringungsgewinn ist zu 6/7 beim Gesellschafter steuerpflichtig: $100 \times \frac{6}{7} = 85,71$. Dieser Veräußerungsgewinn i.H.v. 85,71 ist nach § 16 EStG i.V.m. § 22 Abs. 1 rückwirkend im VZ 01 (§ 175 Abs. 1 S. 1 Nr. 2 AO) zu versteuern.

– Auf Ebene der Gesellschaft kann der Einbringungsgewinn I auf Antrag nach § 23 Abs. 2 durch die Aufstockung der Buchwerte der eingebrachten WG aktiviert werden.

Wird eine Mitunternehmerschaft oder vermögensverwaltende PersG formgewechselt und verfügt die entstehende KapG oder Genossenschaft über sog. qualifizierte Anteile an einer KapG oder Genossenschaft, die zu Buch- oder Zwischenwerten angesetzt werden, kann mit dem steuerlichen Übertragungsstichtag eine Siebenjahresfrist für den sog. Einbringungsgewinn II (§ 22 Abs. 2 S. 1 i.V.m. § 25 S. 1) ausgelöst werden. Dies gilt nur insoweit, wie beim Einbringenden der Gewinn aus der Veräußerung dieser Anteile im Einbringungszeitpunkt nicht nach § 8b Abs. 2 KStG steuerfrei gewesen wäre. Veräußert die KapG oder Genossenschaft ihre Anteile oder liegt ein gleichgestellter Vorgang vor (§ 22 Abs. 2 S. 1 und 6 i.V.m. § 25 S. 1), ist bei der KapG oder Genossenschaft rückwirkend auf den steuerlichen Übertragungsstichtag der gemeine Wert für diese Anteile anzusetzen – ggf. verringert um $\frac{1}{7}$ für jedes seit dem Einbringungszeitpunkt abgelaufene Zeitjahr – und beim Gesellschafter erhöht sich entsprechend der Veräußerungspreis für diese Anteile sowie die Anschaffungskosten für die erhaltenen Anteile an der KapG oder Genossenschaft. Der spätere Veräußerungsgewinn auf Ebene der KapG oder Genossenschaft verringert sich dann entsprechend, da nach § 23 Abs. 2 S. 3 i.V.m. § 25 S. 1 ein Erhöhungsbetrag berücksichtigt wird. **47**

Wird ein Einbringungsgewinn I oder II ausgelöst, unterliegt dieser grds. der GewSt, soweit nicht ein Fall des § 7 S. 2 GewStG (unmittelbare Beteiligung natürlicher Personen an der umgewandelten Mitunternehmerschaft und kein Fall des § 18 Abs. 3) oder soweit eine vermögensverwaltende PersG mit nicht gewerbesteuerpflichtigen Gesellschaftern vorlag. Im Falle einer Mitunternehmerschaft ist die PersG bzw. nach dem Formwechsel die Körperschaft selbst Schuldnerin der GewSt auf einen Einbringungsgewinn I oder II. **48**

Wird eine Siebenjahresfrist für einen Einbringungsgewinn I oder II ausgelöst, bestehen die entsprechenden jährlichen Nachweispflichten nach § 22 Abs. 3 i.V.m. § 25 S. 1.

e) Wegfall von Verlustvorträgen und mittelbare Rechtsfolgen

Gewerbesteuerliche Verlustvorträge der Mitunternehmerschaft können nicht von der KapG oder Genossenschaft fortgeführt und genutzt werden (§ 23 Abs. 5 i.V.m. § 25 S. 1). Unschädlich ist dagegen der Formwechsel ei- **49** ner Ober-PersG in eine KapG oder Genossenschaft in Bezug auf vorhandene gewerbesteuerliche Verlustvorträge einer Unter-PersG, da die Unternehmeridentität aufgrund der Rechtsträgeridentität der Ober-Ges gewährt bleibt.[102]

Eine Nutzung der vortragsfähigen Fehlbeträge einer formwechselnden Mitunternehmerschaft (ggf. im Rahmen der sog. Mindestbesteuerung nach § 10a GewStG) wäre durch den Ansatz von Zwischenwerten oder dem gemeinen Wert im Zuge des Formwechsels denkbar, soweit steuerpflichtige stille Reserven vorhanden sind. Die Nutzung eines gewerbesteuerlichen Verlustvortrags der Mitunternehmerschaft durch Aufdeckung stiller Reserven hätte den Vorteil, dass auf Ebene der entstehenden KapG oder Genossenschaft höhere Wertansätze für das übergehende Vermögen bestünden, die in Form höherer Abschreibungen und Abgangswerte zu einer zukünftigen Verringerung der Belastung mit KSt und GewSt führen würden.

Sofern bei beschränkter Haftung nur verrechenbare Verluste i.S.v. § 15a EStG vorliegen, können diese ebenfalls nicht fortgeführt werden.[103] Im Übrigen müsste bereits ein Ausgleich dieser verrechenbaren Verluste dadurch erfolgen können, dass eine Einbringung negativen Betriebsvermögens in die KapG oder Genossenschaft im Zuge des Formwechsels nicht möglich ist (§ 20 Abs. 2 S. 2 Nr. 2 i.V.m. § 25 S. 1). Negative Kapitalkonten der Gesellschafter sind demnach im Zuge des Formwechsels durch Aufstockung zu bereinigen. Der Aufstockungsgewinn kann mit den vorhandenen verrechenbaren Verlusten i.S.d. § 15a EStG ausgeglichen werden.[104]

Über den Verweis des § 25 S. 2 auf § 9 S. 3 gilt auch die Vorschrift des § 2 Abs. 4 entsprechend (vgl. generell zum Verweis auf § 9 S. 2 und 3 die Ausführungen in Rdn. 52). Die Vorschrift des § 2 Abs. 4 soll bestimmte Konstellationen der Verrechnung von Verlusten oder Verlustvorträgen innerhalb des Rückwirkungszeitraums verhindern, insb. die Verrechnung mit einem Übertragungs- oder Aufstockungsgewinn. Da die Vorschrift aber auf Konstellationen unter Beteiligung von Gesellschaften abzielt, deren Anteile erst im Rückwirkungszeitraum erworben worden sind, wurde eine Ausnahme für bestehende Konzerngesellschaften geschaffen (§ 2 Abs. 4 S. 6). Selbst wenn aufgrund des Wortlauts der Konzernklausel, die einen übertragenden und einen übernehmenden Rechtsträger fordert, deren Anwendbarkeit beim Formwechsel fraglich sein könnte. Die Ausnahmeregelung sollte dennoch greifen, insb. aufgrund der nur entsprechenden Anwendung nach Maßgabe des § 9 S. 3 sowie des Sinn und Zwecks der Ausnahme für Konzernfälle.[105]

Ein evtl. bei der Mitunternehmerschaft bestehender Zinsvortrag und/oder EBITDA-Vortrag i.S.d. § 4h Abs. 1 S. 3 und 5 EStG geht nicht auf die entstehende KapG oder Genossenschaft über (§ 20 Abs. 9 i.V.m. § 25 S. 1).[106]

---

102 Vgl. R 10a.3 Abs. 3 S. 9 Nr. 8 S. 5 GewStR; OFD Düsseldorf, Verfügung vom 12.10.2000, GmbHR 2000, 1218.

103 Vgl. *Wacker* in L. Schmidt, § 15a EStG Rdn. 236.

104 Vgl. *Wacker* in L. Schmidt, § 15a EStG Rdn. 236.

105 So auch *Mückl*, GmbHR 2013, 1089 sowie *Dodenhoff*, FR 2014, 694.

106 Wobei diese Vorgabe aufgrund der Betriebsbezogenheit des Zinsvortrags und des EBITDA-Vortrags systematisch nicht geboten wäre, vgl. *Bogenschütz*, Ubg 2009, 604.

In Bezug auf die Vorschrift des § 8c KStG bewirkt ein Formwechsel des Anteilseigners i.S.d. § 190 Abs. 1 UmwG oder ein vergleichbarer ausländischer Vorgang keine (un)mittelbare Übertragung der Anteile an einer nachgeordneten Körperschaft.[107] Verlustvorträge einer Tochter- oder Enkelgesellschaft werden demnach nicht durch einen Formwechsel der (Groß-)Muttergesellschaft versagt.

Zu möglichen mittelbaren Rechtsfolgen des Formwechsels bei der Gesellschaft und/oder den Gesellschaftern, die v. a. durch Nichteinhaltung bestimmter Haltefristen bzw. Vorbesitzzeiten ausgelöst werden können (z.B. nach § 6 Abs. 5 S. 6 EStG), siehe insb. die Aufstellung bei *Patt*.[108]   50

C. Entsprechende Anwendung von § 9 S. 2 und 3 (§ 25 S. 2)

I. Regelungsgegenstand

Satz 2 der Vorschrift regelt die entsprechende Anwendung von Teilen der Vorschrift zum „umgekehrten" Formwechsel (§ 9, Formwechsel KapG in PersG), wodurch zum Einen die Pflicht zur Aufstellung einer steuerlichen Schluss- und Eröffnungsbilanz und zum Anderen die achtmonatige Rückbeziehungsmöglichkeit normiert werden.   51

II. Zeitpunkt der Wirksamkeit des Formwechsels

Handelsrechtlich wird der Formwechsel mit der *Eintragung* in das Register der neuen Rechtsform *wirksam* (§ 202 Abs. 1 UmwG). Eine Rückbeziehungsmöglichkeit für Buchführungszwecke wie bspw. in Verschmelzungsfällen durch Festlegung eines Verschmelzungsstichtages (§ 5 Abs. 1 Nr. 6 UmwG) besteht nicht bzw. ist auch nicht erforderlich, da handelsrechtlich zu keinem Zeitpunkt ein Vermögensübergang stattfindet.   52

Ertragsteuerlich bestimmt zunächst ebenfalls der Tag der Eintragung in das Handels-/Genossenschaftsregister als Übergang des wirtschaftlichen Eigentums im Rahmen des fingierten Vermögensübergangs die steuerliche Wirksamkeit des Formwechsels.[109] Die Möglichkeit der *ertragsteuerlichen Rückbeziehung* des Formwechsels ergibt sich jedoch aus § 9 S. 3, auf den § 25 S. 2 verweist. Hierbei handelt es sich um die speziellere Norm, die die Rückwirkungsregelung des § 20 Abs. 6 S. 3, die im Rahmen des allgemeinen Verweises des § 25 S. 1 auf die §§ 20 bis 23 angesprochen wird, verdrängt.[110]

107 Vgl. BMF vom 04.07.2008, BStBl. I, 736, Tz. 11.
108 Vgl. *Patt* in Dötsch/Pung/Möhlenbrock, § 25 Rdn. 51.
109 Vgl. *Patt* in Dötsch/Pung/Möhlenbrock, § 25 Rdn. 39 sowie auch die Finanzverwaltung in Tz. 02.05, 02.06 und 09.01 UmwStE 2011, die trotz fehlenden Verweises in Tz. 25.01 entsprechende Anwendung finden müssten.
110 So auch *Bilitewski* in Haritz/Menner, § 25 Rdn. 5 und 51; *Patt* in Dötsch/Pung/Möhlenbrock, § 25 Rdn. 40 und *Rabback* in Rödder/Herlinghaus/van Lishaut, § 25 Rdn. 13 und 89; *Patt*, GmbH-StB 2015, 239; offenbar a.A. *Widmann* in Widmann/Mayer, § 25 Rdn. 6.5, der zusätzlich einen Antrag nach § 20 Abs. 5 i.V.m. § 25 S. 1
(Fortsetzung siehe Seite 1252)

Inwieweit die Finanzverwaltung dieser Auffassung folgt, ist nicht eindeutig. Die einzige Tz. im UmwStE 2011 zu § 25 ordnet eine entsprechende Anwendung der Tz. zu §§ 20 bis 23, nicht aber zu § 9 an. Dennoch ist in den Tz. zur Rückbeziehungsmöglichkeit nach § 20 Abs. 5 und 6 der Formwechsel nicht angesprochen, was für eine Anwendbarkeit der Rückbeziehungsmöglichkeit nach § 9 S. 3 sprechen könnte. Die Rückbeziehung kann nur einheitlich für alle Gesellschafter, für die § 25 Anwendung findet, ausgeübt werden[111] und umfasst grds. auch keine Gesellschafter, die im Rückwirkungszeitraum aus der PersG ausscheiden.

53 Die ertragsteuerliche Rückwirkungsmöglichkeit kann auf einen Zeitpunkt ausgedehnt werden, der höchstens acht Monate vor dem Tag der Anmeldung des Formwechsels zur Eintragung in das Register (Handels-/Genossenschaftsregister oder ausländisches Register) liegt, sog. (steuerlicher) Übertragungsstichtag.[112] Hierdurch soll die Möglichkeit der Rückbeziehung auf den Jahresabschlussstichtag der PersG analog zu Umwandlungen mit Vermögensübergang gegeben werden. Wird ein Stichtag außerhalb des Achtmonatszeitraums gewählt, entspricht der steuerliche Übertragungsstichtag dem Tag der Eintragung des Formwechsels in das maßgebliche Register.[113] Das Wahlrecht wird durch Aufstellung und Einreichung der entsprechenden Stichtagsbilanz beim Finanzamt ausgeübt[114], eine Festlegung des steuerlichen Übertragungsstichtags im Umwandlungsbeschluss ist nicht erforderlich und auch nicht empfehlenswert.[115]

---

fordert, sowie *Nitzschke* in Blümich, § 25 Rdn. 44. Wenn die Rückbeziehungsmöglichkeit aus dem Verweis auf § 9 S. 3 gefolgert wird, wäre damit interessanterweise auch eine Rückwirkung in den Fällen des qualifizierten Anteilstauschs nach § 21 Abs. 1 i.V.m. § 25 S. 1 möglich, während dies bei reinen Einbringungen in KapG wegen des fehlenden Verweises des § 21 auf § 20 Abs. 6 nicht gegeben ist. So auch *Patt* in Dötsch/Pung/Möhlenbrock, § 25 Rdn. 42; *Rabback* in Rödder/Herlinghaus/van Lishaut, § 25 Rdn. 89 und *Schmitt* in Schmitt/Hörtnagl/Stratz, § 25 Rdn. 41; a.A. *Widmann* in Widmann/Mayer, § 25 Rdn. 37.

111 Vgl. *Widmann* in Widmann/Mayer, § 25 Rdn. 18, *Bilitewski* in Haritz/Menner, § 25 Rdn. 50; *Patt* in Dötsch/Pung/Möhlenbrock, § 25 Rdn. 41 und GmbH-StB 2015, 239; *Rabback* in Rödder/Herlinghaus/van Lishaut, § 25 Rdn. 91 und 92 und *Schmitt* in Schmitt/Hörtnagl/Stratz, § 25 Rdn. 19.

112 Wobei die Anmeldung eines inländischen Formwechsels eine vorherige wirksame Beschlussfassung ggf. einschließlich vorheriger rechtzeitiger Zuleitung des Umwandlungsbeschlusses im Entwurf an den zuständigen Betriebsrat erfordert, vgl. auch *Widmann* in Widmann/Mayer, § 25 Rdn. 27. Auch im Falle eines ausländischen Umwandlungsvorganges kann der Rückwirkungszeitraum acht Monate nicht überschreiten, vgl. auch *Benecke*, GmbHR 2012, 122

113 Vgl. *Widmann* in Widmann/Mayer, § 25 Rdn. 17 und 26; *Patt* in Dötsch/Pung/Möhlenbrock, § 25 Rdn. 39 und *Rabback* in Rödder/Herlinghaus/van Lishaut, § 25 Rdn. 90.

114 So auch die Finanzverwaltung in Bezug auf das vergleichbare Wahlrecht nach § 20 Abs. 5 und 6, vgl. Tz. 20.14 UmwStE 2011. Laut *Patt* kann der Antrag form- und fristlos erfolgen, vgl. *Patt*, GmbH-StB 2015, 239. Zur Rückbeziehung bei einer bereits erfolgten Abgabe der Jahresabschlussbilanz ohne Berücksichtigung der Einbringung, vgl. *Pyszka*, GmbHR 2013, 740.

115 Vgl. *Patt* in Dötsch/Pung/Möhlenbrock, § 25 Rdn. 40 und *Widmann* in Widmann/Mayer, § 25 Rdn. 29, der aber zusätzlich zum Bilanzstichtag einen Antrag nach § 20 Abs. 5 i.V.m. § 25 S. 1 fordert.

Ertragsteuerlich gilt die Rechtsform der KapG oder Genossenschaft im Fall der Rückbeziehung bereits als existent, auch wenn sie zivilrechtlich erst später mit Eintragung in das maßgebende Register entsteht.[116] Demgemäß nehmen im Rückwirkungszeitraum ausscheidende Gesellschafter der PersG nicht mehr am Formwechsel teil.[117] Einlagen und Entnahmen innerhalb des Rückwirkungszeitraumes in der PersG, wirken sich bei der übernehmenden KapG aufgrund der Nichtanwendbarkeit der Spezialregelung § 25 S. 2 nicht als vGA aus.[118]

Wirkung der Rückbeziehung ist, dass die Ertragsbesteuerung der PersG und KapG/Genossenschaft sowie ihrer Gesellschafter so vorzunehmen ist, als ob das Vermögen der PersG[119] sowie ggf. in zeitlichem und sachlichem Zusammenhang übertragenes SBV mit Ablauf des steuerlichen Übertragungsstichtags Vermögen der entstehenden KapG oder Genossenschaft geworden ist bzw. entnommenes/zurückbehaltenes SBV auch als rückbezogen entnommen gilt.

Nach § 9 S. 3 HS 2 i.V.m. § 25 S. 2 gelten § 2 Abs. 3 und 4 entsprechend. In Fällen des Formwechsels ausländischer PersG kann nach Abs. 3 die Rückbeziehungsmöglichkeit verwehrt werden, wenn es zu einer Besteuerungslücke auf Grund abweichender steuerlicher Rückbeziehung im Ausland kommen würde.[120] Zur Tatsache, dass der Verweis auf § 2 Abs. 4 beim Formwechsel faktisch ins Leere läuft, vgl. die Ausführungen in Rdn. 49.

III. Steuerliche Schlussbilanz der PersG

Aus dem Verweis auf § 9 S. 2 ergibt sich die Maßgabe der Aufstellung einer *54* eigenständigen Übertragungsbilanz (*Schlussbilanz*) der formwechselnden PersG auf den steuerlichen Übertragungsstichtag. Da handelsrechtlich keine Schlussbilanzierung vorgesehen ist, handelt es sich ausschließlich um eine Bilanz für steuerliche Zwecke. Wird als steuerlicher Übertragungsstichtag das reguläre Geschäftsjahresende der PersG gewählt, wäre auf denselben Stichtag auch eine (reguläre) Handelsbilanz der PersG zu erstellen.[121] Fällt der steuerliche Übertragungsstichtag auf einen anderen Tag, ist dagegen ausschließlich die Steuerbilanz erforderlich. Es entsteht ein steuerliches Rumpfwirtschaftsjahr der PersG.[122]

---

116 Ebenso die Finanzverwaltung in Tz. 02.11 i.V.m. 09.01 UmwStE 2011.

117 So auch die Finanzverwaltung, vgl. Tz. 02.17 UmwStE 2011, die ausdrücklich auch für die Rückwirkungsfiktion des § 9 S. 3 entsprechende Anwendung findet.

118 Vgl. *Patt*, GmbH-StB 2015, 239.

119 Vgl. auch Tz. 02.06 UmwStE 2011.

120 Vgl. *Widmann* in Widmann/Mayer, § 25 Rdn. 41; *Patt* in Dötsch/Pung/Möhlenbrock, § 25 Rdn. 44 und *Rabback* in Rödder/Herlinghaus/van Lishaut, § 25 Rdn. 95 sowie Tz. 09.02 UmwStE 2011.

121 Handelsrechtlich gelten die Bilanzierungsvorschriften für KapG oder Genossenschaften erstmals für den ersten Bilanzstichtag nach der registerlichen Eintragung des Formwechsels, vgl. *Förschle/Hoffmann* in Budde/Förschle/Winkeljohann, Kap. L, Rdn. 40.

122 Vgl. *Widmann* in Widmann/Mayer, § 25 Rdn. 35; *Patt* in Dötsch/Pung/Möhlenbrock, § 25 Rdn. 45 und *Rabback* in Rödder/Herlinghaus/van Lishaut, § 25 Rdn. 84.

Die steuerliche Übertragungsbilanz umfasst das Gesamthandsvermögen sowie eventuelle Ergänzungs- und/oder Sonderbilanzen.[123] Eine Höherbewertung über die fortgeführten Buchwerte hinaus kommt in der Schlussbilanz nicht in Betracht. In der letzten gesonderten und einheitlichen Feststellung für die PersG wäre jedoch ein eventueller Veräußerungsgewinn auf Grund einer Höherbewertung in der Eröffnungsbilanz der KapG oder Genossenschaft (= Veräußerungspreis der Mitunternehmer) zu erfassen. Eine vollständige Gewinn- und Verlustrechnung ist nicht vorgeschrieben.

Bei einer ausländischen PersG, die auf Grund eines mit dem Formwechsel nach § 190 UmwG vergleichbaren Vorgangs umgewandelt wird, bezieht sich die Schlussbilanzierungspflicht nur auf das in einer deutschen Betriebsstätte befindliche Vermögen.[124] Zur Gewinnermittlung und Dotationskapital sind im Betriebsstättenerlass[125] sowie zukünftig auch in den Verwaltungsgrundsätzen Betriebsstättengewinnaufteilung (VWG BsGa) die Grundsätze der Finanzverwaltung dargelegt.

Nach dem Wortlaut des § 9 S. 2 i.V.m. § 25 S. 2 müsste auch bei einer vermögensverwaltenden PersG die Schlussbilanzierungspflicht bestehen. Ob dies allerdings sachgerecht wäre, ist m. E. zweifelhaft.

IV. Steuerliche Eröffnungsbilanz der KapG oder Genossenschaft

55 Weitere Folge des Verweises auf § 9 S. 2 ist das Erfordernis der Aufstellung einer *steuerlichen Eröffnungsbilanz* für die KapG oder Genossenschaft auf den steuerlichen Übertragungsstichtag. Handelsrechtlich kann sich nie eine Aufstellungspflicht für eine Eröffnungsbilanz ergeben, so dass es sich ausschließlich um eine steuerliche Verpflichtung handelt. Bei der KapG oder Genossenschaft entsteht ein steuerliches Rumpfwirtschaftsjahr, sofern der steuerliche Übertragungsstichtag nicht auf den Beginn des regulären Wirtschaftsjahres fällt.

Die überwiegende Auffassung in der Literatur geht davon aus, dass das steuerliche Bewertungswahlrecht der §§ 20 Abs. 2, 21 Abs. 1 i.V.m. § 25 S. 1 in dieser steuerlichen *Eröffnungsbilanz* der KapG oder Genossenschaft auszuüben ist.[126] Auch wenn der Wortlaut des § 20 Abs. 2 S. 3 eine Antragstellung spätestens mit Abgabe der steuerlichen *Schlussbilanz* vorsieht, sollte für den Fall des Formwechsels wegen des Verweises des § 25 S. 2 auf § 9 S. 2 (steuerliche Eröffnungsbilanz) sowie der nur „entsprechenden" Anwendung der §§ 20 bis 23 die Ausübung des Wahlrechts in der Eröffnungsbilanz (die regelmäßig erst zusammen mit der Schlussbilanz eingereicht werden

---

123 Vgl. *Widmann* in Widmann/Mayer, § 25 Rdn. 15; *Patt* in Dötsch/Pung/Möhlenbrock, § 25 Rdn. 45 und *Rabback* in Rödder/Herlinghaus/van Lishaut, § 25 Rdn. 84.

124 Vgl. *Widmann* in Widmann/Mayer, § 25 Rdn. 11 und 40.

125 BMF vom 24.12.1999, BStBl. I, 1076, zuletzt geändert durch BMF vom 26.09.2014, BStBl. I, 1258.

126 Vgl. insb. *Patt* in Dötsch/Pung/Möhlenbrock, § 25 Rdn. 34; *Bilitewski* in Haritz/Menner, § 25 Rdn. 37 und *Rabback* in Rödder/Herlinghaus/van Lishaut, § 25 Rdn. 85. Ebenso vermutlich die Finanzverwaltung im UmwStE 2011, durch die Anordnung in Tz. 25.01 zur entsprechenden Anwendung der Tz. 20.18.

wird) maßgeblich sein. Nach anderen Stimmen in der Literatur soll es jedoch auf den Bilanzansatz selbst gar nicht ankommen, sondern allein ein gestellter bzw. nicht gestellter Antrag (wohl außerhalb der Bilanz) maßgebend sein.[127] Die Finanzverwaltung verlangt ggf. eine ausdrückliche Erklärung, dass die eingereichte Bilanz die maßgebliche Schlussbilanz (Eröffnungsbilanz) sein soll.[128]

Wenn im zeitlichen und sachlichen Zusammenhang mit dem Formwechselvorgang wesentliche Betriebsgrundlagen des SBV in die PersG bzw. KapG oder Genossenschaft eingebracht worden sind, stellt sich die Frage des Bilanzierungszeitpunktes für dieses Vermögen. M.E. sollte eine Bilanzierung in der steuerlichen Eröffnungsbilanz zulässig sein, da die Einbringung des betreffenden Vermögens ebenfalls unter § 25 fallen sollte.

D. Grunderwerbsteuerliche Aspekte

Der Formwechsel als Akt der Änderung der Rechtsform bei Rechtsträgeridentität unterliegt nicht der GrESt[129] in Bezug auf Grundstücke der formwechselnden PersG. Gleiches gilt grds. für Fälle, in denen die formwechselnde PersG an Grundbesitz haltenden PersG oder KapG beteiligt ist. Auf Grund der Rechtsträgeridentität beim Formwechsel kommt es weder zu einer Änderung des Gesellschafterbestands einer PersG i.S.v. § 1 Abs. 2a GrEStG noch zu einer Anteilsvereinigung i.S.v. § 1 Abs. 3 GrEStG.[130]   **56**

Bei laufenden Fristen der §§ 5 und 6 GrEStG stellt nach Auffassung der Finanzverwaltung der Formwechsel[131] einer PersG in eine KapG oder Genossenschaft eine Form der Verminderung der Anteile des Anteilseigners an der PersG dar. Das bedeutet, dass ein Formwechsel innerhalb von 5 Jahren bspw. nach Einbringung eines Grundstücks in die PersG durch deren (alleinigen) Kommanditisten nachträglich GrESt auslöst.

Zur GrESt i.Z.m. Einbringungen von Grundstücken als wesentliche Betriebsgrundlage des SBV finden sich zahlreiche Fallbeispiele bei *Widmann*.[132]

---

127 Vgl. *Schmitt* in Schmitt/Hörtnagl/Stratz, § 25 Rdn. 30 sowie *Schmitt/Schlossmacher*, DB 2010, 522.
128 Vgl. Tz. 03.29 i.V.m. 20.21 UmwStE 2011.
129 Vgl. BFH vom 04.12.1996, II B 116/96, BStBl. II 1997, 661 sowie Finanzministerium Baden-Württemberg, Erlass vom 19.12.1997, DB 1998, 166.
130 Vgl. *Fischer* in Boruttau, § 1 GrEStG Rdn. 839 und 972 sowie zu § 1 Abs. 2a GrEStG: gleichlautender Ländererlass vom 25.02.2010, DStR 2010, 697.
131 Vgl. Oberste Finanzbehörden der Länder, Erlass vom 09.12.2015, BStBl. I, 1029.
132 Vgl. *Widmann* in Widmann/Mayer, § 25 Rdn. 6.8 bis 6.14; weiteres ausführliches Beispiel, vgl. *Graessner/Hütig*, DB 2015, 2415.

ZEHNTER TEIL
Anwendungsvorschriften und Ermächtigung

§ 27
Anwendungsvorschriften

(1) [1]Diese Fassung des Gesetzes ist erstmals auf Umwandlungen und Einbringungen anzuwenden, bei denen die Anmeldung zur Eintragung in das für die Wirksamkeit des jeweiligen Vorgangs maßgebende öffentliche Register nach dem 12. Dezember 2006 erfolgt ist. [2]Für Einbringungen, deren Wirksamkeit keine Eintragung in ein öffentliches Register voraussetzt, ist diese Fassung des Gesetzes erstmals anzuwenden, wenn das wirtschaftliche Eigentum an den eingebrachten Wirtschaftsgütern nach dem 12. Dezember 2006 übergegangen ist.

(2) [1]Das Umwandlungssteuergesetz in der Fassung der Bekanntmachung vom 15. Oktober 2002 (BGBl. I S. 4133, 2003 I S. 738), geändert durch Artikel 3 des Gesetzes vom 16. Mai 2003 (BGBl. I S. 660), ist letztmals auf Umwandlungen und Einbringungen anzuwenden, bei denen die Anmeldung zur Eintragung in das für die Wirksamkeit des jeweiligen Vorgangs maßgebende öffentliche Register bis zum 12. Dezember 2006 erfolgt ist. [2]Für Einbringungen, deren Wirksamkeit keine Eintragung in ein öffentliches Register voraussetzt, ist diese Fassung letztmals anzuwenden, wenn das wirtschaftliche Eigentum an den eingebrachten Wirtschaftsgütern bis zum 12. Dezember 2006 übergegangen ist.

(3) [1]Abweichend von Absatz 2 ist

1. § 5 Abs. 4 für einbringungsgeborene Anteile im Sinne von § 21 Abs. 1 mit der Maßgabe weiterhin anzuwenden, dass die Anteile zu dem Wert im Sinne von § 5 Abs. 2 oder Abs. 3 in der Fassung des Absatzes 1 als zum steuerlichen Übertragungsstichtag in das Betriebsvermögen des übernehmenden Rechtsträgers überführt gelten,

2. § 20 Abs. 6 in der am 21. Mai 2003 geltenden Fassung für die Fälle des Ausschlusses des Besteuerungsrechts (§ 20 Abs. 3) weiterhin anwendbar, wenn auf die Einbringung Absatz 2 anzuwenden war,

3. § 21 in der am 21. Mai 2003 geltenden Fassung ist für einbringungsgeborene Anteile im Sinne von § 21 Abs. 1, die auf einem Einbringungsvorgang beruhen, auf den Absatz 2 anwendbar war, weiterhin anzuwenden. [2]Für § 21 Abs. 2 Satz 1 Nr. 2 in der am 21. Mai 2003 geltenden Fassung gilt dies mit der Maßgabe, dass eine Stundung der Steuer gemäß § 6 Abs. 5 des Außensteuergesetzes in der Fassung des Gesetzes vom 7. Dezember 2006 (BGBl. I S. 2782) unter den dort genannten Voraussetzungen erfolgt, wenn die Einkommensteuer noch nicht bestandskräftig festgesetzt ist; § 6 Abs. 6 und 7 des Außensteuergesetzes ist entsprechend anzuwenden.

(4) Abweichend von Absatz 1 sind §§ 22, 23 und 24 Abs. 5 nicht anzuwenden, soweit hinsichtlich des Gewinns aus der Veräußerung der Anteile oder einem gleichgestellten Ereignis im Sinne von § 22 Abs. 1 die Steuerfreistellung nach § 8b Abs. 4 des Körperschaftsteuergesetzes in der am 12. Dezember 2006 geltenden Fassung oder nach § 3 Nr. 40 Satz 3 und 4 des Einkommensteuergesetzes in der am 12. Dezember 2006 geltenden Fassung ausgeschlossen ist.

(5) [1]§ 4 Abs. 2 Satz 2, § 15 Abs. 3, § 20 Abs. 9 und § 24 Abs. 6 in der Fassung des Artikels 5 des Gesetzes vom 14. August 2007 (BGBl. I S. 1912) sind erstmals auf Umwandlungen und Einbringungen anzuwenden, bei denen die Anmeldung zur Eintragung in das für die Wirksamkeit des jeweiligen Vorgangs maßgebende öffentliche Register nach dem 31. Dezember 2007 erfolgt ist. [2]Für Einbringungen, deren Wirksamkeit keine Eintragung in ein öffentliches Register voraussetzt, ist diese Fassung des Gesetzes erstmals anzuwenden, wenn das wirtschaftliche Eigentum an den eingebrachten Wirtschaftsgütern nach dem 31. Dezember 2007 übergegangen ist.

(6) [1]§ 10 ist letztmals auf Umwandlungen anzuwenden, bei denen der steuerliche Übertragungsstichtag vor dem 1. Januar 2007 liegt. [2]§ 10 ist abweichend von Satz 1 weiter anzuwenden in den Fällen, in denen ein Antrag nach § 34 Abs. 16 des Körperschaftsteuergesetzes in der Fassung des Artikels 3 des Gesetzes vom 20. Dezember 2007 (BGBl. I S. 3150) gestellt wurde.

(7) § 18 Abs. 3 Satz 1 in der Fassung des Artikels 4 des Gesetzes vom 20. Dezember 2007 (BGBl. I S. 3150) ist erstmals auf Umwandlungen anzuwenden, bei denen die Anmeldung zur Eintragung in das für die Wirksamkeit der Umwandlung maßgebende öffentliche Register nach dem 31. Dezember 2007 erfolgt ist.

(8) § 4 Abs. 6 Satz 4 bis 6 sowie § 4 Abs. 7 Satz 2 in der Fassung des Artikels 6 des Gesetzes vom 19. Dezember 2008 (BGBl. I S. 2794) sind erstmals auf Umwandlungen anzuwenden, bei denen § 3 Nr. 40 des Einkommensteuergesetzes in der durch Artikel 1 Nr. 3 des Gesetzes vom 14. August 2007 (BGBl. I S. 1912) geänderten Fassung für die Bezüge im Sinne des § 7 anzuwenden ist.

(9) [1]§ 2 Abs. 4 und § 20 Abs. 6 Satz 4 in der Fassung des Artikels 6 des Gesetzes vom 19. Dezember 2008 (BGBl. I S. 2794) sind erstmals auf Umwandlungen und Einbringungen anzuwenden, bei denen der schädliche Beteiligungserwerb oder ein anderes die Verlustnutzung ausschließendes Ereignis nach dem 28. November 2008 eintritt. [2]§ 2 Abs. 4 und § 20 Abs. 6 Satz 4 in der Fassung des Artikels 6 des Gesetzes vom 19. Dezember 2008 (BGBl. I S. 2794) gelten nicht, wenn sich der Veräußerer und der Erwerber am 28. November 2008 über den später vollzogenen schädlichen Beteiligungserwerb oder ein anderes die Verlustnutzung ausschließendes Ereignis einig sind, der übernehmende Rechtsträger dies anhand schriftlicher Unterlagen nachweist und die Anmeldung zur Eintragung in das für die Wirksamkeit des Vorgangs maßgebende öffentliche Register bzw. bei Einbringungen der Übergang des wirtschaftlichen Eigentums bis zum 31. Dezember 2009 erfolgt.

(10) § 2 Absatz 4 Satz 1, § 4 Absatz 2 Satz 2, § 9 Satz 3, § 15 Absatz 3 und § 20 Absatz 9 in der Fassung des Artikels 4 des Gesetzes vom 22. Dezember 2009 (BGBl. I S. 3950) sind erstmals auf Umwandlungen und Einbringungen anzuwenden, deren steuerlicher Übertragungsstichtag in einem Wirtschaftsjahr liegt, für das § 4h Absatz 1, 4 Satz 1 und Absatz 5 Satz 1 und 2 des Einkommensteuergesetzes in der Fassung des Artikels 1 des Gesetzes vom 22. Dezember 2009 (BGBl. I S. 3950) erstmals anzuwenden ist.

(11) Für Bezüge im Sinne des § 8b Absatz 1 des Körperschaftsteuergesetzes aufgrund einer Umwandlung ist § 8b Absatz 4 des Körperschaftsteuergesetzes in der Fassung des Artikels 1 des Gesetzes vom 21. März 2013 (BGBl. I S. 561) abweichend von § 34 Absatz 7a Satz 2 des Körperschaftsteuergesetzes bereits erstmals vor dem 1. März 2013 anzuwenden, wenn die Anmeldung zur Eintragung in das für die Wirksamkeit des jeweiligen Vorgangs maßgebende öffentliche Register nach dem 28. Februar 2013 erfolgt.

(12) § 2 Absatz 4 Satz 3 bis 6 in der Fassung des Artikels 9 des Gesetzes vom 26. Juni 2013 (BGBl. I S. 1809) ist erstmals auf Umwandlungen und Einbringungen anzuwenden, bei denen die Anmeldung zur Eintragung in das für die Wirksamkeit des jeweiligen Vorgangs maßgebende öffentliche Register nach dem 6. Juni 2013 erfolgt. Für Einbringungen, deren Wirksamkeit keine Eintragung in ein öffentliches Register voraussetzt, ist § 2 in der Fassung des Artikels 9 des Gesetzes vom 26. Juni 2013 (BGBl. I S. 1809) erstmals anzuwenden, wenn das wirtschaftliche Eigentum an den eingebrachten Wirtschaftsgütern nach dem 6. Juni 2013 übergegangen ist.

(13) § 20 Absatz 8 in der am 31. Juli 2014 geltenden Fassung ist erstmals bei steuerlichen Übertragungsstichtagen nach dem 31. Dezember 2013 anzuwenden.

(14) § 20 Absatz 2, § 21 Absatz 1, § 22 Absatz 1 Satz 6 Nummer 2, 4 und 5 sowie § 24 Absatz 2 in der am 6. November 2015 geltenden Fassung sind erstmals auf Einbringungen anzuwenden, wenn in den Fällen der Gesamtrechtsnachfolge der Umwandlungsbeschluss nach dem 31. Dezember 2014 erfolgt ist oder in den anderen Fällen der Einbringungsvertrag nach dem 31. Dezember 2014 geschlossen worden ist.

§ 28
Bekanntmachungserlaubnis

Das Bundesministerium der Finanzen wird ermächtigt, den Wortlaut dieses Gesetzes und der zu diesem Gesetz erlassenen Rechtsverordnungen in der jeweils geltenden Fassung satzweise nummeriert mit neuem Datum und in neuer Paragraphenfolge bekannt zu machen und dabei Unstimmigkeiten im Wortlaut zu beseitigen.

Stichwortverzeichnis

Die Zahl vor dem Schrägstrich benennt den Paragrafen,
die Zahl danach die Randnummer(n)